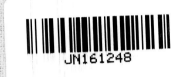

製版印刷　株式会社　東京印書館
本文用紙　北越紀州製紙株式会社
表紙クロス　ダイニック株式会社
製本　誠製本株式会社
製函　株式会社光陽紙器製作所

装幀　河村誠

日本生活史辞典

二〇一六年（平成二十八）十月十日　第一版第一刷印刷
二〇一六年（平成二十八）十一月十日　第一版第一刷発行

編者　木村《きむら》茂光《しげみつ》　安田《やすだ》常雄《つねお》
　　　白川部《しらかわべ》達夫《たつお》　宮瀧《みやたき》交二《こうじ》

発行者　吉川道郎

発行所　株式会社　吉川弘文館
〒一一三—〇〇三三
東京都文京区本郷七丁目二番八号
☎（〇三）三八一三—九一五一（代表）
振替口座〇〇一〇〇—五—二四四
http://www.yoshikawa-k.co.jp/

ISBN978—4—642—01476—2

索　　引

〈凡　例〉

1．この索引は，見出し語と本文中の主要な語句を採録し，掲載した．

2．配列は現代仮名遣いによる五十音順とした．

3．見出し項目語の頁は太字で示し，先頭に置いた．

4．記　号

- ・　見出し項目語
- （　）　同音同字を区別するための注記
- 〘　〙　掲出語句の別表記
- 〔　〕　見出し項目名
- *a b c*　段次
- ⇨　カラ見出し項目名の，解説されている項目名への指示
- →　同内容語の指示

あ

い

薯蕷粥　149a〔粥〕
芋酒屋　31c〔居酒屋〕
鋳物師　28c〔鋳掛屋〕　47b〔鋳物〕　455c〔鉄〕
イモ正月　648c〔餅〕
芋焼酎　328c〔焼酎〕
芋成金　495b〔成金〕
・鋳物《いもの》　**47b**
芋名月　311b〔十五夜〕
芋餅　648a〔餅〕
・慰問袋《いもんぶくろ》　**47c**
癒し　660b〔病い〕
伊予絣　126a〔絣〕
伊予砥　468b〔砥石〕
入会　638b〔村〕　639c〔村絵図〕
・入会〖-相，-合〗《いりあい》　**48a**
入会稼　48a〔入会〕
入会権　48b〔入浜権〕
入会争論　48a〔入会〕
入会地　48a〔入会〕　192b〔草刈場〕　638c〔村〕
いりこ　349c〔汁物〕
煎り酒　132a〔鰹節〕　270b〔刺身〕
煎り鶏　501b〔煮物〕
入浜塩田　281b〔塩〕
・入浜権《いりはまけん》　**48a**
圦樋　28b〔井親〕
・入百姓《いりびゃくしょう》　**48b**
煎り豆〖炒り-〗　404c〔大豆〕　604c〔保存食〕
いりもちい　387a〔煎餅〕
炒り物　604c〔保存食〕
入母屋《いりもや》　⇨屋根(659b)
入母屋造　659b〔屋根〕
入母屋破風　536a〔破風〕
井料　157b〔灌漑・用水〕　436b〔逃散〕
遺領　137b〔家督〕
医療機関　633b〔無医村〕
衣料切符制　241b〔国民服〕　577c〔物資統制令〕
医療法　561a〔病院〕
衣類　20a〔編み物〕
イルミネーション　355a〔仁丹〕
イルリ　49b〔囲炉裏〕
・慰霊《いれい》　**48b**
イレシ　49b〔囲炉裏〕
・刺青〖入れ墨〗《いれずみ》　**48c**　18c〔海女・海士〕　353b〔心中〕　354c〔身体装飾・身体変形〕　481a〔鳶の者〕　568c〔風俗統制〕
・入れ歯《いれば》　**48c**
入歯歯抜口中療治接骨営業者取締方　49a〔入れ歯〕
・入れ札《いれふだ》　**49a**　381a〔セリ〕　683c〔落書〕
入札箱　49a〔入れ札〕
色　696a〔恋愛〕
イロオ　49b〔囲炉裏〕
伊侶具秦公　43b〔稲荷信仰〕
井路敷　157b〔灌漑・用水〕
色留袖　482b〔留袖〕
いろは譬かるた　153c〔かるた〕
いろまち　6a〔悪所〕
・囲炉裏〖イロリ〗《いろり》　**49b**　46b〔居間〕　248b〔五徳〕　269c〔座敷〕　287b〔自在鉤〕　405b〔台所〕　425a〔暖房〕　486c〔内耳土器〕　492c〔鍋〕　493b〔鍋物〕　519a〔灰〕　551a〔火棚〕　556b〔火箸〕　600b〔焙烙〕　675c〔横座〕
祝い歌　177b〔木遣り〕
岩崎京子　296b〔児童文学〕
・イワシ〖鰯〗　**50a**　299a〔地曳網〕
鰯粕　563a〔肥料〕
鰯〆粕　301b〔〆粕〕
石清水八幡宮　68c〔エゴマ〕　442a〔鎮守〕　532a〔八幡信仰〕
岩田帯〖イワタオビ〗　92b〔帯〕　505a〔妊娠〕　537c〔腹帯〕
岩波茂雄　375c〔世界〕
岩波書店　375c〔世界〕
岩波新書　353c〔新書〕
岩波文化　189c〔キング〕　375c〔世界〕
岩波文庫　589a〔文庫本〕
岩堀喜之助　591a〔平凡〕
岩間悪態祭　709b〔悪口〕
巌本善治　40a〔一家団欒〕　135c〔家庭〕
岩本町古着市場　585c〔古着〕
巌谷小波　90c〔お伽噺〕　296b〔児童文学〕
印　50a〔印鑑〕　264a〔財布〕
・印鑑《いんかん》　**50a**　→印
印鑑帳　50b〔印鑑〕
・隠居《いんきょ》　**50b**　16b〔跡目〕　167b〔還暦〕　569a〔夫婦〕　592b〔別居〕
隠居分　50b〔隠居〕
インク　367a〔墨〕　593b〔ペン〕
院家　317a〔宿坊〕
隠元豆　618b〔豆〕
インコ　105c〔飼い鳥〕
・隠語《いんご》　**50c**　395a〔俗語〕
院号　106c〔戒名〕
印刷　161c〔漢字制限〕
印地打　12b〔遊び〕　664c〔遊戯〕
・飲酒《いんしゅ》　**50c**　11a〔遊び〕　258a〔コンパ〕　264b〔盃〕　265b〔酒盛〕
飲酒運転　23b〔アルコール中毒〕
印章　50a〔印鑑〕
飲食店　102c〔外食産業〕　709b〔割箸〕
インスタントコーヒー　51a〔インスタント食品〕　237b〔コーヒー〕
・インスタント食品《インスタントしょくひん》　**51a**
インスタントラーメン　395a〔即席ラーメン〕
・インターネット　**51c**　5b〔秋葉原〕　64b〔噂〕　207c〔携帯電話〕　226b〔広告〕　259a〔コンピュータ〕　333b〔情報化社会〕　403a〔大衆文化〕　460a〔テレビコマーシャル〕　478a〔都市伝説〕　559c〔百科事典〕　583a〔プライバシー〕　644c〔メディア産業〕
インターネットショッピング　99c〔カード社会〕
インターネット通信販売　443b〔通信販売〕
陰宅風水　567b〔風水〕
インディカ　44a〔稲〕　101a〔外国米〕　254a〔米〕
インディゴ＝ピュア　17a〔アニリン〕
インテリア　112b〔家具〕
インド藍　1c〔藍染〕
引頭　400c〔大工〕
インド木綿　96b〔織物〕
淫売　520a〔売春〕
・インフラ整備《インフラせいび》　**52a**
・インフルエンザ　**52b**　25a〔アンプル剤〕
陰陽五行　69a〔干支〕　127c〔家相〕
・飲用水《いんようすい》　**52c**
陰陽説　98c〔陰陽道〕
陰陽暦　262c〔祭日〕
飲料自販機　296b〔自動販売機〕
飲料水　358c〔水筒〕　359c〔水道〕　622c〔水売り〕
印籠　507c〔根付〕
・VAN《ヴァン》　**53a**　2b〔アイビー〕
ヴァンヂャケット　53a〔VAN〕

う

『Weekly平凡パンチ』　2b〔アイビー〕
ウィキペディア　559c〔百科事典〕
初冠　220b〔元服〕
・ウイスキー　**53a**　268b〔酒〕
初出　347a〔初潮〕
ウィルソン，ホーレス　655b〔野球〕
外郎　635b〔蒸菓子〕
ウインピー　565b〔ファストフード〕
・ウーマン＝リブ〖-運動〗　**53b**　320c〔主婦論争〕　345c〔女性雑誌〕
ウール　685a〔羅紗〕
ウェーブ　674b〔洋髪〕
植木鉢　531b〔鉢〕
・植木屋《うえきや》　**53c**　8a〔朝顔〕　75a〔園芸〕　607c〔盆栽〕
上田万年　239a〔国語〕
上田民吉　703c〔ワイシャツ〕
上野駅　426a〔地下街〕　426b〔地下鉄〕
上野公園　222b〔公園〕
上野動物園　472a〔動物園〕
表袴　522c〔袴〕　571c〔服飾〕
上野彦馬　305b〔写真〕
植松家　53c〔植木屋〕　97b〔温室〕
植村久五郎　703c〔ワイシャツ〕
植村文楽軒　590b〔文楽〕
魚商人　31c〔イサバ〕
・魚市《うおいち》　**54a**
魚市場　31c〔イサバ〕　54b〔魚市〕
ヴォーカロイド楽曲　150a〔カラオケ〕
『ヴォーグ』　566b〔ファッション雑誌〕
・ウォークマン　**54b**
ウォーターシュート　664a〔遊園地〕
ウォード　1c〔藍染〕
魚形　244a〔腰飾〕
・ウォシュレット　**54c**
魚醤油　118b〔加工食品〕
魚住窯　368b〔擂鉢〕
魚問屋　494a〔納屋〕
魚醤　118b〔加工食品〕　334c〔醤油〕
魚町　54a〔魚市〕
ウォルト＝ディズニー　453a〔ディズニー文化〕
鵜飼　22a〔アユ〕
うがい茶碗　432a〔茶碗〕
宇迦之御魂神　43b〔稲荷信仰〕
遊行女婦　665a〔遊女〕
浮織物　95c〔織物〕
浮き鯛　400a〔タイ〕

え

お

か

き

く

け

こ

さ

三笑亭可楽　534c〔咄〕
三条西信子　575b〔婦人会〕
残暑見舞　482c〔土用〕
三線　86b〔沖縄民謡〕
山水画　562b〔屛風〕
参政権　346a〔女性参政権〕
三世一身法　427c〔治水〕
酸素商　588b〔プロパンガス〕
・山村《さんそん》　**278a**　41b〔一軒家〕　638b〔村〕
散村　41b〔一軒家〕　278b〔散村・集村〕
・散村・集村《さんそんしゅうそん》　**278b**　→散村　→集村
サンタクロース　202b〔クリスマス〕
三店魚市　54a〔魚市〕
・サンダル　**278c**　523c〔履物〕
サンダル下駄　278c〔サンダル〕
『三太郎の日記』　404a〔大正教養主義〕
算段師　548a〔曳家〕
散弾銃　322b〔狩猟〕
三段跳び　64b〔運動会〕
産地直送　279a〔産直〕
産地直売　279a〔産直〕
産地直結　279a〔産直〕
・産直《さんちょく》　**279a**
『サンデー毎日』　309a〔週刊誌〕
散田　164c〔勧農〕
三都　477b〔都市〕
三度イモ　303c〔ジャガイモ〕
山刀　491a〔鉈〕
山東京山　601c〔北越雪譜〕
三度笠　119a〔笠〕
三徳　264a〔財布〕
三度食　338a〔食事〕
三度登　660a〔藪入り〕
三度飛脚　548b〔飛脚〕
桟留　470a〔唐桟織〕
桟留縞　300a〔縞〕
サントリー　53b〔ウイスキー〕
サントリーバー　53b〔ウイスキー〕
三男　287c〔次・三男〕
サンニク〖山肉〗　498a〔肉食〕
三年塞　131a〔方違〕
三年婿　225c〔後見〕
・産婆《さんば》　**279a**　60c〔産屋〕　275c〔産院〕　319a〔出産〕　344b〔助産婦〕　434c〔中絶〕
参拝　277a〔参詣〕　→参詣
参拝講　221b〔講〕
三倍醸造酒　268c〔酒〕
産婆規則　279b〔産婆〕　344b〔助産婦〕
散髪　145c〔髪型〕　424c〔断髪〕　572c〔服飾〕　597c〔帽子〕
産忌　60c〔産屋〕　319a〔出産〕
三不浄　209c〔穢れ〕
産物廻し　80b〔近江商人〕
三方　89a〔折敷〕
産報　276c〔産業報国運動〕　→産業報国会
三宝荒神　143b〔竈神〕
三昧　128b〔火葬場〕　→火葬場
産米検査制　242c〔小作争議〕
三昧聖　127b〔火葬〕
三密加持　122b〔加持祈禱〕
産見舞　626a〔見舞〕
三面記事　704a〔ワイドショー〕
三面鏡　184a〔鏡台〕
三面僧房　280b〔子院〕　393a〔僧房〕
山野　638a〔村〕
三遊亭円朝　534c〔咄〕
山陽新幹線　350c〔新幹線〕
山陽鉄道　5a〔赤帽〕　339b〔食堂車〕
三洋電機　385a〔洗濯機〕
山陽道　105b〔街道〕
サンリオ　177a〔キャラクター文化〕　566c〔ファンシーグッズ〕
三里塚空港反対運動　314c〔住民運動〕
・三里塚闘争《さんりづかとうそう》　**279b**
・残留孤児《ざんりゅうこじ》　**279c**
山林　398b〔杣〕　399c〔村法〕　502a〔入寺〕
三輪自動車　296a〔自動車〕
参籠　557c〔日待〕
・山論・野論《さんろんのろん》　**280a**

し

士　109a〔家格〕
死　209c〔穢れ〕　551c〔左前〕　682a〔ライフサイクル〕
地上げ　536b〔バブル経済〕
シイ　485c〔ドングリ〕
CIE　684b〔ラジオ〕
GHQ　4c〔赤線・青線〕　216b〔検閲〕　228c〔公娼制度〕　381b〔セロテープ〕　450b〔DDT〕　513a〔農地改革〕　520b〔廃娼運動〕　602b〔保健所〕
CSR　606b〔ボランティア活動〕
GNP　233a〔高度経済成長〕
CM　460c〔テレビ文化〕　→テレビコマーシャル
詩歌　207a〔芸事〕
・飼育《しいく》　**280b**　592c〔ペット〕
慈育館　502b〔乳児院〕
四至　181b〔境界〕
しいたけ　61b〔うま味調味料〕　165c〔乾物〕
四一半　12b〔遊び〕
CD　453c〔テープレコーダー〕　695b〔レコード〕
シートベルト　232c〔交通戦争〕
シイナ　648b〔餅〕
ジープ供出　182c〔供出〕
シームレスストッキング　487c〔ナイロン＝ストッキング〕
シイラ　165c〔乾物〕　282b〔塩の道〕　420b〔タラ〕
仕入問屋　96c〔卸売り〕　486a〔問屋〕　488a〔仲買〕
・子院《しいん》　**280b**　284c〔食堂〕　317a〔宿坊〕　393b〔僧房〕　458c〔寺町〕
寺院　91b〔鬼瓦〕　266a〔酒屋〕　421c〔檀家〕　442c〔築地〕　458c〔寺町〕　502a〔入寺〕
寺院建築　156a〔瓦葺〕　266c〔左官〕
・ジーンズ　**280c**　366c〔ズボン〕　573c〔服飾〕　577a〔普段着〕
地植え　53c〔植木屋〕
死穢　209c〔穢れ〕　577b〔服忌令〕　646a〔喪〕
シェアハウス　311b〔集合住宅〕
自営業　311c〔就職〕　312a〔就職難〕
自衛隊　205b〔軍隊〕
JA　511a〔農業協同組合〕　→農業協同組合
JSA　543c〔韓流ブーム〕
JCB　214c〔月賦〕
『JJ』　566b〔ファッション雑誌〕
Ｊターン　34b〔移住〕
J-POP　570a〔フォークソング〕
時疫　68a〔疫病〕
ジェンガ　570a〔フォークダンス〕
・ジェンダー　**280c**　206c〔敬語〕
・塩《しお》　**281a**　318b〔主食・副食〕　342c〔食料保存〕　363b〔鮨〕　493b〔鱠〕　537b〔祓〕　585a〔振売り〕
塩梅　440c〔調味料〕
塩魚　2c〔あいもの〕　54a〔魚市〕　282a〔塩漬〕　282a〔塩の道〕
塩売り　657b〔養い親〕
塩温石　107b〔懐炉〕
塩辛　118b〔加工食品〕　187b〔魚醬〕　282a〔塩漬〕　318b〔主食・副食〕　358a〔水産加工〕　533b〔発酵食品〕
・仕送り《しおくり》　**281c**　666c〔郵便文化〕
塩沢町　362b〔スキー〕
塩瀬饅頭　621a〔饅頭〕
塩専売制　281b〔塩〕
・塩漬《しおづけ》　**282a**　118b〔加工食品〕　270b〔刺身〕　445b〔漬け物〕　604c〔保存食〕
塩問屋　166a〔乾物屋〕　488a〔仲買〕
・塩の道《しおのみち》　**282a**
・潮干狩《しおひがり》　**282b**
塩引き　282a〔塩漬〕
塩焼き　655b〔焼き物〕
・鹿〖シカ〗《しか》　**282b**　288a〔猪垣〕　288c〔猪除け〕　308a〔獣害〕　321c〔狩猟〕
歯科医　49a〔入れ歯〕
市街地再開発事業　500a〔日本住宅公団〕
市街電車《しがいでんしゃ》　⇨電車（461c）
鹿占　282b〔鹿〕
歯科技工士　49a〔入れ歯〕
資格取得試験　317b〔受験〕　678b〔予備校〕
視覚障がい　461c〔点字〕　646c〔盲聾学校〕
仕掛け花火　534c〔花火〕
歯科検診　604a〔母子手帳〕
・地方《じかた》　**282c**
地方三役　200a〔組頭〕　→村方三役
『地方の聞書』　512c〔農書〕
仕方咄　534b〔咄〕　→咄
『地方凡例録』　282c〔地方〕
・地下足袋《じかたび》　**282c**　10a〔足半〕　253c〔ゴムぞうり〕　419b〔足袋〕
志賀直哉　103c〔改造〕　375c〔世界〕
鹿肉　497c〔肉食〕
鹿野武左衛門　534b〔咄〕
歯牙変工　354c〔身体装飾・身体変形〕
直播技術　409b〔田植機〕
自家用車　277b〔3C〕
自家用料酒　481b〔濁酒〕
・叱《しかり》　**283b**
地借　84a〔大屋・店子〕　283b〔地借・店借〕　439a〔町人〕　663a〔家守〕　→

す

せ

そ

た

ち

つ

て

と

な

に

ぬ

ね

の

は

ひ

ふ

フカヒレ　274a〔サメ〕
フキ　277a〔山菜〕
武器　574b〔副葬品〕
・ふきん　**570b**
武具　574b〔副葬品〕
福井　351c〔人絹〕
・復員《ふくいん》　**570b**　547a〔引き揚げ者〕
福因　688a〔留学〕
福岡女学院　375b〔セーラー服〕
福岡市　155c〔河原〕
福熊手　199b〔熊手〕
福沢諭吉　76b〔演説〕　98b〔女大学〕
・福祉《ふくし》　**570c**
福祉年金　241a〔国民年金〕
福島第一原子力発電所　352c〔震災〕　466a〔電力〕
不具者　244b〔乞食〕
・複写機《ふくしゃき》　**571a**
・服飾《ふくしょく》　**571b**　354b〔身体装飾・身体変形〕　565c〔ファッション〕　566a〔ファッション雑誌〕　573c〔服制〕
副食《ふくしょく》　⇨主食・副食(318a)　265a〔肴〕　338c〔食事〕
復飾　219b〔還俗〕
・服制《ふくせい》　**573c**　166c〔冠〕　205c〔軍服〕　244a〔腰飾〕　374a〔制服〕　573a〔服飾〕
服制変革内勅　397a〔袖〕　572c〔服飾〕
服装《ふくそう》　⇨ファッション(565c)　565c〔ファッション〕
副葬　109c〔鏡〕
服装改善運動　99c〔開襟シャツ〕　130c〔肩掛け〕
服装に関する委員会　241b〔国民服〕
・副葬品《ふくそうひん》　**574b**
腹帯　537c〔腹帯〕　→はらおび
福田英子　345b〔女性雑誌〕
福俵　137c〔門付け〕
福天　564b〔貧乏神〕
福田会育児院　296c〔児童養護施設〕　502b〔乳児院〕
福の神　564b〔貧乏神〕
・福引《ふくびき》　**574c**
福豆　404c〔大豆〕
・覆面《ふくめん》　**574c**　595a〔変装〕
福本イズム　114b〔学生運動〕
福利厚生　571a〔福祉〕　606a〔保養所〕
袋　244a〔腰飾〕
袋帯　92b〔帯〕
福禄寿　292a〔七福神巡り〕
袋棚　426a〔違棚〕
武家　108c〔抱屋敷〕　146b〔裃〕　148b〔家紋〕　220b〔元服〕　571b〔服飾〕
父系　428a〔血筋〕
『父兄訓』　30b〔育児書〕
父系血縁集団　26c〔イエ〕
武家社会　39c〔一門〕　344b〔庶子〕
武家住宅　442c〔築地〕　451b〔庭園〕
武家地　325c〔城下町〕　614c〔町割〕　661b〔山の手〕
武家辻番　445b〔辻番〕
武家奉公人　597a〔奉公人〕
武家屋敷　9b〔アジール〕　489c〔長屋〕　657a〔屋敷〕
夫権　129c〔家族〕　141a〔家父長制〕
父権　129c〔家族〕　141a〔家父長制〕
不健康キャンペーン　543b〔ハンバーガー〕
府県農会　510b〔農会〕
畚　512a〔農具〕　708a〔藁〕
富豪　558a〔百姓〕
不耕地　106a〔開発〕
富国強兵　61a〔馬〕
夫妻　581b〔扶養〕　→夫婦
不在地主　663a〔家守〕
負債農民騒擾　259c〔困民党〕
不在家守　84a〔大屋・店子〕
不作　182b〔凶作〕　→凶作
房楊枝　536c〔歯磨き〕　672c〔楊枝〕
冨山房　589a〔文庫本〕
『富士』　189c〔キング〕
・藤《ふじ》　**574c**
武士　137a〔家督〕　137b〔門田〕　216b〔家来〕　321c〔狩猟〕　325c〔城下町〕　558a〔百姓〕　701c〔浪人〕
冨士アイス　1b〔アイスクリーム〕
藤石連　544b〔贔屓〕
藤井甚太郎　642b〔明治文化研究会〕
藤岡市助　461a〔電球〕
柴垣　110c〔垣〕
父子家庭《ふしかてい》　⇨母子家庭(603c)
藤木喜久麿　16a〔アチック＝ミューゼアム〕
『ふしぎな少年』　330b〔少年倶楽部〕
富士急ハイランド　664a〔遊園地〕
・富士講《ふじこう》　**575a**　84b〔大山講〕　476c〔登山〕
富士山　575a〔富士講〕
富士山宝永噴火　120a〔火山災害〕
富士ゼロックス社　571a〔複写機〕
藤棚　575a〔藤〕
富士通　703b〔ワープロ〕
五倍子粉　92a〔お歯黒〕
蘭　229b〔香辛野菜〕
藤間流　207a〔芸事〕
伏見　266a〔酒屋〕
伏見稲荷大社　43b〔稲荷信仰〕　532c〔初午〕
伏見人形　504c〔人形〕
不祝儀　309b〔祝儀〕　444a〔つきあい〕
不祝儀帳　309b〔祝儀〕　→香典帳
腐女子　90a〔オタク〕
藤原京　292c〔地鎮祭〕　416b〔店〕
藤原道長　234c〔高野詣〕
藤原頼長　471b〔同性愛〕
普請　49b〔入れ札〕　456a〔鉄〕　481a〔鳶の者〕　495c〔鳴物〕
『婦人朝日』　345c〔女性雑誌〕
・婦人会《ふじんかい》　**575b**　354a〔新生活運動〕
『婦人画報』　345b〔女性雑誌〕
『婦人教育会雑誌』　345b〔女性雑誌〕
婦人局　701a〔労働省婦人少年局〕
『婦人倶楽部』　345b〔女性雑誌〕　625c〔身の上相談〕
『婦人グラフ』　566a〔ファッション雑誌〕
『婦人公論』　320c〔主婦論争〕　345b〔女性雑誌〕　604c〔母性保護論争〕
婦人子供専用列車　346b〔女性専用車〕
婦人子供服裁縫教授所　671c〔洋裁〕
婦人雑誌　90a〔おせち〕　690b〔良妻賢母〕
婦人参政権運動　186a〔矯風会〕
婦人参政権獲得期成同盟会　346a〔女性参政権〕
婦人慈善会　526b〔バザー〕
婦人週間　701a〔労働省婦人少年局〕
婦人少年局職員室　701a〔労働省婦人少年局〕
婦人少年室　701a〔労働省婦人少年局〕
『婦人新報』　186a〔矯風会〕
『婦人生活』　345c〔女性雑誌〕
婦人専用電車　346b〔女性専用車〕
婦人束髪会　146a〔髪型〕　395c〔束髪〕
『婦人の世紀』　345c〔女性雑誌〕
『婦人之友』　345b〔女性雑誌〕
婦人標準服　241b〔国民服〕　573b〔服飾〕
婦人服　674c〔洋服〕
『婦人文庫』　345c〔女性雑誌〕
婦人報国運動　575b〔婦人会〕
普請見舞　626a〔見舞〕
婦人連盟　356a〔新婦人協会〕
麩　565a〔麩〕
・襖《ふすま》　**575c**　150a〔唐紙〕　244c〔個室〕　309c〔住居〕　327c〔障子〕　416a〔建具〕　442c〔衝立〕　468a〔戸〕
衾瓦　156b〔瓦葺〕
襖障子　442c〔衝立〕　575c〔襖〕
附籍　315b〔住民票〕
伏籠　221a〔香〕
・布施辰治《ふせたつじ》　**576a**
婦選獲得同盟　346a〔女性参政権〕
豊前火力発電所建設差止訴訟　158c〔環境権〕
婦選三権　346a〔女性参政権〕
扶桑教　575a〔富士講〕
『部族』　552b〔ヒッピー〕
付属街道　40a〔一里塚〕　105c〔街道〕
札　546c〔被官〕　547c〔引札〕
・豚〘ブタ〙《ぶた》　**576a**　45c〔猪〕　86c〔沖縄料理〕　485b〔とんかつ〕　→豚肉
譜代　108c〔抱百姓〕　109a〔家格〕
・舞台《ぶたい》　**576c**　210a〔劇場〕　298a〔芝居小屋〕　582a〔舞踊〕
譜代下人　40c〔一季奉公人〕　138a〔門屋〕　215c〔家抱〕　457a〔手作〕　597b〔奉公人〕
譜代奉公人　215b〔家人〕
二倍織物　95c〔織物〕
二タ子縞　300a〔縞〕
札差　235c〔高利貸〕　256b〔御用達〕
・札所《ふだしょ》　**576c**　595b〔遍路〕
札銭　585a〔振売り〕
二形船　580c〔船〕
豚肉《ぶたにく》　⇨豚(576a)　497c〔肉食〕
札野　192c〔草刈場〕
二軒　515b〔軒〕
二葉亭四迷　676a〔横山源之助〕
二葉幼稚園　595c〔保育所〕
二棟造　589c〔分棟型〕
二村定一　689b〔流行歌〕
・普段着《ふだんぎ》　**577a**　540a〔ハレ・ケ〕
扶持　363b〔助扶持〕　597a〔奉公人〕　675a〔養老扶持〕
扶持米　256b〔御用達〕
・符丁《ふちょう》　**577a**
普通選挙法　346a〔女性参政権〕
物価　344c〔諸色〕
物価高騰　320a〔主婦連合会〕
仏龕　364a〔厨子〕
仏教　124a〔火舎〕　321c〔狩猟〕　328a

へ

ほ

ま

み

む

め

も

や

ゆ

よ

ら

り

る

れ

ろ

わ

ゐ

を

ん

図　版　目　録

本　文　図　版　目　録

図版目録

図版目録

図版目録

口　絵　図　版　目　録

住　居

草戸千軒町遺跡の集落(復元)　広島県立歴史博物館提供

長屋の路地(復元)　深川江戸資料館提供

木挽き職人の住まい(復元)　同前提供

洋室を備えた郊外住宅　外観・室内　江戸東京たてもの園所蔵　東京都歴史文化財団イメージアーカイブ提供

和洋折衷住宅(復元)　東京都江戸東京博物館所蔵　東京都歴史文化財団イメージアーカイブ提供

昭和初期の庶民住宅(復元)　東京都江戸東京博物館所蔵　東京都歴史文化財団イメージアーカイブ提供

同潤会青山アパート　フォトライブラリー提供

戦時下の住まい(復元)　東京都江戸東京博物館所蔵　東京都歴史文化財団イメージアーカイブ提供

戦後の民家　外観・子ども部屋　昭和のくらし博物館提供

常盤平団地全景　1976年(昭和51)撮影　UR都市機構提供

常盤平団地のダイニングキッチン　松戸市立博物館提供

常盤平団地室内の再現　同前提供

生活用具

民家の茶の間　昭和の杜博物館提供

民家の台所　昭和のくらし博物館提供

農家　秋葉家(1857年(安政4)建造)の再現　外観(主屋)・土間・勝手・座敷・納戸　千葉県立房総のむら提供

食　事

古代下級役人の食事(復元)　奈良文化財研究所提供

平城京跡から出土した台所用品　同前提供

調理場　『酒飯論絵巻』より　三時知恩寺所蔵

同　『鼠草子』より　東京国立博物館所蔵　TNM Image Archives 提供

本膳料理　『酒飯論絵巻』より

僧侶の食事　同前

町屋家族の食事　銀雞平時倚『日ごとの心得』(1833年(天保4)序)より

長屋の食事　大蔵永常編『(日用助食)竈の賑ひ』(1830－50年ころ成立)より

僧侶・商人・職人・農家の食事　中台芳昌『老農夜話』(1843年(天保14)成立)より　個人蔵　群馬県立歴史博物館提供

居留地の食事　一川芳員画「横浜異人屋敷之図」(1861年(文久元))より　東京家政学院大学附属図書館大江文庫所蔵

明治時代の家庭の食事　福田琴月『衛生と衣食住』(1911年(明治44)刊)より　個人蔵

『四季料理』　石井泰次郎著，1907年(明治40)刊　国立国会図書館所蔵

『料理の友』1914年(大正3)4月号　表紙・口絵「花見のお重詰」　味の素食の文化センター所蔵

江戸の屋台　歌川広重「東都名所高輪廿六夜待遊興之図」より　神奈川県立歴史博物館所蔵

松坂屋上野店の大食堂　1929年(昭和4)の店内・1931年のお子様ランチの再現　J. フロントリテイリング史料館提供

昭和30年代の大衆食堂(復元)　福井県立歴史博物館提供

1970年(昭和45)出店のすかいらーく1号店　すかいらーく提供

紀ノ国屋　東京都港区青山　紀ノ国屋提供

1968年(昭和43)発売当時のボンカレー　大塚食品提供

1958年(昭和33)発売当時のチキンラーメン　日清食品提供

1971年(昭和46)発売当時のカップヌードル　同前提供

近現代の服飾

文官(勅任官)大礼服　1886年(明治19)改正　大槻文彦着用　一関市博物館所蔵

宮内高等官(勅任官)大礼服　1884年(明治17)制定　岡玄卿着用　一宮市博物館所蔵

有爵者(伯爵)大礼服(1884年(明治17)制定，上杉茂憲着用)・マント＝ド＝クール(上杉兼着用)　個人蔵　米沢市(上杉博物館)提供

陸軍正装　歩兵少佐　1912年(明治45)改正　東京家政大学博物館所蔵

海軍正装　少将　1904年(明治37)改正　寺田祐次着用　一宮市博物館所蔵

陸軍軍服　大将　1886年(明治19)改正　山県有朋着用　山県有朋記念館所蔵

図版目録

陸軍軍服　1905年(明治38)改正　明治天皇着用　明治神宮所蔵

海軍一種服　中将　今村信次郎着用　個人蔵

海軍二種服　航空科准士官　個人蔵

税関職員制服(複製)　1871年(明治4)制定　横浜税関資料展示室所蔵

郵便配達夫制服(複製)　1872年(明治5)－80年　郵政博物館所蔵

鉄道員制服(複製)　車長　1872年(明治5)制定　鉄道博物館所蔵

法服　地方裁判所・区裁判所判事　1890年(明治23)制定　東京家政大学博物館所蔵

税務職員制服(複製)　1900年(明治33)制定　税務大学校租税史料室所蔵

警察官制服　巡査部長　1908年(明治41)－35年(昭和10)　警視庁参考室所蔵

フロックコート　一宮市博物館所蔵

モーニングコート　同前所蔵

背広(ラウンジスーツ)　同前所蔵

トンビ(二重回し)　同前所蔵

日本赤十字社の制服　最初の看護衣(1892年(明治25)ころ)・救護看護婦制服(1899年(明治32)制定)・救護医員制服(明治末期)　日本赤十字社所蔵

三越ポスター「諒闇」　1912年(大正元)10月　三越伊勢丹所蔵

明治時代の女学生(複製)　風俗博物館所蔵

明治時代の書生(複製)　トンボ所蔵

帝国大学学生服(複製)　1886年(明治19)採用　同前所蔵

平安女学院セーラー服(複製)　1920年(大正9)採用　同前所蔵

福岡女学院セーラー服(複製)　1921年(大正10)採用　同前所蔵

紋付羽織袴と黒振袖の婚礼衣装　1935年(昭和10)ころ　東京家政大学博物館所蔵

女性の婚礼衣装一式　同前所蔵

銘仙の着物　昭和初期　同前所蔵

ワンピース　大正から昭和初期　同前所蔵

髙島屋デパートガール　1932年(昭和7)開店当時の南海店　髙島屋史料館所蔵

長着　ソメコギン　アミューズミュージアム所蔵　青森県立郷土館提供

ねんねこ半纏　昭和のくらし博物館所蔵

仕事着　半纏(刺し子・南部菱刺し)　東京家政大学博物館所蔵

国民服　甲号・乙号　1940年(昭和15)制定　個人蔵

戦時中の女性の服装　昭和のくらし博物館所蔵

モンペ　高岡市立博物館所蔵

警察官制服　男性(1968年(昭和43)改正)・女性(1976年改正)　警視庁参考室所蔵

消防官制服　男性(1946年(昭和21)－50年)・女性(1973年－90年(平成2))　消防博物館所蔵

刑務官制服　1971年(昭和46)－83年　法務省矯正研修所所蔵

受刑者の衣服　1964年(昭和39)改正　法務省矯正研修所所蔵

郵便局員制服　1971年(昭和46)－87年　郵政博物館所蔵

JR東日本駅員制服　男性(1988年(昭和63)－2002年(平成14))・女性(1991年－2003年)　鉄道博物館所蔵

大衆文化

並木路子・霧島昇「リンゴの唄」(レコード盤のラベル)　1946年(昭和21)リリース　日本コロムビア提供

映画ポスター「七人の侍」　1954年(昭和29)公開

丸の内ピカデリー劇場　1949年(昭和24)撮影　朝日新聞社提供

長谷川町子『サザエさん』第1巻　1946年(昭和21)連載開始，姉妹社発行　©長谷川町子美術館

『週刊少年マガジン』1959年(昭和34)3月26日号(創刊号)　講談社

『週刊少年サンデー』1959年4月5日号(創刊号)　小学館

街頭テレビに群がる人々　1954年(昭和29)撮影　読売新聞社提供

アニメ「鉄腕アトム」　手塚治虫原作，1963年(昭和38)フジテレビで放映開始　©手塚プロダクション・虫プロダクション

ドラマ「うちのママは世界一」　原題はThe Donna Reed Show，1959年(昭和34)フジテレビで放映開始

ファミコンで遊ぶ子ども　1986年(昭和61)撮影　共同通信社提供

石原慎太郎『太陽の季節』　1956年(昭和31)初版　新潮社

松本清張『点と線』　1958年(昭和33)初版　光文社

『an·an』1972年(昭和47)2月20日号　平凡出版(現マガジンハウス)

『平凡パンチ』1964年(昭和39)4月創刊号　同前

日立ポンパ号　鉄道博物館提供

ジュリアナ東京　1994年(平成6)撮影　朝日新聞社提供

日本生活史辞典

木村茂光・安田常雄
白川部達夫・宮瀧交二【編】

吉川弘文館

住　居

多くの人々が集住する町場・都市には，現在の「集合住宅」の原型ともいえるような生活空間が古くから形成されていた．町場に暮らす職人などの住まいの場合，中世の草戸千軒町遺跡（広島県福山市）の集落では個々の家屋が密集しているが，近世には一棟の細長い建物を区切って住居とした長屋が建てられた．近代に導入された西洋建築は，徐々に上流から中流階層の住宅に用いられるようになったが，多くの庶民は，長屋の延長線上にある木造住宅で生活した．現在も一般的な鉄筋コンクリート造のアパートやマンションは，関東大震災での木造家屋の火災被害を契機とし，さらに戦後の住宅不足に伴って普及していった．

草戸千軒町遺跡の集落（復元）　広島県福山市に所在する鎌倉から室町時代の港町･市場町の集落遺跡．手前には物売り小屋が見え，その奥に町家と番匠の作事場が並ぶ様子が復元されている．町家に暮らすのは鍛冶・足駄づくり・塗師といった職人だった．　広島県立歴史博物館提供

長屋の路地（復元）
深川江戸資料館提供

木挽き職人の住まい
（復元）　同前提供

〈江戸の長屋〉

江戸の町の庶民が暮らす長屋．表通りには商家が並んで賑わい，その裏側には零細な行商人や職人などが借り住まいをしていた．長屋の大家と，店借する職人たち（店子）との関係は親子になぞらえられていた．

洋室を備えた郊外住宅 （上）外観 （左）室内 1925年（大正14）東京都大田区田園調布に建設された大川邸. 江戸東京たてもの園所蔵 東京都歴史文化財団イメージアーカイブ提供

〈西洋建築の導入〉

近代に導入された西洋建築の技法は，上流階級の邸宅から徐々に中流の人々の住宅に取り入れられていった．大正期には郊外住宅地の開発が始まり，東京都の田園調布ははじめての計画的な開発地として知られる．関東大震災の火災によって木造住宅の密集地が危険視されるようになると，住宅の郊外化が一層進んだ．昭和初期にかけて，和洋の建築・間取りを取り入れた住宅が登場した．

和洋折衷住宅（復元） 昭和10年代の住宅．向かって左側の部屋は，窓際にソファー，奥に椅子とテーブルやストーブの設えられた洋室．右側は，障子のある畳敷の和室．
東京都江戸東京博物館所蔵 東京都歴史文化財団イメージアーカイブ提供

〈大正から昭和初期の住宅〉

大正から昭和初期においても庶民の多くは長屋に暮らしていた．水道やガスは普及しておらず，外で水汲みや火おこしをするため台所は路地に面して造られた．こうした木造住宅は関東大震災での火災の被害が甚だしく，その後の復興では耐火性に優れた住宅の供給が目指された．震災後に建設された同潤会アパートは，鉄筋コンクリート造，水道・ガス・電気や水洗便所などの設備をもち，人々の憧れの的となった．

昭和初期の庶民住宅（復元） 東京都中央区にあった長屋． 東京都江戸東京博物館所蔵 東京都歴史文化財団イメージアーカイブ提供

同潤会青山アパート 1926年（昭和元）—27年に東京都渋谷区に建設されたアパートメントハウス． フォトライブラリー提供

戦時下の住まい（復元）
東京都江戸東京博物館所蔵
東京都歴史文化財団イメージアーカイブ提供

〈戦時中の暮らしと戦後の住宅供給〉
アジア・太平洋戦争に突入すると庶民生活も空襲や物資不足に対応し，爆撃によるガラスの飛散を防ぐため窓にテープで目張りをする，一升瓶に入れた玄米を棒で搗いて精米するなどの工夫が見られた．戦後復興の中では住宅不足の解消が課題となり，1950年代から住宅金融公庫による融資や日本住宅公団による住宅の供給が進められた．

戦後の民家　（右）外観　（下）子ども部屋　住宅金融公庫の融資を受けて東京都大田区に建設された小泉家住宅．　昭和のくらし博物館提供

常盤平団地全景　1976年（昭和51）撮影　UR都市機構提供

〈団地の普及〉

1950年代より，ダイニングキッチンなどの内装を備えた集合住宅が「団地」と呼ばれて人気となり，高度経済成長を経て全国に普及していく．入居者の多くは都市通勤型の新中間層の核家族であり，「団地族」と呼ばれた．千葉県松戸市に所在する常盤平団地は日本住宅公団により建設され，1960年（昭和35）に入居を開始した．

常盤平団地のダイニングキッチン　松戸市立博物館提供

室内の再現　同前提供

生活用具

ここでは戦後の民家と上総地方の農家を例として，いくつかの部屋を取り上げ，生活用具の名称を示した．項目として立てられているものには，（　）内に該当ページを示した．

〈民　家〉

茶の間　昭和の杜博物館提供

台所　昭和のくらし博物館提供

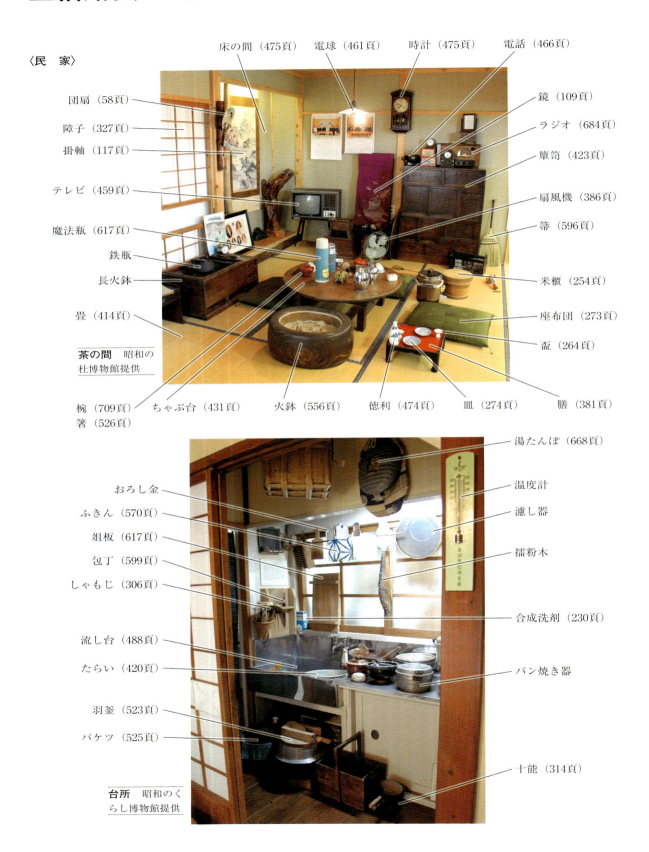

〈農　家〉
千葉県大網白里市の秋葉家（1857年（安政４）建造）の再現　千葉県立房総のむら提供

外観（主屋）

土　間

お櫃入れ
鉄鍋
炭入れ
茣蓙（242頁）
囲炉裏（49頁）
勝　手

神棚（147頁）
札入れ
鴨居（148頁）
障子（327頁）
敷居（283頁）
長火鉢
仏壇（577頁）
座　敷

車長持
蒲団（579頁）
箱枕
行李（235頁）
長持（489頁）
納　戸

食　事

日本では古代以来，飯・汁・菜を基本構成とする食事が形成されていた．中世の上流階級の饗応では，飯・汁のほか複数の副菜が供された．一方，近世の絵画には町人・農民の家族が共食する様子が見えており，こうした庶民の日常食では，麦や雑穀の飯に野菜を中心とした簡素なおかずが副えられた．自家で作る食事のほか，近世後期以降の都市では外食文化が広まった．近代以降，牛・豚肉も多用する西洋料理がもたらされ，その後，大正から昭和初期にかけてコロッケやトンカツといった洋食が，都市部の一般家庭の食卓にも定着する．戦後は，女性の社会進出，保存技術と流通網の発達が進み，外部で調理された食品を購入することも一般的となった．

〈古代の都の食事〉
平城京跡からは杯・高杯・碗などの食器や，煮炊きのための移動式の竈や甑，貯蔵のための甕などが発見されている．こうした出土遺物を手がかりに，平城京に勤務した役人の食事を復元することができる．膳の手前にある塩で調味しながら，木製の匙を用いて食べた．

古代下級役人の食事（復元）
奈良文化財研究所提供

平城京跡から出土した台所用品　同前提供

『酒飯論絵巻』に見える調理場　三時知恩寺所蔵　伊藤信博他編『「酒飯論絵巻」影印と研究』（2015，臨川書店）に収録

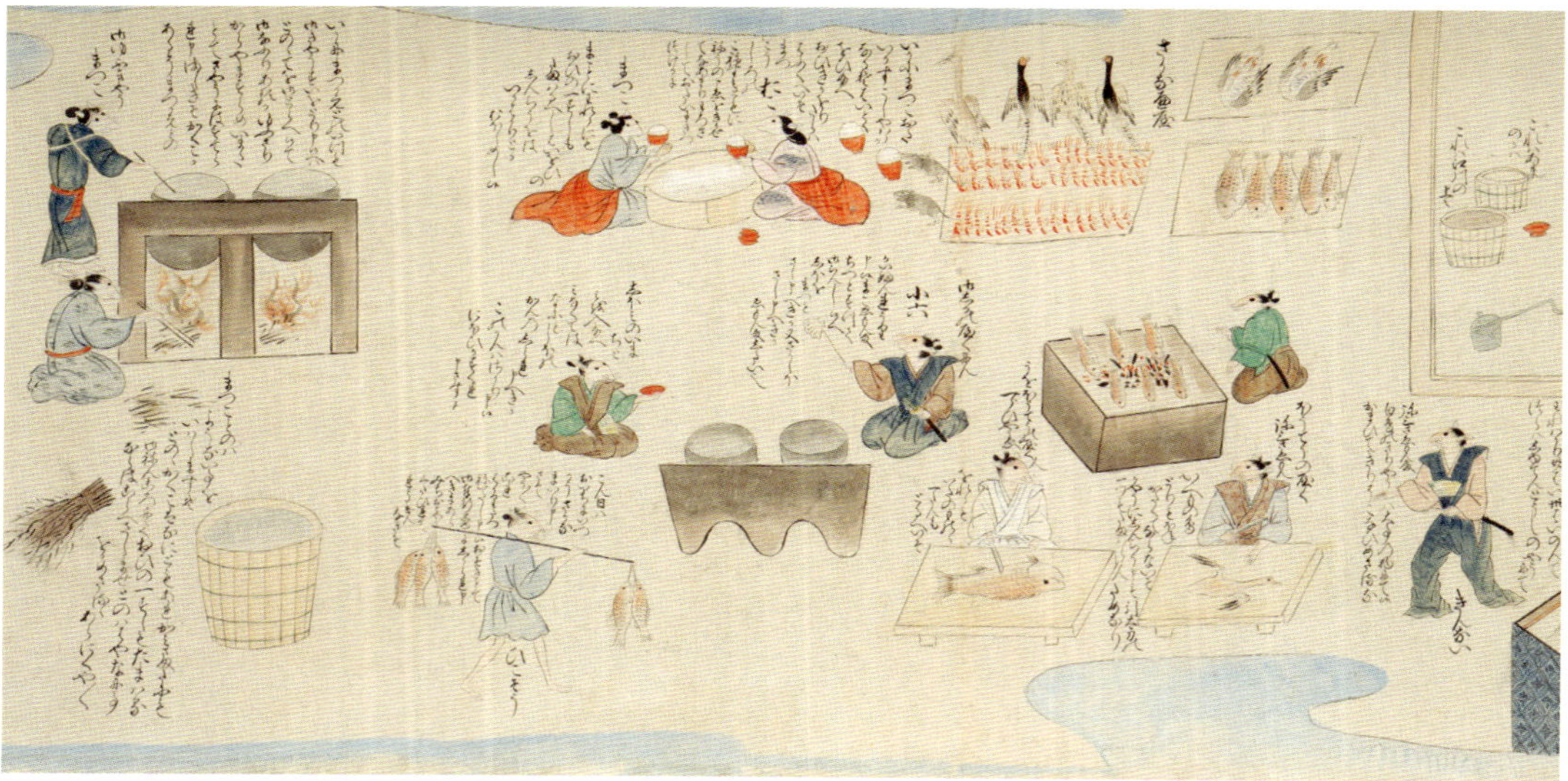

『鼠草子』に見える調理場　東京国立博物館所蔵　TNM Image Archives提供

〈中世の調理風景〉

上図はいずれも室町時代の絵巻で，『酒飯論』には武家屋敷での饗応，『鼠草子』には婚礼の準備をする台所が描かれ，魚鳥の庖丁式，茶の湯や酒の準備など中世の上流階級の饗応の様子がうかがえる．この時代，調理の担い手は専業の男性料理人であった．

〈食事風景〉

室町時代に成立した銘々膳による本膳料理形式は，饗応食の形式として江戸時代後期には各階層に広がった．庶民の日常食においても銘々に膳が配され，食事をしている様子が見られる．幕末以降，西洋料理が導入され，洋式の食事スタイルが取り入れられるようになった．明治時代には座卓を囲み，洋食器を使って食事をする家族の様子が見られる．

本膳料理　『酒飯論絵巻』より

僧侶の食事　同前

町屋家族の食事　銀雞平時倚『日ごとの心得』（1833年（天保４）序）より

長屋の食事　大蔵永常編『（日用助食）竈の賑ひ』（1830―50年ころ成立）より

僧侶・商人・職人・農家の食事　中台芳昌『老農夜話』（1843年（天保14）成立）より　個人蔵　群馬県立歴史博物館提供　佐藤常雄他編『日本農書全集』71に収録

居留地の食事　一川芳員画「横浜異人屋敷之図」（1861年（文久元））より
東京家政学院大学附属図書館大江文庫所蔵

明治時代の家庭の食事　福田琴月『衛生と衣食住』（1911年（明治44）刊）より　和洋折衷のライフスタイルがうかがえ，和服，座卓におひつ，ナイフ・フォークを使った料理などが見える．　個人蔵

『**四季料理**』 石井泰次郎著，1907年（明治40）刊
国立国会図書館所蔵

〈家庭料理書〉

近代に入ると，江戸時代までの男性料理人を対象とした料理書とは異なり，一般の主婦向けのものが登場し，特に明治後期以降，盛んに刊行された．家庭の日常食を取り上げ，経済や栄養を意識した実用的な内容が盛り込まれていた．

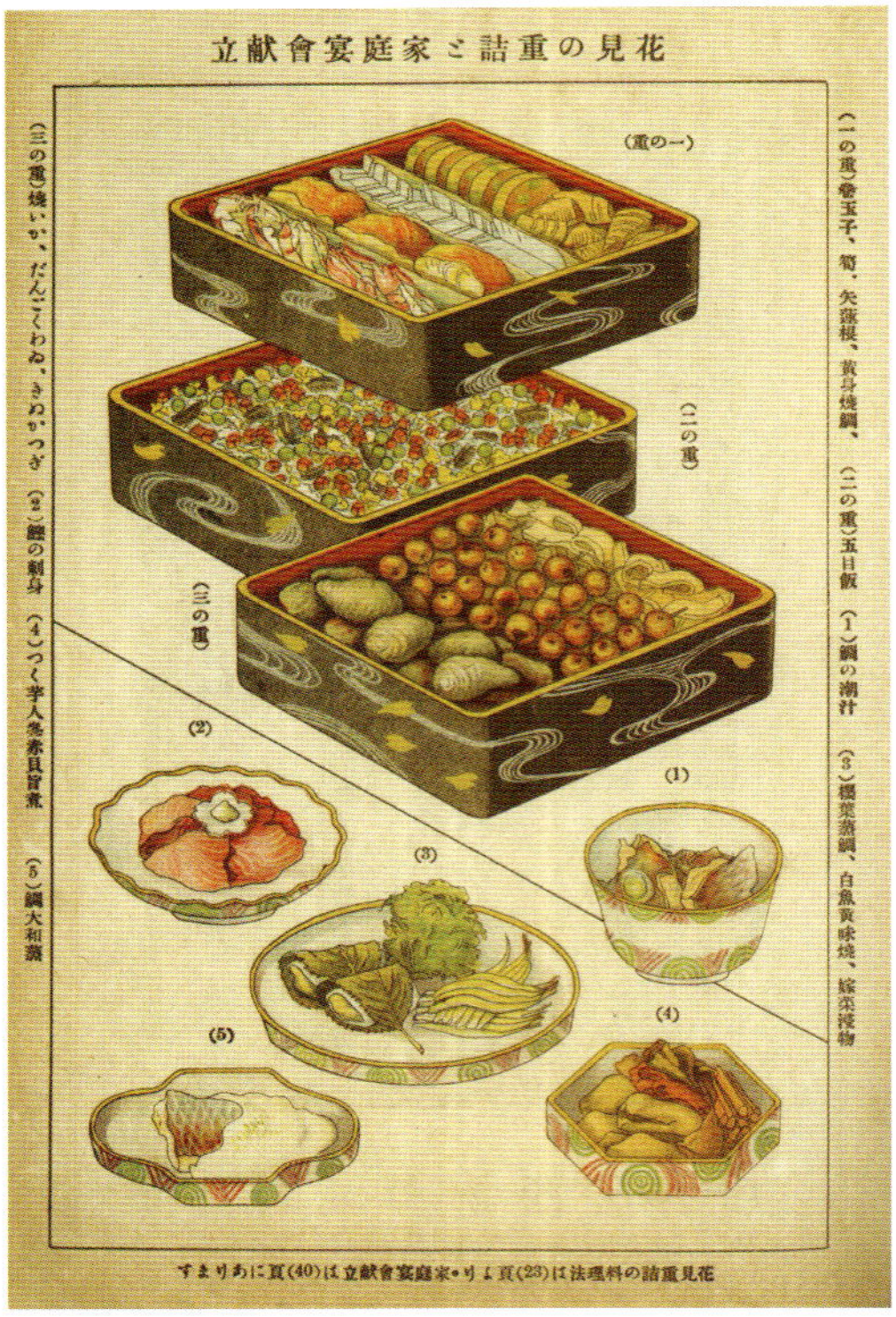

『**料理の友**』1914年（大正３）４月号 （上）表紙 （左）口絵「花見のお重詰」 1913年大日本料理研究会が創刊した中流階層の主婦向けの月刊料理雑誌． 味の素食の文化センター所蔵

江戸の屋台　歌川広重「東都名所高輪廿六夜待遊興之図」より
神奈川県立歴史博物館所蔵

松坂屋上野店の大食堂　（上）
1929年（昭和４）の店内　（右）
1931年のお子様ランチの再現
J.フロントリテイリング史料館提供

〈外食の普及〉

鮨・天ぷら・そば・団子など屋台での食事は江戸の庶民にとって身近なものであった．明治時代以降，テーブルと椅子が並ぶ洋式の食堂が百貨店内に設置され始める．それらは高級な店であったが，大正から昭和にかけて安価な一膳めし屋が登場し，やがて大衆食堂と呼ばれるようになる．「丼」「定食」など多様なメニューを提供し，外食を日常化させた．1970年代からファミリーレストランが続々と開店．マイカーの普及と相まって，家族で気軽に訪れ，外食を楽しめるようになった．

1970年（昭和45）出店のすかいらーく１号店　東京都府中市　すかいらーく提供

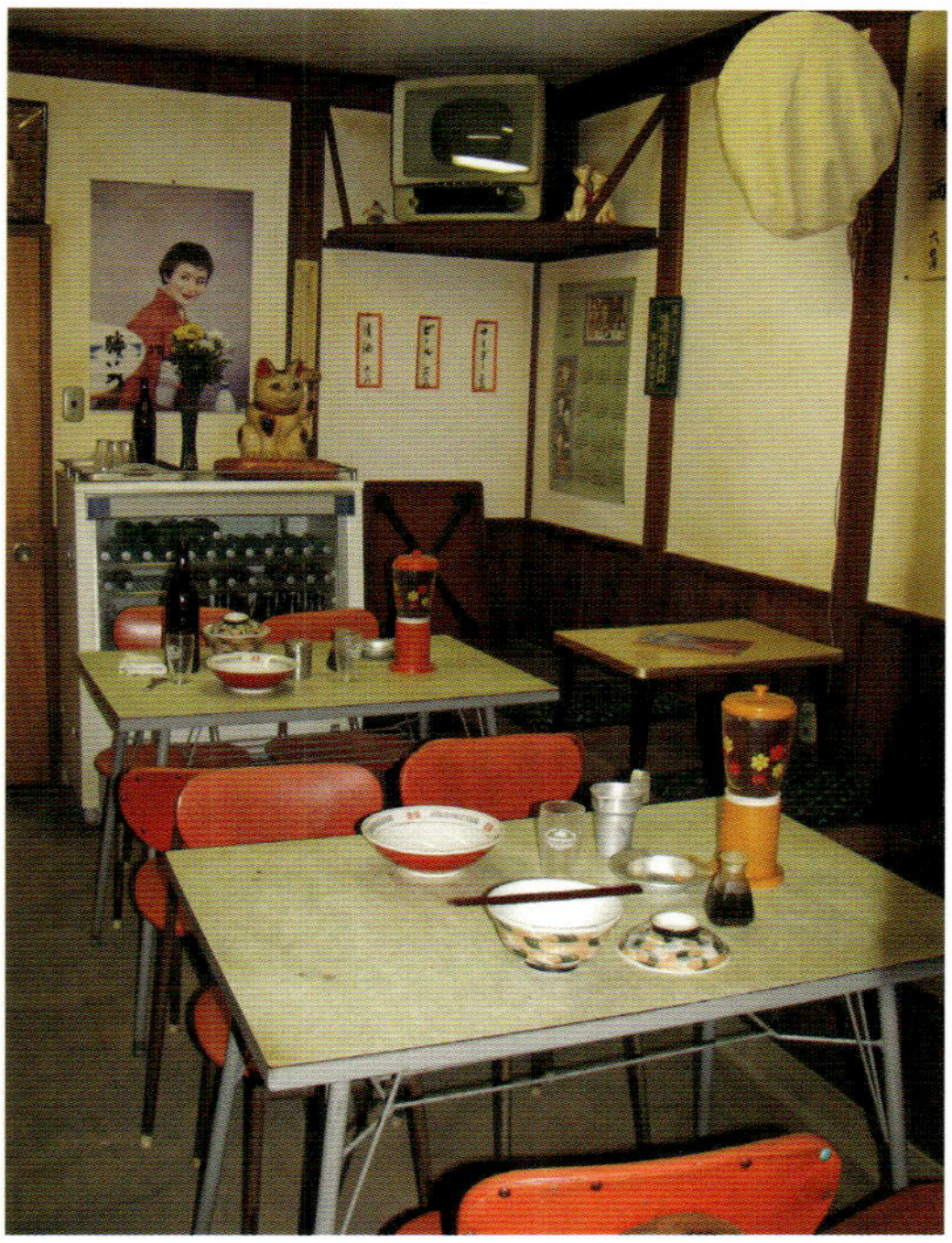

昭和30年代の大衆食堂（復元）
福井県立歴史博物館提供

紀ノ国屋　東京都港区
青山　紀ノ国屋提供

〈流通の変化と食の外部化〉

冷凍技術とモータリゼーションの発達は，産地・消費地を問わず大量の食材の流通・購入を可能にした．さらに，女性の社会進出を背景に家事の省力化が進み，冷凍食品・レトルト食品・インスタント食品が普及した．1953年（昭和28）には日本初のセルフサービス方式のスーパーマーケット紀ノ国屋が開店．スーパーマーケットは高度経済成長の後半期に急増し，生鮮食品・加工品・日用品など多様な商品を提供するようになった．

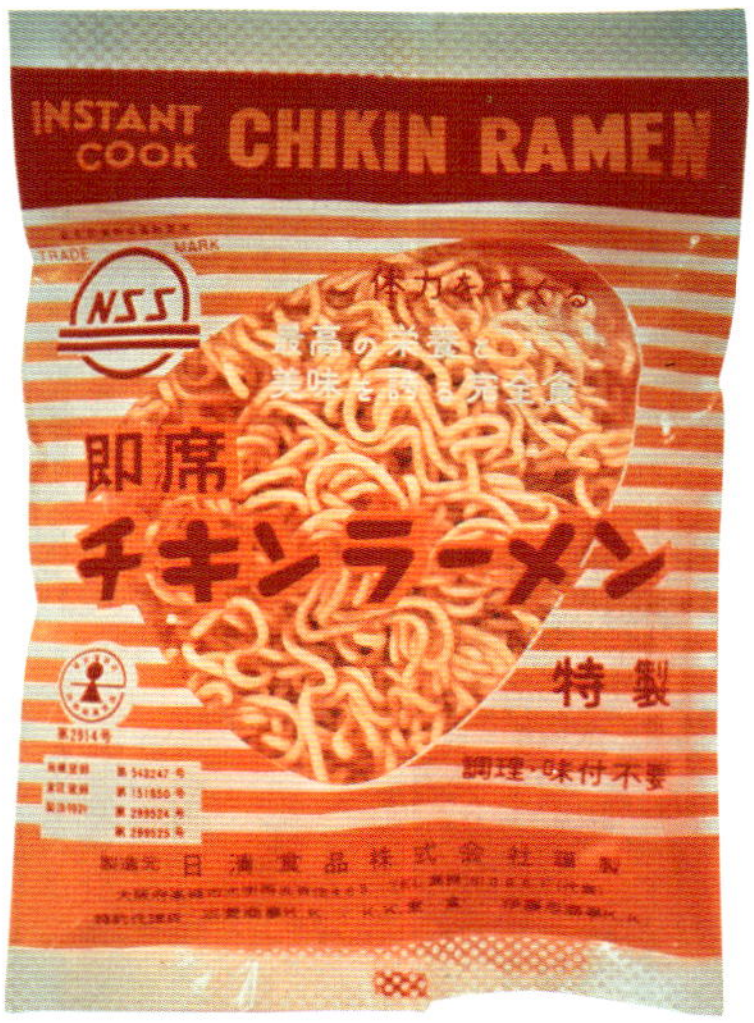

1958年（昭和33）発売当時のチキンラーメン　日清食品提供

1971年（昭和46）発売当時のカップヌードル　日清食品提供

1968年（昭和43）発売当時のボンカレー　大塚食品提供

近現代の服飾

日本の洋装化に制服がはたした役割は大きい．明治初期に陸軍と海軍の制服や，官僚が公式儀礼の場で着る大礼服などに洋服が採用された．男性は旧制中学校に進学すると詰襟学生服に袖を通し，陸海軍に入隊すると軍服を着用した．女性の洋装化は遅れ，大正末期に高等女学校や職業婦人たちの制服に洋服が導入された．昭和初期でも洋服姿は都市に限られ，地方では礼装を含めて和服姿がほとんどであった．太平洋戦争中には，男性の国防色の制服や女性のモンペ姿が多く見られた．戦後は洋装ブームや下着革命が起こり，男女とも和服姿が減少した．また女性が各種職業に就けるようになり，警察官・刑務官・消防官・駅員などの制服に女性用が加わった．（刑部　芳則）

〈大 礼 服〉

文官（勅任官）大礼服　1886年（明治19）改正　大槻文彦着用　一関市博物館所蔵

（左）有爵者（伯爵）大礼服　1884年（明治17）制定　上杉茂憲着用　**（右）マント＝ド＝クール**　上杉兼着用　個人蔵　米沢市（上杉博物館）提供

宮内高等官（勅任官）大礼服　1884年（明治17）制定　岡玄卿着用　一宮市博物館所蔵

〈軍　服〉

（右）陸軍正装　歩兵少佐　1912年（明治45）改正　襟章と袖章の緋色は歩兵科を示す．　東京家政大学博物館所蔵

（左）海軍正装　少将　1904年（明治37）改正　寺田祐次着用　昭和初期　一宮市博物館所蔵

陸軍軍服　1905年（明治38）改正　明治天皇着用　左から外被，軍衣上衣，外套，略帽．軍衣と外套の肩章（陸軍大将）で階級を示した．1922年（大正11）の改正まで軍衣・外套の袖・ズボンの側線には緋色を入れた．明治天皇は肋骨服を好んだ．　明治神宮所蔵

陸軍軍服　大将　1886年（明治19）改正　山県有朋着用　釦の紐飾りが人間のあばら骨に似ていることから肋骨服とも呼ばれた．袖章の左右円を三段に重ねる階級線は将官に限られる．５本線で少将，６本線で中将，７本線で大将を示した．山県有朋記念館所蔵

〈明治期の職業の制服〉

税関職員制服（複製）1871年（明治4）制定　横浜税関資料展示室所蔵

海軍一種服　中将今村信次郎着用　1919年（大正８）から将校冬服の階級を示す袖章に加えて襟章をつけた．　個人蔵

郵便配達夫制服（複製）１８７２年（明治５）—80年　郵政博物館所蔵

海軍二種服　航空科准士官　1900年（明治33）に将校夏服の階級を示す袖章が肩章へと変わった．　個人蔵

税務職員制服(複製) 1900年（明治33）制定　税務大学校租税史料室所蔵

鉄道員制服(複製) 車長　1872年（明治5）制定　鉄道博物館所蔵

警察官制服　巡査部長　1908年（明治41）—35年（昭和10）警視庁参考室所蔵

法服　地方裁判所・区裁判所判事　1890年（明治23）制定　東京美術学校教員の黒川真頼が古代官服を参考にデザインした．法服の桐唐草は，判事は紫，検事は赤．桐紋の数は，大審院7個，控訴院5個，地方裁判所・区裁判所3個である．93年制定の弁護士の法服は白唐草で桐紋がない．　東京家政大学博物館所蔵

〈一般男性の洋装〉

モーニングコート

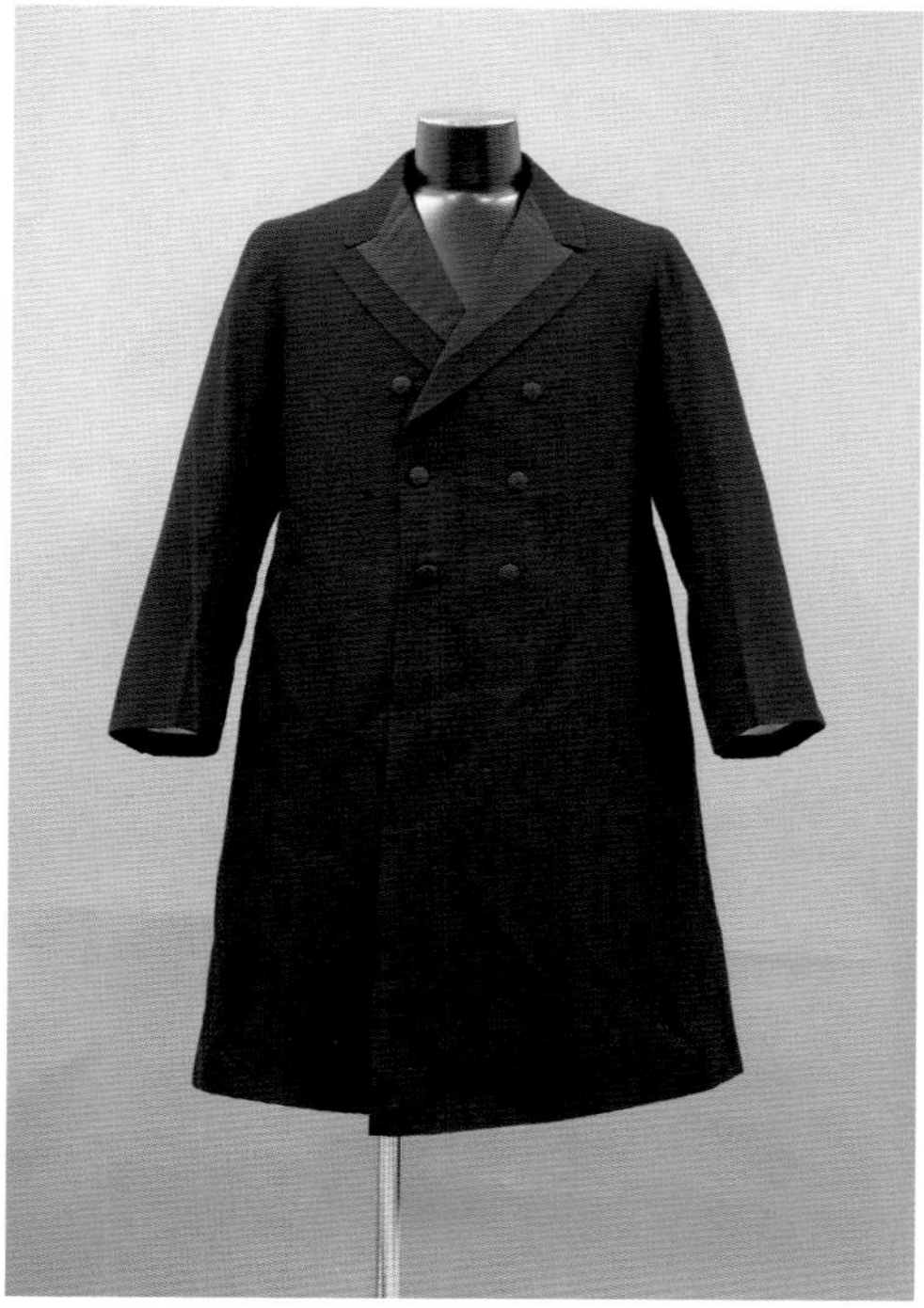

フロックコート

トンビ（二重回し）

背広（ラウンジスーツ）

この頁の画像は一宮市博物館所蔵

救護医員制服　明治末期　この制服は男性が着る．

救護看護婦制服　1899年（明治32）制定

最初の看護衣　1892年（明治25）ころ

日本赤十字社の制服　日本赤十字社所蔵

明治時代の女学生（複製）　高等女学校では，束髪にリボン，矢絣の着物に海老茶や紫色の袴を着る生徒が多かった．ほとんどが下駄を履き，革靴姿は少ない．　風俗博物館所蔵

三越ポスター「諒闇」　1912年（大正元）10月　右側の女性は束髪に振袖姿で日傘をさし，左側の子供は桃割に袴姿である．明治天皇の崩御後のため，両者の胸には喪中を示す黒の蝶リボンがついている．　三越伊勢丹所蔵

〈明治から大正の学生服〉

(右)明治時代の書生（複製）
(左)帝国大学学生服（複製）　1886年（明治19）採用　詰襟5個釦の制服は，旧制高等学校や旧制中学校でも採用され，全国的に学生服として普及した．

（右）平安女学院セーラー服（複製）　1920年（大正9）採用
（左）福岡女学院セーラー服（複製）　1921年（大正10）採用　女子高生のセーラー服の起源である福岡女学院の制服は，教諭エリザベス＝リーの発案による．昭和初期にはほとんどの高等女学校でセーラー服を採用した．

この頁の画像はトンボ所蔵

〈大正から昭和の一般女性の服装〉

（右）紋付羽織袴と黒振袖の婚礼衣装　1935年（昭和10）ころ　東京家政大学博物館所蔵
（下）女性の婚礼衣装一式　右上より時計回りに，襦袢（半衿付），振袖（下着），同（上着），丸帯，扱帯，帯締，帯揚げ，末広，筥迫．　同前所蔵

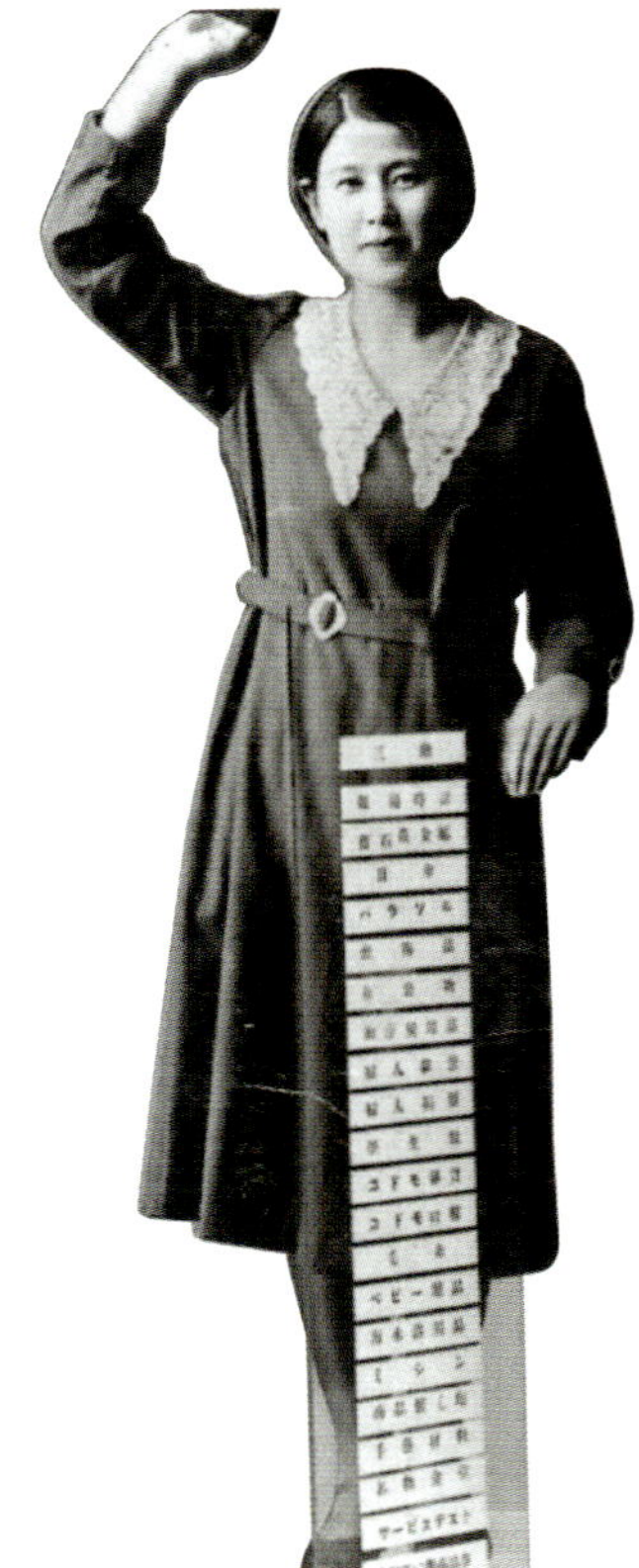

髙島屋デパートガール　1932年（昭和７）開店当時の南海店　髙島屋史料館所蔵

ワンピース　大正から昭和初期　同前所蔵

銘仙の着物　昭和初期　同前所蔵

〈農村の仕事着〉

長着　ソメコギン　アミューズミュージアム所蔵　青森県立郷土館提供

ねんねこ半纏　昭和のくらし博物館所蔵

仕事着　（右）半纏（刺し子）（左）半纏（南部菱刺し）　東京家政大学博物館所蔵

〈戦時中の庶民の服装〉

国民服　（右）甲号　（左）乙号
1940年（昭和15）制定　個人蔵

戦時中の女性の服装　昭和のくらし博物館所蔵

モンペ　高岡市立博物館所蔵

〈昭和以降の職業の制服〉

刑務官制服　1971年（昭和46）—83年　法務省矯正研修所所蔵

警察官制服　（左）男性　1968年（昭和43）改正　（右）女性　1976年改正　警視庁参考室所蔵

受刑者の衣服　1964年（昭和39）改正　法務省矯正研修所所蔵

消防官制服　（左）男性　1946年（昭和21）—50年　（右）女性　1973年—90年（平成２）　消防博物館所蔵

JR東日本駅員制服　（左）男性　1988年（昭和63）—2002年（平成14）（右）女性　1991年—2003年　鉄道博物館所蔵

郵便局員制服　1971年（昭和46）—87年　郵政博物館所蔵

大衆文化

戦後復興のなか，庶民の生活に密着した大衆文化として流行歌や映画が一大産業となった．雑誌や漫画も庶民の手軽な娯楽であった．1953年（昭和28）にテレビ放送が開始され，人々は街頭テレビの前に集まり，スポーツ観戦を楽しんだ．やがて各家庭にテレビが普及すると，アメリカのホームドラマに映し出される欧米の生活様式が日本の人々の憧れの的となった．テレビから生み出されたアニメやゲームなどの文化も広まり，今や世界中から人気を集めている．50年代からは大衆小説がベストセラーとして知られるようになる．高度経済成長期には生活に経済的・時間的な余裕が生まれ，旅行・レジャー産業が活発化した．80年代後半にはバブル景気が起こり，高級ブランド品やディスコでの遊興に散財する風潮も見られた．

黒沢明監督，三船敏郎主演の映画「七人の侍」 1954年（昭和29）公開

戦後初のヒット曲となった並木路子・霧島昇「リンゴの唄」（レコード盤のラベル） 1946年（昭和21）リリース
日本コロムビア提供

観客が行列をつくる丸の内ピカデリー劇場 1949年（昭和24）撮影
東京都千代田区　朝日新聞社提供

長谷川町子『サザエさん』第１巻　1946年（昭和21）連載開始，姉妹社発行．戦後の庶民生活を描いた漫画．終戦直後のヤミ市や引き揚げ，やがては高度経済成長期の新幹線や東京タワーなど，社会状況を写し取った記録でもある．　©長谷川町子美術館

（右）『**週刊少年マガジン**』1959年（昭和34）３月26日号（創刊号）講談社　**（左）**『**週刊少年サンデー**』1959年４月５日号（創刊号）　小学館　朝潮・長嶋茂雄など，当時人気を博した力士やスポーツ選手が表紙を飾った．

新橋駅前の街頭テレビに群がる人々　1954年（昭和29）撮影　東京都港区　プロレス日本選手権争奪の力道山・木村戦を観戦している．　読売新聞社提供

アニメ「鉄腕アトム」　手塚治虫原作，1963年（昭和38）フジテレビで放映開始．　©手塚プロダクション・虫プロダクション

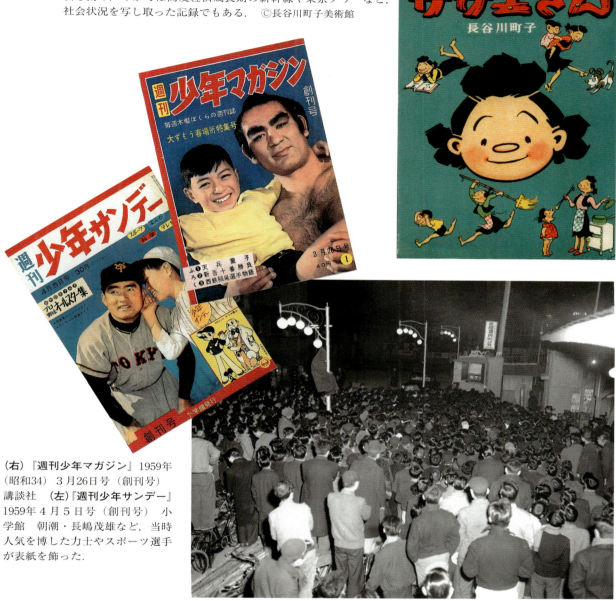

ドラマ「うちのママは世界一」 原題はThe Donna Reed Show. 1959年（昭和34）フジテレビで放映開始. 日本の人々はホームドラマに見るアメリカの生活スタイルに憧れ，のちにダイニングキッチンや家電が普及するきっかけとなった.

石原慎太郎『太陽の季節』 1956年（昭和31）初版　新潮社　発行と同年に映画化され，作品に影響を受けて湘南海岸に群れる若者は「太陽族」と呼ばれた.

ファミコンで遊ぶ子ども　1986年（昭和61）撮影　共同通信社提供

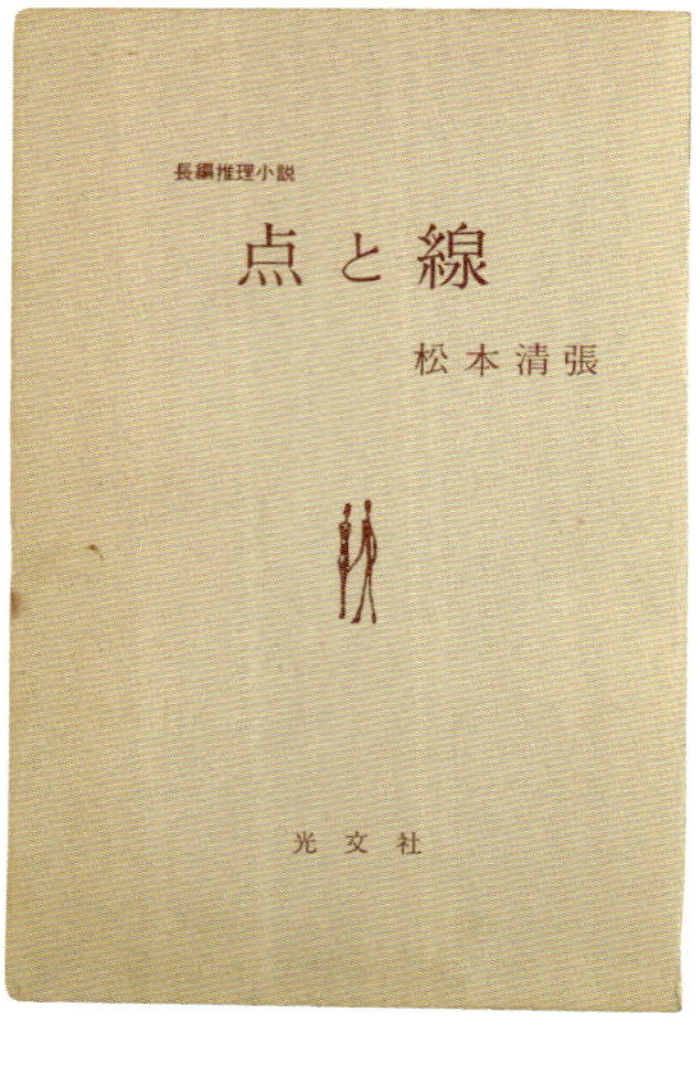

松本清張『点と線』 1958年（昭和33）初版　光文社　1957年から雑誌『旅』に連載. 列車の時刻表を手がかりとした長編推理小説で，のちに映画・ドラマ化もされた.

『平凡パンチ』1964年（昭和39）４月創刊号　同前
都市部の若い男性向けに流行の情報などを発信し，消費意欲をかきたてた．

国内旅行を特集した『an·an』 1972年（昭和47）２月20日号
平凡出版（現マガジンハウス）
『an·an』『non-no』に代表されるファッション雑誌を片手に一人旅を楽しむ女性は「アンノン族」と呼ばれた．

日立ポンパ号　1970年（昭和45）に開始されたディスカバー＝ジャパンのキャンペーンで全国を走行．　鉄道博物館提供

ジュリアナ東京　1994年（平成６）撮影　東京都港区芝浦に所在し，一世を風靡したディスコ．　朝日新聞社提供

序

二十一世紀に入り、十数年が経過したが、日々加速度的に世の中が変化し続けていることは誰しもが感じるところであろう。とくに近年の情報・コミュニケーション環境の激変は、二十世紀後半と比較しても、目をみはるものがある。手許の端末から世界中の情報を瞬時に入手できる環境は、われわれの生活のありようにも大きな影響を与えている。

このような環境の変化は、当然、私たちの日常生活にも及んでいる。輸送技術や保存技術の発達によって、どこでもいつでも同一の農産物や海産物を手に入れることができるようになった。また、全国的な都市化の進行の中で、マンションなどの建築が普及し、居住形態の均一化も進んでいる。これらは一例に過ぎず、私たちの日常生活そのものの均一化が進行しているといえよう。日常生活で起っていることのような傾向は、私たちの生活の中の季節感や地域性を徐々に喪失させつつあることは間違いない。

生活環境の変化の中でも、私たちの日々の生活は続けられているが、その変化の早さもあって、私たちは私たちの周囲でなにがどのように変化しているのか、実感としてとらえられない状況も生まれている。私たちの身の回りにあることがらが、どのような背景で成立し、現代に続いてきたのか。そして、

いま、どのように変化しつつあるのかなどについて、立ち止まって考える機会が少なくなってきている。当然のことながら、その結果として、私たちはそれらが、いつ、どのようにしてできてきたのかなど、ことがらの来歴を、改まって説明するのが意外に難しくなってきていると思われる。

このような生活環境の変化が激しい時期だからこそ、これまでの日本人の生活の歴史的経緯を見つめ直すことは、これからも絶え間なく変わりゆく生活のかたちに対応していくためにも重要な機会だと考える。本辞典はこのような背景のもとで企画された。その企図を実現するため、原始・古代から近現代に至るまでの日常生活に関わる、とくに重要と思われる項目を選び編成した。

「生活史」の示す範囲は広く、多様であるが、本辞典では民衆・市民の視点を重視しつつ、日々の生活に欠かせない衣・食・住を中心に項目を設定し、また労働、遊び、環境などにも目を配って、日本人の生活の基盤がどのように形づくられてきたのか、そして、いま、どのように変化しようとしているのかを単なる現象としてではなく、原始・古代から現代まで歴史的に把握できることを意図して編集している。「もの」・「こと」の始まりだけでなく、時代や地域によっていかなる特徴があり、それがいかに生活に影響を与えたのか、そしてさらに、時代の中でいかなる変化を受けたのかを重視して記述している。個々の項目は小さな歴史かもしれないが、全体を集成することで、日本人が経験してきた生活文化の大きな歴史を明らかにすることができると考えている。

幅広い分野にまたがる生活史について、辞典として一書を編むには、日本史以外の民俗学・考古学・建築学・家政学など隣接諸分野との協業による部分が大きかった。その意味で、本辞典は「生活史」に

関する先端研究の学際的協業としての性格を兼ね備えることができたと自負している。

この辞典が研究者のみならず、学校教育や社会教育の場で広く活用され、現在の私たちの生活文化が成り立ってきた歴史的背景を認識し、みずからの足元を確認する手がかりとなるとともに、これからの日本社会の行く末を考える一助になれば幸いである。

二〇一六年九月

木村茂光
安田常雄
白川部達夫
宮瀧交二

編者

木村茂光（一九四六年生、帝京大学教授）
安田常雄（一九四六年生、神奈川大学特任教授）
白川部達夫（一九四九年生、東洋大学教授）
宮瀧交二（一九六一年生、大東文化大学教授）

協力者

江原絢子
刑部芳則
鈴木智大
塚原伸治

執筆者

青木隆浩
青木哲夫
青木直己
秋山伸一
秋山照子
浅井良夫
東幸代
雨宮史樹
荒井明夫
荒井秀規
荒武賢一朗
有山輝雄
井奥成彦
伊佐治康成
石居人也
石井正己
石川尚子
石坂友司
石橋星志
石原豪
李修京
市川秀之
市田京子
市原博
伊藤泉美
稲垣勉
井上史雄

今井雅之
今田節子
岩崎正弥
印南敏秀
宇佐美英機
宇佐美ミサ子
牛米努
内田幸彦
海野聡
榎一江
江原絢子
及川高
老川慶喜
大岡聡
大川啓
大串潤児
大久保洋子
大里正樹
大城清彦
太田素子
大塚英二
大西公恵
大野啓
大林潤
大堀宙
大豆生田稔
岡田真帆

岡田芳朗
荻慎一郎
刑部芳則
尾崎智子
長志珠絵
落合功
小野健吉
小野貴士
大日方純夫
表真美
賀川隆行
香川雅信
垣内光次郎
柏井容子
加瀬和俊
勝田至
加藤幸治
加藤貴
加藤光男
加藤衛拡
門口実代
鎌谷かおる
亀谷弘明
川嶋将生
川端泰幸
河正子
神崎直美

菊池勇夫
菊地照夫
北原糸子
北原進
橘川武郎
木下正史
君塚仁彦
木村茂光
木村哲也
木村智哉
木村涼子
工藤航平
窪田涼子
栗原健一
黒尾和久
黒川みどり
黒坂貴裕
古泉弘
小磯隆広
河野一世
小島晃
後藤知美
小林敏男
小林裕美
小堀聡
小山貴子
小山亮

昆政明
齋藤多喜夫
斉藤司
酒井晃
酒井紀美
坂口誠
嵯峨景子
坂田聡
桜井昭男
佐藤健二
佐藤孝之
佐藤能丸
佐野賢治
塩川隆文
篠宮雄二
島立理子
島村恭則
志村洋
下重清
白井哲哉
白川部達夫
白坂蕃
新村拓
末永國紀
菅野則子
菅豊
菅原正子

杉森玲子
鈴木邦夫
鈴木哲雄
鈴木智大
鈴木裕子
関和彦
関沢まゆみ
関戸明子
薗部寿樹
大明敦
高岡裕之
高尾善希
高木徳郎
髙塚明恵
高槻泰郎
田口章子
武井弘一
竹内光浩
田中宣一
田中達也
田中大喜
田中祐介
田中禎昭
田辺龍太
谷岡一郎
多仁照廣
田村憲美
田村真実

丹治健蔵
千葉真由美
塚田良道
塚原伸治
塚原康子
常光徹
勅使河原彰
寺田詩麻
寺出浩司
戸川点
戸邉優美
冨岡典子
鳥越皓之
永江雅和
中神明夏
中川学
長崎靖子
長沢利明
中澤弥子
中島咲紀
中筋由紀子
中園成生
中西新太郎
中野洋平
二井仁美
西海賢二
西木浩一
西野肇

西村健
根津朝彦
萩原左人
箱崎和久
橋口定志
橋口尚武
橋爪伸子
橋村修
橋本健二
橋本直子
長谷川伸
長谷川裕子
長谷正人
服部誠
花岡敬太郎
花木宏直
馬場弘臣
原淳一郎
半田昌之
東村純子
東四柳祥子
櫃本聡子
飛矢崎貴規
俵木悟
平井和子
平野恵
平野哲也
廣田龍平

深谷克己
福澤徹三
福嶋紀子
服藤早苗
藤本敦美
藤本誠
藤原洋
二谷智子
保坂智
堀内孝
前川歩
増田昭子
松井茂
松井健
松岡薫
松崎憲三
松下迪生
松田裕之
松田睦彦
松本和樹
松本剣志郎
真鍋昌賢
馬淵和雄
丸浜江里子
三浦久美子
三木理史
水口由紀子
水溜真由美

水本邦彦
水本浩典
三橋順子
皆川雅樹
源川真希
峰岸純夫
宮瀧交二
武者小路信和
村井文彦
村川庸子
村田英明
村田路人
百瀬響
森謙二
森武麿
森田貴子
盛本昌広
八木透
八鍬友広
安井眞奈美
安田常雄
柳正博
柳谷慶子
山口隆行
山崎圭
山田朗
山田慎也
山本英二

湯浅治久
湯本豪一
横関至
横田尚美
横山百合子
吉岡孝
吉葉愛
吉村智博
四柳嘉章
若林良和
鷲崎俊太郎
輪島裕介
渡邉晶
渡辺和敏
渡辺浩一
和田悠

凡例

項目

一 本辞典は、日本の原始・古代から近現代までを対象とし、人びとの日常生活に関わるものを中心に生活全般の事象を項目として採録した。

二 一つの項目で、別の呼称や読みのある場合は、適宜その一つを選んで見出しを立て、他は必要に応じてカラ見出しを設けた。

三 関連する項目は、適宜その一つを選んで見出しを立て、まとめて記述した場合もある。

四 見出しは、かな見出し、本見出しの順に示した。

1 かな見出し

イ 現代かなづかいによるひらがな書きとした。

ロ 原則として、外国語・外来語はカタカナ書きとし、原語の読みに近いように表記した。長音は長音符号(ー)を用いた。

ハ 本見出しがカタカナ書きのものは、かな見出しもカタカナ書きとした。

ニ 欧米人名は、ファミリー＝ネームで表記した。

2 本見出し

イ 日本読みのものは、漢字とひらがなおよびカタカナを用いた。

ロ 外国語・外来語は慣用されているカタカナ書きを用いた。

ハ 欧米人名は、パーソナル＝ネーム、ファミリー＝ネームの順に示した。

配列

一 かな見出しの五十音順とした。清音・濁音・半濁音の順とし、また、促音・拗音も音順に加えた。長音符号(ー)はその前の語の母音をくり返すものとみなして配列した。

二 かな見出しが同じ場合は、本見出しの字数・画数の順とした。

三 かな見出し・本見出しが同じ場合は、(一)(二)を冠して一項目にまとめた。

記述

一 文体・用字

1 記述は、平易簡潔な文章を心がけ、敬語・敬称の使用は避けた。

2 漢字は、原則新字体を用い、歴史用語・引用史料などのほかは、なるべく常用漢字で記述した。

3 史料名や引用史料中のカタカナはひらがなに改めた。

4 数字は、漢数字を使用し、十・百・千・万などの単位語を付けた。ただし、西暦、西洋の度量衡、百分比、文献の編・巻・号などは単位語を省略し、桁数が多い時は、万以上の単位語を付けた。壱・弐・参・拾・廿などの数字は、引用文などのほかには使用しなかった。横書きの場合は、アラビア数字を用いた。

二 年次表記は原則として西暦を用い、上二桁を適宜省略した。

三 一九四九年以前に没した日本人の年齢はかぞえ年齢とし、そのほかは満年齢で示した。

四 記述の最後に、基本的な参考文献となる著書・論文・史料集をあげ、発行年、発行所を示し、研究の便を図った。

五 項目の最後に、執筆者名を（ ）内に記した。

六 記号

〔 〕 小見出しをかこむ。

『 』 書籍・雑誌・叢書の題名などをかこむ。

「 」 引用文または引用語句、特に強調する語句、および論文・歌曲・絵画・映画の題名などをかこむ。

（ ） 注をかこむ。角書・割注も一行にして、（ ）でかこむ。

⇨ カラ見出し項目について、参照すべき項目を示す。

→ 参考となる関連項目を示す。

・ 並列点および少数点に用いる。

＝ 原語の二語連形をカタカナ書きにする時に用いる。ただし、日本語として熟し切っていると思われるものは省略する。

例 アチック＝ミューゼアム、ニューヨーク

函 写真

表（上から時計回りに）

新宿駅の通勤風景

東京開化名勝京橋石造銀座通り両側煉化石商家盛栄之図（部分） 東京都江戸東京博物館所蔵 東京都歴史文化財団イメージアーカイブ提供

絵師草子写本（部分） 愛媛県歴史文化博物館所蔵

農業図絵（部分） 個人蔵

裏（上から）

子供あそび こま廻し 公文教育研究会所蔵

ポータブルゲームで遊ぶ子ども フォトライブラリー提供

あ

あい　藍　⇩藍染《あいぞめ》

あいこくふじんかい　愛国婦人会　⇩大日本国防婦人会《だいにほんこくぼうふじんかい》

あいさつ　挨拶　相手に対して言葉やしぐさで受け答えをすること。漢字の「挨拶」は中世に禅僧によってわが国に伝えられたといわれており、「挨」は押す、「拶」は押し返すという意味。このばあいの挨拶は問答というニュアンスに近い。庶民の伝統的な用語では「ことばかけ」といい、日々の生活のなかで大切なこととみなされてきた。「おはようございます」「さようなら」「お元気？」など多様なことばかけがあるが、どのような表現が望ましいかということについては細かなルールが存在し、用件や場所、年齢や性別によって大きく異なる。また、それに見合ったしぐさも期待された。「お疲れ」といった気楽な挨拶もあれば、「しばらくお目にかかりませんでしたが、お変わりなくおすごしでしょうか」というような丁寧な挨拶もある。そのルールを破ると叱責、非難、注意、不快感などが示された。また、挨拶には型がある。人のつき合いにはわずかのことで誤解が生じやすく、互いの気持ちを伝えることがむずかしいばあいが少なくないので、挨拶の型は気持ちを穏当に表す便利な手段ともいえる。とても丁寧な挨拶では、その日の天気の善し悪しから入り、時候や作柄、相手の家族の健康などの順に話題をつないで、その後本題に入るので長くなる。たしかにこのような挨拶の形式を守っていると、便利で批判を受けることは少ないが、半面、日頃の生活が堅苦しくなる。そのため、挨拶の形式を外すことがある。単に「堅苦しい挨拶はやめましょう」という言い方もあるが、それを「無礼講」と呼ぶばあいもある。誘拐事件が重なったことから、子どもの誘拐について人びとの関心が高まり、一九六〇年(昭和三十五)ごろから、子どもたちは知らない人に声をかけられても応えてはダメ、という教育を受け始める。その結果、子どもたちは知っている人たち以外とは挨拶をしないという現象が全国的にひろまった。他方、近年、離島や山間地区の小学校を中心にして、外からの訪問者には進んで「こんにちは」と挨拶をしましょう、という教育が行われているところもある。

参考文献　福田アジオ『時間の民俗学・空間の民俗学』(『オリエントブックス』、一九八九、木耳社)、柳田国男「国語の将来」(『柳田国男全集』二二所収、一九九〇、筑摩書房)

(鳥越　皓之)

アイスクリーム　アイスクリーム　牛乳、砂糖、鶏卵、香料などで作った氷菓子の一種。氷や雪に果汁などを混ぜる氷菓は古代から世界各地に見られる。日本でも平安時代、夏季に氷室で貯蔵しておいた氷を削り、甘葛煎《あまずらせん》をかけて食べられていた(『枕草子』あてなるもの)。アイスクリームの原型はアラブ文化圏で始まり、ヨーロッパにもたらされ、一七五〇年ごろにイタリアでメレンゲに砂糖を加え攪拌し氷で固める製法が考案された。日本人が食べた最初の記録は、一八六〇年(万延元)の遣米使節団員の記した「あいすくりん」(『柳川当清航海日記』)である。この使節団の一員であった旗本町田房蔵は、再度渡米、製法を習得し、一八六九年(明治二)横浜馬車道でアイスクリームを製造販売した。明治から大正初年にかけての生産量はわずかであったが、一九二〇年(大正九)東京深川で冨士アイスが工場生産を開始した。また、大正時代には小豆の小倉アイスや抹茶アイスなど和風のものも工夫され、アイス最中も生まれた。戦後、東京オリンピック(一九六四年(昭和三十九))を契機に一年を通じて大量生産、大量消費が行われるようになった。

参考文献　『あいすくりいむ物語』(一九八六、日本アイスクリーム協会)、森永乳業編『アイスクリームの本』(『ミニ博物館』、一九八六、東洋経済新報社)

(青木　直己)

あいぞめ　藍染　藍を染料として青色を染めること、また染めたもの。藍は世界各地で古くから青色染料として重用され、国や地域で使用される種類が異なる。インド系ではマメ科のインド藍、日本本土ではタデ科の蓼《たで》藍、沖縄ではキツネノマゴ科の琉球藍、北海道や欧州の寒帯ではアブラナ科のウォード(大青《たいせい》)が用いられてきた。本格的な染色技術は、五世紀ごろに中国から伝播したとされる。七世紀初めに定められた冠位十二階の「青」も藍染と考えられるが、文献的には平安時代の『延喜式』(九〇五年(延喜五)編纂開始、九二七年(延長五)撰進)縫殿寮が技法に言及した初出である。藍の色素(インジゴ Indigo)を取り出す最も簡単な方法は、刻んだ生の葉を水につけ色素を溶出する生葉(生藍)染である。生葉を使用できる夏季に限られ、呈色は淡いが堅牢度は高い。蓼藍の一般的な染色法は、乾燥させた葉(葉藍)を発酵させた蒅《すくも》藍を用いる発酵建《はっこうたて》である。藍甕に浸す回数によって濃淡が変わり、一度浸しただけのごく淡い甕のぞきから、浅葱《あさぎ》、縹《はなだ》、花色、紺、褐色《かちいろ》など、呈する色相で呼称が変わる。

紺掻（『七十一番職人歌合』より）

平安時代までは縹が好まれたが、鎌倉・室町時代には褐色が「勝ち」との音通から武士に好まれた。江戸時代には、木綿の普及とともに庶民の間にも広まる。繊維の種類を問わず染着性がよいという特性をもち、植物染料の中で最も堅牢で、布地を強くし、防虫や防腐にも勝れていたためである。藍は幾度も出された奢侈禁止令の対象にならなかったため、庶民の衣服や寝具、風呂敷、暖簾などあらゆるものに利用され、茶や鼠とともに江戸時代を代表する色相として市井に溢れたが、中には茶屋染（茶屋辻）という高級呉服もあった。明治初期に訪れた欧米人は日本に溢れるこの青をジャパンブルーと称した。藍の産地としては徳島が名高い。明治時代以降、合成藍の輸入で天然藍は急速に減退し、今日では限られた職人の間でのみ正藍染《しょうあいぞめ》が行われている。藍染では唯一、千葉あやの（一八八九―一九八〇）が重要無形文化財保持者に指定された。　↓紺屋《こうや》

参考文献　小笠原小枝『染と織の鑑賞基礎知識』（一九九八、至文堂）、吉岡幸雄『日本の色を染める』（『岩波新書』、二〇〇三、岩波書店）、福井貞子『染織』（『ものと人間の文化史』、二〇〇四、法政大学出版局）　（中神　明夏）

あいたいがえ　相対替　江戸において大名・旗本らによる拝領屋敷の交換をいう。主従関係の表れである拝領屋敷の売買は禁止されていたが、交換は届出制で許可されていた。二者間による交換を基本とするが、数十家によるものもあり、また一筆の土地を分割する切坪相対替も近世後期には行われるようになって複雑化していった。交換とはいえ面積や場所柄は千差万別であるから、引料（引越料）の名目で金銭が動き、次第に実態は売買となっていった。政治的経済的な要因で拝領屋敷が売買され、権勢を誇る大名が屋敷数や面積を増やす一方で、中小旗本などは屋敷地を喪失していった。

参考文献　宮崎勝美「江戸の土地―大名・幕臣の土地問題―」（吉田伸之編『都市の時代』所収、一九九二、中央公論社）　（松本剣志郎）

アイドル　アイドル　若者たちに好かれる親しみやすい歌手、芸能人という意味でアイドルという言葉が普及したのは天地真里、南沙織らのデビュー（一九七一年（昭和四十六））以降で、山口百恵、キャンディーズ、ピンク・レディー、中森明菜を経て、「なんてったってアイドル」（秋元康作詞、筒美京平作曲）を唄った小泉今日子らの登場（八五年）に至り、アイドル文化が定着し、アイドル産業が確立した。おニャン子クラブデビュー（八五年、秋元康プロデュース）から高校生年齢を中心とした美少女集団アイドルが人気を集め、ジャニーズ系少年アイドルグループの女子ファンと同様、青少年男子のファン文化が広がった。アイドル冬の時代といわれた九〇年代前半を経てモーニング娘。のブレイクに続き、常設劇場公演、握手会、総選挙といったしかけを持つＡＫＢ48（秋元康プロデュース）が爆発的人気を集め、社会現象にまでなった。近年では、ジェンダー別にすみ分けされてきたアイドル文化が崩れ、女性アイドルが女性ファンを集めている。また、ご当地アイドル、バーチャル＝アイドルと、アイドル文化の多様化もすすんでいる。

参考文献　稲増龍夫『アイドル工学』（一九八九、筑摩書房）、阿久悠『夢を食った男たち―「スター誕生」と黄金の七〇年代―』（『道草文庫』、一九九七、小池書院）、オルタブックス編集部『アイドルという人生』（『オルタブックス』、一九九八、メディアワークス）　（中西新太郎）

アイビー　アイビー　米国東部名門八大学（アイヴィ＝リーグ）の学生ファッションをモデルに、石津謙介（一九一一―二〇〇五）創業のＶＡＮが普及させた若者向けファッション。『メンズクラブ』（一九六三年（昭和三十八）月刊化）、『Weekly平凡パンチ』（六四年創刊）のイラスト（穂積和夫、大橋歩）や紹介記事の影響は大きく、高度成長期半ば、アイビー＝ルックは、都市的文化に憧れる若者たちの間にブームを引き起こした。みゆき族出現（六四年）もアイビーの拡散に寄与した。アイビーとは、「お上品で、控え目で、ガクがありそうで、潑剌としていて、一見おしゃれなんかに超然としていそうで、そのくせ細かい神経がゆき届いた若者」（石津謙介『男のお洒落実用学』、婦人画報社、一九六五年）を意味していた。七〇年代の低迷期を経て、消費社会化が進行する八〇年代初頭に復活したアイビー＝ブームでは、『ポパイ』などのモノマガジンが、若者のお洒落なライフスタイルに必須のアイテムとしてアイビーを取り上げ、ファッションにとどまらぬ「生き方のマニュアル」に位置づけた。　↓ＶＡＮ《ヴァン》

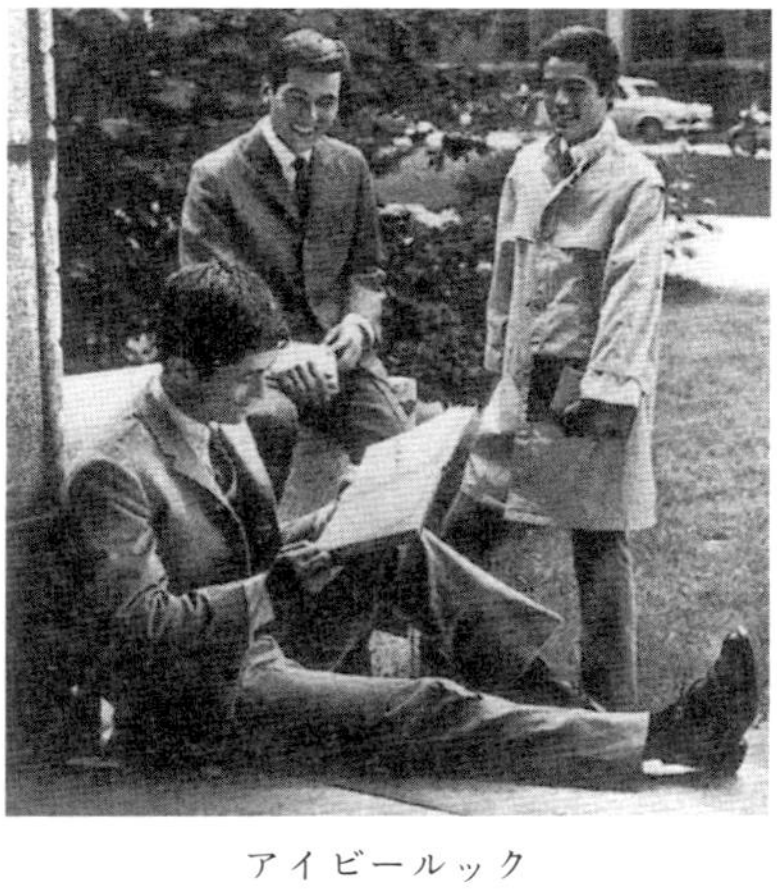
アイビールック

参考文献　くろすとしゆき『アイビーの時代』（『らんぷの本』、二〇〇一、河出書房新社）、花房孝典『アイビーは、永遠に眠らない―石津謙介の知られざる功績―』（二〇〇七、三五館）　（中西新太郎）

あいもの　あいもの　保存がきく塩魚類の総称。または鮮魚と干魚との間のもの。合物・間物・相物・四十物など漢字表記する。十四世紀後半に成立した『太平記』七に、「あひものとて、乾したる魚の入たる俵」と記されるように、中世から使用例がみられる。漁業生産の発展と、それに伴って遠隔地流通が拡大する近世にも、塩干魚を意味する用語として広範囲で用いられ、現在に至るまで一部地域で使用されている。　（東　幸代）

あえもの　和物　食材に応じた下処理を行い、適した和え衣であえた料理。食材は一種類から数種類を取り合わせて作る。食材と和え衣との組み合わせで非常に種類の多い料理である。古くは『倭名類聚抄』一六に記載がある。江戸時代には『料理物語』を筆頭に多くの料理書が出版され、それらをみると、木の芽和え、胡麻和え、酢味噌和え、白和《しらあ》え、芥子あえ、ぬた和えなど現在にも継承されているものが多い。和え物は西洋料理のサラダに匹敵するといえよう。

参考文献　何必醇他『料理百珍集』(原田信男校注、『生活の古典双書』、一九八〇、八坂書房)、『日本料理秘伝集成』一一三・七・八・一〇・一五(一九九五、同朋舎出版)、大久保洋子「あえもの」(『料理科学』二七ノ二、一九九四)

(大久保洋子)

あおそ　青苧　イラクサ科の多年草である苧《からむし》の皮をはいで水にさらし、細かく裂いた繊維のこと。繊維が青いので、青苧と呼ぶ。これを原料として苧布(麻布)を織る。苧と麻は別種の草だが、織った布は単に麻布と称されることが多い。古代以来使用されたが、中世以降は越後産のものが有名となり、これで織った越後布(越布)が特産品として流通した。青苧は原料のままでも流通し、摂津の天王寺など各地に青苧を扱う座が存在した。越後から移出される青苧には課役が賦課され、室町・戦国時代には三条西家が賦課権を持っていたが、納入が滞りがちなので、上杉氏と交渉し、越後の苧座を管轄している蔵田氏から一定額の納入を確保した。　↓麻《あさ》　↓苧《からむし》

参考文献　脇田晴子『日本中世商業発達史の研究』(一九六九、御茶の水書房)、永原慶二『苧麻・絹・木綿の社会史』(二〇〇四、吉川弘文館)

(盛本　昌広)

あおものいち　青物市　青物・野菜・果実類を専門に取引する市場のことである。江戸・京都・大坂、および名古屋などの都市では青物を主要商品とする青物市が存在した。これらの都市ではおおよそ中世から近世初期に野菜市や青物市と呼ばれる市場が成立したと伝えられる。京都では中世に五条大橋東詰に野菜市があり、その後不動堂市場が創設される。大坂では本願寺門前にあったといわれ、江戸では天正年間(一五七三―九二)に駒込市場が登場する。近世の人口増大と都市部居住者の拡大により、生鮮食料品市場は人々の食生活を支える重要な役割を果たしたが、その消費量に対応するべく各地に青物市場が成立した。近世京都には高倉青物市場、大坂は天満青物市場、江戸では神田青物市場が有名であり、これらは幕府公認を受け基幹的市場の機能を持った。しかし近世中期以降、鮮度や低価格に期待する都市民の要請に対して、近郊農村における青物栽培が増加し、市中商人による新規市の立ち上げ、近隣農村による百姓市と競合関係に入った。　↓蔬菜《そさい》

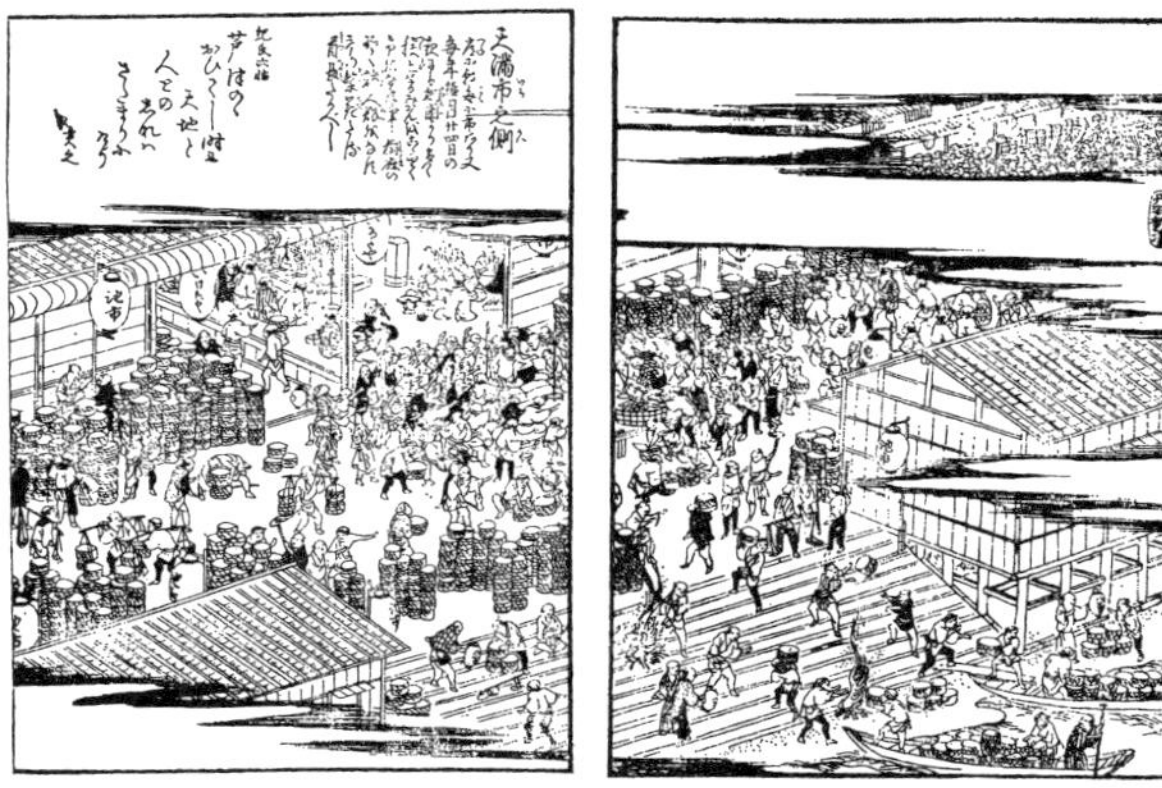

青物市　天満市之側（『摂津名所図会』より）

参考文献　渡辺善次郎『都市と農村の間―都市近郊農業史論―』(一九八三、論創社)、大阪市史編纂所編『天満青物市場史料』上・下(『大阪市史史料』二八・二九、一九九〇、大阪市史料調査会)、荒武賢一朗『屎尿をめぐる近世社会―大坂地域の農村と都市―』(二〇一五、清文堂出版)

(荒武賢一朗)

あかいとり　赤い鳥　大正・昭和時代を代表する児童文学雑誌(一九一八年(大正七)七月一日―三六年(昭和十一)十月一日)で、作家の鈴木三重吉《すずきみえきち》が主宰し、赤い鳥社で発行した。巌谷小波《いわやさざなみ》を中心とする通俗的な作品を退け、芸術性に富んだ童謡・童話の創作を目指す文学運動の拠点となった。巻頭を飾った北原白秋の童謡は唱歌に代わる清新な歌を提供し、やがて山田耕筰の曲譜が添えられた。一方、本格的な創作童話の掲載を求め、芥川竜之介の「蜘蛛の糸」(一八年)や有島武郎の「一房の葡萄」(二〇年)などの名作も生まれた。三重吉自身は「古事記物語」(単行本は二〇年)や海外文学の翻案、綴り方運動に力を注いだ。大正モダニズム隆盛の雰囲気の中で発足したこの雑誌は、児童の個性を尊重しようとする教育界にも支持されたが、やがて大衆的な児童文学雑誌に圧され、三重吉の追悼号をもって終刊となった。　↓児童文学《じどうぶんがく》　↓童話《どうわ》

参考文献　赤い鳥の会編『『赤い鳥』と鈴木三重吉』(一九八三、小峰書店)

(石井　正己)

あかがみ　赤紙　兵役法に基づいて兵隊の召集を伝えるための令状で、使用された紙の色から一般に赤紙と呼ばれた。兵の召集には諸部隊の要員を充足する充員召集と、戦時または事変の際に在郷軍人を召集する臨時召集、国民兵を召集する国民兵召集などがあった。聯隊区司令部による召集の決定は市長から、あるいは警察署長を経由し町村長を通して令状の交付によって伝えられた。応召員は赤紙を受け取ると受領証に日時と署名捺印をするが、本人が不在の時には家族が受領し本人に連絡した。召集令状の交付が終了した後には、村長は警察署長に令状発送交付終了通知書を提出しなければならなかった。交付に郵便が使用されたわけではなかったが、赤紙は当時の

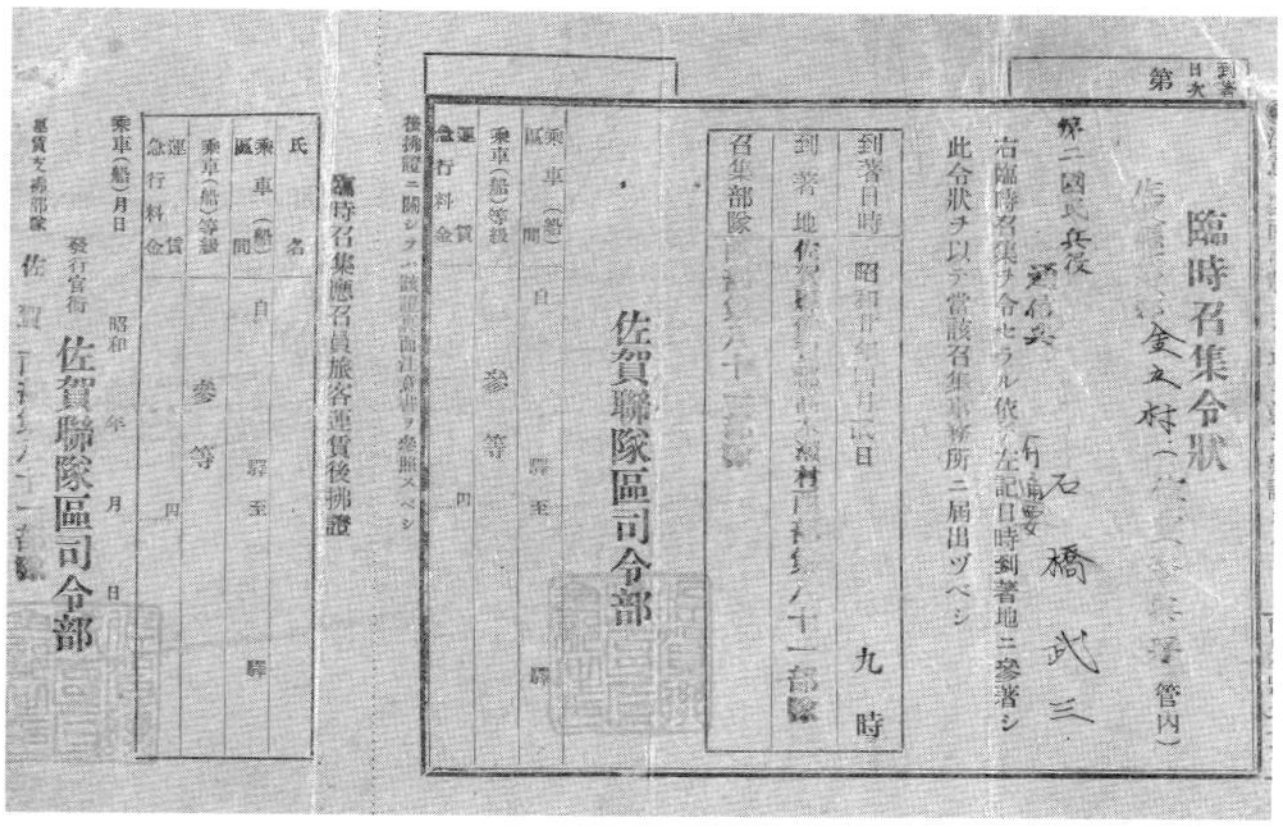

赤紙

葉書の料金である一銭五厘とも呼称された。これには諸説あるが、葉書一枚ほどに兵士の命が軽く扱われたという人びとの実感が込められていた。戦後にはこの一銭五厘という言葉を、暮らしを足もとから考え直すという意味として捉えなおそうとする議論もなされた。

参考文献　花森安治『一銭五厘の旗』(一九七一、暮らしの手帖社)、吉田敏浩『赤紙と徴兵―百五歳最後の兵事係の証言から―』(二〇一二、彩流社)　(飛矢崎貴規)

あかごめ　赤米　玄米の種皮に赤色色素をもつ米。赤米を示す初見資料は、七世紀後半の飛鳥浄御原宮の苑池遺構(奈良県明日香村)から出土した荷札木簡で、尾張から貢進された赤米の記述がみえ、奈良時代から栽培されていたことが確認できる。一般に「赤米」と呼ばれる有色種の米は、含まれる色素の系統によって三つの品種に大別される。アントシアニン系で黒色に近い紫黒米やクロロフィル系の緑米などがこれに含まれるが、稲作発展史を考える上で古くから注目されてきた赤米は、玄米の種皮の部分にタンニン系の色素をもつ品種である。平安時代からは赤米の中でも新たに大陸から伝来したとされる品種の栽培が西国を中心に見られ、「たいたうほうしのよね」「大唐米」として荘園文書に現れる。近世の農書に現れる赤米は、大唐米系の品種を中心に拡大するが、耐旱性・耐湿性が高いことから、関東から北陸地方以西の新たに開発された新田に作付けされた。食味が悪いため年貢米としては適さず、次第に領主側からの作付け排除の対象となるが、農民の自給米として近代まで残る。→大唐米《たいとうまい》

参考文献　嵐嘉一『日本赤米考』(一九七四、雄山閣)、平川南『(新視点古代史)日本の原像』(『(全集)日本の歴史』二、二〇〇八、小学館)　(福嶋　紀子)

あかごよういくしほう　赤子養育仕法　江戸時代中期以降、日本の各地で、農村の人口(労働力)を維持・増加するために採られた政策。農村の人口減少の原因を貧窮百姓の堕胎や間引きに求めた幕藩領主が、それらを悪習として戒め、金銭・米穀や衣類の支給によって出産と育児を支援しようとした。特に、北関東・東北・九州の幕領や諸藩で広く実施された。たとえば、下野国では一七九七年(寛政九)、幕府代官竹垣三右衛門が妊婦の懐胎調査を実施し、出生した乳児を書面で届け出させた。死産・流産も調査した。育児がむずかしい者には、出産時に金一分、以後一年間毎月金二朱ずつを与え、必要に応じて五歳まで支給する方策を打ち立てた。二本松藩では、養育手当が双子の出生数増加と奉公人の出産を促した。一関藩は藩士向けの育児仕法を行い、水戸藩は城下町にも育子金を支給するなど、仕法の対象もさまざまであった。一八四五年(弘化二)、下野国那須郡馬頭村(栃木県那須郡那珂川町)の有志が資金を出し合って子育方社中を結成し、懐妊中・出産後の貧者に養育金を支給したように、民間の赤子養育仕法もあった。

参考文献　『栃木県史』通史編五(一九六四)、高橋美由紀『在郷町の歴史人口学―近世における地域と地方都市の発展―』(『Minerva 人文・社会科学叢書』、二〇〇五、ミネルヴァ書房)　(平野　哲也)

あかせん・あおせん　赤線・青線　赤線は、戦後、旧遊郭や米軍基地周辺などに形成された集娼地区の俗称。青線は、赤線の周囲に形成された私娼街を指し、風俗営業指定外の売買春地区である。一九四六年(昭和二十一)一月、GHQの公娼制度廃止指令と、三月のRAA(特殊慰安施設協会)の性的慰安所の閉鎖が直接のきっかけとなって、「パンパン」「闇の女」と呼ばれる街娼が生み出された。四六年十一月、政府は「私娼の取締並びに発生の防止及び保護対策に関する次官会議決定」において、売春を「社会上已むを得ない悪」と位置づけ、「警察の特別の取締り」が行われる特殊飲食店(特飲店)を指定した。特飲店の「接客女性」たちには、定期的な性病検診が義務付けられた。以後、警察の地図上に赤線で囲った売春黙認地区が出現し、五七年四月の売春防止法の施行まで、事実上の公娼制度が続いた。四七年現在の「赤線従業婦」は、約十五万五千人である。→岡場所《おかばしょ》　→公娼《こうしょう》制度《せいど》　→パンパン

参考文献　市川房枝編集・解説『人権』(『日本婦人問題資料集成』一、一九七八、ドメス出版)、藤野豊『性の国家管理―買売春の近現代史―』(二〇〇一、不二出版)　(平井　和子)

あかね　茜　山野に生えている多年草。根を染料として使用する。根から熱水で赤色色素を抽出し、灰を触媒として染めるのを茜染と呼ぶ。『古事記』に茜を蒔いて、茜染の服を着たという記述があり、古代以来染料として利用されていた。『延喜式』縫殿寮によれば、浅緋綾と深緋綾の染色に茜が用いられ、深緋綾は紫草も用いて、濃い緋色(赤色)に染める。茜は荘園公事としても納入されて

いた。馬具である鞦《しりがい》も茜染であり、絵巻物では鮮やかな緋色で描かれている。茜染の鞦は遠江の特産品であり、京には茜座も存在した。

参考文献　盛本昌広『草と木が語る日本の中世』（二〇一三、岩波書店）

（盛本　昌広）

あかぼう　**赤帽**　鉄道の駅構内で旅客の手荷物を運搬する業者。荷物人足・荷運夫なども呼ばれる。鉄道が延伸すると旅客の携行する手荷物が大きくなり、駅の待合室から列車まで手荷物を運搬する旅客サービスが必要となった。山陽鉄道は、一八九六年（明治二十九）十二月、英国のポーター（Red Cap）の制度にならい、荷運夫に赤帯を巻いた制帽を着用させた。これを機に赤帽という呼び名が定着し、官設鉄道も翌九七年からこの制度を採用した。

参考文献　日本国有鉄道編『日本国有鉄道百年史』四（一九七二）

（老川　慶喜）

あきはしんこう　**秋葉信仰**　静岡県浜松市の秋葉山《あきはさん》に鎮まる神を信仰するもの。秋葉山に対する山岳信仰を根源とし、そこに修験者三尺坊を神格化した信仰が生じ、さらにこれらが混淆したものと考えられている。近世に「貞享の秋葉祭」を契機として各地へ広まり、特に火防の神として信仰が厚い。神仏習合であった近世までは七一八年（養老二）草創と伝える秋葉寺《しゅうようじ》を別当とし、その本堂の後方に一山の鎮守である秋葉山権現社があり、さらに同社に三尺坊が護神として祀られていた。三尺坊とは平安時代に信濃国に生まれた修験者で、越後国蔵王堂で修行ののち白狐に乗った烏天狗の姿と化して秋葉山に出現し、験力を発揮したという。近世初期に修験者と曹洞宗との間で生じた帰属をめぐる争いの結果、秋葉寺は曹洞宗可睡斎《かすいさい》の末寺となり、さらに明治初年の神仏分離で廃寺となった。これに伴い三尺坊の像は可睡斎に遷祀され、秋葉山権現社は火之迦具土大神《ひのかぐつちのおおかみ》を祭神とする秋葉神社（のち秋葉山本宮秋葉神社と改称）として祀られるようになった。なお、秋葉寺もその後信徒の要望によって再興された。

参考文献　田村貞雄監修、中野東禅・吉田俊英編『秋葉信仰』（『民衆宗教史叢書』三一、一九九八、雄山閣出版）、阪本是丸「秋葉山本宮秋葉神社小考―秋葉山の神仏分離―」（『近世・近代神道論考』所収、二〇〇七、弘文堂）

（大明　敦）

あきはばら　**秋葉原**　東京都千代田区の秋葉原駅周辺をさす地域名。一八六九年（明治二）に鎮火神社が祀られ、翌年に秋葉神社と改名されたことから周辺を秋葉原（あきばはら）と呼ぶようになったことが起源とされる。終戦後、GHQの指導で神田駅から万世橋を経て秋葉原駅に至るまでの一帯で中古のラジオ・無線部品の露店が展開した。この露店街の中心が、一九五〇年代以降、徐々に秋葉原駅周辺に移っていき、六〇年代以降、ラジオの主流が手作りから既製品販売に変わると、ラジオ部品の町だった秋葉原も既製電化製品を取り扱う電気街へと姿を変えた。八〇年代以降のパソコンや家庭用ゲーム機の普及、九〇年代半ば以降のインターネットの発展などにあわせ徐々に街の姿を変化させ、電化製品だけでなく、パソコンやゲーム・アニメなどのサブカルチャーなども多く取り扱うメディア産業の一大発信拠点となった。特に二〇〇五年（平成十七）にインターネット掲示板の書き込みをもとにした恋愛物語『電車男』が映画やテレビドラマで人気を博すと、「アキバ系」という言葉が市民権を得、メイド喫茶やアニメキャラクターが並ぶ「萌え」の街、AKB48に代表されるようなアイドルの活動拠点としてなど、オタク文化の発信地として認識されるようになる。メディアの発信拠点、サブカルチャーの中心地として急速に展開してきた秋葉原だが、〇八年に起きた連続通り魔殺人事件では、オンラインゲームや匿名掲示板などの仮想現実空間でしか自身の生き場を見出すことのできない人にとって、「アキハバラ」は現実世界をいびつに象徴する空間であることが強烈に示唆され、事件の犯人の行為自体は非難しつつも動機については共感するという事態を呼んだ。電気街に始まり、オタク文化の聖地として進化した秋葉原（アキハバラ）は、近代コミュニティが崩壊した新しい時代の空虚な人間関係を象徴する空間と位置付けることができる。　↓オタク

参考文献　アキバ経済新聞編『アキバが地球を飲み込む日―秋葉原カルチャー進化論―』（『角川SSC新書』、二〇〇七、角川SSコミュニケーションズ）、大澤真幸編『アキハバラ発―〈〇〇年代〉への問い―』（二〇〇八、岩波書店）

（花岡敬太郎）

あきまつり　**秋祭**　神社で秋に行われる祭礼。秋季例大祭などとも呼ばれる。神社の祭礼にはいろいろなものがあり、春に春祭を行う神社もあるほか、都市部の神社では夏祭が盛んに行われる傾向があるものの、全国的に見れば秋に大祭を催す神社がもっとも多い。澄み切った秋の青空のもと、村の鎮守社の入口に幟旗《のぼりばた》がひるがえり、祭囃子の笛太鼓の音が聞こえてくるというのは、まさに日本の農村の秋の風物詩であった。秋は収穫の季節であるから、新穀を神前に供えて神に感謝をするというのが、秋祭の本義である。秋祭は十月に行われることが多いが、三重県の伊勢神宮においても式年遷宮の挙行されるのは十月である。神宮の秋祭にあたるものが神嘗祭《かんなめさい》で、かつては旧暦九月になされていたが、今日では十月十七日に行われることになっている。神嘗祭ではやはり当年産の収穫米が神前に捧げられるが、抜穂神事《ぬきほしんじ》ということが行われ、神に供える神聖な稲穂を神田《しんでん》から抜き取ってくる儀式であった。このようなところにも、収穫感謝祭としての秋祭の性格が、よく表されている。　↓祭日《さいじつ》

参考文献　倉林正次『祭りのこころ』（二〇〇一、おうふう）

（長沢　利明）

あきやまきこう　**秋山記行**　一八二八年（文政十一）九月、越後塩沢（新潟県南魚沼市）の文人鈴木牧之が越後と信濃

の国境地帯に位置する秘境秋山郷の村々を採訪した民俗記録。きっかけは十返舎一九の依頼。実録と戯作がある。二巻。新潟県指定文化財(有形・書跡典籍)。自然景観、村の社会組織と経済関係、方言、衣食住、信仰から人々の暮らしぶりに至るまで、現代の民俗学的調査法における「聞き書き」の手法を用いて約一週間で著した。日本の民俗誌の先駆的な業績として評価されている。『東洋文庫』(宮栄二校註、一九七一年(昭和四十六)、平凡社)に収録。 (長谷川　伸)

あくしょ　悪所　近世における遊里と芝居町を総称する語。近世には、公許を得た遊廓、飯売女などが黙認される宿場、非合法で売春が行われる岡場所など、さまざまな性売買の場所が存在し多くの客を集めたため、これらの場所は、風紀を乱し放蕩の結果身を持ち崩す原因を生む場所として、悪所と呼ばれるようになった。江戸時代末期に成立した『守貞謾稿』二一によれば、上方ではこれらの遊里を「いろまち」と呼ぶが、江戸では公許の有無を問わずこれらの場所を悪所と呼んだとされる。同様に、歌舞伎芝居の隆盛とともに芝居町も賑わいをみせたが、これらの場所も風紀の乱れや浪費につながるとして悪所と呼ばれた。　→岡場所《おかばしょ》　→遊廓《ゆうかく》

参考文献　喜田川守貞『近世風俗志　守貞謾稿』三(宇佐美英機校訂、『岩波文庫』、一九九九、岩波書店) (横山百合子)

あくすい　悪水　飲料に適さない汚水をいう場合もあるが、村社会では田に灌漑される水、すなわち用水に対して、田に溜まって水はけの悪い水をいう場合が多い。田の水は一定の時間が経過すると温度が高くなり水腐れを起こし、作物に大きな被害を及ぼしかねない。水田の管理者は畔を切って用水路から水の出し入れを行い、灌漑と排水を上手に行うことが求められる。こうしたことから、排水することを悪水抜き、主に排水のみの水路を悪水路と称した。しかし、その田にとって悪水であっても下流の水田にとっては用水となった。排水路から河川などに戻された水は新鮮な水と混ざり合い動くことで腐りかけていたものが再生され、別の田に用水としてかけられたのである。海辺や河川至近の傾斜のほとんどない地域では、悪水抜きが大きな社会問題となることがあった。十分な排水施設を用意しないと悪水が逆流して氾濫することがあったからである。　→灌漑《かんがい》・用水《ようすい》

参考文献　古島敏雄校注『百姓伝記』上(『岩波文庫』、一九七七、岩波書店)、大石慎三郎校訂『地方凡例録』上・下(一九九五、東京堂出版) (大塚　英二)

あくとくしょうほう　悪徳商法　商品の売り手が悪意にもとづいて社会的に不当だとされる利益を得る行為。具体的には、購入の意志を持たない者に商品を無理矢理売りつける押し売りや、マルチ・マルチまがい商法、無限連鎖講(ネズミ講)などがある。ネズミ講などの悪徳商法に関しては早くから問題視する声はあり、一九一一年(明治四十四)には、『朝日新聞』にネズミ講式の商売を告発する記事が掲載されている(『東京朝日新聞』一九一一年十一月七日付)。しかし、実際の対策はもう少し遅れた。一九七〇年代初頭に起こった日本最大規模のネズミ講事件である「天下一家の会事件」をきっかけに「訪問販売等に関する法律」(七六年(昭和五十一)、のちの「特定商取引に関する法律」)や「無限連鎖講の防止に関する法律」(七八年)が制定され、その後規制の対象を拡大しながら消費者保護のための法整備が進んだ。しかし、その方法は多様かつ巧妙になり続けており、現在でもインターネットなどを利用した悪徳商法なども登場している。

参考文献　森島昭夫・伊藤進編「消費者取引判例百選」(『別冊ジュリスト』三一ノ四、一九九五) (塚原　伸治)

あぐら　胡座　アグラの音はア(足)とクラ(座)と解され、上代にはアグラ(胡座・胡床・足案)は高床の台などの座具の名称で、そこに座ることを「あぐらい」といった。座法としての胡座は、地面や床に尻をつけて座る座法のうち、膝を大きく横に開き、足を体の前に畳んだ座り方の一つ。胡座で座ることを「足組《あぐ》む」「あぐらをかく」という。座法としては、足首を上下に組む胡座のほか類似のものとして、足首を組まずに前後に揃える安座、禅の座法で足首を腿の上に乗せる半跏趺座・結跏趺座がある。胡座は男女ともに日常生活の中で行われてきた座り方であった。現代において一般的な、正座がかしこまった座法で胡座がくだけた座法である、という捉え方は近世以降のものとされ、たとえば中世武家の作法の研究からは、新年の将軍拝謁儀礼における武家の座り方が、室町時代の安座・胡座から、江戸時代初期には端座(正座)に変化したとの指摘もある。　→正座《せいざ》

参考文献　入沢達吉「日本人の坐り方に就て」(『史学雑誌』三一ノ八、一九二〇)、山折哲雄『「坐」の文化論―日本人はなぜ坐りつづけてきたのか―』(『講談社学術文庫』、一九八四、講談社)、二木謙一『中世武家の作法』(『日本歴史叢書』、一九九九、吉川弘文館) (大里　正樹)

あげもの　揚物　食材を適した下処理をして、食用油を一二〇度から二〇〇度の間に熱して加熱する料理。水を媒体にして加熱する煮物に比べて加熱温度が高いことと油が食材に作用するため揚物特有の仕上がりとなる。食材に衣をまとわせるもの、から揚のように粉をまぶすもの、食材を生のままで揚げるもの、調理したものをさらに揚げるものなどがある。古くは奈良・平安時代に揚物の唐菓子《からくだもの》があり、貴族の饗応料理や寺社の供物などに用いられた。日本は油を用いる料理よりも煮物など水を用いた料理が発達した。揚物が庶民に浸透するのは江戸時代で、江戸市中では豆腐の油揚げが店頭売りされ、そのほか揚げ昆布売りや天麩羅屋台などがあった。武士や裕福層の家では揚物も料理されていたが、日常的ではなかったようである。明治以降、栄養思想が広まり、脂肪の低摂取を解決するためにフライパン運動も行われた。結果、現在は揚物惣菜があふれ、脂肪の摂取は過剰となっ

ている。 ↓油《あぶら》 ↓コロッケ ↓てんぷら ↓とんかつ

（大久保洋子）

あさ **麻** クワ科の一年草である大麻の茎の皮を裂いた繊維を糸にし、それを原料にして製作した布。繊維を糸にする過程を麻績《おみ》(苧《からむし》の場合は苧績《おみ》)と呼ぶ。その布を麻布また単に麻という。イラクサ科の多年草である苧から織り出した布も麻や麻布と呼ばれることがある。古代・中世には麻や苧から織ったものを布または白布と呼ぶが、この名称からは原料が麻か苧かはわからない。研究上は両者を総称して苧麻布と呼ぶこともある。麻は『万葉集』に種を蒔いている様子が詠まれており、すでに古代には畠で栽培されていた。『延喜式』民部省によれば、関東諸国から麻の種子が貢納されており、これを使用して畿内で栽培がなされていた。荘園年貢では白布は段(端・反)を単位に賦課されたが、六丈白布のように史料にみえるので、一段の長さが六丈のごとく規格が定められていた。一方、苧は荘園公事では在家単位に賦課されており、(一)在家に附属する畠での栽培、(二)山野に自生していたものの採取の両方があったと推測されるが、後者の方法が一般的と考えられる。だが、室町時代以降の越後では苧畠という表記もみられ、専業化や技術進歩などにより畠で栽培・管理されるようになった。苧は両という重量が賦課基準なので、苧の皮を剝いた青苧《あおそ》の重さを現地で量り、貢納されていたようである。中世には苧(青苧)で織られた越後布(越布)が特産品として名が高く、贈答品としても使用された。中世には越中布や信濃布も特産品として珍重されていた。近世にも越後は主産地であり、現在でも生産されている。苧は青苧の繊維を糸にする過程(苧績)に手間がかかり、冬期間に雪で閉ざされる地域では、その期間を利用するので、雪国の特産物になったと考えられる。苧麻は衣服の布のみでなく、幕・漁網・綱・帆布・馬沓など多様な用途に利用された。これらは強度が要求されるので、切れにくい麻で製されることが多かった。明治時代になると大麻・苧ともに作付面積は拡大し、一八九七年(明治三十)ごろにピークを迎えたが、その後綿糸におされて減少し、大麻は栃木県で集中的に栽培された。 ↓青苧《あおそ》 ↓苧《からむし》

参考文献 永原慶二『苧麻・絹・木綿の社会史』(二〇〇四、吉川弘文館)

（盛本 昌広）

あざ **字** 「あざな」を略した言い方。現在では市町村など自治体内の土地を区画する名称を指し、大字・小字の区別があるが、十九世紀以前は町村内部の狭い範囲を指す地名を意味した。十九世紀後半に埼玉県で実施された『皇国地誌』の調査では「字地」として耕地の名称が書き上げられ、十九世紀前半に江戸幕府が編纂した『新編武蔵国風土記稿』では「小名《こな》」として集落の名称が調査された。小名は本来、ある対象の全体名称を大名《おおな》と呼ぶのに対し部分名称を表す言葉で、多くは村の中の小集落名を指した。十八世紀末に執筆された『地方凡例録』二下では、耕地の小名を字《あざな》といい、口頭でさまざまな呼び方をしても文書上は字と表記したという。このように十九世紀以前には耕地名と集落名が区別されていたが、度重なる地名統合、耕地整理、住居表示制度の導入などにより両者の境界は小さくなっていった。なお現在の大字は近世の町村名に連続する例が多い。

参考文献 白井哲哉「小名に関する一考察」(『明治大学刑事博物館年報』二〇、一九六九)

（白井 哲哉）

あさいち **朝市** 毎日あるいは一定の日の午前中(多くは早朝)に、漁村や農村の人々がみずからの生産物を持ち寄って売買をする形態の市。多くは一定の場所で開催されるが、曜日によって開催場所が異なる朝市もある。売り手の多くは女性で、商品は野菜や魚介類が中心となっている。正札によって販売されることは少なく、むしろ売り手と買い手の交渉によって売価が決まることが多い。古くは住民の貴重な食品入手方法であったが、現在は観光のために自治体や農協・漁協が対外的なアピールに力を入れており、全国的によく知られた朝市も多い。そのような場合、買い手は必ずしも当該地域の住民のみではなく、むしろ遠方からの観光客のほうが多くなる。千葉県勝浦市、石川県輪島市、岐阜県高山市などが近世以来の歴史をもつ朝市として有名であり、観光客を多く集める。全国的に分布しているが、北陸から東北にかけての日本海側に多いといわれている。

輪島の朝市（石川県輪島市）

参考文献 北見俊夫『市と行商の民俗』(『交通・交易伝承の研究』二、一九七〇、岩崎美術社)

（塚原 伸治）

あさがお **朝顔** 観賞用として栽培される一年草。わが国には奈良時代には中国から渡来していたが、種子を薬草(利尿剤)として用いるため、本草学上では種子の意である牽牛子と表記される。花や葉に注目したのは近世になってからで、群れて咲く点、限られた時間しか咲かない点などその特徴は和歌や俳諧に詠まれ、酒井抱一・鈴木其一ら江戸琳派の画題としても多用された。秋の季語であるが、「秋の七草」として詠まれた朝顔は、桔梗とす

朝顔（『三都一朝』より）

る説が最も有力である。午前中のみ開花する特性から、女性が朝起きた直後の歯磨きなどの身支度をする場面と取り合わせた構図の浮世絵が、複数の絵師によって描かれた。漏斗状の青色の花が通常であるが、江戸中期以降遺伝子が変異した変化朝顔が出現し、一七五九年(宝暦九)には伊藤若冲の「向日葵雄鶏図」に、花弁の色が青と白に咲き分けられた変化朝顔が描かれている。変化朝顔の本格的な流行は、文化・文政年間(一八〇四―三〇)、嘉永・安政年間(一八四八―六〇)と江戸時代に二度にわたり、江戸・大坂・名古屋でほぼ同時期に訪れた。花や葉の形、色、文様などさまざまな変異をする朝顔が、連《れん》と呼ばれる愛好家集団や植木屋によって盛んに栽培されたことは、図譜や番付によって判明する。特に江戸入谷の植木屋、成田屋留次郎が編纂した『三都一朝』をはじめとする木版の美麗な図譜により流行に拍車がかかり、明治時代には全国各地に変化朝顔の同好会が誕生した。明治以降は、大輪朝顔が流行し、東京入谷の植木屋において朝顔販売が盛んになり、また肥後朝顔、名古屋朝顔など地域独自の作り方も生まれた。毎年七月六、七、八日に開催される台東区入谷の鬼子母神境内を中心とする朝顔市は、織女星と牽牛星の伝説にあやかったもので、一九四八年(昭和二十三)に始まった夏の風物詩である。なお変化朝顔は、一九九九年(平成十一)以降、国立歴史民俗博物館くらしの植物苑において、遺伝学や園芸文化の視点から毎年夏に展示・公開されている。

参考文献　国立歴史民俗博物館編『伝統の朝顔』(展覧会図録、一九九九)、平野恵『十九世紀日本の園芸文化―江戸と東京、植木屋の周辺―』(二〇〇六、思文閣出版)、日野原健司・平野恵『浮世絵でめぐる江戸の花―見て楽しむ園芸文化―』(二〇一三、誠文堂新光社)

(平野　恵)

あさくさ　浅草　東京都台東区の隅田川右岸にある浅草寺を中心とした地域。浅草寺は奈良時代の創建とされる古刹であるが、江戸時代には多数の参詣客を集めるようになった。茶屋や見世が立ち並ぶ門前町が発達し、境内の奥山は楊弓場《ようきゅうば》や見世物小屋、大道芸を楽しめる娯楽空間となった。明暦の大火後に誕生した新吉原や天保改革で移転してきた猿若三座といった悪所が隣接したことも、浅草を江戸随一の盛り場とした要因である。一八七三年(明治六)に浅草寺境内は公園地の指定を受けて浅草公園となり、八四年から七区画に区分され整備が進んだ。二区の仲見世は煉瓦造りとなる一方、新たに造成された六区は興行地となり、奥山の見世物などに加え、新しい娯楽要素を取り入れていった。眺望を誇る凌雲閣(浅草十二階、一八九〇年)が建設され、日本初の常設館である電気館(一九〇三年)にはじまり活動写真館(映画館)が林立した。劇場や寄席では娘義太夫や浪花節、新国劇、軽喜劇などが人気を集め、特に安来節や浅草オペラの大流行は六区が生み出した。そのほか勧工場、水族館、動物園もできた。門前の「うまい物屋」や屋台店は客の食欲を満たし、十二階下の銘酒屋は密かに春を鬻《ひさ》いだ。また公園《エン》地《コ》は、露店商・香具師《やし》・大道芸人の営業の場であり、乞食・浮浪人・スリ・無頼漢など、下層の人びとやアウトローが生きる場でもあった。添田啞蟬坊がいうようにたしかに「一流のものが何一つない」が、古刹の宗教性と盛り場としての伝統に加え、絶えず新しいものを取り入れて「流転」し続けること、性的なものも含めた雑多な要素が渾然一体となっていることが浅草という盛り場の特質であった。関東大震災により凌雲閣が崩壊し、浅草オペラの流行も終息したが、地下鉄や東武鉄道が乗り入れたこともあり、銀座とは対照的な「民衆的歓楽郷」浅草の賑わいは衰えなかった。エロ・グロ・ナンセンスのレビューで注目されたカジノ＝フォーリーには、榎本健一という大スターを生み、その後も浅草六区からは古川ロッパ、徳川夢声、あきれたぼーいず、水の江滝子など、モダンな感覚をもったタレントがつぎつぎと輩出された。空襲で浅草公園の大部分が焼失するが、敗戦後すぐさま映画やストリップで復興を遂げた。しかし売春防止法施行と吉原の変質、新宿・渋谷・池袋の副都心化、娯楽・レジャーの多様化と映画の斜陽化などを背景に、盛り場としての相対的地位を低下させた。浅草の「流転」の勢いが失われたが、代わりに「伝統」や「下町情緒」を売りにする観光地として外国人観光客らを集め続けている。

凌　雲　閣

参考文献 今和次郎編『(新版)大東京案内』(一九二九、中央公論社)、添田啞蟬坊『浅草底流記』(一九三〇、倉持書館)、山田太一編『土地の記憶浅草』(『岩波現代文庫』、二〇〇〇、岩波書店) (大岡 聡)

アジ アジ スズキ目アジ科に属する多獲性の回遊魚である。語源は味の良いことに由来し、漢字「鰺」には美味しくて参ってしまう魚の意味など諸説を持つ。漁獲は棒受網や刺網であったが、現在、旋網や定置網が主流である。一九六〇年代以降に資源は減少し、八〇年(昭和五十五)ごろから養殖が始まり、オランダなどから輸入もされている。ブランドには大分県の関あじ、山口県の瀬つきあじ、島根県のどんちっちアジがある。生鮮食用のほか、塩干や魚肉ソーセージ、魚醬など加工用に加えて、養殖魚やペットの飼料にもなる。古来身近な魚であったが、『東雅《とうが》』(一七一七年(享保二))や『魚鑑《うおかがみ》』(一八三一年(天保二))によると、江戸時代後半には評価が高まり、約五センチのアジは天保期にナカフクラミと呼んで歓迎された。薬味や味噌と混ぜたナメロウは房総の漁師料理で、沖なますとも呼ばれる。加工保存品として、脂が少ないムロアジは、『七島図会』(一八九二年(明治二十五))にもあるように、伊豆諸島特産であるクサヤの原料になる。→クサヤ

参考文献 日本水産学会編『イワシ・アジ・サバまき網漁業』(二〇〇七、恒星社厚生閣) (若林 良和)

アジアしゅぎ アジア主義 アジアは政治的・文化的に一つであるとする思想。一般に大アジア主義、汎アジア主義とも呼ばれる。日本の近代は福沢諭吉の「脱亜論」(一八八五年(明治十八))にみられるように、アジアの一員であることから離脱し近代西欧文明に追いつくことを至上の課題としてきた。その帰結は日本がアジアの盟主として欧米の圧迫からアジアを守るという名分のもとで、アジアに対する帝国主義的拡張を推し進めることであった。一九三七年(昭和十二)以後の東亜新秩序論、大東亜共栄圏論はその典型である。しかし明治以来、岡倉天心、樽井藤吉、宮崎滔天など日本の思想家のなかにはアジアとの「連帯」を求めた人びとの系譜がある。戦後中国文学者の竹内好《たけうちよしみ》は、アジア主義の全否定に反対し、それぞれの時代における「連帯」と「侵略」との組み合わせを検討することによって、日本のアジア「侵略」の反省と「連帯」のわずかな可能性を再検討することを提案した。この竹内の提案は激しい批判と論争を巻き起こした。それから約五十年後の現在では、グローバリゼーションの波はアジア地域へも浸透し、国家レベルの「侵略」と「連帯」を超えて多様な個人の交流も進む一方「東アジア共同体」構想も議論されている。それは新しい視点からの「アジア主義」の再検討を要請している。

参考文献 竹内好編『アジア主義』(『現代日本思想大系』九、一九六三、筑摩書房)、孫歌『竹内好という問い』(二〇〇五、岩波書店) (安田 常雄)

アジール アジール 平和領域・聖域・避難所という意味のドイツ語。英語ではアサイラム。犯罪や債務の追及から逃れるために、特定の土地に逃げ込む慣行は世界的に存在するが、日本では中世から史料にみられるようになる。その代表が寺で、殺生禁断の土地であることを根拠にして、罪人・債務者・下人・領主の敵対者・戦争の敗北者などが逃げ込んだ。戦国時代には無縁所と呼ばれる寺や浄土真宗の寺内町などが戦国大名からアジールの権利を認められていたが、織豊期以降にはその権利が否定され、近世には鎌倉の東慶寺や上野国満徳寺(群馬県太田市)のみが離婚を望む女性の駆込寺として残されたとされてきた。だが、近世には火事や罪を犯した者が入寺して一定期間謹慎する入寺慣行が存在し、寺のアジール権はある程度残っていた。寺以外にも中世には領主の館や都市、近世には武家屋敷・代官所・名主の屋敷などにアジール権が認められていた。戦国・織豊期の楽市も債務者が保護されるという点で一種のアジール的な場であったが、近世には楽市自体が否定された。楽市は祭や市が立つという特定の時間のみにアジール権が発生することを意味し、時間のアジールともいえる。→駆込寺《かけこみでら》 →入寺《にゅうじ》

参考文献 網野善彦『(増補)無縁・公界・楽―日本中世の自由と平和―』(『平凡社ライブラリー』、一九九六、平凡社) (盛本 昌広)

あしいれこん 足入れ婚 嫁が婿家へはじめて正式に訪問する儀礼によって開始され、当面の夫婦の寝所、すなわち婚舎は嫁家におかれるという形式の婚姻を指す。このような婚姻は主に伊豆諸島にその分布が集中している。足入れ婚は、婿入婚から嫁入婚への変遷の過渡的な形態であると理解されている。なおアシイレという語は、嫁と婿との相性を試すための試験婚や、いわゆる仮祝言などの際に用いられる例も多く、その意味を混同して理解されていることも少なくない。

参考文献 八木透『婚姻と家族の民俗的構造』(『日本歴史民俗叢書』、二〇〇一、吉川弘文館) (八木 透)

あしだ 足駄 ⇩履物《はきもの》

あしなか 足半 芯緒を引き出して鼻緒を結ぶ小さな草履。半草履ともいう。名称は足裏の半分ほどの大きさであることに由来し、室町時代の「足なが」(『今川大双紙』)

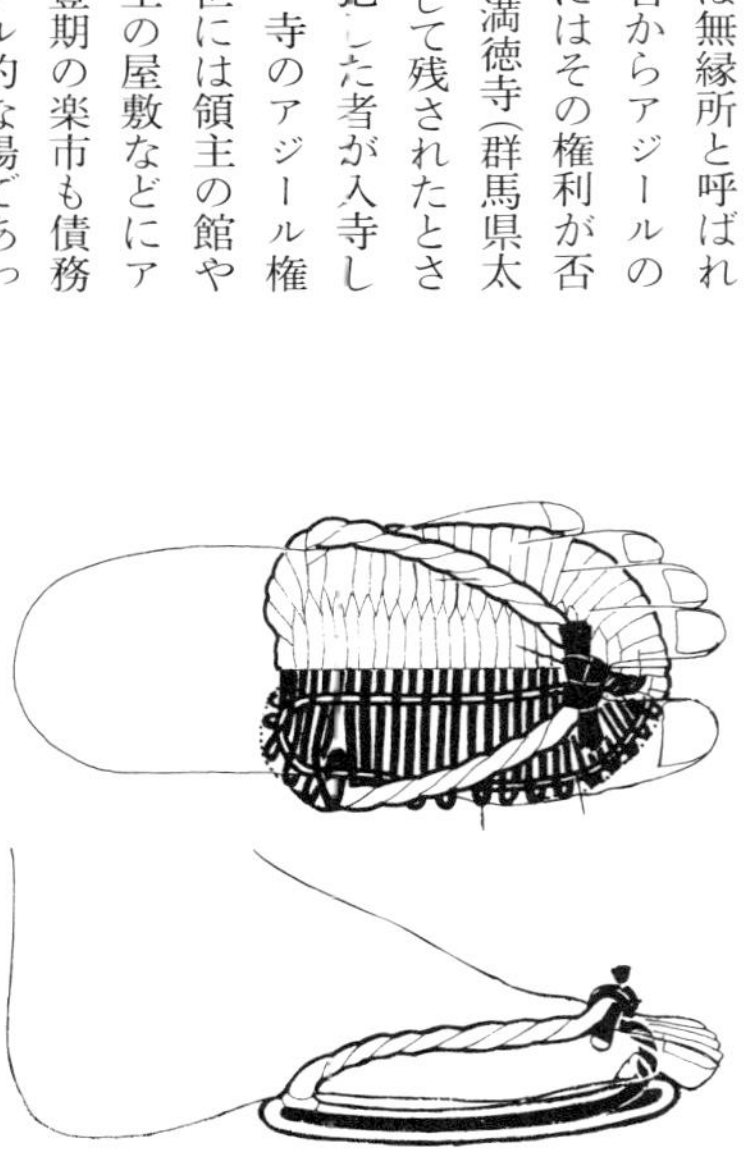

足半の構造とはき方

が初期の語例である。平安時代の「尻切」を起源とみる説もあるが定かではない。鎌倉時代の絵巻『蒙古襲来絵詞』にも描かれ、当時は「半物草《はんものぐさ》」(『源平盛衰記』)と呼ばれていた。足半は鼻緒が丈夫で足裏に密着するので、滑りどめのスパイクとして武士の戦闘時に重用された。また室町時代の武家故実では「あしなかに礼なし」といわれ、大名御供衆の将軍家御殿門内での着用が許されていた(『諸大名出仕記』)。その後、都市では次第に使用されなくなり、一五八六年(天正十四)正月、豊臣秀吉は諸侍に着用を義務付ける法度を出している。江戸から明治時代にかけては、もっぱら地方の農漁民の間で用いられるようになったが、二十世紀初頭に地下足袋が普及したことで急速に廃れていった。

参考文献 宮本勢助『民間服飾誌』履物篇(一九三三、雄山閣)、宮本馨太郎『かぶりもの・きもの・はきもの』(『民俗民芸双書』二四、一九六八、岩崎美術社)、潮田鉄雄『はきもの』(『ものと人間の文化史』、一九七三、法政大学出版局)

(田中　禎昭)

あずき　小豆　マメ科の一年生作物で、常畑のほか水田の畦や焼畑で栽培された。五穀の一つに数えられ、春から夏にかけて播種し、秋のうちに収穫して子実を莢《さや》から摘み取った。小豆の実の色は白・黒・黄緑色などもあるが、赤い色に特別な効果・呪力を期待したことから赤褐色の品種が多く作られ、儀式・年中行事やハレの日の赤飯・小豆飯といった儀礼食として使われることも多い。正月十五日の小正月には、宮廷に小豆など七種の穀物で作った粥を献上する七種粥《ななくさがゆ》の儀式が行われ、民間でも豊饒祈願や邪気払いなどのために小豆粥を食する風習があった。また十月初めの亥日に食する亥子餅《いのこもち》も、小豆など七種の粉によって作られた。小豆の用途は粥・飯にとどまらず、小豆餅や煮て粉状にして用いる汁粉・羊羹《ようかん》・善哉《ぜんざい》・団子類などとしても食され、餡《あん》に加工されて和菓子の重要な材料となったほか、利尿・整腸剤などの薬用や白小豆を粉末にした洗い粉としても利用されてきた。

↓赤飯《せきはん》

参考文献 篠田統『米の文化史』(一九七〇、社会思想社)、前田和美『マメと人間―その一万年の歴史―』(『作物・食物文化選書』九、一九八七、古今書院)

(伊佐治康成)

あずきがゆ　小豆粥　米に小豆を加えて炊いた赤い粥飯。中国では正月望の日(陰暦十五日の満月)に赤小豆粥を食して邪気を払う習慣があり、日本でも正月十五日に豊饒祈願や邪気払いのために小豆粥を食した。望日の節供の行事であることから、望粥《もちがゆ》ともいう。同じ日には宮中で望粥の節供として小豆粥を煮た後の燃え残った薪を杖状に削って子のいない女性の尻を叩く粥杖《かゆづえ》という行事が行われ、民間でも豊饒や子宝を祈る習俗として行われた。

↓赤飯《せきはん》

参考文献 前田和美『マメと人間―その一万年の歴史―』(『作物・食物文化選書』九、一九八七、古今書院)、木村茂光「日本古代の粥と粥食」(同編『雑穀』II所収、二〇〇六、青木書店)

(伊佐治康成)

あぜまめ　畦豆　田んぼのあぜ(畦畔)に作る大豆や小豆のこと。アゼモノともいう。春先に田んぼが乾燥し始めると、田の準備を始める。最初の仕事があぜを補強するアゼカケで、冬期間にねずみなどがあけた穴をふさぎ、田んぼの水もれを防ぐ意味があった。そのとき、あぜの内側の土を五センチから一〇センチほど削って田んぼに入れ、畔塗りをして補強し、田植えに備えた。福島県の奥会津では五月の藤の花が咲く時期が大豆の播き時で、同じころ田んぼのあぜにも大豆を播く。あぜに三〇センチ前後の間隔で穴をあけ、二粒ずつ大豆を播いた。あぜまめを播いた場所の近くの稲は生育がよく、収穫高もよかった。所有面積の少ない家は、畑で粟や陸稲などの穀物を作り、自家消費用の大豆は田んぼのあぜに作った地域もある。埼玉県八潮市の畑作地では換金作物の蔬菜類を畑に作り、その周りのあぜにモロコシを作った。これは、大豆ではないが、畑のあぜを利用した作物栽培の例である。一六八四年(貞享元)刊『会津農書』には「田畔塗幷畔黄豆、畔穇子植」(あぜ塗りとあぜ豆、あぜひえの植え方)の項目があり、乾田のあぜに大豆を、湿田に稗を植えると記されている。

参考文献 佐瀬与次右衛門『会津農書』(庄司吉之助訳・解題、長谷川吉次注、『日本農書全集』一九、一九八二、農山漁村文化協会)

(増田　昭子)

あそび　遊び　「遊び」という言葉の語義は多岐にわたるが、広義には心を慰撫し解放することを指す。このことは、屋外での運動や行楽、屋内での酒宴や各種の勝負ごと、そして屋内外で行われる各種芸能など、楽しみを伴うさまざまな行為によって実現されており、その実態は各時代共通に多様である。

一九三八年、オランダの歴史家であるホイジンガ Johan Huizinga(一八七二―一九四五)は、『ホモ＝ルーデンス Homo Ludens』を著し、「人間は遊ぶ存在である」「すべては遊びなり」と述べたことは広く知られているが、これは、人間は本来、神の遊びの具として「神遊び」の世界に存在するという古代ギリシャの哲学者プラトン Platōn(紀元前四二七―三四七)の考え(『法律 Nomoi』)を継承し、近代化によって衰退した「神遊び」を再生するための提唱であった。このような見解は、日本民俗学が用いる「ハレ」と「ケ」の概念(前者は欧米の「聖」あるいは「非日常性」概念、後者は同じく「俗」あるいは「日常性」概念に対応するとみられている)を想起させるものであり、日本社会にあっては、「遊び」は、日常的な労働や仕事といった概念の対極に置かれることが多い。

〔古代〕「遊び」を分析することは、古代にあっても各時代の社会や人々の生活の具体像を解明する上で重要である。天皇・皇族や貴族層の「遊び」は、東大寺正倉院に伝わる文物や、絵巻、日記文学などからわずかに垣間見ることができるが、在地社会における一般民衆のそれは

正倉院宝物の碁盤（木画紫檀棊局）

残念ながらほとんど不明であるというのが現状である。

古墳時代から奈良・平安時代の集落遺跡の発掘調査からは、日常什器である食器などの出土はあるものの、「遊び」にかかる遺物の出土は皆無と述べても過言ではなく、その実態は不明である。そのような中、二〇〇〇年(平成十二)に石川県津幡町加茂遺跡から出土した嘉祥二年(八四九)の牓示札《ぼうじふだ》(高札)の存在は注目される。この牓示札は、百姓を統制するために中央から加賀国へ伝えられた太政官符が、さらに加賀郡に伝えられ、最終的に加賀郡の郡雑人である田令によって掲示されたものであるが、そこには、過度の飲酒による農作業をはじめとする村落共同体労働の懈怠を戒める条文が記されている。この当時、全国的に農民をはじめとする一般民衆が酒を嗜み、時には日々の労働に支障が生じることもあったことを示すものである。近世社会における「遊び日」のようなものが古代社会にも存在したであろうことは衆目の一致するところであるが、その具体像の解明が急務である。

また、奈良時代末成立の仏教説話集である『日本霊異記』は、当該期の子どもの姿を垣間見ることができる重要な歴史史料でもある。そこには、山に入って薪《たきぎ》を拾う子ども(下二九)、農耕牛に草を食べさせる子ども(中一二、同一七)、漁師として働く子ども(上一一、下二五、同三二)など、「遊び」ながらも家族の一員として労働する子どもの姿が認められる。子どもは、前近代社会を通じて家族労働の重要な担い手であったが、そこには大人の労働とは異なり、「遊び」の要素が不可欠であった。こうした子どもの労働と「遊び」との不可分な関係は、おそらく、狩猟・採集社会であった縄文時代以前の原始社会ではより顕著だったであろう。子どもの「遊び」に限っては、これを安易に日常的な労働や仕事といった概念の対極に置くことはできない。

ところで、一般に階層によって「遊び」の内容が異なることは明らかであるが、古代はもとより前近代社会を通して、天皇・皇族や貴族には、囲碁、将棋、双六といった盤上遊戯や貝覆(貝合)のような室内遊戯、和歌や漢詩の創作や曲水の宴など独自の「遊び」があり、その一方で民衆には都市部・農村部それぞれに固有の「遊び」が存在した。そして「茶」の文化を例に掲げるまでもなく、こうした各階層の「遊び」が、それぞれにさまざまな芸能や絵画、美術工芸品を産んできたこともまた事実であり、各地域、ひいては日本の文化・伝統の形成に「遊び」が大きな役割を果たしてきたことは重要である。

人々が抱く価値観が多様化する現在であるが、「真面目」や「仕事」といった概念の対義概念として用いられる場合や、「ギャンブル」の代名詞として用いられる場合であっても、心を慰撫し解放するという点においては、古代以来の概念を大きく逸脱するものではなく、今後もこうした概念の範疇で多様化が進むことが予想される。

参考文献　平川南監修・石川県埋蔵文化財センター編『発見！　古代のお触れ書き―石川県加茂遺跡出土加賀郡牓示札―』(二〇〇一、大修館書店)、古川貞雄『(増補)村の遊び日―自治の源流を探る―』(『人間選書』、二〇〇三、農山漁村文化協会)、京都国立博物館編『遊び』(特別展観図録、二〇〇三)

(宮瀧　交二)

〔中世〕遊びに古来の慣習が残存していることは民俗学で以前から指摘されている。この考えからすれば遊びを通して過去の歴史や慣習に接近することが可能となる。遊びをルーツの面から捉えれば、㈠朝廷や武家の年中行事や儀礼が遊びに転化したもの、㈡中国などの外来の遊びが定着したもの、㈢魔除けやまじないが遊びに転化したもの、㈣競技や博打が遊びに転化したもの、あるいはその逆、㈤地方の芸能や遊びが中央に取り入れられたものなどに分けられる。もちろん、おのおのの遊びは複数の要素を持っている。なかでも朝廷の年中行事が遊びに転化したものが多い。

正月に餅を食べる慣習は古代以来あるが、年末の餅搗などは一種の遊びになっている。正月の子の日に丘に登り宴会をする子日宴《ねのひのうたげ》は奈良時代以来行われたが、平安時代には子の日に北野などで若菜を摘み、小松を引いて遊ぶようになった。平安時代以来、正月に毬打《ぎっちょう》(毬杖)といって、木製の毬を先端に槌を付けた杖で打つ遊びがあった。この遊びは中国から伝来した打毬《だきゅう》が転化したもので、もともとは年占のため、毬を打つ行事であったと考えられ、同じく朝廷の正月行事である卯杖とも関係する。これが少なくとも近世には子供の遊びとなり、明治時代にも行われていた。毬打と関連して、小正月(正月十五日)または正月十八日に行う左義長(三毬杖・三毬打・爆竹)の行事がある。『徒然草』には正月に打った毬杖を朝廷内の真言院から神泉苑に出して焼くとあり、鎌倉時代にはすでに行われていたと見られる。戦国時代の朝廷では小正月に三毬打を立て、十八日に三毬打を焼く行事が行われ、三本をセットとする三毬打の竹を山科家などの公家が献上し、複数の三毬打が立てられていた。この行事は

毬杖（『西行物語絵巻』より）

陰陽師がはやし言葉をしながら行うもので、民衆も見物に来ている開かれた行事であった。これが民俗行事に転化して今に残り、竹を円錐状などに組み、御札や門松・正月飾りを焼いて、その火で餅や団子を食べるのが一般的となった。現在は「どんど焼」と呼ぶことが多い。正月の遊びである羽子板も室町時代に朝廷で行われた遊びが民間に伝わったものである。その初見は『看聞日記』永享四年(一四三二)正月五日条で、貞成親王の屋敷で「こきの子」勝負が行われ、同六年正月五日条では、子の後花園天皇に毬杖三枝・玉五・こき板二枚を贈っている。こぎ板は胡鬼板と書かれることが多く、絵や蒔絵が描かれていた。三月三日(上巳《じょうし》)の雛祭の人形の起源は穢れを移す形代《かたしろ》としての人形《ひとがた》であり、平安時代にはこの日に人形を海に流す慣習もあった。一方、平安時代には雛遊びと呼び、公家の女児が人形に着物を着せたり、皿などの調度を飾る遊びがあった。この遊びは常時行われたものだが、上巳の祓としての人形の慣習が近世に合体して、現在のような雛祭が成立した。なお、雛人形の優劣を争う雛合の遊びも中世に行われていた。

同じく子供の遊びである独楽も中世から存在し、『太平記』には子供が独楽を廻している記述がある。中世遺跡からは羽子板・独楽・人形・竹とんぼなどが出土している。また、虫取りや虫籠での飼育や観察も子供の遊びとして行われていた。近年まで子供の遊びでもあった石合戦の起源は中世に盛んであった飛礫や印地打にある。盤を使う遊びも古くからあり、双六・将棋・囲碁(碁)がその代表である。双六は賽を振って盤上の駒を進める遊びで、奈良時代以前に中国から伝わったとされ、最初は皇族や公家の間で行われた。白河院が思い通りにならぬものが「双六の賽」と述べたように流行し、武士や民衆の間でも広く行われた。双六は遊びと同時に博打でもあり、すでに持統天皇の時に禁令が出されている。また、鎌倉幕府は双六・四一半・目勝《めかち》以下の博打を禁じた。四一半は賽子を使う博打と推測されるが、やり方自体は不明である。目勝はにらめっこのことで、宴会の余興としても行われた。

こうした純粋な博打以外にさまざまな勝負事を賭事にすることが行われたが、これも遊びの一種である。南北朝時代以降に流行した飲んだ茶の種類を当てる闘茶はその典型である。将棋の駒は平安後期の兵庫県日高遺跡から出土しているが、中国の将棋とは異なるので、別ルートから伝来したと考えられている。将棋は公家・武士の間で盛んに行われた。囲碁は六世紀に中国から伝来したとされ、公家や僧侶の間で広まり、武士も行うようになった。中世遺跡(福井県一乗谷朝倉氏遺跡など)では将棋の駒や碁石がよく出土している。武士の武芸である流鏑馬・的射《まとゆみ》・犬追物にも遊びの要素があり、的射は民俗行事、縁日や温泉地などで現在も行われている。また、武士にとっては狩猟・鷹狩・川狩り自体が遊びであった。

芸能の観覧や自演も遊びといえる。田楽・今様・猿楽は地方で行われていた芸能だが、中央の皇族や公家・武家が観覧したり、みずから演じたりした。今様は白拍子や遊女が歌ったもので、後白河院が採集し、『梁塵秘抄』としてまとめた。皇族・公家・武士は白拍子や遊女との遊びを楽しんだ。遊女としては江口(大阪市東淀川区)や神崎(兵庫県尼崎市)の遊女が有名であり、川の近くに根拠地を持つことが多い。遊女は舟に乗っているので、舟遊びとしての意味もあった。猿楽は室町時代には能として専門の芸能者が演じたが、公家や武士はみずから演じて楽しんだ。田楽は地方の祭礼として以後も行われ、民俗行事となった。傀儡《くぐつ》と呼ばれる芸能者はさまざまな芸を行なったが、なかでも人形遣いは近世の人形浄瑠璃のルーツになったことで知られている。ほかに複数の物を玉のように投げる品玉のような今でいう大道芸を行う芸能も演じられ、それを見物するのも遊びであった。平安時代には管弦の遊びというように、公家の間では琴・笛・琵琶などが演奏されている。民間の間でも田楽の簓《ささら》のようにさまざまな楽器が生まれた。音楽には神仏への奉納など多様な要素があるが、演奏を聴いたり、自演するのも遊びである。漢詩・和歌・連歌を詠むこと、歌枕などの名勝地を見たり、桜や紅葉見物をするのも古代以来行われた遊びであり、歌合のように勝負を競うものは賭事としての意味を持った。同種類の物を持ち寄って優越を競う「ものあわせ」も公家の間で遊びとして行われ、薫《たき》物合《ものあわせ》・貝合などが行われた。戦国時代にはヨーロッパ船の渡来により、ポルトガルからカルタが伝来し、豊臣期に流行し、賭博でもあったので、長宗我部氏は禁止令を出している。また、琉球からは三味線が伝来し、近世に流行した。↓囲碁《いご》 ↓かるた ↓独楽《こま》 ↓将棋《しょうぎ》 ↓羽《は》子板《ごいた》 ↓雛人形《ひなにんぎょう》

参考文献 山中裕『平安朝の年中行事』(『塙選書』、一九七二、塙書房)、増川宏一『盤上遊戯』(『ものと人間の文化史』、一九七八、法政大学出版局)、網野善彦『芸能・身分・女性』(『網野善彦著作集』一一、二〇〇八、岩波書店)

(盛本 昌広)

〔近世〕江戸の遊びについては、三田村鳶魚の考証が江戸時代の雰囲気をよく伝えている。遊郭やそこで興じられた幇間などの座敷芸、芝居町の歌舞伎、辻や広小路などの空閑地での大道芸と葦簀張り興行、道化万歳、講釈、寄席、落語、連中による遊びなど、江戸の民衆娯楽の起源と変遷が叙述されている。俳諧などの文芸の流行は、今なお各地の神社に掲げられた奉納額に示されている。伊勢参りに代表される社寺参詣の旅と地方の名物への楽しみは、十返舎一九『東海道中膝栗毛』『金草鞋』、安藤広重の名所絵に現れている。江戸は決して江戸だけで存在していたのではなく、『筆まかせ』という江戸深川仲町の富本繁太夫という芸人の放浪の旅の記録によれば、江戸出身の偽役者が興行先の盛岡城下で本物に出くわしている。また、信州高井郡箕作村（長野県下水内郡栄村）の鎮守豊高島神社の八朔祭礼の奉納相撲に対して、日本相撲行司十二代木村庄之助の土俵、四本柱「奉献証状」を「若衆中」が請けていることが、古川貞雄『村の遊び日』に紹介されている。江戸から地方へ遊びが伝播されるだけではなく、たとえば、伊豆河津の見高神社には、戸板一枚ごとに若者組の名称が書かれた舞台があり、江戸歌舞伎の看板役者であった小団次と左団次の引き幕が遺されている。小団次は河津の出身であった。また、黒板塀に見越の松の料亭の通りに、手拭を被り三味線を弾き語りしながら流す姿が、昭和四十年代までは夜の料亭街で見受けられた新内節は、越前敦賀出身の鶴賀若狭掾によって始められたように、地方出身者が役者や芸人になっていた。

祭礼ともなれば執行の中心は町ごとに組織された各町の若者組であった。今日でも、たとえば、佃島の住吉神社祭礼の際に掲揚される大幟に「若番中」の文字が染め込まれている。都市祭礼の代表である京都祇園祭の八坂神社の神輿は、元禄期から三条台若中が担ぎ、天保期に設けられたと伝えられる若中会所も改築して現存する。

都市祭礼は、江戸後期になるにつれて華やかさを増していった。たとえば、江戸の御用祭である日枝山王神社、神田明神の祭礼の際には、氏子町内ごとに飾り山車がでた。幕末になると、祭礼番付以外に附祭りの芸人練子の名前や年齢などが記された横帳で印刷されたものが発行されていて、あたかも美人コンテストの様相を想起させる。江戸に代表される都市の遊びが不時となり祭礼が華やかさを増す一方、在方の村々の農民は、農事暦と年中行事によって、遊休日が決められていた。宮田登は、十七世紀まで村々の暮らしを覆っていた宗教的心性が、十八世紀以降急速に失われ、神と遊ぶ日から人間が休む日に移行していったことを指摘した。古川貞雄『村の遊び日』によれば、信濃国では、米作や畑作という生産の違いによって時期や日数は変化するものの、大体年間三十日くらいの農耕の遊休日があった。半日の休みもあった。これに正月、小正月、盆暮れ、節句に神社祭礼や各種の日待・月待などの講行事などの年中行事を加えた遊休日があった。若者たちは、夜遊びと称して徘徊したり、力石を持って神社の階段を上り力を競ったりした。ほかに相撲・博奕・双六・カルタなど、こどもは、歌川広重・芳虎の錦絵には、竹馬・独楽廻し・凧上げ・太鼓・ジャン拳・鬼ごっこ・火消し・子をとろ子とろ・小弓などの遊びがみられる。

子をとろ子とろ（『守貞謾稿』より）

十八世紀後半から十九世紀にかけて、若者組が寄進や世話方となった神社境内にある石灯籠や狛犬などが急速に増加していく。若狭国三方郡菅浜浦（福井県三方郡美浜町）では、村社式内須可麻神社の外に、山ノ神神社が一七一三年（正徳三）に若者組によって創建された例が示すように、村の祭祀に若者組が強く関与するようになり、臨時の休日である願い休みや臨時祭礼を要求するようになり、許可をとらない「かくれ芝居」の上演も行われた。時代を同じくして村芝居が盛んになってくる。村芝居には、ほかから劇団を呼んで興行する買芝居と農民がみずから役者となって上演する地芝居があったが、守屋毅『村芝居』によれば、地芝居興行の初見は十八世紀前半で、美濃の『久津八幡宮祭礼記録日記』とされる。若者組は、願い休みや地芝居興行が村役人に認められないと、村人の日常生活を阻害するいたずらをして、場合によっては村方騒動にもなった。そのために幕府は文政取締改革において、「在方若者仲間」の禁止令を出し、関東取締出役が、関東に設けられた改革組合の寄場に組合村々の村役人と若者組の頭を招集して教諭した。若者組の遊びを規制しようとしたのは支配領主だけではなかった。報徳に代表される精農指導者や地主層は、若者を「家業余力之輩」とし、遊びの代わりに夜学による学習を請求し、明治以降、近代学校制度による生徒をその対置概念に据え、国家による祝祭日や社会奉仕などが村の行事に組み込まれた。　→芝居《しばい》　→物見遊山《ものみゆさん》　→若者組《わかものぐみ》

参考文献　宮本常一・谷川健一・原口虎雄編『探検・紀行・地誌』西国篇（『日本庶民生活史料集成』二、一九六八、三一書房）、三田村鳶魚著、森銑三・野間光辰・朝倉治彦編『三田村鳶魚全集』一〇（一九七五、中央公論社）、高橋敏『日本民衆教育史研究』（一九七八、未来社）、多仁照廣

『若者仲間の歴史』(一九六四、日本青年館)、守屋毅『村芝居—近世文化史の裾野から—』(『叢書演劇と見世物の文化史』、一九六八、平凡社)、宮田登「日本人の世界観」(『暦と祭事—日本人の季節感覚—』所収、一九九五、小学館)、古川貞雄『(増補)村の遊び日—自治の源流を探る—』(『人間選書』、二〇〇三、農山漁村文化協会)

(多仁　照廣)

〔近現代〕近現代日本の遊びの歴史には二つの大きな転換点があるように見える。第一は明治末期から大正期であり、第二は戦後の高度経済成長期である。前者は日本における資本主義の確立期であり、遊びもこのシステムとの深い関係のなかにおかれるようになった。ここで重要なのは二十世紀の文明化の波が民衆の生活に直接接触し浸透していったことであった。この時期、近世以降続いていた農事暦と年中行事に支えられてきた農業社会に起源をもつ遊びが大きく動揺したからである。こうした流れは断続的に戦争をはさんで戦後まで継続するが、それが決定的に変質するのが後者の高度成長期であった。それは逆にいえば資本主義システムが遊びの世界にも浸透していったことを意味している。遊びは民衆の自由な楽しみの世界であると同時に近代産業社会がめざす日常的な安定性を確保する手段でもある。遊びの近現代史はこの二つの要素のきしみと矛盾のなかで展開していく。つまり高度成長によってゆとりが生まれたはずの社会が逆にゆとりを失っていったという逆説が進行していったからである。

権田保之助は一九二一年(大正十)と二九年(昭和四)に行われた文部省の全国民衆娯楽調査に加わるなかで、この時期に民衆娯楽が大きく変質していったことを重要だと考えた。それは一言でいえば民衆の娯楽志向が「角力・盆踊」(農林労働者)から「浪曲」を経て「活動写真」(商業・鉱工業労働者)に移りつつあったからである。まだこの時代には落語・講談などの寄席芸や大道芸なども残存していたが、機械仕掛けの映画がその主流になろうとしていた。また遊びの一つの本質を表現する賭け事の分野では、この時期は花札から麻雀への過渡期であった。明治末年に一般家庭にまで浸透した花札の流行から、大正末ごろから昭和初年にかけては街頭における麻雀ブームが生まれた。三〇年には場所と道具を賃貸する麻雀荘が東京市内だけで九百三十八軒にものぼったという。さらに子どもの遊びの世界に眼を移せば、明治期にはこま遊び、竹馬、凧揚げ、めんこなどが人気の上位を占めていた男児の遊びは、大正期から昭和戦前期には戦争の影を表現する「兵隊ごっこ」が上位に食い込み、また明治中期からのガラス製品の国産化によって量産された起源をもつビー玉が、明治中期の第二十八位から、大正期の第八位、昭和戦前期の第二位へと躍進していた。こうしてビー玉は男児の代表的遊びとして定着した。また女児の遊びでは、明治から昭和前期まではお手玉が第一位であり、まりつき、おはじき、人形遊び、ままごとなどがほぼ一貫して上位を独占している。ただ昭和前期には明治以来上位を占めていた縄跳びがゴム跳びに抜かれ、戦後までもゴム跳びと縄跳びは並走する形となっている。ここで重要なのは、遊びの世界への産業化と大衆社会化の影響であり、やや飛躍していえばかつて全員参加によって担われてきた祭が「参加する人」と「見る人」に分裂した流れとも対応している(柳田国男)。また大正期以後、娯楽・遊覧・休養・保養などを合わせもつ観光も次第に中産階級にも広がっていくことになる。

戦時期の遊びについては、特に日中戦争以後は「健全娯楽」のかけ声のもとで戦時動員の一環として位置づけられ、後ろめたさなしに「遊び」に没頭することはできない時代が続いた。しかし敗戦とともにその抑圧は消え、昭和初年の娯楽が一斉に復帰することになる。特に映画は戦後娯楽の王者として君臨した。それとともにこの時期を特徴づけるのはパチンコの流行であろう。戦後のパチンコは名古屋に始まるが、名古屋周辺には飛行機の製造工場や部品工場が数多くあり、敗戦によって浮いてしまった資材を転用できたからである。金属球のベアリングは玉に、枠は名古屋名産のベニヤ板で作られた。初期の「七・五・三式」から連発式、さらにチューリップ型へと推移し、高度成長期の六〇年代後半からは機械のオートメーション化が始まり、八〇年代以降はコンピュータ制御による自動集中制御装置によるシステム化が進行した。八八年の『レジャー白書』ではファン人口二千八百六十万人、売上高年間十一兆五千億円と記録されている。それは渦巻く騒音のなかでの管理化された遊びへの狂熱として現代日本の遊びの象徴的風景の一つとなっている。

昭和30年代のスキーブーム

第二の転換期である高度成長期には「余暇」や「レクリエーション」という言葉に代わって「レジャー」という言葉が一般化する。それは六〇年代の高度成長期であり、最初に新聞紙上に登場したのはレナウンの「レジャ

ーウエア」という広告コピーであったという。遊びが消費生活のシンボルとして表象され、ドライブ・スキー・サーフィンなどに熱中する若者文化と連動していた。またこの時代の「レジャー」は海外旅行やゴルフブームに接続されていく。海外旅行の大衆化は六四年の海外渡航の自由化に始まり、七〇年代に入ると大型ジェット機の導入による航空運賃の値下がりや、高度成長による賃金上昇などによって海外旅行者は急増し、途中二度のオイルショックによって停滞するが、八〇年代半ば以降には円高の影響もあって回復し、女性旅行者の増大、子ども連れの家族旅行も増大していった。また上流階級の象徴であったゴルフは戦争で中断されるが、高度成長期に大衆化し、海外での日本人選手の活躍や賞金額の増大、またメディア中継の後押しなどによって広がった。しかしゴルフ場開発ラッシュや会員権売買にまつわる社会問題、また自然破壊による環境問題などが指摘されている。

こうした流れのなかで遊びが本来もつ自由で自発的な特質はどこに行ったかが問い直されている。企業社会のなかで「余暇」を見つけて「遊ばなければならない」という脅迫に包囲された遊びとはほとんど「労働」の別名となっている。子どもも特に七五年以後、マイクロコンピュータを使ったテレビゲームなど高価なゲーム機を使った室内遊びのなかに封印されていないのかどうか。その意味で現代の遊びの自由は、高度な技術の駆使と利潤動機に支配された現代資本主義による「強制された自発性」とのせめぎあいのなかで苦しみうめいているのかも知れない。→アニメ文化《ぶんか》　→映画《えいが》　→休日《きゅうじつ》　→テレビ　→テレビゲーム　→パチンコ　→ファミコン　→麻雀《マージャン》　→レジャー

参考文献　多田道太郎『管理社会の影—複数の思想—』(『読売選書』、一九七一、読売新聞社)、同『遊びと日本人』(一九七四、筑摩書房)、権田保之助『権田保之助著作集』一—四(一九七四—七五、文和書房)、青木貞伸編『ゲリラ産業』(『ウィークエンドブックス』、一九七八、日刊工業新聞社)、半澤敏郎『童遊文化史—考現に基づく考証的研究—』一—四・別巻一(一九八〇、東京書籍)、安田常雄「民衆史としての民衆娯楽—権田保之助を中心として—」(『暮らしの社会思想—その光と影—』所収、一九八七、勁草書房)

(安田　常雄)

あそびび　遊び日　村落ごとに定められていた仕事を休む日のこと。休み日ともいう。この呼称には、働かない(生産しない)のは「遊ぶ」ことという考え方が反映している。村落生活においては、物日《ものび》、神事《かみごと》などと呼ばれる祭日に休む場合と、農休み、野止め、山止めなどと呼ばれる農作業や山仕事、漁撈などの労働をしない日をいう場合との二つの意味がある。どちらの場合も、私的に決める休みではなく、村落において決められる公的な一日あるいは半日の休みである。また、正月や盆、節供など定期的な休み日と、田植えが終了した時のサナブリや雨乞いによって雨の恵みを得られた時などの臨時の休み日とがある。これまで遊び日は、本来、祭日の物忌みの日、ハレの日であったのが、十七世紀後半以降、労働能率向上のために労働休養日としての休み日が加えられていき、その数が増加していったと理解されている。地域的には東北地方で休日数が多く、年間約五十日もあった。遊び日にはもとから休息日の意味もあり、仕事で忙しい日常のなかに時々遊び日をはさむことによって労働効率を高めるという意味と、ハレとケの循環によって人々の生活のリズムが活性化されるという意味との両者があったものと考えられる。→休日《きゅうじつ》　→祭日《さいじつ》

参考文献　森嘉兵衛「近世農業労働時間並に休日の統制」(『社会経済史学』一六ノ一、一九五〇)、平山敏治郎「休み日」(『歳時習俗考』所収、一九八四、法政大学出版局)、古川貞雄『村の遊び日—休日と若者組の社会史—』(『平凡社選書』、一九八六、平凡社)、田中宣一『年中行事の研究』(一九九二、桜楓社)、松崎憲三「休日」(『暮らしの中の民俗学』二所収、二〇〇三、吉川弘文館)

(関沢まゆみ)

あだな　あだ名　その人の氏名をもじったり、また容貌、挙動、習癖といった特徴に基づいて、実名とは別に付けられた通称。ニックネーム。愛称名もあるが嘲笑名もあり、本人が承認しない例も多い。一般的にあだ名は相手から揶揄されたり軽んぜられたりする呼び名が多い。たとえば「寝太郎」はよく寝る故につけられたあだ名で、その人の習癖や性格に由来するものである。あだ名には個人に対してではなく、家につけられ屋号になっているものもある。これは家のなかで代々継承されており、個人の特徴に基づいて付けられたあだ名とは異なる。この場合由来譚が付随する場合が多い。あだ名は学校や会社、また地域社会など特定のコミュニティ内でのみ通用するもので、外部の者には通用しない。

参考文献　森岡健二・山口仲美『命名の言語学—ネーミングの諸相—』(一九八五、東海大学出版会)

(松岡　薫)

あたらしきむら　新しき村　一九一八年(大正七)、作家武者小路実篤(一八八五—一九七六)によって提唱され、宮崎県児湯郡木城村石河内(木城町)に開設された、自己を生かし人間らしく生きることを目的とした共同体。村民は一定時間の義務労働を果たしたうえで(「皆が兄弟のように助けあって働いて生活し」)、残りの自由な時間に芸術活動に携わる(「個性を生かす」)という、実篤が理想とした労働や社会のあり方を実践する試みで、実際に村民は農作業のほかに文学、美術、演劇などの創作活動や印刷・出版、音楽鑑賞などの文化活動を行なった。交通の便が非常に悪く、電気も通じていない、水の確保も大変な荒れ地で、農業経験者も少なかったため、自給自足や経済的自立(一九五八年(昭和三十三)に達成)を果たすことは困難で、人間関係の諍いや考え方の違いなども加わり、村民の出入りは激しく、最初の居住者は十八名、最盛期は約六十名であった。実篤自身も二五年に村を離

れ、村外会員として支援した。ダム建設による農地の水没に伴い、三九年埼玉県入間郡毛呂山町に「東の村」を建設し、現在に至っている(二〇一四年(平成二十六)現在居住者約十五名)。

参考文献 『武者小路実篤全集』四(一九八八、小学館)、大津山国夫『武者小路実篤研究—実篤と新しき村—』(一九七七、明治書院)

(武者小路信和)

アチック＝ミューゼアム アチック＝ミューゼアム 渋沢敬三が設立した民間研究所。日本常民文化研究所の前身アチック＝ミューゼアム＝ソサエティは一九二一年(大正十)、渋沢敬三と敬三の第二高等学校での学友、鈴木醇、宮本璋らにより渋沢邸の物置の屋根裏(アチック)に開設された。当初は、動植物標本、化石が主に集められたが、敬三のロンドン赴任で一時中断、帰国後の二五年、アチック＝ミューゼアムと改称して再開、郷土玩具の収集と研究が藤木喜久麿を中心に行われた。これらの運営に関わる資金は渋沢個人から支出された。やがて、早川孝太郎の故郷、奥三河への訪問が花祭、山村民具との出会いの契機となり民具、水産史を中心に常民の生活文化全般が調査・収集の対象となっていった。その後、アチック同人の収集した民具資料は、高橋文太郎の尽力により東京保谷の民族学博物館(一九三七年(昭和十二)—六二年)に収蔵され、文部省史料館を経て、七四年開設の国立民族学博物館の基礎資料となる。アチック＝ミューゼアムは、戦時下の四二年、日本常民文化研究所と改称、戦後は、五〇年の財団法人化を経て、八二年、神奈川大学に移管され今日に至っている。↓渋沢敬三《しぶさわけいぞう》 ↓日本《にほん》常民文化研究所《じょうみんぶんかけんきゅうじょ》 ↓民具学《みんぐがく》

参考文献 拵嘉一郎『澁澤敬三先生と私—アチック・ミューゼアムの日々—』(『神奈川大学日本常民文化叢書』、二〇〇七、平凡社)

(佐野　賢治)

あっこう 悪口 鎌倉時代に重大な犯罪とみなされた行為の一つ。『御成敗式目』第十二条に「悪口の咎の事、右、闘殺の基、悪口より起こる。その重きは流罪に処せられ、その軽きは召し籠めらるべきなり」とあって、処罰が流罪あるいは拘禁という重いものであったことがわかる。悪口という行為が正式な禁止事項として法に立項されるのは『御成敗式目』がはじめてであり、特異な法であるとされている。このことから、鎌倉時代もしくは鎌倉幕府特有の悪口を淵源とする争いのあったことを推測させる。具体的な事例を見ると、荘園領主が、年貢押領などをする荘官・百姓らの批判・非難を悪口と称する事例や、高野山などの寺院組織内部での悪口が問題となっている事例などが確認できる。近世にも悪口が問題になっている例があるが、特に法に定められたという点において、荘園制などの中世的社会システムと深く関わる問題であったと考えられる。↓悪口《わるくち》

参考文献 笠松宏至「お前の母さん……」(網野善彦他『中世の罪と罰』所収、一九八三、東京大学出版会)、山本幸司『「悪口」という文化』(二〇〇六、平凡社)

(川端　泰幸)

アッパッパ アッパッパ ⇩簡単服《かんたんふく》

あつもの 羹 ⇩汁物《しるもの》

あとめ 跡目 家長の死亡や隠居などにより相続されるべき家名・家産や家長の地位。跡式。またはそれを相続すること、相続する人。転じて相続以外にも後継者・後任者を示す。狭義には、江戸幕府法において、武家が死亡を原因とする万石未満の封禄を相続する跡目相続のことを示す。隠居を原因とする場合には、家督相続と呼んで区別された。武家では、原則として嫡男の長子が継承したが、病身・不行跡などの場合には廃嫡を届け出て、次子以下を立てることもできた。願い出て封禄を給する主君から家督を下付される形をとった。百姓は、田畑・屋敷の高請地や入会などの百姓株や名前などが継承された。町人は、土地・建物・金銭などの家産に加えて、商人の場合は暖簾に代表するような信用、顧客・仕入先との関係、番頭など雇用者との関係などを継承するため、養子などを含めて、能力において最適なものを跡目とする必要性が大きかった。

参考文献 石井良助『日本法制史概説(改版)』(一九六〇、創文社)、竹内利美『家族慣行と家制度』(『社会学叢書』、一九六九、恒星社厚生閣)、大藤修『近世農民と家・村・国家—生活史・社会史の視座から—』(一九九六、吉川弘文館)

(栗原　健一)

アニメぶんか アニメ文化 商業ベースで製作されるアニメーション技法を用いた映像・物語と、それに関連した各種の商品展開によって構成される一連の文化。第二次大戦以前にはミッキーマウスなどのアメリカ製キャラクター＝アニメーションが優勢であったが、一九五六年(昭和三十一)には東映株式会社が動画スタジオを設立し、劇場用映画の継続的製作を開始した。テレビではアニメを含む外国産番組が多く放送されていたが、六三年には国産初の三十分枠で毎週放送するアニメ「鉄腕アトム」が始まった。製作期間と費用が限られた状況で、テレビアニメは絵の動きよりもキャラクターのドラマを見せる娯楽となっていった。「アトム」では明治製菓がシールのプレゼントで好評を博したため、後発のアニメ番組の提供にも同業他社が続くなど、菓子業界にも影響を与えた。七〇年代中葉には関連商品の販売が、製作赤字を補填する手段として認知され、製作会社とスポンサーの提携が強まっていった。結果として視聴者には、テレビアニメが商品の広告機能を果たすことになった。また邦画の斜陽期においても、テレビアニメに関連した作品の劇場公開は安定した人気を保ち、やがて劇場用アニメーションの復権をもたらした。八五年には、徳間書店が中心となってスタジオジブリを設立し、宮崎駿・高畑勲両監督を中心に、多くの劇場用作品を製作して高い評価を受けた。七〇年代末から八〇年代初頭には青年層のアニメ視聴者も顕在化し、児童向けとは異なる企画の増加が促された。

青年層の視聴者は継続的に生じ、後年にはビデオソフトの顧客や深夜放送枠の視聴者になっていった。これは青年層向けのサブカルチャーが子ども文化とも大人文化とも異なる、自律的な再生産性を持ち始めたことの一端であった。また二十世紀末葉には、アニメを含む大衆文化が海外から注目を集めているとして、国家的な政策もとられるようになった。 ↓鉄腕《てつわん》アトム

参考文献 津堅信之『日本アニメーションの力―八五年の歴史を貫く二つの軸―』(二〇〇四、NTT出版)、中西新太郎「情報化と社会的結合―青少年サブカルチャーの自律的「回路」形成―」(歴史学研究会・日本史研究会編『戦後日本論』所収、二〇〇五、東京大学出版会)

(木村 智哉)

アニリン アニリン 染料製造の原料として著名な難溶性で無色透明の弱塩基性を示す物質。医薬品・火薬・ゴムなどの原料にもなる。天然藍の色素インジゴを分解して得られる物質であるが、コールタール内にも含まれることが確認されてから、これを抽出しさまざまな染料が合成された。一八八〇年(明治十三)工業化に成功した人造藍(合成藍)もアニリンから合成されたもので、天然藍と比して不純物の含有量が少ないためインディゴ＝ピュアと称される。多くの合成染料がアニリンを原料としていたことから、アニリンより合成された染料を別名アニリン染料と呼ぶ。のちに、アニリンだけでなくコールタール内の種々成分が原料として使用されるようになったので、広くコールタール染料ともいう。酸化すると黒色を呈し(アニリン＝ブラック)、繊維の黒色染めに使用されたが、現在はほかの黒色染料が多く存在するため、もっぱら皮革や毛髪染に応用されている。合成染料は十九世紀にイギリスから始まった。その登場と発展の背景には産業革命が影響している。一八五六年にウィリアム＝パーキンがマラリアの特効薬であるキニーネを合成しようとアニリンを酸化する実験をしていたところ、偶然に赤紫色の色素を合成し、これが絹を赤紫色に染め得ることを発見した。世界最初の合成染料モーブである。その後、染料の合成研究はドイツがリードする。一九一〇年代には世界の合成染料の九割以上がドイツで生産されるようになったが、第一次世界大戦により入手が困難になったため、日本やアメリカでは国産されるようになった。日本では一〇年代になって三井鉱山(現三井化学)、日本染料(現住友化学)、帝国染料(現日本化薬)などが製造を開始し、三〇年代になって日本タール(現三菱化学)が生産を開始した。豊富で鮮やかな色調、安価、少量の使用で目的を達するなどの合成染料の利点から、今日では天然染料が工業的に用いられることはほとんどない。

参考文献 安部田貞治・今田邦彦『解説染料化学』(一九九八、色染社)、日本化学会編『ファッションと化学』(『一億人の化学』六、一九九二、大日本図書)、江崎正直編著『色材の小百科―染料から機能性色素まで―』(『Kbooks』、一九九八、工業調査会)

(中神 明夏)

あねかとく 姉家督 男女問わず初生子に家を継がせる相続方法。初生子相続の別称。初生子が男子の場合は一般的な長男子相続と変わるところはないが、初生子が女子の場合、姉が弟に優先して跡取りの立場を与えられたことから、この名で呼ばれる。江戸時代の宗門人別帳で姉家督の慣行が確認できる村では、初生の女子に対して、幼少時から、嫡子・嫡女・惣領の肩書が記される例が少なからずみられ、女子が家内において将来の家督にふさわしい待遇を受け、さらに地域の中でもそうした立場を認められていたことを窺わせる。実際に家督を継いだのは婿養子縁組をした女子の配偶者であったが、家を取り仕切る実質的な権限は家付き娘である女子にあったと考えられている。家を継がない男子は分家して独立するか、養子に出ることになる。なお姉夫婦が弟の成人後に分家して独立するという、中継ぎ型な姉家督の相続法が採られることもあった。東北・関東・北陸・東海地方など、東日本を中心にひろく存在した慣行であったが、一八九八年(明治三十一)施行の明治民法で長男子優先の相続原則が定められたことに伴い、廃れていった。 ↓家督《かとく》

参考文献 中川善之助・塩田定一「姉家督」(『家族制度全集』史論篇五所収、一九三八、河出書房)、前田卓『姉家督―男女の別を問わぬ初生子相続―』(一九七六、関西大学出版・広報部)、山本準「人口学的側面からみた姉家督―常陸国茨城郡有賀村を事例として―」(落合恵美子編『徳川日本のライフコース―歴史人口学との対話―』所収、二〇〇六、ミネルヴァ書房)、柳谷慶子『近世の女性相続と介護』(二〇〇七、吉川弘文館)

(柳谷 慶子)

あねにょうぼう 姉女房 夫と較べて年長である妻、あるいはそのような年齢関係の結婚を指す。古くは婚姻年齢が今日と較べて低く、早婚が多かったため、姉女房の例は決して少なくなかった。男性以上に女性の労働力が重視され、女性には家の嫁として、妻として、母親として、さまざまな役割が課せられていたのである。それらをすべてこなすには、結婚の段階ですでにある程度の生活の智恵と経験が要求された。地域的には、海女の村や織物が重要な生業とされているような、女性の労働力に頼る頻度の高い地域で姉女房の事例が多く見られる。「一つ年上の女房は金のワラジ(沓)をはいても捜せ」という諺があるように、姉女房は労働力の問題だけではなく、夫婦生活や家の繁栄においても、さまざまな意味でプラスの評価が与えられていたことがうかがえる。なお姉女房を指す民俗語彙としては、オイニョウボウ・カズキ・メマシ・カワニョウボウなど、種々の名称が聞かれる。

参考文献 瀬川清子『婚姻覚書』(『名著シリーズ』、一九七一、講談社)

(八木 透)

アパート アパート 共同住宅の一形式。apartment house の略である。日本においてアパートが出現したのは明治後期ごろであり、その形式は欧米のアパートやホテルに影響を受けた高級下宿屋に近く、都市における新

お茶の水文化アパート

しい生活様式として中流階層に受け入れられた。その後大正期には欧米の高級アパートを参照したお茶の水文化アパートが建てられるが、家賃も高く、中流階層が住める住宅ではなかった。中流階層にとっての本格的なアパートの建設は、関東大震災後に始まる。その代表は、同潤会のアパートメントハウスであり、水道・ガス・電気や水洗便所といった近代的設備を備え、アパートは人々のあこがれの的となった。しかし、戦後になるとアパートのもつイメージは一変することとなる。一九五〇年代後半から、民間経営による木造二階建て、各戸六畳一間、炊事場・便所共用の、いわゆる木賃アパートが都市部に多くつくられ、都市住宅の主要形態の一つとなった。アパートは低質な住環境をイメージする言葉ともなり、当初のイメージはマンションに取って代わった。↓共同《きょうどう》住宅《じゅうたく》 ↓集合住宅《しゅうごうじゅうたく》 ↓同潤会《どうじゅんかい》 ↓マンション ↓木賃《もくちん》アパート

参考文献 大月敏雄「集合住宅の一〇〇年―同潤会江戸川アパートメントの経験とともに―」(『建築雑誌』一一四、一九九九)

(前川 歩)

あぶら 油 アルコールや脂肪酸などが結合した疎水性の液状物質。動物や魚類、植物から搾取され、食用や燃料用、薬用などさまざまな利用がみられる。日本では、近世中期以降の商品生産の発達に伴い、夜業の照明としてハゼの実を原料としたロウソクや、アブラナを原料とする菜種油が主に利用された。また、ウンカをはじめ農作物に発生する害虫の駆除には、クジラの脂肪を原料とする鯨油を散布して、害虫を油膜で包囲し窒息死させる方法が用いられた。近代以降、照明は菜種油からガス、石油、電力へと変化し、害虫の駆除も化学薬品が利用されるようになった。一方、十九世紀以降、植物油は揚げ物や炒め物などの食用としての利用が増加し、第二次世界大戦後はこれらの調理法が家庭へ普及した。食用油の種類も、植物油では菜種油や大豆油、ゴマ油、綿の種子を絞った綿実油や、数種類の植物油を調合したサラダ油などが登場した。一方、動物油では、乳脂肪を固めたバターや豚脂、牛脂などがある。ただし、日本の食用では豚脂はトンカツ、牛脂はすき焼きのように、特定の肉料理の調理に動物油の用途が限られる傾向がみられる。二十世紀以降、油脂工業の勃興に伴い、油は合成洗剤や香料の製造をはじめ工業にも利用され、洗濯用洗剤や石鹸といった日常生活に不可欠な商品へ加工され、さらに油絵や化粧品として芸術や文化の発展にも寄与している。現在、油の摂取量の増加に伴い、肥満や高血圧、心疾患といった疾病の患者数の増加がみられることから、中鎖脂肪酸を混入した脂肪のつきにくいものといった健康に配慮した食用油の開発が進展している。また、火力発電や自動車などの燃料となる石油や石炭の利用の増加が資源の枯渇や地球温暖化をもたらすとされるため、代用として植物油や使用済みの食用油を利用した燃料の開発が進んでおり、燃料としての油の利用も再び注目されている。↓揚物《あげもの》

参考文献 田中耕司他『(特集)人間は油をどのように利用してきたか?』(『Biostory』一四、二〇一〇)

(花木 宏直)

アプレゲール アプレゲール ⇩戦後派《せんごは》

あま・あま 海女・海士 裸潜水漁業を行う人々のこと。海人・蜑とも書き、男性を海士、女性を海女と表記する。三世紀『魏志』倭人伝や七世紀『隋書』倭国伝には男女ともに潜水してアワビをとり、サメなどの危害を防ぐために入墨をしていたと記され、記紀にも「海人」などが散見される。『延喜式』主計上によると、北陸道佐渡、東海道常陸、安房、志摩、山陰道出雲、南海道阿波、伊予など、西海道の九州各地とくに肥前からアワビが貢納されていたが、中世になると伊勢神宮の御厨であった志摩での生産が多くなった。江戸時代には中国向けの俵物を採取するという幕府政策により、海女海士の漁業者に特権が付与され、俵物のアワビやナマコが全国各地で採取された。現在の日本列島沿岸では、女性の裸潜水者が多く、日本海側は新潟県・石川県・福井県・山口県、太平洋側では千葉県・静岡県・三重県に集中している。日本のあまの分布は北と南に海士が、本州を中心に中間地帯に海女が分布する特色がみられる。

参考文献 大喜多甫文『潜水漁業と資源管理』(一九八九、古今書院)

(橋村 修)

あまぐ 雨具 雨雪を防ぐ目的で着用する外套や道具。年間を通して雨が多い日本では、古代から藁や樹皮などを編んで作った蓑や笠が利用されてきた。中世期には上流貴族の間で、布帛に油をひいて防水した雨着を装束の上に着用することが行われた。十六世紀、ポルトガル人

によってもたらされた合羽《カッパ》は、武将に愛好された。このころの合羽はラシャ製だったが、江戸時代に入ると木綿や紙製の合羽が作られるようになった。桐油を塗った油紙は紙合羽のほか、蛇の目傘・番傘にも使われ、水をはじく雨具として広く使用された。また、木綿の普及とともに木綿製の袖合羽も普及していった。ケープ状の丸合羽とは形状の異なる着物仕立ての袖合羽は、次第に一般の外套としても着用されるようになり、女性の道行・吾妻コートに引き継がれた。一方で、農山漁村では長い間、蓑や笠が手軽な雨具として使用されていた。江戸時代末期に西洋から洋傘（こうもり傘）が流入したが、庶民に浸透したのは、生活の洋風化や大量生産により価格の低廉化が進んだ高度経済成長期以降である。現在は、ゴム引きや化学繊維による防水性の高い素材を使用した長靴やレインコート、傘などの雨具が広く使用されている。 ↓笠《かさ》 ↓傘《かさ》 ↓合羽《かっぱ》 ↓コート

［参考文献］ 磯貝勇「雨着と履物」（大間知篤三他編『生活と民俗』一所収、一九五六、平凡社）、宮本馨太郎『かぶりもの・きもの・はきもの』（『民俗民芸双書』二四、一九六六、岩崎美術社）

（戸邉 優美）

あまごい 雨乞い 降雨を祈願する儀礼の総称。祈雨とも。中国では古来天人相関説によって旱は天子、地方官の不徳によるものとされた。古代では雩《ウ》という語があり漢代には陰陽五行説も導入された。巫を炎天下に曝したり、王自身も犠牲となることがあった。日本（倭）の六国史では『日本書紀』皇極天皇元年（六四二）七・八月条が初見で、六月に起こった旱に群臣は殺牛祭祀、蘇我蝦夷は仏教による雨乞いを行うが、いずれも失敗し、皇極自身が南淵山の河上で四方を拝し大雨が降ったとみえる。その後、祈雨記事は六国史に散見され、その際の詔には徳治思想がうかがえる。平安時代になると、十世紀後半成立の『弘法大師伝』などによれば空海が天長年間（八二四―三四）に平安京の神泉苑で雨乞いを行い守敏と争ったという説話があるが史実ではない。実際には真言宗の僧仁海がその師元杲《げんごう》の体系化しつつあった請雨経法を完成させ、空海の神泉苑請雨説話成立にも関わったようである。民俗例としては、雨乞いの方法にはおこもり、千駄焚き、もらい水、神を怒らせるというものがあるが、一つの雨乞い儀礼が成功しなかった場合、ほかの儀礼を行うのを特徴とした。なお、水神の池や淵に牛馬の首を投げ込むことも行われたが、これは単に神が怒って不浄を清めるために雨を降らせるのではなく、動物供犠（人身供犠も想定される）の変化したものと考えられる。 ↓ひでり・干《かん》ばつ

［参考文献］ 高谷重夫『雨乞習俗の研究』（一九八二、法政大学出版局）、山口えり「雨僧正仁海と空海の神泉苑請雨説話」（『早稲田大学大学院文学研究科紀要』（第四分冊）』五〇、二〇〇四）、水口幹記『渡航僧成尋、雨を祈る―『僧伝』が語る異文化の交錯―』（二〇一三、勉誠出版）

（亀谷 弘明）

甘酒売（『守貞謾稿』より）

あまざけ 甘酒 米を粥のように柔らかく煮て、少し冷まして麴を入れて混ぜ、発酵する前に飲むもの。酒粕と砂糖を水で溶かし温めたものもいう。醴とも書き、一夜酒、なめ酒とも呼ばれた。古代から作られた飲料であるが、江戸時代には庶民にも親しまれ、天秤棒で釜などを担いで売り歩く甘酒売りの姿が見られ、大坂ではもっぱら夏に、江戸では冬の寒い夜に売られたものが、幕末ごろには四季を問わず売られた。代金は京大坂が一碗六文、江戸が八文であった。

［参考文献］ 喜田川守貞『近世風俗志 守貞謾稿』一（宇佐美英機校訂、『岩波文庫』、一九九六、岩波書店）

（青木 直己）

あまど 雨戸 ⇩戸《と》

あまどい 雨樋 屋根面を流れる雨水を集め、地表まで導くための排水施設。トユ・トヨとも呼ばれる。軒先に沿って設けられる溝状の雨樋を軒樋《のきどい》、鉛直方向に流すものを竪樋《たてどい》と呼ぶ。建物の内部に設けられるものは内樋《うちどい》と呼ぶ。軒樋は半円型やコの字型の断面をもつ溝型のものが主流で、竪樋は管状のもののほか、鎖など紐状のものを用いて水を流すものがある。材料は、古くは竹や木などの自然材料を用いたが、明治以降は銅版、亜鉛鉄板が、現在はプラスチックやステンレスが使用されている。

（大林 潤）

あまみ 甘味 味覚の一つ。菓子や果物など甘い味の食べ物の総称でもある。古代から現在にかけて甘味は特別な御馳走であり続けている。奈良時代、干柿そのものはもちろん、その表面に吹く粉が甘味料として用いられた。平安時代の随筆『枕草子』あてなるものには蔦からとった樹液を煮詰めた甘葛《あまずら》汁を削り氷《ひ》にかけて食する記述がある。甘味の調味料として代表的な砂糖が日本に伝えられたのは奈良時代前期といわれている。しかし、この時代、砂糖は上流階級のものであり、薬用・装飾品として使用されていた。鎌倉時代末期から室町時代末期にかけて、海外との交易が活発化するにつれて砂糖の輸入量は増え、菓子の原料や調味料として使用されるようになっ

た。江戸時代に入ると徳川家や各藩主の保護奨励もあって黒糖の生産が各地で行われる。明治時代に入ると砂糖の消費量は急激に増加したが、海外からの輸入と国内生産の近代化により、安価に入手できるようになり調味料として普及した。 ↓菓子《かし》 ↓砂糖《さとう》

参考文献 岩垂荘二「砂糖と菓子」(日本風俗史学会編『近代日本風俗史』五所収、一九六八、雄山閣出版)、川北稔『砂糖の世界史』(『岩波ジュニア新書』、一九九六、岩波書店)　(後藤　知美)

あみかぶ 網株　網漁を行う権利が株化したもの。ギョカブ(漁株)ともいう。特定漁場を広く、長期にわたって独占使用する定置網的な漁業の場合に多くみられる。網株の存在は、網数の増加制限にもつながることから、少数の網漁従事者の利益を保護するために形成されたと考えられる。地付村持漁場の占有利用権が、村内百姓の持高と結合し、持高の多少に比例して所有されていた丹後伊根浦(京都府与謝郡伊根町)の漁株(鰤株)が著名である。

参考文献 二野瓶徳夫『漁業構造の史的展開』(『近代土地制度史研究叢書』四、一九六二、御茶の水書房)、荒居英次『近世の漁村』(『日本歴史叢書』、一九七〇、吉川弘文館)　(東　幸代)

あみど 網戸 ⇩戸《と》

あみもと 網元　大規模な網漁業地帯の村落で、大型の網や船舶を所有し、多数の網子を雇用して漁業を営む者を網元、または網主と呼んだ。網元は、村落内や地域における有力者で、親方的存在である場合が多い。また、経済力があるため、近世には多くが名主や庄屋など村役人をつとめた。網元制は、網子を従属的に支配する前近代的な労働契約により維持されてきた。　(東　幸代)

あみもの 編み物　植物の茎・皮・籤《ひご》や動植物の繊維などを編んで作ること。また、作った製品。籠類・敷物類・衣類・網類などに用いられる。〔原始・古代〕織機を使った織物よりも技術史的には古く、旧石器時代から用いられた可能性があるが、今のところ遺物として残るのは縄文時代からである。編み方は、縦材と横材を交互に潜らせて編む網代《あじろ》編みと、縦材に横材を絡ませながら編む捩《もじ》り編みがある。材の幅や本数、交互の潜らせ方や間隔などを組み合わせることによって、用途に応じた多様な製品が作られていた。こうした編み物のうち籠類は、縄文時代早期末の佐賀市東名《ひがしみょう》遺跡から七百点以上が出土し、そうした資料から編み物技術は、すでに縄文時代の早い段階に完成していたことがわかる。また、カラムシ・アカソ・アサなどの繊維で編んだ布であるアンギン(編布)も、断片ではあるが各地の縄文時代遺跡から発見されており、弥生時代に織物が導入される以前の衣類の主体はアンギンであった。

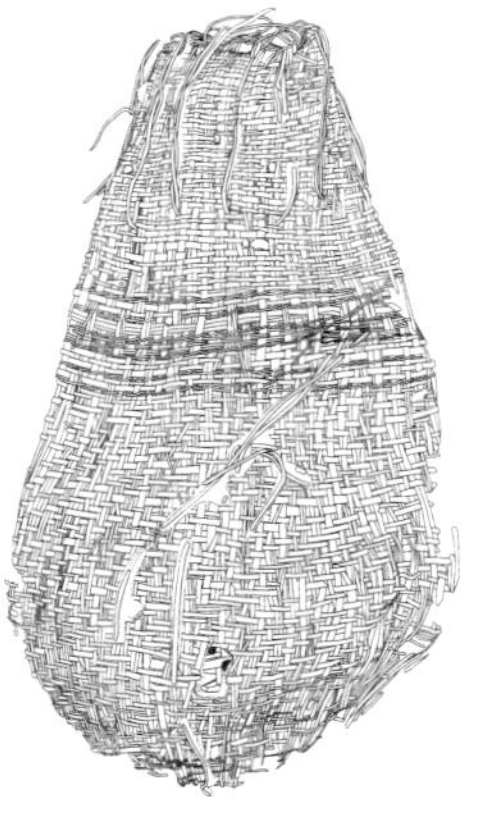

編み物　縄文時代早期末の籠類（佐賀市東名遺跡出土）

参考文献 東海大学校地内遺跡調査団編『編みと織りの考古学』(展覧会図録、二〇〇七)、あみもの研究会編『縄文時代の編組製品研究の到達点―地域性と素材に注目して―』(二〇一三)　(勅使河原彰)

〔近現代〕西洋編み物については、一八七六年(明治九)文部省印行『童女筌』上に「ニッチング編製」とあり、毛糸が簡単に紹介された。毛糸編み物が東京で流行するのは、八五年ごろからである。翌八六年七月、アメリカ人ギュリキの指導のもと、大阪青年会中の婦人たちが毛糸細工教授場を設立し、靴下、手袋、小児の筒袖、頭巾などの毛糸細工が行われた。同年八月には牛込メソジスト教会でガートネルが編み物を教授している。同時期には、毛糸の造花や毛糸の染屋も出現した。一九〇三年・〇四年ごろにはレース糸の編み物が流行し、一九二一年(大正十)ごろからは洋服の普及に伴い帽子、靴下などの編み物熱が盛んとなった。編み物は、太平洋戦争後に婦人や子供の洋装化が本格的になると再び流行し、各種婦人雑誌では簡単にできる編み物が紹介されている。

参考文献 石井研堂『明治事物起原』(明治文化研究会編『明治文化全集』別巻、一九六九、日本評論社)　(刑部　芳則)

あめ 飴　麦芽や米糵《こめもやし》などから作られる甘い食品。『日本書紀』神武天皇紀にも記される古い食品で甘味料、菓子として利用された。古代では糖を「あめ」と訓じている。水飴(汁飴)から固形の固飴《かたあめ》も作られるようになり、江戸時代には多種多様な飴が作られ、江戸などでは奇抜な衣装の飴売りが人気を集めた。また有平糖《あるへいとう》や金平糖など砂糖を主原料とするものは糖の文字をあてて区別されていたが、現在では飴に包摂されている。また、現代のキャンデーも飴菓子に含まれる。

参考文献 中村孝也『和菓子の系譜(復刻版)』(一九九〇、国書刊行会)、牛嶋英俊『飴と飴売りの文化史』(二〇〇九、弦書房)　(青木　直己)

アメリカニゼーション アメリカニゼーション　広義のアメリカ化をさし、政治・生活・文化(風俗)の諸相を含む。第一期は幕末維新期にあり、明六社や文明開化に象徴される。第二期は一九二〇―三〇年代前半期であり、アメリカ化は映画やファッションなどを通して一定程度大衆化された。一九三七年(昭和十二)以後の戦争期には敵性文化として排撃されるが、人びとの生活や意識の深層にはその影響が残っていたといわれる。敗戦によるアメリカ主導の占領が始まり、アメリカ化は第三のピークを迎える。政治ではアメリカ民主主義が称揚され、生活ではアメリカ的生活様式が理想とされ、文化風俗では英会話、ジャズ、ダンス、映画、アメリカ風ファッション

などが流行した。四九年一月一日の『朝日新聞』で始まったマンガ「ブロンディ」は、五一年に「サザエさん」に交代するまで続き、アメリカの豊かな生活と核家族の家庭像の理想として受けとめられた。五〇年代に開始されたテレビ時代においてもアメリカ製TVドラマは人気を博し、そのピークである六一年十月には一週間で五十四本のテレビ映画が放映されている。なかでも「パパは何でも知っている」や「アイ＝ラブ＝ルーシー」などは健全な笑いとほのぼのした家庭イメージを伝えていた。そこでは社会の矛盾などが描かれることはなかった。しかし六五年を起点とするベトナム戦争の本格化は旧来のアメリカ像への修正を迫り、戦争反対や反米気分も高揚していった。それ以後も「親米」と「反米」の流れは緊張を含みながら推移し、それは鏡に映された戦後日本(人)の姿を表象し続けている。↓ホームドラマ

参考文献 石川弘義他監修『アメリカン・カルチャー—日本の戦後にとってアメリカとは—』一—三(『日本風俗じてん』、一九八一、三省堂)、安田常雄「アメリカニゼーションの光と影」(中村政則他編『戦後思想と社会意識』所収、一九九五、岩波書店)、同「大衆文化のなかのアメリカ像—『ブロンディ』からTV映画への覚書—」(『アメリカ研究』三七、二〇〇三)、同「〈占領〉の精神史—「親米」と「反米」のあいだ—」(歴史学研究会・日本史研究会編『日本史講座』一〇所収、二〇〇五、東京大学出版会)

(安田 常雄)

アメリカむら アメリカ村 北米への移住者を多く送り出し、その帰国者によって異国の文化がもたらされた地域。最近は「アメリカ村」というと大阪ミナミにある若者文化の町を思い浮かべるが、明治・大正のころ、日本人の海外移住の先駆けとなったハワイ、北米への移民の多出地域に、アメリカ村と呼ばれる村々があった。和歌山県日高郡美浜町三尾が知られているが、静岡県、三重県、滋賀県、愛媛県にもみられる。三尾出身者はカナダのバンクーバ郊外のスティブストン付近で鮭漁に従事したが、移住当初は同地域の出身者が移住先でも特定の地域に集住する傾向がみられた。戦前は、錦衣帰郷を夢見る移民の「戻るべき地」であり、留守宅や母村は移住者からの仕送りや寄付で潤い、帰国者が建てた洋(風の)館や、食生活(パン、バター、コーヒーなど)や持ち帰り品(ミシン、アイロン、蓄音器など)、時折混じる英語などが異国への憧れをつないだ。米国への移民は一九二四年の移民法で途絶し、人は逝き、年を経て村の景観も変わったが、移住地と母村の人的なつながりは今も続いている。

参考文献 福武直編『アメリカ村—移民送出村の実態—』(一九五三、東京大学出版会)、村川庸子『アメリカの風が吹いた村—打瀬船物語—』(『えひめブックス』、一九八七、愛媛県文化振興財団)、石川友紀「移民研究の現状と課題—移民送出側の視点から—」(『移民研究年報』五、一九九八)

(村川 庸子)

あや 綾 織物四原組織の一つ。細い絹糸で織った布を練りあげて糸の光沢を出し、滑らかで冷感のある触感を与えた織物。日本には、五世紀ごろに中国から朝鮮半島を経由して伝来したと考えられ、その織法は、七一一年(和銅四)に織部司が挑文師《あやとり》を諸国に派遣したことで伝播した。九〇五年(延喜五)には、綾の調貢が二十一ヵ国に及んでおり、地方でも生産されていたことがわかる。当該期の綾は、法隆寺や正倉院に残された古裂から、唐花・唐草・幾何文など変化に富んだ文様であった。『延喜式』主計上では、二色の綾、一幅一文様の大柄な一窠の綾のほか、薔薇・小蓮華・呉服《くれはとり》などさまざまな名称の綾が記載されている。平安時代中期以降、文様も織も和様化の傾向を示し、熟線綾《じゅくせんりょう》・浮線綾《ふせんりょう》や、宋綾の影響による唐綾《からあや》が受容された。やがて中央から西陣の織手へ伝わり、十五世紀半ばには、無紋綾の地に色糸を縫った唐綾や、経糸と緯糸の色を変えた厚板織が盛んに織られ、明や清の影響を受けた沙綾《さや》も織られた。近世には、繻子《しゅす》織が多くなり、無紋の綾が織られた。

参考文献 西村兵部「正倉院の綾」(『書陵部紀要』一二、一九六〇)

(小山 貴子)

あやいがさ 綾藺笠 藺草《いぐさ》の茎で編んだ笠。文様が綾織に似ている。笠の頂上には巾子《こじ》が突き出しており、この中に髪を束ねた髻《もとどり》を入れた。古代・中世に男性が野外で日光などを防ぐために用い、武士は狩猟や流鏑馬《やぶさめ》の時にかぶった。『今昔物語集』二八・二九の説話によれば、下級武士が旅など長時間外出した時に用いている。また、平安末期成立の『年中行事絵巻』には、祇園御霊会の馬《うま》長《おさ》や田楽法師らがかぶっている様子が描かれている。

(菅原 正子)

綾藺笠(『石山寺縁起』より)

あやとり 綾取り 輪にした紐を手の指に掛けて、さまざまな意匠をかたどる遊戯。糸取りともいう。一人で箒や鼓・梯子をはじめとするさまざまな意匠を作って楽しむ一人綾取りと、二人で交互に紐を取り合って(両手に移し合って)その継続を楽しむ二人綾取りがあり、全国各地にはさまざまな遊び方が伝承されている。その正確な来歴は未詳だが、すでに江戸の浮世草子作者井原西鶴(一六四二—九三)の浮世草子『諸艶大鑑』二には、吉原の女郎が客を待つ間に双六や腕相撲などと一緒に「糸取り」をして遊ぶ姿が記されている。

綾取り（『守貞謾稿』より）

参考文献　遠藤ケイ『こども遊び大全―懐かしの昭和児童遊戯集―』(一九九一、新宿書房)　(宮瀧　交二)

アユ　アユ　アユ科の淡水魚。さまざまな種類があるが、『日本書紀』や『万葉集』『源氏物語』にもその名をみることができ、古くから食用として親しまれていたことがわかる。近世には、日本各地の河川で鮎簗・網・鵜飼・簗漁《やなりょう》といった漁法を用いた鮎漁が行われた。農間余業として小規模なものもあれば、重要な生業となっているものもあった。主たる生業の場合は、小物成として村に鮎役が課され、現物あるいは金納による納税の義務が生じることもあった。　(鎌谷かおる)

あらいざらし　洗い晒し　死者の着物や衣類の一部を洗い、それを北向きに陰干しにして、水をかけて晒すこと。葬送の後に行い、水かけきもの、三日干し、七日干し、北干し、百日晒し、供養晒しなどと呼ばれる。全国各地にみられ、川や海などの水辺や寺院境内などで洗い、三日や七日、四十九日などの一定期間、衣類を晒す。地域によって親族や通行人、近親の女性が衣類に水をかける。死者の穢れをはらうために行うとするほか、死者が火の山を越えるときに熱くないようにするためともいわれる。

参考文献　土井卓治・佐藤米司編『葬法』(『葬送墓制研究集成』一、一九七九、名著出版)　(岡田　真帆)

あらいば　洗い場　小川や湧水、用水路の水を、流れを利用したり、掛樋などで引いたりして、野菜や食器類、衣類などを洗うために作られた場所。土地によって、カワダナ、ミズツカイバ、カワバ、カバタ、カワドなどと呼ばれる。洗い場の上にミズヤなどと呼ぶ建物を建てていることもある。家の前や中に水を引き、各家で使っている場合と、共同で使っている場合がある。共同の洗い場は、近所の人と顔を合わせて話をする社交の場ともなっている。水を汚さないように、定期的な清掃や、排水に気を配るなど使用者で決まりを設けている。水道が普及した今日でも、水道は食器洗い、洗い場は野菜洗いや漬物作りと、使い方を分けて併用している地域も少なくない。　→水屋《みずや》

参考文献　宮本常一「井戸と水」(『日本民俗学大系』六所収、一九五八、平凡社)、牧野厚史「水と文化」(『琵琶湖ハンドブック』所収、二〇〇七、滋賀県琵琶湖環境部環境政策課)　(田村　真実)

あらいはり　洗い張り　着物や布団の洗濯方法。着物や布団皮を抜糸してほどき、布の状態にして洗い、糊をつけ、道具を用いてぴんと張り乾かす。乾燥後は元の状態に縫い直したり、使い古した布は別のものに再利用したりした。汚れを落とすだけでなく、生地の風合いを戻すことができるため、布を長く使用することができる。現代も呉服の洗濯法として専門店で行われているが、着物が日常着だった昭和三十年代までは一般家庭でも行われていた。毎年家中の着物を洗うため、春から夏の間に洗い張りをし、秋から冬にかけて縫い直した。伸子《しんし》張りと板張りの二通りの方法がある。伸子張りは主に上等な絹物に用いる方法で、伸子という道具を使う。ほどいた布を反物の状態に復元して張るため、手間と干すための広い場所を要する。板張りは主に木綿物に用いる方法で、張板を使う。木綿の衣服が普及した江戸時代から行われるようになった。ほどいた状態のまま布を張るため伸子より簡便で干す場所を取らない故に広く普及し、張板は一般家庭の必需品であった。　→洗濯《せんたく》

洗い張り　糊付けの作業

参考文献　小泉和子『道具が語る生活史』(『朝日選書』、一九八九、朝日新聞社)、同『昭和の家事―母たちのくらし―』(『らんぷの本』、二〇一〇、河出書房新社)　(田村　真実)

あらいもの　洗い物　料理に使う野菜などの食物や調理器具、食器類、衣類など、洗って汚れを落とす予定の物。また、それを洗うこと。江戸時代以降、藁や棕櫚《しゅろ》を束ねたたわしや竹製のささら、洗剤は磨き砂や灰、米の研ぎ汁などを使用するようになった。古くは井戸など屋外の水場で洗ったが、室町時代以降、京都や江戸の都市部では屋内に流しが設けられるようになり、調理の際の簡単な洗い物は屋内でも行うようになった。農村部では、昭和十年代まで、洗い物の中でも食器類は毎食ごとには洗わず、食事後に軽くすすぐ程度で、月に数回まとめて洗っていた。昭和二十年代以降、衛生上の観点から食事のたびに洗うようになったとされている。一九六〇年(昭和三十五)には松下電工から日本初の食器洗い機が販売され、手洗いの手間が軽減されるようになったが、今日でも手洗いが主流である。

参考文献　小泉和子『台所道具いまむかし』(一九九四、平

凡社)、宮本八惠子「洗い、磨き、汚れを落とす」(大舘勝治・宮本八惠子『いまに伝える　農家のモノ・生活館』所収、二〇〇四、柏書房)　　(田村　真実)

あらものや　荒物屋　荒物を小売りする店。荒物とは、家庭で用いる日用雑貨の類をいい、同じく日用雑貨を指す小間物《こまもの》に対して、荒物は、作りの粗い、嵩の張る商品を指すのが一般的である。江戸時代の江戸―大坂間の海上運送貨物のうち、畳表・瀬戸物・陶器類・線香・砥石・巻縄・傘・墨・金物のような雑多な貨物は、荒荷、または荒物と呼ばれ、江戸・京都・大坂では、町々に設けられた木戸番(自身番)の小屋において、こうした荒物の類が販売されたという。自身番には町内の家主が詰めるのが原則であったが、人を雇って番人とすることも多く、その番人が荒物の類を販売して日銭を稼いでいたのである。明治時代になると、江戸時代以来、荒物と呼称されてきた商品に加え、マッチなど、西欧由来の商品も、荒物として売買されていた。

荒物屋(『人倫訓蒙図彙』より)

参考文献　『大阪市史』三(一九一一)、上原東一郎編『(商人名家)東京買物独案内』(花咲一男編『諸国買物調方記』所収、一九七二、渡辺書店)、喜田川守貞『近世風俗志　守貞謾稿』一(宇佐美英機校訂、『岩波文庫』、一九九六、岩波書店)　　(高槻　泰郎)

アルコールちゅうどく　アルコール中毒　現在でもこの言葉が使用されることもあるが、正確にはアルコール依存症。医学的にアルコール中毒とは毒物中毒などと同じく、アルコールやその代謝物の毒性による脳など各種臓器の障害を意味する。アルコール依存症は、飲酒によって一時的に不安や緊張感などが緩和されるため、通常の飲酒量ではすまなくなり、使用をやめると指が震えたり、不安や焦燥感にかられたり、ついには意識障害や幻覚が現れるようになる。これを離脱症状という。また「依存」には至っていないが、社会活動や人間関係に深刻な影響を与えたり、危険な行為(飲酒運転など)や違法行為を繰り返したりしている状態は「アルコール乱用」と呼んでいる。近年アルコールは自殺との関係であらためて注目されており、アルコールを日本酒換算で一日三合以上飲む人は自殺のリスクが二・三倍高くなるという調査もある。厚生労働省研究班によると、日本にはアルコール依存患者が約八十万人、スクリーニングテストによる依存症者(予備軍を含む)は約四百五十万人と推定されている。現在のところ唯一の根治療法は断酒以外になく、自助グループへの参加による支えなどが効果的だといわれている。二〇一〇年(平成二十二)五月には世界保健機関(WHO)も「アルコールによる弊害を防ぐための決議(アルコールの有害な使用を減らす世界戦略)」を採択した。　　(安田　常雄)

アロハシャツ　アロハシャツ　夏季用の色や柄のついた開襟シャツ。アロハシャツは、ハワイで日系移民が和服をシャツに仕立て直して着たのがはじまりという。日本国内にアロハシャツが登場するのは太平洋戦争後であるが、この時期には京友禅でアロハ生地を手掛ける業者が登場した。それらはレーヨン壁縮緬や富士絹に花鳥風月を印刷した和柄と呼ばれるデザインであった。昭和四十年代後半にファッションの多様化のなかでアロハシャツは定着するようになる。着用に便利であり、経済的に負担が少なく、美観にもよいとの点から、一般的に普及した。赤青黄緑など明るい蛍光色が多く、ヤシやハイビスカスなど南方をイメージさせる図柄が主流である。↓開襟《かいきん》シャツ

参考文献　『読売新聞』(一九五〇年七月二日付夕刊)、『日本経済新聞』(二〇一四年三月四日付大阪版夕刊)　　(刑部　芳則)

あわ　粟　イネ科の一年生作物で、常畑・焼畑で栽培された。五穀の一つに数えられ、播種期の違いによって春粟と夏粟がある。八世紀において粟は長期の保存にも耐え、諸穀の中でも最も精好なものと評価され(『続日本紀』)、救荒用の食糧備蓄制度である義倉制では粟が貯蔵されるなど、稲に次ぐ重要な作物と認識されていた。『常陸国風土記』筑波郡条には「新粟の初嘗」の伝承があるほか、毎年十一月下旬に宮中で行われる収穫祭である新嘗祭において、天皇が神嘉殿で神と共食する神今食《かむいまけ》に稲とともに粟が供えられるように、粟は神饌や儀礼食、あるいは民間の伝統行事とも密接に関わる重要な穀物であった。粟にはウルチ種とモチ種があり、モチ種は糯米と混合した粟餅や粟飴、焼酎などの原料として用いられた。『毛吹草』には近世の洛中名物として「茶屋粟餅」が記されている。ウルチ種は米に混ぜて炊飯して日常の粟飯とされたが、現在では主に飼料に利用される。

参考文献　増田昭子『粟と稗の食文化』(一九九〇、三弥井書店)、木村茂光『ハタケと日本人―もう一つの農耕文化―』(『中公新書』、一九九六、中央公論社)　　(伊佐治康成)

あわせ　袷　表地に裏地を縫い合わせた着物。袷羽織、袷コート、袷襦袢なども含まれる。明治初期まで袷は旧暦の九月九日から翌年四月一日に単《ひとえ》を着る時期まで、冬季に綿入れを用いる期間を除いて着用された。『裁縫早手引』には、振袖の身頃に裾返りをつけたり、共布で裾回りをとる例がみられる。また『裁物早学問』には八掛の裁図が掲載されている。御殿女中の小袖や打掛の裏には紅羽二重や紅絹をつけるのが正式であり、富裕な町家の妻女や遊女のなかでもそれらを用いる者があった。明治

以降にも袖や衿裏に紅絹は人気が高かったが、白表地が流行してからは白地が多く用いられるようになった。（刑部　芳則）
↓小袖《こそで》

あわもり　**泡盛**　現在では沖縄県特産の蒸留酒をさす。その由来は古く、日本でいえば室町時代の前半期十四世紀に、タイないしは中国南部からその製法が伝えられたという。原料はタイ米である。沖縄でいつごろから泡盛が実際に製造されるようになったかは諸説あるが、十五世紀から十六世紀にかけてとみるのが妥当なところであろう。泡盛の語源についても諸説あり、もともと泡盛が米ではなく粟で造られたからという説と、酒の度数を測るために「泡を盛る」手法がとられることからきたとする説の二説が有力である。現在、泡盛を商標登録できるのは沖縄県産のものに限られるが、以前は奄美諸島など鹿児島地域でも製造されていた。江戸時代の『養生訓』『天神記』には「あはもり」「薩摩のあはもり」「ちんた泡盛」「琉球酒」などとして登場する。泡盛は、日本酒が和食の調理に欠かせないように、沖縄料理の隠し味として欠かせないものとなっている。↓沖縄料理《おきなわりょうり》　↓焼酎《しょうちゅう》

参考文献　東恩納寛惇「泡盛雑考」（『酒道』、一九三四）（竹内　光浩）

あん　**餡**　『日葡辞書』（一六〇三年（慶長八））には「モチまたはマンヂュウの詰物」とあり、餅や饅頭の中に詰めたものをいう。室町時代の『七十一番職人歌合』饅頭売りでは、菜饅頭と砂糖饅頭の記載がある。点心としての饅頭では野菜や砂糖を餡としたと思われる。また、『湯山《ゆのやま》聯句鈔《れんくしょう》』（一五〇四年（永正元））には饅頭の餡として「あづきがさたうがなるか」とあり、小豆餡が使われていたことがわかる。その後小豆のほか手芒や隠元などの豆類や芋類も使われた。

参考文献　青木直己『図説和菓子の今昔』（二〇〇〇、淡交社）（青木　直己）

あんざんきがん　**安産祈願**　安産を神仏などに祈願すること。祈願対象は、地域の氏神、全国各地の子安神・子安地蔵・子安観音・鬼子母神など。妊娠後、五ヵ月目の帯締めのころに祈願することが多く、妊婦自身や妊婦の母親、姑などがお参りをして、護符や小さな枕、石、人形などをもらい受ける。やがて無事に出産が終わるとお礼参りをし、もとの場所へ戻す。このとき、新しく作り直したり、または倍にしたりする。お礼参りの際に倍にして返すことを倍返しという。このほか、犬の出産は軽いことから、これにあやかり、戌の日に妊婦に腹帯をさせる、犬張子を贈るなどの習俗も全国に見られる。一九三五年（昭和十）ごろの青森県内の調査では、お産のときに真っ先に集まるのは箒神であるとし、お産が長引いたときは箒の柄を下にして枕元に立てた。このように、お産と箒神は関係が深いと考えられ、箒をまたぐと難産になるともいわれていた。↓腹帯《はらおび》

参考文献　母子愛育会編『日本産育習俗資料集成』（一九七五、第一法規出版）、安井眞奈美編『出産・育児の近代―「奈良県風俗誌」を読む―』（二〇一二、法蔵館）（柏井　容子）

あんどん　**行灯**　油皿の周囲を立方形や円筒形などの枠で囲い、それに紙を貼って、火袋《ひぶくろ》を取り付け、風よけにした油用灯火具の総称。行灯の台座には行灯皿と油さしを置き、火袋の内側に灯盞《とうがい》を置いて油を満たし、灯芯を浸してそれに火をつけた。灯芯には古くは麻布を細く裂いて用いた。のちに綿布となり、やがてイグサのズイを抜いたものが用いられるようになった。行灯の文字は、地方によってはアンドともアンドゥとも読まれているが、広く一般にはアンドンと読まれる。アンドンの語は行灯の文字の宋音で室町時代に禅宗の僧侶たちによって広められた言葉である。中国でも日本でも携帯用の灯火具という意味で使われた。もともとは、携帯用の灯火具であり、上部に付いている取っ手はその名残である。蠟燭を使った手燭《てしょく》や提灯《ちょうちん》が普及すると行灯を持ち歩くことは廃れ、室内外用の灯火具として、置き行灯、掛け行灯、釣り行灯、辻行灯など、用途に応じてさまざまな種類に分化していった。

置き行灯

参考文献　宮本馨太郎『灯火―その種類と変遷―』（一九九四、朝文社）（髙塚　明恵）

アンネ=ナプキン　アンネ=ナプキン　⇩生理用品《せいりようひん》

アンノンぞく　**アンノン族**　一九七〇年代中ごろから八〇年代にかけて、旅行ガイドブックや、『an・an（アンアン）』『non-no（ノンノ）』といった女性向けファッション雑誌などを片手に一人旅をした女性たちの総称。『an・an』は一九七〇年（昭和四十五）三月に平凡出版（現マガジンハウス）から出版され、先鋭的なファッションを掲載していたのに対し、『non-no』は七一年五月に集英社から創刊され、どちらかといえば大衆的なファッションを指向し、公称発行部数も『an・an』が五十万部前後、『non-no』は百万部以上と大きな開きがあった。雑誌の読者は二十代半ばの就業女性が中心で、彼女たちの登場は、それまで家族旅行や団体旅行などが主流であった旅行産業を大きく変化させ、七〇年に大阪で開催された日本万国博覧会とともに個人旅行が注目される契機となった。『an・an』『non-no』は読者層が世代を経るのにあわせて派生雑誌を増やし、平凡出版は『an・an』を卒業した女性向けの『クロワッサン』を七七年四月に、集英社も主にキャリアウーマンを対象にした『MORE』を創刊した。七〇年代初頭にアンノン族と呼ばれた女性たちの社会的な地位の

変容に呼応するように、婦人雑誌も多様な展開を見せるようになっていく。 ↓ファッション雑誌《ざっし》

参考文献　馬渕公介『「族」たちの戦後史』(『都市のジャーナリズム』、一九八九、三省堂)、上野千鶴子『(増補版)〈私〉探しゲーム』(『ちくま学芸文庫』、一九九二、筑摩書房)、赤木洋一『「アンアン」一九七〇』(『平凡社新書』、二〇〇七、平凡社)、藤岡和賀夫編『DISCOVER JAPAN 四〇年記念カタログ』(二〇一〇、PHP研究所)　(花岡敬太郎)

アンバサマ　アンバサマ　⇩大杉信仰《おおすぎしんこう》

あんパン　**餡パン**　パンの中に伝統的な小豆餡を入れた食品。一八七四年(明治七)に東京銀座木村屋総本店の初代が考案した。翌年にはパンの中央のへそに八重桜の塩漬けを入れた。パンの膨張剤としてイーストを使わず、和菓子の酒饅頭に使う酒麴を使用している。小豆餡とパンという取り合わせの和洋折衷の食べ物といえる。長く親しまれてきた小豆餡を使うことから、日本人の嗜好にあい全国に広まった。現在では表面に胡麻や芥子を散らすなどの工夫が見られ、餡も漉餡や鶯餡など種類も増えている。

参考文献　『木村屋総本店百二十年史』(一九八九)　(青木　直己)

アンプルざい　**アンプル剤**　先端が尖った小容量のガラス容器に入れられた注射薬。先端部を切って注射針を挿入し薬液を吸い上げる。アンプル剤の製造は日露戦争時、出征兵士に予防注射をする必要から始まる。一九〇六年(明治三十九)、容器となる良質な硬質ガラスの製造に成功し、大正中期ごろより利用が進む。インフルエンザが大流行した六五年(昭和四十)、それまで錠剤かカプセル入りの粉末であった風邪薬に代わって、アンプル入りの風邪薬を服用した者の中に多数の死者が出て製品回収となった。即効性が期待されるとしてアンプル入りの風邪薬はこの当時、ブームとなっていた。連日、マスコミの報道が続き、医薬品広告は自主規制された。

参考文献　『日本の新薬史』(一九七〇、薬業時報社)、高橋晄正『九〇〇〇万人は何を飲んだか』(一九七〇、医事薬業新報社)　(新村　拓)

あんま　**按摩**　身体を手でなでる、もむ、たたくなどして生体機能の変調を整える手技療法。その施術者。平安時代には鍼灸などと盛んに併用されたとされるが、その後衰微した。十七世紀後半、盲人鍼医《はりい》杉山和一《すぎやまわいち》が鍼術の補助として按摩を位置付けると、視力を必要としない杉山流按摩に従事する盲人が主たる担い手となった。多くは店を持たず町を流して客を取る零細な営業で、十八世紀後半からは杖をつき按摩笛を吹きながら流す按摩風俗が一般化した。 ↓座頭《ざとう》

参考文献　芹沢勝助『鍼灸の科学』上(一九五九、医歯薬出版)、加藤康昭『日本盲人社会史研究』(一九七四、未来社)　(西木　浩一)

あんらくし　**安楽死**　耐え難い苦痛を伴う死期の迫った患者に、その苦痛を取り除くことを目的として、患者の自発的な意思にもとづいて医師が死期を早める処置をすること。速死術・安死術・穏死法ともいわれ、明治中期には末広重恭と馬場辰猪による安楽死論争がみられる。森鷗外は小説『高瀬舟』において慈悲殺を扱っているが、論文『甘瞑の説』では安楽死を否定。一九五〇年(昭和二十五)嘱託殺人事件についての裁判があり、安楽死は殺人かとして世間の耳目を集めた。六二年の名古屋高裁(山内事件)、九五年(平成七)の横浜地裁(東海大学安楽死事件)の判決では、積極的な安楽死として許容(違法性の阻却)されるための要件が示された。後者では患者に耐え難い肉体的苦痛があること、死が避けられず、その死が迫っていること、患者の肉体的苦痛を除去・緩和するために方法を尽くし、代替手段がないこと、生命の短縮を承認する患者の明示の意思表示があること、以上の四要件の一つでも欠ければ医師は法的責任を負うとある。

参考文献　宮川俊行『安楽死の論理と倫理』(『UP選書』、一九七九、東京大学出版会)、宮野彬『安楽死から尊厳死へ』(一九八四、弘文堂)、坂井昭宏編『安楽死か尊厳死か』(一九九六、北海道大学図書刊行会)、新村拓『痴呆老人の歴史―揺れる老いのかたち―』(二〇〇二、法政大学出版局)　(新村　拓)

い

いあんふ　慰安婦　アジア・太平洋戦争期に日本軍によって、軍人・軍属の性の相手とされた女性たちのこと。一九九一年(平成三)、韓国の元「慰安婦」が名乗り出たことを契機に、公文書発掘や被害者への調査が進んだ。日本軍が女性の募集、移送、慰安所の設置や、管理・統制などに主体的役割を果たし、外務省、内務省と警察、台湾総督府、朝鮮総督府などの関与も明確になった。慰安婦の出身国は、日本と台湾・朝鮮だけではなく、中国、東南アジアや太平洋地域、オランダなど日本の占領地の全域に及んだ。その非人道的実態を踏まえ、九三年のウィーン世界人権会議で慰安婦を sexual slave とする言葉があてはめられた。九八年には、国際刑事裁判所規定に「武力紛争下の女性への暴力」の項目が盛り込まれ、以後、戦時性暴力の処罰化が図られるようになった。これは、日本軍のみならず、敗戦後の日本における占領軍「慰安所」、朝鮮戦争時の韓国軍「慰安隊」、七〇年代の在韓米軍「慰安婦」(「基地村女性」)と連動する問題である。

参考文献　吉見義明『従軍慰安婦』(『岩波新書』、一九九五、岩波書店)、VAWW-NET Japan 編『日本軍性奴隷制を裁く―二〇〇〇年女性国際戦犯法廷の記録―』(二〇〇〇-〇三、緑風出版)、平井和子『日本占領とジェンダー―米軍・売買春と日本女性たち―』(二〇一四、有志舎)

(平井　和子)

いいつぎ　言い継ぎ　村や地域における伝達手段の一つ。村や地域では、寄り合い以下、連絡事項が生じると、抱えている定使《じょうづかい》・アルキに触れさせたり、半鐘・銅鑼・鳴子などで決まっている合図を鳴らしたり、口頭で家継ぎに連絡したりした。また旗などを立てて知らせることもあった。文字の読めないものの多い前近代の村では、音声や視覚による伝達に頼らざるをえなかった。このうち口頭で家継ぎで行われるものを言い継ぎと称した。家継ぎの順番は決まっており、この順番が隣家といわれることもあった。言い継ぎは、止めてはならなかった。村で強訴に出ようという相談で、自分が参加しなくとも、言い継ぎは廻している例がある。また言い継ぎは倅が行くことも多く、適当な人物のいる場合は、当主でなくてもよかったようである。言い継ぎで廻せる内容は、寄り合いの日時、場所程度で、それも曖昧になりやすく、時間も相当かかっている。近代になって識字率が高まると回覧板に変わったり、放送になったりしていったが、残っている場合もある。小中高校の保護者会などでは連絡網が作られ、電話で伝達が行われており、これも言い継ぎの近代的な形といえる。

参考文献　福田アジオ『日本村落の民俗的構造』(『日本民俗学研究叢書』、一九八二、弘文堂)、白川部達夫「近世村落の社会結合と民衆運動―天保三年、武州橘樹郡南加瀬村門訴一件を中心に―」(『法政史学』四三、一九九二)

(白川部達夫)

いいなずけ　言いなずけ　今日では、幼少期に本人たちの意志にかかわらず双方の親または親族の者による合意で結婚の約束を交わすことを指す。また、その約束を結んだ者同士を意味する場合もある。室町時代以降は武家においては男性支配の婚約の一形式として、当事者の意志に関係なく取り交わされることが多くなる。これは、戦国時代に政略として結婚が行われたことと深く関連している。しかし現在では古い形での婚約がなくなり、結婚を約束した当人同士が互いに相手を指す用語として用いられるようになった。民俗社会においては、男児の親の立場としては、家の永続を願うことから、少しでも早く結婚相手を決めたいとの願いより、また娘の親の立場としては、娘の嫁ぎ先をできるだけ早くに確保したいという願いより、結婚の約束を早々に取り交わすことが多かったものと考えられる。

参考文献　大間知篤三『婚姻の民俗学』(『民俗民芸双書』一八、一九六七、岩崎美術社)

(八木　透)

イエ　イエ　「家」用語は時代によって多様な意味がある故に、家名・家業・家産の結合と継承を特質とした概念的な集団をイエと書く。古代の「家」は、地域共同体の経営の中核的な施設・機関であるヤケと人間の家族や住まいをさすイヘであった。平安時代後期には、特定の官職を占有し、寺を結集の場とする一門・一家・門流などの父系血縁集団が「家」とされ、イエ形成の第一段階であり、貴族層から武士層に伝播する。次いで、院政期になると、天皇・貴族層で一門の中に小「家」が分立し、家職の継承が次第に固定化し家格が形成され、父子継承された。いっぽう武士層には、平安末に公事負担は惣領が統括するものの、所領は分割相続し非単独的なイエで構成される親族集団としての惣領制の「家」が過渡的な形態として成立した。十四世紀には、公家層も武士層・有力百姓層も、個別的・直系家族的・単独相続的なイエが独立し、嫡子単独相続制が始まる。中世的イエの成立とされる。庶民層では、家名と家産を父系直系で代々継承していく永続的組織体としてのイエは十五～十六世紀に成立するとされる。近世になると、幕藩制国家は士農工商の身分を確定し、身分に応じた役を国家に対して務めることが義務付けられた。そのため、イエを単位に身分と職業・家業が代々継承されていく。武士層は家禄が家督と観念され、家督相続者が主君に仕官して家業を務めた。百姓は、検地帳に登録された土地を相伝してイエを代々継承していった。十七世紀前半には新田開発などによりイエの分立が進み、当主夫妻と直系親からなるイ

エが成立し、家名・家業・家産を三位一体として継承するとともに祖先祭祀を行なった。明治国家は戸主に責任を持たせる家政策を推し進めた。民法典論争を経て、一八九八年(明治三十一)に制定された明治民法では、父権的戸主権と家督相続制度を規定する法的「家」が確立された。教育勅語で家族道徳・儒教秩序を強調し、天皇を家長とする家族国家観を浸透させた。大正時代になると家父長制的大家族は解体の度を早めたが、家族イデオロギーは強調された。戦後の民法改正(一九四七年(昭和二十二))で家制度は廃止されたが、祭祀継承権などはのこった。高度経済成長期に核家族化が推し進められ、家族制度は実態的に解体したが、分割相続下での長男の嫁による舅姑の介護や祭祀継承など依然として家族制度的観念がのこった。 ↓氏《うじ》 ↓本宅《ほんたく》 ↓苗字《みょうじ》

参考文献 山中永之佑『日本近代国家の形成と「家」制度』(一九八八、日本評論社)、大藤修『近世農民と家・村・国家―生活史・社会史の視座から―』(一九九六、吉川弘文館)、明石一紀『古代・中世のイエと女性―家族の理論―』(二〇〇六、校倉書房)、服藤早苗監修『歴史のなかの家族と結婚―ジェンダーの視点から―』(『叢書・〈知〉の森』、二〇一一、森話社) (服藤 早苗)

いえ 家 人の住むための建物。すまいや家屋、あるいは自分の住んでいる建物、自宅。屋敷・家屋・附属屋・土地などを含む空間全体を指すこともある。また夫婦・親子・兄弟など血縁の近いものが生活をともにする集団、家庭、所帯の意味も有する。妻のみを指すこともある(家刀自)。転じて先祖から続いてきた血族としてのまとまりやその伝統的な名誉や財産などを表す。原始には竪穴建物が一般的な住居であった。古代には次第に掘立柱建物の住居が普及したが、竪穴建物も多く、中世以降も東北では竪穴建物も用いられた。近世には、都市部では集住が進み、細長い一棟の建物を区切り、各住戸とした長屋が建てられ、農家では、土間を広くとった平面とした。近代以降、西洋建築が導入されたが、近代住宅の多くは近世住宅の延長にある木造家屋で、大正期以降、都市部の中流家庭を中心に中廊下型の住居が流行した。関東大震災以降はコンクリート系の集合住宅が造られ(同潤会アパートなど)、戦後は、住宅不足に伴って鉄筋コンクリートの高層住宅が増加した(51C型など)。上代における「イエ」は住居のための建造物を限定して指すのではなく、家族の居住する場としてすまい全体を指した。すなわち敷地にめぐらしたカキ(垣)・カド(門)と、居住のための建造物を含めた建築施設・空間の総体を示す。建造物そのものを指す語としては、ヤと表現されることが多く、イエは「家庭」の意味合いが強かった。このヤは現代ではヤーという形で、沖縄地方の方言に残る。現代では「家屋」を意味するイエは東北地方と近畿以西で多く用いられており、その中間の関東・中部ではウチの使用が多い。 ↓集合住宅《しゅうごうじゅうたく》 ↓竪穴住居《たてあなじゅうきょ》 ↓長屋《ながや》 ↓中廊《なかろう》下《か》型住宅《がたじゅうたく》

参考文献 戸田貞三『家族構成』(一九三七、弘文堂)、中村吉治『家の歴史』(『角川新書』、一九五七、角川書店)、有賀喜左衛門「家族と家」(『哲学』三八、一九六〇)、木村徳国『上代語にもとづく日本建築史の研究』(一九八八、中央公論美術出版) (海野 聡)

いえがら 家柄 家の社会的位置を表す言葉の一つ。先祖からの家筋の品格。歴史的な家格。家の格式の高いこと。また、その家。名家。名門。家の来歴を評価して、良し悪しをいう場合が多い。その評価の点は、第一に家の代数である。代々引き継がれてきた家の古さがまず重視される。いわゆる旧家と呼ばれる家である。第二に、先祖の出自の良さである。先祖が上級身分の出身であることを伝承や文書などによって主張する家である。たとえば、近世村落では、先祖が有力な武士やその家臣であった者が、村に土着したといわれる家がよい家柄とされていた。第三に、先祖が地域においてもっていた政治力や経済力の高さである。政治的には、近世の村役人、近代の村長・県町村会議員などの村役を勤めた家がよい家柄とされ、経済的には、地主や山持ちや網元など地域の中心的な役割を果たした家などがよい家柄とされた。 ↓家格《かかく》

参考文献 児玉幸多「身分と家族」(『(岩波講座)日本歴史』近世二所収、一九六三、岩波書店)、大島真理夫『近世農民支配と家族・共同体』(一九八一、御茶の水書房) (栗原 健一)

いえじるし 家印 家を示す図柄や簡略な記号で、占有標の一つ。家紋が同姓の家で共通することが多い一方で、家印は家ごとに異なり、特定の家であることを表示する。世代を超えて使用されることが多かった。もともとは、伐採した木材につけた刻み込みや焼印などの木印から発達したものとされ、道具類につけて、その所有を明らかにする。各家の所有を示すために、農具・漁具や下駄・風呂敷・傘などの民具につけられた。焼判が多いが、刻印もあり、印は比較的簡単な「｜」「□」「┐」「〈」などの記号と文字を組み合せたもので、たとえば「∧サ(ヤマサ)」などが挙げられる。文字は、その家の屋号や家長の名前の頭文字などの一文字を用いることが多かった。その普及は焼印によって履物や農具類につけたことにより、一般化したとされる。木印をはじめ、陶器の窯印、放牧牛馬につけた耳印、木船につけた船印など産業における諸道具にも多く用いられた。共同生活をしていく上で、個別の家を示すものであった。 ↓家紋《かもん》 ↓屋号《やごう》

参考文献 監物なおみ「民具資料と家印―千葉県市川市の場合―」(『民具マンスリー』二五ノ二、一九九〇)、倉田一郎「経済と民間伝承」(『農山漁民文化と民俗語』所収、一九九五、三一書房)、柳田国男「北小浦民俗誌」(『柳田国男全集』一八所収、一九九九、筑摩書房) (栗原 健一)

いえすじ 家筋 一家の系統。家系。家の出自を示す系

統。日本の家制度のもとでは、血筋に対して、家名や屋号の継承、財産の相続、祖先祭祀や地域社会での地位・役割の継承などを重視した家筋という概念がある。家の継続的な相続は、基本的に親子関係にもとづく血筋により決定されたが、血筋に束縛されない養子などの方法で家筋を保つことも多くみられた。家筋のような概念は、他国にも類似するものがみられる。

参考文献　村武精一『家族の社会人類学』(一九七三、弘文堂)、竹村卓二編『日本民俗社会の形成と発展―イエ・ムラ・ウジの源流を探る―』(一九八六、山川出版社)

(栗原　健一)

いえのひかり　家の光　一九二五年(大正十四)五月に産業組合中央会より発刊された月刊農村家庭雑誌。「一家一冊万能雑誌」「万人にわかる雑誌」「農村のための雑誌」をスローガンに掲げ、一九三五年(昭和十)には普及部数が百万部を突破、『キング』『主婦の友』以上に農村に広がった。その理由は、農本主義的なイデオロギーへの共感というよりも食生活、娯楽文化、保健医療、婦人問題など実用的な生活改善に関わる記事が中心だったからだと考えられる。農村婦人に一定の影響力をもったといえるが、板垣邦子はこれを「農村的モダニズム」を求める農村生活者の声に応えるものだったと分析している。戦後四八年、発行母体が社団法人家の光協会に変更。五一年には農業協同組合婦人部が『家の光』の普及に取り組むことを決議し、五四年再び普及部数が百万部を突破、その後減少するものの農村生活に浸透した雑誌として現在も刊行を継続中である。

参考文献　板垣邦子『昭和戦前・戦中期の農村生活―雑誌『家の光』にみる―』(一九九二、三嶺書房)、家の光協会『家の光八〇年史』(二〇〇六、私家版)

(岩崎　正弥)

いえもち　家持　⇩町人《ちょうにん》

いえもと　家元　学問・宗教・遊芸・武術など、それぞれの文化社会において、一流一派を統率する家または人。その起源は平安時代にまでさかのぼり、貴族における歌や文章《もんじょう》、陰陽道の家などがこれに相当する。以後、衣紋や弓馬の家が現れ、能・狂言・香・蹴鞠などに拡がった。家元は流祖以来の代々にわたって、伝統的な家芸の正統を伝え、そのことによって教授・相伝・免許に関する権利および懲罰・破門、あるいは装束・称号などに関する権利を独占した。江戸時代になると、これまで限られた社会のなかにあった諸芸能に、三都や地方都市の町人らが参入し、家元は膨大な弟子人口を抱えるようになった。享保期ごろには家元の姓や名前の一部を与えられた名取弟子が教授権を持ち、家元は伝授権を保持するという家元制度が成立してきた。家元には名取師匠を介して多数の町人弟子が存在し、次第に絶大な権威をもつようになっていった。現代においては茶道、華道、日本舞踊などの家元制度がひろく社会に知られ浸透している。↓師《し》匠《しょう》　↓習《なら》い事《ごと》

参考文献　西山松之助『家元の研究』(『西山松之助著作集』一、一九八二、吉川弘文館)

(松本剣志郎)

いおや　井親　「井」は飲料用の井戸と誤解されやすいが、江戸時代には一般に用水のことを井または井水と称した。その用水の河川や池などからの取水口(圦樋《いりひ》)が設置された土地の所有者または村を井親(または水親とも)といった。用水を利用する地域の村々は用水(水利)組合を構成し圦樋と用水路を管理したが、井親は当該組合の筆頭者の位置にあって大きな影響力を行使した。なぜなら、水源に隣接する村では自村の耕地を潰してまで水路を作る必要はなかったのであり、用水を求める水源から離れた地域のために大きな犠牲を払っていたからである。井路敷地の提供ゆえに、井親は水掛かり高に応じて負担すべき水利組合費を軽減もしくは負担なしとされることも多く、さらにそのもとで上流優先の水利秩序が構成された。しかし、やがて上流と下流で水争いが起こるなどして受益者負担主義が徹底され、井親の特権は残るにせよ、水利組合内では平等性原理が基本となった。↓灌漑《かんがい》・用《よう》水《すい》

参考文献　喜多村俊夫『日本灌漑水利慣行の史的研究』総論編(一九五〇、岩波書店)、大塚英二『日本近世地域研究序説』(二〇〇八、清文堂出版)

(大塚　英二)

イカ　イカ　コウイカ、ヤリイカ、アカイカ(スルメイカ)、ホタルイカ、ソデイカほかの軟体動物門頭足綱に分けられる生物の総称。乾製品の「するめ」の由来になったスルメイカ(鯣烏賊)は最盛期の一九六八年(昭和四十三)に六七万トン獲れた。九州から日本海西部の海で産まれ、冬産は太平洋側、秋産は日本海側を北上して東北沖で夏に獲れ、そして成熟しながら北の親潮から南下回游に入り、下りイカ漁が行われる。ヤリイカの仲間のアオリイカは、沿岸の定置網での漁獲が多いが、擬似針でも釣れ、薩摩《さつま》餌木《えぎ》などの餌木が知られている。コウイカなどは五月ごろから夏になると大型の海藻などに産卵のため寄ってくるので、この習性を利用したイカ籠漁が九州などで行われている。イカの足は本数が多く、縁起物として扱われ、結納など祝儀に用いられた。

(橋村　修)

いかけや　鋳掛屋　鍋・釜といった鋳物のひび割れや穴を溶かした金属でふさぎ補修した職人。営業形態としては自身の居宅などを工房とする居職と送風用の小型の鞴《ふいご》や道具箱などを天秤棒でかつぎ、町や村の家々を巡回して営業する出職があった。技術的には鋳物師の技術と共通しており、江戸時代、鋳物師の親方のもとで修業し、

鋳掛師（『人倫訓蒙図彙』より）

年季明けした者が親方から鋳掛屋としての営業を認められた事例や鋳掛屋が鍋を鋳造している事例がある。

参考文献 中川弘泰『近世鋳物師社会の構造―真継家を中心として―』(一九八六、近藤出版社) (篠宮 雄二)

いかだながし 筏流し 材木を丸太のまま、または割ったり削ったりした加工品を、河原まで運び出し、横に並べて細い横木を渡し、前後に穴をうがち、藤やあけびの蔓で組み上げたものを筏一枚という。筏流しとはこれに人が乗って操作しながら川を流すこと。急流の場合は、管流《くだなが》しなどによって材木を一本ずつ流し、管流しされた材木を筏に組める場所に両岸から綱を張った綱場・網場《あば》を設けて絡め取り、そこで筏に組んだ。筏は下流に進み水量の増加にしたがって縦横に連結し、前後または前中後に筏乗りが乗って操った。各河川で最大限に長大になった筏を一艘という。加工した板材や桶樽材、屋根葺き材を上荷に積むこともあった。河口の港で編んである蔓を切り、船に積み込んで大消費地に回漕した。筏流しの時期は一般に水田に引水する季節を避けた。用水堰との争論を回避するためである。しかし、水量の少ない河川では、稲作期に流さざるを得ず、用水堰との筏争論が頻発した。筏流しには季節性があることから、筏乗りは多様な生業を兼業していた。筏は古代からみられるが、大建設時代と呼ばれる近世初期に増大し、近世から近代まで大量に流された。明治期に鉄道の普及と陸路が整備されると輸送方法は傷のつかない陸送に転換して筏流しは減少し、最終的には戦後のダム開発により筏流しが不可能になり消滅した。

筏師(『人倫訓蒙図彙』より)

参考文献 藤田叔民『近世木材流通史の研究―丹波材流通の発展過程―』(『日本史学研究双書』、一九七三、大原新生社)、島田錦蔵『流筏林業盛衰史―吉野北山林業の技術と経済―』(一九七四、土井林学振興会)、『名栗の歴史』上・下(二〇〇八・一〇、飯能市教育委員会) (加藤 衛拡)

いき 粋 態度・気性・身なりが垢ぬけしていて、自然な色気を感じさせ、しかも張りのある美意識。近世初期には主として上方の町人社会において、遊里・遊芸の世界で「粋《すい》」な美意識が理想とされ、もっぱら井原西鶴らの文学や演劇面でのテーマとして追求された。しかし十八世紀以降、文化の中心が江戸に移行するにつれ、洗練された心意気や色っぽさを遊里における遊びの作法・心得として身につけ行動することが、いきだと考えられるようになった。きわめて日本的な美意識で、九鬼周造は仏教的な諦めとともに、意気地・媚態を伴い、「垢ぬけしていて、張りのある、色っぽさ」とまとめている。女性は細おもての瓜実《うりざね》顔・柳腰、男性ならば『助六由縁《すけろくゆかりの》江戸《えど》桜《ざくら》』の花川戸助六のごとく、荒事でなく強さを抑え、洒落た行動で社会に受け入れられた。同じく江戸の遊里で洗練された伊達《だて》が武士的であるのに対し、町人が生みだした文化的・美的所産であり、化粧・髪形から、着物の色や模様・柄《がら》、あるいは清元《きよもと》節などの音楽にも及んでいる。 →江《え》戸《ど》っ子《こ》 →通《つう》 →野暮《やぼ》

参考文献 九鬼周造『「いき」の構造』(『岩波文庫』、一九七九、岩波書店) (北原 進)

いくじ 育児 乳幼児を育てること。〔前近代〕子どもが小さな家族のなかで、両親とくに母親の丁寧な養育のもとに育てられるという現代の子育てのイメージは普遍的なものではない。歴史的には大きな「家」という経営体のなかで、非労働力である祖父母や、奉公人など他者に育てさせることも多かった。特に有力な階層で家同士の競争が厳しくなる時代には、乳母は身分の高い被養育者の身近にいる保護者として家政上の役割が大きくなり、御乳人《おちのひと》と分化する。戦国末期の武家家訓では「子の傅とする士の人物をよく撰ぶべし」(『黒田如水教諭』、十六世紀末から十七世紀初)と説かれ、近世に入ると儒学者稲葉《いなば》迂斎《うさい》『幼君輔佐之心得』など、世子教育論が論じられるようになった。近世は、直系家族が広範にひろがり、人々が小さな家族のなかで子どもと向き合い、その成長を家の将来と重ねて考えた時代であった。庶民に至るまで家業・家産・家名を内実とする「家」の継承が積極的な関心事となった近世社会に、日本の「伝統的」子育て習俗が成熟する。「育つる」という動詞は古くから存在したが、近世後半になって「子育て」という名詞的な用法が定着した。「生《お》ほ仕《し》立《た》つる」「仕込む」「やらふ」「撫育」「養育」などの類語のなかから、近世後期の庶民を対象に書かれた教諭書では「子育て」という名詞が次第に有力になったのである。近世子育て書は、中世の武家家訓などと比べて親の教育責任を問うニュアンスが強い。十八世紀初めの育児書として医師香月牛山《かつきぎゅうざん》『小児必用養育草』(一七〇三年(元禄十六))、儒学者貝原益軒『和俗童子訓』(一七一〇年(宝永七))が著名だが、その時期から「節を詳らかに考えて、時分に相応いたせる教育を専ら」(儒学者山鹿素行『山鹿語類』)にすべきだと発達に応じた教育が主張され、子どもに追従する「姑息の愛」を批判(貝原益軒)するなど、乳幼児期から子どもを教育の対象とみなし、甘やかさない厳しめの子育てを説いている。ただこ

れらが説かれるということは、実態として「子煩悩」の広がりがあった可能性もある。宣教師の記録の中には、「日本国ニ於テ最モ善良ナルハ少年ノ養育ニテ、敢テ外国人ノ及フ所ニアラス。」(宣教師ジアン＝クラセ(一六一八—九二)『日本西教史』)、「子を育てるに当たって決して懲罰を加えず、言葉を持って戒め、六、七歳の小児に対しても、七十歳の人に対するように、真面目に話して叱責する。」(フロイス『イエズス会日本通信』(一五六五年二月二十日付))など、日本の伝統的な子育てを褒める記録は少なくない。

参考文献　山住正己・中江和恵編『子育ての書』一—三(『東洋文庫』、一九七六、平凡社)、太田素子『近世の「家」と家族—子育てをめぐる社会史—』(『角川叢書』、二〇一一、角川学芸出版)　(太田　素子)

〔近現代〕子育て・しつけなどの言葉もある。育児の方法や、子どもに対する親、地域、社会の人々の意識は時代によって変化してきた。特に一九一〇—二〇年代は重要な画期と位置づけられる。第一次世界大戦を契機に発展した資本主義をきっかけに、村落部から都市部へと人口が移動すると、技術者、サラリーマンおよび自由業者といった新中間層が増加した。新中間層の家族は、子どもに学力をつけることが家族の生活向上に結び付くと考え、性別役割分担を形成し、家事と育児は妻の領域となった。母親が育児を担うという規範は、当時の翻訳語である「母性」と結びついた「母性愛」という言葉とともに、女性自身にも受け入れられていった。またこの時期、避妊技術を用いた受胎調節、計画出産による産児制限が進み、少産少死の社会へと移行していった。その結果、子どもは「授かる」のではなく「つくる」との意識が強まっていく。他方、農村や漁村などでは子守りを雇い、母親も生産労働に従事するなど、育児の方法は地域によって多様であった。病気や怪我などで子どもが命を落とす場合も多く、子どもの生存を左右する授乳や健康管理が重視された。また子どもの成長儀礼を通して、家族、親族だけでなく近隣の人々も関わって子どもの成長を見守った。戦後、産児制限が国策として採用されると、少ない子どもを賢く育てようと、多くの人々が合法化された中絶と避妊を用いて子どもの数を制限し、少子化の時代に入った。質の高い育児が求められると、ストレスを感じて育児ノイローゼとなる母親も現れた。現在は、学校教育のみならず家庭教育も重視され、母親にさらなる重圧がかかっている。その一方で、親が子どもの養育を行わない育児放棄、親による子どもへの虐待なども増えている。育児を母親のみの役割とし、社会で子育てをするという意識が希薄になっていることが一因として挙げられる。

→躾《しつけ》

参考文献　小泉和子編『家で病気を治した時代—昭和の家庭看護—』(『百の知恵双書』一五、二〇〇八、農山漁村文化協会)、安井眞奈美編『出産・育児の近代—「奈良県風俗誌」を読む—』(二〇一一、法蔵館)、沢山美果子『近代家族と子育て』(二〇一三、吉川弘文館)　(安井眞奈美)

いくしほう　育子仕法　⇩赤子養育仕法《あかごよういくしほう》

いくじしょ　育児書　子育ての方法や情報に特化した参考書・啓蒙書の通称。江戸時代までは儒者・心学者などによって書かれ、子育て書と通称された。子育て書は近世初頭にはごく上層の武家を対象にお傳役の側用人の心得として書かれた時期から、次第に町人、さらに幕末になると上層農民が農家の子育てについて論じるというように著者・読者ともに階層が広がった。江戸時代の子育て書の特徴は、教育やしつけの始期が「初生から」「胎教から」と早まったこと、そして「哀しい哉、人の父たる者、交合して子を産む事を知るといえども、子を教ゆる道を知らざるなり」(経世思想家林子平『父兄訓』)という表現に象徴されるように、親の教育責任意識が芽生えたことにある。発達に即したしつけの必要についても「節を詳らかに考えて、時分に相応いたせる教育を専ら」(儒学者山鹿素行『山鹿語類』)にすべきだとして注意深くなる。ただし女性に向けて説かれる場合には儒学者中村惕斎《なかむらてきさい》『比売鑑《ひめかがみ》』(一六八七年(貞享四))や『女大学』の類のように、胎教と出産の心得が中心となり、子育ては家主となる男性に向けて子どもの人格形成を課題として説かれた。しかしその中から医者による育児書が生まれる。千村真之『小児養生録』(一六八八年(元禄元))、香月牛山『小児必用養育草』(一七〇三年)は、仮名交じりの平易な文章で民衆に向けて出産と養育の心得を説いた。特に『小児必用養育草』は体系的な叙述で、わが国の育児書の嚆矢と認められている。医師が執筆した育児書は、幕末には桑田立斎《くわたりつさい》『愛育茶譚』(一八五三年(嘉永六))のように、部分的に西洋医学をふまえて書かれるようになる。三島《みしま》通良《みちよし》『ははのつとめ』(一八九〇年(明治二十三))など明治期の小児科医は西洋の育児習慣導入に大きな役割を果たし、時間決め授乳、早期の乳離れ、おんぶや添い寝の否定などが「科学的育児法」として採用されていく。十九世紀末には国家主義の立場から壮健な国民形成のための育児、和洋折衷の「中道」が強調された(たとえば小説家大橋又太郎『育児と衛生』、九六年)。大正期になると子どもの心理や発達水準を考慮した育児が進められ始め、医者とともに心理学者や教育家が育児書を著すようになった(愛育会編集『愛育読本』、一九三五年(昭和十)ほか)。戦後の高度経済成長期には学歴主義が育児書の中に早期教育論として反映される時期もあったが、今日では子どもの心理や発達水準を考慮し、伝統的な育児習慣も取り入れながら、自立した人格を育てる育児法が主流となっている。

参考文献　山住正己・中江和恵編『子育ての書』一—三(『東洋文庫』、一九七六、平凡社)、横山浩司『子育ての社会史』(一九八六、勁草書房)　(太田　素子)

いけ　池　自然のくぼ地に水がたまってできた水域。または、地面を掘ったり谷を堰き止めたりして人工的に水

を溜めた所。両者ともに、農業用水の供給源や庭園など、さまざまな用途のために利用・築造されてきた。溜池の歴史は古く、河内国の狭山池や讃岐国の満濃池など、古代に築造されて現在も利用されているものもある。洪水時に一時的に水を貯留する遊水池は、通常時には湿地・湖沼であったり、森林・耕地となっている場合もある。
↓溜池《ためいけ》

参考文献 末永雅雄『池の文化』(一九七二、学生社)
(田中 達也)

いけす **生簀** 漁獲物を生かしておく装置のこと。生魚流通を目的とした生簀業は、江戸時代中ごろには完成し、大都市の消費を支えた。一七九二年(寛政四)、御賄頭支配の魚納屋役所が江戸に設置され、幕府台所にあがる魚のための生簀が敷地内に設置されている。また、九八年秋里籬島著『摂津名所図会』八には、兵庫に設置された禁裏調進の生簀が見物客で賑わう様子が描かれている。ちなみに、京・大坂では川魚料理店のことを生簀と呼んだようである。
(鎌谷かおる)

兵庫生洲(『摂津名所図会』より)

いけばな いけばな ⇩習《なら》い事《ごと》

いご **囲碁** 相対する二人が、盤(碁盤)上に縦横十九本の線を格子状に引いて作り出した三百六十一の交点(目)に、交互に白・黒の円形の石(碁石)を置いて陣を囲い、その数(目)の多さを競う盤上遊戯。碁ともいう。中国から伝来し、奈良市の東大寺正倉院には、木画《もくが》紫檀《したんの》棊局《ききょく》をはじめとする聖武天皇遺愛の碁盤三面と、白棊子《きし》(石英製)・黒棊子(蛇紋岩製)、紅牙撥鏤《ばちる》棊子・紺牙撥鏤棊子といった碁石が伝えられている。その後、囲碁は奈良・平安時代を通じて貴族階級に広く普及し、十二世紀前半成立の国宝『源氏物語絵巻』(五島美術館・徳川美術館蔵)にも対局の様子が描かれている。中世以降は武士や都市の民衆にも拡大・普及し、徳川家康は囲碁の家元制(江戸幕府碁所四家)を確立した。中でも本因坊家は、京都寂光寺本因坊の僧であった算砂(一五五九—一六二三)を祖として隆盛したが、二十一世秀哉(一八七四—一九四〇)の引退に伴い、一九三九年(昭和十四)以降、本因坊の名は実力による選手権(本因坊戦)の覇者の冠号となって今に続いている。現在では、本因坊戦のほかにも新聞社などの主催するタイトル戦が複数行われてその棋譜が新聞に連載されたり、新聞・雑誌に詰碁が載るなど、囲碁は将棋と並ぶ国民的遊戯として広く親しまれている。また、「布石を打つ」「碁盤の目のような模様」など、囲碁を起源とする慣用句も、日常会話の中で広く用いられている。

参考文献 国立国会図書館編『囲碁・将棋文化史展—その伝来から近代まで—』(展示会目録、一九八八)
(宮瀧 交二)

いざかや **居酒屋** 酒と料理を提供する店。居酒《いざけ》は、もともと買った酒をその場で飲むことであり、卑しい行為と見なされていた。同様に、外出先で総菜や弁当を買って食べることもみっともないことであった。ところが一七〇〇年代中ごろには、江戸の有力な酒小売商であった豊嶋屋が一杯酒と田楽、豆腐を売り始め、店先で飲食できるようにして繁盛した。その後、魚や野菜を煮た一品料理と酒を提供する煮売酒屋と、すり下ろした芋を酒に入れてかき回しながら飲む芋酒屋が盛んになった。これが、初期の居酒屋である。それが、一七〇〇年代末ごろになると、現在の食堂に相当する飯屋が盛んとなり、その中で一杯酒を出す一膳飯屋が現れると、飯屋とかつての居酒屋の境界が曖昧になって、縄暖簾という現在の居酒屋に近い営業形態となった。 ↓バー

参考文献 青木隆浩「酒と盛り場」(新谷尚紀・岩本通弥編『都市の光と闇』所収、二〇〇六、吉川弘文館)
(青木 隆浩)

イサバ イサバ 地域によって、魚市場・魚商人・漁場・漁船・水産加工者などを意味するが、大別すると魚商人や船の名称としての使用例が多い。五十集の漢字をあてる。イサバは、元来は魚を商う魚市場をいうとされ、そ

居酒屋(『近世職人尽絵詞』より)

の商人をイサバ師、イサバ屋、またはイサバ商人と呼んだ。近世中期以降に魚問屋・魚仲買などの魚商人そのものをイサバと呼ぶこともあった。これら魚商人に課せられた税をイサバ役という。こうした使用例は東日本に多く、西日本では船のことを指すことが多い。イサバ船は、『和漢船用集』では、磯辺を航行する船か磯船の意味でしか解説されていないが、水産物を運送した小廻船をイサバ船と呼ぶことが多い。しかし、明治以降では、水産物だけでなく薪炭などを積むものも多くなり、日常雑貨などを運ぶ小廻船の一種をイサバと呼ぶようになった。

（東　幸代）

参考文献　石井謙治『和船』II（『ものと人間の文化史』、一九九五、法政大学出版局）

いしいけんどう　石井研堂　一八六五―一九四三　明治から昭和の雑誌編集者、明治文化研究家。一八六五年（慶応元）六月二十三日、陸奥国安積《あさか》郡（福島県郡山市）に生まれる。本名石井民司、号研堂。八三年（明治十六）に郷里の小学校教員となったが、上京して八九年から二年間有馬小学校訓導となった。その傍ら東京教育社『貴女之友』・学齢館『小国民』の雑誌編集を始め、やがて出版界に転じ、春陽堂『今世少年』・有楽社『世界之少年』・博文館『実業少年』などの少年雑誌の編集とともに、産業革命の進展に合わせて『理科十二ヶ月』十二冊・『少年工芸文庫』二十四冊などの少年向けに興味深く著した理化学知識の普及で、明治後半期に多くの少年たちに多大の影響を与えた。また、一九〇八年に明治期の衣食住遊その他の生活文化全般を網羅した『明治事物起原』を発表したことが特筆される。二四年（大正十三）に吉野作造主宰の明治文化研究会に最年長の同人として参加して、同会編纂の『明治文化全集』初版全二十四巻の収録史料の蒐集と解題に尽力した。四三年（昭和十八）十二月七日死去。七十九歳。　→明治事物起原《めいじじぶつきげん》

参考文献　山下恒夫『石井研堂―庶民派エンサイクロペディストの小伝―』（『シリーズ民間日本学者』二、一九八六、リブロポート）

（佐藤　能丸）

いしうす　石臼　ものを砕き、粉にする石の道具。杵でつく搗き臼は石を刳り抜いた鉢形で、石の円盤を重ねた挽き臼は、上の臼を左回転させることで、隙間に注いだものを粉にする。一般には穀物を製粉する挽き臼を石臼と呼ぶ。ほかに茶臼や鉱石臼もある。製作技術と用法は十四世紀前半に中国から伝来したと推測され、十七世紀にかけて形態の改良が進んだ。穀物用の石臼は、上臼の縁が盛り上がり、摺り面に穀物を注ぐ供給孔がある。また、上臼の側面にはL字形の挽木を差込む穴が開き、摺り面には放射状の溝を刻む。室町時代から小麦や蕎麦の製粉に使用されたことで、素麵や蕎麦の生産を高め、団子など日本固有の粉食文化を大きく発展させた。民俗例では放射状の溝は畿内の八分画、関東の六分画と地方によって差異がみられる。また茶臼は抹茶を挽くための道具で、下臼の側面に粉受けと片口が付く形が特徴である。十四世紀中ごろの『慕帰絵詞《ぼきえことば》』にも描かれ、戦国時代には茶道具として普及した。鉱石臼は砕いた鉱石を細かく粉砕する道具で、戦国時代の金山で使用が始まり、江戸時代前期に形態の改良と大型化が進んだ。　→摺臼《すりうす》

石臼（挽き臼）

参考文献　三輪茂雄『臼』（『ものと人間の文化史』、一九七八、法政大学出版局）、同『粉と臼』（『日本を知る』、一九九九、大巧社）

（垣内光次郎）

いしおきやね　石置屋根　板葺の屋根板を横桟で押さえ、その上に石を置いて防風対策を施したもの。石屋根ともいう。中世の『一遍上人絵伝』や「洛中洛外図《らくちゅうらくがいず》」の民家に石置屋根が多く描かれる。かつては草葺や瓦葺と並んで使用されたが、現在は風の強い山間部の小規模な建物、沿岸部の船小屋や板倉などに、わずかにみられる。屋根石と呼ばれる比較的扁平な石や柱状の石を、葺板の押さえとして置く。釘を使用せずに、板を屋根に固定するための工夫である。　→板葺《いたぶき》

（海野　聡）

石置屋根

いしがき　石垣　城壁、屋敷の囲い、建物の基礎、護岸、農地や道路の土止めなどに石を積み上げて造った垣のこと。「いしついじ」「いしがけ」ともいう。古墳にも葺石が見られ、これも石垣の一種である。大規模化した近世城郭の石垣の構築方法には、自然石の形をそのまま利用して積む野面《のづら》積み、槌で叩いて面取りをした石材を積み、大きな石材の隙間に栗石（小さな石玉）を詰めた打込みハギ、石材の面を鑿《のみ》で直線的な四辺形に加工し、隙間をなるべく小さくした切込みハギなどの種類があった。一般

沖縄県竹富島の住宅の石垣

の民家においても、伝統的に石垣を利用してきた例は多い。愛知県北部ではボタカケと称して、北側だけ石垣を積んで、北風を防ぐ造りの屋敷があったという。また台風による暴風雨の多い沖縄では石垣で屋敷地の周囲を囲んだり、魔除けの意味で屋敷地の入口正面にヒンプンと称する衝立状の石垣を組んだりする。竹富島などに代表的な、石垣が立ち並ぶ伝統的な集落の景観は観光地としても有名である。

参考文献 田淵実夫『石垣』(『ものと人間の文化史』、一九七五、法政大学出版局)、瀬川清子『日本人の衣食住』(『日本の民俗』二、一九七六、河出書房新社)、北垣聰一郎『石垣普請』(『ものと人間の文化史』、一九八七、法政大学出版局)

(大里 正樹)

いしけり 石蹴り 空き地や校庭・路地といった土の地面の場合には棒や石で、また、石やコンクリート敷きの場所やアスファルト舗装道路などの場合には白墨や蠟石などで、円形や方形の連続する区画を描き、その中へ数人が順に円盤状の小石を蹴り入れ、跳躍しながら蹴り進む児童遊戯。また、石の高級代用品として、戦後には相撲の力士名などを刻印した円盤状の専用色ガラス製品も「石蹴り」や「ガラスメン」などの名称でおもちゃ屋や駄菓子屋などで販売され、これを用いることもあった。今日、全国各地にはさまざまな遊び方が伝承されており、その正確な来歴は未詳だが、近代初頭に都市部で西洋から移植されて普及したとみられており、盛行したのは昭和期である。西洋では古代ギリシャ時代から続く迷路遊びに始まるとされている。日本では、すでに近世には地面に図形を描いて泥面子や銭貨を投げて取り合う遊戯が盛行していたため、同様に地面を用いて遊ぶ石蹴りも比較的容易に受容されたとみられている。一九七〇年代以降、空き地や路地といった場所の減少、塾通いなどによる子どもの遊び時間の減少、そしてその後の少子化現象などの諸要因が複合化し、現在では石蹴りも衰退しつつある。

参考文献 加古里子『石けり遊び考』(『伝承遊び考』二、二〇〇七、小峰書店)

(宮瀧 交二)

いしざら 石皿 大きくて平たい礫の中央に浅い窪みがあって、石でできた皿に似ていることから名づけられた石器。素材の礫は、粗粒の安山岩や硬砂岩などが多く利用されている。単独で使用されるものではなく、磨石《すりいし》や敲石《たたきいし》を用いて、浅い窪みでドングリやトチなど堅果類の種実や顔料などを粉砕・製粉した道具。東アジアの森林環境の狩猟採集社会を特徴づける石器で、日本列島では後期旧石器時代から散発的に存在するが、縄文時代になって主に堅果類の種実などを粉砕・製粉する道具として発達した。狩猟採集社会であった沖縄の貝塚時代後期と北海道の続縄文時代にもみられる。簡素な加工のものが

石皿とその使用例(長野県原村向原遺跡出土,縄文時代中期の石皿)

多いが、縄文時代中期以降になると突起状の脚や台をつけたり、側縁に文様を施したものもある。石皿は、持ち運びできるのが基本であるが、なかには住居の特定の場所に据え付けられたものがあって、これは固定式石皿とか、据付石皿と呼んで区別している。

参考文献 安達厚三「石皿」(加藤晋平他編『縄文文化の研究』七所収、一九八三、雄山閣出版)、上條信彦「石皿と磨石」(小杉康他編『縄文時代の考古学』五所収、二〇〇七、同成社)

(勅使河原彰)

いじめ いじめ 弱い立場にある者を肉体的または心理的に苦しめること。子どもの世界では「いじめ」は日常的な生活の一部であった。その「いじめ」とは、子どもの生活世界自体が大人の目が届き易く、したがって可視化されていたという特徴がある。また、子どもたち自身も子ども集団を確立し、意図的・非意図的問わずルール

を確立しており、その範囲内での「いじめ」であった。しかし「今日的いじめ」は、それとは相対的に区別される。二〇〇六年(平成十八)に文部科学省が発表した新定義によれば「当該児童生徒が一定の人間関係のある者から、心理的・物理的な攻撃を受けたことにより、精神的な苦痛を感じているもの」である。こうした「今日的いじめ」は一九七〇年代中ごろから顕著に発生しており、深刻な社会問題となっている。要因は複雑だが地域環境の変化に伴う子どもの生活世界の変化と人間関係構築のむずかしさを指摘することができる。その意味では「いじめ」の被害者はもとより加害者も救済する必要があり、厳罰化だけでは本質的な解決にならない。

参考文献　藤平敦「いじめを防止する取組―全国の学校に期待すること―」(『月刊生徒指導』四四ノ八、二〇一四)

(荒井　明夫)

いしや　石屋　石材を採掘・加工し、石塔や石仏を販売した生業。職人を石工、石屋大工ともいう。平安から鎌倉時代には石作と呼ばれ、有力寺社の管理下で建築物の部材や石塔を製造した。室町時代のころから用材を採掘した石山の近くに拠点をおき、石切(伐)とも呼ばれた。石造塔による供養の広がりから、各地で五輪塔や板碑を造り、製粉の用具として普及した石臼と石鉢も量産した。江戸時代の前期には、城郭の石垣積みと石材採掘に多数の石工が動員され、また、城下や門前の町場で、墓塔や石臼を販売した店舗は石屋と呼ばれた。『当麻曼荼羅縁起《たいままんだらえんぎ》』(鎌倉時代後期)では四人の石工が鶴嘴《つるはし》と鑿《のみ》で弥勒仏を彫り、『三十二番職人歌合』(室町時代)の石切は鑿と玄翁《げんのう》を手に持つ。『和泉名所図会』(江戸時代後期)には石屋の工房が描かれ、和泉砂石から狛犬を彫る熟練工、灯籠を整形する石工、石臼の目立や灯籠の研磨を担う丁稚など、石屋の作業工程と石工の階層が知られる。

(垣内光次郎)

いしゃ　医者　傷病の診療に関する専門的知識や技術を持つ者の総称。古くは呪術師が、やがて仏教とともに大陸から医学知識がもたらされると、僧侶や医者が医療を担った。ただ、医者には長らく、治療以上に薬を処方することが求められ、医薬は未分化の状態が続く。十六世紀後半になるとイエズス会などの宣教師によって、十七世紀以降は主にオランダから西洋医学がもたらされ、幕末にかけて長崎の医学伝習所や蘭学塾などで、多くの西洋医が輩出した。明治政府はドイツに範をとりつつ医学・医療の西洋化を進め、一八七四年(明治七)の医制によって、西洋医学にもとづく医学教育・医師免許制度・薬事制度の樹立の方針を打ちだす。この方針に添って医師試験規則(七九年)、医師免許規則・医術開業試験規則(八三年)が定められ、医薬の専門分化が進んだ。これによって西洋医が主流となるが、免許を得たうえで漢方医学を学んで実践する者もおり、漢方医療も温存された。

参考文献　厚生省医務局編『医制百年史』記述編(一九七六、ぎょうせい)、酒井シヅ『日本の医療史』(一九八二、東京書籍)、新村拓編『日本医療史』(二〇〇六、吉川弘文館)

(石居　人也)

いじゅう　移住　国内・国外を問わず、居住地を比較的遠方の土地へ移すこと。近世の大名の転封による家臣団の移住や、ダム建設などの公共工事に伴う集団移転のように強制的なものもあるが、最も多いのは生活環境の改善を求めての自主的な移住である。漁業や林業などの生業に伴う地方への移住も見られるが、古くから最も多くの人々を惹きつけてきた移住先は、経済的なチャンスに恵まれ、村落共同体の規制からも自由な都市であった。都市は移住者によって成立したといっても過言ではない。ただ、戦後は地方の農山漁村から都市への移住が過剰となり、地方では過疎が社会問題化した。一方、近代には北海道や満洲などの開拓地への移住も積極的に推進され、村をあげての移住も行われた。また近年では、U・J・Iターンなど、都市から地方への回帰も見られ、都市一辺倒の価値観は見直されつつある。　↓移民《いみん》

参考文献　柳田国男『明治大正史世相篇』(『講談社学術文庫』、一九九三、講談社)、新谷尚紀・岩本通弥編『都市とふるさと』(『都市の暮らしの民俗学』一、二〇〇六、吉川弘文館)、松田睦彦『人の移動の民俗学―タビ〈旅〉から見る生業と故郷―』(『考古民俗叢書』、二〇一〇、慶友社)

(松田　睦彦)

いす　椅子　座具の一つで、腰掛けて使う。中国語の椅子を語源とする。平安時代には、四角形の座部、四本の脚、勾欄型の肘掛つきの座具を漢音読みで倚子《いし》と呼び、天皇・皇后・親王・中納言以上だけが座ることができた。この腰掛具は、奈良時代まで胡床《あぐら》と呼ばれていたが、平安時代以後は折り畳み式の交椅《こうい》を限定して指すようになった。中世に入ると、権威の象徴としての椅子は廃れ、一方で禅僧が用いるようになったため、唐音で椅子《いす》と呼ぶようになった。武士の戦陣用具である床几《しょうぎ》や寺院で僧侶が用いる曲彔《きょくろく》など一部を除き、日常生活で椅子が用いられることはなかったが、近代に入り、生活様式の西洋化が進むと椅子も浸透していった。高度経済成長期以降、一般家庭にもソファーなど洋風家具を設えた応接間が定着した一方で、従来の床座生活に適応した座面の低い椅子も生まれている。　↓床几《しょうぎ》

参考文献　小泉和子『家具と室内意匠の文化史』(一九七九、法政大学出版局)、矢田部英正『椅子と日本人のからだ』(二〇〇四、晶文社)

(戸邉　優美)

いせいそう　異性装　異性の服装をすること。cross-dressing の訳語。身体的には男性の人が女性の服飾を身に着ける女装と、身体的には女性の人が男性の服飾を身に着ける男装とがある。何が女性の服飾で、何が男性の服飾かという服装規範は文化的な問題であり、社会(時代・地域)によって異なる。異性装は、祭祀・祭礼、演劇・芸能、趣味・娯楽などのほか、性別を越えて生きようとする人がみずからの性自認 gender identity に則した社会生活を

送るための手段、あるいはフェティシズム的な性的快楽の追求や、同性愛者が同性を誘引するための擬態としても行われる。また、敵の目を欺いて接近したり、逆に敵の目を逃れるための手段としても利用された。男装の場合は、女性としての社会的制約を超越するためにも行われる。日本の伝統的宗教（神道・仏教など）には異性装を禁じる規範がなく、前近代には祭礼や演劇・芸能、あるいは花見や盆踊りなどの祝祭空間などで広く行われた。江戸時代には歌舞伎の女形は日常から女装で生活し、陰《かげ》間《ま》のように女装した少年による接客業もあった。しかし、明治時代になると、欧米のキリスト教徒の視線を意識して違式詿違《いしきかいい》条例で異性装を法的に禁止するなど、異性装への社会的抑圧が強まり、異性装をする人たちはアンダーグラウンド化していった。歌舞伎の女形も日常は男装で舞台の上でだけ女装する形になり、異性装はほぼ演劇・芸能の場に限定されていく。戦後、旧体制が崩壊すると、女装男娼やゲイボーイ（一九八〇年代以降はニューハーフ）をはじめとする職業的な女装者が顕在化し、異性装の演劇・芸能も再活性化する。伝統的な歌舞伎の女形、男役がスターの宝塚歌劇、女形がスターの大衆演劇、美輪明宏主演の「黒蜥蜴《くろとかげ》」など現代劇にも女形が起用される。夜の観光バスコースとしてのニューハーフ＝ショーも根強い人気がある。祝祭空間における異性装の伝統は、近年では高校や大学の学園祭などで行われる女装・男装イベントに受け継がれている。また、サブカルチャー的な女装・男装が、日本が発信する文化コンテンツとして海外でも注目されつつある。

参考文献　石井達朗『異装のセクシュアリティ（新版）』（二〇〇三、新宿書房）、三橋順子『女装と日本人』（『講談社現代新書』、二〇〇八、講談社）、佐伯順子『「女装と男装」の文化史』（『講談社選書メチエ』、二〇〇九、講談社）、成実弘至編『コスプレする社会―サブカルチャーの身体文化―』（二〇〇九、せりか書房）、三橋順子「性と愛のはざま―近代的ジェンダー・セクシュアリティ観を疑う―」（『身と心―人間像の転変―』所収、二〇一三、岩波書店）　（三橋　順子）

いせしょうにん　伊勢商人　江戸などの大都市に出店を開いて活動した伊勢国の商人。中世より伊勢地方では商業が盛んとなり、後北条家の小田原に出店を開く者がいたが、徳川家康の江戸入城により、射和《いざわ》（三重県松阪市）の富山家など伊勢商人は江戸に移り、日本橋筋に商人の町を開いた。津、松坂、射和、相可《おうか》（多気町）の商人の日本橋の店では、木綿、繰綿、紙、茶、呉服などを商ったが、大伝馬町一丁目には、川喜田、田中、長谷川、長井、小津、西村などの伊勢に本拠をおく木綿問屋が軒を列ねた。

参考文献　吉永昭「伊勢商人の研究―近世前期における「富山家」の発展と構造―」（『史学雑誌』七一ノ三、一九六二）　（賀川　隆行）

いせまいり　伊勢参り　伊勢神宮に参拝すること。伊勢詣、伊勢参宮とも。近世中期以降の社寺参詣の高揚は、伊勢参宮がその中心であったといっても過言ではないほど盛況であった。「一生に一度はかならず伊勢参り」といって、人々は代参、あるいは抜け参り・おかげ参りなど、その参詣形態に差こそあれ、おびただしい数の人々が伊勢路へとむかった。特におかげ参りは六十年を周期に爆発的に行われた。そこには伊勢信仰に心をよせる民衆の姿を見出すことができる。伊勢講の多くは強制加入されることは少ない。代参者として選出されたもの同士が後世の契りをむすんだり宴会を開いたり、旅路の話に花をさかせるのも一つの目的であった。→お蔭参《かげまい》り

参考文献　新城常三『社寺参詣の社会経済史的研究』（一九六四、塙書房）　（西海　賢二）

いそ　磯　地理的には海岸・湖岸や海岸付近の岩礁地帯のことで、地形的に長汀や砂浜海岸と区別される。また、潜水漁労者である海女や海士が、見突き漁などで採貝・採藻や捕魚を行う空間としての水辺漁場の呼称としても用いる。近世には、沖漁場に対する空間としての水辺漁場一般を指すことがある。この場合、磯漁場での漁業権は、複数村落の入会が原則とされる沖漁場での漁業権と対比される。水辺村落は、自村の前に広がる磯を、隣村との村境の線をそのまま沖方向へ延長して、村落の専用漁場とした。棲息する生物が豊富で、近世では飢饉の時などに磯の海藻などが救荒食物として流通し、また、飢人たちが海藻を求めて磯に向かうなど救荒的性格を有する場でもあった。

参考文献　丹羽邦男「近世における山野河海の所有・支配と明治の変革」（朝尾直弘他編『境界領域と交通』所収、一九六七、岩波書店）、菊池勇夫『飢饉の社会史』（一九六四、校倉書房）　（東　幸代）

いそうろう　居候　家族以外の同居人。厄介・食客《しょっかく》・掛かり人《うど》・客分などともいう。中世、飢饉で飢え苦しむ民衆が郷村より退転・欠け落ちし、生き延びるために遠い親類や縁者の家に家族ぐるみで転がり込み養助を受けることを厄介と呼んだ。寝食を与えられる代わりに隷属民同様に労働力を提供した。近世では家を離れた者や人別帳から外され無宿となった者、あるいは浪人して主人を持たない武士・奉公人が、親類や元主人・同僚、あるいは伝《つて》・縁故を頼って他家に寄宿する者を意味した。語源は、現住所を「何方に居《おり》候　誰」と表記したことにちなむ。世話になるばかりで迷惑がられる存在となり、「居候三杯目にはそっと出し」と川柳に詠まれた。近代以降では就職や進学を機に都市部の親族宅に寄宿する場合や、富裕層が書生や雇用労働者を住み込ませる場合などに見られたが、核家族化の進展と豊かな生活文化の浸透とともに減ってきている。→無宿《むしゅく》　→浪人《ろうにん》

参考文献　柳田国男「家閑談」（『（定本）柳田国男集』一五所収、一九六三、筑摩書房）　（下重　清）

いぞく　遺族　一般的には死んだ者のあとに残された家族や親族を指す。十五年戦争のもとで膨大な数の遺族が

生まれ、その対策に政府は迫られた。恩給法、軍事扶助法などにより扶助料、死没者特別賜金、死亡賜金が一時金として支給され、生活費をあてがわれた。軍人遺族記章授与、靖国神社参列の補助、煙草・塩・アルコール小売営業の優先的取扱い、税の減免など多くの特典が与えられた。政府は一九三九年(昭和十四)一月、全国の市区町村に銃後奉公会を設立し、遺族への生活援護や慰問を行なった。また遺族家族指導嘱託を創設し、遺族の妻に対して、「貞操」問題や恩給をめぐる対立などの調停を行なった。遺族は「名誉の遺族」として称揚される一方で、国家によって経済的、精神的な監視がなされた。戦後、GHQによって戦没者遺族への補償は生活保護法に一本化され、戦時の栄典が廃止されるが、五二年に軍人・軍属の恩給が復活。ただし、東京大空襲などで被害を受けた市民の遺族への補償は現在においてもなされていない。
→戦争未亡人《せんそうみぼうじん》

参考文献 一ノ瀬俊也『銃後の社会史―戦死者と遺族―』(『歴史文化ライブラリー』、二〇〇五、吉川弘文館) (酒井　晃)

イタイイタイびょう　イタイイタイ病 神通川上流の岐阜県神岡町(飛驒市)にある鉱山から出た排水に含まれていたカドミウムにより下流の富山県に発生した公害。骨がもろくなって折れ、患者が苦痛でイタイイタイと叫ぶのでこの名前がついた。一九五〇年(昭和二十五)神岡鉱業が鉛や亜鉛などの精錬を行い、五二年には三井金属鉱業と社名を変更した。すでに大正期から病気は発生していたが、五七年に地元の医師が病気の原因を鉱山排水中の重金属であるとし、六一年カドミウムと発表した。政府は特別研究班を設置し、六八年に病気の原因は神岡鉱業所からの排水に含まれているカドミウムであるとの見解を明らかにした。七一年六月、富山裁判所は被害者らの損害賠償訴訟に対し、原告勝訴の判決を言い渡し、七二年八月の名古屋高等裁判所金沢支部で原告の勝訴が確定した。その後の認定制度で認定された患者は二百七十八名、要観察者は三百八十八名である。

イタイイタイ病裁判（富山地裁，1968年５月）

参考文献 イタイイタイ病訴訟弁護団編『イタイイタイ病裁判』一―六(一九七一―七四、総合図書) (安田　常雄)

いただき　いただき 頭上に物を載せて運ぶこと、またそれを行う人。日本では女性が行なったもので、行商の例がよく知られる。中世から京都の町へ薪などを行商した大原女《おはらめ》や、能登半島や紀伊半島、瀬戸内海沿岸、西南諸島など沿海部で魚や海藻などを行商した例が代表的だが、実際には商品に限らずさまざまな物資が運ばれた。荷の安定と緩衝のため藁や布製の輪を頭に乗せ、その上に薪や桶、籠などの容器を載せ、片手で支えて歩くスタイルが一般的であった。 →大原女《おはらめ》 →乾物屋《かんぶつや》

参考文献 瀬川清子『販女―女性と商業―』(一九七一、未来社)、須藤功編『とる・はこぶ』(『写真でみる日本生活図引』二、一九八四、弘文堂) (内田　幸彦)

いたど　板戸 ⇩戸《と》

いたば　板場 板場の板は俎(まな板)のことをいい、料理屋で俎を置くところを指す。料理場、または調理場とも。また、菓子屋でのし板を置くところをもいう。上方では、調理人を指す板前のことを、板場とも呼んだという。料理人そのものの存在は、すでに古代に膳夫《かしわで》や庖丁などの名称で知られるが、職人として社会的に独立してきたのは十四世紀であるといわれる。中世末期には庖丁師とも呼ばれており、雇い主から宴席に呼ばれて客の前で調理を行なった。その後、十八世紀後期に、都市の繁栄とともに料理屋が発達し、不特定の顧客の嗜好にあうような調理に腕を振るう板前が登場する。板場の料理人は、その技術の複雑さから、複数の階層に分かれており、また、養成のために徒弟制度がとられた。板場を仕切る最上位者は、花板や板長などと呼ばれる。 →板前《いたまえ》 →包丁《ほうちょう》

参考文献 遠藤元男「出職の庖丁師と居職の板前」(芳賀登・石川寛子監修『日本料理の発展』所収、一九八六、雄山閣) (東　幸代)

いたぶき　板葺 板で葺いた屋根。板材の厚みは、柿《こけら》・木賊《とくさ》・栃の順に厚くなる。七世紀の飛鳥板蓋宮《あすかいたぶきのみや》(皇極天皇、奈良県明日香村)のころに出現したとみられる。現存する建物では法隆寺金堂・五重塔の裳階《もこし》にあり、厚い板を縦に重ねて葺く大和葺である。天平勝宝七歳(七五五)五月三日付の「越前国使等解」などには「板葺屋」の語がみえ、藤原豊成の家屋も板葺であったとされる。民家には山間部や沿岸部を中心に板葺の上に石を置くものもある。 →石置屋根《いしおきやね》 →柿葺《こけらぶき》 (海野　聡)

いたまえ　板前 料理屋で俎《まないた》を置く板場の人。転じてそこに働く人、料理人を指す。板前の由来は、かつての庖丁式のように酒宴などの場で客の面前で板(俎)前に坐り料理をした名残から、料理人を板前と称したとされる。『七十一番職人歌合』(一五〇〇年(明応九)ごろ)では「は

うちょうし」の絵がみられ、江戸中期成立の『貞丈雑記』には「庖丁と云は本は料理人の事也」と庖丁は料理人と同義とされるなど、古くは板前、料理人は庖丁人、庖丁師(士)などと呼び習わされている。近世後期、文化文政期の料理文化爛熟期には、三都などの都市部では平清《ひらせい》・八百善《やおぜん》・百川《ももかわ》(江戸)など有名料理屋が軒を並べ、板前が腕を競い合った。他方、地方の農村部などでは、冠婚葬祭などの饗応に料理屋の板前などは望むべくもなく、多くは料理技術にたけた素人の料理巧者「村の料理人」が、板前の役割を担うなど、地方の料理文化を下支えした。
↓板場《いたば》 ↓包丁《ほうちょう》

参考文献 秋山照子『近世から近代における儀礼と供応食の構造―讃岐地域の庄屋文書の分析を通して―』(二〇一二、美巧社)

(秋山 照子)

いためもの　炒め物 食材を少量の油を使って、高温で短時間加熱する料理。食材を加熱する際、少量の油で鍋底に油膜を作り材料を投入すると鍋に食材が張り付かないことと、油の旨味が加わる利点もある。炒めるという調理用語は比較的新しく、近世の料理書には管見の限りでは『鯨肉調味方』(一八三二年(天保三))にみえる。明治時代の『言海』には「いためる」を「油にて熬り付くる」とある。昭和二十年代になると油脂の摂取を進めるためにフライパン運動などが起こり、野菜を炒める惣菜が推奨された。炒め物は鉄鍋(フライパンや中華鍋など)のような熱効率のよい道具の普及と家庭での熱源の変化(プロパンガスの普及など)と相まって一般家庭の炒め料理が増えていった。一九八〇年代以降は炒め料理など油脂を用いた料理は日常化している。複合された調理法に炒め煮、炒め焼などがある。

(大久保洋子)

いち　市 物品の交換や売買が行われる場所。〔古代・中世〕市庭ともいう。古くは『万葉集』や『古事記』に市がみられる。奈良時代以降には平城京・平安京に東市・西市が設けられ、市司が管理していた。国衙には国衙市(国市)が設置され、正税をほかの物に交換する機能を果たした。また、地方にも市が存在し、民衆による売買や交換の場となっていた。平安後期に確立した荘園公領制下ではその土地で入手できない物を獲得する場として重要性を増し、鎌倉中期以降に代銭納が一般化すると、年貢を換金する場ともなり、米などの換金相場は和市《わし》と呼ばれた。鎌倉時代には京や鎌倉などの都市はもちろん、地方にも多くの市が成立し、月に三日開かれる三斎市が出現した。室町時代には月に六日開かれる六斎市に発展し、戦国時代には特定の地域中で六斎市をローテーション化して、常に近隣のどこかで市が開かれるようにする慣行も生まれた。市は河原や荒野などの境界領域、寺社の門前に立てられることが多かった。寺社の場合は神仏に縁のある日に市が開かれ、三斎市や六斎市のルーツとなり、現在の縁日にも受け継がれている。市が立つ日以外は閑散としているが、市が発展して常設店ができ、店の前で特定の日に市が開かれるようになった。市で商売をするには、市の主催者や領主に金を納めて、座席を持って商売をする権利(市座)を獲得する必要があったが、戦国大名は特定の市で自由に商売ができる楽市令を出した。とはいえ、市座自体は近世以降も存続した。 ↓楽市楽座《らくいちらくざ》

福岡の市(『一遍上人絵伝』より)

参考文献 脇田晴子『日本中世商業発達史の研究』(一九六九、御茶の水書房)、網野善彦『日本中世都市の世界』(一九九六、筑摩書房)

(盛本 昌広)

〔近世〕兵農分離政策により城下町が建設されると、武士だけでなく、武士に必要物資を供給する商人・職人も城下町に移住した。既存の市のなかには城下町に吸収されたものもあり、常設店舗が未発達であった近世初期の城下町では、その内部の町で市が開かれ、市商業を前提とした空間構造をもつ町屋も存在した。大坂・江戸・京都を中核とした中央市場は、輸送網の整備などによって、城下町を中心とした藩領域市場を全国的に結びつけることとなり、これらの大都市では米穀・青物・海産物などを扱う卸売市場が発達した。在方においては、近隣の町場との競合などにより衰退する市もあった一方で、石高制のもとで必要とされた米穀市場の役割をもつ市や、大都市の問屋との接点を背景に特産品を扱う市、定期市ではなく連続した日数で開くことにより遠方の商人を集めようとする市などもあり、地域や時期によってさまざまな状況がみられた。 ↓青物市《あおものいち》 ↓朝市《あさいち》 ↓市場町《いちばまち》 ↓市日《いちび》 ↓魚市《うおいち》 ↓卸売り《おろしう》 ↓年の市《としいち》 ↓酉の市《とりいち》 ↓問屋《とんや》 ↓初市《はついち》 ↓ヤミ市《いち》

参考文献 伊藤好一『近世在方市の構造』(『日本史研究叢書』、一九六七、隣人社)、大石慎三郎『日本近世社会の市場構造』(一九七五、岩波書店)、渡辺浩一「仙台城下町の『表長屋』について」(『建築史学』二三、一九九四)

(杉森 玲子)

いちごぶん　一期分　被譲与者の死後に権利の帰属する未来領主が定められ、一期(一生)を限って譲られる所領のこと。具体的には、女子・後家・庶子の所領知行権をその一期に限定し、没後は家督である嫡系男子へ譲るべきことを命じた事例が多い。特に武士層では、女子の一期分が顕著に見られる。その目的は、女子の所領が婚姻を契機に他家へ流出することを防ぎ、かつそれにより一族全体の所領の田数(定田《じょうでん》)に課された公事《くじ》の負担増加を回避することにあった。

参考文献　五味文彦「女性所領と家」(女性史総合研究会編『日本女性史』二所収、一九八二、東京大学出版会)、後藤みち子『中世公家の家と女性』(二〇〇二、吉川弘文館)

(田中　大喜)

いちじゅうさんさい　一汁三菜　飯のほかに、汁一、菜《な》(おかず)三が付く食事構成。時代・地域・経済状態などにより菜の数は変化するが、『病草紙《やまいのそうし》』(平安時代末期)には歯痛に悩む男の膳に「高盛飯と汁、三皿の菜」が、『鹿苑日録』天文十三年(一五四四)条にも「一汁三菜也」の言葉がみられ、すでにこうした食事があったことがうかがえる。しかし、飯・汁に沢庵《たくあん》程度の質素な食事が当たり前だった時代は長く続いた。食膳形式としては、精進料理や本膳料理、懐石料理などの膳組みをもとに江戸時代に完成をみた。一汁三菜は和食の基本構成として次第に一般庶民にまで広がったが、一九七〇年代以降は、逆に飯の量や菜の数の減少、孤食・個食の広がりなどによって、一汁三菜からは程遠い食事風景がみられるようになった。それを危惧して、和食や一汁三菜を見直す運動が始まり、二〇一三年(平成二十五)、和食はユネスコ世界無形文化遺産に登録された。今日「一汁三菜」は栄養的にも理想的な献立構成として食育などで盛んに推奨されている。　↓主食《しゅしょく》・副食《ふくしょく》　↓食事《しょくじ》　↓和食《わしょく》

参考文献　熊倉功夫編『日本の食事文化』(石毛直道監修『講座食の文化』二、一九九九、味の素食の文化センター)、岩村暢子『変わる家族　変わる食卓—真実に破壊されるマーケティング常識—』(二〇〇三、勁草書房)、的場輝佳編『特集　和食のクライテリア(枠組み)』(『Vesta』九四、二〇一四)

(石川　尚子)

一汁三菜（『病草紙』より）

いちにんまえ　一人前　一定の身体的水準に達した者に対する呼称。古代の律令では、二十一歳から六十歳までの男性を正丁《せいてい》として賦役制度の基本とした。それより高齢の老丁《ろうてい》や若年の中男《ちゅうなん》は、残疾《ざんしつ》(身体障害者)とともに賦役が減免された。一人前を一丁前ともいうのは、そのためである。古代以降、一人前として認められる条件としては、成年式(男子の元服、女子の初潮祝など)で一定の年齢を経ていることがあげられる。成年式以外に、若者組や娘組などの年齢集団に加入したことを条件とする地域もあった。また、一人役などと呼ばれる一定の労働量をこなす能力が実質的にあることも基準となった。その具体的な基準は、地域や職業集団により、まちまちである。また出羽三山など山岳信仰が盛んな地域では、霊山に登山することが一人前の基準となっていた。現代でも職人の世界などでは、一定の経験年数と技量を修得した者を一人前とする慣行が残っている。　↓成人式《せいじんしき》　↓若《わか》者組《ものぐみ》

参考文献　瀬川清子『若者と娘をめぐる民俗』(一九七二、未来社)、平山和彦『青年集団史研究序説』上(一九七八、新泉社)

(薗部　寿樹)

いちば　市場　⇩市《いち》

いちばまち　市場町　市の開かれる場を含んで形成されている町。古代の都城や国府、近世の城下町などでは、その内部で市の立てられる領域がこれにあたる。また、水陸交通の要所や寺社門前では市場を中心に集落が発達したが、その場合は都市的集落の全体を指す。特に中世末期以降、市立てに合わせて町割や屋敷地割を施された町もみられた。　↓市《いち》

参考文献　豊田武『(増訂)中世日本商業史の研究』(一九五二、岩波書店)、伊藤裕久『近世都市空間の原景—村・館・市・宿・寺・社と町場の空間形成—』(二〇〇三、中央公論美術出版)

(杉森　玲子)

いちび　市日　市が開かれ、物資の交換が行われた日。律令制のもとで平城京・平安京におかれた東西市は、月の前半と後半で交互に開かれることとされていた。社寺の祭礼の日のほか、干支にちなんだ日に開かれる市が一〇六三年(康平六)には確認できるが、経済の発展に伴い、平安時代末からは月三度の三斎市が、室町時代以降は月六度の六斎市が開かれるようになった。城下町の形成などにより、江戸時代に衰退する市も少なくなかったが、現在でも市日に由来する「〇日市」という地名が各地に残っている。　↓市《いち》

参考文献　豊田武『(増訂)中世日本商業史の研究』(一九五二、岩波書店)、藤木久志「大名領国の経済構造」(永原慶二編『日本経済史大系』二所収、一九六五、東京大学出版会)

(杉森　玲子)

いちひめにたろう　一姫二太郎　第一子が女児で第二子が男児であることを意味する。これは子どもの出生順の

理想を表現した言い慣わしで、はじめに女児が生まれ、次に男児が生まれると非常に育てやすいという一種の格言である。女児は男児と較べて丈夫でおとなしく、はるかに育てやすい。また女児は少し成長すると家の手伝いをしたり、弟や妹の面倒を見てくれる。しかし皆女児であればよいというわけではなく、日本ではやはり男児が必要であったので、第二子に男の子が生まれることを理想としたのである。

参考文献　八木透・政岡伸洋編『こんなに面白い民俗学』(『図解雑学―絵と文章でわかりやすい―』、二〇〇四、ナツメ社)　(八木　透)

いちまつもよう　市松模様　白と黒の正方形を互いに並べた模様。古墳時代の埴輪や正倉院の装飾品などにも見られる。一般的に有名になるのは、元文から寛保年間(一七三六―四四)に歌舞伎俳優の佐野川市松がこの模様の帯を用いたことによる。その後も市松はこの模様を用いている。その姿を奥村政信などが描いたことから、市松模様は着物の柄として流行する。明治四十年代に元禄調の着物柄とともに市松模様は流行し、一時下火になるも大正十年代には再び脚光を浴びている。

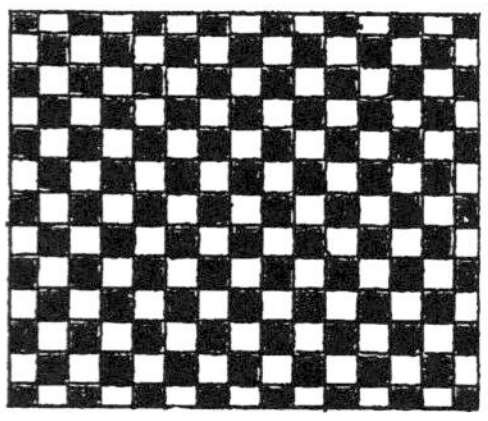

市松模様（『東京風俗志』（1901年）より）

(刑部　芳則)

いちみしんすい　一味神水　中世・近世社会において、目的を共有する集団が仏神の前で誓約を確認し、結束を固めるために行なった宗教的儀礼。神前に供えた「神水」を全員が飲み、誓言を唱えることによって誓約が成立する(『貞丈雑記』)。誓約を記した起請文《きしょうもん》を焼き、灰を神水に混ぜて飲むことや、神水を飲んだ後に鐘を撞くこともあった。平安末期の白山衆徒《はくさんしゅと》らの一味神水が「身の毛竪《よだ》てぞ覚ける」(『源平盛衰記』)ものであったと語られるように、仏神の威に裏づけられる誓約行為は、当事者だけでなく、見聞した者にまで恐怖をもたらすほど強い効力を持つものであった。鎌倉時代以降、村落では一味神水によって結束した民衆が年貢減免・代官交代などを領主に要求するようになる。一味神水を媒介とする結束は非常に強固であり、民衆闘争の精神的支柱となった。武士の世界でも同盟契約を結ぶ際などに一味神水が行われており、近世に至るまで幅広い階層・集団で行われた。

参考文献　千々和到「「誓約の場」の再発見―中世民衆意識の一断面―」(『日本歴史』四二二、一九八三)、峰岸純夫「誓約の鐘―中世一揆史研究の前提として―」(『中世社会の一揆と宗教』所収、二〇〇八、東京大学出版会)

(川端　泰幸)

いちめがさ　市女笠　平安時代以来、外出時に使用された笠。市で買い物する女性や物売りの女性が被ったことから市女笠というが、『前九年合戦絵巻』などにみられるように男性も使用した。菅製で、中央に高く突出した巾《こ》子《じ》があるのが特徴である。平安時代には、顔が隠れるくらいに笠の傾斜が急であったが、次第に浅くなった。女性は、多く被衣《かつぎ》の上から被ったが、笠の傾斜が浅くなると、枲垂衣《むしのたれぎぬ》を懸けて隠した。

市女笠をつけた女性（『扇面法華経冊子』下絵より）

(小山　貴子)

いちもん　一門　祖先中心的な父系血縁者の親族集団のこと。貴族社会では、平安時代以降、既存の「氏《うじ》」の中から高位高官者を始祖とした親族集団が生まれ、さらにその中に新たな始祖をもつ親族集団が生まれるといった具合に、親族集団の分節化が繰り返された。こうした親族集団が、一門・一流などと呼ばれ、構成員のうち原則として最高官位者を長とする氏的な継承原理を有した。一方、武家社会(在地領主層)における一門は、家督と呼ばれた長によって統括され、その地位の継承原理は、嫡継承を原則とした。軍事的な活動の単位や諸役勤仕の単位となるほか、所領保全のための相互扶助機能および意志決定機関としての評定機能も持ち、実体的な組織として存在した。一門の形成には、精神的紐帯となる祖先祭祀空間(始祖建立寺院)が必要で、そこでの祖先祭祀の運営を通じて一門の結合が維持された。　↓家督《かとく》

参考文献　高橋秀樹『日本中世の家と親族』(一九九六、吉川弘文館)

(田中　大喜)

いちりづか　一里塚　街道の距離を示すため、主要街道の両側に一里ごとに築造された塚。その起源は明確でないが、一般には並木と同様に一六〇四年(慶長九)のこととされている。塚の大きさは区々であり、塚の上には榎が植樹されることが多かった。ただし一八四三年(天保十四)前後の五街道の一里塚のうち植樹してあるものは八四%で、樹種は榎が五五%、それに次ぐのが松と杉、中には桜・栗・槻・椋・檜・樫・雑木などもあった。一里塚の効用は並木と同様に多様で、旅の行程の目安になり、道標の役割にもなり、特に街道の途中で雇った人足や馬の値段を決めるのに便利であったが、並木ほどには管理

東京都板橋区志村一里塚

が行き届いていなかった。一里塚は道路の付け替えの際には移動すべき性格のものであるが、ほとんどの一里塚は最初の位置から移動していない。本街道から分岐する付属街道や脇往還の一里塚は、本街道の既設の一里塚を起点としている場合が多い。

参考文献　児玉幸多『近世交通史の研究』(一九八六、筑摩書房)　（渡辺　和敏）

いちりんしゃ　一輪車　持ち手のついた一輪の手押しの台車。土砂などの運搬に使う。木製の車輪を持つ手押し車は古代中国からあったとされる。日本での使用は近代以降が主で、現在でも金属製のものが土木工事や農作業に使われる。持ち手と車輪の間に二本の足があり、走行時には持ち手を持って二本の足を浮かせ、走行させずに置く時は二本の脚と車輪の三点で自立させる。小回りが利くこと、走行時の音、形状が猫に似るなどの理由からネコ、ネコグルマとも通称される。　（大里　正樹）

いっかだんらん　一家団欒　家族が集まってなごやかに楽しむこと。一八七六年(明治九)発行の『家庭叢談』三「教育ノ事」の中に「主人ハ客ノ如ク家ハ旅宿ノ如クカツテ家族団欒ノ楽ヲ共ニシタル事ナシ」との記述がみられる。その後、『女学雑誌』を創刊した女子教育者巌本善治(一八六三―一九四二)は、八七年発行の『通信女学講義録』五で、家族が集まって楽しみながら食事をすることの大切さについて述べ、『女学雑誌』でもその説を繰り返した。明治三十年代以降、家事科教科書や修身教科書において戦前まで盛んに推奨された食卓での一家団欒は、これらの巌本の記事が発端と考えられる。庶民の家庭生活に実際に日常的な食卓での一家団欒が始まるのは、チャブ台が普及する大正期であり、一般に広く普及したのはテーブルを用いるようになる一九七〇年代であった。戦前の家庭では、家長と長男、女性は別々に食事をしたり、食事中の会話を禁止するしつけが行われたりしていた。庶民の食事内容は質素で、日々の労働のために家族が集まり団欒しながら食事を楽しむ時間的余裕はなかった。特別な行事の日以外は、食卓での家族の団欒はまれだったのである。　→家庭《かてい》

参考文献　石毛直道・井上忠司編『現代日本における家庭と食卓―銘々膳からチャブ台へ―』(『国立民族学博物館研究報告別冊』一六、一九九二)、表真美『食卓と家族―家族団らんの歴史的変遷―』(二〇一〇、世界思想社)　（表　真美）

いっき　一揆　中世・近世・近代をつうじて起こった何らかの目的達成のための集団運動と、その集団そのものを指す語。「揆」とは「はかりごと」を意味する言葉で、「揆を一《いつ》にする」ことから生まれた呼称である。一つの目的を共有し、結束している場合はすべて一揆であって、多種多様な一揆があった。鎌倉・南北朝時代に特徴的なのは、国人領主たちが地域の秩序安定を目的として結んだ国人一揆、荘園の住民らが結束して年貢の減免などを領主に要求した庄家《しょうけ》の一揆が知られている。国人一揆と庄家の一揆では、一揆の主体となった人びとの階層も、その結束の目的もまったく異なるが、目的を一つにして結束を誓っているという点で同じく一揆である。室町時代に入ると、諸階層・諸集団による一揆が登場する。流通を生業とする馬借たちが権利の保全を求めて起こした馬借一揆や、土倉・酒屋のような金融業者を債務者が襲い、幕府に対して債務破棄の徳政を求める徳政一揆などがその代表であり、これらは土民《どみん》(一般民衆)の一揆という意味で土一揆《つちいっき》と呼ばれ、反体制的な運動の代表と見られた。また、他宗派と対決した法華宗徒らによる法華一揆のような宗教一揆もあった。中世において最大規模の一揆となったのは浄土真宗(本願寺)の門徒らによる一向一揆である。加賀守護富樫氏を滅ぼし、加賀を「百姓の持ちたる国」とするなど、中世社会に多大な影響を与えた。やがて一向一揆は織田信長との十一年にわたる戦い(石山合戦)の末にその幕を閉じることになるが、織田信長や豊臣秀吉の天下統一の過程で最大の課題となったのが、一向一揆に代表されるような一揆集団の存在であった。近世に入ると、一揆は厳罰の対象となったが、飢饉などの際には、救済を求める農民たちの最終手段として一揆が起こることもあった。最終的には明治初期の地租改正反対・徴兵制反対の一揆などで、長く続いた一揆の歴史は終焉を迎えた。　→徳政《とくせい》　→百姓一揆《ひゃくしょういっき》

参考文献　神田千里『土一揆の時代』(『歴史文化ライブラリー』、二〇〇四、吉川弘文館)、峰岸純夫『中世社会の一揆と宗教』(二〇〇八、東京大学出版会)　（川端　泰幸）

いっきほうこうにん　一季奉公人　一年を年季とする奉公人。出替わり奉公人ともいう。江戸幕府の年季奉公人化政策によって十七世紀後半には、それまでの譜代下人や隷属民に代わって雇用労働力として年季奉公人が一般化してくる。都市において足軽・中間《ちゅうげん》など武家奉公人や丁稚《でっち》・手代など町方奉公人の需要が高まり、農村より余剰労働力が現金獲得の目的で供給されるようになると、三月を出替わり期とする単年季奉公が増え、農村での雇用労働契約としても浸透してくる。また江戸などでは、奉公先の斡旋業者である人宿も出現してくる。なお、江戸前期に幕府は一季居《いっきおり》を禁止するが、これは出替わり期を過ぎても奉公先を決めず都市に滞留する、身元の不確かな浪人を指した。

参考文献　高木昭作「所謂「身分法令」と「一季居」禁令―「侍」は「武士」ではない―」(『日本近世国家史の研究』所収、一九九〇、岩波書店)　（下重　清）

イッケ　イッケ　一つの家。一家。また家族全体。一門すべて。家中。同族関係あるいは親族関係の集団を示す呼称。その語彙は、本州を中心に九州離島部など各地に分布しているが、地域的な特徴や偏差は未だ明らかとなっていない。同族関係を意味するイッケシュ・イッケショ・イッケウチと同じ意味を示す地域や、親族関係を意味するシンルイ・シンセキ・オヤコ・イトコと同じ意味

を示す地域がある。同族関係を意味するイッケは、父系的親族集団を示すマキに比べると、系譜関係の世代深度は浅く、直接の本家・分家関係に限定して用いられることが多い。一方、親族関係を意味するイッケは、より親密なコイシンとそれ以外の親類という集団に分けられることが実際には多い。

参考文献 光吉利之「同族組織と親類関係―丹後山村における株とイッケの構成と展開―」(『社会学評論』一七ノ一、一九六〇)、竹内利美『家族慣行と家制度』(『社会学叢書』、一九六九、恒星社厚生閣)、大島真理夫『近世における村と家の社会構造』(『村落社会構造史研究叢書』三、一九七八、御茶の水書房)、上村正名『村落生活と習俗・慣習の社会構造』(『同』六、一九七九、御茶の水書房)

(栗原 健二)

いっけんまえ 一軒前 村の構成単位となる一戸の家。村の共同生活のなかで享受できる権利をもち、負うべき義務を果たしつつ、各戸の生活・生産を維持し、村全体の生活構造を支えた。この権利と義務を一軒前といい、このような家が村の正規の構成員とされ、その資格も一軒前と呼ばれた。近世初期には、領主に対して年貢を負担するのみならず、夫役を提供するか否かが一軒前の基準とされ、それを負担する家は、役家(役屋)と呼ばれた。その後、年貢を負担する高持百姓を本百姓と呼ぶようになり、本百姓が一軒前の資格であるとされた。本百姓は、田畑や屋敷をもち、村請した年貢・諸役を直接負担する義務のある村の正規の構成員であった。村の生活では、村寄合に参加するなど村政への資格をもち、祭祀に参加し、共有する山林野・用水・入会地・漁場などへの用益権を保有した。一方で、村仕事や村入用などを負担する義務があった。家の来歴などによって、半軒前・四半軒前などと区別するところもあり、株化する村もあった。町方では、家持が一軒前の町人とされ、店借・地借と区別された。 ↓百姓株《ひゃくしょうかぶ》

参考文献 中島恵子「一軒前」(最上孝敬編『(講座)日本の民俗』二所収、一九八〇、有精堂出版)

(栗原 健二)

いっけんや 一軒家 一軒だけ孤立して建つ家屋。一軒家が形成される背景にはさまざまな原因が考えられる。たとえば富山県礪波平野などのいわゆる散村では、個々の家の周囲に耕地が広がり、家々が隣接することなく分散して建てられている。また家ごとに防風林を有し、近畿地方の集村と比べると家の独立性がきわめて高いといえる。また山村では、炭焼きなどの作業を行うことを目的として、山中に家屋を建て、やがてそれが分家として独立してゆくことによって一軒家が形成されるということもあった。さらに村内での失火などが原因で、村落共同体から制裁を受けた結果、一軒家の生活を強いられたという例もある。またまったく別の意味において、近年ではアパートやマンションなどの集合住宅ではなく、いわゆるマイホームとしての一戸建ての家屋も「一軒家」と称することがある。

参考文献 宮本常一『開拓の歴史』(『日本民衆史』一、一九六三、未来社)

(八木 透)

いと 糸 複数の繊維を撚り合わせて、細長い状態にしたもの。織物、編物、縫製品などの原料となる。繊維には、そのままの長さで糸になる長繊維と複数をつなぎ合わせて糸とする短繊維がある。繭からとれる生糸は代表的な長繊維で、撚りをかけなくても糸にできる。綿や羊毛のように短い繊維は、そのままでは糸にならないため、繊維を引き出しながら撚りをかけて紡績する必要がある。そのため、短繊維を糸にしたものを紡績糸と呼び、二種類以上の繊維を混ぜて紡いだ糸を交紡糸という。生糸は長繊維であるが、玉繭や穴の空いた屑繭は真綿にして紡ぐこともでき、その場合は絹紡糸という。糸の太さを表す単位には、綿糸など紡績糸で使う番手、生糸などで使うデニールがある。綿糸の場合、英国式を採用して、重さ一ポンドで一綛《かせ》(八四〇ヤード)のものを一番手といい、番手が多くなるほど糸が細くなる。生糸の場合、長さ四五〇メートルで重さ五〇ミリのものを一デニールとし、同じ長さで重さが二倍ならば二デニールとなるから、数字が大きくなるほど太くなる。このように糸の太さを表す単位は多様であるため、一九五六年(昭和三十一)に国際標準方式としてテックスが定められ、推奨されている。これは、長さ一〇〇〇メートルで重量一グラムのものを一テックスとするものである。ところで、古来、動植物からとれる苧麻や木綿などの天然繊維が人々の生活に利用されてきたのに対し、絹に似せて作られた人造絹糸(レーヨン)の登場以降、化学繊維の発展が著しい。レーヨン、ナイロン、ポリエステルなどの化学繊維の場合、さまざまな長さの繊維を作ることができるので、長繊維、短繊維の両方がある。化学繊維工業は、第二次世界大戦後に飛躍的に伸び、日本でも五〇年ころから本格的な工業生産が開始され、現在も高性能・高機能の新素材の研究開発が進んでいる。こうした化学繊維は、衣料用のみならずさまざまな用途で利用され、われわれの生活に欠くことのできないものとなっている。 ↓青苧《あおそ》 ↓麻《あさ》 ↓苧《からむし》 ↓生糸《きいと》 ↓人絹《じんけん》 ↓ナイロン ↓紡績《ぼうせき》

参考文献 山崎広明『日本化繊産業発達史論』(『東大社会科学研究叢書』四九、一九七五、東京大学出版会)、清川雪彦『近代製糸技術とアジア―技術導入の比較経済史―』(二〇〇九、名古屋大学出版会)

(榎 一江)

いど 井戸 一般には地下水などを汲み上げるため地面を掘った設備であるが、その歴史、様態はさまざまである。「井」は本来「ゐ」であり、「戸」は「処《と》」であろう。日本は気候、地形に恵まれ、用水は比較的豊富であり、原始時代はすべて河川などでまかなわれていたと思われる。弥生時代に水稲農耕が始まると河川が生産向け用水となり、飲料水など生活用水は湧水に求められていった。それは『万葉集』などにみえる走井《はしりゐ》・山井・大井・清井

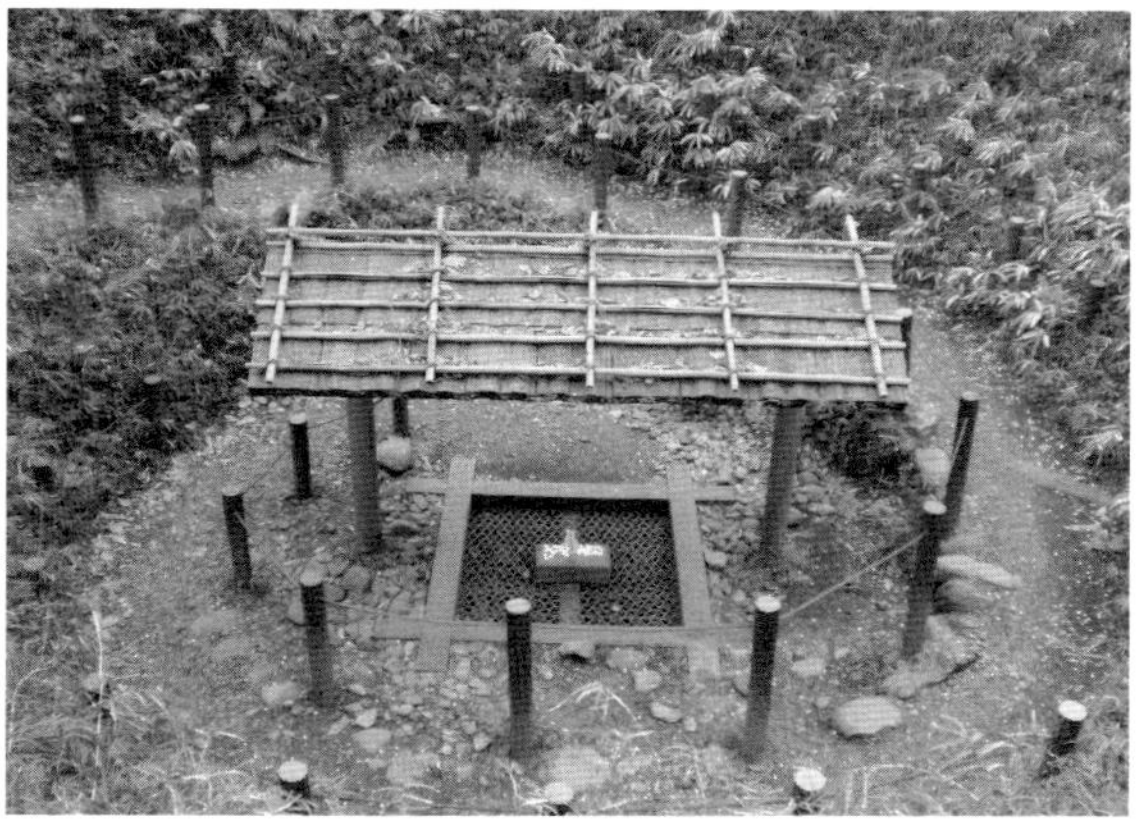
まいまいず井戸（東京都羽村市五ノ神）

などの湧水であった。古代になると開発が進み、人々が山野に広がる中で集落に付随して井が掘られるようになった。いわゆる掘井戸である。『常陸国風土記』には大和王権が井を造成しながら地方進出していく様子が記されている。井戸端会議の言葉が物語るように井戸は人が集まる場所であり、井戸なくして集落は成り立たないものであった。掘井戸は掘井・筒井・丸井・土井・石井・浅井などで表現されるが、掘り方などでまいまいず井などの呼称もある。井戸にまつわる神話・伝承は多い。『古事記』の八上比売にまつわる「御井」、弘法大師の弘法の井など数知れない。また山幸海幸伝承においても井に映る神の姿が語られている。生活を支える井戸は神聖なものとして信仰の対象となり、井戸神として弥都波能売《みづはのめ》神などが祀られてきた。井戸を埋める際には井戸神を守るために息継竹と呼ばれる節を抜いた竹を刺す習わしがあった。古く湧水井の場合は瓢簞《ひさご》、土器、木器(桶)などで水を汲むことは可能であったが、掘井戸になると当初は釣《つる》瓶《べ》の字のごとく瓶の首に紐・縄をつけてつるし汲み、のちには瓶が桶・バケツに代わり、滑車で持ち上げる形式になった。しかし、それも釣瓶の語が用いられてきた。昭和になり、釣瓶は水汲み機器の手押しポンプ、そして電動水道へと姿を変え、井戸そのものも現在ではほとんど姿を消している。↓井戸端会議《いどばたかいぎ》 ↓上総掘《かずさぼ》り ↓水《すい》道《どう》 ↓釣瓶《つるべ》 ↓ポンプ

参考文献 日色四郎『日本上代井の研究』(一九六七、日色四郎先生遺稿出版会)

（関　和彦）

いとぐるま　糸車　綿から糸をつむぐ道具。竹の車と連結された紡錘《つむ》からなる。右手で車を回すと、それに連動して回転数をあげた紡錘が綿から繊維を引き出し、撚りをかけて糸にする。蚕の繭からつくる真綿ではなく、主に木綿から糸を紡ぐのに利用され、江戸時代から農家の副業として普及した。しかし、明治期に洋式紡績業が導入されると、安価な綿糸が提供されるようになり、糸車による手紡ぎは衰退した。

糸　車

参考文献 永原慶二・山口啓二編『紡織』(『(講座)日本技術の社会史』三、一九八三、日本評論社)

（榎　一江）

イトコ　イトコ　自分から見て両親の兄弟姉妹の子、すなわち四親等に相当する者を意味する親族名称。祖父母の兄弟姉妹の孫をマタイトコ、あるいはハトコというのに対して、祖父母の兄弟姉妹の子、つまり親のイトコ、あるいは親の兄弟姉妹の孫をイトコ違いやイトコ半と呼ぶ場合がある。また埼玉県で母方のイトコを「麦のイトコ」、父方のイトコを「米のイトコ」と称するという事例がある。基本的にイトコは交叉イトコと平行イトコに区別される。前者は両親の異性のキョウダイの子を、後者は両親の同性のキョウダイの子を指す。母の兄弟の子、あるいは父の姉妹の子が交叉イトコ、母の姉妹の子、あるいは父の兄弟の子が平行イトコということになる。人類学的には母方の交叉イトコとの婚姻を優先させるという事例が多く見られる。日本の民法ではイトコとの婚姻は認められているが、近年ではイトコ婚はほとんど見られなくなっている。

参考文献 大藤ゆき『児やらい』(『民俗民芸双書』二六、一九六七、岩崎美術社)

（八木　透）

いどばたかいぎ　井戸端会議　女性たちが共同井戸の周囲に集まり、水くみや洗い物・洗濯をしながらとりとめのない長話に興じるさまを揶揄してつけた言葉。そこから転じて、内容の薄い長話をいうようになった。都市の長屋生活においては、生活の全般において必要不可欠な水の供給源を共有することが前提となっており、特に女性の家事と深い関係をもっていた。おのずと井戸端は女性の集まる場となり、インフォーマルな情報交換、あるいは娯楽やストレス発散の場となったのである。第二次世界大戦後、各戸に水道が引かれるようになってからは本来の井戸端における井戸端会議は消滅したが、現在でも、個人宅や公共施設、あるいは高齢者福祉施設など、

場所を変えながら長話に興じる機会はさまざまな形で維持されている。かつて井戸端会議といえば、中年女性によるものだとされたが、比喩としての井戸端会議は当然年齢を問わないもので、男性にもみられるものである。↓井戸《いど》

参考文献　伊藤雅子『いどばた考現学』(一九七八、未来社)　(塚原　伸治)

いなかま　**田舎間**　住宅建築に用いる基準尺度の一つ。一間を六尺とするもの。柱と柱の心々距離、すなわち間《けん》を六尺とするもの。一間を六尺五寸とする京間《きょうま》に対していい、主に長野・静岡および江戸を含む関東で用いられる。江戸初期に、一間を六尺三寸とする太閤検地に代り、一間を六尺とする徳川の検地が始まると、幕府の公文書に田舎間という用語がみられるようになり、田舎間は各地に広がった。近代になって、一九二二年(大正十一)に開かれた平和記念東京博覧会では、はじめてメートル法を用いた住宅が展示されたが、その後も現代まで、一般的には、田舎間を基本とする半間＝三尺(九一〇ミリ)を一単位とする基準尺度が用いられている。なお、田舎間は原則として畳の大きさを基準に設計する畳割《たたみわり》を行わない。わずかに飛騨や北陸、三重などの一部の地域で畳割がみられ、その畳寸法は五尺八寸×二尺九寸となる。江戸間、関東間とも呼ぶが、これらは畳割の概念を含まない。↓京間《きょうま》

参考文献　内藤昌『江戸と江戸城』(『ＳＤ選書』、一九六六、鹿島研究所出版会)、内田青蔵『日本の近代住宅』(一九九二、鹿島出版会)　(櫃本　聡子)

イナゴ　イナゴ　直翅目バッタ科イナゴ属の昆虫を総称していう。イナゴとバッタ属のバッタは種類が区別されるが、実際の呼び名では混同される。イナゴの語源は「稲の子」からきたようで、「いなごまろ」とも古くは呼んだ。人見必大『本朝食鑑』は、つねに田間・草野にいるもので、野人・農児はこれを炙って食べ、その味は香ばしくてよいと解説している。このように日本の代表的な昆虫食として知られ、今でも長野県、群馬県、山形県などでは佃煮にして食用とする。イナゴも稲の葉を食べるので害虫であるが、大きな被害をもたらすのはバッタのほうである。飛蝗現象といって、トノサマバッタなどが大量発生し、ふだんの単独(孤独)相から群生相に変わると大群をなして飛び回り、作物を食い荒らしてしまうことがある。日本ではそれほど多くないが、一八八〇年(明治十三)―八四年、北海道の十勝から胆振《いぶり》地方にかけてトノサマバッタによる蝗害が発生している。なお、享保の飢饉(一七三二年(享保十七)―三三)は蝗害が原因とされるが、この蝗《いなむし》はウンカである。

参考文献　開拓使札幌勧業係『北海道蝗害報告書』(一八八二)　(菊池　勇夫)

いなりしんこう　**稲荷信仰**　稲荷神を五穀豊穣・商売繁盛・出世開運などの御利益を求めて信仰するもの。稲荷神社の総本宮である京都市の伏見稲荷大社の主祭神宇迦《うか》之《の》御《み》魂神《たまのかみ》は稲を担った老翁の姿で表され、同社の分霊を祀る社は全国に三万を超えるという。稲荷は「稲成り」の意味とされ、秦氏の遠祖である伊侶具秦公《いろぐのはたのきみ》が富裕のあまり餅を弓の的にしようとしたところ餅が白い鳥と化して飛び去って山の峰に留まり、そこに稲が成ったという『山城国風土記』逸文の話を起源譚とし、元来は秦氏の氏神であった。稲荷神社の祭日が初午であるのは、伊侶具秦公が稲荷山に神霊を祀り、その禰宜《ねぎ》となったのが七一一年(和銅四)二月初午日であるとの伝えによる。狐を稲荷神の眷属とする信仰は、中世以降盛んになったものである。また、中世には神仏習合により、仏寺でも荼枳尼《だきに》天《てん》を稲荷神として祀るようになった。愛知県の豊川稲荷は、曹洞宗妙厳寺の寺鎮守として荼枳尼天を祀ったものである。↓狐《きつね》　↓初午《はつうま》

参考文献　直江広治編『稲荷信仰』(『民衆宗教史叢書』、一九八四、雄山閣出版)、松前健編『稲荷明神―正一位の実像―』(一九八八、筑摩書房)、大森恵子『稲荷信仰と宗教民俗』(『日本宗教民俗学叢書』、一九九四、岩田書院)　(大明　敦)

いぬ　**犬**　最も早く家畜化された動物(ネコ目イヌ科)で、縄文時代から狩猟で重要な役割を果たしていた。神奈川県横須賀市の夏島貝塚からは犬の遺骸が発見されており、草創期までさかのぼる可能性があるといわれる。鎌倉時代から室町時代には、武家の間で犬追物という競技が行われた。これは、馬場の中央に大縄・小縄の同心円を作って犬を放し、大縄を越そうとする犬を目がけて騎馬に乗った武士が弓を射るというものである。闘犬が行われたのもこのころである。江戸時代には五代将軍徳川綱吉が生類憐みの令を発布し、犬は特に保護された。この法令は次の将軍徳川家宣の時代に廃止されたが、犬の肉を食べることは無論、獣全般にわたり肉を食べることを忌む風習が続くなど、後世に影響が残った。明治になり、洋犬が輸入されると、日本犬の飼育がそれまでほど行われなくなった。純粋な日本犬の保存に危機感を感じた人たちは、一九二八年(昭和三)に社団法人日本犬保存会を設立し、犬籍簿の整備、血統書の発行、展覧会の開催などを行うようになった。三一年には日本犬が国の天然記念物に指定され、保護・育成に拍車がかかった。犬は「人間の最良の友」といわれ、忠犬ハチ公などの美談が語

犬の埴輪（群馬県伊勢崎市出土）

られる一方で、「負け犬」とか「犬死に」というように悪いイメージで使われることもある。また、十二支の戌に犬があてられ、犬はお産が軽いことにあやかり、妊婦が五ヵ月目の戌の日に腹帯を巻く習わしがある。犬は幼児を守り、魔除けになるという伝承から、室町時代には武家の産所に御伽犬を置き、安産を祈願した。犬張子が民間に広まるのは江戸時代の後半で、嫁入道具になるとともに雛壇にも飾られた。東京では赤子の宮参りに、近親者からでんでん太鼓を麻で結びつけた犬張子が贈られた。

↓闘犬《とうけん》

参考文献　江馬務『一生の典礼』(『江間務著作集』七、一九七六、中央公論社)、群馬県立歴史博物館『人と動物の歴史　狩り』(企画展図録、一九八六)　(柳　正博)

いね　稲　イネ科の一年草。インド東北部から中国長江中下流域が原産と考えられる。品種・改良種が多く、主として長江以南やインド大陸で栽培される長粒で粘り気が少ないインド型(インディカ)と、短粒で粘り気が強く、北緯五〇度付近まで栽培される日本型(ジャポニカ)との二大群がある。作付け地によって水稲と陸稲に、成熟期によって早稲《わせ》・中稲《なかて》・晩稲《おくて》に大きく区分される。また、デンプンの質によって粳《うるち》と糯《もち》に区分される。元来、水生植物で高温多湿を好み、長江流域では紀元前一万年をさかのぼるイネの資料が見つかっており、紀元前五〇〇〇年ごろには人工的な水田が造成され水稲耕作が本格化したといわれる。日本列島には遅くとも縄文時代後期後半までには中国ないし朝鮮半島南部を経由して伝播し、北九州で稲の栽培が開始されたと考えられている。しかし、初期の遺跡には水田遺構が確認できず、ほかの雑穀の遺物と同時に出土することが多いことから、初期の稲は畠で栽培されていたと考えられている(畠稲作)。そして、約二千五百年ほど前になると水路や堰の灌漑システムをもった水田稲作が開始された。

日本の古代国家は「瑞穂の国」と自称し水田を基準とする班田制を土地支配の根幹としたこともあって、ほかの穀物に対する稲の地位の重要度が確定されることになった。班田制のもとでは六歳以上の男子に二段、女子はその三分の二が支給され、田租として一段につき二束二把の稲が賦課された。奈良時代にはすでに粳・糯の区別があり、早稲・中稲・晩稲が栽培されていた。最近、古代の稲の種子札木簡が各地で発見され、「畔越《あぜこし》」「古僧子《こほうしこ》」「須留目《するめ》」などの多種の品種が播種されていたことが明らかになった。これらのような品種の改良に並行して畠作物、特に冬作麦の栽培が普及したことも影響して、十二世紀初頭には表作は稲、裏作は麦という二毛作も行われるようになった。これは鎌倉時代にはいると一層発展し、一二六四年(文永元)の鎌倉幕府法では裏作の麦(田麦)を地頭は収取してはならず、「百姓の「依怙」(自由)に任せよ」と規定されているほどである。鎌倉幕府が一国の土地支配に用いた土地台帳を「大田文」といったように、鎌倉時代においても水田が土地支配の基準であった。鎌倉後期から南北朝時代には小規模な溜池の築造も盛んになり、開析谷を利用した水田の小規模開発も進展した。また、このころには「鍬・鋤・犂等の農具を促し」てと記されているように(『庭訓往来』)、鍬・鋤・犂が農民の基本的な農具として定着した。一方、十一世紀後半から十二世紀中に安南(ベトナム南部)を原産とする大唐米が入ってきた。食味が劣っており風害に弱いという弱点はあったが、虫害・旱害に強く多収穫であったため農民に歓迎され、畿内以西の地域で栽培された。

中世を通じて品種の選択と改良が進められたが、稲が日本社会の根底を規定するようになったのは豊臣秀吉が実施した太閤検地以後のことである。太閤検地によって採用され江戸幕府も継承した石高制は、田地だけでなく畑(畠)・屋敷などの土地の生産諸力を米の生産量に換算して把握し、それを社会編成の原理とする制度であったから、江戸時代は米の生産量(換算値も含めて)が社会全体の根幹を規定する基準となったのである。これを維持するために、江戸幕府は田畠永代売買禁止令(一六四三年(寛永二十))・分地制限令(一六七三年(延宝元))などを発布して田地に対する規制を強化するとともに、本百姓体制の維持に勉めを奨励して稲の増収を目指し、新田開発を奨励して稲の増収を目指し、本百姓体制の維持に勉めた。その結果、享保年間(一七一六—三六)には田地面積が百六十四万町歩に達した。一方、干鰯《ほしか》や油粕などの金肥が使用されるようになり、農具も深耕に適した備中鍬や、脱穀の効率化を進めた千歯扱や、選別のための唐箕などが発明・改良され、小規模な多肥多毛作の農業経営を実現するのに貢献した。

これらの成果の上に日本近代の稲作法の起点になったのが明治農法である。その農法とは、明治三十年代の短床犂(日本型犂)の完成の上に展開される乾田馬耕とそれによる深耕、中耕・除草の集約化、塩水選・短冊苗代などの集約的栽培法、多収穫品種の普及、金肥の増加などを内容とするものであった。その結果一八八三年(明治十六)には水田面積が二百六十万町歩余に増加した。この農法はまず西日本に普及したが、大正期には東日本にも広がり段収の向上をもたらすとともに、北海道での稲作を実現させた。昭和の農業恐慌期における外地からの輸入米の影響や、戦中期の労働力と農業資材などの不足などもあって米の生産が減退し、戦後の食糧危機を招いた。戦後の農地改革はその後の日本農業に大きな影響を与えたが、農薬と化学肥料の発達、耕耘・運搬の機械化、寒地稲作と暖地稲作の安定化など稲作技術の飛躍的な発達によって、一九五五年(昭和三十)以後には稲の収穫量は八千万石以上となり、明治初年に比べて二倍以上の収穫を得ることになった。七〇年からは米の過剰生産が問題になり、減反政策も採られるようになったが、一方で米のブランド米化も進み、コシヒカリ・ササニシキ・秋田小町などの有名ブランドも生まれて、現在に至っている。

↓ウルチ・モチ　↓陸稲《おかぼ》　↓減反政策《げんたんせいさく》　↓米《こめ》

除　草　　田植え　　馬による代掻き　　田植え前の水路や農道の整備

年貢米の蔵入れ　　稲扱　　収穫後の天日干し　　稲刈り

近世の稲作の様子（『耕稼春秋』より）

猪形土製品（縄文時代，青森県十腰内遺跡出土）

参考文献　古島敏雄『日本農業技術史』(『古島敏雄著作集』六、一九七五、東京大学出版会)、木村茂光編『日本農業史』(二〇一〇、吉川弘文館)

（木村　茂光）

いのしし　猪　イノシシ科の哺乳類。日本では、北海道を除く各地に生息する。イノシシが家畜化されたのがブタである。人間になじみの深い野生動物であり、干支の一つとなっている。子は体に縦筋が見られることから、「うりぼう」と呼ばれる。森林にすみ、雑食性で何でも食べる。しかし、そのほとんどは、根や地下茎などの植物質。肉は美味で山鯨《やまくじら》と称され、ぼたん鍋などにして食される。縄文時代の遺骨が発見されることから、古くから狩猟の対象となっていた。奈良時代には、猪飼部《いかいべ》と呼ばれる職業集団が猪を飼育し、調理されて宮中の食膳に供されていた。山村で暮らす住民にとって、肉は貴重な栄養源であり、収入源でもあった。その一方で、田畑に出没して農作物に被害を与えることもあった。現在、鳥獣保護制度のなかでも、肉が食用に供されること、農作物に被害を与える有害獣であることなどの理由から、イノシシは狩猟獣として取り扱われている。

↓豚《ぶた》

参考文献 高橋春成編『イノシシと人間―共に生きる―』(二〇〇一、古今書院)　(武井　弘二)

いはい　位牌　死者の戒名(院号・道号・位号を含む)を記す木の札。禅宗によって日本に導入され、文献では『園太暦』延文三年(一三五八)六月四日条にみえる足利尊氏のものが初出だが、同記事によれば北条時頼や時宗、足利貞氏らの時代から位牌が存在していた。将軍など上級武士の墓所のある塔頭《たっちゅう》は位牌所とも呼ばれた。位牌は天皇など武士以外の上層や禅宗以外の宗派にも広まり、近世には寺請制度に伴って一般民衆も位牌を持つようになった。位牌には葬式の際墓地に持っていき、土葬の時代には埋葬場所に置いた野位牌、家の仏壇に置く本位牌、寺に置く寺位牌がある。仏壇の位牌は五十年を過ぎると寺に納めることが多い。位牌は死者の霊の依代と考えられ礼拝対象とされるが、浄土真宗では門徒は往生するという教義から位牌は用いない。なお葬列で野位牌を持つのは喪主(跡継ぎ)の役とされる地方が多かったが、この民俗は戦国時代に始まったもので、それ以前は跡継ぎは善の綱を引いた。

参考文献 久保常晴「位牌」(石田茂作監修『(新版)仏教考古学講座』三所収、一九八四、雄山閣出版)、岩田重則「位牌論」(『墓の民俗学』所収、二〇〇三、吉川弘文館)　(勝田　至)

いま　居間　住宅において、主人が日常的に用いる部屋。江戸時代以降は、家族が普段いる共用室を指して用いることが多い。主人が日常的に用いる専用の部屋としての居間は、平安時代の寝殿造に明確に現れる。平安時代前期の寝殿造では、中心建物である寝殿の身舎部分を塗籠《ぬりごめ》と昼御座《ひのおまし》とに区切り、後者を居間として用いた。平安時代末期になると、寝殿で儀式を行うようになるため、常《つねの》御所《ごしょ》もしくは常居所と呼ばれる居間と寝室は身舎から北面の庇《ひさし》に移った。北庇の北に孫庇を付けて、日常生活の空間をさらに広くとる場合もあった。加えて、通用口へと至る中門廊の近くに位置する二棟廊は、出居《でい》と呼ばれ接客空間の一つであったが、主人の日常使用する調度が置かれ、居間の性格も持っていた。また、このころから中世にかけて寝殿造が中下級の公家や武家に普及し小規模化する過程で、寝殿の身舎を東西方向の間仕切りで南北に二分し、北半を常御所と塗籠からなる日常生活のための空間、南半を儀礼空間とする構成へと変化する。室町時代になると、常御所は寝殿とは別棟で建てられるようになる。桃山時代から江戸時代初期に成立する書院造では、広間あるいは書院と呼ばれた対面・接客のための空間が最も重要とされた。それらの奥に居住部分が連なり、そのうち御座間《ござのま》と呼ばれる部屋で主人は起居したが、江戸時代初期まではこの部屋で政務も執り、家臣とも対面した。江戸時代中期以降は、政務と生活の空間を分ける傾向がみられ、御座間のさらに奥に日常生活のための建物を建て、主人の日常のための空間は居間あるいは居間書院、御休息と呼ばれた。中下級の武家住宅の場合も基本的にこれと同じ考え方で建てられ、表に玄関と座敷、裏に常居もしくは居間を配した。明治以降の中流階級の住宅は、中下級武家住宅の流れを汲み、基本的に同様の構成である。大正期になると、家族や個人単位の生活を重視する考え方が広まり、接客空間である座敷の代わりに、家族が日常生活で使用する居間を住宅の中心に据える考え方が浸透し、居間を日当たりの良い南向きに配置する平面形式に変化する。一方、江戸時代に建てられた庶民住宅すなわち農家や町屋では、土間の上手に接する床上にイロリを切り、オイエ、オエ、ジョウイなどと呼び、ここで採暖、煮炊き、食事といった家族そろっての行為にあて、さらに普段の接客も行なった。現代住宅では、椅子座式のリビングルームとなることが多い。家族のだんらんのほか、客間としても使われる。　↓座敷《ざしき》　↓茶《ちゃ》の間《ま》

参考文献 太田博太郎『日本住宅史の研究』(『日本建築史論集』II、一九八四、岩波書店)　(松下　迪生)

いみ　忌み　日常生活を送る中で明日以降の社会生活を保持するために身を清め、穢れを避けて慎むことであり、その起源は原始・古代にさかのぼる。弥生時代に相当する『魏志』倭人伝の世界においても一大航海の前に「人を葬する」時と同じように諸々の謹慎が課せられた持衰《じさい》と呼ばれた禁忌があった。それは「人を葬する」とあるように死の穢れから派生したものであり、神に対して身を清め、穢れを避けて慎むこと、死・産・血などの汚穢《おあい》に触れた人が一定期間、神聖な場、神聖な空間、そして他人から遠ざかることも含まれる。その禁忌生活に付随し、忌み言葉、忌み数、忌み食べ物、音曲・大声、さらに外出を控えるなど社会生活の随所に「忌み」は垣間見られる。『枕草子』に「物忌」という言葉がみえるが、中世以降はその物忌が広く使われていく。　↓禁忌《きんき》　↓穢《けが》れ　↓物忌《ものいみ》　(関　和彦)

いみん　移民　「移民」の定義は国によって微妙に異なるが、おおむね「労働目的で他国へ赴くこと」という含意がある。かつての日本は移民の送出国で、明治初頭からハワイ、北米、中南米、満洲などに大量の移民を送り出した。日本の勢力圏内の場合に「植民」、非勢力圏の場合に「移民」と使い分ける場合もある。国策か自由意志によるかの違いはあるが、移動した人々の事情は大同小異であった。かつては過剰人口や貧困が主な理由とされていたが、周辺地域に比べ移民多出地域に極端な経済的事情は認められず、移住地とのネットワークや文化的先進性なども指摘されている。近年、日本は多くの実質的な移民を受け入れているが、「移民」と呼ぶことは稀で、「外国人労働者」と呼びならわしている。在日外国人も他国であれば「移民」の範疇であるが日本では「定住外国人」の語が宛てられる。少子高齢化に備え、さらなる労働力の導入が検討されており、「労働力」としてではなく「人」として受け入れる制度の充実が急がれる。　↓移住《いじゅう》

↓外国人労働者《がいこくじんろうどうしゃ》　↓在日外国人《ざいにちがいこくじん》

参考文献　米山裕「環太平洋地域における日本人の移動性を再発見する」（米山裕・河原典史編『日系人の経験と国際移動―在外日本人・移民の近現代史―』所収、二〇〇七、人文書院）、伊豫谷登志翁編『移動という経験―日本における「移民」研究の課題―』（二〇一三、有信堂高文社）　（村川　庸子）

イモ　イモ　ヤマノイモ、サトイモ、サツマイモ、ジャガイモ、キャッサバなどの総称。ヤマノイモは日本に自生したイモで、野老《ところ》やトゲイモもその仲間である。オセアニアや南米では主食にし、儀礼作物でもある。日本の東北でも儀礼食になった。ヤマノイモは生食ができ、熱源や調理具がなくても食べられる。高カロリーで、野生・自生植物なので、救荒食に適している。サトイモは南方系のイモで、伝来も古く、食品としての記録も古代にある。栽培は稲作よりも古いとの説もあり、正月をはじめとする儀礼食になった。中南米原産のサツマイモは日本へは中国から琉球（沖縄）経由で伝来した。主食、間食、救荒食として穀物に次ぐ食料である。ジャガイモは寒地に適している。ヨーロッパの飢餓を救った作物で、日本でも救荒作物でもあった。灌木の根塊であるキャッサバは毒性があるので、アクヌキをして食べる。明治時代に沖縄に伝来、アジア・太平洋戦争中にデンプン精製をして庶民の食料危機を救った。タピオカともいう。　↓甘《かん》藷《しょ》　↓サトイモ　↓ジャガイモ　（増田　昭子）

ヤマノイモ（ダイジョ），ヤマノイモ（トゲイモ）

いもの　鋳物　溶かした金属を砂や粘土などで作った鋳型に流し込み固める鋳造技術によって製造された金属製品の総称。鋳造の技術は、大型の金属製品や同型の製品を大量に生産する場合に適しており、鐘・鰐口《わにぐち》といった仏具・神具のほか、鋤・鍋・釜など鉄製の生産・生活用具が鋳工・鋳物師とよばれる職人たちによって製造された。中世の農民は犂・鍋・釜や、鍋などを火にかける時に使用する台である金輪を所有しており、生産・生活用具としての鉄製鋳物は中世以降、庶民クラスにも普及していった。近世には生活用具としての鍋・釜が一般化するとともに、醸造業などの加工業で使用される大型の鍋・釜の需要が高まり、武蔵国川口（埼玉県川口市）や越中国高岡（富山県高岡市）といった特産地が形成された。近代以降はそれまでの製品に加え、生活様式の変化に対応した水道の蛇口やストーブといった生活用品のほか、自動車のエンジンなど機械製品の部品として鋳物が製造されている。

参考文献　朝岡康二『鍋・釜』（『ものと人間の文化史』、一九九三、法政大学出版局）　（篠宮　雄二）

鋳物　河口鍋匠（『江戸名所図会』より）

いもんぶくろ　慰問袋　出征軍人などの慰問のために手紙・日用品・娯楽品などを入れて送る袋。日露戦争から始まる。慰問袋は戦時に軍人の慰労を目的として設置される恤兵部《じゅっぺいぶ》によって管理され、恤兵部による調製と民間からの寄付によって調達された。恤兵部調製の慰問袋は中身が一様に形式的であまり喜ばれず、中身の品が粗末でも手製の品や手紙が入っている民間からの慰問袋の方が軍人には喜ばれた。満洲事変以降は国防婦人会を中心に大量に作製され、新聞などでも大々的に寄付が呼びかけられ、慰問袋を通した戦線と銃後の交流が見られた。

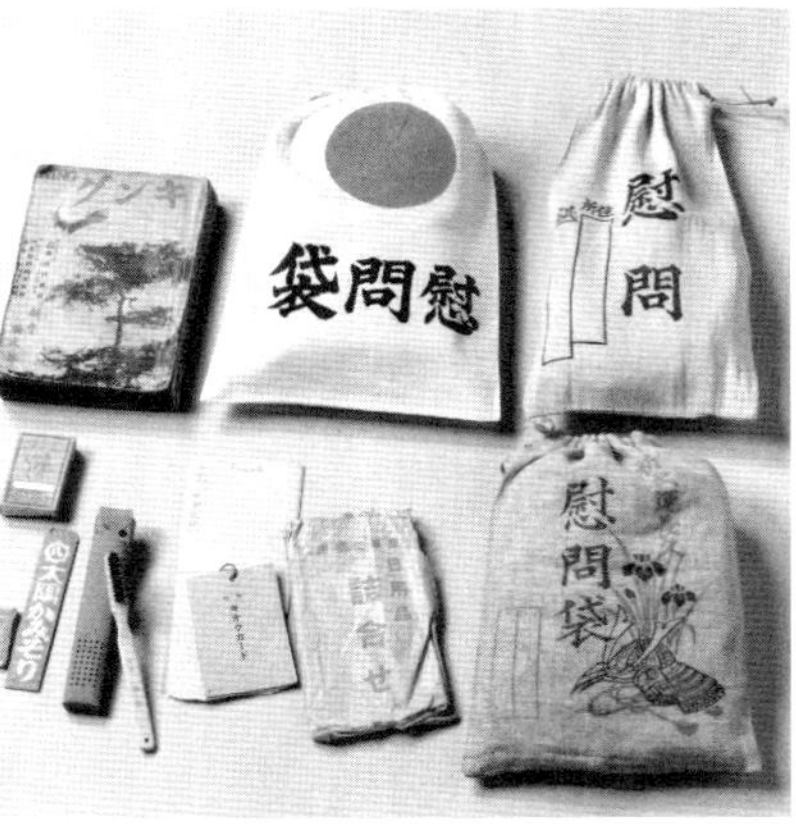

日中戦争時の慰問袋

日中戦争以後は戦争の長期化および戦線の拡大による兵力の大量動員で慰問袋の需要も増大。デパートなどでは慰問袋セットが販売され、既製品の慰問袋が大量に送られたが、軍人たちには不評であり、手製の品も入れるよう軍からの呼びかけもなされた。戦争末期には物資の不足や輸送の困難により慰問袋が軍人のもとに届くことも少なくなった。

参考文献　景山誠一「恤兵エピソード」(『偕行社記事』六九六、一九三三)、藤井忠俊『国防婦人会―日の丸とカッポウ着―』(『岩波新書』、一九八五、岩波書店)、井上寿一『日中戦争下の日本』(『講談社選書メチエ』、二〇〇七、講談社)

(石原　豪)

いりあい　入会　村あるいは近隣の村々によって共同で同一地域を利用すること。入相、入合などと書く。入会地はその場であり、入会地で働くことを入会稼、入会山の用益をめぐる紛争を入会争論という。入会地の対象地は山林原野や河海湖沼などさまざまで、目的として飼肥料や薪炭などを採取することが多い。漁場の場合、漁民が共用して利用する入会漁場があった。村内の農民が共同して利用する村中入会と、数ヵ村の村々が利用する村々入会がある。村々入会の場合、入会地のある村が負担を負い、他村は採取期間や採取量が決められ、山手米や草札銭などを支払う。享保期の新田開発政策以降、こうした入会地も新田開発の対象となっている。また、肥料や薪炭も商品化されるにつれ、入会地は次第に減少するが、近代以降も存続する。→山仕事《やましごと》

参考文献　大石久敬『地方凡例録』(大石信敬補訂・大石慎三郎校訂、『日本史料選書』一、一九六九、近藤出版社)、落合功「多摩市域の飛び地と入会地分割」(『地域形成と近世社会―兵農分離制下の村と町―』所収、二〇〇六、岩田書院)

(落合　功)

いりはまけん　入浜権　一九七〇年代半ばに兵庫県高砂市の公害に反対する市民のなかから生まれ、公有水面埋立法による漁業権と取水権の補償のみでつぎつぎに海浜が埋め立てられていく現状に対する異議申し立てとして構想された言葉。一九七五年(昭和五十)一月二十六日に「海を活かしコンビナートを拒否する東京集会」で決議された「入浜権宣言」には「海浜に出て散策し、景観を楽しみ、魚を釣り、泳ぎ、あるいは汐を汲み、流木を集め、貝を掘り、のりを摘むなど生活の糧を得ることは、地域住民の保有する法以前の権利であった」と書かれた。それは「入会権」のイメージを海浜にも拡張するとともに、憲法が保障するよい環境のもとで生活できる基本的人権の重要な一部として提起された。それは折から提起されていた環境権裁判とともに、市民による新しい権利の創造の試みであった。しかし現在においても産業界や政府の反対は続き、未だ認められていない。

参考文献　高崎裕士「いりはまけんとは」(『月刊地域闘争』五三、一九七五)、松下竜一『豊前環境権裁判』(一九八〇、日本評論社)

(安田　常雄)

いりびゃくしょう　入百姓　農村で百姓が減り、手余荒地が発生した際、その耕作・再開発のために村外から招き入れた百姓のこと。入百姓は、領主や村から田畑・屋敷・生活物資・生産資金を支給され、当初は年貢を減免されるなど、優遇措置を受けつつ入植した。近世中後期に人口が激減した下野国の幕領農村では寛政年間(一七八九―一八〇一)、出張陣屋を設置した代官が、越後国から浄土真宗門徒を移住させ、荒地の再開発にあたらせた。北陸門徒の移民は相馬藩でも導入されている。

参考文献　村上直編『竹垣・岸本代官民政資料』(一九七一、近藤出版)、秋本典夫『北関東下野における封建権力と民衆』(一九八一、山川出版社)

(平野　哲也)

いりもや　入母屋　⇩屋根《やね》

いれい　慰霊　死者の霊魂を慰めること。また、そのための儀式・儀礼などの行為のこと。民俗学・宗教学では、御霊祭祀の近代の形態とされ、災害などで非業の死を遂げた死者に特に行われる。近代では特に戦争でそれまでにない規模の戦死者が出た。明治政府は政府側の戦没者慰霊のため、一八六九年(明治二)に東京招魂社(のちの別格官幣社靖国神社、敗戦後に宗教法人靖国神社)を創建した。その他、各地の招魂社(護国神社)、忠魂碑や忠霊塔、陸・海軍墓地なども公の慰霊の場となった。公とは別に私的な領域の慰霊として、軍人墓の建立や戦没者の家の祭祀もあり、公と私の多重祭祀の状態が続いてきたが、私の祭祀は最終年忌の五十回忌で完結した。一方、政府主催の全国戦没者追悼式は、一九五二年(昭和二十七)五月に新宿御苑で挙行され、六三年からは例年行事となり、八月十五日に行われる。例年開催からも五十年を超え、継続されている。→忠魂碑《ちゅうこんひ》　→靖国神社《やすくにじんじゃ》

参考文献　村上重良『慰霊と招魂―靖国の思想―』(『岩波新書』、一九七四、岩波書店)、田中伸尚・田中宏・波田永実『遺族と戦後』(『岩波新書』、一九九五、岩波書店)、岩田重則『戦死者霊魂のゆくえ―戦争と民俗―』(二〇〇三、吉川弘文館)

(石橋　星志)

いれずみ　刺青　皮膚に色素を入れて文字や絵を表現するもの。『魏志』倭人伝の「黥面文身」という一文が日本の刺青に関する最も古い史料である。目的が多様で一概にはいえず、呪術的な目的で入れたり、博徒などがファッションとして入れたり、遊女が好きな男の名前を入れたりする例がある。江戸時代においては受刑者である証としての身体の印を「入れ墨」と記す。また、天保改革時の江戸の町触では「鳶人足駕籠舁」渡世の者に対する刺青規制令が出た(『東京市史稿』産業篇五五、天保十三年(一八四二)三月八日)。

参考文献　礫川全次編『刺青の民俗学』(『歴史民俗学資料叢書』四、一九九七、批評社)

(高尾　善希)

いれば　入れ歯　人工の歯、義歯のこと。歯の欠損による咀嚼機能の低下や容貌の変化を修復する補綴の歴史は古い。現存する入れ歯としては一五三八年(天文七)に没

した願成寺(和歌山市)の尼僧仏姫の上顎木床総義歯、勝栄寺(大阪市大淀区)で発見された一六七三年(延宝元)没の羽間弥次兵衛の下顎木床総義歯(天然歯を応用)、広徳寺(東京都台東区)で発見された七五年没の柳生飛驒守宗冬の上下顎木床総義歯(蠟石歯を応用)が著名。補綴では前歯に象牙・獣骨・蠟石・天然歯を利用し、臼歯部には金属の鋲を打ち、木床には木目が緻密で磨滅に耐える黄楊材や椿材を用いた。近代以降は義歯床に弾性ゴム、アクリル樹脂、金属が用いられている。近世には香具師に属していた入れ歯師の中に名を残す者もいた(『江戸独買物案内』)。一八八三年(明治十六)医術開業試験規則の制定により歯科医の資格化が進んだが、歯科医以外の入れ歯、歯抜き、口中療治者は八五年入歯歯抜口中療治接骨営業者取締方により地方庁発行の鑑札を受けて働くことになり、昭和初期には姿を消してしまった。現在、義歯は歯科技工士によって制作されている。

参考文献 谷津三雄『歯学史資料図鑑―目で見る歯学史―』(一九七六、医歯薬出版)、杉本茂春『歯と顔の文化人類学』(一九八五、編集工房ノア)、立川昭二『明治医事往来』(一九八六、新潮社)、笠原浩『入れ歯の文化史―最古の「人工臓器」―』(『文春新書』、二〇〇〇、文芸春秋)

(新村　拓)

いれふだ　入れ札　投票によって決定を行うこと。中世の村では、殺害・盗人・博奕などの犯人摘発のため、村人が神前で無記名投票を行う落書起請が行われていたが、近世に入っても、同様の目的で入れ札が行われた。近世では、記名による場合も多い。庄屋のもとに入札箱を置いたり、竹筒を各家に廻して実施した例などが知られている。こうして摘発された盗人などは、村によって裁かれることが多かった。また、近世後期になると村役人の入れ札による選出の事例が多くなる。選挙権、被選挙権の範囲は村によって異なるが、入れ札を行うことで、特定の家柄に固定せず、多くの村人に支持された者が村役人を勤めることになった。そのほかにも、江戸・京都などの都市では、十七世紀後半ごろから作事・普請など、公共工事の請負に関する入れ札が多く見られるようになる。その背景には、職人の役による動員から雇用による調達へという変化が存在した。

参考文献 横田冬彦「幕藩制前期における職人編成と身分」(『日本史研究』二三五、一九八二)、藤木久志「村の入れ札」(『週刊朝日百科　日本の歴史』別冊六所収、一九八九、朝日新聞社)、水本邦彦『近世の郷村自治と行政』(一九九三、東京大学出版会)、戸沢行夫『江戸の入札事情―都市経済の一断面―』(二〇〇九、塙書房)

(山崎　圭)

いろり　囲炉裏　土間、または土間に接した板床の居室に設けた一メートル前後の正方形または長方形の炉。この形が定まったのは、およそ十四世紀ごろと考えられる。農家では、四面のうち一面が土間と接続する踏み込み炉の形式もみられる。古代の竪穴住居の土間につくられた地炉《じろ》が起源とされる。東北、北陸地方では、台所と広間など、二つ以上設ける場合があり、このような場合には炊事機能を持つことが多い。また、幕末以降は囲炉裏の熱を利用して室温を保ち、屋根裏で養蚕を行う家もみられた。語源は人のいる場所を意味するイロリ、イルリ、ユルリなどは中世から文献に現れる。近世以降、当て字の「囲炉裏」とする表記が一般化した。地域により、イロオ、イレシ、ユツリ、ヨロリなどと呼ぶ。炊事、採暖、照明が主な機能である。また、熱や煙で屋根を乾燥させ、燻すことで防虫効果も得られる。民家では生活の中心となる重要な場所であるため、座位が定められており、一般に客人は出入口に近いキャクザ、家長は座敷側のヨコザ、その妻はキャクザと対面するカカザ、嫁や下男・下女はヨコザと対面するシモザに座り、家長の息子は日常はキャクザに座り、客人が来ると席を譲る。火には神が宿ると信じられており、古くから家の神としても尊崇され、囲炉裏は火の神の祭壇と考えられた。祭祀は家長の任務であった。火種を得ることが容易でなかった時代には、火を絶やさないことが重要で、この管理は一家の家長の妻の責任であった。周辺器具として、鍋を火にかけるための五徳や金輪、鍋を吊るすための自在鉤といった金属製品のほか、火の粉が舞い上がることを防いだり、食料や衣類などを乾燥させたりすることに使用した火棚を設ける。近現代では、住宅の気密性能の向上や設備の発展により、囲炉裏は減少した。炊事は台所で行い、採暖はストーブや(掘り)こたつへ、照明はランプや電球などへと変化した。　↓暖房《だんぼう》　↓横座《よこざ》

囲炉裏を囲んだ食事

参考文献 岡田岩吉「囲炉裏・竈・薪の語彙とその考察―特に同義異語の問題について―」(『山口大学教育学部研究論叢』一七、一九六八)、宮本馨太郎『民具入門』(『考古民俗叢書』、一九六九、慶友社)、中川武『日本の家―空間・記憶・言葉―』(二〇〇二、TOTO出版)

(中島　咲紀)

イワシ　イワシ　ニシン科のマイワシ、ウルメイワシ、別科のカタクチイワシなどの総称。『延喜式』主計上に「乾鰯」「鰯汁」などの記載があるが、江戸時代中期には近畿地方を中心に綿などの換金作物用の魚肥として重用され、その過程で関西の漁民の関東進出を促し、漁民たちの需要により木綿衣料の普及を支える役割を果たした。千葉県の九十九里浜をはじめ、各地には関西漁民の進出により形成された納屋集落や白浜などの関西の地名が残り、近年まで地引網漁業が行われた。また江戸時代以来の八田網と系統を同じくする揚繰網などの沖合でのイワシ網漁は、現在でもまき網漁として展開している。イワシはカツオ釣りの生き餌、家畜や養殖用飼料として現在でも多彩な用途がある。民俗面では、カタクチイワシの乾製品であるごまめの異称のタヅクリがあり、田植えの祝儀肴として用いられたことに由来するという。さらに節分の夜にイワシの頭部をヒイラギの葉とともに住居の入り口にさして鬼を追い払うような魔除けの民俗が各地でみられる。

参考文献　山口和雄『日本漁業史(復刻版)』(一九七九、東京大学出版会)、平本紀久雄『イワシの自然誌―「海の米」の生存戦略―』(『中公新書』、一九九六、中央公論社)

(橋村　修)

いんかん　印鑑　文書に記された事柄に同意したことを示す印(しるし)。一般的に印鑑とは、捺印された印影を指し、モノとしては印、印章、判、判子などとも呼ばれる。日本に現存する最古の印、漢の光武帝より与えられた、いわゆる「金印」以降、主として当該期の権力者の支配に関連して使用されていた印が、多くの人々の生活の中にまで浸透するようになったのは、近世、徳川幕府の時代になってからである。幕府は百姓や町人などの民衆に対して、作成文書への捺印を指示した。人々は、宗門人別帳など領主へ提出する帳簿や各種の願書のほか、土地の質入れや金子借用証文など、個々のやりとりで作成するものも含めて、さまざまな文書へ捺印した。村を例にすれば、時期や地域によって差はあるものの、村の構成員であれば一軒ごとに印を所持していたと考えられる。一軒につき一つの印が、各村や町の印鑑帳に登録され、家長が印を使用した。文書は一人の書き手によって標題から署名まで書かれる場合がほとんどであるため、文書の上では捺印のみが個々人の意思を示すものとなった。そのため、文書の内容などが意に沿わない場合には、捺印を拒否し、争論になることもあった。

参考文献　石井良助『印判の歴史』(一九九一、明石書店)、千葉真由美『近世百姓の印と村社会』(『近世史研究叢書』、二〇一二、岩田書院)

(千葉真由美)

いんきょ　隠居　公生活からの退隠を意味し、世の中のわずらわしさを避けて山野など閑静な所に引きこもって暮らすこと。その人。隠棲。閑居。あるいは、家長が生前にその家督(地位・役割など)を後継に譲って隠退すること。その隠退者。隠退者が別棟や別屋敷に居住するときには、その住居のことも示す。このような語意は、室町時代初期以降のこととされ、それ以前の平安時代などの文献に表れる語意には、官を辞する致仕や病気などで出仕しないことの意で用いられていた。一般的には、中世後期の武家社会に隠居制が現れ、所領の一部を隠居分などと称して保留することが通例であった。江戸時代の武家では、隠居による相続を家督相続とし、死亡による相続の跡目相続とは区別された。隠居には、みずからの願出と主君からの要請によるものがあり、時には不行跡を理由に、その地位を退かせるなどの刑罰として科せられることもあった。庶民の隠居習俗では、隠居人が隠居分などとして家産の一部を保留し、年齢なども厳密ではなく、富裕な町人などには「楽隠居」する者もあり、多様であった。九州では隠居慣行が強いなどの地域性もみられる。

→家督《かとく》

参考文献　竹内利美『家族慣行と家制度』(『社会学叢書』、一九六九、恒星社厚生閣)、大間知篤三「「隠居」について」(『大間知篤三著作集』一所収、一九七五、未来社)、江守五夫『日本村落社会の構造』、一九七六、弘文堂)

(栗原　健一)

いんご　隠語　特定の職業や組織などの集団が秘密を保持することを目的として作り出す、特殊な言葉。集団語に属するものであり、職場語や職業語、スラングなどと似ているが、集団の秘密維持を本来的な意義としている点においてほかと区別される。伝統的には花柳界や反社会的集団を中心としたものであったが、近代以降、政党をはじめとする政治結社や警察、各種組合、学生などが隠語の主要な担い手となっている。警察を舞台とした小説やテレビドラマによって「デカ」や「ホシ」などの隠語が一般に知られるようになる場合をはじめとして、集団内の秘密を維持するという目的が名目化してしまうこともある。その場合はむしろ、その隠語を使用する者がどの集団に属するのかを、周囲に対して印象づける結果になるという逆転が起こる。近年はインターネットの普及などとも関連して、隠語であったはずのものが俗語として流通するような現象が多くみられる。

→俗語《ぞくご》

参考文献　渡辺友左『隠語の世界―集団語へのいざない―』(一九八一、南雲堂)

(塚原　伸治)

いんしゅ　飲酒　酒類を飲むこと。人が飲むものには母乳、水、酒があり、母乳・水は生きるため、酒は社会生活、精神生活の中で飲まれるものである。日本における飲酒の始源は弥生時代に相当する『魏志』倭人伝の世界、倭人は「酒を嗜《たしな》む」、そして葬儀に参加した人は「歌舞飲酒」したという。死の穢れから逃れ、死者を弔う歌舞であるが、「酒」は「みき(み気)」「さけ(さ気)」であり、本来は神に捧げ、神と共同飲酒し、神との一体化をもたらすものであった。共同飲酒の場は春の祈年祭、秋の新嘗祭をはじめとして歌垣、新築、結婚、葬儀、歓迎、別離など時期、事由、身分も多様であった。飲酒の前提と

なる酒は村びとの男女が共同で醸造しており、酒を皆と飲む行為は水を飲む文化とは異なる社会文化といえよう。「酒《さか》」は「栄える」に通じるものであり、人々の生活に活性化を与えるものであった。 ↓宴会《えんかい》 ↓盃《さかずき》 ↓酒盛《さかもり》 ↓酒《さけ》

参考文献 堀江修二『日本酒のきた道—歴史から見た日本酒製造法の変遷—』(二〇一三、今井出版)

(関　和彦)

インスタントしょくひん インスタント食品 保存性を備え、簡単に短時間で調理できるように加工された食品。即席食品ともいう。日本では近代以前から凍り豆腐や乾麺など上記の特徴を備えた食品があった。一九一〇年代には東京銀座の大橋がカレールーを発売し、その際、すぐ調理できるという意味で「即席カレー」と名付けた(なお、この商品の英文表記は、PROMPT CURRIEであり、INSTANTではない)。戦後、一九五八年(昭和三十三)に日清食品が湯を注ぐだけでよい「即席チキンラーメン」という画期的な商品を発売した。その後、五九年にエースコックが「エースラーメン」、六〇年に明星食品が「明星味付ラーメン」を発売するなど相ついで各社が即席麺市場に参入することにより、消費が急速に拡大した。

一方、インスタントコーヒー(フリーズドライで製造)をみると、輸入が五六年に戦後はじめて許可され、さらに六一年に自由化された。ただし輸入品(リプトンとネッスル、後者は九四年(平成六)ネスレに呼称変更)は喫茶店のコーヒーに比べて割高であった。輸入品に対抗して、森永製菓(デンマークから技術導入)とゼネラルフーヅ(米国企業)が六〇年から日本国内で製造を開始し、低価格の商品を市場に供給した。両社の積極的な宣伝によって、爆発的なインスタントコーヒーブームが起きた。その際、森永製菓が「森永インスタントコーヒー」、ゼネラルフーズが「マックスウェルインスタントコーヒー」と名付けて発売したため(ただし、すでに六〇年以前からネッスルがNESCAFE(商標)にINSTANT COFFEEと並記して宣伝、また協同乳業が五七年発売のスキムミルクに、雪印乳業が五八年発売のスキムミルクに、エスビー食品が五九年発売の「モナカカレー」に「インスタント」という言葉を使用)、六〇年に「インスタント」という言葉が流行語となり、これ以降、即席麺の販売の際にもインスタントという言葉が多用されるようになった。インスタントコーヒーを飲む習慣はパン食とともに普及して、日本茶を飲む機会と米の消費量を減少させた。また、湯を注げば食べられるインスタントラーメンは独身男性だけでなく主婦にも受け容れられた。さらに六九年には大塚食品工業が「ボンカレー」と名付けて世界初の市販用レトルト食品(レトルトパウチに詰められた食品)を全国発売し、これ以降、さまざまな市販用レトルト食品が登場する。このように調理の簡単なさまざまな商品が市場に出回ることで日本の食生活が変わり、また家事の時間が節約された。現在の日本における代表的なインスタント食品は、フリーズドライ(凍結乾燥)技術を用いた味噌汁・スープ・コーヒー、油熱乾燥や熱風乾燥の技術を用いたラーメン、加圧加熱殺菌技術を用いたレトルト食品、急速冷凍技術を用いた冷凍食品などである。 ↓即席《そくせき》ラーメン ↓冷凍食品《れいとうしょくひん》 ↓レトルト食品《しょくひん》

参考文献 『日本コーヒー史』下(一九八〇、全日本コーヒー商工組合連合会)、安藤百福『魔法のラーメン発明物語—私の履歴書—』(二〇〇二、日本経済新聞社)

(鈴木　邦夫)

森永インスタントコーヒー

インターネット インターネット 厳密には、「全世界に存在するコンピュータネットワークを相互に接続したネットワークの集合体」を指すが、一般的には「インターネット上に提供されるサービス」そのものを意味する場合もある。インターネットの発端は、大学や軍事目的での利用を実験するためにアメリカ国防総省の高等研究計画局ARPAが導入した、アーパネットARPANETである(一九六九年運用開始)。ARPANETの運用開始後数年のうちに、同様の独立したコンピュータネットワークが誕生し、それらを相互接続する必要が生まれた。そこで制定されたTCP/IPという通信規則(プロトコル)に基づいて、コンピュータネットワークを相互に接続させて生まれたのがインターネットであり、この上にさまざまな種類のサービスが提供されるようになる。特に二〇〇〇年代後半以降、インターネット上のサービスを利用することにより、誰もが情報を発信できる基盤が構築され(Web 2.0と呼ばれる)、人々の生活に大きな影響を与えることとなった。たとえば二〇一一年(平成二十三)から都内各地で反原発などのデモが行われた。これはそれ以前の組織的なデモや運動とは異なり、インターネット上の呼びかけにより発生し、特定の組織を持たず、ただ特定の目標に向かって企画、集合し、動いているだけの運動であったが(「個体論的でない運動」)、少なからず当時の政治に影響を与えた。アラブ世界では一〇—一二年に、同様にインターネット上の呼びかけで始まったデモをきっかけに、相ついで政権が倒れることとなる運動にまで発展している(アラブの春)。このようなインターネット上の情報をいわば人々の「無意識」として捉え、選挙やパブリックコメントといった積極的に発露される「民意」を補完するものとして、活用を求める声もある。一方でインターネットによって世界中がつながり過ぎたこと(過剰結合)により、さまざまな問題が発生しているという意見もある。個人情報の漏洩、拡散は論を俟たないが、〇八

年の金融危機やその前提となる金融バブルに見られるように、ちょっとしたきっかけが過剰結合によって大きな結果を引き起こし、破綻を招くこともあるのである。

→情報《じょうほう》化《か》社会《しゃかい》

参考文献 梅田望夫『ウェブ進化論―本当の大変化はこれから始まる―』(『ちくま新書』、二〇〇六、筑摩書房)、東浩紀『一般意志2.0―ルソー、フロイト、グーグル―』(二〇一一、講談社)、ウィリアム・H・ダビドウ『つながりすぎた世界―インターネットが広げる「思考感染」にどう立ち向かうか―』(酒井泰介訳、二〇一二、ダイヤモンド社)、小熊英二『社会を変えるには』(『講談社現代新書』、二〇一二、講談社)

(小野 貴士)

インフラせいび　インフラ整備　インフラは infrastructure の略語。産業・生活基盤となる施設を意味し、道路・鉄道・港湾・水道・ダム・学校・公園などを指す。社会資本とも呼ばれる。古代の道路や、中世・近世の治水工事などもインフラと呼ぶことができる。明治期に入ると、欧米から近代的技術を導入してインフラ整備が行われた。主な事業としては、電信網の整備(一八八一年(明治十四)ごろまでに全国幹線網が整備された)、鉄道網の建設(一九〇六—〇七年の鉄道国有化ごろまでに全国的な鉄道網が整備された)、築港(一八八九年に始まる横浜港修築事業)、治水(九六年河川法、九七年砂防法公布)などが挙げられる。第一次大戦期から第二次大戦期までの代表的なインフラ整備には、関東大震災後の帝都復興事業(一九二三年(大正十二)—三〇年(昭和五))、京浜臨海地帯埋め立て(一三—二八年)、丹那トンネル工事(一八—三四年)などがある。また、第一次大戦後には朝鮮・台湾における電源開発(日本窒素肥料株式会社による赴戦江、長津江の開発、台湾電力株式会社による濁水渓の開発)、「満洲国」新京の都市建設(三三年—)など植民地のインフラ建設も進んだ。第二次大戦後は、五〇年代の経済復興・高度成長初期に工場の新設・拡張が先行したため、電力・港湾・道路などにボトル＝ネックが生じた。そこで六一年策定の国民所得倍増計画では、社会資本の整備が最重点課題となった。新たな工業地帯を設けるために、六二年に全国総合開発計画が策定され、新産業都市・工業整備特別地域の設定が始まった。六五年には名神高速道路が全通し、その後全国に高速道路網が張り巡らされた(六六年国土開発幹線自動車道建設法公布)。「日本列島改造」を掲げた田中角栄内閣の時期(七二—七四年)に公共事業はピークを迎えた。産業インフラと較べ、生活インフラの整備は立ち遅れ、下水道の整備はようやく七〇年代から本格化した。二〇〇〇年代には、「ダムは無駄」と指摘する意見も出て、インフラ投資の抑制を求める声も強まっている。

参考文献 沢本守幸『公共投資一〇〇年の歩み―日本の経済発展とともに―』(一九八一、大成出版社)、玉城素『土木』(『産業の昭和社会史』一二、一九九三、日本経済評論社)

(浅井 良夫)

インフルエンザ　インフルエンザ　インフルエンザウイルスによる急性感染症で高熱を発し関節痛や呼吸器症状をもたらす流行性感冒。古代以来、風邪・風疾・傷風・時気・時疾・時行などと呼ばれた疫病の中で、冬季に流行し春に終息をみたものの一部にはインフルエンザが含まれていたと思われる。近世には世上の出来事にひっかけて稲葉風・お駒風・お七風・谷風と呼ばれることもあった。一回の流行で二千万人以上の死者を出した世界的な流行があり、一九一八年(大正七)・一九年のスペイン風邪は著名である。当時の対策としてマスク・うがい・手洗いの励行、ワクチン接種、患者隔離がみられるが、細菌の通過を阻止する濾過器をも通り抜けてしまう濾過性病原体の存在は知られていなかった。そのため実質的な対策は電子顕微鏡の出現を待たなければならなかった。しかしその後もアジア風邪、香港風邪、ソ連風邪の大流行があり、現在も変異した新型インフルエンザの脅威にさらされている。

参考文献 富士川游著・松田道雄解説『日本疾病史』(『東洋文庫』、一九六九、平凡社)、立川昭二『日本人の病歴』(『中公新書』、一九七六、中央公論社)、W・I・B・ビヴァリッジ『インフルエンザ―人類最後の大疫病―』(林雄次郎訳、『岩波新書』、一九七八、岩波書店)、速水融『日本を襲ったスペイン・インフルエンザ―人類とウイルスの第一次世界戦争―』(二〇〇六、藤原書店)

(新村 拓)

いんようすい　飲用水　日常生活の中での飲み水のこと。日本各地に、飲料に使用する「飲み水」と洗濯や風呂など生活に使用する「使い水」を区別する習慣は存在する。両者を厳密に区別するようになったのは、公衆衛生の確保のため近代的な上水道の敷設が開始される明治以降であるという説と、水利用の規則などから日本の地域社会ではかなり古くから両者を区別していたという説がある。後者の例として、近代水道が普及する一九六〇—七〇年代までは飲み水を井戸からとり、洗濯や風呂の水は川や水路からとるというように使い分けが徹底されていた例が挙げられる。飲み水にしろ使い水にしろ、地域によっては共同の水汲場や洗い場が集落ごとや組・区ごとにあり、こうした場が地域の人が集まる情報交換・交流の場として機能していたこともあった。しかし、日本における水道普及率は二〇一四年(平成二十六)時点で九七・八%と高く、かつての飲み水・使い水の利用に関わる慣習は失われつつある。

参考文献 鳥越皓之・嘉田由紀子編『水と人の環境史―琵琶湖報告書―』(一九八四、御茶の水書房)

(後藤 知美)

う

ヴァン VAN 有限会社ヴァンヂャケット(一九五一年(昭和二十六)創業、五五年株式会社化)社名のロゴ。ヴァンヂャケットが紳士向けカジュアル服の販売から若者向けファッションの提供へと路線転換した六〇年以降、VANブランドは、若者向け服装文化の革新をもたらし、VAN製のアイビー＝ファッションの代名詞となった。VAN製のブレザー、コート、ボタン＝ダウン＝シャツなどのアイビー＝ファッションは、長沢節モード＝セミナー出身のくろすとしゆき、穂積和夫らにより考案され、石津謙介が編集を主導した『MEN'S CLUB』(五四年創刊『男の服飾読本』第八号のサブタイトルから第一一号で同格タイトル、五九年『冬・第一七集』でのメインタイトル化を経て国際版移行の六四年に「男の服飾」削除)での紹介、宣伝を通じて、急激に販路を拡大した。しかし、大手アパレル産業の一角を占めるようになったVANは、六〇年代末からの若者意識の変化、多様化するファッション動向に対処できず、七八年倒産する。トータルなファッションを具体化してみせたVANの販売戦略、製品展開は、ファッションを生活文化に不可欠の要素と考える意識を定着させた。 →アイビー

参考文献 宇田川悟『VANストーリーズ―石津謙介とアイビーの時代―』(『集英社新書』、二〇〇六、集英社)、佐山一郎『VANから遠く離れて―評伝石津謙介―』(二〇一二、岩波書店)

(中西新太郎)

ウイスキー ウイスキー 穀類を原料とする蒸留酒のこと。ウイスキーが日本にはじめて輸入されたのは、一八七一年(明治四)である。それから一九一一年まで日本に関税自主権がなかったため、安い輸入アルコールに砂糖や酸味料、香料などを混ぜた模造洋酒が出回った。その後、寿屋洋酒店(サントリー)が一九二四年(大正十三)からスコッチウイスキーの製造を開始し、一九三七年(昭和十二)には「角瓶」を発売して翌年から直営のサントリーバーを開店した。当時は戦争の影響で輸入ウイスキーが激減したため、国産の「サントリー」や「ニッカ」、「トミー」(東京醸造)などが人気を博した。戦後、再び模造洋酒が出回る中、寿屋は四六年に「トリス」を発売し、五五年ごろから全国各地にトリス＝バーを普及させ、ウイスキーブームの到来に大きく寄与した。

参考文献 生島淳『飲料業界のパイオニア・スピリット』(『シリーズ情熱の日本経営史』九、二〇〇九、芙蓉書房出版)、河井敬司「日本ウイスキー九十年の歴史」(『酒史研究』二九、二〇一三)

(青木 隆浩)

ウーマン＝リブ ウーマン＝リブ 一九七〇年代初頭から半ばすぎまで、全国各地に広がった女性解放運動を指す。ウーマン＝リブの呼称は欧米諸国でほぼ同時期に発生したWomen's Liberation Movementに由来する。その大きな特徴は、女性参政権の獲得など制度上の男女平等を求めた戦前のフェミニズム運動と違って、一見個人的とされる問題に目を向け、性役割や性分業から女性自身が自由になることを主眼とした点にある。このような運動が七〇年代に広がった背景としては、高度成長を通じて近代家族が広く普及したこと、六〇年代後半に盛んになった新左翼運動に参加した女性たちが運動内部の男性中心主義に強い批判を抱いたことが挙げられる。ウーマン＝リブの運動は、主として各地の草の根グループを単位として行われ、『女・エロス』『女から女たちへ』など、特色あるミニコミも多数発行された。こうした女性同士の結びつきは、それ自体、男性の視線による女性同士の分断や序列化に対抗するシスターフッドの実践として意味づけられた。各地で活動する個人、グループは緩やかなネットワークを形成し、リブ合宿、リブ大会など全国的なイベントを共同で開催したほか、優生保護法改悪反対運動、キーセン観光反対運動など政治行動においても共闘した。ウーマン＝リブの最も代表的な運動家は田中美津(一九四三―)である。ぐるーぷ闘う女、リブ新宿センターの中心的な担い手であり、七二年(昭和四十七)にはウーマン＝リブの金字塔というべき『いのちの女たちへ―とり乱しウーマン・リブ論―』を上梓した田中は、幼少期の性暴力被害を出発点として、女性の生き難さ、痛みに向き合った。田中は、女性が男性による承認を求めて疎外される社会構造を抉り出し、女性同士の連帯関係を築きながら、トータルな「わたし」の回復を志向した。

参考文献 溝口明代・佐伯洋子・三木草子編『資料日本ウーマン・リブ史』一―三(一九九二―九五、松香堂書店)、女たちの現在を問う会編『全共闘からリブへ』(『銃後史ノート戦後篇』八、一九九六、インパクト出版会)、田中美津『いのちの女たちへ―とり乱しウーマン・リブ論―(新装改訂版)』(二〇一〇、パンドラ・現代書館)

(水溜真由美)

うえきや 植木屋 庭木や鉢植えを栽培、販売する職種の名称。古くは造園を業としていたが、近世中期以降に業務が細分化し、珍しい植物「奇品」専門の者や松・梅・桜など植物ごとに分かれ、また鉢植え、地植えなど栽培場所によっても分化した。町中での振り売りは農民が余業として行なっていたが、浮世絵や歌舞伎の世界では、人気役者が扮する役どころに植木売りをあてた演目が圧倒的に多い。また駿河国沼津の植松家のように、訪問客に鉢植えを見せ、植木屋同様の業務を行う家も存在した。近世後期には、風呂や茶店を備えた娯楽施設を営み、あるいは本草学の知識で書物を執筆する植木屋も登場した。

植木屋（『人倫訓蒙図彙』より）

自分の店を持たない植木屋を縁日植木屋といい一段低く見られていたが、近代にはこれに対して高等植木屋という概念が出現した。高等植木屋は、香樹園・清大園などといった園号を持ち、広大な店舗・畑を有していた。彼らは、盆栽を美術として高めたいために、零細な縁日植木屋を排除するよう差別化を図り、縁日植木屋は大正時代には姿を消していった。

参考文献　平野恵『十九世紀日本の園芸文化―江戸と東京、植木屋の周辺―』(二〇〇六、思文閣出版)、同「明治後半期における植木屋の階層―縁日植木屋と高等植木屋―」(『さいたま市大宮盆栽美術館年報・紀要』一、二〇一二)、日野原健司・平野恵『浮世絵でめぐる江戸の花―見て楽しむ園芸文化―』(二〇一三、誠文堂新光社)
（平野　恵）

うおいち　魚市　魚介類の商取引を行う場、および施設。鎌倉時代から魚市の存在が知られる淀などの例もあるが、社会的に魚介類を常時売買取引するほどの大量需要がない時代には、通常は定期市として取引が行われた。専門の魚市が成立するのは室町時代中期以降とされるが、漁獲物需要が増大するのは近世であり、江戸の日本橋・深川の魚市、京都の三店《さんだな》魚市、大坂の雑喉場《ざこば》が著名である。各地の城下町など都市にも魚町などがおかれ、武士や町人の需要をみたした。近世の魚市には、問屋、仲買などがおり、株仲間化していた。商品は大別して生魚(海魚・川魚)、塩魚、干魚、魚肥に分類され、大都市では種類に応じて取引場所も区別された。日本の魚市は、産地市場が早くから成立した欧州と異なり、消費地市場が先行するところに特徴がある。近代以降、それまでの魚市の多くは、魚市場として公認されるに至る。
（東　幸代）

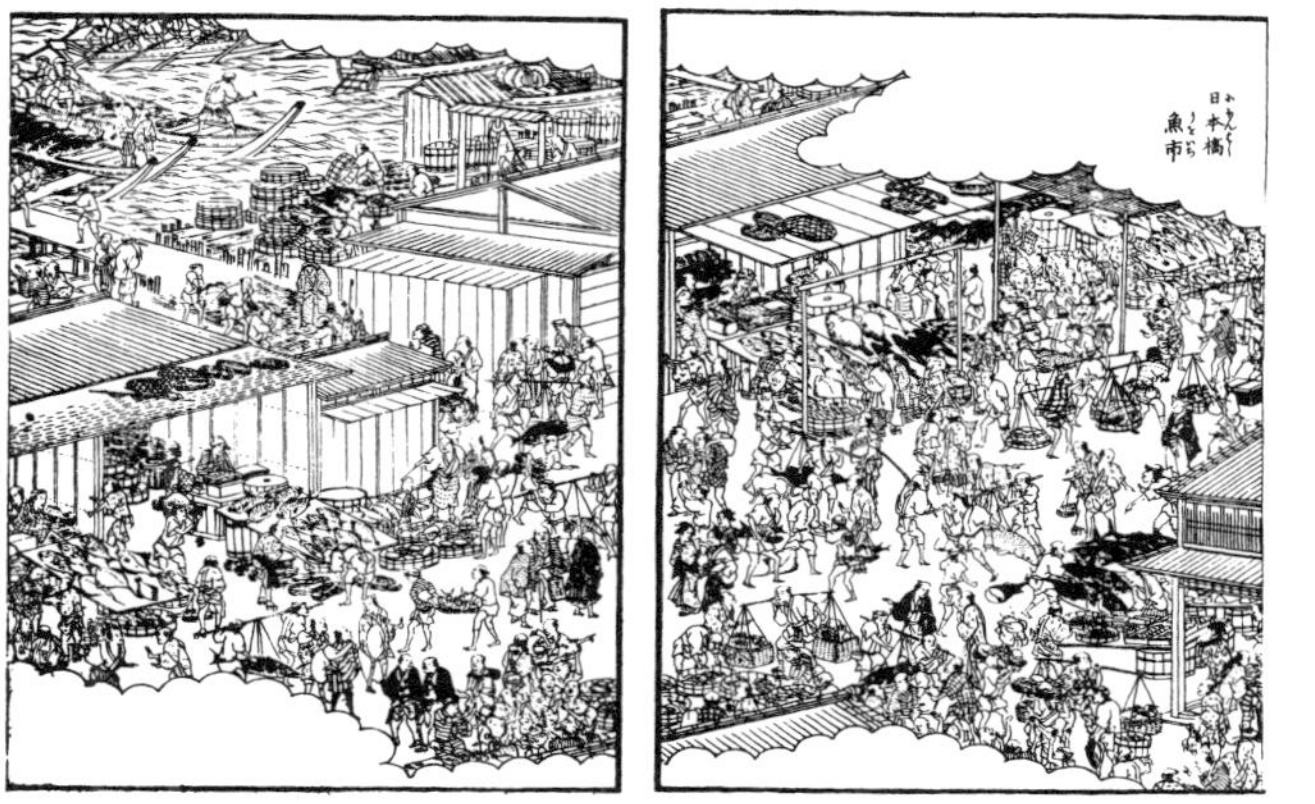
日本橋魚市（『江戸名所図会』より）

ウォークマン　ウォークマン　一九七九年(昭和五十四)にソニーが発売した、携帯型音楽プレーヤー・ヘッドフォンステレオの商標名。従来音楽を手軽に楽しむための機器にはテープレコーダーやラジカセがあったが、ソニーはそれらから録音機能を省略し、スピーカーの代わりにヘッドフォンで再生する、携帯可能な小型機器を開発した。社内の懸念とは裏腹に、巧みなマーケティング戦略によりヒット商品となり、競合他社も参入し製品開発競争の結果、八〇年代を通じさまざまな機能が付加され、製品も小型化・軽量化された。ウォークマンの開発・普及は、音楽の楽しみ方を大きく変えることとなった。すなわち、時と場所を選ばず、外出時でも音楽を聴くことが可能となるとともに、製品そのものの個人所有、およびヘッドフォンの使用により、パーソナルな娯楽となったのである。その後、記録媒体はカセットテープからMD(ミニディスク)やフラッシュメモリーなどとなり、小型軽量化、および音楽データの記録容量増加が飛躍的に進んだ。

ウォークマン（初代，1979年）

参考文献　黒木靖夫『ウォークマンかく戦えり』(『ちくま文庫』、一九九〇、筑摩書房)、水原紹「ランドマーク商品としての携帯オーディオ機器―ソニーのウォークマンの事例を中心に―」(『社会科学』七八、二〇〇七)
（西野　肇）

ウォシュレット　ウォシュレット　東陶機器株式会社(現在は、商号をTOTO株式会社に変更)が一九八〇年(昭和五十五)に温水洗浄便座として開発・販売を開始した登録商標名。本来、医療用機器として開発された温水による肛門洗浄装置を、家庭用の洋式便器に取り付け肛門を洗えるようにした商品。トイレットペーパーで拭う習慣が一般的であった日本において、排便後の肛門を洗う習慣はなかった。そうしたなか、コピーライター仲畑貴志を起用したテレビCMコピー「おしりだって、洗ってほしい」は、身体を「洗う」生活習慣に大きな変化をもたらした。以後、多機能付き温水洗浄便座は、各社が競って同様の機能を付けた商品を開発し、現代では日本の多くの一般家庭で使用されるようになった。そのため、

一メーカーの商品名が一般名詞化して使用されるまでに至った典型例の一つ。本来、排便後の肛門、性器周辺を洗浄する器具ビデを、ウォシュレットでは女性性器を洗浄する機能として分離して併置したため、ビデの名称と女性性器の洗浄習慣も受け入れられる下地を作った。

参考文献　前田裕子『水洗トイレの産業史—二〇世紀日本の見えざるイノベーション—』(二〇〇八、名古屋大学出版会)、林良祐『世界一のトイレ—ウォシュレット開発物語—』(『朝日新書』、二〇一一、朝日新聞出版)

(水本　浩典)

うきよえ　浮世絵　江戸時代の日本絵画の一つで、肉筆画と木版画がある。浮世絵版画は、当時、錦絵と呼ばれ、世俗風俗を描く商品であった。なお、寛政の改革以降、浮世絵は下絵の検閲を受け許可された後に出版しなければならなくなった。肉筆画を除く浮世絵は、江戸時代の人々にとって、鑑賞を目的とした美術作品ではなく、情報を入手するための多色刷りの情報媒体であった。口コミ以外の情報の入手が摺物とその筆写に限定されていた時代、庶民にとって安価な浮世絵は、世間で話題になっている風俗や世相を入手できる身近な情報入手源であった。現代日本人が抱く浮世絵に対する認識は、明治時代以降に欧米における浮世絵の評価が逆輸入され定着したことに留意する必要がある。画題は、遊里や市井で評判の女性を描く美人画、歌舞伎の演目や役者を描いた芝居絵や役者絵が主流であったが、寛政の改革による風紀統制のため、贅沢で豪華な出版物が禁じられたことなどにより風景画が隆盛した。異国船来航時には、源平合戦など過去の合戦を題材にした浮世絵が流行するなど、過去の事件に仮託して時事報道的な作品が嘉永期から戊辰戦争期に至るまでもてはやされた。　↓鯰絵《なまずえ》　↓武者絵《むしゃえ》

浮世絵　東洲斎写楽「三代佐野川市松の祇園町白人おなよ」

参考文献　赤井達郎『浮世絵と町人—江戸メディア・アート—』(『日本の美と文化 art japanesque』一五、一九八二、講談社)、加藤光男「浮世絵を読み直す—江戸っ子のマスメディア—」(『埼玉県立歴史資料館研究紀要』二二、二〇〇〇)、大久保純一『浮世絵出版論—大量生産・消費される〈美術〉—』(二〇一三、吉川弘文館)

(加藤　光男)

うけにん　請人　中世・近世で広範にみられた売買・貸借契約などにおける保証人。古代には保人《ほにん》・償人《しょうにん》と称した。中世では、売買・貸借や未進年貢の肩代わりに関する証文などで、債務者・契約当事者が弁済できない場合に代わって弁償すると特約された場合には、請人が代償する義務を負った。江戸時代では金銭貸借だけでなく、借家契約での店請《たなうけ》や奉公人契約における人請《ひとうけ》など、キリシタンでないことを保証する身元保証人、および連帯保証人のことを広く請人・証人と呼び、証文・契約書を請《うけ》状《じょう》と称した。奉公人契約の場合、人主《ひとぬし》とよばれた家長のほかに、同じ家で生活していない親類・縁者が請人として請判《うけはん》(記名・押印)し、奉公人が死亡・逃亡したり、奉公中に引き負いや使い込みをした場合には人主よりも請人が第一義的な賠償責任を負った。なお、女性と十七歳以下の男子は奉公人の請人となれなかった。請人は加判人・口入人ともいい、奉公先の斡旋業者である人宿が手数料を取って請判をする場合もみられた。借家請人の場合、請人自身の確かな身元が町中《ちょうちゅう》にて保証されていなければならなかった。　↓口入《くちい》れ　↓奉公人《ほうこうにん》

参考文献　西村信雄『身元保証の研究』(一九六五、有斐閣)、石井良助「近世取引法史小考」(『近世取引法史』一九八二、創文社)、鎌田道隆「都市借家人問題の歴史的展開」(『近世京都の都市と民衆』所収、二〇〇〇、思文閣出版)

(下重　清)

うし　牛　ウシ科ウシ属のオーロックス Bos primigenius を家畜化した動物。日本への牛の到来は、中国大陸・朝鮮半島からの農耕文化の渡来に伴うものと考えられる。牛は、家畜のなかでも用途が広く、乳用、肉用、さらに車や農耕具を牽引したり、荷を運搬する役用を目的として飼育されてきた。古くから日本では、特に役用として飼育されており、八世紀末の長岡京の遺跡から車輪の轍と牛の蹄跡が確認されている。また平安時代には、豪華な装飾を施した牛車が貴人の乗用具ともなった。蘇や醍醐という乳製品は古代から貴人の間で嗜まれ、また肉の利用も近世以前から確認できるが、日本の一般の人びとの食生活に浸透するのは比較的新しく、近代以降のことである。山口県の見島牛など小型在来牛が現存するが、現在の経済動物としての牛は、近代以降に導入された外国種との交配によって改良されたものである。沖縄県、鹿児島県徳之島、愛媛県宇和島、島根県隠岐の島、新潟県小千谷・長岡などでは、闘牛などにも用いられている。　↓牛車《ぎっしゃ》　↓牛肉《ぎゅうにく》　↓牛馬耕《ぎゅうばこう》　↓乳《にゅう》・乳製品《にゅうせいひん》　↓牧畜《ぼくちく》

参考文献　正田陽一編『人間がつくった動物たち—家畜としての進化—』(『東書選書』、一九八七、東京書籍)、菅豊編『動物と現代社会』(『人と動物の日本史』三、二〇〇九、吉川弘文館)、桜井芳昭『牛車』(『ものと人間の文化史』、二〇一一、法政大学出版局)

(菅　豊)

うじ　氏　古代の豪族・貴族(支配階級)が天皇に奉仕する目的で、朝廷内において特定の職掌を担うために形成した政治的な組織。氏のメンバーである氏人《うじひと》は、同一の始祖を戴《いただ》くと観念することで結ばれていた。氏は支配階級のみの組織であり、かつ、父系あるいは母系の出自集

団(出自規制にもとづく親族集団)ではない点で、世界の諸地域に見うけられる氏族(クラン)とは異なるが、そこにおける始祖からの系譜もまた、父母双方の系譜をたどるものであり、結果として個人が複数の氏に属することも稀ではなかった。氏人を統率する族長は、氏の名である氏名《うじな》と、朝廷内での政治的地位を示す姓《かばね》の称号とを有したが、律令制的な官位の制度が一般化すると姓の称号はすたれ、氏名のことを姓《せい》と呼び習わすようになった。平安時代になると、氏は父系的な出自集団としての色彩を強め、個人が複数の氏に属することもなくなるが、その過程で氏の淘汰が進み、次第に源氏・平氏・藤原氏・橘氏(いわゆる「源平藤橘《げんぺいとうきつ》」)の四氏に収斂されていく。中世に至り、家が社会の基礎単位としてクローズアップされてくると、氏は本来的な役割を終えるが、なお氏が持つ公的な性格は引き継がれた。そして、貴族の氏の末端に連なると称する地方武士にしろ、貴族の氏を真似て独自の氏を形成した一般民衆にしろ、公的な場においては家名として私称する苗字ではなく、氏名としての姓を名のり、みずからを権威づけた。つまり、氏名(姓)を持つものこそが、公に奉仕する公人(氏人)であるという観念が、中世以降も生き続け、虚実は別にして、それが一つの身分標識、ステータスシンボルとなったのである。鎌倉幕府の執権北条氏が公的な書類で平朝臣《たいらのあそん》と名のったのは、こうした事情にもとづく。公的な書類や公的な場においては、家名(苗字)ではなく氏名(姓)を用いるという習俗は、中世はおろか、氏が完全に姿を消した近世に至っても存続した。　↓イエ　↓苗字《みょうじ》

参考文献　吉田孝『律令国家と古代の社会』(一九八三、岩波書店)、義江明子『日本古代の氏の構造』(一九八六、吉川弘文館)、北康宏「大王とウヂ」(『(岩波講座)日本歴史』二所収、二〇一四、岩波書店)　(坂田　聡)

うじがみ　**氏神**　本来、古代における氏族の祖先神である。氏族の氏長者《うじのちょうじゃ》と氏人《うじうど》が氏神を祭った。ただし藤原氏が春日神社(鹿島神・香取神)を祭ったように、氏神が祖先神ではない場合もあった。平安時代後期からは、何らかの縁故や地縁のある守護神を氏神とするようになった。たとえば瀬戸内海に勢力を有した平家が安芸国の厳島神を氏神にしたし、源氏は武神である八幡神を氏神にした。鎌倉幕府の御家人は、入部した所領の鎮守神や新たに勧請した八幡神などを氏神とした。中世後期から、氏神は出生地やその土地の鎮守神である産土神《うぶすながみ》と混同されるようになった。村落の鎮守も氏神と呼ばれるようになった。『臥雲日件録抜尤《がうんにっけんろくばつゆう》』文安四年(一四四七)八月十三日条には「凡《およ》そ世人、神明のわが生《うま》るるところの地を主《つかさど》るものをもって、これを氏神という」とある。近世になると、村落の氏神(産土神)を氏子(産子)が祭るというありかたが全国に広まった。　↓産土《うぶすな》

参考文献　萩原龍夫『中世祭祀組織の研究』(一九六二、吉川弘文館)、豊田武『宗教制度史』(『豊田武著作集』五、一九八二、吉川弘文館)、柳田国男「氏神と氏子」(『柳田国男全集』一四所収、一九九〇、筑摩書房)　(薗部　寿樹)

うす　**臼**　脱穀・精白・製粉、餅搗き、そのほかさまざまな素材の粉砕に用いられる器。搗臼《つきうす》と摺臼《すりうす》に大別される。搗臼は銅鐸絵画からも明らかなように、弥生時代の稲作伝来とともにもたらされた。主に木製(木臼)で、杵を二、運動させることで穀物の精白や餅搗きをする。摺臼は上下に分かれた臼の上側を回転運動させることで穀物の脱穀や粉砕をする。搗臼には竪臼と横臼があり、円筒形の材の上部に円形の搗穴が刳られたものを竪臼、横たえた角材に舟形の搗穴が刳られたものを横臼と称す。摺臼には石臼・木摺《きずり》臼・土摺《どずり》臼がある。石臼は粉挽き臼とも称され、小麦や蕎麦、茶葉などの製粉に用いられる。木摺臼と土摺臼は穀物の籾摺に用いられた。古くはいずれも手作業で行われたが、近世には水力、大正末期には電力を利用するようになり、動力の外部化と専業化が生じた。しかしながら第二次世界大戦後、食糧難の時代が訪れ各家庭での自家精白・粉砕の必要が生じると、再び盛んに手作業で利用されるようになった。なお、薬研《やげん》のようにローラーに圧力をかけて摺り潰す道具も臼の仲間であり、碾《てん》と称する。　↓石臼《いしうす》　↓唐臼《からうす》　↓木臼《きうす》　↓杵《きね》　↓摺臼《すりうす》　(加藤幸治・今井雅之)

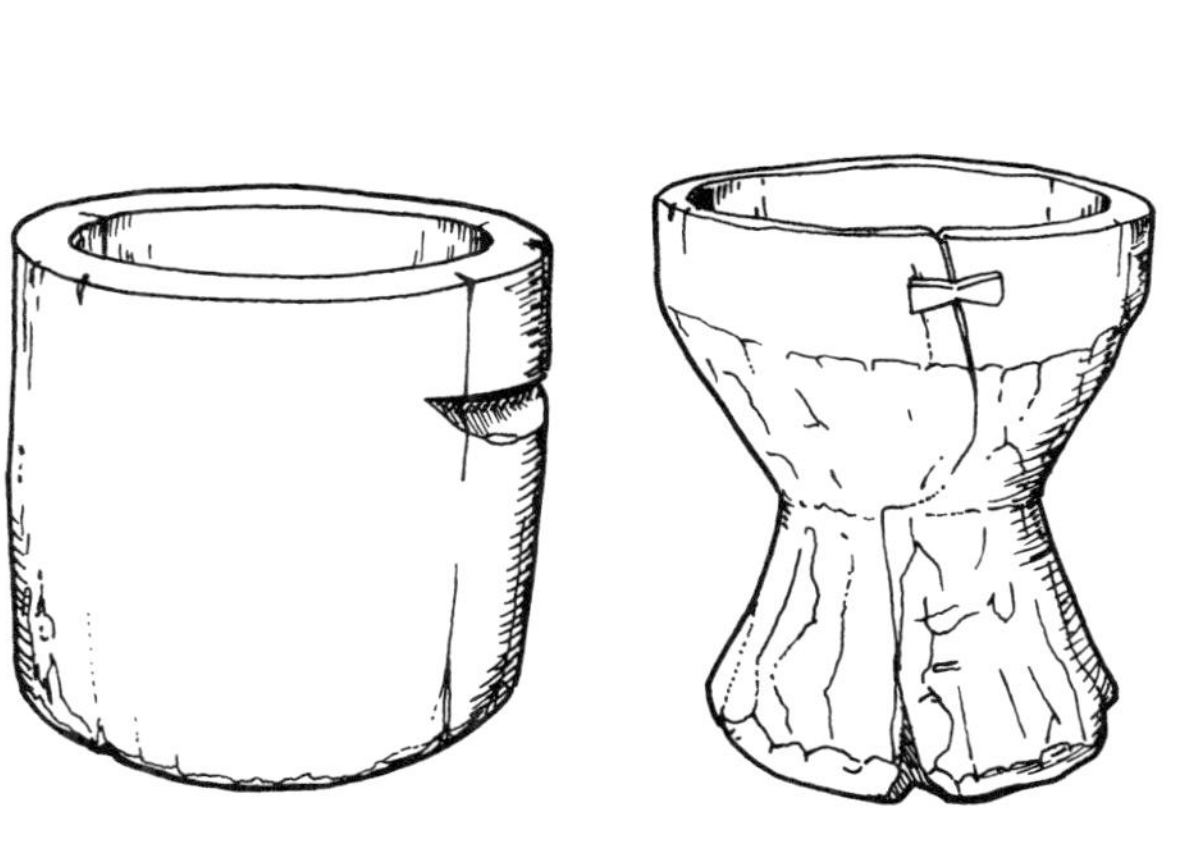

山形県鶴岡のくびれ臼(右)，関東地方の胴臼

うそ　**うそ**　事実とは異なることを、相手に信じさせる言葉や表現。「うそ」は新しい言葉で、イツワリやソラゴトという言葉がもともとあった。うそは人を騙すためのものであるため、悪いことだとされる反面、コミュニケーションの手段として、人間関係を潤滑にするために活用されることもある。柳田国男によれば、近代化以降うそのネガティブな効用ばかりが強調されるようになったが、うそが鑑賞され、技巧化することで文芸化していったように、うそがポジティブな効用をもたらしてきたという面もある。

参考文献　柳田国男『不幸なる芸術』(一九五三、筑摩書房)

(塚原　伸治)

うた　歌　日本における歌の成立をうかがわせるのは『魏志』倭人伝の「歌舞飲酒」である。それが「宴《うたげ》」である。葬儀という特殊場面であるが、死者を弔う「歌」を舞いながら歌ったのは確実である。「うた」の語源は「訴ふ」とするが、獣がうなることを「宇多岐《うたき》」といったことはさらなる語源ともなろう。歌というと書かれた和歌が連想されるが、根本は気持ちを声に出して響かせることにある。『常陸国風土記』には集まった男女が「飲楽」して「歌舞」するとある。そこでは文字に書かれていない、「文字」から離れた歌が人びとの間で響いていたのである。歌は他者との間で生きるものであり、『万葉集』が歌を分類したように男女の恋歌の相聞歌、死者を悼む挽歌、宮廷関係の人間関係の歌などを収めた雑歌と多様である。『常陸国風土記』では筑波神に感謝した「神祖神」が感謝の歌を「歌う」が、それを「曰」と記している。「歌う」とも「曰う」ともいえる表現、それこそ言葉にリズムをつけた素朴な文字なき時代の歌なのであろう。

↓演歌《えんか》　↓替《か》え歌《うた》　↓歌謡曲《かようきょく》　↓狂歌《きょうか》　↓軍歌《ぐんか》　↓小歌《こうた》　↓唱歌《しょうか》　↓流行歌《りゅうこうか》

(関　和彦)

うたい　謡　謡曲のことで、能の音曲の歌詞。舞や囃子を付けずにうたうことを素謡《すうたい》という。能(猿楽《さるがく》)の音曲は鎌倉時代に盛んに行われた寺院の延年舞《えんねんまい》の歌舞の影響を受けており、さらに南北朝時代に観阿弥が曲《くせ》(調子を高めてうたうところ)のリズムのある曲舞《くせまい》の節《ふし》を取り入れ、その子世阿弥によって謡曲が大成された。現行の謡曲約二百数十番の多くは、世阿弥が創作あるいは改作した作品である。謡曲の題材は日本や中国の古典、社寺縁起・霊験談や巷説など多種多様である。能は室町時代に大流行した。戦国時代には謡は公家・武士・町衆らがたしなみとして習得し、一曲のなかの一部分である小謡《こうたい》や曲舞が宴会などの席でうたわれた。江戸時代には謡本《うたいぼん》や小謡本が刊行されて庶民に広く普及し、謡の稽古の組織である謡講《うたいこう》や謡を教える謡師匠が多く存在した。小謡は寺子屋の教科書の往来物にも載せられ、子供たちは寺子屋で小謡を学んで覚えた。　↓能《のう》

参考文献　表章・天野文雄『能楽の歴史』(横道萬里雄・小山弘志・表章編『(岩波講座)能・狂言』I、一九八七、岩波書店)

(菅原　正子)

うたごえうんどう　うたごえ運動　主に一九五〇年代に全国に広がった大衆文化運動の一つ。元来はストライキやメーデーなどで歌われた労働歌の合唱に起源をもつが、一九四八年(昭和二十三)の中央合唱団結成に始まり、特に五二年の血のメーデーごろから全国の職場や農村のうたごえサークルとして展開し、基地反対運動の現場などにも広がった。象徴的には、第五福竜丸事件の起こった五四年の大会は「原爆許すまじ」の大合唱となり、翌年リーダーの関鑑子《せきあきこ》は国際スターリン平和賞を受賞した。この運動は共産党の反米民族闘争と六全協(第六回全国協議会)以後の平和路線の影響を受けて広がった。これに対し、文部省は『(曲集)青少年の合唱』を頒布して対抗し、企業はアカと攻撃した。またそのなかには下からの自主的な文化創造と上からの政治指導との矛盾を内包していた。六〇年安保以後は、政治的性格の希薄な歌声喫茶などに分岐していった。

参考文献　『特集日本のうたごえ』(『知性』一九五六年十月増刊号)

(安田　常雄)

うだつ　卯建　町家において、切妻屋根の妻側の壁を屋根上まで突き出して小屋根を載せたもの。卯立、宇立、梲とも表す。古くは棟を支える束《つか》を指していたが、中世末ごろ、この形式の成立とともに、用法が広くなった。卯建は、密集した町家の板葺屋根端部の雨仕舞と耐風補強の目的で発生したと考えられる。のちに家屋が耐火性を求められるようになると、防火壁の役割も持つようになる。隣家よりも屋根が高くないと卯建を設けることができないことから、家格を誇示するシンボルとしても認識され、「卯建が上がる」という言葉はここから発生した。

(大林　潤)

卯建を持つ建物(海野宿，長野県東御市)

うちいわい　内祝い　近親者の祝事に物品を贈り、祝意を表すこと。また、その返礼品。出産、初節供、入学、就職、年祝いなど、内輪の祝い事に近親者から金や物品が贈られて、祝意を表される。その返礼として、「内祝〇〇〇」という名前を記したのし紙をかけた品物を贈る。ごく親しい身内を招いて食事会などを行うこともある。病気見舞いも同様で、これに対し「快気祝　〇〇〇」として返礼を行う。

(柳　正博)

うちこわし　打毀し　江戸時代において、百姓や都市住民のうちで中下層に属する者たちが、農村の豪農や都市の大店を襲撃し実力行使によって建物や土蔵などを破壊することをいう。打毀し自体は農村の百姓一揆や都市打毀し両方に見られる行為である。農村においては、家屋

や土蔵、帳簿の廃棄など、何を打毀すかに意味が看取できる。都市においても同様ではあるが、大都市打毀しのはじめである一七三三年(享保十八)の江戸での場合に典型的なように、米値段の騰貴に起因することが多い。一八三六年(天保七)の三河加茂一揆のように、幕末が近づくにつれて打毀し行為が激しさを増す傾向がある。これは農村においても都市においても、小前や裏店といった下層に属する者たちが増加することが主な要因である。

↓百姓一揆《ひゃくしょういっき》

参考文献 岩田浩太郎『近世都市騒擾の研究―民衆運動史における構造と主体―』(二〇〇四、吉川弘文館)、保坂智『百姓一揆と義民の研究』(二〇〇六、吉川弘文館)、渡辺尚志「慶応二年の村山騒動と観音寺村村方騒動」(同編『東北の村の近世―出羽国村山郡の総合的地域研究―』所収、二〇一二、東京堂出版)

(福澤　徹三)

うちでし　内弟子　技術の習得をめざし、師匠の家に住み込んで家事、雑事をこなす者。自宅から通う外弟子に対する語として使われる。技芸には究めるべき「道」があり、弟子は先達として道を高める師匠から指導を受ける。技芸や知識だけではなく、行儀作法の習得にも重点を置いていることが特徴であるのは、芸道が神祭りから始まったことに関係する。芸道は神を招くための種々の装置「依代《よりしろ》」を作る技術から始まった。神仏を祀る技から変化した芸道は、道具と技を究めて神仏と一体化する方法で、神に近づきたいという思いのために発達した日本独自の思想である。芸道にたずさわる人の長である師匠が、人格者としての一面を持つ存在であることが求められるのは芸道が神と深いかかわりを持っているためで、弟子がその師匠のもとで道の後継者として寝食をともにしながら厳しく指導を受ける意味もここにある。↓芸《げい》事《ごと》　↓師匠《ししょう》

参考文献 諏訪春雄『国文学の百年』(二〇一四、勉誠出版)

(田口　章子)

うちわ　団扇　細い竹を手に持つ部分だけ残して細かく幾本かの骨に割り、これに紙・絹などを張ったもの。主に風をおこして涼をとったり火をおこしたりするために用いるが、日光を避ける、人目を防ぐ、虫を追う、また神事や礼式、仕舞や舞踊の具として用いるなど、その用途は多岐にわたる。古くは奈良時代、唐の文化の流入とともに伝えられたとされるが、現在普及している竹骨紙張りの絵団扇は、江戸時代に都市の庶民生活の中から生まれたものである。団扇にはさまざまな種類がある。漆や礬砂《どうさ》を塗った紙面に水を注いで涼風をおこす水団扇や、日々の火おこしに耐え得るよう柿渋を塗って丈夫にした渋団扇、火事の際に火の粉を防ぐために用いられた大団扇などがそれである。大型の団扇は穀物の風選作業にも用いられた。そのほか、貧乏神に渋団扇、天狗の羽団扇、沖縄の巫女が用いるクバの団扇、修験者の用いる蒲葵扇《ほきせん》、放下踊りに用いられる大団扇など、呪術や信仰上の目的でも用いられる。↓扇《おうぎ》

参考文献 岩井宏實編『民具の世相史―domestic Japan―(増補版)』(一九六八、河出書房新社)

(加藤幸治・今井雅之)

うつ　うつ　⇩ノイローゼ

うでぬき　腕貫　腕の保護や、円滑な動作のために腕を覆うカバー。テヌキ、ニガケなどともいう。正倉院に、東大寺の写経生が用いたとされる絁《あしぎぬ》製の腕貫が残されている。手首から肘を覆う長さが一般的だが、丈が五寸ほどの短い物もある。形態は、平型(合わせ型)と筒型があり、平型は木綿袷《あわせ》仕立ての方形の布を腕に巻き、小鉤や紐で固定する。筒型は筒状に作り、腕に通して上部を紐で縛り、手首で小鉤を留める。江戸時代の『守貞謾稿』一五によれば、上に紐をつけて背で左右を結び合わせ、「表紺裡浅木等の木綿製也、文政の末天保初比、京坂の工夫及び商家の丁稚等」がこれを用いていたとあり、農漁業や諸職では木綿製の腕貫が使用されてきた。平袖や半袖を着た際の、虫や草木からの保護、日除けを目的として着用したが、現在は長袖の汚れを防ぐために、事務作業時にも着用される。また、汗除けとして竹製や藤製の腕貫が僧侶に使用されている。↓手袋《てぶくろ》

参考文献 宮本馨太郎『かぶりもの・きもの・はきもの』(『民俗民芸双書』二四、一九六八、岩崎美術社)

(戸邉　優美)

うでわ　腕輪　手首に着ける装飾。腕飾、釧《くしろ》ともいう。縄文時代早期に出現し、古墳時代まで連綿として用いられた。縄文時代は土、石、木製などのほか、貝の中央を穿孔して環状にした貝輪がもっとも多い。弥生時代には南方産の貝を加工した貝輪が北部九州で流行し、新素材の青銅、鉄、ガラス製も登場した。金属製腕輪には環状

青銅製腕輪をはめた人骨（弥生時代，千葉県根田遺跡出土）

腕輪と南海産貝輪を模したものとがある。これらの腕輪を多数装着して墓に埋葬された人物には男女双方が認められ、政治的統率者、あるいは司祭者といった有力者と考えられる。古墳時代に入ると貝輪を碧玉や緑色凝灰岩で模造した腕輪形石製品が現れるが、装身具としての機能は失われ、宝器として古墳の埋葬施設に副葬された。代わりにこの時期には石製の管玉や小玉、また硝子玉を紐で連ねた腕輪が流行し、手首に巻く手玉のほか、足首に巻く足玉もあった。また腕輪の周囲に鈴を付けた銅製の鈴釧《すずくしろ》も登場した。これらは女性埴輪の造形にあることから、いずれも女性の装身具と考えられる。しかし七世紀以後は衰退し、再び腕輪が現れるのは明治維新後の洋装の普及によってである。↓貝輪《かいわ》

参考文献　岩永省三『弥生時代の装身具』(『日本の美術』三七〇、一九九七)、町田章『古墳時代の装身具』(『同』三七一、一九九七)　(塚田　良道)

うどん　**饂飩**　小麦粉に食塩を配合し加水・混練・圧延した麺生地を、包丁または回転ロールで線状に切出した切り麺。麺線幅は約二～四ミリで太め。平安時代の唐菓子の餛飩《コントン》がうどんの祖型といわれるが、切り麺のうどんは中国宋代の経帯麺がその原型。平安中期から鎌倉時代に留学僧により調製法が伝来し僧院での食事に供された。麦は「小麦粉で製した麺」の意味も有し、従前の麦(手延べ麺)に対して包丁切り麺は切り麦・冷や麦と呼ばれた。室町時代の日記類にうとん・きりむき・ひやむき・切麺《きりむぎ》・切冷麺《きりひやむぎ》・饂飩《うんどん》などの名称が出てくる。「うとんにてくすし僧、敞侍者もてなす也」(『山科家礼記』寛正四年(一四六三)条)、「うどんにて大飲に及ぶ」(『言継卿記』天文十七年(一五四八)条)との記録から、うどんが来訪者へのもてなし食事や酒の肴として供された習慣も知られる。江戸時代にはうどんが通称となり、うどんは熱くして、切り麦は冷やして食べる区別が生じた。江戸ではたれ味噌汁(『料理物語』)、醤油汁(『和漢三才図会』)の濃味のつけ汁で食したが、関西では昆布だし薄口醤油の汁ものが主体。関東では汁を残すが関西では汁をすべて飲むという習慣の違いも生じた。江戸のそば屋ではうどんも提供し幕末には三千店以上を数え、屋台の引売りも盛んで、この外食の発展が庶民へのうどん普及の基盤となった。人力に頼る手打ち包丁切り製法では生産量に限界があったが、一八八三年(明治十六)真崎照郷《まさきてるさと》が日本初の製麺機械を発明(特許第四四八号)、ついで大竹栄助《おおたけえいすけ》が凹凸麺線切刃を発明(同第二七五〇号)して麺類量産化を実現、その生産供給力を飛躍的に向上させた。日清戦争後、都市人口急増とともに麺類需要も増大、製麺機の各地普及で町の製麺所も大小多数出現し、これがうどん・そば生麺の家庭内消費を促し、麺食の日常食生活への一層広範な定着をもたらした。

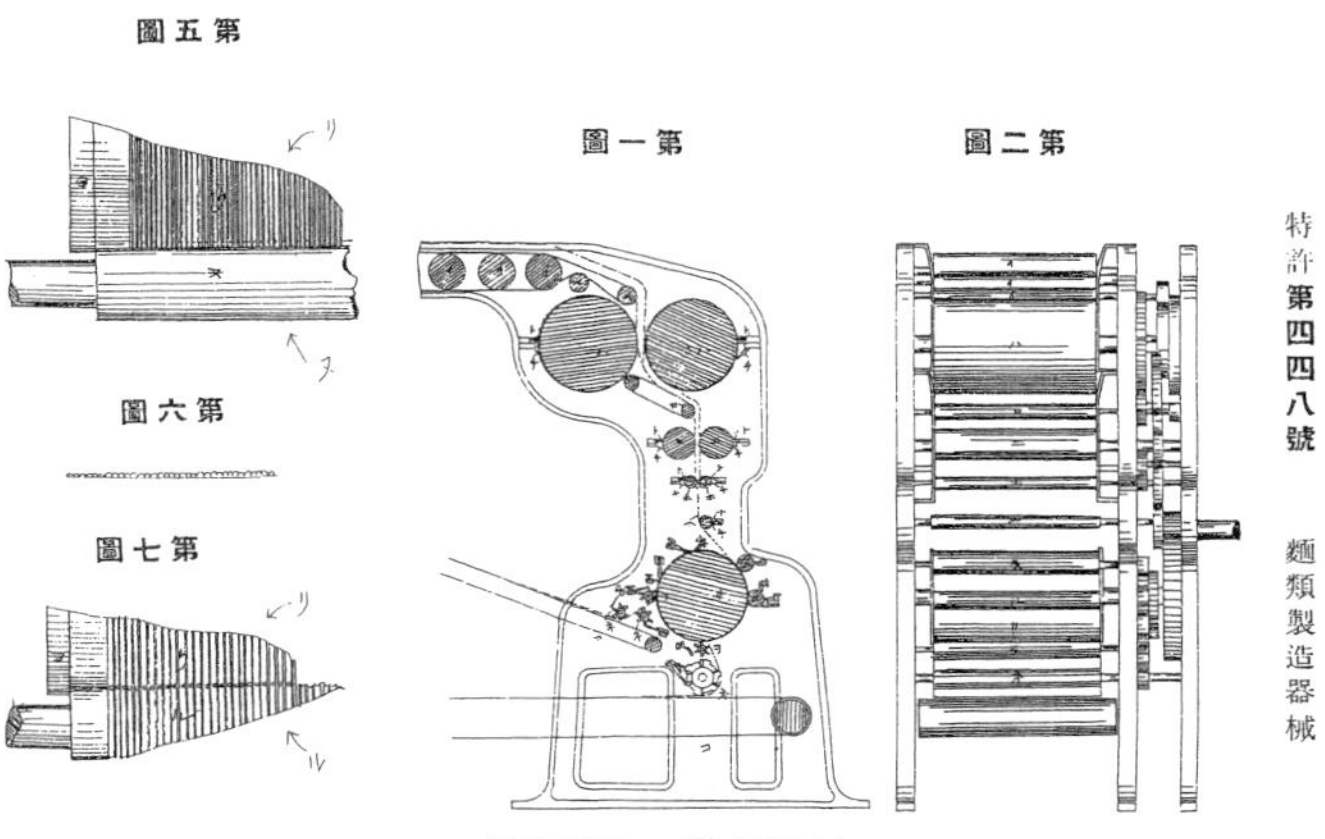

真崎照郷の製麺機械

参考文献　伊藤汎『つるつる物語―日本麺類誕生記―』(一九八七、築地書館)、石毛直道『麺の文化史』(『講談社学術文庫』、二〇〇六、講談社)、奥村彪生『日本めん食文化の一三〇〇年』(二〇〇九、農山漁村文化協会)　(村田　英明)

ウナギ　ウナギ　ウナギ科の淡水魚。日本で古くから滋養食品として食されている。鰻漁には、モンドリ・モージ・筒などと呼ばれる竹筒を用いた。この竹筒は、地域により名称も大きさも形も異なるが、いずれにしても一度鰻が中に入ると仕掛けから出ることができないように漁場の地理的特質に応じてさまざまな工夫がこらされた。また、そのほかには、簗漁や釣漁で鰻を捕ることもあっ

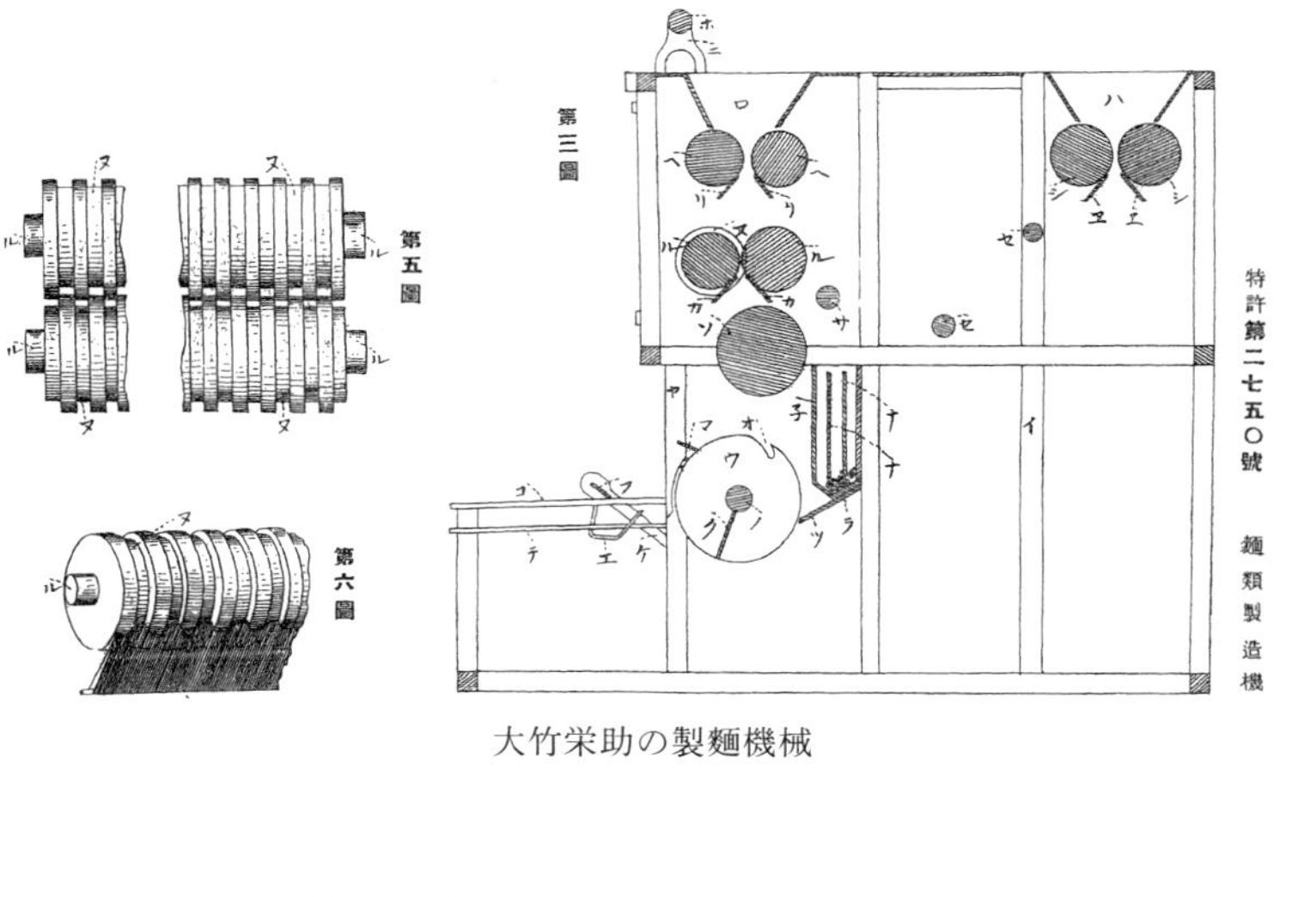

大竹栄助の製麺機械

鰻漁（『日本山海名物図絵』より）

た。近代以降は、輸入物や養殖の鰻が広く流通するようになったので、上記の伝統的漁法での鰻漁は減少しているといえよう。江戸時代に記された書物の記述から江戸時代の鰻漁に関することがわかる。十七世紀後半刊行の『本朝食鑑』では、江州勢多(滋賀県の瀬田付近)や淀川、琵琶湖、諏訪湖で捕れるものが良いと評価されており、十八世紀中期刊行の『日本山海名物図会』においても、瀬田川の鰻漁の絵が描かれている。鰻が一般庶民の食として広く親しまれるようになったのは、江戸時代といえるだろう。　↓蒲焼《かばやき》　(鎌谷かおる)

うば　乳母　産みの母に代わって授乳や養育・後見を担当する者。「めのと」ともいう。『日本書紀』では「ちおも」とあり古くから貴豪族層におかれていた。律令では、親王に三人、王子に二人の乳母の規定があり、女官に准じられた。貴族層の子女にも複数付けられた。九世紀初頭まで、皇子女の名前は乳母にちなんで付けられた。平安中期から養君が天皇として即位すると乳母は典侍になり三位に叙される慣例ができ、後宮を統括した。院政期になると乳母の夫あるいは父や兄弟も乳父《めのと》とよばれ、また乳母子(乳兄弟)も天皇や院の近臣となり、政治的権勢を振るった。このころから乳人《ちのひと》が授乳し、乳母・乳父は養育・後見を担当した。中世になると貴族・武士では、養君と乳母一族との強固な主従関係が成立し、世襲される場合もあった。近世以降も公家や武家や富裕層には乳母が付けられ、皇族では戦前まで存在した。

参考文献　田端泰子『乳母の力―歴史を支えた女たち―』(『歴史文化ライブラリー』、二〇〇五、吉川弘文館)　(服藤　早苗)

うばすてやま　姨捨山　老人を山奥へ捨てるという伝説。「おばすてやま」ともいう。日本各地にはさまざまな棄老の風習が民話や伝説として残されている。『大和物語』(一五六段、九五〇年(天暦四)ごろ成立)、『更級日記』(一〇五九年(康平二)ごろ成立)、『今昔物語集』(一一二〇年(保安元)ごろ成立)にも棄老にまつわる話がある。しかし古代インドの説話が棄老伝説の起源だという民俗学者柳田国男の議論もあり(『村と学童』)、実証的にその習俗が明らかにされている訳ではない。姨捨山は全国各地に存在するが、特に長野県の冠着山《かむりきやま》がその通称で呼ばれて著名である。深沢七郎の姨捨山伝説を題材とした小説『楢山《ならやま》節考《ぶしこう》』(一九五六年(昭和三十一))は八三年に今村昌平監督により映画化され、同年、第三十六回カンヌ国際映画祭においてグランプリを受賞した。　↓老人問題《ろうじんもんだい》

参考文献　中内敏夫他『老いと〈生い〉―隔離と再生―』(『(叢書)産む・育てる・教える　匿名の教育史』三、一九九二、藤原書店)　(太田　素子)

うぶぎ　産着　新生児にはじめて着せる衣服。昭和初期まで、産後トリアゲミズで洗った子どもをまず母親の腰巻きやぼろ布で包み、三日目に産湯《うぶゆ》を使わして、手を通す袖のある着物を着せる習俗が全国に広がっていた。ぼろを着せるのは悪霊に見つかり魅入られないため、手を通す着物(産着)は、人として認める意味をもった。テトオシ、ヒキアゲキモノなどと呼ばれ、人として認める意味をもった。出産前から産着をたくさん用意すると赤子が死ぬといわれ、出産を確認して大急ぎで縫ったという。普通は木綿だが十八世紀の農村で絹の紋付など豪華な産着が親族から贈られた記録もある(甲斐国『依田家文書』)。

参考文献　母子愛育会編『日本産育習俗資料集成』(一九七五、第一法規出版)　(太田　素子)

うぶすな　産土　生まれた土地の神のこと。氏神や鎮守とは意を異にするが、三つを混同してとらえることも少なくない。福島県には自宅の神はウジガミ、ムラの神はチンジュ、地域の神をウブスナとする地域があり、産土を示す一つのとらえ方である。また、出産後すぐに産土にお参りしたという習わしは、産土の「産」と「産神」とのつながりを示すものである。　↓氏神《うじがみ》　↓鎮守《ちんじゅ》

参考文献　柳田国男「氏神と氏子」(『(定本)柳田国男集』一一所収、一九六八、筑摩書房)　(柳　正博)

うぶや　産屋　出産の穢れを忌み、産婦を隔離するために設ける小屋。産院で出産するようになったのは、二十世紀後半だが、自宅に産婆や医師を招いて出産する習俗も十九世紀初めごろからと伝えられる。それ以前は、母屋とは別に家から遠く離れた山中や海岸に出産のためだけの簡素な小屋を建て産が済んだら壊したり、産小屋を村が共同で建てたりした。産の忌みを避けるためで、産婦のために煮炊きする火は別火にした。自宅の納戸などで出産するようになっても、産婦が産所から外に出る日を産屋明きと呼び、短くて七日、一般には三十日前後の経過が必要だった。こうした習俗は、産忌に由来するが、産後の女性の安静を助けたと考えられる。

参考文献　鎌田久子他『日本人の子産み・子育て―いま・むかし―』(『勁草医療・福祉シリーズ』、一九九〇、勁草書房)　(太田　素子)

うぶゆ　産湯　新生児に使わす湯。今日では産後すぐ使

わすのが産湯だが、二十世紀初頭まで産後すぐ使わすのはトリアゲミズと称し、三日目に産湯を使わす地方も多かった。トリアゲミズは産の穢れを恐れて、日のあたらぬ所、納戸の床の下、厠の側などに穴を掘って捨てたという。捨て場所や捨て方が悪いと赤子が乳を戻すとか産婦が目を回すなどといわれた。三日目の祝儀である三つ目は赤子を人間界に迎え入れる祝いで、産婆が赤子に産湯を使わし、産婦には親族が大きな白餅やおはぎを贈ったという。出産の安全性が増すに従い、出生後すぐ産湯を使わすようになったと考えられる。

参考文献 母子愛育会編『日本産育習俗資料集成』(一九七五、第一法規出版)
（太田 素子）

うま 馬 主にその体力を活用するために飼養される動物で、およそ六千年前に家畜となった。日本での定着は古墳時代と見られる。馬とその取扱いの技法は渡来人によってもたらされ、以降、乗用・運搬用に広汎に用いられた(なお、前近代の日本では馬に車を挽かせない)。使用が困難となっても肥料源としての価値があり、死後は身体が活用されている。身分ともかかわりが深く、古代では官人に乗馬の習得を義務付け、近世では庶民に騎行を禁じたという。神も乗馬すると信じられ、神馬を奉献した。古来の日本在来馬は海外の馬に比べるとおおむね小柄ではあるが、鎧武者を背に戦野を行き、一〇〇キロ以上の荷物を運ぶ能力がある有益な家畜であった。一八七七年(明治十)ごろの日本には百万頭以上の日本在来馬が飼われていたが、近代化、特に富国強兵の国策に従い、それらは西洋系の馬種に置き換えられた。さらに一九五〇年代から馬の必要性は著しく低下、十万頭以下に減少し、使役はほぼ跡を絶った。けれども馬には時代を越えて強い魅力があり、今なお騎芸や競馬は多くの注目を集めている。 ↓絵馬《えま》 ↓牛馬耕《ぎゅうばこう》 ↓競馬《けいば》 ↓博労《ばくろう》 ↓馬《ば》車《しゃ》 ↓馬借《ばしゃく》 ↓馬肉《ばにく》 ↓牧畜《ぼくちく》 ↓馬子《まご》

参考文献 帝国競馬協会編『日本馬政史(復刻版)』一―五(『明治百年史叢書』、一九八一‐八二、原書房)、高橋富雄他編『馬と日本史』一―四(『馬の文化叢書』二―五、一九九三‐九五、馬事文化財団)、諫早直人『東北アジアにおける騎馬文化の考古学的研究』(二〇一二、雄山閣)
（村井 文彦）

うまかた 馬方 ⇩馬子《まご》

うまみちょうみりょう うま味調味料 昆布のうま味成分であるグルタミン酸、鰹節のイノシン酸、しいたけのグアニル酸などを、使いやすい塩《えん》の形にして、単独もしくは混合した調味料。料理にうま味を付与し、素材の持ち味を引き立てる。昆布のうま味成分がグルタミン酸ナトリウムであることは、一九〇八年(明治四十一)、東京帝国大学(現東京大学)の池田菊苗博士によって発見された。だし昆布にヒントを得た研究で、うま味と名付けられた。現在は、サトウキビの糖蜜などを原料として醗酵法で作られ、百以上の国や地域で使われる。イノシン酸やグアニル酸も日本人によって発見された。これらの成分は、共存することでうま味が飛躍的に強くなり(相乗効果)昆布と鰹節の混合だしなど調理工程の中で利用されてきた。うま味が、甘味、酸味、塩味、苦味と並ぶ重要な基本味であることが認知され、一九九〇年代以降、化学調味料からうま味調味料へと名称変更され、家庭用や加工食品、飲食店などで広く使用される。

参考文献 河野一世『だしの秘密―みえてきた日本人の嗜好の原点―』(『クッカリーサイエンス』、二〇〇九、建帛社)
（河野 一世）

うまや 厩 馬を飼うための独立の建物ないし建物の一角を占める施設である。馬の導入とともに日本でも構築され始め、古代の牧跡などから遺構も検出されている。平安貴族の邸内にも厩があり、馬を繋いでいた。中世の武家の厩には『厩図屏風』(東京国立博物館所蔵)に見られるように板張りの床を持ち、応接間として用いられたものもあって、宣教師ルイス＝フロイスを驚かせた。なお、『慕帰絵』(真宗本願寺派所蔵)には、馬と牛が同居する部屋が描かれている。近代までの庶民の厩は、そのような整ったものではなかったが、重要な労働力である馬を飼い、養うにとどまらず、肥料生産の場としても貴重であった。元禄期の農書『百姓伝記』は厩について詳しく記し、「一疋立てたり共、九尺四方・二間四方にすべし。せまきは徳すくなし」「馬の立処を三尺も四尺もふかくほりて、つねにわら・くさを多く入、ふますべし」などと勧めていた。南部曲家など、地方色豊かな厩も有名である。特に東北地方の場合、雪と狼から馬を守るために一冬の間、厩に馬を入れておくこともあったという。 ↓角家《つのや》

参考文献 山森芳郎他編『図説日本の馬と人の生活誌』(一九九三、原書房)、篠崎譲治『馬小屋の考古学』(二〇一〇、高志書院)
（村井 文彦）

うめ 梅 中国から伝わった落葉高木(バラ科サクラ属)である。例年二月から四月にかけて開花し、春を告げる花として、人々をなごませてくれる。『万葉集』や『古今和歌集』にも梅が詠まれており、古くから人々に親しまれている。「花見といえば桜」というようになったのは平安時代からで、それ以前の花見の主役は梅だった。梅は平安時代に菅原道真がこよなく愛でたことから、天神のシンボルとして知られ、京都市北野天満宮で例年二月二十五日に催される梅花祭は九百年の伝統がある。東京都文京区の湯島天神の梅も有名で、観梅の時期には大勢の参拝者でにぎわう。梅の果実は梅干しや梅酒として用いられる。ごはんの中央に梅干しをのせただけの弁当は日の丸弁当と呼ばれる。梅干しには消化促進や疲労回復、抗菌・防腐などの効能があるといわれ、主食といっしょに食べることが多い。

参考文献 矢頭献一『植物百話』(一九七五、朝日新聞社)
（柳 正博）

うめぼし 梅干 ウメの果実を塩漬けして日干しした後、

本漬けした漬物。塩分が多く、酸味が非常に強いため、保存性が高い。ウメの種子は弥生遺跡から出土しているが、文献における梅干の初出は鎌倉時代で、「僧家の肴なり」と僧に食され、武家の正式な膳である椀飯《おうばん》にも毒消しとして供された(『世俗立要集《せぞくりつようしゅう》』)。また、天皇への献上品でもあった(『御湯殿上日記』)。戦国時代には、陣中食として重用された(『雑兵物語』)。梅干の作り方は、江戸時代から料理本にみられ(『漬物早指南』)、紫蘇を用いた作り方も記述されており、うどんの薬味や煎酒《いりざけ》など料理にも梅干が用いられた。食事や弁当のおかず、民間療法に役立てられてきた。白飯の真ん中に梅干をのせただけの弁当は、日の丸に見立てて日の丸弁当と呼ばれる。近年、各家庭で梅干が漬けられることは少なくなり、減塩調味を施した調味梅干が主流となっている。

参考文献 有岡利幸『梅干』(『ものと人間の文化史』、二〇〇二、法政大学出版局)　(中澤　弥子)

うめよふやせよ　産めよ殖やせよ　日中戦争の長期化に伴い、「人的資源確保」のために早期結婚・出産を奨励する政府のスローガンで、広く民間に流布した。厚生省は一九三九年(昭和十四)、「結婚十訓」において、その十番目に「生めよ育てよ国の為」と発した。同年秋から、嫡出子女十人以上の夫婦が「子宝家庭」として表彰された。四一年には、人口政策確立要綱が閣議決定され、「東亜ニ於ケル指導力ヲ確保スル為」に、内地人口を一億人にする目標が立てられた。そのため、十年間で婚姻年齢を三年早め(男二十五歳・女二十一歳)、平均五人産むようにとの方策が出された。戦後、厚生省は人口抑制に転じ、五二年に受胎調節普及実施要領を発表、五〇年代半ば以降、「家族計画」と呼びかえられて、進められた。少子高齢化が進む中、二〇一四年(平成二十六)、政府の有識者会議では、総人口一億人維持のための方策を考案中であるが、同時に一九九四年に国連で採択された「リプロダクティブ＝ヘルス／ライツ(性と生殖に関する健康と権利)」の尊重も重要である。

参考文献 松原洋子編『優生問題・人口政策編』六―九(『性と生殖の人権問題資料集成(編集復刻版)』二〇―二三、二〇〇一―〇三、不二出版)、荻野美穂『「家族計画」への道―近代日本の生殖をめぐる政治―』(二〇〇八、岩波書店)　(平井　和子)

うらだな　裏店　江戸時代の都市において、通りに面して建てられた表店に対して、その裏側の土地に建てられた零細な家屋のこと。一般に割長屋が多く、各店は三坪から五坪程度の狭小な住まいが中心だった。敷地内の一角に共同便所(雪隠)・芥溜・井戸が設けられていた。営業には向かない空間であり、大工・左官といった手間取りの職人や、野菜・魚などを売り歩く振売商人、さまざまな肉体労働に従事する日雇稼、遊芸者といった都市下層民衆の生活の場となっていた。　↓地借《じがり》・店借《たながり》　↓町《ちょう》人《にん》　↓町屋《まちや》

参考文献 竹内誠「寛政―化政期江戸における諸階層の動向」(西山松之助編『江戸町人の研究』一所収、一九七三、吉川弘文館)、玉井哲雄『江戸町人地に関する研究』(一九七七、近世風俗研究会)、吉田伸之『成熟する江戸』(『日本の歴史』一七、二〇〇三、講談社)　(西木　浩一)

うらない　占い　あるしるしを解釈して個人または集団の過去・現在・未来について知る方法。日本には古くは鹿の肩甲骨を焼いて吉凶を占う太占《ふとまに》があったが、六世紀に朝鮮半島から亀甲を焼いて占う亀卜《きぼく》が伝わり、朝廷の神祇官に亀卜専門の卜部《うらべ》が設けられた。中国からは陰陽《おんみょう》道《どう》の式占《しきせん》(式盤《しきばん》を使った占い)が数種伝わり、十世紀後半ごろから六壬《りくじん》式占が朝廷の陰陽寮官人に用いられた。陰陽寮官人は天体も観測して中国の天文書を使った政治的な天文占いも行なった。中世では天皇・将軍から庶民に至るまで、陰陽師に行事の日時の占定や怪異・事件の解明などを頼んでおり、科学が未発達であった時代に占いは重要な役割を果たしていた。戦国時代には、『易経《えききょう》』による易占いが武将たちに好まれ、民間では算置《さんおき》の算木《さんぎ》占いが流行した。このほかに中世には宿曜道《すくようどう》、夢占い、鬮《くじ》、盟神探湯《くかたち》などがあり、近世では手相・家相の占いや辻占いなどさまざまな占いが市中で行われた。　↓陰陽道《おんみょうどう》　↓家相《かそう》　↓風水《ふうすい》　↓卜占《ぼくせん》

参考文献 村山修一『日本陰陽道史総説』(一九八一、塙書房)、菅原正子『占いと中世人―政治・学問・合戦―』(『講談社現代新書』、二〇一一、講談社)　(菅原　正子)

うら・はま　浦・浜　地理的に湖海が屈曲し陸地に入り込んでいるところを浦、屈曲がなく湖海に接する平地を浜というが、歴史的には支配単位、および漁労組織をいう場合も多い。古代から文献にみえ、律令制的な公私共利の原則のもとで地域共同体による用益が行われていたが、一方で、王権に直属する漁民集団の漁場利用もみられた。中世においては、新開の浦・浜開発が進められ、浦・浜の私的・荘園制的領有が進展する。その後中世後期には、浦・浜は大名から水主役《かこやく》などの浦役を課され、のちに江戸幕府からも、難破船の処理などを浦役として義務づけられた。近世における浦・浜の生業として、漁業や製塩業などがあげられるが、一般に純漁村は少なく、半農半漁が通常の姿であった。支配単位としては、浦方・浜方のように地方《じかた》に対応するかたちで浦・浜が位置づけられており、村によっては、地方とは別に村内の浦方にも名主などがおかれることもあった。　↓海村《かいそん》　↓漁《ぎょ》村《そん》

参考文献 朝尾直弘他編『境界領域と交通』(『日本の社会史』二、一九八七、岩波書店)　(東　幸代)

うらぼん　盂蘭盆　陰暦七月十五日を中心に行われる祖霊供養の法会のこと。盂蘭盆会《うらぼんえ》・盂蘭盆供会《うらぼんぐえ》ともいう。中国から伝わった『盂蘭盆経』に基づくと考えられ、六〇六年(推古天皇十四)七月十五日の斎会、六五七年(斉明天皇三)に飛鳥寺の西に須弥山《しゅみせん》の像を作って盂蘭盆会を行なったのが早い例である。その後朝廷の恒例行事となり

諸大寺でも行われたため世間に普及した。また、素麺を食し畠作物を祀ることが多いことから収穫祭として評価する見解もある。→法事《ほうじ》

参考文献　木村茂光「中世農村と盂蘭盆―農事暦とのかかわりで―」(同編『日本古代・中世畠作史の研究』所収、一九九二、校倉書房)　(木村　茂光)

うるうどし　閏年　閏月または閏日のある年。太陰太陽暦(いわゆる旧暦)では一年の長さが三百五十四日前後で、実際の一年(太陽年)との間に約十一日の差がある。この差が一ヵ月以上にならないように、ほぼ十九年間に七回の閏月を設ける。閏年は十三ヵ月となり、日数は三百八十四日前後となる。太陽暦(グレゴリオ暦)では四年に一日の閏日を置く。西暦を四で割り切れる年を閏年とするが、ただし、百で整除できる年はさらに四で割り切れる年(西暦一六〇〇年、二〇〇〇年、二四〇〇年など)以外は平年とする。閏年には二月を二十九日とし、総日数は三百六十六日となる。

参考文献　内田正男『日本暦日原典』(一九七五、雄山閣出版)　(岡田　芳朗)

うるし　漆　日本・中国・朝鮮半島に分布し、樹高一〇《メートル》、径五〇《センチ》ほどに成長する落葉高木。樹木はウルシ科ウルシ属ウルシ種)、Toxicodendron vernicifluum(ウルシ科ウルシ属ウルシ種)、その樹液は漆液(主成分ウルシオール)という。雌雄異株で古くから雄木《おぎ》は蠟《ろう》、雌木《めぎ》は漆採取用として区別されてきた。ウルシに傷をつけると、内樹皮の漆液溝から乳白色の漆液がしみだしてくる。漆液溝の数が多くなる樹齢十年前後のものから、六月から十月にかけて採取する。日本の漆採取の主な方法は、採取したその年に伐採する殺掻《ころしがき》法である。採取作業の手順は、掻子《かきこ》(採取者)が一期間で採取する本数などの作業範囲や予定を決める山建《やまだて》をした後、皮剥鎌で表皮を削って滑らかにし、掻鎌で一回目の傷をつける目立《めたて》(次回採取のための準備作業)を行う。目立後五日目に、漆液を採取するための辺掻《へんが》きをする。辺掻きは五日に一度ずつ各目立に一本ずつの傷をつけていく。六月上旬から九月下旬ごろには、最大二十五辺ほどになる。傷つけられたことによって、しみだす漆の分泌時間は十分ほどで、この漆を辺掻き漆(辺漆)という。一本からの年間採取量は二〇〇《ミリリットル》前後。今日、日本国内における漆需要量の九八%前後が中国産(七〇《トン》台)で、日本産漆は二%でしかない。→漆器《しっき》

参考文献　伊藤清三『日本の漆』(一九七九、東京文庫出版部)、四柳嘉章『漆』I(『ものと人間の文化史』、二〇〇六、法政大学出版局)　(四柳　嘉章)

漆製法(『日本山海名物図会』より)

ウルチ・モチ　ウルチ・モチ　穀類の特性を表す語。ウルチとモチの大きな相違点は粘りの多少にあり、ウルチは粘りが少なく、モチは粘りが多い。それは、植物の体内に合成・貯蔵される澱粉の違いによる。モチ澱粉を体内に蓄える穀類は、稲・大麦・粟・黍などの七種類に限られ、小麦・稗はウルチ性のみでモチ性を欠いている。古来、モチ品種は赤飯に代表されるようにハレの日の食物の素材であった場合が多いのに対し、ウルチ品種は日常食としての性格が強い。モチ米を素材にした食品は多く、宮廷儀礼を例にとっても正月に長寿延命を願う歯固めの餅鏡、上巳(三月三日)に母子草《ははこぐさ》を搗き入れた草餅、端午(五月五日)に真菰《まこも》や茅《ちがや》で巻いた粽《ちまき》、十月亥の日に無病息災を祈る亥子餅《いのこもち》などの儀礼食が挙げられる。モチ性雑穀の利用も各地でなされ、焼畑農耕で知られる白山麓の石川県石川郡白峰村(白山市)ではウルチ性の粟(粟飯として食す)に加えてモチ粟も多く栽培され、粟餅として食されていたことで知られる。

参考文献　阪本寧男『モチの文化誌―日本人のハレの食生活―』(『中公新書』、一九八九、中央公論社)、渡部忠世・深澤小百合『もち―糯・餅―』(『ものと人間の文化史』、一九九八、法政大学出版局)　(伊佐治康成)

ウルトラマン　ウルトラマン　M78星雲光の国から地球の平和を守るためにやってきた銀色の巨人の呼称であり、彼が活躍する特撮ヒーロー番組のタイトル。「ゴジラ」を手がけた円谷英二《つぶらやえいじ》率いる円谷プロによって制作され、従来の国産SF作品の宇宙人とは一線を画すウルトラマンの姿や、活動時間が三分間に限定されているなど斬新な構想で子どもたちから人気を集めた。正義の味方ウルトラマンが悪い怪獣や宇宙人を必殺のスペシウム光線で退治するという、児童向けヒーロー番組に通底する基本構図を確立しながらも、金城哲夫《きんじょうてつお》や上原正三《うえはらしょうぞう》、実相寺昭雄《じっそうじあきお》といった製作者たちは正義と悪を決して単純二元化せず、ともに戦う科学特捜隊ら地球人との関係や、地球人のような「命」の概念を持たなかったために地球人との共存がかなわず対立したバルタン星人、加熱する宇宙開発競争の犠牲となり怪獣化し地球に復讐しにやってくるジャミラなど、怪獣の登場経緯などを丁寧に描き世界観に深みを持たせた。同作の人気は、一九六六年(昭和四十一)の放送開始以来「ウルトラセブン」(六七年)、「ウルトラマンタロウ」(七三年)、「ウルトラマンティガ」(九六年(平成八))、「ウルトラマンメビウス」(二〇〇六年)など世代

を越えて関連新作とウルトラ兄弟を生み出し、戦後日本を象徴するヒーローコンテンツとして、今なお拡大を続けている。

参考文献　ウルトラマンタロウ著・和智正喜訳『ウルトラマンの愛した日本』(『宝島社新書』、二〇一三、宝島社)、『ウルトラマン研究読本』(『別冊映画秘宝』、二〇一四、洋泉社)　(花岡敬太郎)

うわぎ　上着　一番上に着る衣服、上下別の衣服で上に着る服。表着とも書き、江戸時代までの打掛、袍《ほう》、袿《うちき》、能装束の唐織などは、上着に含まれる。それらに対し、羽織や合羽などは衣服の一番上に着るが上着とはいわず、帯を締めて着る小袖は下着と位置づけられるため上着ではない。背広のように、ズボンの上に着るものを上着という。　(刑部　芳則)

うわさ　噂　人々の口から耳へと伝えられ、その連鎖として広まっていく情報。〔前近代〕最も古くからあるメディアで、中世の情報伝達では過半を占める。それだけに、噂を意味することばは多様で、風聞、口遊、人口、雑説、巷説、流言、物言、謳歌、沙汰などがある。童謡《わざうた》は古来、火星が空から地上に降りてきて童子のあいだに広めるとされ、未来への予言として受けとめられた。「天に口無し、人の囀りを以てす」と、噂の広がりの驚くべき早さと相まって、その背後に人間を超越した存在があると考えられ、落書起請でも、「実証十通、風聞三十通」をもって実犯と決めるなど、その内容に大きな信頼がおかれた。多くの日記が、風聞によって得られた情報を必ず記載していて、今日の社会でマスメディアがニュースの伝達において果たしている役割を、中世では噂が担っていたことがわかる。ただ、噂ということばは、戦国時代になって登場してくる。「人の上を沙汰する」という表現から出てきたものと思われる。

参考文献　酒井紀美『中世のうわさ—情報伝達のしくみ—』(一九九七、吉川弘文館)　(酒井　紀美)

〔近現代〕近代以降の噂は、政府や自治体などの「公式発表」やマスメディアなど、制度的な情報流通との対比においてまずは流通した。特に戦争中の言論統制下や災害後など危機的状況では、圧倒的な情報不足の間を埋めるように、噂が力を持つことになる。たとえば二十世紀前半においては、関東大震災やアジア・太平洋戦争という状況下において噂が力を持ち、それが暴力的な事件を招くこともあった。当初はメディアの空隙を埋めるものとして流通した噂であるが、メディアの発する情報量が増えたのちも、噂が力を失うことはなかった。むしろ、現在の噂はマスメディアの発する情報とのハイブリッドとして流通し、インターネットなどの新しいメディアは噂の最も大きなチャンネルの一つとなっている。二〇一一年(平成二十三)の東日本大震災・福島第一原発事故をめぐって、ソーシャル＝ネットワーキング＝サーヴィス(SNS)を通じて噂が拡散し、社会不安が招かれたことなどは、新たな噂のチャンネルのありかたを示したといえる。　→ゴシップ　→世間話《せけんばなし》　→都市伝説《としでんせつ》　→流言蜚《りゅうげんひ》語《ご》

参考文献　佐藤健二『流言蜚語—うわさ話を読みとく作法—』(一九九五、有信堂高文社)、松田美佐『うわさとは何か—ネットで変容する「最も古いメディア」—』(『中公新書』、二〇一四、中央公論新社)　(塚原　伸治)

うんどうかい　運動会　学校や地域単位で行われる、スポーツを中心としたさまざまなゲームを行うレクリエーションの総称。現代の日本の教育機関で行われる運動会や体育祭は、学習指導要領における「特別活動」に位置付けられている。起源は明治期に東京築地の海軍兵学寮において一八七四年(明治七)に催された競闘遊戯会であるとされ、それまでの日本人にとっては馴染みのない二人三脚や棒高跳び、三段跳びといった種目が実施された。以降、類似の運動会が大学や体操伝習所、師範学校、中学校へと順次波及し、八五年に森有礼《もりありのり》が文部大臣に就任すると、教科として体操が積極的に小学校の教育へと導入され、あわせて運動会も小学校へと普及していくこととなる。体操の授業や運動会の導入は、日本全国の子どもたちの身体技術の近代化と画一化に大きく作用するのと同時に、競争意識もあわせて喚起することに成功し、近代国民国家の枠組みのなかに子どもたちを位置付けていくこととなった。一方で、運動会は学校生活において年一回開催される一種の年中行事としての機能も持つようになり、二人三脚や棒高跳びのような個人・少人数競技だけでなく、旗奪い合戦や綱引きといった近代以前からの祭の演目も取り入れられ、運動会は地域と学校の共同のハレの席としての性格も持つようになったといえる。運動会とは、近代以前の人々の祭の記憶と、明治以降の身体の近代化を巧みに再編成した結果生まれた産物と位置付けられるだろう。

参考文献　井上一男『学校体育制度史(増補版)』(一九七〇、大修館書店)、吉見俊哉他『運動会と日本近代』(『青弓社ライブラリー』、一九九九、青弓社)　(花岡敬太郎)

うんどうぐつ　運動靴　運動に用いる靴の総称といえるが、一般には紐などの留め具のないゴム底布靴をいい、厚地の布からズック靴、履きやすくするために前中央にゴム布が付けられたことから前ゴム靴ともいわれた。ゴム底布靴に一八三二年ニューヨークで特許登録され、それまでの革底に比して音がしないことからスニーカーと呼ばれ、日本では一九二〇年代に製造が始まっている。三四年(昭和九)発行の冊子『日本足袋株式会社工場案内』では、踝《くるぶし》まである編み上げ靴にスニーカー、紐留めの浅靴に運動靴、留め具のないゴム布付き浅靴に前ゴム靴の呼称があてられている。広く日常的に靴が普及する五〇年代以降、運動用の靴も競技に合わせた機能を持つものが開発されるようになって、前ゴム靴は子どもの日常履きが中心となり、七〇年代にはキャラクター柄のビニール製が流行する。競技用の靴が一般的なタウン履きにな

り始めた八〇年代からはスニーカーと総称されるようになった。（市田　京子）

え

エアコン　エアコン　室内の温度を低下・上昇させることで快適な状態を保つ空調機器。エア＝コンディショナー。当初は冷房機能が主でルームクーラーと称されたが、暖房・除湿機能などが加わり（ルーム）エアコンとなった。大手メーカーが家庭用エアコン開発を開始したのは一九五〇年代初頭であるが、窓枠に設置されるウインド型と呼ばれる形式が主だった。六〇年（昭和三十五）には暖房機能も備えたヒートポンプ式が開発されたが、エアコンの生産拡大をもたらしたのはセパレート型の開発である。これは現在のように室内機・室外機からなり、設置場所の自由度が高まった。七〇年代以降、マイコン制御やインバータ制御、新形式コンプレッサーの開発などが進められ、これらは家電製品の中でも消費電力量の大きいエアコンの省エネ化を主目的とした。エアコンは国内各地の気候条件の差異などから、普及率上昇のテンポは緩やかであり、八五年にようやく五〇％を超えることとなった。　↓暖房《だんぼう》

参考文献　前島正裕「家庭用エアコンの国産化・普及に関する一考察」（『Bulletin of the National Science Museum. Series E, Physical sciences & engineering』一八、一九九五）、日本冷凍空調学会編『（改訂新版）日本冷凍史』（一九九八）
（西野　肇）

エアロビクス　エアロビクス　有酸素運動の意味で、運動生理学者ケネス＝クーパーが空軍用に考案した健康プログラムが、エアロビックダンスとして一九七〇年代米国で普及した。日本では一九八二年（昭和五十七）に最初のスタジオが東京に開設され、レオタード姿で踊る女性の華やかなイメージとともに、フィットネス商業施設が広がり、若年女性向け健康ビジネスとして定着した。身体文化における女性の自立を印象づけたエアロビクスは、同時に、痩せ志向を亢進させる消費文化の一環に位置している。

参考文献　ケネス・H・クーパー『エアロビクス―新しい健康づくりのプログラム―』（石川旦・広田公一訳、一九七二、ベースボール・マガジン社）、鎌田慧『健康売ります！―ヘルス産業最前線からの報告―』（一九八五、朝日新聞社）
（中西新太郎）

えいが　映画　連続撮影したフィルムを高速度で映写幕に映しだし、形や動きを再現するもの。一八九五年、フランスのリュミエール兄弟がシネマトグラフを一般公開したのが起源とされる。日本では翌年に輸入、風景や人物の実写が各地で上映され、次第に活動写真という名称が定着した。一九〇三年（明治三十六）全国最初の映画常設館である電気館が東京浅草に誕生した。一二年（大正元）には日本活動写真株式会社（日活）が発足。新派作品「カチューシャ」をヒットさせ、また京都では尾上松之助主演の旧劇が人気を得た。第一次世界大戦の戦場となったヨーロッパ映画の衰退にかわってアメリカの連続活劇や喜劇が大流行し、特に日本では物語の流れを登場人物のセリフで語る活弁（活動写真弁士）の存在が特徴となった。この時期には新興の労働者や学生が主な観客であった。二〇年代には製作本数が年間五百本台と急増した。それは無声映画全盛時代ともいわれ、小市民映画や左翼的な傾向映画などと並んで、伊藤大輔の「忠治旅日記」三部作（二七年（昭和二））に代表される時代劇の傑作がつぎつぎと生まれた。同時に世界映画の動向を受けて、日本でも発声映画（トーキー）が開始され三一年の五所平之助の「マダムと女房」が国産第一作となった。しかし三七年日

1960年代初頭の映画館（東京都世田谷区三軒茶屋）

中戦争の開始とともに映画界も戦時体制に組み込まれ、三九年の映画法によって検閲が強まりフィルムも不足、戦争末期には映画館は無期限の休業に追い込まれていった。敗戦後はGHQの検閲のもとであったが「民主主義」をテーマにした作品を軸に再建が目指され、東宝争議や映倫(映画倫理規程管理委員会)の発足などを経て五〇年代には松竹・東宝・大映・東映・日活の五社体制が確立した。五一年には黒沢明の「羅生門」がヴェネチア映画祭でグランプリを獲るなど国際映画祭での受賞が続いた。戦後復興の追い風のなかで、日本映画は人びととの生活に最も密着した大衆文化となり、五八年には観客動員数延べ十一億二千万人のピークを記録、映画館数は五九年に七千四百五十七館で最高となった。しかし六〇年代におけるテレビの急速な普及は映画の斜陽化をもたらし、この十年で映画館数は半減、七二年には観客数は一億人レベルに下降した。さらに八〇年代以降はレンタルビデオ、衛星放送による映画放映、インターネットでの視聴機会の拡大など情報環境の激変が進み、他方で日本製アニメーションの世界的隆盛やアジアなど世界映画の紹介などの要因も加わって、人びとの生活にとっての映画の位置はきわめて多様になっている。

参考文献　田中純一郎『日本映画発達史』一―五(一九八〇、中央公論社)、佐藤忠男『日本映画史』一―四(一九九五、岩波書店)
(安田　常雄)

えいかいわ　英会話　英語を使って会話すること。第二次世界大戦後のアメリカ占領下で、英会話は空前のブームとなった。早くも一九四五年(昭和二十)十月には『日米会話手帳』(誠文堂新光社)が刊行され、一ヵ月で四百万部を売り尽くすベストセラーになった。翌四六年二月からNHKラジオで始まった「カムカム英会話」(正式名称「平川唯一先生の英会話教室」)はやさしい単語と講師平川唯一の個性でブームの頂点となった。当時彼はアメリカの「デモクラシーの善意の伝道者」ともいわれたという。各地には視聴者によるカムカム＝クラブもできてその受け皿になった。その後六〇年代前半の東京オリンピックの時代を経てグローバリゼーションの現代まで英会話熱は断続的に続いている。しかしその英会話文化は白人中産階級の言語と生活の紹介に偏り、黒人やアジア系アメリカ人、また労働者や農民、マイノリティの人びとの生活が取り上げられることはほとんどなく、さらに乱立する英会話学校も「白人」以外の人をなるべく雇わないといわれる。それは戦後日本人の「外国」像の歪みを照らし出している。

参考文献　ダグラス＝ラミス『イデオロギーとしての英会話』(斎藤靖子他訳、一九七六、晶文社)、竹前栄治「戦後デモクラシーと英会話」(『占領戦後史』所収、一九九二、岩波書店)
(安田　常雄)

えいがかん　映画館　⇩映画《えいが》

えいせい　衛生　生命や健康を守り、病気の予防をはかること。日本では、一八七四年(明治七)に医制が公布され、西洋を規範として導入がはかられた。文明開化期、初代内務省衛生局長となった長与専斎によってドイツ語「ヒュギエーネ hygiene」の訳語として『荘子』庚桑楚篇から「衛生」という語があてられた。前近代は「養生」といわれ、貝原益軒『養生訓』(一七一三年(正徳三))にあるような、通俗的な日常訓・道徳訓が一般的であったが、これらを否定し、上からの普及が目指された。もっとも、長与は、衛生は住民自治が基本という考え方も持っており、一八七九年には各地方に公選による衛生委員を置き、衛生意識の浸透をはかろうとした。しかし、八六年に衛生委員廃止、九三年には、衛生業務が警察部に移管され、上意下達式になった。自由民権運動に対する牽制、コレラを中心とする外来の急性伝染病による混乱に速やかに対応するためであった。経験知としての養生術から、先進国より移入された文明知・権力知としての衛生への転換は、経験知の切り捨てや抑圧、文明知の啓蒙や強制という側面を持っていた。また、不潔の排除、蔑視という差別的な視線をも生み出していった。戦時体制の深まりとともに一九三八年(昭和十三)、厚生省が新設され、警察行政の一環だった業務は、医療・衛生分野が独立して扱われる。四一年には保健婦規則が制定され、公衆衛生看護の専門職として保健婦が制度化された。これにより、取締中心だった警察による防疫行政は、保健婦による指導により、より広範にきめこまかく国民生活に介入してゆくようになった。戦後は日本国憲法第二五条には、生存権と国の公衆衛生保障義務が定められ、GHQ(連合国軍最高司令官総司令部)の強力な後押しで、公衆衛生制度の拡充強化がはかられた。高度成長期を経て、学校教育、マスコミ、衛生商品などを通しても衛生意識を更新する機会は増えている。　↓消毒《しょうどく》　↓保健婦《ほけんふ》　↓養生《ようじょう》

参考文献　長与専斎『松香私志』(小川鼎三・酒井シヅ

校注『松本順自伝・長与専斎自伝』、一九八〇、平凡社)、成田龍一「身体と公衆衛生―日本の文明化と国民化―」(歴史学研究会編『講座世界史』四所収、一九九五、東京大学出版会)　(木村　哲也)

えいようしっちょう　栄養失調　食物の摂取エネルギーの不足、タンパク質不足、疾患などが原因で生ずる低栄養状態を含む栄養障害をいい、浮腫・貧血・下痢などの諸症状が現れる。戦前戦中の社会に広くみられ、結核患者や虚弱児の栄養補給薬として明治中期にはタラ・サメの肝臓より抽出の肝油が売り出されている。大正期にはカプセル入りの「理研ビタミンA球」が、昭和初期にはビール酵母製剤の「わかもと」「エビオス」などつぎつぎに生まれている。日中戦争に従軍した兵士の間に発生した奇病は戦争栄養失調と名づけられたが、戦後の食糧難の時代においては国民の多くが栄養失調の状態にあった。現在は過剰栄養とアンバランスな栄養素の摂取が問題となっている。国は生活習慣病の克服と健康づくり支援のため健康増進法にもとづき食品の栄養表示基準制度を設けている。

参考文献　岡崎寛蔵『くすりの歴史』(一九七六、講談社)、清水勝嘉編『戦争栄養失調症関係資料』(『十五年戦争極秘資料集』一〇、一九六八、不二出版)、鈴木昶『日本の伝承薬―江戸売薬から家庭薬まで―』(二〇〇五、薬事日報社)　(新村　拓)

えいようドリンク　栄養ドリンク　肉体疲労・食欲不振・虚弱体質の回復改善、滋養強壮の効果をうたった飲料で、含有成分によって医薬品・医薬部外品・清涼飲料水に分けられる。ビタミンBほか各種ビタミン・タウリン・生薬(牛黄・朝鮮ニンジンほか)・カフェイン・糖類などの成分が含まれ、色付きの小ビンで売られていることが多い。一九六〇年代初めに大正製薬が売り出した「リポビタンD」がヒットし、その後は各社が類似のドリンクを発売。生理学上の効き目はないとの批判も出ている。所定外労働時間(早出・残業)が増えた八〇年代後半になって売り上げが急伸。医薬品販売の規制緩和が進んで、今日ではコンビニ・スーパーマーケット・自動販売機などでも販売されている。水溶性のビタミン類は過剰に摂取しても尿として排泄されるが、それ以外の成分の中には過剰摂取により健康被害が生ずる恐れがある。

参考文献　高橋晄正『九〇〇〇万人は何を飲んだか』(一九七〇、医事薬業新報社)、同『アリナミン』(『三一新書』、一九七一、三一書房)、北沢一利「栄養ドリンクと日本人の心」(栗山茂久・北沢一利編『近代日本の身体感覚』所収、二〇〇四、青弓社)　(新村　拓)

ええじゃないか　ええじゃないか　一八六七年(慶応三)の秋から翌年の春にかけて、江戸、名古屋、京都、大坂、神戸といった都市とその周辺、またこれらの都市を結ぶ街道筋を中心に起こった世直し運動に伴う乱舞をええじゃないかと称している。同年は長州征伐が中止されて、一時的に安静がおとずれ、米価もさがった。この期に八月より名古屋周辺を中心にしてええじゃないかの乱舞が各地にひろまった。東海道筋の横浜では十一月中旬というのがはやい例とされているが、平塚市域などでは十一月の例が報告されている。藤沢では十一月六日というはやいものもある。ええじゃないかは伊勢神宮などの著名な神社の札が降ったとして、これを豊作の兆しとしてよろこんだり「ええじゃないか」という句をくり返しながら猥雑な歌詞をはさみ、鳴り物をくわえるなど、老若男女のべつなく華美な服装になり町村をおどりあるいたものである。

参考文献　西垣晴次『ええじゃないか―民衆運動の系譜―』(一九七三、新人物往来社)　(西海　賢二)

えき　駅　旅客の乗り降り、貨物の積み降ろしを行う鉄道施設で、停車場ともいわれる。ただし、停車場には操車場や信号場も含まれる。もっぱら貨物のみを取り扱う駅を貨物駅という場合もある。駅舎、プラットホーム、線路などからなり、人びとは駅で切符を買って手荷物を預けるなど旅行の手続きをする。また、駅にはトイレや食堂、新聞や煙草の売店など、旅客が快適な旅行をするのに必要な施設が設備されている。新橋から横浜までは約一時間の旅であったが、開業翌年の一八七三年(明治六)にはこのような施設が整えられていた。明治初年に停車場が設けられたときには、ステン所・汽車会所などと呼ばれ、駅という呼称は街道の宿駅と混同するとして使われなかった。駅という呼び名が広がるのは八九年の町村制の施行によって行政単位としての宿・駅がなくなってからのことで、明治の終わりには駅といえば「鉄道の駅」を意味するようになった。

開業時の新橋駅

参考文献　原田勝正『駅の社会史―日本の近代化と公

共空間―』(『中公新書』、一九八七、中央公論社)　（老川　慶喜）

えきばいてん　駅売店　駅構内で、弁当や新聞、煙草などを販売する店。一八七二年六月(明治五年五月)の品川―横浜間鉄道の仮開業と同時に、横浜駅長のもとに身を寄せていた赤井金次郎が横浜駅構内に売店を設け、小間物や新聞の販売を始め、八一年には新橋駅で二店、品川、鶴見、神奈川、横浜の各駅ではそれぞれ一店が営業していた。京都―神戸間の各駅でも開業後まもなく営業を開始し、八二年一月ごろの京都駅、大阪駅の売店では、郵便切手、新聞、燐寸《マッチ》などが販売されていた。なお鉄道寮は、七四年には貨物営業の発展を企図し「鉄道貨物運輸賃銭表」を印刷し、駅構内の売店や新聞販売人に販売を委託した。また、旅客の便利のために列車時刻表も販売した。弁当が販売されるようになるのは、官設東海道線横浜―国府津間、日本鉄道会社線宇都宮―郡山間、山陽鉄道会社線兵庫―姫路間など、比較的長距離の区間が開通してからであった。　↓駅弁《えきべん》

参考文献　日本国有鉄道編『日本国有鉄道百年史』一(一九六九)　（老川　慶喜）

えきびょう　疫病　集団発生する感染性の流行病で、古くは役病・疫疾・疫気・疫癘・時疫・時気・時行・天行・瘟疫なども記され、えやみ・えのやまひ・ときのけ・やくびやう・はやりもの・はやり病と呼ばれた。痘瘡(疱瘡・天然痘)・麻疹・結核をはじめ、近世近代にはコレラ・ペスト・チフス・赤痢・流行性感冒などが猛威を振るった。前近代においては病因を荒振神・祟り神・邪神・疫神・疫鬼・悪霊・怨霊の働き、陰陽不順・天候不順・四時不正の気・為政者の不徳・神罰・仏罰と捉え、それらの働きを鎮め、村への侵入を防ぎ、村からの退散を願う神事・仏事が執り行われ、疫病除けの呪符呪具・薬療・隔離・避難・食事療法などが用いられた。前近代における疫病伝播のルートは大宰府や長崎を起点に東漸するケースが多く、開国後は横浜ルートが増える。そのほか土着した細菌・ウィルスによる散発的な発生もみられる。春から夏にかけての時期、病気への抵抗力を低下させる飢饉の後の発生が多い。　↓伝染病《でんせんびょう》

参考文献　富士川游著・松田道雄解説『日本疾病史』(『東洋文庫』、一九六九、平凡社)、立川昭二『近世病草紙―江戸時代の病気と医療―』(『平凡社新書』、一九七九、平凡社)、新村拓『日本医療社会史の研究―古代中世の民衆生活と医療―』(『叢書・歴史学研究』、一九八五、法政大学出版局)、大島建彦『疫神とその周辺』(『民俗民芸双書』九八、一九八五、岩崎美術社)　（新村　拓）

えきべん　駅弁　鉄道の駅で販売されている弁当の総称。近年では、駅弁に対し、空港で販売されている弁当は「空弁」、道の駅で販売されている弁当は「道弁」と呼ばれている。わが国最初の駅弁については諸説あるが、一八八五年(明治十八)に宇都宮駅で販売された握り飯とする見解が有力である。これ以後、戦前・戦後を通じて全国各地の国鉄・私鉄の駅において御当地特産の食材などを用いたさまざまな駅弁が販売されたが、一九六四年(昭和三十九)の東海道新幹線の開通に象徴される高度経済成長期の各種特急列車の増加に伴って、目的地への到着時間が大幅に短縮されると、列車内で食事をする機会も減少し、食堂車の営業廃止や駅弁の販売数の減少が顕著となった。また、このような列車の高速化は列車構造の変化をもたらし、現在では窓の開閉ができない車両が主流となり、かつてのようにホームで車内から窓越しに立ち売りの駅弁を購入する風景は、ほとんど見られなくなった。近年では、駅での駅弁販売数は減少したものの、駅弁の製造・販売会社の営業努力(加熱容器の導入や相つぐ新製品の開発など)や、御当地グルメブームなどによって、デパートやスーパーにおける催事での販売数が増加している。今日、全国各地の主要ターミナル駅では、他駅で販売されている駅弁を多種取り揃えた店舗も登場し人気を集めている。　↓駅売店《えきばいてん》

参考文献　雪廼舎閑人『汽車弁文化史』(一九七八、信濃路)、瓜生忠夫『駅弁物語』(一九七九、家の光協会)　（宮瀧　交二）

エゴマ　エゴマ　シソ科の一年草で、その実を絞って油を得た。古代・中世には灯明用の油として重用された。特に寺社での需要が高く、荏胡麻の購入・販売の独占権を得た石清水《いわしみず》八幡宮《はちまんぐう》を本所とする油座の活動は名高い。しかし、江戸中期以降に菜種油や綿実油の利用が普及したため、荏胡麻油は主に雨具や油紙などの撥水用として使われるようになった。また食用ともされ、実をすり潰して味噌と少量の砂糖などを加えて練った荏胡麻味噌が知られる。　↓ゴマ

参考文献　深津正『燈用植物』(『ものと人間の文化史』、一九八三、法政大学出版局)　（伊佐治康成）

えごよみ　絵暦　絵によって構成された暦。㈠江戸時代に主として文人たちによって謎解きの趣味で作られ贈答された暦で錦絵の発端ともなった。㈡奥州南部藩領で実

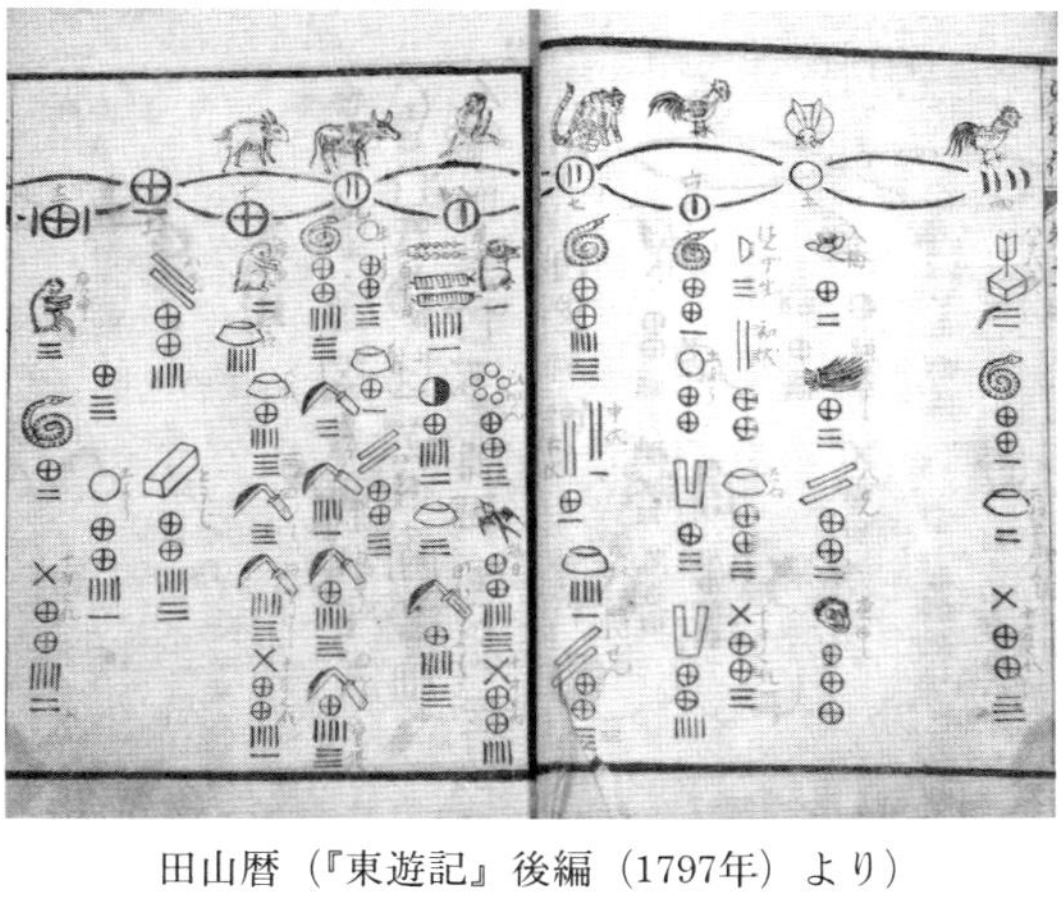

田山暦（『東遊記』後編（1797年）より）

用のために作られた暦で、これには二戸郡田山村(岩手県八幡平市田山)で作られた押印と手書きによる素朴なものと、城下盛岡で市販された一枚摺りの略暦の二系統がある。田山暦は明治初年で終末したが、盛岡暦は現在でも発行されている。絵柄は江戸時代とほとんど同じで、当時の田植えや稲刈りなどの風俗を描くものや、謎解きのものを含んでいる。

参考文献 長谷部言人『大小暦』(一九四三、宝雲舎)、岡田芳朗『南部絵暦を読む』(『あじあブックス』、二〇〇四、大修館書店)、工藤紘一『田山暦・盛岡暦を読む』(二〇〇四、熊谷印刷出版部)　(岡田　芳朗)

えと　干支　十干と十二支を組合せた六十干支の略。また転じて生れ年の十二肖獣《しょうじゅう》のこと。十干(甲《こう》・乙《おつ》・丙《へい》・丁《てい》・戊《ぼ》・己《き》・庚《こう》・辛《しん》・壬《じん》・癸《き》)は中国古代殷《いん》時代に、一ヵ月を十日ずつの旬に分けたときの日付を示し、十二支(子・丑・寅・卯・辰・巳・午・未・申・酉・戌・亥)は一年の月を示すものであった。十干は十まで、十二支は十二まで、六十干支は六十までの各種分類記号として用いられた。六十干支は年・月・日に配当され、年と日の六十干支は二千年以上にわたって不断に循環して用いられている。中国古代戦国時代以降、十干も十二支も陰陽五行思想によって利用された。十干は甲(木の兄《え》)、乙(木の弟《と》)のように二干ずつ五行の兄と弟に性格づけられた。このように「えと」は本来十干あるいは六十干支のことであったが、転じて十二支に用いられ、生れ年の肖獣の性格によって運勢を説明することなどに用いられるようになった。→丙午《ひのえうま》

参考文献 関根宗中他『陰陽五行―茶の湯のなかの易思想―』(『別冊淡交』六三、二〇〇三、淡交社)　(岡田　芳朗)

えどじょうるり　江戸浄瑠璃　上方で誕生した義太夫節に対して、江戸で生まれ育った浄瑠璃の総称。一中節を創始した都太夫一中の弟子宮古路豊後掾が豊後節を創始したのに始まる。濃艶な曲節を語り名声を高めたが、豊後節は風俗紊乱を理由に禁止となる。高弟の常磐津文字太夫は常磐津節を創始し江戸に根付くと、富本節、清元節、新内節などが生まれた。その特色は江戸ことば、アクセントなど江戸らしい気風と風情にある。

参考文献 岩沙慎一『江戸豊後浄瑠璃史』(一九六八、くろしお出版)　(田口　章子)

えどっこ　江戸っ子　将軍の御膝元に生まれ、江戸の市街地中心部で裕福に育ち、金離れがよくて正義感にあふれ、「いき」と「はり」といった心性を共有する町人のこと。江戸っ子という言葉の初見は一七七一年(明和八)の川柳とされているが、これ以後、洒落本・黄表紙・歌舞伎の科白などに頻繁に現れてくる。すなわち、江戸っ子意識は十八世紀後半の田沼時代のころに形成された。江戸には大名藩邸や、上方に本店を置く大店も多く、地方人・地方文化からなるモザイク都市という特質があった。こうした中、歌舞伎・浮世絵から諸芸能、生活習俗に至る江戸固有の町人文化が花開くと、江戸生粋根生いの町人たちの中にはその主たる担い手は自分たちであるという誇りも自覚化され、地方との違い、武士に対するある種の抵抗精神を秘めた「江戸っ子」意識が共有された。次第に広く民衆層の中にも、田舎者・出稼ぎ者・勤番武士らに対して自分たちは「江戸っ子」であると自称する心意が広がっていき、幕末には山の手に住む旗本・御家人も江戸っ子を称するようになった。→粋《いき》　→下町《したまち》　→町人《ちょうにん》　→通《つう》　→野暮《やぼ》

参考文献 西山松之助『江戸ッ子』(『江戸選書』一、一九八〇、吉川弘文館)、竹内誠『江戸社会史の研究』(二〇一〇、弘文堂)　(西木　浩二)

えどま　江戸間　⇩田舎間《いなかま》

えな　胞衣　出産ののち嬰児に続いて母胎外に下りる胎盤と卵膜(後産)。人々は胎内で十月《とつき》の間子どもを守り育てた胞衣には不可思議な力が備わるとあがめ、一方で産穢の象徴として畏れた。胞衣の始末(胞衣納め)が子どもや家族の幸福に影響すると捉えたのである。古代貴族の場合、水で清めて陶器の壺などにおさめ、方角を占って吊るした(藤原道長『御堂関白記』寛弘六年(一〇〇九)条、藤原道家『玉蘂』承元三年(一二〇九)条ほか)。中世になると、伊勢流、小笠原流の出産礼法書が著され(『産所の記』、十五世紀末か、岩村重久『懐妊着帯之事』、十六世紀)、蝶紙に包んで胞衣桶におさめ、白布に包んで方角を占って埋める。その際、鳥や虫に食われない場所、神社や墓から遠い場所、流水がない場所など数多くの禁忌があった。近世社会では階層ごとに習俗を変容させながら土に埋めた。村境や山まで埋めにゆく習俗と、住居の床下や敷居下などに埋める習俗が共存する。祟りを畏れるか守護の祈りを込めるかの違いであろうか。出産の医療化とともに胞衣に対する畏れの感覚は弱まったと考えられるが、近代日本では、衛生観念から各府県が胞衣産穢物取締規則などで焼却するよう規定した。

参考文献 横井清『的と胞衣―中世人の生と死―』(一九八八、平凡社)、沢山美果子『出産と身体の近世』(一九九八、勁草書房)、中村禎里『胞衣の生命』(一九九九、海鳴社)　(太田　素子)

エネルギーかくめい　エネルギー革命　広義にはある社会の主なエネルギー源が急速に変化することで、中世における水車・風車の開発、産業革命期に本格化する薪炭から石炭への転換など人類はいくつかのエネルギー革命をこれまで経験してきた。だが、一般的には一九五〇―六〇年代に進んだ国産エネルギー(石炭・水力・薪炭)から輸入原油への転換を指す。戦後日本のエネルギー革命は、石炭のストライキによる供給不安や高価格が産業合理化の点で問題視されるようになった五〇年代初頭から鉄鋼業やガラス製造業など工業炉を用いる業種で進展し、原油輸入価格の下落と国内エネルギー需要の増大が見通されるようになった五〇年代後半以降、火力発電などボ

イラーを用いる業種にも広がった。原油輸入価格の下落は国際石油カルテルの公示価格引き下げとタンカー大型化による輸送費低下によって実現されたものであり、日本は臨海工業地帯の造成を通じて大型タンカーを活用することで、西欧諸国よりも安価な原油輸入を実現し、それによってエネルギー自給率を大きく低下させた。石油危機以降に脱石油化が一定程度進んだ後も、日本はエネルギーの大半を海外に依存し続けている。エネルギー革命とそれに伴う電気事業者の設備投資によって、高度成長期日本の電力供給は世界的にみても低廉・安定的となった。これと戦後改革による農村・労働者の所得上昇とが相まって、洗濯機・テレビなど小型耐久消費財は急速に普及する。さらに石油精製工程の副産物であるプロパンガスや石油化学製品が生活に浸透したことで、家事労働や家庭生活は大きく変貌した。一方、臨海工業地帯の造成は東京内湾など工場適地の沿岸部の多くを企業の占有物とし、市民と水辺との関わりを稀薄にした。また、石炭・薪炭生産の縮小は、炭鉱諸都市の衰退や山村集落の過疎化といった社会問題をもたらした。 ↓ガス ↓石炭《せきたん》 ↓電力《でんりょく》 ↓プロパンガス

参考文献 小堀聡『日本のエネルギー革命―資源小国の近現代―』(二〇一〇、名古屋大学出版会)、同「エネルギー供給体制と需要構造」(武田晴人編『高度成長期の日本経済―高成長実現の条件は何か―』所収、二〇一一、有斐閣)

(小堀 聡)

えはがき 絵葉書 裏面に絵や写真がある郵便葉書の総称。日本で絵葉書が広く市民生活に普及したのは、一九〇〇年(明治三十三)十月に私製絵葉書の発行が許可され、『新小説』(春陽堂)をはじめとする雑誌がその附録に絵葉書を採用したことに端を発する。続いて〇二年には、逓信省が最初の記念絵葉書である万国郵便連合加盟二十五周年記念絵葉書(六枚セット)を発行し、国民の絵葉書に対する関心は決定的なものとなった。画家の作品を印刷した絵葉書が普及する一方で、明治・大正期には市民生活水準の向上と各種交通機関の発達を背景として国民的行楽ブームが到来し、都市近郊においても各家庭にカメラが普及していなかったため、全国各地の名所・旧跡でおびただしい数の観光絵葉書が発行・販売された。また、遠足・運動会などの学校行事や各種商業施設の竣工などを記念した写真絵葉書も多数発行された。近年では、カメラの普及と手紙離れによって観光絵葉書は姿を消しつつあり、わずかに美術館の売店で、展示作品の絵葉書を買い求める人の姿が見られるばかりである。

参考文献 生田誠編『(二〇〇五)日本絵葉書カタログ』(二〇〇四、里文出版)

(宮瀧 交二)

エビ エビ 甲殻類長尾亜目の総称。世界に約三千種。蝦・海老と書く。日本はアメリカに次いでエビの消費量が多く、主として海老と記すイセエビ類と、蝦の字をあてるクルマエビ類が占める。江戸時代の『和漢三才図会』五一では、「鰕」と「紅鰕(いせえび、かまくらえび)」、さらに「海糠魚(あみ、あめじゃこ)」「鰕姑(しゃこ)」に区分し、さらに「鰕」を真鰕、車鰕、手長鰕(一名を川鰕)、白狭鰕、川鰕、尻引鰕に分けている。「紅鰕」には、いせえびとかまくらえびがあり、近世初期に鎌倉の海で獲れたのが江戸へ運ばれカマクラエビといわれたが、主産地の伊勢志摩(三重県)から多く送られるようになると、伊勢を威勢に通わせ、伊勢神宮を想定させることからイセエビの名が一般化していった。イセエビは武勇の象徴で、海老は腰が曲がり、ヒゲの長い老人を連想させるので長寿と慶祝の象徴とされる。江戸時代以前から鏡餅や輪飾り、蓬莱盤《ほうらいばん》など正月の飾りに使われ、現在でも正月飾りにエビを使うのは関東に多く、関西では掛鯛となる例が多いという。九州の不知火海(八代海)で秋にとれたクルマエビは、天日乾燥され、鹿児島などの正月雑煮に使われている。

参考文献 酒向昇『海老』(『ものと人間の文化史』、一九八五、法政大学出版局)

(橋村 修)

えびすこう えびす講 商売・豊穣の神であるえびす神を祀った民間行事。えびす祭とも。陰暦十月二十日に行われるのが一般的であるが、地域によって異なる。江戸時代には、江戸をはじめ、諸地域で十月二十日に行われたが、京坂地方では、正月十日を十日えびすと称して、九日朝から十日夜にかけて、えびす神社への初詣でが盛大に行われた。この慣習は、現代にも受け継がれており、西宮神社(兵庫県西宮市)の十日えびすが著名である。講とは、そもそも仏教の用語であり、経典の講義を主とする儀礼の意であったが、江戸時代以後、社寺参詣や祭祀を営む団体の意、あるいは商工同業組合の意を帯びるようになっていった。えびす祭は、こうした祭祀組織(講)によって営まれたため、祭祀そのものがえびす講と呼ぶ習わされたと考えられる。現代では、諸集団を指して講と呼ぶ習慣は失われており、それに伴ってえびす講の呼称も失われつつある。

参考文献 宮本又次『株仲間の研究』(『日本経済史研究所研究叢書』九、一九三八、有斐閣)、喜田川守貞『近世風俗志 守貞謾稿』四(宇佐美英機校訂、『岩波文庫』、二〇〇一、岩波書店)

(高槻 泰郎)

えぶね 家船 小船に家族で居住しながら一定海域を移動し、海産物の採取や販売を行う漁民の総称である。その起源を古代の海部《あまべ》や中世の倭寇とする説もあるが定かではない。近世には肥前の大村藩や平戸藩、そして瀬戸内海の沿岸部で家船の特徴を示す漁民が確認される。長崎県の崎戸《さきと》(西海市)や平戸を根拠地とする集団は銛突き、潜水、葛《かずら》網を得意とし、五島列島への移住も見られた。瀬戸内海の集団は能地《のうじ》(広島県三原市)や二窓《ふたまど》(同県竹原市)などを根拠地とし、一本釣りや手繰網、打瀬《うたせ》網に従事した。家船は広い海域で操業するため、長崎では大村藩による許可書とされる『家船由来書』、瀬戸内海では神功皇后に許しを得た経緯が記されるとする『浮鯛抄《うきたいしょう》』などの

由緒書を携行し、漁の自由を主張した。明治以降は納税や教育などの近代国家制度によって根拠地を定める必要に迫られ、その漂泊的生活は変化する。しかし、現在でもその生活形態の優位性を活かして漁をする現代的な家船が広島県豊島などに見られる。

参考文献 野口武徳『漂海民の人類学』(一九六七、弘文堂)、金柄徹『家船の民族誌—現代日本に生きる海の民—』(二〇〇三、東京大学出版会)　(松田　睦彦)

えほう　恵方　何事を行なっても吉とされる方位。明《あき》の方《ほう》ともいう。福徳を司る歳徳神《としとくじん》の在位する方位を指す。歳徳神はその年の十干によって次のように巡る。

甲と己の年　甲の方(寅卯の間、東北東)

乙と庚の年　庚の方(申酉の間、西南西)

丙と辛の年　丙の方(巳午の間、南南東)

丁と壬の年　壬の方(亥子の間、北北西)

戊と癸の年　丙の方(巳午の間、南南東)

歳徳神は頗梨采女《はりさいじょ》ともいい八将神の母とされ容顔美麗で忍辱慈悲の神で、牛頭天王《ごずてんのう》の后とされる。特にこの神の方位に向って家屋の建築・普請・造作・結婚・移転・旅行・商取引を行うのに吉とされる。正月様とも呼ばれ、新年を迎えるにあたり、この神の在位する方位に向って歳徳棚を作り供物を献上する。また、年頭に恵方にあたる社寺に参詣することを恵方詣りといい、のちの初詣で流行の起因となった。九星では生年の本命星の方位と恵方とが同一の場合は特に大吉とされる。→方位《ほうい》

参考文献 寺島良安『和漢三才図会』(一七一三)、関根宗中他『陰陽五行—茶の湯のなかの易思想—』(『別冊淡交』六三、二〇一三、淡交社)　(岡田　芳朗)

えぼし　烏帽子　男子の被り物の一種。天武朝の圭冠《けいかん》が烏帽子の原形で、推古朝の冠制以来、官吏は結髪し冠を被るようになり、烏帽子を被る習慣が一般社会にも広まった。平安中期以降、庶民も烏帽子を被らない露頂《ろちょう》を忌むようになった。その後、烏帽子本来の立烏帽子のほかに、主に諸大夫が被った折《おり》烏帽子(風折《かざおり》烏帽子)、鎌倉時代以後、武士が用いた侍烏帽子、武士が兜の下に被った萎《なえ》烏帽子などのバリエーションが生まれていった。

参考文献 近藤好和『装束の日本史—平安貴族は何を着ていたのか—』(『平凡社新書』、二〇〇七、平凡社)、佐多芳彦『服制と儀式の有職故実』(二〇〇八、吉川弘文館)　(薗部　寿樹)

えぼしおや・えぼしご　烏帽子親・烏帽子子　成人儀礼の際、加冠役・名付け親となる者を烏帽子親、成人する当人を烏帽子子という。成人儀礼は男子十五歳前後に行われるのが標準的で、烏帽子とはその儀礼の際に授けられた被り物のことである。成人儀礼で烏帽子子は幼名をやめて、烏帽子親が付けてくれた実名《じつみょう》を用いるようになった例が多かった。そのため、実名を烏帽子名ともいう。武家社会では、平安時代後期から烏帽子名と烏帽子親子関係がみられた。烏帽子親には主君や有力者が選ばれ、烏帽子親子は実の親子に準じる交際を終生行なった。一二三五年(嘉禎元)の鎌倉幕府追加法や鎌倉時代後期の『沙汰未練書』には、評定における近親者退出の規定に血縁者とともに烏帽子子があげられている。一般社会では、十三世紀中ごろ、安芸国安摩《あま》荘で結ばれた烏帽子親子関係が初見事例である。また畿内近国の惣村では、宮座の乙名《おとな》が烏帽子親の代わりとなる烏帽子成という宮座儀礼も行われた。

参考文献 二木謙一『中世武家の作法』(『日本歴史叢書(新装版)』、一九九九、吉川弘文館)、薗部寿樹『日本中世村落内身分の研究』(『歴史科学叢書』、二〇〇二、校倉書房)、山野龍太郎「鎌倉期武士社会における烏帽子親子関係」(山本隆志編『日本中世政治文化論の射程』所収、二〇一二、思文閣出版)　(薗部　寿樹)

烏帽子（『貞丈雑記』より）

えほん　絵本　絵画を中心にした冊子形態で作られた物語をいう。江戸時代の絵入り版本には挿絵が入っていた

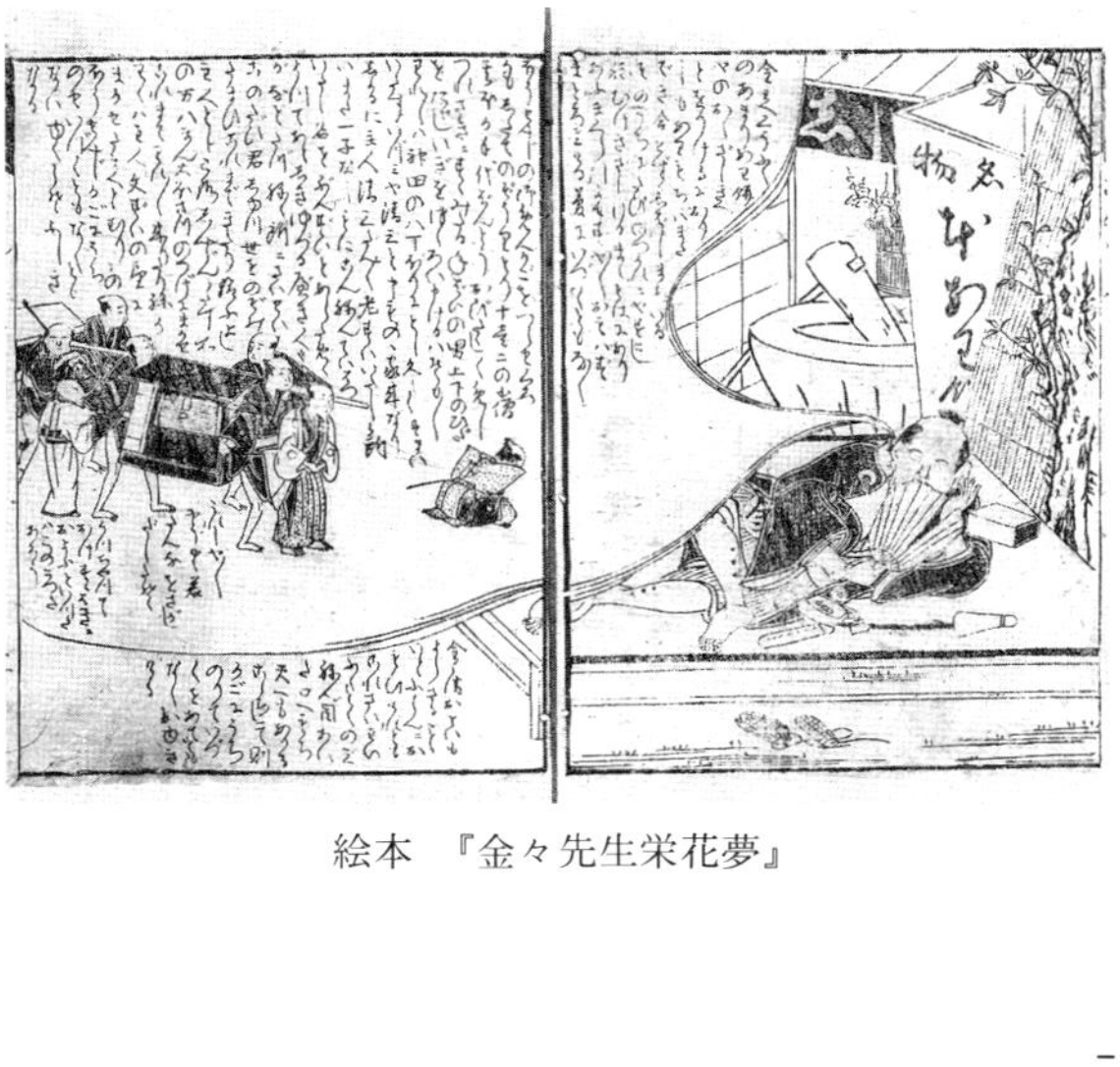

絵本　『金々先生栄花夢』

が、やがて生まれた草双紙は絵画の中に言葉を入れた絵本となる。当初は表紙の色から赤本と呼ばれる子供向けの絵本で、昔話などを素材にした作品が作られた。表紙は黒本・青本・黄表紙と変化し、大人向けの趣向に富んだ内容になってゆく。その傑作が中国の「邯鄲《かんたん》の夢」の故事に取材した恋川春町の『金々先生栄花夢』(一七七五年(安永四))であった。明治時代には外国人の土産用に昔話を翻訳したチリメン本が作られ、昭和時代には講談社の絵本が広く読まれた。通俗的な絵本も量産されたが、戦後、児童文学が確立するとともに本格的な絵本作家が登場する。たとえば、松谷みよ子の『いないいないばあ』(一九六七年(昭和四十二))など、世代を超えて子育てに使われている。

参考文献 鳥越信編『はじめて学ぶ日本の絵本史』一―三(『シリーズ日本の文学史』、二〇〇一―〇三、ミネルヴァ書房) (石井 正己)

えま 絵馬 主として願事を伝えるために神仏に供える木の板で、馬や祈願の内容などを表す絵が描かれている。小型の家形のものなど、形態や規模はさまざまである。古代から神々には馬や、馬のかたどりを供える習いがある。律令祭祀などでは土や木の馬形を用いており、民俗行事では草や野菜やわらなどの馬を供えている。絵馬も実馬の代りに供えられたもので、奈良時代に、板に馬を描いて納めたことに始まり、現代に至った。最近では「萌え絵馬」「痛絵馬」という独特のものも現れている。
↓馬《うま》 ↓人形《ひとがた》 ↓呪《まじな》い

参考文献 岩井宏實『絵馬』(『ものと人間の文化史』、一九七四、法政大学出版局) (村井 文彦)

神社に奉納された絵馬（東京都文京区湯島天神）

えまつとむ 江馬務 一八八四―一九七九 風俗史研究者。一八八四年(明治十七)十二月二日、京都市生まれ。京都帝国大学文科大学史学科国史学専攻卒業、同大学大学院入学。京都市立美術工芸学校、京都女子大学などで教鞭をとった。京都女子大学名誉教授、風俗博物館名誉館長。文献史料や図像史料のみならず、実際の復原・着用の考察に基づく実証的研究によって、風俗史の史学としての体系をつくりあげた。有職故実、染織、衣食住や化粧・結髪、祭礼、妖怪など生活風俗に関する多数の著作がある。一九一一年に当時講師を務めていた京都市立美術工芸学校関係者を中心に風俗研究会を創設、一六年(大正五)に『風俗研究』創刊(一九四二年(昭和十七)二四四号で終刊)。一八年に風俗研究所、六〇年に日本風俗史学会設立。学会・研究会の運営のほか、映画などの時代考証といった多彩な活動を行なった。著作の多くは『江馬務著作集』全十二巻・別巻一巻(一九七五―八二年、中央公論社、新装版が二〇〇二年(平成十四)に中央公論新社より発行)に収録。七九年五月十日没、満九十四歳。

参考文献 井筒雅風「江馬務先生を悼む」(『日本歴史』三七八、一九七九)、「年譜」(『(新装)江馬務著作集』別巻所収、二〇〇三、中央公論新社) (田村 真実)

えりまき 襟巻き ⇩マフラー

エルディーケー LDK 一室で居間Living、食堂Dining、台所Kitchenの機能をもたせたもの。それまでのスタンダードであったDK(ダイニングキッチン)に代わり採用されるようになるのは一九六〇年代であるが、その背景には、ソファやステレオ、テレビなどの家具・家電製品の一般家庭への流入があった。DK内にそうした調度品が納まらず、DKに隣接する寝室を居間的に使用する状況が多く発生した。こうした住民の使われ方を受けて、マンションや戸建住宅のプランにおいてはDKにL(居間)の機能を付加したLDKが採用されるようになる。その結果、家族における食事や団欒といった公的活動はこのLDKで完結し、これに私的活動を担う個室を家族の人数(n)に合わせて付加する、「nLDK」という住居の型が完成するに至った。nLDKは家族の個人化や住空間の固定化などさまざまな問題点が指摘されるが、今日に至るまでマンションや戸建住宅の典型プランとして繰り返しつくられ続けている。 ↓ダイニングキッチン

参考文献 鈴木成文『五一C白書―私の建築学計画戦後史―』(『住まい学大系』、二〇〇六、住まいの図書館出版局) (前川 歩)

エレベーターガール エレベーターガール 百貨店などでエレベーターに乗務し、運転操作や乗客誘導を行う女性のこと。設備として客用エレベーターをはじめて設けたのは一九一一年(明治四十四)、白木屋日本橋店だった。エレベーターガール elevator girl をはじめて採用したのは松坂屋上野店で、一九二九年(昭和四)四月一日の新築開店と同時に登場させた。それまでエレベーター運転は男性の仕事だったが、最新の水平停止開閉式の導入により女性でも操作が可能になりエレベーターガールが誕生した。『読売新聞』に「「昇降機ガール」が日本にも出来た。上野松坂屋の新館で初試み、職業婦人の新進出」と取り上げられるなど新しい職業として注目を浴びた。エレベーターガールはファッショナブルな制服を着こなす華やかな職業というイメージのもと若年女性労働者が従

エレベーターガール

事していた。しかしバブル経済崩壊以降、長期不況の影響による経費削減やエレベーターの自動運転化に伴い、エレベーターガールは大幅に人員が削減されつつある。

参考文献 樋谷美紀「百貨店業とビルメンテナンス業における女性職域―受付案内職とエレベーター運転職の事例研究―」(『法政大学大学院紀要』六〇、二〇〇八)、『松坂屋百年史』(二〇一〇)　(嵯峨　景子)

エロ・グロ・ナンセンス　エロ・グロ・ナンセンス　昭和初期の大衆文化や都市の風俗に現れた傾向を特徴付ける言葉。カフェーやレビュー、ハリウッド映画、女体写真などが発散するエロティシズム、怪奇小説や美術の中のグロテスクな猟奇趣味、浅草の喜劇やチャップリン映画に代表されるナンセンスな笑いの流行を指す。都市のインテリを中心に支持されたこうした傾向は、「淳風美俗」に反するとして保守派による攻撃の対象となった。エロ・グロ・ナンセンスの文化状況は、昭和恐慌やファッショの台頭、戦争への大衆の不安心理を反映した、退廃的文化の「徒花」であるとして振り返られることも多い。しかし基本的には、新中間層や工場労働者の増大、マス＝メディアの発達と娯楽の産業化、都市化の進展と盛り場の発達といった、一九二〇―三〇年代の急速な社会変容を基礎としており、当時の精神主義的で禁欲的な支配道徳に対抗し、消費・娯楽への欲望や個人の自由を肯定するモダニズム感覚の一定の広がりを物語っている。

参考文献 権田保之助『娯楽業者の群・民衆娯楽論』(『権田保之助著作集』二、一九七四、文和書房)　(大岡　聡)

えん　縁　(一)人と人・モノ・出来事の間に生じる関係性のうち、受動的・偶発的に取り結ばれるもの。人間関係としては親族関係に由来する血縁、地域共同体に関わる地縁などがあり、現代社会では会社を基盤とした社縁なども語られる。もとは仏教語で、出来事の間接的な原因になるものを指す。すでに『古事記』に「縁《よし》」と読んで関係性の原因を指す用法があるが、平安時代初期の『伊勢物語』あたりから、前世からの関係などが原因の断ちがたい人間関係(特に男女関係)に対して用いられるようになった。しかし頻繁に用いられるようになったのは中世に入ってからである。『日葡辞書』(一六〇三年(慶長八))は「縁 Yen」について詳細な説明をしており、やはり仏教語であるが、夫婦・兄弟や子弟など人間関係に多用されるとして、「縁を結ぶ」「縁が尽きる」といった用法を挙げている。江戸時代以降は、『宿直草《とのいぐさ》』(一六七八年(延宝六))に初出の「縁は異なもの」のように、測りがたい人間関係に関する熟語・成語が多く登場した。

参考文献 古田島洋介『「縁」について―中国と日本―』(『叢刊・日本の文学』一三、一九九〇、新典社)　(後藤　知美)

(二)住宅の外側に面した、床を板張りとした細長い空間。縁側ともいう。主に座敷の庭側に設け、通路の役割を兼ねる。寝殿造では、身舎の庭に面した庇部分が通路の役割を担い、中世以降の武家住宅にも、庭に面した部屋の外側に設けた広縁《ひろえん》と呼ばれる板張りの通路に受け継がれる。広縁のさらに外側に、一段低い落縁が廻る場合も多い。近代住宅では、大正期ごろから縁の外側にはガラスの引き戸が入るようになり、縁は室内空間になる。

縁(二)

参考文献 平井聖『(図説)日本住宅の歴史』(一九八〇、学芸出版社)、藤田盟児「主殿の成立過程とその意義」(鈴木博之他編『中世的空間と儀礼』所収、二〇〇六、東京大学出版会)　(松下　迪生)

えんか　演歌　大衆歌謡の一分野。明治十年代の自由民権運動のなかで歌われた政治的な主張を込めた「演説歌」が語源。「ダイナマイト節」や川上音二郎の「オッペケペー」など。自由民権運動の退潮後、一旦衰退するが、日露戦争時に、添田啞蟬坊の「ラッパ節」など、時事的な

内容を歌う大道の芸能および読売として復活。大正期には、「東京節」「籠の鳥」など巷のはやり唄を作り広める上で重要な役割を果たすが、楽譜出版やレコード産業の進展による「流行歌」の成立により衰退し、盛り場で歌う「流し」に転じる。昭和四十年代に、この流しのアウトロー的庶民性を強調する形で、当時台頭しつつあった若者向けの歌と対比して、夜の盛り場の雰囲気を強く持つ「古めかしい(ないし大人向きの)流行歌」を指す語として用いられるようになった。一九七〇―八〇年代には、当時の「日本人論」の隆盛や、中高年男性の間でのカラオケ人気の勃興とも相まって、日本的な心性と特権的に結びつく音楽スタイルと目されることもあった。↓添《そえ》田唖蝉坊《だあぜんぼう》 ↓美空《みそら》ひばり

参考文献 輪島裕介『創られた「日本の心」神話—「演歌」をめぐる戦後大衆音楽史—』(『光文社新書』、二〇一〇、光文社)

(輪島 裕介)

えんかい 宴会 人々が寄り合って酒食をともにすることをいうが、宴会という場合には人数がやや多いものを指すことが一般的である。また同種の語である宴が、本来的には神人を問わず客を迎えて行われる共食であり、象徴的な食物を伴うのに対して、そのような主客関係や象徴性を必ずしも必要とせず、一同に会した人々の懇親を第一の目的とするものを宴会と呼ぶことが多い。さらに単なる共食ではなく必ず酒を伴うのも、日本の宴会の特色であろう。宴会の語は、『日本霊異記』など平安時代から現れるが、古い用例の多くは朝廷における儀式に伴うものであり、庶民の生活のなかで定着したのは近世以降のことである。近世には文化の熟成とともに、都市には宴会の場として茶屋が設けられるようになった。そこでは酒食とともに芸の披露が大きな要素であった。参加者がみずから芸を披露し、またそれを補佐する芸者も登場することとなった。芸とともに会場のしつらえやさまざまな趣向も重要視された。村落部の宴会は、家族・親戚を中心としたものと、組や講、村を単位としたものに分けられるが、酒食とともに芸が重視される点では都市と同様であった。宴会を時間的にみれば、冒頭に厳粛な挨拶や酒杯をまわす儀礼的な部分があり、ついで膳が出されそれを食べながら杯を重ね、やがて酔いとともに秩序が崩れ芸が披露され、最後に挨拶や一本締めなどやや儀礼的な要素で終結するという構成を持っている。ただ現在の宴会では芸を見せる要素が減り、宴会は酒食を楽しみながら参加者が懇親する場へと変化している。また宴会の空間に注目すると、都市では近世から茶屋や料亭のようなそのための施設が存在したが、村落部では宴会の多くは自宅で行われ、また出される食事もその家で用意されていた。しかしながら仕出し屋の発達などによって次第に食事の調達を他者に委ねるようになり、さらには宴会そのものが料理屋などで行われることが普通になってきている。↓飲酒《いんしゅ》 ↓共食《きょうしょく》 ↓酒盛《さかもり》

参考文献 伊藤幹治・渡辺欣雄『宴』(『ふおるく叢書』六、一九七五、弘文堂)、サントリー不易流行研究所編『宴会とパーティー—集いの日本文化—』(『都市選書』、一九八六、都市出版)

(市川 秀之)

えんぎかつぎ 縁起担ぎ 「縁起が良い」と考えられているものを手に入れる、または食すなどして、自分自身の中に取り込むことで物事がうまくいくと考え、信じて行動すること。たとえば、初詣の際に参詣者が破魔矢や熊手を買う行為は、破魔矢は悪魔を祓い幸運を射止める意味を持ち、熊手は人やものなどの福をかき寄せる意味を持ち、こうした幸運を手に入れることで自分自身や家族、または商売などの仕事がうまくいくように願をかけるという意識が働いている。勝負の世界では、以前にとった行動が良い結果をもたらした際に、次回も同じような手順を踏むなどして、同様の良い結果を得ようと行動することを縁起担ぎという。反対に「縁起が悪い」こととは、これから行おうとすることについて良くないことや後ろ向きなことが発生することをいう。

参考文献 原田敏明「俗信」(大間知篤三他編『生活と民俗』二所収、一九五九、平凡社)、新谷尚紀『日本人の縁起かつぎと厄払い』(『青春新書 intelligence』、二〇〇七、青春出版社)

(柏井 容子)

えんぎもの 縁起物 破魔矢、熊手、達磨、招き猫など、縁起が良くなるとして寺社や門前の店で売られているもの。これらには霊験があると考えられ、寺社仏閣に参詣した人はそのご利益を期待して買い求める。初詣などで多くの参詣者が破魔矢や熊手を買い求めるが、破魔矢は悪魔を祓い幸運を射止めるために、熊手は人やものなどの福をかき寄せるためにと、それぞれに意味付けがなされている。また、食べ物の中にも縁起物があるが、健康効果を期待して食す旬の食材がそれにあたる。

参考文献 新谷尚紀『日本人の縁起かつぎと厄払い』(『青春新書 intelligence』、二〇〇七、青春出版社)

(柏井 容子)

えんきりでら 縁切寺 ⇩駆込寺《かけこみでら》

えんぐみ 縁組 基本的に二種の意味がある。すなわち男女が夫婦になること、つまり婚姻を指す場合と、本当の親子ではない者同士が親子の関係を結ぶ場合である。後者は特に養子縁組と呼ばれる。ここでは主に養子縁組について述べる。日本において養子縁組を規定した最初の法は古代の律令である。そこでは、年下の者であれば養子縁組は比較的簡単に認められた。鎌倉時代後期になると、家督と所領を継承する嫡子相続が一般化し、家の存続を目的とした養子縁組が広く行われるようになる。武家において当主に跡取りの男子がいない場合、所領を没収されることがあったため、それを避けるために養子縁組が行われた。また娘に夫を迎えて養子とする婿養子や、大名が危篤になった場合に急遽養子縁組を行う末期養子なども行われた。江戸幕府は初期には末期養子を厳しく規制したが、徐々にその禁を緩和し、享保年間(一七

一六―三六)には当主もしくはその妻の縁戚であれば養子をとることが可能となった。明治期になると、もっぱら養子縁組も「家」を継承・維持することを目的として行われることが多くなった。そこでは婿養子のほかに、成人した夫婦が他人の養子となる夫婦養子や、絶家した家を買い取って再興する買い養子などが見られた。日本では韓国や中国のように父系血縁原理が厳格ではないため、妻方や母方の親族、あるいは非血縁者も養子になることができ、その結果多様な養子形態が存在した。戦後の民法改正により家制度は廃止され、養子に関しても普通養子縁組と特別養子縁組の二種の異なった制度が設けられた。前者は契約型の養子縁組で、離縁が可能であるのに対して、後者は子どもの利益と福祉を目的とする養子縁組で、養子になる子は六歳未満とされ、養親と養子は生涯離縁ができないとされている。↓婿養子《むこようし》 ↓養子《ようし》

参考文献 竹内利美『家族慣行と家制度』(『社会学叢書』、一九六九、恒星社厚生閣)、大竹秀夫・竹田旦・長谷川善計編『擬制された親子―養子―』(『シリーズ家族史』二、一九八八、三省堂)　(八木 透)

えんげい 園芸 「園芸」は、近代以降の概念・言葉であって、広く花卉・果樹・蔬菜園芸、造園業をも含む。近世においては類義語に「種樹」があるが、主として鑑賞用の花卉園芸に使われ、果樹・蔬菜の用例は少ない。造園は、「造庭」や「庭作り」と称し、種樹とは区別された。一八七七年(明治十)の第一回内国勧業博覧会において花卉が冒頭に位置することから、近代においても当初は「園芸」は花卉中心であった。しかし、殖産興業策の一環として果樹や蔬菜も大きく扱われるようになり、八九年創刊『日本園芸会雑誌』では創刊当初は花卉中心の記事が多かったが、日露戦争前後からは果樹・蔬菜に移行した。なお花卉のうち切り花は、近世では『江戸名所図会』に描かれるように、都市近郊農村の副業として営まれた一方、鉢植えや造園を行う植木屋も切り花を栽培しており、明確に分離したのは明治初年である。生け花や儀式用に供給されてきたが、一般家庭に普及したのは大正末年以降である。

参考文献 小笠原亮『江戸の園芸・平成のガーデニング』(『プロが教える園芸秘伝』、一九九九、小学館)、平野恵『十九世紀日本の園芸文化―江戸と東京、植木屋の周辺―』(二〇〇六、思文閣出版)、日野原健司・平野恵『浮世絵でめぐる江戸の花―見て楽しむ園芸文化―』(二〇一三、誠文堂新光社)　(平野 恵)

えんげいじょう 演芸場 演芸を演じるための興行場。明治期以降に用いられてきた名称。演じられる演目は、落語、講談、浪曲、漫才、漫談、ボーイズ(音楽ショー)、手品、紙切り、物真似、コント、各種邦楽などであり、いわゆる寄席芸を中心とした諸芸である。一九二一年(大正十)施行された興行場及興行取締規則では、興行場は劇場、活動写真館、演芸場、観物場の四種類に区別されている。警察の取締規則のうえで劇場と演芸場は区別されていた。また、演芸場は、寄席を含みこむ名称となっている。しかし一方では、明治期以降、演芸という言葉は、観客・聴衆を前にして演じられる芸の総称として使われてきた経緯があり、実際には演芸場、小劇場あるいは寄席の間に明確な区別があるわけではない。たとえば、一九〇八年(明治四十一)に開場された有楽座は高等演芸場と呼ばれた。外観、内部構造ともに洋風の建造物であり、食堂・休憩室および全階に椅子席が設置されていた。文芸協会、自由劇場など新劇上演の拠点となった一方で、落語や邦楽も演目となった。

参考文献 坪内博士記念演劇博物館編『国劇要覧』(一九三二、梓書房)　(真鍋 昌賢)

えんげき 演劇 ある一貫した物語をせりふや歌唱と身体動作で表現する行動様式の総称。「遊び」「芸能」の一形態であり、しばしば神など霊的なものを祀る儀式の構成要素でもある。作者が物語を構成・記述したものを戯曲と呼ぶが、舞踊は必ずしも戯曲を必要としない点で厳密には演劇と区別される。表現(演技)する役割を担う者を俳優または役者と呼ぶ。作者は古くは俳優が兼任していることが多かった。そして上演を見る観客が必要である。大まかには古代において野外で行われていたものが、次第に囲い込んだ場(日本では古くは芝居と称された、現在は劇場と総称される)で行われるようになり、入場料を払って見るものになる過程を踏んでいる。その過程で、時代風俗・思想傾向・人々の嗜好を考慮して物語をふさわしく上演するために、どう演技するべきかを構成する演出と、装置・衣装・小道具などの舞台美術が発達した。日本においては、文字による記録が残っていない時代から演劇に相当する芸能が行われていたと推定されているが、中国・朝鮮半島を経由して取りこまれた海外の諸芸能(特に伎楽《ぎがく》、雅楽、散楽)の影響を受けて以降、多くの芸能が発達した。その中で他国の演劇と比較されうる形態を取った芸能ジャンルとして、能、狂言、文楽、歌舞伎を挙げることができよう。また近代以降には海外の文物を移入・吸収した結果として新劇、新派、軽演劇、レビュー、ミュージカルなどが発達し、伝統的な諸芸能と平行して現在も盛んに行われている。↓歌舞伎《かぶき》 ↓劇場《げきじょう》 ↓芝居《しばい》 ↓浄瑠璃《じょうるり》 ↓新劇《しんげき》 ↓新派《しんぱ》 ↓大衆演劇《たいしゅうえんげき》 ↓能《のう》 ↓文楽《ぶんらく》

参考文献 河竹登志夫『比較演劇学』正・続・続々(一九六七―二〇〇五、南窓社)、同『演劇概論』(一九七八、東京大学出版会)、国立劇場調査養成部企画編集『舞踊・演劇』(『日本の伝統芸能講座』、二〇〇九、淡交社)　(寺田 詩麻)

エンゲルけいすう エンゲル係数 勤労者世帯での消費支出(支出総額から預金や税などを除外)に占める食費の割合をいう。一九二一年(大正十)「職工生計状態調査」(以下すべて政府統計)の主要七府県市内勤労者世帯のエンゲル係数は四三・一%、二六年(昭和元)「家計調査」の

主要都市勤労者世帯の係数は三五・八%であった。ところが、昭和恐慌期の三一年から太平洋戦争勃発の四一年まで連年実施の「家計調査」では、主要都市勤労者世帯の係数は三二・五%から四一・四%へ上昇した。勤労者世帯の家計が悪化していったと推測される。敗戦直後に再開された「家計調査」では、食料事情悪化のため、全国都市勤労者世帯の係数は四六年六六・四%に跳ね上がった。その後は漸減し、高度成長期には五五年四四・五%(全都市勤労者世帯)から七三年三〇・四%(人口五万人以上都市勤労者世帯)へと一四・一ポイントも低下し、さらに八〇年二八・〇%から九五年(平成七)二二・七%(同前)へと緩やかに減少した。エンゲル係数は世帯所得が増加すればするほど減少するとされている。しかし、一九八〇年代―九〇年代前半の世帯収入の大幅増加(八〇年を一〇〇とする九五年の実収入は一六三)にもかかわらず、この間の係数の低下はゆるやかであった。その理由は、食事に対する考え方の変化や家事の省力化が八〇年代ごろから進行したからである。ファミリーレストランなどの外食の利用、コンビニエンスストアの米飯類やスーパーマーケットなどでの総菜、すなわち調理食品の購入という、付加価値の高い商品の購入拡大によって、食費全体が増加した。食費に占める外食費の割合は七二年一〇・五%から九五年一八・〇%へ、調理食品は七二年四・一%から九五年九・五%へ上昇している。なお、九五年以降、二〇一三年までエンゲル係数は二二%前後でほとんど変化していない。

参考文献　総理府統計局編『昭和三八年～五五年の家計―新収支項目分類による遡及結果―』(一九六二)、東洋経済新報社編『完結昭和国勢総覧』三(一九九一)

(鈴木　邦夫)

えんざ　**円座**　草で編んで作った円形の敷物の座具。古代では「わらふだ」ともいった。菅《すげ》・藺《い》・蒋《まこも》・蒲《かま》・藁《わら》などを中心から渦巻のように編んでいって円く作る。大きさは、『延喜式』掃部寮《かもんりょう》に、藺円座は直径三尺(約一メートル)、菅円座は直径三尺で厚さ一寸(約三センチ)、蒋円座は直径二尺五寸で厚さ五分(約一・五センチ)とある。円座は平安時代の貴族社会で大饗《だいきょう》などの時に用いられ、これらは表と裏を絹織物で包んで縁《へり》が付けられた円座で、位の上下により縁の色などが異なった。平安末期ごろの『大饗雑事』によれば、大饗の公卿の円座は表に白の固織物《かたおりもの》、裏に白の生絹《すずし》を用い、縁は大納言が紫錦、中納言が青錦、参議は大文高麗《だいもんのこうらい》であった。宮中では畳や簀子《すのこ》の上に円座を敷き、関白・大臣には厚円座《あつえんざ》、大納言以下には薄円座《うすえんざ》を用いた。近世には茶室の庭園の腰掛待合に竹の皮で作った円座を敷き、農家でも炉端などで円座を使った。神社では祭式の時に円座を用いている。

参考文献　小泉和子『家具』(『日本史小百科』一七、一九八〇、近藤出版社)

(菅原　正子)

円座（『慕帰絵』より）

えんぜつ　**演説**　聴衆の面前で自己の意見を述べること。この語は漢籍・仏教典や日本の古典にもみえるが、福沢諭吉が『学問のすゝめ』一二編(一八七四年(明治七)十二月)の「演説の法を勧るの説」で「演説とは英語にて「スピイチ」と云ひ、大勢の人を会して説を述べ、席上にて我思ふ所を人に伝るの法なり」と記し、speech の訳語に「演説」をあて、明治前期の文明開化期に普及した。福沢も慶応義塾内の演説館や明六社の演説会で演説した。学術演説や自由民権運動の隆盛に合わせて、民権家は東京浅草の井生村楼《いぶむらろう》や木挽町(中央区)の明治会堂、また、全国の芝居小屋・大料亭や各講堂などで政談演説会を展開させた。そこから、「異見の交換」という討論会も生まれた。そうした演説の速記録が新聞・雑誌に掲載され、岡文二編『明治演説大家集』全三巻(八〇年)、栗田素一編『明治卓論新編』(八四年)、梅田君蔵編『明治大家論集』(八七年)、鈴木久蔵編『新政談演説』(八九年)等々の速記集が多く刊行された。明治期の速記者小野田亮正(号翠雨)の『現代名士の演説振』(一九〇八年)は伊藤博文・三宅雪嶺・田中正造・徳富蘇峰・安部磯雄ら六十四名を載せた人物論で、各人の演説の身振り手振りや、本書ではじめて知るような実に面白いエピソードを満載した記録文学である。

参考文献　小野田亮正『現代名士の演説振』(一九〇八、博文館)、松崎欣一『三田演説会と慶応義塾系演説会』(『福澤研究センター叢書』、一九九八、慶応義塾大学出版会)

(佐藤　能丸)

えんそく　**遠足**　教師が日帰りの日程で子ども集団を引率し、郊外に出かけ自然を体験させたり、さまざまな社会経験をさせる学校行事の一つ。学校を出て自然や社会を体験させる教育的営みは、江戸時代の寺子屋にも花見などを実施していた例がみられる。明治時代に近隣の学校が連合開催する運動会に参加するため会場まで徒歩で行くのが遠足のはじまりであった。行軍・遠足運動などと呼ばれ「遠足」という呼称が一般化したのは一九〇〇年代以降である。遠足の教育的意義は、第一に、工場や農村などに出かけ生産労働そのものを体験するなど、自然や社会を直接体験することでみずからの見聞を広げることにある。第二に、普段の学校生活では体験できない

仲間の再発見があることだ。教師・子ども同士が一日の生活を共同で楽しむ中で、普段は気付かない互いの再発見ができる点である。第三に、集団で行動する中で規律ある態度・行動様式を学ぶ点、などの意義が指摘できる。

参考文献 加藤純「遠足・集団宿泊的行事 児童同士がもっと関わり合う学校行事―縦割り班による裏山オリエンテーリング―」(『道徳と特別活動―心をはぐくむ―』二九ノ七、二〇一三)

(荒井 明夫)

えんだい **縁台** 住宅内から庭や自宅近くの路地などの屋外に持ち出して、休憩や夕涼みなどに用いる細長い木・竹製の腰掛け台。縁側を持たない住宅では、縁側の代わりとしても重宝された。その正確な来歴は未詳だが、近世の浮世絵版画には渓斎英泉(一七九〇―一八四八)の「御利生結ぶの縁日」をはじめとして縁台が数多く描かれ、すでに近世の民衆生活の中では広く普及していたことが

商店の店頭に置かれた縁台

判明する。また、縁台は飲食や遊戯の場としても利用され、特に縁台を用いて行う将棋は縁台将棋と呼ばれて戦後の高度経済成長期まで親しまれた。その後はライフスタイルなどの変化により、街頭から縁台の姿は消えつつあったが、最近では地域商店街における顧客誘引対策として、縁台の設置などを見直す機運も生じている。なお、俳句では夏の季語としても親しまれている。

参考文献 李潤貞・西出和彦「商店街店頭における縁台・ベンチ・椅子の働きに関する研究」(『MERA Journal 人間・環境学会誌』二一、二〇〇八)

(宮瀧 交二)

えんたろうばしゃ **円太郎馬車** ⇩乗合馬車《のりあいばしゃ》

えんにち **縁日** 神仏と特別に縁を結ぶ日(有縁の日)のこと。神仏が生まれたり霊験を示したりする日のこと。中国やインドでは古くから縁日が存在しているが、日本では十二世紀の『今昔物語集』一四が縁日の初見で、そこには観音の縁日が十八日であるとされている。どのような経緯で縁日という日がうまれたかは不明で、諸説がある。薬師如来の縁日が八日と十二日である理由は、薬師の「ヤ(八)」、十二神の「十二」に由来する、といわれている。縁日には神仏の縁に触れようという参拝客が特に多く集まり、寺社の門前などでは出店で賑わう。江戸時代後期、江戸では縁日は庶民のハレの日として生活の中に定着する。元禄期には年に三ヵ所であった縁日が、天保年間(一八三〇―四四)では百ヵ所以上にもなった。芝愛宕権現や浅草寺には、四万六千日(千日参り)という縁日があり、その日に参拝すると、功徳が四万六千日参拝したことと同じになる、といわれている。

参考文献 秦孝治郎『露店市・縁日市』(一九七七、白川書院)、『東京の市と縁日―TOKYO情緒歳時記江戸をさがす半日旅―』(『あるすぶっくす』、一九九四、婦人画報社)

(高尾 善希)

えんぴつ **鉛筆** 黒鉛と粘土を混ぜて細長く整形・焼成した芯を、断面円形または六角形の木製の柄で挟み込んだ筆記具。先端を円錐形に削って芯部を露出し、手に持って芯部を紙などに押し当てて、文字や絵画を描く。消しゴムを当て擦って紙に付着した芯の粒子を拭き取ることによって、紙などに記した文字や絵画を繰り返し消去することもできる。日本における鉛筆の歴史は、静岡市の久能山東照宮が保管する、徳川家康が江戸時代の初期にオランダ人から贈られたという鉛筆や、仙台市の伊達政宗の墓所から出土した鉛筆に始まる。その後、明治時代に入り、本格的に鉛筆の輸入が始まったようであるが、最初に輸入された鉛筆としては、一七六一年に鉛筆の製造を開始し、はじめて断面六角形の鉛筆を作ったことでも知られている、ドイツのファーバー＝カステル社の製品であった可能性が高いとされる。昭和期には大量生産に伴い簡易な筆記具の代表として広く普及し、小学校の運動会などでは賞品の定番であった。また、廉価であることから、商品名や商店名などを印刷した広告鉛筆も広く普及した。使用に際しては、当初は小刀やナイフで削るのが一般的であったが、高度経済成長期以降、手動・電動の鉛筆削器が用いられるようになった。現在では、シャープペンシルの普及に伴いその生産量が激減しており、二〇一〇年(平成二十二)の生産量(一六〇万八〇〇〇グロス)は、一九七〇年(昭和四十五)の二割以下にとどまっている。

参考文献 中公文庫編集部編『文房具の研究―万年筆と鉛筆―』(『中公文庫ビジュアル版』、一九九六、中央公論社)、総務省統計局『(第六十四回)日本統計年鑑』(二〇一四)

(宮瀧 交二)

えんぽん **円本** 大正末から昭和初期に一冊一円の廉価で刊行された全集類。東京市内を走るタクシーが円タクと呼ばれたのと同様に、円本という呼び方が登場した。その契機となったのが改造社によって一九二六年(大正十五)十二月から刊行された『現代日本文学全集』全六十三巻である。予約募集で大勢の読者をつかんだ改造社の成

功により、新潮社『世界文学全集』、春陽堂『明治大正文学全集』、春秋社『世界大思想全集』、平凡社『世界美術全集』、第一書房『近代劇全集』、改造社『マルクス・エンゲルス全集』『経済学全集』などの円本が出版される。その数は約二百から三百種ともいわれ、出版史上に「円本時代」を現出せしめた。円本ブームは数年で冷却するとはいえ、大衆が文学はもとより、美術、戯曲、思想、社会科学などさまざまな書物を手にすることを可能にした。二四年の『キング』(二五年一月号)や二七年(昭和二)の岩波文庫の創刊を含む同時代の出版現象は、読者層の開拓を大きく促す潮流となる。

参考文献　永嶺重敏「円本の誕生と「普選国民」」(吉見俊哉・土屋礼子編『大衆文化とメディア』所収、二〇一〇、ミネルヴァ書房)、庄司達也・中沢弥・山岸郁子編『改造社のメディア戦略』(二〇一三、双文社出版)

(根津　朝彦)

えんむすび　縁結び　男女が互いによき結婚相手との出会いを叶えてもらうために、一定の神仏に祈願する一種の民間信仰。縁結びの祈願の対象とされる社寺は、島根県の出雲大社を筆頭に、同八重垣神社、京都府の出雲大神宮、同貴船神社、同地主神社、石川県の気多大社、和歌山県の熊野速玉大社、神奈川県の九頭竜神社本宮、埼玉県の川越氷川神社など全国に見られる。また近年は東京大神宮が縁結びのパワースポットとされ、大勢の参拝者を集めている。さらに大阪府の法善寺や奈良県の長谷寺のように、縁結びのご利益があるとされる寺院もあるが、やはり神社の方が圧倒的に多い。これらの社寺は、その縁起の中に男女の縁結びに関わる何らかの伝承を有している。さらに、道祖神は男女が抱擁した形状のものが見られることから、縁結びの祈願の対象とされることが多い。一方、二股の形状をしたりコブがあったりする樹木なども縁結びのご利益があるとされ、信仰の対象となっている。

(八木　透)

お

おい　老い　年齢を重ね、年をとってゆくこと。奈良時代、七一五年(霊亀元)に長屋王が自邸で四十歳の算賀を祝ったのが初見史料とされており、この時「賀五八年」の作詩が行われている(『懐風藻』)。奈良・平安時代の貴族たちの間では四十歳から、以後、五十歳、六十歳、七十歳と十年ごとに算賀を祝うことが盛んに行われていたことから、老いは段階的に進むことがわかる。民俗学では、正月の餅(年玉)が人びとに一年の生命力を与えるものであり、それを多く重ねた人が長寿の生命力を得た人といわれている伝承に注目し、そこには一年に一回実る稲(米)と人間の一年とを重ねてみる生命観が存在するとみている。長寿を祝う八十八歳の米寿は、米《こめ》の祝いとも呼ばれ、祝いのお返しには米を量る升や升に盛られた米をならす斗掻《とか》き棒《ぼう》、杓文字など米飯に関係するものや、奈良県や和歌山県などでは八十八歳になった人の手型を墨で半紙に押した手判が配られた。また、近畿地方の氏神の神社の祭祀組織である宮座の長老の重要な役割は、神祭りを主宰するほか、座衆のなかに生まれた赤ん坊に長寿の生命力を授けるために花びら餅とかスモウの餅と呼ばれる神聖な餅をみずから作って与えることでもある。これらの伝承からは長寿の生命力へのあやかりという信仰が見出せる。また老いには敬老と棄老という二面性があるのが特徴であり、中世の十三世紀中ごろ以降、人びとの老いに対する意識に変化がみられたことも注目されている。たとえば、古代でははじめ酒泉の発見という話であった養老の滝の伝説が、『十訓抄』(一二五二年(建長四)成立)の時代になるとその酒による老父への親孝行という敬老の意味が付け加えられてきている。また、近畿地方の宮座における長老衆の成立に関連して、豊田武「中世に於ける神社の祭祀組織について」(『宗教制度史』所収、吉川弘文館、一九八二年(初出一九四二年))は、中世の農村社会の階層分解の進行により、「宮座構成の規準として特に自然的な年齢によるものが強く意識されてくる。(中略)年齢的階層は一般に年寄と若衆の両層に分れる」といい、長老衆入りを表す「老人成」などの文字が、近江国今堀日吉神社文書では一四六〇年(長禄四)や一五〇四年(永正元)の文書において見出されるようになることから、中世後期の十五世紀半ばから十六世紀初頭にかけて近畿地方を中心に長老衆が形成されてきた可能性があると指摘している。老いはまさに両義的であり、経済力や身体力の減退、死への接近というマイナス面が強調されるが、その一方で、米寿の祝いや宮座の長老をめぐる民俗からは老いとは生命力の蓄積であり、人びとはその天授の生命力にあやかろうとしてきたことがわかる。

参考文献　柳田国男「食物と心臓」(『柳田国男全集』一七所収、一九九〇、筑摩書房)、宮田登・新谷尚紀編『往生考―日本人の生・老・死―(国立歴史民俗博物館国際シンポジウム)』(二〇〇〇、小学館)、服藤早苗『平安朝に老いを学ぶ』(『朝日選書』、二〇〇一、朝日新聞社)、関沢まゆみ『隠居と定年―老いの民俗学的考察―』(『臨川選書』、二〇〇三、臨川書店)

(関沢まゆみ)

おいらん　花魁　江戸新吉原遊廓における上級遊女のこと。後輩の遊女や、遊女の見習いである禿《かむろ》と呼ばれた女児などが、自分が付き従う姉女郎を「おいらの(姉女郎)」といったところから生じた語ともいわれる。十八世紀半ばころには、「部屋持ち」以上の格にある遊女の美称として用いられたが、「呼び出し」といわれる上級遊女が消

滅し、部屋持ちも減少して、それよりも格の低い「座敷持ち」や、「小格子」「局」などと呼ばれる下級遊女が増加した十九世紀以降は、遊女一般を指す語として使われた。

参考文献　桃栗山人「通人の寝言」(高木好次他編『洒落本大系』五所収、一九三一、林平書店)、山城(宮本)由紀子「『吉原細見』の研究—元禄から寛政期まで—」(『駒沢史学』二四、一九七七)　(横山百合子)

オイルショック　オイルショック　石油価格の大幅引き上げにより世界経済に深刻な影響がもたらされたこと。一九七三年(昭和四十八)の第一次オイルショックと七九年の第二次オイルショックとがある。まず、七三年十月六日に第四次中東戦争が勃発するとアラブ諸国は石油を政治的交渉手段に用いる石油戦略を発動し、日本も「非友好国」として石油輸出削減の対象とされた。高度成長期のエネルギー革命を通じて中東原油への依存が進んでいた日本では、十一月に石油各社が計画出荷を実施すると社会不安が高まり、トイレットペーパーの買いだめに象徴されるようなパニック状態も出現。政府は行政指導や石油二法(石油需給適正化法・国民生活安定緊急措置法)の制定などによって石油・電力消費を規制し、ガソリンスタンドの日曜営業停止や広告ネオンの禁止などが実施された。規制は石油需給の好転とともに次第に緩和されつつ、七四年八月末まで継続。日本は七三年末に「友好国」に変更され、米国への禁輸も七四年三月に解除されたが、産油価格は開戦前の約四倍にまで上昇した。このため、先進諸国では深刻なスタグフレーション(不況と物価上昇の同時進行)が発生し、日本でも七四年の実質経済成長率は戦後初のマイナスを記録。ついで、第二次オイルショックは七八年十月のイラン革命後、十二月末から翌三月にかけてのイランの輸出全面停止によって発生した。だが、この時は他の産油国の増産や政府が石油の需給情報を適時発表したことなどから、パニックには至らず、消費節減も行政指導に止められた。二度の石油危機を通じて日本の製造業では省エネルギー活動と産業構造の高付加価値化によりエネルギー効率を改善するとともに、「減量経営」の徹底を通じて労資協調が一層進展。このため、七〇—八〇年代の日本では、国際競争力と「企業社会」とがともに強化されるに至った。

オイルショック　トイレットペーパーを求める人々

参考文献　『通商産業政策史』一三、(一九九一、通商産業調査会)、橋本寿朗『日本経済論—二十世紀システムと日本経済—』(一九九一、ミネルヴァ書房)、渡辺治「高度成長と企業社会」(同編『高度成長と企業社会』所収、二〇〇四、吉川弘文館)　(小堀　聡)

おいわけ　追分　一般に街道の左右に分かれている地点をさし、交通の重要な分岐点であることから、それが地名となっているところも多い。最も著名な追分の地名としては、信濃国(長野県)にある中山道と北国街道の分岐点である追分で、江戸時代には同所に追分宿がおかれた。追分宿には北国方面からの荷物を改めるため、一八三八年(天保九)に貫目改所がおかれた。この信濃追分で歌われたのが追分節で、これが各地に伝わった。

参考文献　児玉幸多『近世宿駅制度の研究—中山道追分宿を中心として—』(一九五七、吉川弘文館)　(渡辺　和敏)

おうぎ　扇　手に持ち扇ぎながら風を送る道具。使わないときは折りたたみ、使用時に開く。現在の扇の骨にはたいてい和紙が貼られ、用途は団扇と同じである。のちに二字化して一般的には扇子《せんす》と呼ぶようになった。沖縄では檳榔《びろう》を扇として使用する。扇の起源は形式的には神話、そして弥生土器にみえる手草《たくさ》に求められそうであるが、扇、すなわち「扇ぐ」の語源である「あふく」は『古語拾遺』に「烏扇を以てこれを扇くべし」とあり、御歳神を祭る呪具として使用されている。それは、扇は扇ぎようによって良き霊を招き入れ、悪しき霊を追い払うと信じられていたからである。烏扇とは扇が使用された奈良時代以降に用いられた檜扇のことである。檜扇は紙を貼らずすべて薄い檜の板を重ねて作ったもので、時にはメモ帳として物を書きつけるものであったという。歴史の流れの中で扇は挨拶、能・狂言・落語などに溶け込み親しまれている。→団扇《うちわ》　(関　和彦)

檜扇（平城京二条大路跡木簡溝出土）

おうせつま　応接間　住宅において接客の機能を担う部屋。明治期以降、和風住宅に接客に供するための洋館が付属する和洋館並列型住宅が出現する。この形式が簡略化され、内外観とも洋風とした応接間を、和風住宅の玄関脇に併設した折衷住宅が、中流階級の住宅として定着

する。現代住宅では、居間が接客機能を備える場合が多い。→洋館《ようかん》

［参考文献］江面嗣人『近代の住宅建築』(『日本の美術』四四九、二〇〇三、至文堂)　(松下　迪生)

おうみけんしそうぎ　近江絹糸争議　一万三千人の従業員を有する大企業であった近江絹糸紡績株式会社で、前近代的・抑圧的な労務管理の改善を要求して一九五四年(昭和二十九)に起こった労働争議。多数の未成年女子を含む同社労働者は、全国繊維産業労働組合同盟(全繊同盟)の支援を受けて五四年五月に自主的な労働組合を結成し、六月二日に、労働組合の承認、御用組合の解散、拘束八時間制の確立と残業手当の支給、仏教の強制反対、夜間通学・外出・結婚の自由の承認、信書の開封と私物検査の即時停止などの二十二項目の要求を提出した。四日朝に至って会社側が団体交渉を拒否したので、組合側は全繊同盟の指導を受けて各工場で無期限ストに入り、切り崩しを試みる会社側と激しく対立した。「人権争議」として世論の支持を受け、他の労働組合や政党の支援も受けて、同年九月十六日に中央労働委員会の斡旋により組合側の要求の多くが承認されて解決した。

近江絹糸争議

［参考文献］上野輝将『近江絹糸人権争議の研究―戦後民主主義と社会運動―』(二〇〇九、部落問題研究所)　(市原　博)

おうみしょうにん　近江商人　近世から近代にかけて、本宅を近江国(現在の滋賀県域)に置き、行商や出店によって全国を商圏とした商人。商いの手法は、小規模なうちは持ち下り商いとよばれ、往路は織物・小間物・漢方薬などの完成品を地方へ持ち下り、復路では地方の生糸・紅花や麻布原料の青苧《あおそ》などを持ち返った。持ち下り商いは往復で商売するノコギリ商いであり、地方商人を顧客とする卸行商であった。やがて資産ができると、単独または他の商人との共同出資によって複数の出店を他国に開き、出店間で商品を回転させる産物廻しの商法に発展した。出店の奉公人は男子の近江出身者で固めた。入店時の年齢は十二歳前後、住み込み制による衣食住を保証された共同生活である。近江の実家への帰省(登り)は、入店後五年ごろに初登り、数年後に中登り、三度登りとなり、やがて毎年登りが認められ、三十五歳ごろに結婚した。若年者の旅費や土産代は店が負担し、期間は約五十日であった。登りの際にはその都度勤務評定が行われ、丁稚から手代・番頭・支配人・別家へと昇進した。遠国の出店の経営管理には、複式簿記の原理で記帳した店卸目録(決算帳)を支配人が本宅へ持参した。他国商いの信用を築くため、「三方よし」の商道徳を重んじ、陰徳善事という社会貢献による地元に配慮した経営を心がけた。

［参考文献］江頭恒治『近江商人中井家の研究』(一九六五、雄山閣)、末永國紀『近江商人三方よし経営に学ぶ』(二〇一一、ミネルヴァ書房)　(末永　國紀)

おうらいてがた　往来手形　江戸時代、庶民や武士が旅をする際に携行する身分証明書。往来一札ともいう。一般には菩提寺や名主、または雇用主など、武士であれば所定の役所が発行し、宛名は国々御関所役人中とか宿々問屋役人中と記してあるが、必ずしも宛先に提出するとは限らず旅人がそのまま持ち帰る場合が多い。本文には旅人の名前と居住地、所属する檀那寺、年齢、旅の目的などが記してあり、さらに旅の途中で死亡した場合の葬り方や在所への通報方法などが記してあることが多い。往来手形と同種のものとして関所手形があり、男性の場合にはこの往来手形を関所役人に見せれば比較的容易に関所の通過が許された。往来手形は、領主が庶民の旅を抑制するための書類とするのは間違いで、生類憐み令との関連で十七世紀末に旅人の保護という観点から成立したものである。往来手形を持参しない旅を抜け参りというが、この抜け参りは意外に多く、しかも不法行為という意識はほとんどなかったようである。

［参考文献］五島敏芳「往来手形考」(『史料館研究紀要』二九、一九九八)、渡辺和敏『東海道交通施設と幕藩制社会』(『愛知大学綜合郷土研究所研究叢書』、二〇〇五、岩田書院)　(渡辺　和敏)

おうらいもの　往来物　平安時代中期から明治初年までに作成された書簡文体の初等教科書の総称。「往来」とは往信・返信一対の消息文(今でいう手紙)を集めた文例集の形態をとっていたことから名付けられた名称である。往来物の初見は十一世紀中ごろに文人貴族藤原明衡《ふじわらのあきひら》によって書かれた『新猿楽記』で、これは消息文形式ではなく猿楽を見物に来た一家二十余名の職業とその技術尽くしとなっている。消息形式は同じく藤原明衡の『明衡《めいこう》往来』(別名『雲州消息』)が早い例である。現在平安時代で八種、鎌倉から室町時代にかけて四十五種の往来物が確認されており、相当普及していたことがわかる。なかでも南北朝後期から室町初期に書かれた『庭訓《ていきん》往来』はそ

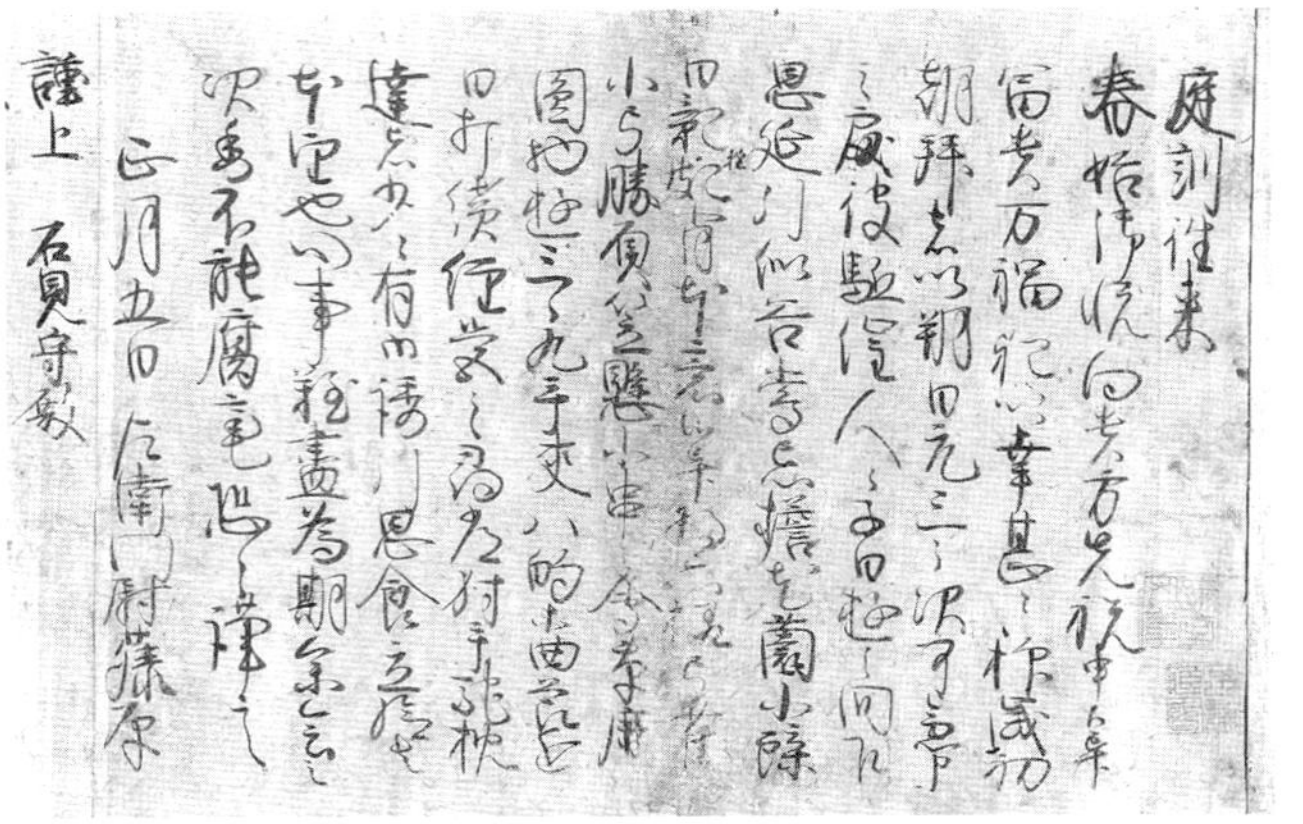

往来物　『庭訓往来』(経覚大僧正筆)

の代表といわれる。十二ヵ月各月の往返とほかの一通の書状を加えた二十五通から成り立っており、武家社会で心得るべき知識が網羅されている。

参考文献　海後宗臣『歴史教育の歴史』(『UP選書』、一九六八、東京大学出版会)　(木村　茂光)

おおあざ　大字　⇩字《あざ》

おおあし　大足　田下駄の一種。田下駄には、稲刈りに際して身体が水田に沈まないようにするために履く板状田下駄および輪カンジキ型田下駄と、春先に草や木の芽を水田に刈敷(緑肥)として敷きこんだり、水田の代拵《しろごしら》えをしたりする時に履く大足の二種類がある。大足は前者のような歩行具ではなく、足裏を使った強い力で広い範囲を泥中に踏み込む農具であるため、大型の枠あるいは箱型の形状を備え、足を持ち上げる時の補助用に枠や輪に手縄(緒)が付いていた。大足は弥生時代の遺跡から多

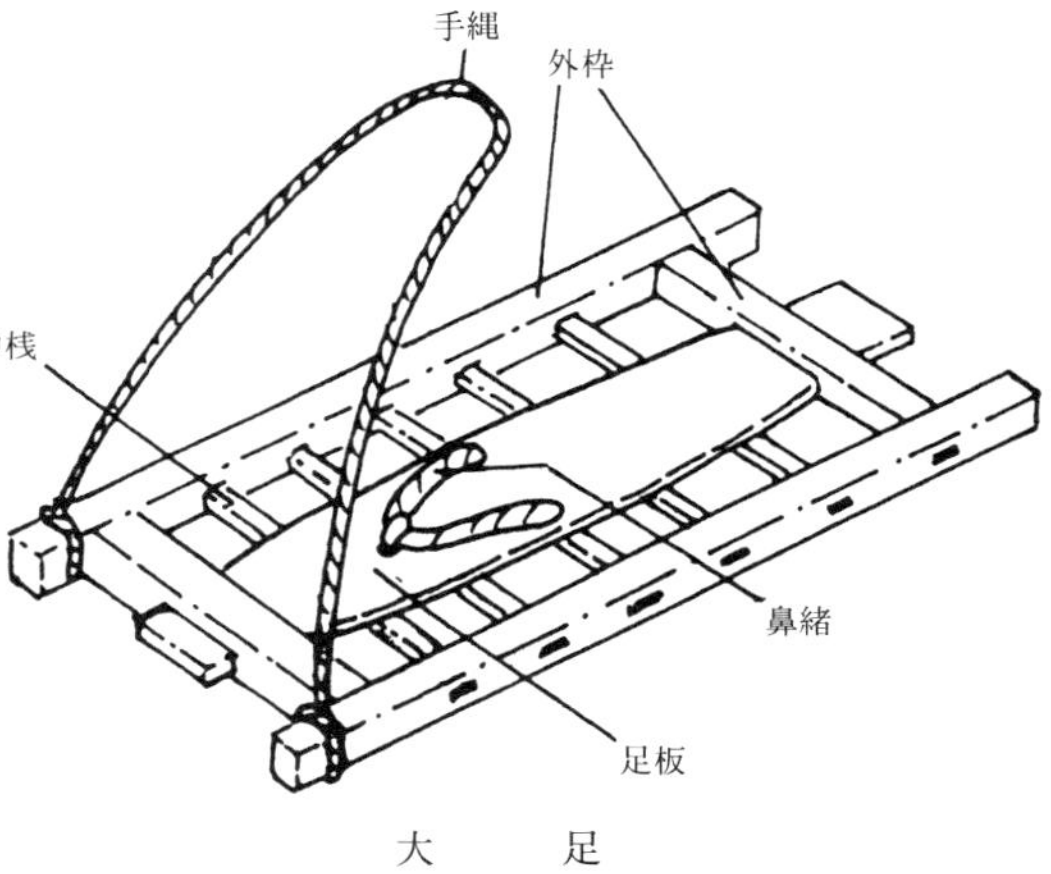

大　　足

数出土し、近年まで青森・岩手・秋田・新潟・石川・長野・岐阜・静岡・愛知・広島・山口などの諸県で使用された。

参考文献　潮田鉄雄『はきもの』(『ものと人間の文化史』、一九七三、法政大学出版局)、秋山浩三「「大足」の再検討」(『考古学研究』四〇ノ三、一九九三)、秋田裕毅『下駄―神のはきもの―』(『ものと人間の文化史』、二〇〇二、法政大学出版局)　(田中　禎昭)

オーエル　OL　和製英語オフィスレディー office lady の略で、企業で事務仕事に従事する女性のこと。OLという言葉が出現したのは一九六四年(昭和三十九)で、当時広く使われていたBG(ビジネス＝ガール)に代わる新しい呼称を週刊誌『女性自身』が募集したことによって誕生した。近代日本社会のなかで働く女性が急増したのは第一次世界大戦後の一九二〇年代であり、電話交換手やタイピスト、デパートの販売員やバス車掌など事務職やサービス業で働く女性が登場し、職業婦人と呼ばれていた。女性と労働の大きな転換点となったのは八五年で、この年に男女雇用機会均等法が制定された。均等法施行以降多くの企業はコース別人事を導入し、幹部候補となる道が開かれた総合職と、そうではない一般職の区別が設けられた。OLは一般職の女性社員もしくは女性事務員のみを含むカテゴリーの呼称として定義されることが多いが、実情はこの枠をこえて幅広い使われ方をされている。

参考文献　小笠原祐子『OLたちの〈レジスタンス〉―サラリーマンとOLのパワーゲーム―』(『中公新書』、一九九八、中央公論社)　(嵯峨　景子)

おおじょうや　大庄屋　近世に幕府や諸藩が村々支配のために通常の名主・庄屋の上位に置いた村役人。大肝煎・大名主・割元《わりもと》・郷頭《ごうがしら》・十村《とむら》・割《わり》庄屋・惣《そう》庄屋などともいう。主だった地主・豪農のなかから任命され、多くの場合世襲された。一人あたり七、八ヵ村程度から二十数ヵ村程度の村々を管轄し、その管轄区は組・郷・触・領・通《とおり》・手永《てなが》・宰判《さいばん》などと呼ばれた。自宅や会所を執務場所として、触書の下達、領主あての願書・届書の取り次ぎ、普請監督、人足の徴発、軽度の訴訟の吟味解決などを職務とし、扶持・給米や苗字帯刀御免などの諸特権を領主から与えられていた。居村の名主役を兼務するか否か、転勤するか否かなどで地域差があり、共同体民衆との距離も地域や藩によってかなり異なった。幕領では一七一三年(正徳三)に原則廃止となったが、存置された地域やのちに復活した地域もある。今日まで大量の史料を残す旧大庄屋家も多く、地方史研究上、大きな役割を果たしてきた。

参考文献　児玉幸多『近世農民生活史(新稿版)』(一九五七、吉川弘文館)、志村洋「近世大庄屋研究の成果と課題」(渡辺尚志編『近世地域社会論―幕領天草の大庄屋・地役人と百姓相続―』所収、一九九九、岩田書院)、同「大庄屋の身分格式」(白川部達夫・山本英二編『村の身分と

由緒』所収、二〇一〇、吉川弘文館）　（志村　洋）

おおすぎしんこう　大杉信仰　茨城県稲敷市阿波《あば》に鎮座する大杉神社を信仰するもので、江戸時代にアンバ囃子の流行とともに、その信仰も広まった。七六七年（神護景雲元）に勝道という僧がこの地にあった杉の巨木に疫病退散を祈願したところ、三輪明神が現れて蔓延していた疫病を消除したことから、祠を設けて奈良の大神《おおみわ》神社の分霊を祀ったのが大杉神社の起源とされており、アンバサマの通称は鎮座地の地名に由来する。神仏分離までは天台宗の安穏寺が別当であり、不思議な力でさまざまな奇跡を起こして多くの人々を救った常陸坊海存（海尊）という平安末期の僧が天狗のような容貌であったことにちなんで大杉神社では天狗を眷属としている。大杉神社の信仰圏は関東地方から東北地方の太平洋岸にまで広がっており、関東地方では一般に悪疫退散の信仰が強いが、利根川や荒川の沿岸では水上交通の守護神としての信仰が盛んであり、東北の太平洋岸では漁民の守護神的な性格が強い。

参考文献　大島建彦編『アンバ大杉信仰』（一九九六、岩田書院）、同『アンバ大杉の祭り』（二〇〇五、岩田書院）　（大明　敦）

おおずもう　大相撲　相撲を職業とするプロによって行われる興行で、現在は日本相撲協会（公益財団法人）が主催する。相撲自体の起源は古いが大相撲としての起源は江戸時代であり、京都、大坂、江戸へと勧進相撲の興業が展開していった。勧進相撲とは、本来は神社仏閣や道路・橋梁の建築・修繕などのための資金調達として興行したもので、それは中世にさかのぼるものであったが、江戸時代になると勧進という行為は名目的なものになり、木戸銭を取る営業的な興行として発展していった。江戸時代初期の勧進相撲には辻相撲とともに幕府によってたびたび禁令が出されたが、世の中も安定した元禄年間（一六八八―一七〇四）に解禁された。寛政年間（一七八九―一八〇一）に相撲興行は空前の隆盛をむかえた。それは一七九一年（寛政三）六月の十一代将軍徳川家斉の江戸城吹上苑で行われた上覧相撲で、これによって相撲は幕府公認の娯楽となった。この八九年には吉田《よしだ》司家《つかさけ》による谷風梶之助と小野川喜三郎の横綱土俵入りの免許交付があったことが注目される。吉田司家は、幕府の力を背景に相撲故実家として江戸相撲に大きな影響力をもった。横綱免許は、この吉田司家が地鎮祭用の儀式をもとに考案したもので、谷風・小野川が麻を編んだ注連縄《しめなわ》（横綱）を化粧まわしの上に結んで土俵入りをしたことは、のちの番付上の最高位を示す横綱の起源として注目される。現在横綱が品格を要求されるのはこの神事としての横綱の土俵入りに由来している。江戸相撲は当初深川の富岡八幡宮で勧進相撲として行われたが、寛政以後は回向院《えこういん》（墨田区両国）に固定されるようになり、春秋二回の晴天十日間の常設場所となった。明治になって（一九〇九年（明治四十二）一万人以上を収容できる国技館（「相撲は日本の国技なり」として命名）が回向院の境内の一画に建設され、今までの露天小屋がけの興行から常設館として安定的な興行ができるようになった。なお、現在大相撲は興行的なものからスポーツとしての相撲へと試行錯誤を重ねながら改革を模索している。　→相撲《すもう》

大相撲　勝川春好「小野川と谷風と行司木村庄之助」

参考文献　和歌森太郎『相撲の歴史と民俗』（『和歌森太郎著作集』一五、一九八二、弘文堂）、新田一郎『相撲の歴史』（一九九四、山川出版社）　（小林　敏男）

おおど　大戸　⇨戸《と》

オートバイ　オートバイ　二輪自転車に動力を取り付けた車両の通称。自転車に蒸気機関を搭載した車両の試作は見られたが、その一般的起源は一八八五年G・ダイムラーによるガソリンエンジン搭載とされる。日本では、一八九六年（明治二十九）一月に東京で元衆議院議員で農業思想家の十文字信介が求めたドイツ製の石油発動機自転車に始まった。一九〇九年に大阪の技術者島津楢蔵が国産車を開発し、一九一四年（大正三）の五百二十五台から二九年（昭和四）には二万余台に急増したが、分布は大都市が中心であった。また、当初は輸入車が中心であったが、昭和期に入って純国産車が増加したのも束の間、石油消費規制によって軍需優先へと転換した。昭和戦後期にはいち早くスクーターが商店などの輸送手段として普及し、朝鮮戦争期の特需景気で爆発的に増加した。さらに高度経済成長期にモータースポーツが活況を呈したのち、低価格で手軽なファミリーバイクが性別年齢を問わず普及した。

参考文献　斉藤俊彦『くるまたちの社会史―人力車から自動車まで―』（『中公新書』、一九九七、中央公論社）、出水力『オートバイ・乗用車産業経営史―ホンダにみる企業発展のダイナミズム―』（二〇〇二、日本経済評論社）　（三木　理史）

おおはらしゃかいもんだいけんきゅうじょ　大原社会問題研究所　一九一九年（大正八）、岡山県倉敷の実業家大原孫三郎が大阪に設置した社会問題研究機関。労働問題・社会事業その他の社会問題に関する研究および調査を行うことを目的とする。高野岩三郎を中心に、森戸辰男、櫛田民蔵らが研究を行なった。二三年より発行された『大原社会問題研究所雑誌』で社会科学理論の翻訳研究を行うほか、労働者・農民の状態や社会運動の動向について記録した『日本労働年鑑』を二〇年以来、四一年（昭和

十六）の二一号から四九年の二二号までの停刊を除いて毎年刊行している。研究所は三七年東京に移転するが、四五年空襲で焼失、数万点の図書資料も失った。四九年法政大学の付属機関となり、八六年東京都町田市に移転、今日に至る。この間、失業者、中小企業労働者の調査事業にくわえ、戦後社会運動、労働運動などに関する資料の収集整理がすすめられた。収集された資料はデータベース化され、「大原デジタルライブラリー」内で公開されている。↓高野岩三郎《たかのいわさぶろう》

参考文献　法政大学大原社会問題研究所『大原社会問題研究所三十年史』（一九五四）、同編『大原社会問題研究所五十年史』（一九七一、法政大学出版局）、高橋彦博『戦間期日本の社会研究センター―大原社研と協調会―』（『法政大学大原社会問題研究所叢書』、二〇〇一、柏書房）

（松本　和樹）

おおまえ　大前　江戸時代の有力百姓を指す。大前百姓とも。小前（百姓）の対語と考えられるが、小前ほど一般的には用いられていない。信濃国諏訪藩領の事例を見ると、大前百姓は、村内の役家筋の家で、数軒に固定されており、名主・年寄などの村役人を選ぶ権利をもち、村の株百姓として、一戸前（一軒前）の家として認められていた。このような大前・小前の家格は、近世中期以前に定められたものであったため、時代がたつに従い、経済的階層との乖離を示すこととなった。大前百姓の中で没落する者が見られる一方で、江戸稼ぎ・旅稼ぎなどが盛んになることで、経済力をつける小前百姓も現れたのである。十九世紀以降、村内の権利から疎外されていた小前百姓たちは、大前百姓によって独占されていた村政の民主化を求めて村方騒動を激しく展開した。

参考文献　農村史料調査会『近世農村の構造―信州諏訪郡富士見・落合両村の歴史―』（一九五二、山川出版社）、中村吉治他『解体期封建農村の研究―諏訪藩今井村―』（一九六二、創文社）

（山崎　圭）

おおみそか　大晦日　十二月の最後の日。毎月の晦日に対し一年の終わりという意味から大晦日という。太陰太陽暦では月が見えなくなるところから晦日をつごもり（月隠り）ともいい、大晦日をおおつごもり（大月隠り）という。大晦日は公私ともに一年の終わりなので掛け取りや正月の準備などで慌ただしい一日であった。大晦日は二十九日（小の月）の場合も三十日（大の月）の場合もあったが、奥州南部藩では小の月の場合は私大《わたくしだい》と称して翌正月一日を大晦日として、以後日付を一日ずつ遅らせた。大晦日には古くは宮中で悪鬼を払うために追儺《ついな》が行われた。これはのちに節分の儀式となった。大晦日には一年間の罪や穢れを祓う大祓え・年越の祓えが行われる。この日の行事は各地にさまざまなものがあるが、一般的には各寺院で百八つの煩悩を除去するために除夜の鐘を撞き、家庭では年越し蕎麦を食べる。また、初詣でのために大晦日から出かける人も少なくない。↓年越《としこし》　↓年《とし》の瀬《せ》

参考文献　宮田登編『暦と祭事―日本人の季節感覚―』（『日本民俗文化大系』九、一九八四、小学館）、瀬戸内寂聴他監修『除夜』（『仏教行事歳時記』一二月、一九九八、第一法規出版）

（岡田　芳朗）

おおむぎ　大麦　イネ科の越年草作物で、五穀の一つに数えられ、稲と並ぶ主要穀物。十月初旬に播種し、翌年四月から六月にかけて収穫した。平安時代の『本草和名』『和名類聚抄』ではフトムギとよんでいる。古代においては、飢饉対策や夏の食糧の端境期を克服するため七世紀末から九世紀半ばにかけて小麦などとともにしばしば栽培奨励策が出されている。『農業全書』でも、大麦は秋に新米が出回るまでのつなぎの食糧として民を助けるものだから、五穀の中では稲に次いで大切なものであると記されている。大麦は粉食には適さず基本的に粒食として食され、挽き割りにするほか、大正期になると加熱・圧扁する押麦が普及し、混ぜ飯や粥として食された。粉食として利用されるものとしては、大麦を煎り粉として利用する麦焦がしがあり、砂糖を混ぜたり湯で練って練り菓子として食した。また、ビールなどの醸造用原料や醤油・味噌の原料としても欠かせない。↓麦飯《むぎめし》

参考文献　岡田哲『コムギ粉の食文化史』（一九九三、朝倉書店）、木村茂光『ハタケと日本人―もう一つの農耕文化―』（『中公新書』、一九九六、中央公論社）

（伊佐治康成）

おおやそういち　大宅壮一　一九〇〇―七〇　評論家。一九〇〇年（明治三十三）九月十三日、大阪府三島郡富田村（高槻市）に生まれる。少年期には少年雑誌の投稿に夢中になる。茨木中学時代には生徒日誌を書き残す。二二年（大正十一）、第三高等学校文科乙類卒業。二五年、東京帝国大学文学部社会学科中退。文壇で執筆活動を始め、翻訳集団も組織する。三三年（昭和八）には『人物評論』を創刊。四一年に満洲映画協会啓民映画部の責任者、四二年にジャワ映画公社理事長。戦後は「駅弁大学」「一億総白痴化」などの造語でも知られ、五五年には「『無思想人』宣言」を発表。総合雑誌では『文藝春秋』『中央公論』に精力的に執筆する一方、『世界』には寄稿がなかった。五七年にはノンフィクション＝クラブを結成し、青地晨、草柳大蔵、丸山邦男、村上兵衛、梶山季之らが関わった。七〇年に大宅壮一ノンフィクション賞が創設。同年十一月二十二日に死去。満七十歳。七一年に大宅壮一文庫が設立。『大宅壮一全集』全三十巻・別巻（一九八〇―八二年、蒼洋社）がある。

参考文献　『大宅壮一読本』（『大宅壮一全集』別巻、一九八二、蒼洋社）、大隈秀夫『裸の大宅壮一―マスコミ帝王―』（一九九六、三省堂）、阪本博志「大宅壮一研究序説―戦間期と昭和三〇年代との連続性／非連続性―」（『文学』九ノ二、二〇〇八）

（根津　朝彦）

おおや・たなこ　大屋・店子　江戸時代の都市において地主の代理人として、町屋敷の管理と地代・店賃の徴収

にあたった家守(家主・大屋ともいう)と、店借・地借ら店子との関係。店子は町人役や町入用の負担義務がないかわりに、町政運営の主体ともなりえず、諸願や出入事には大屋の承認が、町奉行所に出訴する際にはその付き添いが必要であった。さらに店子の冠婚葬祭などにも大屋が諸事面倒をみた。こうしたことから従来、大屋は親、店子は子という擬制的親子関係とみなされてきた。家守の職務と心構えを説いた「家守杖」が、慈悲の心をもって子どもを「撫育」するように心がければ店子もみな慣れて付き従うものだと述べる一方で、家守を勤める者は町用に専念し利欲にかかわるな、家守の職分だけでは渡世にならないと思う者は家守になるなとも述べているように、収入と権利の保全に関心を集中する大屋も少なくはなかった。家守職が安定した収益を確保するようになると家守株として売買されるようになるが、その移動・集積の帰結として自身の代わりに下家守を置く「不在家守」まで出現した。大屋・店子関係は親子同然にあるべきという規範は存在したものの、それが都市社会を覆う現実であったとみることはできないだろう。 ↓地借《じがり》・店借《たながり》

参考文献 「家守杖」(三田村鳶魚編『未刊随筆百種』六所収、一九七七、中央公論社)、西坂靖「三井大坂両替店の抱屋敷管理と代判人・家守」(『三井文庫論叢』二一、一九八七)、岩淵令治「近世中・後期江戸の「家守の町中」の実像」(五味文彦・吉田伸之編『都市と商人・芸能民—中世から近世へ—』所収、一九九三、山川出版社)、吉田伸之『近世都市社会の身分構造』(一九九八、東京大学出版会)

(西木 浩一)

おおやまこう 大山講 相模の国御嶽である大山への登拝を目的として結集された信仰集団。神奈川県伊勢原市大山にあり、秀麗な山容を示す大山は別名雨降山といわれ、雨をもたらしたりして農耕をつかさどる、かつ相模湾や駿河湾などでは大漁祈願の霊山として人々に知られた。近世以降村々には大山講(不動講とも)が簇生した。大山本来の神体は石尊さんともいわれているように巨岩崇拝にもとづくものである。農村にとっては雨乞いの神として、江戸町人社会では病気治しの祈願をするなど、現世利益の神として普及し講集団による参拝が夏山を中心に行われるようになった。また江戸の後期になると大山講は富士講ともセット化された信仰集団も多く、参詣習俗のなかに富士だけを参拝するのは片参りといって忌むべきものとされ大山と一緒に参拝することが見られた。
↓登山《とざん》

参考文献 西海賢二『富士・大山信仰』(『山岳信仰と地域社会』下、二〇〇八、岩田書院)

(西海 賢二)

大山講 大山道の道標(1950年，東京都世田谷区三軒茶屋)

おが 大鋸 原木から角材や板材を製材するために使用する道具。中世の文献(『下学集』)に「大鋸(ヲガ)」、近世の文献(『和漢三才図会』)に「大鋸(ヲガ)」「前挽(マエビキ)」「台切(ダイキリ)」の記述がある。大鋸は二人用、前挽は一人用の縦挽製材鋸、台切は二人用の横挽鋸である。大鋸は十三世紀後半ころに限られた集団で使われ始め、十五世紀ころに普及したようであるが、十六世紀後半ころに前挽が出現すると、製材道具の主役は前挽に移行した。 ↓木挽《こびき》 ↓鋸《のこぎり》

参考文献 渡邉晶『日本建築技術史の研究—大工道具の発達史—』(二〇〇四、中央公論美術出版)

(渡邉 晶)

大鋸(『極楽寺六道絵』より)

おかいかくくみあい 御改革組合 関東一円を対象に関東取締出役を補佐する組織として一八二七年(文政十)に編成が指示され、およそ二九年までに編成作業が終了した。ただし、その後地域の事情に応じて組合の改変が行われることもあった。寄場組合、改革組合村ともいう。編成の主要な意図は、増加した悪党や偽浪人などの犯罪人を江戸に継ぎ送るための費用を地域全体で負担するとともに、関東取締出役のもと地域の取り締まり、治安維持を行うことであった。御改革組合の編成にあたっては、まず関東取締出役が組合構成案を地域に提示した。村側がこの構成案を受け入れない場合は逆に村側の主導による組合構成案が示されたが、それに対して関東取締出役は、人と物の交流が盛んな交通の要衝で、取り締まりのよい大高の宿村を寄場(親村)とし、その寄場を中心としたおよそ四、五十ヵ村を一つの組合とするという組合編成の基本方針に抵触しない限りこれを認めていった。御改革組合では親村の名主を寄場惣代とし、これを補佐する大惣代を数名置いて組合の運営を行うとともに、組合

お蔭参り（歌川広重「伊勢参宮宮川の渡し」）

内に数ヵ村程度からなる小組合を設け、それぞれに小惣代を置いて村と組合との連絡や意思疎通を担当させた。 ↓関東取締出役《かんとうとりしまりしゅつやく》

参考文献 桜井昭男「関東取締出役と改革組合村—文政改革の基調—」(藤田覚編『幕藩制改革の展開』所収、二〇〇一、山川出版社)、関東取締出役研究会編『関東取締出役』(二〇〇五、岩田書院) (桜井 昭男)

おかげまいり お蔭参り 近世にみられた伊勢神宮への集団参拝。なかでも群参現象は一六三八年(寛永十五)、一六五〇年(慶安三)、一六六一年(寛文元)、一七〇一年(元禄十四)、一七〇五年(宝永二)、一七一八年(享保三)、二三年、三五年、一七四八年(寛延元)、一七五五年(宝暦五)、一七七一年(明和八)、一八〇三年(享和三)、一八三〇年(天保元)、一八五五年(安政二)、一八六七年(慶応三)の計十五回が確認されている。こうした群参状況を広くお蔭参りと呼ぶことが定着したのは一七七一年からであるとされている。お蔭参り以前は群参現象を抜け参りと呼んでおり、明和以降でも用いられていた。群参状況は幼児・少年が行動することにより始まることが多かったし、明和・天明は、手にひしゃくをもち、集団ごとに幟を立て、笠に印をつけることが一般化した。 ↓伊勢参《いせまい》り

参考文献 高木俊輔『ええじゃないか』(『教育社歴史新書』日本史九三、一九七九、教育社) (西海 賢二)

おがさわらりゅう 小笠原流 ⇩礼儀作法《れいぎさほう》

おかず おかず ⇩主食《しゅしょく》・副食《ふくしょく》

おかっぱ おかっぱ 児童の髪型。明治二十年代には男女ともにおかっぱに剃り上げた。女子のほうが男子より深く剃り、頭部の中央を剃り上げるのも女子だけであった。女子の横に剃り残した毛を「やっこ」、後ろの剃り残しを「爺々毛」と称した。女子は四歳から五歳になると、茶碗を額にあてて前髪を三日月型に剃り上げた。男子がやめてからも女子のほうでは続けられたが、大正以降には前髪を額に垂らして切り揃え、左右を耳下二センチから五センチに切り揃えたものをおかっぱと呼ぶようになる。

参考文献 『読売新聞』(一九二九年十一月八日付朝刊、一九三五年一月三十一日付朝刊) (刑部 芳則)

おかばしょ 岡場所 江戸の私娼街。当初より幕府は私娼(湯女《ゆな》、飯盛女、隠し売女など)を取り締まったが、江戸の人口は男性の方が圧倒的に多かったから、最盛期の江戸には寺社門前町や盛り場などを中心に百五十を超える岡場所があったという。だが、幕府の寛政改革、ついで天保改革によって多くの岡場所が廃絶に追い込まれた。川柳によまれた「東夷南蛮西戎は岡場所」(『川傍柳』二編)とは、公許であり江戸の北にある吉原遊郭に対して、東の深川、南の品川、西の内藤新宿を呼んだもの。この三ヵ所が特に栄えた。戦後、許可なしの売春街は青線と呼ばれた。 ↓赤線《あかせん》・青線《あおせん》 ↓悪所《あくしょ》

参考文献 近世史料研究会編『江戸町触集成』一―一二(一九九四―二〇〇三、塙書房)、柄井川柳『初代川柳選句集』(千葉治校訂、『岩波文庫』、一九九五、岩波書店) (松本剣志郎)

おかぼ 陸稲 畑に栽培される稲。「りくとう」「のいね」ともいう。水稲に比べ耐干性が強く、水田の少ない地域で栽培されることが多い。しかし、多くの水分を必要とするため夏の日照りに弱く不作になりやすい。また、連作すると減収するので他の畑作物と輪作されることが多い。味も水稲より劣るが、「もち」種は水稲のそれより粘りけが少ないため好まれ、「うるち」よりも栽培量が多い。史料としては「野稲」と現れ、一二二九年(安貞三)の日向櫛間院《くしまいん》を早い例に(『鎌倉遺文』三八一四)、薩摩・肥後など九州地方の荘園で確認される。

参考文献 木村茂光編『日本農業史』(二〇一〇、吉川弘文館) (木村 茂光)

おかもち 岡持 料理を運ぶための平たい桶で、持ち手と蓋がついている。農作業の際に、昼食や茶などを運ぶのに重宝されていたが、今日では、主として麺類や丼物などの出前に使われている。形は、側面の蓋を下部の溝

岡持を持つ女（『守貞謾稿』より）

にはめこむ、けんどん式のものや、重箱のように同じ形の木箱を重ねて取手をつけたものなどがある。素材も、昔ながらの木製・竹製のほか、アルミニウム製のものも多く使われるようになってきた。

参考文献 大舘勝治・宮本八恵子『いまに伝える農家のモノ・人の生活館』(二〇〇四、柏書房)（門口 実代）

おき 燠 「おきび」(熾火)の略語で、消炭《けしずみ》ともいう。消炭は、燃焼した薪や炭の火を消して作る炭のことをいう。燠・消炭は、燃焼した薪や炭のリサイクル利用であるが、軽くて柔らかく、着火しやすいために燃料として用いられることが多かった。日常生活における炊事での着火や加熱、火鉢やこたつでの暖房、喫煙習慣の広がりによる煙草の火入れなど消炭の用途は幅広く、燃料としても貯火としても一年を通して必要とされた。

参考文献 樋口清之『日本木炭史―木炭経済史の研究―』(一九六〇、全国燃料会館)、岸本定吉『炭』(一九七六、丸ノ内出版)、樋口清之『木炭』(『ものと人間の文化史』、一九九三、法政大学出版局)（君塚 仁彦）

おきぐすり 置き薬 十八世紀後半以降、日本全国に行商圏を形成した配置売薬業において、得意先(顧客)の家に売薬行商人(薬売り)が配置した売薬のこと。その場合、売薬行商人は得意先の家に何種類かの売薬を預け置き、翌年もう一度、得意先を訪れた時に、使用した分の売薬の代金を集金して、古薬は持参した新しい薬と交換し、使用分は補充するという掛売制度を取ってきた。江戸時代の置き薬の原料薬は数種類～十数種類の和漢薬であったが、明治政府は西洋医薬を重視して、一八七〇年(明治三)の売薬取締規則では売薬は有効かつ無害であるべきとする有効無害主義の方針を採った。しかし近世以来普及していた売薬を取り締まりきれず、七四年十二月には、政府は売薬の有効性より無害性を優先する無効無害主義を採用し、以後この方針下で売薬行政が行われた。代表的な置き薬の生産地域である越中富山では、明治期以降の洋薬および新薬・新製剤の国内への輸入や得意先の要望に応じて、江戸時代以来の和漢薬主薬の伝統的な「家伝薬」に加えて、明治末期には洋薬主薬の「特効薬」も主要商品にして、置き薬における取り扱い品目の多様化や処方改良を行なった。富山売薬行商人は、置き薬の「おまけ」として、江戸後期には扇子・箸・針・紙風船・絵紙(売薬版画)を配って庶民に親しまれた。売薬版画は、物語やニュース的現象を題材にした色鮮やかな刷り物で人気があった。明治末期には、木版刷りから石版刷りが中心になった。これとともに四角の紙風船が喜ばれ、大正期には紙風船が大きく伸び、売薬版画は衰退した。

→売薬《ばいやく》

参考文献 清水藤太郎『日本薬学史』(一九四九、南山堂)、富山県編『富山県薬業史』通史(一九八七)、二谷智子「大正期における富山売薬業の「製剤統一」と生産構造の変容」(『土地制度史学』一六六、二〇〇〇)（二谷 智子）

おきなわみんよう 沖縄民謡 沖縄・琉球音楽の一ジャンルで、古典音楽とは区別されて、沖縄地域で歌われてきた作者不詳の歌謡を指す。より厳密にいえば、ヤマト文化圏の外にあり、日本民謡旋法の影響を受けない地域、すなわち沖永良部島から八重山諸島までの島々で歌われている歌謡を指す。日本音階は小泉文夫らの分類に従うと、律音階・律音階の変種・民謡音階・都節音階・沖縄音階に区分される。沖縄地域で「ドミファソシド」の沖縄音階が濃厚なのは沖縄島ならびに周辺諸島である。他方、宮古島・八重山一帯は律音階の変種とされる「ファソラドレファ」の音階による民謡が多い。歌詞も八八八六の琉歌形式は沖縄島一帯に多く、宮古島・八重山には少ない。沖縄民謡というと三線《さんしん》(ヤマトの三味線の元祖、蛇皮線とはいわない)が必須のようだが、民謡で三線が用いられるようになったのはさほど古いことではない。三線は元来、琉球士族と遊廓の独占物であり、庶民が手にすることのできるものではなかった。一八七九年(明治十二)の琉球処分によって巷間に放り出された士族が、その日の生活を糊塗するために庶民に三線を教授したり、みずから町や村の芝居小屋、さらには祭礼に出演することによって徐々に三線が庶民の間に広まっていった。それでも宮古島などでは民謡伴奏に三線が普通に使われるようになるのは戦後のことであり、現存する最古の宮古島民謡の伴奏はオルガンである。沖縄民謡の特徴の一つに裏拍のリズムがあるが、農耕民・山村民とは異なる海人のリズム(「波のリズム」という論者もいる)の特徴と考えられている。その割には海を歌った民謡が少ない。沖縄民謡には元来楽譜はなかった。しかし、古典音楽の影響を受けて工工四《くんくんしー》と呼ばれる縦譜の楽譜が各種作られている。近年では五線譜形式のものなどさまざまな楽譜が登場している。

参考文献 小泉文夫『日本伝統音楽の研究』(一九五八、音楽之友社)（竹内 光浩）

おきなわりょうり 沖縄料理 沖縄県の郷土料理で一般に沖縄料理と現在呼ばれているものの多くは、「日本復帰」後の創作料理であることが多い。琉球王国時代には、首里城を中心とした宮廷料理と、それ以外の庶民の料理に分けることができ、その懸隔の差は際だっていた。庶民が日常食することができたものは、きわめて限られたものであり、現在の沖縄料理を代表するとされる豚料理でも、「復帰」前後までは、年に一度の祭事に、近所で数軒集まって一頭の豚を絞めて料理するのが最高のご馳走であった。現在の沖縄創作料理の多くは、宮廷料理の系譜に属し、一部庶民料理を加味したものである。沖縄は地理的に亜熱帯地域に属すため台風や旱魃にさらされ、ソテツ地獄の名前すら生んだ。この用語自体は第一次大戦後の戦後恐慌の最中の造語であるが、人頭税説話・上布貢納説話などに見られるように琉球王国時代以来、こうした状況は日常的であったとみるべきであろう。沖縄の飢饉は鹿児島以北の比ではなかったと思われる。食べられる

沖縄料理　ゴーヤチャンプルー

ものは何でも食べる。煮物、汁物やチャンプルーのような各種具材を混ぜた料理が沖縄で発達したのも生活の知恵というべきであろう。沖縄料理の具材として豚・山羊・ゴーヤ・島豆腐・もずく・烏賊墨などと並んで名高いものに昆布がある。北海道で採れる昆布の消費量が、南国沖縄で際だって高いことは有名である。江戸時代、北前船で運ばれた昆布を薩摩藩が沖縄各地の上布の代金替わりにもたらしたものとされている。無論、昆布が庶民の食すものになったのは古いことではない。沖縄といえば、米軍占領時代(実質今でも続いているが)の名残りの食材で未だに県内で人気があるのがポークランチョンミートである。豆腐餻《とうふよう》のような沖縄独特の食べものは当然として、天ぷら・蒲鉾・そば・刺身・餅などヤマトの人間には耳慣れた食事だと思っても、沖縄料理ではまったく異なるものであることを心すべきである。　↓泡盛《あわもり》　↓コンブ　↓豚《ぶた》

(竹内　光浩)

オギノしき　オギノ式　⇩避妊《ひにん》

おくがた　奥方　近世の将軍家、大名や大身の大名家臣、旗本の家における、当主とその妻妾や子の生活の場。政治や儀式が行われる表に対応し、奥とも呼ばれる。一般に、近世の武家の家は、政務を担当する表と奥方(奥)に区分され、その役割が男女それぞれに割り当てられていた。奥方は、表からは空間的に区分され、世継ぎを生み育てて家の存続を保証することが最大の役割とされた。奥方には、当主とその家族の生活を維持し、表との交渉や他家の奥方との交際などを担う女中が家臣として置かれ、その階層秩序の安定化と女中の役割・伝達経路などの明確化のために、女中法度(徳川将軍家)、御奥方格式(仙台藩伊達家)などの規則が定められた。江戸における大名家奥方では、妻妾の同居が通例であり、一般には側室は当主の家族ではなく奉公人として位置づけられたが、懐妊や世継ぎの出産でその地位が一門のレベルに引きあげられることもあった。

参考文献　柳谷慶子「仙台藩伊達家の奥方」(大口勇次郎編『女の社会史　一七～二〇世紀―「家」とジェンダーを考える―』所収、二〇〇一、山川出版社)、畑尚子『徳川政権下の大奥と奥女中』(二〇〇九、岩波書店)

(横山百合子)

おくりてがた　送手形　送一札・送書付・送証文・送状、また単に送ともいう。江戸時代に縁組・奉公・出稼ぎなどで住居を他村に移す際に必要とされた証文のことで、村送状と寺送状とがあった。村送状は、転出元の村役人から転入先の村役人宛に作成された送籍証文のことで、本人の名前・年齢、戸主との続柄、転出理由などが記された。一方、江戸幕府はキリシタン禁止政策をとり、すべての人々にいずれかの寺院の檀那であることを強制する寺請制度を実施した。この制度のもとで、転出元の檀那寺から転入先の新しい檀那寺宛に発行されたのが寺送状で、村送状と同内容の記載事項と、元の檀那寺の檀那に間違いない旨および新檀那寺の檀那への加入を要請した文言などが記された。村送状・寺送状の授受にもとづいて宗門人別改帳への除籍・加籍の手続きが取られた。なお、村送状とは逆に、転入先の村から転出元の村に宛て、転入手続が済んだことを知らせた証文を落付(着)証文といった。

参考文献　日本歴史学会編『概説古文書学』近世編(一九八九、吉川弘文館)

(佐藤　孝之)

おくりもの　贈り物　⇩贈答《ぞうとう》

おけ　桶　サワラ、スギ、ヒノキなどを材料とし、丸みのついた短冊形に割り削った側板(クレ・ガワ・オケゴなど)を円筒形に並べ、竹や金属のタガをかけて底板を入れた容器。結桶《ゆいおけ》ともいわれるこのような桶の製作技術は十五、六世紀に広く普及した。江戸時代から明治・大正にかけては、井戸の枠や釣瓶《つるべ》、飯櫃、手桶、たらい、風呂桶、または早桶(棺桶)など、さまざまな生活用具に桶が用いられ、農業や漁業、鉱工業、商業など生業の場にも欠かせなかった。特に醸造業は、仕込桶などの大桶や溜《ため》桶《おけ》、さるぼうなど、全工程が桶によって支えられていたといっても過言ではない。桶職人には、さまざまな生活用具や道具類を注文に応じて大量に作る小物師と、醸造業の蔵元に出入りし、醸造専用の特殊な桶類を製造・修

醤　油　桶

年桶（麻桶）

理する大物師とがあり、異なる技術と気風を持っていた。現代でも寿司飯の調理に用いる飯台(飯切)には木製の桶がよく用いられているが、そのほかの桶の多くはプラスチックや金属などの容器に代わられた。しかし素材は変わっても、洗い桶や手桶などは相変わらず「桶」の名称で呼ばれている。 ↓たらい

参考文献 小泉和子編『桶と樽―脇役の日本史―』(二〇〇〇、法政大学出版局)、渋谷さゆり他『桶職人の暮らしと技―佐原市の桶職人関根五郎氏を軸にして―』(『町と村調査研究』六、二〇〇四、千葉県立房総のむら)

(小林 裕美)

おこのみやき お好み焼き 小麦粉と水をといた生地に、キャベツ、魚介類、肉類を混ぜ合わせ、鉄板で焼いた料理。仕上げにソースやマヨネーズで調味し、鰹節、青のりなどをトッピングする。起源ははっきりしないが、大正期ごろに、東京ではどんどん焼き、関西では洋食焼き・一銭洋食と呼ばれるソース味のお好み焼きの前身のような料理が人気を博していた。また『小資本開業案内』(一九三九年(昭和十四))には、「お好み焼屋」とは、「もともと子供本位《こどもほんゐ》に子供洋食《こどもやうしよくママ》?ドン〳〵焼《やき》として屋台行商《やたいぎやうしやう》であつたものが、(現今《げんこん》でも行商《ぎやうしやう》はやつてゐるが)店《みせ》を構《かま》へ大《お》人《とな》の客《きやく》に好《この》みのものを勝手《かつて》に作《つく》らせるか、またはそこの家《うち》の主婦《しゆふ》なりがその焼台《やきだい》の周囲《しうゐ》に客《きやく》を座《すわ》らせ、いち〳〵、客《きやく》の好《この》みに応《おう》じて手際《てぎわ》よく焼《や》いて進《しん》ぜる仕組《しくみ》を案出《あんしゆつ》したもの」とあり、「こゝ二、三、四年《ねん》の中《うち》に、全国花柳界《ぜんこくくわりうかい》を中心《ちうしん》として、旺《さか》んに流行《りうかう》し出《だ》した新職業《しんしよくげふ》」と説かれている。お好み焼きという名称の普及は、昭和の初めごろと推察される。またお好み焼きと比較されがちなもんじゃ焼きの起源は、幕末から明治期の東京とされている。その名称の由来は、溶いた小麦粉で文字を書いて食べる駄菓子「文字焼き」からきているという。

参考文献 商店界編輯部編『小資本開業案内』(一九三八、誠文堂新光社)、熊谷真菜『「粉もん」庶民の食文化』(『朝日新書』、二〇〇七、朝日新聞社)

(東四柳祥子)

おこり 瘧 ハマダラカが媒介するマラリア原虫によって引き起こされる感染症のマラリア。熱帯から亜熱帯に多く発生するが、かつては西日本を中心に流行。戦中・戦後には多数の罹患者をみた。マラリア原虫の種類によって間欠的に高熱を発するものがあり、三日熱マラリア・四日熱マラリアと呼ばれる。古代より日本には土着のマラリアがあり、近世まで瘧・瘧病・施行病と呼ばれてきた。『和名類聚鈔』は俗に「わらはやみ・えやみ」といい、二日に一度の発作があると記す。『庭訓往来』をはじめとする往来物、説話・物語・古記録に多くの記載がみられる。一般には風毒・邪気・鬼の仕業と考えられており、死亡率の低い病(『今鏡』)との認識もあった。服薬のほか瘧病除けの護符・呪句、まじないによる対処がみられる。発作の起こる日「あたり日」の前日から加持祈禱をさせることが多く、発作の有無によって祈禱者の器量が問われた。

参考文献 服部敏良『平安時代医学の研究―古代中世の民衆生活と医療―』(『叢書・歴史学研究』、一九五五、桑名文星堂)、新村拓『日本医療社会史の研究―古代中世の民衆生活と医療―』(『叢書・歴史学研究』、一九八五、法政大学出版局)、根岸謙之助『医の民俗』(『日本の民俗学シリーズ』七、一九八八、雄山閣出版)、橋本雅一『世界史の中のマラリア―一微生物学者の視点から―』(一九九一、藤原書店)

(新村 拓)

おさびゃくしょう 長百姓 近世初頭以来の有力上層百姓のこと。「おとなびゃくしょう」ともいう。大石久敬『地方凡例録』七上によれば、一村の高持または村の開基以来の草分けで、その後零落しながらも村の頭立ちの地位を占める百姓を指すとする。また地域によっては、村役人の呼称としても使用される。『地方凡例録』七上によると、関東では名主・組頭といい、上方・遠国では庄屋・年寄といい、甲斐国などは名主・長百姓というとする。甲斐国では「乙名」と記すことから、おとなびゃくしょうと呼んでいたようである。早く寛文年間(一六六一―七三)にはその存在が確認でき、年番名主を選出する母体として機能していた。十七世紀後半の甲府藩領時代の信濃国佐久郡でも、村役人として名主・長百姓が登場する。その人数は多く、五～六名から十名近く置かれた村もあった。

参考文献 大石久敬『地方凡例録』下(大石信敬補訂・大石慎三郎校訂、『日本史料選書』四、一九六九、近藤出版社)、『佐久市志』歴史編三(一九九二)

(山本 英二)

おし 御師 社寺に属して参詣者の祈禱や宿泊などの便宜をはかった者で、御祈禱師の略。伊勢の場合、「おんし」という。中世には、熊野・伊勢・石清水八幡・賀茂・日吉などさまざまな神社でも確認できる。代表例は熊野の御師で、平安時代に院や貴族の熊野参詣を契機として、中世を通じ武士や民衆の熊野滞在の便宜をはかった。熊野参詣では、参詣者と御師の間に先達が介在し道中を保障した。伊勢の場合、御師が在地に赴き檀那を導引し、参詣道中の精進潔斎・奉幣・献饌も担当したため、次第に商人的性質を持つようになった。中世後期には、各地の地域的霊場の発展などから伊豆箱根・出羽・白山・富士山などにも確認され、近世には大山や御嶽山など広がりを見せたが、次第に参詣主体が講に移ると、御師は宿坊的性格を強めた。

参考文献 新城常三『(新稿)社寺参詣の社会経済史的研究』(一九八二、塙書房)

(小山 貴子)

おしいれ 押入 住宅において、寝具や日常の雑多な物の収納のために設ける造り付けの場所。内部は上下二段に分けられ、表は襖あるいは板戸で仕切られる。押入は、江戸時代には住宅に普及していたとみられ、公家や武家の住宅、また上層の民家に押入が現れる。押入の庶民住宅への浸透は、安価な木綿の流通がもたらした、寝具としての綿布団の普及が要因の一つである。

参考文献 小泉和子『家具と室内意匠の文化史』(一九七九、

法政大学出版局）　（松下　迪生）

おしうり　押し売り　⇩悪徳商法《あくとくしょうほう》

おしき　折敷　スギやヒノキなどの剝木板《へぎいた》で作った縁付きの盆状の容器。本来は食器として日常の食事や祝いの宴などに使った。今日では、折敷に台を付けた三方《さんぽう》とともに、神饌を入れる祭具として用いている。古くは平城京跡から出土しており、平安時代からは文献にも登場する。カシワやホオノキなどの葉を供物台としたものが変化して折敷となった。今日のものはきれいに仕上げているが、本来は簡素な薄板であったようである。そうした板が現在も各地で神饌の供物台として用いられている。大きさ、形状、材質はさまざまで、四隅を切った角切《すみきり》、脚のない平折敷、脚の付いた脚打《あしうち》、円形の丸折敷などがある。近世以降は、折敷から発達した膳が広まった。膳には、漆塗りの平膳、四隅に低い脚を付けた猫脚膳や高脚膳、一脚の高杯《たかつき》、蓋付きの箱膳などがある。　↓膳《ぜん》

脚付丸折敷

参考文献　岩井宏實『曲物』（『ものと人間の文化史』、一九九四、法政大学出版局）　（藤原　洋）

おしろい　白粉　顔などに塗る婦人用の化粧品。江戸時代から婦人の化粧品として用いられてきた白粉は、明治以降も変化はなかった。一八八七年（明治二十）の天覧歌舞伎で中村福助が演じていたところ、体が震えて台詞もいえなくなる事件が起きた。この原因を陸軍軍医総監で日本赤十字社病院長の橋本綱常は、含鉛白粉中毒による慢性腎炎と診断した。この事件以後も含鉛白粉の危険性はすぐに周知されなかった。一九〇〇年四月、内務省は有害性着色料取締規則を公布したが、鉛白の化粧品については禁止を見送っている。鉛白白粉に代わる無鉛白粉が開発されていない当時にあっては、全面的な禁止がむずかしかったのである。同年に長谷部仲彦が無鉛白粉「御園白粉」を発明すると宮中に献上され、〇四年から一般向けの販売が開始された。これに続き〇七年前後には、資生堂の「はな」、中山太陽堂の「クラブ白粉」など無鉛白粉が登場した。鉛白白粉は一九三四年（昭和九）に製造禁止、翌三五年に販売禁止が実施された。太平洋戦争後に無鉛白粉は下火となり、昭和四十年代からはクリームやファンデーションなど新種の化粧品が台頭した。　↓化粧《けしょう》

御園白粉

参考文献　『化粧品工業一二〇年の歩み』（一九九五、日本化粧品工業連合会）　（刑部　芳則）

おしん　おしん　一九八三年（昭和五十八）四月から八四年三月までNHKの連続テレビ小説第三十一作として放送された番組。原作・脚本橋田寿賀子（一九二五―）。全二百九十七話。平均視聴率五二・六％、最高視聴率六二・九％という大ブームを巻き起こした。明治後半に山形県の貧しい農家に生まれた主人公が、六歳で口減らしの奉公に出され、苦難の中でも主体的に人生を切り開き、戦後、事業を成功させていくという壮大な一代記である。東北の小作農の生活と家父長制、日露戦争の脱走兵との出会い、関東大震災被災、婚家での嫁としての苦労、太平洋戦争での息子の戦死など、激動する明治から昭和の歴史が一人の女性のライフヒストリーに凝縮され、特に同時代を知る世代から大きな共感を得た。貧困を乗り越える主人公の姿はまた、途上国の人々にも支持され、スリランカ、インドネシア、フィリピン、台湾、香港、アフガニスタンなど、六十六ヵ国・地域で放送されている。　↓連続《れんぞく》テレビ小説《しょうせつ》

参考文献　橋田寿賀子『（普及版）小説おしん』上・下（二〇一三、NHK出版）　（平井　和子）

おすくいごや　お救い小屋　江戸時代に、風水害や火災、飢饉などが発生した際に、貧しい農民や都市住民を救済するために建てた仮小屋のこと。一七五五年（宝暦五）の

お救い小屋（渡辺崋山「荒歳流民救恤図」より）

盛岡藩の飢饉の際には、多いときで三千四百人を収容し、一日二回の施粥を行なった。餓えや寒さ、疫病による死者も夥しかった。一八三六年(天保七)の飢饉の際には、江戸幕府は江戸町内に二十一棟の小屋を建てて、五千八百人を収容した。

参考文献 『東京市史稿』救済篇四(一九二二)、菊池勇夫『飢饉から読む近世社会』(二〇〇三、校倉書房)

(福澤　徹三)

おせち　おせち　江戸幕府が定めた正月七日(人日《じんじつ》)、三月三日(上巳《じょうし》)、五月五日(端午《たんご》)、七月七日(七夕《たなばた》)、九月九日(重陽《ちょうよう》)の五節句のうち、最も重要な正月の節句に供せられた食事のこと。江戸時代にはすでに黒豆や数の子など普段よりぜいたくで、かつ保存のきく料理を重箱に詰める形式が作られていた。一九〇〇年(明治三十三)ごろから、家庭向けの料理書が、さらに一〇年ごろから料理雑誌や婦人雑誌がつぎつぎに発行されると、専門家による日本料理の技法がおせち料理に導入され、現在の品目に近づいていった。その結果、正月料理は準備に時間のかかるものになったが、五〇年代になると、料理に手間のかかる蒲鉾や数の子、伊達巻などが既製品化され、百貨店やスーパーマーケットで購入するものとなった。さらに、七〇年代にはホテルや料亭のおせちを重箱に詰めて百貨店で販売するようになり、中華風や洋風のおせちが出現した。

(青木　隆浩)

オタク　オタク　オタクの語源には諸説があるが、アニメ、マンガなど二次元のサブカルチャーに強い嗜好を持ち通暁する若年男子を指す言葉として一九八〇年代に広がった。のちに、ジャニオタのように、対象ジャンルが拡大し、女子(腐女子)も含めサブカルチャーを偏愛する若者を意味するようになる。一九八九年(平成元)の幼女連続殺人事件犯人がオタクと目され、社会不適応の不気味な若者というオタク像が定着するが、オタク市場の拡大につれ、若者文化の先端を行く存在にも描かれる。↓秋葉原《あきはばら》

参考文献 荷宮和子『おたく少女の経済学―コミックマーケットに群がる少女達―』(『Kosaido books』、一九九五、広済堂出版)、大塚英志『「おたく」の精神史―一九八〇年代論―』(『講談社現代新書』、二〇〇四、講談社)

(中西新太郎)

おっそ　越訴　領主や老中・奉行などの幕府役人へ訴願する行為。老中への駕籠訴、奉行所への駈込訴、目安箱への箱訴などがある。村方騒動や個人的訴訟として頻繁に行われ、民衆の訴訟方法として定着しており、幕府は越訴はとりあげないことを原則としたが、その行為のみでは厳重な処罰を行うことはなかった。百姓一揆のなかでも行われることがあったが、幕府を巻き込み局面を打開する方法として行われることが多かった。

参考文献 保坂智『百姓一揆とその作法』(『歴史文化ライブラリー』、二〇〇二、吉川弘文館)、同『百姓一揆と義民の研究』(二〇〇六、吉川弘文館)

(保坂　智)

おてだま　お手玉　小さな布袋に小豆や数珠玉などを入れて球状にし、口を縫合したもの。または、これを用いた児童遊戯も指す。一人で一個以上のお手玉を片手や両手で投げ受けたり(この時に下に置いたお手玉を取ることもある)、二人が相対して複数のお手玉を投げ受け合うなど、さまざまな遊び方があり、数え歌を伴うこともある。近世後期には広く普及していたようで、一八三〇年(天保元)に国学者喜多村信節《きたむらのぶよ》が著した風俗百科事典『嬉遊笑覧』にもお手玉の記載がある。そのほか、今でも学校の運動会などで広く行われている玉入れ競争では、紅白のお手玉が玉として用いられている。

参考文献 遠藤ケイ『こども遊び大全―懐かしの昭和児童遊戯集―』(一九九一、新宿書房)

(宮瀧　交二)

おでん　おでん　田楽のこと。田楽は食材を串に刺して焼いた様が田楽法師に似ているからという説が有力。食材は豆腐・蒟蒻・里芋などで、串に刺して焼き、練味噌を塗る。味噌おでんと煮込みおでんがあり、前者は古く、京都祇園神社の記録(一三五〇年(貞和六))に田楽の記載があるという。煮込みおでんはだし醤油ベースで煮込んだもので、関西で関東炊きとして発展したものが東京で盛んになったのは一九二三年(大正十二)の関東大震災以後と本山荻舟『飲食事典』にある。

参考文献 川上行蔵『日本料理事物起源』(二〇〇六、岩波書店)

(大久保洋子)

おとぎばなし　お伽噺　子供に聞かせる昔話。「お伽」は中世では話し相手などをして相手の徒然《つれづれ》を慰めるという意味で使われ、中世後期には大名の話し相手を務めるお伽衆がいた。近世に「御伽」や「伽」を書名につけた草子類が多く出版されたが、読者は主に大人であった。「お伽噺」は、明治時代後期から大正の初めにかけて刊行された巌谷小波《いわやさざなみ》『日本お伽噺』二十四冊、同『世界お伽噺』百冊などにより子供を対象とした物語を意味するようになった。

参考文献 市古貞次『中世小説の研究』(一九五五、東京大学出版会)、瀬田貞二「明治御伽名義考」(『児童文学論』上所収、二〇〇九、福音館書店)

(菅原　正子)

おとこだて　男達　男の面目が立つようにふるまうこと。男伊達とも書く。歌舞伎の主人公でいえば、『助六由縁江戸桜』の花川戸助六、『曽我綉侠御所染』の御所五郎蔵、『極付幡随長兵衛』の幡随院長兵衛、『荒川の佐吉』の荒川佐吉、『一本刀土俵入』の駒形茂兵衛など、強きをくじき弱きを助け、信義を重んじ義侠心に生きる人間像として造形されている。実際には、腕力の強い者、無法者の徒であった。↓侠客《きょうかく》

参考文献 幸田露伴著、蝸牛会編『露伴全集』二四(一九五四、岩波書店)

(田口　章子)

おとしだま　お年玉　正月に大人から子供へと与えられる金銭や贈り物のこと。元旦の朝食時に、折りたたんだ紙幣を入れたポチ袋をあらかじめ用意しておき、お年玉

として親がそれを子供らに与えるということは、今でもごく普通に行われている。子供らもそれを心待ちにしているものである。歴史的に見ると、正月に大人が子供に餅・羽子板・扇子などを与えたという記録が、室町時代にはすでに見られる(『節用集』『日葡辞書』)。また、近世期には現在と同様、金銭を与える形でのお年玉の習慣も一部で見られた。しかし、お年玉の古い形はやはり金銭ではなくて餅なのであり、歳神の霊力の宿った丸い餅が贈られたので、年玉と称したものと思われる。年玉は年魂でもあって、そこに込められた生命力のエネルギーを、餅を媒介として相手に贈ったのである。したがって、かつては親子間のみならず大人どうしでも、あるいは目下から目上に対しても、年玉を贈ることがなされていた。それは各地の民俗事例の中にも多く認められ、丸餅・握り飯・米などを人から人へ、あるいは家から家へと贈るという古い年玉の姿がそこに残されている。

参考文献　牧田茂『神と祭りと日本人』(『講談社現代新書』、一九七五、講談社)、柳田国男『歳時習俗語彙』(一九七二、国書刊行会)　(長沢　利明)

オトナ　オトナ　中世村落の指導者で、乙名、大人、老、老人、長、長男などと記された。村落宮座で臈次《ろうじ》階梯をのぼり、乙名成《おとななり》を経た村人がオトナとなった。近江国菅浦には「十六人之長男、東西之中老廿人」がおり(『菅浦文書』)、同国今堀郷には六人の老人がいた(『今堀日吉神社文書』)。オトナの最上位者を一老、一和尚、一番尉などといい、それに次ぐ者を二老、三老などと呼んだ。オトナは、一老から六老の六人衆のように集団で村落を指導した。一老が年中行事や村政を主導し、二老以下がそれを補佐した。オトナの補充は、たとえば六人衆オトナの場合、一老が引退したり死亡したりすれば二老が一老に昇格し、七番目の臈次の中老または若衆が六老となった。中世、畿内近国の惣村でオトナがみられたが、近世ではさらに広い範囲にオトナ(年寄衆)のシステムが広まった。しかし、近世ではオトナと庄屋など村役人との確執が深まり、オトナの権威は次第に失墜していった。

↓惣村《そうそん》

参考文献　原田敏丸『近世村落の経済と社会』(一九八三、山川出版社)、仲村研『中世惣村史の研究—近江国得珍保今堀郷—』(『叢書・歴史学研究』、一九六四、法政大学出版局)、薗部寿樹『日本中世村落内身分の研究』(『歴史科学叢書』、二〇〇二、校倉書房)　(薗部　寿樹)

おとめかわ　御留川　河川や湖・沼などにおける領主専用の漁場のこと。原則、周辺の漁民による自由な漁猟は禁止される。魚介類の回遊性が高い海より、産卵のため特定の季節に特定の魚種が遡上する河川の方が、領主による占有権が主張される可能性が強いとも思われる。設定の理由としては、領主による権益の確保のほか、鷹狩の際に所在地である御殿の近接地で実施される川狩などに由来するケースも想定される。　(斉藤　司)

おどり　踊り　⇩舞踊《ぶよう》

おにがわら　鬼瓦　「住」に関わる建築を構成する部材で、屋根を葺く瓦の一つ。瓦には、平瓦、丸瓦、のし瓦などの種類があり、大棟、降棟《くだりむね》、隅棟などは、のし瓦を何段も積み重ねてつくる。この棟の端部をふさぐために用いるのが鬼瓦で、棟端《むねはし》飾り瓦とも称される。六世紀後半、仏教寺院の導入とともに、瓦の使用が始まるが、飛鳥時代の鬼瓦は蓮華文などで、鬼面文が本格的に採用されるのは奈良時代以降である。古代は中国式の鬼神の表現で、中世以降、地獄絵の鬼の表現に変化する。↓瓦葺《かわらぶき》

参考文献　稲垣晋也編『古代の瓦』(『日本の美術』六六、一九七一、至文堂)　(渡邉　晶)

おにごっこ　鬼ごっこ　はじめにジャンケンなどで鬼を決め、周辺に逃げた者が鬼に捕らえられると、次回の鬼になるという児童遊戯。その起源を求めるのは困難であるが、民俗学者柳田国男は「最初は神社仏閣の鬼追い行事に少年を参加せしめたのが起こりと思われる」(『こども風土記』)と述べている。近世には、全国各地で行われていたことが確認され、俳人越谷吾山(一七一七—八七)が編んだ全国方言辞典である『物類称呼』には「鬼わたし」として「江戸にて鬼わたしと云、京にてつかまえぼと云、大坂にてむかえぼといふ、東国及出雲辺又肥ノ長崎にて鬼ごとと云、奥ノ仙台にて鬼々と云、津軽にておくりごと云、常陸にて鬼のさらと云」という記述があり、地域ごとに異なる呼称が存在していたことがうかがえる。今日、全国各地にはさまざまな遊び方が伝承されているが、目隠し鬼と呼ばれる遊び方は、手拭いなどで目隠しをされた鬼が「鬼さんこちら、手の鳴る方へ」などという参加者の囃し言葉を頼りに相手を捕まえるもので、広く普及している。ちなみに、近代に入り野球が日本に伝えられた際、baseball の翻訳として「野球」の語が定着するまでは、さまざまな訳語が用いられた。その中の一つに「打球鬼ごっこ」が存在したが、定着しなかった。

参考文献　越谷吾山編『物類称呼』(東條操校訂、『岩波文庫』、一九四一、岩波書店)　(宮瀧　交二)

おの　斧　杣人《そまひと》が樹木の切断や原木の荒切削に用いる道具。古代の文献(『和名類聚抄』)では、狭い刃幅の切断用

斧(『弘法大師行状絵詞』より)

を「斧(ヲノ・ヨキ)」と、広い刃幅の荒切削用を「鐇(タツキ)」と記述している。鉄製の斧身と木製の柄との接合形式に、茎《なかご》式・袋式・孔式の三種類があり、茎式は石斧の時代からの流れを継承して古墳時代まで、袋式は弥生時代から十四世紀ころまで、孔式は古墳時代にわずかに見られ、十四世紀ころに再び出現し、現代まで続いている。 ↓手斧《ちょうな》

参考文献 渡邉晶『日本建築技術史の研究—大工道具の発達史—』(二〇〇四、中央公論美術出版) (渡邉 晶)

おはぐろ お歯黒 歯を黒く染めること、染めた人、あるいはそのために使う溶液。涅歯《でっし》、鉄漿《かね》、鉄漿付けともいう。平安時代には貴族社会の習慣だったが、近世期には成人女性や既婚女性の印として浸透していた。明治に入ると、お歯黒は悪しき因習と見なされるようになり、一八七〇年(明治三)に太政官布告でお歯黒の禁止令が出され、さらに七三年には皇后が率先して止めたため、徐々に廃れていった。一方で地方では、根強くその習慣が残った地域もあった。対馬(長崎県)では成女儀礼をカネツケと呼び、娘が結婚可能な年齢になったことを示した。お歯黒は、お歯黒水(鉄漿水)と五倍子《ふしのこ》粉を混ぜ合わせて作られた。お歯黒水は、米のとぎ汁や酢に鉄片を浸し、酒や飴を加え、お歯黒壺に保管した。五倍子粉は、ヌルデの葉・茎に生じる中こぶを粉にしたもので、お歯黒の付きを良くするために使われた。お歯黒の主成分はタンニン酸第二鉄の溶液で、歯槽膿漏や虫歯の予防にも効果があった。

参考文献 久下司『化粧』(『ものと人間の文化史』、一九七〇、法政大学出版局)、ポーラ文化研究所『日本の化粧—道具と心模様—』(『ポーラ文化研究所コレクション』二、一九八九)、瀬川清子『婚姻覚書』(『講談社学術文庫』、二〇〇六、講談社) (戸邉 優美)

おはらめ 大原女 大原(京都市左京区)などから薪や炭を京都の町に売りに来る女性。十一世紀の『小右記』『中右記』の記事によれば大原の刀禰《とね》が炭を朝廷などに貢納しており、やがてこれらの余剰品を女性たちが京都で売り歩くようになった。室町時代の『東北院職人歌合』や『七十一番職人歌合』には、頭に黒木(生木をいぶして作る焼炭)を載せてその下から布を垂らし、小袖を着て足に脚絆《きゃはん》を巻き草鞋《わらじ》をはいた女性が描かれている。 ↓いただき ↓販女《ひさぎめ》

大原女(『七十一番職人歌合』より)

参考文献 『七十一番職人歌合・新撰狂歌集・古今夷曲集』(岩崎佳枝他校注『新日本古典文学大系』六一、一九九三、岩波書店)、田端泰子『日本中世の社会と女性』(一九九八、吉川弘文館) (菅原 正子)

おび 帯 着物を腰のあたりで結び締める細長い布。幅・長さ、素材、製法、結び方など形状や用法は多様で、性別や年齢、場、合わせる着物によっても異なる。帯のつくりには、平絎《ひらぐけ》・丸絎《まるぐけ》・扱きなどがあり、男帯には角帯・兵児《へこ》帯・三尺、女帯には丸帯・袋帯・反幅帯・昼夜帯などがある。赤子や幼児は帯を結ばず、一つ身の着物を付け紐で結ぶ。三歳で付け紐の着物をやめ帯を結び、五歳あるいは七歳で成人と同じ帯を結ぶ。はじめて帯を結ぶ儀礼を帯解きや帯祝いといい、地域によって年齢や儀式の内容、呼び名に違いがあったが、現代では七五三の儀礼として全国的に一般化している。帯祝いという語は、妊娠五ヵ月目の戌の日に、妊婦が腹帯を締める祝いについても用いられる。腹帯は岩田帯ともいい、産婆や実家の母親から贈られた。このように帯は着物を固定する目的だけではなく、祝いやお守りとして象徴的な意味を持っている。 ↓七五三《しちごさん》 ↓腹帯《はらおび》

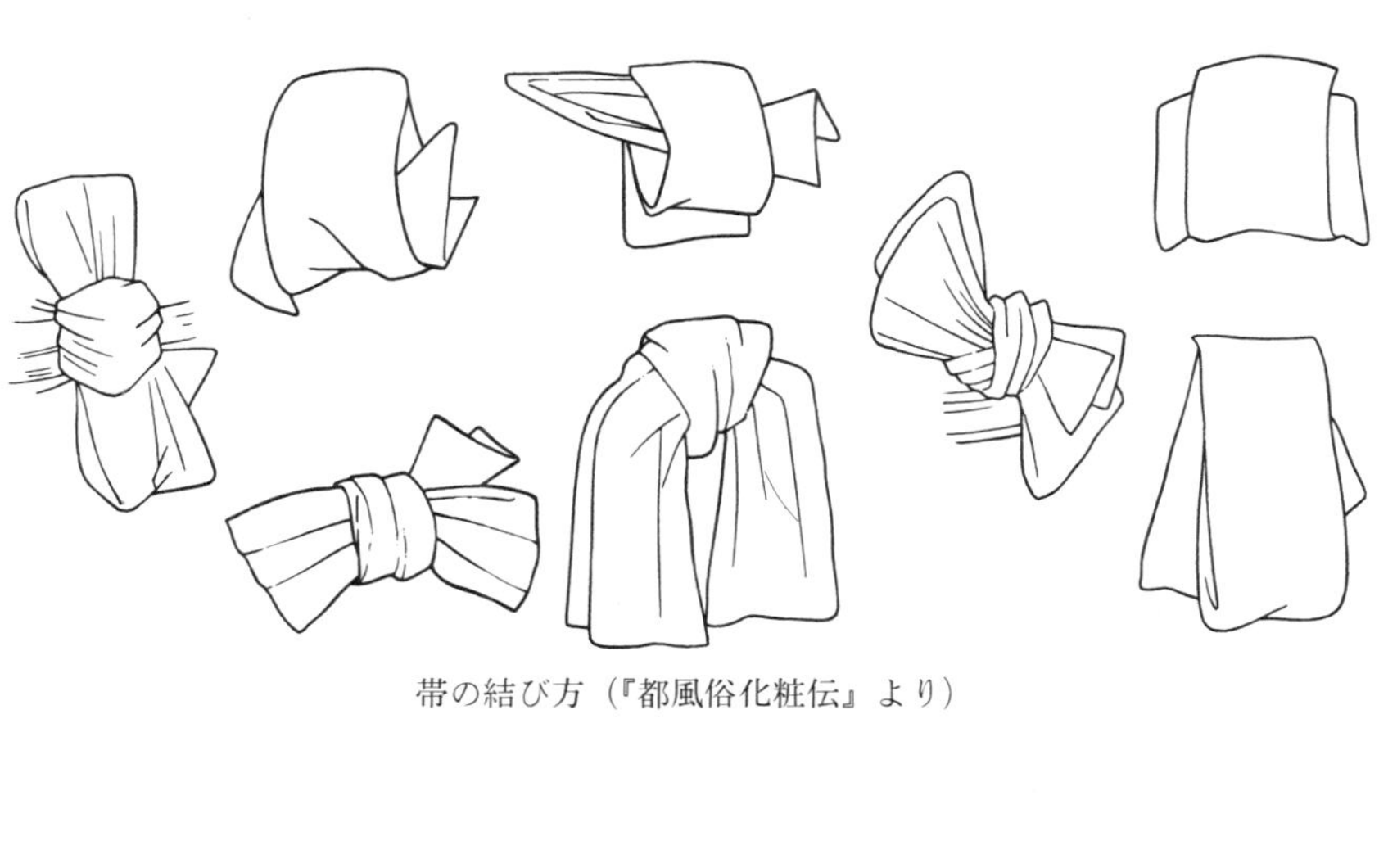

帯の結び方(『都風俗化粧伝』より)

参考文献 宮本馨太郎『かぶりもの・きもの・はきもの』(『民俗民芸双書』二四、一九六八、岩崎美術社)、大藤ゆき『児やらい』(『同』二六、一九六八、岩崎美術社) (戸邉 優美)

オヒネリ オヒネリ 大衆芸能で舞台上の役者に撒く祝

儀。神の依代《よりしろ》としての供物がはじまり。稲（または米）をそのまま供えていた第一段階から米を紙に包んで供える第二段階がおひねりの習俗である。稲から米への変化は供物が自然物から人工物に変わることを反映している。洗米は炊いた飯を茶碗に入れて供える第三段階に近づいた人工物化。金銭を包んで人間同士の贈答に使用されるのは神の依代が限りなく人間化していくことを示した具体例である。↓祝儀《しゅうぎ》

参考文献　諏訪春雄「ぽち袋の文化」（貴道裕子編『手のひらにのる骨董―美しき日本の小さなこころ―』所収、二〇〇三、世界文化社）　（田口　章子）

おひゃくどまいり　お百度参り　神仏に特に強く祈願の成就を求めるための方法の一つで、百日の間毎日参詣を続ける百日詣を簡略化し、一日で行えるようにしたことが起源と考えられている。これを行うことを「お百度を踏む」ともいい、社寺の入口と拝殿・本堂の間を百往復して合計百回拝礼を行うのが一般によく見られる形であり、深夜に行なったり裸足で行う例もある。『吾妻鏡』文治五年（一一八九）八月十日条や仁治二年（一二四一）七月六日条に鶴岡八幡宮で「百度詣」を行なった記述がみえることなどから、鎌倉時代初期にはすでに行われていたと思われ、同書にはさらに「千度詣」を行なった記述もみえる。社寺によっては、参道を往復する際の目印として百度石と呼ばれる石柱を境内入口などに設けたり、拝礼した回数を数えるための木札を枠にはめ込んだ数え盤を拝礼する場所付近に設置したりしている。大阪府東大阪市の石切劔箭《いしきりつるぎや》神社は、お百度参りが盛んなことで有名である。

参考文献　「祈禳」（神社司庁編『古事類苑（復刻版）』神祇部一、一九六七、吉川弘文館）　（大明　敦）

おふだ　お札　神社や寺院が頒布するお守り・護符の一つ。紙や木に呪符文字などにより神名や仏名・図像が記され、神前や仏前で祈禱を受けた後に配布されたものであったことから、神仏の霊力や呪力が込められたものと信じられていた。お守りが身に着けた者が個人的に神仏の利益を願うものであるのに対し、お札は、神棚や仏壇に納められたほか、門・戸口・柱・天井などに貼り付け、家の厄除けや魔除け、開運や幸運、加護などの人の願いを象った物品である。ご利益は、家内安全・商売繁盛・無病息災が主なものであったが、火災よけ・雨乞いなどに特化した札も存在した。江戸時代には、愛宕神社（京都市）・秋葉神社（静岡県浜松市）などに火伏の札を、貴船神社（京都市）・戸隠神社（長野市）・大山の阿夫利《あふり》神社（神奈川県伊勢原市）などに雨乞いの札を求めるため、村の代表者が札を受け取りに出向いた。特殊な例として、中世・近世には、寺社が出した牛玉宝印《ごおうほういん》と呼ばれる札が誓約書（起請文）の用紙に用いられていた。↓護符《ごふ》　↓魔除《まよ》け

お札　神宮大麻

参考文献　千々和到編『日本の護符文化』（二〇一〇、弘文堂）　（加藤　光男）

オマケ　オマケ　商品購入の際に追加で物品をつけるサービス。あるいは、そのサービスで追加された物品そのもののこと。近世より商家が得意先に「進物《しんもつ》」として日用品などを贈る慣習はあったが、それが「オマケ」として呼ばれるようになったのは、近代以降のことである。特に「食玩」と呼ばれる食品のオマケが多様に展開している。一八九九年（明治三十二）にアメリカの業者から輸入したカードをタバコにつけたのが近代的なオマケのはじまりだといわれており、一九二三年（大正十二）に江崎グリコの「グリコ」にオマケのカードがつけられたことで、日本でもオマケが製造されるようになった。その多くが子どもを対象としているのにもかかわらず、偶然によって内容が変わることからギャンブル的要素が含まれているため、タバコカードの時代から近年まで、オマケをめぐる社会問題がたびたび生じてきた。

「グリコ」の当初のオマケのカード

参考文献　北原照久『「おまけ」の博物誌』（『PHP新書』、二〇〇三、PHP研究所）　（塚原　伸治）

おまもり　お守り　身辺に置いて悪魔や災厄・病気などの不幸を退けたり、開運・出世・縁結び・学業成就・交通安全などの幸福をもたらしたりする呪力を持ったものを総称していう。社寺の御札《おふだ》（神符・護符）、神仏や聖者の尊像、宝石、金属、骨や角、人形、近親者の遺品、聖

地の土などさまざまなものがお守りとして用いられる。戦時中に行われた千人針や三重県志摩地方の海女が磯手拭などに付けるセーマンドーマンの印《しるし》もその一種である。これらを身につけたり、身近なところに安置したり、家の戸口に貼るなどして用いる。お守りの起源譚として『備後国風土記』に武塔神《むとうのかみ》が、旅の途中で宿を乞うた際に歓待してくれた蘇民将来に礼として茅の輪を身につけて疫病を避けることを教えた話があり、「蘇民将来」の文字を書いた神符は各地で見られる。社寺の授与品としてのお守りは小型の布袋に神符・護符などを入れたものが一般的であるが、近年ではアクセサリー的なものも多い。

↓護符《ごふ》 ↓魔除《まよ》け

参考文献 川崎市市民ミュージアム編『呪いと占い』(企画展解説図録、二〇〇二)、藤井正雄編『神事の基礎知識(新版)』(二〇〇一、講談社)

(大明 敦)

おみき お神酒 神饌の一つで、神前に供える酒をいう。現在では一般に清酒がお神酒として用いられるが、古くは白酒《しろき》と黒酒《くろき》の二種が用いられた。白酒とは神田で穫れた米で醸造した白色の酒、黒酒は白酒に常山《くさ》木《ぎ》の根を焼いた灰を加えて着色したものである。今日では白酒・黒酒を模して清酒と濁酒《どぶろく》の二種をお神酒として供えているところもある。神祭りにおいては神人共食の考え方があり、神に献じた神饌を祭典終了後に参列者が戴くことで神の霊力が人に分け与えられると考えられ、神饌の中でも酒は特に重要視されてきた。そのため前駆神事としての酒造り、祭典終了後の直会《なおらい》は、神祭りの祭典とともに大切な儀式であった。『日本書紀』崇神天皇八年条には高橋邑《たかはしのさと》の活日《いくひ》を掌酒《さかびと》として神酒を造り天皇に献じた記述があり、活日を祀る活日神社(大神《おおみわ》神社の摂社)は蔵元や杜氏の信仰が厚い。また伊勢神宮のように酒造免許を持ち、独自に神酒の醸造を行なっている神社もある。 ↓直会《なおらい》

参考文献 加藤百一『日本の酒五〇〇〇年』(一九八七、技報堂出版)、岡田荘司「神酒と災害と神祭り」(『古代ヤマトと三輪山の神』所収、二〇一三、学生社)、橿原考古学研究所附属博物館編『美酒発掘』(特別展図録、二〇一三)

(大明 敦)

おみくじ お神籤 神仏に祈願して籤《くじ》を引き、吉凶・運勢などを占うもの。六五八年(斉明天皇四)に有馬皇子が謀反に際し短籍《ひねりぶみ》を取って卜《うらな》ったように重大な決断を籤の形で神意に委ねることは古くからあったが、現在各地の寺社仏閣で行われているお神籤は中国の天竺霊籤《てんじくれいせん》を元にした元三大師《がんざんだいし》御籤《みくじ》(観音籤)を起源とし、江戸時代に庶民の間に普及した。これは籤に記された漢詩から吉凶や運勢を判断するもので、神社では判断に和歌を用いる。

参考文献 中村公一『一番大吉!—おみくじのフォークロアー』(『あじあブックス』、一九九八、大修館書店)、川崎市市民ミュージアム編『呪いと占い』(企画展解説図録、二〇〇二)、大野出『元三大師御籤本の研究—おみくじを読み解く—』(二〇〇八、思文閣出版)

(大明 敦)

おむつ おむつ 乳幼児や高齢者など、自分で排泄をコントロールできない場合、外にもれるのを防ぐために股間にあてがわれる布や紙製の衣料。襁褓《むつき》という言葉には、「子どもの大小便を取るために腰から下を巻くもの」という意味があり、「むつき」の頭に「お」を付けて「おむつ」になったという。古くは布のおむつが主流だったが、それが手に入らない場所では、布団や浴衣の布地を使って手作りのおむつを作った。おむつカバーの代わりは油紙だった。布のおむつは洗濯の手間がかかり、まめに交換しないと肌がかぶれやすくなる。育児に慣れてくると、赤ん坊の表情を見ていくうちに、排泄の有無も判断できるようになる。一九七〇年代ごろからは使い捨ての紙おむつが広まり、八〇年代には布のおむつをしのぐようになった。紙おむつは洗濯しなくても済むが、その分、購入費用が派生する。おむつの使用は、一般には二歳ごろまでといわれているが、近年では老人介護の必需品にもなっている。

参考文献 鎌田久子他『日本人の子産み・子育て—いま・むかし—』(『医療・福祉シリーズ』、一九九〇、勁草書房)、『毛呂山民俗調査報告集—戦中・戦後の性、結婚、出産、育児—』(二〇〇五、埼玉県立大学文化学研究会)

(柳 正博)

おもちゃ おもちゃ ⇩玩具《がんぐ》

おもてやづくり 表屋造 通りに面した店舗部分と、奥の居住部分とを別棟にし、両者を玄関で接合する形式の町屋。表造ともいう。町屋の一形式で、近世の京都において、町屋の間口や奥行の規模が大型化する過程で成立した。町屋は基本的に、通り庭と呼ばれる土間に沿って、一列もしくは二列の居室が並ぶ平面形式をもち、表の店舗・作業場などに用いる空間と、奥の私的な空間とからなる、職住の機能を併存した都市住宅である。表屋造は、それらの機能の差異を、空間上明確に分離したという点で、京都における町屋の一つの到達点であった。表と奥を別棟とすることには、奥行の大きな平入の町屋でも、通りに面した立面の棟高を抑え、整然とした町並みを保つ配慮も含まれていた。

参考文献 谷直樹『町に住まう知恵—上方三都のライフスタイル—』(二〇〇五、平凡社)、伊藤毅『町屋と町並み』(『日本史リブレット』三五、二〇〇七、山川出版社)

(松下 迪生)

おやかたせいど 親方制度 実の親子関係にない者が、誕生、成人、就業、結婚などの際に親子に擬した社会関係を結ぶことを指す。多くの場合、親方と子方の関係は、両者が生きている間継続し、親方は子方の社会的な後見人となったり、経済的な援助を行なったりする。一方、子方は親方に対して、年始の挨拶や親方の冠婚葬祭に子供に準ずる存在として参加したり、労働力を提供したりする。村の有力な家がみずからの分家やその他の零細な家の跡取りの親方となる例が多くみられるが、親方と子

方の関係は、家と家との関係として世襲的に継承する場合と、個人と個人との関係として構築される場合がある。また、かつて技術継承が必要な職人の世界などでは、広範に徒弟制度がみられ、弟子が親方のもとで修業を行い、必要な技術を身に着けて独立するまで無給で奉公を行うような例がみられた。この場合、親方は衣食住などの生活条件を保障し、弟子は技術を身に着けるだけではなく、親方の身の回りの世話や使い走りなどもこなす必要があった。このような制度は、名称こそ異なるが、かつての商家における丁稚奉公と共通の基盤を有していると考えられる。 ↓徒弟制度《とていせいど》 （大野　啓）

おやこ　親子　伝統的に日本社会では、生物学的な繋がりだけではなく、養取《ようしゅ》やさまざまな擬制的親子関係を結ぶなど多様な親子関係を結んでいた。顕著な関係として意識されていたのは、家の主と跡取りとの関係がみられる。一般的に、長男が跡取りとなることが多かったが、地域によっては男女にかかわらず初生児が相続人となる姉家督の慣行もあった。跡取りは家督などと呼ばれ、ほかの子よりも大切に育てられ、初誕生や初節供などの際には盛大に祝われるのに対して、それ以外の子供の場合はこれらの祝が行われないか、行われたとしても非常に質素なものであった。家の主と跡取りという関係は、他家からの養嗣子の養取や娘に婿をとる婿養子を契機として関係が結ばれることも珍しくはなかった。また、天皇家や大名などでは、正室以外から生まれた子供を跡取りとするために、子供を正室の養子とするというような慣行もみられた。一口に養取といっても、子供が親の跡取りとなる養子や婿養子だけではなく、第二次世界大戦以前には、漁村を中心として周辺の貧しい農家から子供を貰って育て、労働力などとする貰い子の慣行もみられた。貰い子の中には養家から分家したり、村外で独立するための諸道具を与えられた例もあるが、貰い子の多くは、徴兵を機として養家から離れ、親子関係が解消された。また、養育は伴わないが昭和初期まで名子《なご》制度が残存した地域では、親方百姓が子方である名子との間に系譜関係を構築する例がみられる。親方本家は名子分家からの労働奉仕を受ける一方で、名子分家に対しては生活上の庇護を行なった。この関係は親方本家による名子分家の扶養という側面があり、一種の社会的な親子関係とみなすこともできるだろう。さらに、このような社会的な親子関係は、実の親以外の者との間に一定の手続きを経て親子関係に類似した関係を結ぶ擬制的親子関係としても成立することがある。この場合、誕生や名付けなどを契機として親子関係を結ぶ際には、子供の成長を呪術的な力で守護するとされる場合が多く、産婆、宗教者や親族などさまざまな者が親となり、必ずしも一生の付き合いとなるものばかりではなかった。成人を契機として親子関係を結ぶ場合には、地域の有力者との間で親子関係を結ぶことが多く、親は子の社会的経済的な後見人となり、親が死去するまでは関係が継続することが多かった。

↓家督《かとく》　↓仮親《かりおや》　↓貰い子《もらいこ》　↓養子《ようし》

参考文献　大竹秀男・竹田旦・長谷川善計編『擬制された親子―養子―』(『シリーズ家族史』二、一九八八、三省堂)

（大野　啓）

おやつ　おやつ　⇩間食《かんしょく》

おやむら　親村　中世・近世の新田開発により、新しい村落を分出させた元の村落のこと。親郷、本郷、元郷、本村ともいう。一方、分出した村落を枝村、枝郷、子村などと呼ぶ。多くの枝村は親村に従属しており、枝村の租税も親村が一括して納入した。しかし親村と同格の村落として、独自の村役人が置かれた枝村もある。そうした相違が生まれた背景には、親村・枝村の山野・用水利用のありかたや親村・枝村間の距離などがあげられる。

参考文献　有光友学「近世畿内村落の成立をめぐって―とくに「村切」と分村の問題―」(『人文論集』二〇、一九六九)、木村礎『村の語る日本の歴史』古代・中世編、近世編(『そしえて文庫』、一九八三、そしえて)、藤田和敏『近世郷村の研究』(二〇一三、吉川弘文館)

（薗部　寿樹）

おりがみ　折紙　鶴や舟・兜をはじめとするさまざまな意匠を、一枚の方形の紙から鋏などを用いずに折り上げて作製する児童遊戯。折居《おりすえ》、折形《おりがた》ともいう。これに用いる色紙や千代紙も折紙という。また、近年では折紙で複数のパーツを折り上げ、これを用いて各種正多面体などを組み上げるユニット折紙も、大人を中心に広く人気を集めている。その起源を求めるのは困難であるが、折紙は日本で独自に誕生・発展して今日に至っているとみられている。近世には、江戸の浮世草子作者井原西鶴(一六四二―九三)の浮世草子『好色一代男』に、「或る時は、おり居をあそばし、この翼の鳥のかたちは、是とぞ給はりける」として登場している。また、折紙の折り方を記した書籍も刊行され、一七九七年(寛政九)に出版された『秘伝千羽鶴折形』には、四十九種類の折鶴とその折り方が紹介されている。今日、折紙は、origamiとして世界に通用するようになっている。

参考文献　遠藤ケイ『こども遊び大全―懐かしの昭和児童遊戯集―』(一九九一、新宿書房)

（宮瀧　交二）

おりもの　織物　動植物の繊維を経と緯に用いて織り上げたもの。この経緯の組織で、さまざまに分類される。織物組織の基本形は、経糸と緯糸を交互に一本おきに織る平織《ひらおり》だが、そのほかにも経糸に緯糸を斜めにかけて模様を織り出す綾、平織に綾で文様を表現する平地綾、綾地に糸遣いを変えた綾で文様を表現する綾地綾、緯糸による文様の部分に経糸を入れずに浮かせた浮織物《うきおりもの》、地文様のある綾に色糸で上文《うわもん》を縫取りにする二倍《ふたえ》織物、数種の色糸を使って地と文様を織り出した各種の錦、薄物で二本の経糸が互いに絡み合いながら織り進められる紗や羅がある。染には大別して、織る前に糸を染める先染めと、織りあがった布に染色加工する後染めがある。また、原糸の素材によっても分類され、麻を原料とする麻布や、

蚕が吐き出す繭を原料とする絹布、綿花を紡いだ糸で織った綿布などがある。たとえば、北海道のアイヌが生産した厚司《アツシ》織はオヒョウの樹皮からとった繊維を手で紡いで糸とし、居坐機《いざりばた》で織ったものである。このように生活に密着して生業として営まれた織物生産は、各地で特徴的な織物を作り出していった。もっとも、着衣が身分によって厳しく制限されていた時代には、織物需要はおのずと限界をもち、その技術的発展も限定的であった。布を織るための道具は、歴史的にみれば原始機に始まり、座ったまま足を動かして操作する地機《じばた》、腰を掛けて織る高機《たかばた》、京都西陣を中心に錦・綾などの紋織に利用した空《そら》引機《びきばた》、足踏織機《あしぶみしょっき》、動力を使用する力《りき》織機に分けられる。多くは、技術者の渡来や派遣を通して技術の移転が図られ、前近代では主として中国から、近代以降は西欧からの導入であった。基本的な作業としては、整経した経糸を一定の原則に従い分割する開口、開口されたときに緯糸を通す緯入《よこいれ》、緯糸を通したのち打ち込む緯打《よこうち》の主動作と、整経した経糸を巻いて準備し、適宜に送り出す経巻《たてまき》、織りあがった布を巻き取る布巻《ぬのまき》の副動作からなる。

近世における絹織物生産の展開には、大きく二つの流れがある。一つは中国などからの外来技術を導入して生産されるようになった高級絹織物の系統であり、金襴・緞子・繻子・縮緬などがある。これらは、複雑な高機を用いた高度な技術で製織され、おもに京都・堺・博多などの都市手工業として発達した。もう一つは、みずから挽いた蚕糸を原料とし、自給のために農閑期を利用して居坐機(地機)で製織された紬・生絹《きぎぬ》などの絹織物生産であり、これらは養蚕・製糸地帯またはその周辺地域の農村部に展開し、製品の一部は市場にも出回り、商品化されていった。絹織物生産に関するこうした二つの異なった技術体系が、十八世紀以降の地方機業発展の過程で合流し、明治期に入ってからの本格的な産地形成の基盤を提供していく。一方綿織物も、各地に産地を形成しつつ農村で生産されていたが、日本で普及した短繊維の在来綿花では細糸を紡ぐことがむずかしかったので、強靱かつ耐久性のある厚地綿布を生産する太糸織物技術が発展した。長繊維綿花による細糸で織られた薄地のインド木綿の西方伝播が、イギリスで動力と機械と化学の力を動員する近代工業化への推進力となり、産業革命を経て新たな生活様式を創出したのに対し、同じくインド木綿に遭遇した近世後期の日本では同様の動きは見られなかった。しかし、在来の織物技術で細糸薄地系の縞木綿を模倣しようとする試みの中から、地方機業地への高機の導入や布地軽量化が進み、庶民衣料のファッション化を躍動させる誘因ともなった。

幕末開港とともに、イギリス綿業が生産する安価な綿製品が輸入されると、まず、すでに棉作・手紡ぎ・製織の三工程の社会的分業が進んでいた先進機業地を中心に、原糸に輸入綿糸が利用されるようになった。また、ジョン＝ケイが発明した飛び杼《ひ》も、一八七四年(明治七)、京都府派遣の織物伝習生によって日本に持ち帰られ、普及していった。これを装置した手織機はバッタンと呼ばれ、杼と筬《おさ》の運動が紐を引く操作で同時に行われるようになり、生産性の上昇と品質を均一化する効果をもたらした。さらに、家内労働に対する問屋制支配の強化が進み、輸入綿布と手織綿布の価格差が縮小し、安価ゆえに代用衣料として用いられていた分野での輸入綿布の排除が進んだ。日本の綿業は、イギリス製機械を導入した紡績業の興隆とともに急速に近代産業化し、安価な綿糸で織られた綿布の市場が広がるとともに、機業地の再編成がなされ、庶民の旺盛な衣料需要にこたえた。加えて、紡績企業が着手した兼営織布により、綿布輸出が促進され、織物業は輸出産業としても重要な意義をもったのである。

↓青苧《あおそ》　↓麻《あさ》　↓絹《きぬ》　↓絹織物《きぬおりもの》　↓織機《しょっき》　↓機織《はたお》り　↓木綿《もめん》

参考文献　永原慶二・山口啓二編『紡織』(『(講座)日本技術の社会史』三、一九八三、日本評論社)、鈴木敬三『有職故実図典―服装と故実―』(一九九五、吉川弘文館)、谷本雅之『日本における在来的経済発展と織物業―市場形成と家族経済―』(一九九八、名古屋大学出版会)、田村均『ファッションの社会経済史―在来織物業の技術革新と流行市場―』(二〇〇四、日本経済評論社)　(榎　一江)

おれいぼうこう　お礼奉公　奉公人制度や徒弟制度において、奉公人・職人などが年季奉公を終えた後の一定期間、無給あるいは低報酬で奉公先につとめ、お礼の代わりとするもの。お礼奉公の期間は、一年間とするものが多く、一般にはお礼奉公の期間までを含めて奉公の期間とみなされる。職人の社会では特に、お礼奉公の期間を終えると一人前としてみなされるようになり、同業者団体への加入が認められ、独立して仕事を請け負うことが許された。近年でも職人の社会で「お礼奉公」という表現をすることはあるが、基本的には有給であり、修行中の職人たちに対する指導者としての意味合いが強くなっている。医療業界などで資格取得後数年間の勤務を「お礼奉公」と呼ぶことがあるが、これは奉公人制度や徒弟制度になぞらえた比喩表現である。

参考文献　遠藤元男『日本職人史の研究』一―六(一九八五、雄山閣出版)　(塚原　伸治)

おろしうり　卸売り　商業取引の過程で、生産者から商品を大量に仕入れて、小売り業者に商品を売り捌く商人のことで、問屋、あるいは仲買と同じ意味につかわれることがある。卸問屋ともいう。卸売りはみずから買い持ちするものであるため、問屋のなかでも仕入問屋が該当し、荷受問屋はこれにあたらない。　↓市《いち》　↓問屋《とんや》　↓仲買《なかがい》　(賀川　隆行)

おんがく　音楽　声や楽器などを用いた音による娯楽ないし芸術。声(歌)を「音」、楽器演奏を「楽」とする漢字の用法は古くからあったが、「音楽」という語が定着する

のは明治以降である。それ以前は、声や楽器を用いた表現は、多くの場合「音曲(歌舞音曲)」と呼ばれ、武家の論理ではしばしばみだらなものとして批難されてきた。それに対して、近代国家に相応しい文化装置の一環として(西洋的な意味における)音楽とその教育の導入を目論んだ明治政府は、一八八一年(明治十四)に音楽取調掛(現在の東京芸術大学音楽学部)を設立した。取調掛は当初、「東西二洋の音楽の折衷」を目指していたが、在来の音曲に対する蔑視は根強く、事実上、西洋由来のものが(「音曲」と区別しうる)「音楽」の雛形となった。教育の場で唱歌教育と結びついて広められていった音楽は、明治末からの教養主義的西洋音楽愛好、大正期の歌劇の刷新や童謡運動、昭和以降のレコード産業による流行歌の生産などと結びついて民間に拡大してゆくが、「音楽＝基本的に西洋由来のもの」という含意は残った。　↓唱歌《しょうか》

（輪島　裕介）

おんぎ　恩義　他者から受けた援助や施しなどに対して、何らかのかたちで報いること、もしくは、報いなくてはならないという心性のこと。民俗社会では世間並みの付き合いを行うために義理を果たすことが不可欠であった。冠婚葬祭や田植えなどの労働では、相互の関係が平等になるように付き合いを行なっていた。それに対して恩は、一般的に社会的な地位が上位の者が下位の者に対して何らかの情や恵みを与える行為を指す。恩を受けた者は、何らかの形で恩に対する返礼を行うことによって義理を果たすとされてきた。この恩と報恩との関係は、通常の義理のように同じ量を返すことができないため、清算できないこともあり、従者の主に対する報恩としての忠や子供の親に対する報恩としての孝が、無制限に要求されるなど、上位の者が下位の者を支配するために恩という行為が使われたことも否定できない。その一方で、民俗社会の中には、上位の者が情や恵みを上位にある者の社会的な責務として庇護を行なっているにすぎず、下位にある者が行う奉仕は、庇護に対する義務であるという考え方も存在しており、恩を与える側と義理を返す側とでは、必ずしも同じ価値観を有しているとは言い難い側面もある。

参考文献　大野啓「同族結合の論理の変化―岩手県安比川流域の親方・名子関係を中心として―」(『比較家族史研究』一七、二〇〇三)

（大野　啓）

おんしつ　温室　「温室」は、近代以降に用いられた語であり、近世では「むろ」と呼ばれ、冬季における植物の防寒の施設として地下むろ・岡むろ・唐《とう》むろの三つの形態がある。地下むろは、土むろともいい、地下や崖などの自然地形を利用したもので、保温・保湿力はあるが、日光に当てるための運搬に手間がかかるのが難点であった。次に登場した岡むろの「おか」とは、地下に対して地上の意味を指し、形態は土蔵と変わらないものの、鉢植え専門の蔵を特に岡むろと呼んだ。窓がないため鉢植えの移動の手間を要したが、比較的入れ替えが少ない松《まつ》葉蘭《ばらん》や万年青《おもと》など常緑の植物に用いられた。駿河国沼津の植松家の庭園である帯笑園においては、岡むろの中で、和歌を詠み茶を嗜んだ記録が残る。地下むろや岡むろの欠点を克服したのが唐むろで、傾斜した土あるいは木で成形した箱の南側に障子張りを施し、サボテンやハイビスカスなど南国の植物を寒気から保護するための設備である。天明年間(一七八一―八九)、江戸の園芸愛好家朝比奈某により考案され、一八一八年(文政元)刊、岩崎灌《いわさきかん》園《えん》著『草木育種《そうもくそだてぐさ》』の図入りの解説により、普及したと考えられる。唐むろの普及により、花の早咲きが可能になり、切花に適用され、花道教本に唐むろ栽培の記述がみられるようになった。特に冬場に脚光を浴び、季節感を表現するために唐むろや岡むろが浮世絵に描かれた事例も少なくない。明治以降に導入された西洋式のガラス張りの温室は、明治後半期に酒井忠興《さかいただおき》邸・大隈重信邸や、小石川植物園の温室が耳目を集めて評判になった。特に大隈邸は、一九〇六年(明治三十九)の村井弦斎著『食道《しょくどう》楽《らく》続篇』挿絵に描かれるように、装飾的なコンサーバトリー conservatory を意味する応接空間として機能した。一九二三年(大正十二)の関東大震災後は、復興事業の一環として小学校新校舎の屋上に温室を設けるなどの建築プランが流行し、理科教育のための施設として多用された。

参考文献　平野恵『温室』(『ものと人間の文化史』、二〇一〇、法政大学出版局)、日野原健司・平野恵『浮世絵でめぐる江戸の花―見て楽しむ園芸文化―』(二〇一三、誠文堂新光社)

（平野　恵）

おんせん　温泉　日常的には入浴できる程度の水温を有するものを温泉と呼んでいる。温泉法では「地中からゆう出する温水、鉱水及び水蒸気その他のガス(炭化水素を主成分とする天然ガスを除く)で、別表に掲げる温度又は物質を有するものをいう」(第二条)。同法の別表では水温摂氏二五度以上であることやラドン、ラジウムなどの各種物質を一定量含むものと規定している。古代には『風土記』や『日本書紀』に天皇の温泉行幸の記事がみえ、中世には公家や僧侶の記録に有馬温泉などが登場する。ひろく庶民を含め温泉の記事が確認されるようになるのは、近世以降である。温泉番付『諸国温泉功能鑑』には、全国の温泉が効能とともに載っている。また藩によっては温泉御殿を設けるところがあった。前期には外湯と呼ばれる共同湯が主流であったが、後期になると内湯が登場する。近現代になると鉄道の普及により観光旅行が盛んとなり、掘削技術の進歩と相まって日本全国で温泉が開発・利用されるようになる。　↓湯治《とうじ》

参考文献　川島武宜『慣習法上の権利』二(『川島武宜著作集』九、一九八六、岩波書店)、寺内浩「温泉の歴史―古代の温泉―」(『歴史と地理』五二四、一九九九)、伊藤克己「温泉の歴史―中世の温泉―」(『同』五二七、一九九九)、山本英二「自然環境と産業―近世の温泉―」(井上勲編

『日本史の環境』所収、二〇〇四、吉川弘文館）

（山本　英二）

おんでこざ　鬼太鼓座　田耕《でんたがやす》（本名田尻耕三、一九三一―二〇〇一）の発案により一九六九年（昭和四十四）、佐渡で結成された和太鼓打ちの一座。田は、五二年の早大事件にかかわって大学を追われた後、宮本常一を知り日本各地を放浪。与那国島で太鼓に魅せられ、佐渡に流れついた。佐渡では鬼の面をかぶって髪を振り乱して太鼓を打つ郷土芸能の鬼太鼓《おんでこ》が盛んであり、一座の名称もそれに由来する。田は「わらび座」に関係していたこともあって、演目は民族伝統的傾向が強い。七五年、ボストンマラソン完走後、そのまま大太鼓演奏を始めて話題となった。「走ることと音楽とは一体であり、それは人生のドラマとエネルギーの反映」という独特の「走楽論」をもつ。二〇〇〇年（平成十二）より静岡県富士市に拠点を移し、一六年現在は第六期。篠田正浩監督「佐渡国鬼太鼓座」（一九七五年）・加藤泰監督「ざ・鬼太鼓座」（八一年）などの映画にも描かれている。

参考文献　ゆうきえみ『鬼太鼓座が走る―ぼくの青春アメリカ一万五千キロ―』（『ポプラ社いきいきノンフィクション』、一九九五、ポプラ社）

（大串　潤児）

おんなじょうるり　女浄瑠璃　女性によって語られる浄瑠璃。女義、女義太夫、娘義太夫、女流義太夫とも。演奏形態は語る太夫と伴奏の太棹の三味線方で構成される。幕末に女芸人禁止令ですたれるが、一八七七年（明治十）、女性芸人が法的に認められると隆盛をみる。「どうするどうする」と声をかける見物「どうする連」が現れ、手拍子を打ち、茶碗の底を擦り合わせて騒ぐほど熱狂した。大阪の豊竹呂昇、東京の竹本綾之助は空前の人気を博した。

参考文献　豊竹呂昇「大阪の女義太夫」（『趣味』二ノ一一、一九〇七）

（田口　章子）

おんなだいがく　女大学　十八世紀初めに作成された平易な女訓書。近世の家を維持存続させるための役割は男女によって大きく異なり、十七世紀には、他家に嫁ぎ子どもを産むことを女性の役割とする儒学的教説を述べた中国の女訓書や大部の著作が著されたが、十七世紀末以降、より平易な『女今川』『女実語教』などが現れた。さらに、一七一六年（享保元）に出版された『女大学宝箱』は、七去三従を軸とする女訓を説くだけでなく、手習い用教本としても使用できる体裁をとったため広く普及し、以後明治前期まで刊行され続けた。類似本は『女大学』と総称され、女子教育の骨格をなした。『女大学宝箱』は、貝原益軒著『和俗童子訓』所収の「女子を教ゆる法」に倣い益軒先生述として出版されたが、益軒の選述ではなく、教育は「大よう男子とことなる事なし」という益軒の人間観は反映されていない。一八九九年（明治三十二）、福沢諭吉は『女大学評論―新女大学―』を著して女大学を封建道徳として批判し、近代女子教育の展開のなかで『女大学』は廃れていった。

『女大学』

参考文献　石川松太郎『女大学集』（『東洋文庫』、一九七七、平凡社）

（横山百合子）

おんなもん　女紋　⇩家紋《かもん》

おんぶ　おんぶ　背中に背負うことをさす幼児語。日本の伝統的な育児方法の一つで、移動時はもとより、大人が仕事をしながら子どもを保護する手段として、また子どもを寝かしつける手段として、日常的に多用された。栃木県真岡市の鶏塚古墳からは、子を背負う女子の埴輪（六世紀）が出土しており、歴史学者黒田日出男によると、十三世紀中ごろの『西行物語絵巻』三におんぶ姿の女性が描かれているという。中世の図絵では老男女、下女や母親などが着物の下に裸の赤子を入れ、肌を接して負ぶっている。子どもが子どもを背負う子守り姿は近世の絵画に現れ、子守り奉公が盛んに行われた明治期までよく見られた。ゆりかごや乳母車など道具を使う欧米の子育てとは異質で、明治のお雇い外国人モースは肩越しに大人の仕事をつぶさに眺めることが日本の子どもの器用さの源泉と述べた。近代的な育児書ではおんぶは子どもの能動的な活動を損なうと否定されたが、民俗学者大藤ゆきによると、嫁の実家が産着とともにねんねこ半纏と負ぶい紐を贈る習慣は終戦まで続いたという。一九七〇年代に伝統的な育児法が見直され、親子のスキンシップの重要性からおんぶが再評価された。

参考文献　大藤ゆき『子どもの民俗学―一人前に育てる―』（一九八二、草土文化）、横山浩司『子育ての社会史』（一九八六、勁草書房）、黒田日出男『（絵巻）子どもの登場―中世社会の子ども像―』（『歴史博物館シリーズ』、一九八九、河出書房新社）

（太田　素子）

おんみょうどう　陰陽道　災異や吉凶を説明し、易占や祓、諸種の祭儀が体系化されたもの。九世紀後半から陰陽師によって専門的に担われ、それらの学術・技能や職務が一体化して日本で成立した。従来は中国古代の陰陽説や五行説に基づく諸技術として解釈されたが、中国では陰陽説・五行説のいずれも独自で展開することはなく、陰陽道という用語もみられない。陰陽道の基礎となった技術や思想は六世紀に日本に伝来し、陰陽寮の官人である陰陽師によって扱われ、卜占による吉凶の予見を職掌とした。十世紀には、陰陽寮の技術大系は「陰陽の道」と表現され、陰陽道の呼称が一般化した。また、奈良時代末期から平安時代にかけて鎮祭に関わるようになり、怨霊や災害、変異に対しても行われるようになった。さ

陰陽師（『七十一番職人歌合』より）

らに、貴族社会の中で新たな禁忌や泰山府君祭などの陰陽道祭祀が成立し、陰陽師は、次第に呪術的宗教者としての性格を持つようになっていった。十一世紀以降、律令制の崩壊とともに陰陽寮で担われた陰陽道公事は、陰陽道という技能を持つ同業者集団に請け負われ、賀茂・安倍氏の家職となった。鎌倉時代になると、鎌倉幕府の成立によって、関東における陰陽道思想や陰陽師の需要が高まり、陰陽師が関東へ下向することによって陰陽道は武家社会へ受容された。十三世紀には在地領主による陰陽道祭祀も行われ、密教や神祇信仰、修験道などさまざまな信仰と習合し、在地の寺社や民間へ展開、在地の民間宗教者も陰陽師を名乗るようになった。近世には、陰陽師は、江戸幕府の宗教統制のなかで土御門家に組織され、陰陽道は、江戸幕府の儀礼にも取り入れられた。明治維新後、陰陽寮と太陰暦の廃止によって、陰陽道は公的に用いられなくなるが、民衆生活のなかの心性や慣習として根付くこととなった。 ↓占《うらな》い

参考文献　山下克明『平安時代の宗教文化と陰陽道』(一九九六、岩田書院)、林淳・小池淳一『陰陽道の講義』(二〇〇二、嵯峨野書院)、鈴木一馨『陰陽道―呪術と鬼神の世界―』(『講談社選書メチエ』、二〇〇二、講談社)、赤沢春彦『鎌倉期官人陰陽師の研究』(二〇一一、吉川弘文館)

(小山　貴子)

か　蚊　双翅目糸角亜目カ科の小型昆虫。人畜の吸血をするのは雌の蚊のみである。マラリアや日本脳炎などを媒介するため恐れられた。また近年の日本国内でも蚊が媒介したとみられるデング熱の流行がみられた。民俗的には吸血する小昆虫などを総じて蚊と称する場合もあり、「蚊柱が立つ」「蚊の餅搗き」などの言葉や、蚊に関する慣用句・俗信は多い。日常生活の中でも蚊を追い払う工夫は古くから数多くあった。睡眠時、寝所への蚊の侵入を防ぐ蚊帳は室町時代から使用されていた。睡眠時以外ではヨモギなどの青葉・カヤなどの木片・柑橘類の果皮などを焚く蚊遣り火や、屋外での作業には木綿や藁を燻す蚊火を携帯した。蚊取り線香は除虫菊の移入後、明治以降に全国に普及したもので比較的新しい。蚊の天敵であるコウモリは蚊食鳥とも称された。柳田国男は『明治大正史世相篇』で明治以後の環境の変化を述べる中で、当時の実感としてコウモリが減って蚊が増えたことに触れている。

参考文献　柳田国男「明治大正史世相篇」(『柳田国男全集』二六、一九九〇、筑摩書房)

(大里　正樹)

カードしゃかい　カード社会　クレジットカードやキャッシュカードをはじめとするカードを各自が複数所有し日常的に使用することで、カードへの依存の度合が高まった社会のこと。日本において「カード社会」という言葉が使われるようになるのは、一九八〇年代前半のことである。その時期にみられる「カード社会」という表現は、銀行キャッシュカードとクレジットカードを特に意識していて、一枚のカードで買い物ができる便利さを示すのと同時に、それがもたらす取引の非人格化や、手軽さがもたらすローン地獄の危険性、詐欺などの危険性を仄めかすものとなっていた。カード大国といわれていたアメリカの実情に照らすことで、やや批判的な響きをもった言葉として使われるようになったのである。実際に、クレジットカードの発行枚数の増加と同期するように、クレジットカードをめぐる詐欺事件は八一年(昭和五十六)を境に急激に増加しており、そのような事件に対して警鐘を鳴らすという意味合いも含んでいた。とはいえ、その後はクレジットカード・キャッシュカードに加えて交通系のプリペイドカードやテレホンカードを含めて、各人が複数のカードを使い分けながら経済活動を行うのが普通のことになると、カード社会そのものへの批判ではなく、カード社会を所与の現実として、そのなかで人々をどのように保護すべきかという論調へと変化していく。特に、インターネットショッピングの普及に伴って、クレジットカードによる非対面の取引は避けられないものとなり、クレジットカードの重要性は増していった。また、九〇年代後半から二〇〇〇年代前半にかけて、それまでの磁気カードに代わってICカードが普及し、交通系電子マネーが普及するようになると、「カード社会」が意味するものは、クレジットカード・キャッシュカードのみではなく、各自が多機能カードを複数所有し、用途別に使い分けながら生活する社会という意味合いへと拡張されていった。 ↓月賦《げっぷ》

参考文献　「(社説)カード社会成熟への条件」(『朝日新聞』一九八三年十月二十一日付)

(塚原　伸治)

かいきんシャツ　開襟シャツ　夏季に用いる胸元の開いたシャツ。ノーネクタイとなるため、官公庁はもとより一般企業でも仕事着としては認めなかった。昭和初年からの服装改善運動のなかでは、早くから国民服とともに

開襟シャツの採用が主張されていた。一九三七年(昭和十二)七月に日中戦争が勃発し国内で非常時が意識されると、内務省では開襟シャツの着用が推奨された。開襟シャツの利点は軽快かつ防暑にあり、酷暑のなかで能率よく仕事ができた。四二年八月には東京市バスの運転手に白の開襟シャツが許可され、翌四三年六月には南方の戦線で用いられる陸軍の開襟シャツである防暑着が国内でも着られるようになる。さらに四五年には裁判所の検事や判事も開襟シャツを代用している。終戦後には再び開襟シャツは仕事着から姿を消すが、二〇〇五年(平成十七)に官公庁がクールビズを推奨すると、ノーネクタイの開襟シャツが夏季勤務服として登場した。 ↓アロハシャツ

参考文献 『読売新聞』(一九四二年八月八日付夕刊、一九四三年六月二十八日付朝刊)、『朝日新聞』(一九四五年七月十三日付朝刊)

(刑部　芳則)

かいこ　蚕 ⇩養蚕《ようさん》

かいご　介護　高齢者や病人、障害者などを介抱し世話すること。前近代は儒教の影響もあり、老いた親の面倒をみることは孝行の徳とされた。しかし平均寿命が低かった時代は高齢期を迎える者はまれであった。介護問題が一般化したのは、疾病構造の転換による平均寿命の延長、少子化による変化が起きたここ四十年の新しい現象である。一九五六年(昭和三十一)の国連調査報告書において六十五歳以上の人口比七%以上の社会を「高齢化社会」と呼ぶようになり、一四%以上が「高齢社会」、二一%以上が「超高齢社会」とされた。日本では七〇年の調査で高齢化社会、九五年(平成七)の調査で高齢社会、二〇〇七年の人口推計で超高齢社会になったことがわかった。一九六三年の老人福祉法は、全国に老人ホームの設置が推進される画期となったが、一部の老人への救済措置であり、まだ家族介護が一般的であった。それでも進む高齢化に対応するため、八二年老人保健法では、負担を無料から有料に切り替えた。六八年の初の寝たきり老人実態調査では、全国で二十万人、それが七八年には三十六万人、九三年には九十万人、九七年には痴呆性老人と寝たきり老人の合計は百万人を超えた。こうした事態に対応するため、九七年介護保険法が成立、二〇〇〇年から施行され、もっぱら家族介護者の自助努力によって支えられていた介護は、介護保険料による公的サービスの対象となった。施設入所を望まず家庭で介護や看護を受けることを在宅ケアと呼ぶが、高度化する医療の質を維持するのに伴う困難も多い。一方で、家庭の事情などにより高齢者が高齢者の介護をせざるをえない状況は老老介護と呼ばれ、家族が共倒れする危険性や介護疲れによる心中事件もあることから大きな社会問題となっている。 ↓高齢化社会《こうれいかしゃかい》 ↓扶養《ふよう》 ↓老人《ろうじん》ホーム ↓老人問《ろうじんもん》題《だい》

参考文献 新村拓『老いと看取りの社会史』(一九九一、法政大学出版局)、上野千鶴子『ケアの社会学—当事者主権の福祉社会へ—』(二〇一一、太田出版)

(木村　哲也)

がいこくじんはなよめ　外国人花嫁　過疎化・嫁不足の問題を抱える農村に嫁として迎えられた外国籍の女性。一九八五年(昭和六十)、山形県朝日町で行政主導の集団見合いによる、フィリピン女性と日本人男性の国際結婚が行われた。背景には国内の過疎や都市と農村の格差、女性の価値観の変化などの諸問題があり、他方で日本とアジア諸国との経済格差があった。農村の存在を脅かす深刻な嫁不足を背景にしていたとはいえ、結婚というきわめて私的な問題に行政が介入することにも賛否両論があったが、この種の国際結婚は近隣の村々から新潟、秋田、さらには都市部に、国籍も韓国、中国などへと拡がり、業務が業者に委託されることも多くなった。アメリカの伝統的同化理論では異人種間結婚は文化的な相互浸透と融合のプロセスであり、「同化」の最終段階だとされる。日本をまったく知らない女性たちが、日本でも特に封建的で閉鎖的だといわれる農村の家族制度、社会制度に「嫁」として組み込まれる。もちろん、幸せな結婚生活を送った人もあろうが、破綻した例も多い。日本の「国際化」の一つの側面である。

参考文献 武田里子『ムラの国際結婚再考—結婚移住女性と農村の社会変容—』(二〇一一、めこん)

(村川　庸子)

がいこくじんろうどうしゃ　外国人労働者　就労場所で国籍をもたない労働者のこと。定住を予定しない点で移民と異なるが、そのまま長期に滞在して家族を形成し、実質的に定住する場合も多く、厳密には区別されない。多くの場合、母国より恵まれた雇用機会と賃金を求めて移住してくるが、受け入れ国の雇用主からみれば、自国民に比べて劣悪な労働条件で働く好都合な労働力である。少数の例外を除けば、日本における外国人労働者受け入れの歴史は一九一〇年(明治四十三)の韓国併合に始まる。この年の在日朝鮮人は七百九十人だったが、その後は急増、一九三八年(昭和十三)以降になると強制連行を含む労働力移入政策によって激増し、敗戦時には二百三十万人に達した。併合によって付与された日本国籍は戦後失効したが、日本に残った人々は永住が認められ、現在は入管特例法によって特別永住者とされている。このため在日韓国・朝鮮人は、ほかと区別されて外国人労働者とみなされないことも多い。戦後は八〇年前後から、日本に出稼ぎに来る東南アジア女性たちが「じゃぱゆきさん」と呼ばれて注目されたが、八五年のプラザ合意以降は、円高により資格外就労の外国人が急増した。これに対応して九〇年(平成二)に改正入管法が施行され、就労は従来通り、基本的に外交などの公務と専門職に限定されたものの、日系人の就労が自由化されたこと、技能実習生の就労を認めたことから、製造業を中心に外国人労働者が急増した。特に日系ブラジル人、ペルー人の増加が著しく、両者の外国人登録数はピーク時には三十七万人を超えた。また技能実習生制度は、開発途上国への技能移

転が目的とされているが、現実にはその多くが非熟練労働に従事しており、最低賃金以下で働かせたり、旅券を預かって行動を束縛するなどの人権侵害も頻発している。在留資格をもつ外国人労働者(公務と特別永住者を除く)は、二〇一四年十月時点で七十八万七千六百二十七人である。このほかに不法残留者が一五年一月時点で六万七人おり、その多くが就労しているとみられる。↓移民《いみん》↓在日外国人《ざいにちがいこくじん》↓在日韓国《ざいにちかんこく》・朝鮮人《ちょうせんじん》↓ニューカマー

参考文献 田中宏『在日外国人—法の壁、心の溝—(第三版)』(『岩波新書』、二〇一三、岩波書店)、厚生労働省『「外国人雇用状況」の届出状況まとめ』(各年度)、法務省入国管理局『本邦における不法残留者数について』(各年度)

(橋本 健二)

がいこくまい 外国米 外国から輸入した米。外米、南京米などとも呼ばれた。主にベトナム(積出港はサイゴン(ホーチミン))・タイ(積出港バンコク)・ビルマ(ミャンマー、積出港ラングーン(ヤンゴン))、また中継港である香港などから輸入された。幕末・明治初年から輸入されたが、一九〇〇年(明治三十三)前後から日本本国の米穀需給が不足に傾くと、特に凶作時には大量に輸入されるようになった。日本米が粘り気のある小粒のジャポニカ種であるのに対し、外国米は安価であるが大粒で粘りのないインディカ種で、日本米に混ぜて食されることが多かった。二〇年代半ば以降、日本本国と朝鮮・台湾による米の増産が進んで、本国・植民地による「自給」が達成されると輸入量は減少した。しかし、三九年(昭和十四)の朝鮮および西日本の旱害を機に再び輸入が急増した。戦時に植民地における米消費が増加して本国への移入が急減したため、四〇—四三年にはかつてない多量の外国米が輸入され戦時下の食糧不足を補った。しかし戦局の悪化により、まもなく輸入は途絶し、深刻な食糧難が到来することになる。

参考文献 大豆生田稔『お米と食の近代史』(『歴史文化ライブラリー』、二〇〇七、吉川弘文館)、同「戦時期の外米輸入—一九四〇〜四三年の大量輸入と備蓄米—」(『東洋大学文学部紀要』史学科篇三九、二〇一四)

(大豆生田稔)

かいごビジネス 介護ビジネス 介護が必要な者にサービスや商品を提供する商業分野。高齢者を対象にした場合、シルバー産業ともいわれる。二〇〇〇年(平成十二)介護保険法の施行や団塊世代の高齢化を背景に、近年注目を集めている。大きく分けて二種類あり、都道府県または市町村から指定を受け、指定介護事業者として介護保険法に規定されている訪問介護事業、介護老人福祉施設などのサービスを行うものと、もう一つは介護保険の適用範囲外となる配食サービスや訪問理容事業、介護用品(おむつ、歩行器、入浴補助用品など)事業などを行うものに分かれる。〇九年の事業者数は七〇二二社と、〇五年の約二・五倍に急増した。〇九年度の売上高合計も〇五年度から二倍近い四兆二千億円を記録している。一二年には団塊世代が六十五歳以上に差し掛かり、高齢化率を急速に押し上げているため、さらなる成長が見込まれている。

参考文献 『介護保険制度の解説 平成二一年五月版』(二〇〇九、社会保険研究所)、田中元「介護 市場規模四兆円超、法改正で富裕層狙いの家事援助代行が拡大へ」(『PRESIDENT』二〇一一年六月十三日号)

(木村 哲也)

かいこん 開墾 ⇩開発《かいはつ》

かいし 懐紙 元来は懐中の紙のことで、㈠ふところがみ(畳紙《たとうがみ》)、㈡和歌会における清書用の料紙、の二つの意味がある。平安時代には貴族が装束の懐中に紙の束を携帯し、和歌・書状の贈答、メモ用紙、詩歌会の料紙などに用いた。平安中期に和歌会が盛んに催されるようになると、やがて懐紙は主に和歌を書く料紙を指すようになった。有名な懐紙には、平安末期の「一品経《いっぽんぎょう》和歌懐紙」(西行など十五枚が現存)、後鳥羽上皇の熊野行幸時の「熊野懐紙」(三十四枚現存)などがある。懐紙の紙は和歌会では檀紙《だんし》が用いられた。書式は鎌倉時代初期にはまだ流動的であったが、和歌の家が確立した室町時代には定型化した。藤原定家の子孫の冷泉《れいぜい》家を中心とする流れでは、端作《はしづく》りの歌題・位署に続いて和歌を三行と三字で書き、飛鳥井《あすかい》家では和歌を三行と五字で書いた。また書式は、和歌会の状況、詠者の身分、和歌の数などによっても異なっていた。

参考文献 古谷稔「懐紙の研究—書式の成立と変遷—」(『東京国立博物館紀要』一一、一九七六)、同『かなの鑑賞基礎知識』(一九九五、至文堂)

(菅原 正子)

かいしゃにんげん 会社人間 会社に対する帰属意識、忠誠心が強く、生活のすべてを会社のために捧げるような人間類型。「社畜」(小説家安土敏の造語)ともいわれる。会社人間が形成された原因は、日本企業の閉鎖性にある。日本の雇用システムでは、職種による標準的な賃金が存在せず、企業ごとに年功序列で賃金が決定される。職業能力は企業内でのみ通用し、職場を変えることは労働者にとって不利になる。また、社宅や保養所などの福利厚生施設を提供し、家族も含めた運動会などの催しを開催するなど、企業側がパターナリスティック(家父長的)な労務管理を実施したことも、会社人間形成の風土を作った。しかし、単なる忠誠心の強い会社員と会社人間とを区別する特徴は、その猛烈な働きぶりにあるといえる。高度成長期の激しい企業間競争は、会社の利益のために全力で働くことが、社員自身の所得向上につながることを実感させ、「わが社」意識を定着させた。「Oh！モーレツ」という一世を風靡したコマーシャル(一九六九年(昭和四十四))にちなんだ「モーレツ社員」、あるいは「企業戦士」という流行語に会社人間のイメージが凝縮されている。会社人間同士のメンタリティは組織に対する過剰同調性である。高度成長末期の調査によれば、会社員の

本音はもっと休暇がほしいということであった。また、ノミュニケーションを通じて男同士の絆を確かめ合うなどのホモソーシャルな関係(男同士の緊密な関係)も会社人間の特徴であり、女性は会社という社会からは排除されていた。バブル崩壊後は、非正規雇用の拡大により、会社はもはや同質の従業員からなる共同体ではなくなった。また、男女雇用機会均等法の制定(八五年)以降、会社における女性の地位も向上し、男社会の論理は通用しなくなりつつある。さらに、バブル崩壊後、企業は経営のスリム化を図るため、保養所などの施設を整理・縮小したため、会社人間の物的基盤も崩れてきている。

参考文献 熊沢誠『(新編)日本の労働者像』(『ちくま学芸文庫』、一九九三、筑摩書房)、内橋克人・奥村宏・佐高信編『会社人間の終焉』(『日本会社原論』三、一九九四、岩波書店)、阿部恒久・大日方純夫・天野正子編『「男らしさ」の現代史』(二〇〇六、日本経済評論社)

(浅井　良夫)

がいしょく　外食　家庭外での食事。「家にあればケに盛る飯《いい》を草まくら旅にしあれば椎の葉に盛る」(『万葉集』)のように古代から旅や兵役、生業などでの食事はあったが、外食という言葉はなかった。「食事を金で買う」外食は、都市が形成され、社会的分業や貨幣経済が発達した中世社会で成立する。都市化が進んだ江戸の町にはさまざまな食べ物屋が現れ、明暦の大火後にできた奈良茶飯店では茶飯・豆腐汁・煮豆の膳を出したという。定食屋のはしりである。明治維新後、西洋料理を食べる階層が生まれ、庶民の間では牛鍋屋が繁盛した。明治中ごろから和洋折衷料理がつぎつぎと考案され、それらは関東大震災後に開店した須田町食堂などの大衆食堂で、定番メニューとなっていく。家庭内での食事に近い外食の大衆化は大きく進展したが、戦時の食糧難時代には後退し、外食券が登場する。外食という言葉はここから定着した。「外食元年」(一九七〇年(昭和五十五))以降、定食・定番

須田町食堂京橋支店開店 (1924年)

メニューが多彩となり、外食のファミリー化が進んでいる。

↓外食産業《がいしょくさんぎょう》　↓中食《なかしょく》

参考文献 大塚力責任編集『弁当・外食』(『週刊朝日百科 世界の食べもの』日本編三五、一九八三、朝日新聞社)、田村真八郎・石毛直道編『外食の文化』(『食のフォーラム』一、一九九三、ドメス出版)、今柊二『ファミリーレストラン―「外食」の近現代史―』(『光文社新書』、二〇一三、光文社)

(石川　尚子)

がいしょくけん　外食券　アジア・太平洋戦争中から戦後にかけ、主食を外食とする者のために交付された食券。一九四一年(昭和十六)、絶対的な食糧不足から六大都市で実施された米穀通帳制に組み入れられた制度が米飯外食券である。職場などで米飯食をとる者が、外食券を職場に差し出し、職場から米穀の配給を受ける仕組みだが、需給状況のさらなる悪化に伴い、食堂、旅館などの業務用主食すら配給困難になったため、旅行者用外食券制度が実施されるようになる。単に外食券といった場合、この旅行者用外食券を指すことが多い。指定された外食券食堂以外の飲食店では主食は配給されないことになった。主食外食者は米穀通帳を提示し、外食券の交付を受け、これを外食券食堂に渡した上で、現金を添えて米飯類を食す仕組みである。外食券食堂の数は多くなく、それぞれが取り扱う主食販売量も少ないため、店は大混雑する光景がみられた。また闇値で取引されることも多かった。その後、米だけでなく小麦粉、酒、油、卵、魚なども順次配給制となったことにより、外食産業は衰退の一途をたどっていたのだが、開店休業状態のビヤホールや百貨店、喫茶店などを利用した外食券のいらない雑炊食堂が四四年ごろから東京で見られるようになり、清沢冽《きよさわきよし》の『暗黒日記』にも彼の家族が「雑炊食堂」を訪れ、戦時下の人々が「飢え」と必死に戦う姿を目の当たりにした様が語られている。終戦後も外食券制度は継続していたが、五十年代ごろから徐々に食糧事情が改善に向かったことに併せ制度も形骸化し、六九年に完全に廃止された。

↓米穀通帳《べいこくつうちょう》

参考文献 野沢一馬『大衆食堂』(二〇〇三、創森社)、今柊二『ファミリーレストラン―「外食」の近現代史―』(『光文社新書』、二〇一三、光文社)

(花岡敬太郎)

がいしょくさんぎょう　外食産業　飲食店業一般を指す場合があるものの、特に、合理化された大規模チェーン形式の飲食店業を指す。のちに業界で「外食産業元年」と呼ばれる一九七〇年(昭和四十五)に、ファミリーレストランのスカイラーク一号店が東京郊外の国立市に開店し(のち、「すかいらーく」と改称)、ケンタッキーフライドチキンの実験店が大阪万博に、ついで一号店が名古屋市に開店した。翌七一年にはロイヤルホスト一号店が福岡県北九州市に、ミスタードーナツ一号店が大阪府箕面市に、マクドナルド一号店が東京の銀座に開店した。このような動きを受けて外食産業という言葉が七二年ごろからマスコミに登場した。『読売新聞』の初出は同年一月の「三井物産、外食産業に進出」、『朝日新聞』は二月の「外食産業　ロッテ、春に進出」で、飲食業界で著名な柴田書店が『これからの外食産業』(書籍全体のタイトルでおそらく初出)を刊行したのは六月である。核家族化の進展、勤労者所得の増加に伴い、外食産業は、家事の省力

明治時代の大磯海水浴場

化を支える仕組みの一つとして急速に普及し、次のような多様な外食が定着した。ファミリーレストラン(和食、洋食、中華)、ファストフード(ハンバーガー、フライドチキン、ドーナッツ、アイスクリームなど)、その他(ラーメン、そば、うどん、牛丼、焼肉、回転寿司、定食など)。　↓外食《がいしょく》　↓ファストフード

参考文献　『外食産業を創った人びと―時代に先駆けた一九人―』(二〇〇五、日本フードサービス協会)、今柊二『ファミリーレストラン―「外食」の近現代史―』(『光文社新書』、二〇一三、光文社)　(鈴木　邦夫)

かいすいよく　**海水浴**　海での水泳、海浜での日光浴、砂遊びなど海辺を利用した余暇の総称。元来海水浴は海水に浸かることによる療養効果や健康増進効果を求めて十八世紀の英国で発生した。その後次第にレジャー的性格を強め、ブライトン(英国)のようにピアーと称する桟橋を設け、その上部に娯楽施設を設置する例も現れ、観光地的性格を強めていった。日本における海水浴は、西欧人によって明治期に導入され、当初はヨーロッパ同様、療養を目的としていた。最初の海水浴場は富岡海岸(神奈川県)といわれているが、東海道線の開通によって地の利を得た大磯(同)が代表的海水浴場とみなされるようになった。海水浴は次第に療養的な性格を失い、大正期になると夏の娯楽として認知され、すでに戦前には大都市周辺部を中心に、ごく一般的なレジャーとして地位を確立した。この傾向は高度成長期まで続き、企業と提携した海の家など独特なレジャー形態を生み出した。日本では気候条件から見て通年利用できる海水浴場はほぼ皆無で、ビーチリゾート化は進まず、現在でも夏季のみの季節型観光地として機能している。　(稲垣　勉)

かいせきりょうり　**会席料理**　江戸時代に成立した酒と肴(酒肴)を中心とした料理形式。料理屋の発展とともに、酒肴を順次供し、最後に飯や汁などを供する形式が「会席風」または「膳くずし」などとして形成され、のちに会席料理と呼ばれた。『素人庖丁』二(一八〇五年(文化二))には、「膳くずし」として、会席料理の原型ともいえる供し方が絵入りで描かれている。本膳料理は、本膳に飯、汁、菜二つ、香の物が一度に並ぶが、膳くずしでは、なますのみを供し、酒を出し、次に味噌吸物を出すなど一品ずつ供し、最後に汁かけ飯を出している。酒宴の酒肴は大盛りが主流だったが、個人盛とすることで経済的としている。『守貞謾稿』五には、味噌吸物、口取肴、刺身などが順次供され、最後に飯や汁などが供される形式を「会席風」としている。明治の書物(村井政善『新らしき研究　和洋料理の仕方』)には、本膳や懐石が正式な食事形式であるのに対し、料理屋の会席料理は、略式、半会席と呼ばれ、文化文政のころから料理店において行われた料理と説明している。

参考文献　村井政善『新らしき研究　和洋料理の仕方』(一九二三、石塚松雲堂)、浅野高造『素人庖丁』二(吉井始子編『(翻刻)江戸時代料理本集成』七所収、一九八〇、臨川書店)、喜田川守貞『近世風俗志　守貞謾稿』(宇佐美英機校訂、『岩波文庫』、二〇〇二、岩波書店)　(江原　絢子)

かいせきりょうり　**懐石料理**　茶事に出す料理であり、茶の湯の発展とともに成立した料理である。懐石の語の意味は修行僧が空腹に耐えるため温石《おんじゃく》を懐にしたことに由来するといわれ、禅林風(禅宗の寺院)の質素な料理を指した。茶の湯は村田珠光を祖とし武野紹鷗を経て千利休で完成をみる。利休は茶事の料理を「小座敷ノ料理ハ、汁一ツ、サイ(菜)二カ・三ツカ・酒モカロクスベシ、ワビ座敷ノ料理ダテ不相応ナリ、」(『南方録』)のように一汁二菜または三菜の簡素なものを本意とした。現在の懐石でも汁と向付・煮物・焼物の三菜を基本とし、それに酒と肴(八寸)の加わる構成で、一般的には以下のような流れで供される。「飯・汁・向付」「酒・盃」「煮物(煮物椀)」「焼物」「預け鉢(強肴《しいざかな》)」「吸物(箸洗)」「八寸」「香の物・湯桶」。懐石料理の特徴は従来の本膳料理の外観重視、無駄を廃し、味覚本意、茶を味わうための料理としての、合理性の追求にあるといえよう。　↓精進料理《しょうじんりょうり》　(秋山　照子)

かいぞう　**改造**　一九一九年(大正八)一月に山本実彦によって設立された改造社が同年四月に創刊した総合雑誌。大正デモクラシー期に『中央公論』とともに論壇の中核を占める。山川均、河上肇、堺利彦といった執筆者が寄稿し、社会主義的思想の論調を牽引した。文芸欄では志賀直哉、中条(宮本)百合子、芥川龍之介らが作品を掲載する。また懸賞評論では宮本顕治や小林秀雄が頭角を現す。しかし四二年(昭和十七)の八月―九月号に載った細川嘉六「世界史の動向と日本」が発禁となり、それに連なる横浜事件で改造社は中央公論社とともに解散させられ、『改造』も廃刊となる。戦後に再刊され、五〇年代前半は『世界』『中央公論』『改造』の三誌で約三十万部前

後の発行部数を有したが、五五年に改造社で解雇人事が行われ、労働争議が生じる。その際、執筆者の広範な執筆拒否があり、『中央公論』編集部の次長以下全員も抗議の申し入れ書を発するも、同年二月号で『改造』は廃刊となる。『改造』には横関愛造、木佐木勝、松浦総三、鈴木均、小田切進らの編集者も在籍した。

参考文献　水島治男『改造社の時代』戦前編・戦中編(一九七六、図書出版社)、関忠果他編『雑誌『改造』の四十年』(一九七七、光和堂)、庄司達也・中沢弥・山岸郁子編『改造社のメディア戦略』(二〇一三、双文社出版)

(根津　朝彦)

かいそん　海村　一般的には海に面した村を漁村と呼ぶが、必ずしも漁業を主たる生業としているとは限らず、製塩業・運送業・農業を主たる生業としている村やこれらを複合させて生計を立てている村もあるので、海に面しているという立地に即して海村と呼んでいる。海村という言葉自体は中世から存在するが、研究上の概念として使用されたのは柳田国男らによる民俗調査に始まり、近年は網野善彦らによりある程度一般化した。海村は村ごとに景観や生業内容に特色があり、おのおのの個性を把握するのが重要である。　↓浦《うら》・浜《はま》　↓漁村《ぎょそん》

参考文献　神奈川大学日本常民文化研究所編『海と非農業民—網野善彦の学問的軌跡をたどる—』(二〇〇九、岩波書店)

(盛本　昌広)

かいたく　開拓　未開の地を農地に変えること、そのため治水・用水を整備し、上水、道路、燃料(薪炭・ガス)、電気などの供給を確保しライフラインを整備することをいう。以上は近代の開拓を念頭においているが、開拓は古代農業文明が始まって以来の長い歴史をもつ。明治維新以後においても、明治初年の士族授産のための国内開拓、開拓使による北海道開拓、明治後期の朝鮮植民地化に対応した東洋拓殖会社による朝鮮開拓事業、大正期の米騒動に対応した開墾助成法による国内開拓、昭和恐慌後の満洲移民による満蒙開拓、戦時期の食糧増産を目的とする国内開拓、そして戦後の引揚者救済と食糧危機対策としての戦後開拓がある。また、明治から海外への日本人移民事業が始まるが、出稼ぎから定住への転換につれて未開の地への開拓が進められた。特にアメリカのカリフォルニア開拓とブラジル開拓などがある。それぞれ時代背景を異にしており歴史的意味はまったく異なるが、未墾地を開墾し食糧の増産と安定確保を目標にしたり、過剰人口問題を解決し、外に勢力圏を拡大したりすることを意図していた。　↓開発《かいはつ》

参考文献　宮本常一『開拓の歴史』(『日本民衆史』一、一九六三、未来社)、野添憲治『開拓農民の記録—農政のひずみを負って—』(『NHKブックス』、一九七六、日本放送出版協会)、森武麿編『戦後開拓—長野県下伊那郡増野原　オーラルヒストリーからのアプローチ—』(『神奈川大学歴史民俗調査報告』一六、二〇一三、神奈川大学大学院歴史民俗資料学研究科)

(森　武麿)

かいちゅうでんとう　懐中電灯　携帯することを前提として作られた小型の電灯。主として乾電池を電源とする。一八八八年にドイツのガスナー C. Gasner が実用的な乾電池を発明したころとほぼ同時期に完成されたものと推測されている。日本では、一九〇四年(明治三十七)から翌年にかけて行われた日露戦争の際に軍用として輸入品が多く使用され、一〇年ごろから本格的に国内で製造が開始されるようになったといわれる。明治期の懐中電灯は、電池の寿命が短いという問題を抱えていたが、二三年(大正十二)に松下幸之助(一八九四—一九八九)によって電池寿命の長い自転車灯用の乾電池ランプが開発されると、家庭用の手提げ乾電池ランプとしても使用され、各家庭の非常用照明器具として急速に普及した。その後、四五年(昭和二十)には単一、単二乾電池を用いた懐中電灯が主流となり、各部品の改善改良が図られた結果、さらに普及が進み現在に至る。最近では手動発電機やラジオ付の製品も現れ、災害対策用品としてなくてはならない存在となっている。

参考文献　『日本乾電池工業会史』(一九六四)

(西村　健)

かいちょう　開帳　江戸時代、普段拝むことのできない寺社の本尊や神体を公開し、一定期間拝むことができるよう祀ること。みずからの寺社で行う居開帳と、他の場所に出かけていって行う出開帳とがあった。なかでも、出開帳の場としては江戸がもっとも盛んであったと考えられ、寺社奉行所の許可を受けて行われていた。そのため、幕府との縁が深い寺社や古い由緒をもつ寺社は許可されやすかった。寺社には御朱印地や年貢除地などの基盤となる財源があった。しかし、五代将軍徳川綱吉の時期以降、幕府の寺社への助成が削減されたこともあり、台風や地震などによって臨時の造営修復の必要が生じた

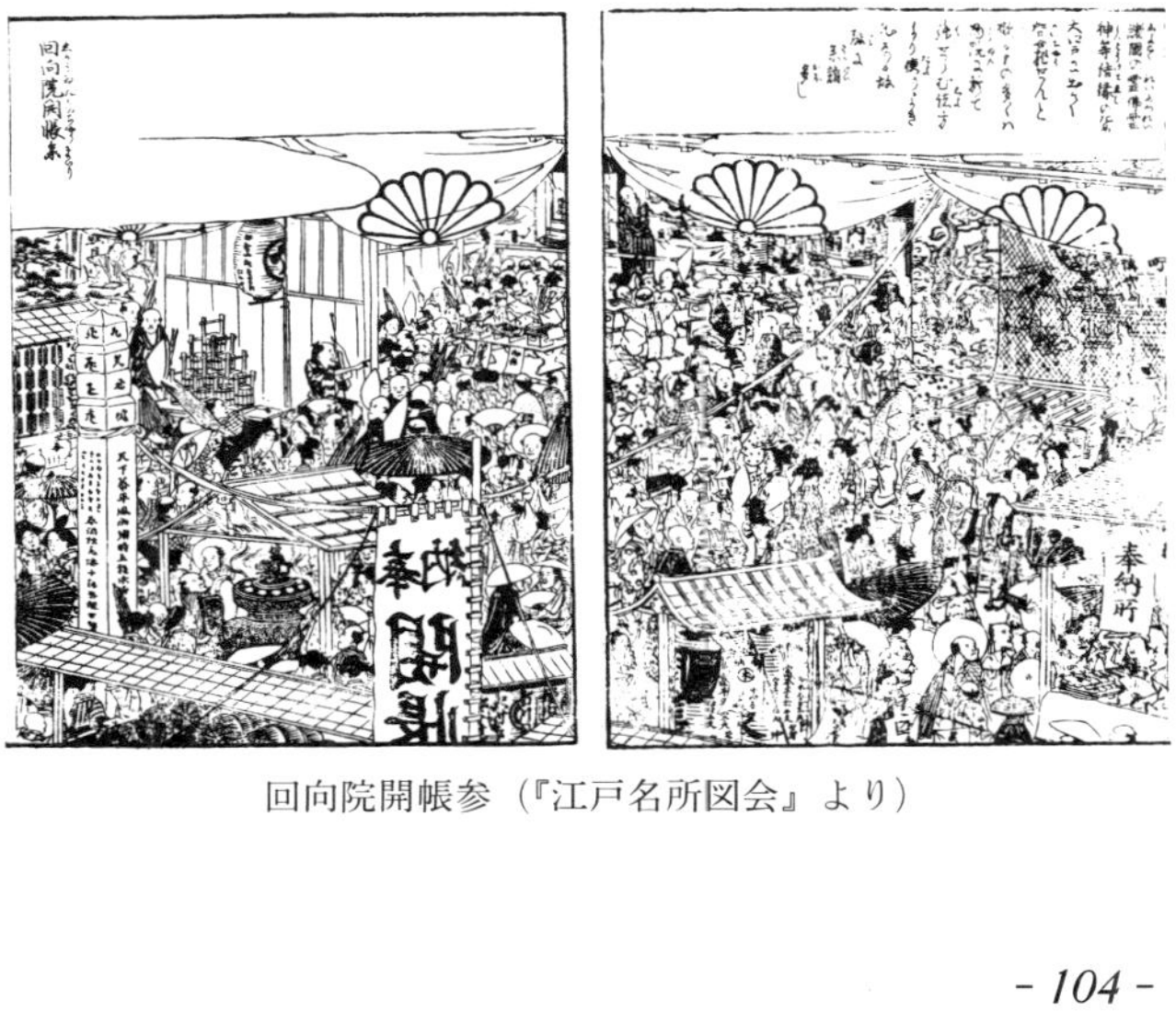

回向院開帳参（『江戸名所図会』より）

場合、みずからその費用の捻出をはかる必要に迫られた。その対応策として勧化《かんげ》や開帳や富籤が行われた。開帳はあくまで信仰の上に成り立ち、神仏と信者の結縁を目的としたものであったが、庶民にとっては物見遊山の対象でもあり、寺社の境内やその周辺では、見世物小屋、飲食店などが立ち並んで賑わった。明治期以降も開帳は全国の寺院で行われ、出開帳は百貨店や博物館で宝物展という形で行われていると見ることもできる。➡出開帳《でがいちょう》

参考文献　比留間尚「江戸の開帳」(西山松之助編『江戸町人の研究』二所収、一九七三、吉川弘文館)、同『江戸の開帳』(『江戸選書』三、一九八〇、吉川弘文館)、北村行遠『近世開帳の研究』(一九八九、名著出版)

(原　淳一郎)

かいづか　貝塚　人類が食料として採集した貝類を食べたあと、不要になった貝殻が投棄されて「塚」のように堆積したもの。貝殻の炭酸カルシウムによって土壌が中和されることと、水に溶けた炭酸カルシウムの保護作用により、通常の遺跡では残りにくい獣魚骨・人骨といった動物遺存体だけでなく、破損した土器・石器などの道具類、さらに生活のなかで生じた焼土・灰などが残されているため、当時の人びとの食料・生活・環境などの復元に有効な資料が得られる。平面形態や立地によって、馬蹄形貝塚・環状貝塚・地点貝塚・斜面貝塚に区分され、貝類の鹹水《かんすい》産と淡水産の比率によって、純鹹貝塚・主鹹貝塚・淡鹹貝塚・主淡貝塚・純淡貝塚に区分される。日本列島の貝塚の総数は三千ヵ所あるといわれ、その大部分は縄文時代に属し、弥生・古墳時代だけでなく、古代から近世のものも数は少ないが存在する。関東地方を中心とする太平洋側に多くみられ、日本海側は少ない。

参考文献　鈴木公雄『貝塚の考古学』(『UP考古学選書』、一九六九、東京大学出版会)

(勅使河原彰)

かいと　垣内　古代・中世に住宅を中心に、附属する畠や山林の周囲に垣をめぐらして囲い込んだ土地のこと。平安時代から史料にみえ、一定区画の土地として売買された。周囲は垣ではなく、畦や道などの場合がある。本来は宅地の周囲に垣をめぐらしたことから生まれた言葉と思われる。中世後期以降には、集落自体を指すようになり、垣内集落と呼ばれ、現在も各地に集落名として残っている。惣村では周囲に環濠をめぐらすこともあり、環濠集落とも呼ばれる。➡垣《かき》

参考文献　戸田芳実『日本領主制成立史の研究』(一九六七、岩波書店)、黒田日出男『日本中世開発史の研究』(『歴史科学叢書』、一九八四、校倉書房)

(盛本　昌広)

かいどう　街道　一般に主要道路のことをさすが、広く大通りのことをいうこともある。律令制下で五畿七道が定められて京師から諸国へ通ずる道が整備された。京師より大宰府を結ぶ山陽道は大路、東海道・東山道が中路、北陸路・山陰路・南海路・西海路が小路で、それぞれ一定区間に駅が設けられて一定の常備馬数がおかれ、併せて国々の国衙と郡衙を結ぶ伝馬の道も作られた。しかしこの駅伝制は十世紀以降には衰退し、代わりに民間の宿が発生した。鎌倉幕府が成立すると京都と鎌倉を結ぶ東海道が最重要の街道となり、ほかに各地から鎌倉に向かう街道も整備されて鎌倉街道とも呼ばれた。戦国時代には領国の中に伝馬制を採用する大名もあり、領国間での伝馬制の交流がみられる街道もあった。江戸幕府は戦国時代の伝馬制を発展的に継承し、江戸を中心に五街道を制定して道中奉行の管轄下におき、道中奉行に宿駅人馬や助郷指定などの権限を付与した。五街道の名称は新井白石の献言により、一七一六年(享保元)に東海道・中山道・奥州道中・日光道中・甲州道中と定めて公式的には街道の文字を使用しなくなるが、庶民の間では中山道を中仙道とか木曽街道、甲州道中を甲州街道というように比較的自由に表現された。もっとも五街道の概念や範囲は明確でなく、たとえば東海道には美濃路・佐屋路・本坂通、日光道中には壬生通・水戸佐倉道などを含むこともあり、これらを五街道の付属街道と呼ぶこともあった。主要街道とその付属街道以外の街道を一般に脇往還と呼び、中でも伊勢路・中国路や江戸と佐渡を結ぶ三道は重要度が高く、秋田道や仙台・松前道がこれに次いだ。これらの五街道とその付属街道や主要な脇往還には、宿場があって人馬継立組織や宿泊施設を有した。街道名称は善光寺街道とか長崎街道というように目的地や主要通過地を示すことが多いが、中には例幣使街道のように特別な利用者を示す事例もある。現在では、これらの街道名も国道何号線と呼ばれ、旧街道名は俗称化されつつある。➡宿場町《しゅくばまち》　➡助郷《すけごう》　➡伝馬《てんま》

参考文献　児玉幸多編『日本交通史』(一九九二、吉川弘文館)

(渡辺　和敏)

がいとう　外套　⇩コート

がいとうテレビ　街頭テレビ　⇩テレビ

がいとうろくおん　街頭録音　⇩ラジオ

ガイドブック　ガイドブック　⇩旅行案内《りょこうあんない》

かいどり　飼い鳥　鳥類の飼育、および飼育される鳥。広義には、古代からその存在が確認できる鷹狩り用の猛禽類や、闘鶏に用いられ、時を告げる鳥として神聖視されていた鶏なども飼い鳥に含めることができる。狭義には鳴き声を競う鳴き合わせや、容姿を鑑賞するための愛玩鳥、およびその飼育を意味する。飼い鳥は、メジロなどの国内の在来種以外に外来種も古くより移入され、たとえばインコやオウムは七世紀には朝鮮半島や中国から

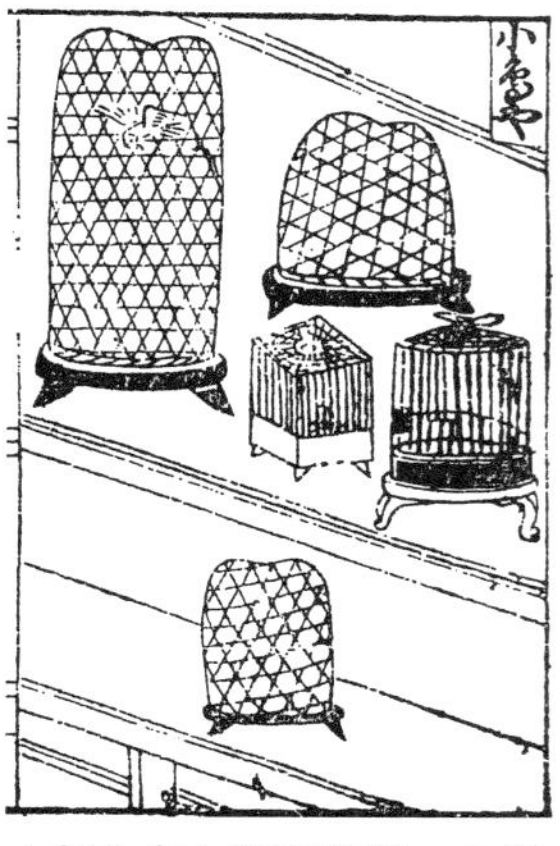

小鳥屋(『人倫訓蒙図彙』より)

日本にもたらされており、平安時代には『枕草子』、鎌倉時代には『明月記』などにその名が登場する。さらに飼い鳥文化は、江戸時代中期に発展し、貴人のみならず一般庶民も愛玩するようになった。江戸の読本作家曲亭馬琴(一七六七―一八四八)もその愛好者の一人で、その日記『馬琴日記』にはカナリア飼育に関する記述が多くみられる。江戸時代の飼い鳥は優に百種を超えていたといわれ、鳥の売買や流通の仕組みも整い、雁鴨などの食用鳥とともに鳥問屋で販売されていた。

参考文献　細川博昭『大江戸飼い鳥草紙―江戸のペットブーム―』(『歴史文化ライブラリー』、二〇〇六、吉川弘文館)　(菅　豊)

かいはつ　開発　耕地などを開き発《お》こすこと。「かいほつ」とも。奈良時代には、治開・墾開などが使われたが、平安時代にはいると開発の語も使用された。「開発」の語は、林野の地を新たに開墾する加墾などと区別して、荒廃・荒となった耕地の再開に際して使用されることが多かった。平安時代中ごろに国司が支配した公田には、多くの不耕地(田代や荒廃田)が含まれており、こうした不耕地を勧農して満作させることが国司の任務であった。そのため国司は内外から開発請負者を募り、三ヵ年間の官物《かんもつ》や加地子の免除を条件に、荒廃公田の再開をすすめていった。こうした行為が「開発」であった。開発請負者に、請負った再開地が広い場合は、さらに周辺の住人百姓に請作《うけさく》させて満作化をはかった。荘田の場合も、新たな開発請負によって再編がはかられたのであり、平安時代後期から鎌倉時代初期にかけての中世荘園制(荘園公領制)や領主制、中世村落の成立は開発のしくみを基礎としたものであった。また、この時代は気候の温暖期とされており、新たな灌漑システムや中世的な条里地割が整備された。なかでも、用水の問題から、谷戸(津)田や扇状地の湧水付近、自然堤防や河口付近の後背湿地(バックマーシュ)などの開墾が積極的にすすめられたため、「大開発(開墾)時代」とも評価されている。また、畠作地の安定化、水田二毛作などにみられる農業の集約化もすすんだ時代であった。地域での多様な開墾や開発の主体が開発《かいほつ》領主《りょうしゅ》であった。鎌倉時代末に成立した『沙汰未練書《さたみれんしょ》』では、「御家人とは、往昔以来、開発領主として、武家の御下文を賜う人のことなり」、「本領とは、開発領主として、代々武家の御下文を賜う所領田畠等のことなり」とあるように、鎌倉時代には開発領主であったことが、御家人の本質的な属性とされた。開発の語が、森林や荒れ地などを切り開くこと一般を意味するようになったのは、明治時代以降のことであろう。→開拓《かいたく》

参考文献　戸田芳実『日本領主制成立史の研究』(一九六七、岩波書店)、黒田日出男『日本中世開発史の研究』(『歴史科学叢書』、一九八四、校倉書房)、木村茂光『日本古代・中世畠作史の研究』(『同』、一九九二、校倉書房)、鈴木哲雄『中世日本の開発と百姓』(二〇〇一、岩田書院)　(鈴木　哲雄)

かいぼうちょう　貝庖丁　アワビの貝殻を半截した半月形・半円形の一辺に刃をもつ貝器。体の中央部に二つの穿孔があるなど、弥生時代の穂摘具である石庖丁と形態が似ていることから名づけられた。弥生時代前期の関門地方や中・後期の三浦半島の海蝕洞窟から発見される例が多く、特に三浦半島など関東地方では石庖丁の発見例が少ないことから、その代用品との説もあるが、今のところ確証はない。　(勅使河原彰)

貝庖丁（神奈川県毘沙門海蝕洞穴遺跡出土）

かいみょう　戒名　出家受戒した者に与えられる僧徒としての名だが、この意味では古くから法名と呼ぶことが多い。中世には俗人を死後に出家させることが禅宗から始まって広まり、死後授戒して与える名を戒名と呼んだ。戒名は通常二字だが、上に院号・道号、下に男性なら居士・禅定門・信士、女性なら大姉・禅定尼・信女などの位号をつけ、これらが位牌に書かれるため一般にはすべてを含め戒名と呼ばれる。浄土真宗では戒を否定するため戒名はなく、仏弟子になった意味の釈(釈尼)をつけた二字の法名を与える。

参考文献　藤井正雄『戒名のはなし』(『歴史文化ライブラリー』、二〇〇六、吉川弘文館)　(勝田　至)

がいらいご　外来語　日本語の語種の一つ。外国語を借用し日本語化したもの。漢語あるいはそれ以前の借用語は除く。ほかにカタカナ語の呼び名もある。十六世紀半ば、キリスト教の布教により、パンやタバコなど、ポルトガル語を中心とする外来語が輸入された。江戸時代には、オランダからの外来語(ギヤマン、アルコールなど)、開国後は英語をはじめ、ヨーロッパ各国出自の語が輸入され、急速に語数が増加した。外来語の表記は、輸入当初は漢字や平仮名が使用されていたが、明治以降は片仮名書きが一般化した。現在の表記は、一九九一年(平成三)の内閣訓令第一号『外来語の表記』の実施について」、および内閣告示第二号の定めによる。近年外来語の氾濫が問題となり、二〇〇二年、国立国語研究所内に「外来語」言い換え提案」委員会が設置され、「分かりにくい外来語の言い換え提案」がなされた。しかし、個々の外来語の背景にある諸事情もあり、実現化には困難が伴う語も見られる。外

来語の言い換えに関しては、今後、日本の言語政策の一つとして捉えていく必要性があろう。

参考文献 石綿敏雄『外来語の総合的研究』(二〇〇一、東京堂出版)、国語研究会監修『(第六次改訂)現行の国語表記の基準』(二〇〇一、ぎょうせい)、国立国語研究所「外来語」委員会編『分かりやすく伝える外来語言い換え手引き』(二〇〇六、ぎょうせい)、鳥飼玖美子「カタカナ語に見る意味のずれ」(『言語』三六ノ六、二〇〇七)、相沢正夫「「『外来語』言い換え提案」とは何であったか」(陣内正敬・田中牧郎・相沢正夫編『外来語研究の新展開』所収、二〇一三、おうふう) (長崎 靖子)

かいらんばん 回覧板 地域における伝達事項を書いた書類を厚紙や板につけて特定の範囲の各家庭で回覧するもの。一九三九年(昭和十四)、東京市で総動員体制のなか組織された隣組を単位とした情報伝達のために配布され、翌四〇年九月の内務省訓令「部落会町内会等整備要領」により隣組整備が制度化されると全国に普及していった。岡本一平作詞・飯田信夫作曲の「隣組」で「廻して頂戴回覧板 知らせられたり知らせたり」と歌われている。上意下達の情報伝達方法として使用されたため、内容は物資の配給、防空・警備、資源の供出など戦時生活に関するものが多かった。隣組は四七年に廃止されたが、回覧板はその後も町内会・自治会などにおける地域の情報伝達のために使用されている。

参考文献 江波戸昭『戦時生活と隣組回覧板』(二〇〇一、中央公論事業出版)、加藤好一「隣組回覧板と「銃後」のくらし―伊東町湯川地区における戦時統制の形成と崩壊を読み解く―」(『昭和のくらし研究』六、二〇〇八) (小山 亮)

かいろ 懐炉 懐中に入れて使う携帯用暖房具。素材の蓄熱性によるものと、触媒の化学反応による放熱作用を利用するものと、大きく二種類に分かれる。長く前者が中心であったが、江戸時代に後者が出現して懐炉と呼ばれるようになり、前者に代わって主流となった。平安時代末期から江戸時代にかけて、平泉や鎌倉など列島各地の遺跡から手のひら大の滑石製長方形石板が出土することがあり、これが漢方医学にいう温石《おんじゃく》であろうと推測されている。温めた石を真綿や布に包んで身に付けることにより、温熱で胸や腹などの局所を長く補養する。携帯式の暖房具は、用途とその軽便性からみて人類史の相当早くから存在していたとみられるが、今のところ遺物としてはこの温石が最も古い。温石の素材としては加工しやすい滑石が大半で、ほかに蛇紋岩・角閃岩なども使われた。各地の中世遺跡出土の滑石製温石は長崎県西彼杵《にしそのぎ》半島産などの滑石鍋から転用されたものも多い。ほかに塩または塩と糠を混ぜて炒ったものを布に包んだ塩温石も使用されていた。江戸時代元禄期の初めごろ、木炭末に保温力の強いイヌタデやナスの茎などの灰を混ぜたものを、通気孔のある金属容器に密封して燃焼させる懐中携帯式の暖房具が発明され、これを懐炉と称した(灰式懐炉)。懐炉灰は明治時代になると多様化して桐・わら・ヨモギ・麻殻・ゴマ殻などの灰が使われるようになり、これに助燃剤を加えて紙袋に詰めたものに改良され、さらにこれを練り固めた固形のものも現れた。大正時代末期、矢満登商会の創業者である的場仁市《まとばにいち》により、気化した揮発油を白金の触媒作用によってゆっくり酸化発熱させるものが発明された(白金懐炉)。昭和五十年代に入ると、火を使わず、鉄粉と食塩水、活性炭などを袋中で混ぜ合わせて酸化熱を発生させる使い捨てのものが商品化され、以後白金懐炉に代わりこれが主流となった。近年では電子レンジで発熱させるものや、乾電池を内蔵して発熱時間を制御するものもある。 (馬淵 和雄)

がいろじゅ 街路樹 都市景観の向上や、防暑、防風、防塵など都市環境の保全・向上を目的として、歩道を備えた市街地の街路に植えられた樹木。街道・参道の並木とは区別される場合もある。平城京や平安京など古代都城の朱雀大路には、柳や槐《えんじゅ》が植えられていたというが、一八七三年(明治六)末、建設中の銀座煉瓦街に松や桜が植えられたのが近代的街路樹の最初とされる。七九年ごろにそれらはすべて柳に植え替えられ、「銀座の柳」として親しまれることになった。道路の整備・拡幅とともに街路樹の普及がはかられ、関東大震災後の復興事業では都市美を重視して、幅員二二メートル以上の街路などにはイチョウやプラタナスなど四万三千本以上が植えられた。高度成長期には自動車の騒音、排気ガス、粉塵などの公害対策としても街路樹が重視され、近年では都市緑化への関心の高まりとともに、街路樹がますます増加している。銀座の柳以外にも東京表参道や仙台青葉通りのケヤキ、東京神宮外苑や大阪御堂筋のイチョウなど、街路樹が街のシンボルとして定着している所も多い。また冬期には街路樹にイルミネーションが施され、観光資源となっている場所もある。

参考文献 東京市編『東京市道路誌』(一九三九) (大岡 聡)

かいわ 貝輪 二枚貝や巻貝で作った腕輪。貝殻の中央頂部を穿孔し、放射状や同心円状の文様を活かして腕飾とした。縄文時代早期から発達し、サルボウガイやベンケイガイなど近海産の貝で作られた。弥生時代には奄美

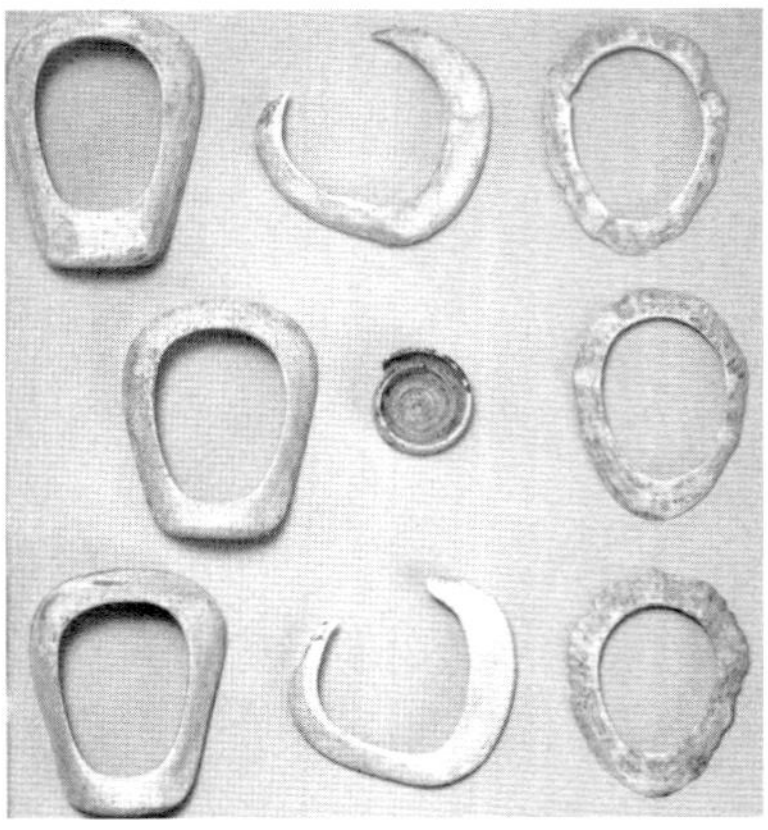

弥生時代の貝輪（佐賀県大友遺跡出土）

以南の南西諸島で採れるゴホウラ、イモガイ、オオツタノハを加工し、貝の形状を活かした貝輪が北部九州で流行し、多数腕に着ける有力者も登場した。古墳時代前期には、それぞれの貝輪を象った鍬形石《くわがたいし》、石釧《いしくしろ》、車輪石《しゃりんせき》の腕輪形石製品へと形骸化し、姿を消した。なお珍しい例として、北海道伊達市の続縄文時代の有珠モシリ遺跡からも南西諸島産の貝輪が発見されている。→腕輪《うでわ》

参考文献　木下尚子『南島貝文化の研究―貝の道の考古学―』(一九九六、法政大学出版局)　(塚田　良道)

かえうた　替え歌　ある歌のメロディにほかの歌詞をあてはめたパロディで、意味のずらしを喚起する機能をもつ。日本の文化には本歌取りや落首、川柳などのパロディの伝統があるが、近代以降においてもおびただしい数の替え歌が作られた。「阿呆陀羅経」を源流とする近現代の替え歌も、ほとんどが作者不明であり、一時流行して忘れさられていく。しかし替え歌はいつの時代も生活との境界線上に浮上する。明治以後の替え歌の主流は「阿呆陀羅経」の批判精神を受け継ぐものというより、職場の上司に抗議したり、学校の教師や軍隊の上官の圧迫をなげいたり、軍隊での戦意高揚を性的欲望の鼓舞に替えたりしたものであった。一般的に替え歌が多く作られるのは、権力に対して正面からの攻撃がかけにくくなった時代であり、パロディを通した諷刺によって、生活の苦しさのなげき恨みをからめ手から吐き出すとともに、権威や権力に対する屈折した批判を表現することにもなってきた。

参考文献　加太こうじ・柳田邦夫・吉田智恵男『替歌百年』(『Q collections』、一九六六、コダマプレス)、鶴見俊輔『限界芸術論』(一九六七、勁草書房)、有馬敲『替歌研究』(二〇〇三、KTC中央出版)　(安田　常雄)

かおみせ　顔見世　集団に新しく加入した者がみずからの顔を周囲に披露すること。遊廓においては遊女や芸妓が加入した際に挨拶することを、芝居においては新たに座に加入した役者を披露する興行のことをいった。芝居における顔見世は十七世紀中ごろを初見とし、年中行事の確立とともに、芝居において年初にあたる十一月の最初の興行のことを顔見世(狂言)と呼ぶようになった。『東都歳時記』によれば、暁八ツ(午前二時)より太夫元らが三番叟を、七ツ(同四時)より子役らが大踊りを勤めた後、新狂言顔見世が始まり、当年の一座の役者が見物客に披露された。しかし、江戸時代後期になると、座元の資金不足により、役者が揃わず初日を迎えられないなどの問題が生じるようになり、顔見世の制度は廃れた。現在の歌舞伎で行われている顔見世は近年になり復活したものである。

参考文献　斎藤月岑編『東都歳時記』(『日本名所図会全集』六所収、一九七五、名著普及会)、守屋毅『近世芸能興行史の研究』(一九八五、弘文堂)　(塩川　隆文)

芝居顔見世の図（『東都歳事記』より）

かかえびゃくしょう　抱百姓　近世村落の内部における百姓の位置の一つ。一般的に、本百姓に隷属していた農民、もしくは名子・被官・譜代などと同様と説明される。また、それらとは異なり、中世的な隷属関係の遺制ではないとする説もある。しかし、地域差も大きく、その実態はさまざまである。信濃国佐久郡五郎兵衛新田(長野県佐久市)では、同族的な集団の本家が本百姓であり、その他の分家が抱百姓であった。抱百姓は、さらに親類抱(本家の血縁分家)と厄介抱(非血縁の分家)に区別された。十八世紀半ばころまでは、同族内部の本家分家関係は比較的フラットなものであり(親類抱の場合に限る)、同族内で本百姓と抱百姓が地位を交替する例も見られ、両者の間に大きな格差は見られなかった(村落内の格差は同族どうしの間に存在)。しかし、十八世紀半ばを過ぎると、本百姓名前(株)が売買されるようになり、経済力のある本百姓層と、そうでない抱百姓層に二極化した。このような変化は五郎兵衛新田だけでなく、周辺の古村にも同様に見られた。

参考文献　大石慎三郎『近世村落の構造と家制度』(一九六八、御茶の水書房)、山崎圭『近世幕領地域社会の研究』(『歴史科学叢書』、二〇〇五、校倉書房)　(山崎　圭)

かかえやしき　抱屋敷　買得した屋敷全般を意味する言葉だが、狭義には江戸近郊農村に武家や町人らが購入した屋敷をいう。十七世紀前半からそうした屋敷はみられたが、本格的に郊外の屋敷地需要が高まるのは、江戸市中の大半を焼き尽くした明暦大火(一六五七年(明暦三))によってであった。それ以降、武家の多くが避災屋敷とすべく郊外の百姓地を購入した。百姓地にかかっていた年貢諸役は、購入した武家が負担することとなり、村請制のもとで名主を介してその地の領主に納入された。幕府は抱屋敷の統制を図り、享保改革においては将軍鷹場の支障になるとして、家作・囲を許可する抱屋敷と、それを許可しない抱地の別とを指定した。武家が農村に抱

屋敷を所持するにあたっては、名主や元地主らが世話をし、村とのあいだを取り持った。抱屋敷には庭園が整備されるほか、田畑や松・杉の林とし、その収穫物や資材が藩に供給されることもあった。富裕な町人の抱屋敷は主に別荘として使われ、接待や社交、饗宴の場などとされた。

参考文献 宮崎勝美「江戸の土地—大名・幕臣の土地問題—」(吉田伸之編『都市の時代』所収、一九九二、中央公論社)、原田佳伸「大名下屋敷と地元百姓のかかわり—岡山藩大崎屋敷出入りの先地主百姓の動向—」(竹内誠編『近世都市江戸の構造』所収、一九九七、三省堂)

(松本剣志郎)

かかく 家格 家制度の成立と展開によって生れた社会の各階層における上下的な格差秩序のこと。家柄。日本における家制度と家格は、古代律令制下で国家官僚として存在していた各種の業務が、特定の家筋によって代々世襲されるようになったことで、中央の公家社会において発生したとされる。中世の武家社会では、一族・一門とそれに従う武士など軍団の編成要素を基準とした上下の秩序が形成され、武家政権としての幕府が成立すると、御家人や大名との間で、将軍との親疎や役職、武功、由緒などによって次第に家格の秩序が形成された。近世では、将軍と大名との親疎関係、石高、国持・城郭の有無などの領地、官位、江戸城中の殿席により家格が決定されるようになった。また、藩内部においても譜代や直参、仕官の時期・場所、士・卒の別などの格とそれに対応する役職とが次第に固定化していった。一方、一般庶民では十八世紀前後に、村落共同体や町共同体における社会の固定化に伴って家制度が確立し、本家・分家や出自・由緒などの家格秩序が形成された。家格秩序は、家屋の造作や婚姻などにさまざまな格差をもたらしたが、村落内部の祭祀組織である宮座の運営や、用水路普請・入会山管理等々、村仕事の負担の分散化など、共同体の維持・秩序としても機能した。 ↓家柄《いえがら》

参考文献 柳田国男『族制語彙』(一九四三、日本法理研究会)、及川宏『同族組織と村落生活』(一九六七、未来社)、竹内利美『家族慣行と家制度』(『社会学叢書』、一九六九、恒星社厚生閣)、橋本義彦『平安貴族社会の研究』(一九七六、吉川弘文館)、平山敏治郎『日本中世家族の研究』(『叢書・歴史学研究』、一九八〇、法政大学出版局)、大島真理夫『近世農民支配と家族・共同体(増補版)』(一九九三、御茶の水書房)、大藤修『近世農民と家・村・国家—生活史・社会史の視座から—』(一九九六、吉川弘文館)、有賀喜左衛門『同族と村落(第二版)』(『有賀喜左衛門著作集』一〇、二〇〇一、未来社)

(馬場 弘臣)

かかし 案山子 鳥獣から作物を守るために、人に代わって頭に蓑笠をかぶせ、衣服を纏い、田畑に立てる人形。苗代に種籾をまくとすぐに田へ案山子を立てたり、麦秋には畑に立てたりして麦を守ることもある。埼玉県秩父郡長瀞町風布《ふうっぷ》では、旧暦十月十日を「かかし上げ」といって、畑から案山子を庭先に運んでボタモチなどを供え、労をねぎらったという。かかし上げを行えば、翌年も効果があるといわれた。 ↓猪除《ししよ》け

かかし上げ

参考文献 武田久吉『農村の年中行事』(一九四三、龍星閣)、栃原嗣雄『風布の歳時習俗』(『秩父山村民俗』一、一九七三、秩父山村民俗懇話会)

(柳 正博)

かがみ 鏡 姿を映し、光を反射させる道具。〔古代・中世〕おもに青銅で鋳造した。日本列島にはじめて登場した鏡は弥生時代前期に朝鮮半島から伝来した多鈕細文鏡《たちゅうさいもんきょう》で、鏡面が凹む凹面鏡であり、姿見の用をなさない。鏡背に複数の鈕があることから、吊り下げて光を反射させたと考えられる。弥生中期から姿見となる凸面鏡の中国鏡がもたらされ、権力者の威信財として北部九州の王墓に副葬された。その中には光を反射させると鏡背の文様が映し出される魔鏡も含まれている。鏡の鋳造は弥生後期には日本列島内でも始まり、直径五〇㌢の大形鏡も作られた。古墳時代になると鏡出土の中心地は近畿へと移り、奈良県周辺の前期古墳に大量に副葬された。特に縁の断面が三角形で、鏡背に神仙像と霊獣を浮き彫りにした三角縁神獣鏡は、「景初三年」(二三九)をはじめとする中国三国時代の年号を刻んだ資料の存在から、『魏志』倭人伝に記された魏の皇帝が倭の女王卑弥呼に贈った「銅鏡百枚」の候補とされる。ただし中国では出土例のないことから、製作地をめぐっては議論がある。古墳時代中期以後大量副葬はなくなり、後期には周囲に鈴をつけたわが国独自の鈴鏡《れいきょう》が登場し、女性埴輪が腰に下げていることから、女性の装身具でもあった。奈良時代になると白銅質の唐鏡が伝来し、鏡背の図紋は鳳凰、瑞花、海獣葡萄紋へと変化した。さらに鏡の外形も、円形のほか方形や八花鏡《はっかきょう》が加わり、鏡背に鍍金や金銀平脱、螺鈿を施

和鏡 菊桐紋柄鏡(江戸時代)

す装飾性の高い鏡が登場する。しかし平安時代以後、中国鏡の影響は弱まり、菊花や飛雀などの和風の風物をあしらった日本独自のスタイルが確立された。これが和鏡であり、姿見としてのほか、鏡面に蔵王権現などの神仏の図像を彫った鏡が登場し、修験道の信奉者によって奈良県吉野金峯山などの霊山や群馬県赤城山小沼などの湖に鏡を奉納する風習もおこった。

参考文献 小林行雄『古鏡』(一九六五、学生社)、中野政樹『和鏡』(『日本の美術』四二、一九六九) (塚田 良道)

〔近現代〕江戸時代末期に、それまでの主流だった合金製鏡に代わり、ガラス鏡が国内で生産されるようになった。一八三五年にドイツで銀鏡反応(硝酸銀溶液を用いてガラス面に銀を沈着させる技術)が開発され、鏡生産の効率が飛躍的に向上したことにより、西洋ではガラス鏡が普及していた。近世の日本では水銀法によってガラス製鏡の生産が行われていたが、明治期に板ガラスの輸入とともに銀鏡反応が伝えられた。明治末期には国内で板ガラスの生産が可能になり、さまざまな大きさや形状の鏡が作られるようになった。たとえば道路反射鏡(カーブミラー)は、戦後、自動車の普及により交通事故の多発が問題になり、一九六〇年代から導入された。他方で、鏡は単に姿見として使われるだけではなく、古来神の依代《よりしろ》として崇められたり、呪術的に用いられたりしてきた。こうした鏡の霊性は近代以降も失われることなく、むしろ鏡が至るところに取り付けられるにつれ、新たな怪談や都市伝説が生み出されてきた。誰もいないのに車のバックミラーに映り込む幽霊や、帰宅すると鏡に不審者が映ったため難を逃れることができたという噂話も、その例である。また、鏡に未来の姿や死が映し出される話は、水鏡を覗き込む類話が古来知られている。鏡には自分の姿を見ることができる神秘性とともに、映った虚像が左右反転しているなど現実とは異なる世界があると考えられてきた。常光徹「鏡」では、次の話が紹介されている。ある女の子が夜中に学校へ行ったまま帰ってこなかった。心配した人たちが翌日見に行くと、二階から三階へ上がる階段に掛けてある鏡の前に、女の子の上履きが揃えてあった。その子は鏡の中へ入ってしまったのだという噂になった。鏡は、異なる存在や世界をこちら側とつなぐ道具としても見なされているといえる。→鏡台《きょうだい》

参考文献 久下司『化粧』(『ものと人間の文化史』、一九七〇、法政大学出版局)、ポーラ文化研究所『日本の化粧—道具と心模様—』(『ポーラ文化研究所コレクション』二、一九八九)、常光徹「鏡」(池田香代子他編『走るお婆さん』所収、一九九六、白水社) (戸邉 優美)

かがみもち 鏡餅 正月飾りの一つで、大小の平たい円形の餅を重ねて神棚や年神棚に供えたり、床の間に飾ったりする。鏡餅の名は、その形が銅鏡を模したものであるためと考えられており、餅鏡《もちいかがみ》ともいう。『源氏物語』初音に「歯固めの祝ひして、餅鏡をさへ取りよせて」とあるように、正月三が日に延命長寿を願って堅い物を食べる歯固めの行事の餅が起源と思われ、室町時代以降に現在のような形で飾られるようになっていった。

参考文献 渡部忠世・深沢小百合『もち—糯・餅—』(『ものと人間の文化史』、一九九八、法政大学出版局)、岩上力『縁起物—京の宝づくし—』(二〇〇三、光村推古書院) (大明 敦)

かき 垣 寺社、庭園、屋敷、住宅、その他の一区画を囲い、区切るための工作物。土、石、木材、竹などを用いて作る。その使用材料や用途により、形式・名称が異なる。機能による分類では、敷地境界の外周に設け、区画する外垣、庭園内などで地面のくぎりに用いる内垣、目隠しや区画などに用いる袖垣《そでがき》の三種類がある。宮殿や寺院では築垣《ついがき》・築地《ついじ》・築地塀・練塀などの土で構築した垣を用いる。築地本体の両側に添柱《そえばしら》と横板により型枠を造り、この中に土を少しずつ積んで、突き固める版築という方法で壁体が構築される。なお土のみの構築ではなく、寄柱《よせばしら》あるいは須柱《すばしら》を持つものが格式のある構えである。壁土は上塗りを施して仕上げる。正式には瓦葺の屋根をかけるが、上に板をのせ、土を置いて簡略化したものもある。上塗りに横の筋をつけることがあり、これを筋塀という。近世には五本と定め、使用する範囲を御所や門跡寺院に限る。現存遺構には、法隆寺西院大垣(奈良県生駒郡斑鳩町、室町時代、重要文化財)や西宮神社大練塀(兵庫県西宮市、室町時代、重要文化財)がある。また『年中行事絵巻』などの絵巻や発掘調査から、京内の接道部分や宮殿・寺院・城柵で築地塀が確認できる。神社の垣には玉垣・瑞垣《みずがき》・斎垣《いがき》・忌垣《いがき》・荒垣・板垣・柴垣《ふしがき》などがあり、木材を主材料とする。柱を立て、柱間に木を組んで境界を区画するもの、柱に縦板を打ったもの、横板を入れ、上に笠木を載せたものなどがある。また伊勢神宮では鳥居の前に目隠しのための屋根付きの板塀を設けており、特にこれを蕃塀《ばんぺい》という。平安時代以降は、柱間に格子や菱格子を用いて、簡易な屋根を持つ透垣《すいがき》などの形式も現れ、霊廟建築では彫刻を施した華美な塀も用いられた。特に本殿周りの玉垣は神域とされ、人の立ち入りが厳しく制限されている。寺社・宮殿以外では、石垣は城郭などで積まれ、現存するものも多い。一般住宅や、庭園では木や竹など、植物を用いたものが多く、生垣・竹垣・柴垣・竹穂垣・檜垣・網代垣・組垣など、多種多様である。生垣には、ツツジ・サツキなどの花木を刈り込み、区画施設とする。竹垣には四目垣・建仁寺垣《けんにんじがき》・桂垣などがある。これらの竹垣は茶室や庭園ごとに垣の種類が選択されており、江戸時代には『築山庭造伝』一七三五年(享保二十)のように作庭に伴う垣の指南書が記された。桂離宮(京都市)の桂垣は、自生した竹を曲げて槍《やり》形にしたもので特異である。中世以前の一般民衆は、塀を造って防衛する必要性が低く、生きた灌木で仕切る程度であった。一方で、『法然上人絵伝』にみえる武家住宅では屋敷の周囲を篠竹の垣で囲んでいる。また『一遍上

垣(『法然上人絵伝』より)

人絵伝』には牧の区画として柵が確認できる。垣は区画を示す工作物であるが、垣内《かいと》で分家をつくり、小集落を形成することもある。この地縁集団を同族垣内と呼び、結束力の高い集団を形成した。 ↓石垣《いしがき》 ↓垣内《かいと》 ↓築地《ついじ》

参考文献 岸熊吉『日本門牆史話』(一九四六、大八洲出版)、額田巌『垣根』(『ものと人間の文化史』、一九六四、法政大学出版局) (海野 聡)

かき 柿 カキノキ科の落葉果樹。自家消費のほか、商品作物としても古くから栽培された。甘柿と渋柿があり、渋柿は皮をむき干すなどして渋抜きをする必要がある。干柿は冬の甘味であると同時に正月食としても重要な食べ物であった。小正月には、柿の木に刃物で傷をつけ秋の実りを約束させる成木責《なりきぜ》めが行われた。未熟な青柿を圧搾して得られる柿渋には防水・防腐効果があり、木製品や和紙への塗布、麻や木綿の染色などに広く用いられた。またその幹は、黒檀《こくたん》の代替材として高級工芸品に加工された。

参考文献 今井敬潤『柿渋』(『ものと人間の文化史』、二〇〇三、法政大学出版局) (加藤幸治・今井雅之)

かぎ 鍵 扉、蓋、窓などに取り付けられた錠前を開閉するための道具。本来は封鎖するものとしての錠とそれを解除する鍵とに分かれるが、一般に両者を総じて鍵と称する。また両者が一体化したネジ締錠や、引き戸の桟も鍵と称する。すでに奈良時代に海老錠と呼ばれる、上の閂《かんぬき》を開いて鍵を挿し込むことで施錠し、下の穴から鍵を入れてバネを外すことで解錠する仕組みのものが用いられていたが、室町時代末期に中国より、U字状の閂をした南京錠が伝えられ、持ち運びが容易になった。江戸時代中期以降、鍵は広く庶民の間に普及するが、これは商品流通・消費生活の発達により蓄財する者が増えたことを背景としている。郷倉や神社本殿の鍵を預かる家はカギトリと称され、主婦が米櫃の鍵を預かることは主婦権の象徴とされた。錠の象徴性を示す例としては断ち物の絵馬が挙げられる。盃に錠前の絵柄で禁酒、煙管に錠前の絵柄で禁煙などが祈願され描かれた。 (加藤幸治・今井雅之)

かきごおり かき氷 ⇩氷《こおり》

かきしぶ 柿渋 渋柿から絞った汁。防腐剤として紙・木・布に塗る。近世初期の俳論書『毛吹草』には山城国山科の特産品として渋柿の名がみえる。山科には公家山科家の所領山科東庄(京都市山科区)があり、一四五七年(康正三)八月に庄内の野村から柿渋用の柿が上納されており、以後も上納の記録がある。戦国時代には甘柿の上納も行われており、同庄では渋柿と甘柿両種が栽培されていた。柿渋は紙に塗る場合と布などに直接塗る場合があり、多様な製品に使用され、各種の中世・近世史料に製品名に渋を加えた名でみえる。戦国時代成立の『七十一番職人歌合』には葛籠造《つづらづくり》・皮籠造《かわご》が籠に柿渋を塗った渋紙を張っている歌を詠んでいる。渋紙は衣類・敷物・荷物の包装などに用いられた。紙子(紙衣)は雨着としても用いられ、防水用に柿渋が塗られていた。柿渋を塗った渋団扇・帷子・烏帽子・手拭などもある。また、柿渋に灰墨を混ぜて、防腐用に板塀に塗る使用法もある。『毛吹草』では京の五条の渋紙、摂津久宝寺(大阪府八尾市)の紙子と渋紙、奈良の渋団扇と御所柿が特産品とあり、近世には畿内各地で柿渋やそれを塗った製品が生産されていたが、これらは中世にさかのぼると見られる。

参考文献 米澤洋子「中世後期の柿の流通と生産活動―山科東庄との関連において―」(『京都橘女子大学大学院研究論集』文学研究科三、二〇〇五) (盛本 昌広)

カギっこ カギっ子 学校から帰宅後、両親不在の時間を長く過ごすことを余儀なくされる環境にある児童のこと。両親不在時に自宅に入るための鍵を持ち歩く必要があったことから、この名で呼ばれるようになった。カギっ子という名称でその存在が社会問題化されるようになったのは、昭和三十年代以降のことである。高度経済成長による核家族化の進行に伴う世帯員数の減少、女性労働力の労働市場への吸収により、その存在の増加が注目されるようになった。問題としては留守番中の強盗被害といった犯罪被害から、非行化への誘引の増大、学力・情操への悪影響といった発達・心理面への影響に至るまで幅広い問題点が俎上に載せられ議論がなされ、学童保育事業推進の一因となった。 ↓核家族《かくかぞく》 ↓共働《ともばたら》き

参考文献 矢内正一「経済成長の奇型児―「カギッ子」の問題をめぐって―」(『月刊福祉』四七ノ四、一九六四)、上寺久雄「カギッ子問題とその対策」(『青少年問題研究』八、一九六五) (永江 雅和)

かきょう 華僑 中国大陸・台湾・香港・マカオ以外の国家・地域に居住する漢民族系の人びとをさす。居住国の国籍を取得した人を華人とも呼ぶ。特に十九世紀中ごろに中国南部の広東省・福建省などから、鉄道建設や金鉱の労働者として、多くの中国人が北米、東南アジアな

どに移住した。日本では江戸時代より明・清貿易の窓口であった長崎、幕末に開港した横浜・神戸に多くの中国人が進出・定住した。日本華僑の特色は、伝統的には広東省と浙江省の出身者が多く、貿易商や洋裁・料理などの職人層が多いことであった。しかし、一九八〇年代に入り、中国の改革開放政策が本格化すると、福建・上海・中国東北部からの移民が急増した。彼らは従来の老華僑に対し新華僑と呼ばれる。現在、日本在住中国人は約七十万人で在住外国人の最多を占め、その九割が新華僑で、東京在住者が最多。職業も大学教員やコンビニ店員など多岐にわたり、日本社会での存在感は増している。→中華街《ちゅうかがい》

参考文献 斯波義信『華僑』(『岩波新書』、一九九五、岩波書店)、中華会館編『落地生根―神戸華僑と神阪中華会館の百年―』(二〇〇〇、研文出版)、山下清海編『華人社会がわかる本―中国から世界へ広がるネットワークの歴史、社会、文化―』(二〇〇五、明石書店) (伊藤 泉美)

かぎょう 家業 特定の家によって所有され、相続・継承される経営体、事業。伝統的には家と経営体は未分離な面が多く、家の経営体としての側面を家業とみなすことが可能であった。しかし、明治以降次第に、家計と家業経営は分離することが求められ、大規模な経営体を中心に、家と経営体はあくまでも別のものとしてみなされるようになっていった。法制度上も、商法が整備されることで、経営体はあくまでも家とは別個に管理されることとなった。それに伴い、家の経営体としての側面を家業とみなすのではなく、家が経営体を所有している状態として理解されるようになる。庶民においても、給与所得者の増加に従い、家業を持たない家が増えていき、家業は家の必要条件ではなくなっていった。かつては研究史上も家と家業は一体であるか、あるいは家の必要条件の一つとしてみなされることもあったが、現在において家業をもつ家はむしろ少数となっている。

参考文献 中野卓『商家同族団の研究―暖簾をめぐる家研究―』(一九六四、未来社)、宮本文郎『日本企業経営史研究―人と制度と戦略と―』(二〇一〇、有斐閣) (塚原 伸治)

かぐ 家具 屋内に配置して日常生活に用いる大型の道具類の総称。日本では古代から床に座る床座《ゆかざ》式の生活であったため、和家具が発達した。そのために、近代に入るまでは椅子や寝台などの脚や台をもつ家具が普及しなかった。洋家具は明治の文明開化で本格的に日本に入り、国内でも生産が始まった。その先駆けとしての椅子式は、明治の初めに官庁と学校がいち早く導入した。民間では、写真館、床屋、西洋料理店などが文明開化の新商売で椅子式を取り入れている。ただし明治時代の洋家具の普及は上流家庭にとどまり、庶民は江戸時代と変わらず和家具が中心であった。明治中期の平出鏗二郎《ひらでこうじろう》の『東京風俗志』には、庶民の「部屋道具」として、箪笥《たんす》、手箪笥、長持、両がけ、屏風、衣桁、裁縫道具、火鉢、炬燵《こたつ》、夜具、蚊帳をあげており、江戸時代とあまり変わらない。大正時代になると生活改善運動が起こり、共同住宅や田園都市、椅子式生活、簡単堅牢な家具などが奨励された。それにあわせて都市の中流家庭の間では、洋家具が普及していった。昭和初期になると東京では洋家具は珍しくなくなったが、伝統的な家具揃えは根強く残っており、和洋二重の生活がみられた。なかでも庶民の生活様式は和風中心で、昭和初期の東京でも和家具が大半であった。第二次世界大戦後は国内で家具の工業化がすぐに始まり、一般家庭にも洋家具が急速に普及した。特に一九五五年(昭和三十)に日本住宅公団が発足して、日本は本格的な集合住宅の時代に入った。公団住宅では洋風の生活様式が積極的に採用され、一般家庭にも椅子式の生活が本格的に普及した。高度経済成長を迎えて、一九六〇―七〇年代は外国製の家具やインテリアの関心が高まり、家具メーカーは大企業に成長した。一方、戦後の急速な家具の近代化で、伝統的な和家具の多くは姿を消していった。近年の家具産業は量産から質的向上へ転換している。システム家具、ビルトイン家具などのほかに、消費者の嗜好に合わせたオーダー家具が一般化している。

参考文献 小泉和子『室内と家具の歴史』(一九九五、中央公論社)、平出鏗二郎『東京風俗志』上・下(『ちくま学芸文庫』、二〇〇〇、筑摩書房) (藤原 洋)

かくかぞく 核家族 両親と未婚の子どもから構成される二世代の家族。アメリカの人類学者であるマードックG. P. Murdock(一八九七―一九八五)が一九四九年に著書『社会構造』の中で、一組の夫婦と未婚の子どもが居住をともにし、性的、経済的、生殖的、教育的機能をもつ集団を、多くの民族共通の生活の基本単位として nuclear family と呼んだ。その訳語が「核家族」である。子どもがつくる家族と同居する直系的家族は、核家族に対し、拡大家族 extended family とされる。日本で実施されている国勢調査では、両親と未婚の子ども、ひとり親と未婚の子ども、夫婦のみの三つの家族類型を核家族世帯としている。日本では六〇年代ごろに「核家族」という言葉が定着した。これは、戦後間もなくの高出生率の時代に生まれた、いわゆる団塊世代が都市部に移住し、比較的近い年齢層同士で結婚して核家族をつくったのが六〇年代であったことに起因すると見られている。近代家族の特徴として、㈠家内領域と公共領域の分離、㈡家族成員相互の強い情緒的関係、㈢子ども中心主義、㈣男は公共領域・女は家内領域、㈤家族の集団性の強化、㈥社交の衰退、㈦非親族の排除、㈧核家族があげられている。恋愛結婚した雇用者の夫、専業主婦の妻と子ども二人からなり、子ども中心、家族の仲が良く家族単位で行動するのを典型とする核家族は、日本における近代家族の誕生と評価されている。ニューファミリーと呼ばれたこの世代の核家族は、全人口に占める割合が高いことから標準世帯として今日まで税制や年金制度など、種々の政策

の家族モデルとなってきた。また、日本の大衆消費文化を支え、日本社会にさまざまな影響を及ぼした。しかし、現在は共働き世帯が、妻が無業の世帯の割合を大きく上回っている。二〇一〇年(平成二十二)の国勢調査では、単独世帯(世帯人員が一人の世帯)割合がこれまで最も高い割合を占めてきた両親と未婚の子どもからなる世帯の割合をこえた。こうした非婚社会の到来により、家族はライフスタイルの一つといわれるようになっている。

↓カギっ子《こ》 ↓ニューファミリー

参考文献 落合恵美子『近代家族とフェミニズム』(一九八九、勁草書房)、森岡清美・望月嵩『新しい家族社会学(四訂版)』(一九九七、培風館)、湯沢雍彦『昭和後期の家族問題—一九四五~八八年、混乱・新生・動揺のなかで—』(二〇一二、ミネルヴァ書房)
(表 真美)

かくかぞくか 核家族化 その社会における核家族の割合が増えること。国勢調査では、両親と未婚の子ども、ひとり親と未婚の子ども、夫婦のみの三つの家族類型を核家族世帯としている。核家族率の算定方式としては、核家族世帯数÷一般世帯総数×一〇〇(国勢調査方式)、核家族世帯数÷単独世帯(世帯人員が一人の世帯)と非親族世帯を除く親族世帯総数×一〇〇(森岡清美方式)がある。一九二〇年(大正九)にはじめて行われた国勢調査では、単独世帯六・五%、夫婦のみ一一・二%、夫婦+未婚子四〇・三%、親+夫婦+未婚子二一・八%、ほかの直系家族(傍系者を含む)一九・二%であった。核家族世帯は五一・五%であり、拡大家族世帯の四二%を大きく上回っている。老親の立場から見れば子や孫と同居する直系家族に暮らしていたが、子は平均五人生まれていた。このうち長男とその妻になる女性は直系家族を作ったが、ほかの子どもは結婚すると老親がいない家族となった。未婚の時に都会に移住し、そこで結婚して定住した者、老親が亡くなった後の長男夫婦も核家族に含まれる。特に核家族は都市部に多く見られた。その後の核家族率は、五五年(昭和三十)五九・六%、六五年六二・六%、七五年五九・五%、八五年六〇%、九五年(平成七)五八・七%、二〇〇〇年五八・四%とほとんど変化がない。一方、森岡方式によると、核家族世帯は一九二〇年五八・八%、六〇年六三・五%、七五年七四・一%、九〇年七七・八%となり、二〇年からの四十年間で四・七%の増加だったのが、六〇年から七五年の十五年間に一〇・六%も急激に上昇し、その後の十五年間は三・七%と上昇が鈍化している。高度経済成長期に核家族が増加したとされるのは、社会学者の森岡がいう「家族をなさない」単独世帯と非親族世帯を母数に入れない考え方によるものである。子どもや家族をめぐるさまざまな問題は、核家族化と結び付けて論じられがちである。しかし、統計から把握される核家族世帯の実態は、子どもの有無、家族員の年齢構成など一様ではなく、慎重に議論を尽くす必要があろう。

参考文献 森岡清美『現代家族変動論』(『(シリーズ)現代社会と家族』二、一九九三、ミネルヴァ書房)、縄田康光「歴史的に見た日本の人口と家族」(『立法と調査』二六〇、二〇〇六)、広井多鶴子「核家族化は「家庭の教育機能」を低下させたか」(『クォータリー生活福祉研究』五七ノ一、二〇〇六)、湯沢雍彦『大正期の家庭生活』(二〇〇八、クレス出版)
(表 真美)

かくさしゃかい 格差社会 格差が容認できる範囲を超えて拡大した社会のこと。単純な造語だが、意識的に使用されたのは一九八八年(昭和六十三)十一月十九日の『朝日新聞』社説「「格差社会」でいいのか」が最初とみられる。空白を経て、同紙が二〇〇四年(平成十六)七月に「格差社会 ゆがみの現場から」と題する連載記事を掲載し、さらに同年十一月に山田昌弘『希望格差社会』(筑摩書房)が出版されたころから、マスコミで多用されて流行語となり、定着した。日本の経済格差は、敗戦直後には戦災による富の破壊と戦後改革などによって縮小していたが、経済復興とともに拡大を始め、特に大企業と自営業・中小零細企業、都市と農村の間の格差が大きくなった。高度成長期に入ると縮小に向かい、一九七〇年代半ばには格差の大きさを示す各種の指標が底に達して、日本は国際的にも格差の小さい国の一つとなった。これを背景に、「国民生活に関する世論調査」で自分の生活程度を「中」とみなす人の比率が増大し、「日本人の九割は中流」「日本は格差の小さい平等な社会」などとする言説が流布するようになった。高度成長の終焉とともに格差の縮小は止まり、八〇年ごろからは反転拡大を始めるが、流布した言説の影響力は強く、格差拡大の事実は一部の専門家の間でしか知られなかった。バブル崩壊後になると、大企業は人件費削減のため正社員の雇用を抑制し、経営環境の悪化から中小企業の倒産と自営業者の廃業が増大した。このためフリーターと呼ばれる若者たちを中心に、低賃金の非正規労働者が増大して格差拡大は一層進行し、貧困層も増大した。その事実は二十一世紀に入るころから広く知られるようになったが、特に二〇〇五年以降になると、格差の問題を扱った雑誌記事や一般向け書籍の出版が急増し、格差社会論ブームともいうべき様相を呈した。その影響は幅広く文学や映画などにも及び、格差社会は大衆文化の主要なテーマの一つとなっている。

参考文献 橘木俊詔『格差社会—何が問題なのか—』(『岩波新書』、二〇〇六、岩波書店)、橋本健二『「格差」の戦後史—階級社会日本の履歴書—(増補新版)』(『河出ブックス』、二〇一三、河出書房新社)
(橋本 健二)

かくしき 格式 本来は定められたきまりを表す語であったが、特に近世以降の身分制社会において、身分や階層の違いを表すために公的に定められた礼式や作法をさすようになった。礼を重んじる儒教の考え方による。座席の順序や髪型、服装、立ち居、振舞、建築、所持品、乗り物などの風俗のほか、書状の書き方などが身分ごとに決められて、その序列を示した。現代の生活のなかにも席次によって社会的地位を表すことが行われている。

参考文献　朝尾直弘編『身分と格式』(辻達也・朝尾直弘編『日本の近世』七、一九九二、中央公論社)　(岡田　真帆)

がくしゅうざっし　学習雑誌　学習を目的とした子ども向けの雑誌。子どもの教育・学習状況に対応して学年ごとに編集・発行され、マンガや読み物などの娯楽記事も掲載され、充実した付録がつく場合もあった。最も古くからある学習雑誌は小学館発行の『小学〇年生』シリーズである。一九二二年(大正十一)『小学六年生』『小学五年生』の創刊が先行し、二〇年代にはすべての学年で刊行が始まっている。戦後は講談社『たのしい〇年生』(一九五〇年代—六三年(昭和三十八))や学研の「科学と学習」シリーズ(四六年—二〇一〇年(平成二十二))が現れ、一九五〇—七〇年代には中学生向けのもの(『中学生の友』『女学生の友』)も刊行されていた。また、幼児向けのものもある(一九三二年創刊『幼稚園』、三六年創刊『たのしい幼稚園』、五六年創刊『よいこ』、五八年創刊『めばえ』)。こうした学習雑誌は、高度経済成長期に廃刊・停刊が相つぎ、幼児向けを別として二〇一〇年代にはほとんど姿を消した。→少年《しょうねん》・少女雑誌《しょうじょざっし》

参考文献　『小学館九〇年の歩み—一九二二—二〇一二—』(二〇一三)　(大串　潤児)

がくしゅうじゅく　学習塾　主として小学生・中学生を対象とした学校外の私的な補習教育のための施設をさす。大学受験のための予備校や、そろばん・音楽・スポーツなどの「ならいごと・けいこごと」の塾と区別して学習塾という。文部省(現文部科学省)は一九九九年(平成十一)生涯学習審議会の提言以後、学校教育と学習塾を共存させる方針に転換している。学習塾は一九七〇年代から増加し八五年(昭和六十)にはその数は三万六千と推定され、小学生で一六・五%、中学生で四四・五%が通っていたという。学習塾の大部分は個別指導・少人数制授業を採用している場合が多い。その多くが個人経営であるが、法人化・チェーン化が進んでいる。二〇〇〇年代に入り、少子化や中高一貫校の増加により塾に通う生徒そのものが減少しているが、一方で、低年齢化や塾費用の増加などが見られる。学習塾の生活空間は、子どもにとって、「もう一つの学校・学習経験」としての意味を持つのか、興味ある問題であろう。→受験産業《じゅけんさんぎょう》

参考文献　佐伯胖『子どもが熱くなるもう一つの教室—塾と予備校の学びの実態—』(『今ここに生きる子ども』、一九九七、岩波書店)、佐藤勇治編『学習塾百年の歴史—塾団体五十年史—』(二〇一三、全国学習塾連絡会議)　(大串　潤児)

がくせいうんどう　学生運動　近現代社会において学生が、学生生活の改善、学問の自由の擁護、政治・社会問題への意志表示などを目的にして展開した運動を広くさす。古くはドイツのブルッシェンシャフトの運動(一八一五—一九年)に起源をもつといわれ、ロシアのナロードニキ運動、中国の五四運動、植民地下朝鮮での三一独立運動などでも学生が大きな役割を果した。日本ではロシア革命と第一次大戦後のデモクラシーの影響のもとで本格的に成立した。一九一八年(大正七)につくられた東大新人会、一九年の早稲田大学の民人同盟会(分裂ののち建設者同盟)がその代表である。二二年には全国の大学や高等専門学校の社会科学研究会の連合組織(のちの学連)も結成され、軍国主義教育反対や学問の自由を掲げた運動が展開された。さらにマルクス主義(福本イズム)の影響によって、学生の革命運動への参加が加速され、文部省や内務省からの取締りも強化された。三三年(昭和八)には京大滝川事件に象徴される学問の自由と大学の自治を守る運動が展開されるが、やがて学徒出陣や動員など戦時体制のなかに巻き込まれていった。第二次大戦以後、学園に復帰した学生たちは旧体制への復帰反対、自由と民主化や学生生活の擁護を求めて学生自治会を結成した。四八年九月には全国百四十五大学、三十万人の学生が加

全学連主流派大会（1960年７月）

盟する全日本学生自治会総連合(全学連)が結成され、講和や基地問題などをたたかい、戦後革新運動の重要な一翼となっていった。しかし共産党の五〇年問題や「六全協」(第六回全国協議会)による議会主義への転換などを契機に学生運動も分裂、五八年には共産主義者同盟(ブント)が結成されるなど新左翼的潮流が台頭した。特に六〇年安保闘争における新左翼学生の直接行動は「ゼンガクレン」の名を世界に知らせた。同時に共産党と新左翼との対立も表面化し、さまざまなセクトに分裂した。六〇年代後半には、全学共闘会議(全共闘)という新しい運動形態が生まれ、ヴェトナム戦争反対運動や学費値上げ反対、マスプロ教育や学生管理反対など多様な要求が噴出し、全国の大学に波及した。そこには運動に関心をもつが党派への不信も強いノンセクトの学生層が大量に含まれ、また大学の枠を超え、地域の住民運動などに参加する学生も増大した。しかし七〇年代以後には、新左翼諸党派は内ゲバと「粛清」、テロなどの手段に走り、急速に学生大衆の支持を失っていった。また「経済大国」下における学生意識の多様な拡散や政治離れ、大学当局による管理体制の強化などによって、学生運動は低迷と衰退に向っていった。→全共闘《ぜんきょうとう》

参考文献　菊川忠雄『学生社会運動史』(一九三一、中央公論社)、三一書房編集部編『(資料)戦後学生運動』一—七・別巻(一九六八—七〇)　(安田　常雄)

がくせいかばん　学生かばん　学生が通学のために用いるかばんで、特に中高生が使用するスクールバッグを指す。学校で指定されている場合と自由に選ぶ場合があるが、指定がなくても小学生のランドセルのように形式が一般化したかばんもある。学生かばんは明治中期から使われ始め、当初はズック製の肩掛けかばんだったが、のちに革製もつくられるようになった。昭和三十年代以降、高度経済成長とともに革製の抱えかばんや手提げかばんが学生かばんの主流になっていった。これらの学生かばんは、教科書などを入れるためにマチが広くとってあるのが特徴だが、同五十年代にはマチをつぶした平たいかばんを持ち歩くことが男女問わず流行した。平成に入り、制服のブレザー化が進むと、学生かばんもそれに合わせデザインや機能を重視するようになった。現在では抱えかばんは見られなくなり、ボストンバッグやショルダーバッグが広く使用されている。　（戸邉　優美）

がくせいふく　学生服　学生や生徒が在学中に着用する制服。明治初期には大学東校や大学南校の学生が羽織袴で通学していたように、学生服はなかった。洋式の学生服は、一八七九年(明治十二)に学習院が海軍式のものを制定している。八六年四月には帝国大学で陸軍式の詰襟制服が制定された。その前月の三月には文部省が指定する大和屋が、小学生の制服・帽子・シャツ・靴・靴下を含めて二円で調製できると宣伝している。少し遅れて東京府師範学校、第一高等中学校でも学生服を制定した。東京府立尋常中学校の卒業写真からは、八九年度には和服と洋服が混在しているが、九一年度には海軍式の学生服および学帽に統一されていることがわかる。この時期を契機として洋式学生服を採用する中学校が登場したが、それが全国的に普及するのは日露戦争を経た大正時代になってからである。太平洋戦争後には陸海軍式の詰襟型に加え、開襟式でネクタイを着けるブレザー型が登場した。　→制服《せいふく》　→セーラー服《ふく》

参考文献　佐藤秀夫編『服装・頭髪と学校』(『日本の教育課題』二、一九九六、東京法令)、刑部芳則『洋服・散髪・脱刀―服制の明治維新―』(『講談社選書メチエ』、二〇一〇、講談社)　（刑部　芳則）

がくせいりょう　学生寮　大学・高等学校などに学ぶ学生・生徒・児童が生活する寮のこと。寄宿舎とも呼ばれる。本来は、遠距離通学であったり、交通事情が不便で通学困難な学生・生徒のために作られたものである。学校の教育方針によってはすべての生徒に寮での生活を義務づけることもある(全寮制)。近代以前の教育機関の場合、武士の教育機関である藩校も庶民の教育機関である寺子屋も自分の居住地域・藩領で学ぶ事例が多く寮はあまりみられないが、全国から入塾者が集まる私塾には学生が生活するための寮がみられる。また、江戸幕府直轄の最高学府であった昌平坂学問所には、全国の優秀な学生を迎えるための書生寮があり、近代以前の大規模な学生寮があった。近代以降でいえば、特に有名なのは戦前の旧制高等学校の例である。旧制高等学校はほぼ全寮制で相部屋であったため、読書会や討論会など独特な文化をもち、教養主義を形成していた。各高等学校では数曲の寮歌が作曲され盛んに歌われていた。

参考文献　一高自治寮立寮百年委員会編『第一高等学校自治寮六十年史』(一九九四、広済堂)　（荒井　明夫）

かくまき　角巻　東北地方の女性の防寒具。長さ五尺ほどの房の付いた毛布を、頭または肩から掛け、体をすっぽりと覆うように着装する。青森県の津軽や秋田県の鹿角ではフランケ、福島県の二本松などではケットとも呼ばれている。赤や黄などの色物の毛布でマントのように全身を覆って雪道を歩く女性の姿は雪国の風俗の一つとして知られたが、第二次世界大戦後、時代の移り変わりとともに姿を消していった。しかし最近は町おこしの一環として復活の兆しも見えている。

参考文献　宮本馨太郎『かぶりもの・きもの・はきもの(新装版)』(『民俗民芸双書』、一九九五、岩崎美術社)　（髙塚　明恵）

かくん　家訓　父祖が家の存続や繁栄を願って子孫に遺した訓戒。またはそれを記した書き物。日本に影響を与えた中国の家訓に、三国時代の諸葛孔明の『戒子書』や南北朝時代の顔之推の『顔氏家訓』などがある。日本では、奈良時代から戦国時代にかけては公家や武家によって作られた。特に武家では、所領を維持するために一家一門の結束を重視した家訓が盛行した。三本の矢によって、兄弟の団結を説く説話の元になったのは『毛利元就遺誡』である。江戸時代の大名家では、家中の統治心得を記した家訓が多数出現した。江戸中期以降の商人の台頭とともに、商家でも家業の永続を願って家訓が作成されるようになった。呉服と両替を営む三井家の八郎右衛門高平によって一七二二年(享保七)に制定された『宗竺《そうちく》遺書《いしょ》』は、一門の危機に際して実効力を発揮した家訓であった。　→家風《かふう》

参考文献　宮本又次『近世商人意識の研究』(『宮本又次著作集』二、一九七七、講談社)、小澤富夫編集・校訂『武家家訓・遺訓集成(増補改訂)』(二〇〇三、ぺりかん社)　（末永　國紀）

かけい　家計　一つの家族を、それぞれの生命を維持し、社会生活を保障し、次世代を再生産していくための経営体としてとらえ、家族内部の貨幣収入と支出を総体として把握したもの。給与によるもの、個人事業によるもの、あるいは年金・恩給によるものなど、収入源にもとづいて分類される。日本においては長らく、ともに生活する家族の範囲と経済活動の単位が一致していることを前提とし、「一世帯一家計」を原則として家計を把握してきた。それは、第一次産業や自営の商工業が中心であった時期においてのみならず、サラリーマンの割合が大半となった二十世紀以降もほとんど変わらずに維持されたといわれる。しかし、近年一世帯一家計の原則が揺らぎつつあ

る。それは、かつては家計を一にしていた家族の成員が、家計として経済を共同するのではなく、それぞれが個人として収入を獲得し、個人として支出するという傾向において顕著にみられる。一九九七年(平成九)には単一の収入源をもつ世帯がいわゆる「共働き世帯」を下回ったことからもわかるように、現在では複数収入をもつ世帯が一般的となった。その結果として、家計の前提としてあった収入をいったん全て世帯の収入としてプールし、家族の消費にあてるという原則は、必須のものではなくなった。むしろ、住居を同じくしていても個人がそれぞれに収入・支出をもつという「個計化」への流れがみられる。日本におけるこのような事情は、経済のあり方が変化したということの反映である以上に、家族という共同性のありかたの根本的な変化をうつしたものだといえる。

参考文献　御船美智子・家計経済研究所編『家計研究へのアプローチ―家計調査の理論と方法―』(二〇〇七、ミネルヴァ書店)　(塚原　伸治)

かけいぼ　**家計簿**　家計において発生する取引を所定の形式において記録する帳簿。現在いうところの家計簿がはっきりと見られるようになったのは、明治以降のことである。一八九五年(明治二十八)にイギリスやアメリカの家政学の影響を受けて高等女学校の教育に家計簿が導入され、一九〇四年に羽仁もと子編『家計簿』が市販のものとしてははじめて発売されたのがその最初期のものである。大正期から昭和初期にかけて、複数の出版社から主婦向け家計簿が刊行され、『主婦之友』や『家の光』の付録にもなった。この時期に家計簿は一般の人々の間に普及したといえる。アジア・太平洋戦争後は、日本銀行に事務局をおく貯蓄増強中央委員会が毎年家計簿を配布するなど、積極的な働きかけもあって目覚ましく普及した。現在ではパソコンやスマートフォン上で家計簿をつけるためのサービスも多数提供されており、導入の簡便さは向上している。

参考文献　中村隆英編『家計簿からみた近代日本生活史』(一九九三、東京大学出版会)　(塚原　伸治)

かけうり　**掛け売り**　商品を売る際に、その場で代金を徴収せずに一定期間先延ばしにすること。売り手と買い手の信用関係を前提としているため、互いの素性が明らかである条件においてのみ成り立つ商法である。近世中期以降は、盆暮れを決済日とするのが一般的であったため、掛け売りの代金を徴収する掛け取りは江戸の町の風物詩であり、小説や落語の題材ともなった。近年では、掛け売り自体が少なくなっており、かりに現在も続けている場合であっても、毎月末など支払い延期の期間は短くなっている。しかし、掛け売り自体は、商売の相手が少数で固定される傾向にある卸売業などにおいては、現在でも一般的にみられる支払い形態である。小売店では少なくなったが、小規模小売店や飲食店などでは現在でも掛け売りが行われることがある。→通《かよ》い帳《ちょう》

参考文献　林玲子『江戸問屋仲間の研究―幕藩体制下の都市商業資本―』(一九六七、御茶の水書房)　(塚原　伸治)

かけおち　**駆け落ち**　相愛の男女が互いに示し合わせてひそかに逃げ、行方をくらますこと。欠落とも記すのは、行方不明になると戸籍台帳から欠け落ちるためである。戦国時代は農民が戦乱をきっかけに農民が離村した。江戸時代には貧困や悪事を理由に発生した。失踪した農民百姓は欠落百姓といった。居住地を逃亡し行方をくらますと親類、村役人に対して期限付きの捜索義務が課せられ、最高百八十日まで続けられた。男女の愛のためのひそかな逃亡をさして駆け落ちというようになったのは江戸時代になってからのことで、駆落人、駆落者といわれた。

参考文献　関民子『江戸後期の女性たち』(一九八〇、亜紀書房)　(田口　章子)

かけごと　**賭け事**　財を賭けて偶然性を含む勝負をする行為。その歴史は古く六八五年(天武天皇十四)に天武天皇が大安殿で博戯(賭け事のこと)をさせたという記載が『日本書紀』にある。十世紀から十一世紀にかけて賭け事である博奕は芸能の一つになった。博奕打は職人の一種であった。博奕の種類は古代には双六が代表的で、囲碁・将棋・賽博奕も行われ、近世になるとかるたや俳諧博奕なども盛んになった。十八世紀後期の江戸では丁半博奕や独楽博奕などが半ば公然と行われ、博奕に対する嫌悪感は明治中期に国家の忠君愛国思想と背反する故に醸成されたという。戦後は競馬・競輪・競艇・オートレースの公営ギャンブルが行われるようになった。競輪は一九四八年(昭和二十三)に成立した自転車競技法に基づいて開催されている。その直後に法律上の疑義が提出されたが、五〇年最高裁は開催を認める判断を下した。同年には兵庫県鳴尾競輪場での騒擾事件も起こっており、国会で是非をめぐる論争もあったが廃止されることはなかった。→競馬《けいば》　→博打《ばくち》

参考文献　網野善彦「博奕」(同他『中世の罪と罰』所収、一九八三、東京大学出版会)、増川宏一『賭博の日本史』(『平凡社選書』、一九八九、平凡社)　(吉岡　孝)

かけこみでら　**駆込寺**　江戸時代の寺院が持った性格の一つで、人々が庇護を求めて、また謝罪・謹慎の意を示

満徳寺駈入りの図(『救療史料』より)

して駆け込んだ寺院のこと。不当な扱いや不利益・嫌疑を受けた者が保護・救済を求めて、村や町の寺院へ駆け込んだのであり、こうした駆込寺の一つの側面が、女性が離縁を実現するために駆け込んだ縁切寺である。鎌倉の東慶寺および上野国新田郡徳川郷(群馬県太田市)の満徳寺は幕府公認の縁切寺であり、一定期間在寺すれば離縁が認められた。一方、この両寺院以外の村や町の寺院へも縁切のために駆け込むことがみられ、逆に結婚を実現するために駆け込むこともあった。さらに、不法・違法・不行跡な行為などを犯した者が、非を認めて謹慎の意を示すために、村や町の寺院に駆け込むことも広くみられた。このような江戸時代における寺院への駆け込み行為は、入寺・寺入りなどと呼ばれたが、村や町の寺院は、そのほとんどが入寺の対象となる駆込寺であったといえる。　↓アジール　↓入寺《にゅうじ》　↓離婚《りこん》

参考文献　高木侃『縁切寺満徳寺の研究』(一九九〇、成文堂)、井上禅定『東慶寺と駆込女』(『有隣新書』、一九九五、有隣堂)、佐藤孝之『駆込寺と村社会』(二〇〇六、吉川弘文館)　(佐藤　孝之)

かけじく　**掛軸**　掛物《かけもの》のことで、書画を軸物に表装して床の間などにかけるもの。書を掛字《かけじ》、絵を掛絵《かけえ》といった。平安時代に中国から入ってきた仏画の掛軸が、鎌倉時代に日本独自の形式の掛軸に発展した。建仁寺などの禅宗寺院では、入宋僧や来日僧により中国の喫茶法が伝えられ、喫茶の場に頂相《ちんそう》(禅僧の肖像画)の掛物をかけた。鎌倉末期から南北朝時代には茶寄合《ちゃよりあい》で掛物を賭ける闘茶《とうちゃ》が流行した。神田本『太平記』三六によれば、ばさら大名佐々木道誉《ささきどうよ》は都落ちの時に敵将のために屋敷の会所に本尊・脇絵、花瓶・香炉などを飾ったといい、中央と両脇の絵から成る三幅一対の掛物の形式ができていた。室町幕府の足利義政は、東山山荘の会所を三幅一対・四幅一対の掛物や置物で飾ったことが『御飾記《おかざりのき》』にみえる。これらの掛物はみな絵であったが、茶の湯の村田珠光《むらたじゅこう》が師の一休宗純《いっきゅうそうじゅん》から与えられた宋の圜悟《えんご》の墨跡を義政の茶席にかけてのち、茶席で書の掛物がかけられるようになったという。

頂相の掛物
(古月禅在像)

参考文献　山本元『表具のしおり―表装の歴史と技法―』(一九九三、芸艸堂)　(菅原　正子)

かご　**駕籠**　往来人の乗用具。引戸を有する高級なものは乗物と称して利用者を大名や医者などと身分的に限定し、一般者の利用する駕籠と区別した。その駕籠にもさまざまな種類があり、大名やその他の上級武士が利用するお忍び駕籠や権門駕籠は乗物とほとんど変わりがなく、江戸市中で庶民が利用するものは辻駕籠(町駕籠)で関西では四つ路駕籠と呼ばれた。街道筋で旅人が利用するのは二人の駕籠かきが担ぐ宿駕籠で雲助駕籠とも呼ばれ、箱根の山中では宿駕籠よりさらに簡単な造作で底が丸い山駕籠が使われた。　(渡辺　和敏)

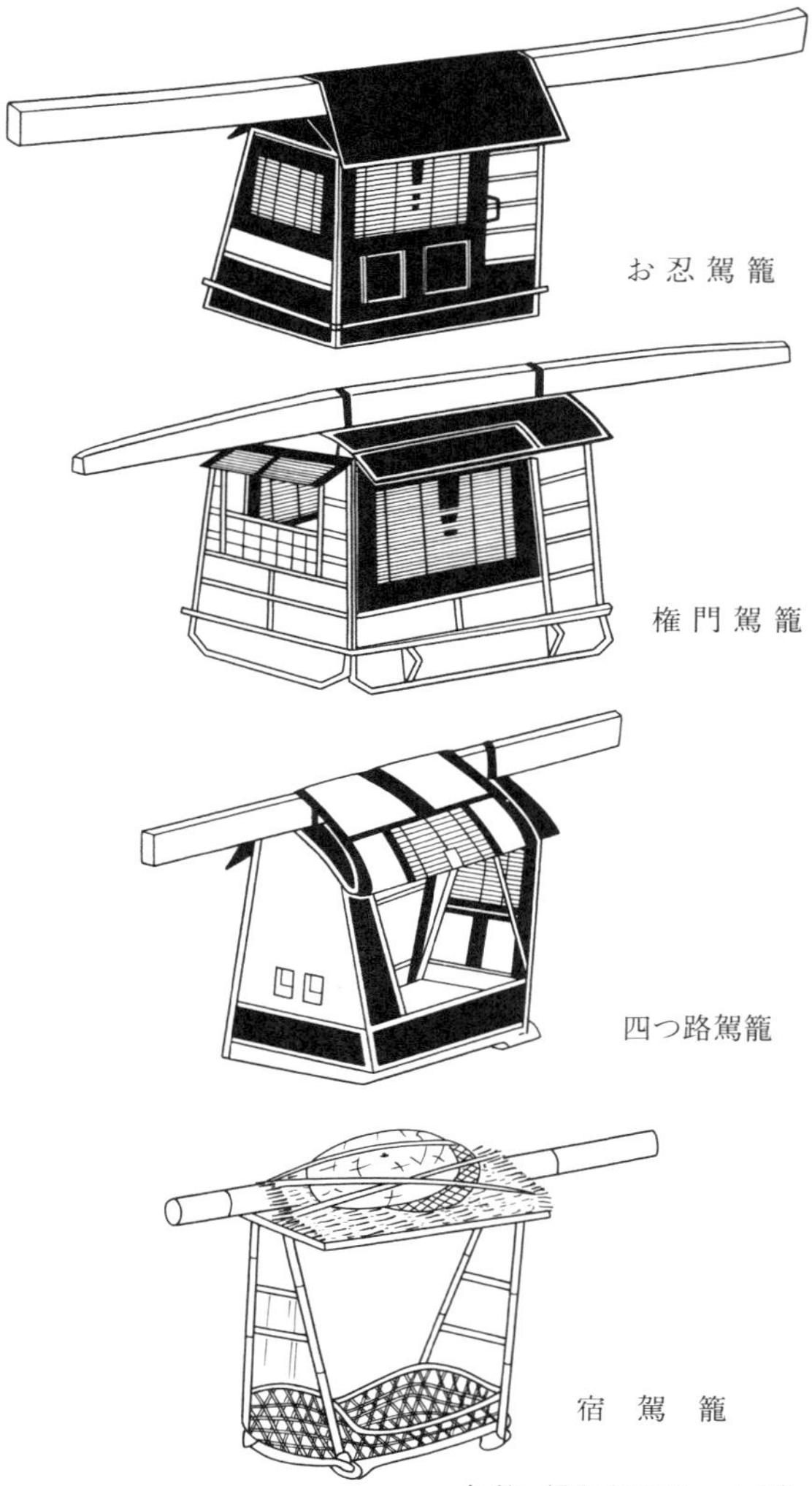

駕籠（『守貞謾稿』より）

かご　**籠**　竹や木を細く割ったひごや樹皮、蔓《かずら》を素材に、編んで作った容器。素材を交差させて組織を編む四つ目編み、六つ目編み、網代編み、茣蓙《ござ》目編みなどの技術で製作される。茣蓙目編みで浅く作り水切りに使うものは笊《ざる》と呼んで区別する。籠は軽量で通気性があり丈夫なため、運搬、収穫、収納を中心に多様な用途に供される。運搬用の籠は、天秤棒に提げて肩で運ぶ担い籠、紐を付けて背中で運ぶ背負い籠、牛馬に負わせる籠、買い物籠、手提籠、自転車やバイクに装着する籠、などがある。収穫用の籠には、茶摘み籠、桑摘み籠、魚籠《びく》などがある。収納用の籠には、行李や葛籠《つづら》、果物籠、台所の洗い籠、炭籠などがある。また、鳥籠や虫籠、生簀など、生き物を逃がさないように囲っておく籠もある。容器以外の用途としては、二月八日のコト納めにおいて、一つ目小僧

魚　籠

背　負　籠

などの妖怪除けの呪いとして、柊《ひいらぎ》や樒《しきみ》の枝を挿した目籠を竿の先に着けて庭先に掲げることがある。人々は家に忌籠《いみごも》りし、一年の平穏を願った。→行李《こうり》 →笊《ざる》 →葛籠《つづら》 →魚籠《びく》　（加藤　幸治）

かこいもみ・ちょこく　囲籾・貯穀　近世、凶作・飢饉・災害への備えとして、保存性の高い籾や麦・雑穀を村の郷蔵などに平常時のうちから貯えたもの。非常時に、窮民救済のために放出された。備荒貯蓄はもともと幕藩権力の御救の一環で、領主の社会的責務とみなされていた。しかし、次第に村や百姓の相互扶助へと転嫁されていき、近世中期以降、民間の社会保障制度としての囲籾が整備されていった。天明の飢饉は、各地で囲籾の拡充を促す契機となった。たとえば関宿藩は一七八七年(天明七)に「救急安民録」という仕法を始めている。村ごとに土蔵を建てさせ、百姓一人一人に毎年麦三合と稗六合の納入を命じ、それぞれ一年間、五年間貯蔵しておき、その都度新しい麦・稗と入れ替える。蔵から出された麦・稗は売り払って金に換える。土蔵のない村の貯穀・貯金は藩の御蔵で預かり、蔵の完成後に引き移し、村役人が管理する。この貯穀・貯金は天保の飢饉時や幕末維新期に、実際に村々の百姓の救済に使われた。ただし、恒常的な貯穀は、百姓にとって負担の強制と捉えられる場合もあった。

参考文献　深谷克己『百姓成立』(『塙選書』、一九九三、塙書房)、『岩井市史』通史編(二〇〇一)、菊池勇夫『飢饉から読む近世社会』(二〇〇三、校倉書房)　（平野　哲也）

かこうしょくひん　加工食品　保存性や貯蔵性、嗜好性や調理性を高める目的で、魚や肉類、野菜や豆類などの天然の食材にさまざまな加工を加えた食品。『奈良朝食生活の研究』には、魚類や肉類の干物、発酵食品である鮨や塩辛、野菜類の塩漬、醤漬《ひしおづけ》、糟漬、清酒や濁酒などの酒類、味噌の前身といわれる豉《くき》などの紹介がある。すでに奈良時代には、乾燥、塩蔵、発酵という手法による日本の伝統的加工食品の類いがほとんど存在していたといっても過言ではない。律令期に中国から伝わった醤類は、原料が穀類や豆類であれば穀醤、蔬菜類であれば草醤、肉類であれば宍醤、魚類であれば魚醤と呼ばれたが、日本のなかで発酵を伴う独自の加工法へと発達を遂げた。穀醤は味噌や醤油に、草醤は漬物類へ、魚醤は石川県の「いしり」、秋田県の「しょっつる」に代表される魚醤油に発達し、慣れずしの原型ともなったといわれる。一方、宍醤は中世になると姿を消し、近世には魚醤や慣れずしの類いも減少し、米と大豆、麦と大豆を原料とする穀醤である味噌や醤油は発達した。魚の発酵を伴う慣れずしは、食酢を使う早ずしが主流となり、魚の加工品から米料理に大きく変容した。その背景には、湿度の高い日本の気候風土の関与があげられる。長期間にわたり動物性食品の腐敗を防止する管理は困難であったこと、魚類や肉類の発酵臭と米の旨みは調和しにくかったことなどが考えられる。このような魚醤の変容の一方で、魚介類の加工品である蒲鉾の発達、普及は大きく、江戸時代にはハレ食として多様化していった。さらに日本の伝統的加工食品として豆腐や湯葉、納豆などの大豆加工品がある。近代に入ると瓶詰や缶詰、冷凍、半乾燥などの加工技術が拡大し、食生活の洋風化への対応も考慮に入れた農産・水産・畜産加工品などが工夫され、現在ではわれわれが食べている食品の大半は、加工食品である。→蒲鉾《かまぼこ》 →缶詰《かんづめ》 →乾物《かんぶつ》 →燻製《くんせい》 →鮨《すし》 →漬《つ》け物《もの》 →豆腐《とうふ》 →納豆《なっとう》 →発酵食品《はっこうしょくひん》 →湯葉《ゆば》 →冷凍食品《れいとうしょくひん》

参考文献　関根真隆『奈良朝食生活の研究』(『日本史学研究叢書』、一九六九、吉川弘文館)　（今田　節子）

かこちょう　過去帳　仏教で死者の名前と死亡年月日などを記し、供養を行うために作成される帳簿のこと。過去帳は、(点)鬼簿・霊名簿・霊簿・冥帳《みょうちょう》などともいう。過去帳は、念仏結社の構成員が自己の往生を願って死後に名を記した交名《きょうみょう》(リスト)を原義とする。この形式のものは、中世前期に盛んに作成された。やがて中世後期になると一年ごとに死亡者をまとめて記す年次式と、朔日から晦日までの日ごとに人名を書く日次式の二つの形態が出現し、禅宗などによる葬式仏教の普及により、後者の形式のものが再生産され近世に展開してゆく。多くの過去帳は中世以来、異常死に関心を寄せることなどから災害や事件など歴史学の資料として分析されるほか、近世の場合には人口動態の研究にも用いられる。また近年は死亡の季節性の指摘など、PCのデータ処理による新たな研究の素材としても注目されている。

参考文献　中山文人「中世の過去帳について—『本土寺過去帳』研究の前提として—」(『松戸市立博物館紀要』三、一九九六)　（湯浅　治久）

かごのとり　籠の鳥　楽曲としての「籠の鳥」は、添田唖蟬坊・知道らとともに活動していた演歌師の鳥取春陽作曲による演歌。自由を奪われた遊女の悲恋を歌ったもので、一九二二年(大正十一)ごろに作られたとされる。二四年には、この歌に着想を得て、松本英一監督・帝国キネマ芦屋の製作による映画「籠の鳥」が公開された。これは前年、流行歌「枯れすすき」を題材として作られ、ヒットした「船頭小唄」と同様の小唄映画というジャンルである。許嫁のいる老舗の娘と大学生との実らぬ恋の悲劇を描いた映画「籠の鳥」は、空前の大ヒットとなり、便乗作品がつぎつぎと制作された。公開後には鳥取春陽歌唱によるレコードが発売され、大ヒットした。哀調を帯びたメロディーとともに、自由恋愛の希求と挫折というテーマが、若者を中心に多くの人びとの共感を呼んだのだが、一方で「国民精神作興詔書」の教化理念と対立するものであるとして、識者から批判を浴びた。

参考文献　菊池清麿『さすらいのメロディー　鳥取春陽伝―日本流行歌史の一断面・演歌とジャズを駆け抜けた男―』(一九九八、郁朋社)、笹川慶子「小唄映画に関する基礎調査―明治末期から昭和初期を中心に―」(『演劇研究センター紀要　早稲田大学二一世紀COEプログラム』一、二〇〇三)　(大岡　聡)

かさ　笠　かぶり物の一種。柄の付く傘と区別して「かぶりがさ」とも呼ぶ。雨雪を防ぎ、日光を遮り、面部を隠すのに用いる。その種類は多様で、材質から藺笠《いがさ》・菅《すげ》笠《がさ》・竹笠、製法から編笠・縫笠・網代笠・塗笠、形状から平笠・尖笠《とがりがさ》・褄折笠《つまおりがさ》、用途から雨笠・陽笠・陣笠、使用者から市女笠《いちめがさ》・虚無僧笠《こむそうがさ》、行者の付けた六部笠、三度飛脚や博徒が用いた三度笠などに分類される。笠の歴史は古くすでに『日本書紀』にみえ、古代、笠がマレビト(神・人)の旅装の一種とされた事実が確認できる。特に菅笠は、伊勢神宮の式年遷宮や大嘗祭に際して、神や天皇が斎庭《ゆにわ》を来訪する際の神聖なかぶり物とみなされていた。中世に入り、女性の市女笠や桔梗笠《ききょうがさ》など性別・身分によって異なる多様な笠が生まれるが、古代以来の笠の神聖性は失われず、「隠れ蓑・笠」の語に示されるように日常の世界から身を隠す変身の呪具としての性格を帯びた。近世には、広く野外労働に雨除け・日除けとして男女ともに用いられるようになるが、明治以後は各種の帽子や柄付きの洋傘が普及したため次第に廃れ、現在に至っている。→綾藺笠《あやいがさ》　→市女笠《いちめがさ》

参考文献　宮本馨太郎『かぶりもの・きもの・はきもの』(『民俗民芸双書』一二四、一九六八、岩崎美術社)、黒田日出男「「隠れ蓑」・「隠れ笠」―絵画史料の読解から―」(東京歴史科学研究会編『歴史を学ぶ人々のために』三所収、一九六八、三省堂)　(田中　禎昭)

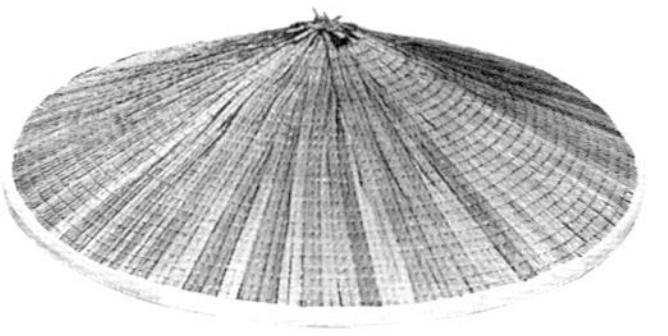

菅笠

三度笠(女子用)

かさ　傘　雨・雪や日光を遮るために頭上にかざすもの。傘差し傘とも称され、頭上に装着する笠と区別される。傘の利用が普及する江戸時代、大黒傘に代表される大坂で作られた丈夫な和傘や紀州傘などが江戸に流通した。その後江戸で作られた傘を含めて、装飾のない実用本位の傘を番傘と称した。装飾性に富む蛇の目傘は、開くと蛇の目模様になる番傘で、京や大坂では家の主人などが用いた。番傘は竹の骨をロクロと呼ぶ木製部品で束ねる構造になっており、骨に糊を刷毛で塗り、和紙を貼って荏胡麻の油を塗布する。破れた傘を買い取ったり、土瓶や鍋、土人形などの土製品と交換したりする商売があり、張替傘は比較的安価に販売された。とはいえ傘は贅沢品であり、農山漁村の人々は蓑や笠を用いて雨を凌いだ。明治期以降、蝙蝠傘と呼ばれた洋傘が普及し、和傘は実用性を失い、工芸品あるいは舞踊傘などの特殊な用途において使われるものとなった。一方、神の依代として祭礼で用いられる華々しく装飾された風流《ふりゅう》傘は、傘の象徴的な側面を残している。→日傘《ひがさ》　(加藤　幸治)

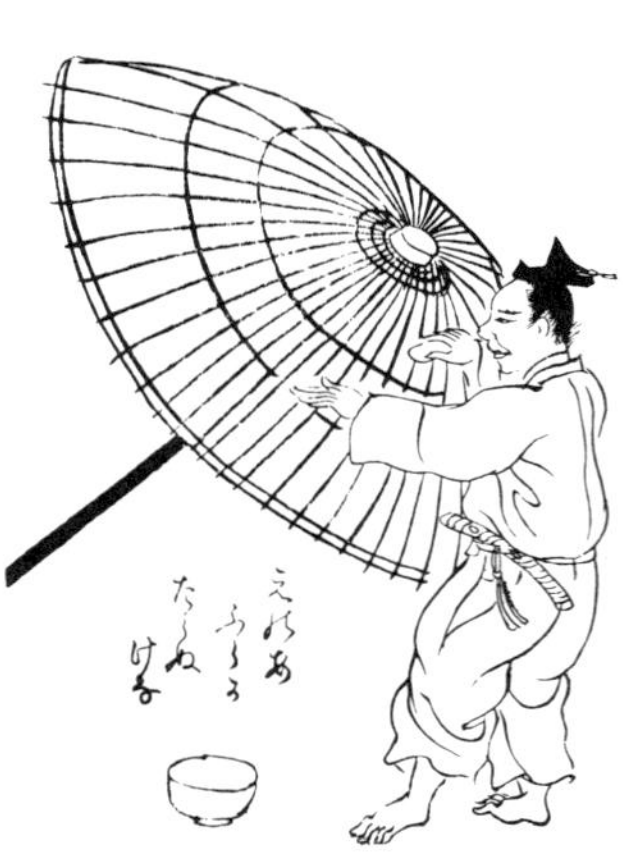

傘張り(『七十一番職人歌合』より)

かざんさいがい　火山災害　火山の噴火によって起こる災害。〔古代・中世〕地球を覆う岩盤の地殻が原因で引き起こす地殻災害は、地震・津波と火山爆発による災害がある。後者の火山災害は地殻の下部(マントル)に引力(重力)その他のエネルギーが蓄積されて高温化することによって、融解した溶岩や水蒸気が噴出し、時として甚大な被害をもたらす。噴出した溶岩は富士山型の火山(コニーデ)を形成し、その火山がその後も断続的に噴火し続ける。溶岩流は山麓や低地(特に河川)に流れ下り、山林や集落・耕地を焼き尽くし大きな被害をもたらす。近くに降り注ぐ火山弾は、樹木や家屋を倒し火災をも起こし、火山灰は上昇気流に乗って、一定方向の地帯に降り注ぎ、山野を埋めつくし田畑に大きな被害をもたらす。火山は日本列島の地殻構造の脆弱な線上の火山帯に分布する。すなわち、㈠千島列島から北海道中央部、㈡北海道西南部から本州の中央部(北陸地方まで)、㈢富士山・伊豆半島か

ら伊豆諸島・小笠原諸島、㈣中国地方の西北部から九州中央部を通して西南諸島、の四つの火山帯から構成され、そこに多くの火山が林立している。火山災害の状況は、古代以来の記録、たとえば十二世紀初頭の『中右記』などの日記や年代記、古文書、あるいは伝承、災害絵図、記念碑などに記されている。また近年は考古学的な発掘調査や地質学研究による火山灰(テフラ)層の年代判定などによって火山ごとの実態が明らかにされている。発掘調査による古代ローマ時代、イタリアの都市ポンペイ遺跡の復元は有名であるが、日本でも、群馬県渋川市の六世紀における榛名二ッ岳の二回にわたる大爆発の被災地遺跡、すなわち黒井峯遺跡・金井東裏遺跡、十二世紀初頭の浅間山爆発の火山灰に覆われた赤城山南麓の諸遺跡、鹿児島県開聞岳の貞観噴火(八七四年(貞観十六))の諸遺跡などがあげられる。

参考文献 群馬県埋蔵文化財調査事業団編『自然災害と考古学—災害・復興をぐんまの遺跡から探る—』(二〇一三、上毛新聞社事業局出版部)

(峰岸 純夫)

〔近世〕 日本には活火山が百八あるとされる。一つの山の噴火履歴からすると、千年に一度ほどの間隔で爆発するといわれているが、江戸時代中期、十八世紀は人体に被害を与えるような大規模な火山爆発が列島の各地で発生した異例の世紀といえる。一七〇七年(宝永四)富士山宝永噴火、一六年(享保元)霧島の噴火(死者五)、四一年(寛保元)渡島大島の噴火(死者一四六七)、七九年(安永八)桜島噴火(死者一五〇)、八三年(天明三)浅間山噴火(死者一五〇〇)、九二年(寛政四)雲仙普賢岳噴火(死者一万五〇〇〇)などで、死者数からその被害の深刻さを推し量ることができる。火山災害は、爆発によって流れ出た溶岩流に直撃された場合(富士山宝永噴火)のほか、河川に流れ込んだ溶岩流が泥流と化して巻き込まれた場合(浅間山天明噴火)や、噴火によって崩落した山体の一部が海に流出して津波が発生、溺死によるもの(雲仙普賢岳寛政噴火、渡島大島噴火)など、二次的災害による死者も少なくない。火山災害は地震などと違い、田畑への降灰で作物に直接的打撃を与え、あるいは降灰による被害が河川の河床を揚げ、洪水の頻発を招くなど間接的な被害が長期に及ぶ。たとえば、富士山噴火は宝永四年十一月二十三日(十二月十六日)から十二月九日(一七〇八年一月一日)未明まで十六日間続き、宝永山が出現した。この噴火による降灰は駿河国(静岡県)、相模国(神奈川県)、武蔵国南部(東京都)に及んだ。被害の集中した相模国の大半を領地とする小田原藩に対して、幕府は、一七〇八年に一時直轄地として代官に支配させ、噴火から四十年を経た一七四七年(延享四)に、領地復帰をさせるという異例の措置を採った。また、百石に金二両の課役金を全国に徴収するなど、異例づくめの幕府の対応が見られた。のちの噴火災害において、これほどの幕府の篤い復旧策が採られた例は見られない。その理由の一つとして考えられるのは、麦を主食とした当時の農民は、芽が出始めた麦畑が降灰で壊滅的打撃を受け、食に事欠く事態となり、自然発生的に百姓たちの訴願行動が各地で同時に発生したことである。

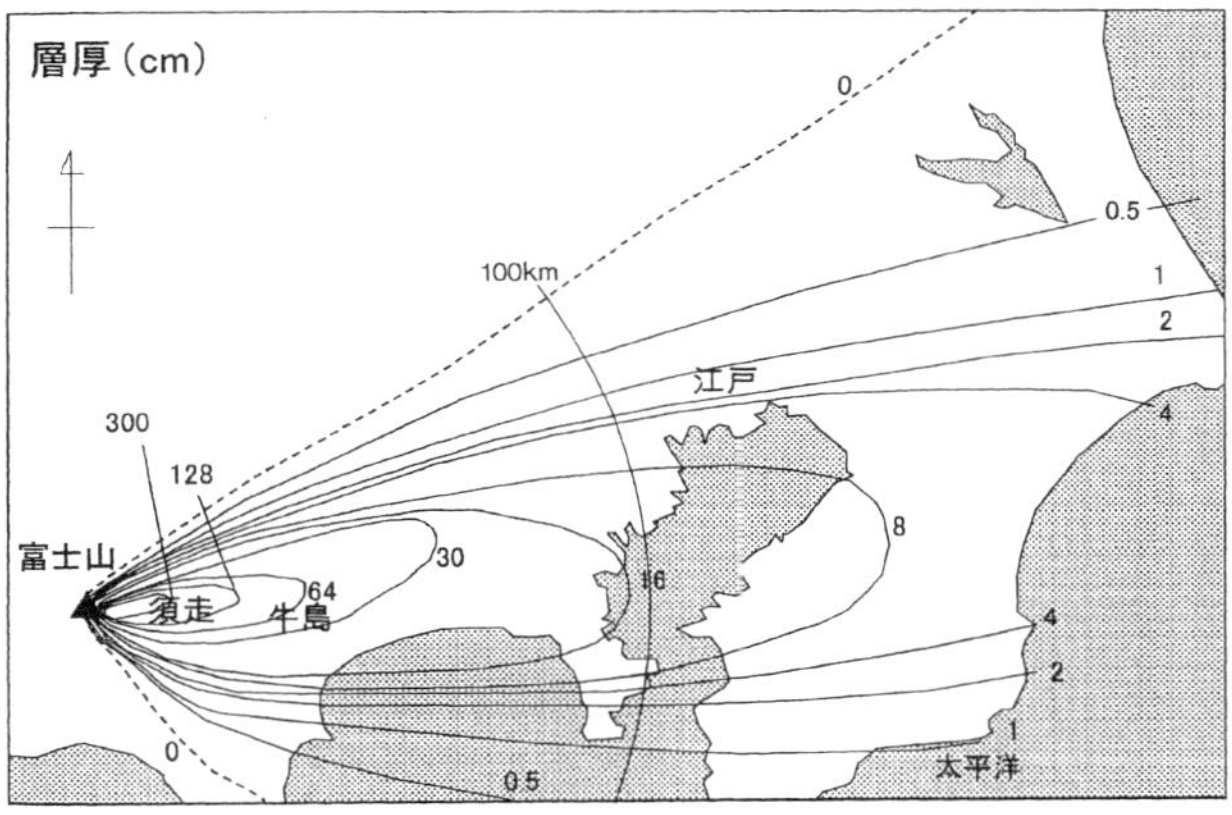

宝永富士山噴火による降灰分布

参考文献 神奈川県立歴史博物館編『富士山大噴火—宝永の「砂降り」と神奈川—』(展示図録、二〇〇六)、中央防災会議・災害教訓の継承に関する専門調査会編『一七〇七富士山宝永噴火』(二〇〇六)、北原糸子・松浦律子・木村玲欧編『日本歴史災害事典』(二〇一三、吉川弘文館)

(北原 糸子)

かし **河岸** 河岸場ともよび、河川湖沼の岸辺で水運利用の人や物資を揚げ下ろしするところをいう。その初見は一六〇〇年(慶長五)関ヶ原合戦のとき徳川家康が思川乙女河岸から乗船し、江戸城へ帰還したときまでさかのぼる。その後十七世紀初頭から幕藩領主の城米・年貢米を江戸へ廻漕するため関東の利根川をはじめ諸河川流域

東京日本橋の魚河岸(明治時代後半)

の水陸交通の要地に相ついで河岸が成立した。一六九〇年(元禄三)幕府が年貢米を江戸廻漕するために指定した河岸は八十四ヵ所にも及んだ。その前後東北や関西など全国の主要河川にも商品経済の発展と相まって数多くの河岸が出現した。中山道と結節した上州倉賀野河岸には九一年大小合わせて七十四艘、総州境河岸には一七〇六年(宝永三)に大小六十七艘の船が稼動していた。河岸の船積問屋は幕藩領主に運上金を上納し、商人荷物を独占輸送した。そのほか河岸には船持・船頭・馬持や問屋商人などが居住し、商品取引ですこぶる繁栄していたが、鉄道や自動車輸送の発達により徐々に衰退していった。

参考文献 川名登『近世日本水運史の研究』(一九八四、雄山閣出版)、丹治健蔵『関東河川水運史の研究』(『叢書・歴史学研究』、一九八四、法政大学出版局)、同『近世交通運輸史の研究』(一九八六、吉川弘文館)、川名登『河岸』(『ものと人間の文化史』、二〇〇七、法政大学出版局)

(丹治 健蔵)

かし 菓子 原則的に甘い嗜好品としての食品を指すが、時代による変化が大きい。元々菓子は木の実や果物を指し、『延喜式』(九二七年(延長五))大膳下、諸国貢進菓子では全国各地から栗、柑子《こうじ》、梨、覆盆子《いちご》ほかが朝廷に納められていた。木の実・果物を菓子とする概念は前近代を通じてあったが、江戸時代には、羊羹などの加工食品を菓子とする概念が優位に立った。加工食品としての菓子の原初的な形態は米や雑穀から作られる餅や団子であり、小豆や大豆ほかの食材を合わせ、製法も工夫されるようになった。また、外国の影響も大きい。まず奈良・平安時代に中国から伝来した唐菓子で、米粉や小麦粉などの生地を油で揚げ、ツタの樹液を煮詰めた甘葛煎《あまずらせん》で甘みをつけており、平安京の東西の市でも売られた。糫餅《まがり》や索餅《さくべい》はじめ種類は多いが、徐々になじみの薄い存在となり、現在では寺社の供え物や神饌として伝わっている。鎌倉・室町時代には、中国から点心が伝わり、羊羹や饅頭につながっている。次に十六世紀中期以降ポルトガル、スペインなどから伝わった南蛮菓子があげられる。南蛮菓子の特徴は、当時貴重であった砂糖を多く使うこと、それまで日本人に忌避されていた鶏卵を使用することにあった。京都の菓子商虎屋の十七世紀の販売記録にはかすてら、有平糖、金平糖、けさちいな、はるていすなどの名がみえる。十七世紀後期の京都で、元禄文化の影響を受けて菓子に意匠を施し、雅な名前(菓銘)が付けられるようになった。こうした菓子は高価な白砂糖を使い上菓子と呼ばれ、社会の上層に受け入れられ、江戸そして各城下町へと伝播していったが、これには参勤交代や茶の湯が大きく影響している。一方、庶民にも菓子を食べる習慣は広がり、特に江戸では餅菓子や団子などを中心に発展しており、きんつば、大福餅、幾世餅ほか多くの菓子が生まれている。背景には庶民の食文化の多様化、国産砂糖の増加などが上げられる。十八世紀後期の煉羊羹の創製などを経て、文化・文政期には上菓子、庶民の菓子を含めて菓子の爛熟期を迎えた。明治以後は、欧米の菓子の流入があって日本の菓子は和菓子、洋菓子に大別されることになる。一般に菓子業界は零細な業者が多いが、洋菓子では森永製菓をはじめ大量生産・販売が行われており、近年では和菓子でも大量生産を行うメーカーが登場している。一方、和洋ともに個性的な菓子を作る菓子店も増えている。↓甘味《あまみ》 ↓砂糖《さとう》

参考文献 中村孝也『和菓子の系譜(復刻版)』(一九九〇、国書刊行会)、青木直己『図説和菓子の今昔』(二〇〇〇、淡交社)

(青木 直己)

かじ 火事 建築物や山林が燃えること。戦乱による兵火のおそれがなくなった近世は、全国各地に城下町をはじめとした都市が展開し、その人口密集地において火災の頻発、被害の拡大がみられた時代でもあった。特に大坂・京都・江戸のような巨大都市では大火が繰り返し発生した。その中でも江戸では、旧暦正月から三月に強い北・北西の風が吹き、急激な都市化のため市街地の人口密集度が著しく高くなったこともあり、一度火災が発生すると大火に至ることが多かった。このため幕府は火の見櫓や天水桶の設置といった警火・初期消火対策のほか、延焼防止のための蠣殻葺・瓦葺、土蔵造り塗屋の奨励、火消制度の拡充といった対策をとったが、いずれも十分な効果をあげることはできなかった。火災は多くの人的・物的被害を招来したが、その一方で復旧工事による景気の刺激が都市民衆の雇用と収入を一時的に増やす結果ともなった。また、近世都市の火災は多様な記録の中に書き留められ、さらに瓦版などの出版物としていち早く情報が流布していった。↓鳶《とび》の者《もの》 ↓火消《ひけし》 ↓火《ひ》の見櫓《みやぐら》

参考文献 『東京市史稿』変災篇四・五(一九一七)、吉原健一郎「江戸災害年表」(西山松之助編『江戸町人の研究』五所収、一九七八、吉川弘文館)、木下直之・吉見俊哉編『ニュースの誕生―かわら版と新聞錦絵の情報世界―』(『東京大学コレクション』九、一九九九、東京大学総合研究博物館)

(西木 浩一)

かじ 家事 料理、洗濯、掃除、育児、買い物、介護、家計の管理など、家庭内で処理すべきさまざまな労働作業、つまり、人間が生活する基礎単位を営む上で必要な消費のために行われる労働を指す。この生活の基礎単位は歴史的・文化的に違いを見せる。前近代社会では、商品経済が行きわたっておらず、家の構成員がその家が営む生業に従事することで、生活を支えていた。このように、各家は生産の単位であると同時に、生活の単位でもあったため、家事労働は生産労働と混然としていた。近代になると都市の市場経済のなかで産業化・工業化が進み、人々は雇用労働者として工場や会社での生産労働に従事するようになる。生産の場と生活の場は切り離され、生産労働と分化したかたちで、生活の場で行う消費のための労働、つまり家事労働が登場した。日本では、大正期以降、都市部を中心にサラリーマン(雇用労働者)が増

え、男性は仕事場で働き、在宅の妻は家庭内の諸事を担う「主婦」として、家事労働に従事するようになった。こうした動きと並行して、女性賃金労働者である女中も減少し、彼女たちに家庭内の諸事を任せていた中・上流家庭においても、主婦みずから、家事労働に従事するスタイルをとるようになる。さらに戦後、高度経済成長期に入り、核家族で構成されたサラリーマン家庭が都市部以外の地域でも一般的になると、既婚女性は仕事に出るのではなく家事労働に専念するようになった。一方で、男性―公的―仕事、女性―私的―家事という性別役割の観念がほぼ定着したことに対し、一九五〇年代末から六〇年代には、家事労働がいかなる価値を持ち、女性たちにとってどういった意味を持つものなのかを問う主婦論争が断続的に起こった。電化製品の導入、外食産業の発展や保育・介護サービスの充実などに影響を受け、現在も、家事労働の領域は変化し続けており、これまでと同様、家事という言葉が示すものは社会状況に影響を受けながら変化するであろう。　↓家事労働《かじろうどう》　↓主婦《しゅふ》　↓主《しゅ》婦《ふ》論争《ろんそう》

参考文献　安井眞奈美「現代女性とライフスタイルの選択―主婦とワーキングウーマン―」(岩本通弥編『覚悟と生き方』所収、一九九九、筑摩書房)、品田知美『家事と家族の日常生活―主婦はなぜ暇にならなかったのか―』(二〇〇七、学文社)、小谷良子『〈専業的主婦〉の主体形成―個人・家庭・地域生活者としての主体形成の課題―』(二〇〇七、ナカニシヤ出版)　(後藤　知美)

かしいしょう　貸衣装　利用料金を支払って借りる衣服。東京で貸衣装店が増加した契機は、一八九〇年(明治二十三)十一月に帝国議会が開設されたときである。当初は古着店を兼業する者が多かった。一九〇九年十一月、伊藤博文の国葬では、古着店で燕尾服、フロックコートなどを借りる参列者が少なくなかった。鎌倉河岸の博善社など葬儀屋では賃料を取って燕尾服を貸し出していたが、一九一二年(大正元)九月の明治天皇の大喪に際しては、東京柳原の高久、高橋、園部の店で借りる者が多かった。園部の一日の賃料は、最上級の燕尾服で五円以上、上級で三円五十銭、並で五十銭、シルクハットは一円から二十銭までの間であった。園部以外の店では大礼服も貸したが、通常賃料の二十円に対し、倍額の四十円を取っている。賃料が倍額なのは、大葬の日が大雨であったため、服が雨水で汚れるのを想定していたことによる。こうした儀礼に伴い貸衣装が活況を呈するのは、一五年十一月の大正天皇の即位式である大正大礼、さらに一九二八年(昭和三)十一月の昭和大礼でも同様であった。大正末期からは民間でも一生を通じて数回しか着ない晴れ着に三百円も五百円もかけるのは無駄との理由から、貸衣装の利用者が増えた。三七年三月の貸衣装利用者状況によると、中流階級のサラリーマンが多く、職人は見栄から新調するため利用しないという。貸衣装店では、農民に縮緬振袖の上着や紋羽二重の下着に加え、丸帯および髪飾りまで一式を二円で貸し出した。これにより、農民の晴れ着も綿服という光景は減少することとなる。四〇年の七七禁令により、奢侈禁止が奨励されると、貸衣装を利用する花嫁が増加する。昭和三十年代後半からは、結婚式・成人式・卒業式・入学式・七五三の晴れ着を貸衣装に求める者が増えた。また結婚式の新郎新婦が用いる洋服も貸衣装がほとんどである。

参考文献　『東京朝日新聞』(一九三七年三月四日付夕刊、一九六三年九月二十八日付朝刊、一九六七年三月二十三日付夕刊)、刑部芳則『帝国日本の大礼服―国家権威の表象―』(二〇一六、法政大学出版局)　(刑部　芳則)

かじきとう　加持祈禱　主に密教で行われる仏神への祈願呪術のこと。加持は仏が衆生を加護する意。真言僧が印を結び真言を誦し仏菩醍を観じて三密《さんみつ》加持をした。平安時代から宮中では東寺長者が後七日御修法《ごしちにちのみしほ》で天皇の安穏を加持祈禱した。また国家的な加持祈禱としては、御《み》斎会《さいえ》・仁王会《にんのう》・維摩会《ゆいま》の南都三大会、興福寺法華会・法勝寺大乗会・円宗寺最勝会の北京三大会が有名である。現在でも不動尊信仰などで、加持祈禱が行われている。

参考文献　辻善之助『日本仏教史』上世篇(一九四四、岩波書店)、村山修一『古代仏教の中世的展開』(一九七六、法蔵館)、速水侑『平安仏教と末法思想』(二〇〇六、吉川弘文館)　(薗部　寿樹)

かじしょうぞく　火事装束　江戸時代、武家が火災に際し警護のために着用した装束。兜頭巾・羽織・胸当・袴からなる。兜頭巾は紙を幾重にも張って漆塗りした百重《ももえ》張《ばり》に羅紗《らしゃ》の錣《しころ》付き、羽織は羅紗製で身丈が短めの打裂《ぶっさき》羽織で五ヵ所の定紋付き、革羽織の場合は家の記号を白く染め抜いた。羽織の下に付ける胸当にも多く羅紗が用いられた。野袴には緞子《どんす》や錦、縞の織物が用いられた。古くは火事装束というものはなく明暦の大火を機として用いられるようになったという。装飾性はさらに羽織へ絵模様や金糸・銀糸を施すというように強まり、幕府は一六八二年(天和二)を初発として繰り返し禁止している。火事装束という語は、町火消や大名火消が着用した消火のための作業着を指すこともあり、その構成は頭巾・羽織・手套《しゅとう》・股引《ももひき》である。全身に水をかけて消火活動にあたるため、頭巾・羽織とも木綿製で刺子が施されていた。

火事装束　町火消刺子

参考文献　『古事類苑(神宮司庁蔵版)』服飾部(一九九八、吉川弘文館)　(西木　浩一)

かしせき　貸席　時間を決めて有料で貸す座敷およびその商売をいう。芸妓を揚げて遊興する場として使われた

ほか、密会にも利用された。出合茶屋や陰間茶屋のことをいう場合もある。厨房を持たないため、料理は仕出しをとることとなり、料理茶屋(割烹店)と密接につながった。そのため江戸幕府は、煮売茶屋や寿司屋などの食類商人を調査する際に、「貸座鋪・料理茶屋」を一括して把握している。一八一一年(文化八)にそれを営む者は四百六十六人となっている。京坂では盆屋と呼ばれ、密通の会合所として使われた。盆代として席料がおよそ二百文、泊まれば四百文であったという。酒食代はこれには含まれない。家屋の二階を貸席とし、茶やたばこ盆は男客がみずから運び、家の者は命じられない限り二階に上がることはなかった。江戸の出合茶屋は八丁堀代地の男色屋が有名で、席料は金一分であった。不意の来訪者に備え、二階梯子を複数架けて逃げられるようにし、戸口の履き物は隠していたという。

参考文献 喜田川守貞『近世風俗志 守貞謾稿』三(宇佐美英機校訂、『岩波文庫』、一九九九、岩波書店)、近世史料研究会編『江戸町触集成』一一(一九九九、塙書房)

(松本剣志郎)

がしつどき 瓦質土器 表面に炭素を吸着させ、いぶし色に仕上げられた中世から近世初頭にかけての土器。初期には西日本を中心に生産・流通していたが、室町時代以降は全国に広がった。ただし、奈良火鉢と呼ばれるものを除き、流通範囲は旧国程度の規模で、在地性が強い。用途は広く、煮炊具、調理具、貯蔵具などのほかに茶釜、風炉、火鉢、燭台、硯、十能、仏像、井戸枠なども作られた。同時代の他の材質の製品を写し、粗製で安価な日常品として確固たる地位を持っていた。しかし、近世に入り、陶磁器類・金属製品などが安定して供給されるようになると一部の器種を除き姿を消した。類似の焼上がりの碗を瓦器碗と呼ぶが、瓦器に瓦質土器を含める考えや含めない考えがあり、共通認識には至っていない。

参考文献 菅原正明「西日本における瓦器生産の展開」(『国立歴史民俗博物館研究報告』一九、一九八九)

(水口由紀子)

かしほんぶんか 貸本文化 貸本屋は、図書館などとは別に市販の本・雑誌を有料で貸し出していた。また、貸本独自の作品も作られ、総じて「貸本文化」と呼ばれる。近世後期から民衆の「読みもの」供給のルートは貸本屋に独占されており、天保年間(一八三〇―四四)には江戸でおよそ八百もの貸本屋があったという。同時に、本を背負って巡回する「背取《せど》りの貸本屋」もあった。新聞や単行本形式の活版本が普及するにつれて、近世までの貸本店は消滅し、常設の店舗をもつ貸本屋が主流となったが、その数は東京市内で六十四あまりという数であった。都市部のみならず、郡部や地方都市では古書店が貸本業を兼業する場合が多かった。新刊貸本は少なかったようである。貸し出す本・雑誌は、単行本もあったけれど『キング』『日の出』など大衆雑誌が中心で、廉価で貸し出され、戦前までは大人の利用が多かった。貸し出し期間はおおむね最低三日であった。川端康成・高見順らの鎌倉文庫など文化運動の一環として行われたものもある。新たに新刊専門の貸本店が登場し、「赤本マンガ」ブームをきっかけとして子どもの利用者が激増していったことが、戦後「貸本文化」の特徴である。子ども向けには冒険活劇や「母もの」を主とした貸本マンガがあった。貸本屋は、一九五五年(昭和三十)からの数年間が最盛期で、全国で三万軒といわれたが、内職的なものや駄菓子屋を兼ねたものなどその実数は不明である。悪書追放運動の対象ともなった貸本屋にどのくらいの時間、子どもが入り浸ることができたかは、戦後子ども生活史(家族史)の重要なテーマとなろう。貸本文化は、全体として六〇年代初めには衰退に向かった。「知的」な図書館と比較して「読書」の「自由」をより謳歌できる場所であったとの評価もある。『全国貸本新聞』や『貸本マンガ史研究』などが基礎文献となる。

参考文献 梶井純『戦後の貸本文化』(一九七六、東考社)、貸本マンガ史研究会編『貸本マンガ RETURNS』(二〇〇六、ポプラ社)

(大串 潤児)

かしや 菓子屋 菓子を売る店。平安時代、平安京の東西の市では唐菓子の販売が確認できる。室町時代の京都では餅座や店舗営業の饅頭屋のほか、座売りする饅頭売りもあった。江戸時代以降、都市を中心に菓子屋が発展、上菓子屋、飴屋、餅菓子屋、饅頭屋、四文菓子屋ほか種類は非常に多い。営業形態も店売り、屋台、行商などさまざまである。一八三〇年代ごろを境に菓子屋の経営数増加が見られ、農村にも及んでいる。一八八六年(明治十九)東京府区部の菓子屋は四千九百二十一軒であった。近代以降、洋菓子屋、和菓子屋のほか和洋両方の菓子を売る店も増えている。また、近年では後継者難などから廃業する菓子屋がある一方、コンビニエンスストアーなど菓子の販売チャネルは増えている。

饅頭売(『七十一番職人歌合』より)

参考文献 青木直己『図説和菓子の今昔』(二〇〇〇、淡交社)、同「幕末関東城下町結城における菓子屋仲間について—城下町と在村の菓子屋営業—」(『立正史学』一一七、二〇一五)

(青木 直己)

かじや 鍛治屋 金属を加熱し、金槌などで圧力を加え

鍛冶（『七十一番職人歌合』より）

成型する鍛造という技術によって金属製品を製造・補修する手工業者。古代律令制下では木工寮《もくりょう》などの官司に属する鍛工がいたが、平安後期以降から中世にかけては大寺院・大寺社に属する鍛冶屋のほか、各地の荘園でも鍛冶屋の存在を確認することができる。ただし、時代がすすむにつれ、刀鍛冶、包丁や鎌などを扱う刃物鍛冶、労働用具である鍬や鋤の刃先などを扱う農鍛冶というように扱う製品による細分化を遂げており、その存在形態と歴史的展開は一様ではない。近世の領主は城下町に農鍛冶を集住させ保護・統制を加えたが、使い手の体力・技量などの個性に対応した農具の使用を重視する近世農業の特質に規定され、やがて村に工房を設け、個別の注文に応じて農具を製造・補修する農鍛冶が徐々に増加していった。こうした村の農鍛冶は近代以降も存続したが、高度経済成長期以降、農具の機械化や鍬・鋤の大量生産が一般化するなかでその姿を消しつつある。

参考文献 佐藤次郎「野鍛冶」（『(講座)日本技術の社会史』五所収、一九八三、日本評論社）、網野善彦「鉄器の生産と流通」（『中世民衆の生業と技術』所収、二〇〇一、東京大学出版会）
（篠宮　雄二）

かじゃ　火舎　仏前で香草を焚くための火鉢。「かしゃ」「かさ」とも読み、火舎香炉ともいう。浅い半球形の火皿に脚を付けたもので、大きく外反する鍔状の縁を持ち、宝珠付きで透かしのある蓋を載せる。仏教における供養の基本である香《こう》(香を焚く)・華《げ》(花を飾る)・燈《とう》(燈明をともす)・飲食《おんじき》(飲食物を供える)のうち、香はその中心をなし、古くからインドにおいても重視されていた。焼香するための香炉は、その形式や用途により何種類かに分かれるが、火舎香炉は密教で主として用いられる。香炉は、中国では戦国時代末期に高脚を持つ青銅器(豆《とう》)として現れ、熏炉《くんろ》と呼ばれて漢代以降盛んに使われた。後世の火舎香炉の原形となる半球形の火皿に短い三脚を持つ鼎形《かなえがた》香炉は、三―五世紀の三国・晋代に成立した。浅い皿形の承盤《うけばん》に先端の尖った山形の蓋を持つ博山炉は、大海に浮かぶ神山にたとえられたもので、神仙思想を表現したとされる。これを五―六世紀以後、興隆した仏教徒が好んで仏具に用い、隋・唐代に仏教思想の影響により、山形から蓮華形に変わった。このころ登場した、透し彫りのある浅い平底の鉢を三本または五本の獣脚で支える形式のものが奈良正倉院にあり、白石《はくせき》火舎(大理石製)、金銅・白銅火舎と呼ばれている。日本には仏教とともに将来されたとみられ、早く法隆寺の玉虫厨子の絵にも描かれている。奈良時代以後は供養具として盛んに作られた。平安時代に入ると火舎香炉は、仏具としてのみならず調度としても重宝された。三彩釉の火舎は八世紀、瓦質土器の火舎は平安・鎌倉時代に多く作られ、大型のものは火鉢、小型製品は香炉として用いられた。

参考文献 石田茂作監修『(新版)仏教考古学講座』五(一九六四、雄山閣出版)
（馬淵　和雄）

かじろうどう　家事労働　市場を介さず家庭内で行われる衣・食・住、子どもや高齢者の世話に関する労働。近世社会では家庭の外と内の労働は未分化であったが、近代の産業化社会のもと、性別役割分担に基づく家族が成立すると、女性が担う無償の行為となった。家事が「労働」と位置付けられ、労働概念を拡げることとなったのには、第一波、第二波フェミニズムの貢献がある。日本では、一九一八年(大正七)―一九年の母性保護論争において、山川菊栄(一八九〇―一九八〇)が家事労働を不払い労働と見なし、一九六〇年代の第二次主婦論争では、家事労働の経済的評価をめぐる論争が起こった。これは七〇年代のヨーロッパでの「家事労働に賃金を」という運動に先駆けるものであった。九五年(平成七)、第四回世界女性会議では、自給生産を担う途上国の女性の無償労働も含めて、その測定と評価が主張された。現在、家事労働を「ケア労働」と言い換え、男女が担い合い社会が積極的に評価するシステムづくりが提案されている。
→家事《かじ》　→主婦論争《しゅふろんそう》

参考文献 水田珠枝「家事労働論争」(朝日ジャーナル編『女の戦後史』二所収、一九九五、朝日新聞社)、エヴァ＝フェダー＝キテイ『愛の労働あるいは依存とケアの正義論』(岡野八代・牟田和恵監訳、二〇一〇、現代書館)
（平井　和子）

かしわもち　柏餅　餡入りの新粉餅を柏の葉で包んだ菓子。現在、端午の節句菓子として食べられる。これは柏の葉が新芽が出るまで古い葉が落ちないことから、家の継続を願う武家に尊ばれ、江戸を中心に広まった。江戸時代、武家町家とも自製することが多かった。柏の葉の需要も多く、江戸近郊の八王子では節句前には柏葉市が開かれた。餡には小豆餡のほか味噌餡も用いられた。また、東海道猿が馬場(静岡県湖西市)では柏餅が名物で多くの錦絵に描かれた。

参考文献 青木直己『図説和菓子の今昔』(二〇〇〇、淡交社)
（青木　直己）

ガス　ガス　広義には気体一般を指すが、日常生活では燃料用の気体を意味し、供給方法によって都市ガスと液化石油ガス(LPG)とに分けられる。都市ガスはガス事業者が工場で発生させたガスを導管により家庭や工場に供給するもので、一八一二年にロンドンで開始された。日本では一八七二年(明治五)に横浜で高島嘉右衛門らにより商用ガス灯がはじめて点灯。のち大都市から地方都

市へと普及し、一九一二年には七十四社が存在した。現在は二百社超。その用途は当初照明であったが、電灯の普及とともに暖房・台所など熱用に移行し、一九二〇年代前半には熱用口数が灯用口数を凌駕した。原料は石炭から戦後エネルギー革命とともに石油さらには液化天然ガス(LNG)が中心となる。一方、LPGは通常プロパンガスと称されるもので、一九五〇年代以降、都市ガスが供給されない地域を中心として急速に浸透した。ガスの普及は薪炭の使用を激減させるとともに、家屋の気密化・中高層化の前提となった。↓プロパンガス

参考文献 牧野文夫『招かれたプロメテウス―近代日本の技術発展―』(一九九六、風行社)、鈴木淳『新技術の社会誌』(『日本の近代』一五、一九九九、中央公論新社)

(小堀　聡)

かずさぼり　上総掘り　上総の中村糠田(千葉県君津市小糸中村)の井戸掘り職人、池田久蔵が江戸時代の文化年間(一八〇四―一八)に発明・考案したとされる上総地方独特の井戸掘り技術。井戸を掘る地点に櫓を組み、内部にヒゴ巻き車を、上端には跳板を設置する。ヒゴ巻き車を回転させながら竹ヒゴを何度も地中に打ち込んで穿孔するが、ヒゴの先端には鉄ノミと鉄管が取りつけてあり、地中を掘り進んでいく。上総地方では近代期にこの方式で掘られた、自噴の掘り抜き井戸が百五十ヵ所もあって、広大な面積の水田地帯に灌漑用水を供給できるようになった。当初はヒゴの先端に鉄棒を装着した方式であったが、明治期に池田徳蔵・石井峯次郎らによって、さまざまな技術改良が加えられ、鉄ノミや弁付きの鉄管などが取りつけられるようになっていった。上総掘りは非常にすぐれた技術であったため、油田・炭鉱・温泉の掘削などにも転用され、第二次大戦後はフィリピンやアフリカなどの途上国での井戸掘りにも、盛んに用いられるようになった。↓井戸《いど》

上総掘り (1913年)

参考文献 『君津市史』通史(二〇〇一)、高橋在久『房総遺産―普通の人達の文化―』(二〇〇四、岩田書院)

(長沢　利明)

かすづけ　糟漬　⇩漬《つ》け物《もの》

カステラ　カステラ　十六世紀中期以降にポルトガル・スペインから伝わった南蛮菓子の一種。ポルトガルの Pão-de-ló、スペインの Bizcocho がカステラの原形と思われる。名称の由来については諸説あるが、スポンジケーキの発祥がスペインといわれ、スペインとカスティリアが統合した歴史的な背景から、ポルトガル語の Bolo de Castela(カスティリア(スペイン)の菓子)に由来するという説がある。『和漢三才図会』(一七一二年(正徳二))の加須底羅がイスパニアの異称であることから菓子の名となったという記述に通じる。原材料は小麦粉・砂糖・鶏卵であるが、明治時代以降、水飴や蜂蜜が入れられるようになりしっとりした食感になった。製法にも変遷があり、『料理塩梅集』(一六六八年(寛文八))では、鍋に入れた生地の上下を裏がえして焼いている。のちには金属製の蓋の上にも火を置き上下から熱するかすてら鍋、上下に火を置いて中に生地を入れた金属製の鍋を置く釜も考案されている。近代以降にはオーブンも用いられた。

参考文献 中村孝也『和菓子の系譜(復刻版)』(一九九〇、国書刊行会)、虎屋文庫編『(日本ポルトガル友好四五〇周年記念)「南蛮菓子」展』(『虎屋文庫資料展』、一九九三)、栗津則雄他『カステラ文化誌全書―East meets West―』(一九九五、平凡社)、青木直己『図説和菓子の今昔』(二〇〇〇、淡交社)

(青木　直己)

カストリざっし　カストリ雑誌　一九四六年(昭和二十一)から主に五〇年ごろにかけて流行した大衆雑誌の俗称。カストリとはいもや雑穀を原料にした粗悪な焼酎をさすが、三合飲むと酔いつぶれたことから、粗悪な仙花紙で三号でつぶれるような雑誌の総称となった。当時の流行語となり、カストリを飲んで談論風発する知識人をカストリゲンチアなどとも呼んだ。代表的なものには『猟奇』『真相』(四六年)、『共楽』『妖気』(四七年)などがあり、五〇年ごろまでに二百点を数えた。題材は犯罪、猟奇、暴露、人情、家庭、講談物など多様であるが、性風俗を中心とした刺激を売り物にし、「H大佐夫人」(『猟奇』二)は戦後はじめて刑法第一七五条違反(猥褻物頒布罪)に問われた。しかしその表層の過激さの裏には古い日本の「健全」かつ「常識」的モラルとイデオロギーが根を張り、性の解放も性への好奇心の範囲を超えるものではなかった。

参考文献 山本明『カストリ雑誌研究―シンボルに見る風俗史―』(一九七六、出版ニュース社)

(安田　常雄)

かすみ　霞　修験道の山伏たちが守り札を配札したり、祈禱行為を行なったりして檀那から金銭を得ていた活動範囲、いわば縄張りの地域をいう。醍醐寺三宝院を頂点とする真言宗系の当山派や出羽の羽黒派では有力な修験寺院による統轄が主流で地域単位による支配は見られなかったが、聖護院を頂点とする天台宗系の本山派では国郡村という行政単位に分けて山伏たちが管理する役職を任じ、この支配地域を一般に霞と称した。↓山伏《やまぶし》

参考文献 新城常三『社寺参詣の社会経済史的研究』(一九六四、塙書房)

(西海　賢二)

ガスゆわかしき　ガス湯沸器　ガスを燃料として湯の沸騰や保管に用いる機器。温水器や給湯器ともいう。電気や石油などさまざまな燃料を用いるものがある。日本のガス湯沸器は、一九二〇年代にアメリカから導入された。

ガス湯沸器
(1950年代)

ガス湯沸器は、沸騰までの時間が長いことや大型で水圧に弱いといった短所がみられるが、構造が単純で故障が少なく保温に優れているため、第二次世界大戦後は飲食店などの店舗や大人数で利用する施設をはじめ広く普及した。また、六〇年代以降、家庭での内風呂の普及に伴い、ガス湯沸器を応用したガス風呂釜も開発され、六五年(昭和四十)に登場したバランス式ガス風呂釜は全国の公団住宅に標準装備され広く普及した。今日、従来のガス湯沸器は理髪店を中心に利用されていることに加え、家庭では熱効率を高めたガス湯沸器や、昼間はガス、夜間は電力を燃料とすることで安価に湯を沸かすことのできるハイブリッド給湯器が開発されている。

参考文献 東京ガス株式会社『東京ガス百年史』(一九八六)、パロマ編『パロマ一〇〇年の記録 温もりある明日のために』(二〇一二)
(花木 宏直)

かすり 絣 図案に従ってまだらに染めた絣糸を使って織られた布。染まらなかった部分が白く残るので、飛白とも書く。経に絣糸を用いた経絣《たてがすり》、緯に絣糸を用いた緯《よこ》絣《がすり》、経緯ともに絣糸を用いた経緯絣《たてよこがすり》がある。江戸時代以降、庶民の衣服として利用され、矢羽をあしらった矢絣は、一度放たれた矢が戻ってこないことから、縁起物として嫁入り道具の一つになった。その他、蚊絣、十字絣、さの字絣、井桁絣、亀甲絣など多くの文様がある。絣の着物は丈夫な普段着として利用され、太平洋戦争の際には、モンペに仕立て直された。藍色の生地に白い模様がある木綿の紺絣には、愛媛県松山市を中心とする中予地方で生産される伊予絣、福岡県久留米市を中心とする地方で生産される久留米絣などがある。木綿だけでなく、絹で織られた銘仙のほか、麻・ウールなど各種の繊維でも織られた。また自由な文様を織り出す絵絣もある。

参考文献 田村均『ファッションの社会経済史—在来織物業の技術革新と流行市場—』(二〇〇四、日本経済評論社)
(榎 一江)

かぜ 風邪 上気道(鼻腔・咽頭・喉頭)に各種の風邪ウイルスが感染し、鼻汁・咽頭痛・咳・痰・頭痛などの諸症状をもたらす病。古代以来、風の病・風病・ふびやう・ふうじや・はなたり病・風疾・風咳病・風気・乱り風・風の心地・かざけ・かせひき・咳嗽病などとも呼ばれているが、風病と記されるものの中には中枢性・末梢性神経の疾患も含まれている。治療には服薬のほか、ニラ・ニンニクの類を食し、湯治をしている。江戸川柳に「生姜酒呑み逃げにする風の神」とあるように、生姜汁を入れた酒や卵酒を飲んだり、熱いうどんをすすり、湯豆腐を食べて寝るといった対処法が庶民の間にみられる。京都の古沢松緑堂が売り出した「俵屋振出し風薬」は著名(『江戸買物独案内』)。一般用医薬品の中で風邪薬は胃腸薬と並んで最も需要が高く、家庭の常備薬となっているが、一九六〇年代にはアンプル入り風邪薬によって死亡事故も起きている。

参考文献 日本学士院日本科学史刊行会編『明治前日本医学史』一(一九五五、日本学術振興会)、富士川游『日本医学史(決定版)』(一九七四、形成社)、新村拓『日本医療社会史の研究—古代中世の民衆生活と医療—』(『叢書・歴史学研究』、一九八五、法政大学出版局)、鈴木昶『日本の伝承薬—江戸売薬から家庭薬まで—』(二〇〇五、薬事日報社)
(新村 拓)

かせいがく 家政学 生活を総合的に研究する学問。現在の定義は、「家庭生活を中心とした人間生活における人と環境との相互作用について、人的・物的両面から、自然・社会・人文の諸科学を基盤として研究し、生活の向上とともに人類の福祉に貢献する実践的総合科学」(日本家政学会『家政学将来構想一九八四』)とされている。家政学の源流は、江戸時代の家政論、婦徳教育および女子教育にさかのぼる。「家政」とは、「国政」に対して用いる言葉であり、儒学者貝原益軒(一六三〇—一七一四)は『家道訓』の中で、「家を治むるは国を治むるに同じ、財を用い人を用ゆ、此二事をつつしむべし」と述べている。江戸時代の家政書は家を治める家長向けの書物であった。女性には、『女大学』(一七一六—三六年、貝原益軒『和俗童子訓』の一部)に代表されるような、儒教精神を旨とする忍従と勤労を説く婦徳教育がなされた。また、熊沢蕃山(一六一九—九一)が『女子訓』の中で「裁ち縫の技と衣服処置のいかんに家運の盛衰がかかっている」と記したように、当時「お針」の技術は重要であり、師匠に習うこともあった。一八七二年(明治五)の学制では、女児小学に手芸が設置されて学校教育に家政教育が位置づけられ、女子の就学率向上に貢献する。その後家庭管理は女性の仕事となり、戦前まで家事科・裁縫科は小学校、高等女学校における女子教育の基幹教科であった。大正期から昭和戦前期にかけて、女子高等師範学校、高等女学校の家政科において、食物栄養、繊維、住居、生活経営など生活に関する事象の研究が行われて生活の科学化が進み、家政学の学問としての土壌が固まった。一九〇九年にすでに学会が設立されていたアメリカ家政学Home Economicsの影響も受け、四九年(昭和二十四)に日本家政学会設立、五一年に学会誌創刊、八五年からは日本学術会議にも参加した。現在は、生活科学部などに名称変更された学部も含め、全国の国公私立大学の家政系学部において家政学が教育・研究されている。

参考文献 常見育男『家政学成立史』(一九七一、光生館)、富田守・松岡明子編『家政学原論—生活総合科学へのアプローチ—』(二〇〇一、朝倉書店)
(表 真美)

かせいしょ 家政書 家経営の指針として家政を論じる書物。近世には家の主人である家長男性のために書かれ

たが、明治以降になると、女性向けの家政書や、男女を問わず一般向けに家政の要諦を述べる書物が刊行されるようになり、家政書と総称された。明治初期には、文部省が、男女一般に向けた家政用の教科書として、イギリスのチェンバーズ著、永田健助訳『百科全書家事倹約訓』(一八七四年(明治七))を刊行したほか、アメリカのハスケル著、永峰秀樹抄訳『経済小学家政要旨』(七六年)などが翻訳出版され、家屋や家事・家計の管理、健康法、雇人管理、夫の心得、育児など、家長と主婦を対象とする家の治め方が紹介された。その後、家政書は、八一年に出された小学校教則綱領に依拠した教科書として刊行されるようになり、内容が狭められ固定化していった。さらに時期が下ると、男女の性別役割を前提として家政を女性の役割とみなすものが多くを占め、対象も女性に限られるようになった。

参考文献　常見育男『家政学成立史』(一九七一、光生館)、亀高京子他「家政書からみた明治初期の家政(学)について」(『東京家政学院大学紀要』一八、一九七八)

(横山百合子)

かせいふ　**家政婦**　個人の家庭内や寄宿施設での家事・育児・介護、または病院施設での介護の補助に従事する女性労働者の呼称。戦前には派出婦とも呼ばれた。住み込みで働く女中人材が不足してきた際に、近代的な雇用関係に基づく職業として登場した。現在、職業安定法施行規則で法的な定義がなされ、厚生労働省によって有料職業紹介が許可される職種となっている。女性による無償の家事労働の拡大と表裏一体に、ケアワークが女性特有の有償労働として発展した歴史を象徴する職業の一つである。↓女中《じょちゅう》

(木村　涼子)

かぜまち　**風待ち**　廻船が良風を待ち湊に停泊すること。日和待ちともいう。近世の廻船は帆によって航行し、荒天には脆弱な船体構造であったため、航行に適した風向きや強さ、波浪の状態を確認した上で航海した。荒天時や逆風時は近くの湊に入湊して天候の回復や順風を待った。こうした避難用の湊を風待ち湊ともいい、強風による波浪を避けることのできる入り江や島影が選ばれた。また、津軽海峡渡海や房総半島を回って江戸湾に入る際など、航海上の難所を乗り切るために適した風を待つ風待ちもあった。航海に適した天候の予測を日和見といった。日和見の場所を日和山といい、湊近くの見晴らしのよい丘陵や山頂が選ばれた。日和山には方角を示す方角石が置かれ、観天望気で天候を予測した。↓船《ふね》

参考文献　南波松太郎『日和山』(『ものと人間の文化史』、一九六八、法政大学出版局)

(昆　政明)

かそう　**火葬**　遺体を火で焼く葬法。日本では焼いたあと骨を拾って墓に納める。仏教とともに伝わり、平安貴族は通常火葬を行なったが、地方では奈良時代の官人層を除くと火葬は少なく、十二世紀ころから再び行われ始めた。近世では主として都市部と浄土真宗の盛んな地域で火葬が行われたが、近畿地方では土葬の多い村でも上層が火葬を選択することもあった。都市の火葬場では隠《おん》亡《ぼう》(三昧聖《さんまいひじり》)が火葬作業を行なったが、地方では村民の互助または近親者により火葬されることが多かった。現在では全国的にほとんど火葬になっている。↓火葬場《かそうば》↓墓《はか》

参考文献　木下光生『近世三昧聖と葬送文化』(二〇一〇、塙書房)、林英一『近代火葬の民俗学』(二〇一〇、法蔵館)

(勝田　至)

かそう　**仮装**　人間が、仮面や衣装、道具などを用いて異なる存在に姿を変えること。その対象は人や神仏、妖怪、動物などだが、超自然的な存在に扮することが多い。仮装の目的は、人々に豊穣や祝福を与える、災厄をもたらす邪気を祓う、娯楽を提供するなどさまざまである。仮装にまつわる行事や儀礼では、時を定めて異界からこの世に訪れる来訪神が広く知られている。沖縄県八重山群島では旧暦六月に、豊作をもたらす神としてアカマタ・クロマタが訪れる。同県石垣島川平では旧暦八・九月の戊戌の夕刻、蓑笠に身を包んだマユンガナシが現われて家々を廻る。鹿児島県下甑島《しもこしきじま》や種子島、屋久島で大晦日に幼児のいる家を訪れるトシドンなどは、年の変わり目に村の若者が秘儀的に仮装し、家々を訪れて作物の予祝を述べ饗応を受ける。秋田県男鹿半島では、年越しの晩に若者らが鬼のような面を被りケラミノを着け、出刃包丁を持って家々を訪れるナマハゲの行事が伝えられている。↓変装《へんそう》

参考文献　『特集草荘神』(『季刊自然と文化』二六、一九六九)、国立歴史民俗博物館編『変身する—仮面と異装の精神史—』(『イメージ・リーディング叢書』、一九九二、平凡社)

(常光　徹)

仮装　秋田県男鹿市のナマハゲ

かそう　**家相**　敷地の状況、家の形・方角・内部構造などによって居住者の吉凶・禍福を判断するもの。古代中国で生まれた占いで、陰陽五行の思想が根底にある。日本では、奈良時代の養老律令職員令《しきいんりょう》によれば、朝廷の中《なか》

務省《つかさしょう》陰陽寮《おんみょうりょう》に占筮《せんぜい》・地相を職掌とする陰陽師がいた。地相も家相の一種である。平安京は地相の四神相応《ししんそうおう》にかなった地であり、四神相応とは東に青竜(流水)、西に白虎(大道)、南に朱雀(湿地)、北に玄武(丘陵)を配した土地のことである。家相では北東(艮《うしとら》)の方角を鬼の出入りする鬼門としており、平安京は北東に比叡山延暦寺を建立して鬼門除けとした。家相は日本の建築と気候風土に合わせて変化していった。家相が大流行したのは江戸時代後期であり、十八世紀末ごろから幕末にかけて多くの家相書が出版された。明治時代に科学が発達すると、家相は科学的な根拠がない迷信とみなされたが、建築学的・住居学的な知恵に基づいている場合もある。

参考文献 清家清『家相の科学 二一世紀版―一戸建て・マンションの選び方住まい方―』(『知恵の森文庫』、二〇〇〇、光文社)

(菅原 正子)

かそうしゃかい 下層社会 近世身分制社会においても、長吏(非人)組織の下位集団に属し乞食や屑拾いなどを生業としている場合もあるが、近代社会の都市において形成された固有の共同体。十九世紀後半には家族を形成することさえ困難で木賃宿や貧民窟に渾然一体となって生活し日雇人夫・人力車夫・屑拾いなどで糊口を凌いでいた人々は、日露戦争後には部分的に職工などに就くとともに世帯を形成する。世帯の家計維持には補助的労働も必要とされたが、第一次世界大戦後になると新中間層や工場労働者の一部が下層社会を離脱して昇進していき、それが実現しなかった人々は都市のなかで相対的に下位に定置されるようになる。それとともに共同性を必要としなくなった都市下層は分散化することになり、下層社会を対象とした行政的対応(とりわけ内務省主導)もこのころから細民調査などとして実施され、方面委員制度などにより組織的かつ抽象的に把握される必要に迫られる。

↓スラム

参考文献 中川清『日本の都市下層』(一九六五、勁草書房)、同編『明治東京下層生活誌』(『岩波文庫』、一九九四、岩波書店)

(吉村 智博)

かそうば 火葬場 遺体を燃焼し骨化するための施設。かつては火屋、三昧、焼場などともいった。特に施設もなく野焼きをする空間の場合もあるが、薪を燃料に煉瓦などで築かれた簡易な炉を使用していた所も多い。ただし薪での火葬は時間がかかり臭気もあるため、夜間に行われることが多かった。大正期以降になると重油やガスなどを燃料とする火葬炉が開発され、短時間での火葬が可能となった。特に日本の火葬では、拾骨が重視され、ある程度遺骨の形を残すために細心の注意が払われる。現在では葬儀式場を併設する火葬場も増加している。

↓火葬《かそう》

参考文献 浅香勝輔・八木澤壮一『火葬場』(一九八三、大明堂)

(山田 慎也)

かぞえうた 数え唄 一つ二つと数を数えていく形式の唄。または、唄の中に数を順に歌い込んだ唄。前者は、童歌《わらべうた》の中に多く見られ、手鞠唄や羽根突き唄、お手玉唄、縄跳び唄のように、数の連続を競う児童遊戯に伴って歌われるものが多く見られる。全国各地でさまざまな数え唄が歌い継がれて今日に至っている。また、後者は、大人が歌う唄に多く、その起源は明らかではないが、平安時代末期に後白河法皇が編んだ歌謡集である『梁塵秘抄』には、すでに「四句神歌」の中に「吹田の御湯の次第は、一官二寺三安楽寺、四には四王寺五侍、六膳夫(下略)」と、現在の福岡県筑紫野市に所在する二日市温泉の入浴順を歌ったものがみえており、こうした数え唄の成立が古代までさかのぼることを示唆している。ほかにも数え唄は、酒席で歌われた春歌や、労働歌の中にも散見する。

参考文献 遠藤ケイ『こども遊び大全―懐かしの昭和児童遊戯集―』(一九九一、新宿書房)

(宮瀧 交二)

かそか 過疎化 人口減少に伴い、従来の地域社会における防災、教育、保健など、地域生産の基礎的条件が維持できなくなる、あるいはできなくなりつつある状態へ向かっていることを指す語。「過疎」という用語が公的に用いられた最初の事例は一九六六年(昭和四十一)、経済審議会地域部会の中間報告においてである。同報告では高度成長が地域社会に与えた影響の一つとして、都市部における「過密問題」と対比する形で人口急減地域における「過疎問題」を指摘した。必ずしも都心部から遠距離の地域でのみ発生するわけではなく、条件により比較的都市近郊部でも発生することがある。また高度成長期には東北部においては男性世帯員による出稼ぎ型、西日本においては家族全員による挙家離村型と地域により異なるパターンで生じることが指摘された。一九九〇年代以降は、過疎化の結果、集落機能の消失の危機にさらされている集落を限界集落と呼ぶこともある。

↓僻地《へきち》

参考文献 今井幸彦編『日本の過疎地帯』(『岩波新書』、一九六八、岩波書店)

(永江 雅和)

かそ・かみつ 過疎・過密 戦後日本、特に高度経済成長以降の地域社会の問題を象徴的に示すことば。「過疎」ということばは一九六七年(昭和四十二)経済審議会地域部会報告ではじめて公式に使用された。そこでは「過密問題」に対応して「過疎問題」として使われ、「人口減少のために一定の生活水準を維持することが困難になった状態、たとえば防災、教育、保健などの地域社会の基礎的条件の維持が困難になり、それとともに、資源の合理的利用が困難となって地域の生産機能が著しく低下すること」によって生じる地域の生活問題と認識されている。六五年国勢調査において五年間に一〇%以上の人口減少を示した町村が山村、離島などを中心に多く見出されたことで注目されるようになった。七〇年過疎法が制定されてこうした地域に対する財政援助が行われるようになり、人口流出も緩慢となったが、問題の解決は容易ではなかった。一方、六二年全国総合開発計画(第一次)は、地域間格差是正と過密の弊害の除去をその計画目標にお

いていた。都市における人口・産業が一定の限界をこえる過度の集積は、むしろ弊害をもたらす結果となるとされ、輸送手段・社会資本の不足が問題になる。当初の地方への産業分散や産業基盤整備という文脈から、次第に市民生活にとっての社会資本整備の問題(住宅、水道、バス、交通手段など)としてとらえられるようになっていった。七〇年代には都市部への人口流出は緩和の傾向を見せていたが、八〇年代になると東京一極集中が問題となる。大都市の巨大化に伴い、通勤圏の拡大、地価の高騰などの問題が生じた。九〇年代に入り、過疎化・高齢化によって集落の自治、冠婚葬祭などの生活そのものの機能が急速に衰えた地域が増え、「限界集落」ということばが生まれた(人口の五〇%以上が六十五歳以上の高齢者)。九〇年代以降の構造改革路線のなかで過疎地のみならず地域社会は大きな打撃を受けていたが、東日本大震災のもとでより深刻な人口流出が続く地域が現れている。

↓僻地《へきち》

参考文献　結城清吾『過密・過疎』(『三一新書』、一九七〇、三一書房)、西尾勝「過疎と過密の政治行政」(日本政治学会編『五五年体制の形成と崩壊』所収、一九七七、岩波書店)

(大串　潤児)

かぞく　家族　「夫婦・親子を中心とする近親者によって構成され、成員相互の感情的絆に基づいて日常生活を共同に営む小集団」と定義されることが多いが、歴史学研究では、生産手段の所有と経営活動を行う基礎集団を「家族」とし、前近代社会では「家」を「家族」とする。ゆえに、家内には、夫婦・親子のみならず、傍系親族や非血縁者の家族構成員を含み、多くの隷属員を抱えており、いわゆる大家族だった。この大家族は、主として十世紀の成立期から中世、あるいは近世前期にかけて有力者の家にみられた。

エンゲルス『家族・私有財産・国家の起源』では、原始社会は氏族や部族による生産手段の共同所有に対応した母系的血縁集団が基盤だったが、生産力の発展に対応して階級社会が出現すると私的所有に対応した隷属民を含み込んだ父系的・父権的・家父長制的家族が成立する。さらに、近代の産業発展により男女が対等な労働成果を得られる社会が到来すると家父長制家族は消滅するとし、家父長制家族の歴史的生成と消滅を位置づけた。戦後はこの史的唯物論的家族発展による家族史研究が進展したが、一九七〇年代になり、フランスから始まる社会史や人類学などの研究成果が取り入れられ、氏族系譜などの史料に即した実証研究と、家族員相互関係がより緻密に分析されるようになり、家族史・家族生活史研究は大きく進展した。その結果、従来等閑視されてきた女性史料を博捜し、男女の相互関係や性役割分担などの視角も含んだ緻密な実証的なジェンダー分析により、古代国家成立と同時に家父長制家族が成立したとする七〇年代前半までの研究が明確に否定された。八世紀の財産の男女個別所有、女性の経営権の存在、女系紐帯の強さ、男女対等な公的家設置基準等々が史料から解明され、家父長制家族説が批判され、九世紀初頭までは双系的政治的ウジ集団や村落共同体集落内では男女が対等に近く、「母子＋夫」が消費の生活基礎単位であったことが通説になっている。九世紀末以降になり、中国から継受された女性を排除した家父長制的律令官僚組織が定着すると、政治的意思決定権を持つ議政官などや官職役職から排除された女性は、公的家を設置することがほとんどできなくなる。貴族層から官職や家業の父子継承による父系直系継承の家原理・家筋が萌芽し、院政期には武士層にも家筋・家格・家柄が成立し総体的に家が成立する。百姓層でも在家や作職など継承すべき家産の成立がみられるから、男権的家父長制家族(家＝イエ)は九世紀末に支配者層から萌芽し、家父長権の強弱はありつつも院政期には百姓層まで成立するのである。この場合の家内には階層により員数の多寡はあるが非血縁者を含んでおり、大家族である。もっとも、中世前期の家は庶子の分立も認められており、惣領制的親族集団による規制も存在したが、十四世紀に至り総体的に独立した嫡子単独相続の家が確立する。武士層など、さまざまな合戦や政争で盛衰を経験しており、必ずしも家継承は安定的ではない場合もあるが、父系直系単独相続の家継承原理は確立したのである。近世には、家名・家産・家業・祖先祭祀を継承する家が社会の基礎単位となる。

成立期から中世前期の家は、家長が家を代表し父(夫)権・家長権を保持するが、妻は家財管理や非血縁者も含めた家構成員の統括などの家経営に関与し、夫没後の後家は遺産統括や分配を行うなど強力な後家権を持っていた。村落や都市の共同体では、家を単位とする正式構成員は男性であり、どの階層の家も家父長制原理が貫かれていたが、家内の妻役割は重要であった。

近世になると、家が各階層に普遍化する。さらに有力百姓層は別として、夫婦と子どもを基礎的単位とした小家族が一般的になる。ここで、「夫婦・親子を中心とする近親者の集団」としての家族＝家が一致することになる。

↓家庭《かてい》

参考文献　義江明子『日本古代の氏の構造』(一九八六、吉川弘文館)、高橋秀樹『日本中世の家と親族』(一九九六、吉川弘文館)、『日本家族史論集』一―一三(二〇〇二―〇三、吉川弘文館)、関口裕子『日本古代家族史の研究』上・下(二〇〇四、塙書房)、服藤早苗監修『歴史のなかの家族と結婚―ジェンダーの視点から―』(『叢書・〈知〉の森』、二〇一二、森話社)

(服藤　早苗)

かぞくアルバム　家族アルバム　家族の写真を記念に保存するために台紙に貼り付けて綴じたもの。写真が普及するのは十九世紀であり、日本でも一八六二年(文久二)に長崎と横浜で写真業が開業されている。大正期には、写真館において撮影した家族の写真をアルバムに貼り付けて残す家庭が増えた。一九六〇年代、世界に先駆けて

日本で開発された小型軽量フィルム式一眼レフカメラが急速に普及した。これにより家庭で家族写真が撮影されるようになると、家族アルバムは家族の思い出を残すかけがえのないものとなった。山田太一の原作・脚本によるTVドラマ「岸辺のアルバム」(七七年(昭和五十二))では、家族アルバムが幸せな家族の象徴として描かれる。東日本大震災の被災地では、津波に流された家族写真を回収し、その持ち主を探す活動がボランティア活動を中心として行われた。現在はデジタルカメラの時代となり、家族写真を冊子として保存する機会は減っている。子どもや家族の記念の画像・映像は、デジタルデータなど形を変えて残されるようになった。 →写真《しゃしん》

参考文献　小林忠雄「歴史の交差点―家族アルバムから民俗文化を読む―」(『週刊ダイヤモンド』八五ノ四三、一九九七)、山田太一『岸辺のアルバム』(『光文社文庫』、二〇〇六、光文社)　(表　真美)

かぞくけいかく　家族計画　家族の経済能力や母体保護などを理由として、避妊と人工妊娠中絶により、出産間隔や産児数を計画的に調整すること。不妊症治療のための受胎促進も含む。近代日本の多産多死から少産少死への人口転換に大きな影響を及ぼした。江戸後期は、飢饉や疫病の流行などによる死亡率の高さのほかに、堕胎や間引き、捨て子といった方法による人為的な出生制限が行われ、人口停滞が続いた。江戸中期以降は、政治的に出生制限が禁止されて人口増強対策が講じられるようになり、明治期まで避妊は罪悪視された。一九二一年、サンガー Sanger(一八八三―一九六六)が全米バース＝コントロール連盟を結成、二二年(大正十一)に来日し、日本でも産児調節運動が盛り上がったが、戦時を迎えて「産めよ増やせよ」の時代となった。戦後四八年(昭和二十三)には、不妊手術、人工妊娠中絶、受胎調節の指導を規定する優生保護法が制定され(九六年(平成八)に母体保護法に改正)、家族計画が急速に広がった。 →産児制限《さんじせいげん》

参考文献　縄田康光「歴史的に見た日本の人口と家族」(『立法と調査』二六〇、二〇〇六)、荻野美穂『「家族計画」への道―近代日本の生殖をめぐる政治―』(二〇〇八、岩波書店)、草野篤子「出産と堕胎・避妊」(湯沢雍彦編『大正期の家庭生活』所収、二〇〇八、クレス出版)　(表　真美)

かぞくりょこう　家族旅行　家族ででかける旅行のこと。旅行の中心であった団体旅行に代わって次第に増加し、自動車が一九六〇年代後半から普及すると、マイカーを利用した家族旅行が拡大していった。運輸省の補助制度により七八年(昭和五十三)から地方公共団体によって家族旅行村の整備が各地で進められた。これは、家族そろって手軽に水辺のレクリエーションや森林浴、スキーなどのスポーツを楽しみながら保養できるように計画されたものである。二〇〇九年(平成二十一)版の『観光白書』には、国内観光旅行においては家族旅行の割合が最も大きいが、教育費の増加や所得の減少といった経済的な点や親と子どもの休日が合わないことを理由に、旅行回数が減っていると報告されている。家族向けのプログラムの充実が求められている。 →団体旅行《だんたいりょこう》

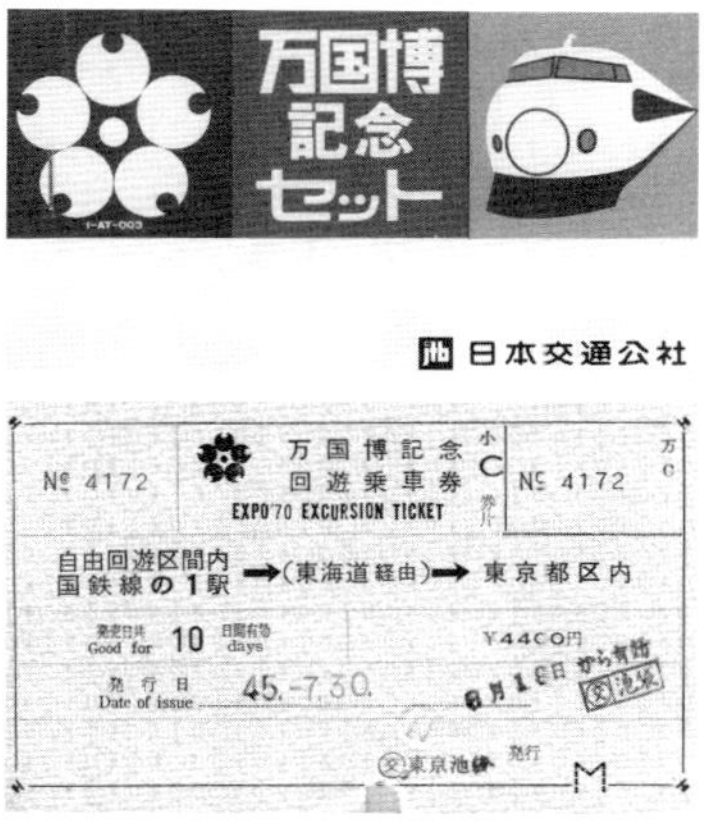

家族旅行　日本万国博覧会（1970年）記念乗車券セット

参考文献　国土交通省観光庁『(平成二一年版)観光白書』(二〇〇九、コミュニカ)　(関戸　明子)

かたかけ　肩掛け　婦人用着物の肩に掛ける防寒具、装飾品。ショールとも呼ばれた。明治二十年代の肩掛けは、大きなもので防寒具としてコートの代わりに用いられた。素材は厚手の毛織物か、毛糸で編んだもので、周囲に長い総《ふさ》がついている。二十歳以上の者は長く掛け、それ以下の者は短く掛ける傾向があった。十代の少女は白、黄、緑、藍など鮮やかなものが多く、二十歳以上の者からは黒、白鳶、浅黄と落ち着いた色が好まれた。同三十年代後半からは、吾妻コートなどが流行したことにより、肩掛けは防寒具としてだけではなく、装飾品としての役割を持つようになる。一九〇六年(明治三十九)には夏用ショールが流行した。薄絹にレースを織り込んだもの、羽二重や塩瀬に刺繡したものなどである。大正時代に服装改善運動が進められ、女性の外出頻度が増えると、ショールは必需品となる。毎年流行色は変化しているが、大正末期には大きく厚手の防寒具としてのショールは影を潜め、レースなど薄手の装飾美を重視したものが主流となった。

参考文献　昭和女子大学被服学研究室編『近代日本服装史』(一九七一、近代文化研究所)　(刑部　芳則)

かたくち　片口　口縁部《こうえんぶ》の一部に液体を注ぐ口が付いている容器、またはその注ぎ口のこと。注ぎ口は一ヵ所にある場合が多いので、片側にある口という意味で「片口」という。まれに注ぎ口が複数あるものもあり、それも片口と呼ぶことがある。古くは縄文土器に片口付きがある。中世以降、片口は鉢(すり鉢)を意味する呼称として使われた。十六世紀以降に作られた片口付き小型壺はお歯黒壺とも呼ばれた。

参考文献　荻野繁春「『財産目録』に顔を出さない焼物―西日本の擂鉢―」(『国立歴史民俗博物館研究報告』二五、一九九〇)　(水口由紀子)

かたたがえ　方違　陰陽道の方忌《かたいみ》認識に伴い、忌避すべき方角を避けてほかの方角へ移る行為。凶をもたらす作用を緩和させる目的があり、平安時代から江戸時代まで

行われた。九世紀半ばからみられ、本来は、目的地が忌避すべき方角であった際、前日に吉方へ移動し宿泊したが、次第に、ある方角へ移動し夜半に戻るなど簡略化された。最も古い型は、生年の干支から割り出した凶方を忌避するもので、次いで天一神《てんいちじん》・太白神《たいはくじん》などの諸神が遊行する方角を忌避するものがある。天一神は平安時代に強く信じられ、中期以降の方違では、天一神の方角を避けるものが多かった。平安末期には、金神《こんじん》の方角を忌避するようになり、これは忌むべき方角が年によって決まっていた。また、大将軍を忌避する三年塞《さんねんふさがり》、季節によって移動する王相方を忌避したものがある。このうち、外出や宿泊など場所の移動の禁止を避けるものは、天一神・太白神などが関連する短期の方忌で、犯土造作・出産など必ずしも場所の移動を伴わない方忌は、大将軍・金神・王相など、長期の方忌が関連した。長期にわたる方違は、春の節分を起点として、四十五日・十五日を期限に一夜の方違を行なった。また、立春日には、大将軍・金神・王相などが遊行したため、節分夜に節分方違が行われ、室町時代末にも行われたが、遊行神への信仰の変化に伴い、次第に行われなくなった。 ↓方位《ほうい》

参考文献 加納重文「方違考」(『中古文学』二四、一九七九)、岡本充弘「院政期における方違」(『史学論叢』九、一九八〇)、ベルナール＝フランク『方忌みと方違え―平安時代の方角禁忌に関する研究―』(斎藤広信訳、一九八九、岩波書店)

(小山 貴子)

かたびら 帷子 「片ひら」から来た語で、裏地のない一《ひと》重の衣《え》。また、室内の帳《とばり》の布の意味にも用いられた。帷とも書く。男性の装束では、束帯などの下着として着用された。夏の束帯では、汗取《あせとり》の帷である大帷《おおかたびら》を単《ひとえ》の下に着た。室町時代には略式として、束帯の下襲《したがさね》と単を略し、両者の裂地《きれじ》を大帷の襟と袖口に付けて下襲と単を着ているように見せた。武家の正装である直垂《ひたたれ》では、直垂の下に大帷を着用した。これらの帷子は広袖で麻製であった。『宗五大草紙《そうごおおぞうし》』によれば、室町幕府の衣更《ころもがえ》では、男性は五月五日に裏地のある袷《あわせ》から一重の帷子に替えて九月一日まで着、女性は六月一日から八月一日まで帷子を着た。江戸時代では帷子は夏に着る麻製の小袖を意味し、武家の男性は夏に裃《かみしも》の下に帷子を着用し、武家の女性は五月五日から九月八日まで単衣《ひとえ》か帷子を着た。また、浴衣は入浴時に着た湯帷子《ゆかたびら》が略称されたもので、江戸時代以降には木綿の単であった。 ↓小袖《こそで》 ↓浴衣《ゆかた》

参考文献 鈴木敬三『有識故実図典―服装と故実―』(一九九五、吉川弘文館)、増田美子編『日本衣服史』(二〇一〇、吉川弘文館)

(菅原 正子)

かたみわけ 形見分け 故人の所持品を残された人びとに分けて与えること。特に着物や身の回りの装飾品、持ち物などを分配することをいう。これらのものはいずれも故人の身体性を帯びた物であり、身体を含めた人格の換喩的な表象として捉えることができる。つまり、単に故人の遺物を受け継ぐというだけにとどまらず、故人の存在を残された人びとが見いだすための営みでもあると考える。

(山田 慎也)

がちぎょうじ 月行事 月交替で勤める役人のこと。「がつぎょうじ」「つきぎょうじ」ともいい、月行司とも書く。中世・近世の自治的な組織である寺院組織、山城国一揆、都市の地縁的共同組織である町《ちょう》、商人・職人の職縁的共同組織である仲間・組合などで置かれた。構成員が輪番で勤め、職務内容は組織により一様ではないが、町奉行や上級役人などの指示のもとで日常的な管理や統制事務にあたり、その権益を保守するとともに領主支配の末端を任うという二つの側面をもった。 ↓町《ちょう》

参考文献 秋山国三『近世京都町組発達史―新版・公同沿革史―』(『叢書・歴史学研究』、一九八〇、法政大学出版局)、吉原健一郎『江戸の町役人』(『江戸選書』四、一九八〇、吉川弘文館)

(加藤 貴)

かちく 家畜 家畜の定義はきわめてあいまいであるが、広義には人間の生活に利用する目的で、野生動物から遺伝的に改良した動物をいう。その利用目的から、農用動物、愛玩動物、実験動物に分類される。しかし、前近代日本でもっとも多くの飼育技術の蓄積があったのは鷹狩用の猛禽類であり、鵜匠のウミウであったが、どちらも遺伝的改良を受けていない。一方狭義には、人が食用、または労働の補助用として飼い馴らす動物のことをいう。この場合は、乳・肉・卵・毛・皮革・羽毛などの畜産物を生産する用畜と、労働力を提供する役畜とに大別される。狩猟時代には犬が家畜として飼われ、農耕時代に入ると牛馬が飼育されるようになった。しかし、獣肉を食用としたとしても、蛋白源としての魚類が豊富で牧草地に乏しく、また仏教思想の影響もあって、家畜を食用として飼うことは近代に至るまでなかった。昔話や神使としての動物に象徴される、動物との親和性もその背景にある。 ↓犬《いぬ》 ↓牛《うし》 ↓馬《うま》 ↓飼育《しいく》 ↓肉食《にくしょく》 ↓鶏《にわとり》 ↓豚《ぶた》 ↓牧畜《ぼくちく》

参考文献 西本豊弘他編『人と動物の日本史』一―四(二〇〇八―〇九、吉川弘文館)

(松崎 憲三)

かちぐみ・まけぐみ 勝ち組・負け組 ブラジルの日系社会で、無条件降伏後も日本の敗戦を信じなかった人々を勝ち組、冷静に受け入れた人々を負け組と呼ぶ。互いに「狂信者」「敗(戦)希(望)派」と非難し、対立が長期化、テロに発展する。移住地における挫折感と被害者意識、日本民族が退化するという惧れに日米開戦の衝撃が加わり、戦時中は日本文化圏への回帰が語られるが、この思いも敗戦により行き場を失う。前山隆はこれを、第三者的な「異文化への不適応」を超えた移民の現実的な適応戦略だと論じている。同様の現象はハワイやアメリカ本土でも見られたが、正しい情報が早く伝わったこともあって、ブラジルほど長くは続かなかったといわれている。その米国でも、大本営の短波放送に期待を膨らませていた人々の心が突然の敗戦の報に大きく揺れる。移民が移

住地と母国の戦争という極限状態に遭遇した時に示す、一見不合理な反応が、国境を超えて移動する人々の心性の内奥を鮮やかに描き出している。

参考文献　前山隆『移民の日本回帰運動』(『NHKブックス』、一九八二、日本放送出版協会)、村川庸子『境界線上の市民権』(二〇〇七、御茶の水書房)
（村川　庸子）

かつお　鰹　スズキ目サバ科に属する海水魚で回遊性赤身魚。堅魚・松魚とも書く。縄文時代前期の遺跡から鰹の骨が出土しており古くから食用とされた。平城京跡出土の木簡にも堅魚がみえ、諸国から貢進された様子がうかがえる。一八四三年(天保十四)に成立した『貞丈雑記』によると、干すと堅くなる故に堅魚と書いてかつおと読み、のちに鰹の文字を作ったとあり、干した堅いものが普通であった。そのせいか古くはあまり評価の高い魚ではなかったようで、今では身分の高い人まで好んで食すという内容が、鎌倉時代末期の『徒然草』に年寄りの話として記載されている。江戸時代になると「目に青葉山ほととぎす初鰹」(山口素堂)と謳われたように、江戸には新緑の五月に、初物の鰹を賞味する習慣があり、初鰹売りは初夏の風物詩となった。江戸時代の料理書『古今料理集』(刊年不記)や『当流節用料理大全』(一七一四年(正徳四))などによると鰹の刺身や膾など生食が普通となり、現在とかわらぬ料理が食べられたが、たたきについては現在のものと異なっていたようだ。

参考文献　『古事類苑(神宮司庁蔵版、普及版)』動物部(一九六五、吉川弘文館)、河野一世『だしの秘密―みえてきた日本人の嗜好の原点―』(『クッカリーサイエンス』、二〇〇九、建帛社)
（今田　節子）

かつおぶし　鰹節　おろしたカツオの身を煮熟し、焙って乾かした後、さらにカビ付けをして日光で乾かしたもの。「かつほぶし」の文字の初出は『種子島家譜』(一五一三年(永正十))。江戸時代には、その風味と薬餌効果に支えられ、削って、煮物や吸いもの、煎り酒(醤油の前身)などを中心に、だし素材やたんぱく源として使われた。現在は、カビ付けをしない鰹節がほとんどを占め、パック入り削り節が料理の上置きやだし素材として広く普及している。→出汁《だし》

参考文献　河野一世『だしの秘密―みえてきた日本人の嗜好の原点―』(『クッカリーサイエンス』、二〇〇九、建帛社)
（河野　一世）

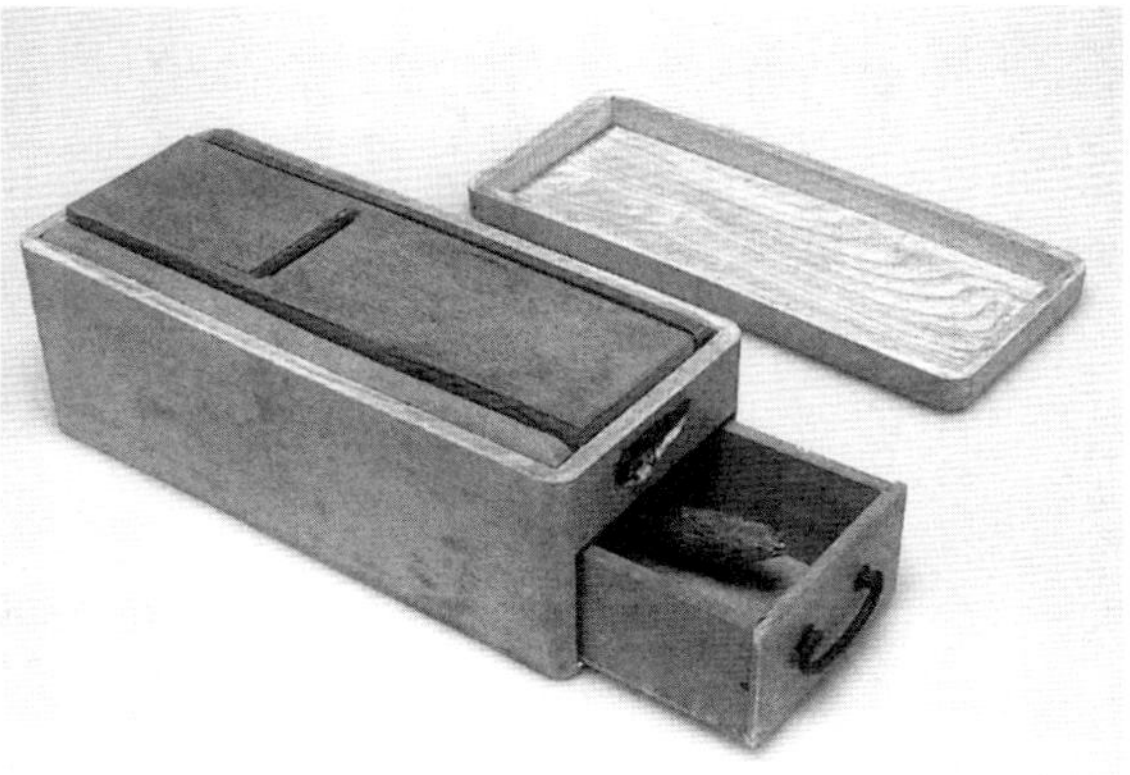

鰹節削り器

かっけ　脚気　ビタミンB_1の欠乏症。脚気腫満・脚病・かくびやう・あしのけ・きやくき・こむらかへり・べりべりとも呼ばれ、浮腫・倦怠感・知覚麻痺などの症状が現れ、急激な循環機能不全(脚気衝心)による頓死もみられた。古代より詳細に観察され往来物にも取上げられているが、地方より回送されてきた乾燥不良の米(ふけ米)や精白米を食することが多くなった近世中期の都市部で罹患者が急増。江戸煩い・大坂腫れの呼称も生まれた。明治期には結核と並ぶ国民病となり、漢方と洋方を競わせた脚気病院の設置もみている。病因について大学・陸軍は中毒・伝染説、海軍は栄養障害説をとり、兵食改良をすすめた海軍は大きな成果を上げた。鈴木梅太郎が米糠からオリザニンを発見したのが一九一〇年(明治四十三)、フンクC. Funkがビタミンと命名したのがその翌年であった。ハンマーで膝を軽くたたいて腱反射をみる脚気診断法はよく知られている。

参考文献　立川昭二『日本人の病歴』(『中公新書』、一九七六、中央公論社)、川上武『現代日本病人史―病人処遇の変遷―』(一九八二、勁草書房)、山下政三『脚気の歴史―ビタミン発見以前―』(一九八三、東京大学出版会)、新村拓『日本医療社会史の研究―古代中世の民衆生活と医療―』(『叢書・歴史学研究』、一九八五、法政大学出版局)
（新村　拓）

がっこう　学校　一定の目的に従い、教師が児童・生徒・学生に教育を施す施設。子どもにとっては遊びの場所でもある。学校は子どもの生活誌のなかで多くの時間を占める。前近代の学校は、身分的性格を持ち、全国民を対象とするものではなかった。近世になると幕府の昌平坂学問所、藩校ができる一方、寺子屋・郷学などが民衆教育の担い手となった。寺子屋・郷学は特に幕末になると急速に普及していった。一斉授業や時間・曜日の規律をもった近代的な学校制度は一八七二年(明治五)学制によって成立した。しかし学制は社会の実情にあわず、就学義務の緩和、教則の自由などを定めた教育令が七九年に公布される。八六年には小学校令をはじめとして諸学校令が制定される。諸学校令は、単一の法令ではなく、帝国大学令・師範学校令など学校別に制定され、複線型の学校体系となった。九〇年には教育勅語が出され、学校は国民形成に大きな役割を果たした。小学校は尋常小学校・高等小学校の二段階とされ、一九〇〇年に尋常小学校が義務化され、〇七年には六年制となった。日露戦争後に男女ともおおむね九割を超えたが、女子は中途退学が多く、小学校教育が定着するのは三〇年代に

なる。多くの子どもたちにとって、学校は新しい知識を学ぶ場所であると同時に、沖縄などでは日常生活とは異なる言語・習慣を用いねばならない空間でもあった。第一次世界大戦後は中等学校・高等学校が大幅に増設、整備、拡充されていった。また、自由大学運動など、民衆自身が学校を作り、学ぶ機会を広げていった。三〇年代になると、多くの子どもたちは高等小学校までは進学するようになった。一九四一年(昭和十六)、小学校は国民学校となり、教科も「少国民」育成を目的とするものに替えられた。第二次世界大戦後、占領下の教育改革により、六・三・三・四の単線型の学校系統、九年の義務教育、男女共学などの学校体系が成立した。七〇年代ころから校内暴力や不登校など既存の学校教育になじめない子どもたちが問題となり、現在ではこうした子どもたちに学びの場所を提供するフリースクールなどがある。
↓国民学校《こくみんがっこう》 ↓実業学校《じつぎょうがっこう》 ↓師範学校《しはんがっこう》 ↓自由教育《じゆうきょういく》 ↓小学校《しょうがっこう》 ↓女学校《じょがっこう》

参考文献 勝田守一・中内敏夫『日本の学校』(『岩波新書』、一九七八、岩波書店)、金徳龍『朝鮮学校の戦後史―一九四五―一九七二―』(二〇〇二、社会評論社)

(大串 潤児)

がっこうきゅうしょく 学校給食 広義では、児童・生徒の健康のために学校で授業する日に食事を与える教育活動のこと。狭義では一九五四年(昭和二十九)制定の学校給食法とその関連法規に基づいて実施される給食をいう。広義の学校給食は、貧困児童の就学対策として一八八九年(明治二十二)に山形県鶴岡町(鶴岡市)の私立忠愛尋常小学校に始まる。午後に授業があることで弁当が必要となったが、貧しくて弁当を持参できない児童に対し、各宗派寺院協同立であった同校の関係者が昼食を提供した。その後、関東大震災の際、被災児童に給食が実施され、給食への関心が広がっていく。昭和初期の経済恐慌の際には、全国的に昼食を欠食する児童が多く、社会問題化した。文部省はその対策として「学校給食実施ノ趣旨徹底方並ニ学校給食臨時施設方法」に関する訓令を出し、はじめて経費を国庫から支出した。一九四〇年には体位向上を喫緊の要務とする国策的見地から学校給食奨励規程が公布されたが、その後戦争の激化と学童疎開によって廃止された。戦後食料不足が深刻化し、日本側の要請もあり、GHQの指示で、四七年一月ララ(アジア救援公認団体)物資を利用して給食が始まった。五〇年にはパン・ミルク・おかずの揃う給食が実施され、五二年には全国の小学校に普及した。こうした実績の中で、五四年に学校給食法が制定された。同法第一条では学校給食の目的として「児童及び生徒の心身の健全な発達に資」し、給食が「食に関する正しい理解と適切な判断力を養う上で重要な役割を果たすものであることにかんがみ(中略)食育の推進を図る」ことにあるとしている。学校給食は、歴史をみると明らかなように、貧困対策や体位向上、子どもの健康維持など時々の目的を変化させながら「食を通じた人間形成」という目的が確立している。今日では、健康的な食事のあり方と望ましい食習慣、食事のマナーなどが学校給食の重点的課題となっている。学校給食の提供について、六〇年代末から給食センターの設置による給食が始まった。自校方式(各学校で調理し子どもに提供する)に対し、経済的効率性を重視するセンター方式は、衛生や健康に配慮した給食という問題を提起した。義務教育無償の原則と給食費徴収問題など理念的な課題も現在まで残されている。 ↓欠食児童《けっしょくじどう》

参考文献 山田浩子『学校給食への地場食材供給―地域の畑と学校給食を結ぶ―』(二〇一四、農林統計出版)

(荒井 明夫)

学校給食 タンパク質や熱量を示した献立(1952年，東京都世田谷区)

がっこうぎょうじ 学校行事 学校が行う、教科の教育や、子どもの自治的な学習である課外活動とは別に、学校運営の年間計画に位置付けられる全校的・全学年的な教育活動をいう。運動会・遠足・学芸会・儀式などがある。わが国公教育制度が始まった明治初期には意図的な取り組みとしてはみられないが、教育勅語発布(一八九〇年(明治二十三))の翌年に文部省令「小学校祝日大祭日儀式規程」が出され、御真影への敬礼、天皇陛下への万歳奉祝、校長の教育勅語奉読、などの儀式の形式が定式化された。アジア太平洋戦争後、子どもが行事の意味をよく理解した上で自主的に参加し、感動を深める性格の内容へと転換した。しかし一九五八年(昭和三十三)の小学校学習指導要領で、教科・特別教育活動・道徳と並んで教育課程に位置付けられ、六八年版では特別活動の一つとされた。学校行事は、子どもの企画・運営への自主的主体的参加が重要な意味をもつ。 ↓運動会《うんどうかい》 ↓遠足《えんそく》 ↓卒業式《そつぎょうしき》 ↓入学式《にゅうがくしき》

参考文献 持田裕代「全校・地域・他校の人々との人間関係を育む学校行事」(『初等教育資料』八九〇、二〇一二)

(荒井 明夫)

がっしょうづくり 合掌造 広義には扠首《さす》構造の小屋組を指すが、狭義には屋根裏の積極的な養蚕利用にあたりこの部分が特徴的に大型化した茅葺の民家形式を指す。富山県五箇山地方から岐阜県荘川地方にかけて見られる。切妻造が多いが、荘川地方では入母屋造も多い。羽馬家

合掌造（岐阜県白川郷）

住宅(重文、富山県南砺市)は十七世紀末ごろの建築と見られている。アマ(屋根裏)を三～四段に分けて蚕室とし、この部分はのちの維持も含めて村人が共同(結い)で組み立てて屋根を葺く。大工が建てる一階居室部の間取りは土間も含めて梁間を左右に区画し、床上は整形に区画されることが多いが、広間を大きくとり囲炉裏を設ける。煙硝や和紙を作った家では二間が広い。空間を造り出す梁に根曲りの材木を利用したチョウナ梁を用いる点や急勾配の屋根などは日本海側の雪深い北陸地方に共通する技術である。

参考文献　日塔和彦『北陸の住まい』(『日本列島民家の旅』七、一九九六、INAX出版)　(黒坂　貴裕)

かって　勝手　炊事場、台所の意。またそこで働く者。この意味で使用され始めたのは近世期と考えられる。また、台所などへ出入りするために設けた出入り口を、客などが出入りする玄関とは別に、勝手口と呼ぶ。地方によっては、炊事場だけではなく食事をする場を、カッテ、ダイドコロ、メシクイバ、チャノザ、キタザなどと呼ぶ。この空間は、食事や炊事、休憩、夜なべ仕事など、日常生活の場として使用され、家族にとってもっとも身近で、もっともよく滞在する部屋であった。勝手は、一般的に、床上で、土間の上手側に接する部屋、ないしは部屋から土間に張り出した板敷のところを指し、囲炉裏が切られることが多かった。多くが板床であるが、畳やゴザ敷にして、メシクイバと呼んでいる地域も近畿に多い。また、近隣の交際・対応に冠婚葬祭時や盆・正月の人寄せの裏方として、日常生活以外の諸行事のときにも用いられる。↓台所《だいどころ》

参考文献　竹内芳太郎「屋敷・間取り」(大間知篤三他『日本民俗学大系』六所収、一九五八、平凡社)　(後藤　知美)

かつどうしゃしん　活動写真　⇩映画《えいが》

かっぱ　合羽　外出時の防寒や防雨雪を目的として作られた着物。語源はポルトガル語のカパ capa。室町時代に来航した外国人たちが着用していた外套であるが、豪華な羅紗製であったこともあり、将軍足利義昭や織田信長をはじめとした戦国大名たちに愛され、より贅を凝らしたものを作らせることが流行したため日本でも広く用いられるようになった。広げると丸くなるので丸合羽ともいい、宣教師たちが着用していたため坊主合羽とも称された。色は黒・緋・萌黄があり、緋羅紗のものが猩々緋《しょうじょうひ》と呼ばれ最高級品とされた。江戸時代に入ると、高価な羅紗の代わりに、和紙を継ぎ合わせて桐油を塗った紙合羽や、引回しと呼ばれる布製の丸合羽が誕生したほか、縞や絣など木綿を用いた着物仕立ての袖合羽が製作され、庶民の道中着として用いられた。明治以降、フードが付いたゴム引きの雨合羽が普及し、郵便配達人や学生の間で用いられるようになった。現在でも、ビニールやナイロンを素材とした雨着全般が合羽と呼ばれている。

坊主合羽（『守貞謾稿』より）

参考文献　宮本馨太郎『かぶりもの・きもの・はきもの』(『民俗民芸双書』二四、一九六八、岩崎美術社)　(西村　健)

かっぽうぎ　割烹着　家庭の主婦が炊事作業に際して着用した衣服。台所で作業をする際、衣服についた塵や埃が料理のなかに入ったり、垂れ下がる前掛けを足で踏みつけたりすることがあった。そうした弊害をなくすため、一九〇六年(明治三十九)に日本女子大学の寮監松本幸が考案したのが割烹着である。松本は「上下つながった一枚の布で袖をおさへて前の開くのを防ぐ方法はないものか」(『東京朝日新聞』一九三八年(昭和十三)十一月十八日付朝刊)という点を重視した。この割烹着は、全国の家庭に普及していった。三一年の満洲事変後には、大日本国防婦人会の制服になると、割烹着は団服および礼服としての意味を持った。三七年七月に日中戦争が勃発すると、愛国婦人会や大日本国防婦人会の婦人は、同会の襷を割烹着にかけて街頭に立ち、道行く人々に千人針の協力を求めた。戦時下において割烹着は、婦人標準服が登場するまで、主婦の制服としての役割を果たした。昭和四十年代以降はエプロンが増加し、家庭における割烹着は少なくなった。

参考文献　『読売新聞』(一九三四年五月八日付夕刊)、『東京朝日新聞』(一九三八年十一月十八日付朝刊)　(刑部　芳則)

かつら　**かつら**　髪型を変えるため頭に被るもの。一八七一年(明治四)に政府は散髪を奨励したが、文明開化を嫌う人も少なからずおり、そのような人物と接触するため、丁髷のかつらを被る者もいた。歌舞伎や芝居の俳優が被る劇中の人物に応じたかつらもあった。だが、その一方でかつらは、病気で毛が抜けるなど、薄毛や禿で悩む人々のためにも作られた。八二年に東京府本郷区(文京区)湯島の有馬屋が新聞に掲載した「御つけまげ」の広告は、かつら販売の古いものとして挙げられる。昭和初年に女性の断髪が流行すると、その上に被る結髪のかつらも登場している。女性用の結髪かつらが流行するのは、太平洋戦争後に髪結いで島田などを結わなくなってからである。一九四九年(昭和二十四)には着物と日本髪で正月を迎えようと、文金高島田のかつらが飛ぶように売れ、昭和三十年代からは美容院で各種日本髪のかつらを貸出している。同四十年代にはナイロン製の実用的なかつらが主流となり、外見からかつらとはわからない高級かつ精巧なものも登場した。

日本髪のかつらを貸し出す美容院(『読売新聞』1957年12月29日付より)

参考文献　『読売新聞』(一八八二年十月五日付朝刊、一九二八年六月二十一日付朝刊、一九四九年十二月八日付朝刊)

(刑部　芳則)

かつらめ　**桂女**　中世から近世にかけて、㈠山城国(京都府)桂から鮎や飴を京都に持って来て売り歩いた女性、㈡諸家に出入りして巫女的役割をした女性、のことをいう。勝浦女と書くこともある。㈠は、鎌倉・室町時代に朝廷に鮎を納めていた桂供御人《くごにん》の女性たちが京都の市中で鮎を売ったもので、『三十二番職人歌合』には頭に白い布を巻き額で結んだ桂女が描かれている。㈡は室町時代以降に、有力な諸家や朝廷・幕府に出入りし、年始・八朔《はっさく》の時には進物を献じ、結婚・出産の時には祝詞を述べた。また、合戦の時には大名の軍陣に伺候した。近世の桂女の由緒書によれば、桂女の先祖は神功皇后の侍女の伊波《いわ》多姫《たひめ》で、朝鮮半島に出陣中に懐妊した皇后に白布を献じ、皇后はこれを帽子や腹帯に用いて勝利し、皇子を無事出産したといい、皇后の命により白布を頭に巻くようになったとしている。桂女の家は女系で、婿を迎えて子を産み、男子がいても女子が家督を相続した。

桂女(『東北院職人尽歌合』より)

参考文献　名取壌之助編『桂女資料』(一九三八、大岡山書店)、網野善彦『日本中世の非農業民と天皇』(一九八四、岩波書店)

(菅原　正子)

かてい　**家庭**　夫婦・親子などの家族の集まり、また、その生活の場所。家庭の語は、室町時代の国語辞書『節用集』にみられるが、これに「憩い」「安らぎ」「団欒」などの精神的機能を表す言葉が結び付けられるようになるのは、明治中期以降である。それ以前の日本の家庭は、封建的家父長制である家制度のもとで、厳しい規律が守られる場であり、家族が集い、談笑する場面は一般的ではなかった。家庭にそれまでにない新しい風を吹き込んだのは、家庭啓蒙誌を舞台に展開された家庭論と考えられる。西欧における仲睦まじく暖かい家庭を見習おうというこの家庭論をきっかけに、Homeの訳語として「家庭」という語がつかわれるようになった。

家庭論展開の中心人物として、女子教育者巌本善治(一八六三―一九四二)があげられる。巌本は『女学雑誌』九六、「日本の家族」(一八八八年(明治二十一))の中で、英米の「ホーム」にあたる訳語が日本にはないことを指摘する。家長が君臨して夫婦・親子の喧嘩が絶えず、夫婦の愛が見られない日本の家族は、夫婦が愛情をもって「相思」し、家族が「和楽団欒」する「ホーム」を理想の家庭とするべきとの主張であった。また、妻以外の女性が同居する一夫多妻制を改め、一家に二夫婦以上の同居をやめて妻が子どもの教育や衣食住など家庭全般の采配を振るう、性別役割分業に基づいた核家族を提唱した。

この近代的家庭論が教育にも少なからず影響を及ぼしたことが明らかであり、その一例を修身教科書の挿絵にみることができる。九二年の挿絵は「謹慎」という徳目を説明している。厳格そうな父親が上座に座り、子どもたちは礼儀正しく正座してうつむきかげんで食事をとっている。家族が一同に集まって食事をとってはいるものの、家規範が強く表れた図である。一九〇一年の「ダイ十　トモジギョーギヨクショクジス」と題された挿絵では、銘々膳にかわってチャブ台が使われているが、会話が交わされている様子はみられず、女中も下座に控えている。ところが、四年後の一九〇五年発行の第一期国定修身掛図では様子が一転する。「家庭の楽《たのしみ》」と題された

修身教科書における食卓での家族団らん図

「第十二　家庭の楽」(文部省，国定第一期尋常小学校修身掛図より)

「ダイ十　トモジギョーギヨクショクジス」(小山左文二・古山栄三郎『修身教本尋常小学校用』より)

「謹慎」(重野安繹『尋常小学校修身』より)

この絵では、末娘が正座をせずに祖母のひざに座って食事をしている。長男の話に父親をはじめとする家族が耳を傾け、実に和やかな雰囲気である。一八九八年に文部省による検定が始まった高等女学校家事科教科書においても、時代の変化により形を変えながら一貫して食卓での家族団欒が推奨されている。食卓を囲む仲睦まじい家族の姿は、家庭の象徴として国家の家族政策普及に利用されたのである。

家庭は、対個人的には、衣食住の生活を集約的に行う基本的欲求の充足機能、経済生活の安定と向上を保障する経済的機能、精神的安定や子どもを産み育てる人間形成機能など、多面的な機能を担ってきた。しかし、現在では家事の市場労働化が進み、家族でともに生活するメリットが減少しつつある。また、個人が雇用者として賃金を得ることが容易となり、父親が「大黒柱」として家庭の経済を支える時代ではなくなった。価値の多様化、情報化なども影響して、近年家庭の機能は変化しつつある。その中で、子どもを産み育てることや、子どもを教育する家庭教育は、代替不可な家庭本来の機能といえよう。社会の維持・繁栄にとって次世代の育成は重要不可欠であるが、最近では家庭における次世代育成力の低下が論じられている。　↓一家《いっか》団欒《だんらん》　↓家族《かぞく》

参考文献　表真美「家庭・家政を考える」(富田守・松岡明子編『家政学原論―生活総合科学へのアプローチ―』所収、二〇〇一、朝倉書店)、同『食卓と家族―家族団らんの歴史的変遷―』(二〇一〇、世界思想社)　(表　真美)

かていでんかせいひん　家庭電化製品　⇩家電《かでん》

かていないぼうりょく　家庭内暴力　家族構成員のなかで持続的に行われる暴力をいい、児童虐待やDVなど夫婦のあいだの暴力、高齢者への虐待などを含む。日本社会では、親に対する子どもの暴力をいう場合が多い。この意味での家庭内暴力が社会問題化したのは一九七〇年代後半からであり、開成高校生殺人事件(一九七七年(昭和五十二))・金属バット事件(八〇年)が起こった。八二年版『青少年白書』によれば家庭内暴力の対象は母親が最も多く、暴力の理由は、しつけなどへの反撥、物品購入要求の拒否、非行に対する叱責、となっている。精神的疾患や非行・登校拒否などとあわせて暴力行為が行われる場合がある。「時代の病」としての家庭内暴力の要因はさまざま論じられているが、(一)家族関係の変容、(二)母子関係と子どもの自立に関する社会関係の変化、(三)教育と社会の関係の変化に加え、高齢者虐待・DVにあっては介護問題やジェンダーの変容など、が論じられている。　↓児童虐待《じどうぎゃくたい》

参考文献　斎藤茂男『父よ母よ!』上・下(『ルポルタージュ日本の情景』七・八、一九六四、岩波書店)　(大串　潤児)

かてめし　かて飯　主要な穀物に大根や菜、イモなどを増量材として加えた飯をいう。米や大麦、粟、稗など主穀の消費を抑えるためにサツマイモなどの芋類、カボチャ、トウモロコシを加える等々。大根ガテは刻んだ大根を大量に入れた飯をいい、乾燥や塩漬けした大根の葉もカテで、群馬県では「野菜は半俵」と主食を支えた野菜の役割を伝えている。三陸地方のメノコメシは刻んだ昆布がカテであった。白米の飯よりも野菜・海草の多い飯に長寿につながった。　(増田　昭子)

かでん　家電　電気や電子の働きを利用して、家庭内でさまざまな用途に用いられる機器類。家庭電器製品。きわめて広範な製品群を含むうえ、当初は産業用・業務用であった製品がのちに家電化することも一般的であり、厳密には定義し得ない。電気の働きにより機能する製品群には、熱源とする暖房・厨房用などの機器(電気ストーブ、炊飯器など)、動力源とするモーター利用機器(洗濯機など)などがある。電子の働きにより機能する製品群は主に映像・音響機器、具体的にはテレビ・ラジオなどである。家庭における電気の利用は電灯で始まり、両大戦

間期には「家庭電化」を謳う言説が現れ始め、啓蒙のためのさまざまな催しが開かれた。しかしながら、ラジオ(真空管式)やアイロン、扇風機などは一定程度普及したものの、それら以外はいずれも高価であり戦前期の「家庭電化」は限定的であった。戦時中は家電製品は奢侈品として生産が中止され、敗戦後は占領軍需要により生産が再開されたが、一九五〇年代初頭に各社は一斉に各種の一般家庭向け製品を開発・発売し、五三年(昭和二十八)は「電化元年」と称された。五〇年代半ばから六〇年代半ばにかけ、「三種の神器」(洗濯機、白黒テレビ、冷蔵庫)の生産は爆発的に拡大し、低価格化により急速に普及していったのである。六〇年代半ば以降は続く大型製品として、カラーテレビ、クーラー(エアコン)が注目され、前者は白黒テレビに引き続き急速に普及したが、その一方で販売価格をめぐり消費者問題を惹起した。これら家電製品は、当初はメーカーの流通系列化政策により形成された、卸から小売に至るメーカーごとの販売網を通じて家庭に届けられたが、六〇年代後半以降、メーカーの影響力が及び難い量販店が、大量仕入れによる低価格を武器に家電流通におけるウェイトを高めていった。このように、家電は高度成長とそれに伴う「消費革命」「生活革命」を象徴する製品・産業となったのである。七〇年代以降は買い換え需要の存在と、八〇年代のVTRという大型製品の登場が見られたものの、その経済的・社会的インパクトは高度成長期に及ぶものではなかった。
↓エアコン ↓3C《さんシー》 ↓三種《さんしゅ》の神器《じんぎ》 ↓炊飯器《すいはんき》 ↓洗濯《せんたく》機《き》 ↓扇風機《せんぷうき》 ↓掃除機《そうじき》 ↓テレビ ↓電子《でんし》レンジ ↓ラジオ ↓冷蔵庫《れいぞうこ》

参考文献 ダイヤモンド社編『家庭電器』(『ダイヤモンド産業全書』五、一九六〇)、大道康則『家電』(『日経新・産業シリーズ』、一九九三、日本経済新聞社)

(西野 肇)

かとく 家督 古くは武士の一族の首長を意味した。中世の分割相続制のもとでは、家督の諸子に対する強い指揮権が見られたが、単独相続制が中心になると意味合いが変化し、家督は所領の相続人と遺領を意味するようになった。近世の武士は、先祖代々の本領をもたなくなったため、家の維持にとって主君からの俸禄が不可欠となり、そのため世封俸禄のことを家督と呼ぶようになった。武士は先祖の勲功に応じて家督相続を保障された。百姓などの庶民にあっては、家の当主の地位と家産のことを指した。百姓の家相続については、地域により多様であるが、長男子相続慣行が一般的といえる。ほかにも末子相続(南九州ほか)や姉家督(東北地方ほか)などの例が見られた。明治民法では、戸主の地位とその財産との相続を家督相続と呼び、長子単独相続法を確立したが、終戦後の日本国憲法下では、家督相続は戸主権の制度とともに廃止された。 ↓姉家督《あねかとく》 ↓一門《いちもん》 ↓隠居《いんきょ》 ↓親子《おやこ》 ↓戸主《こしゅ》 ↓惣領《そうりょう》 ↓嫡子《ちゃくし》

参考文献 石井良助『日本相続法史』(『法制史論集』五、一九八〇、創文社)、大藤修『近世農民と家・村・国家―生活史・社会史の視座から―』(一九九六、吉川弘文館)

(山崎 圭)

かどた 門田 門前の田地のことで、前田ともいった。畠地の場合は門畠《かどばた》(「もんばた」とも)。「もんでん」とも。中世武士の屋敷地(堀ノ内・土居)周辺に広がった門田畠は、領主経営の拠点として重要であった。平安時代後期の大名《だいみょう》田堵《たと》や開発領主《かいほつりょうしゅ》、さらに鎌倉時代の武士は、門田畠を所有権の強固な屋敷地に取り込んで年貢や公事を免除され、さらに周辺の耕地や山野に対する権利を拡大した。堀ノ内をとりまく堀は用水堀で、門田は水利条件にめぐまれた地味豊かな水田であったため、苗代田《なわしろた》でもあった。また、門田畠は中世武士の直営地であり、下人・所従などの隷属民による耕作と、周辺の百姓の請作《うけさく》によって経営された。

参考文献 三浦圭一『中世民衆生活史の研究』(『思文閣史学叢書』、一九八一、思文閣出版)、黒田日出男『日本中世開発史の研究』(『歴史科学叢書』、一九八四、校倉書房)

(鈴木 哲雄)

かどづけ 門付け 各戸の門口に立ち、芸を見せて金品をもらうこと、またその人。その起源は中世の千秋万歳(唱聞師・舞々・神事舞太夫)にさかのぼる。彼らは散所に居住し、十五世紀末ごろまでには、太夫と才蔵の掛け合いで囃す万歳の原型が成立した。江戸時代には、国名を冠した万歳のほか、鳥追・大黒舞・節季候《せきぞろ》・福俵・春駒・太神楽(祝福芸)、瞽女《ごぜ》・門説経・歌念仏・鉄輪切《かなわきり》・ちょろけん(随時)などがあり、宗教者や非人などが担った。

門説経(『人倫訓蒙図彙』より)

参考文献 三隅治雄『さすらい人の芸能史』(『NHKブックス』、一九七四、日本放送出版協会)、村上紀夫『まちかどの芸能史』(二〇一三、解放出版社)

(塩川 隆文)

かどまつ 門松 正月に家の門口に立てる飾りの松。「正月様(年神様)は山から来る、松に乗って来る」といわれ、暮れに門松を立てると、正月様はそこに降臨するといわれた。しかし、二十九日は「苦につながる」、三十一日は「一夜松」といって避ける。門松の禁忌については、

門　松

埼玉県平方町(上尾市)では「昔、正月にお獅子様が村回りをする途中、門松で片目をついたのでそれから門松は立てない」とか、埼玉県原市場村(飯能市)では「昔、村のことで裁判があり、忙しくて門松を立てなかった。幸い裁判に勝ったので、以後門松を立てるのをやめた」、現在は水没した埼玉県大滝村滝之沢(秩父市)では「不況にあって年が越せないと心配したとき、暮れも迫った折に狩猟に出た。熊を仕留めたが重いので、樅の木で組んだ柴ぞりに乗せて運んだ。これで年越しができると喜んだが、門松を切る時間がなくなった。代わりに樅の木を立てたところ運が向いたので、その後も立てるようになったという」などさまざまな伝承がある。昨今は門松を立てる家が少なくなり、門松の絵を印刷した紙を貼る地域も見られるように、簡略化が進んでいる。

参考文献『川越地方郷土研究』一ノ二(一九三七、埼玉県立川越高等女学校校友会郷土研究会)、『埼玉の民俗』(一九六六、埼玉県教育委員会)　(柳　正博)

かどや　門屋　江戸時代、各地に見られた村落内の身分呼称。門屋は、村内で一軒前の百姓としては認められず、本百姓である主家を通じて年貢・諸役などを負担した。主家への従属の程度はさまざまだが、一般に、主家の屋敷地内に家屋を与えられて家族を持ち(この点で、下人・所従などの譜代下人とは異なる)、耕地を与えられて独自に経営を行なった。主家に夫役を提供する場合が多い。小農民自立過程で次第に消滅したが、地域によっては近世後期以降にも存続した。呼称は地域によりさまざまで、名子・被官などとも呼ぶ。→家抱《けほう》　→被官《ひかん》

参考文献 古島敏雄『近世日本農業の構造』(『古島敏雄著作集』三、一九七四、東京大学出版会)　(山崎　圭)

かとりせんこう　蚊取り線香　蚊を駆除するために用いられる線香の形態をした殺虫剤。除虫菊の粉末に糊粉を加え、練り固めて製造する。日本の除虫菊は、一八八六年(明治十九)に和歌山県有田郡の柑橘商が、日本産の柑橘を輸出した際にアメリカ合衆国より除虫菊の苗を輸入し、有田郡や北海道石狩平野をはじめ日本各地に生産が普及した。家庭用の蚊取り線香では、九〇年に棒状の蚊取り線香が発売されたが、すぐに渦巻型へ改良され、今日では主に渦巻型が用いられている。また、家庭用に加え、明治中期より蚊などの小型昆虫の媒介する病気の駆除を目的として、蚊取り線香や除虫菊粉の軍納が成立した。大正期以降は、デリスやトバ苗といった除虫菊以外の有毒植物を利用した蚊取り線香が開発され、除虫菊に含まれる殺虫成分ピレスロイドを用いた殺虫液も開発された。第二次世界大戦後は、蚊取り線香は夏季の日常生活における蚊の駆除や、小型昆虫の駆除を介した疾病予防のため不可欠な商品として、世界各地で利用が普及している。

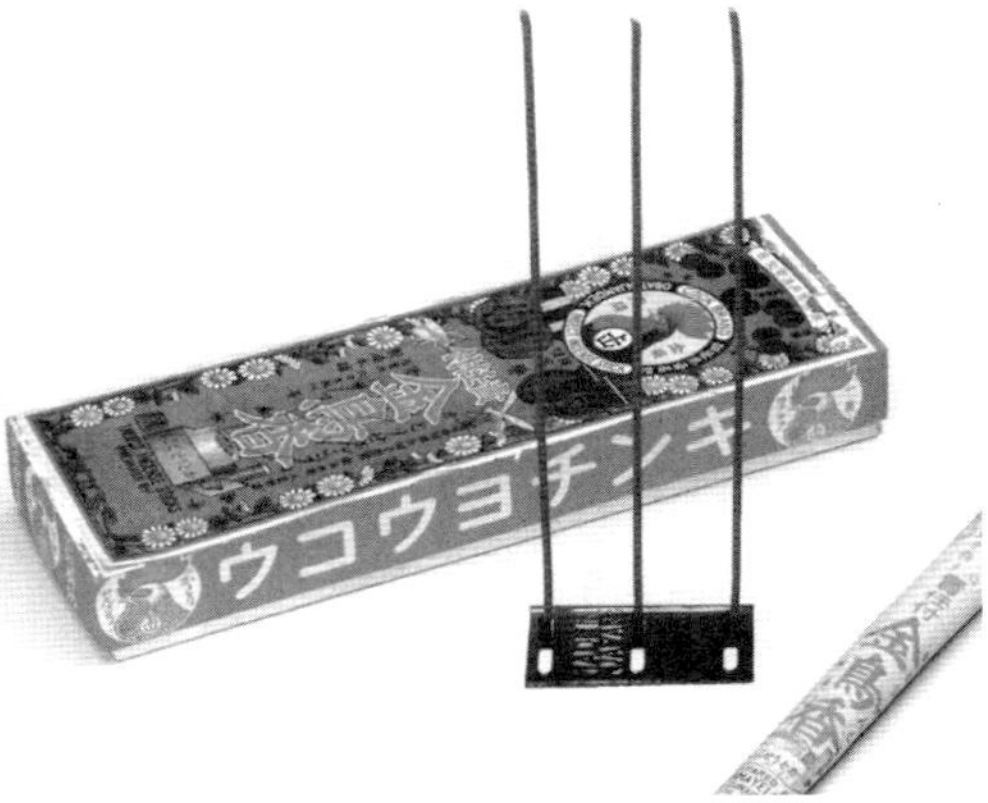

棒状の蚊取り線香（明治時代）

参考文献『金鳥の百年―大日本除虫菊株式会社百年史―』(一九八八)　(花木　宏直)

かなきん　金巾　細かい綿糸で織られた薄地の白木綿。そのままの生地を生《き》金巾、晒したものを晒金巾と呼ぶ。白地または捺染用として需要が多く、開港後に輸入製品が普及した。国内では、一八八八年(明治二十一)に近江商人が金巾製織会社を設立して生産を開始したが、一九〇六年に大阪紡績会社が同社を合併し、生産の拡大とともに重要な輸出製品となった。キャリコ、綿モスリンも金巾の一種で、足袋、裏地、下着などに幅広く利用された。

参考文献 川勝平太『日本文明と近代西洋―「鎖国」再考―』(『NHKブックス』、一九九一、日本放送出版協会)　(榎　一江)

かね　鐘　一般的には寺院の梵鐘を指す。鋳物師により製作され、寄進者や製作者、製作の趣旨、製作年月日などを記した鐘銘が刻まれている。仏教伝来とほぼ同時に日本に伝えられたと推測され、時を告げたり、僧などを集めるために用いられた。近世には城下町に時を告げる時の鐘が存在した。時を告げるために鳴らすのは現在にも受け継がれている。一方、中世には仏事以外の目的で人を集める際に鳴らされたのが特徴である。敵の襲来を知らせるために鳴らすことも多く、戦国大名は鐘を鳴らして軍勢を集めていた。室町・戦国時代の京では危急を知らせ、住民を集めるために、上京では革堂《こうどう》(行願寺)、下京では六角堂(頂法寺)の鐘が鳴らされた。また、徳政令の発布を要求したり、徳政令を執行する際に、土一揆や徳政一揆が鐘を鳴らしていた。こうした際には早鐘という特別な鳴らし方をしていた。火事や災害の際に早鐘

を鳴らすのは近年まで行われていた。領主間の和睦や一揆契状を結ぶ際にも鐘が鳴らされたが、これには神を呼び出して、誓約を保証する目的があったと考えられている。↓時《とき》の鐘《かね》　↓半鐘《はんしょう》

参考文献　笹本正治『中世の音・近世の音―鐘の音の結ぶ世界―』(一九九〇、名著出版)　(盛本　昌広)

かねじゃく　曲尺　建築工事などにおいて、墨斗《すみつぼ》・墨芯《すみさし》とともに使用し、加工する形状を部材にしるすL字形状の道具。古代の文献に「曲尺(マカリカネ)」、近世の文献(『新撰字鏡』)に「矩(まがりかね)」(『和漢三才図会』)、「矩(サシガネ)」(『和漢船用集』)といった記述がある。十六世紀後半の曲尺(出土断片)に$\sqrt{2}$倍の目盛(裏目)が刻まれており、通常の目盛(表目)と併用することにより、複雑な角度で接合される部材の墨付け(規矩術《きくじゅつ》)がなされた。

曲尺(『真如堂縁起絵巻』より)

参考文献　渡邉晶「近世の建築用墨掛道具について」(『竹中大工道具館研究紀要』八、一九九六)　(渡邉　晶)

かばやき　蒲焼　鰻の料理法の一つ。室町時代の料理法を伝える『大草家料理書』には鰻の口から尾まで串を通して焼き、形が蒲の穂を思わせるところから蒲焼といったとある。『和漢三才図会』(一七一二年(正徳二))には、裂いた鰻を小さくして串に刺し醬油か味噌をつけて焼くとある。その後、裂いた鰻を適度に切って串に刺し、タレにつけて焼くようになった。しかし、関西では直火で焼いて、二、三回タレにつけ炙って仕上げる。江戸は白焼きにして、蒸籠《せいろ》で蒸して油を抜いてタレに何度かつけながら焼いた。↓ウナギ

江戸の蒲焼屋(『近世職人尽絵詞』より)

参考文献　鈴木晋一『東海道たべもの五十三次』(一九九一、平凡社)、川上行蔵・小出昌洋編『食生活語彙五種便覧』(『(完本)日本料理事物起源』、二〇〇六、岩波書店)　(青木　直己)

カバヤぶんこ　カバヤ文庫　一九五二年(昭和二十七)から、岡山県のカバヤ食品株式会社が刊行した世界の名作の子ども向けダイジェスト本の通称。正式にはカバヤ児童文庫、のち児童文庫と改称した。この会社のカバヤキャラメルを買うと中に券が入っていて、その文庫券をためて送ると世界の名作がもらえるという商法で人気を博した。文庫券は大当たり十点、カバ八点、ターザン二点、ボーイ一点、チータ一点であった。文庫は第一号の「シンデレラひめ」(B6版、本文一二五頁、総ルビ、以下同じ)に始まり、「ピノキオの冒険」「母をたずねて」「乞食と王子」「しらゆきひめ」「アラビアンナイト」など、五四年までに百五十九冊(推定)が発行され、最低で五万部、最大は五十万部、総発行部数は二千五百万部といわれる。発行者のなかでは「アメリカ文化」全盛への批判がこめられていたというが、ある読者は夜、布団のなかで読んでくれた母親の「楽しげな読み声」を聞く「落ち着き」の感覚を回想している。それは現代ではほとんど消えてしまった生活の文化であった。

参考文献　坪内稔典『おまけの名作―カバヤ文庫物語―』(一九九四、いんてる社)　(安田　常雄)

かばん　かばん　荷物を収納し持ち運ぶ、取っ手のついた物入れ。かばんの語の由来は諸説あるが、オランダ語のkabas、中国語の「夾板」「夾槾」の日本語読み「キャバン」が転化したとされる。日本では胴乱という革製の袋物が使われていたが、本格的なかばん製造が始まったのは明治に入ってからで、「なめし革、またはそれを作る職人」を意味する「鞄」の文字があてられるようになった。一八七一年(明治四)、政府の御用商人だった山城屋和助がフランスで入手したかばんを森田直七に模倣させたのが、日本における製鞄業の最初とされる。明治中期には櫛型かばん、抱えかばん(ブリーフケース)などが作られた。抱えかばんは抱えて持つことが多かったが、大正期半ばから手提げ式が主流になった。庶民の旅の運搬具としては柳行李に代わって支那かばんが用いられるようになり、他方でかばん型柳行李のように持ち手の付いた柳行李が考案された。着物を畳んでしまえる屋根型かばんは、革製で頑丈だが高価だったため、有産階級の人びとに愛用された。女性の携帯用小物入れとしては信玄袋など袋物が使用されていたが、女持提かばんや携帯用化粧箱と呼ばれたハンドバッグが登場し、女性にとってもかばんが身近なものになっていった。また、関東大震災(一九二三年(大正十二))以降は洋服の普及に伴って、アメリカのボストン大学の学生の使用していたボストンバッグが流行した。また、ファスナーやレザークロスなど新素材により、リュックサックやゴルフバッグなどスポーツ用かばんが大正期に登場した。しかし戦時体制下、一九三八年(昭和十三)に、皮革使用制限規則が公布され、かばんの牛皮使用が禁止になった。代用品として、エナメルレザー、防水布、蛇や鮭の皮などが使われた。戦後、ビニール、ナイロン、ポリエステル、合成皮革などの素

材が登場すると、かばんも用途や機能を多様化させていった。国内におけるかばんの主な生産地としては、柳行李の産地でもあった豊岡(兵庫県)などが知られる。↓学生《がくせい》かばん ↓信玄袋《しんげんぶくろ》 ↓ハンドバッグ

参考文献 婦人画報社『The bag—男のバッグ—』(『Men's club books』、一九六七)

(戸邉 優美)

かふう 家風 特定の家に固有の生活様式。それは家訓のようにその家固有の課題にあわせて形成される意図的な面と、暮らしの知恵などおのずから形成される面との両面から成り立っている。家風はその家の構成員にとっては守るべき価値のあるものなので世代間継承を重視する。大名家などの上層武家では文字に記された家訓や家法をつくることが少なくなかったし、また経営の持続を旨とする大きな商家なども、経営の知恵をわかりやすく書いた家訓を子孫に向けて残すことが江戸時代からよくみられた。もっとも、家風という言葉が一般の民衆のなかの日常用語として定着するのは明治時代以降である。明治民法による家制度の保証、それにもかかわらず産業化による家の弱体化という矛盾が家風という考え方を際立たせた。嫁や養子などの新しい構成員への家風の強要、外部の者による特定の家の家風に対する評価や揶揄などが日常の話題となったり、また文学作品などにもよく登場したりするようになった。 ↓家訓《かくん》

参考文献 林芙美子『放浪記』(『新潮文庫』、一九五〇、新潮社)、柳田国男「明治大正史世相篇」(『柳田国男全集』二六所収、一九二〇、筑摩書房)

(鳥越 皓之)

カフェー カフェー ヨーロッパのカフェ café のようなコーヒーを飲ませる店ではなく、大正から昭和にかけて日本で流行したカフェーは、女給を置いて洋酒や洋食を供する飲食店のこと。カフェーを名乗った最初の店は明治三十年代の本郷カフェーで、また一九〇九年(明治四十二)ごろの新橋ビアホールには「カヘーシンバシ」という横文字看板があったとの記述もある。しかし前述のよう

カフェ＝ライオンの女給（1935年頃）

な意味でのカフェーという業態は、一一年に銀座で開店したカフェ＝プランタンとカフェ＝ライオンに始まる。なお同年にはブラジルコーヒーを一杯五銭で提供するカフェ＝パウリスタも開店したが、このようなコーヒーを主とする店は喫茶店と呼ばれ、カフェーとは区別された。手軽にビールや洋食をとれて、散歩の休憩や雑談にも利用でき、白いエプロンをつけた美人女給が給仕してくれるカフェーは、サラリーマンや学生を惹きつけた。関東大震災後は客層が大衆化するとともに、酒食よりも女給の接待が客の目当てとなった。昭和初期には「エロカフェー」と呼ばれ、サービスをエスカレートさせる店も出現した。なお女給は和装に白いエプロンを着けて客の横で接待をする。店からの給料はなく客のチップが収入源であった。第二次大戦直後、しばらくは表向き酒類提供ができず「社交喫茶」を名乗った。規制撤廃後は客にダンスをさせる設備を持ち「社交嬢」が接待するキャバレーが台頭する一方、日給制の素人女性が接待するというアルサロ(アルバイトサロン)も流行した。次第にカフェーという名称は廃れ、女性が接待する洋風酒場はバーと呼ばれるようになるが、それらは風俗営業として「風俗営業等の規制及び業務の適正化等に関する法律」(風営法、一九四八年(昭和二十三)制定)による取り締まりのもとで、絶えず多様化している。なお近年では食事に力を入れたおしゃれな喫茶店やセルフサービスのコーヒーショップが「カフェ」と呼ばれる。 ↓喫茶店《きっさてん》 ↓コーヒー ↓女給《じょきゅう》

参考文献 福富太郎『昭和キャバレー秘史』(一九九四、河出書房新社)、斉藤光「ジャンル「カフェー」の成立と普及」一・二(『京都精華大学紀要』三九・四〇、二〇一一・一二)

(大岡 聡)

かぶき 歌舞伎 日本の伝統芸能。男優のみで構成されているが、もともとは女を中心に始められた男女共演の芸能であった。その女というのが「出雲大社の巫女」と自称するお国である。一六〇三年(慶長八)、京の市中で興行、「茶屋遊び」という寸劇に踊りの趣向を取り入れ注目。当時盛り場に出現した酒や肴で女将が接待する茶屋の遊興のさまを舞台化したもので、茶屋に通う男を男装のお国が、接待する女将を女装した男優が演じるという

阿国歌舞伎（『阿国歌舞伎草紙』より）

性の倒錯の趣向にあった。それでカブキ(傾き)といわれた。やがて女芸人たちが模倣、遊女たちによる歌舞伎が官能的な性の倒錯と好色性の部分をクローズアップしたため、同時並行で行われていた少年たちの若衆歌舞伎とともに社会秩序を乱すという理由で禁止された。こまった芝居関係者は一六五三年(承応二)、成人男子による筋立て重視の舞台をみせるという条件で再興したのが野郎歌舞伎。今日の歌舞伎の原点である。

参考文献 服部幸雄『歌舞伎成立の研究』(一九六八、風間書房)、諏訪春雄『歌舞伎史の画証的研究』(一九七四、飛鳥書房)、同『近世戯曲史序説』(一九八六、白水社)

(田口　章子)

かぶきもん　冠木門　二本の門柱の上部を水平材でつなぎ、屋根をもたない形式の門をいう。狭義には、門柱の上部を貫き通す貫《ぬき》という水平材で門柱どうしを固定した、屋根のない門を指す。門柱を掘立柱とするのが通例で、扉をもつ場合ともたない場合がある。比較的簡易に造ることができるため、門柱のみで水平材をもたない形式の塀重門《へいじゅうもん》とともに、中世の絵巻物にしばしば描かれるが、近世には比較的下級の武士の屋敷の門としても用いられた。近代以降で礎石建ちになると、背後に控柱《ひかえばしら》を設けて、門柱(親柱)と控柱とを貫で固定する形式も現れ、また水平材や門柱が傷むのを防ぐために、これらの材を雨から守る小屋根をもつものも現れる。長野県安曇野市の宮沢家住宅冠木門(一九二〇年(大正九)ごろ、登録有形文化財)がその一例である。

参考文献 佐藤理『門のはなし』(『物語ものの建築史』、一九九五、鹿島出版会)

(箱崎　和久)

かふちょうせい　家父長制　家長が父権(親権)、夫権、家長権、主人権を発揮し家構成員に支配権を行使すること。従来、家や家族史研究においては、夫権を父権に含ませて研究してきたが、一九七〇年代から、ラディカル＝フェミニストによって「男性支配と女性の従属」を表す用語としても使用され、おのおの個別に検討されるようになった。日本の家父長制研究においても女性の従属度をより明確にする夫権を重視する研究が進展した。その結果、日本古代は、男女対等に近い対偶婚期で、夫婦別産・男女の公的「家」形成・戸籍の擬制的妻妾書き分け等々の緻密な実証研究により家父長制未成立を論証し、石母田正の家父長制的奴隷制、門脇禎二の家父長制的世帯共同体説などを批判した。九世紀から政治の場からの女性排除が始まり男性優位社会が浸透し始め、十世紀には官職の父子継承が萌芽するが、婿取儀式を経て一時期妻方居住する婚姻形態を背景に家父長権は緩やかだった。院政期になり家職の父子継承が定着し家が成立すると、貴族層・武士層・有力百姓層でも、父権・夫権・家長権・主人権も未熟ながら成立する。ただし、中世前期では、夫の留守中や没後に妻が家長権を代行し財産分割権や家内統括権を発揮するなど妻の権限は強かった。近世は家名・家産・家業を持ち祖先祭祀を重視する組織体としての家が社会の単位だったが、家父長制のあり方は身分により相違していた。武家では主君に仕え俸禄を恩給される当主たる家長は、隠居した父よりも家内支配権が強かった。小経営農民は十七世紀に家が確立するが、家存続能力が発揮できない場合、隠居した父や村の意思で強制的に家長権を剝奪されることもあり、また夫婦懸け向かいの農業経営にとって妻の労働は重要だったこともあり夫権は武士層よりは弱かった。明治政府は戸籍を制定し戸主に租税や徴兵などの責任を持たせ、明治民法では妻の無能力、夫権優位を法的に規定し、父権も制定した。戦後の日本国憲法に基づく民法では男女平等が規定され父権・夫権も排除されたが、一九六〇年代の高度成長期の核家族化、さらに八〇年代のフェミニズム運動などの高まりの中で実態的夫権が弱体化するものの、男女の賃金格差、出産退職による主婦への実質的強制などの経済不平等の中で未だ家父長制は払拭されていないといえよう。

参考文献 永原慶二他編『家と家父長制』(『シリーズ比較家族』一、一九九二、早稲田大学出版部)、上野千鶴子『近代家族の成立と終焉』(一九九四、岩波書店)、服藤早苗監修『歴史のなかの家族と結婚—ジェンダーの視点から—』(『叢書・〈知〉の森』、二〇一一、森話社)

(服藤　早苗)

かぶなかま　株仲間　近世の商工業者の職縁的共同組織である仲間・組合には、私的な結合による内仲間、領主から公認された表仲間、営業権である株数を限定し、独占権を与えられる見返りとして冥加・運上金などを上納する株仲間があった。株仲間には、領主の必要により組織させた御免株《ごめんかぶ》と、商工業者の出願による願株《ねがいかぶ》があった。十七世紀には都市で内仲間が結成されたが、価格操作や排他性などにより領主の統制・禁止の対象となる一方で、糸割符《いとわっぷ》貿易・流通統制、警察的取締、品質保持のため、仲間・質屋・両替屋仲間・材木屋仲間などを表仲間とした。享保改革で、江戸では風俗・物価統制のために表仲間が結成させられた。十八世紀半ば以降、市場構造の変容のなかで都市の問屋・仲買は既得権を維持するため、領主にとっては冥加金による財政補塡のため、願株による株仲間が認可されていった。仲間・組合では、構成員が輪番で務める行事(行司)・年寄などの役員が組合事務を処理し、寄合による申合せを行い、仲間規約を定めた。株(株札)は譲渡・売買・貸借の対象となった。株の名義変更や新規加入は、仲間一同の承認の上で組合名簿が訂正・登録された。休廃業のときには株札を仲間に預けるか返還した。

参考文献 宮本又次『株仲間の研究』(『日本経済史研究所研究叢書』九、一九三八、有斐閣)、林玲子『江戸問屋仲間の研究—幕藩体制下の都市商業資本—』(一九六七、御茶の水書房)

(加藤　貴)

かぶりもの　かぶりもの　頭部に着装する衣類の総称。防寒・防暑や防塵など頭部の保護、儀礼などでの頭部の

装飾などに用いられた。その種類は、冠、烏帽子、帽子、頭巾、手ぬぐい、笠などきわめて多い。また着装も、頭の上にのせるもの、頭に巻くもの、頭から顔を包むもの、頭から上体を覆うものなどさまざまである。布や紙、皮革、稲藁などが主な材料として用いられてきた。『魏志』倭人伝によれば当時(三世紀)すでに木綿で頭部を覆うことが行われており、さらに古墳からは、冠のようなものや、つばのついた帽子状のものを頭部につけた人物を形づくった埴輪や、金属製の冠が出土していることからこの時代にはさまざまなかぶりものが盛んに着用されていたことがわかる。また「冠」の語は『古事記』に、「笠」の語は『日本書紀』にそれぞれ初見されており、かぶりものの起源は古く、その種類は多岐にわたる。現在では、冠や烏帽子は宮廷・神社などでの儀式に使用されるのみとなり、帽子・頭巾の類も廃れ、わずかに婚礼や防寒の際に着用されるにとどまっている。しかし、明治時代以降に西洋から流入してきたハットやキャップなどの洋装のかぶりものは、現代社会に定着し盛んに着装されている。 ↓烏帽子《えぼし》 ↓笠《かさ》 ↓冠《かんむり》 ↓頭巾《ずきん》 ↓帽子《ぼうし》

参考文献 宮本馨太郎『かぶりもの・きもの・はきもの(新装版)』(『民俗民芸双書』、一九九五、岩崎美術社)

(髙塚 明恵)

かべ 壁 建物の外側もしくは内部を区切る仕切り。前者は外壁を指し、後者は部屋境の間仕切りを指す。プライバシーの確保、気密性、水密性の確保、外部からの衝撃の緩和などの機能を必要とする。構造的には、壁自体が建物の構造体として組み込まれる組積式構造と、柱梁などの軸組が構造を担い、壁は荷重を負担しない架構式構造に大別でき、校倉を除き日本の木造建築は後者に分類される。組積式構造の壁には、レンガ積み、石積み、ログハウス(校倉造)の壁があり、架構式構造の壁には、屋根と同じ材料を用いた茅壁、柱間に木舞《こまい》を組み、苆《すさ》を混ぜた土を塗り込む土壁、軸部に溝を切って板を落とし込む板壁などがある。また、町屋などでは漆喰で白く仕上げた漆喰壁も多用される。土壁では、柱を包み込む大壁造があり、耐火性に優れていることから土蔵のほか、埼玉県川越市の市街地に見られるように商家の町並みにも用いられた。現代の住宅建築ではモルタル、サイディング、タイルなどの材料が主流となっている。 ↓左官《さかん》

参考文献 山田幸一『日本壁のはなし』(『物語ものの建築史』、一九八五、鹿島出版会)

(大林 潤)

かま 釜 鉄・アルミニウム・土・陶器などで作られた半球状の容器で、鍋よりも深い。羽釜ともいうように、竈の穴に据え付けるため周囲に羽根状のつばが付く。一般的な飯炊き用の釜はつばの上部が高く、炊飯時の蒸気で動かないよう、分厚く重い木製の蓋と合わせて使われる。竈と同様に「カマ」の音は朝鮮語に由来するとされ、金属製の釜はすでに奈良時代には盛んに用いられた。鍋が煮る・煎る・焼く・炒めるなどに使われる道具なのに対して、釜は基本的には湯を沸かす(これは風呂釜にも共通する)、あるいは湯通し・ゆがく・茹でるなどの際に使われ、鍋とは機能的な違いがみられる。また大阪府南河内郡河南町の一須賀古墳群など、古墳時代の出土遺物に土製の竈・甑《こしき》・釜が一式で出土する例があり、甑や蒸籠《せいろ》を釜の上に乗せて米などを蒸すのにも使われた。のちには飯を炊く器となり「はじめちょろちょろ、なかぱっぱ」の表現は近世の黄表紙などにも登場する。昭和三十年代以降に電気釜が普及するまで全国的に広く使われた。 ↓鍋《なべ》

参考文献 柳田国男「火の昔」(『柳田国男全集』二三、一九九〇、筑摩書房)、朝岡康二『鍋・釜』(『ものと人間の文化史』一九九三、法政大学出版局)

(大里 正樹)

かま 鎌 「食」に関わる稲などの穀物の茎を切断する道具。その起源は、石器時代の石包丁にさかのぼる。弥生時代に、北部九州から鉄製の鎌が普及していくが、長さは一二～一七センチくらいのものが多い。古代の文献(『和名類聚抄』)に「農耕具」として「鎌(かま)」が、近世の文献(『和漢三才図会』)に「農具」として「鎌(かま)」が、それぞれ記されている。刃部を有する鉄部分と木製の柄との装着法は、鉄部分の端部を折り曲げて着脱を防ぐ形式(折曲式)、鉄部分をのばして柄に接合した形式(茎《なかご》式)、茎部分と柄とを目釘によって接合した形式(目釘式)に分類できる。折曲式は弥生時代から古代までの出土例があり、古代には茎式も併用されている。現代まで継承されている目釘式は、十四世紀の絵画(『石山寺縁起』)に、それらしき鎌が描かれている。現代の鎌の刃部は、近畿も含めた東日本に片刃で付鋼《つけはがね》式が、岡山以西の西日本に両刃で割鋼《わりはがね》式が、それぞれ分布している。

参考文献 木下忠『日本農耕技術の起源と伝統』(『考古学選書』、一九八五、雄山閣)、朝岡康二『日本の鉄器文化―鍛冶屋の比較民俗学―』(『考古民俗叢書』、一九九三、慶友社)

(渡邉 晶)

かます 叺 藁筵《わらむしろ》を二つ折りにし、両端を藁縄で縫い綴じた袋状の容器。穀物・肥料・土・魚・塩・鉱石・ガラスなどの包装・運搬・保管のため、農山漁村、町場を問わず広く用いられた。古くは蒲《がま》の葉を編んで作られたため、蒲簀の字をあてる。近世期から明治期にかけては稲藁を素材として、冬場の農閑期に各農家で編まれていた。明治後期に足踏み式の藁刺し筵織機が開発されるとまもなく日露戦争が勃発し、資材運搬用・土嚢用叺の需要が増大した結果、農村工業としての叺作りが盛んに行われ、農家の貴重な現金収入源となった。第二次世界大戦後は、専門業者が農林物資規格法によって規格化されたものを量産するようになり、またその素材は稲藁から麻・紙・化学繊維などへと変化した。現在は大きさと容量によって一号から六号までの種類が存在する。煙管《きせる》とともに用いられる叺形の煙草入れもカマスと呼ばれるが、こちらは油紙・皮などを素材として製作された。

(加藤幸治・今井雅之)

かまど 竈 土・石・煉瓦などを塗り固めて築いた煮炊用の設備。上部の穴に釜や鍋を掛け、空洞の内部で、火を焚くことで熱効率よく釜の底部を加熱できる。カマドには住居の土間に作りつけたものと、移動式の韓竈《からかま》とがあった。カマドは朝鮮半島から五世紀に日本に伝来し、七世紀ごろには全国的に定着したとされる。ただしそれ以前の日本にも近いものはあり、古語としての呼称が「クド」「ヘツイ(ヘッツイ)」だともいう。「カマ」の音は朝鮮語に由来する。平安時代中期の『和名抄』(九三四年(承平四))にはカマドは「加万」と記され、当時は単に「カマ」と呼ばれていた。一般的には土饅頭型の土カマドを指し、これは中世以来、二十世紀に至るまでほとんど形を変えずに使われてきた。この形態の土カマドは平安初期までさかのぼれ、絵画資料としては平安末期の『信貴山縁起』にみられる。カマドは生活単位としての家を表すものであり、分家することを「カマドを立てる」などといった。

土カマド(『信貴山縁起絵巻』より)

1930年代の家庭の竈

参考文献 柳田国男「火の昔」(『柳田国男全集』一三、一九九〇、筑摩書房)、狩野敏次『かまど』(『ものと人間の文化史』、二〇〇四、法政大学出版局) (大里 正樹)

かまどがみ 竈神 竈《かま》をはじめとする家の火所の守り神。竈を守る竈神《かまがみ》。竈がカマド(竈処)に転じて竈神《かまどがみ》。『古事記』には奥津日子神《おきつひこのかみ》、奥津比売命《おきつひめのみこと》の二神とある。平安時代に宮中では、天皇の食事を掌る内膳司に天皇の寿命を延ばす神として釜《かなへ》や錡《きしなべ》を神座として祀られていた。そのほか、『兵範記』など貴族の日記、集落遺跡のカマド遺構や庄作《しょうじゃく》遺跡(千葉県芝山町)ほかの「竈神」銘墨書土器にその祭祀が窺われる。竈神は、家人の寿命を司ると同時に祖霊祭祀と結ばれる。死者の霊は山へ送られ山の神となるが、春には田に迎えられ田の神として農事を助け、また家に入ってはカマドにいて家の神(宅神《やかつかみ》)として子孫を守護する。近世以降は、火伏せの神として、カマドや炉のそばの神棚に神札や幣束で祀られ、宮城・岩手地方ではカマ男・火男(転じてヒョットコ)・カマジンと呼ばれる醜い面がカマド近くの柱に掛けられる。また、竈神を「荒神さま」とも呼ぶのは、仏教の不浄を排する三宝荒神《さんぼうこうじん》が火の神としての竈神に結ばれたことによる。

参考文献 和歌森太郎「家の神としてのカマド神」(『日本歴史』一三、一九四八)、狩野敏次『かまど』(『ものと人間の文化史』、二〇〇四、法政大学出版局)、荒井秀規「竈神と墨書土器」(国士舘大学考古学会編『古代の信仰と社会』所収、二〇〇六、六一書房) (荒井 秀規)

かまぼこ 蒲鉾 魚肉を食塩とともに摺りつぶし、調味料を加えて成形し、加熱・凝固させた食品。蒲鉾と竹輪は形態が異なるだけで、製造原理は同じである。起源は平安時代からという説もあるが明確ではない。室町時代には貴族や武士のもてなし料理に使われたことが伝書の『四条流庖丁書』や『大草殿より相伝之聞書』に明記されており、前者では鯉で作るのが本説とあり、後者には長方形の板蒲鉾であったことが示されている。江戸時代には多くの料理書に蒲鉾が記載され、『万宝料理秘密箱』(一七八五年(天明五))には「蒲鉾の部」が設けられ、はも、たい、かれい、こち、ふか、たらなどが材料となるとともに、従来の焼く方法に蒸す方法が加わっている。今日まで小田原蒲鉾、富山の細工蒲鉾、仙台の笹の葉蒲鉾、山口の白焼きなど全国各地に名産品が伝承されている。昭和初期には海に近い地域では家庭で手作りされ、正月や祭を祝うハレ食となり、客をもてなした。

参考文献 秋山照子「練り製品 かまぼこ・ちくわ・揚げかまぼこ 食文化・伝統技術にまなぶ」(『地域資源活用食品加工総覧』六、加工品編所収、二〇〇三、農山漁村文化協会) (今田 節子)

かみ 紙 植物繊維を平らに漉き上げたもの。〔前近代〕紙の起源は『後漢書』に中国の後漢時代に蔡倫《さいりん》が樹膚、麻頭《まとう》、敝布《へいふ》、魚網を用いて紙を漉いたと記載されていることから蔡倫が発明したというのが通説であったが、中国前漢時代の甘粛省天水市放馬灘《ほうばたん》の遺跡などから紙が発見されており、中国において紙の発明は後漢時代をさかのぼり、蔡倫は紙を改良した人物と考えられている。こうした中国の製紙技術が東方・西方に伝来し、朝鮮半島を通じて日本に伝わった。日本における紙漉の記録は『日本書紀』推古天皇十八年(六一〇)条に高句麗の僧曇徴《どんちょう》が紙を作ったと記されるものが最も古く、またこれを聖徳太子が改良したと平安時代成立の歴史書『旧事紀』には記される。奈良時代以降、紙は仏教隆盛・普及のため

越前奉書紙づくり(『日本山海名物図会』より)

の写経用紙として、また徴税のための戸籍簿用紙として各地で漉かれ、地方官衙や中央官司などに貢納されるようになった。また七〇一年(大宝元)制定の大宝律令には図書寮に造紙手を置き官の料紙を製造する旨が、平安時代中期の有識故実書『西宮記』には大同年間(八〇六―一〇)に図書寮の別所として紙屋院と称する官立の紙漉場が設置され、諸官庁の紙を製造したことが記されており、官営での紙漉きが古代より行われていたことが明らかになっている。中世になると公家や僧侶に加え武家も紙を多用するようになったことから紙の消費量も増え、各地でさまざまな紙が漉かれ、中央に流通した。とりわけ杉原紙、檀紙、美濃紙、奉書紙といった高級な文書用紙が好まれた。一四四四年(文安元)成立の辞書『下学集』にも檀紙、厚紙、薄様、打曇《うちぐもり》、色紙、鳥子《とりのこ》などさまざまな紙名が記載されている。近世に入ると、大多数の町人が消費層に加わったことで紙種も増え、紙の需要はさらに拡大する。また、学問の興隆に伴い、幕府の出版事業の奨励、諸藩の藩版の勃興など刊書が盛んとなり、農民にも製紙が奨励され、全国の製紙量は大幅に増加した。紙は大多数の町人が利用できる半紙や半切紙、塵紙などのほか、紙衣《かみこ》、傘、什器などさまざまな日用品の素材としても用いられ、重要な生活物資となった。

参考文献 寿岳文章「紙と和紙の歴史」(『手漉和紙大鑑』四所収、一九七四、毎日新聞社)、関義城『手漉紙史の研究』(一九七六、木耳社)
(藤本 敦美)

〔近現代〕「紙は文化のバロメーター」といわれるように、印刷・情報、包装、衛生などの分野で紙が果たしてきた役割は大きい。日本は太平洋戦争後に高度経済成長を迎え、経済的な豊かさとともに日本人の生活様式は徐々に変化し、用途に応じてつぎつぎと新しい紙製品が登場した。そのなかには、日常の生活材としての紙製品がある。紙ナプキンは、明治から昭和初期の国内生産は輸出用が中心であった。戦後は食文化の多様化で国内の使用が増加した。今日では飲食店やホテルなどの外食において、卓上やディナー用の紙ナプキンを使用する機会が多い。紙コップはアメリカで考案されたが、「使い捨て」といった新しい文化を日本に定着させた。日本で飲料用としての紙コップの生産が開始されたのは一九五〇年代である。その後は、ビール、ジュース、コーヒー用として、劇場、野球場、遊園地などの市場で普及した。六〇―七〇年代の高度経済成長期は、自動販売機やファーストフード店で紙コップが登場した。おむつは、日本では着古した浴衣地を用いてきたが、今日では紙おむつが普及している。今の紙おむつの構造や機能をもつものが国内で発売されたのは、六〇年代の初めである。八〇年代の初めになると、取り扱いが簡単なテープ型紙おむつが登場した。当時は女性の社会進出と重なり、紙おむつは洗濯せずに使い捨てができるので、主婦の家事や育児を軽減するとして母親たちに広く支持された。近年は超高齢社会を迎えて大人用の紙おむつの需要が伸びている。家庭の使用が中心の衛生用紙の分野では、ティッシュペーパーやトイレットペーパーが今日もっとも普及している。日本では、一般家庭用として本格的に生産を開始したのは六〇年代の初めである。その後は急速に需要が拡大し、昔ながらのちり紙を一気に駆逐した。ちり紙はおもにトイレ用であったが、水洗トイレの普及でトイレットペーパーにかわった。そのほかにも、タオルペーパーの種類は豊富で、近年は家庭の台所用を中心に消費量が増加している。

↓千代紙《ちよがみ》 ↓ティッシュペーパー

参考文献 王子製紙編『紙・パルプの実際知識(第六版)』(『商品知識シリーズ』、二〇〇一、東洋経済新報社)
(藤原 洋)

かみあぶら 髪油 日本髪を結う際につける油。平安時代から貴人は胡桃油、庶民は胡麻油を使用していたが、江戸時代になると水油、すき油、びんつけ油の三品が併用されるようになる。明治十年代から新聞広告で多くの髪油が紹介されているが、同三十年代には斎藤平助が製造し、岡田芳太郎が販売した「ひめかすら」が人気を得た。「ひめかすら」は皮膚に腫物ができず、衣服についても汚れないという「衛生用御髪油」を売りにしていた。数ある髪油のなかでも、日本橋区人形町(東京都中央区)の間宮三宅堂が販売する「みやけ油」は、一九一〇年(明治四十三)十月に宮内省が購入したため、「近来男女の髪油として最も純良なるもの」と評判になった。「みやけ

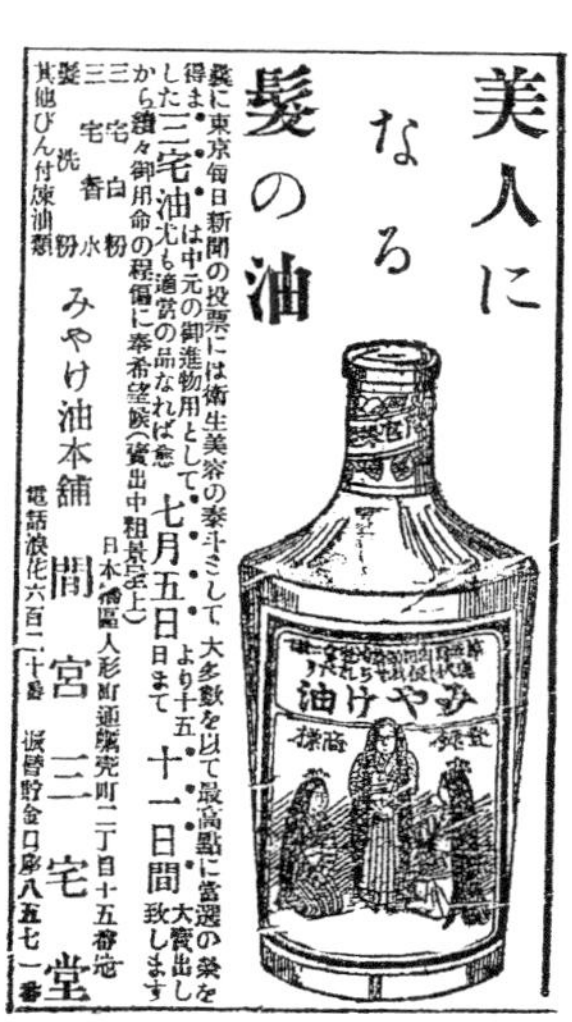

みやけ油の新聞広告(『読売新聞』一九〇七年七月十日付)

油」で使用する植物性の椿油は、毛髪の発育をたすけ、黒髪の艶を美しくするという点で好まれた。ただし、椿油は洗髪を怠ると臭気を発するという欠点もあった。一方で鉱物性の髪油は、髪が赤くなる傾向があり、常用すると髪が傷み禿るおそれがあると警告されている。太平洋戦争後には日本髪や束髪の数が減少するとともに髪油も衰退した。↓椿《つばき》

参考文献 『読売新聞』(一八九九年七月三日付朝刊、一九一〇年十月三十日付朝刊、一九一三年六月四付朝刊)

(刑部　芳則)

かみがかり　神がかり　巫女などのシャーマンが託宣すなわち神のお告げを受けるために神霊をその身に憑依させた状態をいう。『古事記』仲哀天皇段にある息長帯《おきながたらし》比売《ひめの》命《みこと》が神を帰《よ》せて託宣を乞うた記述はその例であり、神がかりとなるために人に神霊を憑依させることを神おろしという。神がかりになった者は体を神霊に支配され、正体をなくし異常な状態になることから、神がかりは尋常ではない行為や状態を表現する言葉としても使われる。『古事記』神代には天宇受売命《あめのうずめのみこと》が天石屋戸《あめのいわやと》の前で踊りながら「神懸《かむがか》り」した記述があり、一般にこれが神楽の起源とされているが、舞いや踊りの所作は本来は神おろしの手段であったと思われる。神楽はこうした神がかりの舞を洗練し芸能にしたものと考えられており、島根県の邑智郡一帯に伝承されている大元神楽のように、神がかりとなった舞人が神の言葉を告げる「託宣の古儀」を今もなお伝えているものがある。

参考文献 萩原秀三郎『神がかり』(『フォークロアの眼』一、一九七七、国書刊行会)、小松和彦『憑霊信仰論』(一九八二、伝統と現代社)

(大明　敦)

かみかくし　神隠し　一般には特に子供や女性などが突如として行方不明になることを神や天狗などの仕業としてこのように呼ぶ。「かみがくし」ともいう。また、喪に服している間に白い紙や布を神棚に貼って隠すことをいう場合もあるが、ここでは前者について記す。神隠しの伝承は数多くあるが、『吾妻鏡』文治四年(一一八八)九月十四日条に平維茂の息子の繁成が生まれてすぐ行方不明になったが、四年後に夢のお告げによって探し求めたところ狐塚で見つかったという話が記されており、これが神隠しが文献に記された早い例とされる。神隠しは、失踪者が無事な姿で発見されるもの、行方不明のままついに発見されないもの、死体となって発見されるものの三タイプに大別でき、最初のタイプには発見された失踪者が失踪中に体験したことを覚えている場合と覚えていない場合がある。神隠しは、今日でも小説やアニメ、漫画などのモチーフとしてしばしば用いられている。

参考文献 小松和彦『神隠しと日本人』(『角川ソフィア文庫』、二〇〇二、角川書店)

(大明　敦)

かみかざり　髪飾　頭髪に挿す装飾。笄《こうがい》(簪《かんざし》)、櫛などがある。笄は縄文時代早期に登場する。骨角製で黄白色を呈し、先端に彫刻を施し、末端を尖らせる一本足の形が多い。おもに女性が装着し、墓での発見状況では二本挿す例が多い。しかし弥生時代には衰退し、古墳時代に再び登場する笄は、銀あるいは金銅製でコの字形の二本足を呈し、渡来人関連の古墳から出土することから、朝鮮半島伝来の装身具と考えられる。法隆寺献納宝物の瑞《ずい》雲形銀釵《うんがたぎんさい》がその完全な形を遺す。しかし、平安時代に女性の頭髪が大垂髪《おすべらかし》になると急速に廃れた。その後江戸時代、特に宝暦以降(十八世紀中ごろ)に女性が髪を結いあげるようになると再び流行する。江戸時代は「簪」と書き、銀製で、本体が平らで薄く、髪に挿す部分が松葉形の二本足を呈す。なお、江戸時代には髪を結うときの芯を「笄」といい、簪と区別されるようになった。先端に耳かきを造形した耳搔き簪、珊瑚やヒスイなどの玉を飾った玉簪、あるいは鎖で花蝶の造形をつりさげた花簪、歩揺《ほよう》簪など、女性の装飾品として多彩で華麗な作品が生み出された。また先端の銀を平たく伸ばし、そこに毛彫りで定紋を施した平打《ひらうち》簪は、大奥や武家の婦人が用いた。↓かんざし　↓櫛《くし》　↓笄《こうがい》

参考文献 橋本澄子『結髪と髪飾』(『日本の美術』二三、一九六八)、土肥孝『縄文時代の装身具』(『同』三六九、一九九七)、桜井市立埋蔵文化財センター編『大陸文化と渡来人』(図録、二〇〇五)

(塚田　良道)

かみがた　髪型　男女の髪の形。〔男性〕寛永期の男髷は月代《さかやき》が大きく、鬢《びん》が狭い。延享期からは、本多忠勝の家中の武士が結っていた本多風と呼ばれる髪型が流行した。本多風は髷の刷毛七分を前方、三分を後方にし、紙捻りで髻《もとどり》を七度巻く髪型であった。天保期以降は大銀杏・講武所銀杏など、銀杏と呼ばれる髪型が主流となる。それらの特徴は、月代が狭小となり、髷形が大きくなるところにある。月代を剃らない浪人銀杏は享保期に登場していたが、元治慶応期には紫紐で根本を結ぶ尊王風など、総髪(惣髪ともいう)が出現した。明治政府が一八七一年(明治四)八月に散髪を許可すると、各府県では「散髪奨励の諭告」(「諭達」もある)が出され、急速に散髪が推進された。散髪は、通称ザンギリとも呼ばれ、髪が短く繕わない髪型を指し、兵士に多く見られた。八四年以降にバリカンが普及するにつれ、一分刈、三分刈といった散髪が行われた。日清戦争後に散髪は、短い髪を整えた毬《いが》栗《ぐり》頭へと移行していった。ほかには髪を分けず背後に垂らして肩にかける撫付惣髪、頭部を中央で分けた中割などが登場した。だが、明治期に人気のあったのは、開化頭と呼ばれる頭部を七対三に分けた髪型であり、洋行帰りの青年層に多く見られた。大正時代にポマードおよびチックが発売されると、それらを髪につけて形を整えるオールバックに代表されるバックスタイルが流行する。太平洋戦争中に丸刈が多くなるが、終戦後の昭和三十年代には作家石原慎太郎の「慎太郎カット」など、戦前にはなかった新しい髪型が登場した。同四十年代からは男子生徒の長髪を許可する高等学校が増えた。同五十年代

以降は男性ファッション雑誌に奇抜で特徴のある髪型が掲載され、現在まで新種の髪型が発案紹介されている。〔女性〕女性の髪型は、江戸時代の初期に登場した兵庫髷・島田髷・勝山髷・笄《こうがい》髷を基本とし、時代が経つにつれ髷に工夫が加わり、江戸中後期には約二百八十種類にまで増加した。元禄期を境に鬢《びん》(両頰の髪)、髱《たぼ》(後頭部の髪)、前髪、髷(頂上にのる部分)をきちんと分けて結うようになった。島田髷を母体とする桃割は、結綿とともに若い女性の間で結われた。勝山髷を母体とする丸髷は元禄後から流行し、享保期には勝山髷に代わって既婚者に広く用いられた。享保年間(一七一六—三六)には櫛や笄が流行し、それらを結髪に使用する笄髷は廃れなかった。一方で江戸初期から中期まで普及した兵庫髷は、文化年間(一八〇四—一八)から遊女の髪型に限定されていくようになる。七一年(明治四)八月の散髪許可は男性に限られたため、女性の結髪は依然として残り続けた。八五年八月に婦人束髪会が設立され、西洋上げ巻・西洋下げ巻・英吉利結・マーガレットなどの束髪が普及するようになる。日露戦争後には、二百三高地と呼ばれる庇髪が女学生の間で流行した。大正時代に洋髪を扱う美容院が登場すると、パーマやショートカットなどが現れたが、それらの普及は都市の一部に限られた。太平洋戦争後には、毎年流行の洋髪が取り入れられ、結髪は減少した。→おかっぱ　→かつら　→島田髷《しまだまげ》　→束髪《そくはつ》　→断髪《だんぱつ》　→長《ちょう》髪《はつ》　→丸刈《まるがり》　→丸髷《まるまげ》　→桃割《ももわれ》　→洋髪《ようはつ》

参考文献　坂口茂樹『日本の理髪風俗』(『風俗文化史選書』、一九七二、雄山閣出版)、大原梨恵子『黒髪の文化史』(一九六八、築地書館)、刑部芳則『洋服・散髪・脱刀—服制の明治維新—』(『講談社選書メチエ』、二〇一〇、講談社)

(刑部　芳則)

かみしばい　紙芝居　起源は江戸時代末期ののぞきからくりや写し絵(現在のスライドに似ている)にあるといわれるが、一八九七年(明治三十)ごろからは裏表に人物を描いた人形を動かして台詞を語る立絵の芝居が子どもに喜ばれ、紙芝居という言葉が生まれたという。それは絵を見ながら話を聞くという文化の伝統に根をおく日本独自のメディアといえる。昭和初期には子ども相手に飴や菓子を売って紙芝居を見せる街頭紙芝居が広がり、特に鈴木一郎作、永松武雄絵の「黄金バット」が人気を博した。不況のなかで失業者が紙芝居屋になり全国に波及し、日中戦争が始まるころには三万人を数えた。またこの時期にはキリスト教の布教を目的に印刷紙芝居も作られた。一九三八年(昭和十三)以後には教育紙芝居と称する印刷紙芝居が作られ、学校・工場・常会などの場で戦意高揚や銃後の心得などを説いて戦争協力に染まっていった。敗戦後の占領期にはＧＨＱの検閲下におかれるが街頭紙芝居は復活して第二の全盛期を迎え、全国で五万人に上った。また紙芝居は左翼宣伝のメディアとしても使われた。しかし五〇年代後半には衰退が始まり、貸本ブームを経てテレビの出現によって街頭からは消えていった。

参考文献　加太こうじ『紙芝居昭和史』(『旺文社文庫』、一九七九、旺文社)、『戦中戦後紙芝居集成』(『アサヒグラフ別冊』、一九九五、朝日新聞社)、山本武利『紙芝居—街角のメディア—』(『歴史文化ライブラリー』、二〇〇〇、吉川弘文館)、権藤晋「「俗悪リアリズム」の系譜—紙芝居から貸本マンガへ—」(『貸本マンガ史研究』一九、二〇〇八)

(安田　常雄)

かみしも　裃　上下とも書く。室町時代では直垂《ひたたれ》や素襖《すおう》など上下揃いの衣服のことを上下といったが、江戸時代に室町時代の肩衣袴《かたぎぬばかま》が武家の公服となって裃と称された。上衣の肩衣は袖がなく、下衣が長袴のものを長裃《ながかみしも》、足首丈の切袴のものを半裃《はんかみしも》といい、長裃は将軍以下御目見《おめみえ》以上の礼装で、半裃は下級武士の礼装であり、庶民も婚礼や葬礼の時には半裃を着用した。江戸中期には肩衣の肩幅が広くなり、肩に鯨の髭を入れて張り、襟が垂直に仕立てられて前身が細くなった。袴には腰板が付き、ひだが増えて裾幅が広くなった。布地は麻が正式で、絹や木綿、絹と麻の交織などは殿中では憚られた。色・文様には規定がなく、無地が普通であったが、小紋も多く用いられ、色は黒・藍・茶が主流であった。肩衣と袴の色・地質が異なった裃は継裃《つぎかみしも》といい、江戸後期には略式の公服として用いられた。公服の裃は一八六二年(文久二)に一時廃され、六七年(慶応三)に全廃された。

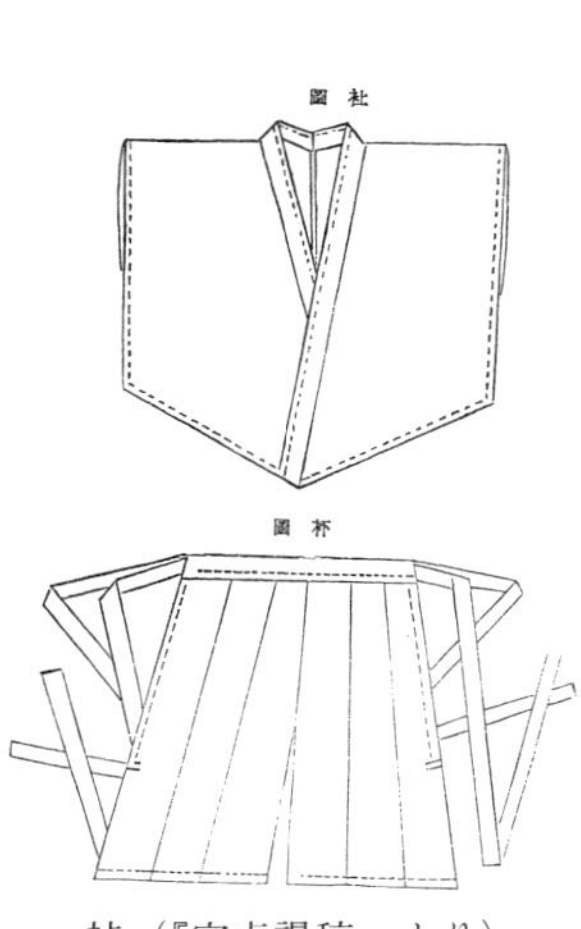

裃(『守貞謾稿』より)

参考文献　丸山伸彦『武家の服飾』(『日本の美術』三四〇、一九九四、至文堂)

(菅原　正子)

カミソリ　カミソリ　髪やひげを剃るのに使う刃物。江戸時代の男性はカミソリで月代とひげを剃る生活習慣であったが、肌にカミソリを当てるのを心地よいと感じる者も多く、明治以降になってもひげを剃る習慣はなくならなかった。一八九五年、アメリカでキング・Ｃ・ジレットが安全カミソリを発明し、一九〇一年から販売した。安全カミソリは日本にも輸入されており、雑誌『太陽』一三ノ四(一九〇七年(明治四十)三月)には、「安全剃刀」「定価一組七十銭」「送料十銭」「日月堂商店」という広告記事がある。一九三二年(昭和七)、岐阜県関町に関安全剃刀製造合資会社が設立され、三六年には日本セーフティレザー株式会社に改組し、ニッポンナイフ製造株式会社を吸収合併した。そして「フェザー印」を商標登録し、本格的に安全カミソリの製造販売を行なった。フェザー印の安全カミソリは輸入品よりも品質が良く、三七年に

神棚（奈良県吉野郡十津川村）

日中戦争が勃発すると、戦地の慰問品として送られた。戦後、高度経済成長期には電動式の安全カミソリが発売され、サラリーマンの生活必需品となった。 ↓髭《ひげ》

参考文献 『フェザー安全剃刀の七〇年』(二〇〇三)、阿部恒久『ヒゲの日本近現代史』(『講談社現代新書』、二〇一三、講談社) (刑部 芳則)

かみだな 神棚 棚の上に神札《しんさつ》(神符)を祀れるようにしたものをいう。家の中の明るく清浄な場所の天井近くに南向きもしくは東向きに設置するのがよいとされる。棚の上には神社を模した小型の宮殿が置かれ、受けてきた神札はその中に納められる。『古事記』神代に天照大御神《あまてらすおおみかみ》が伊邪那岐命《いざなぎのみこと》から授かった珠を御倉板挙之神《みくらたなのかみ》として祀ったとの記述があることから、神霊を棚の上に祀ることは古代から行われていたと考えられている。現在見られるような神棚は、中世末期から伊勢神宮の信仰を広めるために活躍した御師《おんし》と呼ばれる人々が神宮大麻《じんぐうたいま》(伊勢神宮の神札)を全国に頒布して回った際、これを各家庭で祀っておくために考案した大神宮棚もしくは御祓《おはらい》棚と呼ばれるものが起源である。こうした神宮大麻を常設した棚に祀っておく習慣が江戸時代中期ごろから庶民の間に定着し、さらには氏神の神札なども併せ祀るようになり、現在の神棚に発展したと考えられる。

参考文献 三橋健編『わが家の守り神』(一九九七、河出書房新社)、藤井正雄編『神事の基礎知識(新版)』(二〇〇一、講談社) (大明 敦)

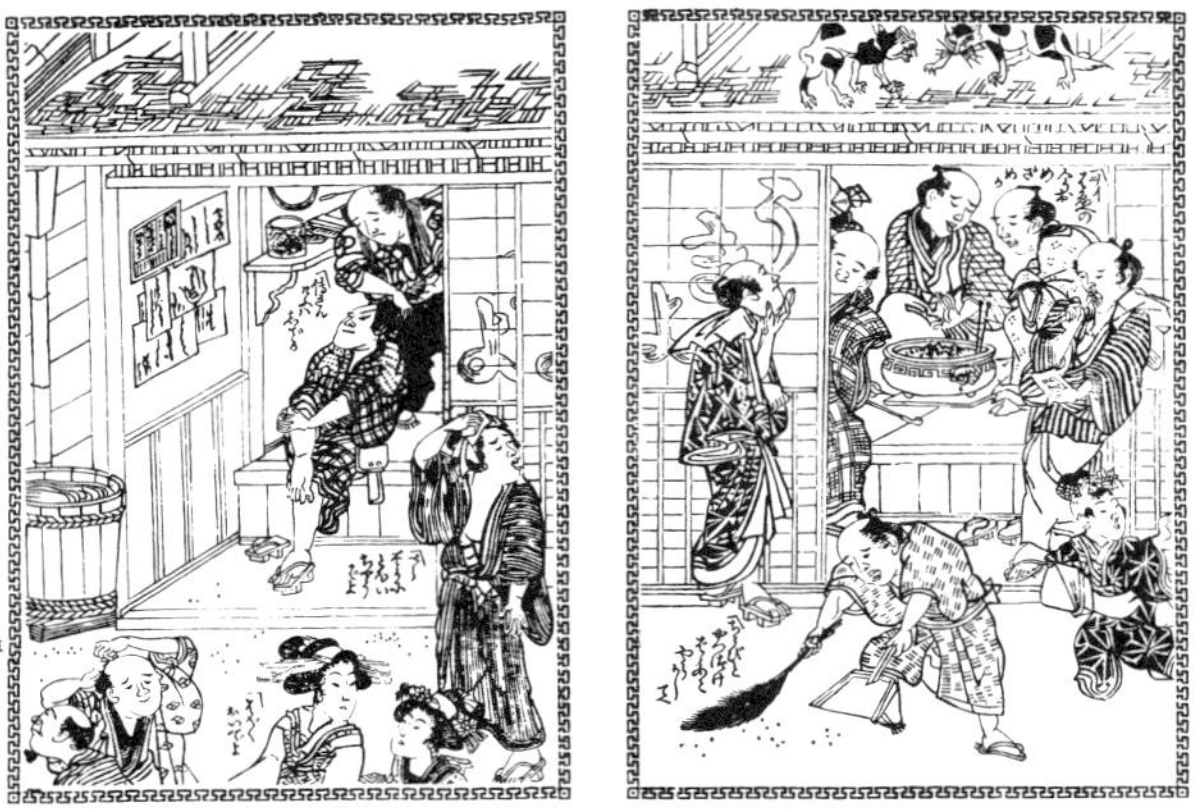

髪結床（『浮世床』より）

かみゆい 髪結 髪を結いあげたり月代《さかやき》を剃ったりする職業、またその職人。近世都市における髪結の経営は親方(師匠)のもとに下職(自立的な手間取り職人)、弟子(年季奉公の若者)が包摂され、髪結床《かみどこ》という常設店舗に客を迎えての営業と、営業テリトリーを廻る丁場《ちょうば》廻りとを組み合わせた経営が一般的だった。江戸の髪結は髪結営業権の相互保障のため組合を結成し、公儀橋の見守役、火災時の町奉行所書物持退人足といった町人足役を負担した。髪結の排他的営業権が確立するとその営業の権利が株として売買されるようになり、営業にいっさい携わらない髪結株主も現れ、親方層は株主から営業権を預かり揚銭を納めていた。髪結床は情報や文化が交錯する地域住民のサロンとしても機能した。その具体相は式亭三馬『浮世床』に活写されている。京都でも髪結の経営ユニットは同じものの、親方は近世の町共同体に雇用され、雑用に携わった町用人の兼業で、借家人よりも下位の存在とみなされさまざまな身分統制を受けていた。 ↓床屋《とこや》

参考文献 塚本明「町抱えと都市支配―近世京都の髪結・町用人・「年行事」を中心に―」(『日本史研究』三二一、一九八九)、吉田伸之編『「髪結新三」の歴史世界』(『歴史を読みなおす』一九、一九九四、朝日新聞社)、吉田伸之「髪結の職分と所有」(『思想』一〇八四、二〇一四) (西木 浩一)

カムカムえいご カムカム英語 ⇩英会話《えいかいわ》

弥生時代の煮炊き用の甕
(福岡市板付遺跡出土)

かめ 甕 ものを貯蔵する、運搬するための容器の総称。壺に比べて口が大きく、大型のものも多く作られた。土製、陶製のものがある。食物などの貯蔵、醸造などの加工、染料入れ、肥溜めなどに使用された。室町時代以降、木製の大型貯蔵具である桶や樽が普及するまでは主要な貯蔵具として大きな役割を担っていた。弥生時代の北九州では埋葬用に作られた甕(甕棺墓)が多く発見されてい

る。現代の考古学では土師器の甕は煮炊具を、須恵器の甕は貯蔵具を表す用語として使用しているが、『正倉院文書』など古代の史料では大型貯蔵具の呼称に限って使用している。奈良時代以降の遺跡からは建物内に甕を複数個埋めて使用した痕が発見されることがあり、このような遺構は貯蔵蔵・醸造蔵と推定されている。

参考文献 荻野繁春「壺・甕はどのように利用されてきたか」(『国立歴史民俗博物館研究報告』四六、一九九二)

(水口由紀子)

かめい 家名 一家の名称。家は、固有の家名・家産・家業をもち、父子相承される組織で、その継続性を示すものが家名である。古代には一部の氏集団が天皇から与えられた氏姓を名乗っていた。中世になると、貴族や上級武士の氏集団の内部に家がつくられ、その動向は次第に武士から農民・商人・職人へと広がっていった。各家は、開発・居住した地名を名字(苗字)として名乗り、家の呼称とした。同苗の家々では、通名や屋号・屋敷名などによって各家を呼んだ。近世には、江戸幕府によって庶民による苗字の公称が禁止され、通名が公式の家名とされる。商家では、通名とともに屋号も正式名称として、家名相続をしていった。武家は、封禄相続が重視されたが、封禄の取り上げを家名断絶などと称することもあった。近代になると、明治民法にて妻も夫の家の苗字を称することが規定され、苗字が家名として一元化された。

→苗字《みょうじ》

参考文献 石井良助『日本法制史概説(改版)』(一九六〇、創文社)、関口裕子他『日本家族史—古代から現代へ—』(一九六九、梓出版社)

(栗原 健一)

かもい 鴨居 建築の開口部の上部にあって、引戸、障子、ふすまなどをはめる溝のついた横材のこと。敷居と対となる。建具を入れず溝のないものを無目鴨居、開口部に続く壁面に鴨居と同じ高さに取り付けたものを付け鴨居という。幅は、柱と同じか柱面内に収まる程度で、成《せい》(高さ)は一寸五分程度が一般的である。広い間口を確保するために、構造材としての機能をもつ断面の大きな差鴨居《さしがもい》も使用される。大材を必要とする差鴨居は、立派に見えることから上層民家を中心に財力の象徴としても用いられた。

→敷居《しきい》

(大林 潤)

かもん 家紋 その家のしるしである文様。公家の場合は平安末期ごろを起源として、他家の牛車と区別するために車に付けた文様と、衣服の有職《ゆうそく》織物の有職文(官位・官職により定まっている)があり、これらが子孫に継承されて家紋になった。武家の場合、源平合戦のころはまだ旗に紋が描かれておらず、鎌倉中期に旗に紋を描く風習が発生して南北朝時代には家の紋が定着化し、合戦場で大将や軍隊の所在を示す旗・幕のしるしとして用いられた。武家の家紋は衣服にも付けられ、室町時代の大紋は、上衣の背の中央、両胸、両袖の後の五ヵ所、袴の両前膝、両股立《ももだち》の四ヵ所に家紋を染めぬいた。江戸時代には、武家の公服となった裃《かみしも》とその下に着る小袖に家紋を付け、庶民もこれをまねて裃・小袖・羽織に家紋を付けて紋付《もんつき》とした。紋付は五紋《いつつもん》が正式で、三紋《みつもん》・一紋《ひとつもん》は略式である。女性は家紋の代わりに女紋《おんなもん》を用いる場合があり、女紋には、実家の女系に伝わる紋と婚家の女性専用の紋があった。

→家印《いえじるし》 →紋付《もんつき》

参考文献 沼田頼輔『日本紋章学』(一九六六、人物往来社)、丸山伸彦『武家の服飾』(『日本の美術』三四〇、一九九四、至文堂)、菅原正子『中世の武家と公家の「家」』(二〇〇七、吉川弘文館)

(菅原 正子)

かや 蚊帳 主に蚊を防ぐために、四隅を金属製の鐶《かん》で吊って寝床をおおう夏季の寝具。麻・紗・木綿で織った布を用いる。すでに古代から使用され、『日本書紀』や『播磨国風土記』に記述がある。煙をくゆらせる蚊遣りで蚊を追い払っていた庶民の間に、蚊帳が普及するのは江戸時代に入ってからである。産地は奈良や近江が有名であり、特に近江蚊帳は近江商人の取扱商品として全国に流通した。江戸日本橋通りに開店した近江店の多くは、涼しげな萌黄色に染色した麻布地の縁に紅布をほどこした萌黄の蚊帳を二人一組の行商によって販売した。一人は蚊帳の担ぎ手であり、もう一人は「もえぎのかや」の六文字を、五〇メートルかけてゆっくりと触れ歩く美声の持主である。蚊帳は昭和三十年ごろまで夏の風物詩であったが、網戸や空調設備の普及とともに寝具としての実質的役目を終えた。

参考文献 豊生才治郎監修『西川四百年史稿本』(一九五六、西川産業株式会社)

(末永 國紀)

かやぶき 茅葺 草葺の一種で、茅で葺いた屋根。茅はチガヤ、スゲ、ススキ、アシなどの異称。採取場所である茅場が集落近郊にあることが多く、材料入手が容易であったため、古来、農村や山間部の家屋に多用された。瓦葺・板葺・檜皮葺と比べ、屋根は急勾配である。垂木《たるき》上に配した小舞《こまい》上に、穂先を上にした茅の束を竹で押さ

茅葺屋根の葺き替え作業（岐阜県白川郷）

え、小舞に縛り付けながら、下から棟に向かって葺き上げ、先端部を刈り上げて整えることもある。軸部の建設には大工らの専門技術を必要としたのに対して、茅を葺く作業は白川郷(岐阜県)の結《ゆい》などのように、集落の共同作業として行われることもある。　↓草葺《くさぶき》

(海野　聡)

かゆ　粥　米や雑穀などを水分を多くして軟らかく煮た食物。米を蒸した飯《いい》に対していう。『続日本紀』文武天皇四年(七〇〇)条に「水を暖め粥を煮て遍に病徒に与う」とあるのが早い例である。粥は「湯薬」としての性格を持っていたから国家的な行事の際に供されることが多く、正月十五日の七種粥《ななくさのかゆ》として定着した。これは米以外に粟・黍・稗・胡麻・小豆などを混ぜて煮たものである。これと似た粥として七草粥があるが、これは正月七日に野草などを摘んで食する「若菜摘み」の風習に基づくものである。寺院の僧侶や民衆の間で日常食として食されることが多く、平安時代には薯蕷粥《いもがゆ》、小豆粥、栗粥などが確認できる。また、戦国時代上野国の僧侶の日記にも「湯付」を筆頭に「ヒキカユ」「ワリカユ」「栗カユ」「小豆粥」が日常食として多数回登場しており、その普及が理解できる(『長楽寺永禄日記』)。　↓小豆粥《あずきがゆ》　↓茶粥《ちゃがゆ》　↓七種《ななくさの》粥《かゆ》

参考文献　木村茂光「日本古代の粥と粥食」(同編『粉食文化論の可能性』所収、二〇〇六、青木書店)

(木村　茂光)

かゆみどめ　かゆみ止め　かゆみを止める薬。民間薬としては桜の樹皮の甘皮や桃の葉の煮汁、薄荷《はっか》の葉を蒸留させて得た油(成分はメントール)が古くより用いられており、漢方薬では桂枝湯・麻黄湯などが処方される。明治末に富山の池田模範堂より発売された鎮痒消炎薬のムヒ、昭和初期に発売された金冠堂のキンカン(「キンカン塗って、また塗って」のCMで知られる)などは家庭常備薬となっている。現代病の皮膚アレルギー疾患に伴う痒みには抗ヒスタミン剤などが用いられている。

参考文献　石原明『漢方―中国医学の精華―』(『中公新書』、一九八三、中央公論社)、石坂哲夫『くすりの歴史』(『日評選書』、一九七九、日本評論社)、三浦三郎『江戸時代・川柳にみる　くすりの民俗学』(一九八〇、健友館)、家庭薬研究会編『家庭薬ロングセラーの秘密―昔も今もこれからも「日本の元気」を守る家庭薬―』(二〇一〇、薬事日報社)

(新村　拓)

かよいこん　通い婚　⇩妻問《つまど》い

かよいちょう　通い帳　掛売りの決済に用いられた帳簿。江戸時代には、商品の受け渡しを先に行い、盆暮の二回にまとめて代金を決済する盆暮勘定や、六十日ごとに決済を行う一節季払いなどによる掛売りが盛んに行われた。商品の売り主は、取引が行われるたびに、顧客が持参した通い帳と店で保管する大福帳の双方に取引内容を記し、通い帳を顧客に返却した。売り主は、盆暮、あるいは六十日ごとに、大福帳の記載に基づいて商品の買い主に代金を請求し、買い主は自身の保管する通い帳の記載と、売り主からの請求内容とを照合した上で代金を支払った。「近江国蒲生郡鏡村玉尾家文書」(国文学研究資料館所蔵)などに江戸時代の通い帳の形式をみることができるが、それによれば、通い帳は顧客ごとに作成され、表紙に「俵物通」「油之通」などと墨書されている。また、帳面がむき出しでやり取りされたのではなく、所定の袋に帳面を折り畳んで入れ、その袋を授受していたこともわかる。現代では、銀行の預金通帳にその名残が見られる。

↓掛《か》け売《う》り　↓通帳《つうちょう》

参考文献　宮本又次『日本近世問屋制の研究』(一九七一、刀江書院)、『諮問録・大阪商業習慣録・商業慣例調』(『大阪経済史料集成』二、一九七三、大阪商工会議所)

(高槻　泰郎)

かようきょく　歌謡曲　もともとは、大正期の邦楽改良運動である新日本音楽の文脈で作られた新作歌曲を指していたが、昭和初期にレコード会社が制作する「流行歌」が成立すると、その卑俗な含意を嫌った日本放送協会は、言い換え語として「歌謡曲」の語を用いた。戦前の国民歌謡や戦後のラジオ歌謡を通じて、放送局が主体的に大衆向けの歌謡を制作し、レコード会社製の流行歌に対抗しようとする動きもあった。昭和戦前期には西洋の芸術歌曲を指してこの語を用いる場合もあり、やや高尚な響きを持った語であったと想像される。上述のように流行歌と歌謡曲は同じものを指しているのだが、近年では、流行歌より後の時代のものを指して歌謡曲と呼ぶ、という慣習があらわれてきている。その区切りは論者によって戦後であったり昭和四十年代であったりするのだが、いずれにせよ、商業的な大衆歌謡の流行において放送の影響力が拡大してゆくさまを示しており興味深い。　↓流行歌《りゅうこうか》

(輪島　裕介)

からうす　唐臼　前方に据えた臼と、長い角材の先端部に杵を付けた台柄からなるシーソー状の道具。手前の端

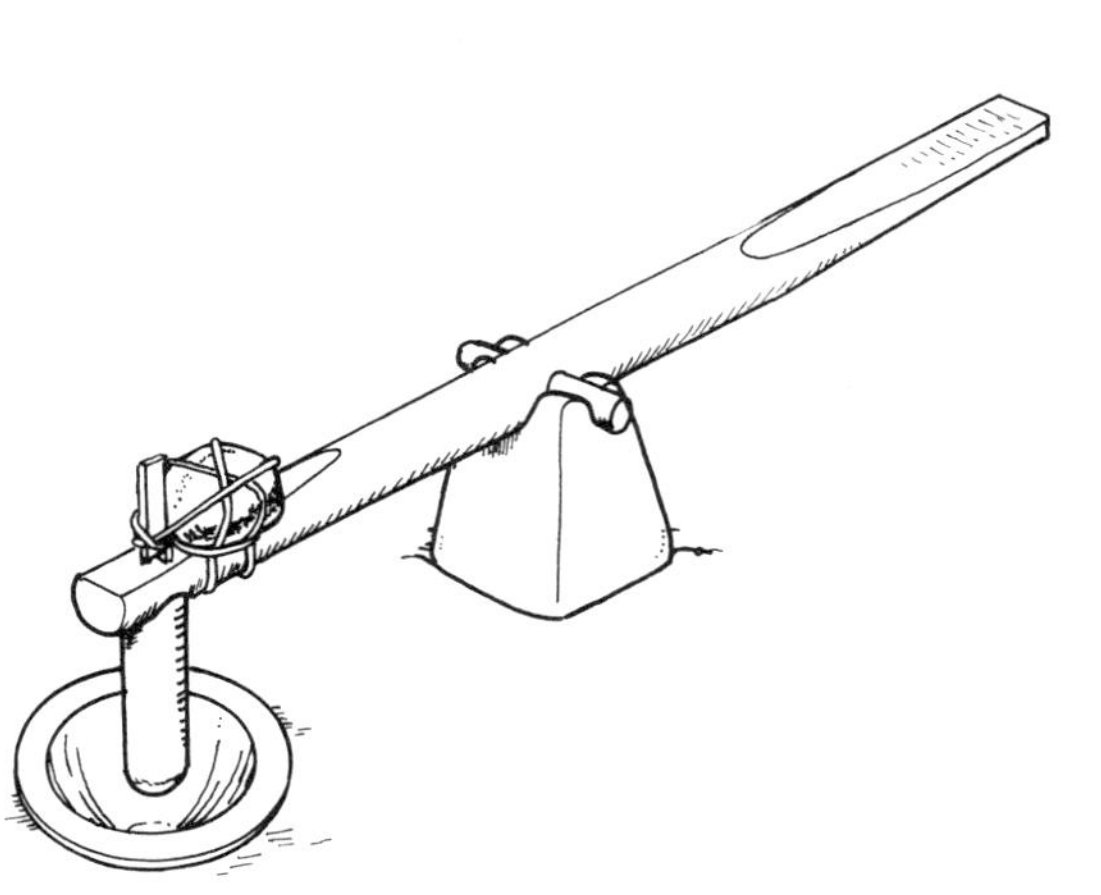

唐　臼

を足で踏むことで杵を上下させ、穀物の精白・製粉や餅搗きなどを行なった。近世期に米屋の精白用として普及すると、やがて農家にも広まった。唐臼は力を要しないため、女性や子供の家内労働としても位置づけられた。足で踏む動力はその後水車へと代わりつつ昭和期まで用いられたが、動力精米機の普及に伴い姿を消していった。（加藤幸治・今井雅之）

カラオケ　カラオケ　流行歌の伴奏のみの録音に合わせて歌唱する行為および伴奏の装置。舞台や放送で、生のオーケストラ伴奏ではなく録音を用いる場合、オーケストラを用いない（オーケストラ＝ピットが空）という意味の「空オケ」が語源。一九七〇年代後半に、カーステレオ用の八トラックテープを転用した装置が全国の飲食店で用いられ始める。その「発明」については諸説紛々であり、特定することは不可能かつ無意味である。流行当初は家庭やタクシーへのカラオケ設備の普及が試みられたが、基本的には中高年男性の酒場での社交と結びついた娯楽であった。八〇年代後半に、旧国鉄の廃コンテナを改造したカラオケボックスが登場すると、その愛好者はあらゆる年齢層に拡大する。基本的に仲間内で楽しむものになると、音楽的趣味の分断も進行した。現在では、ヴォーカロイド楽曲のように、製作者がカラオケ会社と直接契約を結ぶことで、レコード発売がなくても著作権収入を得ている場合があり、音楽産業においてもきわめて大きな役割を担っている。（輪島　裕介）

からかみ　唐紙　紋様を彫刻した版木を用いて胡粉または雲母の粉末で文様を刷り出した紙。もとは中国渡来の紙であり、詠草料紙として平安時代中期にその模造が始まった。平安時代末期には京都を中心に公家住宅の衝立や襖の上張りに用いられるようになり、鎌倉時代には武家住宅、近世には大坂や江戸の町人の住宅へ広まった。近世初めからは、特に数寄屋風の建物を中心として唐紙を上張りに用いる襖が好まれ、現在まで茶室の内装などで愛好されている。桂離宮（京都市）で一六一五年（元和元）ごろ建立の古書院をはじめとする諸建物の襖に桐紋唐紙を用いているのが古い例である。江戸時代には、いわゆる襖を唐紙障子と呼んだ。↓襖《ふすま》

参考文献　久米康生『江戸からかみ―その歴史的背景と多彩な展開―』（一九六二、東京松屋）、宮島新一『唐紙と金銀泥下絵』（『日本の美術』四三〇、二〇〇二、至文堂）（櫃本　聡子）

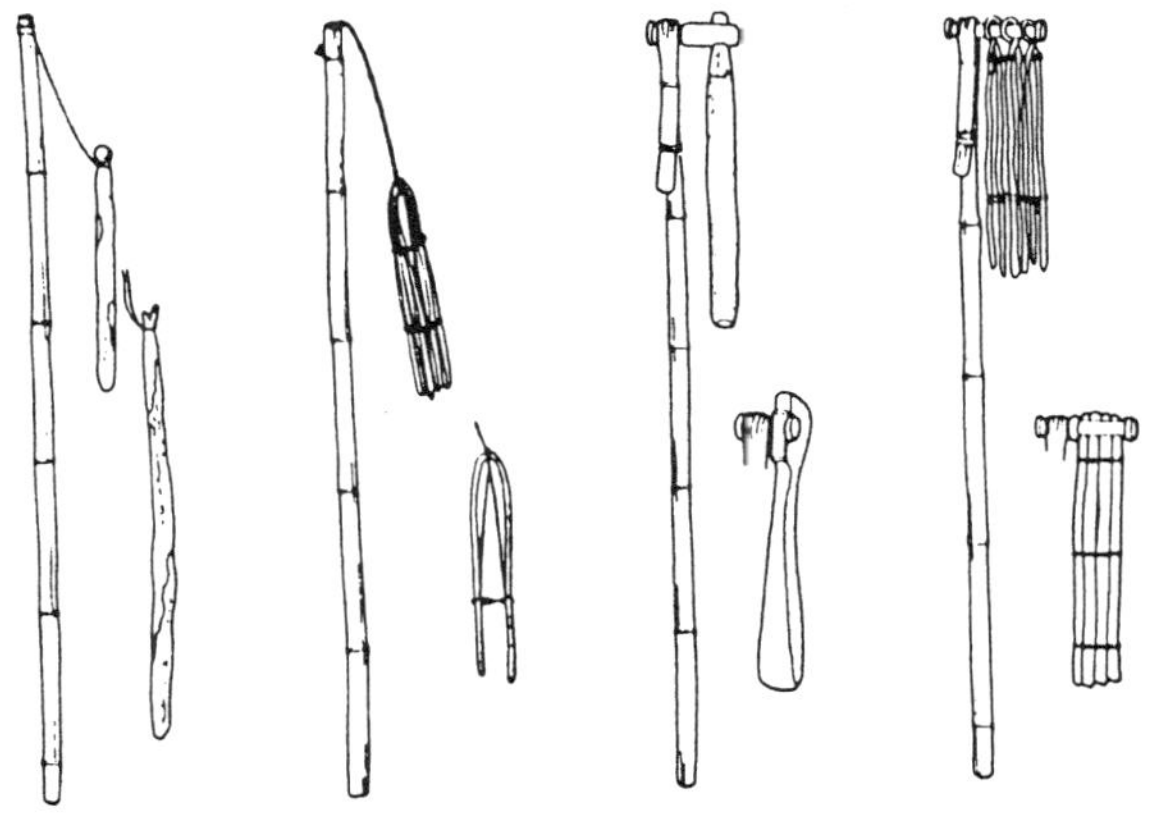

唐竿の形式　（右から）数本回転型，一本回転型，数本垂直型，一本垂直型

からさお　唐竿　穀類や豆類の脱穀・芒《のぎ》取りを行う道具。柄の先に連結させた打撃棒を対象に打ち付けて使用する。古くは連枷《れんか》、地域によりフリウチ・クルリボウなどと称した。その構造はさまざまで、打撃部が一本の丸木や角材のものや複数の割竹のもの、連結部が回転軸となっているものや紐で繋がっているものなどがある。主に麦・粟・稗・大豆などの脱粒性の高い作物に対して用いた。庭先や土間に敷いた莚《むしろ》の上で、麦打唄を歌いながら共同で作業した。（加藤幸治・今井雅之）

からす　烏　スズメ目カラス科の鳥。不気味ないでたちと傍若無人なふるまい、「烏が鳴くと人が死ぬ」という言い伝えなどから不吉な印象が強い。一方で、熊野から大和まで八《や》咫《た》烏《がらす》が神武天皇の道案内をしたと記紀神話に記され、熊野三山の大社の護符にも烏文字が描かれている。また、厳島神社や熱田神宮の鳥喰《とりばみ》神事では供物を烏が食べるかどうかで神意を占い、東京都府中市の大国魂神社のカラス団扇は豊作祈願として信仰される。これらには、神の使いとしての烏の能力が示されている。

参考文献　国松俊英『鳥の博物誌―伝承と文化の世界に舞う―』（二〇〇一、河出書房新社）（柳　正博）

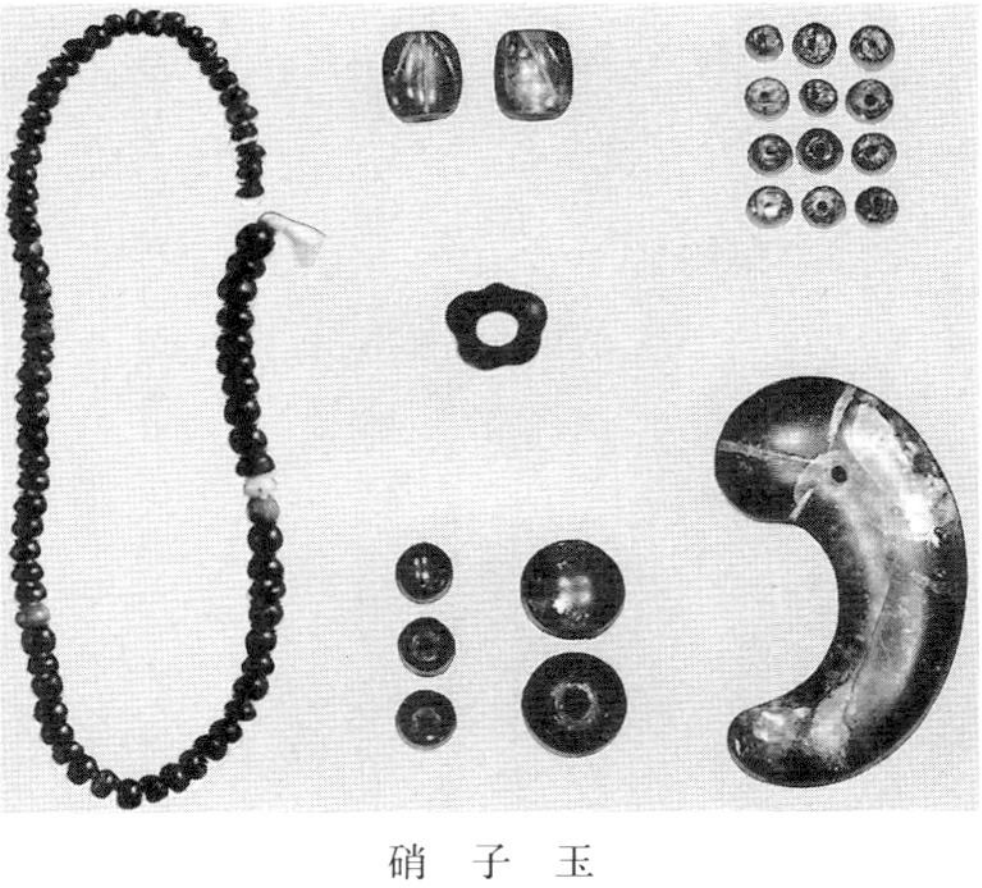

硝　子　玉

ガラスだま　硝子玉　中央を穿孔したガラス製の玉。勾玉、円筒形の管玉、ビーズ形の小玉などがあり、紐で連ねて首飾や腕輪などの装身具とした。弥生時代前期からあるが、弥生中期から北部九州で製作され始めた。材料は鉛ガラス（青色、緑色）とカリガラス（淡青色、水色）で、いずれも中国からの輸入素材である。弥生末期に小玉が爆発的に増え、宮城県以南のほぼ全国に普及した。稀に

二色以上の紋様を埋め込んだトンボ玉もあり、中国からの輸入品と考えられる。古墳時代には新たにコバルトで青く着色したソーダ石灰ガラスが普及するが、七世紀末には再び鉛ガラスへと変わり、奈良県高市郡明日香村飛鳥池遺跡では鉛と石英を溶かした国産鉛ガラス工房跡が発見されている。仏像や寺院の荘厳具としても用いられたが、奈良時代以後衰退した。

参考文献　奈良国立文化財研究所飛鳥資料館『飛鳥の工房』(特別展図録、一九九二)、藤田等『弥生時代ガラスの研究―考古学的方法―』(一九九四、名著出版)、肥塚隆保「ガラス」(小林達雄編『考古学ハンドブック』所収、二〇〇七、新書館)　(塚田　良道)

ガラスど　硝子戸　⇩戸《と》

からびつ　唐櫃　衣類・寝具・書籍経巻・食物などを収納・保存するための家具。蓋つきの箱を櫃と称するが、なかでも脚が付いたものを唐櫃と称する。脚の数は各面の中央に一本ずつの計四本か、前後の面に二本ずつと左右の面に一本ずつの計六本であることが多い。大きさや用途により、長唐櫃、小唐櫃、記録入唐櫃、荷《にない》唐櫃などに分類される。漆塗りで螺鈿《らでん》や蒔絵を施した装飾品から木地そのままの実用品まで、精粗さまざまなものが存在する。運搬手段が人力に限られていた古代から中世にかけて用いられていたが、近世になり家財が増加し、運搬手段が発達すると、より大型で脚のない長持が用いられるようになった。唐櫃はさまざまな通過儀礼の際に用いられる家具でもあり、男女十五歳になると親から与えられる習俗、嫁入り道具として嫁ぎ先に持っていく習俗、所有者が亡くなると棺桶として用い遺体とともに葬る習俗などが存在する。↓長櫃《ながびつ》　↓長持《ながもち》

参考文献　小泉和子『箪笥』(『ものと人間の文化史』、一九八二、法政大学出版局)　(加藤幸治・今井雅之)

唐　櫃

からむし　苧　イラクサ科の多年草で、その繊維から糸を績み布を織った。ヲ・ソともいい、苧麻《ちょま》ともいわれた。麻とともに、木綿が普及する中世末期までは庶民だけでなく支配階級の間でも用いられた代表的な衣料の原料であった。日本列島で自生していたため、弥生時代から織物に加工されており(静岡市登呂遺跡)、『魏志』倭人伝にも「禾稲・紵麻を種え、蚕桑緝績し、細紵・縑緜を出だす」と記されている。律令制のもとでは麻布を調・庸として出す国が多く、当時の麻布が奈良正倉院に現存している。律令制では麻より苧の方が繊維が細く柔らかかったので上質とされ細布などと呼ばれた。十五世紀ごろには畿内の諸都市で麻布の需要が増大し、京都や奈良に白布座・布座が成立するとともに、栽培に適した北陸・東山道地域にも座が作られた。なかでも越後の青苧《あおそ》座は有名である。江戸時代に入り木綿が普及すると、各産地では奈良晒《さらし》・小千谷縮《ちぢみ》など上質な夏期衣料を生産するようになった。↓青苧《あおそ》　↓麻《あさ》

参考文献　永原慶二『苧麻・絹・木綿の社会史』(二〇〇四、吉川弘文館)　(木村　茂光)

からもん　唐門　照《て》りむくりと呼ぶ反転曲線をもつ屋根を唐破風《からはふ》というが、門全体の屋根を唐破風としたもの、あるいは屋根の一部に唐破風をもつ門を唐門という。正面側に軒先の反転曲線をみせる門を向唐門《むかいからもん》、側面に軒先の反転曲線をみせる門を平唐門《ひらからもん》と呼ぶ。平唐門は平安時代には現れ、中世の絵巻物などにもしばしばみえる。『蒙古襲来絵詞』(鎌倉時代)の鎌倉の安達泰盛邸、『男衾三郎絵詞』(鎌倉時代)の武蔵国の男衾三郎邸には、いずれも板葺の平唐門が描かれており、鎌倉時代には東国の武家住宅においても用いられたらしいことがわかる。平唐門は柱が二本で、構造的には棟門と呼ぶべきものが多い。平唐門の現存最古例は、京都市の玉鳳院四脚門(南北朝時代)である。安土桃山時代になると、滋賀県長浜市の宝厳寺唐門のような向唐門が現れ、以後、霊廟の門などにしばしば用いられるようになった。向唐門は、正面に親柱《おやばしら》、背後に控柱《ひかえばしら》をもち、薬医門に似た柱配置をもつ場合が多い。『明月記』寛喜三年(一二三一)正月十三日条に、唐門

宝厳寺唐門

を破却して棟門に建て替えた記事があり、鎌倉時代には唐門よりも棟門の方が格が高かったらしい。

参考文献 岡田英男編『門』(『日本の美術』二一二、一九六四、至文堂)、小泉和子・玉井哲雄・黒田日出男編『絵巻物の建築を読む』(一九九六、東京大学出版会)

(箱崎 和久)

からゆきさん からゆきさん 十九世紀から一九二〇年代にかけて、九州北西部から海外へ渡り売春に従事した女性。もともとは、出稼ぎ目的の「外国(唐)行き」を指し、男性も含まれた。日清・日露戦争による植民地拡大と北米西海岸へのアジア系移民の増加などに伴って女性の需要が増し、からゆきさんは売春女性の呼称となった。ピークは一九一〇年代初めで、その分布はアリューシャン列島から、中国、東南アジア、北米大陸、中東、北アフリカまで拡がり、その数二万二千人(アフリカを除く)にのぼったとされる。貧しい農漁村の少女たちが人身売買され、周旋屋の手で密航などにより国外へ移送され、過酷な性労働のため現地で死亡する例が多かったが、中には「おなごの仕事」と受け止めて生き抜き、財産を持って帰郷する者もあった。一九一八年(大正七)のシベリア出兵時、日本軍は満洲・シベリアのからゆきさんに性病検査を課し管理した。この経験がアジア・太平洋戦争における軍「慰安所」の設置に繋がったとみられる。

参考文献 森崎和江『からゆきさん』(『朝日文庫』、一九八〇、朝日新聞社)、山崎朋子「サンダカン八番娼館」(『女たちの証言』所収、一九九二、文藝春秋)、林博史「シベリア出兵時における日本軍と「からゆきさん」」(『戦争責任研究』二四、一九九九)

(平井 和子)

かりおや 仮親 実の親以外の人と擬制的に親子関係を結んだ際の(これを親子成りという)、親のこと。この関係の結び方にはさまざまな種類があり、地域差もある。出生から幼児期までに関係を結ぶものとして、取り上げ親、名付け親、帯親、拾い親(厄年に生まれた子をいったん捨てて拾ってもらう)などがある。また、主に成年期に関係を結ぶものとして、男子の元服親、女子の鉄漿付《かねつけ》親(花嫁の挨拶回りに付き添う)、結婚に際しての仲人親などがある。そのほかに、村外から移住してきた者が村での引受人として草鞋親を頼む例もある。なかでも成年期に関係を結んだ仮親とは生涯を通じて関係が続くことが多く、この関係は親分子分関係とも呼ばれ、仮親は子を庇護し、子は仮親につくした。このような事例は全国的に見られるが、特に東日本に多い。→烏帽子《えぼし》親《おや》・烏帽《えぼ》子子《しご》 →親方制度《おやかたせいど》 →親子《おやこ》 →名付《なづ》け親《おや》 →養《やしな》い親《おや》

参考文献 福田アジオ他編『図解案内日本の民俗』(二〇一二、吉川弘文館)

(山崎 圭)

かりぎぬ 狩衣 公家男性の日常服。本来は布(麻)製で布衣《ほい》や狩襖《かりおう》と呼ばれた民間の野外狩猟用の衣服で、平安中期に絹・綾・織物などで仕立てられて公家男性が野外などで着用するようになった。狩衣は身幅が一幅のみで短く、襟は首のまわりに沿った盤領《あげくび》の形式であり、広袖は動きやすいように後身頃にのみ胴に付けられ、袖口には袖括《そでくく》りの緒を通している。色・文様は自由で、表地・裏地で季節により重ね色目を工夫した。袖括りの緒も装飾化し、年齢や堂上《とうしょう》・地下《じげ》の違いにより異なった。頭には烏帽子《えぼし》をかぶり、腰に当帯《あておび》を付け、袴には裾を括った指貫《さしぬき》、または指袴《さしこ》(裾を括らない指貫)をはいた。天皇は狩衣を着用せず、公家らも狩衣姿では参内できなかったが、上皇・親王は狩衣を着用し、公家の狩衣姿の院参も許された。鎌倉から江戸時代の幕府の将軍家では狩衣は礼装として用いられた。狩衣と同形の衣服には、神事などで着用した白色の浄衣《じょうえ》や、後身の短い童装束の半尻《はんじり》などがある。

参考文献 鈴木敬三『有識故実図典―服装と故実―』(一九九五、吉川弘文館)

(菅原 正子)

狩衣姿の人々(『春日権現験記』より)

かりしき 刈敷 古代より使われた肥料。春先に山野にある青草や木の若芽を刈り、生葉のまま肥料として田畑に敷きこむ。稲作の苗代に際し肥料は草がよいとされる。草木を焼いた草木灰や堆肥なども肥料として使われた。刈敷の刈取りや運搬、踏込などに多くの労力が必要だったことから、金肥が普及すると刈敷は行われなくなっていく。近世中期における信濃国松本藩領では、一反あたり刈敷必要量は二十駄といわれ、肥料確保のためには田畑面積の十倍を超える山野が必要だったとされる。→肥灰《こえばい》 →堆肥《たいひ》

参考文献 中村喜時編『安永五年 耕作噺(陸奥)』(稲見五郎翻刻・訳・解題、『日本農書全集』一、一九七七、農山漁村文化協会)、水本邦彦『草山の語る近世』(『日本史リブレット』、二〇〇三、山川出版社)

(落合 功)

ガリばん ガリ版 孔版《こうはん》の印刷方法ないし印刷機。謄写版ともいう。ガリ版という俗称は、蠟紙の下にインクが浸みこむよう、やすりの上から蠟紙を鉄筆で切る際に発する音に由来する。十九世紀末にアメリカのエジソンが発明したミメオグラフが起源といわれる。日本では堀井新治郎親子が一八九四年(明治二十七)に開発し、原本に対する謄本という意味合いで、謄写版と名づけた。続いて一九一〇年には輪転謄写機を生み出す。特に手刷りのガリ版は人々に親しまれ、七〇年代ごろまでは機関紙、ビラ、チラシに代表されるように有力な印刷方式かつ表

現手段であった。しかしコピー機や電子製版機といった技術的発展と普及に押され、ガリ版の使用人口は激減していく。堀井新治郎が設立した堀井謄写堂(創設時は謄写堂)が謄写版の生産を中止したのは八七年(昭和六十二)である。

参考文献 田村紀雄・志村章子編『ガリ版文化史—手づくりメディアの物語—』(一九九五、新宿書房)、志村章子『ガリ版文化を歩く—謄写版の百年—』(一九九五、新宿書房)、同『ガリ版ものがたり』(二〇一三、大修館書店)

(根津　朝彦)

かりや　仮屋　一時的な利用を目的とした建物、もしくは仮設的な建物を広く指す。仮設物が常設化したものも含めて、時代・用途・地域によりさまざまな建物が該当する。古代以来、宮殿や寺社における祭礼に際して設ける臨時の施設を指す事例がある。春日若宮祭の御旅所御仮殿がこれにあたる。皮付きの黒木丸太や松葉を用い、恒久利用を考慮していないことが明確である。中世には市場の仮設店舗を指すことがあり、『一遍上人絵伝』などの絵巻物によれば、掘立柱、草葺、吹放ちが一般的である。室町時代末期には、賃貸料を徴収する住宅があらわれ、これを指す。また有力者が巡行する際の宿泊施設を指し、平安時代後期における院・宮の参詣に関わるもの、近世の藩主巡検に関わるものなどがある。民家では、地域により異なり、妊娠時・月経時に女性がこもる小屋(三重県・愛知県)、町家前面に張り出した下屋(鳥取県)などの事例がある。後者は仮設物だったものを常設化したことのあらわれであろう。

参考文献 佐藤巧・岡田悟「仙台藩における松島、塩釜の御仮屋について」(『日本建築学会論文報告集』三二八、一九八三)、保立道久「市の屋形・仮屋」(高橋康夫・吉田伸之編『日本都市史入門』Ⅲ所収、一九九〇、東京大学出版会)、藤原重雄「「仮屋」小考—松の葉を屋根に葺くこと—」(藤原良章・五味文彦編『絵巻に中世を読む』所収、一九九五、吉川弘文館)

(鈴木　智大)

かりわけこさく　刈分小作　農地を賃借する際その賃借料(小作料)を、当該農地から収穫された生産物の一定比率を以て支払う形態。賃借料を固定した水準で支払う定額小作制度の対極として位置づけられる。生産物を直接支払うため、小作料支払い形態のもう一つの分類である金納・物納の区分では物納小作の一形態となる。日本の近世から近代の小作制度においても、特に田地の賃借において、多くの場合この物納・刈分の小作制度が普及した。小作農の努力にかかわらず一定比率の小作料の支払いを要することから、農業生産力の観点から定額小作制度に比べ劣るという議論と、地縁・血縁が強固な地域において、災害や凶作が高い頻度で発生する環境においては、刈分小作制度の選択に合理性があるという議論が存在する。　↓小作料《こさくりょう》　↓地主《じぬし》・小作《こさく》

参考文献 福井清一『互酬的刈分小作制度の経済分析』(一九六四、大明堂)、藤田康範「刈分小作制度の内在的優等性の理論的解明」(『三田学会雑誌』八九ノ四、一九九七)

(永江　雅和)

かりんとう　花林糖　現在では甘味をつけた小麦粉生地を油で揚げて、黒砂糖や白砂糖の蜜をかけたもの。奈良時代に伝わった唐菓子の系譜を引くという説もあるが確証はない。江戸時代、「りん」と呼ばれる生地に砂糖の衣をかける菓子があったが、これに由来するものであるか不詳である。前近代の製法や形は不明である。また、かりんとう生地を餡で包んだ菓子(関西で奉天、九州で梅鉢)というものもあり、地域によって形状・種類や表記もさまざまである。

参考文献 今村規子「「りん」と「みどり」」(『和菓子』八、二〇〇二)

(青木　直己)

かるた　かるた　語源はポルトガル語の carta で、もともとは十六世紀のヨーロッパ船の来航によって伝えられたカードゲーム(天正かるた・うんすんかるた)のことを指していたが、のちに日本古来の貝合わせ(貝覆《おおい》)から発展した百人一首(歌かるた)のことも指すようになった。江戸時代中期には、「いろはにほへと」の文字で始まることわざを題材にした「いろは譬《たとえ》かるた」が登場し、やがて役者やお化けなど、さまざまなものを題材としたかるたが作られるようになった。なお、天正かるた・うんすんかるたの系統は花札として現在に受け継がれている。　↓花札《はなふだ》

うんすんかるた遊び（「遊楽風俗図屏風」より）

参考文献 増川宏一『合せもの』(『ものと人間の文化史』、二〇〇〇、法政大学出版局)、並木誠士著・花林舎編『江戸の遊戯—貝合せ・かるた・すごろく—』(『大江戸カルチャーブックス』、二〇〇七、青幻舎)

(香川　雅信)

カルピス　カルピス　カルピス株式会社が製造する乳酸菌飲料。脱脂乳を乳酸発酵させ、砂糖と乳酸カルシウムを加えて熟成させた液を希釈して飲む。カルシウムとサンスクリット語の熟酥(サルピス)から命名。考案者の三島海雲は、一八七八年(明治十一)、大阪府で住職の長男に生まれ、西本願寺文学寮に学んだのち、一九〇二年に中国大陸に渡って雑貨販売や軍馬の調達、緬羊事業などを手がけた人物。モンゴルの健康飲料「酸乳」と出会って乳酸菌の健康効果を確信し、帰国後の一九一六年(大正

五)、乳酸発酵食品事業を開始、一九年にカルピスを発売した。栄養への関心が高まるなかで、「初恋の味」というキャッチフレーズ、ドイツ人オットー=デュンケルスピューラーがデザインしたシンボルマーク、水玉模様の包装紙など、卓抜な宣伝戦略も功を奏し、カルピスは健康的で「モダン」な飲み物として、めざましい勢いで普及し、中元の贈答品の定番にもなった。

参考文献 『七〇年のあゆみ』(一九六九、カルピス食品工業株式会社) (大岡 聡)

カルピスのポスター（カルピス製造，1928年，伊原宇三郎画）

かるわざ 軽業 ⇩見世物《みせもの》

かれいい 餉 ⇩糒《ほしいい》

カレーライス カレーライス 肉と野菜を煮込んだ汁にインド風にブレンドした香辛料(カレー粉)による風味と、小麦粉をバターで炒めたルウによってとろみを付けたものを、米飯にかけて食する料理。一八七二年(明治五)の料理書(『西洋料理指南』『西洋料理通』)に、カレー粉を使った調理法が記されており、西洋料理として日本に紹介された。一九〇五年に初の国産カレー粉(蜂カレー)が発売されたころには、外食料理としてだけでなく、家庭料理としての普及も進み、また軍隊や学校寄宿舎などの食事にも取り入れられた。こうして大正時代までにはコロッケ、トンカツとともに、いち早く庶民に普及した洋食の代表となった。カレーライスの日本化と大衆化の一方で、中村屋の「純インド式カリー」のような本格化志向や、資生堂パーラーのように西洋料理としての洗練化・高級化の志向も現れた。また具材の多様化やカツカレーのようなトッピングの工夫、即席カレールーやレトルトカレーの開発、カレー南蛮やカレーパン、カレーヌードルといった折衷や変形、タイやベトナムのカレーの紹介、ご当地カレーによる町おこしなど、時代とともに絶えず多様化と進化を遂げている。

参考文献 小菅桂子『カレーライスの誕生』(『講談社選書メチエ』、二〇〇二、講談社) (大岡 聡)

ガロ ガロ ⇩劇画《げきが》

かろうし 過労死 過重な負荷を伴う労働が原因で、死亡に至った労働災害のこと。狭義には、こうした労働により脳・心臓疾患を発症して死亡したものを指すが、同様の労働による心理的な負荷から自殺に至ったものを過労自殺と呼び、広義には両者を含めて過労死と呼ぶ。長時間労働による健康障害や死亡は産業革命期にも社会問題化し、このため労働法が整備されたが、日本では戦後になっても過労により死亡する例が多く、急性死、突然死などと呼ばれてきた。一九七〇年代半ばから、これを「過労死」と名付けて労働災害とみなす考えが生まれ、八八年(昭和六十三)に弁護士らの団体が「過労死一一〇番」を開設し、組織的な労災申請を行なったことから社会的に認知され、労災認定が進むようになった。しかし認定数は、二〇〇八年(平成二十)から五年間の年平均で過労死百二十四件、過労自殺七十一件にすぎず、勤務問題やうつ病による自殺が九千件を越えていることから、認定されているのはごく一部にすぎないとみられる。↓自殺《じさつ》 ↓労働災害《ろうどうさいがい》

参考文献 熊沢誠『働きすぎに斃れて—過労死・過労自殺の語る労働史—』(二〇一〇、岩波書店)、森岡孝二『過労死は何を告発しているか—現代日本の企業と労働—』(『岩波現代文庫』、二〇一三、岩波書店) (橋本 健二)

かわせ 為替 隔地間において商品取引を行う際に、決済の手段として、現金銀の輸送を行うことなく、手形の輸送によって支払いを終了させることをいう。ただし双方の地域において、代金取り立て、もしくは送金の需要がなければならず、商人間だけにとどまらず、大名の送金との相殺が用いられることが多い。もっとも活発に行われたのが江戸と京都、大坂との間であった。江戸の商人に荷物を送った京都、大坂の商人は代金を取り立てなければならないが、一方で大坂に蔵米を送って換金した大名は江戸藩邸に送金しなければならず、大名から京都、大坂の商人に現銀を渡し、受け取った手形を江戸に送って、江戸商人から現金を取り立てて、大名の江戸藩邸に納めることになる。幕府の御金蔵銀《ごきんぞうぎん》御為替《おかわせ》もそのシステムを利用した。十八世紀半ば以降、江戸、大坂、京都だけにとどまらず、全国で幅広く行われるようになった。長崎と大坂との間においても為替が成立していた。 (賀川 隆行)

かわどめ 川留 河川の増水時に行なった渡渉の制限。江戸幕府は五街道の主要な大河川の多くに架橋をせずに渡船や徒歩渡しとし、これらの河川に対して出水の際の危険水位を決め、その水位によって「川々留明け」といって渡渉を制限した。たとえば東海道の大井川の場合の常水は深さ二尺五寸として、四尺に増水すると馬越を禁止し、四尺五寸で徒歩越も禁止して全面的に川留とした。そのため一般の旅人に限らず参勤交代の一行が数日間も滞留することがあったので、前後の宿場が経済的に潤うことになる。水位が一定以下になると川明けとなり渡渉を再開した。 ↓渡船場《とせんば》 (渡辺 和敏)

かわひらき 川開き 川涼みの開始を祝うとともに水難防止を祈願する行事。両国川開きの花火は旧暦五月二十八日に行われ、その晩から三ヵ月間が隅田川の船遊びの季節で、夕涼みでにぎわう。一七三二年(享保十七)、江戸近郊は大飢饉とコレラに見舞われ、多数の死者が出た。

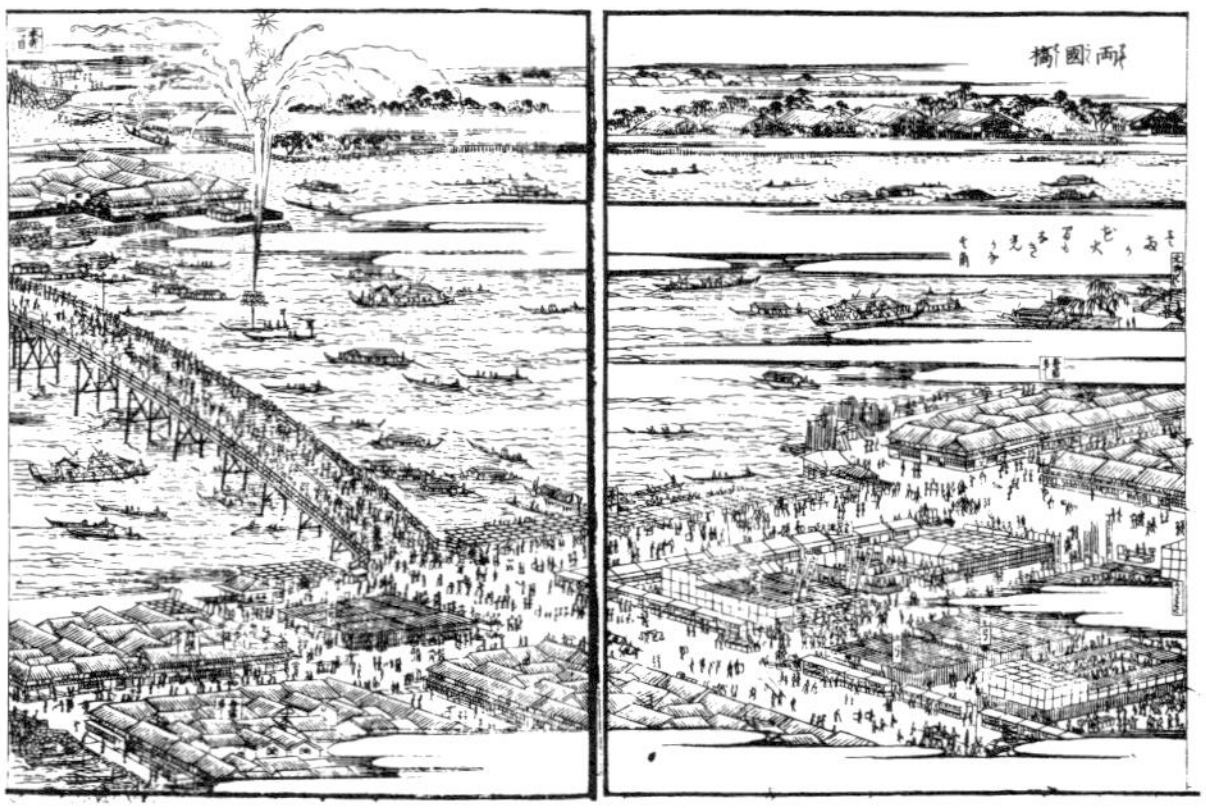
隅田川の川開きと両国の花火（『江戸名所図会』より）

そこで、ときの将軍徳川吉宗は悪疫退散祈願と犠牲者の慰霊を兼ねて水神祭を行い、隅田川で花火が打上げられた。これを機に、翌年から川開きが恒例となった。その後、明治維新の動乱や第二次世界大戦、公害による水質汚染などで中断した時期もあったが、一九七八年(昭和五十三)に隅田川花火大会として再開した。現在は例年七月最終土曜日に実施し、百万人近い見物人が集まり、二万発の花火が打上げられる。多摩川下流の川崎市や信濃川河口の新潟市の花火大会も川開きに関連するイベントである。また、民俗事例としては、「その年はじめて水浴びができる日」として、胡瓜を川に納める行事が新潟県内で見られるが、これは川開きの原初形態を示すものと見られている。 ↓納涼《のうりょう》 ↓花火《はなび》 ↓夕涼《ゆうすず》み

参考文献 北見俊夫『川の文化』(一九八一、日本書籍)、小勝郷右「隅田川と花火」(『隅田川の歴史』所収、一九八九、かのう書房) (柳 正博)

かわぶね 川船 河川で人や物資を運送する船。古くは八三五年(承和二)の太政官符をみると下総国太日河に四艘、武蔵国住田河に四艘の渡船が常置されていた。中世に入ると中国地方の高梁川《たかはしがわ》や紀ノ川では荘園の年貢米輸送に高瀬船が就航していた。その後江戸時代になると川船利用は全盛期を迎えた。利根川や淀川をはじめ全国の主要河川には大型荷船の高瀬船や艜《ひらた》船、それに茶船や小型の小鵜飼船、部賀《べか》船、鮮魚輸送の猪牙《ちょき》船、遊覧用の屋形船、湯船、肥《こえ》船、信濃川上流の胴高《どうだか》船などさまざまな川船が出現した。利根川などの年貢米や商品物資などの運送に利用された高瀬船は喫水が浅く平たい構造で船の前方に世事《せいじ》(船頭の居室)があり、中型でも全長二〇《メートル》前後、杉の大木の帆柱は長さ一九《メートル》位、帆ははじめ筵帆で江戸時代中ごろから木綿帆になった。これら高瀬船や艜船は四百から千俵位の米を積んで帆走した。維新後関東の川船は二万余艘にも及んだが、鉄道や自動車輸送の発達により徐々にその姿を消していった。

参考文献 川名登『近世日本水運史の研究』(一九八四、雄山閣出版)、丹治健蔵『関東河川水運史の研究』(『叢書・歴史学研究』、一九八四、法政大学出版局)、川名登『近世日本の川船研究—近世河川水運史—』上・下(二〇〇三・〇五、日本経済評論社)、丹治健蔵『近世関東の水運と商品取引—渡良瀬川・荒川・多摩川流域を中心に—』(『近世史研究叢書』、二〇一三、岩田書院)、同『近世関東の水運と商品取引(続)—利根川・江戸川流域を中心に—』(『近世史研究叢書』、二〇一五、岩田書院) (丹治 健蔵)

かわや 厠 ⇩便所《べんじょ》

かわら 河原 川沿いの平地。河原は不安定な土地で、しかも異なる土地区分の境界に位置することもあり、所有権が明確ではないため、特別な利用がされていた。古代以来、河原では神社の御禊や御祓が行われており、穢れを祓い、清浄の状態に回帰する場であった。京の鴨川の河原はそうした側面がある一方で、古代・中世には処刑場や頸の曝し場・受け渡し場であり、河原者が住み、皮細工を行うなど穢れが濃厚な地と認識されていた。これは同地が古代以来葬送地であったこととも関係し、中世の飢饉の際には多くの死体が捨てられた。また、室町時代には猿楽、近世には歌舞伎などの芸能が行われていた。中世には備前福岡市(岡山県瀬戸内市)など河原に市が立つことが多く、それが発展して、恒常的な町場となることもあった。前近代には現在のように高い堤防で河原の領域が明確化されていなかったため、広大であり、田畑としても盛んに利用されており、中世には桑も栽培され、牛馬の放牧地としても利用されていた。河原は不安定な土地のため、中世・近世には無税または年貢が減免されていた。前近代には川の流路が変わることも多く、そのたびに河原が両岸の村のどちらに属すかが相論となった。 ↓河原者《かわらもの》

参考文献 網野善彦『(増補)無縁・公界・楽—日本中世の自由と平和—』(『平凡社ライブラリー』、一九九六、平凡社) (盛本 昌広)

かわらばん 瓦版 江戸時代に街頭での読売を中心にして不定期で印刷されたニュース媒体。主に木版一枚刷りで、地震や火事などの災害、事件、噂、仇討、異国船来航などの情報を庶民に伝えた。瓦版という名称は幕末ごろに使われ始める。一六一五年(元和元)の大坂夏の陣を描く「大坂安部之合戦之図」「大坂卯年図」が現存最古のものといわれている。八百屋お七の火事・刑死も瓦版の題材となった。災害では、一七八三年(天明三)の浅間山の噴火や、一八五五年(安政二)の安政の江戸の大地震・大火災の瓦版が知られており、特に後者では一時に数多くのものが出回った。黒船の来航後は政情を伝える瓦版も増加する。瓦版は報道のみに特化したわけではなく、娯楽要素をもつ多面的なものであった。江戸時代においては心中などの瓦版に対する幕府の統制は幾度となくあった。そのつど、庶民の情報源として命脈は根強く保たれ

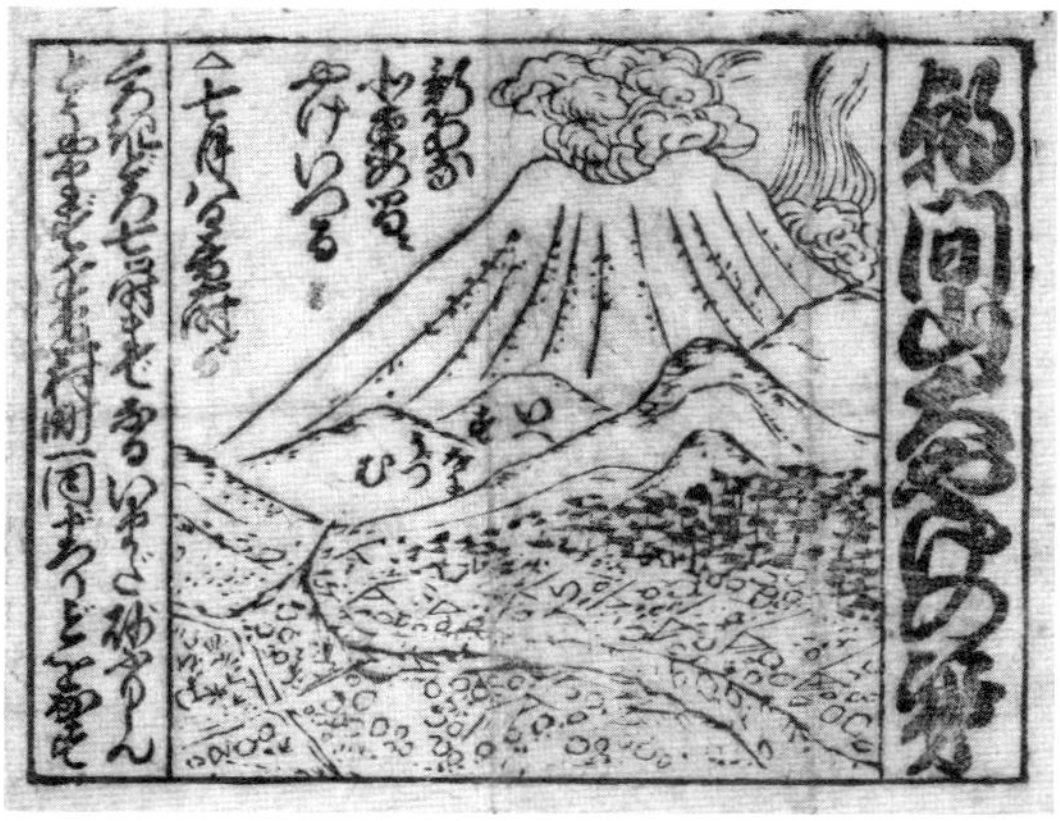

瓦版「朝間山大やけの次第」

たものの、明治の新聞の登場と入れ替わる形で衰退していく。

参考文献　小野秀雄『かわら版物語―江戸時代マス・コミの歴史―』(一九六〇、雄山閣出版)、木下直之・吉見俊哉編『ニュースの誕生―かわら版と新聞錦絵の情報世界―』(『東京大学コレクション』九、一九九九、東京大学総合研究博物館)　(根津　朝彦)

かわらぶき　瓦葺　屋根の葺き方の一つ。寺院建築とともに大陸から伝えられた。葺き方により本瓦葺《ほんがわらぶき》と桟《さん》瓦葺がある。瓦の原材料は、前近代は粘土であったが、現在はセメント・金属・プラスチックなども用いられる。寺院建築では瓦葺が多用されたのに対し、民家の瓦葺の使用は遅れたが、江戸市中では一六五七年(明暦三)の大火の時には、瓦葺がある程度普及していた。この後、復興に時間がかかる瓦葺は、一六六〇年(万治三)まで禁止されていた。本格的な普及は、一七二〇年(享保五)に、防火を目的として瓦葺を奨励してからである。そのため、古代には寺院を指す忌詞として用いられることもあった。

本瓦葺の民家（今西家住宅，奈良県橿原市）

正式な瓦葺である本瓦葺は、半円筒形の丸《まる》瓦(男《お》瓦)と曲率の少ない平《ひら》瓦(女《め》瓦)を交互に並べる。軒先の瓦には装飾のため瓦当《がとう》をつけ、これを軒丸《のきまる》瓦(鐙《あぶみ》瓦・巴《ともえ》瓦)・軒平《のきひら》瓦(宇《のき》瓦・唐草《からくさ》瓦)と呼ぶ。棟に平瓦を半截した熨斗《のし》瓦(棟《むな》平《ひら》瓦)を積み、上に冠《かんむり》瓦(堤《つつみ》瓦・雁振《がんぶり》瓦・衾《ふすま》瓦)を置き、棟端に鴟尾《しび》・鬼瓦などを置く。古代には垂木上に割木や木の枝などを編みつけ、その上に葺土《ふきつち》を置き、瓦を葺いており、近世以後は垂木上に野地板《のじいた》を打ち、上に葺土を置いて瓦を並べた。これを土葺という。土葺は屋根の重量が大きく、地震に弱いため、近年は葺土を用いない空《から》葺が増えている。本瓦葺は屋根荷重が大きく、瓦代・葺賃も多くかかるため、十七世紀後半に丸瓦と平瓦を一枚に簡略化した桟瓦が発明された。桟瓦葺は勘略葺《かんりゃくぶき》ともいう。以降、一般住宅の瓦屋根で、広範に用いられている。瓦の産地としては、三州・石州・淡路が三大産地として知られる。また一般的な銀色の光沢をもつ燻《いぶし》瓦のほか、東北・北陸地方など、寒冷地帯で用いられる釉薬《ゆうやく》瓦、沖縄に代表される赤瓦など、その装飾には地域性があり、これらを葺いた建物群は多様な風景を形成している。
↓鬼瓦《おにがわら》

参考文献　井上新太郎『本瓦葺の技術』(一九七四、彰国社)、森郁夫『瓦』(『ものと人間の文化史』、二〇〇一、法政大学出版局)　(海野　聡)

かわらもの　河原者　中世被差別民の呼称の一つ。「かわらのもの」とも呼ばれ、川原者・瓦者などとも表記される。河原に居住したためこの呼称がある。一〇一六年(長和五)正月に「河原人」とみえるのを初見とする(『左経記』)。斃牛馬の処理をはじめ各種の仕事に従事し、中世前期には検非違使の管轄のもと、穢れの除去に携わった。中世後期以降もその基本的性格は変わらず、室町幕府のもと、行刑役にも従事し、さらに善阿弥をはじめ作庭などに携わる者も現れた。彼らは特に庭者や山水《せんずい》河原者とも呼ばれた。武芸の犬追物にも犬の調達、使用された犬の処理などに関与、さらには胞衣《えな》の処理、壁塗りをはじめとする土木的作業などにも従事した。十五世紀以降には、名字や官途名をもつ河原者も現れた。なお近世には歌舞伎役者など芸能関係者を河原者・河原乞食などと賤称し呼称が継承されたが、中世の河原者は、基本的には芸能を演じてはいない。↓河原《かわら》

参考文献　横井清『中世民衆の生活文化』(一九七五、東京大学出版会)、丹生谷哲一『(増補)検非違使―中世のけがれと権力―』(『平凡社ライブラリー』、二〇〇八、平凡社)、服部英雄『河原ノ者・非人・秀吉』(二〇一二、山川出版社)　(川嶋　將生)

かわりょう　川漁　内水面の魚介類を対象とした漁業のこと。川猟ともいう。主要な漁獲物は、鮭・鮎・鱒などがあげられる。漁法は、エリや簗《やな》などの定置陥穽漁法、モジやタツベなどの陥穽漁法で、定置式が中心である。川漁は、海での漁業にくらべると規模も漁獲量も小さいものの、日本各地の河川や湖沼で行われてきた。江戸時代には、川漁に運上が課せられることも多く、各地の年

川漁（『石山寺縁起』より）

貢関係書類の中に「鮎運上」の文言をみることができる。大規模な川漁として有名なのが、越後国の三面川《みおもて》での鮭漁である。三面川では、村上藩による種川制度が実施されており、資源保護に着目しながら漁業を推進していたことがわかっている。川漁は海のそれと比較すると小規模ではあるものの、商品生産としての価値はあった。そのため、対岸の村との漁獲物や漁業権をめぐる争い、同じ河川での異なる生業との河川利用をめぐる争いなど、さまざまな争論が全国各地の河川で起こっていた。たとえば、江戸時代、近江国高島郡知内《ちない》村（滋賀県高島市）では、隣村の西浜村（同）との間で知内川の簗漁をめぐって長期間にわたる漁業権争いが起こっている。両村の争いは、享保年間（一七一六―三六）に始まるのであるが、それ以後繰り返し争論が起こり、最後は一八七四年（明治七）に知内村が入札によって知内川の漁業権を獲得する形で幕を下ろしている。このように、川漁の漁業争論は、同じ場所の権利をめぐって繰り返し長期間続くことが多い。領主の異なる複数の村々を流れる川の利用や管理、資源の共有、おのおのの権利関係を明確にすることは容易ではなかったのである。また、定置式で簡易な漁法でも魚の捕れる河川では、漁師以外の者でも自給的な漁業が可能だったことや、小規模漁業のために兼業漁師が多かったことも争論の多さに影響しているといえるだろう。

参考文献　伊藤康宏「漁場相論―簗の漁業史―」（鳥越皓之・嘉田由紀子編『水と人の環境史―琵琶湖報告書―』所収、一九六四、御茶の水書房）、菅豊『川は誰のものか―人と環境の民俗学―』（『歴史文化ライブラリー』、二〇〇六、吉川弘文館）　（鎌谷かおる）

かんがい・ようすい　灌漑・用水　農地に水を引くことを灌漑もしくは用水、その水自体を用水という。もともと水田耕作は沢水や湧水を利用して谷合近くや、天然の池沼近くの低湿地などで灌漑施設を伴うことなく開始された。やがて開発が進み、扇状地中央部や台地上などにも水田が作られるようになると、水利施設が必要となり、河川・池沼から水路を作って灌漑がなされた。村の中で用水路となった土地は井路敷《いろしき》と呼ばれ、郷地《ごうち》すなわち村総有地とされ、年貢免租地となったほか、井路敷を提供した村へは、そこから引水する関係村々より井料が納入された。河川などの水源には圦樋《いりひ》が設置され、その取水門の開閉の度合いと分水の割合によって、用水路を利用する組合村々への水の供給量が決定された。村々は用水掛り高を設定して、その高の分だけ組合村に加入し、工事費用や管理費などを負担した。一つの用水施設にかかる組合で全耕地の灌漑ができない村は、他の用水組合に加入することもしばしばであり、村高の倍ほどの組合加入高となる場合もあった。河川に水が潤沢にある場合、もしくは水田に多くの水を必要としない季節には水争いは生じないが、田植えから三ヵ月間ほどは水掛りが重要で、その期間に日照りが続くと用水相論がしばしば惹起した。水争いを防ぐために、個別経営もしくは村々の間で引水する順番を決めたり（番水）、引水できる時間を決めたり（時水）した。たとえば、用水組合のうち上手村々は昼水（昼に引水）とし、下手村々は夜水（夜に引水）とするなどの対策が講じられたのである。なお、灌漑施設に伴う技術としては、水を汲み上げる踏み車や竜骨車が有名であるが、そのほか水路をまたぐ形で水を通す筧《かけひ》や、低地から上に通水するサイフォンの技術などが展開した。

↓悪水《あくすい》　↓井親《いおや》　↓水利権《すいりけん》　↓治水《ちすい》　↓ひでり・干《かん》ばつ

竜骨車・取桶による水田灌漑（「俵かさね耕作絵巻」より）

↓用水相論《ようすいそうろん》

参考文献　喜多村俊夫『日本灌漑水利慣行の史的研究』総論編（一九五〇、岩波書店）、土木学会編『明治以前日本土木史』（一九七三、岩波書店）、大塚英二『日本近世地域研究序説』（二〇〇八、清文堂出版）　（大塚　英二）

かんかいいん　**感化院**　不良行為をなし、またはなす虞れのある児童、親権者が依頼した児童、懲戒場に入るべき児童を教育する内務省所管施設。一八八〇年代に民間感化院が創設され始め、一九〇〇年（明治三十三）に感化法が制定された。十四歳未満の者に罪を問わないことを定めた刑法制定に伴い、〇八年の法改正で府県に感化院設置を義務化。多くの感化院が夫婦職員と生徒が一緒に生活する家族舎（小舎夫婦制寮舎）で開放処遇を行い午前学習、午後作業という日課を採用。少年教護法（三三年（昭和八））により少年教護院、児童福祉法（四七年）により教護院、児童福祉法改正（九七年（平成九））により児童自立支援施設と改称。

参考文献　二井仁美編『子どもの保護教育』（『子どもの人権問題資料集成―戦前編―』四―六、二〇〇九、不二出版）、同『留岡幸助と家庭学校―近代日本感化教育史序説―』（二〇一〇、不二出版）、石原剛志「児童自立支援事業（児童自立支援施設）のあゆみ（理念的変遷）」（相澤仁・野田正人編『施設における子どもの非行臨床―児童自立支援事業概論―』所収、二〇一四、明石書店）　（二井　仁美）

がんかけ　**願掛け**　神仏に願いごとを行うこと。一般的には、病気平癒、安産、厄払い、商売繁盛など個人に関する祈願がほとんどである。しかしながら、雨乞いや豊作祈願、豊漁祈願など村落共同体で祈願するものもある。願掛けの方法はその種類によってさまざまであり、また地域や寺社によって多様な習俗が存在する。一般的には、百度参りのように寺社に日参したり、千垢離のように何度も水垢離をしたりするもの、米や塩など特定の食物を一定期間断つもの、わらじ、毛髪や絵馬、灯籠、鳥居などを奉納するものなどがある。願掛けは、現在は神仏の恩寵・霊験を期待するだけのものになりつつあるが、本来は、心身を浄め、堅固に保ち、またみずから苦行を実践することで、神仏にその願に対する真摯な心を伝える行為であった。さらには置かれた逆境を克服すべく、みずから決意を新たにする機会でもあった。そのため、満願となれば、御礼参りをし、額を奉納するなど神仏に感謝する真摯なものであった。　↓雨乞い《あまご》　↓安産祈願《あんざんきがん》　↓絵馬《えま》　↓お百度参り《ひゃくどまい》　↓厄除け《やくよ》

参考文献　宮田登『江戸歳時記―都市民俗誌の試み―』（『江戸叢書』五、一九八一、吉川弘文館）、長友千代治編『重宝記資料集成』三二（二〇〇七、臨川書店）　（原　淳一郎）

かんきょうアセスメント　**環境アセスメント**　国連環境計画 UNEP の定義によれば「人間の行動が環境を変える恐れのある時、どうしたらよいかを確認し、予測し、分析し、公表する行動」をさす。たとえばある公共事業ができてしまってからではもうおそいので、それを事前に見極めること。米国では一九七〇年から始まり、日本では七二年（昭和四十七）に大規模な公共事業について実施することが閣議決定された。しかし日本では法制化については政府や産業界の反対で難航し、八四年に環境影響評価実施要綱が国会を通さない閣議決定の形で決着し、具体的には各省庁の行政指導としてすすめられている。また環境庁の定義には米国などには明記されている事前の「予測と評価」を「公表する」ことが記述されていない。手続きとしては作成された「準備書」が公告・縦覧・説明会の形で周知され、一ヵ月と二週間の間に住民の意見を聞き、それを受けた知事の意見をもとに修正された「評価書」が作成され、一ヵ月縦覧するという形が採られている。環境アセスメントは国だけでなく、地方自治体レベルでも制度化され、その該当事例も多様に蓄積されているが、その根幹にある精神である「公正性」の確保、特にその主体でもある住民参加については多くの問題を残している。ある研究者は環境アセスメントの「肉離れを防ぐ」ためには何よりも「現場に学び、過去に学ぶ」ことが必要であると指摘している。

参考文献　島津康男『（新版）環境アセスメント』（『NHKブックス』、一九八七、日本放送出版協会）　（安田　常雄）

かんきょうけん　**環境権**　憲法二五条および一三条を根拠に、国民が良好な自然や環境を享受できる基本的人権。この新しい人権が最初に提起されたのは、一九七〇年（昭和四十五）三月に東京で開催された公害国際シンポジウムであり、同年九月、日本弁護士連合会は環境権を人権としてだけでなく、差し止めや損害賠償を求められる具体的権利として主張した。基本的人権としては七二年にストックホルムで開かれた国連人間環境会議の人間環境宣言で環境権の思想がうたわれ、世界には憲法でこれを条文化している国もある。日本では七〇年代以後の住民運動の高まりのなかで、新しい権利の必要が唱えられ、特に福岡県の豊前火力発電所建設差止訴訟や大阪空港訴訟のなかで注目をあつめた。また自治体の環境基本条例のなかでは、川崎市（本則）や大阪市・東京都・神奈川県・埼玉県・横浜市（前文）などで環境権を宣言しているが、具体的権利としての環境権は、現在でも裁判所はこれを認めていない。近年の動向では環境権認定をほのめかし

豊前火力発電所反対のゼッケン（『草の根通信』19号（1974年7月）より）

て憲法九条改正を進めようとする政治的動きもある。

参考文献　大阪弁護士会環境権研究会編『環境権』(一九七三、日本評論社)、淡路剛久『環境権の法理と裁判』(『有斐閣ブックス』、一九八〇、有斐閣)、松下竜一『豊前環境権裁判』(一九八〇、日本評論社)　(安田　常雄)

かんきょうほごうんどう　**環境保護運動**　自然環境・生活環境を守る運動。広義の環境保護運動の源流は幕藩体制期の備蓄林や村の入会保存などにさかのぼるが、近代では一八八九年(明治二十二)を起点とする尾瀬の自然保護運動が知られている。また戦後では北富士や秋吉台など米軍基地の影響に対する景観や貴重な鳥類の保護、文化財の保護などの運動も展開された。しかし高度成長期(一九六五年(昭和四十)―八〇年代半ば)には全国的な環境破壊が広がり、各地で住民や研究者を中心とする環境保護運動が活発になった。四大公害裁判に象徴される住民運動は自然環境破壊や人間破壊への異議申し立てとして展開された。同時にこの時代の環境保護運動は、地域開発が全面的であったため、その対象もきわめて広範囲に広がっていった。地域住民による自然保護団体は、七〇年現在で七百二十五にものぼった。その代表的なものは、尾瀬の観光自動車道路反対(中止)、北海道の大雪山縦貫道路計画中止、長野県の美《うつくし》ヶ原《はら》ビーナスラインや南アルプススーパー林道建設工事の計画変更、また屋久島、西表島などの原生林伐採反対運動や海や河川湖沼における開発汚染反対運動、生活環境保護としての里山の保存やゴルフ場建設反対、さらにはカモシカ・トキなどの野生生物保護運動も注目された。またこの時期には、広く市民の寄付金を集め、貴重な自然の土地や歴史的建物を買い取るというナショナル＝トラスト運動が紹介され、北海道知床一〇〇平方《メートル》運動や和歌山県田辺の天神崎買上運動が成果をあげた。政府もこうした気運に押され、国際的にもワシントン条約やラムサール条約を批准するが環境行政は次第に後退していった。八〇年代半ば以降、環境問題は地球規模に拡大した。熱帯雨林の消滅や砂漠化の進展、オゾン層の破壊と地球温暖化、酸性雨による森林破壊、海洋汚染、野生生物の絶滅などが問題化している。こうした状況に対し、環境保護運動は運動と理念の両面から新しい対応を迫られている。たとえば生態系循環をさすエコロジーという概念をいかに生活のなかに具体化するかが重要であり、それは「自然」「生活」「文化」さらには「保全」「保護」などの概念の再検討に及んでいる。一例をあげれば九五年(平成七)奄美大島のゴルフ場建設に反対する行政訴訟では、その原告に絶滅の危機にあるアマミノクロウサギを加えて注目された。そこでは動物にも権利を認めることによって人間中心主義を超え、またウサギと人間との暮らしの関係をよく知っている人を加えたフォーラムを作り、対話を通して社会的「正義」を実現したいという構想を見ることができる。

→自然保護運動《しぜんほごうんどう》

参考文献　『自然保護』(一九六〇-)、『自然保護のあゆみ―尾瀬から天神崎まで　日本自然保護協会三十年史―』(一九八五)、鬼頭秀一『自然保護を問いなおす―環境倫理とネットワーク―』(『ちくま新書』、一九九六、筑摩書房)、薗博明「復帰後の奄美の変容」(鹿児島県地方自治研究所編『奄美戦後史―揺れる奄美、変容の諸相―』所収、二〇〇五、南方新社)　(安田　常雄)

奄美「自然の権利」訴訟　原告となる生き物を描いた旗

かんきんさくもつ　**換金作物**　販売を目的として栽培する商品作物。水田の裏作・間作に仕付けられる場合もあるが、主に畑で栽培された。近世では、四木三草《しぼくさんそう》(茶・楮・漆・桑と麻・藍・紅花)や木綿・煙草・菜種・果樹などが代表的である。また、都市近郊の農村にとっては、蔬菜が有力な換金作物となった。換金作物は農産加工の原料であることが多く、諸種の加工過程を生み出し、庶民の稼ぎ口を拡大した。日本列島の多様な土地・気候条件のもとで百姓は、商い心をもち、地域特性を生かした換金作物の栽培に励み、有利な販売を目指して農法の改良や販売方法の改善に努めた。その結果、出羽の紅花、阿波の藍、下野の麻のように、列島各地に適地適作に基づく特産地が形成された。特産物は中世にも存在したが、近世には、都市の消費需要、全国的な市場圏・商品流通網の発展と連動して、種類も産地も著しく拡大した。大蔵永常の農書『広益国産考《こうえきこくさんこう》』は、換金作物の効用と百姓の利益追究による民富の拡大を説いている。ただ、換金作物は、国産品として領主の専売制の対象となることも多かった。

参考文献　古島敏雄『日本封建農業史』(『古島敏雄著作集』二、一九七四、東京大学出版会)、深谷克己「商業的農業と生産技術」(永原慶二他編『(講座)日本技術の社会史』一所収、一九八三、日本評論社)、木村茂光編『日本農業史』(二〇一〇、吉川弘文館)　(平野　哲也)

がんぐ　**玩具**　主に子どもが遊びに用いるものの総称。古い時代には、葉のついた竹にまたがって竹馬とするな

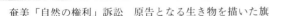

玩具　ブリキのおもちゃ

ど、自然物をそのまま使ったものや、手作りのものが大半であったが、江戸時代には商品化されたものが出回るようになった。ただし玩具の語が一般的なものとなるのは明治以降のことで、それまではもっぱら手遊びあるいは持ち遊びと呼ばれていた。この持ち遊びという言葉に接頭辞の「お」が加えられ、さらに語尾が省略されたのが「おもちゃ」である。明治以降に玩具の語が人口に膾炙していくのは、明治政府による教育玩具の奨励によるところが大きい。一八七三年(明治六)、内務卿の大久保利通は、従来の日本の玩具に信仰や伝説などと結びついた非教育的なものが多いことを指摘し、海外の玩具を東京の業者たちに示したうえで、教育的な玩具の製造を奨励した。同年十月の文部省布達第一二五号には「幼童家庭ノ教育ヲ助ル為メニ今般当省ニ於テ各種ノ絵画玩具ヲ製造セシメ」とその内容が明文化されているが、ここに「玩具」の語が用いられていることに注目すべきであろう。明治十年代には教育玩具という新造語が現れ、それとともに玩具という言葉も定着していく。江戸時代の玩具は、木、土、紙で作られたものが大半で、ことに土製・紙製の玩具は型や版を用いて大量生産することが可能なため、安価で子どもでも買える玩具として流通した。明治以降は、ブリキやセルロイドなど新しい材質で作られた玩具が欧米から輸入され、やがて国内での生産も始まって玩具の主役の座を占めるようになっていった。日露戦争後は輸出産業として急速に成長し、第一次世界大戦後、敗戦国となったドイツに代わって日本は世界一の玩具輸出国となった。太平洋戦争により日本の玩具産業は大幅な落ち込みを経験するものの、戦後は再び世界有数の玩具輸出国に返り咲いた。現在では、生産に関しては中国などの人件費の安い国にその座を譲っているが、テレビゲームやキャラクターなどのコンテンツの面で重要な位置を占めている。

参考文献　斎藤良輔『おもちゃと玩具』(一九六五、未来社)、同『おもちゃの話』(一九七一、朝日新聞社)、永田桂子『絵本観・玩具観の変遷』(一九六七、高文堂出版社)

(香川　雅信)

かんこう　観光　観光政策審議会の一九九五年(平成七)の答申では、観光の定義を「余暇時間の中で、日常生活圏を離れて行う様々な活動であって、触れ合い、学び、遊ぶということを目的とするもの」としている。労働の時間と日常的な場所とを離れて、よその土地の風景・風俗・文化などをみることに観光の特徴がある。大正・昭和初期には、朝鮮半島や中国東北部に関する旅行案内が数多く発行され、学校や職場単位での団体旅行もみられ、植民地観光が展開した。鉄道院が中心となり、一九一二年(明治四十五)に外国人旅行者を斡旋するため、ジャパン＝ツーリスト＝ビューローが発足した。一九三〇年(昭和五)には、外貨獲得のために外国人旅行者を積極的に誘致することを目的とし、鉄道省に国際観光局が設置された。これは四二年に廃止されるが、観光という言葉がはじめて使われた行政機関であった。占領期を経て、高度経済成長期には観光旅行の大衆化が進展した。六四年には、海外観光旅行の自由化、東海道新幹線の開業、東京オリンピックの開催とイベントが続いた。その前年には観光基本法が施行されており、国際観光の発展と国民の健全な観光旅行の普及発達を図ることを目標とした。観光の対象は、史跡・名勝といった伝統的なものからテーマパーク、産業遺跡、食文化、アニメなどのポップカルチャー、グリーンツーリズムなど多様化している。二〇〇七年には、観光を二十一世紀における日本の重要な政策の柱として位置づけた観光立国推進基本法が施行され、その翌年には、観光立国の実現に向けて国土交通省の外局として観光庁が設置された。観光立国推進基本法には、地域の住民が誇りと愛着を持つことのできる活力に満ちた地域社会の持続可能な発展を通じて、国内外からの観光旅行を促進することが、将来にわたる豊かな国民生活の実現のため重要であるという認識のもとに施策を講ずべきとある。地域社会の活性化と雇用機会の拡大に資するものとして、観光が重視されている。↓旅行《りょこう》

↓レジャー

参考文献　観光行政研究会編『観光立国への戦略―解説観光政策審議会答申「今後の観光政策の基本的な方向」』(一九九五、日本観光協会)、岡本伸之編『観光学入門―ポスト・マス・ツーリズムの観光学―』(『有斐閣アルマ―Basic―』、二〇〇一、有斐閣)、大橋昭一他編『観光学ガイドブック―新しい知的領野への旅出ち―』(二〇一四、ナカニシヤ出版)

(関戸　明子)

かんこんそうさい　冠婚葬祭　人が誕生してから死亡するまで、さらに死亡後も家族や親族が中心になって行う行事のこと。「冠」は「加冠」の意味で成人(年)式を、「婚」は結婚式のこと、「葬」は葬式、「祭」は祖霊祭祀を中心とした宗教的な諸行事を指す。民俗学でいう、個人の生涯において重要な節々で行われる一連の儀礼を指す「通過儀礼」に共通する。また、これらの行事に限定され

ず、ハレの日、物日《ものび》、祝儀不祝儀など非日常的な出来事の日を指すこともある。贈答や共同飲食を伴うことが多いため、親類縁者や近隣の人々との付き合いの場としての機能ももつ。『翁問答』一六五〇年(慶安三)に「人倫の交《まじわり》、冠昏喪祭、飲食、軍陣等万事の天理儀則を履《ふみ》(行)ふ主宰なれば」とみえるのが早い例である。葬式などのように臨時的な傾向が強い行事が多いため、近年ではその出費を捻出するために積み立てをして準備する互助会などが作られる場合もある。→結婚式《けっこんしき》 →元服《げんぷく》 →成人式《せいじんしき》 →先祖《せんぞ》 →葬式《そうしき》

参考文献 互助会保証株式会社・全日本冠婚葬祭互助協会編『冠婚葬祭の歴史―人生儀礼はどう営まれてきたか―』(二〇一四、水曜社) (木村 茂光)

かんこんそうさいごじょかい 冠婚葬祭互助会 一定額の積み立てを行い、それを費用の一部として結婚式や葬儀などのサービスを提供する企業。一九四八年(昭和二十三)に神奈川県横須賀市ではじめて誕生し、戦後の新生活運動とも連関していくことで各地に互助会が設立され増加していった。しかし、倒産などによる会員の前受金消滅を防ぐため、消費者保護の観点から七二年割賦販売法の改正によって、前受金式サービス業として法規制を受けることとなる。昭和四十年代には結婚式場、五十年代になると葬儀場の設置が進められ、結婚式や葬儀の専門業者として一定の位置を占めるようになる。

参考文献 『冠婚葬祭互助会四十年の歩み』(一九六八、全日本冠婚葬祭互助協会) (山田 慎也)

かんざし かんざし 髪に挿して使う装身具。生花を髪に挿す挿頭《かざし》・髪挿《かみさ》しが由来とされる。挿頭は祭礼や儀式のときに限られていたが、江戸時代中期、女性が髪を結いあげるようになると結髪道具が発達し、女性の髪飾りとしてかんざしが生まれた。かんざしは当初笄《こうがい》と混同されていたが、十八世紀初頭の正徳から享保にかけて、耳かきの付いたものや二本足のものをかんざしとして区別するようになった。時代が下がるにつれかんざしを二本挿すようになり、若い娘であれば飾りを下げたびらびらかんざしを前かんざしに、珊瑚玉などを取り付けた玉かんざしを後かんざしとして挿した。本体部分は錫や真鍮などの金属製や漆塗りの木製のほか、べっ甲や象牙、ガラスが高級な素材として使われた。明治期以降は洋髪の流行とともに、バラなどの洋花をモチーフにしたりアールデコを取り入れたりしたかんざしが生まれた。現在では、特別な装いとして日本髪を結う際に使われる以外にも、日常的なまとめ髪に一本で使用されるなど、形状や使い方が多様化している。→笄《こうがい》

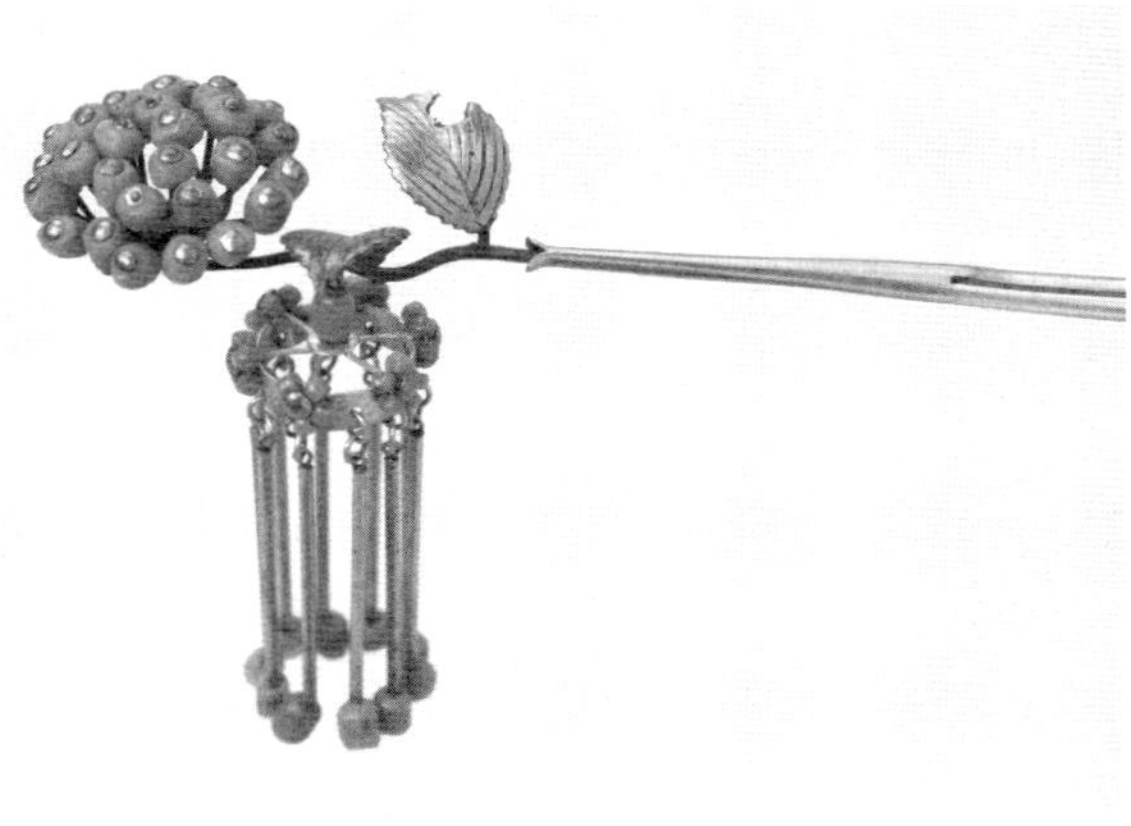
珊瑚花飾びらびら簪(江戸時代～明治時代)

参考文献 橋本澄子『日本の髪形と髪飾りの歴史』(一九九八、源流社)、露木宏・井上洋一・関昭郎『日本装身具史―ジュエリーとアクセサリーの歩み―(カラー版)』(二〇〇八、美術出版社) (戸邉 優美)

かんじせいげん 漢字制限 日常使用する漢字を一定の範囲に制限すること。あるいはそうした考え方、政策。漢字制限論は漢字文化圏に共通し、印刷通信の効率化や、「国民」教育普及を課題とした。十九世紀後半、宣教師活動が本格化する上海では、翻訳印刷と漢字活字が議論された。幕末維新期、新聞用の文字論の登場のほか、長崎では米人宣教師W・ガンブルに学んだ本木昌三が金属活字の鋳造に成功した。しかし二十世紀日本での漢字制限論は、国語科設置(一九〇〇年(明治三十三))の際、当用漢字千二百字制限が定められ、文字の合理化は中国文化圏離脱とみなされた。他方、帝国化の時代を迎える二十世紀、漢字、漢文教育は道徳教育や東洋の古典習得も含め帝国本国の文化的教養とされた。一九二五年(大正十四)、在東京の新聞十社は「漢字制限に関する宣言」を出すが、戦時下の紙面には漢語が多用された。戦後、国語審議会「当用漢字表」による漢字制限(千八百五十字、一九四六年(昭和二十一))や「常用漢字表」(五六年)は、戦前の道徳教育批判や高等教育での漢文必修化の是非など、漢語、漢字教育が帯びた歴史性、思想性が問題とされた。

参考文献 文部省・文化庁編『国語審議会報告書』一―一八(一九五二―九二)、文化庁編『国語施策百年史』(二〇〇六) (長 志珠絵)

かんしゃ 甘蔗 サトウキビのこと。この茎の搾り汁を煮詰め、灰汁をぬき、砂糖を製造する。慶長年間(一五九六―一六一五)、中国の福建に漂着した奄美大島の直川智《すなおかわち》が甘蔗を島に持ち帰ったのが日本への伝来のはじめといわれる。近世前期に琉球や薩摩藩で砂糖生産が始まっていたが、近世中期まで砂糖の大部分は中国からの輸入に頼っていた。しかし享保年間(一七一六―三六)、徳川吉宗の輸入抑制、諸産物の国産化奨励策により、甘蔗の国内栽培が進んだ。有力な特産地は奄美諸島で、主に黒糖が生産された。薩摩藩島津氏は奄美諸島に甘蔗作を強制、砂糖の専売制をしき、琉球産の砂糖も買い上げて、藩財政の再建に役立てた。近世後期には、讃岐で甘蔗栽培・

薩摩大島黒沙糖（『日本山海名物図会』より）

製糖業が広がり、高松藩の奨励・保護のもとで「讃岐三盆白」の名を博す高級白糖の産地が生まれた。一般庶民の生活水準の向上、和菓子や調味料に使われる砂糖需要の増大が甘蔗作の隆盛の背景であり、国産砂糖が近世の食文化を洗練させていった。天保年間(一八三〇―四四)には、甘蔗の栽培法や白糖・黒糖別の製糖法を記した大蔵永常の『甘蔗大成』という農書が成立している。 ↓砂糖《さとう》

参考文献　市原輝士「讃岐の砂糖」(地方史研究協議会編『日本産業史大系』七所収、一九六〇、東京大学出版会)、原口虎雄「薩摩の砂糖」(地方史研究協議会編『同』八所収、一九六〇、東京大学出版会)、岡光夫「砂糖」(永原慶二他編『(講座)日本技術の社会史』一所収、一九八三、日本評論社)

(平野　哲也)

かんしゅうほう　慣習法　文書化されていない不文法であって、社会規範として法的確信をもって行われている慣習を指す。慣習法は社会のさまざまな組織や生活領域において古くから成立してきたが、生活史の観点からは、民衆生活の主要な舞台となった地域社会や村落が重要であろう。法学者川島武宜の体験によれば、近代の第二次大戦期においてさえも、村の共有山林の「仲間」となっている者にしか住民資格を認めないとする習俗慣行を楯にとって、正式に転入手続きを済ませた移住者に対して、国の重要政策であった食糧管理法に反して食糧を配給しないような事態、すなわち国家法よりも慣習法が生活を規定することがなかば公然と存在した。地域社会・村落で民衆生活を律する慣習法はその性格上、文献史料に現れにくいものであるが、古くは平安時代末期から宅地・田地・私財などの相続について故人の葬送を執り行なった者を正当な相続人とする慣行があったことが知られている。その事実は近隣の住人らによって認定されていた。また、村落の生業を維持するための山野や用水の共同利用に関しても多くは慣習によって定められていたし、近隣の村落との山野境界争いにも慣習から生まれた一定の作法があった。山野利用をめぐる村落間の紛争では、最初に山道具を差し押さえる慣行があったが、これは奈良時代までさかのぼりうる。中世の荘園領主や在地領主、武家政権などの支配は、地域と村落の慣習法を前提として成り立っており、時にその慣習法に介入することによって地域の秩序に影響を与えた。中世後期には村落を越えて地域をつなぐ商人集団にも、市祭の主催者をその市の所有者とし、市祭不参加の商人には地域での商売を認めないなど、自生的な慣行が存在したことが知られる。中世の商業や流通のシステムは大部分が慣習的に形成されてきたもので、国家や地域権力が介入する余地は乏しかった。室町時代末期には利子を付加しない売掛金には徳政を適用しないという商人の慣習法が成立していたが、この慣習法はのちに幕府の徳政令で追認されている。これらの地域と村落の慣習法は、室町から戦国時代に村落では惣掟、商人集団では座法といった成文法にまとめられるようになるが、これらは慣習法のごく一部をその時々の必要に応じて成文化したものにすぎない。近世中期には多くの村落で、惣掟の流れを受け継ぐ村法がつくられたが、山野や用水の利用などは不文の慣行に委ねられる場合も少なくなかったのである。 ↓村法《そんぽう》

参考文献　前田正治「法と村落共同体―江戸時代における村法を中心として―」(清水盛光・会田雄次編『封建社会と共同体』所収、一九六一、創文社)、川島武宜『慣習法上の権利』一(『川島武宜著作集』八、一九八三、岩波書店)、桜井英治『日本中世の経済構造』(一九九六、岩波書店)、藤木久志『村と領主の戦国世界』(一九九七、東京大学出版会)、高木久史「日本中世後期の掛取引について」(『社会経済史学』七四ノ五、二〇〇九)、西谷地晴美『日本中世の気候変動と土地所有』(『歴史科学叢書』、二〇一二、校倉書房)

(田村　憲美)

かんしょ　甘藷　サツマイモのこと。唐芋・赤芋・琉球芋とも呼ばれた。アメリカ大陸原産で、大航海時代にヨーロッパに渡り、中国を経て、一五九七年(慶長二)に宮古島に伝来した。近世初期に琉球や薩摩で栽培が始まった。一六九七年(元禄十)刊行の『農業全書』は、甘藷について、菓子にもなり、さまざまな料理にも用いることができ、多く作れば民の食料不足を助けると記している。また、薩摩や長崎で作られているが諸国には広まっていないとして、暖国での栽培を奨励している。中国の例を引きながら、稲の不作時に植えれば利益があり、地下で生長するため虫害や風水害・干害を受けないことを甘藷の強みとして挙げている。蘭学者青木昆陽は一七三五年(享保二十)、救荒作物としての甘藷の効用を説いた『蕃藷考』を著し、幕府に献上した。享保の飢饉を経験した徳川吉宗は青木に甘藷の栽培を命じ、小石川薬園で試作させた。これを機に甘藷作が関東地方に普及した。養生

所の役人に分与された甘藷は、やがて全国的に広まり、百姓の日常食糧となっていった。

参考文献 宮崎安貞編録・貝原楽軒刪補『農業全書』(土屋喬雄校訂、『岩波文庫』、一九三六、岩波書店)

(平野　哲也)

かんじょうつり　勧請吊　式日を定めて村人が集まり、長大な注連縄(勧請縄という)を作って村の特定の場所にこれを懸ける行事。カンジョウカケ・ツナカケなどとも呼ばれる。行事の細部には地域によってさまざまな差異があるが、正月の年頭行事として正月八日前後に行われることが多く、藁を村の寺院・神社・会所などに持ち寄って新しい勧請縄を綯《な》い、村の入口(定住域である集落の入り口であることが多い)に相当する場所に架け渡す。勧請縄には榊・松・杉などの小枝や絵馬型の札などが吊される。式日からは村の修正会との関連が指摘され、勧請縄によって村の空間を結界し外来の邪気を払う目的をもつとされる。勧請縄に吊り下げられる板は巻数板(カンズイタあるいはクワンジョイタ)などと呼ばれ、『般若心経』が書かれている。この習俗は戦国時代の越後国人の記録『色部氏年中行事』や金沢市で出土した一二五一年(建長三)と一二六三年(弘長三)の銘のある巻数板から中世までさかのぼることが知られる。

勧　請　縄

参考文献 田村憲美『日本中世村落形成史の研究』(『歴史科学叢書』、一九九四、校倉書房)、三上喜孝『落書きに歴史をよむ』(『歴史文化ライブラリー』、二〇一四、吉川弘文館)

(田村　憲美)

かんしょく　間食　決められた食事の間にものを食べること、またはその食物。中世まで一日の食事は二食が普通だったが、激しい労働に従事する者にケンズイという間食が提供された。早くは奈良時代末の『日本霊異記』上二にみえるが、中世から近世にかけて、生活時間や労働時間が増加したことにより、間食は朝食・夕食の間の正規の食事となり、一日三食が常態となった。間食のことを「おやつ」ともいうが、これは一日二食だったころの間食の時刻である八つ(午後二時ごろ)に由来する。機械化が進む以前の農家では、正規の食事と間食とを合わせて一日五食ほど食事をしていた。労働の激しい春の彼岸から秋の彼岸までの間は間食の回数も増え、関東から関西まではチャノコ、東北地方ではコビルなどといって午前・午後の食事の間に団子や饅頭や芋類などを食べた。現代社会では、労働量に見合うエネルギー確保の手段としての意味あいは薄れ、菓子を中心とした間食が普及している。　↓食事《しょくじ》　↓昼食《ちゅうしょく》

参考文献 瀬川清子『食生活の歴史』(『講談社学術文庫』、二〇〇一、講談社)

(後藤　知美)

かんたんふく　簡単服　簡単に作製できる婦人用のワンピース。一九二三年(大正十二)九月一日の関東大震災後、婦人之友社からの依頼を受けた東京の飯島婦人洋服店が簡単服を作製販売した。この簡単服は自由学園に納められた。前六枚、後六枚はぎスカート、ポプリンの白衿・白カフス付、ギンガム地のワンピース、価格は一円であった。その後、大阪で裾が「パッ」と開くことから「アッパッパ」と称して既製洋服店が販売したところ大流行となった。アッパッパは八十銭から九十銭と、浴衣一反の価格で二枚購入できるほどの安価で、甚平や襦袢を着るような感覚で着用できた。格好は悪くとも、夏には和服よりも涼しく快適であった。同年十月号の『婦人之友』では簡単服の作り方を紹介しているとおり、家庭でも手軽に作ることができた。型紙がなければできないため、生地さえ購入すれば無料で裁断してくれる洋服生地店が登場した。これにより家庭洋裁が広がり、婦人用の既製服の価格も下がった。　↓ワンピース

参考文献 中山千代『日本婦人洋装史』(一九八七、吉川弘文館)

(刑部　芳則)

かんづめ　缶詰　食品を缶に詰めて脱気、密封し、加熱殺菌して長期間保存できるように加工したもの。わが国における缶詰の創始は一八七一年(明治四)で、八一年に開催された内国勧業博覧会にはにんじん、だいこん、たけのこ、グリンピース、松茸などの野菜類、桃、ミカン、梨などの果物類の缶詰が出品された。魚介類の缶詰については、近代的漁法の開発や冷凍船による魚の輸送の開始により、さけ、ます、かになどの缶詰が工場生産されるようになった。特に九四年・一九〇四年の日清・日露戦争勃発をきっかけに軍事用食料として需要が大きく伸びた。明治末に販売されたパイナップルやミカンの缶詰が一般に普及したのは昭和に入ってからであったが、昭和初期の庶民生活のなかでは缶詰の利用は稀で、保存食、進物用であった。現在では調理食品やビール、コーヒー、果汁・清涼飲料など、缶詰は多種多様で、食生活の簡便化へつながっている。　↓食料《しょくりょう》保《ほ》存《ぞん》

参考文献 平野孝三郎・三浦利昭「缶詰の歴史」(『食の科学』二三、一九七五)

(今田　節子)

かんてん　寒天　テングサなどの海藻を加熱溶解し、ろ液を凍結乾燥させた加工食品。心太《ところてん》などとして食用とするほか、料理の材料、オブラート原料、医療用にも使われる。近世中期、山城国の人物が、戸外へ放置していた心太が乾物になりかかっていたことをヒントに製造販売を始めたと伝わる。その後、精進料理の盛んな京坂地方

に広まった。寒天を煮溶かし凝固させ、精進料理の刺身や和菓子の材料にするなど、仏儀の供物や祝儀の盛り込め料理などに使用された。→心太《ところてん》

参考文献　宮下章『海藻』(『ものと人間の文化史』、一九七四、法政大学出版局)　　(後藤　知美)

かんどう　勘当　親子や主従、師弟の関係において、子や従者、弟子に不届きな行為があった場合に、親や主人、師匠の意志により追い払い出入りを禁止すること。近世には親が在宅している素行の悪い子に対して行う懲戒として主に用いられ、子が改心して親に謝罪し了承されることにより勘当が解かれた。勘当は財産の蕩尽を防ぐことや、一族への連帯責任を回避するためでもあった。勘当は久離と混用されることが多かったが、一七七五年(安永四)ごろに勘当は対象者を追い出すこと、久離は対象者が出奔した場合に使われるよう区別され、勘当を追出久離、久離を出奔久離・欠落久離と称した。用語としての勘当は武士と庶民ともに用いられたが、一八〇三年(享和三)ごろから庶民のみに用いられた。このころから勘当・追出久離は、領主側に届け出て久離帳に登録されることで親子関係を絶縁できるようになり、解除の際には親が宥免願を提出して久離帳から抹消した。→義絶《ぎぜつ》→久離《きゅうり》

参考文献　徳田彦安「日本に於ける勘当義絶久離の研究」(『社会学雑誌』三二・三五―三八、一九二六・二七)、石井良助『家と戸籍の歴史』(『法制史論集』六、一九八一、創文社)、中田薫『徳川時代の文学に見えたる私法』(『岩波文庫』、一九八四、岩波書店)　　(神崎　直美)

かんとうい　貫頭衣　一枚の布の中央に穴をあけ、そこへ頭をとおして着る衣服。『魏志』倭人伝に「婦人被髪屈《ひはっくつ》紒《かい》作レ衣如二単被《たんび》一、穿二其中央一、貫レ頭衣レ之(婦人は被髪屈紒し、衣を作ること単被の如く、その中央を穿ち、頭を貫きてこれを衣《き》る)」とあることから、弥生時代の女子の衣服とされている。しかし、弥生時代の布は出土した機織具の資料から、幅三〇〜三三センチのものと幅一二〜一七センチのものの二種類であったと考えられているので、一枚の布で貫頭衣を作ることはできない。実際の貫頭衣とは、幅三〇センチ前後の二枚の布を使用して、首と両手をとおす穴を残して縫い合わせるという、布の裁断は行わず、簡単な縫製だけの衣服と推測されている。

参考文献　竹内晶子『弥生の布を織る―機織りの考古学―』(『UP考古学選書』、一九八九、東京大学出版会)　　(勅使河原彰)

かんとうとりしまりしゅつやく　関東取締出役　近世中期以降関東農村に広範に展開した無宿や悪党・偽浪人などの犯罪を摘発するとともに、村々を廻村して質素倹約や農業の精励、風俗統制など百姓の封建的規範に関する教諭活動を行なった職名。八州廻りともいう。一八〇五年(文化二)、関東を管轄する四名の代官の手附・手代からそれぞれ二名ずつを選び勘定奉行のもとに置いた。関東取締出役の設置には、関東農村の錯綜した知行構成の中での犯罪捜査の効率化のため、幕領・私領の区別なく犯罪者の摘発を行うとともに、停滞していた評定所における公事訴訟処理に対して、関東取締出役が在地での取り調べを受け持つことによって評定所の職務を一部代行するという事情もあったとされる。一八二七年(文政十)、関東取締出役の活動を補佐するため編成が開始された改革組合村(御改革組合)を利用しながらその活動内容は徐々に拡大し、天保期には農間渡世や鉄砲改めなどさまざまな調査や河川普請の検分なども行なった。幕末になると改革組合村を動員して浪士などの武装集団の取り締まりにも動員された。→御改革組合《おかいかくくみあい》

参考文献　関東取締出役研究会編『関東取締出役』(二〇〇五、岩田書院)　　(桜井　昭男)

かんな　鉋　大工などの木を加工する工人が、用材を切削する道具。日本では、歴史上、形状・構造が異なる二種類のかんなを使っていた。一つは双刃系の刃部を茎《なかご》によって柄に装着した道具(近世に「鑓(ヤリカンナ)」と表記・呼称)、いま一つは鑿《のみ》の穂先を広くした刃部を台に彫った溝に装着した道具(近世に「鉋(ツキカンナ)」と表記・呼称)である。近世の文献(『和漢三才図会』)に、鑓と鉋の性能を比較して、鉋の方が「甚捷且精密《はなはだはやくかつせいみつ》」という記述がある。建築部材の最終仕上げ面に対して、どれだけの精度や平滑さを求めるか、ということを主たる要因として鑓から鉋への移行が生じたと考えられる。鑓は、切削対象である部材表面の凹凸に応じて刃部が動くため、刃部を台に固定した鉋への移行があったと推定される。日本の工人は鉋を引き使いするが、日本以外は、すべて推し使いをしている。引き使いは木材繊維の状態に応じて刃先から台に伝わる微妙な手応えを確認しながら切削することが可能な用法である。

参考文献　渡邉晶『日本建築技術史の研究―大工道具の発達史―』(二〇〇四、中央公論美術出版)、同『大工道具の文明史―日本・中国・ヨーロッパの建築技術―』(『歴史文化ライブラリー』、二〇一四、吉川弘文館)　　(渡邉　晶)

かんのう　勧農　農業を勧めること。古代の律令制下では、国守(国司)の職掌に「勧課農桑」があり、国司が国内において農業を勧め、課役を増徴することが勧農の務めであった。平安時代後期には、国衙《こくが》が荘園設立の認定を行うことで、国司のもつ勧農権は荘園の領家や預所《あずかりどころ》に分有され、実務は現地の荘官層がになうこととなった。国衙領(公領)においても、郡司や郷司、保司が中世的な村郷の開発を請負うことで公領内の勧農権を掌握した。現地の荘官や郡・郷・保司などは、毎年春に、まず灌漑施設などを整備し、秋の収納の際の年貢高を決め請作《うけさく》者を決定して(散田という)、請作者に種子農料を支給した。こうした領主による一連の行為が中世の勧農であり、春の勧農は秋の収納に対置される語であるとともに、荘田や公田を満作させる行為を意味した。在地の領主は、こうした勧農行為をてこに領域支配をすすめていった。

参考文献 大山喬平『日本中世農村史の研究』(一九七八、岩波書店)、山本隆志『荘園制の展開と地域社会』(一九九四、刀水書房)
(鈴木 哲雄)

かんのむし　疳の虫　幼児が急に泣き出したり、機嫌が悪くむずかったりする状態のこと。小児の病。体内に宿る「虫」がこれを引き起こしていると考えられていた。近世においては、「疳」が完治せずに青年になると、気鬱または労瘵《ろうさい》という別の疾患に変化すると考えられ、その原因となる虫も疳虫から労虫へと変貌すると考えられていた。疳の虫の治療法としては、寺社での祈願や呪い、動植物を原料とした民間薬など、さまざまな民間療法が全国的に盛んに行われた。たとえば、宮城県白石市斎川では、孫太郎虫と呼ばれるヘビトンボの幼虫が薬として愛用された。この薬は一九六〇年代ごろまで全国的に販売されていた。また、疳の虫の虫封じ・虫切りとして、鎌や刀を用いて子供の面前で「虫を切る」真似をする事例があるほか、呪符を大黒柱に釘で打ちつけ、疳の虫を封じると夜泣きをしないというところもある。虫封じの呪法によって、指や爪の先から白い糸状のものが出るが、これが疳の虫であるといわれることが多い。　↓虫封《むしふう》じ　↓夜泣《よな》き

参考文献 長谷川雅雄他『「腹の虫」の研究―日本の心身観をさぐる―』(『南山大学学術叢書』、二〇一二、名古屋大学出版会)
(松岡 薫)

かんばつ　干ばつ　⇩ひでり・干《かん》ばつ

かんばん　看板　店名や商号、商品名などを書いて店舗の表に掲げた板状の標識。店の存在を知らしめ、あるいは商品を宣伝することを目的とする。早くは日本でも八世紀から見られたとされるが、絵画資料の初出は一四八七年(長享元)の『星光寺縁起絵巻』である。近世初期の十七世紀には業種ごとに定型化した看板や、金箔などで豪華に飾り立てた看板が見られるようになり、その時期にはすでに店の存在を知らしめるだけではなく、より多くのメッセージを含ませた広告としての役割をもつようになった。現在では材質は木製よりも耐久性に優れた金属製が好まれるようになっている。また、看板自体を一つの美術作品としてとらえる視点もあり、町の景観に影響を与えるような電飾を用いた大きなものから、店頭に掲げる小さなものまで、バリエーションが増しており、デザインもグラフィックソフトによる凝ったものが増えている。　↓広告《こうこく》

参考文献 谷峯蔵『日本屋外広告史』(一九八九、岩崎美術社)
(塚原 伸治)

明治時代の看板（岩谷商会）

かんパン　乾パン　少ない水分で焼き上げた硬質のパン、ビスケット。乾麺麭《めんぽう》、カタパンともいう。保存性が高く、世界的に軍用食として用いられることが多い。日本でも、一八六八年(明治元)にはすでに薩摩軍が軍用食として用いていたという。それ以降も、陸軍の行軍時の携帯用食糧(携帯口糧)や、海軍の戦闘時の簡易な食事(戦闘配食)をはじめ、各種の非常食として、長らく重宝された。戦後においてもその性質から、防災用の備蓄食糧として引き続き活用されている。

参考文献 棟田博『陸軍いちぜんめし物語』(一九八二、光人社)
(山口 隆行)

かんびょうことわり　看病断　武士が身内の看病・介護のために退勤を願い出ること。十七世紀半ば以降、幕府・諸藩で制度化が進み、看病引・看病願・付添御断・看病不参などの名称が存在する。認可された休暇は看病御暇《おいとま》と呼ばれた。武士は定められた休日はなかったが、身内に病人や要介護の者が出れば、看病断の手続きを取ることで、看病・介護に専念する休暇を認められた。幕府も藩も父母の病気に際しては、「断」すなわち届け出るだけで即刻、退勤を認めるものとしている。それ以外の親族への適用は、藩により若干の違いがある。米沢藩では一七八〇年(安永九)、藩主上杉治憲の改革政治のなかで、父母の看病に実親と養親の区別をつけないこと、身寄りのない者には組合や朋友の縁で看病にあたることなどを定めている。休暇はおおむね二週間で、看取りの最期の段階で申請されることが多かったが、複数の親族で申請することで長期の看病を実現させた例もあり、状況に応じて柔軟に運用されていた様子がうかがえる。

参考文献 柳谷慶子『近世の女性相続と介護』(二〇〇七、吉川弘文館)
(柳谷 慶子)

かんぶつ　乾物　乾燥により保存性を高めた食品。元来乾物はかんぴょう、のり、こんぶ、しいたけなどの植物性食品に限られ、魚の乾燥品は干物《かんぶつ》として区別されたが、今は乾燥食品全般を示す語となっている。冷蔵技術が発達する以前は、塩漬けとともに食品保存法の主流であった。植物性乾物としては乾飯《ほしいい》と呼ばれる米飯の乾物があり、携行食として重宝された。火器が発達していなかった時代には、乾物が日常食として多用されたが、近世後期に火鉢、こんろの普及で温かい汁気のある食事が身近な物になっていった。ゼンマイ、しいたけなどの山菜の乾物は今でも各地でみられる。魚の干物としては、儀礼で使われるものが多く、正月の代表格はアワビの肉を細かく長く剝ぎ、伸ばしてから干したノシアワビであった。沖縄本島国頭《くにがみ》村宜名真《ぎなま》では、北風の吹き始める十月後半から十二月にシイラを捕り、北風のあたる場所で天日乾燥させることが行われてきた。乾物の加工には、風と人との関わりが不可分である。　↓熨斗《のし》　↓糒《ほしいい》
(橋村 修)

かんぶつや　乾物屋　冷蔵庫が普及する以前は塩漬けとともに食品保存法の主流とされていた乾物(植物性の食品、魚の乾燥品である干物)を販売する小売商人やその店。近世期には商品を各種乾物問屋(塩問屋、干魚問屋、鰹節問屋、雑穀問屋など)から仕入れ、乾物屋は商品別に成立していた。江戸では店売りが主流であったが、上方では店売りのほかに担い売りの商人も多かったという。近世後期になると林業の展開と関わりながら山菜生産も増え、一八三四年(天保五)の江戸では越後縮を武士に売る際のサービス品としてのゼンマイが増え江戸の乾物屋からクレームがついたという。近代以降も都市での需要の増大、交通網の発達により山菜などの乾製品の生産は増えた。そのころから海産物から山菜などの乾燥食品全般を扱った乾物屋が成立し、塩・調味料・油類・缶詰なども扱われるようになり、現代の一般食料品店につながった地方もみられる。　↓いただき　↓魚売《さかなう》り

参考文献　澁澤敬三編『塩俗問答集』(『常民文化叢書』三、一九六九、慶友社)、池谷和信『山菜採りの社会誌―資源利用とテリトリー―』(二〇〇三、東北大学出版会)　(橋村　修)

かんぽうやく　漢方薬　漢方(東洋)医学理論の診断法にもとづいて選択された方剤と薬味を加減した処方薬。漢方では望診・聞診・問診・切診(脈診・腹診)の四診をもって病態を認識し、それを陰陽・虚実・寒熱・表裏・臓腑・六経などの病態分類体系にあてはめて証を決定し、それに相応する薬を用いる。たとえば腎陰虚証には八味丸といったように複数の薬味を配合し、生薬の組み合せ方によって多彩な薬効が期待される。生薬を単味で用いる民間薬とは異なる。明治政府は西洋医学をもって唯一正統な医学とし、医術開業試験の科目から漢方を除外して以来、漢方は長らく補完代替医学と位置づけられてきた。衰微した漢方もスモンをはじめとする薬害や医原病の出現、長期の服薬を強いられる慢性疾患の時代を迎え、一九七〇年代には漢方ブームが起きている。六七年(昭和四十二)には漢方のエキス剤が保険適用となり、七一年以降には薬価基準への収載が拡大している。

参考文献　日本学士院日本科学史刊行会編『明治前日本薬物学史』一・二(一九五七・五八、日本学術振興会)、長浜善夫『東洋医学概説』(『東洋医学選書』、一九六一、創元社)、石原明『漢方―中国医学の精華―』(『中公新書』、一九六三、中央公論社)、高橋晄正『漢方の認識』(『NHKブックス』、一九六九、日本放送出版協会)　(新村　拓)

かんみりょう　甘味料　食品に甘味をつけるための調味料。天然甘味料として甘葛煎《あまづらせん》、飴、蜂蜜、砂糖、葡萄糖、果糖、麦芽糖、人工甘味料としてサッカリン、ズルチン、アスパルテームなどがある。甘葛煎は甘葛《あまかづら》(甘茶蔓《あまちゃづる》)の樹液を煎じ詰めたもので、甘葛《あまづら》とも呼ばれ、古代には、飴、蜜とならぶ甘味料だったが、室町時代以降、砂糖の普及に伴い使われなくなる。上記の人工甘味料は蔗糖の数百倍の甘さをもち、熱量が低く、また製造経費も低いため、砂糖の代用品にされてきた。日本ではサッカリンが一九四一年(昭和十六)たくあん漬、四六年全食品に、同年ズルチンが使用を許可され、戦中戦後の砂糖の供給不足を補ったが、ズルチンには毒性が認められて六八年禁止され、サッカリンは食品衛生法により使用量が制限されている。アスパルテームは八三年以降許可され、主に食品カロリーの低減に活用されている。　↓飴《あめ》　↓砂糖《さとう》　↓食品添加物《しょくひんてんかぶつ》　↓蜂蜜《はちみつ》

参考文献　谷口学『続砂糖の歴史物語』(一九九九)、『二十世紀日本食品添加物史』(二〇一〇、日本食品衛生協会)　(橋爪　伸子)

かんむり　冠　頭を覆う被り物のうち、威儀を正すときに被った被り物の総称。弥生時代にガラス製の管玉を連ねたヘアバンドとみられる装飾があるが、確かな冠は古墳時代から登場する。金銅製で、鉢巻に数本の立飾をつけた鉢巻式、板状の立飾を額におく額当式、鉢巻を太くし頭部の両側に二つの山をつくる二山式の三種類がある。

高松塚古墳東壁南側男子群像の冠

前二者は朝鮮半島の冠と共通し、二山式は日本列島固有の形式で、身分表示の装身具と考えられる。しかし七世紀を境に金銅冠は姿を消す。六〇三年(推古天皇十一)に示された冠位十二階には「当色の絁《あしぎぬ》を以て之を縫う」(『日本書紀』推古天皇十一年十二月壬申条、原漢文)とあり、有機質の冠に変化した。律令制導入以後は唐の服制の影響を受け、奈良県明日香村高松塚古墳壁画の男性像の冠は中国唐代の幞頭《ぼくとう》である。幞頭は、頭上に束ねた髪を巾《こ》子《じ》という筒で隠し、頭全体を薄布(羅、絹など)で覆い、頭頂部(上緒《あげお》)と後頭部(纓《えい》)で締める形式で、平安時代以降、衣冠束帯で用いる冠はこの幞頭から発展したものである。のちに上緒は笄《こうがい》に代わり、纓も燕尾のように後頭部に大きく垂れ下がる形となった。律令制下では幞頭は日常的な朝服《ちょうふく》の冠であるが、儀礼で被る礼服冠《らいふくかん》もあり、正倉院北倉には聖武天皇が大仏開眼会で着用したとされる礼服御冠残欠《らいふくおんかんむりざんけつ》が伝わる。しかし透かし彫り金具や玉類が残るのみで、形状は明らかでない。なお、近世にも朝

廷の儀式で武官が被る武礼冠《むらいかん》があり、これは中国明代の籠冠《ろうかん》をもとにした冠である。

参考文献 関根真隆『奈良朝服飾の研究』(『日本史学研究叢書』、一九七四、吉川弘文館)、毛利光俊彦「日本古代の冠」(『(奈良国立文化財研究所創立四〇周年記念論文集)文化財論叢』Ⅱ所収、一九九五、同朋舎出版)、正倉院事務所編『正倉院宝物』二(一九九六、毎日新聞社)、孫機「進賢冠与武弁大冠」(『(増訂本)中国古輿服論叢』所収、北京、二〇〇二、文物出版社)、舘野和己・岩崎雅美編『古代服飾の諸相』(二〇〇九、東方出版)

(塚田 良道)

かんむりのうし 冠直衣 ⇩直衣《のうし》

かんらくがい 歓楽街 盛り場の一形態であるが、その中でも性や飲酒の快楽を提供する猥雑なイメージをもった場という意味合いが濃い。古くは江戸時代の公許の遊郭や、中期以降飯盛女で賑うようになる四宿(内藤新宿、品川、千住、板橋)がそれにあたる。明治中期ごろから、花魁にかわって芸者が性風俗の花形となり、花柳界・三業地が市街地の主要な歓楽街になっていく。三業とは芸者置屋と待合茶屋と料亭の三つの業種をさし、一八九八年(明治三十一)に性風俗の拡散を防ぐために、この三業を一ヵ所に集めて指定地域化したために、三業地と呼ばれるようになった。最盛期の昭和初期には、新橋、赤坂などの政財界人を客層とする一流地から、枕芸者のいる三、四流地まで東京市内にあわせて二十八ヵ所、芸者数は八千人に達した。戦後、三業地が衰退していくのにかわって、歓楽街の代表的存在として擡頭してくるのが、各種の性風俗店やラブホテルが飲食店などと雑居する新宿歌舞伎町である。 ↓芸者《げいしゃ》 ↓盛り場《さかば》 ↓新宿《しんじゅく》 ↓風《ふう》俗産業《ぞくさんぎょう》

参考文献 池田弥三郎他『大都市への成長(大正期)』(『東京百年史』四、一九七二、東京都)、加太こうじ『東京のなかの江戸』(『加太こうじ・江戸東京誌』、一九八八、立風書房)

(寺出 浩司)

かんれき 還暦 数え年の六十一歳の年祝いのこと。自分が生まれた年の十干十二支が一巡した年にあたり、もう一度生まれかわるとか本卦返り《ほんけがえ》などという。赤子に返るという意味で、赤いちゃんちゃんこや頭巾などが贈られ、それらを身に着けて祝うのが特徴である。喜寿には火吹き竹、米寿には枡や杓文字など米に関するものなど、地域ごとに慣例としている配り物があるが、この還暦についてはそれがみられない。その理由は、還暦が干支の知識の普及によるもので江戸時代以降普及した祝いであり比較的歴史が新しいからか、まだ六十歳は呪力を発揮するには未熟(若い)とするからか、そのいずれかと考えられる。長寿祝いの一つというよりも「還暦隠居」という言葉があるように、だいたい還暦を迎える六十歳ごろを目安に、所帯を跡取りに譲って、隠居することが多く行われていた。また、現在では会社員・公務員などの定年退職の年齢とも多く重なることから、還暦祝いは家族や仲間同士で比較的盛んに行われており、人生の一つの節目となっている。 ↓喜寿《きじゅ》 ↓古稀《こき》

参考文献 竹田旦『民俗慣行としての隠居の研究』(一九六四、未来社)、関沢まゆみ『隠居と定年―老いの民俗学的考察―』(『臨川選書』、二〇〇〇、臨川書店)

(関沢まゆみ)

がんをつける 眼をつける ⇩まなざし

き

きいと 生糸 蚕がつくる繭を煮解きし、その繊維を撚ってつくる糸。精錬されていない生のままの絹糸のことで、絹織物などの原料となる。絹織物産地に原料を提供しつつ発展した各地の素朴な生糸生産は、幕末開港に伴う海外市場の発生によって激変した。もともと中国で生成した製糸技術は、ヨーロッパへ波及して、鉄製の釜や蒸気機関を用いる近代製糸技術が確立されていた。一八七二年(明治五)、明治政府は模範器械製糸工場として富岡製糸場を設置し、近代的な製糸技術の普及を目指した。当初、各地につくられた製糸工場で生産された日本生糸のおもな輸出先はヨーロッパであったが、まもなくアメリカへの輸出が本格化し、輸出額も増大した。生糸は輸出額の首位を占め、製糸業は外貨獲得産業として発展し、養蚕は農家副業として全国に普及した。一方、アメリカの景気動向が日本の製糸業を翻弄し、養蚕農家に大きな影響を与えることにもなったのである。 ↓絹《きぬ》 ↓絹織《きぬおり》物《もの》 ↓養蚕《ようさん》

参考文献 榎一江『近代製糸業の雇用と経営』(二〇〇八、吉川弘文館)、清川雪彦『近代製糸技術とアジア―技術導入の比較経済史―』(二〇〇九、名古屋大学出版会)

(榎 一江)

きうす 木臼 木製の搗臼。穀物の脱穀・精白・製粉や餅搗きなどに杵と併せて用いられた。材質はケヤキ、マツ、ブナなどが用いられる。弥生時代の銅鐸絵画からも明らかなように、古くは脱穀から精白までの全行程を、

胴の中央が細いくびれ臼と竪杵を用いて行なっていたが、近世後期にはくびれのない臼と横杵を用いるようになった。搗穴の形状はその用途により異なる。穀物搗き用のものは下部がふくらみ口縁部がすぼまっており、餅搗き用のものは底が浅く、製粉用のものは中心が深い。

（加藤幸治・今井雅之）

きぎょうしゃかい　企業社会　企業原理（利潤追求と競争）によって支えられた社会。戦後日本の市民社会は企業社会として形成された。国家も企業原理に規定され、日本は企業国家（皮肉を込めて「主権財界」）ともいわれる。企業原理が社会や国家に浸透した結果、同じ資本主義でも、日本社会は西欧型福祉社会やアメリカ型自由主義社会とは異なる形態となった。一九六〇―七〇年代前半には、住民運動などの企業社会に対抗する動きも見られたが、七〇年代後半以降バブル期にかけて、「臨調・行革」路線が貫徹し、企業原理が強まった。企業社会が持続したのは、新卒一括採用・年功序列賃金・終身雇用の画一的な雇用形態のもとで完全雇用が実現したためであり、こうした条件はバブル崩壊後急速に失われた。非正規雇用の急激な増大による雇用不安は従来の企業社会を崩しつつあり、ワークシェアリング（雇用の分かち合い）などを通じた新たな社会の形成が求められている。

参考文献　渡辺治『企業支配と国家』（一九九一、青木書店）、内橋克人・奥村宏・佐高信編『企業社会のゆくえ』（『日本会社原論』六、一九九四、岩波書店）

（浅井　良夫）

きぎょうじょうかまち　企業城下町　特定の大企業が立地することによって発展し、その企業によって都市の機能が維持されている都市。一九七〇年代に、鉄鋼・化学などの基礎素材産業や造船業が不況に陥り、政府が対策立法を作った際にこの言葉が広く用いられるようになった。企業城下町の発祥は明治期にさかのぼることができるが、本格的には第一次大戦以降、大規模な工場が建設されたことにより各地に出現した。代表的な都市として、室蘭・釜石・日立・野田・豊田（挙母《ころも》）・倉敷・宇部・新居浜・大牟田・水俣などを挙げることができる。中小都市や未開地に工場が立地したため、京浜工業地帯などの大工業地帯と異なり、企業は工場および関連施設だけでなく、道路・水道・住宅・学校などのインフラの整備にも深く関与した。社宅街が形成され、企業が設けた福利厚生施設が市民に開放される場合が多い。しかし、企業の業績に影響されるので、都市計画が必ずしも順調に遂行されないケースもしばしば見られた。

参考文献　中野茂夫『企業城下町の都市計画―野田・倉敷・日立の企業戦略―』（二〇〇九、筑波大学出版会）、松石泰彦『企業城下町の形成と日本的経営』（二〇一〇、同成社）

（浅井　良夫）

ききん　飢饉　凶作がきっかけとなって起こる、極端な食べ物不足による飢えた状態をいう。ケカチあるいはガシと呼び、飢えが続くと死に直結した。近世には寛永飢饉（一六四一年（寛永十八）―四三年）、享保飢饉（一七三二年（享保十七）―三三年）、宝暦飢饉（一七五五年（宝暦五）―五六年）、天明飢饉（一七八三年（天明三）―八四年）、天保飢饉（一八三〇年代）など、餓死者をおびただしく出した大規模飢饉が発生している。冷害型凶作を起因とした天明・天保などの飢饉では、東北地方が最も激甚で、藩によっては数万から十数万に及ぶ死者を出した。飢饉被害を大きくした要因として市場経済の展開があげられる。米や大豆が地方農村から三都など都市に移出され、前年産の穀物類が枯渇状態のところに収穫が皆無同様の大凶作が襲うと悲惨であった。大飢饉は凶作年の秋（新暦）から翌年夏にかけての一年の長きに及び、梅雨ごろの疫病流行が多くの人命を奪った。ひどい飢饉下では盗み・放火といったモラル破壊が起こり、それに対する制裁も過剰となった。被災地域には飢饉死者の慰霊・記憶のための飢饉供養碑が建てられ、今日にその非常体験を伝えている。　↓救荒食物《きゅうこうしょくもつ》　↓凶作《きょうさく》

参考文献　菊池勇夫『飢饉の社会史』（一九九四、校倉書房）、同『飢饉から読む近世社会』（二〇〇三、校倉書房）

（菊池　勇夫）

きく　菊　奈良時代に中国から日本に伝来した多年草で、野生種のほか園芸品種も数多い。重陽の節句に、菊酒、着せ綿など菊花を愛でる年中行事が定着し、観賞用のほか食用菊もあり、日本人にとって最も身近な植物である。近世には栽培技術が進み、大菊のほか、江戸、嵯峨、肥後、伊勢など地名を冠する特色ある花が作られた。現在でも新宿御苑や国立歴史民俗博物館ほか各地で展示・公開され、秋の風物詩として楽しまれている。菊の栽培書の一つである一七五五年（宝暦五）刊『菊経《きくきょう》』には、花の栽培用の道具、畳表をほぐして水に浸けた藺線《いがら》、小刀、手桶、柄杓、小鋏などが図解される。また、和紙に切れ込みを入れた花受《はなうけ》や針金を曲げた漏斗状の輪台《りんだい》を用い、花形を整える様子が浮世絵にも多く描かれている。花が日や雨に当たって痛まないよう、青と白の市松模様の雨《あま》除《よけ》障子を菊花壇の上に仕立てるなど、さまざまな菊独自の栽培方法が編み出された。

参考文献　日野原健司・平野恵『浮世絵でめぐる江戸の花―見て楽しむ園芸文化―』（二〇一三、誠文堂新光社）

（平野　恵）

きくにんぎょう　菊人形　菊の花や檜葉《ひば》で飾り付けた等身大の人形。その起源は、動物・風景・縁起物・物語や芝居の一場面などを、菊花で形作る造菊《つくりぎく》（菊細工）に求められる。菊細工は、文化年間（一八〇四―一八）に江戸近郊の巣鴨村（東京都豊島区）の植木屋が始め、一時廃れたのち一八四四年（弘化元）に再び流行し、翌四五年には、染井・団子坂に地域を拡大して行われた。この年の『藤岡屋日記』には、菊細工の番付を出版する版元が百軒も存在していたとある。明治時代には、菊細工から菊人形へと興行形態を変えた東京団子坂が遊楽地として名を馳せ、その後両国国技館、名古屋、大阪などに広まり、大

正・昭和期には遊園地に欠かせない興行として一時代を築いた。制作は、主題決定から巻藁《まきわら》や胴殻《どうがら》という人形の骨組み、菊の栽培・根巻き・菊付け・水遣りなど重要な作業は菊師がすべて担当し、手・足・頭を受け持つ人形師、背景画を手掛ける大道具師と協力して成立する総合技芸である。

参考文献　文京ふるさと歴史館編『菊人形今昔―団子坂に花開いた秋の風物詩―』(特別展図録、二〇〇二、文京区教育委員会)、川井ゆう『わたしは菊人形バンザイ研究者』(二〇一三、新宿書房)、平野恵・日野原健司『浮世絵でめぐる江戸の花―見て楽しむ園芸文化―』(二〇一三、誠文堂新光社)　(平野　恵)

きげんせつ　紀元節　記紀神話において初代の天皇として現れる神武天皇が即位したとされる日を祝う儀式。一八七一年(明治四)に神武天皇祭として三月十一日に、七二年に一月二十九日と定められ、七三年に紀元節と改称し休日となり、七四年には二月十一日に改められた。日付は千二百六十年ごとに大変革があるという辛酉革命説により算出されたもの。大日本帝国憲法が八九年二月十一日に発布されると、これ以降、官公庁や学校で式典行事が行われ、国家による支配と結びついていった。戦後、祝日法の制定により一九四八年(昭和二十三)を最後に、廃止された。五一年の吉田茂首相の発言を契機として復活運動が開始され、五七年以降祝日法の改正案が繰り返し国会に提出された。これに対して反対運動も行われたが、六六年の祝日法の改正により六七年から「建国記念の日」として復活した。　(小山　亮)

きこくしじょ　帰国子女　海外で出生、または海外で幼少期を過ごし、のちに親の母国へ帰国した子ども。一九六〇―七〇年代の高度経済成長期以降、海外への赴任者数の増加に伴う海外子女数の増加により、九〇年代には六〇―七〇年代に比べ帰国子女数が約五倍の一万人台以上に増加した。帰国子女の多くは、親が若くして海外駐在員として派遣され、三～五年の派遣期間を経て帰る事例が多いことや、日本での受験戦争に乗り遅れないという親の意向のため、帰国時の年齢が小学校学齢期である場合が多い。また、幼少期に海外での異文化体験を経験していることや、バイリンガルである場合が多いこと、海外に赴任できる親には富裕層が多いことから、周囲よりエリートとみられやすい。一方、帰国子女の中には、日本での学校生活にはすぐなじめない者も多いとされている。このため、六〇年代以降、帰国子女に対して必要な配慮を行う学校の設置が進んでいる。

参考文献　「帰国子女教育の充実」(文部省編『学制百二十年史』所収、一九九二)、竹田美知『グローバリゼーションと子どもの社会化―帰国子女・ダブルスの国際移動と多文化共生―』(二〇一三、学文社)　(花木　宏直)

きしゃ　汽車　蒸気機関車が牽引する列車の呼び名で、蒸気車とも呼ばれた。蒸気船を「蒸気」と呼んでいたので、陸の上を走る蒸気という意味で「陸《おか》蒸気」とも呼ばれた。汽車という用語は、一八七〇年(明治三)に著された前島密の「鉄道臆測」のなかにみられ、このころから一般化していったようである。開業当初の汽車は、二〇～三〇トンの機関車が七～十両編成の四輪客車(定員三十人前後)を牽引していた。その後、電気で走る列車が出現すると、汽車という呼び方はふさわしくなくなる。電気で走る車両は「電車」と呼ばれ、電車と汽車という二つの呼び名が使われるようになったが、当時の電車はそう遠くへ行かなかったので、遠くへ行く列車は全部汽車と呼ばれていた。戦後復興から高度経済成長の過程で鉄道の電化、電車化が進むと、蒸気機関車が牽引する汽車は次第に姿を消し、国鉄では一九七五年(昭和五十)に一部の動態保存をのぞき廃止となった。↓電車《でんしゃ》

参考文献　原田勝正『汽車から電車へ―社会史的観察―』(一九九五、日本経済評論社)　(老川　慶喜)

国内鉄道創業期の汽車

きじや　木地屋　横軸の轆轤を用いて、盆や椀など、木製の器や容器を作る職人。木地師・轆轤師などとも呼ばれる。平安前期の惟喬《これたか》親王(八四四―九七)を、その祖として信仰し、近江が根元の地といわれている。日本各地に漆器の生産地が多く成立する近世以降、その素地となる木地を作るため、良質の木を求めて奥深い山中に入って暮らした。現在では、東北地方の伝統こけしの木地製作などに、その伝承が受け継がれている。↓挽物《ひきもの》　↓轆轤《ろくろ》

参考文献　須藤護「木地屋をめぐる諸説」(赤坂憲雄他編『さまざまな生業』所収、二〇〇二、岩波書店)　(武井　弘一)

きじゅ　喜寿　数え年の七十七歳の年祝いのこと。喜の字の草書体が七十七と読めることに由来し、喜の字の祝いともいう。還暦、古稀、米寿とともに喜寿は長寿祝いの一つに位置づけられ、室町時代末から江戸時代以降、普及していったとされる。還暦や古稀と同じように人生

の節目として、長生きしたことを家族や親戚で祝うかたちが多い。かつては喜寿を迎えた人から親戚や近隣の家に火吹き竹が送られた例もあった(埼玉県秩父地方、神奈川県秦野市など)。それは火事のときにこれで火を吹き返すのだといわれ大事に保管された。 →還暦《かんれき》 →古稀《こき》 (関沢まゆみ)

きしゅうネル 紀州ネル 和歌山を産地とする綿ネル。紀州ネルの濫觴は、一八七二年(明治五)に宮本政右衛門、瀬戸十助らが織布に起毛を施したのを、大阪の陸軍施設が採用したものである。薄手で肌触りのよいネル地は、蒲団、襦袢、シャツ、股引、湯巻など、肌着類に多用された。明治二十年代に紀州ネルは清国へ輸出されている。一九〇〇年に創設された紀州綿布製工株式会社は、〇二年に第一綿ネル会社と改称した。同社の事務取締役岩谷民蔵が「竹籠の編方」を参考に考案した縞柄は人気があった。

【参考文献】 巌谷小波『僕乃旅』(一九一五、抒情詩社)、『大阪毎日新聞』(一九一五年二月五日付)、和歌山県知事官房統計課編『和歌山県特殊産業展望(再版)』(一九二六、和歌山県統計協会) (刑部 芳則)

きしゅくしゃ 寄宿舎 学校や企業が、教育効果や通勤の便を図るため、学生や従業員に提供する共同生活の施設。明治期、大規模工場を設けた紡績企業は、近隣からの通勤者のみでは労働力を確保できず、遠隔地から労働者を得るべく宿泊施設を用意した。特に、農村の親元を離れた未婚の若年女子を収容して働かせる方式は、繊維大企業に広く普及し、寄宿舎制度と呼ばれた。労働者の生活過程をも管理する寄宿舎制度は、他工場への移動を防ぎ、長時間労働を実現するために利用され、劣悪な環境やその拘置的な性格が問題化した。しかし、戦間期には一定の規制が実現し、施設の改善が進んだ。紡績や製糸の大企業では、医療施設や学校を併設して魅力的な寄宿舎を演出することで優良な職工を確保しようとし、また、外部の労働運動から労働者を遮断して労働争議を未然に防ごうとしたのである。労働者に生活の場を提供する寄宿舎は、企業の意向を如実に示す場でもあった。 →社宅《しゃたく》

【参考文献】 農商務省商工局編『職工事情』上(犬丸義一校訂、『岩波文庫』、一九九八、岩波書店)、榎一江『近代製糸業の雇用と経営』(二〇〇八、吉川弘文館) (榎 一江)

きせい 帰省 故郷を離れて他の地方で生活するようになった者が故郷に一時的に帰る現象。多くは若年時に就学・就職などのために都会に出て定着した地方出身者が、親族と再会したり墓参りをするために出身地にもどる現象であり、盆、暮・正月、戦後のゴールデンウィークの時期などにはこの動きが大量化し、交通機関の帰省ラッシュとして風物詩的に語られてきた。明治時代に地方出身者の都市での就職・居住の増加と鉄道網の広がりにつれて帰省の風習が広がったと見られる。アジア・太平洋戦争期には帰省の自粛が呼び掛けられ、高度成長期には帰省列車の切符を買うために上野駅に徹夜する人々がニュースになり、若年労働者の人手不足のため帰省後に必ず会社に戻ることを会社が事前に約束させているなど、時代を反映した動向が毎年マスコミで報道されてきた。 →盆休《ぼんやす》み (加瀬 和俊)

きせいちゅう 寄生虫 動物に寄生する生物の総称。一九三二年(昭和七)の寄生虫病予防法で予防の対象とされたのは、回虫、十二指腸虫、日本住血吸虫、肝ジストマである。回虫は、人糞肥料の使用によって野菜から卵の状態で口に入り、体内で成虫となり栄養障害などを起こす。十二指腸虫は土中に生息し鉤状の口で裸足の皮膚から侵入し、小腸に寄生し貧血を起こす。日本住血吸虫は淡水にすむミヤイリガイに寄生し、水田や用水路に裸足で入ることによって皮膚から侵入し、肝硬変を起こす。肝ジストマは淡水魚の生食によって感染し、肝硬変を起こす。このほか、モクズガニの生食によって起きる肺ジストマ、発疹チフスやツツガムシ病を媒介するシラミやダニなどがある。これらは、高度成長期を経て、人糞肥料から化学肥料への転換、裸足歩行の習慣の消滅、用水路のコンクリート化など、生活をとりまく環境や習慣の変化によって現在ではほとんどが根絶されている。

【参考文献】 佐々学『風土病との闘い』(『岩波新書』、一九六〇、岩波新書)、日本寄生虫学会編『寄生虫学会五〇年のあゆみ―一九二九～一九七九―』(一九八二) (木村 哲也)

きせいふく 既製服 規格によって作られる服。注文洋服店を一ツ物屋というのに対し、既製服問屋は数物師と呼ばれた。明治時代の前半期の既製服は中古品および古着が中心であった。明治十年代後半からは軍服や制服などの大口注文を請け負う店や、中古店から自家販売店に変わる店が登場した。既製服は既製服問屋の店頭に吊るされていたため、「つるし」とも呼ばれた。自家製造の既製服は、和服用のトンビやもじり、洋服用の外套など規格が緩やかなものであった。大正期後半になって洋服着用者が増加してからも、高度な裁縫技術を必要とする背広は注文服業者が主流であり、既製服業者で扱うものは少なかった。一九三一年(昭和六)から三七年までは既製服業界が隆盛期を迎え、軍服と同型の学生服は数多く作られた。五二年一月制定の既製服標準寸法三十六サイズは、従来の十五サイズでは不十分であった既製服の品質を向上させた。六五年になっても背広の既製服は三五・五％しかなかったが、七二年には五〇・三％、八三年には七五・四％と注文服を上回るようになった。一方、既製服の主流であった和服用のトンビやもじりなどは姿を消した。

【参考文献】 大阪洋服商同業組合編『日本洋服沿革史』(一九三〇)、小田喜代治『東京紳士服の歩み』(一九五五、東京紳士服工業組合) (刑部 芳則)

ぎぜつ 義絶 親族関係を絶縁する行為。古代は夫婦間の離縁、中世は親子間の関係を断つこと。近世には勘当や久離と混用されたが、一七六五年(明和二)ごろには目

下の者が目上の親族の縁を切ること、一七七〇年代ごろ(安永年間)には庶民の久離に相当する行為を武士では義絶というが、一八〇三年(享和三)ごろから武士・庶民ともに同等の親族関係を断つことを称した。親族間における制裁・絶交であり、後難による縁坐を避けるためでもある。 ↓勘当《かんどう》 ↓久離《きゅうり》

参考文献 徳田彦安「日本に於ける勘当義絶久離の研究」(『社会学雑誌』三一・三五―三八、一九二六・二七)、鎌田浩『幕藩体制における武士家族法』(『基礎法学叢書』一、一九七〇、成文堂)、石井良助『家と戸籍の歴史』(『法制史論集』六、一九八二、創文社) (神崎 直美)

きせつかん 季節感 日射し、風・雲の様子、草木鳥魚の活動、人々のファッションや歳事習俗など、気象と生物のありようや人々の営みによって醸し出される情緒をいう。農山漁村といった豊かな自然が保たれている地域では、山の雪の様子やその形、あるいは樹々の葉の色あい、小動物の様子、太陽や月、星の動き等々自然のサイクルの中から季節の移ろいを感じることができる。しかし、広告に彩られたビルが林立し、自然と隔絶された都市部では、季節の移り変わりを告げ知らせてくれる自然の手がかりの多くが失われた。とはいえ都市の場合、人々に与えられた手がかりは自然のものだけではない。都市には、音・光・視覚的アクティビティなどのリズムがあり、それらが日射しや動植物と同じように、生き生きと時間・季節の移り変わりを伝えてくれる。たとえば商店街の祭・イベントに季節感や情感が取り入れられ、デパートなどのショーウィンドウは逸早く季節の変化を知らせるシグナルの役割を果たしている。

参考文献 松崎憲三「街角と季節感」(同編『人生の装飾法』所収、一九九九、筑摩書房) (松崎 憲三)

きせる 煙管 ⇩たばこ

きだいしょうらん 熙代勝覧 江戸の今川橋から日本橋へと至る通町筋の、一八〇五年(文化二)前後の景観を描いた絵巻。紙本著色巻子一軸。四三・七×一一三三一・二センチ。題字は佐野東洲(?―一八一四)の手になるが、絵師については不明である。題簽には「熙代勝覧 天」とあり、当初は二巻か三巻構成であった可能性が高い。ドイツの中国美術収集家が知人から収受したこの絵巻は、日本を描いたものであることが一九九九年(平成十一)に確認され、二〇〇三年にはじめて日本で展示された。江戸の主要な通りであった通町筋の主に西側部分を、北から南へと移動しながら俯瞰する形で描いており、名所として浮世絵などの題材となった日本橋や三井越後屋なども含まれている。通りに面する八十九棟の町家は実際に観察しながら描き分けたとみられ、看板や暖簾などから知られる商人名や職種は、同時期の文献史料と一致するものが少なくない。絵巻では街区の奥につながる路地、木戸門や番屋、屋根上の火の見など、町並みを細かく描写するとともに、店内や路上に千六百七十一人の人物を描き込んで、多様な身分や商職種のあり方を示しており、当時の都市社会の様相を豊かに描いた作品として貴重である。

参考文献 吉田伸之『成熟する江戸』(『日本の歴史』一七、二〇〇二、講談社)、浅野秀剛・吉田伸之編『大江戸日本橋絵巻―「熙代勝覧」の世界―』(二〇〇三、講談社)、小沢弘・小林忠『「熙代勝覧」の日本橋―活気にあふれた江戸の町―』(『アートセレクション』、二〇〇六、小学館) (杉森 玲子)

きたまえぶね 北前船 江戸時代後期から明治期にかけて、北海道から主に本州の日本海側、さらには瀬戸内海にかけての航路で活躍した廻船。「きたまえせん」ともいう。船主の出身地は日本海沿岸の広い地域に及ぶ。寄港した地で鰊粕・米・塩などの積荷を船主が買い入れ、他の港でそれらを売却する買積という商業・輸送形態を主にとり、地域間価格差を利用して利益をあげた。明治期に入って交通・通信網が発達し、地域間価格差が縮小すると衰退した。

参考文献 中西聡『北前船の近代史―海の豪商たちが遺したもの―』(二〇一三、成山堂書店) (坂口 誠)

ぎだゆう 義太夫 江戸時代前期、竹本義太夫(一六五一―一七一四)が始めた浄瑠璃の一つで、義太夫節の略。浄瑠璃とは三味線を伴奏楽器として太夫が物語を語る音曲(音楽)のこと。竹本義太夫の語りが義太夫節と名付けられ、評判を取ったのは浄瑠璃の世界に新たな時代をもたらしたからである。大きな役割を果たしたのが、作者の氏神といわれた近松門左衛門(一六五三―一七二四)である。一六八四年(貞享元)、大坂道頓堀に人形浄瑠璃の劇場竹本座を旗揚げした時から座付の専属作者として多くの作品を提供した。二人が提携して上演した作品は演劇史の上で新浄瑠璃といわれる。浄瑠璃の起源は、中世末期にまで起源をさかのぼることができ、江戸時代に入ると、江戸半太夫の半太夫節、十寸見河東《ますみかとう》の河東節、薩摩外記《さつまげき》太夫の外記節、都太夫一中の一中節がもてはやされた。それらを古浄瑠璃として区別するほど、義太夫は浄瑠璃の世界に大きな影響を与えた。人形浄瑠璃の芸術性に貢献したことはいうまでもない。 ↓文楽《ぶんらく》

参考文献 平田澄子『近松浄瑠璃の成立と展開』(『新典社研究叢書』、二〇一〇、新典社)、原道生『近松浄瑠璃の作劇法』(二〇一三、八木書店) (田口 章子)

きちんやど 木賃宿 ⇩旅籠《はたご》

きつけ 着付け 着物の着方の方法、その実践指導。着付けは、朝廷内で衣紋道という装束を家職とした山科家、高倉家に由来する。一八六九年(明治二)十二月に両家の御服調進は廃止、七一年に衣紋道職を廃止した。だが、衣冠束帯などが祭服として残ったため、両家の知識と経験は不可欠となった。天皇の即位式である大正大礼や昭和大礼では、両家が衣冠束帯や十二単衣など装束の着け方を指導している。そのような装束と無縁な民間では、大正時代から料金に応じて結婚式や七五三の晴れ着の着

付けを行う美容院が登場する。昭和三十年代後半に和服着用者が減少すると、和服の着付けを指導する専門学校が現れた。茶道や生花など和服を着る必要性のある者が、それらの諸作法の一環として学ぶようになる。だが、同四十年代から現在まで結婚式・成人式・卒業式・入学式・七五三などで和服の晴れ着を着る者は、美容院や貸衣装店で着付けてもらうことが一般的となっている。

参考文献 『東京朝日新聞』(一九二八年十月十三日付朝刊、一九六九年二月七日付朝刊) (刑部　芳則)

きっさ　喫茶　茶を飲むこと。喫茶の慣習は八世紀以前に大陸から伝えられたと見られているが、文献上の初見は八一五年(弘仁六)である。このころは固形茶を煮沸して煎じる方法で、貴族や僧侶が飲んだが、以後衰退し、法会の際に薬として飲むだけになっていた。その後、一一九一年(建久二)に宋から帰国した栄西が抹茶の飲茶法を伝え、『喫茶養生記』を記し、以後各地に喫茶の慣習が広まったと一般的には説明されているが、抹茶の飲茶法自体は平安時代から存在した。真偽は定かではないが、京栂尾《とがのお》の高山寺の明恵は栄西から茶種を与えられたと伝え、鎌倉時代に栂尾茶は銘茶として有名であった。その後、宇治・醍醐・伊賀服部・駿河清見・武蔵川越などでも茶が栽培され、なかでも宇治茶は中世後期には最上のブランド品となり、茶園の経営者である上林《かんばやし》氏の名を取って上林茶とも呼ばれた。茶は寺社に附属する茶園で栽培されることが多く、その後村落でも栽培されるようになり、多くの種類に分化した。南北朝時代には闘茶と呼ばれる、飲んだ茶の種類をあてる賭け事が流行した。また、仏事や宴会の際にも茶が多く出されるようになり、京では寺の門前で茶を飲ませる店も出現し、街道には茶屋も出現した。一方、中世には薬種の草木を煎じて飲む煎じ物も存在し、煎じ物売りが売り歩いていた。戦国時代には茶の湯と呼ばれる作法が確立し、武士や商人の間にも広まった。堺の商人である千利休は茶の湯の権威となり、近世には千家による茶道が確立した。中世には抹茶が主であったが、近世には乾燥させた葉を煎じて飲む煎茶が民衆の間にも広まり、一七三八年(元文三)に永谷宗円が煎茶製法を開発した。安永年間(一七七二―八一)には宇治で青茶(緑茶)が発明され、急須も普及して、現在の一般的な飲み方が確立した。　↓茶《ちゃ》

参考文献 吉村亨・若原英弌『日本の茶―歴史と文化―』(『茶道文化選書』、一九八四、淡交社)、橋本素子「中世における茶の生産と流通」(西村圭子編『日本近世国家の諸相』所収、一九九九、東京堂出版) (盛本　昌広)

きっさてん　喫茶店　酒類以外のコーヒー・紅茶やケーキなどを提供する店。一八八八年(明治二十一)四月十五日付の『郵便報知新聞』に「此度(東京)下谷黒門町二番地警察署隣に新設せる可否茶館と云へる(中略)西洋の珈琲店に倣らひ、来客は茶を喫し珈琲を啜りながら気安く休息し談話するを得」とあり、同月四日に鄭永慶《ていえいけい》が開店したのが現在の純喫茶店のはじまりのようである。明治三十年代初めの東京市には数十の店がある。明治末期には、矢野竜渓の小説「不必要」(一九〇七年四―五月、『毎日電報』連載)、北原白秋の詩集『東京景物詩及其他』(一三年(大正二)所収の「青い髯」の「五月」(一〇年五月)、吉井勇の一幕対話劇「偶像」(一〇年五月、『趣味』掲載)などに喫茶店が描かれており、大正から昭和初期にかけて大衆文化の一翼を担った。このころに酒類や洋食を供し女店員を置くカフェーが派生した。戦後には、音楽喫茶、新宿の「灯」(五四年(昭和二十九)―七七年)などの歌声喫茶、同伴喫茶、ゲーム喫茶などが相つぎ、また、深夜喫茶、パンツ無しの女店員のノーパン喫茶などの風紀取締り対象の店も現れた。昭和末期の飲食の場の多様化に伴い、純喫茶店の廃業が多くなった。　↓カフェー　↓コーヒー

参考文献 石井研堂「(本邦開祖)可否茶館と其創始者」(『季刊明治文化研究』二、一九五四)、同『(増補改訂三版)明治事物起原』(明治文化研究会編『明治文化全集(第三版)』別巻、一九六九、日本評論社) (佐藤　能丸)

ぎっしゃ　牛車　車の第一義は車輪であるが、車輪を付けて進むものの総称でもあり、道路の整備・発達がその

荷車を引く牛車（『石山寺縁起』より）

盛行を促した。動力が車種を限定し、牛車は牛が牽く車のこと。「ぎっしゃ」と読めば平安時代から使用された覆いのある貴族の乗用車をいうが、牛は荷物を運ぶためにも車を牽き、その場合は「うしぐるま」と呼ぶ。歴史的には荷車を牽く牛車のほうが古く、八世紀までさかのぼる。長岡京跡から造宮の際に使用されたとみられる車の痕跡(轍《わだち》)、牛の蹄跡が発見され、車輪の幅一〇センチ、車輪間隔一・二メートルの車が復元できる。一方、乗用車としての牛車は、『延喜式』内匠寮に法量・用材などの規定がみられるが、その後は多様に展開し、身分や性別により車の形態、装飾が規制された。武士が政権を握った鎌倉時代になると、騎馬が主流となり、貴族層の経済力の減退、庶民文化の発達などを背景に、牛車は次第に衰退し、特定の行事に用いられる乗り物となった。 ↓牛《うし》

参考文献 平野邦雄「霊異記における牛・馬の原像」(同編・東京女子大学古代史研究会著『日本霊異記の原像』所収、一九九一、角川書店)、「共同研究 古代の車」(『古代交通研究』一三、二〇〇四)、桜井芳昭『牛車』(『ものと人間の文化史』、二〇一二、法政大学出版局) (荒井 秀規)

きつね 狐 イヌ科の哺乳類。狐が稲荷の使いということはよく知られているが、両者がどのように結びついたかは定かでない。一般的には、狐が山から人里に下りてきて、田で収穫した米を食べる鼠を捕食することから田の神として崇められていた。その反面、人を化し、だますという負の面も備えていたが、いずれにしても人を超越した存在として崇敬、畏怖されていた。狐が油揚げを好むという伝承に基づいて、稲荷神を祀る神社の供え物、あるいは初午祭にお参りする氏子の供物として油揚げを供える。 ↓稲荷信仰《いなりしんこう》 ↓憑《つ》き物《もの》 ↓初午《はつうま》

参考文献 柳田国男「狸とデモノロジー」(『(定本)柳田国男集』二三所収、一九七〇、筑摩書房) (柳 正博)

きど 木戸 木製の戸のことだが、江戸時代では町や見世物小屋の出入り口を意味した。江戸の町木戸は、治安維持のために町ごとに設けられたもので、夜間は木戸を閉めて自由な往来を規制した。ただし医師や産婆など急用で人命に関わる者は木戸横の潜りから通したという。そのほか通行者のある場合は、拍子木を打って次の木戸に報せ、あるいは番人が付き添って送った。木戸には幕府の触や掟が張り出されることもあった。火事により木戸が焼失した際には、即座に仮木戸の設置が幕府より命じられており、治安維持に欠かせない設備として位置づけられていた。荻生徂徠は木戸の有効性からこれを城下町全体に設置するよう提言している。江戸には大木戸もあって、城下町の入口に設置されて通行を管理したが、のちに木戸は取り払われて江戸への入口を示すのみとなった。高輪《たかなわ》大木戸跡が現在ものこる。見世物小屋や芝居小屋などの木戸では、入場料として木戸銭をとった。

参考文献 伊藤好一『江戸の町かど』(一九八七、平凡社)、荻生徂徠『政談(服部本)』(平石直昭校注、『東洋文庫』、二〇一一、平凡社) (松本剣志郎)

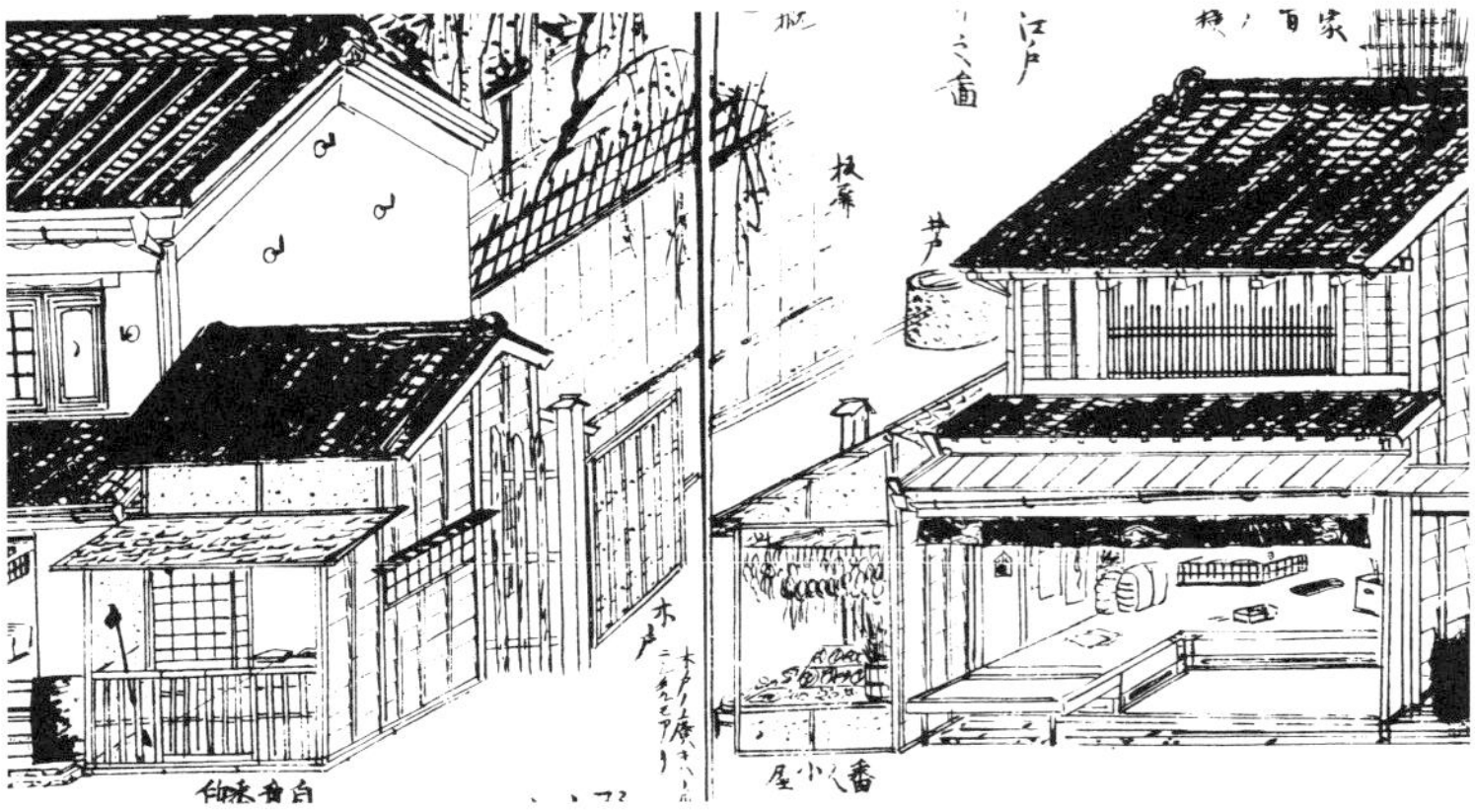

木戸(『守貞謾稿』より)

きどばん 木戸番 江戸時代に城下町の町木戸で番をした者。番太郎、番太とも呼ばれた。町内の治安維持を図り、不審者への対応や火事を未然に防ぐための昼夜見廻りを任務とした。このほか将軍御成や水道普請による断水、御免勧化《ごめんかんげ》の到来など町内に触れ知らす事項が起きれば、鉄棒を引いて告げ報せた。木戸が閉じられる夜間には、通行者を潜りから通し、送り拍子木を打って次の木戸に報せた。貴人の葬送時などにも木戸は閉じられた。このほか木戸番は町内の雑務をひろくこなした。木戸番には町入用から給金が支払われたが、十分なものではなく、そのために番小屋での商いが認められていた。すなわち草履・草鞋・箒の類い、糊・鼻紙・蠟燭・瓦・火鉢、

木戸番(『人倫訓蒙図彙』より)

あるいは鹿菓子(京都大坂での駄菓子)などを常時売り、夏は金魚を、冬は焼き芋を売った。近世後期には番小屋に妻子とともに住む者が多くなり、番人の株が売買されるようになった。一八六八年(明治元)九月に、木戸は自身番などとともに取り払われることとなった。

参考文献 伊藤好一『江戸の町かど』(一九八七、平凡社)、喜田川守貞『近世風俗志 守貞謾稿』一(宇佐美英機校訂、『岩波文庫』、一九九六、岩波書店)　(松本剣志郎)

きぬ **絹** 蚕の繭からとった繊維、またはそれで織った織物。蚕の幼虫は、長い繊維を出し、自身を囲んで繭となる。この繭からつくる絹糸は、野生の蚕から繭糸をとる野蚕糸と、蚕を飼育して繭糸をとる家蚕糸に大別できる。蚕の餌となる桑を栽培し、蚕を飼育して繭を生産するのが養蚕業で、原料繭から煮繭、繰糸、揚返し、仕上げの工程を経て糸をつくるのが製糸業、製糸された糸を織るのが織物業である。そもそも、絹の生産は、古代中国で始まり、世界各地に伝播した。繭糸をときほぐしたままのセリシンを含む絹糸を生糸といい、生糸のセリシンを除去して光沢と手触りを良くした絹糸を練糸《ねりいと》という。経緯ともに生糸で織った生絹《せいけん》は固地で夏物に適しており、涼しいので「すずし」ともよむ。生糸で織りあげてから精練して柔らかくした織物は、練絹《ねりぎぬ》といい、冬に用いた。また、経糸に生糸、緯糸に練糸を用いて織った織物を練《ねり》貫《ぬき》という。絹織物には、白地に織ってから染める場合と、糸を染めてから織る場合がある。通常、絹といえば、白地の布を染色した染絹で、織り方も平織りの平絹《へいけん》を指す。長く絹の使用範囲は、政治的・社会的に限定され、品質の良い中国産の絹が重宝されてきたが、江戸時代には製造技術の改善が進み、各地に産地が形成された。幕末開港により、海外の需要が開けると、輸出用生糸の生産が盛んに行われるようになり、製糸業は近代日本の重要な産業となった。多くの工女が生糸生産に従事し、原料繭を生産する養蚕も重要な農家副業となったが、主要輸出先のアメリカ経済に翻弄される結果となり、生糸価格の暴落に伴う繭価の暴落は、養蚕農家を直撃し、より深刻な打撃を与えたのである。第二次世界大戦後、化学繊維の普及により生糸需要は減退し、現在、天然繊維の絹は高級品として取り引きされるものの、すべての工程を国内で生産しているものは、わずかである。　↓生《き》糸《いと》　↓養蚕《ようさん》

参考文献 永原慶二・山口啓二編『紡織』(『(講座)日本技術の社会史』三、一九八三、日本評論社)、榎一江『近代製糸業の雇用と経営』(二〇〇八、吉川弘文館)　(榎　一江)

きぬおりもの **絹織物** 経緯とも絹糸で織った織物。経糸に緯糸を斜めにかけて模様を織り出す文綾、経糸をとなりの経糸と絡ませながら絡織りにした薄手の紗や羅、綾織地の上に色糸に金銀を交えて絵文様を織り出して刺繡のように見せる唐織など、さまざまな種類があった。高級織物の技法は京都西陣を中心に発展し、各地に伝播して産地を形成した。緻密に織られた薄手で滑らかな純白の羽二重は、光沢のある生地で礼服地、羽織裏などに用いられた。福井、石川、富山が主な産地となり、明治期には輸出された。布面に独特の縮を表す縮緬は、泉州堺で発祥して各地で生産され、帯地、裏地、風呂敷などに用いられた。薄地で、夏用の着物に用いる透綾《すきや》は、京都西陣の職人が越後の十日町で織り始めたという。紬糸や玉糸で織った平織りの丈夫な紬は、着尺《きじゃく》や裏地に用いられた。絹織物は量産化とともに、高級品でありながら、庶民の生活にも利用されるようになった。　↓綾《あや》　↓生《き》糸《いと》　↓縮緬《ちりめん》　↓紬《つむぎ》　↓羽二重《はぶたえ》

参考文献 橋野知子『経済発展と産地・市場・制度―明治期絹織物業の進化とダイナミズム―』(『Minerva 人文・社会科学叢書』、二〇〇七、ミネルヴァ書房)　(榎　一江)

きぬた **砧** 横槌の一種。敲打部が太く、握りの部分が細い。織物の目を叩き潰して柔らかくし、艶を出すために用いる。織りたての布や洗濯した布は硬く肌になじまないため、平坦な台の上に載せ、これを用いて幾度となく叩いた。布を叩く作業自体も砧と称し、秋の夜長の仕事とされた。打ち響く砧の音は詩情を誘うものとされ、能や邦楽の題材にもされた。今日、木綿や麻布の仕上げには打布機が用いられるようになったが、これも砧仕上げと称している。

砧

参考文献 渡辺誠「ヨコヅチをめぐって 考古資料と民具」(岩井宏實他『民具が語る日本文化』所収、一九八九、河出書房新社)　(加藤幸治・今井雅之)

きね **杵** 臼の中に入れたものを搗く道具。穀物の脱穀・精白・製粉や餅搗きなどに用いる。杵を上下させる動力としては腕力・脚力・水力が用いられる。腕力を用いるものには竪杵と横杵がある。竪杵は持ち手となる中央部が細くなった棒状の杵であり、軽いため片手で搗くことができる。横杵は太く大きな杵の上部に柄を通したものであり、重いため両手で握り、腰を支点にして振り下ろす。弥生時代の銅鐸絵画からも明らかなように、古くは竪杵しか存在しなかったが、江戸時代になると打撃力の

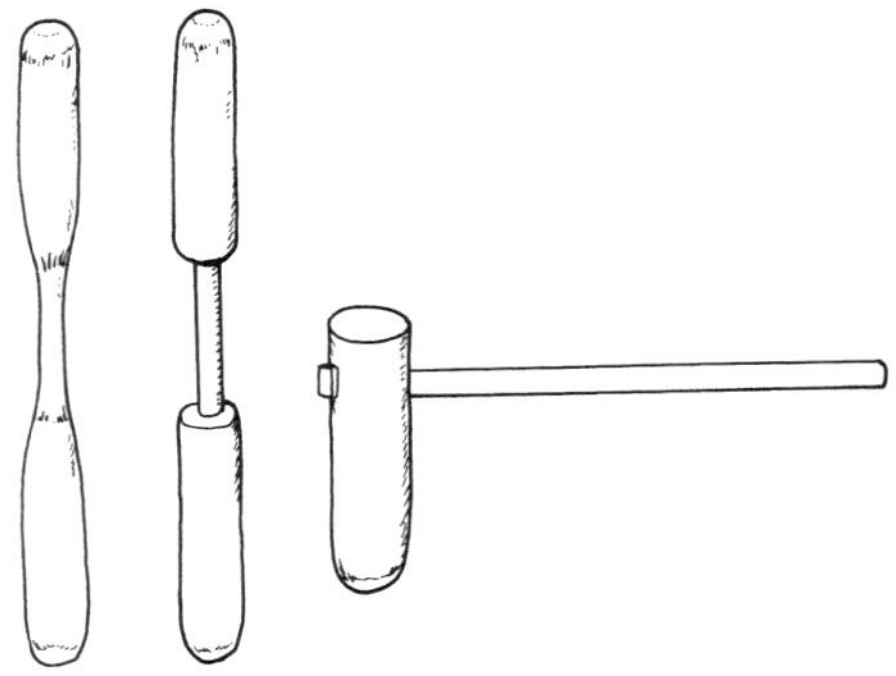
竪杵(左)と横杵

ある横杵が普及した。脚力を用いるものには、唐臼(踏み臼)の先端に取り付ける杵があり、水力を用いるものにはバッタリと水車がある。バッタリは唐臼の動力を水に置き換えたものである。水車は軸木に取り付けられた腕木が、杵を持ち上げ落下させることで上下運動を行う構造となっている。杵の打撃面は搗く対象に応じて形状が異なる。餅搗き用のものは打撃面が凸形に、脱穀・精白・製粉用のものは打撃面が凹形になっている。↓臼《うす》

参考文献 宮本馨太郎『民具入門』(『考古民俗叢書』、一九六九、慶友社)　(加藤幸治・今井雅之)

キビ キビ イネ科植物で、原産地はアジア。糯《もち》種と粳《うるち》種があり、日本全国で栽培できる。脱粒性が強く、風の強い山上の焼畑栽培には向かない。収量が粟や稗に比べて少なく、日常食ではなく、餅、強飯、団子などのご馳走にした。昔話の「桃太郎」では猿、犬、雉などにキビ団子をあげてお供にし、戦いで霊力を発揮する食べ物として登場する。糯種は粘り気が多く、現代で米とキビの飯は子ども、大人にも好まれる。粳種でどぶろくを自家醸造した。

キ　ビ

参考文献 阪本寧男『雑穀博士ユーラシアを行く』(二〇〇五、昭和堂)　(増田 昭子)

ぎみんでんしょう 義民伝承 過去の百姓一揆を、指導者らの英雄物語としてまとめ、地蔵尊や神社、あるいは石碑を建立して義民として顕彰した。その目的は、非業の死を迎えた義民の怨霊を鎮魂することにあり、また百姓一揆で勝ち取った成果を先例として確認するためでもあった。十七世紀にも確認できるが、全国的に展開するようになるのは十八世紀後半になってからである。下総国佐倉藩の惣五郎が将軍へ直訴して刑死した話が、一八五一年(嘉永四)に江戸で歌舞伎上演され、ヒットした。惣五郎物語(佐倉義民伝)は急速に全国に普及し、各地の義民物語や顕彰活動に強い影響を与えた。明治十年代に各地の民権派は、義民の掘り起こし活動を展開し、小室信介は一八八三年(明治十六)から八四年にかけて『東洋民権百家伝』を出版した。その後も大正デモクラシー期、昭和前期、戦後民主化の時期などに活発な顕彰活動が展開し、現在も各地で展開している。

参考文献 保坂智『百姓一揆とその作法』(『歴史文化ライブラリー』、二〇〇二、吉川弘文館)、同『百姓一揆と義民の研究』(二〇〇六、吉川弘文館)　(保坂 智)

キムチ キムチ 白菜などの野菜を、塩や唐辛子、にんにく、にら、果物、魚介の塩辛で漬け込んだ朝鮮料理。明治期の日本では、沈菹《ちんぞ》・朝鮮漬・沈菜《キミチ》とも呼ばれた。明治期のエッセイ『食道楽』続編、春の巻にも、「朝鮮料理のお香物」として「朝鮮漬」が紹介され、主人公たちが舌鼓を打つ場面が描かれている。その後、日本による朝鮮の植民地支配が始まると、白菜のみならず、キャベツやなす、大根、せり、胡瓜などさまざまな種類のキムチの漬け方を紹介する料理書も増加。しかし、戦前の日本人にとって、香りも刺激も強いキムチはまだ珍しい漬物としての評価しかなかった。日本人の食生活の中に浸透し始めるのは、一九六〇―七〇年代の焼き肉ブームのころからであろう。またこの時期は、にんにくや塩辛を加えず、昆布の煮出し汁などで、日本風に調味するキムチも考案され、日本のキムチが模索された時期でもあった。一九七五年(昭和五十)には、桃屋が「桃屋のキムチの素」を発売。はじめて製品化されたキムチのタレであった。

参考文献 村井弦斎『(増補註釈)食道楽』続編、春の巻(一九〇七、報知社)、佐々木道雄『キムチの文化史―朝鮮半島のキムチ・日本のキムチ―』(二〇〇九、福村出版)　(東四柳祥子)

きもいり 肝煎 肝を煎るの語意(心づかいすること、世話すること)から、近世には、広く各種組織の世話役や頭《かしら》役《やく》をさす語として用いられた。肝入とも書く。一般には、村役人のうちの名主・庄屋をさすことが多いが、商人や職人の仲間世話役や、町役人をさす場合もある。江戸幕府の職制中にも、儀式典礼を司る高家《こうけ》肝煎や、旗本の寄合を取り締まる寄合肝煎などの職があった。村役人の意としては、戦国時代末から近世前期のころに用いられることが多く、時代が下ると次第に名主や庄屋に改められる傾向にあったが、盛岡・仙台・一関・秋田・庄内・米沢・相馬・会津などの奥羽諸藩や金沢藩などでは、近世

中期以降も名主・庄屋にあたるものとして肝煎の語が長く用いられた。他方、紀伊・伊勢・志摩地方の諸藩や、豊前中津藩・豊後杵築藩などでは、名主・庄屋に次ぐ地位の村役人を肝煎と称する場合もあった。なお、大肝煎は、名主・庄屋とは異なる大庄屋に相当する職。

参考文献 児玉幸多『近世農民生活史(新稿版)』(一九五七、吉川弘文館)、『山形県史』近世編上(一九八五)

(志村 洋)

きもの 着物 「きるもの」という意から、身に着ける衣類全般をさすが、西洋から入ってきた洋服に対して、日本古来の衣類である和服の総称として使われることが多い。その中でも、奈良時代から平安時代末期まで男女の下着として用いられ、鎌倉時代に至って表着となり、近世に入って服装上中心的地位を占めるようになった小袖を意味する。着物には、性別によって区分される男物・女物、年齢による大人物・子ども物、仕立て方による本裁・四つ身・三つ身・二つ身・一つ身などさまざまな種類がある。また機能によっても、仕事着・平常着・外出着・訪問着・式服・礼服などの種類に分けることができる。さらに、季節による気温の変化に応じて、保温・保湿を適切に行うことができる綿入れ・袷《あわせ》・単《ひとえ》などの種類もある。定型性の衣服であるため、基本的な形やデザインの変化は少ないが、着用する人物の性別や身分、また着用する場面や目的などに応じて、それぞれ形態・地質・色目・模様を異にし、その機能に合わせて袖や丈などの形状を工夫してある。着物の形態上の主要な特徴は、襟が斜めになり、左右から合わされていることである。着物は、頸部をとりまく襟、体の大部分である胴と下肢を覆い左右二幅からなる**裑**《みごろ》、襟と**裑**の中間にある衽《おくみ》、**裑**の左右について腕を覆う袖から構成されている。着物の着装は、両袖に腕を通し前後左右の**裑**で体を包み込み、帯や紐などを腰部に回して結び固めて固定する。このとき右方の前**裑**の上に左方の前**裑**を重ねるのが正式である。これを右前と呼び、反対の重ね方をする左前は、死者の衣服に限って行われる慣習になっており、日常的には禁忌とされる。着物は、形態・地質・模様・色目などによって、男女どちらに用いられるものかが明らかに区別されていて混同されることはなく、その着装法にも性別による著しい差異が存在している。→小袖《こそで》 →左前《ひだりまえ》 →和服《わふく》

参考文献 宮本馨太郎『かぶりもの・きもの・はきもの(新装版)』(『民俗民芸双書』、一九九五、岩崎美術社)

(髙塚 明恵)

きもん 鬼門 平安時代に陰陽道を通じて説かれたもので、東北の隅、すなわち艮《うしとら》の方角がこれにあたる。鬼門は、諸鬼の侵入する方角として忌避され、鬼門方向への造作や移徙《わたまし》も忌避すべきものとされた。特に建築分野においてはこの方角に玄関や便所・風呂など水まわりを置くことを避け、さまざまな鬼門除けを施した。また、鬼門である艮の正反対にあたる南西の隅、坤《ひつじさる》の方角を裏鬼門として同様に嫌った。一方で、猿を鬼門除けとして祀る習慣もあり、屋根に鬼瓦や猿を彫った瓦を置いたり、家屋の鬼門にあたる東北の隅を切り取る形にしたり、桃の木などを植えたりして鬼門除けとした。現代でも鬼門を避ける風習は残っているが、転じて良い結果を生まない場所などの事項を指す意味にも使用されている。

参考文献 村山修一『日本陰陽道史総説』(一九八一、塙書房)、ベルナール＝フランク『方忌みと方違え―平安時代の方角禁忌に関する研究―』(斎藤広信訳、一九八九、岩波書店)

(小山 貴子)

きゃはん 脚絆 脛部に装着する服装品の総称。古代、脛の着装物には脛裳と脛巾・行纏の二種類があり、脚絆は後者の系譜を引くものと考えられている。脛巾は律令軍防令・衣服令で兵士・衛士などの着装が義務付けられ、律令軍制の中に位置づけられた軍装の一種であった。脛巾は平安・鎌倉時代、行纏とともに「はばき」と呼ばれたが、南北朝時代になると「脚巾」と記されるようになり(『太平記』)、さらに室町・戦国時代に「脚絆」と記して「きゃはん」と読む用例が登場(『運歩色葉集』)、江戸時代にこの用例が広く普及し、古代以来の「はばき」の呼称が忘れられ、現在に至っている。ただし近年まで脛巾と脚絆の語を併用する地域もあり、それらの地方では脛巾は蒲《がま》・藺草《いぐさ》などの植物茎葉製、脚絆は布帛製のものを意味した。布帛製の脚絆には大津脚絆・江戸脚絆・筒脚絆の三種類があるが、いずれも労働・旅行・防寒用である。

参考文献 宮本馨太郎『かぶりもの・きもの・はきもの』(『民俗民芸双書』二四、一九六六、岩崎美術社)、武田佐知子『古代国家の形成と衣服制―袴と貫頭衣―』(『戊午叢書』、一九八四、吉川弘文館)

(田中 禎昭)

キャベツ キャベツ アブラナ科の野菜。葉が密に重なって生じ、互いに抱き合って球形になるのでタマナ(球菜)とも呼ぶ。一八五九年(安政六)、イギリスから来日した駐日総領事のオールコックにより横浜で数種類のキャベツの栽培が導入された。一八八六年(明治十九)の『(改訂増補)舶来穀菜要覧』には「甘藍《かんらん》は欧米人の最も賞美する葉菜にして率《おおむ》ね常に之を栽培し冬月は之を貯えて冬春の食品に供す」とあり、導入初期には甘藍と呼ばれ、欧米では重用された野菜である。七四年から甘藍の試作が各地で行われ、春まき秋どり栽培が北海道と東北地方で定着し、一九〇九年に全国作付面積は約二千町歩になり、岩手県では南部甘藍を秋キャベツとして出荷した。こうして日本の野菜園芸の欧米化と近代化は甘藍から始まったが、〇三年の『食道楽』続編夏の巻にはキャベツの料理法がわからず、外側の青い葉を料理に使い、中心の白い部分は子どもの玩具にしたなどの逸話もある。生食に適するキャベツは日本人の食生活を大きく変えた。

参考文献 青葉高『野菜の日本史』(『青葉高著作選』二、

二〇〇〇、八坂書房)、江原絢子・石川尚子・東四柳祥子『日本食物史』(二〇〇九、吉川弘文館)

(冨岡　典子)

キャラクターぶんか　キャラクター文化　マスメディアの発達に伴い、広告やフィクションの物語に登場する人物ないしアイコンなどの表象自体が消費の対象となった文化の形態。実在のスターやアイドルなどを含めることもある。日本においては第二次大戦前より、漫画『のらくろ』の主人公などが商標としても好評を博した。戦後には出版物に加えて、テレビやゲームなどの媒体も加わり、さまざまな企業が相互提携してマーチャンダイジングを行う手法が定着していった。「リカちゃん」などの着せ替え人形、怪獣の人形や「ガンプラ」「キン肉マン消しゴム」「ポケモン」など、時代によってメディアをまたぐ形で人気の商品が生まれた。「ハローキティ」などを生み出したサンリオのように、当初は物語性を伴わないキャラクターを開発し、生活雑貨の記号的な差異化に用いた例もある。こうした文化が定着した結果、児童層にとどまらず、青年・成人向けの製品にキャラクターが用いられることも珍しくなくなった。

参考文献　土屋新太郎『キャラクタービジネス―その構造と戦略―』(一九九五、キネマ旬報社)、小田切博『キャラクターとは何か』(『ちくま新書』、二〇一〇、筑摩書房)、マーク＝スタインバーグ『なぜ日本は「メディアミックスする国」なのか』(大塚英志監修・中川譲訳、『角川EPUB選書』、二〇一五、KADOKAWA)

(木村　智哉)

キャラメル　キャラメル　ソフトキャンデーの一種。材料は砂糖、水飴、牛乳や香料など。十九世紀にアメリカで生まれ、日本にはアメリカで洋菓子の製法を学んだ森永太一郎(森永製菓創業者)が、一八九九年(明治三十二)にもたらした。当初、個包装でバラ売りが基本、缶入りで出荷された。森永では一九一四年(大正三)に紙箱入りのミルクキャラメル(二十粒、十銭)を販売し、これが日本におけるキャラメル販売の基本となり、大量生産につながった。多くのメーカーの参入が続き代表的な菓子の一つとなった。

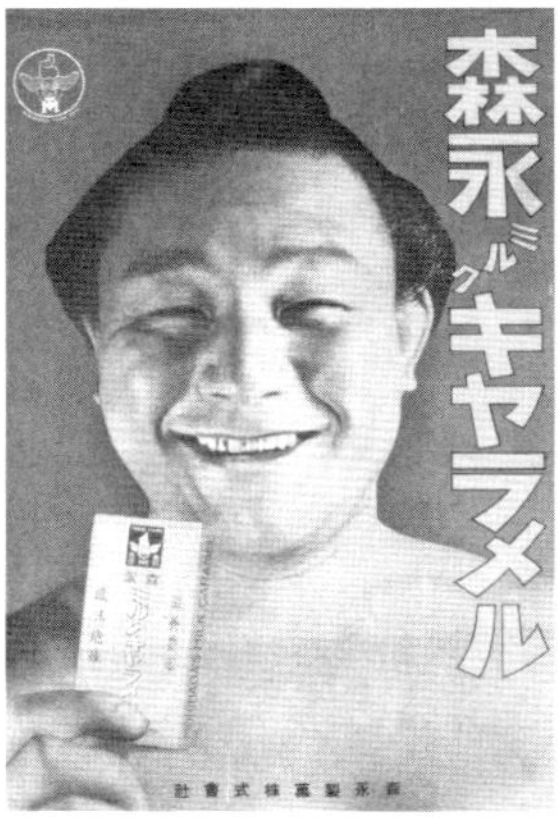

森永ミルクキャラメルのポスター（森永製菓，1938年，モデルは双葉山）

参考文献　『森永製菓一〇〇年史―はばたくエンゼル、一世紀―』(二〇〇〇)

(青木　直己)

きやり　木遣り　伐倒した材木を多くの人々が力を合わせて集材、搬出、運材する方法。搬出には人が担いだり、牛馬に引かせたり、修羅《しゅら》や木馬《きんま》、橇《そり》による方法があり、運材では河川が使えれば管流《くだなが》し、筏流しがなされた。大木を多くの人力によって運ぶ場合、人々の呼吸を合わせる必要から、集団の長が音頭取りなどと称し掛け声をかけ、他の人々が調子を合わせた。また、木遣りとは木遣り歌もさす。音頭取りとそれに調子を合わせる掛け声が次第に意味を持った歌詞に変化することで形成されたと思われる。音頭取りが歌い、関係者が囃しことばを歌って進行する音頭一同形式になっている。寺社の建築材に関わる場合、その霊力への祝い、賞賛の意味から、祝い歌の要素も持っていた。伊勢神宮の式年遷宮に伐り出した材木を運ぶときの「御木びき木遣り」、諏訪神社の「御《おん》柱祭《ばしらまつり》木遣り」はその例である。大石などの建築資材の運搬、土突きなどの建築工事、祭礼の山車《だし》引きの歌としても定着した。当初は労働歌であったが、労働過程の機械化に伴ってその側面は衰退し、江戸木遣りなどのように鳶《とび》職に伝承されて、棟上げや祭礼の練歌《ねりうた》、また祝い歌などとして現在は歌われている。

木遣り（『人倫訓蒙図彙』より）

参考文献　浅野建二『日本の民謡』(『岩波新書』、一九六六、岩波書店)、山村基毅『森の仕事と木遣り唄』(二〇〇一、晶文社)

(加藤　衛拡)

きゅう　灸　艾《もぐさ》を皮膚上の経穴・灸穴に乗せて燃焼させ、温熱刺激を与えて気血の調整を図る治療・養生法。灼艾・やいと・やいとうの呼称もある。古代より広く用いられており、家伝灸・名灸と称する大灸(灸痕を残す打膿灸)が各地に伝わっている。一九一一年(明治四十四)針術灸術営業取締規則が定められ、営業免許鑑札制が導入される。一九四七年(昭和二十二)制定のあん摩・はり・きゅう・柔道整復等営業法では営業免許から資格免許に変更。補完代替医療と位置づけられる灸も近代医学の行き詰まりから見直しが始まっている。　↓艾《もぐさ》

灸（『武道伝来記』より）

参考文献　日本学士院日本科学史刊行会編『明治前日本医学史』三(一九五六、日本学術振興会)、長浜善夫『針灸の医学』(『創元医学新書』、一九五六、創元社)、三浦三郎『江戸時代・川柳にみる　くすりの民俗学』(一九八〇、健友館)、新村拓『日本医療社会史の研究―古代中世の民衆生活と医療―』(『叢書・歴史学研究』、一九八五、法政大学出版局)

(新村　拓)

きゅうこうしょくもつ　救荒食物　飢えを凌ぐための食べ物をいう。近世社会では、人々が飢えたときにまず取りうる行動の一つは山野河海に入って自然の恵みを採取することであった。木の実では栃の実やドングリ、草の根では蕨や葛、野老《ところ》などが重要な救荒食物となった。栃の実のようにアク抜きの面倒なものもあり製法が工夫されてきた。蕨・葛の生育条件をよくするため野焼きし草地を維持することも行われた。こうした有用な草木の知識は民俗知として受け継がれてきたものであったが、近世半ば以降になると、それを集めて文字化、あるいは図示化して頒布するという動きが出てくる。奥州一関藩の医師建部清庵の『民間備荒録』や『備荒草木図』はその代表的なものである。幕府・藩によっては、松皮餅の製造や藁餅の製造を奨励し、その作り方を広めたところもある。在来の植物だけでなく、外国から新たに入ってきた薩摩芋(琉球芋)やじゃがいもは幕府代官などの奨励もあって救荒食物としてかなり普及した。　↓飢饉《ききん》

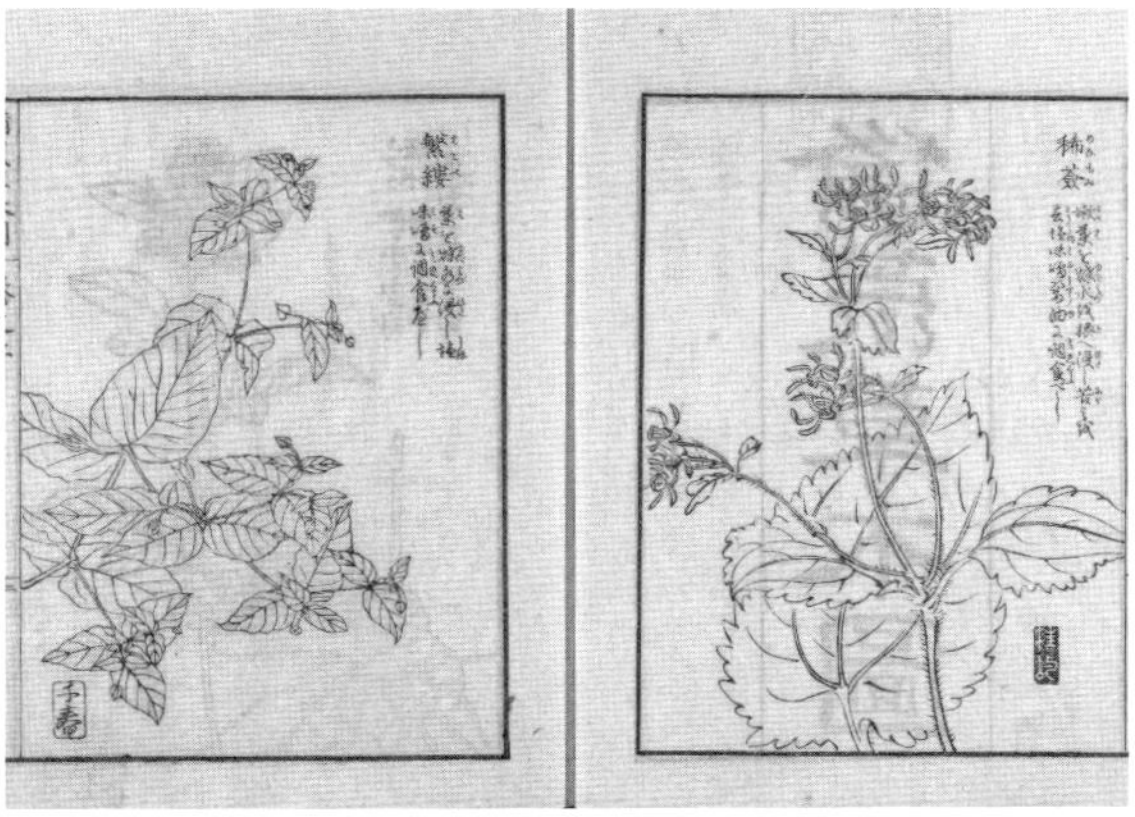

救荒食物　建部清庵『備荒草木図』(1833年)

参考文献　建部清庵『備荒草木図』(佐藤常雄他編『日本農書全集』六八所収、一九九六、農山漁村文化協会)、菊池勇夫「救荒食と山野利用―仙台藩の場合―」(菊池勇夫・斎藤善之編『交流と環境』所収、二〇〇三、清文堂出版)

(菊池　勇夫)

きゅうじつ　休日　仕事の業務、営業や学校の授業が休みとなる日のこと。かつては集落の祭や行事が行われるハレの日や、村落社会で決められた日が「休み日」とされ、村中が揃って労働を休む日であった。休み日には年間に定まった日と臨時のものの二種類があった。休み日は地域の生活の中に組み込まれ、禁を犯した者には制裁が加えられた。明治時代に入ると、明治政府によって休み日が統制されるようになっていく。政府が制定した祝祭日が休みとなり、官省や学校の休業は日曜と土曜の午後と定められ、こうした休日は明治末年に起こった地方改良運動によって国民に浸透していった。アジア・太平洋戦争中になると「月月火水木金金」をスローガンに、休日なしで勤労奉仕を行うことが当然とされたが、戦後、一九七〇年代に入ると長時間労働への批判が高まり、週休二日制を導入する企業が増えた。一九九〇年(平成二)になると休日を使い余暇を楽しむことが国民生活に定着した。　↓遊《あそ》び日《び》　↓祝祭日《しゅくさいじつ》

参考文献　平山敏治郎『歳時習俗考』(一九八四、法政大学出版局)、古川貞雄『村の遊び日―休日と若者組の社会史―』(『平凡社選書』、一九八六、平凡社)、阿部昭「遊び日の編成と共同体機能」(津田秀夫編『近世国家と明治維新』所収、一九八九、三省堂)、田中宣一『年中行事の研究』(一九九二、桜楓社)

(後藤　知美)

きゅうしょうがつ　旧正月　旧暦の正月。現在採用されている太陽暦は、厳寒の最中に正月を迎え、「新春」といっても実感がわかない。これに対し、新暦移行以前の太陰暦は、月の満ち欠けを基準に設定された暦である。それによれば、現在の立春が年が改まる日と考えられていた。二月の節分が年取りと呼ばれる所以である。一ヵ月は二十九日か三十日であり、一月から三月までが春で、現在の暦よりも約一ヵ月ほど遅れることになる。「新春」という言葉には、こちらの方がなじむ。

(柳　正博)

きゆうしょうらん　嬉遊笑覧　近世後期の百科辞書的な考証随筆集。著者の号は喜多村筠庭《きたむらかにわ》、名は信節《のぶよ》、または節信《せつしん》(「ときのぶ」とも)ともいう。一七八三年(天明三)十月十六日に生まれ、一八五六年(安政三)六月二十三日に七十四歳で没した。江戸の町政に関与した町年寄三家の一つ、喜多村家の出身である。本書は一八三〇年(文政十三年)の自序があり、全十二巻と付録一巻からなっている。居処・容儀・服飾・器用・書画・詩歌・武事・雑伎・宴会・歌舞・音曲・翫弄・行遊・祭会・慶賀・方術・娼妓・言語・飲食・火燭・商賈・乞士・禽虫・草木・付録の分類項目がある。なかでも風俗と技能に重点が置かれている。題名は、世人にお笑い種を提供するという謙退の意になっているが、考証記述は、『日本書紀』『古事記』などの古文献から近世の諸文献までの驚くべき広範囲に及んでいる。『岩波文庫』一―五巻(二〇〇二年(平成十四)―〇九年、岩波書店)として刊行されている。

(末永　國紀)

ぎゅうにく　牛肉　食用にされる牛の肉。六七五年(天武天皇四)、肉食禁止令が発布され、牛、馬などの食用が禁止されたが、『日本書紀』(七二〇年(養老四)成立)に天皇に牛肉と酒が振る舞われたとあり、その後も『古語拾遺』(八〇七年(大同二))に地主が田人に牛肉を振る舞う記述があり、古くから食べられていたようだ。十六世紀に日本に滞在したルイス＝フロイスの報告にも「日本人は牛肉を食べないが好む。太閤も甚だ嗜好す」と述べており、公的以外の場で食べられてきた。江戸時代には、オランダ船がもたらした牛肉を日本人などに販売することが禁止される(一六四一年(寛永十八))一方で、一六九〇年(元禄三)には、彦根藩が牛の皮を武具に利用した後、牛肉をみそ漬けにして、のちに将軍家の贈答品としたことはよく知られている。しかし、これらは、いわゆる薬食いとしての位置づけである。『本朝食鑑』(一六九七年)には、牛肉を長く茹でてみそ汁に入れ、就寝前に飲ませる方法が記されている。一八五一年(嘉永四)には、大坂阿波座の徳松が牛肉屋を開店し、一八六二年(文久二)には、横浜で伊勢熊が牛鍋店を開店した。また、一八五四年(安政元)には、ペリーが日本側の接待の返礼としてポーハタン号の船上で日本人に、牛肉、ハム、野菜、ワインなどを使って饗応している。明治時代になると、能登出身の高橋音吉が横浜で浅鍋を使い、みそダレや醬油で調味して食べる牛鍋屋を開店するなど、牛鍋は、東京を中心に流行した。牛鍋店に集う人々のことを描いた仮名垣魯文『(牛店雑談《うしやぞうだん》)安愚楽鍋《あぐらなべ》』(一八七一年(明治四))には、当時の牛鍋の内容やそれを食べる人々の様子がよく描かれている。関東大震災後(一九二三年(大正十二))東京に新たな外食店が登場し、そのなかに牛飯屋、牛丼屋がある。すきやき、焼き肉、牛丼など牛肉料理が日常的に食べられるようになるのは、一九六〇年(昭和三十五)以降である。牛肉食には地域差がみられ、一般的に東日本は豚肉、西日本は牛肉の購入量が多く、肉じゃがの肉も東日本では豚肉、西日本では牛肉が使われる傾向がみられる。

↓牛《うし》　↓すきやき

参考文献　仮名垣魯文『安愚楽鍋』(小林智賀平校注、『岩波文庫』、一九六七、岩波書店)、伊藤記念財団『日本食肉文化史』(一九九一)、江原絢子・東四柳祥子編『日本の食文化史年表』(二〇一一、吉川弘文館)、福田アジオ「生活文化にみる地域性」(小泉和子編『生活文化史』所収、二〇一四、山川出版社)

(江原　絢子)

ぎゅうにゅう　牛乳　⇩乳《にゅう》・乳製品《にゅうせいひん》

ぎゅうばこう　牛馬耕　牛馬によって田畑を耕作すること。特に水田で、犂《すき》や馬耙《まぐわ》を用いて耕起・砕土(代掻き)や刈敷《かりしき》のすき込みなどに牛馬が使役された。牛馬耕は鎌

牛鍋屋（『(牛店雑談) 安愚楽鍋』より）

牛馬耕（『老農夜話』より）

倉時代には確認される。近世農業は人力と鍬に頼る耕作の比重が高まっていたが、上層百姓を中心に牛馬耕も行われた。湿田には不適な牛馬耕も、用排水設備が整った乾田、しかも広くて傾斜の少ない圃場では行いやすく、耕耘作業の効率性が増した。近世の牛馬耕は、乾田化率の高かった近畿・瀬戸内・四国・九州および北陸で一定程度普及していた。日本列島の中でも、東日本の耕馬地域、近畿・中国の耕牛地域、九州・四国の耕牛・耕馬混合地域という地域性があった。牛馬の購入・飼育には多くの経費がかかるため、地域によっては牛馬の貸借や共同飼育の慣行が発達した。近世以来、牛馬耕の盛んであった福岡県では、明治十年代に乾田化と耕地区画の拡大に拍車がかかり、牛馬と無床犂による深耕が実現していた。この「乾田馬耕」は、農業技術改良を目指す明治農法の一環として全国に普及していく。 ↓牛《うし》 ↓馬《うま》

参考文献 嵐嘉一『犁耕の発達史―近代農法の端緒―』（一九七七、農山漁村文化協会）、岡光夫「耕地改良と乾田牛馬耕―明治農法の前提―」（永原慶二他編『（講座）日本技術の社会史』一所収、一九八三、日本評論社）、中西僚太郎「明治前期における耕牛・耕馬の分布と牛馬耕普及の地域性について」（『歴史地理学』三六ノ三、一九九四）

（平野　哲也）

きゅうひ　厩肥　厩《うまや》（馬屋）から出る肥料の意であり、「うまやごえ」とも読むが、広く家畜小屋から出た糞尿と敷藁、草、落ち葉などを混ぜ合わせて発酵させ、肥料としたものをいう。刈敷、堆肥などとともに自給肥料の代表的なものであり、中世末に使用が一般化した。しかし近世に入ると、耕地開発による秣場《まぐさば》の減少や農業における畜力の比重の低下に伴って家畜の飼育が減少し、一方で金肥の使用が拡大していき、その役割は縮小していった。

参考文献 古島敏雄『日本農業技術史』（『古島敏雄著作集』六、一九七五、東京大学出版会）

（井奥　成彦）

きゅうり　久離　近世に甥・姪や弟・妹など目下の親族が失踪した場合に、後難による縁坐を回避するために伯父・伯母や兄・姉など目上の親族が親族関係を絶縁した行為。旧離とも。武士・庶民ともに用いられた。勘当や義絶との混用もあり、勘当と区別する際に武士の場合は出奔久離、庶民は欠落久離と呼び分けられたが、一七七五年（安永四）ごろから出奔・欠落した目下の者に対する行為となる。久離の実施と解除は目上の親族らが領主側に願い出ることにより成立した。 ↓勘当《かんどう》 ↓義絶《ぎぜつ》

参考文献 徳田彦安「日本に於ける勘当義絶久離の研究」（『社会学雑誌』三一・三五―三八、一九二六・二七）、高柳真三「徳川時代欠落考」一・二（『法学協会雑誌』四八ノ五・六、一九三〇）、石井良助『家と戸籍の歴史』（『法制史論集』六、一九八一、創文社）

（神崎　直美）

きゅうり　胡瓜　ウリ科の野菜。きゅうりの種子は平城宮跡から出土。胡瓜は漢名で、九一八年（延喜十八）の『本草和名』に「加良宇利《からうり》」とあり、日本へは十世紀以前に中国の華南方面から伝来した。一六九七年（元禄十）の『農業全書』には「黄瓜《きうり》は下品《げぼん》な瓜でいなかで多く作る物なり。都にはまれなり」とあるが、江戸末期には栽培が盛んになった。日清戦争後は華北系の品種が導入され、明治時代には地方品種も成立するが、第二次大戦後は新しい品種に統一され、近年は生食用の需要が増えている。

参考文献 青葉高『野菜―在来品種の系譜―』（『ものと人間の文化史』、一九八一、法政大学出版局）

（冨岡　典子）

きゅうりょう　給料　雇用されて働く者がその労働への報酬として支払われる金銭。賃金、給与ともいう。戦前期の日本企業では、職員と職工（工員）の身分制度のもとで、職員には月給で、職工には日給で支給されるのが一般的であった。職員の給料は、出身学校の種類により初任給額が決められ、勤続・年齢に応じて昇給することが多かった。職工では、明治期に紡績女工の給料が初期の日給制から出来高制へと変化し、製糸女工の給料が各人の作業成績の相対評価により位置づけられた等級により支給され、重工業でも、技能評価を反映した等級制度に位置づけられた上で、能率を反映して支給額が決定されるのが一般的であるなど、能率刺激的な性格が強かった。重工業大企業の職工の給料が年功賃金の性格を持ち始めるのは一九二〇年代で、勤続の長期化とともに、定期昇給制度が採用され始め、勤続を重視した賃金制度が広がった。それとともに、大企業と中小企業の賃金格差が現れ、重工業大企業の職工の給料が都市下層の水準から明確に離脱するようになった。第二次世界大戦期には、国家への奉仕に報いるための生活保障という観念に基づく生活給思想が政府内に現れ、それは、家族手当制度の普及などにより現実に推進された。その中で、職員と工員の給料額の差も縮小した。戦後直後には、労働組合運動の急速な発展を背景に職員・工員の身分差別が廃止され、両者の給料とも、年齢や家族数により決められる生活保障給部分が大部分を占める生活給の性格を強めた。五〇年代になると、人事考課に基づく定期昇給制度が採用されるようになり、生活給としての性格が弱められた。同時に、職務給制度の導入も試みられたが、日本の職場の実態に適合せず、七〇年代には、各人の職務遂行能力の評価を反映した職能給制度が一般化した。九〇年代以降の長期不況の中で、成果主義による給料額の決定が広まった。 ↓年功序列《ねんこうじょれつ》

参考文献 金子良事『日本の賃金を歴史から考える』（二〇一三、旬報社）

（市原　博）

きょうか　狂歌　和歌を根源としつつも、俗語や縁語・懸詞などの複雑な技巧を用いて、反古典的な機知や滑稽を詠み込んだ文芸のことである。一方、漢詩の形式を用いたものを狂詩という。広義には両者を指して狂歌という場合もある。大衆化した江戸時代には、和歌や漢詩といった高尚な文芸を卑俗化し、世間を茶化したり、社会体制に対する不満を表現する手段ともなった。平安時代

より存在したが、宮廷官人、武将、茶人など上層階級の嗜みに限られていた。江戸時代になると、まず上方で松永貞徳やその門下(大坂の町人油煙斎永田貞柳など)により、大衆的・通俗的な文芸として盛況をみせる(浪花狂歌)。明和期になると江戸でも、特に内山賀邸門下を中心に、唐衣橘洲《からころもきっしゅう》や四方赤良《よものあから》(大田南畝)、平秩東作《へずつとうさく》や元木網《もとのもくあみ》らにより確立された(江戸狂歌)。大衆化したといえども、その担い手は主に国学や漢学の素養を持ち、漢詩文・和歌を嗜む人や、洒落本・川柳・浄瑠璃の作者など文化人であった。天明期に頂点に達した江戸の狂歌(天明狂歌)は、狂歌書の出版刊行数でも上方を逆転するとともに、撰集・歳旦帳・作法書・名鑑など内容も多彩になり、著名な絵師が参加した狂歌絵本なども登場してより一層の隆盛をみせた。また、十九世紀以降、地域へ伝播し、担い手が全国的拡がりをみせた。長らく文学的側面からは、寛政期を境に、自由清新の気にみちた軽妙洒脱な天明調の真髄が失われるとともに、作者層の底辺拡大に伴って質の低下を招き、低俗に堕して衰退したまま明治期を迎えたと評価されている。しかし、地域にあっては商人や村役人層、代官手代など支配者層のコミュニケーション手段として積極的に利用され、広域な文化圏を形成するなど、地域文化を構成する重要な文芸でもあった。

参考文献 『日本古典文学全集』四六(一九七一、小学館)、浜田義一郎『川柳・狂歌』(『教育社歴史新書』、一九七七、教育社)、高橋章則『江戸の転勤族―代官所手代の世界―』(『平凡社選書』、二〇〇七、平凡社)

(工藤 航平)

きょうかい 境界 国や土地のさかい。原始から現代に至るまで、異なる国との国境、行政区分としての国境・郡境、荘園や田畑・屋敷・寺社などの境界などさまざまなレベルの境界がある。古代に設定された国境や郡境は川や峠といった自然地形によって画されることが多かった。中世に荘園が成立すると領域を確定する必要があり、四至《しいし》と呼ばれる東西南北の境界が何らかの目印により定められ、牓示《ぼうじ》と呼ばれる石などの人工的な目印が設置されることもあった。都市にも境界が存在し、京や鎌倉の四境では穢れを払う祭祀が行われていた。京の周囲には口と呼ばれる境界があり、関所が置かれ、内部への侵入をチェックする役割も果たしていた。鎌倉の場合は周囲の山にある坂が境界であった。戦国大名の領国の境界も口と呼ばれ、境目の城が築かれるなど防衛拠点となった。中世には村境や峠に地蔵や勧請縄《かんじょうなわ》、近世には庚申塔などの石塔が据えられ、境を明確化すると同時に、外部から穢れや病気が侵入しないようにした。中世の日本の国境は文献によって相違はあるが、東は陸奥の外ヶ浜や蝦夷島、西は鬼界島(硫黄島)、北は佐渡、南は熊野と認識されていた。境の認定をめぐり古代以来、境相論と呼ばれる紛争が多く発生し、これを裁くのが公権力の役割であった。豊臣秀吉は戦国大名間の境目相論の裁定を一つの梃子にして、全国統一を成し遂げ、江戸幕府はそれを受け継いで、国境・藩境・村境の相論を裁定すると同時に、大名に国絵図を作成させて、国境を確定した。↓村境《むらざかい》

参考文献 黒田日出男『境界の中世 象徴の中世』(一九八六、東京大学出版会)、朝尾直弘他編『境界領域と交通』(『日本の社会史』二、一九八七、岩波書店)

(盛本 昌広)

きょうかく 侠客 やくざの別称。理想は弱きを助け強きを挫く侠気ある人物である。その原形としては近世初頭のかぶき者や町奴が考えられる。そののち江戸町奉行を勤めた根岸鎮衛《ねぎしやすもり》は、「安永天明の頃から通人ということを尊ぶようになった、通人ははなはだしくは放蕩無頼の人をいう」という意味のことを『耳嚢《みみぶくろ》』に記している。式亭三馬の『浮世床』からは通人もしくは通り者は粋で弱者救済が特徴とされていたことが読み取れる。近世後期の江戸では侠客のことを通り者などと称したのである。この弱者救済という観点は天保の飢饉に際して貧民に施しを与えて自分の縄張りから一人の飢死者も出さなかったという国定忠治にもあてはまる。なお九州では通り者にあたる存在は粋方と呼ばれ芸能興行を行なっていた。芸能興行は侠客にとって一般的なものである。近世後期の侠客は博徒(渡世人)と口入れなど職業を持っていた稼業人が存在した。明治以降侠客は炭鉱や港湾で労働者を統率し、日本の近代を裏面で支えるようになる。↓男《おとこ》達《だて》 ↓仁侠《にんきょう》 ↓博徒《ばくと》 ↓ヤクザ

参考文献 神田由築「西国の侠客と地域社会―豊後国杵築の「粋方」を中心として―」(久留島浩・吉田伸之編『近世の社会的権力―権威とヘゲモニー―』所収、一九九六、山川出版社)、吉岡孝『江戸のバガボンドたち―「通り者」―順わぬ者たちの社会史―』(二〇〇三、ぶんか社)、宮崎学『ヤクザと日本―近代の無頼―』(『ちくま新書』、二〇〇八、筑摩書房)

(吉岡 孝)

きょうかしょ 教科書 教育において、教授する内容・知識を系統的にまとめた書物、また子どもの学習活動に資するための「教材」。近世中期以降、寺子屋などで使用

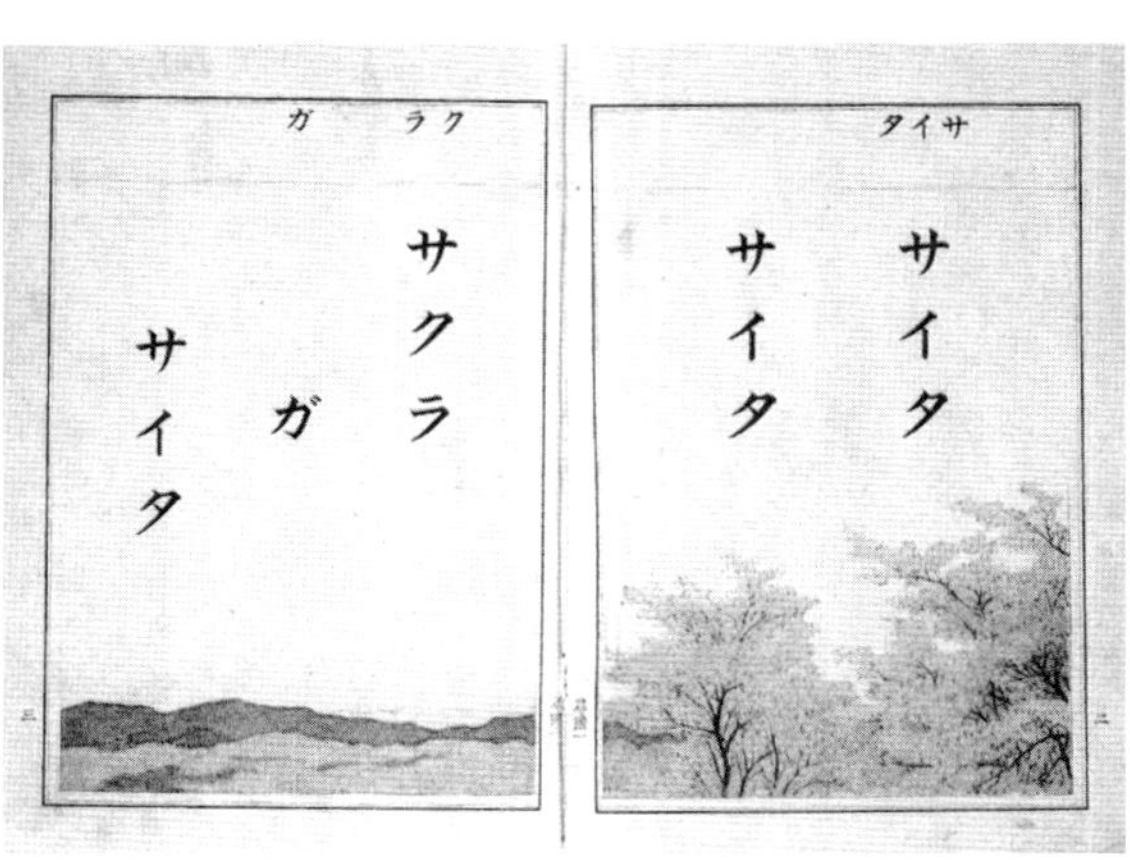

国定教科書『小学国語読本』巻1（1933年）

された往来物は庶民生活に必要な手習い、読み書きの手本となるもので、社会習慣・道徳などもそこに記されていた。明治初期には西欧の書物を翻訳したものが使われていたが、次第に国家的な統制が強まり、認可制度(一八八三年(明治十六))・検定制度(八六年)を経て一九〇三年には国定制度となった(中等学校は検定)。国定教科書により戦前日本の子どもたちはすべて同一の教育内容を教授されることとなった。戦後、国定教科書制度は廃止され、検定制度となった(当初は用紙不足のための一時的措置とされていた)。一九六二年(昭和三十七)からようやく義務教育では無償となった。「教科書を教えるのか」「教科書で教えるのか」(教科書には何が書かれるべきか)、子どもにとって「教科書とは何なのか」、現在でも鋭く問われている。

参考文献 山住正己『教科書』(『岩波新書』、一九七〇、岩波書店)、中村紀久二『教科書の社会史—明治維新から敗戦まで—』(『岩波新書』、一九九二、岩波書店)

(大串 潤児)

ぎょうざ 餃子 薄く伸ばした小麦粉の皮に、ひき肉や野菜の餡をつつみ、調理したもの。調理法により、焼餃子、茹餃子、蒸餃子、水餃子、揚餃子などの変化に富む。日本への伝来は江戸時代とされ、『朱舜水談綺』(一七〇八年(宝永五))、『卓子調烹方』(一七七八年(安永七))、『清俗紀聞』(一七九九年(寛政十一))、『新編異国料理』(一八六一年(文久元))などの文献に、「餃子」という言葉がみえている。しかし、当時はまだ珍しい異国料理の一つに過ぎず、「ぎょうざ」とは称さず、「カウツイン」などの中国語読みで認知されていたようである。餃子が家庭向け料理書の中に登場するのは、明治期以降である。『素人に出来る支那料理』(一九二六年(大正十五))には、「チャオツ」とルビが振られ、「メリケン粉の皮に包んだもの」として、「水餃子《シュイチャオツ》(茹で餃子)」「蒸餃子(蒸し餃子)」「鍋烙《クオーラオ》餃子(焼餃子)」の三種が紹介されている。現在では、家庭料理の人気メニューとして定着。なお栃木県宇都宮市は、餃子で町おこしに成功している。

参考文献 五十嵐幸子『秘訣は官民一体 ひと皿二〇〇円の町おこし—宇都宮餃子はなぜ日本一になったか—』(『小学館一〇一新書』、二〇〇八、小学館)、草野美保「国民食になった餃子—受容と発展をめぐって—」(熊倉功夫編『日本の食の近未来』所収、二〇一三、思文閣出版)

(東四柳祥子)

きょうさく 凶作 農作物が被害を受けて収穫が悪い状態をいう。その程度により、不作、凶作、大凶作などと呼ぶ。被害をもたらす原因としては、寒冷、日照り、大風雨(台風)、大霜などの気候不順や、病虫害、噴火による降灰、高波・津波による浸水などがあげられる。近世では、寒冷な時期(小氷期)と温暖な時期とが繰り返し、寛永、元禄、天明、天保の各飢饉は寒冷な時期にあたっている。特に東北地方の北部・太平洋側ではヤマセと呼ぶ「東風冷雨」が梅雨期から夏にかけて続き、日照不足による不稔障害を引き起こし、凶作となるリスクが大きかった。そのため水田に普通の稲を栽培できず、赤米や田稗を作付けするところもあった。凶作は自然的要因ばかりでなく、商業的な農業がめざされるようになると、冷害に弱いが利益を考えて多収量の晩稲を作ったことが被害を大きくした。そこで晩稲を禁止する法令も出されている。西日本を襲った享保の飢饉の場合には、ウンカの異常増殖が凶作の原因となった。↓飢饉《ききん》

参考文献 菊池勇夫『近世の飢饉』(『日本歴史叢書』、一九九七、吉川弘文館)、同『東北から考える近世史—環境・災害・食料、そして東北史像—』(二〇一二、清文堂出版)

(菊池 勇夫)

きょうしゅつ 供出 戦時における食糧統制政策の一環として実施された農家から自家用保有米以外の米を政府が強制的に買い入れる制度のこと。一九四〇年(昭和十五)十月の米穀管理規則にもとづき政府買い入れ価格に生産奨励金を加えた生産者米価と最高販売価格(消費者米価)の二重価格制度による供出制度が開始された。四二年には食糧管理法が制定され、四三年から部落責任供出制度となり、地域末端の社会関係に依拠した供出制度となった。敗戦後、政府への不信感が農民層にひろがり供出はうまく機能しなくなる。報奨金が出されるとともに、食糧緊急措置令などの強権発動、GHQの介入(ジープ供出)も行われた。四六年産米からは供出割当が軽減され、都市の食糧危機が深刻化する一方で農家保有米が大幅に増加、ヤミ米として流出したという。食料事情は四八年ごろから好転し、五二年以後は米だけに供出制度が残された。さらに五五年産米からは供出割当も廃止され、供出制度は終わる。ただし、米麦については食糧管理制度が一九九五(平成七)年まで維持された。↓食糧管理制度《しょくりょうかんりせいど》

参考文献 『食糧管理史』総論・各論・別巻(一九六九-七二、食糧庁)、小田義幸『戦後食糧行政の起源—戦中・戦後の食糧危機をめぐる政治と行政—』(二〇一二、慶應義塾大学出版会)

(大串 潤児)

ぎょうしょう 行商 商品を持って道や家々を訪ね歩き、小売りすること、またその販売人。生産者が行う場合もある。店売りや市売り、辻商いと並ぶ販売方法である。サービスの提供を行うものや、店舗販売と組み合わせた業態もある。富山の薬売りのように全国規模のものから、近距離の振り売りまで活動範囲もさまざまである。店舗が未発達だった中世以前は商売の一般的な形態で、店や市の未発達な地域で栄えるとされ、衣料や薬など生活必需品の行商は全国津々浦々で見られた。一方、近世後期から明治にかけては店舗が発達した都市部でも行商が盛んで、豆腐やアサリなどの生鮮食品、箒や小間物などの日用品のほか、酒や煙草などの嗜好品や、七草や七夕の竹などの年中行事用品といった生活に彩りを与えるさまざまな商品が販売された。こうした都市の行商には、貧

行商人（『法然上人絵伝』より）

民や近郊農民、老人や子供も加わっていた。近代以降は自転車や自動車、鉄道を用いた広域の行商が容易となり、近郊の農・漁村から都市へ向かう行商人を乗せる専用列車も誕生した。↓いただき　↓大原女《おはらめ》　↓桂女《かつらめ》　↓売《ばい》薬《やく》　↓振売《ふりう》り　↓呼売《よびう》り

参考文献　北見俊夫『市と行商の民俗』（『民俗民芸双書』五六、一九七〇、岩崎美術社）、喜田川守貞『近世風俗志守貞謾稿』一（宇佐美英機校訂、『岩波文庫』、一九九六、岩波書店）、山本志乃「市と行商」（川森博司・山本志乃・島村恭則『物と人の交流』所収、二〇〇八、吉川弘文館）

（内田　幸彦）

きょうしょうじゅうたく　狭小住宅　狭い住宅を指す。主に地価の高い都市部に作られる。持家住宅の面積に対する規制は、戦中時の建築統制において行われ、十二坪以下とされた。戦後においても、住宅供給を促進するため、引き続き住宅制限が設けられ、十五坪以下とされた。共同住宅においては、公営住宅の標準プランとして登場した51C型が十二坪、住宅公団の標準プランは十三坪と、最小限の住宅プランが大量供給され、五〇平方メートル以下の面積が中流階層以下の標準として広く受け入れられた。また、民間による木賃アパートはさらに狭小な住宅を都市部に大量に供給することとなった。一方、建築家にとっては、狭小住宅は一つのテーマとなり、多くの住宅が提案された。一九七〇年代中ごろには、日本人の住まいに対して、「うさぎ小屋」との評価がヨーロッパより発せられ、国内においてもその狭小さを意識するようになった。一住宅の床面積は、七〇年代から二〇〇〇年代にかけて約一・二倍になり、ヨーロッパ諸国と同程度まで増加してきている。

参考文献　大橋竜太「最小限住宅の遺産」（新建築社編『現代建築の軌跡―一九二五―一九九五「新建築」に見る建築と日本の近代―』所収、一九九五、新建築社）

（前川　歩）

きょうしょく　共食　人々が特定の場に集まって共同で飲食すること。一般的には宴会と呼び、酒が出されるので酒宴ともいう。これには上下の関係が投影されている場合と参加者同士が対等である場合があった。神社で行う直会《なおらい》という行事は神に捧げた飲食物を下ろして、参加者が神と共食を行うものである。祭の際に行われる共食にも同様の意味がある。公家や武家などが家臣や従者と行う共食も上級者が用意した物や飲食した物を下級者に提供するものであり、上下関係を確認する意味を持つ。その逆に国司を接待する三日厨《みっかくりや》や将軍の御成など下級者が上級者を招いて接待の宴会を行う場合もあった。これらは参加者が同じ物を飲食することで、互いに絆を結び合って、結束を強める目的があり、一揆のような対等な関係における共食の場合も目的自体は同じである。共食の際には平安後期や鎌倉時代には白拍子や遊女、室町時代以降には能・幸若舞《こうわかまい》などの芸能者による歌舞も行われた。これに対して、対等関係による共食の典型としては、連歌や茶会に付随した宴会があり、連歌や茶会の持つ対等性が反映された。また、田植の際の飲食や庚申待などの民俗行事における共食も対等性を持っている。その行事のルーツは中世に領主直営地である佃の田植の際に領主から百姓に飲食物を下す慣行にあったと考えられる。↓宴会《えんかい》　↓直会《なおらい》

参考文献　柳田国男「食物と心臓」（『（定本）柳田国男集（新装版）』一四所収、一九六八、筑摩書房）、網野善彦『日本中世の民衆像―平民と職人―』（『岩波新書』、一九八〇、岩波書店）

（盛本　昌広）

ぎょうずい　行水　水を身体に浴びて身体を清めること。各家庭に風呂が普及していなかった一九六〇年代まで、湯または水を桶や盥《たらい》に入れ、身体を洗う入浴法の一つであった。また湿度の高い梅雨の時期や夏場には、暑さをしのぎ、涼をとるためにも行われた。本来は、神事や仏事を行う前に清らかな水で身体を洗い清める行為であったことから、手を洗い、口をすすぐ行為も行水といった。のちにそれが転じて宗教行為を伴わない洗身の意味へ拡大した。行水は銭湯へ行く以外の庶民的な沐浴であり、盥風呂ともいわれた。盥に入り下半身を浸け手桶で肩から水を流したり、桶や盥の湯水に浸した手拭を絞り体の汚れや汗を拭った。女や子供も屋外で行水をした。屋内に限らず垣根などで囲われた庭先で、女や子供も屋外で行水をした。十七世紀の浮世草子作者井原西鶴の『好色一代男』や、一八七六年（明治九）に来日したフランス人画家レガメ F. Régamey の『日本素描紀行』における挿絵、明治期に来日したアメリカ人生物学者モース E. S. Morse や英国商人クロウ A. H. Crow などの外国人の記録などから様子をうかがうことができる。用いる盥は、洗濯用の盥ではなく、行水盥と呼ばれる専用の大型の盥である。

（加藤　光男）

きょうそく　脇息　肘を置いて身体をもたれさせる具。書物を載せて読むこともあった。奈良時代の『東大寺献物帳』に「紫《し》檀木《たんもく》画《が》挟軾《きょうしょく》」とある挟軾（脇息）が正倉院に現存する。平安末期ごろの『類聚雑要抄《るいじゅうざつようしょう》』に描かれた紫檀の脇息は板の長さが三尺五寸五分（約一〇七センチ）で、貴族社会では長い脇息が用いられた。鎌倉時代に板が湾曲した短い長さの脇息が寺や武家で用いられ、板の上に綿

脇息（『慕帰絵』より）

と布をはった柔《やわら》脇息も作られて近世に一般化した。

参考文献　岡田譲編『調度』(『日本の美術』三、一九六六、至文堂)、小泉和子『家具』(『日本史小百科』一七、一九八〇、近藤出版社)　(菅原　正子)

きょうだい　鏡台　鏡を立てる台。鏡台は鏡とともに、平安時代には貴族の化粧道具として定着していた。このころの鏡台の形は『類聚雑要抄』四に図解で説明があり、根古志形《ねこじがた》という燭台のような形状だった。室町時代に引出付の鏡台が登場し、時代を経るにつれ、引出部分の台座が大きくなり、装飾が凝らされるようになった。鏡と鏡台は武家の婚礼道具として持参されるようになり、鏡台は、引出付の上に、鏡を架ける鳥居型の柱を据える形状になった。江戸時代中ごろからは、鏡の普及に従って庶民向けの鏡台も作られるようになった。鏡架は折り畳んで収納することができ、鏡と鏡台をしまう箱を鏡箱といった。明治時代に入ると、鏡と鏡台が一体化した大型の一面鏡が登場した。板ガラスは輸入に頼っていたので高価だったが、明治末期に国内での生産が可能になった。大正期には、丸型や角型などさまざまな形状や、三面鏡が作られた。昭和中期以降、生活様式の変化に伴い、椅子とセットになった机型の鏡台が普及していった。↓鏡《かがみ》

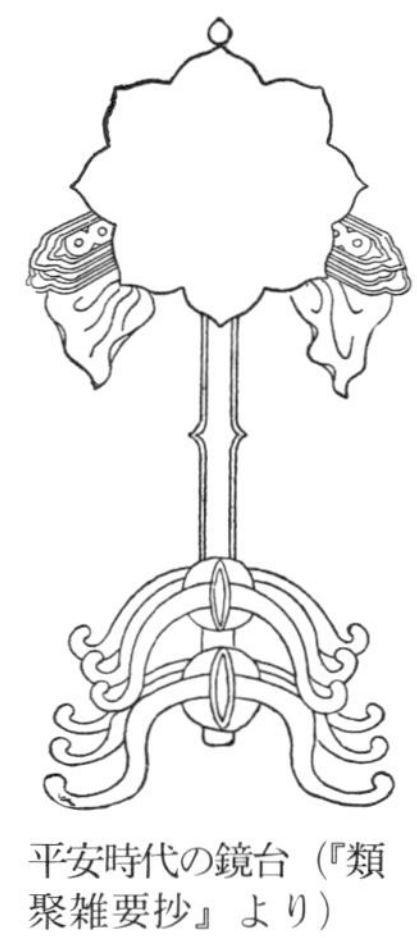

平安時代の鏡台（『類聚雑要抄』より）

参考文献　久下司『化粧』(『ものと人間の文化史』、一九七〇、法政大学出版局)、ポーラ文化研究所『日本の化粧―道具と心模様―』(『ポーラ文化研究所コレクション』二、一九八九)　(戸邉　優美)

きょうだいぶん　兄弟分　擬制的親族関係の一つ。最も周知されているものはやくざの事例であろう。たとえば甲州のやくざ竹居の安五郎(吃安)が、一八五三年(嘉永六)に遠島先の新島から島抜けした時、伊豆に上陸した安五郎を甲州に届けたのは、彼の兄弟分である間宮(大場)の久八であった。このようにやくざ社会では兄弟分は重要な存在であった。しかし兄弟分をやくざのみの関係と捉えるのは間違いである。かつての日本には親分子分関係とは一線を画した親友系の兄弟分も全国的に存在した。東北地方のケヤク、西日本のホウバイ、南西諸島のドゥシが著名である。これら兄弟分は本分家といったタテ関係とは異なり、村組や講中、若者組・娘組と関係しながら、重層的なヨコ関係形成の一助になっていた。性的関係を伴わない年長女性と年少男性との義兄弟も存在し、現代社会が「恋人」と「友人」しか有していないのと対照的に、豊饒な人間関係を構築していたことをうかがわせる。

参考文献　竹田旦『兄弟分の民俗』(一九八九、人文書院)、高橋敏『博徒の幕末維新』(『ちくま新書』、二〇〇四、筑摩書房)　(吉岡　孝)

きょうづか　経塚　写経した教典を地中に埋めた遺跡。その上に土を盛り、標識とすることが多かったので経塚と呼ばれる。経塚は時代により主体者の身分や埋納方法などが変化し、以下の三つの変遷をたどっている。埋経の経塚は平安時代から鎌倉時代初期に盛行し、写経した経典を、金属製などの経筒に入れ埋納した。鏡や合子、刀身などを副納する場合が多い。古い事例としては、一〇〇七年(寛弘四)に大和国金峯山(奈良県)で藤原道長が行なった埋経が有名である。埋経の主体者は天台宗僧侶・貴族・武士階級の人々であった。納経の経塚は十六世紀に盛行し、廻国聖《かいこくひじり》が行なった諸国の社寺への奉納が中心である。経筒は高さ一〇センチ前後と小型化し、副納品が少ないことも特徴である。土中に埋納したほかに、島根県大田市大田南八幡宮の鉄塔のように、経筒を奉納する専用のポストに入れたり、社寺に直接奉納したりするなど、土中に埋納しない方法で奉納する場合もあった。礫石経は江戸時代に最盛期があり、小石に一字または数文字の経文を直接書き写したものである。礫石経の主体者は僧侶から一般までの幅広い階層の人々であった。経塚造営の目的は、その初期には末法思想と弥勒信仰に由来したものも見られた。しかし、多くは自身の極楽往生や死者の冥福を祈る追善《ついぜん》のための仏教的な善行(作善《さぜん》)を目的としたものであった。

参考文献　関秀夫編『経塚とその遺物』(『日本の美術』二九二、一九九〇、至文堂)　(水口由紀子)

きょうどうじゅうたく　共同住宅　一棟に二戸以上の住戸があり、建物構造と廊下や階段もしくは炊事場、便所といった生活施設を共用している住宅。一つの建物の中に複数の住宅をもつ建物形式は、ローマのインスラなど古代よりみられ、日本においては長屋が共同住宅の最も古い形式の一つである。古代から現代まで共同住宅がつくられた目的の一つは、限られた場所で高密度に人々が住むためといえる。特に近代以降は、都市部への集中的な人口流入を背景に、いかに効率的に住宅をつくるかと

いう点に注力し、共同住宅のさまざまな形式がつくられた。長屋を除くと、近代以降に日本ではじめて登場した共同住宅は下宿屋である。下宿屋は玄関が一つで、中廊下、炊事場、便所共用という形式が多く、大学の周囲に集中して建設された。その後、明治後期から大正初期ごろに都市の中に増えだした中流階層を対象にアパートが建設されるようになる。現在の共同住宅の礎となる本格的な共同住宅は、関東大震災後に住宅復興を目的として創設された同潤会による建設が最初である。同潤会は都心において、最新の設備を備え、耐火耐震性能に優れた鉄筋コンクリート造のアパートメントハウスを建設した。戦後においては、戦災および戦地からの引揚者により住宅が不足し、公的な住宅施策として公営の共同住宅の建設とその研究が進められ、一九五一年(昭和二十六)に標準的な住居プランとして台所兼食堂と二寝室をもつ51C型が考案された。このプランでは食寝分離を住環境において守るべき最低限の事項とし、それを最小の面積で実現するために、それまでの台所を少し広くし、そこで食事をとれるようにした。このプランはその後、日本住宅公団による団地での2DKプランに継承・発展され、都市郊外に2DKを中心とした大量の住戸を供給した。その数はピークで年間八万戸(一九七一年)に及び、戦後日本の住まいとして最も定着した共同住宅となった。こうした狭いながらも高質な共同住宅が公的につくられるのと並行して、民間経営による木賃アパートが都市部には多くつくられていった。七三年に、すべての都道府県で住宅戸数が世帯数を上まわるようになり、住宅不足という大きな課題を失った共同住宅には、その後マンションに代表されるように、付加価値の高さが求められるようになる。 ↓アパート ↓下宿《げしゅく》 ↓集合住宅《しゅうごうじゅうたく》 ↓団地《だんち》 ↓長屋《ながや》 ↓マンション

参考文献 小林秀樹『日本における集合住宅の普及過程―産業革命期から高度経済成長期まで―』(『調査研究リポート』、一九九七、日本住宅総合センター)、同『日本における集合住宅の定着過程―安定成長期から二〇世紀末まで―』(二〇〇一、日本住宅総合センター)、植田実『集合住宅物語』(二〇〇四、みすず書房)
(前川 歩)

きょうどうぶろ　共同風呂　営利目的の銭湯ではなく、複数の世帯が共同利用した風呂。近世から都市の銭湯は発達するが、村で内風呂があるのは裕福な家に限られていた。そのため内風呂がない人々は、近所に薪などを持ってもらい風呂に行った。各家で内風呂を持つようになっても、近所で順番に風呂を沸かしてもらい風呂をすることもあった。水運びや沸かす手間が大変なのと、もらい風呂での語らいが楽しみだったからである。地域で移動式の据風呂を購入して、近所で順番にまわして利用する共同風呂や、地域で共同の入浴施設をつくり、交代で沸かして入る共同風呂もあった。小規模施設では五右衛門風呂などの個人浴施設を使った。入浴者が多いときには混浴になることもあった。地域の共同浴場は次第に改善され、やがて銭湯と同規模の施設となり、大規模になると専属の人を雇うこともあった。地域の共同浴場は、内風呂の普及とともに減少して今は一ヵ所も残っていない。温泉地の共同風呂だけが現在も残っている。 ↓銭《せん》湯《とう》
(印南 敏秀)

きょうどうぼきん　共同募金　日本の募金活動の一つ。一九四八年(昭和二十三)以降は、募金をすると赤く着色された鶏の羽根をもらえることから「赤い羽根共同募金」などと呼ばれている。法的には、社会福祉法において定義される第一種社会福祉事業である。毎年十月一日から年末まで募金を集めるもので、地域福祉活動やボランティア活動支援に使われる。助成対象は実績額の多い順に、「高齢者を対象とした事業」「児童・青少年を対象とした事業」「障がい児童を対象とした事業」などとなっている。アジア・太平洋戦争後の民間社会事業の財源確保のため、GHQの指導により四七年に開始された。最初の年には、ブリキのバッジが配付されたが、アメリカの共同募金会がシンボルとして採用したことをうけて、翌年から赤い羽根が採用された。開始以降、年々助成額は増加していたが、一九九五年(平成七)の二百三十五億円超をピークに減少を始め、二〇一二年度には百六十九億円となっている。

第1回赤い羽根共同募金

参考文献 『社会福祉法人中央共同募金会平成二四年度年次報告書』(二〇一三)
(塚原 伸治)

きょうどがんぐ　郷土玩具　各地方で生産され、その地方の文化的特色を持つ玩具。江戸時代、土人形や張子・練物、独楽、凧、達磨、姉様といった玩具は、疱瘡除けのお守りとして寺社で授与されたり市や祭の露天で販売されたりして人々を愉しませた。明治維新後の近代日本では、そうした庶民に好まれた玩具は、前時代の産物として社会の周縁に位置付けられていったが、社会の主流派におもねらず江戸趣味に興じて玩具集めをする人々が現れた。明治前期はこうした人々は少数派だったが、明治末期から昭和初期に隆盛をみせた博覧会や百貨店、国内旅行ブームなどが、郷土玩具への関心を劇的に高めた。この時代、国内旅行者の土産物としての需要を満たすため、郷土玩具を製作する手工業は大きく発展した。その後、高度経済成長期の国内旅行ブームにおいても郷土玩具は脚光を浴び、全国的な愛好者のネットワークが形成された。各地の郷土玩具は、意匠においては年中行事や

人生儀礼、信仰に結び付いたものが多く、素材においても地域の植物利用の文化が色濃く反映されている。（加藤　幸治）

きょうふうかい　矯風会　本部がアメリカにある世界キリスト教婦人矯風会のインターナショナルな女性キリスト教徒の団体。世界平和・純潔・禁酒を三大目標に掲げ、日本では一八八六年（明治十九）、東京婦人矯風会として発足。夫の飲酒問題で悩んだ経験を持つ矢島楫子（一八三三―一九二五）が初代会長となった。日本における最初の女性の団体である。九三年には、全国組織となり、名称を日本キリスト（当初は基督）教婦人矯風会に改め、海外「醜業婦」取締り、一夫一婦制度の確立を訴え、大正期には廃娼運動、婦人参政権運動に尽力した。GHQによる占領終了後、公娼制度復活反対や売春防止法制定へ向けた運動の中心となった。一九八〇年代から顕著になったDV（ドメスティック＝バイオレンス）問題や外国人性労働者への虐待などに対応して、一時保護施設（シェルター）HELPを、創立百周年にあたる八六年（昭和六十一）に開設。機関紙は『婦人新報』。一貫して女性の人権確立に取り組む。↓禁酒運動《きんしゅうんどう》

参考文献　『日本キリスト教婦人矯風会百年史』（一九八六、ドメス出版）、三浦綾子『われ弱ければ―矢嶋楫子伝―』（『小学館ライブラリー』、一九九三、小学館）（平井　和子）

きょうま　京間　柱と柱の間（一間）の寸法で、六尺五寸（約一・九五メートル）とするもの。京都・奈良など関西で用いられている。日本の建築は、柱の位置を決めてから部屋割りをする柱割りという建築方法であった。畳は、寝殿造や中世の住宅では室内の一部分に敷き、移転とともに持ち運びをする家具の一種であったが、室町時代に生まれた書院造が部屋を畳で敷き詰めるようになり、十七世紀に畳が規格化されると、畳の寸法に合わせて柱の位置を決める畳割りという建築方法が出現した。江戸時代に畳割りは関西と西日本で行われた。江戸の建築では、江戸時代初期には京間が使われていた。京間の畳の長さは六尺三寸である。一間が六尺のものは田舎間《いなかま》と呼ばれ、田舎間の畳の長さは五尺八寸である。江戸では十八世紀初めごろから田舎間が広まり始め、その後関東・東北では田舎間が多く用いられるようになった。↓田舎間《いなかま》

参考文献　伊藤鄭爾『中世住居史―封建住居の成立―（第二版）』（一九七三、東京大学出版会）、玉井哲雄「京間と田舎間」（『江戸―失われた都市空間を読む―』所収、一九八六、平凡社）（菅原　正子）

きょうます　京枡　近世・近代の公定枡。縦・横四寸九分（約一四・七センチ）、深さ二寸七分（約八・一センチ）。中世では枡の寸法が統一されていなかったが、豊臣秀吉が京枡を採用して寸法の統一を図った。徳川家康は江戸に京枡の枡座を設置して東国を管轄させ、京都の枡座には西国を管轄させた。一六六九年（寛文九）に江戸と京都の京枡の容積が統一されて明治維新に至り、明治政府も一八七五年（明治八）に同寸法の枡を定めた。

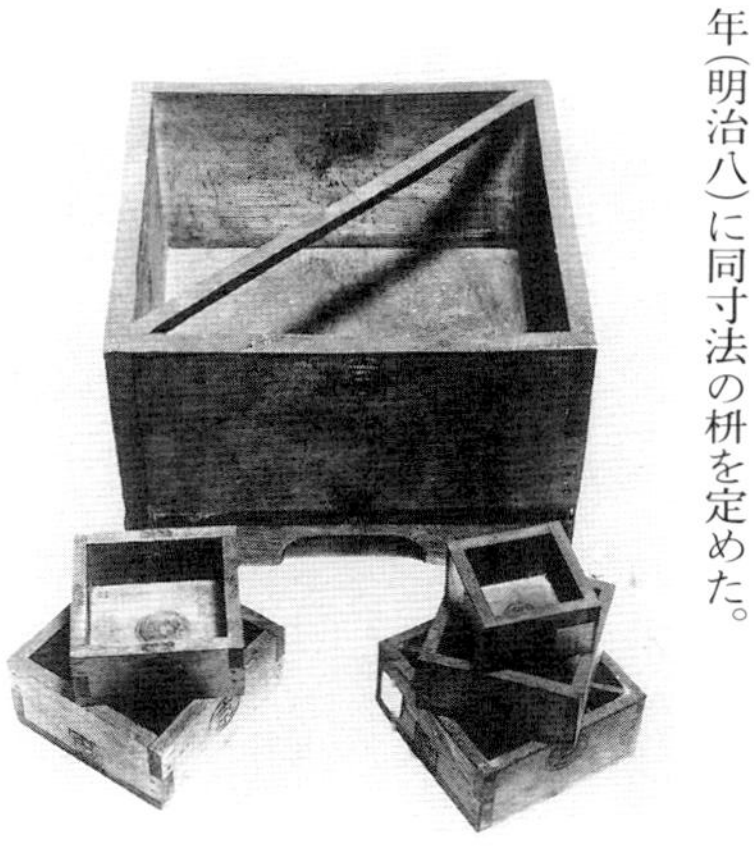

京　　枡

参考文献　宝月圭吾『中世量制史の研究』（『日本史学研究叢書』、一九六一、吉川弘文館）、小泉袈裟勝『枡』（『ものと人間の文化史』、一九八〇、法政大学出版局）（菅原　正子）

きょうゆうかい　郷友会　都市部を中心とする地域で結成された、故郷を同じくする出郷者たちの集団。郷土人会、同郷団体ともいい、出郷者の中でも有力な人々によって組織された県人会とは区別される。その県人会とは異なり、郷友会の場合は結成時期が明治期までさかのぼる例は少ない。北陸・東山・南九州出身者は第二次世界大戦後コンスタントに都会に流出し、その折々に郷友会を結成してきた。一方、東北・北海道出身者のそれは、一九五五年（昭和三十）以降急速に組織化がなされた新しいものが多い。出郷者の故郷に対する思いは、孤独感、無常感、漂泊感と離れ難く結びついており、彼らは故郷とのつながりを維持すべく、結集の場としての郷友会を結成した。それは、出郷者たちが都市生活に適応する一つの手段でもあった。活動としては、故郷発展への支援を行いつつ、郷土物産展や郷土芸能大会が組み込まれた懇親会を開催する一方、相互扶助的機能を持ち合せた集団の中で、物的・精神的援助を与え合っている。↓県《けん》人会《じんかい》

参考文献　松崎憲三編『同郷者集団の民俗学的研究』（二〇〇二、岩田書院）、同「県人会と同郷団体」（新谷尚紀・岩本通弥編『都市とふるさと』所収、二〇〇六、吉川弘文館）（松崎　憲三）

ぎょぎょうきょうどうくみあい　漁業協同組合　沿岸漁業を営む漁業者を組合員とする協同組合であり、沿岸漁場で操業する権利である漁業権を県から免許されて、組合員にそれをトラブルなく効率的に行使させる責任を負っているとともに、組合員の漁業経営のための経済事業（漁獲物の販売、漁業用資材の共同購入、施設の共同利用、資金の貸付と貯金の受け入れなど）を実施している。一九〇一年（明治三十四）の漁業法によって設立された漁業組合が母体であり、当初は同一区域内の産業組合（農協の前身）との競合を避けるために経済事業を禁止されていたが、一九二〇年代以降、沿岸漁業者の経営改善のために経済事業を奨励されるようになった。一九三三年（昭和八）の

漁業法改正によって経済事業を実施するために出資制をとる漁業組合は漁業協同組合と称し、漁協と通称されるようになった。漁協は県単位、全国単位の連合会を有し、系統組織全体で漁業のための政策要求運動を行うこともある。沖合・遠洋漁業者を組合員とする業種別漁協や、海面ではない川・湖沼で漁業を営む者を組合員とする内水面漁協もあるが、事業規模・組合員数のいずれにおいても海面の漁業権を有する沿海地区漁協が漁協組織の中心を占めている。 ↓漁村《ぎょそん》

参考文献 『水産業協同組合制度史』一―五(一九七一、水産庁)、加瀬和俊「漁業経営と漁場利用制度―理念・制度・現実と今後の方向性―」(『農林金融』六六ノ六、二〇一三)

（加瀬　和俊）

ぎょぎょうけん　漁業権　陸地に隣接する一定の海域で一定の漁業を営むことができる権利。漁業は誰でも自由に操業できる状態であると短期的な利益を求めて漁船が増え、漁獲量増加→親魚資源の減少→産卵量の減少が進展し、資源総量が累積的に縮小してしまうと同時に、漁場紛争も激化する。この経験にもとづいて、各地域にある漁業協同組合が都道府県からそれぞれの地先漁場で漁業を営む権利(漁業権)を免許され、組合員にそれを平穏かつ資源保護的に行使させる責任を負っている。漁業権の設定されている海面は陸地から通常一〜二キロとごく狭い範囲であり、その外側の漁業は漁業権制度にはよらず、個々の漁業経営者が行政庁から許可を受けて操業する許可制度が採用されている。漁業権制度は近世期に定式化された地元集落による地先漁場の専用方式(「磯は地付」主義)に由来し、戦前の漁業法(一九〇一年(明治三十四))で定められ、戦後の漁業制度改革で漁業者間の平等性や漁協の自治に配慮する方向で民主化されて今日に至っている。 ↓漁村《ぎょそん》

参考文献 潮見俊隆『漁村の構造―漁業権の法社会学的研究―』(『東京大学社会科学研究所研究叢書』五、一九五四、岩波書店)、青塚繁志『日本漁業法史』(二〇〇〇、北斗書房)

（加瀬　和俊）

ぎょくさい　玉砕　玉が美しく砕けるように、名誉・忠節を守って潔く死ぬことで、太平洋戦争中、日本軍部隊の全滅を表す言葉として大本営発表などで用いられた。その字義は唐代の史書『北斉書』元景安伝の「大丈夫寧可玉砕、何能瓦全」に由来。大正期以降の軍隊教育の過程で降伏・捕虜が極端に忌むべき行為とされるようになり、玉砕が称揚されるようになった。戦争初期においては玉砕の例はわずかであったが、米軍の反攻が進むにつれ、彼我の戦闘力の格差から、数多くの玉砕を生むようになった。大本営は一九四三年(昭和十八)五月アッツ島守備隊二千数百人の全滅をはじめて「玉砕」と発表した(実際には二十九人が捕虜、うち一人は護送中に自殺)。さらに戦局が絶望的になると一億玉砕も叫ばれるようになった。しかし一方で、四五年五月にニューギニアで日本兵四十二人が、六月にはフィリピンで一度に六百人が集団投降するなど、玉砕の規範も次第に効力を失っていった。

参考文献 河野仁『〈玉砕〉の軍隊、〈生還〉の軍隊―日米兵士が見た太平洋戦争―』(『講談社選書メチエ』、二〇〇一、講談社)

（小磯　隆広）

ぎょしょう　魚醤　魚、エビなど魚介類を発酵させて作った醤油で、塩辛の原型。生の魚介類を塩漬けにして保存し、おもに原料に含まれる酵素の作用で、原料がアミノ酸類に分解してうまみが強まった発酵食品である。食分類学的には、魚醤は塩辛のようなペースト状のものと、それから浸出した液状のものに区分するが、現在では一般的に後者の液状魚醤をさすことが多い。「うまみ」を指標にしたアジアの地域区分があり、現在の中国・朝鮮半島・日本の東アジアは穀醤が調味の主流の穀醤卓越地域、魚醤が重要な調味料として利用されている東南アジアは魚醤卓越地域とされている。日本では平安時代の『延喜式』に「鯖醤」(主計上)、「鯛醤」(内膳司)などが記され、魚醤の利用がうかがわれる。鎌倉時代以降に味噌・醤油が入ってきて、味噌作りの溜まり汁が煮物の味付けに適しているところから醤油の本格的生産が始まり、その醤油は江戸時代に全国に拡大した。そうしたなかでも魚醤は各地に残存し、現在では、秋田のハタハタのしょっつる、石川県奥能登のイワシやイカのいしる(いしりとも、原料魚はマイワシ、スルメイカなど)、香川のいかなご醤油などが知られている。しょっつるは江戸時代の初期からとされ、もともとは魚と塩だけを桶や樽に仕込んでいた旨味調味料だった。海外では、魚醤文化圏の東南アジアにタイのナムプラー、ベトナムのニョクマムがあり、イタリアほかのアンチョビーソースなども知られている。

↓醤油《しょうゆ》

参考文献 石毛直道・ケネス＝ラドル『魚醤とナレズシの研究―モンスーン・アジアの食事文化―』(一九九〇、岩波書店)、『貝類・魚類』(『食材魚貝大百科』二、一九九九、平凡社)

（橋村　修）

キヨスク　キヨスク　⇩駅売店《えきばいてん》

ぎょそん　漁村　魚介類や海藻の採取を生業とする村を指す用語であり、浦(方)や浜(方)として史料上に現れることが多い。ただし、中世段階の浦・浜は、漁業・廻船業・塩業など、複合的な生業を営むことも多く、こうした浦・浜は、海村とも呼ばれる。中世海村における生業の複合性は、時代が降るにつれて整理され、近世になると、漁業の村、廻船業の村、塩業の村といった個性が顕著になり、農村や山村と対比されるような漁村が形成される。一方で、海付きの農村が漁業に進出することで漁村化したり、幕藩領主に対する水主役《かこやく》の提供や漁業税を期待され、漁村が新たに開発されたりする場合もあった。しかし、漁村といっても、漁業を単独の生業とする村ばかりではなく、いわゆる半農半漁の村が多く、さらに、村内で漁業の占める比重はさまざまであった。また、一

村の中に漁業中心の集落とそうではない集落とが内包されている場合もある。幕藩支配機構下での漁村は、農村と同じく村として年貢徴収の最小単位となっていたが、漁村に課される漁業税は田畑租税より複雑である。漁具・漁法をはじめとする漁労形態についても、漁村ごとに個性がある。ただし、いずれの地域においても、課税対象は漁場か、生産手段である漁船や網か、漁獲物か、漁業者かであった。漁村は、これら漁業税の対価として漁業権を有していたが、近世中後期以降、他村の漁業進出によって漁場争論への対応を迫られることが多かった。明治以降は、半農半漁村、純漁村を問わず、漁業協同組合が地区ごとに設置された。↓浦《うら》・浜《はま》 ↓海村《かいそん》 ↓漁業《ぎょぎょう》協同組合《きょうどうくみあい》 ↓漁業権《ぎょぎょうけん》

参考文献 二野瓶徳夫『漁業構造の史的展開』(『近代土地制度史研究叢書』四、一九六二、御茶の水書房)、荒居英次『近世の漁村』(『日本歴史叢書』、一九七〇、吉川弘文館)、後藤雅知『近世漁業社会構造の研究』(二〇〇一、山川出版社)

(東　幸代)

キリストきょう　キリスト教　世界宗教の一つでナザレのイエスを救世主(メシア)とし、イエスの十字架の贖いとその復活を信仰する。カトリック・プロテスタントの別に留まらず、国や地域に土着化した無数の教派が世界中に存在する。日本には一五四九年(天文十八)にザビエルが伝道するが、続く江戸時代には幕府に弾圧され、近世文書では「切支丹」は邪教の代名詞のように扱われている。禁教下で信仰を堅持・継承した人々は隠れキリシタンと呼ばれ、民俗と習合した独自の教義を育てた。開国後の外圧で布教が解禁されてからは西欧の先進思想として旧士族層やインテリを中心に受容されたが、その受容形態には「家」を基盤とした儒教的性格が指摘されている。大正時代にはアメリカのリバイバル運動を受けて救済宗教的性格を強め、一般民衆へも浸透し始めるが、その後の昭和ファシズムのもとで定着には至らなかった。現代日本における受容率は全教派合わせて総人口の一%程度と目される。

参考文献 森岡清美『明治キリスト教会形成の社会史』(二〇〇五、東京大学出版会)、池上良正『近代日本の民衆キリスト教―初期ホーリネスの宗教学的研究―』(二〇〇六、東北大学出版会)、宮崎賢太郎『カクレキリシタンの実像―日本人のキリスト教理解と受容―』(二〇一四、吉川弘文館)

(及川　高)

きりづま　切り妻　⇩屋根《やね》

ぎりにんじょう　義理人情　人間関係のしがらみに基づく行動基準。明治の劇作家、小説家、翻訳家の坪内逍遙(一八五九―一九三五)は、近松研究会という団体を組織し、江戸時代の劇作家近松門左衛門(一六五三―一七二四)の庶民を主人公にした世話浄瑠璃作品を取り上げて「義理」と「人情」の用語で作品を分析、批評した。義理は悪で、人情は善、両者は対立、葛藤して義理が人情を押しつぶすという見方である。人間同士のしがらみのなかで義理と人情が対立するという、近代合理主義の戯曲の読み方は、やがて近松門左衛門以外の作品にそのまま適用され、江戸時代の文芸作品全体が「義理人情葛藤論」で批評されるようになった。明治以来、ヨーロッパ流の合理主義を取り入れた欧化政策をすすめるなかで、義理人情葛藤論は、江戸時代を封建的で悪い時代であったとする江戸時代理解を増幅させた。

参考文献 源了円『義理と人情―日本的心情の一考察―』(『中公新書』、一九六九、中央公論社)、諏訪春雄『大地女性 太陽 三語で解く日本人論』(二〇〇九、勉誠出版)、田口章子『歌舞伎から江戸を読み直す―恥と情―』(二〇一一、吉川弘文館)

(田口　章子)

きんえん　禁煙　喫煙の禁止または喫煙をやめること。ニコチンには依存性があり、長年の喫煙により肺がん・咽頭がん・肺気腫などを発症させることが疫学的に証明されている。喫煙にはそのほか健康リスクと保険料の高負担、受動喫煙の危害、室内の汚染と清掃負担、勤務中の離脱、火災のおそれといったマイナス面もある。消費者はそれらについて十分な説明や教育を受け理解したうえで、たばこを購入するか否かの選択をする必要がある。しかし、一九八四年(昭和五十九)公布のたばこ事業法では専売制度の廃止に伴い葉たばこの生産と買入、たばこの製造販売の調整を行うことにより「我が国たばこ産業の健全な発展を図り、もつて財政収入の安定確保及び国民経済の健全な発展に資すること」が目的とされており、たばこの拡販政策を維持した状態での禁煙対策には限界がある。二〇〇四年(平成十六)国会で承認され翌年に発効をみた「たばこの規制に関する世界保健機関枠組条約」では建物内での全面禁煙が求められているが、日本での取組みは弱い。↓嫌煙権運動《けんえんけんうんどう》 ↓たばこ

参考文献 伊佐山芳郎『嫌煙権を考える』(『岩波新書』、一九八三、岩波書店)、棚瀬孝雄編『たばこ訴訟の法社会学―現代の法と裁判の解読に向けて―』(『Sekaishiso seminer』、二〇〇〇、世界思想社)、荒井一博『喫煙と禁煙の健康経済学―タバコが明かす人間の本性―』(『中公新書ラクレ』、二〇一三、中央公論新社)

(新村　拓)

きんき　禁忌　災厄などを避けるために、特定の事物に対する行為を禁じたり、避けたりすること。この語はポリネシア語の taboo (tabu) に由来し、禁忌を犯したものとその近親者には超自然的な制裁が与えられると信じられてきた。日本では古来の「忌み」がこれに相当し、神祭などの神聖なものに対する準備として行われる「斎」と、死などの穢れたものに対する回避として行われる「忌」がある。いずれも一定期間、日常的空間から対象者が離れる忌み籠もりを基礎とする。かつて平安貴族たちが災厄を避けるために行なった方違《かたたが》えも、一定の方角に対する禁忌である。女性の月経や妊娠、出産も禁忌の対象とされて、期間中の女性は煮炊きの火を別にして、産小屋に住むこともあった。死にまつわる禁忌は多く、逆

さ水や一本箸などを日常生活で行うことが避けられている。禁忌は日常生活全般にみられ、日時や方角、場所、数字、言葉、物などその対象は多岐にわたる。現代でも結婚式では「分かれる」「切れる」などの言葉が忌詞《いみことば》として避けられ、その日取りは仏滅を避ける。神道や陰陽道、修験道などの宗教的影響も大きい。→忌《い》み →穢《けが》れ

参考文献 井之口章次『日本の俗信』(一九七五、弘文堂)、竹中信常『タブーの研究』(一九七七、山喜房佛書林)、メアリ＝ダグラス『汚穢と禁忌(新装版)』(塚本利明訳、一九九五、思潮社)、関根康正『ケガレの人類学―南インド・ハリジャンの生活世界―』(一九九五、東京大学出版会)

(岡田 真帆)

きんぎょ 金魚 淡水魚のフナ(鮒)を改良して作られた美しい観賞魚。近世初期に中国からもたらされ、多くの品種が生み出されて、琉金・朱文金・頂点眼・らんちゅう・オランダシシガシラなどの高級なものから、和金・出目金などの駄物まで見られた。東京都江戸川区・愛知県弥富町・奈良県大和郡山市は金魚の養殖業が盛んで、三大金魚産地とされる。東京都江戸川区船堀地区では毎年三月三日ごろに金魚の初セリが行われ、当年最初の金魚の取引・出荷がなされた。夏になると、魚を入れた水桶を、金魚売りが天秤棒で担ぎ、「金魚エー、金魚ー」という呼び売りの声を発しながら街中を売り歩いた。祭や縁日の夜店に欠かせない金魚すくいも、子供らの大きな楽しみであった。東京江戸川産の金魚は、広く関東一円に流通し、三月節供の雛段に金魚を泳がせた小さなギヤマンの金魚鉢を供えて飾るという、独特の習俗をも生み出した。

金魚売り（1961年，東京都世田谷区）

参考文献 長沢利明「雛祭りと金魚」(『江戸東京の年中行事』所収、一九九九、三弥井書店)

(長沢 利明)

キング キング 野間清治によって創刊された大衆娯楽雑誌。『キング』創刊号(一九二五年(大正十四)一月号)は、「日本一面白い！ 日本一為になる！ 日本一の大部数！」を唱道し、七十四万部を達成する。創刊を機に、大日本雄弁会と講談社は統一され、大日本雄弁会講談社と改称(五八年(昭和三十三)に講談社となる)。二七年までには空前の百万部を突破する。『大阪朝日新聞』と『大阪毎日新聞』が二四年に百万部に達したのに続き、日本のマス＝メディア成立の過程を象徴する出来事でもあった。『キング』、『少年倶楽部』『少女倶楽部』の少年少女雑誌など講談社による九雑誌は市場を席巻する。それは野間の「雑誌報国」の思想を体現し、徳富蘇峰は野間の出版事業を「私設文部省」と評した。知識人を主対象とする「岩波文化」に対して、「講談社文化」という言葉も生まれた。『キング』は敵性語ということで四三年三月号から『富士』と改題し、四六年一月号より『キング』に戻されたが、五七年十二月号で廃刊となった。

『キング』第1号

参考文献 『講談社の歩んだ五十年』(一九五九)、佐藤卓己『『キング』の時代―国民大衆雑誌の公共性―』(二〇〇二、岩波書店)、井上寧子「国民大衆雑誌『キング』の台湾・朝鮮人読者の考察」(『史艸』四六、二〇〇五)

(根津 朝彦)

ぎんざ 銀座 東京都中央区にある高級商店街。地名は江戸幕府の銀貨鋳造所に由来する。江戸時代には職人街であったが、一八七二年(明治五)二月の銀座大火のあと、政府は東京の不燃化の端緒として、約五年をかけて銀座煉瓦街を整備した。街路を拡幅して歩道を作り、街路樹とガス灯を設け、中央通りには鉄道馬車が走ることになる。煉瓦造家屋には洋品店や時計店、パン屋、西洋薬舗などが開業し、新聞社・出版社も集まるなど、銀座は西洋文化と情報の発信地となった。大正期には銀ブラという言葉が流行り、関東大震災後にはデパートが出店して家族連れも買い物に来るようになった。モボやモガたちは最新のファッションを身にまとって闊歩し、夜はサラリーマンらが林立するカフェーに集った。昭和モダニズムを象徴する街、銀座の影響力は、各地に「銀座」の名をつけた商店街ができたことにも示される。戦後も昼は高級商店街、夜は丸の内や霞ヶ関を後背地とした高級レストラン、クラブ、バーが営業する盛り場という性格は変わらないが、近年では世界的なブランドショップが出店し、外国人観光客を集めて賑わっている。

参考文献 松崎天民『銀座』(一九二七、銀ぶらガイド社)、吉見俊哉『都市のドラマトゥルギー―東京・盛り場の社会史―』(一九八七、弘文堂)、野口孝一『銀座物語―煉瓦街を探訪する―』(『中公新書』、一九九七、中央公論社)

(大岡 聡)

きんじき　禁色　禁じられた服色。六〇三年(推古天皇十一)の冠位十二階の制以来、位に応じて服色が定められ、当色《とうじき》(位階相当色)より上位の服色を用いることを禁じた。養老律令衣服令では礼服《らいふく》・朝服《ちょうふく》の色を、親王・内親王と一位の王・女王・臣・内命婦《ないみょうぶ》は深紫、二—五位の王・女王と二・三位の臣・内命婦は浅紫、四位は深緋《あけ》、五位は浅緋、六位は深緑、七位は浅緑、八位は深縹《はなだ》、初位は浅縹と定め、服色の序列を白・黄丹《おうたん》・紫・蘇芳《すおう》・緋・紅《くれない》・黄《き》橡《つるばみ》・纁《そひ》・蒲萄《えびぞめ》・緑・紺・縹・桑《くわぞめ》・黄《きぞめ》・揩衣《すりぞめのころも》・秦《はりぞめ》・柴《しばぞめ》・橡墨《つるばみすみぞめ》とした。天皇の袍色の黄櫨染《こうろぜん》と皇太子の袍色の黄丹はほかの人は着用できなかったが、禁色の規定は平安時代に次第に緩和され、紫・紅の淡色は一般にも聴《ゆる》され(聴色《ゆるしいろ》)、天皇の平常色の麴塵《きくじん》と太上天皇の赤色も貴族が聴されて着用することがあった。また、公卿が着用する窠霰《かにあられ》文様の浮織物の表袴《うえのはかま》は、禁色を聴された蔵人頭《くろうどのとう》や五位・六位の蔵人は着用することができた。↓服制《ふくせい》

参考文献　『装束集成』(『(新訂増補)故実叢書』二四、一九五二、明治図書出版)、長崎盛輝『色・彩飾の日本史—日本人はいかに色に生きてきたか—』(一九九〇、淡交社)

(菅原　正子)

きんしゅうんどう　禁酒運動　酒害をなくして社会・家庭の風紀を改善しようとする運動。一八八六年(明治十九)七月、万国婦人禁酒会のレビットが来日し講演。その刺激を受けて、同年九月大阪、神戸にキリスト教婦人禁酒会、十一月岡山キリスト教婦人禁酒会が結成される。東京においても、かつて夫の酒害に苦しめられた矢島楫子や佐々城豊寿らが東京キリスト教婦人矯風会(九三年全国組織の日本キリスト教婦人矯風会に発展)を結成、廃娼、禁酒禁煙、一夫一婦制の確立を目標として活動。九一年東京婦人禁酒会発会。一九二〇年(大正九)に至り、矯風会は、未成年者禁酒法案成立(二二年未成年者飲酒禁止法公布)のため、日本禁酒同盟、国民禁酒同盟とともにビラまき、示威運動を展開する。同年矯風会は廃酒部設置を決定。同年日本・国民両禁酒同盟は合同、日本国民禁酒同盟を結成、婦人部設置。それより前、矯風会の守屋東(一八八四—一九七五)は、少年禁酒軍を組織、禁酒教育を行い、一〇年には矯風会少年部副部長に就任、三六年(昭和十一)までその職にあり、ガントレット恒子、久布《くぶ》白落美《しろおちみ》とともに矯風会の三羽烏として活躍する。二三年十一月、関東大震災直後、大阪婦人矯風会、禁酒会、廓清会主催で「公娼廃止禁酒断行」の純潔デーを挙行。三一年一月、東京禁酒同盟婦人部、婦人矯風会などが主催し、二五歳禁酒法達成デーを行い、請願署名運動を起こす。↓矯風会《きょうふうかい》

参考文献　日本キリスト教婦人矯風会編『日本キリスト教婦人矯風会百年史』(一九八六、ドメス出版)

(鈴木　裕子)

きんだいかぞく　近代家族　⇩核家族《かくかぞく》

きんちゃく　巾着　⇩財布《さいふ》

きんづかい・ぎんづかい　金遣・銀遣　江戸時代には金貨・銀貨・銭貨が流通したが、東日本では金貨が主に流通し、西日本では主に銀貨が流通していた。その意味で、江戸を中心とする東日本を金遣い経済圏、大坂を中心とする西日本を銀遣い経済圏という。江戸の生活物資は大坂を中心とする上方から主に供給され、その代金を大坂に送金することになり、諸藩は蔵米を大坂に送って換金し、江戸藩邸に送金することになる。そのバランスがとれていれば、金銀比価は金一両が銀六十匁で安定するのだが、そのバランスが崩れるか、幕府の貨幣政策の如何によって変動していた。明和期には金相場が上昇し、金一両が銀七十匁弱になったところで、一七七二年(安永元)以降、銀を素材とする金貨の南鐐二朱銀が継続して発行されたために、天明期末には銀五十五匁にまで低下した。江戸の物価が上昇し、一七八八年(天明八)その鋳造が停止された。文化期には金高傾向になったが、幕末期になると銀貨は大暴落していった。

(賀川　隆行)

きんぴ　金肥　金銭を払って購入する肥料。近世においては主として畿内で用いられた語。近世に入って、かつてないほどの耕地開発に伴って肥料源である秣場《まぐさば》が縮小し、一方で綿、藍《あい》、蔬菜《そさい》など商品作物の集約的生産により収益を上げようとする商業的農業が展開するようになると、肥料への需要が高まり、効力のある肥料が商品として流通するようになった。代表的なものとして干鰯《ほしか》、〆粕《しめかす》、油粕、下肥《しもごえ》、糠《ぬか》などがあげられる。↓〆粕《しめかす》　↓下肥《しもごえ》

参考文献　宮崎安貞『農業全書』(山田竜雄他編『日本農書全集』一二・一三所収、一九七八、農山漁村文化協会)、大蔵永常『農稼肥培論』(『同』六九所収、一九九六、農山漁村文化協会)、井奥成彦「中央市場近接地域における農業生産の地域構造—神奈川県の場合—」(『一九世紀日本の商品生産と流通—農業・農産加工業の発展と地域市場—』所収、二〇〇六、日本経済評論社)

(井奥　成彦)

く

く　区　一八七八年(明治十一)の郡区町村編制法により市街地に設置された行政区画で、大都市である東京・京都・大阪の三府には複数区、それ以外は開港場である横浜などに設置された。三府の区は、明治維新後の京都府の町組制度に倣って再編された東京府の五十区制など、従来の町組や番組などを再編・継承したものである。八七年の市制により、三府と人口二万五千人以上の市街地に市が設置された。ただし、三府の区長には、三府以外の市長と同格の権限が与えられた。三府以外の市町村にも、便宜的に区を設置して行政事務を補助する区長を置くことができるとされた。区長は市町村長の補佐役であるが、区が大字単位に設置されることで、新町村と旧町村との媒介項となった。また、条例により設置される委員も区長と同様の役割を果たした。→大区小区制《だいくしょうくせい》

参考文献　東京市政調査会編『自治五十年史—制度篇—(復刻版)』(一九七七、文生書院)、牛米努「五十区制の形成と展開—維新期東京の統治機構—」(『歴史評論』四〇五、一九八四)、小林丈広「近代日本における都市制度の創設—郡区町村編制法下の「区」—」(『京都市歴史資料館紀要』二二、二〇〇九)　(牛米　努)

くいあわせ　食い合わせ　特定の複数の食物を一緒に食べると、何か悪いことが生じるとされる俗信。合食禁《がっしょくきん》ともいう。体調不良やその結果としての死など、身体に異変がもたらされるとされる。本草学や陰陽五行思想など東洋思想の影響下にある考え方である。現在では根拠がとぼしいものがほとんどであるとされている一方、近代医学的な見地から一定の合理性をもつといわれているものもある。日本における食い合わせの俗信は、各地で共通のものが多く、十六世紀に中国で出版された『本草綱目』に掲載されているものとも似通っている。そのことから、伝承知的な民間信仰というよりは、書物を経由して民間で共有されるようになったものとみられている。代表的なものとして、鰻と梅干し、天ぷらとスイカなどの組み合わせがある。近年では近代医学的見地から避けるべき食い合わせがよく知られるようになっており、必ずしも俗信とはいえない面をもっている。

参考文献　木津仁久「民俗医学ノート」一(『名古屋民俗』四三、一九九二)　(塚原　伸治)

くがい　公界　本来は禅宗用語で、私の対概念としての公が基本的な意味であり、初期の禅宗では僧が集まる共同の場という意味で使用され、それから世間・公の場・表向きの場・晴れの場などの意味が派生していった。たとえば、「述懐は私事、弓矢の道は公界の義」(『太平記』一九)という用法には一種の晴れの場、「公界の道」(『塵芥集』)という用法には道路は私的なものではなく、世間一般に開かれた場所という概念が背景にあると思われる。室町・戦国時代にはアジールや平和領域といった機能を持った寺が公界所・公界寺と呼ばれていた。このころには公界者・公界人・公界往来人という言葉も現れ、主人という私的な関係を持たず、独立的・自立的な存在であった芸能者などを意味していた。これらの用法は私的な縁から切れていることが根幹となっている。一方、公界には人と交際するという意味もあり、遊女の仕事も指すようになり、それが苦しいことから近世には別の仏教用語である苦界と融合して遊女の勤めや境遇を苦界と呼んだ。

参考文献　網野善彦『(増補)無縁・公界・楽—日本中世の自由と平和—』(『平凡社ライブラリー』、一九九六、平凡社)、同『日本中世都市の世界』(『ちくま学芸文庫』、二〇〇一、筑摩書房)　(盛本　昌広)

くがくせい　苦学生　経済的条件などによって中高等教育を受けられず、働きながら夜学校や講義録(通信教育)で勉強を続けた青少年を指す。一九〇〇年代以降、学歴秩序は官庁にとどまらず、民間の大企業や大商店にも広がった。学歴以外に社会的地位を上昇させる機会が狭まり、進学競争が激しくなる一方で、中下層の青少年からも、働きながら夜学校に通ったり、講義録で独学を続ける、苦学生が多く現れるようになった。地方から上京した苦学生の職業は、新聞配達や牛乳配達、人力車夫などだったが、二〇年代には、夜学校に通いやすい給仕や事務見習の人気が高まった。講義録の購読者は、五～六割が郡部の町村、二～三割が市部、残りが植民地などの海外とされる。成功例には、上級学校の合格者や官僚の試験に合格して市部で就職するもの、郡部で教員や鉄道員などの資格をとるものなどがあげられるが、挫折者のほうがはるかに多かった。だが、少数の成功者の存在は、青少年の上昇志向の強力な誘因となった。→定時制《ていじせい》　→夜学《やがく》

参考文献　大門正克「農村から都市へ—青少年の移動と「苦学」「独学」—」(成田龍一編『都市と民衆』所収、一九九三、吉川弘文館)、広田照幸「立身出世の夢と現実」(小風秀雅編『アジアの帝国国家』所収、二〇〇四、吉川弘文館)、竹内洋『(増補版)立身出世主義—近代日本のロマンと欲望—』(二〇〇五、世界思想社)　(大川　啓)

くぎ　釘　二つ以上の建築部材などを接合させるための金具。古代の文献(『延喜式』)に、「切釘」「打合釘」「呉釘」「平釘」「丸頭釘」などが、近世の文献(『和漢三才図会』)に、「釘(クギ)」「鐕(キリクギ)」「頭巻釘(カシラマキクギ)」「鉼鏂(ノシカタノクギ)」「泡頭丁(ヒヤウ)」などが、それぞれ記述されている。七世紀後半の寺院建築(法隆寺金堂・五重塔)に使われていた釘は、頭部形状によって次

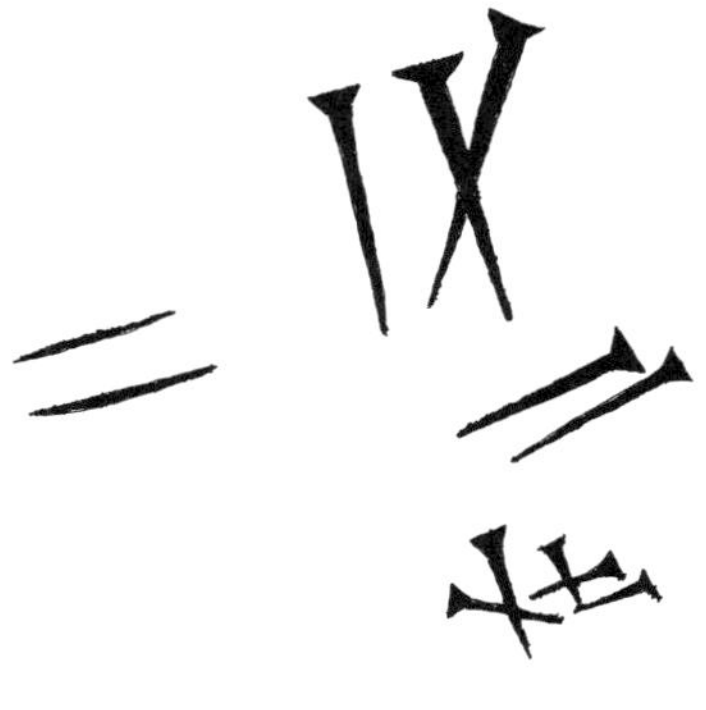

釘（『和漢三才図会』より）

のように分類できる。㈠方形断面をそのままやや太くしたもの、㈡頭を叩きのばし折り曲げたもの、㈢頭を丸くつくったもの、㈣頭を四角形につくったもの。前述の文献と照合させると、㈠がキリクギ、㈡がカシラマキクギ㈢がマルガシラクギ、㈣がヒラクギ、と推定される。近世以前の釘は一本ずつ鍛造したことから横断面は方形であるが、近代以降、欧米から輸入され、十九世紀末から国産により供給されるようになった釘の横断面は円形である。前者を和釘、後者を洋釘と呼称する。↓釘抜《くぎぬき》

参考文献 安田善三郎『釘』(一九二六、私家版)、細見啓三「建築金具」(伊藤延男・太田博太郎・関野克編『(文化財講座)日本の建築』三所収、一九七七、第一法規出版)

(渡邉 晶)

くぎかくし 釘隠 ⇩長押《なげし》

くぎぬき 釘抜 大工などの木を加工する工人が、釘を抜くために用いる道具。釘は古墳時代の木棺に使用されていることから、同時に釘抜も存在していたと推定される。ただ、古代・中世の文献や建築工事を描いた絵画では、その形状を知ることができず、十八世紀の文献(『和漢三才図会』『和漢船用集』)に、「千斤(くぎぬき)」の表記と二種類の形状が描かれている。一つは方形の穴があけられた部品と併用してテコの原理で釘を抜くもの、いま一つは鋏形状の先端部分で釘をはさんで抜くものである。後者の釘抜は、地獄の様子を描いた中世の絵画(聖衆来迎寺蔵「六道絵」など)において、鬼が罪人の舌を抜く道具として用いられている。遅くとも十三世紀には、この形状の釘抜が使われていたと考えられる。二種類の釘抜は、近代以降も併用され、前者は欧米から導入されたバール(カジヤと俗称)として、後者は同じ形状のもの(エンマと俗称)で、それぞれ使われて続けている。↓釘《くぎ》

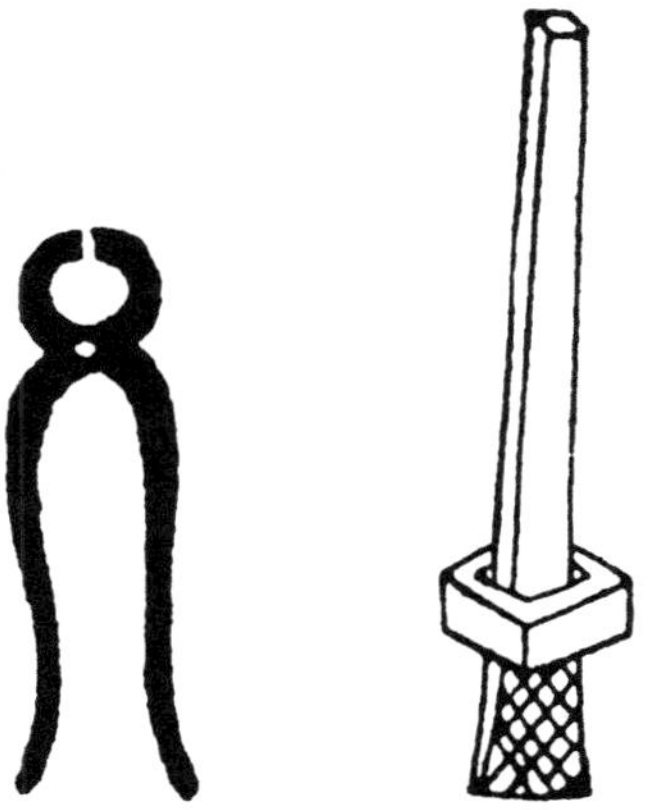

近世の釘抜（『和漢船用集』より）

参考文献 神宮司庁編『古事類苑(神宮司庁蔵版)』産業部一(一九八六、吉川弘文館)

(渡邉 晶)

くさかりば 草刈場 肥料や飼料にする草を刈り取る場。秣場《まぐさば》、草山、草場、草取場などと地方によって呼称が異なる。萱野銭など負担の対象となることもあったが、無年貢地も多い。草刈場は入会地として村の人々の共有地として利用されることが多かった。田畑の耕作に不可欠で、草刈場がない村々では畔などにある草を刈らなければならなかった。近世に一般的に使われていた田畑の肥料は、苗肥、草肥、灰肥、泥肥の四種類がある。草肥は、草木が繁茂した時に刈り取り、屋敷の中か日当たりのよい場所に積み上げるようにし雨覆いをしておく。それが腐熟すると細かく切り返し、大小便をかけて日に当てて乾かした。畑作物を播く際に元肥に用いたり種子に混ぜると効果がある。また、一村で保有している草刈場で、採り余るほど広い場合は、他村に対し草札銭を納めさせ、札によって刈り採る村もあった。この札野は慣習的には認められているが新規に設定することは認められていない。

参考文献 大石久敬『地方凡例録』(大石信敬補訂・大石慎三郎校訂、『日本史料選書』一、一九六九、近藤出版社)、宮崎安貞『農業全書』(山田龍雄他翻刻・訳・校注、『日本農書全集』一二、一九七八、農山漁村文化協会)、水本邦彦『草山の語る近世』(『日本史リブレット』、二〇〇三、山川出版社)

(落合 功)

くさぶき 草葺 茅・藁・葦・ススキ・笹・麦藁・稲など、草本を材料として屋根を葺くこと。また、その屋根。藁葺と総称することもある。雨仕舞の問題から、瓦葺・板葺・檜皮葺よりも急勾配の屋根で、寄棟造が一般的であるが、岐阜県白川郷の合掌造のように切妻造とする地域もある。軒先側を草の根元として、棟に向かって葺き上げる。葺替えは一度に屋根全面ではなく、四分の一ずつ行うこともある。葺替えの合間には損傷の大きい部分のみ指茅《さしがや》をして補修する。竪穴住居の多くは草葺で、古代の『西大寺資財流記帳』にも草葺の雑舎や倉がみえ、中世の『一遍上人絵伝』にも草葺民家の描写がある。瓦葺の普及以前には一般的な葺き方で、集落で葺材を確保することもあった(茅場)。近世には都市部の類焼の原因ともされ、江戸市中では草葺を改める指示が出された。現存最古の住宅である箱木家住宅(神戸市、室町時代)の茅葺など、民家に多いが、伊勢神宮正殿(茅葺)・大嘗宮(青草葺)など格式の高い建物にも用いられた。↓茅葺《かやぶき》

参考文献 安藤邦広『茅葺きの民俗学―生活技術としての民家―』(一九八三、はる書房)、宮崎清『藁』I(『ものと人間の文化史』、一九八五、法政大学出版局)

(海野 聡)

クサヤ クサヤ 伊豆諸島独特の魚の乾物である。江戸時代に新島から始まった。塩汁《しょっつる》の中にクサヤ菌が発生し腐ったと思ったが、中の魚を干し食したところ、かえっ

て旨味が増していた。今は伊豆諸島全域に広がり、クサヤを食すると通じがよくなるという。ただ、あまりの臭さのため団地などではクサヤを焼くと嫌われる。対象となる魚は主に飛魚・ムロアジが一般的であるが、魚なら何でも対象になる。中でもウツボのクサヤには驚いた。↓アジ

参考文献　橋口尚武・神野善治「伊豆諸島のクサヤ」(『技術と民俗』上所収、一九九五、小学館)

(橋口　尚武)

くさわけ　草分け　近世村落を開発し、はじめてそこに住みついた家のこと。草切りともいう。転じて、物事を創始した人もさすようになった。畿内近国のように古くから開発された地域よりも、関東・東北・九州や山間地などに草分けの由緒が顕著である。中近世移行期に、武士(または落人)であった七軒の草分けたちが荒野を切り開いて村を立て、そしてその開発と立村を近世領主が公認したという形の由緒であることが多い。このように類型的な草分け伝承が多いので、歴史的事実とは別に、由緒として誇張された場合も少なくないと思われる。また、草分け伝承が草分けの家々を権威付け、近世村落の秩序維持に利用された面がある。実際に草分けの家々が共有地利用や神社祭祀において特別に有利な位置を得ていた地域がある。貴種(武士)の定着とその領主による公認という世俗的な由緒は、中世村落の開発物語が宗教的な村落神話という形をとったのと好対照である。

参考文献　井上攻『由緒書と近世の村社会』(二〇〇三、大河書房)、薗部寿樹「村落内身分と村落神話」(『歴史科学叢書』、二〇〇五、校倉書房)、白川部達夫・山本英二編『村の身分と由緒』(『〈江戸〉の人と身分』二、二〇一〇、吉川弘文館)

(薗部　寿樹)

くし　櫛　頭髪を整え、飾るための道具。全体形状から縦長の竪櫛と横長の横櫛に分類される。竪櫛は縄文時代前期に出現し、一枚の木や骨を刻んで歯を作り出した一体型と、歯となる棒状の素材を紐で結束する組み合わせ型とがある。歯は十本前後と粗めで、朱漆で豪華に彩色されており、結髪した女性の髪に挿した飾櫛と考えられる。古墳時代には細い竹ひごを扁平に並べ、その中央を糸で結んで湾曲させ、頂上部を黒漆で塗り固め、末端を歯とした竪櫛が登場する。やはり飾櫛であり、女性埴輪の前髪の額に挿す例がある。竪櫛に対し、横櫛は遅れて古墳時代から登場する。黄楊《つげ》などの一枚の素材から歯を刻み出す一体型で、基本的に漆を塗布することなく平滑に磨きあげ仕上げている。形状は長方形、あるいは上部が弧を描く半月形で、歯数が増え細かくなり、髪を梳く実用性が高まっている。江戸時代になると装飾性を増し、鼈甲製や蒔絵、螺鈿、象嵌、透かし彫りを施した横櫛も現れた。実用的な横櫛は現代まで連綿として用いられている。

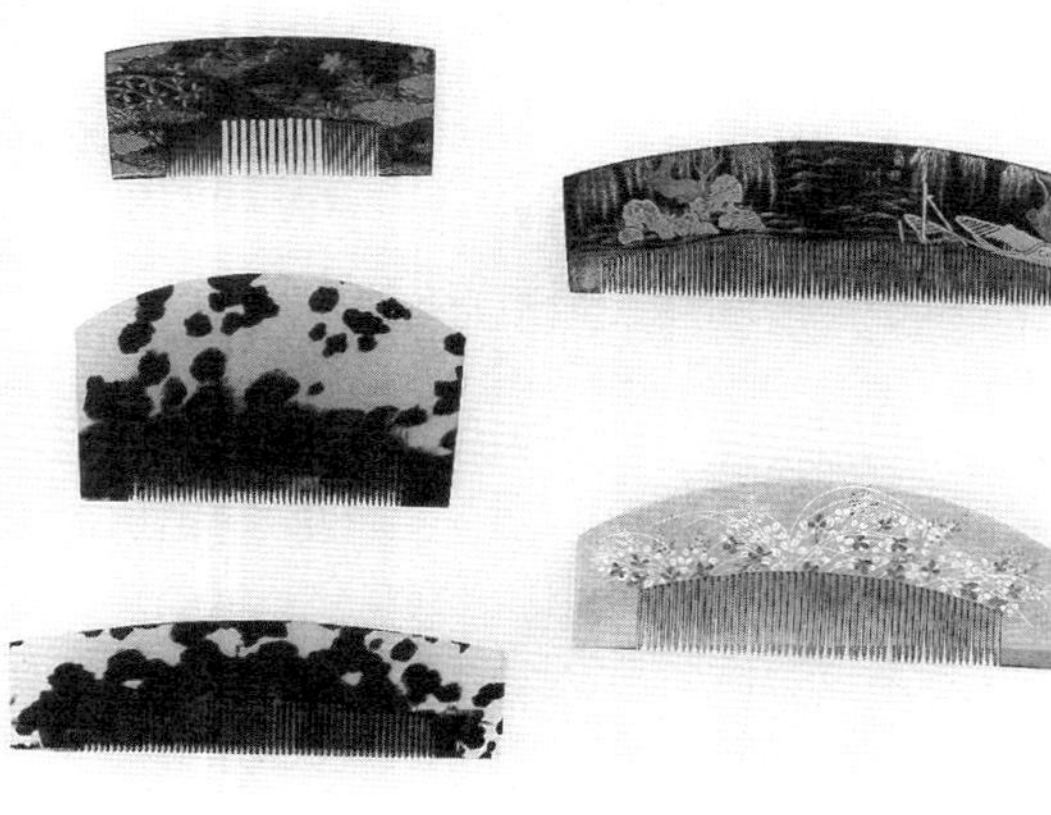

飾　櫛

参考文献　橋本澄子『結髪と髪飾』(『日本の美術』二三、一九六八)、奈良国立文化財研究所編『木器集成図録』近畿古代編(一九八五)、同編『同』近畿原始編(一九九三)

(塚田　良道)

くじ　公事　もとは朝廷(公)の政務全般のこと。「くうじ」とも訓む。そこから㈠朝廷の儀式、㈡中世の雑税、㈢訴訟という意味が派生した。㈠は節会《せちえ》などの年中行事や除目《じもく》などの政務で、中世後期には減少したり形骸化したりした。㈡朝廷は公事㈠のための費用を諸国に賦課した。国司はこれを臨時雑役の公事として国内に賦課した。国司の役所である国衙は、国衙の警固役や一宮・国分寺などの修造費も公事として国内の人民に課した。荘園領主も警固役や人夫役を荘民に公事として課した。このように基本的に公事は人を対象にした課税であったが、公事田畠や公事家のように田畠や在家の数に応じて課されるようになった。㈢中世後期から、訴訟を公事と呼ぶようになったのは、裁判権を持つ者こそが公権力であるという観念の広まりによるものであろう。戦国時代には公事を訴訟の意味とする用例が一般化し、江戸時代では、公事方は裁判機関を意味し、『公事方御定書』という裁判法令集も編纂された。↓惣領《そうりょう》　↓年貢《ねんぐ》

参考文献　竹内理三『寺領荘園の研究』(一九八三、吉川弘文館)、小山田義夫『一国平均役と中世社会』(『中世史研究叢書』、二〇〇八、岩田書院)、網野善彦『中世の民衆像』(『網野善彦著作集』八、二〇〇九、岩波書店)

(薗部　寿樹)

くじ　籤　人間の意志で決定できないようなことがらについて、神仏の意を問う際にとられた方法。鬮・孔子などさまざまな字があてられる。紙やこより、木片などに文字・符号などを記し、引いた内容で意思決定などが行われた。現在では神社のおみくじや宝くじなど、娯楽としての性格が強いが、中世社会においては合戦や政治などの重要な局面における、人意を超える絶対的な意志決定手段として重視された。↓お神籤《みくじ》　↓宝《たから》くじ

(川端　泰幸)

くじし 公事師 近世において訴訟の請負をするものをいう。近世では民衆の自力救済行為は厳しく制限された反面、公儀への訴訟は広く開かれていたため、近世中期を過ぎると濫訴の弊害がいわれるほどになった。そこで訴訟に慣れていない人びとの代わりに訴訟を請け負って、訴状の代筆、代人や訴訟の助言や手続き、訴訟の調停などを行う公事師が活躍した。領主側は、訴訟や行政の仲介を業務とした公事宿は公認していた。しかし債権を買って(公事買)訴訟を起こしたり、仲介料稼ぎのために訴訟を勧めるような公事師の活動は風俗を乱すものとして禁止していた。近代になって弁護士制度ができても、しばらくは訴訟を公事師から買い上げて仕事をすることが多かったといわれる。

参考文献 青木美智男「近世民衆の生活と抵抗」(『一揆』四所収、一九八一、東京大学出版会)、服藤弘司「近世民事裁判と「公事師」」(大竹秀男・服藤弘司編『(高柳真三先生頌寿記念)幕藩国家の法と支配』所収、一九八四、有斐閣)

(白川部達夫)

くじやど 公事宿 近世において奉行所・代官所などに訴願にきたものを宿泊させた施設。地方では郷宿ということもあった。訴願のものに訴状の清書・代筆から書き方の指導、訴願の手順の説明、案内などを行い、役所との間を仲介する業務も行なった。このため役所側も特定の公事宿を公認し、訴訟関係者の待機場所や召喚者への差紙伝達、預けなどの宿に利用した。また役所との結びつきから、その触を村むらに伝達する用達の機能を兼務する場合もあった。江戸では公事宿は江戸宿と称され、旅人宿と八十二軒組、三十軒組などの百姓宿とに分かれ、それぞれ町奉行所・勘定所・郡代屋敷との関係が深かった。大坂では町奉行所などの用達が公事宿を兼ねることが多かった。

参考文献 茎田佳寿子「内済と公事宿」(『日本の社会史』五所収、一九八七、岩波書店)、村田路人『近世広域支配の研究』(一九九五、大阪大学出版会)、南和男『幕末都市社会の研究』(一九九九、塙書房)

(白川部達夫)

くじら 鯨 哺乳類クジラ目のうち成体長がおおむね四メートル以上の種類を指す。本州以南では縄文時代早期(紀元前四〇〇〇年ごろ)から鯨の利用や捕獲が行われ、北海道でも六～十世紀にかけてのオホーツク文化期に鯨の捕獲が行われたことが根室市弁天島遺跡出土の鳥骨製針入れに刻まれた突取捕鯨の図などから確認できる。文献上では八世紀に成立した『壱岐国風土記』の逸文に「鯨伏」という地名にちなんだ鯨の紹介がある。本州以南で商業目的で鯨を捕獲する(古式)捕鯨業が興るのは一五七〇年(元亀元)ごろの伊勢湾とされ、同地で行われた突取法が関東や紀州、土佐、西海に改良されながら伝わり一大産業となる。一六七七年(延宝五)紀州太地《たいじ》で、鯨に網を掛けてから突き取る網掛突取法が発明され、土佐、西海に伝わり標準的な漁法となるが、京都伊根浦などでは断切網、五島や能登などでは定置網を用いた捕鯨も行われる。捕鯨で生産された鯨油は灯油や農薬に、鯨肉は食用に、弾性がある鯨髭はゼンマイなどに、筋は綿打ち弓の弦に、採油後の骨粕は肥料になるなど、鯨体は余す所なく利用された。鯨組では鯨供養や供養塔建立が行われる一方、鯨に追われた鰊や、鯨に付く鰹を取る漁師は鯨をエビスとして信仰した。捕鯨地では鯨唄が歌われ、長崎くんちなどには鯨や捕鯨の山車が登場する。古式捕鯨業は文化人の注目を集め、司馬江漢の『西遊旅譚』のような紀行文にも取り上げられ、『勇魚取絵詞』をはじめ捕鯨の様子を描いた図説も数多く制作されている。日本の古式捕鯨業は江戸末期には衰え、一八九九年(明治三十二)以降ノルウェー式砲殺法による近代捕鯨業に移行するが、中心漁場は三陸、北海道(千島列島を含む)など北日本に移る。一九三四年(昭和九)には工船(捕鯨母船)を導入して南氷洋に出漁し、大戦の中断期を経て、一九六〇年代には世界一の捕獲頭数を上げるほどになり、日本は捕鯨オリンピックの勝者となる。しかしその後、鯨資源の減少や捕鯨禁止運動の盛り上がりがあって、八八年国際捕鯨委員会の決議に従い商業捕鯨から撤退している。

→鯨肉《くじらにく》

参考文献 中園成生・安永浩『鯨取り絵物語』(二〇〇九、弦書房)

(中園 成生)

江戸時代の捕鯨(『五島の鯨捕図説』より)

くじらじゃく 鯨尺 「衣」に関連する長さをはかる道具。

物差は対象とするものに応じて基準とする長さを定めてきた。中世の文献(『節用集』)に、「呉服尺(ゴフクザシ)」が「曲尺」の「一尺二寸」、「魚鬚(くじらざし)」が「曲尺」の「一尺二寸五分」にあたる、と記されている。物差の材質も、対象とするものに応じて選択されてきた。木を多く用いる建築には鉄製を、傷つきやすい衣服には竹製か鯨のヒゲ製を、それぞれ用い、鯨尺は材質に由来する名称であろう。 ↓物差《ものさし》

参考文献 小泉袈裟勝『ものさし』(『ものと人間の文化史』、一九七七、法政大学出版局)　(渡邉　晶)

くじらにく　鯨肉　食用にされる鯨の肉。鯨肉食は縄文時代には行われていたと考えられ、室町時代には貴族などが食す高級食材であったことが『四条流包丁書』などの史料から確認される。江戸時代には塩蔵の皮身・赤身が庶民の脂肪・蛋白源として普及し、一六四三年(寛永二十)の『料理物語』には鯨肉を用いた汁、煮物、和え物、焼き物、刺身、蒸し物、揚げ物、飯、麺などの料理が紹介されている。また一八三二年(天保三)の『鯨肉調味方』には、捕鯨漁場だった生月島《いきつき》で食されていた生肉や内臓などを用いた料理が記され、その中で、熱した鋤の上で鯨肉を焼く「鋤焼」も紹介されている。安房地方では、同地で捕獲された槌鯨の赤身で作る干肉(タレ)が伝統料理となっている。明治時代には食用鯨肉の消費はさらに拡大し、缶詰も生産されるようになり、九州の炭鉱地帯などでは塩蔵赤身肉が盛んに食されている。昭和後期の商業捕鯨の縮小・撤退以降、鯨肉価格は高騰し、需要も減少傾向にある。 ↓鯨《くじら》

参考文献 中園成生・安永浩『鯨取り絵物語』(二〇〇九、弦書房)、高正晴子『鯨料理の文化史』(二〇一三、エンタイトル出版)　(中園　成生)

くず　葛　マメ科のつる性多年草。山野に多く見られ、蔓で行李などを編み、繊維にして葛布を織る。根は長大で干して薬の葛根湯にするほか、澱粉質から葛粉が作られるなど利用範囲は非常に広い。葛粉は保存性が良いことから救荒食物として利用されたほか、葛湯をはじめ菓子など広く食品に利用されている。特に大和(奈良県)吉野のものが最上とされる。葛の利用は非常に古く、奈良時代の木簡でも確認できる。『庭訓往来』(十四世紀末ごろ)に記された点心の一つ水繊《すいせん》は、現在の葛きりに近いものと推定されている。各地に名物として伝わる葛餅は、葛粉と水を合わせて練ったものであるが、のちに小麦粉澱粉によって作られるようになる。江戸名物亀戸天神の葛餅も小麦澱粉で作られ、黄粉・黒蜜をかけて食べた。一方、林羅山の『丙辰紀行』(一六一六年(元和二))によれば東海道日坂(静岡県掛川市)の名物蕨餅は、実際には葛粉によって作られていた。現在、葛粉の生産は自然環境や後継者難などからむずかしくなっており、本葛粉の希少性は増し、馬鈴薯澱粉などが使われている。

参考文献 虎屋文庫編『「江戸おもしろお菓子」展—菓子と喧嘩は江戸の花—』(『虎屋文庫資料展』、一九九二)、青木直己『図説和菓子の今昔』(二〇〇〇、淡交社)　(青木　直己)

くずや　屑屋　古紙・ぼろ・古金属などを売買する人。近世都市江戸に即していうと紙屑買、古鉄買《ふるがね》、下金買、古着買など、リサイクル利用を前提として廃品を買い取って歩く者と、これを買い入れ再生業者などに卸す紙屑屋・古鉄屋・古着屋が該当する。後者の業態は立場《たてば》とも呼ばれ、紙屑買などに担い籠と元手銭を貸し、彼らが集めてきた紙屑類を買い取って、紙漉屋へと卸していた。立場の下で廃品回収に歩く者は下買・小前の者と称された。なお、紙屑拾いは非人身分の人びとが行なった。古鉄・紙屑・古着類を扱う者は盗品調査の観点から幕府による取り締まり対象となり、鑑札の保持と中を見透すことのできる籠の使用などが繰り返し触れ渡されている。また金銀については再生業者である屑金吹が、下金銀・

吉野葛（『日本山海名産図会』より）

古道具屋（『人倫訓蒙図彙』より）

屑金箔・蒔絵潰道具などを買い取って鋳造し、これを金座・銀座・下金屋に売っていた。一八一九年(文政二)に下金買・屑金吹は金座役所の取締をうけることとなった。

参考文献 伊藤好一『江戸の夢の島』(『江戸選書』九、一九八二、吉川弘文館)　(西木 浩一)

くすり 薬　傷病の治療・予防、健康の増進などに用いられるもの。薬の歴史は古いが、系統的な薬学研究・教育は一八七四年(明治七)東京医学校製薬学本科生教育の開始、八二年薬学校通則の制定、薬舗主(のち薬剤師)養成に始まる。一方、七〇年売薬取締規則の制定、七四年司薬場(のち衛生試験所)の創設により贋薬や無効無害な万病薬の排除に努め、八六年には日本薬局方を制定して薬品規格の統一を図り、八九年薬品営業並薬品取扱規則(薬律)を制定して近代的薬事制度は一応の完成をみた。遅れていた製薬事業は第一次大戦によるドイツ医薬品の輸入途絶を契機に国産化が図られる。現在、新薬はさまざまな臨床試験による有効性・安全性などの確認を経て薬価基準のリストに収載され発売となるが、その品目数は一万八千にもなる。国内の医薬品生産額は七兆円、輸入薬二兆八千億円、薬局調剤医療費の伸びも大きい(二〇一二年(平成二十四))。薬好きの国民性と薬漬けの医療が医療保険財政を圧迫している。

参考文献 清水藤太郎『日本薬学史』(一九四九、南山堂)、宗田一『近代薬物発達史』(一九七四、薬事新報社)、新村拓『医療化社会の文化誌―生き切ること・死に切ること―』(一九九八、法政大学出版局)、「国民衛生の動向―二〇一四／二〇一五―」(厚生労働統計協会編『厚生の指標』六一ノ九、二〇一四)　(新村 拓)

くすりうり 薬売り　⇩売薬《ばいやく》

くすりや 薬屋　薬を調合・販売する所、およびそれを担う人の総称。大きく分けて行商を行うものと、店舗を構えるものとがあり、古くは前者が一般的だったが、江戸時代には後者もその数を増やした。幕末まで主流だった漢方医学・医療が医薬を不可分としたのに対して、明治政府は、一八七四年(明治七)の医制で、西洋医学の知見にもとづき、免許を得た医者と薬屋(薬舗)による医薬分業体制を敷く方針を打ちだした。しかし、在来の薬屋は、西洋薬の扱いに不慣れだったこともあって、薬屋がおもに売薬を担う一方で、医者が調剤を行うことも認められた。薬屋はその後、八九年の薬品営業並薬品取扱規則によって、医者の処方にもとづく調剤など、薬品の製造・販売に携わる薬局と、免許を得て薬品の販売のみを行う薬種商とに区別されるが、相当数の医者や病院がみずから調剤・売薬を行うなど、医薬分業が不完全な状態が、以降も長く続いていく。↓売薬《ばいやく》

参考文献 厚生省医務局編『医制百年史』記述編(一九七六、ぎょうせい)、山崎幹夫『薬と日本人』(『歴史文化ライブラリー』、一九九九、吉川弘文館)、『日本薬剤師会史』(二〇一四、日本薬剤師会)　(石居 人也)

くちいれ 口入れ　江戸時代に奉公の斡旋などを行う人物をいう。口入屋。侠客の祖と目される幡随院長兵衛も口入れを営んでいたとされ、アウト＝ローと口入れとの関係は深い。口入れは寛永期にはその存在が確認され、足軽や中間などの武家奉公人を藩や旗本などに供給した。奉公に際しては口入れは奉公人の請人(保証人)になり、口入料を受け取った。十八世紀になると武家奉公人不足を背景に、奉公人の質が悪化し、口入れは給金を前払いしても雇い先に現れない、奉公しても失踪してしまう奉公人に悩まされることになる。また当然口入れは得意先を持っていた。宮益町(東京都渋谷区)にあった口入れ橋和屋には一八四〇―六〇年代の記録が残っているが、それによれば斡旋した奉公人三百九十八人中二百八十八人が伊予(愛媛県)西条藩家臣への奉公であった。これは橋和屋の近くに西条藩上屋敷があったためであった。↓請人《うけにん》 ↓奉公人《ほうこうにん》

参考文献 根岸茂夫『大名行列を解剖する―江戸の人材派遣―』(『歴史文化ライブラリー』、二〇〇九、吉川弘文館)、渋谷学研究会編『結節点としての渋谷―江戸から東京へ―』(『渋谷学ブックレット』四、二〇一四、國學院大學研究開発推進センター)　(吉岡 孝)

くちコミ 口コミ　マスメディアを通じて大量の情報が不特定多数に一方向的に流れるマスコミュニケーションに対して、個々人の直接的でパーソナルな関係にもとづく情報の流れを意味する。「マスコミ(マスコミュニケーション)」をもじることで造語された言葉で、一九六〇年代から使用されるようになった。かつては、対面で行われる口頭の情報交換を意味していたが、インターネットのSNSやブログなどが口コミの発信源となるに従い、対面の口頭によるコミュニケーションに限定されなくなっている。また、マスメディアが口コミによる情報を重視するようになりつつある事情もあり、造語の当初と比べて、マスコミと口コミの関係は対立的なものではなくなりつつある。

参考文献 森俊範『「くちコミ」の研究―個性化社会のヒット現象を解く―』(一九八七、PHP研究所)　(塚原 伸治)

くちべに 口紅　唇につける化粧品。江戸時代までの天然染料に対し、明治時代には合成染料が輸入され、紅の値段は安価となった。だが口紅や頬紅の使用は、上流階層や花柳界の女性に限られた。そのため新聞や雑誌でも京都の紅清や紅平などの紅屋が小さな広告を載せる程度であった。一九一四年(大正三)には伊勢半が「キスミー口紅」を発売し、一八年に中村信陽堂が国産製リップスティック式の最初といわれる「オペラ口紅」を発売した。大正時代から口紅は一般的に普及し、本紅(皿紅)に似た真赤色の棒紅が主流となっていく。昭和二十年代にはパピリオやキスミーなどが押し出し式の口紅を発売し、同四十年代には青、黄、パールなどを塗り重ねることで新色が発見され、口紅の色数は増加した。合成染料の新製

品が登場するなか、現在でも高価な紅花による天然紅の人気は衰えていない。↓化粧《けしょう》

参考文献 高橋雅夫『化粧ものがたり―赤・白・黒の世界―』(一九九七、雄山閣出版) (刑部 芳則)

ぐちゅうれき　具注暦　その日の吉凶などを注記した暦。朝廷の中務省陰陽寮《なかつかさしょうおんみょうりょう》で暦博士が翌年の具注暦を作成し、十一月一日に天皇・皇后・皇太子に御暦を献じて諸司には頒暦《はんれき》を配り、貴族たちも具注暦を入手した。具注暦の冒頭には、その年の歳徳神《としとくじん》・大将軍などの在る方角、各月の大小(大は三十日、小は二十九日)などが記され、毎日の暦には、日の下に干支・納音《なっちん》(木・火・土・金・水の五行)・十二直《ちょく》(建《たつ》・除《のぞく》・満《みつ》・平《たいら》・定《さだん》・執《とる》・破《やぶる》・危《あやぶ》・成《なる》・納《おさん》・開《ひらく》・閉《とづ》)が記入されている。中下段にはその日の暦に関する情報として、干支による天一天上《てんいちてんじょう》・八専・十方暮《じっぽうくれ》、季節による土用・節分、諸行事の吉凶・禁忌などが書かれている。注記の後には数行の余白がある。九条師輔《くじょうもろすけ》の『九条殿遺誡《ゆいかい》』では、朝に暦を見て日の吉凶を知ること、暦に行事の予定、昨日の公務の記録を書き付けることを毎日の心得としており、藤原道長の『御堂関白記』、源《みなもとの》俊房《としふさ》の『水左記《すいさき》』などは具注暦に書かれた日記である。

参考文献 広瀬秀雄『暦』(『日本史小百科』五、一九七八、近藤出版社)、岡田芳朗『日本の暦(愛蔵保存版)』(一九九六、新人物往来社) (菅原 正子)

くつ　履　足の底から甲を包みこむはきもの。発掘された最古の履は弥生時代後期の木履《きぐつ》で、足がのる底板の周囲を三センチほど高くし、その側面に孔を設け、紐を通して足の甲に縛ったと考えられる。古墳時代には人物埴輪にも底板の上に左右二枚の側板をつけ甲と踵で接合した甲から踵までを覆う履の表現が認められ、古墳の副葬品に金銅製の飾履《しょくり》がある。金銅製飾履は朝鮮半島から伝来した履で、表面に文様を打ちだし多数の歩揺を針金で留め、さらに底面にも装飾を施し、長さ四五センチもの長大な例も

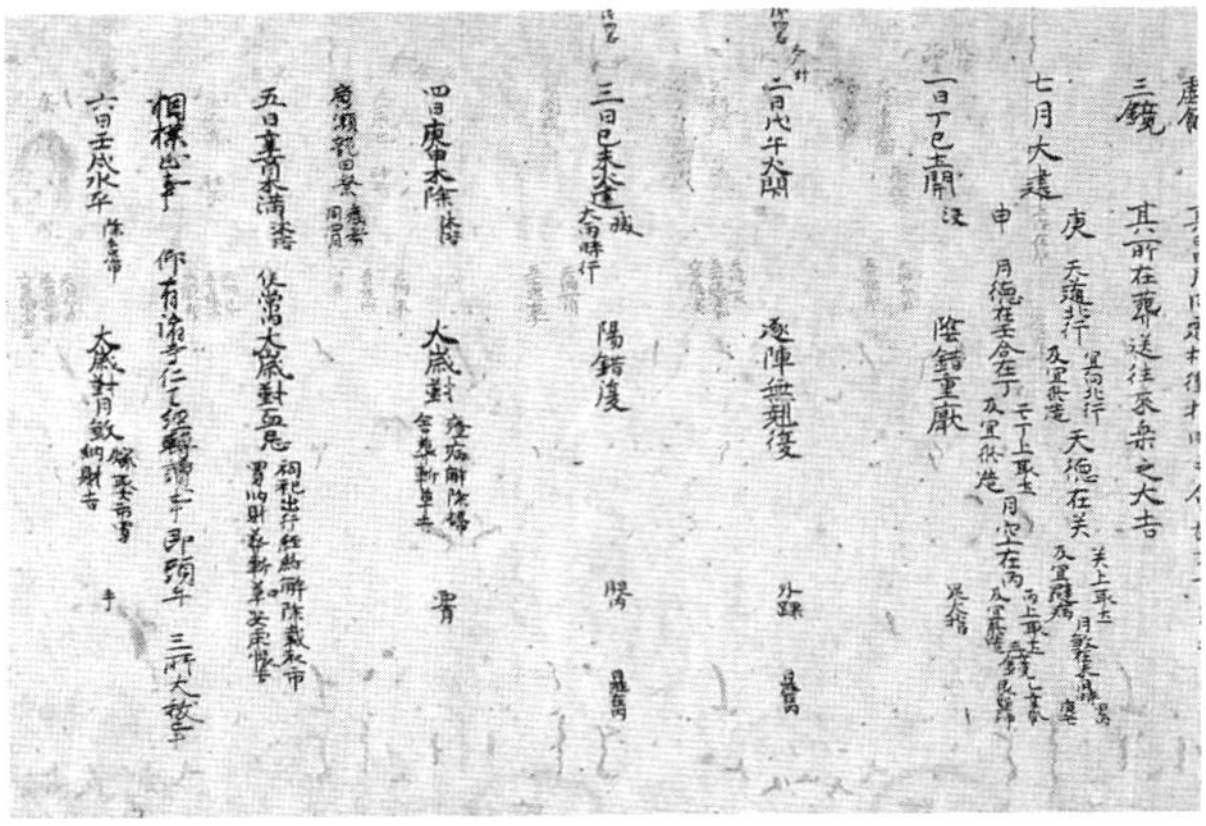

長徳4年具注暦(『御堂関白記』)

衲御礼履(正倉院宝物)

毛　沓

繡線鞋(第4号，正倉院宝物)

あることから、日常的な実用品ではなく、儀式用か埋葬用の装身具と考えられる。奈良時代には一木を刳りぬいて足先の甲から踵までを覆う木履が普及した。また正倉院南倉には聖武天皇が大仏開眼会に履いた納御礼履《のうごらいり》をはじめとする革製と繊維質の履も伝来している。革製履は底と甲、両側面の合計四枚を縫い合わせており、つま先が反り上がり先端が花形を呈す。左右の区別はなく、中に藺むしろを麻で包んで中敷きとした。平安時代以降における公家装束の浅沓《あさぐつ》は桐製黒漆塗りで、奈良時代の木履から発展した。また武官が履いた靴《かのくつ》はブーツ状の革製の深沓《ふかぐつ》であった。大鎧を着用した武士も毛沓《けぐつ》を履いた。

参考文献　奈良国立文化財研究所編『木器集成図録』近畿古代編(一九八五)、同編『同』近畿原始編(一九九三)、正倉院事務所編『正倉院宝物』七・八(一九九五・九六、毎日新聞社)、近藤好和『装束の日本史―平安貴族は何を着ていたのか―』(『平凡社新書』、二〇〇七、平凡社)

(塚田　良道)

くつした　**靴下**　足にはく衣料品。靴下は、明治初年から陸海軍をはじめ、警察など制服着用の際に西洋靴とともに使用された。明治時代は足袋や裸足が主流であったが、一八八七年(明治二十)には小松崎茂助や鈴木卯兵衛などの靴下の広告が散見される。冬の毛糸、夏の絹糸、

靴下　白木屋の新聞広告(『読売新聞』1950年5月28日付夕刊)

春秋の木綿メリヤスと、季節に応じて使い分けられた。明治三十年代には細地で黒色や鼠色の靴下が多かった。大正末期には、薄い絹製で肌色の婦人用長靴下が登場するが、高等女学校ではその着用を禁じるところもあった。昭和初期には安価な人絹靴下が販売されるが、一九三九年(昭和十四)二月には国策でスフ織物の規格統制に指定された。それまで靴下止めには釣りガーター、ゴム輪を用いたが、昭和二十年代にはゴム入靴下が登場した。また合成繊維であるナイロン＝ストッキングの開発および改良により、婦人用の薄手絹製長靴下は後退していった。

→ナイロン＝ストッキング

参考文献　『読売新聞』(一八八七年九月十六日付朝刊、同年十月二十五日付朝刊、一九〇一年十二月二十七日付朝刊、一九三九年二月三日付夕刊、一九五〇年五月二十八日付夕刊)

(刑部　芳則)

くつみがき　**靴磨き**　革靴を磨く商売、それを生業とする人。汚れを落とし、油脂クリームや靴墨を塗って布で磨くことで、革靴の色やツヤを出し、柔軟性、耐久性、防水性を維持することができる。靴磨きは、いまだ革靴使用者が少なかった明治期から商売として成立しており、駅構内などで営業されたほか、明治二十年代には社会事業家の本郷定次郎が、孤児とともに東京の山の手を巡回したように、訪問営業の靴磨きもあった。なお軍隊内で上官の軍靴磨きは下級兵士の仕事であった。大正期後半になると、洋装のサラリーマンの増加とともに、街頭の靴磨きが「新商売」として注目されるようになった。敗戦直後には戦災孤児ら「浮浪児」の生業の一つで、保護された浮浪児の七～一四％が、浮浪中の生活手段として靴磨きをあげていた。彼らの姿は「東京シューシャインボーイ」(一九五一年(昭和二十六)、暁テル子歌唱)、「ガード下の靴みがき」(五五年、宮城まり子歌唱)などの歌謡曲に歌われている。今日ではチェーン化した専門業者が増える一方で、街頭の靴磨きは姿を消しつつある。

参考文献　山室軍平『基督教と日本人』(『民衆基督教叢書』、一九二〇、救世軍出版及供給部)、大阪朝日新聞社経済部編『商売うらおもて』続(一九二六、日本評論社)、逸見勝亮「敗戦直後の日本における浮浪児・戦争孤児の歴史」(『北海道大学大学院教育学研究院紀要』一〇三、二〇〇七)

(大岡　聡)

くにじち　**国質**　中世社会において行われた質取《しちとり》行為の一つ。中世社会では、債務の不履行や契約違反・利害調整のために人や物などさまざまなものを質に取る、あるいは差し押さえる質取という行為が行われた。国質もそのような質取行為の一つで、特に戦国時代に多く見られる。その特徴は財産の差し押さえや、身柄の拘束ということが、債務不履行者、契約違反者本人にとどまらず、当事者の所属する共同体の者にまで及ぶという点で、当事者と同じ「国」に所属するものであるという条件があれば、当事者以外の誰からでも質取が行われた。この慣習には、個人対個人の争いが即時にそれぞれの所属する共同体間の争いへと転化するという中世後期社会の特質が表れている。戦国大名などはしばしばこれを禁止する法令を出しており、当該期の社会において広く行われていた慣行であることを示している。国質以外にも、質取の対象範囲を郷とする郷質《ごうじち》や、在所を範囲とする所質《ところじち》などがある。

→郷質《ごうじち》

参考文献　勝俣鎮夫「国質・郷質についての考察」(『戦国法成立史論』所収、一九七九、東京大学出版会)

(川端　泰幸)

くびかざり　**首飾**　首にかけて胸元を飾る装飾。日本列島では北海道知内町湯ノ里4遺跡の旧石器時代の墓から出土した首飾と見られる数点の石製小玉が最古の例である。縄文時代には石製の玉や貝を単体、あるいは数珠繋ぎにして首飾とした。縄文前期から中期には新潟県姫川産の硬玉(ヒスイ)製大珠を単体で下げた首飾が、後期には小玉や勾玉、オオカミの犬歯などを数珠繋ぎに連ねた

首飾が流行した。弥生時代には小玉はガラス玉となり、勾玉も硬玉製で形が整う。また碧玉製管玉が登場し、山陰や北陸で生産された。古墳時代には瑪瑙、水晶、滑石、さらに金銅や金、銀などが素材に加わり、多角形の切子玉や棗玉も現われる。多種の玉を繫ぎ合わせた首飾は、人物埴輪の造形にも見ることができる。しかし七世紀になると急激に衰退し、それが復活するのは明治維新後の洋装の普及によってである。

参考文献 土肥孝『縄文時代の装身具』(『日本の美術』三六九、一九九七)、岩永省三『弥生時代の装身具』(『同』三七〇、一九九七)、町田章『古墳時代の装身具』(『同』三七一、一九九七)　(塚田　良道)

くま　熊　クマ科の大型哺乳類。本州には主にツキノワグマ、北海道には主にヒグマが生息する。縄文時代から狩猟の対象の中心とされた。猟期は秋に冬眠をする前か、春、冬眠から出てくるころである。熊は捨てるところがないといわれ、肉はもとより、毛皮は高級な敷物、胆嚢《たんのう》は万病の薬である。ほかに、舌は熱さましになり、傷薬にもなる。骨は、酢や酒で練合わせると打ち身の薬、焼いて粉末にすれば血圧降下剤や頭痛薬になる。血は頭痛薬や疲労回復薬、強壮剤。肝臓は心臓・肝臓・結核の薬という具合である。いずれも乾燥させ、粉末にして服用する。さらに、熊の脂は吹出物やしもやけ、やけどに効能があり、頭を黒焼きにし粉末にしたものを飲めば婦人病に効くといわれた。また、メス熊の小腸を乾かして短く切り、妊婦の腹帯に入れておくと安産になるという。足柄山で金太郎(坂田金時)が熊と相撲をとった伝説や、熊にまたがる金太郎が武者人形に作られるなど、人々から親しまれている。一方、二〇〇〇年代に入ったころから、本来の生息地である山岳地帯から人里へ下り、農作物を荒らしたり、人間に危害を加えるなど社会問題になっている。　→熊《くま》の胆《い》

参考文献 群馬県立歴史博物館『人と動物の歴史　狩り』(企画展図録、一九八六)、栃木県立博物館『狩人―庶民生活の中の狩り―』(企画展図録、一九八九)　(柳　正博)

くまで　熊手　落ち葉を搔き集めたり、穀物を均したりする竹製の道具。先端を火であぶり鈎状に曲げた竹を、扇状に広げて編んだもの。福熊手は、搔き集める機能からの語呂合せで福徳を集める縁起物とされ、酉の市や初詣の授与品として現在でも親しまれている。江戸時代の農書では、熊手は田畑にまく肥料を搔き均したり、収穫した穀物を干す際に均したり、肥料とする落ち葉を搔き集めたりする道具とされ、農具として位置づけられていた。　(加藤　幸治)

熊　手

くまのい　熊の胆　熊の胆嚢《たんのう》を乾燥させ、生薬にしたもの。万病に効くといわれ、一度に飲む量は、耳かき一杯くらいである。ぬるま湯に溶いて盃一杯を飲むのが一般的である。大きさは二十～百二十匁で、これを三分の一から四分の一に切り分け、いろりで干す。フルイの上に紙を敷き、寝かせて一週間置く。熊の胆は金と同様に取引され、これを買うのは地域の人である。実際に狩猟で熊を仕留めた人が均等配分するという約束事で、売値は目方で決めたという。　→熊《くま》

参考文献 栃木県立博物館編『狩人―庶民生活の中の狩り―』(企画展図録、一九八九)　(柳　正博)

くみあいむら　組合村　近世における村々の連合組織。近世の村はさまざまな利害の契機によって重層的に多様な村どうしの結合関係を持っていた。それは領主などによって結成されるもの(助郷組合・鷹場組合・御改革組合など)と村の側から自主的に結成されるもの(水利組合・浪人取締組合)に大別されるが、いずれの場合にも組合を構成する村々によって自主的な運営が行われ、そこに地域管理秩序が形成されるようになり、村の自治的・自律的側面として注目されている。

参考文献 熊沢徹「組合村(村連合)」(『幕藩体制の展開と動揺』下所収、一九九六、山川出版社)、久留島浩『近世幕領の行政と組合村』(二〇〇二、東京大学出版会)　(桜井　昭男)

くみおどり　組踊　大和の能・歌舞伎などを参考にして琉球で創作された演劇。一七一九年に玉城朝薫《たまぐすくちょうくん》によって創作されたものに始まる。当時、琉球王国は清国と徳川幕府双方に朝貢する外交政策をとり、琉球王の代替わりに、清国からは冊封使が派遣され、新王の冊封を行なった。冊封使一行への接待の必要から朝薫を踊奉行に任じ、新たな芸能の創作を命じた。それまでに数度にわたって通詞などの名目で薩摩・江戸に出掛けていた朝薫は、能・狂言・浄瑠璃・歌舞伎などのたしなみも深く、ヤマトの芸能を参考にしながら、琉球ならではの創作劇を考案した。朝薫作は「護佐丸敵討」「執心鐘入」「銘苅子」「女物狂」「孝行の巻」の五作であり、それぞれにヤマトの能などの影響を見ることも可能であるが、当間一郎が『組踊研究』その他で述べているように、あえて比定する必要がないほど、沖縄の風土に根ざした内容になっている。朝薫の後には平敷屋朝敏《へしきやちょうびん》「手水の縁」や田里朝直《たざとちょうちょく》「万歳敵討」「大城崩」、高宮城親雲上《たかみやぐすくペーチン》「花売の縁」などが続く。

参考文献 伊波普猷『校註琉球戯曲集』(一九二九、春陽堂)　(竹内　光浩)

くみがしら　組頭　江戸時代の村役人の呼称。与頭とも書く。大石久敬『地方凡例録』七上によれば、元来は五人組の頭のことを指した。転じて名主(庄屋)の下役を務

める補佐役の呼称となった。名主(庄屋)・百姓代とともに地方三役あるいは村方三役と総称される。関東では名主・組頭、上方・遠国では庄屋・年寄と並び称され、年寄や長百姓もまた組頭に相当する役職である。名主・庄屋とは異なり、職務に対する給米は設定されないことが多く、年貢免除の引高も低い。人数としては二〜三名、あるいは五〜六名といったように複数名置かれることが多い。ほかに五人組の判頭のことを組頭といった。また江戸幕府の職制にも組頭が置かれた。大番・書院番・小姓組番・新番・小十人番の五番方には、番頭の下に組頭が置かれ、長崎・日光などの遠国奉行をはじめ、幕府の奉行所にも支配組頭が置かれていた。

参考文献 大石久敬『地方凡例録』下(大石信敬補訂・大石慎三郎校訂、『日本史料選書』四、一九六九、近藤出版社)

(山本 英二)

くよう 供養 三宝すなわち仏・法・僧、もしくは死者の霊に供物を供えて回向すること。また、施される飲食物、衣服などの布施をいう。本来は香華・灯明・幡あるいは飲食、衣服、資材などの施物を行うことを主とするが、精神的なものも含める。その供える物の種類、供える方法、および対象によって種々に分類され、敬供養、行供養・利供養などがあり、また、開眼供養、鐘供養、経供養などの仏教行事もある。日常生活においては、現世に生きる者が亡き人を思いやって、仏壇に線香をあげて手を合わせることや、「南無阿弥陀仏」などと唱えることも供養にあたり、盆行事、年忌、卒塔婆、後生車なども供養の表れである。それから、人だけでなく命あるものとして動物なども供養の対象となる。猟師による供養儀礼や、現代では犬・猫などのペット供養なども行われている。さらには、針供養などのように、「もの」にも魂がやどるとして供養することがある。供養のかたちとしては、供養碑・遭難碑などを建碑することや、絵馬を寺社に奉納することもある。

→法事《ほうじ》

参考文献 竹田聴洲編『先祖供養』(『葬送墓制研究集成』三、一九七九、名著出版)、萩原秀三郎・須藤功『葬送と供養』(『日本宗教民俗図典』二、一九八五、法蔵館)、柳田国男「先祖の話」(『柳田国男全集』一五所収、一九九八、筑摩書房)

(栗原 健一)

くら 倉 穀物・商品・財宝などを火災や盗難などから守り、保管するための建物。高床倉庫・土蔵・板倉・校倉・石倉など、さまざまな形式がある。倉は類焼を避けるために寺院や官衙では倉庫の区画を別に設けることもあった。民家では蔵の前に廂《ひさし》を取り付けることもあり、さらに室内化して部屋(蔵前)とすることもあるが、多くは主屋と別棟で離して建てる。倉の歴史は古く、農耕の開始に伴い、穀物を収めるための倉が建てられた。高床とすることで湿気から、鼠返しを用いて小動物から収納物を保護した。奈良時代の校倉は正倉院正倉などが現存する。律令時代には、調庸物や諸国の貢献物を収めるものは蔵、米穀類を収めるものは倉、兵器・文書を収めるものは庫とする。『西大寺資財流記帳』には校倉・板倉・丸木倉など、多様な形式が確認できる。倉の開封権限により、正倉院正倉などは勅命による勅封《ちょくふう》、寺院の正倉などは三綱《さんごう》による綱封《こうふう》の倉があった。正税を納めるため、郡衙には比較的規模の大きい倉が多く造られた。一方で

高床倉庫(登呂遺跡,復原)

見世蔵(埼玉県川越市)

民家の土蔵

集落の倉は郡衙よりも一回り規模の小さいものであった。倉の防火対策として、古代には正倉域の隔離や土倉の推奨が法令に確認でき、平安時代の藤原頼長の書庫は板壁の上に土を塗っていた。鎌倉時代から室町時代には防火のための土倉は金融業の代名詞で、倉が社会的に家格や資産を誇示する象徴であった。近世以降は都市部で厚い漆喰大壁・土戸による、高い防火性の土蔵が建てられた。切妻造の屋根の妻側に家紋や水の文字を書くことや、壁を海鼠《なまこ》壁とすることもある。米蔵のほか、文庫蔵(文書・衣類・家財道具など)、穀物倉(穀物や種子など)、味噌蔵、醬油倉などもある。また郷倉のように村落による共同所有もある。店舗を兼ねた見世蔵(埼玉県川越市)や内部を座敷とした座敷蔵(秋田県横手市増田地区)もある。また奄美大島などの南方では、近世以降も草葺の高床の倉庫が造られ、床下も収納スペースとして用いられた。近代に入ると、西洋建築が導入され、横浜・函館・倉敷・舞鶴など港湾部を中心にレンガ倉庫が建てられた。一方で、金融業である銀行には土蔵造も用いられた。↓蔵造《くらづくり》↓郷倉《ごうぐら》↓社倉《しゃそう》

参考文献 石田茂作『校倉の研究(復刻版)』(一九九二、臨川書店)、奈良国立文化財研究所埋蔵文化財センター編『古代の稲倉と村落・郷里の支配』(一九八八)、清水真一『校倉』(『日本の美術』四一九、二〇〇一、至文堂)、富山博『日本古代正倉建築の研究』(二〇〇四、法政大学出版局)

(海野 聡)

くら 鞍 馬を使役するための馬具の一つ。轡《くつわ》と手綱あるいは鞭が、人の意思を馬に伝えるために用いられるのに対し、鞍は人(もしくは荷物)を馬上に安置することを主目的とする。前近代の日本の鞍は木材を主な素材とし、足を置く鐙《あぶみ》を左右に下げ、腹帯・胸繋《むながい》・尻繋《しりがい》によって馬体に固定された。ちなみにハミを馬の頭に固定するのは面繋《おもがい》である。古墳時代に馬とともにもたらされた外来の鞍と鐙は、独自の発展を遂げ、固有の形状を持つ和鞍・和鐙となった。前近代の乗馬鞍である和鞍は、前輪《まえわ》・後《しず》輪《わ》・左右の居木《いぎ》からなる。前輪と後輪の傾斜などは馬上での挙止に応じたものという。また加飾もあり、美術工芸品としても優れたものが多い。荷物を載せる荷駄鞍は和鞍とはまた異なる形状で、馬の損耗を避けるためか、わらなどで作った重厚な緩衝材を下に附けていた。近世の庶民の場合、乗馬鞍を用いた騎行は原則として許されていない。それにもかかわらず、馬方などに乗馬の禁制が繰り返し下されているのは、荷駄鞍上に跨り、鐙を用いず、馬の口のハミにつないだ一本手綱で馬を操る者が多かったからであろう。なお、遠距離の旅客も荷駄鞍に類する鞍に乗ることがあった。

参考文献 『日本馬具大鑑』一―四(一九九〇―九二、日本中央競馬会)

(村井 文彦)

くらしのてちょう 暮しの手帖 一九四八年(昭和二十三)九月二十日、『美しい暮しの手帖』というタイトルで創刊、現在まで続いている雑誌。五三年十二月以後『暮しの手帖』と改題。この雑誌には、傑出した編集者、花森安治《はなもりやすじ》(一九一一―七八)の独自の経験と思想が凝集され、占領から高度成長、さらにその後の日本社会を生活の視点から批判的に捉え続けた。創刊にあたっては、戦争中に大政翼賛会宣伝部に所属した「悔恨」をバネに、女性を軸に生活を大切にする視点が設定された。占領期には何もなくなった焼跡から、手近な材料を使って生活を組み立てる努力と工夫が具体的に提唱され、高度成長期には、

『暮しの手帖』1954年３月号

大企業によって作られる家庭電化製品などを、一つ一つ取り上げ、その性能を吟味し生活のなかでの意味を問い続けた。「商品テスト」と呼ばれるこの実験は、企業からいっさい広告料をもらわない精神によって支えられた。七〇年代には「経済大国」化する日本を「狂った繁栄」とみて警告するとともに、企業の利益や政府の考え方と「暮し」がぶつかったら、政府や企業を倒すことこそ「ほんとうの〈民主々義〉」だと戦後精神の初心を説き続けた。

参考文献 花森安治『一銭五厘の旗』(一九七一、暮しの手帖社)

(安田 常雄)

くらづくり 蔵造 土蔵のように外壁を漆喰で厚く塗り固めた構造。または、その家を指す。土蔵造ともいう。木部はすべて土で覆い、開口部は観音扉の土戸とする構造で、耐火性に優れる。これに対し、下屋の軒裏や内部の柱など木部の一部を塗り籠めずに露出させる形式は、塗屋造と呼び、蔵造より簡易な耐火構造である。蔵造は、街路に面したミセを住居部分とは別棟で建てる、店蔵(見世蔵)という町屋の一形式として、主に関東・東北地方に分布する。火災が相ついだ江戸では、防火対策のため一七二〇年(享保五)に出た御触れにより、それまで奢侈禁止を目的に町人の住居には許されなかった蔵造の建設が推奨されるようになった。ただし実際に店蔵が普及するのは、幕末から明治時代にかけてである。一八九三年(明治二十六)に大火に見舞われた川越(埼玉県川越市)では、焼失を免れた蔵造の家屋に注目が集まり、町並み

蔵造（大沢家住宅，埼玉県川越市）

が蔵造で再建された。このほか、佐原(千葉県香取市)、真壁(茨城県桜川市)などが知られているが、これらも幕末・明治期の大火後に町並みが再建された例である。　↓倉《くら》

参考文献　江面嗣人『近代の住宅建築』(『日本の美術』四四九、二〇〇三、至文堂)　(松下　迪生)

くり　栗　ブナ科の落葉高木で、澱粉質に富み生食できる実は食用に供された。縄文前期から中期の大集落遺跡として知られる青森市三内丸山遺跡では、建築材としてクリ材が多数用いられ、クリの栽培も行われたと考えられている。『日本書紀』持統天皇七年(六九三)条によれば、飢饉対策として栗などの栽培が奨励され五穀の助けとしたとある。栗は「菓子」として諸国から貢進されたが、『延喜式』では七ヵ国のうち丹波国からの貢納量が最も多く、平安時代にはすでに丹波が栗の産地として知られていたらしい。中世以降になると、干した栗の実を臼で搗いて殻と渋皮を取り除いた搗栗《かちぐり》を「勝ち」にかけて、縁起物として戦陣の祝宴に供せられ、民間においても正月の祝儀や長寿を祈願する歯固めに用いられるなど儀礼的な食品としての性格を強めた。栗は栗粉で作った栗粉餅(栗餅)や栗羊羹《くりようかん》・栗金団《くりきんとん》などとして食されたほか、耐水性の強い材質を利用して土木・建築用材としても重用された。　↓林《はやし》

参考文献　松山利夫『木の実』(『ものと人間の文化史』、一九八二、法政大学出版局)、今井敬潤『栗』(『ものと人間の文化史』、二〇一四、法政大学出版局)　(伊佐治康成)

クリスマス　クリスマス　イエス＝キリストの生誕日を祝うキリスト教の行事。十二月二十五日がその生誕日とされ、その前日が前夜祭でクリスマス＝イブと呼ばれる。西洋の古い冬至祭がその起源とされ、ために中国ではクリスマスのことを洋冬至と呼ぶ。西洋のキリスト教社会では、きわめて重要な行事であり、北欧の風俗などが習合してモミの木のクリスマス＝ツリーを飾ったり、小アジアの聖人であった聖サンクト＝ニクラウスへの信仰から、サンタクロースが生み出されたりした。日本では一八七三年(明治六)にキリスト教の禁教が解除され、七六年にはじめて日本人の手によってクリスマスが祝われたとされている。それは、社会事業家であった原胤昭《はらたねあき》が洗礼を受けて銀座に創立したキリスト教主義の学校、原女学校においてのことであった。とはいえ、九州の隠れキリシタンの間では、江戸時代にあっても秘かにクリスマスがなされていたらしく、長崎県の生月島では今でもそれが続けられている。生月島のキリシタンたちはクリスマスのことを御誕生《おたんじょう》、クリスマス＝イブのことを御産待《おさんま》ちと称し、十二月の冬至のころに信徒らが集まって納戸《なんど》神《がみ》(マリア像)を拝み、オラショと呼ばれる讃美歌を唱和することになっている。今日の日本のクリスマスは、家庭行事やイベント行事としてすっかり定着しており、ますます盛況化しつつあるものの、信仰的要素はほとんど見られないというのが現状である。

参考文献　O・クルマン『クリスマスの起源(新装版)』(土岐健治・湯川郁子訳、二〇〇六、教文館)　(長沢　利明)

グルメ　グルメ　もとはフランス語で美食家や食通を指す言葉で、食材や調理法に関する広範な教養を有する者を指していた。現在の日本でグルメといった場合、『ミシュラン＝ガイド』などで格付けされるような高級レストランやホテルを対象とした本格志向のグルメがある一方で、一九八〇年代中ごろから、誰でも訪れることのできる安価な店を対象とした、いわゆるB級グルメも登場し、近年になると、食通といわれる著名人などが「行列のできる店」を食べ歩く番組が多く放送されるようになった。いずれにせよ、メディアなどで取り上げられた人気店舗などを好んで食べ歩く流行追随者の要素が強いといえる。二〇〇〇年代以降、このグルメとしてのB級グルメの一般化とメディア露出の増加は、地域の町おこし・村おこしと結びつき、地域の特色を生かしたご当地グルメが広範かつ急速に注目されるようになった。だが、この過剰なご当地グルメへの注目は、地域独自の食文化を宣伝する地域おこしよりも、安易に地域の特産品とカレーや焼きそばなどのメニューを結びつけただけの張りぼての「ご当地グルメ」を乱造させる傾向が強く、グルメを望む人々の欲求と、地域おこしを狙う人々の思いは、一定の成果を上げつつも齟齬を残しているといえるだろう。

参考文献　北山晴一『美食の社会史』(『朝日選書』、一九九一、朝日新聞社)、田村秀『B級グルメが地方を救う』(『集英社新書』、二〇〇八、集英社)　(花岡敬太郎)

くれ　榑　江戸時代の材種の呼称。榑木ともいう。材木を三尺から五尺程度の長さに輪切りにし、これを蜜柑割にして心材を除き、断面を扇形にした材種のこと。これを薄く割って薄板にし、屋根を葺く板とした。榑木のなかでも檜・椹《さわら》を素材とした木曽榑・伊那榑が、江戸時代初期から著名であったが、大量の採取により良材が払底し、のちには規格の短小化、雑木からの採取も行われるようになった。伊那谷では、江戸時代以前から榑木が商品化されていたが、江戸時代には本年貢を榑木で上納する「榑木成村」が設定されていた。

参考文献　所三男『近世林業史の研究』(一九八〇、吉川弘文館)　(佐藤　孝之)

クレヨン　クレヨン　顔料に木蠟・パラフィン・脂肪酸を加えて混ぜ合わせて棒状にした色彩画用の画材。wax crayon。十五世紀以降、ヨーロッパでは顔料に炭酸カルシウム、白土などを加えた粉末をアラビアゴムなどで練り固めたパステル pastel が使用されていたが、これは重ね塗りによる色の混合ができるものの接触による剝落が欠点であった。第一次世界大戦中、フランスのコンテ社は、顔料に木蠟・パラフィン・脂肪酸を加え、色の重ね塗りには不向きであったが鮮明な色彩を持つクレヨンを商品化した。渡仏留学中の洋画家山本鼎《やまもとかなえ》(一八八二―一九

四六)は、クレヨンを日本に持ち帰り、一九二一年(大正十)、桜クレイヨン商会(現株式会社サクラクレパス)がその製造・販売に着手した。山本は自身が推進した児童の自由画教育運動の中でクレヨンを推奨し、その後、自由画教育の広がりとともに、クレヨンも全国に普及した。二五年、山本と桜商会はパステルとクレヨンの欠点を克服する安定性のある重ね塗りが可能な画材として、油性の媒剤を用いた日本独自の画材であるクレパスを開発し、広く全国に普及した。

参考文献 田中経人『文具の歴史』(一九七二、リヒト産業)
(宮瀧 交二)

くろごめ 黒米 もみを脱穀したままの、精白していない玄米のこと。精白した米を白米という。『延喜式』民部省によると、白米が諸国から納入されたのに対して、黒米は近江・美濃ら六ヵ国から内蔵寮へ二百石、近江国から民部省へ五百石納入されただけである。黒米は主に神酒の醸造料、仕丁らの食料、神馬の秣料として使用された。江戸時代には「黒米飯」といって玄米だけを蒸して食べていたことが『可笑記』(一六四二年(寛永十九))などにみられる。
(木村 茂光)

くわ 桑 クワ科の落葉高木で、葉は主に蚕の飼料として利用された。『魏志』倭人伝に「蚕桑緝績《さんそうしゅうせき》」(桑の葉で蚕を養い絹糸を紡ぐ)とあり、弥生時代には養蚕・紡織が行われていた。記紀の死体化成神話から、桑(蚕)は五穀と並んで、もしくはそれ以上に重要なものと認識されていた。律令制下においては、園地に漆とともに戸の等級に応じた桑の栽培が規定され、桑漆帳も作成された。近世には漆・楮《こうぞ》・茶と並ぶ四木の一つとして栽培されたが、本田畑への栽培は禁止され、もっぱら屋敷の周辺や畑の畦などに植えられた。近代以降には生糸が最大の輸出産業となったこともあって、桑の栽培も群馬・長野・山梨など東日本を中心に隆盛を極めたが、戦後は化学繊維の発達によって急速に減少していった。桑は蚕の飼料のほかに、実(椹《じん》)は生食や発酵させて桑椹酒《そうじんしゅ》が造られ、葉は薬用や馬の飼料のほかに桑茶として飲用され、桑根の白皮は薬用に利用され、材は工芸・建築材として珍重された。

参考文献 伊藤智夫『絹』I・II(『ものと人間の文化史』、一九九二、法政大学出版局)
(伊佐治康成)

くわ 鍬 刃床部と柄からなる耕作用具。耕起、砕土、均平、畝立て、中耕除草、土寄せ、溝さらいなど多くの作業に用いられる。稲作の伝来とともに日本にもたらされたと見られ、すでに弥生時代の遺跡からは木製・鉄製の鍬の出土がある。現在の形に分化発達したのは江戸時代である。集約労働と深耕多収を背景としてさまざまなものが開発された。鍬はその構造から、風呂鍬と金鍬《かなぐわ》に大別される。木製の刃床部に鉄製の鍬先をはめ込んだものを風呂鍬、刃床部全体が鉄製であるものを金鍬と称する。また使用法に応じて、打鍬・引鍬・打引鍬に大別される。打鍬は、前進しながら土を反転させるもので柄の長さは中庸、刃床部と柄の角度は六〇～八〇度と大きい。耕起や開墾に用いるため、重い金鍬が適している。後退しながら土を削る引鍬は、柄が長く、刃床部と柄の角度は三〇～五〇度と小さい。中耕除草や土寄せに用いるため軽い風呂鍬が適している。打引鍬は打鍬と引鍬の中間の特徴を有する。刃先が二～六本に分かれたものは備中鍬と称され、土がつきにくいため粘土質の田畑に用いられた。

参考文献 飯沼二郎・堀尾尚志『農具』(『ものと人間の文化史』、一九七六、法政大学出版局)
(加藤幸治・今井雅之)

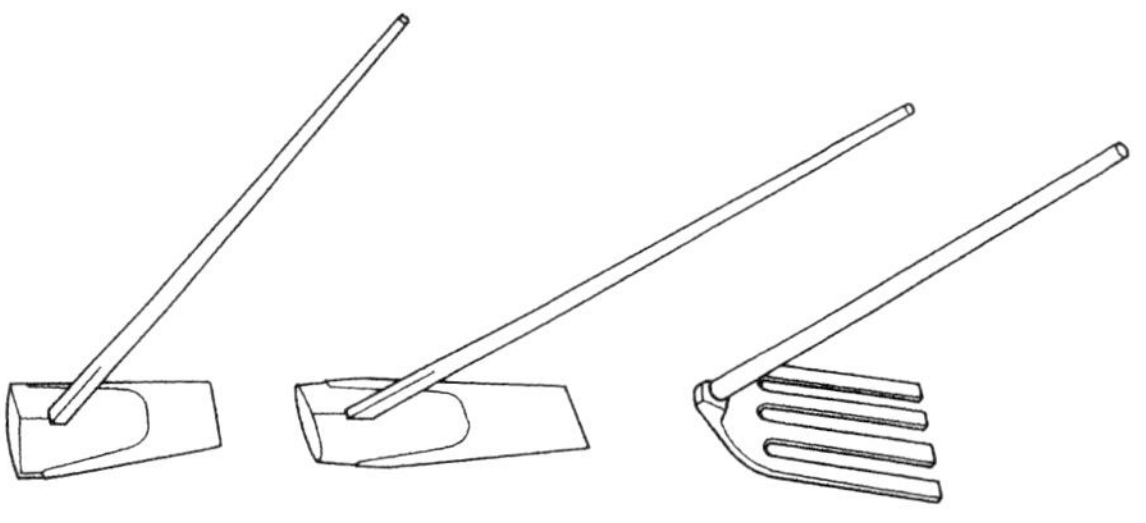

鍬 (左より) 打鍬，引鍬，備中鍬

ぐんか 軍歌 軍の採用歌、もしくは軍隊や戦争などにまつわる歌。日本の場合、原義や狭義では、アジア太平洋戦争中の大本営発表に使用された「敵は幾万」や「軍艦行進曲」など、軍隊内の士気高揚を目的とした陸海軍省の採用歌のみを指す。軍隊では歌は重要視され、戦場を想定し、大声で狭義の軍歌を唱和する軍歌演習もたびたび行われた。他方、軍の採用歌以外の軍隊や戦争にまつわる歌についても、現在では広義の軍歌と見なされる。軍以外の公的機関の採用歌、新聞社などの公募歌、戦争中の一般歌謡(戦時歌謡)、各種の替え歌、非公式な軍隊内の愛唱歌、戦友会の自作歌など、その性質は多岐にわたり、作られた時期も、明治期から戦後までと幅広い。これらの歌には、軍隊生活や戦争の悲哀を扱ったものも多く、中には「雪の進軍」や「戦友」のように、知名度の高さに反し、総力戦体制期に歌詞の内容が軍に批判され、修正や歌唱禁止などの処分を受けた歌もある。戦後に多くの歌が廃れたが、一方で一部の歌は、カラオケ、パチンコ、右翼の街宣車、自衛隊行事など、新たな場で形を変えて歌い継がれている。

参考文献 長田暁二『戦争が遺した歌―歌が明かす戦争の背景―』(二〇一五、全音楽譜出版社)
(山口 隆行)

くんしょう　勲章　明治時代に創設された栄典制度。一八七五年(明治八)四月に旭日章(勲一等—八等)が、翌七六年十二月に大勲位菊花大綬章が制定された。勲章授与の扱いは賞勲局が管轄し、授与の選定は同局内に置かれた議定官が行なった。八三年一月に叙勲条例と叙勲条例附則により選定基準が明文化され、以後八八年九月の文武官叙勲内則など数度の改定が行われるが、叙勲対象が基本的に初任官からの年数に応じていることに変化はない。八八年一月に大勲位菊花章頸飾、勲一等旭日桐花大綬章、瑞宝章(勲一等—八等)、宝冠章(勲一等—五等、九六年四月に勲六等—八等を増設)、九〇年二月に金鵄勲章(功一級—功七級)が新設された。これにより国家の功労による旭日章と、勤続年数による瑞宝章とに対象が分かれた。最高勲章の大勲位菊花章頸飾の叙勲者は皇族を除くと元勲に限られ、国家の功労者を対象とする大勲位菊花大綬章および勲一等旭日桐花大綬章の叙勲者も、皇族を除くと高級官僚である親任官および勅任官を長年務めた者である。女性を対象とした宝冠章は女官や教育者などに与えられた。金鵄勲章は戦場で武功を立てた軍人を叙勲対象とした勲章である。また一九三七年(昭和十二)二月には文化に功績のある者を叙勲対象とする文化勲章が創設された。太平洋戦争の終戦後の四六年五月に文化勲章を除く生存者への叙勲が停止され、翌四七年五月に金鵄勲章は廃止となった。六四年四月には生存者への叙勲が復活し、戦没者への叙勲が開始された。二〇〇二年(平成十四)八月の勲章制度改正により、従来の等級とともに旭日章・瑞宝章・宝冠章の旧勲七等と八等を廃止した。旭日章が女性の叙勲対象となったため、一般女性に対する宝冠章の授与は行われなくなった。近年では旧制度の高等勲章に相当する大綬章が民間人に授与されるような変化が見られる。これは戦前期の臣下の序列としての栄典制度を見直したものである。

参考文献　『賞勲局百年資料集』上・下(一九七六・七八、大蔵

勲一等旭日大綬章・副章（右下）・略綬（左下）

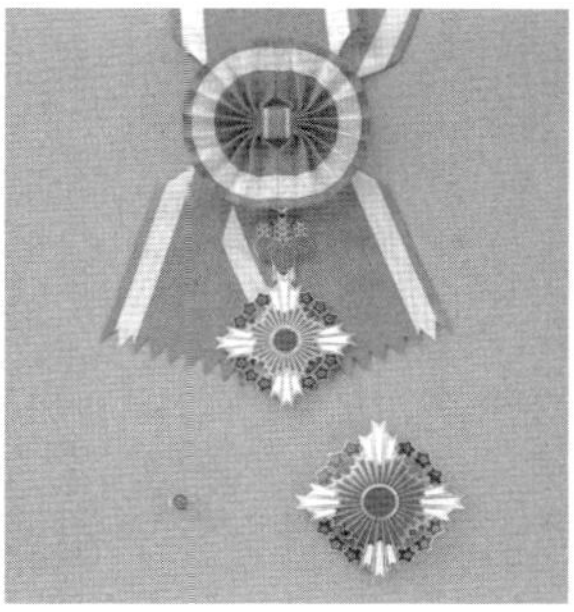
勲一等旭日桐花大綬章・副章（右下）・略綬（左下）

大勲位菊花大綬章・副章（右下）・略綬（左下）

大勲位菊花章頸飾

文化勲章・略綬(左)

功一級金鵄勲章・副章(左)

勲一等宝冠章・副章（右下）・略綬（左下）

勲一等瑞宝章・副章（右下）・略綬（左下）

勲　章

省印刷局)、刑部芳則「栄典制度の形成過程―官僚と華族の身分再編を中心に―」(『日本史研究』五五三、二〇〇八)、同「明治時代の勲章制度」(『中央史学』三五、二〇一二)、同「明治時代の勲章授与式」(『明治聖徳記念学会紀要』五二、二〇一五)
（刑部　芳則）

くんせい　燻製　原料を煙でいぶすことによって、味や香りに特有の風味と色調を付与し、保存性を高めた食品。燻製中に水分が除去されると同時に、煙中に含まれるフェノール系化合物などが原料表面に沈着し、腐敗防止や脂肪の酸化防止に働き、貯蔵性を向上させている。ハム、ベーコン、サケ・ニシンの燻製や鰹節、秋田県の名物いぶりがっこなどがある。燻製のルーツは明らかではないが、鰹節は一六七四年(延宝二)ごろに、高知などで製造されており、また、アイヌ人のサケの燻製ラカンも古くから作られている。一方、ヨーロッパ式のサケの燻製の本格的な生産は、一九〇五年(明治三十八)に北海道水産試験場が欧米の技術を導入したことにより始まる。燻煙法には、長期保存が目的の冷燻法と味付けを目的とする温燻法などがある。従来、燻製は貯蔵が主目的のかなり硬い製品が多かったが、最近では嗜好性を重視した軟らかく食べやすい製品が多く製造されている。

参考文献　太田静行・高坂和久・グュエン＝ヴァン＝チュエン『スモーク食品』(一九九七、恒星社厚生閣)
（中澤　弥子）

ぐんぞく　軍属　軍隊の構成員で陸海軍に服務する軍人(将校・下士官・兵)以外の者の総称。陸海軍文官、同待遇者(高等官待遇の法務官試補、判任官待遇の監獄看守および警査など)、軍属読法により宣誓して陸海軍の勤務に服する者をいった。準軍人として軍事法制の適用を受けた。文官には普通文官(政務次官・参与官・書記官・理事官・事務官)、教官(教授・助教)、技術官(技師・技手・陸地測量師・測量手)、法官(法務官・司法事務官・録事)、監獄官(監獄長・監獄看守長・警査・監獄看守)、看護婦(看護婦長・看護婦・看護婦生徒)、司政官(司政長官・司政官・軍政地教授・警部)、通訳官(通訳官・通訳生)などの職種があった。宣誓して陸海軍の勤務に服する者には雇員、傭人、嘱託などがあった。陸海軍大臣・同次官も文官とされたが現役将官を補任資格とした。一九三七年(昭和十二)には陸軍軍人約九十一万人に対し軍属は七百九十一人にすぎなかったが、四五年には軍人約三百万人に対し軍属は八万四千五百八十四人と激増した。

参考文献　氏家康裕「旧日本軍における文官等の任用について―判任文官を中心に―」(『防衛研究所紀要』八ノ二、二〇〇六)
（小磯　隆広）

ぐんたい　軍隊　国家が国防・治安維持などの目的をもって保有する武装組織。近代日本の軍隊は、一八七一年(明治四)、政府が御親兵を設置、天皇直属の陸軍を創設したことに始まる。同じころ、政府は、旧幕府や諸藩からの献上・接収軍艦などで水上部隊を編成して海軍の基礎を作った。模範兵制とされたのは陸軍がフランス(のちドイツ)、海軍がイギリスのそれであった。七三年に徴兵制が施行され、次第に国民皆兵の制度が整えられた。陸・海軍は、それぞれ陸軍士官学校・海軍兵学校で養成された職業軍人をもって主要な幹部(将校)とした。陸軍は連隊区を単位とした郷土部隊として編成され、兵士を徴兵に頼り、下士官には志願兵をあてた。海軍は陸軍に比べ訓練に時間を要するために兵士・下士官の大半を志願兵によって確保した(日中戦争期以降になると海軍にも多くの徴兵が入った)。戦前日本には独立した単位での空軍はなかったが、航空部隊は陸軍・海軍それぞれに属するものがあった。日本の軍隊はアジア太平洋戦争敗戦に伴い解体されたが、朝鮮戦争を契機にして警察予備隊が、のちに陸・海・空自衛隊が組織された。

参考文献　藤原彰『日本軍事史』上・下(一九八七、日本評論社)、高橋典幸他『日本軍事史』(二〇〇六、吉川弘文館)
（山田　朗）

ぐんぷく　軍服　帝国陸海軍の制服。一八七〇年(明治三)十二月に陸軍はフランス式、海軍はイギリス式を採用して定められた陸軍徽章・海軍徽章が最初の服制である。〔陸軍〕陸軍の服制は、七三年九月に将校の肋骨服と、下士官兵の五個釦《ボタン》の上下紺小倉服に分けられ、八六年二月および七月のドイツ式への改正で整備された。一九〇〇年九月に将校用夏服の白肋骨が白詰襟五個釦式へと改正されるが、同年に勃発した北清事変では多くの死傷者を出したことから、白服・白脚絆は改正課題となった。〇四年二月に勃発した日露戦争では、二〇三高地の攻略などで多大な犠牲者を出したため、従来の濃紺絨の軍服ではないカーキ色の戦時服が採用された。戦時服は一二年二月の陸軍服制で正式な軍服となり、一九一三年(大正二)十一月の改正では将官用に残されていた肋骨服も姿を消した。これは肋骨服を愛用していた明治天皇が崩御したことによる。一二年の陸軍服制から軍服は立襟であったが、一九三八年(昭和十三)五月の改正では折襟に変更された。これは前年に勃発した日中戦争における中国兵との差異を明確にする意味を持っていた。四三年十月の改正では襟章が大きくなり、将校は袖に階級線と星章をつけた。この改正点は、軍事同盟国であるナチスドイツの影響といわれているが、軍服に似た国民服や作業着が多く登場したため、軍民被服の差異を明確にする狙いもあったと思われる。〔海軍〕海軍の服制は、一八七〇年(明治三)十二月に正衣と略衣とに分かれていたが、翌七一年十二月に正衣(正装)、常衣(礼装)、略衣(軍装)の区別がつき、袖章の四角形が日の丸へと変化した。七三年十一月(公布は七五年十一月)に海軍正装は二行十個釦、相当官は一行十個と定められるが、八七年七月には相当官も二行十個釦の袖金線に識別色線をつけるものとした。一九〇四年七月に二行八個釦へと改正された。海軍礼装は、二行五個釦のフロックコート型で、ほとんど変化しなかった。海軍略服の冬服

は第一種服、夏服は第二種服と称し、冬は紺サージ、夏は白綿の一行五個釦を基本とした。一九〇〇年七月に夏用の階級肩章が制定されるが、冬服は一九年(大正八)十月に襟章が設けられるまで階級は袖章のみで示した。下士官略服は冬服・夏服とも一行五個釦とし、水兵はセーラー服であった。いずれも冬は紺、夏は白であるが、二七年(昭和二)六月に陸戦隊は茶褐色を採用した。三三年五月に准士官以上の陸戦隊は青褐色の背広型夏衣へと改正され、これは四三年十一月に設けられた略服の原型となった。翌四四年八月の第三種軍装令により淡青色の四個釦開襟式の略服が主流となる。イギリス式を変えることのなかった海軍服制は、陸軍服制に比べると変化が少ない。 ↓制服《せいふく》 ↓セーラー服《ふく》

参考文献 太田臨一郎『日本近代軍服史』(『風俗文化史選書』、一九七二、雄山閣出版)、同『(写真集)日本の軍服―幕末から現代まで―』(一九六〇、国書刊行会)、刑部芳則「「制服」の記録―コスチュームから見た日本の近代史―」(『浜松市博物館報』一九、二〇〇七)、同『洋服・散髪・脱刀―服制の明治維新―』(『講談社選書メチエ』、二〇一〇、講談社)、同「明治天皇の服制と天皇像―「見せる天皇」と「見せない天皇」―」(『明治聖徳記念学会紀要』四八、二〇一一)

(刑部 芳則)

けいかんけん 景観権 現に存在する良好な景観を享受する権利。東京都国立市において、高層マンション建設が景観利益を侵害するとして近隣住民が訴訟を起こした。二〇〇六年(平成十八)に最高裁判所は、住民の請求を容認し、高さが二〇メートルを超える部分の撤去を被告に命じる判決を下した。これを契機に景観権は社会に広く認知されるようになった。しかし景観とは定量化できるものではなく、その権利をどのように整理していくかは今後の課題である。

(前川 歩)

けいかんじょうれい 景観条例 良好な景観形成を目的とした地方公共団体の条例。具体的には、建築物の高さやデザイン規制を伴う。市町村単位では一九六八年(昭和四十三)に金沢市が制定した伝統環境保存条例(現在ではそれに代わり二〇〇九年(平成二十一)制定の「金沢市における美しい景観のまちづくりに関する条例」が施行されている)、都道府県単位では六九年に宮崎県が制定した沿道修景美化条例がその最初だとされる。当初は法律上の根拠をもたない条例、すなわち強制力をもたない自主条例であったが、二〇〇五年の景観法の施行に伴い、自治体が景観行政団体として景観行政に取り組むことができるようになった。景観条例から景観法へという流れは、自治体の取り組みが法律の制定に至った例であり、自治体発の政策革新・政策波及の代表例としてみることができる。

参考文献 日本建築学会編『景観法と景観まちづくり』(二〇〇五、学芸出版社)、伊藤修一郎『自治体発の政策革新―景観条例から景観法へ―』(二〇〇六、木鐸社)

(塚原 伸治)

けいご 敬語 相手や話題の人物に敬意を表す言語表現。時枝誠記《ときえだもとき》はこれを「上下尊卑の識別に基く事物の特殊なあり方の表現」とした。十九世紀末、近代文学の前提として俗語革命を提唱した坪内逍遙は、「敬語と語尾」など、言語表現における話者や書き手の性差や階層差の除去が必要である、とした。しかし、二十世紀に入ると国語教育では歴史的仮名遣いの採用や、女子の中等教育には女性ジェンダーの象徴的な存在として敬語表現をふまえた手紙文が導入される。さらに文化装置としての言語表現が求められ、「婦人語が即ちこの敬語の起源」(金田一京助『言霊をめぐりて』所収、一九四四年(昭和十九))とあるように、敬語は、女性性と結び付けられることも多い。他方、一九三〇年代後半以降、南洋や東南アジアでの植民地や軍事占領地では、簡易な日本語が必要とされる時代を迎える。時枝は敬語の体系を「国語研究に於ける一の迷路」とするにとどめ、「民族精神」の根拠とする態度を批判したが、巷間のさまざまな出版物では帝国本国のアイデンティティとして注目され、「国語の一つの特性」「敬語は日本人にしか分からない」といった他者との文化的な壁を強調する議論を呼びこんでいった。 ↓国語《こくご》

参考文献 時枝誠記「敬語法及び敬辞法の研究」(京城帝国大学文学会編『語文論叢』所収、一九三六、岩波書店)、金田一京助『言霊をめぐりて』(一九四四、八洲書房)

(長 志珠絵)

けいこうとう 蛍光灯 ⇩電球《でんきゅう》

けいこごと 稽古事 ⇩習《なら》い事《ごと》

げいごと 芸事 遊芸を嗜むこと。特に、素人が師匠について芸の習得に励むことをいう。中世以前、公家や芸能者などによって担われてきた諸芸は、江戸時代になり三都を中心に経済的成長を遂げてきた町人層へと浸透し

た。町人が芸事を嗜む理由に関して、井原西鶴『日本永代蔵』では「其時をえて、詩歌・鞠・楊弓・琴・笛・鼓・香会・茶の湯も、おのづからに覚えてよき人付会」とあり、諸芸が社交上必要な素養として位置づけられている。遊芸への過度の没頭が家業の没落を招いた例は、西鶴前掲書や三井高房『町人考見録』に数多くみられる。三井高房は「仮初にも、幼少の子供に遊芸を習はし申事、第一、其の親のあやまり也」と幼年期の芸事に警告を発した。また、博多の豪商、島井宗室は遺言状に「碁・将棋・平法・うたひ・まいの一ふしにいたるまで、四十までハ無用候」と記し、壮年期までの芸事を子孫に禁じている。もっとも、こうした警告の存在自体が、当時の都市社会における芸事の普及を物語っている。芸事の需要に応じ、都市には芸能を教授し生計を営む師匠が出現した。やがて師匠たちは芸能を型として固定化し、その免状を発給することで階梯式の教授システムを作り上げた(家元制度)。これにいち早く着手した生花の池坊家の場合、十七世紀後期に全国規模の門人録が作成され、十八世紀初期には家元―中間教授者―門弟間の職階が成立し、十九世紀には門弟数二万人に達した。家元制をとった代表的な芸能に、茶道(表千家・裏千家・武者小路千家・藪内流・遠州流など)・舞踊(花柳流・藤間流・若柳《わかやぎ》流・西川流・坂東流など)・音曲(常磐津《ときわづ》節・清元節・河東《かとう》節・新内《しんない》節・富本節・小唄など)がある。江戸時代後期になると、芸事を嗜んだのは町人のほか、大名を含む武士、村落の富裕な百姓、僧侶など身分の枠を超えていた。また、一人の子女が複数の芸事を掛け持ちする例が式亭三馬『浮世風呂』にみえ、今日の習い事の原型を江戸時代に見ることができる。↓内弟子《うちでし》　↓師匠《ししょう》　↓習《なら》い事《ごと》

参考文献　芸能史研究会編『日本芸能史』五(一九八六、法政大学出版局)、熊倉功夫編『伝統芸能の展開』(辻達也・朝尾直弘編『日本の近世』一一、一九九三、中央公論社)

(塩川　隆文)

げいしゃ　芸者　手腕や能力を持った人やその芸を職業とする者を指す語。近世には、遊廓、宿場、岡場所など売春が行われる遊興地で歌舞音曲を提供し酒宴を盛り上げる芸能者を意味するようになった。近世初期の遊女は芸能を身につけた者もあったが、江戸新吉原遊廓では、一七四〇年(元文五)の警動(取締り)によって踊り子と称する隠し売女が摘発されて新吉原に収容され、売春だけでなく芸者として活動し、遊女とは区別される吉原芸者の誕生につながった。女芸者は、遊廓などの売春の場を社交や遊興の場として彩る存在で、宴席に出る際にも箱屋(随従の男)に監視され置屋に隷属する者から、芸能を教授する自立性の高い者まで時期や地域によって多様である。通常は遊興地の芸者全体を見番が統括した。一方、男芸者は人数は少ないが、宴席に侍る幇間《ほうかん》のほか、河東節家元三世十寸見《ますみ》蘭洲《らんしゅう》のように、新吉原の遊女屋と芸能の家元を兼ねる者も少なくなかった。↓歓楽街《かんらくがい》

芸者（鳥居清長筆「品海遊宴図」より）

参考文献　曽根ひろみ『娼婦と近世社会』(二〇〇三、吉川弘文館)、浅野秀剛「吉原の女芸者の誕生」(佐賀朝・吉田伸之編『三都と地方都市』所収、二〇一三、吉川弘文館)

(横山百合子)

けいたいでんわ　携帯電話　移動しながら通話が可能な電話サービスの総称。アメリカや北欧などの一部先進地域では、一九七〇年代後半ごろから、自動車電話という形で利用が始まり、日本でも八〇年代中ごろ以降に自動車電話や、バッテリーや受信機を肩掛けにして持ち運ぶショルダーフォンが用いられるようになった。だが、通話範囲が狭く、ショルダーフォンに至っては、総重量が三キロを超えるなど「携帯」するにはあまりに重量が大きかったこともあり、全面的に普及するところまでは至らなかった。九〇年代半ば以降になると、携帯電話の機能は飛躍的に向上し、九五年(平成七)に簡易携帯電話サービスPHSが始まり、端末・通話料金が安価であったこともあり一気に一般に普及した。一般の携帯電話サービスにおいても、九九年のドコモ社によるｉモードの導入や、二〇〇〇年代以降の第三世代携帯電話の普及、そして〇七年以降に登場したパソコンとほぼ同等の機能を持つスマートフォン(スマホ)により、携帯電話は単なる通話器具ではなく、人々にとって最も身近なインターネッ

携帯電話　1985年発売のショルダーフォン

ト端末として圧倒的な地位を占めるようになる。日本での携帯電話サービスは、機能や料金体系などが他国と比べて独自の進歩を遂げてきた経緯から、島独自の生態系の発展を遂げたガラパゴス島になぞらえてガラパゴス携帯(ガラケー)と呼ばれることもある。九〇年代後半以降、携帯電話は、常に同時代の若者にとって最も重要な生活機器の一つといえ、カメラ付き携帯電話(写メール)、音楽配信サービス(着メロ・着うた)、ケータイ小説、SNS(Social Networking Service の略で、Facebook や Twitter、Line など)などさまざまな形態のコミュニケーションが誕生した。特にケータイ小説や Facebook をはじめとするSNSなどは、新聞やテレビからの発信を受け取ることがもっぱらだったそれまでから、携帯電話所有者個々人が自由(かつ無責任)にメディアの発信者になることを可能にし、人々とメディアの在り方を根底から大きく変えていくきっかけになったということができるだろう。 →情報化社会《じょうほうかしゃかい》

参考文献 正高信男『考えないヒトーケータイ依存で退化した日本人―』(『中公新書』、二〇〇五、中央公論新社)、谷脇康彦『世界一不思議な日本のケータイ』(二〇〇八、インプレスR&D)、松田美佐・土橋臣吾・辻泉編『ケータイの二〇〇〇年代―成熟するモバイル社会―』(二〇一四、東京大学出版会)

(花岡敬太郎)

けいと 毛糸 動物の毛から作られる糸。毛織物を織る織糸、メリヤス製品用のメリヤス糸、手編用の手編毛糸がある。幕末の輸入品を最初とし、明治時代には紡績工場で国産品が作られるようになる。極太毛糸は早編ができ、防寒性と柔軟性を兼ね備えており、スポーツウェアーに用いられる。並太毛糸は丈夫で編みかえがきき、厚手の衣服、スポーツウェアー、子供服に利用される。中細糸はセーターやカーディガンに使われる。極細糸はセーター、下着、手芸品などが編まれる。

(刑部 芳則)

けいば 競馬 人馬一体で重ねた鍛錬の成果を問うスポーツであり、馬体の美しさや力強さを目の当たりにするという魅力もあって、古今東西、人を魅了してきた。今日の競馬の多くは、近代英国に範をとり、一定の規則に厳密に従って、勝馬投票券(馬券)を発行する近代競馬である。日本には一八六〇年(万延元)に渡来した。横浜の外国人居留地で一八六二年(文久二)に催された競馬のプログラムには仮名書きのものもある。早くから日本人が関心を寄せていたのであろう。一八六六年(慶応二)には本格的な競馬場が根岸村(横浜市中区根岸台)に築かれた。横浜の競馬を主導したのは居留外国人であったが、ここで日本人も競馬を楽しみかつ学んだ。なお、根岸競馬場は鹿鳴館と同様、対外的なアピールの場ともなったという。一九〇七年(明治四十)前後、軍馬改良を図る国策のもと、馬への関心を高めるため、政府は馬券発売を「黙許」した。ここで、すでに実積のある横浜に加え、各地に競馬倶楽部が結成され、全国に十六の競馬場を数えるに至る。当時、馬券は安くとも一枚五円という高額なものであり、開催も春秋二回各数日間という短いものであったが、その人気は高く、万余の観衆を集めた。一方、弊害も多かったとされ〇八年馬券発売は禁止、競馬場も十一ヵ場に再編統合、競馬は一時の沈潜を見た。しかし一九二三年(大正十二)の競馬法は馬券発売に法的根拠を与え、昭和初年の競馬の興隆を招く。ちなみに、これら競馬倶楽部が、現在の日本中央競馬会の基礎となった。また、地域の産馬組合などによる競馬場も一九三五年(昭和十)に全国で百十六ヵ場に上っている。これらは現在の地方競馬の基礎となった。さらに畑競馬などと呼ばれるごく小規模の競馬興業もあった。なお、現行の日本の競馬の種目は平地・障害・ばんえいの三種であるが、かつては騎乗速歩・繋駕速歩という種目も施行されていた。戦時下に制限を受け、四四年、中止となった競馬だが、戦後は復興、幾たびかの競馬ブームもあり、今日もひろく人気を集めている。競馬への関心は、単に勝敗にとどまるものではなく、一九七〇年代のハイセイコー号、一九九〇年代初めのオグリキャップ号をはじめ、競走馬や騎手が共感を集めることも多い。特に馬に寄せる想いには、個々のファンの心情を越え、それぞれの時代相があることも指摘されている。 →馬《うま》

参考文献 『日本競馬史』一―七(一九六六―七五、日本中央競馬会)、日高嘉継・横田洋一『浮世絵明治の競馬』(『シヨトル・ミュージアム』、一九九八、小学館)、立川健治『文明開化に馬券は舞う―日本競馬の誕生―』(『競馬の社会史』一、二〇〇八、世織書房)

(村井 文彦)

明治初年の横浜根岸競馬場風景(『ザ＝ファー＝イースト』より)

けいべん 軽便 建設費や維持費を抑制するため、一般の鉄道よりも低規格で建設された軽便鉄道の俗称。狭義には一九一〇年(明治四十三)四月に公布された軽便鉄道法にもとづいて建設された鉄道をいうが、通常は軌間一〇六七ミリ(三フィート六インチ)未満の鉄道をさし、森林

鉄道、殖民軌道、鉱山鉄道など、鉄道法規によらない低規格の鉄道も含む。政府は国有鉄道の培養線として軽便線の敷設を奨励し、一一年三月に軽便鉄道補助法を公布した。軽便鉄道は資本蓄積の乏しい地域社会に普及していったが、速度は限定的で、輸送力も小さく、大量輸送・高速輸送という鉄道輸送の特性に欠けていた。そのため二〇年代以降、路線バスなどに取って替わられ、三〇年代末までに零細な軽便鉄道は淘汰された。また、戦後の高度経済成長期のモータリゼーションの影響を受け、七〇年代までにほぼすべてが廃止された。

参考文献 野田正穂他編『日本の鉄道―成立と展開―』(一九八六、日本経済評論社) (老川 慶喜)

けいりん 競輪 ⇩賭《か》け事《ごと》

けいろうのひ 敬老の日 国民の祝日の一つで、老人を敬う日のこと。国民の祝日に関する法律によれば「多年にわたり社会につくしてきた老人を敬愛し、長寿を祝う」ことを目的として、一九四八年(昭和二十三)に制定された。もとは九月十五日とされてきたが、二〇〇三年(平成十五)からは九月第三月曜日に変更されて現在に至る。兵庫県多可郡野間谷村(多可町八千代区)において一九四七年に「老人を大切にし、年寄りの知恵を借りて村作りをしよう」という趣旨で九月十五日を「としよりの日」と定めたのが最初である。五〇年には兵庫県へ、その後は全国へと拡がっていった。六四年に「老人の日」に改称され、六六年に国民の祝日、「敬老の日」となった。各地方自治体においては、七十歳以上の高齢者へ弁当や饅頭を配布したり、記念品を贈ったりすることなどが行われており、子供の日や母の日、父の日が家族ごとに行われているのに対し、社会的性格が強いことが特徴といえる。 (関沢まゆみ)

ゲートボール ゲートボール 五人一組の二チーム対抗で行われる日本発祥のスポーツ。一九四七年(昭和二十二)鈴木栄治(のちに和伸に改名)が北海道河西郡芽室町でヨーロッパの伝統的な競技クロッケーをヒントに考案した。もともとは太平洋戦争後の物資不足で遊び道具のない子どものためにつくられた遊びだったが、高度成長期に高齢者向けスポーツとして爆発的に流行し、定着した。現在では日本だけでなく世界各国に普及している。

参考文献 中野博季『ゲートボール物語』(一九八六、時事通信社) (木村 哲也)

けおりもの 毛織物 羊毛を中心とする生地の総称。毛織物は、一五五五年(弘治元)にポルトガルの貿易船が来航した際にもたらされた羅紗を嚆矢とする。江戸時代の初期にはオランダ船により、羅紗に加えて、呉呂服倫《ゴロフクレン》や羅背板《ラセイタ》がもたらされ、上層階層に珍重された。明治政府が洋式制服を採用すると、政府官員を中心に洋服生地に用いる毛織物の需要は増大し、開港直後から慶応期に優勢であった呉呂は後退する。また一八七四年(明治七)以降の毛織物主要品目はモスリン(唐縮緬)が首位となり、次にイタリアン＝クロス(毛繻子《けじゅす》)、綿毛交織物という順であった。日本の風土は緬羊飼育に適さず、毛織物の原料は輸入に頼った。九〇年からはオーストラリア羊毛の直輸入が開始された。日清戦争の戦中および戦後には、九四年十一月に毛布織合資会社が設立、九五年七月に大阪毛糸会社が資本を増資して日本フランネル株式会社と改称、十二月に毛斯綸紡織株式会社、九六年三月に東京モスリン紡織株式会社が設立され、各種毛織物が国産化できるようになった。一九〇四年二月に日露戦争が発生すると、軍需品の需要が高まり一時的に一般市販品を製造する余裕がなくなる。だが、大正時代には羊毛工場がモスリンやセルなど薄手の和服用毛織物の生産を展開すると、各地の織物業も綿および絹織物から毛織物へと転換していった。一九三〇年(昭和五)の国産品愛用運動に際して昭和天皇が国産毛織物を着用したとの報道は、国産毛織物伸長をもたらした。羊毛工場は三一年に十六社、三四年に二十二社、三八年に四十二社と増加すると、大日本紡績、東洋紡績、綿華紡績、倉敷紡績などが相ついで羊毛工業に参入し、毛織物の生産は増大した。だが、四一年七月にアメリカの対日経済統制によって羊毛輸入が途絶されると、毛製品スフ混用など代用繊維が用いられるようになる。太平洋戦争後に毛織物業は戦前よりも盛んとなり、洋服の普及に大きな役割を果たした。 ↓モスリン ↓羅紗《らしゃ》

参考文献 『日本毛織六十年史―一八九六―一九五六―』(一九五七)、『日本毛織百年史』(一九九七) (刑部 芳則)

けがれ 穢れ 人の生活上、非日常的な状態を示す概念。民俗学・文化人類学・宗教学・歴史学などで論じられるも、これらをまとめ一つの体系化された概念として把握するのは困難。日本の宗教では、清浄でない状態をいう。民俗学では「気が枯れる」を語源とするとの考え方がある。死・産・血が三不浄と捉えられ、死は黒不浄、出産は白不浄、経血は赤不浄として忌避された。穢れが政治的に管理されるようになったのは『延喜式』(九二七年(延喜五)完成)からで、そこでは既述の穢れのほか、穢れの軽重、穢れとなる肉食の種類や、穢れに触れる触穢も、甲穢↓乙穢↓丙穢と伝染すると規定され、もっとも重い穢れは死穢とされた。平安時代後期以降、穢れ観念は貴族間から民衆にも拡大し、中世には服忌令を定めて穢れを管理する神社も現れるようになった。なおこの穢れ観念が差別を生む要因の一つともなり、また身体障害を穢れとする思想も時代とともに広がっていった。 ↓忌《い》み ↓禁忌《きんき》 ↓祓《はらえ》 ↓ハレ・ケ ↓服忌令《ぶっきれい》 ↓物忌《ものいみ》

参考文献 横井清『中世民衆の生活文化』(一九七五、東京大学出版会)、高取正男『神道の成立』(『平凡社選書』、一九七九、平凡社)、波平恵美子『ケガレ』(『講談社学術文庫』、二〇〇九、講談社) (川嶋 将生)

げきが 劇画 一九五〇年代後半に台頭したマンガ表現スタイルの一つ。辰巳ヨシヒロが貸本マンガ雑誌『街』に「幽霊タクシー」という作品を投稿した際に「劇画工

房」という工房名で上梓したことに由来する。劇画工房には辰巳のほかに佐藤まさあき、さいとうたかを、桜井昌一らが名を連ね、彼らはコミカルな要素を排し、登場人物のリアルな心理描写に重点をおく手法で、『街』のほかにも『影』や『摩天楼』などの貸本マンガ雑誌がつぎつぎと創刊される中で活躍の幅を広げ、劇画ブームを牽引していった。特に、白土三平《しらとさんぺい》の『忍者武芸帳』は強い人気を誇った。貸本が決定的に衰退する六〇年代以降も『ガロ』や手塚治虫主催の『COM』などの月刊誌、隔週誌（最初月刊誌で、のちに隔週誌）『ビッグコミック』などでさいとうたかをや永島慎二らが連載を重ね人気を維持した。中でも『ガロ』では、白土の「カムイ伝」や水木しげるの「鬼太郎夜話」、つげ義春の短編や旅ものなどを看板作品に据えつつ、従来のマンガの手法にとらわれない多彩なアプローチの作家をつぎつぎと抜擢し劇画ブームの底辺を支えた。

参考文献 石子順造・菊地浅次郎・権藤晋『劇画の思想』（一九七三、太平出版社）、長井勝一『「ガロ」編集長―私の戦後マンガ出版史―』（『ちくま文庫』、一九八七、筑摩書房）、貸本マンガ史研究会編『貸本マンガRETURNS』（二〇〇六、ポプラ社）

（花岡敬太郎）

げきじょう　劇場　演劇や映画などを見せるための建物。〔近世以前〕日本の劇場のはじまりの詳細は明確ではない。奈良時代の舞楽・伎楽は野外の舞台で演じられ、宮廷庭の舞台で女楽が演じられ踏歌が奏された。平安時代には神仏に奉げる神楽殿・舞殿などがあり、宮廷「内宴」舞楽舞台などの絵画で知られる。鎌倉時代になると、田楽能・猿楽能の能舞台が造られ、やがて、神社・寺院の宗教的な奉納の意味合いから変化し興行的な芸能の劇場の誕生を見た。室町時代には京都四条河原の仮設小屋での劇や見世物の上演が行われた。江戸時代になると、江戸では森田座（のちの守田座）・中村座（別称猿若座）・市村座の江戸三座が揃い、大坂では浪花五座（弁天座・朝日座・角座・中座・竹本座〈浪花座〉）があって東西を代表する劇場となった。江戸時代には歌舞伎や人形浄瑠璃の入場料を取る葭簀《よしず》張りで花道もある芝居小屋が各地に生まれ、享保期に全蓋式の小屋もでき、やがて一七五八年（宝暦八）に角座で並木正三《なみきしょうざ》による世界初の回り舞台も考案され、劇場は大衆的娯楽の場となった。

〔明治以後〕一八七六年（明治九）の東京の著名な芝居小屋は、中村座（浅草猿若町）・守田座（新富町）などの十劇場で、自由民権運動とともに民権芝居や政談演説が各地の芝居小屋・寄席などで展開された。九四年に日清戦争が始まると壮士芝居が戦争劇を大都市の芝居小屋でヒットさせた。やがて、明治中期に外装内装ともに優れた近代劇場が建設され、八九年に歌舞伎座、九六年に川上音二郎の川上座、一九〇八年には有楽座、一一年には西洋風劇場の帝国劇場が開場して江戸時代以来の芝居小屋を一変させた。一九二三年（大正十二）には関西初の洋式劇場の大阪松竹座、一九三三年（昭和八）には大阪劇場が開館した。この間、二三年の関東大震災で東京の劇場の大半が焼失したが、翌二四年には新劇の築地小劇場が出現した。昭和になると、小林一三《こばやしいちぞう》が三四年に東京日比谷に東京宝塚劇場を、松竹の大谷竹次郎も三七年に国際劇場を建設した。戦後には、五四年に俳優座劇場が新設され、小林一三は五六年に東京新宿・大阪梅田に大衆劇場のコマ劇場を建て、六三年には日生劇場が開場し、昭和四十年代からはアングラ演劇の小劇場が新宿や六本木に生まれた。六六年には東京に国立劇場、八四年に大阪に国立文楽劇場、一九九七年（平成九）には東京に新国立劇場が開場した。劇場に関する法令として、戦前では一八七八年に東京警視本署が興行場取締規則を布達し、都道府県の警察法規として、東京の場合、一九二一年に警視庁が興行場及興行取締規則を定めて厳しく取り締まった。戦後には、四八年公布の興行場法や五十年公布の建築基準法で、興行場の設備が安全・衛生面から規定されている。なお、現存する大衆芝居小屋には福岡県の嘉穂劇場と熊本県の八千代座がある。→演劇《えんげき》

参考文献 須田敦夫『日本劇場史の研究』（一九八六、相模書房）、倉田喜弘『芝居小屋と寄席の近代―「遊芸」から「文化」へ―』（二〇〇六、岩波書店）

（佐藤　能丸）

帝国劇場

けしゴム　消しゴム　鉛筆などで紙に記した文字を擦って消す際に用いるゴム。天然ゴムと白サブスティテュート（植物油と塩化硫黄から合成する。天然ゴムが紙を傷めずに字を消すためには、白サブスティテュートが不可欠である）からなるラバー消しゴムと、塩化ビニル樹脂を主成分とするプラスチック消しゴムとがある。どちらも、鉛筆のカーボンを擦って吸着させ、それを滓に巻き込んで排出するものである。日本では明治期以降、鉛筆とともに輸入品が普及した。その後、ラバー消しゴムの国産化が進んだが、一九七〇年代ごろを境にして消字性能の高いプラスチック消しゴムが普及し始め、現在ではラバ

ー消しゴムはほとんど用いられなくなった。また、今日、実用性を重視し白色の直方体を基本とする海外の製品に対して、食品やマンガのキャラクターなどのさまざまな意匠をカラフルかつ緻密に象った日本製の消しゴムは、世界各国に輸出され親しまれている。

参考文献 田中経人『文具の歴史』(一九七二、リヒト産業) (宮瀧 交二)

げしゅく 下宿 家計をともにしない者が比較的長期間貸借し宿泊できるよう建造された営業用宿屋。近世期には、大名や旗本などが宿場町の本陣に宿泊する時、供をする武士やその他の者が宿泊する宿屋を下宿と総称し、主に一般住民の宿泊する旅籠や民家が下宿先に充てられた。近代には、出身地から離れた場所にある大学や高等教育機関に通学するため、学生による下宿の利用が増加した。学生向けの下宿では、大家が同居しており、家賃に食事の提供などのサービスが含まれている場合が多い。第二次世界大戦後においても、大学進学率の上昇や、進学先の選択の多様化により、単身居住する学生は多くみられる。しかし、下宿先での大家との同居や食事の提供などのサービスといった疑似家庭的な雰囲気への忌避や、学生向けの安価かつ防犯設備の充実した賃貸住宅の増加により、下宿の利用は減少している。

参考文献 奥井智之『アジールとしての東京―日常のなかの聖域―』(一九九六、弘文堂) (花木 宏直)

けしょう 化粧 顔を装い飾ること。明治初年の化粧は、江戸時代のそれと変わらず紅と白紛を利用した。化粧とは白粉の上に紅をつけたものを指し、顔に白粉だけを塗るのは半化粧と呼ばれた。また眉を剃り、鉄漿《かね》をつける慣習が続けられたが、一八七三年(明治六)に明治天皇の皇后美子が黒歯を廃止し、既婚者でも黒眉と白歯という自然の容姿を生かすようになる。肌荒れを防止する糠や、へちまの水・洗粉は、庶民の間でも使われた。だが、医学の有識者の間で含鉛白粉の危険性が示されると、明治三十年代から無鉛白粉を使用する者が増えていった。また同十年代後半から女性の間で束髪が登場すると、堅い鬢付油の使用は減少し、べたつかない香油が普及した。同四十年前後には、肌を美しく見せる美顔術が遠藤波津子らによって取り入れられた。大正時代には美顔術や洋髪のヘアースタイルを実践する美容院が増加した。化粧石鹼や化粧水も進歩普及し、仮面をつくる化粧から、衛生を重視して健康美を生かそうとする化粧法へと変わっていった。太平洋戦争後には、粉白粉に代わってファンデーションやパンケーキが登場し、戦前に比べると化粧方法が簡単になった。 ↓白粉《おしろい》 ↓口紅《くちべに》 ↓美容《びよう》

参考文献 渋沢敬三編『生活』(『明治文化史』一二、一九七九、原書房) (刑部 芳則)

けしょうひん 化粧品 美顔に用いるメイクアップ用品。一八八五年(明治十八)に桃谷順天館が「にきびとり美顔水」、九三年に山崎帝国堂が「キレー水」を発売するなど、新種の化粧水が登場した。なかでも九七年に資生堂が発売したアルカリ性化粧水「オイデルミン」は「資生堂の赤い水」と呼ばれ大人気となった。一九〇六年発売の中山太陽堂「クラブ洗粉」は、近代的洗い粉の嚆矢といわれる。一九一八年(大正七)にファンデーションの起源である「レートメリー」を平尾賛平商店が発売し、二五年にアストリンゼントのはじめとなる化粧水「カガシアストリンゼント」が発売された。そして一九三四年(昭和九)に資生堂は初の女性ホルモン含有クリーム「ホルモリン」を発売するなど、女性用化粧品は目覚しい発展を遂げた。五一年から五三年の間に、ファンデーションやパンケーキなど新製品が登場すると、戦前までメイクアップ用として主流であった白粉は後退していった。五七年にはウテナ男性クリームなど男性用の化粧品が登場した。

参考文献 平尾太郎『平尾賛平商店五十年史』(一九二九)、高橋雅夫『化粧ものがたり―赤・白・黒の世界―』(一九九七、雄山閣出版) (刑部 芳則)

化粧水「オイデルミン」

げすいどう 下水道 生活排水、屎尿、雨水などを埋設管によって排除するための施設。雨水などを処理する排水溝は弥生時代にみられ、古代都城には暗渠も設けられた。近世に大坂や江戸に設けられた大規模な埋設管網も雨水や生活排水を河川に排出するものであった。一八七〇年(明治三)に横浜の外国人居留地にはじめて完成した煉瓦管や陶管による近代的下水道もまた処理場を伴わないものであった。八四年に東京で神田下水の建設が始まり、九九年には下水道法が成立したものの、財政問題もあってその普及は進まず、三河島汚水処分場が完成したのは一九二二年(大正十一)のことであった。昭和に入り、都市環境の悪化や、屎尿の肥料としての価値低下などもあって、地方都市にも下水処理場がつぎつぎと完成し、下水道網も徐々に広がった。戦中戦後の停滞を経て一九五八年(昭和三十三)に新たな下水道法が公布されたが、全国的な普及は進まなかった。普及率が三割を超えた八〇年以後、農村部にも普及し二〇一四年(平成二十六)の普及率は七割を超えている。下水道の普及が、水洗便所やシステムキッチン、洋式バスなどの形で家庭生活に与えた影響は大きい。 ↓水道《すいどう》

参考文献 東京下水道史探訪会編『江戸・東京の下水道のはなし』(一九九五、技報堂出版) (市川 秀之)

けた 桁 柱の頂部を繋ぐために水平方向に架け渡した部材のうち、建物の長辺(桁行)方向に架ける部材。軸組を構成する部材のうち、一列に並んだ柱の頂部を緊結する役割を持つ。また、小屋組の垂木を受ける役割を持つ。小屋組で叉首《さす》や束《つか》の上に載せたものを母屋(桁)、縁側な

ど、軒先の垂木を支えるものを軒桁もしくは丸桁という。町家では、梁や腕木を軒先まで出し、その上に桁を載せて軒先を支える出桁造りもしくはせがい造りと呼ばれるものもある。 (大林　潤)

げた　下駄 木製の台部に鼻緒を装着した履物の総称。台部の歯の有無によって無歯下駄、有歯下駄に分けられ、有歯下駄には、歯と台部を一木で作る連歯と、別材の歯を台部に指し込む差歯の区別がある。下駄は近世以後の呼び名で、中世以前は足駄と呼び、十世紀の『和名抄』にみえる「足下《あした》」が文献上の初見。平安時代には「屐《げき》(子)」と表記された。足駄は弥生時代の田下駄から発展したとみる説があるが、構造の相違や有歯下駄が漢代の資料にみえることから、田下駄とは別系統の中国起源ととらえる説が妥当である。古代に足駄が庶民の日常の履物であった事実は確認できず、古墳時代の祭祀遺物として出土するほか、平安時代の仏事や祭祀で使用される(『枕草子』)など、神聖な場の履物と認識されていた。鎌倉時代以後、都市部を中心に普及し始め、十六世紀以後、城下町・宿場町など都市住民の日常の履物として定着した。一方、農村部では、盆・正月にのみ履くなど、下駄を近年までハレの日の履物とみなしていた地方もあった。

↓鼻緒《はなお》

下駄を着用した人物
(『石山寺縁起』より)

参考文献　宮本馨太郎『かぶりもの・きもの・はきもの』(『民俗民芸双書』二四、一九六八、岩崎美術社)、潮田鉄雄『はきもの』(『ものと人間の文化史』、一九七三、法政大学出版局)、秋田裕毅『下駄―神のはきもの―』(『ものと人間の文化史』、二〇〇二、法政大学出版局)

(田中　禎昭)

けっかく　結核 結核菌への感染によってひきおこされる慢性伝染病。紀元前から存在したが、菌の発見は一八八二年、R・コッホによる。日本では、労咳《ろうがい》などとも称され、統計調査が始まった明治中期にはすでに万単位の死者が記録されている。一九一九年(大正八)に結核予防法が制定されるものの、三五年(昭和十)から五〇年にかけて死因の一位となるなど、長きにわたって大きな脅威となった。空気感染する結核は、都市をはじめ工場・兵営・学校などで広まるとともに、帰郷した罹病者を介して農村でも蔓延した。また、罹病が即死を意味しないことから、快復を促す療養所の設立が進んでいく。療養所は、高原や海浜などのほか、郊外にも設けられた。療養生活のなかで、病者はみずからの経験を言葉にして残したり、病者を描いた作品を生みだしたりもした。それらに触れることによって、人びとは結核とその病者のイメージをみずからの内に造影していく。

結核療養所南湖院（明治時代，神奈川県茅ヶ崎市）

参考文献　福田眞人『結核の文化史―近代日本における病のイメージ―』(一九九五、名古屋大学出版会)、鹿野政直『健康観にみる近代』(『朝日選書』、二〇〇一、朝日新聞社)、青木純一『結核の社会史―国民病対策の組織化と結核患者の実像を追って―』(二〇〇四、御茶の水書房)

(石居　人也)

げっけい　月経 通常、約一ヵ月の間隔で発現する子宮内膜からの周期的出血。メンス。日本では「生理」という呼称が一般的。世界中の多くの宗教においては、月経中の女性や経血にはワインや金属を腐敗、腐食させるといった特別な力があると考えられ、血穢《けつえ》(血の穢れ)を理由に、月経中や出産前後の女性を隔離するという慣習がある。日本における月経に関する最も古い記述は『古事記』景行天皇段の倭建命《やまとたけるのみこと》と美夜受比売《みやずひめ》の「婚合」の挿話だが、ここでは月経は禁忌ではない。『弘仁式』『貞観式』『延喜式』によって「産穢」や「血穢」がはじめて禁忌とされたことから、月経禁忌の起源は自然発生的なものではなく、平安時代に宮廷祭祀の場から女性を排除するシステムとして創出され、広く社会へと伝播したものと考えられている。妊娠・出産・月経期の女性が祭場や社寺へ立ち入ることが禁止され、他屋《たや》・他火《たび》・よごれや・ひまや・あさごや・産小屋《うぶごや》などと呼ばれる小屋に隔離されて、ほかの人と同じ火を使ったり一緒に食事を摂ることのないようにしたり、月経時の女性を船に乗せてはならない、漁具に触らせてはいけない、包丁を貸してはならないといったさまざまな禁忌があった。明治期に太政官布告によって「産穢」が廃止され、月経禁忌は公にも医学的な観点からも否定されたが、こうした慣習が一九七〇年代ごろまで続いた地域もあった。

↓初潮《しょちょう》　↓生理《せいり》用品《ようひん》

参考文献 瀬川清子『女の民俗誌―そのけがれと神秘―』(『東書選書』、一九八〇、東京書籍)、鎌田久子他『日本人の子産み・子育て―いま・むかし―』(『勁草医療・福祉シリーズ』、一九九〇、勁草書房)、武谷雄二『月経のはなし―歴史・行動・メカニズム―』(『中公新書』、二〇一二、中央公論新社)、田中ひかる『生理用品の社会史―タブーから一大ビジネスへ―』(二〇一三、ミネルヴァ書房)、

(大西 公恵)

けっこん 結婚 儀礼や法律に基づく届け出により、社会的に承認された夫婦関係である。明治民法で確立した家制度のもとでは、結婚は「家」から「家」への女性の移動を意味し、嫁には財産権がなく、労働力や次代を産む役割が期待され、配偶者の選択にあたっては家長の力が一方的に行使された。これに対し、日本国憲法では婚姻は「両性の合意のみ」に基づいて成立するとし、夫婦に同等の権利を認めている。結婚後の居住形態に着目すると、歴史的には婿が嫁方の家に入って成立する婿入婚が古い時代に行われ、次第に嫁が婿方の家に入る嫁入婚に移行していったとされるが、これについては異論も多い。また、現行民法では夫婦の同居義務を定めているが、民俗社会では結婚後も夫婦が同居せずに夜間だけ夫が妻の家を訪ねるカヨイ婚や、冬期の長期間、妻が実家に戻って別居するセンタク帰りなどのほか、正式な結婚以前に同居を開始する足入婚など多様な結婚形態が存在している。 →足入れ婚《あしいれこん》 →再婚《さいこん》 →社内結婚《しゃないけっこん》 →自由結婚《じゆうけっこん》 →妻問い《つまどい》 →入籍《にゅうせき》 →嫁入り《よめいり》 →離婚《りこん》 →恋愛結婚《れんあいけっこん》

参考文献 八木透・山崎祐子・服部誠『男と女の民俗誌』(『日本の民俗』七、二〇〇八、吉川弘文館)

(服部 誠)

けっこんしき 結婚式 夫婦としての誓約を結ぶ儀式。民俗社会における婚礼は婚家で行われ、家制度の影響もあって「家」から「家」への嫁の引き移り儀礼に重きが置かれていた。そのため、夫婦盃のような夫婦関係の成

仏前挙式

神前挙式

家庭挙式

教会挙式

昭和初期の結婚式(『花嫁花婿必要帖』(『婦人倶楽部』1933年新年号付録)より)

立儀礼や、新夫婦の披露儀礼を欠くことも多かった。神前結婚式は、一九〇〇年(明治三十三)に嘉仁皇太子(のちの大正天皇)が最初に行なったもので、昭和初期には都市民に受入れられて有名神社での結婚式が普及し、婚礼の場が家から外に移った。ただ、神社では挙式のみで披露宴は別会場ということが多く、太平洋戦争後に廉価に挙式ができる場所として開設された公営の結婚式場でも、披露宴会場は別になっていた。これに対し、一九五〇年代以降、冠婚葬祭互助会が会員を拡大する中、挙式と披露宴ができる独自の専門結婚式場の整備が進み、さまざまな演出を伴う披露宴が重視されるようになっていった。一九七五年(昭和五十)のセンサスによれば、結婚式に利用された場所は部落内公民館二%、市町村公民館一七%、神社・寺五%、個人の家二〇%、その他五六%であるが、その他の中には専門結婚式場がかなりの数含まれているはずである。一九六〇年代の挙式形式は神式九割で、残りは参列者の承認を挙式に代える人前結婚式やキリスト教式であったが、専門結婚式場全盛時代の一九七〇年代から八〇年代にかけてキリスト教式挙式の割合が高まった。結婚式のパターンも確立し、司会の挨拶による新郎新婦の入場、ウェディングケーキ入刀、お色直し、キャンドルサービス、子供時代のスライド、両親への花束贈呈などからなる披露宴が、音楽や照明を駆使して行われるようになった。ここでは、かつての「家」を意識する儀礼は姿を消し、結婚式は個人のイベントとなった。やがて、個性的な結婚式を求める風潮が強くなると、専門結婚式場での挙式はお仕着せと捉えられ、二〇〇〇年(平成十二)以降はホテルやレストラン、一軒家貸切などの結婚式が増えている。

参考文献 色川大吉『昭和史世相篇』(一九九〇、小学館)、八木透・山崎祐子・服部誠『男と女の民俗誌』(『日本の民俗』七、二〇〇八、吉川弘文館)

(服部 誠)

けっこんそうだんしょ 結婚相談所 結婚相手を紹介する企業や行政機関。かつての民俗社会では、世話焼きの人が年頃の男女の情報を独自に集め、「家の釣り合い」も見て格好な相手に見合を勧め、話をまとめては婚礼を取り仕切っていた。行商や呉服屋などが仲を取り持つこともあり、お礼をもらったので商売チュウニンなどとも呼ばれ、夫婦間でもめ事が起きれば仲裁役まで果たした。都市化が進み、恋愛結婚が主流となると、こうした人たちの個人的な活躍の場は少なくなり、結婚相手を探す人は結婚相談所を用いるようになった。一九七〇年代には結婚希望者をコンピュータに登録し、より大勢の中から理想の相手を紹介する結婚情報産業が成立し、交際から結婚までを取り仕切った。結婚したいが相手が見つからない若者の増加が指摘される中、二〇〇八年(平成二十)には結婚のためにみずから積極的に活動する「婚活」が流行語となり、こうした業者や行政機関主催の婚活パーティと呼ばれる集団見合も一般化している。→見合《みあ》い

参考文献 八木透・山崎祐子・服部誠『男と女の民俗誌』(『日本の民俗』七、二〇〇八、吉川弘文館)、山田昌弘・白河桃子『「婚活」時代』(『ディスカヴァー携書』二一、二〇〇八、ディスカヴァー＝トゥエンティワン)

(服部 誠)

けっしょくじどう 欠食児童 主に昭和恐慌期に家庭の経済的理由で小学校に弁当を持参できずに昼の食事をぬく児童をさす。戦前はまだ給食が普及していなかったので、特に一九三一年(昭和六)に凶作が深刻な北海道や東北地方の農山村では、教室で昼休みに弁当を持って来られずぶらぶらする子供たちが多く発生した。また教室で弁当盗難事件が起き、学校の小使い室でひそかに昼飯をもらって食べる子供たちもいたという。教室ではこのような子供たちを家で食事をしに帰るとして、昼休みに一時的に農家に帰したりしていた。また粗食の結果、栄養不足で鳥目(夜盲症)が激増し、命にもかかわる事態だとして社会問題化した。三二年七月文部省は調査に乗り出し、欠食児童が全国で二十万人を突破したという発表を行なった。その一ヵ月後、文部省は道府県に対して学校給食臨時施設の訓令を出して公的な学校給食が始まった。この給食は欠食児童のみの支給である。戦後も食糧難は続き、欠食児童問題は継続する。五四年学校給食法が施行され給食が普及し、高度成長が始まると欠食児童はいなくなる。→学校給食《がっこうきゅうしょく》

参考文献 山下文男『昭和東北大凶作―娘身売りと欠食児童―』(二〇〇一、無明舎出版)、同『昭和の欠食児童』(二〇一〇、本の泉社)

(森 武麿)

げっぷ 月賦 商品の売買代金の支払いを、いっぺんではなく数ヵ月に分割して払うやり方。日本では、通常、分割払いの仕方が月賦であるため、分割払いという意味でも使われた。一九六〇年(昭和三十五)に月賦百貨店の丸井が月賦に代えてクレジットという言葉を使い始めた。現在ではクレジットという言葉が、月賦を含む信用販売を意味する言葉として使用されている。日本で本格的に月賦による販売を始めたのは丸善呉服店である。同店は一九〇四年(明治三十七)から福岡市を拠点として、炭鉱や官営八幡製鉄所の従業員を相手に月賦方式を広めた。その後、月賦百貨店といわれる同店のような組織が各地に続々と生まれた。取扱商品は、比較的高価な洋服・衣類や家具などであった。また、米国のシンガーミシンが〇七年に日本でミシンの月賦販売を開始するなど、高額な製品(レジスター、ピアノ、オルガン、自動車など)を製造販売する会社が月賦販売を始めた。戦後には、日本のメーカーによってミシン、ラジオなどの耐久消費財の月賦販売が再開ないし開始され、月賦百貨店も再興され、一般の百貨店も月賦販売を行なった。また、販売店と消費者の間に介在して信用を供与するというクレジットカード事業を行う日本ダイナーズクラブが六〇年に、日本クレジットビューロー(現JCB)が六一年に設立され、六二年には銀行口座からの自動引き落としとして支払う仕組

みができた。ただし、日本ではクレジットカードを、一回払い(無利子)で利用する消費者がほとんどで、三回以上の分割払い(月賦)やリボルビング払い(期限の定めのない分割払い)は利子が付くため敬遠された。米国ではリボルビング払いが一般的であるのに対して、日本のカードショッピングでは三回以上分割払いやリボルビング払いの取扱高比率は七・五%(二〇一二年(平成二十四))にすぎない。 ↓カード社会《しゃかい》

参考文献　関東月賦百貨店協同組合『日本月賦百貨店の沿革』(一九六三)、『わが国クレジットの半世紀』(一九九二、日本クレジット産業協会)　(鈴木　邦夫)

げなん・げじょ　下男・下女　江戸時代から近代にかけて、主家の家事や雑役など単純労働に従事した奉公人。武家・農家・商家の家内において主人とともに基幹労働・業務に従事する年季奉公人に対して、裏方・雑用を担当する召し使いにあたり、身分・立場が低く扱われた。武家では足軽・中間《ちゅうげん》の下で小者・小人と総称される。農家の場合、田植えや稲刈りなど総出の作業では下男・下女も農作業を手伝うが、日常的には家事労働を担当し、薪割り・水汲み・掃除・洗濯・飯炊きや、主人の供・使い走りなど熟練を要しない作業を仕事とした。基本的には単年季の奉公人契約で、仕着せや住み込み状況は下人・女中など年季奉公人とそれほど変わらないが、相対的に給金は低く、下女は下男の二分の一、ないしは三分の二程度とされた。また、下女はオスエ(末、台所の意)、オナベ(鍋)、オサン(おさんどん、炊事の意)など、台所仕事にちなむ呼び名で呼ばれることもあり、主婦(家長の妻)の管轄下に置かれた。近代になっても、窮乏する農村から放出され富裕層に仕える下男・下女が跡を絶たなかったが、徐々に雇用労働契約にもとづく賃労働者に変容していく。

参考文献　岩井伝重「近世奉公男の研究」(『信濃』二一ノ六、一九六九)、菅野則子「農村女性の労働と生活」(女性史総合研究会編『日本女性史』三所収、一九八二、東京大学出版会)　(下重　清)

けにん　家人　家につかえる従者のこと。古代の律令制下では、奴隷的な身分であった賤民(「五色《ごしき》の賤」)のうちの一つとされ、私奴婢《しぬひ》とは異なり、主家の相続の対象ではあったが売買はされず、家族生活を営むことができた。平安時代以降には、貴族や武士の家につかえる従者のことを意味したが、家来とは異なり、「譜代相伝の家人」や「服仕《ふくじ》の家人」などと呼ばれ、主人の家の内部に組み込まれて、主人からのつよい人身的支配をうけた。ただし、武家社会では、ほんらいは家来(家礼)とされるべき独立した従者が、譜代の家臣の意味で「家人」と呼ばれる場合も多かった。鎌倉時代の御家人は、鎌倉殿(将軍)の「家人」であったが、将軍と御家人の関係は、誓約にもとづく双務的なものであり、ほんらいは「家来(家礼)」とされるべきものであった。江戸初期には、将軍に直属していた一万石以下の直参《じきさん》のこととなり、中期以降には旗本より下の御目見《おめみえ》以下の武士のこととなった。また、江戸時代以降には、町家や農家の譜代奉公人も家人とされ、明治以降には、皇室や華族などに仕えた家令や家従などの総称となった。 ↓家来《けらい》 ↓被官《ひかん》

参考文献　石井進『中世社会論の地平』(『石井進著作集』六、二〇〇五、岩波書店)　(鈴木　哲雄)

げにん　下人　身分の低い者のこと。中世には、おもに人身的な隷属民を意味することとなり、自立した存在であった百姓とならぶ被支配身分であった。十世紀中ごろから登場する下人の語は、貴族からみて下級の人を意味するもので下衆《げす》と同義であり、貴族は都の雑人や地方の住人を広く下人と呼び、さらに地方の有力住人も配下の住民や従者を下人と呼んだ。しかし鎌倉時代以降には、家内部の身分系列として「譜代相伝の下人」などと呼ばれるようになり、下人は特定の主人(主家)に人身的・世襲的に隷属した存在となった。中世の百姓は田畠の請作《うけさく》者であり、多様な職能の請負者として村や町、浦などの構成員となったが、下人は有力な百姓や荘官・地頭などの主人の屋敷内に居住し、主人の農耕や職能において召し使われる存在であった。そのため、主人(主家)の相続や譲与さらに売買の対象ともなったが、その実態は、家内奴隷的な者から家族を構成する者などもあり、隷属のあり方は多様であった。中世社会は、請作・請負者としての百姓が請負契約の不履行によって、しばしば家族や自分自身を質入れし、さらに質流れする社会であったため、さまざまな形態の下人を広く包摂する社会であった。 ↓百姓《ひゃくしょう》

参考文献　磯貝富士男『日本中世奴隷制論』(『歴史科学叢書』、二〇〇七、校倉書房)　(鈴木　哲雄)

けほう　家抱　近世村落の内部における百姓の位置の一つ。大石久敬が著した地方書『地方凡例録』七下には、「家抱と云は下人へ田畑を譲り、分附同前肩書に誰分誰と記すを云、分附・家抱とも内附たるに依て、年貢諸役も総領式へ渡し本家より一緒に勤む、(中略)家抱は百姓の譜代の下人にして、門屋と云処もあり」と記している。すなわち、もと本百姓の譜代下人(本百姓とは非血縁)が、本百姓から田畑を譲り受けて分家した者のことを意味している。生計や経営の上では独立していても、年貢・諸役を本家の本百姓を通じて提出・負担するなど、村内で一軒前の本百姓としては認められておらず、村内の権利においても本百姓との間に格差があったと考えられている。また、地域差もかなりあるので、必ずしも『地方凡例録』が述べるように、非血縁分家だけを指すとは限らず、血縁分家が含まれていることもある。 ↓門屋《かどや》

参考文献　大石久敬『地方凡例録』下(大石信敬補訂・大石慎三郎校訂、一九六九、近藤出版社)　(山崎　圭)

けむりだし　煙出し　室内の煙や臭気などを外に出すため、屋根や壁などに設けた排出口のこと。「けむだし」とも読む。寄棟造の妻面棟直下に開口部を設けるもの、棟

煙出し（藤岡家住宅，奈良市）

を切り上げて越屋根(櫓、気抜などともいう)と呼ばれる小屋根を取り付けるもの、棟全体を上げる箱棟などがある。炉や竈の上部にあるものが多いが、養蚕農家などでは換気のために棟の中央や全体(箱棟)に設けることも多い。明かり取りとしての役割もある一方、冬季は冷風が入り込むという短所もある。　(大林　潤)

けらい　家来　家との関係で召し使われる者のこと。もともとは「家礼」で、親や家の年長者を敬い礼をつくすこと、あるいは朝廷での政治作法や故実を習うため摂関家などに出入りし、奉仕した貴族を指した。貴族社会での家礼は、身分的な従属関係を意味するものではなかったが、鎌倉時代の武家社会では、主君につかえること、そしてつかえる者の意味でも家礼あるいは家来が使われるようになった。ただし、「譜代相伝の家人」などと呼ばれ、主人の家の内部に組み込まれて、主人からのつよい人身的支配をうけた家人とは異なり、家来(家礼)は、独自の所領をもち、誓約によって主従関係を結んだ者で、自立した武士身分に属した。源頼朝に鎌倉幕府を開かせた坂東武士は、そうした意味で頼朝の家来であり、鎌倉殿(将軍)と御家人の関係も、基本的には主君―家来の関係であった。江戸時代になると、武家につかえる者の一般的な呼称となり、さらには庄屋や地主の従者や小作人、家抱《けほう》などもそう呼ばれるようになった。　↓家人《けにん》

参考文献　石井進『中世社会論の地平』(『石井進著作集』六、二〇〇五、岩波書店)　(鈴木　哲雄)

けんえつ　検閲　マス＝メディアを中心とする思想表現行為の内容について公権力が強制力を発動して抑圧・禁止すること。事前検閲と事後検閲に分けられる。公権力が体制維持を志向して行われる検閲は、絶えず言論・表現の自由と緊張関係を生じさせる。イギリス議会の検閲制度を批判したジョン＝ミルトン『アレオパジティカ』(一六四四年)は言論の自由に関する古典として著名である。日本では明治憲法下とGHQの占領下では検閲が厳しく行われたが、日本国憲法第二一条二項では「検閲は、これをしてはならない」と明記されている。ただし二〇〇七年(平成十九)に「空気が読めない」を意味するKYという言葉が流布したように、同調圧力が強い日本社会において自主規制を醸成する危険性には常に自覚的である必要がある。一四年十二月には特定秘密保護法が施行され、独立した個人たることを要請されるジャーナリストは、特に自主規制(自己検閲)に抗い、人々の知る権利に奉仕する不断の努力が求められる。

参考文献　香内三郎『言論の自由の源流―ミルトン『アレオパジティカ』周辺―』(『平凡社選書』、一九七六、平凡社)、山本武利『GHQの検閲・諜報・宣伝工作』(『岩波現代全書』、二〇一三、岩波書店)、山田健太『法とジャーナリズム(第三版)』(二〇一四、学陽書房)　(根津　朝彦)

けんえんけんうんどう　嫌煙権運動　公共の場や職場などにおける喫煙規制を社会的に確立することをめざす分煙運動で、喫煙者との共存をめざしている点で全面禁煙運動とは異なる。一九七八年(昭和五十三)に始まった嫌煙権運動は八〇年東京地裁に提訴した嫌煙権訴訟によって広く知られ喫煙規制を促進させることになった。同訴訟は国鉄・国・専売公社(のちの日本たばこ産業株式会社)を被告として、旅客列車の半数以上を禁煙車とすること、禁煙車がなかったことによって受けた苦痛と健康被害に対する損害賠償を求めるもので、八七年の判決では受忍限度を超えるものではなく、わずかな受動喫煙が重大な健康被害を及ぼすものではないとして棄却される(『判例時報』一二二六号)。それに対し原告は七年間の裁判の過程で、国鉄が旅客車の約三割に禁煙車を設けたことをもって実質勝利と考え控訴を断念した。喫煙は非喫煙者の健康権・幸福追求権・環境権の侵害と捉えられ、二〇〇二年(平成十四)受動喫煙の防止をうたった健康増進法の制定をみている。　↓禁煙《きんえん》　↓たばこ

参考文献　伊佐山芳郎『嫌煙権を考える』(『岩波新書』、一九八三、岩波書店)、嫌煙権確立をめざす人びとの会編『嫌煙権運動は広まり深まる』(一九八四、亜紀書房)、棚瀬孝雄編『たばこ訴訟の法社会学―現代の法と裁判の解読に向けて―』(『Sekaishiso seminer』、二〇〇〇、世界思想社)　(新村　拓)

けんか　喧嘩　裁判とは異なる形で行われる争いのこと。兄弟喧嘩や夫婦喧嘩など、親しい間柄で行われるものも、見知らぬ者同士で行われるものもある。一対一で争うものから集団同士で争うものまで規模はさまざまである。「喧嘩」という表現は「喧嘩両成敗」で知られる中世以降、使われるようになった。江戸時代には、「火事と喧嘩は江戸の華」といわれたように、派手な喧嘩が都市の彩りとして名物となっていた。深刻な対立を招くことがある反面、その結果として酒宴を伴う仲直りも生じうる喧嘩の

両面を表現したのである。喧嘩は儀礼のなかでも重要な意味を持つことがあり、秋田県角館の飾山囃子《おやまばやし》や、滋賀県近江八幡の左義長《さぎちょう》など、山車や御輿をぶつけ合う祭礼が全国でみられ、喧嘩祭などの名で知られている。このような儀礼的な喧嘩は多くの場合は儀礼のなかで手打ちとなって解消され、日常生活には持ち込まれない。結果として、集団間の秩序に喧嘩が一役買うという状況が生まれるのである。

参考文献　宇田哲雄「喧嘩言葉・悪口について—ムラ人の地域社会認識—」(『日本民俗学』一九六、一九九三)、清水克行『喧嘩両成敗の誕生』(『講談社選書メチエ』、二〇〇六、講談社)　　(塚原　伸治)

げんかいげいじゅつ　限界芸術　鶴見俊輔によって提唱された生活と接点をもつさまざまな芸術をさす。鶴見によれば、芸術には少数の芸術家によって作られ、少数の人に享受される純粋芸術(交響楽、バレー、歌舞伎など)と、少数の専門家によって作られるが多数の人びとに享受される大衆芸術(映画、流行歌、落語など)があるが、もう一つ多数の人びとが日常生活のなかで作り出し、多数の人びとに享受される限界芸術という世界がある。そこでは日常生活の身ぶりや労働のリズムに始まり、らくがき、替え歌、漫才、いろはかるたなどが挙げられ、デモも演じ見て参加する「限界芸術」と定義される。そこでの「限界」Marginalとは芸術と生活の境界線にある芸術のことなのであり、人びとが日常生活のなかでたのしい経験となる記号のことである。日本にも独自に発達した限界芸術の歴史があり、そこから力を汲みとることが、少数の人びとだけが芸術を独占する歪みを超えて、各自の生活を豊かにしていく一つの方法ではないかと説かれている。

参考文献　鶴見俊輔『限界芸術論』(『鶴見俊輔集』六、一九九一、筑摩書房)　　(安田　常雄)

けんかりょうせいばい　喧嘩両成敗　喧嘩が起きた場合、理由や理非の如何を問わず、喧嘩の当事者を双方とも同様・同等に処罰すること。戦国時代の分国法によくみられ、近世まで継承された。中世社会は自力救済が前提の社会であり、今日のような喧嘩とはまったく異なり、刃《にん》傷《じょう》沙汰などの生命に関わる問題に直結することがらであった。個人の喧嘩が即時にそれぞれの所属する共同体を巻き込んでの闘争および、軍事衝突にまで転化するという、戦国時代特有の時代状況も影響して生み出された法といえる。また、これが分国法にみられるということは、喧嘩両成敗という理論を生みだした主体が戦国大名であったことを示している。自力救済権の行使による私戦を強制的に抑え込み、みずからの裁判権の中に吸収しようとする戦国大名の大きな課題であったと位置づけられるものであり、喧嘩両成敗の達成は、大名裁判権の確立を示す指標の一つでもある。

参考文献　勝俣鎮夫「戦国法」(『戦国法成立史論』所収、一九七九、東京大学出版会)　　(川端　泰幸)

げんかん　玄関　住宅の主要な出入口。玄関とは、玄妙の道に入る関門の意で、元は禅宗寺院の方丈の入口を指した。寝殿造では、主人が用いる出入口は寝殿の南階であったが、これとは別に中門廊の先端もしくは側面に格式の低い出入口の扉が設けられた。中世に入り寝殿の重要性が薄くなるに従い、中門の街路に面する側に唐破風《からはふ》が付き、車寄《くるまよせ》が取り付くなど、格式が整ってくる。これは、出入口で身分の高い来訪者に応接する必要が生じたためである。近世の書院造では、建物から突出して出入口を設け、その先端に駕籠を下すため式台を備え、ここでの送迎の作法が客の身分によって細かく定められた。一方、農家や町家など庶民住宅では、正面の端に設けられた通り土間への入口が通用口であった。ただし武士を迎える場合があるなど格式が必要とされた上層の農家では、別に式台付きの玄関が作られる例も多い。土間への入口を通り、土間からの上り口をもつ形式は、中下級武士の住居において、建物内部に小区画の土間を設けた寄《より》附《つき》として踏襲され、明治時代に入っても中流階級の住宅に受け継がれた。住宅に洋風の要素が入ってもこの形式が踏襲され、現代住宅では、内部の土間で家族や訪問者は下足を脱ぎ家の中に入る。玄関で訪問者に対して簡単な応接を行う習慣も残っている。　→式台《しきだい》

玄関　二条城二の丸書院車寄

参考文献　大河直躬『住まいの人類学—日本庶民住居再考—』(『イメージ・リーディング叢書』、一九八六、平凡社)　　(松下　迪生)

けんこう　健康　狭義にいえば、体に異常がなく日常生活を滞りなく過ごせる状態を指す。戦前の日本において人々が健康であることは、国家の労働力、兵士としての能力の指標であった。特に戦時期には、健康であることが強制され、健康でないものは異常者として社会から排除され、国民の健康は一九三八年(昭和十三)に新設された厚生省によって管理された。こういった国民の健康を国家が管理していく体制は、戦後も形をかえつつしばし

の間残っていたが、戦後における健康は、国家に強制されるものというより、人々の日々の生活の関心事として受け取られていくようになる。健康法を取り扱う雑誌の数が急増し、健康食品やエアロビクス、美容体操といった健康体操など、さまざまな分野で健康に対するアプローチが活発化した。八〇年代以降は、森林浴などの健康と環境を結びつける健康法や、ぶらさがり健康器やツボ押し器などの健康器具も流行しだし、九〇年代になるとアロマやリラックス、癒しといった言葉が用いられ、人々の精神状態にまで健康の関心が寄せられるようになった。こうして健康という概念は、戦前の国家によって強要される心身の健常さの指標から、戦後は、単純に身体の健やかさだけではなく、食生活や運動法、生活環境から心理状態に至るまで幅広い人々の生活圏全般に関わる健やかさを追求する概念として拡大していったといえる。

参考文献 藤野豊『強制された健康―日本ファシズム下の生命と身体―』(『歴史文化ライブラリー』、二〇〇〇、吉川弘文館)、高木学「健康法―二一世紀の願掛け―」(鵜飼正樹・永井良和・藤本憲一編『戦後日本の大衆文化』所収、二〇〇〇、昭和堂)

(花岡敬太郎)

けんこうしょくひん　健康食品　健康に良いとされる食品の総称。法的な定義はないが、一九八八年(昭和六十三)の厚生省通知によれば、栄養分を補給するか、または特別の用途に適するもので食品として通常用いられる素材からなり、かつ、通常の形態、通常の方法によって摂取されるものを除くものとされている。食物によって健やかな体を作るという考え方は、夏の暑さを乗り切るために鰻を食べるなど、現代社会においても広くみられる。こうした観念が強くみられるようになったのは鎌倉時代で、医学衛生について説いた書物のなかで食物について触れられている。その後、江戸時代になると、医学・本草学の発展普及により、治療・予防などの知識が食生活に及ぶようになった。その代表的な例が、貝原益軒の『養生訓』(一七一三年(正徳三))である。明治時代になり、近代国民国家が成立すると、富国強兵のため積極的に国家が国民の健康を管理する時代へと移行し、健やかな身体を作るにはどのような栄養を摂取すべきかは国家的関心事となった。

参考文献 樋口清之『(新版)日本食物史―食生活の歴史―』(一九六七、柴田書店)、豊川裕之編『食の思想と行動』(石毛直道監修『(講座)食の文化』六、一九九九、味の素食の文化センター)、鹿野政直『健康観にみる近代』(『朝日選書』、二〇〇一、朝日新聞社)

(後藤　知美)

けんじんかい　県人会　故郷を離れた同一県出身者が居住地域・同一職場などで親睦・情報交換を主たる目的として組織する団体の通称。同じ学校出身者を構成員とする同窓会などと同様に基本的には民間の任意団体であるが、それが連絡体制を整備し適宜会合を持つなど多少とも組織的なものになった段階で県人会などの名称を冠することが多い。新聞の案内広告には明治中期から県人会の会合を知らせるものが少なくない。県域でまとまるとは限らず、県内の一地方の場合もあり、それに応じて名称も種々である。外国の主要都市で組織されている日本人会などと同様に、会員間の交流の場となるとともに、新規に移動してきた新会員にとっては新しい生活のための情報を得、人脈を形成するための拠り所として役立つ。復帰運動期の沖縄県人会のように、出身地ゆえに不利益を被りやすい問題を解決するために社会運動の母体となる場合もあった。→郷友会《きょうゆうかい》

参考文献 冨山一郎『近代日本と「沖縄人」―「日本人」になるということ―』(一九九〇、日本経済評論社)、鯵坂学『都市移住者の社会学的研究』(二〇〇八、法律文化社)

(加瀬　和俊)

げんすいばくきんしうんどう　原水爆禁止運動　原爆・水爆など核兵器の製造・実験・使用の禁止を求める運動のこと。中部太平洋ビキニ環礁で一九五四年(昭和二十九)三月一日から五月にかけて米国が行なった六回の連続原水爆実験(キャッスル作戦)の中で、特に一回目の水爆「ブラボー」実験は広島原爆の千倍の威力をもち、膨大な放射性降下物(死の灰)をまきちらした。その結果、マーシャル島民、鮪延縄漁船第五福竜丸など多数の船舶が被曝したばかりか、太平洋上の島々、海水、大気を汚染し、魚介類、さらに雨を通して食糧全般を汚染し大問題となった。(ビキニ事件)。各地で署名運動や決議が上がるが、「バラバラな運動はいずれ弾圧される」と考えた東京杉並の区民たちは、五月九日に安井郁公民館長を中心に、保守・革新を超えた全区的な杉並アピール署名運動を起ち上げた。運動は広がり、八月に原水爆禁止署名運動全国協議会が結成され、十二月に二千万筆達成、翌年八月に原水爆禁止世界大会を広島で開催した(三千二百万筆達成)。海外代表を含む約五千人の参加者は被爆の実相と被爆者の窮状をはじめて聞き、核兵器禁止と被爆者救援の重要

第１回原水爆禁止世界大会　原水爆10周年慰霊式場（広島県）

性の認識を共有した。翌月、原水爆禁止日本協議会(原水協)、翌年、日本原水爆被害者団体協議会(被団協)が結成され、原水禁運動は日本の平和運動の柱となり、世界大会は続いている。広がりの背景には占領下の被爆者や表現者による記録活動、ストックホルム＝アピール署名などの反核・平和運動、「もう戦争はいやだ」という民衆の思いをまとめた優れた戦略があった。超党派で草の根的な多様性をもつ原水禁運動は、その後、安保改定問題で保守系が離れ(同盟・民主社会党系の核兵器禁止平和建設国民会議(核禁会議)発足)、ソ連の核実験再開や部分的核実験禁止条約の評価をめぐる主に政党同士の対立が深まり分裂し、六五年に原水爆禁止日本国民会議(原水禁)が発足した。現在、原水協と原水禁のそれぞれが主催する世界大会(七七―八四年は統一大会)の統一を求める声は少なくない。世界に先駆けた反核民衆運動の理念は多様な形で継承されているが、三・一一を経て原水禁運動から学ぶ意義は高まっている。

参考文献　今堀誠二『原水爆禁止運動』(『潮新書』、一九七四、潮出版社)、岩垂弘『核兵器廃絶のうねり―ドキュメント原水禁運動―』(一九八二、連合出版)、丸浜江里子『原水禁署名運動の誕生―東京・杉並の住民パワーと水脈―』(二〇一一、凱風社)、宇吹暁『ヒロシマ戦後史―被爆体験はどう受けとめられてきたか―』(二〇一四、岩波書店)

(丸浜江里子)

げんぜりやく　**現世利益**　仏教を信仰する功徳が生きている間に実り、現世における欲望が達成されると考える思想。除災招福のために経典を読誦・書写したり寺院・仏像を建立するなどの作善《さぜん》により達成できるとされる。本来の仏教の理念からすれば対機方便的なものだが、日本においては仏教の伝来以降根強く存在する思想である。『法華経』薬草喩品《やくそうゆぼん》には「現世安穏・後生善処」とあり、これは現世において宗教的な境地を獲得し、それゆえに後生において善処を獲得するという思想である。しかしこうした宗教的な意味での現世安穏が、元来の意味を離れ現実の世界の生活の安穏、世俗的な幸福の意味に転化する可能性は十分にあった。それゆえ、日本においては室町時代の社会的風潮のなか、この思想は強く主張されるようになる。室町時代は有徳《うとく》思想という拝金主義が盛行し、財をなした有徳人と呼ばれる世俗の人々は盛んに作善を繰り返した。しかしこのことにより仏教思想がより生活に根ざした存在になったと評価することも可能である。

参考文献　高木豊「日蓮の思想の継承と変容」(『日蓮攷』所収、二〇〇八、山喜房佛書林)、湯浅治久『戦国仏教―中世社会と日蓮宗―』(『中公新書』、二〇〇九、中央公論新社)

(湯浅　治久)

げんぞく　**還俗**　仏語で、一度僧籍に入った人物がもとの俗人に戻ることをいう。俗に坊主がえり、法師がえり、復飾ともいう。またみずから僧の道を断念することを帰俗といった。古代では尼僧に対する刑罰として僧尼令に規定されていた。中世には法然や親鸞が処罰されたとき、還俗させられて俗名をつけ遠流に処されている。一方僧侶は政治にはかかわれないという原則があり、政治に参加するためにみずからあるいは第三者が還俗させるということも行われていた。

参考文献　吉田一彦『日本古代社会と仏教』(一九九五、吉川弘文館)

(湯浅　治久)

けんだま・ヨーヨー　**けん玉・ヨーヨー**　けん玉は、本体に紐で結びつけられた玉を、本体の尖った先端に刺したり、あるいはもう一方の端や先端の両脇の皿のようにくぼんだ部分に乗せたりして遊ぶ玩具。剣玉、拳玉ともいう。もともとはヨーロッパのカップ＝アンド＝ボールという玩具が、江戸時代中期に中国経由で日本に伝えられたものとされている。江戸時代には大人の酒席の遊びであったが、明治以降は子どもの遊びとなり、昭和初期には日月ボールの名で流行した。またヨーヨーは二つの円盤を短い軸でつないだものを、軸に巻きつけた糸を操って上下させて遊ぶ玩具。中国起源とされ、十八世紀に東インドからヨーロッパに伝えられて、イギリスではプリンス＝オブ＝ウェールズ、フランスではヨーヨー＝ド＝ノルマンディーと呼ばれた。日本にはすでに江戸時代からあり、手車と呼ばれていた。明治以降はすたれていたものと思われるが、一九三二年(昭和七)にヨーヨーの世界的流行が日本にも飛び火し、翌年にかけて大きなブームとなった。けん玉・ヨーヨーのいずれも子どもの玩具として根強い人気があり、ハイパーヨーヨーやデジケンなど、新しい技術が盛り込まれた現代版のものも生まれている。

参考文献　斎藤良輔『おもちゃの話』(一九七一、朝日新聞社)

(香川　雅信)

ヨーヨー遊び（昭和30年代）

げんたんせいさく　**減反政策**　一九七〇年(昭和四十五)以降実施された米の生産調整政策。高度経済成長期に政府が生産費所得補償方式による高米価で、米の事実上の全量買入を実施した結果、国内米生産量が増加を続けた反面、国内の米総需要量が六三年をピーク(一三四一万トン)に減少に転じた結果、六八年以降米の過剰が表面化し、一九七〇年には政府の持越し在庫が七二〇万トンに達した。これに対して政府は水田の休耕や他作物への転作に対して一定の補助金を交付する形で生産調整を実施した。七八年以降には食糧自給率維持の観点から、単なる休耕で

はなく長期的視点から自給率が低下した麦類、大豆、ソバ、飼料作物への転作を誘導する水田利用再編対策が実施された。政策に対する評価としては、農家の経営規模・近代化の度合いを充分に反映しない形で一律な生産調整を賦課されることに対する反対が根強く存在する。↓稲《いね》 ↓食糧管理制度《しょくりょうかんりせいど》

参考文献 暉峻衆三編『日本の農業一五〇年―一八五〇~二〇〇〇年―』(『有斐閣ブックス』、二〇〇三、有斐閣)

(永江 雅和)

げんとう 幻灯 ガラスやフィルムに描かれた絵、あるいは焼き付けられた写真に、石油ランプや電灯などの光源から光を当て、レンズを通して拡大し、映写幕などに映し出す装置。十七世紀にヨーロッパで始まり、十八世紀後半には日本に伝わって写し絵という芸能が生まれた。十九世紀後半以降は写真が主流となり、日本の風景・風俗を主題とする外国人向けの土産品、学校教材などが製作された。現在ではデジタルデータをプロジェクターによって投影する方法に取って代わられた。↓写真《しゃしん》

参考文献 岩本憲児『幻灯の世紀―映画前夜の視覚文化史―』(二〇〇二、森話社)

(斎藤多喜夫)

けんぱい 献杯 敬意を表して杯をさすことであり、古くから宴における献酬を意味していたが、現在では、葬儀や法要の会食のはじまりに、挨拶ののち「献杯」と唱和して故人に杯を捧げることをいう場合が多い。宴のはじまりに「乾杯」と唱和して杯を掲げたりグラスを合わせたりすることは、近代以降に成立した習慣であり、祝賀的な要素が強いためその代替として定着していったものと考えられる。

参考文献 神崎宣武編『乾杯の文化史』(二〇〇七、ドメス出版)

(山田 慎也)

げんぷく 元服 近代以前の男子の成人式。元は頭・首を意味し、それまで頭髪をあらわにしていた男子がはじめて頭に冠《かんむり》や烏帽子《えぼし》をかぶり大人の姿に変わる儀式で、初冠《ういこうぶり》・首服《しゅふく》ともいう。文献では『続日本紀』和銅七年(七一四)六月庚辰条に「皇太子(聖武天皇)加元服」とみえるのが早い例である。元服の儀式では、頭に冠や烏帽子を載せる役の人を加冠《かかん》といい、その男子の後見人・親代わりとなる人物が務め、頭髪を成人の髪に結う役の人を理髪《りはつ》といった。公家の男子の場合は冠をかぶって衣冠《いかん》を着、武家の場合は立烏帽子をかぶって狩衣《かりぎぬ》か水干《すいかん》か直垂《ひたたれ》を着た。元服の年齢は九~十五歳が多く、奇数の年齢が好まれる傾向にあった。平安から江戸時代の天皇は正月初めに元服を行なったが、公家・武家の場合は十一・十二月の方が多かった。元服と同時に官位・官職が与えられ、摂関家の場合は正五位下に叙爵するのが慣例であった。元服により名前も童名から実名に変わった。↓成人式《せいじんしき》

参考文献 尾形裕康「成年礼の史的考察―表示様式を中心とせる―」(『日本学士院紀要』八ノ三、一九五〇)、詫間直樹「天皇元服と摂関制―一条天皇元服を中心として―」(『史学研究』二〇四、一九九四)、菅原正子『中世の武家と公家の「家」』(二〇〇七、吉川弘文館)

(菅原 正子)

こ

ご 碁 ⇩囲碁《いご》

こあざ 小字 ⇩字《あざ》

コイ コイ コイ科の淡水魚。平野部の湖沼や流れの緩やかな河川の中・下流域に生息し、古くから日本人との関わりは深い。摂津国の猪名川と三国川(神崎川)の合流点にあった摂関家領の椋橋《くらはし》荘に鎮座する椋橋総社(大阪府豊中市)には、素戔鳴尊《すさのおのみこと》が高天原から鯉に乗って神前の水門に降りてきたという伝説や、猪名川の架橋に悩む行基が椋橋総社に参詣したところ、鯉が群をなし連なって魚橋を作ったという伝説が残っている。椋橋荘では鯉に感謝をし、鯉を捕らない・食べないという風習が残り、今に伝えられている。滋賀県高島市新旭町針江地区では、はりめぐらせた水路と各戸の井戸を結ぶ川端《かばた》と呼ばれる仕組みがある。川端は二つの壺で構成され、飲料水として利用したり水温の低さをいかして野菜や果物を冷やしたりし、そこで食器も洗うという。壺では鯉が飼われ、洗い物ででた食べカスを鯉が食べるという浄化システムが形成され、自然をいかした地域の人々の暮らしを支える役割を果たしている。

(鎌谷かおる)

こいのぼり 鯉幟 端午の節句に、男児の出世・健康を願って立てる鯉の形をした幟《のぼり》飾り。奈良時代に中国から五月五日の端午の節会が伝来すると、古代・中世を通じて次第に日本社会にも定着し、近世以降は、男児の初節句に母親の実家や親戚から邪気を祓う鍾馗《しょうき》を描いた幟旗や、立身出世を願う鯉幟が贈られるようになった。当初

の鯉幟は紙製の小さなものであったが、次第に大型化し布製となった。明治期以降は布製のものが定着し、戦後はナイロン製のものが普及している。現在の幟竿《のぼりさお》には、上から回転球、矢車、吹き流し、真鯉(黒)、緋鯉(赤)の順に装着するのが一般的であるが、江戸時代には、浮世絵師歌川広重が一八五六年(安政三)から制作した連作版画『名所江戸百景』所収の「水道橋駿河台」に、鐘馗を描いた幟旗を遠景に真鯉だけが描かれており、当初の鯉幟は真鯉のみであったようである。近年では幟旗は姿を消し、代わりに、アパートや団地、マンションといった集合住宅のベランダなどに合わせた小型の鯉幟セットが登場し広く用いられている。また、プロ野球チーム広島東洋カープでは応援グッズとしての鯉幟が季節を問わず球場に泳いでいる。このほか、「甍《いらか》の波と　雲の波」で始まる一九一三年(大正二)発表の文部省唱歌「鯉のぼり」(作詞不詳、作曲弘田龍太郎)や、「やねより　たかい　こいのぼり」で始まる一九三一年(昭和六)発表の童謡「こいのぼり」(作詞近藤宮子、作曲不詳)は、今日なお広く親しまれている。　(宮瀧　交二)

こう　香　薫物《たきもの》に用いられる香料、あるいは香道を意味することもある。日本では七世紀に仏前で空炷《そらだ》きをする供香《そなえこう》が用いられたことが『日本書紀』にみえ、正倉院には黄熟香《おうじゅくこう》(別名は蘭奢待《らんじゃたい》)など十種類の香木・香料と、香道具の柄香炉・火舎・薫炉が伝えられている。平安時代の貴族たちは、種々の香料の粉末に蜜・梅肉・甘葛・海《ふ》蘿《のり》・塩などを煉《ね》り合わせた煉香(薫物)を作り、梅花・荷葉・侍従・菊花などの合香の名をつけた。煉香には芳香だけでなく防腐・殺菌の作用もあり、室内の清浄、髪・衣服の消臭と酸化防止に効果があった。衣服に香を炷き込むためには伏籠《ふせご》を用いた。貴族たちは自作の薫物の優劣を競う薫物合《たきものあわせ》を行なって遊んだ。室町時代には、十炷《じっちゅう》香《こう》という一種の香木を一炷、三種を三炷ずつ炷いて計十炷を聞き当てる遊びが公家・武家ではやった。組み合わせを当てる組香《くみこう》を中心とした遊びは香道として発展し、近世に三条西家の御家流と志野家の志野流が二大流派となった。

参考文献　荒川浩和『香道具』(『日本の美術』二七六、一九八九、至文堂)、香道文化研究会編『香と香道(第二版)』(一九九三、雄山閣)　(菅原　正子)

こう　講　宗教や経済などの目的をもつ社会集団のこと。九世紀の寺院で薬師講・仁王講《にんのう》・最勝講などが行われ、十一世紀には浄土信仰に基づく阿弥陀講が一般社会に広まった。さらに現世利益を目的とする春日講・伊勢講や月待講・日待講など神祇信仰や民間信仰の講もあらわれた。また寺院内の頼母子《たのもし》講など金融目的の講が一般社会にも広まった。十四世紀中ごろ、近江国島村の憑子《たのもし》衆中が田地や山林を大嶋・奥津嶋神社の大座衆中に売却している(『大嶋神社奥津嶋神社文書』)。このことは、中世村落の頼母子講が共有財産を基盤として相互扶助活動をしていたことを示している。一方、一二七五年(建治元)、紀伊国猿川・神野・真国荘の荘官が「憑支《たのもし》と号して百姓の銭を乞い取らない」と誓約している(『高野山文書』)。頼母子講は、荘官や有力階層による米銭搾取の手段にもなっていたのである。近世には親睦集団の性格が強まり、多様な講集団があらわれた。仏教系では、浄土真宗の報恩講、浄土宗の御十夜講、日蓮宗の題目講などがあった。神道系では、伊勢講、出雲大社講、御嶽講などがある。また恐山、岩木山、出羽三山、筑波山、大山《おおやま》、三峯、富士浅間《せんげん》、飯綱《いづな》、戸隠、木曽御嶽、大峰、熊野三山、大山《だいせん》、金比羅、英彦《ひこ》山、阿蘇などへ修験者が引率する山岳講や、講仲間が参拝する参拝講も数多くみられた。民間信仰でも、山の神講、田の神講、地神講、水神講、海神講、船霊講などがある。村落祭祀の鎮守講や氏神講もあり、宮座は宮講とも呼ばれた。相互扶助目的では、頼母子、無尽、ゆい、模合《もやい》などがある。諸種の相互契約を目的とする契約講や葬式の相互扶助を目的とした無常講もあった。村落内では、年齢ごとの子供講、若者講、老年講や、女性だけが加入する娘講、嬶《かか》講、尼講などがみられた。同業者仲間が守護神をまつる講として、大工の太子講、漁師の夷《えびす》講、鍛冶屋の荒神講、養蚕のオシラ講などがあった。→えびす講《こう》　→大山講《おおやまこう》　→庚申講《こうしんこう》　→頼母子《たのもし》　→富士講《ふじこう》　→ゆい

参考文献　桜井徳太郎『講集団の研究』(『桜井徳太郎著作集』一、一九八八、吉川弘文館)、『日本村落史講座』生活I・II(一九九〇・九一、雄山閣出版)、宇治伸『宗教的『講』と村落社会構造―越中真宗門徒講を中心として―』(一九九六、令文社)　(薗部　寿樹)

ごう　郷　古代以来用いられてきた地域的単位を指し示す呼称であるが、その実態は時代によって変化している。律令国家の原則では上からの編成によって、国―郡―里の序列で地域社会の行政単位が設けられた。のちに里は郷に改称されて、一時は郷の下部に里がおかれたが、七四〇年(天平十二)には里は廃止されて、国―郡―郷の制度となっている。里(のちの郷)は律令制的な人民把握の方式である「戸」を基礎として五十戸ごとに設置される原則であったが、地形などの自然環境や歴史的な経緯なども考慮され、地理的な広がりをもっていた。里(のちの郷)には、有勢者が里長(のち郷長)に任じられた。木簡や出土土器の墨書では八世紀後半以降も「里長」とある事例があって、里も郷も同じく「さと」と呼ばれたのであろう。古代の郷と地域の人々の共同組織との関係を具体的に復元するのは容易ではない。中世、平安時代末期から鎌倉時代初期ごろになると、律令制によらない郷が広汎に出現し、それと同時に郷の内部に下位の単位として村が史料上に普通にみられるようになって、中世の日本では国―郡―郷―村という序列が地域社会の骨格をなした。この序列は固定的なものではなく、中世を通じて大きくみれば、一つの郷の内側からいくつかの村が生成・分立して、郷をも分裂させていった。中世にあっては郷

という言葉は、「在所」「所」などとともに地域社会の人々が本来帰属する地域的集団、すなわち村落を指し示す基本的な用語となった。一二〇二年(建仁二)の河内国狭山池改修碑文は、狭山池の改修にはこの池の恩恵を受ける「摂津・河内・和泉三箇流末五十余郷人民」の関与があったと伝えるが、この郷などはその早い好例である。中世を通じて、村落の居住域である集落の集村化が進むと、それに伴って耕地や山野を含む村落領域が形づくられた。中世後期では、一四九七年(明応六)の大和国箸喰荘差図(『日本荘園絵図聚影』三)に道・山・川・惣堀に囲まれた集落域と見られる部分に「里」と注記があり、また一五一五年(永正十二)の大和国膳夫荘差図(同前)でも集落域の入口に「里南口」などの注記がみえているように、集落部分を「さと」と称していたことが窺われる。

参考文献 大山喬平『日本中世のムラと神々』(二〇一二、岩波書店)、平川南『律令国郡里制の実像』上・下(二〇一四、吉川弘文館)

(田村 憲美)

こううんき　耕耘機　田畑を耕し耘《くさぎ》る(地中の根や草を切断する)ことを目的とする農用機械。搭乗型の多機能管理機(トラクター)と、手押し歩行型の耕耘専門機に大別されるが、狭義には歩行型を耕耘機と呼ぶ。日本における耕耘機械化の嚆矢は明治期小岩井農場における蒸気犂の利用にあるとされるが、湿田が多く地盤軟弱の日本の耕地に大型機械耕耘は容易に定着せず、また価格の問題もあり、戦前期には歩行型のスイスのシマー型や、岡山県の西崎浩が開発した丸二式などの小型機が少数導入されるにとどまった。戦後、軍需工場の民需転換の流れのなかで、久保田鉄工などの大型資本が耕運機製造に進出し、一九五〇年代を中心に、急速に耕運機の国内普及を進め、稲作機械化の第一歩を担った。六〇年代以降は耕地整理により大型機械導入条件が整った平野部を中心に汎用性の高いトラクターへの代替が進んだが、傾斜地や小規模耕地では現在でも歩行型が使用されている。

参考文献 和田一雄『耕耘機誕生』(『Fumin books』、一九七九、富民協会)

(永江 雅和)

耕耘機の実演講習会（1953年，東京都世田谷区）

こうえん　公園　市民の利用を前提にして設置された庭園や遊園地などの緑地。景勝地などのエリアを指定し、その保全を目的として設置される「地域制公園」と、都市部などであらかじめ用地を確保した後にその整備を行う「営造物公園(都市公園)」に大別される。日本で地域制公園としての公園が誕生するのは近代以降であり、明治期に入り欧化政策を推進していた明治政府は、一八七三年(明治六)、西欧諸国に倣って公園を設置するため、太政官布告によりその候補地の選定を各府県に求めた。各府県では、江戸時代以来、物見遊山の行楽地として賑わっていた神社仏閣や景勝地をその候補に推薦し、函館公園(北海道)、上野公園(東京都)、飛鳥山公園(同)、芝公園(同)、大宮公園(埼玉県)、住吉公園(大阪府)など、全国各地に公園が誕生した。そのような中、アメリカの国立公園法に倣って、明治期以降、わが国でも国立公園を設置しようという気運が高まり、一九三一年(昭和六)には国立公園法が制定され、三四年に瀬戸内海、霧島、雲仙の三ヵ所が日本初の国立公園に指定され、現在では三十二ヵ所に至っている。その後、一九五七年(昭和三十二)には国立公園法が改定されて自然公園法が制定され、これにより、国立公園・国定公園・都道府県立自然公園という今日の自然公園体系が確立された。国定公園は、国立公園に準じるものとして各都道府県の申し出により環境大臣が指定するものであり、現在、五十七ヵ所に至っている。一方で、営造物公園(都市公園)は、五六年の都市公園法によって体系化され、国または地方公共団体が都市計画区域内に設置する公園・緑地が都市公園とされた。都市公園には、街区公園(かつては児童公園と称された。半径二五〇メートル程度の街区に居住する人々が利用)、近隣公園(半径五〇〇メートル程度の街区に居住する人々が利用)、地区公園(半径一キロ程度の徒歩圏内に居住する人々が利用)、総合公園(市町村全域の人々が総合的に利用)、運動公園(市町村全域の人々が運動に利用)などがあり、市民生活には不可欠な存在となっている。また、近年では都市公園としての防災公園も注目され、その設置が相ついでいる。

参考文献 小野良平『公園の誕生』(『歴史文化ライブラリー』、二〇〇三、吉川弘文館)

(宮瀧 交二)

こうがい　公害　民間企業や公企業の活動によって地域住民のこうむる人為的災害。公害という言葉はすでに明治期に存在し(大阪府令や旧河川法)、足尾鉱毒事件などに象徴されるような公害事件も発生した歴史をもっていた。しかし公害は戦後の高度成長期から本格的に進行し、健康被害や環境被害にとどまらず人間破壊にまで深刻化した。特に一九五〇―七〇年代にかけては、イタイイタイ病、水俣病、四日市ぜんそくなど世界でもまれな産業

公害が続発した。一九五六年(昭和三十一)、熊本県水俣では原因不明の水俣病患者が発見され、原因がチッソの有機水銀を含んだ工場廃水に起因すると判明したのちにも排水が続けられ、患者は不知火海沿岸に拡大した。また五〇年代末から六〇年代初めにかけ、富山県神通川下流域におけるイタイイタイ病が神岡鉱山から流出したカドミウムに起因すると判明した。加えて六五年ごろからは新潟県阿賀野川下流地域でも昭和電工鹿瀬工場からの排水によって第二の水俣病が発生した。さらに四日市ではすでに六〇年ごろから大気汚染による呼吸器系疾患を訴える患者が増大し、これが石油コンビナートから排出される硫黄酸化物によるものと判明していた。こうした四つの公害に対し被害者は加害企業を訴え、いずれも全面勝訴を勝ち取ることになった。公害反対の運動は全国に拡大し、こうした世論の動向は公害行政にも影響を与えた。七〇年には公害対策基本法を全面改訂し、環境法体系をつくり、七一年には環境庁を設置することになった。翌七二年、国連の人間環境会議において大石武一環境庁長官は公害の反省と政府の失敗を認めるなど、環境政策の一定の前進が見られた。また七八年にはアメリカの自動車排ガス規制のマスキー法の基準を世界で最も早く達成し、日本の乗用車は世界を席巻することになった。しかし他方で七〇年代は、NO_2の環境基準を緩和させ、水俣病の患者切り捨てが進行するなど、一進一退の状況が続いた。八〇年代以降経済のグローバリゼーションとともに環境問題も国際化し、日本の多国籍企業やＯＤＡの活動による公害輸出が批判されるようになり、冷戦終結後は地球環境問題は国際政治の中心的テーマとなった。特に九二年(平成四)に開催された国連環境開発会議では「人は自然と調和しつつ健康で生産的な生活を営む権利を有する」を原則とする「リオ宣言」を採択した。日本政府はこうした流れをうけ、九三年公害対策基本法をやめ、それを含んだ環境基本法を制定した。これは事実上、公害問題の終了を明確にしようとする意図をもっていたが、これに抵抗する公害裁判なども提起された。日本における公害問題は終わったわけではなく、旧来の公害問題に加え、ハイテク企業の地下水汚染、アスベストなど未規制の有害物質問題、懸案の自動車公害問題、さらには沖縄の基地公害や三・一一以後の福島第一原発問題など、公害を含んだ環境問題に関わる懸案は山積している。

参考文献　庄司光・宮本憲一『日本の公害』(『岩波新書』、一九七五、岩波書店)、宮本憲一『戦後日本公害史論』(二〇一四、岩波書店)　(安田　常雄)

こうがい　笄　女性が日本髪につける髪飾り。髪の地肌を掻いたり、髪の束をまとめるための実用品であったが、次第に装飾品として用いられるようになった。江戸時代後期には櫛と笄の揃物が登場した。明治時代の笄は黒鼈甲、白鼈甲、蒔絵朱彫りなどが主流で、大正時代には黒鼈甲に金、プラチナ、ダイヤモンドを埋め込んだ豪華なものが好まれた。昭和初期には白鼈甲に蒔絵のものに加え、夏は翡翠、冬は珊瑚の笄が流行した。↓かんざし

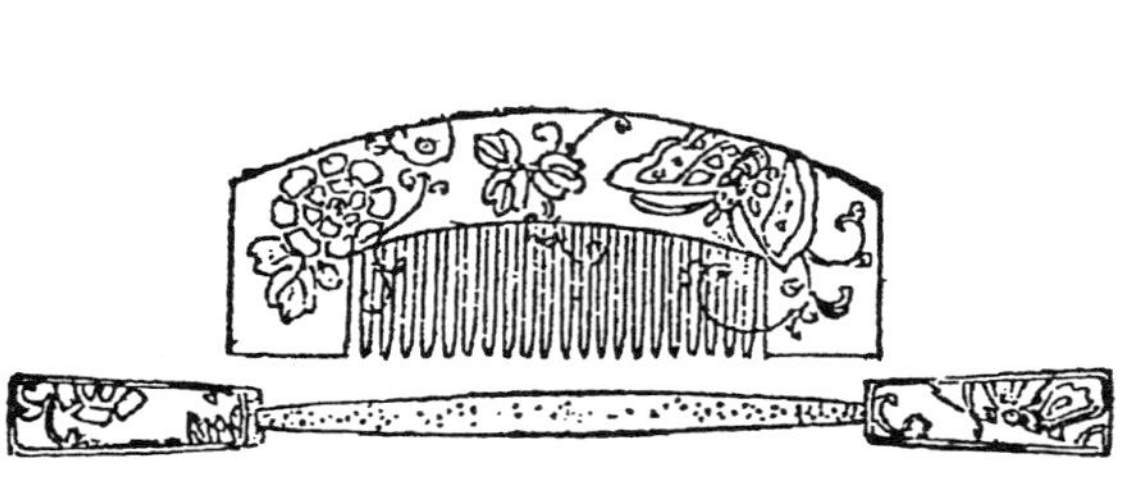

櫛(上)と笄(『読売新聞』1902年９月28日付より)

参考文献　『読売新聞』(一九一二年十月二十二日付朝刊、一九二六年十一月二十五日付朝刊)　(刑部　芳則)

こうがいじゅうたく　郊外住宅　近代以降、都市への集中的な人々の流入に対して、主に中流階層を対象に既存都市の郊外に建てられた住宅。日本における郊外住宅のはじまりは、「田園都市」という言葉と深い関係をもつ。田園都市とは一九〇二年(明治三十五)にイギリスの社会改良家Ｅ・ハワードが提案した都市理念であり、都市化に派生する問題に対して、都市と田園の性質を兼ね備えた都市を提案した。日本への紹介は早く、〇七年には内務省より『田園都市』が出版され、広くこの言葉が社会に浸透することとなった。大正期になるとハワードの田園都市がもつ本来の理念とは離れた、その言葉の持つイメージのみをうまく利用した田園郊外住宅地が民間鉄道会社によって開発されるようになる。こうしたイメージに同調したのが当時都市部に急増した新中間階層の人々である。一九二二年(大正十一)には田園都市株式会社が、田園調布や洗足などに日本ではじめての計画的な郊外住宅地を開発した。また、民間鉄道会社以外では、それまで都市郊外で農業を行なっていた農民が、みずから組合をつくり、耕地整理や区画整理の手法を用い、耕地を宅地化する動きが生じ、郊外に住宅地が広がっていった。さらに、二三年の関東大震災により、人々は木造住宅が密集した市街地を危険視するようになり、住宅の郊外化はより一層進むこととなった。戦後における郊外住宅は、戦災による住宅不足を解決するため郊外を中心に建設された団地に始まる。団地は当時の人々のあこがれの住居となり、そこに住む人々は「団地族」と呼ばれるようになった。団地開発は次第に大規模化、より郊外化し、広大な敷地に四角い箱が短冊状に並ぶ画一的な景観を問題視する声もあがった。郊外住宅に大きな変化が生じたのは高度成長期である。この時期、都市部の地価が高騰し、

都心に中流階層が戸建住宅をもつことが困難となり、地価の安い郊外に大規模な宅地開発が行われるようになった。それらはニュータウンと呼ばれ、その最初期のものに、一九六二年(昭和三十七)に入居が始まった大阪市郊外の千里ニュータウンなどがある。ニュータウンは中流階層が「庭付き一戸建」をもつことができる場所として、広く支持されるが、郊外は拡大し遠距離通勤という問題を生んだ。一時期に同世代の住民を抱えることになったニュータウンでは世代交代がむずかしく、高齢化していくニュータウンが今後どう持続されるかは大きな課題である。 ↓ニュータウン

参考文献 山口廣編『郊外住宅地の系譜―東京の田園ユートピア―』(一九八七、鹿島出版会)、片木篤・藤谷陽悦・角野幸博編『近代日本の郊外住宅地』(二〇〇〇、鹿島出版会)　(前川　歩)

こうかがくスモッグ　光化学スモッグ　高度経済成長期の都市で発生し始めた大気汚染。亜硫酸ガスなどによる大気汚染それ自体は、近代の工業化のなかで発生し、しばしば社会問題化した。別子銅山や日立鉱山の煙害がよく知られている。一方、光化学スモッグは、工場や自動車などから排出された炭化水素と窒素酸化物の混合ガスに、太陽の紫外線があたって化学反応が起きることで発生する。その発生の度合いは、季節や日差し、風の強弱によっても左右される。すでに一九四〇年代にアメリカで発生し、植物・農作物に被害が出ていた。日本でも六〇年代半ばから、東京で農作物に被害が現れていた。七〇年(昭和四十五)七月十八日、東京都杉並区の高等学校で四十名以上の女子生徒、付近の子どもなどが目の刺激、呼吸困難などの症状を訴え、そのほかにも都内で多くの被害が報告された。同年八月から東京都公害研究所は光化学スモッグ予報を開始、翌年、条例整備で都公害局が予報を発令することになった。

参考文献 大平俊男『光化学スモッグ―東京の光化学反応による大気汚染―』(一九七二、講談社)、小田康徳『近代日本の公害問題―史的形成過程の研究―』(一九八三、世界思想社)　(源川　真希)

初の光化学スモッグ注意報

ごうがく　郷学　江戸時代から明治初年の教育機関の一つ。郷学校・郷学所・郷黌ともいう。武士の子弟を対象とする準藩校的なものと、庶民の子弟を対象とする公営寺子屋のごときものがある。前者は、遠隔地ゆえ入学できない者のために藩当局が開設したもの、後者は、一六六八年(寛文八)岡山藩が領内に設けた手習所に端を発する。幕藩当局直轄のもの、民間有志者発起のもの、それに公権力が援助する半官半民的なものなどあるが、時期によりその性格は異なる。十八世紀初には含翠堂・会輔堂・懐徳堂などがある。十八世紀末から十九世紀では、農民の子弟を対象に読・書・算および道徳教育を行なったり、成人を対象に風教維持・良民の育成を目指すものが多い。一八二四年(文政七)代官山本大膳が始めた石和《いさわ》教諭所(由学館ともいう)がその典型。十九世紀半になると民間有志が拠金設立・維持・運営にあたるものや町村公営に近い郷学がつぎつぎ登場。このタイプの多くは、明治以降、義校・義学・義塾あるいは府学・県学の名を冠しながら近代公教育制度の諸学校とくに小学校の先駆になっていく。　(菅野　則子)

こうぎょうかじゅうたく　工業化住宅　現場に先立ち、工場などで部材の加工・組み立てを行い、建てられる住宅。プレファブ(プレファブ工法 prefabrication method)住宅とも呼ばれる。ただし、在来工法の住宅であっても事前に加工・組み立ては通常行われており、工業化住宅とは工業化された部分が在来工法に比較し多い住宅といえる。戦前においても、木造の乾式工法の試みなど工業化住宅の嚆矢が見られるが、より展開を見せるのは戦後である。終戦直後、軍需工場が戦時中の資材や技術を用い工業生産住宅を展開しようと試みるが、それを流通させるインフラが未整備であったことなどから、一九五〇年(昭和二十五)までにはそうした動きは一度消滅した。六〇年代になると、化学、鉄鋼などの建材メーカーの主導のもとに多くの工業化住宅が登場する。六〇年代後半には、住宅金融公庫がプレファブ住宅に対する融資を開始したことから需要が急増、各メーカーの競争は激化し、その結果、多様な工業化住宅が開発されるようになり、住宅建築の主要形態の一つとなった。 ↓住宅産業《じゅうたくさんぎょう》

参考文献 内田祥哉『(最終講義)建築の生産とシステム』(『住まい学大系』、一九九三、住まいの図書館出版局)、松村秀一他編『箱の産業―プレハブ住宅技術者たちの証言―』(二〇一三、彰国社)　(前川　歩)

こうぎょうし　興行師　歌舞伎や見世物などの興行を取り仕切る人のこと。興行師の語は近代以降に用いられた。江戸時代、芝居小屋の経営者を江戸では太夫元・座元などと呼び、上方では興行権の所有者(名義)を名代《なだい》と呼んだ。そのほか、興行への出資者を金(銀)主・勧進元と呼ぶ。地方興行の場合、三都などから来た役者を招聘し、宿などを世話する人を請元と呼び、地方から三都などへ出向き、地方興行への出演を交渉する人を芝居師・五厘などと呼んだ。興行師は役者の招聘・世話のほか、芝居小屋の建設・興行許可申請・得意先への案内など多岐にわたる仕事を一手に引き受けた。興行が失敗した場合には破産に至ることもあることから投機的な側面を持ち、当該地域に影響力のある顔役が就任することが多かった。

代表的な興行師として、江戸の大久保今助、名古屋の中村蔦右衛門、金沢の綿津屋政右衛門、近代では大谷竹次郎(松竹芸能創業者)、吉本せい(吉本興業創業者)らがいる。

[参考文献] 木村錦花『興行師の世界』(一九五七、青蛙房)、村松駿吉『旅芝居の生活』(『生活史叢書』、一九七三、雄山閣)、西山松之助『江戸歌舞伎研究』(『西山松之助著作集』七、一九六七、吉川弘文館)　(塩川　隆文)

こうぎろく　**孝義録**　「善行者」の行跡を綴ったものを、一般に孝義録・孝義伝という。その代表が、寛政改革時、民衆教化策の一環として作られた『官刻孝義録』である。一七八九年(寛政元)江戸幕府は、全国に向けて善行者の表彰事例の書上げを命じ、提出されたものは大田南畝らによって整理され、一八〇一年(享和元)刊行された。全五十冊からなり、飛騨国を除く全国の事例が網羅されている。収載された人数は、八千六百人余、そのうち約一割の事例には略伝が附けられている。それらの事例は、孝行・忠義・忠孝・貞節・兄弟睦・家内睦・一族睦・風俗宜・潔白・奇特・農業出精の十一の徳目に分類され、地域ごと・支配領主ごとにまとめられている。そのうち、「孝行者」が占める比率は六割を上回る。ついで奇特・忠義・農業出精・貞節の順になっている。本書のねらいは、善行者およびその善行の具体相を生き方の模範として示し、人びとの精神を涵養することにあった。↓孝行《こうこう》

[参考文献] 菅野則子校訂『官刻孝義録』上・中・下(一九九九、東京堂出版)、同『江戸時代の孝行者―「孝義録」の世界―』(『歴史文化ライブラリー』、一九九九、吉川弘文館)　(菅野　則子)

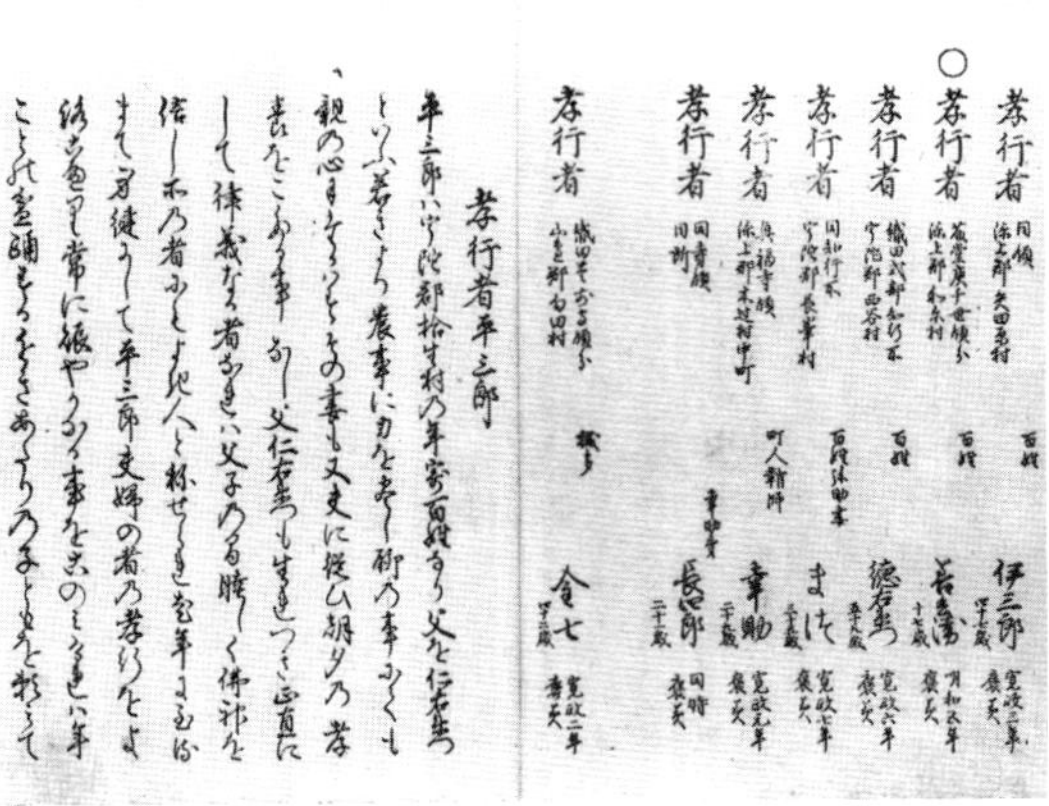

『孝義録』巻1

ごうぐら　**郷倉**　江戸時代に一村ないし数ヵ村単位で設けられた共同倉庫。本来は年貢米の保管庫から出発し御《お》倉《くら》といわれたが、やがてそれ以外も収納する地域の倉として定着し郷倉と呼ばれるようになった。倉には領主地払い(郷倉米の地元での換金)もしくは廻米以前の年貢米が置かれるほか、救荒用の穀物が積み置かれた。また、村祭の道具や行政関係文書なども保管された。さらに、その堅牢さから犯罪者を一定期間閉じ込める機能も有した(倉込《くらこめ》)。年貢米保管中は郷倉番がつけられるなど、厳重に管理された。

前橋市上泉町の郷蔵（1796年建築）

[参考文献] 大塚英二「御蔵・郷蔵から見る近世社会の構造」(渡辺尚志編『村落の変容と地域社会』所収、一九九六、新人物往来社)　(大塚　英二)

こうけん　**後見**　ある一定の地位にある者が老齢・未成熟・経験不足などである時、その親族などの関係者がその地位を代行・指導、監督すること。摂関政治、院政、執権政治、戦国時代の番代・陣代がその実例として挙がることもある。近世期には、家の維持・継承のために、家長の地位を代行する制度として行われ、しばしば中継相続と混同される。この二つの制度は、一時的に家長の地位を継ぐ(中継相続)、継がない(後見)によって区別されることになるが、「手段を異にしつつ目的を同じくした二つの制度」(高柳真三)と評されることもある。庶民階層でも、中継的な性格をもつ慣行として、青森県では長男が幼少の場合長女に婿を取り一時的に跡を見てもらうことをアネカタリと呼び、岩手県では幼少の長男に代わって戸主になることを看抱人《かんぼうにん》と呼ぶなどの例が知られている。また、東北地方(青森・秋田・岩手)では帰り婿(三年婿・五年婿とも呼ぶ)と称して婿が妻方に一定期間労務の提供をして帰る習俗があり、菅江真澄はこの習俗を「ウシロミ(後見)ヲシテカエル(帰る)」(『牧の冬枯』)と表現している。民法は、後見制度を未成年後見と禁治産後見に分けて制度化していたが、「民法の一部を改正する法律」(一九九九年(平成十一)法律第一四九号)により、後者は成年後見制度に統合され、法定後見制度と任意後見制度

に区分された。

参考文献　石井良助『日本相続法史』(『法制史論集』五、一九八〇、創文社)、高柳真三『明治前期家族法の新装』(一九六七、有斐閣)、森謙二「カエリムコ(年季婿)習俗について」(大竹秀男・竹田旦・長谷川善計編『擬制された親子―養子―』所収、一九六八、三省堂)

(森　謙二)

こうこう　孝行　親の心に従い、よく仕えること。また、親に対するように人を大切にすること。古代『令義解』賦役令、孝子条に、国家が儒教の家族道徳の模範的人物として掲げたのが、孝子・順孫・義夫・節婦である。これは、中国の隋唐の規範に依拠したもので、日本における事例は、孝子と節婦に限定されていた。江戸時代に入ると、忠孝をはじめとする多様な「善行者」が表彰され、それらを顕彰する孝義伝が広範に作られるようになる。その代表が江戸幕府によって刊行された『官刻孝義録』である。そこには、善行者の事例が十一種の徳目に区分され登載されているが、全体の六割以上を占めるのが「孝行者」である。孝行の具体相は多彩である。病身の親を介抱する、親を退屈させない、親の意向に背かない、結婚・離婚も親の意に従う、親の死後を丁重に弔う、先祖を祀るなど、何事においても親を第一に扱うことであった。親を大切にし家を継続させていくことが孝行の要件であった。　↓孝義録《こうぎろく》

参考文献　菅野則子『江戸時代の孝行者―「孝義録」の世界―』(『歴史文化ライブラリー』、一九九九、吉川弘文館)

(菅野　則子)

こうこく　広告　発信者を明確にしたうえで、商品・サービス、主義・主張などを不特定多数の人々に伝達するためのコミュニケーション活動の総称。コミュニケーションに用いられるメディアは、新聞・雑誌・テレビ・ラジオなどのマスメディアが中心だが、看板やポスター、駅や鉄道車内などの交通広告など市街の人目につきやすい場所に掲示される広告や、ビラ・チラシとして配布されるものも多い。また、インターネット台頭以降は、多くのネット関係の企業がウェブページ内での広告料を大きな収入源としており、広告産業においては欠かすことのできない市場となっている。元来、広告は個別の商品やサービスの内容を購買者層に向けて幅広く宣伝することを企図して発展してきた。これは、近代以降の日本においても同様であり、戦前の仁丹の広告塔や新聞広告、戦後においては初期のテレビコマーシャルなど購買者に商品のイメージを直接伝えていくような具体的な広告が主流であった。一九七〇年代ごろから、少しずつ広告に求められる内容に変化が現れる。国鉄が展開した「ディスカバージャパン」が個人の「旅」に対し新しいイメージを注ぎ込もうとしたように、それまでは、商品の必要性や同一性(他の商品と同じように有効に扱える商品であること)が商品ごとに具体的に強調されることが多かったのに対し、個別性や差異性(他社の製品とは異なるということ)が抽象的なイメージとともに強調され、加えて商品を展開する企業イメージの良化と定着を企図した広告が増えてくる。これは、高度成長の進展の中で、たいていの商品や生活必需品が各家庭に配置され新規商品を売りにくくなる一方で、環境汚染や住宅・交通問題などさまざまな面で社会の矛盾が表出したことに対する、企業側からのイメージ改善のアピールの意図を孕んでいたといえるだろう。このような広告のあり方の変化は、媒体となる各メディアの変容を促したともいえ、魅力的な広告と宣伝文句を考えるコピーライターという職業に大きく注目と期待が集まるようになったといえる。以降、いかなる企業においても、企業活動と広告は切っても切り離せない関係となり、特にメディア展開を前提とするようなサービス(テレビ番組の制作など)は、いかに広告代理店の企業力を背景として確保するかが大きな課題となった。大手広告代理店をスポンサーに抱き込むことで、はじめて大掛かりな商品・サービス展開が可能になるという、商品を展開させるための広告から、広告産業界を充実させるための商品展開という倒錯した状況が八〇年代以降はさまざまな場面で散見されるようになったのも、このような商品・サービスと広告の関係の変化によるものと考えられるだろう。　↓看板《かんばん》　↓テレビコマーシャル

キャッチコピーを取り入れた新聞広告（トリスウイスキー，1961年４月）

参考文献　松本剛『広告の日本史』(一九七三、新人物往来社)、山本武利『広告の社会史』(一九八四、法政大学出版局)、

ヴァルター＝ベンヤミン『パサージュ論』一―五(今村仁司他訳、一九九三―九五、岩波書店)、北田暁大『広告の誕生―近代メディア文化の歴史社会学―』(『現代社会学選書』、二〇〇〇、岩波書店)　(花岡敬太郎)

こうさいひ　交際費　⇩社用族《しゃようぞく》

こうさつ　高札　為政者が法令を駒型の板に墨書し、人目につきやすい場所に設置したものをいう。法令伝達機能を有すものであったが、近世以降、法令が筆写され紙媒体が普及するなどしたため、伝達機能は形骸化した。江戸では、交通の要所である日本橋・常盤橋門外・筋違橋門内・浅草門内・糀町(半蔵門外)・芝車町(高輪《たかなわ》大木戸)の「六ヶ所」高札場に、幕府の基本法令を掲げた。いずれの場所の高札も石垣の上に立ち、屋根付きで、周囲を柵で囲われていた。基本法令はたびたび変化するものではないし、柵に遮られて読みにくく、実際に墨が薄れて読めない時期・場所もあったから、高札は情報の伝達よりも権威の象徴としての意味合いが強かった。ついで江戸には「三十五ヶ所」高札場があって、三叉路などにおかれた。このほか明地や堀端などでその場の使用に関して規制する「場の規制」高札とも呼び得るものが存在した。一般にこうした高札場は周辺の町が幕府から管理を義務づけられていたが、次第にその管理と反対給付としての特権をめぐって商人らが高札場の存在を利用するようになった。明治政府も当初は高札を利用したが、やはり大量の情報の伝達には適さず、一八七三年(明治六)に高札制度は廃止された。

キリシタン禁制の高札（1868年）

参考文献　渡辺浩一「江戸の「六ヶ所」高札場と都市社会―浅草門内高札場を中心に―」(『日本歴史』七四五、二〇一〇)　(松本剣志郎)

こうし　格子　角材を碁盤目状に組み合わせた建具で、上部を長押《なげし》に吊り、はね上げて開閉する蔀戸《しとみど》のこと。はね上げ式の建具は静岡県伊豆の国市の山木遺跡で出土しており、古くからみられる形式である。平安時代中期には寝殿造建築の廂《ひさし》に蔀戸が使用されており、このころから「格子」と呼ばれるようになったことが『枕草子』や『源氏物語』などの文学作品からも窺える。また、細い木・竹を透かしをあけて組み、窓や戸口に打ち付けたものも格子と呼び、現在では一般にはこちらを指す。雨戸が一般化するまでは防犯上重要な装置であったが、近代に入るとさまざまな意匠の格子が発展し、町家では外観を特徴付ける要素の一つとなっている。　↓蔀《しとみ》

格子（太山寺本堂）

参考文献　伝統のディテール研究会『(改訂)伝統のディテール―日本建築の詳細と技術の変遷―』(一九七四、彰国社)、高橋康夫『建具のはなし』(『物語ものの建築史』、一九八五、鹿島出版会)　(大林　潤)

こうじ　麹　⇩発酵食品《はっこうしょくひん》

ごうし　郷士　江戸時代、城下に居住した家中士に対し、おもに村に定住して農業などの庶民的生業につきながら、家の由緒や功績などによって、武士としての待遇を受けた階層の総称。地域により設置の経緯や存在形態は多様。外城士《とじょうし》(鹿児島藩)、在中御家人(熊本藩)、一領具足(高知藩)、地士(和歌山藩)、無足人《むそくにん》(津藩)などともいう。近世初期に大名が新領国内の土豪の慰撫懐柔や、領境の警衛などのために配置した場合や、財政難のために下級士を帰農させた場合、新田開発の請負人として用いた場合などがあった。近世中期以降、各藩で財政窮乏が進むと、献金の見返りに富裕な百姓・町人に郷士身分を与える金納郷士の制が広まった。軍役負担身分とされたが、郷士の地位が株化して売買・譲渡の対象になる場合もあり、古来の郷士と金納郷士とでは、身分意識や村政への係わり方で異なることも多かった。一八七二年(明治五)太政官布告により世襲郷士の多くは士族とされた。

参考文献　小野武夫『郷士制度の研究』(一九二五、大岡山書店)、吉川秀造編『近畿郷士村落の研究―丹波国馬路村―』(『人文科学研究叢書』六、一九六四、同志社大学人文科学研究所)、森田誠一「郷士制にみる藩政史の特徴」(『近世における在町の展開と藩政―熊本藩を中心として―』所収、一九八二、山川出版社)　(志村　洋)

ごうじち　郷質　中世社会において行われた質取《しちとり》行為の一つ。中世社会においては、債務不履行者や、敵対者に対し、人身・動産・不動産を差し押さえる質取行為がしばしば行われていた。特に郷村などの自立性が高まる戦国時代によく見られる。中世的な特徴としては、当事者(債務不履行者・敵対者本人)の身柄や動産・不動産に限

らず、その人物が帰属する地域や共同体にまで質取が及んだ点が挙げられる。当事者と同じ国に住む者を対象に質取が行われることを国質《くにじち》と呼び、当事者が属する郷村単位で質取が行われることを郷質と呼んだ。これらの行為は自力救済が通常であった戦国時代特有の現象で、戦国大名らによって、こうした質取行為は規制・禁止されるようになる。↓国質《くにじち》

参考文献 勝俣鎮夫「国質・郷質についての考察」(『戦国法成立史論』所収、一九七九、東京大学出版会)

(川端 泰幸)

こうしゅうべんじょ 公衆便所 自治体などが街路・公園などに設置し多人数が共用するトイレの法制上の文言。最近では「便所」という名詞から浮かぶ古いイメージを避けて、公衆トイレ(公共トイレ)と表記される場合もある。すでに中世後期、宣教師フロイス(一五三二—九七)も道路に面した共同便所の存在を記録している。江戸時代には人糞尿の肥料としての有価物としての価値が高まり、辻便所が出現した。一八七八年(明治十一)、コレラ流行から人糞尿処理のため屎尿取締概則が制定された。一九〇〇年に内務省が公布した汚物掃除法施行規則では、市町村制で制定した「市」に「公共便所」の設置を義務づけている。自治体が発行した文献では三〇年代以降に「公衆便所」が使われるようになる。大阪市では戦前は「路傍便所」(三〇年代以降「公共便所」に改称、神戸市では「街頭便所」、岡山市などでは「街路便所」)とも呼称した時期がある。戦後、五四年(昭和二十九)に制定された清掃法のなかでは、市町村に「公衆便所」の設置を義務づけている。以後、正式名称として一般化した。

参考文献 楠本正康『こやしと便所の生活史—自然とのかかわりで生きてきた日本民族—』(一九八一、ドメス出版)、フロイス『ヨーロッパ文化と日本文化』(岡田章雄訳、『岩波文庫』、一九九一、岩波書店)、日本下水道文化研究会屎尿研究分科会編『トイレ考・屎尿考』(『はなしシリーズ』、二〇〇三、技報堂出版)、坂本菜子編『公共トイレ管理者白書』(二〇〇五、オーム社)

(水本 浩典)

こうしょ 巷所 平安京の街路を耕地や宅地に開発したもの。平安後期に恒常的な土地として出現したが、朝廷は京職に命じて禁止させた。しかし、鎌倉後期には禁止を解除し、京職を職務とする公家が本所として支配した。東寺も京の南部の巷所を支配して、地子を収納した。右京では田畠や藺草《いぐさ》の栽培、左京では宅地として主に利用された。利用頻度に比べて広すぎる街路を有効利用したものだが、無限定な開発は街路の通行を妨げるといった問題が発生し、東寺の場合は参詣の通路における巷所の耕作を禁止している。豊臣秀吉による京の改造・整備により巷所は町地に取り込まれ、消滅した。

参考文献 高橋康夫『京都中世都市史研究』(『思文閣史学叢書』、一九八三、思文閣出版)

(盛本 昌広)

こうじょう 工場 作業者が一ヵ所に集まって製品を作る場所。工業の初期段階においては村の鍛冶屋のように職人が道具を用いて自宅で少人数で製品を作る方式にとどまっていたが、市場が拡大するにつれて多数の作業者の自宅に原材料を配り、道具類を貸与して生産を委託し、製品を回収して手間賃を支払う商人が発生し、問屋制家内工業といわれる生産方式が普及した。この方式は各作業者が家業・家事以外の自由な時間を活用できる点で利点があるが、製品の質が作業者ごとに異なること、原材料の略取がしばしば生じることなどのマイナス面がある。これを克服するために、作業者を工場に集め統一的な指示・監督のもとで作業をさせ、分業・協業の効果を発揮させる工場制が採用された。また技術革新が生じた場合に、工場制のもとでは経営者の判断だけで機械の導入ができるなど、素早い対応が可能である。こうして近代の工業は機械制工場方式で発展したが、反面、労働者は厳しい監視のもとに置かれ、休憩を自由にとることができないなど自主性が大きく制約される上に、他の労働者と明示的な競争関係に立たされることになった。

参考文献 石井寛治・原朗・武田晴人編『日本経済史』一・二(二〇〇〇、東京大学出版会)

(加瀬 和俊)

こうしょうせいど 公娼制度 公権力や国家が特定の地域を売買春地区として認め、売春業者や周旋業を保護する制度。十六世紀後半、豊臣秀吉が遊女屋を集めたことに始まるとされ、江戸時代には幕府公許の三大遊郭(江戸吉原・京都島原・大坂新町)をはじめ全国に、障壁などで囲まれた集娼地区が形成された。近代に入り、一八七二年(明治五)の芸娼妓解放令によって、人身売買の禁止と前借金の無効が宣言されたが、「本人の意思」による「醜業」は許可するという欺瞞的方法で温存された。また、日清・日露戦争による軍拡に伴い「兵士を性病からも守る」という意図のもと、娼妓には性病検診が強制された。日本の公娼制度は、植民地台湾や朝鮮へも導入され、アジア・太平洋戦争時には占領した先々に日本軍「慰安所」を設置することにつながった。一九四六年(昭和二十一)、GHQによって公娼廃止指令が出され、五六年には売買春を禁止し、売春業者や前借契約を処罰する売春防止法が成立した。↓赤線《あかせん》・青線《あおせん》 ↓廃娼運動《はいしょううんどう》

参考文献 藤目ゆき『性の歴史学—公娼制度・堕胎罪体制から売春防止法・優生保護法体制へ—』(一九九七、不二出版)、曽根ひろみ『娼婦と近世社会』(二〇〇三、吉川弘文館)

(平井 和子)

こうじょうほう 工場法 戦前日本において工場で働く労働者の労働条件を定めた法律であり、戦後の労働基準法にあたる。その主な内容は㈠保護職工(女子と年少者)の範囲とその労働条件、㈡労働災害の際の補償の二つであり、成人男子労働者の労働条件についての条項は労災関係以外はなかった。農商務省は一八八一年(明治十四)に設置されると外国にならって職工の労働条件を定める規則を制定しようとしたが、時期尚早とする資本家層の反対によって三十年間も遅延してようやく一九一一年に

制定され、景気の好転を待って一九一六年(大正五)に施行された。未成年女工の夜業の禁止は施行後十五年後と定められるなど、当時の国際標準からみて大幅に遅れた水準であり、国際労働機構ＩＬＯからしばしば問題とされていた。二六年には解雇の際の十四日前の予告または十四日分の賃金の支給が定められた。→労働三法《ろうどうさんぽう》

参考文献 労働省編『労働行政史』一(一九六二、労働法令協会)、池田信『日本社会政策思想史論』(一九七八、東洋経済新報社)

(加瀬　和俊)

こうしんこう　庚申講　庚申信仰の信者たちが、結成している講集団、および信仰行事。干支でいう庚申の夜に講員が集まって夜を徹して行われることが多い。仏教では青面金剛、神道では猿田彦の二面性がある。庚申さまをまつって、お神酒、精進料理などを祭壇に供え、『般若心経』を唱えながら「話しは庚申の晩に」といわれたように雑談で時をすごすことが多い。庚申講の成立は室町時代の末ごろで、当時の信仰形態を知るものに、庚申待がありそれに関連する板碑などが確認される。また『庚申縁起』の作成、日待、月待の習俗との結合などがみられる。徹夜することの意味は、人に大害を及ぼすという三尸《さんし》が体内にいて、庚申の夜に、人が眠ると体内から抜け出して天帝に日ごろの罪を告げに行くと、天帝はその人を早死させてしまうからといわれている。人々は長生きを祈願するならば、眠らずに起きている方がよいという中国の道教の教えに従ってきた。また、この夜に子供ができると盗人になるといわれ、夫婦のまぐわいを忌んだり肉類を食べないという禁忌もある。庚申講は村組単位でつくられることが多く、宿を順番できめ、夕方、宿に集まる時、出席者は入浴をして参加をするという地域も見られる。→日待《ひまち》

参考文献 小花波平六編『庚申信仰』(『民衆宗教史叢書』一七、一九八八、雄山閣出版)

(西海　賢二)

こうしんじょ　興信所　依頼に応じて企業や個人の内情を秘密に調査・報告する機関。企業面では、一八九二年(明治二十五)、外山脩造が大阪で創立した商業興信所が日本初。九六年、東京・横浜地域の銀行家らが東京興信所を創業。両者とも日本銀行など金融機関の支援をうけ、東西に二分しながら各地に支所・出張所を設置し、相互補完的に資産・営業状況の調査・報告業務を展開した。一九〇〇年には帝国興信所も設立され、三〇年代にかけ台頭した(八一年(昭和五十六)帝国データバンクと改称)。先発二社は戦時経済統制のもとで統合されて東亜興信所となり、戦後、財閥解体の結果、銀行の後ろ盾を失って凋落。かわって戦後復興・高度経済成長のなかで新興の調査機関が台頭した。他方、日露戦後からは個人信用調査を行うものも目立つようになり、財産・経歴調査、人捜し・住所などの所在調査、結婚人事調査などを行なって現在に至っており、探偵社と同義となっている。

参考文献 『東亜興信所六十五年史』(一九五六)

(大日方純夫)

こうしんやさい　香辛野菜　料理に添える薬味、けん、つま、吸い口などの野菜を指す。さしみやすしにはわさび、しそ、にんにくを、汁物やめん類にはとうがらし、ねぎ、みつばを、和え物や酢の物にはしょうが、みょうが、からし、芽たでを、うなぎの蒲焼きや豆腐田楽には山椒などを添え、食材に味や香り、辛みをつけるとともに、臭気を消し、殺菌効果も期待される。このなかで日本に自生するものはみつば、みょうが、山椒、わさびであり、しょうが、にんにく、からし、しそ、とうがらしは伝来植物である。縄文時代の遺跡から確認できるのは山椒類の種子であり、三世紀前半の日本の状況を記した『魏志』倭人伝には「薑《しょうが》・椒《さんしょう》・蘘荷《みょうが》」が記されている。日本の文献史料として九一八年(延喜十八)の『本草和名』や平安時代初期の『和名抄』に「辛子、薑《くれのはじかみ》・生薑《あなはじかみ》(しょうが)、蜀椒《なるはじかみ》(さんしょう)、蘘荷《めか》(みょうが)、山葵《わさび》、蘭《ふじばかま》・山蘭《やまあららぎ》、蓼《たで》、槾椒《ほそき》(山椒類)」などの名がみえる。『和名抄』には「蒜搗《ひるつき》(ねぎ、にんにくの類)、薑、山葵」などが塩《あん》梅《ばい》類にあげられ、調味料でもあった。平安時代の『延喜式』には「蜀椒」が「諸国進年料雑薬」としてあがっていることから薬用であったことがうかがえる。このように香辛野菜は古い時代から利用されてきたが、現代における食の国際化と外食産業の隆盛により、多種多彩な香辛野菜が人々の生活に入ってきている。その代表的なものがハーブ herbs であり、パセリ、クレソン、ローズマリー、タイム、セイジ、バジル、ルッコラ、コリアンダーなどがあり、料理のほか、ハーブ茶、浴用剤、芳香剤としても利用されている。

参考文献 関根真隆『奈良朝食生活の研究』(『日本史学研究叢書』、一九六九、吉川弘文館)、芳賀登・石川寛子監修『全集日本の食文化』五(一九九八、雄山閣出版)

(冨岡　典子)

こうしんりょう　香辛料　飲食物に、辛味、香り、色などを付与する調味料。日本では薬味や吸い口として使われた。『延喜式』(九二七年(延長五))や『倭名類聚抄』(九三七年(承平七))に、薑《はじかみ》、山葵、生姜、茗荷などの記述があり、上層階級が食したとされる。室町時代の『四条流庖丁書』(一四八九年(延徳元))では刺身用香辛酢として、魚種により山葵酢や生姜酢などが使われた。江戸時代には使い方も多様化し、どじょう汁に山椒、うどんに胡椒などを多用し、素材の持ち味を引き立て、季節感を添え、毒消しの効用も重視された。刺身用調味料として中期以降、生姜にかわって山葵が醬油とともに多用され、今日に近い使われ方となった。唐辛子も十七世紀初頭には伝来し、一味・七味唐辛子などに加工され広く普及している。明治には洋風調味料やスパイスが伝播し、昭和初期には、カレーライス、とんかつ、チキンライスなどの洋風料理が家庭に普及し始めた。高度経済成長期以降、欧米型食生活が急速に浸透し、簡便化による香辛料の粉末化、複合化、インスタント化が促進された。

参考文献　『週刊朝日百科　世界の食べもの』一〇七（一九八三、朝日新聞社）、石川寛子編『食生活と文化―食のあゆみ―』（一九八八、弘学出版）、江原絢子・東四柳祥子編『日本の食文化史年表』（二〇一一、吉川弘文館）

（河野　一世）

こうすい　香水　香りのよい化粧品の一種で、体や衣服につける。西洋で用いられていた香水は、日本の開国後に国内にもたらされた。一八七二年（明治五）に東京親父橋芳町（中央区）よしや留右衛門が発売した「桜水」が、洋式香水のはじめといわれる。明治十年代にはフランスを主として海外から輸入されている。大崎組商会が明治二十年代に発売した「鶴香水」も、フランスのリゴード社製の香水を輸入したものである。明治三十―四十年代にかけての香水は、フランス、ドイツ、イギリス、アメリカからの輸入品に占められた。それら外国製香水は高級品と位置づけられたが、一九〇九年発売の安藤井筒堂「オリヂナル香水」など、日露戦争後には国産の香水が発売されている。一九二〇年（大正九）の平尾賛平商店「レート香水」「メリー香水」の発売に続き、昭和戦前期には資生堂、金鶴香水などが香水を開発し、戦後には化粧品会社が増えるとともに大衆向けの国産香水が登場する。一方、外国製のブランド香水は高級品として根強い支持を得ている。

参考文献　『マンダム五十年史』（一九七八）、『化粧品工業一二〇年の歩み』（一九九五、日本化粧品工業連合会）

（刑部　芳則）

こうずい　洪水　降雨や融雪などにより河川の水位や流量が異常に増大することをいい、洪水により人命・家屋・田畑などがこうむる災害を水害という。河川は堤防から堤防までを河川区域といい、洪水などの発生を防止するために必要な区間で、河川法が適用される。河川は、水が流れている方を川表あるいは堤外地、住居や農地があるほうを川裏あるいは堤内地という。また、上流から下流に向かって、右側を右岸、左側を左岸という。河川区域で、平常時に水が流れているところを低水路という。低水路より一段高い河川敷や河原と呼ばれる高水敷は、グラウンドや公園などに利用される。増水や渇水をしていない水位を平常水位という。水位は、河川の増水量に応じて、出水時に毎時観測を始める指定水位、水防団が待機し通報を始める通報水位、氾濫注意水位と同じで災害が起こる恐れがある警戒水位、氾濫が生ずる危険水位がある。避難判断水位は、避難の必要も含めて氾濫に対する警戒を要する水位である。洪水になると、水位の上昇とともに、堤防からあふれる溢水や堤防が切れる破堤が起き、氾濫が生じる。近年ゲリラ豪雨などで注目される内水氾濫は、河川の水位の上昇や流域内の多量の降雨などにより、河川外における住宅地などの排水が困難となる浸水をいう。沿岸部では台風や発達した低気圧が通過するとき、潮位が大きく上昇する高潮による洪水もある。一方山間部では、四・五月ごろに大雨や気温の急上昇などで、流域内の積雪が大量に解けて引き起こされる融雪洪水がある。また、地震や大雨による地すべりで河道が閉塞されて形成される天然ダムの決壊による洪水もある。沿岸部に立地する日本の都市の水害は、㈠異常高水位型、流量増大に伴う河川堤防決壊型、㈡高潮の堤防乗り越え型、㈢内水氾濫による長期湛水型に区分できる。東京湾では、一七九一年（寛政三）・一九一七年（大正六）の高潮災害、利根川では一七四二年（寛保二）の水害、一九四七年（昭和二十二）のカスリーン台風がある。首都圏では、二〇〇六年（平成十八）埼玉県東部の国道一六号の地下に首都圏外郭放水路が、翌〇七年東京都環状七号線の地下には環七地下調節池である善福寺川取水施設が完成した。　↓治水《ちすい》　↓堤《つつみ》・川除《かわよけ》　↓水屋《みずや》

参考文献　『東京低地災害史―地震、雷、火事？…教訓！―』（二〇一三、葛飾区郷土と天文の博物館）

（橋本　直子）

ごうせいせんざい　合成洗剤　脂肪酸やアルコール、石油などを原料とし、界面活性剤をはじめ人工的に組成した成分を配合した洗剤。衣類の洗濯用洗剤を中心に、洗髪や台所の洗浄など、日常生活におけるさまざまな機会で利用されている。一九五〇年代、油脂価格の暴落に起因する石鹼生産の伸び悩みや、電気洗濯機の普及に伴い、洗濯用洗剤を中心に合成洗剤の利用が普及した。六〇年代、合成洗剤の排水による河川や地下水の汚染や、手荒れといった健康被害が発生したため、その後はアルキルベンゼンを主原料とする重質洗剤から、環境面に配慮した高級アルコール系のソフト型洗剤が主流となった。七三年（昭和四十八）の石油ショックの際には、トイレットペーパーと並び、洗濯用洗剤の品不足が発生した。八〇年代以降、漂白や汚れの除去の効果を高めたものや、溶解度を増して節水効果をもつものをはじめ、付加価値をつけた洗濯用洗剤の発売が相ついでいる。また、家庭用電化製品の普及が進むアジアへ、日本の企業が製造した洗濯用洗剤の利用が普及している。　↓洗剤《せんざい》

参考文献　花王ミュージアム・資料室編『花王一二〇年』（二〇一二）

（花木　宏直）

こうぞ　楮　クワ科カジノキ属の落葉低木で和紙の主原料。高温多湿の気候を好み、高さ三メートルほどに生育する。類似の植物としてヒメコウゾ、カジノキ、ツルコウゾがあるがいずれも和紙の原料となり、また識別が困難なことから、これらも紙を漉く上では楮と同種のものとして扱われる。聖徳太子がその栽培を奨励したとも伝わり、栽培が容易ということもあり古来紙原料として広く栽培されてきた。古代においては穀と記述され、『正倉院文書』においても写経料紙として「穀紙《こくし》」の記述が確認されるなど、和紙原料としての歴史は古い。和紙の製造には靱《じん》皮繊維《びせんい》を用いるが、楮の繊維は長く扁平な形状で、粗く強靱、繊維の絡み合う性質が強い点が特徴となる。このため紙質は耐久性が高く、また厚薄の和紙を漉くことが

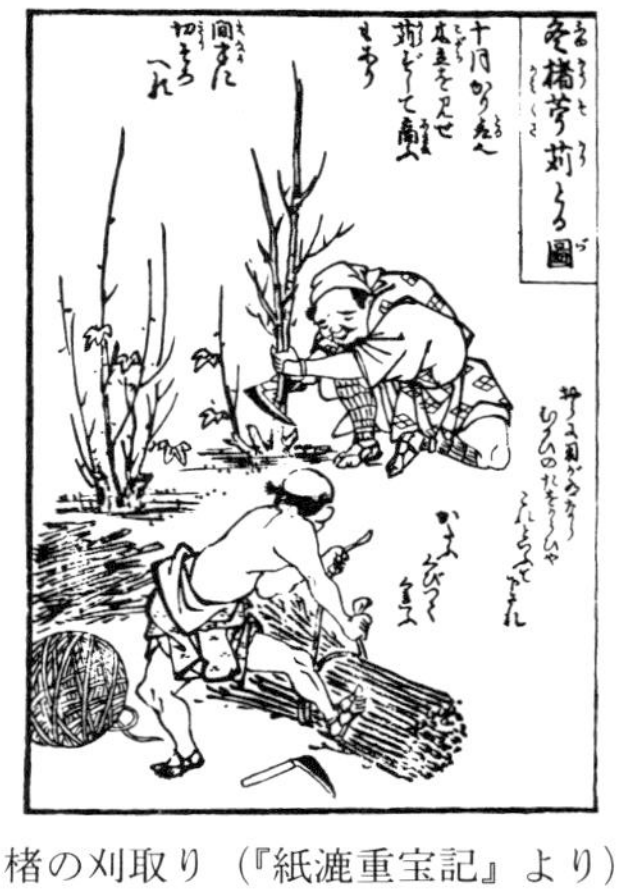
楮の刈取り（『紙漉重宝記』より）

可能である。書写のほか、奉書紙や障子紙など、幅広い用途に用いられ、現在においても和紙の主要な原料として各地で植栽されている。　↓三椏《みつまた》

参考文献　関義城『手漉紙史の研究』(一九七六、木耳社)　（藤本　敦美）

こうそうマンション　高層マンション　高層建築された共同住宅（集合住宅ともいう）の総称。超高層マンション、タワーマンションという表現もあるが、明確な区分は存在しない。高度は現在一般的に建築基準法第二〇条に基づく六〇メートルを超える高さのものを指す。国内最初の建築事例は、三井不動産が一九七一年（昭和四十六）に完成させた三田綱町パークマンション（十九階建、地上五二メートル）という説が存在し、七〇年代に都心を中心に二十階から三十九階建の共同住宅が普及した。その後、八〇年代後半から九二年（平成四）ごろまでのバブル経済期に第二次建設ブームが、九七年の建築基準法改正により第三次建設ブームが発生している。その普及に伴い、住民のコミュニティ不在による孤立化、周辺住宅への日照権問題、子供の高層階からの落下、エレベーター事故などが社会問題化している。　↓マンション

参考文献　藤本佳子「超高層マンションへの一考察」（『千里金蘭大学紀要』、二〇〇六）　（永江　雅和）

こうそくどうろ　高速道路　高速での走行を前提とした自動車専用道路の通称。そのモデルはナチスドイツのアウトバーン、英・米のターンパイクなどに求められる。日本での起源は、一九四〇年（昭和十五）に内務省の調査着手を契機とした「弾丸道路」計画とされ、東京―神戸間を最優先区間とした。特に名古屋―神戸間では実施設計まで行われたが、第二次世界大戦によって四四年で調査が打ち切られ、戦後五一年に調査を再開した。戦前のそうした経緯から名古屋―神戸間を第一期区間とし、五七年に国土開発縦貫自動車道建設法（法律第六八号）などの関係法規が整備され、経路が決定し、六三年に尼崎―栗東間が日本初の供用区間として開業した。その後首都高速道路などの都市高速道路を含め、全国に高速道路網が整備された。その拡大は物流の広域化と社会生活の均一化をもたらし、また長距離バスや都市間バスの増加も生み、それまで短距離輸送中心であった自動車輸送の守備範囲の拡大に貢献した。

東名高速道路開通式（1968年4月25日）

参考文献　堀田典裕『自動車と建築―モータリゼーション時代の環境デザイン―』（『河出ブックス』、二〇一一、河出書房新社）　（三木　理史）

こうた　小唄　⇩芸事《げいごと》

こうた　小歌　中世に流行した民間歌謡の総称。その淵源は平安時代の朝廷行事における歌謡や大和猿楽の小歌節に求められる。小歌の特徴として、長歌・大歌に対し、短い詞章で構成される点が挙げられる。七五調を基本としながらも、形式は比較的自由であり、内容も謡物、早歌、放下歌、狂言歌謡、吟詩句など、きわめて雑多である。小歌の編纂物として、『閑吟集』、『宗安小歌集』、『隆達節歌謡』などがあり、合わせて約千五十首の歌詞が記録されている。小歌は、時代の推移に伴い次第に享楽的雰囲気を強めていくとともに、当時の流行歌謡として風流踊や歌舞伎踊の歌詞に採り入れられた。江戸時代になると、三味線の伴奏で小歌を歌う弄斎節・投節・継節・籬《まがき》節などの歌謡が近世初期の遊廓で流行した。また、検校たちによって形成された三味線組歌の中にも小歌の歌詞が採り入れられている。

参考文献　浅野健二・北川忠彦・真鍋昌弘編『歌謡』（芸能史研究会編『日本庶民文化史料集成』五、一九七三、三一書房）、井出幸男『中世歌謡の史的研究―室町小歌の時代―』（一九九五、三弥井書店）　（塩川　隆文）

こうだん　講談　江戸時代に始まった話芸の一つ。講談師が高座に座り、釈台と呼ばれる机を前に、張扇をたたきながら、軍記・政談・実録・仇討などの歴史物語を聴衆に読み聞かせる。講談の起源の一つは、大運院陽翁ら御伽衆が大名に近侍し、『太平記評判秘伝理尽鈔』に基づき治政の要を説いた『理尽鈔』講釈といわれる。同書が十七世紀中期に出版されると、同書を読み聞かせることで生計を立てる太平記読みと呼ばれる芸能者が広汎に登場した。太平記読みなど軍書読みは聴衆を求めて芝居町・辻・寺社境内で講釈を行なった（町講釈・辻講釈）。寛政期ごろより、三都を中心に広がった寄席における芸の一

講談　太平記読み(『人倫訓蒙図彙』より)

つとして講釈も盛んに行われた。大衆化や他芸の影響などにより、上演作品には庶民の生活を描いた世話物が加わった。語り口も軍記を読み聞かせる朗誦調だけでなく、登場人物の会話を生かした写実調が加わり、明治以後は主として講談と呼ばれた。

参考文献　芸能史研究会編『寄席―話芸の集成―』(『日本の古典芸能』九、一九七一、平凡社)、阿部主計『伝統話芸・講談のすべて』(一九九九、雄山閣出版)

(塩川　隆文)

こうだんじゅうたく　公団住宅　一九五五年(昭和三十)に設立された日本住宅公団と、その継承組織である住宅・都市整備公団、都市基盤整備公団が建設・供給した公共住宅の総称。特に鉄筋・耐火構造を持つ集合住宅は団地と呼ばれ、その居住者は団地族と呼ばれる社会集団を形成した。また住宅公団が公共住宅規格部品と呼ばれる標準設計の規格部品(ダイニングキッチン、スチールドア、スチールサッシ、シリンダー錠、小型換気ファン、洗面器、洋風便器、ゲタ箱、食器棚など)は民間の住宅建設業界にも普及するなど広い影響を与えた。特にダイニングキッチンの普及は国民の住生活における食寝分離をもたらし、シリンダー錠がプライバシー概念の普及をもたらすなど、高度経済成長期の国民生活に大きな影響を与えたことが指摘されている。五六年から二〇〇一年(平成十三)にかけて、賃貸・分譲を合わせて百十万戸を超える住宅が供給された。→ダイニングキッチン　→団地《だんち》　→日本住宅公団《にほんじゅうたくこうだん》

参考文献　本間義人『戦後住宅政策の検証』(二〇〇四、信山社出版)

(永江　雅和)

こうちせいり　耕地整理　農地の形状・配置などを整理し、農地の区画割りを行う行為、事業。農地の生産性や価値の向上を目的とする行為自体は古代条里制の時代から行われ、江戸時代には新田開発に伴う農地区割りや生産性向上のための畦畔改良が実施された記録がある。近代では一八七二年(明治五)―七五年に静岡県彦島村(磐田市・袋井市)で篤農家名倉太郎馬が実施した田区改良や、八七年に石川県石川郡立模範農場でドイツの技術を応用して実施された田区改良などが初期のものとされる。九九年にはドイツ法に範をとった耕地整理法が制定され、組合結成による事業推進の方法や、補助金・政策融資が整備された。整理の内容は耕地の形状整理や農道整備による畜力・機械力導入の容易化や用排水の利便性向上などが主であるが、時代や背景に応じてその内容は多様である。都市近郊部では純粋な農業目的ではなく、将来の宅地転用を前提とした事業も幅広く行われた。

参考文献　高嶋修一『都市近郊の耕地整理と地域社会―東京・世田谷の郊外開発―』(二〇一三、日本経済評論社)

(永江　雅和)

こうちゃ　紅茶　⇩茶《ちゃ》

こうつうせんそう　交通戦争　一九六一年(昭和三十六)十二月に始まった『読売新聞』の連載「交通戦争」をきっかけに普及した言葉。日清戦争による二年間の戦死者約一万七千人(『読売新聞』一九六一年十二月四日付朝刊)を上回るペースで交通事故死が増えつつあったことから名づけられた。高度成長期の急速なモータリゼーションへの対応が後手に回ったため、六〇年前後から交通事故が激増し、死者は五九年に一万人を突破、七〇年には最悪の記録一万六千七百六十五人を記録した。五九年には東京都に小学校の登下校時に交通整理にあたる「緑のおばさん」が登場した。六〇年には道路交通法が、七〇年には交通安全対策基本法が制定され、事故はいったん減少した。しかし、八〇年以降死者が再び増加に転じ、八八年には一万人を突破し、第二次交通戦争と呼ばれた。運転中の死者が多かったため、八五年には運転手と助手席同乗者のシートベルト着用が義務化された。九〇年代後半以降ほぼ連続して死者は減少し、二〇一五年(平成二十七)は四千百十七人にまで減少している。→道路交通法《どうろこうつうほう》

参考文献　『(平成一七年版)警察白書―特集　世界一安全な道路交通を目指して―』(二〇〇五、ぎょうせい)、土田宏成「「交通戦争」の政治社会史」(坂本一登・五百旗頭薫編『日本政治史の新地平』所収、二〇一三、吉田書店)

(浅井　良夫)

こうでん　香典　葬儀の際に、喪家に贈る物品や金銭をいう。多大な出費がかさむ葬儀に際し、経済的な軽減を図るとともに、自分の家で葬儀があった折の期待を込めたものと考えられ、相互扶助の精神に基づくものである。物品の中味は、米や赤飯、茶、そうめん、野菜、油揚げ、豆腐、菓子、ろうそく、線香など多彩であるが、地域によって異なる。死の穢れが意識されていた時代には、忌みのかかった親族は、一般会葬の食事とは区別された。一俵香典とは、親族が贈る米一俵をさすもので、忌みの親族の食事に用いられた。これに対し、一般会葬者の食事は、地域の人たちが贈る村香典で賄われた。現代は金銭が主流になり、つきあいの深浅によって金額が変わる。香典は個別に香典帳に記載し、香典返しや他所で葬儀が起きた時の参考にすることが多い。専門業者による葬儀がふえると物品の香典の消失に拍車がかかり、金銭に特化されるようになる。

参考文献　柳田国男「食物と心臓」(『(定本)柳田国男集』一四所収、一九六九、筑摩書房)、山口睦「香典の変遷と地

域社会―山形県南陽市の香典帳を事例として―」(『日本民俗学』二六七、二〇一一)　（柳　正博）

こうどけいざいせいちょう　高度経済成長　国民経済の規模が高い比率で増大すること。一般に、一九五五年(昭和三十)から七三年秋のオイル＝ショックまでを高度経済成長期と呼ぶ。この期間の経済成長率は年平均約一〇％と、他の時期と比較して著しく高かった。日本の高度成長期の特徴は、旺盛な設備投資と大衆消費により牽引された内需主導型であった点にある。五五年に一人あたり国民総生産(GNP)が戦前水準を回復して経済復興が達成されたころから、企業は新規設備投資を活発化させ、投資ブームは高度成長末期まで続いた。設備投資自体が、新たな投資需要をつぎつぎに創出したことから、「投資が投資を呼ぶ効果」といわれた。設備投資需要を根底から支えたのは、六〇年前後に出現した大衆消費社会であった。耐久消費財である家庭電気製品や乗用車の普及は、機械・鉄鋼・化学など広範囲の重化学工業の発展をもたらした。また、石炭から石油へのエネルギー転換も起きた(エネルギー革命)。エネルギー源が石炭から安価な輸入原油に転換した結果、石炭産業は六〇年代初めをピークに、急激に衰退に向かった。五九―六〇年の三井三池争議は、その象徴的事件であった。安保問題で岸信介内閣が退陣した後を継いだ池田勇人首相は、六〇年末に国民所得倍増計画を策定した。この計画の主たる目的は、企業の急成長によって生じた道路、港湾、工業用水などのインフラ面のネックを、財政資金を投入して解決することにあった。高度成長の結果、六〇年代半ばには、大気・水の汚染などを原因とする公害問題が深刻化した。また、開発が太平洋沿岸に偏ったために、三大都市圏への人口集中と、地方農村の過疎問題も生じた。高度成長末期にこうした問題が多発したため、「くたばれGNP」という言葉まで登場した。「日本列島改造」を掲げて七二年に登場した田中角栄内閣のもとで顕著な地価高騰、一般物価の上昇が生じ、七三年秋にオイル＝ショックが起きると、七四年にはマイナス成長となり、高度経済成長は終焉した。

参考文献　武田晴人『高度成長』(『岩波新書』、二〇〇八、岩波書店)、吉川洋『高度成長―日本を変えた六〇〇〇日―』(『中公文庫』、二〇一二、中央公論新社)　（浅井　良夫）

こうないぼうりょく　校内暴力　学校内で発生する暴力行為で、学校生活に起因した児童・生徒の暴力行為の総称。公的機関が校内暴力という用語を使用するようになったのは一九七七年(昭和五十二)からである。大部分は中学校や高等学校で発生しているが、小学校で発生する例もある。また、校外における学校間の生徒による対立・抗争を起因として校内で発生することもある。これらの意味での校内暴力は、三形態に大別できる。第一は対教師暴力である。第二は対器物暴力で、学校の施設・設備を損壊する暴力行為である。第三は生徒間暴力で、個人対個人の例や集団対集団の例がある。校内暴力の原因や背景については、学校・家庭・地域社会のあり方や生徒自身の性格・意識などがあるが、暴力や力による支配を肯定する社会的風潮が子どもの価値観に反映していると捉え、抜本的な社会変革の視点から対応することが求められている。

参考文献　三好仁司「子どもの校内暴力への対応」(『教職研修』三九ノ六、二〇一一)　（荒井　明夫）

こうばん　交番　警察署の下部機関として地域のなかに配置された警察官詰所。巡査が駐在勤務する駐在所に対し、交替勤務する都市部の派出所のことをさす通称であったが、一九九四年(平成六)の警察法改正で正式名称となった。警察制度の草創期、最前線機関の配置や呼称はまちまちであったが、一八七五年(明治八)に統一され、戸数二～三万戸を一区域として出張所を設置し、その管内に数ヵ所の屯所をおいて巡査を配置することとなった。八八年の警察官吏配置及勤務概則により全国の警察機構が整備され、駐在所・派出所の配置体制が固まった。都市部の巡査は派出所を拠点として犯罪・事故の警戒・監視・摘発にあたるとともに、管轄区域内を巡回して住民の動静に目を光らせ、情報を収集するなどの活動を展開した。全国の派出所数は、一九一六年(大正五)約二千七百、二六年(昭和元)約四千。近年はKOBANと表記することもある。二〇〇六年四月時点の交番数は六千三百六十二。

参考文献　大日方純夫『日本近代国家の成立と警察』(『歴史科学叢書』、一九九二、校倉書房)　（大日方純夫）

こうふ　坑夫　狭義には鉱山・炭鉱で採掘作業に従事する労働者を意味するが、坑内で作業する労働者全体を指したり、鉱山・炭鉱で働く労働者全体を指す鉱夫と同義に使われることもある。労働研究では不熟練職種と位置づけられてきたが、近年では、安全かつ効率的な採掘を行う上で彼らが持った熟練の価値が見直されている。特に、金属鉱山の坑夫を中心に組織された友子同盟の熟練養成機能が注目を集めている。↓石炭《せきたん》　↓炭鉱《たんこう》　↓友《とも》子《こ》

参考文献　村串仁三郎『日本の鉱夫―友子制度の歴史―』(一九九八、世界書院)　（市原　博）

こうみんかん　公民館　地域社会において学習・集会のために設けられた施設をいうが、単なる建物のみではなく学習・文化活動実践そのものを指す(公民館活動)。戦前には「倶楽部」などと呼ばれていた地域の集会所を呼ぶ場合がある。一九四六年(昭和二十一)文部次官通牒で設置の方向性が示され、四九年社会教育法によって公共機関として位置づけられ、五九年の同法改正で設置の最低基準が定められた。青年団・婦人会の学習活動の拠点になるとともに、新生活運動推進の中心となった。一方、六〇年代には、社会教育は「住民自治の力」「大衆運動の教育的側面」を掲げた「枚方テーゼ」(六三年)、公民館主

事を地域住民の学習・文化活動への積極的援助者、住民自治確立を目指す自治体労働者とした「下伊那テーゼ」(六五年)、都市型公民館の原則を示した「三多摩テーゼ」(七三年)など、公民館を住民生活のなかからとらえる考え方が提起されていった。二〇一一年(平成二十三)現在、全国公民館数は約一万四千であるが、減少傾向にある。

参考文献 伊藤雅子『(新版)子どもからの自立』(『岩波現代文庫』、二〇〇一、岩波書店)、「月刊社会教育」編集委員会編『公民館六〇年―人と地域を結ぶ「社会教育」―』(二〇〇五、国土社)　(大串　潤児)

こうや　紺屋　本来は藍で染める染物屋を意味したが、のちに染物屋一般を指すようになった。青屋ともいう。藍染は最も一般的な染色方法である。藍はタデ科の一年草で、葉を染色に使用する。藍の加工方法は次第に進化し、近世には乾した藍の葉に灰汁を混ぜて発酵させて作った蒅《すくも》を臼でつき固めて藍玉を作り、その形態で流通して紺屋に供給された。荘園の公事として藍がみえ、各地で栽培されていた。室町時代には京九条に寝藍座があり、近世初期の俳論書『毛吹草』には九条の名産品として藍がみえるので、付近で栽培されていた藍を扱っていたと思われる。近世には阿波の藍が特産品として知られていた。一般的には豊臣秀吉から阿波を与えられた蜂須賀氏が藍の栽培を奨励し、藍の栽培・生産が盛んになったとされているが、すでに室町時代から畿内に流通していた。一二一四年(建保二)成立の『東北院職人歌合』や戦国時代成立の『七十一番職人歌合』では紺掻と呼ばれる女性の職人が地上に置かれた瓶に布を入れて藍染をする姿が描かれている。戦国時代の城下町の遺跡(福井県一乗谷朝倉氏遺跡など)では地中に埋められた瓶が発掘されている。これは近世にも行われているので、戦国時代に瓶を置く場所が地上から地中に変化したと考えられる。→藍染《あいぞめ》　→染色《せんしょく》

紺屋（『人倫訓蒙図彙』より）

参考文献 相川佳予子「藍玉・藍染・青屋」(永原慶二他編『(講座)日本技術の社会史』三所収、一九八三、日本評論社)、今谷明『日本国王と土民』(『日本の歴史』九、一九六二、集英社)　(盛本　昌広)

こうやく　膏薬　薬物成分を煮た油(檜油・胡麻油・松脂・麻油・猪脂・牛脂・蜜蠟ほか)に溶かし込んで練り固めたもの。皮膚に貼るなど外用が一般的であるが、砂糖・蜂蜜で練り固めた内用の膏剤もある。古代の医書にもみられるが、室町戦国時代には金創外科治療において多く用いられている。近世の医書になると種類が増え、家伝薬も多い。浅井万金膏(相撲膏)・万能膏・狐膏薬・太乙膏・無二膏などが知られている。江戸市中には行商の膏薬売りのほか、香具師《やし》が居合い抜きなどで客寄せをして蝦蟇の油を売っている姿がみられた。

参考文献 添田知道『てきや(香具師)の生活』(『生活史叢書』三、一九八一、雄山閣出版)、宗田一『日本の名薬―売薬の文化誌―』(一九八一、八坂書房)、鈴木昶『江戸の妙薬』(一九九一、岩崎美術社)　(新村　拓)

ごうやど　郷宿　江戸時代、百姓や村役人が訴訟その他の公用で役所に出向く際に宿泊した宿屋。公事宿《くじやど》などともいう。幕府領の代官所など、役所の周辺に位置した。倉敷代官所や大森代官所の例では、郷宿は十八世紀半ばころに成立し、特定の村々を持ち場として営業した。その機能は、宿泊のほか、触・差紙などの通達、代官所の行う各種調査への関与、宿の利用者が役所に提出する書類作成の補助、公事訴訟の取扱などに及んだ。

参考文献 岩城卓二「「御用」請負人と近世社会」(『国立歴史民俗博物館研究報告』四七、一九九三)、山本太郎『近世幕府領支配と地域社会構造―備中国倉敷代官役所管下幕府領の研究―』(二〇一〇、清文堂出版)　(山崎　圭)

こうやもうで　高野詣　十一世紀の弘法大師信仰、高野山を浄土とする高野山信仰に基づいて行われた参詣。一〇二三年(治安三)の藤原道長の参詣を初例に、摂関家・王家の参詣が行われ、それによって宿所などの設備も整えられ、参詣人の宿駅としての人宿《ひとやど》の成立が促された。摂関期の参詣巡路は、和泉の海浜沿いを南北に貫く和泉路を使用したが、白河院政期には、大和盆地から南都寺社を巡る大和路へ転換し、鳥羽院政期には天王寺を経由する経路、のちの西高野街道となる河内路が利用された。これら摂関・王家の参詣により、荘園の寄進はもとより、衰微していた堂塔や子院が造立され、中世寺院としての高野山の成立が促された。高野詣の大きな特徴に、納骨もしくは位牌供養がある。これは、十二世紀初頭に形成をみたもので、貴族層に亡骸供養の意識が生じたことがその背景にある。従来は、死者の埋葬後、一定期間を経て供養を行なっていたが、これによって、次第に遺骨の改葬が行われることになり、その埋葬地として、現世浄土と認識された高野山への納骨が行われるようになった。高野詣は、初期には摂関や王家など畿内の貴族階層が中心であったが、鎌倉時代になると武士階層へ広がり、戦国時代には全国的に展開した。こうした信仰は、高野聖と呼ばれた宗教者が媒介となって弘通され、彼らの活動を背景に、高野山への納骨の風習が浸透していった。戦国時代になると、高野山の諸塔頭《たっちゅう》は、高野山詣の宿坊となり、戦国大名とその家臣や領民を檀家として契約した。たとえば高室院は、後北条氏と師檀関係を結んでいたため、相模・武蔵・伊豆の檀那が高野山参詣をする際の宿坊となっており、供養帳が残されている。こうした傾向

は、近世には「日本国之惣菩提所」として壇場を形成するに至った。

参考文献　五来重『高野聖(増補)』(一九七五、角川書店)、新城常三『(新稿)社寺参詣の社会経済史的研究』(一九八二、塙書房)、堀内和明「中世前期の高野参詣とその順路」(『日本歴史』六一九、一九九九)、山陰加春夫「中世寺院の成立」(『中世寺院と「悪党」』所収、二〇〇六、清文堂出版)

(小山　貴子)

こうらく　行楽　都市の郊外に広がる田園地帯などに、楽しみをもとめて遊びに出かけることをいう。その行き先を行楽地という。中世においては行楽という文言は、『菅家文草』や『池亭記』にも記載があるが、そこでは遊び楽しむという意味であった。近世では、行楽の語は人口に膾炙しないが、都市近郊の名所への日帰りの巡見や、西国三十三ヵ所巡りや四国八十八ヵ所巡礼など信仰の旅に遊山的要素を付け加えた小旅行が庶民の間にも広がっていった。明治期になると、寺社に私鉄路線がつながり、信仰色がさらに薄れて郊外での楽しみという意味合いが強くなる。田山花袋『東京近郊一日の行楽』(一九二三年(大正十二))はその結晶と位置づけられる小品である。

↓日帰《ひがえ》り行楽《こうらく》　↓名所旧跡《めいしょきゅうせき》　↓物見遊山《ものみゆさん》

参考文献　新城常三『(新稿)社寺参詣の社会経済史的研究』(一九八二、塙書房)、田山花袋『東京近郊一日の行楽』(『現代教養文庫』、一九九一、社会思想社)、深井甚三『江戸の旅人たち』(『歴史文化ライブラリー』、一九九七、吉川弘文館)、池上真由美『江戸庶民の信仰と行楽』(『同成社江戸時代史叢書』、二〇〇三、同成社)

(福澤　徹三)

こうり　行李　竹や柳、籐《とう》などを編んで作られた、かぶせ蓋の箱型容器。柳行李《やなぎごうり》はコリヤナギを麻糸で編んで作り、豊岡(兵庫県)が産地として知られた。竹行李《たけこうり》はスズダケやメダケを割いて網代編みにし、二戸(岩手県)、松本(長野県)が主産地だった。どちらも丈夫で軽く、通気性・柔軟性に優れ、蓋のかぶせ方で収納量をふやすことができるという特性を持ち、旅行や行商などの荷物の運搬や、衣類の保管などに使われた。明治時代には手に下げる行李カバンが作られ、戦時中には軍用行李が開発、使用された。

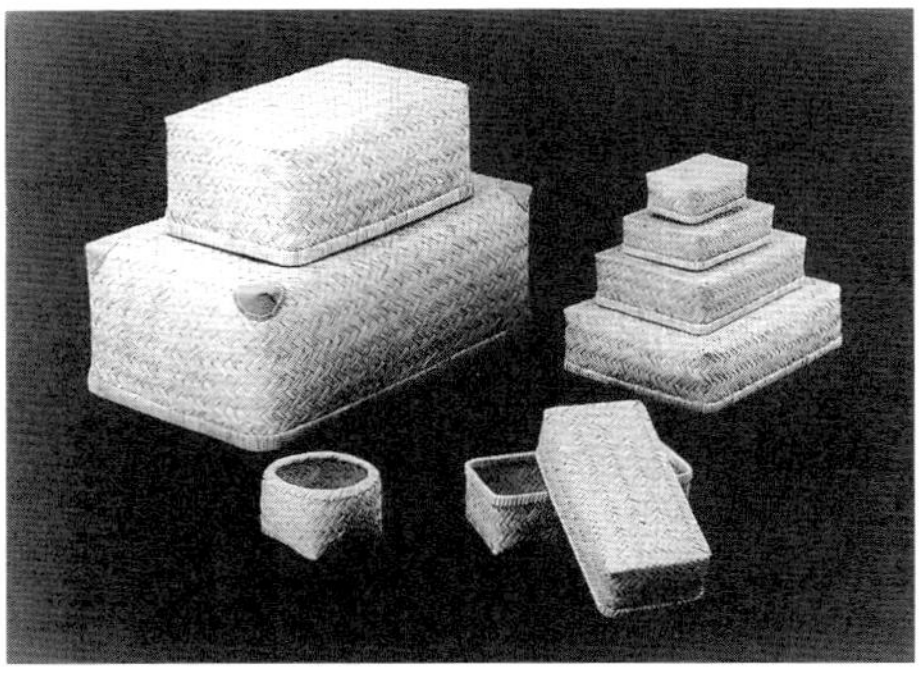

竹行李

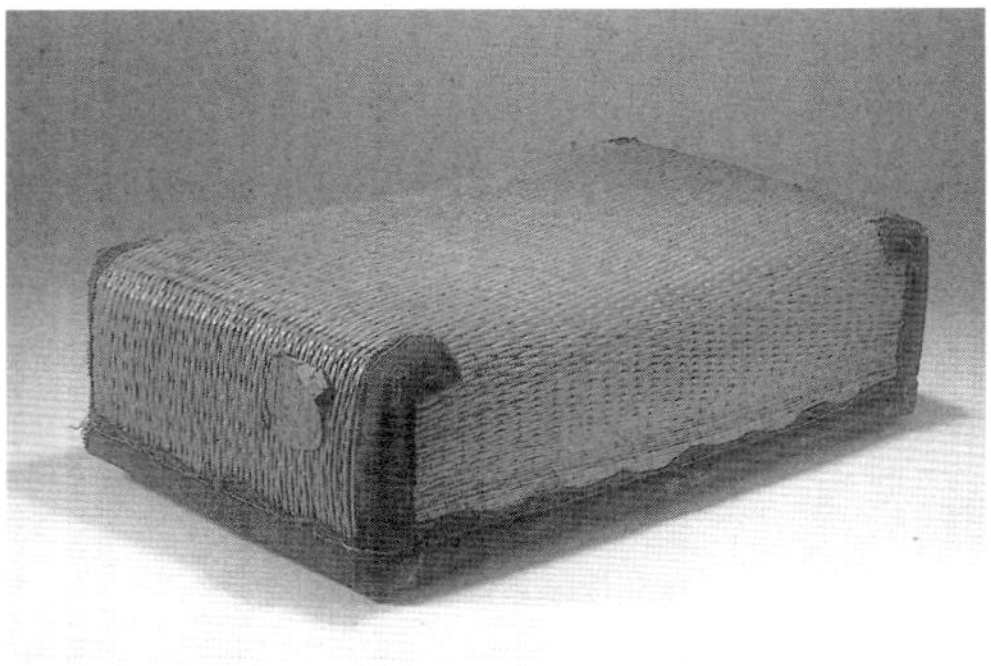

柳行李

参考文献　宮内悊『箱』(『ものと人間の文化史』、一九九一、法政大学出版局)、服部武「農村の余剰労働力による竹細工生産の観点からみた静岡竹行李生産についての考察I」(『民具研究』一四四、二〇一一)

(小林　裕美)

こうりかし　高利貸　高い利子をとって金銭を貸す商人。高歩《たかぶ》(分)貸とも。近代社会では一般に金銭貸借の利子率は低減するが、時代をさかのぼるほど、利息は高くなる傾向がある。たとえば古代の出挙《すいこ》の制では、春に農民に貸付けた官稲は、秋に五割の利稲を付して回収した。私出挙も五～十割の利は普通であった。近世においては諸藩・旗本の蔵元ら、年貢蔵米を担保とする貸金利子は、年利二割程度は普通であった。ちなみに江戸札差は株仲間結成当時(一七二四年(享保九))より年一八%、寛政の棄損令で一二%に下げられた。江戸市中には質屋のほか月済金《つきなしかね》・日済銭《ひなしぜに》・損料貸・烏金《からすがね》・百一文、あるいは座頭《ざとう》金《きん》・浪人金・後家養育金などと呼ばれる高利貸がいて、短期・天引き利息・月踊《つきおどり》利子(二重利子)・礼金などを取立て、返済金の滞納者に対しては、たとえば武家屋敷の門前で、座頭らが集団で強催促《こわざいそく》を行うに及んだ。近代以後においても庶民相手の零細金融においては広く残り、現代のいわゆるサラ金に引きつがれている。　↓質屋《しちや》　↓消費者金融《しょうひしゃきんゆう》

参考文献　北原進『江戸の高利貸―旗本・御家人と札差―』(『歴史文化セレクション』、二〇〇八、吉川弘文館)

(北原　進)

こうれいかしゃかい　高齢化社会　人口の年齢構造の高齢化が進みつつある社会のことであり、一般には総人口に占める六十五歳以上人口の比率(高齢化率)が七%以上という指標が用いられる。同様に高齢化率が一四%以上となった社会は高齢社会、二一%以上となった社会は超高齢社会とも呼ばれる。日本社会が高齢化社会となったのは一九七〇年(昭和四十五)、高齢社会となったのは九四年(平成六)であり、二〇〇七年には世界初の超高齢社会となった。人口の高齢化をもたらす最大の要因は、出生率の低下による幼少人口比率の減少である。近代世界

における出生率の低下には、多産多死段階から少産少死段階への移行という「第一の人口転換」と、一九六〇年代以降の先進国で顕在化した出生率の人口置換水準以下への低下(少子化)という「第二の人口転換」の二つの段階がある。日本の場合、「第一の人口転換」の完了がヨーロッパより約半世紀遅い一九五〇年代であったのに対し、「第二の人口転換」のはじまりはヨーロッパと大差ない七〇年代であった。そのためヨーロッパ諸国における高齢化社会の時代は、おおむね四十年から七十年続いたのに対し、日本の高齢化社会はわずか四半世紀で高齢社会となり、さらに超高齢社会へ移行することとなった。日本の場合、七〇年代から顕著になった平均寿命の延伸(長寿化)による高齢者人口の増加も高齢化を加速させた。高齢化社会への対応の必要は、七〇年代から認識されていたが、その後の高齢化は同時代の予想を超えるテンポで進行した。九五年には、高齢社会への移行という事態を踏まえて高齢社会対策基本法が制定された。同法により、政府には高齢社会対策を総合的に策定・実施する責務があるとされ、高齢社会対策大綱の策定や、『高齢社会白書』の刊行が始まった。なお、社会の高齢化は、後発国ほどテンポが早くなる傾向があり、韓国・中国などの高齢化は日本以上のスピードで進行している。　→介護《かいご》

参考文献　金子勇編『高齢化と少子社会』(『(講座)社会変動』八、二〇〇三、ミネルヴァ書房)　　(高岡　裕之)

こうれいしゃ　高齢者　社会の中で相対的に高年齢にある者を指す。一九八〇年代までは老人という呼称が一般的であった。干支が一巡することから「還暦」と呼ばれる六十歳は、高齢者の年齢に関する伝統的指標であり、たとえば明治民法は、戸主が家督を譲り隠居することが可能な年齢を、六十歳以上と定めていた。その一方、資本主義の発展とともに拡大した雇用労働の場では、大正時代に五十五歳定年制が一般化した。四一年(昭和十六)に成立した厚生年金制度(成立時は労働者年金保険)における養老年金の支給開始年齢も五十五歳(鉱山労働者は五十歳)であった。第二次世界大戦後は、六十歳定年制への移行が政策目標となり、五四年には老齢厚生年金の支給開始年齢が六十歳(鉱山労働者および女性は五十五歳)に引き上げられたが、六十歳定年制が一般化するのは八〇年代後半以降のことであった。五九年の国民年金法は老齢年金の支給開始年齢を六十五歳とし、六三年制定の老人福祉法においても老人福祉の対象は六十五歳以上とされた。これ以後、政府における高齢者の指標は六十五歳に置かれるようになった。日本社会は七〇年代から高齢化社会に移行する一方、高齢者の平均寿命が延伸するようになり、八〇年代には「長寿社会」への対策が課題とされるようになった。九四年(平成六)の厚生年金保険法改正では、二〇一三年度までに老齢年金支給開始年齢を六十五歳へ段階的に引き上げることが定められ、また一二年には高齢者雇用安定法が改正されて、六十五歳までの継続雇用の導入が企業に義務づけられた。医療費については、一九七〇年代に七十歳以上の老人医療費無料化がはかられたが、八二年には老人保健法が制定され、老人医療費無料化の時代は終焉した。老人保健法は、その後における高齢者の増加を踏まえ、二〇〇八年に改正されて「高齢者の医療の確保に関する法律」となり、六十五歳から七十四歳までを「前期高齢者」、七十五歳以上を「後期高齢者」とする区分が新たに導入された。　→リハビリ

参考文献　人口学研究会編『現代人口辞典』(二〇一〇、原書房)　　(高岡　裕之)

こえばい　肥灰　肥料として用いる灰のこと。狭義には山野で採取した草木を焼いた草木灰のことをいうが、焼畑農法では耕地を造成するために山野を焼いた後の灰が肥料としての役割を果たすのでこれを原型とする意見もある。史料としては鎌倉初期の『永昌記』紙背文書に「柴を採って灰とし御供田に入れて肥料とする」とあるのが早い例である。しかし、これ以前にも春に野焼きをする史料が散見するから、肥灰を利用することは相当時代をさかのぼると思われる。　→刈敷《かりしき》

参考文献　木村茂光編『日本農業史』(二〇一〇、吉川弘文館)　　(木村　茂光)

こえぶね　肥船　都市部の屎尿を肥料で活用するため周辺農村に運搬する際に用いた川船のことを指す。近世大坂地域では屎舟《こえぶね》と表記し、また「こやしぶね」とも呼ぶ。大坂では少なくとも一六三四年(寛永十一)に存在した。近世後期の江戸では肥船一艘に四斗入肥桶五十個(五十荷)が積み込まれ、中川などでは川船の大半が肥船だったと考えられる。都市に向かう時には野菜などを積み、帰路に下肥を持ち帰る形式が一般的だった。　→下肥《しもごえ》

参考文献　小林茂『日本屎尿問題源流考』(一九八三、明石書店)、渡辺善次郎『都市と農村の間―都市近郊農業史論―』(一九八三、論創社)、日野照正『畿内河川交通史研究』(一九八六、吉川弘文館)、荒武賢一朗『屎尿をめぐる近世社会―大坂地域の農村と都市―』(二〇一五、清文堂出版)　　(荒武賢一朗)

コート　コート　明治以降に用いられた防寒具。外套ともいう。明治初期から着用する者が出てきた二重回しは、洋服地の羅紗で仕立てた合羽のことで、雨がしみ込まず便利であった。袖の形が鳥の翼に似ていることから、通称トンビと呼ばれた。明治二十年代には和服の上に着るオーバーとして羅紗製のもじりが登場する。また角袖は、メルトン、スコッチ、玉羅紗などで仕立てた和服用のコートであり、女性用の東《あずま》コートとともに明治から昭和戦前期を通して流行した。陸海軍や警察の外套は、防寒着として制服の上に着た。その形状は、折詰襟のダブルで二行釦《ボタン》が六個から五個つくものであり、これは小学生から高校生の外套も同じであった。陸軍用の外被や民間のオーバーコートには、シングル一行釦五個から三個のものも存在しており、これが太平洋戦争後の基準型となっ

ている。オーバーコートやレインコートの普及に伴い、トンビやもじりは消え、角袖姿も減少した。

参考文献　小田喜代治『東京紳士服の歩み』(一九六五、東京紳士服工業組合)

(刑部　芳則)

コーヒー　コーヒー　coffee。コーヒーノキの種子、いわゆるコーヒー豆を炒って粉末にし、熱湯で漉す、煮出すなどした褐色の飲み物で、カフェインを含み、芳香と苦味をもつ。日本には十八世紀長崎にオランダ人がもたらし、一部の関係者や蘭学者は見聞、体験し、豆の特徴、焙煎や淹れ方、白砂糖を混ぜる飲み方、味などを正確に認識していた。たとえば長崎に遊学した蘭医の広川獬《ひろかわかい》は、一八〇〇年(寛政十二)刊の『長崎聞見録』に「かうひい」は「蛮人」が煎じて飲む豆で、真っ黒になるほど炒って日本の茶をのむごとく常々服する、と図説している。また幕臣の大田南畝は一八〇五年(文化二)成立の『瓊浦又《けいほゆう》綴《てつ》』に、オランダ船で飲んだ感想を「焦げくさくして味わうに堪えず」と記している。一八五八年(安政五)の開港後間もなく輸入され、八八年(明治二十一)東京上野の可否茶館をはじめコーヒー店も開業するが、飲用習慣の一般化は一九六〇年代、インスタントコーヒー、缶入コーヒーの発売以降である。→カフェー　→喫茶店《きっさてん》

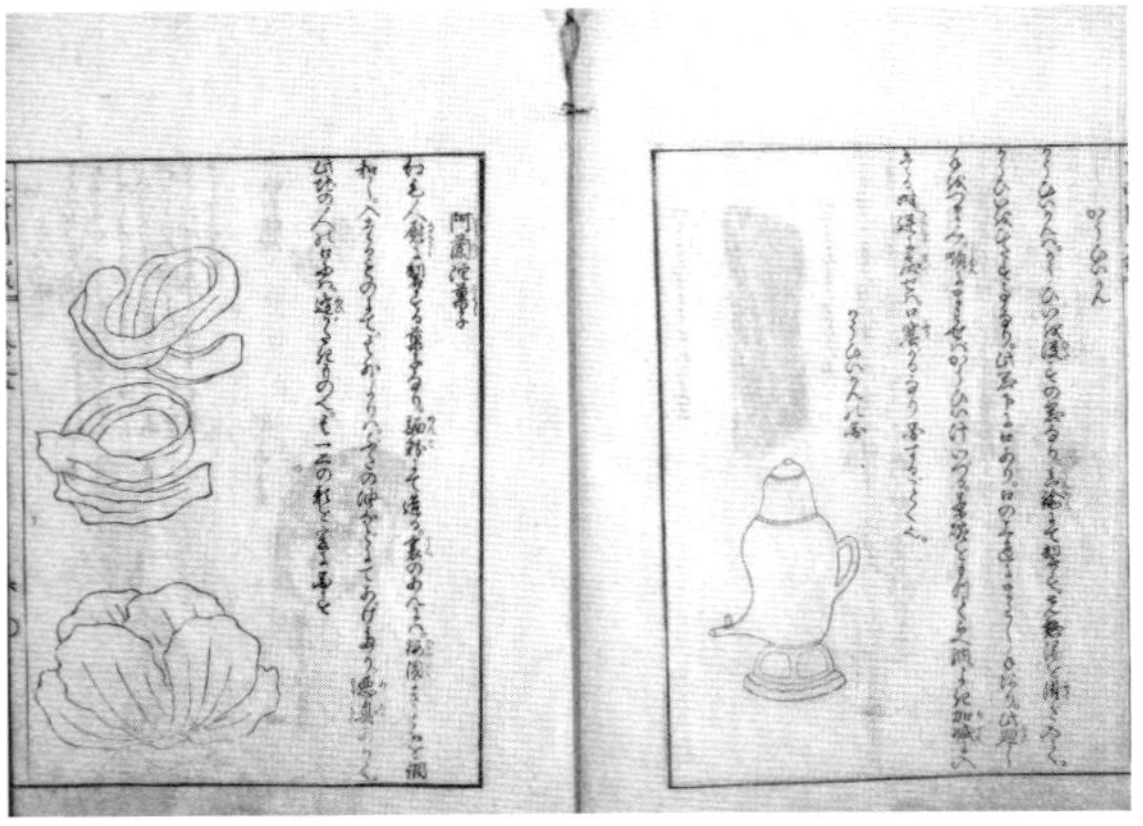
「かうひいかん」(『長崎聞見録』より)

参考文献　『日本コーヒー史』上下(一九八〇、全日本コーヒー商工組合連合会)、奥山儀八郎『珈琲遍歴』(一九八三、旭屋出版)

(橋爪　伸子)

こおり　氷　水が、氷点下で固相に冷却したもの。冷凍技術のない時代、冬の間に氷室に運ばれた氷は、貴族のみが楽しめる夏の味とされていた。たとえば『枕草子』(一〇〇一年(長保三)ころ)には、削った氷にあまずらをかけたものを、「あてなるもの(優雅なもの)」と紹介する記述がみえる。氷室の初出は、四世紀にさかのぼる。『日本書紀』仁徳天皇六十二年条の記述によれば、額田大中彦皇子が、奈良で闘鶏稲置大山主の氷室を発見。その後、天皇に献上した氷が好評を得、日本の蔵氷・賜氷の歴史が始まるという。なかでも特記すべき献上氷は、加賀藩の徳川将軍への献氷であろう。田口哲也は、その様子を「冬の間に犀川の上流に設けられた氷室に貯えてあった氷を、五月末に江戸に向けて早飛脚を飛ばしたのである。氷は、二重にした桐の長持ちに、熊笹や木の葉で包んでおさめて、さらにむしろとコモで何重にもくるみ、最後に直射日光を反射させて熱が伝わるのを防ぐために真っ白い布を覆った。」と説明する。金沢―江戸の百二十里(約五〇〇キロ)にも及ぶ距離を、わずか五日で本郷の加賀藩江戸上屋敷に運びきった飛脚の功績は、まさに神業ともいえる。なお現在でも、金沢市では、七月一日を「氷室の日」とし、市内の和菓子屋が氷室饅頭を販売している。その起源は、加賀藩五代目藩主前田綱紀公時代からとされ、何事もなく、江戸に氷が届くことを願い、神社に饅頭を供えたことが発端とされている。人造氷が登場するのは明治期。一八七〇年(明治三)、宇都宮三郎が、松平慶永によって輸入された製氷機で人造氷に成功している。一方日本には、二度目の正月ともされる氷の朔日(六月一日)がある。柳田国男は、『歳時習俗語彙』で、「ヤキモチゼック(焼き餅節句、岡山県邑久郡)」など、各地に伝わる二十の習俗を紹介。また暑い季節を迎えるにあたり、氷餅(乾燥させておいた正月の餅)を、アラレやかき餅にして食べる食習慣も近年まで継承されていた。

参考文献　柳田国男『歳時習俗語彙』(一九七九、民間伝承の会)、田口哲也『氷の文化史―人と氷とのふれあいの歴史―』(一九九四、冷凍食品新聞社)、江原絢子・東四柳祥子編『日本食文化史年表』(二〇一一、吉川弘文館)

(東四柳祥子)

こおりどうふ　氷豆腐　豆腐を凍結後、脱水、乾燥させた保存食。江戸初期には、氷豆腐と呼ばれた。江戸時代には、氷製品が発達し、氷豆腐のほか、寒天、氷蒟蒻、氷餅、氷蕎麦、氷大根などが作られた。日本農林規格では、凍《こお》り豆腐が正式な名称であるが、一般には高野《こうや》豆腐と呼ばれ、東北や中部地方では凍《し》み豆腐とも呼ばれる。高野豆腐の名の由来は、高野山中興の祖の木食《もくじき》上人が高野豆腐を奨励し高野山名物として全国に広まったことからといわれる。天然凍結製法である高野豆腐と凍み豆腐は作り方も品質もやや異なるが、大豆の甘味がしっかりとあり、煮ても歯ごたえがある。現在は、機械製法(人工凍結法)がほとんどを占め、多くはもどし時間を短縮するために膨張剤を加えている。氷豆腐は、良質の植物性たんぱく質や脂質に加えてカルシウム、鉄、亜鉛などのミネラルが豊富で、消化がよく栄養補給に適している。コレステロール調節作用などの機能性も認められている。

参考文献　宮下章『凍豆腐の歴史』(一九八二、全国凍豆腐工業協同組合連合会)

(中澤　弥子)

こおりもち　氷餅　⇩氷豆腐《こおりどうふ》

ゴールデン＝ウィーク　ゴールデン＝ウィーク　四月下旬から五月上旬にかけての休日のつづく期間をいう。黄金週間。四月二十九日(昭和の日)、五月三日(憲法記念日)、

同四日(みどりの日)、同五日(こどもの日)という祝日のほか、土・日曜日が加わる上に、メーデーである五月一日などそれらに挟まれた他の日を休業にする企業もあり、大型連休になる。このころは日本列島全体が寒さから解放され、青葉・若葉に包まれる好季節となるので行楽地は賑わい、緑化週間などさまざまな行事もある。一九四八年(昭和二十三)の「国民の祝日に関する法律」制定時、いくつかの候補のなかからこどもの日をいつにするか議論された際に、季節もよく近くに他の祝日があるということでかつて端午の節供であった五月五日に決まったいきさつがあるので、ゴールデン=ウィークは、国民の祝日制定当初からあるていど念頭におかれていたことだといえる。　→レジャー　（田中　宣二）

コカ=コーラ　コカ=コーラ　日本人にとって最もなじみある清涼飲料水の一つ。もとは、アトランタの薬剤師が強壮剤として、南アメリカ原産のコカの葉と南アフリカ原産のコーラナッツのエキスを混ぜ合わせて開発したものを嗜好品として改良したもの。大正期の日本では薬臭さが災いし流行らなかったが、戦後、占領軍によって持ち込まれ、ガムをかみコーラを飲む米兵の姿が多く見られ、占領期の象徴的な光景の一つとして認識されるようになる。ただし、終戦直後のコーラは占領軍のために用意されたものがほとんどであり、一般の人々の口に入るようになったのは一九六一年(昭和三十六)十月の貿易自由化以降であった。「スカッとさわやか」というキャッチフレーズとともに一般市場に売り出されたコカ=コーラは、製品の品質だけでなく、瓶の形状やメーカーのロゴマークなどに至るまで、すべてアメリカで売り出されているものと均一であり、このコカ=コーラを飲むことは、戦後の日本人のアメリカ化の典型的な例と考えられた。現在では、ペプシ=コーラなどの類似他製品や、コカ=コーラ社の炭酸飲料ファンタなどとならんで、日本の清涼飲料水市場で最も大きな地位を占めている飲料ということができる。

1957年日本発売のコカ=コーラの瓶

参考文献　石川弘義・藤竹暁・小野耕世監修『アメリカンカルチャー—日本の戦後にとってアメリカとは—』二(『日本風俗じてん』、一九八二、三省堂)、日本コカ・コーラ株式会社社史編纂委員会編『愛されて三〇年』(一九六七)　（花岡敬太郎）

こき　古稀　七十歳を迎えた人の年祝い。これは中国唐代の詩人杜甫の「曲江詩」の一節にある「人生七十古来稀なり」に由来する。年祝いは、奈良時代にさかのぼり、『東大寺要録』には聖武天皇の御四十歳の祝賀が七四〇年(天平十二)に催されたとある。このころは四十歳を初老とし、その後は十年ごとに年祝いが行われた。鎌倉時代には六十歳以上を祝うようになり、室町時代には、喜寿や米寿が始まったという。宮中や武家とは別に、民間では還暦・喜寿・米寿を祝う風があり、この傾向は現在も変わらない。平均寿命が延びた現代では還暦はまだ若いと思われがちである。喜寿や米寿に比べ、古稀を祝う家はあまり見られないようであるが、これらの年祝いは、長寿を祝うとともに今後も元気であることを祈る機会でもある。昨今は特別な儀礼を行うよりも親族が集まり祝福される方が当事者にはうれしいものであろう。　→還《かん》暦《れき》　→喜寿《きじゅ》

参考文献　江馬務『一生の典礼』(『江馬務著作集』七、一九七六、中央公論社)、黒川洋一編『杜甫詩選』(『岩波文庫』、一九九一、岩波書店)　（柳　正博）

こぎぬ　小衣　麻布で作られた短い単衣の労働着。小巾・小布とも。そのうち刺子にされたものをこぎん刺しと呼び、青森県津軽地方に伝わる津軽こぎんが有名。麻布製の単衣は、奈良時代、山上憶良の貧窮問答歌(『万葉集』五)に「綿もなき布肩衣」と詠われ、古くから庶民の普段着であった。戦国時代になって綿花栽培が普及し、江戸時代以後、農民の衣料は次第に木綿に変わっていくが、寒冷な東北・津軽地方では、南国産の綿花栽培に適さず、また絹布は年貢用として百姓の着用が禁止されていたため、麻の小衣に保温・補強のため糸を刺したこぎんが農民の普段着として定着した。津軽地方の生活図譜『奥民図彙』(一七八八年(天明八))には「サシコギヌ」(刺小衣)が図入りで紹介され、近世後期のこぎんの形状がよくわかる。津軽こぎんは明治末期から大正年間(一九一二—二六)に一端途絶えたが、昭和に入って横島直道が再興し、今日に至っている。

参考文献　横島直道編『津軽こぎん』(一九七四、日本放送出版協会)　（田中　禎昭）

ゴキブリ　ゴキブリ　熱帯や亜熱帯を中心に、温帯にも生息する昆虫。日本には約四十種が分布しており、ヤマトゴキブリやクロゴキブリ、チャバネゴキブリなど八種が家に住みついている。ゴキブリは古代より世界各地で生息しているが、日本ではヤマトゴキブリを除き、中世末期の海外貿易を介して侵入したとみられる。近世にはアブラムシという呼称が一般的であり、近代以降にゴキブリという呼称が普及した。近世より、ゴキブリは外見の悪さやゴキブリの発する悪臭、食物をかじるといった被害により、害虫と位置づけられてきた。第二次世界大戦後、ゴキブリは体に病原体をつけて拡散させるという認識が普及し、駆除の対象となった。駆除方法は、近代以前には油紙を好む習性を利用し古い唐傘に集めてつぶした。一九七〇年代以降は、フェロモンを練り込んだ誘引剤におびき寄せ、エサと間違えて食べて消化器系の炎症を起こし殺すというゴキブリダンゴや、誘引剤におびき寄せた上で粘着シートに貼り付け餓死させる駆除用品、有機リン剤を主成分とする殺虫剤で神経を麻痺させて動

きを鈍くさせた上で、ハエたたきやスリッパなどで圧死させる方法が開発された。九〇年代後半以降、殺虫剤に耐性をもつゴキブリが登場し、殺虫力を強化した殺虫剤の開発が進んでいる。

参考文献 笹川満広『虫の文化史』(一九九九、文一総合出版)

(花木　宏直)

こくご　国語　一国の共通語または公用語。この語の形成過程を辿ると、国語概念は、「国民」の共同性を担保する文化装置として期待されてきた。また愛国心の養成や「国民」教育という要請をうけるなど、歴史的構築物としての「国民」や「国土」の範囲など、歴史の制約を大きく受ける。十九世紀以降、言語とナショナリズム形成が強く結びつく時代では、同時代での東アジア圏としての特徴も帯び、中国本土やベトナム、韓国など旧漢字文化圏での国語論は、「国語国字問題」として展開した。これは、共通言語によって近代化や「国民」形成を効率よく目指そうとしたためだ。日本では明治初期、極端な英語国字論や仮名文字国字論など知識人の言説が知られる。これらの背後の言語思想としては、音声を表記する言語が進化した言語体系であるとみる印欧比較言語学の体系が導入され、漢字は遅れた言語と見なされた。脱中華を伴った「国語」概念の導入と教育制度化を進めた言語学者上田《うえだ》万年《かずとし》は十九世紀末から二十世紀にかけて、新領土としての台湾や樺太にも響く共通の音声として「国語」を位置づけた。歌うように国語を学ぶ、とする考えによって、国内では「正しい発音」に沿った方言「矯正」が進められ、植民地とした台湾や朝鮮では唱歌教育が重視された。また国語の担い手は東京を中心とした「中流社会の男子の言語」とされた。しかし、日本が植民地を持つ帝国となると、「国語」の内容も大きく変化し、本国の文化的伝統や共同性が強調された。古典の教養や歴史的仮名遣いなども本土の国語教育に導入された。一九四〇年代に至っての「国語」は、「国体」に直結する敬語や、書道による身体所作の正しさ、身体的な規律を伴った話し言葉などによって定義され、「遠い祖先から継承して来た精神的文化的遺産」(『国語生活篇』(『国語文化講座』五)、『国語進出篇』(『同』六、一九四二年(昭和十七))として、文化本質主義的な側面が強調された。→敬語《けいご》　→方言《ほうげん》

参考文献 『国語生活篇』(『国語文化講座』五、一九四二、朝日新聞社)、『国語進出篇』(『同』六、一九四二、朝日新聞社)

(長　志珠絵)

こくさんひん　国産品　国内で生産された品物。西洋「文明国」へのキャッチアップを課題とした近代日本において、「舶来品」こそが本物で価値が高いとされたのに対し、「国産品」という言葉は品質に劣る代用品とのニュアンスを帯びた。それに対し、ナショナリズムの性格をもった国産品奨励運動がたびたび起こった。明治前期の国粋主義者佐田《さだ》介石《かいせき》は舶来品排撃と国産品奨励を主張し、日露戦後の膨大な対外債務と貿易赤字を背景に、一九一四年(大正三)に結成された国産奨励会は、国民に「舶来品崇拝」の打破を訴えた。恐慌期には産業合理化政策の一環として、政府による国産品愛用運動が展開された。しかし高度経済成長を経て日本商品の品質の向上が図られ、世界市場での評価を高めるに従い、「国産品」は品質に優れたものというイメージとなり、安価な「輸入品」を供給する新興国への優越感を表現するものとなった。また近年では、食の安全問題との関係で、原産国表示の偽装が起きるほどに国産食品への消費者の関心が高まっている。

参考文献 日本商工会議所編『最近我国の国産愛用運動』(『国産愛用運動パンフレット』二、一九三四)

(大岡　聡)

こくせいちょうさ　国勢調査　国内に居住する人および世帯に関する全数調査。一九〇二年(明治三十五)の「国勢調査に関する法律」により、十年ごとに外地を含む「帝国版図内」で施行することが定められ、三年後に実施と決められたが、日露戦争のため中止となった。ようやく一九一八年(大正七)に国勢調査施行令が公布され、第一回国勢調査が二〇年十月一日に行われた。実施の際の標語に「国勢調査は文明国の鏡」「国勢調査が土台となって、日本が世界の覇者となる」「一枚の紙で御国へ御奉公」とあるように、国勢調査には帝国主義的発展のための国力の正確な把握と国民統合が期待されていた。法改正により二五年からは中間五年目にも簡易調査が行われることになり、現在に至っている。ただし一九四〇年(昭和十五)調査の報告書は四九年まで刊行されず、四五年調査は「緊迫する情勢に鑑み」中止され、四七年に臨時国勢調査が行われた。なお同年制定の統計法が現在の根拠法(二〇〇七年(平成十九)全面改正)である。

参考文献 佐藤正広『国勢調査と日本近代』(『一橋大学経済研究叢書』、二〇〇二、岩波書店)

(大岡　聡)

こくどそうごうかいはつほう　国土総合開発法　占領下の一九五〇年(昭和二十五)、経済安定本部によって制定された戦後最初の国土開発法。戦争による国土の荒廃、復員・引揚げなどによる人口の急増のなかで、経済復興をいかに実現するかが課題であった。その目的は「国土の自然的条件を考慮して、経済、社会、文化等に関する施策の総合的見地から国土を総合的に利用し、開発し、及び保全し、並びに産業立地の適正化を図り、あわせて社会福祉の向上に資する」とされた。その内容は、天然資源の利用、災害防止、都市および農村の配置、産業立地、公共施設の配置などを含み、これらの事項を全国・都道府県・地方・特定地域の四種類に分けて実施しようとするものであった。しかし国土総合開発法の制定当初は、国内資源開発による「経済自立」を中心に、全国十九地域(のち二十二地域)の特定地域総合開発計画のみが策定され、河川総合開発などが進められた。五三年から五八年までに閣議決定された総合開発計画は、北上、阿仁田沢、最上、天竜東三河、大山出雲、北九州、阿蘇、

南九州、芸北、能登、錦川、四国西南、只見、木曽、飛驒、吉野熊野、那賀川、利根、仙塩、北奥羽、十和田岩木川(対馬は離島振興に変更)であり、それはいわゆる低開発地域に重点をおいた治山・治水などの国土保全と水力発電、農林水産業などの地域資源開発であった。その後六〇年代に入ると、工業誘致が中心となり、六二年の全国総合開発計画(一全総)では「所得倍増計画」に合わせて地域間格差の是正と工業基盤の拡充、新産業都市建設などの「拠点開発方式」、重化学工業基地の拡大、石油コンビナートや銑鋼一貫工場が進められた。六九年の新全国総合開発計画では一方で工業開発と環境・自然の保全との両立を目指すとうたいながら、高速道路と新幹線などのネットワーク整備を軸にした大規模構想を策定したがオイルショックで挫折した。その後は七七年の第三次全国総合開発計画では「定住圏」構想、八七年の第四次全国総合開発計画では「リゾート地域の整備」などを打ち出すことになるが、リゾート開発の名のもとでのゴルフ場の増加などによる環境破壊の危険も増大した。

参考文献 岡田知弘『日本資本主義と農村開発』(一九八九、法律文化社)、『国土庁二十年史』(一九九四、ぎょうせい)

(安田 常雄)

こくぼうしょく 国防色 一九三四年(昭和九)六月に陸軍省が行なった被服の統一運動のなかで定められた茶褐色の色のこと。軍服だけでなく、学生服、労働服、団体の制服なども国防色に統一するよう呼びかけた。四〇年十一月に国民服令が公布されると、平常服および礼服にもなる国民服の色相が、茶褐色の国防色と定められたため、世間一般でも国防色に染めた服が浸透していった。
→国民服《こくみんふく》

参考文献 小田喜代治『東京紳士服の歩み』(一九八五、東京紳士服工業組合)

(吉葉 愛)

こくみんがっこう 国民学校 一九四一年(昭和十六)の国民学校令によって、従来の小学校を改めて成立した初等教育機関。初等科六年、高等科二年の計八年を構想し、理念として皇国民の錬成を掲げていた。これまでの細分化された教科を、国民科(修身、国語、国史及地理)、理数科(算数及理科)、体錬科(体操及武道)、芸能科(音楽、習字、図画及工作、裁縫など)、実業科(高等科のみ、農業、工業、商業、水産)の五つに統合し、教科書も新しく編集した。教頭や養護訓導の設置、義務教育延長などの教育制度、理科における実験や観察重視などの教育方法のいずれにおいても近代的な側面を有していたが、最大の目的は、総力戦体制をつくりあげるために、初等教育を国家主義的に再編・支配することにあった。それは児童を銃後の兵士とすることにほかならなかった。一九四七年(昭和二十二)の学校教育法により廃止された。→小学校《しょうがっこう》

参考文献 長浜功『国民学校の研究―皇民化教育の実証的解明―』(一九八五、明石書店)、寺崎昌男・戦時下教育研究会編『総力戦体制と教育―皇国民「錬成」の理念と実践―』(一九八七、東京大学出版会)、戸田金一『昭和戦争期の国民学校』(一九九三、吉川弘文館)

(堀内 孝)

こくみんけんこうほけん 国民健康保険 一九三八年(昭和十三)公布の国民健康保険法により発足した医療保険制度。農山漁村を対象とする医療保険制度として立案された国民健康保険法(旧法)では、市町村を単位とする国民健康保険組合が事業を行うものとされ、アジア・太平洋戦争期の「健兵健民」政策のもとで、四四年にはほぼすべての町村で組合が設立された。しかし敗戦後は機能停止に陥る組合が続出し、制度維持のため、事業主体を市町村とする法改正(四八年)などがなされた。厚生省は五七年、国民皆保険推進本部を設置、五八年には国民健康保険法(新法)が制定された。この改正により、国民健康保険事業の実施は市町村の義務となり、六一年には「国民皆保険」が達成された。当時、被保険者のほぼ五割は農林水産業であったが、九〇年代には一割以下となり、代わって退職者を含む無職者が四割を超えた。変容した国民健康保険の財源対策として、八三年には老人保健制度、八四年には退職者医療制度、二〇〇八年(平成二十)には後期高齢者医療制度が創設された。

参考文献 佐口卓『国民健康保険―形成と展開―』(一九九五、光生館)、結城康博『国民健康保険』(『岩波ブックレット』、二〇一〇、岩波書店)

(高岡 裕之)

こくみんしゅくしゃ 国民宿舎 自然環境に恵まれた立地に、国民のレクリエーション増進を目的として、地方公共団体によって、あるいは公的援助を受けて建設・運営された宿泊施設。ソーシャル＝ツーリズムの高まりに呼応して一九五六年(昭和三十一)に制度化され、国民年金や厚生年金の積立金還元融資を受けて、地方公共団体などによって、自然公園や国民保養温泉地などの良好な自然環境の立地に建設された。これらの公営国民宿舎に加え、国立公園協会が公営国民宿舎に準ずる施設基準の施設を指定したものを民営国民宿舎という。民営国民宿舎も融資などの優遇措置を受けて建設された。六〇年代の大衆観光勃興期には、清潔で低廉な宿泊施設を求める大衆需要に適合して観光の大衆化に大きな役割を果たした。しかし運営費削減のためにサービスを限定する商品構成は、必ずしも現在の宿泊ニーズには合致していない。また公的な融資制度はすでに終了しており、公営国民宿舎を中心に施設の老朽化が進み、運営する中小の地方公共団体にとって重荷になる例も多く、廃業した施設も少なくない。

(稲垣 勉)

こくみんしょとくばいぞうけいかく 国民所得倍増計画
⇩高度経済成長《こうどけいざいせいちょう》

こくみんせいしんそうどういん 国民精神総動員 国家観念の涵養や、特定の国策に国民を動員していくための官製的な精神運動の総称。「国民精神」ということばは関東大震災後に出された「国民精神作興に関する詔書」でも使われているが、歴史的には日中戦争勃発後の一九三

七年（昭和十二）八月から、政府の提唱によって開始された国民精神総動員運動（精動）という民衆意識の動員キャンペーンで広まった。運動のスローガンは「挙国一致・尽忠報国・堅忍持久」。都道府県・市町村、在郷軍人会・青年団・婦人団体などの組織に加え、映画・演劇・ジャーナリズムをも動員し、町内会・集落・学校・職場などで実践されていった。運動は、「時局認識」などの「精神」的側面のみならず、消費節約・貯蓄奨励・廃品再利用・時間励行・生活合理化など具体的な経済的行為を日常生活のなかで実践することが中心になった。三九年には毎月一日の興亜奉公日が制定され、生活への統制はいっそう強まった。同時に、現実の民衆生活と精動のキャンペーンは矛盾することも多く、精動の限界性が指摘されるようになっていった。

参考文献 北河賢三『国民総動員の時代』（『岩波ブックレット シリーズ昭和史』六、一九八九、岩波書店）、国民精神総動員本部編『国民精神総動員（復刻版）』一・二（一九九四、緑蔭書房） （大串 潤児）

こくみんねんきん 国民年金 一九五九年（昭和三十四）四月公布の国民年金法により創設された年金制度。第二次世界大戦後には、社会保障制度の一環として年金制度の拡張が望まれるようになり、五九年の第三十一国会で国民年金法が成立した。同法の対象は、二十歳以上六十歳未満の日本国民（国籍要件は八二年の改正で撤廃）で、既存の被用者年金制度の対象に含まれない農林水産業従事者や自営業者、従業員五人未満の事業所の労働者などであった。本制度の実施により「国民皆年金」が実現したが、拠出制老齢年金（支給開始六十五歳）の支給が開始されたのは七一年であり、それ以前の給付の多くは無拠出の福祉年金（老齢・障害・母子・準母子）であった。八五年には、財政基盤の不安定化などに対応するため、国民年金を公的年金全体の「基礎年金」とする改正がなされ、被用者年金加入者は国民年金の第二号被保険者、その被扶養配偶者は第三号被保険者、第二号・第三号以外の保険者は第一号被保険者となった。

参考文献 矢野聡『日本公的年金政策史―一八七五～二〇〇九―』（二〇一二、ミネルヴァ書房） （高岡 裕之）

こくみんふく 国民服 国家が制定した国民の衣服。当初は、洋服ではない日本独自の「新日本服」を創出させる意図であった。だが、陸軍省や厚生省の主導により、国民服は軍民被服の近接を企図した目的へと変更された。国民服の考案は、宮内省技師中田虎一、衆議院議員亀井貫一郎、元美術学校講師斎藤佳三らが委員となり、一九三八年（昭和十三）十一月の「服装に関する委員会」に始まり、四〇年の国民被服刷新委員会によって決められた。四〇年十一月一日の国民服令により施行された国民服は、陸軍軍服式の立折襟式開襟の甲型、立折襟（開襟式立折襟）の乙型、シャツにあたる中衣、戦闘帽式の国民帽、外套からなる。甲型は紫色組紐の国民儀礼章を胸にかけると、礼服として用いることができた。だが、舞台装置家の吉田謙吉が四二年に銀座で調査したところ、国民服を着る者は一二％とあるように、国民服の評判はよくない。同年二月に衣料切符制度が施行されると、点数の高い国民服の調製は困難となる。文部省は四一年から男子中学生に国民服、高等女学生にヘチマ襟型の標準服を着用するよう指令した。厚生省は四二年二月三日に婦人標準服を発表したが、こちらも普及はしなかった。→国防《こくぼう》色《しょく》

国民服配給株式会社広告（『国民服』第2巻第2号, 1942年2月）

参考文献 斎藤佳三『国民服の考案』（一九三九、秋豊園）、『被服』（一ノ一―一四ノ六、一九三〇―四三、被服協会）、『国民服』（一ノ一―二ノ九、一九四一―四二、大日本国民服協会）、『衣服研究』（二ノ一〇―三ノ五、一九四二―四三、大日本国民服協会）、井上雅人『洋服と日本人―国民服というモード―』（『廣済堂ライブラリー』、二〇〇一、廣済堂出版） （刑部 芳則）

ごけ 後家 奈良時代では主人の死後に残された家族を意味していたが、十一世紀ごろから夫と死別した妻の呼称とされるようになった。特に亡夫の財産などを管理・所有する妻の場合が多く、鎌倉時代に大友能直《おおともよしなお》の後家尼深妙が亡夫の遺領を相続して男女の子たちに分配した例が知られている。中世の武家では北条政子のように当主の後家が跡継ぎへの中継として家長を務めることもあり、中継相続人としての後家は近世の庶民の家にもみられた。

参考文献 飯沼賢司「後家の力―その成立と役割をめぐって―」（峰岸純夫編『家族と女性』所収、一九九二、吉川弘文館）、田端泰子『日本中世女性史論』（一九九四、塙書房） （菅原 正子）

こけらぶき 柿葺 板葺の一種で、薄い板を重ねて葺いた屋根。柿板葺・木羽屋根《こばやね》・木羽板葺《こばいたぶき》・小板葺ともいい、俗にトントン葺ともいう。槙、檜、椹《さわら》などの木材を斧などで薄くけずった厚さ三～六ミリの柿板を竹釘によって打ち付け、軒付け部分には厚めの板を葺く。寒冷地の民家に使用されたが現存民家はまれで、優美な軒先の曲線を作り出せるため、多くは社寺に使用された。地方により、コッパ屋根、サザ屋根、マサ屋根などとも呼ぶ。 （海野 聡）

ごこく 五穀 穀類の中で最も重要視された五種の穀物をさすが、その内容は時代・地域によっても異なる。また、「五穀豊穣」といった場合の「五穀」とは、特定の五種の穀物を指すのではなく穀物の総称としての意味合いが強い。五穀の起源については、記紀の死体化成神話と

して語られている。『古事記』神代には、須佐之男命《すさのおのみこと》に殺された大宜津比売神《おおげつひめのかみ》の死体の頭から蚕、目から稲種、耳から粟、鼻から小豆、陰部から麦、尻から大豆が生じたとある。そして、粟・稗・麦・豆を陸田種子《はたけつもの》、稲を水田《たな》種子《つもの》としたという。一方『日本書紀』神代四神出生章には、天照大神によって葦原中国《あしはらのなかつくに》に遣わされた月夜見尊《つくよみのみこと》に殺された保食神《うけもちのかみ》の額から粟、眉から蚕、眼から稗、腹から稲、陰部から麦と大豆・小豆が生えたという。こうした死とその後の豊かな再生を語る神話の五穀でさえ、稗が『古事記』にみえないなど一定しない。その後の史書・辞書類・儀式書などにおいても五穀の内容は定まらず、中世の百科全書である『拾芥抄《しゅうがいしょう》』では「稲穀・大麦・小麦・大豆・小豆」のほかに諸説も挙げ「諸家の説は同じではない」とわざわざ注記している。ただ史書や辞書類にみられる五穀は、あくまでも支配者や知識層が選択したものであることに注意したい。一方、民衆の日常的な生活のなかで認識される五穀とは、安定した収量をもたらしてくれる作物を指し、近世初頭の『清良記《せいりょうき》』には「米・大麦・小麦・大豆・小豆」のほかに「黍・稗・麦・粟・豆」を五穀として挙げているように、稲が入らない場合さえみられる。『農業全書』では「五穀之類」として十九種の穀物を挙げる一方、五穀に稗を加えて六穀としている。わざわざ稗を加えているのは「貧民を養い、稲などの不足を補い、飢饉を救い、牛馬の飼料ともなる」とその有用性が高く評価されているためである。民衆の世界における五穀とは、それぞれの地域・生活に最も重要な五種の作物が意識的に選択された結果なのである。
↓雑穀《ざっこく》

参考文献 増田昭子『雑穀の社会史』(二〇〇一、吉川弘文館)、木村茂光「雑穀の思想」(同編『雑穀―畑作農耕論の地平―』所収、二〇〇三、青木書店)　(伊佐治康成)

ござ　茣蓙　畳表に縁《へり》をつけた簡便な敷物のこと。素材はイグサ。筵の一種(ただし筵は主に藁を素材とするため厳密には異なる)。古くは御座とも書き、貴人の「御座」が転じたものともいわれる。茣蓙(御座)についての記述は、『枕草子』御前にて人々ともに「こと更に、御座といふ畳のさまにて、高麗など、いと清らなり」とあるのが初出と考えられている。このほかに、さまざまな色に染めたイグサで花などの模様を織り出した花茣蓙もある。茣蓙は室内で常時敷いて使用するほか、巻いておくこともでき、その手軽さから、丸めて携帯して屋外で敷くといった使い方もできる。また、畳の上に敷く際には上敷と呼ばれ、縁部分を鋲で留めて使用する。夏場の暑夜対策として、布団の上に敷いて使うものを寝茣蓙という。現代ではポリプロピレンなどの化学製品をイグサの代用にして作った茣蓙も多く生産されている。

参考文献 小川光暘『寝所と寝具の文化史』(『雄山閣ブックス』一五、一九八四、雄山閣)、佐藤理『畳のはなし』(『物語ものの建築史』、一九八五、鹿島出版会)　(柏井　容子)

こさぎり　木蔭伐　木蔭とは、樹木によって日が遮られ作物の生育に支障が出ること、またはその樹木をいい、そうした樹木を伐採することを木蔭伐という。木陰伐、蔭伐《かげきり》・陰伐ともいう。江戸時代の村では、山林の樹木や屋敷廻りに植えた竹木による影が周辺田畑の作物生育に悪影響を及ぼすとして、田畑所持者が伐採を求めたり、無断で伐採して争論になることがしばしばあった。また、新たに屋敷を建てる際などに、将来争論にならないように、あらかじめ木蔭伐について取り決めた証文を作成することもみられた。検地の際、小蔭引と称し、丈量の対象外とされることもあった。

参考文献 大石久敬『地方凡例録』上(大石信敬補訂・大石慎三郎校訂、『日本史料選書』一、一九六九、近藤出版社)　(佐藤　孝之)

こさく　小作　⇩地主《じぬし》・小作《こさく》

こさくくみあい　小作組合　行政村や大字など地域を基盤に結成された小作人の組合。目的は小作条件の維持改善、小作人階級の社会的地位向上、農事の改良発達、小作地獲得の競争防止、地主小作人の協調融和、小作人の相互慰安などである。小作人組合ともいう。近代最初の小作人組合は一八七五年(明治八)に設立された岐阜県池田郡沓井村(揖斐郡池田町)である。ここでの活動は地主による小作地の取り上げ防止、小作地の争奪防止の取り決めであった。当初は江戸時代の旧村である「むら」(大字)に結成された。共同体規制による小作地獲得の競争防止と地主への対抗を含んだものである。明治中期になると三重県一志郡川口村(津市)では小作料引下げ運動を展開しその四割を共同貯金に回し地主に対抗したが、九〇年内務大臣の命令で解散させられた。また地主が組合結成の中心となり自己の小作人を組合に組織した協調組合も多く作られるようになった。一般的には日露戦争後までは地主と小作の協調的な組合が多く、第一次世界大戦を経て地主対抗的な組合が多くなった。大戦後の全国的農民組合の結成はこの末端の小作組合を基盤にしていた。運動の高揚期であった一九二八年(昭和三)に小作人組合は全国で四千二百九十五、組合員数は三十二万七千八百九十八人であった。↓農民組合《のうみんくみあい》

参考文献 青木恵一郎『日本農民運動史』三(一九五九、日本評論新社)、農林省農務局編『小作年報　昭和三年(復刻版)』(一九七九、御茶の水書房)　(森　武麿)

こさくそうぎ　小作争議　小作人が地主に対して小作料引き下げを要求し、また地主の土地取り上げに対抗して耕作権の維持確立を要求して集団的組織的に争われたものをいう。初期の小作争議は日露戦争後の一九〇七年恐慌後に府県営の産米検査制実施をめぐる地主と小作人の対立から始まる。日露戦後の窮乏する小作人たちが米穀等級制による規格統一、すなわち容量の統一、乾燥、二重俵装の強制に対して、地主にその負担分の軽減を求めて集団的に闘争を開始した。第一次世界大戦期の一九一

八年(大正七)米騒動を画期として小作争議は急増し、二二年日本農民組合の結成により組織的闘争に発展し本格的小作争議となる。二〇年代の大小作争議の時代には小作料減免を掲げた攻勢的な農民運動が全国に広がり西日本を中心に大小作争議が起きた。三〇年代に昭和恐慌が起きると、争議は東日本を中心として、中小地主の土地取り上げが頻発し、小作人の防衛的な争議に変わる。争議件数は一九二六年(昭和元)の第一次ピークで二千七百五十一件、昭和恐慌下の第二次ピークの三五年で六千八百二十四件、戦時下の四〇年でも三千件以上の小作争議が起きている。

参考文献　森武麿編『近代農民運動と支配体制—一九二〇年代岐阜県西濃地方の農村をめぐって—』(一九八五、柏書房)、西田美昭『近代日本農民運動史研究』(一九九七、東京大学出版会)、林宥一『近代日本農民運動史論』(二〇〇〇、日本経済評論社)

(森　武麿)

こさくりょう　小作料　耕地の貸付者である地主が、その耕地の耕作者である小作人から取得する地代をいう。畑田の場合は基本的に物納、すなわち米を納入するが、畑の場合は金納が多かった。小作料負担は農業余剰や副業余業収入によってなされるので商品経済の発展している地域の方が小作料は高い。明治初頭の地租改正時には田の小作料率(収穫高に対する小作料)は六八%であったが、小作人の闘いによって一九一〇年(明治四十三)の五八%から一九二〇年(大正九)四九%と低下した。一九四一年(昭和十六)でも田の小作料率は五〇%を超えているが、四二年の戦時下の米穀国家管理と二重米価制により急激に低下した。→刈分小作《かりわけこさく》

参考文献　小倉武一『土地立法の史的考察』(『研究叢書』、一九五一、農林省農業総合研究所)、森武麿『戦時日本農村社会の研究』(一九九九、東京大学出版会)

(森　武麿)

こさずけ　子授け　神仏に妊娠を祈願する信仰。近世社会では家の後嗣確保は至上課題で、「七去」(『女大学』)に象徴されるように子産みは女性の勤めだった。江戸中期より産科書には「求子」、つまり懐妊のための心構えや懐妊のメカニズムの当時なりの説明が登場して後嗣確保を至上課題と意識した近世人の関心を伝えている。庶民の間では懐妊と安産にご利益があるという神仏の評判が高まり、そうした庶民の参拝と評判が、子安(子育、子守)地蔵・観音・神社など新興宗教を活性化させた。男女産み分けへの関心が顕著なことも近世の安産祈願の特徴であった。子授けの信仰対象として大津の石山寺(滋賀県大津市)や入谷・雑司ヶ谷の鬼子母神(東京都台東区・豊島区)は特に賑わったという。山東京伝の戯作には、石山寺の観音に懐妊を祈願した帰り、寺の門前で捨子を拾った話がある(『於六櫛木曽仇討《おろくぐしきそのあだうち》』、一八〇七年(文化四))。また、仏教を守護する善女神である鬼子母神(訶梨帝母《かりていも》)は、他人の子を奪って食べるので、仏が鬼子母の子を隠して子を食う罪をさとしたという仏教説話とともに江戸の女性たちの厚い信仰心を捉えていた。

参考文献　母子愛育会編『日本産育習俗資料集成』(一九七五、第一法規出版)、『山東京伝全集』六(一九九五、ぺりかん社)

(太田　素子)

こし　輿　乗り物の一種。着座という人が乗る台に轅《ながえ》と呼ぶ長い棒を通した形のもので、人力で運ぶ。厳密には轅を肩に担ぎ上げて運ぶものは輦輿《れんよ》、轅を腰のあたりに副えて手《た》で提げるようにして運ぶものは腰輿《ようよ》もしくは手輿《こし》と呼んで区別される。古代においては天皇・皇后など特別高貴な人の乗り物とされていたが、次第に公家・高僧などへと使用範囲が広がり、中世以降は将軍家をはじめ身分の高い武家も儀式・儀礼用の乗り物として用いるようになった。輿には、着座の台の四方に柱を立てて屋形を設け柱間に簾を垂らした四方輿、屋形全体に板を貼った板輿、屋形を設けずに手摺を付けただけの簡易な塵取輿など、さまざまなものがある。特に方形造りの屋根を付け、その上に鳳凰を載せた鳳輦《ほうれん》や宝珠を載せた葱華《そうか》輦《れん》は天皇の乗り物とされ、のちの神輿《みこし》の原型となった。なお、嫁入りすることを輿入れというのは、婚礼の際に嫁が輿に乗って婚家に行ったことの名残である。

四方輿（『春日権現験記』より）

参考文献　桜井芳昭『輿』(『ものと人間の文化史』、二〇一一、法政大学出版局)

(大明　敦)

こじ　孤児　死別や行方不明などにより、両親を失った子どものこと。特に第二次世界大戦以降、戦争で両親を亡くした戦災孤児の数が世界的に激増した。日本では、一九四四年(昭和十九)から本格化した米空軍の無差別爆撃が、その大きな要因となった。四八年に実施された厚生省の全国孤児一斉調査で、十二万三千五百十一人の孤児が確認されたが、沖縄の統計がふくまれていないなど、実数が反映されているとはいえない。また、収容施設は全国に設置されたが、多くは民間によるもので、戦後の補償もふくめ、国家が彼らに手を差し伸べることはなか

った。環境は劣悪であり、数も不十分だったため、大多数が地下道や防空壕などを住処とする浮浪児となった。物もらいや靴磨き、露店の手伝いなどのほか、生きていくために、窃盗などの犯罪行為に手を染める場合も少なくなかった。戦災孤児の戦後は困難をきわめた。

参考文献 逸見勝亮「第二次世界大戦後の日本における浮浪児・戦争孤児の歴史」(『日本の教育史学—教育史学会紀要—』三七、一九九四)、金田茉莉『東京大空襲と戦争孤児—隠蔽された真実を追って—』(二〇〇二、影書房)

(堀内　孝)

こしかざり　腰飾　腰に下げる装飾。縄文時代に鹿角の枝分れ部を鉤状に加工し、文様を彫刻した腰飾がある。男性が装着する例が多いが、用途は明らかでない。古墳時代中期に中国から伝来した金銅製帯金具には、腰飾を佩用するための環がある。古墳時代の腰飾は人物埴輪の造形に見ることができ、男性では袋と鞆《とも》を、女性では刀《とう》子《す》、鏡(鈴鏡《れいきょう》)、袋を下げる。埼玉県行田市稲荷山古墳では被葬者の左腰下に孔のあいた砥石が出土しており、これも腰飾と考えられる。奈良時代の律令制下において官人の用いた革帯を飾る巡方《じゅんぽう》と丸鞆《まるとも》という金具にも、腰飾を下げる長方形の透孔が設けられている。これは中国唐代の服飾制に倣ったもので、唐代壁画墓には帯の透孔から刀子や革袋を下げる人物像が見える。奈良時代の腰飾の実例では、刀子、魚形《うおがた》、小尺(物差し)、水晶や瑪瑙の玉、香袋などが正倉院中倉に伝来している。

参考文献 正倉院事務所編『正倉院宝物』五(一九六五、毎日新聞社)、土肥孝『縄文時代の装身具』(『日本の美術』三六九、一九九七)、孫機「中国古代的帯金具」(『(増訂本)中国古輿服論叢』所収、北京、二〇〇一、文物出版社)

(塚田　良道)

こしき　甑　食物を蒸すための容器。水を入れた甕の上に乗せ、使用した。蒸気が通るように一つまたは複数の蒸気孔が底にあけられた。弥生時代前期に甕の底部を焼成後に抜き、甑として使用したとされるものがあるが、甑専用に作られた土器としては弥生時代後期に登場する。古墳時代に朝鮮半島からカマドとともに炊飯具が伝わるが、これは大型で両側に把手が付く新しい形態のものであった。近代に入り、小型の溶銑炉《ようせんろ》(キュポラ)は土器の甑に形が似ていることから甑とも呼ばれた。　↓蒸籠《せいろ》

(水口由紀子)

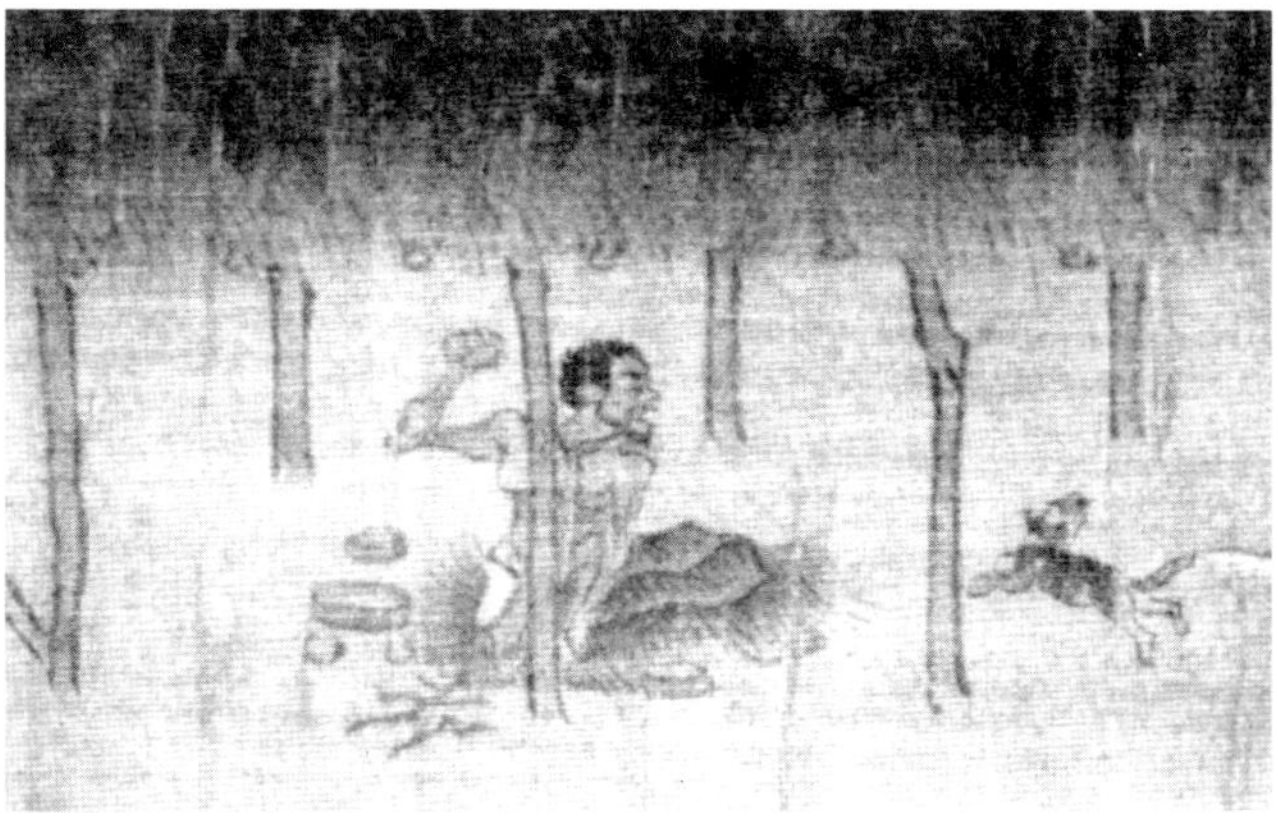

『一遍上人絵伝』に描かれた乞食

こじき　乞食　食べ物や銭を人に乞うて生活する者。かたい。ほいと。乞食《こつじき》は本来、出家僧が遍歴しながら作法に随って食を乞い解脱を求める修行を意味した。『万葉集』にみる「乞食者《ほかいびと》」は寿詞《よごと》を述べて食を乞う者だが、中世には宿や坂などに集住し、不具者や癩者を含む乞食非人を指すようになる。『一遍上人絵伝』には、蓬髪や覆面姿で薦や板を屋根代わりに地面に座る者、車がついた移動可能な小屋で暮らす者など、多くの人々が行き交う寺社の門前や交通の要衝に集まり、物を乞う乞食の暮らしぶりが詳細に描かれている。一方近世社会では、江戸幕府が公認した非人仲間に把握された者には物乞いの権利もあった。

参考文献 黒田俊雄「中世の身分制と卑賤観念」(『日本中世の国家と宗教』所収、一九七五、岩波書店)、網野善彦「中世身分制の一考察—中世前期の非人を中心に—」(『芸能・身分・女性』所収、二〇〇八、岩波書店)、同「中世の「非人」をめぐる二、三の問題」(同)

(窪田　涼子)

こしつ　個室　住宅、病院、寮などの個人用の部屋。近世から近代にかけての長屋はもとより、大正・昭和期の都市の下町の住宅においても、家族の居室は一室で狭く、寝食が同室で営まれていた。日本の住まいは年中行事や冠婚葬祭などが行われる改まった場合(ハレ)向けに作られていた。大邸宅であっても、居室は襖を取り払うことによって大勢が集まれる間取りになっており、個人用の部屋が設けられることは稀であった。一九四七年(昭和二十二)『これからのすまい』の中で、西山夘三(一九一一—九四)は日本の住まいに個人的な空間がなかったことを指摘した。五五年には日本住宅公団が設立され、ダイニングキッチンと独立した居室をもつ公団住宅が大量建設され、子ども部屋が登場する。近年、病院や高齢者施設では人権尊重の立場から個室化が推奨される傾向にあるが、住宅の個室は家族のコミュニケーションの減少やひきこもりなどとも結び付けて論じられ、批判されがちである。　↓子供部屋《こどもべや》

参考文献 西山夘三『これからのすまい—住様式の話—』(一九四七、相模書房)、西川祐子「日本型近代家族と住まいの変遷」(『立命館言語文化研究』六ノ一、一九九四)、小沢朝江・水沼淑子『日本住居史』(二〇〇六、吉川弘文館)

(表　真美)

ゴシップ　ゴシップ　流言や噂のうち、知名度が高い、あるいは権威をもつ人びとに関するもの。多くの場合は

そのような人物のプライベートにかかわるもので、多くの人びとにとって重要ではない内容が中心である。芸能人や政治家、スポーツ選手などがその対象になりやすい。芸能人やスポーツ選手は、世間の多くの人が知っている反面、プライベートについて知っている人はかなり限られている。つまり、多くの人が話題を共有できるのにもかかわらず、プライベートは知られていないという落差に対する想像力こそが、ゴシップを生み出すのである。ゴシップの対象になりやすい人びとの多くはイメージを重視する職業であるため、多くの人びとにとっては重要ではない内容であるのにもかかわらず、解雇や解任など、当事者にとってはきわめて重大な問題になりうるという非対称性がある。

参考文献　R・L・ロスノウ、G・A・ファイン『うわさの心理学—流言からゴシップまで—』（南博訳、『岩波現代選書』、一九八二、岩波書店）　（塚原　伸治）

こしまき　**腰巻き**　十五—十八世紀にかけて武家階級で夏の婦人の礼装とされた衣類と、江戸時代に一般庶民が裾の汚れを防いだり捌きを良くしたりするために着物の下に着た衣類の二種がある。前者は、帷子《かたびら》の上に、色とりどりの刺繡などが施された打掛を重ね、提帯《さげおび》をして小袖の両肩を脱ぐと腰のあたりで止まるように着用した。打掛を重ねて着用しながら、上半身は帷子姿になれ、暑気を避けることができる上流婦人の夏の正装である。後者は、蹴出し裾よけとも呼ばれ、縮緬などの色物の無地あるいは絞りの生地を袷《あわせ》または単《ひとえ》に長方形に仕立て腰部に巻きつけた下着の類で、湯文字の上から着装した。湯文字は腰巻とほどんど同じ形をしていて、木綿や麻などの生地を用い、肌に直接着用したもので、その上にまとう腰巻とは区別されていた。しかし、時代が下るに従って着物の下に着る腰部に巻きつける下着類全般を腰巻と総称するようになった。

中世の腰巻姿（お谷の方画像）

参考文献　宮本馨太郎『かぶりもの・きもの・はきもの（新装版）』（『民俗民芸双書』、一九九五、岩崎美術社）　（髙塚　明恵）

こしゅ　**戸主**　古代における戸（郷戸、律令制のもとでの戸籍・計帳の単位）の代表者、明治民法では家の代表者（家長）のこと。古代では「へぬし」ともいう。古代における戸は必ずしも家共同体を意味するものではないが、近世になると家を単位とした社会が構築される。江戸時代の人別改帳などでは、各家の筆頭に名前を記された者が家主・当主と呼ばれることがあったが、一八七一年（明治四）の戸籍法では戸主という呼称が採用され、明治民法で戸主権の詳細（戸籍への届出権・家族に対する身分統制権など）が規定された。　↓家督《かとく》

参考文献　石井良助「戸主権の成立」（『家と戸籍の歴史』所収、一九八一、創文社）　（森　謙二）

こしょうぎょぎょう　**湖沼漁業**　湖や沼で行われる漁業。湖沼漁業のはじまりは、出土遺物から縄文時代までさかのぼることができ、文献史料でも奈良時代にはすでに漁業が行われていたことがわかっている。日本最大面積の琵琶湖では、平安時代以降、天皇家や有力寺社へ供御人《くごにん》・贄人《にえひと》として漁獲物を献上しており、それに次ぐ霞ヶ浦でも、同時期に漁民が香取社に供祭料を献上している。中世以前の湖沼漁業が諸権力との結びつきによる特権漁業として展開していたことがわかる。近世以降については、漁業権や漁業技術などを分析し得る古文書が多く存在し、それらを通じて実態解明が行われている。たとえば琵琶湖については、数多起こった争論史料を用いた漁業秩序や漁場利用の実態が明らかにされている。湖沼漁業は海域と比べ、魚種や地理的条件において限定的な性格を有している。そのため、環境史・地理学的な視点での研究も進められている。

参考文献　鎌谷かおる「近世琵琶湖の漁業と漁村—堅田漁師を事例に—」（『歴史と民俗』二九、二〇一三）　（鎌谷かおる）

こしょく　**孤食**　一人で食事を摂ること。高度成長期以降、男性の長時間労働や遠距離通勤、女性の社会進出、子どもの学習塾通いなどが増加し、人々の生活や意識が変化したことが背景となっている。子どもの事例を指す場合が一般的である。今日では、欠食や栄養バランスとともに、誰とどのように食べるかが現代の子どもの食生活上の問題として捉えられ、食育の課題の一つとして「共食」が挙げられている。朝食と夕食の風景を絵に描いて子どもの食生活の実態を調査した一九八一年（昭和五十六）—八二年の「子どもたちの食生態調査」（足立己幸によるNHKプロジェクト班との共同調査）により、広く関心を集めるようになった。「こしょく」は現代の食生活の特徴を示すものとして、孤食以外に、小食、個食、子食、粉食、固食といった漢字があてられることがある。

参考文献　足立己幸・NHK「子どもたちの食卓」プロジェクト『（NHKスペシャル）知っていますか子どもたちの食卓—食生活からからだと心がみえる—』（二〇〇〇、日本放送出版協会）、藤澤良知『子どもの欠食・孤食と生活リズム—子どもの食事を検証する—』（二〇一〇、第一出版）　（大西　公恵）

こしょく　**個食**　個別に分けられた食事のこと。また、

一人で食事を取る食事形態のこと。「孤独な食事」の意で「孤食」と表記し、食育などの観点から社会問題として捉える場合もある。一つの家族内でも仕事・学校などで個々の家族員の生活時間が個別化・多様化した現代社会では、食事形態・食事の時間も個々に異なっている。個食(孤食)という用語には、共同飲食・食卓での家族の団らんというあり方を本来の(あるべき)食事形態と捉えるニュアンスがある。

参考文献 柳田国男「明治大正史世相篇」(『柳田国男全集』二六所収、一九九〇、筑摩書房) (大里 正樹)

ゴジラ ゴジラ 一九五四年(昭和二十九)に公開された東宝の怪獣映画。この年アメリカのビキニ環礁における水爆実験によって眠を覚ました太古の恐竜が東京を襲うという設定であり、円谷英二の特撮技術とともに大ヒットした。そこでは同年の第五福竜丸事件を契機とする核兵器廃絶のメッセージと十年前まで続いた戦争犠牲者への鎮魂が作品の根底におかれていた。以後シリーズとして九九年(平成十一)の「ゴジラ二〇〇〇ミレニアム」まで二十三作品が作られる。高度成長期のゴジラは地球の守護神として子どものアイドルとなっていくが、平成ゴジラシリーズと呼ばれる六作品(一九八九―九五年)は「核」の化身としてゴジラを設定することによって、その内部からの融解(メルトダウン)による世界の破滅の予感を描き出した。それは日本における大衆文化の力が最も発揮された形象として世界に発信されている。

参考文献 中沢新一「ゴジラの来迎―もう一つの科学史―」(『中央公論』九八ノ一四、一九八三)、川北紘一特別監修『平成ゴジラクロニクル』(二〇〇九、キネマ旬報社) (安田 常雄)

ごしんえい 御真影 古くは貴人の肖像画を指したが、一般的には明治から昭和戦前期の主に天皇・皇后の公式肖像写真をいう。宮内省では御写真と呼んだ。一八七二年(明治五)に明治天皇の写真が撮影され、政府高官・学校・軍隊などへの下付が開始。九〇年の教育勅語発布以降は学校への下付が拡大し、昭和戦前期までの学校儀式において重要な位置を占めた。他方で同じ写真がマスメディアなどにより印刷されて広範に普及した。

参考文献 籠谷次郎『近代日本における教育と国家の思想』(一九九四、阿吽社)、多木浩二『天皇の肖像』(『岩波現代文庫』、二〇〇二、岩波書店)、小野雅章『御真影と学校―「奉護」の変容―』(二〇一四、東京大学出版会) (小山 亮)

こせき 戸籍 支配のために人民を把握する目的で作成された台帳。日本では、中国・朝鮮に倣って、古くから戸籍が導入された。まず、古代律令のもとで戸籍が作成された(日本最古の全国的な戸籍は庚午年籍《こうごねんじゃく》(六七〇年(天智天皇九)))。この戸籍は、戸を単位とした課税・良賤身分の掌握・氏姓の確定・徴兵、そして班田収受などの基礎台帳として利用された。次に、近世になると宗門人別改帳が作成される。もともと、農民の夫役を定める人別改と宗教統制を目的とした宗門改に分かれていた。一六七一年(寛文十一)にはおおむね全国で宗門人別帳が作成されるようになる。また、一七二六年(享保十一)に「人別改之儀ニ付御触書」(『徳川禁令考』)が出され、これにより全国の人口調査も可能になった。近代になると、戸籍法(一八七一年(明治四))に基づいた新しい戸籍が誕生し、編成された干支により壬申戸籍と呼ばれている。近代の戸籍は全国民の掌握を目的としている。したがって、江戸時代の帳外し(人別帳から外すこと)などの追放刑を廃止し、戸籍によって国籍を管理した。また、明治国家は、戸籍を租税や徴兵だけではなく、教育・産業・衛生・生活保障の基礎資料として用いたばかりではなく、家族の身分関係の公証にも利用した。 ↓宗門改《しゅうもんあらため》

参考文献 石井良助『家と戸籍の歴史』(『法制史論集』六、一九八一、創文社)、南部曻『日本古代戸籍の研究』(一九九二、吉川弘文館)、利谷信義・鎌田浩・平松紘『戸籍と身分登録(新装版)』(『シリーズ比較家族』一ノ七、二〇〇五、早稲田大学出版部) (森 謙二)

こそだてしえん 子育て支援 おもに乳幼児の育児を支援する政府の事業を指す。一九八九年(平成元)に出生率が一・五七となった「一・五七」ショック以降、急速に進む少子化を食い止め、子育てしやすい社会を目指して行われるようになった。たとえば九五年の厚生省・文部省・労働省・建設省四省によるエンゼルプラン(「今後の子育て支援のための施策の基本方向について」)では、緊急保育対策等五か年事業として保育園の拡充が重視された。また二〇〇七年からは、厚生労働省による「こんにちは赤ちゃん事業」(乳児家庭全戸訪問事業)などのように、乳児のいる家庭を訪問し、子育て中の親から不安や悩みを聞く事業も始まった。また育児休業制度により、原則として一歳に満たない子を養育する男女の労働者は、育児休暇が取れる。また特例により、両親ともに取得することも可能だ。しかし実際には、男性の育児休業取得率はきわめて低い状況にある。

参考文献 前田正子「子育て支援策のゆくえ―少子化対策から次世代育成へ―」(『Life Design REPORT』一五一、二〇〇三) (安井眞奈美)

こそで 小袖 袖口の狭い和服のことで、現代では着物と呼ぶ。元来は表着の大袖《おおそで》に対して下に着る筒袖《つつそで》の衣服のことをいい、次第に袖下に袂《たもと》が付き、平安時代には庶民の日常服になった。貴族階級では下着であった小袖は、平安・鎌倉時代に武士の台頭とともに表着化していき、室町時代には武士階級を中心に、男性が小袖の上に袖なしの肩衣《かたぎぬ》を着る肩衣袴、女性が小袖の上に小袖形式の打《うち》掛《かけ》をはおる姿ができあがった。室町時代以降、狭義では絹の綿入《わたいり》小袖のことを小袖と呼び、二重仕立を袷《あわせ》、一重仕立を単《ひとえ》、麻の一重を帷子《かたびら》と呼んだ。木綿が普及した江戸時代では、木綿の綿入小袖を布子《ぬのこ》と呼び、入浴時に着た木綿の単は湯《ゆ》帷子《かたびら》が略称されて浴衣と呼ばれた。小袖

全般の身頃《みごろ》は江戸初期までは幅が広く、女性も立膝《たてひざ》や胡《あ》坐《ぐら》で座っていたが、次第に身頃の幅が狭くなり、元禄期ごろには現代の着物と同じくらいの身幅になって座り方も正座に変わった。　↓袷《あわせ》　↓帷子《かたびら》　↓着物《きもの》　↓単《ひとえ》

江戸時代中期の小袖（白地松藤模様紋繡小袖）

参考文献　神谷栄子編『小袖』（『日本の美術』六七、一九七一）、長崎巌『町人の服飾』（『同』三四一、一九九四、至文堂）、丸山伸彦編『江戸のきものと衣生活』（『日本ビジュアル生活史』、二〇〇七、小学館）　（菅原　正子）

こたつ　こたつ　手足をあたためる暖房具。炭などの熱源をやぐらで囲い、蒲団などで覆って使う。蒲団が熱の放散を防ぐため少しの燃料で効率よく、複数人で使用することができる。日本のこたつ使用は、室町時代に禅僧が使用した掘りごたつがはじまりとされる。和室の床下に炉を切って上にやぐらを置いたもので、使用しない時はやぐらを外し、炉に畳を置いてふさぐ。江戸時代中期以降、掘りごたつの無い部屋でも使えるように、持ち運びができる置きこたつが使われるようになった。家が大きくなり、各部屋が独立するようになったことや畳の普及といった建物の変化に伴い、移動に便利な道具が発達した。置きこたつには、あんかに直接蒲団をかけるものや、四角い木のやぐらの中に小型の土製の火入れを入れたやぐらこたつがある。こたつの熱源は炭だったが、昭和三十年代以降、電気を熱源とする電気こたつが普及した。昭和五十年代には、暖房が不要な季節でもテーブルとして使用できる家具調こたつが販売され、今日では主流となっている。

電気こたつ（昭和30年代）

参考文献　小川望「コタツをめぐる民具たち」（『多摩のあゆみ』六九、一九九二）、宮本馨太郎『灯火―その種類と変遷―』（一九九四、朝文社）　（田村　真実）

コタン　コタン　アイヌ語で人々が住む村、集落のことをいう。近世アイヌの時代でいえば、多くは大小の河川の河口部や川筋に沿ったところに立地し、ふつう二、三軒から数軒程度の規模で、なかには十軒を超える大きな集落もみられた。主要河川の河口にあるコタンを中心に川筋のコタン、あるいは近くの中小河川のコタンが集まって川筋集団を形成し、「乙名《おとな》」と和人社会から呼ばれる有力アイヌがいた。さらにそうした川筋集団が集まって同類意識をもつ大きな地域集団が形成されていた。たとえばシャクシャインの戦い（一六六九年（寛文九））の際のメナシクル（東の人）やシュムクル（西の人）がそうした地域集団にあたる。コタンの景観は、チセと呼ぶ住居を中心に、プ（高床の倉）、ヌサ（クマの頭骨やイナウ（祭祀用の木幣）を立ち並べた祭壇）、セッ（クマ送りのためのクマを飼う檻）、オプ（物干し用の木棹）からなる生活空間によって構成されていた。アイヌ交易のための運上屋が主要コタンに建てられるようになると、そこにアイヌの人々が集められ、本来のコタンが変容していった。

参考文献　佐々木利和「強制コタンの変遷と構造について―とくにアブタ・コタンを中心に―」（『法政史学』三〇、一九七八）、満岡伸一著・満岡章編『アイヌの足跡（第八版増補）』（一九六七、白老民族文化伝承保存財団）　（菊池　勇夫）

ごちそう　御馳走　馬で駆け回って世話をすること、面倒をみる意から心をこめてもてなす意味、なかでも食の饗応を示す意味で用いられるようになった。また、もてなしの食べ物、普段とは異なる贅沢な食べ物の意味にも使われる。馳走の丁寧語。近世初頭には、客のためのもてなし役として「馳走人」があった。主に饗応食を用意したが、馳走は、道の整備を行い陣屋を設置し、橋のない川に舟橋を用意するなど、客を迎えるうえで必要なもてなしの心遣い全体を意味した。饗応食には主に本膳料理が供され、江戸時代後期には農村部にも広がったが、昭和初期の聞き書きをみると、御馳走の食べ物の範囲は、さらに多様で地域や季節により異なっている。正月、祭などの行事食はもちろん、寒い日の日常食に熱々の汁を用意する場合も「何よりの御馳走」といった使い方もある。食後、御馳走様と挨拶するのも、食事を用意するためのさまざまな心遣いなどに感謝する意味が込められている。

参考文献　『日本の食生活全集』一―五〇（一九八四‐九三、農山漁村文化協会）、盛本昌広『松平家忠日記』（『角川選

書』、一九九九、角川書店）　　（江原　絢子）

こづかい　こづかい　小遣銭の略で、日常の買い物や雑費として使う金のこと。特に、世帯単位で使われる金とは別に、個人の自由になるものをいう。高度経済成長期以降、家から離れる時間が長い通勤サラリーマン世帯が増えることで消費の個別化（個計化）が進み、個人が自由裁量できる金額が無視できなくなった。一九六一年（昭和三十六）には、家計調査の項目に「こづかい」が追加されている。現在では、非世帯主のアルバイトをはじめ、家計の一部とはみなされないこづかいも無視できないレベルに達しており、家計単位では理解できない新しい消費のあり方を見て取ることができる。家計における金額でみれば、高額となる世帯主のこづかいが目立つが、子どものこづかいは収入と支出をみずからの責任において管理するはじめての機会ともなるため、金額として表れる以上に、人の生活にとって重要なものである。

参考文献　山口貴久男『消費者の変化をどう読むか』（『流通は変わるシリーズ』、一九六五、中央経済社）　　（塚原　伸治）

ごとく　五徳　鍋ややかんなどの煮炊容器を火にかけるための脚付きの台。陶製・瓦質のものも稀にあるがほとんどが金属製で、環状をしているため鉄輪《かなわ》ともいう。容器を火床から浮いた状態に置いて炎をより高温部分で受け、熱効率の向上を図るために生まれた。基本的に三脚だが、四脚や現代のガス焜炉のように多脚のものもある。古くはクド子といい、クド、すなわちかまどの補助具、または可搬の簡便な代替具、として認識されていたことがうかがえる。煮炊具は縄文時代以来火床に直接置くか下半部を埋め込むかして火炎を受けていたが、弥生時代中期、容器部分を高い位置に保つため外底部に円筒形ないし円錐形の台（脚台）を付けた甕（台付甕）が現れ、これが五徳の出現を促したといえる。金属素材は溶かして再利用されるため遺物として残りにくく、使用実態はなかなかうかがえないが、現代に続く形のものは奈良時代後期には出現していたとみられる。平安時代後期になると全国的にかまどが消滅して囲炉裏が主流となり、鍋の使用が急速に拡大する。五徳が普及したのもこのころである。長く環の部分を上にする使用法が続いたが、中世後期に茶の湯で使う小型炉（風炉《ふろ》・茶炉）が開発されると、上下を逆にして脚を上にして使うのが主流になった。現代の一般的なガス焜炉の五徳はその系譜上にある。一方平安時代後期、五徳の代わりに天井から鍋を吊るす方法がシベリア地方を起源として蝦夷地経由で伝わる。炎からの距離を調節するための可動鉤（自在鉤）を使うこの方法は、次第に西漸して中世後期までに東日本全域に広まった。民俗学で「西は五徳、東は自在鉤」といわれる囲炉裏文化の違いは、早くこのころに起源がある。ほかの台所関係の器具同様、五徳にも呪性が付与され、鎌倉時代の『土蜘蛛草紙』など中近世のさまざまな絵巻に妖怪や呪詛を行う人物が頭に冠のように被っている場面がある。　→自在鉤《じざいかぎ》　→鍋《なべ》

火鉢に置かれた五徳

参考文献　馬淵和雄「中世都市鎌倉の煮炊様態」（『青山考古』五、一九八七）　　（馬淵　和雄）

こどもかい　子ども会　一定の地域で生活する子どもたちが、地域を中心として集団を組織し、多様な活動を展開して自主性や創造性を深め連帯感・社会性を培うことを目的とした社会教育関係団体の一つである。地域子ども会ともいう。学校内の児童会が教師の指導下で自治的な性格をもつのに対し、子ども会は地域の保護者や高校生たちが指導者として参加する点が大きな特徴である。また、地域を単位とするため、子どもたちの集団は基本的には異年齢集団で、場合によっては学校を異にする子どもたちの集団になる場合もある。活動は、専門の指導員のいる児童館を利用したり、地域のイベントへの参加・レクリエーション・野外活動などである。少子化の中ではあるが、教師の指導から離れ異年齢集団を構成し自分たちの生活の拠点である地域を中心に自主的な活動を組織し参加していく子ども会の現代的意義は大きいということができる。

参考文献　丸山康昭「こころを育てる」子ども会活動の実践」（『学校運営』五五ノ一一、二〇〇四）　　（荒井　明夫）

こどものひ　こどもの日　国民の祝日の一つで、五月五日である。一九四八年（昭和二十三）の「国民の祝日に関する法律」で公布・施行された。「こどもの人格を重んじ、こどもの幸福をはかるとともに、母に感謝する。」という趣旨である。制定以前から、男児の初節供を祝う行事が行われてきた。旧暦五月五日は端午の節供で、男児の初節供を祝う行事が行われてきた。ゴールデンウィークの終盤にあたり、この日にはこどもを対象とした催しが全国的に行われている。　　（田村　真実）

こどもふく　子供服　誕生から十五歳までに用いる服装。大正時代まで子供服は和服が主流であった。普段着として男児は縞、紺絣、白絣、二子、結城木綿、女児は縞、結城木綿、ガス二子、二子黄八丈などの単か袷の着物を、襦袢の上に着ていた。防寒着としては、その上にちゃんちゃんこや半纏を着用した。明治十年代後半から洋式制服を採用する小学校が登場したが、全国的に普及するのは昭和になってからである。多くは紺絣の筒袖の着物に

学帽を被っていた。同三十年代には男女ともに白のキャラコやローンを使ったエプロンが流行した。また一八八七年(明治二十)ごろからセーラー服が男児の子供服として導入され、一九一一年ごろには男女を問わず流行する。

参考文献　昭和女子大学被服学研究室編『近代日本服装史』(一九七一、近代文化研究所)、加藤秀俊他編『明治・大正・昭和世相史(追補版)』(一九七三、社会思想社)

(刑部　芳則)

こどもべや　子供部屋　子供用の独立した部屋。子供室。大正期ごろから、個人のプライバシーを重視する新しい家族観が広まると、こうした考え方を反映した住宅が提案される。その表れが、独立した夫婦寝室や子供室である。子供室は、勉強部屋とも称され、洋間として計画されることも珍しくなかった。郊外住宅地が建設され始める大正期から昭和初期にかけて、先進的な住宅では子供室が現れるが、広く普及するのは戦後である。現代住宅においても、子供の数に応じて一人に対して一室を与えることが一般に理想とされる。→個室《こしつ》

参考文献　平井聖『(図説)日本住宅の歴史』(一九八〇、学芸出版社)

(松下　迪生)

こなべ　小鍋　陶製・金属製の小さな鍋。小鍋は古くからみられ、『袋草紙』(一一五七年(保元二)―五九年(平治元)ごろ成立)にも「鶯よなどさは啼くぞ乳やほしきこなべやほしき母や恋しき」の歌がある。特に取っ手や注口がついた蓋付きの鍋を行平鍋《ゆきひらなべ》・雪平鍋と称し、少量の粥などを煮るのに使う。行平鍋は大田南畝(一七四九―一八二三)の随筆『一話一言』に天明年間(一七八一―八九)の末ごろより広まったとも記されている。鍋焼・鍋焼饂飩や明治以後に隆盛する牛鍋・鋤焼などの鍋料理の多くは小鍋を用いたものであった。『猿蓑』(一六九一年(元禄四))には松尾芭蕉の門人である菅沼曲水が芭蕉の旧居を訪ねて詠んだ句「菫草小鍋洗しあとやこれ」があり、「小鍋」の語が芭蕉の気ままな暮らし、閑居と孤独を示している点が注目される。小鍋での飲食(いわゆる小鍋立て)は「小鍋立てすれば身上つぶれる」などといい、近世まで不経済・不道徳なものとして嫌われた。→行平《ゆきひら》

参考文献　柳田国男「明治大正史世相篇」(『柳田国男全集』二六、一九九〇、筑摩書房)

(大里　正樹)

こなべたて　小鍋立て　小鍋を使って手軽な飲食物を調理し食べること。小鍋焼きともいう。共同飲食が家族の食事として普通であった時代には、小鍋を用いて家族と別に調理・飲食をすることは単に不経済という理由のみならず、不道徳なものとして嫌われた。柳田国男は『明治大正史世相篇』のなかで、小鍋立てが近世の女訓書の類に最も慎むべき行いと記されていたこと、あるいは武蔵杉山の田遊び歌の中では鳥や害虫とともに追い払うべき悪徳の一つだったことを紹介している。また青森などではホトトギスを方言でコナベヤキと称し、兄に隠れて小鍋立てをした弟が死んでホトトギスとなったという由来譚が伴う。近代以降、小鍋立ては飲食店などで広く一般化するが、柳田はその理由として、家庭内で囲炉裏以外への「火の分裂」が起こったこと、また飲み物との関係や日常の食事を用意する女性たちの影響などを挙げて、温かい飲食物を御馳走と感じるようになった人々の意識の変化を述べている。

参考文献　柳田国男「野鳥雑記」(『柳田国男全集』二四、一九九〇、筑摩書房)、同「明治大正史世相篇」(『同』二六、一九九〇、筑摩書房)

(大里　正樹)

こなミルク　粉ミルク　牛乳を濃縮・乾燥させ、粉末状に加工したもの。粉乳ともいう。水などに溶いて飲用に供されるほか、製菓やパンなどの基礎原料として用いられる。長期保存が可能で貯蔵性も高い。脂肪分を取り除いた脱脂粉乳は特に保存期間が長く、用途が広い。日本では、早くは福沢諭吉が『肉食之説』(一八七〇年(明治三))で「懐中乳の粉」を挙げている。しかし国内での商業展開が軌道に乗ったのは一九一七年(大正六)からで、工業的な大量生産は二〇年から始まった。当初はおもに育児用か製菓の原料として売り出された。戦後の占領期には援助物資として脱脂粉乳が輸入され、一九四七年(昭和二十二)から学校給食に用いられ始めた。しかし非常にまずいと評判で、七〇年代初頭までに給食から姿を消した。乳児用の調整粉乳は厚生省による規格が制定された五〇年以降に普及し始めた。五五年には製造過程の問題によって百三十名以上の乳児が死亡する森永ヒ素ミルク事件が発生した。

参考文献　谷川建司編『占領期のキーワード一〇〇』(二〇一一、青弓社)

(後藤　知美)

ごにんぐみ　五人組　江戸時代の町方・村方における最末端の行政組織。町方では地主・家主、村方では百姓を対象として、近接する五軒を一組として編成するのを原則とするが、四軒あるいは六～七軒あるいはそれ以上で構成される場合もある。その長を五人組頭(村役人の組頭とは別)と呼ぶ。江戸時代において制度化されたのは寛永年間(一六二四―四四)とされ、当初は逃散・欠落や浪人の取締などに伴う相互監視・連帯責任の制度で、やがてキリシタン禁制が加わった。その後、「徳川の平和」の進行の中で、組合員による訴訟時における付き添いや連判、質地証文作成時の請人・証人、家督相続における保障や立ち会いなど、次第に村政や日常生活上の相互扶助的な役割を合わせ持つようになり、庶民生活の中での結合・紐帯の核となっていった。

参考文献　野村兼太郎編『五人組帳の研究』(一九四三、有斐閣)、児玉幸多『近世農民生活史―江戸時代の農民生活―』(一九五一、吉川弘文館)、煎本増夫『五人組と近世村落―連帯責任制の歴史―』(二〇〇九、雄山閣)

(斉藤　司)

このみ　木の実　木に成る種子を包む果実。クリやクルミ、トチ、ドングリなど、木になった果実の殻を除去して乾燥させ、食用にする採集経済は、狩猟、漁撈と並び

縄文時代の自然経済の根幹をなしていた。石川県と岐阜県にまたがる白山山麓では、トチ、ナラ、クリは救荒食として保護・育成が奨励され、江戸時代の末には「豊凶にかかわらず貯えておけ」と平生から指導されていた。トチの実は十年ほどの保存が可能といわれ、凶作に供えて俵に入れて備蓄した。トチ餅は今も作られるが、苦味の除去に手間がかかることが難点である。また、こうした堅果のほかに、アケビやキイチゴのような果実も木の実と考えられる。平安時代、木の実は「果物」とされ、また「菓子」でもあった。水菓子という言葉があるのはその名残りで、柿や桃、梨などをさす。↓柿《かき》 ↓栗《くり》 ↓トチ ↓ドングリ ↓桃《もも》

参考文献 佐々木高明『稲作以前』(『NHKブックス』、一九七一、日本放送出版協会)、矢頭献一『植物百話』(一九七五、朝日新聞社) (柳 正博)

こば 木庭 山地の草木を伐採して焼畑を行う場所のこと。木場とも書く。木庭作りには切替畑から焼畑までいくつかの段階があった。九州などの山間部によく見られ、特に熊本県八代市五家荘の「こば」や対馬の木庭が有名である。史料としては薩摩国伊作荘(鹿児島県日置市)の一三一七年(文保元)「木庭山等下地」とあるのが早い例と思われる(『鎌倉遺文』二六一三五)。その後、対馬でも散見するから、木庭が所領として扱われるのは鎌倉末期からと考えられる。

参考文献 佐々木高明『稲作以前(新版)』(『NHKブックス』、二〇一四、NHK出版) (木村 茂光)

こびき 木挽 「住」に関わる建築をつくる技能者の内、材木を生産する工人。杣人《そまひと》により伐採された原木は、十四世紀ころまで、割裂によって製材されていたが、十五世紀ころから大鋸《おが》を用いた製材が普及していった。中世の文献には、「大鋸引」(『長福寺造営文書』など)とともに「木引《こひき》」(『高野山山王社造営文書』など)の記述もみられる。十六世紀後半、一人で使用する前挽《まえびき》大鋸《おが》が出現すると、製材専門工人として木挽の呼称が一般化する。木挽は原木の木口の年輪を見て、製材後の木目を推測する(木を読む)能力が不可欠とされる。↓大鋸《おが》

参考文献 大河直躬『番匠』(『ものと人間の文化史』、一九七一、法政大学出版局) (渡邉 晶)

こびる 小昼 ⇩間食《かんしょく》

ごふ 護符 社寺で出される神札で、紙・木・金属板などを素材とし、神意が宿り、災厄を避けられると考えられている符のこと。呪符ともいう。お守、お札と呼ばれるものもこれに含まれ、神仏の名や経文、種字が記され、門や戸口一般に貼られる。その起源は諸説あるが、七世紀の呪符木簡に求められ、梛《なぎ》の葉を守りに見立てるような在来の固有信仰が、道教の受容や陰陽道の影響をうけ発展したものと考えられる。平安時代以降、寺社で流布した。本来は、寺社へ参詣して入手するものであったが、熊山伏などの宗教者によって配布されるようになった。熊野山の牛王《ごおう》宝印が著名だが、讃岐金比羅神社の水難避け、遠州秋葉神社の火難避けなど、特定の効能を謳うものもある。また、病気平癒などのため、それをちぎって食べる風習もある。↓お札《ふだ》 ↓お守《まも》り

参考文献 千々和到編『日本の護符文化』(二〇一〇、弘文堂) (小山 貴子)

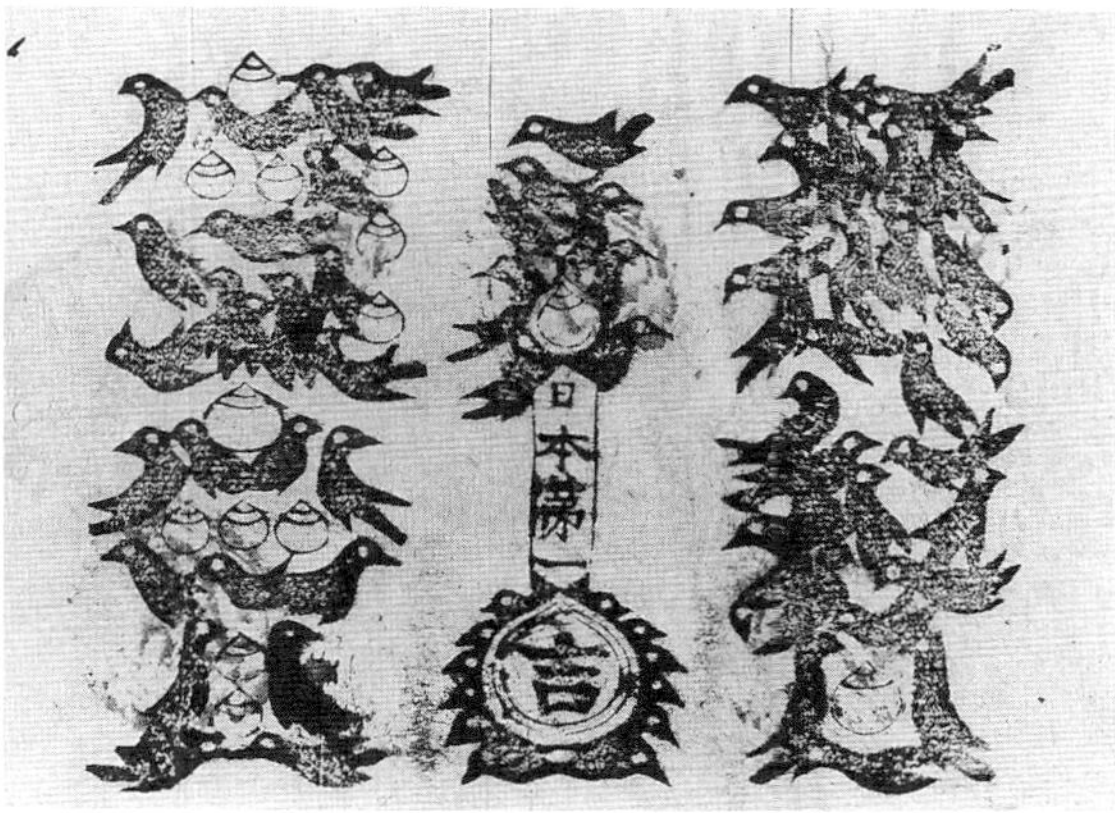

護符 牛王宝印(那智滝宝印)

ごふく 呉服 反物といって絹織物の総称。江戸時代に高級品である呉服は、幕府によってしばしば贅沢禁止の対象となった。一六七二年(寛文十二)には呉服店に対して縮緬《ちりめん》、紗綾《さや》、綸子《りんず》、羽二重《はぶたえ》、晒布《さらし》の売り方が抑制され、一六八三年(天和三)の奢侈禁止令では婦人用の金紗、繡物、惣鹿子が禁止された。その後も幕府は奢侈禁止を繰り返しており、呉服は庶民の生活からなくならなかった。特に華美な紋様で彩られた小袖は女性から歓迎された。江戸時代には呉服問屋と呉服小売屋とに分かれたが、両方とも呉服屋という。呉服屋の代表的な店には、三井家の越後屋、大村家の白木屋が存在した。明治時代に白木屋の店内両側に洋服部と小間物店、その中央正面に呉服物売り場を置いており、和服が主流であったため呉服の人気は衰えていない。日露戦争後に三越をはじめ呉服店は百貨店へと転換していくが、各百貨店の販売用冊子でも呉服は目玉商品として掲載されている。

参考文献 『白木屋三百年史』(一九五七) (刑部 芳則)

ごぼう 牛蒡 キク科二年草の野菜。ごぼうは大陸からの渡来植物であり、その種子は縄文時代前期に確認できる。文献史料の初見は平安中期の『新撰字鏡』に「悪実支太支須乃弥」とあり、最初は種子を「薬用」に利用したらしい。平安末期からは、ごぼうは饗応料理(『類聚雑要抄』)や粥節供の菜(『執政所抄』)、貢納物(『東寺百合文書』)となり、日本独自の蔬菜として発達する。一四七八年(文明十)の『多聞院日記』には「タタキ牛房」が初出し、現代の正月祝い肴に伝承されている。江戸初期には名産物に「八幡牛房」(『毛吹草』)が登場し、一六九七年(元禄十)の『本朝食鑑』には「近時、盛んにこれを賞味

するようになった」とある。江戸中期になると「堀川牛蒡」(『本草綱目啓蒙』)や「大浦牛蒡」(『続江戸砂子』二)が登場し、品種には根が長い滝野川系と太い大浦系があった。「きんぴら牛房」(『臨時客応接』)が初出するのは江戸後期である。ごぼうは三重県津市美杉町の牛蒡《ごんぼ》祭や福井県越前市国中町のごぼう講など祭の名称にもなり、神饌として献上され、日本では重要な畑作物として用いられている。

参考文献 冨岡典子『ごぼう』(『ものと人間の文化史』、二〇〇五、法政大学出版局)　　(冨岡　典子)

独楽遊び(『慕帰絵』より)

こま 独楽 軸を中心に回転させて遊ぶ玩具。すでに古代エジプトにはその存在が認められ、日本では奈良市平城京跡から奈良時代の製品が出土している。京都市西本願寺が所蔵する、一三五一年(観応二)制作の絵巻である『慕帰絵』には、独楽で遊ぶ子どもたちの姿が生き生きと描かれている。その素材や制作方法も多様であり、団栗《どんぐり》の実を用いたようなものから、神奈川県西部地域に伝わる「大山こま」のように木地師が轆轤《ろくろ》を用いて制作する工芸品まで、全国各地に多種多様な独楽が存在している。昭和期に全国的に盛行したベーゴマのような子どもの遊びに用いる独楽のみならず、九州の博多地方では鉄製の心棒を有する木製の大形独楽が考案され、回転寿命が長いところからこれを用いた曲芸が生まれ(曲独楽)、演芸場などで人気を博している。

参考文献 遠藤ケイ『こども遊び大全―懐かしの昭和児童遊戯集―』(一九九一、新宿書房)　　(宮瀧　交二)

ゴマ ゴマ ゴマ科一年草で、原産地は熱帯アジア。日本でも天平年間(七二九―四九)から栽培された。白ゴマ、黒ゴマ、黄ゴマがあり、種実を絞って食用油、調味料にした。近世まで照明用の油として重要であった。ゴマに類似したエゴマはシソ科一年草で東南アジアが原産で、種実が長野県荒神山の縄文中期遺跡で発掘されている。クッキー状の炭化物も検出され、栽培と食用が確認され、縄文農耕論の根拠になっている。江戸近郊の農家の日記に収穫したエゴマを油屋に頼み、絞ってもらった記載がある。それによるとゴマよりもエゴマの栽培面積が多く、照明用の油、食用油、調味料にした。エゴマにはα-リノレン酸が多く含まれる。福島県ではエゴマをジュウネンといい、「十年」長生きすることからの命名という。ゴマよりも香りが高く、現代でも多く用いている。ゴマ、エゴマともに胡麻和え、赤飯に振り掛けるゴマ塩など、ゴマ豆腐、菓子の食材に使って味の変化を楽しむ。↓エゴマ　　(増田　昭子)

こまえ 小前 いわゆる小前百姓のこと。村内の有力者である大高持・村役人層以外の百姓に該当する。ただし、実際には時期や地域、あるいは記されている文書の内容などにより、さまざまな意味を持つ。十七世紀後半から十八世紀初頭に成立する近世的村落は、用水・入会地の利用権や年貢・諸役・村入用などの負担という、権利や義務を持つ本百姓(高持百姓)を構成員とするが、㈠本百姓全員を「小前」と称するケース、㈡大高持・村役人層に対して、それ以外の小高の百姓を「小前」とする場合などがある。近世後半に入り、無高・水呑層を含み込んだ村方騒動が頻発するようになると、こうした層を含み、㈢経営規模の小さい弱小な百姓の意味で「小前」とされる場合が出てくる。

参考文献 大石久敬『地方凡例録』(大石慎三郎校訂、一九九五、東京堂出版)　　(斉藤　司)

こまえそうどう 小前騒動 ⇩村方騒動《むらかたそうどう》

こまものや 小間物屋 小間物を小売りする店。小間物とは、身だしなみを整える商品や、装身具などを指す。小間物の語源について、舶来の物を販《ひさ》ぐ店を高麗《こま》物屋と呼んだことに由来するという説が江戸時代に提示されているが(『守貞謾稿』)、一六〇三年(慶長八)刊行の『日葡辞書』に、「ごく細かなもの」の意でcomamonoの語が掲載されており、作りの細かい商品が「こまもの」と呼ばれ、「小間物」の字があてられたと理解する方が自然である。江戸時代には、櫛、笄《こうがい》、簪《かんざし》、鼈甲《べっこう》、象牙、眼鏡、鏡、扇子、煙草入、釣針、足袋、股引、鼻紙袋などの袋物、雛人形、塗り物などが小間物と呼ばれ、これらを荷に背負った行商が売り歩いた。上物の小間物を行商する小間物屋は、武家屋敷の奥女中や後家などの得意客を回って、注文を集めたり商品を売ったりした。明治時代になると、舶来品を扱う小間物屋が、特に西洋小間物屋と呼ばれるようになった。

参考文献 中川芳山堂『江戸買物独案内』(一八二四)、上原東一郎編『(商人名家)東京買物独案内』(花咲一男編『諸国買物調方記』所収、一九七二、渡辺書店)、『(邦訳)日葡辞書』(土井忠生・森田武・長南実編訳、一九八〇、岩波書店)、喜田川守貞『近世風俗志　守貞謾稿』一(宇佐美英機校訂、『岩波文庫』、一九九六、岩波書店)　　(高槻　泰郎)

ごみ ごみ 人間生活や生産活動で排出される不要物を総称する。〔近世〕近年では江戸に循環型社会が成立したとする見方が盛んである。この当否はともかく、近世社会では資源や道具を現在よりも大切に使用したことは確かであろう。古着の売買、下駄の歯のすげ直し、鉄鍋の

修理、破損した陶磁器の焼継など、再利用が商売として成立していた。桶・樽に至っては、醬油樽や油樽が転売され、果ては土蔵の基礎にも用いられたから、最後までごみ化しないことさえあった。遺跡から出土する鉄製品の量は僅少で、腐食による消失を差し引いたとしても、貴重な鉄製品が再利用の対象となっていたと推定され、道具の廃棄すなわちごみ化が極力先延ばしされたことがうかがえる。しかしながら、リサイクルと廃棄の経済的バランス上から不用となった道具や食べかすなどは日常的に発生する。このため、江戸町人地では、十七世紀半ばごろからごみ処理システムが整備され、長屋のごみ溜めから町々の大ごみ溜め、河岸地へと移動し、最終処分場としての海域へ投棄された。仮置き場である町中のごみ溜めは、住人たちの共同利用施設として設置された。ごみ溜めは板ないし竹を枠として、半地下・半地上式の箱形に構築された。しかし、実際にはこうしたごみ処理システムに合致しない事例も少なくない。町人地・武家地を問わず、掘削したごみ穴に日常的にごみを投棄し、一杯になったところで放棄する、日常的なごみの「埋捨て」処分が行われた。さらに短時間で大量にごみが発生する被災時の場合、市外への搬出が断念されたごみは、同時に被災して機能を停止した地中の穴蔵に放り込んだり、急遽掘削した穴に埋捨てにしたりした。大災害の場合には地表に敷き均してしまうこともあった。火災で焼けた瓦礫が層をなしていることもある。火災など大災害が多かった都市部では、こうした瓦礫の積層によって地表が上昇し、ひいては都市遺跡の形成にも強く関与した。一方村落では、ごみをごみ穴に埋捨てにする場合が多く、また、河川や用水路をはじめ、窪地、傾斜地などに恒常的に投棄することも行われた。これによって河道が埋め尽くされてしまった例もある。

参考文献　伊藤好一『江戸の夢の島』(『江戸選書』九、一九八二、吉川弘文館)、岩淵令治「江戸のごみ処理再考―〝リサイクル都市〟・〝清潔都市〟像を越えて―」(『国立歴史民俗博物館研究報告』一一八、二〇〇四)

(古泉　弘)

〔近現代〕江戸では、町に大芥留《おおあくたどめ》を設けて集積し、布・紙・金属などは回収・再利用、厨芥は肥料として使用された。最終的には深川(東京都江東区)の永代浦などで処分した。近代に入り伝染病予防などのため、警察による衛生管理が行われた。一九〇〇年(明治三十三)に汚物掃除法が制定、市内の土地所有者らは、地域内の汚物を掃除して清潔を保持し、市はその処分が義務付けられた。同施行規則で、汚物とは塵芥・汚泥・汚水・屎尿とされた。また各戸に蓋付きの塵芥箱を設置することとした。東京市の場合、集められたごみは、手車で塵芥取扱場に運ばれ、残飯などは肥料芥として千葉方面の農家に売却された。有価芥は木材などが銭湯や工場に燃料として売却、布・金属なども業者に売却され、残る捨芥は深川区で露天焼却後、埋立に使われた。しかしこれらの作業は民間に委ねられており、運搬経費がかさむため海洋投棄もみられ、収集作業が行われないこともあった。こうしたなかで東京市では、明治末期から大正期にかけて区が直営で収集を行うようになる。大阪市などでは明治末期に焼却場が作られていたが、東京市営の焼却場は一九二九年(昭和四)に深川区枝川に建設された。だが三三年、露天焼きも含め煤煙の発生が社会問題化し、東京婦人市政浄化連盟は、ごみの減量、厨芥とその他のごみの分別を訴え、市と協力して啓蒙活動に取り組んだ。また日中戦争長期化により東京市は、町内会・隣組などを通じて減量や分別の運動を行なった。敗戦後、東京の都心では戦災による瓦礫、残土などの処分が問題となり、これには河川に投棄して埋め立てる形で対応した。復興から高度経済成長期には、ごみの排出は大幅に増え、かつ種類も多様化した。東京では夢の島など海岸部への埋め立てのほか、区部で焼却場(清掃工場)の建設が計画されたが、近隣住民からの反対もあり、七〇年代には「ゴミ問題」が深刻化していった。

ごみ処分場「夢の島」(東京都江東区，1960年頃)

参考文献　児玉勝子『婦人参政権運動小史』(一九八一、ドメス出版)、溝入茂『ごみの百年史―処理技術の移りかわり―』(一九八八、学芸書林)、東京都清掃局総務部総務課編『東京都清掃事業百年史』(二〇〇〇)

(源川　真希)

ごみもんだい　ごみ問題　廃棄物をめぐる社会問題のこと。特に、高度経済成長期以降の社会状況における廃棄物に関する社会問題のことを指す。ごみ自体は人間の生活とともにあったが、それが「問題」としてクローズア

ごみ問題　杉並のごみ搬入を拒否した江東区議会

ップされるようになったのは、比較的近年、特に一九七〇年代以降のことである。高度経済成長に伴う生活様式の変化によって、廃棄物が増加し、五〇年代後半に、東京都ではすでに埋め立て処分場が許容量を超え、海面埋め立てが開始されていた。七一年（昭和四十六）から七四年にかけて生じたいわゆる「東京ゴミ戦争」は、清掃工場の立地をめぐって江東区と杉並区が争ったものであり、東京ゴミ戦争をめぐる報道のなかで「ごみ」が「問題」として急激にクローズアップされるようになっていった。七〇年代なかばには一度沈静化したごみ問題であるが、それは社会問題として一時的に静まったに過ぎなかった。反対運動などに対応する形で処分場を生活の場から隔離しただけで、廃棄物は増え続け、汚染も続いていたのである。九〇年代以降、大きな事件やダイオキシン問題をきっかけにごみが再び世間の注目を集めるようになると、社会問題も再燃した。七〇年代のごみ問題が、悪臭や害虫などの問題を中心としていたのに較べ、九〇年代以降のごみ問題は、ダイオキシンなどのより深刻な環境問題を含んでいた。結果として、日本社会全体はごみ問題に対する考え方を変化させることとなった。二〇〇〇年（平成十二）には循環型社会を目指して循環型社会形成推進基本法が公布され、それまでごみ処理の基本であった「適正処分」ではなく、「発生抑制（リデュース）」「再利用（リユース）」「再生利用（リサイクル）」を優先するという考え方が共有されつつある。技術面でもダイオキシン含有物の処理やリサイクルの効率化に関する研究が進められている。

参考文献　藤川賢「ゴミ問題の登場とその背景」（鳥越皓之・帯谷博明編『よくわかる環境社会学』所収、二〇〇九、ミネルヴァ書房）

（塚原　伸治）

ゴム　ゴム　弾性に富み、わずかな力で大きく伸び、力がかからなくなると急速に元の形に戻る性質を持つ物質の総称。パラゴムノキの幹から採取される樹液を原料とする天然ゴムと、石油などを原料とする合成ゴムがある。日本に紹介されたのは江戸時代後期で、明治になると国内でもゴム引布、ゴム靴、氷枕、万年筆軸、消しゴム、ゴムまりなどのゴム製品が製造されるようになった。工業の発達とともに利用が増大し、現在では自動車や航空機などのタイヤ、電気絶縁体、パッキンなどのシール材、防振材、免震材、ベルトコンベアなどの産業用ベルト、カテーテルや人口血管などの医療用品、球技用のボール、雨靴、運動靴の底、手袋、輪ゴム、ゴムひも、コンドームなど、その用途は多岐にわたっている。電気製品や工業機械、住宅やビルなどに必ずといってよいほど組み込まれており、ゴムは生活に深く浸透し、産業に不可欠なものとなっている。

参考文献　伊藤眞義『ゴムはなぜ伸びる？―五〇〇年前、コロンブスが伝えた「新」素材の衝撃―』（『坊ちゃん選書』、二〇〇七、オーム社）

（小林　裕美）

ゴムぞうり　ゴムぞうり　台・鼻緒ともゴムで作った草履で総ゴム草履ともいわれる。総ゴム靴や地下足袋に対して伝統的な鼻緒を生かしたものとして、一九二七年（昭和二）ごろ出現したという。台は籐表（籐で編んだ下駄や草履の台表に付けるもの）を模した縞模様を入れ、左右同形であった。耐久力のあることを強調して千日履《ばき》・万年履などと称され、開放的で水分に強く安価であったことから広く普及した。当初から、ハワイの日系人向けに輸出されており、現地では海辺の履物としても需要があったという。また、戦後も製造・使用が続き、これが在日アメリカ軍人の目にとまり、庭履きや海浜履きに用いられたという。その後、ビニール製やスポンジゴム製のものが製造されるようになると、左右対称形とされビーチサンダルと称された。ビーチサンダルは本来海浜用であったが、九〇年代若者の一般的なタウン履きとして流行し、さまざまなデザインを生んでいる。→サンダル　→草履《ぞうり》

参考文献　今西卯蔵『はきもの変遷史』（一九五〇、日本履物変遷史刊行会）

（市田　京子）

ゴムながぐつ　ゴム長靴　全体をゴムで作った総ゴム靴のうち、履き口が踝《くるぶし》より高い位置にあるものをいう。日本でゴムの加硫《かりゅう》が始まるのは一八八六年（明治十九）ごろで、ゴムを用いた靴の製造が実用化するのは一九二〇年（大正九）ごろのようである。総ゴム靴は革靴と変わらぬデザインで安価に提供され普及したが、戦後、ビニールなどケミカル素材が開発されると、次第に耐水性を生かした雨天用や作業用の長靴に限られるようになった。ゴム長靴は形や色が限られることもあり、道路の舗装や車の普及で雨天に履かれることも少なくなっていたが、近年カラフルでファッション性の高いものがみられるようになっている。農・畜産業、水産・漁業、業務用厨房など足元に水気の多い作業では現在も利用頻度が高く、水

中用の膝上から胸元まで達するもの、農業用の指股の分かれたものなどさまざまなタイプがみられる。また、足元の消毒を要する場などでは白色のものも用いられている。 (市田　京子)

こめ　米　稲の種子。米の生産量は一八八〇年代半ばから急増した。明治前期の殖産興業政策は、在来産業も奨励して農業の発達を促し、官民による体系的・組織的な稲作技術の改良が普及した。松方デフレ期の米価の暴落により自作農が没落し、地主の土地集積が進んだが、彼らははじめ農事改良のリーダーとして技術の改良普及に積極的であった。こうして反収・作付面積ともに上昇し、八〇年代前半に三千万石程度であった米の国内生産は、九〇年(明治二十三)前後には四千万石前後に達して、一時は欧米・豪州への米穀輸出も活発になった。その後も、米の生産量はほぼ順調に増加を続けた。明治初年に物納年貢が消滅し、米は産地から消費者に至るまで、すべて商品として取引され、領主権力による年貢米の徴収と廻送は、市場における商人の取引に委ねられるようになった。大消費地と産地間の取引を担う東京や大阪の問屋は取引の円滑化をはかり、産地においても商人や地主、県庁などによる米穀検査が始まった。また鉄道の発達は、河川舟運や海運による市場を再編し、東京・大阪を頂点とする統一的な国内市場の形成を促した。国内生産量の増加、流通の円滑化が進んだが、米は次第に不足するようになった。主食に占める米の割合はもともと低く、農村では米に大麦を混ぜた麦飯などが一般的であった。しかし、消費の急増により米不足は一九〇〇年前後には明確となり、海外からの輸入が本格化し恒常化することになった。こうして第一次大戦後には、一人当りの年間平均米消費量は一石に近づいていく。新たに獲得した植民地からは多量の米が移入され、またさらに仏領インドシナ、英領ビルマなどからも大量の米が輸入されるようになった。これらの外国米(外米)はインディカ種であり、台湾米も二〇年代半ばまでは、ほとんどインディカ種であった。都市では白米食が一般的であったが、多様な種類の米が食膳にのぼるようになったのである。↓稲《いね》

参考文献　持田恵三『米穀市場の展開過程』(一九七〇、東京大学出版会)、大豆生田稔『お米と食の近代史』(『歴史文化ライブラリー』、二〇〇七、吉川弘文館) (大豆生田稔)

こめそうどう　米騒動　米価高騰を直接の契機とする民衆暴動。明治維新後にもたびたび発生し、一八九〇年(明治二十三)、九七・九八年、一九一八年(大正七)には全国各地に広がった。一般的に米騒動といえば、一九一八年の場合を指す。一八年、シベリア出兵を見越した地主や米商人の投機によって米価が高騰した。富山県では、七月上旬に始まった東水橋町での陸仲仕の女性たちによる移出米停止を要求する行動を嚆矢として、魚津・東岩瀬・滑川・泊・生地・西水橋など富山湾東部沿岸の中小都市を中心に米騒動がおこった。そうした動向は、八月五日以後、中央紙や県外紙で報じられるようになり、全国各地に騒動が広がる契機となった。最盛期の八月十一―十六日を中心に、少なくとも四十九市・二百十七町・二百三十一村と二十九の炭鉱で騒動が発生した。現在までに米騒動が確認されていないのは、青森・沖縄の二県のみである。その規模は、集会を呼びかける貼紙や富豪・米屋などへの脅迫のみで実際の群衆行動はみられなかったものから、大阪・東京・名古屋・京都・神戸の各市のような万単位の群衆による騒擾まで多様である。最大規模とされる八月十三日の大阪市の騒擾では、群衆が米商・富豪・大商店を打ちこわし、焼打ちし、警察・軍隊と衝突して双方に負傷者を出し、三百四十四名が検挙されている。騒動の参加者は、都市の土方・仲仕・職人のほかに、被差別部落民や炭坑夫、農民などだった。軍隊の出動は、三十五市・六十町・二十七村に上り、延べ十万名以上が動員された。米騒動に前後して、全国各地で米の廉売などが実施された。こうした対応は明治後期の米価高騰時にもみられたが、騒動後には地方行政や国家による社会政策が本格化していった。一八年十月に大阪府で創設された方面委員制度(民生委員の前身)もその一つであるが、都市騒擾への治安対策という目的もあったとされる。

参考文献　井上清・渡部徹編『米騒動の研究』一―五(一九五九-六二、有斐閣)、歴史教育者協議会編『図説米騒動と民主主義の発展』(二〇〇四、民衆社)、大川啓「一九一八年の米価騰貴と地域社会―秋田市の動向を中心に―」(『秋大史学』五六、二〇一〇) (大川　啓)

こめびつ　米櫃　食用の米を入れておくための容器。長持型の箱のほか、甕、桶、樽なども使用した。櫃は上蓋のある箱の類をいい、古代から食物のほかにも衣類、甲冑、文書、経巻などの生活品を収納した。中世以降は用途別に名称を冠したが、米櫃は近世に入って普及したようである。米櫃の管理は一家の主婦の権利であった。そのために近年までは各地において、炊事は嫁に任せても、米は枡や椀を中に入れておいて主婦が量って出す習俗がみられた。米櫃の名称は地方ごとにさまざまである。ケシネビツやケシネバコと呼ぶ地方がある。ケシネは米や

木製の米櫃

その他の穀物を意味しており、すなわち他の穀物を入れることがあった。大きさはさまざまで、家族の人数でも異なる。四～五斗(約七二～九〇リットル)の大型のものもある。木製が主流であったが、近代になってブリキ製や、昭和の中ごろからはプラスチック製の米櫃が登場した。近年はレバー付きで自動計量できる米櫃が普及している。

参考文献 宮本馨太郎『民具入門』(『考古民俗叢書』、一九九〇、慶友社)

(藤原 洋)

こめや　米屋　米を消費者に小売り販売する商店、商人。もっとも広義にとらえれば、生産者から消費者の間の米の流通過程に関わる問屋を米屋ということもできる。大坂を例にとると、堂島米市場を経て蔵米問屋(堂島米仲買)、米穀仲買駄売屋から搗《つき》(舂)米屋《こめや》、消費者へと渡る。江戸においては、大別して下り米問屋・関東米穀三組問屋・地廻り米穀問屋・河岸八町米仲買・脇棚八ヶ所米屋の五つがあり、一八六四年(元治元)には四百軒ほどの米問屋があった。消費者に売り捌いた搗米屋は、一八五一年(嘉永四)深川だけで百八十軒を数え、町人や裏店層との接点に位置した。米価が騰貴したときには、買い占めを疑われ、米問屋・搗米屋ともに打毀しの対象となった。米の販売の単位は、升や合であり、銭(文)で取引した。地方都市の場合には、問屋と仲買、米屋が未分化の場合も多い。

参考文献 土肥鑑高『江戸の米屋』(『江戸選書』七、一九八一、吉川弘文館)、岩田浩太郎『近世都市騒擾の研究―民衆運動史における構造と主体―』(二〇〇四、吉川弘文館)

(福澤 徹三)

こめよこせうんどう　米よこせ運動　一九三二年(昭和七)を中心に展開された政府米の払い下げを求める消費組合運動。不況下で長雨の続いた六月六日・七日、東京の三河島で、自由労働者と主婦が三百名以上集まり、米の給与を求めて町役場・警察と交渉した。これを契機に、日本無産者消費組合連盟は、政府払下米獲得闘争を提唱し、関東消費組合連盟とともに労働組合や農民組合、借家人組合などに呼びかけて請願署名の運動を展開した。国際消費組合デーの七月二日、各組合の署名者代表が農林省に陳情して、米千俵の払い下げを得た。七月二十三日には、東京の運動の統一組織が発足し、三河島の主婦が発した言葉にちなんで、東京地方米よこせ会と称した。同会は、国際反戦デーの八月一日に農林省で約四百名の座り込みデモを行い、乳児を背負った女性ら代表団の交渉によって、米六千俵の払い下げを実現した。東京での運動は、八月中旬に代表者の多くが検束されたため下火となったが、各地の消費組合を中心に同様の運動が全国に広がった。

参考文献 『東京毎日新聞』(一九三二年六月八日付夕刊)、山本秋『昭和米よこせ運動の記録』(『昭和史の発掘』、一九七六、白石書店)、日生協創立五〇周年記念歴史編纂委員会編『現代日本生協運動史』上(二〇〇二、日本生活協同組合連合会)

(大川 啓)

こも　薦　マコモや藁を編んだ敷物。藁莫蓙と形状が似ているが、薦のほうが少し粗く編まれている。編む際には桁と脚で構成された薦編台と槌を使用し、座りながら作業する。莚機でも織られた。薦は農作業時に敷物として使われるほか、牛馬の背覆い、刈草などに巻いて使用した。また、住居入口や縁側に日除け・風除け・雪除けのために吊るしたり、部屋と部屋の間仕切りとしたりもした。さらに、薦は藁製ということもあり、通気性や保湿性に優れ、緩衝材にもなることから、物資輸送の梱包材としても使われた。

参考文献 宮崎清『藁』(『ものと人間の文化史』、一九八五、法政大学出版局)

(柏井 容子)

ごもくめし　五目飯　いろいろな食材を混ぜた飯をいう。細かに刻んだ油揚げ、ごぼう、コンニャク、椎茸、高野豆腐を調理、味付けし、エビ、卵焼きなどとともに飯に載せた飯で、食べるときに飯と混ぜた。載せる具材は五種類とは限らない。「五」は具材の数ではなく、「たくさん」を意味しており、ご馳走の飯である。酢飯が多いので五目寿しという地域もあり、関西では「かやく飯」といい、東京都八王子市では葬式後の会食をダンバライといい、五目飯を食べてもらう習俗がある。

(増田 昭子)

こもり　子守り　乳母《うば》(「めのと」とも)が授乳やしつけまで担当するのに対して、乳幼児をおぶってただ保護する役割または保護する人を指すことば。中世までの子守りは下女や老人が担ったが、皆婚化し労働密度が高まった

子守り学級 (1906年，北海道岩見沢尋常小学校)

近世には、年長の子どもが幼い子どもをおぶって子守りする姿が同時代の図絵に頻繁に描かれるようになった。姉妹による子守りは昭和初期まで続く。離島に残る結《ゆい》(労働交換)的な子守りも、一定の広がりを持っていたであろう。それに対して、狭義の「子守り」は、年季奉公の子守りを指す。近世の日記には賃労働化した子守りの記録が少なくない。歌舞伎舞踊「子守り」(一八二三年(文政六)江戸守田座初演)に、越後からの出稼ぎ少女が登場するので、そのころには慣行化していたと考えられる。各地で採録されている子守唄は、泣く子を持て余す子守り少女たちの嘆きを歌った労働歌でもあった。明治初期には子守り学校も生み出されたが、次第に児童労働が女工に吸収されるなどして、子守りは消失した。

参考文献 黒田日出男『(絵巻)子どもの登場―中世社会の子ども像―』(『歴史博物館シリーズ』、一九八九、河出書房新社)、太田素子『近世の「家」と家族―子育てをめぐる社会史―』(『角川叢書』、二〇二一、角川学芸出版)

(太田 素子)

ごようきき 御用聞き 客側が店舗に赴き、店先で商品を購入するのではなく、売り手が買い手側を訪問して受注・販売を行う訪問販売のこと。一般的には、店舗をもつ売り手が得意先を定期的に巡回することをいうため、行商とは区別される。御用聞きに、つけ払いや掛け払いなどの支払い方法と組み合わせられていることが多く、売り手と買い手の長期的な関係を前提とした商法である。近世から昭和初頭まで多く見られた商法であるが、地方都市の商店街などではいまだに根強く行われている。また、大都市部においては、御用聞きの呼び名ではなくとも、百貨店の外商などにおいて御用聞きの形態を引き継いだ商法が行われている。 ↓得意《とくい》 ↓訪問販売《ほうもんはんばい》

参考文献 塚原伸治『老舗の伝統と〈近代〉―家業経営のエスノグラフィー―』(二〇一四、吉川弘文館)

(塚原 伸治)

ごようたし 御用達 近世に幕府や諸藩の需要を賄った特権的商人・職人のこと。御用聞《ごようきき》・御賄《ごまかない》ともいう。年貢米管理・売却、軍需品・日用必需品の調達、専売品の取扱い、金銀為替の業務を行なった。幕府の金座・銀座の座人や糸割符《いとわっぷ》仲間・金銀為替組・呉服師・菓子師、諸藩の掛屋・蔵元、旗本・御家人の俸禄米の換金化やそれを担保として高利貸業を営んだ札差などである。畳師・指物師・塗師《ぬし》・絵師・鍛冶師・具足師などの職人もいた。領主財政の窮乏化により御用金が賦課され、なかには幕府や諸藩の財政政策に深く関与する者も出てきた。寛政改革に際して、幕府は江戸の富裕商人十名を勘定所御用達に登用し、金融市場支配に重要な役割を果たさせた。多くは苗字帯刀の御免、扶持米や屋敷地の給付など、身分的に武士に準ずる扱いを受けた。経済的特権も与えられ巨富を蓄えたが、奢侈・不正により統制・処罰を受ける者もいた。御用達は、領主と共生関係にあったため、明治維新後に多くは没落した。

参考文献 竹内誠『寛政改革の研究』(二〇〇九、吉川弘文館)

(加藤 貴)

ごようはじめ 御用始め 官公庁において、年末年始の休暇が明ける一月四日(土曜や日曜日と重なれば五日か六日)に仕事を始めること、およびその日。新年の仕事始めの一種。企業でもこの日を仕事始めとする例が多い。証券取引所では新年最初の立会いを大発会と称してこの日に行い、華やかな振袖姿の女性職員を前面に出して賑やかに景気を盛りあげようとしている。官公庁における十二月二十九日から一月三日までの年末年始の休暇日は、正式には太陽暦採用の一八七三年(明治六)に定まったと考えられる。 ↓仕事始め《しごとはじめ》

(田中 宣一)

こよみ 暦 年・月・日について社会の基範となるシステム。古くは上流富裕な階層を対象としたものであったが、江戸時代には一般庶民にまで普及するようになった。暦には一年間の毎日について日付・干支・曜日その他の暦註を記載したものと、主要な暦日を暦註ごとにまとめた略暦の二大別がある。貞享暦以前には各地の暦師がそれぞれ暦算して発行していたが、貞享暦以後は体裁は巻暦・折暦・綴《とじ》暦などさまざまであったが、内容は幕府天文方のもとで全国統一のものになった。明治維新以後、国家機関によって編纂された官暦は、当初頒暦商社、一八八三年(明治十六)からは伊勢神宮の独占頒布とされたが、官暦には吉凶の暦註が一切掲載されなかったことから、それらを記載した民間の偽暦が「おばけ暦」の俗称で一般に流行した。また、一枚刷の略歴は自由に製造できたので、商店などの広告の入った引札暦が人気を博し、やがてヨーロッパスタイルのカレンダーに引き継がれた。また、明治末年ごろから日めくりが大量に生産されるようになった。一九四五年(昭和二十)秋以降、暦の出版は自由になった。 ↓絵暦《えごよみ》 ↓具注暦《ぐちゅうれき》 ↓貞享暦《じょうきょうれき》 ↓太陽暦《たいようれき》

参考文献 渡辺敏夫『日本の暦』(一九七六、雄山閣)

(岡田 芳朗)

日本で用いられた暦法

暦名	撰者	始行年	行用年数
元嘉暦	何承天	692年(持統天皇6)	5
儀鳳暦	李淳風	697年(文武天皇元)	67
大衍暦	僧一行	764年(天平宝字8)	94
五紀暦	郭献之	858年(天安2)	4
宣明暦	徐昂	862年(貞観4)	823
貞享暦	渋川春海	1685年(貞享2)	70
宝暦暦	安倍泰邦ら	1755年(宝暦5)	43
寛政暦	高橋至時ら	1798年(寛政10)	46
天保暦	渋谷景佑ら	1844年(弘化元)	29
グレゴリオ暦		1872年(明治5)	

ごらく　娯楽　⇩レクリエーション

コレラ　コレラ　コレラ菌への感染によってひきおこされる急性伝染病。もとはガンジス川下流域の風土病だったが、十九世紀イギリスの植民地統治と帝国の拡大とによって、世界規模で流行した。日本初のコレラ流行は、第一次パンデミックの余波が到達した一八二二年(文政五)とされ、続く安政期の流行は江戸にまで広がった。明治に入っても、数年おきに大規模な流行がおこり、七九年(明治十二)・八六年には、死者が十万人を超えている。

コレラ　『安政箇労痢流行記』(1858年)

コレラは、感染が広がる速さ、症状の激しさ、致死率の高さ、死亡までの時間の短さなどにおいて、幕末から明治期を生きた人びとが経験したことのない病だった。それは、コレラがコロリ・虎狼狸などと称されたことにもよくあらわれている。明治初年に衛生行政が人びとに励行を求めた隔離・消毒といったコレラへの対処法は、騒擾をひきおこす一方で、衛生規範を浸透させていった。それゆえ、コレラは「衛生の母」とも称される。

参考文献　山本俊一『日本コレラ史』(一九八二、東京大学出版会)、鹿野政直『健康観にみる近代』(『朝日選書』、二〇〇一、朝日新聞社)、見市雅俊他編『疾病・開発・帝国医療―アジアにおける病気と医療の歴史学―』(二〇〇一、東京大学出版会)

(石居　人也)

コロッケ　コロッケ　肉や魚、野菜などをホワイトソースであえたものや、ゆでてつぶしたじゃがいもにまぜたものを、小判形や俵形に成形してパン粉をまぶし油で揚げた料理。フランス料理クロケット croquettes を起源とする洋食の一つ。文献上コロッケの料理名は、大阪の洋食屋自由亭の料理を編輯した一八八七年(明治二十)刊『三風料理滋味之饗奏』が早く、焼いた肉を小さく切り、潰した馬鈴薯に混ぜ合わせ丸めて揚げるとある。以降の料理書からも、明治後期には現在のじゃがいものコロッケと同様の料理が定着していたと考えられる。一方、婦人誌『女鑑』(九五年十二月)で紹介された「仏蘭西コロッケ」はバター・小麦粉・牛乳でつくる海老のクリームコロッケで、もとのフランス料理がうかがえる。一九一七年(大正六)「コロッケの唄」が流行するが、洋風料理への憧れの反映ともいわれる。七〇年代以降冷凍冷蔵庫、電子レンジの普及に伴い、代表的な調理冷凍食品の一つとして普及した。

参考文献　原田信男『和食と日本文化―日本料理の社会史―』(二〇〇五、小学館)、江原絢子『家庭料理の近代』(『歴史文化ライブラリー』、二〇一三、吉川弘文館)

(橋爪　伸子)

ころもがえ　衣更　季節の節目に服装を変えること。平安時代から衣更は四月一日と十月一日であった。江戸時代には四月一日から五月四日まで袷《あわせ》小袖、五月五日から八月晦日までひとえ帷子《かたびら》麻布、九月一日から八日まで袷小袖、九日から三月晦日まで綿入小袖と、端午や重陽の節句が区分として加わっている。明治政府が洋式制服を取り入れたことにより、六月一日から夏服、十月一日から冬服にあらためる慣習が一般的となる。夏服には通気性の良い麻やポプリンなど薄手の生地が用いられた。冬服には羅紗や綿など厚手の生地を利用した。

参考文献　太田全斎編『俚言集覧(自筆稿本版)』一〇(一九九三、クレス出版)

(刑部　芳則)

こわめし　強飯　米を蒸してつくった固い飯。古代・中世では「こわいい」といった。糯米《もちごめ》を用いるのが普通で、平安時代には「おこわ」と呼ばれ、器に高く盛りあげて朝廷や貴族の宴会・食事で出された。柔らかく炊いた飯は姫飯《ひめいい》といい、中世には姫飯が一般に普及していった。室町時代に祝儀の時の小豆を混ぜた赤飯のことを強飯といった例があり、江戸時代には吉事の時には赤飯の強飯、凶事の時には白い強飯(白蒸《しらむし》)を用いる風習があった。

参考文献　渡辺実『日本食生活史』(一九六四、吉川弘文館)、渡部忠世・深澤小百合『もち(糯・餅)』(『ものと人間の文化史』、一九九八、法政大学出版局)

(菅原　正子)

こんにゃく　蒟蒻　オモダカ目サトイモ科の作物。原産地はインド、日本にはベトナムから伝わったという説が有力である。コンニャクイモのマンナンと呼ぶ多糖類を凝固させて食べる。明治の半ば過ぎには商品作物として栽培されるようになり、最盛期には「灰色のダイヤ」ともてはやされた。北関東で多く栽培され、群馬県が大半を占める。みそおでんは人々に広く親しまれているが、「蒟蒻は体の砂払い」という整腸作用が注目されてきた。近年では低カロリーの健康食品としてダイエットにも用いられている。

参考文献　上山春平・佐々木高明・中尾佐助『続照葉樹林文化』(『中公新書』、一九七六、中央公論社)、さいたま民俗文化研究所編『南牧村の民具―こんにゃく作りとその用具―』(二〇〇八、群馬県甘楽郡南牧村六車区)

(柳　正博)

コンパ　コンパ　仲間や友人と親睦を深めるための懇親会の俗称。主に大学生を中心とした若者が用いる言葉と考えるのが一般的。仲間や集団を表す company が語源で

あることからもわかるように、本来は必ずしも飲酒を伴わない友人同士が語り合う空間であったようだが、戦後、大学進学率の上昇に伴い、大学生を含めた若者が酒を手に親睦を深める場全体をコンパと呼び浸透するようになった。大学内でのコンパの場合、サークルやゼミ単位での学生間の親睦を深めるコンパが主流だが、複数の大学をまたいだイベントサークルが主催する大規模のコンパや、男女の出会いの場を演出する合同コンパ(合コン)などコンパの性格は多岐にわたる。二〇一〇年代以降になると、合コン的性質に地域の町おこしの要素を取り混ぜた街コンなるものも登場した。飲酒を伴う親睦会は、通常のサークル活動やゼミ学習とは異なる交流空間として、若者の生活において重要な側面を持つものの、一気飲みの強要や、山手線ゲームや王様ゲームと呼ばれるパーティゲームの行き過ぎによる各種ハラスメントなど、健康面や人間関係の面で学生生活に重大な過誤をもたらしかねない風習も根強く浸透してしまった。特に二〇〇三年(平成十五)に発覚したイベントサークル「スーパーフリー」による女性への集団暴行事件や、一四年に明治大学を中心にした都内大学によるインターカレッジサークルが新宿歌舞伎町で起こした女子大生の大量昏睡騒動などは、ハラスメントを通り越し、サークル活動を隠れ蓑にした組織的な性暴力・性犯罪そのものであり、豊かで建設的な人間関係を築いていくためのコンパとサークルのあり方が問われだすようになっている。

参考文献　生方敏郎『明治大正見聞史』(『中公文庫』、一九七六、中央公論社)、西川りゅうじん『大学生活入門—単位の取り方・サークル活用法から、コンパ・デート術まで—』(一九八九、ごま書房)、サントリー不易流行研究所編『宴会とパーティー—集いの日本文化—』(『都市選書』、一九九六、都市出版)

(花岡敬太郎)

コンバージョン　コンバージョン　転向、転換、転用を意味する名詞。Conversion。建築分野では、持続可能な建築行為の一つとして、建物の用途を変更して使用することを意味する。日本では、戦後、高度経済成長に伴って急速に建物が整備された。しかし近年では、人口減少や高齢化の進行、建物の需要と供給の崩壊、生産性・投資余力の低下、「持続可能な開発」の概念の普及により、資源・エネルギーの有効利用や廃棄物の抑制が課題となっている。その解決策の一つとして、建物ストックを活用することが注目されている。用途変更の対象は、戸建住宅、集合住宅、店舗、事務所ビル、宿泊施設、工場、倉庫など、用途や構造種別を問わず行われる。たとえば、オフィスビルを集合住宅へ転用、倉庫を商業施設へ転用する例などがある。

参考文献　松村秀一監修・建物のコンバージョンによる都市空間有効活用技術研究会著『コンバージョン「計画・設計」マニュアル』(二〇〇四、エクスナレッジ)、日本建築学会編『空き家・空きビルの福祉転用—地域資源のコンバージョン—』(二〇一三、学芸出版社)

(中島　咲紀)

コンビニエンスストア　コンビニエンスストア　年中無休・長時間営業という条件と、住宅地に近接するという立地によって消費者に便利さを提供する小売業の業態。定価販売を基本としており、安さではなく便利さを特徴として顧客を掴んできた。コンビニエンスストアの起源は、アメリカのセブンイレブンにある。一九二七年に氷の小売販売店サウスランド＝アイス社として創業したセブンイレブンは、夏期に無休で十六時間営業という営業を行ううちに、顧客の要望を受けて食料品などを取り扱うようになった。四六年に現在の名称に変更するころには、コンビニエンスストアという業態の基本的なコンセプトは固まっていたという。日本におけるコンビニエンスストアの出店は、六九年(昭和四十四)大阪府豊中市のマミーが最初だとされる。その後、立て続けに七一年にココストア(愛知県春日井市)、セイコーマート(北海道札幌市)が出店された。牽引役となったこれらは、スーパーマーケットの猛威に抵抗する道を探っていた独立小売商や問屋が中心となって展開したものであった。その後、本格的なコンビニエンスストアの拡大を担ったのは、西友によるファミリーマート(七三年出店)、イトーヨーカ堂によるセブンイレブン(七四年)、ダイエーによるローソン(七五年)など、大手スーパーによる事業であった。コンビニエンスストアという業態の基本は、当初アメリカで開発されたものであったが、日本でシェアを伸ばすなかで、㈠POSシステムを中心とした徹底的な情報管理による売れ筋の把握、㈡多頻度小口配送、㈢フランチャイズ店への高い依存というアレンジが加わり、システムとしてのコンビニが完成されたといえる。コンビニエンスストアの展開を支えたのは、商店街が衰退するなかで

セブンイレブン１号店の開店

起死回生のチャンスとしてフランチャイズ店の経営に乗り出した町の酒屋・食料品店などの小規模小売商であった。家族経営というベースがあったからこそ摑みえた発展である一方で、オーナー家族による過重労働やそれに起因するアルバイトの搾取などの問題を生み出すこととなった。

参考文献　満薗勇『商店街はいま必要なのか―「日本型流通」の近現代史―』(『講談社現代新書』、二〇一五、講談社)

(塚原　伸治)

コンピュータ　コンピュータ　自動計算機のこと。計算機自体は歯車などを利用した演算装置が十七世紀ごろから存在したが、現在のコンピュータのような電子式計算機が構想されたのは二十世紀の大戦期、完成は戦後のことであった。その後半導体を利用したトランジスタの発明により、コンピュータは小型化、安定化、高速化をとげる。そして、一九六四年にＩＢＭが最初に開発した汎用機と呼ばれるコンピュータが、人々の生活に大きな影響を与えるようになる。汎用機はコンピュータが無特性化したものであり、それまでの科学計算だけでなく、特に金融、流通分野において、多くの事務処理を担うこととなった。現在でも、ＡＴＭとつながり、私たちの預貯金を扱ったり、企業融資などをつかさどったりする金融機関の基幹システムのような、高い安定性を求められる処理は、この汎用機が担っている。一方汎用機は大型で導入・維持に巨大な費用がかかるため、個人的な占有ができず、利用するには他人の利用終了を待つ必要があった。そのため、性能は相対的に低くても個人で占有できるコンピュータが普及していった。当初これらのコンピュータはミニコンと呼ばれたが、半導体装置の発達により小型化、高性能化が進み、パソコンと呼ばれるようになる。その後パソコンは、ワープロソフトや電子メールをはじめとするインターネット上のサービスの発達により、人々の生活に新たな影響を与えていく。

参考文献　長岡亮介・平尾淳一『情報システム科学』(二〇〇六、放送大学教育振興会)

(小野　貴士)

こんぴらしんこう　金毘羅信仰　讃岐の金毘羅大権現(香川県仲多度郡琴平町の金刀比羅宮)を崇敬する信仰。琴平山(象頭山)の松尾寺にまつる薬師十二神将の宮毘羅《くびら》大将である金毘羅の信仰に発する。現在の祭神は神道説で金毘羅神の垂迹である大物主命とされる。江戸時代以降、全国的な社寺参詣の高揚に伴って、各地に代参《だいさん》講が生まれ、小祠が勧請され、全国的に信仰を集めるようになった。なかでも漁民の信仰が篤く、酒樽を海に流して拾った船に金刀比羅宮まで次送りしてもらうという習俗が今日でも行われている。漁村で金毘羅神をまつるところでは、水神として火伏せの霊験もある。金刀比羅宮の境内には講中などの奉納による灯籠がところせましと林立しており、信仰圏は西国(畿内)だけでなく東国とくに江戸講中らの信者による寄進も多数確認されている。

参考文献　近藤喜博『金毘羅信仰研究』(一九八七、塙書房)

(西海　賢二)

コンブ　コンブ　褐藻類コンブ科に属する海藻の総称。日本での産地は北海道であるが、マコンブは函館や噴火湾沿岸、ホソメコンブやリシリコンブは北海道の西海岸、ミツイシコンブは襟裳岬一帯、ナガコンブは根室から釧路が産地になっている。本州の東北地方でもマコンブやホソメコンブが採取されるが、産出は少量である。採取時季は七月から八月にかけての夏季で、口開け(解禁日)や採取日も決められている。コンブは二年ないし三年生の多年藻で、成長した帯状の長い葉は岩礁上より二《メートル》から一〇《メートル》にも繁茂する。採取方法は裸潜水作業でカマで刈り取る潜り漁、船上から長い棹の先にカギやカマを縛りつけて刈り取る漁をはじめ、ねじり取る漁法などいろいろある。コンブ製品は長切りコンブなどの天日乾燥と大阪で有名なトロロコンブなどの加工品などがある。また コンブは調理用の出汁の材料としても知られ、特に阪神地方での需要が多い。これは北前船の発達と関係する。また琉球料理でコンブが多く使われているのは薩摩藩を経由するルートがあったこと、江戸時代にはコンブが清国へ諸色として輸出されたことなどの背景があり、東アジアのなかでのコンブロードの存在が注目されている。

→沖縄料理《おきなわりょうり》　→出汁《だし》

参考文献　宮下章『海藻』(『ものと人間の文化史』、一九七四、法政大学出版局)、大石圭一『昆布の道』(一九八七、第一書房)

(橋村　修)

こんぺいとう　金平糖　十六世紀中期以降にポルトガル・スペインから伝わった南蛮菓子の一つ。ポルトガル語の砂糖菓子を意味するConfeitoに由来する。回転する鍋に芥子の実などを入れ、砂糖蜜をかけて結晶させる。一五六九年(永禄十二)に宣教師ルイス＝フロイスが織田信長に金平糖を贈っている。虎屋の一六五一年(慶安四)の『行幸御菓子渡帳』では、朝廷にも金平糖が販売されている。『御前菓子秘伝抄』(一七一八年(享保三))によれば青・赤・黄・黒の四色に染め分けた。

参考文献　中田友一『おーい、コンペートー』(『あかねノンフィクション』、一九八〇、あかね書房)、虎屋文庫編『(日本ポルトガル友好四五〇周年記念)「南蛮菓子」展』(『虎屋文庫資料展』、一九九三)、青木直己『図説和菓子の今昔』(二〇〇〇、淡交社)、『虎屋の五世紀―伝統と革新の経営―』史料編(二〇〇三)

(青木　直己)

こんみんとう　困民党　一八八三年(明治十六)―八五年に、松方デフレ下で深刻化した負債問題の解決を求めて農民騒擾を起こした集団の呼称。負債農民騒擾は、東日本の養蚕地域を中心に六十五件確認されているが、その規模は、数十人による一回限りの屯集から群馬事件・秩父事件のような武装蜂起まで多様である。近代的な私的所有権を掲げる債主とそれを保護する明治政府の統治機構と対峙するなかで、負債農民側には、伝統的な貸借関係や質地請戻し慣行に基づく要求、仁政的介入への期待、

世直し一揆の行動様式などが現れた。

参考文献 稲田雅洋『困民党の論理と行動』(新井勝紘編『自由民権と近代社会』所収、二〇〇四、吉川弘文館)、安丸良夫『文明化の経験―近代転換期の日本―』(二〇〇七、岩波書店)、鶴巻孝雄「困民党事件と地域社会」(明治維新史学会編『明治維新と地域社会』所収、二〇一三、有志舎) (大川 啓)

こんや **紺屋** ⇨こうや

こんやく **婚約** 一般には結婚の約束を意味するが、古くは当事者間のみならず、双方の家を背景とした親や親族の間でも取り交わされるべきものであった。日本における婚約儀礼としては、結納を取り交わすことが広く知られている。もともと結納は、婚姻に先立って婿方が嫁家へ持参する物品あるいはその儀礼を意味した。結納は古くは「ユヒノモノ」と呼ばれ、婿本人が初婿入の際に持参する酒肴を意味したと考えられる。嫁入婚が普及してくると、結納はそれぞれの家の格式に相応した金品の贈答を意味するようになる。また結納は徐々に物品から金銭へと変化してゆく。このように本来の結納は両家の結合を確認するための儀礼的贈答慣行であったのが、やがては嫁の労働力を婿家に組み入れることに対する代償的意味を有するようになり、またその婚姻が婿方の都合によって破綻した時のための保障という意味をも付加されるようになっていった。

参考文献 大間知篤三『婚姻の民俗学』(『民俗民芸双書』一八、一九六七、岩崎美術社) (八木 透)

コンロ コンロ 煮炊きや湯沸かしに使う小型の炉。囲《い》炉《ろ》裏《り》や竈《かまど》は家屋に備えつけなのに対して、容易に持ち運びが可能なので普及した。燃料の種類によって、七輪、ガスコンロ、電気コンロ、石油コンロなどの種類がある。七輪は珪藻土製で、木炭や練炭などを燃料とした。江戸後期に完成したが、明治以降に家庭用の熱源として普及した。ガスを熱源とするガスコンロは、今日では都市ガスやプロパンガス用のものが普及しているが、明治中期に石炭ガスを熱源とするものが登場した。高度経済成長期にプロパンガスが家庭に普及すると、ガス栓からホースでガスを取り入れた。一九六九年(昭和四十四)にガスボンベを装塡して使用する卓上カセットコンロが発売されると「ホースがなく持ち運びに便利」なことが話題となって普及した。電気コンロは、大正時代にニクロム線のものが登場して今日も使われている。近年はIH(電磁誘導加熱)のものが、高火力、操作性、保存管理において支持を得て普及している。灯油を熱源とする石油コンロは、石油を内蔵タンクに貯蓄する方式である。火力調節が可能で発熱量が大きく、燃料が安価なのも魅力であった。近年はプロパンガスが普及してあまり使われなくなった。 →七輪《しちりん》 →プロパンガス

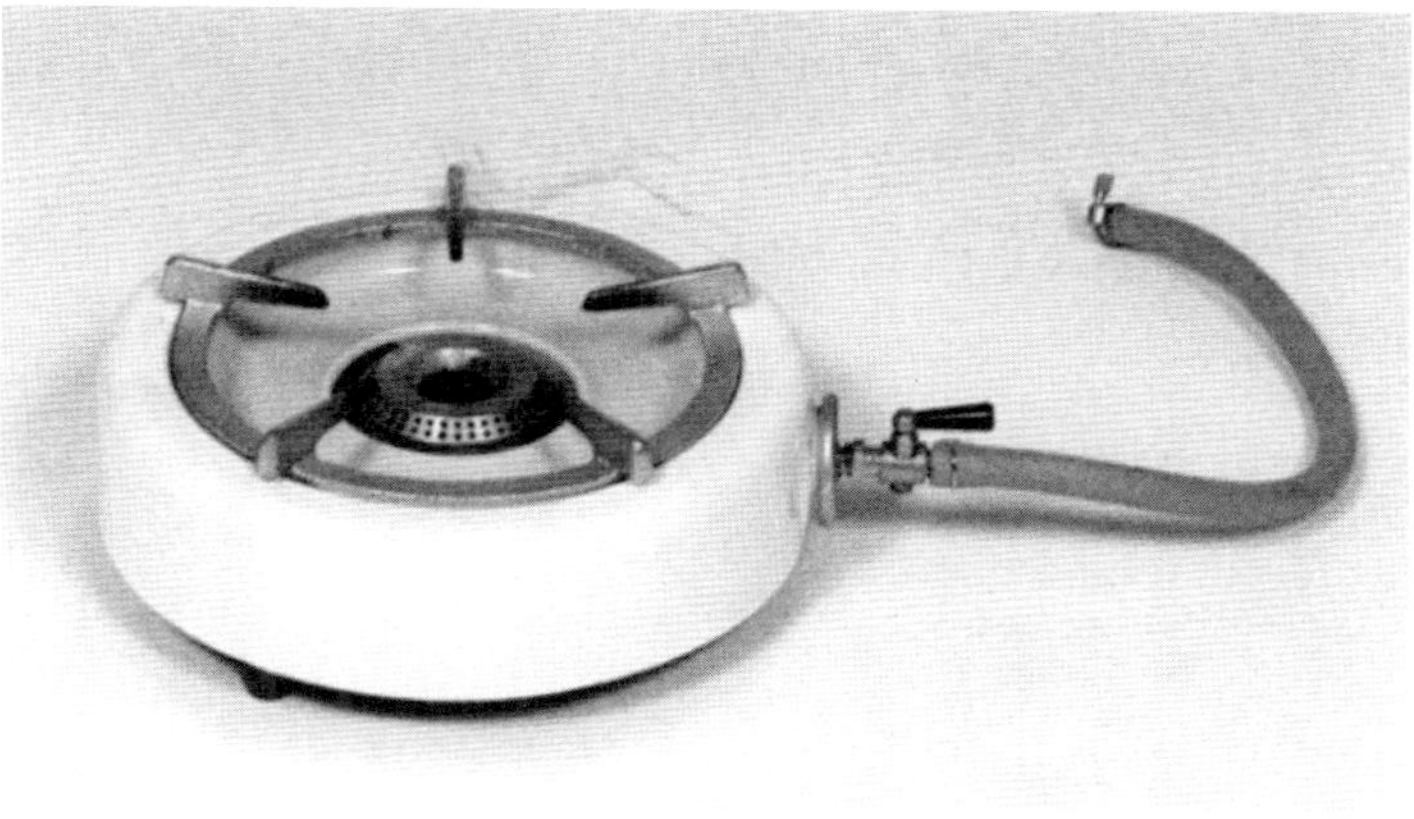

ガスコンロ（1960年頃）

参考文献 小泉和子『台所道具いまむかし』(一九九四、平凡社) (藤原 洋)

さ

ざ　座　中世に朝廷・寺社・公家といった本所に属して、諸役免除・関銭免除・仕入や売買の独占などの特権を与えられた同業者集団。物を生産する職人が同時に売買を行うことが多く、生産と売買を兼ねた座が一般的であった。供御人《くごにん》・寄人《よりうど》・神人《じにん》なども座の一種といえる。もともとは本所に対し、貢納や労働奉仕を行う代償として、特権を与えられたのがはじまりだが、次第に商業活動が主となり、本所に商業税を出して、商売に関する特権を獲得するようになった。なかでも関所が乱立していた中世においては関銭免除は重要な特権であった。室町・戦国時代には広域的に物が動くようになったので、仕入や売買を特定の座が行うために、流通路の独占が行われた。座は京や奈良に多いが、畿内・北陸・西国・東国にも存在する。座が扱う商品は多岐に及び、大山崎離宮八幡宮の油座、北野社の麴座、祇園社の材木・綿座、堀川の材木座などが有名である。四府駕輿丁《しふかよちょう》は天皇の輿を担ぐのが本業で、その奉仕により特権を獲得して、米座を結成していた。戦国時代には戦国大名に属して、一国単位で特定の商売を統制する御用商人による座も存在した。芸能者の座もあり、特定地域で芸能を行う権利を独占していた。唱門師《しょうもんじ》や猿楽能の大和四座(観世・宝生・金春・金剛)がその代表。こうした同業者としての座のほかに市座と呼ばれるものがある。これは市で座席を持ち、商売を行う権利を意味する。戦国大名や織田信長は楽市令を発して、特定の市における市座の特権を否定したが、同業者の座自体は存続した。豊臣秀吉の政策により座は廃止されたが、金座や銀座のように一部の座は近世にも存続した。　↓楽市楽座《らくいちらくざ》

参考文献　脇田晴子『日本中世商業発達史の研究』(一九六九、御茶の水書房)、豊田武『座の研究』(『豊田武著作集』一、一九八二、吉川弘文館)

(盛本　昌広)

サーカス　サーカス　人が道具や動物を使って演じる見世物。中国から伝来の伎楽から派生し、現在のサーカス演技の大半を含む奈良時代の散楽の流れや、室町時代から見られる武芸の余技の曲馬(馬上での曲芸)から生まれた馬芝居の流れなどが発展して、江戸時代には、大坂難波・江戸浅草などの寺社境内の小屋掛けで見世物として行われた。幕末の一八六四年(元治元)の中天竺舶来軽業の来日や、明治初年の七一年(明治四)の仏人スリエ一座の来日、八六年の伊人チャリネ一座の来日などによる変幻自在の近代的な曲芸技術は従来の単調な見世物を一変させた。明治中期ごろからは、有田・益井、ついで木下・矢野が続き、明治末期から大正にかけて各サーカスが現れ、足芸・綱渡り・肩芸・曲馬・空中ブランコ等々の現代サーカスの原型ができた。一九〇一年の武島羽衣作詞・田中穂積作曲「美しき天然」(大正期にジンタと呼称)の登場はサーカスの代名詞となり、三三年(昭和八)の独人ハーゲンベック＝サーカス一座(総勢百五十人・動物百八十二頭)の来日は従来の曲馬団をサーカスの名称に変えた。戦後には、労働基準法・児童福祉法などにより団の体質改善が迫られ戦後サーカスへと脱皮し、五八年のソ連のボリショイ＝サーカスの来日はサーカス史に新機軸を加えた。六〇年代になると娯楽の多様化で団も自然淘汰されて、八〇年には六団となったが、スリルと伝統芸の娯楽性は色あせていない。　↓見世物《みせもの》

サーカス　瓦版「中天竺舶来之軽業興業之図」

参考文献　尾崎宏次『日本のサーカス』(一九五八、三芽書房)、阿久根巌『サーカスの歴史―見世物小屋から近代サーカスへ―』(一九七七、西田書店)、南博・永井啓夫・小沢昭一編『さすらう―サーカスの世界―』(『芸双書』二、一九八二、白水社)

(佐藤　能丸)

サークルうんどう　サークル運動　敗戦後から一九六〇年代にかけて、地域や職場に組織されたインフォーマルな小集団(サークル)によって担われた文化運動を指す。作文(生活綴方・生活記録)、合唱(うたごえ)、文学、演劇、映画、美術、学習などジャンルごとに組織されたサークルが、地域や職場などを基盤として相互に交流を持ち、ネットワークを形成しながら活動を展開した。サークル運動は三〇年代初頭にソ連から持ち込まれたコミュニストの運動に起源を持ち、革新運動の一翼を担った。他方で、サークルは文化組織として自立性を持ち、政治的関心の強くない市民も運動に参加した。五〇年代には、政党や組合など中央集権的、官僚主義的な性格を持つ既成の政治組織に対して、オルタナティヴな組織としてのサークルの可能性に期待が寄せられた。特色あるサークルとして、山脈《やまなみ》の会(戦争体験を中心に、生活をつづる活動を行なった)、草の実会、下丸子文化集団、生活を記録する会、生活をつづる会、杉の子会、発行誌には『サークル村』、『無名通信』などがある。　↓うたごえ運動《うんどう》　↓生活記録運動《せいかつきろくうんどう》　↓生活綴方教育運動《せいかつつづりかたきょういくうんどう》

参考文献　思想の科学研究会編『共同研究集団―サークルの戦後思想史―』(一九七六、平凡社)、天野正子『「つきあい」の戦後史―サークル・ネットワークの拓く地平―』(二〇〇五、吉川弘文館)

(水溜真由美)

さいぎょう　西行　大工・木挽・左官その他の職人が徒弟制の親方のもとで奉公を遂げ、年季明けにあたって各地の親方のところを巡回して技術と人間力を練磨すること。また、手間取り職人のうちで仕事を求めて各地の親方のもとを渡り歩いた出稼ぎ大工、渡り大工のこと。さらに零落した乞食・物乞を指す場合もあり、二十世紀に入ると、漂泊して各地の人夫部屋に投宿する者を指す俗語ともなった。若くして公家社会を出離した遍歴の歌人西行にちなむ。↓渡《わた》り職人《しょくにん》

参考文献　矢木明夫「近世の商工業者と都市」(中村吉治編『体系日本史叢書』九所収、一九六五、山川出版社)、岩本由輝『きき書き六万石の職人衆—相馬の社会史—』(『刀水歴史全書』一二、一九八〇、刀水書房)、花部英雄『西行伝承の世界』(一九九六、岩田書院)　(西木　浩二)

ざいごうぐんじんかい　在郷軍人会　現役として服役していない軍人の団体。一九一〇年(明治四十三)十一月三日、各地に組織されていた陸軍の在郷軍人団体を田中義一の指導により統合して帝国在郷軍人会が成立。設立の目的に国民統合の補助組織として軍事知識の普及や国家観念の養成などがあり、「国家の中堅」としての役割を期待された。下部組織として連合支部、支部、連合分会、分会が設置され、会員数約三百万人と称した。機関誌として『戦友』『我が家』などを発行。一四年(大正三)には海軍も参加。満洲事変直前には陸軍の指導で国防思想普及運動を全国で展開、事変では国防献金運動や出征兵士の歓送などを実施。三五年(昭和十)に天皇機関説問題が発生すると機関説排撃運動を展開。翌年九月には帝国在郷軍人会令により勅令団体となる。日中戦争以降は兵力の大動員により多数の会員が出征、未教育補充兵への軍事教育が最重要事業となる。敗戦により四五年八月三十一日に解散。

参考文献　『帝国在郷軍人会三十年史』(一九四四、帝国在郷軍人会本部)、藤井忠俊『在郷軍人会—良兵良民から赤紙・玉砕へ—』(二〇〇八、岩波書店)　(石原　豪)

ざいごうまち　在郷町　近世に農村地帯の商工業の中核的存在として成立する町場のことを総称した言葉である。史料上は全国各地において呼称が異なり、在町・郷町・町村・町屋などとされた。かつての歴史研究では豊臣政権期の太閤検地や兵農分離などの諸政策により、都市と農村が明確に区分されたといわれてきたが、在郷町は近世の行政制度において「町」とされるもの、「村」とされるものが混在する。事例はさまざまだが、前者の場合は中世以来の町場が近世にも存続した由緒を持ち、後者は近世初期以降に都市化した傾向もある。特徴付けるならば、小さな大名・家老・代官、あるいは旗本などが陣屋を置く町(陣屋元村)、交通の要衝である宿場町や湊町、定期市が行われる市場町などがある。これらは領主支配の枠組みを超えた経済的拠点となり、基幹商品である米穀や周辺地域の特産物売買、さらには海岸部と内陸部の結節を担うなど、商工業の活性化した「都市」だった。

参考文献　田中喜男『近世在郷町の研究』(一九九〇、名著出版)、三浦忍『近世都市近郊農村の研究—大阪地方の農村人口—』(『Minerva 人文・社会科学叢書』、二〇〇四、ミネルヴァ書房)、高橋美由紀『在郷町の歴史人口学—近世における地域と地方都市の発展—』(『同』、二〇〇五、ミネルヴァ書房)　(荒武賢一朗)

さいこん　再婚　再び結婚すること。再婚の背景には死別と離婚があるが、いずれにおいても日本では古くは再婚に寛容で、大きな抵抗はなかったものと考えられる。特徴的な再婚の方法として順縁婚(ソロレート婚)と逆縁婚(レヴィレート婚)がある。前者は妻の死亡後、夫が妻の姉妹と結婚する制度で、結婚によって培われた家族の財産がほかへ拡散することを防ぐことが目的であった。後者は夫の死亡後、妻が夫の兄弟と結婚することで、最初の結婚によって築かれた夫と妻の両親族集団の紐帯を維持し続けることが目的とされた。また順縁婚には、姉が出産した子の養育を他人に委ねまいとする意識もはたらいていたものと思われる。逆縁婚は武家社会において儒教的な思想が浸透してくると、よくないものとされる傾向があったが、庶民の間では比較的頻繁に行われていた。↓離婚《りこん》

参考文献　大間知篤三『婚姻の民俗学』(『民俗民芸双書』一八、一九六七、岩崎美術社)　(八木　透)

さいじつ　祭日　祭などを行うための定められた日。多くは神社の祭礼日をいうが、かつて国家の定めた祭日・祝日をそう呼ぶこともあった。神社には規模に応じて固有のさまざまな祭があり、これらの日はすべて神社にとって祭日である。氏子や信徒にとっては、例祭のほかいくつかの馴染みの祭の日がその日であり、お祭の日として神社に参拝し、地域全体で祝う。平素の仕事を休んで、馳走をこしらえ親類知己を招いたり、神楽などの芸能や山車・神輿の渡御を見学して楽しむ。日本の祭は水田稲作の豊穣を願い感謝する(ひいては先祖の恩恵に感謝する)ものと、疫病除けを目的とするものに大別できる。前者の祭日は、かつて春二月か四月と秋十一月が多く、特に豊作を感謝する秋祭が中心となっていた。後者の場合には、湿気と暑気が重なって疫病が流行しやすい夏(旧六月が多い)が祭日となる。そのうちのかつては満月(十五日)か上弦(八日ごろ)・下弦(二十三日ごろ)が多かったかとされるが、初午とか下卯の日というように干支によって祭日を定めている例もある。祭神を勧請した日、祭神の顕現の伝承をもつ日を祭日としている例も多い。祭日は本来変更されるべきものではないが、新暦(陽暦)採用の一八七三年(明治六)以降は、旧暦(陰暦)の日を踏襲したり、新暦の季節にあわせて一ヵ月遅れとしたり、さらに地域神社の場合には近年、従来の祭日に近い土・日曜などを祭日にするなど、動揺もみられる。このような神社の祭日とは異なり、一九四八年(昭和二十三)制定の国民の祝日以前には、二七年の勅令第二五号によった計十

一日の祭日・祝日が定められており、そのうち皇室祭祀令にもとづいて行われる元始祭、神武天皇祭、神嘗祭、新嘗祭、先帝(大正天皇)祭、春季皇霊祭、秋季皇霊祭という七ヵ日が祭日(祝日は四ヵ日)と定められていた。これらは一八七三年十月十四日の太政官布告第三四四号による祭日(当時は五ヵ日)を基本的に継承しており、休日と定められ国民こぞって祝うべき日と考えられていたのである。 ↓秋祭《あきまつり》 ↓遊《あそ》び日《び》 ↓祝祭日《しゅくさいじつ》

参考文献 八束清貫『祭日祝日謹話』(一九三三、内外書籍)、柳田国男『祭日考』(『柳田国男全集』一六所収、一九九九、筑摩書房) (田中 宣一)

ざいたくケア 在宅ケア ⇩介護《かいご》

さいていちんぎん 最低賃金 それ以下の賃金で人を雇うことが禁じられている賃金額で、通常は時給で表示される。求職者の立場は弱いために賃金を自由な決定に任せると生活できないほどの低賃金しか得られない人々が、不況期やほかに雇用機会のない地域、衰退産業などで生じやすい。このため国家が企業にとって許容可能な水準を考慮しつつ、最低賃金を定めることがある。日本では戦前には労働条件改善のための最低賃金制度は存在しなかったが、戦時経済統制の一環として賃金統制令(一九三九年(昭和十四))によって賃金の最低額・最高額が定められた。戦後には最低賃金法(五九年)が定めた業者間協定に基づく制度化を経た後、その改正(六八年)によって審議会方式の定着を見た。しかし今日では、規制緩和の潮流のもとで最低賃金制度は企業の雇用意欲を阻害し失業を増やすとして、その撤廃を求める意見が見られる。

参考文献 労働省労働基準局賃金課『わが国の最低賃金制』(一九七七、日本労働協会)、小越洋之助『日本最低賃金制史研究』(一九六七、梓出版社) (加瀬 和俊)

ざいテク 財テク 財務テクノロジーの略で、ハイテク(ハイ＝テクノロジー)を捩ったもの。はじめは企業が本業のほかに余剰資産を株式や土地などに投資することを意味していたが、一九八〇年代半ば以降の「株式ブーム」などの影響もあって、個人による余剰資金の運用にも「財テク」という表現が拡大されるに至った。財テクという表現が浸透するのと軌を一にして、本業以上の収益を求めて巨額の投資が行われることが常態化していったのである。財テク普及の背景にはいわゆるバブル景気があったことから、バブル崩壊とともに財テクの失敗例がクローズアップされるようになり、財テクにはネガティブなイメージが付加されるようになっていった。

参考文献 「財テクの功罪 投資より金利魅力」(『朝日新聞』一九八五年六月十一日付朝刊) (塚原 伸治)

ざいにちがいこくじん 在日外国人 日本に滞住する外国籍住民の総称。一九七〇年代前半までは、戦後諸般の事情で残留したもののサンフランシスコ講和条約によって外国籍住民となった植民地出身者とその子孫たち、とりわけ在日コリアンが大半を占めた。しかし、七〇年代後半からは東南アジア出身者や日系南米人、中国帰国者の子孫など、就労や結婚などの諸事情で日本に滞在するニューカマーが急増した。在日滞日外国籍住民は二〇一五年(平成二十七)現在、二百七万人を超えており、高齢化・少子化が進む日本社会における国家動力の一役を担っている。だが、在日外国籍住民の多様化が進んでいる中で、日本生まれの外国籍住民の子どもの教育問題など、今なお民族やルーツを異にする外国籍住民が差別を受けることなく暮らすには社会制度の制約が多い。年間一千万以上の外国人が訪れる世界的な観光国でもある日本の必然的課題である多文化共生社会化への実現には、積極的な法的改善や人権・福祉環境整備への努力が求められている。 ↓移民《いみん》 ↓外国人労働者《がいこくじんろうどうしゃ》 ↓ニューカマー (李 修京)

ざいにちかんこく・ちょうせんじん 在日韓国・朝鮮人 日本帝国主義による植民地支配を最大の要因として日本列島に移住した朝鮮半島(済州島を含む)出身者およびその子孫に対する呼称の一つ。韓国籍の者と朝鮮籍の者の両方をあわせて表現する語。ただし、この語では、年々増加の傾向にある日本国籍取得者を包括しにくいので、「在日朝鮮半島系住民」など新たな用語の設定も検討されるべきである。在日韓国・朝鮮人の形成史は百年前までさかのぼる。一九一〇年(明治四十三)の「韓国併合」により朝鮮半島に対する日本の植民地支配が開始されて以降、朝鮮半島南部に暮らしていた朝鮮人の日本への移住が増加した。移住当初の彼らの職業は、土木建設、坑夫、都市部の工場における非熟練労働などであった。はじめは単身移住が一般的であったが、のちには新たな世帯形成や家族の呼寄せが行われるようになった。またこれとは別に、三七年(昭和十二)の日中戦争突入以後、国家総動員体制のもとで朝鮮人の動員(強制連行)が行われ、炭坑、鉱山、工事現場などでの労役を強制された。この人びとも含めて、四四年段階での朝鮮半島出身者の人口は約二百万とされている。四五年、日本の敗戦により朝鮮半島が植民地支配から解放されると、在日していた朝鮮半島出身者は故郷への帰還を果たしていった。ただし、その多くは大戦末期に渡日した単身者であり、日本で生活の根を下ろしていた層の中にはそのまま在留する者も少なくなかった。残留した者の数は約六十万と推計される。この在留者のうち、戦後、日本に居住し続け、定住するに至った人々とその子孫が、在日韓国・朝鮮人ということになる。在日韓国・朝鮮人の生活史については、文献資料によって戦前期の状況を叙述する研究に加え、集住地域での参与観察なども含めたフィールドワークにもとづく研究も蓄積されている。また在日韓人歴史資料館においても生活史を重視した展示が行われている。 ↓外国人労働者《がいこくじんろうどうしゃ》 ↓ニューカマー

参考文献 飯田剛史『在日コリアンの宗教と祭り—民族と宗教の社会学—』(二〇〇二、世界思想社)、外村大『在日朝鮮人社会の歴史学的研究—形成・構造・変容—』

（二〇〇四、緑蔭書房）、島村恭則『〈生きる方法〉の民俗誌—朝鮮系住民集住地域の民俗学的研究—』（二〇一〇、関西学院大学出版会）　（島村　恭則）

さいふ　財布　銭を入れる目的で布や革で作った袋。貨幣経済の浸透とともに、硬貨を日常的に持ち運ぶ必要が生じ、紙挟みから発展したとされる。紐をつけた巾着を首から提げたり、二つ折りの薄形のものを懐中に入れたりして持ち運んだ。旅においては腰に提げる早道《はやみち》も用いられた。携帯する財布には、持ち主の嗜好が反映され、布地革地のみならず付属する装飾や根付の意匠を楽しむものでもあった。銭・印・薬のいわゆる三徳を納めるものもある。明治以降は、紙幣を入れる札入や、口金仕立てのガマ口などが用いられ、現代においては、各種カードや定期券なども入る多機能な財布が一般的に用いられている。財布は、家計全体を掌握するものとして「財布を握る」と称したり、戸主や経営者の交代を「財布を渡す」と称したりする言い回しがある。また、金銭の使用を巾着状の財布に象徴させ、「財布の紐が緩む」「財布の紐が堅い」「財布の口を締める」などともいう。　（加藤　幸治）

さいほう　裁縫　布を裁断し、衣服などに縫い上げること。お針、針仕事、縫い物。現在の和裁の基礎ができたのは室町時代とされる。江戸時代には、裁縫の知識・技術は女性の基本的素養として重視され、私塾に通い修得することも行われるようになった。衣類の状態を整え、長く着られるように工夫することは女性の役割であり、刺し子などの技術もそうした工夫から生まれた。このため、針や糸を収めた裁縫箱（針箱）は女性にとって大切な嫁入道具となり、生活必需品であるだけではなく、神聖な存在でもあった。針箱を逆さにすると貧乏になる、他人の針箱をいじると指が腐るといった俗信が伝えられ、道具を粗末にすることが戒められた。二月八日あるいは十二月八日は針供養が行われ、折れた針を供養し、裁縫技術の上達を祈願した。学校教育においても裁縫は女子の履修科目だったが、戦後「家庭科」が設けられると、小学校では男女共通の必修科目になった。一九九三年（平成五）から中学校、九四年から高等学校においても男女共修科目になり、裁縫技術の習得は女子だけのものではなくなった。　↓針《はり》　↓針箱《はりばこ》　↓洋裁《ようさい》　↓和裁《わさい》

参考文献　ポーラ文化研究所『日本の化粧—道具と心模様—』（『ポーラ文化研究所コレクション』一、一九八九）　（戸邉　優美）

ざいり　座入り　宮座に加入すること。宮座構成員である座衆の子は、出生とともに宮座に届けられ、頭役帳や名附帳などの名簿に登録された。畿内近国の宮座では、この登録順が座衆の臈次《ろうじ》（ランク）となり、頭役勤仕の順番にもなった。宮座によっては、座入り後、童頭または堂頭などの頭役を勤仕させた。中世では、有力な座衆が子供など何人も座入りさせることがあった。近世では宮座は家単位となり、通常、座衆の長子のみが座入りした。　↓宮座《みやざ》

参考文献　肥後和男『宮座の研究』（『肥後和男著作集』、一九八五、教育出版センター）、飯沼賢治「「村人」の一生」（『日本村落史講座』生活Ⅰ所収、一九九一、雄山閣出版）、薗部寿樹『日本中世村落内身分の研究』（『歴史科学叢書』、二〇〇二、校倉書房）　（薗部　寿樹）

さかずき　盃　酒を注いで飲む器。その語源は酒（さけ）と坏（つき）であり、平安時代には土器である酒筍《カワラケ》が盃として一般的であった。中世になって木器や漆器、銀器などさまざまなものが使われるようになるが、形状的にもカワラケを受け継いだ漆器の盃は、酒宴の具として広く普及した。盃は、神と人、人と人とを、一つの器による飲酒によって結びつける役割を果たした。前者は神事において、後者は君臣の忠義や、朋友の絆の確認、擬制的な親子・兄弟関係を結ぶ儀礼にみることができる。婚礼の三々九度も、そうした盃の性格を残している。酒盛とは本来、神前の儀式として決められた作法に基づいて執行された。そこで一つの盃を上座から順に回し、本式では五度、そうでなくても三度回して互いの紐帯が確認されるのである。こうした盃事は、現在でも各地の村落で営まれ続けている宮座などに名残を見ることができる。近世、独酌や遊里のような娯楽としての酒席が起こり、酒器と酒宴のあり方は大きく変化した。　↓飲酒《いんしゅ》　↓酒《さか》盛《もり》　（加藤　幸治）

さかずきごと　盃事　縁組や神事などで互いに盃を交わして契りを結ぶこと、またそのための儀式。親分子分制にもとづいて親方・子方になる者どうしが盃事を行なったり、テキヤ社会などで同様に親子盃・兄弟盃を交わしたりする例も見られたが、擬制的親子関係を樹立するための儀式であった。とはいえ盃事といえば一般的には、結婚式における夫婦《めおと》盃《さかずき》のことをいい、いわゆる三三九度

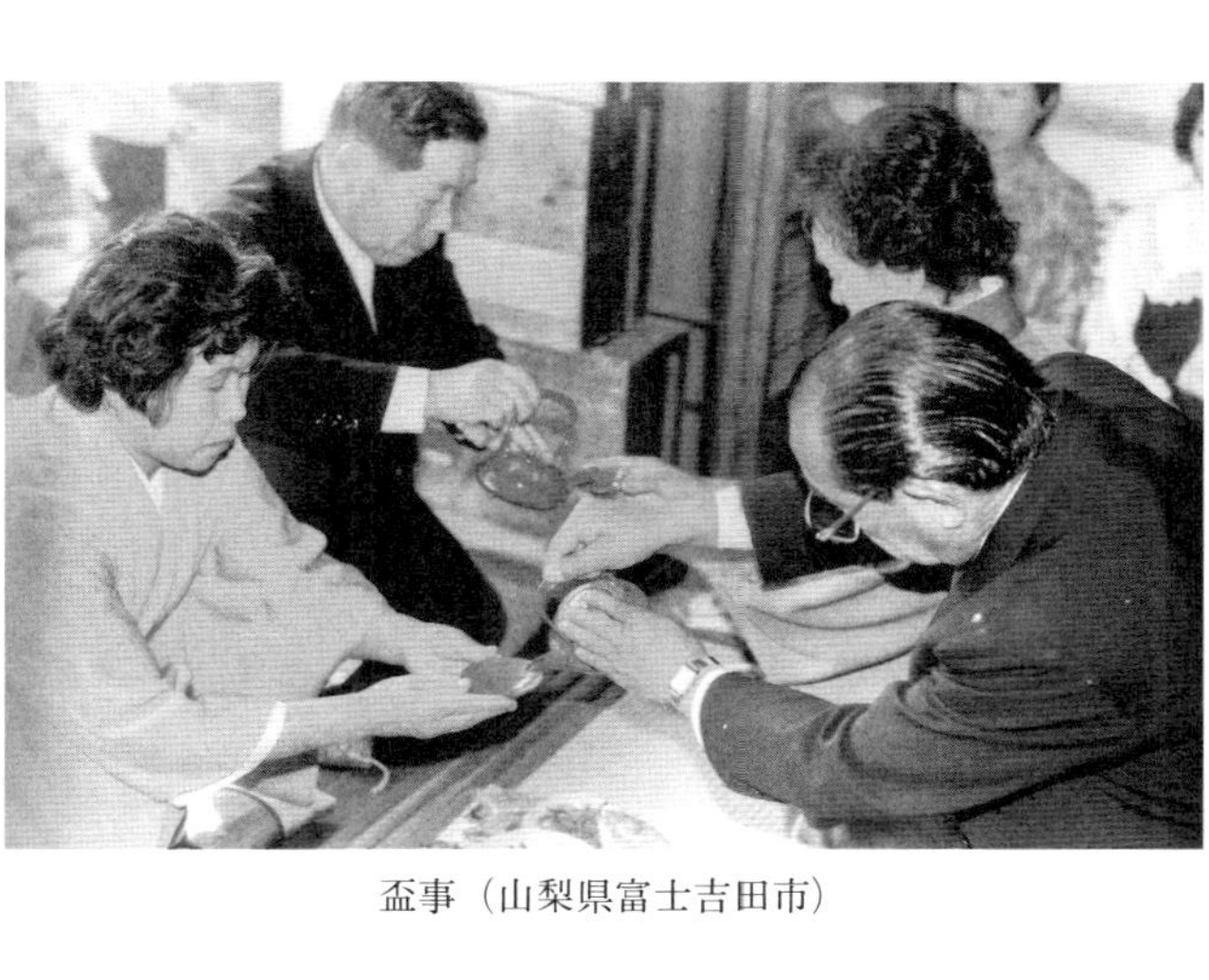

盃事（山梨県富士吉田市）

の盃・夫婦固めの盃というのがそれである。今日の神前結婚式においては、新郎新婦の前に二台の三方が置かれ、一方には三段重ねの平盃、もう一方には肴三品が乗せられる。二人の巫女《みこ》が持つ提銚子《さげちょうし》は雄銚《おちょう》・雌銚《めちょう》と呼ばれ、まず一人の巫女が雄銚で新郎に神酒を注ぎ、新郎は三口でそれを飲み干して、一の盃を三方に戻す。次に新婦がその盃を手に取り、雌銚の巫女が酒を注いで新婦がやはり三口で飲み干す。次に新婦が先に二の盃を取り、今度は逆の順序でそれを行う。最後に再び逆の順序で、今度は新郎が先に三の盃を取って同じことを行う。この三三九度の盃を結婚式の場で、新郎新婦間のみならず、双方の親子・媒酌人・親分子分などの間で行うこともあった。

参考文献 神崎宣武『三三九度―日本的契約の民俗誌―』(二〇〇一、岩波書店)　(長沢 利明)

さかな　肴 酒を飲むときに添える食物のこと。「さか」は酒、「な」は菜や魚。のちに魚類の総称として使われるようになり、主食に対する副食物を指すようにもなる。本来、神に捧げる神饌の最上位は御酒《みき》であり、人々は、神祭のあと神饌のお下がりを神とともに食する直会《なおらい》において、御酒とともに飯・餅のほか鰒《あわび》、堅魚《かつお》、鮭など魚介類の加工品を食した。宮中や武家社会での公的な行事に切り離すことができない儀式である酒礼では、肴一膳を出して各人が盃を飲み干し肴を食すことを一献とし、それを三回繰り返す式三献が正式で、そこでは雑煮、熨斗鰒、鯛の吸い物、するめ、たこなどが肴として出された。また、「肴に、何ぞ小舞を舞へ」(狂言『棒縛り』)とあるように、酒席では管弦や歌、舞などの芸能が興を添え、これも肴と称した。一方、室町時代の荘園では、守護やその使らに対して酒肴料・一献料などと称する支出がみられ、これらは賄賂的な性格をもつものであった。

参考文献 神崎宣武『酒の日本文化』(『角川選書』、一九九一、角川書店)、熊倉功夫『日本料理文化史―懐石を中心に―』(二〇〇二、人文書院)　(窪田 涼子)

さかなうり　魚売り 鮮魚を販売すること、またその販売人。すでに平安時代後期成立の『今昔物語集』に登場している。鮮度が重視される魚類は行商されることが多かったようで、かつて漁村では夫が捕った魚を妻が行商することが広く見られた。伝統的にはいただきと呼ばれる頭上運搬や、天秤棒の両端に桶を吊り下げて売り歩く棒手振《ぼてふり》によったが、近代以降は自転車や自動車、鉄道を利用して販売先も広域化した。呼売りのほか、得意先を訪問して魚の下ごしらえまで行う者や、御用聞きをした上で魚を販売する者もあった。 →乾物屋《かんぶつや》

参考文献 柳田国男編『海村生活の研究』(一九四九、日本民俗学会)　(内田 幸彦)

さかもり　酒盛 人々が集まり酒を酌み交わして楽しむこと。日本では古代以来、飲酒を織り込んだ宴会の形式が次第に整えられ、武家社会や村落生活にも広がっていった。酒の飲み方は、作法や席次の制約の中で場に参加する一同が飲む儀礼的な酒礼と、その後の酒盛(酒宴)とは異なるものであったが、酒盛にも客をもてなすための一定の作法があった。室町時代の貴族の日記『看聞日記』には「乱酒乱舞」などと頻出するが、これは式三献の順序を乱した盃の回しかたをし、舞などを余興に添える酒盛のことであった。また飲酒の早さを競う十度飲み・鶯飲み、酒の銘柄をあてる十種酒なども行われた。 →飲《いん》酒《しゅ》 →宴会《えんかい》 →盃《さかずき》 →酒《さけ》

参考文献 熊倉功夫『文化としてのマナー』(『日本の五〇年日本の二〇〇年』、一九九九、岩波書店)、加藤百一「室町期における公家・武家衆の酒宴―その作法と遊戯化―」(『日本醸造協会誌』九八ノ一〇、一一、二〇〇三)　(窪田 涼子)

酒盛(『絵師草紙』より)

さかや　酒屋 酒の醸造・販売を行う業者。〔中世〕古代には酒造は朝廷の造酒司《みきのつかさ》や神社、または各家ごとに行われていて、商売としての酒屋の存在は史料上確認できない。しかし、鎌倉幕府が一二五二年(建長四)に酒の売買禁止令を出した時の調査では、鎌倉には多数の酒壺があったので、酒屋が多かったことが窺える。京では一二四〇年(仁治元)に造酒司が酒屋役の賦課を望んでいるので、すでに多数の酒屋があり、少なくとも平安後期には京に酒屋が存在したと推測される。一四二六年(応永三十三)の「洛中洛外酒屋交名注文」には三百四十二軒の酒屋がみえ、中には麴室を持つ酒屋もあり、左京地域の一条から五条、祇園社・嵯峨に酒屋が集中していた。西の京の北野天満宮周辺にも麴室を持つ酒屋が多く存在した。京では柳酒屋が有名であり、柳酒は盛んに贈答された。京の酒屋は土倉を兼業し、金融業を営む者も多く、室町幕府は酒屋役・土倉役を賦課し、多額の税収をあげていた。室町・戦国時代には地方でも酒屋が多くなり、博多の練酒や伊豆の江川酒、寺院で造られた奈良の菩提山や河内国天野山金剛寺の酒が著名であった。古代・中世には酒は濁酒であったが、戦国時代には精白米を原料とした諸《もろ》

白《はく》と呼ばれる清酒が造られるようになり、近世に主流となった。近世には村落における酒造を禁止し、町のみに限定した。特に灘やその周辺、伏見の酒造は全国的に有名になった。近世後期になると、米価の低落により、江戸幕府は村落における酒造を解禁したため、上層百姓による酒造が盛んになり、村落にも酒屋が生まれた。

参考文献 小野晃嗣『日本産業発達史の研究』(『叢書・歴史学研究』、一九八一、法政大学出版局)、加藤百一『酒は諸白—日本酒を生んだ技術と文化—』(『平凡社・自然叢書』、一九九八、平凡社)、吉田元『日本の食と酒—中世末の発酵技術を中心に—』(一九九一、人文書院)

(盛本　昌広)

〔近世〕十六世紀中ごろから、寺院は米と米麴、水を混ぜて発酵させたものを濾過した諸白《もろはく》という現在の清酒に近い澄んだ酒を造っていた。ところが、十六世紀末期から十七世紀にかけて寺院による酒造りが衰退すると、諸白の製造技術は地方に広がっていった。このため、現在営業している造り酒屋の多くは、十七世紀後半以降に創業している。都市部や山村には、商人や杜氏が酒造業を専業として開業し、農村部ではおもに地主が副業として酒造業を開始した。十九世紀になると、灘が秋の終わりから春先にかけて仕込む寒造りと、アルコール発酵を促進する仕込配合、大桶による大量生産といった技術を確立し、江戸で人気を博する。ほかにも、伊丹や西宮、尾張、三河といった産地が、江戸積酒造業で繁栄した。↓酒《さけ》↓造《つく》り酒屋《さかや》

参考文献 柚木学『酒造りの歴史』(『雄山閣books』、一九八七、雄山閣出版)、加藤百一『酒は諸白—日本酒を生んだ技術と文化—』(『平凡社・自然叢書』一一、一九八九、平凡社)

(青木　隆浩)

酒屋　麴づくり(『日本山海名産図会』より)

さかりば　盛り場　多様な商業・娯楽・文化施設が集積し、その磁力によって人々の一時的・流動的な群れ(群衆)が形成される都市固有の場である。そこでは、人々は自己を縛る地位と役割の体系から一時的に離脱し、匿名の群衆の一人として周囲の人々が演ずるパフォーマンスに参加していく。日本で盛り場という言葉が用いられるようになるのは幕末のころであった。その起源は江戸中期以降の両国や浅草の賑いにまでさかのぼることができる。これが明治初期の都市計画によって再編され、明治の盛り場がうまれてくる。その代表が、東京の浅草、大阪の千日前である。明治の代表的市民である下町の商人や職人の生活構造の特徴は、「住居・職場・娯楽の三拠点を一ヵ所に統合せしめている」(奥井復太郎「明治・東京の性格—都市生活史についての覚書—」)ところにあった。したがって、明治の盛り場は、このマチウチと呼ばれる地域社会内で自己完結的に営まれている日常生活の周縁に位置し、信仰と興行と性を三大要素としたハレの空間にほかならなかった。盛り場のあり方が大きく変容するのは、サラリーマンなどの都市雇用者の階層形成が進んだ大正中期から昭和初期にかけてであった。都心のオフィス街と郊外住宅地との結接点に位置する私鉄ターミナルに新しい盛り場がうまれてくる。その代表が、東京の新宿、渋谷、池袋、大阪の梅田であった。このターミナル型の盛り場を特徴づけるのは、私鉄資本の経営するデパートメント＝ストアを中核としている点にある。その先駆となったのは、阪急電鉄が自社の開発した郊外住宅地の住民を主要な顧客層に梅田に開店した阪急百貨店(一九二九年(昭和四))であった。ほかの私鉄資本もこの阪急方式を踏襲していく。こうしてターミナル型盛り場は、サラリーマンの生活構造に対応して、職場、家庭・地域社会とならぶ第三の生活空間として、都市の日常的・中心的空間となっていく。高度成長以降、浅草や千日前が衰退していくのと対照的に、現代都市を代表する盛り場として発展していくことになる。↓歓楽街《かんらくがい》↓私鉄開発《してつかいはつ》↓渋谷《しぶや》↓新宿《しんじゅく》

参考文献 奥井復太郎「明治・東京の性格—都市生活史についての覚書—」(『三田学会雑誌』四六ノ六、一九五三)、加藤秀俊『都市と娯楽』(『SD選書』、一九六九、鹿島研究所出版会)、寺出浩司『生活文化論への招待』(一九九四、弘文堂)

(寺出　浩司)

さかん　左官　「住」に関わる建築をつくる技能者の内、土壁の施工を担当する工人。六世紀後半、仏教寺院建築の導入とともに、壁に土を用いることが本格化した。古代律令体制下の建築工事組織(木工寮《もくりょう》)の中に土工司《つちのたくみのつかさ》が置かれ、その部署名の一つである「属《さかん》」が呼称の由来と考えられる。中世には、寺院以外の上層住宅などにおいても、敷地内に土蔵をつくるなど、土壁工事の需要が広がり、近世の城郭建築の出現によって、工事量は飛躍的に増大した。古代の文献(『延喜式』)に「土工」、中世の文献(『下学集』)に「壁塗」、近世の文献(『人倫訓蒙図彙』)に「左官」と記されている。建築の土壁は、垂直材と水平材で構成された開口部に、木舞《こまい》下地を組み、その両面から

下塗(荒土)、中塗、上塗と土を塗り重ねていく。木舞下地の材料は、古代、中世がヒノキなどの割材で、今日見られる竹材は近世以降に普及する。なお、庶民住宅の土壁の多くは、木舞下地に荒土を塗った程度の簡素なものであったと推定される。→壁《かべ》

参考文献 山田幸一『壁』(『ものと人間の文化史』、一九八一、法政大学出版局)　(渡邊　晶)

さきおり　裂織　古い布地を細長く裂いたものを用いた織物。江戸時代中期の東北地方で大麻の葉を細かく繊維状にして織りあげたものを起源とする。十七世紀からは北前船によって近畿の古手木綿が用いられた。裂織の生地が弱くなると組紐に作り直して背負子にし、最後には農作業の防虫用の灰とするなど、裂織文化が生まれた。裂織は江戸時代後期には北陸から近畿地方にかけても作られたが、明治以降の貿易によって繊維が入手しやすくなるにつれ、あまり作られなくなる。　(刑部　芳則)

さぎょうぎ　作業着　労働に従事する際の動作性を重視して作られた服。明治時代には着流しの長袖を括り、特別な作業着は存在しなかった。一八七〇年(明治三)十月に大蔵省造幣寮が設けた作業員の制服は、洋式制服の早いものである。同年十二月に本格的に操業を開始した堺紡績所では、浅黄の作業着が作られたが、男工は詰襟服で、女工は下駄履きに襷掛けであった。七二年に開業した富岡製糸場の女工も、紺絣に襷掛け、小倉赤縞の義経袴に木履をはいていた。民間会社の作業着として特筆すべきは、一九〇〇年に森永太一郎が従業員に改良服を着せた森永商店である。森永の製菓所では、女子に看護婦のような白衣白帽を着用させている。これは衛生面を重視したことによる。第一次世界大戦後に大規模な機械工場が登場するとともに、独自の作業着が創出された。一九三五年(昭和十)には東京府工場協会と警視庁工場課が、機械・器具関係の職工は銀緑色の綾木綿、夏は薄水色の木綿、帽子は同色の運動帽を定めた。四〇年に厚生省労働局は、国民服乙号に準じた一号型と、機械作業用の二号型の男子国民作業服を制定した。戦時下の作業着は、ほぼこの型で統一された。色は緑色、茶色、灰色の系統があり、それらは国防色と呼ばれた。太平洋戦争後の作業着は、ポリエステルと綿の混紡生地で、色は薄鼠か灰緑が多い。ジャンパーにジーパンのほかに、背広スタイルやシャツスタイルを採用する企業もある。女性用の作業着では、日本ユニホームセンターの協力や、職場の声を取り入れ、ブラウスやジャンパーの色や形の改良が図られた。五三年に福助足袋は、お座敷足袋の工場を淡緑、地下足袋の工場を淡紫、運動靴の工場を紺、シャツ工場を白と、ネッカチーフで判別できるようにした。また東洋電具のように、ファッション＝デザイナーのピエール＝カルダンに依頼し、カジュアル＝ウエアの洒落た作業着を制定する企業も登場した。

参考文献 太田臨一郎『日本服制史』下(一九八九、文化出版局)　(刑部　芳則)

さくおとこ・さくおんな　作男・作女　雇われて住み込み、あるいは通いで農作業に従事する男女。年季・半季の奉公人契約で住み込む男子はオトコ(男)・オトコシュ(男衆)・ワカイシュ(若い衆)、ワカイモン(若い者)、女子はオナゴ(女子)・オナゴシ(女子衆)・オンナシュ(女衆)・メラシ(女等衆)・ジョローシ(女郎衆)などと呼ばれ、作男・作女と呼ばれることは少ない。季節雇いや日雇いの通いはヒヨウ(日用・日雇)・ヒヨウトリ(日用取り)・テマドリ(手間取り)などと呼ばれた。田畑を手作り経営している地主が家族以外の労働力を確保する場合や、自作農の稼ぎ手がより多くの収入となる商売や稼ぎに出ている間の耕作を維持するために、安価な作男・作女を近隣の余剰労働力から雇う場合とがある。

参考文献 有賀喜左衛門『日本家族制度と小作制度』上・下(『有賀喜左衛門著作集』一・二、二〇〇〇、未来社)　(下重　清)

さくとく　作徳　中世において、耕地の作職所持者が取得した得分。中世では、土地耕作の請負関係が重層化することで「職の分化」が進展し、年貢以外に処分可能な得分収取権が生成された。そのうち、加地子などの中間得分が、領主に対する本年貢とともに、村のなかで「年貢」と認識され、戦国時代以降は戦国大名などの領域権力に把握されていったのに対し、作徳は「年貢」とは別次元で、戦国時代以降も村および百姓のもとに保証されていた。それは、作徳が村の再生産・必要労働分として広く認知されていたためであるが、そうした作徳のあり方は太閤検地を経た近世社会にも継承され、宛米(小作料)として地主小作関係の根幹に据えられていった。

参考文献 村田修三「戦国・織豊期の検地と「作あい否定」」(『寧楽史苑』二三、一九八八)、西谷正浩『日本中世の所有構造』(二〇〇六、塙書房)、長谷川裕子『中近世移行期における村の生存と土豪』(『歴史科学叢書』、二〇〇九、校倉書房)　(長谷川裕子)

さくべい　索餅　小麦粉と米粉に塩を混ぜて練ったものを縄状にした食品で、その形状から麦縄《むぎなわ》ともいう。乾燥して保存し、茹でて醬《ひしお》・酢・末醬《みそ》などに付けて食した。現在の手延素麵の祖型ともいわれる。平安京の東西市には索餅を売る店舗があり、春から夏にかけての米の端境期に不可欠な食料であった。平安後期になると、小麦の収穫儀礼として七月七日に民間で行われていた索餅を食する行事が朝廷の儀式として取り入れられた。→素麵《そうめん》

参考文献 石毛直道『麵の文化史』(『講談社学術文庫』、二〇〇六、講談社)、木村茂光「日本古代の索餅について」(同編『雑穀』II所収、二〇〇六、青木書店)、奥村彪生『日本めん食文化の一三〇〇年』(二〇〇九、農山漁村文化協会)　(伊佐治康成)

さくら　桜　バラ科の落葉広葉樹。春に咲く桜の花は春の到来や新しい学年のはじまりを知らせるものとして、人びとの注目を集めてきた。開花状況は桜前線として新

聞やテレビで報道される。また、桜は日本の文化と深く結びついている。平安時代以降の詩歌の伝統では花といえば桜をさす。花見という行事も長い歴史をもつ。古くは一五九四年(文禄三)に吉野山で行われた「太閤の花見」が特に有名である。現在も吉野山には三万五千本の桜があるが、伝統的には神への奉納(寄進)として植樹されたものである。また、桜の花は人の命の象徴とみなされ、喩えられることがある。さらに桜は神(霊魂)と深い関係があると信じられており、そのため本来は山以外でも神社の境内や寺で植えるもので、個人の家の庭に植えるのは控えられた。現在においても、山や川の堤、学校や公民館などの公共的な場所には進んで植えられる傾向がある。阪神淡路大震災の後に、亡くなった人と同じ数の桜を植える運動が起こったのも右の考え方による。　↓花《はな》見《み》

参考文献　鳥越皓之『花をたずねて吉野山―その歴史とエコロジー―』(『集英社新書』、二〇〇三、集英社)

(鳥越　皓之)

さけ　酒　穀類や果実を原料としたアルコール含有飲料のことで、醸造酒と蒸留酒の大きく二つに分類できる。醸造酒としては、近世から清酒、濁酒、味醂酒、白酒などがある。清酒は米と米麴、水を混ぜたものを発酵させ、濾過して飲む酒で、濁酒は米と米麴、水を混ぜたものを発酵させ、濾過せず醪《もろみ》のまま飲む酒である。また、味醂酒は餅米と米麴、焼酎を入れて発酵させたもので、かつては飲用されていた。白酒は餅米と米麴に清酒、焼酎、味醂酒などを加え、石臼でひいた白色のねっとりした酒である。一方、蒸留酒としては、芋や麦、米、黒糖などを原料とした本格焼酎と酒粕を蒸留した粕取り焼酎が造られてきた。変質した酒を蒸留して、焼酎を造ることも広く行われていた。

ほかに、近世までは多様な混成酒が造られてきた。これは、当時の酒が変質しやすかったため、直すことが多かったのと、原料米の精米歩合が低いために糠のにおいが強く、薬草を入れて飲みやすくしていたからである。薬草酒には、薬としての役割もあった。たとえば、焼酎や味醂酒にスイカズラや丁子、桂皮、氷砂糖、紅花、朝鮮人参などを入れて漬けこんだ忍冬酒《にんどうしゅ》や、清酒によく炒った栢《かや》の実をすり鉢ですったものと砂糖を入れて漉して飲む栢酒などがあった。また、焼酎はアルコール度数を高めて腐敗を防止するためにさまざまな酒に加えられていた。

幕末以降には、欧米からビールやワイン、ウイスキーなどの洋酒が入ってきた。また、一九一一年(明治四十四)に日本が関税自主権を取り戻すまで、神谷バーの「電気ブラン」に代表されるように、安い輸入アルコールに糖類、酸味料、香料などを加えた模造洋酒が数多く造られた。ほかに輸入アルコールは、製造コストを下げ、かつ度数を高めて腐敗しにくくなる効果のあることから、清酒にも入れられていた。ところが、明治政府が関税自主権を回復させると、輸入アルコールの価格が高騰したため、清酒へのアルコール添加が一時的に廃れていった。

なお、明治時代は腐敗を防止するため、清酒製造に近代科学の技術を導入していった時代として注目される。その端緒は一八八〇年前後におけるドイツ人のコルシェルトとイギリス人のアトキンソンという二人のお雇い外国人による清酒の醸造法研究である。特にアトキンソンの『日本醸酒篇』は八四年・八五年に邦訳出版され、八八年ごろからの酒造改良運動へと引き継がれていった。この酒造改良運動とは、糖化酵素を発見した三共創業者の高峰譲吉や冷室貯蔵法を考案した工部大技長の宇都宮三郎といった化学者のほか、全国の酒造経営者十人前後が、清酒醸造に近代科学を導入し、腐りにくくて品質のよい清酒を造ろうと実験を重ね、その成果を公表していった活動のことである。このような民間を中心とした酒造改良は、埼玉県や愛知、京都、兵庫、広島、福岡県といった都市圏で盛んだったが、一九〇四年・〇五年の日露戦争に向けた軍備拡充を目的とする酒税増税の見返りとして、〇四年に国立醸造試験所が設立されると、その役割を終えていった。〇七年から技術向上を目的とした全国の品評会が年一回開催されるようになると、産地間競争が激化して清酒の品質が向上し、全国各地に新興産地が出現した。

ところが、一九一〇年代になると米価が不安定になったため、化学者たちが米を使わずに造る合成清酒の技術開発を始めた。中でも理化学研究所の鈴木梅太郎は、一九一八年(大正七)の米騒動勃発を契機として、糖類にアミノ酸を加えて発酵させる技術を開発し、二二年に合成清酒製造の特許を取得した。三〇年代中ごろからは米不足によって、この合成清酒が広く製造されるようになった。

また、一九三〇年代になると、政府は飯米確保と主要財源の所得税への転換を背景として、清酒の生産統制を行い、かつ四二年(昭和十七)・四三年には造り酒屋の軒数と生産量を企業整備によって半分にした。そのような状況下で少しでも多くの清酒を造るため、四四年には三九年から試験醸造を続けていたアルコール添加法による清酒の製造を全国的に普及させた。戦後になると、食糧事情がさらに悪化したため、原料米をできるだけ節約することを目的として、単純なアルコール添加にとどまらず、ブドウ糖や水飴などの糖類、コハク酸やグルタミン酸などの酸味料を加える三倍醸造酒が四九年から三年間試験的に導入され、五二年から全国的に製造されることとなった。戦後しばらくは、造り酒屋に対する原料米の割当量に制限があったため、三倍醸造酒は地方の二級酒として広く製造・販売されていたが、米の流通自由化が進むとともに純米酒へ回帰する造り酒屋が増えていった。

↓泡盛《あわもり》　↓飲酒《いんしゅ》　↓ウイスキー　↓お神酒《みき》　↓酒盛《さかもり》　↓酒屋《さかや》　↓焼酎《しょうちゅう》　↓造《つく》り酒屋《さかや》　↓電気《でんき》ブラン　↓濁酒《どぶろく》　↓

ビール ↓みりん ↓ワイン

参考文献 藤原隆男『近代日本酒造業史』(『Minerva 日本史ライブラリー』、一九九八、ミネルヴァ書房)、青木隆浩『近代酒造業の地域的展開』(二〇〇三、吉川弘文館)

(青木 隆浩)

サケ サケ サケ科の淡水魚。成長過程や環境により色や形が変化するが、いずれの種も経済的価値は大きい魚である。そのため近世期にはすでに積極的に漁業が展開していた。新潟県北部を流れる三面川《みおもて》の下流域には鮭川と呼ばれる漁場があり、近世における鮭川での鮭漁は、漁場利用権・専売権を特定集団や個人に請け負わせることで運上徴収・生産統制をはかろうとする漁場請負制によって展開していた。越後国村上町(新潟県村上市)では領主である村上藩から運上金の徴収と納入の権利を請け負い、毎年入札によって鮭川の請負者を決定していた。鮭川の漁業構造は、村上町・請負者・漁業者という三者の関係の分析により明らかにされている。ちなみに十八世紀末には、村上藩による鮭資源保全の政策が打ち出されており、近世段階ですでに資源保全に関する興味関心が生まれていたことが注目できる。 ↓種川《たねかわ》

参考文献 高橋美貴「近世における漁場請負制と漁業構造―越後国岩船郡村上町鮭川を事例として―」(後藤雅知・吉田伸之編『水産の社会史』所収、二〇〇三、山川出版社)

(鎌谷かおる)

さけのさかな 酒の肴 ⇩肴《さかな》

ささ 笹 イネ科の多年生植物。竹に似ているが、地下茎が横に伸びて茎を包む鞘がはがれない。何年かの周期で開花し、大量の実がなると食用にすることもあった。第二次世界大戦中の食糧不足のころ、長野県と岐阜県を結ぶ野麦峠付近でクマイザサの実を集め、石臼で挽いて米の粉と混ぜ、団子にして食べたという。やっと喉を通る程度の味らしかったが、救荒食物として機能した。笹は籠や笊の材料に用いられるほかに、葉に防腐作用があり、新潟県の笹団子や笹飴、富山県のますずしの包装に利用されている。また、祭や縁日に、笹に付けた紙の小旗を参拝者に配る社寺もある。

参考文献 室井綽・岡村はた『竹とささ』(一九七二、保育社)、矢頭献一『植物百話』(朝日新聞社、一九七五)

(柳 正博)

サザエさん サザエさん 長谷川町子(一九二〇―九二)の代表作で国民的人気を博した漫画。主人公のフグ田サザエとその家族が日常生活のなかで繰り広げるさまざまな出来事を描いた四コマの風俗漫画であると同時にギャグ漫画でもある。一九四六年(昭和二十一)四月二十二日から『夕刊フクニチ』で連載が開始される。その後『新夕刊』を経て四九年十二月一日から七四年二月二十一日までの長期間にわたり『朝日新聞』に連載された。六九年からはアニメとしてテレビ放映が始まり高視聴率を誇る人気番組となっている。サザエは夫マスオ、長男タラオとともに実家の磯野家で両親や弟カツオ、妹ワカメらと同居しており、それぞれの世代を通して多様な風俗世相を活写している。そのなかには闇市、配給といった終戦直後の社会状況から新幹線や東京タワーなどの経済成長を象徴する話題、さらにはPCB汚染やトイレットペーパー騒動なども収録し、庶民からみた時代の貴重な記録にもなっている。

参考文献 清水勲『サザエさんの正体』(一九九七、平凡社)

(湯本 豪一)

さじ 匙 食品や薬などをすくう道具。スプーン。弥生時代の遺跡から、椀や杓子などとともに木製の匙の出土例が見られ、また正倉院御物にも金属製の匙があり、奈良・平安時代の宮中の宴席では、箸と匙が併用されたという。しかしその後、食事にはもっぱら箸のみが使用されることとなり、匙の使用は医者が薬を調合する際に用いる薬匙《やくじ》(「やくさじ」とも)、茶道の茶匙《ちゃさじ》、香道の香匙《きょうじ》(「こうさじ」とも)など特殊な用途に限られた。江戸時代、将軍の脈をとる奥医師を御匙《おさじ》と呼んだが、これは薬匙から転じた呼称であり、「匙加減」「匙を投げる」などの言い回しもここから生まれた。明治以降、洋食の普及に伴ってスプーンが普及し、学校給食の場においてはスプーンとフォーク、あるいは先割れスプーンが供され、箸が使用されない時期すらあった。しかし現代でも、和食は箸だけで食べるのが一般的である。

(小林 裕美)

ざしき 座敷 畳敷きで、特に接客に用いる部屋。平安・鎌倉時代には、板敷きの部屋に畳やしとね、円座などを敷いた着座の場をいった。室町時代に入ると次第に書院造という建築様式が整えられたが、そこでは接客空間と生活空間が明確に分けられ、接客空間の中心となったのが、畳を敷き詰め床の間、違い棚、付書院などの座敷飾りを備えた座敷であった。江戸時代、経済力の向上に伴って農家や町家にも次第に座敷飾りを備えた畳敷きの部屋が設けられるようになり、特別な客を迎えるほか、冠婚葬祭などの儀礼や改まった年中行事、寄合の場として用いられた。この部屋を座敷と呼び、またデイ、デ、デエザ、ジョウダンなどの名称も各地で使われた。デイは出居、すなわち主人が出て客に応対する場所を示す古風な呼称である。一方で、日本の民家には、かつて土間が広く設けられていたが、土間に面した最初の部屋、イロリがあり家族が集まって日常生活の中心となる部屋を座敷と呼んだところも多く、また特定の部屋の呼称ではなく、土間や板敷きの部屋に対して、畳敷きの部屋を総じて座敷と呼ぶ場合もあった。書院座敷は、現在でも和風建築の規範となっている。 ↓居間《いま》

参考文献 竹内芳太郎「屋敷・間取り」(大間知篤三他編『生活と民俗』一所収、一九五八、平凡社)、宮澤智士『日本列島民家史―技術の発達と地方色の成立―』(『住まい学大系』、一九八九、住まいの図書館出版局)

(小林 裕美)

さしこ 刺子 衣服を長持ちさせるため繕う技法、また

それによって作られたもの。着物に限らず、手甲・脚絆・足袋・被物・前掛・風呂敷・布巾・雑巾などに用いられた。野良着や仕事着として使用される手甲・脚絆・足袋などは強度が必要なため、補強策として刺子の技法が欠かせなかった。また刺子は水を吸収する力があったため、江戸時代の火消装束として活用された。火消装束の縫目には華麗な曲線や直線を描いたものが見られ、漸次装飾化したことが理解できる。都市部では仕事着として用いられたが、地方では貧民の着物として普及した。明治以降も消防団の制服として刺子は残り、また柔道着に取り入れられた。だが、太平洋戦争後に刺子に模して織った綿織物である刺子織が主流となると、手縫いによる刺子の技法は少なくなった。（刑部　芳則）

さしぬき　指貫　公家装束を着る際に用いる袴。指貫は奈良時代の括袴《くくりばかま》を祖形とし、八幅に仕立てた袴である。通常時に足首で括るのを下括、非常時に膝下で括るのを上括と称した。指貫は、平安時代以降に衣冠、直衣《のうし》、狩《かり》衣《ぎぬ》、水干などに用いられた。色には若者の濃紫から年齢が上がるにつれ薄紫、二藍《ふたあい》、紺、縹《はなだ》萌黄、浅黄と違いがあった。だが、江戸時代の朝廷儀礼では堂上の紫色と、地下の縹色と、身分差によって使い分けられている。一八七二年(明治五)十一月の洋式大礼服の制定により、従来の衣冠や狩衣が祭服となると、指貫は祭祀奉仕者の袴として残された。九四年二月制定の神官神職服制における正服では、神官祭主は紫織物の雲立涌《くもたてわき》、三位以上は紫固織の藤の丸、四位から六位は紫平絹、六位以下および無位は白布または浅黄平絹と、指貫に差異がつけられている。（刑部　芳則）

さしみ　刺身　生の魚介類を薄い切り身にした食品。塩蔵や干物などの加工を施さず生のまま食べることは、『日本書紀』景行天皇五十三年十月条に景行天皇が上総国に赴いた際、「白蛤《うむぎ》」を得たので膾《なます》にしたとあるように、古代以前から行われていたと推測される。刺身という言葉が史料に現れるようになるのは室町時代になってからである。このころの刺身は膾より大きめに切って、別に用意した酢や煎り酒に浸けて食べられた。江戸時代になると、主に特別な日の供応食として、上方ではもっぱらタイが(西日本では刺身を作り身といった)、江戸ではタイのほかにカツオの刺身が食べられ、「鮪」(マグロは江戸時代以前、シビと読まれカジキも含まれた)の刺身は江戸の庶民を中心に、づけと呼ばれる醬油漬けで食べられることが多かった。江戸前ずしは、江戸後期に人口増加により大消費地となった江戸に魚市が整備され、近海の鮮魚が押送船によって運ばれるようになったことで誕生した。鮮魚が一般に食されるようになってから、西日本を中心に新鮮なもの一般をさす用語だった「ブエン(無塩)」という言葉は生の魚介類を意味するようになった。生の魚を食べることができると思われがちな海沿いに住む沿岸の人々でも、魚がすぐに塩漬け加工されるためブエンを食する文化は育たなかった。刺身が通年で食べられるようになったのは、高度経済成長以降のごく近年のことである。→鱠《なます》

参考文献　越智信也他『魚食文化の系譜』(二〇〇九、雄山閣)（橋村　修）

さしものし　指物師　鉄釘を使わずに木製の板を合わせて、棚や机などの家具を制作する職人。箱形の製品をおもに作ることから、民間では箱屋・箱大工などと呼ばれる。かつて家大工が兼ねていたが、大工の細分化に伴い、近世初期に指物師として独立するようになった。江戸指物、京指物、大阪唐木指物など地名を冠して呼ばれるように、歴史的な経緯の違いにより地域的なヴァリエーションが生まれている。

参考文献　小泉和子『室内と家具の歴史』(『中公文庫』、二〇〇五、中央公論新社)（塚原　伸治）

指物師（『人倫訓蒙図彙』より）

サステイナブル　サステイナブル　持続可能なことを示す形容詞。Sustainable。近代の早急な工業化や大量生産、大量消費の反省から、一九八七年に国連「環境と開発に関する世界委員会」が公表した報告書の中心的な考え方として、「持続可能な開発」という概念が提唱され、この語がよく用いられるようになった。その後、地球環境を保全しつつ持続可能な産業や開発を追及する社会的な動きに伴い、九〇年代から一般に普及した。環境や資源に配慮した意味を付け加える単語として「サステイナブルな〇」と表現されることが多く、建築、都市、社会、環境、デザイン、コミュニティ、エコノミー、エネルギーなどがあてはまる。建築分野では、造形や最新技術にとらわれず、環境と共生できる意匠や循環型の仕組みをもつもの、という意味をもつ。コミュニティの分野では、その地域社会に根付く歴史、文化、技術、人々の関係を受け継いでいくという意味をもつ。また、エネルギー分野では、水力、風力、地熱、太陽光などのクリーンエネルギーを示す。

参考文献　林昭男他「(対談)自然環境に配慮した建築を求めて―エコロジーへ、そしてサステイナブルへ―」(『建築雑誌』一一二、一九九七)（中島　咲紀）

ざっこく　雑穀　粟・稗・黍など夏作物として栽培される一群のイネ科穀類と定義されることもあるが、一般的には主穀である米・麦以外の穀物の総称である。具体的には粟・稗・蕎麦・黍・蜀黍《もろこし》・玉蜀黍《とうもろこし》などの穀類を指すが、大豆・小豆など豆類や荏・胡麻を含める場合もあって穀類に限定されない。雑穀の用語は古代・中世におい

ては、米と他の穀物とを区別するために使用されることはあっても、辞書類にも雑穀の用語は見出せないように、一般的な用語として定着していない。近世初期に日本イエズス会によって刊行された『日葡辞書』は雑穀を項目として取り上げ、「米以外のすべての穀類で、大麦や粟・黍などもこれに入る」と定義する。しかし、近世の農書にみられる「麦ハ雑穀第一の粮」(出雲の源八著『豊秋農笑種』)、「稗ハ五穀ノ長タリ、得多シ」(加賀の鹿野小四郎著『農事遺書』)とあるように雑穀の捉え方は地域によって相違があり、内容についても明確に定義できるものではない。『百姓伝記』では巻一一を「五穀雑穀耕作集」にあて、稲・麦以外の五穀・雑穀の栽培方法を一括して取り上げるように、五穀・雑穀を厳密に区別する意識はみられない。近世において雑穀は畑作(常畑・焼畑)や輪作体系のなかで重要な役割を果たし、農民の日常生活を支える重要な作物、特に飢饉に対する救荒作物としても重視された。それは、土壌・気候条件などが不良の土地にもよく生育し、安定した収穫が得られ、種子の長期保存が可能であり、飯・粥・餅など多様な調理法があった雑穀の有用性とも関わる。その一方で、近世社会における米を重視する意識の裏返しとして、雑穀を賤しい作物、米を食べられない貧しい者の食物とする差別意識を生み出した。米への志向が強くなる近代以降、雑穀への蔑視観は一層強まったが、近年では健康食として雑穀が見直されている。 ↓五穀《ごこく》

参考文献 阪本寧男『雑穀のきた道—ユーラシア民族植物誌から—』(『NHKブックス』、一九六八、日本放送出版会協)、増田昭子『雑穀の社会史』(二〇〇一、吉川弘文館)、木村茂光「雑穀の思想」(同編『雑穀—畑作農耕論の地平—』所収、二〇〇三、青木書店)、増田昭子『雑穀を旅する—スローフードの原点—』(『歴史文化ライブラリー』、二〇〇七、吉川弘文館)

(伊佐治康成)

サッシ サッシ 本来は、建具などの組子部材(sash bar)を示す言葉であるが、一般的には工業製品としての屋外用建具全般を意味する場合が多い。日本においては、戦前までスチール製および木製サッシが主流であったが、戦後は軽金属工業の発展とともにアルミ製サッシが台頭し、今日に至るまでアルミ製が主流となっている。しかし、アルミ合金は熱伝導率が高く、断熱性能が低いため、日本以外では普及率は非常に低く、欧米においては樹脂製サッシが主流である。

参考文献 真鍋恒博『開口部関連部品』(『(図説)近代から現代の金属製建築部品の変遷』一、一九九六、建築技術)

(前川 歩)

ざっし 雑誌 magazine の翻訳語である。magazine の原義は倉庫であって、十八世紀半ばに知識や情報の倉庫という比喩で定期刊行物の題字に用いられるようになった。新聞紙 newspaper はその特性として必ず新聞 news を載せなければならないが、雑誌は文字通りさまざまな雑多なものを盛り込んでいくことこそ特性である。日本で雑誌を名乗った最初は一八六七年(慶応三)十月に柳河春三が刊行した『西洋雑誌』とされるが、その巻末には「此雑誌出板の意ハ、西洋諸国月々出板マガセイン(新聞紙の類)の如く、広く天下の奇説を集めて」とある。明治初期の重要な雑誌は明六社の『明六雑誌』(一八七四年(明治七)創刊)である。同人のさまざまな説をあえて統一をはからず、そのまま掲載した同誌は雑誌というメディアの特性を発揮している。その後、政治・文学などさまざまな結社によって多くの雑誌が発行された。一八八〇年代後半に登場した『国民之友』(八七年二月創刊)と『日本人』(八八年四月創刊)の二つの雑誌、特に『国民之友』はその表紙には「政治社会経済及文学之評論」と掲げられているように、諸ジャンルを横断する総合雑誌という新しい雑誌スタイルを作り出した。この総合雑誌スタイルは明治末期に博文館の『太陽』によって発展し、さらに大正期には『中央公論』『改造』といった知的読者層向けの総合雑誌が全盛となった。もう一つの流れは庶民向けの雑誌で、その特徴は写真や挿絵による見る雑誌である。博文館の『日清戦争実記』などは戦争を視覚的に描き人気を博した。また『講談倶楽部』(講談社)などは講談や落語といった口頭芸能を活字化することによって庶民読者を吸引した。娯楽や人生訓など、それまでの雑誌の諸要素すべてを網羅した大衆雑誌が講談社の『キング』(一九二五年(大正十四)創刊)である。同誌は発行部数百万部を突破したという。第二次世界大戦後は、雑誌は読者対象を性別・年齢別・趣味別などにさまざまにセグメント化し、ますます多様化してきている。それは膨張した大衆社会の消費を促す広告媒体でもある。 ↓学習雑誌《がくしゅうざっし》 ↓カストリ雑誌《ざっし》 ↓週刊誌《しゅうかんし》 ↓少年《しょうねん》・少女雑誌《しょうじょざっし》 ↓女性雑《じょせいざっ》誌《し》 ↓ファッション雑誌《ざっし》 ↓マンガ雑誌《ざっし》

『国民之友』第1号

参考文献 佐藤卓己『『キング』の時代—国民大衆雑誌の公共性—』(二〇〇二、岩波書店)

(有山 輝雄)

さっちゅうざい 殺虫剤 ⇩DDT《ディーディーティー》

サツマイモ サツマイモ ⇩甘藷《かんしょ》

さと 郷 ⇩ごう

サトイモ サトイモ サトイモ科の植物で、根塊と茎(ズイキ)を食べる。日本では古い時代から栽培され、中部、関西ではマイモと呼び、外来のイモ類と区別した。粘り気が強く、食味も良い。品種も多いが、小芋、八つ頭《がしら》、頭《とう》の芋が好まれる。苦味の強いヨゴイモとともに明

ターウムの水田

治・大正時代まで主食の一部になった。鹿児島県や沖縄県では水耕栽培するターウム(田芋)が栽培されている。サトイモを重要視した元旦の雑煮は畑作文化の象徴で、「イモ文化」として稲作文化とならぶ日本文化の指標と位置づけられている。

参考文献　坪井洋文『イモと日本人—民俗文化論の課題—』(一九七九、未来社)、同『稲を選んだ日本人　民俗的思考の世界—』(一九八二、未来社)

(増田　昭子)

さとう　砂糖　蔗糖を主成分とする甘味料。原料により甘蔗糖と甜菜糖(ビート糖)に分類される。甘蔗は奈良時代、遣唐使や留学僧によりもたらされた。七五四年(天平勝宝六)唐僧鑑真の舶載目録が初見とされ、『正倉院文書』の「種々薬帳」には貴重な薬として記されている。また、九八四年(永観二)丹波康頼撰の医書『医心方』で甘蔗の項に、汁から沙糖を作る、痺れを治し血色をよくすると記されている。室町初期になると『庭訓往来』に点心の例として砂糖羊羹、『蔭凉軒日録』文正元年(一四六六)閏二月八日条に砂糖餅を贈られた記載があり、砂糖入りが特別だったことがうかがえる。一五四三年(天文十二)以来ヨーロッパや南蛮との交流で、白砂糖やそれを使う南蛮菓子がもたらされ、茶会や贈答での需要が高まり、砂糖の輸入量が急増する。一方、国産に向けて甘蔗栽培、製糖技術が主として薩摩藩により奄美、琉球に導入される。一七二七年(享保十二)八代将軍徳川吉宗は甘蔗苗を琉球より取りよせ、糖業を奨励し、江戸末期には讃岐、阿波をはじめ全国に産地が増える。特に讃岐の白砂糖は名高く、一八一四年(文化十一)成立の『塵塚談《ちりづかばなし》』に「讃岐国産は雪白のごとく舶来にいささか劣らず」と記されている。一方、砂糖を有害視する指摘もすでにみられる。たとえば一八六〇年(万延元)対馬藩士中川延良が『楽郊紀聞』に、文化年間の朝鮮通信使来聘以降奢侈が積り、砂糖製の餅菓子を与え過ぎた子供が虚弱になり、疱瘡で死ぬ者が増えたと記している。明治以降は、一八八〇年(明治十三)北海道紋鼈《もんべつ》で官営甜菜糖製造工場が開業し、日清戦争後領有した台湾で一九〇〇年大規模な製糖業が始まり、一般の消費が伸び、翌年砂糖消費税法が制定される(八九年(平成元)廃止)。戦時経済体制で四〇年(昭和十五)砂糖の配給統制が実施されるが、四二年二月シンガポール陥落で、砂糖・酒・菓子などが特別配給される。以後、戦後も五二年砂糖の統制撤廃までは供給不足が続いた。　↓甘味《あまみ》　↓菓子《かし》　↓甘蔗《かんしゃ》

参考文献　樋口弘『日本糖業史』(一九五六、味灯書屋)、糖業協会編『近代日本糖業史』上(一九六二、勁草書房)

(橋爪　伸子)

さどう　茶道　⇩習《なら》い事《ごと》

ざとう　座頭　中世の琵琶法師の集団に淵源をもつ盲人の集団、当道座の成員。盲人一般を指すこともある。近世にあっても家の扶養のもとで生活したり仕官したりする盲人は存在したが、多くは生産への参加を閉ざされて、音曲遊芸、鍼治・按摩、高利貸などに生業を求めた。他方、吉凶の施しを受けて生活を支える者も多く存在した。

座頭(『人倫訓蒙図彙』より)

近世の当道座はこれら盲人たちの生活要求を組み入れつつ全国的規模の仲間組織を形成した。当道座には検校《けんぎょう》・別当《べっとう》・勾当《こうとう》・座頭などの階級があり、これがさらに十六階七十三刻《きざみ》に細分されていた。各刻ごと昇進するのに拠出された官金は、上層の座員に下物《おりもの》として配分されその生活の安定と再生産に寄与した。そうした利権のない下層の座員に対しては武士・町人・百姓らからの吉凶の施物を「配当」として配分するという方法で生活扶助がなされた。幕府・藩は勧進や芸能から派生する風俗・治安対策に当道座の内部統制機能を利用し、その権益の保護を政策基調とした。　↓按摩《あんま》　↓盲目《もうもく》

参考文献　加藤康昭『日本盲人社会史研究』(一九七四、未来社)、谷合侑『盲人の歴史』(一九九六、明石書店)

(西木　浩一)

さとがえり　里帰り　嫁入婚において嫁が生家へ帰る慣行を指す。婿養子取りの婚姻では、婿が生家へ帰ること

も里帰りと称するが、嫁入りが一般的である日本においては、里帰りはもっぱら嫁の行為として理解されている。嫁入り後はじめての里帰りをミッカガエリ、ミツメなどと称するが、これは嫁の里帰りというよりも、むしろ婿がはじめて正式に嫁家を訪れることに意味があったものと考えられる。その後は正月や盆、節供などの際に短期的に里帰りが行われるのが一般的であるが、北陸や若狭では、センタクガエリ・ヒヲトル・バンなどと称する長期かつ頻繁な嫁の里帰りの慣行が報告されており、かつての嫁とその生家との関係の一断面をうかがい知ることができる。また嫁の里帰りの問題は、婿家における主婦権の譲渡の問題との関連や、嫁の労働力を少しでも長く確保しておこうとする嫁家の要求とも関連している。

参考文献 八木透『婚姻と家族の民俗的構造』(『日本歴史民俗叢書』、二〇〇一、吉川弘文館) (八木 透)

さとご 里子 親が養育できない、またはしないため他者に預けて養育される子ども。平安時代の貴族が村里に子女の養育を委託した慣習から、里に預けた子どもの意味で里子と呼ばれるようになったといわれる。法制上の位置づけをもたない社会慣習として、実親と里親の合意で実践されてきた。親の病気や離死別、近世には乳不足という理由が多いが、私生児や子どもの病弱も原因になる。小家族化が進んだ近世社会で金銭目当ての里親が社会問題化し、浮世草子作者井原西鶴の『日本永代蔵』四(一六八八年(元禄元))には、「乳呑子を養ひてほし殺し」という養育料目当ての里親の実態が、「いかに身過なればとて人外なる手業」と批判されている。乳母は授乳期の女性を実子から引き離して雇い入れるので、上級武士や豪商以上の階層に限られた。安価な少女たちを雇う子守奉公が広がるまで、里子は不可欠な託児慣習として広がっていた。近代日本でも、施設に収容する孤児養育事業と並行して私的な里親の慣習は存続した。戦後、児童福祉法(一九四七年(昭和二十二))によって里親制度が成立し、養育里親、短期里親、専門里親などの制度ができたが、養護施設と比べて発展は後れがちであった。

参考文献 全国里親会編『里子養育事例集』(『里親読本シリーズ』三二―三四、一九六九―九〇) (太田 素子)

サバ サバ スズキ目サバ科に属する沿岸性回遊魚である。語源は小歯(小さい歯)が多いことに由来し、漢字「鯖」には青物(背の青い魚)の意味を持つ。漁獲は手釣りや敷網であったが、近年は、旋網や一本釣りである。一九八〇年代以降の漁獲減少で、養殖が始まり、ノルウェーなどから輸入もされている。ブランドに大分県の関さば、高知県の清水さば、長崎県の長崎ハーブ鯖(養殖)がある。奈良時代に貢納品とされ、平安時代に鯖行商人がいた。小浜から京都までの若狭街道は塩鯖を運搬したことから鯖街道と呼ばれる。鮮度低下が著しく、塩や味噌、糠で保存性が高められた。その代表例が福井県のヘシコである。西日本ではサバの生寿司や姿ずしが祭礼で用いられる。静岡県や鹿児島県などで製造される鯖節は、コクと香りが良く、出汁になる。徳島県の八坂寺には鯖大師の伝説も残り、鯖断ち三年祈願の習俗がある。奈良県では盆に刺鯖が贈られ、富山県や岐阜県では正月に歳取り魚として塩鯖が用いられた。

参考文献 田村勇『サバの文化誌』(二〇〇二、雄山閣) (若林 良和)

ざぶとん 座布団 床面に敷き、尻や足を据える座具。一般的にほぼ正方形の形状だが、座禅を組む際に使用する座蒲《ざふ》など、円形や長方形のものもある。日本家屋において、土間や板敷に座る際、尻や足を保護するために座具が用いられてきた。稲藁やガマをそのまま敷いたり、莚や菰などに編んで用いたりしたのが、畳や茵《しとね》、持ち運びできる円座などに成型されるようになった。さらに、袋に詰め物をした布団状の敷具が生まれ、木綿わたの普及によって、明治期以降は木綿わたを詰めた座布団が一般化した。座布団は、床面からの保護・座る体勢の補助などの機能のほか、座る位置を指定する様式としても用いられてきた。座布団を敷いた席と敷かない席で序列を設けたり、大きな座布団を敷く、あるいは座布団を重ねて敷くことで、ほかとは異なる権威を示すこともできる。

参考文献 小泉和子『家具と室内意匠の文化史』(一九七九、法政大学出版局) (戸邉 優美)

さほう 作法 時宜に応じて従うべきとみなされる対人の行為や所作、態度の規範のこと。美しさが規範の根本にある。古代において作法が確立したのは藤原忠平(八八〇―九四九)の時代とされ、主に公事儀礼に関係していた。中世には、室町時代における武家の社会的地位向上に伴い、十五世紀半ばには伊勢氏や小笠原氏が武家作法を整備・統一したが、幕府滅亡以降はいったん衰退した。江戸時代に入って社会が安定し始めると、再び作法の必要性が高まり、水島卜也(一六〇七―九七)が小笠原氏などの礼法をまとめ、新たに女性向けの「女礼」を展開した。彼やその門流は多くの書籍を出版し、庶民はそれらを通じて作法を学んでいった。近代に入ると、文部省が一八八三年(明治十六)に『小学作法書』を出版するなどして、国民全体が統一的な基準のもとに従うべきものとされるようになった。しかし戦後、国家の介入はなくなり、作法指南は民間において多様性を増していく。

参考文献 井上忠司・石毛直道編『食事作法の思想』(『食の文化フォーラム』、一九九〇、ドメス出版)、二木謙一『中世武家の作法』(『日本歴史叢書』、一九九九、吉川弘文館)、池上英子『美と礼節の絆―日本における交際文化の政治的起源―』(二〇〇五、NTT出版) (後藤 知美)

サメ サメ サメ目の魚類の総称であり、日本近海で百種類が生息する。語源は体に比べて小目(小さい目)であることに由来し、漢字「鮫」には上下の牙を交えてむきだす魚の意味を持つ。サメは延縄や突きん棒などで漁獲されるが、乱獲のため資源保護が必要である。古代から

サメ漁は行われ、「因幡の白兎」伝説(『古事記』神代、七一二年(和銅五))や『出雲国風土記』(七三三年(天平五))でワニ(和邇)の別称がある。冷蔵技術が未発達の時期、長期保存できるワニは、広島県の山間部で正月や秋祭に生食される唯一の海水魚だった。栃木県ではモロと呼び煮付けなどにされる。『延喜式』(九〇五年(延喜五))にみえる楚割《すわやり》、伊勢神宮の神饌であるサメのタレなどの保存食があった。新鮮な剝ぎ鮫が生食され、湯引き、なますは西日本で冠婚葬祭の郷土料理となっている。フカヒレが中華料理に、肝油が健康食品や化粧品の原料に、鮫皮が研磨材料や刀剣の柄細工に用いられる。生命力が強く安産できることから祝いの席に供されるが、沖縄県の琉球神話では海神の使いとされている。

参考文献 矢野憲一『鮫』(『ものと人間の文化史』、一九七九、法政大学出版局)　(若林　良和)

さら　皿　平らな底部から斜めに開く、浅い器。食器や台として使われた。上から見たかたちには円形、長方形、楕円形などがある。土師器、須恵器、瓦器、陶器、磁器、木器、漆器、金属器製のものがある。用途や時代により、さまざまな材質で作られた。『正倉院文書』や墨書土器などから古代では「佐良」「盤」と記されていたことがわかっている。底部に台が付くものは蓋とセットになる。また、「高盤」「片盤」と表記されたものは蓋を伴わない。「高盤」と表記されたものは高坏のことである。皿に盛って料理を出すことから、「一皿」「二皿」と料理の単位としても使われている。　(水口由紀子)

サラきん　サラ金　⇩消費者金融《しょうひしゃきんゆう》

さらさ　更紗　さまざまな模様を鮮やかな色で染めた綿布の総称。江戸時代にインドなどから渡来した。主に木綿の布に手描きか型を用いて模様を染めた。高価な外国製品を模倣して各地で製作されたものを和更紗といい、堺更紗・長崎更紗などがあった。一般に、型紙を用いて作成され、下着や風呂敷などに使われた。藩の保護をうけて製造された鍋島更紗は、木綿の生地に木型で模様の輪郭を描き、色を重ねるので、より重厚な色調を有した。

参考文献 小笠原小枝監修『更紗』(『別冊太陽』、二〇〇五、平凡社)　(榎　一江)

さらし　晒　漂白した織物。漂白した綿織物、麻織物をさし、織物を灰汁と石灰でたき、石臼でついて浸透させてから日光で漂白した。この技法は天日晒と呼ばれた。『倭漢三才図会』二七には、晒の産地として、和州奈良、羽州最上、山州木津、江州高宮、能州阿部屋と宇出津、賀州高岡と石動《いするぎ》、越前府中、防州、芸州、豊州があげられている。越後の小千谷縮は雪中に広げて晒すため、雪中晒として知られた。明治時代には技法が変わり、石炭、ソーダ、カルキ、硫酸などを使用するカルキ晒となった。

参考文献 寺島良安『倭漢三才図会』(一九〇六、吉川弘文館)　(刑部　芳則)

サラリーマン　サラリーマン　俸給生活者。英語ではこれに類する表現(salaried workers など)は一般的ではなく、サラリーマンは和製英語である。俸給生活者の起源は明治初期にさかのぼるが、高等教育修了者の民間企業への就職が一般的になったのは一九〇〇年(明治三十三)前後である。第一次大戦期の経済発展を通じて、一つの階層としての俸給生活者層が形成された。月給取りとも呼ばれたように、俸給生活者とは会社員・官吏・教員などのホワイト＝カラー(職員)であり、日給のブルー＝カラー(工員)よりも高学歴(職員は専門学校・大学卒業者、準職員は中卒者)で、相対的に高所得の階層であった。俸給生活者がサラリーマンと呼ばれるようになったのは、第一次大戦後である。この言葉を普及・定着させたのは前田一(当時、三井系の北海道炭礦汽船株式会社の社員、第二次大戦後は日本経営者団体連盟(日経連)の初代専務理事)が俸給生活者の悲哀を描いた『サラリマン物語』(一九二八年(昭和三))であった。しかし、戦前においてサラリーマン(職員)は労働者の典型ではなく、その数は被雇用者の一〇%にも満たなかった。サラリーマンが社会の中で多数派になったのは、職員・工員の身分差が消滅した第二次大戦後のことである。高度成長期には、マージャン、パチンコ、トリスバー(大衆向けの酒場)、社用族などのサラリーマン文化が浸透した。「サラリーマンは気楽な稼業ときたもんだ」のフレーズをヒットさせた歌手の植木等、『江分利満氏の優雅な生活』(六三年)がベストセラーになった作家の山口瞳などは、当時の雰囲気を代表する存在である。ホワイト＝カラーの数がブルー＝カラーを上回ったのは八〇年代初めであるが、高度成長期のサラリーマンのイメージはホワイト＝カラーである。高度成長末期の六〇年代末には、モーレツ＝サラリーマン(猛烈社員)という言葉が流行し、会社に埋没して仕事に精を出すサラリーマンの生き方が批判的にマスコミなどで取り上げられた。

参考文献 梅澤正『サラリーマンの自画像―職業社会学の視点から―』(『Minerva 二一世紀ライブラリー』、一九九七、ミネルヴァ書房)、市原博「ホワイトカラーの社会経済史」(中村政則編『近現代日本の新視点―経済史からのアプローチ―』所収、二〇〇〇、吉川弘文館)　(浅井　良夫)

サラリーマン＝ユニオン　サラリーマン＝ユニオン　サラリーマンの労働組合。一九一九年(大正八)十一月に東京で結成された俸給生活者組合が最初。青野季吉の『サラリーマン恐怖時代』(一九三〇年(昭和五))に描かれたように、第一次大戦期から昭和初期の俸給生活者(ホワイトカラー)は、物価高、生活難、失業の恐怖に脅かされる存在であった。そうしたなかで、俸給引き上げなどを求めて官吏、映画関係者、教員、タイピストなどの争議が起きた。当時の労働組合は工員の組織であったが、二五年に日本労働総同盟は俸給生活者組合の加盟を認めた。戦後、六八年十二月に日本サラリーマン＝ユニオンが結成された。労働組合ではなく、自営業者と比べて不公平な

税制、公務員と比較して不十分な年金という問題を取り上げた運動体である。バブル崩壊後に中間管理職のリストラが起きたのをきっかけに結成された管理職ユニオン(一九九三年(平成五)東京管理職ユニオン結成)は、現代版サラリーマン＝ユニオンである。

参考文献 高橋正樹「「社会的表象としてのサラリーマン」の登場—戦前俸給生活者の組合運動をどう見るか—」(『大原社会問題研究所雑誌』五一一、二〇〇二)

(浅井 良夫)

さる 猿 霊長目の動物。縄文・弥生の時代から狩猟の対象とされ、猿の骨や胆は婦人病に効くといわれる。その一方で、猿を山の神として畏敬の念を抱き、狩猟を行う人たちは「山の若い衆」などという山言葉を使う。比叡山の麓の日吉神社では神の使いとされ、神猿と呼ぶ。厩猿信仰は、猿が馬の守護神として厩に飼われたり、頭骨や絵馬、御札などが厩に祀られたりするものである。猿引きも馬の健康祈願と考えられ、猿回しが猿を舞わせて馬の祓いを行う。十二支の中にちなんで、庚申信仰に猿を祀る事例も多く、「見ざる、聞かざる、言わざる」の三猿の像を刻んだ石碑を祀るところが多い。こうした信仰とのつながりのほかに、猿が観光資源として動物園などの人気者になる反面、畑の農作物を荒らしたり、観光地に出没して人に害悪を与えたりするなどの問題も深刻化している。

参考文献 柳田国男「猿廻しの話」(『(定本)柳田国男集』二七所収、一九七〇、筑摩書房)、広瀬鎮『猿と日本人—心に生きる猿たち—』(一九六九、第一書房)

(柳 正博)

ざる 笊 食品や食器の水切りなどに用いる網状もしくは穴のあいた構造の容器。かつては竹などを細く割ったヒゴを編んで作られたが、近年は多くがステンレスやプラスチック製になっている。類似の容器にカゴ(籠)があり、カゴとザル(笊)の区別は不明瞭だが、水切りを主な用途とし、細いヒゴを隙間のないゴザ目編みに編んだものをザルと呼ぶことが多い。また水切りなどのために一時的に使う器をザル、保管や運搬などのため、ある程度長い時間、容器とするものをカゴと呼ぶ傾向もある。かつて台所では水切りザル、米あげザル、味噌漉しザルなどが必需品であり、海岸では海苔採りザル、貝掘りのゆすぎザルなどが使われた。農作業の種まきや収穫作業にも一斗ザル、二斗ザルなどが欠かせなかった。現在でも素材や形は変化したものの、水切り用のザルは台所に不可欠であり、米あげザルも、一度に大量の炊飯をする食堂や、餅搗きで水に浸したもち米をあげる際に使われている。回転式のサラダスピナーや米とぎボールなど、新しい形のザルも生まれている。 ↓籠《かご》

参考文献 工藤員功『暮しの中の竹とわら』(『日本人の生活と文化』六、一九八二、ぎょうせい)

(小林 裕美)

米あげ笊

さるまた 猿股 男性の腰から股をおおう短い下着。猿股には襠《まち》のある猿股引と、襠のないパンツ式のものとがあった。明治時代には西洋パンツの影響を受けて猿股引が考案された。都会ではパンツや猿股が着用されていたが、地方では腹がしまる褌《ふんどし》のほうが好まれた。明治十年代には海水浴で使用され、同二十年代には山形、栃木、宮崎、鹿児島の各県で用いられている。地方に普及するのは同三十年代からである。

参考文献 渋沢敬三編『生活』(『明治文化史』一二、一九七九、原書房)

(刑部 芳則)

さんいん 産院 病院や診療所の産婦人科など産婦を入院させて出産を介助する施設。生物である人間の「自然の営み」でもある出産に専門的な知識と医術が加えられるようになるのは江戸中期からである。近隣の女性の中から選ばれていたトリアゲババが、中国医術を典拠とする産科書のことば「産婆」に変わった。地域差が大きいが十九世紀に入ると農村でも医師が出産に立ちあう事例が祝儀簿にある。それでも近世中後期まで、平均寿命は今日とは逆に、男性が女性より数年長い。出産にまつわる危険のためで、逆産や横産(足や手から出る出産)、血《けつ》暈《うん》(大量出血)は大きな脅威だった。一九五〇年代半ばからは、より安全な出産を求めて自宅から施設へと分娩が移った。当初は助産師による母子健康センターが多かったが、六〇年代にはより高い安全性を求め、診療所や病院など医師のいる施設での出産が一般的になった。八〇年代に入ると病院では産婦人科と小児科の協力や助産師と医師の協力が進み、出産直後から母子が相部屋で生活できるなど周産期の心理的な支援を工夫し始めた。一方で「自然な出産」を求める女性たちが助産師の運営する助産院を選ぶこともある。また、貧困女性には社会福祉としての助産所の制度も設けられている。

参考文献 緒方正清『日本産科学史(復刻版)』(石原力解題、一九八〇、洪庵記念会・科学書院)、太田素子『子宝と子返し—近世農村の家族生活と子育て—』(二〇〇七、藤原書店)

(太田 素子)

サンカ　サンカ　特定の不定住者を指す呼称。対象者は時代によって異なる。一八五五年(安政二)に広島藩加茂郡役所が村々へ達した文書に「サンカト唱無宿非人共」とあるのが初見で、西日本の一部で使用されていた呼称であったという。近代に入ると、警察は不定住者取締りの一環で、西日本以外の不定住者をもサンカ(山窩)として把握した。この情報を入手した民俗学の柳田国男がはじめてサンカについて言及し、のちに作家の三角寛が著した一連の山窩小説によって一般に知られる存在となった。ただし三角の言説には虚構の部分も多く、彼の提示したサンカ像を鵜呑みにすることは危険である。サンカとされる人々には地域により、ポン、オゲ、テンバなどの呼称があった。彼らの生業は箕直し、竹細工(筬)、川漁労が主なものであり、セブリという組立式住居とともに各地を移動した。農民など定住者からは強い賤視を受けた。現在、彼らのような集団は確認することはできない。

参考文献　柳田国男「「イタカ」及び「サンカ」」(『柳田国男全集』二四所収、一九九九、筑摩書房)、三角寛『サンカ社会の研究』(『三角寛サンカ選集』六、二〇〇一、現代書館)、筒井功『漂泊の民サンカを追って』(二〇〇五、現代書館)

(中野　洋平)

ざんぎょう　残業　使用者が、労働基準法に定められた一日八時間、一週四十時間を超えて、労働者を働かせること(時間外労働)。一九四七年(昭和二十二)に労働基準法が制定されたときは一週四十八時間であったが、次第に短縮され、八八年から四十時間になった。労働基準法第三六条は、労使協定を結んでいる場合には、時間外労働をさせることができるという例外を認めている(三六協定)。労使協定を組合が結んでいれば、使用者が無制限に労働時間を延長できることに対する批判が高まった結果、九九年(平成十一)から時間外労働の制限時間が、一ヵ月四十五時間、一年三百六十時間と定められた。しかし、週六十時間以上働いている者は、二〇一二年で約四百九十万人(全雇用者の九・一%)あり、残業を申告しないサービス残業も広く存在する。日本の過労死は有名であるが、グローバル化のなかで、世界的にも「働きすぎの時代」になっている。一五年四月には、政府は残業代や深夜手当を支払わない「残業代ゼロ」法案を閣議決定した。

参考文献　ジュリエット＝ショアー『働きすぎのアメリカ人—予期せぬ余暇の減少—』(森岡孝二訳、一九九三、窓社)、森岡孝二『働きすぎの時代』(『岩波新書』、二〇〇五、岩波書店)

(浅井　良夫)

さんぎょうくみあい　産業組合　一九〇〇年(明治三十三)の産業組合法により法人格を得て設立された協同組合。農民の協同経済活動による信用、販売、購買、生産(のち利用)の四種の組合事業とその兼営を行う。産業組合は農商務省の官僚の指導により、農村の小地主・自作農を中心とした中産階級の保護育成を目的とした。〇四年に農商務省農務局長の平田東助が代表となり、大日本産業組合中央会(〇九年に産業組合中央会と改名)が設立され、その傘下に道府県連合会、市町村産業組合の設置が推進された。〇六年には市町村を範囲として信用組合を中心に他事業兼営が推進された。一九三二年(昭和七)には町村の産業組合の下部組織として、部落(大字)範囲の農事実行組合の加入を進めて全町村民の組織化を図った。とりわけ昭和恐慌による農村危機を克服する手段とするため、政府は農村経済更生運動の一環として産業組合を重視して、三三年から三七年まで産業組合拡充五ヵ年計画を実施し、さらに三ヵ年延長して四〇年まで、大規模な産業組合の設置と拡充を進めた。これにより産業組合の四種兼営がほぼ全国に普及し、産業組合の未設置町村はほぼなくなった。さらに日中戦争以後は、農産物の供出・集荷・出荷組織として、全町村民を動員する戦時農業統制機関の役割を果たした。四三年には農業団体法により、産業組合は官製の農業会に解消された。　→農会《のうかい》　→農《のう》業協同組合《ぎょうきょうどうくみあい》

参考文献　産業組合史編纂会編『産業組合発達史』一—五(一九六五—六六)、齋藤仁『日本資本主義の展開と産業組合—産業組合運動から農協へ　シンポジウム—』(一九七九、日本経済評論社)、森武麿『戦間期の日本農村社会—農民運動と産業組合—』(二〇〇五、日本経済評論社)

(森　武麿)

さんぎょうち　三業地　⇩歓楽街《かんらくがい》

さんぎょうはいきぶつ　産業廃棄物　⇩ごみ問題《もんだい》

さんぎょうほうこくうんどう　産業報国運動　主として日中戦争期以降に展開した労資関係の調整をはかる官製運動。のちに労働者の戦時動員に大きな役割を果たした。日中戦争期に協調会や官僚・労働団体などを中心に、労資一体をめざす産業報国運動が展開されていた。一九三八年(昭和十三)、産業報国聯盟がつくられ、各職場・企業に産業報国会(産報)がつくられるようになる。やがて政府は労働組合を解散させ、四〇年大日本産業報国会が結成される。道府県組織・地域支部産報・単位産報などの系統組織となり、地域の中小企業に対しては警察の主導で産報がつくられていった。職員と工員が同一組織に所属することもあり、その経験が戦後に意味を持つ場合もあった。四一年には産報数約八万五千、会員五百四十六万人以上を数えた。大日本産業報国会は、福利厚生・文化運動にも力をいれ、生活刷新運動も行なった。しかし中枢機関である職場懇談会は、労資協調を現実のものとする機関たりえず、次第に生産力増強のための動員組織となっていった。しかし、産業報国会が配給の機能を担ったため、労働者の生活には大きな影響を与えた。大日本産業報国会は四五年九月、ＧＨＱの指令で解散。　→労働組合《ろうどうくみあい》

参考文献　神田文人編『産業報国運動』(『資料日本現代史』七、一九八一、大月書店)、高岡裕之「大日本産業報国会と「勤労文化」—中央本部の活動を中心に—」(『年報

日本現代史』七、二〇〇二）　（大串　潤児）

さんけい　参詣　寺社へ詣でることである。これに対して、参拝は拝む行為を重視した言葉であるが、拝むためには詣でなければならず同義の言葉として使用される。また日本では巡礼は特定の複数の寺社を廻ることを指すが、欧米やイスラムの巡礼はむしろ日本の参詣に近く、これらの概念規定をめぐって論争がある。古代末の熊野参詣以降、順番に中世には高野山、近世には伊勢への参詣が盛んに行われるようになった。各地域では多くの参詣講が結成されるなど日本文化に大きな影響を与えた。近代以降は、鉄道の発展とともに初詣が盛んとなり、国家神道で皇室ゆかりの神社への参拝が促進された。↓伊勢《いせ》参《まい》り　↓お蔭《かげ》参《まい》り　↓高野詣《こうやもうで》　↓巡礼《じゅんれい》　↓初詣《はつもうで》

参考文献　新城常三『新稿社寺参詣の社会経済史的研究』（一九八二、塙書房）、中山和久「巡礼をめぐる理解と誤解」（『国立歴史民俗博物館研究報告』九一、二〇〇二）、原淳一郎『近世寺社参詣の研究』（二〇〇七、思文閣出版）、平山昇『鉄道が変えた社寺参詣』（『交通新聞社新書』、二〇一三、交通新聞社）　（原　淳一郎）

さんこつ　散骨　⇩自然葬《しぜんそう》

さんさい　山菜　野山に自生して食用になる植物をさし、栽培作物の野菜とは区別される。ウド・タラノメ・ゼンマイ・フキ・ワラビなど、味は独特の苦みや灰汁を含むものもあるが、それぞれに季節感が漂う。ワラビやゼンマイなどのシダ類は摂取が多すぎるとビタミンB_1の不足を招くという。昭和初期の東北の冷害や第二次世界大戦直後の食糧難の時代には山菜が救荒食として機能したこともあるが、平成の初めから山菜ブームが高まり、交通の発達により都会から自生地まで入りやすくなったため、認識不足ゆえの乱獲が増加し、懸念されている。

参考文献　岩尾裕之『食生活の俗説』（『ゴマブックス』、一九七七、ごま書房）　（柳　正博）

さんシー　3C　一九六〇年代半ば以降、「三種の神器」の成長率が翳りを見せる中で、次代の大型成長耐久消費財と目された、カラーテレビ、クーラー（エアコン）、自家用車（カー）の三製品。おのおのの英語名の頭文字による。三種の神器と異なり、家電以外の自家用車が含まれているのが特徴である。これらのうち、カラーテレビは白黒テレビに匹敵する急速な拡大と普及率の上昇が見られたが、他の二つは必ずしもそうではない。乗用車は、五〇年代末から六〇年代初頭にかけ、トヨタと日産が相ついで専門量産工場を建設し、モータリゼーションの端緒が開かれたが、自家用車としての需要拡大は七〇年代を通じた緩慢なものであった。さらに、もう一つのクーラーも、高価なことに加え、需要が各地の気候に依存するため、普及率の上昇は緩慢であった。つまり、3Cは三種の神器の後継者としてはいささか不充分であり、実体的根拠も乏しかったのである。↓家電《かでん》　↓三種《さんしゅ》の神《じん》器《ぎ》　（西野　肇）

さんじせいげん　産児制限　一九一〇年代後半から三〇年代初めにおいて避妊など生殖の自由の要求に応答した社会運動。日本で産児制限（調節）を社会問題として最初に取り上げたのは堺利彦、安部磯雄、加藤（加治）時次郎らの社会主義者であった。とはいえ元来社会主義者間にあっては産調に対し経済関係を問題としない新マルサス主義反対の立場から反対するものが多かった。一九二〇年代初頭、女性解放思想高潮のなかでまず山川菊栄が女性の産む、産まぬ権利は女性自身が決めるものとする「自主的母性」論を展開、二二年（大正十一）、米国のマーガレット＝サンガーが来日したのを機に産調運動は一挙に実行段階へと突入、石本静枝（加藤シヅエ）、山本宣治、産婆の柴原浦子や医師の馬島僴《まじまゆたか》らが関与、とりわけ労働者家庭は「多産多子」に苦しみ、なかには堕胎を行うものもいた（ちなみに堕胎罪は刑法で厳しく罰せられる）。高揚していく産調運動は、準戦時下・非常時下に突入すると、「民族の素質向上」、優生思想に押され、弾圧に追い込まれる。四〇年（昭和十五）国民優生法の制定にあわせ、「産めよ殖やせよ」の人口政策が軍部を中心に推進され、根絶。↓家族計画《かぞくけいかく》

参考文献　太田典礼『日本産児調節百年史』（一九七六、出版科学総合研究所）　（鈴木　裕子）

さんしゅ　蚕種　蚕の卵。明治初年には重要な輸出品目の一つであった。その良否が、繭質や生糸の品位を左右するため、品種改良が進んだ。製糸業が盛んになると、養蚕農家に蚕種を販売する蚕種業者が興隆したが、明治政府は、蚕種検査法を設けて蚕種検査を義務付けるなど、蚕病予防の措置をとった。伝染病の蔓延は、養蚕・製糸業に壊滅的な打撃を与えたからである。以来、蚕種の製造販売は法的な規制のもとで実施され、管理されている。↓養蚕《ようさん》

参考文献　荒木幹雄『日本蚕糸業発達とその基盤—養蚕農家経営—』（一九九六、ミネルヴァ書房）　（榎　一江）

さんしゅのじんぎ　三種の神器　一九五〇年代半ばから六〇年代半ばにかけての主要家電製品であった、洗濯機、白黒テレビ、冷蔵庫の三製品。掃除機がテレビの代わりとなる場合もあるが、一般的にはこの三つを指す。いずれもほぼ同時期の五〇年代初頭に一般家庭向けが発売されたが、開発期間を別にすれば、各製品固有の事情でそうなったにすぎない。だが、普及率の推移によれば、各製品に対して消費者は価格や製品の用途、自身の所得・生活条件などを考慮しながら順次購入していったことがわかる。すなわち、まずは家事労働軽減に直結する洗濯機の需要が拡大したが、価格低下とともにテレビによりもたらされる娯楽を欲し、続いて食生活に関わる冷蔵庫を求める、のごとくである。いずれにせよ、三種の神器は高度成長前期（五〇年代半ばから六〇年代半ば）に文字通り爆発的な勢いで国民生活に浸透し、家電製品全体に占めるウェイトも高水準であった。なぜこのような急激な拡大がもたらされたのかについてはさまざまな考えが

あろうが、歴史的に見れば、戦時期には抑圧され、復興期にはままならず潜在化した大衆需要の顕在化、との要因が重要であろう。 ↓家電《かでん》 ↓3C《さんシー》

参考文献　山田正吾『家電今昔物語』(森彰英聞き書き、一九八三、三省堂)　(西野　肇)

さんそん　山村　山間の村。山のなかにある村。「山村」という概念は、古くからあったわけではない。中世では詩語で「山村」と使用されている例もあるが、基本的に史料上では確認できない。近世に入ると、十七世紀後半から山方という語句が用いられる。これは行政上、村落を分類するにあたって、農村にあたる里方を基準にして、山村にあたる山方と漁村にあたる浦方(浜方)が区分されたものである。大正・昭和初期には行政用語として農山漁村が一般化し、山村と表現されるようになった。元来、山村という概念がなかったとしても、昔から山は人間にとって、生活空間、経済的活動の場、あるいは信仰の対象となるなど、大きな役割を果たしてきた。旧石器時代・縄文時代から、経済的活動として重視されたのは狩猟である。仏教が浸透して殺生が忌避されたといわれる中世においても、狩猟は行われて肉や皮を得ていた。十二世紀後半に製作された絵巻物『粉河寺縁起《こかわでらえんぎ》』には、猟師の家も描かれている。近世に入ると山村の人口は増え、各地でさまざまな生業が営まれた。一八二八年(文政十一)に信越国境の秋山を訪れた文人鈴木牧之《すずきぼくし》は、紀行文『秋山記行』を著した。同書によれば、秋山の住民は、焼畑・林業・木工品生産・狩猟・漁業・鉱山業・採集・織物(編物造り)・商売(出稼ぎ)などで暮らしていたことが記されている。秋山だけではなく、宮崎県の椎葉や熊本県の五木のように、平家落人伝説が残されている山村も多い。近代以降、都市部を中心に社会資本が整備されるようになると、山村の人口は減少していった。特に戦後日本が高度経済成長によって経済復興を成し遂げていくなかで、多くの住民が都会へ流出した。今日では、過疎化・高齢化によって存続が危ぶまれている地域もあり、いかに集落を再生するのかが、大きな社会問題となっている。

↓山仕事《やましごと》 ↓林業《りんぎょう》

参考文献　米家泰作『中・近世山村の景観と構造』(二〇〇二、校倉書房)、白水智『知られざる日本―山村の語る歴史世界―』(『NHKブックス』、二〇〇五、日本放送出版協会)　(武井　弘一)

さんそん・しゅうそん　散村・集村　散村は散在する民家(孤立荘宅)によって形成された村落、集村は多くの民家が一ヵ所に集中して集落を形成している村落をいう。近代の時点では富山県礪波平野を代表とする散村の卓越する地域と、奈良県大和盆地に典型的なように集村の卓越する地域があるが、これは住まい方とそれに伴う景観の歴史的な変遷の結果である。たとえば、奈良・平安時代には、畿内の平野部などでは散村や屋敷地の間を広い耕地が隔てた疎《まば》らな塊村が一般的であった。しかし、鎌倉から南北朝時代にこのような疎らな集落景観は劇的に変動して、多くの屋敷地が一ヵ所に集中して、小さくまとまった集村の様相を呈するようになった。この過程は多くの事例について検証されており、早いところでは平安時代末期にまでさかのぼる。集村化の現象は、農業の集約化とも相まって、耕地や肥料・燃料の採取地である山野と百姓との関係が強まったことと相関しており、中世後期には一般に村は集落・耕地・山野を包み込む一体的な領域を持つようになった。

山村　宮崎県東臼杵郡椎葉村

参考文献　金田章裕『条里と村落の歴史地理学研究』(一九八五、大明堂)、水野章二『日本中世の村落と荘園制』(『歴史科学叢書』、二〇〇〇、校倉書房)　(田村　憲美)

サンダル　サンダル　足全体を覆わず、底部を紐やバンドなどで足に固定する履物。古代エジプトやローマでも用いられた。日本では、昭和初期に木製の台部に足の甲を覆うゴムや皮が施されたサンダル下駄が現れ、太平洋

富山県礪波平野の散村

戦争のころから広く用いられるようになった。戦後、一九五四年(昭和二十九)に兵庫県の内外ゴム株式会社が独立気泡スポンジの技術を用いて開発した、日本風の鼻緒を持つビーチサンダル(ゴム草履)は、国外でも高い評価を得るヒット商品となり、現在でも若者を中心に世界中で用いられている。 ↓ゴムぞうり

参考文献 宮本馨太郎『かぶりもの・きもの・はきもの』(『民俗民芸双書』二四、一九六八、岩崎美術社)、『内外ゴム株式会社一〇〇周年記念誌』(二〇一三) (西村 健)

さんちょく　産直　産地直結・産地直売・産地直送の略で、生鮮食料品や特産品などを、卸売市場を通さずに生産者から消費者へ供給すること。この三つの語句ができたのは一九五〇年代のことで、産直が継続的に行われ定着したのは七〇年代以降である。当初、生活協同組合がこれに関心を向けて取り組み、食べ物の大量生産・流通に対する消費者側の疑問を背景に産直を定着させた。デパートやスーパーマーケットなど、ほかの大規模小売店も産地と直接取引し、生鮮食料品などを卸売市場を通さずに仕入れ始め、これも産直と呼ばれるようになった。生協の産直は当初生産者と消費者の交流を必ず行なっていたが、規模の拡大とともに薄れている。また、小売り業者による産直の規模拡大によって、卸売市場での取引の形態は全量上揚・無条件委託・セリによる価格決定から、より特約的で相対的な量・質確保と価格決定に移行しつつある。

参考文献 日本生活協同組合連合会・食糧問題調査委員会編『「全国産直調査」報告書』(一九八一) (尾崎 智子)

さんば　産婆　出産を介助する女性。出産は相互扶助的に行われた時代が長いと考えられるが、異常分娩への対応から村落の中で気丈で経験豊かな者が次第に専門的に呼ばれ立ち会うようになる。近世には、そのような者をトリアゲババ・コヤスババと呼ぶことが多かった。産婆という呼称は中国医学に由来し、近世中期の産科書から使われている。当時産婆が堕胎や間引きに関与することがあったため、批判的なまなざしから穏婆《おんば》と呼ばれることもあった。明治政府は維新後すぐ西欧医学の訓練をうけた産婆養成を開始した。一八九九年(明治三十二)産婆規則によって「内務省免許」産婆、「県免許」産婆が生まれ、新産婆・免許産婆と呼ばれた。一九四七年(昭和二十二)助産婦規則によって助産婦となり、二〇〇一年(平成十三)には男女平等の観点から助産師と名称変更した。 ↓助産婦《じょさんぷ》

参考文献 緒方正清『日本産科学史(復刻版)』(石原力解題、一九八〇、洪庵記念会・科学書院)、松岡悦子『出産の文化人類学―儀礼と産婆―(増補改訂版)』(一九九一、海鳴社) (太田 素子)

三里塚闘争の象徴的人物　大木よね

さんりづかとうそう　三里塚闘争　空港建設に対する反対運動。一九六六年(昭和四十一)七月四日、政府は新東京国際空港を千葉県成田市三里塚町を中心とする地区に建設する閣議決定を抜き打ち的に行い、これに反発した地元農民たちは三里塚と芝山の「空港反対同盟」を基礎に結集してたたかいが開始された。当初革新政党も支援したが、のち新左翼諸党派も加わり、反対派と機動隊との衝突が繰り返され、双方に死者も出た。反対運動は地元農民、青年行動隊を中心に、女性・老人・子どもも含め、開発に対抗する農の論理に支えられて展開・深化していった。全国の学生や住民運動組織、ジャーナリズムの支援なども あり、小川紳介プロダクションの記録映画の連作なども大きな影響を与えた。七八年五月、三本の計画中一本の滑走路だけで開港が強行されたが、二期工事は行き詰まり、また反対派側も北原派と熱田派に分裂、さらに北原派から小川派が分裂した。九一年(平成三)から、学識経験者の仲介によって熱田派と運輸省・空港公団側との「成田シンポジウム」と「円卓会議」が開かれ、強制執行申請取り下げなどの調停案が出され、熱田派(および小川派)が受け入れて闘争は終結した。しかしその後も滑走路、騒音、飛行回数、夜間飛行などの問題や地元の地域振興策をめぐって争点は残っている。それは「現代の日本に真の民主主義を定着させることができるかどうかについての壮大な実験」(「成田空港問題円卓会議記録集」第十二回)といわれている。 ↓住民運動《じゅうみんうんどう》

参考文献 のら社同人編『壊死する風景―三里塚農民の生とことば―(増補版)』(一九七一、のら社)、宇沢弘文『「成田」とは何か―戦後日本の悲劇―』(『岩波新書』、一九九二、岩波書店)、隅谷三喜男『成田の空と大地―闘争から共生への途―』(一九九六、岩波書店)、福田克彦『三里塚アンドソイル』(二〇〇一、平原社) (安田 常雄)

ざんりゅうこじ　残留孤児　中国残留日本人孤児の略称。ソ連軍の満洲(中国東北部)侵攻と日本の敗戦などによる混乱のなかで、日本に帰国できず現地に置き去りになった人たちで、政府は当時おおむね十三歳未満で、自分の身元を知らない人を孤児と定めている。日本政府は一九五五年(昭和三十)から五七年にかけて、在ジュネーブ総領事館を通じて、未だ国交のなかった中国政府に「未帰還者」の調査を依頼した。日本側では約三万六千人いるとみなしていたが、中国側からの回答ではすでに約二万九千人が帰国、残留日本人は約六千人とされた。日中国交正常化後の七三年に日本政府が行なった調査依頼では、二千九百六十三人と回答された。いずれの調査において

もそのなかに孤児も含まれているはずであるが、正確な数は把握されていない。日本政府は八一年から孤児の集団訪問調査を実施することになり、政府による集団調査と民間側の調査の結果、最も人数が多かった八六年には六百七十二人が孤児と確認され、多くの人の帰国が実現した。しかし特に二〇〇五年(平成十七)以後は判明が困難となり、一人かゼロが続いている。一四年現在、二千八百十八人が中国残留日本人孤児と認定されたが、千五百三十四人は身元がわからないままである。

参考文献 井出孫六『終わりなき旅―「中国残留孤児」の歴史と現在―』(『同時代ライブラリー』、一九九一、岩波書店)、「中国残留孤児　認定できず」(『朝日新聞』二〇一四年十月四日付)

(安田　常雄)

さんろん・のろん　山論・野論　山林原野の用益権や境界をめぐる村落間、領主間などの争論のこと。村々の境界は河川や山林原野の場合が多く、このような場合、共同利用することが多い。とりわけ、山林原野は地続きでありながら、木材の伐採、草刈場、秣場《まぐさば》などのように飼肥料や薪炭の入手の場として利用することが多かった。それが、検地や新田開発政策などを契機に次第に境界を明確にすることが求められるようになる。なお、争論は相互の内済によって決着することもあるが、困難な場合、公儀に決着を期待し、裁許絵図が作成されることもあった。

参考文献 山本英二「論所裁許の数量的考察」(『徳川林政史研究所研究紀要』二七、一九九三)、落合功「近世前期村境争論の展開と絵図作成―境界をめぐる争論―」(『地域形成と近世社会―兵農分離制下の村と町―』所収、二〇〇六、岩田書院)、山本幸俊「近世初期の論所と裁許」(『近世の村落と地域史料保存』所収、二〇一四、高志書院)

(落合　功)

し

しいく　飼育　家畜・家禽や愛玩動物を育てること。牛や馬、鶏などの家畜、家禽の飼育は有史以前よりなされてきたが、このような経済動物以外に、鑑賞したり力や鳴き声を競わせたりする小動物も、日本では飼育されてきた。動物の愛玩の趣味は古くは貴人が好むものであったが、江戸中期になると一般庶民にも広まっていった。そのころには、百種を超える飼い鳥の飼育がなされていたようで、また犬、猫、ハツカネズミ、金魚、スズムシなど多様な小動物が愛玩されていた。このような飼育文化は近代以降、継承されつつも時代状況に合わせて変化してきている。かつて夏の風物詩であった金魚の振り売りや、スズムシなどの虫売りはその姿を消し、多くの小動物が海外から移入された外来種に置き換えられた。飼い鳥のメジロは、鳴き声を競い合う鳴き合わせの目的で愛好家の間で飼育され、その鳴き声が競われてきたが、現在では鳥獣保護の観点から、愛玩飼養を目的とした捕獲は原則禁止されている。　↓飼い鳥《かいどり》　↓家畜《かちく》　↓金魚《きんぎょ》　↓錦鯉《にしきごい》　↓ペット

参考文献 細川博昭『大江戸飼い鳥草紙―江戸のペットブーム―』(『歴史文化ライブラリー』、二〇〇六、吉川弘文館)

(菅　豊)

しいん　子院　寺院の境内に営まれた小院。奈良時代の南都六宗の僧は、いわゆる三面僧房で起居していたが、天台宗や真言宗では巨大な僧房を設置せず、子院を構えるようになった。既存の宗派でも平安時代以降は次第に生活の中心は子院へと移行する。中世の禅宗寺院において、当初、戒律を重視し、僧堂において起居していたものが、やがて塔頭《たっちゅう》へと移行することも、軌を一にする。多くの場合、寝殿や方丈など住宅建築を中心とした構成をもつ。　↓僧堂《そうどう》　↓僧房《そうぼう》

参考文献 川上貢『禅院の建築―禅僧のすまいと祭享―』(一九六八、河原書店)

(鈴木　智大)

ジーンズ　ジーンズ　細アヤ織り綿布で作ったズボン。アメリカの大手メーカー「リバイ＝ストラウス」社の創業者ストラウスが、テントのデニム生地で鉱夫のズボンを作ったのが最初という。一九六五年(昭和四十)に岡山県倉敷市で国産初のジーンズが生産されたが、ジーンズが日本に輸入されて定着したのは、七一年の春からである。同年には東京を中心として千五百万本、翌年には二千二百万本が売れる爆発的な人気となった。七一年十月二十一日の国際反戦デーの街頭闘争で逮捕された若者二百八十七名(女性三十五名)のうち、百四十四名がジーンズをはいていた。ジーンズ着用率は、男四六・五%、女七七・一%である。繊維不況のなかでジーンズの売上げだけは伸びていたため、七三年から鐘紡、東洋紡などが生地の生産を開始した。ジーンズは、丈夫で動きやすく、比較的安くて汚れが目立たない。この点が若者から支持されたが、ジーンズ着用では講義を受けさせないという大学教員や、ジーンズでの入場を断るホテルもあり、社会的な受容には時間を要した。

参考文献 『読売新聞』(一九七一年十月二十四日付朝刊)、『朝日新聞』(一九七四年九月五日付朝刊)

(刑部　芳則)

ジェンダー　ジェンダー　「肉体的差異に意味を付与する知」(ジョーン＝スコット)と定義され、この概念により社会通念化した男女間の役割や思い込み、権力関係の構造を分析することが可能になった。本来名詞の性別を示す用語であるが、第二波フェミニズムの文脈の中で、男女

の役割や傾向性が生物学的な差異に起因するのではなく、後天的に身に着けるものであるとの意が付与された。これを受けて女性学では、生物学的性差を「セックスSex」、社会的・文化的性差を「ジェンダーGender」と呼んで、両者を区別するようになる。しかし、一九八〇年代に入ると、性別二元論への見直しが始まる。すなわち、ヒトの身体を性器の違いで二分化すること自体が、近代的生物学に依拠したものであるとして、「ジェンダーがセックスに先行する」(ジュディス＝バトラー)との理解が成立した。多様な性とセクシュアル＝アイデンティティ(性同一性)が可視化され、九〇年代には、同性愛や異性装など非異性愛に基づく多様なセクシュアリティを捉えるクィア理論も誕生した。

参考文献 ジョーン・W・スコット『ジェンダーと歴史学』(荻野美穂訳、『テオリア叢書』、一九九二、平凡社)、ジュディス＝バトラー『ジェンダー・トラブル―フェミニズムとアイデンティティの攪乱―』(竹村和子訳、一九九九、青土社)、日本学術協力財団編『性差とは何か―ジェンダー研究と生物学の対話―』(『学術会議叢書』一四、二〇〇八)

(平井　和子)

しお　塩　人間の生命維持において必要不可欠の物質。また、食生活において不可欠な調味料。醬油や味噌、漬物の原料としても使われ、魚などの生鮮品保存のためにも塩蔵として使われた。現在はソーダ工業など化学工業の原料として使われたり、冬季において積雪地帯では道路の凍結防止剤にも使われる。世界では塩を岩塩や天日塩により採取するが、高温多湿で四面を海に囲まれた日本ではもっぱら海水から採取した。また、山間部では塩を採取できないことから原始時代より流通が行われた。製塩方法は古代から現在に至るまでに変化はあるものの、藻塩焼きからイオン交換膜法による製塩法に至るまで、海水から濃い塩水を採取する作業(採鹹作業)と濃い塩水を煮炊きする煎熬作業の二工程があることは変わらない。潮の干満差を利用して海水を導入し塩を採取する入浜塩田が成立するのは十七世紀に入ってからのことである。それまでは海水を汲み上げて塩田に撒布する揚浜塩田か、塩田などを築造せず海岸で作業を行う自然浜が主流であった。入浜塩田は立地条件に恵まれた瀬戸内海地方で成立することになり、十八世紀後半には全国の塩生産の八割以上を生産した。塩は生活必需品であることから、軍需物資としても重要な意味があり、戦国大名や藩領主なども塩の確保に努めた。近世初期、加賀藩や仙台藩などの塩の確保に努めたのもこうした政策の一つである。一九〇五年(明治三十八)六月、国内塩業の保護育成と日露戦争の財政収入確保を意図して塩専売制を実施した。その後、塩専売制は財政専売から公益専売へと移り、また四度にわたる塩業整備が行われ、流通機構や不良塩田の整備、さらには製塩法の改革が推進されるが、一九九七年(平成九)四月に終焉する。また、塩は生活上身近な存在であった。このため、塩が運ばれる最終地点を示したといわれる塩尻をはじめ、塩釜、塩田、大塩、塩津など塩の付く地名は多く残されている。ほかに「敵に塩を送る」「盛り塩」「塩を撒く」「キヨメの塩」など、故事や慣習などにも塩はよく使われる。塩がキヨメとして使われるのは川などで汚物が流されても海に行きつくときれいになるという塩の清浄機能に由来するといわれる。

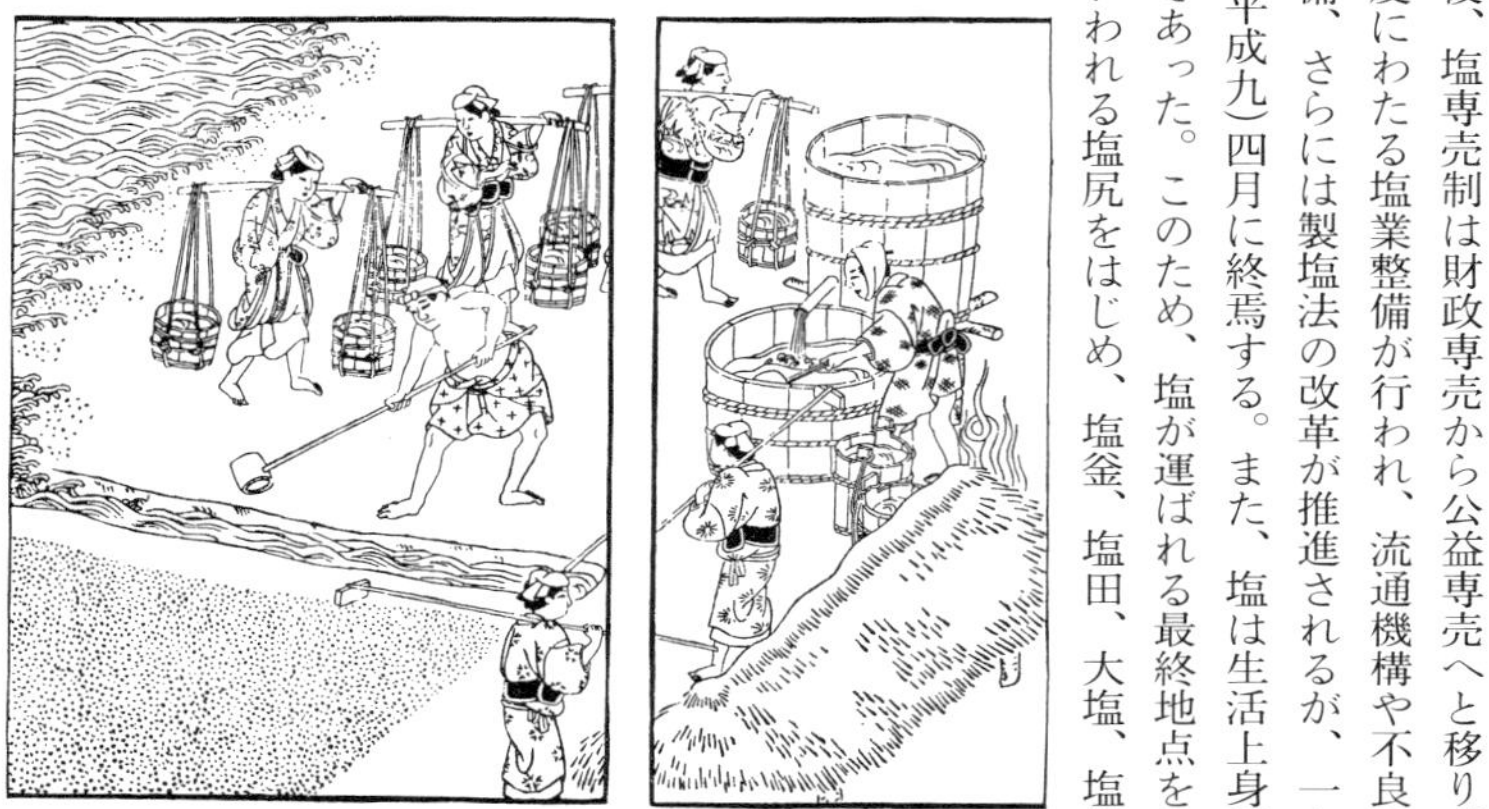
塩浜での作業（『日本山海名物図会』より）

参考文献 『日本塩業大系』近世(一九八二、日本専売公社)、落合功『近世瀬戸内塩業史の研究』(『歴史科学叢書』、二〇一〇、校倉書房)

(落合　功)

しおくり　仕送り　生活・勉学などを助けるため、金品を送ること。式亭三馬の滑稽本『浮世風呂』(一八〇九年(文化六)―一三年)に「為送《しおく》り」の言葉が使われ、その場面が登場する。放蕩のために若くして隠居させられた金持ちの息子は、家庭、使用人の生活費のために、御本家からの仕送りを受けていた。江戸時代から、生活維持のため、離れて暮らす家族や親族から身内への仕送りが行われていたことが窺われる。明治・大正期には、農家の子どもや、都市部の下流階層の子どもは小学校卒業後から結婚まで、家族の生活を支えるために、住み込みで商店や工場での労働、女中奉公に就くことが多かった。貧しい家では親と雇い主との間の契約で給料を前借りすることもあり、厳しい労働で得た給料のほとんどが親元へ送金された。戦後、中学卒業後に集団就職した「金の卵」と呼ばれた若者たちの多くも、家族に仕送りを行なっていた。その後、日本は高度経済成長を遂げて格差が縮小、進学率も上昇し、仕送りはもっぱら親から進学する子どもに対するものとなった。景気低迷のために親の生活が苦しくなっても仕送りは継続されており、子ども本位の生活という風潮は続いている。

参考文献 式亭三馬『浮世風呂』(中村通夫校注、『日本古典文学大系』六三、一九五七、岩波書店)、菊池靖子編『檜原村の女たち』(二〇〇〇、ドメス出版)、湯沢雍彦「青年時代と結婚まで」(同編『大正期の家庭生活』所収、二〇〇八、クレス出版)

(表　真美)

しおづけ　塩漬　動植物性の原料に多量の塩を加えた保存食品。塩引き・漬物・塩辛など。漬物・塩引きは、山野草・肉・魚に塩を加えて漬け保存したもので、集中して収穫・捕獲される時季に加工された。塩漬は、発酵を伴うようになり、野菜の漬物や動物性の塩干、さらに醤油・味噌などに発展した。世界の塩蔵は紀元前十五、六世紀ごろのフェニキア人にさかのぼるとされる。日本では東日本の縄文時代や瀬戸内海の弥生時代に製塩が行われ、平安時代の『延喜式』内膳司には「塩魚」がみられる。『和漢三才図会』五一の「海糠魚(あみ)」の項目には、エビ(鰕)の中の細小なもの、イリモノ・醢《しおから》(あみの塩辛)にして大変美味、夏アミは立夏から立秋まで、秋アミは九月・十月に盛んにとれる、備前の海上に多く布網でとり豊前中津でも多いとある。一九一一年(明治四十四)の農林統計ではサケ、マス、サバ、イワシ、タラ、サンマ、ホッケ、ニシンなど、食用水産加工品の五〇%以上が塩蔵品で占められていた。魚の塩蔵には、魚肉に直接塩を振りかける撒塩法(ドライ＝ソルティング、北方に多い)と濃い食塩水の中にひたす立塩法(ウエット＝ソルティング、南に多い)の二つの方式がある。

参考文献　長辻象平「塩の文化史」(多紀保彦・奥谷喬司・武田正倫編『イカ・タコ類ほか魚類』所収、二〇〇〇、平凡社)　(橋村　修)

しおのみち　塩の道　動力のある交通手段が入る以前の交通体系下に、塩を海岸地帯から内陸部へ送り込む際、輸送路とされた道。分布は山間地帯に濃く、舟運の発達した関東平野などの平野部に薄いのが特徴とされる。舟の利用が不可能な山間地帯では、陸の輸送路が発達した。信濃では馬背(馬による輸送)の太平洋側、牛背の日本海側の双方から運ばれた。日本海側からの糸魚川から松本へ至る道には、戦国時代に上杉謙信が武田信玄にいわゆる義塩を送った伝説がある。塩の道はまた塩魚の道でもあり、若狭小浜から京都へ至る鯖街道、北陸沿岸から飛驒を経て信州松本に至る鰤街道をはじめ、山陰海岸から中国山地へのワニ(サメ)やシイラの行商など各地でみられた。塩の道は明治維新以降も存続したが、鉄道をはじめとする近代的輸送機関の整備に伴い徐々に姿を消していった。

参考文献　富岡儀八『日本の塩道―その歴史地理学的研究―』(一九七八、古今書院)、胡桃沢勘司『西日本庶民交易史の研究』(二〇〇〇、文献出版)、同編『牛方・ボッカと海産物移入』(二〇〇八、岩田書院)　(橋村　修)

しおひがり　潮干狩　春から初夏にかけての干潮時、干潟で貝などを採取するレジャー活動。潮干狩の歴史は古く平安時代にさかのぼるといわれるが、江戸時代に庶民のレジャーとして定着した。現在でもゴールデンウィークを中心に動員数の多い代表的日帰りレジャーである。漁業権の影響で近年では、潮干狩場として設定された海浜で行われることが多く、漁業協同組合などが主催する場合は有料、公設・公営の海浜公園などでは無料の例も見られる。採取具、採取量などの規制を設けることが一般的で、稚貝を放流し潮干狩場を作る例も散見される。　(稲垣　勉)

しか　鹿　シカ科の動物。全国に生息するが、キュウシュウジカ、ホンシュウジカ、エゾシカの三種に大別できる。大きさや色彩は個体差が著しい。旧石器・縄文時代以来、春日大社や奈良公園の鹿に代表されるように人々から親しまれており、物語や絵、歌の素材に登場することが多い。神戸市から出土した弥生時代中期の国宝桜ヶ丘銅鐸の表面には狩猟をする人や鹿の絵が描かれている。毎年秋になると雄の鹿が雌を慕って鳴き、山から山を渡り歩く。鹿の角は装飾用、肉は食用、皮は敷物や皮紐の素材に利用されている。一方で、鹿占《しかうら》の習俗があり、東京都青梅市の御嶽神社では一月三日の太占祭《ふとまにまつり》で、鹿の骨を焼き、そのひび割れを見て農作物の豊凶を占い、群馬県富岡市の貫前《ぬきさき》神社では、十二月八日の鹿占で鹿骨を焼錐で貫き、その通り方で吉凶を占う。

桜ヶ丘５号銅鐸に描かれた鹿

参考文献　『鹿占習俗』(文化庁文化財保護部編『無形の民俗文化財　記録』二八、一九八四、国土地理協会)、栃木県立博物館『鹿―人とのかかわりの歴史―』(企画展図録、一九八九)　(柳　正博)

しがいでんしゃ　市街電車　⇩電車《でんしゃ》

じかた　地方　町方に対して、それ以外の在方・村方を称し、農政という意味でも用いられた。また舞踊で音曲を受け持つものをいった。近世の農政書である『地方凡例録』では、地方は利用厚生の道であり、すべての産物は土地から生じて、みな地方に属し、農民の手から出てくるものであると述べている。また地方の仕事としては、検地・公租・水利・公事訴訟・勧農などがあげられている。近世では、『地方の聞書』『地方落穂集』『算法地方大成』など、農業・農政に関わる書物の題名に広く使われている。

参考文献　大石久敬『地方凡例録』上(大石信敬補訂・大石慎三郎校訂、『日本史料選書』一、一九六九、近藤出版社)　(白川部達夫)

じかたび　地下足袋　ゴム底を足裏に貼り付けた足袋。日本の労働者の履物の多くは、大正時代に至るまで草鞋であった。草鞋は一日で使用できなくなるほか、足に力

が入らず、釘やガラスで怪我をする危険性もある履物であったため、近代産業の発展とともに、より耐久性の高い作業用の履物の需要が高まっていた。この需要に応えるため、ゴム底を足裏に縫いつけた足袋が明治の中ごろより発売されたが、手縫い作業のために生産コストが高くつくことに加え、ゴム底を縫い付けた糸がすぐに切れるという難点があり、あまり普及しなかった。この問題を、ゴム糊でゴム底を接着するという方法で解決したのが、福岡県久留米で足袋製造業を営んでいた石橋徳次郎、正二郎兄弟（現株式会社ブリヂストン創業者）である。仕立物を家業とする家に生まれた石橋兄弟は、一九〇七年（明治四十）に事業を足袋専門に改め、一九一八年（大正七）に日本足袋株式会社（現株式会社アサヒコーポレーション）を設立。当初は通常の足袋を販売していたが、第一次世界大戦後の不景気を契機として新製品の開発に着手する。二二年に兄の徳次郎がテニス用ゴム靴にヒントを得て、弟の正二郎とともに貼付式のゴム底足袋を開発、大牟田の宮之浦炭鉱で試用したところ、評判が上々であったため、二三年に実用新案登録を行い「アサヒ地下足袋」として販売を開始した。販売当初の売り上げは、予想より伸びなかったものの、販売員が農村や炭鉱を回って製品をアピールしたところ、耐久性、作業能率の向上、安全性などのメリットが周知され、売り上げが飛躍的に向上した。また、同年九月に起こった関東大震災の復興過程で製品の価値が認められたことも追風となって評判が全国に行き渡り、販売開始から四年を経た二七年（昭和二）には約一千万足、三五年には約二千万足を生産するに至り、日本の労働者にとってなくてはならない作業用の履物となった。普及の過程で、当初商品名の一部であった「地下足袋」というネーミングが普通名詞として周知され、現在に至る。

参考文献　『ブリヂストン七十五年史』（二〇〇八）

（西村　健）

しかり　叱　江戸時代に採用された刑罰の一種、または懲戒のこと。刑罰としての叱は二種類あり、程度の重い方を急度叱、軽い方を叱と称した。叱は当時のさまざまな種類の刑罰の中できわめて軽い刑罰であり、これを科されるのは庶民であった。適用事例が多くさまざまな軽犯罪に広範に科されていた。叱の執行は、対象者を領主側の白洲に召喚して、役人から直接口頭で叱責した。叱責後、対象者と同行した差添人らがともに落着請証文に押印して完了となった。このような刑罰が存在し得たのは、当時の社会において、領主側を煩わせることは恐れ多いこととする意識があり、かつ叱責を受けることを恥とする意識があるからである。幕府・藩ともに適用例が見られる。庶民間でも、名主や大家などが下位の立場の者が不届きなことをした場合に、叱ることにより改善に立ち直らせる懲戒としての叱もあった。

参考文献　司法省大臣官房庶務課・法制史学会編『徳川禁令考』別巻（石井良助校訂、一九六一、創文社）、神宮司庁編『古事類苑』法律部二（一九六九、吉川弘文館）、石井良助『刑罰の歴史』（一九九二、明石書店）

（神崎　直美）

じがり・たながり　地借・店借　町において土地のみを借りている者を地借、土地および店（屋敷）を借りている者を店借という。これに対して町屋敷を有す町人は家持と呼ばれた。よく使われる店子とは、家持町人から屋敷の管理を任された大家が、地借・店借をいう言葉である。地借は地代を支払って土地を借り、屋敷や土蔵などを自費で建てた。店借はすでに屋敷のあるところを借りるもので、店賃を支払った。町屋敷の特に通りに面した表を借りる者を表店借、通りに直面しない内部を借りる者を裏店借と呼んだ。表店は商人の営業店舗や職人親方の作業場として使われる一方、裏店は居所に特化し、内職を営むか、屋敷の外で営業や仕事をした。裏店は表店の二〜四割程度の店賃で済んだから、手間取りの出職《でしょく》や棒手《ぼて》振《ふり》、日雇い、床店《とこみせ》・葭簀張《よしずばり》などの零細店舗営業者などがここに暮らした。裏店にもまれに自費で屋敷を建てる地借がいた。京都や大坂には、地借はほとんどおらず、江戸特有のものであった。　↓裏店《うらだな》　↓大屋《おおや》・店子《たなこ》　↓家守《やもり》

参考文献　喜田川守貞『近世風俗史　守貞謾稿』一（宇佐美英機校訂、『岩波文庫』、一九九六、岩波書店）、吉田伸之『二一世紀の「江戸」』（『日本史リブレット』、二〇〇四、山川出版社）

（松本剣志郎）

しきい　敷居　建築の開口部の下端にあり、部屋の区画を設けるためにいれる横材のこと。引戸、障子、ふすまなどの建具を入れる場合には溝を彫る。敷居上端から鴨居下端までを内法高《うちのりだか》といい、建築において基準とする寸法の一つである。窓など、床面より高い位置にある敷居を中敷居といい、雨戸のように柱よりも外側に取り付けたものは付け敷居という。建具の動作などによる摩耗を防ぐため、カシ、ケヤキなどの堅木を使用する。また、門戸の内外を区別するために入れたものも敷居と呼び、「敷居を跨ぐ」「敷居が高い」などの表現が生まれた。

↓鴨居《かもい》

（大林　潤）

しききん・れいきん　敷金・礼金　土地の賃貸借などを行う場合にまとめて授受される一時金。敷金は、賃借人が賃貸借契約上の債務を担保する目的で賃貸人に交付され、契約の終了時に賃借人へ返還される。賃貸人が、賃借人の特定財産の上に先取特権を有する場合には、充当順序として、最初に敷金が充当される（民法第三一六条）。礼金は権利金の一種で、主に関東地方で使用される（西日本では敷引《しきびき》）。所有権が賃貸人に移転するので、賃料支払の担保目的を有せず、かつ賃貸借満了後でも賃借人に返還を要しない。権利金は、一般に営業権またはノレン代、賃借権設定の対価、賃料の前払の性質に分けられ、そのいずれかに属するか、その潜在とみられている。戦後に地価が上昇し、地代利回りが低下する中で、一時金の授

受が、大都市を中心に一般的になった。特に敷金は不動産所得や譲渡所得にならず、節税に役立つことで、支払比率が上昇した。

参考文献 増子忠四郎『不動産鑑定評価の理論と実務』(一九六五、文雅堂銀行研究社)、瀬川信久『日本の借地』(一九九五、有斐閣)　(鷲崎俊太郎)

しきじりつ　識字率　一定の年齢以上の住民における文字の読み書きが可能な住民の百分比。リテラシーとも呼ばれる。ただし、なにをもって文字の読み書きが可能であると定義するか、必ずしも一義的とはいえず、また文字そのものや書記言語の在り方によっても、読み書きのしやすさが異なってくるので、安易に普遍的な指標としてみなされることがないようにする必要がある。日本においては、幕藩制国家がその当初から村請制を実施できたように、江戸時代に先行する時代において、すでに各地に識字層が成長していたとみられる。また整版印刷(木版印刷)の普及によって、江戸時代には書物の出版が隆盛し、寺子屋などの教育の普及と相まって、読み書き能力の普及が顕著に進展した。江戸時代の識字率について、一九八六年(昭和六十一)に、中曽根康弘首相(当時)が、日本の識字率は世界一だったとする発言を行い話題となった。しかしながら、このような国際比較を可能とするような精度で、この時代の識字率を測定することはできないといわざるを得ない。日本の識字率の展開をある程度示す史料としては、陸軍省や文部省が行なった壮丁教育調査(新兵検査)、『文部省年報』に掲載される滋賀県・岡山県・鹿児島県などにおける明治期の自署率調査(六歳以上の全住民に占める自己の姓名を記し得る者の比率調査)、滋賀県伊香郡や山口県玖珂郡などに残されている自署率調査などが知られている。『陸軍省第十三回統計年報』によれば、一八九九年(明治三十二)の新兵で、「読書算術ヲ知ラサル者」の比率は、二三・四〇%にのぼり、十九世紀の末期においても、二十歳の男子のうちに読み書きできない者が多数存在したことがわかる。前述したいくつかの県における自署率調査によれば、男子の自署率が九割に接近している県がある一方で、女子の自署率が四%にとどまる県もあるなど、きわめて大きな地域格差、および性による格差が存在していたことがわかっている。

参考文献 リチャード＝ルビンジャー『日本人のリテラシー一六〇〇—一九〇〇年—』(川村肇訳、二〇〇八、柏書房)、松塚俊三・八鍬友広編『識字と読書—リテラシーの比較社会史—』(『叢書・比較教育社会史』、二〇一〇、昭和堂)　(八鍬　友広)

しきせ　仕着せ　江戸時代から近代にかけて、雇い主が時節に応じて奉公人に現物支給する衣服。四季施・為着せとも書く。商家の丁稚《でっち》(小僧)・手代では職務上のユニフォームとして夏の布帷子《ぬのかたびら》、冬の木綿布子、帯・前垂れ・下駄などからなり、雇用契約上の待遇として給金の金額、休日の有無とともに奉公人請状《うけじょう》に記載される場合があった。武家方の中間《ちゅうげん》奉公や農村の年季奉公人契約では、具体的に書き上げずに「御家並み」の仕着せとか、「御家風に任せて」と規定される場合も見られる。嫁入り前の娘が武家・商家で行儀作法や読み書き・裁縫を覚える女中奉公では、給金は少なく、衣服・食事・小遣いなどを奉公中の仕着せとして支給を受け、年季明け後に嫁入り道具一式をもらったりする場合もあった。ただし遊女奉公人の請状では仕着せについて規定されていないのが通例である。遊女としての営業に必要な高価な衣服や装身具、および寝具類は雇用主である遊女屋が用意せず、遊女奉公人自身が必要経費として自弁するのが基本で、馴染み客やパトロンが負担してくれなければ、遊女自身の借金に加算される仕組みであった。

参考文献 竹内利美『家族慣行と家制度』(『社会学叢書』、一九六九、恒星社厚生閣)、下重清「食売女奉公形態にみる借財について」(『早稲田大学大学院文学研究科紀要』別冊一五、一九八八)　(下重　清)

しきだい　式台　玄関先に設けられる低い板敷部分。式台は、本来は色代と呼び、室町時代から江戸時代初期の書院造では、玄関を通った客を迎え、取次ぎの儀礼を行う場所を指した。江戸時代中期以降、武家屋敷の玄関には、上り口に低い板敷を設けるようになる。来訪者はここに駕籠を付けて乗降したほか、取次ぎの儀礼もこの板敷部分で行われ、この板敷部分を式台と呼ぶようになる。近現代住宅の格式のある玄関では、土間に低い板敷を設ける場合があり、式台が受け継がれている。　→玄関《げんかん》

式台（旧目加田家住宅玄関，山口県岩国市）

参考文献 平井聖『(図説)日本住宅の歴史』(一九八〇、学芸出版社)　(松下　迪生)

じきどう　食堂　寺院において僧侶が集合して斎食《さいじき》する堂。古代では、僧侶の生活に欠かせない建物として重要で、僧房の近くに建つものが多く、なかには西大寺(奈良市)のように独立した院を構成するものもある。規模も全僧侶の皆参が原則なので講堂に匹敵する大きさを持つ。上座には賓頭盧尊者《びんずるそんじゃ》や文殊菩薩など聖僧をまつる。平安時代以後は子院が誕生してそこが僧侶の生活の場となっ

たため、僧房とともに姿を消していった。中世の禅宗および律宗寺院においては、戒律の復興運動のなかで、斎食が再び重要視され、僧堂などがその役割を担った。

参考文献 大岡實『南都七大寺の研究』(一九六六、中央公論美術出版)、藤井恵介「律宗における僧食と僧堂」(『中世寺院の姿とくらし—密教・禅僧・湯屋—』所収、二〇〇四、山川出版社)

(鈴木　智大)

しきふく　式服　⇩礼服《れいふく》

しきもの　敷物　寒暖や湿気、凹凸から身を守り、居住性を高めるために身体や物の下に敷くもの。筵《むしろ》・菰《こも》・莫《ご》蓙《ざ》・畳・絨毯・布団・座布団・円座などがある。材料には藺草《いぐさ》、稲藁、蒲《がま》、茅《かや》、絹、麻、獣皮、化学繊維などが用いられる。土間を使用した縄文時代の竪穴住居以来、日本の家屋は土間か床板敷きであり、筵や莫蓙といった敷物は、団欒の場や穀物の脱穀・乾燥作業場などにおいて、必要な時にだけ敷いて使うものであった。江戸時代以降、恒常的に厚床のついた畳を敷き詰めるようになると、それに伴い家屋の間取りも畳の大きさに規定されるようになった。戦後は生活の洋風化に伴い板床の上に絨毯を敷くことも増え、畳敷きは減少したが、現在でも間取りの大きさは畳数で表現されることが多い。座具としての敷物は、藺草や藁などを束ねて丸く編んだ円座から、中に綿を詰めた座布団へと変化した。寝具としての敷物は、土間や床板の上に藁や籾殻を敷き、その上に筵を敷くのが一般的であったが、次第に畳の上に布団を敷くようになった。↓円座《えんざ》　↓茣蓙《ござ》　↓薦《こも》　↓座布団《ざぶとん》　↓絨《じゅう》毯《たん》　↓蒲団《ふとん》　↓莚《むしろ》

参考文献 岡崎喜熊『敷物の文化史』(一九八二、学生社)

(加藤幸治・今井雅之)

しこうひん　嗜好品　栄養やエネルギー源としてではなく、個人の好みにより、味や風味、刺激を楽しむ、酒、茶、たばこ、コーヒーなどの飲食物の類。酒は古くから世界各地に見られたが、コーヒーはアフリカ、茶は中国南部周辺、たばこは南アメリカを原産地とし、十六世紀以降、世界各地に広まった。日本では、酒は稲作とともに中国から伝わり、神事や祭に不可欠な「ハレ」の場の飲料となった。茶は、中国から伝来後、十二世紀末、栄西により禅宗寺院を中心に普及した。たばこは、十六世紀後半にヨーロッパから伝えられ、煙管による喫煙が広まった。江戸時代中期以降は、酒や茶も庶民に楽しまれるようになり、明治以降に広まるコーヒーとともに嗜好品として定着し、社交の道具としても機能した。嗜好品という言葉は、一九一二年(大正元)、森鷗外の短編小説「藤棚」が初出とされる。植物由来の嗜好品の多くには、アルコール、カフェインなどの薬理成分が含まれ、中枢神経に作用するが、近年は、菓子類や漫画、ゲームなども嗜好品として扱われることもある。↓コーヒー　↓酒《さけ》　↓たばこ　↓茶《ちゃ》

参考文献 高田公理・嗜好品文化研究会編『嗜好品文化を学ぶ人のために』(二〇〇八、世界思想社)、たばこと塩の博物館編『四大嗜好品にみる嗜みの文化史』(特別展図録、二〇〇八)

(半田　昌之)

じこく　時刻　一日の時間を区分して示したもの。〔古代・中世〕古代・中世では一日を十二支に分ける十二辰刻法《しんこくほう》が用いられた。すなわち、午前〇時の前後二時間は子の刻で、午前十二時の前後二時間は午の刻である。十二辰刻法の使用の早い例として、『日本書紀』舒明天皇八年(六三六)七月一日条に、官吏の朝参を卯の刻(午前六時ごろ)、退出を巳の刻(午前十時ごろ)と定めたが大臣たちが守らなかったことがみえる。養老律令職員令《しきいんりょう》によれば、朝廷の中務省陰陽寮《なかつかさしょうおんみょうりょう》に漏刻《ろうこく》博士が二人おり、漏刻(水時計)によって時刻を測り、配下の守辰丁《ときもり》二十人に鐘・鼓を打たせて人々に時刻を知らせた。一辰刻はさらに四刻(初刻・二刻・三刻・四刻)に、一刻は十分に分けられた。九六七年(康保四)施行の『延喜式』陰陽寮では、一年を四十に分けてそれぞれの期間の日出・日没の時刻を十二辰・刻・分で記しており、十二辰刻法が一日を昼夜にかかわらず均等に十二に分ける定時法であったことがわかる。そして、時刻を知らせる鼓の打つ回数を、子・午には九、丑・未には八、寅・申には七、卯・酉には六、辰・戌には五、巳・亥には四とし、さらに四刻の刻数を知らせる鐘を刻数だけ打つとした。時刻の鼓を打つ回数はやがてその時刻を表す言葉となり、子の刻を九ツ、丑の刻を八ツ、寅の刻を七ツなどと呼ぶようになった。夜間の鐘・鼓の音はその後まもなくして消滅する。時を測った機器は漏刻と考えられるが、漏刻は昼と夜とで流水量を調節して変えれば、昼夜の時間の長さが異なる不定時法にすることが可能であり、『延喜式』では定時法であった十二辰刻法は、やがて日出・日没の時刻によって各時間の長さが変化する不定時法に変わっていった。人々の一日の生活は日出・日没に左右された。戦国時代に流布した教訓書『早雲寺殿廿一箇条《そううんじでんにじゅういっかじょう》』には、朝は寅の刻(午前四時ごろ)に起きて六ツ(午前六時ごろ)以前に出仕せよ、夕は六ツ時(午後六時ごろ)に家の門を閉じ、五ツ(午後八時ごろ)には寝静まるべしとあり、日中の明るい時に一日の仕事をするのがよいとされていた。

参考文献 広瀬秀雄「平安朝の時刻制度について」(『日本歴史』三四〇、一九七六)、同『暦』(『日本史小百科』五、一九七八、近藤出版社)、岡田芳朗『日本の暦(愛蔵保存版)』(一九九六、新人物往来社)

(菅原　正子)

〔近世〕天文・暦法で使用された時刻は夜半を子《ね》の刻の中央とし、亥《い》の刻までを数える十二辰刻《とき》定時法で、一辰刻は現行時二時間にあたる。一辰刻は十分《ぶ》(歩)に分けられた。宣明暦では一辰刻を初刻と正刻とに分け、別に一日を百刻に等分した。各辰刻は鐘または太鼓によって時刻を知らせた。その数は次の通りである。またその数によって時刻を示すことも行われた。一日に二回同じ数が繰り返されるところから混乱を避けるために暁・夕などの語を添えて用いられた。

		初刻(現行時)	正刻(現行時)
子刻	暁九つ	午後十一時	午前零時
丑刻	暁八つ	午前一時	午前二時
寅刻	暁七つ	午前三時	午前四時
卯刻	明六つ	午前五時	午前六時
辰刻	朝五つ	午前七時	午前八時
巳刻	朝四つ	午前九時	午前十時
午刻	昼九つ	午前十一時	午後十二時
未刻	昼八つ	午後一時	午後二時
申刻	夕七つ	午後三時	午後四時
酉刻	暮六つ	午後五時	午後六時
戌刻	夜五つ	午後七時	午後八時
亥刻	夜四つ	午後九時	午後十時

貞享暦以後、初刻・正刻の区分は行われなくなった。各辰刻の時報(撞鐘)が正刻のはじめに行われた結果、ことに鐘数による辰刻は本来より半刻(現行時一時間)遅れて始まると考えられるようになった。また、一般に用いられた時刻法は夜明け(薄明)から日暮までを昼の六辰刻、日暮から夜明けまでを夜の六辰刻とする不定時法であった。不定時法では昼夜、季節、土地によって時刻が相違した。なお、夜明けと日暮は暦法上の定義では日の出前二・五刻、日没後二・五刻(現行時三十六分)とされたが、寛政暦(一七九八年(寛政十)一八四三年(天保十四))からはより厳密にいずれも太陽が地平線下七度二一分四〇秒の点に達した時と改められた。また、寛政暦までは暦に記載される時刻はすべて定時法によるものであったが、天保暦(一八四四年(弘化元)—一八七二年(明治五))からは不定時法に改められた。 ↓時《とき》の鐘《かね》

参考文献 橋本万平『日本の時刻制度(増補版)』(『塙選書』、一九七八、塙書房)

〔近現代〕 開港以後欧米の二十四時間定時法による分針《ふんしん》付の掛時計や懐中時計が盛んに輸入され、公的には十二辰刻不定時法のままであったが公私ともに広く利用されるようになった。輸入時計は従来の時計(和時計)と区別され、西洋時辰儀と呼ばれ、それによる時刻は西洋時辰儀何字時、あるいは何字と呼ばれた。西洋時辰儀は一部は十二辰刻不定時法用に改造されたが、多くはそのまま定時法による時刻を知らせた。これまでの和時計は西洋時辰儀に比して不正確であり、時針《じしん》のみで、一分《いちぶ》(歩)すなわち現行時の十二分以下の時刻を表示できなかったから、次第に疎んじられるようになった。一八七二年(明治五)十一月九日に太陽暦への改暦が発表され、同年十二月三日を以て翌年一月一日と改め、同時に二十四時間定時法が施行された。この時発表された太政官布告には次のように示されている。従来の子の刻を午前零時、子の半刻を午前一時、丑の刻を午前二時とし、以下半刻ごとに一時ずつ進め、午の刻を午後十二時、午の半刻を午後一時……亥の刻を午後十時、同半刻を午後十一時として、欧米のA・M、P・Mに対応させている。これに先立って、各地の鎮台などで大砲によって正午の時報を行なっている。東京の場合は旧江戸城本丸において七一年九月九日から平均太陽時正午に発砲した。一九二九年(昭和四)一月一日からはサイレンに変えられた。当初、全国統一の標準時がなく、各地で真太陽時、平均太陽時が用いられていた。一八八四年ワシントンで開催された国際子午線並びに計時法会議の決議を受けて、わが国は東経一三五度の子午線を通る平均太陽時(グリニッジ標準時プラス九時間)を標準時と定め、八八年一月一日より施行した。九六年台湾領有により、東経一二〇度を基準とする西部標準時を追加し、それまでの標準時を中央標準時と改称した。西部標準時は一九三七年十月一日に廃止された。 ↓時計《とけい》

参考文献 橋本万平『日本の時刻制度(増補版)』(『塙選書』、一九七八、塙書房) (岡田 芳朗)

じこくひょう　時刻表 乗物の発着の時間をあらわした表。一般的には鉄道時刻表を指す。日本では一八七二年(明治五)五月七日に品川—横浜間に仮営業が開始されるとともに最初の時刻表「鉄道列車出発時刻及賃金表」が作られた。八九年には冊子型のものが出現し、九四年からは毎月定期的に発行されるようになった。鉄道事業の拡張発展に伴って、詳明かつ網羅的な鉄道時刻表が刊行された。

参考文献 三宅俊彦『時刻表百年のあゆみ』(『交通ブックス』、一九九六、成山堂書店) (岡田 芳朗)

しこくへんろ　四国遍路 ⇩遍路《へんろ》

しごとおさめ　仕事納め 正月を迎えるために旧年中の仕事に一区切りをつけて、年内の仕事をすべて終えること。多くの企業や役所などでは、クリスマスの過ぎた十二月二十七、二十八日ごろを仕事納めの日としており、役所ではそれを官庁《かんちょう》御用納《ごようおさ》めと称している。一般の会社では、そのころまでに社員に冬季賞与(ボーナス)を支給し、仕事納めの日にはもう仕事をせずに社内の大掃除などを行うのが普通で、そのまま忘年会となることも多い。社員は翌日から正月休みに入る。証券取引所などでは仕事納めのことを大納会《だいのうかい》と称し、年内最後の立会・取引を行う。年が明けた後の仕事始めの日に行われる新年最初の立会・取引は、大発会《だいはっかい》と呼ぶ。商家などは年内ぎりぎりまで営業を続けることが多く、盆暮勘定の集金などは大晦日まで続けられた。かつての江戸・東京では大晦日の仕事納めに、店主が使用人らにソバを振る舞って労をねぎらい、それが晦日ソバ(年越しソバ)の始まりであったとの伝承もよく聞かれる。

参考文献 若月紫蘭『東京年中行事』(朝倉治彦校注、『東洋文庫』、一九六八、平凡社) (長沢 利明)

しごとぎ　仕事着 仕事をするときに着る衣服。江戸時代の仕事着は、着流しに帯を着けたものが主流であった。商人は縞着物・角帯・前垂、農民は野良着にもんぺを用いた。羽織袴を着けるのは身分の高い武士に限られた。町奉行の役人でも与力は羽織袴を着けるが、同心は袴を

着けられなかった。開国後に洋服や毛織物が輸入されるが、それらが仕事着として普及するのには時間を要した。明治政府は軍服や礼服に洋服を取り入れるが、多くの官員は羽織袴または着流しに羽織を着けて出勤した。民間も同様で洋服は「文明開化」のよそゆき姿であり、仕事着は江戸時代のそれと大差はなかった。一八八五年(明治十八)五月から各省の官員は出勤に際して洋服着用を義務づけられた。これにより国家の官員が病気などの理由により和服で通勤を望む場合は、所轄長官から許可を得なければならなくなった。官員はフロックコートおよび背広にネクタイを締め、山高帽や中折帽を被って通勤するようになる。官員に倣って銀行や大手商社でも仕事着として洋服を用いるところもあったが、個人商店が多かった当時の仕事着は着流し姿が主流であった。また明治三十年代の大阪では洋服を嫌って、銀行や大手商社でも着流し姿で仕事をする者が少なくなかったという。文学者の永井荷風によれば、日露戦争後には洋式制服姿とともに洋服着用者が増加したというが、民間でも仕事着として洋服を用いるようになるのは関東大震災後である。太平洋戦争の末期に本土空襲が激しくなると、男性は軍服型の国民服や作業着、女性も女子標準服や作業着、もんぺなど、動作性を重視した仕事着を用いている。終戦後には企業に通勤するものは背広にネクタイを着用し、戦前までの着流しや帽子は後退した。また黒や濃紺がリクルートスーツと位置づけられ、以降洋服チェーン店では安価な既製背広を販売している。

参考文献　刑部芳則『洋服・散髪・脱刀―服制の明治維新―』(『講談社選書メチエ』、二〇一〇、講談社)、同『帝国日本の大礼服―国家権威の表象―』(二〇一六、法政大学出版局)　(刑部　芳則)

しごとはじめ　仕事始め　新年を迎えて最初の仕事を行うこと。企業や役所などの職場で、正月休みが明けた初出勤の時に、互いに新年の挨拶をかわしつつ、本格的な仕事にはかからずに、まずは新年会を行なったりする。農家などではかつて、一月二日に田畑の土を少し耕して真似事程度の労働をし、その後はゆっくり過ごしたり、酒でも呑んで休んだ。これを作り初め・鍬始め・鋤始め・掘り始め・仕初《しぞ》め・事始めなどと称した。漁師であれば、やはりその日に船を出して簡単な漁を行なった。職人の家などでも、やはり仕事始めを行なったが、商家であれば一月二日は初売り・初商い・初荷の日で、消費者にとっては初買いとなる。それぞれの生業にふさわしい形でこの日に仕事始めがなされ、一月二日は何によらず、新年最初に物事をなすべき日とされてきた。書き初め・縫い初め・謡初め・初湯などがまさにそれで、何々始め・何々初め・初何々という行事が、さまざまに行われてきた。旧年から新年への切り替えとその区切り目とを、このほかに重視してきた日本人の心性がそこによく表されている。　→御用始《ごようはじ》め

参考文献　柳田国男『歳時習俗語彙』(一九七五、国書刊行会)、長沢利明『江戸東京歳時記』(『歴史文化ライブラリー』、二〇〇一、吉川弘文館)　(長沢　利明)

じざいかぎ　自在鉤　天井の梁などから囲炉裏の中央へ吊られた器具で、末端に手鍋や鉄瓶を提げる鉤が付く。鉤の上げ下げで火の遠近・火力を自在に調整できることから、自在鉤と称した。形状はたとえば竹筒の鞘に鉤付きの竿が仕込まれたもので、竿を上下に動かし、鞘に結ばれた横木が梃子となって鉤の位置を固定する。自在鉤の変遷について柳田国男は『火の昔』(一九四四年(昭和十九)八月刊)の執筆当時、すでに日本全国の半ばで自在鉤が五徳(鉄輪《かなわ》)へと移り変わっていると述べている。横木部分の意匠は縁起物を象ったものが多かった。たとえば鯛や鯉などの魚を象るのは、水と関わりの深い魚の姿によって火の用心を意味する、あるいは炉の神への供え物であるなどの説がある。また向ける方角も決まっていた。その他、自在鉤にまつわる習俗の類として「囲炉裏の鉤に白い紙や布切れを結ぶとなくし物が出てくる」「葬式で拾った撒き銭は炉の鉤に下げた」などの話が『火の昔』に記されている。　→五徳《ごとく》

穴明き銭を吊した自在鉤

参考文献　柳田国男「火の昔」(『柳田国男全集』一三、一九九〇、筑摩書房)　(大里　正樹)

じさつ　自殺　みずからの手で自身の命を絶つこと。日本において、年々自殺者数が増しているという世間のイメージがあるが、十万人あたりの自殺率からみれば、現在よりも昭和三十年代の方が高率であった。「少年自殺の増加」や「高齢者の自殺の増加」が話題になるのにもかかわらず、データから見ると青少年・高齢者のいずれにおいても、昭和三十年代以降徐々に自殺率が下がってきているというのが事実で、世間のイメージと実数に乖離があることが明らかである。逆に近年、青少年の自殺率が減る一方で、四十～五十代の中年層の自殺率が高まっており、年齢とともに自殺率が比例上昇するという傾向を示すようになっている。　→過労死《かろうし》

参考文献　岩本通弥「都市憧憬とフォークロリズム」(新谷尚紀・岩本通弥編『都市とふるさと』所収、二〇〇六、吉川弘文館)　(塚原　伸治)

じ・さんなん　次・三男　二・三番目に生まれた息子。長男単独相続が支配する家制度のもとでは、跡継ぎである長男とは差別され、長男はアニ、次・三男は叔父(オジ・オンジ)と呼ばれ、さらに同居人という意味で厄介・居候

などと呼ばれ、家督を継いでいないという意味で部屋住（ヘヤズミ）と呼ばれて冷遇された。もともと、次・三男は、跡継ぎの予備と位置付けられ、成人しても他家へ養子にいくか分家をするほかには自立する方法はなく、他家への奉公や厄介などと呼ばれる同居人として生涯を過ごす者たちも多かった。家督相続が廃止された戦後になっても次・三男問題は深刻で、膨れあがった農村人口の次・三男の自立のために国有林の解放を指摘する声も一部にあった。しかし、高度成長期には都市における労働力不足を背景にして、学資の供与（親の財産の生前分与）をしてもらいながら多くの次・三男層が都市へと移動していった。それでも、地域性はあったが、長男層は実家にとどまり、次・三男層が都市へ流出するという傾向が強化されたものの、家制度の影響は長く続いた。ただ、少子化のなかで両者を区別する意義も薄れてきている。
→長男《ちょうなん》

参考文献　松丸志摩三『村の次三男—その問題と生き方—』（一九五四、新評論社）、川島武宜編『農家相続と農地』（一九六五、東京大学出版会）、柳田国男『家閑談』（『柳田国男全集』一二所収、一九九〇、筑摩書房）　（森　謙二）

ししがき　猪垣　イノシシやシカなどの獣が田畑に侵入するのを防ぐための垣。鹿垣、猪鹿垣とも記す。イノガキなどともいう。日畑の農作物は獣の好餌であり、食べ尽されてしまうと農民にとっては死活問題となる。そこで侵入を防ぐために、耕地のまわりに垣が築かれた。近世でもっとも発達し、普及したとみられる。個人の耕地を囲う小規模のものから、村々を結び一〇キロを超える大規模なものまで築かれた。資材は地元で得られる樹木・石・土などが用いられた。木や竹で築かれたのが木垣。石を積むのが石塁で、これが防御にもっとも効果的で、補修も少なくて済んだ。地面を掘り、土を積んだ土塁は、一般的に猪土手《ししどて》と呼ばれた。獣のすむ山間・山麓に設けられたので、基本的に平地にはない。本州の中央高地に位置する長野・山梨・岐阜の三県に多く分布する。イノシシが棲息しない北海道や東北には設けられず、北陸・山陰などの日本海側地域にも少ない。→猪除《ししよ》け

参考文献　高橋春成編『イノシシと人間—共に生きる—』（二〇〇一、古今書院）、同編『日本のシシ垣—イノシシ・シカの被害から田畑を守ってきた文化遺産—』（二〇一〇、古今書院）　（武井　弘一）

じしばい　地芝居　農民みずからが演ずる芝居をさす。群馬県前橋市横室の若者組が買ってきた江戸大歌舞伎の役者衣装が示すように、都市の歌舞伎の影響を受けた。地芝居の上演記録としては一七〇六年（宝永三）から一七一五年（正徳五）の美濃の『久津八幡宮祭礼記録日記』が初見とされる。一八五九年（安政六）、野州で野尻騒動という一揆が起きるまでになったが、日清日露の戦間期以降は次第に衰えた。現在は、復活した各地の地芝居のポータルサイトがつくられている。

参考文献　松崎茂『日本農村舞台の研究』（一九六七、松崎工学博士論文刊行会）、郡司正勝『地芝居と民俗』（『民俗民芸双書』五八、一九七二、岩崎美術社）、多仁照廣『若者仲間の歴史』（一九八四、日本青年館）、守屋毅『村芝居—近世文化史の裾野から—』（『叢書演劇と見世物の文化史』、一九八八、平凡社）、橋本今祐「開化期の若松県における村芝居の存立環境—村中・若衆中の奉納行動をめぐって—」（『芸能史研究』一八二、二〇〇八）　（多仁　照廣）

ししゅう　刺繍　針と糸で布地に飾り縫いをすること。中宮寺の天寿国曼荼羅繡帳に見られるように、日本では古くから刺繡技術が継承されてきた。刺繡が華麗な装飾へと発展するのは、室町時代から江戸時代にかけてであり、その技法は小袖の刺繡に表れている。小袖の刺繡は、友禅染の完成により、染色技法の従属的立場となる。だが、刺繡技術は、掛袱紗《かけぶくさ》、屏風、掛軸などの調度品に用いられた。これらの調度品は、明治時代の殖産興業によって製作され、外国人に珍重された。刺繡の技法は、着物を仕立てる和裁の応用であったため、実科高等女学校では授業として設けるところが少なくなかった。絵画を忠実に模倣するものの、刺繡技法の特徴を生かすことができないという欠点があった。一方、フランス刺繡を中心とする西洋刺繡が伝わり、レースやハンカチなどに刺繡するのが流行した。

参考文献　石井研堂『明治事物起原』（明治文化研究会編『明治文化全集』別巻、一九六九、日本評論社）　（刑部　芳則）

ししょう　師匠　学門、技芸の指導的立場にある人。学門や技芸には究めるべき「道」があり、師匠は先達として道を高め、弟子を道の後継者として厳しく指導しなければならない。道は中国の老荘思想が受容され日本で変容・定着したことばで、「道は技術を超える」という思想は中世以降の日本に大きな影響を与えた。華道、茶道、香道、書道などの芸道が形成されたのも室町時代であった。芸能も芸道も神祭りから誕生した。神を招くための種々の装置「依代《よりしろ》」を作る技術から始まったのが芸道。神仏を祀る技から変化したもので、道具と技を究めて神仏と一体化する方法である。神に近づきたいという思いのために発達した道は、ことばは中国伝来でも、思想は日本独自のものである。芸道にたずさわる人たちの長である師匠が、知識や技芸を伝授するだけでなく、人格者としての一面を併せ持つ存在であることが求められるのは、芸道が神と深いかかわりを持っているためである。
→家元《いえもと》　→内弟子《うちでし》　→芸事《げいごと》

参考文献　諏訪春雄『国文学の百年』（二〇一四、勉誠出版）　（田口　章子）

ししよけ　猪除け　イノシシやシカなどの獣が田畑へ侵入するのを防ぐ、各種の防御策。田畑の作物を守るため、農民は防御策を講じて、獣が耕地へ侵入するのを防いだ。現在と比べて資材などが恵まれない近世では、小屋を設

けて耕地を見張る、大きな音を立てて追い払う、案山子《かかし》を立てる、鳴子《なるこ》の音を鳴らす、田畑のまわりに縄を張る、鉄砲の音で威嚇する、猪垣《ししがき》を築く、番犬を飼うなどの防除法があった。↓案山子《かかし》 ↓猪垣《ししがき》 ↓獣害《じゅうがい》

参考文献 武井弘一『鉄砲を手放さなかった百姓たち—刀狩りから幕末まで—』(『朝日選書』、二〇一〇、朝日新聞出版)
(武井 弘二)

じしん　地震 地球の表面は厚さ数十キロの岩盤(プレート)十数枚ほどで覆われ、地球内部のマントル対流によってこれらの岩盤はそれぞれ別の方向に移動している。この岩盤は何らかの力を受けて徐々に変形し、ひずみエネルギーが蓄積される。地震とは、このようなひずみが限度を超えると、岩盤の一部が急激に破壊され、その衝撃が地震波となって伝わる現象である。プレートがせめぎ合う場所にある日本列島は、プレート間のひずみエネルギーの蓄積と放出の繰り返しの結果生まれた島国である。さらには、この陸域を構成するプレート内でもひずみが溜り地震が発生する。こうした地震の痕跡のうち、今後も活動する可能性がある活断層が数多く認められている。このため、『日本書紀』推古天皇七年(五九九)四月条に「地動、舎屋悉破」とあるように、古代以来の史書にも地震の記録が見出され、また、記録のない時代の地震痕跡も津波堆積学や考古学発掘の手法によって、数多く確認されている。↓震災《しんさい》

参考文献 寒川旭『地震の日本史—大地は何を語るのか—』(『中公新書』、二〇〇七、中央公論新社)、北原糸子・松浦律子・木村玲欧編『日本歴史災害事典』(二〇一二、吉川弘文館)
(北原 糸子)

じしんばん　自身番 城下町江戸において町地の交差点、各町の出入り口などにおかれた番所。基本的には一町に一つだが、場末などでは数町共同で一つの自身番所を使用した。それぞれの町において、家持町人が交代して自身で詰めたことからその名がある。番となった者は町内を見回り、防犯防火に努めることを主たる任務とした。町奉行所与力・同心や火付盗賊改などが捕らえた者を自身番所で取り調べ、一時的に捕縛した者を預けることもあった。町内の会合や事務もここで執り行われたため、町によっては書役《かきやく》を雇って自身番所に詰めさせ、町内事務を補佐させた。江戸では次第に地借・店借が増加し、家持町人が減少したことから、自身番に詰めるのは多く家守(大家)の仕事となった。一七一八年(享保三)十一月、幕府は町人らの火消し勤め精励により、恒常的な自身番勤務を免除した。番所の大きさは梁間九尺、桁行二間半、軒の高さ一丈三尺を基準とした。一八六八年(明治元)九月、明治政府は自身番所の撤去を命じた。

参考文献 伊藤好一『江戸の町かど』(一九八七、平凡社)、喜田川守貞『近世風俗志 守貞謾稿』(宇佐美英機校訂、『岩波文庫』、一九九六、岩波書店)
(松本剣志郎)

しせいじ　私生児 法律上婚姻関係にない男女の間に生まれた子。私生子、非嫡出子、婚外子。「私生子」「非嫡出子」という用語は、法律婚を前提としており、また差別的な表現であるとして、現在では「婚外子」という用語が一般的に用いられる。一八七三年(明治六)太政官布告第二一号において「妻妾ニ非サル婦女ニシテ分娩スル児子ハ一切私生ヲ以テ論シ、其婦女ノ引受タルヘキ事。但男子ヨリ己レノ子ト見留メ候上ハ、婦女住所ノ戸長ニ請テ免許ヲ得候者ハ、其子其男子ヲ父トスルヲ可得事」として、はじめて私生子について法的に規定された。親権は母にあり、任意で父に認知されると準嫡出子的な立場である「庶子」となって父の戸籍に入り、扶養や相続の権利義務を得た。一九四二年(昭和十七)の民法改正でもこれを継承したが、「私生子」「庶子」の呼称を廃止し「嫡出ニ非サル子」とした。戦後の民法改正では呼称が「嫡出でない子」となり、認知されても父の戸籍に入ることはできなくなった。日本では「非婚で子を産むことは不道徳である」とみなす強固な嫡出制の社会規範が存在しており、長らく嫡出子との差別が問題視されてきた。九〇年代後半以降の裁判が契機となり、二〇〇四年(平成十六)に戸籍・住民票ともに記載差別は廃止され、一三年に相続分についての差別も撤廃された。

参考文献 善積京子『非婚を生きたい—婚外子の差別を問う—』(一九九二、青木書店)、同『婚外子の社会学』(『世界思想ゼミナール』、一九九三、世界思想社)、村上一博『日本近代婚姻法史論』(二〇〇三、法律文化社)、二宮周平『家族と法—個人化と多様化の中で—』(『岩波文庫』、二〇〇七、岩波書店)
(大西 公恵)

しぜんそう　自然葬 このことばには異なった二つの概念がある。一つは、五来重《ごらいしげる》が提案した自然葬であり、典型的には風葬や水葬のように人の手があまりかかっていない、人為的ではない葬法を自然葬、自然葬法と呼んだ。これに対して、土葬や火葬のように遺体に人為的に手を加える葬送を文化葬あるいは文化葬法と呼んだ。日本の古代からの葬法は一般的には自然葬から文化葬へと展開する。もう一つの用法は、一九九〇年代以降に散骨を自然葬と呼ぶことである。遺骨を自然に還すという意味で用いられるが、火葬によってセラミック状になった遺骨が自然に還るかどうかは疑問視されている。もともと、ヨーロッパのアルプスの北側の地域では遺体を自然に戻すという意識は強く(「大地の懐にかえす」(ヘーゲル)という)、日本でも遺体を自然に還す・土に戻すという意識は強い。弔い上げによって、墓を倒して(廃棄して)土葬した遺骨は土に戻ったと考える地域もあり、散骨を美化するために自然葬と呼ぶのは説得力はない。散骨=自然葬のアンチテーゼとして一九九九年(平成十一)に里山型樹木葬が自然葬のあるべき姿として提案されるが、樹木葬の定義も不明確であり、その概念のあいまいさが現代の葬送秩序の混乱に繋がっている。↓墓《はか》

参考文献 五来重『葬と供養』(一九九二、東方出版)、葬送の自由をすすめる会編『〈墓〉からの自由—地球に還る

自然葬―(増補改訂版)』(一九九四、社会評論社)、森謙二『墓と葬送のゆくえ』(『歴史文化ライブラリー』、二〇一四、吉川弘文館)　（森　謙二）

しぜんほごうんどう　自然保護運動　人の手の加わっていない自然(天然)を保護するための開発反対運動のこと。わが国では「自然保護」という考え方は歴史的に新しく、近代以降のことである。その考え方が明確に読み取れるものは足尾鉱毒事件での政治家田中正造による天皇への直訴状(一九〇一年(明治三十四))である。渡良瀬川の水源を清めること、川を自然の状態に戻すことが基本であるという主張からそれを知ることができる。また一九〇六年ごろから、博物学者・民俗学者の南方熊楠が神社合祀反対運動を展開する。信仰で守られて人の手のほとんど入っていなかった神社林が破壊され始めたことに対する反対運動であった。民俗学者柳田国男などの文化人もこれを支えた。この二つの運動は単に自然そのものを保護するというだけでなく、そこに人間の生活の破壊があると指摘していたことに特色がある。その後、一九二二年(大正十一)の尾瀬のダム湖化反対運動、一九二八年(昭和三)ごろからの十和田湖の景勝を守るための開発反対運動などをはじめとして、各地で自然保護運動が起こる。開発ラッシュがつづいた六〇年代以降には、ナショナル＝トラストの性格をもった和歌山県の天神崎保護活動などこの種の開発反対運動がとりわけ顕著になる。同じころ、欧米のエコロジーの考え方が運動のなかに入り始め、人間を排除した生物的自然の保護を大切とみなす考え方が支持された。その考え方を極端化したのがディープ＝エコロジーで、自然物そのものにも当事者適格があるとして裁判闘争をする運動も生まれた。一九九五年(平成七)のアマミノクロウサギを原告として鹿児島地方裁判所に持ち込まれた訴訟は注目を集めた。一方、近年よくみられる高速道路建設、河川改修、ゴルフ場建設などによって身近な自然が壊されることに対する反対運動、また里山や棚田保全の活動は、単に自然破壊だけでなく同時に地域の快適な生活の破壊を恐れての反対運動であるケースが多く、六〇年代ごろからのエコロジー運動と異なり、軸足が自分たちの生活に置かれているともいえよう。→環《かん》境《きょう》保《ほ》護《ご》運《うん》動《どう》

参考文献　鬼頭秀一『自然保護を問いなおす―環境倫理とネットワーク―』(『ちくま新書』、一九九六、筑摩書房)、鳥越皓之編『自然環境と環境文化』(『講座環境社会学』三、二〇〇一、有斐閣)、畠山武道『自然保護法講義』(二〇〇一、北海道大学図書刊行会)　（鳥越　皓之）

しそ　しそ　⇨香《こう》辛《しん》野《や》菜《さい》

しそうぜんどう　思想善導　一九二〇―三〇年代に実施された国家の思想統制政策。特に第一次世界大戦後のデモクラシー思想や社会主義・共産主義思想の広がりを「国民思想の悪化」ととらえ、さまざまな思想対策が講じられた。関東大震災(一九二三年(大正十二))後、「国民精神作興に関する詔書」が出されたが、これをきっかけに二四年、全国教化団体連合会が結成され、地方行政や修養団、青年団などによって国体観念、天皇崇拝、「質実剛健」や過度な消費を批判する考え方が広められていった(生活の合理化)。一方、思想善導は、共産主義運動の活潑化に伴って「赤化防止」「左傾防止」を直接の目的とするようになり、学生を対象とした思想善導が重視されるようになった。一九二八年(昭和三)文部省は学生課を設置、思想対策が本格化する。天皇機関説事件をきっかけに国体明徴運動が展開するなかで「教学刷新」が叫ばれ、文部省は、三七年『国体の本義』を作成、配布した。

参考文献　荻野富士夫『戦前文部省の治安機能―「思想統制」から「教学錬成」へ―』(『歴史科学叢書』、二〇〇七、校倉書房)、山本悠三『近代日本の思想善導と国民統合』(『同』、二〇一一、校倉書房)　（大串　潤児）

しそうのかがく　思想の科学　戦後の民間思想運動雑誌。一九四六年(昭和二十一)五月十五日創刊。創立同人は武谷三男、武田清子、都留重人、鶴見和子、鶴見俊輔、丸山真男、渡辺慧の七人。その初心は思索と実践の分野に「論理実験的方法」を取り入れ、多元的思考を育てることによって二度と戦争に引きずられない主体をつくりたいと記された。刊行元は先駆社、建民社(『芽』)、講談社、中央公論社を経て天皇制特集号廃棄事件を契機に自主刊行となった。初期の英米思想の紹介と啓蒙から、大衆の根にある思想に重点を移し、転向、生活記録、身の上相談などのテーマが打ち出された。また六〇年安保では「声なき声」と呼ばれた市民の運動の拠点となった。以後、ベトナム反戦、住民運動、アジアと朝鮮問題、フェミニズム、子どもと老いなど時代が提起するさまざまな課題に柔軟なフットワークで対応した。それはプラグマティズムを方法として使い、高度な理論と大衆の思想や感情とを行き来し、その相互批判を通して時流にのみこまれない市民を育てる実験であった。九六年(平成八)五月号(四月一日発行)をもって「思想運動」としての五十年にみずから区切りをつけて終刊(休刊)した。

参考文献　思想の科学研究会・索引の会『思想の科学総索引　一九四六―一九九六』(一九九九、思想の科学社)、鶴見俊輔編・『思想の科学』五十年史の会『源流から未来へ―『思想の科学』五十年―』(二〇〇五、思想の科学社)　（安田　常雄）

じぞうぼん　地蔵盆　毎月二十四日の地蔵菩薩の縁日は地蔵会、地蔵祭などと呼ばれるが、お盆期間中の旧暦七月二十四日は地蔵盆と呼ばれ、特に関西では路辺や辻に立つ地蔵菩薩を祭る子どもたちの祭になっている。釈迦入滅後の無仏の時代に、六道を輪廻する衆生、特に地獄に堕ちた衆生の救済を託された地蔵菩薩への信仰が地蔵信仰で、『地蔵菩薩本願経』『地蔵十輪経』『占察善悪業報経』などの経典を拠り所とする。中世以後、民間信仰化し、説話集『地蔵菩薩霊験記』(鎌倉時代、著者不詳)が成立した。夭逝した子どもはその親不孝から成仏できず、

賽の河原で石積みの受苦を受けると考えられており、地蔵菩薩にその救済を求めた。地蔵菩薩は近世にはひろく子どもの守護神として信仰されていた。

参考文献　林英一『地蔵盆―受容と展開の様式―』(『近畿民俗叢書』、一九七七、初芝文庫)

(太田　素子)

じだいげき　時代劇　前近代に題材をとった劇や映画。時代劇という言葉のはじめは一九二三年(大正十二)の松竹蒲田作品「女と海賊」(脚本伊藤大輔、監督野村芳亭)の新聞広告といわれる。これまで明治維新以前に時代を設定し、頭にまげをのせた劇映画は「旧劇」と総称されてきたが、時代劇は会話字幕と和洋合奏の楽団を従えた映画説明者(関西では映画解説者)という新しいスタイルで登場した。時代劇の最大の魅力はいわゆるチャンバラにあり、そのリアルでスピードとリズムにあふれた躍動感が人びとを捉え、子どもは「チャンバラごっこ」に熱中した。そこにはアメリカのD・フェアバンクスの活劇や沢田正二郎の新国劇の影響が指摘されている。時代劇は大正末から昭和の初年に最盛期を迎え、阪東妻三郎、大河内伝次郎らが人気を集め、伊藤大輔監督「忠次旅日記」三部作、マキノ正博監督「浪人街」全三話などがピークを記録する。そこでは左翼思想を根におく階級制度や貧困などの社会矛盾が描かれ、不況下の大衆の共感を呼んだ。また日中戦争前後には山中貞雄の「河内山宗俊」「人情紙風船」などの傑作が作られ「ちょんまげをつけた現代劇」と呼ばれるようにモダニズム表現を駆使して時代の屈折した思想が描かれた。しかし戦時期には国策現代劇におされ、戦後の占領期にはGHQの検閲で閉塞を余儀なくされた。五〇年代から高度成長期には「七人の侍」「血槍富士」「十三人の刺客」などの例外はあるが、時代劇は社会的需要と製作活力を失っていき、わずかにTV時代劇のなかに形骸を残すだけになった。しかしそこからも殺陣の迫力が消え、CGを駆使したホームドラマのような時代劇だけになった現在、時代劇の再生はいかに可能なのかが問われている。

参考文献　橋本治『完本チャンバラ時代劇講座』(一九八六、徳間書店)、佐藤忠男他編『無声映画の完成』(『講座日本映画』二、一九八六、岩波書店)、筒井清忠・加藤幹郎編『時代劇映画とはなにか―ニュー・フィルム・スタディーズ―』(一九九七、人文書院)

(安田　常雄)

じだいしょうせつ・れきししょうせつ　時代小説・歴史小説　⇩大衆小説《たいしゅうしょうせつ》

したぎ　下着　衣服の下に着る衣類全般を指す。汗を吸い取り、上に着ている衣服や体を汚れから保護したり、気候に合わせて保温・保湿の役割をする。また、表着の下に着用することで、裾捌きや、着心地を良くすることもできる。和服の下着である襦袢《じばん》はポルトガル語の gibão に由来するとされる。しかし、名称とともに伝来したはずの衣類そのものは廃れてしまったため gibão が元来どのような衣類であったかは不明である。襦袢は名称のみ残り、木綿製で肌に直接着る半衣の肌襦袢、肌襦袢とほぼ同形の半衣で袖と胴の素材が違う半襦袢、肌襦袢と表着の間に着る長襦袢がある。長襦袢はもともと女性が着用するもので、衽《おくみ》がなく身丈はついたけに仕立てた。縮緬や羽二重などで作られた豪華なものもあり、襟にかける半襟は、表着の襟に重なって見えるため刺繡や染色などで工夫を凝らしおしゃれを楽しんだ。近世には手ぬぐい二本をX状に合わせ紐をつけて着装する、吸汗と体型補正をかねた四ツ手と呼ばれる夏用下着も用いられた。↓襦袢《じゅばん》

参考文献　宮本馨太郎『かぶりもの・きもの・はきもの(新装版)』(『民俗民芸双書』、一九九五、岩崎美術社)

(髙塚　明恵)

しだしや　仕出屋　法要などの会合のため、あらかじめ調理された料理を会場に持ち込み、客に提供する料理屋。料理の提供の意での仕出の用例は戦国時代からみえ、大寺社や公家・武家の邸宅などで発達した。江戸時代初期には、固定店舗に客を呼び込み料理を提供する営業形態は未発達で、祭礼などで多人数の食事を用意する場合、会場に料理人を呼び寄せ調理させた。江戸時代中期になると、京・江戸の観光地などで発達した料理茶屋のうち、高級料理屋の八百善などが仕出のサービスを始めた。仕出は、食材の仕入・調理・配膳などの複合サービスを一店舗が引き受け、商品として提供する点で都市的な形態であり、文化の大衆化が進んだ江戸時代後期の現象といえる。なお、仕出の類語である出前は、蕎麦・うどん・寿司・蒲焼など、振り売りや屋台で提供していた食物を注文先に届ける「かつぎ」、あるいは遊郭に食物の仕出しをする台屋の「はこび」を起源とし、江戸の下町で発達したとされる。

参考文献　石毛直道「外食の文化史序説」(井上忠司編『食の情報化』所収、一九九八、味の素食の文化センター)

(塩川　隆文)

したまち　下町　江戸・東京の広域地名。城下の町を略したという説もあるが、山の手の対称地名として用いられたので、低地の町という説が妥当である。江戸の市街地形成以前には、山の手・海手という対称地名があったが、海手の埋立て造成が進められると、山の手・下町という対称地名が一般化した。山の手は、四谷・赤坂・青山・市谷・小石川・本郷を、下町は日本橋・神田・京橋をさした。主に山の手は武家の居住地で、風俗は野暮・地味なのに対して、下町は町人の居住地で、粋・派手を特徴としたように、住民意識においても対照的であった。下町が江戸の経済・文化の中心として繁栄すると、下町意識の典型として江戸っ子気質が形成された。下町の範囲は、その後幕末・明治期に下谷・浅草を、続いて隅田川以東の本所・深川を含み、その後さらに拡大し、現在では荒川・足立・葛飾・江戸川各区も含むようになり、今も江戸庶民の生活意識が残っているとされる。↓江《え》戸《ど》っ子《こ》　↓山《やま》の手《て》

参考文献 竹内誠『江戸社会史の研究』(二〇一〇、弘文堂)

(加藤 貴)

じちかい 自治会 ⇨町内会《ちょうないかい》

しちごさん 七五三 十一月十五日に、三歳の男女児、五歳の男児、七歳の女児に晴れ着を着せて、氏神に詣でる習俗。江戸時代の武家社会では、七五三は七歳の女子の帯解き、五歳の男子の袴着、三歳の男女子の髪置という三種の祝儀だった。髪置は、それまで丸坊主だった状態から頭髪を伸ばす儀式である。それぞれ家で祝った後、正装して産土神《うぶすながみ》に詣でた。昭和十年代、埼玉県川越市では三歳の誕生日が髪置の祝いで、この日から髪を伸ばした。嫁の実家から三つ目の着物と鰹節を贈った。七つの祝いをする子はオビトキッコといい、それまでは鎮守が守ってくれたので、お礼にお参りした。現代は三歳の男女、五歳の男子、七歳の女子の成長を祝う行事になったが、男女の区別をつけないところもある。日取りは十一月十五日にこだわらず、土日に出かけたり、お参りも大勢の参拝者が集まる神社に行く傾向が高まった。昔からこの日に買う千歳飴は、元来、浅草寺の境内で売られていたものが全国に伝播したという。 ↓帯《おび》

参考文献 『川越地方郷土研究』一ノ三(一九三七、埼玉県立川越高等女学校校友会郷土研究会)、江馬務『一生の典礼』(『江間務著作集』七、一九七六、中央公論社)

(柳 正博)

しちふくじんめぐり 七福神巡り 七福神を祀った七ヵ所の寺社を、年頭に巡拝する習俗。恵比寿・大黒天・毘沙門天・弁財天・福禄寿・布袋尊・寿老人の神像を安置した寺社が、一地域に配置されており、その巡拝コースがおおよそ定められている。江戸・東京では、谷中七福神・山手七福神・隅田川七福神の三つが特に有名である。谷中七福神は江戸最古の巡拝コースで、十八世紀末にはすでに成立していた。近年においても新しいものが各地に創設され、全国で約百コース、東京都内だけでも約二十コースが見られる。

参考文献 大石真人『最新版全国七福神めぐり』(一九六八、緑書店)、長沢利明「七福神参りと信仰地域」(『西郊民俗』一九八、二〇〇七)

(長沢 利明)

しちや 質屋 物品を質草として預かる代わりに金銭を融資する民間金融業者。民間金融業者は鎌倉時代にはすでにみられたが、現在の意味で使われる質屋の名称は江戸時代初期に一般化した。以降質屋は民間金融の中心的な位置を担い続けたが、一九七〇年代以降は従来の意義を失い、役割も変化した。現在では、当初より金融の担保としてではなく、転売を目的として貴金属や有名ブランド商品や金券などを買いとることが主流になっており、民間金融業者としての意味合いは弱くなっている。 ↓高利貸《こうりがし》

質屋（1952年，東京都世田谷区）

参考文献 渋谷隆一・鈴木亀二・石山昭次郎『日本の質屋—近世・近代の史的研究—』(一九八二、早稲田大学出版部)

(塚原 伸治)

しちりん 七輪 料理をするための小さなコンロで、持ち運ぶことができる。多くは土製で、上部が朝顔型に開いた形が一般的。古紙などを底に入れて点火し、その上に炭を入れ、通風口を開けて空気を送る。金網に魚や野菜などをのせて焼くほか、鍋で湯を沸かしたり、ほうろくで豆を煎ったりと、多様な使い方ができる。かまどでの調理を補うため、江戸時代の後期から昭和三十年代ごろにかけて広く家庭に普及した。わずか七厘の炭で煮炊きができることから、七輪という名前がつけられたといわれている。 ↓コンロ

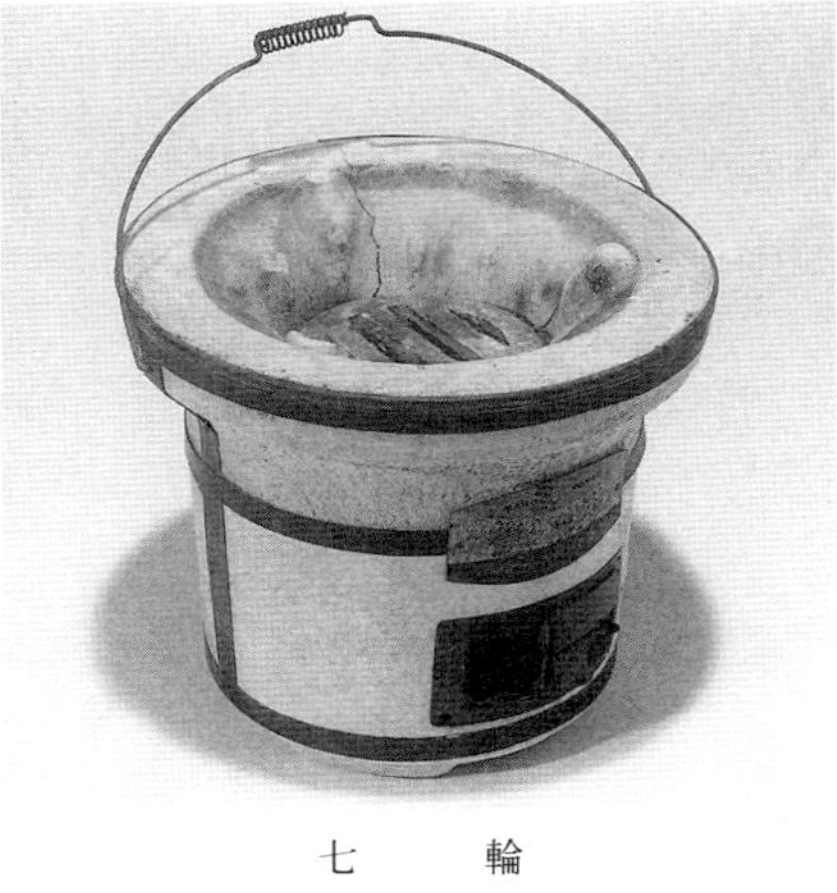

七　輪

参考文献 工藤員功監修『昔の道具』(『ポプラディア情報館』、二〇一一、ポプラ社)

(門口 実代)

じちんさい 地鎮祭 建築や土木工事を開始する前に、その土地の神を鎮め祀る祭儀。土地の神に許しを得、工事が無事に終わるように祈願を行う。地祭とも呼び、仏式の場合は地鎮法などという。『日本書紀』持統天皇五年(六九一)十月条に天皇が使者を遣わして新益京《あらましのみやこ》(藤原京)を鎮め祭らしめた旨の記述があり、古くから建築に際して神祭りを行なっていたことがうかがえるが、現在の祭式は近世以降に整えられたものである。

参考文献 牧田茂「建築儀礼」(『日本民俗学大系』六所収、一九五八、平凡社)、藤井正雄編『神事の基礎知識(新版)』(二〇〇一、講談社)

(大明 敦)

しっき 漆器 漆(ウルシの樹液)で塗装された器や構成物。漆それ自体は塗料や接着剤であり、素地(胎)によっ

て、木胎、乾漆(布材)、紙胎、藍胎《らんたい》(竹材)、皮革胎、陶胎(陶磁器)、金胎(金属)などに分けられる。また下地、加飾、形態、用途、上塗色、文様などの各種要素が組み合わさって漆器(漆製品)が構成されている。日本最古の漆器は、約九千年前の北海道函館市垣ノ島B遺跡発見の遺体が身に着けていた織物状の衣服・装身具で、赤色漆が塗られていた。縄文漆器の大半は祭祀具や装身具で、復活再生の色であるベンガラや朱を顔料とした赤色漆が塗られており、漆と結びつくことによって強靭で光沢のある塗膜が生まれた。弥生時代は西日本を中心に新しい意匠の漆器が登場。弥生後期には漢代漆器の影響を受けて黒色漆塗りとなり、奈良時代まで続く。古墳時代には手《て》人《ひと》(才伎)とよばれる技術・技能者集団が、朝鮮半島や中国大陸から数次にわけて渡来し、特に七世紀に入って出現する夾紵《きょうちょ》の技法(型に生漆や麦漆を塗った麻布を何枚も貼り合わせ漆塗りで仕上げる)は、渡来の代表的な漆工技術で、棺や乾漆仏に用いられた。正倉院宝物からも螺《ら》鈿《でん》(薄く磨いた貝片を切り抜いて貼り付ける)、平脱《へいだつ》・平《ひょう》文《もん》(金銀などの薄板を切って貼り付ける)などの新しい漆工技術の採用がうかがえる。古代国家は貴重な漆を税として徴収し、生産と使用を独占。平安中期には朱器台盤《しゅきだいばん》(朱塗りのテーブルと器)が、三位・参議以上に許される身分表示のシンボルとなった。平安後期には金銀粉を蒔き付けた、日本独自の蒔絵が最盛期を迎え、螺鈿との併用も行われた。螺鈿の技術には卓越したものがあり中国(宋代)にも輸出され、十一世紀後半の北宋の人、方勺《ほうしゃく》は『泊宅編』で、螺鈿はもともと日本産で、すこぶる上手な技法で製作されていて、中国市場に出まわっているものとは格段の差があると、高い評価を与えている。国家権力が衰えた十一～十二世紀以降、各地で食漆器(椀皿類)の新たな生産が開始された。下地に高価な漆にかわって柿渋を用い、漆塗りは一層という安価な渋下地《しぶしたじ》漆器の登場は、庶民の食膳に欠かせない家財となった。これに赤色漆による花鳥や吉祥文の漆絵が描かれるようになり、普及を加速させた。中世では禅宗の影響を受けた汁物調理法(雑炊)の導入によって、軽くて保温力のある漆器の普及はより拡大した。十六世紀には赤色漆器が農村にまで広く流通し、黒色漆器を上回るようになる。「月次《つきなみ》風俗図屏風」(東京国立博物館蔵、十六世紀末から十七世紀初め)には、田植えの食事を運ぶ風景が描かれているが、ここでは椀・折敷・櫃・湯桶などの漆器はすべて赤色漆塗りである。古代に禁色《きんじき》であった赤色漆器所有の動きは、農村の経済的自立や都市の発展が背景にあり、漆器の上塗色にも社会の転換が見てとれる。江戸時代には、各藩が競って産業の奨励と保護を行い、今日につながる漆器産地が形成された。輪島塗(石川県)は当初から会席(宴会)用の膳椀を生産し、堅牢な塗りとアフターサービスを重視する販売をてがけて発展した。会席料理の登場は、腰高・壺椀・平椀・麩《ふ》皿・飯椀・汁椀などの揃い椀と膳・飯櫃・湯桶・杓子からなる家具漆器の普及に拍車をかけた。明治以降もこうした伝統的漆器生産を継続してきた産地は多いが、第二次世界大戦後の食生活様式の変化と冷暖房の普及は乾燥に弱い漆器には痛手となった。社会環境の変化は漆器を使いにくいものとして日常から遠ざけ、漆器産業は危機的な状況に陥っている。漆はこれまで生活品のありとあらゆるものに利用され、日本人の精神文化の形成に大きな役割を果たしてきた。環境に負荷をかけない優れた天然の高分子である漆を見直し、現代生活にふさわしい漆器の需要開拓を推し進めることが求められている。 ↓漆《うるし》

漆器に入った食事を運ぶ様子（「月次風俗図屏風」より）

参考文献 四柳嘉章『漆』Ⅰ(『ものと人間の文化史』、二〇〇六、法政大学出版局)、同『漆の文化史』(『岩波新書』、二〇〇九、岩波書店)

(四柳 嘉章)

しつぎょう　失業 収入を得るために仕事が必要であるのに仕事が得られない現象。資本主義経済には景気の変動や産業構造の変化が生じるので、不況時や衰退産業での解雇や、就業機会の少ない地方で職が見いだせない人が累積する現象が避けられないが、それが一定の規模を越えると社会不安につながるので、国家による失業対策がとられるようになる。しかし資本家にとっては労働者が失業しても生活できるのでは、低賃金で厳しい労働を課すことができなくなるので、失業対策は資本家団体の反対に直面する場合が多い。日本においては労働者の中心が未成年の女工であった明治期には、解雇されれば寄宿舎を追い出されるので、出身家庭にもどって家業の手伝いをするという形で失業が潜在化していたし、国民の大半が貧しかった当時は、失業者も貧困者一般と区別されがたい存在であって、失業問題として意識される条件はなかった。これに対して、日露戦争後に重化学工業が

発達し、熟練労働者として扶養家族を有する成年男子の職工が増加し、彼らの収入が貧民とは区別される安定的な水準に到達したため、いったん職を失うと家族を含めて生活水準が大幅に低下し、深刻な失業問題として意識されざるをえなくなった。また第一次大戦期には事務労働者・技術労働者の不足に迫られて学制が変更され、一九二〇年代に高等教育機関の卒業生が急増したために、学歴にふさわしい職業機会を得られない者が増加するに至った。しかし日本において現実に採られた失業対策は、一九二五年(大正十四)度から日雇失業者を簡易な公共土木事業で雇用する失業救済事業に留まった。その後、日中戦争以降には企業整備に伴う失業が増加したが、それは軍需工業への徴用によって強引に解消された。戦後は復興期に膨大な失業者が生じ、再び戦前と同様の失業対策事業が実施されたが、失業した工場労働者・俸給生活者が失業保険制度の対象になりえた点が戦前とは大きく異なる点であった。

参考文献 町田祐一『近代日本と「高等遊民」―社会問題化する知識青年層―』(二〇一〇、吉川弘文館)、加瀬和俊『失業と救済の近代史』(『歴史文化ライブラリー』、二〇一一、吉川弘文館)

(加瀬 和俊)

じつぎょうがっこう 実業学校 農業・鉱工業・水産業・商業・運輸など近代国家建設のために必要な中堅技術者を養成する学校。明治維新以後、富国強兵・殖産興業のためには急速な近代化が不可欠で、そのために初等普通教育の全国民普及と、社会の近代化推進のためのエリート養成に取り組んだ。後者の例として一八七七年(明治十)設立の工部大学校や東京大学の設立がある。しかし八〇年代に入ると各地で中堅技術者を養成する動きが始まる。日本資本主義形成期にあたる九三年の実業補習学校規程と翌年の実業教育費国庫補助法は実業学校発展の制度的土台となった。さらに九九年実業学校令は、「実業ニ従事スル者ニ須要ナル教育」を目的とすることが明確に示され、これによって実業教育に関する学校体系が整備された。

参考文献 井澤直也『実業学校から見た近代日本の青年の進路』(二〇一一、明星大学出版部)

(荒井 明夫)

しつぎょうほけん 失業保険 働いている時に掛金をかけ、失業して収入のなくなった時に給付金を受け取る社会保険の一種。政府が法律にもとづいて運営した失業保険はイギリスで一九一一年に創設され、以後欧州各国に普及したが、日本では資本家団体が絶対反対の姿勢を貫いたために実現せず、一九四七年(昭和二十二)にはじめて制度化された。ただし戦前にも種々の試みはあり、大阪市では市内の職業紹介所の紹介を受けて勤続している者を会員として三二年に試行しているが、国の制度でないために強制力がなく、国庫補助も雇用主の協力も得られずに赤字となって事業が中断されている。戦後の失業保険は発足時には存在しなかった日雇失業保険制度を加えるなど制度的に拡張してきたが、毎年定期的に失業を繰り返す季節労働者への給付の是非をめぐって激しい対立が続き、雇用保険法(七四年)で特例一時金制度が創出されるなど、制度の改変が続いた。

参考文献 加瀬和俊「戦前日本の失業保険構想」(『社会科学研究』五八ノ一、二〇〇六)、同『失業と救済の近代史』(『歴史文化ライブラリー』、二〇一一、吉川弘文館)

(加瀬 和俊)

しっくい 漆喰 消石灰や貝灰にスサ・砂・のりを混ぜ練ったもので、壁や天井の仕上げ、石やレンガの接合剤として使用する。漆喰塗の壁は、下塗・中塗・上塗(仕上げ)で材料の配合が異なり、厚さや乾燥期間も変化する。漆喰は装飾性にも優れ、白い平滑面を容易に作ることができ、壁画の下地としても用いられた。また、漆喰塗の外壁に瓦を貼り付け、その目地を盛り上げ装飾としたなまこ壁や、鏝絵《こてえ》と呼ばれる漆喰彫刻などがある。

参考文献 山田幸一『日本壁のはなし』(『物語ものの建築史』、一九六五、鹿島出版会)

(大林 潤)

しつけ 躾 しつけという言葉は、作物を田畑にしつけることや、着物の本縫い前に形が崩れないようあらかじめ大きな縫い目で仕付け糸をかけておくことから、子どもに礼儀作法を教え身につけさせることを意味する言葉に転化した。仕付けとも書く。人格の土台が形成される幼い時期に、生活習慣やルールの基礎を獲得させるという幼児教育への注目がこの言葉を生み出したと考えられる。注意深いしつけへのまなざしは十七世紀の子育て書からみられ、内容は身分に応じた(武家では小笠原礼法など)美しい行動の形(所作)を身につけること、手習する習慣や家職に応じて初歩的な労働を分担できること、共同体に生きる協調性(思いやり)などに向けられ、丁寧に「教え」る大人の責任を強調する言説が多い。家の継承を目的とする近世社会の人間形成は、目標が具体的で親はしつけの規範に迷わなかったと考えられる。近代社会では、自立・自律的な人格が求められる。大正期の新中間層から自主的な人格形成をめざす子育てが生まれ、一九七〇年代に旧中間層が後嗣確保の子育てに執着しなくなって近代的な子育てが全階層を覆う条件ができた。自主性はしつけることがむずかしく、かつ家族や地域社会が子どもの社会性を育てる条件を失いつつある中で、しつけへの戸惑いも広がっている。今日の幼児教育では、大人・子ども、子ども同士の相互関係を充実させながら生活習慣とルールを発見し身につける方法が探求されている。

→育児《いくじ》

参考文献 広田照幸編『子育て・しつけ』(『リーディングス日本の教育と社会』三、二〇〇六、日本図書センター)、太田素子『近世の「家」と家族―子育てをめぐる社会史―』(『角川叢書』、二〇一一、角川学芸出版)

(太田 素子)

じっとく 十徳 室町時代初期から武士の間で用いられ、僧衣の直綴《じきとつ》のなまったものという。『花営三代記』応永二十九年(一四二二)九月条に、四代将軍足利義持が伊勢参

宮に十徳を着たとある。十徳は、垂頸《たりくび》、広袖、衽《おくみ》なし、丈が短いのが特徴。江戸時代の茶坊主頭は十徳に長袴、茶坊主は十徳に着流しであった。そのほかにも芸能人、医師、儒者などの褻《け》の服装として着用された。侍が着る十徳は生絹《すずし》で作り、胸紐がついていた。

参考文献 河鰭実英『きもの文化史』(『SD選書』、一九六六、鹿島出版会) (刑部 芳則)

してつかいはつ 私鉄開発 不動産業、流通事業、ホテル業、遊園地などのレジャー産業など、沿線で多角的な事業展開を行う私鉄の経営戦略。一九〇五年(明治三十八)に大阪―神戸間を開業した阪神電気鉄道は、並行して走る官設東海道線に対抗するため、多数の駅を設け電車の頻繁運転により乗客誘致をはかり、沿線で海水浴場、遊園地(香櫨園)、電灯電力供給、貸家などの事業を展開するとともに、西宮や神戸市東部の宅地開発、甲子園球場、六甲山の観光開発、百貨店経営なども手がけた。〇七年に創業した箕面有馬電気軌道(のちの阪神急行電気鉄道)は、開業後に沿線の池田室町で住宅地を分譲し、箕面や宝塚では行楽地の開発を行うとともに宝塚新温泉で少女歌劇を上演し、ターミナルの梅田では日用品を扱うデパートを経営した。阪神電鉄や阪急電鉄と比較すると、関東の西武鉄道や東京急行電気鉄道は不動産業が電鉄業に先行していたという点でユニークであった。西武鉄道の前身は一九二〇年(大正九)に設立された箱根土地株式会社(のち国土計画興業を経てコクドとなる)という土地会社(不動産会社)で、当初は軽井沢や箱根の別荘地・観光地開発を行なっていた。しかし、第一次世界大戦後、東京市周辺の大泉や国立で大学都市の建設に着手するとともに鉄道経営にも進出し、武蔵野鉄道や旧西武鉄道を傘下におさめていった。東急電鉄の前身は東京近郊の洗足、大岡山、多摩川台(田園調布)などの住宅地開発を目的に一八年に設立された田園都市株式会社の子会社として誕生した目黒蒲田電気鉄道で、二三年に目蒲線を開通させ住宅地と山手線を結ぶ通勤鉄道を建設した。私鉄の都市開発や観光開発は、一九六〇―七〇年代における高度大衆消費社会の到来のなかでいっそう顕著となり、不動産業自体が一人歩きしだして、沿線外や地方のリゾート地にまで進出し、鉄道事業以上の収益源となっている。

↓盛《さか》り場《ば》

参考文献 斎藤峻彦『私鉄産業―日本型鉄道経営の展開―』(『現代交通経済学叢書』三、一九九三、晃洋書房) (老川 慶喜)

じてんしゃ 自転車 運転者がペダルなどを自力でこぎ、車輪を回転させて走る車で、通常は二輪。諸説あるが、一八一八年にドイツのドライスが発明したとする説が有力である。日本への移入は慶応年間(一八六五―六八)から明治初年という。『武江年表』明治三年(一八七〇)六月十五日条に自転車の記述があり、同年の大阪府の禁令にも「西洋車」として自転車が登場する。当初は遊戯用の貸自転車や、富裕層の娯楽としての利用に限られていた。

自転車で通学する中学生（1960年代，東京都世田谷区）

同二十年代以降は国産自転車の製造が始まり、特に商用の実用車として普及した。小杉天外の小説『魔風恋風』(一九〇三年)に描かれた自転車を乗り回す女学生の姿は当時鮮烈な印象を与えたようである。台数の急激な増加に伴い一八九八年には警視庁の自転車取締規則が制定された。商用の自転車はリヤカーなどを取り付けるため、荷台・フレームなども重厚で、自動車普及以前の重要な移動・運搬の手段だった。変速機などがついた軽快車は一九六〇年代から製造、現在では主流化している。

参考文献 佐野裕二『自転車の文化史』(『中公文庫』、一九六八、中央公論社)、柳田国男「明治大正史世相篇」(『柳田国男全集』二六、一九九〇、筑摩書房) (大里 正樹)

じどうぎゃくたい 児童虐待 二〇〇〇年(平成十二)に制定された「児童虐待の防止等に関する法律」において、児童虐待とは保護者がその監護する児童に対して行う、身体的虐待、性的虐待、ネグレクト(養育・保護の怠慢)、心理的虐待を指すと規定された。一九三三年(昭和八)に公布された児童虐待防止法は昭和恐慌下における子どもの身売りや児童労働といった問題を受けて、十四歳未満の児童に対する虐待の防止を目的として制定され、保護者の虐待や監護の放棄を禁止し、不具奇形の観覧、乞食、軽業・曲馬・行商・歌謡・遊芸・芸妓・酌婦・女給などの業務や行為にあたらせることを禁じた。三三年の少年教護法、三七年の母子保護法とともに、児童福祉、少年保護において一定の役割を果たした(その後、四七年の児童福祉法施行に伴い廃止された)。戦前の児童虐待の主たる背景が貧困や経済的要因であったのに対して、九〇年前後に社会問題化し現在につながる児童虐待は、家族関係や心理的な問題として捉えられている。救出された児童のケアや家族機能の回復のための援助を目的として児童相談所の専門性および機能の強化、児童福祉施設の充実などが図られている。 ↓家庭内暴力《かていないぼうりょく》

参考文献 松原康雄・山本保編『児童虐待―その援助

と法制度―』(二〇〇〇、エディケーション)、川崎二三彦『児童虐待―現場からの提言―』(『岩波新書』、二〇〇六、岩波書店)、西澤哲『子ども虐待』(『講談社現代新書』、二〇一〇、講談社)
(大西　公恵)

じどうしゃ　自動車　主に内燃機関を動力として道路上を自走する三輪以上の車輪をもつ車両の総称。蒸気自動車を別にしても日本への伝来には諸説があり、明治三十年代ごろと考えるものが多い。いずれも交通機関ではなく、新奇性への好奇心が先行した。その後も個人所有には高価なため主に乗合自動車や貸自動車(現ハイヤー)としての利用が多かった。大正半ばにはその燃料であるガソリンのスタンド販売が始まり、また関東大震災復興時に鉄道を補完した活躍が評価されて急速に普及した。しかし、戦中期にはガソリン消費規制で普及が抑制された。戦後高度経済成長期に三輪自動車から始まった安価で便利な小型車の普及によって一挙に大衆的交通機関としての利用が増加した。特に日本の自動車工業が高級車よりも、操作が容易で安価な大衆車の提供に尽力したため多様な用途に用いられた。近年は公共交通機関の発達が稀薄な都市圏以外の地域で保有台数の増加傾向が見られる。→タクシー　→道路交通法《どうろこうつうほう》　→バス　→マイカー　→モータリゼーション

参考文献　高田公理『自動車と人間の百年史』(一九八七、新潮社)、佐々木烈『日本自動車史』Ⅰ・Ⅱ(二〇〇四・〇五、三樹書房)
(三木　理史)

じどうじりつしえんしせつ　児童自立支援施設　⇨感化《かんか》院《いん》

じどうはんばいき　自動販売機　「通貨もしくはそれに代替するものの投入・挿入等により、自動的に物品の販売またはサービスの提供を行う機器」(黒崎貴『自動販売機』)。物品を販売する自販機が日本ではじめて発明されたのは一八八八年(明治二十一)であり、その後切手・菓子・切符・たばこなどの自販機が戦前期に現れたが、設置台数・販売金額ともに現在最大のウェイトを占める(清涼)飲料自販機が普及するのは戦後である。一九六一年(昭和三十六)、星崎電機が開発したジュース自販機「オアシス」は爆発的にヒットした記念碑的製品となったが、飲料自販機普及の大きな契機となったのは容器の革新、すなわち瓶・缶飲料の登場であり、日本コカ＝コーラ社は自販機販売戦略を積極的に進めた。その後、七〇年代には多種多様な自販機が開発され急速に普及し、設置台数は八〇年代半ばに五百数十万台に達した後ほぼ横ばいとなった。その結果、人口当たりの普及率で日本は世界に比類の無い「自販機大国」となっている。

参考文献　鷲巣力『自動販売機の文化史』(『集英社新書』、二〇〇三、集英社)、鈴木隆『自販機の時代―〝七兆円の売り子〟を育てた男たちの話―』(二〇〇七、日本経済新聞出版社)、黒崎貴『自動販売機―世界に誇る普及と技術―』(二〇一三、日本食糧新聞社)
(西野　肇)

じどうぶんがく　児童文学　明治時代に活躍した巌谷小《いわやさざ》波《なみ》が子供向けの作品を「幼年文学」「少年文学」と呼んだのが出発点になる。しかし、大正時代になるとその通俗性が批判され、芸術性の高い作品が求められるようになる。そうした動きを主導したのが、鈴木三重吉《すずきみえきち》が主宰した雑誌『赤い鳥』で、多くの作家が情熱を注いだ。文壇からは離れていたが、宮沢賢治も同時代を生きた。坪田譲治や与田準一が戦後への橋渡しをし、本格的な児童文学作家が現れる。江戸時代の庶民を取り上げた岩崎京子、民話や家族を題材にした松谷みよ子、ファンタジックな作品を得意とするあまんきみこなど、女性作家の活躍が著しい。彼女たちの作品は教科書に掲載されることも多く、教育にも大きな影響を与えている。そうした活動と並行して、鳥越信《とりごえしん》や上笙一郎《かみしょういちろう》といった児童文学を専門とする研究者も現れた。→赤《あか》い鳥《とり》　→童話《どうわ》

参考文献　上笙一郎『児童文学概論』(一九七〇、東京堂出版)、猪熊葉子他編『児童文学とは何か』(『講座日本児童文学』一、一九七四、明治書院)
(石井　正己)

じどうようごしせつ　児童養護施設　児童福祉法によって定められている児童福祉施設の一つ。児童福祉法第四一条は「児童養護施設は、保護者のない児童(中略)、虐待されている児童その他環境上養護を要する児童を入所させて、これを養護し、あわせて退所した者に対する相談その他の自立のための援助を行うことを目的とする施設」と規程している。入所対象児(者)は、満一歳から満十八歳に達するまでの者とされるが、二〇〇五年(平成十七)の同法改正によって弾力的運用が可能となった。かつては孤児院と呼ばれたが、現在では孤児は少なく、親は存在するも養育不可能になった児童が入所する事例が多い。特に近年では虐待のために親元から離れ生活する児童の割合が年々増加している。孤児を保護し養育する施設は古代からあったが、近代公教育制度成立以降では一八七九年(明治十二)に東京に仏教諸宗派合同で貧児救済を目的とした福田会《ふくでん》育児院が作られたのが嚆矢とされる。

参考文献　井上寿美・笹倉千佳弘「子育ての社会化をとおした社会的養護児童と地域の「ひと・もの・こと」との関係」(『就実教育実践研究』七、二〇一四)
(荒井　明夫)

しとみ　蔀　薄い板の片面あるいは両面に格子を組んだ、柱の間にある建具。蔀戸《しとみど》ともいう。外の風や光などをさえぎるために設けられた。寝殿造の住宅にみられ、寺社

半蔀（法隆寺聖霊院）

の堂にもある。多くは上下二枚に分かれており、上の戸だけを外側にはね上げて開き、垂木から釣って留める。これを半蔀《はじとみ》という。一枚のものには、はね上げて開ける蔀と、縁上などに固定して動かない立蔀《たてじとみ》がある。↓格《こう》子《し》

参考文献　小泉和子『家具』(『日本史小百科』一七、一九八〇、近藤出版社)　（菅原　正子）

じないまち　寺内町　戦国時代、おもに浄土真宗の本願寺および本願寺末の有力寺院を中心に周辺に門徒や商工業者が集住して形成された町のこと。本願寺が所在した山城国山科、摂津国大坂などはその代表である。そのほかにも河内国枚方《ひらかた》、伊勢国長島など各地の有力浄土真宗寺院所在地に形成された。寺内町は、環濠や土塁などの防御施設を備えるとともに、不入特権をもち外部権力の干渉を受けない戦国時代固有の宗教的自治都市である。

参考文献　仁木宏『空間・公・共同体―中世都市から近世都市へ―』(『Aoki library 日本の歴史』、一九九七、青木書店)、峰岸純夫・脇田修監修『寺内町の研究』一―三(一九八八、法蔵館)　（川端　泰幸）

しにょう　屎尿　人間の排泄物であり、近代においても農業生産に欠かせない肥料として利用されてきた。一九〇〇年(明治三十三)に制定された汚物掃除法では、塵芥・汚泥・汚水・屎尿といった汚物の処理は最終的に市が責任を負うこととされたが、屎尿は当面、市の義務からはずされた。肥料として民間で取引されたためである。都市部の屎尿は肥料としての効果が高く、家屋の地主らと業者が契約し、業者が屎尿を買い郊外農村に売却していた。東京市の場合、大正期から郊外の住宅地化が進み、屎尿に対する需要が減ったため、市部の屎尿処理を市営化して、かつ市の外縁部ではなく遠隔地農村への供給を進めた。第二次世界大戦期には、化学肥料の不足もあって再び需要が増加するが、復興期から高度経済成長期にかけて農地還元は激減した。東京二十三区の下水道普及率は一九六六年(昭和四十一)度末で三〇％であり、多くが海洋投入か、屎尿消化漕で処理されていた。なお海洋投入は、一九九九年(平成十一)まで行われた。↓下肥《しもごえ》↓便所《べんじょ》

参考文献　東京都清掃局総務部総務課『東京都清掃事業百年史』(二〇〇〇)、星野高徳「戦前期東京市における屎尿流通網の再形成」(『歴史と経済』五六ノ二、二〇一四)　（源川　真希）

じぬし・こさく　地主・小作　近世から農地改革まで、農地の貸付者である地主が、その農地の耕作者である小作人から地代として小作料を徴収する耕地貸借関係の歴史的形態をいう。小作の起源は中世の名主《みょうしゅ》がその農地の経営を名子《なご》に委ねた子作に始まるといわれる。一般的には、近世の十七世紀末、商品経済が浸透し貧窮した本百姓が借金の担保に所持地を質にいれて小作料を払う質地《しっち》小作の発生が近代以降の小作の起源である。明治の地租改正によって私的所有権が法認されると地主・小作関係は本格化し、とりわけ一八八〇年代の松方デフレという農村不況により小地主・自作農が大量に没落して小作人が急増した。地主はその財力と地主・小作関係を基礎に村落秩序の頂点に位置して、農村社会の名望家として君臨した。また地主は産業投資、小作は労働力供給により、日本資本主義発展の重要な役割を果たした。一八九八年(明治三十一)明治民法により小作権(耕作権)に対する所有権の圧倒的優位が保障され、一九〇〇年代に近代地主制といわれる社会制度として定着した。↓刈分小作《かりわけこさく》↓農地改革《のうちかいかく》↓農民組合《のうみんくみあい》↓百姓《ひゃくしょう》

参考文献　暉峻衆三『日本農業問題の展開』上・下(一九七〇・八四、東京大学出版会)、中村政則『近代日本地主制史研究―資本主義と地主制―』(一九七九、東京大学出版会)　（森　武麿）

しば　芝　植物学上は日本などに分布するイネ科の多年草シバ *Zoysia japonica* を指すが、主に匍匐茎《ほふくけい》を持つイネ科草本の芝草(日本芝、西洋芝)の総称でもある。芝生は、一種類または数種類の芝草を密生させ、一定の広がりのある地被とした形態をいう。日本の庭園における芝の利用は古く、平安時代後期編纂とされる『作庭記』にも「芝を伏せん庭」という記述があり、庭園に地被として導入されていたことがわかる。さらに、室町時代の『実隆公記』には「置芝」などの表現がみえる。江戸時代の大名庭園では、岡山後楽園のように大面積の芝生広場が造成されることもあった。明治時代以降、西洋の造園デザインの影響を受け、西洋起源のゴルフ場はもちろんのこと、個人住宅の庭園や公園に芝生が広く導入され、今日ではそれらに不可欠の要素となっている。芝生の良好な管理には、刈込や散水、施肥、薬剤散布のほか匍匐茎の浮き上がりを押さえる目土《めつち》が求められる。

参考文献　日本芝草学会編『(新訂)芝生と緑化』(一九八八、ソフトサイエンス社)　（小野　健吉）

しば　柴　山野に生える小さな雑木やその小枝などのことであり、それを伐って薪として利用したり、垣根などの材料としたり、日常生活で幅広く利用された。このような小さな雑木や草木類が生えている山を柴山というが、近世における農業肥料は、山野の草木・葉を敷きこむ刈敷と厩肥(牛馬の糞尿と敷き藁などを交ぜて腐らせて作った肥料)、下肥(人糞尿を肥料にしたもの)などであり、基本的に草肥農業であるといえる。それだけに、柴や柴山また草山は農民にとって必要不可欠な存在であり、近世村落の基本的な里山景観を構成していた。近世後期になると干鰯《ほしか》や糠《ぬか》・油糟《あぶらかす》のような金肥が農村に普及するが、経済的余裕があり購入することが可能な上層農民が主にそれを利用し、経済的余裕のない経営規模の小さい中下層農民は草肥を利用することが多く、その形は近代に入っても続いた。柴や柴山あるいは草山は、近代の農民にとっても必要不可欠な重要な存在であったといえる。

参考文献　大石久敬『地方凡例録』上(大石信敬補訂・

大石慎三郎校訂、『日本史料選書』一、一九六六、近藤出版社)、水本邦彦『草山の語る近世』(『日本史リブレット』、二〇〇三、山川出版社)、有岡利幸『里山』I・II(『ものと人間の文化史』、二〇〇四、法政大学出版局)

(君塚　仁彦)

しばい　芝居　演劇ないし歌舞伎のこと。原義は、芝の生えている場所、とりわけ寺社境内の芝生を指した。興福寺の薪能など、能が寺社境内で演じられた際に寺社境内の芝生が観覧席にあてられたことから、能などの芸能の観覧席の意で用いられるようになった。江戸時代になると、歌舞伎などの芸能の行われる場や芸能そのもの、さらには芸能興行にも芝居という言葉を用いた。歌舞伎に代表される芝居は江戸時代に大流行した。江戸・京・大坂には常設の芝居小屋が建てられ、役者ら関係者の集住する芝居町が形成された。全国の町でもしばしば芝居が公許され、村では祭礼の折に上演される村芝居が広がった。芝居は江戸文化の型と見なされ、「今の芝居は世の中の物真似をするにあらず、芝居が本となりて、世の中が芝居の真似をするやうになれり」(『世事見聞録』)といわれるほど、人びとの生活に大きな影響を与えた。→演《えん》劇《げき》　→地芝居《じしばい》

参考文献　守屋毅『近世芸能興行史の研究』(一九八五、弘文堂)、杉屋辰三郎『「座」の環境』(『日本芸能史論』一、一九八六、淡交社)

(塩川　隆文)

しばいごや　芝居小屋　歌舞伎などを上演する劇場のこと。大きさは、江戸時代前期の京都四条南側芝居で間口十二間余、奥行二十九間半であった。正面上には公許の劇場であることを示す櫓が、その下には興行内容を知らせる櫓下看板が掲げられた。入口を鼠木戸といい、横には入場券を購入する札場があった。内部は奥から楽屋・舞台・見物席の三区画に分かれ、元禄期以降、役者が舞台上に出入りする花道が設けられた。見物席は、大衆席ともいうべき平土間(切落《きりおとし》)と高級席にあたる桟敷などからなる。入場料は、桟敷が一間につき一貫二百文(一人二百文)、切落が一人六十四文程度であった(『戯場年表』)。芝居小屋には芝居茶屋が併設され、桟敷の斡旋、幕間の飲食の提供などを行なった。芝居小屋は三都の芝居町のほか、寺社境内・広小路などにも設けられ(宮地芝居・緞帳芝居・小芝居)、江戸時代中期以降、城下町や農村などへも広がりを見せた。

芝居小屋　3代歌川豊国筆「踊形容江戸絵栄」

参考文献　守屋毅『近世芸能興行史の研究』(一九八五、弘文堂)、服部幸雄『大いなる小屋—江戸歌舞伎の祝祭空間—』(『平凡社ライブラリー』、一九九四、平凡社)

(塩川　隆文)

じばた　地機　織機の一種で機台のある腰機。機台に立てた経巻具《たてまきぐ》と腰に付けた布巻具との間に張った経《たていと》を、中筒と足縄に連結した綜絖《そうこう》一枚とで片口開口する。地機の雛型として沖ノ島に奉納された宗像大社所蔵の国宝「金銅製高機」が知られるが、地機の使用は古墳時代にさかのぼる。六世紀後半に築造された栃木県下野市甲塚古墳出土の機織形埴輪や同時代の遺跡で地機を構成する部材の出土例が確認できる。奈良時代には幅広に規定された貢納物も地機で織られたことが、遠江国敷智郡衙推定地である静岡県浜松市伊場遺跡の出土品などから推定できる。文献史料では室町時代の『七十一番職人歌合』に地機の描写があり、十七世紀半ばの『訓蒙図彙《きんもうずい》』に「布機・下はた」、十九世紀初めの図解事典『機織彙編《きしょくいへん》』に「木綿機」としてみえる。地機は庶民の日常衣料用の織機として定着し、近代まで農村・山村部で使用された。現代では国の重要無形文化財である新潟の小千谷縮《おじやちぢみ》・越後上布や茨城の結城紬《ゆうきつむぎ》などの織機として稼働している。

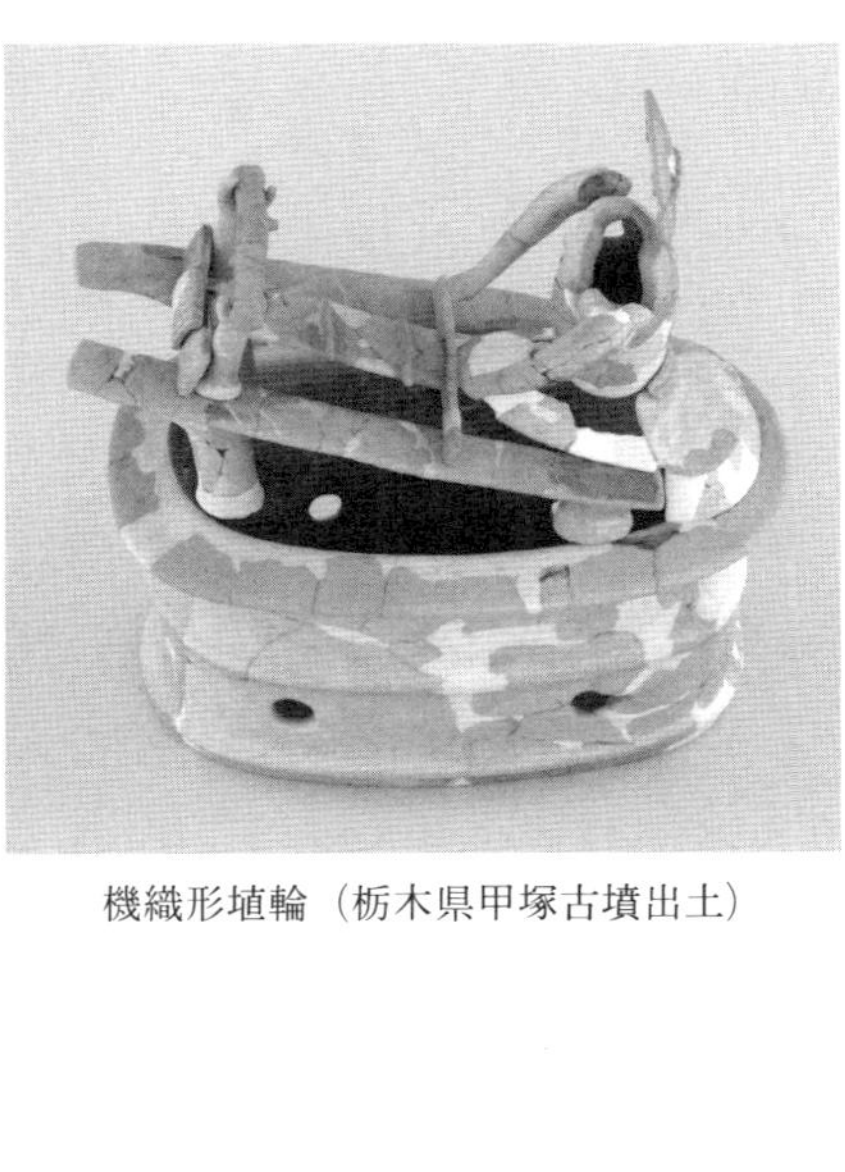

機織形埴輪（栃木県甲塚古墳出土）

参考文献 角山幸洋「手織機(地機)の東西差―産業史の立場から―」(岩井宏實他編『民具が語る日本文化』所収、一九八九、河出書房新社)、東村純子『考古学からみた古代日本の紡織(改訂新装版)』(二〇一三、六一書房)

(東村　純子)

しはんがっこう　師範学校　広義には、日本近代公教育の中で初等および中等教育の教員を養成した学校。アジア太平洋戦争後の教育改革で廃止され、大部分は新制大学の組織に組み込まれ、その母体を形成した。狭義には一八八六年(明治十九)師範学校令によって登場した官立高等師範学校と府県立の尋常師範学校から、一九四三年(昭和十八)師範教育令改正により師範学校が官立専門学校となるまでの期間に教員養成を目的とした学校である。一八七二年学制による国民皆学実現のためには教員が不可欠で、まず同年東京師範学校が設立、翌年、大阪・仙台・名古屋・広島・長崎・新潟に官立師範学校、七四年には東京に女子師範学校が設立された。各府県も相ついで教員伝習所を設立し官立師範学校に生徒を派遣した。八六年師範学校令は、一府県一校に設置制限すること、師範教育の目標として「順良・信愛・威重」の三気質を定式化するなど、教員養成の制度的基礎を確立した。

参考文献 辻本雅史・船寄俊雄『教員養成・教師論』(『(論集)現代日本の教育史』二、二〇一四、日本図書センター)

(荒井　明夫)

じびきあみ　地曳網　一個の網袋を真ん中にして、その左右に翼網と曳網をつけた漁具で、陸上を拠点として沖合から引き寄せ、岸に引き上げて魚を捕る漁法。沿岸に回遊する浮魚類(鰯・鯵・鯖など)を漁獲対象とする。技術的に簡易であるため、比較的古くから発達した。特に、近世に大きく発展し、九十九里浜などで大規模化した。漁場が沿岸域に限定されるため、近代では回遊魚の減少と沖合の網漁に代替されて衰退した。

参考文献 日本学士院日本科学史刊行会編『明治前日本漁業技術史(新訂版)』(一九八二、野間科学医学研究資料館)、田辺悟『網』(『ものと人間の文化史』、二〇〇二、法政大学出版局)

(東　幸代)

シビル＝ミニマム　シビル＝ミニマム　現代の市民生活に必要な最小限の具体的基準をさす概念。ナショナル＝ミニマムが所得計画の全国基準を示すのに対して、自治体が具体的な市民生活の行政水準を定め、その達成のための自治体計画をつくること。理論化を試みた松下圭一によれば、それは市民の生活を保障する基準であり、都市化の急激な展開のなかで、社会保障(養老年金、健康保険、失業保険など)、社会資本(住宅、交通通信、電気ガス、上下水道など)、社会保健(公共衛生、食品衛生、公害規制など)の公共的整備が拡充される必要があり、これらに対する政策基準となる。これまでの自治体計画は国の計画が基準とされたため、都市問題の解決に有効ではなかったが、この計画は自治体が市民参加を基礎に独自に生活整備の目標を設定できるとした。これは一九六八年(昭和四十三)美濃部亮吉東京都知事が「東京都中期計画一九六八」に採用したのがはじめてであり、七〇年代には革新自治体を中心に全国に広がった。しかしここで想定されている生活は物財中心の大量消費生活だという批判もあり、八〇年代には風景・文化や、教育・医療・福祉などの地域公共サービスなど、市場価格では表せない快適な生活環境の質をさすアメニティーの充実が求められるようになった。

参考文献 松下圭一『シビル・ミニマムの思想』(一九七一、東京大学出版会)

(安田　常雄)

しぶさわけいぞう　渋沢敬三　一八九六―一九六三　日本常民文化研究所の設立者。一八九六年(明治二十九)八月二十五日生まれ。日本近代資本主義の父、渋沢栄一(一八四〇―一九三一)の嫡孫であり若くして、祖父の期待を負い渋沢宗家を継いだ。祖父のモットー「論語と算盤」、学問と実践の両立を生涯貫き、日本銀行総裁、大蔵大臣まで務めた経済人でありながら、学問の裏方として、一級の資料を学界に提供することに力を注ぎ、みずからは、漁業制度史、魚類学、民具学に多大な業績を残した。敬三の考えは「ハーモニアス＝デベロップメント」の言葉によく示され、日本民族学協会の設立に尽力するなど斯学の振興を多方面にわたり支援、九学会連合を組織して対馬調査を企画するなど共同研究の有効性を説いた。また、「論文を書くのではない。資料を学界に提供するのである」(『豆州内浦漁民史料』)と常民生活の正確な資料を残すことに努め、最先端の技術を導入したことは、写真・映像機器の活用や足半《あしなか》の調査にレントゲン撮影を試みたことなどにもうかがわれる。一九六三年(昭和三十八)十月二十五日死去。満六十七歳。→アチック＝ミューゼアム　→日本常民文化研究所《にほんじょうみんぶんかけんきゅうじょ》

参考文献 『澁澤敬三』上・下(一九七九・八一、澁澤敬三伝記編纂刊行会)、宮本常一著・田村善次郎編『渋沢敬三』(『宮本常一著作集』五〇、二〇〇八、未来社)

(佐野　賢治)

しぶや　渋谷　新宿・池袋と並ぶ東京の代表的なターミナル型の盛り場。起点となるのは、関東大震災後の東京西郊のサラリーマン住宅地化と、東横線(一九二七年(昭和二))や井の頭線(三三年)の開通であった。三四年に東京初のターミナル型デパートとして東横百貨店(現東急百貨店・東横店)が開店し、道玄坂沿いに百軒店商店街や映画館が並び、サラリーマン家族や学生で賑うようになる。変容は、東京オリンピック(六四年)に向けての都市計画によってもたらされる。これにより渋谷公会堂、代々木公園などを経て原宿へとつながる新しいゾーンが誕生する。ここに西武デパート(六八年)とパルコ(七三年)が進出し、西武資本の統一的なイメージ戦略によって、公園通りなどと呼ばれる一帯が、若者の集まるファッショナブルな街区を形成していった。八〇年代に入ると、東急も109、文化村などで巻き返しを図り、以降この二大

私鉄資本の対抗的企業戦略が、若者の消費文化の街としての発展を主導している。→若者文化《わかものぶんか》

参考文献　アクロス編集室編『パルコの宣伝戦略』(『アクロスSS選書』五、一九八四、PARCO出版)、吉見俊哉『都市のドラマトゥルギー—東京・盛り場の社会史—』(一九八七、弘文堂)　(寺出　浩司)

しま　縞　縦横に筋を織り出した織物。桟留縞《さんとめじま》または唐《とう》桟留《ざんどめ》と呼ばれた奥縞は、緻密な濃紺地に赤、黄、青などの縞糸を配列した縞織物である。主にインド産であったが、文政年間(一八一八—三〇)にはヨーロッパ産が多くなる。その模織品は国産唐桟と呼ばれ、幕末には毛織物の輸入に伴い新種の縞が開発された。川越唐桟と呼ばれる縞柄は、木綿糸を茜色など多色で染めるのがむずかしかったため、藍色が主流となった。イギリス糸と化学染料を併用した縞木綿である二タ子縞は、ストライプ模様の多色化と平滑整序化を同時に実現した。そのほかには、遠目からは無地のように見える地味な結城縞、イギリス糸と絹糸の絹綿交織物である博多結城があった。それらは明治以降も都市をはじめ農村に至るまで幅広く流行した。一方縞柄は洋服の背広地にも好んで用いられた。黒や紺地に白や鼠色、同系色の糸でストライプを入れるのが多かった。だが、縞柄は和洋服を問わず、宮中参内や公式儀礼の場で着用することは禁じられた。→唐桟織《とうざんおり》

参考文献　田村均『ファッションの社会経済史—在来織物業の技術革新と流行市場—』(二〇〇四、日本経済評論社)　(刑部　芳則)

しまだまげ　島田髷　近世初期から広く普及した婦人の日本髪。島田の起源は若衆髷を東海道島田宿(静岡県島田市)の遊女たちが模倣したという説と、女歌舞伎の島田甚吉が結ったとの説がある。寛文期には髷先を切っている場合が多かったが、元禄期になると髷先を切らずなかに折り曲げる形に変化した。寛政期には髷先が巨大化し、高島田や奴島田を結うのは、御所勤め、豪商の腰元、遊里の禿《かむろ》などに限られた。また幕末に名づけられたつぶし島田は、白丈長で結べば芸者のつぶし、鹿の子を結べば結綿となり、多くの婦女子が結った形である。

島田髷(『読売新聞』1930年2月17日付より)

参考文献　大原梨恵子『黒髪の文化史』(一九八八、築地書館)　(刑部　芳則)

じまわり　地廻　本来、ある地域のまわりという意味であり、特に商業に関連して、周辺の地域を巡り歩いて商売をすること、周辺地域から商品を回送すること、あるいはその商人や商品を指すようにもなった。地廻りとも書く。この語が広く一般的に用いられるようになるのは、江戸時代になってからである。特に日本最大の都市江戸に関しては、上方からの商品である下り荷に対し、江戸周辺から送られてくる商品は地廻り荷と呼ばれ、近世後期にはその比重が増すことから、「江戸地廻り経済圏」の存在を想定する学説もある。ただ、この議論は必ずしも厳密なものではない。たとえば享保期に成立した地廻米穀問屋は関八州のほか奥州の商人米をも荷受けしたが、地廻塩問屋は下総行徳・武蔵大師河原・上総の塩を荷受けするにとどまっていた。また地廻糠問屋は、房総・相州浦賀周辺・奥州の糠を荷受けしており、商品によって荷受範囲は異なっていた。地廻り荷の中で最も劇的な成長を遂げた商品は、醤油であろう。幕府による江戸入津商品の調査によれば、享保期に江戸に入津した醤油のほとんどが上方からの下り醤油であったのに対し、文政期には江戸に入津する醤油のほとんどは地廻りからのものになっており、幕末の安政期には、上方から入津する醤油はほとんど姿を消していた。すなわち、江戸の醤油需要は野田・銚子などの地廻り醤油で満たせるようになっていたのである。だが、酒のように、幕末に至っても灘など上方への依存度の高い商品もあった。また、江戸地廻りでの経済の発展は、関東各地での地域市場の発達をもたらした。

参考文献　伊藤好一『江戸地廻り経済の展開』(一九六六、柏書房)、林玲子「江戸地廻り経済圏の成立過程—繰綿・油を中心として—」(大塚久雄他編『資本主義の形成と発展(山口和雄博士還暦記念論文集)』所収、一九六八、東京大学出版会)、白川部達夫『江戸地廻り経済と地域市場』(二〇〇一、吉川弘文館)　(井奥　成彦)

しみん　市民　原義はイギリスではCitizen、ドイツではBürgerであり、国政に参与する地位にある公民を指す。それは近代市民革命によって封建的特権や身分的支配・隷属から解放された自由で平等な個人を意味し、十七—十八世紀ころロックやルソーによって理念化された。これらの自由な個人によって生み出される社会が市民社会と呼ばれるが、産業革命以後、市民は私的所有の自由な主体として資本主義ブルジョワジーに転成していった。マルクスによれば市民社会とは疎外された物象的依存関係の支配する社会であるが、自由と平等の市民的理念はこの支配関係の理念的形式として掲げられることになる。明治以後、市民革命の不徹底なまま上からの資本主義化が強行され、天皇制の支配下におかれた日本では、固有の市民層が自立的に生み出されることなく、近代的自由主義や民主主義の担い手たる市民階級の形成も未熟であった。一九二〇—三〇年代以降、都市中産階級が形成されるが、独自の運動展開は弱く固有の意味をもつ「市民」

という言葉も定着しなかった。（安田　常雄）

しみんうんどう　**市民運動**　特に一九六〇年代以後における市民による自立的で非政党的・非組織的な社会政治運動を指す。近現代日本の社会運動は労働運動や農民運動に代表される階級的組織運動として形成され、上部にある革新政党の政治運動との密接な関わりで展開され、学生運動もその一環に組み込まれてきた。戦後日本においても原水爆禁止運動や母親大会など市民運動的性格をもった例もあったが、運動が拡大するにつれ政党による争奪の的になり、政党に系列化されてきた。市民運動はこのような労働運動・学生運動・文化運動・婦人運動のように、運動を構成する人たちの階層や身分、職能や性別によって規定されず、また恒常的組織をもたず、職業的指導者ももたない。参加者はみずからの職業に従事しながら、自己の関心から参加する。またその運動が終われば組織は解散するなどの特徴をもつ。戦後の市民運動がはっきりした形をとるようになったのは六〇年安保のときであり、この動向に明確な照明を当てたのは久野収「市民主義の成立」(『思想の科学』一九六〇年(昭和三十五)七月号)であった。ここでは市民運動の基盤が職業を基盤とした抵抗の連帯と、地域における生活者の立場を基盤にした活動の組織化の二点におかれていた。この背景には産業の高度化や農村の解体、人口の都市集中など高度成長による社会構造の変容があり、特に「無党派層」の増大が重要であった。六〇年安保の市民運動は一面で既成革新政党の「国民」運動に同調した方式であったが、その流れは六五年のべ平連以後の市民運動に引き継がれ深化していった。その特徴は第一に個人有志の運動を軸に、全員参加の直接民主主義への志向を強めたこと。第二は既成左翼主導の分業の拒否と、「専門家」と「アマチュア」という区別や、問題の解決を「専門家の権威」にゆだねることの拒否。第三は疎外された「生活」の全体的問い直しの方向性を含んでいたことである。市民運動はもともと防衛的で保守的な性格をもつが、運動のなかで個人としての自分がみずから「人間」「生活」「地域」の具体的全体性を検証し「保守」する性格をもった。こうした特徴は同時代のもう一つの市民運動である住民運動と共振していった。↓住民運動《じゅうみんうんどう》

参考文献　久野収『政治的市民の復権』(『潮選書』、一九七五、潮出版社)、高畠通敏『自由とポリティーク―社会科学の転回―』(一九七六、筑摩書房)　（安田　常雄）

しめかす　**〆粕**　鰯や鰊を釜で煮て魚油を搾った際に残る搾り粕。いずれも近世以降、購入肥料(金肥)として流通した。同じ魚肥でも、単に鰯や鰊を干しただけの干鰯《ほしか》や干鰊《ほしにしん》よりも手がかかっている分、高価であった。代表的な産地として、鰯〆粕は房総半島の九十九里浜、鰊〆粕は松前があげられる。江戸、大坂などにはそれらを扱う問屋が成立し、畿内、瀬戸内、濃尾など商業的農業の盛んな地域に販売された。幕末には関東での需要も高まっている。なお、菜種や胡麻油の搾り粕のことをいう場合もある。

いわし〆粕の製造（『農稼肥培論』中より）

参考文献　山口和雄『日本漁業史』(一九四七、生活社)、中井信彦「九十九里浜に於ける地曳網漁業から揚繰網漁業への転換過程―在郷商人の問題に寄せて―」(『史学』二八ノ二、一九五五)、井奥成彦「中央市場近接地域における農業生産の地域構造―神奈川県の場合―」(『一九世紀日本の商品生産と流通―農業・農産加工業の発展と地域市場―』所収、二〇〇六、日本経済評論社)　（井奥　成彦）

しめなわ　**注連縄**　神の空間と世俗世界を区切る結界である。標縄・七五三縄・〆縄とも書く。神社の拝殿の入口の上に注連縄が張られている。「しめなわ」の「しめ」は土地占有を示す「占め」である。神は拝殿の奥に続く本殿に鎮座している。ただし注連縄は拝殿だけではなく、境内入口の鳥居、境内の手水舎など各所にもみえる。注連縄の起源に関しては『古事記』神代、天石屋戸神話の、天照大神が天石屋戸から出た際、石屋戸に戻れないよう布刀玉命が注連縄、すなわち「尻久米縄」を入口に引き渡したとみえることに求められている。それは境界の出入りを禁止する張り縄であり、神事の神籬《ひもろぎ》などに張って神聖な場所を画し、また一般家庭においても神棚や、正月には門に張ることもある。近年では輪形に結わき両端を垂らした小型の注連が多く用いられている。（関　和彦）

しもごえ　**下肥**　人糞尿を田畑の肥料にしたことの総称である。一般的には下肥と呼ぶが、近世大坂地域では読みを同じとして下屎と表記した。田畑の施肥に利用するのは中世後期に一般化したとされるが、日本列島の人口増大と都市部の拡大、河川交通網の充実によって、近世はまさに「下肥の時代」となる。近世の町場ではどこでも周辺農村へ売却する制度を設けていたはずだが、現在史料上で確認できるのは近世三都のほか、出羽国酒田

(山形県)・加賀国金沢(石川県)・尾張国名古屋(愛知県)など数えるほどしかない。近世最大の消費都市江戸は下肥にとっては生産地であり、特に江戸城や大名屋敷からの下肥は高価であった。最も高度なシステムを整備したのは大坂で、近世中期には摂津国・河内国など近隣村落三百ヵ村以上が市中の下屎汲み取り権を有した。公定価格も取り決めて、町人一人(七歳以上)に対し年間銀二匁から三匁で、町割と呼ぶ町家と周辺百姓の契約関係が設定された。 ↓肥船《こえぶね》 ↓屎尿《しにょう》

参考文献 小林茂『日本屎尿問題源流考』(一九八三、明石書店)、渡辺善次郎『都市と農村の間―都市近郊農業史論―』(一九八三、論創社)、スーザン・B・ハンレー『江戸時代の遺産―庶民の生活文化―』(指昭博訳、『中公叢書』、一九九〇、中央公論社)、荒武賢一朗『屎尿をめぐる近世社会―大坂地域の農村と都市―』(二〇一五、清文堂出版)

(荒武賢一朗)

しもたや 仕舞屋 基本的には商売をしている店舗が並ぶ町場において、商売をしていない住宅のこと。店じまいをしたという意味の「仕舞うた屋」に由来した言葉であるが、以前商売をしていたが辞めてしまった場合と、家賃や金貸しなど商売以外の収入源で生活をしている者の住宅である場合がある。商売をしていないため、通りに面して「店の間」を設けていないため、仕舞屋であることは外見からも判別がつく場合が多い。

(塚原 伸治)

しもやけ しもやけ ⇩民間療法《みんかんりょうほう》

じもり 地守 ⇩家守《やもり》

ジャージー ジャージー メリヤス編み地。メリヤス地の総称であるジャージーの名称は、英仏海峡の島の羊毛糸や、毛糸編み物に由来する。もともと外国でジャージーは、絹とならぶ高級品であった。それが昭和二十年代後半から国内でアクリル繊維が発達し、アクリル、ウーリー加工ナイロン製によるジャージーの開発生産が可能になる。同三十年代初頭には、比較的安価で購入できるようになったため、ジャージーは大流行した。ジャージーの特性は、軽さ、強さ、弾力の三点である。軽くて負担を感じさせないジャージーは、ワンピースやツーピースコートに用いられた。家庭で水洗いした後、日光で乾かしても痛まない強さのあるジャージーは、ブラウス・スカートに使われた。フリーサイズというほどの自由な弾力性のあるジャージーは、子供の遊び着、スポーツシャツに適していた。同四十年代以降には商品改良が重ねられ、現在でも多用されている。

参考文献 『朝日新聞』(一九五一年十月八日付朝刊、一九六三年九月八日付朝刊、同年十一月二十一日付朝刊)

(刑部 芳則)

しゃいんりょこう 社員旅行 団体旅行の一種で職場旅行ともいう。農閑期の温泉旅行や講の神社参拝に原型を求める説もある。本格的な労働問題の発生とともに、職工の福利厚生のために一九二〇年(大正九)ごろには社員慰安旅行が広く行われるようになった。戦争の混乱が収まった五〇年代に社員旅行は復活し、六〇年代にピークを迎え、ほぼすべての大企業の工場が実施した。形態は、忘年会など宴会を兼ねた一泊二日の温泉地・観光地(伊豆・箱根・京都など)への旅行が主であった。八〇年代末からは海外社員旅行が増え、九九年(平成十一)には海外社員旅行を実施したことがある企業は三二%にのぼった。また、若者に人気が高いディズニーランドが選ばれるようになったのもこのころである。八〇年代末まで九割以上の実施率を誇っていた社員旅行も、企業に余力がなくなったことや、社員の意識が変化したことにより、九〇年代に入ると急速に減少傾向をたどり、二〇一四年には実施率は四六%にまで低下している。

参考文献 『(特集)'99社員旅行の実態』(『企業福祉』五〇三、一九九九)、手島廉幸「マスツーリズムの歴史的変遷と今後の行方―マスツーリズムに終焉はない―」(『日本国際観光学会論文集』一五、二〇〇八)

(浅井 良夫)

しゃかいきょういく 社会教育 社会において意図的に制度化された教育形態の中で、学校教育や家庭教育以外の総合的な教育の概念をいう。それ故に社会教育とは、学校と家庭以外の社会で行われる教育を広く指す。一九四九年(昭和二十四)公布の社会教育法は、社会教育の定義を「学校教育法に基き、学校の教育課程として行われる教育活動を除き、主として青少年及び成人に対して行われる組織的な教育活動(体育及びレクリエーションの活動を含む)」としている。社会教育関係法規には博物館法、図書館法、スポーツ振興法などがある。明治期には通俗教育と呼ばれ、一九二一年(大正十)社会教育に改められた。近年では、社会教育に代えて生涯教育(学習)という用語を使い、行政関係にも社会教育を担当する部署名を生涯教育(学習)課と呼称するケースが増えた。しかし生涯教育(学習)は学校教育を含む概念であるため、用語が混乱するだけではなく義務教育段階の児童・生徒に関係

社会教育法施行後の洋裁講習会 (1952年)

する社会教育施設をかえって見落とす結果になる。学歴社会のさまざまな弊害を是正するために学校中心の考え方を改め、生涯教育・社会教育の役割はますます重要となっている。 ↓生涯教育《しょうがいきょういく》

参考文献 乾彰夫「「企業社会」から排除された若者たちと社会教育の課題」(『月刊社会教育』五八ノ六、二〇一四) (荒井 明夫)

しゃかいじぎょう　社会事業 生活苦に陥っている人々を支援するために実施された事業であり、民間の慈善事業をその一部に含みつつ、主として行政が関与する救貧・防貧策を意味した。通常、労働能力を有する者に対する失業対策は含めずに、病人をかかえる貧困世帯、身体障害者、孤児、独居老人の介護・養育、寡婦に対する授職事業などをいう。民間の宗教団体などが実施していた慈善事業に対して地方公共団体が協力・支援する動きは明治末期には顕著になっていたが、経済成長が続き国家の財政力が強化された第一次大戦期(一九一四年(大正三)—一八年)は、同時に物価高騰に賃金上昇が遅れて生活難が激化した時期でもあったため、各種の貧困者を支援するための行政的措置がとられるとともに、警察行政と密接に結び付いた方面委員制度が整備され、主要な地方公共団体には社会事業協会などの名称を冠する組織が作られていった。 ↓民生委員《みんせいいいん》

参考文献 横山和彦・田多英範編『日本社会保障の歴史』(一九九一、学文社)、池田敬正・土井洋一編『日本社会福祉綜合年表』(二〇〇〇、法律文化社) (加瀬 和俊)

しゃかいしゅぎ　社会主義 社会主義という歴史的概念は、思想・運動・体制の三層にわたっている。まず思想としての社会主義は、産業革命以後の十九世紀西欧近代において、R・オーエンやサン＝シモンに起源をもち、資本主義による貧富の不平等を共同原理による新しい社会秩序に改革しようとした。それはキリスト教の理念であると同時に産業社会の合理的編成をめざしていた。マルクスはこうした初期社会主義のユートピア思想を現実の社会構造の解析を通して捉え直し、労働力商品化の廃絶を軸に資本主義と国民国家を超える原理とし「共産主義」Communism と命名した。その後社会主義はレーニンによって「共産主義の第一段階」と整理されることになる。こうした思想のどの部分を強調するかによって、運動としての社会主義はオーエンやサン＝シモン主義、アナキズムや労働組合主義、またマルクス主義やスターリン主義などさまざまなバリエーションをもつことになった。日本における社会主義の思想と運動の起源は一九〇一年(明治三十四)の社会民主党の結党(直後禁止)とされるが、そこでも時期に対応した多様な社会主義の相克をみることができる。特にロシア革命以後は、体制として成立したソ連共産主義をモデルにした正統と異端とのせめぎあいが続いた。加えてその正統モデルに起因する思考様式が戦後まで存続することになり、それは理論信仰・演繹的思考・学歴エリート主義などとして人びとの生活の実態とかけ離れていくことになった。ここでは概念的な「プロレタリアート」への忠誠は叫ばれるが、具体的な民衆の生活や意識の実態に向き合う姿勢は欠落し、これが戦前戦後を通した日本の革新思想の特徴となっていった。一九八九年(平成元)のベルリンの壁崩壊とソ連の解体によって東西冷戦は終結したが、米国主導のグローバリゼーションのなかで、貧富の不平等や格差、人権の偏在性など人びとの生き難さは加重されてもいる。その意味で生活の深部からのもう一つの社会主義はなお未完のまま世界に潜在している。

参考文献 松沢弘陽『日本社会主義の思想』(一九七三、筑摩書房)、松田道雄「解説」(『近代日本思想大系』三五所収、一九七四、筑摩書房)、安田常雄「マルクス主義と知識人」(『(岩波講座)日本通史』一八所収、一九九四、岩波書店) (安田 常雄)

しゃかいふくしきょうぎかい　社会福祉協議会 社会福祉活動の推進を目的とした非営利の民間組織。社協と略される。一九五一年(昭和二十六)三月公布の社会福祉事業法に基づき、全国・都道府県・市町村に設置され、主に民間の社会福祉団体による事業を調整・統括する役割を担っている。全国社会福祉協議会(全社協)の前身である中央社会福祉協議会(中央社協)は、GHQと厚生省の指導のもと、日本社会事業協会、同胞援護会、全日本民生委員連盟が解散・合併して、五一年一月に結成された。半官半民的な性格が強く、以後、厚生省の試験的な施策の経路ともなった。他方、五五年に同和事業委員会を設置し、復帰前の五八年に沖縄社会福祉協議会を全社協に加入するなど、一定の独自性も示してきた。また、ボランティア活動の振興では、六二年に徳島県で始まった善意銀行のように、地方社協独自の取り組みも数多くみられ、全社協でも七五年に中央ボランティア＝センターを発足するなど、全国的な活動環境の整備を進めてきた。二〇一一年(平成二十三)の東日本大震災でも、災害ボランティアセンターの開設・運営や生活福祉資金の特例貸付実施といった被災地支援活動に取り組んでいる。 ↓ボランティア活動《かつどう》

参考文献 『全国社会福祉協議会三十年史』(一九八二、全国社会福祉協議会)、菊池正治他編『日本社会福祉の歴史—制度・実践・思想—』(『Minerva 福祉専門職セミナー』、二〇〇三、ミネルヴァ書房) (大川 啓)

ジャガイモ　ジャガイモ ナス科の植物で、南米の中央アンデス高地で古くから栽培されていた作物とされ、根塊を食べる。慶長年間(一五九六—一六一五)にオランダの植民地ジャワ島から長崎に渡来した。会津ではジャガライモ、江戸中期の甲州代官中井清太夫が普及させたので山梨県ではセイダイモ、料理名にセイダノタマジといい、都留地方から伝播した関東ではツルイモの名がある。年に二度、三度栽培可能なので、二度イモ、三度イモとも呼ばれ、天保飢饉の時に餓死を救ったので「お助けイ

日本在来種のジャガイモ

モ」、収穫高による五升イモともいい、異名が多い。十七世紀に伝来したジャガイモだが、一般に普及するのは明治以降である。冷涼な気候を好む。春植えと秋植えがあり、年二度の植付け可能な赤い在来種が現在も東京都奥多摩町で栽培されている。北海道は種子芋とともに一大産地で、米など穀類が取れず、ジャガイモが主食だった地域もある。カレー、コロッケ、サラダ、肉ジャガ、煮物、味噌汁、焼いた芋、ポテトチップと幅広い食品になっている。

参考文献 伊藤章治『ジャガイモの世界史―歴史を動かした「貧者のパン」―』(『中公新書』、二〇〇八、中央公論新社)　（増田　昭子）

じゃかご　蛇籠　鉄線や竹で編んだ円筒形の籠の中に石を詰め護岸工事用に河川などの堤防内側に沈めたもの。蛇のように細長い形状からそう呼ばれた。水当たりの強いところに置いたり、牛枠《うしわく》類と併せて出しのように並べ水流を変えたりして堤防を保護した。また、橋脚を覆う形で設置し、その流失を防いだりもした。近代以降その形態もさまざまになったが、用途としても単に水制および防災に限らず、多様な生物の生息空間づくりのために利用されるようになっている。→堤《つつみ》・川除《かわよけ》

参考文献 古島敏雄校注『百姓伝記』上(『岩波文庫』、一九七七、岩波書店)、大石慎三郎校訂『地方凡例録』上・下(一九九五、東京堂出版)　（大塚　英二）

しゃくし　杓子　⇩しゃもじ

しゃくちけん　借地権　建物の所有を目的とする地上権または土地の賃借権(借地借家法)。明治期から大正初期に、市街地の地価上昇や地租負担の軽減によって大量の借地が生まれたため、資本家的借地人と中産階級が、建物の保護という名目で投下資本の確保や生活基盤の保障を要求し、一九〇九年(明治四十二)に建物保護法を、一九二一年(大正十)に借地法を実現させた。制定当初の借地法は、建物が朽廃すれば満了以前でも借地権が消滅し、建物買収による補償が建物価格に限られ、地主が異議を述べて更新を拒絶できたので、建物財産の保護と借地人に対する不意打ちの防止にとどまっていた。一九四一年(昭和十六)・六六年の借地法改正は借地権を保護する強行法規を増やしたが、六〇年代の高度経済成長以降、立退料と結びついた借地権価格が発生して借地が減少し、また借地権の存続保護が桎梏《しっこく》になって借地が供給されなくなった。そこで、一九九一年(平成三)の借地法改正は法定更新のない定期借地権を認めた。

参考文献 瀬川信久『日本の借地』(一九九五、有斐閣)　（鷲崎俊太郎）

しゃくちしゃくやにんうんどう　借地借家人運動　借地人・借家人が地主・家主と対抗して展開した社会運動。地方から都市に出て賃金労働についた労働者は、単身時代には間借生活が多いが、世帯を形成すると借家に住むことが多く、さらに借地して自宅(一戸建て)を建築することを目指したので、借家人と借地人は自宅を所有するための経過途上の存在として利害を一致させており、家賃・借地料の使用者本位での制限、借りる側の権利の強化を希望していた。第一次大戦期に都市人口が増加し借地料・借家料が高騰して以降、一九二〇―三〇年代にそれをめぐる紛争が増加した。その一部は無産政党運動と結んで政治的色彩を帯びた借家人運動を展開しており、家賃引下、敷金・権利金撤廃、居住権の確立などを主張した。内務省警保局『社会運動の状況』は毎年その動向について調査結果を公表していた。→借家《しゃくや》

参考文献 内務省警保局『社会運動の状況』一―一六(一九二六-二八、日本資料刊行会)、成田龍一「一九二〇年代前半の借家人運動―借家人同盟を中心に―」(『日本歴史』三九四、一九八一)　（加瀬　和俊）

しゃくふ　酌婦　料理屋、酒場、宴会などで男性客をもてなす女性のこと。売春を業とする場合も多く、公娼と区別して私娼の代名詞として使われてきた。一九二〇年代から都会を中心に伸張したカフェーで、性的サービスをする女給が増加し、三〇年代には数の上で公娼(四万七千人)を上回った(十一万一千七百人)。待遇改善と団結を掲げて、二二年(大正十一)、全国初の女給組合(大阪女給同盟)が結成され、日本労働総同盟大阪連合会の有志などが支援したが、職業婦人連盟から「性を売り物にすること」を職業と位置付けることに異論が出され、明治・大正期の女性の職業を網羅した村上信彦(一九〇九―八三)も、そのリストに性的サービス業を入れていない。一九六二年(昭和三十七)、東京観光社交業連合会が女給に替えて「社交員」(ホステス)の呼称を統一使用するように告知し、六四年の東京オリンピック開催をきっかけに、バー・クラブ・キャバレーの女性従業員をホステスと呼ぶことが定着した。→女給《じょきゅう》

参考文献 谷川健一編『娼婦』(『近代民衆の記録』三、一九七一、新人物往来社)、藤目ゆき『性の歴史学―公娼制度・堕胎罪体制から売春防止法・優生保護法体制へ―』

（一九九七、不二出版）　（平井　和子）

しゃくや　借家　建物を賃借すること、または賃借して住む建物。近世には店借《たながり》と呼ばれ、表店借・裏店借の別があった。表店借は、表通りに面した店舗で商売を行う商人が表通りから奥行五間以内に借りた建物であるのに対し、裏店借は奥行五間より裏側の土地に形成された裏長屋を意味した。近代に入るとこれらに加えて、俸給生活者向きの一戸建が貸し出された。工業化の進展に伴って労働者が都市に集中すると、適当な住居を見出しえないという借家問題とともに、借家の地震売買（家主が家屋を第三者に譲渡し、譲受人が借家人に対して即日明渡を求める行為）といった法制度的問題が発生した。一九二一年（大正十）の借家法で借家権に対抗力が認められた結果、借家の地震売買が不可能となったが、同法では家賃問題に触れなかったため、住宅難に対しては一九三九年（昭和十四）の地代家賃統制令の施行と四一年の借家法の改正を待たねばならなかった。→借地借家人運動《しゃくちしゃくやにんうんどう》

参考文献　鈴木禄弥『借地・借家法の研究』一（『民法論文集』二、一九六四、創文社）、鷲崎俊太郎「江戸の土地市場と不動産投資―収益還元法による地代・地価分析―」（『社会経済史学』七三ノ二、二〇〇七）　（鷲崎俊太郎）

しゃしん　写真　感光性物質の化学的あるいは物理的変化により映像を記録する技術、あるいは記録された映像。再現性が忠実で複製が可能な点に特徴がある。一般には、フランスのダゲール Louis Jacques Mandé Daguerre が発明し、一八三九年に公表したダゲレオタイプ（銀板写真法）をもって写真のはじまりとする。銀板写真法では直接ポジ像が定着するため、一枚の写真しかできず、複製不能であった。一八四八年（嘉永元）、日本に伝来したが、実用には至らなかった。複製可能なネガ・ポジ法は、一八四一年にイギリスのタルボット William Henry Fox Talbot が発表したカロタイプに始まり、ネガ像の基体にガラス、ポジ像を焼き付ける印画紙に鶏卵紙が用いられるようになると、湿板写真法として広く普及し、日本にも幕末開港と同時に伝来した。明治十年代中ごろ、乾板写真法が伝来すると、露光時間も短く、機材の取り扱いも手軽になって、さらに広く普及した。

幕末に来日したスイス人ロシエ Pierre Joseph Rossier やイギリス人ベアト Felice Beato は、世界各地で画像を収集するイメージ＝ハンターの系譜に属し、日本の風景や風俗を撮影して世界に紹介した。やがて横浜の下岡蓮《しもおかれん》杖《じょう》、長崎の上野彦馬など、彼らから技術を学んだ日本人カメラマンも登場し、手彩色の技術も発達する。明治時代中期には、鶏卵紙に手彩色を施し、蒔絵の豪華な表紙で装丁されたアルバムや、ガラスに焼き付けた幻灯板が、外国人旅行者への土産品として、あるいは輸出品として盛んに製作された。横浜の日下部金兵衛、玉村康三郎、オーストリア人シュティルフリート Raimund von Stillfried-Ratenicz、イタリア人ファルサーリ Adolfo Farsari らが製作の中心だったので、横浜写真と呼ばれる。明治三十年代以降は、コロタイプ印刷の普及によって、手彩色の絵葉書に取って代わられた。主題に偏りがあり、演出過剰な面もあるが、当時の日本の自然や産業・生活・風習を知ることのできる史料となっている。

日本人の間では、写真はまず肖像画の代替物として受け入れられた。戦場へ向かう武士に始まり、明治時代には富裕層を中心に、家族や知人に伝えるために肖像写真を撮影するのが普通になる。一八七二年（明治五）の内田九一による明治天皇の肖像撮影がその画期となった。政府高官や役者・芸者などのブロマイド写真を販売する写真師も現れる。やがて宮参り・七五三・入学・徴兵検査・結婚などの人生儀礼や正月などの年中行事、いわゆる「ハレの日」に、個人や家族の記録として写真を撮影する習慣が広まった。記念写真を撮影する習慣は集団にも拡大される。学校の入学式・卒業式や修学旅行、企業・団体の会合や行事などではプロの写真師に依頼して集合写真を撮影することが習慣となり、それらは集団の記録として保存されるとともに、写真の複製可能性を活かして共有され、構成員の絆の証として尊重されるようになる。

時代とともに、写真の活用範囲は広がっていく。その一つは事業の記録であった。明治初期から、鉄道・建築・橋梁・土木など、文明開化や殖産興業、北海道開拓などの事業が写真で記録された。もう一つは報道であった。地震・水害・噴火などの自然災害、戦争などの報道に写真が活用された。コロタイプ印刷によって写真を印刷できるようになると、いっそう盛んになる。日清戦争の写真報道がその画期となった。さらに写真網版印刷の発達によって、新聞や雑誌への写真の印刷が可能となり、その動きは加速された。日露戦争の報道がその画期となった。こうしてフォト＝ジャーナリズムの分野が切り開かれていく。三つ目に学術調査への写真の活用が挙げられる。探検や人類学的調査、生物や遺跡・文化財の調査などで利用が始まるが、天体望遠鏡写真や顕微鏡写真が登場すると、自然科学の発展に寄与するようになる。

十九世紀末、ガラスに代わるネガ像の基体としてまずロール状の紙が、ついでセルロイドが利用されるようになり、カラー写真の開発がこれに続いた。大正期以降、外国製カメラの輸入や国内でのカメラ生産が増加し、市民生活の向上もあって写真はいっそう身近なものとなり、アマチュア＝カメラマンも増加する。そのころ、芸術写真が登場するが、その分野では多くのアマチュア＝カメラマンが活躍した。二十世紀末にデジタル＝カメラが普及すると、写真の大衆化・日常化はいっそう進んだ。なお、これに対して旧来の写真はアナログ写真、あるいは塩化銀の感光性を利用していることから銀塩写真と総称されることがある。

記録写真・報道写真・学術写真・芸術写真といっても境界がはっきりしているわけではなく、その大半には何らかのかたちで人々の生活やその痕跡が記録されている。

言葉を調べることによって文章の意味を知るための「字引」のように、写真を構成する要素を調べることによって、それらを読み解くための民俗学の手法に「図引」がある。→家族《かぞく》アルバム　→幻灯《げんとう》

参考文献　小沢健志他編『日本写真全集』一―一二(一九八五―八八、小学館)、小沢健志・酒井修一監修『写真館のあゆみ―日本営業写真史―』(一九八九、日本写真文化協会)、須藤功編『写真でみる日本生活図引』一―八・別巻(一九八八―八九、弘文堂)　(斎藤多喜夫)

ジャズ　ジャズ　アメリカ合衆国で二十世紀前半に成立した大衆音楽の一ジャンルだが、日本では、おおむね昭和三十年代ごろまで、ハワイアンやラテンやシャンソンなどを含む「舶来の軽音楽一般」を指して用いられた。昭和初期に成立するレコード会社製の「流行歌」の雛形も、当時日本ではジャズ＝ソングと呼ばれたアメリカの流行楽曲である。一九五〇年代末のロカビリー＝ブームごろを境に、「真面目」な鑑賞音楽としてのモダン＝ジャズの領域が、他の舶来軽音楽から自立することになる。　(輪島　裕介)

しゃそう　**社倉**　米・麦・粟・稗などを保存しておくための倉庫、および飢民が発生した場合に無利息ないし低利に倉の穀物を貸し出す制度。凶作・飢饉時の米穀不足に備えて、平常時に百姓から米穀を納めさせた備荒貯蓄策である。領主が備穀の一部を提供することもあり、半官半民的な性格をもつ。近世前期の会津藩による社倉を嚆矢とするが、天明の飢饉後、寛政の改革において各地で整備された。村・町主体の民間の社倉も広く存在した。

参考文献　菊池勇夫『近世の飢饉』(『日本歴史叢書』、一九九七、吉川弘文館)　(平野　哲也)

しゃたく　**社宅**　民間企業が従業員に有償または無償で提供する住宅。公務員の場合は官舎・公務員宿舎と呼ばれる。給与住宅(社宅・官舎)に住む世帯の割合は、一九六八年(昭和四十三)には普通世帯の六・八％であったが、二〇〇八年(平成二十)には二・八％と減少傾向にある。炭鉱住宅、工場寄宿舎、飯場も社宅の一種といえるが、一九二〇年代以前に広く存在した炭鉱の納屋は納屋頭が所有・管理したので社宅とはいえない。戦前の工場寄宿舎を代表する製糸女工・紡績女工の寄宿舎の場合、労務管理・移動の防止の手段という意味合いが強かった。社宅の特徴は、高級職員から一般労働者まで、建物の形態・広さが階層的に構成されている点にある。そうした階層性は戦前においては顕著であった。社宅はまた、家父長的温情主義にもとづく労務管理の一環でもあり、企業が社宅街に福利厚生施設を整備することも多い。社宅は定年退職で退去することになるが、それ以前の退去を定めた退宅制度を設けた企業もある。→寄宿舎《きしゅくしゃ》

参考文献　西山卯三『日本のすまい』三(一九八〇、勁草書房)、社宅研究会編『社宅街―企業が育んだ住宅地―』(二〇〇九、学芸出版社)　(浅井　良夫)

しゃないけっこん　**社内結婚**　同じ職場内の男女が結婚すること。日本では明治から大正期には村内婚が一般的で、かつ男女の恋愛に端を発する結婚が多かったが、昭和に入ると、徐々に恋愛は不埒なものとみなされるようになり、結婚は親が決めた相手とすべきとする価値観が浸透してくる。しかし戦後には欧米の自由思想の影響もあり、再び恋愛結婚が主流となる。その時期に企業などに就職した若者は、特に高度経済成長期以降仕事一点張りの生活が当たり前となり、恋愛の対象を職場外に求める機会が著しく少なくなったことを背景として、同じ職場内での恋愛から結婚へ発展するというケースが非常に多くなっていった。そこから社内結婚という名称が生まれてきた。社内結婚では職場の上司が仲人を務めることが多く、また一九八〇年代までは、結婚すると女性は退職して専業主婦になることが一般的だった。それをコトブキ退職などと呼ぶこともあった。　(八木　透)

しゃみせん　**三味線**　日本の代表的弦楽器。永禄年間(一五五八―七〇)に琉球から伝来した蛇皮を張った二本弦の楽器を琵琶法師が三本弦に改造したのがはじまりといわれる。三味線の初期の担い手は盲人(座頭・瞽女《ごぜ》)と遊女で、前者は三味線組歌を作り、後者は弄斎節や小唄などの歌謡を流行させた。さらに、芝居などの芸能の伴奏としても採り入れられ、義太夫節などの浄瑠璃音楽や都々逸などの俗曲が形成された。三味線は町家でも素人によって演奏されるようになり、十七世紀後半には「家毎にて三味線にて楽遊ばぬ家はなかりし也」(『異説まちまち』)といわれるほど市中に普及していた。一方で、三味線は盲人と遊女の楽器であると見なし、晴眼者が弾くことを諫める記述が『人倫重宝記』にある。また、江戸幕府や諸藩は、倹約の観点から人びとが三味線に耽溺するのを警戒し、しばしば市在での素人による三味線演奏の禁止を通達している。

参考文献　芸能史研究会編『日本芸能史』五(一九八六、法政大学出版局)、田中悠美子・野川美穂子・配川美加編『まるごと三味線の本』(二〇〇九、青弓社)　(塩川　隆文)

しゃもじ　しゃもじ　食べ物を掬い、よそう道具。杓子とも称する。飯をよそうのに適した平たい形状のものと、汁物を掬うために掬う部分が窪んだ形状のものがある。前者をしゃもじや飯杓子、後者をお玉や汁杓子と呼び分けることが多い。主に木製品が用いられてきたが、関東地方の縄文時代前期の遺跡からは、粘土を焼成して作ったスプーン状の土製品が出土しており、土器で煮炊した食物を掬う際に用いられたと見られている。平たい形状のものは明治時代以後、米の飯が柔らかくなり、掬う部分の窪みを必要としなくなってから広く用いられるようになったものであり、原義は同じである。食料を分配する道具としての杓子は主婦権の象徴とされ、主婦以外の者が触れることは許されなかった。主婦権の譲渡を杓子渡し・ヘラ渡しと称し、大晦日の夜に姑から嫁にしゃもじが手渡されてはじめて、嫁は主婦となった。戦後にな

るとしゃもじは主婦連合会のシンボルとしても用いられた。また、しゃもじは神の力が宿るものとされ、広島県の厳島神社をはじめとする各地の社寺で授与・販売されている。持ち帰ったしゃもじは門戸に打ち付けておくと、流行病を防いだり、夜泣きが止んだりするとされた。

参考文献 柳田国男『明治大正史世相篇(新装版)』(『講談社学術文庫』、一九九三、講談社)

(加藤幸治・今井雅之)

しゃようぞく　社用族　会社の交際費で遊興・飲食をする人。斜陽族をもじって、一九五一年(昭和二十六)七月の『朝日新聞』の「天声人語」がはじめて用いたとされる。五〇年代前半には財界も、多額の交際費支出は企業の資本蓄積を阻害するとして批判的であった。しかし、高度成長とともに企業は接待のための交際費支出を惜しまないようになり、銀座のバー、クラブに代表される高級飲食店は企業接待によって賑わい、接待ゴルフも六〇年代には広く行われるようになった。五四年に交際費課税制度が設けられ、課税は次第に強化されものの、交際費は八〇年代のバブル期まで増え続けた。七一年の交際費は国の教育予算に匹敵し、七九年の交際費は企業の配当を上回る額であった。バブル崩壊後は、企業のコスト削減のため、またバブル期の常軌を逸した官僚に対する接待が社会的批判を浴びた影響もあり、九二年(平成四)の六・二兆円をピークに交際費は減少し、二〇一〇年には二・九兆円に落ち込んだ。→接待《せったい》

参考文献 山本守之『交際費の理論と実務』(二〇〇〇、税務経理協会)

(浅井　良夫)

しゃようぞく　斜陽族　戦後に特権を失い没落した階級を指す流行語。日本国憲法が施行されると、皇族は新皇室典範に基づき皇籍からの離脱が決定された。それはGHQ経済科学局ジェニングス中佐の名言によれば「皇族」という「職業」において、生活することを禁止することであった。また華族は華族令の廃止によって公侯伯子男の爵位を失い、国民一般と同等になった。彼らは特権を剝奪され、焼跡の社会で生活の苦境に直面し、なかには生活苦のため奥多摩山中で自殺した元子爵もいた。こうした状況のなかで、この言葉は皇族、華族だけではなく、旧財閥や旧地主を含む没落した特権階級をさす言葉として流行語となった。それは一九四七年(昭和二十二)『新潮』(七―十月)に連載された太宰治の小説『斜陽』に語源があるが、翌年六月に太宰が玉川上水で自殺してから一躍広がったといわれている。この言葉をもじった「社用族」(会社の接待費を使って役得する)という言葉は朝鮮戦争期の五一年に流行するが、隣国の戦争に便乗して経済復興する時代の気分をも表現している。

参考文献 森正蔵『戦後風雲録』(一九五一、鱒書房)、戸川猪佐武『戦後風俗史―ろうそくからテレビへ　廃墟から生活革命へ―』(一九六〇、雪華社)

(安田　常雄)

しゃりき　車力　⇨人力車《じんりきしゃ》

じゃんけん　じゃんけん　二人以上が手の指の曲げ伸ばしや、身体全体によるジェスチャーにより勝負する遊戯。じゃんけんのもとになったのは中国から渡来した拳であるとされるが、江戸時代に至るまで拳の渡来の明確な記録は残されていない。酒席の座興として、拳が、元禄のころ、大坂・京都の遊里に伝えられ、享保ころ江戸吉原でもてはやされるようになった。文化・文政期に大流行し、その所作が嘉永期に歌舞伎の浄瑠璃に取り入れられ、子供の間でも行われるようになり、現在に至っている。グー(石)・チョキ(鋏)・パー(紙)の石拳のほか、江戸時代には、猟師は狐に勝ち、狐は庄屋に勝ち、庄屋は猟師に勝ちとなる三すくみの関係を用いた狐拳などの多種の拳遊びがあった。

参考文献 セップ=リンハルト『拳の文化史』(『角川叢書』、一九九八、角川書店)、加古里子『じゃんけん遊び考』(『伝承遊び考』四、二〇〇八、小峰書店)

(加藤　光男)

シャンプー　シャンプー　頭髪を洗うこと、また頭髪用の洗浄剤を指す。シャンプーという言葉は、昭和初期に女性向けの「モダンシャンプー」など商品名として使われたことから一般化したとされている。このころの洗髪料は白土に炭酸ソーダと石鹼を混ぜた、石鹼を主原料とするものが主流であった。昭和三十年代に「花王フェザーシャンプー」など、高級アルコール系の合成界面活性剤を主原料とする、練り状、液状、ゲル状など泡立ちやすくすすぎやすい新しい製品が販売されるようになった。界面活性剤を用いた製品は髪の毛がまとまりにくくなることから、しなやかさを補うリンス剤が開発され、リンスをシャンプー後に使用する洗髪方法が新たに生まれた。→石鹼《せっけん》

参考文献 藤井徹也『洗う―その文化と石けん・洗剤―』(一九九五、幸書房)

(田村　真実)

じゅう　銃　弾丸を発射する装置を持つ、小型の武器。大砲・大筒などの「砲」に対して、口径の小さいものを指す。鉄砲は、火薬の爆発によって、弾丸を発射させる。一五四三年(天文十二)、日本に伝来した鉄砲は、火縄で火薬に点火するので火縄銃と呼ばれた。一五八八年(天正十六)、豊臣秀吉は刀狩りを実施したが、その後も鉄砲は村に残された。なぜなら、田畑を守るため、百姓は農具として鉄砲を持ち、獣に発砲して駆除していたからである。一六六二年(寛文二)、江戸幕府は関東に限って、はじめて本格的な鉄砲規制を実施した。全国の鉄砲が取り締まられたのは一六八七年(貞享四)のこと。五代将軍徳川綱吉(一六四六―一七〇九)のもと、日本全土の鉄砲は、おもに獣害を防ぐための農具用と狩りのための狩猟用に分類され、登録されることになった。綱吉の死後も、基本的に幕府は関東に限って鉄砲規制を続けていく。それでも、獣害対策として、もっとも効果的な道具は鉄砲だったので、村に普及した。幕末になると、開国してから軍備の西洋化が急速に進み、ピストルのような殺傷力の高い銃が村に持ち込まれた。明治新政府は、一八七二年

(明治五)、鉄砲取締規則を出したが、それでも農具用や狩猟用の鉄砲は、今までどおりに官庁へ届けることで所持を許された。敗戦直後の一九四五年(昭和二十)、戦勝国のアメリカは、日本国民の武装解除を断行した。その結果、軍人が復員するに伴い、民間に広まっていた拳銃・機関銃・小銃・猟銃・銃剣などの銃は没収されたが、有害鳥獣を駆除するため、あるいは狩猟のための猟銃は、回収の対象外となった。今日でも、五八年に公布された銃砲刀剣類所持等取締法(銃刀法)によって、銃の所持は禁じられているが、都道府県公安委員会の許可を得れば猟銃は持つことができる。 ↓狩猟《しゅりょう》

参考文献 藤木久志『刀狩り—武器を封印した民衆—』(『岩波新書』、二〇〇五、岩波書店)、武井弘一『鉄砲を手放さなかった百姓たち—刀狩りから幕末まで—』(『朝日選書』、二〇一〇、朝日新聞出版) (武井　弘一)

じゅうがい　獣害　イノシシ・シカ・サル・クマ・タヌキ・ネズミ・モグラなど、獣による食害。作物は、人間だけではなく、野生動物にとっても、きわめて魅力的な食料である。そのため、獣は人里へ出没し、田畑を荒らす。人間は、農耕を開始してから、獣の被害に悩まされ続けている。これが全国的に拡大したのは、大規模な新田開発が進められた近世以降といえる。獣害を防ぐために、いろんな駆除の方法がとられた。そのなかで、もっとも効力を発揮したのは、銃(鉄砲)による防除だった。しかし、獣は、常に害獣だったわけではない。捕獲されると肉は食用になり、皮や内臓も売買された。たとえば、クマから得られる熊胆《くまのい》は、胃腸薬になるため、高値で取り引きされた。田畑のまわりに電気柵を張る、爆音器の大きな威嚇音で脅かすなどの、さまざまな防除法が講じられている。 ↓猪除《ししょ》け ↓狩猟《しゅりょう》

参考文献 武井弘一『鉄砲を手放さなかった百姓たち—刀狩りから幕末まで—』(『朝日選書』、二〇一〇、朝日新聞出版) (武井　弘一)

しゅうかくさい　収穫祭　農作物の収穫を祝って行われる一連の儀礼。日本の農業は稲作が中心であると古くから観念されたため、稲作の収穫に関する行事が多く残されている。最初の行事が初穂行事で、旧暦の七月下旬から八月上旬にかけて、最初に出た稲穂(初穂《はつお》)を刈り取って神前に供える行事で、十世紀前半の『延喜式』の祝詞にみえる。民俗学などではこれを穂掛けといい、次に刈上げ祝い、汲上げ祝いの三つの過程から収穫祭はできているとするが、古代・中世では確認できない。また、七月七日の七夕に畠作物を供することから、これを畠作の収穫祭と評価することもある。

参考文献 早川孝太郎「農と祭」(『早川孝太郎全集』八所収、一九六二、未来社)、木村茂光『中世の民衆生活史』(二〇〇〇、青木書店) (木村　茂光)

しゅうがくりつ　就学率　一定の年齢層における、特定の段階の教育機関に在籍している者の百分比。特に、初等段階の教育機関に在籍している者の比率を示すこともある(学齢就学率)。近代学校制度の導入によって、一定以上の年齢の子どもが、生産労働や家庭生活などから切り離されて、教育のための特別な施設で生活することとなっていくが、就学率は、このような国民皆学をめざす国家施策の達成度を測定する学事統計調査の指標の一つである。同時にそれは、国家が推進したこのような生活様式の変容を人々が受け入れていった過程を示す指標ともなっている。早生まれ・遅生まれなどのように、就学による集団の区分を創出したほか、小学校に入学することを「学校に上がる」などと呼称する習慣なども成立させていった。二十世紀初頭には、学齢就学率が九〇%に達するが、初期には中途退学者も多かった。ほとんどの子どもが小学校を卒業するようになるのは、一九三〇年(昭和五)ごろのこととされる。

参考文献 国立教育研究所編『日本近代教育百年史』三(一九七四、教育研究振興会)、土方苑子『近代日本の学校と地域社会—村の子どもはどう生きたか—』(一九九四、東京大学出版会)、柏木敦『日本近代就学慣行成立史研究』(二〇一二、学文社) (八鍬　友広)

しゅうがくりょこう　修学旅行　最高学年に達した児童生徒が学びの総集約として行う宿泊を伴う学校行事である。明治期に行われた行軍旅行が最初である。一八八六年(明治十九)高等師範学校に集団訓練の一環として兵式体操が導入された際、軍隊と同一の「行軍」ではなく、生物や鉱物標本の採集・史跡の探訪などの機能を合わせもたせて修学旅行となった。一九〇〇年に今日でいう鉄道学割が始まることで一挙に遠方旅行と足弱の女学生の旅行参加も可能となり今日の形態になった。日清・日露戦争後には、さらなる海外経済進出を意図し高等商業学校などでは獲得した海外の植民地への修学旅行も企画実施された。九八年(平成十)版学習指導要領では「遠足(旅行)・集団宿泊的行事」の一内容とされた。修学旅行には、自然・文化財などの見学を目的として宿泊地を移動する方式と、宿泊地を固定して実習・体験などを行う方式、両者の混合方式、宿泊地を固定しながら、児童生徒が自

修学旅行専用列車「ひので」(1969年，東京都の中学校)

主的に目的地を設定し、同じ目的地の集団同士で行動するという方式などがある。児童生徒の自発性と主体的な参加意欲を高める旅行前の教育が重要で、その上で社会的ルール・モラルなどを学ぶ機会である。

参考文献　安原実「学校行事の充実と学年・学級経営—主体的な学びを引き出す特別活動—」(『教育研究』五〇、二〇〇八)　(荒井　明夫)

しゅうかんし　週刊誌　文字通りとれば一週間に一度刊行される刊行物ということであるが、日本では独特のスタイルと内容をもった刊行物である。欧米などキリスト教文化圏では一週間が生活周期となっているから、週刊の新聞や雑誌は古くから存在しているし、日本では刊行の便宜から週刊とする新聞雑誌は明治初期からある。しかし、現在の週刊誌の原型は一九二二年(大正十一)四月二日に発行された『週刊朝日』(朝日新聞社)と『サンデー毎日』(毎日新聞社)にある。もともと毎日新聞社は二一年から「日曜付録」を発行し、朝日新聞社も『旬刊朝日』を二二年二月に発行していた。これらの発展として『週刊朝日』『サンデー毎日』は生まれたので、当初は通常新聞紙の半分ほどの判型で、ニュース本位であった。だが、新聞と差別化するため次第に気楽な読み物本位に変わっていった。それはサラリーマンなど都市中間層の新しい生活様式の拡大を背景にしていた。第二次世界大戦後、しばらくは新聞社系の週刊誌が全盛で、『週刊朝日』は一九五四年(昭和二十九)に百万部を突破したといわれる。その後、五六年の新潮社による『週刊新潮』発刊を皮切りに出版社がつぎつぎと週刊誌を発刊しだした。主なものは『週刊女性』(五七年)、『女性自身』(五八年)、『週刊現代』(五九年)、『週刊文春』(五九年)などである。これら出版社系週刊誌は、センセーショナルなスキャンダル報道やきわどいグラビア写真などを売り物にし新聞社系週刊誌とは異なる新境地を切り開いた。それは高度経済成長期の都市住民の好奇心や鬱屈の表現でもあった。写真に特化した写真週刊誌も八一年に創刊された『FOCUS』を筆頭につぎつぎ生まれ、話題をさらった。しかし、週刊誌ジャーナリズムには、即売という販売方式のためもあって、センセーショナリズムが行き過ぎて、名誉毀損・プライバシー侵害といった事件も頻発している。↓平《へい》凡《ぼん》　↓団団珍聞《まるまるちんぶん》　(有山　輝雄)

『サンデー毎日』第１号

しゅうぎ　祝儀　祝いの儀式そのものや、祝意を表して贈られる金銭や品物。特に婚礼・祝言のことを指す場合もあり、これに対して不祝儀《ぶしゅうぎ》は葬式を指す。芸人・職人・使用人などへ祝い事の際に御祝儀(ハナ・ココロヅケとも)として金銭を包んで慰労する例は広く見られた。また、祝儀をはじめとする贈答は血縁や地縁の親疎によって一定の金額が定まっていることが一般的だった。このため各家は祝儀の贈り主や品物・金額などを網羅的に控えた帳面である「祝儀帳」(葬式の香典帳は「不祝儀帳」)を作り、返礼の際の参考として保存してきた。↓オヒネリ

参考文献　伊藤幹治・栗田靖之編『日本人の贈答』(一九八四、ミネルヴァ書房)　(大里　正樹)

じゅうきょ　住居　人間が居住するための家屋をいう。広義には住宅とほぼ同じ意味だが、住宅が家屋という建物を指すのに対し、住居は家屋だけでなく、人間が営む生活やその環境、またそれを取り巻く制度などを含む住生活の場としての意味を包含する。歴史的な事象を対象とする場合、近世以前において、住宅とは、貴族住宅や武家住宅のように支配者階級の家屋を指し、被支配者階級の家屋は民家と呼ぶことが多い。民家は、農家、町家、漁家などに分けられる。住居を知るための歴史資料には、文献、絵巻物などの絵画資料、発掘遺構や出土遺物などの発掘資料、現在まで残る現存建築などがある。一般的には、時代がさかのぼるにつれて資料は少なくなり、また支配者階級よりも被支配者階級の方が資料が残りにくい。

住居の歴史的な変化・発展は、宗教のほか、政治・経済・技術などの変化・発展と無関係ではなく、また住居を用いる人びとの社会的地位や生活環境などとも関連して、きわめて多様である。そのなかで、日本の住居の大きな特徴は、板敷きあるいはそれに類する床をもつことである。天武天皇の飛鳥浄御原宮(六七二年(天武天皇元)—六九四年(持統天皇八)、奈良県高市郡明日香村)では、発掘調査によって床を支える柱をもつ掘立柱建物が発見されている。古代における被支配階級の民家の様相は明らかではないが、比較的古くから内部に床をもつ民家が普及したとみられる。また、古代から近世、近代に至る全般的な傾向としては、主として、木材や藁、檜皮といった植物性材料を建物の構造や屋根に用い、また柱を立てる方法は、掘立柱から礎石建ちへ移行する。近世には、さらに土台と呼ぶ水平材を置いて、その上に柱を立てる土台建てが採用されるようになり、近代になってコンクリートや鉄骨なども構造に使われるようになっていく。屋根材は藁や板のような軽く、安価な植物性の材料が主体だが、近世になると都市部における防火のため、重く、高価な瓦葺も用いられるようになる。建物の内部は、古い時代には基本的には常設の間仕切りはなく、移動可能な設備で仕切る形式だったが、次第に壁や建具で仕切る間取りとなる。間仕切りの発達と変化は、建具の変化・発展とも関係し、扉や跳ね上げ式の蔀《しとみ》とともに、障子や襖などの引戸(遣戸)が用いられるようになっていく。引戸は水平と垂直の高い精度が求められる建具で、高度な建築技術をもつ職人による造営が不可欠であった。以上

のような多くの事象は、支配者階級、なかでも公家の中心建物が先行し、被支配者階級の付属建物が後行する。

支配者階級の住居については、時代による特徴的な様式がある。代表的なのが、平安時代における寝殿造と、中世後期から近世にかけて成立した書院造であろう。中世の武家住宅も、身分によって程度の差はあれ、おおむね寝殿造を簡略化した形態とみられる。書院造で用いられた、畳敷きと間仕切りの引戸、水平な天井のほか、座敷飾、すなわち床の間・違棚・付書院は、近世における支配者階級の住宅、あるいは寺院の客殿などにも広く用いられ、いわゆる和風住宅の基礎ともいうべき形態が造られた。また近世には、書院造を基本としながら、質素な茶室の材料や意匠を取り入れた、数寄屋造あるいは数寄屋風書院造と呼ぶ形式が現れる。こうした住宅の諸要素のうち、いくつかは近世の質素倹約を重んじる幕府や各藩の規制でしばしば禁じられたが、次第に支配者階級だけでなく被支配者階級にも普及した。近代になってこれらの規制がなくなると、木造建築の伝統的な技法や技術は最高点に達し、新たに導入された洋風建築の対極とする、いわゆる近代和風建築が住宅をはじめとしたさまざまな建物で造られた。

一方、被支配者階級の民家は、その実態を知る資料が豊富でなく、また地域差もあって明確ではない部分も少なくない。現存する農家は、茅葺で質素な材料を用いる点はおおむね共通するが、地域的な特色をもつ平面や外観を備えることが特徴で、飛騨の合掌造や南部の曲屋といった、地域の名称と結びついた形式として知られる。そのような特徴が生まれる背景には、豪雪地帯といった気候風土や、養蚕や大家族といった産業や生活、あるいは家格を示すための表現、などの要因がある。これらの形式が成立したのは、おおむね近世後期以降であり、それ以前の農家は規模の小さな掘立柱建物が少なくなかったと考えられる。近代以前の漁家は、農業を兼業している場合が多く、その場合はほぼ農家に準じた住居をもつ。都市部の民家である町家は、十二世紀の『年中行事絵巻』や十七世紀の「洛中洛外図」に京都の様相が描かれるが、この間に建物の劇的な発展は認められず、京都以外でも同様であったと考えられる。現存する町家のような、ウナギの寝床と呼ばれる細長い敷地に奥行の深い建物を建てるようになるのは、やはり近世になってからで、また防火のためにしばしば瓦葺が採用された。二階を積極的に用いるようになるのは、近代を待たねばならないが、こうして近代には、農家や町家にも先述したような近代和風建築が建てられるようになる。

近代には西洋風の建築思想や技術によって、洋風の住宅も建てられるようになった。また社会構造の変革により、生業の場をもたない、いわゆるサラリーマンと呼ばれる俸給生活者が都市を中心に発生した。こうした都市居住者のための住宅は、当時の住宅のあり方だけでなく、起居様式や生活に変革を迫る住宅問題へと発展した。代表的な変化としては、座式から椅子式へ、接客本意から生活本意へ、それに伴う座敷飾(床の間)の消失などがあげられる。また大正時代には集合住宅あるいは共同住宅と呼ばれる鉄筋コンクリート造の大規模建物が現れた。

→書院造《しょいんづくり》 →寝殿造《しんでんづくり》 →数寄屋造《すきやづくり》 →民家《みんか》 →口絵〈住居〉

参考文献 伊藤鄭爾『中世住居史―封建住居の成立―』(『東大学術叢書』、一九五八、東京大学出版会)、渋沢敬三編『絵巻物による日本常民生活絵引』一―五(一九六四‐六八、角川書店)、太田博太郎『(新訂)図説日本住宅史』(一九七一、彰国社)、平井聖『図説日本住宅の歴史』(一九八〇、学芸出版社)、太田博太郎『日本住宅史の研究』(『日本建築史論集』二、一九八四、岩波書店)、大河直躬『住まいの人類学―日本庶民住居再考―』(『イメージ・リーディング叢書』、一九八六、平凡社)、小泉和子・玉井哲雄・黒田日出男編『絵巻物の建築を読む』(一九九六、東京大学出版会)、浅川滋男・箱崎和久編『埋もれた中近世の住まい―奈良国立文化財研究所シンポジウム報告―』(二〇〇一、同成社)、江面嗣人『近代の住宅建築』(『日本の美術』四四九、二〇〇三、至文堂)、小沢朝江・水沼淑子『日本住居史』(二〇〇六、吉川弘文館)、内田青蔵『日本の近代住宅』(『SD選書』、二〇一六、鹿島出版会)

(箱崎　和久)

じゆうきょういく　自由教育　子どもの個性を尊重し、自由にその才能が伸びるように子どもの自発的な活動を重んじる教育思想、実践。十九世紀末から二十世紀にかけて欧米で主張された新教育運動の思潮が日本にも影響を与え、一九二〇―三〇年代にかけて多くの実践活動、教育運動が行われた。大正自由教育ともいう。その背景には、主に新中間層を受容基盤とした子ども観の転換があった。沢柳政太郎の成城小学校、羽仁もと子の自由学園、小原国芳の玉川学園、野口援太郎の池袋児童の村小学校などが自由教育思想に基づいて設立された私立学校。また千葉県師範学校附属小学校など公立学校でも自由教育は実践された。他方、長野県師範学校附属小学校における川井訓導事件など自由教育実践への権力介入も行われている。その思想は、鈴木三重吉『赤い鳥』などの児童文学、自由と協同に基づく授業を展開するドルトン＝プラン、生活綴方教育、自由画教育など、幅広く教育文化運動に影響を及ぼした。

参考文献 中野光『大正自由教育の研究』(一九六八、黎明書房)、斉藤道子『羽仁もと子―生涯と思想―』(一九八八、ドメス出版)

(大串　潤児)

じゅうぐんかんごふ　従軍看護婦　傷病兵の救護にあたり、陸海軍の指揮系統に属する看護婦。戦時や災害に対応する救護看護婦の養成は主に日本赤十字社(日赤)が担当し、一八九〇年(明治二十三)に一期生が養成所に入所。養成期間は三年、応召義務年限は二十年(のち十五年、十二年)。卒業者は平時には日赤病院などで勤務するが、戦時召集状が届けば出動するのが原則であった。日清戦争

で日赤看護婦がはじめて内地の陸海軍病院に配属され、北清事変ではじめて病院船勤務を行なった。一九〇一年十二月制定の日本赤十字社条例により救護員は陸海軍の命令に服することが規定された。日露戦争では二千百六十人の看護婦が従軍(内地勤務)し、三十九人が殉職。第一次大戦でははじめて海外戦地派遣が行われた。二一年(大正十)から陸軍は日赤以外の一般看護婦も採用し、部内では傭人として待遇された。満洲事変、日中戦争、太平洋戦争には日赤出身者だけで延べ三万五千人の従軍看護婦が出動し、千百二十人が殉職。

参考文献 川口啓子・黒川章子編『従軍看護婦と日本赤十字社―その歴史と従軍証言―』(二〇〇八、文理閣)

(小磯 隆広)

じゆうけっこん　自由結婚　両親や親族の同意を得ることなく、当人たちの意思によって行われる結婚。日本では、庶民の古くからの伝統的な結婚は基本的には自由結婚であった。それが近世以降武家の影響を受けることで、家格にこだわるようになり、やがて大正期以降には結婚は親が決めた相手とするものという常識が一般化してゆく。そこでは恋愛は不埒な行為とみなされるようになり、見合い結婚が広まっていった。戦後には欧米の自由主義と個人主義の影響を受け、再び自由な恋愛による結婚が広く一般化することになる。しかし日本には明治から大正、昭和と、ずっと自由結婚の伝統を守ってきた地域も多く存在する。それは娘遊びの伝統や妻問い形式の婚姻を長く残してきた地域である。そのような地域ではおおむね若者たちの権限が強く、村内の若者と娘の恋愛や結婚を若者仲間が差配するという慣習を続けてきた社会である。このような慣習はどちらかというと日本の西南部の沿岸地域に多く分布している。　↓恋愛結婚《れんあいけっこん》

参考文献 江守五夫『日本の婚姻―その歴史と民俗―』(『日本基層文化の民族学的研究』二、一九八六、弘文堂)

(八木 透)

しゅうごうじゅうたく　集合住宅　複数の住戸が集合して一棟を構成する住宅。特に階を重ねて集合したものは共同住宅(アパート)と呼ばれる。日本の伝統的な集合住宅である長屋は、明治以降も都市部の庶民住宅を代表した。大正から昭和初期には近代的な住宅設備や共用施設を備えた鉄筋コンクリート造のアパートが登場し、都会の新しい生活空間として注目される一方、設備に劣る木造二階建てのアパートもまた、数多く作られた。当時のアパートの世帯主には会社・銀行員、学生、官公吏が多く、また六五%が独身者であった。高度経済成長期、都心周辺地域の木造賃貸アパートが学生や若年労働者を収容し、郊外の公営住宅団地には鉄筋コンクリート造五階建ての直方体の建物が建設され、核家族向けに規格化された住戸が大量に供給された。大企業もまた同様の集合住宅を社宅として整備した。一方、民間不動産会社によるマンションが高所得者向けに販売された。近隣関係が疎遠になりがちな現代の集合住宅であるが、コーポラティブハウスやシェアハウス、シルバーマンションなど、新しい共同のあり方も模索されている。　↓アパート　↓共同住宅《きょうどうじゅうたく》　↓公団住宅《こうだんじゅうたく》　↓社宅《しゃたく》　↓団地《だんち》　↓長屋《ながや》　↓日本住宅公団《にほんじゅうたくこうだん》　↓文化住宅《ぶんかじゅうたく》　↓マンション　↓木賃《もくちん》アパート

参考文献 東京府学務部社会課編『アパートメント・ハウスに関する調査』(『社会調査資料』二六、一九三六)

(大岡 聡)

じゅうごや　十五夜　旧暦八月十五日になされる月見行事。里芋の収穫期にあたるので、芋名月と呼ぶ地方も多い。縁側に花瓶に挿したススキや秋の草花(オミナエシ・シオン・ワレモコウ・萩など)を飾り、十五個の月見団子を三方や皿に盛って、満月に供える。取れたばかりの里芋を、皮つきのままゆでて供える地方も多く、それを衣被《きぬかつ》ぎと称した。これらの十五夜の供物を、子供らがそっと盗んでいくならわしも一般的で、とがめられることはなく、むしろ縁起がよいとされていた。

参考文献 柳田国男『歳時習俗語彙』(一九七五、国書刊行会)、伊藤美樹・生活たのしみ隊編『春夏秋冬を楽しむくらし歳時記』(二〇一三、成美堂出版)

(長沢 利明)

十五夜(東京都武蔵村山市)

しゅうしょく　就職　被雇用者として職につくこと。就職をめぐる様相はその時々の経済事情と就職者の属性とによって大きく異なっている。義務教育終了時点で仕事を始める者の場合には、明治期には一定期間農業を中心とする家業の手伝いをし、家の跡取りは家業の後継者となり、二三男は年代を経るにつれて家業以外の自営業を始めたり就職機会を得て被雇用者になるなどし、女子は嫁入りした。明治末期以降には経済が成長し労働市場が広がった結果、家業従事の期間は短くなり早期に丁稚や見習職工となる者が増加した。失業問題が顕在化した一九二〇年代には卒業時点でスムーズに就職できるように小学校と職業紹介所が就職指導を展開し、就職関係の知識に乏しい親世代もそれに依存したため、学卒時一括就職の比重が高まった。日中戦争期以降の戦時期には、兵役以前の若年労働力が重要となったため、職業紹介所の後身である国民勤労指導所が労務動員の一環として卒業生の就職を斡旋する体制がとられた。戦後復興期には義務教育卒業者にも厳しい就職難が続いたが、高度成長期に入って若年労働者の人手不足が顕著となり、地方の中学校卒業生が大都市で就職する集団就職が実施された。他方、高学歴者の場合には、明治期から家業を継ぐ者は

少なく、官公吏・大企業などに学卒直後に就職する者が大半であった。一般企業と官公庁・大企業では労働条件に大きな差があったため官公庁などのルートに乗るために進学熱が高く、中高等教育機関の定員が増加して事務労働者・技術者の需要を上回る傾向が続いたため、期待した就職機会が得られない「高等遊民」が発生する傾向があった。この状況は事務労働者・技術者の需要が急増した第一次大戦期には逆転して供給不足となったために、一九二〇年代には中高等教育機関の定員が大幅に増加し、供給過剰状態が恒常化して「大学は出たけれど」という就職難の状況が生じた。続く一九三〇年代は輸出増加と軍需工業化によって景気が好転し、高学歴者の就職難も解消に向かった。　↓集団就職《しゅうだんしゅうしょく》　↓職業安定所《しょくぎょうあんていじょ》　↓中卒《ちゅうそつ》者《しゃ》

参考文献　日本経済連盟会編『大学及専門学校卒業者就職問題意見集』(一九三〇)、尾崎盛光『日本就職史』(一九六七、文芸春秋)、町田祐一『近代日本と「高等遊民」―社会問題化する知識青年層―』(二〇一〇、吉川弘文館)、菅山真次『「就社」社会の誕生―ホワイトカラーからブルーカラーへ―』(二〇一一、名古屋大学出版会)　(加瀬　和俊)

しゅうしょくなん　就職難　雇われて職につくことが困難な状態をいうが、特に新規学卒者が就職先を見つけられない状況を対象にすることが多い。明治初期には農家をはじめとして自営業経営が圧倒的比重を占めていたので、就職難は階級として廃絶された武士など一部の人々の問題であった。その後、産業が発達し就職機会も増加したが、人口の増加と、自営業では生活できずに雇用者へ転換しようとする者の増加が続き、不況時には就職難が顕在化するようになった。また官庁・大企業では事務職員・技術者を学歴に応じて採用したため、中高等教育機関の拡充が続き、希望する職種よりも低ステイタスの職種にしかつけない者が累積される傾向も生じた。一九二〇年代の不況期には量的にも質的にも就職難が顕在化し、その原因が利潤動機の資本主義体制に求められ、高等教育を受けた者の多くが左傾化するといった事態が生じた。日中戦争期以降には徴兵と労務動員で就職難はなくなったが、希望の職種につけないという意味での質的な就職難は最も深刻になった。

参考文献　町田祐一『近代日本と「高等遊民」―社会問題化する知識青年層―』(二〇一〇、吉川弘文館)、加瀬和俊『失業と救済の近代史』(二〇一一、吉川弘文館)　(加瀬　和俊)

しゅうしん　修身　戦前の学校で道徳教育を行う科目のこと。修身の語は中国儒教の古典である『大学』の「修身斉家治国平天下」に由来し、個人の道徳的な修身を意味した。明治以降は一八七二年(明治五)学制の、最初の文部省教則で「修身口授」、つまり日常生活の行儀を具体例を示して教師が伝達するとされた。修身は、当時の小学校基本科目の中では最下位に位置していたが、八〇年第二次教育令では一躍筆頭科目として最重視される科目となった。七二年学制が、文部省規則に従った学校こそが学問を独占すると公然と宣言したのに対し、その学校で修身を筆頭科目としたのは、学校による人間形成の独占を意味する。しかし、本来実践的課題である修身を科目とすることは「徳に関する知識」を教えることにほかならない。戦後、修身は廃止されるが、一九五八年(昭和三十三)の学習指導要領改定で「道徳」が特設設置された。学校教育で「徳」は教えられるか・どのように教えるかという根本問題は未だ解決されていない。

参考文献　川村肇「教育勅語発布後の小学校修身教育の実際(上)『修身教案第一／二学年』」(『マテシス・ウニウェルサリス』一三ノ一、二〇一三)　(荒井　明夫)

しゅうしんこよう　終身雇用　企業が新規学卒者を採用し、定年までの雇用を保障する制度。アベグレン『日本の経営』(日本語版、一九五八年(昭和三十三))において、日本企業の特徴を示す言葉として用いられ、普及した。労働契約などで規定されているわけではないが、企業が安易に人員整理を行わないことは高度成長期以来、社会規範となっている。ただし、不況の際には解雇などの人員整理が行われてきたので、文字通りの終身雇用が存在したわけではない。　↓定年退職《ていねんたいしょく》

参考文献　野村正實『終身雇用』(『同時代ライブラリー』、一九九四、岩波書店)　(浅井　良夫)

ジュース　ジュース　野菜や果物の搾汁。日本では、ソフトドリンク全般を総称する場合もあるが、農林水産省が定める果実飲料品質表示基準では、果汁一〇〇％のものがジュース(果実ジュース、果実ミックスジュース、果粒入り果汁ジュース、果実・野菜ミックスジュース)、果汁一〇％以上一〇〇％未満のものは、果汁入り飲料に分類されている。そのきっかけは、一九五七年(昭和三十二)に始まった主婦連合会による不良ジュース追放運動であった。戦後日本で蔓延っていた不良食品摘発運動が激化する中、六七年、ジュースに関する「農林物資の規格化及び品質表示の適正化に関する法律(ＪＡＳ法)」の条文が改正され、今の定義が規定された。ただし、糖類と蜂蜜などの添加は認められている。七〇年には、大阪阿倍野の近鉄デパートで、傷付き果物をジュースにして売るジューススタンドが開設(一杯三十円)。健康・美容への関心が高い現代でも、フレッシュジュースブームは続いている。　↓清涼飲料水《せいりょういんりょうすい》

参考文献　江原絢子・東四柳祥子編『日本食文化史年表』(二〇一一、吉川弘文館)　(東四柳祥子)

しゅうそん　集村　⇩散村《さんそん》・集村《しゅうそん》

じゅうたくさんぎょう　住宅産業　宅地、住宅およびその関連商品における各企業の生産・販売活動。この言葉が使われだすのは、プレファブ住宅が社会に商品として流通し始める一九六〇年代以降である。狭義には、プレファブ住宅を販売するいわゆるハウスメーカーの活動を中心に捉えられるが、宅地開発、施工、設計、もしくは

住宅賃貸、住宅金融、保険などの企業を含む巨大産業を指すのが一般的である。　↓工業化住宅《こうぎょうかじゅうたく》

参考文献　住田昌二他『ハウジング』(『新建築学大系』一四、一九八五、彰国社)　(前川　歩)

じゅうたくひ　住宅費　住宅の所有、賃貸およびその維持管理にかかる費用。住宅は他の生活必需品と比較し格段に高額であるため、その費用は常に問題となってきた。住宅取得希望者に対する購入費用の貸付制度のはじまりは、大正期の私鉄会社が設けた制度などにみられるが、公的な制度としては一九二一年(大正十)に制定された住宅組合法が最初である。同法は中流階級の持家を促進するために低利資金を貸し付ける制度であったが、一九三〇年代には停滞した。戦後になると、一九五〇年(昭和二十五)に住宅金融公庫が設立され、低金利かつ長期の償還期間が可能となり、多くの人々がこれを利用した。一方、住宅費はこうした所有にかかる費用(イニシャルコスト)だけでなく、その後の生活での水道光熱費および維持管理費(ランニングコスト)も含むものである。近年ではこうした住宅にかかわる費用総額(ライフサイクルコスト)が重要視され、省エネを可能にする設備や長寿命住宅を求める傾向がみられる。

参考文献　住田昌二他『ハウジング』(『新建築学大系』一四、一九八五、彰国社)　(前川　歩)

じゅうたくもんだい　住宅問題　住宅に関する量的、質的な諸問題。住宅は人々の生活の根幹を担うものである一方、その確保が規模的・経済的に容易ではないことから、時代ごとにさまざまな問題が生じてきた。特に住宅問題が顕在化するのは、都市への人口集中により労働者層の住宅事情が悪化する近代以降である。日本においては、明治中期ころには貧民窟と呼ばれる劣悪な住環境が形成されていた。これらは江戸時代からの身分制度に基づく土地利用の名残と近代以降に低所得労働者が急増した結果として生まれた。こうした貧民窟をはじめとするスラムを問題視し、その改善に政府が取り組んでいくのは明治末期から大正期にかけてであった。そうした中、一九二三年(大正十二)の関東大震災により、多くの住宅が被災し、東京、神奈川では三十二万戸を超す住宅を喪失し、住宅不足は一層大きな社会的問題となった。同様な現象は第二次世界大戦後にも生じる。空襲による住宅の焼失に加え、戦地からの引揚者により日本では約四百二十万戸の住宅が不足した。その解決のための住宅金融公庫、公営住宅法、日本住宅公団といった法制度や組織の確立、民間による住宅開発により、一九七三年(昭和四十八)にはすべての都道府県で住宅戸数が世帯数を上まわるようになり、住宅不足という量的な住宅問題は解消された。それ以降は質的な問題に人々の関心はシフトしていく。特に問題とされたのは木賃アパートに代表される、都市部に建て詰まり状態で存在する居住性の低い住宅であった。これらは日照、採光、通風が十分に確保できていないものが多かった。また建売住宅やマンションなどにおいても、住み始めてからの欠陥が問題とされるようになったため、住宅性能表示制度が設けられ、購入者が事前にその品質を確認できるようになった。また、八〇年代後半のバブル期をピークとして、地価は上昇を続け、それに連動して住宅価格、家賃もまた上がり続けた。そのため、多くの中流階層以下の家庭において、家計全体の中で、住宅に支出される費用が占めるバランスが崩れる状況を生むこととなった。　↓団地《だんち》

参考文献　伊藤鄭爾他『都市論・住宅問題』(『(新訂版)建築学大系』二、一九六九、彰国社)、住田昌二他『ハウジング』(『新建築学大系』一四、一九八五、彰国社)　(前川　歩)

じゅうたん　絨毯　絨毯・絨緞とも書く。敷物として使われる厚い織物で、緞通《だんつう》とも呼ばれる。パイル糸を経糸に絡めて模様をつくる。素材は主に羊毛で、その起源は中央アジアといわれている。日本では花毛氈《はなもうせん》と呼ばれ、江戸時代に輸入されたものが残されている。生産技術は元禄時代に中国経由で佐賀に伝わり(鍋島緞通)、その後、堺(堺緞通)、赤穂(赤穂緞通)へ広まった。素材として木綿が使われているのが日本の緞通の特徴である。現在では、生活様式の変化で板の間が増えたことから、敷物として広く使われている。　(島立　理子)

しゅうだんしゅうしょく　集団就職　一般的には多人数がまとまって同一職場・同一地域などに就職することをいうが、具体的には就職口の少なかった地方の中学生が、賃金が安く可塑性の高い若年労働者を地元では雇用できない零細工場・小商店などの求人に応じて、主として住込みで働くために出身地方から都会に向かって一斉に移動した動きをいい、高度成長前半期(一九五五年(昭和三十)—六四年)に特有の現象であった。大都市の求人企業が職業紹介所に集団で求人を出し、それを受けて労働省職業安定局が需給調整会議を開催し、求職側の諸県に求

集団就職　上野駅前に集まった新卒就職者

人を割り振ることによって需給の不均衡が生じないようにした。家庭にテレビが普及する以前で地方に標準語が一般化していない段階で、心細い心情で大都市に向かう中卒者のために国鉄が特別に集団就職列車を走らせ、就職担当の教師も同行して都会に向かう方式がとられた。地方でも高校の進学率が上昇するとともに、地元での就職機会が増えることによって、一九六〇年代の後半期には集団就職方式はなくなっていった。→中卒者《ちゅうそつしゃ》

参考文献　小川利夫・高沢武司編著『集団就職―その追跡研究―』(一九六七、明治図書出版)、加瀬和俊『集団就職の時代―高度成長のにない手たち―』(『Aoki library 日本の歴史』、一九九七、青木書店)　(加瀬　和俊)

しゅうとめ　姑　夫あるいは妻の母親を指す。日本では嫁入り婚が主流だったため、一昔前には嫁と姑の不仲がよく話題となった。特に嫁と姑が二人とも専業主婦であった場合には、その関係はさらに悪化する可能性を秘めていた。一九六〇年代以降になると、若い夫婦は親元から離れて別居することが一般化する。また近年は二世帯住宅が人気を博するなど、互いのプライバシーを守りながら共存してゆくというライフスタイルが注目されてきている。

参考文献　八木透・山崎祐子・服部誠『男と女の民俗誌』(『日本の民俗』七、二〇〇八、吉川弘文館)　(八木　透)

じゅうにひとえ　十二単　公家女性の正装である唐衣《からぎぬ》裳《も》のことで、近世に用いられた俗称。奈良時代の背子《からぎぬ》と腰巻式の裳が和様化してそれぞれ唐衣と背後のみの裳となり、その下に表着《うわぎ》・打衣《うちぎぬ》・重ね袿《うちぎ》・単を着け、袴をはいた。唐衣は上半身の丈で、広袖の横幅も短い。表着・打衣・重ね袿は広袖の袷《あわせ》(表地と裏地がある服)で、単は広袖の一重《ひとえ》の下着である。重ね袿は通常五枚重ね(五衣《いつつぎぬ》)で、袖口・裾に重ね色目が見えるようにした。

参考文献　鈴木敬三『有識故実図典―服装と故実―』(一九九五、吉川弘文館)、増田美子編『日本衣服史』(二〇一〇、吉川弘文館)　(菅原　正子)

じゅうのう　十能　煨火《おきび》を掬って火鉢や炬燵《こたつ》などの小型の炉に火を持ち運ぶのに使う。センバともいう。シャベル様の道具で、ブリキ製の皿部分に木製の持ち手がついたものが一般的である。室内にも置ける木製の台の付いた台十能(台十)もある。語源は「五徳」に対して「十能」、「多くの機能」の意で「十能」といったなどの説がある。柳田国男は、火を持ち運ぶその機能によって、炉が個別化・細分化し、食物の調製方法などの面で変化が生じたとした。

十　能

参考文献　柳田国男「火の昔」(『柳田国男全集』二三、一九九〇、筑摩書房)　(大里　正樹)

じゅうばこ　重箱　正月のおせち料理をはじめ、花見や運動会の行楽弁当など、ハレの日の食べ物を入れるための箱。同じ形をした箱が二段から五段に重ねられ、上から順に一の重、二の重、三の重と数える。漆塗りのものが多く、蒔絵や螺鈿が施された華美なものや、持ち運びに便利な持ち手のついた提げ重もある。漆器は高価で手入れにも気を遣うため、近年はカジュアルに楽しめる木製やプラスチック製のものもみられる。

参考文献　宮本馨太郎『めし・みそ・はし・わん』(『民俗民芸双書』七六、一九七七、岩崎美術社)、工藤員功監修『昔の道具』(『ポプラディア情報館』、二〇一一、ポプラ社)　(門口　実代)

じゅうみんうんどう　住民運動　特に一九六〇―七〇年代の高度経済成長による地域開発に伴って引き起された自然破壊・生活破壊・人間破壊に対抗して展開された草の根からの自立的民衆運動を指す。それは三島・沼津石油コンビナート反対運動(一九六三年(昭和三十八)―六四年)の「勝利」で注目され、三里塚空港反対運動の高揚や四大公害裁判(新潟水俣病・四日市公害・富山イタイイタイ病・熊本水俣病)における住民勝訴の判決などに強い影響をうけて全国に波及した。『朝日新聞』(一九七三年五月

横浜新貨物線反対運動　松見町団結小屋

二十一日付)の調査によれば、その数は全国約三千に及んでいる。住民運動の特徴は、まず担い手としては、戦後革新運動が党と労働組合、学生と知識人を中心とするのに対し、しばしば「かあちゃんパワー」「老人パワー」と呼ばれるように女性や年寄りなどが大きな役割を果した。また組織としては、戦後革新運動のタテ割りで上からの指導型とちがって、とりあえずの「世話役」を中心とした個人の自由参加とヨコの連携が重視された。さらに重要な特徴はその防衛的・保守的性格であろう。ここで保守とはなによりも地域の生活と暮らしの伝統をまもるということであり、この暮らしの必要という場所から、国家・自治体・企業による「革新」的開発政策に対抗して、地域の住民自治をはっきりと対置した。それは「お上」と「下々」という構図を拒絶し、地域のことは地域の人々に最終決定権があるという原則が鮮明にうちだされた。こうした住民運動の展開のなかで、三里塚闘争では「農」の自立が提起され、横浜新貨物線反対運動では「公共性」が問い直され、豊前の火力発電所反対運動などでは基本的人権(生活権)としての「環境権」などが提起された。それらはいずれも日本において民主主義を計る指標として残されている。またこの過程で、制度としての専門科学に対して住民のなかの科学の重要性が発見されたことも重要である。八〇年代以降、住民運動は国家・企業・自治体に対する権力闘争という形から、食品・洗剤・薬などの安全性や保育所・老人ホームなど、より生活に密着した主題に移行していった。 ↓三里塚闘争《さんりづかとうそう》 ↓市民《しみん》運動《うんどう》

参考文献 石牟礼道子編『水俣病闘争―わが死民―』(一九七二、現代評論社)、宮崎省吾『いま、「公共性」を撃つ―「ドキュメント」横浜新貨物線反対運動―』(一九七五、新泉社)、高畠通敏「大衆運動の多様化と変質」(日本政治学会編『五五年体制の形成と崩壊―続・現代日本の政治過程―』所収、一九七九、岩波書店)

(安田 常雄)

じゅうみんひょう 住民票 市町村において、住民の居住関係を公証する記録。住民基本台帳法(一九六七年(昭和四十二)七月二十五日法律第八一号)に基づいて、世帯を単位に、個人の氏名・生年月日・性別・世帯主との関係・戸籍の表示・住所・住民票コードなどの事項を記載している。外国人居住者は、外国人登録法に基づいてその居住関係および身分関係が管理されたが、「住民基本台帳法の一部を改正する法律」(二〇〇九年(平成二十一)公布、一二年施行)により、住民基本台帳法が適用されるようになった。一八七一年(明治四)戸籍法は「現住所主義」(現実の居住集団)を中心に編成されたが、明治国家が捉えた「家」は戸主を中心に編成された親族集団であり、次第に親族集団としての「家」と現実の居住集団としての「家」の間にはズレが生じてきた。そのズレを附籍・寄留という制度によって補完してきたが、一九一四年(大正三)に寄留法を制定し、寄留法によって現実の人の所在地を把握しようとした。この寄留法が戦後の住民登録法(一九五一年六月八日法律二一八号)に発展し、現行の住民基本台帳法へと展開する。

(森 謙二)

しゅうめい 襲名 先達の名前を襲ねることで、その芸を継承すること。特に古典芸能の担い手にとって、先人の名前を受け継ぐことは芸道の上で大きな節目である。新たなスターのお披露目の機会として襲名披露が興行として重要に扱われイベント化されているが、もともとは劇中で口上をする程度に過ぎなかった。大々的な興行に変わったのは、一九六二年(昭和三十七)、十一代目市川団十郎襲名からである。そもそも襲名の本質は、芸名に宿った「霊力」とともに芸道を次の世代に引き継いでいこうとするのが本来の意味。日本の芸能が神祭りを源流に持っているからこそ生まれた思想であり、神に近づくために人は芸をきわめようとしてきた。個人が技術を獲得していく西洋的な考え方とは根本的に違う。名を継ぐ者は名に宿った先人の思いを畏れ、支えとしながら精進を続けることが期待された。

参考文献 諏訪春雄「襲名の意義―芸名に宿る霊力の継承―」(『演劇界』七〇ノ五、二〇一二)

(田口 章子)

しゅうもんあらため 宗門改 江戸幕府のキリスト教禁止政策にもとづき、寺院によって檀那であることを証明させた宗旨調査のこと。宗旨改・宗門人別改ともいう。寛永十年代に、キリシタン取締りを目的として、すべての人々にいずれかの寺院の檀那であることを強制する寺請制度が実施され、一六四〇年(寛永十七)には大目付井上政重が宗門改を命じられ、一六五七年(明暦三)に正式に宗門改役が設置された。一六六四年(寛文四)には、諸藩に対し宗門改役の設置と毎年の宗門改実施が命じられた。一方、幕府は夫役などの徴発のための人別改を実施していたが、七一年に幕領支配の代官に対し、宗門改の結果を人別帳に記載し、一村ごとにまとめるよう命じた。これによって、それまで別個に実施されていた宗門改と人別改が統合され、宗門人別改帳が作成されることになった。宗門人別改帳には、家族単位にその構成員が記されるとともに、出生・死没・転入・転出なども記され、人々の戸籍台帳として機能した。 ↓戸籍《こせき》 ↓寺請制度《てらうけせいど》

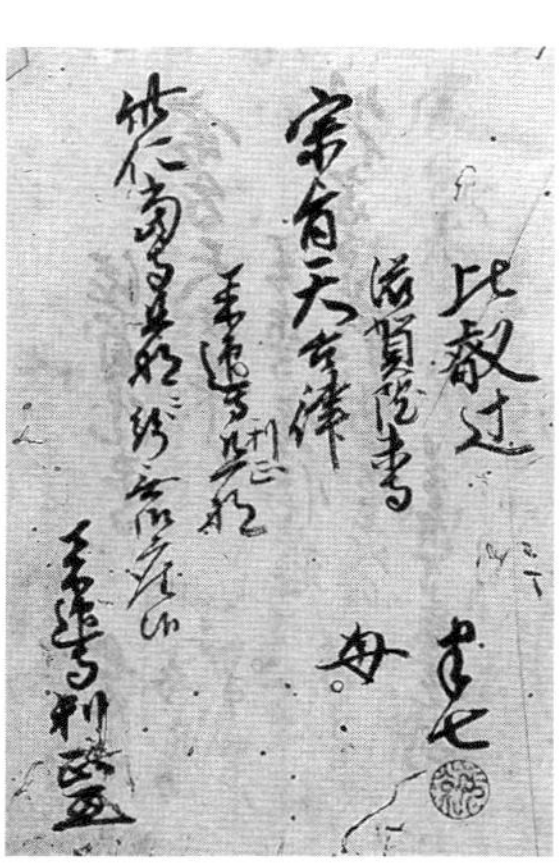

近江国滋賀郡比叡辻村
宗旨御改帳(1642年)

参考文献 圭室文雄『江戸幕府の宗教統制』(『日本人の行動と思想』一六、一九七二、評論社)、所三男「近世の人別改に就いて」(『近世の地方・町方文書』所収、一九六七、吉川弘文館)

(佐藤 孝之)

しゅうらく 集落 広義には、都市や村落など、血縁的

縄文時代の集落（三内丸山遺跡復元模型）

もしくは地縁的に結びついた集団が定住する区域一般を指す。狭義には、都市に対する村落と同義で用いることもあり、その場合、そこで営まれる主な生業は農業、林業、漁業などである。広義の集落は、地形的条件、発生要因、形態、規模、疎密などにもとづき、さまざまな類型化が可能である。集落の発生は、縄文時代前期以降に確認できる。この時期の集落は、高燥の台地や丘陵に立地することが多かった。水稲栽培がいち早く伝わった東海地方以西では、弥生時代に入ると、集落の立地は水利・灌漑面での条件から、平野部の微高地に移った。この時期の集落遺構は、生産活動を掌握する権力階層の存在を示す。集落は、個々の住居およびその屋敷構えのほかに、里山、農地など、生業の空間を内包する。また、漁村の場合も、漁場である海と切り離して、集落のあり方を考えることはできない。生業を支える領域のほかに、道、井戸や水流、信仰空間など、住民の共同利用のための施設も、集落を構成する要素である。一般に、集落は自然発生的に出現したものであるが、時代が下ると、明確に人為的な要因で形成される例も少なくない。特に近世以降、城郭を核とする城下町が形成されるほか、街道が整備されると、計画的に宿場町が整備される。また、農村集落についても、新田開発や開墾による耕地の拡大に伴い、新たに計画される例もあった。こうした状況は近代に入っても続き、開拓や干拓事業により、耕地が拡大することで出現した集落がある。これらは、農地や屋敷の地割を公平に分配すべく、計画的に戸数や住戸同士の間隔が定められた。現代においても、ダム建設や津波の被害に伴う集団移転の結果、新たに集落が形成される場合がある。 ↓都市《とし》

参考文献 日本建築学会編『図説集落―その空間と計画―』(一九六九、都市文化社)　（松下　迪生）

しゅく　宿　⇩宿場町《しゅくばまち》

しゅくさいじつ　祝祭日　明治時代から昭和戦前期における国の定めた祝日と祭日。大日本帝国憲法のもとでの休日であって、今日の「国民の祝日」にあたる。一月一日の四方拝、同五日の新年宴会、二月十一日の紀元節、三月二十一日ごろの春季皇霊祭(春分日)、四月三日の神武天皇祭、同二十九日の天長節、九月二十三日ごろの秋季皇霊祭(秋分日)、十月十七日の神嘗祭、十一月三日の明治節、同二十三日の新嘗祭、十二月二十五日の大正天皇祭などがそれで、年間十一日を数えた。これらのうち、四方拝・新年宴会・紀元節・天長節・明治節が祝日で、それら以外が祭日であった。両者を合わせて祝祭日といった。天皇制にもとづいた皇室中心の行事となっていて、第二次大戦後の民主化を通じ、一九四八年(昭和二十三)の「国民の祝日に関する法律」の施行によって廃止された。とはいえ、これらのいくつかは名称を変えて戦後に復活しており、かつての紀元節は現在の建国記念日、春季・秋季皇霊祭は今の春分・秋分の日、明治節は文化の日、新嘗祭は勤労感謝の日となっている。 ↓紀元節《きげんせつ》 ↓休日《きゅうじつ》 ↓祭日《さいじつ》

参考文献 若月紫蘭『東京年中行事』(朝倉治彦校注、『東洋文庫』、一九六八、平凡社)　（長沢　利明）

しゅくだい　宿題　学校での授業に関係して正規の学習を補充するため、教師によって指示され、児童・生徒が主として家庭などで行う活動。宿題は㈠学校での学習で獲得した学習意欲を継続しさらに深めるため、㈡獲得した知識や技術をさらに高めるため、㈢学習を反復・習熟することで知識を確かなものにするため、㈣新たな単元や教材をあらかじめ予備的に学習することで学校での学習を理解しやすくするため、という目的がある。宿題の内容と子どもへの指示の仕方は目的によって異なるが、教師不在の状況下で子どもがみずから学習行為を行うため、子どもの学習到達度にしっかり合った内容であることと、宿題の意図・目的が子どもや保護者にしっかりと伝わることが大切である。

参考文献 佐藤真「なぜ、宿題を出すのか―宿題の目的・内容・方法・評価―」(『児童心理』六七ノ三、二〇〇三)　（荒井　明夫）

しゅくばおんな　宿場女　⇩飯盛女《めしもりおんな》

しゅくばまち　宿場町　宿場を中心に発達した町。律令制下の駅伝制が衰退すると、それに代わるものとして宿

中山道妻籠宿（長野県木曽郡南木曽町）

が出現し、主に宿泊施設を提供した。これらの宿は中世を通じて少しずつ性格を変えながら、その所在地は交通の要所として地域で町場の機能を果たすようになった。江戸時代の宿場の最大の任務は、公用荷物を常備人馬で次宿へ継ぎ送ることと旅人に宿泊施設を提供することで、その代償として伝馬屋敷の地子が免除されたり、駄賃稼ぎが認められたりした。もっとも宿泊施設としての旅籠屋数は、江戸時代後期には東海道でも平均五十五軒程度で、それは宿場町集落全体の家数の六％程度に過ぎなかった。これ以外の宿場町住民は農業に従事する者もいたが、多くは各種の二次・三次産業に従事しており、在方からも交通労働者が供給されていた。そのため城下町に併設された宿場以外の一般の宿場の多くも町場として機能しており、周辺農村の非自給物を提供していた。↓街道《かいどう》 ↓宿役人《しゅくやくにん》

参考文献 渡辺和敏『近世交通制度の研究』(一九九一、吉川弘文館)　（渡辺　和敏）

しゅくぼう　宿坊　寺社で参詣者のために設けられた宿泊施設。古代は宿舎の意味で用いられ、中世には僧坊や檀徒の属する寺院を意味した。本来は僧侶の宿泊施設を僧坊と称したが、院政期以降の遠隔地参詣に伴い、宿泊施設として御師や院家・子院をそれにあてることが一般的となった。比較的早期に参詣システムが整えられた熊野山では、御師などがこれにあたった。初期の参詣者は貴族であったが、鎌倉時代には武士や、室町時代には民衆レベルまで受け入れるようになった。納骨のための参詣が流行した高野山では、鎌倉末期に山上の院家が宿坊となった。しかし、中世の師檀関係は檀那との個人的契約関係を基本としたため、院家や子院が不特定多数の参詣者の宿坊として機能するのは近世以降のことである。戦国時代になると、戦国大名と特定の御師との間で宿坊契約が結ばれ、家臣や領民など領域的契約関係に発展した。近世になると、中世以来の院家の衰退や参詣者の階層の多様化から、熊野山では下級僧侶や在地領主の館が宿坊となるケースも現れ、藩主による規制が行われた。また、参詣の位置づけが修行や信仰から、より遊興に特化されるようになり、身延山や出羽三山や善光寺など各地の霊場の興隆も伴って、各地の寺社で参詣者受け入れのための宿坊の整備が進んだ。

参考文献 新城常三『(新稿)社寺参詣の社会経済史的研究』(一九八二、塙書房)　（小山　貴子）

しゅくやくにん　宿役人　一般に江戸時代の街道の宿場機能を司る宿問屋と年寄、それにその宿場の名主(庄屋)のことで、これを宿方三役といった。問屋は宿役人の筆頭で、通行人の人馬差配や継飛脚・宿泊施設の管理にあたった。本陣や名主を兼ねている場合が多く、みずからの家の一部を問屋場にあてることもあったが、やがて宿場内に専用の問屋場を設けて通勤するのが一般的になった。一宿に一～三名が普通で、二名であれば半月交代、三名であれば十日交代というのが一般的であるが、これ以外の方法で分担することもあり、東海道の宿問屋には幕府から問屋給米が支給された。問屋を補佐するのが年寄で、一宿に二～五名程度が普通であった。宿役人の下には帳付や馬指・人足指などの問屋場の下役がおり、この下役を含めて宿役人と呼ぶこともある。なお幕府は一七〇七年(宝永四)に宿役人の不正を監視する目的で幕府領の宿々に宿手代と称する宿役人を二名ずつ配置したが、この宿手代は五年後に新井白石の献言により廃止された。↓宿場町《しゅくばまち》

参考文献 児玉幸多『宿駅』(『日本歴史新書』、一九六〇、至文堂)　（渡辺　和敏）

じゅけん　受験　直接的には試験を受けることであるが、通常受験という場合、人生の進路を決定付ける入学試験や資格・免許試験を受けることをいう。受験生数からいえば、圧倒的に高等学校や大学の入学試験がその規模が大きい。その意味で、一般的には受験といえば、高等学校や大学の入学試験を意味している。入学試験の場合人生を左右するだけに、精神的抑圧が大きく、失敗した場合には大きな挫折感を伴う。しかも入学定員に対して数倍の受験生がいるために選抜的競争は厳しさを増し、「受験戦争」や「受験地獄」という言葉を生み出した。戦前の一九二〇年代から旧制中学校・女学校の入学試験の激化は社会問題化するが解消することはなかった。ところで、一九二五年(大正十四)の旧制中学校(男子)と女学校(女子)への進学率は一八・五％にすぎなかったので「受験戦争」「受験地獄」は少数の、しかも特権的な富裕層の中でのことであった。戦後、六〇年代を中心とする高度経済成長期に高等学校への進学率は急上昇する。八〇年(昭和五十五)には高等学校の進学率は九四・二％に達し、大学進学率も三七・六％と、一気に大衆化時代に突入した。高等学校・大学への進学競争は大規模化し、全社会規模で「受験戦争」「受験地獄」状態となった。過剰な上級学校進学熱は、学校教育を歪ませる遠因となった。本来、進路選択は、自分の将来をじっくり設計し目的のために友人たちと支えあい励ましあいながら努力する過程である。しかし競争と選抜を伴う受験により、授業の動機付けは学ぶことの意味を上級学校進学へと矮小化し、教育内容・方法は入学試験を意識した結果、受験で大切か否かが基準としてすり代わり、卒業後の進路指導が偏差値による進路選別と化し、豊かな人間形成の場となるはずの学校が競争と序列の場に変質する。競争と序列の価値観に支配された学校が、本来の機能を取り戻し豊かな人間形成の場となることが必要である。↓予備校《よびこう》 ↓浪《ろう》人生《にんせい》

参考文献 小針誠『〈お受験〉の社会史―都市新中間層と私立小学校』(二〇〇九、世織書房)　（荒井　明夫）

じゅけんさんぎょう　受験産業　一般に広義の意味での教育・子育てに関する産業の総体を教育産業と呼ぶ。産業分類の一つである。その内容は乳幼児段階の子どもの

保育・しつけなどに関わる施設・教材・器具・玩具の販売から、義務教育段階の児童・生徒に対する学習支援・教材などの販売、幼稚園から大学までの各入学試験対策の予備校、参考書・問題集などを販売する出版社、その他各種資格取得を目指した予備校や専門学校、生涯学習の一環として趣味を磨くためのカルチャーセンターなど多様な教育機関がある。これらは産業構造上、第三次産業のサービス業として重要な位置を占めるに至った。このうち受験産業は、教育産業の一部を構成する。具体的には主として上級教育機関への入学試験対策と各種資格・免許取得のためのサービス産業の総称である。→学習《がくしゅう》塾《じゆく》 →予備校《よびこう》

参考文献 熊野太郎「予備校(受験産業)は生徒を育てるか」(『日本の科学者』二九ノ一〇、一九九四)

(荒井　明夫)

しゅしょく・ふくしょく　主食・副食　主食はエネルギーを供給する食事の中心となる食べ物、副食は主食にそえるおかず・惣菜。東アジアモンスーン地帯に属する日本では、大陸から伝来して以来急速に広がった米を主食とし、水産物・農産物・山野の恵みを副食とする食生活が形成された。米は律令国家の租(税)となり、以後貨幣と同等の価値をもつ特別な食料となっていく。平安時代には現在の和風の米料理はほぼ出そろい、江戸時代には『名飯部類』(一八〇二年(享和二))のような米専門の料理書まで現れる。しかし、米を常食できたのは特権階級か一部の都市住民に限られ、麦・稗・粟・芋・野菜などとの混食が多くの人びとの主食であった。「日本人は米食悲願民族」といわれる所以である。食料事情が悪化した一九四二年(昭和十七)の食糧管理法制定により全国民に一定量の米穀が配給された。そのため、あらゆる階層に米食の習慣がついたといわれている。戦後、「米を食べると頭が悪くなる」との妄言まで現れ、米よりはパンや麵を含めた粉ものが推奨された。主食が植物性食品になると塩気のある副食が必要になり、古墳時代ごろより主食・副食が分離する。塩の保存も兼ねた醬《ひしお》が工夫され草醬《くさびしお》(漬物類)、宍醬《ししびしお》(塩辛類)、豆醬《まめびしお》(味噌・醬油類)などの発酵食品が副食の一角を占めるようになった。また、中世社会では精進料理に工夫が凝らされ、料理流派なども誕生して料理法が発達する。ことに江戸時代の都市では、消費経済の発達、食料の商品化、広域流通、料理書などの出版、食べ物屋の叢生、商売や旅による往来などによって、身分・経済状態を問わず副食が豊かになった。明治維新後、西洋料理が副食の仲間入りをし、大正時代に大ヒットした「コロッケの唄」は一般家庭にも洋風料理が広まったことを示している。一九七〇年代以降、食の外部化が進み、デパートの食品売り場(デパチカ)は連日賑わいをみせている。その一方で「主食・副食分離の崩れ」「飯とおかずの主客転倒」などが起こり、日本食文化は新しい局面を迎えている。→一汁三菜《いちじゆうさんさい》 →食事《しよくじ》 →飯《めし》

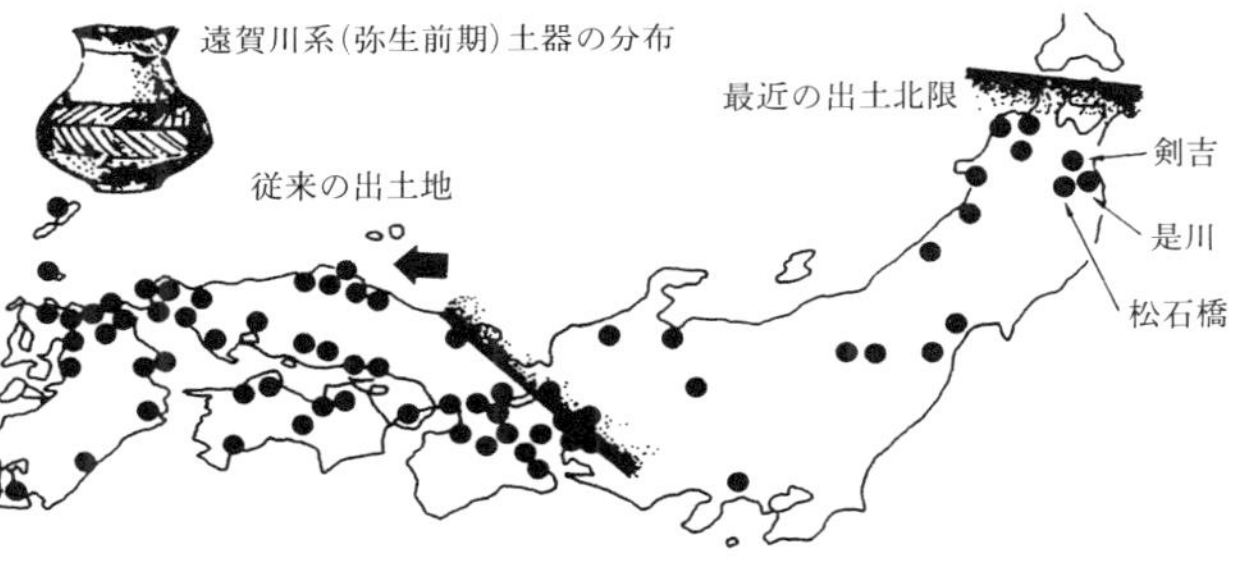

弥生前期における稲作状況の推定　遠賀川系土器は稲作を象徴する土器（佐原真ほか調査）

参考文献 『古代・中世の食事』(『週刊朝日百科　世界の食べもの』日本編三七、一九八三、朝日新聞社)、岩村暢子『変わる家族　変わる食卓―真実に破壊されるマーケティング常識―』(二〇〇三、勁草書房)、有薗正一郎『近世庶民の日常食―百姓は米を食べられなかったか―』(二〇〇七、海青社)

(石川　尚子)

しゅす　繻子　表面に経糸または緯糸を浮き出させたつやのある絹織物。一八七三年(明治六)に西陣で中国製の繻子を模倣した絹綿交織の八枚繻子を南京繻子という。七九年に桐生で外国製の繻子を模した絹綿交織は、東京浅草の観光社から観光繻子として売り出された。これにより絹綿交織の繻子は、観光繻子と呼ばれるようになる。また綿と毛織物の交織はイタリアン＝クロスまたは毛繻子と呼ばれた。

(刑部　芳則)

じゅず　数珠　多数の珠を紐で一連につないだもので、念珠ともいう。仏教徒が礼拝時に手にかける。またイタコの口寄せのように、儀礼の際に擦って音を出す例もある。珠は木製、石製、角製、ガラス製などがある。煩悩の数とされる百八個またはその倍数・約数などの数の珠で作られ、唱えた経の回数を数える目印として、大きさの違う珠や房などが付く。念仏講に用いる大珠をつなげた長さ数メートルの数珠から、現在ではアクセサリーとしてのブレスレット型のものも見られる。

参考文献 谷口幸璽『数珠のはなし』(一九八六、法蔵館)

(大里　正樹)

しゅっけ　出家　仏教で俗世間から脱し仏門に入ること。家を出て修行することからの命名。梵語ではプラブラジヤーという。出家に対して俗人を在家という。古くインドで行われたが、仏教では釈尊が妻子を捨てて修行の道に入ったことをそのはじめとし、仏教の教団は本来出家者で組織されるものとの考えがあった。出家者は性別と年齢により、沙弥《しやみ》・沙弥尼《しやみに》・式叉摩那《しきしやまな》・比丘《びく》・比丘尼《びくに》の

別があり、これを出家の五衆といった。

参考文献　辻善之助『日本仏教史』一(一九四四、岩波書店)

(湯浅　治久)

しゅっこう　出向　従業員が親会社に籍を残したまま、子会社や関連会社に配置転換されること。出向は明治時代から官庁には存在したが、企業で一般的になったのは、高度成長期以降、とりわけ第一次石油ショック後の不況の際に、人員合理化の手段として用いられてからである。バブル期以降は、新規事業開拓のための出向が増え、「左遷」「島流し」のイメージは和らいだ。一九九〇年代半ばには九割の大企業が出向制度を採用するに至った。

(浅井　良夫)

しゅっさん　出産　子を産むこと。病院における医師立ち会いの出産が一般化したのは一九六〇年代以降で比較的新しく、それ以前はトリアゲババ(のちには産婆)と呼ばれる女性が介助して出産した。十九世紀初めごろから自宅に産婆や医師を招いて出産する習俗が広がるが、それ以前は家から遠く離れた山中や海岸に出産のためだけの簡素な小屋を建てたり(産屋、産小屋)、それを村が共同で管理したりした。産婦のために煮炊きする火は別火だった。自宅の納戸などで出産するようになっても、産婦が産所から外に出る日を産屋明きと呼び、短くて七日、一般には三十日前後が必要だった。この習俗は、産忌に由来するが、産後の女性の安静を助けたとも考えられている。出産の体位や方法は文化的な変容が大きいが、坐産から仰臥位産への姿勢の変化は、医療施設での出産や産婆から医師への出産介助者の変化と密接に関わっているという。「出産の医療化」は、周産期の母子の安全に大きく貢献した一方、母子の心理的な環境としては多くの課題を生み出したといわれる。母子の立場に立つ、産婦人科医師・助産師・小児科医師・保健婦など多くの専門家の役割の分担と協働が求められている。　↓産婆《さんば》　↓助産婦《じょさんぷ》　↓妊娠《にんしん》

参考文献　鎌田久子他『日本人の子産み・子育て―いま・むかし―』(『勁草医療・福祉シリーズ』、一九九〇、勁草書房)、松岡悦子『出産の文化人類学―儀礼と産婆―(増補改訂版)』(一九九一、海鳴社)

(太田　素子)

しゅとう　種痘　天然痘(痘瘡・疱瘡)予防のためのワクチンを接種すること。天然痘は古代以来、麻疹と並んで恐れられており、疱瘡神を祭り疱瘡除けの守り札を貼付する習俗がみられた。人痘種痘法(感染者の痘漿を鼻腔に滴下、または痘痂を挿入)やトルコ式皮膚接種法(痘漿などを腕に接種)が十八世紀後半に伝えられたが、重篤な副反応があり、また近世医療の痘科では胎毒説をとって種痘に反対した。一七九八年ジェンナー E. Jenner が牛痘接種法を発見しているが、日本への紹介は遅かった。一八四九年(嘉永二)佐賀藩主鍋島直正が牛痘苗の輸入に踏み切り、長崎蘭館医のモーニケ O. Mohnike の斡旋により楢林宗建が入手。痘苗は腕から腕に植え継がれ大坂・京都・福井に伝えられた。蘭方医によって江戸お玉が池種痘所をはじめ各地に種痘所・除痘館が設けられたが、民衆の反応は冷たかった。一八七〇年(明治三)太政官布告をもって種痘を奨励、その後、種痘医の免許制や強制定期接種が定められる。一九五六年(昭和三十一)以来、国内での天然痘の発生はなく、七六年定期接種が廃止。八〇年世界保健機関が天然痘根絶を宣言した。　↓天然痘《てんねんとう》　↓疱瘡《ほうそう》

参考文献　北村敬『天然痘が消えた』(『中公新書』、一九八二、中央公論社)、添川正夫『日本痘苗史序説』(一九八七、近代出版)、深瀬泰旦『天然痘根絶史―近代医学勃興期の人びと―』(二〇〇二、思文閣出版)、田崎哲郎『牛痘種痘法の普及―ヨーロッパからアジア・日本へ―』(二〇一二、岩田書院)

(新村　拓)

じゅばん　襦袢　和服に用いる肌着。襦袢には、長襦袢と半襦袢、その下に着る汗取り用としての肌襦袢がある。鎌倉時代に従来の単《ひとえ》に代わり、着物の下に着る汗取や肌小袖を着る者が現れた。元禄ごろには長襦袢と半襦袢との差異が生まれた。長襦袢には羽二重、綸子《りんず》、絖《ぬめ》などの素材が使われ、絞染、墨絵といった豪華な意匠になった。明治末期にはモスリンの友禅染が開発されたが、白羽二重や緋縮緬の襦袢は高級品として珍重された。　↓下着《したぎ》

(刑部　芳則)

しゅふ　主婦　家長や世帯主である男性の妻として、家政を担当する女性。中世・近世史では家妻《いえづま》とも呼ばれる。前近代において、「家」制度の成立とともに、家長に並んで家政を統括する主婦の地位が確立されるようになるが、その役割や権限には時代や身分、地域によって多様性があったとされる。世代交代の際には姑から嫁への主婦権委譲の慣行が「へらわたし」「杓子わたし」などの名称で行われていた。近現代における「主婦」概念は、二十世紀前半、都市における中産階級を中心に、雇用されて働く夫と家庭で家事を行う妻という、性別分業を基礎とする近代家族が増加する過程で誕生した。戦前の民法下では戸主の妻の権利は制限されていたが、第二次世界大戦後民法改正によって男女平等化がすすんだ。そうした法制度上の改善を受け、高度経済成長期には家事労働に専念する、あるいはそれを主とする(内職やパート労働にも従事)主婦は、女性の標準的なライフスタイルとして全国に広がった。二十世紀後半には、主婦役割をめぐる論争も生まれた(主婦論争)。　↓家事《かじ》　↓主婦連合会《しゅふれんごうかい》　↓主《しゅ》婦論争《ふろんそう》

参考文献　落合恵美子『二一世紀家族へ―家族の戦後体制の見かた・超えかた―』(『有斐閣選書』、一九九四、有斐閣)

(木村　涼子)

しゅふのとも　主婦之友　近現代日本における女性向けマスメディアを代表する月刊雑誌の一つ。石川武美《いしかわたけよし》(一八八七―一九六一)が立ち上げた東京家政研究会(その後主婦之友社、戦後主婦の友社と社名変更)を発行元とし、一九一七年(大正六)三月に創刊された。「男性は仕事、女性

『主婦之友』第１巻第１号

は家庭」という近代的な性分業に合致した誌面づくりによって、年々発行部数を伸ばし、昭和初期には毎月百万部を越えるまでの人気を確立した。戦前の『主婦之友』の誌面は、女性読者のニーズを敏感に取り入れ、ファッションや著名人グラビア、家事実用記事、生き方に関する修養記事、連載小説などの娯楽記事によって構成され、そのスタイルは「主婦向け雑誌」の原型となった。第二次世界大戦期には国策協力的な編集方針をとったが、戦後誌面刷新して再出発を果たし、一九五三年(昭和二十八)『主婦の友』と改称。専業主婦が増加した高度経済成長期には「四大婦人雑誌」として人気を維持し、二〇〇八年(平成二十)に休刊するまで女性雑誌ジャンルの一翼を担った。

参考文献　『主婦の友社の八十年』(一九九六、主婦の友社)、木村涼子『〈主婦〉の誕生―婦人雑誌と女性たちの近代―』(二〇一〇、吉川弘文館)

（木村　涼子）

しゅふれんごうかい　主婦連合会　第二次世界大戦後に生まれた、家庭経済の合理化と消費者の権利確立を目的とする婦人団体の連合体。略称は主婦連。日本主婦連合会とは別組織。戦後、生活をおびやかされた主婦たちは配給不足や物価高騰に対する抗議活動を各地で行い始めた。彼女たちは米の増配やミルク配給を訴え、一九四八年(昭和二十三)には不良マッチの配給に反対、ＧＨＱのあとおしもあって同年九月に主婦連合会が発足した。その後、初期のデモでプラカード代わりに使ったしゃもじと、エプロンをシンボルに、牛缶やジュースの不当表示に抗議したほか、物価問題や大気汚染など環境問題に関する消費者運動に取り組んだ。近年は、傘下の婦人団体の衰退に伴って活動の勢いは衰えているが、消費者団体の草分けとして消費者教育や行政・業界への改善申し入れを続けている。　↓主婦《しゅふ》

主婦連合会　不良マッチ反対運動

参考文献　奥むめお『台所と政治―団結した主婦たち―』(『婦人団体シリーズ』、一九五二、大蔵省印刷局)、主婦連合会編『(主婦連五〇周年記念)歩み』(一九九八)、伊藤康子「主婦連合会初期の生活擁護運動」(五十嵐仁編『「戦後革新勢力」の奔流―占領後期政治・社会運動史論一九四八―一九五〇―』所収、二〇一一、大月書店)

（尾崎　智子）

しゅふろんそう　主婦論争　高度経済成長期以降の主婦をめぐる論争。三次にわたり、男性も含め、多様な人々が参加した。第一次主婦論争は、一九五五年(昭和三十)―五九年、石垣綾子の女性の職場進出を促す「主婦という第二職業論」を発端に、性別役割分担に根差す反論(「家庭＝女性の天職論」)、主婦であることで可能となる社会運動を評価する論(清水慶子「主婦の時代は始まった」)が『婦人公論』誌上で闘わされた。清水の論は、「全日制地域住民」としての主婦が住民運動の主役となった六〇・七〇年代を先取りしたものであった。男性からは、主婦を「職業」とすることへの違和感も出された。「家事労働論争」とも呼ばれる第二次主婦論争は、六〇―六一年、磯野富士子の、主婦が行う家事労働はなぜ経済的価値を生まないのか？　という問いで始まった。経済学者たちが「使用価値は生むが、交換価値を生み出さない」と答え、未消化に終わったが、ここで提起された家事労働(アンペイドワーク)の評価や測定は、七〇年代の欧州や第四回世界女性会議で、途上国の女性も含め、その地位向上に不可欠の視点であると捉えられるようになった。また、家事労働の可視化は、その後水田珠枝によって、「物質の生産」と「生命の生産」を包括する女性解放論の下地となった。第三次主婦論争は、七二年、武田京子の「主婦こそ解放された人間像」という「生活」に価値を置く論を巡るものである。この論争にはウーマンリブの影響と女性のライフコースの多様化の中で、専業主婦の自明性が問われ、主婦のアイデンティティの揺らぎが背景として存在した。その後、有職の女性が専業主婦を上回った八〇年代、女性の「子連れ出勤」の是非を問う「アグネス論争」(八七―八八年)、石原里紗や社会学者らの専業主婦廃止論に対する林道義の「主婦の復権」(九八(平成十)―九九年、「第四次主婦論争」と名付ける研究もある)など、時代の変化を反映した論争が繰り返された。　↓家事《かじ》　↓家事労働《かじろうどう》　↓主婦《しゅふ》

参考文献　上野千鶴子編『主婦論争を読む―全記録―』Ⅱ(一九八二、勁草書房)、鹿野政直『現代日本女性史―フェミニズムを軸として―』(二〇〇四、有斐閣)、妙木忍『女

性同士の争いはなぜ起こるのか―主婦論争の誕生と終焉―』(二〇〇九、青土社)　　（平井　和子）

しゅみ　趣味　「趣《おもむき》」や「味わい」、そして、これらを感じ取る能力。また、専門としてではなく、個人の楽しみとして行う事柄。「趣」や「味わい」といった概念は、わが国に古くから存在したものであったが、デザイン史研究者神野由紀によれば、西洋文化の流入によって、これらを感じ取る能力が注目され始め、新たに「趣味」という言葉で定着したのは、明治四十年代以降とされている。この時、「趣味」を主に都市部の人々の消費行動を通じて浸透・定着させていく上で大きな役割を果たしたのが、一九〇四年(明治三十七)に呉服商から転じた三越百貨店に代表される百貨店であった。こうして「趣味」という概念が一定の定着をみた後、とりわけ高度経済成長期以降は、個人の楽しみとしての「趣味」が、「仕事」という概念の対極に位置付けられて、重視され始めた。休日や定年後に趣味を持つことが精神衛生上からも評価され、今日ではさまざまな趣味を提供するカルチャーセンターや公民館などの講座が活況を呈している。また、趣味を通じての、職場や地域を舞台にした人間関係とは異なる新たな人間関係の構築も注目されている。

参考文献　神野由紀『趣味の誕生―百貨店がつくったテイスト―』(一九九四、勁草書房)　　（宮瀧　交二）

しゅら　修羅　巨石や材木などの重量のある物を運ぶための道具。石引物あるいは石引車とも称した。室町中期の辞書『塵添壒嚢鈔《じんてんあいのうしょう》』には修羅の項があり、石引物をシュラというのは、帝釈と通音の大石《たいしゃく》を動かすからだとしている。これは、帝釈天に戦いを挑んだ阿修羅にちなむものである。また、十七世紀前半成立の『大友興廃記』には、一五七六年(天正四)夏に南蛮渡来の鉄砲を修羅で肥後国(熊本県)から豊後国(大分県)まで運んだとある。さらに『明良洪範』によれば筑前国(福岡県)から日光東照宮に石鳥居を運ぶ際、黒田長政は海路で運び、さらに陸路では修羅を用いるよう提言している。なお、この石鳥居は日光東照宮に現存する(国重要文化財)。修羅の構造は木製の格子組みや橇《そり》のような構造で、コロ(丸太)を利用し滑進させたとみられている。一九七八年(昭和五十三)には大阪府藤井寺市のいわゆる三ツ塚の周濠の底から大小のV字型の木橇が出土し、古代の修羅と推定されている。そのほか、宮城県志津川町(南三陸町)では、一〇年(明治四十三)と三〇年に石切り場から神社へ石碑を運ぶのにキンマと呼ばれる木橇が用いられている。このほか、峻嶮な山奥から材木を川まで運ぶ際に、丸太を列ねた道の上を滑走させる方法も修羅といった。→橇《そり》

修羅（大阪府藤井寺市出土）

参考文献　斎藤忠「近世初頭における巨石運搬法の考察」(『日本古代遺跡の研究』論考編所収、一九七六、吉川弘文館)、朝日新聞大阪本社社会部編『修羅―発掘から復元まで―』(一九七九)、大阪府立近つ飛鳥博物館編『修羅!―その大いなる遺産古墳・飛鳥を運ぶ―』(特別展図録、一九九九)　　（亀谷　弘明）

しゅりょう　狩猟　野生の鳥獣を捕獲すること。狩猟を行う者、狩猟目的、狩猟対象、狩猟方法などによりさまざまなタイプがあり、もちろん時期による変遷もある。縄文・弥生時代には食料獲得目的が主であり、石鏃を付けた矢が使用され、落とし穴も使われ、鹿と猪などが捕られた。弥生時代以降に農耕が盛んになると、次第に狩猟者が分化して専門的な職能を持つ者が出現したと考えられる。古代には仏教伝来により殺生禁断の思想が広がり、狩猟を忌避する動きも生まれ、中世にはそれが拡大し、中世の説話集には狩猟者や武士が殺生禁断思想を受け入れて、狩猟を放棄した話が散見する。とはいえ、現実には殺生禁断が貫徹したわけではなく、狩猟などの殺生は行われたため、殺生者を差別視することが一般化した。一方、狩猟の神という要素を持つ諏訪などの神社では殺生の禁忌がなかった。また、阿蘇社では神事として狩猟が行われていた。

古代の狩猟方法に関しては『今昔物語集』に記述があり、㈠草木に火を付けて、動物を追い出して狩る方法、㈡犬山と呼び、山に入って犬に猪・鹿などを食い殺させる方法、㈢燈《ともし》と呼び、闇夜に火を灯して鹿を招き寄せて射る方法などがみえる。近世の書物には罠で動物を捕える方法がみえ、特に熊を捕える罠は大がかりなものであった。罠による捕獲は直接動物と相対する危険性もなく、比較的手軽なので、古くから行われていたと考えられる。鳥の狩猟は網を使用することが多く、ほかに鳥黐《とりもち》を使う方法も戦国時代に記された『宗長日記』により確認できる。湖沼から飛び立つ鳥や山越えする鳥の飛行径路に網を設置して一網打尽にするのが一般的である。これは霞網と呼ばれることもあり、近年まで行われていたが、現在は禁止されている。鳥の捕獲には矢や鉄砲も使用され、ほかに鑓《やり》で鶉を突く方法もある。

武士と狩猟は密接な関係にあり、武士の起源を狩猟民とする説もある。その当否は別として、両者の関係を象徴するのが、源頼朝が一一九三年(建久四)に浅間山・那須・富士山の麓で武士や勢子《せこ》を大量に動員して行なった

狩猟（『石山寺縁起』より）

大規模な巻狩で、この時に子頼家が鹿を射たことを頼朝が喜んだことも狩猟の本質と関係する。これは前年の征夷大将軍就任を契機に、巻狩の執行によって東国支配権の獲得を誇示するとともに、頼家が頼朝の後継者であることを示す目的があったと考えられている。この時には頼家が鹿を射た後、山神に矢口餅を捧げた上で、御家人に下賜し、その後で宴会を行なっている。これは室町時代には矢開(矢口祝)などと呼ばれ、武家の男児が狩猟場ではじめて獲物を射た時に餅をついて、獲物を料理する儀礼である。この作法は近年まで狩猟者の間でも行われていた。武士にとって主たる狩猟対象は鹿であり、鹿の形をした檜板の的を射る競技である草鹿《くさじし》勝負もそれを裏付けるものである。これは室町時代には大的・円物とともに歩立《かちだち》の三物として盛んに行われた。

武士は所領内に狩猟場として狩倉を設定し、狩猟を行なって武芸の鍛練を行なっていた。狩倉は荘園にも設定され、荘園領主は動物の皮を公事として納入させていた。これは荘園内に狩猟を専門とする者や狩猟も行う百姓がいたことを物語っている。狩倉では狩猟対象たる動物を育成するため、草木の苅取や武士以外による狩猟が禁止されていた。狩倉は武士の相続対象とされたが、史料上は鎌倉後期までしか確認できない。とはいえ、武士による狩猟場の設定は以後も存続していた。武士による狩猟には鷹狩もあり、戦国時代には盛んになり、白鳥・鶴・雁・菱食《ひしくい》などを捕った。近世には将軍や大名が鷹場を設定したが、次第に行われなくなった。武士の間では狩猟や武芸に関するさまざまな故実が最初のうちは口頭で伝えられ、室町時代以降にはさまざまな故実書が記されて文字化された。その中には、狩人がいうには鹿を呼び寄せるために吹く鹿笛は傾城《けいせい》の足駄(下駄)で作るのがよいとあり、狩人の故実が武家の故実と融合していたことが窺える。

戦国時代に鉄砲が普及すると、鉄砲で獲物を撃つことも多くなり、村落では百姓が鳥獣駆除のため、鉄砲を使用するようになった。近世にも百姓は領主から許可を得た上で、鉄砲を所有していた。鳥獣による農作物被害は大きく、従来は田畠の周囲に鹿垣《ししがき》を結ったり、鳴子や大声で追い払っていたが、鉄砲の導入は画期的なものであった。近世には将軍や大名が獣の駆除のため、大規模な狩をして、猪や鹿を狩ることもあった。明治以降には村田銃と呼ばれる命中精度の高い銃が普及し、少し遅れて散弾銃も使用された。

狩猟者は中世には狩人と呼ばれ、絵巻物では蓑帽子をかぶった特異な姿で描かれることが多い。山中で活動していたので、山賊である山立《やまだち》から襲撃を受けたり、同一視されたりすることもあった。近世の奥羽では狩人を山立と呼んでいたのも、この点と関係する。山は里の人々にとっては異界であり、山中で活動する人は職掌に関係なく山立と一括されていたと思われる。奥羽の狩人をマタギと呼ぶが、この言葉は近世後期に記された菅江真澄の遊覧記(『楚堵賀浜風《そとがはまかぜ》』など)にみえ、それにはマタギの習俗も書かれている。マタギには『山立根本巻』と呼ばれる由緒書も伝わり、万三郎という山立が日光山の神に頼まれて、赤城山の神である百足を射て、全国どこの山でも狩をする許可を与えられたという話が記されている。この由緒書には頼朝が富士の巻狩を行なった建久四年五月の日付が記されていたり、頼朝の印が捺されたものがあったり、富士の巻狩が狩人の間で始源的な出来事として伝えられていたことを示す。マタギなど狩人の間には多くの狩猟に関する故実が伝わっている。たとえば、獲物を獲得した時に山の神に獲物を捧げる作法、山に入った時だけに使う山言葉などがある。柳田国男の「後狩詞記」は日向国椎葉村(宮崎県東臼杵郡椎葉村)に伝わる狩猟作法や狩猟用語(狩詞)などを紹介したものである。また、柳田が編集した『遠野物語』にも狩猟に関係する話が載っている。　↓銃《じゅう》　↓獣害《じゅうがい》　↓鷹場《たかば》　↓肉食《にくしょく》　↓マタギ

参考文献　柳田国男「神を助けた話」(『(定本)柳田国男集(新装版)』一二所収、一九六九、筑摩書房)、同「後狩詞記」(『同』二七所収、一九七〇、筑摩書房)、千葉徳爾『狩猟伝承』(『ものと人間の文化史』、一九七五、法政大学出版局)、塚本学『生類をめぐる政治—元禄のフォークロア—』(『平凡社選書』、一九八三、平凡社)
(盛本　昌広)

しゅわ　手話　聴覚障がい者同士および聴覚障がい者などと健常者との意志疎通さらには社会生活のために不可欠な言語である。聴覚に障がいをもつ人たちの間から自然に生まれたといわれる。手話は、手と指の形・位置・方向・動かし方によって意味を示す。そのため視覚に依存し、聴覚をベースとする音声言語ではない。聴覚障が

い児が学ぶ聾学校では、教育目的に国語(日本語)の習得がある。聴覚障がい児も当然ながら正しい日本語を学び習得する権利がある。そのために手話の獲得だけではなく音声言語との関係が重要となる。聴覚障がい児が学ぶ学校教育の現場では手話と音声言語である話し言葉との併用が多い。手話の活用は、聴覚障がい者の人格形成と豊かな社会生活のための意思疎通という視点から位置付けることが重要である。

参考文献 青柳幸一「「ろう者」の憲法上の権利―真の言語としての日本手話―」(『明治大学法科大学院論集』一四、二〇一四)　(荒井　明夫)

しゅんか　春歌　性的な内容を含んだ歌。歌の範囲は、民謡から流行歌・歌謡曲までに及ぶ。性愛・性交・性器などに関わる内容が直接的に歌われるものがある一方で、隠喩的にそれらが盛り込まれることもある。替え歌のかたちをとることも多い。流行歌がレコードなどを通して歌われるようになると、その楽曲を借りて替え歌が数多くつくられた。子どもの遊びのなかで、学生たちのコンパなどで、田植えなどの労働のなかで、さらには日常のうさをはらす宴席のなかで、性的な文言を取り込んだ歌は、人間の成長過程に伴走するように歌われてきたといえる。「春歌」という用語は、添田知道が『日本春歌考』で用いたのをきっかけとして、出版・映画・ソノシートなどを通して一般に流通していった。類似語としては猥歌、ばれ歌などがあるが、そこには覆い隠すべき淫靡で猥雑なものというイメージがつきまとう。添田が春歌という用語を設定したのは、こうしたイメージを相対化するためであった。つまり、性の営みを「人間の歌」として位置づけ、上等・下等の区別なく視野におさめていくという問題提起的な意図がある。近代国家の規範が浸透していくなかでの性に関する表現への抑圧を見つめなおす、あるいはそのなかでの生活史を見つめなおすうえで、春歌は貴重な表現群である。春歌の社会的な意義は、それをともに歌う行為が、共同意識をつくる手段としてどれほど必要とされているかということと関わっている。インターネットをはじめとした情報環境の変容、共同意識の変容などを背景として、その社会的な意義は変容していくだろう。

参考文献 添田知道『日本春歌考』(『添田啞蟬坊・添田知道著作集』五、一九八二、刀水書房)　(真鍋　昌賢)

しゅんが　春画　男女の情交を描いた絵画。「笑絵」とも呼ばれていた春画は、欧米の価値観に感化された現代人の考えるポルノグラフィとは異なるもので、笑いに託される祝祭性や呪術性のあるものとして捉えられていた。性の悦びを生命の歓びとして謳歌する絵画を春画と称するのは、中国の宮中男女の交合図「春宮画」からきたといわれている。性器を誇張して描いたことは、縄文時代以来の石棒にもみられるような生殖器崇拝からの影響というよりも、誇張した表現に興趣を求めたものである。

参考文献 白倉敬彦他『浮世絵春画を読む』上(『中公叢書』、二〇〇〇、中央公論新社)、加藤光男監修『奔放なる江戸「春画」の世界』(二〇一三、宝島社)、石上阿希『日本の春画・艶本研究』(二〇一五、平凡社)　(加藤　光男)

しゅんとう　春闘　毎年春季に労働組合が賃金値上げ要求を中心にいっせいに取り組む闘争方式。春季闘争の略。大手企業・公共部門の労働組合を中心に展開されたが、そこで作り出された賃上げ相場が人事院勧告を通して公務員の賃金に反映され、さらに未組織の労働者の賃金にも波及して、日本全体の賃金の基準となった。一九五五年(昭和三十)に日本労働組合総評議会(総評)傘下の民間八単産(産業別組合)が春季賃上共闘を組織したのに始まり、翌五六年には公共企業体等労働組合協議会(公労協)が加わり、五九年には中立労働組合連絡会議(中立労連)が加わって、春闘共闘委員会が組織された。六五年からは全日本労働総同盟(同盟)系の労組も春季に賃上げ交渉をするようになった。高度経済成長期には毎年名目一〇%を超える賃上げを獲得する成果を挙げたが、七〇年代に低成長に移行した後は大幅賃上げが困難になり、生活・制度要求を重視するようになった。

参考文献 高梨昌『変わる春闘―歴史的総括と展望―』(二〇〇二、日本労働研究機構)　(市原　博)

じゅんれい　巡礼　宗教上の目的から聖地・霊場あるいは本尊を一定の巡路で参詣すること、またその人。順礼とも。元来、巡礼の語は平安時代初頭に入唐して密教を学んできた円仁《えんにん》の日記『入唐求法巡礼行記《にっとうぐほうじゅんれいこうき》』を創始の一つとして、名山や霊寺もしくは一山内を巡礼し、その結果得られる護持力が一般に認められたことで、次第に僧侶の間で盛行した。吉野や熊野などの霊山での頭陀《ずだ》の行脚が古い形態であった。平安時代末期の南都七大寺巡礼などは整ったかたちの巡礼としては最古の例とされている。錫杖《しゃくじょう》をもった白衣の遊行姿は早期のかたちで、のちに次第に整えられた。観音の霊場巡りとしては西国巡礼が早く、中世以降には坂東巡礼・秩父巡礼がこれに続いた。このほか近世以降になると浄土真宗の二十四輩詣でなどをはじめ各宗派内の聖地や本尊の巡礼も盛んとなった。
→参詣《さんけい》　→札所《ふだしょ》

参考文献 真野俊和『日本遊行宗教論』(『日本歴史民俗叢書』、一九九二、吉川弘文館)　(西海　賢二)

しょいんづくり　書院造　室町時代から戦国時代にかけて成立した住宅様式。平安時代の寝殿造が次第に変化したもので、その建築手法は、武家住宅に限らず貴族邸宅や寺院の住坊などにも見ることができる。寝殿造との大きな相違は畳の敷詰めにあり、特に武家住宅では、身分格式を反映した構成となっているため、主室である上段の間の背後に床ノ間・附書院・棚・帳台構《ちょうだいがまえ》が座敷飾として設けられた。武家社会では、支配・被支配の社会秩序を構築する場としての空間である広間が求められ、その到達点が二条城とされる。玄関などの設えは、のちの住

書院造　二条城大広間

宅にも取り入れられた。→寝殿造《しんでんづくり》

参考文献　堀口捨己『書院造りと数寄屋造りの研究』(一九七八、鹿島出版会)、野地脩左『日本中世住宅史研究—とくに東求堂を中心として—』(一九八一、臨川書店)　　（小山　貴子）

しょういぐんじん　傷痍軍人　戦争により傷病をおった軍人、元軍人。元は廃兵と呼ばれたが、日中戦争期に傷痍軍人という行政用語が使われるようになった。戦争中は「名誉の戦傷者」として称揚され一定の保護を受けていた。しかし、アジア太平洋戦争後、それまでの軍人恩給や軍事援護制度が廃止され、障害をもつ傷痍軍人の生活は、きびしいものとなった。彼らは、保護施策を要求して運動を起こすようになる。一方、白衣姿で義肢・義足などを着け、街頭などにたって、アコーディオンで軍歌をかなでながら、募金活動を行う傷痍軍人があり、戦後の社会風景としても注目された。占領終了後、軍人恩給や保護施策の復活があったが、その内容や旧植民地出身者や軍人以外の戦争災害者への差別など、問題も多い。

参考文献　植野真澄「傷痍軍人・戦争未亡人・戦災孤児」(倉沢愛子他編『日常の中の総力戦』所収、二〇〇六、岩波書店)　　（青木　哲夫）

しょうエネ　省エネ　省エネルギーの略語。エネルギーの節約や効率的利用をはかることをさす。一九七三年(昭和四十八)第一次石油危機後に広く使用されるようになった。この危機によって、基本的なエネルギー源の一つである原油(石油)価格が暴騰し、それに伴い生産費が高騰して、激しいインフレと深刻な不況になった。日本政府は応急的対策として、ネオン・エスカレーター・エレベーター使用の削減、マイカーの自粛、暖房温度の引き下げなどエネルギーの節約を企業や国民に呼びかけた。ついで法律を整備して企業に対して省エネ技術の開発・利用を奨励した。企業は省エネ・省資源での製造によって生産費を削減した。これに加えて、機械・器具メーカーは、より少ないエネルギーで同じ効率が得られる製品を開発・販売した。家庭でも節電・節約の意識が醸成されて、省エネ型の家電製品(エアコン・冷蔵庫など、最近では照明器具)が消費者に受け入れられた。ただし、一九七〇年代に非効率なエネルギー消費の典型例とみなされた乗用車については、その利用を抑制して公共交通機関の利用を促すノーカー運動が行われたものの、かけ声倒れに終わった。多くの消費者は移動の利便性が損なわれることを嫌い、軽自動車のような燃費効率のよい車を購入したり、また最近では低燃費カー(ハイブリッドカー、電気自動車など)を購入したりするという対応を行なっており、省エネは乗用車の利用を前提としたものとなっている。

参考文献　五十嵐仁他編『日本二〇世紀館』(一九九九、小学館)　　（鈴木　邦夫）

しょうか　商家　家業として商売を営む家。十九世紀の終わりころまでは、多くの地域で経営者の血縁者に加えて同居する奉公人も商家の成員としてみなされ、奉公人による分家である別家も頻繁に行われ、京や大阪の大店などでは、本家・分家・別家からなる大規模な商家同族団が形成されていた。二十世紀以降は次第に、奉公人は仮に経営者一家と同居することがあっても商家の成員としてはみなされず、あくまでも従業員として扱われるようになっていった。

参考文献　中野卓『商家同族団の研究—暖簾をめぐる家研究—』(一九六四、未来社)　　（塚原　伸治）

しょうか　唱歌　古くは「しょうが」と読み、歌うこと、特に楽器の旋律を声で唱えることをさしたが、一八七二年(明治五)の学制に教科名「唱歌」が登場した後は、学校で教える小篇歌謡を唱歌《しょうか》という用法が一般化した。最初の唱歌集となった文部省音楽取調掛編『小学唱歌集』(一八八二—八四年刊)は既存の西洋曲に日本語の歌詞を付けた「蛍の光」のような曲が大半で、雅楽調・俗楽調の曲も一部存在した。一八九三年頒布された学校儀式用の『祝日並大祭日唱歌』は洋楽調と雅楽調の曲が相半ばした。一九〇〇年ごろには言文一致唱歌が流行するが、

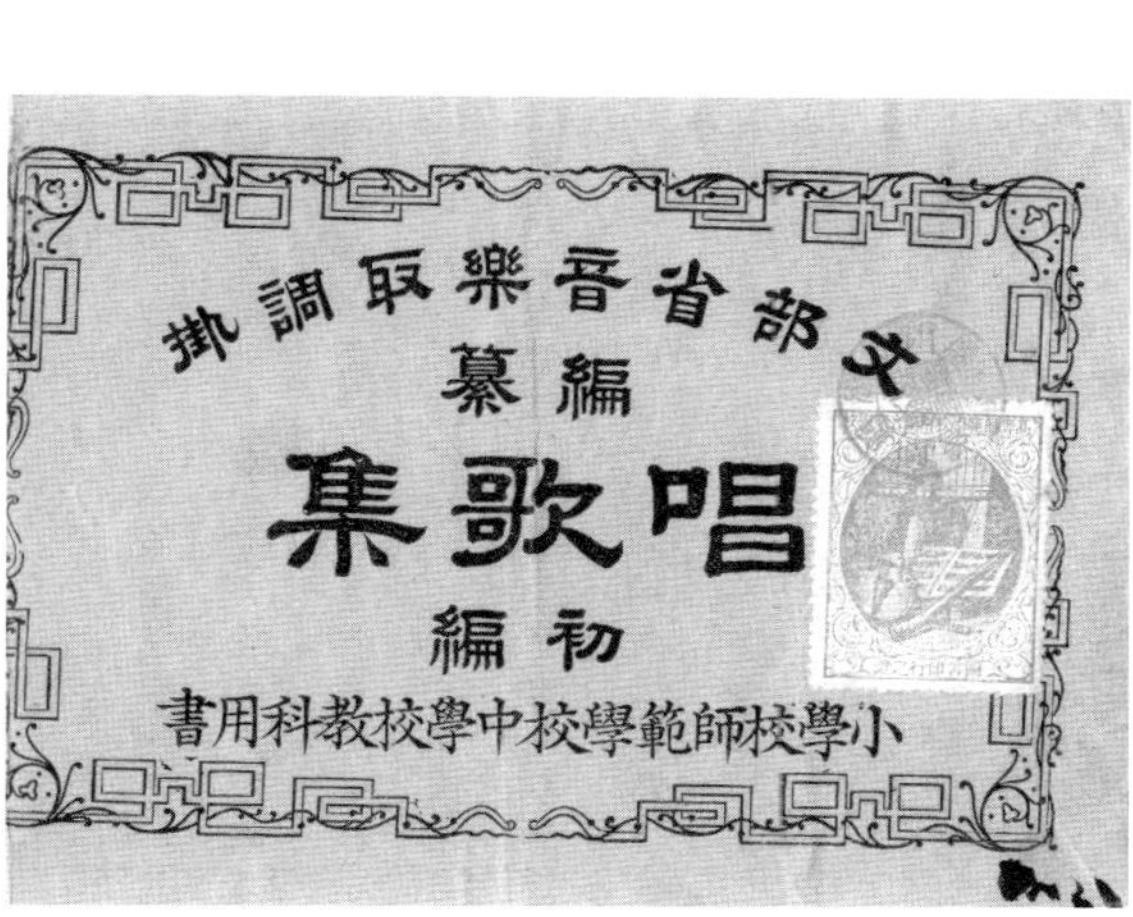

『小学唱歌集』初編（1882年）

これに対し文部省は『尋常小学読本唱歌』(一九一〇年刊)、『尋常小学唱歌』(一九一一—一四年(大正三)刊)で歌詞・曲ともに全曲新作の文部省唱歌を発表し、長く定着した。唱歌の様式は軍歌や仏教唱歌など学校以外の歌にも応用される一方、日本の唱歌は留学生や植民地行政を通してアジア諸国に伝播し各国の音楽文化に大きな影響を与えた。 ↓音楽《おんがく》 ↓童謡《どうよう》

参考文献 安田寛・赤井励・閔庚燦編『原典による近代唱歌集成』(二〇〇〇、ビクターエンタテインメント)

(塚原　康子)

しょうが　生姜 ⇩香辛野菜《こうしんやさい》

じょうかい　常会 一般的には各種団体の定例会を呼ぶが、日中戦争期以後に組織されてくる町内会・部落会・隣組などの地域団体、職場での会合を指す。一九四〇年(昭和十五)の内務省訓令「部落会町内会等整備要領」では毎月の定例開催が決められた。地域・職域における役職者を網羅し、隣組などでは全世帯からの出席が求められた。子どもや女性の常会も開かれている。供出・貯蓄・配給・警防など上からの指示を組織・集団内で協議・調整する機能を持った。

参考文献 鈴木嘉一『隣組と常会—常会運営の基礎知識—』(一九四〇、誠文堂新光社)、秋元律郎『戦争と民衆—太平洋戦争下の都市生活—』(『学陽選書』、一九七四、学陽書房)

(大串　潤児)

しょうがいきょういく　生涯教育 人間は生涯を通して学び発達する存在である。だから学齢期に学校で学ぶだけではなく、生涯にわたって学習と教育が保障されるべきだという考え方、理念。人間は、ほかの動物に比して学習と教育によってのみ人間となり得るという考え方は、古くから自覚されていた。しかし生涯教育という考え方が公式に表明されたのは一九六五年(昭和四十)のユネスコ主催の成人教育推進委員会であった。代表提案者のP・ラングランは、生涯教育について「博識を獲得することではなく、自分の生活の多様な経験を通じてより一層自分自身になるという意味での存在の発展」にあるとして意義を強調した。生涯学習はそれを保障する内容や方法をいう。急速に進化する社会状況の中で、豊かな人生を求めることはすべての人に与えられた権利である。その意味で生涯学習の整備は不可欠である。 ↓社会教育《しゃかいきょういく》 ↓習《なら》い事《ごと》

参考文献 鈴木敏正『生涯学習の教育学—学習ネットワークから地域生涯教育計画へ(増補改訂版)』(二〇一四、北樹出版)

(荒井　明夫)

しょうがいしゃ　障がい者 先天的または後天的な理由により、身体機能の一部に機能の障がいがあるため長期にわたって日常生活・社会生活に相当な制限を受けざるを得ない人のこと。日本社会では長い間「めくら」(視覚障がい)、「おし」(聴覚障がい)などといわれ、障がい者(児)は社会的差別の対象だった。戦後の日本国憲法による基本的人権規程下の一九七〇年(昭和四十五)に心身障害者対策基本法が制定、九三年(平成五)には、戦後の研究や障がい者(児)運動の成果を反映して、目的・理念・定義を改定した障害者基本法が制定された。学校教育では、一九〇〇年(明治三十三)の第三次小学校令で児童の就学義務が保障され義務教育制度が確立するが、それは同時に障がい児の義務教育からの免除・排除でもあった(第三三条)。戦後の七九年にようやく養護学校が義務化され、重度障がい者(児)にも就学の途が開かれたが、健常児とともに地域の学校で学びたいという問題がおこる。二〇〇一年法令改正で、障がい児教育を従来の「特殊教育」から「特別支援教育」に改称、〇七年からは盲学校・聾学校・養護学校は特別支援学校に統一された。 ↓盲《もう》聾学校《ろうがっこう》 ↓養護学校《ようごがっこう》 ↓リハビリ

参考文献 高谷清『重い障害を生きるということ』(『岩波新書』、二〇一一、岩波書店)

(荒井　明夫)

しょうがっこう　小学校 日本における初等教育段階の学校の名称。一八七二年(明治五)にはじめて導入した近代学校制度である学制においては小学と呼ばれていたが、一八七九年の教育令において小学校と改称され、以後、国民学校と呼ばれていた一九四一年(昭和十六)から敗戦までの時期を除いて、今日にまで継続している。現在は、満六歳に達した日の翌日以後の最初の学年の初めから、満十二歳に達した日の属する学年の終わりまで就学するものとされている。一八八六年、学齢の間普通教育を受けさせることは父母後見人の義務とされ、第二次世界大戦後に中学校も義務教育とされるまで、小学校が義務教育の場であった。遊びや労働のなかに生活時間の大半があった近代以前の子どもの在り方は、これにより一変し、子どもだけが集まる特殊な空間において教育されることになった。また学級制により、原則として同年齢の集団に帰属することが標準的な生活形式となるなど、知識の普及だけでなく、子どもの生活に与えた影響は大きい。 ↓国民学校《こくみんがっこう》

参考文献 文部省『学制百年史』(一九七二、帝国地方行政学会)、山住正己『日本教育小史—近・現代—』(『岩波新書』、一九八七、岩波書店)

(八鍬　友広)

じょうかまち　城下町 領主の城を中心に、周囲に武家地、町地、寺社地などを配する構造をもった都市。戦国時代に登場し、江戸時代に幕藩領主の拠点として整備された。身分別に居住区域が設定されたことを最大の特徴とする。城は堀や石垣で囲まれ、本丸・二の丸あるいは天守閣などを備えたが、合戦を想定した諸設備はのちに政庁となり、あるいは権威の象徴としての意味合いをもった。幕藩領主は家臣たちに城下町集住を求めたから、武家地がまずは整備されて、城下町の大部分をこれが占めた。町人らは武士の生活を支えるために、地子免除で城下に呼び集められ、職種ごとに職人町を形成したが、彼らの活動は次第に城下町それ自身の需要を満たすものへと展開した。寺社には門前町をもつものや、中小の寺

院が集まって寺町を構成するものもあった。城下町は、さまざまな異なる要素を武士のイエが統合したものとして捉えられる。こうした城下町は都市全体を囲繞する都市壁を持たなかったために、近代的な交通体系を受容しやすく、現代の主要な都市には城下町を母胎とするものも数多い。

参考文献 吉田伸之『巨大城下町江戸の分節構造』(二〇〇〇、山川出版社)　(松本剣志郎)

しょうぎ　床几　腰掛けの一種で、(一)脚を打違《うちちが》いに組んだ折りたたみ式のもの、(二)横に長い低い台、の二種類がある。牀几・将几とも書く。(一)は、中世に武将が合戦の陣中など野外で一時的に腰掛ける時に用い、使用は大将の特権でもあった。(二)は数人が腰掛けられる脚がやや短い台で、近世に社寺の境内や門前など戸外の茶店で客が腰掛けて休む台として設けられ、上に緋毛氈《ひもうせん》を敷くことが多かった。→椅子《いす》

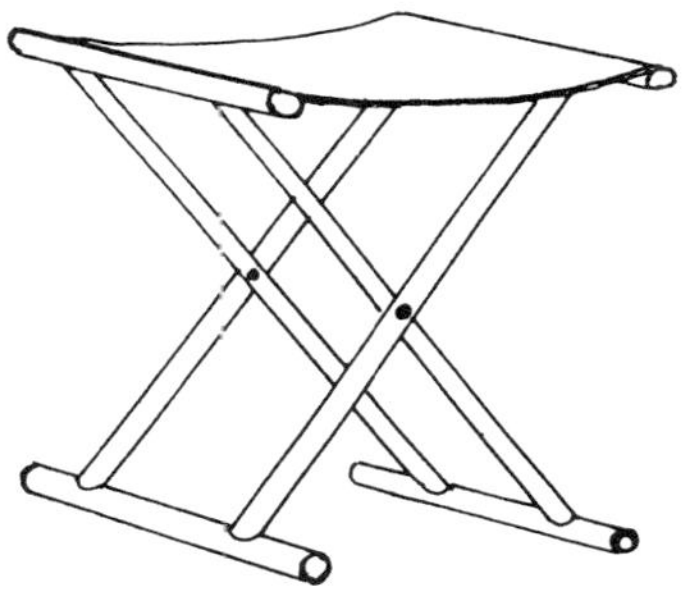

床　几

参考文献 小泉和子『家具と室内意匠の文化史』(一九七九、法政大学出版局)　(菅原　正子)

しょうぎ　将棋　盤上の駒を交互に動かし、相手の最も重要な駒である「王将」を奪うと勝利する盤上遊戯。日本将棋ともいう。その起源は、古代インドのチャトランガというゲームといわれており、チェスや中国将棋もその派生とみられている。日本への伝来は不明であるが、十一世紀中葉に成立した藤原明衡《ふじわらのあきひら》の『新猿楽記』には将棋に関する記述があり、奈良市興福寺境内からも同時期の将棋駒が出土している。当初の大将棋(百三十枚の駒)では駒は取り捨てであったが、鎌倉時代には中将棋(九十二枚の駒)が生まれ、室町時代には「持ち駒」の利用が可能な現行の将棋(四十枚の駒)が成立したようである。江戸時代を通じて貴族・武士から広く庶民にも普及し、現在では、新聞社の主催するタイトル戦が複数行われてその棋譜が新聞に連載されたり、新聞・雑誌に詰将棋が載るなど、将棋は囲碁と並ぶ国民的遊戯として広く親しまれている。夕涼みがてらに縁台で将棋を楽しむ光景(縁台将棋)は、昭和の庶民生活を象徴する日常風景の一つでもあった。また、「優勝に王手」という表現や、高圧的な言動を取る人を「高飛車な人」と呼ぶ(飛車を自陣の前方に高く進め、相手を強圧する戦法に由来)など、将棋を起源とする慣用句も、日常会話の中に広く浸透している。

参考文献 国立国会図書館編『囲碁・将棋文化史展―その伝来から近代まで―』(展示会目録、一九八八)　(宮瀧　交二)

じょうぎ　定木　建築をはじめとして、生活のさまざまな用途に使われる直線の基準となる道具。建築の場合、その名称と形状が確認できるのは、十八世紀の文献(『和漢船用集』)である。「定木(テウキ)」項目に、「長二尺三尺」の「幅広」の板を、「ねちれ」を見るために使用し、「捻定木」と呼称する、との記述がある。また「鉋(ツキカンナ)」項目に、「台定木(タイテウキ)」として、二枚の定木を太枘《だぼ》で合わせた挿図がある。これは、鉋台の下《した》端《ば》面の状態を確認するために用いる。

定木(『和漢船用集』より)

参考文献 渡邉晶「近世の建築用墨掛道具について」(『竹中大工道具館研究紀要』八、一九九六)　(渡邉　晶)

じょうきょうれき　貞享暦　渋川春海《しぶかわはるみ》によって編纂された日本ではじめての暦法。一六八四年(貞享元)十月二十九日に改暦宣下、翌年より一七五四年(宝暦四)まで施行

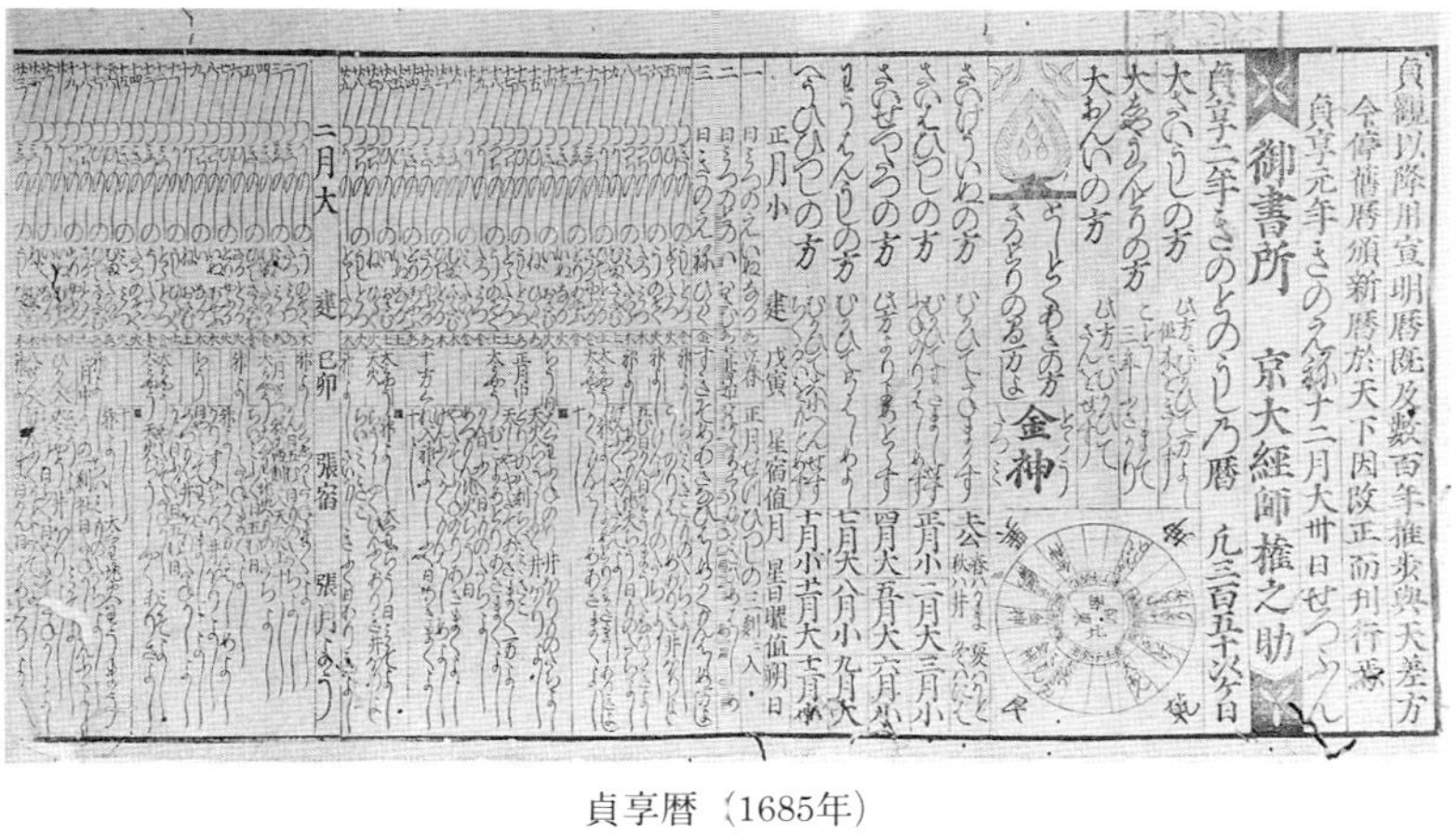

貞享暦(1685年)

された。八六二年(貞観四)以来八百二十三年間使用されてきた宣明暦は長年の誤差が累積して日月食の予報を誤るなど天行との差が顕著になったため改暦が求められた。春海ははじめ授時暦の採用を願い出たが、のちに近日点を補正し、中国との経度差を考慮した貞享暦を作った。貞享暦には八十八夜や二百十日などの日本独自の暦註が採用された。改暦後春海は幕府天文方に任命され、以後国内の暦は統一された。

参考文献 渡辺敏夫『近世日本天文学史』上・下(一九八六・八七、恒星社厚生閣)　(岡田　芳朗)

しょうこくみん　少国民　子どものこと。年少の「国民」。「少国民」(「小国民」とも、young people)ということばは明治期にもみられるが、一九三〇年代に入り社会的に広がっていった。一九三五年(昭和十)には日本少国民文庫(新潮社、吉野源三郎『君たちはどう生きるか』など)が刊行される。当初は自由主義的ヒューマニズムが基調となっていた。四〇年代に入り、新聞・雑誌などにも「少国民」という語が増え、四二年には少国民文化協会(機関誌『少国民文化』)が結成されている。アジア太平洋戦争勃発前後からは、「天皇の赤子《せきし》」であり錬成されるべき「年少の皇国民」という意味で用いられるようになる。同時にそれは国民学校の時代とも重なるので、国民学校で育成しようとした子ども像であるともいえる。その意味で戦時期天皇制国家の公的な「児童像」であった。もとより子どもの自由な成長の権利を基礎におくものではなく、「聖戦遂行」の「国策」に積極的に参加する「国民」育成を前提とした理念であった。

参考文献 山中恒『ボクラ少国民』一―五・補(一九七四-八一、辺境社)、寺崎昌男・戦時下教育研究会編『総力戦体制と教育―皇国民「錬成」の理念と実践―』(一九八七、東京大学出版会)　(大串　潤児)

しょうこんゆ　松根油　乾燥した松の根を精製して作る燃料用の油脂。存在自体は一九三〇年代にはすでに知られていたが、アジア太平洋戦争中、日本が制海権を失い、石油不足が深刻化した一九四四年(昭和十九)三月ごろより、航空機用の代用燃料としてにわかに注目を集めた。穀類を原料としたアルコール燃料や、石炭を原料とした人造石油と同様、国内で生産可能な燃料と期待されたが、製造には大量の松を高度に乾留・精製する必要があり、実用とはおよそかけ離れていた。しかし、農林省の協力のもと、勤労動員された学生らにより、四四年末から各地で大規模な松の伐採が行われた。老いた松の方が油の含有率が高いことから、歴史ある松並木が伐採で消えた例もある。生産された松根油は、実戦でほぼ使われないまま終戦を迎えたため、戦後に輸送用燃料として利用された。物資不足から戦後も生産が続いたことはほとんど知られていない。大がかりな計画と作業従事者の徒労感から、戦後に出された戦争体験者の証言集には、松の伐採に関する記事が数多く寄せられている。

新潟県加治村松根油採掘隊

参考文献 脇英夫他『徳山海軍燃料廠史』(『徳山大学研究叢書』、一九八九、徳山大学総合経済研究所)、廣瀬聡「太平洋戦争末期の日本の航空燃料―代用燃料としての松根油―」(『戦争と平和(大阪国際平和研究所紀要)』一三、二〇〇四)　(山口　隆行)

しょうじ　障子　部屋と屋外の間に入れる、明り取りのための建具。木製の格子に白紙を張ったもので、日光をはじめとする光を適度に和らげながら採るものである。多くの場合下部には腰板が入っているが、腰板のない水障子と呼ばれるものもある。平安時代には襖や衝立なども含め建具をすべて障子といっていたが、平安末に発明されたとされる明かり障子は、間仕切りとしての機能に特化した襖と比べ、間仕切りをしつつ採光するという二つを両立させることができるものであった。室町時代から江戸時代初頭にかけて書院造の家屋が普及するのと同時に、明かり障子も広がった。とはいえ、明かり障子が一般の民家に普及したのは江戸時代中期のことで、それまでの庶民の生活といえば、現在よりもはるかに暗い家屋のなかで生活していたのである。江戸時代には、上方を中心に中障子襖や中通襖など、襖の中央部に明かり障子をはめた折衷型がみられ、防音・保温性にすぐれた襖と採光性の高い障子を組み合わせる手法がみられるようになった。明治以降も、日本において上質な板ガラスの国産化が遅れたこともあり、政治家や財界人など一部の邸宅を除いてガラス窓・ガラス戸は遠い存在であった。都市部を中心に庶民といってよいレベルに板ガラスが普及したのは大正から一九三五年(昭和十)ごろの時期であり、それ以前は都市部でも障子での採光が一般的であった。現在では障子の需要はピーク時と比較すれば小さなものとなっているが、和室の窓にはあえて障子をはめることも多い。また、機能面でも断熱効果や適度な採光性などが評価されることもあり、ガラス窓との組み合わせという形で、採用する家屋も少なくない。紙が破れやすいため敬遠されがちであるという傾向に対応して、プラスチック製の障子紙なども普及している。　↓衝立《ついたて》　↓襖《ふすま》

参考文献　上田篤『日本人とすまい』(『岩波新書』、一九七四、岩波書店)、樋口清之「障子の科学」(ミサワホーム総合研究所出版制作室編『日本人―住まいの文化誌―』所収、一九八三)、西山夘三『すまい考今学―現代日本住宅史―』(一九八九、彰国社)
(塚原　伸治)

しょうしかもんだい　少子化問題　少子化によって生じる社会問題。合計特殊出生率が継続的に人口置換水準を下回る状態を少子化という。近代世界においては、西欧諸国をさきがけとして、「多産多死」から「少産少死」へと移行する「人口転換」が進行し、日本においても一九二〇年代から五〇年代にかけて同様の事態が生じた。しかし六〇年代以降、多くの先進国では出生率がさらに低下する少子化に直面するようになり、日本も七〇年代半ばから少子化社会となった。少子化が長期にわたると、人口が減少に転じ、また社会の高齢化に拍車がかかる。経済活動を支える労働力の減少は、経済成長を抑制する要因となり得る。また、若年人口の逓減が続くと、年金などの社会保障制度の維持が困難なものとなり、その負担をめぐる世代間の軋轢が引き起こされる可能性もある。少子化にはこのような問題がはらまれるため、日本では九五年(平成七)から少子化対策が実施されるようになり、二〇〇三年には少子化社会対策基本法も制定されたが、少子化の趨勢を変えるには至っていない。

参考文献　増田雅暢『これでいいのか少子化対策―政策過程からみる今後の課題―』(『Minerva 福祉ライブラリー』、二〇〇八、ミネルヴァ書房)
(高岡　裕之)

しょうじんりょうり　精進料理　植物性食品のみで作る料理。『日葡辞書』(一六〇三年(慶長八))には「精進」「シヨウジ」穀類や野菜で作る食事」とある。鎌倉時代の武家社会の台頭と禅宗の伝来などを社会背景として生まれた料理。禅宗寺院の僧侶たちが修行生活の中でとった食事であり、仏教の殺生禁止、殺生戒の思想から肉食禁忌、動物性食品排除が厳しく守られた。植物性食品のみによる制限から調理法、調味などにもさまざまな工夫が凝らされる。さらに、食品では当時伝来の豆腐、湯葉、麩などが多用され、相まってこれらの食品の発達を促した。また、豆腐は二次製品の油揚、ひりょうず(飛竜頭)など揚げ製品の油脂味により旨味、栄養なども補った。仏教の普及とともに、精進料理は葬祭儀礼の饗応に用いられるなど、庶民間にも広く流布した。精進料理は料理内容のみならず、食事作法(食礼)を整え、食事全体を修行として捉えており、のちの懐石料理にも影響を与えている。
↓懐石料理《かいせきりょうり》
(秋山　照子)

じょうすい　上水　飲用などとするために溝や管を通して供給される水。日本では十六世紀に小田原にひかれた早川上水が最古の上水といわれる。江戸には十七世紀中に神田上水・玉川上水・青山上水・三田上水・亀有上水(本所上水)・千川上水の六上水がひかれた。神田・玉川以外の四上水は一七二二年(享保七)に上水としては廃止され、通過村の用水として使われるようになっている。神田上水は湧水である井の頭池を主たる水源とし、玉川上水は多摩川の水を羽村堰から取り入れて江戸まで送った。水を清浄に保つため両上水の通過村は上水縁の草刈りや芥留でのゴミ浚いが命じられた。江戸に入った上水は地下の樋や枡を通じて分水され給水された。江戸の住民に水銀《みずぎん》を賃担したが、その割り当て基準は武家が表高、町が表間口の長さによっていた。江戸の銭湯も上水を使用したが、樋普請などで断水となることもあり、掘り抜き井戸を使った地下水も利用していた。各藩の城下町にも多く上水がひかれた。　↓灌漑《かんがい》・用水《ようすい》　↓水道《すいどう》

参考文献　伊藤好一『江戸上水道の歴史』(一九九六、吉川弘文館)、喜田川守貞『近世風俗志　守貞謾稿』四(宇佐美英機校訂、『岩波文庫』、一九九六、岩波書店)
(松本剣志郎)

しょうちゅう　焼酎　穀類や芋類を蒸留して造った酒。大きくは単式蒸留焼酎(焼酎乙類)と連続式蒸留焼酎(焼酎甲類)に二分され、さらに単式蒸留焼酎は穀類や芋類とそれらの麴で作った米焼酎・麦焼酎・芋焼酎、穀類の麴のみで作った泡盛、清酒粕を蒸留した粕取り焼酎、黒糖と米麴で作った黒糖焼酎、その他の焼酎に分けられる。米焼酎や麦焼酎、芋焼酎、泡盛、黒糖焼酎などはいずれも十六世紀以降に海外から技術が導入され、九州と沖縄で発達した。一方、粕取り焼酎は江戸時代から清酒の産地で製造され、飲用だけでなく、味醂の製造や劣化した清酒を直すのに使われていた。一九〇〇年(明治三十三)ごろには海外から連続式蒸留機が日本に導入され、アルコール純度の高い焼酎が新式焼酎の名で製造されるようになった。焼酎の多くは長く安酒の地位にあったが、七〇年代に減圧式蒸留法が普及し、原料のにおいを抑えたソフトな味わいに変化すると、焼酎ブームを巻き起こした。
↓泡盛《あわもり》

参考文献　野間重光・中野元編『しょうちゅう業界の未来戦略―アジアの中の本格焼酎―』(『Minerva business library』七、二〇〇三、ミネルヴァ書房)
(青木　隆浩)

しょうてんかい　商店会　商店街にある各店舗が作る団体。運営の趣旨はさまざまだが、個々の店が単独で事業を運営するだけではなく、集団となって商店街の振興を目指すことを目的としたものが多い。基本的には町内会と同じ任意団体であるため、名称にもバリエーションがある。商店街振興組合法(一九六二年(昭和三十七))にもとづく商店街振興組合に組み込まれている団体も多い。その場合、商店会と商店街振興組合が一体化しているものと、複数の商店会が一つの商店街振興組合を組織しているものの両方がみられる。町内会と商店会の関係もさまざまで、町内ごとに商店会が設立されているものや、町内のなかに複数の商店会が設立されているものなどがみられる。一九二〇年代―三〇年代の反百貨店運動をうけて、三一年に東京府商工課が東京府商店会連盟を組織し、全国的な組織化を呼びかけたことで、急速に数を増

やした。

参考文献 新雅史『商店街はなぜ滅びるのか—社会・政治・経済史から探る再生の道—』(『光文社新書』、二〇一二、光文社)、満薗勇『商店街はいま必要なのか—「日本型流通」の近現代史—』(『講談社現代新書』、二〇一五、講談社) (塚原 伸治)

しょうてんがい 商店街 商店が道沿いに並んでいる地区、あるいはその商店主たちの集まり。日本における商店街の起源については、平安京東市・西市や楽市・楽座、江戸時代の城下町などに求めることができる。しかし、店がただ集まっている場所というだけではなく、商店同士の連携があり、地域社会のシンボルともみなされる現在の商店街が生まれたのは、一九二〇年代から三〇年代にかけてである。その時期、都市への人口流入に伴って

1960年代初頭の商店街（東京都世田谷区三軒茶屋銀座通り）

生じた零細小売商の増加が問題視されるようになっていた。一方、明治後期から昭和初期までの間に、常設店舗による販売が露店・行商をしのぐようになり、小売商人が地域というまとまりを意識するようになっていた。このような社会的な事情を背景に発明されたのが、「商店街」という理念である。それまでは中小小売業の組織は業種ごとに結成されるものが通常であったが、商店街という理念の発明によって、地域全体で買い物空間を提供するという発想が生まれ、商店会などの地域的な組織の結成を通して、全国に普及していった。

参考文献 新雅史『商店街はなぜ滅びるのか—社会・政治・経済史から探る再生の道—』(『光文社新書』、二〇一二、光文社)、満薗勇『商店街はいま必要なのか—「日本型流通」の近現代史—』(『講談社現代新書』、二〇一五、講談社) (塚原 伸治)

じょうとうしき 上棟式 建築儀礼の一つ。棟木を上げる儀式で、工事の進捗を祝い、その完成を祈念する。あらかじめ棟木を上げておき、棟梁が槌で打ち固めるのが一般的である。法華寺造営文書(『正倉院文書』一六ノ二八四)に「棟梁挙」とあり、奈良時代の寺院造営時に上棟式が行われていたことが確認できる。神式が一般的ではあるが、仏式でも行われる。社寺のみならず、民家においても重視された。中部地方では、牛腸《ごちょう》と呼ばれる食物や酒などの贈呈品が用いられた。かつて儀礼に際して、牛が犠牲とされていたなごりであろう。 ↓棟木《むなぎ》

参考文献 伊藤平左ェ門『建築の儀式』(一九五九、彰国社)、福山敏男「正倉院文書に見える建築用語」(『正倉院年報』八、一九八六)、津山正幹『民家と日本人—家の神・風呂・便所・カマドの文化—』(二〇〇八、慶友社) (鈴木 智大)

しょうどく 消毒 人体に有害な病原菌を殺すこと。十九世紀以降、病原菌の相つぐ発見と密接に関わり普及していった。一八九七年(明治三十)の伝染病予防法により、コレラ、赤痢(疫痢を含む)、腸チフス、パラチフス、痘瘡、発疹チフス、猩紅熱《しょうこうねつ》、ジフテリア、流行性脳脊髄膜炎およびペストの十種の急性伝染病の予防に関して、患者の届出義務、患者および感染の疑いのある者の隔離、患家の交通遮断が定められた。同法施行規則では、清潔方法、消毒方法、患者死体および物件の処置法、交通遮断および隔離の手続その他が規定され、消毒薬として石灰酸水やクレゾール水など七種類が定められている。伝染病の原因が不明だったころと比べ、殺菌消毒すればよいことがわかったことは画期的であった。啓蒙を通じて国民は、清潔を心がける衛生観念を育てていった。その一方で、目に見えない病原菌に対する過剰な恐怖や、患者に対する差別や排除の問題点は、明治期から現代に至るまで生き続けている。 ↓衛生《えいせい》 ↓伝染病《でんせんびょう》

参考文献 小野芳朗『〈清潔〉の近代—「衛生唱歌」から「抗菌グッズ」へ—』(『講談社選書メチエ』、一九九七、講談社) (木村 哲也)

しょうにん 商人 江戸幕府の成立による統一政権の誕生は、慶長金銀を発行し、三都と城下町という都市への生活物資の流入を生み出し、特産物生産と地域的分業を発生させて、隔地間の交易を活発化させた。米納年貢は米の商品化と畿内への廻船輸送をもたらした。また長崎での唐蘭貿易や対馬での朝鮮貿易は、国内市場をそのために編成した。商人はそれら生活物資の流通に携わる者の総称になる。問屋、仲買や小売りと呼ばれるが、舟持も商業活動を行なった。伊勢商人は早くから江戸に店舗を開き、近江商人は関東から東北、さらに蝦夷地にまで進出した。商人のなかで京都に本店をおく江戸呉服問屋が資産規模で最大となり、三都に店舗をもち、奉公人数は千人をこえるものがいた。大坂には鴻池のように大名貸に専門化した両替商もいた。藩領域市場の中では、城下町商人に対して、次第に在方商業が進展していき、在郷商人が出現してきた。 ↓伊勢商人《いせしょうにん》 ↓近江商人《おうみしょうにん》 ↓

連雀商人《れんじゃくしょうにん》

しょうねんいん　少年院　主として家庭裁判所から保護処分として送致された少年を収容し矯正教育を行う、法務省所管の国立施設。二二年(大正十一)、内務省所管の感化院を「甘母」と批判し、「厳父」を目指して矯正院法により設置された司法省所管の矯正院を前身とする。一九四八年(昭和二十三)制定の少年院法に代わり、二〇一四年(平成二十六)、新たな少年院法が制定された。年齢、犯罪的傾向の進度、心身の障害の有無などに応じ、第一種・第二種・第三種の少年院がある。一五年現在、全国で五十二庁。教育内容として、生活指導、職業指導、教科指導、体育指導、特別活動指導がなされ、個人別矯正教育計画に基づき育て直しを行う。院内生活は個室寮での生活を中心とする新入段階から集団生活を中心とする段階に移行し、職員は交替勤務で指導する。児童福祉施設であり開放処遇を原則とする厚生労働省所管の児童自立支援施設(感化院—少年教護院—教護院を前身とする)に対して、少年院の多くは施錠による処遇を採用する。

参考文献　矯正協会編『少年矯正の近代的展開』(一九八四)、同編『矯正教育の方法と展開—現場からの実践理論—』(二〇〇六)、同編『少年院における矯正教育の現在』(二〇〇九)

(二井　仁美)

しょうねんクラブ　少年倶楽部　一九一四年(大正三)に創刊され、一九六二年(昭和三十七)までの約半世紀間にわたって、講談社が発行した少年向けの総合雑誌。通算で六一一号を数えた。大正期から昭和初期にかけて、大佛次郎、佐々木邦、佐藤紅緑、高垣眸、山中峯太郎、吉川英治らの作家が大衆児童文学作品を連載し、双六や模型工作キットなどの附録や、読者投稿欄などが人気を博して発行部数を伸ばし、昭和初期の最盛期には百万部を自称した。中でも、推理小説家江戸川乱歩が三六年に連載した「怪人二十面相」や翌年連載の「少年探偵団」は読者から熱烈に歓迎され、戦後まで「少年探偵団シリーズ」として長く親しまれた。戦後は、四六年四月から誌名を『少年クラブ』に改称し、手塚治虫のマンガ『ロック冒険記』や『ふしぎな少年』なども掲載されたが、少年たちの興味はマンガ専門誌に移行し、講談社も五九年に『週刊少年マガジン』を創刊したため、その三年後に廃刊となった。かつての読者層からは代表的な少年雑誌として記憶され、その掲載作品は今なお読み継がれている。

参考文献　加藤謙一『少年倶楽部時代—編集長の回想—』(一九六八、講談社)

(宮瀧　交二)

しょうねん・しょうじょざっし　少年・少女雑誌　大人を対象とした雑誌に対し、主に未成年者の男子と女子をそれぞれ対象とした雑誌。その先駆けとされる『穎才新《えいさいしん》誌《し》』(製紙分社)は、一八七七年(明治十)に発行されているが、同誌は和漢詩文の修練を目的としたものであった。一般に児童雑誌の嚆矢は明治二十年代前半に相ついで発行された『少年園』(八八年、少年園)、『小国民』(八九年、学齢館)、『日本之少年』(八九年、博文館)、『幼年雑誌』(九一年、同)であり、その後、『少年界』『少女界』(一九〇二年、金港堂)、『少年』(〇三年、時事新報社)、『少女』(一九一三年(大正二)、同)などがこれに続いた。大正期には『少年倶楽部』(一四年、講談社)、『少女倶楽部』(二三年、同)、『幼年倶楽部』(二六年、同)などが創刊され、少年・少女雑誌は黄金時代を迎えた。一八年には、童話作家鈴木三重吉が主宰する童話・童謡雑誌『赤い鳥』、また一九二七年(昭和二)には今日も発行されている雑誌『キンダーブック』(フレーベル館)も、それぞれ創刊している。こうした少年・少女雑誌には、次号の続編が待望されるような連載小説が掲載され、また正月号をはじめとして双六や栞などの附録が付くこともあって、読者はその発売日を指折り数えて待ち、雑誌を手に入れてからは表紙や頁が痛むほど貸借・回覧した。小学館は、二二年以来、学年別の学習雑誌を発行し、戦後、その発行部数は子ども人口の増加とともに伸びたが、高度経済成長期の相つぐマンガ雑誌の創刊やその後の少子化現象などによって、旧来の小説をはじめとする読み物中心の少年・少女雑誌の人気は次第に衰退し、今日に至っている。↓赤《あか》い鳥《とり》　↓学習雑誌《がくしゅうざっし》

参考文献　『少年少女雑誌の世界—戦前・戦中期—』(テーマ展パンフレット、二〇〇三、さいたま文学館)

(宮瀧　交二)

しょうねんだん　少年団　学校外において身心訓練・徳の育成を目的とした少年組織。国際的な組織としてはボーイスカウト運動があり、日本にも紹介され各地にボーイスカウト組織が結成された。一九二二年(大正十一)、後藤新平によって少年団日本連盟がつくられ、世界連盟に加盟している。また、水平社少年団・少女団(二三年)、無産少年団・ピオニール運動のように社会運動のなかで作られる場合もあった。静岡県沼津の岳陽少年団(一四年結成)や東京海洋少年団など官製的少年団も存在している。満洲事変後には校長を団長とした学校少年団が作られていった。四一年(昭和十六)には大日本青少年団に統合された。戦後、ボーイスカウトも復活し、また各地に子ども会が結成されていった。これは、町内会や自治会が子どもたちを組織したものであり、その目的・指導体制があいまいな場合が多いが、地域社会での生活において一定の意義を持った。

参考文献　上平泰博・中島純・田中治彦『少年団の歴史—戦前のボーイスカウト・学校少年団—』(一九九六、萌文社)、圓入智仁『海洋少年団の組織と活動—戦前の社会教育実践史—』(二〇一一、九州大学出版会)

(大串　潤児)

しょうのう　小農　家族の労働力だけで農業経営を行う小規模な農業経営、またはその農民。雇用労働に依存する大規模な農業経営を大農といい、その対概念である。日本における小農の自立は十七世紀中期以降、農業生産力の発展を基礎にして達成された。近代ではこれら家族

経営を基盤とした小農は資本主義の発達と景気変動の中で分解していくが、雇用労働に依存する資本家的大経営は部分的にしか成立しえず零細規模の家族経営、いわゆる小農が多数残存する。

参考文献　守田志郎『小農はなぜ強いか』(一九七五、農山漁村文化協会)、玉真之介『日本小農論の系譜―経済原論の適用を拒否した五人の先達―』(一九九五、農山漁村文化協会)

(森　武麿)

じょうはつ　蒸発　人間が突然、あたかも蒸発したかのように、理由不明のまま消息を絶つこと。人間蒸発ともいう。一九六〇年代半ば、成人男女の行方不明の増加とともにマスコミで使われ始め、映画やテレビ番組でも取り上げられて流行語となり、定着した。行方不明とほぼ同義だが、事故や災害、犯罪によると推定されるケースは含まない。また家出の多くの部分を含むが、理由や行方を推測させるトラブルや言動、書き置き・遺書などを伴うケースは蒸発と呼ばれない。見かけ上、未知の事故や病気、犯罪などによる死亡・行方不明と区別することはできないが、一般的には、本人とくに家族のいる成人が、何らかの意志をもって、既存の社会関係を断ち切ったケースを指す。都市化の進行とともに、家族や地域社会の外部の生活空間が拡大し、単に「家を出る」だけでは既存の社会関係を断ち切ることができなくなったことから生まれた、家出の現代的形態とみることができる。

参考文献　鎌田忠良『蒸発―人間この不思議なもの―』(『三一新書』、一九六八、三一書房)、星野周弘「蒸発」(岩井弘融編『社会病理学』所収、一九七三、東京大学出版会)

(橋本　健二)

しょうひかくめい　消費革命　⇩消費社会《しょうひしゃかい》

しょうひしゃ　消費者　生産されたものを使ったり食べたり、またサービスを受けたりする人。消費者ということばは、明治時代から使われていたことが確認できる(初出はレロアボーリュー著、田尻稲次郎訳『財政論　関

消費者運動　森永ヒ素ミルク事件第7回本部交渉(『ひかり』21号(1971年6月)より)

税』(一八八〇年(明治十三)発行)の目次)。そして、一九三〇年代になると、日本の消費者は自分たちのことを「消費者である」と認識し始め、団結してその権利を主張するようになった。さらに、この消費者だという意識は第二次世界大戦後さまざまな消費者運動を通じて一般に広がっていった。

(尾崎　智子)

しょうひしゃうんどう　消費者運動　企業の営利主義から消費者の利益を守り、商品の品質や価格を消費者にとってより良いものとするための、社会的な運動。消費者運動ということばは、一九二〇年代に海外の生活協同組合を紹介する際に使われているが、日本で一般にこのことばが浸透し、社会運動としても活発化したのは第二次世界大戦後になってからだった。まず、戦後すぐに大阪の主婦たちが物資獲得運動を始め、東京でも主婦たちが不良マッチ追放運動を行なった。その後、高度経済成長期には商品を大量生産・流通させるために、企業が種々の化学物質を使用し始め、その弊害が現れた。たとえば、森永ヒ素ミルク事件(五五年(昭和三十))、サリドマイド事件(六二年)、ユリア樹脂食器販売禁止勧告(六六年)、カネミ油症事件(六八年)などによって弊害が明らかとなり、消費者の商品に対する安全意識が高まった。企業や行政側も六一年に日本消費者協会を設立して商品テストを始めたり、六八年に消費者保護基本法を定めて、消費者の利益を保護しようとした。だが、これらの取組を不充分と考えた消費者は集団行動を取るようになり、各地に多くの消費者グループが結成されて、消費者運動は七〇年代に最盛期をむかえる。八〇年代に入ると、企業や行政の消費者問題に対する組織が整備されたことによって、七〇年代のような激しい消費者運動は減少した。また高度経済成長後、商品が大量生産から多品種少量生産へ変わっていったため、消費者の要求は次第に細分化されていき、七〇年代のように何か一つの要求でまとまることはなくなっていく。現在、各地で生まれた消費者グループは消費生活にかかわる専門家として情報の発信や行政への関与、一般消費者への啓発を行なっている。

参考文献　国民生活センター編『戦後消費者運動史』(一九九七)、原山浩介『消費者の戦後史―闇市から主婦の時代へ―』(二〇一一、日本経済評論社)

(尾崎　智子)

しょうひしゃかい　消費社会　第二次大戦後の経済成長によって形成された「豊かな社会」を、個人消費の変容という視点から把握した言葉。ミクロの視点から見れば、人々の消費行動において、生理的欲求の充足のためにモノの有用性・機能性を消費するという側面をはるかにこえて、自己の社会的地位や威信の高さを誇示するために、自己の準拠集団への所属を示すために、さらには自己の個性を表現するためにモノの記号性・象徴性を消費するという側面が肥大化した社会のことをいう。マクロの視点から見れば、ロストウが経済成長の最後の段階として

「高度大衆消費」の時代を置いたように、大衆的に高度化した個人消費が経済成長の水準を大きく規定するようになった社会のことをさす。日本で消費社会の形成が注目されるようになったのは、『経済白書』(一九五九年(昭和三十四)度版)で「消費革命」の進展が指摘されたことによる。食生活・衣生活での消費内容の変化、レジャー消費の増加、家庭電化製品の普及などが新しい動向として強調され、それが「技術革新」とともに今後の日本経済の成長を下支えしていく条件として重視された。その後の消費社会の展開の第一段階は、他者への同調志向に基づいた画一的な大衆消費の時代と特徴づけられる。一九五〇年代後半から六〇年代へかけての「三種の神器」を筆頭とする家電製品の急激な普及過程は、それを象徴的に表している。第二段階は、自己表現志向に基づいた個性的な大衆消費の時代と特徴づけられる。八〇年代にマーケティングの世界で「大衆」から「少衆」「分衆」への変容が喧伝され、商品の差異化・多様化が強調され、広告文化が花開いたことがそれに対応する。非正規雇用の拡大によるワーキングプアーの急激な増加、生活保護世帯の増加などの近年の格差社会化の進展の中で、「豊かな社会」の現象形態である消費社会がこれからどのように変質していくのかについては慎重に見極めていく必要がある。

参考文献 T・ヴェブレン『有閑階級の理論』(小原敬士訳、『岩波文庫』、一九六一、岩波書店)、W・W・ロストウ『経済成長の諸段階』(木村健康・久保まち子・村上泰亮訳、一九七四、ダイヤモンド社)、内田隆三『消費社会と権力』(一九八七、岩波書店)

(寺出　浩司)

しょうひしゃきんゆう　消費者金融　金融機関が、消費者の信用に基づいて、生活のための資金を貸し出すこと。消費金融。消費者ローン。個人へ資金を融通する方法としては、頼母子講や無尽講といった庶民の相互扶助的なものが古くからあり、明治以降、この仕組みを利用した無尽会社も設立された。だが、金融機関が不特定多数の消費者を対象に生活資金の貸し出しを行なったのは、一九二九年(昭和四)日本昼夜銀行のサラリーマン金融が最初である。戦後、国民所得の水準が向上して、家電製品を中心とした耐久消費財の購入がブームになると、金融機関も消費者の資金需要に無関心ではいられなくなった。地方銀行・相互銀行・信用金庫などが相ついで消費者へ資金融通を始め、六〇年代に入ると大手市中銀行が参入して「消費者金融」という言葉が新聞に登場する。強引な貸付や取立て、多重債務問題などがたびたび社会問題になりつつも、消費者の意識変化を背景に消費者金融市場は成長しつつある。→高利貸《こうりかし》　→頼母子《たのもし》

参考文献 日本クレジット産業協会編『わが国クレジットの半世紀』(一九九二)

(尾崎　智子)

しょうひぜい　消費税　物品やサービスを消費することに対して課される租税の総称。日本では明治以降、消費税として酒税(一八七五年(明治八)—)・醬油税(八五年—)・砂糖消費税(一九〇一年—)などを課してきた。なかでも酒税は国税の中心で、一九〇〇年代から二〇年代にかけて地租や所得税を抜いて国税の税収のトップだった。戦後も娯楽施設利用税・自動車税・電気税・ガス税・市町村たばこ消費税といった消費税が、地方の独立財源として大きな役割を果たしてきた。以上にあげた税はどれも個々の物品やサービスに課税する個別消費税だったが、原則としてすべての物品やサービスに課税される一般消費税という区分もある。日本では五〇年(昭和二十五)のシャウプ勧告以後、一般消費税の導入案が数度浮上し、八九年(平成元)四月に税率三%の一般消費税が賦課されることになった。以後、五%(九七年)、八%(二〇一四年)と税率があげられ、一五年三月には一〇%への税率引き上げ時期を一七年四月とすることが決まった。

(尾崎　智子)

しょうひょう　商標　商品やサービスについて、ほかの商品やサービスとの差別化を行うために付される印のこと。独占排他的に商標を用いる権利を商標権と呼ぶ。商標権が成立するための要件について、商標使用の事実に求める使用主義と、登録に求める登録主義という二つの考え方が存在する。わが国では、一八八四年(明治十七)に商標条例を制定・布達し、近代的な商標制度を整えて以後、登録主義に基づいて商標を管理している。江戸時代において商標は、印や銘と呼称されたが、京都町奉行所が、ある薬の銘について、世上に著名な銘であることを理由として、その独占排他的な使用を特定の薬舗に認めた例が存在する。商標それ自体に財産権が認められ、法的な保護の対象となる近代的な商標制度とは異なり、あくまでも薬という、人命に関わる商品ゆえの例外的措置といえようが、使用主義に基づいて銘の価値を認定していたことは事実である。→ブランド文化《ぶんか》

参考文献 浜松謌国『摂陽落穂集』(『新燕石十種』五所収、一九一三、国書刊行会)、宇佐美英機「近世薬舗の「商標・商号権」保護」(『滋賀大学経済学部附属史料館研究紀要』三〇、一九九七)、網野誠『商標(第六版)』(二〇〇二、有斐閣)

(高槻　泰郎)

しょうふだはんばい　正札販売　顧客ごとに価格を変更せず、一律の代金(定価)で商品を販売すること。正札とは掛け値なしの値段を書いて商品につけられた札のことである。一六七三年(延宝元)に越後屋が始めたといわれており、世界的にも先駆けていたものであったが、実際に日本において正札販売が普及するにあたっては、二十世紀初頭に百貨店が正札販売・陳列方式という販売方法を採用したことによる影響が大きかった。正札販売の普及以前は、顧客との関係によって値段を設定するか、価格交渉の結果として値段が決まるのが一般的であった。地方都市などにおいては、御用聞きや掛け売りなどの販売方法が根強く、正札販売を採用しつつも、顧客との関係において柔軟に価格を変更することが現在でも行われ

ている。

参考文献　塚原伸治『老舗の伝統と〈近代〉—家業経営のエスノグラフィー—』(二〇一四、吉川弘文館)

(塚原　伸治)

しょうぶゆ　菖蒲湯　菖蒲の葉を湯に浮かべた風呂のことで、五月節供の日の夜にたてる。ヨモギの葉も入れることが多い。菖蒲やヨモギの香りの力で、邪気を祓うことができるといわれる。五月節供に菖蒲湯をたてる習俗は、古く室町時代の文献にすでにみえ(『御湯殿上日記』)、宮中・武家から一般庶民に至るまで広く行われていた。東京都港区の覚林寺では、五月節供の日に清正公《せいしょうこう》大祭が行われるが、境内には菖蒲売りが店を出す。参拝者らはそこで菖蒲を求めて家に持ち帰り、菖蒲湯をたてることになっていた。

参考文献　長沢利明『江戸東京の年中行事』(一九九九、三弥井書店)

(長沢　利明)

じょうほうかしゃかい　情報化社会　情報社会とも呼ばれ、確定した定義がないにもかかわらず、革新的な社会イメージを喚起する用語として、一九六〇年代末以降、ニューメディア社会(八〇年代半ば)、マルチメディア社会(九〇年代半ば)、ディジタル社会(九〇年代末以降)などと、装いを変えながら流布してきた。コンピュータ利用を核とする「高度工業社会」の情報化にどう対処すべきかを述べた政策文書での記述(経済審議会情報研究委員会編『日本の情報化社会—そのビジョンと課題—』、一九六九年(昭和四十四)など)が、情報化社会という用語の初発例で、情報・通信産業の育成策など、産業政策の方向づけと結びついた社会像が打ち出された。また、情報化社会論は、情報技術の発達が便利で豊かな社会生活、家庭生活を到来させるという楽天的な未来像の提供をつうじ、ファミコン、パソコン、ケータイ、スマートフォンなど、新開発の情報機器を社会生活に浸透させる心理的誘導の役割をになった。一般家庭の生活を実際に大きく変化させた情報化の画期は、パソコン利用率がほぼ一割(九〇年(平成二))から五割に達する(二〇〇〇年)九〇年代のことである。さらに、九〇年代末から急激に普及したケータイ、ついで二〇一〇年代からのスマートフォン普及により、インターネット利用は日本の全人口数とほぼ同じ規模に達した。これらの情報機器の浸透は、家庭でのメディア利用、家族・友人間のコミュニケーションを変容させ、ICT(情報通信技術)を所与の環境とする子どもたちの生育過程にも無視できない影響を及ぼしている。二〇〇〇年代以降、インターネット利用が一般化し、既存のメディアに匹敵する産業・市場規模に達するとともに、インターネットを介した新たなつながり(SNSなど)が生まれ、現実社会と複雑に入り組んだIT社会が出現する。パーソナル＝コミュニケーションとパブリック＝コミュニケーションとが混在するIT社会では、既存の公私区分が通用せず、公共性や民主主義にかんする近代社会の通念を揺るがす社会現象が進行している。

↓インターネット　↓携帯電話《けいたいでんわ》　↓メディア産業《さんぎょう》

参考文献　林雄二郎『情報化社会—ハードな社会からソフトな社会へ—』(『講談社現代新書』、一九六九、講談社)、佐藤俊樹『ノイマンの夢・近代の欲望—情報化社会を解体する—』(『講談社選書メチエ』、一九九六、講談社)

(中西新太郎)

しょうぼうだん　消防団　市町村や集落など地域の人びとによって担われる民間の消防組織。近世農村では若者組が地域の消防・救助活動を担っていた。近代以降の青年会(団)にもその機能は引き継がれた。地域の消防団は、青年団脱退者・上位年齢者によって組織されている。都市における消防団は、一八七二年(明治五)、江戸町火消しを消防組に改組して警視庁の管轄下においた。九四年に消防組規則によって全国的な組織制度が整い、市町村費用負担、警察署長の指揮を受けることが定められた。一九三九年(昭和十四)、消防組は解散、民間の防空組織である防護団と統合されて警防団に改編された。戦後、警防団は「戦争協力機関」とみなされて廃止されるが、四七年の消防団令によって地方公共団体に属する機関となった。四八年には消防組織法が施行されて消防は市町村の行政責任となった。地域住民が非常勤の職員として消防団員となっている。

参考文献　鈴木淳『町火消たちの近代—東京の消防史—』(『歴史文化ライブラリー』、一九九九、吉川弘文館)、日本消防協会編『消防団一二〇年史—日本消防の今日を築き明日を拓くその歩み—』(二〇一三、近代消防社)

(大串　潤児)

じょうみん　常民　民俗学における集合的な主体概念で、貴族階級でも武士でも僧侶でもない、村に定住する普通の庶民を指し、伝統的な社会生活を支える慣習や伝承の担い手とされる。柳田国男が英語のfolkやドイツ語のVolkに相当するものとして概念化したと論じられてきたが、国際連盟委任統治委員員時代に用いているnativeやcommonの語との関係も無視できない。渋沢敬三はcommon peopleに対応させて理解している。しかし結局のところ柳田自身は、文字記録によらない常識や知識の担い手という程度にしか規定していない。形成史にそってみれば、(一)「山人」に対比される日常性や定住性を中心とし、(二)村の公共生活の維持主体としての「本百姓」的な生活様式への注目を経て、後年には(三)民族の概念ともたれあいつつ「日本人」にまで拡大されていった。戦後の民俗学の性格をめぐる論争で主要概念として重視され、「文化概念／実体概念」という不毛な論争も行われたが、その可能性の中心は、常識の日常的な現象形態や、慣習的で無意識な生活の実践に光をあてようとする方法性にある。↓日《に》本常民文化研究所《ほんじょうみんぶんかけんきゅうじょ》

参考文献　佐藤健二『柳田国男の歴史社会学—続・読書空間の近代—』(二〇一五、せりか書房)

(佐藤　健二)

しょうめい　照明　生活のために人工的に作り出された

照明　明治時代のガス灯（横浜）

明かり。日本では、仏教伝来以前は樹木や竹などの自然物を直接燃やして暖を取り、同時に照明としていたが、仏教とともに灯油を使用する灯火が急激に広まり、僧侶や権力者の邸宅でも使用されるようになった（宮本馨太郎『灯火』）。江戸時代に入ると、大阪平野を中心として菜種油などが大量に生産された結果、庶民の間にも広く普及した。植物油のほかにも、松の根株や魚の油などが照明用の燃料として使用され、蠟燭も普及したが、いずれも照度が低く、燃焼効率も優れたものではなかった。明治時代に入ると、石油を燃料としたランプが普及し、容易に高い照度の照明が手に入るようになったほか、ガス灯の普及で屋外にも照明が設置されるようになった。また、大正期以降、より照度の高い電灯が、国内のほぼ全世帯に普及したことにより、屋内外において夜間でも昼と変わらぬ明かりを得ることが可能となった。この結果、夜間の活動時間が飛躍的に延び、人びとの日常生活や生産活動に大きな変化をもたらした。　↓行灯《あんどん》　↓懐中電灯《かいちゅうでんとう》　↓常夜灯《じょうやとう》　↓松明《たいまつ》　↓提灯《ちょうちん》　↓電球《でんきゅう》　↓電灯《でんとう》　↓灯籠《とうろう》　↓ランプ　↓蠟燭《ろうそく》

参考文献　宮本馨太郎『灯火―その種類と変遷―』（一九六四、朝文社）

（西村　健）

しょうもんじ　唱門師　中世に呪術的な職能や芸能を行なった陰陽師系の芸能者。声聞師・聖門師などとも書く。室町後期成立の『壒嚢鈔《あいのうしょう》』には民家の門に立って、金鼓（鉦や太鼓）を打つ者を唱門師とする。室町時代の奈良には唱門師の集落があり、歩き白拍子・歩き御子《みこ》・鉢叩《はちたたき》などを支配し、陰陽師・久世舞《くせまい》・盆彼岸経・毘沙門経などを職掌としていた。盆彼岸経・毘沙門経は「いたか」の職掌の一種で、板の卒塔婆を川に流したり、経を読んで銭をもらったりして賤視された僧である。京にも唱門師の集落があり、千秋万歳・曲舞《くせまい》・能などの芸能も行なっていた。諸国にも多く存在し、京に来て芸能を興行する者もいた。

参考文献　京都部落史研究所編『中世の民衆と芸能』（一九八六、阿吽社）

（盛本　昌広）

しょうや　庄屋　⇩名主《なぬし》・庄屋《しょうや》

じょうやとう　常夜灯　一晩中つけておく灯火もしくは灯明台。神社や寺院などには、神や仏への献灯を絶やすことのないよう、吊灯籠や石灯籠が設けられる。また、近世には各地の村で集落の中心などに村内の安全祈願を目的とした常夜灯が設置された。このほか、街道の入口や、水上交通路の要所などに夜間の照明として建てられた灯明台を指す場合もあり、青森県上北郡野辺地町の野辺地湊へ夜間入港する船への目印として一八二七年（文政十）に建造された「浜町の常夜燈」（町指定史跡）などが現存する。

参考文献　『野辺地町史』通説編二（一九九七）

（西村　健）

常夜灯（青森県野辺地町）

しょうゆ　醤油　和食の基礎をなし、今や世界にも広まっている発酵調味料。その起源は古代の文献に現れている醤《ひしお》である。醤は塩漬けの発酵食品というべきもので、野菜類を発酵させた草醤《くさびしお》は漬け物に、魚を発酵させた魚《うお》醤《びしお》は塩辛に、穀物を発酵させた穀醤《こくびしお》は味噌・醤油に発展して今日に至っている。今日の醤油で最も一般的な濃口醤油は小麦と大豆を原料とし、塩水の中で発酵させて造られるが、このような製法の初見は、興福寺の塔頭《たっちゅう》多聞院の日記の十六世紀半ば以降の記述である。また「醤油」の語の初見は、一五九七年（慶長二）刊の易林本『節用集』においてである。濃口醤油は野田・銚子など千葉県での生産が圧倒的に多い。その他の醤油としては、まず挙げなければならないのが関西で濃口醤油とともによく用いられる淡口《うすくち》醤油で、一六六六年（寛文六）に播州竜野の円尾孫右衛門家によって創始されている。これは小麦の炒り方を浅くしたり塩分を多くすることによって発酵を抑制し、色を薄くしたものである。一八〇九年（文化六）には甘酒を使用する製法も開始された。次に、東海地方でよく用いられる溜《たまり》は大豆のみを原料とすることから、原初的な醤油で起源は古いといわれる。同じく東海地方で主に用いられている白醤油は、溜とは対照的に小麦のみを原料とする。透明に近い色をしていることからその名がついているが、十九世紀初頭に三河または尾張で生産が始まったとされている。さらに、西中国から北部九州にかけて、再仕込醤油が存在する。これは仕込みに塩水ではなく一度できあがった濃口醤油を用いるもので、甘くて濃厚な味である。十八世紀後期の天明年間（一七八一

醤油を仕込む図（『広益国産考』より）

—八九）に防州柳井で発明されたといわれる。このように、中世末ないし近世初期にできあがった醤油は、十八世紀後半以降、バラエティーが生じ、今日の代表的な五種類の醤油が出揃うのである。 ➘魚醤《ぎょしょう》

参考文献 林玲子編『醤油醸造業史の研究』（一九六〇、吉川弘文館）、長谷川彰『近世特産物流通史論—竜野醤油と幕藩市場—』（『ポテンティア叢書』、一九九三、柏書房）、林玲子・天野雅敏編『東と西の醤油史』（一九九九、吉川弘文館）、井奥成彦『一九世紀日本の商品生産と流通—農業・農産加工業の発展と地域市場—』（二〇〇六、日本経済評論社）

（井奥 成彦）

しょうりょうだな 精霊棚 ⇩盆棚《ぼんだな》

しょうるいあわれみのれい 生類憐みの令 一六八〇年（延宝八）に江戸幕府五代将軍となった徳川綱吉（一六四六—一七〇九）のもとで、幕府は二十年余りにわたって、生き物を保護する政策をつぎつぎに打ち出した。後世になり、そのための法令が総称されて、「生類憐みの令」と呼ばれるようになった。江戸市中の野犬が犬小屋に収容されるなど、イヌの愛護ばかりが注目されるが、保護の対象となったのは、ウシ・ウマなどの動物や鳥類、魚介類、さらにヒトまで含まれる。たとえば、重病人の遺棄や捨て子が禁じられた。つまり、幕府はヒトも含めた生き物を保護するだけではなく、ヒトにも生き物すべてを大切にすべきであると意識させることを目的として、この政策が実施されたと考えられている。その一方で、違反者は厳罰に処せられたことから、巷間では不評を買った。その結果、一七〇九年（宝永六）に綱吉が死去すると、ほとんどの政策は廃止された。

参考文献 武井弘一『鉄砲を手放さなかった百姓たち—刀狩りから幕末まで—』（『朝日選書』、二〇一〇、朝日新聞出版）、塚本学『生類をめぐる政治—元禄のフォークロア—』（『講談社学術文庫』、二〇一三、講談社）

（武井 弘一）

じょうるり 浄瑠璃 三味線を伴奏に太夫が語る音曲。起源は中世末期の『浄瑠璃十二段草子』（『浄瑠璃物語』とも）というお伽草紙（小説）を語ったのが最初。浄瑠璃の名前はこの作品が由来。浄瑠璃姫と牛若丸（のちの源義経）の恋物語を中心に神仏の功徳を説いた霊験譚を語った内容であった。浄瑠璃の流派は義太夫節、常磐津節、清元節など、劇中人物のせりふやしぐさ、演技の描写は語り口が叙事的な力強さを持つのが特徴である。芸能の起源は宗教、それもシャーマニズムにおける巫《ふ》の神がかり、つまりトランス状態になっての託宣行為にある。浄瑠璃が「語る」という言語行為であるのは、神が直接に巫に憑依して意志を伝える神から人へのお告げ、独白体から誕生したからであると考えられる。節を伴い荘重な韻律で、音楽的なのは、神のことばだからである。定まった形式もなく、音楽を伴うこともない、自由な言語行為である「はなす」と区別される由縁である。 ➘江戸浄瑠璃《えどじょうるり》 ➘女浄瑠璃《おんなじょうるり》 ➘義太夫《ぎだゆう》 ➘文楽《ぶんらく》

参考文献 諏訪春雄『国文学の百年』（二〇一四、勉誠出版）

（田口 章子）

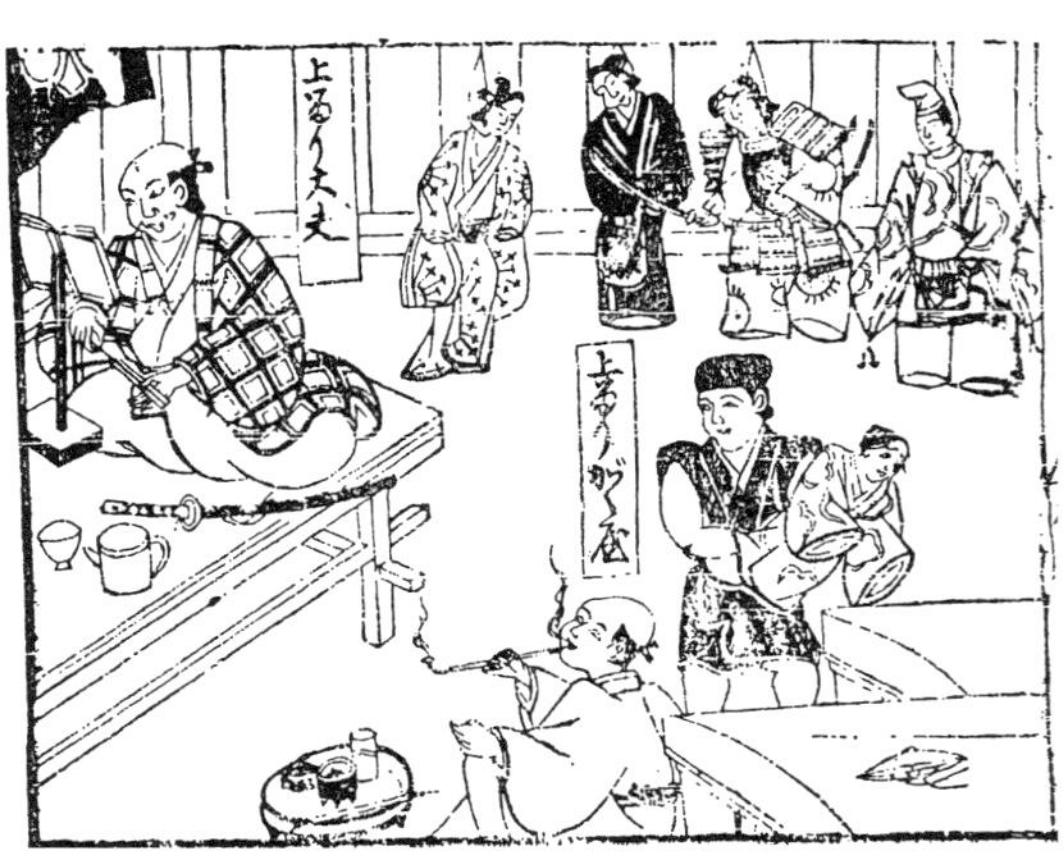

浄瑠璃大夫（『人倫訓蒙図彙』より）

しょうわきょうこう 昭和恐慌 一九二九年（昭和四）の世界大恐慌が、翌三〇年春に日本に波及したことにより生じた不景気。ほかの国々と同様、株価が暴落し、企業の倒産、失業も深刻であったが、日本の場合は、農村への打撃が著しく、昭和農業恐慌とも呼ばれる。また、物価が大きく下落した半面、生産がそれほど落ち込まなかったことも日本の特徴であった。物価は、三一年には前年比約三〇％下落し、繭の価格は恐慌前の三分の一に、米価は約四割になった。一方で鉱工業生産は三一年に恐慌前の九割に減少したものの、実質GNPは横ばいであった。物価の大幅下落は、二九年に浜口雄幸内閣の蔵相に就任した井上準之助が進めた金解禁政策と恐慌との相乗効果による面が大きい。恐慌からの回復は、世界でも

っとも早い部類であり、三三年には鉱工業生産は恐慌前の水準を超えた。ただし、農村では不況はその後も続いた。恐慌からの回復が早かった理由は、三一年の満洲事変勃発とともに軍需景気が起きたこと、高橋是清蔵相が農村救済のための公共事業(時局匡救事業《じきょくきょうきゅう》)を実施したこと、三一年十二月の金輸出再禁止により円安が進み、アジアなどの海外市場への綿製品輸出が急増したことにあった。また、重要産業統制法(三一年)により強制カルテルが導入されたことは、大企業の製品の価格維持を可能にした。農村では、農産物価格の大暴落による農業収入の激減に、製糸工場などにおける娘や次三男の出稼ぎ機会の減少が加わり、多くの農家が困窮に陥り、赤字農家が大量に発生した。とりわけ、恐慌からまだ回復していない三四年に冷害に襲われた東北は悲惨であり、飢餓、娘の身売り、欠食児童などが多発した。マルクス経済学者の猪俣津南雄は、東北農村を踏破して『窮乏の農村』(三四年刊)を著し、その惨状を伝えた。恐慌下の農村の貧困は、当時中産階級が台頭し、消費文化が栄えていた大都市に対する農民の反感を生み、農本主義やファシズムの基盤となった。

参考文献 中村政則『昭和の恐慌』(『昭和の歴史』二、一九八二、小学館)、橋本寿朗『大恐慌期の日本資本主義』(一九八四、東京大学出版会)、中村隆英『昭和恐慌と経済政策』(『講談社学術文庫』、一九九四、講談社)

(浅井 良夫)

しょうわげんろく 昭和元禄 一九六八年(昭和四十三)の時代イメージを表現した流行語。当時の自民党幹事長福田赳夫の造語とされ、それは一見豊かになりつつある日本の安逸な太平ムードが元禄時代を彷彿させることによって時代の流行語になった。この年日本経済は、六五年十一月から始まったいざなぎ景気がピークに達し、西側諸国では西ドイツを抜いてアメリカに次いでGNP世界第二位になった。霞ヶ関に超高層ビルが竣工、宝くじの一等賞金が一千万円に達し、十月日本武道館では明治百年祭記念式典が開催された。乗用車とカラーテレビが浸透し、ファッションとコミックが流行、長髪で新奇な風俗のフーテン族が新宿を中心に集まり、花園神社でフーテン集会も開かれた。しかしこの年は同時にエンタープライズ寄港反対闘争や金嬉老事件で幕を明け、東京大学や日本大学などでは学園闘争が始まり、イタイイタイ病や水俣病が公害病と認定され、企業社会そのものが問われた。また世界史的にはパリ五月革命やソ連がプラハに侵攻したチェコ事件の年でもあり、それは二十世紀における重要な曲がり角に立った年であった。

参考文献 柳川卓也『福田赳夫語録』(一九八四、政経社)、講談社編『揺れる昭和元禄―昭和四三年―四六年―』(『昭和二万日の全記録』一四、一九九〇、講談社)

(安田 常雄)

ショー＝ウインドー ショー＝ウインドー 商店の店頭に設置されたガラス張りの商品陳列窓。通行人にむけて商品を見せて消費意欲を高めるために設けられる。透明板ガラスの発達とともに、十八―十九世紀初頭のヨーロッパの商店で始まったといわれ、日本では文明開化期に銀座煉瓦街の舶来品店で設置され始めた。明治後期になると陳列販売方式の導入と街路の整備を契機として、百貨店をはじめ飾窓を設ける商店が増え、大正期には地方都市にも普及し始めた。このころには展示方法を解説する書物や『ウヰンド画報』という専門誌が出版され、商業美術の発展とともに展示方法が洗練されていった。大正期に始まる銀ブラのような都市の遊歩(街衢鑑賞)は、ショー＝ウインドーの普及を背景としているのである。こうして、商品の宣伝や顧客の誘引だけでなく、商店街の繁華や「街頭美」に不可欠な要素となっていった。

参考文献 高柳美香『ショーウインドー物語』(一九九四、勁草書房)

(大岡 聡)

じょがくせい 女学生 中等教育を受ける女子生徒、または高等教育を受ける女子学生の総称。戦前の日本の学校教育体系は、女子が進学できる中等教育機関が高等女学校、高等教育機関は女子師範学校・私立女子専門学校などに限られていたため、女学生という言葉は、社会的に羨望をこめて使用された。戦後、新制高等学校の女子生徒などもいうことがあるが、男女平等の理念と実態が進むにつれ「女子学生」「女子高校生」「女子中学生」と呼ぶようになった。

参考文献 水野真知子『高等女学校の研究―女子教育改革史の視座から―』上・下(『野間教育研究所紀要』四八、二〇〇九、野間教育研究所)

(荒井 明夫)

じょがっこう 女学校 女子の中等教育・高等教育機関の総称。一八七二年(明治五)二月の官立女学校の開校を嚆矢とする。同校は短期間で廃止されるが、七四年十一月東京女子師範学校が設立。その八年後に同校予科が改組付設され高等女学校と称した。九一年中学校令中改正によりはじめて女子中等教育の規定が設けられ、九九年高等女学校令が公布された。戦後の学制改革で高等女学校は廃止され新制高等学校が発足したが、旧高等女学校のほとんどが女子高等学校となった。それらの学校では現在、男女共学理念に基づき共学化が進んでいる。

参考文献 水野真知子『高等女学校の研究―女子教育改革史の視座から―』上・下(『野間教育研究所紀要』四八、二〇〇九、野間教育研究所)

(荒井 明夫)

じょきゅう 女給 女子給仕人の略称で、カフェーで働く女性の意。日本で西洋式のカフェーが現れたのは一九一一年(明治四十四)、銀座のカフェープランタンを皮切りに開業が相ついだ。当初は文士や学生青年のサロン的なたまり場で、女給は和装に白いエプロン姿で給仕し、時に客と談笑して人気を集めた。芸者遊びのできない貧乏学生には疑似恋愛を楽しめる貴重な存在であり、川端康成や織田作之助のように学生時代に女給への恋心を募らせた例も少なくない。女給は女中とは異なる近代的な

職業として女性の人気も高く、その数は二七年(昭和二)には四万人に迫った。一方、関東大震災後に大阪から東京に大型店が進出して競争が過熱すると、カフェーは次第に女給の色気を売り物にする店を指すようになり、客層も学生から家庭持ちの中年男性へと移った。女給を描いた小説として、細井和喜蔵『女給』(二六年(大正十五))、広津和郎『女給』(三一年)、永井荷風『つゆのあとさき』(三一年)などがある。 ↓カフェー ↓酌婦《しゃくふ》

参考文献 斎藤美奈子『モダンガール論』(『文春文庫』、二〇〇三、文藝春秋) (田中 祐介)

しょくあん 職安 ⇩職業安定所《しょくぎょうあんていじょ》

しょくえ 触穢 ⇩穢《けが》れ

しょくぎょうあんていじょ 職業安定所 雇用主の求人希望と職を探している者の求職希望とを登録し、求人企業に求職者を紹介して就職をスムーズに進める機関で、戦前は職業紹介所と称した。日本では当初、営利企業や宗教団体・慈善団体などが職業紹介を行なっていたが、失業問題が顕在化し始め職業紹介が重要な課題となったことによって職業紹介法が制定され(一九二一年(大正十))、市町村が職業紹介所を設置した場合に経費の一部を国が補助する仕組みが作られた。職業紹介所は市町村の経営であったために当該市町村外の情報は得にくいといった制約が大きかった。このため戦時期の人手不足のもとで職業紹介所は国営化(一九三八年(昭和十三))されるとともに、労働力の動員機関としての性格を強めた。戦後は職業安定法(四七年)によって職業安定所と名前を変えるとともに、職業紹介事業だけではなく戦前にはなかった失業保険制度の運営機関として、失業保険金を受給できる失業者を認定し保険金を支払う作業も担当している。自己都合や解雇によって勤務先を失った者が失業保険金を受けとるとともに、再就職先を紹介される所でもある。ハローワークはその愛称。 ↓就職《しゅうしょく》

参考文献 中央職業紹介事務局編『職業紹介年報』(一九三三―三四)、労働省編『労働行政史』一―三(一九六一―八二) (加瀬 和俊)

東京渋谷の職業安定所（1950年代）

しょくぎょうきょういく 職業教育 職業に就くにあたっての必要な知識を習得させ、技能に習熟させることを目的とする教育。戦前の学校制度においては、上級学校、特に高等教育機関進学を前提とする普通教育と、実業社会で生計費を得るための一切の業務に対応した実業教育とが区分されていた。アジア太平洋戦争後の一時期、産業教育の語が使用されたが、一九七五年(昭和五十)ごろから第三次産業、特にサービス業の拡大により職業教育の語が使用されるようになった。現在では、学校教育が職業教育の視点を取り入れているため(たとえば体験学習)、普通教育と職業教育との関係性や比重を各学校がどのように教育課程上に位置付けるかが問われる。その中で、職業教育を専門に行う教育機関として、職業教育に特化して発展してきた専修学校(七五年学校教育法一部改正により発足)と、専門分野を中心に職業教育を行う専門高校、「深く専門の学芸を教授し、職業に必要な能力を育成することを目的とする」と学校教育法で規定されている高等専門学校がある。

参考文献 吉田辰雄・篠翰『進路指導・キャリア教育の理論と実践』(二〇〇七、日本文化科学社) (荒井 明夫)

しょくぎょうしょうかいじょ 職業紹介所 ⇩職業安定所《しょくぎょうあんていじょ》

しょくぎょうふじん 職業婦人 広義には職業をもつ女性の呼称。狭義には女性の職業進出が拡大した明治末以降、特に事務職や資格職に就いた女性を指した。タイピスト、速記者、薬剤師、医師、事務員や簿記係、電話交換手、電信係、為替貯金局の判任官、小学校教員や音楽教師など、女性の活躍はさまざまな近代的職種に及んだ。関東大震災後にモダン都市へと変貌した東京では、職業婦人には新種の都市型職業であるバスガール、エレベーターガール、女給などの肉体労働も含められ、モダンガールの表象とも重なる魅力的な存在としてメディアで華々しく扱われた。しかし、女性の職業進出は必ずしも自由意志に基づくものとは限らず、経済的理由から低賃金労働に甘んじることも少なくなかった。社会の強い偏見により、女性が外で働くと貧困者扱いされ、不器量で結婚できないゆえの就職と陰口を叩かれることもあった。職場で誘惑され堕落するという非難も付きまとい、男性との賃金差別も根強く残った。 ↓エレベーターガール ↓女給《じょきゅう》 ↓タイピスト ↓電話交換手《でんわこうかんしゅ》 ↓バスガール

参考文献 村上信彦『大正期の職業婦人』(一九八三、ドメス出版)、斎藤美奈子『モダンガール論』(『文春文庫』、二〇〇三、文藝春秋)、久米依子編『職業婦人』(『コレクション・モダン都市文化』、二〇一一、ゆまに書房) (田中 祐介)

しょくじ　食事　生命の維持、健康の増進などのために毎日習慣的に食べ物をとること。また、食事は通常、家族で同じものを共食し、地域で共有された食物や食べ方に一定の様式が生まれ、定着して伝承されてきた。

　食事は、回数、構成、分量などに時代による変化がみられる。現在のように三度食が定着するのは、江戸時代とされるが、地域や仕事の種類などによって必ずしも一定とはいえない。『延喜式』(九二七年(延長五)成立)には「朝乃御膳、夕乃御膳」とあり、貴族社会では、二度食が一般的であったとみられるが、「間食」として、酒造や機織りなど労働の状況に応じて米が支給されており、仕事により三度食べることもあった。随筆『柳亭記』(一八二九年(文政十二))には、九世紀の『日本霊異記』に米搗きや酒造に従事する人へ間食が出されていることを紹介しており、間食は中食のことだとしている。また、同書では、寺では以前は朝食の一度食であったのが非時と名付けて二度食となり、やがて三度食となったと記しており、『宇治拾遺物語』をあげて、「非時を昼破子といふ今云昼弁当なり」と説明している。このように、仕事の程度により、古代以降、正式な食事とは別に間食、間水、間炊などの名前で実際には三度食べていたこともあり、やがてそれが三度の食事として定着していくと考えられる。農村部など激しい労働が必要なところでは、三度食でも不足するために、さらに食事と食事の間に間食をして、一日四〜六度食べるところもあり、これも地域により、けんずい、間食、小昼などと呼ばれた。江戸時代の『街能噂』(一八三五年(天保六))には、昼ごはんと夜食の間に食べる飯を「八つ茶とも小昼ともいい、京都にてケンズイといいやす」とあり、のちの「おやつ」にもつながるとみられる。一九三〇年(昭和五)ごろの食生活の聞き書きにも多くの事例がみられる。間食は、小昼のほか、こじはん(愛知)、七つ茶(大阪)、朝ん茶・夕の茶(鹿児島)など、いろいろな名前で呼ばれ、正式な食事とは区別されているが、握り飯や茶漬けなど軽食が多い。このように、食事の実質的回数と「食事」として位置づけた回数は異なっており、三度食の一般化の時期を特定することはむずかしい。貝原益軒『養生訓』(一七一三年(正徳三))では、「朝食いまだ消化せずんば、昼食すべからず」と「昼食」を食事とみなしているが、別のところでは「朝夕飯を食するごとに」と二度食でもあるような記述がみられる。このころから少しずつ「昼食」が食事として認められてきたとも取れる。江戸時代後期には、「昼膳」「昼食」の記述が多くみられ、三度食が名実ともに定着したと考えられる。時計が使用される明治以降、江戸時代では必ずしも定まっていなかった食事時間は、少しずつ一定化する。

　食事の構成についてみれば、平安時代末期の『病草紙』に虫歯の男の食事風景が描かれており、高盛飯のまわりに汁と小皿が三種置かれていることから、飯、汁、菜、香の物の食事構成がすでに形成されていたとされる。『枕草子』には、たくみが食べ物をとる様子が描かれているが、汁物をみな飲んでしまい、次に「あはせ」(おかず)を全部食べ、そのあとご飯を食べたという話がある。ここでも飯、汁、菜が食事の基本構成であったことがうかがえる。江戸時代の元大名真田幸弘の日常の食事(一八〇一年(享和元))をみると、「飯、汁、煮物、焼き物、香の物」などが朝食、夕食で供され、通常の夜食は「飯、汁、煮物、香の物」であった(『御膳日記』)。幕末大名安部信《あべのぶ》発《おき》の食事は、三食とも菜は一品で、その後も日常食は一菜か二菜であった(木津三辰『調味料理栞』六(一九二八年))。

　食事の分量については、近代以前についての資料は乏しいが、『柳庵雑筆』(一八四八年(嘉永元))では、農夫、大工、商人の経済についてふれている。そこから穀類消費量を一人一日に換算すると、農夫では、米一・四合、麦約五合となり、大工の場合は、約米四合、商人では約四・四合と算出され、ほとんどのカロリーを穀類から摂取していた。森本厚吉『生活問題』(一九二〇年(大正九))では、大正期の食料消費量から飯用の穀類を算出しており、一人一日あたり白米二・六合、麦類約〇・九合で、計三・五合、その他の穀類を合わせて約四合としている。白米の比率は変化したが、食べる穀類の量はそれほど変化がなかったといえよう。しかし地域による差が大きく、一九四一年の調査では、東京では一人一日三合(約四二〇グラム)に対し、六合〜一升(八四〇グラム〜一・四キロ)という地域もある。しかし、一九六〇年以降、急激に米の摂取量は減少し、副食(おかず)の比率が高くなる。副食は、野菜・豆・芋類の煮物やあえ物などが日常食の中心になり、時々魚介類が食べられたが、近代以降、特に都市部を中心に肉類も加わり、油を用いた揚げる、炒めるなどの手法が日常にも用いられ、和洋折衷料理も少しずつ広がった。大きく変化するのは、高度経済成長期以降で、穀類からのカロリーの摂取比率は約四〇%程度と穀類以外からの摂取が増加している。　↓一汁三菜《いちじゅうさんさい》　↓外食《がいしょく》　↓間食《かんしょく》　↓共《きょう》食《しょく》　↓孤食《こしょく》　↓個食《こしょく》　↓主食《しゅしょく》・副食《ふくしょく》　↓昼食《ちゅうしょく》　↓中食《なかしょく》　↓飯《めし》　↓口絵〈食事〉

参考文献　平亭銀鶏『街能噂』(『浪速叢書』一四、一九二七、浪速叢書刊行会)、柳亭種彦『柳亭記』(『日本随筆大成』第一期二所収、一九七五、吉川弘文館)、『日本の食生活全集』一—一五〇(一九八四-九三、農山漁村文化協会)、江原絢子・石川尚子・東四柳祥子『日本食物史』(二〇〇九、吉川弘文館)

(江原　絢子)

しょくだい　燭台　蠟燭を立てる灯火具。主に室内用の灯火具として木や真鍮や銅、鉄などで作られたさまざまな美しいデザインのものが生み出されたが、総じて蠟燭を立てる部分は平らに作りその中央に蠟燭を立てるための突起が付いている。蠟燭の方にも燭台に立てやすいよう底に鋭角なくぼみがあるのが普通である。和蠟燭はすぐに芯が伸びて油煙を出すのでこまめに鋏で切らねばな

鉄製灯台形燭台

らず、燭台にも芯切りの鋏と、切った芯を入れる容器がセットになっているものが多かった。燭台がはじめて使用されたのは奈良時代と見られ、仏具として豪華なものが用いられたが、一般の家屋にまで広く普及したのは、蠟燭の生産が盛んになった江戸時代からである。燭台は蠟燭を立てる台としてその機能は単純であるが、持ち手をつけて移動しやすいようにした手燭《てしょく》や、桟などにかけて高いところでも灯すことのできる掛燭なども生み出され、蠟燭の普及とともにその使用範囲は広がっていった。燭台に絹布や和紙で作った火袋《ひぶくろ》を取り付けたものが雪洞《ぼんぼり》である。　→蠟燭《ろうそく》

参考文献　埼玉県文化団体連合会編『灯火の歴史』(一九六五、真珠書院)　（髙塚　明恵）

しょくたく　食卓　食事用の料理を並べる台。昭和初期までは各地の農山漁村で、床に座して食事をする個人専用の箱膳がみられた。一方、明治末期から大正になると、都市のサラリーマンを中心にテーブルの変形としての卓《ちゃ》袱《ぶ》台《だい》が登場した。卓袱台は脚折れ式で使用しない時はたたんでしまえたので、茶の間や寝室として部屋を有効に活用できた。第二次世界大戦後は椅子式のダイニングテーブルが登場して、食事の場が台所へ移って食寝分離が図られた。一九九〇年代からは家族団欒が弱まり、一人で食事をとる個食(孤食)が社会問題化している。　→ちゃぶ台

参考文献　石毛直道・井上忠司編『現代日本における家庭と食卓—銘々膳からチャブ台へ—』(『国立民族学博物館研究報告別冊』、一九九一)　（藤原　洋）

しょくどうしゃ　食堂車　調理設備を備え、旅客に食事や飲料を提供する鉄道車両。一八九九年(明治三十二)五月、瀬戸内海の汽船と激しい競争を展開していた山陽鉄道が、旅客サービスの一環として急行列車に連結したのを嚆矢とする。一等寝台との合造車で、座席はわずか八席であった。官設鉄道では、一九〇一年十二月から東海道線(新橋—神戸間)の急行列車に、一等旅客向けの洋食専門の食堂車を連結した。山陽鉄道の食堂車は直営であったが、官設鉄道では「斯業に経験あり且つ信用ある者」(鉄道院『本邦鉄道の社会及経済に及ぼせる影響』上、一九一六年(大正五))に経営せしめ、原料品の精選、価格、料理人・給仕人の仕事ぶりなどを監督した。当初は一・二等旅客のために二、三の列車に連結していただけであったが、鉄道国有法成立後の〇六年四月からは、三等旅客のために和食堂車の使用を開始した。一六年には、東海道線、山陽線、東北線、九州線などで食堂車を連結していた。

明治時代の成田鉄道に設けられた喫茶車（『風俗画報』274号（1903年）より）

参考文献　かわぐちつとむ『食堂車の明治・大正・昭和』(二〇〇二、グランプリ出版)　（老川　慶喜）

しょくにん　職人　肉体に固有の技能を刻み込んだ熟練労働者のことで、主に手工業者の総称として使用される用語であるが、料理人や菓子製造業者、さらには芸能者に対してもその芸(技)を賞賛して使用される場合もある。職人の「職」は、古代律令官制の役所名に付された「職《しき》」や中世の権利体系である「職」に由来するとの説もある。中世までの手工業者である職人は、天皇家・公家・寺社などの権門に従属する存在であったが、戦国時代から近世初頭における都市建設、村落部での寺社の造営や民家の建設、さらには日常生活の向上などによってその需要が高まり、親方・弟子・手間取りによって構成される経営主体として自立化を遂げていく。こうして増加した職人に対して、戦国時代から近世初頭の領主権力や統一権力は、彼らの技能を戦争、都市建設・治水などに動員するため、生の労働力の提供を求める職人役・職人国役を賦課したが、十七世紀後半以降はこうした役の徴発は減少し、銭による徴集といった代銭納や使用する道具への賦課に転化していく。日本の職人と中国・ヨーロッパの職人の違いとして指摘される点に、日本の職人が使用する道具の多様さがあるが、これは法隆寺大工として薬師寺の再建にもかかわった西岡常一が指摘する、労働の対象である素材がまず存在し、次にそれを加工する道具があり、技はそれらに対応して職人が修得するものという考え方(技は固定的なものではなく、人間の営為によって進化する存在)に通じている。こうした技能と道具の所有が職人としての要件であり、技能修得システムである徒弟制度は、職人の再生産にとって不可欠な制度であった。また自立化を遂げた職人たちは、みずからの経営を保全するため、地域ごとに親方層を主な構成員とする仲間・

組といった同業者組合を組織し、独自の法(仲間自法)を定め、個々の経営に規制を加えた。近世における仲間や組は個別領主の枠組みのなかで組織化される場合もあるが、領主支配が錯綜する地域では支配の枠組みを超えて同業者による組合が組織される場合もあった。領主支配とは異なる次元での職人の世界が広がっていたと考えるべきであろう。明治以降もこのような職人や同業者組合は存続するが、社会的風潮の変化、機械・会社による生産様式の導入に伴いその内実は徐々に変化しつつあり、特に戦後は労働基準法などに基づく労働規制によって、無給を原則とする徒弟制度による職人の再生産は困難となり、すぐれた技能を次世代に継承するための新たなシステムの発案が重要な課題となっている。　↓町人《ちょうにん》　↓徒弟制度《とていせいど》

参考文献　横田冬彦「幕藩制的職人編成の成立―幕府大工頭中井家の工匠編成をめぐって―」(『日本史研究』二二七、一九八二)、櫛木謙周『日本古代労働力編成の研究』(一九九六、塙書房)、桜井英治『日本中世の経済構造』(一九九六、岩波書店)、網野善彦『中世の非農業民と天皇』(『網野善彦著作集』七、二〇〇八、岩波書店)、同『中世の生産と技術』(『同』九、二〇〇八、岩波書店)、同『中世の民衆像』(『同』八、二〇〇九、岩波書店)　(篠宮　雄二)

しょくにんまち　職人町　⇩城下町《じょうかまち》

しょくのあんぜん　食の安全　食品の安全性、また食べ方や食事文化を含めた安全性のこと。食の安全と安心など、安心と対で用いられることが多い。古くから食品の安全性は、食中毒や食品添加物が社会問題になるとともに課題となってきた。近年、死に至る食中毒が減り食品添加物も規制されて、諸外国に比べれば日本の食に関する死者は少なくなっている。しかし、食のグローバル化が進み、遺伝子組み換え食品などの新技術がつぎつぎと生まれてきたため、消費者の食に対する関心は高まっている。二〇〇〇年代になって、食の具体的な危険が物理的に排除されている食の安全と、消費者に心配や不安を与えない食の安心がともに保証されることが大切という考え方が一般的になった。現在では、食の安全と安心を確保するために、リスク分析という手法が用いられている。これは、ゼロリスクはあり得ないという前提の上、健康に悪影響を及ぼす危険性を科学的に評価し、消費者・生産者・事業者・行政などが情報交換をしながら管理していく方法である。食のグローバル化や新技術で日々新たに問題が発生する現状では、単に規制するより食品の安全性を高めるのに効果的な手法と考えられている。

参考文献　日本学術協力財団編『食の安全と安心を守る』(『学術会議叢書』、二〇〇五)　(尾崎　智子)

しょくパン　食パン　⇩パン

しょくひんてんかぶつ　食品添加物　食品の加工や保存のため、あるいは風味や外観、栄養を良くするために食品に添加する物質のこと。日本では古くから小豆やゴマなど天然の植物で着色が行われ、時代が下るとベニバナ、クチナシ、シソなど着色料の範囲も広がった。明治時代に入ると化学合成でつくられた添加物が流入し、人体への有害性が認識され始めた。なかでも清酒の防腐剤としてのサリチル酸、牛乳へのホルマリン、人工甘味料であるサッカリンはよく用いられており、政府は一九〇〇年(明治三十三)に「飲食物其ノ他ノ物品取締ニ関スル法律」を施行して規制を図ったが取締りは不徹底に終わった。第二次世界大戦後、食品衛生法が施行され(四八年(昭和二十三))、改正(五七年)によって規制が徹底されていく。また七〇年代に消費者運動が活発化して日本の消費者の添加物に対する意識が高まり、企業も消費者の不安に一定程度対応するようになったため、近年では添加物による死者は諸外国に比べれば少なくなっている。　↓甘味料《かんみりょう》

参考文献　笹間愛史『日本食品工業史』(一九七九、東洋経済新報社)、国民生活センター編『戦後消費者運動史』(一九九七)　(尾崎　智子)

しょくひんラップ　食品ラップ　食材や料理、あるいは食器を料理ごと包む際に使われる樹脂フィルム。食品用ラップフィルム。ポリ塩化ビニリデンフィルム。アメリカや日本ではサランラップの名でも知られるが、これはダウケミカルと旭化成グループの登録商標である。もともとこのフィルムは、透明で無臭の素材で密着性にすぐれ、酸素や水分の浸透を防ぐ機能が高く、耐熱・耐冷性があったため食品の包装用資材として普及してきた。日本では一九六〇年(昭和三十五)に呉羽化学工業が、続いて旭ダウが一般家庭用を販売し始め、当初は冷蔵庫内にある野菜や肉類の乾燥を防ぎ、匂いがうつらないようにするために使われた。七〇年代に一般家庭では、冷凍庫のある大型冷蔵庫への買い替えが進み、さらに電子レンジが登場して料理を加熱する際のふたが必要となったため、耐熱性と耐冷性を兼ね備えた食品ラップの需要が急増した。

参考文献　『呉羽化学五十年史』(一九九五)、『旭化成八十年史』(二〇〇二)　(尾崎　智子)

しょくぶんか　食文化　食を文化としてみる見方で、比較的新しい言葉である。一九七〇年代より文化人類学者石毛直道により「食事文化」の言葉が使われ、八〇年代には「食文化」が各分野で一般的に使用されるようになったが、人により定義は多少異なっている。石毛は、「文化とは、人間が自然界に対処しながら蓄積してきた、人間らしい行動様式をしめす。それぞれの文化は、その文化を育てた自然のありかた―環境―と密接な関係を持つきわめて個性的なもの」であると定義し、食文化の範囲は、「食料生産や食料の流通、食物の栄養や食物摂取と人体の生理に関する観念など食に関わるあらゆる事項の文化的側面を対象とする」としている。二〇一〇年(平成二十二)ごろでは、米生産量の九〇%以上は高温多湿な気候のアジア(特に南部)が占めるのに対し、北アメリカは

二%、ヨーロッパはわずか一%である。一方、小麦の生産量の四五%はアジア(北部)が占めるが、ヨーロッパは三二〜三三%、北アメリカは一四〜一五%である。このように自然環境のちがいにより、中心となる穀類が異なるため、食文化の形成も異なっている。アジア各国では、米・雑穀を中心に発酵性調味料を多用した食文化が形成され、ヨーロッパでは、パンや乳・乳製品、肉などを利用した食文化が形成されている。また、周囲を海に囲まれた日本では、魚介類や海藻類とその加工品が定着し、豊富で良質な水の存在も酒の製造、やわらかな豆腐など日本独自の加工食品を生み出した。

一方、川喜田二郎は、「文化とは、ほとんど人類の生活様式と同義語に近い。(中略)生まれて以後、その社会から学習、伝承した生活様式をさす」と述べ、「共有、伝播、伝承されてはじめて文化となる。人々の共有財産となり、先輩から後輩へと伝承されない限り文化とはならない」と「文化」を説明している。川喜田の文化に対する定義は、文化と習慣の違いを明確に説明しているともいえる。食習慣は、個人に対しても使われるが、食文化は、より広い範囲の人々に共有され、習慣化されることが必要といえよう。これを、食文化の定義に応用してみると、「食文化は、民族・集団・地域・時代などにおいて共有され、それが一定の様式として習慣化し、伝承されるほどに定着した食物摂取に関する生活様式」と説明することもできる。中国から伝来した箸を例にすると、奈良時代の人々に共有され、習慣化して定着し、現代にまで伝承されている。また、江戸時代の人々に受け入れられたにぎりずし、てんぷら、かばやきなども、その時代の人々に共有され、定着して今日にまで引き継がれている。また、東日本と西日本のうどん汁の違い、雑煮の形の違いなどは、各地域に共有され続いてきた食文化といえよう。

アメリカの文化人類学者M. D. Sahlins(一九三〇―)は、「自然環境だけでなく、周辺諸民族との関係すなわち社会環境をも含む全体環境に適応しているために、多様な形態を示している。環境が変化すれば、文化も古い形態から新しい形態にかわっていく。」と、周辺の民族の文化・異文化の影響により文化は変化すると述べている。米をはじめ、だいこん、なす、ねぎなど日本の食事の材料として使用されている農産物は、各時代に海外から伝来したものを改良し定着させたものが多く、海外ではほとんど食用にされないごぼうも重要な野菜として栽培し、伝承してきた。明治時代、西洋文化という異文化を取り入れ、とんかつ、コロッケ、カレーなど米飯に合う和洋折衷料理を考案し食文化を変化させてきた。

食文化は、歴史学、文化人類学、民俗学、経済学、考古学、社会学、文学、医学、調理学、栄養学、食品学などさまざまな分野において研究がすすめられている。その内容は、食に関わる生活様式のすべてを扱っており、食材・調味料、菓子、酒、茶など個別の食品類の文化、日本料理の形式である本膳料理、懐石料理などの食事形式の成立と変化、江戸時代の料理書などについて、各時代の資料をもとに明らかにされてきた。また、各地域の名主などの家に残された文書を調査し、各地の婚礼など儀礼や行事と食の関係なども少しずつ明らかにされている。しかし、人々の日常の食生活、とりわけ庶民の食生活に関しては、資料が残りにくく、資料のみでは、各時代の食文化を明らかにできない場合も多い。古老などへの聞き書きにより、資料には残らない日常の食文化を明らかにする方法、考古学的手法を用いる方法がみられる。その他、食の思想、健康思想なども食文化の領域であり、海外の民族の食文化の調査も広がり、地域による比較食文化についても発展しつつある。しかし、食文化は、各専門分野の中心になりにくく、研究に携わる人々が多いとはいえないためまだ明らかにされていないところは多いが、それらの研究が蓄積されれば食文化の定義やその範囲は明確になるであろう。→和食《わしょく》

参考文献 綾部恒雄編『文化人類学一五の理論』(『中公新書』、一九六四、中央公論社)、川喜田二郎『素朴と文明』(『講談社学術文庫』、一九六八、講談社)、吉田集而編『人類の食文化』(石毛直道監修『講座食の文化』一、一九九八、味の素食の文化センター)、江原絢子・石川尚子編『日本の食文化―その伝承と食の教育―』(二〇〇九、アイ・ケイコーポレーション)、石毛直道『食事と文明』(『石毛直道自選著作集』五、二〇一三、ドメス出版)

(江原 絢子)

しょくもつきんき 食物禁忌 特定の食物の飲食を禁じる慣習のこと。特定の共同体に限った禁忌、決まった日に限定された禁忌、特殊な状態にある者に対する禁忌、食い合わせの禁忌などがある。たとえば餅無し正月の習俗がある地域では、正月に餅を搗かなかったり、三箇日だけ食べるのを避けたりする。また、年中行事や暦の吉兆に関連して、その期間だけ特定の物を食さないという風習も知られている。妊婦に対しては特にさまざまな食物が禁じられた。たとえば九八四年(永観二)の『医心方』にはすでに「ウサギ肉を食べると兎口(口唇口蓋裂)の子供が生まれる」との記述がある。近世から明治期にかけては重宝記や雑書などで妊婦が食べてはいけないものが指定され、農村部では昭和後期になっても禁忌が守られていた。仏教の影響で日本では江戸時代まで肉食が禁忌だったともいわれるが、時代や動物の種類、社会階層などによってその実態はさまざまに異なっていた。→食《く》い合《あ》わせ

参考文献 坪井洋文『稲を選んだ日本人―民俗的思考の世界―』(『ニュー・フォークロア叢書』、一九八二、未来社)、根岸謙之助『医療民俗学論』(一九九一、雄山閣出版)、安室知『餅と日本人―「餅正月」と「餅なし正月」の民俗文化論―』(一九九九、雄山閣出版)

(廣田 龍平)

しょくりょうかんりせいど 食糧管理制度 主要な食糧を国が管理・統制する制度。食糧管理法が戦時下の一九

四二年(昭和十七)二月に公布、七月に施行され、生産者は自家保有分を除く米麦など食糧農産物を公定価格ですべて政府に供出し、政府はこれを米穀通帳などにより消費者に公定価格で平等に配給する制度が定められた。政府の食糧売買などの経理は食糧管理特別会計によることになった。戦時・戦後の深刻な食糧不足のもとで、厳格な供出・配給を進め、特に戦後は闇取引が活発化したが違反には刑事罰が適用された。四〇年代末に深刻な食糧危機が緩和すると、五〇年にはイモ類、五一年には雑穀の統制が撤廃され、また五二年には麦類が間接統制となり、米の統制だけが残ることになった。供出促進から米価支持に機能を転じ、六〇年代には生産費や農家所得を基礎に米価が算定された。米価決定のため四九年に米価審議会が発足したが、七〇年代には機能を低下させ二〇〇一年(平成十三)に廃止された。米消費の減少のもとですすむ過剰「生産」とともに古米が蓄積して食管会計の赤字が膨らみ、一九七〇年からは生産調整が始まった。自主流通米が登場し市場原理が導入されると、食管法は八一年に全面改正された。九四年に公布された「主要食糧の需給及び価格の安定に関する法律(食糧法)」に引き継がれ、翌九五年に食管法は廃止された。 ↓供出《きょうしゅつ》 ↓減反政策《げんたんせいさく》 ↓配給《はいきゅう》 ↓米穀通帳《べいこくつうちょう》

参考文献 統計研究会食糧管理史研究委員会編『食糧管理史』一—一〇(一九六九-七二、食糧庁)、木村茂光編『日本農業史』(二〇一〇、吉川弘文館)

(大豆生田稔)

しょくりょうなん 食糧難 戦争などの政治社会的事件などによって食糧調達が困難となり人びとが困窮すること。人びとの生活史のなかで食糧難とはおおむね第二次世界大戦時・戦後の出来事を指す場合が多い。日中戦争勃発によって食糧需給が厳しくなったわけではなく、一九三九年(昭和十四)の西日本・朝鮮の旱魃による減収・植民地米移入の減少によって食糧問題が現れ始めた。四一年には米が配給制となり、副食物の不足や流通網の混乱もあって次第に深刻になっていった。代用食・混食が奨励され、特にアジア太平洋戦争末期には摂取カロリーが大幅に低下する事態となった。戦時中の労働力不足による粗放生産は、敗戦の年に大幅な減収をもたらし、敗戦後は餓死者が出るほど深刻化した。四八年ころになると占領軍の物資放出、食糧生産の回復など一応の危機は脱したと考えられている。戦時戦後の「食糧危機」は、もちろん戦争によるものであるが、戦前日本の植民地米の移入・外米輸入依存という食糧需給構造に根ざしたものであり、輸移入米の減少・途絶によって発生したものといえる。 ↓代用食《だいようしょく》 ↓配給《はいきゅう》

参考文献 斎藤美奈子『戦下のレシピ—太平洋戦争下の食を知る—』(『岩波現代文庫』、二〇一五、岩波書店)

(大串 潤児)

しょくりょうほぞん 食料保存 食料を獲得(生産)してから消費するまでの間、食品の状態を保っておくこと。〔古代・中世〕食料保存の方法には、原料(自然乾燥を含む)・乾燥・燻製・塩蔵・発酵保存などがあるが、それらが単独か複数を組み合わせる。食料を求めて移動(遊動)する生活では、基本的に食料を保存する必要がないので、食料保存は定住生活に伴って開発され、発達してきた。日本でも定住生活を開始した縄文時代に食料保存が本格化する。当初は原料保存と乾燥保存が中心であったが、製塩が行われるようになった後期以降に塩蔵保存が本格的に行われるようになり、発酵保存については、果実を発酵させて利用した可能性が前期以降に想定されている以外は不明である。乾燥保存には、天日干しと加熱処理の二つがあるが、加熱処理は燻製と切り離すことができないので、乾燥保存が行われた当初から燻製保存も行われたと考えられている。乳製品については酪《らく》・蘇《そ》・醍醐《だいご》といったヨーグルト・チーズ・バター様のものが奈良時代の貴族に食されているので、古代には乳製品の発酵保存が行われるようになるが、家畜の農耕利用が始まった古墳時代後期までさかのぼる可能性がある。食料保存の施設としては、大きくは地下式と地上式に分けられる。地下式は食料を貯蔵するため地下に穴を掘ったもので、貯蔵穴と総称されている。地上式は高床の倉庫で、床の強度を高める必要があることから、一間ごとに格子状に柱を立てる総柱《そうばしら》形式をとる。建物の周りだけに柱を立てる側柱《がわばしら》形式でも倉庫に使われたものがあるが、他の建物との区別が困難である。縄文時代はドングリなど堅果類の保存が中心であったので、貯蔵穴が保存施設として使われていた。穀物が保存の対象となる弥生時代以降は、高床倉庫が保存施設の主体となるが、堅果類の保存には貯蔵穴も使われていた。高床倉庫のうち外壁を土壁として防火対策を施した土蔵は、広島県福山市草戸千軒町遺跡などで十三世紀代のものが発見されているが、文献史料を含めて古代にさかのぼるかは不明である。住居内でも食料保存が行われていたが、特に炉(囲炉裏)の火棚《ひだな》は縄文時代中期の長野県富士見町藤内遺跡第九号住居跡などからクリなどとともに炭化した状態で発見されていることから、食料を乾燥・燻煙保存する棚として重宝していたものと考えられている。

(勅使河原彰)

〔近現代〕人類の技術開発の起源は、食料の獲得と保存法を工夫することであったといわれる。古代から近世までは自然界に存在する太陽の光や熱、風、身近な調味料である塩や柑橘類の酸や食酢などを最大限に利用した天日乾燥、塩蔵、酢漬、発酵などによって食料の保存が行われてきた。これら手作りで行われてきた伝統的保存法は各地で特色ある保存食を生み、日本独自の食文化を形成してきたともいえる。近代に入り伝統的保存法に加え、新たな保存技術が加わり、食料の保存は多様化していく。大きな転換期は缶詰の発明と冷蔵冷凍技術の発達であるといわれる。わが国の缶詰の創始は一八七一年(明治四)で、加熱殺菌と密封により微生物に起因する変敗を防ぎ、食品の風味をあまり損なわない長期保存が可能となった。

のちに缶詰の原理を応用したレトルト食品が開発され、一九六八年(昭和四十三)に家庭用のカレーがはじめて商品化され、その後スープ、ハンバーグ、サバの味噌煮、赤飯など、さまざまな調理済み、調理済みであるため缶や袋を開ければ、そのまま食べることができる利便性から広く利用されている。冷蔵冷凍技術の開発は、低温によって腐敗菌の増殖を防ぎ、食物の長期保存を可能にした。冷凍食品の開始は一九二〇年(大正九)であるが、家庭用の冷凍食品の発売は六〇年と遅れる。高度経済成長期の家庭用冷凍冷蔵庫や電子レンジの普及を待って需要が伸びた。食品材料をはじめ、調理済み食品、半調理済み食品の保存が可能で利便性が高く、缶詰より食品の性質変化は少ないといわれる。女性の就業率の高い現在では、毎日の食事に欠かせないものとなっている。食料保存の発達は、災害時の非常食としての役割も担っている。→缶詰《かんづめ》 →燻製《くんせい》 →塩漬《しおづけ》 →発酵食品《はっこうしょくひん》 →保存食《ほぞんしょく》 →冷凍食品《れいとうしょくひん》 →レトルト食品《しょくひん》

参考文献 江原絢子・石川尚子・東四柳祥子『日本食物史』(二〇〇九、吉川弘文館)、江原絢子・東四柳祥子編『日本の食文化史年表』(二〇一一、吉川弘文館)

(今田 節子)

しょくりょうメーデー 食糧メーデー 第二次世界大戦後の深刻な食糧危機の中で行われた、メーデーに続くデモと飯米獲得人民大会の通称。一九四六年(昭和二十一)五月一日、十一年ぶりに復活したメーデーでは「働けるだけ食わせろ」がスローガンの一つになった。同年三月以降、首都圏の配給の遅れは悪化し続けたため、栄養失調で死亡する者が相当数に達した。このため、各地で配給所や区・市役所などに対する米よこせデモが行われ、隠匿物資の摘発や食糧の要求が行われていた。五月一日のメーデーでは「憲法よりまず飯だ」というスローガンをかかげた食糧メーデーが呼びかけられ、このメーデーにむけて都内各所の運動はさらに活発になった。五月十二日、世田谷の米よこせ区民大会は天皇宛の決議文を作って、宮城内の隠匿米を大衆に解放せよと要求した。五月十九日には、労働戦線統一世話人会が主催して、食糧メーデー(飯米獲得人民大会)が開かれ、二十五万人が参加したとされる。→メーデー

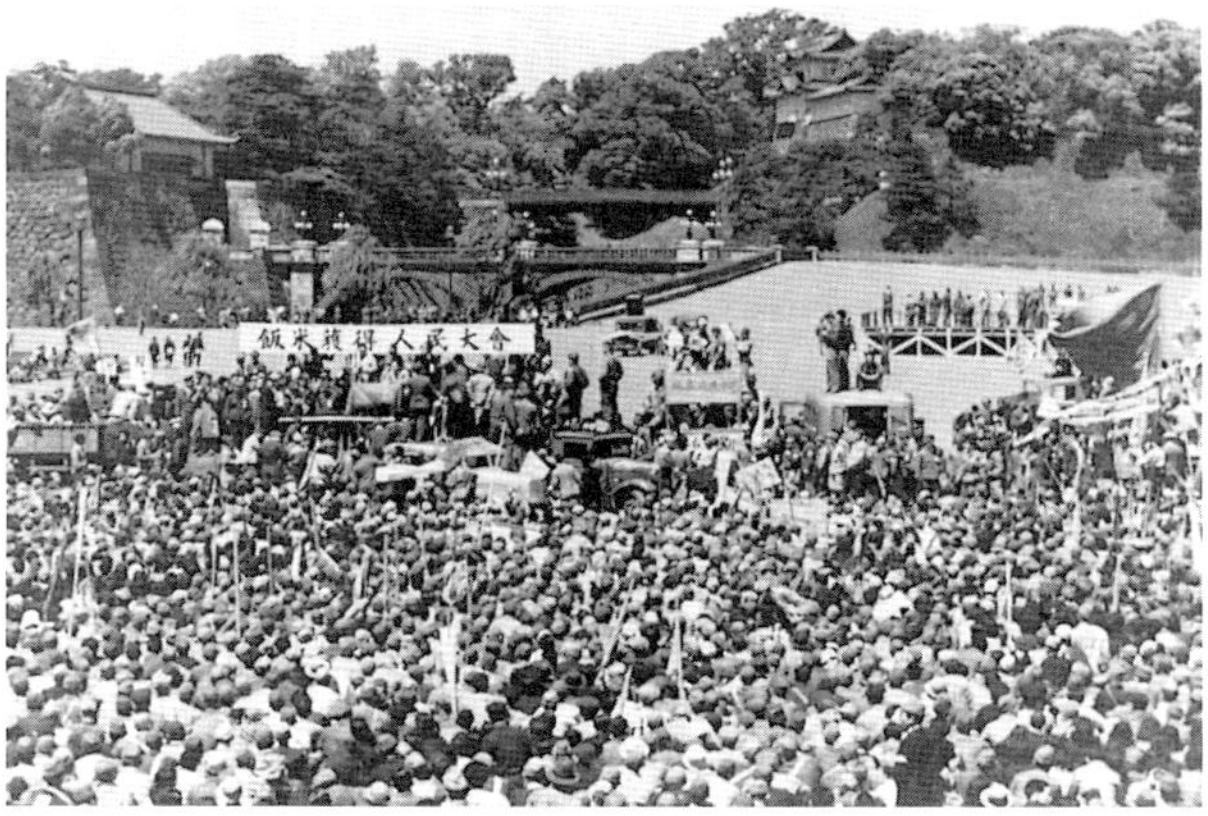
食糧メーデー　宮城前広場での飯米獲得人民大会

参考文献 『東京都食糧営団史』(一九五〇)、山本秋『昭和米よこせ運動の記録』(『昭和史の発掘』、一九七六、白石書店)

(尾崎 智子)

じょこう 女工 雇用され、作業場や工場で働く女性労働者。明治期以前にも見られたが、製糸業を中心とする繊維産業の発展により、その数は急増した。もっとも、製糸業では「工女」と呼ぶのが通例であった。農商務省商工局工務課『工場通覧』(一九〇二年(明治三十五))によれば、工場労働者数四十八万八千人のうち、女性は三十万六千人を占め、多くは染織工場で働き、その内訳は製糸十一万九千人、紡績六万三千人、織物四万七千人であった。女性工場労働者をめぐっては、長時間労働や低賃金など、その劣悪な労働環境が問題化し、労働者保護立法としての工場法が成立した。大企業を中心に、福利政策の充実によって労働生産性を高める措置もとられたが、農村出身の未婚の若年女子を雇用し、数年間労働に従事させたうえで農村に返すという方針がとられた。結婚して仕事を離れる方が良いとする価値観は、繊維産業で働く女性を若年者に限定し続けることになったのである。

織物工場で働く女工（1910年）

参考文献 農商務省商工局編『職工事情』上(犬丸義一校訂、『岩波文庫』、一九九八、岩波書店)、隅谷三喜男「日本賃労働史論」(『隅谷三喜男著作集』一所収、二〇〇三、岩波書店)、ジャネット＝ハンター『日本の工業化と女性労働―戦前期の繊維産業―』(阿部武司他訳、二〇〇八、有斐閣)

(榎 一江)

じょこうあいし 女工哀史 大正期の女子工場労働者の苛酷な生活実態を赤裸々に描き、「女工問題」の解決を訴えた書物。一九二五年(大正十四)に改造社より刊行され、

大きな反響を呼んだ。紡績工であった細井和喜蔵が、みずからの体験と調査によって描いた。紡績女工として働き、労働運動の活動家となった妻としをの経験も叙述に活かされている。その内容は、工場組織、募集、雇傭契約、労働条件、種々の虐待、住居と食事、設備と作業、福利施設、病と死、通勤工、工場管理、教育、娯楽、女工の心理、生理、思想となっており、附録として女工小唄も収録されている。五四年(昭和二十九)『岩波文庫』(八〇年に改版刊行)に収められ、戦後労働運動が興隆をみせるなか、広く読まれ続けた。（榎　一江）

参考文献　高井としを『わたしの「女工哀史」』(一九八〇、草土文化)

しょさい　書斎　個人の邸宅内にあって、読書や執筆活動を行う部屋。文房ともいう。西欧中世の貴族の邸宅がその起源とされている。日本では、室町時代以降、武家や公家の邸宅に居間兼書斎としての「書院」が誕生し、これを備えた建築様式は「書院造」として近世以降定着した。京都市左京区に所在する慈照寺は室町幕府八代将軍足利義政の建立であるが、同寺の持仏堂(東求堂)に設えられた同仁斎は、義政の書斎であった。明かり採りの窓の付いた四畳半の室内には、違い棚や付書院(作り付けの机)が存在する。現在では、「兎小屋」とも揶揄されるような厳しい住宅事情にもかかわらず、屋根裏や住宅内のわずかなスペースを利用した書斎造りが人気を呼んでおり、書斎をテーマとした雑誌が発行されるなど、書斎のある市民生活は、ますます憧憬の対象となっている。また、近年では、筆・墨・硯・紙といった文房四宝に代わって、パソコンやプリンターが書斎の必需品となっている。（宮瀧　交二）

参考文献　出佳奈子他『知識のイコノグラフィアー文字・書籍・書斎ー』(『感覚のラビュリントゥス』、二〇一二、ありな書房)

じょさんぷ　助産婦　出産の介助および妊娠中の妊婦のケアを行う者。近世には出産に始まる子どもの人生儀礼に深く関わる呪術的役割も担っていたが、その一方で主たる堕胎幇助者でもあった。近代に入り、一八七四年(明治七)制定の医制、九九年制定の産婆規則により、一定の教育を受け免許を与えられた者は、近世以来の産婆(旧産婆)に対して新産婆・免許産婆と呼ばれた。戦時下の国民医療法により呼称が助産婦となり、現在では助産師と呼ばれる。近代的な技術の獲得により、出産時の衛生が保たれ、体位が座産から仰臥位《ぎょうがい》出産になるなど、出産の安全性が向上したが、助産婦もまた、こうした動向に対応してきた。戦後、病院での出産が中心となり主たる出産介助者が産科医となったが、現在、助産師のもとでの出産が再び求められるようになってきている。→産婆《さんば》（大西　公恵）

参考文献　大林道子『助産婦の戦後』(『勁草医療・福祉シリーズ』、一九八九、勁草書房)、吉村典子『子どもを産む』(『岩波新書』、一九九二、岩波書店)、安井眞奈美『出産の民俗学・文化人類学』(二〇一四、勉誠出版)

しょし　庶子　家の継承者となる嫡子以外の男子を指す呼称。十二世紀、貴族層・武士(在地領主)層において嫡継承を基本原理とする家が成立したことで、嫡子とともに庶子の概念も社会に定着した。十三世紀後半までの分割相続下では、嫡子が父祖の所領の主要部分(貴族層では家記・家文書)を相続したが、庶子も所領の相続や家記・家文書の書写をすることができたため、独立した経営体たりえる条件がそろえば、新たな家を起こすこともできた。そのため、嫡子との関係は、同族意識にもとづく共和的なものになった。武家社会では、嫡子が年貢・公事《くじ》の収納・勤仕の責任者である惣領になることが多かったが、庶子は惣領との談合を踏まえて所領の規模に応じた課役の配分を受け、惣領の納入催促に応じた。十三世紀末以降、家の嫡継承観念が強まると、相続法も庶子による家の分立を否定する嫡子単独相続へ移行したため、庶子は嫡子に従属する立場に変わっていった。→嫡子《ちゃくし》→長男《ちょうなん》（田中　大喜）

参考文献　羽下徳彦『惣領制』(『日本歴史新書』、一九六六、至文堂)、高橋秀樹『日本中世の家と親族』(一九九六、吉川弘文館)、田中大喜「家督と惣領」(高橋秀樹編『婚姻と教育』所収、二〇一四、竹林舎)

しょしき　諸色　江戸時代から明治時代にかけて、いろいろの品物、あるいは諸商品の意で用いられた語であり、今日でいう物価は、諸色相場、諸色直段などと表記された。夏目漱石は、小説「三四郎」(一九〇八年(明治四十一)発表)のなかで、「物価」の語に「しょしき」とルビを振っており、諸色の語、それ自体で物価を意味することもあったことがわかる。いずれの意についても、諸色の語は廃語となって久しい。（高槻　泰郎）

参考文献　『大阪市史』五(一九一一)、夏目漱石「三四郎」・それから』(『漱石全集』五、一九三六)

じょしていしんたい　女子挺身隊　戦時下において地域、学校、職域などから選ばれた未婚女性の勤労動員を指す。一九四四年(昭和十九)二月「家庭の根軸たる女子」を除く女性の女子挺身隊への強制加入がなされ、同年八月女子挺身勤労令が公布され、十二ー四十歳未満の未婚女子を一年間(のち二年間)強制的に動員する法的措置がとられた。工場での作業は危険を伴い、労働条件は過酷であったため、欠勤や挺身隊逃れもあった。敗戦時には約四十七万人が動員されていた。（酒井　晃）

参考文献　齋藤勉『新聞にみる東京都女子挺身隊の記録』(一九九七、のんぶる舎)、いのうえせつこ『女子挺身隊の記録』(一九九八、新評論)

しょじょかい　処女会　女子青年の修養団体。各地の農漁村でも女性の補修教育などのために結成された。一九〇〇年(明治三十三)ごろから軍事援護、地方改良といった使命を帯び、一八年(大正七)内務省嘱託天野藤男が中心となり、処女会中央本部を結成、理事長に山脇房子が

つき、多数の女性教育家たちが登用された。二七年(昭和二)大日本連合女子青年団に統合。三一年結成の大日本連合婦人会(連婦)の姉妹組織として、準戦時下に突入すると、共同して非常時女性訓練運動を展開、満洲国建国後、中国への全面侵略が開始されると、大陸花嫁送出しに協力。機関誌『女子青年』を発行。

参考文献 千野陽一『近代日本婦人教育史―体制内婦人団体の形成過程を中心に―』(一九七九、ドメス出版)、平川景子「国民国家形成期における処女会―女子青年団の組織化―労働・性愛・科学の装置―」(近藤和子編『性幻想を語る―近代を読みかえる―』二所収、一九九八、三一書房)
(鈴木 裕子)

しょせい　書生　出身地から離れた場所にある大学や高等教育機関に通学するため、民家に居候している学生。家事手伝や家主家族の補佐をしながら修学する。一八七二年(明治五)の学制の施行に伴い、東京などの都市に大学や高等教育機関が設置されたことで発生した。立身出世のため修学に励む者がいる一方、「身持放埒」すなわち自由気ままな生活を送る者も多かった。明治中期から後期以降、寄宿舎の整備や、下宿や学生向けの安価な賃貸住宅の普及のため、書生は次第に減少した。今日でも、政治家や芸術家をはじめ特定の分野においては、専門的な教育を兼ねて書生となるものがみられる。

書生（坪内逍遙『当世書生気質』より）

参考文献 坪内逍遙『当世書生気質(改版)』(『岩波文庫』、二〇〇六、岩波書店)、八本木浄『近代「書生気質」の変遷史―日本文学に描かれた学生像―』(二〇〇六、丸善プラネット)
(花木 宏直)

じょせいざっし　女性雑誌　女性を読者の対象とした雑誌。明治政府は、婦徳涵養・良妻賢母を旗印に女性への教育を基本方針とした。その結果、『日本之女学』『貴女之友』『婦人教育会雑誌』『女鑑』などが発刊された。その一方、『婦人画報』(旧名『家庭画報』、一九〇五年(明治三十八))、社会主義の立場から家庭改良、男性優越・男性中心主義・制度に反対する『家庭雑誌』(堺利彦、一九〇三年)、家庭生活の改善を求める『家庭之友』(一九〇三年発刊、〇八年『婦人之友』と改称、羽仁もと子)や、社会主義女性雑誌『世界婦人』(福田英子、一九〇七年)などが発刊。一九一一年、思想文芸誌『青鞜』が創刊されるに及び、女性雑誌は一画期を成す。さらにデモクラシー期に入ると、一三年(大正二)『太陽』『中央公論』が相ついで、婦人問題特集号を組み、好評を博した。一六年、中央公論の嶋中雄作が、中産インテリ階級の女性を対象に『婦人公論』を創刊、翌一七年には中産階級の主婦層向けに石川武美が『主婦之友』を創刊、以後、運動機関誌『友愛婦人』『女性同盟』、ほかに『女性改造』『女性』などが発刊され、また大衆向けに二〇年講談社が『婦人倶楽部』を創刊。『婦人画報』『婦人公論』『主婦之友』『婦人倶楽部』は四代女性雑誌と呼ばれた。戦時体制下に入り、内務省当局より、戦時色に合わぬとして恋愛・性愛記事などが取締りの対象となり、大半が国策協力へと足並みを揃える。キリスト自由主義の家庭改良をモットーとする『婦人之友』も戦時協力の記事で誌面を飾るようになる。敗戦後、『婦人公論』が再刊され、進歩派の論客が多数執筆、『婦人朝日』『主婦の友』『新女苑』『女性改造』『働く婦人』『婦人文庫』『主婦と生活』『婦人生活』『婦人の世紀』『新女性』『暮しの手帖』など女性雑誌がつぎつぎと復刊・創刊される。五七年(昭和三十二)、初の女性週刊誌『週刊女性』が発刊、『女性自身』『女性セブン』などと続き、七〇年代に入ると、『アンアン』『クロワッサン』などが創刊され、かつて「公論」的であった女性誌が消滅し、娯楽化・情報化する傾向となった。他方、ウーマン＝リブ運動のミニコミ誌として『あごら』『女の反逆』なども出た。今日ではフェミニズム関係の多くの論稿・論文が諸雑誌に掲載されている。→暮《くら》しの手帖《てちょう》　→主婦之友《しゅふのとも》　→青鞜社《せいとうしゃ》　→中央公論《ちゅうおうこうろん》

『婦人公論』第１巻第１号

参考文献 松田ふみ子『婦人公論の五十年』(一九六五、中央公論社)、岡満男『婦人雑誌ジャーナリズム―女性解放の歴史とともに―』(一九八一、現代ジャーナリズム出版会)、近代女性文化史研究会『戦争と女性雑誌―一九三一年―一九四五年―』(二〇〇一、ドメス出版)、同『占領下女性と雑誌』(二〇一〇、ドメス出版)
(鈴木 裕子)

じょせいさんせいけん　女性参政権　女性の政治的権利

獲得を目指した運動。戦前日本の女性は、参政権・公民権・結社権を全面的に剝奪されてきた。家父長制との関係である。家父長制は、男性優越・中心主義に立ち、明治国家そのものが家父長国家として構成された。近代日本国家は、天皇を国の大家父長とする擬制親子・家族国家観に立ち、近隣アジア諸国を友邦として見ず、侵略・植民地支配の対象と看做した。富国強兵・殖産興業を推進し、廉い労働力として若い女性を酷使、搾取。家庭の女性は戸主である父や夫の統制のもと、従順・温良・貞淑の「婦徳」を押し付けられた。女性の政治的、経済的、社会的進出や自立を阻止し、いわゆる婦選三権を蹂躙。狭義の意味で参政権とは衆議院議員を選出、公民権とは地方議員を選出、結社権とは政治結社・政党に参加し、政治活動を行うことなどをいい、それらを包括して女性参政権(婦選)と呼ぶ。婦選獲得の一語に絞り、婦選獲得同盟(前身が婦人参政権獲得期成同盟会)が一九二五年(大正十四)の男子の普通選挙法成立を機に結成され、活動を展開。が、女性参政権は敗戦後まで持ち越された。敗戦後の一九四五年(昭和二十)十一月、治安警察法廃止により結社権を獲得、同年十二月、改正衆議院議員選挙法公布により衆議院議員選挙権・被選挙権、さらに翌四六年九月、改正道府県・市町村制により公民権、ついで四七年二月、参議院議員選挙法公布により参議院議員選挙権・被選挙権を得る。日本の女性がはじめて選挙権・被選挙権を行使したのが四六年四月十日の戦後第一回総選挙においてであった。さらに米軍が直接統治・支配した沖縄県においては女性参政権が本土に先立ち認められ、四五年九月には十二収容所において議員選挙・市長選挙が挙行された。

参考文献　市川房枝『市川房枝自伝』戦前編(一九七四、新宿書房)、鹿野政直『戦前・「家」の思想』(『叢書・身体の思想』九、一九八三、創文社)、『沖縄戦新聞』別冊(二〇〇五、琉球新報社)

(鈴木　裕子)

じょせいせんようしゃ　女性専用車　鉄道事業者による輸送サービスの一環で女性などに配慮した鉄道車両。一九一二年(明治四十五)年一月、甲武線(のちの中央線)中野—昌平橋間に登場した婦人専用電車を嚆矢に、二〇年(大正九)には神戸市電、三三年(昭和八)には阪神急行電鉄が導入したが、長くはつづかなかった。中央線では戦後の四七年に婦人子供専用列車が登場したが、七三年のシルバーシートの導入に伴って廃止された。

参考文献　堀井光俊『女性専用車両の社会学』(二〇〇九、秀明出版会)

(老川　慶喜)

じょそうざい　除草剤　田畑などに発生する雑草防除を目的とする農薬。化学的除草剤が日本の稲作で本格的に普及したのは、戦後アメリカから導入された2,4-PAが嚆矢である。その後、PCPが一九五〇—六〇年代にかけて急速に普及するが、魚貝類への被害が発生し衰退した。その後、国内で低魚毒性水田除草剤の開発が推進され、NIP、CNP、SUなどと呼ばれる低毒性、低薬料の農薬が普及している。稲作労働における除草作業を軽減した効果は大きい。↓農薬《のうやく》

参考文献　松中昭一『日本における農薬の歴史』(二〇〇二、学会出版センター)

(永江　雅和)

しょたい　所帯　歴史的には個人所有の領地や財産、あるいは地位や官職などを意味した。今日では一般に一家を構え、独立した生計を立てることを指す。所帯と類似した用語に「世帯」があるが、両者の意味に大きな違いはなく、世帯は所帯から転じた語だとする説もある。民俗語彙としてはショタイビロメ(所帯びろめ)という語が用いられることがある。これは、嫁の婿家への正式な引き移りに際して行われる披露を目的とした儀礼を指す。伊豆大島ではこれは正式な婚姻の披露が目的ではあるが、ここでは妻問い婚が伝統的であったため、嫁が婿家に正式に引き移るのは二人が夫婦になって相当年数が経過した後であり、嫁は座敷へは顔を出さず、普段着姿で台所の手伝いをすることも多かったという。またショタイビロメの時期を決定する要因としては、何よりも婿の両親が隠居して別所帯を持ち、これを契機として若夫婦がそれぞれ戸主と主婦になるということが重要であった。

参考文献　大間知篤三『婚姻の民俗学』(『民俗民芸双書』一八、一九六七、岩崎美術社)

(八木　透)

じょちゅう　女中　将軍家、大名家やその高位の家臣の家の奥に仕える女性家臣。奥女中ともいう。将軍や大名の家は、公的行政や儀式を行う表と、当主やその妻子の私的な生活の場である奥とに空間的に分離されており、奥に住み込んで当主家族の生活を世話したり、事務処理や表の男性家臣との交渉を行なったりすることが、女中の主な職務であった。将軍家や大名家にとって家の継承者の確保は最重要の課題であったため、奥は、家の維持継承という重要な役割を担い、女中は家臣としてこれを支えたのである。明治維新によって幕藩制が解体し、奥の役割である家の継承者の確保が公的な意味を失うと、奥に仕えた女中は男性家臣の場合と異なり急激に解雇されていった。近代以降、女中は、個人の家に雇われ住み込みで衣食住にかかわる家事全般を行う女性を指す語となった。女中は、特に都市部の新興の中産階級の家などでは需要が高かったが、戦後高度経済成長以降は、急激に減少した。↓家政婦《かせいふ》

参考文献　松尾美恵子「江戸幕府女中分限帳について」(『学習院女子短期大学紀要』三〇、一九九二)、長野ひろ子「幕末維新期の奥女中—一橋徳川家の場合—」(『茨城県史研究』八六、二〇〇二)

(横山百合子)

じょちゅうぼうこう　女中奉公　将軍家、大名家などの奥向きに女性の家臣として奉公すること。将軍家の場合、御年寄(老女)を頂点として御目見得以上・以下の二十段階を越える厳格な女中の序列があり、職階によって切米、合力金、拝領町屋敷などを与えられ、女中法度(一六七〇年(寛文十)制定)による統制が行われた。将軍家大奥に奉

公する女中の場合、将軍・御台所の世話や子女の養育を役目とする側方と、諸大名家奥向きとの交際や表(男性役人)との交渉を担当する役人系に大別された。将軍の側室となるのは中﨟など側方の出身者が多く、役人系の業務は表使などが担った。大名や旗本の家の奥においても、規模はさまざまであるが、同様に女中奉公が行われた。将軍家大奥の場合、上層の女中は公家や武家出身であるが、御三之間から御半下までの御目見得以下になると、富裕な農民・町人階層の女性が花嫁修業や良縁の獲得、実家の家業のためのコネクション形成など、さまざまな理由から奉公に上った。奉公にあたっては、紹介によるほか、面接などによって容姿や技能の審査が行われることもあった。

参考文献 松尾美恵子「江戸幕府女中分限帳について」(『学習院女子短期大学紀要』三〇、一九九二)、横山百合子「近世後期江戸における町人の家とジェンダー—土地所持と家業経営の視点から—」(桜井由幾・菅野則子・長野ひろ子編『ジェンダーで読み解く江戸時代』所収、二〇〇一、三省堂)、長野ひろ子「幕末維新期の奥女中—一橋徳川家の場合—」(『茨城県史研究』八六、二〇〇二)、畑尚子『徳川政権下の大奥と奥女中』(二〇〇九、岩波書店)

(横山百合子)

しょちょう 初潮 はじめて発来した月経。初経とも呼ぶ。医学的には十歳未満での発来を早発月経、十五歳以上での発来を遅発月経とする。妊娠・出産が可能な体となったことのしるしであり、初花《はつはな》・初出《ういで》・初他火《はつたび》といった儀礼を行なった。一人前の女性に成長したことを祝う一方で、月経禁忌による隔離が行われるという矛盾する慣習が長く併存していた。初潮を機に子供組から娘組へと移り、結婚までの期間に裁縫などの技術や行儀作法を学ぶことが一般的であった。 ↓月経《げっけい》

参考文献 瀬川清子『女の民俗誌—そのけがれと神秘—』(『東書選書』、一九八〇、東京書籍)、横川寿美子『初潮という切札—「少女」批評・序説—』(一九九一、JICC出版局)、武谷雄二『月経のはなし—歴史・行動・メカニズム—』(『中公新書』、二〇一二、中央公論新社)

(大西 公恵)

しょっき 食器 食事に使う器具・容器。〔原始・古代〕人類の祖先は「火」を操ることで肉などを焼くことを会得し、一層人類に近付く。煮るためには土器の発見が必要で、それは同時に縄文時代の始まりでもある(縄文草創期)。縄文早期の人々は土器だけでなく籠・縄・紐などを作る技術を習得し、さらに海に進出して貝塚を残すだけでなく、鹿角で釣針を作り、魚を釣るという生活も始まり、生活そのものが特段によくなった。それに伴って鍋の役割を果たす土器類が多くなるのは必然のことであった。縄文前期後半になると煮こぼれを防ぐ工夫をした口の広い土器も出現し、土器に見られる模様も竹を用いて描き、やや複雑になっていく。時に猪を模した把手《とって》がつくこともある。縄文中期になると土器そのものが立体的になり、実用的ではない装飾性に富んだ土器も作られる。縄文後期になると、中期のような極端な装飾は消え、わずかに小さな把手がある磨かれた土器が生れ、土器の用途も多様化する。小型の土器もあるので、あるいは食べ物を盛るという行為が行われたかも知れない。縄文晩期になると東日本では土器類に磨きが入り、漆塗りの土器や籠に漆を塗った藍胎漆器《らんたいしっき》まで出現する。なお、漆は縄文前期から普及したもの。そして縄文時代には畑作を開始する。さらに弥生時代になると食料革命が起こり、稲はもとより、それ以前からの豆類や麦・ヒエなども作物として登場し、貯蔵用の壺形土器が多数製作される。絹織物、さらに鉄まで普及し始め、人々の生活が飛躍的に改善された。また、鼠返しのついた穀物貯蔵の高床倉庫が作られた。やがて米を独占する村の権力者が発生した。古墳時代になって、古墳を作るほどの権力が発生し、そこから国家の成立へと時代が動く。このころ韓半島から薄青い須恵器という陶器が伝播し、やがて各地に流布していった。庶民では埦類が個々に行き渡り、食事の風景が一変する。古墳時代後期の庶民の住居跡からは多数の食器が発見され、住人の数まで推定できることもある。縄文・弥生時代の囲炉裏に代わって古墳時代には竈が作られ、長い甕が掛かったまま発見されている。また、煮物用の台付き甕が活用された。

(橋口 尚武)

〔中世〕中世の食事に用いる器は皿、椀、鉢が中心で、飲食具には箸を用いた。器の材質には土器、瓦器、陶器、磁器、木器などがあった。土器の皿は「かわらけ」とも呼ばれ、儀式などに使用される、非日常品であった。たとえば、平安時代中期、清少納言は『枕草子』の中で、「清しとみゆるもの」(清らかで美しいもの)の筆頭として「土器」をあげている。瓦器という呼称は焼き上がりが瓦に似ていることによる。製作の最終段階で炭素を表面に吸着させるため器面は暗い灰色を呈する。西日本で主に生産・消費された。陶器には広域に流通する瀬戸焼のほかに、限られた地域に流通する製品があり、東海地方には山茶碗がある。磁器は中世段階では国産の製品がなく、すべて舶載品であった。高級品で、所有できるのは貴族や武士などの一部の階級の人々であった。木器には白木と漆塗りの二種類があった。漆塗りの製品には漆下地の高級品と渋下地の量産品があった。

参考文献 中世土器研究会編『概説中世の土器・陶磁器』(一九九五、真陽社)、四柳嘉章『漆』I(『ものと人間の文化史』、二〇〇六、法政大学出版局)

(水口由紀子)

〔近世〕塗物は正式な食器として、近世でも引き続き用いられた。椀が重量感のある形態から薄手で軽快感のある形態に移行するなどの変化はあるものの、蓋付きの椀・平・壺・腰高・盃といった基本的な組み合わせは変わらない。加えて近世には、安価で種類に富んだやきもの製の食器が普及し、日常の食卓には次第に漆器に取って代わるようになっていった。やきもの製の食器も、碗・皿・

食器　江戸時代の庶民の膳

鉢が基本であったが、料理の幅が広がるにつれて器種や形態が多様化した。しかし、食卓に個人単位の膳を用いることは変わらないため、小さく低いという膳の形状から、食器は小型で、基本的に手に持って使用することが前提となる。このため、やきもの製といえども大型の食器は日常の食生活では多用されなかった。とはいえ都市部では、料理文化が向上し、料理屋などを利用するくだけた宴席や食事の機会が広がり、取り分けを前提とした料理のための大皿が十九世紀から増加する。

参考文献　荒川正明「大皿の時代」(出光美術館編『大皿の時代展―宴の器―』所収、一九九八)、北野信彦『近世出土漆器の研究』(二〇〇五、吉川弘文館)　　(古泉　弘)

〔近現代〕近現代の食器の一般的な組み合わせで、陶磁器の飯碗、魚菜の中小皿鉢、漆器の汁椀という形が成立したのは近世後期とされる。十九世紀半ばになると、全国各地で庶民の膳にも陶磁器が普及した。明治時代の新たな食器としては、洋皿やスプーン、ナイフ、フォークが日本に入った。当初は上流階級だけが使用したが、明治末ごろからは庶民にも普及し始めた。ガラス食器は、日本では近代を迎えるまでは日常生活に入ることがなく、近代になっても食卓へはビールのコップくらいしか普及しなかった。大正時代に入ると、庶民の間で一層食器の需要が高まった。漆器にかわって陶磁器が中心となり、漆器は味噌汁椀、吸物椀くらいが食卓に残った。昭和に入ると、戦前戦後と一般家庭が使用する食器の多くは大手食器会社の大量生産品となり、この状況は一九六〇―七〇年代ごろまで続いた。八〇年代には、海外ブランドや作家窯元の高級和洋食器が消費される時代を迎えた。九〇年代のバブル経済の崩壊以降は、食器の大量生産・販売は縮小した。　↓盃《さかずき》　↓匙《さじ》　↓皿《さら》　↓漆器《しっき》　↓瀬戸物《せともの》　↓茶碗《ちゃわん》　↓陶磁器《とうじき》　↓箸《はし》　↓鉢《はち》　↓椀《わん》

参考文献　小泉和子『台所道具いまむかし』(一九九四、平凡社)　　(藤原　洋)

しょっき　織機　張力をかけた経《たていと》に緯《よこいと》を組み合わせ、布に織るための機《はた》。織機には経の保持法と開口法の違いによりさまざまな種類がある。日本では弥生時代に必要最小限の部材で構成される原始機が、古墳時代には地機《じばた》・高機《たかばた》が登場する。原始機は、経を保持する経巻具《たてまきぐ》(あるいは経送具《たておくりぐ》)と布巻具(あるいは布送具)、経を上下に分ける中筒と下糸に掛けた綜絖《そうこう》、緯を通して打ち込む緯越具《よこごしぐ》と緯打具《よこうちぐ》から成る。アジアの民族の例では直状式と輪状式の経保持法があるが、弥生・古墳時代の日本では輪状式の原始機を用いていたことが出土品から判明する。織手は布送具で輪状の経を挟み、腰に付ける。足を伸ばし経送具を突っ張り、経の弛張を調整して布に織る。地機は、直状の経を巻いた経巻具(千切)を機台に立て、布巻具(千巻)を織手の腰に付ける。腰の動きで経の張力を調整し、中筒と綜絖とで片口開口する点は原始機と同じであるが、機台の招木に連結した綜絖を足で操作することができる。さらに、緯越具・緯打具として小さく巻いた緯を収めた

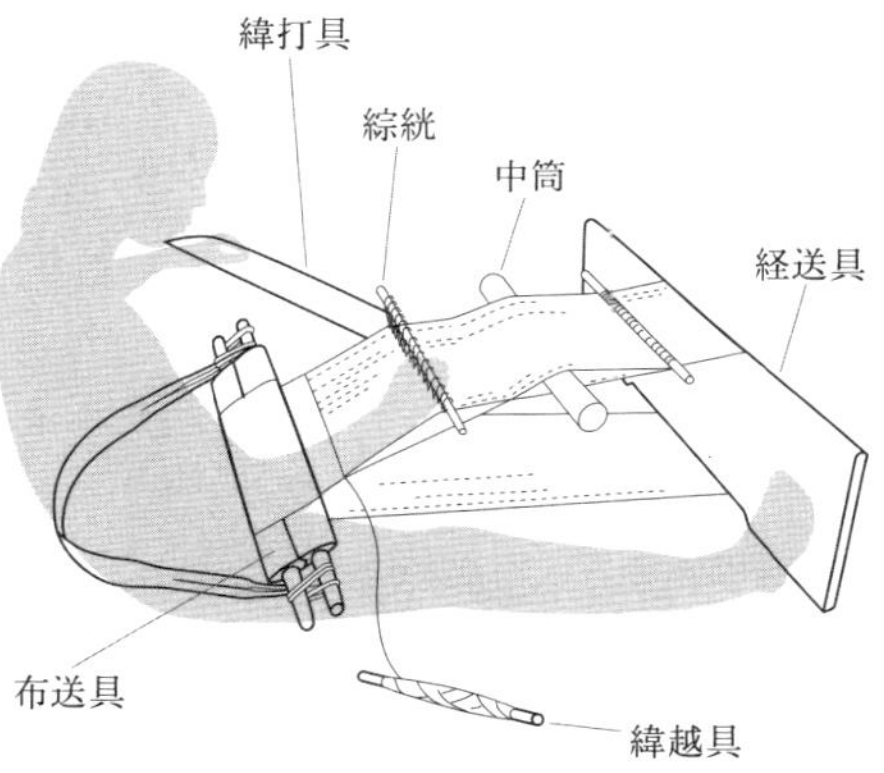

織機　輪状式の原始機

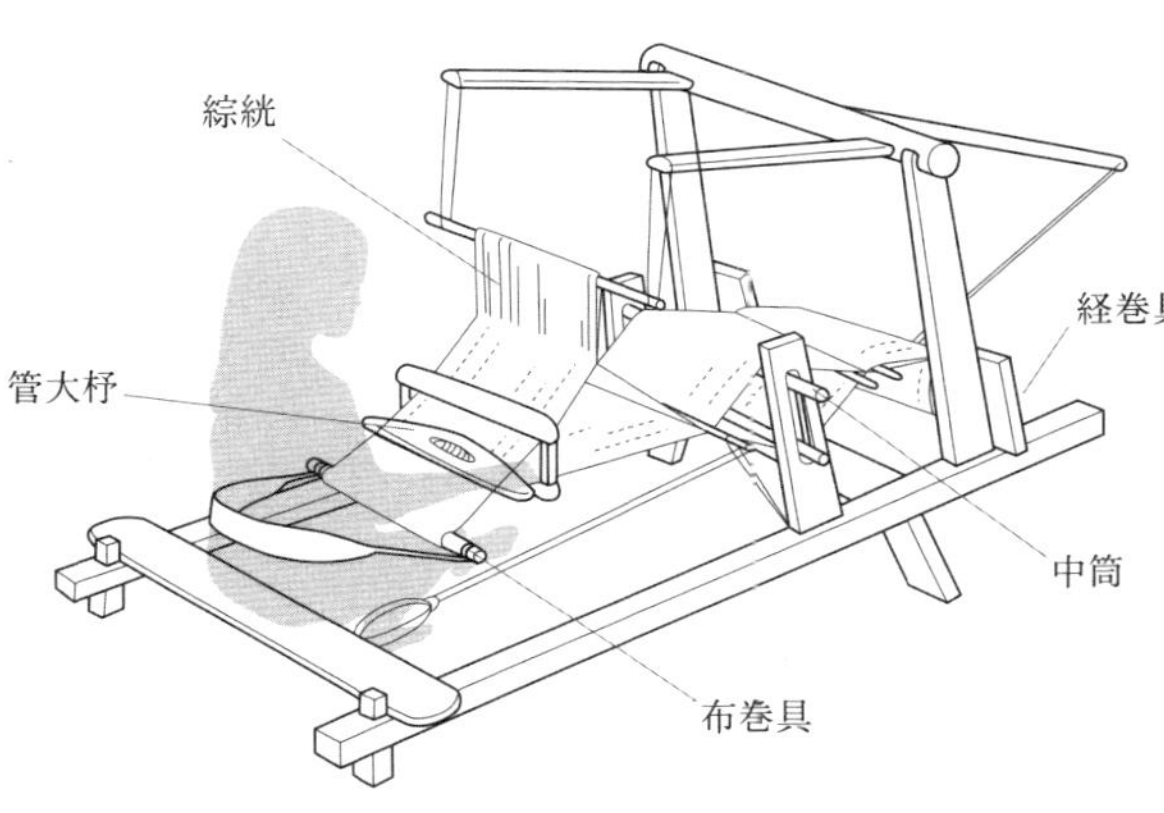

地　　機

管大杼《くだおおひ》を用いる。一般的に基本組織の平織を製するが、沖縄の八重山諸島には紋綜絖と綾竹を駆使し、紋様を織り出す地機もある。地機では主に麻布や樹皮布、近世以降は木綿を織ったのに対し、絹を織るために導入されたのが高機である。高機は、機台に固定した経巻具(千切)と布巻具(千巻)との間に直状の経を水平に張る。奇数・偶数の経(上糸と下糸)に綜絖二枚を掛け、ロクロや弓棚に連結した足踏木で両口開口する。そこへ小型の杼で緯を入れ、筬《おさ》で打ち込む。近世には複雑な文様を織るために多数の紋綜絖を機台上で制御する空引機《そらひきばた》が登場した。明治期以降は西欧のジャカード機や力《りき》織機の導入、豊田佐吉による自動織機などの開発により織物業の近代化が急速に進んだ。一方、農村部では江戸時代中期以降、家内工業の発生に伴い生産能率の良い高機が次第に普及したが、麻布や木綿などの日常衣料を自給するため、地機の使用も依然続いた。　→織物《おりもの》　→地機《じばた》　→高機《たかばた》　→機《はた》織《お》り

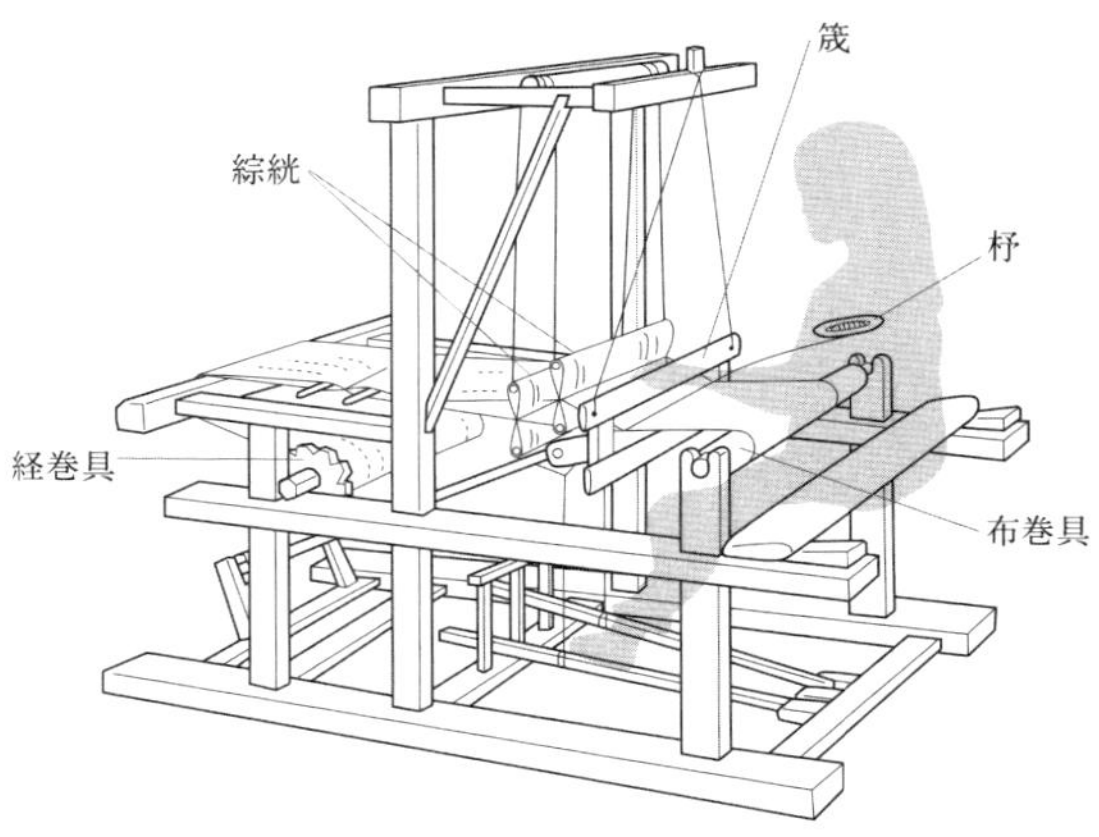

高　機

参考文献　角山幸洋『日本染織発達史(改訂増補版)』(一九六八、田畑書店)、田中俊雄・田中玲子『沖縄織物の研究』(一九七六、紫紅社)、東村純子『考古学からみた古代日本の紡織(改訂新装版)』(二〇二三、六一書房)

(東村　純子)

ショッピングセンター　ショッピングセンター　運営業者(ディベロッパー)により、一つの単位として計画、開発、所有、管理運営される商業・サービス施設の集合体で、駐車場を備えるものをいう。大型店(キーテナント)のほかに専門店、飲食店、サービス業などの店舗で構成される。米国で生成・発展した大規模商業施設である。日本初の本格的なショッピングセンターは、一九六九年(昭和四十四)東京郊外に開店した玉川高島屋ショッピングセンターである。車社会を先取りして、広範な新興住宅地を商圏として取り込んだこの施設は、その後の日本のショッピングセンターの手本となった。その後、乗用車普及率は七八年に五〇%をこえ、買い物に車を利用する人たちが増えた。八一年には千葉県船橋市に広大な駐車場を備えたららぽーとショッピングセンターが開店するなど、マイカーでの来店を前提とした巨大な大型施設も造られた。とりわけ二〇〇〇年(平成十二)に大型商業施設の出店を規制していた大規模小売店舗法が廃止されると、各地につぎつぎと大規模なショッピングセンターが開設され、マイカーに乗って、買い物・食事・映画などを楽しむという生活スタイルが普及した。ところが、従来の地元商店街では来店者数が激減し、シャッター商店街化するという問題や、マイカーを所有していない、あるいは運転できない層が食料品・日用品という生活必需品の購入に困るという問題も生まれた。　→スーパーマーケット

参考文献　『社団法人日本ショッピングセンター協会二〇年の歩み—設立二〇周年記念誌—』(一九九三、日本ショッピングセンター協会)、栗山浩一『成功するSCを考えるひとたち』(二〇二三、ダイヤモンド・ビジネス企画)

(鈴木　邦夫)

しるこ　汁粉　小豆餡を水で溶いて砂糖を加え甘く煮て、餅を加えた食べ物で汁粉餅といい、善哉とも呼ばれる。地域によって呼称に差異があり異名は非常に多いが、一般には関東では漉し餡を御膳汁粉、粒餡を小倉汁粉、汁気の少ないものを善哉と呼ぶ。関西では漉し餡を汁粉、粒餡を善哉、汁気の少ないものを亀山といった。時代的には善哉が十五世紀、汁粉は江戸時代以降とされる。江戸では汁粉を商う見世は正月屋と呼ばれた。

参考文献　中村孝也『和菓子の系譜(復刻版)』(一九九〇、国書刊行会)、川上行蔵・小出昌洋編『日本料理事物起源』(『(完本)日本料理事物起源』、二〇〇六、岩波書店)

(青木　直己)

しるしばんてん　印半纏　⇩半纏《はんてん》

シルバーさんぎょう　シルバー産業　⇩介護《かいご》ビジネス

しるもの　汁物　「一汁三菜」のように、日本料理の献立を構成する基本的な料理であり、献立の根幹に位置づけられる。汁物は献立の中で汁の旨味により食欲を刺激し、料理を引き立てるなどの役割を有する。汁は古くは羹《あつもの》の名があり、室町初期の『庭訓往来』では「御時の汁には豆腐羹《とうふかん》、辛辣羹《しんらつかん》」などがみられる。日本最古の料理書とされる『料理物語』(一六四三年(寛永二十))には、「汁之部」に四十六種、「吸物之部」に六種の製法が記されており、近世では汁は飯の菜(おかず)、吸物は酒の肴と用途により分けられた。現在の汁物は大別して澄まし汁(吸物・澄まし汁・潮汁など)と濁り汁(味噌汁・粕汁・すり流し汁など)に分類される。汁物の基本はだし汁で昆布、鰹節、煮干し(じゃこ・いりこ)、野菜などを汁の種類に合わせて使い分ける。また、汁の構成要素は魚介類などの主となる実、野菜などのあしらい、季節の香りとして吸口の

三種を取り合わせる。　　　　　（秋山　照子）

しろ　白　色の名の一つ。雪や塩のような色をいう。また白木（素木）や白湯《さゆ》のように何も着色や添加などをしていない状態や、白昼や白日のように太陽の照り輝く状態を示す場合もある。色としての白は『万葉集』にもしばしば詠まれており、特に「白雪」「白波」「白雲」「白露」「白玉」などの表現が多い。陰陽五行思想において白は金《こん》を表し、方角では西、季節では秋を示す。白は古来神聖な色とされ、白い色をした動物が神の化身として考えられていた。たとえば『古事記』景行天皇段には倭建命が東征の帰途で伊吹山の神が化した白い大猪と遭遇し、倭建命自身も能煩野《のぼの》で没したのち白鳥に化して飛び去ったことが記されており、白が神霊を表すとする考えがすでに存在したことがうかがえる。こうした白の特殊性から、婚礼衣装である白無垢や死装束である経帷子のように白一色の衣装（白装束）は、生活の中では慶事・弔事や神事など非日常の場で特に用いられてきた。ちなみに喪服には明治以降洋装の影響で一般に黒が用いられるようになっているが、江戸時代までは白が一般的であった。また白狐や白蛇など白一色の動物を神の使いとして尊重する風習は今日も広く見られる。

参考文献　宮田登『白のフォークロア―原初的思考―』（『平凡社ライブラリー』、一九九四、平凡社）、増田美子編『日本衣服史』（二〇一〇、吉川弘文館）　　　　（大明　敦）

しろしょうぞく　白装束　白色の素地による白一色の衣服の総称。天皇の装束としては神事に着用する帛御衣《はくのおんぞ》や斎服の袍《ほう》、公家の男装としては老人の夏装束あるいは位袍の下に着用した白重《しろがさね》（表裏ともに白を重ねた色目）の装束をいう。また産所における女房の装束としても用いられた。白が神事と結びつく色であることから、後世に祭礼や冠婚葬祭の際の衣装として一般にも用いられるようになったと考えられ、死装束である経帷子《きょうかたびら》や婚礼衣装である白無垢などもその一種といえる。神職が神事に際して着用する白い狩衣（浄衣《じょうえ》）、神輿の舁《か》き手や山車の曳き手の着衣（白丁《はくちょう》）、僧や行者・巡礼などが身につける白い衣服（白衣《びゃくえ》）などは現在よく目にする白装束の例である。こうした神仏に接する場で特に白装束が用いられるのは、白は何色にも染まっていない無垢な色であることから、これを着用する者の穢れのない無垢で清浄な心を表現するものであるとされている。

参考文献　「服飾總載」四（神社司庁編『古事類苑（復刻版）』服飾部、一九七〇、吉川弘文館）、近藤好和『装束の日本史―平安貴族は何を着ていたのか―』（『平凡社新書』、二〇〇七、平凡社）　　　　（大明　敦）

しんかんせん　新幹線　主要都市間を時速二〇〇キロ以上の高速度で走行する、国際標準軌間（一四三五ミリ）の幹線鉄道。古くは、一九〇八年（明治四十一）に安田善次郎らによる日本電気鉄道が東京―大阪間を六時間で運転する計画を発表した。また、戦時中の一九三九年（昭和十四）には鉄道省が東京―下関間の広軌新幹線（弾丸列車）計画をたて、戦後の四六年にも五島慶太らによる日本鉄道が東京―福岡間の電車・電気機関車併用による高速運転計画をたてたが、いずれも実現しなかった。高度成長期の六四年十月に東海道新幹線が開業し、東京―新大阪間を三時間十分で結んだ（当初は四時間）。七〇年五月には全国新幹線鉄道整備法が公布され、これまでに山陽（新大阪―博多間）、東北（東京―新青森間）、上越（東京―新潟間）、九州（博多―鹿児島中央間）、北陸（東京―金沢間）、北海道（新青森―新函館北斗間）の各新幹線が開業し、全国的な新幹線ネットワークが形成されつつある。

東海道新幹線スタート
マーチに送られ初列車
輸送力は38％ふえる
晴れの超特急
ひかり1号

東海道新幹線の開通（『朝日新聞』1964年10月1日付夕刊）

参考文献　三菱総合研究所事業戦略研究室編『整備新幹線とはなにか―地域の活性化と高速交通の将来像―』（一九八六、清文社）　　　　（老川　慶喜）

じんぎ　仁義　やくざがはじめて会った時に交わす挨拶。地元の親分を訪ねた旅人が「お控えなさって、お控えなさって。手前生国と発しますは（下略）」と仁義をきるのは、股旅物の小説やドラマでおなじみのシーンである。何らかの挨拶が行われたことは想像に難くないが、このようなものだったかどうか実証するのはむずかしい。股旅物の第一人者で小説家・戯曲家の長谷川伸（一八八四―一九六三）は、父親が土木建築の下請をしていた関係で、多くの渡り土工に接した。彼らは現場につくと適当な人物をみつけて、誰についてこの仕事を覚えたのか、名前は何なのか、生国はどこなのかを述べた。長谷川はこの土工のジギ（辞儀）をやくざに移し、それが現在の仁義イメージにふくらんだのであろう。なおテキヤ社会でもはじめて会う時の挨拶の形式があった。出身地やオヤブンの系譜・本人の名前を織り込んだ型が確認されている。名刺が普及しこのような挨拶は廃れたという。なお、仁義には世間一般の道徳という意味があることを付け加えておく。

参考文献　長谷川伸『ある市井の徒―越しかたは悲しくもの記録―』（『中公文庫』、一九九一、中央公論社）、佐藤忠男『長谷川伸論―義理人情とはなにか―』（『岩波現代

文庫』、二〇〇四、岩波書店)、厚香苗『テキヤ稼業のフォークロア』(二〇一三、青弓社)
(吉岡　孝)

しんぐ　寝具　寝るときに使う用具。布団、枕、寝間着、蚊帳など。寒さや害虫から身を守るために用いられる。寝具の形や構成は寝室のあり方と関連してさまざまな形をとりながら変化している。敷具には寝室のしつらえがそのまま寝具となる箱床形式のものと敷物形式のものがあり、箱床は東北地方などの比較的寒い地域にみられた。掛具には着物型のものと、方形の布団の二種類がある。かつては着物を着たまま、あるいは着物を被って寝ることは広く行われており、着物と掛具の境界は曖昧であった。着物型の掛具を夜着、搔巻きという。敷具、掛具ともに中綿には、藁・綿が主に使われ、藁は木綿綿が普及するまで手近な材料として広く使われていた。寝室が土間から板床、そして畳へと変化したことで、二枚の布を袋状に縫い合わせて中に綿を詰めた敷布団、掛布団が広く用いられるようになった。また、近年は洋室を寝室とすることが多く、敷具としてベッドを利用することが増えている。　↓寝巻《ねまき》　↓蒲団《ふとん》　↓枕《まくら》

参考文献　瀬川清子『きもの』(一九七二、未来社)、佐々木長生「土座生活と寝具―箱床の起因―」(『民具マンスリー』一七ノ六、一九八四)
(島立　理子)

しんけいすいじゃく　神経衰弱　⇩ノイローゼ

しんげき　新劇　演劇のジャンル名。歌舞伎、新派などに対して、近代の事物・思想傾向の激変に適応するべくヨーロッパ演劇の影響を受けて発生した。ふつう新劇劇団のはじまりは、一九〇六年(明治三十九)坪内逍遙の設立した文芸協会と〇九年に二代目市川左団次・小山内《おさない》薫《かおる》の設立した自由劇場とされる。しかし新劇という演劇ジャンルの確立には、先立つ明治二十年代の歌舞伎における演劇改良運動や、三十年代の新演劇(新派)におけるさまざまな試みが密接に関連し、寄与している。近世期までの日本の演劇は男性によって上演されることが圧倒的に多かったため、より自然な表現をめざした新劇は女優養成が課題となり続けた。大正期は一九一四年(大正三)島村抱月・松井須磨子による芸術座の設立が新劇の大衆化のさきがけとされる。多くの小劇団が離合集散し、翻訳劇だけでなく日本の作家が書いた戯曲を上演する機会も増え、演出研究も深められた。また新派や歌舞伎も新劇の影響を受け、新劇的な作品を上演する俳優の研究会がしばしば行われた。二三年の関東大震災は関東の都市文化全体に甚大な被害を与えたが、その翌年設立された築地小劇場は以降の新劇運動の基準となる劇団であった。昭和戦前期はプロレタリア演劇、左翼演劇と相互の影響や対立があり、政治的抑圧の中で劇団の結成と分裂が繰り返された。戦後以降は文学座・俳優座・民芸をはじめとする多数の劇団が商業演劇、アングラ演劇、小劇場演劇と拮抗・協調しつつ活動を行なっている。

参考文献　秋庭太郎『日本新劇史』上下(一九五五-五六、理想社)、田中栄三『明治大正新劇史資料』(一九六四、演劇出版社)、大笹吉雄『日本現代演劇史』明治・大正篇(一九八五、白水社)
(寺田　詩麻)

新劇　文芸協会公演『人形の家』

じんけん　人絹　人造絹糸の略称。石油などを原料とする合成繊維ではなく、植物を原料とする天然由来の繊維である。国内で人絹が公表されたのは、一九〇三年(明治三十六)の第五回内国勧業博覧会が最初といわれる。人絹は、羽織紐を筆頭とし、紐類、靴下、ショール、小間物類などに用いられた。製織方法は綿糸との交織から生糸、毛糸、麻糸などに及び、次第に純人絹織物へと発展した。人絹織物工業が盛んだったのは、桐生を中心とする上毛地方と、福井を中心とする北陸地方であった。人絹製織の技術は、羊毛の代用繊維であるスフ(ステープルファイバーの略称)へと転換された。一九三六年(昭和十一)十二月、日本はオーストラリア羊毛の輸入制限を発令し、三七年七月に日中戦争が勃発すると、スフは重要な役割を果たした。十一月一日から毛製品を対象としたステープルファイバー等混用規則が施行され、三八年二月一日から綿製品ステープルファイバー等混用規則が施行された。純毛や純綿は軍需最優先となり、繊維業界はスフ混紡が占めるようになった。人絹は、現在も安価な着物生地として活用されている。

参考文献　『東洋レーヨン社史―一九二六―一九五三―』(一九五四)、『ニチボー七五年史』(一九六六)
(刑部　芳則)

しんげんぶくろ　信玄袋　堅地の底をつけた布の袋を紐で口を締めて括れるようにした、女性の手提げ袋。小物や小さな道具類など必要なものを持ち運ぶ合財袋《がっさいぶくろ》で、その名称の由来としては、信玄弁当と呼ぶ重ね重を入れた、甲斐絹を布地に用いた、甲州で考案された、武田信玄が用いたなど諸説ある。文明開化による生活の洋風化とともに、洋服が制服や公的な地位にある者の服飾に導入されていくが、一般人の服装の変化はおおむね和装の改良にとどまっていた。女性の服飾も同様であったが、信玄袋は女性が外出する際に着物に合わせる袋物のファッシ

ョンアイテムとして明治二十年代から流行した。明治三十年代には底を籠にした籠信玄や底を作らない薄型の千代田袋など多様なデザインのものが考案され、大正期にかけて流行のピークを迎えた。こうして定着した信玄袋は、現在でも和装での外出に欠かせないものとなっている。また夏に浴衣を着て出歩く際の、和風のテイストを愉しむ袋物として幅広い世代に親しまれている。

（加藤　幸治）

じんこうもんだい　人口問題　人口の状態をなんらかの意味で問題化した言説であり、その内容は時代によって大きく異なる。日本において人口問題が台頭したのは一九二〇年代であるが、当時の人口問題は「過剰人口問題」を意味し、その対策として食糧問題や産児制限、満洲移民などをめぐる議論が展開された。日中戦争期になると、戦争による社会変化が人口増加率の低下をもたらすことが警戒され、日本民族の増殖を目的とする人口政策が登場した。敗戦後は、復員・引揚者とベビーブームによって急増した人口をいかに扶養するかという過剰人口問題が再び問題となるが、六〇年代になると、高度経済成長により過剰人口問題は解消した。七〇年代には、「老人問題」が人口問題の中心と目されるようになるが、八〇年代になると合計特殊出生率が二を下回ることが常態化して「少子化問題」が浮上し、これ以降、日本の人口問題は「少子高齢化問題」として語られるようになった。
↓少子化問題《しょうしかもんだい》

参考文献　河野稠果『人口学への招待―少子・高齢化はどこまで解明されたか―』(『中公新書』、二〇〇七、中央公論新社)

（高岡　裕之）

しんこくげき　新国劇　一九一七年(大正六)四月、沢田正二郎らにより創立された劇団。旗揚げ公演は東京新富座で行われた。名称は沢田の師坪内逍遙が命名。逍遙が実践を試みた、大劇場でさまざまな層の観客に向けて上演されるべき「国劇」を新たに作り出すことをめざしていた。同時期の他の新劇団は女優中心に活動することが多かったが、新国劇は当初から男優中心であった。同年八月松竹専属となり、「右に芸術、左に大衆」のモットーのもと、新進劇作家の戯曲上演と豪快な殺陣《たて》の両方を行うスタイルが確立。上演された行友李風《ゆきともりふう》、長谷川伸《はせがわしん》、北《ほう》條《じょう》秀司《ひでじ》らの作品は、さらに映画化されるなどして広く親しまれた。主要作品に『月形半平太』『一本刀土俵入《いっぽんがたなどひょういり》』『白野弁十郎』『人生劇場』『王将』『殺陣田村』などがある。また殺陣を見せ場とする演技形式は、狭義の大衆演劇にも影響を与え、「剣劇」を生み出した。一九二九年(昭和四)三月の沢田の死去以降、島田正吾と辰巳柳太郎を中心として活動したが、八七年八月、東京新橋演舞場での創立七十周年記念公演で解散。現在、出身者有志の結成した劇団若獅子が主要作品の上演を継続的に行なっている。

参考文献　沢田正二郎『苦闘の跡』(一九二四、新作社)、島田正吾『ふり蛙』(一九七八、青蛙房)、新国劇記録保存会編『新国劇七十年栄光の記録』(一九八八、私家版)

（寺田　詩麻）

しんこんりょこう　新婚旅行　結婚した夫婦が二人だけで行く旅行。ハネムーンあるいは蜜月ともいわれる。古代から中世のヨーロッパにおいて新婚家庭で精力増強効果を期待し、また蜂蜜の多産にあやかって、花婿に蜂蜜酒が飲まされた。この蜂蜜酒がハネムーンの語源であるといわれている。日本では新婚旅行中にできた子どもをハネムーンベビーと呼ぶことがある。新婚旅行は明治や大正期にも見られたが、一般に普及するのは戦後の高度経済成長期以降である。当時はだいたい二泊三日で比較的近い温泉へ行くケースが多く、東京からは熱海や箱根へ、関西からは有馬や紀伊勝浦などへ行く例が多かった。また宮崎県が新婚旅行先として人気を博し、一九六〇年代には京都と宮崎を結ぶ新婚旅行専用急行列車「ことぶき」号が運行されて話題となった。八〇年代以降は、国内では北海道や沖縄が、海外ではハワイやヨーロッパが人気の新婚旅行先となる。

新婚旅行用列車「ことぶき」号の車内

（八木　透）

しんさい　震災　一般に震災と呼ばれる例は、関東大震災(一九二三年(大正十二))、阪神・淡路大震災(九五年(平成七))、東日本大震災(二〇一一年)のように限られている。これらの地震について、地震観測を業務とする気象庁が命名する地震名は、それぞれ関東地震、兵庫県南部地震、東北地方太平洋沖地震である。震災という表現は、被害や影響の大きい地震に起因して発生する社会的な現象を総称する場合の用語である。震災の発生は地震と同時だが、上記の三例の震災状況の終焉をいつとするかは、地震が及ぼす被害の違いによって、それぞれ終期が異なる。いずれにしても、それぞれの災害被災者の生活がある程度、震災前の状態に復帰することを一つの目安とすれば、関東大震災では、東京市の場合では、公設バラック(現在の仮設住宅)入居者退去となった一九二六年四月、震災発生から二年半ほどの時期が一つの目安になる。しかし、都市復興をもって震災状態の解消とすれば、帝都復興事業が終了し、帝都復興祭が開催された三〇年(昭和五)、地震発生から七年後となる。阪神・淡路大震災の場合には仮設住宅の入居者退去は五年後の二〇〇〇年一月である。しかしながら、東日本大震災では、いまだ二千六百六十七人(一四年三月)もの津波による行方不明者があり、地震で破壊された福島第一原発による放射能汚染の除去はいうに及ばず、汚染土の処置も目途

が立っていない。仮設住宅に暮らすことを余儀なくされる帰宅困難地域の人々は、生活の再建計画すら立てることができない。一方、「大震災」と呼ばれるこれらの大災害では、政府が国家事業として震災復興に取り組み、関東大震災では明治以来懸案であった東京の都市改造を実現させ、耐震耐火のコンクリート造の建築が出現、都市の相貌を大きく変えた。しかし、東日本大震災を契機に予想される津波防災に向けて提唱される高さ一四メートル以上のコンクリート堤防は、東北太平洋岸に限らず、日本の海岸線の景観を一挙に変えることになる。その是非の議論の行く末は、この震災状態をいかに終わらせるかを決する。　↓地震《じしん》　（北原　糸子）

しんしつ　寝室　就寝のための部屋。寝殿造では、身舎の一部を壁で囲った塗籠《ぬりごめ》が寝室にあてられたと考えられるが、生活の場が北庇《きたびさし》に移っていく平安時代後半には、塗籠ではなく北庇に帳を出して就寝するようになった。中世の武家住宅では、再び間仕切りで区切った室を寝室とし、帳台、納戸《なんど》などと呼んだ。鴨居を低く敷居を高くして小さな引戸を付ける寝室の入り口は、近世の書院造において帳台構として座敷の装飾に残る。中下級武士の住宅や、その流れを汲む近代の中流階級の住宅でも、最も奥まった一室を寝室とした。ただし家の規模が小さい場合、居間や茶の間などと兼用とする例も珍しくなかった。明治末期以降、プライバシーや健康への意識の向上により、就寝専用の部屋を設けることが理想とされるようになる。特に昭和期の戦時下、住宅供給の困難が増すなかで、庶民住宅における平面形式の最低限の基準として、寝室と食事室を区切るべきとする「寝食分離」論が提唱される。　↓納戸《なんど》　↓塗籠《ぬりごめ》

参考文献　平井聖『（図説）日本住宅の歴史』（一九八〇、学芸出版社）　（松下　迪生）

しんじゅう　心中　この世で結ばれない相思相愛の仲の男女が来世での成就を願って死ぬこと。元来は心のうち、胸中の意だが、人に対してまごころを尽くすという意味にかわり、遊里用語として相手に誠意を示し、誓紙、放爪、断髪、入墨、切指など具体的な行為に限定され、やがて心中即心中死となった。十七世紀後半から十八世紀の前半にかけて、年号でいえば元禄から享保にわたる四十年間、まれにみるほど心中といわれる情死事件が多発。天変地異による物価高騰、質素倹約令、インフレといった不穏な世相の中、社会に対する消極的な犯行として心中が続発したのである。『心中恋のかたまり』（一七〇三年（元禄十六））、『心中大鑑』（一七〇四年（宝永元））といった心中者の名鑑まで発行された。これらの書によれば二年間に合計三十六件の心中事件が起こった。浄瑠璃作者近松門左衛門の心中物も拍車をかけた。八代将軍徳川吉宗は心中にかわる「相対死《あいたいじに》」という新造語を案出し強制、心中事件の文芸化、舞台化を禁止した。

参考文献　諏訪春雄『心中―その詩と真実―』（『江戸シリーズ』五、一九七七、毎日新聞社）、『江戸の心中』（『別冊歴史読本特別増刊　江戸コレクション』、一九九五、新人物往来社）　（田口　章子）

しんじゅく　新宿　ターミナル型の盛り場としての特徴を中核に、新宿二丁目から歌舞伎町へとつながる性風俗の街、そして時代によって先端的な若者文化の街、都心機能をもつ街など多面的な顔をあらわす日本最大の盛り場。江戸後期に甲州街道の宿場として賑った新宿が新しい顔をもつようになるのは、関東大震災後の東京西郊のサラリーマン住宅地化とそれに伴う京王線（一九一三年（大正二））や小田急線（一二七年（昭和二））の通勤電車化であった。駅東口周辺にほていい屋、三越などの百貨店、武蔵野館、新宿映画劇場などの映画館が開設する。新宿が次なる新しい顔を示すのは一九六〇年代で、アートシアターギルド、唐十郎の花園神社テント劇場、ジャズ喫茶などの前衛的芸術文化が花開くとともに、フーテン、西口フォークゲリラ、ベトナム反戦デモなどの若者の対抗文化の舞台となる。七〇年代から八〇年代になると、旧淀橋浄水場跡地の再開発が進み、超高層の企業ビルやシティホテルが林立し、さらに九一年（平成三）に都庁が移転し、都心機能という新しい顔をつけ加えるようになった。　↓歓楽街《かんらくがい》　↓若者文化《わかものぶんか》

参考文献　深作光貞『新宿考現学』（一九六八、角川書店）、『新宿ウォッチングレポート』（一九六八、造形社）　（寺出　浩司）

しんしょ　新書　小型の廉価本の一つ。一九三八年（昭和十三）十一月に創刊された岩波新書が日本の先駆けである。岩波新書は、三七年にイギリスで刊行されたペリカン＝ブックスを範としている。新書は、専門的な内容を一般的にわかりやすい形で紹介するものや、現代性のあるテーマを扱うものが多い。文庫本とともに携帯性に優れ、廉価本の代表格である。五四年には光文社が新書判のカッパ＝ブックスを出し、六二年には中公新書、六四年には講談社現代新書が創刊され、現在は各社の新書が乱立し、飽和状態となっている。

参考文献　鹿野政直『岩波新書の歴史―付・総目録一九三八―二〇〇六―』（『岩波新書』、二〇〇六、岩波書店）　（根津　朝彦）

しんじんるい　新人類　『朝日ジャーナル』連載インタビュー「新人類の旗手たち」（一九八五年（昭和六十））から広まり流行語となった言葉。八五年の時点で二十代の若者で、明確な年代区分はないが、おおむね六〇年代前半生まれの世代を指す。七〇年代半ばから八〇年代前半に思春期を過ごし、この時期に確立した消費文化を成長の基礎環境とした最初の世代。「軽薄短小」と呼ばれた消費文化を真っ先に受容し、重い現実からは身を引くポストモダンの申し子とみなされた。新人類を批評する言説の多くは、八〇年代に最盛期を迎えた消費文化の特質を新人類の性格類型として描いた。オタク第一世代も同時期に育った点では新人類にふくまれ、オウム真理教信者の中

心層も新人類であったから、「軽薄短小」型の性格類型を一般化できない。「機動戦士ガンダム」から生まれたニュータイプという自我イメージや、のちの草食系男子にあたる人間類型の出現など、新人類の社会的性格をとらえるより広い切り口からの検討を要する。

参考文献 岩間夏樹『戦後若者文化の光芒—団塊・新人類・団塊ジュニアの軌跡—』(一九九五、日本経済新聞社)

(中西新太郎)

しんせいかつうんどう 新生活運動 地域や企業などで実践された生活に関わる文化運動の一つ。生活改善運動のなかでも特に一九四七年(昭和二十二)、片山哲内閣が提唱して占領期の経済状況に対応して開始された。五〇年代に入って活潑化し、鳩山一郎内閣のもと五五年の新生活運動協会の設立によって全国的に展開された。地域では、青年会(団)・婦人会などの各種団体、町内会・部落会などの地域組織を実践団体とし、公民館や新生活運動協会支部などを中心に企画・研究が進められた。企業においても実践され、職場の労働者と家庭を結びつけることや、労働者の「主婦」の役割に注目が集まり、家族計画運動も進められた。さらに生活レベルにおいては、より親しい「小集団」を基礎とすることが求められていった。生活習慣の合理化・共同化、「ハエと蚊のない街」をめざす環境衛生改善、食生活改善・台所改善などの実践が行われ、迷信・因習の打破など意識面の改善にも力が入れられた。社会教育領域においても実践され、記録映画などの啓蒙事業も行われている。→生活改善運動《せいかつかいぜんうんどう》

参考文献 荻野美穂『「家族計画」への道—近代日本の生殖をめぐる政治—』(二〇〇八、岩波書店)、大門正克編『新生活運動と日本の戦後—敗戦から一九七〇年代—』(二〇一二、日本経済評論社)

(大串潤児)

しんそうさい 神葬祭 神道による葬儀。日本の神は死穢を嫌うとされたため伝統的には神主が葬儀に関与することはなかったが、十五世紀に吉田兼倶《よしだかねとも》が神葬祭を始め、当主を神式で葬った。近世には寺請制度により神職や儒者も寺の檀家であることを義務づけられたが、吉田社の免許を得た各地の神職は自家の当主および嫡子を自葬できた。明治初期の新政府は神葬祭を奨励しようとしたが、儀礼の未整備や神道の内部対立もあって一八八二年(明治十五)には一転して官社神官の葬儀関与が禁止され、八四年からは宗教を問わず葬儀に政府は関与しなくなった。神葬祭では埋葬前に霊を仏教の位牌に相当する霊璽に移し、自宅に安置する。神道墓は奥津城《おくつき》という。

参考文献 阪本是丸「近代の神葬祭をめぐる問題」(『神道学』一二四、一九八五)

(勝田至)

ジンタ ジンタ 明治中期に軍楽隊をモデルに結成された、宣伝活動を目的とした民間の市中音楽隊のことで、大正初期ごろからジンタの愛称で呼ばれるようになった。行進曲や舞曲といった拍子を強調する演奏が多く、大太鼓、小太鼓による「ジンタッ、ジンタッ」「ジンタッタ」のリズム音が特徴的だったことから、「ジンタ」の愛称がついたといわれている。ジンタのレパートリーのなかでも「美しき天然」は特によく知られ、サーカスなどの見世物の伴奏音楽としても用いられたことから、ジンタと聞くとサーカスを連想する者も少なくない。一八八五年(明治十八)、秋田柳吉《あきたりゅうきち》が東京銀座一丁目に出した広目屋が作った東京市中音楽隊が最初。その後、日本各地に同様の楽隊が編成され、日清・日露戦争で軍楽隊が盛んになると百貨店でも音楽隊を編成するなど、音楽隊の大流行となった。しかし、大正後期になるとチンドン屋に取って代わられ、次第に消滅した。

参考文献 堀内敬三『ヂンタ以来』(一九三四、アオイ書房)

(松岡薫)

しんたいそうしょく・しんたいへんけい 身体装飾・身体変形 身体装飾が身体彩色や服飾を身に着ける一時的な装飾であるのに対して、身体変形は身体の一部分に加工・変形を施すことで、身体の部位が元に戻らない永続的な装飾という違いがある。衣服で身体を飾ることは旧石器時代から行われていたとみられるが、アンギン(編布)や赤糸などの断片ではあるが遺物として残るのは縄文時代以降である。服飾のうち、衣服は身体を保護する機能に加えて、富・身分・権力などを誇示する機能をもつようになると多様で豊かになるのに対して、装身具は身体を飾る機能に加えて、富・身分・権力などを誇示する機能をもつようになると、逆に多様性を失うという傾向がある。身体変形には抜歯・歯牙変工・入墨・哀悼傷身・頭蓋変形・割礼《かつれい》・去勢などがある。歯牙変工の一種の抜歯は縄文中期から弥生時代に盛んで、成人時や婚姻時に施されたが、入墨は原始・古代だけでなく、近・現代まで行われ、悪霊や危害から身を守る呪術的な意味から社会的地位や身分の誇示のほか、近世には前科者を認識させる懲罰的な意味で施されることもあった。いずれにしても、身体装飾・身体変形は時代や社会により、その部位や方法は多様で、多くは男女・長幼・地位や身分の区別などに対応している。→装身具《そうしんぐ》

参考文献 町田章『装身具』(『日本の原始美術』九、一九七九、講談社)、吉岡郁夫『身体の文化人類学—身体変工と食人—』(一九八九、雄山閣出版)

(勅使河原彰)

じんたん 仁丹 一九〇五年(明治三十八)に森下南陽堂(現森下仁丹株式会社)から発売された口中清涼剤。森下南陽堂の創業者森下博が台湾出征中に見た現地の丸薬に想を得て、千葉医学専門学校(現千葉大学医学部)の三輪《みわ》徳寛《よしひろ》、井上善次郎両博士の協力のもと、病気への感染を未然に防ぐ携帯懐中薬として、多種の生薬をベンガラで包んだ赤大粒仁丹を販売したのが最初。戦後は、ベンガラに代えて、より殺菌性、保存性に富む銀箔で丸薬を包んだことで、今日の我々のよく知る銀粒仁丹となった。その保存性、携帯性の優秀さから発売してすぐに人気商品となるが、広告戦略の独特さも戦前の日本では大きく注目された。森下は、新聞見開き広告などのそれまでも

仁丹の看板（明治時代末期）

活用されていた広告手段だけでなく、電車沿線の看板や電柱広告を幅広く展開し、上野浅草の通称仁丹塔と呼ばれる巨大な広告塔や、大阪駅前のイルミネーション広告など多種にわたる街頭広告戦略を繰り広げた。以降、商品流通における広告産業の重要性や有効性は広く認識されるようになる。また、広告商標として用いられた大礼服姿の人物は仁丹を象徴する馴染みのキャラクターとなったが、一方で、大衆薬の商標に大礼服姿の人物を用いることに官尊民卑の思潮を読み取る動きも同時代にはあった。

参考文献　松本剛『広告の日本史』（一九七三、新人物往来社）、山本武利『広告の社会史』（一九八四、法政大学出版局）、山本武利・津金澤聰廣『日本の広告—人・時代・表現—』（一九八六、日本経済新聞社）　（花岡敬太郎）

しんちゅうかんそう　新中間層　二十世紀の資本主義の高度化の中で社会階層構成の中間的部分に新たに登場してくる階層。専門・管理・事務・販売などの業務に従事するホワイトカラーを中核とする。経済的には所得・資産などの生活水準の中位性、政治的には行政機構や企業組織での中間管理的機能、文化的には教育水準の高さや衣・住・子どものしつけなどの生活様式の独自的性格をもって特徴づけられる。日本では一九二〇年代に、労資の階級対立の社会的緩衝剤の役割を果すものとして、あるいは近代的な文化生活の担い手として注目されるようになった。サラリーマン住宅地として東京の西郊に拡大しつつあった山の手で、かれらによって形成された生活構造・様式が日本の近代的都市生活の原型となった。戦後高度成長期には、社会の中流化の推進役となるが、「国民総中流化」という言葉に示されるように、そのことが新中間層の輪郭を溶解させた。さらに近年の格差社会化の中で、その分解が進展しつつある。→中流意識《ちゅうりゅういしき》

参考文献　有吉広介・浜口晴彦『日本の新中間層』（一九八二、早稲田大学出版部）、寺出浩司『生活文化論への招待』（一九九四、弘文堂）　（寺出　浩司）

しんでんづくり　寝殿造　寝殿・対屋《たいのや》などの建物や池庭から構成された平安時代の貴族住宅の様式で、十世紀半ばに平安京で確立した。その祖形は大陸からの伝来とされるが、原形は平安内裏の紫宸殿を中心とした表向きにあるとされる。初期の寝殿造は、寝殿の左右に東西両対屋を設ける左右対称形式であったが、やがて平安末期になると厳密な左右対称形の寝殿造は姿を消し、代わって東西の両対屋の一方が対代また対代廊に変形したり、小寝殿が設けられる形式が標準形となる。こうした変化は、儀式や生活の和様化が進み、大邸宅から生活に即した規模へ変化したこと、天皇・摂関家から院政への政治形態の変化に伴って儀式が変化したこと、それによって貴族住宅における儀式空間もまた変化したことが要因とされる。鎌倉時代にはさらに簡略化が進み、左右対称形を持つ形式はほとんど見られなくなるが、寝殿造の配置規模の変化は、のちの書院造形式の源流ともなった。→書《しょ》院造《いんづくり》

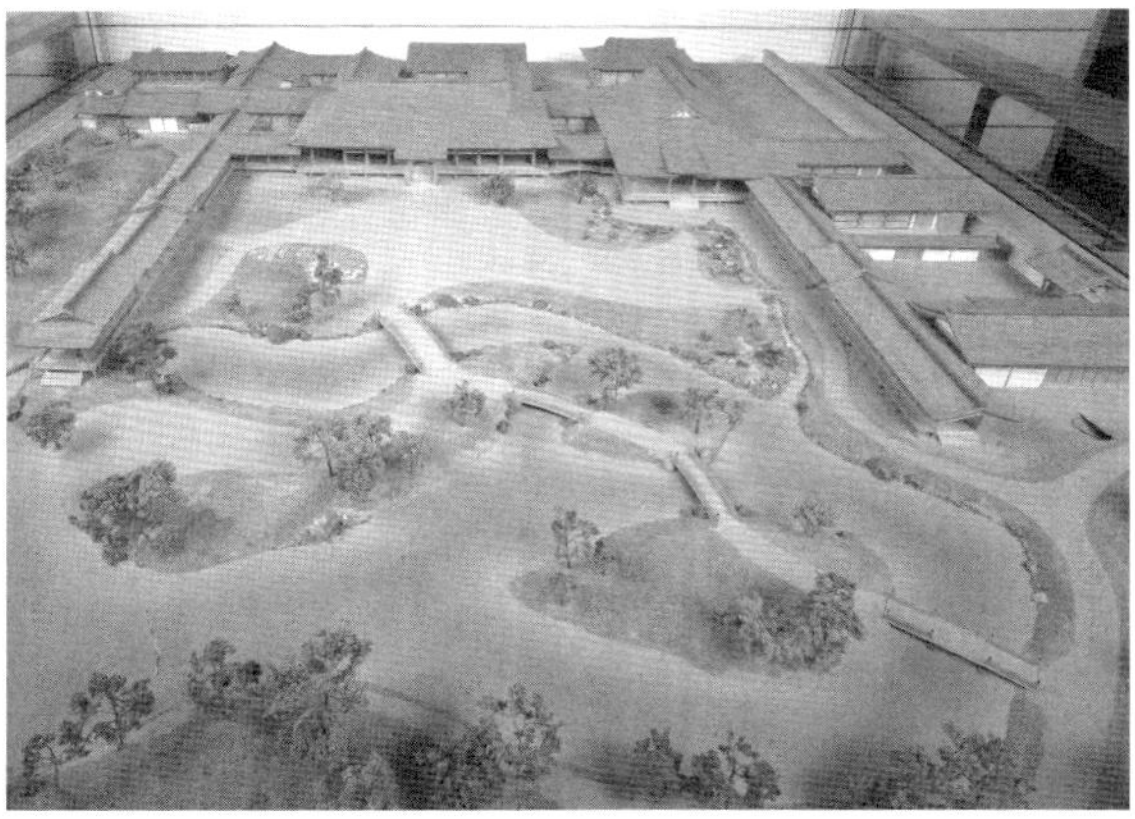
寝殿造　東三条殿復元模型

参考文献　太田静六『寝殿造の研究』（一九八七、吉川弘文館）、川本重雄『寝殿造の空間と儀式』（二〇〇五、中央公論美術出版）　（小山　貴子）

しんぱ　新派　従来からの旧派を批判して新しい潮流を目指す派の総称。特に演劇界では歌舞伎を批判して現代劇を主とする「新派」各派の歴史が最も代表的である。一八八八年（明治二十一）の自由党壮士角藤定憲による壮士芝居の旗挙げに始まり、演目では、(一)九一年の矢野竜渓『経国美談』ほか、(二)『威海衛陥落』ほか、(三)『蒲鉾屋殺し』ほか、(四)徳冨蘆花『不如帰』ほか、(五)『オセロ』ほか、(六)『征露の皇軍』ほか、(七)佐藤紅緑『侠艶録』ほか、(八)尾崎紅葉『金色夜叉』、泉鏡花『婦系図』ほか、(九)泉鏡花『日本橋』ほか、(一〇)川口松太郎『老夫婦』ほかへと続いている。これらを主流俳優からみれば、角藤定憲の壮士芝居・オッペケペ節の川上音二郎の書生芝居、ついで伊井蓉峰《いいようほう》などの各座群立から大阪の成美団、そして真砂座による伊井蓉峰から本郷座の高田実、さらに東京座・本郷座による大合同時代を経て伊井・喜多村緑郎《きたむらろくろう》・河合武雄の三頭目時代、関東大震災後の分散時代、昭和初年の新派大合同、一九三九年（昭和十四）の新生新派結成以後の井上演劇道場・本流新派・芸術座・新生新派の四派並立時代へと続く。戦後の四九年に新生新派が解体して花柳章太郎・水谷八重子・喜多村緑郎・井上正夫による劇団新派の結成となり、八四年の水谷良重・波乃久

里子・安井昌二・菅原謙次の大幹部四人の指導制で現在に至っている。

参考文献 柳永二郎『新派の六十年』(一九四八、河出書房)、劇団新派編『新派―百年への前進・年表―』(一九七八、大手町出版社) (佐藤 能丸)

しんふじんきょうかい 新婦人協会 女性の地位向上、参政権など権利獲得を目指した全国組織の市民的女性運動団体。女性は、一八九〇年(明治二十三)の集会及政社法により、政治的権利を一切剝奪、一九〇〇年制定の治安警察法第五条に踏襲された。一九二〇年(大正九)三月発会式を挙行した新婦人協会は、平塚らいてう(一八八六―一九七一)の提唱で、市川房枝(一八九三―一九八一)や奥むめお(一八九五―一九九七)のトロイカ体制で発足。市民的女性団体の嚆矢となる。男女の機会均等、女性、母と子どもの権利擁護、家庭の社会的意義の闡明などを掲げ、女性参政権獲得や性病男子の結婚制限請願運動を展開。機関誌『女性同盟』を発行(復刻版がドメス出版から刊行)。二一年、市川と平塚の内訌で市川が渡米、平塚も引退し、奥が実質的な指導権を発揮。協会の支部組織が名古屋ほか各地で結成された。二二年四月公布の治安警察法第五条改正で、婦選三権の一つである結社権のうち政治演説・集会の会同権が認められる。協会はその後解散し、後継組織として婦人連盟が発足。

参考文献 折井美耶子・女性の歴史研究会編『新婦人協会の研究』(二〇〇六、ドメス出版)、同編『新婦人協会の人びと』(二〇〇九、ドメス出版) (鈴木 裕子)

しんぶつしゅうごう 神仏習合 在来の神祇信仰と仏教が混融し習合した日本独特の宗教現象。習合した神と仏の関係は、神がその身を離脱して成仏したいと願う神身離脱と、神々が仏の眷属として取り込まれた護法善神に表現され、八―九世紀の諸国神宮寺の建立に結実した。当該期の習合状況は、神に菩薩号を授けるなど、仏を中心に神はその下位に位置づけられた。神宮寺建立の動きは、雑密系の遊行僧によって導かれたが、空海や最澄によって大乗密教の導入が進められると、神宮寺の多くはその末寺・別院として再編された。奈良時代末期には、御霊信仰の流行によって御霊会が密教と結びついた諸芸をもって行われるなど、仏教色が強く付与された。平安時代には、仏や菩薩が神の姿をかりて現れる「権現」の名で呼ばれ、本地を設定することが流行した。密教僧の修行の場となっていた熊野は、本宮・新宮・那智のそれぞれに阿弥陀如来・薬師如来・観音が与えられ、古来の山岳信仰と密教が結びついて中世修験道の基礎を形成した。また、平安時代には、神を救済者とする本地垂迹説も唱えられ、鎌倉時代後期に神を仏の本地とみる反本地垂迹説が登場した。

参考文献 義江彰夫『神仏習合』(『岩波新書』、一九九六、岩波書店)、高埜利彦・安田次郎編『宗教社会史』(『新体系日本史』、二〇一二、山川出版社) (小山 貴子)

しんぶん 新聞 もともと「あらたにきく。耳あたらしい話」(諸橋轍次『大漢和辞典』)という意味である。英語のnewsも中世ラテン語に由来し、新しいことという意味だとされるから、新聞がnewsの翻訳語となったことは必然的である。こうした意味での新聞は人間社会の古い時代からあるが、新聞を紙に印刷し定期的に発行される新聞紙newspaperというメディアが生まれるのは、十七世紀ヨーロッパ社会においてである。そして新聞と新聞紙を生産する組織として新聞社newspaper companyが生まれる。新聞、新聞紙、新聞社とは本来別々の概念であったのである。日本に新聞紙というメディアが生まれた幕末から明治初期にかけては、この区別は厳密であった。しかし、大正期ごろから曖昧になり、今では新聞はnewsの意味でもあり、newspaperでもあり、newspaper companyでもある。新聞社が発行する新聞紙に載っているのが新聞であるという通念が広く行きわたっているのである。日本において新聞紙発行を始めたのは徳川幕府である。通説では一八六二年(文久二)に幕府の洋書調所がオランダのバタビア政庁機関紙を翻訳版行した『官板バタヒヤ新聞』が最初の新聞紙だとされる。また、明治新政府も自己の政策を広めるため新聞紙を保護育成し、最初の日刊紙である『横浜毎日新聞』(一八七〇年(明治三)十二月八日)は神奈川県の保護のもとにあった。新聞は上意下達のメディアとして生まれたのである。しかし、自由民権運動の勃興とともに新聞紙は政論のメディアとなり、それらは大型判型であったので大新聞《おおしんぶん》とよばれた。他方に市井の犯罪や美談の新聞を載せる小新聞《こしんぶん》とよばれる小型の新聞紙もあった。対極的類型の新聞紙が併存したのである。この二類型の中間領域に『朝日新聞』『読売新聞』といった企業的新聞社が拡大していったのが日本の特徴である。現在、新聞は新聞紙以外でも流通するようになってきた。新聞社が発行する新聞紙とは異なる新しいメディアによる新聞の生まれる可能性もある。→ニュース

横濱毎日新聞
太平海飛脚船
英十五番

『横浜毎日新聞』第195号

参考文献 佐々木隆『メディアと権力』(『日本の近代』一四、一九九九、中央公論新社)、有山輝雄『「中立」新聞の形成』(二〇〇八、世界思想社) (有山 輝雄)

しんぶんしょうねん 新聞少年 歌手山田太郎が一九六五年(昭和四十)にリリースした流行歌「新聞少年」(作詞八反ふじを、作曲島津伸男)以降、社会に普及した用語。高度経済成長期に家計の支えとして早朝の新聞配達をす

る勤労青少年の姿がリアリティをもって世間に受け入れられた。「今朝も出がけに／母さんが／苦労をかけると／泣いたっけ／病気でやつれた／横顔を／思い出すたび／この胸に／小ちゃな闘志を／燃やすんだ」という二番の歌詞は、母子家庭(三番の冒頭には「たとえ父さん／いなくても」とある)、貧困、病気とそれを乗り越えての「夢」への希望といった当該期の世相を盛り込んでいたため、多くの人々が自然と能動的に口ずさむことで流行語となった。また、作家辻仁成が同時期の体験談をもとにしたエッセイを九〇年代初頭に綴り、中学校教科書にも掲載されている。

参考文献　辻仁成「新聞少年の歌」(『そこに僕はいた』所収、一九九二、角川書店)、見田宗介『近代日本の心情の歴史』(『(定本)見田宗介著作集』Ⅳ、二〇一二、岩波書店)

(吉村　智博)

しんへいみん　新平民　主として明治期に用いられた被差別部落の人々をさす差別的呼称。一八六九年(明治二)に華族・士族・卒・平民という身分制度の再編成が行われ、農・工・商は平民身分となったが、賤民身分の人々は、七一年の解放令により穢多・非人などの称が廃止されて身分職業ともに「平民同様」とされるまで待たねばならなかった。解放令後、民衆は旧賤民身分の人々を、「旧穢多」「元穢多」「新民」などとともに「新平民」という呼称を用いて名指しをし、差別を行なった。八〇年代後半には、当初乱立していたそれらの呼称のなかで新平民が定着し、その呼称が新聞記事などでも多用された。島崎藤村『破戒』(一九〇六年)などでも新平民という呼称が登場している。日露戦後の部落改善政策開始後は、解放令以前の身分に由来する新平民に代わり、「異種」性を含意する「特殊(種)部落」という差別的呼称に取って代わられることとなったが、その後も差別語として脈々と生き続けている。

参考文献　黒川みどり『近代部落史―明治から現代まで―』(『平凡社新書』、二〇一一、平凡社)

(黒川みどり)

しんやほうそう　深夜放送　⇩ラジオ

じんりきしゃ　人力車　人が牽引する車両。基本的な形態は、二～三人が座ることのできる腰掛を二輪の車の上に乗せた簡単な構造をもち、車力という専門の引手が牽引する。人力車の製造は、一八六〇年代の日本において、駕籠や西洋馬車の影響を受け発明したとされるが、詳細は不明である。人力車の営業は、七〇年(明治三)に東京の日本橋で始まり、全国的に営業路線が普及した。また、日本製の人力車は、アジアをはじめ世界各地に輸出された。明治中期から後期以降、日本の都市部では路面電車やバス、タクシーが次第に普及したため、人力車はそれらの交通手段に取って代わられた。また、地方では鉄道網の整備に伴い、人力車は長距離輸送から駅と周辺地域を結ぶ近距離輸送へと次第に変化し、一九三〇年代には消滅した。七〇年代以降、岐阜県高山市や神奈川県鎌倉市、東京都浅草、京都市をはじめ全国の観光都市において、観光客向けに人力車の復活が相ついでみられる。

人力車(「東京往来車尽」より)

参考文献　斉藤俊彦『人力車』(一九七九、産業技術センター)

(花木　宏直)

す

す　酢　発酵作用などを利用して造られる酸味のある液体調味料。酒が酸化して調味料として用いられるようになったのが、酢のはじまりといわれる。律令時代には宮内省の造酒司で造られた。平城京出土土器や木簡、正倉院文書などに「酢」の文字がみられる。その後、酢はさまざまな古文書や文学作品にみられるが、酢作職人や酢商が文献上みられるようになるのは室町末期である。そのころから江戸初期にかけて、和泉国、相模中原、駿河善徳寺、摂津兵庫、紀伊粉河など、産地が成立した。また、酢には食用以外に、友禅染など染色の定着剤としての用途もあった。しかし、日本の酢の歴史の中で最も画期的な出来事は、化政期の握り寿司の発明であろう。これにより、酢の需要が激増した。そのブームに乗ったのが、尾張半田の中野又左衛門《なかのまたざえもん》家(現ミツカン)である。それまで半田は酒どころであったが、摂津伊丹、池田や灘の下り酒に押されるようになったことから、同家は酒粕を原料とする酢造を始めたのである。酢の種類としては、米酢、粕酢、果実酢、壺酢、合成酢などがあるが、前記近世初期の名産地の酢はいずれも米酢である。中野又左衛門家の粕酢は甘味が強く、赤みを帯びていたので「赤酢」とも呼ばれた。

参考文献　日本福祉大学知多半島総合研究所・博物館「酢の里」編『中埜家文書にみる酢造りの歴史と文化』一―五(一九九八、中央公論社)

(井奥　成彦)

すいさんかこう　水産加工　海や河川・湖で捕れた魚類、

動植物を食用、保存のために加工すること。水産加工品は、冷凍品(魚介類冷凍品、調理冷凍品)、乾製品(素干し品、煮干し品、塩干し品、焼干し品、凍乾品、節類)、くん製品(冷くん品、温くん品、調味くん製品)、塩蔵品、発酵食品(塩辛、漬物類)、調味加工品(佃煮、乾燥調味品)、魚肉ねり製品(かまぼこ類、魚肉ハム)、缶詰類などに区分され、鮮魚、塩魚、干物のあいだのアイモノなどのような素材の特性を踏まえた加工品もある。水産加工は、もともとは沿岸地域でとれた海産物の保存、流通を目的とし、産地と消費地を結ぶ経済交流の主軸となり、鯖街道、鰤街道などが形成された。また、遠隔地からの需要のある魚を商品化するために特定の魚種を確保し加工する水産加工業も展開し、近代以降になると漁法、加工から保存までの技術革新が進んだ。缶詰は明治政府が軍隊食として注目し、一八七四年(明治七)に内務省勧業寮で試験研究が始まり、八五年にサケ・マス缶詰をフランスへ輸出したことで国内において本格的な生産が始まった。

↓あいもの　↓蒲鉾《かまぼこ》　↓缶詰《かんづめ》　↓寒天《かんてん》　↓乾物《かんぶつ》　↓塩漬《しおづけ》　↓佃煮《つくだに》

(橋村　修)

すいしゃ　水車　流水を羽根にあてて羽根車を回転させ、動力を得る装置。水のエネルギーを機械的エネルギーに変える。農村で精米・製粉などに利用されたが、日本では主に灌漑のための揚水用として普及し、精米に利用されるようになったのは江戸中期になってからである。江戸後期には、菜種《なたね》や綿実の油絞りにも水車が使用されるようになり、明治期には鉱工業の動力源として普及した。たとえば、明治初期に臥雲辰致《がうんたつち》が発明し、愛知県三河地方に普及した紡績機(ガラ紡)は、水車を利用したため水車紡績とも呼ばれた。長野県諏訪地方の製糸工場も、水車を動力として利用するため諏訪湖周辺に工場を集中させたが、まもなく電化され、水車はその役割を終えた。現在、水車は水力発電用として機能しており、精米・製粉・製材・揚水用としても利用されている。

揚水水車

参考文献　高村直助「明治後期諏訪製糸における水車動力」(『国立歴史民俗博物館研究報告』二五、一九九〇)

(榎　一江)

すいせんトイレ　水洗トイレ　人間の排泄物を水流の圧力で下水道に一挙に排出する水洗式便器を設えたトイレ。古代から流水を利用した便所遺構は考古学上からも多く発見されている。中世以降一九五〇年代まで、人間の排泄物は肥料としての一定の価値を有していた。しかし、近代以降の伝染病対策と衛生観念の普及は、人間の排泄物を放棄すべき不衛生な汚物として位置づけるようになった。このような状況下で水洗トイレは、排泄物を簡単に汚物処理してくれる装置として、下水道の普及と連動しつつ、急速に一般家庭にも普及していった。水洗式便器には、和式便器と洋式便器があるが、次第に洋式便器が主流になってきている。使用する水は、水道水(一部は、中水)であり、下水道および水道水使用料がかかる。いずれも、便器の下部構造として水を溜めるS字に曲がった封水トラップを持ち、下水道や排泄物の臭気を遮断している。下水道と配管で直結した水洗トイレは、糞便の貯留槽から解放され二階以上の居住空間にも容易に設置が可能となった。同時に、狭い一般住宅を有効活用するため、家屋内のトイレ空間から小便器が姿を消していく。その結果、家庭では男性も洋式便座に座って小便をする習慣を獲得する傾向が顕著になりつつある。

参考文献　岡並木『舗装と下水道の文化』(一九六五、論創社)、日本トイレ協会編『トイレの研究―快適環境を求めて総合的に科学する―』(一九六七、地域交流出版)、渡辺善次郎『近代日本都市近郊農業史』(一九九一、論創社)、有田正光・石村多門『ウンコに学べ!』(『ちくま新書』、二〇〇一、筑摩書房)、前田裕子『水洗トイレの産業史―二〇世紀日本の見えざるイノベーション―』(二〇〇八、名古屋大学出版会)

(水本　浩典)

すいとう　水筒　飲料水などを入れる容器。外出や遠出の際に携帯するだけではなく、子どもたちが学校へ、社会人が職場やコーヒーなどを提供する店舗へ持参するなど、近年、その用途があらためて見直されつつある。このように日常生活に欠かせない道具である一方で、過酷な自然環境や戦場においては、まさに「命」をつなぐ重要なアイテムとなる。沖縄県平和祈念資料館には、沖縄戦当時の水がそのまま入った水筒が展示されている。日本兵らしき遺骨とともに地中より掘り出され、中身が三分の一ほど残されたそれは、兵士がその「生」の最後の瞬間に水を飲む間もなかったことを示している。沖縄戦では傷病者が水を求めて叫び声をあげ、それが最後の言葉になった者も多かったとの証言も残されている。戦場における悲劇の象徴となるか、一般生活において日々使用される日用品となるか、その時々の状況によって意味づけが大きく変化する道具の一つである。

参考文献　石原昌家『虐殺の島―皇軍と臣民の末路―』(一九七八、晩聲社)、同『証言・沖縄戦―戦場の光景―』(一九八四、青木書店)

(大城　清彦)

すいどう　水道　生活に必要な水を得、不要な水を排出する設備および制度。〔前近代〕上水道および下水道のほ

水道　江戸時代の木樋（汐留遺跡，東京都港区）

明治時代に横浜で
使用された共用栓

か、各種用水からなる。人間が都市生活を営むうえで、上水と下水の設備は必要不可欠なものであった。上水設備の整わない以前は湧水や井戸が使われた。日本における本格的な上水設備の嚆矢は十六世紀の小田原にひかれた早川上水であったとみられる。その後、十七世紀の江戸に神田上水と玉川上水がひかれ巨大城下町における都市生活を支えた。神田上水は湧水である井の頭池を主たる水源とし、玉川上水は多摩川の水を羽村堰で取り入れて、それぞれ江戸までの高低差を利用して水を送った。上水道を覆う蓋はなかったから、通過村には水を清浄に保つべく草刈りやゴミ浚いが命じられた。江戸に入った上水は地下の樋や枡を通じて給水された。お茶の水の水道橋は、神田上水が神田川を渡る懸樋のことである。江戸の人びとは水道の水を呑むことを誇りとしたが、干ばつなどで上水が行き渡らないこともあり、井戸水も利用された。町人などは近隣で井戸持ちの武家などへ貰い水をすることもあった。上水も井戸も利用できない地域では水売りが歩いた。幕府は上水を支配する上水奉行(のち道奉行兼任)をおいたが、のちに町奉行、ついで普請奉行が上水を支配するようになっている。下水には下水奉行がおかれて、下水路の流れや下水上の家作などを管理したが十七世紀後半に廃止された。前近代の下水は雨水や余水を排水したものであったから、そのまま河川を通じて海に流された。下水道は落ち葉や泥、ゴミの堆積などにより水はけが悪くなり、溢れることでしばしば生活に支障を来す。そのため定期的な浚渫を必要とするが、江戸でのそれは幕府の管理および督促のもと地域住民らによって実施された。武家屋敷や町が単独で行うことも多かったが、複数の武家屋敷が組み合う場合や、町地が武家地と接するところでは身分を異にする住民同士の下水浚渫組合も組織された。

参考文献　伊藤好一『江戸上水道の歴史』(一九九六、吉川弘文館)、松本剣志郎「江戸幕府道奉行の成立と職掌」(『地方史研究』六一ノ一、二〇一二)　(松本剣志郎)

〔近現代〕近代水道とは、ろ過した浄水を、鉄管を通して、ポンプなどによる加圧により連続供給できる有圧水道と定義されている。近代水道は、都市部が抱える問題とともに発達した。明治維新後、従来の水道を管理する組織体制に混乱が生じ、東京など都市部で上水の水質悪化が問題になった。また水路付近の市街化に伴う下水混入などにより、コレラなど汚染水を媒介とする流行病がたびたび発生した。飲用に適さない水質の土地へも市街化が進み、都市部において、主に保健衛生面から改良水道敷設の需要が高まったのである。また、近代改良水道は飲料水だけでなく、下水の整備やポンプ加圧技術を用いた消火栓や噴水の設置など、災害抑止や景観整備を含めたほかの都市整備計画とも密接に関連している。一八七四年(明治七)、明治政府が内務省土木寮雇ファン＝ドールン Cornelis Johannes van Doorn(一八三七—一九〇六)に東京水道改良意見書を提出させるなど、政府や地方行政により上水の改良の検討が始められた。一方で、水道の都市部への敷設には多額の資金やほかの都市計画事業との調整が必要で、実際には八七年の横浜市水道をはじめ、函館や佐世保、呉、長崎など、外国人居留地のある港湾都市や軍港など比較的新しい都市から、明治二十年代になって敷設が行われるようになった。近代改良水道の普及とともに、同三十年代には清潔さを象徴する共用栓が増加し、都市部では共用井戸が姿を消していった。大正期には、鉄道敷設や関東大震災などにより都市近郊へも人口が増加したため、水需要を賄うために、大規模な貯水池やダムの創設、都市近郊町村への水道敷設推進など、安全な上水を大量に安定的かつ効率的に供給するために水道拡張事業が計画実施された。また昭和三十年代には生活改善運動などを背景とし、各地の農山漁村にも簡易水道が普及していった。　↓井戸《いど》　↓灌漑《かんがい》・用水《ようすい》　↓上水《じょうすい》　↓下水道《げすいどう》

参考文献　日本水道協会編『日本水道史』総論編(一九六七)、堀越正雄『水道の文化史—江戸の水道・東京の水道—』(一九八一、鹿島出版会)　(田村　真実)

すいとん　すいとん　小麦粉を水で溶き、団子状にちぎったものを、醬油または味噌仕立ての汁で野菜と一緒に煮たもの。団子汁。すいとんの歴史は古く、室町時代から食されていた。近代になると全国各地の日常食となり、特に関東大震災や第二次世界大戦の食糧難のころには代

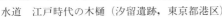

用食として重宝された。すいとんは主食と副食を一度に食べられるため、朝食や夕食に飯の代わりとして日常的に食された。また、稲作地帯では屑米を製粉したもので団子を作り、すいとんにした。地域によって呼び名がさまざまで、ヒッツミ、ツメリ、ハット、トッテナゲ、ニーダンゴ、ホートーなどと呼ぶ地域もある。ヒッツミ、ツメリは鍋にこねた粉を摘み入れる様から、またハットは穀類を粉にすることをハタクということから来た呼称である。呼称だけでなく、具材や出汁など調理法も地域や家庭によってさまざまである。

参考文献 瀬川清子『食生活の歴史』(『講談社学術文庫』、二〇〇一、講談社)

(松岡 薫)

すいはんき 炊飯器 電気・ガスなどを熱源として米を炊く調理器具。電気によるものは電気釜とも呼ばれ、本稿ではこちらを対象とする。炊飯器が日本に現れたのは一九二〇年代であるが、当初はかまど炊きの薪の炎を電熱で代替した程度のものにすぎず、その後に続いた製品も電源を手動で切る方式のため、利便性に欠けていた。その点で、五五年(昭和三十)に東芝が発売した、炊き上がり後自動で電源が切れる自動炊飯器は、飯炊きの手間を大幅に軽減し、炊飯器普及の契機となった。六〇年代後半から七〇年代にかけて火力に勝るガス炊飯器も急速に伸び、電気炊飯器と拮抗したが、七二年に三菱電機がジャー炊飯器を発売し、炊飯器に保温という新たな機能を付加した。さらに七九年には松下電器が多様な炊き方を可能とするマイコンジャー炊飯器を発売し、ガス炊飯器を凌駕していった。八〇年代以降も引き続き、IH(電磁誘導)、圧力炊飯方式、あるいは内釜の材質・形状の改善など、各社で激しい技術開発競争が続いた。

自動炊飯器(東芝製, 1955年)

参考文献 山田正吾『家電今昔物語』(森彰英聞き書き、一九八三、三省堂)、岩見憲一「自動炊飯器」(石川健次郎編『ランドマーク商品の研究―商品史からのメッセージ―』四所収、二〇一二、同文舘出版)、ヘレン゠マクノートン「蒸気の力、消費者の力―女性、炊飯器、家庭用品の消費―」(ペネロピ゠フランクス・ジャネット゠ハンター編『歴史のなかの消費者―日本における消費と暮らし一八五〇―二〇〇〇―』所収、二〇一六、法政大学出版局)

(西野 肇)

すいもの 吸物 ⇩汁物《しるもの》

すいりけん 水利権 河川・池沼あるいは地下水などの水を、排他的・継続的に利用する権利のことで、灌漑・発電・工業・水道など、水利用の種類に応じて諸種の水利権がある。〔前近代〕農業が主たる産業であった前近代においては、灌漑用水利権が主であった(以下、水利権を灌漑用水利権の意味で用いる)。水利権には、畑作におけるそれと水田稲作におけるそれがあるが、前近代日本ではいうまでもなく後者が圧倒的な比重を占めていた。水田稲作における人工灌漑の開始は紀元前十世紀と考えられているので、その段階から水利についての何らかの権限が存在したと思われる。前近代における水利権は、灌漑施設の管理、用水の供給、用水の使用のそれぞれについての権利の総体である。水利権のあり方は、それぞれの時代によって異なるが、その大きな規定要因となったのは、灌漑施設の築造・設置主体、水利権・水利秩序の決定・保障主体、用水管理などにおける、為政者および共同体または地域社会の関わり方である。古代律令制下においては、国家の手によって灌漑工事が行われるとともに、用水も公水とされ、国家的管理のもとに置かれた。実際に用水の管理権を有していたのは郡司層であったと考えられる。中世になると、国家の用水管理権も弱まり、荘園領主が減少するとともに、国家による灌漑工事が減少するとともに、国家による灌漑工事が減少するとともに、荘園領主がそれを掌握するようになる。この時代には、荘園領主の主導による分水・番水慣行の成立も見られる。中世後期には、畿内などでは惣村が用水管理の主体となる状況が見られた。近世に入ると、幕府や大名による灌漑工事が積極的に行われるが、各地で水利組合の形成が進み、地域社会による自律的な水利慣行の成立が見られるようになった。しかし、新田開発の進展などを背景に、水論も頻発した。関係の村々で争いが解決できない場合は、領主や幕府に水論訴訟が持ち込まれたが、その裁定結果は、勝訴側の以後の水利権主張の根拠になるとともに、新たな水利慣行の形成を促すことになった。 ↓灌漑《かんがい》・用水《ようすい》 ↓用水相論《ようすいそうろん》

参考文献 宝月圭吾『中世灌漑史の研究』(『畝傍史学叢書』、一九四三、畝傍書房)、喜多村俊夫『日本灌漑水利慣行の史的研究』総論編(一九五〇、岩波書店)、土屋生『灌漑水利権論』上(一九六六、中央大学出版部)、亀田隆之『日本古代用水史の研究』(『日本史学研究叢書』、一九七三、吉川弘文館)

(村田 路人)

〔近現代〕自然・人工を問わず水利用は農業、漁業、運輸、工業にとって必要不可欠なものである。江戸時代から農漁業の用水・水面利用は争いのもととなり、水利権、漁業権が慣行的に成立していた。この時期から分権的な灌漑施設と農民自治による用水管理が行われ、明治以降に引き継がれた。近代になると一八九六年(明治二十九)河川法が成立し、水利権は国や府県の認可が必要になった。

工業化の進展につれて農漁業と工業の間での争いが多発するようになる。九〇年代から顕在化し、一九〇一年田中正造の天皇直訴事件に発展する足尾鉱毒事件はその代表である。さらに第一次世界大戦の工業の急成長により水力発電が活発化すると、農業用水との激しい軋轢を生み、その後の重化学工業化による大量取水と有害物質の放流は公害を発生させ、農漁業との深刻な対立を引き起こした。このため一九三二年(昭和七)から農業と治水、発電と上水などを統合する河水統制事業が始まった。

参考文献　喜多村俊夫『日本灌漑水利慣行の史的研究』総論編(一九五〇、岩波書店)、渡辺洋三『農業水利権の研究(増補版)』(『復刊学術書』、一九七九、東京大学出版会)、玉城哲・旗手勲・今村奈良臣編『水利の社会構造』(『国連大学プロジェクト「日本の経験」シリーズ』、一九八四、東京大学出版会)　(森　武麿)

すいりしょうせつ　推理小説　⇩大衆小説《たいしゅうしょうせつ》

スーパーマーケット　スーパーマーケット　食料品や日用品を中心とした多種の商品を、セルフサービス形式で購入する小売業態。日本においては一九五三年(昭和二十八)の東京青山の紀ノ国屋が初の出店である。高度経済成長と同期するように売り上げのシェアを伸ばし、七二年には、ダイエーが小売業界の売上高で三越を抜いて一位になった。その一方で、小規模小売店とは取扱商品が重複するうえに、多くの場合、より安価で販売をしたため、次第に緊張関係を生み出していった。大規模小売店舗法(七四年施行)によって店舗面積や営業時間などについて多くの規制が加えられ、小規模小売店とのバランスをとることが目指されていたが、消費者のニーズや貿易をめぐる国際関係の影響から九〇年代に大幅な規制緩和が行われ、二〇〇〇年(平成十二)には大規模小売店舗法自体が廃止となった。それに伴い、各地で大規模なショッピングセンターの進出が進むこととなった。　↓ショッピングセンター

スーパーマーケット　1953年に開店した紀ノ国屋

参考文献　廣田誠『日本の流通・サービス産業―歴史と現状―』(二〇一三、大阪大学出版会)　(塚原　伸治)

スカート　スカート　婦人用の洋装で、腰から膝あるいは足首あたりまで包む筒形のもの。明治期に外国人と接するようになると、日本でもスカートを穿く女性が現れた。海外留学や赴任に同行する夫人や娘は、現地で和服から洋服へと着替え、スカートを取り入れた。明治十年代後半に鹿鳴館で夜会が開かれると、そこで舞踏を行う女性はスカートを穿いていたが、全国的に洋装であるスカートは普及しなかった。一八八七年(明治二十)の「婦女服制のことに付て皇后陛下思食書」では古代の衣服は衣と裳とに分かれていたことを説明し、西洋婦人が着るスカートを正当化した。当時は腰をコルセットで締め付けるバッスルスタイルであったため、高額な調製費に加え、衛生的にも問題視され、スカートの着用は上流階層の一部にとどまった。それが一般的に普及する契機となるのが、大正時代に高等女学校の運動服および学生服としてスカートが取り入れられたことによる。太平洋戦争後に女性の洋装とともにスカートは普及する。スカートの丈の長短は、流行によって左右される。

参考文献　『朝日新聞』(一九二三年十二月二十九日付朝刊、一九五七年五月十四日付夕刊)、刑部芳則「鹿鳴館時代の女子華族と洋装化」(『風俗史学』三七、二〇〇七)、同『洋服・散髪・脱刀―服制の明治維新―』(『講談社選書メチエ』、二〇一〇、講談社)　(刑部　芳則)

すき　数寄　美意識の一つ。数奇とも書く。本来は好きの意で、文芸に精進する様を称し、転じて数寄と表記されるようになった。鎌倉時代、和歌の風流を示す語として使用されていたが、十五世紀半ばには「歌の数寄」「茶の数寄」(『正徹物語』)とある。十六世紀初めころより、「数寄の張本」(『二水記』)などの表現が現れ、佗茶の湯の道具所持を示す語となっていった。同後半には、唐物不所持の人を「佗数寄」(『山上宗二記』)とも表現した。

参考文献　伊藤敏子他編『数寄』(『日本庶民文化史料集成』一〇、一九七六、三一書房)　(川嶋　将生)

すぎ　杉　スギ科の日本固有の常緑針葉樹。日本を代表する建築材。本州最北端から屋久島に分布する。枝葉が広がる太平洋側のオモテスギと、枝葉が垂れ下がり雪が付着しにくいウラスギとに大別される。元来湿潤な山地の広葉樹林の中に点在していたが、秋田などでは広葉樹を燃料材などに伐採することで杉の天然更新が進み、杉の天然林が成立したとされる。大和国吉野をはじめとする人工植栽による造林の代表的な樹種でもある。成長は早く、三十～四十年で構造材に使えるようになる。早期成長を求められた戦後の拡大造林の主要な樹種であった。それらが伐期に達した現在、材価低迷によって放置林が目立ち、林地崩壊を招くとともに、花粉症の大きな原因とされる。材は通直で割り挽きなどの加工がしやすいため、建築用材としてはもとより土木用材、造船用材、家

具材、桶樽材などさまざまな用途に利用されてきた。足場丸太、稲掛け用丸太としても用いられる。床板、腰板にすれば肌触りは柔らかく暖かい。

参考文献 岩崎直人『秋田県能代川上地方に於ける杉林の成立並更新に関する研究』(一九三八、興林会)、遠山富太郎『杉のきた道―日本人の暮しを支えて―』(『中公新書』、一九七六、中央公論社)、赤羽武編『林業・林産』(『明治農書全集』一三、一九八四、農山漁村文化協会)

(加藤　衛拡)

スキー　スキー　雪上の移動のために両足につける一対の板状用具。またそれを用いて行うスポーツ。少なくとも四千年以上前からユーラシア大陸北部一帯や韓半島にも存在した。サハリンにはスキーや犬橇の文化があったが、北海道アイヌにはそれがなかったのは大きな謎である。また本州の日本海側は世界有数の深雪地帯であるが、ここにもスキーはなかった。北欧のスキーをオーストリアのツダルスキー M. Zdarsky が一八九〇年代にアルプスに持ち込み、山岳スキーに発展した。一九一一年(明治四十四)一月、オーストリア＝ハンガリー帝国の少佐フォン＝レルヒ Theodor von Lerch(一八六九―一九四五)による新潟県の高田五十八連隊での組織的スキー指導が、日本に本格的にスキーが持ち込まれた嚆矢である。レルヒの訪日目的は日露戦争に勝利した日本の軍事視察だったが、陸軍は一般人にもスキー利用を奨励したので急速に日本各地に伝播した。当時、積雪地帯の山間部にある温泉地の旅館は冬季には入湯客がなく、「冬枯れ」といっていた。このような旅館経営者などはスキーに注目し、スキー場を開発した。太平洋戦争後、占領軍は軍人専用に札幌(藻岩山、一九四六年(昭和二十一)十一月)と志賀高原(丸池、四七年一月)とにリフトを架設した。これに刺激され、五〇年代には各地でスキーリフト建設が進んだ。五六年第七回冬季オリンピック大会で猪谷千春がスラロームで二位になるとスキーブームが到来した。スキー場が開発された農村には民宿地域が形成され、その地域は激変した。長野県白馬村・新潟県塩沢町(南魚沼市)・群馬県片品村がその例である。一方、長野・新潟県境の斑尾高原や長野県峰の原高原のように標高が高く、従来の非居住空間にもスキー場開発がなされ、新しい観光集落ができた。しかし一九九四年(平成六)以降、スキーヤーは激減し、小規模スキー場の閉鎖・倒産がみられたが、大規模スキー場は持ちこたえている。二〇〇〇年代半ばからはオーストラリアなどからの外国人スキー客が増えている。北海道倶知安《くっちゃん》町・ニセコ町や長野県白馬村・野沢温泉村などがその例である。日本のスキー場の分布をみると日本海側に偏在し、西日本よりも東日本に多く、中央日本北部に集中している。スキー場開発には積雪深が重要であるが、その集中には大都市(東京・大阪・名古屋など)からの距離が要因となっている。一週間以上の長期滞在のスキーヤーが多いヨーロッパなどのスキーリゾートでは、大都市からの近接性は問題にはならない。

参考文献 白坂蕃『スキーと山地集落』(一九八六、明玄書房)、呉羽正昭「日本におけるスキー場開発の進展と農山村地域の変容」(『日本生態学会誌』四九ノ三、一九九九)、同「スポーツと観光」(菊地俊夫編『観光を学ぶ―楽しむことから始まる観光学―』所収、二〇〇八、二宮書店)、同「日本におけるスキー観光の衰退と再生の可能性」(『地理科学』六四ノ三、二〇〇九)

(白坂　蕃)

すきやき　すきやき　一般には、薄切り牛肉などと野菜類を醤油、みりん、だしなどで調味した鍋料理の一種である。関東では、だし汁に調味料を加えた割り下を用意し、その中で肉や野菜を加熱するが、関西の方法は、肉を焼いた後、醤油、砂糖などを加え、野菜を入れてその水分で加熱するなど地域差がある。江戸時代にもすきやきの名称はあり、農具の鋤を鍋にして、その上で魚や鳥を焼く方法を「鋤焼」と称し、料理書『素人庖丁』初篇(一八〇三年(享和三))などに記され、焼きながら食べた。また近代以降、東京周辺に流行した牛鍋は、一人用の浅鍋に牛肉と葱を加えて、醤油、みりんなどで味を付けた鍋料理で、薄切り肉をすきみともいうため、すきやきの語源となったともいわれる。家庭料理としてすきやきが少しずつ広がるのは、大正期から昭和期にかけてである。肉は、鶏肉、兎肉、馬肉、鯨肉などのほか魚も使われたが、各地域ではハレの食で、日常食となるのは、高度経済成長期以降のことであろう。→牛肉《ぎゅうにく》

参考文献 浅野高造『素人庖丁』初篇(吉井始子編『(翻刻)江戸時代料理本集成』七所収、一九八〇、臨川書店)、『日本の食生活全集』一―五〇(一九八四―九三、農山漁村文化協会)、江原絢子・石川尚子・東四柳祥子『日本食物史』(二〇〇九、吉川弘文館)

(江原　絢子)

すきやづくり　数寄屋造　和風建築様式の一つ。単に数寄屋ともいう。数寄屋(茶室)風の様式を取り入れた書院をもつ建築をいい、古くは数寄座敷と呼ばれたが(一五六四年(永禄七)成立『分類草人木』)、千利休時代には数寄屋の語は出現している。一方、公家社会の意匠が書院造に反映されたもの、との理解もある。桂離宮古書院・曼殊院書院などが代表作。一六八六年(貞享三)刊『数寄屋工法集』は、当該建築に関わる最も古い刊本である。

参考文献 西和夫『数寄空間を求めて―寛永サロンの建築と庭―』(一九八三、学芸出版社)、中村昌生編『数寄の家』(『数寄屋邸宅集成』二、一九八九、毎日新聞社)、同『(新訂版)茶室の研究―六茶匠の作風を中心に―』(二〇〇〇、河原書店)

(川嶋　将生)

ずきん　頭巾　頭部に着装するかぶりものの一種。布帛でできており、頭部から面部を覆って防寒・防暑や防塵など頭部の保護のためや、人目を避けるために用いられた。頭巾は室町時代から僧侶のかぶりものとして用いられていたが、江戸時代になると一般にも流行し、さまざまな種類が作られるようになった。江戸時代、頭巾は主に男子のかぶりものであったが、明治時代に入ると女性

太平洋戦争中，防空頭巾を被って避難する子どもたち

たちの間で、風呂敷様の四角形の布で頭や顔を包む御高《おこ》祖《そ》頭巾が流行した。現在では日常的なかぶりものとしてはほとんど用いられなくなった頭巾だが、山岡頭巾は戦時中より防空頭巾の名で用いられ、今なお多くの小学校で防災用のものとして使用されている。

参考文献　宮本馨太郎『かぶりもの・きもの・はきもの(新装版)』(『民俗民芸双書』、一九五五、岩崎美術社)

(髙塚　明恵)

すけごう　助郷　公用通行の際、宿駅の常備人馬役不足を補填するための夫役。一六三七年(寛永十四)、東海道宿駅に助馬令が公布され、宿駅近在の村落が助馬を提供していたが、一六九四年(元禄七)に、幕府は宿駅に助郷帳を下付。公儀役としての助郷を制度化し、各村落に賦課、助馬は助郷に吸収されることになった。助郷は、定助郷、大助郷に区別され、主として宿駅に近接する村落を定助郷、国、郡に限定せず指定された村落を大助郷としたことにより宿駅より離れた遠方の農村が課役対象となった。参勤交代制以降、交通量の増大に伴い、助郷役の負担は過重となり、宿常備人馬役との間に課役負担をめぐって配分調整がとれず、両者間にしばしば争いが生じるようになっていった。宿、助郷人馬負担をめぐる争いは長期にわたることが多く、騒動・一揆に発展し、幕政危機を引き起こす遠因ともなっていった。江戸時代中期から後期にかけて、貨幣経済の農村への滲透により、遠方の村落は助郷役として提供していた正人馬を貨幣で代納するために、正人馬役を専門に請負う人足に依頼、請負制が展開し、半プロ的な運輸業者が出現。農村を大きく変えた。一八七二年(明治五)交通運輸体系の大改革により、助郷制度も廃止された。　↓街道《かいどう》　↓伝馬《てんま》

参考文献　丸山雍成『日本近世交通史の研究』(一九八九、吉川弘文館)、宇佐美ミサ子『近世助郷制の研究―西相模地域を中心に―』(『叢書・歴史学研究』、一九九八、法政大学出版局)

(宇佐美ミサ子)

すけぶち　助扶持　江戸時代、断絶した武家の家族に対して、生活保障のために支給された扶持。当主の死亡や病気、不行跡のために家禄が没収され、家が断絶した際、家柄や先祖の功績などにより、残された母や妻、娘などに与えられた。出羽新庄藩では、「一生二人扶持」(「新庄藩系図書」、山形県新庄図書館『郷土資料叢書』一六)のように、わずかな扶持が一代限りで支給されていたが、財政の窮迫により十八世紀末から、生涯にわたる扶持の支給が一度きりの支給となる捨扶持に変更された。助扶持を基に養子の擁立を認められ家が再興されることもあった。

参考文献　鎌田浩『幕藩体制における武士家族法』(『基礎法学叢書』、一九七〇、成文堂)、脇田修「幕藩体制と女性」(女性史総合研究会編『日本女性史』三所収、一九八二、東京大学出版会)、柳谷慶子『近世の女性相続と介護』(二〇〇七、吉川弘文館)

(柳谷　慶子)

すし　鮨　東南アジア水田稲作地帯発祥の、魚肉を塩と飯で熟成させた保存食。当初は魚のみを食べた(ナレズシ)。日本には奈良時代以前に伝来し、養老律令(七一八年(養老二))、平城宮跡木簡、『和名抄』(九三五年(承平五)ごろ)などに記載がある。その後飯も食べるナマナレが考案さ

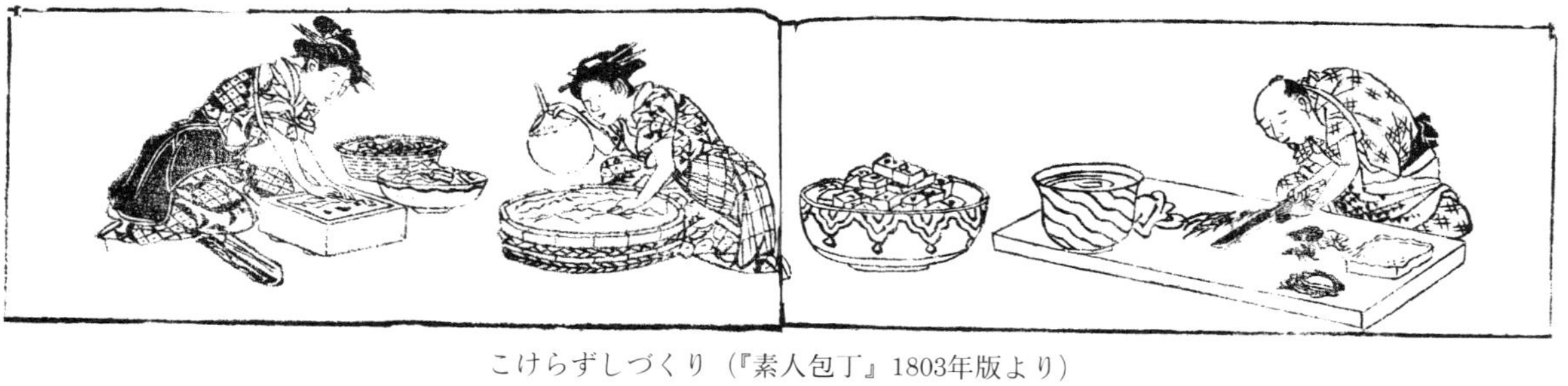

こけらずしづくり（『素人包丁』1803年版より）

れ、江戸時代には飯の方に酢をあてた早ずしが誕生する。江戸っ子に好まれ、すし屋・すし屋台が繁盛した。一方、独特なすし文化が各地に形成され、『毛吹草』(一六四五年(正保二))には諸国のすしが紹介されている。貴重な魚と米を用い、手間も暇もかかるすしは、滋賀のフナずし、岐阜のアユずしのように、行事食・献上品などに使われるハレの食であった。今日でもすしの人気は高く、駅弁ずしは百種以上もあるという。一九五八年(昭和三十三)回転ずしの「廻る元禄寿司」一号店が開店し、パックずし・宅配ずしなども売れている。一九七〇年代にはアメリカですしブームが起こり、二〇一四年(平成二十六)アメリカ大統領のもてなしが銀座のすし屋であったことが話題となった。

参考文献 篠田統『(新装復刻版)すしの本』(一九九三、柴田書店)、大川智彦『現代すし学—すしの歴史と、すしの今がわかる—』(二〇〇六、旭屋出版)、米川伸生『回転寿司の経営学』(二〇一二、東洋経済新報社)　(石川　尚子)

ずし　厨子　中国渡来の調度品で、両開き(観音開き)の扉がついた収納具。日本では二方面に発展した。一つは屋根や扉のついた仏堂形式の祭壇で、仏像や位牌などを納めるもの。仏龕《ぶつがん》。奈良時代にはすでにあり、法隆寺の玉虫厨子が良く知られているが、その形状は現代の家庭内の仏壇にも継承されている。もう一つは箱型の収納棚であり、奈良時代の品が正倉院や法隆寺などに遺るが、当時は天皇や大寺院が室内家具として用い、経巻や書籍、日用品などを納めていた。平安時代になると両開き扉の部分を小さくした厨子棚に変化し、蒔絵などが施された装飾的な室内調度として貴族の住宅で使用された。室町時代以降は武家の婚礼調度品の一つとなり、江戸時代になると黒棚、書棚とともに三棚として、婚礼調度の中心的存在となった。

参考文献 小泉和子『家具と室内意匠の文化史』(一九七九、法政大学出版局)　(小林　裕美)

すずめ　雀　スズメ目ハタオリドリ科の鳥。北から南までわが国の全域に分布し、農村や都市のヒトの居住空間に生息する。ヒトがいなくなると雀も見られなくなり、ヒトと随伴性を有しているかのように見える。イネ科の植物の種子を食べる点は有害であるが、稲の害虫を食べる習性からは益鳥といえる。童謡「雀の学校」や「舌切り雀」の物語などに登場する。

参考文献 柳田国男「野鳥雑記」(『(定本)柳田国男集』二二所収、一九七〇、筑摩書房)　(柳　正博)

すずり　硯　墨をするための道具。文房具の一つで、墨と筆とともに識字層の人々が文字や絵の書写に利用した。はじまりは渡来人が伝えたもので、律令制度と仏教を介して地方へ広まった。古代の硯は焼物の須恵器で作られ「スミスリ」(『倭名類聚抄』)と呼ばれた。形は皿に脚や台を付けた円面硯が古く、方形の皿を傾けた風字硯へと移り変わり、皿や蓋の転用もみられた。都城では多くの施設で消費されたが、地方での使い手は限定された。国や郡の役所では戸籍や徴税の記録に使い、寺院では写経と教学の必需品であった。集落では学識を備えた在地の有力者と僧侶が使用したが、拠点的な集落遺跡でも出土数は少ない。石の硯は九世紀前半の中国で作られ始め、日本へも伝えられた。十一—十二世紀にかけて小型の石硯と筆・墨・水滴を一緒に納めた硯箱が、新しい文房具として僧侶や武士にも普及した。呼び名も「スズリ」(『枕草子』)に変わった。国内では黒色粘板岩を加工した鳴滝硯(京都府)が古く、赤色頁岩《けつがん》の赤間関《あかまがせき》硯(山口県)、青灰色粘板岩の高嶋硯(滋賀県)と産地化が進んだ。形は方形を基本としたが、鎌倉時代には楕円形や多角形もみられた。室町時代中期に文化的な嗜好が高まると、中国の端渓《たんけい》硯や歙州《きゅうじゅう》硯は唐物として重用された。戦国から江戸時代前期には長方形の硯が列島規模で流通し、城下町の民衆にも広がった。この背景には寸法が五分刻みで変動する硯の規格と、石質を反映した品質が各産地で整い、問屋を中心とする生産体制の確立があった。江戸中期に町民の教育施設として寺子屋が広まると、小型の四五平(縦四・五寸×横二・五寸)規格の硯が、手習い用として定着した。一八七二年(明治五)に政府が学制を発すると、硯の需要は一挙に高まり、雄勝硯(宮城県)、雨畑《あまばた》硯(山梨県)、鳳《ほう》足《そく》硯(愛知県)、高田硯(岡山県)など、国内の各産地でも学童向けの小型品を量産した。

参考文献 名倉鳳山『日本の硯』(一九六六、日貿出版社)　(垣内光次郎)

すだれ　簾　竹やヨシなどを編み連ね、日よけや目隠しなどの目的で窓の外や軒先、または室内の仕切りに垂らすもの。神社・仏閣などで用いる御簾《みす》は、竹を黄色に染め、赤糸で編む。また縦方向に立て掛けるものをタテス・タテズと呼び、特にヨシを素材としたヨシズが、夏季に軒先などに立て掛けられるほか、茶園や菜園、温床などで日よけ、霜よけなどを目的に使用される。一方で巻き簾や蒸籠《せいろ》の底、また紙漉きや海苔の製造などに使う小型のスダレ(簾)もさまざまある。近年はランチョンマットなど新しい使い方も生まれ、プラスチック素材も使用されている。

参考文献 西川嘉廣『ヨシの文化史—水辺から見た近江の暮らし—』(『淡海文庫』、二〇〇二、サンライズ出版)、尾上一明「ヨシとクグをめぐる民俗と民具—東京湾奥部・江戸川河口のヨシ原から—」(『民具研究』一四九、二〇一四)　(小林　裕美)

すてご　捨子　親または保護者が養育を放棄すること。また、養育を放棄された子ども。中世における捨子はほとんど死を意味するのに対し、近世では生類憐れみ政策によって捨子養育が地域社会に義務づけられたため、他者に育てられることを期待する捨子が生まれた。下層民にとって捨てる、貰うという行為が家内労働力の調整機能を果たし、また養育料への期待が契機となる場合もあった。大都市と地方都市で、また時期によっても事情は

若干変化を見せるが、捨子は嬰児殺しとは異なり切羽詰まって行う行為でもあった。捨子はしばしば成育儀礼の晴れ着や、扇子と鰹節を添えて捨てられた。捨てた時間や場所には短期間のうちに発見されるようにとの期待が見られる。貰い手は八歳未満の子どもを望み、捨子の生存率は比較的高いといわれる。捨子の理由として離婚や妻の早逝による乳不足、深刻な貧困、生活苦が予想でき、養子として手放す覚悟の捨子であった。明治国家は嬰児殺しと捨子を禁じ、公的な養育事業に着手した。共同体が養育の責任を負っていた近世の「捨子」から、近代国家によって統一的に管理、扶養される「棄児」へと転換した。

参考文献 沢山美果子『江戸の捨て子たち―その肖像―』(『歴史文化ライブラリー』二〇〇八、吉川弘文館)

(太田 素子)

ストーブ ストーブ 金属製の容器内で燃料を燃やして利用する暖房具。古代や中世より欧米で利用されてきた。日本では、一八五六年(安政三)に箱館奉行の命令により、箱館に寄港していた英国船のストーブを参考に製造され、北方警備にあたる役人の暖房具に利用された。八〇年(明治十三)、北海道への鉄道の普及に伴い、客車に鋳物製の寸胴型の形態で排煙のための煙突をもつストーブが取り付けられた。その後、鉄道に加え官公庁へも設置され、ズンドウやダルマストーブという名称で親しまれた。一九二〇年代には、給炭時に煤煙や粉塵が多いため給炭回数を減らすことができる貯炭式ストーブをはじめ、燃料費が安価で利用しやすい小型のストーブが開発され、一般家庭へも利用が普及した。六〇―七〇年代の高度経済成長期以降、戸建住宅や集合住宅の増加と関わり、燃焼時に石炭より煤煙の少ない灯油を燃料とする石油ストーブが定着し、送風ファンを備えた石油ファンヒーターも登場した。今日では、北海道に限らず全国の家庭に冬季の暖房具として普及している。

石油ストーブ

参考文献 新穂栄蔵『ストーブ博物館』(『北大選書』一七、一九八六、北海道大学図書刊行会)

(花木 宏直)

ストッキング ストッキング ⇨ナイロン＝ストッキング

ストライキ ストライキ 労働条件をめぐって使用者と労働者が対立した際に、労働者が要求を通すために労働を集団的に拒否する争議戦術で、同盟罷業とも呼ばれた。当該事業所で働く労働者の多数がストライキに参加しなければ争議団側の敗北に終わるので、ストライキ参加者はピケットを張るなどしてスト参加者以外の労働者の就労も阻止しようとすることが多く、物理的な衝突が発生しやすい。戦前日本ではストライキを扇動することは治安警察法(一九〇〇年(明治三十三))第十七条によって処罰の対象となっていたが、一九二六年(大正十五)にその条項が撤廃されるとともに労働争議調停法が定められ、ストライキを経て争議が深刻化することを避けるために、同法によらない法外調停を含めて警察署長らの関与した調停が増加した。労働運動の活発さの指標としてストライキによる労働損失日数が用いられるが、それによると日本の労働損失日数が経済状況の推移と軌を一にして変動している様相が明瞭に示されている。 →労働争議《ろうどうそうぎ》

参考文献 大原社会問題研究所編『日本労働年鑑』(一九二〇―)、社会局労働部『労働争議調停年報』(一九二六―)

(加瀬 和俊)

ストリップ＝ショー ストリップ＝ショー 昭和戦後の大衆軽演劇のヌード＝ショーの一つ。ストリッパーが舞台で音楽に合わせて踊りながら衣服を脱ぎ、最後に「特ダシ」(性器を露出)でショーを閉じる芸能。最初は一九四七年(昭和二十二)一月と二月に秦豊吉(丸木砂土)が東京新宿の帝都座で「額縁ショー」(一月中村笑子、二月甲斐美春、額縁の中で上半身のみで胸を隠し静止したままの姿)を興行し、一ヵ月余り後に渋谷の東横デパートの劇場、東京フォーズでラナ多坂がソロで踊り、最後にブラジャーが取られてお仕舞い、との公演が行われた。ストリップとは踊りながら脱ぐためラナ多坂が第一号といえよう。この年はつぎつぎに裸旋風が巻起こりストリップ元年となった。小沢昭一はヌード＝ショーを、昭和三十年代まではジプシー＝ローズらの「ストリップ＝ショーの時代」、四十年代は一条さゆりらの「特ダシの時代」、その後は劇場によっては「マナ板ショー」(観客参加のファックショー)と大別している。他面、日劇ミュージックホールだけがヌードの殿堂として栄えた。ストリップ劇場は風営法、新風営法の規制対象で、二〇〇三年(平成十五)現在、全国に五百九軒(『平成一六年警察白書』)。入場料五千円前後で、劇場により芸術性の濃淡が著しい。

参考文献 南博・永井啓夫・小沢昭一編『さらすーストリップの世界―』(『芸双書』三、一九八二、白水社)、石崎勝久『裸の女神たち―日劇ミュージックホール物語―』(『シロアリ文庫』、一九八二、吐夢書房)、橋本与志夫『ヌードさん―ストリップ黄金時代―』(一九九五、筑摩書房)、井上ひさし・こまつ座編『浅草フランス座の時間』(二〇〇一、文春ネスコ)

(佐藤 能丸)

ストレス ストレス 物理的・精神的・社会的なものによって生体に歪みが生じている状態。ハンス＝セリエはストレス学説を提唱し、内分泌系が主役となったこの非特異的生体反応を説明した。昭和三十年代になると新聞などでも頻繁に「ストレス」あるいは「ストレス学説」が紹介されるようになり、一九五六年(昭和三十一)には

日本人研究者の手による解説書も刊行された(田多井吉之介『ストレス』)。セリエ自身も五七年四月に来日し、ブームを巻き起こした。「ストレス」の語が人口に膾炙するのと同時に、それが示す内容は「ストレスの原因」へと変化していき、身体への影響にかかわらずストレスの原因となりうるもの全般に拡張されていった。

参考文献 田多井吉之介『ストレス―近代社会と健康生活―』(『創元医学新書』、一九六六、創元社)

(塚原 伸治)

スナックがし スナック菓子 スナックには軽食、気軽に食べられるものという意味がある。広義にはファストフードや即席麺なども含められる。しかし、菓子とした場合、塩味のポテトチップスやポップコーンなどを指し、煎餅などの米菓に含まない。一九六〇年代にアメリカで流行し、日本では一九六三年(昭和三十八)からポテトチップスの大量生産が始まった。七〇年代以降、種類も増え、一九九六年(平成八)には二千八百億円にまで市場規模が拡大している。

(青木 直己)

スナック菓子 ポテトチップス (1975年発売)

スペインかぜ スペイン風邪 ⇨インフルエンザ

スポーツクラブ スポーツクラブ 集団あるいは個人でスポーツをすることを目的としたクラブ。広義には学校のクラブ活動の一環としてのスポーツ団体や、地域活動としてのスポーツ少年団、企業による実業団などを含むが、一般的に「スポーツクラブ」という場合は、フィットネスを目的とした民営のスポーツ施設であるフィットネスクラブを指す場合が多い。一九七〇年代前半に健康ブームが起こると、一時的にスポーツクラブの流行がみられた。当時のスポーツクラブも現在とほぼ同様のマシンや器具を配置したものだったが、流行は長続きせず数年後にはその多くが経営不振に陥り倒産が相ついだ。スポーツクラブが本格的に普及したのはその約十年後、改めて全国的に流行して以降のことである。一九八一年(昭和五十六)からエアロビクスの大流行があり、健康のためではなくファッションとして運動を取り入れることが普及していた。そこに目をつけて大衆的な料金設定のスポーツクラブがつぎつぎと出店し、シェアを伸ばしていったのである。現在のフィットネスクラブの原型となったといわれるエグザス青山も、八三年に開業している。プールやジム、スタジオなどを備えた大規模なクラブは、八〇年代後半のいわゆるバブル景気に乗って経営を拡大し、チェーン展開を始めていった。店舗拡大と利用者数の増加に従って利用者の多様化も進んだ。当初、利用者の中心は女性であったが、次第に男性の利用者も増加して、現在では性差はみられなくなっている。

参考文献 河原和枝『日常からの文化社会学―私らしさの神話―』(二〇〇五、世界思想社)

(塚原 伸治)

ズボン ズボン 洋服の下衣で股から下が左右に分かれているもの。明治政府が陸海軍の軍服、大礼服および小礼服、各種制服類に洋式服制を取り入れたことにより、政府官員はズボンを穿くこととなる。一八八五年(明治十八)二月に政府官員の洋服着用が義務付けられるとズボンは必須となった。フロックコートやモーニングコートには縞のズボンが用いられたが、背広の上下には同色が基本である。陸軍将校のように通常勤務用の長袴と、乗馬用の短袴とを設ける制服があった。また宮内省大膳寮や主馬寮の礼服には、キュロットと呼ばれる肌に密着したズボンが用いられた。それら制服類を除くと和服が普段着であった明治大正期のズボンはよそゆきであった。昭和二十年代後半から合成繊維が生産されると、安価なズボンが普及する。さらに一九七〇年(昭和四十五)からはジーンズが若者の間で流行した。このころから女性でも作業着としてのモンペではなく、普段着としてズボンを穿く者も現れるようになった。 ➡ジーンズ

参考文献 刑部芳則『洋服・散髪・脱刀―服制の明治維新―』(『講談社選書メチエ』、二〇一〇、講談社)

(刑部 芳則)

スマートフォン スマートフォン ⇨携帯電話《けいたいでんわ》

すみ 炭 木材を加熱してできる炭化物。日本では弥生時代後期以降、鉄器生産をはじめとする金属文明の成立とともに鉱石からの金属の精錬に必要不可欠な還元剤として、また無煙燃料として利用されてきた。木炭は戦国時代から近世都市の成立とともにたたら製鉄や燃料としての需要が増し、その生産量が飛躍的に増大したことで近世における主要林産物の一つとなった。炭にはかたく焼き上げ火持ちのよい白炭と窯内で消火して作る黒炭が

炭焼(『人倫訓蒙図彙』より)

あり、白炭は主に屋内用として暖房や炊事・茶道・蚕室の乾燥と暖房など幅広く使用された。その後、品質の優れた炭の生産量をあげるため製炭技術にも改良が重ねられた。有名な備長炭は紀州田辺で改良された白炭(堅炭)である。山村に残された近世史料の中には製炭に関する記録が数多くみられるが、大量の木材を原料とするため森林資源の枯渇を招いた。明治期以降は工業用にも使用され、ガスや石油の登場により利用が急激に減少したものの、近年では炭の多様な効能が評価され、利用の幅が広がっている。 →山仕事《やましごと》

参考文献 樋口清之『日本木炭史―木炭経済史の研究―』(一九六〇、全国燃料会館)、岸本定吉『炭』(一九七六、丸ノ内出版)、樋口清之『木炭』(『ものと人間の文化史』、一九九三、法政大学出版局)、加藤衛拡「紀州熊野炭焼法一条幷山産物類見聞之成行奉申上候書附 解題」(『日本農書全集』五三所収、一九九八、農山漁村文化協会)

(君塚 仁彦)

すみ 墨 菜種油や松材などを燃やして得られた煤《すす》を膠《にかわ》と一緒に練り固めたもの。または、これを水と一緒に硯で擦って得られる書画に用いる黒色の液体(墨汁)。古代中国で用いられていた墨は、『日本書紀』推古天皇十八年(六一〇)三月条に「高麗王、僧曇徴・法定を貢上る。曇徴は五経を知れり。且能く彩色及び紙墨を作り、幷て碾磑造る」という記事があり、七世紀初頭にその製法が伝えられたようである。八世紀以降は、文書主義を基調とした律令国家のもとで、墨の製造と使用は急速に普及したとみられている。現存する古代の墨としては、奈良市の東大寺正倉院に宝物として七五二年(天平勝宝四)の大仏開眼に用いられた舟形の墨が十余挺伝えられている。中世を経て近世以降の「読み書き」を重視した寺子屋教育が全国的に確立すると、筆・硯・紙とともに墨の使用は飛躍的に拡大し、日常の各種文書・記録などの執筆や瓦版、各種版本の刊行に至るまで、墨は日本社会に欠かすことのできないものとなった。近代以降に西洋のインクを用いる各種筆記用具が登場・普及すると、墨の使用機会は徐々に少なくなり今日に至っている。なお、近年では固形墨に加えて硯で擦る必要のない液体墨(墨汁)も多用されている。

参考文献 宮坂和雄『墨の話』(一九六五、木耳社)

(宮瀧 交二)

すもう 相撲 二人の力士が土俵内で相手を倒すか、土俵の外に出すかして勝負を争う格闘技。また相撲は神事(鎮魂・葬送儀礼、農耕儀礼)ともむすびついて、その呪術(呪力)性が期待されてきた。「スモウ」は「スマヒ」が転化したもので、それは「あらそうこと」「あらがうこと」、すなわち格闘を原義としている。相撲の起源とされている『日本書紀』垂仁天皇七年条には、大和の当麻蹶《たいまのくえ》速《はや》と出雲の野見宿禰《のみのすくね》の相撲の様子が語られているが、そこには、おのおのが足をあげて蹴りあい、宿禰は蹶速の脇骨を踏み折き《さ》、その腰を踏んで殺してしまったとあるように荒々しい格闘技の様子を記述している。こうした相撲が天皇の天覧相撲を通じて、平安時代になって宮廷儀礼としての相撲節《すまいのせち》に整備されていく。相撲節は当初は七月七日の七夕に行われた。それは諸国から相撲人を選んで都に連れてくる召仰《めしおおせ》から始まって、本番勝負の召合《めしあわせ》、その後の余興の還饗《かえりあるじ》、天皇が紫宸殿で優秀な相撲人を御覧になる抜出《ぬきで》などの細かい儀式から構成されており、後世に大きな影響を与えている。相撲節は、高倉天皇の十二世紀後半には廃絶したといわれているが、その後それは分化して地方にも波及し、芸能・神事化していく。地方で現在も奉納相撲、神事相撲として行われているものには興味深いものがある。たとえば、泥田の中で取っ組みあい、体に泥がたくさんつくと豊作になるというドロンコ相撲(奈良県桜井市)。愛媛県大三島の大山祇《おおやまつみ》神社の祭礼で、精霊と相対して精霊に投げられて負ける一人角力。さらにガラッパ(カッパ)相撲といって、水難と火難除けを祈願して水神祭に相撲を奉納するもの(鹿児島県日置郡金峰町(同県南さつま市)の玉手神社)などその事例は多い。相撲は格闘技であるが、それが呪力信仰・神事と結びついているのは古代(五世紀後半―六世紀後半)からであり、土師部《はじべ》の製作した力士埴輪が各地の古墳の葬送儀礼を飾るものとして出土しており、それらは首長霊を鎮魂する意味をもっていた。現在の大相撲も毎場所初日

相撲節の仕度をする相撲人と官人(『平安朝相撲絵巻』より)

の前日には土俵に神々を降す神迎えの神事(土俵祭)を行なっており、千秋楽の表彰式後には神送りの儀式が行われた後祭場たる土俵が撤去される。　↓大相撲《おおずもう》　↓蹲踞《そんきょ》

参考文献　新田一郎『相撲の歴史』(一九九四、山川出版社)、山田知子『相撲の民俗史』(『東書選書』、一九九六、東京書籍)、飯田道夫『相撲節会―大相撲の源流―』(二〇〇四、人文学院)

(小林　敏男)

スラム　スラム　主要な財産をもたない貧困者や生活困窮者が集団で劣悪な住宅環境のもとで生活する共同体。定義としては近代都市の下層社会の類語でもあり、居住空間としては往来の著しい街道筋、往還、駅舎などの裏路地に集中している。近代都市形成の特性ゆえ、世界的な主要都市でもスラムは発生するが、日本では東京の四谷区鮫ヶ橋町、下谷区万年町、芝区新網町などが、大阪では南区の長町(名護町)などが、いずれも近世の賤民身分の系譜を引く集落(被差別部落)に近接して存在していた。京都ではおよそ三分の二のスラムが被差別部落と地理的にほぼ一致するように形成されていた。スラム居住者の職種は多様で、屑拾いなどと呼称された不要品回収を担うバタ屋のほかに、日雇い労働者、人力車夫、門付け芸人、マッチ工場の労働者などがあった。居住者間の人的な結合は強固であり、不良住宅地区調査に基づくスラム―クリアランスに際しても、再帰的に結合してスラムを形成していった。　↓下層社会《かそうしゃかい》

参考文献　杉原薫・玉井金五編『大正/大阪/スラム―もうひとつの日本近代史―(増補版)』(一九九六、新評論)、中野隆生編『都市空間の社会史　日本とフランス』(二〇〇四、山川出版社)

(吉村　智博)

すりうす　**摺臼**　上下に分かれた臼を摺り合わせることで籾摺・製粉を行う道具。挽臼とも呼ばれる。籾摺用の木摺《きずり》臼・土摺《どずり》臼、製粉用の石臼に大別される。木摺臼は上臼にかけた縄を二人で交互に半回転ずつ引っ張り合うことで籾摺を行う。摺面にはメ(目)と呼ばれる溝が刻まれるが、木摺臼の場合は放射状に刻まれることが多い。土摺臼は上臼に取手を取り付けて一方向に回転させる。苦汁を混ぜた赤土に樫あるいは竹の歯を埋め込んで造られる摺り面は木摺臼よりも丈夫で効率が良かったが、砕米も多くなった。石臼および土摺臼の摺面は、主溝で六分割あるいは八分割され、その区画内に細かい副溝が多数刻まれる。したがって土摺臼と石臼は回転方向が限定されるが、そのほとんどが反時計回りとなっている。製粉用の石臼が反時計回りに回すのに対し、茶臼は時計回りであり、穴は臼の中央にあるのが特徴である。目のパターンには地域差がある。　↓石臼《いしうす》

(加藤幸治・今井雅之)

スリッパ　スリッパ　足を滑り入れて履く室内履き。踵の高さがほとんどなく足の甲だけを覆う。英語の slipper を元とした外来語で、由来通り足を滑り込ませて履き、屋外で使用するサンダルと形状が似ている。日本でスリッパが作られたのは、明治初期、東京八重洲の徳野利三郎によってとされる。仕立職である徳野は、屋内で靴を脱ぐ習慣のない西洋人のために、日本家屋で使用する室内履きとして製作した。明治中期には、外国人だけではなく都市生活者の間にも普及していった。第二次世界大戦によって、スリッパ生産は一時停滞するが、昭和三十年代から一般家庭の間にも普及し、素材や製法が多様化した。同四十年代には日本家屋に板張りの居間が定着し、スリッパも日本の生活様式に溶け込んだ。

参考文献　武知邦博「スリッパ」(『かわとはきもの』一二六、二〇一三)

(戸邉　優美)

すりばち　**擂鉢**　食物をすり、砕くために、木製の棒(擂粉木《すりこぎ》)とともに使用する調理具の一種。口縁部に片口をもち、底から口に向かって、「逆ハの字」に開く形態の鉢は平安時代後半以降に登場する。各地の須恵器系の窯(魚住《うおずみ》窯(兵庫県明石市)など)や瓷器《しき》系の窯(猿投《さなげ》窯(愛知県豊田市ほか)など)で生産されたが、この時期の鉢には擂目・卸目《おろしめ》はない。鎌倉時代後半以降は擂目の付くものが一般的となり、中世陶器窯の主要生産器種となった。備前や信楽《しがらき》、瀬戸、美濃の製品が多く流通した。室町時代以降は陶器以外の瓦質の鉢も各地で生産された。擂鉢が普及した背景には禅宗の影響があったとされ、胡麻や味噌を使った料理が広がったためと考えられている。戦国時代以降は擂る効果を高めるために細かい擂目を隙間なく施すようになった。販売品の味噌が普及する以前は、自家製味噌を擂るための必需品だったので、戦後間もなくまで、各家庭に常備された道具であった。

擂鉢と擂粉木

(水口由紀子)

せ

せいかつ　生活　一般の人びとの衣食住の具体的なあり方や、その活動に関わる感情・判断・理念などの精神的意味を含む総体。その民衆生活の実態はそれぞれの時代の刻印をおびて歴史的に変遷するが、日本の近代歴史学においては生活(史)への関心は薄く、本格的な研究は大きく立ち遅れてきた。これは歴史研究が「天下国家」に関わる支配者層やそれに対抗した「人民の闘争」などを主要な対象とし、普通の民衆の生活は傍らに放置されてきたからである。しかし戦前においても今和次郎《こんわじろう》の「考現学」や「生活学」、柳田国男の「民俗学」などが先駆的な研究として存在していた。特に一九三一年(昭和六)に刊行された柳田の『明治大正史世相篇』は生活の原義に即して変らぬ民俗と流行変化する風俗との関係を、そこに生きた人びとの感情と意識のひだに分け入って記述した作品であった。こうした生活(史)の記述が大きく転回したのは戦後の六〇年代以降であり、民衆史や地域史、また女性史などの発展と相まって具体的な生活様式とその歴史的変遷に注目が集まった。七〇—八〇年代には『日本庶民生活史料集成』全三十巻、近現代では『近代民衆の記録』全十巻、『日本婦人問題資料集成』全十巻などが刊行された。こうした関心の動向は日本ばかりの現象ではなく、英仏などでは生活記述を軸にしたミクロヒストリーともいうべき社会史の潮流が生まれ、八〇年代には日本にも流入され、特に中世史や近世史に影響を与えた。しかし同時にミクロな世界への注目が大きな時代状況の論理とどのようにクロスするのかという疑問もあり、個別史と全体史の関係をめぐる議論は続いている。また世界史的なグローバリゼーションの波のなかで生活(史)記述は一国規模で完結するのかという疑問も生まれており、生活(史)における世界性が要求されてもいる。そのとき文化人類学的視点や「生活世界の植民地化」(ハーバーマス)という理論的視点などへの注目も必要になるだろう。

参考文献　今和次郎『生活学』(『今和次郎集』五、一九七一、ドメス出版)、J・ハーバーマス『コミュニケイション的行為の理論』上・中・下(一九八五—八七、未来社)、柳田国男『明治大正史世相篇』(『柳田国男全集』五、一九九八、筑摩書房)、歴史学研究会編『戦後歴史学再考—「国民史」を超えて—』(二〇〇〇、青木書店)、鹿野政直『歴史意識と歴史学』(『鹿野政直思想史論集』七、二〇〇八、岩波書店)

(安田　常雄)

せいかつかいぜんうんどう　生活改善運動　一九二〇年代、都市部の新中間階層を対象に消費生活の改善をはじめ「文化生活」の実践を目指して登場した文化運動の一つ。また農村部では、地方改良運動以来問題となり、やがて、三〇年代に展開された農山漁村経済更生運動のなかにおいても生活改善は重要なテーマとなっていた。家計簿の励行など合理的な生活様式を普及する側面を持つ一方、戦前までの生活改善運動はおおむね時間励行・冗費節約(冠婚葬祭の支出削減)といったものに限られていた。沖縄や東北・北海道の場合には、生活改善運動が、ことばや習慣など地域文化のあり方を否定的にとらえ、「日本国民」としての生活様式や労働に適合的な生活習慣を身につけさせるにあたって大きな意義をもった。したがって地域の民俗や伝統的な文化に大きな影響を与えたことも指摘しなくてはならない。また、生活様式の「改善」が人びとの暮らしを「生活」として客観化・合理化させたと同時に男女役割を固定化させたという意見もある。第二次世界大戦後には、生活改良普及事業を中心に保健所活動・公民館活動などとともに、地域住民の生活改善・健康衛生の向上を目指して行われた。一九四八年(昭和二十三)農業改良助長法にもとづいて生活改良普及事業が開始され、各都道府県には生活改良普及員がおかれる。彼・彼女らは、青年団や婦人会など既存の組織のみならず、地域の小グループを育成・指導、話し合いを重視しながら生活改善を実践していった。多くの模範地区が設定されたが、場合によっては個々の生活への権力的介入を「改善」の名のもとに招いたり、男性が中心になって単に上から実践するだけの場合もあった。五五年からの新生活運動が代表的だが、各地域において家族計画や冠婚葬祭の簡素化(公民館での会費制結婚式の実践)、衣食住・台所改善の運動が取り組まれた。企業でも生活改善運動は取り組まれ(新生活運動と呼ばれた)、特に家族計画運動が労働者とその家族を巻き込みながら展開された。→新生活運動《しんせいかつうんどう》

参考文献　中嶌邦「大正期における「生活改善運動」」(『史艸』一五、一九七四)、田中宣一編『暮らしの革命—戦後農村の生活改善運動と新生活運動—』(二〇一一、農山漁村文化協会)

(大串　潤児)

せいかつがく　生活学　今和次郎《こんわじろう》によって一九五〇年代に唱えられ、七〇年代に建築学・家政学・住居学・生活科学・民俗学・人類学・社会学などの研究者たちが学際的に集まって始まる日本生活学会の運動によって模索された、生活そのものを一つの体系として捉えようとした学問。生活学の先駆となる源流として、㈠貧困に代表される社会問題に対処してきた社会政策学、㈡家庭に閉じこめられた女性の学としての家政学、㈢民間学としての今和次郎の考現学と柳田国男の民俗学、㈣近代以外の生活文化を観察してきた文化人類学の四つが指摘されている。㈠の系譜では、明治期の貧民窟探訪から大正期の家計研究、昭和期の国民生活論などを経て、生活構造の分

析を生みだしながら生活福祉を論じ、㈡は栄養学や生理学や行動科学の分析手法を受け継ぎ、家事という労働の領域をとらえ直すなかで生活科学の方法を発展させていった。国民の消費動向や意識の社会的分布の調査だけでは、個々の人間の生きた生活の豊かな全体性は部分的にしか捉えられない。生活学の基本的な発想は、生活の具体性を通じてその普遍的で全体的な認識に至るための学際性にある。

参考文献 日本生活学会編『生活学事典』(一九九九、ティビーエス・ブリタニカ) (佐藤 健二)

せいかつきょうどうくみあい 生活協同組合 消費生活協同組合法(一九四八年(昭和二十三))に則って設立された法人で、地域別あるいは職域別に組織された組合員が、物資の共同購入や施設の共同利用などを通じて、生活の安定と文化の向上を図るための団体。生協あるいはコープと略称。日本国内では各種の連合会をつくり、国際的には国際協同組合同盟(ICA)に加盟して連帯している。生活協同組合の源は、十九世紀にイギリスのマンチェスター郊外にあるロッチデールで、労働者が商品を共同購入し始めたことにさかのぼる。日本では明治時代に購買組合・消費組合という名でつくられ始め、一九二〇年代には現在まで存続する組合が誕生した。長年、単なる物資購入や施設利用にとどまらず、組合員への教育普及事業や相互交流を図り消費者運動にも熱心だったが、二〇〇〇年代以降この側面への組合員参加は停滞している。

参考文献 『現代日本生協運動史』(二〇〇一、日本生活協同組合連合会)、井内智子「戦前における生協の展開と研究動向」(『生活協同組合研究』四一〇、二〇一〇) (尾崎 智子)

せいかつきろくうんどう 生活記録運動 自分自身の生活や歴史を書き、作品をサークルなどの集団において読み合い、討論する文化運動。生活記録運動はおとなの綴方であるともいわれる。一九五〇年代に盛んとなり、鶴見和子・牧瀬菊江らの主婦のサークル、三重県四日市市東亜紡織泊工場の女性労働者たちのものが有名。労働の現実や家族との関係を文章にし、集団の討論のなかで作品を深めていく方法がとられた。また、広島県などでは独自に農村女性の生活記録が行われており、山代巴は被爆者の記録、民話という方法などを実践している。日本青年団協議会は青年団の共同学習の前提に生活記録を置き、労働組合の文化活動のなかでも盛んに試みられた。しかし、六〇年代になると生活記録の実践とその理論化はゆきづまり、聴き取りなどの方法が模索されるようになる。沢井余志郎の四日市コンビナート公害の記録はその代表例である。八〇年代になると「自分史」づくりの実践が広がるようになった。しかしそうしたなかで「生活」を記録するとはどういうことか、現在でも問題となるだろう。 →山《やま》びこ学校《がっこう》

参考文献 鶴見和子『生活記録運動のなかで』(一九六三、未来社)、牧原憲夫『山代巴模索の軌跡』(二〇一五、而立書房) (大串 潤児)

せいかつじかん 生活時間 一日の生活を時間の側面からみたもの。広義には、一次活動(睡眠や食事などの生理的に必要な活動)、二次活動(仕事や家事など社会生活を営む上で義務的な性格の強い活動)、三次活動(余暇活動など、各人の自由時間における活動)の三つの行動を行う時間に相当する。狭義には、一日の時間から労働時間を差し引いた自由な時間をさす。前近代の日本では、農家や漁家、職人をはじめ、生活時間と労働時間の未分化な状況がみられ、今日でも村落や第一次産業、第二次産業の従事者を中心にこのような状況が継承されている。一方、大正期の都市部では、男性がサラリーマンや公務員をはじめホワイトカラーに従事する機会が増加するとともに、女性では専業主婦という職業が登場し、家庭において専業主婦による家族員の食事時間や起床・就寝時間、子どもの勉強時間などの管理が成立することで、生活時間と労働時間の分化が発生し、今日に至っている。

参考文献 佐藤裕紀子『大正期における新中間層主婦の時間意識の形成』(二〇一一、風間書房)、総務省統計局編『国民の生活時間・生活行動』解説編(『平成二三年社会生活基本調査報告』七、二〇一三) (花木 宏直)

せいかつしどう 生活指導 児童・生徒が自分たちの生活の中で発生したさまざまな問題を、みずからの力で解決できるよう教職員集団が働きかけることを通じて、児童・生徒の課題解決能力を高めていく学校教育の教育活動をいう。具体的に特徴をいえば、生活指導とはその目的が生活の中に含まれる、多様な課題解決能力の育成にあること。そのために児童・生徒自身による主体的な解決が必要で、教師の働きかけはその範囲内になければならないこと、である。知識を提供する教科活動とはまったく異なる対応が必要となるので、そのため戦後になって日本の教師集団たちは、班という集団作りの中で、リーダーを中心にした集団で課題解決を図るとともに、戦前以来の教育実践の伝統である生活綴方《つづりかた》を活用して子どもの内面を捉える指導方法を確立してきた。みずからの社会生活に仲間とともに積極的に参加し、民主的な人間関係を作る中で解決していく力を付けることこそ生活指導の真の目的である。

参考文献 高橋陽一・伊東毅編『新しい生活指導と進路指導』(二〇一三、武蔵野美術大学出版局) (荒井 明夫)

せいかつしゃ 生活者 「生活者」という言葉は、倉田百三に起源があるともいわれる。しかし俗世界から離脱した求道者という内容をもつ倉田の生活者像は定着せず、戦時下には三木清によって「生活者」とは「生活文化の創造者」と再定義されることになる。ここで重要なのは「生活者」という言葉が一面で戦時体制に対する抵抗感覚をもっていたことである。戦後になると生活の主体としての「生活者」(かたまりとしての大衆ではなく、個とし

ての生活者)は花森安治《はなもりやすじ》の『暮しの手帖』や思想の科学の「ひとびとの哲学」などのなかに受け継がれていくが、これはいわば少数派であり、高度経済成長の展開とともに「生活者」のイメージは一面で「消費者」に、他面で自立的「市民」という言葉に分岐しつつ重層化していったように見える。七〇年代に論壇をにぎわせた「都市中間大衆」という言葉は、一億総中流化の流れに棹さしながら、単なる消費者ではない質的「生活者」像を提唱した。しかし八〇年代末から九〇年代にかけて「生活者」という言葉は一気に企業の「消費者」経営戦略のキーワードになり、イデオロギーを含んで浮上していった。たとえば一九九〇年(平成二)の衆議院選挙では「生活者主体の政治」がキャッチ＝フレーズになり、九二年には宮沢内閣によって「生活大国五ヵ年計画」が打ち出され、「企業中心から生活者・消費者の視点重視へ」が謳われた。しかし生活クラブ生協などに象徴される自立的市民としての生活者像も消えたわけではなく、今日でも「生活者」という言葉は「消費者」と「市民」のせめぎあう拮抗のなかにおかれている。

参考文献 高畠通敏『生活者の政治学』(『三一新書』、一九九三、三一書房)、天野正子『「生活者」とはだれか―自律的市民像の系譜―』(『中公新書』、一九九六、中央公論社)

(安田 常雄)

せいかつしゅうかんびょう 生活習慣病 成人病対策として早期発見・早期治療を目的とする二次予防に重点を置いた従来の対策に加え、健康増進・発病予防を目的とする一次予防対策を推進するために導入された疾患概念。壮年期死亡の減少、健康寿命の延伸と生活の質の向上を目的とし、がん・心臓病・脳卒中・糖尿病などに関する目標値を設定した「二一世紀における国民健康づくり運動」(健康日本二一)、二〇一二年(平成二十四)より「二一世紀における第二次国民健康づくり運動」を推進中。一九五〇年代後半、激減した感染症に代わって登場した慢性疾患を成人病と名付け、発症の危険因子の除去をねらって集団検診・人間ドッグが勧められた。しかし、三大成人病の増加を抑えられなかったため一次予防対策に重点を移すとともに、「食習慣・運動習慣・休養・喫煙・飲酒等の生活習慣が、その発症・進行に関与する疾患群」と定義される生活習慣病という名称が一九九〇年代後半から用いられることになった。

参考文献 厚生省編『平成九年版厚生白書』(一九九七)、新村拓『医療化社会の文化誌―生き切ること・死に切ること―』(一九九八、法政大学出版局)、佐藤純一「生活習慣病」(佐藤純一・土屋貴志・黒田浩一郎編『先端医療の社会学』所収、二〇一〇、世界思想社)、「国民衛生の動向―二〇一四/二〇一五―」(厚生労働統計協会編『厚生の指標』六一ノ九、二〇一四)

(新村 拓)

せいかつつづりかたきょういくうんどう 生活綴方教育運動 抽象的なことばではなく、子どもたちが生活のなかで見たこと、聞いたこと、感じ・考えたことをそのままに書くという文章表現活動を軸に、集団による作品の批評、作品を使った話し合いなどの実践を行い、子どもたちに事実に基づいた生活認識を育む教育運動。こうした教育運動のなかで、ことば(作文表現など)を常に現実生活や子どもの生活経験と結びつける「概念くだき」の方法が提唱されている。農山漁村の公立小学校やその周辺の青年会などで実践されていった。国語科綴方(作文)の時間には国定教科書がなかったため、独特の教育実践が展開されていたのである。一九一〇年代、自由教育運動のなかでの綴方(作文)における「随意」(自由)にテーマを選ばせるべきであるとの芦田恵之助の主張や、鈴木三重吉らの『赤い鳥』(一九一八年(大正七)創刊)における子どもの作文に対するリアリズム表現などがその前史として位置づけられる。一九二九年(昭和四)、高知県の小砂《ささ》丘忠義《おかただよし》を編集の中心とする『綴方生活』の創刊、三〇年『北方教育』(秋田県)の創刊によって全国的な生活綴方教育運動として発展していった。秋田の生活綴方運動は、社会科学的な観点から生活を把握する方法を、綴方を通じて育もうとした北方性教育運動として著名である。東北の教師たちが北日本国語教育連盟(三四年)を設立したころが綴方教員の組織化・集団化という点では運動のピークを形成し、山形・秋田などで盛んに実践された。第二次大戦中、多くの綴方教師は弾圧を受けた。戦後、主として北方性教育運動の教師たちによって再建されるが、アメリカ式「新教育」が日本の現実とかけ離れていると批判されるなかで注目を浴び、五〇年に日本綴り方の会が発足し(五一年、日本作文の会と改称、機関誌『作文と教育』)、民間の教育運動として現在まで研究・教育実践活動を続けている。

参考文献 中内敏夫『生活綴方成立史研究』(一九七〇、明治図書出版)

(大串 潤児)

せいかつほご 生活保護 生活保護法(一九四六年(昭和二十一)旧法、五〇年新法制定)により、経済的に困窮する国民に対し、日本国憲法が掲げる「健康で文化的な最低限度の生活」を保障するために、生活費などを給付する公的扶助制度。「最後のセーフティネット」とも呼ばれ、現行の保護は、生活扶助、教育扶助、住宅扶助、医療扶助、介護扶助、出産扶助、生業扶助、葬祭扶助の八種類からなる。生活保護の実施は、都道府県知事・市長および福祉事務所を管理する町村長の法定受託事務(九九年(平成十一)までは機関委任事務)であり、国は生活保護費にかかる経費の四分の三を負担する。当初低水準であった支給額は、朝日訴訟などの影響から改善が進んだが、保護世帯数は、高度経済成長と厚生省による「適正化」推進が相まって減少の一途をたどった。しかし九〇年代後半になると、平成不況を背景に被保護世帯は増加に転じ、近年の世帯保護率は五〇年代の水準に近づいている。

参考文献 岩永理恵『生活保護は最低生活をどう構想したか―保護基準と実施要領の歴史分析―』(『現代社会

政策のフロンティア』一、二〇一二、ミネルヴァ書房）

（高岡　裕之）

せいきょういく　性教育　性に関する科学的・生物学的知識、ジェンダー的視点を通して人間形成を図ることを目的とした教育。十九世紀末から二十世紀初頭に行われた性教育は、学生の性病・「風紀」対策の一環として性欲教育とも称された。一九二三年（大正十二）には、山本宣治（一八八九―一九二九）が京都の大学生へ「人生生物学」と称して性教育を講じた。明治期から戦前期の性教育は主として男子学生を対象とし、生理学的知識や性病予防策を教えたのに対し、女子学生は、性的に無垢・無知であるべきという認識が支配的であった。戦後、性教育は文部省を中心に男女を対象とする純潔教育として展開する。「純潔」とは、夫婦の性交渉のみを正当視するもので六〇年代までこの名称が使われた。七〇―八〇年代には、倫理的教育から科学的な性教育への転換が進んだ。九〇年代以降、性と人格を結び付け、自己決定権と他者とのパートナーシップを重視する教育となっている。

参考文献　田代美江子「日本の性教育の歩み」（『季刊セクシュアリティ』一―四、二〇〇二）、小山静子・赤枝香奈子・今田絵里香編『セクシュアリティの戦後史』（『変容する親密圏／公共圏』八、二〇一四、京都大学学術出版会）

（平井　和子）

せいざ　正座　礼儀作法上の正しい座り方のこと。膝を揃えて折り曲げ、踵《かかと》の上に尻を乗せて、後方で両足の親指を重ね、膝の前を軽く開けて座る。それが今いうところの正座で、かつてはそれを「かしこまる」といった。その姿勢で両爪先を立て、踵の上に尻を乗せると跪踞《ききょ》で、弓道の控えの座法となる。跪踞の姿勢から片膝を立てると建踞《けんきょ》（立て膝ともいう）で、さらに両膝を立てて両爪先で身体を支え、尻を踵の上に乗せると蹲踞《そんきょ》となる。近世以前の時代には、そのほかにもいろいろな正式の座り方があった。たとえば武士は両足を前で組む胡坐《あぐら》、その両足を横に倒して両足首を前で組む安座《あんざ》、さらにその両裏を前で合わせる楽座《らくざ》などがあった。公家は亀居《かめい》（割座《わりざ》ともいう）といって尻を床に直接つけ、両足を脇に出して折り曲げた。歌人は歌膝《うたひざ》といって片膝を立て、もう一方の片膝で胡坐を組んだ。その胡坐の片膝を今の正座のように折りたたむと片膝立ちとなり、武士の待機中の姿勢となる。これらの正式な座り方のほかにも、床に腰をおろして両足を前に伸ばして組む投げ足（箕座《きざ》・箕踞《ききょ》ともいう）、両足を両腕で抱えて地にうずくまる抱き膝座りというものもある。先の「かしこまる」座法としての今いう正座が、正式な座り方となって定着したのは、明治時代以降のことである。　↓胡座《あぐら》　↓蹲踞《そんきょ》

参考文献　丁宗鉄『正座と日本人』（『The new fifties』、二〇〇九、講談社）、熊倉功夫「身体に残るふるまいの記憶　昔ながらのふるまいで、心地よい暮らしを」（『望星』四四ノ六、二〇一三）

（長沢　利明）

せいしゅ　清酒　⇩酒《さけ》

せいじんしき　成人式　成年式とも。狭義にいえば、毎年一月の第二月曜日（成人の日）に満二十歳に達した若者を新成人として祝福する式典。現行の成人の日は一九四八年（昭和二十三）に「国民の祝日に関する法律」によって定められ、二〇〇〇年（平成十二）にハッピーマンデー制度が導入される以前は、毎年一月十五日に固定されていた。満二十歳をもって成人とみなすということが定義的に定められたのは一八七六年（明治九）の太政官布告からであるが、それ以前の七三年に公布された徴兵令に基づく徴兵検査が、検査対象を満二十歳と定めており、実態のある通過儀礼という意味では、この徴兵検査のほうが原点といえるだろう。現代の成人式では、徴兵検査やかつての元服などのように新成人に内面的・外見的変化を促すような要素はあまり見られず、成人となることによって公職選挙法に基づく国政への参加（二〇一五年の法改正で、選挙権年齢は十八歳に引き下げられた）や飲酒・喫煙の自由、婚姻の自由などの諸権利が法制上付与される程度である。その意味において、かつてのような地域共同体内における社会的地位と責任の獲得といった機能は喪失され、個人の内面的成長と法的地位の確定をもたらす機能へと移行していったことが読み取れる。　↓一《いち》人前《にんまえ》　↓元服《げんぷく》

参考文献　綾部恒雄編『（新編）人間の一生―文化人類学の視点―』（『人間の探検シリーズ』、一九八五、アカデミア出版会）、芳賀登『成人式と通過儀礼―その民俗と歴史―』（一九九一、雄山閣）

（花岡敬太郎）

せいとうしゃ　青鞜社　一九一一年（明治四十四）、平塚らいてうを中心に日本女子大学卒業生たちが主となり、作家生田長江の後押しをうけ、発足した女性文芸団体。機関雑誌『青鞜』（復刻版がある）を創刊。巻頭にらいてうの「元始女性は太陽であった」を載せ、与謝野晶子の「山の動く日来る」で始まる「そぞろごと」を掲載。女性の自我の覚醒を叫び、「潜める天才を発現せよ」と呼号し、女性自身による思想文芸運動を展開。旧来の男性中心につくられた女性道徳（婦徳）に反対し、女性を母役割、主婦役割に縛り付ける家族制度への挑戦を示すなど、世間からの非難を浴びる。「新しい女」批判である。「新しい女」はふしだら、といった類いの罵詈雑言を受けた。一三年（大正二）ごろを機に女性問題に取り組み、女性の立場から貞操・堕胎・廃娼論争を同人間で展開（廃娼論争のみ非同人の青山（山川）菊栄が参加しており、菊栄はらいてうと同時代人であり閨秀文学会でも知合いであったが、青鞜社に「貴族的高踏的」な匂いを嗅ぎ、不参加）、女性問題の社会問題化に大きく寄与した。『青鞜』は、一九一五年第五巻第一号より伊藤野枝（一八九五―一九二三）が引き継ぎ、習俗打破を叫ぶが、一六年二月休刊、青鞜運動も終息。

参考文献　堀場清子『青鞜の時代―平塚らいてうと新しい女たち―』（『岩波新書』、一九八八、岩波書店）、同編

『「青鞜」女性解放論集』(『岩波文庫』、一九九一、岩波書店)　(鈴木　裕子)

せいねんかい　青年会　⇩青年団《せいねんだん》

せいねんくんれんじょ　青年訓練所　一九二六年(大正十五)の青年訓練所令によって設置された教育機関。初等教育を終了した十六歳から、徴兵検査前の二十歳までの勤労青年男子を対象としていた。全国の市町村だけでなく、工場など私人が設置することもあり、多くは小学校または実業補習学校に併設された。教科としては、半分を教練が占め、ほかに修身及公民科、普通学科、職業科が置かれていた。教練については、在郷軍人が担当し、現役陸軍将校の査閲を受けなければならなかった。教練以外については、主に小学校教員に兼務させた。青年訓練所設置の背景には、大正軍縮に伴う軍事力の低下を防止したい軍部からの要求があり、二五年の陸軍現役将校学校配属令による、学校教練と一体のものであった。終了後に陸軍における検定に合格した者は、二年間の在営期間を六ヵ月短縮された。一九三五年(昭和十)に、実業補習学校と統合する形で、青年学校となった。

参考文献　神代健彦「青年訓練所の入所督励策―入所者確保の試行錯誤が形成するその実像―」(『日本の教育史学(教育史学会紀要)』五一、二〇〇八)、由井正臣『軍部と民衆統合―日清戦争から満州事変期まで―』(二〇〇九、岩波書店)　(堀内　孝)

せいねんしき　成年式　⇩成人式《せいじんしき》

せいねんだん　青年団　近世の若者組を解体、改編するなかで明治中期ごろから各地域で組織された青年集団。祭礼や村の日常的な仕事を担い、村落の労働組織でもあった若者組に対し、一八九〇年代から農村青年(「田舎青年」)の教養・親睦機関として山本滝之助の提唱によりつくられ始める。若者組の行動を道徳的には非難しつつ、進学など立身出世の機会から外れた青年たちの意欲を引き出そうとした。日露戦争後になると政府も育成に力を入れるようになり、大字・部落の青年集団を組織して町村単位の青年団がつくられるようになった。団長には学校長・村長など地域の役職者が就いた。一九一五年(大正四)、内務・文部両次官の通牒によって青年団は修養機関、官製団体であることが明確化された。社会主義思想やデモクラシー思想の普及に伴い、二〇年代には青年団の団長を青年から選ぶなどの自主化運動が展開し、一部では独自に社会調査・研究集会などが開催され、地域社会運動の有力な担い手ともなった。おおむね十五歳から団員となり定年は二十五～三十歳、四十歳以上の団員・団長がいる場合もある。長男単独加入制かどうかなど、地域社会のあり方によってさまざまな類型がある。また、女性の青年は処女会に属した(のちに女子青年団と名称変更する事例も多い)。三〇年代から再び官製化の方向をとり、日中戦争期は応召などによる人員減少のなかで国策協力・勤労奉仕活動を実践した。また植民地である朝鮮や台湾においても青年団がつくられていった。四一年(昭和十六)大日本青少年団として編成され、官製運動となった。敗戦前後、大日本青少年団の支部組織は解散となったが、より末端の青年集団は残り、戦後の出発を支えていくことになる。戦後は男女合同の自主青年団となり、五一年には日本青年団協議会(日青協)が結成されている。平和運動、社会運動に参加するとともに、地域の学習・文化運動、生活記録運動、生活改善運動、農事改良・生産運動などを担った。　↓若者組《わかものぐみ》

参考文献　『大日本青年団史』(一九四二)、平山和彦『(合本)青年集団史研究序説』(一九六八、新泉社)　(大串　潤児)

せいはつりょう　整髪料　毛髪を整えたり固定したりするもの。一九二三年(大正十二)に発売された「丹頂ポマード」をはじめ、ヘアートニックである「丹頂ニキー」「丹頂ベラーム」などが、整髪料として市場に登場した。ニキーは薬用効果があったため洗髪後に常用され、ベラームは頭髪用香水として歓迎された。一九三三年(昭和八)四月に発売された「丹頂チック」は大流行した。チックは一九〇二年(明治三十五)から輸入品があったものの、国産の優良品はなかったため、大型一円二十銭、中型七十五銭と高額にもかかわらず市場を席巻した。太平洋戦争後の五二年に「丹頂ヘアートニック」が発売され、「水もの」整髪料の草分けとなった。六二年にライオン歯磨が「バイタリス」、翌六三年に資生堂が「MG5リキッド」、六八年に「マンダム」など、液体整髪料を相ついで発売した。戦前からのポマードやチックはオールバックやリーゼントに適していたが、液体整髪料であるヘアーリキッドにより、髪をふんわりと仕上げられるようになった。昭和から平成にかけてムース、スプレー、ジェルなど新種が開発された。

参考文献　『マンダム五十年史』(一九七八)　(刑部　芳則)

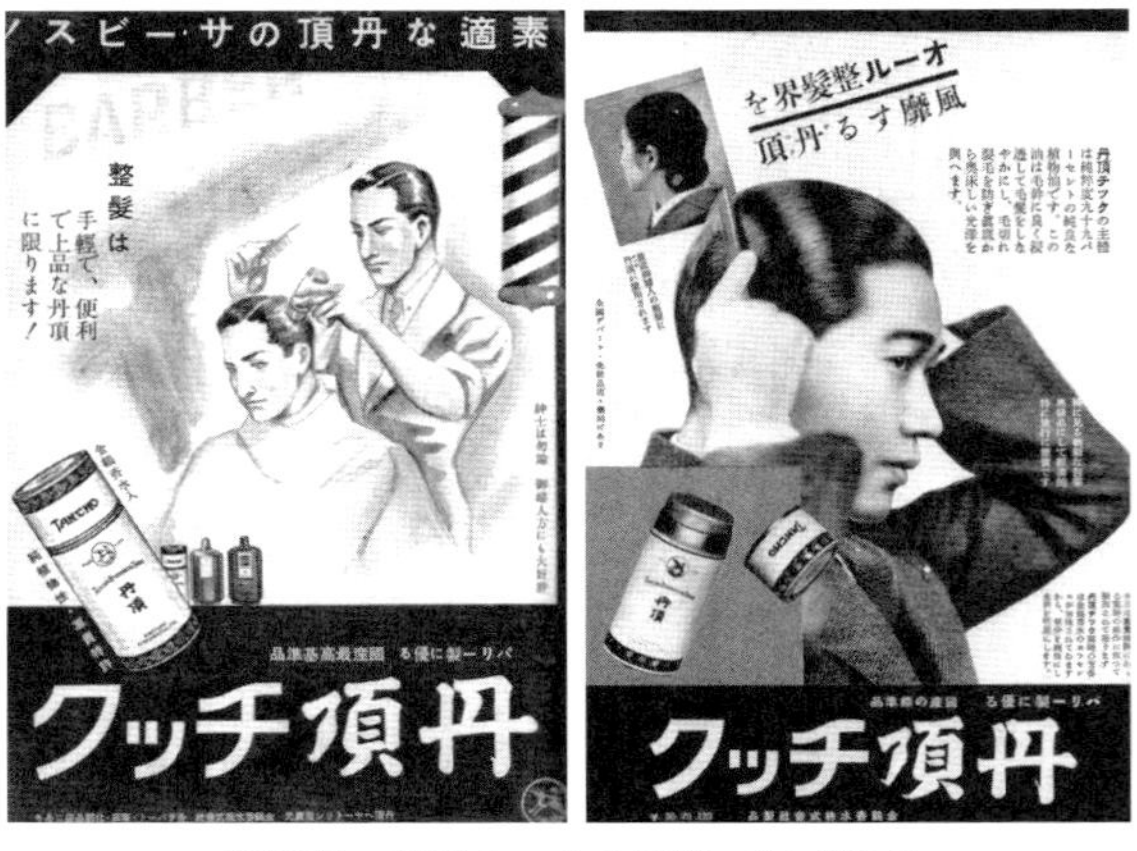

整髪料　丹頂チックの広告　㊨『映画之友』1937年4月号，㊧1938年3月号

せいびょう　性病　淋病・梅毒・軟性下疳《なんせいげかん》・鼠径リンパ肉芽腫症の総称。公娼制度下では花柳病と称され、感染源と見なされた娼妓へ性病検診が義務付けられた。二十

世紀に入ると優生思想に基づく性科学の影響で、「国民衰亡」の問題と捉えられ、一九二〇年代には医師の間で性病という用語が使われるようになった。一九四七年(昭和二十二)、GHQの公衆衛生福祉局の指導もあり、花柳病予防法を改訂し、翌年性病予防法が成立。全国民を対象とするものになった。

参考文献 藤野豊『性の国家管理―買売春の近現代史―』(二〇〇一、不二出版) (平井 和子)

せいふく 制服 服制にもとづき作られた服。近現代の制服は身分ではなく、職業上の階級を示す。各職業を表す制服の着用者は服制で規定する者に限られ、それ以外の者が着た場合は処罰の対象となった。一八七〇年(明治三)十一月に公布された「非常並旅行服」は、国家が制定した制服の嚆矢と位置づけられる。その後、陸軍、海軍、郵便配達夫、鉄道職員、税関職員、警察官、宮内省、林務官、国会衛士の制服が制定された。明治後期から台湾総督府、朝鮮総督府、関東庁、樺太庁、南洋庁と統治範囲が広がると、各府庁では国内と異なる職種別の制服が設けられた。半官半民としては日本赤十字社員の制服が挙げられる。明治中期には男子学生や生徒の制服が制定され、大正から昭和にかけては女子生徒の制服を定める学校が増加した。皇室祭祀や神社神官には祭服として衣冠や狩衣が制服となった。太平洋戦争の終戦後には、国家の制服数が減少する一方、民間会社の制服が増加していった。 ↓学生服《がくせいふく》 ↓軍服《ぐんぷく》 ↓服制《ふくせい》 ↓口絵〈近現代の服飾〉

参考文献 太田臨一郎『日本服制史』上・中・下(一九八九、文化出版局)、刑部芳則『洋服・散髪・脱刀―服制の明治維新―』(『講談社選書メチエ』、二〇一〇、講談社)、同『明治国家の服制と華族』(二〇一二、吉川弘文館) (刑部 芳則)

せいぼ 歳暮 ⇩中元《ちゅうげん》・歳暮《せいぼ》

せいめいほけん 生命保険 事故や病気などによる人の生死に対して、保険者が受取人に保険金を支払うことを約束する保険のこと。傷病や死亡による一時的な出費や収入の途絶のリスクを回避するための保険であり、保険料は生命表などから数理的に計算される。こうした近代的生命保険は十八世紀のイギリスで始まり、日本では明治期に日本生命、第一生命など現在の主要な生命保険会社が設立された。また一九一六年(大正五)には、当時の逓信省により郵便局を窓口とする簡易保険が創設され、第二次世界大戦後には農協や生協の共済、県民共済、全労済などが行う生命共済も誕生した。日本人の生命保険加入率はきわめて高く、世帯加入率では九割前後に及ぶ。特に簡易保険は世帯加入率が五割を超え、保険料収入でも民間生命保険各社を上回る巨大事業であったが、二〇〇五年(平成十七)の郵政民営化により〇七年で新規加入受付を終了し、旧契約は独立行政法人郵便貯金・簡易生命保険管理機構に継承された。

参考文献 宇佐見憲治『生命保険業一〇〇年史論』(一九八四、有斐閣) (高岡 裕之)

せいりょういんりょうすい 清涼飲料水 アルコール分を含まない飲料(アルコール分一%未満)。一九〇〇年(明治三十三)施行の清涼飲料水営業取締規則以降、言葉が普及する。日本社会への浸透のきっかけは、ラムネであった。明治初年に製造が始まったとされるラムネは、一八八六年夏、蔓延したコレラ菌に犯されない飲み物として大評判を得る。それがきっかけで、レモン水、ミカン水、ジンジャエールなどの清涼飲料水も登場することとなった。現在では、トマトジュース、濃縮ジュース、凍結ジュース、ソーダ水、タンサン水、コーラ類、ジンジャエール、ミネラルウォーター、豆乳、ガラナ飲料などと種類も多様である。しかし市販の清涼飲料水に含まれる大量の糖質には注意が必要である。平成初期には、清涼飲料水を大量に摂取することで引き起こされるペットボトル症候群(清涼飲料水ケトーシス)が命名されている。同義語にソフトドリンクがある。 ↓ジュース

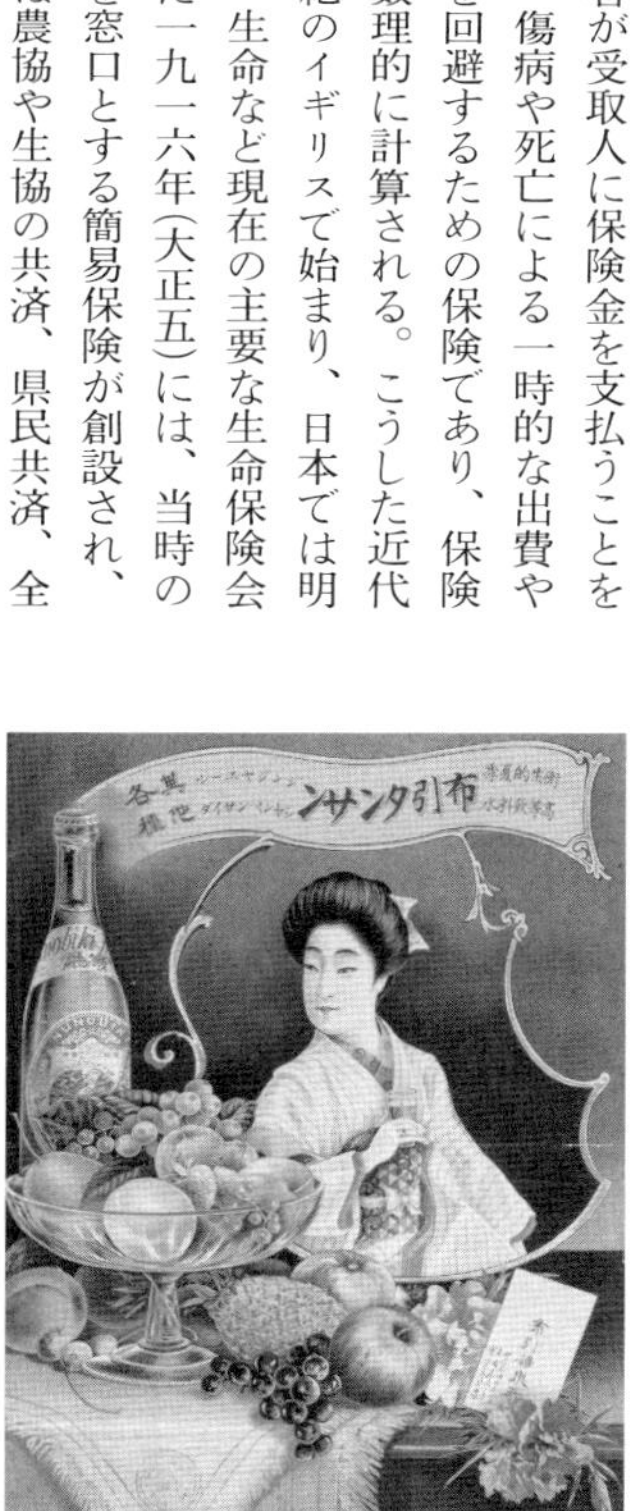

清涼飲料水のポスター(布引タンサン,明治時代)

参考文献 石毛直道・大塚滋・篠田統『食物誌』(『中公新書』、一九七五、中央公論社)、食品衛生研究会編『食品衛生法質疑応答ハンドブック』(『シリーズ食の安全』、二〇〇四、第一法規) (東四柳祥子)

せいりようひん 生理用品 月経時の経血の処理に使用するナプキンやタンポン、帯や下着。太古には、植物の葉や繊維をもみほぐして柔らかくしたものなどを使用したと考えられるが、次第に紙や布が使用されるようになった。平安時代の医術書『医心方』には「月帯《けがれぬの》」と呼ばれる月経帯の記載がある。江戸時代になると紙や綿を当てたり膣に詰めたりして、牛綱・お馬・もっこふんどしと呼ばれる綿製の丁字帯《ていじたい》や下帯で固定した。明治末期から大正期にかけてビクトリヤといったゴム製の輸入月経帯が市販されるようになるが、こうした高価な既製品の使用は、都市部の働く女性や上層・中層の婦人に限られていた。また、日清戦争の従軍看護婦が脱脂綿を経血処理に転用したことに始まり、布や紙に代わって脱脂綿を当て物や詰め物として加工して使用するようになった。戦中、戦後にかけて市販品、手製の生理用品が併存していたが、一九六一年(昭和三十六)に水洗トイレに流せるアンネナプキン(アンネ社)が販売され、使い捨てナプキンが一気に普及した。これはそれまでの、蒸れ、かぶれ、ずれといった経血処理の問題を解消するもので、月経時

の女性の活動の幅を広げることとなった。また、月経期間は「アンネの日」と呼ばれるようになり、長く不浄のものとして隠されてきた月経および生理用品の捉え方を大きく変える契機となった。現在は、布ナプキンの使用が広まりつつある。 ↓月経《げっけい》

参考文献 小野清美『アンネナプキンの社会史』(『宝島社文庫』、二〇〇〇、宝島社)、天野正子「ナプキン―「汚れ」の呪縛を解く―」(同・桜井厚『「モノと女」の戦後史』所収、二〇〇三、平凡社)、田中ひかる『生理用品の社会史―タブーから一大ビジネスへ―』(二〇一三、ミネルヴァ書房)

(大西 公恵)

せいろ 蒸籠 糯米《もちごめ》や饅頭などを蒸すための調理具で、湯を沸かした釜の上に積み重ねて用いる。古くは甑《こしき》と称し、弥生時代に底に穴をあけた土器が用いられたが、現在の蒸籠は木製や金属製で、円形のものと方形のものがある。前者は杉や檜の樹皮で綴じた曲物《まげもの》であり、後者は板を井桁《いげた》に組んで作るものである。底は蒸気を通す小穴をあけた板をはめるものと、二本の横棒を渡し上に竹簀《たけす》を敷くものとがある。積み重ねて用いることで蒸気の熱が無駄なく使え、燃料の節約にもなった。 ↓甑《こしき》 ↓蒸《む》し物《もの》

(加藤幸治・今井雅之)

モチ米を蒸す蒸籠

せいろがん 正露丸 日本陸軍が開発した胃腸薬。日清戦争で多くの将兵が胃腸病が原因で死亡したことから、一九〇三年(明治三十六)に陸軍軍医学校教官であった戸塚機知《とつかみちとも》(三等軍医正)らが中心となってブナなどの植物原料から抽出された木《もく》クレオソートを殺菌主成分とした丸薬を開発、当初は、脚気や結核などにも効く万能薬とされた。日露戦争時より「征露丸」と命名され、兵士はこれを携帯し服用した。戦後、「正露丸」と改称され、一般販売もされた。

参考文献 陸軍軍医学校編『陸軍軍医学校五十年史』(一九六八、不二出版)、町田忍編『戦時広告図鑑―慰問袋の中身はナニ?―』(一九九七、WAVE出版)

(山田 朗)

明治時代の征露丸

セーラーふく セーラー服 海軍の水兵服、女子学生服。一八七二年(明治五)九月の海軍服制で水火夫の常服として採用したのがセーラー服の最初である。明治二十年代からセーラー服は子供服として導入された。学校制服としてのセーラー服は、一九二〇年(大正九)に京都の平安女学院が採用したのが嚆矢といわれるが、それはワンピース型をしている。現在の上下に分かれるセーラー服としては、二一年に福岡女学院の英語教師エリザベス＝リーの提案によって決定された制服が最初である。これに続き二二年から三五年(昭和十)までの間にセーラー服は全国の高等女学校で採用された。早い時期のセーラー服は無地の白襟や紺襟であったが、昭和初期には襟と袖、また胸当てや胸ポケットに一本から三本の白・赤線を入れ、冬は紺地に白、夏は白地に黒・青・赤のスカーフを結ぶ形式が定着する。またスカートの裾上に一本線や二本線を入れるところもあった。太平洋戦争終結後の新教育制度が施行されると、新設校ではブレザー式の学校制服を制定するところが増えたが、現在でもセーラー服を残している高校や中学校は少なくない。 ↓学生服《がくせいふく》 ↓軍服《ぐんぷく》

参考文献 『平安女学院一〇〇年のあゆみ』(一九九五)、『福岡女学院百年史』(一九八七)、『産経新聞』(二〇〇七年十月十四日付朝刊)、『読売新聞』(二〇一四年四月十日付夕刊)

(刑部 芳則)

セーラー服(東京女学館制服)

せかい 世界 岩波書店から一九四五年(昭和二十)十二月に創刊(四六年一月号)された総合雑誌。戦争を防ぐことができなかった「岩波文化」の反省から岩波茂雄が大衆雑誌の必要性を痛感したことが刊行の経緯にある。安倍能成、志賀直哉、大内兵衛らが協力し、吉野源三郎が編集長を務めた。創刊を担った同心会の知識人は徐々に離れていく。国際情勢を伝える「世界の潮」はよく読まれた。『世界』の存在感を決定づけるのは、同誌が主導し四九年三月に正式に結成された平和問題談話会である。特に五一年十月号の講和問題特集号は大きな反響を呼ぶ。安保闘争時にも粘り強く論陣を張り、憲法問題研究会と国際問題談話会という知識人グループを支えた。五八年六月号まで長期に編集長を担った吉野の役割は大きく、

以降も海老原光義、緑川亨、田村義也、安江良介らが編集長を継ぎ、執筆者や論調にも一貫性がある。戦前からの総合雑誌と比べて、『世界』は戦後に刊行されたこと自体に特色があり、戦争体験、日本国憲法、戦後思想に持続的な問題意識を有する。

参考文献 塙作楽『岩波物語―私の戦後史―』(一九六〇、審美社)、根津朝彦「『世界』編集部と戦後知識人―知的共同体の生成をめぐって―」(『メディア史研究』三四、二〇一三)、佐藤卓己「『世界』」(竹内洋・佐藤卓己・稲垣恭子編『日本の論壇雑誌―教養メディアの盛衰―』所収、二〇一四、創元社)

(根津　朝彦)

せがき　施餓鬼　餓鬼に浄食を施す法会。人間に障害をもたらす餓鬼を救済し、施主の長寿や父母先祖を供養する仏事。平安時代中期に密教僧によって行われ、鎌倉時代には諸宗で行われるようになった。顕密の施餓鬼は夜中に灯明や鳴物を用いず、誦経も微声で行なった。南北朝時代以降、盂蘭盆会と一緒に行われることが多く、戦乱や飢饉、災害などによる死者の鎮魂機能が期待された。五山の施餓鬼は、写経や造仏を伴う大がかりなもので、足利義満期以降の室町幕府が主催する鎮魂仏事の多くは京都五山の施餓鬼が担った。施餓鬼は、有縁・無縁の霊魂を鎮魂する法会として広く民衆へ受容され、各宗派で行われた。　↓無縁仏《むえんぼとけ》

参考文献 坂本要「餓鬼と施餓鬼」(同編『地獄の世界』所収、一九九〇、渓水社)、原田正俊「五山禅林の仏事法会と中世社会―鎮魂・施餓鬼・祈禱を中心に―」(『禅学研究』七七、一九九九)、西山美香「五山禅林の施餓鬼会について―水陸会からの影響―」(『駒沢大学禅研究所年報』一七、二〇〇六)

(小山　貴子)

せきたん　石炭　古代の植物が地中に埋もれ、長い期間にわたり地熱や地圧を受けて炭素分に富む可燃性固形物になったもの。化石エネルギー資源中もっとも多く存在し、主に燃料やコークス原料に使用され、近代経済成長を支える重要なエネルギー源となってきた。日本では、石炭の呼称と考えられる燃土《もゆるつち》などの伝承が古くから各地で伝えられているが、十七世紀から唐津(佐賀県)、筑豊(福岡県)、長門(山口県)などで広く採掘されるようになった。当初は、農民の家庭用燃料に利用されたが、十八世紀末には瀬戸内の製塩用燃料として利用されるようになった。幕末の開港により、外国船の石炭需要という新たなマーケットが生まれ、北海道と常磐(福島・茨城県)で採掘が始まり、また、長崎に近い高島、唐津、三池の炭鉱開発が進展した。明治新政府成立後、鉱業法制が整備されたのを前提に、西洋技術を導入した近代的炭鉱の開発が進み、工業化の進展による工業用・船舶鉄道用燃料需要の急増に支えられて、十九世紀末には近代的石炭鉱業が確立した。この時期には、外国船舶燃料を主な内容とする東アジア向けの輸出が工業燃料用需要を上回っていたが、その後工業燃料用需要が増大し、第一次世界大戦末期以降はほぼ半分を占めるようになり、輸入も増大して、一九二三年(大正十二)以降は輸入が輸出を超過するようになった。戦時期には鉄鋼業をはじめとする重化学工業の最大の需要先となり、増産が進められるとともに、生産と配給が国家統制下に置かれた。戦後になると、経済再建のために石炭の増産が重要課題と位置づけられ、四六年(昭和二十一)十二月に傾斜生産方式が閣議決定され、石炭鉱業の再建が図られた。石炭生産の回復を受けて四九年には国家統制が廃止された。その後、五八年から本格化した石炭から重油へのエネルギー転換により国内石炭産業は斜陽化、崩壊していったが、七三年の石油危機以後輸入炭の使用が増加し、火力発電用を中心に石炭需要は過去最高水準に達している。　↓坑夫《こうふ》　↓炭鉱《たんこう》　↓友子《ともこ》

参考文献 荻野喜弘『筑豊炭鉱労資関係史』(一九九三、九州大学出版会)、島西智輝『日本石炭産業の戦後史―市場構造変化と企業行動―』(二〇一一、慶応義塾大学出版会)

(市原　博)

石炭の採掘作業（明治時代）

せきはん　赤飯　糯米《もちごめ》に小豆を入れて蒸したもので、オコワとかコワメシとも呼んでいる。小豆は主産地の北海道で豊凶の差が年によって大きく、不作が続くと小豆相場が高騰するので、「赤いダイヤ」とも呼ばれた。赤飯は小豆をゆでてから、洗米を混ぜて水に浸し一晩放置すると飯が赤く染まる現象を利用している。出産や七五三、あるいは結婚など、慶事の際には欠かせない食事である。また、三月三日、五月五日、九月九日の節供に赤飯が出されるしきたりは鎌倉時代から行われていたというが、赤く色づいた赤飯が古代の赤米を彷彿させるとか、赤色は災厄を祓うなどと考えられた。赤飯に添える南天は、難を転ずると解釈される。少し異なる例として、群馬県の赤城山西麓地域を中心に、葬式に死者の兄弟や甥、姪が小豆のオコワを炊いて喪家に持参し、会葬者に食べてもらったが、第二次世界大戦後に廃れたという。　↓小豆《あずき》　↓小豆粥《あずきがゆ》

参考文献 草川俊『雑穀博物誌』(一九八四、日本経済評論社)、都丸十九一『上州歳時記』(一九九七、広報社)

(柳　正博)

せけん　世間　世の中。世の中の人々。『万葉集』には

「よのなか」と訓読みされる「世間」の文字がすでに登場しているが、「世間(せけん)」の語自体は、本来サンスクリット語のローカloka(壊され、否定されていくものの意)の漢訳である仏教用語で、生きものとその生きものを住まわせる山河大地の総称である。一般的な表現としては「社会」と同義といってよいが、学術的には西洋の「社会society」に対する日本の「世間」という対比で語られることが多い。「社会」が自立した個人individualの集まりであるのに対して、世間は没個性的で同調圧力の強い集団であるという、一般化された語り口と親和性が高い。日常語でもあるため、世間の語は使用者や文脈によって異なる内容を指す場合がある。まず、具体的な個人個人の関係の環として理解される場合の世間である。具体的に見知った人との関係であり、長幼の序と互酬性を基本とする秩序を乱さずに同調している限りは、強固な連帯感を帯びる。この連帯感は同時に、世間をともにしていないと考えられる対象に対する排他性や、世間の外部への無関心をもたらしてもいる。一方、より抽象的なものとしてとらえられる世間もあり、こちらは固有名をもった集団ではなく、実体のつかめない漠としたものである。しかし、それにもかかわらず規範として強い拘束性を持っており、人々が準拠する架空の集団となっている。「世間体が良い・悪い」「世間の目」などの表現からもわかるとおり、想像上の他者のまなざしが内面化されたものだといってよい。とはいえ、「世間」に関する議論においてはステレオタイプな日本人像が前提とされており、具体的な社会関係について論じているものではないことが多い。特殊性の過度な強調が行われる傾向があることには注意すべきだろう。

参考文献 阿部謹也『「世間」とは何か』(『講談社現代新書』、一九九五、講談社)、佐藤直樹『「世間」の現象学』(『青弓社ライブラリー』、二〇〇一、青弓社)、井上忠司『「世間体」の構造―社会心理史への試み―』(『講談社学術文庫』、二〇〇七、講談社)

(塚原 伸治)

ぜげん　女衒　売春をさせることを目的として、女を遊廓の遊女屋や飯盛女を置く旅籠《はたご》屋などに売る職業。江戸時代の娼婦の多くは、親などの人主《ひとぬし》が身代金をうけとって娘や妻、妹などを遊廓の遊女屋や飯盛旅籠屋に売る身売り奉公や、拐《かどわ》かしによって調達された。女衒は遊女屋などの売春業者のもとに出入りし、女の目利きをし人主と売春業者の仲介人として人身売買に携わった。女衒は、身売り奉公の契約証文に加印して請け人(保証人)となるため、判人と呼ばれることもある。江戸時代の初めには女見《じょけん》とも呼ばれ、遊女屋に成り上がる者もあった。また、博奕打ちなど非合法の侠客が携わることが多く、九州杵築藩領から大坂への遊女の売買を主導する事例のように、侠客の広域に及ぶネットワークに依拠して娼婦の売買を仲介することもしばしば行われた。また、女衒は、娼婦の売買に関わるだけでなく、同じように広域にわたって興行する歌舞伎芝居など、芸能興行の流通や斡旋業を兼ねることもあった。

参考文献 塚田孝「吉原―遊女をめぐる人びと―」(『身分制社会と市民社会―近世日本の社会と法―』所収、一九九二、柏書房)、神田由築『近世の芸能興行と地域社会』(一九九九、東京大学出版会)

(横山百合子)

せけんし　世間師　民衆世界で広い世間を渡り歩いて渡世をしたもの。その経験から世慣れた能力で民衆のさまざまな願望に応えて、トラブルの問題処理などにあたった。「しょけんし」ともいった。『日葡辞書』には世間者として、交渉ごとに精通した世慣れた人という説明があり、中世後期にはいたことがわかる。一方、明治後期の小説家小栗風葉の作品『世間師』では、下関の木賃宿に流れ着いた銭占・万年筆売など雑業で流浪する人びとが描かれている。近世後期には、民衆の生活向上からさまざまな欲求が強まり、その解決は村の枠組みではむずかしくなった。そこで口利きや公事《くじ》好みのものなどといわれた人びとが民衆の心を掴んで調停や訴訟を行なったりした。また渡り歩く寺子屋の師匠や俳諧師のなかにも、世間師的役割を果たしたものもいた。世慣れた性格から悪事に及ぶこともあり、盗み・詐欺を働いて流浪するものをいう場合もあった。

参考文献 宮本常一『忘れられた日本人』(『宮本常一著作集』一〇、一九七一、未来社)、泉雅博「伊豆の世間師―「飯作岩治郎生死記事」について―」(『歴史と民俗』二七、二〇一一)

(白川部達夫)

せけんてい　世間体　世間の人々の視線を実体視し、その視線に準拠して行動をしようとする社会的規範。かつての日本人論においては、日本人に特徴的な社会的規範であるとされた。井上忠司は、唯一絶対神を信じる西洋社会に対して、そのようなものをもたない日本人には普遍的な価値基準が不在であるために「世間」という準拠集団をつくり出し、世間から逸脱することのないように生きてきたと主張した。このような規範が日本人に特徴的なものであるかについては議論の余地があり、その本質主義的な主張には問題もあるといわざるをえないが、他者の視点の内面化が行動や思考に影響を与えることについて、文化・社会的な文脈を考慮に入れながら考察するために、「世間体」という分析概念は効果的だった。また、このような言説が一般に流布することで「日本人」の自己認識に影響を与え、世間体という社会規範が再帰的に実体視されている側面があることは否めない。

参考文献 井上忠司『「世間体」の構造―社会心理史への試み―』(『講談社学術文庫』、二〇〇七、講談社)

(塚原 伸治)

せけんばなし　世間話　民俗学者の柳田国男が提唱した、口承文芸の下位分類。民間説話の一つだが、過去を語る「伝説」や不特定の昔を語る「昔話」と違い、基本的には語り手や聞き手と(年代的にも距離的にも社会的にも)それほど遠くないものとして、出来事が語られたもの。口

承文芸研究では、話型や話の筋がそれほど明確でない怪談・奇談や笑い話、ほら話などが世間話に分類されることが多い(都市伝説や学校の怪談が含まれることもある)。また、単なる一過性の噂話とも異なり、世間話は特定のモチーフが流用・再生産されるものともされる。ただし、口承文芸研究では、収集された世間話の類型化は困難であり、理論的な総合化が進んでいないという認識がある。その一方で、必ずしも類型を前提とした過去との連続性や内容の非日常性にこだわるのではなく、語られるその場において言語が生成する、語り手と聞き手の生きる世界についての表現として捉える立場もある。　→噂《うわさ》　→都市伝説《としでんせつ》

参考文献　柳田国男「口承文芸史考」(『(定本)柳田国男集』六所収、一九六三、筑摩書房)、重信幸彦「「世間話」再考—方法としての「世間話」へ—」(『日本民俗学』一八〇、一九八九)、野村純一『日本の世間話』(『東書選書』、一九九五、東京書籍)　(廣田　龍平)

せたい　世帯　所帯と同義で、一戸を構えて独立の生計を営むこと、暮らし向き。また、住居および生計をともにする者の集まり。井原西鶴(一六四二—九三)による『日本永代蔵』(一六八八年(元禄元))には「世帯持ち」の語がみられ、『西鶴織留』(九四年)には、夫婦別れの意で「世帯破り」という言葉が使われている。現在の「所帯」に近い意味で「世帯」の語が使われていたことが窺える。日露戦争(一九〇四年(明治三十七)—〇五年)後、日本経済は好況となり、社会生活が高水準化した。治安維持と救貧のために、国民の生活実態を把握しようとした政府は、それまでの国民把握の単位である「家」と人々の生活実態が一致しなくなったため、事実上の単位として、消費単位である「世帯」に注目する。こうして一九一〇年代に世帯が調査と救貧のための行政用語として使われるようになった。世帯の概念は、二〇年代に、「家」の空洞化に伴う生活保障機能の弱化に対処するための行政の保護の単位として定着し、三〇年(昭和五)前後に確立した。現在、国勢調査により把握されている一般世帯は、住居と生計をともにしている人の集まりと、一戸を構えて住む単身者、間借り・下宿の単身者、独身寮に住む単身者である。住み込みの使用人なども雇用主の世帯に含まれ、就学・就職のための一時的な他出者は世帯に含まれないため、家族と世帯は重なるがその構成は必ずしも一致しない。世帯数は、戦後一貫して増加する一方、平均世帯人員は、五三年の五・〇〇人から減少し続け、二〇一〇年(平成二十二)には二・四二人となった。家族類型別に見ると、単独世帯、夫婦のみの世帯、ひとり親と未婚の子の世帯割合は増加し、夫婦と未婚の子の世帯、三世代世帯の割合は減少し続けている。人口減を背景に今後も世帯数は減少し、一方で、六十五歳以上の高齢世帯割合は増加することが予想されている。

参考文献　森岡清美・望月嵩『新しい家族社会学(四訂版)』(一九九七、培風館)、厚生労働省編『グラフでみる世帯の状況—国民生活基礎調査(平成二二年)の結果から—』(二〇一三)、国立社会保障・人口問題研究所編『日本の世帯数の将来推計(全国推計)二〇一三(平成二五)年一月推計』(二〇一三)　(表　真美)

せっかい　石灰　生石灰(酸化カルシウム)や消石灰(水酸化カルシウム)などの通称。石灰は「いしばい」とも呼ばれ、石灰石や貝殻などを焼いて作った。古くから家屋の壁や天井などの塗料などとして利用され、現在でも建材や農業肥料、工業用原料として多方面にわたり広く利用されている。肥料としての利用は近世に入ってからであるが、石灰は干鰯《ほしか》よりも安価で稲作に適した肥料として売買されるようになり、その生産量も大幅に増加した。近世の主要生産地としては武蔵や近江などがあったが、大都市江戸を控えた関東には八王子石灰、野州石灰、そして江戸湾の貝殻を原料に生産された蠣殻石灰があった。特に青梅の成木(東京都青梅市)で生産された石灰は、一六〇六年(慶長十一)の江戸城大改修に伴い城壁の漆喰に用いられた。八王子白土焼と命名された青梅成木産の石灰は、輸送のために整備された青梅街道を経て御用石灰として江戸に輸送された。現在、東京都心と多摩地域を結ぶ主要道路となっている青梅街道は御用石灰が切り開いた道であった。

参考文献　川勝守生『近世日本における石灰の生産流通構造』(二〇〇七、山川出版社)、同『近世日本石灰史料研究』I—IX(二〇〇八—一二、岩田書院)　(君塚　仁彦)

せっきょうごうとう　説教強盗　東京府内で単独連続強盗をして説教を繰り返した怪盗妻木松吉(一九〇一—八九)に与えられた称。左官職妻木は、一九二六年(大正十五)七月三十日に西巣鴨池袋の民家で現金二十円を強奪してから、二九年(昭和四)二月二十三日に自宅で逮捕される(二十七歳)まで現金・高級時計・貴金属など六十五件の神出鬼没の強盗(窃盗三十件)を繰り重ねた。十件目の犯行時から家人に「犬は防犯に役立つ、これから犬を飼うように」とか「お宅は靴や下駄の脱ぎ方が乱雑だ。戸締りが悪いことを泥棒に教えているようなもの」などとの説教をする特異な振る舞いを始めたために『朝日新聞』記者三浦守(のちの三角寛)が二八年九月から「説教強盗」と社会的名辞を付けたため俄然社会の注目を集めた。十八歳の時に窃盗・着服で服役した際に取られた指紋がこの怪盗の逮捕に繋がった。犯行はきわめて綿密・巧妙で大邸宅を狙い凶器とか懐中電灯を使用せず、犯行後は全

説教強盗　逮捕された妻木松吉

て逃走途中で検挙されることはなかった。妻木は弁護士太田金次郎の弁護で三〇年十二月、東京地方裁判所で十九年間服役し、四七年十二月に仮釈放(四十七歳)された。以後、太田弁護士宅に身を寄せて、全国の警察署ほかで自己の体験による防犯講演の行脚を重ねた。三冊の手記を残し、八九年(平成元)一月二十九日に東京八王子市の病院で死去(満八十七歳)。

参考文献 『朝日新聞』(一九二九年二月二十四—二十六・二十八日付、三月一—三・二十一・二十六・二十九日付)、礫川全次『サンカと説教強盗—闇と漂泊の民俗史—』(一九九二、批評社)、筒井功『新・忘れられた日本人—辺界の人と土地—』(二〇一一、河出書房新社)

(佐藤　能丸)

せっく　節供　季節の替わり目に行われる重要な行事で、中国の五節供がわが国にもたらされて変質・定着したもの。一般には節句と書くが本来は節供で、季節の節目に無病息災を祈って神に供物をささげるという意味なので、後《ご》者の表記が正しい。中国の五節供とは人日《じんじつ》・上巳《じょうし》・端《たん》午・七夕《しちせき》・重陽《ちょうよう》のことをいい、それらに日本的要素が加えられて、いかにも日本的な行事となった。一月七日の人日とは「この日に人を占う」の意で、中国では年頭の占い初めの行事であったが、日本では七草や七日正月の行事となった。三月三日の上巳とは「この月の最初の巳の日」の意で、中国では忌むべき日であったが、わが国ではそれが禊ぎ祓いの行事となり、ついには雛祭りへと発展した。五月五日の端午は「初めの午の日」の意で、悪霊祓いの行事であったが、日本では五月節供となった。七月七日の七夕の場合は、この日にちなむ中国の牽牛《けんぎゅう》・織女《しょくじょ》伝承がそのまま日本へも伝えられ、七夕《たなばた》行事となった。九月九日の重陽は、陽数が二つ重なるので重陽といったが、菊酒を呑む中国の習慣は日本にも伝わり、菊の節供となった。　↓七夕《たなばた》

参考文献 松田邦夫『暦のわかる本』(一九六七、海南書房)

(長沢　利明)

ぜっけ　絶家　相続者がなく家が絶えること。江戸時代中・後期の村では、貨幣経済の展開に伴い本百姓が零落し、脱農した結果、耕作されない土地が村内に増加する現象がしばしば見られた。零落して、耕作地を放棄した百姓のことを、潰百姓という。村請制のもとでは、百姓が潰れて、その家が絶家したままでは、その家の年貢・諸役は村内の他の百姓たちが負担しなければならないので、それを避けるために、村では村役人や五人組などが中心になって家の再興に努めた。具体的には、潰百姓所持の家屋・家財などを売却して負債の解消にあて、所持地は小作に出し、そこからの収入を五人組などが管理して、年貢・諸役を支払い、残金が出れば家の再興資金として備蓄するなどである。相続者がいない場合には、養子に相続させ、時には夫婦ともに養子である両養子も見られた。

参考文献 佐藤常雄「潰百姓晦の構造」(『信濃』三二ノ八、一九七〇)

(山崎　圭)

せっけん　石鹼　動植物の油脂に水酸化ナトリウムや食塩を加えた固形の洗剤。洗濯・化粧・薬用・工業などの用途がある。一五四三年(天文十二)に種子島に漂着したポルトガル船積載のシャボンが日本にもたらされた最初の石鹼とされる。十六世紀の『羅葡日辞典』にはシャボンは衣類の垢を落とすものと記載されている。明治初期まで、石鹼は内服薬や皮膚洗浄のための医薬品として位置づけられ、外国からの輸入が主流であった。工業化された国産の石鹼は、一八七三年(明治六)に横浜の堤磯右衛門が製造した石鹼がはじまりとされる。浴用の化粧石鹼は、明治十年代には日用品として一般に普及し、従来の洗い粉や糠袋とともに、顔や体、洗髪にも用いられた。洗濯用石鹼は、九六年に粉末石鹼が販売され、水に溶けやすく、衣類の主流であった木綿物の汚れをよく落とすため普及した。こうした市販の石鹼は価格が高く、身体用には糠や洗い粉、灰汁《あく》など従来の洗浄料を併用することが続けられた。　↓シャンプー　↓洗剤《せんざい》

参考文献 藤井徹也『洗う—その文化と石けん・洗剤—』(一九九五、幸書房)

(田村　真実)

せった　雪駄　草履の裏に革を張ったもの。席駄・雪踏とも書く。湿気の多い露地を歩くのに適している。起源は定かではないが、千利休が考案したという創始伝説が広く知られる。かかとの部分に尻金と呼ばれる鋲を打ったものを鋲打ちといい、「ちゃらちゃら」と形容される音を立てながら歩く様が粋とされ、江戸時代の粋人に好まれた。平出《ひらで》鏗《こう》二郎《じろう》著『東京風俗志』中(一九〇二年(明治三十五)、冨山房)には、一八九二年ごろより男女を問わず流行し、芸人・洒落者がこぞって雪駄を履いていたことが記されており、近代に入っても人気の衰えなかったことがわかる。

参考文献 宮本馨太郎『かぶりもの・きもの・はきもの』(『民俗民芸双書』二四、一九六八、岩崎美術社)、平出鏗二郎『東京風俗志』下(『ちくま学芸文庫』、二〇〇〇、筑摩書房)

(西村　健)

せったい　接待　本来の意味は客をあしらい、もてなすことで、湯茶・酒・食事などをふるまうものであるが、現在のわが国においては企業が取引先を飲食店などでもてなすことを接待と呼ぶ場合が多い。接待は、行脚僧や旅僧などを布施する方法の一つ、門前・往来において清水または茶湯を出して修行僧にふるまう行為、また寺院で貧しい者や参詣人に無料で食物を与えることを起源とする。『日葡辞書』(一六〇三年(慶長八)—〇四年刊行)では、「巡礼や貧者のために茶を出し、暖かくもてなすこと」とある。四国八十八ヵ所巡礼では、遍路の道中、飲食物を無償で施す接待が行われ、接待所と呼ばれる休憩所を開放している。この接待を受けたときには「南無大師遍照金剛」の宝号を唱え、納札を手渡す慣習になっている。

一九四八年(昭和二十三)に制定された風俗営業法では、「歓楽的雰囲気を醸し出す方法により客をもてなすこと」と定義している。汚職につながるものとして、政府関係者または公務員が接待を受けることは国家公務員倫理法などにより禁止されている。　↓社用族《しゃようぞく》

（加藤　光男）

せっちん　雪隠　⇩便所《べんじょ》

せつぶん　節分　立春の前日のことで、その日に行われる諸行事のことも指す。新暦ではほぼ二月三日ごろが節分であるが、旧暦時代は年末から年始にかけての時期にあたり、正月行事の一環として位置づけられていた。年取り・取り越し・節替わりなどと呼ぶ地方もあって、旧年から新年への切り替わりの節目とされ、人はみなこの日に一つ歳を取るといわれた。夜には豆まきが行われるが、一升枡に盛った福豆を家内にまいて悪鬼を撃退するまじないで、いわゆる鬼やらい・追儺《ついな》の儀式であった。豆をまく際に「鬼は外、福は内」と唱えるのが一般的で、寺社などでも盛大にそれが行われた。ヤキカガシといってイワシの頭を焼き、豆殻に刺して戸口などに飾り、鬼や災厄が家内に侵入するのを防ぐ習俗も広く行われている。トベラやヒノキの青葉をイロリで燃やし、家内を煙で満たして悪鬼を追い出すという地方もある。季節の大きな変わり目には鬼などがやってくるので、追い払わねばならないという考えが、節分行事の根底につらぬかれている。　↓年越《としこし》

参考文献　柳田国男『歳時習俗語彙』(一九七五、国書刊行会)

（長沢　利明）

節分の豆まき（東京都台東区浅草寺）

セツルメント　セツルメント　労働者・貧困者の居住地域に学生などのボランティアが活動拠点を構えて、医療・法律相談・教育活動など住民の日常的な生活関連サービスを提供し、生活向上に向けた支援を行う活動。イギリスに起源をもつ運動が一八九〇年代に日本に伝わったとされるが、一九二〇年代に大正デモクラシーの影響を受けて各大学ごとのセツルメントがそれぞれ地域を特定して活動するようになった。一九三〇年代には左翼運動の一翼とみなされて活動が困難になり衰退したが、戦後再び活発になった。高度成長以降、国民の生活水準の平準化が進行する過程で運動の必要性が低下して順次その活動を停止するに至った。

参考文献　大林宗嗣『セッツルメントの研究』(一九二六、同人社書店)、後藤伝一郎『東大セツルメント物語—それはスラム街に生まれて消えた—』(一九九九、私家版)

（加瀬　和俊）

せともの　瀬戸物　愛知県瀬戸地域で焼かれた瀬戸焼を指す場合と、主に東日本で使われる日常用陶磁器の通称を指す場合がある(日常用陶磁器は、西日本では唐津物と呼ばれる)。瀬戸焼は鎌倉時代から江戸時代にかけて現愛知県瀬戸市を中心に生産された陶磁器の総称である。広義には岐阜県土岐市、多治見市、瑞浪市を中心に生産された美濃焼を含む場合もある。十二世紀末から十五世紀後半の製品は古瀬戸と呼ばれ、国産施釉陶器として壺・瓶子類や仏具が主に生産された。その器形は中国産陶磁器や金属器を写したものが多くみられた。それらを使用したのは貴族や寺院、武士などの上層階級の人々であった。十五世紀後半からは天目《てんもく》に代表される茶器、小皿類、すり鉢の三器種を軸に生産された。それらを使用したのは上層階級に加え、町衆などの新興階層にも広がった。十五世紀末には窯構造にも改良が見られ、それまでの窖《あな》窯《がま》から半地上式の大窯《おおがま》と呼ばれる窯に変わった。大窯は中軸線上に立てた複数の太い分炎柱《ぶんえんちゅう》に加え、その左右にも小さい分炎柱を立てることによって、熱効率を上げ、生産性を向上させた。しかし、戦国時代末には美濃に生産の中心が移り、窯数が激減し、生産量も減少した。その後、尾張徳川家により離散していた陶工たちが呼び戻されて窯が再興されたが、江戸時代初期に肥前で磁器生産が開始されると、その製品は全国規模で流通するようになり、瀬戸焼の販路を圧迫した。そのような中、瀬戸でも十九世紀初頭には磁器生産が開始され、磁器を新製焼、陶器を「もともとの方法で作られた焼物」という意味で、本業焼《ほんぎょうやき》と呼び分けた。新製焼は本業焼を凌駕するほど生産量が増えたが、本業焼は磁器では製作困難な大型品を生産するなど、製品を作り分けた。肥前磁器に対

瀬戸物　灰釉魚波文瓶子（14世紀）

抗できるような流通機構が尾張藩のもとで整備され、流通圏は全国に拡大した。その結果、東日本では「瀬戸物」が陶磁器の通称となるほどの位置を占めるようになった。

参考文献 『瀬戸市史』陶磁史篇一—六（一九六七—九八）

（水口由紀子）

セリ セリ 一人の売り手が、複数の買い手に値段を競わせ、最も高値を付けた買い手に売る形式。セリは、大量の商品を敏速かつ適正な値段で売買することを可能にするため、現代の卸売市場における生鮮食料品売買などにおいて広く採用されている。各自が価格を紙面に書いて提出し、最も高値を付けた者が購入する、あるいは最も安値を付けた者が特定の事業を請け負うなどの形式は、一般的に入札と呼ばれ、セリとは区別される。したがって、複数の買い手（あるいは売り手）が一堂に会し、その場において値段を競う売買形式が、セリということになろう。江戸時代においては、米のセリについて特に糶糴《ちょうてき》、糶売《せりうり》・糶買《せりがい》の語を用いることもあった。現代ではまったく用いられない語であるが、やはりこれも、大坂の堂島米会所など、米商人同士が顔を合わせて売買する場合に用いられる語であり、入札とは区別された。

参考文献 高槻泰郎『近世米市場の形成と展開—幕府司法と堂島米会所の発展—』（二〇一二、名古屋大学出版会）

（高槻 泰郎）

セルロイド セルロイド 硝酸セルロース（ニトロセルロース）と樟脳などから合成される熱可塑性樹脂（プラスチック）で、実用化プラスチックの第一号である。一八五六年にイギリスのアレクサンダー＝パークスによって発明され、その後六八年にアメリカのハイアット兄弟によって実用化されて「セルロイド」と命名された。当初は象牙の代用品としてビリヤードの球の原料に、また万年筆の筒や眼鏡のフレームなどに使われ、十九世紀末には映画のフィルムの原料としても使われるようになった。日本では明治末期から工場での生産が始まった。主原料の一つである樟脳が、当時台湾を領有していた日本の特産品であったため、昭和初期には世界最大の生産国となり、日本製のセルロイドの玩具も一九二七年（昭和二）ごろには世界の生産額の七〜八割を占めるほどになった。セルロイドの主原料である硝酸セルロースは火薬性の物質であるため非常に燃えやすく、映画の上映中にフィルムが燃え始めて映画館が火事になるという事故がたびたび発生した。日本でも三二年に多くの死傷者を出した白木屋デパートの火災が、燃えやすいセルロイド玩具に引火したことによるものだったため、百貨店がセルロイド玩具の取り扱いを控えるということがあった。五五年には、アメリカで日本製セルロイド玩具が危険なものとして輸入が禁止され、これにより世界のセルロイドの生産は急激に衰退し、一九九六年（平成八）にはついに国内の生産が終了した。→プラスチック製品《せいひん》

参考文献 松戸市立博物館編『Plastic? Plastic!—高度経済成長とプラスチック—』（企画展図録、二〇一四）

（香川 雅信）

セロテープ セロテープ セロハンテープの略称であり、「セロテープ」は、日本で最初にセロハンテープを開発したニチバン社の商標登録商品名である。細い帯状のセロハンの一面に接着剤を塗布し、それを巻取って巻物状にした状態で使用されることが多い。一九三〇年代にアメリカ3M社が開発した「スコッチテープ」がセロテープの最初であり、占領下の一九四七年（昭和二十二）にGHQの依頼で日絆工業株式会社（現ニチバン）が製作したものが日本におけるセロハンテープの緒となった。元来、セロテープは飛行機や自動車の塗装用マスキングテープとして開発されたが、これをGHQが掲示物を留めるピンの代用や開封された封筒を再封するために利用し始めたことで用途が急激に拡大し、国内の一般市場においても幅広く受け入れられるようになった。また、GHQの手紙検閲後の再封入に用いられたことも興味深い使用例であろう。ボールペンやマジックペンなどと並んで、戦後、アメリカ軍によってもたらされた新しい文房具の一つとして位置づけることができる。

参考文献 石川弘義・藤竹暁・小野耕世監修『アメリカンカルチャー—日本の戦後にとってアメリカとは—』一（『日本風俗じてん』、一九八一、三省堂）、赤塚行雄監修『ヒット商品グラフィティー物でつづる戦後風俗史—』（一九八二、三省堂）

（花岡敬太郎）

ゼロメートルちたい ゼロメートル地帯 海抜〇メートルに満たない、すなわち満潮時の海水面より低い土地を指す。東京都市部では多くが地盤沈下によって生じた。東京では、隅田川と荒川放水路に囲まれた江東地区などにひろがる。また名古屋市や大阪市とその周辺にも広範に存在し、しばしば高潮の被害にあった。すでに一九五九年（昭和三十四）二月二十六日の『毎日新聞』で「東京ゼロメートル地帯」という語が使われているが、それ以前から問題視されていた。関東大震災後の二九年に陸地測量部が、東京市深川区（東京都江東区）、本所区（同墨田区）などの地盤の異常沈下をつきとめた。当初は活断層によると考えられた。工場の揚水による地盤沈下が原因と確定したのは、戦災による揚水停止後であった。実際、敗戦をはさんで沈下は停止するが、経済の復興に伴い再び始まった。六〇年代、法律により地下水採取の規制が行われ、七〇年代末には地盤沈下は止まった。だがゼロメートル地帯が解消されたわけではなく、防災上の観点から対策が求められている。

参考文献 中野尊正『日本の〇メートル地帯』（『東大新書』、一九六三、東京大学出版会）、遠藤毅・川島眞一・川合将文「東京下町低地における「ゼロメートル地帯」展開と沈静化の歴史」（『応用地質』四二ノ二、二〇〇一）

（源川 真希）

ぜん 膳 一人分の料理や食器をのせる台。折敷《おしき》のような脚のない膳と、脚のついている膳とがある。朱塗りや

箱　　膳

黒塗りのほか、木漆が施されたものもあり、結婚式や葬式など、大勢の人が集まるハレの場で用いられる。一度に同じ種類・形の膳を揃える必要があるため、足りない分は隣近所から借りたり、地域で共有膳椀を保有したりするなど、融通することもあった。貸し借りの際に、ほかの家のものと区別するため、膳の裏側に自家の印を入れたものも見られる。膳は、人生儀礼や年中行事での贈答の食べ物を並べる際にも用いられた。箱膳は、一人分の飯椀・汁椀・小皿・箸を入れる木箱型の膳。一九三〇年代ごろまで、日常の食事の折に使われていた。食事時には、ふたを裏返して上に食器を並べ、膳として使った。今のように、水を使って洗うのは月に数回ほどで、普段は食後に湯茶を椀に注ぎ、漬けものでぬぐうなどして、湯茶を飲み干してから戸棚に納めた。↓折敷《おしき》

参考文献　神かほり「共有膳椀の「成立」をめぐって」（『民具研究』一二三、二〇〇一）、大舘勝治・宮本八恵子『いまに伝える農家のモノ・人の生活館』（二〇〇四、柏書房）、工藤員功監修『昔の道具』（『ポプラディア情報館』、二〇一一、ポプラ社）　（門口　実代）

せんがん　洗顔　顔を洗うこと。洗面ともいう。古代日本では、顔や身体を洗うことは神道や仏教の考えに基づいて行われる宗教的な儀礼行為であり、寺院を通じて沐浴の習慣が広まっていったと考えられている。沐は頭を洗うこと、浴は体を洗うことを意味する。平安時代の『九条殿遺誡《くじょうどのゆいかい》』には起床後に口をすすぎ、手を洗う記述がみられるようになるが、鎌倉時代の『正法眼蔵《しょうぼうげんぞう》』には、日本にはまだ洗面の習慣がないとの記述がある。江戸時代には、洗顔は宗教的な意味を離れて身だしなみの一つとして習慣化され、糠袋や洗い粉といった身体用の洗浄料が販売されるようになった。また江戸では、白粉の化粧下地として洗顔後につける化粧油や化粧水が市販され、特に女性の身だしなみ意識の高まりのなかで洗顔の習慣が広まったといえる。

参考文献　ポーラ文化研究所編『日本の化粧―道具と心模様―』（『ポーラ文化研究所コレクション』二、一九八九）　（田村　真実）

せんき　疝気　おもに下腹部から泌尿器にかけて生ずる急激な疼痛を主症とする症候群で、その中には寄生虫による腹痛も含まれている。疝・あたはら・疝病ともいう。近世の随筆・見聞記・川柳・読本・浄瑠璃本などにしばしば登場し、仮病の口実にも使われている。病因について古代の医書『医心方』や近世の諸医書では、寒気の体内への侵入によって生じた気血（栄衛）の変調、経脈中を巡る気血の鬱滞とする。庶民の間には腹中にいる「疝気の虫」のせいとする考えもあった。

参考文献　立川昭二『近世病草紙―江戸時代の病気と医療―』（『平凡社選書』、一九七九、平凡社）　（新村　拓）

ぜんきょうとう　全共闘　一九六八年（昭和四十三）から六九年にかけて、全国の大学に生まれた新しい学生運動の形態。正式には全学共闘会議。これまでの自治会や政治党派を基盤とせず、運動目標に即して自発的に結集する横断的な大衆運動として生まれた。日本大学では六八年五月二十七日「古田体制打倒」をスローガンに「日大の根底的民主化」をめざして闘う組織として結成され、東京大学では同年七月五日に結成。医学部処分撤回など七項目の要求が確定された。日大では大衆団交によって一時大学理事全員を辞任に追い込み、神田をデモで埋めつくし、東大では六九年一月の安田講堂占拠解除での機動隊との攻防戦などが注目された。ピーク時には全国の大学に全共闘組織が生まれた。学費値上げやマスプロ教育などへの不満に加えてベトナム反戦のエネルギーが加わり、個人の内面を捉え返す自己否定や大学解体などの理念が訴えられた。大学闘争が警察力によって鎮静化させられた六九年九月、各大学全共闘と革マル派を除く新左翼八派によって全国全共闘が結成されたが、大衆的な結集力が希薄となり消滅した。その一部は「過激派」グ

全国全共闘連合結成大会（1969年9月5日）

ループに流れ込んだ。 ↓学生運動《がくせいうんどう》

参考文献 日本大学文理学部闘争委員会書記局編『(増補版)叛逆のバリケード—日大闘争の記録—』(一九六八、三一書房)、東大全学共闘会議編『砦の上にわれらの世界を』(『ドキュメント東大闘争』、一九六九、亜紀書房)

(安田 常雄)

せんごは 戦後派 起源は真善美社のつくった戦後前衛文学を意味する言葉。アプレゲールともいう。一九四九年(昭和二十四)ごろからジャーナリズムや風俗現象に拡大され、光クラブ事件、「オーミステイク」事件、金閣寺放火事件などと結びつき、無軌道、無計画、無責任がこの世代の象徴とイメージされた。ほぼ敗戦時に十二～二十六歳の世代をさす。その共通感覚は、戦争を起こし、それを押しとどめることができず、それに追随した大人たちへの不信と反抗をバネに、価値の崩壊のなかで自分の力だけを頼りに生きようとする点にあり、そこから実利指向、行動主義、反官僚主義、肉体主義、アナーキーなどの特徴が生まれた。それは風俗から政治までを貫き、戦後という時代を象徴する。こうした原初的戦後派と区別され、それに継続するもう一つの戦後派を松下圭一は「第二の戦後世代」と呼んだ。この世代はほぼ新制中学を経て五五年に大学・高校を卒業した世代とされているので、三二—三七年の生まれとなる。彼らは戦後の新憲法・新教育で育った世代であり、戦後の経済的立ち直りと政治的逆コースの過程、また大衆社会状況の時代に自己形成を遂げた世代である。その意味で警職法闘争や六〇年安保闘争に新憲法下の「権利意識」から関わった世代ということができる。この世代はのちに安保世代とも呼ばれ、焼跡闇市派ともほぼ重なっている。戦後派はこのような二段階の変化で捉えることができるが、その後の世代の名称は全共闘世代・団塊の世代・しらけ世代・団塊ジュニア世代などと続いていき、マスコミによって作られた風俗現象として細分化されていった。世代感覚がいかに歴史感覚に媒介され、歴史形成力となるかという課題は、今日も重要な宿題として残っている。

参考文献 思想の科学研究会編『「戦後派」の研究』(一九五一、養徳社)、後藤宏行『陥没の世代—戦後派の自己主張—』(一九五七、中央公論社)、松下圭一「戦後世代の生活と思想」上・下(『思想』四二二・四二四、一九五九)、堺屋太一『団塊の世代』(一九七六、講談社)

(安田 常雄)

せんさい 戦災 戦争によって民間人や市街地が被害を受けること。日本ではアジア・太平洋戦争末期におけるアメリカ軍による空襲などの被害を指すことが多い。B29爆撃機による日本本土への空襲は一九四四年(昭和十九)から始まり、四五年三月からは都市への無差別爆撃が本格化し、六月までは大都市、それ以降八月までは中小都市が空襲を受けた。八月六日には広島、九日には長崎に原子爆弾が投下された。空襲を受けた百二十余の都市は市街地の多くが焼失した。戦災に対しては四二年の戦時災害保護法による補償制度があったが、戦後四六年に廃止され生活保護法に吸収された。軍人・軍属には戦傷病者戦没者遺族等援護法、原爆被爆者には原爆医療法による援護があるが、一般の民間戦災者に対する国家補償は存在していない。都市の復興については四六年制定の特別都市計画法により指定を受けた百十五都市の復興が国庫補助を受けて進められた。

参考文献 建設省編『戦災復興誌』一—一〇(一九五七—六三)、『日本の空襲』一—一〇(一九八〇—八一、三省堂)

(小山 亮)

せんざい 洗剤 衣服や食器などの汚れを落とすために、湯や水にとかして使うもの。中世までの洗濯は水洗いが基本であり、ムクロジやサイカチなどの植物の実や木灰の灰汁《あく》を使う程度であった。江戸時代中期以降は、米の研ぎ汁、大根や芋の煮汁、麺のゆで汁など、衣料の材質に合わせた多様な洗浄剤が考案、使用された。明治期になると、西欧から洗濯板とともに洗濯用石鹼がもたらされ、以後油脂製の固形石鹼や粉末石鹼が主流となる。第一次世界大戦中に食糧不足を背景として油脂に替わる合成洗剤がドイツで開発され、日本では昭和三十年代に石油化学工業の発展とともに急速に普及した。また、昭和二十年代には伝染病や残留農薬、食生活の欧風化に伴う野菜の生食による寄生虫感染の増加などの社会問題を背景として、台所の衛生状態の改善が大きな社会的課題となっていた。こうした状況の中で、食器類についた洋風のおかずの油汚れだけでなく、野菜・果物の回虫の殺卵や農薬の洗浄を目的とした台所用の中性合成洗剤が開発された。同三十年代には住居の清掃用など、家庭内のさまざまな汚れや用途に応じた豊富な種類の合成洗剤が、人々が求める清潔な生活に応じて販売されるようになった。 ↓合成洗剤《ごうせいせんざい》 ↓石鹼《せっけん》

参考文献 藤井徹也『洗う—その文化と石けん・洗剤—』(一九九五、幸書房)、青木俊也『(再現・昭和三〇年代)団地2DKの暮らし』(『らんぷの本』、二〇〇一、河出書房新社)

(田村 真実)

せんざいもの 前栽物 ⇩蔬菜《そさい》

せんしょく 染色 主に布や糸などの繊維を色素で染めること、染めだした色。染めの回数や複数の染料の重ね染め、染料の色素の発色と定着のために用いられる媒染剤の組み合わせなどにより、多種多様な色彩や色の名称が生み出されてきた。六世紀ころからあったとされる摺り染めや、八世紀に唐から伝来したと考えられている板締めなどの染色技法があり、現代工芸にも引き継がれている。十六世紀には、インドや東南アジアなどから渡来した織物の影響を受けて、二種類以上の色糸が用いられる縞や絣が発達したとされている。藍や紅は加工や染色の過程に専門知識や技術が必要で、中世以降、紺屋など専門業者が発達し、産地が各地に形成され、染め織物は商品として広く流通した。江戸時代には、手書き友禅染めや伊勢型紙など渋紙を用いた型紙染めも発展し、多彩

な文様が生み出された。一方で、農村部では自家で行う手前染めも行われ、染色によって衣料を繰り返し用いることもされた。 ↓藍染《あいぞめ》 ↓紺屋《こうや》 ↓染料《せんりょう》

参考文献 福井貞子『染織』(『ものと人間の文化史』、二〇〇四、法政大学出版局) (田村 真実)

せんぞ 先祖 血縁や養子縁組など親子関係の累積に基づく、系譜関係のある特定の先行世代の死者をいう。すべての先行世代が先祖となるわけではなく、選択された死者のなかで一定の儀礼を経ることで先祖として位置づけられていく。日本の場合には、家を基盤として先祖の祭祀が行われており、先祖祭祀は家の精神的支柱とされた。家の先祖は、家の創設者とその歴代夫婦であり、子孫による祭祀が必要とされる。柳田国男は個性をもつ先祖と、弔い上げを経て個性が消滅して祖霊となった集合体としての先祖の二種類があることを指摘し、基本的には前者から後者へ移行するものとした。しかし、家の創設者など弔い上げを経ても個性が消滅しない先祖もあり、さらに有賀喜左衛門は、家創設の由緒をたどった本家先祖などを出自の先祖とよび、遡及する先祖観を指摘している。また、中国など儒教文化圏とは異なり、日本の家では血縁関係のない養取も一般的である。さらには屋敷先祖など、屋敷地や家屋空間のかつての持ち主なども、先祖として意識されることもあった。しかし、近代以降、夫婦家族の増加などにより、家族中心の双系的、選択的な先祖観も生じていることが指摘されている。 ↓冠婚《かんこん》葬祭《そうさい》

参考文献 ロバート・J・スミス『現代日本の祖先崇拝―文化人類学からのアプローチ―』上・下(前山隆訳、一九八一―八三、御茶の水書房)、柳田国男「先祖の話」(『柳田国男全集』一三所収、一九九〇、筑摩書房)、有賀喜左衛門「日本における先祖の観念―家の系譜と家の本末の系譜と―」(『社会史の諸問題(第二版)』所収、二〇〇〇、未来社) (山田 慎也)

せんそうみぼうじん 戦争未亡人 一般的には戦争で夫を亡くした妻をいうが、狭義には「満洲事変」以後、アジア・太平洋戦争で戦死した軍人・軍属の妻を指す場合が多い。一九四七年(昭和二十二)の厚生省調査では五十六万人と推計された。また二十、三十代の比率が高いとされた。戦争未亡人は戦時期には「靖国の妻」として称揚され、恩給法による扶助料を受けた。しかし戦後はその「栄誉」が剥奪され「未亡人問題」へと、その位置を転落させた。生活苦に悩まされ、さらにカストリ雑誌により性的に好奇のまなざしを受けた。再婚奨励による生活「安定」が目指されるが、子どもを抱えた者が多く、また周囲の理解も欠いており、容易には進まなかった。四六年二月社会事業家の牧野修二の投書がきっかけとなり、同年六月戦争犠牲者遺族同盟が成立し、五〇年三月に全国未亡人団体協議会が結成される。戦争未亡人運動は他の未亡人とともに連携し、福祉を社会に訴えた。 ↓婦人会《ふじんかい》

参考文献 鹿野政直「戦争未亡人」(朝日ジャーナル編『女の戦後史』Ⅰ所収、一九八四、朝日新聞社)、北河賢三『戦後の出発―文化運動・青年団・戦争未亡人―』(『AOKI LIBRARY 日本の歴史』、二〇〇〇、青木書店)、川口恵美子『戦争未亡人―被害と加害のはざまで―』(二〇〇三、ドメス出版) (酒井 晃)

せんたく 洗濯 おもに衣服などの汚れを洗って、きれいにすること。繊維が硬い麻や科《しな》などが衣料に使われていた中世までは、川辺などで平たい石や板の上に洗濯物を置き、水をかけながら両足で踏んで洗う踏み洗いが行われていた。一方で傷みやすい絹物などは、小型のたらいの中で水をかけながら手で洗うもみ洗いをした。麻や科などの日常着は部分洗いや丸洗い、絹物は伸子《しんし》による洗い張りの二通りが行われていた。近世になり綿の栽培が進むと、麻や科よりも着心地がよく保温性の高い木綿物が日常着として広く普及した。木綿は麻や科よりも汚れがつきやすく、繊維が柔らかく傷みやすいため従来の踏み洗いは不適当である。そのため、力でもむことより洗剤の洗浄力が重視され、洗剤を入れた水に浸すための浅い大型のたらいが広まった。また洗い張りが木綿の衣服にも行われるようになり、専用の張板が販売されるようになった。こうした洗濯技術の発達に伴い、中世でも洗濯を請け負う賃仕事はあったが、江戸時代になって洗濯の専門業者が出現した。また個人が所有する衣服が増え、衣類の管理や洗濯は家事を担う女性の婦徳の一つと意識されるようになる。明治時代末になると、洋装の普及や国産の洗濯用石鹼の工業化を背景として、石鹼と洗濯板を使用した洗濯方法が広まる。従来の洗い方よりも汚れがよく落ちる一方で、低い体勢で力を要する洗濯板による洗濯方法は重労働であった。国産の洗濯用機械は一九三〇年(昭和五)に販売されたが、高価であったことや洗濯が婦徳とされていたことから、当初は一般に受け入れられなかった。しかし昭和三十年代になると、洗濯機が「三種の神器」として生活革新を象徴するものとなったことや、女性の社会進出に伴う家事労働の軽減の重視、水に溶けやすい粉末洗剤の普及などを背景として、電気洗濯機は急速に普及した。 ↓洗《あら》い張《は》り ↓洗濯機《せんたくき》

参考文献 落合茂『洗う風俗史』(一九八四、未来社)、須藤功編『すまう』(『写真でみる日本生活図引』四、一九八八、弘文堂)、小泉和子『道具が語る生活史』(『朝日選書』、一九八九、朝日新聞社) (田村 真実)

せんたくいた 洗濯板 衣類の汚れを落とすために使う板。片面または両面の中央部分にある、横に細かく入った刻み目に洗濯物をこすり、汚れをもみ出す。木製やガラス製、プラスチック製などがある。洗濯用石鹼を使用するため、石鹼水を溜めるたらいとともに使用されることが多い。西欧で発明され、日本では幕末から主に外国人居留地で使用されるようになった。当初は西洋服専門の洗濯業者が使用していたが、明治時代末から大正にか

洗濯板とたらい（1950年前後）

けて一般家庭に広まった。背景には、国産の石鹼製造業が発展し石鹼が入手しやすくなったことや、一般にも洋装が普及し、シャツなどの白い衣類の汚れを落としやすい洗濯方法であることが挙げられる。屈んだ体勢で、体重をかけ力を入れてこするため、重労働であった。電気洗濯機が普及する昭和三十年代まで、家庭の洗濯はもっぱら洗濯板を用いて行われていた。電気洗濯機が一般化した現在でも、部分的な予洗いなどに用いられている。

参考文献　小泉和子『道具が語る生活史』（『朝日選書』、一九八九、朝日新聞社）　（田村　真実）

せんたくき　洗濯機　槽内での水流、あるいは槽自体の回転などの方法により衣類を洗濯する機械。一九二〇年代から外国製品が輸入されていたが、三〇年（昭和五）に芝浦製作所が国産洗濯機の発売を開始した。撹拌式と呼ばれる、撹拌翼で衣類を撹拌して洗濯する方式であった。だが非常に高価でありほとんど普及しなかった。戦後は占領軍需要により生産が再開されたが、五三年の三洋電機による噴流式の発売は普及の画期となった。洗濯槽内側面の回転翼により水流を生じさせ洗濯するこの方式により、従来よりも小型化・低価格化が可能となり、洗浄

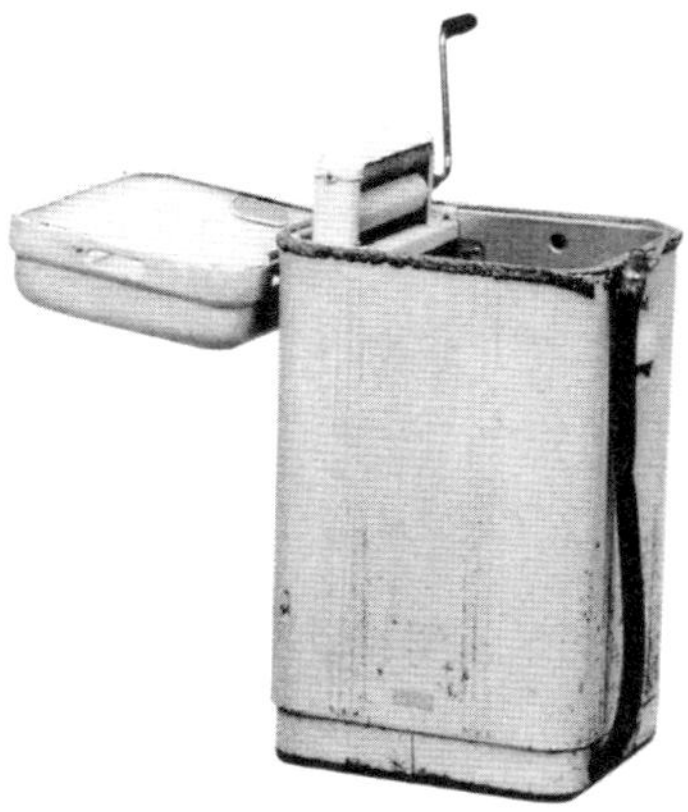

電気洗濯機（新立川町
航空機株式会社製）

力も向上したが、のちに回転翼を底部に配した渦巻式が主流となった。六〇年代には、脱水槽を備えた二槽式が普及し、洗濯物の乾燥時間短縮に大きく貢献した。六〇年代末ごろから現れた全自動式は、洗濯物投入後の給水から脱水までを全て自動で行うものであり、タイマー機能と相まって洗濯労働がさらに軽減された。そして九〇年代以降には乾燥機能も備えた洗濯乾燥機が登場するに至っている。　↓洗濯《せんたく》

参考文献　大西正幸『電気洗濯機一〇〇年の歴史』（二〇〇八、技報堂出版）　（西野　肇）

せんちゅうは　戦中派　年代的にはほぼ大正中ごろから昭和初年生まれであり、第二次世界大戦期に青年時代を送った世代の総称といわれる。最後尾は、わだつみ世代や学徒出陣世代となる。「戦中派」という言葉がはじめてマスコミに登場したのは、『中央公論』一九五六年（昭和三十一）三月号の「戦中派は訴える」という座談会であり、言葉の生みの親は『中央公論』編集部であった。すでに存在した戦後派と戦前派の二分法に対する異議申し立てを含んで「戦中派」という自己規定が生まれ、市民権をもつようになった。村上兵衛によれば「戦中派とは結局、あの戦争とは何であったか、という重い宿題を負い、そして多くの若くして死んだ仲間の意味を問いつづけざるを得ない世代」と表現される。戦後世代からはその戦争体験への固執を批判されながらも、みずからの戦争体験を深め記録することによって戦後への遺産として残していった。名著『戦艦大和』の著者である吉田満は最期までみずからを「戦中派」といい続けた人であった。

参考文献　吉田満『鎮魂戦艦大和』（一九七四、講談社）、村上兵衛「戦中派はこう考える」（『繁栄日本への疑問―戦中派は考える―』所収、一九六四、サイマル出版会）　（安田　常雄）

せんとう　銭湯　営利目的の銭湯は、人口が集中する都市で生まれた。『明月記』には京都に中世から町湯があったとある。西日本では風呂屋、東日本では湯屋と呼ぶことが多かった。近世初期の江戸の銭湯の浴室は蒸気浴で、気密性を保つために戸棚から出入りしていた。さらに客が出入りしたときの影響を減少するため柘榴口《ざくろぐち》にした。湯船入口の天井から板壁をおろし、板壁の下から出入りして熱気を外に出さない工夫をした。近代になって柘榴口がなくなり、明るくて湯がいっぱいの銭湯になった。銭湯にも江戸時代から東西日本で地域差があった。浴室入口の柘榴口は、京坂は破風形式、江戸は鳥居形式だっ

銭湯（東京都葛飾区）

銭湯の浴室（東京都港区）

た。京坂は内風呂のある家が多く、反対に江戸は大店でも内風呂を持たないため銭湯が多かった。その湯は高温で、朝風呂を利用する人が多かった。江戸では伊豆や箱根などの温泉水を運んで、沸かして入ることもあった。一方京坂では薬湯を早くから利用していた。→共同風呂《きょうどうぶろ》

（印南　敏秀）

ぜんにちじろう　全日自労　全日本自由労働組合の略称。土木労働者を広く組合員としていた全日本土建一般労働組合（全日土建、一九四七年（昭和二十二）結成）から土建総連が分離（五二年）すると、失業対策事業に従事する日雇い土建労働者を主として組織していた残存勢力は全日自労と名称を変更した（五三年）。高度経済成長期に若壮年の男子労働者は一般労働市場に吸収されたため、失業対策事業に従事していた人々は女子・高齢者の比率が高まった。労働市場の底辺に置かれたその組合員たちは就労機会確保・賃金引上・福祉充実・戦争反対を主張して激しい運動を継続し、労働運動の中で存在感を示し続けた。失業対策事業の縮小に伴って組合員は減少し、隣接業種の組合や志を同じくする組合と順次合同して、一九九九年（平成十一）以降は全日本建設交運一般労働組合（建交労）を名乗っている。

参考文献　全日本自由労働組合編『全日自労の歴史』（一九七七、労働旬報社）、全日自労建設一般労働組合編『おふくろたちの労働運動』（一九八六、労働旬報社）

（加瀬　和俊）

せんにんばり　千人針　戦時下において全国的に広まった、出征兵士に贈る弾丸除け信仰の一つ。布に赤糸で一人一針ずつ、千人の女性が縫い留めて作られた。この風習は、一九〇四年（明治三十七）の日露戦争のころに流行し、日中戦争が始まると愛国婦人会や国防婦人会の活動などによって普及していく。出征兵士が増加すると、街角では道行く人に千人針を求める女性の姿が見られるようになり、また多くの女性が集まる学校や工場でも作られるようになった。その種類も腹巻やチョッキとして仕立てられたもののほか、商店、デパートでも図案の異なる台布が売られるようになり、多様な型が存在した。中には死線（四銭）を越えるようにと五銭玉や、苦戦（九銭）をまぬがれるようにと十銭玉が縫いつけられたもの、また絵柄には「千里を行き千里を戻る」という言い伝えから虎の絵が描かれているもの、社寺の守札を縫い付けたものなどがあった。

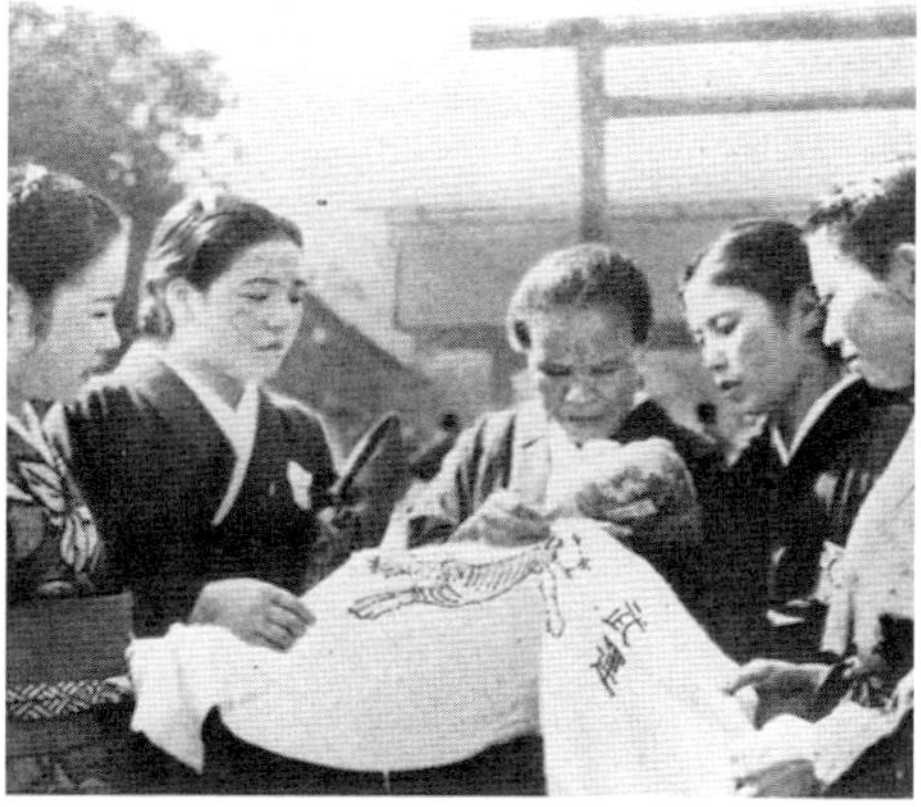

靖国神社社頭の千人針

参考文献　森南海子『千人針』（一九八五、情報センター出版局）、岩田重則『ムラの若者・くにの若者―民俗と国民統合―』（『ニュー・フォークロア双書』、一九八六、未来社）

（吉葉　愛）

せんぷうき　扇風機　モーターで羽根を回転させ発生した風で涼感を得る機械。モーターを用いた家電製品としては洗濯機や冷蔵庫などに比べ早期に登場した。一八九四年（明治二十七）に芝浦製作所はエジソン型と呼ばれる製品を発売した。六枚羽根で起動すると頭部の白熱電球が点灯するものであった。その後、一九一〇年代には芝浦をはじめ川北電気、三菱電機などのメーカーが量産を開始し、大正期には、黒色・四枚羽根・羽根ガード・首振り機能の扇風機の基本的デザインに関する四要素が出揃った。また、欧米と異なり卓上扇がほとんどであった。戦後に扇風機生産が再開されると、占領軍需要の影響や、素材のプラスチック化によって色彩がカラフルになり、五七年（昭和三十二）には高さの調節できるホームスタンド扇が開発された。普及率は七五年に九〇％台に到達するが、それを挟んで、タイマー機能やマイコンによる風量制御、リモコン装備などの便利な機能が付加されていった。

扇風機（富士電機製，1964-66年ころ）

参考文献　平野聖・石村眞一「明治・大正初期における扇風機の発達―扇風機のデザインにおける歴史的研

究（一）―」（『デザイン学研究』五四ノ三、二〇〇七）、同「大正・昭和前期における扇風機の発達―扇風機のデザインにおける歴史的研究（二）―」（『同』五五ノ一、二〇〇八）、平野聖「昭和中期（戦後）における扇風機の発達―扇風機のデザインにおける歴史的研究（三）―」（『同』五六ノ二、二〇〇九）、大西正幸『生活家電入門―発展の歴史としくみ―』（二〇一〇、技報堂出版）

（西野　肇）

せんべい　煎餅　米粉や小麦粉などの生地を焼いた菓子。現在では米生地と醬油の塩煎餅類と小麦粉生地の瓦煎餅がある。日本では八世紀の『正倉院文書』にみられ「いりもちい」と訓ずるというが、前平、前幷などの用例もある。『和名類聚抄』（九三四年（承平四）ごろ）では、小麦粉生地を油で煎ったものとある。江戸時代初期には、京都洛中の六条煎餅や和泉の鬼煎餅ほかが名物として知られ（『毛吹草』、一六三八年（寛永十五））、その後も小麦粉生地や餅生地が主流であったが、徐々に米の生地の煎餅が増えていったと思われる。江戸時代から現在まで名称、形状、製法など多種多様な煎餅が見られ枚挙に暇がない。

参考文献　中村孝也『和菓子の系譜（復刻版）』（一九九〇、国書刊行会）、『草加せんべい―味と歴史―』（『草加市史調査報告書』五、一九九二）、青木直己『図説和菓子の今昔』（二〇〇〇、淡交社）

（青木　直己）

せんべつ　餞別　長期的に居住地を不在にする際、出発時に旅行の安全や身体の健康、事業の発展などを祈念して旅行者に渡す物品。寺社参詣や就職、徴兵に伴う入営などの際に渡された。物品には金銭が主に用いられるが、就職の際にはワイシャツやネクタイ、入営の際には食物をはじめ、時と場合に応じてさまざまな物品が選択される。

参考文献　山口睦『贈答の近代―人類学からみた贈与交換と日本社会―』（二〇一三、東北大学出版会）

（花木　宏直）

ゼンマイがんぐ　ゼンマイ玩具　渦巻き状に巻いた薄い帯状の金属板（ゼンマイ）の解弾力を利用して、さまざまな動きを表現する玩具。自動車などの「走り物」や、首振り人形など、からくり仕掛けのある「調子物」などがある。ゼンマイは江戸時代から時計やからくり人形などに利用され、鯨のヒゲが多く使われた。一八八二年（明治十五）ごろには針金ゼンマイや真鍮ゼンマイなどの金属製のものが現れ、日露戦争後はドイツ製の鋼鉄ゼンマイが輸入されて使われるようになった。第一次世界大戦後はドイツの玩具生産が衰退したことから国産のものが使われるようになり、昭和に入ると優秀な鋼鉄ゼンマイの生産も可能になって、日本を世界有数の玩具輸出国へと押し上げる一因となった。戦後は電動玩具に押されて主役の座から退いていったが、現在もカプセル玩具など低年齢層向けの安価な玩具として生き残っている。

参考文献　『日本金属玩具史』（一九六〇）

（香川　雅信）

せんまいだ　千枚田　⇩棚田《たなだ》

せんめんじょ・だついじょ　洗面所・脱衣所　住宅において、洗面・化粧のための衛生器具を備えた室で、浴室に隣接する場合は衣服を脱着する室ともなる。明治時代末期から中流層向けに中小規模の住宅が提案されるようになり、浴室（湯殿）に脱衣室が隣接する案が散見されるが、洗面台は便所に近い位置に設けられることが一般的であった。大正期になり、便所・洗面台・浴槽が一室にまとめられた完全な洋風住宅が提案されることもあったが、わが国においてはあまり定着しなかった。大正末期から昭和初期にかけて、洗面台を備えた脱衣所が浴室に隣接する折衷式が現れるようになる。

参考文献　大場修『風呂のはなし』（『物語ものの建築史』、一九八六、鹿島出版会）

（松下　迪生）

せんりゅう　川柳　江戸時代に創始された五七五の十七音とする雑俳様式で、無季・無切字であるところが俳句と大きく異なる。一般的に「川柳」という呼び名が定着しているが、もとは前句付点者である柄井八右衛門《からいはちえもん》の俳名であった。江戸時代には「川柳点」「川柳の一派」「柳風狂句」などと呼ばれ、歴史学的には「川柳風狂句」が適切といわれている。明治中期、正岡子規の影響を受けた阪井久良伎《さかいくらき》らの革新運動によって、意識的に「川柳」に統一された。柄井八右衛門は、もとは新風前句付の点者であったが、一七六五年（明和二）刊『誹風柳多留《はいふうやなぎだる》』により川柳風狂句の祖と位置づけられることとなった。「滑稽、穿ち、軽み」が川柳の三要素とされ、人の生活に関わるすべての事象が詠句の対象となる。一方、江戸時代後期以降、政治的圧力の影響もあり、趣向倒れの駄洒落などが主眼ともなってしまった。このようなところに川柳の特徴があるが、同時代の戯作の一形態に過ぎず、洒落本や黄表紙や狂歌と何ら変わるところがなかったとも評されている。明治以後の川柳は、新たな文学的理論に立ち、近代文芸として大きな転換を果たし、江戸時代のものを古川柳、明治以降のものを新川柳と区別するようになった。しかし、第二次世界大戦後を迎えると、もはや革新派の俳句と伝統派の川柳とが区別できないまでに差はなくなっていた。現在では、娯楽的世界に変わりつつあり、サラリーマン川柳に代表されるように、さまざまなテーマにおいて老若男女による詠句が行われ、新しい表現方法として大衆化している。

参考文献　阿達義雄『江戸川柳の史的研究』（一九六七、風間書房）

（工藤　航平）

せんりょう　染料　繊維や皮革、紙、身体などを染める有色物質。明治時代に合成染料が輸入されるまで、日本では天然の染料である鉱物や動物、植物が用いられてきた。染料の入手や生産に手間がかかる稀少な朱や貝紫などは、宗教的モチーフや権威の象徴として用いられるなど、色の性格や染料の入手方法も色彩の文化に影響を与えている。染料となる植物は特に種類が多く、樹皮や枝葉、茎、根、花などの部位を用いる。身近な山野の草木を適した季節に採集し、汁や煮出した抽出液を用いる。

特に藍や柿渋、紅花は江戸時代以降、生産技術の向上や木綿衣料の普及、舟運の発達などにより全国的に普及した染料である。藍は布地を強くし、濃色は汚れが目立たないため、仕事着などの衣料品に広く利用された。柿渋は撥水性や防虫効果から合羽や漁網、紅は化粧用のほか、血のめぐりを良くするとされて素肌に触れる小袖の裏地や下着によく用いられた。 ↓藍染《あいぞめ》 ↓アニリン ↓柿《かき》渋《しぶ》 ↓染色《せんしょく》

参考文献　竹内淳子『藍―風土が生んだ色―』(『ものと人間の文化史』、一九九一、法政大学出版局)、松本直子「色の考古学」(『歴博』一一六、二〇〇三)、福井貞子『染織』(『ものと人間の文化史』、二〇〇四、法政大学出版局)

(田村　真実)

そ

そうおん　騒音　工場や建設作業での機械音や震動、自動車や航空機の走行・飛行の音、街頭での宣伝の音などで、健康や生活への悪影響をもたらすものをさす。工場などでの騒音・震動は、工業化に伴って必然的に発生するものだが、昭和初期には『工場監督年報』(内務省)でも、廃液・ガス蒸気・粉塵などとともに取り上げられていた。またラジオ、蓄音機、太鼓、拍子木などの騒音を取り締まる、警視庁の高音取締規則が一九三七年(昭和十二)に制定された。工場の騒音については、たとえば東京都が四九年に工場公害防止条例を制定したが、あまり徹底しなかった。高度経済成長期には、工場や建設作業に加え自動車や航空機を含めた騒音が社会問題化していった。そのなかで六九年には大阪空港公害訴訟が起こされ、午後九時以降午前七時までの飛行差し止めと損害賠償が求められた。この訴訟では、環境権が争点となったことも重要であった。

参考文献　上林貞一「都市騒音の防止について」(『法律時報』二五ノ二、一九五三)、神岡浪子編『資料　近代日本の公害』(一九七一、新人物往来社)、小田康徳『近代日本の公害問題―史的形成過程の形究―』(一九八三、世界思想社)

(源川　真希)

そうぎしゃ　葬儀社　葬儀を請け負う専門業者で、現在おもに葬儀専門の専業業者、冠婚葬祭互助会、農協や生協などに大きく分類される。すでに江戸中期には龕屋《がんや》、乗物屋と呼ばれる葬具業が誕生し、のちには都市下層民なども利用するようになっていった。明治中期になり、従来の葬具貸物業と葬列の人足請負業が合体し、葬儀社と称するようになる。当時は葬列の手配が中心であったが、大正期以降の葬列の廃止とともに、告別式などの式場の準備や納棺、役所の届け出などを請け負うようになり、現在の葬儀社の基礎ができあがる。戦後になると、都市部だけでなく地方にも葬儀社が浸透するが、これは告別式形式が普及し、葬儀祭壇が中心的な葬具として位置づけられ、花環なども普及したことによる。さらに次第に地域的な互助関係がなくなり、葬儀社に実務を依存するようになる。葬儀の基本的な知識を葬祭業者に依存するようになり、不可欠な存在となっていく。一方、従来の葬儀への不満が高まると、無宗教式のお別れ会やエンバーミングなど、新たなサービスを開発、提案するようにもなってきた。さらに近年は遺族のケアを標榜する企業も登場するなど、業務形態は大きく転換している。 ↓葬式組《そうしきぐみ》

参考文献　井上章一『霊柩車の誕生』(一九八四、朝日新聞社)、山田慎也『現代日本の死と葬儀―葬祭業の展開と死生観の変容―』(二〇〇七、東京大学出版会)、田中大介「葬儀と葬儀社―死ぬこと、はたらくこと―」(春日直樹編『人類学で世界をみる―医療・生活・政治・経済―』所収、二〇〇八、ミネルヴァ書房)

(山田　慎也)

ぞうきばやし　雑木林　雑木とは杉や檜のように用材に適する樹木とは異なり、主に、炭や薪以外の用途には使わないさまざまな樹木をいう。雑木林はさまざまな木が入り混じって生えている林のことを指す。特に近世以降、都市の発展によって需要が高まっていった炭や薪などを産出するという点で、雑木林は都市住民にとっても、また農間余業で現金収入を得ようとする農民にとっても生活のために大切な林であった。また雑木林に生える下草は肥料としても使用された。本州・四国・九州などの雑木林を代表する樹木としてクヌギやカシ・ナラなどの広

葉樹があり、これらの樹木は手ごろな太さで良質な薪炭ができることで知られている。近世においてその名を馳せた佐倉炭や池田炭の生産には主にクヌギが用いられ、最上級の炭として知られる備長炭には主にウバメガシが利用された。十年から二十年前後で伐採できるこれらの樹木を主とする雑木林は、農村経済・生活、都市生活を支えるうえできわめて重要である。↓林《はやし》

参考文献 岸本定吉『炭』(一九七六、丸ノ内出版)、四手井綱英『森林』(『ものと人間の文化史』、一九八五、法政大学出版局)、只木良也『森林環境科学』(一九九六、朝倉書店)

(君塚 仁彦)

そうざい 惣菜 ⇩主食《しゅしょく》・副食《ふくしょく》

そうさく 惣作 近世において、耕作の放棄や困難、闕所処分などの理由で持主・耕作者がいなくなった場合、その田畑を同じ村や組の百姓が共同で耕作すること。村内耕地の耕作・年貢納入を村の責任で完遂する村請制の原理に基づいている。近世中後期に百姓の離農・離村が進んだ北関東農村では、村に残った百姓が惣作によって手余荒地の再開発に取り組んだ。村の神事・行事で使う収穫を得るために、村持ちの田畑を惣作することもあった。

(平野 哲也)

そうじ 掃除 公共の区域のごみや汚れを払いのぞくこと。また、快適な生活をするため、塵やゴミを取り除き、持ち物の整理や家屋の手入れなどを行い、住まいの内外を清潔に保つこと。〔古代〕祭祀などのハレの場を設営するためや、日常のケの暮らしを維持するために行われる。古代・中世では日常の、あるいは民衆の掃除については判然としない。律令制以前には掃守部《かにもりべ》が宮殿の掃除と儀礼の場の舗設を担当した。なお、『古語拾遺』に彦瀲尊《ひこなぎさのみこと》(フキアエズノミコト)の誕生の際、掃守連の遠祖天忍人《あめのおしひとの》命《みこと》が箒で蟹を掃いたのでカニモリと称したとの伝承があるが後世の付会であろう。律令制下では大蔵省掃部司《かにもりのつかさ》と宮内省内掃部司《うちのかにもりのつかさ》が儀礼の舗設を行なったが、八二〇年(弘仁十一)閏正月に両者は合併し宮内省掃部寮《かもんりょう》となる。なお、掃部司には十人、内掃部司には三十人の掃部が所属した。天皇の身体、宮中、さらに神社を清浄に保つことは天皇支配の重要課題であったが、すでに七二五年(神亀二)には諸国の神社内の穢臭《わいしゅう》が問題となり、下って八一九年には京内諸司諸家からの汚水が社会問題となっていた。また、八六二年(貞観四)には伊勢神宮への幣帛《へいはく》使《し》の路次の雑穢と諸国目《さかん》以上の祇承《しぞう》(勅使をつつしみもてなす)の不履行が問題となっていた。営繕令《ようぜんりょう》京内大橋条では京内大橋などは木工寮《もくりょう》、ほかは京内人夫が修営することになっており、同津橋道路条ではそれらは当界修理となっているので、道路や橋の修理、掃除は京内は左右京職、諸国は国郡司が担当することになっていたと思われる。ところが、八世紀前半には諸国の神社の、九世紀前半には天皇の使いである幣帛使の清浄性が維持できなくなっていた。このような律令国家の変質に際し、十一世紀ごろから本来京内の治安・警察を担当した検非違使が、行幸の路次の掃除や巡検、橋や川の管理などを行うようになった。検非違使は、非人・河原者などを取り込んで、京内の人間や動物の遺骸処理、犯罪者の取り締まり、祭祀などのハレの場の掃除を担当した。つまり、非人らを駆使して中世都市京都のキヨメ機能を担っていた。室町時代以降はケガレ観念の社会内部への浸透により都市のキヨメを担当した非人らへの賤視が強まり、近世以降になると、これが現代に至る部落差別につながるとみられている。

参考文献 丹生谷哲一『検非違使―中世のけがれと権力―』(『平凡社選書』、一九八六、平凡社)、網野善彦『中世の非人と遊女』(『講談社学術文庫』、二〇〇五、講談社)、川元祥一『部落差別の謎を解く―キヨメとケガレ―』(『モナド新書』、二〇〇八、にんげん出版)、櫛木謙周『日本古代の首都と公共性―賑給、清掃と除災の祭祀・習俗―』(二〇一四、塙書房)

(亀谷 弘明)

〔近世〕戦国時代から近世初頭にかけて、戦国大名や近世大名の支配の拠点となる城廻りや城下の掃除を、特定の身分存在に役として賦課することが行われた。とりわけ、かわた(穢多)身分として編成されていく人々が担う例が多く確認される。京都天部(京都市東山区)の下村氏は寛永年間(一六二四―四四)に幕府から二条城の掃除役を命じられ、山城の穢多・青屋、摂津・近江の穢多から人夫を徴して務めた。近世初期の阿波ではかわた身分も百姓としての夫役を負担していたが、一六五四年(承応三)、これらの夫役を免除し、かわりに城下市中で一ヵ月に九日の掃除役を課した。東日本にも同様の例は確認され、信濃国松代藩では一五九八年(慶長三)田丸直昌の入部に際して前代からのかわた頭に対して竹箒・馬の鼻皮などの進上、牢番とともに御城三ノ丸まで毎日掃除することが役として課されている。また金沢藩では藤内という身分が城中廻りの掃除を勤めていたが、一六一六年(元和二)に新たに行刑役が賦課され、その四、五年後に掃除役は免除されたが、刑場の掃除は継続している。このように近世初頭においてかわた(穢多)には皮革関係の役、行刑や牢番役と並んで掃除役が普遍的にみられたのである。紀州藩を事例に掃除の内容をみると、塵埃の除去、草取り、平地の均し、特定の行事などの際に筵を敷き詰めることなどで、中世に禁裏や寺社に奉仕された掃除が色濃く帯びていたキヨメとしての性格は見てとれない。したがってかわた(穢多)身分以外に武士身分の職制としての「御掃除之者」も広くみられた。藩によっては両系統の掃除機能が併存し、区画ごとに担当が決められていた。江戸城の掃除は御家人である黒鍬や御掃除之者によって担われ、穢多身分の人々の関与はなかったが、濠の塵埃や水死体の処理は非人が行なった。そのほかに湯島聖堂や将軍の霊廟など幕府管轄下の特定の場所ごとに、最下級の御家人が御掃除之者として編成されていた。

参考文献 『部落の歴史』近畿篇・西日本篇・東日本篇

(一九八二-八三、部落問題研究所)、藤本清二郎『近世身分社会の仲間構造』(二〇一一、部落問題研究所)　(西木　浩一)

〔近現代〕道路や共同体共有の施設などの掃除については、しばしば、地域共同体の仕事として行われることもあったが、住居の掃除については家ごとに行われ、各家の生活様式に従い、特定の時間に特定の場所に対し、それぞれの空間に最も適した道具を使用し行われるものであった。日常的に行われる掃除のほか、盆や正月など、特別な時期・行事の前には行事の準備の一環として、特に念入りに行われることがあった。こうした掃除の例として、歳末の煤払いや、盆前の墓掃除などが挙げられる。日本の家屋は紙、木などの植物性の材料で構成されており、日本人は主に植物性の食物を摂取してきたため、家屋の汚れの質も軽く、箒で掃く・はたきをかける・雑巾で拭く・灰汁《あく》を用いて拭く程度で、汚れを取り除くことができた。明治時代以降、日本において生活様式の洋風化が始まったが、それが都市部だけでなく全国的に拡大するのはアジア・太平洋戦争以降であった。したがって、これ以降、通風も採光も悪く石炭暖房による灰や煤、家畜の処理などで汚れやすい西洋式の家屋向けの掃除法、つまり、化学薬品を使った洗剤による掃除法が導入されるようになった。日本において掃除用合成洗剤が発売されたのは一九六〇年(昭和三十五)以降のことである。また、日本の掃除において大きな画期となったのは、電気真空掃除機の発売である。五三年、電力・電機業界が、家庭電化元年を宣言し、発売された電気冷蔵庫・電気洗濯機・電気真空掃除機は「三種の神器」と呼ばれ、一般大衆の憧れとなった。電気真空掃除機の普及により、それまでの箒やはたき、雑巾を使った掃除に代わり、家電製品を使用しての掃除が行われるようになった。塵やゴミを吸い込み内部に溜める電気真空掃除機は、洋風化した家屋の掃除に適したものであった。二〇〇〇年代には家庭用ロボット掃除機が発売され、核家族・共働き家庭の増加を背景に徐々に家庭で使用されるようになり、掃除の機械化・自動化がますます進んでいる。→掃除機《そうじき》　→箒《ほうき》

参考文献　大島建彦・御巫理花編『掃除の民俗』(一九八四、三弥井書店)　(後藤　知美)

そうしき　葬式　人の死後に遺体を処理し、遺族などが死者と別れる儀式。日本では古くは家族中心で葬りの作業を行い、また夜に葬式をしていた。十四世紀ころから上層武士が帰依した禅宗の葬儀では昼に葬列を行い、幡・天蓋など仏像の荘厳具を転用した葬具で龕《がん》を荘厳した。これは死者を仏になぞらえた葬式である。戦国時代から近世初期には全国的に寺が激増するが、近世には一般民衆の間でも葬送互助が普及し、都市では葬具を売る葬儀屋が生まれ、地方では葬具を自作して葬列を飾った。しかし江戸などの大都市では夜の葬式も多く残った。近代になると東京などで火葬化が進むが、火葬場が遠方であるため葬列は困難になり、戦後には火葬場が全国的に普及したため地方でも同様になった。また兼業農家の増加で地域の葬式互助も減少し、葬儀社が浸透した。病院から遺体は葬儀場に直行し、そこから火葬場へという方式が普通になり、葬儀は大きく変化した。

参考文献　国立歴史民俗博物館編『葬儀と墓の現在―民俗の変容―』(二〇〇二、吉川弘文館)、勝田至編『日本葬制史』(二〇一二、吉川弘文館)　(勝田　至)

そうじき　掃除機　ゴミやチリを動力により吸引して掃除を行う機械。日本の掃除作業は家屋の木造・畳敷きを前提とした箒掃きが主であったが、これに対し絨毯敷きの床掃除を機械化するものとして、西欧で開発が先行した。日本には大正期に一部の製品が輸入されたが、一九三一年(昭和六)に芝浦製作所は電気掃除機を百十円で発売した。アップライト式と呼ばれる、吸込用床ブラシとモーターが一体化した先端部に車輪が付いている形式であった。敗戦後の占領軍需要もわずかに存在したが、各メーカーは五〇年代に開発を本格化した。ポット式・シリンダー式・ショルダー式など各種製品が発売されたが、いずれもファンの回転による本体内の気圧低下を利用して集塵するものである。普及が進むのは六〇年代であり、その要因の一つに、同時期に建設が進む団地では、従来の家屋にあった掃き出し口が無いため、掃除機が必要となったことが挙げられる。七五年に普及率が九〇%を超えてからは、静音化、吸込仕事率の向上、新たな集塵方式などのさまざまな製品開発競争が繰り広げられた。→掃除《そうじ》

参考文献　久保道正編『家電製品にみる暮らしの戦後史』(一九九一、ミリオン書房)、大西正幸『生活家電入門―発展の歴史としくみ―』(二〇一〇、技報堂出版)　(西野　肇)

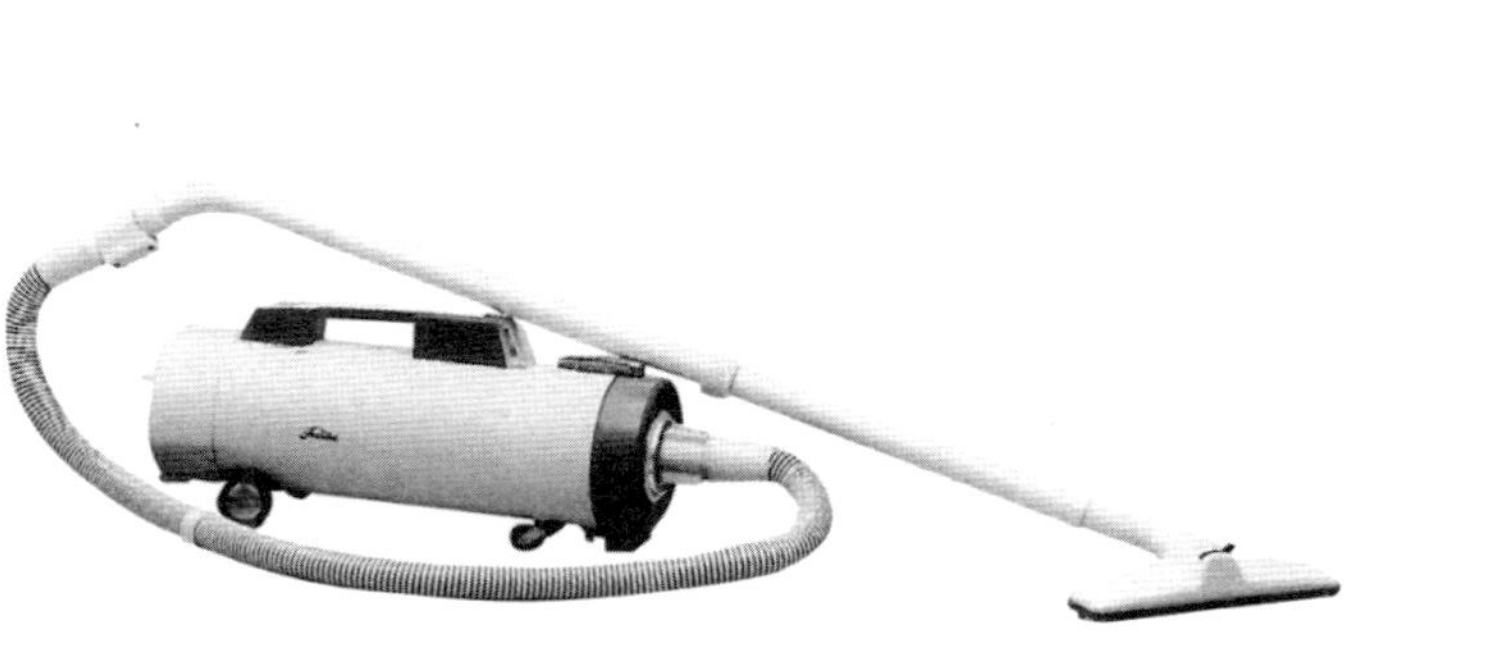

電気掃除機(東芝製，1965年発売)

そうしきぐみ　葬式組　葬儀において実務を担う、地域を基盤とした互助組織をいい、おもに民俗学の術語として使用されてきた。近隣の家を組織した組や、念仏講や庚申講など信仰を核とした講などが基盤となっていることが多い。東北地方では、本分家を中心とした同族団が葬儀の互助組織となっている。また地域によっては、親類などと呼ばれる婚姻や養子関係に基づく家関係や、日常のつきあい関係によるものなど、葬式組が固定化されていない地域もあり、当該地域の主要な社会関係に基づいて形成されてきた。葬式組はそのメンバーとなる家の当主夫婦が参加し、実質的に葬儀を支えるものであり、男性は帳場、葬具作り、墓掘りなどを、女性は調理などを担う。なかでも帳場は単に香典の集計や買い物の支払いなど金銭の出納を行うだけではなく、葬儀のさまざまな実務の内容を決定、執行するために金銭管理を行なっているのであり、喪主は帳場に一切を任せ以後は口を出さないものであった。しかし都市部を中心に、地域の互助が解消され、職場関係者や葬祭業者に依存するようになっていった。　↓葬儀社《そうぎしゃ》

参考文献　有賀喜左衛門「不幸音信帳から見た村の生活―信州上伊那郡朝日村を中心として―」(『村の生活組織(第二版)』所収、二〇〇〇、未来社)　　(山田　慎也)

そうしんぐ　装身具　身体を飾る装飾品。冠、髪飾、耳飾、首飾、腕輪、腰飾、履《くつ》などがあり、頭、耳、首、手足などを飾りつけた。日本列島では後期旧石器時代に首飾が登場し、縄文時代には、冠と履を除く、ほぼすべての装身具が登場した。石、骨角、貝など有機質の素材で作られ、男女いずれも装着した。弥生時代になると大陸から伝わった新素材である青銅やガラスでも製作され、さらに古墳時代には朝鮮半島の文化的影響を受けて金銅製の装身具が登場し、冠や履、指輪が新たに加わった。しかし七世紀以後、身分表示の冠と、実用性を持つようになった履を除くと、髪飾、首飾、耳飾、腕輪をはじめとする原始以来の身体にじかに飾りつける装身具は急激に衰退する。特に平安時代以降、女性の髪形が大垂髪《おすべらかし》となってから、ほとんどの装身具が姿を消した。それが一部復活するのは江戸時代においてであり、女性の結髪が流行したことにより金工、漆工、鼈甲の髪飾が現れる。そして明治維新後の西洋文明の流入によって、欧米の文化的影響を受けた宝石や真珠を素材とする首飾、耳飾、腕輪などの装身具が再び復活するのである。装身具の意義は、いずれの時代においても身体を美しく見せるための装飾が基本としてあり、そこに性差を示す標識、さらに弥生時代以後の階層化社会の形成によって権力や身分の表示としての意義が強調されるようになった。また縄文から古墳時代の墓に埋葬された人物に着けられた装身具には、魔よけや葬送儀礼に伴う呪術的な意味もこめられていた可能性がある。しかし江戸時代以後復活した装身具に宗教的意味はほとんど失われ、日常生活における美的演出、近代以後は儀式における装飾としての意味が強調されるようになったといえるであろう。　↓腕輪《うでわ》　↓髪飾《かみかざり》　↓冠《かんむり》　↓履《くつ》　↓首飾《くびかざり》　↓腰飾《こしかざり》　↓身体装飾《しんたいそうしょく》・身《しん》体変形《たいへんけい》　↓服飾《ふくしょく》　↓耳飾《みみかざり》　↓指輪《ゆびわ》

参考文献　野間清六『装身具』(『日本の美術』一、一九六七)、春成秀爾『古代の装い』(『歴史発掘』四、一九九七、講談社)　　(塚田　良道)

ぞうすい　雑炊　雑穀・芋・野菜などを加えた水分の多い米料理。古くは「増水」と書いた。フグ・スッポンなどのように高価な雑炊もあるが、いわゆる雑炊は、手に入るものは何でも入れて増量する山村や非常時での節米料理であった。昔からの言い伝えに「一合雑炊、二合粥、三合飯に四合鮨、五合餅なら誰も食う」というのがあるが、餅は一番贅沢なもの、雑炊は一番米の節約になるものとの教えを含んでいる。第二次世界大戦末期の学童集団疎開の献立にも連日雑炊が出てくるし、一九四四年(昭和十九)の東京には雑炊食堂が開業した。これらはすべて飢えを凌ぐための苦肉の策であったが、学童は栄養失調になり、雑炊食堂も米不足のため四五年からはうどん専門の都民食堂へ鞍替えしている。雑炊屋が繁盛したヤミ市時代を乗り越えた一九七〇年以降になると、低エネルギー食品として、雑炊レトルトがインターネット通販などでも取り扱われるようになる。雑炊は時代を映す鏡ともいえるであろう。

参考文献　『(特集)戦争中の暮しの記録』(『暮しの手帖』九六、一九六八)、杉野権兵衛『名飯部類』(福田浩・島崎とみ子訳、『教育社新書』、一九八九、教育社)、野沢一馬『大衆食堂』(二〇〇二、創森社)　　(石川　尚子)

雑炊食堂

そうそん　惣村　畿内近国で、十三世紀中ごろから成立してきた自治的な中世村落のこと。年中行事に対する頭役負担と村の成功《じょうごう》(烏帽子成・官途成・乙名成などの際の負担)により村人《むらうど》が臈次《ろうじ》をのぼり、惣村の指導者であるオトナ(乙名)となる臈次成功制宮座によって運営された。村人の身分は村落内身分の一種であり、「村人にて無き者」

を村落集団である宮座から排除し差別していた。村落内身分とは、村落集団によりおのおの独自に認定・保証され、一義的にはその村落内で通用し村落財政により支えられた身分体系である。惣村は、村落定書を作成し、自検断を行い、惣有財産をもっていた。十六世紀以降、惣村から排除されていた小百姓などからの突き上げ、一部の惣村成員の大名被官化、惣有地への課税など惣村財政の逼迫により、惣村は弱体化し、領主支配の末端組織となっていった。しかし、惣村が育んだ自治的な慣行は、近世村落でも実質的に維持されていった。 ↓オトナ ↓宮座《みやざ》 ↓寄合《よりあい》

参考文献 三浦圭一『中世民衆生活史の研究』(『思文閣史学叢書』、一九八一、思文閣出版)、仲村研『中世惣村史の研究―近江国得珍保今堀郷―』(『叢書・歴史学研究』、一九八四、法政大学出版局)、薗部寿樹『日本中世村落内身分の研究』(『歴史科学叢書』、二〇〇二、校倉書房)、同「中世における村落定書の成立と変遷―文書様式の観点から―」(『米沢史学』三〇、二〇一四) (薗部 寿樹)

そうだい 惣代 近世に、特定の同職者集団や社会集団を代表する立場にあった者を表す語。訴訟での小前《こまえ》惣代など、一時的な地位をさす場合と、十八世紀後半以降、各地の幕領に現れる郡中惣代や惣代庄屋のように、制度化された役職をさす場合とがある。郡中惣代は、代官所村々の村役人を代表する立場から、陣屋行政の下請けや、郡中入用の割賦・取立に立会い、その支出の監査にあたるなどした。また、近世後期の京・大坂などの大都市にも惣代と呼ばれる町役人が存在した。

参考文献 久留島浩『近世幕領の行政と組合村』(二〇〇二、東京大学出版会)、杉森哲也『近世京都の都市と社会』(二〇〇八、東京大学出版会) (志村 洋)

そうどう 僧堂 中世の禅宗寺院において僧が集団で起居、斎食し、座禅などの修行を行う堂。上座には賓頭盧《びんずる》尊者《そんじゃ》や文殊菩薩など聖僧をまつる。内部は土間床で、内外の二つの堂に分ける。衆僧《しゅそう》が起居する内堂には壁に沿って奥行一尺の床を張り、生活道具を納める函櫃《かんき》を設ける。寮舎などで起居する役僧の座が設けられる外堂では、奥行の浅い床が設けられることが多い。時代が下ると、生活の中心が伽藍の中枢から塔頭《たっちゅう》へと移行することなどに伴い、新たに建てられることがなくなる。 ↓子院《しいん》

参考文献 横山秀哉『禅の建築』(一九六七、彰国社)、鈴木智大「南北朝期の五山叢林における僧堂生活の実態」(『日本建築学会計画系論文集』六一一、二〇〇七) (鈴木 智大)

ぞうとう 贈答 贈与に対して御返しをするという互酬的関係。現在でもその慣行が残っている。葬式の際に贈る香典に対する香典返しの贈答がその典型である。御返しの贈答は一種の義務であり、それを果たさないと面目を失うなど不利益を被る。上下の関係においては、下級者からの献上と上級者からの下賜が贈答として完結する。贈り物と御返しの贈答品はおおむね同等の物を原則とするが、上級者の場合はみずからの気前の良さを示すために、献上品より価値の高い下賜品を贈ることもある。中世以来、旅行する者に対する餞《はなむけ》の贈与に対して、旅行から帰った時に土産が贈られているが、この場合は対等の関係のもとでの贈答である。一方、贈答は必ずしも物品のやり取りではない形も存在する。たとえば、上級者からの保護や種籾の下行に対する御返しとして、年貢・公事を上納をするのも一種の贈答といえる。中世や近世には上級者が下級者に知行を宛行った返礼として、下級者は宛行われた土地の特産物を献上するのも一種の贈答である。中国と周辺諸国との間では冊封関係が存在し、日本など周辺諸国が貢物を捧げ、中国は貢物以上の価値のある物を下賜する義務があり、日明貿易はこうした贈答のシステムにより行われたものである。 ↓香典《こうでん》 ↓中《ちゅう》元《げん》・歳暮《せいぼ》

参考文献 網野善彦・阿部謹也『(対談)中世の再発見―市・贈与・宴会―』(『平凡社選書』、一九八二、平凡社)、盛本昌広『日本中世の贈与と負担』(『歴史科学叢書』、一九九七、校倉書房)、同『贈答と宴会の中世』(『歴史文化ライブラリー』、二〇〇八、吉川弘文館) (盛本 昌広)

ぞうに 雑煮 餅を主材料とする汁物料理で、日本の年中行事を代表する正月を言祝ぐ料理である。雑煮の語は室町時代の『山内料理書』が初見とされるが、ここでは酒の肴として用いられている。雑煮の由来は「一雑煮《ザウニ》の本名をばほうぞうと云也」「臓腑を保養する心にて保臓と云也」(『貞丈雑記』)などの説がある。「元日、二日、三日、諸国ともに雑煮を食ふ。」(『守貞謾稿』)のように正月三が日を雑煮で祝う慣習は後年のものといえる。近世後期の『守貞謾稿』には「大坂の雑煮は味噌仕立なり。五文取りばかりの丸餅を焼、これを加ふ。小芋、焼豆腐、大根、乾鮑、大略この五種を味噌汁にて製す。」「江戸は切餅を焼き、小松菜を加へ、鰹節を用いし醤油の煮だしなり。」と東西の食文化を背景とする雑煮の特徴をあげている。現在、年中行事に伴う行事固有の食が薄れつつあるが、正月の雑煮には人々が一年の無事を願う思いと、祓えの思想が相まって日本の食文化のなかに深く根づいている。 ↓餅《もち》 (秋山 照子)

そうねんだん 壮年団 青年団退団者が社会のなかでかつての教養を失ったり、地域の政争に巻き込まれたりするのに対して田沢義鋪《たざわよしはる》らが提唱した組織と運動。下村湖人は紛争のない地域社会建設をめざす表に出ないネットワーク組織として「煙仲間」と称した。各地に自発的につくられていた壮年者の組織は一九三〇年代なかばごろから壮年団と称するようになり、全国組織も結成され機関誌『壮年団』を刊行している。翼賛運動のなかで翼賛壮年団に合流していくものも多かった。

参考文献 下村湖人『煙仲間』(一九四三、偕成社)、壮年団中央協会編『壮年団(復刻版)』一―七(『近代社会教育史料集成』一、一九八五、不二出版) (大串 潤児)

僧房　元興寺極楽房禅室

大和三輪素麺（『日本山海名物図会』より）

そうば　**相場**　市場で取引されている財やサービスの値段、あるいは世上一般に定まっている人物や物事の値打ちなどを表す。かつては相庭の語が用いられることも多かったが、現代では相場に統一されている。現代のわれわれにとって、最も馴染みのある相場は、株式相場や為替相場であるが、それらの動きを表現する際に用いられる「底」「天井」「利食《りぐ》い」などの独特な言い回しは、江戸時代に米相場で用いられた語に由来するものが多い。

参考文献　大玄子『商家秘録』(安達太郎編『徳川時代経済秘録全集』所収、一九四二、松山房)、高槻泰郎『近世米市場の形成と展開―幕府司法と堂島米会所の発展―』(二〇一二、名古屋大学出版会)　(高槻　泰郎)

そうぼう　**僧房**　古代寺院において僧が集まって起居する建物。細長い建物の桁行二、三間を仕切り、一つの房とする。伽藍の整った寺院においては、講堂を取り囲むように北・東・西の三面に建てるものが多く、これを三面僧房と呼ぶ。平安時代以降、有力な僧を中心に子院に住むようになり、衰退した。現存するものとして、元興寺極楽房禅室《ぜんしつ》(奈良時代、奈良県奈良市)、法隆寺東室《ひがしむろ》(奈良時代、同斑鳩町)・妻室《つまむろ》(平安時代)がある。吉備池廃寺(同桜井市)や川原寺(同明日香村)など飛鳥時代の寺院においても僧坊の存在が発掘調査で確認されている。→子院《しいん》

参考文献　鈴木嘉吉『奈良時代僧房の研究―元興寺僧房の復原を中心として―』(『奈良国立文化財研究所学報』八、一九五七)、山岸常人「中世寺院の僧房と僧団」(『仏教史学研究』三二ノ一、一九六九)、鈴木智大「三面僧房小考」(奈良文化財研究所編『文化財論叢』Ⅳ所収、二〇一三)　(鈴木　智大)

そうめん　**素麺**　麺類の一種。索餅の製法を受け継ぎ、中世に中国から伝わった小麦粉を食塩水で捏ね、麺の表面に植物油を塗りながら手延べするという技法によって作られた。室町時代の京都・奈良には素麺座が見られ、『七十一番職人歌合』には素麺売が描かれるなど中世から広く人々に食されていた。『毛吹草』に大徳寺蒸素麪《むしそうめん》・三輪素麪が記されるなど江戸初期には各地に名産品が生まれ、石臼の普及に伴って農家の冬期の副業としても広く生産された。→索餅《さくべい》

参考文献　盛本昌広「日本中世の粉食」(木村茂光編『雑穀』Ⅱ所収、二〇〇六、青木書店)、奥村彪生『日本めん食文化の一三〇〇年』(二〇〇九、農山魚村文化協会)　(伊佐治康成)

ぞうよ　**贈与**　何らかの契機に他人に物を贈ること。古代から現在まで、五節供などの年中行事、出生・元服などの通過儀礼といったさまざまな機会に物が贈られてきた。また、火事・病気・死去・湯治などの際の贈与は中世や近世には見舞(見廻)や訪《とぶらい》(弔)と呼ばれた。また、裁判や仕事に対し便宜を図ってもらう目的で贈るものを賄賂と呼び、中世以来横行していた。接待も賄賂の一種であり、この行為自体が贈与の範疇に入る。こうした贈与は本来的には自己の意志や好意によって行われるものだが、事実上強制であることも多く、一種の税的なものであった。贈物の中身は端午の節供には帷子《かたびら》を贈るように、贈与の契機によって慣習的に決まっていたが、時代により変化がある。なかでもその土地の特産物を贈ることは現在でも一般的だが、前近代には領主にとって土地支配の象徴的行為であった。旅行から帰った際に土産を贈る慣行は古くから存在し、室町時代には「みやげ」と呼ばれるようになったが、土産はもともとは「どさん」と呼ばれ、その土地の特産物を意味し、特産物が贈与品に転化したことを象徴的に示している。税と贈与が区別し難いことも多いのも特徴であり、年中行事に使用される物を納入する公事も行事遂行の援助としての贈与と捉えることもできる。　→土産《とさん》　→見舞《みまい》

参考文献　網野善彦・阿部謹也『(対談)中世の再発見—市・贈与・宴会—』(『平凡社選書』、一九八二、平凡社)、盛本昌広『贈答と宴会の中世』(『歴史文化ライブラリー』、二〇〇八、吉川弘文館)　(盛本　昌広)

ぞうり　草履　稲藁・藺草《いぐさ》・竹皮などで編んだ台に鼻緒をすえた履物。平安時代前期の『貞観儀式』に「浄履《じょうり》」、『西宮記』に「草履」の語がみえ、仏事の際の僧侶や貴族の履物に用いられており、同後期の『伴大納言絵巻』などの絵巻物類には草履を履いた人々の姿が描かれている。鎌倉時代の『一遍聖絵』には店屋で草履が売られ、労働・歩行に草履を履く人々の場面があり、すでに庶民に普及していたことがわかる。近代に至るまで全国で広く着用され、現代では和装時の履物はもとより、レジャー用のゴム草履も普及している。　↓ゴムぞうり

参考文献　宮本馨太郎『かぶりもの・きもの・はきもの』(『民俗民芸双書』二四、一九六八、岩崎美術社)、潮田鉄雄『はきもの—変遷・機能・形態—』(『ものと人間の文化史』、一九七三、法政大学出版局)　(菊地　照夫)

そうりょう　惣領　国衙・荘園領主・幕府に対する年貢・公事《くじ》の収納ないし勤仕の責任者を表す地位のこと。一族の長を表す家督の地位とは、原理的に異なる。惣領は、庶子との合意にもとづいて課役の配分状を作成し、その内容に従って納入催促を行い、納入した庶子に対しては請取状を発給した。十三世紀後半に鎌倉幕府が惣領保護法制を整備すると、惣領は自身の地位・所領が幕府権力の認定対象となる権益と認識するようになり、それらを惣領職《しき》と概念化した。　↓家督《かとく》　↓公事《くじ》　↓嫡子《ちゃくし》

参考文献　田中大喜『中世武士団構造の研究』(『歴史科学叢書』、二〇一一、校倉書房)、同「家督と惣領」(高橋秀樹編『婚姻と教育』所収、二〇一四、竹林舎)　(田中　大喜)

そえだあぜんぼう　添田啞蟬坊　一八七二—一九四四　明治時代の演歌師。本名は平吉。一八七二年(明治五)十一月二十五日、足柄県(神奈川県)大磯の自作農家の次男に生まれる。船客ボーイとして働いた後、同県横須賀の飯場、木賃宿に起居し、土工、石炭積み込みなどに従事した。九〇年、演歌壮士の歌を聞いて触発され、演歌の世界に入る。青年倶楽部に出入りし、自由党系の政治運動に参加するも、次第に政治腐敗に幻滅。各地を転々としながら演歌を創作する。一九〇五年、「ラッパ節」が流行。このころ堺利彦と出会い社会主義運動に傾倒、〇六年、啞蟬坊と号して替歌「社会党ラッパ節」「あゝ金の世」などを発表した。一〇年、東京下中山伏町のいろは長屋に移り、「ノンキ節」など、庶民の姿を主題に社会を諷刺した作品を創作する。関東大震災後は各地を転々とし、三〇年(昭和五)「生活戦線異状あり」を発表して演歌師を廃業。翌年遍路の旅に出て、三九年に帰京。四四年二月八日、七十三歳で死去する。代表作に「あゝわからない」「あきらめ節」など。　↓演歌《えんか》

参考文献　『啞蟬坊流生記』(『添田啞蟬坊・知道著作集』一所収、一九八二、刀水書房)、能川泰治「添田啞蟬坊」(趙景達他編『(講座)東アジアの知識人』二所収、二〇一三、有志舎)　(松本　和樹)

ソース　ソース　sauce。一般にはウスターソース類をさし、農林水産省の品質表示基準によれば、ウスターソース、中濃ソース、濃厚ソースで、それぞれ粘度が定められている。またその定義は(一)野菜又は果実の搾汁、煮出汁、ピューレ及びこれらを濃縮したものに砂糖類、食酢、食塩、香辛料を加えて調製したもの、(二)(一)にでん粉、調味料等を加え調製した茶色又は茶黒色をした液体調味料である。起源は英国ウースターシャー州原産のソースWorcestershire sauceで、幕末に伝来した。幕臣の栗本《くりもと》鋤雲《じょうん》著で一八六九年(明治二)刊『匏菴《ほうあん》十種』の「暁窓《ぎょうそう》追録」に「英ニ「ソーヅ」ト名ル醢アリ、甚タ我ノ醤油ニ似タリ、然レとも辛味ヲ帯ヒテ佳ナラス」と、その実態が記されている。八五年に和歌山の醤油醸造業浜口儀兵衛(現ヤマサ醤油)が、ミカドソースの名で商品化し、以降、地域により濃度や風味などの異なるソースや、とんかつ、やきそばの料理専用など、多様なソースが全国的に製造されるようになる。

参考文献　加藤秀俊『明治・大正・昭和食生活世相史』(『シリーズ食文化の発見』一、一九七七、柴田書店)　(橋爪　伸子)

そかい　疎開　戦時下において敵の攻撃(特に空襲)による被害を少なくするために都市の人員や施設を地方に移したり、建物を取り壊したりすること。アジア太平洋戦争時の日本では、空襲による火災の拡大をふせぐため住宅などの建築物を取り壊して、空き地や空地帯をつくる建物疎開(強制疎開と呼ばれた)や、防火活動の妨げになる老人や子供、妊婦などを地方に移す人員疎開が主要なものであり、その他に衣料などの物資疎開などもあった。疎開政策は一九四三年(昭和十八)後半から始まり、四四年以降本格化した。人員疎開は親類・知人を頼る縁故疎

学童疎開出発風景（1944年８月）

開と、学校単位で地方に移る学童集団疎開（四四年六月に閣議決定）とがあった。縁故疎開は開始当初の一時期を除いて、進展しなかったが、四五年三月の市街地大空襲以後、急増した。縁故・集団とも食糧・住居などに困難があり、疎開側・受入側ともに苦しい生活を余儀なくされた。

参考文献　逸見勝亮『学童集団疎開史―子どもたちの戦闘配置―』（一九九八、大月書店）、青木哲夫「無差別空襲開始後の人員疎開の状況と問題点―社会事業研究所『疎開者世帯状況調査報告書』（一九四五年六月）を中心に―」（『豊島区立郷土資料館研究紀要　生活と文化』一六、二〇〇七）　（青木　哲夫）

ぞくご　俗語　公的な場では使用されないようなくだけた言葉や下品な言葉、スラングなどを指す。かつては詩歌や公的な文書に用いられる書き言葉である雅語に対して、日常の話し言葉を総称したものであった。しかし、明治以降それまでの俗語が「口語」とされるようになってからは、スラングや隠語などをもっぱら指すようになった。公的な場にはふさわしくない表現だと認知されることが多く、テレビやラジオの報道番組では使用されない。また、辞書などには掲載されにくいという特徴がある。変化の激しい流行語や、特定の世代、集団、職業などで使用されるものが多く含まれるが、なかには「クソ」などのように近世から使用され続けており、日本語を母語とする者ならば誰もが知っているものもある。インターネットの普及以降は、インターネット上で生まれた俗語も多く流通するようになっている。　→隠語《いんご》

参考文献　町博光「日本語俗語の意味特徴」（『日本語表現法論攷（木坂基先生退官記念論文集）』所収、一九九九、溪水社）　（塚原　伸治）

そくせきラーメン　即席ラーメン　熱湯注加または鍋での煮熱だけで、二～三分で調理し喫食できるラーメン加工食品。別称インスタントラーメン。一九五八年（昭和三十三）日清食品の安藤百福《あんどうももふく》が発明・商品化した「チキンラーメン」がその嚆矢。蒸煮した中華麺線にチキンスープで着味し、油揚げ加熱で水分除去・多孔質化した乾燥麺で、熱湯を注ぎ二分間で復元し一椀のラーメンができ上がる。一食三十五円。六〇年、着味なし油揚げ麺塊に粉末スープ小袋を添付したスープ別添即席ラーメンが発売された。調理に鍋煮熱が必要で手間がかかるが、味や具材の調整自在となり、主婦層に好評で「夫婦共稼ぎの増加した昨今、一日に一食は即席ラーメンで過す家庭も珍しくなくなってきた」（『酒類食品統計月報』、六三年七月）という普及ぶりであった。その後、麺はうどん・そばに拡張し、油揚げ・非油揚げにも分化、味噌・塩・豚骨スープ調味で消費者嗜好に対応するとともに、当時急展開するスーパーマーケットでの目玉商品として販売され、家庭内に深く浸透して「国民食」と称された。七一年、カップ容器入り即席麺「カップヌードル」が発売された。湯さえあればいつでも・どこでも喫食可能という即席化の完成形で、一食百円は袋麺価格の四～五倍であったが、自動販売機やコンビニエンスストアを販路として団塊の世代を先頭とした若者中心に人気を博し急成長した。さらにコンビニの二十四時間営業と店頭での給湯サービスにより時間・場所・給湯の外部制約が解消され、その即席機能が全面発揮されるに至った。現在、袋麺およびカップ麺を「即席めん」と総称し、日本人の家庭内外での麺食形態に新規な局面を開拓して世代を問わずその食生活に定着している。約六～八ヵ月の長期保存性も兼備しており、震災を契機として近年は災害用保存食としても再注目、再評価されている。　→インスタント食品《しょくひん》　→ラーメン

参考文献　日本即席食品工業協会監修『新・即席めん入門』（『食品知識ミニブックスシリーズ』、一九九八、日本食糧新聞社）、石毛直道『麺の文化史』（『講談社学術文庫』、二〇〇六、講談社）、村田英明「即席麺の歴史と現状」（木村茂光編『粉食文化論の可能性』所収、二〇〇六、青木書店）　（村田　英明）

「カップヌードル」の側面断面（素材構成）

発売初期の「チキンラーメン」

そくはつ　束髪　明治中期以降の婦人洋髪の髪型。束髪が世に知られた契機は、一八八五年（明治十八）七月に医師の渡辺鼎と経済雑誌社の石川暎作が中心となって婦人束髪会を設立したことによる。設立の趣意は、日本髪の不便窮屈、不潔汚穢、不経済という点を改良し、それに代わる便利な洋髪を普及させるためであった。これにより束髪は、皇族・華族・政府高官婦女子の間で普及し、東京女子師範学校などの女学校でも採用された。その後、次第に束髪の前髪部分が大きくなっていった。これは庇髪と呼ばれ、髪のなかに「すき毛」を入れて形をつくった。一九〇四年二月に日露戦争が勃発し、同年十二月に旅順港の攻撃目標となった二百三高地が陥落すると、そ

の話題性に伴い庇髪の一種で二百三高地という髪を高くした形が流行した。明治四十年代には多くの高等女学校の生徒が二百三高地で通学している。↓洋髪《ようはつ》

参考文献　『福女八〇年誌』(一九七七、福島県立福島女子高等学校)、刑部芳則『洋服・散髪・脱刀―服制の明治維新―』(『講談社選書メチエ』、二〇一〇、講談社)

(刑部　芳則)

束　　髪

二百三高地

夜会巻

行方不明

七　三

耳かくし

そさい　蔬菜　食用とする草本性植物。野菜や青物ともいうが、おもに近世まで使用した言葉である。古代においても多くの蔬菜が栽培され、あるいは自生し食用に供されていた。室町中期以降、都市に青物市が開かれ、小商品生産が進んだ。近世においては、江戸などの三都、地方城下町、在郷町といった都市の周辺に蔬菜栽培を行う地域が必ずといっていいほど形成された。寺島茄子、練馬大根といった江戸近郊の「名産」は栽培する地名とともにブランド化されていた。また、都市域で生じる屎尿肥料汲み取りとの交換を伴っていたことも、特徴である。明治期になってもそれは変わらないが、鉄道の開通によって都市域が拡大し、蔬菜の流通もより遠方に広がっていった。明治初期には西洋野菜が導入された。津田仙による先駆的取り組みは有名である。↓青物市《あおものいち》　↓野菜《やさい》

参考文献　荒武賢一朗「近世大坂における青物流通の取引範囲」(『大阪の歴史』五二、一九九九)、伊佐治康成「律令国家の蔬菜栽培奨励策」(『日本歴史』七六七、二〇一二)

(福澤　徹三)

そせきたてもの　礎石建物　地面に据えた石の上に柱を立てた建物をいう。礎石建ちの建物、あるいは単に「礎石建ち」とも表現するが、民家では「石場建て」という呼称が歴史的には比較的広範に用いられてきた。掘立柱建物とは異なり、建物の耐久年数は長いが、柱そのものは自立しないので、建物を安定させるため、建設にはやや高度な専門技術を必要とした。時代が降るとともに掘立柱建物から転換するが、その時代には地域差や社会階層差がある。転換をおこす要因には、さまざまな社会的・技術的・時間的な背景が想定されるが、現在日本各地でみられる地方色豊かな民家の形式の多くは、礎石建物への転換とともに、あるいはその後に生まれたとみられる。↓掘立柱建物《ほったてばしらたてもの》

参考文献　浅川滋男・箱崎和久編『埋もれた中近世の住まい―奈良国立文化財研究所シンポジウム報告―』(二〇〇一、同成社)

(箱崎　和久)

そつぎょうしき　卒業式　各学校段階で所定の教育課程修了の意味を確認し、次の学校階梯に進学し、または就職する人生の門出を祝う式典である。児童・生徒が在学する学校の全教育課程を修了する場合を卒業といい、義務教育学校修了段階の卒業は、上級学校進学の資格と義務教育段階修了を意味する。一九四八年(昭和二十三)施行の学校教育法第一条に基づく日本の各学校は、卒業を祝う式典で卒業証書を授与するために卒業証書授与式というのが正式呼称とされる。他方、大学では所定の単位

を習得したことで卒業証書が授与され、それにより学位記が授与される。大学院修了者に対しては学位記のみが授与されるため大学院のみの場合は学位記授与式となる。これらの行事は、学校教育法施行規則に依拠した学校行事である。儀式性とともに地域住民を含んで卒業生の前途を祝する性格を有している。

参考文献　有本真紀『卒業式の歴史学』(『講談社選書メチエ』、二〇一三、講談社)　(荒井　明夫)

そで　袖　衣服の腕をおおう部分。古墳の土偶の袖や、神話時代の服装を後年に描いた絵画を見ると、当時の人々が筒袖を着ていたのがわかる。袖の幅が狭い筒袖から、幅が広くなるのは、衣冠、直衣、狩衣などを着るようになる平安時代である。室町時代からは小袖が登場し、江戸時代には装飾や紋様の流行に変遷はあるものの、身分を問わず多くの人々の袖として愛用された。また女性の場合は、既婚者の留袖、未婚者の振袖と、袖の長さで異なる役割を果たすものも登場した。だが、平安以降の広幅の袖は、仕事をする際に括らなければならず、活動に不便な点があった。それは幕末の軍事調練で顕在化し、軍服には洋服と同じような筒袖が用いられた。明治政府は、一八七一年(明治四)八月の服制変革内勅により、平安時代以来の広幅の袖を「軟弱の風」と位置づけ、王政復古の理念にもとづき「筒袖」に戻すべきだとした。それは洋服の幅の狭い袖を正当化する意味を含んでいた。
↓小袖《こそで》　↓留袖《とめそで》　↓振袖《ふりそで》

参考文献　刑部芳則『洋服・散髪・脱刀―服制の明治維新―』(『講談社選書メチエ』、二〇一〇、講談社)、同『明治国家の服制と華族』(二〇一二、吉川弘文館)　(刑部　芳則)

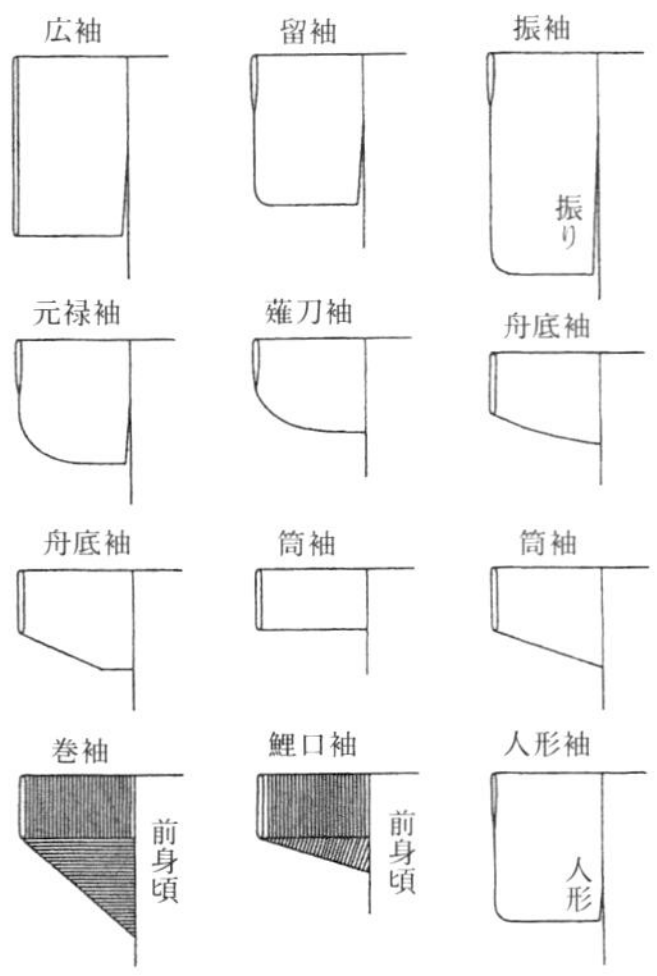

現代の和服の袖

そでなし　袖なし　袖のない衣服の形状。古くは肩衣《かたぎぬ》、手なしと呼ばれ、庶民の衣服であった。室町時代に羅紗で作った陣羽織ができ、下級武士や庶民の間で袖なし羽織として用いられた。その後、武士の間では陣羽織、庶民の間では陣兵(甚兵衛)羽織となった。袖なしは、江戸時代を通して武家の礼服として用いられた麻裃のように、着物の上に着けるのが基本である。戦場で用いられた陣羽織の種類のうち津長型、裳羽織、甲州型などにも袖がないが、幕末には会津藩主松平容保の写真のような袖なしの陣羽織が標準型となる。袖なし羽織は、ちゃんちゃんこ・おでんちと呼ばれ、綿入れ仕立てである。袖なし被布《ひふ》は、明治以降に婦人に用いられていたが、のちに乳幼児の晴れ着として着られるようになった。　↓ちゃんちゃんこ　↓羽織《はおり》

参考文献　田中尚房『歴世服飾考』五(『(改訂増補)故実叢書』五、一九九三、明治図書出版)、喜田川守貞『近世風俗志　守貞謾稿』一―五(宇佐美英機校訂、『岩波文庫』、一九九六-二〇〇二、岩波書店)　(刑部　芳則)

そば　蕎麦　そば(タデ科の一年草)の種子を粉にした食べ物。そばの種子は早く縄文時代前期に確認できるともいわれるが、文献史料としては七二二年(養老六)七月に飢饉に備え「晩禾・蕎麦及び大小麦」を植えさせたのが初見である(『続日本紀』)。このように、古代・中世ではそばは救荒作物として現れることが多い。初期は、他の雑穀と混ぜて炊いて食べる粒食やそばがきやそば餅などの粉食が行われた。そば切りの初見は十七世紀の初頭で、一六四五年(正保二)版の『毛吹草』には諸国名物として武蔵・信濃両国に「蕎切《そばきり》」が上げられており、信濃国の注記には「当国より始ると云」とあるが伝聞の域をでない。ただ、十七世紀中ごろには相当普及していたと思われる。そのころの料理書によるとつなぎに小麦粉を入れておらず、小麦粉をつなぎに用いるようになったのは十七世紀末・十八世紀初頭であったと考えられる。夜間の屋台そばが始まったのは十七世紀後半で、一六八六年(貞享三)にはめん類の夜売りが煮売り仲間から独立した業種として認められている。これを江戸では夜鷹そばといい、京坂では夜啼きうどんと称した。幕末の江戸では、夜売りを除いたそば屋が三千七百六十三店あったという。そばの代名詞でもある二八そばは、一杯十六文という値段説と、そば八、小麦粉二という割合説があり、確定されていない。なお、そば切りのゆで汁であるそば湯を飲む風習は十七世紀後半信濃国から始まったといわれ、十八世紀中ごろには江戸にも広がった。そばのタンパク質が水に溶けやすい点から考えても栄養上合理的な食し方といえる。一方で、そば切りが流行しだすと変り物としてハレの食物としても用いられるようになった。その代表が年越しそば・晦日そば・引っ越しそばの習俗である。

夜蕎麦売(『近世職人尽絵詞』より)

前二者は、金銀細工師が飛散した金銀粉を拾い集めるのにそば粉を用いたことから「金銭回収」にかけ、後者は「そば近く」をもじって交誼を願う意から発生したとされる。

参考文献　新島繁『蕎麦史考』(一九七五、錦正社)　(木村　茂光)

そばがき　**蕎麦掻**　蕎麦粉を熱湯で掻き、味噌や醬油をつけて食べた食品で、山間地で多く食べた。岩手県山田町でソバネリ、山梨県富士吉田市でオネリ、北巨摩郡でカッコ、三重県志摩郡や長崎県壱岐でネリゲという。一人分を飯茶碗や丼で作る場合と、大勢の分を鍋で作る場合があった。そばがきは沸騰したての熱い湯を使い、素早く掻かないと「生《なま》っ粉《こ》」になり、生の粉玉ができて食べられない状態になる。湯が冷めないように厚めの丼で掻くのがよい。容器に蕎麦粉を入れるとヤマになり、ヤマの八分目まで湯を注ぐと生っ粉にならない。石川県の山村では一日一回そばがきを食べた。穀類の食伸ばしのために飯前にそばがきを食べた地域も多い。福島県の奥会津では、そばがきは体を温めるといって、小寒や大寒の時期によく食べた。寒の入り口(一月六日)に炉にかけた鍋で少量の米を沸騰させ、蕎麦粉を入れて練り合わせたカンネリボウを食べると風邪をひかないという。　(増田　昭子)

そま　**杣**　材木を伐り出す山。杣山。または、それを切り出す職人のこと。古代以来、建築用材を採る目的で、

杣人(『人倫訓蒙図彙』より)

領主などは山林を持っていた。立木を伐り出し、枝を払って角材や板などを作る林業生産者は、杣工《そまだくみ》あるいは杣《そま》人《うど》・樵夫《きこり》などとも呼ばれていたが、やがて単に杣と称されるようになった。近世初頭、城郭や都市建設にあたって膨大な材木が必要とされたことから、杣は各地に動員されて材木を供給した。

参考文献　脇野博『日本林業技術史の研究』(二〇〇六、清文堂出版)　(武井　弘一)

そり　**橇**　人や物をのせ、雪・土などの上を滑らせて用いる道具の総称。滑走履物としての橇と、滑走運搬具としての橇に大別される。履物としての橇は二本の足で滑るヤマゾリと一枚板の上に乗り滑るイタゾリがあった。運搬具としての橇は、その形態により二本橇・一本橇・板橇・股橇・柴橇などに、その動力により人力橇・馬橇

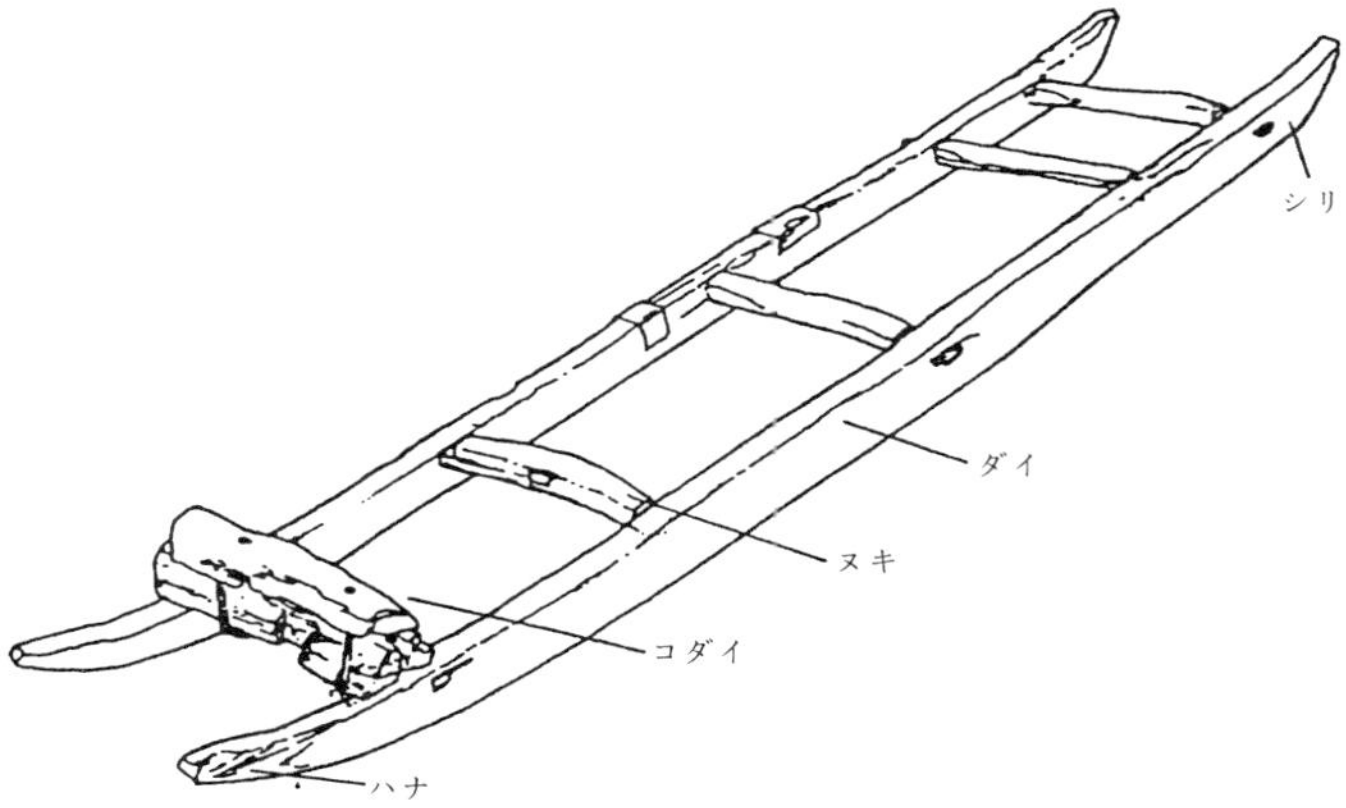

木　　馬

に、その滑走面により雪橇・土橇・木橇に分類される。用いられた木材はナラ、カシ、イタヤなど地域によりさまざまであるが、総じて堅さ、滑りの良さ、弾力性などが重視された。広く全国的に用いられた木橇は木馬《きんま》とも称し、丸太を横に敷き並べた木馬道に沿って曳き、木材や薪炭の運び出しに用いられた。そのほかにも、堆肥や米俵を運ぶための橇や、座席を設置した客橇など、さまざまな橇が存在した。石材や大木などの大きな重量物を運ぶ橇のことは修羅《しゅら》と称するが、山の傾斜を利用し木材を樋《とい》状に敷き並べ、切り出した丸太を滑り落とす装置のことも修羅と称する。一九七八年(昭和五十三)、大阪府藤井寺市に所在する三ツ塚古墳の周濠から、古墳時代後期の大小二つの修羅(アカガシ類の材を用いた全長八・八メートルのものと、クヌギ類の材を用いた全長二・二メートルのもの)が出土し注目を集めた。　→修羅《しゅら》　→雪橇《ゆきそり》

参考文献　勝部正郊『雪の民具』(『考古民俗叢書』、一九八一、慶友社)　(加藤幸治・今井雅之)

そろばん　**算盤**　珠を用いて加減乗除を行う計算具。日本の算盤は、近世初期に中国から輸入されたとされる。珠を角ばらせて機能性をあげ、梁《はり》上の珠を二つから一つに減らすなど、日本独自の改良が加えられた。一六二七年(寛永四)に和算家吉田光由(一五九八―一六七二)が著した『塵劫記《じんこうき》』は、算盤による算法の庶民への普及を促し、特に商家では丁稚の教育の根幹として「よみ・かき・そろばん」が重視されるに至った。算盤の需要の増加に伴い、長崎・大津・播磨・出雲・広島などの算盤の生産地が生まれた。兵庫県小野市の播州そろばん、島根県の雲州そろばんは国の伝統的工芸品に指定されている。珠の素材にはカバノキやツゲを、枠にはコクタンなどの堅くて重い材を用いる。近代の学校教育では、一九三八年(昭和十三)から梁下四珠の算盤による珠算が国民必修とされたため、西洋の数学輸入以後も算盤は廃れることはなかった。民間では、満一歳の誕生祝に筆・算盤・物差・

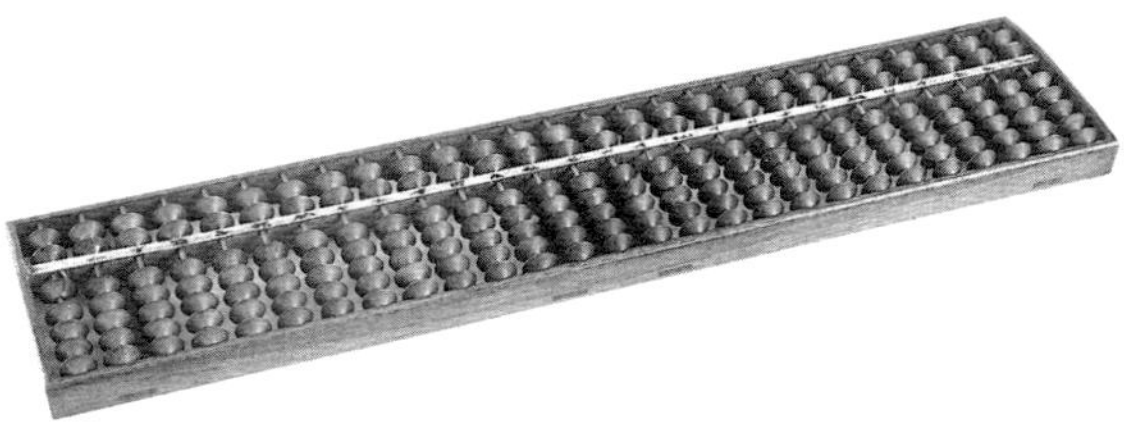

播州算盤

鋏などを並べて取らせ、子供の将来を占う習俗がある。（加藤　幸治）

そんきょ　蹲踞　相撲や剣道などの勝負事で、相手と向きあって礼をする時の基本動作の一つ。相撲の場合、力士が土俵に上がり、仕切りに入る前に、爪先《つまさき》立ちで踵《かかと》をあげて、腰を深く落とし、膝は左右に開いて両手を膝の上におき、背筋を伸ばして上体をまっすぐに正して、静かに気力を落ち着かせる動作。力士にとって大切なのは立ち合いである。力士が仕切りから立ちあがるには、双方の呼吸が合わなければならない。それをうまく合わせるようにもっていくのが行司の大切な役目であり、力士も蹲踞―仕切りを繰り返すことによって徐々に立ちあがる体勢にもっていく。しかし、現在は制限時間というものがあってむずかしい面もある。　↓相撲《すもう》　↓正座《せいざ》（小林　敏男）

そんぜ　村是　「是」とは「正しい方針」（『漢字源』）を意味し、農村の振興策を示した計画書。現状調査に基づくデータ部分と将来計画部分とに分かれている。明治二十年代末から昭和に至るまで策定された。是の内容は農事改良（稲作、副業、講習会、肥料共同購入など）に関わる事柄が中心である。提唱者前田正名（一八五〇―一九二一）の意図に反して、日露戦争後は政府の指導する地方改良運動の中に組み込まれ画一化されていった。　↓地方改《ちほうかい》良運動《りょううんどう》

参考文献　祖田修『地方産業の思想と運動―前田正名を中心にして―』（一九八〇、ミネルヴァ書房）、一橋大学経済研究所附属日本経済統計情報センター編『郡是・町村是資料マイクロ版集成』目録・解題（一九九九、丸善）（岩崎　正弥）

そんどう　村堂　古代から近世にかけて各時代の村落共同体の日常生活全般と密接に関わる役割を担った村落の仏堂のこと。呼称の多くは村落名か本尊名＋「堂」（または「寺」）であり、本尊を安置する一堂を中心とする。村堂の成立は、八世紀末から九世紀にかけて村落内の有力者を中心として村落支配や村落共同体の結束強化のために建立されたことを端緒とするが、各時代によって村堂の運営主体やそれに伴う機能に相違がみられる。諸史資料からは、「堂」は村落の境界や村落全体を見渡せる高所に立地し、主な機能として、㈠村人の信仰の場（農耕・念仏信仰などの講・祖霊供養・祈禱・集落に関わる諸行事や参詣の場、寄合など集会の場）、㈡旅人・巡礼者の宿泊、㈢共同利用飲食器の保管、㈣病者や地域で活動する宗教者の居住などがあったことがわかる。また村が自立し社会体制上の単位となったと考えられる中世後期以降の村堂は、村の象徴であるとともに、無縁の場であり、仏物の形をとって惣有財産を集積する機能をも有していたとされている。近代以降は生活や社会環境の変化により村堂の多くがその役割を終えたが、現代でも日時を定めて四国遍路の巡礼者や旅人に接待をする茶堂が少数ながら四国にあり、近世以降の村堂の役割の一端を残している。

参考文献　坂田聡「中世在村寺院の村堂化の過程」（『日本中世の氏・家・村』所収、一九九七、校倉書房）、藤木久志「村の惣堂」（『村と領主の戦国世界』所収、一九九七、東京大学出版会）、宮瀧交二「日本古代の民衆と「村堂」」（野田嶺志編『村のなかの古代史』所収、二〇〇〇、岩田書院）、熊本達哉・湯浅隆『近世の寺社建築―庶民信仰とその建築―』（『日本の美術』五三〇、二〇一〇、ぎょうせい）、藤本誠「日本古代の「堂」と村落の仏教」（『日本歴史』七七七、二〇一三）（藤本　誠）

そんぽう　村法　村が存続・維持のために、村における日常生活に関する規定をみずからの意志で制定した自律的な法のこと。村掟・村極《むらぎめ》・村議定《むらぎじょう》とも称す。冒頭に「村」を冠する表題を有するほかに、定・覚など領主法でも用いられる題名とする場合もある。村法の内容は盗みや博奕の禁止、質素・倹約の奨励、慣習・行事・婚礼・仏事・祭礼の執り行い方、農作業や山林・原野について、年貢納入などである。制定当時に村が必要とした事項を具体的に記した時宜に応じた法である。遵守を促すために、違反行為に対して制裁を規定することもある。村法の制裁は過料が最も多く、そのほかに追放、村八分、身体刑、権利剝奪、晒、労役、戸締、賤役、入寺、家毀ち、引き廻し、死刑、人形送り、家格下げなどがある。近世の村法の制定は実際には村役人が行う。文末に村民の署名・連印を記す場合が多いが、これは村役人が制定した規定に対して村民たちが遵守を誓約したものである。　↓慣習法《かんしゅうほう》　↓村掟《むらおきて》・村極《むらぎめ》

参考文献　前田正治『日本近世村法の研究』（一九五〇、有斐閣）、水本邦彦『近世の郷村自治と行政』（一九九三、東京大学出版会）、神崎直美『近世日本の法と刑罰』（一九九八、巌南堂書店）（神崎　直美）

た

タイ　タイ　タイ科の海水魚の総称。名前に「～ダイ」のつく魚は日本沿岸だけで二百種類以上もある。これは日本産魚種の約一割に相当する。そのなかでもマダイが代表的なタイとされている。マダイの主な漁場は瀬戸内海、東シナ海、本州中部の太平洋側などの西日本である。タイの漁法は、釣り、底曳網、刺網などのほか養殖などの栽培漁業などがある。釣りには手釣り、寄せ餌釣り、てんてん釣りの三つがある。一本釣りで漁獲されたものは傷が少ないので高価で取引される。一九二〇年代からは養殖も行われ、愛媛県などが主産地である。種苗生産実験は五〇年代に始まり大量生産につながった。餌によって微妙に肉質、味に違いがある。マダイは、現在では祝い事や神事、正月行事などの主役として「めでたい(目立鯛)」魚の代表である。古代では海幸彦と山幸彦の釣針神話から『日本書紀』『万葉集』『延喜式』などにもみられ、朝廷への重要な貢物、供物であり、室町時代には武家・大名間の贈答の品でもあった。伊勢神宮では伊勢湾の篠島で調製された乾鯛が神饌として奉納されている。江戸時代の『和漢三才図会』五一には「肉は白く味は美く、わが国魚品の中の上級品」とあり、関西地方などの婚礼や祭の際の掛鯛(懸鯛)、瀬戸内海の広島県三原市能地の「浮き鯛」という自然現象に関わる伝承(『日本書紀』)など各地にタイに関わるさまざまな民俗が存在している。

(橋村　修)

たいあん　大安　暦注でいうところの六曜の一つで、もっとも縁起のよい日。「だいあん」とも読むが、「大いに安し」の意で大安吉日ともいう。古くは泰安とも書かれた。万事に用いて吉とされ、成功せざることなき日といい、大変にめでたい日なので、結婚式や落成式・上棟式などはこの日を選んでなされることになっている。その習慣は今でもきわめて一般的であって、大安日には結婚式場の予約が集中する。

[参考文献]　松田邦夫『暦のわかる本』(一九六七、海南書房)

(長沢　利明)

ダイエット　ダイエット　本来の意味は「規定食」であり、健康維持のための食事制限のことを指す。二十世紀以降、飽食の時代になり、特にアメリカで高脂肪・高カロリー食の蔓延による肥満者が増え、これらに対応していくことが社会的なテーマになっていき、肥満対策の食餌療法としてのダイエットが盛んに行われるようになった。戦後の日本におけるダイエットの場合、加えて女性の美容意識とも関連性を持つようになり、健康のためのダイエットもさることながら、美容のためのダイエットという観念が強く持たれるようになる。多様なエステやサプリメントを駆使してダイエットをすることは、オシャレをして、みずからをかわいくみせるために必須の行為であるという考え方が生まれた。まだ依然として強く残る男性優位の企業社会において、美しくスーツを着こなしキビキビとした身のこなしをするためにもダイエットは有効だろう。このように、美容と結びついて、女性の美的意識とやや異質な形で女性の社会進出を支える一方で、過剰なダイエットは貧血症や拒食症などを生み、看過できない大きな健康へのダメージも誘発した。本来、ダイエットは健康のためであったはずであり、いまもその側面は厳然と維持されているものの、消費意識や社会意識といびつに結びついたダイエットは、かえって健康を害することになるなど、極端な二面性を持つようになってしまったといえる。

[参考文献]　片瀬一男『ライフ・イベントの社会学』(『SEKAISHISO SEMINAR』、二〇〇三、世界思想社)

(花岡敬太郎)

たいおんけい　体温計　体内の産熱量と放熱量のバランスで決まる体温を測定するための温度計。アルコールや水銀が温度に比例して体積を変化させる特性を利用したもので、十九世紀半ばに独のヴンダーリッヒ C. R. A. Wunderlich が臨床に応用。英独で開発製造。日本では一八八〇年代初めに試作。第一次大戦で独製品の輸入が途絶えたことにより北里柴三郎らが発起人となって一九二一年(大正十)赤線検温器株式会社(現テルモ株式会社)を設立し、「仁丹の体温計」の名で国産品を売り出す。八三年(昭和五十八)水銀体温計の生産を中止し電子体温計に移行している。

[参考文献]　川喜田愛郎『近代医学の史的基盤』下(一九七七、岩波書店)、テルモ株式会社編『水銀体温計の記録―一九二一―一九八四―』(一九八五)、鈴木紀子「体温測定法」と水銀体温計の開発」(『看護技術』五七ノ四、二〇一一)

(新村　拓)

だいく　大工　「住」に関わる建築をつくる技能者の内、全体計画と木部の施工を担当する工人。律令体制下の古代における大工は「おおいたくみ」と呼称され、中央組織(木工寮《もくりょう》)において設計と技術面での指導を行う高官であった。現場においては、長上工、番上工が作業を行なった。平安時代末から鎌倉時代にかけて、古代的な律令体制が崩壊し、建築工人たちは有力な社寺や領主に所属した。工事ごとに、大工《だいく》・引頭《いんどう》・長《ちょう》・連《れん》の階梯が定められ、中世における大工は、現場監督をさす呼称となった。一般の木工作業者は、古代の番上工に由来する番匠と呼ばれた。十五世紀初めころから、現場監督としての大工にかわり、棟梁の呼称が出現、普及し、一般木工作業者の呼称が大工に変化した。近世の文献(『愚子見記』)に、大工の身につけるべき能力として、設計・墨付け(式尺《しきしゃく》の

大工(『春日権現験記』より)

墨鈾《すみがね》)、積算(算合)、道具使い(手仕事)、装飾(絵用《えよう》・彫物)の「五意」が記されている。

参考文献 田辺泰・渡邉保忠「建築生産」(太田博太郎他『日本建築史』所収、一九六八、彰国社)、西和夫『江戸時代の大工たち』(一九八〇、学芸出版社) (渡邉　晶)

だいくしょうくせい　大区小区制　一八七一年(明治四)の廃藩置県以降に全国の府県で施行された地方制度で、七八年七月の郡区町村編制法により廃止された。府県域を大区・小区に区分し、区長や戸長が設置された。第何大区何小区などとしたため、大区小区制と称されている。七一年四月の戸籍法により、適宜に戸籍区の設置と戸籍検査にあたる戸長の任命が命じられた。七二年に、近世以来の町村役人である庄屋・名主を廃止して戸長・副戸長に改称するとされたため、戸長を区や町村のどちらに設置するか、または区を統括する大区を設置して区長を置くかなど、府県により区々な制度となった。大区小区制のもとで、近世以来の町村が否定されることはなかった。地租改正の施行まで、租税納入の責任を負う村請制が存続しているからである。府県の統廃合により管轄区域がしばしば変更される時期における、近世以来の町村連合の形態(組合村)が大区小区制と理解されている。↓区《く》　↓村《むら》

参考文献 牛米努「東京府における大区小区制の形成と展開」(『地方史研究』二四六、一九九三)、奥田晴樹『地租改正と地方制度』(一九九三、山川出版社)、松沢裕作『町村合併から生まれた日本近代―明治の経験―』(『講談社選書メチエ』、二〇一三、講談社) (牛米　努)

たいこ　太鼓　牛などの動物の皮などで作った薄い膜を枠や胴に張り、バチなどでたたいて音を出す楽器である。古今東西さまざまな音楽において、リズムを生み出す源となっている。また、祭礼はもとより、遠くまで響く太鼓の音は、見えないものを動かすものとされ、雨乞い、神への祈り、精霊と交わる際などに太鼓を打つことがある。一方、一揆などの民衆運動や軍隊においては、意志の伝達、集団の統率、士気の鼓舞のために使用されていた。 (加藤　光男)

だいこくばしら　大黒柱　「住」に関わる建築を構成する部材で、庶民住宅(民家)の構造を支える垂直材(柱)の一つ。中世までの庶民住宅は、柱を一間《けん》ごとに配し、水平材(梁・桁)も細い材であったが、近世になると空間を広く活用するため、柱を抜き取る構造に変化した。このため、水平材も太くなり、その荷重を支える柱も太い材を必要とした。特に、農家の土間と居室部の境の中央部分に最大の荷重がかかり、これを支えるために最も太い柱(大黒柱)を据えた。

参考文献 川島宙次『滅びゆく民家―間取り・構造・内部―』(一九七三、主婦と生活社) (渡邉　晶)

だいこん　大根　アブラナ科の植物。地中海沿岸地方の原産か、人類によって作り出された栽培種と推論されている、日本でも古代から栽培されている蔬菜。『古事記』『日本書紀』にもその名は表れる。地域によってさまざまな種類があり、近世に入ると特産化した例は多い。練馬大根はその最たるものといえよう。↓沢庵《たくあん》

参考文献 西山市三編『日本の大根』(一九五八、日本学術振興会)、東京都練馬区教育委員会生涯学習課編『(新版)練馬大根』(一九九八) (福澤　徹三)

たいしゅうえんげき　大衆演劇　広義には、近代以降高尚化・古典化の傾向をたどった歌舞伎などの伝統芸能や知識階層を主対象とした新劇とは異なる、商業演劇、軽演劇、ミュージカル、レビュー、ストリップショーなどの総称。共通した特徴は、娯楽性が評価上大きな比重を占めることと、多様な観客の嗜好に応じたわかりやすい内容と表現を持つことである。狭義には、少人数構成の劇団が専門劇場や行楽地の娯楽施設で比較的安い入場料で行う演劇をさす。その起源は、寺社の境内や盛り場の中小規模の劇場で行われた歌舞伎(小芝居《こしばい》)や各地を移動

して公演を行なった歌舞伎(旅芝居)にある。劇団は座長とその家族・弟子により構成され、筋立てと演出は、概略を口承で伝えて稽古する口立て方式が多く採られる。興行は一日一～二回、一ヵ月単位で劇場を移動する旅興行、作品は日替わり(回替わり)が通常であり、作品上演(芝居)の前後には舞踊や歌唱を行うショーが付けられることが多い。近年は人気の出た劇団の主要な俳優がテレビに出演したり大劇場公演を行うことも珍しくなっている。

参考文献 向井爽也『日本の大衆演劇』(一九六二、東峰出版)、南博他編『かぶく―大衆劇団の世界―』(『芸双書』一〇、一九六二、白水社)、『大衆演劇お作法』(『ぴあ伝統芸能入門シリーズ』、二〇〇四、ぴあ) (寺田 詩麻)

たいしゅうしょうせつ　大衆小説　大衆の支持を受け、広く親しまれてきた娯楽性の強い小説を意味し、純粋な芸術的感動や厳しい自己探求を目指した「純文学」と対をなす概念として用いられた。小説が中心であることからこう呼ぶが、「大衆文学」と同義と見てよい。隣接するジャンルには、落語・講談・浪花節《なにわぶし》・漫才などの「大衆演芸」や、新派・宝塚歌劇・松竹《しょうちく》新喜劇・ミュージカルなどの「大衆演劇」がある。これらはどれも、高尚な小説や芸能・演劇に対抗する通俗的な文化として台頭してきた。このような「大衆」を冠するジャンルが登場したのは二十世紀の初め、大正末期から昭和初期とされている。

大衆小説は、一九二三年(大正十二)に発生した関東大震災によって江戸時代以来の伝統が破壊され、それ以後、大量消費を目的とした商品としての小説が流通する過程で生まれた。机竜之助を主人公とした中里介山の『大菩薩峠《だいぼさつとうげ》』(一九一三年―四一年(昭和十六))は未完の長編時代小説であったが、大衆小説の嚆矢とされる。この作品が連載されていた二七年、平凡社の『現代大衆文学全集』全六十巻の配本が始まり、これによって「大衆文学」という名称が浸透した。それが文壇の旗手と目された芥川竜之介が自殺した年だったのは、文壇の潮流が大きな転換点を迎えていたことを意味するにちがいない。江戸川乱歩が名探偵の明智小五郎が登場する探偵小説で広く迎えられたのも、その前後からであった。

芥川の友人であった菊池寛《きくちかん》は通俗小説の作家として成功し、彼が主宰する文芸春秋社は、三五年、芥川の業績を記念する芥川賞、前年亡くなった直木三十五《なおきさんじゅうご》の業績を記念する直木賞を創設した。芥川賞は純文学、直木賞は大衆小説を対象に選考され、受賞した作品や作家はそれぞれのジャンルを示す指標とされた。直木賞からは、山崎豊子(五八年上半期)、司馬遼太郎(五九年下半期)、五木寛之(六六年下半期)、井上ひさし(七二年上半期)、向田邦子《むこうだくにこ》(八〇年上半期)といった作家が輩出した。だが、一方の芥川賞に、松本清張(五二年下半期)、田辺聖子(六三年下半期)が選ばれたことからすれば、両賞を区別することは次第にむずかしくなったものと察せられる。その後、清張は推理小説に欧米の手法を採用し、聖子は古典小説によって古典の大衆化に尽力した。

やがてテレビ放送が始まると、芸能や演劇と馴染みの深い大衆小説は、家庭で楽しむドラマに吸収されてゆく。たとえば、NHKの「朝の連続テレビ小説」は六一年に放送が始まり、「朝ドラ」「連ドラ」と呼ばれた。八三年の「おしん」は平均視聴率約五二%の大ヒットを記録した。一方、六三年からは「大型時代劇」の放送が始まり、「大河ドラマ」と呼ばれるようになる。八七年の「独眼竜政宗」は平均視聴率約四〇%の大ヒットを記録した。大衆小説の時代物は「大河ドラマ」に、現代物は「朝の連続テレビ小説」に振り分けられたと考えられる。

こうした動きと連動するようにして、発表された小説がすぐにドラマや映画になって販売の相乗効果を生む、いわゆる「メディアミックス」と呼ばれる広告手法の時代を迎える。小松左京が七三年に発表したSF小説『日本沈没』はその嚆矢とされ、空前のベストセラーとなった。こうした連携は今では珍しいものではなく、東野圭吾《ひがしのけいご》や宮部みゆきなどはその代表的な作家になっている。現在はまだ特異な事例だが、海外に拠点を置いて執筆活動を展開する村上春樹の場合、小説の発刊がメディアを通して宣伝されるばかりでなく、発売から間を置かずに世界各国で翻訳されている。国際化・情報化の時代を迎えて、世界の読者から多くの支持を得ていることからすれば、それはまさに現代版の大衆小説作家の登場であったと見ることができる。　↓おしん　↓連続《れんぞく》テレビ小説《しょうせつ》

参考文献 桑原武夫『文学入門』(『岩波新書』、一九五〇、岩波書店)、大衆文学研究会編『大衆文学研究への招待』(一九六六、南北社) (石井 正己)

たいしゅうしょうひしゃかい　大衆消費社会　⇩消費社会《しょうひしゃかい》

たいしゅうぶんか　大衆文化　前近代社会においても民衆のなかから生まれた多様な生活文化は存在していたが、固有の大衆文化 popular culture, mass culture は資本主義システムの成立とその浸透を前提に生まれた。つまり旧来の身分的・階層的・地域的差異を取り払い、商品として市場での交換関係が拡張するプロセスこそが大衆文化形成を促す力となった。機械制大工業の発展による労働者の集積、活字印刷に始まるマス＝コミュニケーションの複製技術の進展、通信機能の高度化、鉄道や自動車をはじめとする移動の技術革新などがその歴史的基礎を作り上げた。その意味で十九世紀から二十世紀にかけての時期は、大衆文化が現代社会の構造そのものと対応して姿を現した時代であった。トクヴィルやオルテガによる大衆文化批判が、急速な商品化や市場化の進行によって、かつて貴族やエリート層に担われてきた伝統的な高級文化が破壊され衰弱させせられていくのではないかという危機感に支えられていたことに明らかなように、大衆

文化は純粋文化と対比され、低級・俗悪・野卑など価値的に劣ったものとして認識されることになった。加えて二十世紀前半のファシズムの経験は、マス＝メディアによる大衆操作の説得性と有効性に注目させ、大衆文化のもつ危うさを浮き彫りにすることにもなった。その意味でアドルノの批評などに見るように、大衆文化とは人びとの意識を均質化していく意識産業と捉えられることになった。しかし二十世紀後半になるとこうした純粋文化と大衆文化の二項対立図式は先進資本主義国を中心に動揺に見舞われることになる。その背景には何よりもテレビに代表される新たなメディアの普及があり、その基盤は膨張してきた新中間層を担い手とする「中間文化」の浸透に支えられていたからである。一九六〇年代におけるサブカルチャーの世界的な広がりは、漫画からアニメへの進化のなかで、かつての純粋文化への対抗というレベルを超えて、現代の大衆文化の主導権をにぎったかに見える。さらに二十世紀後半から二十一世紀にかけては、携帯電話やインターネットなどに象徴される電子技術の飛躍的発展が進み、大衆文化は一人ひとりの個人のなかに拡散・沈殿し、多様なバリエーションを伴って機能する状況になっている。

近現代日本における大衆文化もこうした世界史的状況と不可分の形で推移していった。明治期の大衆文化は一方では歌舞伎・能楽などの古典芸能と、他方では落語・講談などの近世に起源をもつ寄席芸能が混在する状況を出発点に、民権運動起源の演歌の流行、川上音二郎らの新派劇団などが台頭し、明治末年からは大阪に生まれた浪花節（浪曲）の全国的流行などが続いた。こうしたなかで日本における大衆文化の転換期は第一次世界大戦から二〇年代にやってくる。それは早熟的な大衆社会の形成とアメリカ起源の大衆文化の流入によって特徴づけられる。一九一四年（大正三）、松井須磨子が歌ってヒットした「カチューシャの唄」は新しい大衆音楽の成立を告げ、最も象徴的にはチャップリン、ロイド、キートンなどの無声映画が学生や労働者を吸引し、金竜館に代表される浅草オペラが全盛期を迎えたのである。またこの時代には沢田正二郎が写実的な殺陣によって新しい大衆演劇を創造し、折からレコードやラジオ放送が登場することによって、かつてから都市中心に人気のあった浪花節、落語、漫才、講談などが電波にのって地方に流れ全国化していった。また三〇年代初頭における「東京音頭」などの新民謡の流行もメディアを媒介にした大衆音楽の浸透であった。また三七年（昭和十二）の日中戦争から敗戦までの時代には、替歌など少数の抵抗の実例はあるが、映画・演劇・流行歌・漫画・ポスター・雑誌・写真など戦時期大衆文化の主流は、戦時国策宣伝メディアとして機能していくことになった。敗戦後の占領期には、GHQ検閲のもとで大衆文化の世界にもアメリカニゼーションの影響が浸透し、これは日本人の大衆文化に対する感受性を大きく変えていく契機となった。しかし戦後日本の大衆文化においては映画・流行歌を軸に昭和戦前期の大衆文化がよみがえる形をとったのであり、ラジオや芸能雑誌がこれを後押しした。こうした流れが一変するのはテレビの流入であった。高度成長による農山漁村から都市への人口移動による社会的基盤の変質は、地域で長い年月支持されてきた伝統的大衆文化を衰滅させていった。それに代わって高度成長期においてはテレビを軸に漫画・少年雑誌・ロック音楽といったサブカルチャー系文化が大衆文化の中軸を占めるようになっていく。特に二十世紀末以後、日本はアニメを中心に世界の大衆文化をリードする位置を占めている。

このような大衆文化をどのような視点から分析するかは今後の課題であるが、その大枠を規定している意識産業としての均質化（画一化）と商品化という特質もテレビの影響力の衰弱との関わりで再考されねばならない。またマス＝メディアの巨大な社会的影響力のもつ危険性は確かに存在するが、メディアが可能にした交流の多元化や空間の縮小などによって、どのような変容の可能性をもつかも一つの論点であろう。さらにこれまでの大衆文化研究は映画・流行歌・雑誌・漫画・週刊誌などを対象に、しかも書かれた資料によって行われてきたが、生活のなかで語られたこと聞いたこと、生活のなかの身ぶりやしぐさ、さらには無意識のなかに沈殿した生活の根底に根を下ろしていくことも求められる。その意味で大衆文化を、「教養人」と「大衆」という上下の区別ではなく、連続体として考え、その両者のなかのより根源的なものと把握すること、言い換えれば「根源的なものとしての大衆文化」という「私性」と「人間としての共通性」として捉えるという鶴見俊輔の提起は示唆に富むものであろう。 →口絵〈大衆文化〉

参考文献　加藤秀俊『中間文化』（『へいぼんぶっくす』、一九五七、平凡社）、加太こうじ・鶴見俊輔他『日本の大衆芸術―民衆の涙と笑い―』（『現代教養文庫』、一九六二、社会思想社）、鶴見俊輔『限界芸術論』（一九六七、勁草書房）、オルテガ＝イ＝ガセット『大衆の反逆』（神吉敬三訳、『角川文庫』、一九六七、角川書店）、鶴見俊輔編『大衆の時代』（『現代人の思想』七、一九六九、平凡社）、ヴァルター＝ベンヤミン『複製技術時代の芸術』（『ヴァルター・ベンヤミン著作集』二、一九七〇、晶文社）、仲村祥一・中野収編『大衆の文化―日常生活の心情をさぐる―』（『有斐閣選書』、一九七五、有斐閣）、マックス＝ホルクハイマー・テオドール＝ヴィーゼングルント＝アドルノ『啓蒙の弁証法―哲学的断想―』（徳永恂訳、『selection 21』、一九九〇、岩波書店）、ジークフリード＝クラカウアー『カリガリからヒトラーへ―ドイツ映画一九一八―一九三三における集団心理の構造分析―（新装版）』（丸尾定訳、一九九五、みすず書房）、安田常雄「大衆文化研究入門―経験のなかの原風景―」（『歴史評論』七一〇、二〇〇九）、国立歴史民俗博物館・安田常雄編『戦後日本の大衆文化』（二〇一〇、

東京堂出版）

（安田　常雄）

たいしょうきょうようしゅぎ　大正教養主義　明治末から大正期に形成された「文化の習得による人格の完成」をめざす思想と運動をさす。それは一九〇六年（明治三十九）の新渡戸稲造の第一高等学校校長就任に起源をもち、一九一四年（大正三）阿部次郎『三太郎の日記』や十七年倉田百三『出家とその弟子』などの刊行によって広がった。その意味で、旧制高等学校文化を根においたエリート文化として、戦中から戦後に全盛期を迎え、高度経済成長以後の多様なサブカルチャーの浸透のなかで衰微した。それは和辻哲郎、阿部次郎、安倍能成、武者小路実篤らによって象徴されるように、白樺派、夏目漱石門下、学習院などを源流に戦前戦後の知識人層と学生文化の型をつくった。戦後の雑誌『心』は、その代表的なメディアであった。その特徴は、藤田省三によれば反俗的エリート主義と呼ばれる貴族主義意識、西欧や日本の古典文化的伝統の尊重、それなりに個を尊重するが、個が共同体（家族・村・企業・国家）と対立するときは共同体の「和」を優先する態度、そして社会科学や歴史の法則的認識の軽視などにあった。また政治的には軍隊嫌いゆえの一定の反軍的傾向と同時に、制度（天皇制）ではない天皇個人への愛着が強く、これが戦争協力を支え、また戦後の文化的象徴天皇制を支える根拠となった。和辻哲郎らによれば、天皇は非軍事的な「平和」の文化的象徴でなければならず、同時代の「文化国家」日本の代表でなければならないのである。またこの思考様式は、旧制高校から旧制中学、さらに小学校にも浸透し、その学歴ルートを通して、在地指導者や大衆の「修養型」思考様式に受け皿をもって広がり、戦後日本の保守思想の基盤になった。さらに戦後の近代主義やマルクス主義も、こうした構造を基盤に形成されたため、一面で文献購読中心の「教養主義」的な特徴をもつことになった。現在はこうした古典的教養主義の衰弱のなかで、大衆文化やサブカルチャーが新しい「教養」の源泉となりうるかが問われている。

参考文献　唐木順三『現代史への試み』（一九四九、筑摩書房）、久野収・鶴見俊輔・藤田省三『戦後日本の思想』（一九五九、中央公論社）、筒井清忠『日本型「教養」の運命―歴史社会学的考察―』（一九九五、岩波書店）

（安田　常雄）

たいしょくかん　大食漢　大食いの人のこと。もてなしや儀礼的な場面にみられるように、限られた場面では大食いを善とする伝統がある。口承文芸では、愚かさや狡賢さなどさまざまなキャラクターを与えられている。一九六〇年代後半のダイエットブームを経て、健康が志向されるようになり、やせ形の容姿が好まれるようになった現在では、大食漢は不健康や自己管理能力の欠如など、マイナスのイメージを持たれることが多い。

（塚原　伸治）

たいしょくきん　退職金　従業員が退職する際に雇用者から支給される金銭。近世の商家における「のれん分け」および退職時の金一封支給がその起源とされる。この慣行は明治初期に一部の民間企業の職員層を対象に引き継がれた。労働者層に対しては、十九世紀末以降、熟練職工の定着化を目的に労使共同出資の共済組合による病気・死亡・退職一時金や、企業による雇用契約満期時の一時金の支給が、官営事業所に先導される形で始められた。一九二〇年代から昭和恐慌期には、解雇をめぐる労働争議が多発する中で、解雇手当制度を持つ企業が増加した。一九三六年（昭和十一）には、退職積立金及退職手当法が制定され、企業に義務づけられたが、公的年金制度の整備に伴い四四年に廃止された。敗戦直後の労働攻勢の中で労働組合の要求により労働協約に基づく退職金制度が一気に普及し、五一年には従業員五百人以上の事業所では九六％が制度を保有するに至った。　↓定年退職《ていねんたいしょく》

参考文献　野村正実『日本的雇用慣行―全体像構築の試み―』（『Minerva 人文・社会科学叢書』、二〇〇七、ミネルヴァ書房）

（市原　博）

だいず　大豆　マメ科の一年草の作物で、常畑のほか水田の畦や焼畑で栽培された。五穀の一つに数えられ、栽培は比較的容易で品種も数多く、豆の完熟期も晩夏より晩秋に及んでいる。大豆は俗に「畑の肉」ともいわれるように、種子は優れた植物性蛋白質・脂肪に富む。そのため食利用の方法も多様であり、生大豆（枝豆）・煮豆・煎り豆や大豆餅・黄粉《きなこ》・大豆のもやしなどのほか、末醬《みそ》（味噌）・醬《ひしお》（醬油）・豉《くき》などの発酵調味料や納豆といった発酵食品、豆腐・湯葉などの加工食品の原料となり、わが国の食文化形成に大きな影響を与えた。中でも、室町時代に精進料理用に作られていた豆腐や納豆は、江戸時代に入ると庶民の間にも広まり、『豆腐百珍』など田楽をはじめとする豆腐料理を満載した本がつぎつぎと出版された。食用以外にも搾油後の大豆粕は牛馬の飼料や肥料となったほか、薬用や紙を継ぐ糊としても利用された。正月の福豆や節分の豆撒きなど、現在の生活との関わりも深い。　↓豆腐《とうふ》　↓納豆《なっとう》

参考文献　前田和美『マメと人間―その一万年の歴史―』（『作物・食物文化選書』九、一九六七、古今書院）、畑明美「日本人と豆食文化―とくにダイズを中心として―」（『全集日本の食文化』三所収、一九九八、雄山閣出版）

（伊佐治康成）

だいどうげい　大道芸　屋外で演じられる芸能の総称。起源は、奈良時代に中国から伝えられた散楽（曲芸・手品・滑稽物真似など）にあるとされ、七八二年（延暦元）散楽戸の廃止とともに一般に流布し、田楽に採り入れられた。室町時代になると、手品や曲芸を演じる放下《ほうか》と呼ばれる人びとが寺社境内や貴顕の邸宅や辻で芸を披露した。江戸時代には、広小路・辻・橋・寺社境内・河原・新地など人びとが多く集まる場所で、手品・軽業・曲馬・話芸など多様な芸が演じられるようになり、一部の者は小屋掛けをして興行を行なった。江戸の大道芸人には乞胸《ごうむね》・

大道芸　放下（『人倫訓蒙図彙』より）

香具師《やし》・願人坊主などがおり、上方では関蟬丸神社配下の説教讃語が大道芸人を統括した。江戸時代後期以降、大道芸の多くは芝居小屋や寄席で演じられるようになるが、祭礼などにおける屋外での上演も盛んに行われた。大道芸は戦後姿を消したが、近年は町おこしの一環として大道芸祭を企画する地域が増えている。

参考文献　三隅治雄『さすらい人の芸能史』（『ＮＨＫブックス』、一九七四、日本放送出版協会）、朝倉無声編『見世物研究』（『ちくま学芸文庫』、二〇〇二、筑摩書房）、盛田嘉徳『中世賤民と雑芸能の研究（新装版）』（二〇〇四、雄山閣）　（塩川　隆文）

たいとうまい　**大唐米**　平安時代には日本に伝来した中世の早稲系赤米品種の主流。十四世紀以降の播磨国の東寺領荘園の年貢として、大唐米が収穫され、地方市場で換金されているが、通常米より早く市場に出回りながら、食味は劣るため換金率は一～二割程度低かった。天候不良に強く、脱粒性が高く炊き増えがして、水利環境の整わない田でも作付けができる。同時期に見える若狭国の東寺領荘園の早米や、室町時代の兵庫津に讃岐から陸揚げされている赤米などは、大唐米系の品種に属すと考えられる。　→赤米《あかごめ》

参考文献　宝月圭吾「本邦占城米考」（『生産技術と物質文化』二所収、一九四三、吉川弘文館）、木村茂光編『日本農業史』（二〇一〇、吉川弘文館）　（福嶋　紀子）

中世の絵巻に描かれた台所（『春日権現験記』より）

だいどころ　**台所**　食物の調理などを行う場所。台所の語源は、中世の貴族の住居における台盤所《だいばんどころ》の略称とされる。台盤所は台盤を置いて膳立てをする所で、本来の意味は食物を調える配膳室であった。転じて中世以降は、武家でも調理と配膳の場所を台所と呼ぶようになった。中世になると、絵巻に台所らしき光景がしばしば登場する。鎌倉後期の『春日権現験記』では、囲炉裏《いろり》の脇にある切盤《きりばん》と呼ぶまな板で料理をしており、竈《かまど》はみあたらない。南北朝時代の『慕帰絵詞』では、台所の床の一部を簀子《すのこ》床の流しに用いている。近世になると、屋内の土間に竈、井戸、流しなどがみられるようになる。近代に入っても庶民の台所は大きく変わらない。竈と七輪、そして水甕の水を汲み出して、床に設置した流しで炊事をするのが一般的であった。ガス七輪が登場しても、床に置いてしゃがみこんで煮炊きした。この坐式台所は不便で不衛生であったので、大正時代に生活改善運動が盛んになると立式台所が普及した。大正時代は既製品の調理台や流し台が登場し、さらに昭和初期はこれらとコンロ台などが一体の既製品が発売された。また、大正時代は電気冷蔵庫、電気釜、電気コンロなどの家庭電化の時代を迎え、昭和初期になると今日使用の家電製品の多くが出揃った。しかしこれらは、庶民生活にはまだ縁遠かった。戦後になると、一九五五年（昭和三十）に発足した日本住宅公団は公団住宅にダイニングキッチンを採用して、台所と食事室を統合した床板の空間を確立した。これによって、椅子式のダイニングテーブルによる家族の食卓が普及した。ステンレスの流し台や、椅子式の欧米的な生活へのあこがれは台所を中心に一般家庭に広がった。それまでの不衛生な土間の台所は姿を消し、快適で明るい調理と食事の空間へ飛躍的に変化した。一方、五〇年代

システムキッチン（1980年ごろ）

は家電製品の花形の冷蔵庫が急増し、六〇年代には、電気、プロパンガスが一般家庭の台所に普及した。八〇年代からはシステムキッチンが普及した。近年は家庭料理や設計嗜好の多様化から、島型《アイランド》、半島型《ペニンシュラ》、対面式《カウンター》、上がり框《かまち》型などのさまざまな台所の配置が登場している。
↓勝手《かって》 ↓ダイニングキッチン

参考文献 小泉和子『台所道具いまむかし』(一九九四、平凡社)、芳賀登・石川寛子監修『台所・食器・食卓』(『全集日本の食文化』九、一九九七、雄山閣出版)、小菅桂子『にっぽん台所文化史(増補)』(一九九八、雄山閣出版)
(藤原 洋)

だいにほんこくぼうふじんかい 大日本国防婦人会 軍部が指導し、総力戦体制構築を担った女性団体。「満洲事変」以後の軍事的緊張の際、出征兵士の歓送迎や接待を行なっていた大阪の主婦、安田せい、三谷英子らが一九三二年(昭和七)三月に発足させた大阪国防婦人会(大阪国婦)をその前身とする。安田らは同年六月陸軍省に指導援助を要請し、十月二十四日に大日本国防婦人会(国婦)が誕生し、十二月に大阪国婦が関西本部として再発足した。三四年四月総本部発会式が行われ、会長に武藤能婦子《むとうのぶこ》(故陸軍大将武藤信義夫人)が就任。機関誌は『日本婦人』。既存の軍事援護団体であった愛国婦人会(愛婦)に比べ、会費が安く、「台所から国防を」のスローガンのもと、白いカッポウ着にタスキをかけたスタイルで活動した。国婦は陸軍の直接指導を受け、歓送迎や慰問袋贈呈だけでなく、次第に銃後活動の一翼を担う組織へと変貌を遂げた。総本部→師管本部→地方本部(府県)→支部(郡市)→分会(町村、工場、学校)→班→組→会員といった上意下達の組織形態となった。特に分会は末端組織として、傷病兵や遺家族、出征兵士の妻を監視し、反戦思想の拡がりや貞操上の「過ち」を防止する役割も担った。ただし、運営をめぐって軍人を辞任に追い込んだ事例もあり、完全に軍部へ従ったわけではない。また朝鮮・台湾・「満洲」・中国の占領地にも活動を展開した。国婦は軍国主義的との批判があったものの、会員数は三四年四月に五十数万、三六年に愛婦の会員数を突破し、四〇年十二月に九百五万人に達したという。会員獲得数をめぐり愛婦との対立が顕在化したが、支部、分会レベルでは愛婦と国婦の両方の会員となり、合わせて活動を行う場合もあった。三七年日中戦争後は国民精神総動員運動にも参画し、節約・廃品回収・献納運動など総力戦体制を支えた。翼賛体制への対応から四二年二月愛婦、大日本連合婦人会と統合され、大日本婦人会となった。 ↓婦人会《ふじんかい》

参考文献 鞠谷美規子『戦争を生きた女たち―証言・国防婦人会―』(『(シリーズ)女・いま生きる』一八、一九八五、ミネルヴァ書房)、藤井忠俊『国防婦人会―日の丸とカッポウ着―』(『岩波新書』、一九八五、岩波書店)、加納実紀代『(増補新版)女たちの〈銃後〉』(一九九五、インパクト出版会)
(酒井 晃)

だいにほんさんぎょうほうこくかい 大日本産業報国会 ⇩産業報国運動《さんぎょうほうこくうんどう》

ダイニングキッチン ダイニングキッチン 食卓と椅子を備えつけた食事室の機能をもつ台所。ダイニングルームとキッチンを合わせた和製英語でDKと略称される。ダイニングキッチンの登場は、食事室と寝室を別にする食寝分離と、夫婦と子供の寝室を別にする分離就寝を実現した。一九五五年(昭和三十)に日本住宅公団が採用してからは、民間の集合住宅や独立住宅にも急速に普及した。そのような住宅では、電気冷蔵庫とステンレスの流し台の普及によって、食品の貯蔵と水回りの衛生問題が解決された。台所と食事室が一体となったダイニングキッチンは、人々の最新のあこがれを体現していた。当時は2DKの言葉が公団住宅の代名詞のように使われたが、これは二部屋の和室(寝室)とダイニングキッチンという間取りの住宅を示す。2DKは戦後の住宅のスタンダードとして位置づけられた。その後は住宅事情が豊かになり、居間であるリビングを加えたLDKの組み合わせが普及した。一般には、nLDKの規格におけるnは家族数から1を引いた個室数のことで、夫婦の寝室と子供の数の個室(n)+共有空間(LDK)を表す。 ↓LDK《エルディーケー》 ↓公団住宅《こうだんじゅうたく》 ↓台所《だいどころ》 ↓団地《だんち》

団地のダイニングキッチン(1950年代後半)

参考文献 青木俊也『再現・昭和三〇年代 団地2DKの暮らし』(『らんぷの本』、二〇〇二、河出書房新社)、上野千鶴子『家族を容れるハコ 家族を超えるハコ』(二〇〇二、平凡社)
(藤原 洋)

だいはちぐるま 大八車 江戸時代以降に使用された人力の荷車。発祥については、寛永初年に名古屋で考案されて城下と近在で使用されたというが、すでに中世に畿内で類似の荷車がみられる。江戸では当初、車長持を利用していたが、明暦大火以降に大八車が主流になった。名称の由来についても明確でないが、車台の長さが八尺であったことによるともいわれている。明治以降になって全国的に普及した。大坂では、大八車より簡単なべか車が使用されていた。 ↓リヤカー

大八車（『近世職人尽絵詞』より）

参考文献 渡辺和敏『近世交通制度の研究』(一九九一、吉川弘文館)　(渡辺　和敏)

たいひ　堆肥　落葉や藁、野の草などを戸外あるいは小屋の中に積み上げ、腐熟させた肥料。窒素を補うために人糞尿をかけることも多い。近世の主要な自給肥料の一つである。馬屋に藁を敷き、牛馬の屎尿を染み込ませ、それを掻き出して積み上げ、腐熟させてつくる厩肥と類似するが、堆肥は馬を持たない百姓も製造することができた。百姓は、自家の地付林や屋敷林から木の葉を浚い、村中入会または村々入会の山野で草を刈り、堆肥の原料を調達した。　↓刈敷《かりしき》　(平野　哲也)

タイピスト　タイピスト　タイプライターを使って文書を作成する仕事に従事する人。タイプライターには英文と邦文の二種類があり、タイピスト typist の増加は邦文タイプライターの出現が背景にある。一九一五年(大正四)、杉本京太(一八八二―一九七二)が日本初の邦文タイプライターを発明した。一七年、日本タイプライター株式会社が国策会社として設立されて製造と販売を行い、さらには学校を併設しタイピスト育成も行なった。タイプライターの販売拡大と普及のため、一台販売するごとにタイピストを一人推薦するというセット販売も行われていた。邦文タイプライターの発明はそれまでにすでに存在していた女性事務職の幅を広げ、雇用の機会をさらに提供するきっかけとなった。邦文タイプライターに関する教育は一九八〇年代まで職業教育として専門学校などで長く続けられていたが、ワープロやパソコンが誕生するなか、タイピストは邦文タイプライターとともに消滅した。

タイピスト（1930年）

参考文献 小松由美「邦文タイプライターの発明とタイピスト―現代のパソコンに至る二〇世紀の遺産―」(『福島学院大学研究紀要』四〇、二〇〇八)　(嵯峨　景子)

たいふう　台風　暴風と豪雨を主とする季節性の自然災害。気象庁の定義では北西太平洋に存在する熱帯低気圧のうち、低気圧域内の風速が秒速一七メートル以上のものを指す。台風は主に南シナ海および南太平洋で発生した後北上し、六～十月ごろにかけ、たびたび日本列島に接近する。その際数時間から数日にわたって人間の生活圏に暴風雨をもたらし、建造物倒壊や山崩れなどの土砂災害、洪水・波浪・高潮などの水害を引き起こす。こうした災害は人命や財産を奪うのみならず、稲をはじめ農作物の収穫期に重なることが多く、時には生活基盤に深刻な被害を及ぼした。このため伝統的に為政者は治水事業に注力し、かつこれに関して特に高い功績のあった役人や名主層が顕彰された例が日本中で見受けられる。また治水とは水田の管理と表裏であるため、各地の村落社会に用水路・堤の普請に関する自治的結集を促した。台風被害として海浜部で恐れられたのが、海水が吹き寄せられて陸地を浸す高潮であり、室戸台風(一九三四年(昭和九))や伊勢湾台風(五九年)の記録的被害は主にこの高潮によるものである。風害に対してはスギやヒノキ、南方ではフクギなどで防風林を構成したほか、台風の多い沖縄・奄美地方では石垣を設けるなどの対策が取られてきた。台風にまつわる民間伝承には「蜘蛛が高く巣をかけない年は台風が多い」「南瓜の蔓が長い年は台風が多い」など、自然観察からその年の災害規模を推量するものが多い。また台風被害の中でも土砂災害と洪水については「湧水が濁ったら逃げよ」「木の根の匂いがしたらじき山が崩れる」「蟻が畳に上ってきたら大水を恐れよ」など、経験知を含めたさまざまな伝承がある。風よけのまじないとしては、屋根や長い棒の先などに鎌を立てることが日本各地で行われていた。こうした忌避の反面で、台風は西日本や離島などの渇水地域では重要な水源でもあり、ダムが枯渇すると台風が待ち望まれるなど日本社会の生態的

条件に良くも悪くも深く関わってきた。

参考文献 大谷貞夫『江戸幕府治水政策史の研究』(一九九六、雄山閣出版)、植村善博『京都の治水と昭和大水害』(二〇一一、文理閣)、野本寛一『自然災害と民俗』(二〇一三、森話社)

(及川 高)

たいまつ 松明 葦・苧殻《おがら》・枯草や竹・松など燃えやすい樹木の割木や樹皮を、手で握れるぐらいの太さに束ねて点火し、照明とするもの。本来、松明という語は油脂の多い松材を指す呼び名であったが、この形状の照明に松材が使われることが多く、次第に松明がその名称となっていったと考えられる。松明は手軽な灯火具だが、人間の手で掲げて歩ける大きさは限られており、どんなに上手に作っても一本で一時間ぐらいが限度であるといわれる。そこで、夜間の移動には松明のいらない月の明るい日を選んだり、月の出ている時間を計算して持って行く松明の数を調整するなどの工夫が必要であった。提灯などほかの携帯灯火具の普及により、日常生活では次第に使われなくなった。

参考文献 山崎ます美『灯火・民俗見聞―山崎ます美遺稿集―』(二〇〇六、ほおずき書籍)

(高塚 明恵)

たいやき 鯛焼き 小麦粉・砂糖・卵・水飴・膨張剤を水で溶いた皮の生地を鉄製の焼型に流し込み、中に小豆餡を入れて鯛の姿に焼いた菓子。江戸時代中期、神田の今川橋あたりで売られていた今川焼をもとに、一九〇九年(明治四十二)創業の浪花屋総本店が鯛の姿にして販売したと伝えられている。以来、庶民が好む菓子の定番として人気を集め、一九二三年(大正十二)の雑誌『改造』九月号には、小説家宇野浩二が鯛焼き屋の夫婦を主人公とした小説「鯛焼屋騒動」を発表している。アジア太平洋戦争後の物資不足の中、一九五三年(昭和二十八)には、演劇評論家安藤鶴夫が尻尾まで小豆餡を入れて販売していた鯛焼き店主の心意気に感動し、これを新聞のコラムで紹介したが、これを契機に尻尾に小豆餡を入れることの可否をめぐって「尻尾の餡」論争が生じた。七六年には歌手子門真人が歌うテレビ番組挿入歌「およげ！ たいやきくん」が四百万枚を超える大ヒットを記録した。今日では、一個ずつ焼き上げたものは「天然物」、複数個を同型で一度に焼き上げたものは「養殖物」と呼ばれ、皮の焼き加減による味の違いが楽しまれ、また、小豆餡のみならずクリームなどさまざまな餡も楽しまれている。

参考文献 安藤鶴夫「味なもの」(『読売新聞』一九五三年三月二十九日付朝刊)

(宮瀧 交二)

だいようしょく 代用食 主食である米の代わりに食べられた麦や豆・芋などのこと。節米や代用食は米価が高騰した第一次世界大戦期にも注目されたが、再び広く奨励されるようになったのは一九四〇年(昭和十五)ごろであった。四〇年夏からはデパート食堂など都市の飲食店で米飯が禁止ないし自粛され、麦と細かく切ったうどんの「ごはん」なども提供された。婦人雑誌にも代用食の栄養面での優位性を説く「科学的」な記事や、栄養・味・彩りに気を配り創意工夫を凝らした代用食レシピが数多く取り上げられるようになった。一方、かて飯を常食し白米を食べることがままならなかった農村からすれば、代用食奨励は国家の要求が自分たちの生活に近づいたものとしても受け取られた。戦局が悪化すると配給も七分搗米から玄米に変わり、やがて芋や大豆などが米に取って代わった。そして戦争末期から敗戦直後の食糧難が極致に達した時期には、小麦粉だけでなく雑穀や豆、糠などまで粉にして作ったすいとんなど、あらゆるものが米の代用とされるようになった。 →食糧難《しょくりょうなん》

参考文献 『(特集)戦争中の暮しの記録』(『暮しの手帖』九六、一九六八)、安田常雄「戦中期民衆の生活意識―農村の生活記録を通して―」(『暮らしの社会思想―その光と影―』所収、一九八七、勁草書房)、斎藤美奈子『戦下のレシピ―太平洋戦争下の食を知る―』(『岩波アクティブ新書』、二〇〇二、岩波書店)

(大堀 宙)

たいようぞく 太陽族 一九五五年(昭和三十)発表、翌五六年に出版された『太陽の季節』で作家デビューした当時一橋大学の学生だった石原慎太郎と、その弟で同作の主人公竜哉のモデルとされる映画俳優石原裕次郎の影響を受け、彼らと同じファッションで湘南海岸に群れた若者たちのこと。慎太郎や裕次郎の同年代からやや年下の当時高校生だった世代くらいまでが、太陽族と呼ばれたようだ。後年に続く○族の最初といえるが、以降の族とは慎太郎や裕次郎のようなカリスマを中心に抱いていた点でやや異なる。神武景気の最中、一般家庭ではテレビ・洗濯機・冷蔵庫の「三種の神器」がやっと普及し始め、まだ乗用車は夢の産物であった時代を嘲笑うかのように、慎太郎は『太陽の季節』に登場する金持ちの若者たちに、湘南の海で自家用ヨットを乗り回し、ナイトクラブで遊び呆け、性に溺れさせていくことで、それまでの戦争の経験を引きずる時代からの断絶と変化を表現して見せた。映画「太陽の季節」の類作で、裕次郎の初主演作でもある「狂った果実」における「要するに退屈なのよ、現代ってゆうのは」という台詞は、太陽族の、退廃的でありながらもそれまでの時代との決定的な決別をも想起させ、「もはや「戦後」ではない」と称された昭和三十年代を象徴する一節ということができるだろう。

参考文献 石原慎太郎『太陽の季節』(『新潮文庫』、一九五七、新潮社)、馬渕公介『「族」たちの戦後史』(『都市のジャーナリズム』、一九八九、三省堂)

(花岡敬太郎)

たいようれき 太陽暦 一太陽年を一暦年とする暦法。日本では一八七三年(明治六)一月一日以降、公式に用いられている暦法のこと。七二年十一月九日に改暦の詔書と太政官の布告を以て、同年十二月三日を翌明治六年一月一日として実施された。詔書・太政官布告ともに「太陽暦」とのみ記され、四年ごとに一日の閏日を設けるとされた。したがって、ユリウス暦と同じ置閏法であるが暦日の上からは当時欧米諸国で行われていたグレゴリオ

暦であることは明らかである。しかし、西暦一九〇〇年を迎えるにあたってそのままでは彼我との間に一日の差を生じる恐れがあるため、一八九八年五月十一日に勅令第九〇号を以て、グレゴリオ暦と同一の置閏法を採用することを明確にした。太陽暦への改暦にあたっては強引なところがあって大きな混乱を生じたが、わが国の近代化にとって避けられない改革であり、それによる利益はきわめて大きいものがあった。

参考文献　岡田芳朗『明治改暦―「時」の文明開化―』(一九九四、大修館書店)　(岡田　芳朗)

たうえき　**田植機**　稲の苗を水田に植付ける農業機械。

田　植　機

国内における最初の開発事例としては一八九八年(明治三十一)に宮崎県士族の河野平五郎が特許を取得した、木製人力の田植機械が記録に残されている。水田稲作という欧米に少ない耕地条件固有の作業機であるため、輸入機への依存が少なく国内で工夫が進められたが、戦前において本格的な普及段階に到達するものは現れなかった。戦後稲作の機械化が進められる過程で、メーカー間の開発競争が本格化し、一九七〇年代に動力フロート式の田植機が、急速な普及をみせた。水田稲作に最後に残った重労働である田植の機械化に成功し、稲作農家の労働負担を軽減した貢献が高く評価される一方で、比較的高価な田植機の普及が直播技術の普及を遅らせ、日本産米の価格競争力を低下させたとの評価も存在する。しかし田植機普及期に国内の直播技術が完成されていたとはいえない点もあり、その評価は慎重な判断を求められる。

参考文献　和田一雄『田植の技術史』(一九六八、ミネルヴァ書房)　(永江　雅和)

タウンし　**タウン誌**　一定の地域を対象とした情報誌。起源はよりさかのぼれるが、タウン誌は一九七〇年(昭和四十五)前後に根づいたものとされる。ミニコミとの関連性も深い。タウン誌の内容は、対象とする地域住民に身近な情報で占められる。政治や社会運動の内容とは縁遠い。著名なものでは、七二年刊行の『ぴあ』や、八四年に森まゆみらが創刊した地域雑誌『谷中・根津・千駄木』(愛称は『谷根千』)、九〇年(平成二)創刊の『東京ウォーカー』などが挙げられる。現在はフリーペーパーも存在感をもっている。　↓ぴあ

参考文献　田村紀雄『タウン誌出版―コミュニティ・メディアへの招待―』(『マスコミシリーズ』三、一九八〇、理想出版社)、森まゆみ『「谷根千」の冒険』(『ちくま文庫』、二〇〇二、筑摩書房)　(根津　朝彦)

タオル　**タオル**　⇩手拭《てぬぐ》い

だがしや　**駄菓子屋**　安価な材料を用いた粗製の菓子(駄菓子)を販売する店。すでに江戸時代には庶民の間で親しまれ、昭和期に入っても戦前から戦後の高度経済成長期にかけて、全国各地の津々浦々に至るまで、子どもたちの集うところには必ずその店舗を見ることができた。もとより、手軽に始めることが可能な商売として認識されており、文学者樋口一葉も、一八九三年(明治二十六)に荒物雑貨店を開店し、のちにこれを駄菓子屋に転じている。店頭には、イカなどの海産物の加工食品にはじまり、梅や杏《あんず》といった果実を加工した菓子、煎餅・餅・飴・麩菓子といった定番の和菓子、さらにはチョコレート・ガム・カステラといった洋菓子も加わった多種多様な駄菓子が並び、子どもたちは、小遣いを握りしめて駄菓子屋に日参した。また、駄菓子のほかにも、銀玉鉄砲・めんこ・ベーゴマ・ビー玉・おはじき・リリアン刺繍セット・蠟石・シャボン玉などの玩具類や、芸能人のブロマイドなどが当たるクジなども店頭に並び、子どもたちの人気を集めた。その後は、国の食品衛生管理の強化推進

駄菓子屋の店先

政策や、経営者の高齢化とそれに伴う廃業、そしてコンビニエンスストアの全国的な普及といった諸要因が複合化し、平成期に入り駄菓子屋は急速に街角から姿を消しつつある。現在ではコンビニエンスストアやスーパーマーケットの菓子コーナーの一隅に、かつては駄菓子屋で販売されていた商品が並べられている。

参考文献 加藤理『駄菓子屋・読み物と子どもの近代』(二〇〇〇、青弓社) （宮瀧　交二）

たかじょう　鷹匠　鷹狩(放鷹)に使用する鷹の飼育・訓練を行う職種。鷹狩が古代より行われているので、そのころより存在したと思われるが、詳細は不明。明確な職制となるのは江戸時代からである。幕府の制度としては、五代徳川綱吉の生類憐み政策により一旦廃止されるが、一七一六年(享保元)に八代吉宗により再興、五百石以下の小身旗本が任命された。技術の習熟・熟練などのため、世襲の家柄であるケースが多い。鷹匠は、御拳場《おこぶしば》と呼ばれる将軍家鷹場のほか、鷹の調練範囲として設定された捉飼場《とりかいば》の村々へ出向くことが多く、田中休愚『民間省要』によれば、わずかな公定の宿泊料を支払っただけで豪勢な食事を要求したり、土足で人家にいきなり上がり込むなどの不法な行為に及ぶものもあったという。なお、鷹狩を実施する諸藩においても同様に鷹匠が置かれていた。→鷹場《たかば》

参考文献 宮内省式部職編『放鷹』(一九三一、吉川弘文館)、大石学『享保改革の地域政策』(一九九六、吉川弘文館)、根崎光男『江戸幕府放鷹制度の研究』(二〇〇八、吉川弘文館) （斉藤　司）

たかのいわさぶろう　高野岩三郎　一八七一―一九四九　大正、昭和期の統計学者。一八七一年(明治四)九月二日、長崎に生まれる。次兄は高野房太郎。九五年帝国大学卒業後、大学院に進学、統計学を専攻する。このころより社会政策学会に参加した。一九〇三年東京帝国大学法科大学教授に就任し、森戸辰男、大内兵衛などを指導しながら、統計学の論文を多数発表する。一九年(大正八)国際労働会議代表反対運動で東大教授を辞任後、二〇年大原社会問題研究所所長となる。研究の傍ら、大阪や神戸で労働者教育に取り組み、火曜会で労働組合問題や無産政党結成について議論を重ねた。三〇年(昭和五)全国民衆党顧問となるが、胆嚢炎に悩まされる。その後、全国労働組合同盟、日本労働総同盟との合同に尽力しつつ、研究所の東京移転をすすめた。四五年、日本社会党創設に参画する一方、「日本共和国憲法私案要綱」をまとめる。四六年日本放送協会会長に就任し、放送民主化を目指す中で放送ストが起こり、解決に努めた。四九年四月八日、七十九歳で死去する。→大原社会問題研究所《おおはらしゃかいもんだいけんきゅうじょ》

参考文献 大島清『高野岩三郎伝』(一九六八、岩波書店) （松本　和樹）

たかば　鷹場　上級階層によって行われる遊興の一つである鷹狩を行う場所。あるいは鷹匠が鷹を調教する範囲を含む場合もある。戦国時代以降、織田信長・豊臣秀吉・徳川家康が鷹狩を愛好したため、江戸周辺の幕府鷹場のほか、各大名の城下の周辺地域にも存在する場合がある。鷹場は通常の支配領主と別に設定されるので、鷹場の範囲に組み込まれた村々は、通常の支配領主への年貢・諸役のほかに、鷹場領主に対する人足供出などの負担が加わることとなる。また、鷹狩の実施には、主要な獲物である白鳥・鶴・雁・鴨といった鳥類が集まることが必要であった。そのため、獲物が驚かないようにするために案山子の設置や家屋・水車の造立などに規制が加えられたり、鳥類を居付かせるために冬場における水田の水落しを禁止したりするなどの規制が行われている。→狩猟《しゅりょう》　→鷹匠《たかじょう》

参考文献 宮内省式部職編『放鷹』(一九三一、吉川弘文館)、大石学『享保改革の地域政策』(一九九六、吉川弘文館)、根崎光男『江戸幕府放鷹制度の研究』(二〇〇八、吉川弘文館) （斉藤　司）

たかばた　高機　織機の一種で、機台に固定した経巻具《たてまきぐ》と布巻具の間に張った経《たていと》を綜絖《そうこう》二枚に通し、足踏み操作で両口開口する機。織手の座る位置が低い地機《じばた》(下機)に対する呼称。高機には経を一定間隔に揃えて緯《よこいと》を打ち込む筬《おさ》が付属する。古墳時代の織物には筬を使用した痕跡があり、同時代の遺跡からは、高機を構成する部材も出土している。七三三年(天平五)の『越前国郡稲帳』にみえる「錦機」などは、文様を織り出す空引《そらひき》装置をもつ高機と考えられ、その模型として伊勢神宮の古神宝「金銅御高機・(同)架」が知られているが、具体的な構造は不明である。近世初期の『喜多院職人尽絵』には高機と空引機の二種が描かれ、おのおのの構造が判明する。江戸時代後期の図解事典『機織彙編《きしょくいへん》』には「絹機」や「花機」としてみえ、もっぱら絹織物が作られたが、商品としての木綿を織るために小型に改造した高機も使われるようになった。現代では奈良晒《ならざらし》や丹波布(奈良・兵庫の県指定伝統的工芸品)、奄美の大島紬《おおしまつむぎ》(国指定伝統的工芸品)をはじめ、各種の着尺《きじゃく》(和服用の反物)を織るための手機《てばた》として普及している。

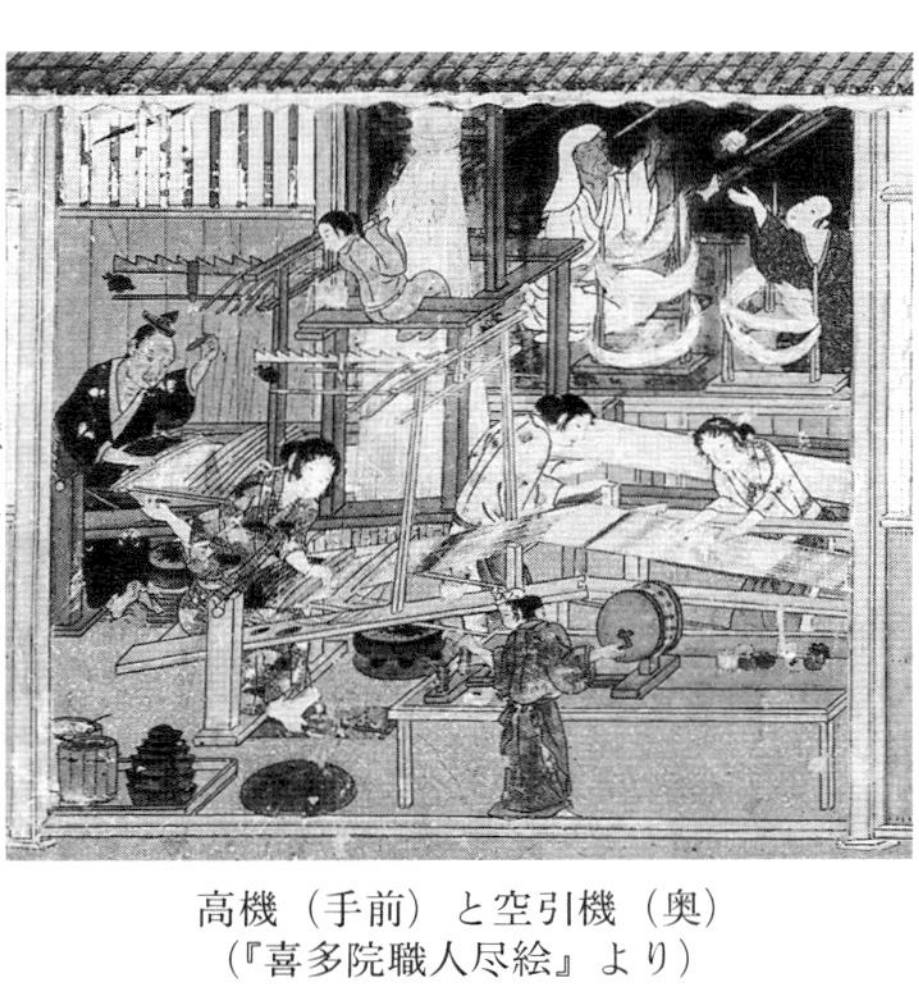
高機（手前）と空引機（奥）
(『喜多院職人尽絵』より)

参考文献 佐貫尹・佐貫美奈子『高機物語―日本の手織り高機―』(二〇〇二、芸艸堂)、東村純子『考古学からみ

た古代日本の紡織（改訂新装版）』（二〇一三、六一書房）
（東村　純子）

たかゆかじゅうきょ　高床住居　柱によって床が地面より高くもち上げられた高床建物のうち、居住施設である住居に用いられたもの。地上に柱穴を掘って柱を立てた建物跡は、考古学的には高床式か平地式か区別できない場合が多いので、掘立柱建物と総称されている。かつて高床建物は弥生時代に水田稲作とともに大陸から導入された建物形式と考えられていたが、今では縄文時代から用いられている。ただし住居としては、古墳時代以前は首長など一部の有力者が用いることはあっても、多くは倉庫など住居以外の建物の用に供されたと考えられている。古墳時代以前の高床住居は発掘された柱穴などの遺構以外に遺物である土器・銅鐸・銅鏡に描かれた絵画や家形埴輪などからも知ることができる。古代以降は絵巻物などの絵画だけでなく、寺社などの建築物、近世になると商家・農家などさまざまな建築物が残されているので、高床住居の実態を知ることができる。

参考文献　浅川滋男『建築考古学の実証と復元研究』（二〇一三、同成社）
（勅使河原彰）

たからくじ　宝くじ　賞金付きのくじを購入し、当たった者が金銭を受け取る賭博である富くじのうち、当せん金付証票法に基づいて発行されているもの。日本宝くじ協会によって実施される。前身である富くじは、江戸幕府が寺社修復費の集金を目的として許可したため、十八世紀以後流行したが、近代では禁止された。現在の宝くじは、軍事費の調達を目的として政府が一九四五年（昭和二十）七月に勝札として発売したものが起源であるが、終戦を挟んで同年十月に浮動購買力を吸収してインフレを防止することを目的として政府第一回宝籤が、宝くじの名称として行われた初回である。第一回の一等賞金は十万円であった。昭和二十年代には、戦災復興を目的として政府命令で発売されたものが中心であったが、一九五四年に政府宝くじが廃止されると、以降は自治体の連合による自治宝くじの発行が中心となっていった。収益金の用途も多様化しており、七〇年代以降は医療や福祉、八〇年代以降は環境問題対策、近年では震災復興などの財源としてあてられるようになっている。

参考文献　日本宝くじ協会編『宝くじの歴史（宝くじ発売五十周年記念）』（一九九五）
（塚原　伸治）

全国自治宝くじ（日本万国博覧会協賛、一九七〇年）

たからづかかげき　宝塚歌劇　小林一三《こばやしいちぞう》（一八七三―一九五七）により創設された未婚の女性のみで上演される歌劇団。花月雪星宙の五組および専科から構成され、専用の劇場を持ち、団員を育成するための音楽学校や座付き演出家なども有する。第一回公演が行われたのは一九一四年（大正三）で、小林一三は三越百貨店の少年音楽隊をヒントに、箕面有馬電気軌道（現阪急電鉄）の終点にある宝塚新温泉パラダイス内のプールを舞台に改造し少女に余興を行わせた。一九二七年（昭和二）、岸田辰弥が手がけたレヴュー「モン＝パリ」が上演され、以後三〇年白井鉄造による「パリゼット」が続くなどレヴュー黄金時代を築いた。戦後は七四年初演の「ベルサイユのばら」が社会現象を巻き起こした。「清く正しく美しく」のもと男役娘役という様式美を確立し、独自のきらびやかな舞台は女性を中心とした熱狂的なファンに支えられ、二〇一四年（平成二十六）に百周年を迎えた。

参考文献　川崎賢子『宝塚―消費社会のスペクタクル―』（『講談社選書メチエ』、一九九九、講談社）
（嵯峨　景子）

宝塚少女歌劇のレヴュー「モン＝パリ」

たきぎ　薪　「まき」ともいい、主に燃料として利用する細かい枝や割り木などをいう。近世以降、都市生活者が増大し需要が大きくなると、薪は農閑期における山村の林産物として盛んに生産され、周辺の町場へ出荷されるようになった。薪を産する山を薪山といい、ナラやクヌギなど更新の早い雑木などを薪に仕立てて出荷した。検地では、薪を伐り出す畑として石盛ランクの低い林畑として把握される場合が多かった。薪は、都市住民にとって炭とともに欠かすことのできない生活燃料であると同時に、山村に住む農民にとっては重要な貨幣獲得源であった。しかし、木炭と同じく薪生産は大量の木材を原料とするため森林資源の枯渇を招くこともあった。そのため都市周辺部の地域では領主が薪山を設定して伐り出しを制限したり、場合によっては運上金を課したりすることもあった。明治以降は、石油・ガスの登場による昭和三十年代の燃料革命の時期まで市民の日常生活で盛んに使用された。

参考文献 大石久敬『地方凡例録』上(大石信敬補訂・大石慎三郎校訂、『日本史料選書』一、一九六八、近藤出版社)、所三男『近世林業史の研究』(一九八〇、吉川弘文館)

(君塚　仁彦)

たくあん　沢庵　大根の漬物。沢庵漬と同義である。三代将軍徳川家光により厚遇を受けた、品川東海寺の開祖沢庵禅師が始めたと伝えられている。古代から「野菜の塩漬」は食されていて、香物として成立する。沢庵漬もその一種である。鎌倉・室町時代に乾燥させた大根、食塩、米糠を容器にいれ、押蓋のうえに押石を置いて漬け込み、貯蔵する。乾燥させた大根が米糠中に存在する酸酵菌類および酵素によって酸酵作用を受け、膨張と芳香、佳味が生じるのである。材料大根の品種としては、練馬大根、桃山大根が著名であった。↓大根《だいこん》

参考文献 荒木正吉『沢庵漬の研究』(一九三九、私家版)

(福澤　徹三)

タクシー　タクシー　客の求めに応じて目的地まで運送して運賃を取る「一般乗用旅客自動車」(道路運送法、一九五一年(昭和二十六))のこと。一九一二年(大正元)、東京のタクシー自動車株式会社がT型フォード六台で最初のタクシー事業を開始した。二一年に東京でいわゆる流しの営業が始まり、二五年に市内一円均一制の営業が始まると、「円タク」の名で親しまれるようになった。東京市のタクシー台数は二四—三二年に約千五百台から約八千台へと五・三倍に増えた。しかし過当競争や交通渋滞を引き起こすとして、三三年以降営業免許制や流しの制限など、営業統制が始まった。戦時にはガソリン不足から木炭タクシーが、敗戦直後には輪タクも登場した。高度成長期には需要の急増に対し運転手の確保が追いつかず、乱暴運転や乗車拒否など、サービスの低下が社会問題となったため、タクシー業務適正化特別措置法(七〇年)のもとで、悪質な運転手の排除が図られた。タクシー事業は道路運送法に基づく規制のもとにおかれてきたが、近年大幅な規制緩和が進んでいる。

円　タ　ク

参考文献 東京市監査局統計課編『タクシー業態調査報告(昭和一〇年五月調査)』(一九三五)

(大岡　聡)

たくじしょ　託児所　⇩保育所《ほいくしょ》

たくはいピザ　宅配ピザ　ピザのデリバリーサービス。アメリカで一九六〇年代以降に発達したシステムで、日本では八五年(昭和六十)に、アメリカの宅配ピザチェーンであるドミノ＝ピザが東京恵比寿に出店したのが最初だとされる。その後、都市部を中心に日本資本のチェーン店が参入して宅配ピザ店が増加することで、それまであまり食べられていなかったピザ自体も普及することとなった。

(塚原　伸治)

たくはいびん　宅配便　主にトラック企業によって提供される戸口相互間の小口荷物配送サービス。従来小口荷物輸送は駅間での鉄道手小荷物と郵便局間での郵便小包が主流であった。第二次世界大戦前から日本通運のハト便などの試みはあったが、手間が掛かり不採算視されてきた。しかし、高度経済成長期の終息した一九七〇年代前半ごろ成長の鈍化した運送事業の市場開拓が要請され、七六年(昭和五十一)に大和運輸(現ヤマト運輸)が小口荷物配送市場に着目して関東地方でサービスを開始した宅急便が実質的起源となった。それまで「持ち込み」「受け取り」「到着期日未定」が常識であった個人向け小口荷物の輸送を、戸口まで引き取り、配送かつ原則翌日配達を可能とした。そのサービスは運送業界の革新にとどまらず、無店舗販売やネットショップの急増を基礎づけることになり、小売業を含む流通業界全体の変革へつながった。さらにはゴルフやスキー用具の配送、スーツケースの空港への送迎など多角的サービスで旅行・レジャー形態にも変化をもたらした。

参考文献 斉藤実『宅配便—現代輸送のイノベーター—』(一九九一、成山堂書店)、中田信哉『明日の宅配便市場』(『交通ブックス』、一九九四、成山堂書店)

(三木　理史)

たくはつ　托鉢　鉢をささげ食を乞うことをいう。古くは持鉢などとも書かれていた。出家者としての僧の集団が生産に携わらないことからきており、日本では禅宗をはじめ各宗で修行として行われていた。元来、日本へ托鉢が入ってきたのは中国、朝鮮半島から仏教の伝来とともに伝えられたとされている。奈良時代には行基などによって、河川の堤防やため池、井戸などの社会インフラの整備が大仏建立のための勧進としてなされたように、チャリティとしての意味合いでも托鉢は行われるようになった。平安中期の空也などの聖《ひじり》と呼ばれる遊行者による浄土教の布教活動に繋がっている。その後、特に江戸時代になってから、道者などがただ僧形となって衣食を乞う者が出現したりして弊害が多くなったため、明治初期に一時禁止され、今日では主として禅宗で冬の期間などに行われ、寒行などと呼ばれている。

参考文献 真野俊和『日本遊行宗教論』(『日本歴史民俗

叢書』、一九九二、吉川弘文館)

(西海　賢二)

たけ　竹　イネ科タケ亜科の植物の総称。生育の形態から、バンブー類・タケ類・ササ類に分けることができる。タケ類のうち、棹が細く肉厚で柔軟なマダケは日本原産ともいわれ、笊や籠、釣り竿、傘などの日常用の細工品あるいは建築部材などに多用されてきた。また筍は食用とされる。その歴史は古く、縄文時代の集落跡である是川遺跡(青森県八戸市)からは、竹製の編み物に漆を塗った漆器が出土している。高さ二二㍍にまで成長する大型の孟宗竹は、中国原産で各地に広く栽培された。日本への伝来は、一二二八年(安貞二)に道元禅師が宋から持ち帰ったなど諸説あるが、一七三八年(元文三)に薩摩藩主の島津吉貴が琉球から取り寄せた(『南聘紀考』下)という説が有力である。高度経済成長以降、竹林が放置される傾向が強くなり、土地の侵食といった竹害をもたらす一因となっている。さらに竹は、日用品のみならず注連竹やオハケなどの祭具としても用いられた。

参考文献　室井綽『竹』(『ものと人間の文化史』、一九七三、法政大学出版局)

(中野　洋平)

たけざいく　竹細工　竹を用いた工芸品、細工品の総称。細身で柔軟性に富んだマダケが用いられることが多い。素材としては青竹、晒竹、煤竹などが流通する。装飾具としての櫛・竹玉、農具漁具としての箕・魚籠・筏、日用品としての笊・籠、武具としての弓矢・竹槍、茶道具としての茶筅や茶杓、織機の筬、楽器の笙や尺八などに加工された。青森県つがる市の亀ヶ岡遺跡をはじめ、縄文時代晩期の遺跡から竹と推測される漆塗りの編み物が出土しており、竹の加工利用が早くから行われていたことがわかる。竹の加工は日常生活において自家用に製作されることが多かったが、献上や販売を目的とする者たちもおり、たとえば律令制下における竹加工は隼人司の職掌であった。室町時代には公家の山科家に属して竹を売る竹供御人や、江戸時代になると穢多などの被差別民が余業として竹細工に携わる例、近代に入るとサンカと呼ばれた人々が箕を作って人々と交易していた例が確認できる。

参考文献　室井綽『竹』(『ものと人間の文化史』、一九七三、法政大学出版局)、沖浦和光『竹の民俗誌―日本文化の深層を探る―』(『岩波新書』、一九九一、岩波書店)

(中野　洋平)

たけのこせいかつ　たけのこ生活　たけのこの皮を一枚ずつはぐように、手持ちの衣類や家財道具を少しずつ売って生活の足しにし、ようやくくいつないでいく暮らし。着物を売る際、涙が出ることからたまねぎ生活ともいう。第二次世界大戦直後の窮乏状態に陥った都市住民は、財産の売却や物々交換によって家計費の赤字を補填した。

参考文献　永井良和編『敗戦と暮らし』(『占領期生活世相誌資料』Ⅰ、二〇一四、新曜社)

(尾崎　智子)

たこあげ　凧揚げ　骨組みに竹や木を使い、絵や文字などを描いた紙または布を張って糸をつけた凧を、屋外で糸を操り、風に乗せて空に高く揚げる遊び。凧の呼称については全国で違いがあり、主に江戸ではタコ、上方ではイカと呼ばれた。凧揚げは江戸時代に入ってから広く普及・流行したことから、大型の凧や華美なものも作られ、凧の大きさや揚げた高さを競ったり、相手の凧糸を切り落とす凧合戦も盛んに行われた。端午の節句に凧揚げを行う地域も多い。

端午の節句の凧揚げ合戦（静岡県浜松市）

参考文献　斎藤良輔『日本のおもちゃ遊び―流行と系譜―』(一九七三、朝日新聞社)、斎藤忠夫『凧の民俗誌―種類・由来・慣習―』(『ニュー・フォークロア双書』、一九八六、未来社)

(柏井　容子)

たこやき　たこ焼き　水で溶いた小麦粉にたこなどの具を入れ、丸く焼いたもの。たこ焼きの歴史は、大正期から昭和期にかけての大阪に始まる。しかし、当初はたこではなく、小さく切ったこんにゃく、刻みねぎ、天かす、紅ショウガをいれた生地を、真ん丸く焼いたラヂオ焼という名称であったという。一九三五年(昭和十)、福島県会津出身の遠藤留吉が明石焼からヒントを得て、ラヂオ焼にたこを用いるたこ焼きを考案。しかし、ソースを用いるのは戦後からで、当時の調味は塩と醬油が定番だった。

参考文献　熊谷真菜『「粉もん」庶民の食文化』(『朝日新書』、二〇〇七、朝日新聞社)

(東四柳祥子)

たざわよしはる　田沢義鋪　一八八五―一九四四　山本滝之助(一八七三―一九三一)と並ぶ青年教育・青年団運動の指導者。一八八五年(明治十八)七月二十日、佐賀県藤津郡鹿島村(鹿島市)に生まれる。東京帝国大学法科大学卒業後内務省に入省(一九〇九年)、以後内務官僚として、また財団法人協調会常務理事(二〇年(大正九))、東京市助役(二四年)、貴族院議員(三三年(昭和八))などを歴任しながらも終生青年教育・青年団運動に携わった。田沢は青年団を自然発生的な自治団体で娯楽と修養を目的としつつ「良き社会人を作る」教育機関として位置づ

け、みずから天幕講習会や講演会、著作物などを通して青年教育に力を尽くした。青年団の政治運動化・社会運動化には反対し、軍国主義化への動きに対しても批判的に一定の距離を置き続けた。日本青年館ならびに大日本連合青年団理事長に就任(三四年)。四四年三月香川県善通寺での講演中に脳出血で倒れ、十一月二十四日死去。享年六十歳。著作は『田沢義鋪選集』(一九六七年、田沢義鋪記念会)として刊行されている。 (岩崎　正弥)

だし　出汁　肉、魚、海藻、キノコなどうま味を含む食品を、水出しまたは煮出した汁。あらゆる料理のベースとなる。西洋料理のスープストックや中国料理の湯《タン》、日本料理では、鰹だしや昆布だしがその代表である。だしのうま味成分はどのだしにも共通するが、香りはだし素材によって異なり、それぞれの地域の食文化が反映され素る。最近の研究から、臭覚と味覚の結びつきが生得的ではなく学習によることが明らかとなり、幼少期に地域のだしの香りに接することの重要性が示された。『料理物語』(一六四三年(寛永二十))にみえる鰹だしのとり方が出版料理書での初出であり、江戸時代には、その風味と薬餌効果が高く評価され広く普及した。昆布だしは精進だしとして主に客用に使われた。飯、汁、菜で構成される和食の食事形態の中で、汁ものは重要な料理の一つであり、この汁ものや菜にうま味を加えるために、だしがより発達したといえる。現在は簡便な顆粒だしやパック入りだしが普及している。 ↓鰹節《かつおぶし》　↓コンブ

参考文献　河野一世『だしの秘密—みえてきた日本人の嗜好の原点—』(『クッカリーサイエンス』、二〇〇九、建帛社)、熊倉功夫・伏木亨監修『だしとは何か』(二〇一二、アイケイコーポレーション) (河野　一世)

たすき　襷　手を動かしやすくするために着物の袖をたくしあげる紐。肩から背中に回して脇の下にかける。起源は物忌みの標として肩にかけた紐。祭礼の神輿担ぎや早乙女の襷など神事に奉仕する際の礼装とされた。早乙女が使う赤やピンクの襷は紺を基調とした野良着のなかで、おしゃれの一つでもあった。駅伝競技では片方の肩からもう一方の腰に斜めにかけた襷を各区間の走者がリレーするが、襷をつなぐことが目的の一つとされ、襷に特別な力をみいだしている。

参考文献　瀬川清子『きもの』(一九七二、未来社) (島立　理子)

だたい　堕胎　流産(小産・自堕胎)に対して、意図的な妊娠中絶をいう。ときに打胎、脱胎、消産、流す、おろすともいう。多くは穏婆《おんば》に依頼し、水銀系の服薬や指し薬、時には牛蒡を煎じ麝香《じゃこう》をぬって膣に挿入した。十八世紀の医書は、妊婦の死亡例を紹介し、堕胎の危険と人道に反する「不仁」とを強調している。また、近世中期までの産科養生論は、妊娠三ヵ月までの堕胎は「血荒」で危険、四ヵ月すぎて胎児が人形になった後の堕胎の方が安全だとする。唐代の医書『千金方』を引いて胎児の発達の様子を示し、四ヵ月目の体軀の形成、五ヵ月目の五蔵の形成と男女分化という時期を、胎児が母体からの独立性を増す時期と捉える感覚が存する。十九世紀前期の医書になると、妊娠初期の堕胎の方が安全という見解がみえる。なお十八世紀の間引き禁令は、堕胎と嬰児殺しの双方を批判しているが、時代が下ると堕胎禁止に傾く。近代に入り国家による妊娠出産管理が強化されると、やむを得ず行う出生制限の手段として危険を承知しつつも堕胎を選んだと考えられる。 ↓中絶《ちゅうぜつ》

参考文献　太田素子編『近世日本マビキ慣行史料集成』(一九九七、刀水書房)、沢山美果子『性と生殖の近世』(二〇〇五、勁草書房) (太田　素子)

たたみ　畳　日本の住宅に使われている伝統的な床材。畳床《たたみどこ》の表に、イグサを編んだ畳表《たたみおもて》をつけ、縁に畳縁《たたみべり》と呼ばれる帯状の布を縫い付ける。畳床は乾燥させた稲藁を固く綴じ固めて作るのが伝統的な製法で、藁床《わらどこ》と呼ばれるが、近年はインシュレーションボードやポリスチレンフォームを使用した建材床《にんざいどこ》が主流になっている。畳表は麻糸か綿糸を経糸《たていと》にしてイグサを織りあげるものが一般的であるが、シチトウイを使った琉球表も利用され、これは畳縁をつけない仕上げにされる。非常に丈夫なため職人の仕事場や柔道の道場などで使用されてきたが、近年は縁無しのデザインから一般の住宅でも人気が高い。なお、現代の日本の住宅は洋室を中心に構成されることが多いが、床に直接座ったり、寝ころぶ生活習慣とともに畳への愛着には根強いものがある。

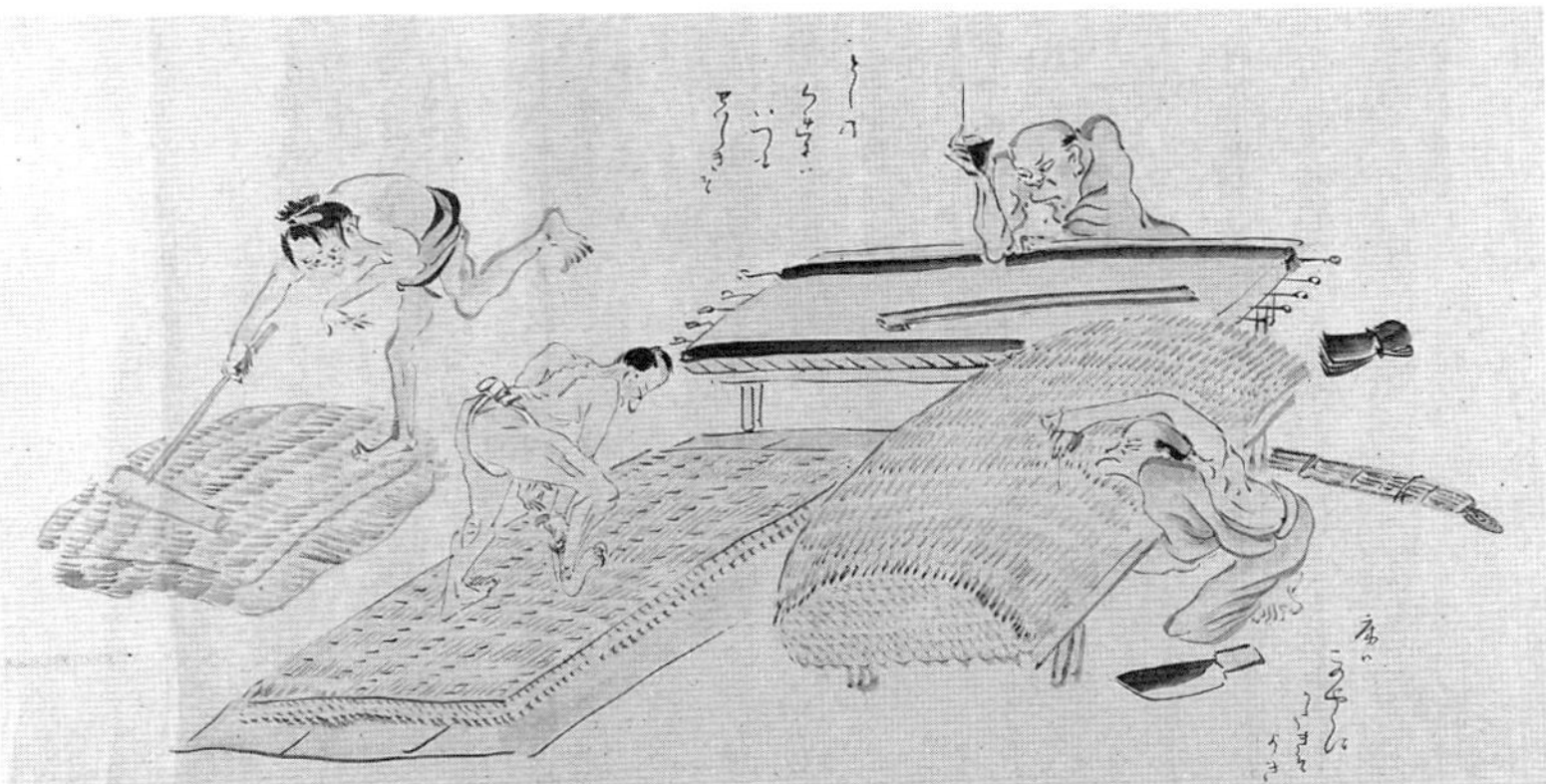

畳(『近世職人尽絵詞』より)

参考文献　佐藤理『畳のはなし』(『物語ものの建築史』、一九八五、鹿島出版会) (小林　裕美)

たちきん　立禁　立入禁止のこと。小作人に対して地主が土地明け渡しを求める前に執達吏に委任して小作人が小作地に立ち入ることを禁止すること。これは小作人が小作料を滞納した場合や小作地引上げで小作争議となった場合、地主が民事訴訟法の債権保全処分を利用して、小作人に対して行なった実力行使である。また地主は小作料が滞納または不納のとき、その代償として、刈り取る前の小作地の稲を差し押さえる立毛《たちげ》差押えを行なった。青田差し押えともいうが、これも民事訴訟法の債権保全処分である。これに対して、小作人は同一地主に対して小作料不納同盟、共同耕作により徹底的に対抗した。またその耕作地にしめ縄を張り(アゼナワ)、串をさして(クシザシ)、地主の侵入を禁止して土地保有を示したともいう。これは古代からの風習といわれ物権としての耕作権要求である。農民組合運動では政府に対して債務でなく物権としての耕作権の強化・確立を要求した。しかし明治民法では地主的所有権が耕作権(小作権)に対して圧倒的に優位であった。

参考文献　岩本由輝『村と土地の社会史—若干の事例による通時的考察—』(『人間科学叢書』、一九六八、刀水書房)、林宥一『近代日本農民運動史論』(二〇〇〇、日本経済評論社)

（森　武麿）

だっこ　抱っこ　抱くこと、抱かれることをさす幼児語。心性史家P・アリエスは、聖母マリアが幼子イエスを抱いた図像・彫刻が十一世紀から十八世紀にかけていかに変化したかを跡づけ、近代家族の特質として見られる親子関係の緊密化の根拠の一つとした。日本では、東京都八王子市の宮田遺跡から縄文時代中期の幼児を抱く土偶が出土しているなど古くから抱っこの習俗が認められる。アリエスの指摘のように抱っこした母子像が近代の親子関係の象徴だとすると、江戸の庶民文化である浮世絵の中に抱っこした母子像(鈴木春信「母と子」、明和年間(一七六四—七二)など)が豊富に出現したことは興味深い。近世の子育て書は愛情の禁欲を説き、抱っこという行為が内包している心理的距離の近い親子関係やスキンシップは手放しで容認できない原理に立っていた。明治期に移植された翻案(訳)育児書も、時間決め授乳や添い寝批判を説き、「だき癖」ということばを生み出すような節度ある愛情表現を求めた。一九六〇年代にスポック博士(アメリカの小児科医、B. M. Spock)の育児書が世界的なブームとなったころから、スキンシップや受容的な親子関係は乳幼児の自己肯定感の土台を築くとして容認されるようになった。今日では、抱き方をめぐる工夫、抱き紐の商品開発が活発に進められ、移動の手段としてのみならず、父・母と子どものコミュニケーションの機会として抱っこが研究されている。

参考文献　恒吉僚子・サラーン＝スペンス＝ブーコック編『育児の国際比較—子どもと社会と親たち—』(『NHKブックス』、一九九七、日本放送出版協会)、小林忠監修『母子絵百景—よみがえる江戸の子育て—』(『公文浮世絵コレクション』、二〇〇七、河出書房新社)、吉田菜穂子『里子事業の歴史的研究—福岡県里親会活動資料の分析—』(『長崎純心大学人間文化研究論文叢書』、二〇一一、大空社)

（太田　素子）

だつサラ　脱サラ　脱サラリーマンを略した言葉。サラリーマンを辞めて、人に雇われずにみずから営業する職に就くこと。自発的にサラリーマンから脱して、新たな仕事につくという意味で使われる場合が多い。高度成長期(一九五五年(昭和三十)—七三年)の末期からマスコミで使われるようになった。七〇年に斎藤栄三郎『転職チャンス—脱サラリーマンを狙うあなたへ—』、七一年には斎藤監修の『脱サラ学入門—チャンスをつかむ男の行動—』が出版された。『読売新聞』は七一年九月から見出しに「脱サラリーマン」という言葉を使い始め、七二年五月の記事(「「脱サラ」志望きたれ」)では、独立したい人を資金面から支援するベンチャー＝ビジネス(創意工夫を発展させた仕事)融資制度を大阪府が六月に新設すると報じている。このように組織の歯車として定年まで働き続けることに耐えられなくなった人びとが生き甲斐を求めて独立する動きとそれを公的に支援する動きが、一九七〇年代の初めごろからマスコミで注目されるようになった。脱サラのうち、会社を設立する場合、起業という言葉も使われている。当時の脱サラ組のほとんどは男性である。しかし、女性でも脱サラ組がおり、のちに成功するとその女性(七三年設立の事務処理サービス請負・人材派遣会社テンプスタッフの篠原欣子など)にマスコミが注目するようになった。

参考文献　松田修一・大江健編『起業家の輩出—日本型支援システムの構築—』(『シリーズ・ベンチャー企業経営』一、一九九六、日本経済新聞社)

（鈴木　邦夫）

たてあなじゅうきょ　竪穴住居　地面を平に掘りくぼめて床とし、そこへ屋根をかけた半地下式の住居。夏は涼

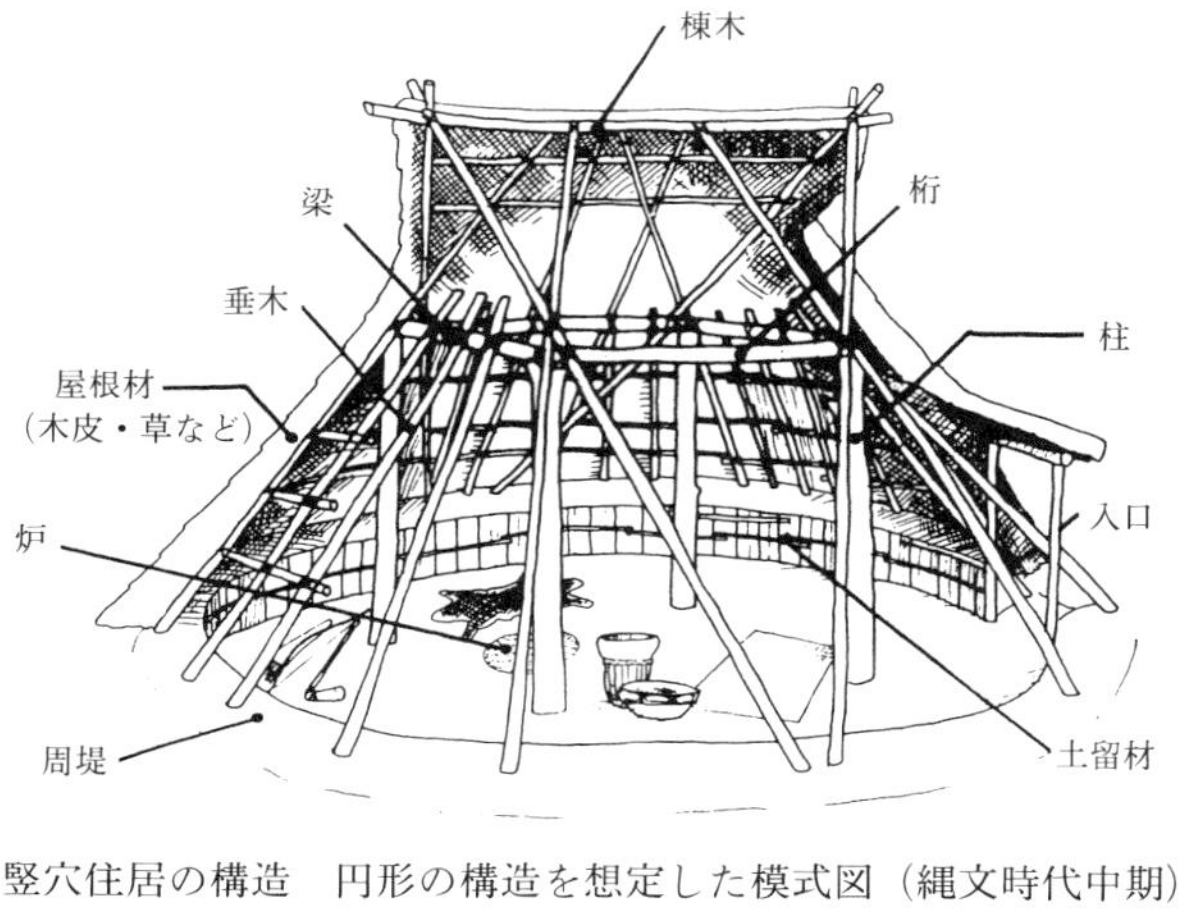

竪穴住居の構造　円形の構造を想定した模式図（縄文時代中期）

しく、冬は保温に富み暖かであることから、北半球の温帯から寒帯にかけて広く使われた住居の形態である。日本列島では更新世末から散発的にみられるが、本格的に使われるようになるのは完新世の縄文時代になってからで、奈良・平安時代まで使われた。平面形には円形・方形・楕円形・隅丸方形などがあって、時代と地域によって多様な変化がみられる。床面積も時代や地域によって大小さまざまであるが、平均で縄文時代は約二〇平方《メートル》、弥生時代以降は約三〇平方《メートル》となるが、当然大型や超大型の住居もある。住居の床には炉があり、古墳時代の五世紀以降には竈が普及するが、それに伴って住居の平面形は方形化する。また、床面には屋根を支える柱穴、壁の土留材を埋め込んだり、雨水の浸入を防ぐための周溝と呼ばれる浅い溝が掘られている。

参考文献 石野博信『古代住居のはなし』(『歴史文化セレクション』、二〇〇六、吉川弘文館)　(勅使河原彰)

たてぐ　建具　「住」に関わる建築を構成する要素で、開口部を開閉する装置。建具の開閉形式は、回転式とスライド式に大別できる。回転式の板戸は弥生時代に出土例があり、その後、古代の寺院や宮殿に水平回転式の板扉が、平安時代の上層住宅(寝殿)に上下回転式の蔀戸《しとみど》が用いられた。スライド式の建具は、中世以降に板戸、格子戸、舞良戸《まいらど》、障子(襖)、明障子《あかりしょうじ》などが普及した。回転式の建具は開口部に加工した穴に建具の軸をさしこむだけでよいが、スライド式の建具は開口部の上方に鴨居を、下方に敷居を取り付ける必要がある。この鴨居と敷居の溝は、近世以降、縦挽《たてびき》鋸、鑿、溝鉋を用いて加工したが、中世以前の道具は鑿だけであった。こうした溝加工の困難さが、スライド式が回転式よりも遅れて普及する大きな要因と考えられる。格子の骨組の両面に紙を貼り重ねた障子(襖)から、骨組の片面に紙を一枚だけ貼った明障子が出現し、建具を閉めた状態での採光が可能となった。→蔀《しとみ》　→障子《しょうじ》　→戸《と》　→襖《ふすま》

参考文献 山田幸一『図解日本建築の構成―構法と造形のしくみ―』(一九八八、彰国社)　(渡邉　晶)

たてば　立場　⇩茶屋《ちゃや》

たな　店　商品を並べて座売りする場所。藤原京・平城京・平安京の官営東西市で、販売に従事する市人が商品を陳列して販売した肆《いちくら》という建物が店のはじまりである。平安京の東西市が衰微すると、市の外側の街に、家屋から路上に棚を張出して商品を並べ、見せながら販売する棚売りが盛んになった。この商品を置く棚のことを鎌倉時代には見世棚と称し、室町時代には店と書いてタナやミセと呼ぶようになった。戦国時代の京都を描く「洛中洛外図」では、店先での棚売りが主流であるが、店に買い物客を招き入れる様子も描かれている。江戸時代になると、棚売りは衰えて屋内での販売に移行し、店は建物そのものを指すようになり、私生活の場としての奥と商売を行う表とに区分されるようになった。また江戸では、一般の借家を店、借家人のことを店子と呼んだ。

参考文献 斎藤研一「描かれた暖簾、看板、そして井戸―初期洛中洛外図屏風の図像―」(勝俣鎮夫編『中世人の生活世界』所収、一九九六、山川出版社)　(末永　國紀)

たなかしょうぞう　田中正造　一八四一―一九一三　政治家、社会運動家。一八四一年(天保十二)十一月三日下野国(栃木県)に生まれる。若くして名主となり、明治初年には自由民権派の県会議員として活動した。一八九〇年(明治二十三)の初の総選挙で代議士となり、翌年には帝国議会ではじめて、当時社会問題となっていた古河鉱業による渡良瀬川の鉱毒被害者の救済を訴え、以後十年にわたり問題解決に奔走した。しかし有効な解決は遠く、一九〇一年には議員を辞職し、明治天皇への直訴を敢行した。政府は田中を「狂人」とし鉱毒問題を黙殺しようとし、また鉱毒問題を治水問題にすりかえ、谷中村を遊水地にして谷中村住民の家屋を破壊し、強制撤去をはかった。田中正造は残留民とともに谷中村に残って抵抗を続け、名望家知識人や政治家としてではなく、人びととともに生活のなかに生きることの意味を深めていった。また「公益」の意味を問い、「自治」のあり方を探り、河川を天地の本来の姿にもどす治水の思想にたどりついた。こうした田中正造の経験は石牟礼道子『苦海浄土』を通して水俣の経験につながり、全国の公害反対運動や環境運動に大きな原理的影響を与えた。一九一三年(大正二)九月四日に死去。七十三歳。葬儀には近在から五万人の人びとが草鞋履き腰弁当で会葬したという。著作は『田中正造全集』全十九巻・別巻一(一九七七年(昭和五十二)―八〇年、岩波書店)としてまとめられている。

参考文献 『(特集)日本民主主義の原型』(『思想の科学』四二、一九六二)、林竹二『田中正造の生涯』(『講談社現代新書』、一九七六、講談社)、由井正臣『田中正造』(『岩波新書』、一九八四、岩波書店)、小松裕『田中正造―二一世紀への思想人―』(一九九五、筑摩書房)　(安田　常雄)

たながり　店借　⇩地借《じがり》・店借《たながり》

たなこ　店子　⇩大屋《おおや》・店子《たなこ》

たなだ　棚田　傾斜地に造成された階段状の水田。現在では一般に、傾斜度が二十分の一以上の斜面に造成された、一《ヘクタール》以上の水田団地をさす。平野が少ない日本列島上では、こうした形態の水田の造成は早くから始まったとみられ、徳島県三好郡東みよし町の大柿遺跡では、五段の階段状に造成された弥生時代前期末の棚田の遺構が発見されている。しかし、こうした階段状の水田は、古くは山田・迫田《さこだ》などと呼ばれるのが一般的で、「山田」は『万葉集』などでも多く詠われている一方で、「棚田」という語の初見は、一三三八年(建武五)の「紀伊国志富田荘検注帳」(『高野山御影堂文書』)まで下る。地形との関係で丘陵台地型・山添型・谷底平地型・山間型・臨海型などの類型があるが、この中でも傾斜が緩やかなところでは、畦畔を土坡と呼ばれる土塁で造成するのに対し、傾

棚田（奈良県高市郡明日香村）

斜がきついところでは、土坡の下部のみ石を積んだものや、畦畔全体を総石積みとすることが多い。これらの石積みは耕作者自身が構築するか、専門の石工を頼んで構築するが、中には城の石垣を思わせるような高い石積みをもつ棚田もある。棚田の造成には多大な労働力を要するが、開発の当初にはきわめて小規模であった棚田も多く、石積み技術の導入や灌漑設備の整備などによって、段階的に大規模化していったと考えられる。大規模化の時期は地域によって異なるが、近世後期から近代にかけて大規模化したところも多く、千枚田などとも呼ばれる。しかし、戦後の高度成長期以降、過疎化や後継者不足に加え、耕作の困難さや経済効率の低さなどから耕作放棄される棚田も多く、耕作者・行政・市民団体が一体となった保全活動が進められている。農林水産省による一九九九年（平成十一）の「日本の棚田百選」認定もその一環といえる。棚田は、その景観上の美しさから観光資源・地域資源として活用されている例も少なくないが、本来、棚田には水源涵養機能や洪水調節、土壌浸食防止などの国土保全機能があるとされており、そうした観点からの保全活動の拡大が求められている。

参考文献　中島峰広『日本の棚田—保全への取組み—』（一九九九、古今書院）、棚田学会編『棚田学入門』（二〇一四、勁草書房）　（高木　徳郎）

民家の七夕飾り（再現）

たなばた　七夕　中国をはじめ東アジアの節句の節日であり、旧暦の七月七日の夜のことである。七夕は普通「たなばた」と読むことはできない。中国では「しちせき」という。古くは、七夕を「棚機《たなばた》」と表記した。棚機とは棚機津女の神話に象徴される禊ぎ神事で、選ばれた少女が織った神衣を棚に供え、神を迎える秋の収穫行事であった。『日本書紀』神代にみえる夷曲《ひなぶりうた》に「弟織女《おとたなばため》」がみえている。七夕は中国の七月七日の乞巧奠《きこうでん》の行事で、奈良時代に中国から伝わり、棚機神事と融合したとも、牽牛・織女の機織りにちなんだともいわれている。『万葉集』には「織女」を詠う歌が多く、時には「彦星」の名も登場する。明治の改暦で七月七日という時にまつわる七夕の行事は新暦で八月中旬以降になり、神事との関連は薄れ、現在は宮城県仙台市をはじめとして観光イベントなどで活用されて継承されている。　（関　和彦）

↓節供《せつく》

たぬき　狸　ネコ目イヌ科の動物。狐と並んでヒトを化かす動物とされるが、滑稽なさまはユーモアにあふれ、腹鼓の音はポンポコなどと擬音化され、大正期に野口雨情が作詞した童謡「証城寺の狸囃子」はよく知られている。狸は森林に生息し、鼠や蛙、鳥や魚、昆虫のほかに木の実などを食べる雑食性の動物である。すでに縄文時代には狩猟の対象とされ、人との関わりは古い。人々から親しまれるイメージになったのは江戸時代で、それ以前は「かちかち山」の説話で人に危害を加えるように、凶暴な動物としてとらえられていた。四国や佐渡では、狐よりも狸に化かされる伝承が多い。狸の毛は防寒具や筆に最適で、乱獲が進んだため、一九二六年（大正十五）に現在の山口県防府市向島がホンドタヌキの生息適地とされ、絶滅を防ぐため、国の天然記念物に指定された。生息地に指定された当時は多数の狸が確認されたが、一九五〇年（昭和二十五）に本土と連絡する橋が架かると、天敵である野犬が侵入して急速に数が減り、今日、その生息数の減少が危惧されている。

参考文献　柳田国男「狸とデモノロジー」（『（定本）柳田国男集』二二所収、一九七〇、筑摩書房）　（柳　正博）

たねかわ　種川　サケの産卵に適した河川の特定水域の上流に柵などを設置し、そこを産卵場所にすることにより、資源の保護と繁殖を目指した半人工的に作り出された産卵場所のこと。種川による資源保全は種川制度と呼ばれる。日本における種川の開始は近世にまでさかのぼることができ、越後国村上町（新潟県村上市）の鮭川（三面《みおもて》川の下流域）での取り組みがはじまりである。鮭川の種川は十八世紀末に村上藩の殖産政策の一環で進められたサケ資源保全政策として開始した。十九世紀に入るとその成功例を踏まえ庄内藩などの近隣諸藩もみずからの領域において種川制度を導入している。明治期、特に一八七

〇年代後半以降になると各府県の漁業法令の中に資源保全に関する内容のものが多く見られ、種川制度も水産資源の繁殖のための役割を担い、主として北日本の各地の河川で広く採用されることとなった。 ↓サケ

参考文献 高橋美貴『近世・近代の水産資源と生業―保全と繁殖の時代―』(二〇一三、吉川弘文館)

(鎌谷かおる)

たのじがたみんか 田の字型民家 近世農家の間取りにおいて、土間に対する床上部分に前後左右に二室ずつを並べた四間取《よまど》りのうち、部屋境を十文字に分ける平面をもつものを、田の字型あるいは整形四間取りと称する。四室の機能は、土間に面する正面側を居間、背面側にイロリなどを配した食事の場、居間の正面側を客間、その背後を寝室とし、寝室はやや閉鎖的な空間とすることが多い。田の字型の平面は、古くは日本の農家の初現的な形式と考えられていたが、現存民家の調査研究が進み、否定されるようになった。それによると、田の字型は近畿地方の中心部では江戸時代前期には一般農家に広くみられるが、その他の地方では広間型《ひろまがた》が一般的で、この時期には特に規模の大きな農家のみにみられる。四間取りのうち、部屋境が十文字にならない平面を食違型《くいちがいがた》と称するが、一般的な傾向として、古いものに食違型が多く、田の字型になって農家の基本形が完成する。田の字型は、その後全国的に広く用いられた形式である。

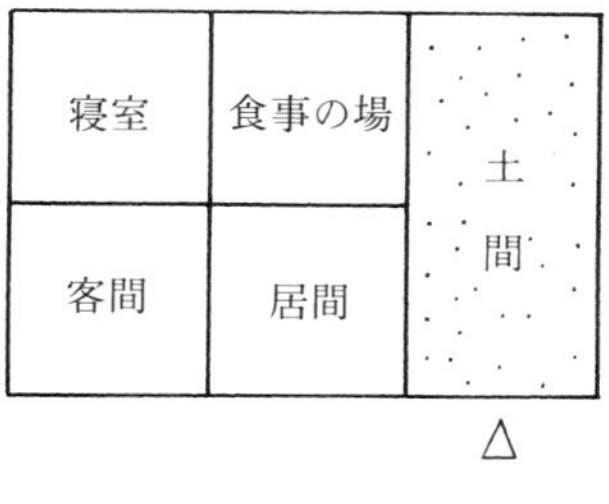

田の字型民家の間取り例

参考文献 太田博太郎他編『民家』(『日本建築史基礎資料集成』二一、一九七六、中央公論美術出版)、太田博太郎『日本住宅史の研究』(『日本建築史論集』二、一九八四、岩波書店)

(箱崎 和久)

たのもし 頼母子 鎌倉時代ごろから行われている民間金融講の一種。無尽《むじん》・頼母子講ともいう。無尽は仏教用語の無尽蔵、すなわち無限の功徳を保有する蔵からの融通に由来する。講(仲間組織)を作り、一口いくらの単位で加入して会数を決め定期的に集会し、各自口数分を出金した後、籤《くじ》や事前取決めなどによる順番により、集められた金員の大半(講の親となった者に一定の取り分が与えられるほか、茶代などが差し引かれる)が落札された。落札者はその後基本的に落札に参加できず、終会まで掛け金を返金し続ける仕組みである。落札後は掛け金が多くなり、いわば借金の利払いを続ける状態となったが、まとまった資金を求める仲間にとってはありがたい融通であった。一方、余裕のある者は満会を待って落札し、より多くの利子を稼いだ。いわば銀行などのない時代の資金運用法であった。なお、信用に基づく金融ではあったが、講金の取り逃げ防止のために落札と同時に仲間に対して土地などが質物として書き入れられることが多かった。 ↓消費者金融《しょうひしゃきんゆう》

参考文献 森嘉兵衛『無尽金融史論』(『森嘉兵衛著作集』二、一九八二、法政大学出版局)

(大塚 英二)

たばこ たばこ 葉を喫煙などに用いる植物、およびそれを原料とする嗜好品。原産地は南米アンデス高地で、古代アメリカの先住民文化において、儀式用の重要な植物として利用された。十五世紀末にヨーロッパに伝わり、当初薬用にも利用され、やがて嗜好品として普及した。日本には十六世紀後半に伝播し、煙管での喫煙が定着した。江戸幕府は、当初たばこの喫煙や栽培を規制したが、元禄期までには、喫煙の風習は全国に広まり禁令も姿を消した。江戸時代をとおして、たばこは一人前の大人に許される、作法と嗜みを伴う嗜好品として社交的な役割も担い、休憩を意味する「一服」という言葉も定着した。日本では、髪の毛ほどに細く刻む細刻みたばこの発達に伴い、喫煙用の煙管は東アジア地域に広く見られるが、日本では、髪の毛ほどに細く刻む細刻みたばこの発達に伴い、火皿の小さい独特な形態となった。室内用のたばこ盆、携帯用のたばこ入れと煙管は、実用とともに調度や装身具としての役割を持つ道具として成熟を遂げた。明治以

昭和後期の煙草屋の店先(復元)

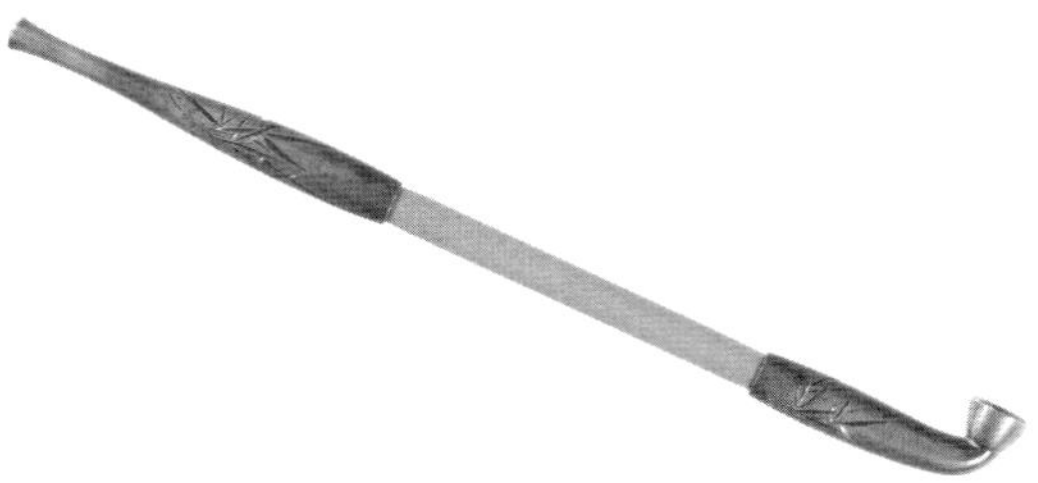

羅宇煙管

降、紙巻たばこの普及により、煙管での喫煙風習は衰退してきたが、歌舞伎などでは未だに伝統的な喫煙具が重要な役割を果たしている。 →禁煙《きんえん》 →嫌煙権運動《けんえんけんうんどう》 →ライター

参考文献 上野堅実『タバコの歴史』(一九九八、大修館書店)、たばこと塩の博物館編『ことばにみる江戸のたばこ』(『TASC双書』五、二〇〇八、山愛書院)

(平田 昌之)

たび 足袋 爪先が二つに分かれた布製・革製の履物。武家装束である足袋の着用は身分相応の者に限られ、病気の際や高齢者は「足袋御免」として主君の許可を得る必要があった。明治時代には足袋着用は自由となるが、依然として裸足で生活する者が少なくなかった。庶民の間では木綿・繻子《しゅす》・金巾《かなきん》などで自家製し、購入品は結婚式、葬式、正月などの儀式に用いる程度であった。一八八二年(明治十五)に辻本福松が創業した丸福では、九五年からミシン縫いで足袋を製造するようになる。明治三十年代に既製品の足袋にコハゼガケが販売普及すると、従来の紐足袋は後退した。九九年の高等女学校令により設立された高等女学校では、登下校に際して白足袋着用を義務づけるところもあった。一九〇六年、ゴム底の地下足袋が登場し、人力車夫や富山の薬売りなど足を使う職業の人たちに普及した。 →地下足袋《じかたび》

足袋　丸福の店頭ポスター

参考文献 渋沢敬三編『生活』(『明治文化史』一二、一九七九、原書房)、『フクスケ一〇〇年のあゆみ』(一九八四、福助)

(刑部 芳則)

たび 旅 住んでいるところを離れてほかの土地に行くこと。「かわいい子には旅をさせよ」ということわざにあるように、交通の不便だったころの旅は、つらく苦労の多いものであった。旅に人生を重ねることも多い。前近代の旅では、信仰・巡礼を目的とするものが典型であった。熊野詣は、平安時代中期より貴族によって、鎌倉時代以後は武士や庶民によって盛んに行われた。江戸時代には、諸街道と宿場が整備され、参勤交代が制度化された。領外への旅は規制されていたが、信仰や療養の旅は容認されており、寺社参詣や湯治のために旅に出ることができた。庶民が参詣する寺社の代表は伊勢神宮であり、無断で参宮に出る抜参りが集団化したお陰参りが周期的に生じた。湯治では、農民は農閑期に出かけるのが一般的で、一週間を逗留の単位として二廻り、三廻りと長期滞在した。 →参詣《さんけい》 →巡礼《じゅんれい》 →湯治《とうじ》 →物見遊山《ものみゆさん》 →旅行《りょこう》

参考文献 西垣晴次『お伊勢まいり』(『岩波新書』、一九八三、岩波書店)、神崎宣武『江戸の旅文化』(『岩波新書』、二〇〇四、岩波書店)

(関戸 明子)

たびげいにん 旅芸人 各地を旅しながら芸を演じて生計を立てる芸人のこと。古代にはホカイビト・傀儡《くぐつ》(人形・曲芸・奇術)・白拍子(歌舞)がおり、中世には、念仏聖・勧進聖・熊野比丘尼・琵琶法師・夷舁《えびすか》きなど遊行の宗教者が芸を演じた。近世には、万歳・太神楽・猿廻し(年中行事)、門説経・瞽女《ごぜ》(随時)、芝居・浄瑠璃・相撲・講釈・落咄・ちょんがれ節・軽業・曲馬(興行)などが辻・寺社境内・芝居小屋・寄席などで演じられた。

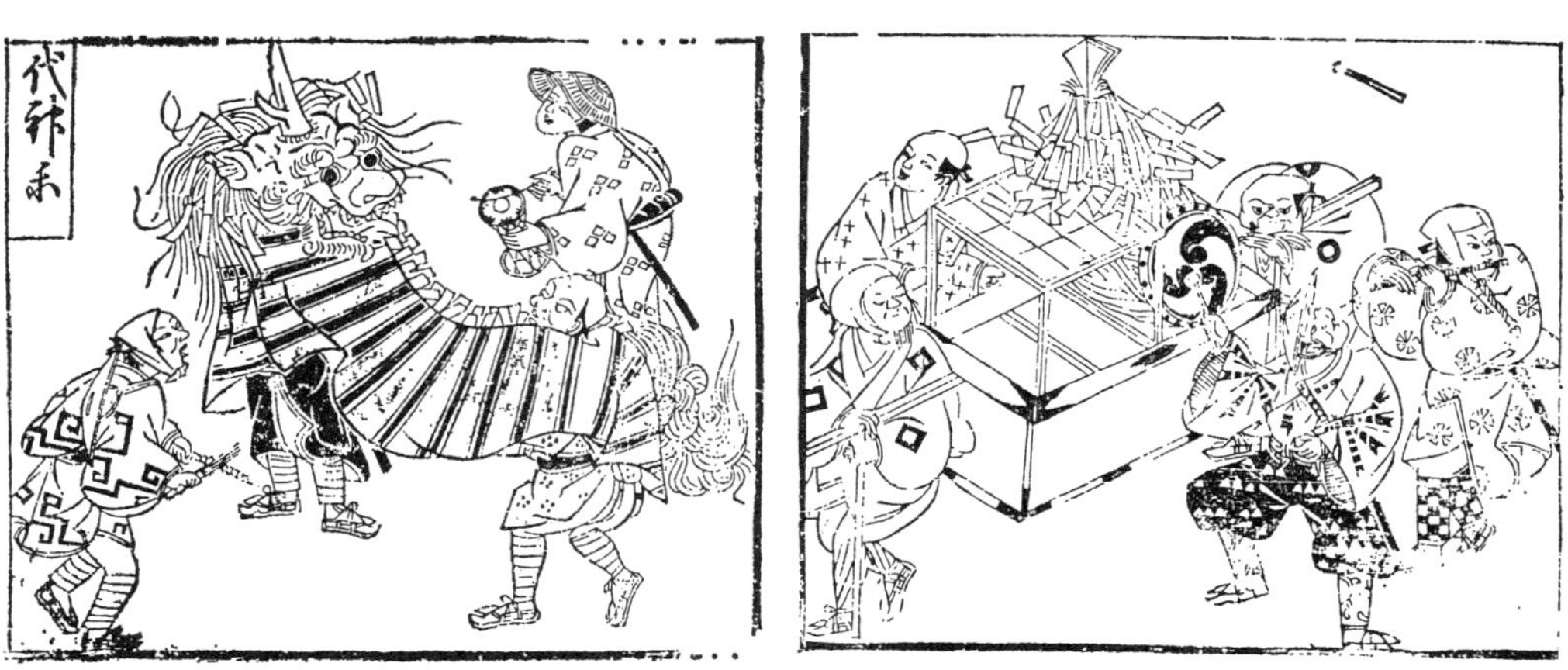

旅芸人　太神楽(『人倫訓蒙図彙』より)

参考文献　三隅治雄『さすらい人の芸能史』(『ＮＨＫブックス』、一九七四、日本放送出版協会)、朝倉無声編『見世物研究』(『ちくま学芸文庫』、二〇〇二、筑摩書房)、盛田嘉徳『中世賤民と雑芸能の研究(新装版)』(二〇〇四、雄山閣)

(塩川　隆文)

タマネギ　タマネギ　ユリ科の野菜。食用にする鱗茎の部分が扁球または球形なのでタマネギ(玉葱)といわれる。タマネギは一八七一年(明治四)、アメリカから北海道に導入され、札幌官園と七重開墾場で試作されたのが最初とされる。その後、札幌付近に春まきの産地が形成された。八四年には大阪でも導入・栽培され、泉州地方が秋まきの主産地となった。この北海道と大阪がタマネギ栽培発祥地となり、一九三〇年(昭和五)まで全国の作付けの五〇%を占めた。このころから需要が急増して兵庫、和歌山、愛知などの各県にも産地が拡大した。特に第二次大戦後は急激に増加し、五五―六五年で作付面積が倍増した。のちに全国一の産地となった淡路島のタマネギは戦後最も多く普及し、多くの新品種がこれから生まれた。六二年、野菜の輸入自由化により、全国の作付面積の伸びは停滞し始めたが、ネギ属のなかでの消費は最も多い。

参考文献　農林水産省農林水産技術会議事務局編『昭和農業技術発達史』五(一九九七、農林水産技術情報協会)

(冨岡　典子)

ためいけ　溜池　灌漑用水を確保するために、人工的に築造して水を貯留した池。その形態は、谷川の小河川に小さなダムを造って形成した谷池と、平野部において更地を掘って周囲に堤をせり上げて池とする皿(更)池の二つに区分することができ、前者の方が水深があり貯水量も大きくなることが多い。水田稲作が普及した日本の農業にとって、灌漑用水源として溜池の果たしてきた役割は大きく、その分布は日本各地に及ぶが、讃岐平野・奈良盆地・印南野台地などは溜池卓越地域として知られている。「讃岐日照りに米買うな」「播州ひやけの米買うな」(讃岐(播磨)が干害になるくらいの年は他の地域はかえって豊作になるからあわてて米を買うな)という諺は、これらの地域が雨量の少ない干害常習地域であったことを示している。満濃池をはじめとして多数の溜池をもつ讃岐平野では、ユル抜きや水ブニなど、独特の配水慣行がみられた。　↓ひでり・干《かん》ばつ

参考文献　『奈良県史』一(一九八五)、『香川県史』三(一九八九)

(田中　達也)

タラ　タラ　寒流系の魚で、鱈と書く。日本近海では、マダラ、スケトウダラ、コマイの三種類がある。中世末から漁業がみられ江戸時代の日本海沿岸から北海道において重要な魚種になった。深海に棲息するため漁場は水深百三十尋から三百尋の海底斜面にある沖合に展開し、タラ場と呼ばれた。タラ漁船はカワサキという帆走に優れた漁船が用いられることが多かった。江戸時代に日本海沿岸の各藩はタラ場株の権利を設け、漁業権を規制し、漁場の領域は山あてによって村(漁船)ごとに細かく決められていた。タラ漁は冬場に行われたが、夏場は山形や新潟などの沖合漁場のタラ場の上に竹の束の浮魚礁(シイラ漬)を設けシイラ漁業が行われた。シイラ漁は江戸初期に山陰から伝わったとの説もある。タラは乾燥した棒タラ、塩蔵の新タラに加工された。新タラは、腹を割かずにエラから内臓を取り出し塩蔵を行なったことから武家の正月魚として珍重され、幕府にも献上された。

参考文献　赤羽正春『日本海漁業と漁船の系譜』(一九九八、慶友社)

(橋村　修)

たらい　たらい　水や湯を入れて溜める円形の容器。桶の一種で、比較的深さが浅い桶をたらいと呼ぶ。「手洗い」の転訛とされる。杉などの木製が主流であったが、近代に入ると金属製やプラスチック製のものが普及した。洗濯板とともに衣服などを洗濯する時や、行水や産湯など身体を洗う時に用いた。そのまま水を使用すると冷たい季節は、たらいに水を張って日光で温めた日向水《ひなたみず》を用いた。夏場には冷たい水を張り、野菜を冷やすこともあった。たらいは日常生活の中で使用する頻度の高い必需品であったため、嫁入り道具の一つともなっていた。　↓桶《おけ》

参考文献　小泉和子・田村祥男『昭和すぐれもの図鑑』(『らんぷの本』、二〇〇七、河出書房新社)

(田村　真実)

木製のたらい（中央）

たる　樽　主に杉材を材料に、短冊形に割り削った側板(ガワ・クレなど)を円筒形に並べ、竹タガを締め、底と蓋をつけた保存・運搬用の容器。蓋があり、口と底が窄まった形になっているのが桶と異なる特徴であり、また側板は、中身が漏れないよう板目に木取られることが多い。江戸時代の醸造業の発達は桶と樽によってもたらされたといわれ、酒や醤油などの保存・運搬には樽がもっぱら使用されたため、四斗、一斗などの一定の規格で大量生産された。側板をつなぐために桶では相釘や糊を使用するが、これを樽作りでは一切使用せず、中央部に膨らみをもたせた側板を組み上げ、口部と底部にタガをかけて絞り込みながら、同時に底と蓋を入れることによって、一気に仕上げた。醸造品用の樽の製造は、材料の調

木製の樽

達から納入まで、醸造家の方針に従い、出入り職人によって行われた。また祝事用の角樽、漁業用の浮き樽など、桶職人によって作られる樽もあった。

参考文献　石村真一『桶・樽』(『ものと人間の文化史』、一九九七、法政大学出版局)、乙竹孝文・小林裕美他『野田の樽—その歴史と技術—』(『町と村調査研究』五、二〇〇三、千葉県立房総のむら)　(小林　裕美)

たるかいせん　樽廻船　江戸時代に大坂から江戸へ酒樽を輸送した廻船。大坂から江戸への物資輸送は菱垣廻船が担っていたが、一七三〇年(享保十五)に菱垣廻船を運行する江戸十組問屋から酒問屋が脱退し、独自に酒樽を専用に運搬する樽廻船を運航した。酒の品質を保持するため迅速な輸送が必要であるにもかかわらず、菱垣廻船は多くの種類の荷物を積み込むため仕立てに時間がかかり、また、海難時の損害を荷主が負担するという不満が背景にあった。酒樽という単一の荷物で水濡れにも強いことから、積み込みが迅速で多少の荒天でも航海可能で、菱垣廻船より効率的に運航され運賃も安かった。積み荷の酒樽以外に、本来は菱垣廻船の積み荷となる上荷物を安い運賃で積むものが出始め、その量は無視できないまでになり両者の間で紛争が起こった。一七七〇年(明和七)には両者の間で積荷の協定が締結されたが、その後も樽廻船への積み荷の流出が止まらず樽廻船が大坂—江戸間の物資輸送の主力となっていった。↓菱垣廻船《ひがきかいせん》

参考文献　柚木学『近世海運史の研究』(『叢書・歴史学研究』、一九七九、法政大学出版局)、石井謙治『和船』I(『ものと人間の文化史』、一九九五、法政大学出版局)　(昆　政明)

俵(『信貴山縁起絵巻』より)

たわら　俵　藁を材料に編んだ薦《こも》を円筒状に縫い合わせ、両端に桟《さん》俵を被せて作る入れ物。米や穀物・塩・海産物などを貯蔵したり運搬したりするのに広く用いられた。炭俵は茅などを素材にして作られた。米俵は奈良時代には使われていたとされ、『信貴山縁起絵巻』などに見られるように、平安時代末期には現在と変わらない形状であったことがわかる。一俵の容量である俵入は、地域や藩によって違いがあったが、明治時代に四斗と定められた。俵は薦編み具を用いて農家で自作されるもので、夜なべ仕事の一つであったが、製縄機や製俵機が明治後期以降普及すると、俵作りを専業とする業者も現れた。現在では、重袋用クラフト紙製の米袋が広く用いられ、藁製の俵は儀礼用かディスプレイ用となり、年中行事においては豊作をもたらす神の依代として用いられている。正月神を祀るために俵にさまざまな飾り付けをして餅や神酒を供えたり、小正月に俵の作り物を飾る予祝儀礼をしたりする例がある。　(加藤　幸治)

だんか　檀家　檀那とも。檀那は本来、布施を意味する梵語ダーナが、布施を与える人に転じたものだが、やがて寺院や僧侶の経済的後援者である檀越や檀家と同義となった。中世には、寺院の建立や運営など経済的支援を行う外護者を指した。十五世紀以降には、在地の寺院が先達として熊野や伊勢への信仰の担い手となったこともあり、在地寺院と民衆との間にも檀那契約が結ばれた。この檀家と寺院の関係は流動的であったが、江戸時代のキリシタンや日蓮宗不受不施派への弾圧から、寺請制度が施行されたことにより、いずれかの寺院の檀那となることが定められた。江戸時代の檀家と寺の関係は、婚姻によって婚家の寺檀関係が持ち込まれる事例が多く、一家の成員がそれぞれに異なる檀那寺の檀那となる形態が一般的であったが、やがて一家の成員が一ヵ寺の檀那となる一家一寺制へ移行した。

参考文献　圭室文雄『日本仏教史』近世(一九八七、吉川弘文館)、福田アジオ「近世寺檀制度と複檀家」(戸川安章編『寺と地域社会』所収、一九九二、名著出版)、朴澤直秀「半檀家論の再検討」(『東京大学日本史学研究室紀要』八、二〇〇四)　(小山　貴子)

だんかいせだい　団塊世代　堺屋太一の小説『団塊の世代』(一九七六年(昭和五十一))から広まり一般化した言葉で、第一次ベビーブームの一九四七—四九年に生まれた八百五万人強の人口層を指す。戦後日本の出生年別人口で最大の比率を占めており、ライフステージの各段階での動向が注目され、社会的関心を集めてきた。「戦争が終

わって僕らは生まれた」(ジローズ「戦争を知らない子供たち」)と唄われた戦後生まれの団塊世代は、六〇年代に思春期を過ごし、高度成長期の日本社会を覆った大衆社会化の影響をもっとも深く被っていた。少年期には「現代っ子」と呼ばれ、マンガやテレビなど新しい大衆文化に親しむドライな性格が強調され、青年期には、欧米由来の流行音楽(ビートルズ、グループサウンズ)やファッション(アイビー、ミニスカート)に敏感な挙動が話題となった。また、六〇年代末には、東大入試中止に象徴される大学紛争を引き起こした中心勢力(全共闘世代)と目され、「右手にジャーナル、左手にマガジン」というフレーズに表される言動が奇異でアンバランスな態度として報じられた。就職、結婚期を迎えた七〇年代には、恋愛結婚をつうじて核家族を形成し、新たなライフスタイルと家族関係を志向する「ニューファミリー」登場ともて囃された。しかし、実際に注目されたのは、オイルショック後に進行した消費社会化のもとで、生活消費、文化消費に積極的な団塊世代家族の消費動向であった。バブル崩壊に至るまで、すでに進行していた少子化のもとで例外的に出生数が多い第二次ベビーブームの団塊ジュニア(イチゴ世代)向け消費をふくめ、有力なマーケティング対象として団塊世代家族がターゲットになった。団塊世代家族には、労働領域では、経済大国日本を支える「企業戦士」の夫とこれを支えるパート主婦、大学進学の子どもという標準像に強く縛られ、企業社会秩序を前提とした生活を営んだ。九〇年代末からの引退期以後は、高齢化社会の諸困難を広げる元凶とみなされている。しかし、団塊の世代の生活実態、生活史は一律ではなく、団塊女性の像も曖昧な点で、数多く語られてきた世代特性、類型を一般化することはできない。

参考文献 天野正子編『団塊世代・新論―「関係的自立」をひらく―』(二〇〇一、有信堂高文社)、内山康正『「団塊世代」の実像を求めて―団塊世代は何を教えられ、何を伝えたか―』(二〇〇三、西田書店)　(中西新太郎)

だんご　団子　米ほかの穀物の粉を丸くこね、焼いたり煮たりして食べるもの。歴史は古く、古墳時代の前橋市舞台遺跡から団子を高坏に載せた埴輪が出土している。名称は唐菓子の団喜に由来するともいわれる。家庭で作られるほか、都市部では寺社門前の茶店でも売られた。東海道宇津(静岡市)の十団子は、室町時代には街道の名物として知られていた。江戸時代には御手洗《みたらし》団子(京都)や永代《えいたい》団子(江戸)など各地に名物団子が生まれた。なお、江戸の団子はほかと違い一串四つ差してあった(『甲子夜話』)。

参考文献 青木直己『図説和菓子の今昔』(二〇〇〇、淡交社)　(青木直己)

たんこう　炭鉱　石炭を採掘する事業所。幕末の開港以後、外国船の燃料需要の増大に支えられて炭鉱の開発が進められ、採炭、仕繰《しくり》、排水、運搬などの作業が分化したマニュファクチュア形態の炭鉱が出現した。明治以降、西洋技術を導入して、計画的に坑内設計し、排水、坑内運搬を機械化した近代的大炭鉱が形成されたが、採炭作業の機械化は遅れ、大炭鉱でもそれが進んだのは、長壁式採炭法が普及した一九二〇年代から三〇年代前半であった。戦時期には石炭の増産が図られたが、濫掘に伴う荒廃から戦時期末期には出炭量が減少した。戦後は経済再建のために出炭量の回復が重点政策とされたが、五三年(昭和二十八)以降、高炭価が問題とされるようになり、炭鉱企業の合理化による生産性向上にもかかわらず、石油との競争に敗北して炭鉱の閉山が相ついだ。炭鉱労働者の失業問題の深刻化に対して、広域職業紹介、職業訓練を重視する炭鉱離職者臨時措置法が五九年に制定された。　→坑夫《こうふ》　→石炭《せきたん》　→友子《ともこ》

参考文献 市原博『炭鉱の労働社会史―日本の伝統的労働・社会秩序と管理―』(一九九七、多賀出版)　(市原博)

たんじょうび　誕生日　個人の生まれた日。その日を祝ってバースディ＝パーティを行い、バースディ＝ケーキを食べるという西洋の習慣は、今では日本でも一般的である。しかし、かつての日本でも個人の、特に子供の満一歳の誕生日を祝う習慣はあった。これを初誕生とか、ムカレ・ムカワリとかいった。赤飯を炊いたり餅をついたりし、その児を取り上げた産婆や親戚などを招いて祝宴をした。この時につく餅を誕生餅というが、一升の米でついた丸い餅を子供に踏ませたり、風呂敷に包んで背中に背負わせたりする。やっと歩き始めた子供が、重い一升餅を背負ってよろよろとしながら一歩でも二歩でも歩けば、大変めでたいことで丈夫に育つといわれた。子供をつついて倒したり、餅をぶつけたりする地方もある。また、この誕生餅・一升餅を箕の中に置いて神に供えたり、子供そのものを箕の中に座らせたりする例もあり、箕という道具は人間の魂を安定させる呪力を持つと考えられていたので、これもまた子供の健やかな成長を祈願する習俗であったといえる。

参考文献 大藤ゆき『児やらい』(『民俗民芸双書』二六、一九六八、岩崎美術社)　(長沢利明)

だんじょきょうどうさんかく　男女共同参画　個人が性別役割に縛られずに個性と能力を充分に発揮できる社会の理念。サラリーマン男性と主婦をモデルとした「男は外、女は内」という性別役割分業の観念が根強い一九八五年(昭和六十)、雇用分野での男女差別を撤廃するために男女雇用機会均等法が成立した。同法は女性の社会進出を促す契機となったが、募集、採用、配置、昇進の均等待遇が事業主の努力義務にとどまるなど、男女差別の解消は遅々として進まなかった。九〇年代以後になると実質的な男女平等を実現する気運は高まり、九六年(平成八)には内閣総理大臣の諮問機関である男女共同参画審議会(九四年六月設置)が「人権尊重の理念を社会に深く根づかせ、真の男女平等の達成を目指す」男女共同参画ビ

ジョンを答申、これを骨格として九九年には男女共同参画社会基本法が制定された。女性の社会進出はさらに拡大したが、今日（二〇一五年）でも職場でのセクシャル＝ハラスメントや、妊娠・出産を理由に降格されるマタニティ＝ハラスメントが後を絶たない。一四年にスイスの民間研究機関である世界経済フォーラムが公表した男女平等のランキングでは、日本は百四十二ヵ国中の百四位となった。真の男女共同参加の実現は引き続き大きな課題である。

参考文献 大沢真理『男女共同参画社会をつくる』（『NHKブックス』、二〇〇二、日本放送出版協会）、鹿嶋敬『男女共同参画の時代』（『岩波新書』、二〇〇三、岩波書店）、辻村みよ子『ポジティヴ・アクション―「法による平等」の技法―』（『岩波新書』、二〇一一、岩波書店）

（田中　祐介）

たんしんふにん　単身赴任　勤め人が転勤を命ぜられた際に、家族が一緒に移動せずに勤め人だけが赴任地に移動して単身者生活をする現象。戦前は雇用者の大半が借家・借間暮らしであったこと、妻が常勤的な職種についている世帯が限られていたことなどの状況にあったから、世帯主の転勤に伴って家族も住居を移すことが当然であった。これに対して、一九七〇年前後から世帯主である雇用者だけが転勤先に住居を移し、妻と子供たちは従来の住居に居続けるという現象が目立つようになった。その理由は子弟の教育問題が重大視され進学・通学面での不利を回避しようとするようになったこと、家族が従来の生活スタイルを変更することを好まなくなってきたことなどであるが、家族が二ヵ所に分かれて生活する家計費を負担できるようになったこと、簡易な調理済食品の普及など男子一人で生活可能な条件が整備されたことなどもその動きを支えるものであった。企業の側もそうした動きに呼応して月に何回か家族のもとに帰ることができる交通費を赴任手当などの名目で支給するようになってきた。単身赴任の増加に伴って勤め人の心身の疲れ、離婚、子供の教育問題など各種の社会問題の増加も指摘されてきた。→転勤《てんきん》

参考文献 平松斉『単身赴任』（『岩波ブックレット』、一九八五、岩波書店）、孫田良平『単身赴任の実態と問題点』（『調査研究資料』、一九八五、公共企業体等労働問題研究センター）

（加瀬　和俊）

たんす　箪笥　衣類や道具を収納するための、抽斗《ひきだし》や扉のついた家具。室町時代には茶の湯の道具や武具を持ち運ぶための、把手が付いた小型の箱を箪笥・担子（「たんす」「たんじ」とも）といった。一方、収納具として一般的だったのは箱型の長持や櫃だったが、十七世紀中期、寛文期ごろの大坂で、抽斗を備えた、出し入れや整理に便利な家具が生まれ、箪笥の名称で普及していった。衣装箪笥や茶箪笥が一般的だが、入れるものにあわせてさまざまな大きさや形がある。材料には桐、杉、欅、樅などが使用され、特に桐は湿気を通さず、軽く柔らかく、割れや狂いが少ないことから衣装箪笥に適材とされた。女児が生まれると嫁入り箪笥を作る備えとして桐の木を植えると伝える地域も多かった。明治以降は全国各地に箪笥の産地が生まれ、地方色豊かな箪笥が生産されたが、次第に東京の箪笥の影響が全国に及び、機械化、工業化の進展とともに画一化が進んだ。第二次大戦以降は洋風の箪笥が主流になり、近年ではクローゼットやチェストなどが一般的になっている。

参考文献 小泉和子『家具と室内意匠の文化史』（一九七九、法政大学出版局）、同『箪笥』（『ものと人間の文化史』、一九八二、法政大学出版局）

（小林　裕美）

ダンスホール　ダンスホール　料金をとって客に社交ダンスを踊らせる商業施設。一九二〇年（大正九）、横浜の花月園に開設されたものが最初。当初、富裕層の愛好家がパートナーを同伴して踊る場だったが、関東大震災後、客がダンサーを選び、一曲踊ってチケットを渡す制度（チケット制）が関西で始まり、数年遅れて東京でも導入され、ダンスブームが広がった。バンド演奏のジャズに乗って、ダンサーと身体を密着させることができるダンスホールは、「モダン」な娯楽場の一つとして注目を集めた。もっとも、早くから風俗統制の対象として警察の取締下におかれ、酒食の提供も禁止された。そのような中でも三〇年代前半にダンス熱がピークを迎えたが、戦時には営業が不可能になった。敗戦後、社交ダンスブームが復活したが、ホステスとダンスができる酒場であるナイトクラブやキャバレーの営業が盛んになる一方、ダンスをもっぱらとするダンスホール営業は、徐々に衰退していった。なお近年、中高年を中心に社交ダンスを愛好するものが増え、二〇一五年（平成二十七）にはダンスホールは風俗営業から除外された。

参考文献 永井良和編『ダンスホール』（『コレクションモダン都市文化』四、二〇〇四、ゆまに書房）

（大岡　聡）

たんぜん　丹前　冬季に用いる部屋着。素材は、木綿、銘仙、毛織、八端《はったん》、八丈、大島紬など多種存在する。形状は着物と同じであるが、衿が着物より太く、綿入れをする点で異なっている。江戸では綿入れが動かないようにところどころとじたものを褞袍《どてら》と呼んでいた。江戸時代初期、神田の堀丹後守の屋敷前を、派手な格好で通る者を丹前風と称した。そのような褞袍姿を大坂では丹前と呼び、広袖で脛までの長さのものに変わった。幕末にそれが大坂から江戸に移ってくると、褞袍に代わって流行した。明治以降には渡辺辰五郎『高等裁縫講義』をはじめ、和裁の書籍で裁縫の仕方が紹介されており、家庭でも仕立てることができた。昭和二十年代まで高級な正絹銘仙と、一般的な交織御召・人絹銘仙とに分かれていたが、昭和三十年代以降にはナイロンなど合成繊維素材の丹前が主流となっている。

参考文献 『読売新聞』（一九五四年二月十二日付夕刊）、

喜多川守貞『守貞漫稿』上・中(朝倉治彦編、一九七三・七四、東京堂出版)　(刑部　芳則)

だんたいりょこう　団体旅行　団体で行う旅行のこと。伊勢参詣を目的として組織された伊勢講などの集団による参詣は、団体旅行の原型といえるものであろう。児童・生徒による修学旅行は、明治中期から行われるようになった。費用を毎月積み立て旅行に参加する月掛旅行会も各地で組織され、花見、海水浴、紅葉狩、スキーといった企画により臨時列車を仕立てた団体旅行が普及していった。戦時体制下では旅行が抑制されたが、戦後の団体旅行の復活は、全国的なスポーツ大会への参加や社寺の大祭・法要にあわせた参詣に始まった。高度経済成長期には、職場の慰安旅行として盛んに行われ、一泊二日で温泉地に出かけるのが定番となった。一九六四年(昭和三十九)に観光目的の海外旅行が自由化されると、旅行業者が目的地・宿泊地を決め、移動手段やホテルを手配して主催するパッケージツアーが登場した。海外・国内ともに、今日ではパッケージツアーに家族やグループで参加する形が団体旅行の主流となっている。→家族旅行《かぞくりょこう》　→社員旅行《しゃいんりょこう》　→修学旅行《しゅうがくりょこう》

参考文献　『日本交通公社七十年史』(一九八二)、白幡洋三郎『旅行ノススメ―昭和が生んだ庶民の「新文化」―』(『中公新書』、一九九六、中央公論社)　(関戸　明子)

だんち　団地　近代的都市計画によって区画された土地のなかに、住宅や目的の近しい産業用地を集積させた区域や集積そのものを指す語。第一次世界大戦、関東大震災などによる住宅難対策として構想された公益住宅政策のなかで、一九一九年(大正八)制定の都市計画法施行令第二一条に規定された一団地住宅経営に語源を持つものと思われるが、そのほかに集団住宅地、公団住宅地を語源とするなど諸説ある状況である。旧都市計画法に基づく公益(集団)住宅は、戦前は大阪府小坂町(東大阪市)に一例建設されたに過ぎなかったが、戦後住宅難が再燃するなかで工事・インフラ整備の効率化の観点から注目を浴びるに至った。特に一九五五年(昭和三十)に設立された日本住宅公団が供給した金岡団地、牟礼団地など鉄筋耐火建築性の集合住宅は、ダイニングキッチンをはじめとする近代的内装が人気を呼び、「団地」の名称を普及させた。これら公団団地のほか、各都道府県の住宅供給公社や地方自治体の供給した公営住宅、民間企業の社宅、民間企業による集合住宅も、鉄筋耐火建築による集合住宅であれば「団地」の名称で呼ばれることが一般化した。団地には高度経済成長期に世帯を形成した都市通勤型の新中間層核家族が入居することが多く、その住民は団地族と呼ばれる社会階層を形成した。このような団地が集積した地域をベッドタウンとも呼ぶ。住宅団地のほかに農業団地や工業団地なども存在する。→共同住宅《きょうどうじゅうたく》　→公団住宅《こうだんじゅうたく》　→集合住宅《しゅうごうじゅうたく》　→住宅問題《じゅうたくもんだい》　→ダイニングキッチン　→日本住宅公団《にほんじゅうたくこうだん》　→ニュータウン

参考文献　建設大臣官房弘報課編『コミュニティへの道―都市計画一団地住宅経営―』(一九四九)、『日本住宅公団二〇年史』(一九七五、日本住宅公団)　(永江　雅和)

千葉県柏市の光ヶ丘団地

たんていしょうせつ　探偵小説　⇩大衆小説《たいしゅうしょうせつ》

だんぱつ　断髪　髪を短く切ること。一八七一年(明治四)八月に明治政府が男性の散髪を許可すると、髷を落として髪を短く切り揃える者が出たため、当時の新聞紙面では散髪と混同して断髪という文言が使用されている。だが政府は、多くの自治体史で説明される「断髪令」という名の強制力のある法令を出した事実はない。陸軍では下士官兵に五分刈りが用いられ、中学校でも生徒にそれを強制するところが多かった。帽子を被るのに断髪は相応しく、また衛生的にも安全と見なされた。一方で長髪を美徳とする女性の断髪は好まれなかった。昭和初年にショートカット姿の女性が登場すると、彼女らは最先端の流行を取り入れたモダン＝ガールと称されたが、全国的に普及はしなかった。高等女学校の校則でも断髪を禁じるところが少なくない。だが、太平洋戦争が勃発し、女性の労働力が不可欠になると、活動的な断髪が許容された。戦後には女性のショートカットはファッションの一部となるが、男性の五分刈りは減少していった。→洋髪《ようはつ》

参考文献　刑部芳則「明治初年の散髪・脱刀政策」(『中

央史学』二九、二〇〇六）、同『洋服・散髪・脱刀—服制の明治維新—』（『講談社選書メチエ』、二〇一〇、講談社）

（刑部　芳則）

だんぼう　**暖房**　寒冷な季節に、寒さから身体を守る行為、またはその際に用いる道具。日本では、古代から中世にかけて、竪穴式住居の中央に炉の設置が全国的にみられ、薪などを燃料とし、暖房と調理を兼ねた現在の囲炉裏に相当する機能をもっていた。また、当時の住居では主に屋外にて炉の使用がみられたが、古墳時代後半には近畿地方を中心とする西日本の民家において、壁際や地上への竈の設置や移動式の竈などがみられるようになり、暖房と調理の機能の分化がみられるようになった。平安時代には、貴族を中心に高床式住居の発達に伴い炭櫃や火桶が登場し、室町時代には火鉢もみられ、主に金属製の器の中で木炭を燃焼させて器具の周辺を暖める持ち運びの可能な暖房具が成立した。近世には、陶製や桐製の火鉢が引き続き使用されるとともに、町家では木箱の内側に銅版を張った長方形の長火鉢や正方形の箱火鉢が利用された。また、農家では、引き続き囲炉裏が利用され、囲炉裏に櫓と蒲団を組み合わせた掘炬燵《ほりごたつ》や、火鉢に櫓をかぶせ蒲団を掛けた置炬燵が普及した。また、蒲団の中でも用いることのできる瓦製の行火《あんか》も登場した。近世後期から近代にかけては、陶製やブリキ製の容器の中に熱湯を入れ布でくるみ寝床に入れて足腰を直接暖める湯湯波《ゆたんぽ》が普及した。また、外出時には従来、焼き石や温石《おんじゃく》を布で包んで懐中に入れ暖をとっていたが、木炭の粉末と藁や蓬の灰を混ぜて詰めたものに火をつけ布にくるんだ懐炉が普及した。近現代には、置炬燵や掘炬燵の燃料が木炭から電熱線へ変化し、湯湯波は電気行火や電気毛布の普及により利用が減少した。また、石綿に油を染み込ませて点火し、燃料熱を金属線に伝えて長時間一定の温度を保つ白金懐炉が普及し、のちに使い捨て懐炉へと発展した。さらに、一九六〇—七〇年代の高度経済成長期には、一般家庭へストーブや石油ファンヒーター、暖房機能を付加したエアコンが普及した。通史的にみて、日本の暖房具は他の地域と異なり、部屋全体を暖めるのではなく、個人または数人で採暖するものが多いという特性がみられる。→囲炉裏《いろり》　→エアコン　→懐炉《かいろ》　→こたつ　→ストーブ　→火鉢《ひばち》

参考文献　広島市郷土資料館編『火と暖房具』（『広島市郷土資料館資料解説書』一五、二〇〇〇、広島市教育委員会）

（花木　宏直）

ち

チェーンてん　**チェーン店**　同一のブランド、商品、ロゴなどを用いて多数の店舗を運営する経営形態。日本では近世より商家において暖簾分けが頻繁に行われ、主家を含めた全体で商家同族団をなしていた。しかし、個々の店の独立性が高く、主家の経営を拡張することを目的としたものではなかったため、いわゆるチェーン店とは趣旨を異にしている。現在いうところのチェーン店は、十九世紀半ばにアメリカで生まれた経営形態で、戦間期にはすでにアメリカの小売業におけるシェアが二〇％を超えるまでに成長していた。日本でも、一九一一年（明治四十四）にパンの製造販売を行うマルキ号株式会社が最初に始めたのを皮切りに、一〇—三〇年代にかけてチェーンストアの出現が相ついだ。しかし、この時期のチェーンストアは未成熟にとどまったため、本格的にチェーンストアが成長するのは高度経済成長期のことであった。その時期にはダイエー、西友など大手スーパーマーケットが流通システム自体の変革を伴ってチェーン展開を行い、日本に本格的な「チェーンストアの時代」が到来した。

参考文献　平野隆「戦前期日本におけるチェーンストアの初期的発展と限界」（『三田商学研究』五〇ノ六、二〇〇八）

（塚原　伸治）

ちがいだな　**違棚**　日本建築の座敷で、棚板を段違いに造り付けた所。多くは床の間の横に設置された。平安貴族の寝殿造では、日用品の収納家具として二階棚・三階

違棚　慈照寺東求堂同仁斎

棚・厨子棚《ずしだな》などが置かれたが、室町時代に武家の住宅として形成された書院造では、室内に違棚を造り付けて飾り棚とした。一四三七年(永享九)の『室町殿《むろまちどの》行幸《ぎょうこう》御《お》飾《かざり》記《き》』には、将軍足利義教邸の新会所に違棚があったことがみえる。現存する最古の違棚は将軍足利義政が建てた東山山荘(慈照寺)内の東求堂《とうぐどう》の違棚で、明障子《あかりしょうじ》と造り付け文《ふみ》机《づくえ》がある付書院《つけしょいん》の横に設置されており、書籍が置かれていたという。室町中期の『君台観《くんだいかん》左右《そう》帳記《ちょうき》』によれば、違棚には香・茶の道具、食籠《じきろう》・盆・盃・花瓶・湯瓶・小壺などが飾り置かれた。書院造の違棚は床の間・付書院とともに主室の上座の奥を占めた。違棚の形式には、上の天袋や下の地袋などの袋棚《ふくろだな》と棚板との多様な組み合わせがあり、絵が描かれた貼付壁《はりつけかべ》がある場合もある。↓床《とこ》の間《ま》

参考文献　太田博太郎『床の間―日本住宅の象徴―』(『岩波新書』、一九七八、岩波書店)、岡田譲編『床の間と床飾り』(『日本の美術』一五二、一九七九、至文堂)、小泉和子『家具』(『日本史小百科』一七、一九八〇、近藤出版社)

(菅原　正子)

ちかがい　地下街　公共地下道に作られた商店街。日本最初の地下街は、一九三〇年(昭和五)に地下鉄上野駅に通ずる地下道に開設されたもので、その後神田駅、日本橋駅などにも「地下鉄ストアー」の名で開設された。地下鉄への顧客誘致がその目的だった。戦後は、渋谷や銀座三原橋の地下街のように、露店整理に伴う露店商収容施設として建設されたものもあるが、多くの場合、地下鉄開通やターミナル駅の駅ビル建設、駅前地下駐車場建設などに付随して地下街が形成され、建設の動きは地方都市にも及んだ。世界的にみて日本の地下街は特異な発達を遂げているが、高い地価のもとでの効率的な土地利用の方法として、あるいは大量の通行人を自動車と分離する方法として地下街建設が促進された。多くの地下街は、新設のビルの地下階やほかの地下街との連結により迷路状に拡張し、特に古い地下街は通路が狭隘・過密で、防災上、環境衛生上の問題もあるが、独特の雰囲気をもった商業空間となっている。

参考文献　杉村暢二『日本の地下街―その商業機能―』(一九八三、大明堂)

(大岡　聡)

ちかてつ　地下鉄　都心部の地下に建設された鉄道。一八六三年にロンドンで世界ではじめて開業した。ロンドンを視察して感銘を受けた早川徳次は、一九二〇年(大正九)に東京地下鉄道株式会社を創立した。一九〇三年(明治三十六)に開業した東京の路面鉄道は、すでに四通八達をみていたものの、その混雑ぶりはすさまじく、都市内交通の大量化、高速化、定時運行化が求められていた。早川は多くの障害を乗り越え、一九二七年(昭和二)に浅草―上野間で日本最初の地下鉄を開通させ、三四年までに上野―新橋間が開通した。また三九年一月に東京高速鉄道株式会社が新橋―渋谷間を全線開通させると、同年九月東京地下鉄道との直通運転を開始するが、両社は交通統制政策により四一年に統合され、帝都高速度交通営団となった。民間の事業として始まった東京に対し、大阪では交通事業の市有主義のもと、三三年に梅田―心斎橋間が開通した。戦後は東京と大阪で総延長一〇〇キロを超える発達を見たほか、名古屋、神戸、札幌、横浜、京都、福岡、仙台で市営地下鉄が営業している。モータリゼーションによる交通渋滞の深刻化と路面電車の廃止、郊外電車との相互乗り入れによる都心貫通運転などで、大都市交通における地下鉄の重要性は、ますます大きくなっている。

参考文献　『営団地下鉄五十年史』(一九九一)

(大岡　聡)

ちからもち　力持ち　若者らが重い物を持ち上げて行なった力比べやその技能をいう。力石《ちからいし》または番持石《ばんもちいし》などと呼ばれる大石は、若者組が力比べした石で、今日でも多くの神社境内などに遺っている。織田信長が上杉謙信に贈ったとされる上杉本「洛中洛外図屏風」に、弁慶石の銘を持つ力石が描かれ、『日葡辞書』には力石の項があって「力試しの石」とある。埼玉県久喜市樋の口の八幡神社にある一六三二年(寛永九)の力石が現存するもので最も古い。江戸後期、人足たちの間で米俵や力石と呼ばれる大石を持ち上げて競うことが流行した。浅草寺境内には、一八七四年(明治七)に新門辰五郎が建てた百貫の大石の「熊遊」碑がある。「熊遊」は「⌈干⌉熊次郎」とあるが、⌈干⌉は鎌倉河岸にあった地酒問屋豊嶋屋の屋印である。東京門前仲町の富岡八幡宮境内には、一九五六年(昭和三十一)に東京都無形文化財に登録された深川の力持ち保存会の碑がある。

参考文献　高島愼助『三重の力石』(二〇〇六、岩田書院)、同『力石「ちからいし」―日本の力石―』(二〇一一、岩田書院)

(多仁　照廣)

ちくおんき　蓄音機　蠟管や円盤のレコードに刻み込まれた音声を再生する装置。一八七七年エジソンが発明。七九年(明治十二)に東京商業会議所でイギリス人ユーイングによる日本初の公開実演が行われる。初期には蘇音機・写音機・撮音機とも呼ばれた。九〇年前後から輸入蓄音機による実演会が各地で開かれ、一九〇〇年代には街頭の蓄音機屋(名優の声色や義太夫、端唄などの蠟管レコードを耳管で聞かせる商売)が盛んになる。〇九年に国産の蓄音機と円盤レコードの生産が始まると普及が進み、

蓄音器（1910年代）

街頭の見世物から家庭の娯楽装置になっていった。二〇年代にはラジオ放送開始に対抗して、蓄音機の技術革新が進み、電気吹き込みによる音質の向上に加え、レコード針の振動を電気的に増幅してスピーカーから音を出す電気蓄音機(電蓄)が開発され、音量がコントロール可能になった。六〇年代にステレオレコードが普及したころ、その再生装置はステレオやオーディオと呼ばれるようになった。　↓レコード

参考文献　寺田寅彦「蓄音機」(『寺田寅彦随筆集』二所収、一九四七、岩波書店)、倉田喜弘『日本レコード文化史』(一九七九、東京書籍)　（大岡　聡）

ちこく　遅刻　あらかじめ定められた、あるいは約束をした時間に遅れること。一八七三年(明治六)一月一日までの日本では、昼の時間と夜の時間をそれぞれ六等分して時間をはかる不定時法が採用されていたため、時間の認識の精度は著しく低かった。誰もが「正確」な時間を知りえないという状況において、現在いうところの遅刻は存在しなかったといえる。遅刻が問題とされるようになるのには、一日の時間を一様に等分する定時法の採用が必要条件であった。ただし、定時法が採用されるのと同時に突如として遅刻が「誕生」したのではない。鉄道の定時運行に向けての技術革新や、正確に時間を刻む時計の普及、工場労働者の時間による管理や規律時間思想の民間への波及などの結果として、一分一秒を正確に刻む正確な日常が作られ、その結果として一分一秒の遅れが問われなければならないことになり、「遅刻」が生まれていったのである。

参考文献　橋本毅彦・栗山茂久編『遅刻の誕生—近代日本における時間意識の形成—』(二〇〇一、三元社)　（塚原　伸治）

ちし　地誌　一般には近代地理学における地域概説書を指すが、日本歴史上では十七世紀から十九世紀にかけて編纂された、一定領域内の地理・歴史に関する書物を指す。多くは風土記、(通)志と命名される。七一三年(和銅六)に編纂が始まる一連の風土記は、便宜上「古風土記」と呼んで区別される。名所旧跡を主に収録したものは名所記と命名される。どちらも中国明代や清代に編纂された地方志や古風土記の影響を受けている。十七世紀の地誌は中国の『大明一統志』をテキストとした漢文と分類項目別の記述で、一六六六年(寛文六)『会津風土記』のように藩などの領国単位で編纂された。十八世紀の地誌は漢文と分類項目別の記述を踏襲しつつ、一七三六年(元文元)『五畿内志』のように旧国単位の編纂が始まった。十九世紀の地誌は和文と町村別の記述が出現し、一八三〇年(天保元)『新編武蔵国風土記稿』を代表とする江戸幕府の地誌編纂事業が展開され、明治政府も『皇国地誌』『大日本国誌』などの地誌編纂事業を一八九三年(明治二十六)まで続けた。

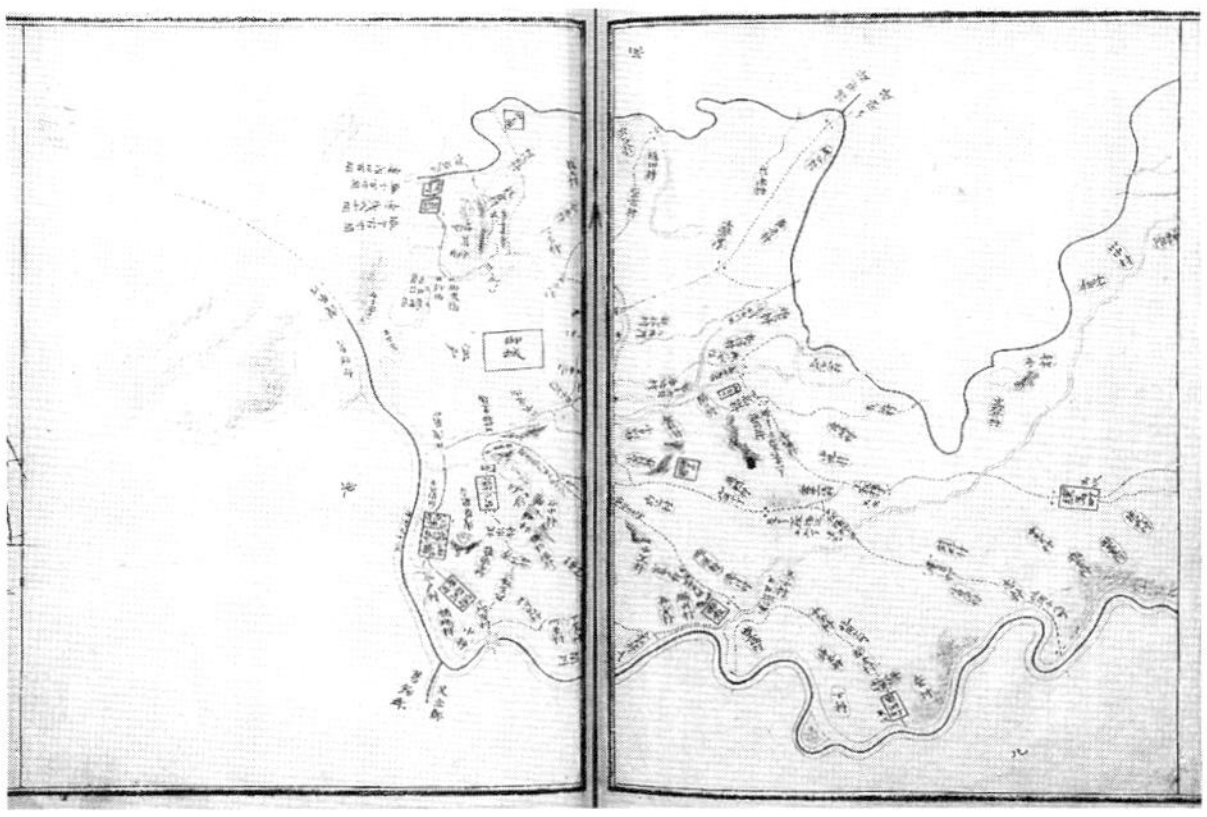
地誌　『新編武蔵風土記』(浄書稿本)　巻9

参考文献　羽賀祥二『史蹟論—一九世紀日本の地域社会と歴史意識—』(一九九八、名古屋大学出版会)、白井哲哉『日本近世地誌編纂史研究』(『思文閣史学叢書』、二〇〇四、思文閣出版)、兼岡理恵『風土記受容史研究』(二〇〇八、笠間書院)　（白井　哲哉）

ちすい　治水　水害を防ぎ、農業用水の利用の便を図るために、河川・池沼を整備すること。〔古代〕治水は国土統治の重要要件で、四世紀後半から五世紀にヤマト王権が難波の堀江を開削、淀川に茨田堤《まむたのつつみ》を築造したことが『日本書紀』仁徳紀に仮託されている。崇神天皇六十二年条に「多く池溝を開きて其の業(農事)を寛《ゆたか》にせん」として河内の依網池《よさみのいけ》を造ったとあるように、治水は租税となる稲作と直結するため、律令制下になると地方官の国司・郡司に管轄され、律令法では職員令大国守条で国司職掌の「勧課農桑」の一環とされた。また、堤防の造営や水害時処置が営繕令近大水条・堤内外条に、農業用水の運用・修理が雑令取水灌田条に定められ、七二三年(養老七)の三世一身法にも墾田奨励に灌漑施設の新設または改修が条件とされている。良吏とされた国司の事績に治水があげられ、奈良時代初期に筑後・肥後国司を兼ねた道君《みちのきみ》首名《おびとな》は多くの堤や池を設けて灌漑を拡大し、死後に農民から祀られたと『続日本紀』の卒伝にある。また、宗教による動員力を治水に向けた僧も多く、行基は、淀川河口の堀川と造橋、狭山池ほか諸池の修造などを行なった。

参考文献 亀田隆之『日本古代治水史の研究』(『日本史学研究叢書』、二〇〇〇、吉川弘文館)、大阪府立狭山池博物館編『行基の構築と救済』(特別展図録、二〇〇三)、森浩一他『水とまつりの古代史(第一二回春日井シンポジウム)』(二〇〇五、大巧社)　　(荒井　秀規)

〔中世・近世〕中世においては、治水は荘園領主や在地領主による局所的なものが多かったが、戦国時代になると、甲斐の武田信玄による釜無川治水のように、戦国大名が領国支配権に基づき、領民を動員して行う大規模なものが出現する。豊臣政権期になると、宇治川・巨椋《おぐら》池分離工事や淀川両岸の築堤のように、統一権力を背景とした政権主導による大がかりな河道変更工事や堤防築造工事が行われるようになる。徳川政権もこれを引き継ぎ、幕府は、一国または複数国に石高を基準に普請人足または普請銀を課す国役普請、大名を動員する手伝普請などにより、大規模な大河川治水工事を行なった。また、藩領においても藩主導による大規模治水工事が行われている。中小河川の治水については、必ずしも幕府や領主が関わったわけではなく、むしろ関係村々が主体となり、その負担のもとに行われることが多かった。なお、十八世紀初期ごろより、開発優先主義への転換と相まって、強固な堤防により河道を固定しようとする考え方が強くなった。→灌漑《かんがい》・用水《ようすい》　→洪水《こうずい》

参考文献 大谷貞夫『近世日本治水史の研究』(一九八六、雄山閣出版)、大熊孝『洪水と治水の河川史―水害の制圧から受容へ―』(『平凡社・自然叢書』七、一九八八、平凡社)、村田路人『近世広域支配の研究』(一九九五、大阪大学出版会)　　(村田　路人)

ちすじ　血筋　特定の家の出身者であることや系譜に連なる者であることを指す。文字通りに解釈すれば、血筋は父方、母方からその子孫に継承されるが、日本では父方の血縁を重んじる傾向が強い。一般的に日本の家は父系の血縁によって継承されるものであるとされてきた。ただし、民俗社会では跡継ぎのいない家では、血縁関係を持たない者も養嗣子として迎え入れる例が存在するなど、家を維持するためには、必ずしも血筋を引く者が後継者となる必要はなかったのである。その一方で、一人娘が婚出したため、孫を養子にするなど血筋を引く者による家の継承に強くこだわる例もみられる。また、憑物筋や被差別部落出身者との婚姻を忌避する例がみられ、社会的に負の評価をされた家と血筋との間に関連があると考えられてきた。こうした観念が婚姻差別をはじめとするさまざまな差別を産み出す要因の一つになっていると考えられる。

参考文献 石塚尊俊『日本の憑きもの―俗信は今も生きている―(復刊)』(一九九九、未来社)　　(大野　啓)

ちそかいせい　地租改正　明治維新後、国民国家の財政的基礎を確立するための土地改革・租税制度の改革。地租改正の法的措置は一八七三年(明治六)七月の地租改正条例と地方官心得書を基本とする。ここでは幕藩制下の領主的土地所有を否定して私的土地所有権を法認し、地券を発行し一筆(農地区画)ごとに地価を算定した。江戸時代の石高制にもとづく現物貢租(米)から、土地収益から算定される地価の三%の金納地租に変えるものであった。地価算定の方式は土地収益の利子率による資本還元という近代的形式をとったが、実際の数値は現実と違って旧貢租水準を維持継承するため操作された。そのことは「旧来の歳入を減ぜざるを目的と」するという文言が明瞭に示していた。こうして旧貢租を前提として県→郡→村→一筆という上からの押し付けによって地租改正事業が進められた。このため七六年の三重・茨城の地租改正反対一揆では地価の三%を二・五%に引き下げることを余儀なくされた。地租改正は八〇年にほぼ終了する。「旧貢租水準維持」というが歳入に対する地租の割合は改正以前の七三年七〇%から改正終了の八一年六〇%へと大幅な減租となっている。在来産業など殖産興業政策の成功によって地租の比重は低下し明治国家が成立する九〇年には三七%と四割を切る。

参考文献 近藤哲生『地租改正の研究―地主制との関連において―』(一九六七、未来社)、佐々木寛司『地租改正―近代日本への土地改革―』(『中公新書』、一九八九、中央公論社)、奥田晴樹「地租改正と地域社会」(『(岩波講座)日本歴史』一五所収、二〇一四、岩波書店)　　(森　武麿)

ちちのひ　父の日　父親の労苦や愛情を思って感謝の気持ちを表す日で、六月第三日曜日。五月第二日曜日の母の日にならい、二十世紀初めにアメリカ合衆国のワシントン州で教会関係者の提唱によって始まり、多くの人に支持されるようになった。アメリカでは一九七二年に祝日に定められている。日本の父の日はアメリカの影響を受けて始まったものだが、確かな年はわからない。一九四八年(昭和二十三)の「国民の祝日に関する法律」制定の際の議論に、祝日候補として母の日を推す意見は多かったが、父の日は議論にあがっていなかったことからみて、普及がそれ以降であることはまちがいない。おそらく昭和三十・四十年代の高度経済成長期に、デパートなど商業関係者が、父に感謝をこめて贈り物をしようと宣伝して広まったものであろう。現在では定着し、この日に父を食事に誘ったり、洋服・ネクタイなどファッション関係の品物や飲料品を贈ることが行われている。　　(田中　宣一)

ちぢみ　縮　絹・麻・木綿を素材として特殊な技法で織られた織物。縮の技法は、近世初期に明から伝えられた。絹縮は近世初期から播州で明石縮が織られた。寛文年間(一六六一―七三)の麻縮の産地としては、大和・奈良・越後・近江が挙げられる。特に越後の小千谷縮は名産であった。越後の縮は、一六七〇年(寛文十)に播磨の浪人である堀次郎が明石縮の技法を伝えたのに始まる。木綿縮は、明和年間(一七六四―七二)に下総波崎で織られたのを嚆矢とし、その後に銚子縮、幕末には阿波しじらが

創出された。播州の明石縮は昭和初期に廃絶するが、明治中期から新潟県十日町で明石縮が織られ始める。その後、品質改良が重ねられ、大正時代には盛夏の理想的な織物となる。

参考文献　『日本繊維産業史』各論篇(一九五八、繊維年鑑刊行会)、遠藤元男・児玉幸多・宮本常一編『日本の名産事典』(一九七七、東洋経済新報社)、土田邦彦『越後の伝統織物』(一九八〇、野島出版)、永原慶二他編『紡織』(『(講座)日本技術の社会史』三、一九八三、日本評論社)

(刑部　芳則)

ちどめ　血止め　止血。あるいは止血のための薬のこと。主に切り傷に対して民間療法が発達しており、ヨモギのほか、チドメグサと呼ばれる雑草などが用いられてきた。現在では、傷口に屋外の植物を直接当てることに対する衛生面からの抵抗や、一九四八年(昭和二十三)の「ニチバンQQ」以降、絆創膏が普及したことの結果として、民間療法が参照されることは少なくなっている。

参考文献　帝国女子医学薬学専門学校薬学科編『日本民間薬草集覧―にっぽんの民間療法の原点―』(『ゴリラブックス』、一九六五、かのう書房)

(塚原　伸治)

ちほうかいりょううんどう　地方改良運動　日露戦争後の地方危機に対して、市町村財政の強化と生活改善により地域支配の再編をめざす内務官僚を中心とした国力増強策。日露戦争による戦費調達のための重税と国政委任事務の激増、さらに一九〇七年恐慌で地方財政は破綻状態となり、農村危機は深刻化した。このため内務官僚井上友一、中川望らは〇六年(明治三十九)地方長官会議で町村が実行すべき事項を提示し、〇八年戊申詔書を発布し、各地で地方改良事業講習会を実施した。その内容は(一)部落共有林野による町村基本財産造成、納税組合などによる町村税徴集強化、(二)部落割拠性打破のため部落神社の町村社合併、部落祭礼の廃止と市町村祭礼への統一、(三)旧暦による休日慣行の廃止と明治国家の制定した国家祝祭日の浸透、(四)冗費節約と生活改善、(五)町村農会の農事改良、産業組合の結成奨励、(六)一村融和の実行機関として青年会、愛国婦人会、在郷軍人会などの結成、(七)二宮尊徳の報徳精神による精神主義的国民運動、(八)総合的実行計画として町村是作成などであった。日露戦後の地方の危機に対して内務省を中心に農商務省、文部省の中堅官僚が一体となって、市町村を単位として官治的「地方自治」を再編強化することが目指された。このような国民運動の展開はその後も農村経済更生運動のように社会危機が深刻化するたびに繰り返された。→村是《そんぜ》

参考文献　石田雄『近代日本政治構造の研究』(一九五六、未来社)、宮地正人『日露戦後政治史の研究―帝国主義形成期の都市と農村―』(一九七三、東京大学出版会)、筒井正夫「地方改良運動と農民」(西田美昭・アン＝ワズオ編『二〇世紀日本の農民と農村』所収、二〇〇六、東京大学出版会)

(森　武麿)

ちまき　粽　米粉などで作った生地を葉で包んだ食品。平安時代の『和名類聚抄』には米を真菰《まこも》の葉で包み、灰汁で煮るとある。茅も使われた。端午の行事食として古くから使われているが、これは中国古代楚の詩人・政治家屈原が五月五日に、亡国を嘆いて汨羅《べきら》の淵に身を投げた故事に由来する。端午の節食としての粽は日本海側を含む西日本で多く見られた。江戸時代の京都では川端道喜のものが有名で、内裏粽と呼ばれ一年を通して作られた。京都の端午では洛北市原の笹、伏見の茅を使った。外郎《ういろう》、葛、羊羹の生地を包んだ菓子としての粽は江戸時代からである。

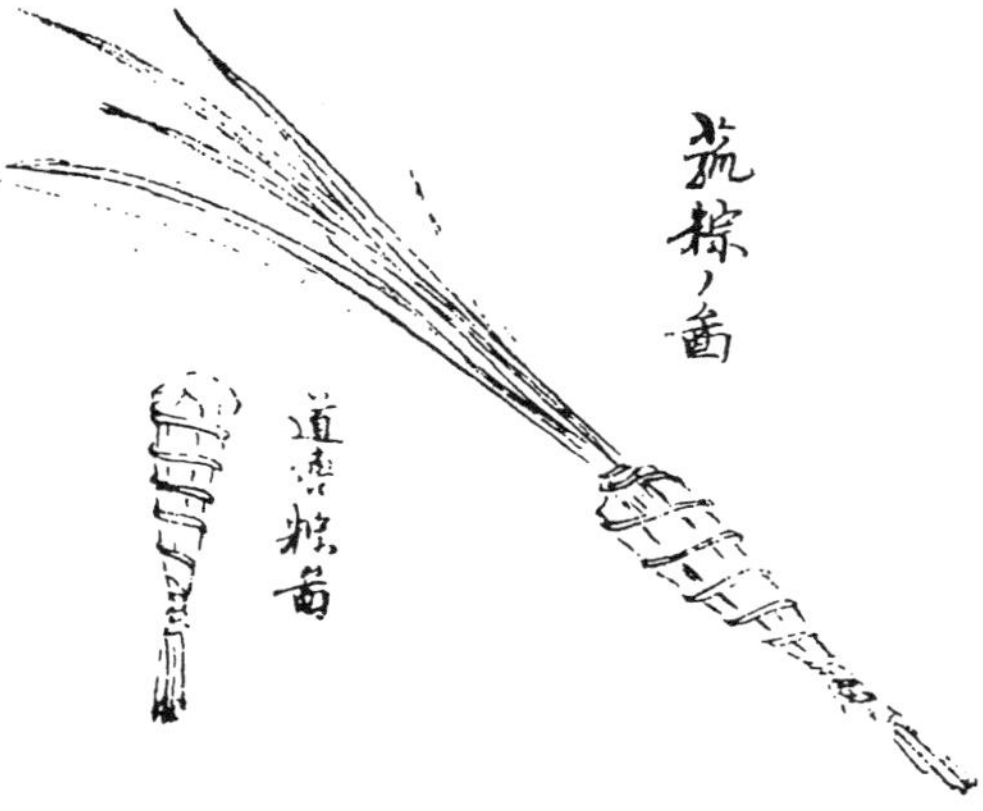

道喜粽㊧と菰粽（『守貞謾稿』より）

参考文献　中村孝也『和菓子の系譜(復刻版)』(一九九〇、国書刊行会)、青木直己『図説和菓子の今昔』(二〇〇〇、淡交社)

(青木　直己)

チマ・チョゴリ　チマ・チョゴリ　韓民族の伝統的な女性の服装で、上衣のチョゴリと長いスカートのチマが基本。洋服のボタンにあたるオッコルムという結びヒモでバランスをとる。チョゴリとは違う色の長いコルムと短いコルムをチョゴリの衿が重なる胸の前部分で結んで、残ったコルムは前後が重なる形で垂らしてしなやかな美を表現する。色鮮やかなチマ・チョゴリは婚約式や結婚式、還暦祝いなどの行事で着用されることが多い。

(李　修京)

ちゃ　茶　中国南西部原産のツバキ科の常緑樹チャの葉を加工した飲料のこと。製法は種々あり、不発酵の緑茶に分類されるものが多いが、紅茶のような発酵茶や碁石茶のような後発酵茶もある。またカワラケツメイなどチャ以外の植物による飲料、簡単な食事やその前後の休憩を茶と称する地方もある。喫茶は奈良時代末期にさかのぼる可能性があるが、確実な記録は八一五年(弘仁六)に入唐僧である大僧都永忠が嵯峨天皇に茶を献じた記事(『日本後紀』)で、その後、畿内ほか五ヵ国に茶を植え毎年献上することも命じられた。嵯峨朝の茶は唐式の餅茶《べいちゃ》とみられるが、平安時代後期には宋から茶の粉(抹茶)に湯を注ぎ茶筅で撹拌する点茶《てんちゃ》法が、江戸時代には明・清

時代の釜炒《かまいり》製煎茶と葉茶に湯を注ぐ淹茶《えんちゃ》法が伝わった。一七三八年(元文三)に永谷宗円が考案した蒸製《むしせい》煎茶は、幕末開港で茶が輸出の花形となるに及び日本茶の主流となった。一方、庶民が日常的に用いたのは煮出して飲むさまざまな番茶で、茶筅を使う振り茶もあった。茶粥のような食への利用はチャの自生に適した西日本に顕著で、自家利用が古くからあったと考えられる。紅茶の飲用は明治の舶来文化で、一九〇六年(明治三十九)リプトン紅茶が銘柄紅茶としてははじめて輸入された。紅茶の生産は、国策により輸出向けとして一八七五年に始まり、一九七一年(昭和四十六)の紅茶輸入自由化でほぼ途絶えたが、九〇年(平成二)ごろには国内向けとして復活した。
↓喫茶《きっさ》

参考文献 斎藤禎『紅茶読本』(『味覚選書』、一九七五、柴田書店)、京都国立博物館編『日本人と茶—その歴史・その美意識—』(特別展図録、二〇〇二)、農山漁村文化協会編『茶大百科』I(二〇〇八)
(三浦久美子)

茶葉の選別作業(『日本山海名物図会』より)

ちゃがゆ 茶粥 水で煮た白粥に対して、煮出した茶で米または冷飯を煮て作る粥のこと。主に西日本で古くから常食され、塩味のきいたおかずとともに何杯も食べる。塩や芋、豆類を入れるものもある。茶は自家製のものや粉茶、番茶などを用いる。節米が起源といわれるが、中国の『茶経』には茶にさまざまな具を入れて食べることがみえ、茶を食素材として利用することは、茶樹が身近にあった農民には古くから行われていたとも考えられる。
↓茶漬《ちゃづけ》

参考文献 中村羊一郎「食べるお茶—茶粥・尻振茶・振茶について—」(芳賀登・石川寛子監修『全集日本の食文化』六所収、一九九六、雄山閣出版)
(三浦久美子)

ちゃくし 嫡子 正妻の生んだ子、また家督を相続する者。古代の律令では、蔭位《おんい》制と戸主に戸政を継承させるために父から長子への継承を基軸とする嫡子制が規定され、古代戸籍にも嫡子が記載されているが、天皇や貴族層も含めて兄弟相続などが実態であり、戸籍の嫡子も実態ではなかった。九世紀末から貴族層では、一夫多妻制下でまず正妻子と庶妻子との嫡庶別が生じ、正妻男子は同等の権利を有して、家職や財産をともに優先的に分割継承した。院政期になり家督概念が芽生え、家職・家記や家伝来物などの相続に嫡子優先継承観念が始まるが、嫡子は必ずしも長子でなく取り立て嫡子の場合もあった。鎌倉時代になると、公家層から家職と財産の単独相続制が始まり、長子が嫡子になることが多かった。武士層では鎌倉後期から南北朝にかけて家督が嫡子に継承・相続されるようになっていく。近世では、どの階層でも長子が嫡子となり家督を相続した。ただし、廃嫡や養子などで家業を安定化したり、農村では姉家督や末子相続などもあった。明治民法では、家督相続は嫡出長子が規定された。戦後の民法では家督相続は廃止された。
↓家督《かとく》 ↓庶子《しょし》 ↓惣領《そうりょう》

参考文献 義江明子『日本古代の氏の構造』(一九八六、吉川弘文館)、明石一紀『古代・中世のイエと女性—家族の理論—』(二〇〇六、校倉書房)
(服藤 早苗)

ちゃしつ 茶室 茶会や茶事に用いる室。日本の喫茶文化は抹茶と煎茶に大別できる。抹茶の茶室は四畳半を基本とし、四畳半以上の広間《ひろま》、四畳半以下の小間《こま》があり、特に小間は、畳や柱、炉などの配置によって、多種多様な平面が考案され、最小は、畳の四分の一を切り取った台目《だいめ》畳と一畳を合わせた一畳台目まである。民家の造形要素である土壁や皮付きの木材などを採り入れた、いわゆる草庵風《そうあんふう》の茶室は、桃山時代の茶人千利休によって完成された。一方、煎茶の茶室は、眺望のよい開放的な空間、中国意匠を導入した建具や高欄、竹材をはじめとする唐物の使用、をおもな特徴としており、江戸末期から明治期に全盛を迎えた。これらの意匠は、別荘や邸宅はもとより一般の住宅にも浸透した。茶室と呼ぶのは江戸時代以降で、古くは茶の湯座敷・数寄屋・囲《かこい》などと呼んだ。

参考文献 中村昌生『数寄屋と五十年—茶の建築の研究と和の創造をたどる—』(二〇〇七、淡交社)、麓和善「煎茶席の意匠的特質」(『家具道具室内史』五、二〇一三)
(櫃本 聡子)

ちゃづけ 茶漬 茶漬飯の略。茶をかけた飯。具をのせたり、出汁を使うものもある。また間食のことを茶漬と呼ぶ地方もある。湯漬飯に対応する言葉とみられるが、元来茶で煮るべきものを簡略化したとも考えられる。茶漬が文献に現れるのは江戸時代で、『守貞謾稿』後集一には、江戸では朝炊飯するので夕飯は冷飯を茶漬にして香の物と食べるが、昼炊飯する京坂では冬の朝夕は茶粥にし、未刻ごろに八つ茶といって茶漬飯を食べるとある。江戸市中には一膳飯の茶漬屋が多くあった。
↓茶粥《ちゃがゆ》 ↓湯漬《ゆづけ》

参考文献 中村羊一郎『茶の民俗学』(一九九二、名著出版)、石神井公園ふるさと文化館編『江戸の食文化』(特別展

図録、二〇一四)　(三浦久美子)

チャップリン　Charles Spencer Chaplin　一八八九—一九七七　映画俳優、映画監督、プロデューサー。愛称Charlie。バスター＝キートンやハロルド＝ロイドと並び世界三大喜劇王の一人に数えられる。一八八九年四月十六日、ロンドンの寄席芸人の家庭に生まれる。五歳で初舞台を経験。以降、ホテルのボーイやガラス拭きなどで生活を繋ぐ貧しい少年時代を送る。一九〇二年、十二歳で舞台「シャーロック＝ホームズ」の給仕のビリー役を射止め、俳優業を天職と志すようになる。〇九年、喜劇の名門、ロンドンのカルノー一座と契約、コメディアンとしての才覚を認められるようになる。一三年、カルノー一座のアメリカ巡業の際、マックス＝セネットの目に留まりコメディ映画を製作するキーストン社に入り、活躍の場を舞台から映画へと遷す。ここからチャップリンの快進撃が始まり、山高帽にチョビ髭、ダブダブのズボンにステッキというスタイルはこの時期に確立され、国際的なスターとして認知されるようになる。日本にも三二年(昭和七)、六一年の二回訪れ、幅広い人気を得た。以降、第一次大戦中の西部戦線での出来事を諷刺した「担へ銃《つつ》」(一八年)、飢餓に苦しみながら金鉱を探し求める「黄金狂時代」(二五年)、資本主義下の物質至上主義・合理主義を揶揄した「モダン＝タイムス」(三六年)など、二十世紀前半の帝国主義の膨張とその矛盾をとらえた諷刺を含んだコメディ映画の傑作を数多く世に送り出した。特に「独裁者」(四〇年)は、まだナチズム批判が本格的になっていない時期にヒトラーとナチスに対する諷刺と、それに対抗するユダヤ人の生き様をコミカルに描くことでナチスの危険性を的確に理解したチャップリンの感性の鋭さが見て取れる。第二次大戦後にも「殺人狂時代」(五二年)では「一人殺せば犯罪だが、戦争で何百万人も殺せば英雄だ」と二十世紀の戦争を批判した。こうした認識の底には、「街の灯」(三一年日本上映)から「ライムライト」(五三年)まで貫かれる貧しい人々への共感がおかれていた。しかし、マッカーシズムのもと、「モダン＝タイムス」などの資本主義諷刺の作風が容共的であると批判され、七二年にアカデミー特別賞を受賞するまでの長きにわたり、アメリカ映画と決別する。七七年十二月二十五日、移住先のスイスで永眠。満八十八歳。

参考文献　江藤文夫『チャップリンの仕事』(一九六九、みすず書房)、パム＝ブラウン『チャップリン』(橘高弓枝訳、『伝記世界を変えた人々』一二、一九九三、偕成社)、大野裕之『チャップリンとヒトラー—メディアとイメージの世界大戦—』(二〇一五、岩波書店)　(花岡敬太郎)

ちゃのま　**茶の間**　住宅において、家族が食事やだんらんのために集う部屋。家族の日常生活の共用室として、居間の性格を併せ持つ場合もある。茶の給仕の支度に使われた部屋の呼称から転じた。住宅における位置は、台所に接続するか、廊下を介して台所と近い場合がほとんどである。大正期ごろからは、客間を中心に考える在来住宅が批判され、家族のだんらんの場である茶の間を日当たりの良い南面に配置する平面形式が理想とされる。家庭に導入されたラジオやテレビが置かれたのはこの部屋で、「お茶の間」は視聴者を指す代名詞として用いられた。洋風の様式が取り入れられた現代住宅では、茶の間は椅子座式の居間兼食堂として継承されている。↓居《い》間《ま》

参考文献　平井聖『(図説)日本住宅の歴史』(一九八〇、学芸出版社)　(松下　迪生)

ちゃぶだい　**ちゃぶ台**　食事をするための木製の台で、四本の短い脚がついている。食器を並べる甲板は、円形・楕円形・四角形があり、いずれも小型である。甲板の中央部分を取り外し、七輪を入れられる構造のものもある。家族の一人一人が箱膳を前に食事をしていた時代は、家長以下の座順も厳しく決められていたが、大正時代ごろより全国的にちゃぶ台が普及すると、食事様式が変わり、

ちゃぶ台

家族全員が一つの食卓を囲むようになった。食事が済んだ後も、テレビを見るなど、家族のだんらんの中心にちゃぶ台があった。また便利なことに、使わないときには脚を折りたたみ、部屋の隅に立てかけられるので、同じ場所を寝室として使うこともできた。都市部のアパートや団地など、広くはない住空間に合った家具だったのである。だが、昭和三十年代後半ごろからは、テーブルとイスによる食事様式が好まれるようになり、ちゃぶ台に代わってダイニング＝テーブルが標準的な食卓となった。

参考文献　石毛直道・井上忠司編『現代日本における家庭と食卓—銘々膳からチャブ台へ—』(『国立民族学博物館研究報告別冊』一六、一九九一)、大舘勝治・宮本八惠子『いまに伝える農家のモノ・人の生活館』(二〇〇四、柏書房)　(門口　実代)

ちゃや　**茶屋**　街道の宿場や神社仏閣の門前など繁華な場所の路傍で、湯茶や休息の場を提供する店のこと。中世に現れ、近世では、多様な茶屋が発達した。間宿《あいのしゅく》(宿場と宿場の間の村)で人足や旅人が休息する立場茶屋のほか、江戸では、接待する女性をおく水茶屋が現れ、十八世紀には笠森稲荷のお仙など人気を博する女性も登場した。

大坂では、茶屋が茶立て女と呼ばれる幕府黙認の娼婦を抱え、事実上の売春業者となった。また、湯茶の提供にとどまらず本格的な料理を提供し男女密会の場ともなる料理茶屋、江戸町奉行所前に店を構えて公事人の世話をする腰掛茶屋、遊廓での遊興に際して客の案内や代金の収受、芸者の手配などを請け負う引手茶屋、芝居や相撲興行において客を誘導・案内し接待も行う芝居茶屋、相撲茶屋も登場した。遊廓の場合、上方では茶屋は揚屋とならんで客が遊女をあげて遊ぶ場所となったが、揚屋より格は低く、江戸新吉原では、引手茶屋は客を揚屋や遊女屋に案内することを業とし、売春行為を行う場ではないとされた。これらの茶屋は、業態の共通性を基礎に仲間組織を形成することが多かった。

参考文献 塚田孝『近世の都市社会史—大坂を中心に—』(一九九六、青木書店)、近世史料研究会編『江戸町触集成』一三(二〇〇〇、塙書房)

(横山百合子)

ちゃわん 茶碗 原義は茶を飲む陶磁器の碗だが、飯を盛る碗も茶碗といい、広義では陶磁器の碗類をさす。抹茶茶碗、煎茶茶碗、茶呑茶碗、湯呑茶碗、飯茶碗、鉄漿《かね》付け用のうがい茶碗など種類が多い。古代・中世の文献(『仁和寺御室御物実録』など)所出の「茶碗(垸)」は茶を飲む器だけでなく磁器も意味した。これは唐から輸入された越州窯系青磁の多くが喫茶用であったことから、器形にかかわらず輸入磁器全般をさすようになったらしい。江戸遺跡の研究からは、江戸時代前期は食べる器は漆器、飲む器は陶器が主で、煎茶が流行した中期から飲む器は徐々に小型化して磁器が主体となり、江戸前料理の基礎が確立した後期には、飯碗風の陶器が現れることが指摘されている。『守貞謾稿』後集一では、江戸では食事に、朝は漆器、昼と夕には茶碗を使う。磁器の飯碗を茶漬茶碗というとしている。しかし本格的な磁器の飯碗の普及は、型抜きによる大量生産と鉄道による移送で安価になった明治期以降である。また、家庭で飯茶碗や湯呑茶碗を個人専用とする習慣は、沖縄県以外に多い。 ↓椀《わん》

参考文献 佐原真『食の考古学』(『UP選書』、一九九六、東京大学出版会)、京都国立博物館編『日本人と茶—その歴史・その美意識—』(特別展図録、二〇〇二)、長佐古真也「お茶碗考—江戸における量産陶磁器の変遷—」(『国立歴史民俗博物館研究報告』九四、二〇〇二)

(三浦久美子)

ちゃんちゃんこ ちゃんちゃんこ 袖なし羽織の防寒具。表面は、メリンス、富士絹などの友禅物が多く使用され、裏面は無地が一般的である。全体的に綿が入れられ、羽織同様に衿をつけるが、一九三〇年(昭和五)ごろには仕立ての簡単な衿なしも少なくなかった。子供服の防寒着としても広く普及した。還暦の祝いに赤いちゃんちゃんこを贈る風習は、魔除けの意味で産着に使われていたため、子供に還るという意味が込められている。

参考文献 主婦之友社編輯局編『赤坊衣類一切の仕立方』(『主婦之友社実用百科叢書』、一九三〇、主婦之友社)

(刑部 芳則)

チャンバラ チャンバラ ⇩時代劇《じだいげき》

ちゅうおうこうろん 中央公論 一八八七年(明治二十)に創刊された西本願寺の有志学生の機関誌『反省会雑誌』を起源とする総合雑誌。九二年『反省雑誌』、九九年『中央公論』と改題される。発行所の反省社は一九一四年(大正三)に中央公論社と社名を改めた。同誌と社業を発展に導いたのは滝田樗陰《たきたちょいん》と嶋中雄作である。しかし三八年(昭和十三)の石川達三「生きてゐる兵隊」が発禁となり、横浜事件を契機に、四四年に廃業に追い込まれた。敗戦後に復刊を果たし、四九年に嶋中鵬二が社長に就任する。六〇年十二月号の深沢七郎「風流夢譚」の小説で皇族が処刑される場面が問題視され、六一年二月一日、社長宅で殺傷事件が生じた。この「風流夢譚」事件で天皇制批判の自主規制が強まり、同年十二月の『思想の科学』天皇制特集号廃棄事件が起こる。ただし事件を前後して編集部には、竹森清、京谷秀夫、橋本進、粕谷一希、中村智子、宮脇俊三、塙嘉彦、井出孫六、春名徹《はるなあきら》、柳田邦夫ら多彩な編集者がいたことは注目されるべきである。九九年(平成十一)には読売新聞社の傘下となり、中央公論新社が同誌を刊行している。

参考文献 『中央公論社の八十年』(一九六五)、『中央公論新社一二〇年史』(二〇一〇)、根津朝彦『戦後『中央公論』と「風流夢譚」事件—「論壇」・編集者の思想史—』(二〇一三、日本経済評論社)

(根津 朝彦)

ちゅうかがい 中華街 中国系の人びとが集まり住む地域をさす。日本では横浜、神戸、長崎の中華街が有名である。これらの街には幕末に自由貿易のため対外開港され、外国人の居住と経済活動を許可した居留地と雑居地が設けられ、その一角に中華街が形成された。このうち最も集住傾向が強いのが横浜で、中華街には住居や店舗だけでなく、関帝廟、学校なども建てられた。第二次大戦以前の横浜中華街は華僑の生活の場であったが、次第

横浜中華街(2014年撮影)

に中華料理店などが立ち並ぶ商業地となっていった。現在は約五〇〇平方キロの土地に中華料理店や物販店など七百軒余りがひしめき、年間約二千万人の観光客が訪れる。日本の中華街は華僑が暮らす場所としての性格より、日本人客を相手とした観光地としての性格が強い。そのため夜間でも誰でもが食事や散策を楽しめる場所であるが、これは治安が悪いとされる海外のチャイナタウンと比較し、大きく異なる日本の中華街の特色である。↓華僑《かきょう》

参考文献　山下清海編『華人社会がわかる本—中国から世界へ広がるネットワークの歴史、社会、文化—』(二〇〇五、明石書店)、横浜開港資料館編『横浜中華街一五〇年—落地生根の歳月—』(二〇〇九)、横浜商科大学編『横浜中華街の世界—横浜商科大学中華街まちなかキャンパス—』(二〇〇九)、『関帝廟と横浜華僑』(二〇一四)

(伊藤　泉美)

ちゅうぎ　籌木　捨木《すてぎ》、搔《か》き棒、捨棒《すてぼう》、クソヘラとも。大便の後、紙を使わず木切れの先で、拭い取る時に使用した。民俗学の世界ではすでに知られていた捨木であったが、考古学の発掘調査の進展のなか、藤原京跡(奈良県橿原市)や柳之御所跡(岩手県西磐井郡平泉町)など籌木土坑が各地で発見されるようになり、古代から一般に使用されていたことがわかってきた。鎌倉時代の曹洞宗僧侶道元(一二〇〇—五三)著『正法眼蔵《しょうぼうげんぞう》』にも、使用前の「浄籌」と使用後の「触籌」を区別することが書かれている。

参考文献　奈良国立文化財研究所編『藤原京跡の便所(トイレ)遺構—右京七条一坊西北坪—』(一九九二)、黒崎直編『トイレ遺構の総合的研究—発掘された古代・中世トイレ遺構の検討—』(一九九八、奈良国立文化財研究所)、黒崎直『水洗トイレは古代にもあった—トイレ考古学入門—』(二〇〇九、吉川弘文館)、李家正文『厠(加波夜)考』(『こと典百科叢書』二六、二〇一三、大空社)

(水本　浩典)

ちゅうきょうま　中京間　住宅建築に用いる基準尺度の一つ。柱と柱の心々距離、すなわち間《けん》を六尺二寸五分とするもの。主に名古屋や岐阜および東北で用いられる。近世は一間＝六尺五寸の京間に加え、太閤検地の一間＝六尺三寸や、徳川の検地の一間＝六尺など、複数の測地単位が登場するが、地域の支配者ごとに採用する検地尺が異なるなど、度制は混乱した。その中で、京間と田舎間の中間にあたる相間《あいのま》が存在しており、このうちの一つをのちに中京間と呼ぶようになった。畳の大きさを基準に設計する畳割《たたみわり》における畳寸法は、六尺×三尺となる。

参考文献　内藤昌『江戸と江戸城』(『SD選書』、一九六六、鹿島研究所出版会)

(櫃本　聡子)

ちゅうげん・せいぼ　中元・歳暮　つね日頃世話になっている職場の上司や世話人家、本家・仲人・嫁の実家などへの感謝の挨拶を兼ね、盆暮れ時に贈られる進物のこと。盆前になされるのが中元の挨拶・贈答で、いわゆる御中元である。現在では七月初旬から新暦盆の七月十五日ごろにかけて行われるが、地方では月遅れの八月に行う所も多い。中元に贈られる品は、麦の収穫期を終えたころなので小麦粉・ソウメン・麸などの麦製品が多かった。しかし、各地には中元に魚を贈る風もよく見られ、島根県などでは分家が本家へ刺し鯖の干物を贈った。いわゆるイキボン・イキミタマの習俗にも通じるものであった。歳暮は正月前の年の暮れになされる贈答で、手拭い・半紙・反物・下駄などの日用品が贈られたが、やはり魚を贈る例もよく見られる。北九州ではメザシ百尾を持参するのが習わしで、東京などではもっぱら新巻鮭《あらまきじゃけ》(歳暮鮭)や数の子が贈られた。中元・歳暮に、ともに魚の贈答がなされてきたことは、正月行事と盆行事の双方に共通する儀礼要素が見られたことの一例でもある。

歳暮鮭（山梨県富士吉田市）

参考文献　伊藤美樹・生活たのしみ隊編『春夏秋冬を楽しむくらし歳時記』(二〇一三、成美堂出版)

(長沢　利明)

ちゅうこんひ　忠魂碑　近代の戦争記念碑の中で、地域単位で複数の戦没者を慰霊し、顕彰する碑のこと。特に日露戦争以降、「忠魂碑」と刻まれた碑が多いが、文字は、招魂、表忠、忠霊、旌忠、彰忠、昭忠など多岐にわたる。戦没者慰霊碑は、日露戦争までは戦没者個人の碑を遺族や有志が私有地に建立したが、日露戦争で多くの戦没者が出たことで、建立抑制を図るため、複数の碑を同一市町村内は一ヵ所にまとめて建立する方針、続いて一市町村一碑の方針が示され、忠魂碑が登場した。一九一〇年(明治四十三)に帝国在郷軍人会が設立されて以降は、各地の分会がその建立主体となった。三〇年代に教育の中で忠魂碑の参拝・礼拝の動きが起こり、国もその宗教的色彩を認めるようになった。敗戦後、GHQの指令を受けて、ほかの戦争記念碑と同様に、場所を移転したものや土中に埋められたものもあったが、独立回復後は復元されたものが多く、戦後に新たに作られたものもある。↓慰霊《いれい》

参考文献　籠谷次郎「戦没者碑と「忠魂碑」―ある忠魂碑訴訟によせて―」(『歴史評論』四〇六、一九八四)、国立歴史民俗博物館編『(「非文献資料の基礎的研究」報告書)近現代の戦争に関する記念碑』(二〇〇三)、檜山幸夫「日本近代史資料としての戦争紀念碑―忠魂碑の史料論的考察―」(『史潮』六三、二〇〇八)　(石橋　星志)

ちゅうしょうきぎょう　中小企業　一定規模以下の企業。新中小企業基本法(一九九九年(平成十一)公布)の定義では、製造業の場合、資本金三億円以下、従業員三百人以下が中小企業である。中小企業を一つのグループにくくるのは、中小企業には大企業とは異なる特徴があると考えるからである。中小企業の存在は、第一次大戦後から昭和恐慌の不況期に、過当競争に晒された経営不安定な中小企業の金融難問題がクローズアップされ、一般に認識されるようになった。戦時期には、軍需企業の下請けとして中小企業を活用する政策がとられたが、敗戦により下請け体制はいったん崩壊した。戦後、一九四八年(昭和二十三)八月には、「健全な独立の中小企業」の育成を目的に、中小企業庁が発足した(初代長官蜷川虎三)。六〇年前後には、近代的な大企業が聳える一方で、前近代的な中小企業と農業が広範に存在する状況が「二重構造」(経済学者有沢広巳の造語)と呼ばれ、両者の間に所得水準などの面で大きな格差が存在することが社会問題となった。そのため、六三年制定の中小企業基本法では中小企業は脆弱で保護すべき存在として位置づけられることになった。しかし、高度成長期のメーカーの飛躍的発展によって、このころから一次・二次・三次といった重層的な下請け関係が形成され、一次下請け企業のなかには中小企業の枠を超えて成長するものも現れた。六〇年代に登場した、独自の技術開発力を持つ中小企業を、中村秀一郎は「中堅企業」と命名した。下請け企業からの効率的な部品調達や、メーカーと一次下請けとの長期継続取引が、自動車企業などの日本メーカーの強い国際競争力の秘密であるとして海外から注目され、八〇年代には、下請け企業はサプライヤーと呼ばれるようになった。九九年制定の新中小企業基本法は、新産業の創出など、経済活力の強化を目的とし、中小企業政策は保護政策から脱皮し、ベンチャーの育成や地域的視点(産業集積)が重視されてきている。

参考文献　由井常彦『中小企業政策の史的研究』(一九六四、東洋経済新報社)、植田浩史『現代日本の中小企業』(『シリーズ現代経済の課題』、二〇〇四、岩波書店)、黒瀬直宏『中小企業政策』(『国際公共政策叢書』、二〇〇六、日本経済評論社)　(浅井　良夫)

ちゅうしょく　昼食　昼にとる食事。古代・中世前期には朝晩の一日二食で、室町時代以降に昼食がとられるようになったとされているが、階層や地域によっても普及度は一定ではない。昼食の源流は㈠僧がとる中食《なかじき》、㈡禅宗における点心《てんじん》食、㈢労働中の間食《けんじき》という三種の慣習に由来すると考えられる。㈠の中食は鎌倉時代から正午に食べる食事や朝と晩の間にとる間食として、僧の間で行われていた。㈡の点心は軽食のことで、茶に副える菓子(茶の子)の意味でも用いる。鎌倉前期に中国から禅宗の渡来とともにもたらされた慣習で、道元の『正法眼蔵《しょうぼうげんぞう》』に餅を買って点心にせよとある。また、禅宗の仏事で出される軽食も点心と呼ぶ。禅宗では朝食を斎《とき》、夜食を非《ひ》時《じ》と呼び、間食としての点心が慣習化して昼食となった。㈢の間食は職人や労働者に出される食事で、古くは『日本霊異記』(八二二年(弘仁十三)ごろ成立)に米を搗く稲春《いなつき》女《め》に間食を与えた事例がある。大工など職人に雇い主が間食を与えるのも一般的であり、その時には茶の子も出される。田植の際に早乙女などに用意される食事も間食の一種である。間食は文字通り朝と晩の間の食事で、労働による空腹を満たす目的で与えられるものである。これら三種が融合して室町時代には一般化し、昼にとることから中食と同音の昼食という表記になったと考えられる。

↓間食《かんしょく》　↓食事《しょくじ》　↓点心《てんしん》

参考文献　柳田国男「食物と心臓」(『(定本)柳田国男集(新装版)』一四所収、一九六九、筑摩書房)　(盛本　昌広)

ちゅうぜつ　中絶　胎児が母体外において生命を保続することのできない時期に、人工的に妊娠を中断すること。人工妊娠中絶、堕胎。一八八〇年(明治十三)の刑法制定により「堕胎ノ罪」として禁止され、堕胎を行なった本人および産婆をはじめとする幇助者は厳しく罰せられたが、さまざまな方法での「ヤミ堕胎」が継続して行われた。一九一五年(大正四)に『青鞜』に掲載された原田皐月の小説「獄中の女より男に」を契機として、女性解放運動家平塚らいてう(一八八六―一九七一)、伊藤野枝《いとうのえ》(一八九五―一九二三)らによって堕胎論争が展開された。刑法の堕胎罪が現在も存続する一方で、四八年(昭和二十三)の優生保護法制定により母体保護を目的とした中絶が認められるようになり、その後の改正で経済的理由による中絶が認められ、事前の審査が廃止され指定医に判断が委ねられるようになった。九六年(平成八)に改正された母体保護法では、優生学的思想にもとづく中絶の条項が削除された。優生保護法制定以降、中絶の届け出件数は増加し、七〇年代には水子供養が流行した。現在では出生前診断による「命の選別」の問題が議論されている。

↓堕胎《だたい》　↓優生保護法《ゆうせいほごほう》

参考文献　荻野美穂「人口妊娠中絶と女性の自己決定権―第二次世界大戦後の日本―」(原ひろ子・舘かおる編『母性から次世代育成力へ―産み育てる社会のために―』所収、一九九二、新曜社)、岩田重則『〈いのち〉をめぐる近代史―堕胎から人工妊娠中絶へ―』(『歴史文化ライブラリー』、二〇〇九、吉川弘文館)　(大西　公恵)

ちゅうそつしゃ　中卒者　中学校が義務教育になって以降に、中学校卒業を最終学歴とする者。戦前日本では一九〇七年(明治四十)以降、義務教育(尋常小学校)は六年

生までであり、高等小学校は通例これに二年を加えただけであったので、小学校卒業後五年間を過ごす中学校の卒業生は少数の高学歴者であった。しかし戦後の教育制度改革によって一九四七年(昭和二十二)度から中学校の三年間が義務教育化された結果、中学卒業は最低の学歴となった。高度成長期には高校進学率が急伸し、ホワイトカラー的職種は高卒以上の者に占められたため、中卒で就職する者は労働条件の劣悪な下積みの仕事に従事せざるをえないことが通常であった。高校進学率が低く、地元に就職口のない地方から大都市の零細企業の住込み雇用に向けて集団就職が実施され、中卒者が学生服姿で教師に先導されて就職先に向かう姿が毎年報道されていた。一九六〇年代後半には地方でも高校進学率が上昇し、中卒者の就職問題は大きな社会的問題とはみなされないように変化した。 ↓就職《しゅうしょく》 ↓集団就職《しゅうだんしゅうしょく》

参考文献 加瀬和俊『集団就職の時代―高度成長のにない手たち―』(『Aoki library 日本の歴史』、一九九七、青木書店)
(加瀬　和俊)

ちゅうふう　中風 脳血管系疾患(脳出血・脳梗塞ほか)および中枢性・末梢性神経疾患のこと。古代中世の医書には風が体表より侵入(邪風に中《あ》たる)し経絡に入れば麻痺を生じさせ、五臓に入ると卒倒・半身不随などの症状をもたらすとある。近世の医書では美食飲酒を好む肥満の壮年の者が発症し、健忘・老耄(認知症)を誘発させるという。卒中・卒中風・中気・偏枯・よいよい病とも呼ばれ、古代以来、なじみ深い病である。「むづかしくめしつぶひろふ中風やみ」「卒中風扨《さて》にぎやかなまつご也」と江戸川柳に詠まれ、近世の随筆にも取上げられることが多く、介抱の苦労話が語られている。戦前戦後の農村部での死因のトップは脳卒中であり、農村病ともいわれていた。厚生労働省の「人口動態統計」によれば、一九五五年(昭和三十)より八〇年までの間、脳血管系疾患は死因の第一位で、現在でも死亡総数の一割を占める状況にある。

参考文献 服部敏良『平安時代医学の研究』(一九五五、桑名文星堂)、長浜善夫『針灸の医学』(『創元医学新書』、一九五六、創元社)、若月俊一『農村医学』(一九七一、勁草書房)、新村拓『痴呆老人の歴史―揺れる老いのかたち―』(二〇〇二、法政大学出版局)
(新村　拓)

ちゅうりゅういしき　中流意識 本来は社会階級構成上で資本家と労働者の中間に位置する中流階級への帰属意識のことをさす。上流階級のように富裕とはいえないが、職業労働に基づく一定の大きさの収入を得、不時の生活リスクに耐えられるだけの貯蓄や土地・住宅などの資産を有する。服装・所持品など労働者階級と外見的に区別され、日常会話・社交習慣・子どものしつけなどで独自の様式をもつ。高い教育水準をもち、勤勉・節約・能率・家庭の尊重などの産業社会的価値観の担い手として社会の文化的リーダーの役割を果す。このような諸条件の上に成立するのが中流意識である。しかし戦後の日本では、生活水準の世間並み意識として理解されるのが一般的である。その原因は、総理府が一九五八年(昭和三十三)以来毎年実施している『国民生活に関する世論調査』の生活程度(「上」「中の上」「中の中」「中の下」「下」)に関する質問で、「中の中」を中心に中程度と回答した者の割合が七〇年前後に九〇%近くに達したこと、そして『国民生活白書』(七〇年度版)がその事実を「中流意識の一般化を顕著に示している」と評価したように、政府機関、マスメディアがこのような言説を繰り返し強調したことによる。その背景には、(一)新中間層の拡大、(二)所得水準の上昇が階層平準化を伴いつつ進展したこと、(三)高等教育進学率の上昇、(四)「三種の神器」を筆頭とする耐久消費財の爆発的普及、(五)マスメディアの発達による生活意識の均質化などがあった。ここから「一億総中流化」などという社会認識が流布していくことになる。これに対して、一方では古典的な中流階級像を基準に「幻想」「みせかけ」の中流化にすぎないとする見解(岸本重陳)、他方で「階層構造の非構造化」の視点に立って古典的な意味での中流階級の崩壊と「新中間大衆」の登場を示しているとする見解(村上泰亮)が提起されている。所得・資産格差が拡大している現在、「中の中」が減少し、かわって「中の下」「下」が増加し、「中流意識」は下方へと分解しつつある。 ↓新中間層《しんちゅうかんそう》

参考文献 岸本重陳『「中流」の幻想』(一九七八、講談社)、富永健一編『日本の階層構造』(一九七九、東京大学出版会)、村上泰亮『新中間大衆の時代―戦後日本の解剖学―』(一九八四、中央公論社)
(寺出　浩司)

ちょう　町 〔古代・中世〕(一)面積、(二)距離、(三)都における条坊制の単位などの意味をもつ語。以下(三)に関連して述べる。条坊制においては町は三十二戸主《へぬし》から成り、坊は十六町から成る。町は四本の道路によって区画された方四十丈(一一九・三六メートル)の面積。平安京の条坊制が崩れるとともに町の意味も変化する。鎌倉時代には上の町・下の町の名称が現れ、また道路に面した家並みが町を形成する片側町が出現、南北朝時代以降には道路を挟んで向かい合った家並みが一町を形成する、両側町が現れるようになった。道路を自町に取り込んだ形となり、木戸も道路に設置されて町の自治的機能が促進されていった。十六世紀になると以上の町が複数連合して一つの町組を組織し、さらに複数の町組が連合してさらに大きな組織を作りあげた。各町や町組では月行事などの役員を決め、町掟も定めて組織の運営をはかっていったから、町は都市自治の基本単位となっていたといってよい。 ↓月行事《がちぎょうじ》

参考文献 秋山国三・仲村研『京都「町」の研究』(『叢書・歴史学研究』、一九七五、法政大学出版局)
(川嶋　將生)

〔近世〕日本近世都市の町人地に存在する地縁団体である。短冊状の屋敷地が道路の両側に並ぶ両側町を基本的な形

態とし、両端の木戸や会所(集会所)といった団体としての共同施設を持つこともある。正式の構成員は屋敷地の所有者である家持町人のみであり、同じ空間に居住する借家人や奉公人は排除されていた。その意味では身分的な団体でもあった。町の基本的な機能は、構成員の家業が持続されることであり、鍛冶屋などの火を使う職業を禁じて火災の発生を抑止したり、同一職種の数を制限することにより営業の保全を図ったりする例も見られる。こうしたことから町は共同体の機能を持っているということができる。都市社会では屋敷地が農村社会に比較すれば頻繁に売買されたため、町の構成員は頻繁に交代した。そのような状況のなかで共同体としての結合関係を維持するために、屋敷売買・婿取り・養子取りなどによる新規加入者に対しては儀礼と金品が課された。これらの点は町の規則(町式目)に詳細に成文化されていた。遠方の屋敷所有者であっても代替わりの際には新規加入儀礼が求められた。町のタイプには、大きくいって二つある。一つは構成員の関係が比較的フラットであり、そのために町の代表者が家持町人による交代制をとる場合である。もう一つは、構成員の関係がヒエラルヒッシュであり、そのなかの有力者が世襲で町の代表者を勤める場合である。前者は畿内近国(京都・大坂・奈良)や日本海側(金沢・秋田)に具体例が多く、後者は東日本太平洋側(江戸・仙台)で確認されている。→町人《ちょうにん》 →町方《まちかた》 →町屋《まちや》 →町割《まちわり》

参考文献 吉田伸之「町人と町」(『近世都市社会の身分構造』所収、一九九八、東京大学出版会)、朝尾直弘「近世の身分制と賤民」(『身分制社会論』所収、二〇〇四、岩波書店)

(渡辺 浩一)

ちょうこうそうビル 超高層ビル 高さの明確な定義はないが、建物高さが三一メートルを大幅に超える建物のことを示す。日本で最初の超高層ビルは、一九六八年(昭和四十三)に完成した霞ヶ関ビルディング(高さ一四七メートル)である。それまで、建築基準法により建物高さは三一メートル以下とされてきたが、土地利用問題が深刻になったことから、一九五〇年代後半から構造研究が進められ、六四年に高さ制限は撤廃された。ビル風や日照阻害などの周囲への影響や災害に対する構造的、設備的な対応など解決すべき問題は多い。

参考文献 津村泰範「霞ヶ関ビルディングをめぐって」(新建築社編『現代建築の軌跡―一九二五―一九九五「新建築」見る建築と日本の近代―』所収、一九九五、新建築社)

(前川 歩)

ちょうさん 逃散 特に中世、年貢の減免や代官の交代、井料《いりょう》(灌漑補修などに使役される際の食糧給付)などを要求する場合、領主に要求が受け入れられない場面で民衆がとった闘争手段の一つ。古代における浮浪《ふろう》・逃亡と異なるのは、土地を離れて領主の支配から逃れることが目的ではなく、要求を領主に受け入れさせることに目的があった点である。逃散している間に家財などを没収されないよう、家の周囲や集落の出入口に篠《ささ》をめぐらして結界を作り、その中を聖域化して保全するなどの行為も付随しており、こうした逃散をめぐる習俗も興味深い。逃散行為はいくつかの事例を見る限り不法・非法ではなく、民衆が保有する正当な権利であると認められていた。このように、民衆の正当な要求手段としての逃散であったが、やがて近世社会の構造が固められる時期になると、不法行為であると規定され、幕藩権力による厳重な取り締まりのもとに消滅していくことになった。

参考文献 入間田宣夫「逃散の作法」(『百姓申状と起請文の世界―中世民衆の自立と連帯―』所収、一九八六、東京大学出版会)、藤木久志『戦国の作法―村の紛争解決―』(『平凡社選書』、一九八七、平凡社)

(川端 泰幸)

ちょうじゃ 長者 前近代、特に近世以前の社会において、ある集団の長《おさ》となるべき人のことをひろく長者といった。古代の氏の「氏上《うじのかみ》」に由来する氏長者《うじのちょうじゃ》が八世紀末には出現し、平安貴族の王氏・源氏・藤氏・橘氏らの諸氏にはそれぞれ氏長者が存在し、氏人を統括し氏神・氏寺などを管理した。寺院にも東寺に長者がおり、芸能の道に秀でた者を指す場合もある。さらに源義家など武門の棟梁を武士の長者といった。鎌倉幕府の将軍も、三代の実朝を「関東の長者」と称している(『吾妻鏡』建仁三年(一二〇三)九月十五日条)。また長者は、在地の有勢者・富裕人などの呼称としても現れてくる。郡司や荘官らの有力者を指すものとして、『今昔物語集』二六の猿神退治説話の主人公を「郷の長者」といい、さらに交通の要地にも多く出現する。『信貴山縁起絵巻』の描く「山崎の長者」であり、東海道青墓(岐阜県大垣市)や興津宿(静岡市)の「宿の長者」である。彼らは交通や交易のもたらす富により長者・有徳人《うとくにん》と呼ばれた。

参考文献 湯浅治久「蔵と有徳人」(小野正敏・五味文彦・萩原三雄編『中世人のたからもの―蔵があらわす権力と富―』所収、二〇〇二、高志書院)

(湯浅 治久)

ちょうじゅ 長寿 長生きをすること。医療が未発達な過去においては、病と死は近く、長命を保ちうる人はすなわち身体の頑健さ・生命力の強さを備えた人でもあった。一定の年齢に達した人の長寿祝い(還暦・古稀・米寿など)は各地でさまざまに行われている。医療が発達し、平均寿命の伸長した現代社会において、「長寿」とは単なる生命の維持ではなく、心身ともに健康であることも重要な条件と考えられているといえる。東京巣鴨の高岩寺(とげぬき地蔵)は、境内にある洗い観音参拝で有名である。参拝者は銘々にタワシ(現在はタオル)を買い、観音像に水をかけて洗う。その際、参拝者自身が患っている部分や丈夫でありたいと願う部分を重点的に洗うと利益があるとされる。周辺は平日でも団体客の参拝で賑わい、現在も「おばあちゃんの原宿」と称される。また、「老いても周囲に迷惑をかけずぽっくり逝きたい」と祈るポックリ信仰は、高齢化の近年、さらにシニア世代の関心を

集めている。　→還暦《かんれき》　→喜寿《きじゅ》　→古稀《こき》　→ぽっくり信《しん》仰《こう》

参考文献　『とげぬき地蔵尊高岩寺誌』(二〇〇〇、絢文社)、松崎憲三『ポックリ信仰―長寿と安楽往生祈願―』(『慶友選書』、二〇〇七、慶友社)、板橋春夫『長寿―団子・赤飯・長寿銭／あやかりの習俗―』(『(叢書)いのちの民俗学』二、二〇〇九、社会評論社)　（大里　正樹）

ちょうしゅう　町衆　十五世紀以降、京都をはじめとする都市における地域共同体の構成員。「まちしゅう」とも読む。十七世紀初頭出版の『日葡辞書』は「ちょうしゅ」を立項し、「まちのしゅ」の読みも記す。この用語は林屋辰三郎によって提唱された歴史概念で、平安京では古代から近世へと京戸→京童→町衆→町人との市民発展史が考えられ、そのなかに町衆が位置づけられた。応仁・文明の乱以降、まとまりをもった地域共同体が発展したが、それを基盤に活動した都市住民をそのように呼び、酒屋・土倉などの商工業者がその中核を成した。彼らは町の自治を発展させ、十六世紀以降には自治組織の町組を作り、時には土一揆と対立した。一方、宗教的には、多く法華宗を信仰して洛内二十一ヶ本山を支え、また茶の湯や能楽をはじめとする芸能面に進出するとともに、京都下京の町衆は、祇園会や稲荷祭の山鉾建造・巡行を行うなど、文化の重要な担い手となっていった。なお町衆の語は、戦国時代の京都以外の他都市の史料にも記されている。→町人《ちょうにん》　→町屋《まちや》

参考文献　林屋辰三郎『町衆―京都における「市民」形成史―』(『中公新書』、一九六四、中央公論社)　（川嶋　将生）

ちょうずばち　手水鉢　手や顔を洗うためのきれいな水を入れておく器物。手を洗う水を「てみず」という。手水は鉢から柄杓で汲み、鉢の周囲に敷かれた砂利の上で洗い流す。日常生活においては、便所の入り口付近に設置し、用便後に手を洗うために用いた。木製の桶や、石製、青銅製、陶磁器製がある。ほかに、寺社の参道や社殿の付近にある社寺型手水鉢がある。手水舎に設置され、参詣者が参拝する前に手や口をすすぎ、身を清めるために用いる。日本庭園に用いられる手水鉢は、実用性と景色を兼ねた意匠である。地上に低く設けられた手水鉢の構えてある茶庭の蹲踞《つくばい》や、寺院などの縁側に設ける縁先手水鉢がある。

神社の手水鉢（東京都文京区湯島天神）

参考文献　E・S・モース「手水鉢」(斎藤正二・藤本周一訳、『日本人の住まい(新装版)』所収、二〇〇四、八坂書房)、西桂『日本の庭園文化―歴史と意匠をたずねて―』(二〇〇五、学芸出版社)　（田村　真実）

ちょうせんにんじん　朝鮮人参　中国東北部から朝鮮半島に自生するウコギ科の多年草。薬効成分はサポニンほか。滋養強壮剤として用いられる。奈良時代より高貴薬として珍重。近世初期の曲直瀬道三《まなせどうさん》流の後世派医学では温補療法に補気薬として人参を偏重したため、民衆の間に人参信仰ともいうべき状況が現れ、「人参飲んで首くくる」とまでいわれるほど高価なものとなった。輸入が増えて多額の銀が流出したため十八世紀半ばに国産化が試みられ、幕末から明治には輸出するまでに至っている。

参考文献　今村鞆『人参史』(一九三四–四〇、朝鮮総督府専売局)、日本学士院日本科学史刊行会編『明治前日本薬物学史』一(一九五七、日本学術振興会)、田代和生『近世日朝通交貿易史の研究』(一九八一、創文社)、川島祐次『朝鮮人参秘史』(一九九三、八坂書房)　（新村　拓）

ちょうそんがっぺい　町村合併　複数の町村の区域を統合すること。一つの町村が分割される場合もある。近現代史を通じておおむね三つの時期に多くの町村合併が行われている。一八八八年(明治二十一)―八九年、市制・町村制の実施で市町村数は七万余りから一万五千余りに減少している。近世集落は行政町村内の大字・部落として位置づけられ、行政町村の基盤を強化することがねらいであった。戦後改革によって増加した各種行政事務や中学校維持のための財政基盤確立を目的とした一九五三年(昭和二十八)の町村合併促進法により約九千あった町村は三千七百余りとなった。高度経済成長期の開発に対応して町村合併は続いたが、七〇年代に入るとその動きは低調になる。構造改革を実践するための地方交付税の大幅減額、合併特例債などの政策誘導によって市町村合併特例法(一九九九年(平成十一))に基づく町村合併が進められた。市町村数は三千二百余りから千八百余りに減少、行政サービス、支所機能の低下などが懸念されている。自立を模索する自治体がある一方で、原発立地町村では合併が進まなかった。

参考文献　島恭彦・宮本憲一・渡辺敬司編『町村合併と農村の変貌』(『京都大学総合経済研究所研究叢書』九、一九五八、有斐閣)、松沢裕作『町村合併から生まれた日本近代―明治の経験―』(『講談社選書メチエ』、二〇一三、講談社)　（大串　潤児）

ちょうそんせい　町村制　一八八八年(明治二十一)四月に公布され、その後、何回もの大改正を経ながらも、一九四七年(昭和二十二)四月公布の地方自治法により廃止されるまで存続した町村制度の基本法。市制・町村制は、内務省が進めてきた地方制度改革案に内務省顧問のドイツ人アルベルト＝モッセの意見を取り入れて成立した。町村制は、北海道と沖縄県、島嶼部を除いて、一八八九年四月から全国で順次施行されるが、その前提として大

規模な町村合併が実施された。政府は、三百戸から五百戸を標準とする町村合併方針を打ち出し、旧町村名は大字として残すこととした。これにより、七万一千余の町村は一万五千余に統合された。町村合併により創設された新町村は、旧町村(大字)との関係で、必ずしもスムーズな運営がなされた訳ではなかった。一般に町村制に基づく町村運営が安定していくのは、日清戦後から日露戦後の時期とされる。 ↓村《むら》

参考文献 東京市政調査会編『自治五十年史—制度篇—(復刻版)』(一九七七、文生書院)、大石嘉一郎・西田美昭編『近代日本の行政村—長野県埴科郡五加村の研究—』(一九九一、日本経済評論社)、松沢裕作『町村合併から生まれた日本近代—明治の経験—』(『講談社選書メチエ』、二〇一三、講談社) (牛米 努)

ちょうちん　提灯 日本独特の灯火具。竹ひごなどでつくった円筒状もしくは球状の枠に和紙を張った火袋《ひぶくろ》の中に蠟燭を立てられるようになっており、江戸時代から明治時代には外出時に持ち歩く代表的灯火具として使われ、また祭や祝賀行事の際の装飾など日常に広く用いられていた。火袋が折りたためるようになったのは文禄年間(一五九二—九六)ころといわれている。このころの提灯は箱提灯と呼ばれるもので、畳むと上蓋と下蓋が組み合わさり箱のようになって火袋を収納できた。また提灯に、旅人が携帯しやすいよう箱提灯を小さく作った懐提灯(小田原提灯とも呼ばれる)、現代の懐中電灯のような働きをする、どのような方向に向けても蠟燭が常に上を向き火が消えないように工夫されたガンドウ、火袋を金網で囲んで火移りがしにくいように作られた蔵提灯など用途に応じて多様な発達を見せた。

提灯（1910年代）

参考文献 山崎ます美『灯火・民俗見聞—山崎ます美遺稿集—』(二〇〇六、ほおずき書籍) (髙塚 明恵)

ちょうな　手斧 大工など木を加工する工人が、用材を荒切削する道具。古代の文献に「釿(テヲノ)」(『和名類聚抄』)、「手斧(テヲノ)」(『延喜式』)などの記述がある。斧は、柄の軸線に対して刃先線をほぼ平行に装着した縦斧と、ほぼ直交させて装着した横斧に分類されるが、手斧は後者にあたる。斧身と柄との接合形式は、弥生時代以降、袋式のまま推移しているが、十四世紀ころまでは袋部が不完全鍛着のものが多い。その後、完全鍛着となり強度が向上した。 ↓斧《おの》

手斧（『大山寺縁起絵巻』より）

参考文献 渡邊晶『日本建築技術史の研究—大工道具の発達史—』(二〇〇四、中央公論美術出版) (渡邊 晶)

ちょうないかい　町内会 都市の町や丁目を単位とする隣保組織。町内会のほか自治会などの呼称がある。その形成過程は地域・時期によって多様で、氏子などの伝統的つながりを母体とするものもあったが、多くは都市化が進むなかで近隣付き合いの再編成のために形成された。東京市では、日清・日露戦争時の出征兵士の送迎、関東大震災時の自警団、新市域拡大、選挙粛正運動などを契機に形成が進み、次第に行政の奨励に応じる「自治」組織としての性格を強めた。総力戦期には、一九四〇年(昭和十五)九月の内務省訓令「部落会町内会等整備要領」で設置が義務づけられ、市町村(四三年以降は大政翼賛会も)の下部かつ隣保班(隣組)の上部組織として一元的統制体制に組み込まれ(法認は四三年)、防空演習や配給分配など行政を末端で支えた。こうしたなかで強制的「平準化」が進み、諸階層が分断されていた地域社会の構造が変化したとする見方もある。戦後、GHQの指令で四七年五月に統制制度としての町内会は廃止された。高度成長期に再形成が進み、地域コミュニティーのあり方をめぐり現在でもその意義についてさまざまな議論がある。

町内会の掲示板（1960年代，東京都世田谷区）

参考文献 東京市役所編『東京市町内会の調査』(一九三四)、自治大学校『隣組及び町内会、部落会等の廃止』(『戦後自治史』一、一九六〇)、雨宮昭一『戦時戦後体制論』(一九九七、

岩波書店）　　　　（大堀　宙）

ちょうなん　長男　最初に生まれた男子のこと。男子や長子を中心とする明治民法では家督および財産の相続者とされた。村落生活においては若者組への加入や寄合・祭祀への参加を長男に限るというところもあった。また、家庭においては姉や弟妹に比べて厳しくしつけられる一方、食事内容や入浴順などで優遇されることもあった。誕生や成長に伴う儀礼についても、長男のみ盛大に行うとするところもある。長男による単独相続は鎌倉時代以降の武家社会で発達したが、庶民生活においては姉家督相続や末子相続などを行う地域もあり、財産も一人の子が独占する例は必ずしも多くない。家の制度が廃止され諸子均分相続を基本とする現行民法下においては、長男に対する法律上の特別な位置づけはない。また、少子化の進む現在、相続者を選定する意味そのものが失われつつある。しかし、みずからの介護や先祖供養などについては、いまだ長男に期待する親は多い。　↓次《じ》・三男《さんなん》　↓庶子《しょし》

参考文献　竹田旦『「家」をめぐる民俗研究』(一九七〇、弘文堂)、柳田国男「家閑談」(『柳田国男全集』一五所収、一九九八、筑摩書房)　　　　（松田　睦彦）

ちょうにん　町人　一般的には、江戸時代の都市に居住する商人および職人をいう。町人の発生は、中世にさかのぼることができるが、京都を除いて広く都市が形成されてきた戦国時代にその発展をみる。戦国大名は領国経営のために、城下町や港町、宿駅を保護し、幕藩体制の成立を契機として町人身分は確立した。町人身分の規定を国家による役に求めるか、町共同体に求めるかは両説あるが、近世初期の商人と職人は職種別に一定区域に居住し、武士に対して役を務めるとともに保護を受けた。そこでは、町共同体が形成された。成員となりうる町人は町屋敷を所持する家持に限られ、地借や店借は町政に参画することができなかった。特に裏店と呼ばれる狭隘な住居で生活する都市下層民は、幕末になるにつれ社会的矛盾を深め、社会の不安定要因となった。　↓裏店《うらだな》　↓江戸《えど》っ子《こ》　↓商人《しょうにん》　↓職人《しょくにん》　↓町《ちょう》　↓町衆《ちょうしゅう》

参考文献　高橋康夫・吉田伸之編『日本都市史入門』III(一九九〇、東京大学出版会)、吉田伸之『伝統都市・江戸』(二〇一二、東京大学出版会)　　　　（福澤　徹三）

ちょうば　帳場　店内に設置され、帳簿を使って書き付けや金銭などの勘定をするところ。江戸時代の一般的な帳場では、三方を結界という三つ折りになった低い木製の竪格子で囲い、内側に座机を据え、後方には桐・欅・栗などで作った帳簿や書類を入れる小型の帳簞笥を置いた。座机で事務をとったのは、店主や番頭などの店幹部である。帳場の呼名は、現在も商店・旅館・料亭などで使われている。

参考文献　垂水稔『結界の構造―一つの歴史民俗学的領域論―』(一九九〇、名著出版)　　　　（末永　國紀）

ちょうばこ　帳箱　文書や文房具を入れる箱。机代わりに使えるものもある。日々多くの文書を取り扱う、村の地主や町の商人の必需家具であった。公私未分離の近世の村では、有力百姓が地主経営や商業を営みつつ村役人を務め、家の経営と村運営に関わる文書を帳箱に入れて保管した。また、村方・町方文書を共有財産と考え、郷蔵の帳箱に収めたり、名主間で帳箱ごと引き継いだりすることもあった。それらの多くは、区有文書として現在に伝来している。

参考文献　小泉和子『家具』(『日本史小百科』、一九八〇、近藤出版社)　　　　（平野　哲也）

ちょうはつ　長髪　長く伸ばした髪型。近代以降の日本では、洋装が定着し、長髪は女性の髪形の一つとして認識されることが大勢であった。第二次大戦後しばらくの間も男性は短髪であったが、一九六〇年代後半にビートルズが来日するころから、彼らのマッシュルームカットを模した長髪がヒッピーやロックに傾倒した若い男性を中心に流行するようになる。当時は男児に丸刈り坊を半ば強制する体育会教育のように、一般男子は短髪であるべきという考えが強く、男子の長髪は軟弱な若者文化として体制から忌避される傾向があった。そこから転じ、一九七一年(昭和四十六)の「戦争を知らない子供たち」(作詞北山修、作曲杉田二郎、歌ジローズ)における「髪の毛が長いと許されないなら」という歌詞のように、男子の長髪は、ベトナム反戦などを含めた幅広い反体制・反権力の象徴としての側面を持つようになったといえるだろう。七〇年代半ば以降になると、「ヒーローといえば長髪」と認識した宮内洋が「仮面ライダーV3」(七三年)で風見志郎・仮面ライダーV3を演じる際、わざわざ髪の毛を伸ばして撮影に臨み、「三年B組金八先生」(七九年)では主人公の中学教師坂本金八がシリーズ終了まで一貫して長髪であるなど、「カッコいい」もしくは「頼りになる」成人男性の髪形が長髪であることが珍しくなくなっていく。九〇年代以降、サッカーJリーグが開幕(九三年(平成五))し、長髪の男性アスリートがクラブチームのみならずナショナルチームの主力選手として活躍し、木村拓哉や小室哲哉のような長髪の男性アイドル・アーティストが大きな人気を得るなど、男性の長髪は「オシャレ」や「カッコよさ」の一環として認知され、反体制の象徴としての側面はあまり強調されなくなっていく。現在、長髪は男性の髪形として主流とはいえないが、ビートルズへの憧憬以来、抵抗の象徴という側面を捨象しつつファッションの一選択肢として定着していったといえるだろう。

参考文献　岩間夏樹『戦後若者文化の光芒―団塊・新人類・団塊ジュニアの軌跡―』(一九九五、日本経済新聞社)、佐藤嘉昭『若者文化史―Postwar, 60's, 70's and recent years of fashion―』(一九九七、源流社)　　　　（花岡敬太郎）

ちょうへいけんさ　徴兵検査　兵役への適否・判定区分を決定するための検査。徴兵令(のち兵役法)にもとづき、

日本国籍の男性は、満二十歳になる年の四~五月に通知が届き、地域の小学校や集会所などで実施される徴兵検査を受けた。主として身長・体重と疾病(性病を含む)・身体欠損・精神障害の有無などから判定区分である甲種・乙種・丙種(以上が合格)・丁種(不合格、兵役免除)・戊種(病中・病後のために翌年再検査)に分類された。合格者は、上位の者から抽選で現役兵として、基本的に本籍地を所管する部隊に翌年一月に入営(陸軍)・入団(海軍)した。身体的特徴・技能から陸・海、特定の兵種にあてられることもあった。満洲事変以前には、現役兵はほぼ甲種合格者(受検者の二割以下の身体頑健な者)に限られ、乙種の場合、甲種合格者数が不足した際に現役志願するか抽選で当たるかしなければ現役徴集されることはなかった。一九四四年(昭和十九)に徴兵検査の年齢は満十九歳になった。

参考文献 大江志乃夫『徴兵制』(『岩波新書』、一九八一、岩波書店)、加藤陽子『徴兵制と近代日本―一八六八―一九四五―』(一九九六、吉川弘文館)

(山田　朗)

ちょうへいせい　徴兵制　国家が国民に兵役義務を課し、一定期間兵役に服させる制度。徴兵検査によって成年男子を分類し、その中から一定数を現役兵として入営させて軍事訓練を施し、戦時の基幹兵力とし、服役期間がすぎると在郷軍人として社会にもどして戦時の動員兵力として確保しておいた。一八七三年(明治六)徴兵令が発布されて徴兵制が導入されたが、徴兵忌避防止と常備兵力増加の必要性から次第に代人料などの免役規定が狭められ、八九年の徴兵令改正により必任義務すなわち国民皆兵としての徴兵制が確立した(八三年より一年志願兵制を併設)。当時、現役兵の在営期間は、陸軍三年・海軍四年であったが、第一次世界大戦の教訓から戦時動員兵力の増大(既教育兵の増大)をねらって、一九二七年(昭和二)兵役法によって陸軍二年・海軍三年と短縮された。兵役法において兵役の対象となるのは、日本国内(台湾・朝鮮除く)と樺太に本籍がある満十七歳から四十歳までの男性で、満二十歳で徴兵検査を受けて分類され、上位の者から抽選で現役兵となり、原則として本籍地の部隊に入隊した。現役が終わると予備役・後備役・第一国民兵役へと編入されていく。徴兵検査で合格したものの現役で徴集されなかった者は、補充兵役とされ、戦時における召集の対象となった。徴兵検査不合格者は兵役免除者、一定の重罪を犯した者は兵役除外者とされた。現役徴集率(徴兵検査を受けた者のうち現役兵として入営した者の割合)は、三三年には二〇%であったが、四〇年には五〇%を越え、四三年十二月には徴兵検査の年齢を十九歳に、また検査基準を引き下げて大量徴集をはかり、四四年には現役徴集率七七%・百十四万人に及んだ。また、兵役法は四三年に朝鮮に、四四年には台湾にも施行され、それぞれ翌年から徴兵が行われた。

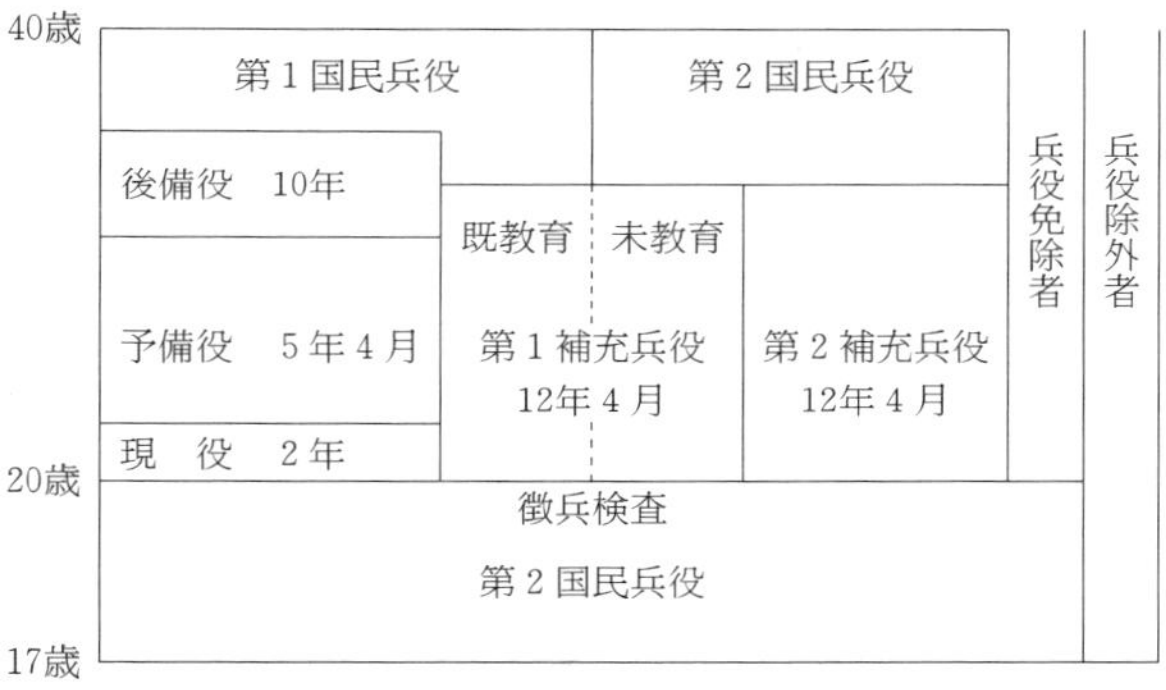

日本の兵役区分（1927年兵役法）

参考文献 大江志乃夫『徴兵制』(『岩波新書』、一九八一、岩波書店)、加藤陽子『徴兵制と近代日本―一八六八―一九四五―』(一九九六、吉川弘文館)

(山田　朗)

ちょうへいのがれ　徴兵のがれ　意図的に兵役を逃れること。逃亡・潜匿などで徴兵検査を受検しなかったり、不合格(兵役免除)や入営時の身体検査での不合格(即日帰郷)をねらって、指などを欠損させたり、検査前に大量の醬油を飲んで重度の内蔵疾患あるいは継続的な微熱・咳を訴えて結核をよそおったりするなどの方法があった。逃亡・潜匿や詐病などが発覚すると兵役法違反で処罰されたが、徴兵のがれの御利益があるといわれる神社仏閣は、秘かに民衆の間で伝わっていた。

参考文献 大江志乃夫『徴兵制』(『岩波新書』、一九八一、岩波書店)

(山田　朗)

ちょうみりょう　調味料　調理の際、味を調えるために使われる材料。古代ギリシャ・ローマ時代のガルム(魚醬)がルーツといわれる。こうした発酵技術が大陸からもたらされ、日本独特な調味料へと発展していった。『和名抄』(平安中期)には「飴・蜜・千歳虆汁《アマヅラ》(甘味料)、塩梅《シホ》・白《アハ》塩《シオ》・黒塩・醬《ヒシオ》・未醬《ミソ》・豉《クキ》(塩味料)、酢(酸味料)、煎汁《カツオノイロリ》(旨味料)」の名がみえる。平安貴族の大饗《だいきょう》(豪華な宴会料理)では四種の調味料が置かれ、各自が調味していた。四種の調味料とは、塩、酢、醬、酒である。このように主食の飯には生理的にも味覚的にも塩気の副食が必要だったから、調味料の基本は塩ということになる。製塩は直煮、藻塩焼、塩田法と進化していったが、明治政府の塩の専売制により味は画一化した。専売制が廃止された二〇〇二年(平成十四)以降、全国各地で自然塩の生産が活発化している。酢は五世紀ごろ和泉国(大阪府)に伝来したとされ、「いずみ酢」は『本朝食鑑』(一六九五年(元禄八))にも登場する。味噌もまた、大陸から伝来した。味噌は各地・各家庭ごとに独特な風味が生じ、「手前味噌」の言葉が生まれた。醬油は和歌山の湯浅(一五三二年(天文元)―五四年ごろ)から千葉の野田・銚子へと産地が拡

大していき、てんぷら、すし、かばやき、そばなどの江戸前料理は関東醬油が味の決め手になったという。醬油は肉料理との相性もよく、今や世界の料理人が使う万能調味料となっている。ソース・ケチャップ・マヨネーズは戦前から使われていたが、一九五〇年（昭和二十五）以降は、「フレンチドレッシング」（五八年）、「つゆの素」（六四年）、「焼き肉のたれ」（六八年）、「食べるラー油」（二〇〇九年）など、ソース・調味料の多様化が進んでいる。民間伝承では味付けの順序を、サ（砂糖）、シ（塩）、ス（酢）、セ（セウユ（醬油））、ソ（ミソ）としているが、最後のソはソースになるかもしれない。「手塩にかける」「味噌汁一杯三里の力」「砂糖食いの若死」などの諺も多く、庶民生活に密着し、人生の味を調えるのも調味料といえようか。
↓うま味《み》調味料《ちょうみりょう》 ↓魚醬《ぎょしょう》 ↓砂糖《さとう》 ↓塩《しお》 ↓醬油《しょうゆ》 ↓酢《す》
↓ソース ↓トマトケチャップ ↓マヨネーズ ↓味噌《みそ》
↓みりん

参考文献 吉川誠次編『調味料』（『週刊朝日百科 世界の食べもの』日本編二七、一九八三、朝日新聞社）、芳賀登・石川寛子監修『油脂・調味料・香辛料』（『全集日本の食文化』五、一九九八、雄山閣出版）、原康明編『調味料の基礎知識』（『食の教科書』、二〇一〇、枻出版社）

（石川 尚子）

ちょうよう 徴用 主として軍需工業の労働力確保のために民間人の職場を法的拘束力をもって転換させること。国家総動員法第四条にもとづいて一九三九年（昭和十四）七月に公布された国民徴用令（勅令）により、厚生大臣の徴用命令という形式で国民を「国の行ふ総動員業務」に従事させた。被徴用者には白い令書が渡されたので、軍隊の「赤紙」に対して「白紙召集」とも呼ばれた。現役の軍人・軍属・軍学校生徒・医師・船員・議員と余人をもって代え難いと認められた者は徴用の対象から除かれ、船員には別に船員徴用令が適用された。当初は、三九年一月の国民職業能力申告令による登録者のみを対象としたが、四〇年には登録者以外の国民も徴用できるように改正された。徴用の事務は主に職業紹介所において行われた。国民徴用令は、四四年八月の閣議決定にもとづき九月から朝鮮にも適用された後、四五年三月公布の国民勤労動員令に吸収され、同令は同年十月に廃止された。

参考文献 江波戸昭『戦時生活と隣組回覧板』（二〇〇一、中央公論事業出版）

（山田 朗）

ちょうれい 朝礼 一日および一週間の学校生活を円滑に始めるために、朝の始業時に行われる教育活動をいう。教職員の朝礼と児童生徒による朝礼に大別される。教職員の朝礼の場合には、毎朝または特定の日に職員室または会議室が使用され、挨拶と一日の予定の確認、必要な伝達事項が取り上げられる。時間としては五～十分程度である。児童生徒による朝礼の場合には、毎朝ではなく特定の曜日の朝に校庭または体育館で行われ、司会は教師の指導のもとで児童生徒が行うこともある。朝礼の内容は、教師からの予定の確認や伝達事項が中心になるが、特に学習や学校生活上での注意事項などが指導・伝達される。そのほか、大会などで優秀な成績をおさめた部活動の表彰、合唱や体操、行進などが朝礼の内容に入れられることもある。

参考文献 関本恵一「朝礼の意義と役割」（『週刊教育資料』一二八一、二〇一四）

（荒井 明夫）

ちよがみ 千代紙 和紙にさまざまな文様を木版摺で施した模様紙の一種。前身に色紙や短冊などの模様紙があり、浮世絵の流行と木版技術の発達からこれらの模様紙にも木版製法が流用されたのが起こりとされる。当初は大奥や諸大名家での使用であったのが、やがて市中に広まり、特別誂えの品から一色摺の安価なものまで京・江戸を中心に数多く作られた。図案には草花や千鳥が選ばれ、箱の内張や紙細工物、人形の衣裳の材料などとして使用された。

参考文献 関義城「千代紙・型染紙の歴史と製法」（『手漉和紙大鑑』一所収、一九七三、毎日新聞社）、同『手漉紙史の研究』（一九七六、木耳社）

（藤本 敦美）

ちょきん 貯金 金銭を貯め蓄えること。近世までは両替商に預けて預かり手形を受け取るような少数の例をのぞいて、庶民のほとんどは現金の形で貯金を行なっていた。一八七五年（明治八）に郵便貯金制度が開始された段階では、庶民に貯金をする発想自体がなかったため、思うように郵便貯金が集まらなかったという。郵便貯金は貯金習慣のない中下層所得者に訴えるキャンペーンを行い、並行して啓蒙活動を続けた。結果として郵便貯金の安全性への信頼が高まっていき、一九〇八年には貯金高の合計が一億円を超えている。その後も恐慌が生じるたびに、かえって存続する貯蓄銀行への信頼が増していった。加えて政府が貯蓄奨励を図ったことにより、二十世紀前半を通じて貯金を美徳とする思想が拡大していき、貯蓄を行うことが庶民にとっても習慣化されるようになった。

参考文献 伝田功「郵便貯金制度の歴史的意義―大蔵省預金部資金の形成過程―」（『滋賀大学経済学部附属史料館研究紀要』五、一九七三）、迎由理男『郵便貯金の発展とその諸要因』（『国連大学人間と社会の開発プログラム研究報告』、一九八一、国際連合大学）

（塚原 伸治）

チラシ チラシ ⇩広告《こうこく》

ちりめん 縮緬 精練して、しぼだちさせた絹織物の一種。経糸に撚りのない生糸、緯糸に強撚を加えて糊で固めた生糸を使って平織りにし、煮沸して精練することによって緯糸に撚りが戻ろうとする力が働き、独特の縮《ちぢみ》が現れる。同様の技法を用いて絹・麻・木綿で織る縮が夏向きであるのに対し、生糸で織る縮緬は冬向きである。また、同じくしぼが特徴の「お召し」が先練り、先染めであるのに対し、縮緬は白糸を縮織した白生地で取引される。着尺《きじゃく》、羽尺《はじゃく》、帯地、衿地、風呂敷など、用途に応じて染加工されるのが一般的である。縮緬の技法は中国

から泉州堺(大阪府堺市)に伝えられ、京都西陣を中心に発展した。西陣の縮緬の製法は各地に伝播し、丹後、岐阜、桐生、長浜で産地を形成した。明治以降、撚糸・織布ついで糊付工程も機械化され、現在でも丹後・長浜で生産されている。

参考文献 永原慶二・山口啓二編『紡織』(『講座』日本技術の社会史』三、一九八三、日本評論社) (榎 一江)

ちんじゅ 鎮守 土地や施設を守護する神のこと。鎮守とは本来、軍事的な防備を意味する言葉で、鎮守神もそのような国家的な守護神としての神格であった。そこから、王城の鎮守、一国の鎮守が生まれていった。王城の鎮守は、伊勢神宮・石清水八幡宮・上下賀茂社などの二十二社である。国の鎮守としては、安芸国の厳島神宮、信濃国の諏訪大社のように、各国に一宮がある。そして比叡山の日吉大社や高野山の丹生都比売《にうつひめ》神社のように、土地の地主神などを寺院の鎮守とするようになった。さらに稲荷社などが、城の鎮守や家宅の鎮守である屋敷神として祭られた。このような領主の鎮守などが所領である荘園の鎮守として勧請されるようになる。さらに荘園鎮守の影響で、村の鎮守も勧請され、村の氏神や産土神《うぶすながみ》と呼ばれるようになった。それぞれの鎮守社境内には、祭神を荘厳するなどの目的で植えられた鎮守の森(杜)がある。 ↓産土《うぶすな》

参考文献 横井靖仁「「鎮守神」と王権―中世的神祇大系の基軸をめぐって―」(一宮研究会編『中世一宮制の歴史的展開』下所収、二〇〇四、岩田書院)、井上寛司『日本中世国家と諸国一宮制』(『中世史研究叢書』、二〇〇九、岩田書院)、上島享『日本中世社会の形成と王権』(二〇一〇、名古屋大学出版会) (薗部 寿樹)

チンドンや チンドン屋 小太鼓、三味線、鉦、ラッパ、クラリネットなどの鳴り物や音曲と、奇抜な格好や衣装で人目をひき、口上をしながら街頭で商売の宣伝活動を行う職業。またその人たちのこと。鉦と締太鼓、大胴を一つに組み合わせたチンドン太鼓を用いることが特徴で、これを「チンチンドンドン」と鳴らしたことから、その名がついた。三～五人ほどの編成で、チンドン太鼓を先頭に鳴り物の演奏や諸芸をしながら街をまわり、依頼者の店へと客を呼び込む。このような宣伝方法は幕末に大坂千日前の飴売りだった飴勝が寄席の客よせで拍子木を鳴らし口上を述べたことがはじまりだといわれ、その後、東西屋、広目屋など楽隊を伴って街頭で宣伝活動する宣伝隊が多く出現した。第二次世界大戦後にその数は最盛期を迎えるが、昭和四十年代以降、数が減少した。しかし、近年、大都市を中心に若者によるチンドン屋が結成されるようになり、各地のイベントなどで活躍している。毎年四月には富山市で全日本チンドンコンクールが開催されている。

チンドン屋(1961年,東京都世田谷区)

参考文献 加太こうじ『東京の原像』(『講談社現代新書』、一九八〇、講談社)、吉見俊哉・北田暁大編『路上のエスノグラフィ―ちんどん屋からグラフィティまで―』(二〇〇七、せりか書房) (松岡 薫)

つ

ついじ 築地 土を突き固めて壁体を作り、原則として上部に小屋組みを作って瓦や板で屋根を葺いた塀。仏教建築とともに大陸から伝わった。古代においては、一定間隔で柱(須柱)を立て、柱間に向かい合わせで設置した板枠の中に土を投入して棒で搗《つ》き固め、板枠をかさ上げしながら同様の工程を繰り返して壁体を築造する版築工法が用いられた。その後、粘土質の土を大きな団子状にして板枠の中に投入して搗き固める工法や日干し粘土ブロックを重ねる工法なども用いられるようになる。奈良時代には、宮殿・官衙域として都の中心をなす平城宮が推定高さ約五メートルの大型の築地(大垣)で囲われていたほか、都市域である平城京においても大路で囲われた区画を限るのはおもに築地であったと見られる。平安時代以降も宮殿や貴族住宅、寺院さらに武家住宅を囲う塀として築地が用いられ、宮殿や寺院では格式を示すために表面に白い横線を入れることもあった。 ↓垣《かき》

参考文献 綜芸舎編集部編『入門日本古建築細部語彙』社寺編(一九七〇、綜芸舎)、前久夫編『仏教堂塔事典』(『東京美術選書』、一九七九、東京美術) (小野 健吉)

ついたて 衝立 衝立障子《しょうじ》の略称で、台の上に襖《ふすま》障子や板障子を立てて間仕切りなどに使う調度。平安時代では寝殿造の屋内の必需品であり、『枕草子』でも人の家にふさわしい物として挙げている。障子には絵や字がかかれた布(絹・麻)や紙を貼って周囲を錦で縁取り、枠と台は黒塗りである。中世の書院造では部屋の仕切りに襖が多

く使われて衝立の使用は減ったが、近世・近代に庶民の家に普及して玄関口・座敷・寝室などで使われた。　↓障子《しょうじ》

参考文献　小泉和子『家具と室内意匠の文化史』(一九七九、法政大学出版局)、同『家具』(『日本史小百科』一七、一九八〇、近藤出版社)　（菅原　正子）

つう　通　十八世紀後半期、江戸における人情の機微に通じた町人の、美的行動理念。ことに遊里・遊芸界における行動・遊び方を知りつくし、それをスマートに、見事に仕こなす人を、通・通人《つうじん》と呼んだ。男社会における遊び人であるが、物ごとの限度をわきまえ、下卑ず、高慢な振りを見せず、見栄を張ったりみずからの手柄を自慢せず、人情の機微に通じて人を立てる。遊び人としての嫌味ない、美の極みに達した人が通とされたが、生半可な人、通ぶった人は半可通と呼ばれ、町人社会ではさげすまれた。また大通は通の観念を大げさに破り、度外《どはず》れた個性的な行動、反社会的ではないものの時に放埒な振舞をあえて行うものをいう。だから大通は通の典型ではない。通の美的な理念を大幅に打ち破ったものといえる。通・半可通・大通に関する黄表紙・洒落本などは宝暦から天明期に数多く出版され、江戸町人社会にもてはやされた理念であった。　↓粋《いき》　↓江戸《えど》っ子《こ》　↓野暮《やぼ》

参考文献　西山松之助『江戸ッ子』(『歴史文化セレクション』、二〇〇六、吉川弘文館)　（北原　進）

つうきん・つうがく　通勤・通学　⇩ラッシュアワー

つうしんはんばい　通信販売　販売業者が店舗ではなく、カタログ、テレビ、インターネットなどを用いて商品を提示し、受注・販売を行う販売方法。日本においては一八七六年(明治九)に津田仙が『農業雑誌』において「郵便注文営業」による種苗の販売を始めたのがはじまりである。代金引換をはじめとする郵便制度と結びついて地方在住の消費者を取り込み、一九〇〇年前後に始まる百貨店の通信販売参入などを経て、日本の消費形態に大きな影響をもたらした。七〇年代に開始したテレビショッピングによって、販売者側が発信することができる情報量が格段に増加し、社会に広く普及することとなった。同時に悪質な詐欺的商法が社会問題化することともなり、一九七六年(昭和五十一)の「訪問販売等に関する法律」制定のきっかけともなった。九〇年代後半から始まったインターネット通信販売は、年々利用者数を増加させており、現在では、業種によっては店舗販売業者にとっての脅威となっている。

参考文献　満薗勇『日本型大衆消費社会への胎動―戦前期日本の通信販売と月賦販売―』(二〇一四、東京大学出版会)　（塚原　伸治）

つうちょう　通帳　銀行や他の金融機関が作成するもので、出入金の記録が記入されている冊子。もとは金融機関のみではなく、掛け売りの金額を記入しておく冊子のことを通帳といい「かよいちょう」と訓読したが、現在では商慣習の変化から、金融機関以外では通帳という呼称はあまり使われなくなっている。明治時代以降、明細や残高の証明として、金融機関口座の取引において最も重要なものであり続けたが、ATMの普及以降キャッシュカードによる取引が増加している。各金融機関では、オンライン化への対応として、最初から現物の冊子としての通帳を用いない口座を導入しつつある。　↓通《かよ》い帳《ちょう》　（塚原　伸治）

つえ　杖　歩行を助けるために用いる細長い棒。わが国で、今日のような杖がいつから用いられているのかは不明であるが、鎌倉時代に描かれた『一遍上人絵伝』には、老人をはじめとして杖をつくさまざまな人々の姿が描かれている。また、古代以来、修行増や修験者が錫杖などの杖を用いていたことは、当時の絵画や彫刻からうかがわれる。近代以降、西欧に倣い視覚障害者は白杖を用いるようになり、現在では障害者自立支援法の中に「補装具」として「盲人安全つえ」の規定がある。今日では、歩行補助のための杖も改良され、設地点が三点あるもの(三点支持杖)や、四点あるもの(四点支持杖)も多用されつつある。また、近代の登山で用いられるようになったトレッキングポールは、市街地で日常の運動として行われているウォーキングに際しても用いられるようになっている。

参考文献　矢野憲一『杖』(『ものと人間の文化史』、一九八六、法政大学出版局)　（宮瀧　交二）

つかいすてぶんか　使い捨て文化　使い捨てとは、真空管ラジオのように壊れたり機能が低下したりしたものを修理して使用する、あるいはビール瓶のように一度利用したものを再度利用する、菓子の空箱のように一度利用したものを別の用途(物入れなど)に転用する、机のように使える限り古いものを使い続けるなどをせずに、捨ててしまい、新品を購入すること。使い捨てを前提とした製品が開発されたり、技術革新によってより高機能な製品がより低い価格で発売されたりするようになると、使い捨ての対象が拡大していった。使い捨てるという生活様式が浸透し始めるのは一九七〇代ごろからであり、このような生活様式とその内容を使い捨て文化という。使い捨てカイロの「ホカロン」が発売されたのは一九七八年(昭和五十三)、使い捨ての高分子吸水材採用紙おむつの「メリーズ」が発売されたのが八三年(吸水性がきわめてよく、乳児用の布おむつを駆逐)、使い捨てレンズ付きフィルムの「写ルンです」が発売されたのは八六年である(ただし、のちリサイクル化)。また、家電製品ではIC(集積回路)組み込みの製品(町の電気店で修理困難)が普及したり、より高性能な製品が低価格でつぎつぎと発売されたりすると、消費者は壊れたものを修理しないで新品を購入するようになった。他方で、七三年の第一次石油危機後、エネルギーや資源を節約しなければならないという考えが消費者に浸透したため、使い捨て文化を批判的にみる動きが八〇年代ごろからマスコミで報じられ

るようになった。その中には、森林資源の無駄遣いであるとして、戦前からずっと使い捨てていた割り箸も批判の対象となった。ただし、正月飾りの門松・注連縄・蓬莱や、初詣の破魔矢、縁起物の熊手、七夕飾り、楊枝など、日本の伝統的な慣習に関するものについては使い捨てが当然と見られている。使い捨てとして問題にされたもののほとんどは、工業的に大量生産された商品である。したがって使い捨て文化は、日本独自のものというよりも、安価な工業製品を大量に生産しそれを消費する社会にほぼ共通する文化といえよう。

参考文献 赤瀬川原平・新美康明と使い捨て考現学会編『使い捨て考現学』(一九八七、実業之日本社) (鈴木 邦夫)

つきあい つきあい 日常生活や労働・行事などを通して他者と交際すること。社会生活において、人が単独で生きていくことは不可能である。周りの人との接触は、近所つきあい・友だちつきあい・親戚つきあいなど、さまざまなつきあいが行われる。これらは職域の上下関係や、義務を伴うムラの共同作業などとは異なり、互いに対等であることが前提である。日常的・均等的に展開されるつきあいは、あいさつや訪問、贈答、交換労働とさまざまであるが、いずれも義理を伴うものである。相互扶助については、狩猟や漁撈のように仲間が共同作業を行い、成果物を均等に配分するモヤイ仕事や、田植えや稲刈り、屋根葺きや餅つきなどを共同で行うユイ仕事が行われた。また、祝儀・不祝儀には種々の儀礼が行われ、多数の来客もあり、準備から実施までに多くの人手が必要になる。特に葬儀の場合は大仕事で、それぞれの実状に即した互助組織が構成された。このほか、火災や水害、病気などに対する構えも維持されてきた。このように見てくると、つきあいは、日常生活以外に、年中行事や生業から冠婚葬祭、非常時での対応にまで及ぶが、単に労力や物品の交換だけでなく、こうした行為を通じた互いのつながりや絆を意識する点に本質がある。根本は、義理であり、これを欠いた場合は社会的非難を受けるのである。しかし、世の中の激変により、これまでの慣行の中には過去の産物になったものもあり、そうでなくても大きな変貌をとげている。ふだんのつきあいで大きく機能した隣家を見ても、都市生活では顔さえ知らない世帯が増加している状況である。祝儀・不祝儀については、専門業者の増加につれて、地域が果たす役割が失われた。これは、従来家で行われていた儀礼が外に移る、「通過儀礼の外化現象」と一体をなすものである。つきあいの様相は、生活圏の拡大や価値観の変化も手伝って今後ますます変化をとげていくであろう。 →冠婚葬祭互助会《かんこんそうさいごじょかい》 →ゆい

参考文献 福田アジオ『時間の民俗学・空間の民俗学』(『オリエントブックス』、一九八九、木耳社)、色川大吉『昭和史世相篇』(一九九〇、小学館) (柳 正博)

つきまち 月待 特定の月齢の日を忌み籠りの日として、講員や講中らが参集して共同飲食などをしながら月の出を待って月を拝むこと。太陽の出現を拝む日待とともに原始信仰に基づくものである。月齢では十三・十六・十七・十八・十九・二十一・二十二・二十三・二十六などで、一般に十三夜講・十六夜講・十七夜講・十八夜講・十九夜講・二十一夜講・二十二夜講・二十三夜講・二十六夜講などと呼ばれている。月の満ち欠けは古くからの暦であり、日時の推移も、これによって進行していたことから、月の満ち欠けについて日本人独自の感覚があった。月待のなかでも、とりわけ十九夜講・二十三夜講は全国各地に普及している習俗である。特に正・五・九月の十九夜・二十三夜は重要視されていた。この夜に、頭屋(当屋)の宿に参集して、月読尊の掛軸を床の間に飾り、灯明を点じて月の出を待つ。祭神の多くは月読尊とされている背景には近世神道家の解釈が入り込んでいる。本来は、月そのものを神体としたものである。

参考文献 櫻井徳太郎『講集団成立過程の研究』(一九六二、吉川弘文館) (西海 賢二)

つきもの 憑き物 人間にとり憑いてその人を操り、奇妙な行動を取らせたりするとされる動物や魔物。また、そうした現象のこと。憑き物動物でもっとも一般的なのはキツネであって、全国的にその例が見られるが、キツネに取り憑かれた人やその病状をキツネツキ(狐憑き)と呼ぶ。また人に憑く悪ギツネのことを、オサキ・クダ・クダギツネ(管狐)・トウビョウ・ヤコ(野狐)などと呼ぶ。若い女性によく取り憑くとされ、憑かれるとコーンと鳴いたり、四つ脚で走り回ったり、油揚げを好んで食べたりするという。その悪ギツネを落とすにはいろいろな方法があり、神職・修験者・僧侶らによる加持祈禱ももちろんなされるが、埼玉県秩父地方ではオオカミの頭骨で全身を撫で回したりした。キツネよりも強いオオカミに怯えて、悪ギツネが逃げ出すという。タヌキ・イイヅナ・蛇・犬神・猫・カッパなどが憑くという地方もあり、悪霊や生霊、稀には地蔵尊が憑くという例すら見られた。 →狐《きつね》

参考文献 谷川健一編『憑きもの』(『日本民俗文化資料集成』七、一九九〇、三一書房) (長沢 利明)

つくだに 佃煮 小エビ、ハゼ、アサリ、ノリなどを醬油・味醂・砂糖などで煮しめた常備食・保存食。一五九〇年(天正十八)の徳川家康江戸入府に伴い、摂津佃村の漁師を隅田川河口の佃島に住まわせたことが佃煮誕生のきっかけとなった。江戸湾内でとれた小魚や貝などを当初は自家用の塩煮にしていたが、醬油や砂糖なども使って保存性と味をよくしたところ評判を呼び、江戸名物・江戸土産として諸国に広まったという。天保のころの『日用倹約料理仕方角力番附』(都立中央図書館加賀文庫所蔵)には、約二百種のおかずが掲載されており、その一つに「ざこのつくだに」がある。何もない時の一品として、箸休めや酒の肴として、夏の食欲増進用として、江戸庶

民が重宝したのが佃煮であった。全国各地にも佃煮と同じような保存食がある。ツブの煮つけ(宮城県)、アユの甘露煮(静岡県)、ジャコの甘辛煮(和歌山県)などのほか、佃煮の名も多く、江戸時代に佃島で生まれた佃煮が全国に発信されていった様子がうかがえる。

参考文献 『聞き書東京の食事』(『日本の食生活全集』一三、一九八八、農山漁村文化協会)、石川寛子編『論集江戸の食―くらしを通して―』(一九九四、弘学出版)、農山漁村文化協会編『魚の漬込み・干もの・佃煮・塩辛』(『聞き書ふるさとの家庭料理』一七、二〇〇三)

(石川　尚子)

つくりさかや　造り酒屋　おもに清酒の製造業者であり、世襲制の家族経営で営んでいる例が多い。近世に秋の終わりから春先にかけてのみ酒を仕込む寒造りが一般的になると、製造の一切を蔵人と呼ばれる出稼ぎ集団に任せる造り酒屋が増えていった。なぜなら、季節出稼ぎの蔵人を雇えば、年間雇用と比べて夏季の賃金を節約できる利点があったからである。蔵人にとっても酒造出稼ぎは本業の農業に支障がない有利な仕事であった。また、造り酒屋には桶やその他の酒造道具を修理する桶工や大工が常時出入りしていた。ところが、一九三〇年(昭和五)ごろから桶がホーローに変わり、酒造道具の機械化が進むと、桶工と大工は造り酒屋から姿を消した。季節出稼ぎの蔵人は一九九〇年(平成二)ごろから急速に減少し、経営者家族や常勤の社員によって酒造りを続ける造り酒屋が増えている。　↓酒屋《さかや》　↓酒《さけ》

参考文献 藤原隆男『近代日本酒造業史』(『Minerva日本史ライブラリー』、一九九九、ミネルヴァ書房)、青木隆浩『近代酒造業の地域的展開』(二〇〇三、吉川弘文館)

(青木　隆浩)

つけぎ　附木　⇩マッチ

つけもの　漬け物　野菜や魚などの食材に食塩、酢、酒粕などを加えて漬け込み、保存性を高め、熟成させ、風味を良くした保存食。漬け込む材料が、乳酸菌などの微生物の作用を受ける発酵漬け物と、微生物の作用を直接受けない無発酵漬け物に大別される。海水で漬けることができる塩漬けは、古くから存在したと考えられている。霊亀年間(七一五―一七)の木簡に、冬瓜《とうがん》の粕漬《かすづ》けと醤《ひしお》漬け、茗荷《みょうが》の醤漬け、茄子《なす》の粕漬けの送り状があり、多様な野菜が漬け物に加工されて食されていた。室町時代には、香々《こうこう》、香《こう》の物《もの》と呼ばれ、茶の湯や聞香《もんこう》に用いられ発達した。江戸時代には、糠《ぬか》漬けや沢庵漬け、地域特産野菜を材料とした地方の名物が誕生するなど、その数と種類を増やし、市販品の製造も始まった。戦後は、漬物工業として市販漬け物が発達し、現在は健康志向をとらえ、製造技術・流通の変化もあり、発酵漬け物は減少し、高塩塩蔵から低塩浅漬けに移り変わりつつある。　↓梅干《うめぼし》　↓塩漬《しおづけ》　↓沢庵《たくあん》

参考文献 小泉武夫『漬け物大全―美味・珍味・怪味を食べ歩く―』(『平凡社新書』、二〇〇〇、平凡社)、奈良文化財研究所編『長屋王家木簡の世界』(『地下の正倉院展―奈良文化財研究所平城宮跡資料館特別企画展―』、二〇〇八)

(中澤　弥子)

つじばん　辻番　城下町の交差点や街頭に、治安維持を主たる目的として設置された番所およびその番人を意味する。多く武家地のものをいうが、町地にある木戸番などを辻番と呼ぶこともあった。江戸では一六二九年(寛永六)に辻斬りに対応するためはじめて設けられた。辻番には幕府が直接運営する公儀辻番もあったが、多数を占めたのは大名・旗本らによる辻番である。十八世紀以降の武家辻番は約九百ヵ所あり、このうち大名家が一家で勤める一手持辻番は約二百二十ヵ所(二四%)、大名や旗本らが共同で勤める組合辻番は約六百八十ヵ所(七六%)であった。辻番は都市域に設けられることを基本とし、当該地域の社会的環境を勘案しながら負担の有無が決まったから、都市化した村に辻番が置かれ、あるいは都市部であっても周囲との関係により辻番負担のない武家拝領屋敷も存在した。十七世紀後半には早くも民間による辻番の請負がみられ、番人は日用《ひよう》層が務めるようになっている。各辻番所には廻り場と呼ばれる受け持ち区域があり、番人は基本的にその範囲内での行倒や喧嘩口論、落とし物、ゴミの不法投棄、捨子、近在百姓らの馬の乗り入れなどに対応した。

参考文献 塚本学『生類をめぐる政治―元禄のフォークロア―』(『平凡社選書』、一九八三、平凡社)、岩淵令治『江戸武家地の研究』(二〇〇四、塙書房)

(松本剣志郎)

つち　槌　「住」に関わる建築工事において鑿《のみ》や釘などを、「衣」に関わる布を、そして「食」に関わって生産された藁などを、それぞれ叩く道具。古代の文献(『和名類聚抄』)に「鐵槌(カナツチ)」と「柊楑(サイツチ)」が、中世の文献(『下学集』)に「鉄鎚(カナヅチ)」が、そして近世の文献(『和漢三才図会』)に「鎚(かなつち)」「柊楑(さいつち)」「椓撃(あひのつち・かけや)」が、それぞれ記述さ

槌と鑿での作業(『近世職人尽絵詞』より)

れている。槌は頭部と柄によって構成され、頭部の材質によって用途が異なっている。頭部が鉄製の槌は金属(鉄、銅など)や石などを叩き、頭部が木製の槌は木、布、藁などを叩く。頭部の軸線に直交させて柄を装着したものと、頭部の軸線と同一方向に柄を装着したもの(よこつち)とがある。近代以降の建築工事においては、鑿の柄を鉄製の槌(ゲンノウ)で叩いているが、近世前半までは木製の槌を使用していた。木製から鉄製への移行は、十八世紀後半から十九世紀初めにかけて、建築生産効率向上の流れの中でなされたものと推定される。

参考文献　渡邉晶『日本建築技術史の研究—大工道具の発達史—』(二〇〇四、中央公論美術出版)　(渡邉　晶)

つつみ　包み　布を用いてものの全体を覆うものをいう。代表例である風呂敷は江戸時代に銭湯で湯上りの身仕舞いをするため用いられたことから、その名があるとされる。銭湯に行くことに限らず、庶民が何かを持ち運ぶ時には、ものを布で包み、それを手に持ったり、片肩からかけて胸前で縛ったり、両肩で背負ったり、頭上に載せたりして運んだ。行商人や薬売りはもっぱらこうした風呂敷で商品や必要な道具を包み、諸国を旅した。また、農民や漁民の習俗のうち、特に日本海側では潮風や強い日差しを避けるために、顔を覆う大きな包み布が用いられた。包むということは、単にものを持ち運ぶという機能のみならず、包まれるものを装飾する役割もある。近代以降、商店や百貨店で商品を小売りする際に、それを包装して保護するとともに商標や美しい模様で商品を飾り立てる包み紙が不可欠となった。近年は、資源保護の観点から過剰包装に対する批判が高まり、包みを見直す機運が高まっている。　→風呂敷《ふろしき》　→包装《ほうそう》　(加藤　幸治)

つつみ・かわよけ　堤・川除　堤は水害を防ぐために築かれる構造物で、河川の両岸や溜池・湖沼の周縁部、あるいは海岸などに築かれた。このほか、集落や田畑を守るために、一定範囲の区域を囲むように築かれる場合もあった(輪中堤)。川除は、広義には水害を防止するための構造物や工作物、あるいはそれらを築造・設置することをいい、堤や堤の築造を含めることもあるが、一般には、水流をコントロールするために、川岸から川中に向けて設置される出し(蛇籠《じゃかご》出し、石出し、杭出しなど)や牛(笈牛《おいうし》、棚牛、大聖牛《だいしょう》など)などの工作物(現在の用語では水制)あるいはそれらを設置すること(同じく水制工)を指す。近世においては「堤川除普請」(堤普請と川除普請の意)という表現がよく見られるが、これは、川除普請によって堤が保全されるという関係から、両者を一体のものとして行うことが多かったためである。水流を変化させる川除普請は対岸に影響を与えるため、村落間の争論を誘発することがあった。　→洪水《こうずい》　→蛇籠《じゃかご》　→輪中《わじゅう》

参考文献　喜多村俊夫「土木技術」(児玉幸多編『体系日本史叢書』一一所収、一九六五、山川出版社)、西田真樹「川除と国役普請」(永原慶二・山口啓二編『講座・日本技術の社会史』六所収、一九八四、日本評論社)、村田路人『近世広域支配の研究』(一九九五、大阪大学出版会)　(村田　路人)

つづら　葛籠　竹などを薄くはいで編んだ、かぶせ蓋の箱。もとはツヅラフジの蔓を編んだことからこの名があるが、江戸時代、竹やヒノキの薄板で作り、和紙を貼るようになったことが『貞丈雑記』に記される。衣類や書類などの保管や運搬に使用され、底や蓋を竹や木の枠で補強したものも、各地で作られ使用された。元禄の初めに江戸の神田鍋町(東京都千代田区)の葛籠屋甚兵衛が、柿渋や漆を塗り、一定の規格を持った葛籠を作り出したといわれ、軽く丈夫で、調湿性・防虫効果にもすぐれたため、特に呉服屋で反物の収納や配達に使用された。現在では、大相撲の関取が化粧回しなどを入れる明荷《あけに》などの特殊な用途に限られているが、一方でプラスチックや紙を素材とした軽量で安価な収納ボックスが普及し、また歌舞伎や演劇などの世界では、衣装などの運搬にボテと呼ばれる箱が使用されている。いずれも葛籠の機能を引き継いだ箱といえる。

竹の網代に一貫張りをした葛籠

参考文献　宮内悊『箱』(『ものと人間の文化史』、一九九一、法政大学出版局)、井上雅義『ニッポンの手仕事—カヤ葺き、古民家からウルシとり、つづら作りまでモノづくりの原点がここにある—』(二〇〇三、日経BP社)　(小林　裕美)

つづりかたきょうしつ　綴方教室　東京市内、貧しいブリキ職人の家庭に生まれた豊田正子(一九二二—二〇一〇)が、小学校の担任大木顕一郎の指導によって書いた作品を集めたもの。七編が雑誌『赤い鳥』に掲載されていた。大木は生活綴方教育運動に参加してはいないが、生活綴方の代表作とされている。刊行は一九三七年(昭和十二)八月、中央公論社より(三九年に続)。すでに正子はレース工場女工として働いていた。『綴方教室』は、三八年に新築地劇団によって舞台化、さらに映画化もされている

（東宝、山本嘉次郎監督）。また戦時生活論として分析されている（永野順造「『綴方教室』の生活構造」『国民生活の分析』時潮社、三九年）。作家として短編などを発表していた正子は四二年、陸軍報道部員として中国に行っている。その旅行記（『私の支那紀行』文体社、四三年）とあわせて「生活綴方」が現実の時代をどのように描くことができたのかが見えてくる。

参考文献 豊田正子『綴方のふるさと—書くこと生きること—』（一九六二、理論社）、豊田正子著・山住正己編『（新編）綴方教室』（『岩波文庫』、一九九五、岩波書店）

（大串　潤児）

つな 綱 縄や紐よりも太く強靭なものの総称。素材は藁や麻、棕櫚《しゅろ》、綿などで、時にはそれらの混紡が用いられる。何かを結束、連結したり、船や台車を牽引したり、地曳網などの漁具を曳いたり、木材を載せた木橇《きぞり》を曳いたり、その用途は広範にわたる。また、川に綱を渡して、それを手繰り寄せるように船を対岸に渡す綱渡しや、檜《ひ》皮《わだ》で作った水に強い縄で大型船を岸壁に係留するのにも綱は用いられる。漁村では、漁民は細い複数の縄を端と端で逆に回転させながら綯《な》い、綱を自作した。そのとき縄と縄の間に叉状の木を挟み込んで張り具合を整えるが、牡鹿半島ではこれを異なるものの結合を媒介する意味からナコウドと呼んだ。綱は綱引き競技にも用いられてきた。ただ、これは単なるスポーツではなく、雄綱と雌綱の結合を象徴して豊穣祈願としたり、綱を引き合いその勝敗で吉凶を占ったりするなど、さまざまな宗教的意味を込めたものであった。

（加藤　幸治）

つのや 角家 主として茅葺の民家（農家）の主屋外観において、主体となる部分から、一つ以上の突出部がある形態をいう。狭義には突出部分のみを指して角家ということもある。民家を外観で分類する際の用語の一つで、突出部のない直家《すごや》に対する用語である。この分類では、このほか主屋が二棟の建物で構成される分棟型《ぶんとうがた》がある。角家の民家としては、岩手県の旧南部藩地区に特徴的な、南部の曲屋《まがりや》、秋田県から新潟県にかけての日本海側と福島県会津地方などの豪雪地帯に特徴的な中門造《ちゅうもんづくり》が有名である。いずれもL字形の平面および屋根をもつが、内部の機能や出入口の場所などに差異がある。このほか、福井県の東半には、角家をもつ民家が比較的濃密に分布し、角家造などと称することもある。この地域では、正面に突出する角家とともに、背後に突出する角家のあることが特徴的である。佐賀平野を中心に分布するくど造と呼ばれる民家は、主屋の両端背後に突出部をもつコの字形の屋根をなす。熊本県や福岡県の筑後平野、大分県の一部にも類似する形態の屋根をもつ民家があり、鍵屋などと呼ばれることもあるが、その源流は分棟型の民家とみられるものもあり、成立の背景は複雑である。くど造のうち、開いている部分の屋根をつないでロ字形の屋根としたものを漏斗《じょうご》造あるいは漏斗谷《じょうごだに》造という。

角家　南部の曲屋（岩手県遠野市）

中門造（鈴木家住宅，秋田県羽後町）

参考文献 太田博太郎他編『民家』（『日本建築史基礎資料集成』二一、一九七六、中央公論美術出版）、宮沢智士編『民家と町並—東北・北海道—』（『日本の美術』二八六、一九九〇、至文堂）、清水擴『民家と町並—関東・中部—』（『同』二八七、一九九〇、至文堂）、澤村仁『民家と町並—九州・沖縄—』（『同』二九〇、一九九〇、至文堂）

（箱崎　和久）

つばき　椿　ツバキ科の常緑樹。冬期の二月・三月に白や赤の花をつける。種子から絞った油は椿油として重用される。現在では庭木として用いることが多いが、一方で庭木にすると家運が傾く、病人が絶えないといった理由で忌む風習もあった。椿の花弁は一枚ずつ落ちるのではなく花全体が一度に落ちるため、「首が取れる」といって、江戸時代では武士たちに敬遠されることもあったという。しかし二代将軍徳川秀忠の椿趣味は有名であり、落首の観念はのちに形成されたとの説もある。庭木以外に、神社仏閣に栽培され神木とみなされている場合も多い。また西日本の各地では、古い椿は化けるという化け椿の伝承がある。八百比丘尼が椿を植樹したという伝説も各地にあり、椿は神聖性と妖怪性の両面を持った樹木といえよう。　→髪油《かみあぶら》

参考文献　有岡利幸『椿』(『ものと人間の文化史』、二〇〇四、法政大学出版局)　（中野　洋平）

ツバメ　ツバメ　四月中ごろに日本に来る渡り鳥で、十月中旬に南方にもどる。ツバメは穀物を食い荒らす習性がなく、稲の害虫を食べる益鳥として、古くから大切に扱われた。「ツバメの水鉢は雨」という天気俚諺《りげん》は、ツバメが小さな昆虫を追いかけるさまをよく表している。長野県飯山市では「ツバメの巣づくりがある家は末広がりになる」といい、福が来ると喜ばれた。近年は水田の減少と建物の近代化で営巣の場が減り、渡来数も減った。

参考文献　『信州いいやま　暮らしの風土記』(二〇一〇、飯山市社会福祉協議会)　（柳　正博）

つぼ　壺　ものを貯蔵するための容器の総称。胴よりも口がすぼまり、頸があり、蓋付きのものもある。同じような用途の甕《かめ》より口が小さい。ただし、壺の大きな部類を甕と呼ぶこともあり、厳密な区別はむずかしい。壺は口が小さいという特徴から、長期保存、液体保存に使われる場合が多い。その他、多様な用途に使われたため甕に比べると種類が多い。口が大きな広口壺、頸が短い短《たん》頸壺《けいこ》、頸が長い長頸壺《ちょうけいこ》、注ぎ口が付いた水差などがある。縄文時代にもみられるが、弥生時代以降出土例が増えることから、弥生時代の壺は米や種籾の貯蔵との関わりで説明されることがある。粟などの雑穀類や水の貯蔵にも使用された。奈良時代・平安時代には短頸壺に火葬骨を入れ埋葬する風習があった。平安時代末以降は、貿易陶磁を写し、肩に三ないし四ヵ所の耳が付くもの(三耳壺《さんじこ》・四耳壺《しじこ》)も生産された。

四耳壺（備前，16世紀）

参考文献　佐原真『弥生土器』(『日本の美術』一二五、一九七六、至文堂)　（水口由紀子）

つまいり　妻入　大棟と直角をなす妻側に入口を設ける建物の形式。平入の対義語として用いられる。農家では、長野県の本棟造、富山県・岐阜県の合掌造、大阪府・兵庫県の摂丹型など、分布する範囲が限られ、また時代が下るほど平入が多くなる傾向にある。町家では、妻入農家が集合したもの、構造的な制約があるなかで奥行の深い敷地に対応したもの、近世後期になって構えを目立たせる目的から妻入とするものなどがある。　→平入《ひらいり》

参考文献　大場修『近世近代町家建築史論』(二〇〇四、中央公論美術出版)、黒田龍二「篠山における町家の形成と周辺農家との関係―大場修氏の「摂丹型町家」概念に対する批判的検討―」(『日本建築学会計画系論文集』六四六、二〇〇九)　（鈴木　智大）

つまどい　妻問い　男性が妻や恋人のもとに通うこと。「つまどい」は古代では夫問《つま》いとも書き、男性または女性が異性を恋い求めることを意味したが、古代には夫が妻のもとに通う結婚形態が広く存在し、そのような婚姻形態を妻問い婚と呼ぶ。高群逸枝は、原始から平安時代中期は母系制により妻問い婚が多く、子育ては妻方で行なったとした。しかし江守五夫は、妻問い婚が一生涯続くのではなくやがては同居したとし、現在では江守説が有力とされている。古代・中世では、夫婦が別居した形態の結婚生活は決してめずらしくはなかった。分国法の『今川仮名目録』(一五二六年(大永六))第七条では、主人が異なる下人・下女の妻問いについて、主人や同僚に届けないで行えば処罰するとしており、事前に届け出れば認められたことを意味している。明治民法以前の日本では、夫婦別財の傾向がみられ、また、夫婦別姓が普通であったので、夫婦別居婚を可能にする状況は十分存在した。　→嫁入《よめい》り

参考文献　高群逸枝『日本婚姻史』(『日本歴史新書』、一九六三、至文堂)、義江明子編『婚姻と家族・親族』(『日本家族史論集』八、二〇〇二、吉川弘文館)、菅原正子「中世後期の婚姻形態と居住」(『総合女性史研究』二六、二〇〇九)　（菅原　正子）

つむぎ　紬　繭から紡いだ糸で織った絹織物。高級絹織物が繭から生産された生糸を織ってつくられるのに対し、玉繭など屑繭を利用し、それを真綿にして紡いだ糸で織る。絹織物の着用が身分的に制限される中、庶民にも着用を許されたことで人気を博した。古くから農村の養蚕・製糸地帯で織られ、近世以降、いくつかの産地を形成した。もともとは普段着であったが、糸の繊度が均一でなく、節もある糸で織られた布は深い味わいをもち、現在では、その希少性から価値が高まっている。鹿児島県大島郡を原産地とする大島紬は深い黒褐色の織物で、テーチ木(車輪梅)と泥とで先染めした糸を手織りする。茨城

県の結城紬は、藍染による紺と白の繊細な絣で知られ、手つむぎ、手ぐくり(模様部分に染料が染み込まないよう綿糸でくくる作業)、地機で織るという製法を維持している。熟練職人による手間のかかる作業を経て作られる織物は、高級品として取引されている。

参考文献　永原慶二・山口啓二編『紡織』(『(講座)日本技術の社会史』三、一九八三、日本評論社)、田村均『ファッションの社会経済史—在来織物業の技術革新と流行市場—』(二〇〇四、日本経済評論社)　（榎　一江）

つめ　爪　指先から生える、表皮の角質が硬質化した部分。毛と同様に伸びるため、爪切りばさみや爪やすりで整える必要がある。狐が憑くなどといって、爪を伸ばしたままにしておくことを戒める俗信も伝えられてきた。また、夜に爪を切ることを嫌ったり、切った爪を火で燃やすと病気になるといわれたり、爪を切ることについて時間や場所を警戒する俗信が多い。「能ある鷹は爪を隠す」「爪の垢を煎じて飲む」などの慣用句に見られるように、爪には人の本質や能力に通じる霊的な力があると捉えられてきた。沖縄では、てぃんさぐ(鳳仙花)で爪を染め、悪霊除けにした。鳳仙花で爪を染める習慣は日本本土でも見られ、平安時代に中国から伝わり、江戸時代に流行した。鳳仙花や紅花はツマクレナイ・ツマベニなどとも呼ばれ、近現代まで九州・沖縄で女子の爪染めに使われてきた。他方で、欧米では、爪を染めることより磨くことを主としたネイルケアが発達した。一九五〇年代にアメリカで現在のネイル塗料が発明されると、日本にもマニキュアが伝えられ普及した。

参考文献　国分直一『日本民俗文化誌—古層とその周辺を探る—』(二〇一二、国立台湾大学出版中心)　（戸邉　優美）

つゆ　梅雨　六月前後の雨や曇りが多い日が続く時期およびその時期に降る雨のこと。その雨を五月雨《さみだれ》ともいう。晴れの時間が少なく湿気が多い気候の上に、田植え、草取りや冬作小麦の収穫期(麦秋)などの農繁期、さらに米の端境期による食料不足が重なったため、体力が弱まり病気になる人も多く、中世では死亡率の高い時期であった。そのため、御霊会《ごりょうえ》など疫病神を祓う「霊鎮《たましず》め」の祭りが朝廷だけでなく地方でも行われた。この時期が農繁期であったことは鎌倉幕府も認識しており、鎌倉幕府法には夏三ヵ月間四・五・六月は「農事」なので、地頭などが私的に農民を駆使してはならない、という規定が散見している(追加法四二四条など)。史料的に確認できるのは遅く、室町中期に作られた『節用集』に「雩　ツユ　又墜栗に作る」とあるのが早い例か。江戸時代になると俳句の夏の季語として定着する。

参考文献　木村茂光「中世農民の四季」(同編『中世の民衆生活史』所収、二〇〇〇、青木書店)　（木村　茂光）

つり　釣り　針と糸、竿などを使って魚を捕獲すること。漁撈活動の原形は縄文時代に完成する。縄文早期に海に進出し貝塚ができる。そこから出土する釣針は鹿角製であることが圧倒的に多い。初期の釣針は獲物を確実に釣るための「かえし」がないが、やがて外側にかえしが付き、縄文後期には内側にかえしが付いて魚類を確実に釣り上げた。大型の鉄製釣針の出現は古墳時代後期になってからで、大魚を獲得することができるようになった。今日では魚種によって釣針の形式や大きさが異なり、確実に獲物を得るネムリ針という特異な釣針もある。黒潮に乗って北上する鰹を釣るのにイワシを撒き餌にし、船上で鰹の大群に取り組むが、その釣針にはかえしがない。船上に多くの鰹をそのまま放り投げるためである。魚の大きさによって釣竿の規模まで発達し、大型マグロを釣る人さえ出てくる。現在では近くまで手繰りよせた大魚に電流を流して一時的に気絶させて取り上げる方法が普及したが、以前は半日以上も獲物と格闘することもあった。　（橋口　尚武）

つる　鶴　ツル科の鳥。日本で繁殖するタンチョウヅルや、冬鳥として飛来するナベヅル・マナヅルがある。古代には歌語として「たづ」と呼ばれた。その端正な姿態から神秘的な鳥とされた。鶴の咥えてきた稲穂から稲作が始まったとする、穂落とし伝説のほか、一雄一雌で過ごすことから愛情深い鳥とされ、助けられた鶴が機織りをして人間に恩返しをするという説話も各地で伝えられる。亀とともに長寿や吉祥の象徴であり、生活の場面では婚礼時に用いる品のモチーフや図案に多く取り入れられている。

参考文献　大林太良『稲作の神話』(一九七三、弘文堂)　（岡田　真帆）

つるべ　釣瓶　掘り井戸の井戸水をくみあげるために、縄や竹竿の先につけた桶、およびその装置のこと。元来、つるべは、酒を入れる容器である「吊る瓮《へ》」を意味した。梃子《てこ》を利用した撥釣瓶《はねつるべ》は、家の密集する町中では使用できないので、滑車に縄をかけて井戸水をひき上げる車井戸が利用された。古代・中世の桶はおもに曲物《まげもの》製であっ

撥釣瓶井戸

車井戸の釣瓶

たが、近世以降から近年にかけては、短冊状の板に箍《たが》をかけた結桶《ゆいおけ》が使用された。木製のほか、ブリキ製の桶もある。 ➡井戸《いど》 （岡田　真帆）

て

でい　出居　⇩居間《いま》

ディーディーティー　DDT　ジクロロジフェニルトリクロロエタン Dichloro-diphenyl-trichloroethane の略。かつて使われていた殺虫剤。戦後、GHQ(連合国軍最高司令官総司令部)によって発疹チフスなどの伝染病対策としてシラミ・ダニやノミの駆除のために用いられた。占領軍によって白い粉を頭から吹きかけられる映像がニュース映画などによって流され、敗戦国民である日本人にとって、屈辱的な記憶としてイメージされることとなった。やがて蚊や蠅の駆除にも使用された。現在では環境汚染や発がん性が問題視され、使用が禁じられている。 ➡農薬《のうやく》

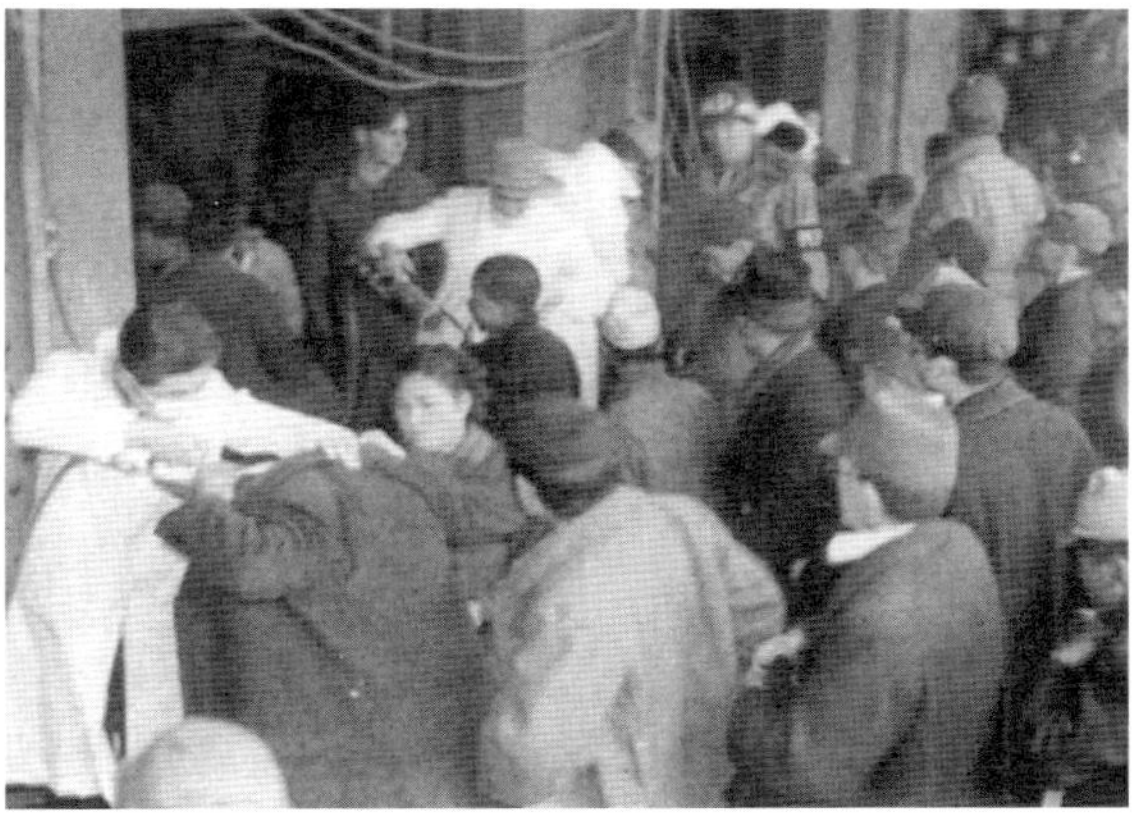
DDT の散布

参考文献　クロフォード・F・サムス『DDT 革命―占領期の医療福祉政策を回想する―』(竹前栄治編訳、一九八六、岩波書店) （木村　哲也）

ていえん　**庭園**　祭祀・儀式・饗宴・逍遙・接遇などの場として、あるいは鑑賞の対象として、一定の空間的・時間的美意識のもとに造形される屋外空間。形態的には、人工的あるいは図案的なデザインをもつ幾何学式と、自然景観を規範とした風景式に大別される。一般に西洋の庭園は幾何学式で、東洋の庭園は風景式であるとされるが、中国においても漢代までの庭園は方池(方形の池)を中心とした幾何学式であり、朝鮮半島では三国時代(六―七世紀)以降長期にわたり方池系統の幾何学式庭園が多く築造された。

日本においては、飛鳥時代に朝鮮半島から作庭の技術が伝えられ、方池系統の幾何学的形状の池、池の護岸石積み、精緻に加工された石造物の三点を形態的特徴とする飛鳥石神遺跡や飛鳥京跡苑池のような庭園が築造された。奈良時代になると、中国・唐の宮廷庭園のデザインを目指した庭園が築造されるようになる。その形態的特徴は、自然風の曲線的輪郭をもつ池(曲池)、緩勾配に礫を敷く州浜などの自然風の護岸、自然石の景石あるいは複数の自然石で構成される石組の三点。奈良時代後期改修後の平城宮東院庭園はその典型を示し、これらは以後の日本庭園のデザインの基調として受け継がれる。このことから、日本庭園のデザインは奈良時代に確立されたと見ることができる。庭園の機能に着目すると、飛鳥時代には、酒船石遺跡北麓庭園遺構が祭祀空間であったと見られるものの、その他の宮廷庭園や貴族邸宅の庭園は主に儀式・饗宴あるいは鑑賞の場として用いられた。奈良時代も同様であるが、宮廷庭園では律令制のもとでの

平城宮東院庭園（復原）

無鄰菴庭園（京都市左京区）

年中行事に伴う儀式・饗宴の場としての性格が明確化する。

水と周辺景観に恵まれた平安京に遷都した平安時代以降、庭園はおもに京都を舞台に形態・機能両面で多様に展開する。平安時代前期、豊かな水源を活かした神泉苑や嵯峨院などでは文章経国思想のもと庭園が詩宴の場としても機能する。平安中期の貴族の寝殿造住宅に伴う庭園では、主屋である寝殿の前面に儀式の場となる広庭を置き、その先に園池を配置する形態が標準となる。さらに、末法思想の流布と浄土思想の広まりに伴い、仏殿の前面に極楽浄土の宝池のイメージを重ねた池を配置する浄土庭園が確立する。平等院はその代表的事例である。平安後期では、京都から遠く離れた奥州平泉の毛越寺《もうつうじ》や無量光院などの浄土庭園系統の庭園が庭園文化の地方への広まりの観点で注目される。

鎌倉時代、禅宗の盛行に伴い、建長寺を嚆矢とする中国式禅宗伽藍が成立するが、景観に対する禅僧の鋭敏な意識は、鎌倉末から南北朝時代に活躍する夢窓疎石の作庭へとつながる。夢窓疎石は数々の作庭で知られ、なかでも天竜寺曹源池の滝から池中立石に至る石組は日本庭園における一つの頂点をなす意匠と評価される。室町時代には北山殿(金閣寺)や東山殿(銀閣寺)といった足利将軍家の庭園が注目される一方、室町後期には周防大内氏や越前朝倉氏、相模北条氏ら戦国武将が領国で営んだ庭園の独自性が近年の発掘調査などで明らかになってきている。また、水を使わず自然・人文景観を表現した鑑賞本位の枯山水様式の庭園が禅宗寺院や武家住宅で確立した点も特筆される。

安土桃山時代には、千利休による侘茶《わびちゃ》の確立とともに、飛石・蹲踞《つくばい》・石燈籠などを要素とする茶室への通路としての露地様式が確立する。この露地の在り方は現代に至るまで、日本の庭園に大きな影響を及ぼしている。江戸時代になると、池庭や露地に枯山水の手法も取り込んだ大規模で総合的な庭園様式である回遊式庭園が成立。桂山荘(桂離宮)が初期の傑出した事例として知られるが、社交の場としての有用性から大名による回遊式庭園が多く築造され、これらは大名庭園と呼ばれる。江戸時代は比較的安定した時代であったことから、各地の寺社や豪農・豪商にも庭園の文化が広まりを見せた。

明治時代になると、庭園にも西洋の影響が及ぶ。西洋庭園の模倣も出現するが、むしろ西洋の合理主義的思想を作庭に取り込み、伝統的技法を用いながら心地よい屋外空間を創造しようとする自然主義的な方向性が注目される。山県有朋の別荘であった京都市の無鄰菴《むりんあん》の作庭で知られる小川治兵衛はその代表的作庭家である。一方、昭和戦前には石組の構成を重視する芸術至上主義的な作庭が重森三玲《しげもりみれい》によって唱道され、これは戦後には海外からも注目を集めることになる。

以上、古代から近代までの日本庭園の歴史を概観したが、生活文化としての庭園は、必ずしも支配階級、有産階級だけのものではなかった。奈良時代編纂の『万葉集』の歌にも家屋周りのわずかな空間で植栽を楽しむ様子が読み取れるし、江戸時代には花卉園芸が都市の庶民層に広く人気を博す。美しい景観が四季に応じて装いを変える日本の国土のなかで育まれた人々の美意識が日本庭園の文化を根底で支えていたと見ることもできよう。

参考文献　田中正大『日本の庭園』(『SD選書』、一九六七、鹿島出版会)、白幡洋三郎『大名庭園—江戸の饗宴—』(『講談社選書メチエ』、一九九七、講談社)、飛田範夫『日本庭園の植栽史』(二〇〇二、京都大学学術出版会)、小野健吉『日本庭園—空間の美の歴史—』(『岩波新書』、二〇〇九、岩波書店)、白幡洋三郎編『『作庭記』と日本の庭園』(二〇一四、思文閣出版)

（小野　健吉）

ていじせい　定時制　高等学校に設置された教育課程の一つ。高等学校には定時制課程のほか、全日制課程、通信制課程がある。定時制の課程とは、夜間や昼間などの特別に定められた一定の時間、あるいは一定の期間に授業が行われる課程で、主として全日制に対して用いられる言葉である。修業年限は、全日制が「三年」とされるのに対し、定時制は「三年以上」とされる。一九四八年(昭和二十三)施行された学校教育法第四四条で「高等学校には、通常の課程の外、夜間において授業を行う課程又は特別の時期及び時間において授業を行う課程をおくことができる」という規定に基づき設置される。その目的は、さまざまな事情により全日制高等学校に進学することのできない生徒に後期中等教育の機会を保障することにある。発足当時、定時制の入学生徒は勤労青少年が多かったが、現在では全日制進学を断念した生徒や高校中退者の再学習の機会になり性格が大きく変化しつつある。定時制を必要とする青少年の多様なニーズに応える方向での整備が課題となっている。→苦学生《くがくせい》　→夜学《やがく》

参考文献　川村雅則「定時制高校生の進路や生活に関する予備的研究」(『北海学園大学経済論集』六一ノ四、二〇一四)　(荒井　明夫)

ディスカバー＝ジャパン　ディスカバー＝ジャパン　国鉄が一九七〇年(昭和四十五)の日本万国博覧会終了直後から七〇年代全般にかけて展開させたキャンペーン。アンノン族の登場や万博の開催などにより、当時、家族旅行や団体旅行が中心であった旅行産業で、新たに若い女性の一人旅をはじめとする個人旅行への関心が強く払われるようになった。この旅行形態の変化を捕まえようと国鉄が企画したキャンペーンがDISCOVER JAPANであり、タイアップ曲として山口百恵の「いい日旅立ち」を据えるなど、若い女性を強く意識した広告展開が奏功し、日本の広告史上最大のキャンペーンといわれるまでの成果をあげるに至った。オイルショックを経た七〇年代後半の日本においてこの標語は、高度経済成長以降の日本人の自信の構築と日本再発見の欲望をふんだんに孕んでおり、単に、広告史上最大のキャンペーンというだけでなく、経済大国日本の登場を象徴する一つの現象として捉えることができる。

参考文献　藤岡和賀夫編『DISCOVER JAPAN 四〇年記念カタログ』(二〇一〇、ＰＨＰ研究所)、国立歴史民俗博物館・安田常雄編『戦後日本の大衆文化』(『歴博フォーラム』、二〇一〇、東京堂出版)　(花岡敬太郎)

ディスカバー＝ジャパン　ポスター

ディスコ　ディスコ　レコードやＣＤの音楽でダンスを楽しむ店。フランスで古レコード置場を意味するディスコティークdiscothèqueが語源。第二次大戦中、バンドマンの確保が困難になったナイトクラブが生演奏の代替としてレコードを用いるようになったのが最初で、一九六〇年代のニューヨークにおけるゲイ文化の一つとして本格的に定着した。日本では、六〇年代後半から店舗の数が増え始め、七〇年代半ばにジョン＝トラボルタ主演の映画「サタデー＝ナイト＝フィーバー」(七八年(昭和五十三)日本公開)のヒットを機に第一次ディスコブームへと発展し、「アラベスク」や「ジンギスカン」といったディスコミュージックが台頭したのもこの時期である。八〇年代に入るとバブル景気の影響もあってディスコ文化は一層派手さを増し、「オールナイトフジ」などの深夜番組の企画もディスコの波及の一翼を担った。田中康夫の『何となく、クリスタル』では東京に住む女子大生の退廃的な生活の一部としてディスコが描かれ、同時代の大学生を中心とした若者たちの享楽空間としてディスコは隆盛を誇った。八〇年代後半になると、女性の身体のラインを強調したボディコンがディスコファッションとして流行の兆しを見せ、東京麻布十番のマハラジャや青山のキング＆クイーンなどの人気店も登場し、ユーロビートと呼ばれる従来のディスコミュージックよりも軽快なリズムとビートが強調された音楽が主流となった。九〇年代になると、ウォーターフロントブームに乗って芝浦に登場したジュリアナ東京で、一層セクシーさを強調したボディコンに身を包んだ女性がお立ち台にのぼり扇子をふりながら踊り狂うさまがマスメディアでも繰り返し放送され、ユーロビートに変わるテクノポップブームを牽引した。若者たちの享楽的欲求に突き動かされながら進化したディスコであるが、新宿ディスコ殺人事件(八二年(昭和五十七))などの死傷者を伴う事故・事件も少なく、厳しい風営法取締の対象となり九〇年代半ば以降徐々に衰退していく。二〇〇〇年代に入り、若い女性を中心に流行したパラパラの影響で一時的に人気を取り戻すが、二〇〇三年(平成十五)にパラパライベントを開催したイベントサークル「スーパーフリー」がイベントを隠れ蓑に女子大生に集団暴行を働いていたことが発覚したことにより決定的に印象が悪化し、より簡易な営業形態をとるクラブに追われる形で再度衰退していった。若者がにぎやかに騒ぐ空間の中心であった一方で、犯罪やトラブルの温床でもあり、高度成長期以降の若者の娯楽空間の光と影を同時に映し出す場がディスコであったといえる。

参考文献　西川りゅうじん『大学生活入門―単位の取り方・サークル活用法から、コンパ・デート術まで―』(一九八九、ごま書房)、岩崎トモアキ『東京ディスコ80's&90's』(二〇一一、Ｋ＆Ｂパブリッシャーズ)　(花岡敬太郎)

ディズニーぶんか　ディズニー文化　ウォルト＝ディズニー(一九〇一—六六)とそのスタディオが、アニメーションと遊園地で作り出した文化的世界。アメリカの中産階級の夢と願望が集約的に表現されている。ミッキーマウスとその仲間が活躍する短篇アニメ(第一作は「飛行機狂」、一九二八年)、「白雪姫」(三七年)に始まる一連の長篇アニメは、世界の多くの国で人気を博した。五五年ロスアンゼルス郊外に、ミッキーをはじめアニメで創造されたキャラクターを主人公とする遊園地ディズニーランドを開設。これを日本に移入したのが、八三年(昭和五十八)に千葉県浦安市に開場した東京ディズニーランドであった。開園以来毎年一千万人近くの観客を集め、日本の遊園地のあり方を大きく変えていった。周辺に都市型リゾートホテルが建設され、また二〇〇一年(平成十三)にはディズニーシーも開園し、ディズニーリゾートの名のもとで一大レジャーランドとなっている。一四年に合計入場者数が六億人を越えた。

参考文献　小野耕世『ドナルド・ダックの世界像—ディズニーにみるアメリカの夢—』(『中公新書』、一九八三、中央公論社)、粟田房穂・高成田享『ディズニーランドの経済学』(一九八四、朝日新聞社)　（寺出　浩司）

ティッシュペーパー　ティッシュペーパー　薄く柔らかい上質の紙で、水に溶けにくいもの。一般的に二枚重ねで使用され、一枚取り出すと次の紙が出てくるポップアップ式の箱に入って販売される。第一次世界大戦(一九一四—一八年)中に戦場での治療に必要なコットンの代替品として、アメリカのキンバリークラーク社によって開発された。ガスマスクのフィルターとしても使用されたという。大戦終了後の二四年、「クリネックスティシュー」として市販されるようになり、二九年には現在のポップアップの機能が開発されている。ところが、日本ではちり紙が広く使用されていたためティッシュペーパーの登場が遅れ、一九六四年(昭和三十九)になって発売された。テレビCMなどを活用することで瞬く間に認知されるようになり、相ついで国内各社が販売するようになった。

参考文献　日刊工業新聞社編『モノづくり解体新書』二(『eX' Mook』、一九九二)　（塚原　伸治）

ていねんたいしょく　定年退職　被雇用者が一定の年齢に達することによって機械的に雇用が打切られる制度。企業にとっては雇用の打切りをめぐる個々の労働者に関わる判断・交渉を回避して一律かつ機械的に従業員の新陳代謝を図る点で好都合であり、従業員にとっては雇用が保証される限度が明確に予定できる点でメリットがあった。明治前半期から職業軍人・官吏には一定年限の勤続後に終身恩給を受給する制度が存在したが、これが民間大経営の職員層に次第に普及し、産業合理化の必要性から人員削減・若年労働者への置き換えが重要な課題になった一九二〇年代前後から現業労働者層にも拡大した。戦後復興期における労働法制の整備の過程では、解雇をめぐる紛議を回避する意図にもとづいて各企業で従業員の定年制度が明文化されるようになり、あわせて退職金の規程も整備された。　→終身雇用《しゅうしんこよう》　→退職金《たいしょくきん》

参考文献　荻原勝『定年制の歴史』(一九八四、日本労働協会)、佐口和郎「定年制度の諸層—雇用システムと退職過程の展開の中で—」(佐口和郎・橋元秀一編『人事労務管理の歴史分析』所収、二〇〇三、ミネルヴァ書房)　（加瀬　和俊）

でいり　出入り　出たり入ったりすること、転じて、紛争・訴訟。あるいは家や店、役所などに出入りする人物をいうこともあった。近世の幕府法では、訴訟手続きは出入筋と吟味筋に分けられていた。吟味筋は、訴えがなくとも奉行などが職権で取り調べを行う事案で刑事事件が対象となった。これに対して出入筋は、訴訟が起きたときに裁判が開かれる案件をいった。主として、民事事件が対象で、出入物、公事《くじ》などと称したが、訴訟手続きで起こされる刑事案件も対象になった。

参考文献　石井良助『日本法制史概説(改訂版)』(一九七六、創文社)　（白川部達夫）

テープレコーダー　テープレコーダー　磁気テープ上に記録(録音)と再生ができる装置。オープンリール式のテープレコーダーは、その歴史を一九二〇年代にまでさかのぼることができる。六〇年代後半、カートリッジ式のコンパクトカセットの登場によって、テープレコーダーは一般に普及する。七〇年代に入ると、ラジオカセットレコーダーの普及によって、ラジオ番組のエアチェックが盛んになる。音楽の受容がレコードからエアチェックへ移行し、九〇年代のCDの普及で、テープレコーダーは衰退。録音においても同時期から、DAT、MD、IC

テープレコーダー　1980年代のラジカセ

レコーダーへの移行が進んだ。 ↓ラジオ

参考文献 谷口文和・中川克志・福田裕大『音響メディア史』(『(シリーズ)メディアの未来』、二〇一五、ナカニシヤ出版)

(松井 茂)

でがいちょう 出開帳 江戸時代、寺社が遠方に出かけ、普段拝むことのできない人々に本尊や神体を拝する機会を与え、神仏と結縁させる行事。寺社がその場で開帳するのを居開帳というのに対して、出かけて開帳を行うものを出開帳という。特に名高いのが江戸で行われた江戸出開帳で、京嵯峨の清凉寺、下総成田の新勝寺、信濃の善光寺などが代表的な例である。開帳場は両国の回向院や深川の永代寺などが使用され、開帳期間は出店や見せ物が集まり、賑わった。 ↓開帳《かいちょう》

参考文献 比留間尚「江戸の開帳」(西山松之助編『江戸町人の研究』二所収、一九七三、吉川弘文館)、小倉博「成田山新勝寺の江戸出開帳について」(『法談』四四、一九九九)

(原 淳一郎)

でかせぎ 出稼ぎ 労働需要の乏しい地域に居住している者が労働需要のある地域に一定期間だけ移動して労働し賃金を得る方式であり、需要側の産業としては戦前期の北海道漁業や酒造業、高度経済成長期の都市建設業などがその典型であった。家族の居住地を就労先に移すことなく、単身ないし夫婦だけで出稼ぎに出た理由としては、周年的には雇用機会を提供できないという求人側の事情と、農業など家族の誰かが従事しなければならない家業があったことや、家族の生活が直系世帯・大家族の中で営まれていたという出稼ぎ者側の事情とがあった。農村地域にも労働機会が増えた一九七〇年代以降には出稼ぎは減少した。

参考文献 大川健嗣『出稼ぎの経済学』(『紀伊国屋新書』、一九七四、紀伊国屋書店)、渡辺栄・羽田新編『出稼ぎ労働と農村の生活』(一九七七、東京大学出版会)

(加瀬 和俊)

てがみ 手紙 相手に対して、用件や情報、意志や思いを口上で述べるのではなく、文字を使った文章で示したもの。一〇五年に中国後漢の宦官蔡倫(?―一二一)によって開発された紙が世界に普及する以前は、粘土板、樹皮、木簡、パピルス紙が主に用いられていた。そして、身近に利用できるものとして紙が流通することにより、手紙は人々の生活の中で、便利なコミュニケーション手段として広まった。

手紙は、手簡、書札、書状、雁書、往来など、古くからさまざまな名称で呼ばれていた。江戸時代の初期に手(筆跡)を書く紙の意味で、「手紙」の語が生れたそうであるが、この言葉が一般に深く浸透した理由は詳らかでない。六〇七年(推古天皇十五)に聖徳太子が遣隋使の小野妹子に持たせて、隋の煬帝へ送った国書が、史料に記録が残る日本最初の手紙と考えられている。これは一般的な私文書ではないが、日本における手紙の書式が、漢文から発展していくことがわかる重要な例とされる。奈良時代の『万葉集』には、恋文やお礼文の手紙が記載されているので、人々が私的な思いを手紙に託して相手に伝えていた様子を知ることができる。平安時代中期、文人貴族の藤原明衡は『雲州消息』を著している。二百通余りの貴族間の手紙のやり取りをまとめた文例集で、この時代に一定の書式が定まったとみられる。今日でも受け継がれている、年賀状や季節の趣を伝える便りの原型がここにある。平安時代末期の公卿藤原(中山)忠親が編纂した『貴嶺問答』は、手紙に関する知識をはじめて網羅的に整理した書物である。平安時代の貴族社会では祭事や行事の手紙はもちろん、恋人同士の手紙のやり取りにも細かい作法があったことが知られる。また、この時代の文学作品において、手紙のことは、もっぱら「せいそこ(消息)」や「ふみ(文)」と記される。「せいそこ」は、「ふみ」よりも丁寧でかしこまった内容であり、生活の中で使い分けがなされていたようである。女性同士や男性と女性の間の手紙は、ほとんどの場合、かな文字で書かれていた。貴族たちは、その形式や筆跡に美を求めていたという。手紙を書く紙や包む紙が美しいものであることは当然であり、美的センスのないものを送ると、相手から軽蔑されたそうである。このこととは別に、手紙には物事を相手に明瞭に伝える便利さがあった。江戸時代初期の芸術家本阿弥光悦が、明日の茶会の道具を近隣で暮らす養子の光瑳に確認した手紙が残っている。隣家であっても、用事や相談事は確実性がある手紙を介すことが常であった。江戸時代中期、武士や町人階級は実務に即した文書のやり取りが増え、日々の生活の中での手紙の重要度も増した。庶民教育の場である寺子屋では、手習い(仮名や漢字の練習)用の手本として、源義経の書状『腰越状』などが用いられている。また、武家や商家の女子も和歌の勉強とともに手習いにも励み、生活に必要な作法を身に付けた。手紙教育が広まり、各種の文例集の出版も隆盛を極めた。

現在の形式の封筒は、切手が誕生した一八四〇年のイギリスの郵便制度改革以降に普及した、と考えられている。日本では、江戸時代後期ごろ(十九世紀半ば以降)に登場したと推察されている。庶民の間では、儀礼や面倒なことを省略する傾向があり、手紙を礼紙で包み、さらに別の紙で巻く形式(表巻)が、封筒に変わったのである。一八七一年(明治四)に近代郵便が始まったころの郵便物は表巻が多かったが、徐々に西洋と同じく封筒が多数を占めるようになった。

手紙文化は平安時代の貴族の生活の中で発展した、といえる。日本人の豊かな感性は、手紙のやり取りによって育まれた、といっても過言ではない。平安時代の宮廷の女流歌人清少納言は『枕草子』の中で、季節の行事とそれに相応しい色の組み合わせの手紙に高い関心を寄せている。この時代の人々の多くが、季節や行事を楽しむためにさまざまな工夫を施し、お互いの気持ちを確かめ

ていた。また、仕事にも活かしていたのである。このことは、手紙を書く機会が少なくなった現代人にも通じる。大正時代、流麗な美少女や可愛らしい女の子のイラストや、美しくモダンなデザインの便箋と封筒が一世を風靡し、少女や女学生がこぞって買い求めた。これらの流行もまた、現代人に通じるところがある。携帯電話やEメールが著しく発展した今日、多くの人の心に残る手紙があるという。相手を思いながら、絵を描いたり、さまざまなデザインのシールやマスキングテープを貼ったり、形状にこだわるなど、デコレーションした手紙を出そうという趣旨の書籍が多数出版され、人気を博している。これらのことを踏まえると、手紙は廃れることなく、その時代に適した形で活用されるものと指摘できる。相手や時と場合によって、人々が通信手段を選択する時代を映し出している。 ↓文通《ぶんつう》 ↓郵便《ゆうびん》

参考文献 小松茂美『手紙の歴史』(『岩波新書』、一九七六、岩波書店)、轡田隆史『いきいきと手紙を書く』(『講談社現代新書』、一九九九、講談社)、木村衣有子『手紙手帖—あの人は、どんな手紙をくれるかしら—』(二〇〇五、祥伝社)、星名定雄『情報と通信の文化史』(二〇〇六、法政大学出版局)、木下綾乃『ゆっくり、つながる手紙生活』(『サンマーク文庫』、二〇一三、サンマーク出版)

(田辺 龍太)

てきせいご 敵性語 敵国に由来する外来語を示す言葉の総称として戦時中に使用され、その削除の気運や運動が巻き起こった。名前や地名、食品名や学校名に至るまで、幅広い言葉が対象とされ、駅の掲示板に併記された英語を削除することも検討された。ただ、何が敵性語かという明確な基準があったわけではない。敵性語の廃止は言論統制との関連だけでなく、方言を標準語に改めようとする流れ、俳優の芸名を廃止し本名を名乗らせようとする動き、外国語の教育を軽視する風潮など、暮らしのなかで使用している言葉の改変運動との関連から考える必要がある。

参考文献 『昭和史全記録—Chronicle 一九二六—一九八九—』(一九八九、毎日新聞社)

(飛矢崎貴規)

テキヤ 的屋 縁日・開帳・祭礼などに出店する露天商の一形態で、露天商の中ではテキヤに属している者は少なくない。江戸時代では香具師《やし》の呼称が多く、もともとは香道具を売る商人で、やがて薬や嗜好食品などを売るようになったと思われる。テキヤは正式な構成員は男性のみである。神農や恵比須を信仰し、親分子分関係を結ぶなど、特別な集団を形成し、露天商の縄張りと秩序を共同管理している。その組織内では隠語・口上の儀式・名乗り名(戸籍名以外の名)なども存在する。このように、ヤクザ組織と類似点があり、一部はヤクザ的な集団とみなされることもあるが、祝祭空間を賑やかす役割の商人として地域社会に馴染んでいるという側面もある。テキヤの親分たちは、戦後の闇市での露天商の管理もGHQから任されていた。現在でも、東京下町では「テキヤさん」と親しみを込めて呼ばれ、その心情は、映画「男はつらいよ」シリーズの主人公「寅さん」という人物造形にも反映している。

参考文献 厚香苗『テキヤはどこからやってくるのか?—露店商いの近現代を辿る—』(『光文社新書』、二〇一四、光文社)

(高尾 善希)

てさげかばん 手提げかばん ⇩かばん

てちょう 手帳 心覚えに雑事や必要事項を記入する小さな帳面。江戸時代、検地を実施する際に役人が携行した手控えや、俳諧師・戯作者などが常備した帳面を手帳と呼んだ。近代、軍隊・警察の発足に伴って、政府は関連法規や心得などを掲載した軍人手帳・警察手帳を製造して身分証明書を兼ねさせた。民間での手帳の製作・販売は、大正初年、横浜の文寿堂によるものが最初とされる。一九四九年(昭和二十四)には日本能率協会が「能率手帳」を発行してビジネス手帳の先駆けとなった。六三年は手帳ブームにより年間発行高が三千万部に達し、八四年にはバインダー仕様で用紙交換が可能なシステム手帳が発売された。八〇年代半ば、電卓メーカーが電子手帳を発行したが、九〇年代後半には衰退。出版社が執筆者・関係者向けに発行する専門職業家用の手帳や、身分証明用の生徒手帳・警察手帳、経歴記録用の年金手帳、福祉用の母子健康手帳・障害者手帳などの各種手帳もある。 ↓母子手帳《ぼしてちょう》

(大日方純夫)

てつ 鉄 生産用具、生活用具、武器の原料として、原始古代から生産された金属。日本列島で鉄の使用がみられる時期は、弥生前期末から中期初頭の紀元前四世紀ごろであり、大陸から九州にもたらされた舶載品であった。鉄製品は弥生中期末に鍛造によるものの生産が開始されたが、原料となる鉄は朝鮮半島からの移入鉄に依存していた。古墳時代前期(三世紀後半から四世紀)には鍛冶関係遺構が関東までみられるようになり、広がりをみせる。しかし、製鉄は六世紀後半までは列島内では本格化せず、古墳後期後半に中国地方で製鉄が始まるまで俟たねばならなかった。古代には東北でも製鉄が展開した。中世の製鉄は、砂鉄を原料とするだけでなく、鉄鉱石を用いた製鉄もあったと指摘されているが不明な点が多い。中世前期には田地を基準に年貢鉄が納められた地域があった。中世後期には、中国地方の製鉄が盛んとなり鉄生産は増加した。堺などを根拠地として廻船で輸送販売する鉄商人も現れている。また鋳物師・鍛冶も職人として国単位の広域的な組織化が進んだとされる。鞆ノ浦など瀬戸内海の港湾都市は鉄の集散供給地としての性格をもった。

近世には鉄生産は飛躍的に増大し、また中国地方の製鉄地で生産された鉄が中央市場である大坂市場をほぼ独占した。一七三六年(元文元)に、大坂へ移入した鉄は約三七九四トン余とあり、その生産地は安芸(広島県)、備後(同)、備中(岡山県)、備前(同)、美作(同)、石見(島根県)、出雲(同)、伯耆(鳥取県)、播磨(兵庫県)、薩摩(鹿児島県)

ほかの諸国であった。また釼(鋼)が三三二トン余で、産地は安芸、備前、石見、出雲、伯耆、播磨とある。一七一四年(正徳四)の移入鉄は七〇四三トン余で、この鉄は諸鉄道具類、鍋、釜、錨などの製品に加工され移出されている。その移出鉄製品の総額は銀五千三百九十貫目余(銀六十匁を金一両とする換算で約九万両弱)とされる。また、江戸市場にも中国地方の産鉄が移入され、近世後期には、北前船ほかによって仕入れられた中国地方の鉄が全国各地に直接販売された。原料鉄だけでなく、伯耆国倉吉では脱穀用の千歯扱きの生産が盛んとなり、農具生産の特産地も形成されたのである。近世の製鉄は、前代までと同様に砂鉄を原料とし、平炉において木炭を使って熔解、還元して鉄を生産するたたら製鉄であった。砂鉄は、山の地面を切り崩して人工の川に流し、比重選鉱で採取する山砂鉄が、川砂鉄や海岸の浜砂鉄に比べて品質も良く、安定的に大量に採取できる点で鉄生産の増大をもたらした。また、木炭は揮発性が高くて高温となる大炭が使用された。炉内へ送風する鞴《ふいご》は、大型の箱鞴を二〜八個つけて送風力を高め、また中国地方では十七世紀の後半に天秤鞴と称する踏み鞴の流れを汲む画期的な鞴が発明され生産力を高めた。

戦国時代や近世初期には、鉄砲・槍・刀などの武器類、朝鮮出兵などに伴う造船と錨などに使用する鉄、城郭や城下町建設の土木工事や普請のための釘や鍬、普請諸道具に使う鉄需要が高まった。領主的需要である。また、近世前期には農業・鉱業・林業・漁業などの諸産業の発達によって、また海運の活発化による造船業などにおいて鉄需要が大きくなった。さらに新田開発に伴う農家の増加、爆発的な人口増加は、釜や鍋などの生活用具の需要を増大させ、民間からの鉄需要も高まった。

大坂を中心とする全国市場の成立により、鉄においてもコストと品質が問われるようになり、チタン分の少ない良質の砂鉄を産出する中国地方が特産地を形成した。

江戸時代末期萩藩の製鉄作業（「先大津阿川村山砂鉄洗取之図」より）

各地の自給的な小規模鉄生産は衰退を余儀なくされたが、一方で近世後期になると、中国地方の職人を招いて技術移転を図る動向もみられた。鉄の国産化の動向である。しかし、原料砂鉄が職人の技能に適合せずにコスト高となり頓挫することが多かった。中国地方の砂鉄と同じようなチタン分の少ない東北地方の北上山地の製鉄地帯では、中国地方の技術移転を絶えず図り、江戸市場や東北地方の市場の一部に供給する地域もみられた。

幕末には、大砲製造などの軍事需要から新たに領主の鉄需要が高まった。欧米の技術導入で反射炉の建設が幕府や西南諸藩で進められ、また東北地方の製鉄地帯では高炉の建設と操業も実施された。

しかし、明治になると洋鉄の輸入が進み、鉄鋼では明治初年代から輸入鉄鋼が国内生産鉄鋼を大幅に上回り、銑鉄では明治二十年代半ばの一八九二年(明治二十五)には国内生産銑鉄と輸入銑鉄高が拮抗するまでに至る。九五年の釜石のコークス高炉の成功以降は、国内銑鉄が伸び、一九〇一年に八幡製鉄所で鉄鋼生産が開始され、その後の生産の安定を経て明治末年の一〇年代から生産量は急増した。たたら製鉄は、明治になっても、近代製鉄を補完するかのように生産を存続し、さらに海軍の特殊鋼需要に応じ大正末年まで操業された。

韮山反射炉（1857年築造，静岡県伊豆の国市）

参考文献　武井博明『近世製鉄史論』(一九七二、三一書房)、岡田廣吉編『たたらから近代製鉄へ』(『(叢書)近代日本の技術と社会』二、一九九〇、平凡社)

(荻　慎一郎)

てづかおさむ　手塚治虫　一九二八―八九　漫画家、アニメーション作家。本名は手塚治。一九二八年(昭和三)十一月三日、大阪府豊能郡豊中町(豊中市)生まれ。幼少時代を兵庫県宝塚市で過ごし、漫画を描き始める。四六年、医学生のかたわら「マアチャンの日記帳」の新聞連載を開始。翌年、酒井七馬原作の長編ストーリー漫画『新宝島』で注目される。以降『ジャングル大帝』『鉄腕アトム』などをつぎつぎと発表。アニメーションにも関心を抱き、虫プロダクションを設立、アニメでは国産初の毎週放送する三十分番組「鉄腕アトム」を皮切りに、数多くの作品を製作した。同社は七三年に一度倒産するが、手塚は株式会社手塚プロダクションで漫画家、アニメーション作家としての活動を続け、漫画『ブラックジャック』『ブッダ』などを各誌に連載した。晩年には『陽

だまりの樹』『アドルフに告ぐ』などの青年向け漫画を発表。八九年（平成元）二月九日、六十歳で胃がんのため死去。著書に『ぼくはマンガ家』（『角川文庫』、二〇〇〇年、角川書店）がある。 ➡鉄腕《てつわん》アトム ➡マンガ

参考文献 大下英治『手塚治虫—ロマン大宇宙—』（『講談社文庫』、二〇〇二、講談社）、津堅信之『アニメ作家としての手塚治虫—その軌跡と本質—』（二〇〇七、NTT出版）

（木村 智哉）

てづくり 手作 中世では、荘園領主・地頭や名主が直営した田畑を指す。近世では、百姓が田畑を直接耕作・経営することを手作と称し、小作と区別した。近世前期には、家族労働力に譜代下人や年季奉公人を加え、名子・被官の奉仕を受けつつ、大規模な手作を行う地主が多かった。ただし近世中後期には、奉公人給金や肥料・農具代の高騰によって、地主の手作経営が不利となり、一定程度の手作地を保持しつつも、次第に小作の比重が高まっていった。

参考文献 古島敏雄編『日本地主制史研究』（一九五八、岩波書店）

（平野 哲也）

てっこう 手甲 手の甲と手首を保護するために覆う衣類。テオイ、テサシとも呼ばれる。屋外での仕事の際に傷や汚れ、日焼け、寒さを防ぐために用いられる。かつては旅支度には欠かせないものであった。手首の部分に巻き付け、縫い付けた細紐で縛ってとめる平型と、手首の部分を筒状にして小鉤か細紐でとめる筒型の二種類がある。いずれの場合も甲の先端部に輪になった紐がついており、そこに中指を通して装着する。多くは紺木綿で作られるが、刺し子を施したものもある。 ➡手袋《てぶくろ》

参考文献 瀬川清子『きもの』（一九七二、未来社）

（島立 理子）

でっち 丁稚 主に江戸時代に商工業の家に年季奉公した年少者の呼名。親類・縁者などの紹介で、十二歳前後に入店した。仕事は主人のお供、子守、拭き掃除などの雑役。やや長じると本名から一字をとって「吉」や「松」をつけて呼ばれ、商用の手伝いをした。衣食住、病気治療は保証されていたが、無給であり、盆と正月に衣類や履物の仕着せと小遣い銭を与えられた。十七～十八歳で元服して手代に昇格。

参考文献 宮本又次『近世商業経営の研究』（『宮本又次著作集』三、一九七七、講談社）

（末永 國紀）

てっぽう 鉄砲 ⇩銃《じゅう》

てつわんアトム 鉄腕アトム 手塚治虫が光文社の月刊漫画雑誌『少年』に一九五二年（昭和二十七）から連載した漫画のタイトル。主人公のアトムは原子力によって動き、科学を駆使したさまざまな力を持つと同時に、ロボットでありながら人間と同様の感情と、善悪を判断する力を持つ。前年から連載されていた「アトム大使」の設定を一部変更して誕生した。連載は好評を博し、十七年続く人気作品になった。人形劇や実写ドラマの放送を経て、六三年にはテレビアニメ化され、視聴率三〇％以上をたびたび記録する人気番組として、四年間放送された。漫画やアニメのヒットは関連商品を多く生み出し、マスコミ＝キャラクター商法の本格的始動を促した。その後も繰り返しテレビアニメ化が行われたほか、原作者の死後もハリウッドでの3DCG映画化や、他の漫画家による一部エピソードのリメイクやスピンオフがなされている。また、日本のロボット開発・研究者の動機にも影響を与えたといわれる。 ➡アニメ文化《ぶんか》 ➡手塚治虫《てづかおさむ》

参考文献 手塚治虫『ぼくはマンガ家』（『角川文庫』、二〇〇〇、角川書店）、霜月たかなか・司田武己編『（完全保存版）鉄腕アトムコンプリートブック』（二〇〇三、メディアファクトリー）、大塚英志『アトムの命題—手塚治虫と戦後まんがの主題—』（『角川文庫』、二〇〇九、角川書店）

（木村 智哉）

てならい 手習い ⇩習《なら》い事《ごと》

てぬぐい 手拭い 手や顔を洗ったり、入浴の際に身体を洗ったり拭いたりするために使用する布。麻の布であったが、江戸時代中期以降は木綿が用いられるようになり、松坂（三重県）、河内（大阪府）、三河（愛知県）産などの木綿が使われた。古くは白無地であったが、江戸時代に入ると赤手拭いや渋手拭いなどの染色手拭いが登場し、幕末には藍染・紅染め、種々の模様染め、絞り染めが行われた。明治時代半ばには多色を大量に染める注染技法が考案され、現在でもこの技法が使われている。手拭いはかぶり物、鉢巻きとしても多用されてきた。姉様かぶり、頰かぶり、鼻結びかぶり、ねじり鉢巻きなどさまざまな被り方がある。商店名や屋号などの入った広告手拭い・祝儀手拭いも作られ贈答品とされた。タオルやハンカチの普及によって実用品としてはあまり使用されなくなっていた。しかし、最近では幅広い利用ができる手拭いが見直され、カラフルで現代的な柄の物も販売されるようになった。

参考文献 宮本馨太郎『かぶりもの・きもの・はきもの』（『民俗民芸双書』二四、一九六八、岩崎美術社）

（島立 理子）

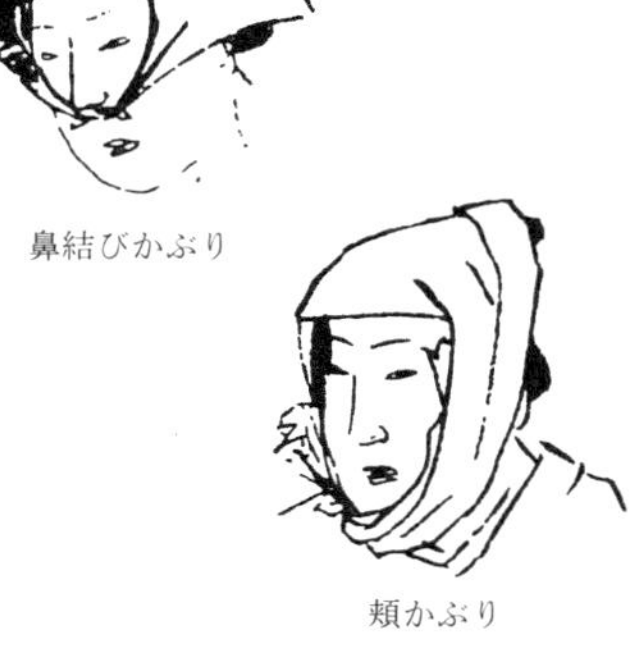

鼻結びかぶり

頰かぶり

手拭いのかぶり方（『守貞謾稿』より）

デパート デパート ⇩百貨店《ひゃっかてん》

てぶくろ 手袋 外傷・風雨・寒暑から手を保護するために用いられる袋状の着装具。テケシなどと称する。手

覆いの一種であり、ほかに腕を覆う腕貫、手の甲を覆う手甲などがある。日本では中世以降、具足一式のなかの籠手《こて》など、武具として発達した。明治前期にはメリヤス手袋の国産品も流通し、一般人も防寒具として身につけるようになった。袋部の形状はさまざまで、五本指に分かれているもの、親指とほかの四本の二股に分かれたミトン状のもの、指を入れる部分がない丸状のもの、指の先が露出するものなどがある。藁製のものは保温性に優れるため冬場の外出・仕事に多く用いられ、また断熱性が高いために鍋つかみとしても利用された。布製のものは保温と補強のために複数枚を重ねて刺し子にしたものが多く、特に漁師が冬場に用いた。動物の毛皮で作ったものは狩猟や山仕事の際に多く用いられた。現代は太い白綿糸で編んだ軍手や、防水性の高いゴム手袋などがあり、作業に応じて使い分けがなされている。また衛生観念の変化に伴い、手の側を保護するためのみならず、触れられるものの側に配慮して手を覆うようになってきたことも大きな特徴である。↓腕貫《うでぬき》 ↓手甲《てっこう》

参考文献 宮本馨太郎『かぶりもの・きもの・はきもの』(『民俗民芸双書』一二四、一九六一、岩崎美術社)

(加藤幸治・今井雅之)

でまえ 出前 ⇩仕出屋《しだしや》

てらうけせいど 寺請制度 江戸幕府が、キリシタン禁制のために、人々にいずれかの寺院の檀那であることを強制し、それを檀那寺によって証明させた制度。寺請制度は、寛永十年代にキリシタン取締りを目的に実施され、特に一六三七年(寛永十四)の島原・天草一揆後に全国的に拡大・強化された。寺請制度のもとで実施されたのが宗門改であり、幕府は四〇年には大目付井上政重に宗門改を命じ、一六五七年(明暦三)に正式に宗門改役を設置、一六六四年(寛文四)には諸藩に対し宗門改の実施を命じた。七一年には、幕領支配の代官に対し町村単位の宗門人別改帳の作成を命じた。婚姻や転居などの際には、転出元の檀那寺から転入先の檀那寺宛に寺送状が発行され、旅行や奉公のため移動する際には、檀那であることを証明した寺請状が発行された。こうして寺請制度は、宗門改制度と相まって、キリシタン取締りの必要性が薄れてからも、幕府の宗教統制のために引き続き維持され、また町村住民に対する戸籍管理の機能を果たした。↓宗《しゅう》門改《もんあらため》

参考文献 圭室文雄『江戸幕府の宗教統制』(『日本人の行動と思想』一六、一九七一、評論社)、同『日本仏教史』近世(一九八七、吉川弘文館)、福田アジオ『寺・墓・先祖の民俗学』(二〇〇四、大河書房)

(佐藤 孝之)

てらこや 寺子屋 江戸時代を中心として隆盛した初歩的な読み書き教育の施設である。往来物と呼ばれる教材によって、民衆を含む各階層の子弟を教育した。手習師、手習指南、手習子取、手跡指南など、多様な呼ばれ方をしていた。越前国敦賀郡江良浦(福井県敦賀市)では、一五五五年(弘治元)、旅僧にいろは字の指導を依頼していることなどが知られており、中世期においても、在地における読み書き教育が行われていたことをうかがわせている。また一六四〇年(寛永十七)の若狭国遠敷郡小浜城下(同県小浜市)においては、手習子取二人が存在しており、十七世紀前半の地方都市における寺子屋の普及が確認できる。越後国岩船郡村上城下(新潟県村上市)においては、一七三八年(元文三)以後の門人帳が残されており、営業を目的とした寺子屋が十八世紀前半の地方都市において活動していたことがわかる。江戸時代には寺子屋の師匠を顕彰する塚が多数建立されるようになるが、現在の千葉県だけで三千を超える師匠の塚が確認されるなど、寺子屋は夥しい普及をみせた。

参考文献 利根啓三郎『寺子屋と庶民教育の実証的研究』(一九八一、雄山閣出版)、久木幸男「中世民衆教育施設としての村堂について」(『日本教育史研究』六、一九八七)、川崎喜久男『筆子塚研究』(一九九二、多賀出版)

(八鍬 友広)

寺子屋 一寸子花里「文学万代の宝」

てらまち 寺町 寺院の多く集まる区域。およそ大寺院の周囲に塔頭《たっちゅう》・子院が集まり一宗で寺町を形成する場合と、宗派を異にする中小の寺院が集まって寺町を形成する場合とが認められる。前者はもとより、後者のタイプの寺町であっても、地縁から発して共同で生活上の諸問題へ対処し、また頼母子講《たのもしこう》のような生活互助的な関係を結ぶこともあった。城下町においては合戦を想定して周縁部に寺院が配された。近代以降も、都市計画上で寺町の形成されることがあり、東京都世田谷区烏山などは関東大震災後に寺町を形成した。

参考文献 伊藤毅『都市の空間史』(二〇〇三、吉川弘文館)、岩淵令治「江戸における中小寺院の地縁的結合について—江戸市谷南寺町組合を素材に—」(『国立歴史民俗博物館研究報告』一〇八、二〇〇三)、世田谷区立郷土資料館編『烏山寺町』(特別展図録、二〇一〇)

(松本剣志郎)

テルテルぼうず テルテル坊主 希望する日を晴天にし

たい時や、長く続いた雨を止めて晴天にすることを願って軒先につるす紙で作った人形。そもそも天気祭の人形は、ムラの行事としてワラを束ねて男女二体を作って村境に飾るものであった。これに対して、テルテル坊主は個人的な願望を満たすために作るものであるが、人形に託して晴れを祈ることは、雨の神か風の神に機嫌をとって退却してもらおうとする考案に基づくものである。

参考文献 柳田国男「テルテルバウズについて」(『(定本)柳田国男集』三一所収、一九七〇、筑摩書房)

(柳 正博)

テレビ テレビ 主に電波などにより、遠隔地に映像・音声を伝達する技術であり、テレビ受像機とテレビ放送(番組)双方の意味で用いられる。テレビジョン。テレビ開発は一九二〇年代に開始され、二六年(大正十五)に浜松高等工業学校の高柳健次郎が初の受像機実験に成功したが第二次大戦により研究は中止された。戦後、GHQによる禁止措置を経て、NHKや民間メーカーが研究を再開し、五〇年(昭和二十五)のいわゆる電波三法(電波法・放送法・電波監理委員会設置法)によりテレビの放送体制が整備された。五三年には同年二月の本放送開始と軌を一にして各社が続々とテレビを発売した。六四年には九〇%を超えたように、日本の(白黒)テレビ普及のテンポは米・英と比較してきわめて急速であり、その要因は急激な価格低下であった。製品のサイズを小型の一四型に集中し、量産効果によって基幹部品たるブラウン管の価格低下が実現したためである。一方、白黒テレビの急速な普及に貢献したテレビ番組をみると、初期においては街頭テレビによるプロレス中継、続いてアメリカTV映画が、アメリカの政治的思惑を背後に含みつつ人気番組となった。六〇年代半ばには成熟期を迎えた白黒テレビに代わり、カラーテレビが現れる。本放送は六〇年に開始され、同年各メーカーも発売を開始したが、カラー放送が部分的であることに加え製品が高価で当初は普及が困難であった。そこで各メーカーは外国技術を導入しつつ共同研究により開発を進める一方、輸出による生産拡大を契機として、量産効果により価格を低下させた。その結果、ほぼゼロだった六六年から七五年には九〇%を超え、白黒テレビと同様に普及率は急上昇したのである。六〇年代以降もバラエティやドラマ、子ども向けなど、番組構成は一層多様化し充実していった。テレビ番組の視聴経験は世代ごとの共通の記憶ともいうべく、テレビは圧倒的な影響力を及ぼすメディアであったが、昨今ではその地位を後退させつつある。 →テレビ文化《ぶんか》 →ニュース

参考文献 平本厚『日本のテレビ産業―競争優位の構造―』(一九九四、ミネルヴァ書房)、萩原滋編『テレビという記憶―テレビ視聴の社会史―』(二〇一三、新曜社)、安田常雄「テレビのなかのポリティクス―一九六〇年代を中心に―」(同編『社会を消費する人びと―大衆消費社会の編成と変容―』所収、二〇一三、岩波書店)、鍛治博之「カラーテレビ」(石川健次郎編『ランドマーク商品の研究―商品史からのメッセージ―』五所収、二〇一三、同文館出版)

(西野 肇)

テレビ NHK本放送開始時の受像公開 (1953年, 東京都世田谷区)

テレビゲーム テレビゲーム 家庭用テレビ受像機をモニターに利用するゲームハード。またそれを用いた遊戯。英語圏ではビデオゲームと呼ばれ、ゲームセンターなどに置かれる業務用筐体やPC用ゲームも含める場合がある。アメリカのアタリ社の家庭用ハードはソフトの質的低下により展開が終了したが、一九八三年(昭和五十八)に任天堂が発売したファミリーコンピュータ(ファミコン)は、技術公開により他ソフトメーカーの参入を促したことがマンネリ化を防ぎ、「スーパーマリオブラザーズ」「ドラゴンクエスト」など多くのヒット作を生んだ。のちにはスーパーファミコン、ソニー=コンピュータエンタテインメントのプレイステーションなどの新たな据え置き型、ゲームボーイのような携帯型も生まれた。ファミコン登場時は、ソフト売り切れなどのブーム加熱や児童のテレビ占有が問題視される一方、情報化社会やテレビへの能動的関わり方として評価する意見もあった。 →ファミコン

参考文献 赤木真澄『それは「ポン」から始まった―アーケードTVゲームの成り立ち―』(二〇〇五、アミューズメント通信社)、多根清史『教養としてのゲーム史』(『ちくま新書』、二〇一一、筑摩書房)、上村雅之・細井浩一・中村彰憲『ファミコンとその時代―テレビゲームの誕生―』(二〇一三、NTT出版)

(木村 智哉)

テレビコマーシャル テレビコマーシャル 民間放送局(民放)のテレビ放送において、番組の幕間や、番組と番組の間の空白時間に放映されるコマーシャルメッセージの総称。番組スポンサー企業の商品を宣伝するのが一般的。テレビコマーシャルがはじめて登場したのは一九五三年(昭和二十八)のことで、中心はサントリーのトリスウィスキーのコマーシャルや不二家の「ミルキーはママの味」、桃屋「のり平」シリーズに代表されるようなアニメコマーシャル。六〇年代に入ると、一本のコマーシャ

ルの時間が十五~三十秒程度に揃えられ、現在につながるショートムービーとしての体裁が整えられていく。「ナンデアル！ アイデアル！」(丸定商店「アイデアル洋傘」、植木等出演、六三年)や「大きいことはいいことだ」(森永「エールチョコレート」、六八年)など、短尺だからこそ効果的に用いられた印象的なキャッチコピーが時代を賑わせるようになった。七〇年代には、横断幕を持ったヒッピーが銀座通りを静かに歩いて行くだけの「モーレツからビューティフルへ」(富士ゼロックス、七〇年)など、それまでの高度経済成長一直線の時代に静かな疑問を投げかけるようなものや、山口百恵の「いい日旅立ち」をタイアップ曲に用い、新しい旅行産業のあり方を模索した「ディスカバージャパン」シリーズ(国鉄、七一年)など、時代の流れの転換を印象づけるコマーシャルが多数登場した。また日本人の中年男性がアメリカ人の読み上げる英語の商品名を「あんた外人だろ? 発音悪いね」と揶揄する(松下「クイントリックス」、七二年)といういささか倒錯したシチュエーションをコミカルに描くコマーシャルが登場するなど、それまでの西洋に憧れ、アメリカ追従型であった広告から一変し、ジャパン=アズ=ナンバーワンを象徴するものも登場した。バブル期に向かうころには、コピーライターの台頭から広告文句も一層洗練され、「それなりに写ります」(フジカラー「フジカラープリント」、八〇年)、「亭主元気で留守がいい」(大日本除虫菊「金鳥ゴン」、八六年)などが大きな流行を生んだ。洗練された広告言語による独自の世界観の追及は九〇年(平成二)以降も続き、「きれいなおねえさんは好きですか?」(松下「パナソニック=エステジェンヌ」、九二年)や「すったもんだがありました」(宝酒造「タカラCANチューハイ」、九四年)など時代の流行語の中心にコマーシャル産業が躍り出る。二〇〇〇年代以降は、「続きはWEBで」や「〇で検索」といったインターネットとの連携を念頭に置いたものが一般的になり、「宇宙人ジョーンズ」(サントリー「缶コーヒーBOSS」、〇六年)や「白戸家」(ソフトバンクモバイル、〇七年)などストーリー性を重視した体裁をとるものや、「二十五年後の磯野家」(江崎グリコ「OTONA GRICO」、〇八年)、「ドラえもん」(トヨタ自動車、一一年)のように人気アニメをあえて実写化し広告効果を狙うなど、多様さのなかにも「旧い」コンテンツに逆戻りしていくものも登場した。テレビコマーシャルの展開には、時代におけるメディアのあり方と人々の生き方・考え方が如実に反映されているといえるだろう。

参考文献 全日本CM協議会編『CM二五年史』(一九七八、講談社)、山田奨治編『文化としてのテレビ・コマーシャル』(二〇〇七、世界思想社)、かまち潤『TVコマーシャルと洋楽コマソン四〇年史—一九七〇~二〇〇九年—』(二〇一〇、清流出版)、国立歴史民俗博物館・安田常雄編『戦後日本の大衆文化』(『歴博フォーラム』、二〇一〇、東京堂出版)

(花岡敬太郎)

テレビぶんか　テレビ文化　ワイドショー、連続ドラマ、バラエティ番組、歌番組、スポーツ中継、コマーシャル、クイズ番組、アニメ、旅・グルメ番組といったさまざまなジャンルのテレビ番組が総体として持っている、興行や読み物やラジオ放送とは異なった、大衆文化としての特徴のこと。また、そうしたテレビ番組が家庭生活に深く浸透することで生み出された、テレビ視聴に依存した新しい日常的文化を意味することもある。テレビは、個々の番組の自己完結性が弱く、料理番組を見ることが自分で料理を作ってみる行為に直結するように、視聴者の受容や反応を通して生活に根付いていく特徴を持つから、大衆文化としてのテレビが生活文化と分かち難く結びつくところにテレビ文化の最大の特徴があるかもしれない。昭和三十年代にテレビは「三種の神器」と呼ばれ、電気の力によって家庭生活を民主的・合理的なものにする家電製品の一つとして急速に普及した。その結果、アメリカのホームドラマを通してアメリカ流の生活様式への憧れを生んだり、CMを通して電化製品、自動車、菓子や酒など、生活を豊かに彩る商品への欲望を生んだりするなど、人びとの生活を消費文化に依存したものに変える大きな役割を果たした。また他方でテレビは、テレビに依拠した新しい生活習慣をさまざまに作り出した。ゴールデン=タイムの人気番組や年末年始の「紅白歌合戦」と「ゆく年くる年」を家族一緒に視聴することや、夏の高校野球、オリンピックやサッカーのワールドカップを国民全体で同時に視聴することを通して、家族団欒の時間、歳時記的な季節感、国民全体による疑似イベント体験など新しい生活文化が生まれた。さらにテレビは、クイズ番組、素人のど自慢、オーディション番組などの視聴者参加番組に素人を出演させることを通して、映画スターのオーラとは違った、日常的な卑俗さを帯びた人間存在の輝きを作り出し、多くの平凡な人びとに「見られる」ことの晴れがましさという体験を与えてきたといえるだろう。　↓アニメ文化《ぶんか》　↓テレビ　↓のど自慢《じまん》　↓ホームドラマ　↓連続《れんぞく》テレビ小説《しょうせつ》

参考文献 NHK放送文化研究所編『テレビ視聴の五〇年』(二〇〇三、日本放送出版協会)、長谷正人・太田省一編『テレビだョ!全員集合—自作自演の一九七〇年代—』(二〇〇七、青弓社)

(長谷　正人)

でんきがま　電気釜　⇩炊飯器《すいはんき》

でんきブラン　電気ブラン　いかなるブランデーかは不明であるが、ブランデーをベースにして白ワイン・ベルモット・キュラソー・ジンなどを加味したアルコール飲料。一八八〇年代に浅草の酒造店主神谷伝兵衛の発案とされる。神谷バーの名物として現在に至る。当初はコレラの特効薬とも喧伝され、文明の最先端をイメージした「電気」を付し電気ブランデーと命名されたが、一九五七年(昭和三十二)デンキブランと改名。酒精度四〇度と強いが愛飲家も多い。

(竹内　光浩)

でんきポット　電気ポット　⇩魔法瓶《まほうびん》

でんきゅう　電球　発光体をガラス球に入れた照明用電気器具。一八七九年にトーマス＝エジソン T. A. Edison によって実用化された白熱電球は、日本ではエジソンと親交のあった藤岡市助（現株式会社東芝創業者の一人）によって一八九〇年（明治二十三）に国産化され、家庭用の照明器具として普及が進んだ。戦後、蛍光灯の普及とともに白熱電球は家庭用照明器具の主役の座を明け渡し、現在では省エネの観点から生産が中止されつつあるが、一方で消費電力の少ないＬＥＤ電球や電球形蛍光灯の開発が進んでいる。

参考文献　『東京芝浦電気株式会社八十五年史』（一九六三）　（西村　健）

てんきよほう　天気予報　ある地域の気象状態を予測し、知らせること。暑さ・寒さが経済生活に多大な影響を及ぼすのは今も変わらないが、特に農林漁業に従事する人々にとっては直近の天候を予知することが不可欠であった。そこで、長年の経験則から天気俚諺《りげん》が伝えられ、局地的な予報には効果が及んだ。科学的なデータによって近未来の天気の状況を発表する天気予報は、わが国では一八八四年（明治十七）に始まった。現在の気象庁の前身である東京気象台から発表された情報は東京市内の各交番に掲示され、官報や新聞にも発表された。しかし、直接目にできた東京市の人々以外には予報としてのデータはキャッチできなかった。その後、一九二五年（大正十四）にラジオ放送で天気予報の発信が始まったが、一九四一年（昭和十六）には第二次世界大戦による機密保持のために予報は中断された。その後、四五年の終戦二日後に再開され、五三年からはテレビで放送された。現在は気象観測技術の急速な進歩により正確性の高い予報が可能になった。

参考文献　埼玉県立博物館編『観・天・望・気―お天気の文化史―』（特別展図録、一九九五）、倉嶋厚『ちょっと使える「お天気知識」』（『小学館文庫』、一九九九、小学館）　（柳　正博）

てんきん　転勤　事業所を複数有する企業内で勤務地が変わること。明治時代から大企業の幹部社員には転勤はつきものであったが、高度経済成長期には企業統合を含めて企業規模の拡大が顕著であったため、転勤対象となる労働者が急増した。企業にとっては企業の都合に応じて労働者を自由に配置するために転勤制度は不可欠であるが、労働者の生活には大きな影響が及ぶので、労使紛争の種となることが多い。これに対して、転勤の対象にならない条件で雇用される勤務地限定社員制度も採用されている。→単身赴任《たんしんふにん》

参考文献　日本経営者団体連盟・関東経営者協会編『転勤・配置転換等と労使関係』（『経営法曹全国連絡会議資料』、一九六三）　（加瀬　和俊）

てんこう　転向　大正期に左翼運動への方向転換として使われたこの言葉は、昭和期に入り共産主義からの離脱を意味する言葉として一般化した。その画期は一九三三年（昭和八）の佐野学と鍋山貞親による獄中からの転向声明と、それに続く大量の集団転向であった。転向の直接条件となったのは強制力をもった権力の転向誘導であるが、同時にファシズムに向かう「世界の大勢」への追随や指導者意識という体質、また「ハウスキーパー」問題に象徴されるような生活と人権意識の欠落などが重なり、大衆から孤立していったからである。さらに転向は四〇年を画期に社会民主主義者や自由主義者にも広がり、その時期では主義を棄て運動から離脱するだけでは許されず、戦争政策への積極的な献身が要求された。転向は戦後になってからも「敗戦」や「高度成長」をめぐって多様な形態をとって現れ、次第に思想そのもの以上に「身ぶり」や「感覚」と関わる無意識の転向が進展するようになった。

参考文献　本多秋五『転向文学論』（一九五七、未来社）、吉本隆明「転向論」（『現代批評』一、一九五八）、思想の科学研究会編『共同研究転向』一―三（『東洋文庫』、二〇一二―一三、平凡社）　（安田　常雄）

てんじ　点字　視覚障がい者（児）が、知識・情報を受け取るため、紙などを触ることで伝達される記号・文字のこと。点字開発の歴史は、印刷機の発明に伴うとしたり、点と線による新たなアルファベット表記法の発明によるとしたり、多様な説がある。日本では、一八九〇年（明治二十三）に石川倉次考案の日本語六点式点字が、東京盲唖学校で採用され、一九〇六年日本初の点字新聞『あけぼの』が発行された。近年、缶入りのアルコール飲料に「おさけ」「さけ」「びーる」といった表記が行われるなど、バリアフリーの考え方の浸透により多様に点字の併記が行われている。

参考文献　福島智『盲ろう者として生きて―指点字によるコミュニケーションの復活と再生―』（二〇一一、明石書店）　（荒井　明夫）

でんしゃ　電車　架空電車線または第三軌条から電力の供給を受けて走る鉄道車両。はじめて電車が走ったのは一八九〇年（明治二十三）に東京の上野で開催された第三回内国勧業博覧会の会場であったが、営業運転は京都電気鉄道が九五年に塩小路東洞院通―伏見町下油掛間を開業したのが最初であった。東京での営業運転は、それから八年後の一九〇三年に東京電車鉄道が品川―新橋間を開業したのがはじまりであった。これらの電車は一両か二、三両の連節車で走る路面電車であったが、大量輸送のために高架鉄道や地下鉄道などが生まれ、都心と郊外とを結ぶ郊外電車へと発展していった。〇五年には京浜電気鉄道が品川と神奈川を結び、阪神電気鉄道が大阪―神戸間に電車を走らせた。一九二〇年代以降、電車は幹線輸送に進出し三〇年（昭和五）年には高速電車が東京―横須賀間を走った。戦後の東京では、五〇年代に湘南電車が登場し、六四年には東海道新幹線が開業した。　↓

路面電車（1960年代，東急玉川線駒沢駅付近）

汽車《きしゃ》 ↓新幹線《しんかんせん》

参考文献 原田勝正『汽車から電車へ―社会史的観察―』(一九五五、日本経済評論社)　（老川 慶喜）

てんじょう 天井 室内空間の上部を仕切り、小屋組を隠すものをいう。天井の語がこの意味で使われるのは、中世以後のことで、古代では承塵《しょうじん》、組入《くみいれ》などと呼んだ。古代の組入は桁・梁などの横架材の間に設け、構造材としても機能していたが、やがて梁から釣られるようになり、小屋組を隠し、室内を荘厳する役割が強くなる。書院造の住宅では、格《ごう》天井や棹縁《さおぶち》天井が主に用いられた。農家では、裏板ともいう。町家では二階の床を支える根《ね》太《だ》をみせる根太天井をしばしば用いる。　（鈴木 智大）

てんしょく 転職 ⇩職業安定所《しょくぎょうあんていじょ》

でんしレンジ 電子レンジ マグネトロン(磁電管)が発するマイクロ波により水分子を振動させることで食品などを加熱する調理機器。当初は業務用が主であり、国鉄が一九六二年(昭和三十七)の特急食堂車、六四年の新幹線ビュッフェに相ついで電子レンジを導入して注目を集めた。続いて大手家電メーカー各社は家庭用電子レンジの開発に着手し、六五年に松下電器から発売された。しかしきわめて高価であり、製品価格低下のため基幹部品たるマグネトロンの開発・量産が、通信機メーカーも加えて積極的に進められた。さらに、オーブン機能、スチーム機能なども開発されていったが、基本的な機能は通常の加熱と、冷めた食品の再加熱であり、タイマーの終了音から生まれた「チンする」との表現は、従来の調理の概念を大きく変えるものであった。普及率は九〇年代にようやく九〇%台に到達し、その過程で、加熱時に食品を覆うラップ(プラスチック=フィルム)や、冷凍食品の消費も並行して拡大していったのである。

参考文献 『電子管の歴史―エレクトロニクスの生い立ち―』(一九八七、オーム社)、大西正幸『生活家電入門―発展の歴史としくみ―』(二〇一〇、技報堂出版)　（西野 肇）

てんしん 点心 鎌倉から室町時代に禅僧などによってもたらされた食習慣。古くは「てんじん」。一日二回の食事であった当時、食事の間に摂る小食《こじき》をいった。羊羹・猪羹《ちょかん》・鼈羹《べっかん》ほかの羹類、饅頭、水繊《すいせん》(葛切り)あるいは饂《うん》飩《どん》、碁子麺《きしめん》をはじめ種類は多く、室町時代の往来物や狂言にも多く登場する。『食物服用之巻』(一五〇四年(永正元))には鼈羹は足、手、尾、首を残し、甲から食べるとある。肉食を禁じられた禅僧が植物性の材料で作った見立て料理であった。禅宗寺院から武家、公家社会などへ広まった。 ↓昼食《ちゅうしょく》

参考文献 青木直己『図説和菓子の今昔』(二〇〇〇、淡交社)　（青木 直己）

でんせんびょう 伝染病 宿主との接触、空気・飲食物の媒介などによって、病原性微生物が伝播し、発症・流行する疾病の総称。疫病・感染症などとも称される。感染から短時間で発症し、症状が進行する急性伝染病と、感染から発症までに比較的時間を要し、進行も緩慢な慢性伝染病とに大別される。明治以降は、病除けのフォークロアが生き続ける一方で、衛生行政が始動し、消毒や隔離といった対処法がとられていく。まず急性病対策が急がれ、一八八〇年(明治十三)にコレラ・腸チフス・赤痢・ジフテリア・発疹チフス・痘瘡の六病を対象とした伝染病予防規則が、九七年には、それに猩紅熱・ペストを加えた伝染病予防法が制定された。二十世紀に入ると、慢性病がより大きな社会的脅威と認識されるようになる。予防法・治療法の実践、衛生・栄養状態の改善などによって克服がはかられる一方、人の移動の加速と拡大に伴う病の侵入や蔓延も続いている。 ↓インフルエンザ ↓疫病《えきびょう》 ↓結核《けっかく》 ↓コレラ ↓消毒《しょうどく》 ↓天然痘《てんねんとう》 ↓麻疹《はしか》

参考文献 富士川游著・松田道雄解説『日本疾病史』(『東洋文庫』、一九六九、平凡社)、鹿野政直『健康観にみる近代』(『朝日選書』、二〇〇一、朝日新聞社)、新村拓『健康の社会史―養生、衛生から健康増進へ―』(二〇〇六、法政大学出版局)　（石居 人也）

でんたく 電卓 電子式卓上計算機の略。アメリカで開発された真空管式のものが最初であり、シャープが一九六四年(昭和三十九)にトランジスタ型電卓を開発すると、日本の各社が電卓開発に参入し、世界中を席巻した。ICやLSIなど半導体技術の進化に伴い、小型化・軽量化が進み、七〇年代前半には現在とほぼ同様のポケットサイズの液晶電卓が開発された。電卓の進化過程で開発された技術はその後のコンピュータ開発に応用され、必要不可欠なものになっていった。

参考文献 瀬尾悠紀雄「電子式卓上計算機技術発展の系統化調査」(『国立科学博物館技術の系統化調査報告』六所収、二〇〇六)　（塚原 伸治）

でんとう 電灯 電力を使用した照明具。日本では、一

八七二年(明治五)に横浜の外国人居留地にガス灯が設置されて以来、ガス灯が外灯として普及した。しかし、より照度が高く、点灯も容易な電灯(アーク灯)が一八〇八年にイギリスの化学者ハンフリー＝デービーH. Davyによって発明され実用化が進むと、日本にも電灯普及の機運が高まり、八二年には、銀座二丁目大倉組前の街路において電灯の点火実験が行われ、衆目を集めた。その翌年に大倉喜八郎(一八三七—一九二八)らの発起で東京電灯会社が設立されると、各地で電灯の設置と宣伝が本格的に行われるようになった。この結果、八八年には皇居で電灯が採用されるに至り、同年十一月一日附『東京日日新聞』紙上でその明るさが「画にものせる不夜の城も斯くやあらんと思はれ頗る美麗なり」と評されるなど、大きな評判を得た。同年以降、東京以外にも、神戸、大阪、京都、名古屋、横浜など各地に相ついで電灯会社が設立されると、全国的に電灯の優位性が周知されることとなり、電灯の普及が進んだ。大正時代に入ると、ガス灯は徐々に姿を消し、電灯が外灯の主役となって現在に至っている。また、室内の電灯は、明治三十年代ごろから本格的に普及が進み、大正時代の中ごろには全国の室内灯が電化されることになった。

参考文献　宮本馨太郎『灯火—その種類と変遷—』(一九八四、朝文社)　(西村　健)

てんねんとう　天然痘　天然痘ウィルスへの感染によってひきおこされる急性伝染病。痘瘡・疱瘡などとも呼ばれる。高熱と発疹がでて、発疹は膿疱を経て瘢痕(あばた)化する。紀元前から存在し、日本では、遅くとも八世紀前半に流行が確認できる。病因や治療法が未判明ななか、江戸時代には天然痘を疱瘡神として祀る風習や、平癒を願って赤色のものを身のまわりに備える風習などが広まった。また、再発しないことが経験的に知られるようになり、人生の通過儀礼としての意味も帯びた。一方、江戸後期になると、天然痘は伝染病であるとの理解が、ジェンナーが発見した予防法(種痘)とともに、医師のあいだに広まるようになる。当初は種痘を忌避する者もいたが、明治以降、子どもの生育過程における種痘接種が義務づけられ、定着していく。一八九七年(明治三十)の伝染病予防法では法定伝染病の一つとなっていたが、一九八〇年(昭和五十五)、世界保健機関によって根絶が宣言された。　→種痘《しゅとう》　→疱瘡《ほうそう》

参考文献　富士川游著・松田道雄解説『日本疾病史』(『東洋文庫』、一九六九、平凡社)、H・O・ローテルムンド『疱瘡神—江戸時代の病いをめぐる民間信仰の研究—』(一九九五、岩波書店)、深瀬泰旦『天然痘根絶史—近代医学勃興期の人びと—』(二〇〇二、思文閣出版)　(石居　人也)

てんのうせい　天皇制　狭義には天皇を頂点とする政治支配体制であり、前近代社会においては天皇が登場した七世紀末から八世紀にかけて古代天皇制として最盛期を迎えた。それ以後は律令国家体制の変容とともに政治的実権は希薄となった。ある時期には宗教的祭主として、また近世では官位叙任権などを執行することによって伝統的権威を保持する存在でしかなかった。こうした天皇が急浮上するのは幕末期であり、外圧に包囲されたなかでの民族的独立のシンボルとされ天皇を中心とする政治体制が作り上げられていった。明治十四年の政変(一八八一年)によってプロシャ流の立憲君主制を目指した伊藤博文によって、イギリス流の議院内閣制を主張する大隈重信が政権を追われ、伊藤構想によって明治憲法公布・皇室典範の制定・教育勅語発布・帝国議会の開設が行われ、近代天皇制は成立した。さらに日清・日露戦争の勝利を契機に、天皇の統帥権を背負った軍部が肥大化するとともに、民衆のなかに天皇制イデオロギーが浸透することになった。昭和期には満洲事変・日中戦争などを背景に軍部の独走を許すことになり、天皇制イデオロギーは軍隊や学校教育などを通し、民衆を戦争に駆り立てていく装置となった。一九四五年(昭和二十)のアジア太平洋戦争の敗北は、天皇制にとって最大の危機であったが、日米合作の結果として象徴天皇制という形で生き延びていった。その理由は何よりも天皇の存在が占領政策遂行の上で大きな役割が期待できるという点にあった。天皇はみずから「人間宣言」を行い、東京裁判への出頭も免除され、全国巡幸によって新たな民主主義のシンボルとして大衆の歓声に迎えられた。新憲法によって天皇は「象徴」として政治的実権を剝奪され、憲法に基づく国事行為のみを執行する儀礼的存在と規定された。こうして出発した戦後の象徴天皇制は五九年の「皇太子御成婚」によってもう一つのシンボル機能を加えていった。それはいわゆるミッチーブームに喚起された平民・恋愛・家庭というシンボルであり、高度成長期の大衆社会にふさわしい象徴性の転位であった。それは言い換えれば天皇は企業社会と繁栄を象徴するシンボルとして、また親密な日米関係を象徴するシンボルでもあった。その後八〇年代以後は「国際化」のシンボル機能が付加されることにもなる。八九年(平成元)昭和天皇は死去し、今上天皇が即位することになるが、天皇の象徴機能という問題は占領期の「人間」「民主化」から高度成長期の「企業」「繁栄」「家庭」、さらにはその後の「国際化」など、その時々の人びととの生活あるいは生活の願望を映す鏡なのであり、その意味で今もなお生活史と無縁ではない。

参考文献　中村政則『象徴天皇制への道—米国大使グルーとその周辺—』(『岩波新書』、一九八九、岩波書店)、渡辺治『戦後政治史の中の天皇制』(一九九〇、青木書店)、安田常雄「象徴天皇制と民衆意識—その思想的連関を中心に—」(『歴史学研究』六二一、一九九一)、安丸良夫『近代天皇像の形成』(一九九二、岩波書店)、吉田裕『昭和天皇の終戦史』(『岩波新書』、一九九二、岩波書店)　(安田　常雄)

てんびんぼう　天秤棒　物を運搬するために担いで使用

天秤棒を担ぐ商人（『人倫訓蒙図彙』より）

される棒。多くの場合、両端にかごや桶などをぶら下げて使用する。地域ごとに担《にな》い棒《ぼう》・六尺棒《ろくしゃくぼう》などの呼称があり、形状もさまざまである。室町時代には、振り売り・棒手売などと呼ばれる商業の形態が見られたが、彼らは天秤棒を振り担いだことからそう呼ばれた。近世においても、近江商人が近江の特産品を天秤棒で担いで他国稼ぎを行なったとされているのをはじめ、広く活用された。現在では農業・漁業などでの局所的な利用をのぞいて、実用されることはほとんどなくなっているが、近江商人に由来する企業などにおいては、勤勉さ、熱心さ、謙虚さを表すものとしてシンボル化されている。

参考文献 小倉栄一郎『近江商人の理念―近江商人家訓撰集―』(二〇〇三、サンライズ出版)　　(塚原　伸治)

てんぷら　てんぷら　魚介類や野菜を小麦粉、水、卵を合わせた衣をつけて油で揚げたもの。魚介類のすり身を揚げたさつま揚げをさす地域もある。名前の由来には諸説があり、ポルトガル語の精進日 Tempora に、肉の代わりに魚を材料に小麦粉、卵、砂糖、塩などを合わせた衣をつけて揚げた説が有力である。『歌仙の組糸』(一七四八年(寛延元))などの江戸時代の料理書では、魚介類のすり身を揚げたもの、小麦粉をまぶして揚げたもの、小麦粉を水で溶いた衣をつけて揚げたものをてんぷらとしている。幕末の『守貞謾稿』後集一には、京坂の天ぷらは半平の油揚げをいい、江戸の天ぷらは、あなご、芝えびなどに、小麦粉を水で溶いた衣をつけて油で揚げたものとしており、東西で異なっていたことを示している。大正期から昭和初期ごろには、衣をつけて揚げ、てんつゆで食べる天ぷらが各地域の家庭に定着するようになる。現在のさつま揚げは、つけ揚げ、揚げはんぺんなどとも呼ばれたが、九州、四国などでは、てんぷらと呼ぶ地域も残っている。

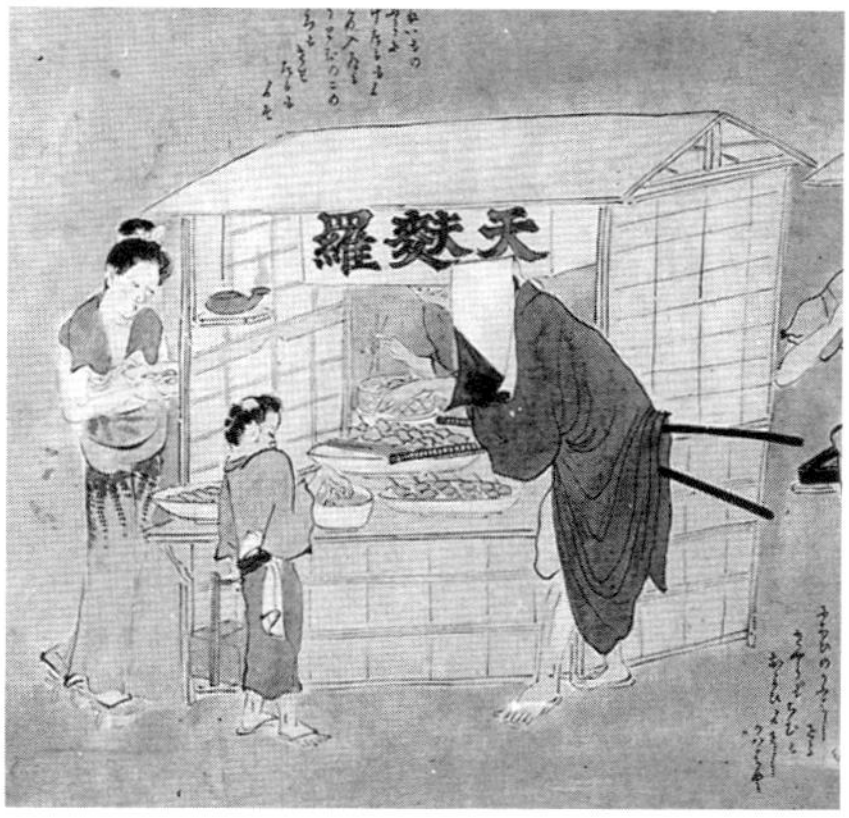

天麩羅屋（『近世職人尽絵詞』より）

参考文献 冷月庵谷水『歌仙の組糸』(『(翻刻)江戸時代料理本集成』三所収、一九七九、臨川書店)、越中哲也『長崎学・続々食の文化史―食文化をたずねて―』(『長崎純心大学博物館研究』、二〇〇三、長崎純心大学博物館)、喜田川守貞『近世風俗志　守貞謾稿』(宇佐美英機校訂、『岩波文庫』、二〇〇二、岩波書店)　　(江原　絢子)

でんぷん　澱粉　最も一般的な食品である。敗戦後の物資不足の時には、ブリキに釘で穴をあけ反対側で薩摩芋を擦って澱粉を得ていた。南西諸島では蘇鉄からは救荒食として澱粉を採る。沖縄ではスーティッアーユ(蘇鉄の世)といい、蘇鉄の幹を割って澱粉を採るにあたり水晒しを行うが、メタノール、ホルムアルデヒドなどが出るので丁寧に水晒しをする。また、四国の一部ではヒガン花の球根を擂り潰し何度も水晒しをして澱粉を採取する。伊豆諸島では天南星《てんなんしょう》の球根から幾度もの水晒しで澱粉を採った。かつて飛騨地方の山間部の各集落では蕨畑を有し、発芽前に総出で蕨根を掘り、各集落では蕨を叩いて水晒しで澱粉を採取した。ただ、この地域では水に沈澱させたときの上方の薄黒い粉を食用とし、下の方の純白の澱粉は販売した。食することもできるが何よりも白澱粉でできた糊は和傘の張付けに利用された。明治以後急速に洋傘に押されたが、各地には今も和傘職人が残り、白粉を用いている。販売用の蕨餅は薄黒いのが当然で、上の方の澱粉で作るからである。特徴的な澱粉はキカラスウリの太い根を潰して水に晒し薬用の天瓜粉を採取するが、それは乳幼児のあせも・ただれなどに用いる。澱粉は薬にもなり、特に葛はその根を冬期に掘り出し、それを機械で潰し幾度もの水晒しで澱粉を採るが、灰汁(間違いなく薬用)が強く何回も水晒しをして製品となる。一六九五年(元禄八)人見必大著『本朝食鑑』に、葛粉は「熱を除き、胃を開き、便を利し酒毒・諸毒を解する」とある。なお、葛の澱粉粕は牛の整腸剤として畜産農家が重用している。葛根掘りは冬期で専門家が山で根を採取すると数年後に再び根を掘り出す。葛かずらのある所は誰にも教えない。今日もっとも一般的な澱粉は薩摩芋と馬鈴薯の澱粉である。薩摩芋澱粉の場合、粕が相当に臭くかつては人里離れた所で工場を経営した。最近では飼料や堆肥・クエン酸の原料として利用されている。ただ、焼酎作りにも薩摩芋を用いるので、澱粉工場と焼酎工場は競争して芋を入手した。

参考文献　橋口尚武『食の民俗考古学』（『ものが語る歴史』、二〇〇六、同成社）
（橋口　尚武）

でんぽう　電報　電気による情報伝達技術の電信を用いて、先方に文章を伝える通信制度。通信文は、電信を取り扱う施設で電気信号に変換され、電線を通って、先方に近い通信施設に送られる。ここで電気信号から通信文に戻され、電報として配達される。アメリカのモールスSamuel Finley Breese Morse（一七九一―一八七二）が一八四四年に実用化した。日本が電報の取り扱いを開始したのは、東京―横浜間に電線を架設した一八六九年（明治二）。七〇年代末からの殖産興業政策によって電信網の整備が進むと、七一年度に二万通弱であった利用数は、八一年度には二百五十七万通に増大した。公衆は、迅速な情報伝達、高い保秘性や記録性を理解し、緊急連絡手段として活用している。今日、電話やインターネットの普及で、電報の取り扱い数は減り、その主な役割は、各種式典や冠婚葬祭を欠席する際に、先方への心遣いや気持ちを伝えるための手段に変化した。

電報　結婚式の祝電の表装の例

参考文献　松田裕之『明治電信電話ものがたり―情報通信社会の〈原風景〉―』（二〇〇一、日本経済評論社）、藤井信幸『通信と地域社会』（『近代日本の社会と交通』五、二〇〇五、日本経済評論社）
（田辺　龍太）

てんま　伝馬　古代から見える交通上の制度で、官使が乗用する馬による交通機関のこと。古代国家は駅馬・伝馬を官道に置いた。中世には古代駅制は鎌倉幕府による東海道の整備のなかで再編されたが、全国的な整備はなされなかった。しかし室町時代には守護による荘園からの伝馬の徴用が確認できる。戦国大名は守護による伝馬を再編し、領国単位で主要街道における交通政策の要と位置づけた。戦国大名による伝馬制度は、街道上に連絡する宿郷が順次駄馬・乗馬を仕立てるもので、これを役とし、大名から発行された伝馬手形を所持する者が使用を許可されるという制度である。後北条氏領国では十六世紀前半の大永年間（一五二一―二八）に開始、武田氏領国では一五四〇年（天文九）に初見が得られ天正年間（一五七三―九二）に伝馬定書が成立した。今川氏領国では一五五〇―五四年の三河平定・尾張侵攻のなかで確立された。また大名間では、同盟関係にある大名が紛争のない時期に伝馬を接続させる事実があるという。　→街道《かいどう》　→助《すけ》郷《ごう》

参考文献　則竹雄一『戦国大名領国の権力構造』（二〇〇五、吉川弘文館）
（湯浅　治久）

でんりょく　電力　電気エネルギーのこと。用途面からみれば、狭義には灯用の「電灯」と区別されるものとして、動力用に限定し「電力」という言葉を使う。広義には灯用・動力用を総称して「電力」と呼ぶ。ここでは、広義の電力について説明する。

一八八〇年（明治十三）前後に始まった世界的な電力業勃興の波が押し寄せたとき、日本はちょうど産業革命を迎えつつあった。そのなかで綿紡績工場における電灯使用や銅山における設備電化に代表される自家用発電による電気の使用は、産業革命を促進する役割を果たした。綿紡績工場における電灯使用の嚆矢は、八六年に大阪紡績会社が、三軒家工場で電灯をともしたことに求めることができる。一方、銅山の設備電化については、古河市兵衛が経営する栃木県の足尾銅山が、九〇年に間藤原動所（のちに発電所と改称）の運転を開始し、発生電力を揚水用ポンプと捲揚機などの動力として使用した（一部は電灯用にも使用した）のが最初である。日本初の電力会社である東京電灯会社が設立許可を受けて発足したのは八三年、同社が開業したのは三年後の八六年のことである。日本列島の東西間に存在する周波数の違いは、明治時代に二つの大きな電力会社が異なる外国メーカーから火力発電機を輸入したことに端を発する。東京電灯の輸入先はドイツのアルゲマイネ（ＡＥＧ）社であり、その結果東日本では、大陸ヨーロッパの周波数である五〇ヘルツが主流になった。一方、大阪電灯会社はアメリカのゼネラルエレクトリック（ＧＥ）社から火力発電機を輸入したが、その影響で西日本ではアメリカの周波数である六〇ヘルツが支配的になった。

日本電力業がスタートした当初は、灯用需要が中心であり、動力用需要は僅少であった。しかし、一九一二年に電源構成が水主火従化した（水力発電量が火力発電量を上回った）ことによって、日本の電力業のあり方は大きく変化した。第一の変化は、発電コストの低減によって電気料金が大幅に低下し、電気に対する需要が急膨張したことである。都市部では、電灯料金の引下げを受けて、従来の石油ランプに代って電灯が、一般家庭でもともされ始めた。また、電力・石炭相対価格（石炭に対する電力の価格）の低下を反映して、工場の電化も進展した。ただし、日露戦後期には、配電網の形成が不十分であったため、全国的にみれば、電動機の普及は、蒸気機関の普及

に比べて立ち遅れたままであった。日本全国で配電網の整備が進み、工場電化が本格化したのは、第一次大戦後のことである。第二の変化は、昼間用・動力用の電力料金が夜間用の電灯料金より低位に設定されたこともあって、動力用需要が灯用需要を凌駕するに至ったことである。このような料金設定が行われた背景には、二十四時間稼動する水路式の水力発電所が電源構成のなかで大きなウエートを占めるようになったため、電力会社にとって昼間需要の開拓が急務となったという事情が存在した。電気事業者の需要端における動力用消費電気量と電灯用消費電気量を比べると、一九一八年(大正七)にはじめて前者が後者を上回るようになった。その後、配電網の整備に伴う工場電化の本格化により、動力用消費電気量と電灯用消費電気量とのあいだのギャップは、広がる一方であった。このような動力用中心の電力需要のあり方に大きな変化が生じたのは、一九六〇年代のことである。この時期の日本では、電力需要構成において、民生用(電灯と業務用電力)のウエートが拡大し、産業用(大口電力と小口電力)のウエートが後退した。その結果、従来は冬季の夕刻(点灯時)に記録していた最大電力のピークが、冷房使用が増大する夏季の昼間に移行するようになった。日本全体で夏季ピークが冬季ピークをしのぐようになったのは、一九六八年度(昭和四十三)のことである。電力需要の中心を民生用が占める状況はその後も定着し、それに伴う夏季ピークの先鋭化は発電コストの上昇をもたらして、電気料金の値上げ要因となった。二〇一一年(平成二十三)の東日本大震災に伴う東京電力・福島第一原子力発電所の事故を契機にして、電力需給に関し需要サイドからのアプローチを強めることが求められるようになった。取扱商品である電気を基本的には貯めることができないという特性をもつ電力業では、需要と供給を瞬時に調整し停電を防ぐ系統運用が決定的に重要であるが、これまでの日本では、この調整を、主として供給サイドからのアプローチによって行なってきた。しかし、今後は、スマートメーターを普及させたうえで、ピーク時の需要をカットするなど、需要サイドからのアプローチによる需給調整にも、力を注がなければならない。日本では、一九九〇年代半ば以降、料金制度改定などによって、夏季昼間ピークの先鋭化に歯止めがかかり、負荷率も回復傾向にある。このことは、需要サイドからの電力需給調整の有効性を示している。

参考文献 栗原東洋編『電力』(『現代日本産業発達史』III、一九六四、現代日本産業発達史研究会)、南亮進『鉄道と電力』(『長期経済統計』一二、一九六五、東洋経済新報社)、電気事業連合会編『電気事業五〇年の統計―一九五一～二〇〇〇―』(二〇〇二、日本電気協会)、橘川武郎『日本電力業発展のダイナミズム』(二〇〇四、名古屋大学出版会)、同『電力改革―エネルギー政策の歴史的大転換―』(『講談社現代新書』、二〇一二、講談社)

(橘川 武郎)

でんわ 電話 電流・電波・位相の変化を使って、音声を電気信号に変換し、遠隔地の相手と会話できる通信機器および通信システム、あるいはそれらの利用を指す。一八九〇年(明治二十三)十二月逓信省が東京・横浜両市で一般電話交換業務を開始。九九年二月東京―大阪間に長距離電話も開通する。当初は電話局に配置された交換手が利用者の依頼に応じて回線の接続を行なっていた。一九〇〇年九月逓信省は新橋・上野両駅構内に共同利用電話機を配備、十月には京橋畔に電話ボックスを設置した。これらは一九二五年(大正十四)に公衆電話と命名され、翌年には交換手を介さずに直接相手の電話機に接続される自動交換方式も導入された。戦後の五三年(昭和二十八)には赤電話が駅構内や煙草店などに登場。電話を持たない人は、発信に赤電話やボックス内の青電話を、着信には近所の電話所有世帯の電話を借用する呼出電話を利用した。そのために、電話所有世帯では、電話機を玄関に設置するのが一般的な光景となる。東京オリンピックが開催された六四年には、公衆電話総数が三十七万個に到達。一般家庭にも電話が普及し始めた七〇年代以降、電話機は居間やリビングに置かれ、家族が共同で使用す

六角尖塔屋根付き公衆電話ボックス（明治時代後期，東京京橋）

煙草屋に置かれた赤電話（復元）

るものとなった。ここに、遠距離コミュニケーション手段の主役は、従来の書簡・電報から電話に移り、八〇年代後半になると、携帯電話も普及、移動中・在宅を問わず会話が楽しめる時代が始まる。→携帯電話《けいたいでんわ》

参考文献　東京電気通信局編『東京の電話—その五十万加入まで—』上(一九五八、電気通信協会)、日本電信電話株式会社広報部編『電話一〇〇年小史』(一九九〇)、松田裕之『明治電信電話ものがたり—情報通信社会の〈原風景〉—』(二〇〇一、日本経済評論社)　(松田　裕之)

でんわこうかんしゅ　電話交換手　電話交換の業務に携わる人で、主として女性が就業した。一八九〇年(明治二十三)の電話開通時の加入者は東京で百五十五名、横浜で四十二名であった。電話交換手は東京で十一名(うち女性九名)、横浜で四名(全員男性)が採用された。耳心地の良さから当初より女性が主戦力として想定され、男性は深夜業にあてられた。それでも男性交換手の評判は悪く加入者の苦情が絶えなかったため、一九〇一年以降は女性限定の職種となった。電話事業の大幅な拡張により、一三年(大正二)には東京の交換手は二千人を越すに至る。外で働く女性には異性の誘惑による堕落の懸念が付きまとったが、電話交換手は女性だけの職場という安心もあり、いわゆる「職業婦人」の代表職種として女性の社会進出の先駆けとなった。慢性的な人員不足を回避するため、二〇年には東京中央電話局内に日本女子商業学校別科が設立(翌年に誠和女学校へと改称)されるなど、交換手の向学心を満たす措置も取られた。

電話交換手

参考文献　村上信彦『大正期の職業婦人』(一九八三、ドメス出版)、吉見俊哉『「声」の資本主義—電話・ラジオ・蓄音機の社会史—』(『河出文庫』、二〇一二、河出書房新社)　(田中　祐介)

と

と　戸　風雨や寒冷を防ぐために、建物・部屋の出入り口や窓などの開口部に使用される板状の建具。開閉形式によって、戸の一辺の両端に回転軸を設け、軸を中心に回転させ開閉する開き戸と、敷居などの横材に彫られた溝に沿って水平方向に移動する引き戸に大別される。開き戸のことを扉とも称するが、戸と扉の違いは厳密には明確ではない。開き戸は古くから存在しており、静岡県伊豆の国市の山木遺跡では上端を軸として開閉する扉板が出土している。また、現存するものとしては法隆寺金堂の板戸が最も古い。一方、引き戸が発生するのは平安時代と考えられており、以後、壁が少ない日本の住宅建築では、柱と柱の間に引違いの建具を多用する。このほかの開閉方法として、戸が折れる折れ戸形式のもの、溝

桟唐戸（瑞巌寺本堂）

内を滑りながら回転する滑り出し形式のものなどがある。戸は、使用される場所、材質、大きさ、機能などによって板戸、簀戸、網戸、ガラス戸、雨戸など、さまざまな種類と名称がある。日本古来の戸は板戸で、『古事記』や『万葉集』にもみられる。奈良時代には幅の狭い板を裏から横桟で繋いだ板桟戸《いたさんど》が現れ、鎌倉時代以降は周囲に枠を組み桟木を入れその間に板を嵌め込んだ桟唐戸《さんからと》が全盛となる。これらは開き戸で、両開きのものが多い。引き戸の板戸は、絵巻物などにみられる遣戸《やりど》と呼ばれる框《かまち》(枠)の中に細い桟を通した舞良戸《まいらど》形式のものが十世紀ごろに現れ、襖、明かり障子とともに、日本の住宅の建具の主流となる。平安時代末期の絵図である『年中行事絵巻』には、片開きの板戸やはね上げ式の蔀戸《しとみど》を用いた町家が描かれている。中世に描かれた『一遍上人絵伝』には、舞良戸、襖、明かり障子がみられ、民家でもこれらの建具が広く使用されていたと考えられる。また、農家では土間の出入り口に間口の幅が半間よりも広い大戸が用いられる。農機具や家畜の出入り口としての役割も持つためであり、日常の出入りに用いる潜り戸を設けることもある。簀戸は、木や竹などの枠に簀を張っただけの戸で、便所などの簡素な建物で使用された。近代に入ると、工業生産材料を使用した建具も現れる。ガラス戸は、日本では明治後期より使用されていたが、普及したのは板ガラスの国内生産が安定した大正時代になってからである。ガラス戸は風雨を防ぎながら採光が可能であるため、広く使用されている。網戸は昆虫が室内に入り込むのを防ぐためのもので、網部分は戦前は金網が使用されていたが、戦後はプラスチック製の網が普及した。雨戸は、風雨・盗難を防ぐ目的で建物の外側に設ける建具で、一本溝の鴨居・敷居を通り、収納時は戸袋に収められる。かつては木製の板戸が主流であったが、現在は防火・防犯に優れたスチール製やアルミニウム製のものが広く使われている。住宅建築では、これらガラス戸・網戸・雨戸を併用して使用することが多い。戸の框材や鴨居・敷居などもかつては木製であったが、現代の住宅建築では、アルミサッシやスチールサッシが主流となっている。

参考文献　近藤豊『古建築の細部意匠』(一九七二、大河出版)、伝統のディテール研究会『(改訂)伝統のディテール―日本建築の詳細と技術の変遷―』(一九七四、彰国社)、小泉和子『家具と室内意匠の文化史』(一九七九、法政大学出版局)、高橋康夫『建具のはなし』(『物語ものの建築史』、一九八五、鹿島出版会)、小泉和子・玉井哲雄・黒田日出男編『絵巻物の建築を読む』(一九九六、東京大学出版会)

(大林　潤)

といし　砥石　刃物を研ぎ、器物を磨く石。使用は旧石器時代後期に始まり、縄文時代は石器の製作と保持に使われた。弥生時代に金属製品が登場すると、石質を反映した使い分けが広まった。平安時代に石の粒子と硬さにより、荒砥・中砥・仕上砥の区分が進み、産地名が砥石の名前となり流通した。平安中期に漆器の作料として青砥や伊予砥(愛媛県)が記録され(『延喜式』)、伊予国の交易雑物には大量の砥石が計上された。平安後期から鎌倉時代にかけて日本刀の製造技術が向上すると、伊予砥に加えて荒砥の大村砥(長崎県、砂岩)、中砥の天草砥(熊本県、流紋岩)、仕上砥の鳴滝砥(京都府、頁岩《けつがん》)が西日本の主産地として定着した。これを職能面でみると鍛冶は多様な砥石を使い、木工は刃先の保持に仕上砥石を重用した。農業では中砥石を鎌の研ぎに常用し、鎌砥石とも呼んだ。太刀や剃刀の保持には仕上砥が必要で、武士は鳴滝砥の小片を掛砥石と呼び合戦にも携行した。また漆職人は仕上砥石の中でも対馬砥(長崎県)を重用した。さらに室町時代前期に農業と手工業が発展すると、汎用性の高い中砥石の需要が高まり、名倉砥(愛知県)、常慶寺砥(福井県)、沼田砥(群馬県)が開発された。江戸時代、各地の城下町では砥石を扱う問屋が営業し、武士や町人の需要に応えた。一八七七年(明治十)の第一回内国勧業博覧会では、国内百四十九ヵ所の砥石山から産出した天然の砥石が出品されたが、近代工業では砥石の品質と安定供給の必要から砥石の工業生産が始まり、天然の砥石産地は大きく衰退した。

参考文献　村松貞次郎『大工道具の歴史』(『岩波新書』、一九七三、岩波書店)

(垣内光次郎)

といや　問屋　⇩とんや

トイレ　トイレ　⇩便所《べんじょ》

とうきょうオリンピック　東京オリンピック　一九六四年(昭和三十九)に日本で開催されたアジアではじめての第十八回オリンピック競技大会である。前史として四〇年に開催が予定され、日中戦争のために中止となった第十二回オリンピック競技大会(いわゆる「幻の東京オリンピック」)がある。敗戦からの復興を祝うとともに、国際復帰と急速な経済成長を国内外に示す目的で計画・開催された。高度成長を可能にした象徴的なメガイベントとして現在でも記憶され、東海道新幹線や首都高速道路の建設をはじめ、会場へとつながる道路や街の上下水道など、首都東京を中心としたインフラ基盤が整備された。

東京オリンピック (1964年) 開会式

同ポスター

大会には九十三の国や地域の選手が出場し、日本勢は「東洋の魔女」と称された女子バレーボールや柔道などで活躍、十六個の金メダル(出場国中第三位)を獲得して国民の一体感を演出した。その後この大会に触発されたスポーツ欲求が高まり、マラソンやママさんバレーボールといったスポーツの大衆化を引き起こした。二〇一三年(平成二十五)、第三十二回大会(二〇二〇年)の東京開催が決定した。

参考文献 石渡雄介「未来の都市/未来の都市的生活様式―オリンピックの六〇年代東京―」(清水諭編『オリンピック・スタディーズ―複数の経験・複数の政治―』所収、二〇〇四、せりか書房)、石坂友司「東京オリンピックと高度成長の時代」(『年報・日本現代史』一四、二〇〇九)、老川慶喜編『東京オリンピックの社会経済史』(二〇〇九、日本経済評論社) (石坂 友司)

とうきょうおんど 東京音頭 一九三三年(昭和八)夏に発表された新民謡。西条八十《さいじょうやそ》作詞、中山晋平作曲。前年発売の「丸の内音頭」の歌詞を改め、小唄勝太郎と三島一声が歌ったレコードが発売されると、東京市内各所の公園や境内、空き地で、スピーカーから流れる曲に合わせて、老若男女が熱狂的に乱舞する姿が突如出現し、その流行は東京以外にも広がっていった。四七抜き短音階による晋平節旋律に、民謡小原節のリズムを取り入れた典型的な新民謡で、都市流入者第一世代の心性にマッチするものであった。この爆発的な流行現象に対しては当時から、幕末の「ええじゃないか」になぞらえて、背景に「非常時」特有の社会心理を指摘するものや、大衆の不安を逸らすために権力者が奨励しているのではないかという新聞への投書もあったが、レコード会社が仕掛けたその流行は、大衆社会化を物語る出来事である。この曲は現在に至るまで盆踊りの定番であり、東京ヤクルト＝スワローズの応援歌にもなっている。

参考文献 上田誠二『音楽はいかに現代社会をデザインしたか―教育と音楽の大衆社会史―』(二〇一〇、新曜社)、刑部芳則「東京音頭の創出と影響―音頭のメディア効果―」(『商学研究』三一、二〇一五) (大岡 聡)

とうきょうけんぶつ 東京見物 地方の居住者が観光旅行として東京の名所を見物したり、地方出身で東京に居住するようになった子弟が親族を案内した風習。明治期には地方の資産家が娯楽や事業機会の発見のために東京見物をすることが多かったが、大正期以降には一般庶民用の東京観光が旅行会社によって企画されるようになった。関東大震災後や敗戦後の復興過程では、被災からの復興状況を知ることによって、参加者が将来への希望を持つといった効果もあった。高度経済成長期の初頭に流行した歌謡曲「東京だよ、おっかさん」(島倉千代子、一九五七年(昭和三十二))は、都会で職を得て安定した生活を送れるようになった子供と、旅行を楽しめるだけの余裕を得た親の心情を描いて、戦争による近親者の悲惨を慰めつつ近未来を明るく肯定した国民的歌謡であった。はとバスによる東京タワー、皇居、浅草見物などが定番コースとされていた。

参考文献 はとバス社史編纂委員会編『はとバス三十五年史』(一九六四、はとバス) (加瀬 和俊)

とうけん 闘犬 犬と犬を闘わせる競技や遊興、およびそれに使用される犬。鎌倉末期から犬合わせと称され、武士たちによって嗜まれていた。そのころ使用されていた犬は、土佐犬(四国犬)や秋田犬などの在来種であったが、近世末から外来の犬種と交配改良されてきた。現在の日本の闘犬種である土佐闘犬は、マスティフなどの大型犬、あるいは攻撃性の強いブルドッグやブルテリアなどの犬種との交配によって生み出された。一般的には、愛好家が愛好団体を組織し各地で闘犬大会の巡業などを開催するが、高知県などでは動物愛護に配慮する観光興業も行われている。古来、日本では闘犬以外にも闘鶏、闘牛、闘山羊、蜘蛛合戦など、動物同士を闘わせる競技が楽しまれており、新潟県の牛の角突きの習俗などは、国指定重要無形民俗文化財にも指定されている。世界に視野を広げると、それら以外に闘コオロギや闘羊、闘鶉、闘ラクダ、闘魚(ベタ)など、実に多様な動物が闘わされている。 →犬《いぬ》

参考文献 全国土佐犬普及会編『新土佐犬写真大観』(一九七二) (菅 豊)

とうこうきょひ 登校拒否 学籍があり本来通学すべきとされる児童・生徒が、出席すべき日に登校しない現象をいう。時々の主たる症状から「学校恐怖症」「登校拒否」「不登校」「学校不適応」など類似概念が使用されてきた。近年では最も広義の意味で捉える不登校が一般的に使用されている。「不登校」と一般に指摘される例をまとめると、最も多い例は、本人の身体的精神的疾患・家庭の経済的貧困や児童労働・親権者の就学義務放棄など特定の理由がなく、かつ本人も学校に行かねばならないと思いつつ、登校時間になると発熱・腹痛・嘔吐などの症状を繰り返す児童・生徒の例である。これ以外には、校内暴力やいじめ、あるいは体罰などを身近に体験しそれが原因となって学校嫌悪感を引き起こし学校嫌いになる例、軽度の発達障がいで他人と交流すること自体ができないで不登校となる例などがある。一人一人の児童・生徒に対応した長期的視野にたったきめ細かな指導が求められている。

参考文献 中原大介・土井広行「登校拒否・不登校の子どもの居場所―施策と現場実践を通してこれからを展望する―」(『創発―大阪健康福祉短期大学紀要―』一二・一三、二〇一四) (荒井 明夫)

とうざんおり 唐桟織 先染めの縞織物。あらかじめ染色した綿糸を組み合わせ、主に濃紺地に赤や黄色などのストライプを描く。江戸時代初頭、イギリス・オランダの商船によって日本にもたらされ、なかでもインドのサントメ(セント＝トーマス)から渡来した竪縞の桟留《サントメ》は珍重された。京都西陣で製造技術の模倣に成功すると、その技術が享保すぎころから地方に波及した。そのため、桟留縞は唐桟の代表的織物と見なされるようになり、羽織・袴などに用いられ、庶民の衣料需要を満たした。唐桟は冬に好んで着られ、尾西地方で織られたものは尾州縞、西濃では美濃縞の名で知られ、また武蔵国入間郡で織られたものは川越で販売したので、川唐《かわとう》と呼ばれた。これに対し、舶来品は唐桟留とも呼ばれたが、幕末には結城縞などの人気が高まり、唐桟は衰退した。 ↓縞《しま》

参考文献 田村均「木綿の東方伝播と唐桟模倣―近世日本の経験、模倣から創造へ―」(『埼玉大学紀要』教育学部五九ノ一、二〇一〇) (榎 一江)

とうじ 湯治 温泉に入浴して病気を治療する行為のこと。『旅行用心集』によると、温泉は天地の妙効であり、泉質が病状と適合すれば万病を治すこと医薬の及ぶところではないという。湯治の日数は、七日間を一廻りとして、三廻り二十一日間を基本とすることが多い。これに往復の行程を加えて、約一ヵ月間の長期滞在が行われた。湯治は、近世の百姓が農閑期に行うとされているが、江戸からの交通が便利な上野国草津温泉は、冬季には閉鎖されており、夏季に避暑を兼ねて訪れる都市の湯治客が主流を占めた。上野国伊香保温泉も同様である。京や大坂からほど近い摂津国有馬温泉や但馬国城崎温泉も同じ都市型である。信濃国浅間温泉や相模国箱根温泉では、一夜泊まりの旅人が温泉に宿泊し、近くの宿駅と争論になっている。温泉は、あくまで医療目的の湯治客のものとみなされた。近代になると鉄道など交通網の発達とともに、週末を利用して短期間観光するものが主体となっていく。 ↓温泉《おんせん》 ↓旅《たび》

参考文献 八隅蘆庵『旅行用心集』(今井金吾解説、『生活の古典双書』三、一九七三、八坂書房)、伊藤潤「温泉の歴史―近世江戸時代の箱根温泉―」(『歴史と地理』五三〇、一九九九)、同「温泉の歴史―交通の発達と近代の箱根温泉―」(『同』五三二、二〇〇〇)、『榎本弥左衛門覚書―近世初期商人の記録―』(大野瑞男校注、『東洋文庫』、二〇〇一、平凡社) (山本 英二)

とうじき 陶磁器 粘土や陶石の粉(素地)を練り、成形して焼成したものの総称。素地のガラス化する度合い、焼成温度の差などによって数種類に分類される。広義には土器・炻器《せっき》・陶器・磁器を指し、この順に歴史に登場する。土器は縄文時代に始まり、八〇〇度前後で焼成し、多孔質で吸水性があり、釉を掛けない。一〇〇〇度以上で焼成し、硬質で吸水性の低いものだけを狭義の陶磁器とする場合もある。炻器は土器よりも耐火度が高い粘土を使用し、専用窯で一二〇〇度前後で焼成され、釉は掛けない。土器と陶器の中間に位置する焼物で、須恵器や常滑焼、備前焼などが炻器に分類される。ただし、炻器を陶磁器の一類型として分類しない場合もある。陶器は粘土の素地に釉を掛けて、専用窯で焼成された。日本では七世紀後半の鉛釉を使った緑釉陶器に始まり、九世紀には灰釉陶器、十三世紀には古瀬戸、十六世紀には美濃焼や唐津焼などが生まれ、江戸時代には全国各地に展開した。磁器は陶石を素地とし、釉を掛けて専用窯で焼成された。焼成温度は一三〇〇度前後と一番高く、素地もガラス化し、硬度も高い。十六世紀末に肥前有田で李朝朝鮮の工人を使って生産が開始された。当初は九州北部で独占的に生産されていたが、十九世紀には尾張瀬戸に技術が移植され、「瀬戸物」と称されるまでに量産化された。 ↓瀬戸物《せともの》

陶磁器 伊万里焼（色絵花鳥文鉢，17世紀）

参考文献 矢部良明編『日本やきもの史(カラー版)』(一九九八、美術出版社) (水口由紀子)

とうしゃばん 謄写版 ⇩ガリ版《ばん》

どうじゅんかい 同潤会 関東大震災後の東京・横浜で住宅供給事業を展開した、内務省社会局外郭の財団法人。一九二四年(大正十三)、震災義捐金を用い、罹災者向け住宅供給と社会事業を目的として設立された。社会事業はのちに切り離され、啓成社となった。同潤会の事業を代表するのがアパートメントの建設で、青山や清砂通など十五ヵ所に賃貸アパート約二千五百戸を建設した。三～六階建て鉄筋コンクリート造の住戸には、近代的な住宅設備が整っており、集合住宅による都市中流生活のモデルを示した。一方、近郊に立地するサラリーマンや熟練労働者向けの戸建て住宅約千六百戸を分譲した。また東京市深川区猿江裏町(江東区)での不良住宅改良事業は、本格的なスラムクリアランス事業の嚆矢であった。日中

戦争期に労働者住宅の不足が深刻化したため、一九四一年(昭和十六)、同潤会の事業と組織を再編して住宅営団が発足した。四六年に住宅営団は解散するが、同潤会が蓄積した住宅供給・経営の経験と、集合住宅設計や住まい方などの研究成果は、戦後の住宅政策に引き継がれていった。 ↓アパート

参考文献 『同潤会十八年史』(一九四二) （大岡 聡）

とうしょ 投書 新聞の投書が代表例であるが、読者が自分の意見、感想、批判を表明するために新聞や雑誌などマス＝メディアを中心に送稿すること。一八七二年(明治五)の『横浜毎日新聞』や『東京日日新聞』の中で投書という言葉が出始めたが、それ以前から投書活動の萌芽は見出される。一九三六年(昭和十一)から三七年にかけて読者の投書を重視した隔週刊誌『土曜日』の試みもあった。読者の主体性や、マス＝メディア批判を、編集部側がどのように受け止めるかは現在も重要な課題である。

参考文献 荒瀬豊「投書とジャーナリズム」(『新聞研究』三〇五、一九七六)、山本武利『近代日本の新聞読者層』(『叢書)現代の社会科学』、一九八一、法政大学出版局)、中島善範『新聞投書論―草創期の新聞と読者―』(一九九一、晩聲社) （根津 朝彦）

どうせいあい 同性愛 同性同士の間の性愛。性的指向sexual orientationが同性に向いていること。homosexualityの訳語。男性同士の男性同性愛「ゲイ」gayと女性同士の女性同性愛「レズビアン」lesbianとがある。同性愛に対して性的指向が異性に向いていることを異性愛heterosexuality、両性に向いていることを両性愛bisexualityという。ドイツの精神医学者リヒャルト＝フォン＝クラフト＝エビングの学説が一九一〇年代に日本に輸入され「同性的情慾」「顚倒的同性間性慾」などの訳語で、精神疾患である「変態性欲」の一つとして概念化された。その後、訳語は「同性愛」に定着するが、新聞・雑誌などで使用され一般に知られるようになるのは二〇年代のことである。同性愛者(homosexualの訳語)は、昭和戦前期にはアンダーグラウンドな存在だったが、戦後の占領期に顕在化し、五〇年代には大都市の盛り場に同性愛者が集まる酒場「ゲイバー」が出現する。東京では七〇年代以降、新宿二丁目仲通り周辺にゲイバーやレズビアンバーが密集するゲイタウンが形成された。七〇年代から欧米の同性愛者の運動によって同性愛の脱病理化が段階的に進み、八七年(昭和六十二)には精神疾患のリストから外れ同性愛は病気ではなくなった。同性愛者は全人口の五％前後いると考えられるが、現代においてもなお同性愛者への社会的理解は不十分で、その人権擁護を求める運動が続いている。同性愛概念が導入される以前の日本では、男性同士の性愛は「男色」として概念化され、男性の遊女に対する性愛である「女色」と対置されていた。女性同士の性愛は大奥や大名家の奥向き、あるいは遊廓などに存在したと思われるが概念化されていなかった。日本の男色は、成人した男性と元服前の少年、あるいは年長の少年と年少の少年との関係で、しかも常に年長者が能動的立場、年少者が受動的立場になる年齢階梯制を伴う点に特色がある。また、しばしば受動の側にはジェンダーの転換(女装)を伴った。その一方で、成人した男性同士の性愛は、院政期の貴族藤原頼長のような個人的な例外はあるものの、社会的に制度化されていなかった。日本の伝統的宗教(神道・仏教など)には、男色を禁ずる明文的な規範は存在せず、女色が正常で男色が異常な性愛であるかのような倫理的な価値づけはなかったので、上流階層から庶民に至るまで広く行われていた。「女色」を禁じる寺院社会における僧侶と稚児はジェンダー転換を伴う男色であり、武家社会における念者と念弟(衆道)はジェンダー転換を伴わない男色だった。また、江戸時代には女装の少年が芸能や性的サービスを行う商業施設「陰《かげ》間《ま》茶《ちゃ》屋《や》」が江戸・京・大坂などの都市をはじめ、参詣人の多い寺社の門前など各地に存在した。明治時代には薩摩藩の男色文化が学生文化に流入して流行した。また女学生の間では、先輩と後輩の間の特別な関係を「エス」(sisterの頭文字)といった。

参考文献 古川誠「セクシュアリティの変容―近代日本の同性愛をめぐる三つのコード―」(『日米女性ジャーナル』一七、一九九四)、同「同性愛の比較社会学―レズビアン／ゲイ・スタディーズと男色概念―」(井上俊他編『セクシュアリティの社会学』所収、一九九六、岩波書店)、風間孝・河口和也『同性愛と異性愛』(『岩波新書』、二〇一〇、岩波書店)、赤枝香奈子『近代日本における女同士の親密な関係』(二〇一一、角川学芸出版)、三橋順子「性と愛のはざま―近代的ジェンダー・セクシュアリティ観を疑う―」(『身と心―人間像の転変―』所収、二〇一三、岩波書店)、同「『台記』に見る藤原頼長のセクシュアリティの再検討」(倉本一宏編『日記の総合的研究』所収、二〇一四、思文閣出版) （三橋 順子）

とうふ 豆腐 中国から仏教とともに伝来してきた大豆食品で、豆腐の最初の記録は一一八三年(寿永二)の奈良の神社の日記とされ、次第に京都でも発達した。大豆を水に浸し、石臼で挽いてドロドロにし、布袋に入れて絞り、水とともに加熱してニガリを加えて固めた食品。布袋に残った滓がオカラである。加熱の過程でてる大豆汁(呉汁)のマクを成型したものが湯葉である。沖縄では海水(ニガリ)を加えた段階の豆腐をユシ豆腐という。これを布で濾して成型し、水分を抜いたのが豆腐である。豆腐の加工食品に油揚げ、がんもどき、生揚げ、凍《し》み豆腐がある。油揚げに飯を詰めた食品が稲荷寿しで、庶民のご馳走であった。大消費地江戸の町では豆腐は庶民の食べ物といわれた一方で、農漁村では豆腐は結婚式や祝事、法事などのハレの日の食品で、しかも自家製が多かった。農漁村に豆腐屋が出現したのは近現代である。夏の冷奴、冬の湯豆腐、焼いた豆腐に味噌をつけた田楽と、庶民の

食卓に欠かせない食品である。建前としての肉食禁止の日本では精進料理としてタンパク質の摂取に役立った。→氷豆腐《こおりどうふ》 →大豆《だいず》 →湯葉《ゆば》 （増田 昭子）

どうぶつえん **動物園** 動物を収集・飼育し、一般に公開する社会教育施設。十九世紀に欧米で発展を遂げた近代的動物園を「動物園」という造語で紹介したのは、福沢諭吉『西洋事情』である。一八七三年（明治六）開館の内山下町博物館に「動物館」が作られるが、博物館の移転に伴い八二年三月、上野動物園が開園、同年九月には観魚室（水族館）も開設された。八六年宮内省に移管、天皇への献上品や戦利品の動物が公開されるが、一九二四年（大正十三）に下賜され東京市立恩賜上野動物園となる。二十世紀に入って京都、大阪（天王寺）、名古屋（東山）などにも市立動物園が誕生したほか、民間の遊園地に動物園が設けられ、また移動動物園も始まった。昭和初期の上野や天王寺の動物園は、家族連れの娯楽施設として、年間二百万人を超える入園者で人気を博すも、戦時には猛獣処分が行われた。戦後は多くの都市に公営の動物園が作られたほか、観光資源として数多く作られた民間施設のなかには、サファリパークのような大規模施設やバナナワニ園のように特定の動物に特化した施設も登場した。近年入園者が減少するなか、旭山動物園の行動展示のような新しい試みも模索されている。

参考文献 『上野動物園百年史』（一九八二、東京都生活文化局広報部都民資料室）、石田戢『日本の動物園』（『Natural history』、二〇一〇、東京大学出版会） （大岡 聡）

トウモロコシ トウモロコシ イネ科の一年生作物。原産地は南米北部という説もある。形、色、味に違いがある。品種群にデント（馬歯種）、フリント（固粒種）、フラワー（粉質種）、ポップ（爆裂種）、スイート（甘味種）、ワキシー（糯《もち》種）などがあり、幅の広い作物である。日本には天正年間（一五七三―九二）フリント系が渡来し、明治期にデント系が導入された。栽培時に交雑しやすい。在来種には甲州の黄色の「馬の歯」、熊本県五木村には白い小型の固い粒のトウモロコシが現存する。奥会津には粘り気のある糯種があった。徳島県や山梨県をはじめ全国の水田不足の地域では石臼で挽割りにして他の穀物と混炊して飯にした。粉にして焼餅やまんじゅう、タラシヤキにして食べた。富士山麓の地域では食べにくい稗や蕎麦の粉の焼餅を食べていたが、トウモロコシが明治時代以降に急速に普及するとその粉を混ぜて作った焼餅は食べやすくなったという。房のまま焼いたり茹でたりして間食に食事前に食べた。 （増田 昭子）

在来種の甲州モロコシ（トウモロコシ）

どうよう **童謡** 大正後期以降に創作され広まった子どものための歌。童謡という語は、江戸後期から明治期まではおおむね今日のわらべうたに相当する伝承童謡を指していた。しかし、一九一八年（大正七）に鈴木三重吉が創刊した『赤い鳥』が「童心童語の歌」を掲げ北原白秋・西条八十らが新作した童謡（歌詞）を発表、やがて成田為三・弘田竜太郎らが曲を提供し、『金の船』『コドモノクニ』など後続の児童雑誌でも野口雨情らの詩人や本居長世・山田耕筰・中山晋平らの作曲家が活躍し始めると、詩人・作曲家による創作童謡を指す用法が一般化した。唱歌が当初から楽譜・教員・教育法を伴い学校教育を通して普及したのに対し、文部省唱歌への対抗文化として民間で誕生した童謡は、楽譜や音楽会のほかレコード・放送といったメディアを通じて流通する新しい音楽ジャンルとして浸透し、広く人気を博した。童謡の音楽様式は唱歌より多様で、一部は芸術歌曲や流行歌と重なった。→唱歌《しょうか》

参考文献 小島美子『日本童謡音楽史』（二〇〇四、第一書房） （塚原 康子）

とうろう **灯籠** 主として神仏の献灯に用いられる灯火具の一種。材質は石材、木材、金属などさまざまなものがあり、装飾的機能も果たす。軒下に吊るす吊灯籠と屋外の台座に置かれる置灯籠に大別される。日本には仏教の伝来とともに中国から伝わり、はじめは仏殿の装飾に用いられたが、神社でも多く用いられるようになった。庭園の装飾としても広く一般に普及したほか、雪見灯籠・

参道の石灯籠（上野東照宮）

織部灯籠など、必ずしも灯火を必要としない観賞用の灯籠も現れるまでに発展した。

参考文献 埼玉県文化団体連合会編『灯火の歴史』(一九六五、真珠書院)　(西村　健)

どうろこうつうほう　道路交通法　一九六〇年(昭和三十五)六月に道路交通取締法を改正し、車両通行の増加に伴う歩行者などの安全確保のために制定された法令。日本では、明治期以後に車両通行が増加し、特に関東大震災復興以後の自動車急増で深刻な事故が多発した。戦中期には燃料消費規制で自動車が減少したが、戦後復興期に再度の増加で事故も多発したため、四七年に道路交通取締令を公布した。ところが、戦後の事故多発は予想以上で、五三年八月には道路交通取締法施行令を公布して対応した。その後五四年に警察法の大幅改正で新たな警察行政のもとで交通警察の取締強化を促進し、交通事故の防止に資する法令が求められて制定された。特に高度経済成長期以後は「交通戦争」とよばれるほどの深刻な状況への多岐にわたる対応が求められた。本法の施行によって交通事故は一時減少したが、六三年には早くも増勢に転じ、さらに高速道路の開通もあって六五年六月には一部改正が行われた。　↓交通戦争《こうつうせんそう》　↓自動車《じどうしゃ》　↓左側《ひだりがわ》交通《こうつう》

参考文献 道路交通問題研究会編『道路交通政策史概観』論述編(二〇〇二)　(三木　理史)

どうわ　童話　子供向けに書かれた話の総称であり、明治時代の御伽噺に代わる言葉として大正時代に普及した。童話作家は作品を書くだけでなく、大勢の子供に童話を語ることがあり、口演童話と呼ばれた。雑誌『赤い鳥』は童謡とともに童話を重視し、作家に発表の場を提供した。宮沢賢治は『注文の多い料理店』(一九二四年(大正十三))を「イーハトヴ童話」と名づけ、岩手県を理想郷とする童話の創作に励んだが、時代の動向からは孤立していた。一方、民間に言い伝えられた架空の話も童話と呼んだが、それを伝承童話と限定し、作家が作った話を創作童話と区別することもあった。しかし、柳田国男が昭和になって民俗学を提唱した際、前者は本来大人が楽しむ話であったとして昔話という言葉を採用した。その結果、童話は後者の意味に限定されることになり、児童文学の中に定着した。　↓赤《あか》い鳥《とり》　↓児童文学《じどうぶんがく》

参考文献 石井正己『柳田国男を語る』(二〇一二、岩田書院)　(石井　正己)

どうわきょういく　同和教育　部落解放を目的とした学校教育・社会教育などの教育活動。融和教育と称し、一九三二年(昭和七)十月、文部次官依命通牒「国民融和ニ関スル件」が出されたのを機に準備が進められ、翌三三年八月中央融和事業協会主催による初の教育者融和事業講習会が開催される。四一年、中央融和事業協会が改組して同和奉公会が発足したのに伴い、以後「同和教育」と改められる。戦後は京都を嚆矢として和歌山(責善教育)、岡山(民主教育)など運動の発展とともに民主主義の理念のもとで教師による同和教育の取り組みが広がり、五二年六月の文部次官通達を経て、五三年五月全国同和教育研究協議会(略称全同教)結成に至る。全同教は六五年の同和対策審議会答申を経て質量ともに発展を見、学校教育では子どもたちの教育権の完全保障をめざして学力・進路保障、非行の克服などに取り組む一方、社会教育では、識字学級などの講習会・研修会や市民啓発活動などを行なってきた。近年、同和教育は人権教育の一環として取り組まれる傾向が強い。　↓被差別部落《ひさべつぶらく》　↓部落解放運動《ぶらくかいほううんどう》

参考文献 全国解放教育研究会編『部落解放教育資料集成』一―一三(一九七九-八三、明治図書出版)、中野陸夫他編『同和教育への招待―人権教育をひらく―』(二〇〇〇、解放出版社)　(黒川みどり)

どかた　土方　土木・建設工事に従事する労働者をさす言葉として、少なくとも高度経済成長期ころまでひろく用いられた。戦前には親分子分関係を軸とした請負制度のもと、部屋や飯場に住み、親方から仕事を配分され、賃金は道具代などで差し引かれた。請負制度は台湾や朝鮮など植民地でもみられた。昭和恐慌期、大量の職工、人夫が失業すると、失業対策、救農事業による公共土木事業が実施される。統制下におかれた戦時中には、壮年男子にかわり勤労学生や老人、外国人、捕虜などが労働力となった。戦後、GHQにより労働組合結成が促進され、失対事業から労働者の流入も加速した。一九六〇年代後半、出稼ぎ労働者の減少を契機に、雇用環境が見直される一方、工事量減少に伴う競争激化やコストダウンから、下請の重層化もみられた。低成長期には特に若年層労働者の不足が顕在化し、雇用環境の改善がはかられた。八〇年代には外国人労働者の雇用も進んだが、入管法違反で摘発されるものも多く、問題となった。

参考文献 土木工業協会・電力建設業協会編『日本土木建設業史』(一九七一、技報堂)、『日本土木建設業史』II(二〇〇〇、日本土木工業協会)　(松本　和樹)

ときのかね　時の鐘　時刻を知らせるために打つ鐘。一八七三年(明治六)に定時法に改められるまで、日本では不定時法が用いられた。夜明けを明け六ツ、日暮れを暮れ六ツと呼ぶが、これは一日を十二等分した十二辰刻法に基づく。不定時法では、一辰刻(一時、一刻)の長さが季節や昼夜により異なるから、時の鐘による時報が特に都市において必要とされた。江戸には、本石町、寛永寺、市ヶ谷八幡、芝切通し、赤坂円通寺・成満寺、目白不動尊、浅草寺、本所横堀、四谷天竜寺、下大崎村寿昌寺、目黒祐天寺、目白新福寺、巣鴨子育稲荷の少なくとも十三ヵ所に時の鐘が一時的なものも含めて存在したという。他都市では、京都は千本通に、大坂は上町郷石町にあった。時の鐘は主に和時計や香盤時計に基づいて正確な時刻を報せた。鐘撞銭は地域住民から徴集されることが多く、鐘撞人の地位が株化している場合もみられた。本石

時の鐘（埼玉県川越市）

町や寛永寺、あるいは埼玉県川越市などで現存する時の鐘をみることができる。→時刻《じこく》 →時計《とけい》

参考文献　喜田川守貞『近世風俗志　守貞謾稿』一（宇佐美英機校訂、『岩波文庫』、一九九六、岩波書店）、浦井祥子『江戸の時刻と時の鐘』（『近世史研究叢書』六、二〇〇二、岩田書院）、岡田芳朗『旧暦読本―現代に生きる「こよみ」の智恵―』（二〇〇六、創元社）　（松本剣志郎）

とくい　得意　商人にとって、頻繁にあるいは継続的に商品を購入してくれる客。地域によってダンカ（檀家）、ダンナバ（檀那場）、ケヤク（契約）、コメビツ（米櫃）など多様な呼称がある。伝統的に行商人と得意の関係は長期にわたり安定的な場合が多く、財産として姑から嫁へ、母から娘へと継承されることもあった。行商人同士も互いに得意との関係を尊重した。縄張りのように一定の範域を排他的に得意とする例のほか、同一集落でも家ごとに得意とする商人が異なる場合もあった。こうした関係に基づき、支払いは収穫後や歳末の掛け売りで行われることが多かった。富山の薬売りも、あらかじめ薬を預けておき、後日使用した分の代金を受け取る配置販売を行なっていた。商人と得意は商取引を基礎とする関係であるが、正月や盆などの機会に贈答を行うなどそれ以上の付き合いをする場合もあった。→御用聞《ごようき》き

参考文献　北見俊夫『市と行商の民俗』（『民俗民芸双書』五六、一九七〇、岩崎美術社）　（内田　幸彦）

とくせい　徳政　もともとは中国の徳治《とくち》思想《しそう》に由来する言葉で、天変地異などの災異は為政者の不徳によるものであるとして、徳を回復するために税の減免や罪人の大《たい》赦《しゃ》、仏事・神事の興行など、善政をしくことを意味していた。鎌倉時代には寺社領や御家人所領の回復というかたちで徳政が実施された。ただしこれは、支配者側の意図というよりも、在地の側からの強い要求に応えざるをえない状況で出されたものであるとされる。このような流れの中で徳政は貸借関係の破棄などの意味を強く持つようになり、室町時代に入ると徳政を求める武士や民衆などの諸階層が「徳政と号して」頻繁に一揆を起こすようになる。これが徳政一揆である。室町幕府も徳政一揆の要求を完全に抑えることはできず、貸借額の十分の一を幕府に納めた側の権利を認める分一《ぶいち》徳政令などで対応した。こうしたことが起こる背景には、土地や財産は本主のもとに帰るべきであるという中世独自の観念が存在していた。→一揆《いっき》

参考文献　勝俣鎮夫「地発と徳政一揆」（『戦国法成立史論』所収、一九七九、東京大学出版会）、笠松宏至『日本中世法史論』（一九七九、東京大学出版会）、海津一朗『中世の変革と徳政―神領興行法の研究―』（一九九四、吉川弘文館）　（川端　泰幸）

どくふ　毒婦　色・欲・金が絡んで最後には男を殺すという女。明治の文明開化・自由民権運動の裏側で金のもつれや生活苦・義理人情のしがらみなどから夫や男を騙して殺人に至った女が相つぎ、社会の耳目を集めた。高橋伝（高橋おでん、一八五一―七九）、花井ムメ（花井お梅、一八六四―一九一六）が代表格で、その犯罪が新聞に書き立てられると、それらを戯作者が破滅型の女として猥褻さと残忍さと悪逆さを加えて脚色した「毒婦物」に仕立てて濃厚な濡れ場の挿絵で小新聞に連載された。著名な久保田彦作『鳥追阿松海上新話』（一八七八年（明治十一））・仮名垣魯文『高橋阿伝夜叉譚』（七九年）等々の作品は『新編明治毒婦伝』（八六年、金泉堂）・『新編古今毒婦伝』（八七年、聞花堂）ほかに収録された。こうした毒婦の系譜は一九三六年（昭和十一）の阿部定（一九〇五―？）事件にも続いている。

参考文献　亀井秀雄「毒婦と驕女」（本田錦一郎編『変革期の文学』所収、一九七六、北海道大学図書刊行会）、朝倉喬司『毒婦伝』（一九九九、平凡社）　（佐藤　能丸）

とくり　徳利　酒や、時には醤油・油などを小容量ずつ運搬・保存する容器。とっくりともいう。酒の場合にはそのまま食卓や酒席に出して猪口やぐい飲みなどの飲器に注ぐ、あるいはさらに小容量の徳利に分け入れて飲器に注ぐ使用法もある。陶磁器製が主で、室町時代まで中心的に用いられてきた瓶子を起源とする見方もある。江

徳　利

戸時代以降、明治時代まで、一升瓶の小売販売が常態化するまでの間、量り売りの運搬容器としての通い徳利が盛んに用いられた。今日では食卓での利用が一般的で、酒を分け入れてから温める燗徳利としても多用される。

参考文献 成瀬晃司「江戸における日本酒流通と飲酒習慣の変遷」(江戸遺跡研究会編『江戸文化の考古学』所収、二〇〇〇、吉川弘文館)　（古泉　弘）

とけい　時計　時間経過の正確な計測を目的とした装置。水・砂の流れを利用したものや、蠟燭や線香の燃焼時間で計るものを意味する場合もあるが、一般には機械機構により針が文字盤上を回転して時刻を表示するものを指す。機械式時計の成立は定かではないが十三世紀後半のヨーロッパと推定される。位置情報は方位・時間・速度の三要素で求められるため、時計は羅針盤とともに大洋の航海に必須の道具であり、大航海時代におけるヨーロッパの覇権の確立に決定的役割を果たした。史料上、日本で最初の時計はザビエルが大内義隆に献上したものである。江戸時代には大名が時計職人を育成・雇用し、室内装飾品の性格の強い和時計を製造させたが、それらは多くが機構・文字盤の工夫で不定時法に準拠する設計となっている。一般的に機械式時計の出現は、象徴性を帯びた伝統的時間感覚から、一律かつ計量的な近代的時間感覚への転機とされるが、和時計は不定時法に準拠し機械的機構をあえて従来の時間感覚に従わせた点で特異である。ちなみに民衆生活を刻んでいたのは寺院などが不定時法で打鐘した鐘の音であった。明治時代以降、機械式時計は近代社会に不可欠の設備として学校・軍隊・病院・刑務所などの公共施設から鉄道・港湾などのインフラ、企業・工場に及ぶあらゆる場所に急速に普及した。また時計による時間感覚の共有は「想像の共同体」としての近代国民国家のイメージを喚起するものでもあった。ところで日本の場合、そこで使用された時計は当初ほぼすべてが欧米からの輸入品であったが、これらは機構的には不定時法式の和時計よりも単純だったため十九世紀末には国産化を達成している。機械式時計は巻きバネの力を利用して針を動かす仕組みで日差一分程度の精度を標準とするが、戦後にはセイコー社(現セイコーウォッチ株式会社)が月差二十秒程度のクォーツ式時計を実用化するなど技術的優位性を高め、現在日本の時計産業はスイスと並び世界市場を二分している。　↓時刻《じこく》　↓時《とき》の鐘《かね》

参考文献 橋本万平『日本の時刻制度(増補版)』(『塙選書』、一九七八、塙書房)、真木悠介『時間の比較社会学』(『岩波現代文庫』、二〇〇三、岩波書店)、角山榮『時計の社会史』(『読みなおす日本史』、二〇一四、吉川弘文館)　（及川　高）

明治時代の懐中時計
(1895年，精工舎製)

とこのま　床の間　日本建築の座敷で、床《とこ》を一段高くして書画や花瓶などを飾る所。室内では床の間のある方が上座になる。床の間の前身は中世の寺院や邸宅の室内に設けられた板張りの押板《おしいた》で、十四世紀に茶寄合《ちゃよりあい》などで唐物の軸装の絵画を壁に掛け、その前面の押板に花瓶や香炉を置き室内を飾ることが流行した。室町時代に武家の邸宅として書院造が形成されると、主室に押板・違棚《ちがいだな》と、明障子《あかりしょうじ》がある付書院《つけしょいん》(書院ともいう)を設け、また、主室内の一段高くした部分を床と呼んだ。床の間の成立には、中世末期に発生した茶室が、狭い室内に名物を飾るために押板と床を融合させた床の間を設けたことが関係していると考えられる。十六世紀末期に千利休によって建てられたといわれる妙喜庵待庵《みょうきあんたいあん》は二畳の茶室で、床の間には手前に床框《とこがまち》がありその奥に畳を敷いている。江戸時代前期に書院造と茶室には床の間が定着し、やがて庄屋などの民家にも床の間が設けられるようになった。　↓違《ちがい》棚《だな》

床の間（吉原家住宅，広島県尾道市）

参考文献 太田博太郎『床の間―日本住宅の象徴―』(『岩波新書』、一九七八、岩波書店)、岡田譲編『床の間と床飾り』(『日本の美術』一五二、一九七九、至文堂)、小沢朝江・水沼淑子『日本住居史』(二〇〇六、吉川弘文館)　（菅原　正子）

とこや　床屋　髪の毛をかったり、顔を剃ったりする職業および店。髪結いは、寛永年間(一六二四―四四)に上総の里見家の浪人たちが百姓の髪を結ったのが最初だという。髪結床は、町境・木戸境・橋台・川岸などに床を構える出床と、町内の借家で店を構える内床とがあった。髪結いには鑑札が必要であり、株仲間によって利権が護られた。女性の髪を結うのを女髪結いと呼んだが、明治時代になるまで髪結い職人は男性に限られた。初期の西

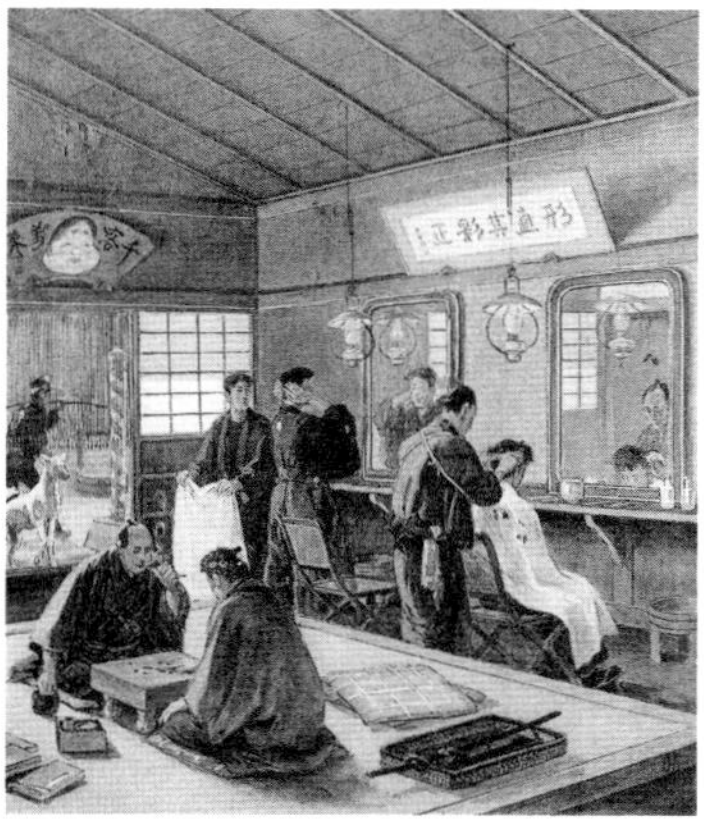

明治初年の床屋（五姓田芳柳画）

洋式床屋の代表例としては、小倉虎吉、川名浪吉、竹原五郎吉、原徳之助、松本定吉が挙げられる。床屋の店頭に置かれた赤青白のポールは理髪外科医の看板に由来し、その色は動脈や静脈を表すといわれる。明治十年代後半からは、バリカンを取り入れて丸刈りを実践する床屋も現れた。料金の協定やサービス規制などの問題もあり、一八八七年（明治二十）に麻布組合が結成されたように、各所で床屋の組合が作られた。太平洋戦争後には理髪専門学校が創設され、理髪業は国家資格に定められている。→髪結《かみゆい》

参考文献　石井研堂『明治事物起原』（明治文化研究会編『明治文化全集』別巻、一九六九、日本評論社）、坂口茂樹『日本の理髪風俗』（『風俗文化史選書』、一九七二、雄山閣出版）　（刑部　芳則）

ところてん　心太　紅藻類のテングサ属マクサを水に少量の酢を入れて煮溶かし、濾液を冷やし固めた海藻料理。平安時代の『倭名類聚抄』には「凝海藻、コルモハ、俗に心太」とあり、すでに凝固する性質が知られていた。南北朝時代には海から遠い京都の西山の名物となり（『庭訓往来』）、室町時代にはところてん売りが登場した（『七十一番職人歌合』）。ところてん売りは、江戸時代には夏の風物詩となり、京、大坂では砂糖を、江戸では白糖や醤油をかけて食べる地域差がみられるようになった（『守貞謾稿』）。→寒天《かんてん》

心太売（『七十一番職人歌合』より）

参考文献　宮下章『海藻』（『ものと人間の文化史』、一九七四、法政大学出版局）、今田節子『海藻の食文化』（『ベルソーブックス』、二〇〇三、成山堂書店）　（今田　節子）

ところばらい　所払　江戸時代の領主が科した追放刑の一種、および村民が村法違反行為に対して科した制裁としての追放の一種。刑罰としての所払は幕府と諸藩ともに採用した。幕府の追放刑は一七四二年（寛保二）ごろに整備されて六種あり、その中で所払は最も軽い。武士と庶民ともに科され、その対象者が居住していた村・町などを御構《おかまい》場所として追い払い、以後、立ち入りを禁じた。追放刑の中でも所払はさまざまな罪状に広く適用された。所払は原則として闕所を伴わないが、その原因が利欲による不法行為であれば田畑・家屋敷が没収され、その家族にも影響を及ぼした。また、年貢未納の場合は家とともに財産も没収された。村法の制裁としての所払は、「村追放」「帳外」「地下《じげ》をはつす」とも称す。所払は制裁の中でも厳しい措置だが、最も多く適用された過料の次に多く採用された。村法の制裁としての所払の適用事由は、農作物の盗みが抜きん出て多い。

参考文献　高柳真三「追放刑」（『法学』一〇ノ九、一九四二）、三浦周行『法制史の研究（五刷）』（一九五八、岩波書店）、神崎直美『近世日本の法と刑罰』（一九九八、巌南堂書店）　（神崎　直美）

とさん　土産　その土地の産物のこと。「どさん」とも読む。その土地の産物を訪問先に差し出すところから「みやげ」ともいわれるようになった。「とさん」の初見は九八八年（永延二）の「尾張国郡司百姓等解」（『平安遺文』三三九）で「石の漆、丹羽郡の土産なり」とみえる。また、十一世紀前半に著された『新猿楽記』には「諸国の土産」として三十八ヵ国の土産が書き上げられており、その内容が南北朝時代から室町初期に作られた往来物（初等教科書）『庭訓往来』に記された諸国の「特産物」とほぼ重なることから、平安中期にはすでに諸国の特産物が形成されつつあったともいわれる。この土産は、荘園領主が各地の荘園から収取する年貢・公事の内容をも規定した。なお「みやげ」の早い例は『山科家礼記』応仁二年（一四六八）条で「国々みやけとて越後布一段与《よ》」とある。→贈《ぞう》与

参考文献　網野善彦「『新猿楽記』の「諸国土産」について」（『網野善彦著作集』八所収、二〇〇九、岩波書店）　（木村　茂光）

とざん　登山　山に登ること。日本では、山そのものを神として崇拝したり、神のいる聖地として山を崇敬したりする信仰があり、修験者や僧侶たちによって各地の高峰が開山された。信仰としての登山は庶民にも広まり、近世には、富士講、御岳講などが流行し、通過儀礼としての登山も各地で行われた。スポーツ的な要素をもつ近代的な登山は、十九世紀末に導入された。志賀重昂の『日本風景論』（一八九四年（明治二十七））には「登山の気風を興作すべし」という一節があり、登山への関心を高めた。一九〇五年創立の日本山岳会初代会長小島烏水は、本書により山岳会創設の機運が早く熟したと評している。小島もまた『日本山水論』（〇五年）などを公刊し、登山愛

好者を育てることに貢献した。日本山岳会の創立後、日本アルプスの山々はつぎつぎと登頂され、山小屋や登山道の整備が行われた。第二次大戦後には登山の大衆化が進んだ。六〇年代には大学や社会人のサークルが数多く誕生し、九〇年代に入ると中高年の登山が盛んになり、「日本百名山」ブームが生まれた。　→大山講《おおやまこう》　→富士講《ふじこう》

参考文献　小泉武栄『登山の誕生―人はなぜ山に登るようになったのか―』(『中公新書』、二〇〇一、中央公論新社)　(関戸　明子)

とし　都市　人々が特定の領域に集住したり、経済活動を行なったりすることで、社会が形成される空間。その形成の基盤となるのは、農業以外の産業の確立である。日本における都市の形成は、大別すると、古代の都城と近世の城下町という二つを基盤としている。藤原京から平安京に至るまでの古代都市では、中国大陸から移入された理念と律令による統制によって、都市の建設システムが規定されていた。平城京や平安京では、都城内の東西に官設の市が計画され、経済活動が管理された。だが、都市における実際の住まわれ方は、土地や地形などの自然条件にも左右され、計画時の理念に必ずしも一致するわけではない。平安京では、早くも十世紀に低湿地であった右京が衰退し、人々は比較的高燥地であった左京に住みついた。中世になると、都城の枠組みは完全に崩壊し、有力な公武寺社の本拠地を核として、民衆を統治する境内空間が形成される。また同時に、生活空間である通りを挟んで民衆が集住する、ある程度自律した町《ちょう》という単位が成立していく。これら境内と町の複合が、中世都市の基本的な姿である。近世は、幕藩体制が確立し、中央および地方に配置される権力が、各領域内で中世に発生をみた境内と町を掌握した時代であった。各地で領主の本拠地である城郭を核として、家臣を住まわせ、商工業者の活動を管理した城下町が形成される。城下町は、武士、町人、寺社という身分制度を反映した明確な居住地の区分を特徴とする。京都・大坂・江戸は、城下町の中でもとりわけ発展を遂げ、三都と称された。これら巨大で高密化した都市では、空間構成や施工がシステム化された都市住宅である町屋が成立してゆく。城下町の外部に介在し、人や物の交流の通過・結節点となる宿場町、港町など、多様な都市が成熟するのも近世であった。近代になると、明治政府による中央集権体制の構築と幕藩体制の解体に伴い、旧体制を支えた都市空間も変容した。各地の城郭や武家地、寺社地であった空間は、軍事施設、官庁、学校、公園など、近代的な公的施設に再編されることが多かった。産業の近代化により、急激な人口集中のため都市での生活条件が悪化すると、その反動で居住地として郊外に目が向けられる。やがて、これらをも呑み込んだ巨大な都市圏が形成されてゆき、現代に至っている。　→集落《しゅうらく》　→城下町《じょうかまち》　→町《ちょう》　→町屋《まちや》

参考文献　高橋康夫・宮本雅明・伊藤毅「総説」(伊藤毅他『図集日本都市史』所収、一九九三、東京大学出版会)　(松下　迪生)

としか　都市化　村落的な空間と社会が、都市的なそれへと変化すること。郊外など特定地域についていう場合もあれば、全体社会についていう場合もある。古今東西において多様な形態と特徴を持った都市を定義することはむずかしいが、非農業人口が集団的に定住する空間を都市の基本的特徴とするなら、産業化・市場化の進展とともに、資本と賃労働が「集積の利益」を求めて集中する近代社会においてこそ、都市化が急速かつ大規模に進行する。また社会的分業の発達と社会的紐帯の弱体化のような都市的生活様式の深化、「集積の不利益」(都市問題)への対処や公的サービス提供のための都市行政の発達もまた都市化の現われである。日本における都市化の進展は、東京や大阪といった大都市への人口集中が見られた二十世紀初頭から一九三〇年代の第一次都市化、都市圏への大規模な人口移動を通じて村落社会を解体した高度成長期の第二次都市化を経て、都市的生活様式の全般化は現在も進行中である。二十世紀末以降、東京が世界経済の中枢性を獲得すべく都市空間の再編成を進め、世界都市化する一方で、地方都市の停滞・空洞化が進行している。　(大岡　聡)

としこし　年越　旧年から新年へと年があらたまること、あるいはそれに伴う諸行事。暦の上では大晦日から元旦にかけてが、まずは年越であり、年越蕎麦・除夜の鐘・二年参りなどのさまざまな年越行事が行われている。しかし、そのほかにもいろいろな年越があって、重要な区切り目となっていた。たとえば江戸・東京では、一月六日の夜から七日の朝にかけてを六日年越《むいかどしこし》といって、正月に一区切りをつけて門松を納めることになっていた。したがって松の内というのは本来、元日から六日夜までをいったのである。また、一月十四日夜から小正月の十五日朝にかけてを十四日年越と呼ぶことがあり、正月飾りを片付けたりして、やはり正月の儀礼期間に一区切りをつけた。さらに、節分の夜から立春朝にかけてを年越・年取りと呼ぶ地方も多い。いずれにしても、これらの年越は、冬から春への移行と切り替えを表わしていて、年中行事暦の上で重要な節目にあたっていた。　→大晦日《おおみそか》　→節分《せつぶん》　→年《とし》の瀬《せ》

参考文献　柳田国男『歳時習俗語彙』(一九七五、国書刊行会)、長沢利明『江戸東京歳時記』(『歴史文化ライブラリー』、二〇〇一、吉川弘文館)　(長沢　利明)

としでんせつ　都市伝説　アメリカの民俗学者ジャン＝ハロルド＝ブルンヴァン Jan Harold Brunvand が広めた術語 urban legend の訳語。都市的な状況において、口述で語られ、語り手も聞き手もその内容をほぼ事実だとみなす物語で、出来事自体も語り手の身近に設定される、というのがもともとの定義である。その大半は類型化されており、前近代にまで類話がさかのぼるものや、多文化的に似た話があるものも知られている。日本国内では、

一九八〇年代終わりにブルンヴァンの著書が翻訳され、九〇年代にかけて「学校の怪談」とともに一大ブームになった。さらに九〇年代後半以降は、インターネットを介して急速に広まっていくようになる。二十一世紀現在の日本では「公的な事実ではないが、実際にあった出来事として語られる、怖い・奇妙な・不思議な話」を指す言葉として定着し、「口述」という条件は失われ、多様なメディアを介して不特定多数の人々が生成・共有するものになっている。 ↓噂《うわさ》 ↓世間話《せけんばなし》

参考文献 ジャン＝ハロルド＝ブルンヴァン『消えるヒッチハイカー―都市の想像力のアメリカ―』(大月隆寛訳、一九六八、新宿書房)、松田美佐『うわさとは何か―ネットで変容する「最も古いメディア」―』(『中公新書』、二〇一四、中央公論新社) (廣田 龍平)

としのいち 年の市 おもに都市部などで十二月に行われる季節市。歳の市とも書く。しめ飾りや神具などの正月用品が売られる。東京では台東区浅草の年の市が有名で、一六九〇年(元禄三)版『江戸惣鹿子《えどそうかのこ》』にも「十七日より十九日迄浅草観音堂市、此日正月のかざり道具売なり、江府之諸人きつきゃうをいわゐ色々求め帰るなり」とある。現在の羽子板市・ガサ市がこれにあたる。中央区の薬研堀不動尊の年の市も、十二月二十八―二十九日に今も行われている。

参考文献 長沢利明『江戸東京歳時記』(『歴史文化ライブラリー』、二〇〇一、吉川弘文館) (長沢 利明)

年の市（東京都台東区浅草）

としのせ 年の瀬 暮れも押しせまった年末のこと。日本人は年の切り替わりということを非常に重視したので、旧年を送って新年を迎えるための諸行事がこの時期に、さまざまな形を取って集中的に行われた。それら一連の諸行事は正月準備行事と呼ばれ、そのはじまりはほぼ十二月十三日ごろであって、東京周辺ではその日に煤払いと称して年末の大掃除を行うことが多かった。冬至を過ぎたころになると、納めの縁日や年の市などの時期となり、現代であればクリスマスや忘年会のシーズンを迎え、歳末助け合い運動や年賀状の受け付け、歳暮の贈答などが始まり、駅頭には救世軍の社会鍋が置かれる。家々では餅つきや正月の飾りつけ、御節料理作りなどが行われ、大晦日には年越しソバが食膳にのぼり、テレビではベートーベンの第九交響曲の演奏会や紅白歌合戦が放映される。深夜には寒空に除夜の鐘が鳴り響いて、寺社の境内には二年参りの参詣客があふれる。誠にあわただしい師走の諸行事を経て、旧年がようやく送られ、新たな年への希望をふくらませるというのが、日本人にとっての年の瀬の過ごし方なのであった。 ↓大晦日《おおみそか》 ↓クリスマス ↓年越《としこし》 ↓忘年会《ぼうねんかい》

参考文献 長沢利明『江戸東京歳時記』(『歴史文化ライブラリー』、二〇〇一、吉川弘文館) (長沢 利明)

どしゃどめ 土砂止め 土砂災害を防止する構造物ないしは事業の総称。土砂留、砂留ともいう。明治時代以降は砂防の用語が使われる。新田開発や城下町作りの進行に伴い、樹木や草柴の需要が高まった江戸時代、過剰利用による山の荒廃から土砂災害が急増した。そこで幕府をはじめ各藩は自領内もしくは広域を対象に各種の土砂止め事業に取り組んだ。土砂止めの工法は大きくは植栽工法と土砂留工法に分類できる。前者ははげ山に芝や小松を植え付ける方法で、樹木伐採禁止の指示もこれに含まれる。後者の工法は小規模な堤を築き土砂の流出を防ぐもので、杭木を打ち割竹や粗朶《そだ》で柵を編む杭打柵工や、松丸太を組み合わせ粘土を詰める鎧留《よろいどめ》、石垣と粘土で築く石垣留など各種あった。土砂を積み表面を礫で保護する工法もあった。明治政府も国土を荒廃から守るため、一八七三年(明治六)オランダ人の土木技術者デ＝レーケ(砂防の父と呼ばれる)を招いて砂防事業を推進し、九七年には現在に続く砂防法を定めた。 (水本 邦彦)

としょかん 図書館 記録資料(主に印刷物)などを収集・整理し、利用(閲覧・貸出)に供するとともに、保存し、将来に伝える施設。読書への関心の高まりを背景に、公

帝国図書館（1897年築，現国際子ども図書館）

共図書館の数は、明治三十年代(一八九七年(明治三十)、三十館)以降急激に増加し、一九二四年(大正十三)には三千四百四館と、表面上は現在の公共図書館の数(二〇一四年(平成二十六)、三千二百四十六館)を上まわるに至った。しかし、蔵書数の非常に少ない図書館(千冊未満)が過半数を占めていたこと、岩崎家(三菱財閥)設立の静嘉堂文庫、大橋家(博文館)設立の大橋図書館などの私立図書館の数が多いこと、公立の図書館のなかにも有料制の図書館があったこと、そして資料の収集・提供の面における国家統制の存在など、現在の公共図書館と異なる点も多かった。特に学生・生徒によってよく利用される一方で、当時の社会的な制約から女性の利用は非常に限られていた。また関東大震災や第二次世界大戦中の空襲によって、図書館が所蔵していた歴史的に貴重な資料が大きな被害を受けたことに留意する必要がある。

参考文献 永嶺重敏『モダン都市の読書空間』(二〇〇一、日本エディタースクール出版部)、同『「読書国民」の誕生—明治三〇年代の活字メディアと読書文化—』(二〇〇四、日本エディタースクール出版部)
(武者小路信和)

とせんば 渡船場 渡し船の発着する場所。古くは八三五年(承和二)の太政官符にみえるように遠江・駿河両境の大井河に四艘、武蔵国住田河に四艘など八ヵ所の渡船場に船が常備されていた。また、一五六四年(永禄七)の文書(播磨清水寺)には摂州有馬郡生瀬村(兵庫県西宮市)の舟人が播州清水寺の執行坊に「川舟銭渡船」を免除するという文言が記されている。近世では五街道や脇往還にも渡船場が設置され、幕藩領主の管掌下に置かれた。これら渡船場の管理運営は宿場の村役人などに委ねられた。一六〇〇年(慶長五)六郷川には長さ二一七メートル位の大橋が架設されたが、一六八八年(元禄元)の洪水を契機に渡船に切り替えられた。馬船八艘、歩行船六艘が常備され、旅行者から船賃を徴収した。荒川の戸田渡船場には一八四〇年(天保十一)渡船十三艘があった。船賃は常水で一人十二文、増水すると徐々に値上げされ、満水で川止めとされた。これら渡船場では渡船収入をめぐり争論も起こった。維新後渡船場は架橋により姿を消していったが、江戸川矢切りの渡しのように今なお残存している所もある。 ↓川留《かわどめ》 ↓船《ふね》

参考文献 丸山雍成『近世宿駅の基礎的研究』(一九七五、吉川弘文館)、三輪修三「六郷川渡船の成立」(『国学院雑誌』七六ノ五、一九七五)、山本光正「渡し船」(『歴史公論』三ノ二、一九七七)、丹治健蔵「渡船場」(児玉幸多編『日本交通史』所収、一九九二、吉川弘文館)、渡辺和敏「近世における東海道天竜川渡船」(『愛知大学綜合研究所紀要』四〇・四四、一九九五・九九)、林順子「美濃路起渡船場」(『尾張藩水上交通史の研究』所収、二〇〇〇、清文堂)、丹治健蔵「関東郡代の渡し場支配と女人通行」(『天狗党の乱と渡船場栗橋関所の通行査検』所収、二〇一五、岩田書院)
(丹治 健蔵)

渡守(『人倫訓蒙図彙』より)

どぞう 土蔵 ⇩倉《くら》

とだな 戸棚 三方を板などで囲い、中に棚を作って正面に引戸をつけた家具。おもに台所や居間で使う。台所の食器や食物をいれる戸棚は、膳棚・水屋・勝手戸棚と呼ばれた。当初は棚に舞良戸《まいらど》がついた簡素なつくりであったが、江戸時代末から明治期に入ると、箸や小皿を入れる引き出しや、一部に金網戸がついたものが作られた。居間用の戸棚は、部屋戸棚や押込みなどと呼ばれて、布団や衣類を収納した。大型であり、上下二段のうち、上部に布団や衣類を、下段に行李《こうり》や葛籠《つづら》などを入れた。夜具を入れる夜具戸棚は、杉などで作られた質素なものが多い。いずれも据え置きの置戸棚《おきとだな》のほか、のちに普及する、作りつけの戸棚がある。町中の家では、人目につく茶の間や通り土間に、引き戸の金具に装飾をほどこした置戸棚をおいたが、農家では作りつけの戸棚もみられた。また農家の膳棚や水屋は、下に車をつけて土間に置かれることもあった。現代ではマンションや戸建ての間取りに合わせて、収納具として作りつけられたものが一般化している。

参考文献 小泉和子『家具と室内意匠の文化史』(一九七九、法政大学出版局)
(岡田 真帆)

トタン トタン 亜鉛めっきをした鋼板のうち、主に建築用資材として使われるものを示す。語源はポルトガル語の tutanaga(金属亜鉛)と考えられている。日本への渡来時期は不明であるが、一九〇一年(明治三十四)にはイギリスなどから約一万トンの輸入があったとの記録が残っている。日本での製造は〇六年に試験的に行われ、翌年には八〇〇トンが製造された。広く流通するのは、鉄道沿線の家屋に対して、屋根の不燃化を規定する屋上制限令が施行された大正初期である。この法令に従い、需要が著しく増加した。軽く、加工性が良く、不燃性能を備えたトタンは、その後、鉄道沿線のみならず、瓦や茅などの自然素材に代わる屋根材として広く社会に広がっていった。こうしたトタンの乱用による伝統的な建物景観の喪失に対して、批判的な意見は少なくないが、一般の生

活者が入手・加工することのできる工業製品として、生活者のさまざまな建築的工夫に大きく寄与した点は注目すべきである。 （前川　歩）

トチ　トチ　栃の木の実で、五月に円錐形の白い花が咲き、東北地方では九月中旬に実が落ちる。拾った実を十日くらい乾燥させてカマスに入れ、火棚の上の天井に保存する。長期間の保存がきくため、凶年のためにも貯蔵した。タンニンとサポニンを除去するアクヌキ技術が必要である。食べる時に熱湯をかけて一昼夜浸けておき、鍋で温めながらトチムキで皮をむく。実が二つ割れ、三つ割れになるので、袋に入れ、小川などで一週間ほど水さらしをする。この後大鍋にトチを入れ、熱湯をかけ、実と等量の灰をかけて二、三日おくと、黄色の実が白い色になり、トチ特有の苦みが抜ける。これがアクヌキである。灰を落すために水を入れて煮出すことを数回繰り返す。粒のままのトチをツブットチ、粉にしたトチをコシットチという。糯米《もちごめ》と搗いたトチ餅、少量の米とともに粥にしたトチ粥、粉を湯で掻いたトチッカキにして食べた。独特の風味がある。 ↓林《はやし》

トチムキ

トチ餅

参考文献　松山利夫『木の実』(『ものと人間の文化史』、一九八二、法政大学出版局)、増田昭子「奥会津の食生活」(『風俗』二三ノ二、一九八四) （増田　昭子）

とちしんわ　土地神話　第二次世界大戦後の日本で長期にわたって存在した、土地価格は上昇し続けるという思い込み。継続的に地価が上昇した戦後の日本では、地価上昇→不動産評価額拡大→含み益増加→不動産担保借入れ拡大→不動産に関する需要と投資の増大→不動産業の業容拡大と要約できる、資産効果に立脚した不動産業の成長メカニズムが観察された。しかし、一九九〇年代初頭にバブル経済が崩壊すると、地価は大幅に低落するに至った。基準地価は、一九九一年(平成三)から二〇〇三年にかけて、全国住宅地で二七%、全国商業地で五五%も下落した。この間に日本のGDP(国内総生産)は、低水準ながらも六・二%の成長をとげたから、地価下落は、突出した現象となった。地価低落とともに土地神話は終焉し、不動産業は資産効果に依存しない新しい成長戦略を模索することになった。一方、土地神話の終焉は不動産の買い替えを困難にするなど、日本人の住生活のあり方にも大きな影響を及ぼした。 ↓不動産屋《ふどうさんや》

参考文献　橘川武郎・粕谷誠編『日本不動産業史―産業形成からポストバブル期まで―』(二〇〇七、名古屋大学出版会) （橘川　武郎）

とていせいど　徒弟制度　主に職人や商人の世界で実施されていた職業技術の習得を目的とした見習い制度。十歳前後の幼い者が徒弟や丁稚として親方や主人の家に住み込み、家事や雑用を手伝いながら仕事を覚えていく。一定の年限を定めた年季奉公が一般的で、職人の場合は十年前後とされるが、職種や地域の同業者組合によって違いが見られる。給金は支給されず、場合によっては親から親方に養育料が支払われることもあったが、基本的に衣食住の世話は親方が行なった。親方と徒弟の関係は、まず徒弟の親族や請人が連署して親方に対して一方的に誓約する請状を提出することから始まり、親方は徒弟を家の一員として擬制的な親子関係のなかで人格的な教育を含めた指導を行なった。年季奉公が終了すると指導を受けた親方のもとで一年程度安価な賃金で働く礼奉公を勤め、その後は技術的に自立した手間取職人として親方経営のもとで雇用される場合や、みずから親方として経営的に独立する場合もあった。 ↓親方制度《おやかたせいど》 ↓職人《しょくにん》 ↓奉公人《ほうこうにん》

参考文献　遠藤元男『日本職人史序説』(『日本職人史の研究』I、一九八五、雄山閣出版) （篠宮　雄二）

どてら　褞袍　⇩丹前《たんぜん》

となりぐみ　隣組　近世の五人組をモデルとして設置された隣保班のこと。隣組設置の背景には、都市化の影響によって従来の近所づきあいが変化したことがある。『隣組読本』によれば「昭和十二年に、法制的にでなく、自然発生的に東京市では隣組制をみるに至」ったとその起源が記述されている。一九四〇年(昭和十五)九月十一日に発せられた内務省訓令では、「部落会及町内会ノ下ニ十戸内外ノ戸数ヨリ成ル隣保班(名称適宜)ヲ組織スルコト」が指示され「五人組、十人組等ノ旧慣中存重スベキモノハ成ルベク之ヲ採リ入ルルコト」という方針が打ち出された。四二年の大政翼賛会が改組された際の閣議決定「部落会町内会等ノ指導方針」に基づき、部落会・町内会とともに隣組も翼賛会の指導下におかれた。翌年の地方制度改革によって法律の認める組織となり市町村行政の末端機関となった。敗戦後の改革のなかで四七年五月に廃止された。

隣組による防火・防空訓練

参考文献　自治大学校編『隣組及び町内会、部落会等の廃止』(『戦後自治史』I、一九六〇)、山崎正純編『銃後

の生活』(和田博文監修『コレクション・モダン都市文化』九九、二〇〇四、ゆまに書房)　（飛矢崎貴規）

とびのもの　鳶の者　鳶口を所有し梃子を操る技術をもった日用《ひよう》の一形態。鳶人足。江戸の消火活動が破壊消防を主としていたことから、当初は武家方の抱鳶となる者があり、さらに町人足役としての火消人足は次第に鳶の者によって代替されることとなり、町に火消人足を随時提供する日用頭は、町抱えの鳶頭として町に定着した。鳶頭の経営の最大の基盤は武家方・町方、商業・高利貸資本の需要に対する土木・普請工事の請負であり、ついで町共同体や商人資本に自身のもとにプールしている日用を火消人足として差し出し、その請負賃を取得することであった。大きな危険を伴う破壊消防の現場で立ち働く鳶は、死をも恐れぬ勇気を共通の心性として有していたが、それはしばしば「喧嘩」という場でも表出した。また彫り物(入れ墨)や豪奢な衣装・所持品で伊達を表現する特異な鳶の文化は近世後期の江戸の民衆世界に大きな影響を与えた。　↓火事《かじ》　↓火消《ひけし》

参考文献　吉田伸之「近世の身分意識と職分観念」(朝尾直弘編『社会観と世界像』所収、一九八七、岩波書店)　（西木　浩一）

とびら　扉　⇩戸《と》

ドブ　ドブ　生活排水や余水を流す溝。下水路、側溝。家々の間や道の脇に設けられた。しばしば汚いイメージのもとに使われる。ドブの大部分は蓋がされていないため、地域住民の共同作業によって定期的に汚泥やゴミを取り除くドブ浚い、浚渫が必要とされた。こうしたことは前近代にあっても同様で、城下町江戸では幕府道奉行などの督促をうけて地域住民らによる浚渫が実施された。このほか江戸でドブといえば浅草新寺町の「どぶだな」(溝店、溷店、土富店、酴醾店)を指すことがあり、私娼窟として知られた。吉原遊郭を囲むドブ川は「お歯黒溝《はぐろどぶ》」と呼ばれ、遊女の逃亡を防いだが、火災時には避難の妨げとなった。近代以降、選挙活動による戸別訪問はドブ板を渡って支持を訴えたことからドブ板選挙と呼ばれた(現行の法律では戸別訪問は禁止されている)。また、横須賀のどぶ板通り商店街はスカジャンの発祥地として知られる。

参考文献　山崎美成『海録―江戸考証百科―』(一九九九、ゆまに書房)　（松本剣志郎）

どぶろく　濁酒　米・米麹・水を混ぜて発酵させた醪《もろみ》を濾過と火入れをせずに飲む酒のこと。「だくしゅ」や「にごりざけ」ともいう。発酵を止めないので、アルコール度数が一〇%に達したころから数日間で飲み干さなければならない。もともと濁酒には販売用のほかに自家用料酒があったが、一八八〇年(明治十三)の酒造税則で自家用料酒に一人一石、八二年に一戸一石までの製造制限が設けられた。さらに九九年からは、酒税確保を目的とした清酒製造業の保護のため、自家用料酒の製造が禁止された。それ以降、自家用料酒の製造は密造犯則として取り締まられるようになった。特に東北六県は、製造禁止前の九五年に二十八万人以上の免許人員があったため、製造禁止後も密造をやめられず、毎年千人から六千人もの人々が検挙された。

参考文献　藤原隆男『近代日本酒造業史』(『Minerva日本史ライブラリー』、一九九九、ミネルヴァ書房)、青木隆浩『近代酒造業の地域的展開』(二〇〇三、吉川弘文館)　（青木　隆浩）

どま　土間　屋内で地面をそのままあらわすか、三和土《たたき》で仕上げ、床を張らない空間。庶民住宅でも、次第に内部に床を張るようになるが、土間は炊事場や農作業を行う作業場、農機具置場、厩として、主屋の大部分を占めることがほとんどであった。土間空間はニワ、ダイドコロなどと呼ばれる。土間に面する室には、地表面と床上の高さの差を調整するために、床上より一段低い位置に上がり框《かまち》を設ける場合もある。都市住居である商家や町家では、土間は通りから敷地奥までを貫くトオリニワとなり、その表側は接客の空間であるミセニワとなる。江戸時代後期から明治時代にかけての都市住宅では、家の出入り口にのみ小区画の土間を設け、床上への上がりに上がり框を備える住宅がみられるようになる。ここに屋内に下足を脱ぐための土間を備える、現代住宅における玄関の原型が現れる。

土間（手前）と茶の間（古井家住宅，兵庫県姫路市）

参考文献　大岡敏昭『日本の風土文化とすまい―すまいの近世と近代―』(一九九九、相模書房)　（松下　迪生）

トマト　トマト　ナス科の野菜。日本には十七世紀後半に南方や中国を経て渡来し、一七〇九年(宝永六)の『大和本草』には「唐がき」とあり、実が小さく観賞用であった。果実が食用になるのは明治初期に導入されたアメリカの品種で、甘みに富み、トマト臭が少ないことから定着した。大正から昭和初期には地方品種も生まれ、一九八四年(昭和五十九)には完熟トマトと呼ばれる桃太郎が登場する。昭和六十年代には利便性からミニトマトが爆発的に普及し、近年では高糖度のフルーツトマトが好まれる。

参考文献　農林水産省農林水産技術会議事務局編『昭和農業技術発達史』五(一九九七、農林水産技術情報協会)
(冨岡　典子)

トマトケチャップ　トマトケチャップ　ピューレ状にしたトマトに、塩、酢、砂糖、香辛料を加えて濃縮した調味料。ケチャップの起源は、東南アジアから中国南部の魚醬にあるといわれる。中南米を原産とするトマトが、十七世紀にヨーロッパに伝わり、十九世紀にアメリカでトマトケチャップとなり広く普及し、ケチャップを代表するようになった。日本では、『大和本草』(一七〇九年(宝永六))で唐かきとして紹介されたのが初出であるが、独特の香りや色が好まれず普及しなかった。一九〇三年(明治三十六)、村井弦斎が『食道楽』の中でトマト(赤茄子)の味や滋養の優位性を高く評価し、オムレツ、スープをはじめさまざまな料理への使用を推奨した。〇八年にはトマトケチャップが売り出され、ハヤシライス、チキンライス、オムライスなどに使われるようになった。アメリカで卓上調味料として使われてきたケチャップが、日本では調理用としても使われ、洋風料理普及の一翼を担った。

参考文献　石川寛子編『食生活と文化—食のあゆみ—』(一九八九、弘学出版)、村井弦斎『食道楽』(『岩波文庫』、二〇〇五、岩波書店)
(河野　一世)

とめそで　留袖　既婚女性の礼装用の着物。留袖には白襟をつけ、家紋を染めたため、白襟紋付とも呼ばれた。江戸時代の振袖から留袖への仕立て直しは、娘が十八歳で成人を迎える際に行われた。明治時代になると、三大節の宴会などに夫人同伴での参加が許可されたが、庶民の礼服である白襟紋付の留袖の着用は認められなかった。白襟紋付の留袖の着用は、一九二一年(大正十)に春の観桜会、秋の観菊会、一九三〇年(昭和五)八月の御陪食から宮中参内の服装として許可された。太平洋戦争後には、春秋の園遊会や勲章授与式などの場で白襟紋付の留袖は散見され、また各家庭の冠婚葬祭の礼服としても根強く残り続けた。黒留袖は年配者、色留袖は未婚女性が着るのが一般的であったが、近年には黒留袖の姿は少なくなり、訪問着と同じような色留袖が主流となっている。

参考文献　刑部芳則「宮内官制服令の改正と文官大礼服改正案」(『大倉山論集』六〇、二〇一四)
(刑部　芳則)

ともこ　友子　近代に主に金属鉱山でみられた鉱夫の共済的機能をもった組織。近世には金掘り(鉱夫)の間で擬制的親子制度が成立し(鎚親制)、相互扶助や技術の伝授、社会教育などの機能をもった。近世後期には一山を超えた鉱夫の社会集団が存在し、農村からの出稼ぎ鉱夫のうち、一生を鉱山で生きる覚悟をした者はこれに加入した。友子の名称は幕末にはみられる。近代では北海道・東北地方の炭鉱でも友子組織が普及する。また、金属鉱山では製錬関係にも一部拡大した。友子の結束は堅く、仲間で墓を建立する慣行もみられる。　↓坑夫《こうふ》　↓石炭《せきたん》　↓炭鉱《たんこう》

参考文献　松島静雄『友子の社会学的考察—鉱山労働者の営む共同生活体分析—』(『社会学叢書』二、一九七八、御茶の水書房)、荻慎一郎『近世鉱山社会史の研究』(一九九六、思文閣出版)
(荻　慎一郎)

ともばたらき　共働き　夫婦ともに労働に従事することで、特に雇用労働の場合を指す。一九六〇年代以降、既婚女性の職業進出は高度経済成長に伴う労働需要の拡大、女性の家庭外労働への意欲の強まり、家事の電化、保育・介護の社会化が相まって急増した。当初は共稼ぎと呼ばれたが、必ずしも生活費の充足だけを目的としない共働きとして定着した。「男は外、女は内」という性的役割分業の固定観念が根強い当時は、母親の就労は夫婦関係や子育てに悪影響を及ぼすとして非難の対象ともなった。両親不在の自宅に帰宅する子どもは(しばしば憐憫とともに)鍵っ子と呼ばれ、子どもの非行の原因が母親の不在に帰されることもあった。その後、八〇年代には共働きは当たり前の現象となり、働く既婚女性の社会的認知も徐々に高まったが、今日でも勤務先での賃金や待遇の男女差別は根深く残っている。また、夫婦間の育児・家事分担の不公平も依然として大きな問題であり、近年では育児に積極的なイクメン(育メン)、家事に積極的なカジメン(家事メン)の増加も指摘されるが、根本的な解消はまだまだ今後の課題といえよう。　↓カギっ子《こ》

参考文献　三枝佐枝子『共働きの人間学—仕事も結婚もと願う女性へ—』(『Books'80』、一九八〇、TBSブリタニカ)、袖井孝子他『共働き家族』(一九九三、家政教育社)、普光院亜紀『共働き子育て入門』(『集英社新書』、二〇〇三、集英社)
(田中　祐介)

ともびき　友引　暦注でいうところの六曜の一つで、「ゆういん」と読むこともある。凶事に友を引くので、葬儀・法事などを避けるべき日とされる。もしそれを行えば、誰かが道連れにされて死の世界へ引かれて行くという。もともとは六曜以外に友引日という選日があって、ある日にある方向に事を行うと友を引くという俗信があり、それが六曜の友引と混同されたらしい。六曜の友引は本来、何事も引き分けで勝負のつかぬ日という意味であったという。

参考文献　松田邦夫『暦のわかる本』(一九八七、海南書房)
(長沢　利明)

どよう　土用　暦の雑節の一つで、二十四節気の立春・立夏・立秋・立冬の前の十八—十九日間をいう。年に四回あることになるが、一般に土用といえば立秋前の土用を指し、ほぼ小暑から大暑のころにあたる。夏の暑い季節で、暑さに負けぬよう滋養のために土用餅・土用オハギなどを食べたり、灸を据えたりしたが、特に丑の日には鰻を食べるのが一般的である。土用干し・土用波という言葉もある。この夏の土用中を暑中ともいい、暑中見舞を出すのもこの期間中で、立秋を過ぎればそれが残暑見舞となる。

参考文献　松田邦夫『暦のわかる本』(一九七七、海南書房)
(長沢　利明)

どようび　土曜日　京都で刊行された反ファシズム文化新聞。一九三六年(昭和十一)七月四日、京都の世界文化グループらによって創刊された。フランス人民戦線派が刊行した『ヴァンドルディ(金曜日)』を模して、ファシズムと軍国化に対する大衆レベルからの抵抗を意図したメディアであった(タブロイド版六ページ、月二回発行、定価三銭)。喫茶店におかれ、タウン誌のように読まれることが期待された。編集は中井正一(巻頭言など)や能勢克男らが担当し、松竹下加茂撮影所の大部屋俳優であった斎藤雷太郎が販売、配布などの経営面をになったという。紙面は海外情報、映画批評に力を入れる戦後に先駆するスタイルを採り、西陣の友禅工場や瀬戸内海の漁村のルポルタージュも掲載された。斎藤自身も「ロケ＝バス」など多くの短文を書き、それは「下積み俳優の歯軋り」をバネにした生活者の実感に満ちた的確な同時代批評であった。弾圧で四二号(一九三七年十月五日号)までしか確認されていないが、中井ら知識人との緊張を保ちながら、生活を根におく斎藤の自立的な記録のなかに生活者市民の原像をみることができるかも知れない。

参考文献　『(復刻版)土曜日』一―四二(一九七四、三一書房)、伊藤俊也『幻の「スタヂオ通信」へ』(一九七八、れんが書房新社)、荒瀬豊「読者の弁証法」(鶴見俊輔・山本明編『抵抗と持続』所収、一九七九、世界思想社)
(安田　常雄)

トランジスタ＝ラジオ　トランジスタ＝ラジオ　増幅回路にトランジスタ(ゲルマニウムやシリコンからなる半導体素子)を用いたラジオ。トランジスタは一九四八年にアメリカで発明されたが、当初は軍需が主用途で高価であった。しかし訪米してその画期性を認識した東京通信工業(のちのソニー)はトランジスタおよびこれを用いたラジオの開発に着手し、五五年(昭和三十)八月にはじめての製品TR－55を発売した。トランジスタは従来同等の機能を担った真空管に対して物理的にきわめて小さく、また消費電力も格段に少ないため、ラジオ本体の小型軽量化が一気に進み、手のひらに収まるほどのサイズも可能となった。従来は家庭内に据え置かれていたラジオが、気軽に携帯して外出できるようになったのである。これ以降、多くのメーカーが市場に参入した結果、六〇年代を通じて生産量は大きく拡大し、一千万台から二千万台を記録した。その原動力となったのは対米を中心とする輸出であり、アメリカにおける音楽文化の普及に貢献したのである。

トランジスタ＝ラジオ（昭和30年代）

参考文献　『ソニー自叙伝』(一九九八、ワック)、高橋雄造『ラジオの歴史―工作の「文化」と電子工業のあゆみ―』(二〇一一、法政大学出版局)
(西野　肇)

とりうちぼう　鳥打帽　遊戯用の帽子、特殊職業の帽子。十九世紀後半にイギリスの貴族が狩猟用に被り始め、ハンチングとも呼ばれる。日本では一八九三年(明治二十六)ごろから流行した。鳥打帽の生地には、ツィード、ラクダ、ホームスパン、メルトン、羅紗などが用いられた。明治末期から大黒頭巾のように上部の広い型が流行したが、一九二一年(大正十)ごろから小型化した。一八年にはアメリカから古い紳士服が大量に輸入され、その生地を使って作った改造鳥打帽が人気となった。二四年以後、ゴルフの流行とともに、庇をダブルにした運動用の鳥打帽を被る者が現れた。また鍔の広い「チョビット」と称する登山用の鳥打帽も登場し、この型は太平洋戦争後に「メトロ」と呼ばれた。だが、鳥打帽は公務の際に被ることはなく、銀行員をはじめとする会社員は出勤に際しては中折帽を用いた。明治後期から鳥打帽を公務で被るのは、私服警官や探偵、高利貸など特殊な職業に限られた。大正期に若者で鳥打帽を被ると、学生帽のない浪人生や、欧米のヤンキースタイルのように見られた。

鳥　打　帽

参考文献　『武生高等学校七十年史』(一九六九)、昭和女子大学被服学研究室編『近代日本服装史』(一九七一、近代文化研究所)、『東京の帽子百二十年史―明治・大正・昭和―』(二〇〇五、東京帽子協会)
(刑部　芳則)

とりのいち　酉の市　十一月の酉の日に行われる季節市で、縁起物の熊手が売られる。主として東京周辺の鷲《おおとり》・大鳥《おおとり》神社で行われるが、その発祥の地は江戸の花又村(東京都足立区花畑)の大鷲《おおとり》神社で、一七三五年(享保二十)版『続江戸砂子《ぞくえどすなご》』に「葛西花又村鶏大明神の祭、市立、

酉の市（東京都足立区大鷲神社）

三ツ有レハ三日共ニ市立」と記されている。十一月中に酉の日が三回あれば、三度の市が立ったとあるが、それぞれ一ノ酉・二ノ酉・三ノ酉といい、今も変わらない。十八世紀前半の時代に酉の市が行われていたのはこの花又村だけで、十八世紀後半には今の台東区浅草の鷲神社や足立区千住の勝泉寺などでも行われるようになった。現在では目黒区下目黒の大鳥神社、新宿区新宿の花園神社などでも、盛況な酉の市が行われている。市で売られる熊手は、千両箱・御多福面・大福帳などで装飾され、これを商家の店先などに飾っておくと、熊手が福を掻き込むので商売繁盛・千客万来の利益が得られるとされた。

参考文献　長沢利明「酉の市の起源―東京都足立区大鷲神社―」一・二(『西郊民俗』一八七・一八八、二〇〇四)、同「浅草鷲神社の酉の市―東京都台東区千束鷲神社―」(『同』二〇七、二〇〇九)

(長沢　利明)

どりょうこう　度量衡　度は長さ、量は容積、衡は重さを意味する。それぞれをはかる道具が物差、枡、秤で、秤の錘が権・分銅である。度量衡は政治、経済、社会、文化、科学、技術と深く関わり、日常生活も「はかる」ことから離れては成立しない。今日では、度量衡の語はあまり使われず、計量器や計測器、基準を計量標準や計測標準と呼ぶ。

　長さについては、古くは人体の一部を基準単位とする方法が世界各地で行われた。日本でも、記紀や『風土記』に八尋《やひろ》殿・十握《とつか》剣・八咫《やた》鏡など尋・握・咫が使われた記載がある。尋は両手を広げた長さ、握は四指を握った幅、咫は親指と中指を広げた長さである。藤原宮跡など出土木簡には布の長さの単位として尋が見える。長崎県壱岐市原の辻遺跡からは弥生時代後期の棹秤用の青銅錘が出土しているが、きわめて限定的なものであった。古墳や石室の築造にあたって、何らかの物差が使用された可能性はあるが、課題が多い。統一国家には度量衡制の整備が必須であり、日本では七〇一年(大宝元)の大宝令によって度量衡制が整えられる。大宝令には、「度は十分を寸とせよ、十寸を尺とせよ、十尺を丈とせよ」「量は十合を升とせよ、十升を斗とせよ、十斗を斛とせよ」「権衡は廿四銖を両とせよ、十六両を斤とせよ」とある。さらに一尺二寸を大尺の一尺とすること、三升を大升の一升とすること、三両を大両の一両とすること、土地や銀銅穀をはかるには大を用い、その他は小を用いるよう規定し、原器を銅製とし、大蔵省左右京職・東西市司・国司などに頒布すること、計器は毎年二月に大蔵省と国司で検査することを定める。七一三年(和銅六)には、大尺を廃して小尺に統一。大宝令制は唐制に準拠したものだが、その後長く度量衡の基本となった。

　発掘成果によると、飛鳥寺など七世紀初頭ごろ造営の寺院では、伽藍配置や堂塔建築には一尺＝約三五・六㌢の高麗尺が使用されたことが確認できる。七世紀中ごろ造営の前期難波宮では一尺＝約二九・三㌢の唐尺を使用し、七世紀末造営の藤原京や宮、平城宮では、土地の測量には大尺(高麗尺)、建物の造営には小尺(唐尺)を使い、大小尺の使い分けが確認できる。大宝令制は以前からの慣行を法令として明文化したものであった。正倉院や法隆寺には古代の物差が伝世されており、木・銅・象牙・石・ガラスなど各種材質のものがある。正倉院には前漢尺・唐小尺・唐大尺のほか、寸・分の目盛を刻んだ一尺五寸の木尺、一尺の斑犀尺などがある。斑犀尺は長さ二九・四五㌢で、きわめて精巧な作りである。藤原宮や平城宮などからは檜製物差が出土しており、分の目盛まで刻んだ精度の高いものや、一寸や五分の目盛を簡単に刻んだだけの粗製品とがある。出土物差や建物の柱間寸法などから復元できる一尺の長さは、七世紀末は二九・五㌢、八世紀は二九・六〜二九・七㌢、九世紀は三〇〜三一㌢と長くなる傾向がある。古代の出土枡は木製箱形が一般的で、一木を刳り抜いた秋田市秋田城跡例(八世紀中ごろ、約七〇〇cc)や板を組んだ平安京例(六九一・二cc)などがある。八世紀の一升は正倉の大きさと稲穀の収納量から七二九cc(約四合)と推算した沢田吾一説が通説であり、これらの木製品は一升枡に相当する。平城京跡などからは円筒形の須恵器鉢で、底外面に「三合一夕」「四合」「二合半」などと容量を墨書した陶器枡が出土している。陶器枡では一升は八一三ccや八四八ccであり、沢田説よりもやや大きい。東京都新宿区落合遺跡にも「四合」とヘラ書した同類(九〜十世紀)があり、陶器枡は各地に普及していた。権も平城京など銅製品、鉄製品の出土が増加している。八世紀の銅製権には、重さ八両の壺形や重さ四両の笠形など天秤用の権があり、棹秤用の半球形の銅製権も出土している。

　律令制が衰えると、物差の長さや分銅の重さはほとんど変わらなかったが、量制は大きく乱れ、各荘園、寺社、職業によってさまざまの枡が作られた。そのため、後三条天皇は一〇七二年(延久四年)に宣旨枡《せんじます》を制定して量制

の統一を図ったとされる。中世史研究者の宝月圭吾は宣旨一升枡の容積を六合三勺七撮としたが、はっきりしない。一三九六年(応永三)の銘がある和歌山県宝蔵寺蔵枡は容積約七合一勺である。奈良県田原本町唐古・鍵遺跡や大阪府松原市出土の十二世紀の木製枡は容量二一七九ccと二一七八cc(約一升二合)である。奈良県薬師寺蔵の桃山時代の一升枡は一一三〇ccや一四七一ccと容量に差がある。度量衡制は豊臣秀吉の天下統一政策によって再統一される。枡は政治・流通経済の中心地であった京都の枡を基準として京枡が定められる。一六二四年(寛永元)には、京枡を方四・九寸、深さ二・七寸、積六四・八二七立方寸(約一・八リットル)と定めた。この枡には斜めに鉄弦があるので、これを引くと容積は六四・五五立方寸となる。古代枡から宣旨枡を経て京枡に至るまでの間に、一升の容積は二倍半ほどに増大したことになる。秀吉は権や分銅も京都の後藤家製作のものを基準として採用し、棹秤も後藤家の分銅によって目盛りを彫った後藤極《きわ》めが標準器として全国に通用した。質量の単位は大宝令による斤・両・銖から、室町時代には貫・斤・両・匁と変わったが、標準は不変であった。江戸幕府は江戸と京都に枡座と秤座を置いて秤の製作、販売、取締を行い基準の統一を図ったが、単一の度量衡が整備されたわけではなかった。一八七〇年(明治三)、明治政府は大蔵省に度量衡改正掛を設けて度量衡策定に着手する。明治中ごろには、伝統的な度量衡の整理が進み、フランスで生まれた国際的なメートル法との関係を明示する体系も整えられ、七五年、度量衡取締条例が成立する。これによって度量衡の諸制度が定められ、伝統的な度量衡は一尺＝三三分の一〇メートル、一匁＝三・七五六二二グラムというメートル法の単位に関係づけられる。九一年の度量衡法公布、一九二一年(大正十)の改正によってメートル法への統一の方向が示され、五八年(昭和三十三)、統一が結実する。この間、五一年に度量衡法が全面改訂され、計量単位や計量器に関する規則を定めた計量法が成立。その公布日の六月七日が計量記念日である。現在の計量法では国際度量衡総会で決められたメートル法による国際単位が使用されている。だが、伝統的な度量衡によるはかり方も完全に払拭されたわけではない。 →秤《はかり》 →枡《ます》 →メートル法《ほう》 →物差《ものさし》

参考文献 沢田吾一『奈良朝時代民政経済の数的研究』(一九二七、冨山房)、宝月圭吾『中世量制史の研究』(『日本史学研究叢書』、一九六一、吉川弘文館)、小泉袈裟勝『度量衡の歴史』(一九七七、原書房)、同『枡』(『ものと人間の文化史』、一九八〇、法政大学出版局)、橋本万平『計測の文化史』(『朝日選書』、一九八二、朝日新聞社)、篠原俊次「日本古代の升」(『京都文化博物館調査研究報告書』七、一九九二)、宮本佐知子「さし、ます、はかり」(大塚初重編『考古学による日本歴史』九所収、一九九七、雄山閣出版)

(木下　正史)

とんかつ とんかつ　豚のロースやヒレの肉片にパン粉をまぶして油で揚げた料理。通常切ったとんかつに、せん切りキャベツをつけあわせて、ウスターソースと溶き辛子を添え、飯・味噌汁・香物とともに和食として供される。もとはフランス料理のコートレット côtelette を起源とする洋食の一つ、豚肉のカツレツ(ポークカツレツ)で、一八九五年(明治二十八)、東京銀座の洋食屋煉瓦亭がはじめて売り出した。その後、肉の部位や厚さ、調理法、つけあわせや盛りつけなどが、次第に現在のとんかつへ近づきつつ定着する。一九一一年、永井荷風は随筆「銀座」で、露店の立喰の「トンカツ」を「西洋趣味を脱却してしかも従来の天麩羅と抵触する事なく更に別種の新しきもの」と書いている。しかし、本格的な普及は大正末から昭和の初め、日露戦争の軍需増大で、牛肉不足により豚肉の需要が伸びたことによる。カツ丼やカツカレー、カツサンドなどへも展開し、いずれも一般的な食べものとして定着している。

参考文献 原田信男『和食と日本文化―日本料理の社会史―』(二〇〇五、小学館)、岡田哲『明治洋食事始め―とんかつの誕生―』(『講談社学術文庫』、二〇一二、講談社)

(橋爪　伸子)

ドングリ ドングリ　ブナ科のナラ・クヌギ・カシ・シイなどの果実の総称。ブナ科はコナラ属・マテバシイ属・シイ属・クリ属・ブナ属に大別されるが、そのうちクリ属とブナ属はドングリに含めない。果皮は堅く、一部または全体が殻斗におおわれる。殻斗は俗に「はかま」「ぼうし」などと呼ばれる。ドングリのなるブナ科の木は、熱帯から温帯地域まで広く分布し、果実の特性として栄養価が高く、保存性があって、労働投下の採算性も高いことから、縄文時代には主要な食料の一つとなった。特にコナラ属アカガシ亜属のイチイガシは、灰汁抜きの必要がなく、味もよいことから西日本の縄文人が好んで利用し、東日本のクリの利用と好対照をみせている。ドングリは水稲農耕が導入された弥生時代以降も盛んに食されたが、時代を経るに従って救荒食としての役割が高くなった。

(勅使河原彰)

ドンザ ドンザ　昭和三十―四十年代まで使われていた衣類の一種。ドンザと呼ばれる衣類は日本各地の農山漁村に分布しており、寝具や仕事着がある。京都の丹後地方では、着物に当て布をして補強をする繕い刺しの方法をドンザと呼び、衣服を長持ちさせる方法の呼称でもあった。古布を何枚も重ねて縫い合わせ、刺し子にして丈夫に仕上げているのが特徴である。保温性や耐久性に優れ、仕事着としては身体の外傷を防ぐ防護服、また水を身体まで通さない雨具としても用いられた。激しい労働の中でも動きやすいように巻袖や筒袖のものが多い。漁村に分布していることが多く、海上で冷たい潮風にさらされ、水に濡れる作業をする漁師の仕事着としての要素が強い。九州北部の漁村では、きれいに刺し子が施されたドンザは格好が良いとされ、漁の合間の普段着としての使用や、村の寄り合いや漁祭の時の晴れ着ともいえる

着方がされており、一概に仕事着とはいえないドンザの側面がうかがえる。

参考文献　柳田国男編『服装習俗語彙』(一九五五、国書刊行会)、井之元泰「布をさす」(国立歴史民俗博物館編『布のちから　布のわざ』所収、一九九八)、福岡市博物館編『ドンザー知られざる海の刺し子展ー』(特別企画展図録、二〇〇五)

(田村　真実)

どんぶりもの　丼物　飯を盛った丼に、調味した料理を載せたもの。江戸時代後半に鰻の蒲焼を飯の上に載せた鰻飯を京坂ではまぶし、江戸ではどんぶりというと『守貞謾稿』五にある。その後明治以降、牛丼・天丼・親子丼など、卵や肉料理をご飯と合わせて丼で食べさせる大衆の簡易な食事として発展した。親子鍋のように専門の鍋も普及している。飯と副菜を別々に食す方法を基本とする食べ方から見ると下賤な食べ物とされていた。

参考文献　喜田川守貞『近世風俗志　守貞謾稿』一(宇佐美英機校訂、『岩波文庫』、一九九六、岩波書店)

(大久保洋子)

とんや　問屋　諸物資の運送、取引を行うものを中世には問丸といい、近世になり、江戸、京都、大坂など大都市や城下町など消費地において、商品を集荷し、仲買や小売、もしくは直接、町人に販売する商人を問屋というようになった。また商品の産地において、商品を買い集め、大都市など遠隔地に輸送する商人も問屋と称する。江戸の問屋のなかでは、木綿問屋のように自己の資金で買い集める仕入問屋が主流である。中には下り酒問屋など前貸金融を行い商品を集荷するが、自己で買い取ることはなく、荷主と仲買との間での取引を仲介し、口銭と利子を取得する荷受問屋もある。江戸の仕入問屋は一六九四年(元禄七)に、共同で海難処理にあたる機関として十組問屋を設立した。大坂の唐薬種問屋や京都の長崎問屋、糸・絹問屋、紅花問屋などの荷受問屋は、公的に認可され、株仲間化されていることが存立の条件になる。

→市《いち》　→卸《おろし》売《う》り

(賀川　隆行)

な

ないさい　内済　近世における示談・和解のこと。扱、噯とも称す。もめ事を公にせず当事者間で解決を図ること、および民事裁判である出入筋の開始前さらに開始後に、裁判に携る役人の勧めにより土地の有力者や公事宿などを扱人・噯人と呼ばれる仲介者にして当事者間の互譲により解決すること。特に内済が奨励されたのは債権に関する金公事や地境論争や水論などの論所である。当時の意識として私的なもめ事の解決を裁判に委ねることは御上の手を煩わせる畏れ多い行為と見なされ、また当事者相互による解決が最も有効と認識されており、裁判で最終的な解決を図るよりも内済が奨励された。さらに裁判による厳罰、出費、時間、労力などを回避するためでもある。裁判中に内済が成立した場合、済口証文に内容と双方の署名・連印を記して領主側に提出するが、金公事の場合は片済口として原告のみが署名・連印して提出した。吟味筋を内済で解決することもあった。

参考文献　石井良助『近世民事訴訟法史』正・続(『法制史論集』八・九、一九六四・六五、創文社)、小早川欣吾『(増補)近世民事訴訟制度の研究』(一九八八、名著普及会)、大平祐一『近世日本の訴訟と法』(二〇一三、創文社)

(神崎　直美)

ないじどき　内耳土器　煮炊きをするための道具。内耳とは口縁部内側に付けられた取っ手のことである。囲炉裏に吊り下げて使用するときに、吊り紐が火の影響を受けないように、内面に耳が付けられた。口縁部は幅広で、

「く」の字に一度屈曲して、径が少し小さくなる。これは鍋蓋を受けるためである。そのモデルは鉄製鍋で、それを模倣して、瓦質《がしつ》で作られた。室町時代以降江戸時代初頭まで太平洋岸の東日本で多く流通した。また、北海道からサハリンにかけては明治初頭まで使用された。

参考文献 両角まり「内耳鍋から焙烙へ―近世江戸在地系焙烙の成立―」(『考古学研究』四二ノ四、一九九六)

(水口由紀子)

ないしょく　内職　低所得の世帯が家計補充の目的で、委託された簡易な作業を家庭内で行なって賃金を得る働き方。近世における農家女性の機織り・わらじ作りや下級武士世帯の傘張り、近代の縫製労働、現代の通信教育の採点やコンピューター作業など、仕事の内容は時代ごとに大きく変化しているが、家庭内での空き時間に簡易な作業を行う点では共通している。家事・育児の都合で家を離れて事業場で長時間働くことが困難な女性などが主として従事し、少額の所得を得ることが多い。そのため、問屋が作業のための原材料・道具類を各世帯に届け、製品を集めていくという問屋制形態がとられることが多い。

参考文献 大原社会問題研究所編『内職及副業調査』(一九二九、堺商工会議所・堺市役所・堺社会事業協会)、東京市社会局編『東京市内職調査』昭和一〇年度(一九三六)、高橋久子他監修『内職』一・二(『戦後婦人労働生活調査資料集』一七・一八、一九九三、クレス出版)

(加瀬　和俊)

ナイロン　ナイロン　石炭などを原料として作られる合成繊維。東洋レーヨンは、一九三八年(昭和十三)に合成繊維の研究を開始し、翌三九年にナイロン六六の開発に成功した。海軍航空本部の依頼を受け、太平洋戦争末期に電波線覆用ナイロン樹脂を生産したが、本格的な大量生産には至らなかった。五一年にレーヨン企業によりナイロンの生産が開始され、五六年から日本レイヨンが本格的にナイロンを生産している。同時期にポリエステル繊維の情報が伝わると、国内の繊維企業数社で試験開発が進められるが、企業化の先鞭をつけたのは東洋レーヨンと、帝国人造絹糸であった。両社はＩＣＩ社から特許の独占実施権とノウハウを取得して五八年から生産を開始した。ナイロンには強度があるが耐久性がなく、紫外線に弱く、染色がむずかしいという欠点があった。それに対してポリエステルは、ナイロンに次ぐ強度を持ち、摩擦に強く、弾性力があり、比熱・熱伝導率が小さく、繊維自体の抵抗力が強かった。またナイロンよりも耐熱性が高く、吸収性が低いため、濡れても乾きやすい。このような利点から、女子体操着用のブルマには、ポリエステルが利用された。六七年に東洋レーヨンが汚れの原因となる静電気が起きないポリエステルとナイロンを開発し、翌六八年に帝人はポリエステルとナイロンの混毛繊維を開発した。この後も各繊維会社が品種改良を重ね、現在までナイロンとポリエステルはスポーツウェアーなどに用いられている。

参考文献 『東洋レーヨン社史一九二六～一九五三』(一九五四)、『東京朝日新聞』(一九六八年二月十六日付朝刊)、『百年史・東洋紡』下(一九八六)

(刑部　芳則)

ナイロン＝ストッキング　ナイロン＝ストッキング　合成繊維の薄長靴下。一九五三年(昭和二十八)、東洋レーヨンがナイロン糸を使ったフルファッション長靴下を発売し、婦人用の靴下は絹靴下からナイロン靴下へと変化する。だが、トリコット靴下に比べて高価でラン(伝線)しやすいため、なかなか普及しなかった。また同年、厚木編織株式会社はシーム(縫い目)のないストッキングを開発したが、靴下の中央部分に一直線が入るシームのあるフルファッションがほとんどであったため、すぐには受け入れられなかった。その後、靴下を扱う各繊維衣料会社では、薄くて耐久性があり、足の曲線に適した美しさなどを考慮した開発研究が進められた。高度経済成長に伴い六〇年以降には生産量が増加し、安価で求められるようになると、シームレスストッキングが普及した。六五年に発売された膝上一〇センチのパンティーストッキングは、ミニスカートブームとともに流行する。八三年には黒色やグレーだけでなく、パステルカラーなどのファッション性のある色物や、ラッセル、スパイラル、アイレットなどの柄物が登場した。

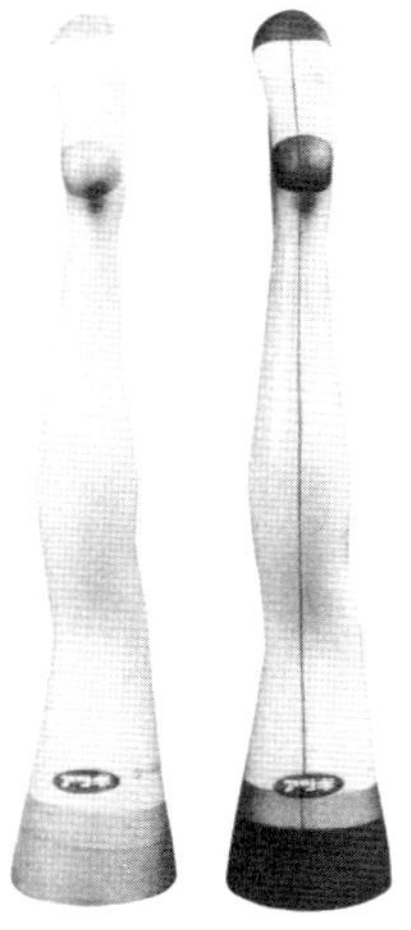

シームレスストッキング(左)とフルファッションストッキング

参考文献 『アツギ六〇年史』(二〇〇七)

(刑部　芳則)

なおらい　直会　神道における祭儀の終了後に、神前に献じた御饌《みけ》・御酒《みき》を下げ、祭に参列した人々が戴くことをいう。今日ではこれを簡略化して、祭儀の後に御酒(お神酒)を参列者一同が一献ずつ戴くことを直会とする場合も多い。直会は、神人共食の考えに基づく儀礼で、神霊の食物である神饌を祭儀に参列した者が戴くことによって神饌に宿った神霊の力(恩頼《みたまのふゆ》)が人に分け与えられるとするものであり、単なる祝宴とは区別されるべきである。文献としては『続日本紀』天平神護元年(七六五)十一月条の詔の中に「なほらひ」の語がみえ、本居宣長(一七三〇―一八〇一)は『続紀歴朝詔詞解《しょっきれきちょうしょうしかい》』第卅八詔でこの語について「奈保理阿比《なほりあひ》の切《つま》れる也《なり》、直《なほ》るとは、斎《ものいみ》をゆるべて、平常《つね》に復《かへ》る意也」と述べている。これは、「直る」が「元に戻る」という意味を持つことから、祭のための斎戒を解いて日常の状態に戻ることを意味すると

解いたものである。 ↓お神酒《みき》 ↓共食《きょうしょく》

参考文献 本居宣長『続紀歴朝詔詞解』(大野晋・大久保正編集校訂『本居宣長全集』七所収、一九七二、筑摩書房)、藤井正雄編『神事の基礎知識(新版)』(二〇〇一、講談社)

(大明 敦)

なかがい 仲買 問屋と小売商の間に介在して取引の円滑をはかる商人。産地から大都市への商品の流通は、問屋の手を経ることになるが、商品によって流通経路は異なるが、小売りとの間に仲買が介在する場合がある。江戸の株仲間で仲買を称しているのは、水油仲買と下り塩仲買であるが、それぞれ荷受問屋である水油問屋と塩問屋を通して買い入れ市中に販売している。長崎会所で落札された唐薬種は大坂の唐薬種問屋に輸送されるが、大坂の薬種仲買がそれを買い込み、全国に売り捌いた。京都の糸屋町仲買は京都糸問屋から生糸を買って西陣織屋に売り込み、京都の撰糸仲買は西陣織屋から織物類を買い入れて呉服問屋に売った。これらの事例では仲買といっても、価格支配力を有していて、実質的には仕入問屋としての機能を果たしている。 ↓卸売《おろしう》り

(賀川 隆行)

ながぎ 長着 丈の長い着物。男性用は対丈《ついたけ》、女性用は裾を長く仕立て、お端折《はしょ》りをして着付ける。農村では野良仕事用の丈の短い着物に対して、普段着として用いる丈の長い着物を長着と呼んだ。仕立業者は、長着を長物と称し、羽織やコートなどを半物と呼んだ。

(刑部 芳則)

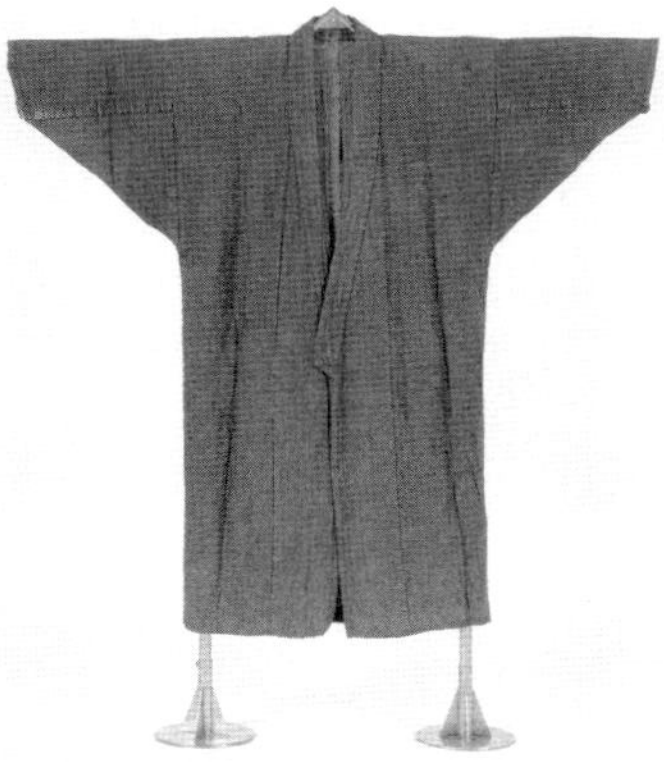

長 着

ながし 流し 炊事などで水を流す設備もしくはその場所。平安時代の『扇面古写経』は泉や井戸で食器や甕などを洗う姿を描いており、当時は屋外の水場が流しの役割を果たした。絵巻に流しが登場するのは室町初期で、台所の一部に簀子《すのこ》床の流しがみられる。江戸時代になると、台所に井戸が取り入れられて流しが発達した。江戸中期には、今日の流しの元祖になる箱流しが登場した。しかし排水設備は不備で、流しそのものも木製で腐りやすく不衛生であった。明治時代に入ると都市を中心に水道が普及し、水甕や水桶が不要になっていった。大正時代に生活改善運動が盛んになると、それまでの座って使う座り流しから、次第に立ち流しに変わった。これによって、セメントの既製品の流しや、ブリキ、銅、タイルを張った流しが登場し、排水は管で道路のドブへ送るようになった。第二次世界大戦後はアメリカ文化の影響で台所は大きく変化した。一九五五年(昭和三十)に発足の日本住宅公団は、公団住宅にダイニングチッキンとステンレス製の流しを採用した。当時は羨望の的で、その後は一般家庭に広く普及した。

参考文献 小泉和子『台所道具いまむかし』(一九六四、平凡社)、小菅桂子『にっぽん台所文化史(増補)』(一九九八、雄山閣出版)

(藤原 洋)

ながしだい 流し台 台所や井戸端に設置して炊事をする台。明治時代はそれまでの様式を引き継ぎ、座って使う座り流しが一般的であった。大正時代に生活改善運動が活発になると、座って炊事をすることが不衛生と考えられ、これにより立って炊事を行うことが奨励されて、各地で脚付きの高さのある流し台が普及した。材質は、木製、ブリキ、銅板、セメント、タイルなどを張ったものが登場した。ステンレス製のものは、一九五五年(昭和三十)に発足した日本住宅公団が公団住宅に採用して広まった。公団住宅では「ステンレスは文化生活のシンボルであった」と宣伝され、ステンレス輝くキッチンセット」と宣伝され、公団住宅は給排水を備えた流し台のほか、調理台、ガス台、水切り棚や、戸棚などの収納庫が一体となる台所を採用し、最新の憧れを体現した。これによってステンレス製流し台の規格が統一されて大量生産が可能になり、今日では一般家庭の台所に広く普及するようになった。

参考文献 小泉和子『台所道具いまむかし』(一九六四、平凡社)、青木俊也『再現・昭和三〇年代 団地2DKの暮らし』(『らんぷの本』、二〇〇一、河出書房新社)

(藤原 洋)

なかしょく 中食 家庭内食(内食《うちしょく》)、家庭外食(外食)の枠に納まらない食事形態の出現によって生まれた新しい言葉。池田内閣の所得倍増政策を背景として、第一次産業人口の減少、女性の社会進出や意識の変化、サービスを金で買うライフスタイルの定着などがもたらされ、家庭外で調理された食品を家庭内に持ち帰って食べる食事形態が日常化した。この傾向は一九八〇年(昭和五十五)ごろから顕著になり、中食産業の市場規模は急速に拡大した。弁当屋、コンビニエンスストア、スーパーマーケット、デパート(デパチカ)などで、弁当、惣菜、調理パンなどを、ビジネスマンや学生、高齢者、ひいては家庭の主婦までもが購入し、家庭や職場で利用している。九二年の『朝日新聞』夕刊の「余裕がないと手頃な調理食品を、余裕が出ると外食へ。中食マーケットの商品開発、ビジネス開発も盛んで、食の外部化はますます進む」という記事や九四年の「高齢社会の進行と単身世帯者の増加で中食が一番伸びる」との予測は、今日現実のものとなっている。 ↓外食《がいしょく》

参考文献 山口貴久男・村上紀子「外食・中食・内食—食の外部化の現在と未来—」(『Vesta』一八、一九九四)、小塚善文『食の変化と食品メーカーの成長』(一九九九、農林統計協会)、江原絢子・石川尚子・東四柳祥子『日本

食物史』(二〇〇九、吉川弘文館)　(石川　尚子)

ながびつ　長櫃　唐櫃《からびつ》の一種で長唐櫃の略称。長方形をした脚付きで蓋のある木製の収納具で、食料、衣類、調度品などの生活品を入れた。運搬具として用いるには、紐をかけて蓋の上で結び、棒を通して前後二人で担いだ。唐櫃は古代に中国大陸から伝来したとされる脚付きのもので、脚のないものは和櫃《わびつ》という。なかでも長櫃は中世に盛んに用いられた。中世の絵巻は長櫃をかつぐ人々の姿を描いており、鎌倉時代末に成立した『一遍上人絵伝』でも確認できる。近世になると長持に変わった。→唐櫃《からびつ》

長櫃（『一遍上人絵伝』より）

参考文献　小松茂美編『一遍上人絵伝』(『日本の絵巻』二〇、一九八八、中央公論社)、小泉和子『室内と家具の歴史』(一九九五、中央公論社)　(藤原　洋)

ながもち　長持　寝具や衣服、調度品を入れるための長方形の大きな木箱。嫁入り道具の一つに数えられ、江戸時代から昭和初期にかけて広く普及した。長持の種類には、漆塗りのもの、ふとんや蚊帳などを入れる木地ののほか、火災の際にすぐに持ち出せるように下部に車輪が付いたものもある。昭和初期ごろまでの婚礼では、嫁入り行列の道中、長持の両端の金具に棹を通して親戚の人などが担ぎ、祝い唄を歌いながら婚家まで運んでゆく姿が見られた。婚家に見物に来た人たちに、嫁入り道具を披露する習わしのある地域もあった。その後は部屋の一角に置かれ、身のまわりの道具をおさめておく箱として長年にわたって使用された。実用的な役割を終えた後も破棄せず、その家に嫁いできた代々の女性たちの長持を残している家も少なくない。また、奥会津地方では、嫁入り道具として持参した長持を、亡くなったときの棺桶にする習わしがあったことも特筆される。→唐櫃《からびつ》

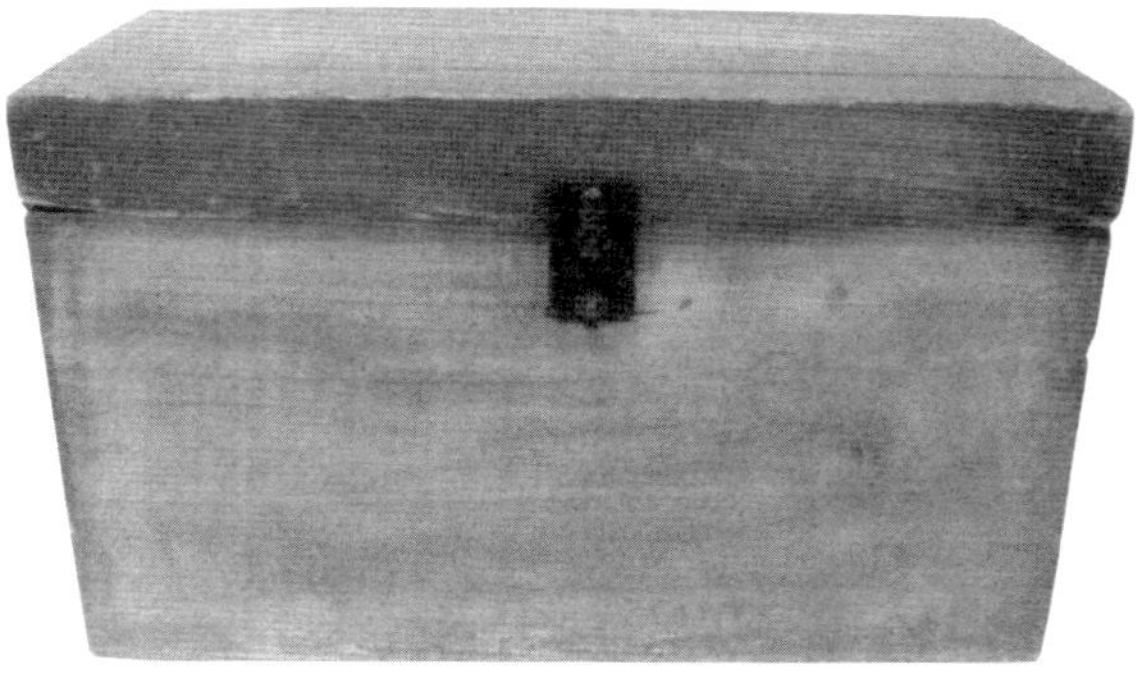

長　持

参考文献　宮内悊『箱』(『ものと人間の文化史』六七、一九九一、法政大学出版局)、工藤員功監修『昔の道具』(『ポプラディア情報館』、二〇一一、ポプラ社)　(門口　実代)

ながや　長屋　細長い形に造られた建物で、特にいくつかの空間に仕切り専用の出入口を設けて個別の住居としたものをいう。古代から、寺院や官衙の中にあり僧尼や下級官吏の住居として用いられた。広く庶民の利用に供されるのは、江戸時代になってからである。江戸時代の長屋には、大きく分けて町家で用いられるものと、武家屋敷で用いられるものがある。町家は江戸時代初期からみられ、京都の「洛中洛外図」にも描かれている。初期のものは掘っ立て小屋形式の簡素なものであったが、都市に広く町並みが形成されると、町家の裏を長屋として供するものが主流となった。武家屋敷は、長屋門と併置されるケースも多い。屋敷を長屋が囲繞する形で取り囲み、そこに下級武士が居住する形が一般的であった。→町屋《まちや》

長屋の生活の様子（復元）

参考文献　横田冬彦「近世都市と職人集団」(高橋康夫・吉田伸之編『日本都市史入門』Ⅲ所収、一九九〇、東京大学出版会)、文化財建造物保存技術協会編『重要文化財旧松坂御城番長屋保存修理工事報告書』(二〇一一、苗秀社)　(福澤　徹三)

ながやもん　長屋門　間口の大きな建物(長屋)の一部を門として利用する場合、その建物全体を長屋門と呼ぶ。門として扉などが入る部分以外は、従者の居住空間や物置、牛馬の飼育場などとして、門の内側から利用された。その出現時期は明確でないが、中世の絵巻物にはほとんどみられない。近世になると武家屋敷の門として用いられるとともに、村落の有力者の門として公的に許された形式であった。ただし村落の有力者の家では、主として接客のため、長屋門とは別に薬医門や棟門などを建てる

こともあった。近代になると一般の村落に普及し、家格を現す象徴としても用いられたが、実用的な建物として簡素な構造や形式をとる場合が多い。

参考文献　岡田英男編『門』（『日本の美術』二一二、一九六四、至文堂）　（箱崎　和久）

黒田家住宅長屋門（静岡県菊川市）

なかろうかがたじゅうたく　中廊下型住宅　建物の周縁部ではなく、内部に設けた廊下で、玄関や部屋同士の動線を処理する平面形式の住宅。中流層の住宅として、明治末期ごろ成立した。縁から直角に折れて建物中央部に入り込むか、完全に内部空間となる廊下を介して、家族、女中、客の動線を処理する。近代中流層の住宅の平面は、当初、近世来の中下級武士の住宅を踏襲したため、通路の機能は部屋の外周部に位置する縁が担った。当時、家族、女中、客のそれぞれの便所を設けるのが理想的とされた。しかし実際には面積の制約から、女中専用と、家族用と客用を兼ねた二ヵ所の便所を設けることが多く、後者の位置は、客の利便性を優先し、座敷に近い位置に設けられた。この場合、家族が客間を通り抜けて便所に至る動線が生じた。逆に、便所を座敷から離すと、客動線が家族の生活領域を侵すことになった。また、女中が茶の間を通り抜けて、玄関で来客の取次をする在来の住宅の動線も、プライバシーの観点から次第に問題視された。このような生活の動線への問題意識が、中廊下型住宅の成立を促した。　↓廊下《ろうか》

参考文献　青木正夫・岡俊江・鈴木義弘『中廊下の住宅―明治大正昭和の暮らしを間取りに読む―』（『住まい学大系』、二〇〇八、住まいの図書館出版局）　（松下　迪生）

なげし　長押　柱同士を繋ぐ水平材で、柱の形に合わせて欠き込みを造り柱へ釘止めする。古代より盛んに使用された構造的手法で、中世に貫が導入されると、意匠材として変化していった。使用する位置により、鴨居上に取り付ける内法《うちのり》長押、縁の見切りにつける切目長押、柱の腰高に打つ腰長押、柱の足元に打つ地長押、天井際に打つ天井長押などの呼び名がある。近代以降の住宅においても、座敷を象徴する部材として用いられた。釘止めした部分を隠すため、外側に取り付けた金具を釘隠しと呼び、近世にはさまざまな意匠のものが用いられた。　（大林　潤）

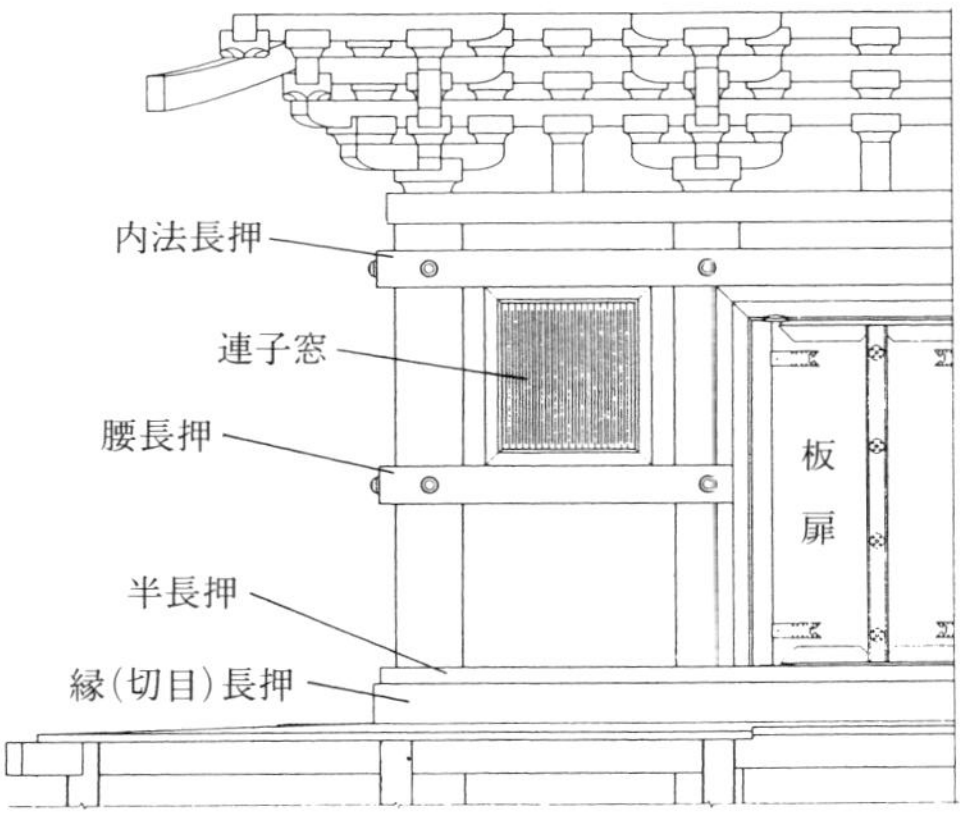

長押の名所（西明寺三重塔）

なご　名子　⇩被官《ひかん》

なこうど　仲人　結婚の際の媒酌人を指し、一般にはナコウド・チュウニンなどと呼ばれる。仲人の役割にはさまざまなケースがあるが、一般に親の依頼によって適当な相手を見つけ、それを紹介するまでの役を担う者と、実際に両家を往復して話を進め、やがて結納から祝言での事実上の仲介・進行の役を担う者とがあり、仲人は決して一人であるとは限らない。婚姻の対象たる相手捜しとその紹介を担う仲人は、ある一定の地域を周り、情報に詳しい行商人のような人物が務めるという例もある。また婚姻の事実上の仲介を行う仲人は社会的地位が高く、人望のある者に頼むのが通例とされている。古く村内婚が一般的だったころには、若者仲間が事実上の仲人役を務めていたといえるが、婚姻が当人同志の意志よりも家を重視し、親の監督下に置かれるようになると、代わって仲人が結婚における重要な働きをするようになっていった。なお近年は仲人を立てない結婚式が増え、結婚において仲人は不要な存在とみなされるようになりつつある。　↓見合《みあ》い

参考文献　瀬川清子『婚姻覚書』（『名著シリーズ』、一九七二、講談社）　（八木　透）

なじみ　馴染　若者と娘が結婚を前提としたつきあいを続け、事実上婚姻が開始されているような関係の男女を指す呼称。あるいはそれが転じて単に恋愛関係にある男女を指す場合もある。ナジミとほぼ同様の語彙はケンシ・

ゲンサイ・シャンス・オキセン・ネンゴロなど各地でさまざまなものが聞かれる。一例として兵庫県家島(姫路市)では、かつては兄弟分と呼ばれる男子の私的な友人仲間が連れ立って村内の娘の家へゲンサイアソビ、すなわち娘遊びに出かけた。その中でやがて一人の若者がある娘に恋心をいだき、互いの気持ちが高まると、若者はまず兄弟分にその心境を打ちあける。その時から二人はナジミと呼ばれるようになり、双方に貞操が要求されるようになる。ナジミになれば双方の両親は形式的に事後承諾をするだけで、事実上の婚姻はこの時点から開始されたとみなすべきである。いずれにしても、かつての恋愛習俗と婚姻を支える民俗的秩序を象徴する語彙であるといえる。

参考文献 瀬川清子『若者と娘をめぐる民俗』(一九七二、未来社)

(八木 透)

なす 茄子 ナス科の植物で、原産地はインド、または熱帯アジア。日本での栽培は七五〇年(天平勝宝二)の記録や、『延喜式』(九二七年(延長五))など古代の文書に記載があり、当時から重要視されていた作物である。静岡県磐田市の府八幡宮の例大祭の特殊神饌は橘、粟、茄子である。縁起のよい新年の夢は「一富士、二鷹、三茄子」で、吉祥の野菜である。品種も小茄子、長茄子、丸茄子など地域に継承された在来種も多い。煮る、焼く、漬ける、炒めるなどのほかに汁物や生物でも食べる夏野菜である。

参考文献 青葉高『野菜の日本史』(一九九一、八坂書房)

(増田 昭子)

なた 鉈 杣人《そまひと》が山中での伐木作業において、樹木の枝などを切り払うために使う道具。十九世紀中ごろの文献(『木曽式伐木運材図会』)に、「山刀(ナタ)」の記述と形状が描かれている。九世紀の文献(『延暦儀式帳』)に「ナキカマ」の記述があり、十四世紀の絵画(『石山寺縁起』)にその使用場面が描かれている。鉈の起源は、斧の刃部を長くする、ナキカマの刃部を厚くする、刀子の刃部を厚くする、などいくつかの可能性が考えられる。

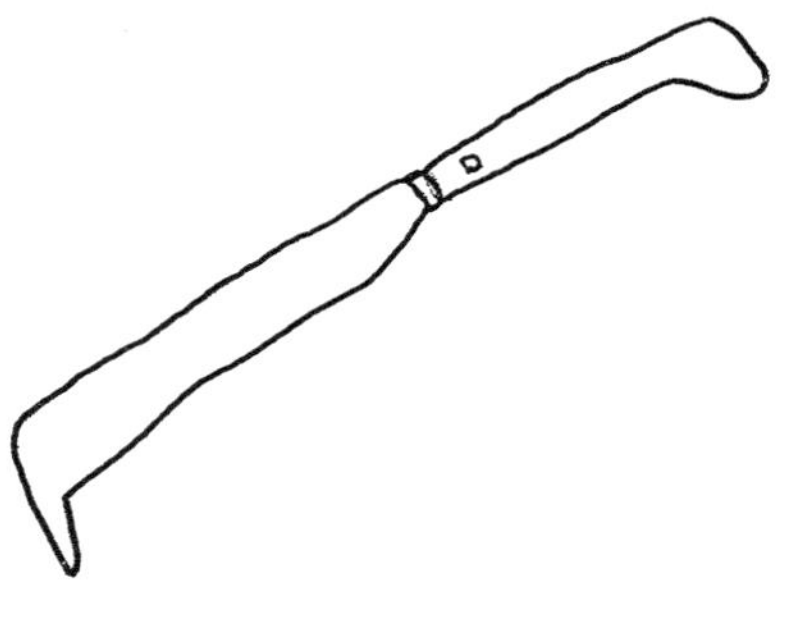

鉈(『木曽式伐木運材図会』より)

参考文献 成田寿一郎『日本木工技術史の研究』(一九九〇、法政大学出版局)

(渡邉 晶)

ナタネ ナタネ 良質の油を含むアブラナ科に属する植物の種子。精製した油を白絞油《しらしめゆ》という。アブラナ(油菜)はウンダイ(蕓薹)とも称し『延喜式』(九二七年(延長五)成立)に初見するが、当初は蔬菜として栽培された。油料作物としての栽培は一五〇〇年代後半から一六〇〇年(慶長五)ごろに始まったと考えられ、宮崎安貞の『農業全書』(一六九七年(元禄十)刊)に栽培法の記述がみえる。中世の灯油は荏胡麻油《えごまあぶら》が中心であったが、近世に入り、油搾木《あぶらしめぎ》による絞油技術が進歩し、また米作の裏作としてアブラナ栽培が普及したことで、ナタネは綿実と並ぶ主たる燃料となった。その重要性から、江戸幕府は享保改革期以後、アブラナの栽培促進と流通統制を強化し、ナタネの普及・管理に積極的に関与した。幕末から明治期に至り、鯨油・ガス・石油が広まり灯油燃料としての役割が廃れ、その後は主に食用油として使用され現在に至っている。

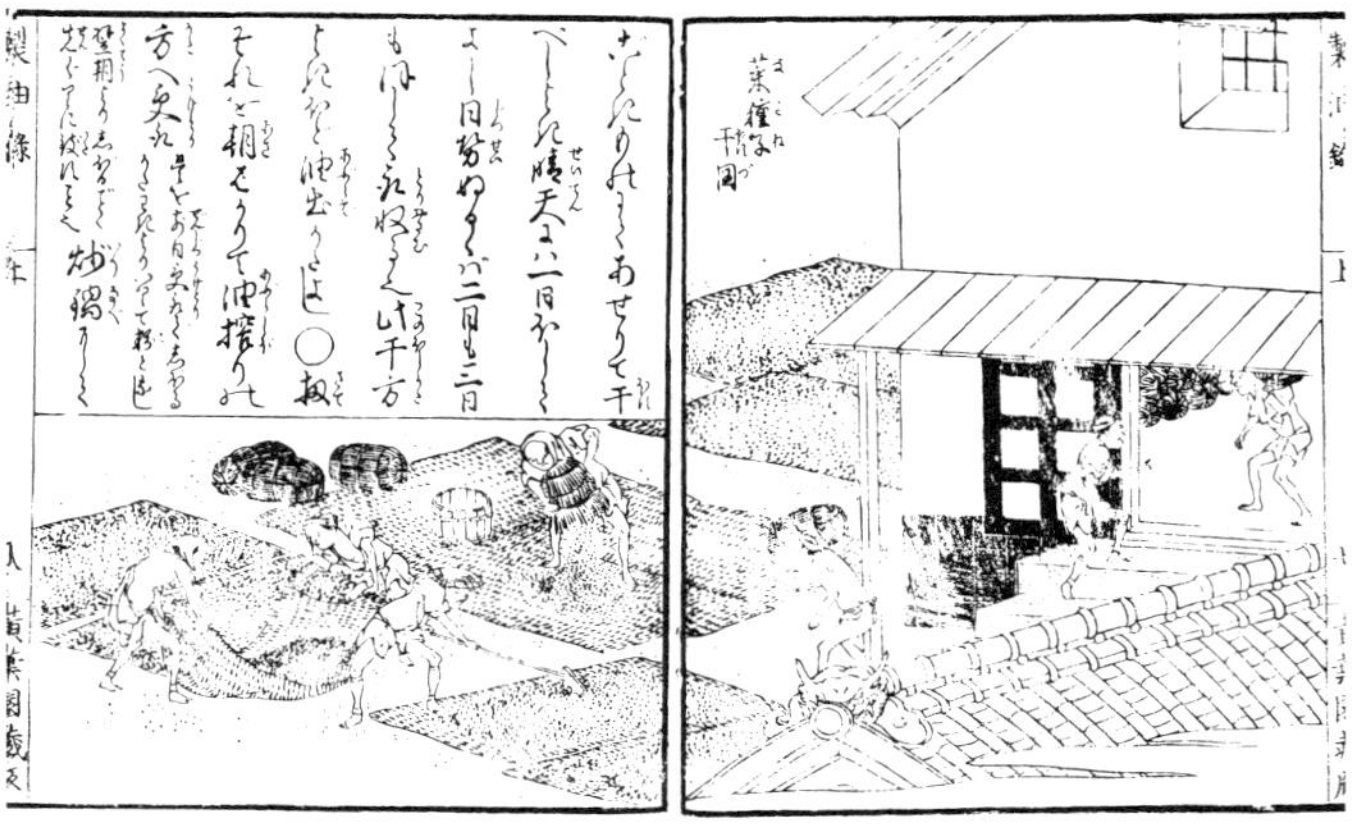

菜種子干図(『製油録』より)

参考文献 宮本馨太郎『灯火―その種類と変遷―』(一九七四、六人社)、深津正『灯用植物』(『ものと人間の文化史』、一九八三、法政大学出版局)、大石学「享保改革期における関東の菜種・唐胡麻政策」(『近世日本の統治と改革』所収、二〇三、吉川弘文館)

(田中 禎昭)

なづけおや 名付け親 子の命名を機に親子になぞらえた関係を結ぶ人物。近世の武家では生後七日までに幼名を、元服時に通称を、さらに家を継承する時点で実名を受けた。庶民でも幼名と改名の習俗は広がりをもつ。固有名詞である幼名や通称は父親が付ける場合が多いが、親族の長老や僧侶・名主など信望のある人物に頼んで付けてもらうこともあった。これにより子どもは名付け親と擬制的な親子関係を結んだこととなり、生涯を通じて後見してもらう関係を得ることになった。

参考文献　母子愛育会編『日本産育習俗資料集成』(一九七五、第一法規出版)　(太田　素子)

なっとう　納豆　大豆を加熱、醗酵させた食品である。大宝令に記載があるので古代から貴族も食していたが、現在の糸引納豆と違う塩の効いた納豆である。中世に糸引納豆ができ、江戸の庶民は納豆売りから買い、多くは納豆汁にした。近代の東京では朝、納豆売りからドンブリに計ってもらって買ったという。近現代の農家では冬に自家製した。藁製ツツコに煮た大豆を入れ、少し加熱し、内部に差入れた藁の芯から納豆菌が発生し、醗酵した。現在は納豆菌を使って醗酵させ、発泡スチロールに入れた納豆が大勢を占める。　↓大豆《だいず》　(増田　昭子)

なつやすみ　夏休み　盛夏の時期に通常の学校教育活動を休止する期間。一般には七月下旬から八月末までの約四十日間をいうが、北日本などの豪雪地域では八月中旬で夏休みを終え冬休みを長くする地域もある。夏休みは米作りを中核とした日本の伝統社会にはなかった風習であった。夏休みを学校に採用するようになったのは二つの要因があった。第一は明治初期に日本近代化を促進すべく来日した外国人教師たちの習慣である。第二は、当初は学年始期を九月としていたこと(一八八六年(明治十九)高等師範学校に始まる)である。九月学年始期の場合には七月が学年末になるから夏休みは学年の間に位置付く。しかし四月始期に変更されたことにより、新年度開始後約三ヵ月で長期休暇になる。この空白を放置できないと考えた学校側は、登校日を設定したり課題を出したりするなどで対応せざるを得なかった。つまり休みが休みではないという矛盾を抱えることになる。学校における長期休暇は、子どもの自主的な時間活用の力を培うチャンスでもある。

参考文献　高橋由美花他「夏休み子ども企画—地域の子どもたちが主体的に夏休み行事を計画・実行—」(『子どもの文化』四五ノ一、二〇一三)　(荒井　明夫)

ななくさのかゆ　七種粥　米・粟・黍・稗・葟《みの》(イネ科の雑穀)・胡麻・小豆という七種の穀物で作った粥のこと。毎年正月十五日に宮内省被官の主水司から宮廷に献上されて供御とされたほか、践祚大嘗会の解斎にも供されている。宮廷歳事としての七種粥は、宇多天皇がもと民間で行われていた七種粥の行事を採用したことに始まるが、行事自体は奈良時代から存在していた。なお、正月七日の若菜摘みの風習に起源をもつ七草粥とは異なる。

参考文献　山中裕『平安朝の年中行事』(『塙選書』、一九七二、塙書房)、木村茂光『ハタケと日本人—もう一つの農耕文化—』(『中公新書』、一九九六、中央公論社)、同「日本古代の粥と粥食」(同編『雑穀』II所収、二〇〇六、青木書店)　(伊佐治康成)

なぬし・しょうや　名主・庄屋　主として江戸時代の村役人の称。村方三役の長。一般に関東では名主、西国では庄屋の用例が多い。法の伝達、年貢・諸役の割付けや取りまとめなど、領主支配の末端機構であるとともに、村共同体の代表者として年貢減額をはじめとする各種訴願や共同体維持のための諸業務を担った。中世からある名称で、紀伊や大和では十五世紀には庄屋が存在し、年貢・公事の納入や惣庄の利害を代弁するなどした。選出法は世襲制・入札制・年番制など多様であったが、領主の認可を必要とした。旧土豪の没落や新興家の台頭などにより、江戸中期以降には世襲から非世襲に移行する例も多かった。村内の上層農から選ばれたが、稀に村外の者が就任したり、一人で複数の村の役を兼務したりすることもあった。政治・経済・文化の各方面から村民をリードする存在であり、名主家に伝来した文書は歴史研究にきわめて重要な役割を果たしてきた。都市にも名主や庄屋が存在し、町政を担当した。

参考文献　児玉幸多『近世農民生活史(新稿版)』(一九五七、吉川弘文館)、水本邦彦「初期「村方騒動」と近世村落」(『日本史研究』一三九・一四〇、一九七四)、大石慎三郎校訂『地方凡例録』(一九九五、東京堂出版)、藤木久志「中世庄屋の実像」(『戦国の作法—村の紛争解決—』所収、二〇〇八、講談社)　(志村　洋)

ナプキン　ナプキン　⇩生理用品《せいりようひん》

なべ　鍋　食物を煮たり炒めたりするための容器。これがなければ食物の加熱は、焼くか石蒸し料理のような方法を取るしかない。日本では「鍋釜」というようにしばしば釜と併称されるが、釜は基本的にかまどにかけられる容器であり、そのため上半部に落下防止用の鍔や突起を必要とする。これに対して、鍋は火どころの形態を問わないので種類に富む。素材としても非透水性で耐火力があれば利用可能で、金属のほか土器・陶器・石があり、先史時代の琉球列島先島地方では大型のシャコ貝も使われている。近代にはガラスも加わった。また釜は本来湯を沸かして米を蒸すための容器だが、鍋は内容物を限定しない。その意味で「鍋」とは煮炊具の総称であり、日本列島においては一万六千年前の縄文式土器の登場をもって広義の鍋の成立というべきだろう。以来鍋は食材と調理法の多様化に伴い、さまざまに発達した。弥生時代中期に出現した台付甕は甕の底部に円筒形または円錐形の台(脚台)を付けたもので、容器部分を火床から浮かせ炎を高い部分で受けることで燃焼効率の向上を図った。これがのちの五徳の出現を促すこととなる。

四世紀末から五世紀に大陸からかまどが伝わり、地床《ちゆか》炉《ろ》に代わって煮炊施設の主流となる。それに伴い、煮炊具の中からかまどに挿すための器種(長胴甕)が分離し、釜の祖形となった。平安時代後期、住居形式が竪穴から平地式に移行し地面から浮いた床を持つようになると、かまどは急速に姿を消し、囲炉裏が出現する。現代に至る鍋の成立はこのころに求められる。調理に欠かせない濁りのない湯を得るには土器以外の素材が必要で、日本列島では五世紀代の須恵器の登場によってはじめてこれが可能になった。

平安時代末期に畠作の拡大によって食材が多様化すると、鍋の需要は急速に高まり、素材に金属や石が加わる。金属鍋は壊れても溶かして再利用されるため遺物としては残りにくく、使用実態はなかなかうかがえないが、鎌倉時代末期成立の『一遍聖絵』中に乞食《こつじき》が鉄鍋とおぼしい容器を五徳上で使っている場面があるので、中世前期の段階で相当普及していたとみられる。金属鍋は南アジアより西では槌で叩いて成形されるが(槌起こし)、近代以前の日本ではほとんどが鋳造である。石鍋はその大半が長崎県西彼杵《にしその ぎ》半島産の滑石製で、中世前期には東北から琉球まで日本列島の広い範囲に流通した。滑石鍋は現代でも朝鮮料理などに需要がある。行(雪)平鍋と呼ばれる片手鍋は、鎌倉時代後期に瀬戸で陶器鍋として登場した。その背景には、喫茶の流行により、透明の湯を得るための廉価な煮炊具の需要が高まったことがあるとみられる。煎るための鍋である焙烙《ほうろく》(「ほうらく」とも)は室町時代後期の十五世紀ごろ成立した。昭和前期には農村地帯に油脂の摂取を広める目的で炒め物が奨励され、中華鍋が導入された。同じく炒め物用に特化した鍋であるフライパン frying pan は、戦後に広がった。現代の鍋は片手・両手・吊り耳のあるものなど多様で、電気鍋のように本来は備わっていない熱源を持ったものも現れた。

鍋を火にかけるには、三脚(五徳・鉄輪《かなわ》)などの台に置く方法と、鉤(自在鉤)で上から吊るす方法の二つがある。いずれも炎を高い位置で受けて熱効率を向上させるためのものだが、後者は平安時代後期にシベリア地方から蝦夷地を経て日本列島に伝わってきたとみられる。このことを示すのが、鍋弦《つる》が焼き切れないように吊り耳を内側に付けた内耳鍋《ないじなべ》で、本州には十一世紀後半の津軽地方に出現し、次第に南下して中世後期までに東日本の広い範囲に浸透した。民俗学で「西日本は五徳、東日本は自在鉤」といわれるのはその名残である。また鍋には呪性があるとされ、病死の原因によっては、埋葬の際、死者の頭部に被せる風習がかつてあった。　↓釜《かま》　↓五徳《ごとく》

参考文献　朝岡康二『鍋・釜』(『ものと人間の文化史』、一九九三、法政大学出版局)

（馬淵　和雄）

なべもの　**鍋物**　食卓上で、鍋で煮ながら食べる料理。基本的に一つの鍋で調理しながら、その鍋を囲んで食べる料理である。したがって料理をする側は準備段階で食卓に出し、食卓で料理を完成させる形態となる。囲炉裏を囲んでの生活をしていた場合は自在カギに鍋をかけて煮物などを作りながら食事をしていたことから、鍋を囲んでの鍋物料理は容易に発展していったことと思われる。江戸時代の料理書には湯豆腐などがみられるが現在のような鍋物であったかは不明である。しかし、『守貞謾稿』には骨抜き鰌《どじょう》鍋を文政初めに鍋煮にして供する店が出たことを記している。二重の土鍋で蓋つきの図が記載されている。笹がき牛蒡と卵とじにする現在の柳川鍋である。ほかに鯰《なまず》鍋、穴子鍋、葱鍋(鶏が主材)、獣肉店の項には琉球鍋と外食店での鍋料理とさまざまあったことがわかる。明治以降の近代化のなかで、牛鍋を筆頭に肉料理が奨励される。そして一九九二年(平成四)には東京を中心にもつ鍋が流行している。

参考文献　喜田川守貞『近世風俗志　守貞謾稿』一(宇佐美英機校訂、『岩波文庫』、一九九六、岩波書店)、江原絢子・東四柳祥子編『日本の食文化史年表』(二〇一一、吉川弘文館)

（大久保洋子）

なます　**鱠**　肉類・魚介類などを細切りにして調味したもの。古代にすでに「鱠、和名奈萬須、細切肉也」(『倭名類聚鈔』、九三一年(承平元)―九三八年(天慶元))がある。室町時代成立とされる『庖丁聞書』には「山吹鱠、いけ盛」など十二種があげられている。古式の鱠は獣鳥肉類、魚介類などを細切りにし塩、酢であえた素朴な料理であり、最古の調理法といえる。鱠は刺身とともに魚介類を生食する日本料理を代表する料理であり、酢による調味、季節の野菜ほか多彩な食品との取り合わせなど、栄養面からも有用な調理法といえる。　↓刺身《さしみ》

（秋山　照子）

なまずえ　**鯰絵**　地震災害後の世相や被災者の心情などを報じた摺物による諷刺画。震災の被害状況のみを報じた瓦版類は含まない。一八四七年(弘化四)三月の信州善光寺地震の後に江戸で出版された錦絵(浮世絵)を嚆矢とするが、狭義には一八五五年(安政二)十月二日に発生した江戸大地震の後に江戸で版行された錦絵をいう。地震は地底に棲む鯰が動くことにより起こるものであり、平時は鹿島神宮(茨城県鹿嶋市)の鹿島明神が要石または神

鯰絵「地震吉凶之弁」(1855年10月)

宝の剣で鯰を抑えていたとする説に基づいた文章と絵画で構成され、地震を起こした鯰・地震鯰を抑える鹿島明神・震災を蒙った人々の三つの要素から成り立つ。検閲を受けずに作成されたことから検閲印である改印がなく、絵師名・版元名の記載もない。五五年の鯰絵では、復興事業のはじまりを画期として、地震鯰が災害をもたらす悪者から、仕事が増え金のめぐりを良くする福神として、江戸っ子に認識されていく過程を読み解くことができる。

参考文献 コルネリウス＝アウエハント『鯰絵―民俗的想像力の世界―』(小松和彦他訳、一九七九、せりか書房)、加藤光男「鯰絵に関する基礎的考察―その種類と異版―」(『埼玉県立博物館研究紀要』一八、一九九三)、宮田登・高田衛監修『鯰絵―震災と日本文化―』(一九九五、里文出版) (加藤 光男)

なや 納屋 漁業・農業の収穫物や生業に関わる道具などを収納する建物の総称。音は、「魚屋《なや》」に通じ、この場合、魚問屋を指す。室町時代、港町に設けた海産物などを収納する海浜倉庫を納屋と呼び、堺では、その貸付で財をなした納屋衆《なやしゅう》が行政を握った。江戸時代以降、農村・漁村では、母屋(主屋)に対する附属建物一般を指す言葉として用い、小屋や倉庫などとの区別はむずかしい。漁村では、網主が漁夫を起居させる建物も納屋と呼び、網本の経営規模に応じて規模が大きな建物もあった。

参考文献 豊田武『堺―商人の進出と都市の自由―』(『日本歴史新書』、一九五七、至文堂) (鈴木 智大)

なやせいど 納屋制度 西日本の炭鉱などにおいて、労働者の募集・管理などにみられる制度。炭鉱経営者から労働者の募集、居住長屋(納屋)への収容と生活管理、賃金管理、生産現場での管理、採炭を請け負った棟梁は、配下の納屋頭を通じて労働者の生活や労働を管理した。採炭請負の棟梁制は明治期後半以降に廃止され、納屋頭が労働者募集や生活・賃金管理、出勤督促などを担い、生産は経営側の管理に移行していった。納屋制度のもとで、労働者に対しては厳しい生活・労働管理が実施されたという。→飯場制度《はんばせいど》

参考文献 隅谷三喜男『日本賃労働の史的研究』(一九七六、御茶の水書房) (荻 慎一郎)

なやもの 納屋物 近世に農民や漁民、商人・職人など生産者から直接商人に流通した商品のことを指す。かつての歴史研究では、大名家の蔵屋敷などから流通する蔵物に対する用語として使用された。このうち米穀は納屋米と呼び、ほかには、油・青物・塩・木材・鉄・紙など多数挙げられる。これには、堺の納屋衆をはじめ大坂など各地に多くの商人が携わった。大坂では商人からの再三の願い出により、一八三五年(天保六)に納屋物雑穀問屋が公認された。

参考文献 本城正徳『幕藩制社会の展開と米穀市場』(一九九四、大阪大学出版会)、白川部達夫『江戸地廻り経済と地域市場』(二〇〇一、吉川弘文館)、井上定幸『近世の北関東と商品流通』(『近世史研究叢書』、二〇〇四、岩田書院) (荒武賢一朗)

ならいごと 習い事 特定の師匠などに入門し、さまざまな芸を習うこと。稽古事。〔近世〕近世になると、それまで支配的な身分のものであった諸文化が大衆的なものとなっていった。またこれらに、近世期に新たに産みだされた文化・芸能などが加わりつつ、民衆の間にも浸透していった。一六九〇年(元禄三)に刊行された『人倫訓蒙図彙』には、五百項目以上の職業が記されているが、このうちの能芸部には、五十をこえる「能芸」に通じた者たちが列挙されている。その一部を紹介すれば、「歌人」「詩人」「連歌師」「俳諧師」「学者」「儒」「筆道者」「算者」「太刀遣」「茶湯者」「立花」「琴」「能」「地謡」「舞」などである。これらの諸芸を職業とする者は、その芸事を人々に教える師匠でもあった。十七世紀の末期には、都市を中心として、これらの師匠に入門し習い事をする夥しい人々が存在していたのである。近世末期までに、これらの習い事は農村を含む全国に普及し、一定の階層以上の人々の間では、各自の分限に応じた芸を嗜むことが必須のものとさえなっていった。漢学・国学を頂点とし、俳諧を底辺とする在村文化を形成していったのである。手習いは、このなかでも、文芸や学芸の基本となるだけでなく、諸芸に通ずるものでもあるが、同時に、商業や奉公に従事する者にとって、次第に不可欠な職業的な能力となっていった。種々の習い事のなかでも、もっとも広い階層に普及したものであった。習い事は、女性にも浸透していった。文化年間(一八〇四―一八)に成立した式亭三馬の『浮世風呂』には「としのころ十か十一ばかりの小娘」が、朝から晩まで、手習い・三味線・踊り・琴などの稽古をさせられていやになると愚痴っているシーンが描かれている。武家において奉公勤めをするような場合にも、このような芸事に通じていることが、女性にとって不可欠なものになりつつあった。近世期には、このように、生産や職業とも関連しつつ、多様な形で習い事が展開していったのである。→家元《いえもと》 →芸事《げいごと》

参考文献 横田冬彦編『芸能・文化の世界』(『シリーズ近世の身分的周縁』二、二〇〇〇、吉川弘文館)、杉仁『近世の地域と在村文化―技術と商品と風雅の交流―』(二〇〇一、吉川弘文館)、木村政伸『近世地域教育史の研究』(二〇〇六、思文閣出版) (八鍬 友広)

〔近現代〕従来からある稽古事を基本とし、職業につくことを目的とせず余暇に行う趣味的なものを指すが、現在は自己実現を目的とした資格取得や技術向上を目指す実用的な習い事に取り組む人も多い。稽古事のはじまりは江戸時代中期以降で、庶民の間に歌舞、音曲、生け花、茶道などの芸事を習うことが広まり、子供たちも、寺子屋や手習い塾で文字の読み書きや算術を教わる以外に、こうした稽古事に通っていた。庶民にとって芸事は楽しみであり、江戸中期から後期にかけ稽古事を行う人口が

増加し、流派の正統である家元が流派の門弟を統率する家元制度の成立にも寄与するが、この流れは、明治期になると衰退する。しかし、明治期に入ると稽古事は新しいかたちで人々に広まるようになる。明治政府が国民国家としての形を整え、天皇を中心とする「イエ」制度を整備するなかで、女性をイエを守り盛り立てる「良妻賢母」として育成するため、国策として女子教育に強い関心が払われた。この女子教育のなかに、従来の稽古事である、華道、茶道、裁縫、編み物などが取り入れられたことにより、稽古事は女子の教養として復活する。戦後、一九七〇年代には、企業が経営する各種の文化・教養講座が開講するカルチャーセンターが開かれるようになる。カルチャーセンターでは、従来の稽古事に加え、教養的・文化的な講座も多く開講され、電化製品の普及などによって時間的な余裕ができた専業主婦を中心に流行し、既婚女性たちの新たな交友の場ともなった。またこの時期、子どもたちもピアノ、算盤、習字といった習い事に盛んに通うようになる。八〇年代以降は、習い事をする場が、公的な社会教育機関、大学などの教育機関の公開講座、地域のサークル活動、通信講座などに広がってきている。習い事に通う世代も、子供から大人、高齢者にまで拡大し、その目的も多様化している。各個人が自分の興味関心や必要性に合わせて、習い事を選択するようになっているのが現状である。 ↓生涯教育《しょうがいきょういく》

参考文献 石川弘義『余暇の戦後史』(『東書選書』、一九七九、東京書籍) (後藤 知美)

なりきん 成金 将棋において「歩」が敵陣で「金」に成るのになぞらえ、にわかに巨利を得て富豪となった人物のことを指す。近世にもこうした意味での用例はあるが、一般にこの語の流行は、日露戦後に株取引で巨利を摑《つか》み豪奢を尽くすも、相場の暴落でたちまちのうちに没落した鈴木久五郎に冠せられたのに始まるとされる。そこには「成金」も所詮は「歩」であるという含みがあろう。好景気に沸いた第一次世界大戦期には、内田信也や山本唯三郎、山下亀三郎といった船成金をはじめ、米成金・糸成金・株成金・土地成金・鉄成金、果ては芋成金・ボロ成金まで、大小さまざまな成金が出現し、その蕩尽ぶりが噂された。もっとも戦後恐慌で「成金時代」は急速に終わりを告げ、成金たちの多くも没落した。この言葉の流行が示すのは、人びとの成功者に対する羨望だけでなく、拝金主義的風潮への違和感や富者としての徳・品位を欠くブルジョアへの反感、「刻苦勉励」「質素倹約」を尊ぶ価値意識が根底にあると考えられる。

参考文献 小西栄三郎『大正成金伝』(一九一六、富強世界社)、今井清一編『成金天下(改訂版)』(『日本の百年―記録現代史―』五、一九七八、筑摩書房) (大岡 聡)

なりもの 鳴物 鉦《かね》・太鼓・笛・三味線などの楽器の総称。それらは、寺院における儀式・法会や神社における祭礼の際に使用される鐘・太鼓などの楽器、歌舞伎や芝居のなかで使用される楽器とそれらを用いた音曲・器楽(効果音楽)、合戦や百姓一揆の際に用いられた鉦・太鼓などの三つに分けられる。楽器としての鳴物、特に三味線は十六世紀半ば以降、芸能民にとどまらず、民衆の日常の娯楽の場へと広く普及していった。一七四八年(寛延元)に関宿藩士の和田正路《わだまさみち》が記した随筆『異説まちまち』が「家毎に三味線にて楽遊ばぬ家はなかりし也」と江戸の様子を記したことからも、都市における芸能としての鳴物の受容が見て取れる。同様に村落においても、祭礼や虫送りなどの年中行事の際に、鳴物が日常的に使用されていた。百姓一揆の際、合図や運動を高揚させるために鐘・太鼓・法螺貝《ほらがい》などが持ち出されていたことも、これらの鳴物が農民にとって身近な存在であったことを示している。一方、江戸時代の将軍・天皇・大名とその家族などの死去時には、幕府・諸藩が鳴物停止令《ちょうじれい》という触を発布していた。これは個々人による鳴物の使用だけではなく、芝居・見世物・謡といった音楽・芸能一般および道路・橋などの土木・建設工事(普請)、さらに触売《ふれうり》といった大きな音を立てる商売などを一定期間規制し、社会に対して静けさと慎みを求めたものである。たとえば、一七五一年(宝暦元)に死去した大御所徳川吉宗の場合、百日を超える規制がなされたため(『江戸町触集成』)、長期間の鳴物停止令が芸能興行や工事・商売などを止めることとなり、都市や農村の社会生活に与える影響はきわめて大きかった。これら為政者の死に伴う規制は、近代以降も政府による歌舞音曲の禁止ないし自粛と名称を変えて実施されている。現在では、鳴物は前述の歌舞伎や寄席、そしてスポーツ観戦時に使用される楽器類を指すほか、物事をおおげさに宣伝する鳴物入りという言葉のなかに生き続けているにすぎない。 ↓三味線《しゃみせん》

参考文献 芸能史研究会編『日本芸能史』六(一九八八、法政大学出版局)、藪田貫『国訴と百姓一揆の研究』(『歴史科学叢書』、一九九二、校倉書房)、中川学『近世の死と政治文化―鳴物停止と穢―』(二〇〇九、吉川弘文館) (中川 学)

なわ 縄 一般に繊維を撚り合せて細長くしたものをいう。紐より太く綱より細いものをいう。藁や麻、棕櫚《しゅろ》、綿、パームヤシ、化学繊維など、さまざまな素材がこれに用いられた。藁縄は、藁を数本ずつ手のひらで二つに分け、両手を擦り合わせながら回転させつつ二つの藁束を捻じり合わせて製作する。農家にとっては夜なべ仕事であったが、近代に製縄機が普及すると、これを専業化する者も現れた。火縄銃の着火に用いる火縄は、火持ちのいい竹の繊維が用いられる特殊なもので、伊賀地方の特産品であった。このほか、蕨《わらび》、青桐や杜松《ねず》、樺の樹皮も縄材として用いられてきた。道具としての縄はさまざまなものを結束するために用いられたが、背負縄のようにものを運ぶ道具としても用いられてきた。また、縄は注連縄《しめなわ》に代表されるように、祭事において結界の役割も果たしてきた。一方、縄という語は、「縄を掛ける」「お

縄にする」などのように、罪人を捕縛するイメージでも使われている。　↓注連縄《しめなわ》　（加藤　幸治）

なわしろ　苗代　種籾を播いて稲の苗を育てる田のこと。以前は初期の稲作は直播きで、苗代を用いた田植えは奈良時代ごろ以降といわれたが、最近の発掘によって弥生時代に田植えが存在したことが明らかになり（岡山市百間川遺跡）、苗代もその時代にさかのぼる可能性がある。史料としては奈良時代初期の『播磨国風土記』に「其の村の田は今に草敷かずして苗代を作る」とあることや、『万葉集』に「奈波之呂《ナワシロ》」と詠まれている（一四ノ三五七六）のが早い例である。『枕草子』賀茂へまいる道にも田植えの様子が描かれているから、平安時代には相当普及していたと考えられる。江戸時代には直播き法の摘田《つみた》・蒔田《まきた》が特記されるほど、苗代を用いた田植えが一般的になった。

苗代に施肥する図(右)，苗取りと苗運びの図（『農業全書』より）

参考文献　木村茂光編『日本農業史』（二〇一〇、吉川弘文館）　（木村　茂光）

なわとび　縄跳び　電信柱などの器物に固定して張った縄を跳び越えたり、手に持った縄を回転させて跳び越える遊戯。一人で行う場合から、長い縄の両端を二人が手に持って大きく回転させ、複数人が一人ずつ順に、あるいは全員一緒に飛び越えるもの（大縄跳び）まで、多種多様な遊び方がある。一人で両手に縄を持って一回の跳躍で背面から頭越しに縄を一回転させるのが基本であるが、習熟すると、一回の跳躍で背面から頭越しに縄を二回転させる二重跳び、三回転させる三重跳びなども可能になる。昭和期には縄のみ、または縄に木製の持ち手が付いたものが普及していたが、現在では紐と持ち手が合成樹脂で作られたものが市販され普及している。

参考文献　遠藤ケイ『こども遊び大全―懐かしの昭和児童遊戯集―』（一九九一、新宿書房）　（宮瀧　交二）

なんど　納戸　寝室として用いられた閉鎖的な部屋。衣類・家財などの格納の機能も果たした。寝殿造の塗籠《ぬりごめ》は、中世の住宅においても奥まった場所にある開口部のない寝室として継承され、この部屋が納戸と呼ばれるようになる。『慕帰絵《ぼきえ》』八（一三五一年（正平六）作）に描かれる四周を壁で囲った納戸は、間柱を狭い間隔で立て板壁により囲った堅固な造りである。納戸への入り口となる引戸は、鴨居が低く敷居が高い。このような特徴を持つ寝室は、近世の武家住宅や農家の寝室に受け継がれる。多くの地域の民家で、家長夫婦の寝室や衣類格納の室として、しばしば平入主屋の背面奥に設けられる部屋をナンドと称する。この部屋をネマ、チョウダイ、ヘヤなどと称する地域もある。入り口上部の鴨居は低く、床に敷き詰める藁が外に出ないように敷居は一段高い。このような入り口の造りが装飾化して、近世の書院造における座敷飾りの一つである帳台構へと受け継がれる。　↓寝室《しんしつ》　↓塗籠《ぬりごめ》

納戸（『慕帰絵』より）

参考文献　平井聖『（図説）日本住宅の歴史』（一九八〇、学芸出版社）　（松下　迪生）

に

にがて　苦手　呪術的な能力を持った手の一種。蝮指などともいう。この手で捕らえれば蛇が抵抗しなくなるという。苦手は生まれつきのものだが、親から受け継がれるものではなく、その所有者も数少ない。指の第一関節だけ曲げてマムシのようにできる人が蝮指であるともされる。一六九九年(元禄十二)の『諺草』では、苦手でイモの茎を折るとその味が苦くなり、またこの手でさすると腹痛を抑えることができ、蛇を捕らえると動かなくなる、とされている。苦手で撫でることで腹の虫を抑えられるという俗信は十七世紀中ごろから知られており(俳諧集『底抜磨《そこぬけうす》』)、二十世紀前半に採集された方言や民俗でも各地に同様のものを確認できる。また、苦手の人がその手で調理すると不味くなる、苦くなるともいわれる。霊術家の宮永雄太郎は『まじなひの研究―施術自在―』(一九一一年(明治四十四))の中で、苦手は少彦名命《すくなひこなのみこと》から伝わった呪法であり、呪式に従って苦手で撫でれば悪魔怨霊も退散するとした。

参考文献　柳田国男「にが手の話」(『(定本)柳田国男集』一五所収、一九六三、筑摩書房)、常光徹「にが手とまむし指」(『西郊民俗』一六〇、一九九七)　(廣田　龍平)

にぎりめし　握り飯　飯を握り固めたもの。中に梅干しや鮭などの具を入れる場合もある。おにぎり、にぎり、むすび、むすびいいなどともいう。古くは屯食《とんじき》(包飯《つつみめし》)といい、中世の貴族の振舞時には、下仕え向けに準備された弁当でもあった。また、かつては強飯《こわいい》を握り固めることが多く、それを乾燥させた糒《ほしい》の握り飯も、旅や兵糧で用いられた。近世小説『浮世草子』(一六九八年(元禄十一))には、「にぎり食《めし》」という記載もみえる。また『支那事変実記』(一九四二年(昭和十七))には、南京城陥落に至るまで、不眠不休で一万六千個の握り飯を送り届けた握飯部隊の功名綺談が紹介されている。原好文中尉の命で、塩、青菜、大豆、玄米を混合し炊き上げられた握り飯は、火ぶくれの手で握られたため、血染めのものもあったという。また『海戦　大東亜海戦記』(同年)には、戦地に向かう筆者が、握り飯を「母の愛情」とかみしめ、涙を抑える場面が描かれている。

参考文献　『支那事変実記』六(読売新聞社編集局編『大東亜戦史』前編、一九四二)、『海戦　大東亜海戦記』(一九四二、読売新聞社)　(東四柳祥子)

にくしょく　肉食　動物を食べること。「にくじき」ともいう。広義には魚や野生の鳥獣、家畜家禽や乳製品などを食べる行為が含まれるが、ここでは主に四足動物を対象とする肉食について述べる。日本列島では、縄文時代はもとより稲作農耕が定着した弥生時代においても動物の肉は重要な食料資源であったが、その後の歴史のなかで肉食を忌避する食文化が形成された。六七五年(天武天皇四)、最初の肉食禁止令が天武天皇により出され、牛・馬・犬・猿・鶏の肉食が禁止された。その後もたびたび禁止令が出されたが、多くは天皇の病気平癒や旱魃・飢饉への対処などを目的とした限定的な内容であった。むしろ古代の日本社会では依然として肉食が広く行われており、牛などの家畜を屠って神に捧げる供犠もみられたが、のちにこれらの儀礼は禁止されて衰退した。平安時代には摂関政治のもとで肉食を穢れとして忌避する神道的な触穢《しょくえ》観が形成された。『延喜式』では六畜の肉食が触穢とされ、さらにその後作られた諸社の触穢規定は野生の鳥獣類にも及んだ。また『日本霊異記』や『今昔物語集』などの説話を通して生命の収奪を罪悪視する仏教の不殺生戒の思想も広められた。こうして次第に動物の殺生や肉食に対する宗教的な忌避意識が社会に浸透したが、これによって肉食が途絶した訳ではなく、実際には斃牛馬の処理や皮革の生産、および山野での狩猟活動などに伴い多様な肉食が行われた。江戸時代には、第五代将軍徳川綱吉による生類に関する諸政策にみられるように殺生禁断と肉食の忌避が社会的に強化された。しかし一方で薬餌としての肉の効用を説く者もあり、『本朝食鑑』には牛肉の食べ合わせや医薬的効果が記されている。薬食いの名目で肉食を嗜好する人々もいて、江戸麴町平河町(東京都千代田区)などにあった獣肉店では猪肉や鹿肉などを販売していた。また牛の産地であった近江彦根藩が名物の牛肉味噌漬けを寒中御見舞として将軍家に献上していたこともよく知られている。幕末になると欧米から渡来する外国人も増え、彼らも牛肉を求めて食していた。

明治時代に入ると日本は国をあげて西洋化を推進し、それに伴い肉食をめぐる社会的評価も大きく変わった。一八七一年(明治四)年末、明治天皇が長く続いた宮中での肉食禁止を解き、以後天皇の食事に牛肉や羊肉などの肉類も用いられるようになった。当時東京・大阪などの都市で食べられた牛鍋は、従来からあった鶏肉の鋤焼《すきやき》や鹿鍋・猪鍋などの調理法を踏襲したものであったが、文明開化を象徴する料理として大いに流行した。その様子を描いた仮名垣魯文《かながきろぶん》『(牛店雑談《うしやぞうだん》)安愚楽鍋《あぐらなべ》』には「牛鍋食はねば開化不進奴《ひらけぬやつ》」と記されている。また福沢諭吉も「肉食せざるべからず」を書いて人々に肉食を推奨した。明治時代中ごろになると都市を中心に洋食(日本化された西洋料理)を出す料理店も増え、また軍隊の兵食の一部に肉が採用されたこともあって、人々が肉食を経験する機会が増えていった。こうして明治時代以降、牛肉と豚肉を中心とした食肉の生産と消費が本格化した。

他方、庶民生活においては肉食が普及する過程で触穢の意識との葛藤も生じた。自宅で肉食をする際の対処法

として、神棚や仏壇に白紙を貼ったり、家の竈とは別火にして屋外で調理した例もみられたという。現在でも神事や仏事との関係で一時的に肉食を断つことは行われている。また狩猟が盛んな地域では、古くから野生鳥獣の肉食が行われた。日本の狩猟には熊・鹿・猪などを対象とする大型獣猟と野鳥や兎などを対象とする小型鳥獣猟があるが、いずれの獲物も食の対象となる。たとえば長野県伊那地方では、熊・鹿・猪・羚羊《かもしか》・猿などの肉をサンニク(山肉)といい、郷土食として食べてきた。こうした狩猟活動は必然的に殺生を伴うが、猟師の側には狩りの存続を可能にする論理として山の神や狩猟神に対する信仰がみられる。諏訪神社が発行した「鹿食免《かじきめん》」の札や箸も肉食による触穢への対処例である。

なお日本本土とは歴史背景が異なる沖縄では、仏教的な不殺生戒や神道的な触穢観は庶民生活に定着しておらず、むしろ肉食に対する嗜好が強い食文化が形成された。狩猟対象には猪、飼養動物には牛・馬・豚・山羊・犬・猫・鶏・家鴨《あひる》などがあり、いずれも食の対象となりうる。特に近世琉球国の時代に王府が養豚を奨励したため、近代以前から豚の飼養が普及しており、現在も豚肉食に関する豊富な知識や技術が民俗として伝承されている。

↓家畜《かちく》 ↓牛肉《ぎゅうにく》 ↓狩猟《しゅりょう》 ↓馬肉《ばにく》 ↓豚《ぶた》

参考文献 加茂儀一『日本畜産史』食肉・乳酪篇(一九七六、法政大学出版局)、千葉徳爾「殺生・肉食・触穢」(『狩猟伝承研究』総括編所収、一九八六、風間書房)、原田信男『歴史のなかの米と肉―食物と天皇・差別―』(『平凡社選書』、一九九三、平凡社)、平林章仁『神々と肉食の古代史』(二〇〇七、吉川弘文館) (萩原 左人)

にしきごい 錦鯉 マゴイを飼育改良した観賞魚。紅白、大正三色、昭和三色など、現在では模様や色彩、鱗の形状などに応じて数十種類の品種に分類されている。錦鯉は、新潟県小千谷市、長岡市(旧山古志村)の山間部で、文化・文政期に突然変異によって生まれたと一般には語られるが、史料を基にした確実な作出の歴史は定かではない。明治初頭には、新潟県でその売買が活発化して価格が高騰し、倹約を旨とする新潟県から飼育禁止令が出されるほどであった。一九一四年(大正三)に開催された東京大正博覧会に出品したことを契機に観賞魚愛好家の目に留まり、全国へ流通していった。その後、一九六〇年代以降の高度経済成長期に趣味としての錦鯉飼育が普及し、爆発的なブームとなった。日本で生み出された唯一の観賞魚であるため「国魚」とも称される。近年では海外にその文化が浸透し、愛好家が増加したため、日本で生産される錦鯉の多くが、海外へ輸出されるようになった。

参考文献 菅豊編『動物と現代社会』(『人と動物の日本史』三、二〇〇九、吉川弘文館) (菅 豊)

にしじんおり 西陣織 京都西陣で生産される高級織物。一八七二年(明治五)に西陣の職人佐倉常七、井上伊兵衛、吉田忠七が、技術習得と洋式織機購入のため、フランスに渡欧した。翌年彼らが持ち帰った紋織機械のジャカードをはじめとする洋式織機は、二条河原町の工場に据えられた。七五年から新技術による西陣織の技術普及が行われている。八八年に竣工した明治宮殿の装飾用織物には西陣織が使われた。日清戦争まで休業する織元が続出し、経済的に深刻な状況に直面することもあった。その背景には職人の不足や賃金高騰などの問題があった。その後には工業化を推進し、生産も高級織物に限るようになる。西陣織の主な生産品は、帯地、御召、金襴、錦、綴などであり、打掛、法衣、能装束、神官装束、袱紗に用いられる。太平洋戦争後に和服の需要が減ると織屋の数も減少したが、現在まで西陣織は高級織物として珍重されている。

参考文献 『西陣―美と伝統―』(一九六九、西陣五百年記念事業協議会) (刑部 芳則)

にじゅうしき 二十四気 季節の推移を表した太陽暦。二十四節気とも。太陽が一年で一周する黄道上の動きを二十四等分し、その分割点を含む日に季節に相応する名称を付けたもので、年の変わり目である立春を起点とする。二十四気の起源は、前七世紀ごろに中国で季節の目安として成立した。当初、冬至を起点に次の冬至までの間を二十四等分した、一節気を約十五日で計算する恒気法を使用していた。しかし、実際の太陽は楕円に運行するため、一節気の長さが季節で相違を生じたので、春分を起点に太陽の位置が一五度ずれるごとに一節気進む定気法が採用された。日本の暦に二十四節気が導入されたのは江戸時代以降であり、寛政暦では恒気法、天保暦では定気法が使用された。もともと中国の気候に合わせて作られたため、日本特有の気候から作られたものとして八十八夜や入梅などがあり、これは雑節といわれた。

参考文献 岡田芳朗『陰暦と日本人―歴史がはぐくんだ生活の知恵―』(『実日新書』、一九七六、実業之日本社)、広瀬秀雄『暦』(『日本史小百科』、一九七六、近藤出版社) (小山 貴子)

にじゅうはっしゅく 二十八宿 太陽が一年に一周する黄道に沿って二十八の星座に分割したもので、古代中国の星座に由来する。本来は、月の天球上の位置を知るために作られた。東方青竜に角、亢、氐、房、心、尾、箕、北方玄武に斗、牛、女、虚、危、室、壁、西方白虎に奎、婁、胃、昴、畢、觜、参、南方朱雀に井、鬼、柳、星、張、翼、軫である。のちにインドに伝わると牛宿が除かれて二十七宿となり、天文学的な意味合いが薄れて日の吉凶を占うために用いられ、宿曜《すくよう》として唐に逆輸入されて、日本に伝わった。高松塚古墳やキトラ古墳の壁画で四神とともに二十八宿が描かれており、七―八世紀には日本に伝わったと考えられる。日本では暦注としてインドから伝わった二十七宿を採用したが、江戸時代、天文方の渋川春海《しぶかわはるみ》によって二十七宿が廃され、貞享暦以降は、二十八宿が暦注に掲載された。二十八宿にはそれぞれに

吉凶があり、天気予報にも関連した。

参考文献　岡田芳朗『陰暦と日本人―歴史がはぐくんだ生活の知恵―』(『実日新書』、一九七八、実業之日本社)、広瀬秀雄『暦』(『日本史小百科』、一九七八、近藤出版社)

(小山　貴子)

ニシン　ニシン　ニシン科の海水魚で、日本近海では富山県、茨城県涸沼《ひぬま》以北の北日本、日本海、黄海北部などに分布する。ニシンは「春告魚」の別称があるように、三～五月の春ニシンは産卵期に沖合である三陸沖からオホーツク海を回遊し北海道や東北の沿岸に大群で接岸したが、昭和三十年代になると急減した。ニシンの国内の記録上の初見は室町時代の一五四八年(天文十七)の『運《うん》歩《ぼ》色《いろ》葉《は》集《しゅう》』とされるが、北海道でのニシン漁は一四四七年(文安四)に陸奥国の人が蝦夷松前に移住したことに始まるとされている。江戸時代には松前藩が租税と引き換えに漁業権、商業権を地域限定で許可する場所請負制度を設け、近江商人たちが場所請負人としてニシン漁場を開発した。畿内などでの木綿や藍などの商品作物生産が急増する中、肥料としての干鰯不足が顕著になった十八世紀中期(享保期)以降、北海道産ニシンの〆粕がサケ、コンブ、数の子などの海産物とともに近江商人によりもたらされた。ニシン粕は近江の湖東地区で油カスや干鰯と併用して導入され、畿内および西国の魚肥市場へ拡大し、干鰯よりも安価に販売された。明治二十―三十年ごろがニシン漁のピークで、ニシン御殿が出現するほどの繁栄があったが、漁業の浮き沈みが大きく、昭和三十年代以降は衰退した。「ソーラン節」「江差追分」などは、ニシンを題材とした民謡である。

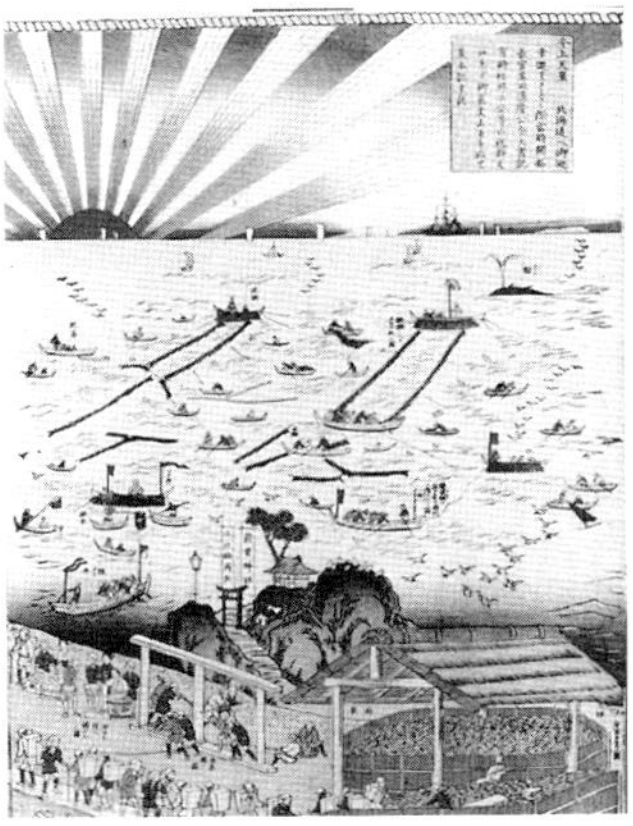

ニシン　「北海道鰊大漁概況之図」(部分)

参考文献　田島佳也『近世北海道漁業と海産物流通』(二〇一四、清文堂出版)

(橋村　修)

にしんかす　鰊粕　鰊を加工して製造される肥料として は、身欠鰊製造の残りを乾燥させた胴鰊、精嚢を乾した白子、えらを乾燥させた笹目などがあるが、鰊粕とは通例、鰊をそのままゆでた後、器械などで圧搾して油をとり、乾燥させて製造した鰊搾粕(鰊〆粕)をいう。江戸時代より主に北海道で生産され、北前船などによって集散地や消費地に運ばれた。鰊の不漁などから、その生産は昭和初期には大きく減退した。

参考文献　中西聡『近世・近代日本の市場構造―「松前鯡」肥料取引の研究―』(一九九八、東京大学出版会)

(坂口　誠)

にたき　煮炊き　食物に水分を加えて火をとおすこと。炊事。煮炊きには道具が必要であるが、その道具としては奈良時代に都城・官衙・寺院を中心に鉄製の羽釜・鍋が用いられるようになる以前は、もっぱら素焼きの深鉢や甕形の土器が使われた。奈良時代以降も全国的にみると、依然として深鉢や甕形の土器が煮炊きの道具の中心であったが、中世に土釜・土鍋が一般的に使用されるようになって、煮炊きの道具の役割を終える。煮炊き用の土器は、更新世末の世界的な気候の変動期のなかで利用が始まるが、土器は重くて壊れやすく、旧石器時代の移動生活には不向きな道具であり、完新世の縄文時代に入って定住化とともに本格的に利用が開始された。土器で煮炊きができることで、日本列島の山野に豊富に自生する植物が新たに食品となっただけではなく、さまざまな食材を組み合わせての調理が進み、味覚や栄養のレパートリーも広がった。また、殺菌による食品の衛生面での改善も進んだ。

(勅使河原彰)

にっき　日記　日々のできごとを備忘のために記したもの。日次記《ひなみき》ともいう。『日本書紀』の伝える『伊吉博徳書《いきのはかとこのふみ》』が最古のものといわれる。平安時代には朝廷の公的日記として太政官の外記《げき》日記や内廷の殿上《てんじょう》日記なども記されたが、貴族が子孫のために先例や故実を伝える私日記が多く記されるようになった。世界記憶遺産となった藤原道長の『御堂関白記』はその代表的なものである。その他、女性による日記文学なども書かれた。貴族らの私日記は中世以降も書き継がれた。近世になると識字率の向上とともに公家や武家以外に庶民や女性の日記なども現れ、内容もさまざまなことが雑記的に書かれるようになった。近代には文学者の日記のように自我の内面を綴り、人生の思索を記すものも現れた。現代ではさらにその目的も書き手も広がり、さまざまな階層、年齢の人々が備忘のため、思索のため、さまざまな目的で記すようになった。

→農事日誌《のうじにっし》

参考文献　飯倉晴武『古記録』(『日本史小百科』、一九九八、東京堂出版)、高橋秀樹『古記録入門』(二〇〇五、東京堂出版)

(戸川　点)

にっしょうけん　日照権　太陽の光を確保する権利。一九六〇年代中ごろから建物の高層化が進み、既存住宅への日照妨害が問題になり始め、裁判にまで発展するケースも生じた。建築基準法では北側斜線(敷地北側の高さに対して定められた規制)や日影規制が定められているが、日照時間の定量的な記述はない。七〇年代後半から東京都をはじめ、各自治体が中高層建築物の紛争を予防する条例を定め、最低限確保すべき日照時間を定めるようになった。

(前川　歩)

にほんじゅうたくこうだん　日本住宅公団　鳩山一郎内閣の住宅建設一〇ヵ年計画を背景として、一九五五年(昭和三十)に制定された日本住宅公団法に基づき設立された特殊法人。政府からの出資・融資金のほか、生命保

険・信託銀行からの借入れ、住宅債券の発行などによる民間資金を調達し、独立採算制のもとに、住宅不足の著しい地域において、勤労者向けの耐火性能を有する(集合)住宅と宅地を大規模に供給することを目的とした。公団住宅と呼ばれた団地や住宅を建設したほか、宅地供給のための土地区画整理事業・市街地再開発事業、新住宅市街地開発によるニュータウン建設、住宅地以外の工業団地・流通業務団地の供給、水面埋立事業など、住宅・宅地供給に関わる幅広い事業を実施した。七〇年代以降の地価上昇と住宅需要の質の変容に対応できず経営を悪化させ八一年に解散し、その業務は住宅・都市整備公団、都市基盤整備公団を経て都市再生機構(UR都市機構)へと継承された。　↓公団住宅《こうだんじゅうたく》　↓集合住宅《しゅうごうじゅうたく》　↓団地《だんち》　↓ニュータウン

参考文献　渡辺精一『ニュータウン―人間都市をどう築く―』(『日経新書』、一九七三、日本経済新聞社)、『日本住宅公団二〇年史』(一九七五、日本住宅公団)

(永江　雅和)

にほんじょうみんぶんかけんきゅうじょ　日本常民文化研究所　日本民衆の生活・文化・歴史を調査、研究する機関。日本常民文化研究所の前身は、一九二一年(大正十)、渋沢敬三により設立されたアチック=ミューゼアム(屋根裏博物館)=ソサエティにさかのぼる。戦後、財団法人として再出発、その後、一九八二年(昭和五十七)に神奈川大学に移管され今日に至る。渋沢の構想した民具、漁村漁業史を中核に日本の常民の生活史の究明を所是とする。早川孝太郎、宮本常一、宮本馨太郎、桜田勝徳、伊豆川浅吉、山口和雄ら、日本の民俗学・民具学・水産史学に多大な業績を残す研究者が集う一方、秋田の吉田三郎、瀬戸内の進藤松司ら現役の農民・漁民も集い、生活記録を刊行するなど多士済々が参集した。今日も、戦前の『アチックマンスリー』を継承した『民具マンスリー』を刊行し民具研究の拠点となり、漁業史方面では、戦後四九年から五五年にかけ水産庁から漁業制度資料調査保存事業の委託を受け、宇野脩平を中心に月島の分室で二野瓶徳夫・速水融・網野善彦・河岡武春らが目録化した三十万枚に及ぶ筆写稿本を所蔵、公開するなど活動が持続している。　↓アチック=ミューゼアム　↓渋沢敬三《しぶさわけいぞう》　↓常民《じょうみん》

(佐野　賢治)

にほんちゃ　日本茶　⇩茶《ちゃ》

にほんのうみんくみあい　日本農民組合　農民が生活と権利を守るために結成した組合の全国組織。三つの日本農民組合が存在した。一つめは、全国系列の組合として一九二二年(大正十一)に賀川豊彦・杉山元治郎によって結成された日本農民組合である。その機関紙の名称は、『土地と自由』であった。一九二七年(昭和二)二月に分裂し、三月に日本労農党支持の全日本農民組合が結成された。二八年三月の三・一五事件、四月十日の労農党への解散命令により、労農党を支持していた日本農民組合は、同年五月に全日本農民組合と合同し、全国農民組合となった。二つめは、三一年一月、平野力三の指導する農民組合と、鈴木文治の率いる日本農民組合総同盟が合同して結成された。結成時の会長は片山哲であった。三二年に鈴木文治の勢力が脱退し、日本農民組合総同盟を再結成した。三四年から平野力三が会長となった。その後、皇道会を支持し、山梨県、新潟県、福岡県を中心に活動した。四一年三月に解散した。三つめは、四六年創立の日本農民組合である。全国農民組合を最後まで支えた労農派と農地制度改革同盟を結成していた須永好、平野力三を中心に結成された。彼らは社会党幹部を兼任していた。会長は須永好であった。共産党は農民組合の再建に反対の立場をとっていたが、のちに態度を変更し日本農民組合に参加した。戦後、農民運動の全国組織は二つに分裂して開始されたが、労働運動の場合は日本農民組合が統一指導部となった。日本農民組合は占領軍の提起した農地改革を支持し、平和で民主的な農村の建設と食糧増産のために活動した。民主的な管理を求めながら供出に協力し、都市住民の食糧難を救う主因となった。四七年に平野力三の勢力が脱退し全国農民組合を結成した。その後、日本農民組合は「主体性派」「正統派」「統一派」に分化したが、いずれも「日本農民組合」という看板を掲げて活動した。五七年に主体性派と統一派が合体し日本農民組合全国連合会を結成した。五八年には日本農民組合全国連合会と全国農民組合が統一し、全日本農民組合連合会が結成された。　↓農地改革《のうちかいかく》　↓農民運動《のうみんうんどう》　↓農民組合《のうみんくみあい》

参考文献　横関至『農民運動指導者の戦中・戦後―杉山元治郎・平野力三と労農派―』(『法政大学大原社会問題研究所叢書』、二〇一一、御茶の水書房)

(横関　至)

にほんのかそうしゃかい　日本之下層社会　日本の労働運動に造詣が深かった横山源之助(天涯茫々生)が一八九九年(明治三十二)に上梓したルポルタージュ。都市下層社会の生活や工場労働の実態を具《つぶさ》に記しており、労働現場の実態を個々の職工の姿に目配せしながら豊富な統計と取材を通じて明らかにした。十九世紀末の日本社会を下支えする人々の視点からその姿を生き生きと描き出し、劣悪な労働実態に迫った。冒頭では都市化しつつある東京市内の「貧民」の生活実態について「日稼人足」「人力車夫」「屑拾い」など多数を占める職種から日常生活を紹介し、一日の家計や内職、飲食物、教育などに至るまで詳細に筆をとっている。特に鉄鋼業や紡績業では、十三時間を超過する労働に対してもわずかな「賃銀」しか支払われていないことを指摘している。一方「貧民」共同体では揉め事が絶えないものの、葬祭など非日常の出来事が発生した場合には相互扶助の精神が働くことを高く評価している。一九四九年(昭和二十四)に『岩波文庫』として刊行されている。　↓横山源之助《よこやまげんのすけ》

(吉村　智博)

にほんれっとうかいぞうろん　日本列島改造論　一九七

『日本列島改造論』を著した田中角栄

二年(昭和四十七)六月に田中角栄が自由民主党総裁選挙の際に発表した政策構想。高度成長によって生じた都市の過密と農村の過疎、太平洋ベルト地帯への工業の集中などの弊害を解消することを謳った。そのために二十五万人規模の新地方都市を整備し、それらの都市を延九〇〇〇キロの新幹線網、延一〇〇〇〇キロの高速道路で結び、日本列島を「一日行動圏」にすることを提唱。本四架橋や東海道第二新幹線のリニアモーターカーにも言及している。その内容は、新全国総合開発計画(六九年五月閣議決定)に沿っていたが、巧みな語り口が人々の心をとらえ、七二年六月に刊行された『日本列島改造論』は八十八万部のベストセラーになった。この政策は七月に総理大臣に就任した田中によって推進されたが、全国的な地価の高騰を招き、国民の批判を浴びた。しかし、この構想に描かれた新幹線網・高速道路の建設は、その後の自民党政権に引き継がれ、推進されてきた。

参考文献　田中角栄『日本列島改造論』(一九七二、日刊工業新聞社)、下河辺淳『戦後国土計画への証言』(一九九四、日本経済評論社)、本間義人『国土計画を考える—開発路線のゆくえ—』(『中公新書』、一九九九、中央公論新社)

(浅井　良夫)

にもの　煮物　食材を煮汁(調味した汁)とともに加熱した料理。食材と調味との組み合わせで種類も多く、日本料理の中では最も基本的な料理といえる。煮物には煮汁を残すものと煮汁を食材に全部吸収させる方法がある。前者は煮付け、後者は煮しめや焚き物といわれる。汁が残らない煮物を関西では炊くといい、関東では炊くを飯にしか使わないことが多い。米を飯にする料理も煮物の一種といえるが、炊飯を煮物であると意識することはなく、ご飯に関しては炊くという表現が使用されている。室町時代から江戸時代にかけて料理法は飛躍的に進歩を遂げており、江戸時代の料理書には多くの煮物が記載されている。江戸の定食店のはじめは奈良茶飯屋であるといわれているが、その内容は「茶飯・汁・煮しめ・煮豆」であった。当時の副菜に煮物が重視されていたことがわかる。郷土料理の筑前煮は、煎り鶏と名を替えて普及している。また近代以降に導入されたジャガイモ・肉・玉ねぎなどの煮物「肉じゃが」が現在は人気である。

参考文献　嗜蒻陳人『蒟蒻百珍』(原田信男校注、『料理百珍集』所収、一九八〇、八坂書房)

(大久保洋子)

にゅうがくしき　入学式　学校に入学することが許され、それを祝う式典をいう。幼稚園に入園する場合は入園式である。入学とは、法的規定では義務教育の段階でいえば、法令に定められた学校に行くべき児童生徒と学校設置者との間で校舎および関連施設の利用関係を設定する行為である。しかし多くの児童生徒およびその保護者にとってそうした法的規定が大切なのではなく、児童生徒が学校に行くべき年齢に達したこと・学校に行くことが設置者に認められることで、新たな成長の段階を迎えたということに意味がある。小学校・中学校・高等学校などでの入学式の位置付けは、始業式、終業式、卒業式などと同様特別活動の中の儀式的行事に分類される学習活動である。入学式は、学校の全構成員によって新しく入学してくる児童生徒を歓迎し、新入生の不安を少しでも解消し、新たな人間関係を築く場として重要な意味がある。

参考文献　清水弘美「子どもたちの顔が見える入学式—子どもに自覚を育てる儀式的行事—」(『道徳と特別活動—心をはぐくむ—』二九ノ七、二〇一三)

(荒井　明夫)

ニューカマー　ニューカマー　一般的に戦前から日本で暮らす在日コリアンや在日中国人など旧植民地出身者およびその子孫をオールドカマー(旧来外国人)と称するのに対し、戦後新たに就労や留学などさまざまな事由や経緯で諸外国より日本に引き寄せられてきている在日外国住民をニューカマー(新来外国人)と称する。一九七〇年代後半から東南アジアの女性の就労や中国帰国者の二・三世などが増え、八〇年代以降はアジア諸国をはじめ世界各地から日本の好景気に注目し、仕事を求める労働者が増加する。九〇年(平成二)から施行された改正入管法で職種制限がなく就労可能な日系人の流入が急増する。そのため多文化共生社会化への取り組みが展開された。だが、オールドカマーとニューカマーに共通する社会的不平等問題も多く、ニューカマーの多様化や増加する日本生まれのニューカマーの教育問題など、多文化共生社会化への法的改善や制度的整備、人々の意識涵養が時代的課題となっている。　↓外国人労働者《がいこくじんろうどうしゃ》　↓在日外国人《ざいにちがいこくじん》　↓在日韓国《ざいにちかんこく》・朝鮮人《ちょうせんじん》

参考文献　権五定・斎藤文彦編『「多文化共生」を問い直す—グローバル化時代の可能性と限界—』(『龍谷大学国際社会文化研究所叢書』、二〇一四、日本経済評論社)

(李　修京)

にゅうさんきんいんりょう　乳酸菌飲料　乳等省令によると、「乳等を乳酸菌又は酵母で発酵させたものを加工し、又は主要原料とした飲料(発酵乳を除く。)」と定義されている。現在では、糖分、甘味料、香料などを加えた乳酸菌飲料が市販され、腸内環境を調えてくれる飲み物としての評価も高い。その代表格が、ヤクルトであろう。一九三〇年(昭和五)、代田稔が乳酸菌シロタ株の培養に成功。三五年には、ヤクルトの製造・販売が開始され、三

八年に、ヤクルトの商標が登録された。日本の乳酸菌飲料の評価は海外にも及び、二〇一〇年（平成二十二）七月五日には、ジュネーブで開かれた国際食品規格委員会で、「はっ酵乳を基とした飲料」という新たな食品の国際規格が採択されている。これにより、乳酸菌飲料は清涼飲料ではなく、乳製品として分類されることが決定。日本側の提案による初の国際規格の成立でもあった。

（東四柳祥子）

参考文献 江原絢子・東四柳祥子編『日本食文化史年表』（二〇一二、吉川弘文館）

にゅうじ　入寺　江戸時代にみられた寺院へ駆け込む行為をいう。寺入りともいい、駆（欠）入・駆（欠）込・走入・走込などともいう。地域によっては山林・寺領・入院などともいった。入寺は、中世におけるアジールの流れを汲むもので、アジールとは世俗の権力による追及から逃れられる社会的な避難所のことである。世界各地の前近代社会に広くみられ、日本においてアジールとして最も一般的だったのが寺院である。従来、日本におけるアジールは、近世統一権力によって禁止され、衰退したとされていたが、実は入寺という行為として近世に引き継がれた。ただし、近世においては次のような三つの機能に分けられる。㈠不法・違法・不行跡な行為などを犯した者が、非を認めて寺院に駆け込み、住職を仲介者として謝罪し、謹慎の意思を示す入寺である。これにより領主への告訴を回避し、領主法による処罰を回避・軽減するもので、村や町における紛争解決手段、すなわち詫びの作法であった。㈡不当な扱いや不利益・嫌疑を受けた者が保護・救済・調停を求めて入寺するもので、離縁のための入寺もその一つであるが、逆に結婚を実現するための入寺もあった。百姓一揆や村方騒動の首謀者や参加者の入寺もみられた。㈢村の制裁や領主の刑罰としての入寺で、村法や領主法に明文化された場合もある。領主法のなかでは、入寺が法定刑として規定された場合と、法定刑の代替措置の場合があった。広くみられたのが、失火に対する火元入寺である。以上の三つの機能のうち、初期の入寺には領主による厳しい処罰からの救済という意味が大きく、やがて幕府による紛争の内済原則の形成に伴って、内済方式の一翼を担うようになり、㈠の機能が最も広範に展開した。このように、江戸時代の村や町の寺院は、入寺の対象となる駆込寺としての性格を持っていた。ちなみに、神社・神主方への駆け込みもあり、これを入社といった。なお、住職として寺院に入ること、浄土宗で檀林に入ることも入寺といい、また大寺における僧の階級の一つに入寺がある。　↓アジール　↓駆込《かけこみ》寺《でら》

参考文献 阿部善雄『駈入り農民史』（『日本歴史新書』、一九六五、至文堂）、佐藤孝之『駆込寺と村社会』（二〇〇六、吉川弘文館）、夏目琢史『アジールの日本史』（二〇〇九、同成社）

（佐藤　孝之）

にゅうじいん　乳児院　児童福祉法（一九四七年（昭和二十二））に規定された児童福祉施設で、保護者が養育できない乳児を保護者に代わって保育する施設。現在百数十ヵ所あり、三千人弱の乳幼児を保育している。戦前は孤児院、養育院などの養護施設と区別されなかったが、戦後乳児の養育を専門的に追求するため医療看護機能を重視して設置された。乳児の養育事業は、あとを絶たない嬰児殺し・堕胎や捨子に心を痛めた幕末の知識人から注目されていた。ヨーロッパの病院、孤児院が紹介され、なかでも農政学者佐藤信淵《さとうのぶひろ》は日本の実態に即した保育・養育構想を提案した。当初養護施設である慈育館と昼間保育のための遊児場の設立を主張（『農政本論』）、のちに出生から数え年四、五歳までを慈育館、それ以降七歳までを遊児廠として年齢区分で施設を分けた（『垂統秘録』）。維新後、実際の孤児養育事業は、実業家渋沢栄一（養育院）、社会事業家石井十次（岡山孤児院）、福田会育児院などにより切り開かれていく。

参考文献 吉田久一『新・日本社会事業の歴史』（二〇〇四、勁草書房）

（太田　素子）

にゅうじしぼうりつ　乳児死亡率　乳児死亡率 infant mortality rate（ＩＭＲ）は、生後一年までの乳児の年間の死亡数を、年間の出生数で割って一〇〇〇をかけた数値。つまり年間の出生に対する乳児死亡の比率で、単位はパーミル（‰）である。近世の乳児死亡率は、宗門改帳の記載開始が出生直後ではないので明確にはわからないが、過去帳による研究で十九世紀初めの飛驒地方のＩＭＲが二一八‰であったという報告がある。国勢調査の数値がわかる一八九九年（明治三十二）のＩＭＲは一五三・八‰、この数値は明治末期や大正中期には一七〇～一八〇‰前後まで高くなった。その後抗生物質の開発などが奏効して一九四〇年（昭和十五）に一割、つまり一〇〇‰をきるところまで低下する。第二次大戦後の四七年段階で七七‰近くあり、当時オランダやスウェーデンの二倍近かった日本の乳児死亡率は、六〇年までに急速に低下し七〇年には一〇‰をきった。二〇一三年（平成二十五）では二・一‰と世界でも有数の低死亡率となっている。年齢別人口構成がピラミッド型になる発展途上国では乳児死亡率は高い。感染症の多さと医療水準の低さに制約されるためで、今日でもアフリカや中東の多くの地域でＩＭＲは六〇‰以上になっている。このようなピラミッド型の人口構成の場合、乳幼児死亡の多さが平均寿命を引き下げるので、たとえば平均寿命が四十歳ほどであったとしても、乳幼児期を生き延びた人には、五十～六十年の余命が残されていたと考えた方が良い。なお、伝統社会の乳幼児死亡については、五歳までに死亡する確率である乳幼児死亡率 child mortality rate（ＣＭＲ）を使うことが多い。衛生水準や医療水準の低さから生後五年までの乳幼児死亡率の高さが顕著なためである。諏訪地方の山村の宗門改帳を使ったＣＭＲの研究では、十七世紀末の四〇〇‰前後から十九世紀には一〇〇‰を切るところまでＣＭＲが改善されている。また乳児死亡率の低い現代で

は、周産期死亡率(妊娠八ヵ月―出生後一週間の胎児新生児死亡率)や新生児死亡率(出生後四週間の死亡率)などを用いて、周産期の安全を重要視している。

参考文献 須田圭三『飛驒O寺院過去帳の研究』(一九七三、生仁会須田病院)、速水融『近世農村の歴史人口学的研究―信州諏訪地方の宗門改帳分析―』(一九七三、東洋経済新報社)、鬼頭宏『人口から読む日本の歴史』(『講談社学術文庫』、二〇〇〇、講談社)、厚生労働省『人口動態調査』(二〇一三)

(太田　素子)

ニュース ニュース 新しく一般にはまだ知られていない出来事や情報。なかでも人々の関心を集め、社会的に影響力が大きいと判断されたものがマスメディアによって伝達される。一九二五年(大正十四)に放送が開始されたラジオはそれまでニュース報道の中心的存在であった新聞に優る速報性を発揮、三一年(昭和六)の満洲事変時にも多くの臨時ニュースを放送し戦況報道の中核となる。戦況が大きな関心事となる戦時下では新聞と同様にラジオも普及率が上昇、アジア・太平洋戦争の開始を知らせる臨時ニュースや終戦の「玉音放送」で多くの人がラジオで戦争のはじまりと終わりを知る。三〇年代以降に映像を活用するニュース映画が大量に制作され、四〇年には映画法により強制上映も開始、ニュース報道だけでなく戦意高揚など政治宣伝としても利用されるが戦後に衰退。五三年には速報性に優れ、映像を活用するテレビ放送が開始され、高度経済成長期に各家庭に普及。新聞やラジオを抑え、ニュース報道の中心はテレビに移行する。

↓新聞《しんぶん》 ↓テレビ ↓ラジオ ↓ワイドショー

参考文献 佐々木隆『メディアと権力』(『日本の近代』一四、一九九九、中央公論新社)、奥村賢「戦時下のニュース映画―「同盟ニュース」再考―」(岩本憲児編『日本映画とナショナリズム一九三一―一九四五』所収、二〇〇四、森話社)

(石原　豪)

にゅうせき 入籍 ある人物が既存の戸籍に入ること。具体的には出生による子の入籍や養子縁組による養子の入籍、また、認知や父母の離婚などに伴う子どもの氏の変更による入籍などがある。なお、結婚して婚姻届を提出することを一般に「入籍する」と表現することがあるが、厳密にいえばこの表現は間違いである。戸籍は夫婦単位に作成されるため、結婚に際しては新しい戸籍が作られる。すなわち、戸籍には筆頭者とその配偶者、および筆頭者と氏が同じ未婚の子が記載されることになっているため、子は結婚することによって親の戸籍から抜け、新しい戸籍を作ることになるからである。なお、離婚、死別、あるいは本人の死亡によって籍を抜いた際には、以前は戸籍原本に大きなバツ印が記入された。このことから、一九九〇年代以降離婚した者をバツイチと呼ぶようになった。

↓結婚《けっこん》

(八木　透)

ニュータウン ニュータウン 都市計画により既成市街地でないところに建設される大規模な住宅市街地。語源は一九四六年制定のイギリスのニュータウン法New Town Act。日本においては戦後高度経済成長期の住宅難と土地のスプロール化に対処するため、一九五〇年代後半から公営・民間によるニュータウンを称する宅地建設が開始されるが、今日では都市郊外部に住宅市街地を開発するための土地収用や先買制度を整備した新住宅市街地開発法(一九六三年(昭和三十八))以降の都市開発関連法に基づき開発された市街地を指すことが一般的である。同法に基づく開発は、単なる宅地開発に留まらず、道路・鉄道・水路といったインフラから病院・学校などの公共施設、商業施設などを総合的に整備する総合的都市計画を特徴としており、代表的存在として千里ニュータウン、多摩ニュータウンなどがあげられる。近年では初期ニュータウン住民の高齢化やコミュニティの空洞化などが社会問題化している側面も存在する。

↓郊外住宅《こうがいじゅうたく》 ↓団地《だんち》 ↓日本住宅公団《にほんじゅうたくこうだん》

参考文献 渡辺精一『ニュータウン―人間都市をどう築く―』(『日経新書』、一九七三、日本経済新聞社)

(永江　雅和)

にゅう・にゅうせいひん 乳・乳製品 乳とは、哺乳類の雌が出産後に子を育てるためしばらくの間分泌する液体のことで、ミルク、乳汁とも呼ばれる。乳製品とは、牛、山羊、羊などの乳を加工して作る製品の総称。日本では稲作中心の農耕による食糧獲得の時代が長く続き、牛乳・乳製品は、長い間一般に普及しなかった。牛乳飲用の最初の史料は、百済から渡来した智聡《ちそう》の子の善那《ぜんな》が、孝徳天皇(在位六四五―五四)に牛乳を献上した記録(『新撰姓氏録』)である。大宝律令(七〇一年(大宝元))で官制の乳戸(酪農家)が設けられ、九二七年(延長五)には、税として皇室に献上する貢蘇の制度が確立されたが、武士の台頭により平安末期には貴族の牛乳利用は廃れた。一七二七年(享保十二)、徳川吉宗は白牛をインドから輸入して安房嶺岡の牧場で飼育し、白牛酪を作らせたが、牛乳・乳製品の利用は幕府関係者など上層階層の薬用にとどまった。幕末期から明治時代初期には、牛肉とともに牛乳・乳製品は欧米文化の象徴とされ、民間による牛乳販売が始まったが、一般に普及するには至らなかった。第二次世界大戦後、学校給食にララ物資による脱脂粉乳が支給された。その後、体位向上や健康増進の見地から牛乳が高く評価され、酪農振興政策による牛乳生産量の激増を背景として、学校給食に牛乳が支給されるようになり、一般庶民に薬ではなく飲料として広く普及することとなった。現在、乳等省令により、乳・乳製品の定義が決められ、乳に乳酸菌や酵母を混ぜて発酵させて作るヨーグルトは、はっ酵乳と規定されている。生乳の生産量は一九九六年(平成八)の八六六万トンをピークに減少傾向にあり、牛乳も生産量・消費量の減少傾向を示す一方で、栄養面や消化性に優れ、プロバイオティクス(微生物が生きたまま腸内に到達し有益な働きをする)が期待されるヨーグルトは、健康志向に支えられ、生産量、消費量

ともに増加傾向を示している。　↓牛《うし》　↓バター

参考文献　雪印乳業株式会社広報室編『牛乳と日本人』(一九六八、新宿書房)、大久保洋子「歴史と文化」(農山漁村文化協会編『地域食材大百科』一一所収、二〇一三)

(中澤　弥子)

ニューファミリー　ニューファミリー　一九七〇年代に流行した、若い世代の夫婦の家庭を指す言葉。元々はベトナム戦争期のアメリカにおけるヒッピーやコミューンといった新しい生活形態を営む人々を指す言葉であったが、彼らの生活に実際に接した経営コンサルタントの椎野欣治が『ニュー・ファミリー市場作戦』を一九七二年(昭和四十七)に上梓し、オイルショック後の消費の冷え込みに対し、若い主婦の潜在的な購買意欲の高さに着目したことから、七〇年代以降の新しい家庭形態として「ニューファミリー」という言葉が認知されるようになった。以後、ニューファミリーを対象にした広告戦略がテレビコマーシャルなどを中心に幅広く練られ、消費者のライフスタイルについての高度なマーケティングが従来以上のレベルで深められていく。「金曜日にはワインを買って」(サントリー、七二年)や「愛情はつらつ夫婦はいいもの」(丸井、七二年)のような広告文句は、そういった高度な市場調査によって導き出されたニューファミリーを狙ったテレビコマーシャルであるといえる。七〇年代前半を象徴したニューファミリーであったが、七〇年代後半、『クロワッサン』や『モア』などの新興雑誌がニューファミリーを対象にして展開したのを最後に、「友達夫婦」や「団塊の世代」といった新しい言葉に広告産業のキーワードの地位をとってかわられることとなる。　↓核家族《かくかぞく》

参考文献　椎野欣治『ニュー・ファミリー市場作戦』(一九七二、ビジネス社)、朝日新聞学芸部編『ニューファミリー』(一九七六、草風社)、全日本CM協議会編『CM二五年史』(一九七八、講談社)

(花岡敬太郎)

にわ　庭　⇩庭園《ていえん》

にわとり　鶏　キジ科の家禽。「にわとり」の語源は『万葉集』にみえる「庭つ鳥」、『日本書紀』神代には「かけ」ともみえる。「かけ」は鳴き声からの素朴な命名である。天石屋戸神話では朝の到来を告げるために「長鳴鳥」として登場、古来、人々の日常生活に深くかかわった家禽である。鶏は在来種ではないようで、鶏埴輪の出土から古墳時代にはその生息が確認できるが、弥生時代にまでさかのぼるかは定かではない。六七五年(天武天皇四)の肉食禁止令において、牛・馬・犬・猨・鶏の肉食を禁じたことにより、鶏は食糧としてよりも時の声として注目され、明告鳥《あけつげとり》として尊ばれ、神話にその存在が反映したのであろう。卵に関しては『日本霊異記』には「常に鶏の卵を煮て食いて」地獄に落ちた男の話があり、現実には鶏、卵を食べる人もいたのであろう。しかし、以後ほとんど鶏を食する風はなく、主に人びとは野鳥を口にしていたが、江戸時代に入り、無精卵の食が認められ、それ以降急速に鶏の食糧化が進んだという。

鶏形埴輪（栃木県鶏塚古墳出土）

参考文献　山口健児『鶏』(『ものと人間の文化史』、一九八三、法政大学出版局)

(関　和彦)

にんきょう　任侠　博徒などのアウトローが、みずからの行動原理を説明する際に使う徳目。「俠」の漢字には「をとこだて。をとこぎ」(諸橋轍次『大漢和辞典』一、一九五五年(昭和三十)、大修館書店)、「おとこだて。義に勇み、強者をくじき弱者を助け、一度引き受けた事は命を捨てても果たすことを自分の任務とすること(人)」(同他『新漢和辞典(三訂版)』、八〇年、大修館書店)という意味がある。俠客という場合、比較的にはアウトローを肯定的にみる場合に使うことが多い。幕末から明治にかけて活躍した博徒「清水の次郎長」の伝記、天田愚庵『東海遊俠伝』(一八八四年(明治十七)、輿論社)にも「俠」の字がみえる。神田由築は豊後国のアウトロー集団「粋《すい》方《ほう》」に対して「俠客」の語を用いる(同『近世の芸能興行と地域社会』、一九九九年(平成十一)、東京大学出版会)。アウトローが「任俠」を標榜することには司馬遷『史記』游俠列伝の影響を指摘することができる。　↓俠客《きょうかく》

参考文献　高橋敏『清水次郎長—幕末維新と博徒の世界—』(『岩波新書』、二〇一〇、岩波書店)

(高尾　善希)

にんぎょう　人形　人の形をかたどって作られたもの。古くは縄文時代の土偶、古墳時代の人物埴輪などがあり、律令制の時代には、木や金属で作られた人形《ひとがた》が、身の穢れや罪を祓うことで災厄を避けることを願った祓《はらえ》の儀礼に用いられた。これらはすべて呪術的・儀礼的な意味を持つものであったが、平安時代には、公家の子女のあいだで「ひいな(雛)」と呼ばれる人形が、一種のままごと遊びに用いられるようになった。江戸時代になると、三月三日の上巳《じょうし》の節供に人形を飾る雛祭の習俗が広く浸透し、精巧かつ優美な人形作りが行われるようになった。また京都の伏見人形をはじめとして、粘土から型を用いて大量に作られる土人形が、安価な玩具やみやげ物、縁起物として普及した。江戸時代の人形も、遊びや鑑賞の対象であると同時に、病気除け・招福など呪物としての性格を色濃く残していたが、明治になると、趣味の対象として古い人形を収集するコレクターが現れ、また百貨店などを通じて欧米の人形文化が入ってきたことで、愛玩物としての意味合いが強くなっていった。近年は各地

伏見人形　子抱き女房

の寺社で人形供養が盛んに行われるようになっているが、それが広まっていくのは昭和三十年代以降と意外に新しい。その背景には、傷んだ人形に対して「かわいそう」と感じる、近代特有の感性の出現があると考えられる。↓菊人形《きくにんぎょう》　↓人形《ひとがた》　↓雛人形《ひなにんぎょう》　↓文楽《ぶんらく》

参考文献　山田徳兵衛『新編日本人形史』(一九六一、角川書店)、斎藤良輔『おもちゃの話』(一九七一、朝日新聞社)、田中正流「人形供養にみる人形観の諸相」(『日本人形玩具学会会誌』一六、二〇〇五)　(香川　雅信)

にんぎょうじょうるり　人形浄瑠璃　⇩文楽《ぶんらく》

にんしん　妊娠　女性が身体の中に受精卵を有している状態。受胎、懐妊。孕む、みごもる、ツワブクなどの用語がある。懐妊を示す重要な徴候は、月経の停止、悪阻《つわり》であり、妊娠初期には悪心、嘔吐、食欲不振、嗜好の変化などの症状が現れる。妊娠がわかると生家の母親が米や餅などを携えて、タノミニユクと称して婚家に挨拶に行く。妊娠五ヵ月目の戌の日には、生家で用意した木綿の腹帯(ハラオビ、イワタオビ、ユハタオビ)もしくは夫の下帯を妊婦の腹に巻き、皆で祝いの膳に着いて胎児の存在を共同体に承認してもらう帯祝、着帯(オビナホシ、オビモライ)という儀礼が行われる。腹帯自体は医学的にはあまり意味がないが、胎児が大きくなるのを防ぐことが目的の一つであった。出産の直前まで労働することも同様に難産を防ぐとされた。妊娠中には便所やかまどを清潔にすると美しい子、良い子が産まれると考えられたが、火事を見ると赤火焼(ホヤケ)、赤痣、赤ぼくろが、葬式を見ると黒火傷、黒痣ができると考えられ、葬式に行かねばならない場合は鏡やカミソリを魔除けとして持参した。妊婦は里の米、油揚豆腐、あわびなどを食べるとよいとされるが、獣類、特にウサギ、鴨、生姜、脂気や塩気の多いもの、辛いものを食べてはならないとされた。家の存続のために結婚をした女性は子を産むことが期待され、子を産まない女性は石女《うまずめ》と呼ばれ、前世に殺傷をしたためであるとか村に災いをもたらすなどといわれた。このため、地蔵、子安、鬼子母神、観音などの神仏や寺社に参拝し絵馬を奉納するほか、サルの黒焼きやすっぽんの生き血を口にする、もらい子を育てる、多産の人の腰巻きをもらう、後産《あとざん》をまたぐなどして、妊娠を祈願した。↓出産《しゅっさん》　↓腹帯《はらおび》　↓避妊《ひにん》

参考文献　柳田国男「社会と子ども」(『(定本)柳田国男集』一五所収、一九六三、筑摩書房)、鎌田久子ほか『日本人の子産み・子育て―いま・むかし―』(『勁草医療・福祉シリーズ』、一九九〇、勁草書房)、新村拓『出産と生殖観の歴史』(一九九六、法政大学出版局)　(大西　公恵)

にんじん　人参　セリ科の野菜。日本にはヨーロッパから中国を経て十六世紀に伝わった。文献史料の初見は、一六〇三年(慶長八)の『日葡辞書』に「ニンジン(人参)ある薬草で、(野菜の)人参、あるいは大根のような根のあるもの」とある。一六三〇年(寛永七)の『多識編』には「胡蘿蔔《こらふ》」と記され、胡蘿蔔とは漢名で、中国へは西方(胡地)から伝わり、大根(蘿蔔)に似ているのでこの名が付いたという(『本草綱目』)。一六九七年(元禄十)の『農業全書』には「胡蘿蔔《にんじん》」とあり、「是菜中の賞翫にて味性も上品《じょうぼん》の物なり、菜園にかくべからず」と栽培を奨励したことにより短い期間に全国に普及した。『農業全書』と同じ年に刊行された『本朝食鑑』には「人参菜」とあり、人参の名は元来朝鮮人参の種名であり、菜とする本種はセリニンジンとかナニンジンと呼び区別している。人参には東洋系(アフガン型)と西洋系(ヨーロッパ型)とがあり、東洋系は和風の調理に適し、長く人参栽培の主体であったが、第二次大戦後は食生活の変化とともに西洋系が増加した。近年では東洋系である金時人参の需要が関西を中心にあり、栽培されている。↓朝鮮人参《ちょうせんにんじん》

参考文献　農林水産省農林水産技術会議事務局編『昭和農業技術発達史』五(一九九七、農林水産技術情報協会)、青葉高『野菜の日本史』(『青葉高著作選』二、二〇〇〇、八坂書房)、江原絢子・石川尚子・東四柳祥子『日本食物史』(二〇〇九、吉川弘文館)　(冨岡　典子)

にんそくよせば　人足寄場　江戸幕府が設置した無宿収容施設。火付盗賊改長谷川平蔵の建議により、一七九〇年(寛政二)に江戸石川島(東京都中央区)に設置された。正式名称は加役方人足寄場。なお加役とは火付盗賊改のことである。人足寄場では収容者に大工や紙漉・油絞りほかを行わせ一定の労賃を支払った。生業を教え社会に復帰させることを目的としたのである。近代的自由刑の源流と評価される。石門心学の教授も行われ、同門の実力者中沢道二《なかざわどうに》が一七九〇年に教諭方を委嘱され、道話を行なっている。道二が起用されたのは時の老中松平定信と親しい播磨国山崎藩主本多忠可《ほんだただよし》が道二に入門したことに起因する。人足寄場が収容した無宿は追放刑者、敲・入墨などの御仕置済の者、まったくの無罪の者に大別される。時期により主に対象とする無宿は異なるが、無宿には人返しが大原則であり、それがかなわない無宿を収容し、人返しを可能にする施設こそが人足寄場だったことには変わりがない。↓無宿《むしゅく》

参考文献　人足寄場顕彰会編『人足寄場史―我が国自由刑・保安処分の源流―』(一九七四、創文社)、塚田孝『身分制社会と市民社会―近世日本の社会と法―』(『ポテンティア叢書』二〇、一九九二、柏書房)　(吉岡　孝)

にんにく　にんにく　⇩香辛野菜《こうしんやさい》

ぬ

ぬいぐるみ　ぬいぐるみ　クマなどの動物や、マンガやアニメーション映画の人気キャラクターの形に、布で綿などを包み込んで縫い上げた玩具。商品としての歴史は、一八八〇年にテディベアで知られるドイツのマルガレーテ＝シュタイフが発売した商品に始まるとされている。日本では、明治期以降に西洋文化の一つとして普及し始め、今日では、部屋の装飾品として鑑賞されるものから、子どもの玩具として作られるものまで、さまざまなぬいぐるみが市民生活に広く浸透している。特に幼児にとっては、一緒に就寝する「おともだち」となるなど、最も身近な玩具である。近年では、ゲームセンターのUFOキャッチャーの景品としても人気を集めている。

参考文献　日本玩具文化財団『Teddy Bear―シュタイフテディベアの世界―』(二〇一二、クレオ)　（宮瀧　交二）

ぬりごめ　塗籠　平安貴族の邸宅である寝殿造で、寝殿と対屋《たいのや》のなかに設けられた閉鎖的な小部屋。また、藤巻《ふじまき》の弓の全体を漆で塗った塗籠籐《ぬりごめどう》の意味もある。部屋としての塗籠は、二間×二間ほどの大きさで出入り口以外の壁を壁土で塗りこめており、出入り口は両開きの妻戸《つまど》から次第に引戸《ひきど》に変わっていった。天皇の住居である清涼殿では寝室の夜御殿《よるのおとど》が塗籠の構造であり、寝室として使われていたらしい。しかし、実際の塗籠の用例をみると、伝来した宝物を置く部屋(『栄花物語』玉の村菊)や、人が隠れひそむ部屋(『沙石集《しゃせきしゅう》』友ニ義アリテ富タル事)として使われており、納戸としての役割を果たしていた。戸に鍵穴が取りつけられている場合もある。また、武器の塗籠籐としては、軍記物の『平家物語』『源平盛衰記』などに合戦の時の武装として塗籠の弓や矢のことがみえる。

↓寝室《しんしつ》　↓納戸《なんど》

参考文献　倉田実「平安貴族の邸宅」(山中裕・鈴木一雄編『平安時代の信仰と生活』所収、一九九四、至文堂)、日向進「家屋と日本の生活」(林屋辰三郎他編『民衆生活の日本史　木』所収、一九九四、思文閣出版)　（菅原　正子）

ね

ネクタイ　ネクタイ　洋服の首に結ぶ帯状の布飾り。ネクタイを日本で最初に結んだ人物は、アメリカから帰国した中浜万次郎といわれる。一八八二年(明治十五)には東京日本橋区(中央区)で田中力蔵がネクタイを販売したが、国産ネクタイは八四年に帽子商の小山梅吉が製造したものが最初である。ネクタイの結び方には、結び下げ、蝶結び、横結びなどがあり、明治初期には作りつけのものを紐や釦《ボタン》でワイシャツにとめるものが多く、ネクタイのことを襟飾と呼んだ。七二年に洋式大礼服が制定された直後には、ワイシャツや蝶ネクタイを着けずに儀式へ参加する官員もいた。明治三十年代半ばまでは非常に派手な蝶結びが好まれたが、同年代半ば以降は紋形や縞の

蝶ネクタイ（1900年頃）

結び下げ（1904年頃）

結び下げが多くなった。大正期には絹糸編みのネクタイは高級品を除いて人気は後退し、琥珀織、斜子《ななこ》織、繻子《しゅす》などの織り柄が流行した。

参考文献　『日本ネクタイ史』(一九八〇、日本ネクタイ組合連合会)　（刑部　芳則）

ねこ　猫　ネコ科、鼠駆除の益獣、および愛玩動物。古代の『古事記』『日本書紀』『万葉集』、風土記どれをひらいても猫は登場しない。実にすべて奈良時代前期の史料である。猫はわが国の在来種ではなく、比較的新しい時代に輸入されたといわれている。長崎県壱岐市の弥生時代のカラカミ遺跡から骨の出土が報告されているが、全体としての理解を覆すものではない。遣唐使が派遣され、中国との交流が進む中、当初は大陸からの貴重な招来品などを船中において鼠から守るために結果的に中国から移入されたのであろう。猫に関する確実な史料は宇多天皇の日記である『寛平御記《かんぴょうぎょき》』にみえる黒い唐猫、また猫といえば清少納言の『枕草子』にみえる一条天皇の愛猫「命婦《みょうぶ》のおとど」という名前をもつ猫である。平安時代に輸入された唐猫と区別された和猫は奈良時代移入の猫なのであろう。鼠の駆除を目的に飼われた猫は屋内外を自由に活動し、自然交配を行なって広がっていったと思われる。　（関　和彦）

ねずみ　鼠　穀物・家屋などに害を与える小動物。静岡市登呂遺跡には、高床式倉庫の床直下の柱の上端にとりつけられた円形ないし小判形の板「ネズミ返し」がある。この板に人間と鼠の関係が凝縮している。『古事記』神代に大国主命が火中で窮地におちたところを鼠が救出したとの神話がみえる。大国主神の習合である大黒様・俵・鼠の組み合わせは、俵を荒らす鼠を歓待することで被害を食い止めようとする人々が生んだ信仰である。鼠の語意については多々の見解があるが、始源を追うならば『古事記』世界で説く「根棲み」となろう。現在、鼠の住《すみ》処《か》は一般に屋根裏など家屋内と考えられているが、古代『古事記』以来、鼠は『豊後国風土記』速見郡条の「鼠磐窟」伝承、鎌倉時代の『沙石集』の「鼠の嫁入り」、また昔話の「鼠の浄土」譚など鼠穴を舞台にする伝承が多い。穴に棲む鼠はドブネズミ、屋内に棲むのはクマネズミといわれている。農村的生活から都市的生活への変化は鼠の世界にも及んでいるようである。　（関　和彦）

ねずみがえし　鼠返し　高床倉庫など、倉の中にネズミが侵入するのを防ぐために、柱や梯子の上部など、倉の入り口付近に取り付けた板。米や繊維などをネズミから守るため、古くから使用され、現代でも奄美の高床倉庫などでみることができる。考古資料としては静岡県静岡市の登呂遺跡から出土した円盤状の板が有名。また、同県伊豆の国市の山木遺跡では、隅丸方形のものと長方形のものの二種類があり、前者が柱の上部に取り付けたもの、後者が階段の上部に取り付けたものと分類されている。柱の上部に取り付けたものは、長さ五〇㌢内外、幅二、三〇㌢で、中央を突出させネズミが登れないように工夫されている。

参考文献　奈良文化財研究所編『山木遺跡出土建築部材調査報告書』(二〇一二)　（大林　潤）

ねつけ　根付　江戸時代に、印籠やたばこ入れ、巾着などを帯から提げる際に、その留め具の役割を果たしたもの。和服には洋服のようなポケットがないため、印籠などの小物を携行する際には、それらに付けられた紐を帯に挟み、紐の先端に付けた根付によって帯から抜け落ちるのを防いだ。さまざまな意匠・彫刻が施されたものが多く、一種の工芸品として特に海外での評価が高い。素材にはツゲ・ヒノキ・黒檀などの木材や象牙・鹿角《かづの》などの牙角が多く用いられるほか、陶磁・金属・骨・竹・瑪《め》瑙《のう》・水晶・鼈甲・珊瑚・ガラスなどで作られたものがあ

象牙彫根付

る。種類としては人物・動物・器物などの具体的な形象をかたどった形彫《かたぼり》根付、箱状の箱根付、面の形をした面根付、円形の台に鏡状の金属や象牙の蓋をはめ込んだ鏡《かがみ》蓋《ぶた》根付、饅頭形の饅頭根付、饅頭根付の中を空洞にして意匠を透かし彫りにした柳左《りゅうさ》根付、椀形の火はたき根付、細長い形の差《さし》根付などがある。化政期には町人文化の爛熟を受けて流行の頂点を迎えるが、明治以降は服装の西洋化によって需要がなくなり、工芸品としても顧みられなくなった。しかし幕末・明治に日本を訪れた外国人のあいだでは、日本の工芸技術の精緻さを示すものとして高い人気を誇り、そのために現存するものの大半が海外にあるという状況にある。

参考文献 谷田有史「根付と印籠・たばこ入れについて」(『根付―手のひらの中の芸術―』所収、特別展図録、一九九五、たばこと塩の博物館)　　(香川　雅信)

ねま　寝間　⇩納戸《なんど》

ねまき　寝巻　寝るときに着る衣服。明治時代の寝巻は、江戸時代までのそれと大きな変化はなく、木綿の単が多く用いられ、寝る前の防寒対策として丹前(褞袍《どてら》)を上に着けた。また寝冷えを防ぐ腹巻や、夜着である袖のついた掻巻が蒲団とともに普及した。寝巻や夜着には厚くて重くないものが望まれた。一九〇八年(明治四十一)六月には子供用の「靴下つき寝巻」など、洋式の寝巻も考案されたが普及には至らなかった。一九一四年(大正三)の育児法によれば、絹は好まれず、白木綿の単の上にフランネルなどを着け、冬の夜着には毛布が適していたことがわかる。一九四二年(昭和十七)の調査によると、都市部では寝巻が普及しているのに対し、農村部では裸で寝る児童も少なからず存在した。太平洋戦争後には各種合成繊維の開発および大量生産が進められ、洋式の寝巻であるパジャマが全国的に広まる。木綿の単や掻巻は減少した。昭和五十年代後半からは、ジャージーやシャツなどを寝巻に用いる若者が増えた。

参考文献 松江みさ子『子供西洋服の拵へかた』(一九〇八、服部書店)、長尾美知『最新育児法講話』(一九一四、東亜堂書房)、教育研究同志会事務局編『学童の生活調査』(一九四二)　　(刑部　芳則)

ねりがし　煉菓子　餡や砂糖その他の材料を煉る工程を含んだ菓子。求肥《ぎゅうひ》や練り切り、葛煉り、煉羊羹などをさす。練菓子とも。本来加熱しながら煉る場合は、煉の文字を使うが、現在では練を使うことも多い。『本朝世事談綺』(一七三四年(享保十九))によれば、求肥が京都から江戸にもたらされたのは、寛永年間(一六二四―四四)のことであった。　↓羊羹《ようかん》

参考文献 中村孝也『和菓子の系譜(復刻版)』(一九九〇、国書刊行会)、青木直己『図説和菓子の今昔』(二〇〇〇、淡交社)、鈴木晋一・松本仲子編訳『近世菓子製法書集成』一(『東洋文庫』、二〇〇三、平凡社)　　(青木　直己)

ねんがじょう　年賀状　年始の挨拶状。平安時代中期の藤原明衡が著した『雲州消息』に例文があり、古くから年賀状を交換する習慣があったと推察される。元旦に配達する年賀状の取り扱いは、一九〇五年(明治三十八)十二月から全国の郵便局で実施されるようになった。これにより、年賀状を郵便で送ることが定着する。最初のお年玉付年賀葉書は、一九四九年(昭和二十四)に発売された五〇年用。以後、毎年発売されている。

参考文献『年賀状の歴史と話題』(一九九六、郵政研究所附属資料館)、小林正義『みんなの郵便文化史―近代日本を育てた情報伝達システム―』(二〇〇二、にじゅうに)　　(田辺　龍太)

ねんきぼうこう　年季奉公　⇩奉公人《ほうこうにん》

ねんきん　年金　毎年定期的・継続的に給付される金銭一般、およびその仕組みの総称。公的年金と私的年金(企業年金など)があり、内容的には老齢年金・障害年金・遺族年金などに大別される。日本における公的年金は、明治初期に導入された陸海軍の恩給制度が最初で、一九二三年(大正十二)公布の恩給法により軍人・官吏の恩給制度が一本化された。日中戦争期には、三九年(昭和十四)に船員保険法、四一年に労働者年金保険法(四四年に厚生年金保険法と改称)が成立し、民間労働者に対する公的年金がスタートした。さらに五九年には、農林水産業従事者や自営業者など、既存の被用者年金に加入していない人を対象とする国民年金法が成立し、「国民皆年金」が実現した。公的年金は、七〇年代前半に給付水準の大幅な改善がはかられたが、七〇年代後半になると、経済成長の鈍化や人口の高齢化への対応、年金制度間の格差是正などが課題となり、八五年には国民年金を基礎年金とし、年金制度全体を「二階建て」とする抜本的改革が行われた。　↓国民年金《こくみんねんきん》

参考文献 矢野聡『日本公的年金政策史―一八七五～二〇〇九―』(二〇一三、ミネルヴァ書房)　　(高岡　裕之)

ねんぐ　年貢　前近代社会において、土地を基準に賦課された租税で、中世荘園の展開とともに成立する。律令制の崩壊を契機に、十世紀後半に田積を基準とした田率賦課による所当官物制が成立すると、国衙を通じて荘園内にも官物・臨時雑役が賦課されるようになる。これに対して荘園領主は、官物や臨時雑役の免除を獲得して荘園支配を展開させるが、一方で荘園における収取物は、十一世紀後半までは地子と呼ばれていたこと、また雑役収取も十世紀には確認できないことから、中世荘園の年貢・公事の淵源を官物・臨時雑役の免除に求めることはむずかしい。その後、十一世紀末から十二世紀前半にかけて、地子は官物・年貢、雑役は公事と呼ばれるようになる。ここに中世荘園年貢の成立を確認できるとともに、荘園年貢の成立が荘園領主を公的な領域支配者へと転化させたと捉えられる。なお、年貢率(額)は公田官物率法によるところが大きいが、立荘によって成立した荘園においては、立荘の際の合意に基づいて妥当な数値が決定される場合もあったという。また、荘園領主への地子

(年貢)納入は、荘園開発に際して結ばれた請作関係において下行された農料(勧農)に対する弁済という形で行われたとされ、その意味で年貢とは荘園領主と百姓との間の農料下行—弁済の契約であったといえる。 →公事《くじ》

参考文献 勝山清次『中世年貢制成立史の研究』(一九九五、塙書房)、鈴木哲雄『中世日本の開発と百姓』(二〇〇一、岩田書院)、鎌倉佐保「荘園制と中世年貢の成立」(『(岩波講座)日本歴史』六所収、二〇一三、岩波書店)、木村茂光『日本中世百姓成立史論』(二〇一四、吉川弘文館)

(長谷川裕子)

ねんこうじょれつ　年功序列　勤続年数や年齢を重視して職位、資格、給与を決める制度。教育資格も基準にされるのが普通で、処遇が属人的に決定される。一九五一年(昭和二十六)に行われた京浜工業地帯調査により、日本の職場秩序が年功制に基づいていることが発見され、以後日本企業の労務管理の特徴を示す概念となった。その根拠については、勤続に伴う能力の向上を重視する見解と、年齢上昇に伴う生活費の増大への対応を重視する見解がある。賃金が年功的な性格を持ち始めるのは、大企業で労働者の定着性が高まった二〇年代で、戦時期には、生活給思想に基づく賃金統制により昇給制度が軍需企業に義務づけられ、敗戦直後に生活給を要求する労働組合の圧力により、年齢・勤続に伴い昇給する制度が定着した。その後、職務給・職能資格制度の導入によりそれからの脱却が試みられたが、根強く残り、近年では成果主義によりその修正・廃止が試みられている。 →給《きゅう》料《りょう》

参考文献 野村正実『日本的雇用慣行—全体像構築の試み—』(『Minerva 人文・社会科学叢書』、二〇〇七、ミネルヴァ書房)

(市原　博)

ねんし　年始　年頭に行われる世話人家への新年の挨拶訪問のことで、旧年中に受けた恩顧を謝して新年の愛顧を願う。年始回り・年賀・年礼ともいい、熨斗紙《のしがみ》を巻いた半紙一帖に手拭い一本を付けて持参する例が多い。正月二日から七草ころまでの間に行う。一族郎党が本家などに集まり、合同で年始の挨拶をかわしつつ、新年会を行う例もあり、埼玉県ではこれをセチ(節)・オオバン、山梨県ではコヨビ(子招び)などといっている。

参考文献 長沢利明「セチとオオバン」(『昔風と当世風』六六、一九九五)

(長沢　利明)

の

ノイローゼ　ノイローゼ　器質的な病変がなく心因性あるいは環境不適応によって生じる身体的精神的な不調(肩こり・頭痛・不安・不眠・憂うつ・動悸・イライラ感・恐怖感・強迫観念ほか)、神経症をいう。病識を持ち、他人が主訴を理解できる点において精神病とは異なる。不眠・抑うつ・食欲不振などが長く続いて無感動・思考停止・自律神経機能障害などの症状が現れるとうつ病と診断される。幕末から明治中期にかけて神経病が流行。睡眠や栄養を十分に取らない頭脳労働者がかかるとされた。やがて神経病の中から心因によるものが神経症と呼ばれるようになる。日露戦争後、心因性ではなく身体としての神経・脳の疲労による神経衰弱が流行する。戦後の高度経済成長期には大きな社会変動とストレスからノイローゼにかかる者が増える。現代は成果主義とリストラの連動などがもたらすうつ病、医療不安をあおるマスコミが生み出すがんノイローゼが巷にあふれている。

参考文献 渡辺利夫『神経症の時代—わが内なる森田正馬—』(一九九六、TBSブリタニカ)、度会好一『明治の精神異説—神経病・神経衰弱・神がかり—』(二〇〇三、岩波書店)、佐藤雅浩『精神疾患言説の歴史社会学—「心の病」はなぜ流行するのか—』(二〇一三、新曜社)

(新村　拓)

のう　能　古典演劇の一つである能楽のこと。能の語は本来的には能力・才能などを意味するが、演劇としての能は、平安・鎌倉時代に演じられた猿楽から派生したも

能　「観能図屛風」(部分)

ので、十四世紀半ばころからその用語の使用例が認められる(今川了俊『落書露顕』)。したがって演劇としての能の出現は、それを少しさかのぼるものであろう。田楽の能・猿楽の能・幸若の能などと使用された。現在につながる幽玄な能は、大和猿楽の観阿弥とその子世阿弥によって理論化が進められたが、世阿弥の代表作『風姿花伝』にも「能の稽古」などとみえる。ただし演劇としての能が出現した後も、江戸時代を通じて猿楽の語も使用された。能を演じる専門家集団は、室町時代には大和・山城・近江・摂津・丹波など各国で座を結成、活動して庶民に受け入れられたが、足利三代将軍義満によって愛好されて以降、武家によっても愛好され、とりわけ江戸時代には幕府・各藩の式楽となって栄えた。　↓謡《うたい》

参考文献　能勢朝次『能楽源流考』(一九三八、岩波書店)、天野文雄『現代能楽講義―能と狂言の魅力と歴史についての十講―』(『大阪大学新世紀レクチャー』、二〇〇四、大阪大学出版会)、表章『大和猿楽史参究』(二〇〇五、岩波書店)

(川嶋　将生)

のうか　農家　農業を生業とするものの住宅。しばしば都市部に建つ町家と対比的に捉えられ、下級の武士や漁家などを含む場合もある。間取りや屋根の形式や平入・妻入の別など、地域の気候や風土、生産および生活様式などを反映している。現存する農家は土台建あるいは礎石建(石場建)を基本としているが、一部には掘立柱の名残をとどめるものもある。地域や階層により時期差があるが、土間から床へ、単純な平面形式から複雑な形式へ、変化する傾向がある。

参考文献　吉田靖「日本における近世民家(農家)の系統的発展」(『奈良国立文化財研究所学報』四三、一九六五)

(鈴木　智大)

のうかい　農会　一八九九年(明治三十二)農会法、一九〇〇年農会令により府県農会以下が法定団体として設立されたもの。一〇年に帝国農会が結成され、府県農会、郡農会、そして末端の町村農会に及ぶ系統組織として完成する。農業の改良・発達と農民の福利増進を図ることを目的とする。事業内容は、市町村農会での農業技術指導を中心とする生産面、各種農産物の共同販売・斡旋などの流通面、生活改善などの社会面まで農民生活の全分野に及ぶ。とりわけ生活面では、農業経営改善事業による経営多角化と生活改善事業による勤倹貯蓄を奨励した結果、集約労働化と質素倹約の精神が農民に浸透した。農会の役員はほぼ地主・名望家が占めていた。このため府県農会、帝国農会など上部になるほど地主的利益団体としての農政運動的性格が強くなる。政府の補助金獲得と配分機関としての役割も大きく、原敬政友会とのつながりも深まった。昭和期に入ると農会は産業組合と並んで政府の農業統制組織としての性格を強める。一九三四年(昭和九)の農会法改正では、帝国農会・道府県農会の議員は市町村農会長・副会長とし、市町村農会の全員の議決機関である総会を廃止し総代会のみにした。四〇年の改正では、農業生産統制機関として位置づけ部落農業団体の加入を認め、四一年農業生産統制令では食糧増産政策の末端行政を担うことになった。四三年農業団体法により農会は産業組合と合併され農業会に改組された。

↓産業組合《さんぎょうくみあい》

参考文献　栗原百寿『農業団体論』(『栗原百寿著作集』五、一九七九、校倉書房)、玉真之介『主産地形成と農業団体―戦間期日本農業と系統農会―』(一九九六、農山漁村文化協会)、松田忍『系統農会と近代日本―一九〇〇～一九四三年―』(二〇一二、勁草書房)

(森　武麿)

のうぎょうきほんほう　農業基本法　一九五九年(昭和三十四)の農林漁業基本問題調査会の答申「農業の基本問題と基本対策」を基に、六一年に制定された、高度経済成長期日本農政の根幹を為す法律である。従来の米作を中心とした増産農政から転換し、付加価値の高い作目への転換と農地流動化と機械化の推進による経営規模の拡大を意味する「選択的拡大」をスローガンとして、生産性向上により国内に自立経営農家を育成し、農工間所得格差の縮小を目指した法律である。同法に基づく農政とその時期を基本法農政(期)と呼ぶが、七〇年の閣議決定「総合農政の推進について」以降は総合農政(期)として区分されることが一般的である。法律としては一九九九年(平成十一)、食料・農業・農村基本法の成立により廃止された。

参考文献　小倉武一『日本の農政』(『岩波新書』、一九六五、岩波書店)、暉峻衆三編『日本の農業一五〇年―一八五〇～二〇〇〇年―』(『有斐閣ブックス』二〇〇三、有斐閣)

(永江　雅和)

のうぎょうきょうどうくみあい　農業協同組合　農民・農業者を構成員とする協同組合法人。一九四七年(昭和二十二)に制定された農業協同組合法に基づき設立された組織であり、品川弥二郎、平田東助らの内務官僚らの発案

により、一九〇〇年(明治三十三)にドイツの協同組合制度を参考として制定された産業組合法に基づく産業組合と、戦時期にこれを継承した農業会の解散を受けて設立された。背景には小農経営が多い日本の農村風土があり、協同組合結成により、生産物販売や物資購入における価格交渉力を強化し、農業経営を発展させることが目的とされている。組織としては地域を単位として、信用・購買・販売・農業倉庫・共済・営農指導など、多様な事業を展開する総合農協と、養蚕・畜産・園芸といった作物別に組織された専門農協が併存している。このうち総合農協は都道府県農業協同組合連合会(県連)、全国農業協同組合連合会(全農)に組織され、全国農業協同組合中央会(全中)が指導するJAグループを形成している。個別の組織運営は協同組合原則に則っており、株式会社組織と異なり一人一票制、出資配当制限、利用高配当、加入脱退の自由などが定められることにより、組織の目的が利潤追求ではなく、組合員の相互利益の増大にあることを明確にしている。戦後日本において小規模な個別農家が団結して営農改善、共同販売、共同購入を進めることにより、農産物の産地化と農業経営の安定化に貢献した点が評価される一方で、農業者の自主的組織である農協が、食糧管理制度、減反政策をはじめとする各種の価格政策・補助金・低利資金などの農業政策の下請機関として機能してきたことに対する批判も存在する。また高度経済成長期以降、農家の兼業化の進行による組合員の性格変化、信用事業の肥大化と金融自由化状況への対応、農業の流通構造の変化に対する対応、設立が促進される農業(生産)法人との競合など、多くの課題に直面するに至っている。→産業組合《さんぎょうくみあい》

参考文献 佐伯尚美『農業経済学講義』(一九八九、東京大学出版会)

(永江 雅和)

のうぐ 農具 農業に用いる道具。稲作用具には、耕作用具に鍬・鋤・叉鍬・鋤簾《じょれん》・犂・馬鍬《まぐわ》・塊割《くれわ》りなど、土

馬鍬

鋤簾

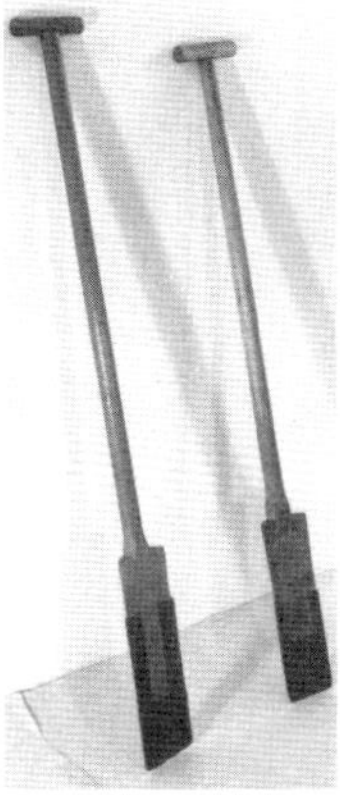

鋤

唐箕

千歯扱

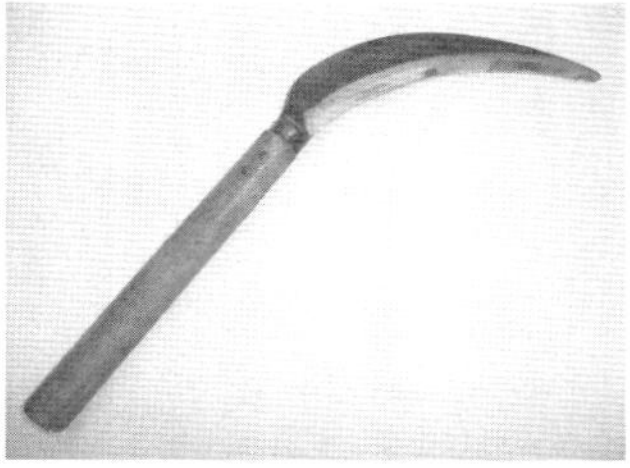

鋸鎌

農具

を運ぶモッコや畚《ふご》など、施肥のための籠類や肥桶《こえおけ》・肥柄杓などがある。育苗して苗を田に移植する際には、苗籠や正条植えのための田植え縄、田植え枠、除草・防虫防除用具には除草機や雁爪《がんづめ》、鎌、油筒、鳴子などがある。収穫用具には鋸鎌、稲架《はさ》、脱穀調整用具には千歯扱《せんばこ》き、箕、莚、風撰具、土磨臼《どずりうす》・木摺臼《きずり》、唐臼、唐箕、万石通しなどがある。こうした農具の大半は、鉄製品は野鍛冶が、木製品は農具大工が、竹製品は竹細工職人が製作する商品であり、各地に農具市が開かれた。また、農閑期に各職人が修理を行うことが一般的であり、鉄製品は毎年のように野鍛冶がすり減った鍬や鋤の刃先を継ぎ足した。農家は使わなくなった農具であっても安易に捨てずに納屋に蓄積した。そのため、一軒の農家の納屋の悉皆調査から農家がどのような新技術を採用してきたかを明らかにできることもある。　↓臼《うす》　↓鎌《かま》　↓唐臼《からうす》　↓鍬《くわ》　↓箕《み》

（加藤　幸治）

のうし　直衣　平安時代では公家男性の日常服。冠《かんむり》をかぶった冠直衣と烏帽子《えぼし》をかぶった烏帽子直衣がある。三位・参議以上は朝廷で着用の勅許を得て直衣始《のうしはじめ》の儀式を行うことにより、朝廷での冠直衣着用を許された。直衣の袍《ほう》の形は縫腋袍《ほうえきのほう》で、色・文様が位によらない自由な雑《ざっ》袍《ほう》であり、袴には裾口を括った指貫《さしぬき》をはいた。天皇の直衣は引《ひき》直衣といい、白色で裾が長く、日常服として着用した。小《こ》直衣は狩衣《かりぎぬ》の裾に襴《らん》をつけたものをいう。

引直衣（『枕草子絵巻』より）

参考文献　河上繁樹『公家の服飾』（『日本の美術』三三九、一九九四、至文堂）、鈴木敬三『有識故実図典―服装と故実―』（一九九五、吉川弘文館）

（菅原　正子）

のうじにっし　農事日誌　農民がみずからの日々の農作業を筆記した日記・忘備録。日本において農民が農作業の記録をつける事例が見られるようになったのは、十七世紀後半以降のことであり、十八世紀の享保期には毎日の農作業を記した農事日誌の形式が一般化した。背景には庶民階層への和紙の普及、伊勢暦に代表される暦の普及、農作業の教科書ともいうべき農書の普及が存在する。内容は天候、農作業などを簡潔に記録したものから、家の金銭出納や食生活、年中行事に至るまで幅広い農民の生活実態が記されたものまで多様な形式が存在する。農書との関係でいえば、農書を作成するための資料として記録されたものもあれば、農書の内容を確認し、実践するために記録されたと思われるものも存在する。公開を前提に記された農書と異なり、公開を前提とせずに記載された農事日誌は近世以降の農法、庶民階層の生活実態を把握するうえで、貴重な一次史料と位置づけられている。

参考文献　佐藤常雄・徳永光俊・江藤彰彦編『日本農書全集』四二（一九九四、農山漁村文化協会）

（永江　雅和）

のうしょ　農書　前近代社会において、農業とりわけ農業技術を中心に記録された書物。自然との関わり方を示す諸種の農法はもちろん、労働・経営・市場、百姓の地位・役割、心構え・生活訓、信仰や思想、村の組織や運営について記されたものも多い。中世にも「農書的メモ」が存在したが、著作物としての農書は近世、それも元禄から享保期に集中して誕生している。伊予の『清良記』、岩代の『会津農書』、三河の『百姓伝記』、加賀の『耕稼春秋』、紀伊の『地方《じかた》の聞書《ききがき》』などが代表である。一六九七年（元禄十）には宮崎安貞が、中国の『農政全書』の影響を受けつつ『農業全書』を木板刊行し、畿内・西日本の先進農法を体系的に世に広めた。十九世紀になると大蔵永常が、『農具便利論』『農稼肥培論』『綿圃要務《めんぽようむ》』『除《じょ》蝗録《こうろく》』『広益国産考』など数々の農書を板行した。安貞や永常は、優良農法の普及による農業生産力の向上や商品生産の発展、百姓の経営と暮らしの安定・拡充を目指していた。農書の著者は、安貞や永常のような農学者以外に、町人・商人、国学者・儒学者、医者、農政・民政担当の武士など多様であった。ただし、最も主要な書き手は、地主・豪農・村役人といった村や地域を指導する立場の篤農家であった。彼らの多くは、『農業全書』や先行の農書に学びながらも、自身の農業経験・観察の中から

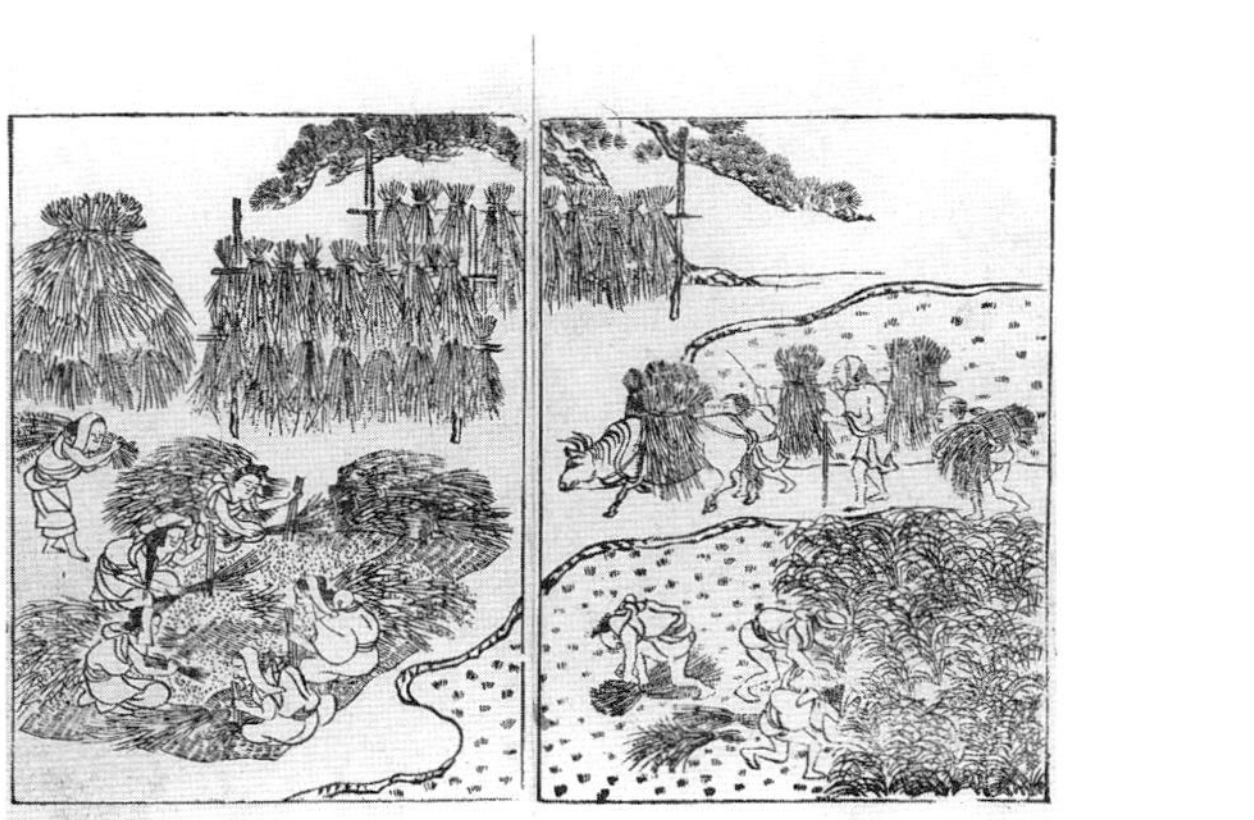

農書　『農業全書』

地元の気候・土地条件、社会環境に適した農法を追求・発見し、独自の農書を著していった。その結果、蝦夷地から琉球に至る日本列島各地で、地方色あふれる多彩な農書が生み出された。たとえば下野国河内郡の田村吉茂は、長年にわたる耕作帳の作成と経験知に基づいて、同郡の風土に相応しい稲の薄播き・疎植農法や畑作物の輪作体系を確立し、『農業自得』を著した。吉茂の観察眼は、当時流布していた草木雌雄説を批判するなど、近代科学の芽生えを感じさせる。農書の中には、年間の農作業や百姓の暮らしを絵画で描写した絵農書、和歌に詠み込んだ歌農書もある。これらは、文字の読めない百姓や農業経験のない武士・町人にも農事の要諦を伝える手段であると同時に、近世の農耕文化の豊かさを物語る証でもある。

参考文献 『日本農書全集』一—七二(一九七七-九九、農山漁村文化協会)、佐藤常雄・大石慎三郎『貧農史観を見直す』(『講談社現代新書』、一九九五、講談社)、木村茂光編『日本農業史』(二〇一〇、吉川弘文館)　(平野　哲也)

のうちかいかく　農地改革　第二次世界大戦後、連合国軍最高司令官総司令部(GHQ／SCAP)占領下の日本において、経済の民主化政策の一環として実施された戦後改革の一つ。一九二〇年代以降、小作争議が激しくなる中で自作農の創設と地主制の改革が提唱され、農地調整法(一九三八年(昭和十三))などが施行された。第二次世界大戦後の四五年十一月、農林省は「農地制度改革に関する件」を閣議に提出し、農地調整法改正法案として帝国議会に提出し、成立した(第一次農地改革法)。一方、総司令部も同年十二月九日「農地改革に関する覚書」を日本政府に示し、農地改革計画を提出するよう指示した。日本政府の「回答」に不満であった総司令部は対日理事会に付託し、イギリス案を骨子とする総司令部案を決定し、政府に農地改革計画を作成するよう「勧告」した。勧告をもとに、四六年七月「農地制度改革の徹底に関する措置要綱」が閣議決定され、自作農創設特別措置法案と農地調整法の一部を改正する法律案が帝国議会に提出され、十月十一日に成立した(第二次農地改革法)。農地改革のおもな内容は、不在地主の全小作地・在村不耕作地主の小作地(北海道四町歩・都府県平均一町歩を超える小作地)・在村耕作地主の小作地(北海道十二町歩・都府県平均三町歩を超える小作地)を政府が買収し、当該小作人に売り渡すこと。買収価格は、田は賃貸価格の四十倍、畑は四十八倍以内とすること。市町村農地委員会は小作五・地主三・自作二の構成とすること。小作料は低額、金納とし、耕作権を強めることなどであった。四五年十一月二十三日時点で総耕地五百九万町歩の内、小作地は二百二十一万町歩(四三・五%)を占めていたが、五〇年には買収と財産税物納などによって百九十四万町歩の小作地が解放され、百九十一万町歩が売り渡された。農地改革により地主・小作人が自作農となった結果、小規模な自作農と自作兼小作農が増加した。一方で、終戦時から四九年三月までに復員と引揚に伴う帰村・入植・分家などにより新設農家は北海道も含めて三十八万戸を超え、農村人口が増加した。これらにより農地の細分化が進み、農家の経営規模が縮小した。五〇年には、農家所得が減少し、農業所得だけでは家計を賄いきれなくなった農家は、生計補充のために賃労働に従事するようになり、兼業農家の増加をまねくこととなった。　↓地主《じぬし》・小作《こさく》　↓日本農民組合《にほんのうみんくみあい》　↓農民組合《のうみんくみあい》

参考文献 農地改革記録委員会編『農地改革顚末概要』(一九五一、農政調査会)、『農地改革資料集成』一—一六(一九七四-八二、農政調査会)、東京大学社会科学研究所編『農地改革』(『戦後改革』六、一九七五、東京大学出版会)　(森田　貴子)

農地改革　「解放された農民・生れかわる農村」(農林省)

のうほんしゅぎ　農本主義　農(農業・農村・農民)に特別な価値を認め、その価値の実現を目指した近代社会構想だと一応は定義できる。ただ、その多様性ゆえに一義的な規定をすることはむずかしい。また農を重んじ自然に従って生きる生活が日本人の伝統だとして、それをも農本主義だと考える見方もあるが、農本主義が対抗思想としてみずからを表明するのは、工業化が進展する明治後期以降である(横井時敬「農本主義」一八九七年(明治三十))。農本主義は、社会運動家、学者、官僚、教育者、文学者など職業や立場の異なる多彩な担い手と、右翼から左翼に至る幅広い政治・社会思想を持った内容の多様性にもかかわらず、農の非経済的側面を重視し、反都会・反大工業・反資本主義的傾向を有していた点ではほぼ共通している。一方明治後期以降の農村は、資本主義・大衆社会の進展とともに勤勉・倹約・和合を強調する通俗道徳だけには集約できなくなり、むしろ都会を志向し農業を忌避する価値観も蔓延していった。こうした現実農村を否定し規範主義的な社会構想を強調した知識人たちの農本主義は、農村大衆には受容されないまま、ファシズムや天皇主義といった革新を自称する思潮・運動に飲

み込まれていく。それに対して自小作農層以上に比較的受容されたのは、農会・産業組合・農学校・青年団等々の在村機関を通して鼓吹された、勤勉・倹約などの生活規範を土台とする保守的な農村教育者の農本主義である。都会熱に屈折した感情を抱いていた農村青年・在村リーダーたちにとっては、自己実現を可能にし、また村の統治を促進する手段として意味を持ったからだといえる。とはいえ、一般に農本主義の理念と農村大衆の生活世界との間には齟齬があり、農村の保守的な土壌を踏まえつつ物質的な豊かさ志向をも吸い上げた、実用主義的な内からの農本主義はほとんど見られなかったというのが実情である。なお近年、食や環境に意識を置いた新農本主義と呼ばれる潮流が、帰農者を中心に農村内部からも立ち上げられている。

参考文献 岩崎正弥『農本思想の社会史—生活と国体の交錯—』(一九九七、京都大学学術出版会)、船戸修一「「農本主義」研究の整理と課題—今後の研究課題を考える—」(『村落社会研究ジャーナル』一六ノ一、二〇〇九)

(岩崎 正弥)

のうまかせぎ 農間稼ぎ ⇩余業《よぎょう》

のうみんうんどう 農民運動 農民が自主的に結集し自己の経済的社会的条件の改善を求めて組織的に活動する運動をいう。農民運動は中世の土一揆、近世の百姓一揆、地租改正反対一揆、自由民権と結びついた農民騒擾《そうじょう》、日露戦後の地主に対する小作争議から、第一次世界大戦後の日本農民組合の指導による農民組合運動の発展、戦時農業弾圧を経て、戦後改革期の農民組合運動へと連続する。また一九一八年(大正七)米騒動後の二〇年代からの帝国農会を中心とする系統農会および産業組合の議会に対する請願、政党に対するロビー活動による農政運動も広い意味で農民運動に含まれる。この農政運動は戦後の主流となり、米価闘争や畜産、果樹の価格闘争など農協を基盤とした政党に対する農政運動が典型である。大きな流れとしては自然発生的な農民騒擾・小作争議から、組織的な農民運動へ、それから農政運動へ変化していったといえよう。一般的な意味での農民運動は、この中で二二年の日本農民組合結成に始まる組織的な農民運動の展開から、戦時下の弾圧と戦後の復活までを指すことが多い。村落を基盤とした自生的運動が全国的組織化を達成することにより農民運動は本格的に成立するといえるからである。その意味で農民運動は農民組合運動という形態をとる時期にその全面展開をみせる。二二年の日本農民組合(日農)、二八年(昭和三)の全国農民組合(全農)を主流とした組合運動が農民運動の中核を担う。三一年には全農から右派が日本農民組合として分裂し、全農も左派が全国会議派として総本部と対立して分裂する。さらに日中戦争開戦後の三八年に全農は解体し、戦争協力のための大日本農民組合に改組される。そして戦時期の農民運動の逼塞状態を超えて、戦後の四六年日本農民組合として復活する。戦前農民運動ピークの二七年の小作人組合員数は三十六万五千三百三十二人であるが、戦後日本農民組合に参加した組合員数は四七年末で百三十万人を超えた。社会構造の変化による戦前と戦後農民運動の質的断絶を物語る。 →日本農民組合《にほんのうみんくみあい》

参考文献 農民運動史研究会編『日本農民運動史』(一九六一、東洋経済新報社)、農民組合五十周年記念祭実行委員会編『農民組合五十年史』(一九七二、御茶の水書房)、西田美昭『近代日本農民運動史研究』(一九九七、東京大学出版会)

(森 武麿)

のうみんくみあい 農民組合 生命の基である食糧を生産する産業に従事する人々を農民と呼び、彼らが自分たちの生活と権利を守るために結成した組合を農民組合と呼んだ。一戸から一人が参加した。明治時代以降、地主制度のもとで、地主を頂点とする上下関係が形成された。農民は、土地を他の農家に貸出しその料金(小作料)で生活していた地主と、地主から土地を借り受けていた小作農、自分の田畑を耕作する自作農に三分割された。戦前日本の農業は、小規模の田畑を牛馬を使って耕作する零細多角経営が基本形で、家族ぐるみの労働が必要な産業であった。水田耕作の場合には、水の利用をめぐって隣近所との連携が必要不可欠であり、濃密な人間関係が形成されていた。こうした条件のもとで異議申し立てを行い組合を結成するには、勇気ある人物の存在が不可欠であった。キリスト者や都市部の労働運動を経験した者が指導者になる場合が多かった。戦前の農民組合は小作農民を中心に結成され、小作料の減額と地方政治の改革を当面の中心的要求としていた。地域単位の組合(単独組合)と全国系列の組合があった。農民組合を中心とする運動(農民運動)は、生産の場と生活の場所が一緒でありその場所から逃げ出すことが困難な人々によって担われていたことと、耕作者である農民が生産物を手中にしていたという点で、工業労働者の運動と違っていた。農民組合の活動形態は多彩であった。弁護士をやとっての法廷闘争や共同耕作、共同刈取り、地主側からの土地取り上げに対する集団的な抗議行動、大規模な動員による地主宅や裁判所への示威行動、村会議員選挙への取り組みと村政改革、無産政党に参加しての県会議員選挙、衆議院選挙への取り組み、教育活動等々。敗戦後、農民組合は農地改革を推進する主力となった。農地改革によって、地主制度が解体され、自作農中心の農村が出現した。戦前からの運動目標が実現されたため、農民組合の必要性が薄らいだ。 →小作組合《こさくくみあい》 →地主《じぬし》・小作《こさく》 →日本農民組合《にほんのうみんくみあい》 →農地改革《のうちかいかく》

参考文献 横関至『近代農民運動と政党政治—農民運動先進地香川県の分析—』(『法政大学大原社会問題研究所叢書』、一九九九、御茶の水書房)

(横関 至)

のうやく 農薬 農作業に用いる薬剤。一般的には殺虫・殺菌を目的とする殺虫剤と、雑草防除を目的とする除草剤を指すことが多いが、今日広義には、農作物の成長促

進剤、害虫を摂食する昆虫、土壌病原菌と拮抗する微生物、雑草を枯渇させる植物病原菌なども農薬に含められる。化学物質として国内で使用されるようになった嚆矢は、水田のウンカ防除に用いられた鯨油であるといわれている。農薬が近代農業の生産性向上に与えた影響は非常に大きいが、反面使用法(過剰投与や空中散布など)によっては人体や環境に被害を与えることもあるため、その使用は農薬取締法(一九四八年(昭和二十三)制定)によって規制されている。新薬の開発や事後的に発覚する健康被害、環境ホルモン問題などの環境問題の発覚により、規制強化が進められ、二〇〇三年(平成十五)食品衛生法により使用規制は禁止対象を指定するネガティブリスト方式から使用許可対象を指定するポジティブリスト方式に変更された。農薬使用に対する批判意識から有機農法などの対論が提起されている。 ↓除草剤《じょそうざい》 ↓DDT《ディーディーティー》

参考文献 松中昭一『日本における農薬の歴史』(二〇〇二、学会出版センター) (永江 雅和)

のうりょう 納涼 真夏の日中の暑さの引いた夕刻、川辺などをそぞろ歩いて涼を取ること。かつての江戸では隅田川べりの夕涼みが非常に盛んで、その幕開けが五月二十八日ごろの川開きであった。現在の両国の花火はその名残りである。川沿いには夕涼み客相手の露店が立ち並び、川面には屋形舟がたくさん漕ぎ出て、船上での歌舞音曲を楽しんだ。京都四条河原では六月のころ、川べりに床桟敷が設営されて人々がそこに憩い、水茶屋なども多く出てにぎわった。 ↓川開《かわびら》き ↓花火《はなび》 ↓夕涼《ゆうすず》み

参考文献 川崎房五郎「江戸の四季」(『江戸風物詩―江戸ばなし―』一、一九七六、桃源社) (長沢 利明)

ノート ノート 書きとめるための帳面。notebook の略語。製紙は大宝年間(七〇一―〇四)にさかのぼるが、江戸時代になり寺子屋で和紙の需要が高まると、庶民も書くための紙を使うようになった。当時は手習い用に再生紙の草紙《そうし》紙《かみ》を二～五枚ほど綴じた、手習双紙という和紙を使用した。一八八七年(明治二十)には帳面・雑記帳とよばれる、表紙をつけた和紙の簡素なノートが使われた。大正時代に入ると手漉きの高価な和紙に代わり、大量生産に向く洋紙が好まれ、洋紙ノートの本格的な機械生産が行われた。同時に筆記具も毛筆からペン・鉛筆の硬筆に変化した。旧制高等学校以上の学生を対象にした大学ノートは、八四年に東京帝国大学前の文具店によって教授の意見をもとに作成され、横罫の洋紙だが仮綴のみで、学生が筆記した後に綴じ直す形式だった。小学校児童用の学習ノートは第一次世界大戦直後ころから次第に盛行し、昭和に入ると国産製紙の質が向上したため輸入品に頼らず、国産紙ノートの生産が行われて今日に至る。ノートは学習用に発達した側面も大きいが、これ以外にも江戸初期には大福帳とよばれる商業帳簿がすでに使われており、筆記帳の先駆といえる。

参考文献 田中経人『文具の歴史』(一九七二、リヒト産業)、佐藤秀夫『ノートや鉛筆が学校を変えた』(『学校の文化史』、一九八八、平凡社)、野沢松男『文房具の歴史―文具発展概史―』(一九九四、文研社) (岡田 真帆)

のき 軒 屋根の端部で、建物の壁面から外に突出している部分。あるいは庇のこと。屋根の先端を指すこともある。軒は垂木の形式により一軒《ひとのき》と二《ふた》軒がある。一軒は簡単な軒で、地垂木《じたるき》のみで構成され、これを茅負《かやおい》で繋ぎ、垂木上に裏板を置く。二軒は主に社寺建築に用いられ、地垂木とその上に取り付く飛檐《ひえん》垂木によって構成され、それぞれの先端を木負《きおい》・茅負で繋ぐ。古くは茅負の上面に直接、瓦繰《かわらぐり》を彫り、瓦を載せたが、茅負の上に裏甲《うらごう》という厚い板を打ち、その上に平瓦を置く瓦座《かわらざ》を打つようになった。日本建築の軒の出は、比較的深く、軽快な屋根と水平を強調した立面を生み出している。また深い軒の下部の空間を利用し、縁側が設けられることも多い。民家では屋根の先端が揃って、並び建つ様子を軒並みといい、町並み景観を作り出す要素で、軒高は景観を制御する規制の一つである。 (海野 聡)

のこぎり 鋸 大工などの木を加工する工人が、用材を切断する道具。木材繊維を切断する横挽《よこびき》用と、分割する縦挽《たてびき》用の二種類がある。古代の文献(『和名類聚抄』)に「鋸(ノホキリ)」と記述されている。四世紀から五世紀までの小型で多様な鋸身装着法(枠式・鋸背補強形式・茎《なかご》式)の時期を経て、六世紀以降、茎式を基本とする形式に統一されていった。鋸歯部分(歯道)の形状は、七世紀ころまで直線形状、八世紀から十世紀ころまで内湾形状、十世紀ころから外湾形状に変化を始め、時代が降るにしたがって鋸身が広くなり、茎部分も長くなる。十五世紀ころ、鋸歯が手前に傾き、引き使いの使用法が普及したと考えられる。十七世紀ころから、大工用の縦挽鋸が普及し、横挽鋸との併用で、建築部材の加工精度が向上していった。十七世紀後半ころから「鋒尖(さきとがり)」であった鋸身の先端を「先切(さきぎり)」した「頭方(あたまけた)」形状の鋸が出現し、現代まで継承されている。 ↓大鋸《おが》

鋸(『近世職人尽絵詞』より)

参考文献 渡邊晶『日本建築技術史の研究―大工道具の発達史―』(二〇〇四、中央公論美術出版)、渡邊晶『大工道具の文明史―日本・中国・ヨーロッパの建築技術―』

（『歴史文化ライブラリー』、二〇一四、吉川弘文館）　（渡邉　晶）

のし　熨斗　紅白の色紙を上部は広く下部は狭く細長い六角形に折りたたみ、細い短冊状に切った黄色い紙を包んだもので、進物や慶事の贈答品に添えて用いられる。「のし」の文字を書き付け、これに代えることもある。熨斗とは熨斗鮑《あわび》を略した言葉で、熨斗の黄色い短冊状の紙は熨斗鮑を模したものであり、本来は熨斗鮑を切ったものを用いた。熨斗鮑とは鮑の肉を薄く伸して乾燥させたもので、水に漬けて柔らかくして食べる。『肥前国風土記』には熨斗鮑の製法に関する記述があり、古代より保存食として作られていたことがうかがえる。「のし」が延寿につながり、鮑が長寿をもたらす食べ物とされていたことから、熨斗鮑は古くから縁起のよい食べ物として献上品や贈答品として用いられた。ただし進物に熨斗を添えることは、『貞丈雑記』に「のし鮑を進物に添るは後世のならはし也（中略）古は進物にのしあはび添ざる事、古書を見て知るべし」とあるように近世以降の風習である。

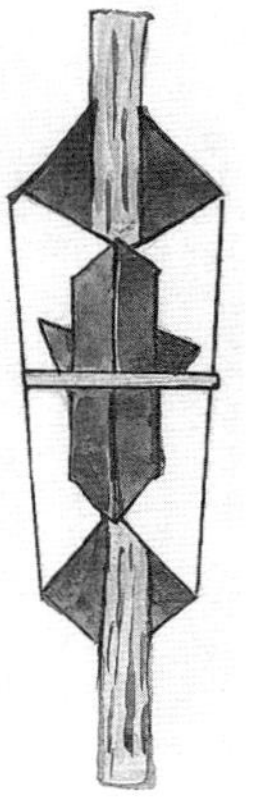
現代の熨斗

参考文献　矢野憲一『鮑』（『ものと人間の文化史』、一九八九、法政大学出版局）、岩上力『縁起物—京の宝づくし—』（二〇〇三、光村推古書院）　（大明　敦）

のどじまん　のど自慢　敗戦直後、GHQによる放送の民主化指令をうけて企画された、NHK制作の素人参加のコンテスト形式で行われる歌番組。一九四六年（昭和二十一）の放送開始直後には爆発的な人気を博し、同種の企画がさまざまな領域で行われた。素人の少女歌手から一躍スターになった美空ひばりは「のど自慢時代」ともいえるが、NHKの番組予選出場時には不合格となっている。このことからもわかるように、プロへの登竜門として歌の技巧を競うのではなく、「素人らしさ」の称揚という性格を強く持っている。→テレビ文化《ぶんか》

参考文献　細川周平「歌う民主主義—『のど自慢』と陳腐さの効用—」（東谷護編『ポピュラー音楽へのまなざし—売る・読む・楽しむ—』所収、二〇〇三、勁草書房）　（輪島　裕介）

のぼり　幟　布の上部と側面のへりに乳《ち》をつけ、それに横上の棒と竿を通した旗の一種。棒に布を通しただけでは風に翻って描かれた文字や印がみえなくなるため、布の上端や下端に乳をつけて、竿に通した。起源については諸説あるが、戦国時代に戦場で敵味方の識別のために使用されたのがはじまりとされる。その後、幟旗が軍陣の旗の定式となり、広く普及した。江戸時代には、この軍用の幟をまねて端午の節供に飾るようになり、鯉幟や武者幟を飾る習慣が生まれた。そのほか、現在では神社仏閣の祭礼、相撲や芝居興行、商店の大売り出しなどで幟が使用されている。祭礼の幟は五穀豊穣や天下太平を祈願する文字が書かれ、社頭や村境に立てられる。神の依代《よりしろ》としての性格もあろうが、祭礼が行われていることを広く人々に示す役割が大きい。興行や商店の幟は、広告としての性格が強い。歌舞伎興行では贔屓の俳優に対して「〇丈江」などと大書した幟を贈り、劇場前に立てる習慣がある。

参考文献　柳田国男「日本の祭」（『(定本)柳田国男集』一〇所収、一九六二、筑摩書房）、同「神樹篇」（『同』一一所収、一九六三、筑摩書房）　（松岡　薫）

のらくろ　のらくろ　野良犬の主人公の軍隊での活躍を描いた田河水泡（一八九九—一九八九）の代表作。『少年倶楽部』一九三一年（昭和六）一月号に「のらくろ二等卒」と題して連載が始まると、小柄な捨て犬の軍隊生活という設定が子どもたちの圧倒的支持を得て爆発的人気を博し、戦時体制が強まるなかで翌年一月号には「のらくろ一等卒」と階級をあげて連載が継続された。以後、「のらくろ上等兵」「のらくろ伍長」「のらくろ軍曹」「のらくろ曹長」「のらくろ少尉」「のらくろ中尉」「のらくろ大尉」と連載が続けられるとともに単行本化されて一大ブームを巻き起こし、多くのキャラクターグッズが販売されるほどだったが、連載中の「のらくろ探検隊」が戦時の印刷用紙節約のために四一年十月号で掲載が終了した。四六年以降、新聞や雑誌に軍人でない設定で描かれたが、六二年に「のらくろ二等兵」がリバイバル出版されて以降、つぎつぎと復刻されてブームの再来が話題となった。

参考文献　田河水泡・高見沢潤子『田河水泡—のらくろ一代記—』（『人間の記録』、二〇一〇、日本図書センター）、町田市民文学館ことばらんど編『滑稽とペーソス—田河水泡「のらくろ」一代記展—』（二〇一三）　（湯本　豪一）

のり　海苔　甘海苔類を生のまま、または乾燥させて食用としたもの。古代には上流の食品として貢納品ともされていたが、天和年間（一六八一—八四）ごろから江戸の大森・品川沖で海中に篊《ひび》をたてて養殖が始まり、紙海苔に漉く技術も開発されて、量産が可能となった。近世・近代を通じ、東京湾の品川・大森・葛西辺りが主産地となり、年間生産量は二千万枚にも及んだ。技術を品川から導入した広島海苔もこれに次ぎ近代に及んでいる。浅草海苔の称は、隅田川の浅草辺りで採取した海苔を、浅草寺で江戸土産として売出したからという。また永楽屋庄右衛門ら当地の有名海苔業者が、幕府や水戸家・上野寛永寺などの御用を達し、御膳海苔と称して一般の販売にも供して有名となった。海苔は日本独特の食品とされ、干海苔のほか、もみ海苔・味付海苔・佃煮などにも加工され、関東・東海・九州などでも養殖が盛んとなったが、海岸の埋立や水質汚染のため生産できなくなった産地もあり、韓国海苔の輸入もみられる。

参考文献　『大田区史』上（一九八五）　（北原　進）

のり　糊　ものを接着する際に使用する固形または液体

状の接着剤のこと。澱粉糊、ご飯糊、うどん粉糊、蕨粉《わらびこ》、膠《にかわ》、漆などの天然糊と、化学物質から作られた合成糊がある。天然糊のうち、膠は接着性が高く、接着後の弾力性も優れていることから、たとえば筆作りの際に筆軸へ穂首を接着する糊として使用するなど、現代における瞬間接着剤のような役目を果たしていた。現在でももの作りの現場では天然糊を使用している所が多い。現代において一般的に広く使用されているのは合成糊で、スティック型の固形糊など、さまざまな種類がある。かつて家々では、障子の張り替えの際に大量の糊を必要としたが、その際はうどん粉を煮て糊にしていた。また、洗濯後の衣類の型崩れを防ぐために使用する洗濯糊や、染物で色をのせない部分に置く糊(糊置き)には、澱粉糊が使われている。

参考文献 小泉和子『昭和の家事―母たちのくらし―(新装版)』(『らんぷの本』、二〇一五、河出書房新社)

(柏井 容子)

のりあいばしゃ 乗合馬車 旅客から運賃を収受して一定区間を運行する馬車。一八六九、七〇年ごろに外国人所有の乗合馬車が東京―横浜間を走ったが、七二年(明治五)には由良宗正なる日本人が浅草雷門と開業したばかりの新橋駅を結ぶ乗合馬車の営業を始めた。由良は七四年に、伊東八兵衛と共同でイギリスから二階建て馬車を輸入、千里軒と称し新橋から銀座、日本橋、緑橋を経て浅草橋、雷門まで乗合馬車を開業した。定員三十人、午前六時から午後八時まで営業、一日六往復で運賃は十銭であった。なお、馬車の御者のラッパをまねて人気を博した落語家の橘家円太郎にちなみ、円太郎馬車とも呼ばれた。

参考文献 篠原宏『駅馬車時代』(一九七五、朝日ソノラマ)

(老川 慶喜)

のれん 暖簾 商家の軒先に掛けつるした布地。もともとの発生は、禅家で防寒のために簾の隙間を覆って布を垂らしたとばりである。当初は日よけや塵よけのために作られた商家の暖簾に屋号や商標を描き、目じるしとして広告宣伝の目的を兼ねるようになったことは、戦国時代の京都の景観を描いた「洛中洛外図」からも知ることができる。河村瑞賢の東西沿岸航路の開発などによる交通通信網の整備によって全国市場が形成され、商人の台頭が著しくなる寛文・延宝期(一六六一―八一)以降、暖簾は厚手の紺色の木綿地に屋号や商標を白く染め出した派手な広告用の目じるしとなり、商家の信用と営業権の象徴に転化した。丁稚として入店し、手代・番頭・支配人という昇進・選抜の階段を登りつめ、晴れて別家となる丁稚制度は江戸時代から明治・大正期まで続いたが、分家や別家に取り立てられた者が、本家から屋号と暖簾印を贈られて独立開業することを暖簾分けといった。暖簾分けを認められた分家・別家は本家に忠誠を尽くす義務があり、年頭や八朔には本家へご機嫌伺いに参上し、吉凶があれば万事に手伝うのが慣例であった。また別家が日常生活や営業において不祥事によって「暖簾を汚す」ことがあれば、本家から暖簾を取り上げられた。本家の危機の際は相談にあずかり、その発言が本家の当主より重んじられることもあった。同じ暖簾の分家・別家は暖簾内と呼ばれ、本家を頂点とする商家同族団を構成した。暖簾内では、相続・結婚・転居・開業・転業には本家の許可を必要とした。暖簾は信用と団結のシンボルとなり、「暖簾が古い」といえば、老舗の信用の厚いことを指し、「暖簾が新しい」ということは新店であり、信用もまた薄いことを意味した。

参考文献 中野卓『商家同族団の研究―暖簾をめぐる家研究―』(一九六四、未来社)

(末永 國紀)

江戸時代の問屋街に見える暖簾(「東都大伝馬街繁栄之図」)

は

バー　バー　カウンターを備え、ウイスキーやカクテルなどの洋酒を飲ませる酒場。カウンター内のバーテンダーが一杯売りをする店が本来のバーとされ、オーセンティックバーと呼ばれることもある。一八七六年(明治九)に銀座で開業した函館屋がその最初とされ、八〇年に神谷伝兵衛が浅草で開いた店は、葡萄酒やカクテルで人気を集め、一九一二年に屋号を神谷バーと改めた。関東大震災後には十銭スタンドと呼ばれる大衆的な立ち飲みバーも増えた。同じころ、カフェーと同様に女給の接待を売りにするバーも登場した。高度成長期には「ママ」をはじめとする女性従業員(ホステス)による接待を伴うバーが人気となった。なお高級な接待飲食店をクラブ、男性従業員が接待する酒場をホストクラブという。同様に女性が接待するキャバレーは、客にダンスさせる設備を設けている点でバーとは区別される。個性的な「ママ」の存在や、作家や演劇人らがたまり場とすることで著名になったバーも多い。またゲイバーやおなべバー、シングルズバー、スポーツバーなど特定の志向や趣味を持った客を集めるバーもある。その他、食事に力を入れたスナックバー(スナック)やダイニングバー、ビリアード台を置くプールバー、洋酒以外を供する日本酒バーや焼酎バーなど、バーと称する酒場の業態は絶えず多様化している。　→居酒屋《いざかや》

参考文献　福富太郎『昭和キャバレー秘史』(一九九四、河出書房新社)、山本笑月『明治世相百話(改版)』(『中公文庫』、二〇〇五、中央公論新社)　(大岡　聡)

バーゲンセール　バーゲンセール　百貨店や小売店での値引き販売の催事。初売りや誓文払いをはじめ、値引きを伴う大売り出しは古くからあるが、欧米のそれにならって「バーゲン」と銘打った値引き販売の最初は、一九〇八年(明治四十一)松屋呉服店の「バーゲンデー」(二割引大安売日)である。また「バーゲンセール」という語は、管見の限りでは、一九一三年(大正二)に横浜の洋物店が使用したのが最も古い。この語は関東大震災後に定着し、特に百貨店では、より多くの顧客を集めるための販売促進イベントとして年中行事化していき、百貨店の大衆化を促した。　(大岡　聡)

パートタイム　パートタイム　事業所において、所定労働時間が通常の労働者より短い労働者のこと。その実態は多様だが、日本では一般に、正社員ではなく、賃金が時給または日給で計算され、時間あたり賃金は正社員より低いことが多い。事業所における呼称は、パートタイムのほか、アルバイト、契約社員、臨時社員などさまざまである。学生アルバイトなど、短時間雇用の労働者は明治時代から存在したが、一九五四年(昭和二十九)に大丸百貨店が「パートタイムの女子店員募集」とする新聞広告を掲載したことから、この用語が広まった。その雇用が本格化するのは、高度成長による労働力不足を背景に中高年女性の雇用が拡大した六〇年代半ばからで、八〇年代のバブル期には急拡大した。しかしバブル崩壊後になると、正社員の採用が縮小して、男性を含む多数の若年者がパートタイムなどの非正社員として雇用されるようになり、これが九〇年代以降の格差拡大の主要な原因となっている。

参考文献　竹中恵美子『戦後女子労働史論』(一九八九、有斐閣)、熊沢誠『女性労働と企業社会』(『岩波新書』、二〇〇〇、岩波書店)　(橋本　健二)

パーマ　パーマ　パーマネント＝ウェーブ permanent wave の略称で、毛髪に薬液を用いてカールやウェーブをかけること。一九〇五年(明治三十八)、ドイツ人のカール＝ネスラー Karl Nessler(一八七二―一九五一)がロンドンで発表した技術がパーマのはじまりとされている。毛髪をロッド(棒)に巻き付け、アルカリ性薬液をかけたうえで加熱する方法で、大掛かりな機械を用いるうえに熱を加えるため髪が痛み、また長時間拘束されるものだった。日本では電髪と呼ばれ、一九三五年(昭和十)ごろに国産の機械が作られて一般女性にも普及するようになった。太平洋戦争時は自粛を求められたが戦後は復活し、技術もコールドパーマが用いられるようになった。コールドパーマは三九年ごろアメリカで発明され、チオグリコール酸を用いて第一液でウェーブを作り、第二液で定着させる方法であり、加熱をしないためこう呼ばれている。　→洋髪《ようはつ》

参考文献　村田孝子「髪型―束髪からパーマネントまで―」(南博編『近代庶民生活誌』五所収、一九八六、三一書房)　(嵯峨　景子)

はい　灰　物を燃やした後に残るもの。生活する上でさまざまな用途に使用される。農業の肥料として鎌倉時代から草木を燃やした草木灰が用いられた。また、染色の触媒としても草木灰が用いられ、主に紺に染める時に用

灰売人(『守貞謾稿』より)

いるので、紺灰と呼ばれていた。中世には草木灰や紺灰は商品としても流通し、京や奈良には紺灰座があった。採取は個人的に認められた採取地や共同利用の入会地で行われるが、採取をめぐって相論になることも多かった。また、生産が増大すると草木が刈り尽くされて、山林が減少し、ついには、はげ山化を招くこともあり、それを防止するために、戦国時代には村外への売却を禁止する規制も行われた。火鉢や囲炉裏には灰が敷きつめられ、そこに炭を入れて燃やす。また、香を焚く際にも香炉の底にある灰に香を入れて燃やした。このように灰は炭や香の燃え方を管理する機能がある。「花咲爺」は灰を投げて桜の花を咲かした話だが、物質の最終的な姿である灰が桜に転化するのは灰の持つ触媒的・再生的機能を象徴的に示している。貝殻を焼いたものを石灰《いしばい》と呼び、古代以来、漆喰の材料や肥料に使用され、織豊期以降は城郭建築の白壁の材料として需要が増加した。 ↓肥灰《こえばい》 ↓石灰《せっかい》

（盛本 昌広）

ハイカラ ハイカラ 西洋風を気どったり、流行を追ったりする行為、またはその人のこと。石井研堂『明治事物起原』によれば、一八九八年(明治三十一)ごろに毎日新聞の石川半山が、流行の襟の高いシャツを着て、洋行帰りをほのめかす気障な格好の紳士を「ハイカラー」と呼んで「冷評」したことに始まったとされる。数年後には洋行とは関係なく高い教育を受ける女学生に対する揶揄にも「ハイカラ」が用いられている。つまりこのころの「ハイカラ」には、もっぱら気障や生意気、軽薄という否定的な評価が込められており、そのことは「高襟者流」「灰殻」という当て字にも現れている。一九〇八年の「ハイカラ節」(神長瞭月)は背伸びをした「ハイカラ」をユーモラスに描く。次第に垢抜けた、お洒落という肯定的な意味でも用いられるようになるが、昭和期になると「ハイカラ」は「モダン」に取って代わられることになった。

参考文献 佐藤竹蔵編『女学生』(一九〇二、南風館)、石井研堂『明治事物起原』(一九〇八、橋南堂)、木村荘八「ハイカラ考」(『現代風俗帖』所収、一九五二、東峰書房)

（大岡 聡）

はいきゅう 配給 流通を統制して物資を分配する制度。日中戦争中の一九四〇年(昭和十五)から一般家庭にも配給制がしかれ、食料品や嗜好品、衣類、木炭などあらゆる生活必需品は切符や通帳記帳と引き換えに割当量を購入する形になった。規定量のほかに慶事や戦意高揚・労働奨励などのため特別配給(特配)も行われ、アジア・太平洋戦争初期の「南方」占領に伴う砂糖の特配は民衆にとって「戦果」を具体的に感じ取るものであった。配給品購入のために連日長い列に並ぶこと自体も大きな負担であり、やがて隣組を通して分配するようになった。生活を同程度に切り詰めるという意味で「平準化」が進んだ面もあったが、地位やコネによる横流しなどの格差も存在し、また戦局が悪化し減配・遅配・欠配が恒常化するなかで都市の民衆は縁故や闇取引、「幽霊人口」(人員の虚偽申告)などに頼らなければ生活できない状況に追い込まれ、こうした問題も地域社会に軋轢を生んだ。戦後も物資不足のなかGHQによって配給制度は継続されたが、四九年のドッジ＝ライン以降、米穀以外の配給制は順次廃止された。 ↓食糧管理制度《しょくりょうかんりせいど》 ↓食糧難《しょくりょうなん》 ↓物資統制令《ぶっしとうせいれい》 ↓米穀通帳《べいこくつうちょう》

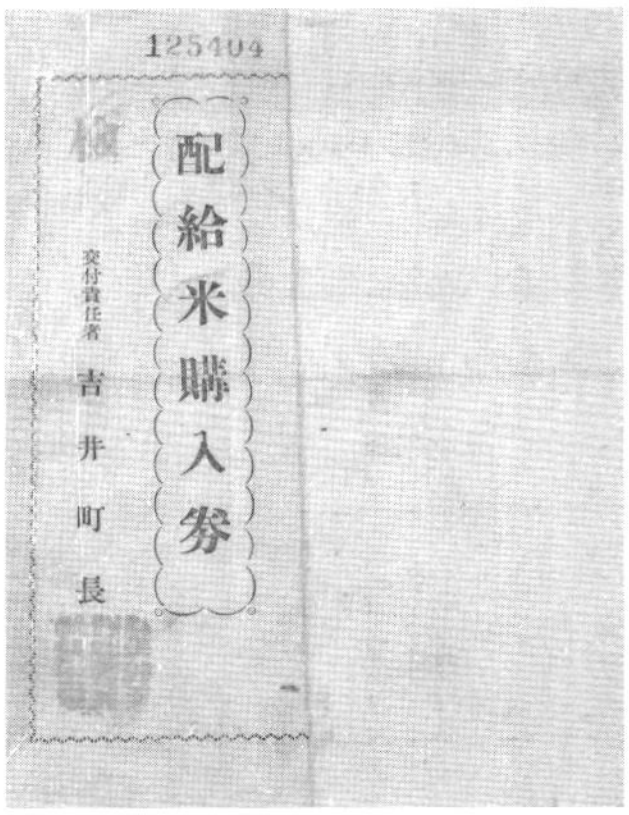

配給米購入券

参考文献 『(特集)戦争中の暮しの記録』(『暮しの手帖』九六、一九六八)、板垣邦子『日米決戦下の格差と平等―銃後信州の食糧・疎開―』(『歴史文化ライブラリー』、二〇〇八、吉川弘文館)

（大堀 宙）

はいく 俳句 五七五の三句十七音で詠まれる日本独自の短詩のこと。俳諧連歌の第一句(発句)が独立したもの。季語を入れることを原則とするが、無季語や五七五の形式にこだわらない自由律などもみられる。日本では十世紀初頭より「俳諧」という言葉がみられ始めるが、現在の概念とは異なり、漢詩・和歌・連歌のうち正統な風雅とは認めがたいものを指した。俳句が全盛期を迎えたのは江戸時代であり、松永貞徳により連歌から独立し、新しい文学ジャンルとして確立された。特に元禄期の松尾芭蕉に至っては、庶民的、日常的、現実的世界を対象としつつ、「さび」を重んじた蕉風的美意識といわれるまでに高められた。庶民感覚に基づく自由清新な俳諧が広く受容されると、反動的に漢詩文調の俳諧が主張されるなど、時代によって多様な主張がなされた。一方、蕉風を

俳諧師（『人倫訓蒙図彙』より）

重んじることで世俗や時代の流れが沈潜してしまい、風雅さだけが表出する句が多いことも指摘されている。そのなかで、世俗の言葉を使いながら自己の思いや時代の動きを率直に詠んだ小林一茶など特徴的な俳人も登場した。また、在村にあっては、生業など日常活動と風雅の文化活動が同時に行われる「風雅業余」というかたちで民衆に広く浸透し、全国各地にくまなく俳号が確認できるほどであった。領主への建言書などに俳句を折り交ぜたものもあり、公私の場での自己の表現手段となっていたのである。近代になると、清新な写生論を展開した正岡子規は、江戸時代の俳諧は月並調と厳しく批判し、俳句の歴史に新しい展開をみせた。子規が俳句という言葉を発句のみに使うようになってから、現在の俳句認識が一般化されたといわれている。江戸時代後期以降、多くの女性が活躍した文芸としても注目される。

参考文献 頴原退蔵『俳諧史』(『頴原退蔵著作集』三・四、一九七九・八〇、中央公論社)、森川昭他編『俳諧史の新しき地平』(『論集近世文学』四、一九九二、勉誠社)、杉仁『近世の地域と在村文化―技術と商品と風雅の交流―』(二〇〇一、吉川弘文館)、横田冬彦編『知識と学問をになう人びと』(『身分的周縁と近世社会』五、二〇〇七、吉川弘文館)、青木美智男『小林一茶―時代を詠んだ俳諧師―』(『岩波新書』、二〇一三、岩波書店)　(工藤　航平)

ばいしゅん　売春　自分の性器、身体、セクシュアリティなどを対価を得て他者の利用に供すること。近世から戦前までは、淫売・売笑・売娼、廃娼運動の中では醜業・賤業と呼ばれ、戦後は売春が定着した。常に売る側の女性の問題(貧困・家父長制・性行など)として認識されることが多く、それは、売春防止法(一九五六年(昭和三十一)制定)が、売春を「性道徳や公序良俗に反する」と位置づけ、実質上、売春女性のみを処罰の対象とする内容となったことに現れている。一九七〇年代からフェミニズムの視点により、経済的・社会的に不均衡な男女のジェンダー構造の問題として再認識され、売買春(買売春)の用語が採用された。さらに男性側のセクシュアリティ問題として、買春《かいしゅん》という造語が生まれ、児童買春・児童ポルノ処罰法(九九年(平成十一)制定)のように、法律名にも採用されている。近年は、性売買という言葉も使われている。

参考文献 吉見周子『売娼の社会史(増補改訂版)』(一九九二、雄山閣)、角田由紀子『性と法律―変わったこと、変えたいこと―』(『岩波新書』、二〇一三、岩波書店)　(平井　和子)

はいしょううんどう　廃娼運動　公娼制度の廃止を求める運動。主としてキリスト教徒が担い、人身売買と、男性の買春行為が一夫一婦制に反するとして日本キリスト教婦人矯風会が息の長い廃止運動を展開した。日本救世軍(一八九五年(明治二十八)設立)は娼妓の自由廃業を導き、一九一一年には、吉原遊郭の全焼を機に、再建阻止を目指す廓清会が結成された。第一次世界大戦後の人身売買を禁止する国際的潮流(一九二一年(大正十)「婦人及児童の売買禁止に関する国際条約」)を追い風に、矯風会と廓清会は合同して廃娼連盟を結成し、地方の県会へ廃娼決議の働きかけを行なった。一九三五年(昭和十)までに十四の県が廃娼決議を挙げたが、アジア・太平洋戦争の開始に阻まれた。敗戦後、GHQによって公娼廃止指令が出されたが、旧遊郭や米軍基地周辺に赤線地区が黙認され、公娼制度は温存された。これに対し、廃娼運動は、四七年、売春禁止法制定促進委員会を結成して五六年の売春防止法制定への流れを作った。　→公娼制度《こうしょうせいど》

参考文献 竹村民郎『廃娼運動―廓の女性はどう解放されたか―』(『中公新書』、一九八二、中央公論社)、小野沢あかね『近代日本社会と公娼制度―民衆史と国際関係史の視点から―』(二〇一〇、吉川弘文館)　(平井　和子)

ハイヒール　ハイヒール　ヒールは靴の踵部を上げるために付けられたもので、その高さが六センチを超えるものをハイヒールというが、日本ではハイヒールが付いた靴の呼称となることも多い。ヒールは十八世紀にヨーロッパで完成し、ファッション性の高さから女性の服飾に欠かせない要素となった。日本では、一九二〇年代のモダンガールがハイヒール普及の端緒となり、戦後の靴の普及により欧米の流行と歩調を合わせるようになる。五〇年代にはスチール芯により極端に細いヒールが可能になり、ピンヒールともいわれてハイヒールの美しさの極致に達している。六〇年代後半からは厚底靴とともに太いハイヒールも流行し多様化する。ハイヒールは甲を広く開けた留め具のないパンプスに付くことが多く、パンプスはイギリスではコートシューズといわれる社交用の靴であり、一般的なタウン履きなど日常に用いるには足への負担が大きくなる。外反母趾などへの配慮をした用い方が必要であろう。　(市田　京子)

ばいやく　売薬　生薬を薬方《やくほう》に従って調合し包装した既製の方剤《ほうざい》で、効能書を付して一般に販売したもの。人々が必ずしも医師の指示によらないで医療目的に用いた合《あい》薬《ぐすり》で、特殊な名称をつけて一般に販売された。近代まではこれを売薬と呼んだ。室町末期から江戸初期に、中国の合薬の処方が日本に伝わり、売薬が製造された。売薬には、大別して店舗(薬舗《やくほ》)と、行商による販売があった。江戸時代前期は、京都・江戸・大坂で、御免売薬《ごめんばいやく》と称し町奉行の允許を得て行う店頭での売薬の調製販売が盛んとなった。行商は二種類あり、一つは呼立売薬で、効能を吹聴して大道を行商し、神社仏閣の縁日や雑踏の町に露店を出して売薬の購買を勧誘した。もう一つが配置売薬である。十八世紀後期以降の配置売薬業の代表的産地には、越中富山、近江日野、大和、九州対馬領田代などがあり、行商人すなわち薬売りは得意先の家に売薬を配置し、翌年再訪した際に使用分の売薬の代価を受取り、残薬を新たな売薬と取り替えて、使われた売薬は補充した。　→置《お》き薬《ぐすり》　→薬屋《くすりや》

参考文献　日本薬史学会編『日本医薬品産業史』(一九九五、薬事日報社)、山脇悌二郎『近世日本の医薬文化―ミイラ・アヘン・コーヒー―』(『平凡社選書』、一九九五、平凡社)　(二谷　智子)

ハウスキーパーもんだい　ハウスキーパー問題　⇩転向《てんこう》

はえ　蝿　ハエ目の昆虫。成虫になるまでに、卵―幼虫―さなぎというように完全変態の過程をたどる。食物から汚物までところ構わずにとまって病原菌を媒介するため、人にとっては有害な昆虫である。そこで、昔から蝿を駆除する方法が工夫されてきた。近代以降の主なものとしては、蝿帳の使用がある。目の細かい金網の囲いの中に食物をおき、蝿の侵入を防ぐ。蝿いらずは乳児用の幌蚊帳を小型化したもので、食物の上にかぶせる。殺虫用の道具には、蝿叩きがある。当初の素材はシュロだったが、金網や樹脂製の蝿叩きに転化した。いずれも、蝿を直接たたいて駆除するものである。蝿取り紙は誘引剤と粘着力のある液体を塗ったシート紙を天井や鴨居からぶら下げ、蝿をそこに付着させる。蝿取り棒はラッパ状の先端と水が入る球状の元の部分をガラス管でつないだ道具である。天井にとまった蝿にその先端を付けて水中に蝿を落とす。ほかに、化学薬品を殺虫剤として噴霧する方法もある。

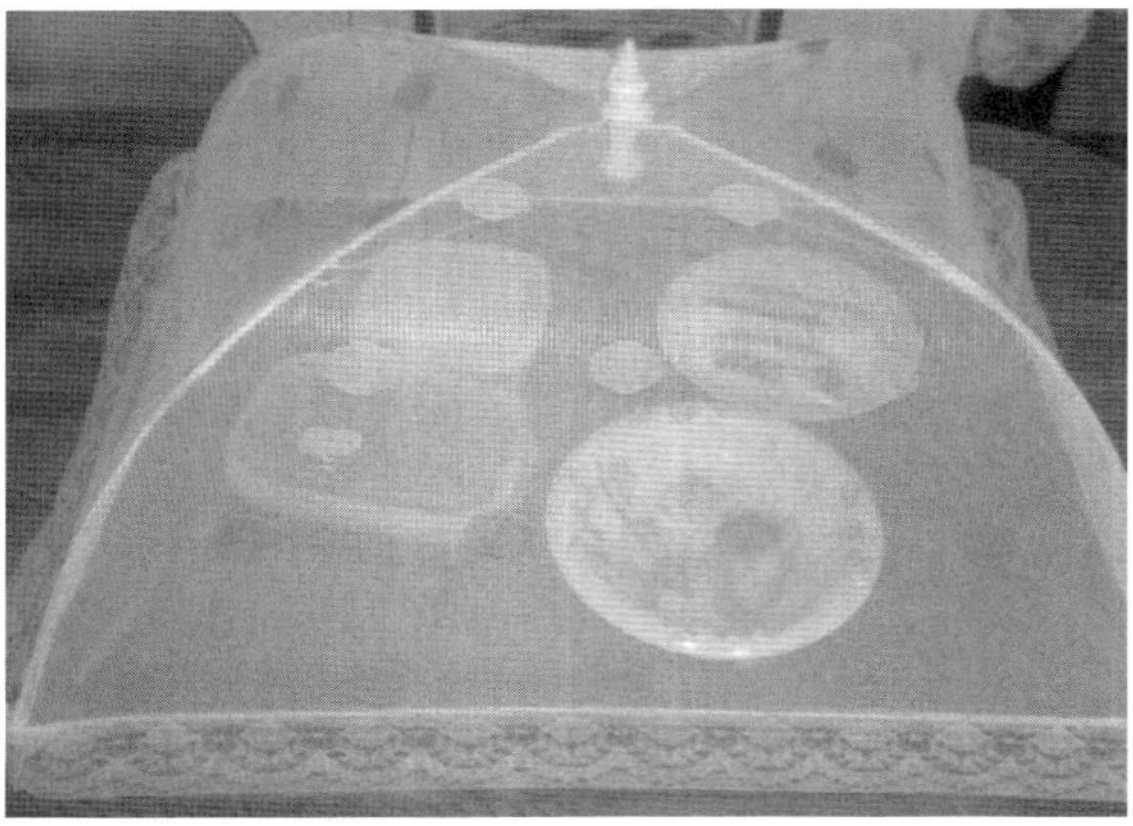
食卓で使用する蝿帳

参考文献　松戸市立博物館編『昔のくらし探検』(企画展図録、二〇〇四)　(柳　正博)

はおり　羽織　着物の上に着る短い上着。はおって着るところから呼び名がつけられたと思われる。胸の中ほどに乳布《ちぬの》をつけ、羽織紐を通して前で結ぶ。襟は外側に折りかえり前裾まで続く独特の形状になっている。室町時代ごろに原型ができたとされ、江戸時代から町人男性の略装として用いられ、明治維新以降は男子紋付の羽織は礼装と定められた。もともと男性用の衣類で外出用のおしゃれ着としての要素も持っており裏地などに凝ったものが製作されていたが、明治時代にはいると女性も着用するようになり、大正時代ごろにはさまざまな素材や柄ゆきで華やかな羽織が作られるようになった。丈は、戦前は膝下までと長かったが、戦後は短い茶羽織が普段着として流行し、以降羽織の丈は太ももあたりまでの短いものが主流となった。昭和三十年代になると、羽織るだけで格式があがり帯に気を使わなくてもよい黒の絵羽織が女性に好んで着用されるようになった。特に入学式や卒業式には黒絵羽織を着た母親たちが多く見られた。
↓袖《そで》なし

参考文献　宮本馨太郎『かぶりもの・きもの・はきもの(新装版)』(『民俗民芸双書』、一九九五、岩崎美術社)　(髙塚　明恵)

はか　墓　死者の遺体または遺骨が納められている場所で、通常それを示す標識があるもの。[前近代]日本列島では縄文時代からさまざまな土葬墓が造られたが、弥生時代では方形周溝墓、古墳時代では古墳のような有力者の大きな墓はあるものの、一般民衆が葬られたと思われる墓は少ない。歴史時代には死体を地上に放置する風葬が広く行われていたことが文献的・考古学的に明らかになっているが、これが古くからあったと推定される。上層では古墳の終末後、仏教の影響で火葬が広まり、平安時代の天皇や貴族は法華堂などの仏堂に骨壺を安置・埋納する墳墓堂を造った。平泉の中尊寺金色堂に安置された遺体は火葬ではないが、墳墓堂の唯一の遺存例である。平安時代の地方有力者は土葬を行い、近畿地方では十世紀から上層農民の間で土葬の屋敷墓が造られた。土地の開発者を屋敷の一角に葬ることで、その霊が家を守るとされたものと考えられる。地方でも十二世紀から火葬が行われるようになり、また平安時代までの墓は分散していたが、十二世紀後半から各地で共同墓地が造られる。特に律宗は鎌倉後期から南北朝時代にかけて各地に墓地を造成し、大きな五輪塔を建てた。墓標としての石塔は鎌倉時代に始まり、中世後期には墳墓堂にかわって五輪塔や宝篋印塔《ほうきょういんとう》が上層の墓標になった。近畿から東海にかけて小型の一石五輪塔や石仏型の墓が室町・戦国時代に

五輪塔（安楽寿院）

宝篋印塔（大山祇神社）

多く造られたが、まだ庶民の墓ではなく有力者のものだったと考えられる。風葬は中世後期には減少し、近世には一般民衆の間でも徐々に石塔が普及するが、今日と異なり石には個人の戒名を刻んだ。多数の戒名を刻む墓もあり、十八世紀後半から先祖代々の文言も少数ながら現れてくる。その一方で墓石をもてない人も多くいた。近畿地方農村部では土葬が多かったが、埋葬地が狭く同じ場所を再利用するため、埋めた場所に石塔を建てることができず、埋め墓と詣り墓(石塔墓)が離れている両墓制が広く行われた。

参考文献　江戸遺跡研究会編『墓と埋葬と江戸時代』(二〇〇四、吉川弘文館)、狭川真一編『日本の中世墓』(二〇〇九、高志書院)、勝田至編『日本葬制史』(二〇一二、吉川弘文館)

(勝田　至)

〔近現代〕私たち日本人が一般に墓と考えているものは、遺体や遺骨を葬った葬地である場合と、死者の霊を祭る祭地である場合がある。現在は、その二つの役割が同じ一つの墓に担われている単墓制が通常のものと考えられているが、古くは、葬地と祭地を別の場所に設ける両墓制など、墓制のあり方は多様だった。前近代の多様な墓のあり方は、近代化の中で次第に、一家に一つの石碑があり、そこに家族の遺骨を代々収蔵する、現在の墓地景観へと収束する。その一つの契機に、火葬の普及により、一つの石碑に複数の遺骨が収蔵可能になったことである。また明治民法は墳墓を「家督相続ノ特権」と規定したが、それら民法上の規定も、次第に多様であった家のあり方を画一化し、墓をその象徴として祭祀することを一般化させた契機の一つと考えられる。戦後、家制度は廃止されたが、現行民法においても第八九七条の祭祀条項は墓地を「慣習に従って祖先の祭祀を主宰すべきものがこれを承継する」として、「~家先祖代々の墓」という家族墓のあり方を否定しなかった。しかし戦後の社会移動の増大は、跡継ぎが代々一つの家と墓を承継することを困難にした。従来の家は、柳田国男が述べるように、多くの家族員を未婚のまま労働力や後継ぎのスペアとして家にとどめるという犠牲の上に、代々継承されていた。しかし戦後の仕事と婚姻の自由の成立によって、こうした家族員は独立した自分の家族を持つようになり、大きな家に代わってそれぞれが小家族を持つ形へと分解した。家の分解は少子化の進展とともに、家の跡継ぎによる承継という墓制を困難にした。一方でこうした困難は現代日本において、血縁の跡継ぎに代わって死後の処理や祭祀を引き受ける多様な市民運動を叢生させた。こうした市民運動は、自然環境の保護や新しい共同性などの理念を提示し、死後無縁仏となる不安を、血縁の跡継ぎという拘束や負担からの解放として捉え直す視点を与えていると考えられる。↓火葬《かそう》　↓自然葬《しぜんそう》　↓霊園《れいえん》

参考文献　柳田国男「先祖の話」(『柳田国男全集』一五所収、一九九八、筑摩書房)、井上治代『墓をめぐる家族論―誰と入るか、誰が守るか―』(『平凡社新書』、二〇〇〇、平凡社)、森謙二『墓と葬送の現在―祖先祭祀から葬送の自由へ―』(二〇〇〇、東京堂出版)、中筋由紀子「葬儀とお墓の現代的変容」(清水哲郎・島薗進編『ケア従事者のための死生学』所収、二〇一〇、ヌーヴェルヒロカワ)、槇村久子『お墓の社会学―社会が変わるとお墓も変わる―』(二〇一三、晃洋書房)

(中筋由紀子)

はがき　葉書　郵便物の一つである通信用紙。郵便局が発売する郵便料金の表示(料額印面)がある郵便葉書と、郵便料金分の切手を貼る必要がある私製葉書に大別される。その規格と様式は、『内国郵便約款』第二〇条から第二八条で定められている。世界最初の郵便葉書は、オーストリアが一八六九年に発行した。日本は一八七三年(明治六)に発行しているが、諸外国とは異なった二つ折り形式であった。厚紙を用意できなかったためといわれる。単片形式になるのは七五年からである。「はがき」の漢字表記は、公衆が理解しやすい、紙の端に書き付けた覚書きの「はしがき」を意味する「端書」であったのが、七八年からは「葉書」となった。語源は不明であるが、近代郵便創始者の前島密《まえじまひそか》が葉書の文字を採用したことで、正式用語として定着したようである。一九〇〇年制定の郵便法で私製葉書が認可されると、絵葉書の楽しみや旅の便りが人々の間に広まった。↓絵葉書《えはがき》　↓郵便《ゆうびん》

参考文献　高橋善七『通信』(『日本史小百科』、一九八六、近藤出版社)、山口修『郵政豆知識』(一九八三、郵政大臣官房人事部能力開発課)

(田辺　龍太)

はかま　袴　下体部に着装する衣類の一種。腰部から脚部を覆う服物で、小袖の上から履いて着装する。その構造は前後両部からなり、下部は左右に分かれて筒状に縫合され、ここに両脚を通し上部に付けられたひもを結んで装着する。「婆加摩」の語は『日本書紀』にみえ、袴・褌の文字もすでに記紀に用いられている。語源には諸説あるが、現在では「はきもの」の転化というのが通説となっている。袴は上古以来、男子服装において重要な位置を占めてきた。平安時代以降は、束帯における表袴《うえのはかま》・大口《おおくち》などそれぞれの服装によって着用すべき袴が定められた。小袖が服装の中心となった近世には、男子の袴は著しい発展を見せ、腰板の発生・裾幅の拡大・よせ襞の形成など、その形態・材料・着法・機能がひろがり、多くの種類が誕生した。女子も平安時代以降は袴を着用していた。紅の平絹・正絹などで作った紅袴・緋袴は、襠《まち》がひろい長袴で、十二単や小袿などの女房装束に着用されたが、その後女子の袴はあまり発展せず廃れていった。しかし、明治時代に入り西洋の生活様式が取り入れられるようになると、女子にも容易に歩け、裾捌きを気にしない衣類が必要となった。特に、学校の教室では机と椅子の生活なので、教師・生徒ともに裾の乱れを気にするようになり、文部省は女学校開設にあたり太政官布告で女教師・女生徒の袴着用を認めた。一八七二年(明治五)に開設された官営富岡製糸場でも、工女たちは袴を着用

していた。しかし、この時は、男性用の袴をそのまま着用していたため、粗野で醜い姿であると批判されるようになった。華族女学校の教授をしていた下田歌子は、宮内省で皇后に仕えていた経験を生かし、女学生のための袴を考案した。宮中の袴を参考に、プリーツを入れて動きやすいスカート状にし、色は宮中の未婚女性が身につける色に基づき、海老茶色を採用した。この袴は人々の支持を集め、全国の女学生が制服として着用するようになった。

参考文献 宮本馨太郎『かぶりもの・きもの・はきもの(新装版)』(『民俗民芸双書』、一九九五、岩崎美術社)
（髙塚　明恵）

はがま　羽釜　煮炊具の一つ。釜ともいう。鍋が基本的に火どころを限定しないのに対し、釜はかまどに架けて使われる。外側上部に落下を防ぐための鍔(羽)が廻らされていることから、羽釜の名称がある。古墳時代中期に大陸からかまどが伝わると、それに挿す容器として長胴甕が生まれ、羽釜の祖形となった。長胴甕は文字通り縦長の甕で、鍔はないがかまど内に据えられた台(支脚)で下から支えて落下が防がれる。本来米を蒸すための甑《こしき》(蒸籠《せいろ》(「せいろう」とも))と組み合わせて使われる湯沸し

羽　　釜

容器であり、当時の米は強飯《こわいい》(蒸し米)で食された。羽釜の成立は平安時代前期で、鋳鉄製が最も早く、羽釜といえば基本的に金属製をさす。土製・陶製の釜はこれを模倣したものである。以来近代まで羽釜の基本的な形は変わらない。非透水性の素材を得たことで米は直接炊かれるようになり、現代の私たちが食べる姫飯《ひめいい》に変わった。蓋は炊きこぼれを抑えるために重い木製のものが好まれた。すなわち羽釜とは炊飯のために生まれた煮炊容器であり、鍔のない現代の電気炊飯器を電気釜と呼ぶのはそれに由来している。また釜には霊性があるとされ、古来さまざまな神事や呪術裁判の道具に用いられた。鎌倉時代後期には地獄に落ちた死者に与える刑罰(釜茹で)の容器として仏教説話図中に描かれた。一五九四年(文禄三)、京都三条河原で盗賊石川五右衛門が釜茹での刑に処されたのは、それが厳罰の象徴だったからであろう。

参考文献 朝岡康二『鍋・釜』(『ものと人間の文化史』、一九九三、法政大学出版局)
（馬淵　和雄）

はかまいり　墓参り　墓に行って先祖を拝むことをいう。葬儀の後、初七日から四十九日までの追善供養から百か日、一周忌、三回忌、七回忌、十三回忌、十七回忌、二十三回忌、三十三回忌、五十回忌と続くが、五十年も経過するころには故人を知る人はごく少ないものとなる。三十三回忌が弔い上げとされる。また、先祖の命日のほかにも春・秋の彼岸や盆、施食会《せじきえ》(施餓鬼《せがき》)などの仏教行事や先亡の命日に墓参する。

参考文献 柳田国男「先祖の話」(『(定本)柳田国男集』一〇所収、一九六八、筑摩書房)
（柳　正博）

はかり　秤　物体の重量を計測する器具の総称。中世の段階では、秤量の基準が地方ごとに異なっていたが、江戸幕府成立以後、秤制の整理、統一が進められ、一六五三年(承応二)閏六月、東三十三ヵ国は守随《しゅずい》家の江戸秤座、西三十三ヵ国は神《じん》家の京都秤座に、それぞれ秤の製造・販売に関する独占権が与えられるに至った。この二家が、

秤　青果店での量り売りの様子
(1960年代，東京都世田谷区)

秤の精度保持と、「似せ秤」の取り締まりを担ったのである。こうした経緯から、秤は官製品の扱いを受け、売るのではなく、下げ渡す形式をとったため、秤座役人が横暴な態度をとることもあった。現代においても、秤をはじめとする計量器を製造する者は、経済産業大臣の登録を受けなくてはならない。この内、商用秤などは、使用中のものについて定期検査が行われるが、計量法に定められた事項一般については立入検査を行うことができ、違反に対しては罰則が設けられている。 ↓度量衡《どりょうこう》

参考文献 林英夫『秤座』(『日本歴史叢書』、一九七三、吉川弘文館)、小泉袈裟勝『秤』(『ものと人間の文化史』、一九八二、法政大学出版局)
（高槻　泰郎）

はきもの　履物　足に着装するものの総称。形状から、下駄・草履・草鞋《わらじ》・サンダルなどの開放性履物と、沓《くつ》・靴・足袋《たび》などの閉塞性履物に分類される。日本における履物の起源は明確ではない。縄文時代の土偶の足に履物の紐のような文様のあるものや、長靴のように足部を表現したものがあるが、これらが履物の表現か否かについては説が分かれている。また弥生時代の田下駄が各地の遺跡から出土しているが、田下駄は水田耕作の用具で純正の履物とはいえず、履物の起源と位置づけるには問題

が残る。三世紀ごろの日本の状況を記した『魏志』倭人伝には「皆徒跣す」と記され、当時、支配階級を含め裸足が一般的であったとみるのが妥当であろう。古墳時代に入ると、遺跡から金銅製飾履や下駄が出土、また埴輪に革履《かわぐつ》や襪《しとうず》が表現され、履物使用の事実が明確になる。ただし『隋書』倭国伝は漆塗りの履《くつ》の使用とともに「人庶跣足多し」と記しており、庶民はやはり裸足が多かったと考えられる。七・八世紀、隋唐に倣い律令(衣服令)で礼服・朝服・制服を規定、身分・位階の可視化を目的とした履物の体系が成立し、それをきっかけに舃・履・靴・鞋という閉塞性履物が官人層を中心に定着した。平安時代になると、半靴《ほうか》・浅沓《あさぐつ》・毛沓《けぐつ》・草履・草鞋など日常用の履物の分化が進展するが、鎌倉時代に入ると、閉塞性履物は宮廷・公家社会以外では次第に廃れるようになり、武家社会では草鞋・草履など開放性の鼻緒履物が中心になった。ついで室町時代には、草履・足駄が庶民層に普及する一方、武士の間で戦闘に適した足半《あしなか》草履や足袋が広く愛用されるようになる。江戸時代に入ると、町人階層の勃興とともに下駄・草履・足袋類が発達、特に、桐材の台・樫歯・朱塗りなど派手な意匠を凝らした下駄が広く町人男女の間で流行した。幕末、諸藩の洋式軍装として洋靴が導入され、明治時代の文明開化の風潮とともに広く普及し、今日に至っている。↓足半《あしなか》 ↓履《くつ》 ↓下駄《げた》 ↓草履《ぞうり》 ↓足袋《たび》 ↓草鞋《わらじ》

参考文献 宮本馨太郎『かぶりもの・きもの・はきもの』(『民俗民芸双書』二四、一九六八、岩崎美術社)、潮田鉄雄『はきもの』(『ものと人間の文化史』、一九七三、法政大学出版局)、秋田裕毅『下駄—神のはきもの—』(『ものと人間の文化史』、二〇〇二、法政大学出版局)

(田中 禎昭)

はくさい 白菜 アブラナの種類で、結球性のツケナを指す。日本には在来の菜類に結球種がなく、一八七五年(明治八)、清国から結球山東白菜が東京博物館に出品されると好評を博した。この結球山東白菜を政府より払い受けた愛知県植物栽培所が採種に取り組み、八五年に愛知県下で栽培が始まった。この山東白菜が改良され、一九一七年(大正六)には愛知白菜となった。一方、宮城県では、日清戦争後に中国から持ち帰った種子を宮城県立農学校で試作し、これを引き継いだ宮城県農会が一六年に松島白菜を育成した。その後は種子の大量生産が始まり、昭和期には日本各地に土着した白菜から種子が採種できるようになった。白菜は煮物や鍋物、和え物などに料理され、漬物にも加工できる利用大の冬野菜である。一九七五年(昭和五十)以降は核家族化に伴い白菜のカット販売が増加するようになり、球断面の見栄えも商品性の要素となった。

参考文献 青葉高『野菜—在来品種の系譜—』(『ものと人間の文化史』、一九八一、法政大学出版局)、農林水産省農林水産技術会議事務局編『昭和農業技術発達史』五(一九九七)、江原絢子・東四柳祥子編『日本の食文化史年表』(二〇一一、吉川弘文館)

(冨岡 典子)

はくしゅ 拍手 両手の手のひらを打ち合わせること。柏手とも書き、「かしわで」と読む。「拍」「柏」は篇の相違で「柏」は誤写であろうというが、古代、神事に重なる食事を司る「膳部」を「かしはでべ」と読むことを勘案すると何方が根元か断定はできない。拍手に関しては『魏志』倭人伝に会合の際に「大人の敬う所にあうときは、但、手を搏《う》ちて跪拝《きはい》に当つ」とみえ、神事の際に貴人に合わせて「手を搏(拍手)」つ行為があったことがわかる。また『古事記』の国譲り神話において国譲りに同意した事代主神が青柴垣《あおふしがき》において「天《あめ》の逆手《さかて》」を打ったとあり、天の逆手を呪いの拍手、手の背で打つ拍手などと説明がなされているが、「逆手」は青柴垣という境で打った拍手であり、「境手」である。拍手・柏手の語源は逆手であったと思われる。現状の用語では柏手は神社などの参拝や神事、拍手は歓迎・賞賛・賛成などの気持ちを表して打つと分けることができる。横綱が土俵入りで叩くのが柏手、それを見た観衆が打つのが拍手である。

参考文献 関和彦『古代に行った男ありけり—古代の心象風景を出雲に探る—』(二〇〇三、今井印刷)

(関 和彦)

ばくち 博打 偶然の左右するゲームに金品を賭けて遊ぶこと。博奕《ばくえき》とも。古代・中世では、公卿などの上流階級が遊びに興を添えるため物品を賭けることもあり、中世では博打は芸能の一つとされ、博打の上手な者は「職人」「名人」と評された。必ずしもすべてが罪悪視されていたわけではなかった。しかし、近世以降、富籤などの合法的博打以外は、厳しい統制のもとに置かれ、経済が発達したことにより庶民の中にも博徒が数多く発生した。↓賭《か》け事《ごと》

参考文献 増川宏一『賭博』III(『ものと人間の文化史』、一九八三、法政大学出版局)

(高尾 善希)

ばくと 博徒 博奕を開く場のあがりなどをもって生活を営むひと。または、博奕を好む性癖をもつひと。博徒としての名前「渡世名」(たとえば本名「山本長五郎」、渡世名「清水次郎長」)は、縄張りの土地・出身地・身体的特徴などに由来する。暴力的で特異な秩序をもった集団を組むことが多く、一般的な社会からは異端視された。一方で、「任侠」の道徳を重んじ、民間の争いの仲裁をしたり、百姓一揆・農民一揆などを先導したりすることもある。↓侠客《きょうかく》

参考文献 高尾善希「幕末期関東村落における博徒集団と地域社会—武蔵国多摩郡・入間郡域の事例を中心に—」(『遊戯史研究』二一、二〇〇九)

(高尾 善希)

はくらいひん 舶来品 ⇩国産品《こくさんひん》

はくらんかい 博覧会 産業・文化の振興を目的として工業製品や芸術作品などを集めて公開する催事。世界的には一七五六年にイギリスのロンドンで開催された勧業博覧会が嚆矢とされている。世界的規模で開催される万

日本万国博覧会パンフレットより　(右)太陽の塔　(左)日本館

国博覧会は、一八五一年にロンドンで始まり、六七年にフランスのパリで開催された第五回万国博覧会には、江戸幕府と薩摩藩がともに日本代表を主張して参加した。日本では、近世以降の物産会の隆盛を背景に、一八七一年(明治四)には京都西本願寺大書院で三井家を中心に、京都博覧会が開催された。その後、明治期には政府の殖産興業政策と軌を一にした内国勧業博覧会が開催され、明治末期から昭和初期にかけては、経済の発展に伴いさまざまな趣旨の博覧会が各地で開催された(第一次博覧会ブーム)。また、戦後には、講和、復興、貿易振興などをテーマとした博覧会が各地で開催された(第二次博覧会ブーム)。一九七〇年(昭和四十五)三月十五日から九月十三日まで、大阪府の千里丘陵で開催された日本万国博覧会は、高度経済成長期の真っ只中にあった日本にとって国民的イヴェントとなり、入場者は六四二一万八七七〇人を数えた。その後、昭和末期ごろまで、経済発展を礎に未来を展望する目的の博覧会が盛行した(第三次博覧会ブーム)。現在では、インターネットなどの普及に代表される情報化社会の到来とともに、博覧会はその使命を終えたとする見解もあり、国内外を通じてその開催数は減少している。

参考文献　寺下勍『博覧会強記』(一九八七、エキスプラン)、『日本の博覧会―寺下勍コレクション―』(『別冊太陽―日本のこころ―』一三三、二〇〇五)　(宮瀧 交二)

ばくろう　博労　牛馬の売買を職業とする者。馬市で駄馬の取引をする者たち。馬喰とも書く。木曽福島(長野県木曽郡木曽町)では諸国から博労たちが集まり馬否を見定め、言い値を付ける。博労のなかには御用博労がおり、参勤交代の折、将軍に駿馬を献上するという重大な役割を担っていた。江戸へ行くには、御用博労に駒奉行、馬掛りが付きそって行く。駄馬を率いて馬市へ行くとき、客を乗せ馬子唄をうたうこともあり馬方と間違えられることも多かった。博労がうたった歌は、いまでも東北地方に多く残っている。　→馬《うま》　→馬子《まご》

参考文献　田村栄太郎『一揆・雲助・博徒』(『史録叢書』二、一九七三、三崎書房)　(宇佐美ミサ子)

バケツ　バケツ　水などを入れる容器。英語の bucket が転訛した呼び名。多くは上部の開いた円筒形で、持ち運ぶためのつるが付いている。明治時代以降、鉄の圧延技術の発展とともに、木製の結桶《ゆいおけ》に代わって普及した。近年はプラスチックやビニール製のほか、用途に合わせて布製など多様な素材で作られている。掃除時の水汲みやレジャーなど生活の場面で多用され、バケツリレーなど火災時の消火活動にも使用される。　(岡田 真帆)

はげやま　はげ山　自然的もしくは人為的条件により、樹木や草柴が生育していない山のこと。禿山、兀山とも。自然的条件には、カルスト地形や火山活動による焼土化がある。人為的条件としては、建材用・燃料用樹木の伐採や、牛馬の飼料取得のための秣場《まぐさば》化、刈り敷肥料採集のための草山化、灯火用樹根の採取、鉱山の煙害などが原因となりはげ山状態を招いた。特に江戸時代後期には大量の草地を必要とする草肥農業の結果、全国各地にはげ山が出現した。　(水本 邦彦)

はけんろうどう　派遣労働　ある者が雇用して賃金を支払う労働者が、他者のもとに派遣され、この他者の指揮命令下で行う労働のこと。これに対して、ある者が他者の業務を請け負い、みずからの指揮命令下で行わせる労働を請負労働という。両者は戦前期まで広くみられた親方請負制(組頭制、納屋制度、人夫出しなどとも呼ぶ)に起源をもつ。これは親方が業務を請け負い、配下の労働者をこれに従事させ、受け取った請負料から労働者に賃金を支払うものだが、親方の指揮命令の程度には差があり、労働者を他者のもとに送り出すだけで指揮しない場合は派遣労働となる。派遣労働は中間搾取を生みやすく、労働条件や労働災害についての責任の所在が不明確になることから、一九四七年(昭和二十二)の職業安定法により禁止されたが、八五年の労働者派遣法制定により一部の業務で解禁されたあと、九九年(平成十一)には一部の業務を除く形で原則解禁となり、その後も適用範囲が拡大されている。　→日雇《ひやと》い労働《ろうどう》

参考文献　中野麻美『労働ダンピング―雇用の多様化の果てに―』(『岩波新書』、二〇〇六、岩波書店)、アンドルー＝ゴードン『日本労使関係史―一八五三―二〇一〇―』(二村一夫訳、二〇一二、岩波書店)　(橋本 健二)

はごいた 羽子板　羽根突き遊びに使う木製の玩具。遊ぶ時は羽根(羽子)と呼ばれる木製の小さな球と一緒に使用する。ほかの呼び方として、室町時代初期の『看聞日記』永享四年(一四三二)正月五日条には、宮中の男女が各組に分かれて「こきの子勝負」を行なったとの記述があり、また、『下学集』(一四四四年(文安元)成立)には羽子板に対して「ハゴイタ」「コギイタ」の二つの仮名がふられている。このことから、羽子板のことを胡鬼板《こぎいた》とも呼んでいたことがわかる。遊び方は、二人が向かい合って羽根を打ち合う追羽根と、一人で羽根を打ち上げてその回数を競い合う揚羽根がある。羽子板は直接彩色したものと押し絵細工を施したものがある。後者は江戸時代に登場し、歌舞伎の人気役者や美人画を押し絵にした。これらは歳の市や羽子板市で売られ、現在も毎年十二月に行われている浅草寺(東京都)の羽子板市は、江戸時代から続く行事である。なお、東京都の伝統工芸品に指定されている押し絵羽子板のほか、埼玉県春日部市や所沢市も生産地として有名である。

羽子板市（東京都台東区浅草寺）

参考文献　有坂与太郎『日本玩具史』(一九三一・三二、建設社)、笹間良彦『日本こどものあそび大図鑑』(二〇〇五、遊子館)

（柏井　容子）

はこぜん 箱膳　⇩膳《ぜん》

バザー バザー　人々や公共・社会施設への資金集めの市。日本で最初のバザーは一八八四年(明治十七)六月に三日間鹿鳴館で開催され、売り子役が華族夫人三十人近くの婦人慈善会のため話題となった。出品物は三千余点で、来会者は一万二千人、売上金約八千円は有志共立東京病院に寄付された。その第二次会は八五年四月中旬に鹿鳴館で開催され、収入金を有志共立東京病院と楽善会訓盲唖院に寄付、八七年五月に婦人慈善会は解散されて慈恵医院賛成員となり慈恵医院その他に寄付された。鹿鳴館慈善バザーを舞台とした政治小説に須藤南翠『緑簑《りょくさ》談《だん》』(八八年)があり、楊洲周延《ようしゅうちかのぶ》は錦絵「鹿鳴館貴婦人慈善会図」(八四年)を描いている。八四年七月にロンドンに行った矢野文雄はバザーを実見した様子を「竜動《ロンドン》通信《つうしん》」で詳しく報告し、明治の文学界では菊池幽芳「乳姉妹」、長谷川時雨「雲」、大塚《おおつか》楠緒《くすお》子《こ》「空薫」らがバザーを描写している。バザーにはこの後も九〇年十二月に銀座教会での廃娼運動支援の廃娼バザーや九二年七月に銀座会館での女子授産場支援の第二回授産場バザーや一九〇七年四月の日本女子大学の桜楓会バザーの記事などが散見される。バザーは明治期の慈善事業から大正・昭和戦前期の社会事業を経て戦後の社会福祉事業の中で、現在に至るまで主に民間の大小の組織による主導で推進されている。

（佐藤　能丸）

はさみ 鋏　生活全般に関わるさまざまなものを切断する道具。古代の文献(『和名類聚抄』)に、「容飾具」として「鉸刀(ハサミ)」が、近世の文献(『和漢三才図会』)に「容飾具」として「剪刀(はさみ)」が、それぞれ記されている。近世の「剪刀」には中間支点式の「夾剪(かふばさみ)」とU字支点式の「摺剪(すりばさみ)」があり、前者が紙などの切断用、後者が毛髪などの切断用と説明されている。この二種類の鋏は、現在も併用され続けている。

参考文献　岡本誠之『鋏』(一九七九、えくらん社)

（渡邉　晶）

はし 箸　食事・調理などの際に食物を挟む一対の細い棒。日本における箸食は、弥生時代の出土遺物が木匙中心で明確な木箸の検出例がなく、『魏志』倭人伝に「籩豆《へんとう》を用いて手食す」とあることから、三世紀には未だ定着していなかったようである。その後、七世紀後半の飛鳥板葺宮址(奈良県明日香村)・藤原宮址(同橿原市)や八世紀の平城京址(奈良市)から檜製の二本箸が出土するなど都城周辺から普及し始め、八世紀に編纂された『古事記』『日本書紀』のスサノヲ神話・三輪山神話に箸にまつわる話が登場する。旧来、古代の箸をピンセット状の折箸とみる説があったが、今日では、折箸はおもに神饌用・料理の取り分け用で食事用には古くから二本箸が使用されたとみる説が有力である。平安時代の貴族層は、銀など金属製の箸を使用したことが知られている(『宇津保物語』)。一方、庶民層には遅くとも十二世紀ごろまでには竹・木

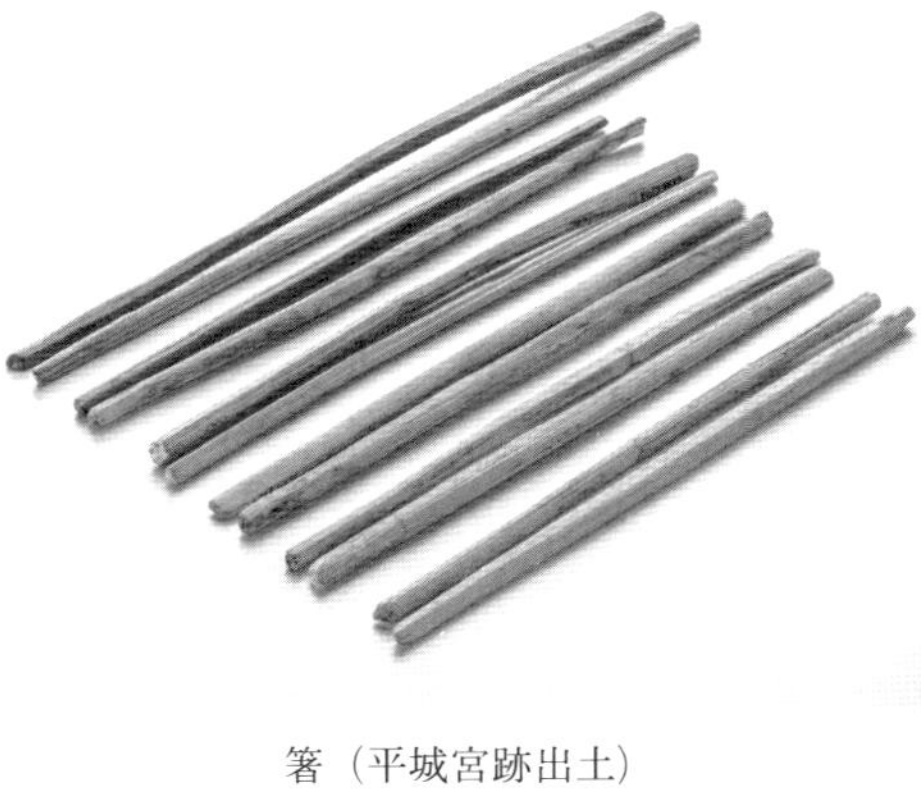

箸（平城宮跡出土）

製の箸が普及したと考えられ、当時の絵巻(『信貴山縁起』)にみられる生活描写に二本箸を描いている事例が確かめられる。

参考文献 宮本馨太郎『めし・みそ・はし・わん』(『民俗民芸双書』七六、一九七三、岩崎美術社)、向井由紀子・橋本慶子『箸』(『ものと人間の文化史』、二〇〇一、法政大学出版局) (田中 禎昭)

はし **橋** 河川、湖沼、海峡などの水上を横切る交通路を確保するために設置される構造物。近代では、異なる種類の交通を妨げないよう、上空に架けるものもある。古代都城では、物資の運搬のために切り開いた運河や、付け替えた河川と街路が交差する地点に、橋が架けられた。一例を挙げると、平城京の東堀川の発掘調査では、木造橋を検出し、部材が出土している。ここでは、対となる橋脚をおのおの梁でつなぎ、ついでそれらに桁を掛け渡して、梁間方向に板を敷き、板の両端を横架材で押さえる簡易な構造であったと推定される。川の増水時に橋が流される恐れがあるため、解体しやすい構造であったらしい。また、橋が架かる水辺は、異界との境界とみなされ、平城京の東堀川では、実際に祭祀に関わるとみられる遺物が出土している。地方においては、古代では道昭や行基、中世では重源など、僧侶によって民衆への布教と密接に関わりながら、架橋・維持管理が実施された例が多い。近世には、徳川幕府の成立後、江戸と諸国を結ぶ交通の重要性が増したため、とりわけ軍事上要路に位置する橋については、国家による架橋・維持管理が確立されていった。他方で、江戸や大坂などの都市に建設される橋は、町人の負担によるものが多く、その費用は、受益者負担の考え方にもとづき、近隣の複数の町が割合を異にして拠出した。また近世以降、中国文化の影響を受けた沖縄・九州地方では、石造アーチ橋が多く築かれた。都市の周縁における橋詰の広小路は、見世物小屋が建ち並ぶ盛り場として成立していった。中世来、遍歴する芸能民の集まる場所であった河原や橋詰が持つ境界性が、そのまま受け継がれたといえる。近代に入り、西洋から流入した近代的な土木技術によって建設された橋梁は、都市における西洋化を顕著に可視化するものであった。関東大震災では、隅田川に架かる既存の橋梁が落下し、逃げ道を失った多くの人々が命を落としたことから、橋梁の再建は、復興・防災の象徴ともなった。

参考文献 陣内秀信『東京の空間人類学』(一九八五、筑摩書房)、鈴木充・武部健一『橋』(『日本の美術』三六二、一九九六、至文堂) (松下 迪生)

麻疹の予防に関する瓦版「麻疹退治」

はしか **麻疹** 麻疹ウィルスへの空気・飛沫・接触感染によってひきおこされる急性伝染病。幼小児に比較的多くみられ、熱・咳・口内発疹などがでたのち、赤い発疹が顔から全身に広がる。日本における確実性の高い流行の記録としては、九九八年(長徳四)のものが最も古い。しばしば大規模な流行をくり返した麻疹は、多くの人が罹り、一度罹患すると免疫ができるが、重症化や合併症などによって命を落とす場合もあった。それゆえ、「麻疹は命定め」などと称され、恐れられた。古くは痘瘡の一種とみなされたり、胎毒が病因と考えられたりもしたが、江戸時代に、中国の医書を介して、伝染病であるとの認識が医師のあいだに広まった。他方、流行がくり返された江戸時代には、麻疹を神や人などに擬し、そこに予防上の注意・教訓を込めたり、御守・広告・社会風刺などの機能をもたせたりした麻疹絵が流布した。確実な治療法はみつかっていないが、一九七八年(昭和五十三)に定期予防接種の対象となったことで、罹病者数は減少した。

参考文献 富士川游著・松田道雄解説『日本疾病史』(『東洋文庫』、一九六九、平凡社)、『錦絵に見る病と祈り—疱瘡・麻疹・虎列刺—』(一九九六、町田市立博物館)、鈴木則子『江戸の流行り病—麻疹騒動はなぜ起こったのか—』(二〇一二、吉川弘文館) (石居 人也)

はしご **梯子** 高所へのぼる、もしくは低所におりるために用いる道具。丸太や厚板に踏み面を刻みつけた刻梯子(板梯子、丸木梯子などとも呼ぶ)、二本の長い材の間に横棒を架けた長梯子(組梯子)、側板・踏板・裏板からなる梯子段、踏み子を二本の縄に取り付けた縄梯子などがある。弥生時代の土器に描かれた高床建物にも見ることができ、弥生時代末期の静岡県伊豆の国市の山木遺跡では、丸太を半裁し刻みをつけた刻梯子が出土している。また、竪穴住居跡でも梯子穴が確認されており、地表入口から住居内部におりるために使用されていたとみられる。梯子は、造り付けの階段と比して取り外して収納することが可能であることから、正倉院のように倉の出入りをしない時は取り外すこともある。梯子の材料は木材を主とするが、竹や縄も使われる。竹は軽量で丈夫であることから、江戸時代の火消しの多くは竹梯子を使用したという。民家においては、勾配の急な梯子段が多く使用され、倉や女中部屋への上り口では、不使用時に天井に吊り上げる吊階段も多用される。

参考文献 稲田愿『梯子・階段の文化史』(二〇一三、井上書院) (大林 潤)

ばしゃ **馬車** 馬が牽引する車両で貨客の輸送に用いられる。日本には馬車輸送の伝統はなく、幕末開港後に外国人が開港場周辺で自家用に用いたのが最初である。一八六九年(明治二)五月、下岡蓮杖《しもおかれんじょう》ら八名による成駒屋という馬車営業が創立され、二頭立て六人乗りの馬車で東京—横浜間を四時間で結び、七二年の鉄道開業まで営業

明治時代の馬車（「東京往来車尽」）

を続けた。同年には中山道郵便馬車会社(東京―高崎間)、東京宇都宮間馬車会社などの長距離馬車輸送が登場した。馬車輸送は一八八〇年代以降より一層の発展をとげた。国内の馬車所有台数は急増し、九〇年には三万千九百六十五両となった。また、内務省管下の各府県によって旧道の改修や新道開鑿も進められた。しかし鉄道建設が進展すると、鉄道駅とその周辺を結ぶ鉄道貨客の集配業務(鉄道の補助的輸送業務)への転換を余儀なくされ、全国の長距離輸送業務を統轄していた内国通運会社は、九三年に主要な業務を鉄道貨客の集配業務に転換した。→馬《うま》 →乗合馬車《のりあいばしゃ》

参考文献 山本弘文『維新期の街道と輸送(増補版)』(『叢書・歴史学研究』、一九八三、法政大学出版局)

(老川 慶喜)

ばしゃく 馬借 中世・近世の馬の背に載せて物を運ぶ運送業者。十一世紀前半成立の『新猿楽記』が史料上の初見。近江の大津・坂本、山城の鳥羽・伏見・淀・山崎、越前の敦賀・河野浦・今泉浦などが根拠地として有名。ほとんどが港であり、船で運ばれた物を京などに陸送する役割を果たした。特に京周辺に多数の馬借がいて、牛で物を運ぶ車借とともに活動した。問屋や山門・祇園社に属する者が多いが、百姓が農閑期に従事することもあった。米の場合、運賃は輸送量の一割程度であった。室町時代には馬借の活動が各種の史料に多くみられるようになり、正長の土一揆(一四二八年(正長元))に多数の馬借が参加し、以後も土一揆では馬借が主導的な役割を果たしたとされるが、馬借と土民は同一視されており、この点に関しては再検討が必要である。→馬《うま》 →馬子《まご》

参考文献 豊田武『座の研究』(『豊田武著作集』一、一九八二、吉川弘文館)

(盛本 昌広)

馬借（『石山寺縁起』より）

ばしょうふ 芭蕉布 糸芭蕉を原料とした布。芭蕉は十四、五世紀に南方から渡来したとか、自生のものだとか諸説ある。『朝鮮王朝実録』一五四六年条に芭蕉布の工程が記載され、そのころにはすでに織られていたことがわかる。苧麻を利用した上布が貢納物とされたため、芭蕉布は庶民の中心的な衣料となった。芭蕉布で織られた衣、芭蕉衣をバサーと呼ぶ。粗い芭蕉糸で織られたものなどは庶民の作業着として用いられた。風通しがよく、南国の生活にマッチしており、沖縄各地で作られた。庶民衣料として重宝された芭蕉布であったが、戦前にはその生産が廃れた。芭蕉布の衰退を懸念した大原総一郎は平良《たいら》敏子《としこ》を励まし、戦後倉敷から沖縄に戻った平良は芭蕉布の復興に尽力した。しかし多くの民芸運動がそうであったように、民芸ではなく骨董運動となり、今や芭蕉布は高級織物の代名詞になってしまった。現在では、沖縄島喜如嘉《きじゃは》だけでなく、宮古島や八重山地域でも織られている。

参考文献 鎌倉芳太郎『琉球の織物』(一九六三、京都書院)

(竹内 光浩)

バス バス 現行の道路運送法での一般乗合旅客自動車運送事業(路線バス、高速バスなど)および一般貸切旅客自動車運送事業(観光バスなど)、特定旅客自動車運送事業(スクールバスなど)に従事する乗合自動車運送業の総称。通説では一九〇三年(明治三十六)に京都市の二井商会が

中立売―七条・祇園間で運行を開始したことに始まる。大正期に地方中心に事業者が急増し、一九二九年(昭和四)には全国で三千七百に達した。少量輸送区間の利便性向上に寄与する一方、鉄軌道との競合も発生し、客引きやダンピングも頻発したため、三一年に自動車交通事業法を公布して鉄道省による管轄を明確化した。その後戦時体制下の合理化でガソリン消費規制下では代用燃料車が中心になり、また主に都道府県単位で事業者の統廃合が進んだ。また、終戦直後混乱期には運行停止を余儀なくされていたバスの車体を転用した「バス住宅」も都市近郊に出現した。戦後は鉄道復興の遅れを補って大量輸送可能な軍用トラック改造車やトレーラーバスも現れた。高度経済成長期の七〇年ごろまでが全国的な躍進期で、バス車掌は女子の重要雇用先であった。しかし、七〇年ごろを境に都市部では道路渋滞の頻発で定時運行が困難になり、農村部では人口流出とモータリゼーションによる利用者減が進んだ。その後人件費削減のため車掌を廃止したワンマン化が進み、また高速道路の整備で観光客を一貫輸送できる観光バスが注目を集めた。さらに八〇年代後半になると全国に高速道路網が拡充して主要都市間を結ぶ高速バスが夜行路線を中心に急増し、低料金を望む若者などの利用者を獲得した。また、大都市近郊では最終電車の発車した後の深夜に都心を出発して、ベッドタウンを周回する深夜バスや、政府の規制緩和を活用した高速ツアーバスなども現れた。しかし、モータリゼーションと少子化の急速な進行で大半のバス路線は非常に苦しい経営環境に置かれている。 ↓バスガール

参考文献 鈴木文彦『日本のバス―一〇〇余年のあゆみとこれから―』(二〇一三、鉄道ジャーナル社)

(三木　理史)

ばすえ　場末　都市の中心部に対して周縁部、町はずれのこと。漢語には見られない語句で、日本近世都市、とりわけ江戸の外延化と町奉行支配区域の拡大に伴って成立した空間認識とみられる。江戸に出された町触の場合では一七二一年(享保六)が初見となる。十八世紀後半になると、単に地理的周縁ということではなく、経済的に低位で、犯罪者・病人・困窮者・欠落人などが多く借家する場所という劣位空間としての場末イメージが一般化した。それは江戸の日本橋・京橋などといった場所柄のよい地域の対極として捉えられる場末概念の広がりを意味した。このような場末認識が定着すると、地理的には周縁部に位置しない場末や、逆に都市周縁に所在しながら特有な都市性を帯びた、場末とはみなされない町も出現し、単純な区域分けでは場末を語れない状況が生じていった。

参考文献 千葉正樹『江戸名所図会の世界―近世巨大都市の自画像―』(二〇〇一、吉川弘文館)

(西木　浩一)

バスガール　バスガール　バスに乗務して料金収受や乗客誘導などを行う女性のこと。女性車掌とも呼ばれる。はじめてバスガール busgirl を採用したのは東京市街自動車で、運行を開始した一九一九年(大正八)当初は少年車掌が乗務していたが、彼らが料金を着服するため二〇年から車掌を女性に変更した。二三年の関東大震災は東京の交通を壊滅させ、焼失した電車に代わってバス事業が本格化した。震災後すぐに東京の公営バス運行が始まり、市バスは二四年に女性車掌を採用した。それぞれの制服から東京市街自動車は白襟嬢、市バスは赤襟嬢とも呼ばれ、当時では珍しい洋装で颯爽と働く姿は時代の先端をいく存在として脚光を浴びた。黎明期においては花形職業であったバスガールは、戦後のバス事業の発展とともに過酷な労働環境や料金着服をめぐる身体検査などの暗い歴史を抱え、やがて昭和四十年代半ば以降のバスのワンマン化とともに消えていった。 ↓バス

バスガール

参考文献 正木鞆彦『バス車掌の時代』(一九九二、現代書館)

(嵯峨　景子)

はた　旗　布などを高く掲げてある意味を表示したもの。戦場・海上・儀礼などで使用され、古代・中世では合戦の時に多く掲げられた。鎌倉・室町時代の旗は長い布の先を竿に付けて風に流す流旗《ながしばた》(手長旗《てながばた》)で一隊に一流であったが、戦国時代には布の縦・横の二辺を竿に固定する幟旗《のぼりばた》(乳付旗《ちつけばた》)になり、大将の家の旗のほかに各武士が個人で指物《さしもの》(正方形の幟旗)を掲げた。江戸時代には端午の節句に戦国時代の名残として幟旗を立てるようになった。 ↓幟《のぼり》

参考文献 高橋賢一『旗指物』(一九六五、人物往来社)、ホイットニー＝スミス『世界旗章大図鑑』(中山邦紀訳、一九七七、平凡社)、菅原正子『中世の武家と公家の「家」』(二〇〇七、吉川弘文館)

(菅原　正子)

バター　バター　butter。牛乳から分離した脂肪分を練り固めた食品。奈良時代に唐から伝来した乳製品の醍醐はバターオイルとされるが、実態は不詳である。十七世紀、ヨーロッパのバターが、平戸、長崎の商館に持ちこまれるが、主として蘭学者間でオランダの食べものという情報にとどまった。明治以降、北海道七重、東京四谷の試験場、京都の官営牧畜場などで、主として外国人技師の指導のもと、日本での製造が始まった。昭和以降本格化し、第二次世界大戦後普及した。 ↓マーガリン

参考文献 農林省畜産局編『畜産発達史』本篇(一九六六、中央公論事業出版)、雪印乳業株式会社健康生活研究所・石毛直道・和仁皓明編『乳利用の民族誌』(一九九二、中央

法規出版）　（橋爪　伸子）

はたおり　機織り　織機で布を製すること。機織りは弥生時代から行われ、麻などの植物繊維からつくる糸や蚕の繭からとれる絹糸を材料とした。六世紀後半の栃木県下野市甲塚古墳では女性が地機《じばた》や原始機で布を織る姿を表した機織形埴輪が見つかっている。『万葉集』には妹子や東女が麻の糸績みや機織りを行う情景を詠んだ歌が多くあり、日常生活のなかで機織りに従事したのはおもに女性であった。奈良・平安貴族の七夕祭は中国伝来の乞《き》巧奠《こうでん》に倣い、機織りや裁縫の上達を願うものであったが、水辺に棚を設け神の衣を織る棚機津女《たなばたつめ》の古代信仰がその基底にあるという。室町時代の『七十一番職人歌合』では女性が地機で布を織り、近世初期の『喜多院職人尽絵』では機織師として女性が高機《たかばた》を、男性が空引機《そらひきばた》を駆使する様子がみられる。特に、西陣織など高度な技術が要求される絹織物業には男性が参入するようになった。近世に入ると木綿が広く栽培され、麻よりも保温性がある木綿の衣服が好まれるようになる。木綿は藍など草木の色に染まりやすいため、縞や絣を織り出す技術も普及した。木綿は自給用にとどまらず、商品として流通したため、綿の栽培、糸紡ぎ、機織りが農閑期の貴重な収入源となった。麻布も上質なものは夏の衣料として商品化されたが、木綿が育ちにくい寒冷地では野良着用に厚手の麻布や樹皮布が織られていた。江戸時代後期の『越能山都登《こしのやまつと》』では苧麻の、『老農茶話』では「徳苧」（シナノキ）の繊維から糸をつくり、地機で機織りをする女性たちが描かれている。しかし、明治時代の産業近代化に伴い紡績や織機の機械化が進むと、近世から続いた農村での機織業は急速に衰退する。麻の糸績みや綿の糸紡ぎは大変手間のかかる作業であり、戦後に大麻の栽培が禁止されると、麻糸をつくる技術の伝承もむずかしくなった。現代の生活において機織りは労働というよりも余暇活動として行われている。　↓織物《おりもの》　↓地機《じばた》　↓織機《しょっき》　↓高機《たかばた》

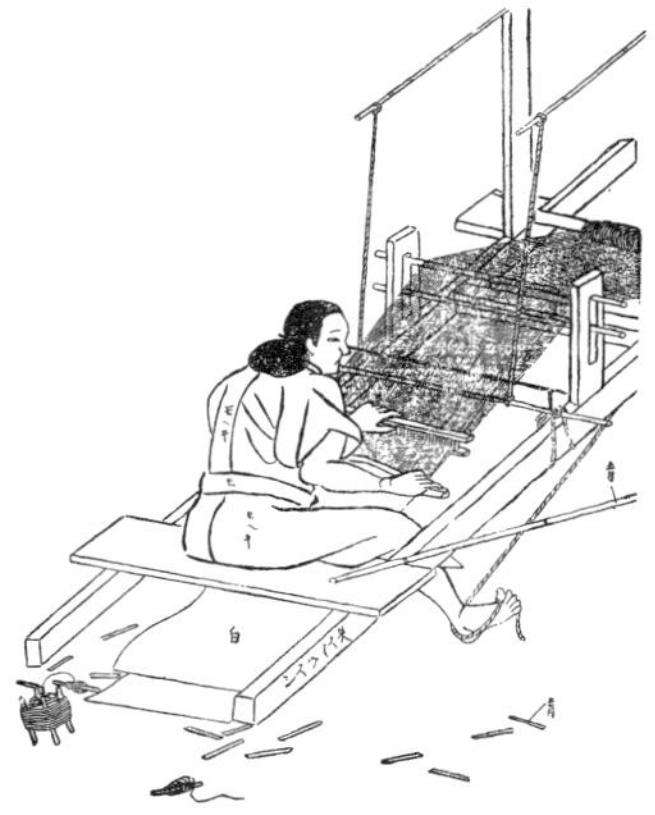

機織り（『七十一番職人歌合』より）

参考文献　遠藤元男『古代中世の職人と社会』（『日本職人史の研究』II、一九八五、雄山閣出版）、折口信夫「水の女」（『祭りの発生』所収、二〇〇三、中央公論新社）、永原慶二『苧麻・絹・木綿の社会史』（二〇〇四、吉川弘文館）

（東村　純子）

はだか　裸　身体に衣類を着けていない状態。また、全身の肌があらわになっていること。近世まで、日本人にとって裸は恥ずべきことではなく、禁止の対象ではなかった。特に夏になると裸同然の格好で過ごすことが多く、このような裸になる習慣が幕末に日本を訪れた欧米人の目には奇異に映った。だが高温多湿という日本の気候上、簡便な衣服でいたり、また衣服そのものを脱ぐことは自然のことだった。明治新政府は近代化、西洋化を進めるなかで、一八七二年（明治五）違式詿違条例《いしきかいいじょうれい》を公布し、裸でいることや男女の混浴を禁止し取り締まった。次第に、人前で裸になることはなくなり、羞恥心を感じるようになったが、祭や祈願の場面では裸になることが禊ぎや精進潔斎になるとされ、裸で行われることがある。たとえば岩手県奥州市水沢区黒石寺の蘇民祭が有名だが、正月の修正会《しゅしょうえ》系の祭礼では裸で行う地域が多い。また寒中に村の青年が裸で寺社に参詣する裸参りには、青年の通過儀礼的側面もある。かつて秋田地方には雨乞いで女性が裸になって祈願をする裸参りの風習があった。

岩手県奥州市黒石寺の蘇民祭

参考文献　田中久夫「裸参り」（新井俊夫他『初詣』所収、一九六八、第一法規）、中野明『裸はいつから恥ずかしくなったか―日本人の羞恥心―』（『新潮選書』、二〇一〇、新潮社）

（松岡　薫）

はだぎ　肌着　和洋服の下に着る下着。和服用の肌着は、襦袢の下に着る汗取襦袢と呼ばれるものであるが、明治時代になると洋服用と同様にシャツやズボン下が用いられるようになる。肌着は直接肌に触れるため、肌触りのよい木綿・メリヤス・フランネルといった柔らかい生地が用いられた。シャツやズボン下の縫い方は、毛糸の編物方法を記した書籍などでたびたび紹介されており、各家庭で作られた。それが日露戦争を経て明治末期になると、農村でも手編みではなく、既製品や注文品を買い求める者が出てきた。太平洋戦争後には、厚木編織株式会社や郡是製糸株式会社などの繊維衣料会社が大量生産を開始し、百貨店や衣料店で安価に買うことができるようになった。

参考文献　『グンゼ一〇〇年史』（一九九八）、『アツギ六〇年

史』(二〇〇七)　(刑部　芳則)

はたご　旅籠　江戸時代、街道筋に設けられた旅宿のことで、大名や公家が利用する本陣・脇本陣に対し、主に庶民が利用する食事つきの宿泊施設をいう。語源は馬の飼料を入れる籠の「飼馬籠」に由来する。江戸時代初期までは旅人の多くが食料を持参して薪代を支払う木賃形式であったが、やがて食事つきの旅籠形式が一般化した。旅籠屋の家屋は多様であるが、一般的には土間・板の間・部屋・座敷・勝手間・湯殿・雪隠を備え、二階建てもあった。旅籠屋数は宿場によって差異があり、東海道の一宿の平均は約五十五軒、中山道が約二十七軒、甲州道中では約十一軒程度であった。旅籠屋にも上級なものから安価で利用できるものまでさまざまで、表通りに面して看板を掲げて旅人に酒食を供するだけの平旅籠と、それに加えて飯盛女をおく飯盛旅籠に区分することもあった。なお宿場には旅籠屋より安価で食事を出さない旅宿である木賃宿もあり、やがて安旅館の総称になった。↓宿屋《やどや》

徳利屋（中山道奈良井宿旅籠）の居間

参考文献　深井甚三『江戸の宿—三都・街道宿泊事情—』(『平凡社新書』、二〇〇〇、平凡社)　(渡辺　和敏)

はだし　裸足　履物や足袋などを着用せずに、膚《はだ》のままの足で地面に立つこと。また、その足そのもの。跣足とも書く。日本において履物の着用が一般民衆に普及したのは遅く、近代に入ってからであった。日本の履物は草履、草鞋、下駄のように素足に履くものであり、日常的に裸足で過ごすことが多かった。明治時代になってペストの流行もあり、衛生上の見地から都会では裸足で歩く者を軽犯罪として罰金刑をもって取り締まったが、引き続き裸足で歩くことは一般的であった。その後、裸足で過ごすことが不衛生であるという認識が広がると、だんだんと裸足になることは減っていった。また裸足の習俗として、祈願成就を祈って裸足で寺社に参拝する「はだし参り」や、葬式の野辺送りの際、墓地からの帰りには草履を捨てて裸足で帰ったり、別の履物に履き替えたりする習俗がある。

参考文献　和歌森太郎「はだしの庶民」(『歴史と伝承の風土』所収、一九六二、弘文堂)　(松岡　薫)

はち　鉢　底から口に向かって、「逆ハの字」に開き、皿よりも深さがある形の器。その用途は調理具、食膳具、暖房具、植木鉢と多様である。調理具の鉢は、口縁部に注ぎ口が付くものが多い。材質には土製、陶製、石製などがある。平安時代に擂目のない鉢が登場し、その後、擂りつぶす効果を高めるために内面に擂目が付けられた。暖房具の鉢はその形によって丸火鉢、角火鉢などと呼ばれる。材質には木製、土製、陶製、金属製、石製などがある。火鉢は灰(断熱材)を入れ、その上に熱した炭を置いて使用した。薪と異なり煙が出ないことが特徴であり、奈良時代から登場する。当初、使用階級は限られていたが、中世遺跡からは多く出土するので、広く使用されるようになったことがうかがえる。しかし、一酸化炭素中毒や火災の危険から、戦後はストーブの普及とともに日常用具としては姿を消した。このほかに僧尼が使用する托鉢と呼ばれる鉢は口が内湾し、底が丸く尖る独特の形態をしている。↓擂鉢《すりばち》　↓手水鉢《ちょうずばち》　↓火鉢《ひばち》　(水口由紀子)

鉢（備前焼擂鉢，広島県草戸千軒町遺跡出土）

はちまき　鉢巻　頭に布を横に巻くこと、その布。結ぶ位置には後・額・横がある。古墳時代の女性の埴輪で正装して髷《まげ》を結った頭に鉢巻をしたものがあり、祭祀性が考えられる。男性では、養老律令衣服令《いふくりょう》に衛士《えじ》の赤い末《まっ》額《こう》(鉢巻のこと)と挂甲《かけよろい》のことがみえ、中世では大鎧《おおよろい》姿の時に萎烏帽子《なええぼし》の縁を鉢巻で巻いた。絵巻物の『不動利益《ふどうりやく》縁起《えんぎ》』などには労働する庶民の女性に鉢巻姿がみえる。これらから鉢巻は活発に動く場合に多く用いられたと考えられる。

鉢巻を巻いた女性（『春日権現験記』より）

参考文献　橋本澄子編『結髪と髪飾』(『日本の美術』二三、一九六八、至文堂)、鈴木敬三『有識故実図典—服装と故実—』(一九九五、吉川弘文館)　(菅原　正子)

はちまんしんこう 八幡信仰 八幡神に対する信仰で豊前国宇佐神宮（大分県宇佐市）に始まる。新羅・帰化人系の宗教や仏教、在来神祇などの性格を備えた複合的な神で、律令国家成立期に国家政策の中で政治的に出現した国境の神という見解もある。八幡神の語源は、法会の際に懸けられる「幡」に由来する説、霊託を宣する神をヤハタ神と呼ぶことに由来する説、中国の軍制「八幡・四鉾」制に由来する説などがある。八幡の出現は六世紀中ごろとされるが、宇佐八幡宮が正史に現れるのは、七三七年（天平九）四月、朝廷から対新羅神として奉幣を受けたことが初見となっており（『続日本紀』）、これら各氏に降りた神は八幡信仰の源流と考えられる。この原始八幡信仰は大神比義によって応神天皇霊を付与され、七一二年（和銅五）、鷹居社が建立され、官社八幡宮となる。七二〇年（養老四）、隼人の反乱では、朝廷は八幡神に祈請し、八幡神は軍神「幡の神」として現れ、平定後、初の放生会が行われた。この放生会を主導した僧は、宇佐国造一族の彦山僧法蓮とされ、七二五年（神亀二）に小倉山に八幡宮が遷座された際、神宮寺を建立し別当となっている。天平年間の大仏鋳造にあたり託宣の神として平城京に入京し、大菩薩号を贈られる。八六〇年（貞観二）に山城石清水（京都府八幡市）に勧請されると、天皇家の祖神、京都の守護神として崇敬され、伊勢に次ぐ宗廟とされた。清和源氏が氏神と崇めたことから、東国および東北に伝播した。一〇六三年（康平六）、源頼義が相模国由比郷（神奈川県鎌倉市）に石清水八幡宮を勧請し、頼朝がこれを鶴岡に遷座して鶴岡八幡宮を創建すると、鎌倉御家人によって全国に勧請された。やがて戦いの神としてのみではなく、農耕神としての性格を持つようになり、近代には四万余社が確認されるようになった。

参考文献 中野幡能『八幡信仰史の研究（増補版）』（一九七五、吉川弘文館）、同『八幡信仰』（『民衆宗教史叢書』、一九八三、雄山閣出版）、飯沼賢司『八幡神とはなにか』（『角川選書』、二〇〇四、角川書店）

（小山 貴子）

はちみつ 蜂蜜 ミツバチが植物体上から集めた糖質を巣に貯めたもの。『続日本紀』天平宝字四年（七六〇）条によれば光明皇太后が不調の折、東大寺などが蜂蜜を寄進している。江戸末期まではニホンミツバチによる養蜂で、一八五九年（安政六）の『広益国産考』には軒下の巣を切り取って蜜を採る挿図が描かれている。一八七七年（明治十）にアメリカからセイヨウミツバチによる養蜂技術が導入され、蜂蜜の生産量も増えた。近年は需要量の多くを輸入している。

参考文献 江原絢子・東四柳祥子編『日本の食文化史年表』（二〇一一、吉川弘文館）、相田由美子「はちみつ」（農山漁村文化協会編『地域食材大百科』一三所収、二〇一四）

（冨岡 典子）

パチンコ パチンコ タテに設置した箱内に金属球（玉）を弾き、入賞穴に入ると多数の玉を獲得できる遊技。ルーツとしてウォールマシン（英）、バガテル（米）、マシン＝ア＝スウ（仏）説などがある。日本では戦前から子供の遊びとして知られていたが、より躍動感のある釘の並び（正村ゲージ）が戦後開発され、大ブームとなった。パチンコは賭博ではなく風俗営業の範疇の単なる遊技である。「景品買い」と呼ばれた店外における組織暴力団による仲買システムを排除する目的で、小さな窓口で特殊景品を買い戻すシステムがスタートしたのは一九六四年（昭和三十九）、大阪でのこと。同じ特殊景品が三店を巡回することから三店方式または大阪方式と呼ばれる。パチンコ借玉売上げは一九九四年（平成六）に約三十兆円でピークに達したが、以後減少傾向にある。店舗数も一万八千軒をピークに、現在は一万二千軒を割った。一個四円に統一されていた借玉値段も変化し、一個二円や一円などのマシンが増加しつつある。スロット＝マシン類似のパチスロ機も増加中。

参考文献 谷岡一郎『現代パチンコ文化考』（『ちくま新書』、一九九八、筑摩書房）、日本生産性本部余暇創研編『レジャー白書』（各年度版）

（谷岡 一郎）

はついち 初市 新年が明けてはじめて開かれる市のこと。現代では、築地市場で正月五日に開かれる初市が、代表的初市として報道されることが多い。祝意を表すために、通常より高値がつくことが多く、ご祝儀相場と呼ばれることもある。江戸時代の大坂米市場でも、正月四日と五日は、初相場と称して、通常の相場とは区別されていた。あくまでも、お祝いのための相場という色彩が強く、ここで付いた価格が公的に記録されることはなかった。

参考文献 高槻泰郎「米方年行司に関する一考察—史料紹介を中心に—」（『松山大学論集』二四ノ四ノ二、二〇一三）

（高槻 泰郎）

はつうま 初午 二月最初の午の日。二番目の午の日を二ノ午、三番目を三ノ午ともいう。稲荷神の祭のなされる日となっていて、京都の伏見稲荷や愛知県豊川市の豊川稲荷などの大社をはじめ、町内や個人宅で祀る屋敷稲荷に至るまで祭が行われる。伏見稲荷の祭神が、伊奈利山の三箇峰に降臨したのが七一一年（和銅四）二月初午日であったことにちなむといわれている。近世の江戸ではこの日、各所の稲荷祠に幟や地口行灯が飾られ、神前には眷属の狐の好物である油揚げや赤飯が供えられた。→稲荷信仰《いなりしんこう》 →狐《きつね》

初午（東京都府中市）

参考文献　長沢利明『江戸東京歳時記』(『歴史文化ライブラリー』、二〇〇一、吉川弘文館)　(長沢　利明)

はっかほう　発火法　火を熾《おこ》す方法。マッチやライター普及以前の発火法は、摩擦によるものと火花を散らすものに大別される。前者は、火錐杵《ひきりぎね》(棒)を火錐臼(板)の上で回転させて摩擦によって発熱させ、同時に削れた木屑を火種にして着火させる方法である。火錐杵を回転させる方法として、素手で回す揉み錐、弦を杵に絡めた弓を前後させて回す弓錐、紐を横木に三角に結んで上下させて回す舞錐などがある。後者は、燧石《ひうちいし》と鋼製の燧金《ひうちがね》を打撃させて火花を散らせる方法である。発火には火口《ほくち》と呼ばれるガマの穂やゼンマイのワタ、麻の仲間などを炭化させたものと焔硝《えんしょう》などを混ぜたものを用いる。これを燧石に乗せて片手で握り、そこに火花を飛ばして着火し、燻ぶった火種を藁のハカマなどに着けることで炎を発する。現代のガスレンジは電気のスパークで着火し、電熱器も普及している。マッチの需要も激減し、炎そのものに縁遠くなった現代人にとって、旧式の発火法の実践はアウトドアや体験活動などに際しての娯楽ともなり、火熾しは特殊な技術となっている。　↓火打石《ひうちいし》　↓マッチ　↓ライター

参考文献　岩井宏實『民具の博物誌(増補版)』(一九九四、河出書房新社)、宮本馨太郎『灯火―その種類と変遷―』(一九九四、朝文社)　(加藤　幸治)

ばっきん　罰金　財産刑の一種。近世の罰金とは過料であり、中世からの過料が発展したもの。過銭・過怠銭とも称す。領主が刑罰として採用したほか、村が村民に対する制裁として用いた場合もあり、近世を通して存在した。幕府の場合、近世初頭には武士に対して過料を適用した事例もあるが、一六三二年(寛永九)ごろから武士に科さぬように改正、以後、原則として庶民のみに科した。過料は領主による刑罰の場合も村の制裁の場合もともに、軽犯罪に対して科した。幕府の過料は一七一八年(享保三)から体系が整備され、軽過料(三・五貫文)、重過料(十・二十貫文)、応分過料(財産に応じた額)、小間過料(対象者の家の間口に応じた額)、村過料(村が村高百石につき二貫文を換算した額を負担)などが定められ、納入期限は三日以内である。村法の制裁としての過料は適用事例が抜群に多い。この場合、銭による支払いが多いが、金・銀の場合もあり、金十・五・三両など高額の過料もある。

参考文献　金田平一郎「徳川幕府「過料」刑小考」(国家学会編『(国家学会五十周年記念)国家学論集』所収、一九三七、有斐閣)、細川亀市『(史的研究)日本法の制度と精神』(一九四四、青葉書房)、神崎直美『近世日本の法と刑罰』(一九九八、巌南堂書店)　(神崎　直美)

はっこうしょくひん　発酵食品　カビ、酵母、細菌などの微生物が分泌する酵素の働きにより、食品中の成分を変化させ、保存性や栄養価を高め、独特の香りやうま味を生じさせる現象を発酵といい、その発酵によりつくられた食品。微生物が関与しない、原材料がもつ酵素による変化も広義では発酵に含まれ、紅茶、魚醬や塩辛なども発酵食品に含まれる。温暖湿潤な気候で、古くから水田稲作が発達した日本では、多彩な発酵食品が存在する。麴《こうじ》カビを穀物で繁殖させた麴を用いて日本酒、味噌、醬油、味醂《みりん》、焼酎、甘酒など伝統的嗜好の発酵食品が製造される。また、鰹節では麴カビがカビ付けに利用され、保存性を高めうま味成分を蓄積する。パン・ビール・ワインなどは酵母、漬物・ヨーグルト・チーズなどは乳酸菌、納豆では納豆菌が利用されている。近年、発酵食品に人の健康維持や老化制御に役立つ機能性物質が含まれることが明らかとなり、発酵食品への期待が高まっている。　↓甘酒《あまざけ》　↓鰹節《かつおぶし》　↓魚醬《ぎょしょう》　↓クサヤ　↓酒《さけ》　↓醬《しょう》油《ゆ》　↓酢《す》　↓鮨《すし》　↓漬《つ》け物《もの》　↓納豆《なっとう》　↓乳《にゅう》・乳製品《にゅうせいひん》　↓味噌《みそ》　↓みりん

参考文献　小泉武夫『発酵食品礼讃』(『文春文庫』、一九九九、文藝春秋)　(中澤　弥子)

はっさく　八朔　旧暦八月朔日のこと。田実《たのむ》の節供、八朔の憑《たのみ》ともいい、初穂を神仏や恩人に贈る在地の風習に端を発し、やがて知人や上級権力者への贈答行為によって祝う行事となった。その起源は明らかではないが、『吾妻鏡』では、一二四七年(宝治元)八月一日条に鎌倉幕府による「恒例贈物」の停止が命じられており、この習慣がすでに鎌倉時代中期には恒例化していたことがわかる。十四世紀以降には室町幕府の行事として恒例化し、足利義教が謀殺された年を除き行われている。八朔行事は、公家社会では、民間に発した俗習という認識があったが、やがて朝廷の行事としても定着した。また、その贈答は、身分差によって異なっていた。江戸時代には、一五九〇年(天正十八)八月一日の徳川家康の江戸入府の故事を祝う行事と重ねられ、大名・旗本が登城して太刀を献じる江戸幕府の年中行事に取り入れられ、公式の祝日として重んじられた。

参考文献　二木謙一「室町幕府八朔」(『中世武家儀礼の研究』所収、一九八五、吉川弘文館)、本郷恵子「八朔の経済効果」(『日本歴史』六三〇、二〇〇〇)　(小山　貴子)

はつせっく　初節供　生まれた子どもがはじめて迎える節供。古くは男女問わず三月の初節供に天神などの土人形が贈られた。今の三月三日の女児の節供には、親戚や近所から雛人形が贈られる。内裏雛を贈るのは東日本が早く、嫁の親元から贈られた。五月の節供は西日本では武者絵を描いた幟が多く、嫁の実家の祖父が贈った。他の親戚や近隣の人が贈るのはこいのぼりである。東日本では、武者人形が主流である。それ以外に、高知や浜松では大凧を贈ったという。

参考文献　宮本常一『日本の子供達』(『写真でみる日本人の生活全集』九、一九五七、岩崎書店)　(柳　正博)

はつに　初荷　正月の商いはじめの日に、あるいはその季節にはじめて、問屋または商店より車馬に商品を積んで飾りたてて出荷すること、また、その商品。江戸時代

の大坂・京都においては、他者に先駆けて初荷を届ければ売れ行きがよかったこともあり、当初は正月二日が初荷であったところ、幕末になると、元日の朝に売る者、あるいは年が明ける前から初荷と称して売る者すら出てくるようになったとされる。

参考文献　喜田川守貞『近世風俗志　守貞謾稿』四（宇佐美英機校訂、『岩波文庫』、二〇〇一、岩波書店）

（高槻　泰郎）

はっぴ　法被　丈の短い上着の一つ。江戸時代に庶民層の衣類として広まった。本来は襟は折れ、袖口は広く丈は腰から膝のあたりまでと短く、胸ひも付きの単衣《ひとえ》仕立てであったが、次第に袷《あわせ》で仕立てる半纏と区別がつかなくなっていった。商家や主家の屋号、紋などを染め、着用者の所属や名などを表すことができる。現代でも祭で氏子集団がそろいの法被を着用したり、販売店でのイベントの際などに店員が広告もかねた法被を使用することがある。

（髙塚　明恵）

はつもうで　初詣　新しい年にはじめて社寺にお参りすることである。自分の住む土地の氏神にお参りに出かけることが本来の姿である。古くは一日の境は日の暮れる時刻と考えられており、そこから新年が始まるということになっていた。その時刻になると、家々の主人は氏神の社に籠り、元日の朝にもどってくるという地方もあった。現在は午前零時に日付が変わるようになったため、除夜の鐘が鳴ると社寺に向かう人がほとんどである。詣でる先は、大勢の参拝者が集まる社寺に出かけるようになった。今のような初詣の形態は、それほど古いわけではなく、メディアの影響や交通の発達に加え、終夜運転の実施も手伝って、深夜のお参りが広まった。鉄道などによる参拝者には特別な宗教意識はなく、集団心理で物見遊山のようになった感がある。

参考文献　神崎宣武『物見遊山と日本人』（『講談社現代新書』、一九九一、講談社）

（柳　正博）

はつもの　初物　季節を感じさせる、その年ではじめてできた食物のこと。また、それをその季節になってはじめて食べること。江戸時代では、それが一つの社会習慣として定着した。一八四二年（天保十三）四月の江戸町触では、野菜物などの初物好みがますます増長しているので、高値での取引や温室などでの促成栽培が禁じられる一方で、魚鳥類で自然に獲れたものを売り出すことは認められていたことがわかる（『江戸町触集成』一四ノ一三五七四）。

参考文献　近世史料研究会編『江戸町触集成』一四（二〇〇〇、塙書房）

（福澤　徹三）

はなお　鼻緒　草履や下駄の台に付く足をかける部分。前緒と横緒の二つの部分から成り、狭義には前緒をさす。前緒を親指と人差指で挟み横緒が甲にかかる。下駄では台の前部に一ヵ所穴をあけ前緒を通し、後部左右に穴をあけて横緒を通す。材料は麻・稲藁・シュロなどで布帛やビロード・皮革で覆いかぶせることが多い。草履では台部を構成する芯緒を引き出してこれを横緒にかける簡素なものもあるが、下駄と同様に台とは別材で作り装着するものもある。

↓下駄《げた》

参考文献　宮本馨太郎『かぶりもの・きもの・はきもの』（『民俗民芸双書』二四、一九六六、岩崎美術社）、潮田鉄雄『はきもの―変遷・機能・形態―』（『ものと人間の文化史』、一九七三、法政大学出版局）

（菊地　照夫）

はなし　咄　話者が情景描写や登場人物の会話などを一人で話し分け、最後にオチ（サゲともいう）をつけ、聴衆の感興を誘う話芸。落語・落咄・仕方咄・軽口咄などともいう。咄の起源は仏教の説教にさかのぼり、江戸時代初期の浄土宗僧侶安楽庵策伝が編纂した『醒睡笑』には現代の落語の元になる咄が多く含まれている。十七世紀後半には、京都の露の五郎兵衛、江戸の鹿野武左衛門、大坂の米沢彦八らが活躍した。江戸では十八世紀後半より烏亭焉馬《うていえんば》らが咄の会を始め隆盛に向かった。同時期に江戸市中に出現した寄席でも咄が盛んに上演され、岡本万作・三笑亭可楽などの名人が出た。演目にも、笑いを中心とする滑稽咄のほか、涙を誘う人情咄、幽霊や殺人事件を描く怪談咄などが生まれた。幕末には江戸落語の完成者といわれる三遊亭円朝が出、彼が創作した落語は明治以降、速記術によって活字化され、言文一致体の成立に大きな影響を与えた。

参考文献　芸能史研究会編『寄席―話芸の集成―』（『日本の古典芸能』九、一九七一、平凡社）

（塩川　隆文）

バナナ　バナナ　バショウ科の多年草、およびその果実。日本では未熟果を室に入れ、成熟させて食用にする。一九〇三年（明治三十六）に神戸港に台湾バナナが初上陸、当時は高価、希少品であった。一九二五年（大正十四）、九州の門司港では輸送中に熟した「バナナのたたき売り」が始まる。昭和初期には手土産や病気見舞いの品になり庶民の口にも入ったが、未だ高価な果物であった。一九六三年（昭和三十八）、輸入自由化により、輸入先がエクアドルやフィリピンに拡大し、安価な果物となった。

参考文献　日本バナナ輸入組合「バナナとともに六十五年」（『日本貿易会月報』六六七、二〇〇九）

（冨岡　典子）

はなび　花火　火薬に発色剤を混ぜ筒や玉につめて点火して、光・色・音を楽しむもの。空中に放つ打ち上げ花火、物の形状を表す仕掛け花火、子どもの玩具用の線香花火などがある。近世では、隅田川における川開きの際の打ち上げ花火が有名で、江戸名所の一つとして初代歌

花火　歌川広重筆「両国花火」（名所江戸百景）

川広重の「名所江戸百景」などに描かれた。掛け声に用いられる「玉屋」「鍵屋」は、ともに隅田川花火を受け持った花火師の屋号である。隅田川花火は、一七三三年(享保十八)水神祭の際、川べりの茶屋が余興として献上花火をあげたのがはじまりとされている。隅田川花火大会は、水質の汚染などの理由で中絶していたが、一九七八年(昭和五十三)に復活した。近世の花火の書物『花火製造方』には、「流星花火」「玉火」など百十五種の花火の種類とその材料が記録される。ここには、楓・牡丹など植物に見立てた花火が多く、また現在の花火の形状も菊・柳・椰子など植物由来の名が使用されている。↓川開き《かわびら》 ↓納涼《のうりょう》

参考文献 『台東区史』行政編(一九九八)、武藤輝彦『日本の花火のあゆみ』(二〇〇〇、リーブル) (平野 恵)

はなふだ 花札 札遊びの一つ。一月から十二月までの絵柄が揃い、絵柄によって点数が決まっている。十六世紀後半から日本に伝来したかるたが花札の祖形である。近世後期、厳しい賭博禁圧を避けるために考案され、めくりかるたから発達した。一八一六年(文化十三)、ゴローニン『日本幽囚記』の中に花札様のかるたに言及した箇所があり、少なくともこのころには成立していたものと思われる。近世史料では「花かるた」「花合」と表現される。↓かるた

参考文献 増川宏一『賭博』III(『ものと人間の文化史』、一九八三、法政大学出版局) (高尾 善希)

はなみ 花見 主として桜の開花を鑑賞し、その下で飲食する風習。山野に遊び、花を愛でる風習は奈良時代まで遡るといわれる。当初は梅を対象としていたが、次第に桜がとってかわった。安土桃山時代には豊臣秀吉による醍醐の花見など、贅を尽くした花見が行われるようになった。江戸時代になると、都市近郊に飛鳥山(東京都)、隅田川堤(同)などの桜の名所が成立し、花見は庶民にも定着して代表的な年中行事、行楽の地位を確立した。花見は桜の開花時期というごく短い期間だけ成立する行楽であり、寺社の境内で行われることも多く、貴賤を越えてきわめて多様な社会階層が集まる、つかの間のアジールとしての性格を持っていた。花見はきわめて長期間にわたり、基本的性格が変化せず継続し、現在まで続くめずらしいレジャー形態である。この背景には社会制度維持の安全弁としての必然性があったと考えられる。現在でも花見では他の観光形態、レジャー形態ではすでに過去のものとなった職場単位でのレジャーが多く見られる。これも同様に桜の開花期という限定された時間の中で、価値の逆転や無秩序を伴うコミュニタスへの分離と再統合が安全に行われ、職場、仕事仲間などの組織維持に果たす役割が期待されるためとみなして良い。しかし花見におけるコミュニタスは無礼講、乱痴気騒ぎを伴うことも多く、近年では飲酒、花見会場の秩序維持などについての制限が設けられることも少なくない。↓桜《さくら》 (稲垣 勉)

明治時代の花見（『風俗画報』112号（1896年）より）

ばにく 馬肉 家畜である馬から生産された食肉である。六七五年(天武天皇四)四月の詔が「莫食牛馬犬猿鶏宍」、七四一年(天平十三)二月の聖武天皇詔が「馬牛代人、勤労養人(中略)不許屠殺」とするように、古代には民間で馬を屠殺し、肉を食べていた。六四二年(皇極天皇元)七月の詔勅に「殺牛馬、祭諸社神」とあり、そうした祭祀で肉を食していたとも考えられている。ちなみに厩牧令は、官の馬牛の死にあたり、皮・脳・角・胆を取り、納めること(官馬牛条)、「皮宍」を売却すること(因公事条)を定めていた。古代の家畜食の習いは、のちに廃れ、馬肉食については兵糧の尽きた金ヶ崎籠城の新田義貞の軍兵(『梅松論』)や、飢饉に襲われた近世東北の民衆など、その例は稀である。近代には、他の食肉と同じく馬も食べられるようになり、滋養強壮に効果ありとして普及し、桜鍋として流行した。また牛肉に偽装した例も多々あったという。なお、戦時下では馬肉生産を抑止したこともあった。馬肉食の盛んな地域としては、加藤清正以来の伝統があるという熊本県、福島県会津地域、長野県南信地域などが知られている。一方、馬肉食を忌避する人々も少なくない。↓馬《うま》

参考文献 福原康雄『日本食肉史』(一九五六、食肉文化社)、農林省畜産局編『畜産発達史』(一九六六、中央公論事業出版)、原田信男『歴史のなかの米と肉—食物と天皇・差別—』(『平凡社選書』、一九九三、平凡社)、菊池勇夫『飢饉の社会史』(一九九四、校倉書房)、日本馬肉協会監修・旭屋出版編集部編『馬肉新書—基本知識と技術、保存版レシピ集 知られざる馬肉のすべて—』(二〇一三、旭屋出版) (村井 文彦)

ははのひ 母の日 母親に日頃の感謝をする日で、五月第二日曜日。アメリカ合衆国の女性教会教師、アンナ＝ジャービスが亡き母親をしのび、白いカーネーションを命日にささげて、信徒にも配ったのがはじまりである。これにちなみ、一九〇八年五月第二日曜日には、母を讃

える記念会が全米で開かれるようになり、一四年には米議会がこの日を母の日と定めた。戦後は日本でも行われるようになり、存命の母親には赤いカーネーションが贈られ、亡き母にはアンナにならって白いそれがささげられることになっている。

参考文献 伊藤美樹・生活たのしみ隊編『春夏秋冬を楽しむくらし歳時記』(二〇一三、成美堂出版)

(長沢 利明)

パパはなんでもしっている パパは何でも知っている

⇩アメリカニゼーション

はふ 破風 切妻造や入母屋造の屋根の両端の三角形部分。『正倉院文書』には博風《はふ》とみえる。破風の三角形の斜辺に取り付ける板を破風板《はふいた》という。神明造《しんめいづくり》の神社では千《ち》木《ぎ》と破風を一本の材としている。破風板を打つことで際《きわ》垂木《だるき》や棟木・母屋桁の木口を隠し、風雨を防ぐ。破風の合わさる部分を拝みといい、拝み部分や母屋桁の位置に懸魚《げぎょ》を付けることもある。入母屋造の茅葺民家では、破風が非常に小さくなる。滋賀県高島市の在原の伊香《いか》造のように、破風の前に前垂れ飾りをつけることもある。切妻造のものを切妻破風、入母屋造のものを入母屋破風といい、孫廂《まごびさし》や向拝の端部など、主屋から片流れで出た側面に用いられるものを縋《すがる》破風という。装飾として城郭天守や社殿などに月いられ、平側の屋根に付けた千鳥《ちどり》破風もある。通常、屋根の反りに合わせて、照《て》り屋根には照り破風、起《むく》り屋根には起り破風を用い、後者は民家に用いられることが多い。反りの無いものを直《すぐ》破風ともいう。また破風の曲線が反転するものを唐《から》破風といい、玄関などに用いられる。

参考文献 近藤豊『古建築の細部意匠』(一九七二、大河出版)

(海野 聡)

はぶたえ 羽二重 無撚の生糸で作られた織物の一種。京都で織られた羽二重は江戸時代を通じて最も品質の良いものとされた。輸出羽二重は、一八七八年(明治十一)に桐生で生産されたのを嚆矢とし、その後、福井、石川で盛んに製織された。最初はアメリカ・フランス・イギリスへの白生地輸出が多いが、大正期にはオーストラリアやインドへの染色物の輸出が増加した。第一次大戦後、輸出に占める比重を低下させるとともに、人絹での製織が増えた。

参考文献 橋野知子『経済発展と産地・市場・制度―明治期絹織物業の進化とダイナミズム―』(『Minerva 人文・社会科学叢書』、二〇〇七、ミネルヴァ書房)

(榎 一江)

バブルけいざい バブル経済 バブルとは、土地や金融資産の投機的取引によって起きる実態から乖離した価格上昇のことであり、バブルの効果で活発化した経済をバブル経済と呼ぶ。バブルの語源は、一七二〇年にイギリスで起きた南海泡沫事件 South Sea Bubble にある。日本では、一九八五年(昭和六十)九月のプラザ合意以後の金融緩和措置によって、八六年末から九〇年(平成二)にかけて起きた株や土地への投機と、その影響をバブル経済と呼ぶ。バブル前に一万二千円台だった日経平均株価は、八九年末には四万円近くに上昇した。金融機関が不動産担保融資を積極的に行なったために、不動産業者などによる土地の買いあさり(地上げ)が横行して、社会問題化した。また、資産効果により贅沢品の消費も活発になった。九〇年にバブルが崩壊すると、金融機関は不良債権を抱え、九七―九八年には大規模な金融破綻に至り、日本経済全般も「失われた十年」「失われた二十年」と呼ばれる長期不況に陥った。

参考文献 日本経済新聞社編『検証バブル―犯意なき過ち―』(二〇〇〇)、村松岐夫・奥野正寛編『平成バブルの研究』上・下(二〇〇二、東洋経済新報社)、小峰隆夫編『第二次石油危機への対応からバブル崩壊まで(一九七〇年代～一九九六年)』(『バブル/デフレ期の日本経済と経済政策』歴史編一、二〇一一、慶応義塾大学出版会)

(浅井 良夫)

はま 浜 ⇩浦《うら》・浜《はま》

はまや 破魔矢 正月の縁起物の一種。小型の矢にお守りや干支を描いた絵馬などを付けたものが一般的である。また、男児の初正月の祝い物として破魔矢と破魔弓を贈る地域もある。かつて正月には弓の技術を競う射礼《じゃらい》や、弓を射て一年の吉凶を占う行事が行われており、これに使われていた弓矢が破魔矢の起源であるとされる。なお、建築に際して行われる上棟式において、鬼門の方角に向けて棟の上に立てられる矢も破魔矢という。

参考文献 牧田茂「建築儀礼」(『日本民俗学大系』六所収、一九九六、平凡社)、藤井正雄編『神事の基礎知識(新版)』(二〇〇一、講談社)、岩上力『縁起物―京の宝づくし―』(二〇〇三、光村推古書院)

(大明 敦)

はみがき 歯磨き 食後や起床時などに歯や舌に付着した汚れを除去する行為。日本では奈良時代に「歯木《しぼく》」が伝来し、仏教の儀式の一つである浄歯として僧侶が歯や舌の清掃を始めたといわれる。近世には房楊枝や爪楊枝を使用した口腔内の清掃が成立し、房楊枝は大正期まで使用された。また、明治中期から後期以降、アメリカの歯科学の影響を受け、西洋歯ブラシの導入や歯磨き粉の開発がみられ、一九二八年(昭和三)には日本歯科医師会により六月四日が第一回虫歯予防デーに制定された。第二次世界大戦後は、樹脂の柄にナイロンを植毛した歯ブラシに、合成洗剤を用いた練りハミガキを塗って歯を磨く方法が主流となった。今日では、歯は他の臓器の疾患にも影響を与えると認識され、電動歯ブラシや薬用成分を含んだ練りハミガキ、デンタルフロスの開発が進んでいる。また、白い歯や口臭の少ない口は健康的なイメージがもたれるようになり、女性向け歯ブラシや漂白成分を混入した練りハミガキ、マウスウォッシュの開発や利用も進んでいる。

参考文献 『ライオン一二〇年史』(二〇一四)

(花木 宏直)

はもの　刃物　ものを切ったり削ったりする、鉄製の道具の総称。刀や庖丁、鉈《なた》のほか、鋏《はさみ》や鉋《かんな》などがある。身の両面に刃がついているものを両刃、片面のみのものを片刃と呼ぶ。また、材料からみれば、原始古代の石を割った打製刃や、それをさらに磨いた磨製刃から始まり、合金、鉄、鋼を組み合わせた金属製の刃物が発達してきた。刀は刀鍛冶の仕事であり、内部に鉄、外部に鋼を組み合わせて製作し、刃先の硬い切れ味と打撃に対する強さを両立してきた。一方野鍛冶の仕事による鉈や鍬、庖丁、鎌などの打刃物は、鋼に鉄をはり合せて、鉄部分を砥石で研ぐことによって刃を作りだすことができる。また、削る道具としての刃物には、木を平滑に削る台鉋や、両端に柄をつけて手前に両手で挽きながら削る銑《せん》(鏟)がある。明治以降、庶民が台所で使う刃物は、従来の打刃物から、西洋鋼から型を切り出して両刃をつけたものに取って代わった。一方、葬儀で死者に懐剣を持たせるなど、刃物は魔除けの役割も果たしてきた。　↓大鋸《おが》　↓斧《おの》　↓鎌《かま》　↓鉋《かんな》　↓鍬《くわ》　↓手斧《ちょうな》　↓鉈《なた》　↓鋸《のこぎり》　↓鋏《はさみ》　↓包丁《ほうちょう》

（加藤　幸治）

はやし　林　自然林ではなく、人が平地に植林した樹木群のことである。林については律令に規定がなく、慶雲三年(七〇六)三月十四日詔(『類聚三代格』)ではじめて「祖先の墓」と「宅地の周辺」において樹木を植えて林として私有することが認められ、地目としての林が成立した。ただし、林の領有主体は貴豪族層・寺院などであって、林はその経営体に付随する樹木群であったとの意見もある。林の多くは栗林であり、この傾向は鎌倉時代に入っても確認できる。栗は単に食用ばかりでなく、建材としても有用であったため、林のなかでも栗林が特に価値あるものとして認識されていたらしい。栗林の存在形態として、中世には蔵人所の所管に属し毎年供御の甘栗を調進した栗栖《くるす》があり、山城国田原御栗栖・丹波御栗栖などが知られる。八世紀半ばの『額田寺伽藍並条里図』には栗林のほかに橡《とち》林の記載があり、橡も栗と同様に建材となったほか橡餅・橡粥として利用された。　↓栗《くり》　↓雑《ぞう》木林《きばやし》　↓トチ

参考文献　木村茂光「日本古代の「林」について」(『日本古代・中世畠作史の研究』所収、一九九二、校倉書房)、網野善彦「天皇の支配権と供御人・作手」(『中世の非農業民と天皇』所収、二〇〇八、岩波書店)、北村安裕「古代の「林」と土地経営」(『日本歴史』七三四、二〇〇九)

（伊佐治康成）

はやりめ　流行目　⇩モノモライ

はやりやまい　はやり病　⇩疫病《えきびょう》

はら　原　草の生えた草原などの広く平らで、耕作されていない土地のこと。野原、原野とも表現されるように、野と原では特に大きな差はなく、○原、○野など地名としても多く用いられた。日本の律令制においては、原野は山川藪沢とともに公私共利の場とされたが、鷹狩りなどの狩猟のために天皇の支配下に置かれた。平安時代以降は、荘園制の発達に伴って、王臣貴族や寺社による原や野の占有と開発が進んだ。ただし、立券された荘園のなかには、丈量された原と野とが耕地とは区別されて存在している場合もある。近世においては、田畑屋敷地などの耕地は、検地によって石高表記とされ、これを高請地と称したのに対し、原や野を含む山野河海の地は、石高表記外の土地、高外地とされた。こうした原や野などの高外地も、灌漑や治水技術の進歩に伴って次第に開発が進んだ。特に享保改革期には、河川敷などとともに大規模な原や野の開発が進められた。

（馬場　弘臣）

はらえ　祓　心身に宿る災いや罪、穢れを神に祈って除き清めることであるが、家・土地などを含むものである。神道における重要な神事、呪術的行為である。「掃う」が物理的な排除であるのに対し、精神的な排除といえよう。なお類似語として禊《みそぎ》があるが、それは「身削ぐ」であり、体に付着した罪・穢れを聖なる水、塩などで清める行為である。祓の様相は須佐之男命が高天原で天照大神になした行為を問われ、贖いを科され、髭を切られ、手足の爪を抜かれ、高天原から追放されるという神話が『出雲国風土記』にみえる。『日本書紀』では、この贖いを「解《は》除《らへ》」として、「祓具《はらへつもの》」を責め取っている。当初の祓は体罰、そして償いものを納めるものと理解されていたようである。それは今の「払う」に通底する。祓は個人の領域から拡大し、『古事記』によれば仲哀天皇の死に際して「国の大祓」が行われたとあり、七〇一年(大宝元)の大宝律令によって大祓は正式な宮中行事として定められ、国家、そして民の罪や穢れを祓うことになった。室町時代には低迷するが、江戸時代に再開された。現在、祓の儀式は主に夏越し神事として親しまれている。　↓穢《け》れ《が》

（関　和彦）

夏越の祓（東京都文京区湯島神社）

はらおび　腹帯　胎児を安定させ保護するために妊娠五ヵ月目に締める晒《さらし》の帯。「ふくたい」とも読む。腹帯は古くは岩田帯と呼ばれ、岩田は斎肌《ゆはだ》、つまり妊婦が着帯の

時から忌みの生活に入ることを意味したという。妊娠五カ月目に締めるのは、胎動が始まり胎児が人形《ひとがた》になると考えられていた時期と一致していた。近世には女訓書や産科書が数多く出版され妊娠中の心得が説かれたが、腹帯は次第にきつく締めることを否定されるようになった。民間では安産を祈り戌の日に実家から帯とぼた餅を贈って帯祝をする、安産した人から帯を貰う、夫の褌を帯にするなど、多様な習俗の広がりがみられる。 →安産祈《あんざんき》願《がん》 →妊娠《にんしん》

参考文献 母子愛育会編『日本産育習俗資料集成』(一九七五、第一法規出版) (太田 素子)

はらがけ 腹掛け 近世の職人や商人が着けた作業着で、胸から腹に布を当て、背中は襷がけにしたもの。上に半纏などをはおりやすく腹部を冷やさない。近世初期に伝説化された坂田金時(金太郎)は紅色の菱形の布を腹にかけ、首と背に紐を着けて結んだ腹掛けをしていたところから、この形の小児の腹掛けを金太郎とも呼んだ。強くて孝行者の金太郎は江戸時代の理想の子ども像で、腹掛けをした裸の赤ん坊(二歳位までか)は、健康に育つ子どもの象徴でもあった。

腹掛け（『拾遺都名所図会』より）

参考文献 鳥居フミ子「金太郎の誕生」(『日本文学』六二、一九六四) (太田 素子)

はらじゅく 原宿 東京の代表的な若者文化の中心地。原宿がこのような特性をもつようになる契機は、一九六四年(昭和三十九)の東京オリンピックであった。戦後アメリカ軍に接収され、軍人の家族用住宅(ワシントンハイツ)となった一帯が、オリンピック開催に向けて返還され、室内競技場や選手村が建設された。さらにその周辺にNHK、渋谷公会堂、代々木公園などの文化・余暇施設が整備され、若者が群れ集ってくる。七〇年代に入ると表参道や明治通りにラフォーレなどの大型ファッションビルが開店し、竹下通りには雑貨屋、古着屋、ブティックなどの小店舗が軒を並べるようになった。ここに集まってきた若者たちが、歩行者天国を利用してさまざまな街頭パフォーマンスをくりひろげる。その代表的な存在が、ブティック「竹の子」のエスニックな衣装を着て舞い踊る竹の子族(七九年)であった。その風俗が『アンアン』『ポパイ』などでたびたびとりあげられ、若者のファッション、遊び、パフォーマンスなどの風俗文化の発信地となった。近年でも、表参道に国内外の有名ブランドの旗艦店が進出し、流行の発信地としての地位を保っている。 →若者文化《わかものぶんか》

原宿の竹の子族

参考文献 加藤明著・石井一弘写真『原宿物語』(一九八六、草思社) (寺出 浩司)

はらせつこ 原節子 一九二〇―二〇一五 昭和期に活躍した日本の女優。本名会田昌江。一九二〇年(大正九)六月十七日、横浜市に生まれる。一九三五年(昭和十)、義兄で日活の映画監督熊谷久虎の勧めにより、原節子の芸名で「ためらう勿れ若人よ」で銀幕デビュー。三七年には日独合作映画「新しき土」のヒロインに抜擢され、一躍国際派女優として注目を集め、戦時期には、毅然とした軍国女性を演じた。戦後は、黒沢明監督の「わが青春に悔いなし」(四六年)、今井正監督の「青い山脈」や木下恵介監督の「お嬢さん乾杯」(いずれも四九年)など、気鋭監督の意欲作につぎつぎと出演し、女優としての地位を確固たるものにした。「晩春」(四九年)以降、「麦秋」「東京物語」など小津安二郎監督作品の常連となり、黒沢、吉村公三郎、今井監督らの作品で演じてきた戦後民主主義の希望を象徴するような女性から、つつましやかな生活の中で夫や子を支える物静かな妻・母のような保守的な美しさを演じていくようになる。五九年には東宝映画千作記念大作「日本誕生」にて天照大神を演じ、美しさと清潔感を兼ね備えた女優としての本領を発揮する。六二年、稲垣浩監督の「忠臣蔵 花の巻・雪の巻」に出演したのを最後に四十二歳の若さで女優業を引退。二〇一五年(平成二十七)九月五日死去。満九十五歳。

参考文献 佐藤忠男監修『永遠のマドンナ原節子のすべて』(一九八七、出版協同社)、四方田犬彦『李香蘭と原節子』(『岩波現代文庫』、二〇一一、岩波書店) (花岡敬太郎)

バラック バラック 廃材などを用いた簡易な住居。バラック建設とその撤去をめぐる居住者と行政との対立・妥協などの問題は、すでに関東大震災後の帝都復興過程において、東京市の都市下層に生成されたバラック移転問題としてもち上がっていた。アジア太平洋戦争後は都市型大空襲のために住居を喪失した人々や復員したものの元の住居に帰れない人々などが鉄道高架下や焦土となった空き地などに簡易な小屋がけをして集団で生活する

光景が、東京、横浜、名古屋、大阪、京都、神戸の六大都市の至るところでみられた。復興道路や私有地の場合、バラックは不法占拠と認識され、法的拘束力を背景に強制的なクリアランスの対象となっていく。一方バラック居住者の間では自治的組織やボス的存在を介した結合関係が成立しており、クリアランスへの抵抗とともに立ち退きの代償を要求する行動へと組織されていく。行政は多くの場合、公営・私営アパートへの入居や更生施設への収容などにその解決策を見出していった。

参考文献　水内俊雄・加藤政洋・大城直樹『モダン都市の系譜―地図から読み解く社会と空間―』(二〇〇八、ナカニシヤ出版)

(吉村　智博)

はらまき　腹巻　もともと銅丸と呼ばれる簡易な鎧である腹当に由来するといわれる。江戸時代の初期には腹巻という呼称が一般的となるが、それは武具として簡略化された鎧に変わりはなかった。それが明治以降に毛織物が盛んになると、毛織で編んだ防寒具を腹巻と呼ぶように変化した。

(刑部　芳則)

はり　針　縫合に用いる先のとがった道具。和針と洋針(メリケン針)があり、用途に応じて縫針、絎《くけ》針、躾《しつけ》針などがあり、さまざまな長さがある。特殊なものとしては、皮針、畳針、屋根葺き用の茅針、網繕い用の網針、布団針、刺子針などがある。縄文時代から骨・角で製作した針があり、古墳時代には鉄針も現れるが、一般用は竹や骨などで製作したものであった。中世には京都で鉄針が生産され、桃山時代には明から長崎に新たな製針技術がもたらされ、伏見や大坂、堺、そして江戸へと伝わったとされる。衣服を仕立てる際には、羽織、襦袢など、それぞれに応じた裁断と縫製の方法が決まっており、世代から世代へと伝えられた。近代以降、こうした知識は学校教育で、また和裁の稽古として教授されるものとなり、花嫁修業の一つにも位置づけられた。また、日常的に多人数で針を刺したり、糸尻を留めずに針を刺したりするのを忌むのは、それが死者の着物を仕立てる作法であったためである。　➡裁縫《さいほう》

(加藤　幸治)

はり　梁　柱の頂部を繋ぐために水平方向に架け渡した部材のうち、建物の短辺(梁間)方向に架ける部材。軸組の基本となる構造材で、小屋組を受ける役割を持つ。町家では角材が使用されることが多いが、たわみを少なくするために曲がった材を巧みに組み合わせた梁組も見られる。小屋組の構造が発達すると、倉などでは小屋裏を広く造るため、棟木直下に桁《けた》行方向に大口径の大梁(牛梁)を入れ、それに斜め方向に登り梁を架ける構造も生まれた。材料は、ケヤキ、マツなどが多く使用される。

(大林　潤)

バリアフリー　バリアフリー　身体障碍者が健常者と同様に、支障なく生活できるように改善すること、またそのように改善した生活様式。世界では、一九八〇年代より障碍者が日常生活に支障なく生活できる権利の重要性が指摘され、二〇〇六年(平成十八)に国際連合で障碍者権利条約が採択されている。日本では、一九九〇年代後半より、公共施設や駅などの公共空間を中心に、車いす利用者に対応したエレベーターの設置や視覚障碍者に対応した点字ブロックや音声案内の設置など、ハード面での整備が進んだ。二〇〇〇年代以降、特定の障碍をもつ者のみに対応するのではなく、さまざまな特性をもつすべての人びとに支障のない生活空間の設計をめざす、ユニバーサル社会化が重視されており、すでに万人にとってわかりやすい案内記号のデザインなどが実践されている。一方、ハード面の整備だけでなく、ハンディキャップをもつ者を含めすべての人をいたわりあえる社会的風潮の醸成といった、ソフト面のバリアフリーの普及が課題となっている。

参考文献　盛山正仁『バリアフリーからユニバーサル社会へ』(二〇一一、創英社・三省堂書店)

(花木　宏直)

はりばこ　針箱　裁縫用具を入れる箱。針や針山、糸、指貫、ヘラ、鋏などを収納する。庶民の裁縫用具入れは、古い苧桶《おぼけ》や一閑張《いっかんばり》の籠で十分であった。しかし、木綿の普及によって庶民も反物から仕立てた着物を少しでも持てるようになると、絎《く》け台やヘラ台なども必要になり、裁縫用具を入れる指物の針箱が化粧箱や鏡とともに女性の持ち物となっていった。それが工芸品となり、漆塗りに加飾された豪奢な婚礼用具の裁縫箱も生まれた。そこには私銭を隠しておけることから、いわゆるヘソクリをハリバコゼニと呼ぶ地方もあり、針箱のプライベートな性格を表している。針箱を他人に触らせない場合も多い。卯月八日は女性の休み日であったが、針供養とともに針箱の掃除を行なって手芸の上達を願う場合もある。針箱は、洋裁やミシンの普及、洋装化、そして現代における既製服の一般化によって、家庭から消えつつある。ちなみに、私娼の隠語としてもハリバコという言葉が使われた。　➡裁縫《さいほう》

(加藤　幸治)

ばれいしょ　馬鈴薯　⇩ジャガイモ

はれぎ　晴着　年中行事や人生儀礼など、ハレの日に着る衣服。晴着のハレ(晴れ)とは、柳田国男が考案した概念である。ハレは、正月や盆、節供などの年中行事、あるいは人生儀礼のような非日常の状態を表す。ハレに対する概念は、ケ(褻)であり、日常の仕事の日や空間をさす。かつてはハレとケの繰り返しの中で日本人の暮らしが展開されており、生活の秩序やリズムが保たれていた。しかし、農業中心の世の中から産業構造が変化し、勤めに出る人がふえるようになると、ハレとケの区分があいまいになった。こうした状況で、晴着という言葉は今なお機能している。祭・行事や人生の折り目の儀礼、その他の慶事を含むハレの日の着物であることを表す。花嫁が綿帽子や角隠しを被るように、晴着は、被り物が重要である。ともすれば、上等な面にばかり注意がいきがちであるが、汚れのない、浄衣という要素が満たされれば十分で、白色が用いられたのである。総じていえること

は、昭和の高度経済成長期のころから和服が減って、洋服がふえたことである。 ↓礼服《れいふく》

参考文献 瀬川清子「晴着とかぶりもの」(『生活と民俗』一所収、一九九六、平凡社) (柳 正博)

ハレ・ケ ハレ・ケ 公的・私的、儀礼的・日常的といった生活の対称的な局面を捉える対概念。ハレは「晴れる」という動詞に由来する通用の概念で、古くから使われている。空が晴れて明るく見通しのよい状況から、転じて、表だって注目を集める晴れがましい正式で公の場面や機会を形容する名詞になった。人生儀礼や冠婚葬祭などの公的で儀礼的な場面で着る特別の形や色や柄や素材の礼装を「晴れ着」と呼ぶことは、今日でも生活の常識である。これに対して、ケは人びとの注目があまり集まらないところ、すなわち日常的で私的な領域を指す。要するに普段の状態を意味する。「晴れ着」が意識的・自覚的に用いられるのに対して、日常的な平生の服装は話題にされることがあまりなかったためか「褻着《けぎ》」という用語は九州地方の方言にわずかに残るにすぎない。現代では「常着《つねぎ》」「普段着」の語のほうが広く通用している。しかしながら中世初期にはすでに「けはれ」の対で一つの語をなし、「褻にも晴れにもこれ一つ」などと合わせて用いられて日常語となってきた。民俗学の「ハレ・ケ」という非日常と日常の二項対立的な対概念も、そうした常識を受け継いで設定されたものである。服装だけでなく、食事もまたハレの際には特別なもの、すなわち餅や赤飯、また特に調製に手のかかる品物を用意する習俗は、広く観察されている。酒は、もともとはハレの儀礼と深く結びついた意味をもち、共同で飲む機会は限られていた。しかしながら見知らぬ者たち同士の社交に用いられ、商品としての生産流通が拡大するなかで、ハレとケの場面の区別を失い、一方には猪口の使用や独酌などの酒の個人化も進み、いつでもどこでもいつまでも飲めるものとして濫用されるに至ったとの指摘もある。民俗学では、ケを「気」の思想と結びつけて、ケをその気が涸れ減衰することと解釈し、ハレ・ケ・ケガレの循環構造を主張する説もあるが、理論枠組みとしての仮説にとどまる。 ↓穢《けが》れ

参考文献 宮田登『ケガレの民俗誌―差別の文化的要因―』(一九九六、人文書院) (佐藤 健二)

バレンタインデー バレンタインデー 欧米のキリスト教社会における聖バレンタインの記念日で、二月十四日。日本では戦後、若い女性が自分の思う相手の男性にチョコレートを贈って、愛を告白する日とされるようになり、それが大流行して今に至っている。それは一九五〇―六〇年代に、某菓子メーカーがチョコレートの販売促進のために始めたもので、大々的なキャンペーンが功を奏し、すっかり定着するようになった。こうした習慣は日本独自のもので、信仰的要素はまったく伴っていない。

参考文献 伊藤美樹・生活たのしみ隊編『春夏秋冬を楽しむくらし歳時記』(二〇一三、成美堂出版) (長沢 利明)

パン パン 小麦粉類を主原料にしてこね、イーストで発酵させ焼きあげた食品。一五四三年(天文十二)ポルトガルから伝来し、語源は同国語のパン pão。十七世紀イギリス、オランダ商館のあった平戸や長崎にはパン屋があり、商人が常用、贈答用に求めた。日本の文献では「はん」「蒸餅」として、小麦粉を甘酒でこねた生地をふくらませて焼く製法が確認される。また、蘭学者や通詞はオランダ人の常食と認識し、たとえば水戸藩の儒者立原翠軒がオランダ通詞から聞いて記した一七九九年(寛政十一)の『楢林雑話』には「パンの上に牛羊の酪ボートルを引いて食す」と記されている。幕末の開港以降は乾パンが軍事食として注目され、また西洋料理として主に外国人や上流階層に需要された。一八七四年(明治七)あんパンが考案発売され、食パンは八〇年代からみられるが、一九五四年(昭和二十九)給食制度でアメリカの援助によるパンの導入が、本格的な普及につながる一因となった。 ↓餡《あん》パン ↓乾《かん》パン

参考文献 『日本のパン四百年史』(一九五六) (橋爪 伸子)

バンカラ バンカラ 明治期の開国によって一気に西洋文化が流入し、それをハイカラ(西洋風の身なりや生活様式)と称したが、そうした時代の風潮に抵抗するように広がっていった男子学生の文化の一種である。漢字表記では「蛮カラ」である。ハイカラが「洗練・上品・格式」を重視する中で「粗野・野蛮」などをアンチテーゼとして打ち出した。ハイカラを軟派、バンカラを硬派と対応させる見方もある。バンカラの典型として、ボロ学生服・破れた学帽・腰に手拭い・高下駄などの弊衣破帽がある。旧制高等学校の生徒が流行の発端で、なかには学園祭で褌で酒をのみながら街を闊歩したなどの例もある。その意味は「洗練・上品・格式」ではなく、粗末な衣装ながら表面の姿形に惑わされず真理を追究する姿勢を表現したとされる。このことは武士道にも通じ、外見の容姿ではなく内面の精神的なものを表現する行動様式、と理解された。つまり外見に無頓着な体裁とそれを正当化するための動機が複合した文化であるといえ、単に粗末・粗野な恰好をバンカラと呼ぶわけではない。

参考文献 筧田知義『旧制高等学校教育の展開』(『ミネルヴァ・アーカイブス』、二〇一一、ミネルヴァ書房) (荒井 明夫)

ばんこんか 晩婚化 初婚年齢が高くなる傾向のこと。二〇一二年(平成二十四)の平均初婚年齢は夫三〇・七歳、妻二九・〇歳で、一九五〇年(昭和二十五)の夫二五・九歳、妻二三・〇歳と比べて大幅に上昇している。かつては男女ともに結婚適齢という観念があり、七〇年代の女子では二十四歳とされたが、女子の社会進出が進む中、適齢期になれば結婚すべきという風潮は後退した。九七年の総理府の世論調査によれば、「結婚はする方がよい」という

意見に対し、「結婚は個人の自由であり、してもしなくてもよい」とする意見が拮抗している。また、『毎日新聞』が二〇〇四年に行なった調査では、生涯独身でかまわないと答えた女性が半数を超え、非婚化の進行も指摘された。晩婚化の背景には、不況の長期化で若年層の雇用が不安定なことや、結婚相手に対する男女の意識の違い、親世帯への生活依存などがあり、少子化の一因ともされている。

参考文献 山田昌弘『結婚の社会学―未婚化・晩婚化はつづくのか―』(『丸善ライブラリー』、一九九六、丸善)、八木透・山崎祐子・服部誠『男と女の民俗誌』(『日本の民俗』七、二〇〇八、吉川弘文館)、

（服部　誠）

ばんざい　万歳　祝声の一つ。主として先導者の「バンザイ」という掛け声のもと、その場に集った人々が同語を相互に号呼し、一斉に両手をふりあげる身体的行為の総称。一般的に三唱の形式をとる。牧原憲夫によれば万歳の誕生は、一八八九年(明治二十二)二月十一日の大日本帝国憲法発布を祝う一連の行事、いわゆる「憲法祭」にその画期を求めることができる。発案者は、森有礼《もりありのり》文相と帝国大学教員といわれ、当初の目的は憲法祭において使用された「天皇陛下万歳」という標語に明示的なように天皇に対する「祝意」表現、言い換えれば忠誠を通した共属意識の創出を主たる内容とした。それは、祝声の読み方、三唱形式および天皇への号呼という公式的作法などの要素から、前近代における「聖寿万歳」などの事例とは区別される。その後、日清戦争で、人々は出兵していく兵士たちを「陸軍万歳」などの祝声で送り出すようになる。兵士たちは祝声や見送りを受ける中で自身と号呼者の間の共属性を認知し、国民意識を形成していったとされる。万歳は天皇のみならず広範な対象に拡散され適用されるようになり、国民的統合機能を有する同語の平準化も促進されていくこととなった。このような傾向はアジア・太平洋戦争における日本の敗戦に至るまで、増加こそすれ減少することはなかったといえる。日中戦争勃発後、満洲にまでその組織を拡大した国防婦人会の出征兵士見送り活動などの事例に顕著なように、万歳は当時の女性や子供たちまでをも包摂するかたちで自発的に使用され続ける。他方、アジア・太平洋戦争でアメリカ軍は、サイパン島などの戦場において日本兵が行なった「玉砕」突撃を「バンザイ突撃」、同地にとどまっていた日本人非戦闘員が身を投げたマッピ岬を「バンザイ＝クリフ」と呼ぶなど、万歳の呼称は対戦国の兵士の間においても認識されるものであった。戦後になっても、戦争体験世代の人々において万歳は身体的行動の一部として残存し続け、天皇の地方巡幸時の祝声の折りなどに反射的に身振りするという無意識レベルの反応として、その国民的共属性という統合機能が表層に現れることもあった。他方、戦後世代においても運動会や地域の祭、結婚式などの祝祭、祝儀で同様の祝声が用いられている。しかし、その際の祝声の持つ意味は、国民としての身体的拘束という性格は一定程度後衛に退き、その場に参集した人々相互単位での共同性の確認という性格にとどまるものといえる。

参考文献 安田常雄「象徴天皇制と民衆意識―その思想的連関を中心に―(報告)」(『歴史学研究』六二一、一九九一)、牧原憲夫「万歳の誕生」(『思想』八四五、一九九四)、同『客分と国民のあいだ―近代民衆の政治意識―』(『ニューヒストリー近代日本』、一九九八、吉川弘文館)

（雨宮　史樹）

はんしょう　半鐘　木槌で叩く小型の釣鐘。もともと寺院で時刻や儀式の集散などを告げる目的で使われてきた。江戸時代以降、町の火見櫓に掛けられ、叩き方の違いで火災の方向や場所、水害の発生などを伝達する手段とされた。太鼓や板木なども同様の役割を果たしたが、半鐘は遠くまで音を響かせることができた。半鐘の叩き方は消防信号というが、明治後期に地域の消防団の整備に伴って、全国的に統一された。現在では、拡声器やサイレンなどにその役割を譲った。

（加藤　幸治）

ハンセンびょう　ハンセン病　らい菌に抹消神経や皮膚が侵される慢性感染症。らい菌の感染力は弱く、衛生・栄養状態が良好ならば感染しても発病はまれである。永くこの病が遺伝病(血の病)と誤解されてきたのも、らい菌の感染力の弱さのためであった。現在、日本人でハンセン病を発病する人はほとんどいない。仮に発病しても確立した化学療法により病気は完治する。手当が早ければ後遺症も残らない。ハンセン病は外来治療でコントロール可能な普通の病気になった。しかし、正しい病気への知識がなく、治療法も確立していない時代、「らい病」と呼ばれたハンセン病は不治の病として人々に恐れられた。記録としては、すでに紀元前二四〇〇年ごろのエジプトで確認され、紀元一・二世紀にはギリシャ・ローマにも記録がある。日本では、律令の中にもっとも重い病気(篤失《とくしつ》)の一つとしてあげられている(戸令目盲条)。中世に入ると不治の業病と考えられ、神仏に対する誓約文の起請文には、それを破ると「白癩」「黒癩」をこうむると記されるほどであった。救済事業としては律宗の僧叡尊・忍性による奈良の北山十八間戸、鎌倉極楽寺の癩宿における救済が有名である。江戸時代には「かったい」と呼ばれ、社会生活から閉め出されたため、癩者は各地の霊場や寺院を遍歴して生活を維持した。人類史上でこれほど忌み嫌われた病気は珍しい。「癩者」という用語に象徴されるように病気そのものではなく、この病に罹った人間が排除・差別の対象とされた。二十世紀に入り、ハンセン病患者の排除は国の撲滅政策として強力に進められた。ハンセン病が感染症であることが判明したころ、日本は日清日露戦争に勝ち、欧米列強に肩を並べようとしていた。感染源となるハンセン病患者を社会に放置しているのは文明国として国辱、社会防衛の観点からも相応しくないと考えられた。一九〇七年(明治四十)に癩予

防ニ関スル件を制定、公立療養所を設置、放浪患者をまず収容し社会から隔離した。一九三一年(昭和六)には、癩予防法を制定、各地に国立の療養所を設置、すべてのハンセン病患者を強制隔離する政策を進めた。折しも日中戦争も始まり、侵略戦争への道を突き進む中で、国内ではハンセン病患者を一掃するための無癩県運動が行われた。官民一体となり競ってハンセン病患者を療養所に追い立てたのである。その際に強制収容に立ち会った警察官の振る舞い、物々しく行われる施設への送致、徹底的な家の消毒といった光景が、地域の人々にハンセン病は恐ろしい伝染病であるという意識を植えつけ、同時に排除・差別の眼差しは患者のみならずその家族にまで容赦なく向けられることになった。一家離散・心中という言葉が珍しくないように、患者のみならず家族の地域社会での生活を崩壊させる悲劇も少なくなかった。敗戦後四七年、国民に基本的人権の尊重を謳う日本国憲法が施行、日本でも化学療法の草分けとなる特効薬プロミンの有効性が判明して治療が始まる。新憲法制定と特効薬登場により、もはや強制隔離は必要ない、したがって癩予防法を見直そうという機運が高まった。療養所の入所者も五一年に全国組織(全国国立癩療養所患者協議会)を結成して、強制収容や隔離の廃止など、法律改正を求める活動を展開した。たとえ後遺症があっても治癒した人間は社会復帰させてほしい、故郷に帰してほしいと入所者は願い、五三年らい予防法闘争を展開したが、その声は社会に全く届かなかった。改正されたらい予防法には相変わらず退所規定がなく、法のもとでの隔離政策は一九九六年(平成八)の「らい予防法の廃止に関する法律」の制定まで継続した。その後、被害当事者が国を相手にらい予防法違憲国家賠償請求訴訟を起こし、二〇〇一年に原告の勝利が確定、国はハンセン病の元患者・回復者に対して謝罪・補償・名誉回復を約束し、未だその過程にある。〇九年に「ハンセン病問題の解決の促進に関する法律」(ハンセン病問題基本法)が施行されて、ハンセン病への偏見や差別の解消と、療養所の入所者、退所者の名誉回復のための措置などが盛り込まれた。この人間回復のための闘争に、一般市民が参与するのは二十世紀末になってからである。戦後七十年にわたる名誉回復の闘いをほぼ被害当事者が担ってきた点に着目すべきであろう。その間、受け入れるべき社会側から被害当事者に手を差し伸べることはほとんどなかったのである。現在、全国十三ヵ所の国立ハンセン病療養所の入所者の平均年齢は八十三歳を超えた。高齢となり、後遺症もあり、もはや自力での社会復帰はむずかしい。それならば療養所に居ながらにして社会復帰をさせてほしいと願っている。被害者の名誉回復が進むことでしか、加害のレッテルを剝ぐことはできない。無知が偏見を生んできた。病気によって人を排除・差別してはいけない。それがハンセン病問題から学ぶべき教訓である。

参考文献　全国ハンセン氏病患者協議会編『全患協運動史—ハンセン氏病患者のたたかいの記録—』(一九七七、一光社)、全国ハンセン病療養所入所者協議会編『復権への日月—ハンセン病患者の闘いの記録—』(二〇〇一、光陽出版社)、成田稔『日本の癩(らい)対策から何を学ぶか—新たなハンセン病対策に向けて—』(二〇〇九、明石書店)

(黒尾　和久)

パンティ=ストッキング　パンティ=ストッキング　⇨ナイロン=ストッキング

はんてん　**半纏**　江戸時代後期に出現した衣類の一種で、男女ともに防寒着や作業着として用いられた。袖は筒袖または捩袖《ねじそで》で、襟は折りかえさず通し襟で黒繻子などで掛け襟をする。羽織のように前身ごろの左右をあわせる紐などは付いていない。丈は、一般には腰くらいまでだが、長いものは膝まであった。防寒に用いるものは袷《あわせ》か綿入れで布地はほとんど木綿製である。子どもを負ぶった上から着るねんねこ半纏、職人が着る長半纏や印《しるし》半纏など用途に応じてさまざまな種類がある。印半纏は紺色の木綿地で袷または単衣《ひとえ》に仕立て、出入り先や親方から盆暮れに贈られた。屋号や家紋、組名などが染め抜いてあり、これをお仕着せと呼んでいた。火消しが着る半纏は、黒革や菖蒲革などで仕立てた革半纏か、刺し子を施した分厚い刺し子半纏で、防寒とともに心意気や男立てを見せる目的もあったことから、意匠に工夫が凝らされていた。

参考文献　宮本馨太郎『かぶりもの・きもの・はきもの(新装版)』(『民俗民芸双書』、一九九五、岩崎美術社)

(髙塚　明恵)

ばんとう　**番頭**　近世商家の手代のなかで、長年勤めて最高位についた者で、店によっては支配人とも呼ばれる。十二、三歳ころから子供、もしくは丁稚として店奉公を始め、能力に応じて選抜されて階梯を昇進していき、店の支配人に昇ると、数年勤めて退職し、高額の退職金を手にすることになる。退職者はそれを元手にして別家として自己経営の商売を始める。京都、伊勢、近江に本家のある江戸の問屋では、主人は本家に居住するために、直接経営に携わることはなく、番頭、支配人が経営の責任者となる。また支配役の退職者のなかで、選ばれた者は宿持手代、もしくは通い番頭となり、自己の店を持ちながら重役として終身勤務していく。

(賀川　隆行)

ハンドバッグ　ハンドバッグ　女性用の持ち手つき手提げバッグ。十字軍の遠征によってギリシャ正教の喜捨の習慣がもたらされ、西欧で巾着袋を持つ習慣が広まった。仏革命後にスカートが広がらないドレスが流行すると、スカートの下に装着していたポケット袋をつけられなくなり、手荷物を入れるバッグを持つようになった。日本では、洋装文化の導入とともに、和洋装問わずバッグを持つようになったが、しばしば「バック」とも発音された。一九七〇年代半ばには高級ブランドバッグが人気となる。八〇年代初めには、

高級バッグメーカーがファッション全体の流行を牽引することになり、バッグを中心に据えたお洒落が始まった。女性の社会進出と呼応してか、ハンドバッグという呼び方は廃れ、「バッグ」と総称されるようになる。二十一世紀にはバッグの性差も小さくなり、男性も女性用バッグを使用するようになった。皮革志向も薄れ、ナイロンやビニール素材がTPO(time, place, occasion の頭文字をとった造語。服を時・場所・目的によって着分けることを意味する)を問わず用いられるようになった。

参考文献 西尾忠久「バッグ流行史」(『SOEN EYE』九、一九六二)

(横田 尚美)

はんドン 半ドン 午後半日休みのこと、土曜日。オランダ語のゾンターク zondag(日曜日が転じて休日のこと)に由来する。江戸時代にドンタクと訛って用いられた。一八七六年(明治九)四月一日から官庁・学校・軍隊などがこれまでの一・六の休日を廃し、土曜日午後半日と日曜日を休日とした。このことから、土曜日の午後の半日休みを半ドンタクを約して半ドンと呼ぶようになった。

(岡田 芳朗)

ハンバーガー ハンバーガー ハンバーグステーキを丸パンにはさんだサンドイッチ。一八九〇年代、アメリカの街角に登場し、手づかみで食べられる手軽さが受けて、アメリカ合衆国を代表する国民食となった。ハンバーガーは「ハンブルグの人」という意味だが、発祥の地(アメリカ)の、どこで、誰が始めたのかについては諸説がある。一九四〇年代以降、スピード＝サービス＝システムを考案したマクドナルド兄弟の戦略により、このハンバーガーチェーン店は世界中に規模を拡大していった。日本への初上陸は七一年(昭和四十六)。東京銀座三越一階にオープンしたマクドナルド一号店には、歩行者天国(ホコテン)効果とも相まって、連日二千人もの若者が押し寄せたという。その気軽さから従来不作法とされた「歩きながら」「いつでもどこでも」食べる風俗が生まれ、当たり前になりつつある。ハンバーガーは世界規模での人気商品だが、二〇〇四年(平成十六)の映画「スーパーサイズ＝ミー」のような不健康キャンペーンも展開されている。

↓ファストフード

参考文献 『日録二〇世紀—一九七〇—一九七九—』(一九九七、講談社)、アンドルー・F・スミス『ハンバーガーの歴史—世界中でなぜここまで愛されたのか?—』(小巻靖子訳、『P-vine books』、二〇一一、ブルース・インターアクションズ)

(石川 尚子)

はんばせいど 飯場制度 鉱山などにおける労務管理の制度。近代の鉱山では、飯場制度のもとで、労働者の管理支配が行われた。九州の炭鉱などでは同様の納屋制度と称する制度があったが、納屋居住の炭鉱夫は夫婦ものが多いとされる。関東以北の鉱山では単身の労働者が多いとされ、飯場と呼ばれる居住長屋に起居した。近世秋田の金属鉱山の金掘り(鉱夫)は判番小屋(長屋)に居住している。近世の判番小屋内の紛争には鉱山側が迂闊に介入できない慣行があり、判番は鉱夫の自治的な運営下にあり、近代にもその系譜が反映されていた。↓納屋制《なやせい》度《ど》

参考文献 隅谷三喜男『日本賃労働の史的研究』(一九七六、御茶の水書房)、荻慎一郎『近世鉱山社会史の研究』(一九九六、思文閣出版)

(荻 慎一郎)

パンパン パンパン 戦後、主として連合国軍兵士を相手に売春を行なった女性の通称。不特定の相手をする者を「バタフライ」、特定の一人を相手とする者を「オンリー」と呼んだ。戦争による生活基盤の破壊を背景とし、敗戦直後に政府が業者に開設させたRAA(Recreation and Amusement Association、特殊慰安施設協会)や全国の進駐軍向け「慰安所」に集められた女性たちが、施設の閉鎖を契機として、街頭に立つようになった。恒常的に占領軍と警察による強権的取締り(「狩り込み」)の暴力に晒された。↓赤線《あかせん》・青線《あおせん》

参考文献 神崎清『売春—決定版・神崎レポート—』(一九七四、現代史出版会)、茶園敏美『パンパンとは誰なのか—キャッチという占領期の性暴力とGIの親密性—』(二〇一四、インパクト出版会)

(平井 和子)

ハンりゅうブーム 韓流ブーム 韓国では一九八七年の民主化運動を経て、言論・表現の自由が高まるようになると、さまざまなドラマや映画制作にも拍車がかかった。それらの作品は九七年から中国で興行することとなり、アジアにおける韓流熱風を巻き起こした。日本では二〇〇二年(平成十四)、韓国とのワールドカップ共催を機に友好ムードが高まり、韓国のドラマや映画などが積極的に取り入れられた。映画「JSA」(共同警備区域)をはじめ、NHKで放送された「冬のソナタ」が爆発的な人気を集め、「ヨン様」や「ジウ姫」など、多くの韓流スターが茶の間を賑わせた。韓流ドラマには儒教文化の影響や分断国家・同民族対峙の状況による兵役義務など韓国独自の歴史や伝統文化だけではなく、日本が忘れかけていた家族団欒や人情など多様な人間模様が描き出され、中年層の高い支持を得た。また心をときめかすキザなセリフや美しい映像、リズム感のある踊りとメロディーが入ったドラマや映画、K-popの人気によって、市民交流を基盤にした日韓交流も活発となった。

(李 修京)

ひ

ぴあ　ぴぁ　一九七二年(昭和四十七)七月に当時中央大学四年生だった矢内広《やないひろし》らによって創刊された、映画・演劇・コンサートなどの上演情報が掲載されていた総合情報誌。有力作や話題作などのメジャーな情報もアンダーグラウンドのマイナーな情報も均一に扱い、思想性、批評性は排除するという編集方針のもと、幅広いジャンルの情報を積極的に発信した。インターネット普及以前、映画などの上演情報を知るうえで欠かせぬ雑誌であり、首都圏における「若者たちの情報拠点」と強い支持を集めた。のちに「関西版」「中部版」など首都圏以外の地域にあわせた地方版も刊行されるが、首都圏版との情報量の差は大きく、結果として若者の期待する情報が首都圏一極に集中する傾向にあったことの象徴的な事例ともなった。インターネットの普及に押されるかのように、二〇一一年(平成二十三)七月をもって休刊。

参考文献　林和男「『ぴあ』の捉えた「映画読者」」(『総合ジャーナリズム研究』二一〇、一九八三)、掛尾良夫『『ぴあ』の時代』(『キネ旬総研エンタメ叢書』、二〇一一、キネマ旬報社)　(花岡敬太郎)

ピアノ　ピアノ　大型の筐体の中に張り巡らされた弦をハンマーで叩くことで音を奏でる打弦楽器。音の強弱を自在に表現することに優れていたことからグラヴィチェンバロ＝コル＝ピアノ＝エ＝フォルテと名付けられ、のちに略されてピアノと呼ばれるようになった。十八世紀初頭にイタリアのクリストフォリがハープシコード(チェンバロ)を改良して製作したのが最初。その後、イタリアではクリストフォリの仕事が継承されず、十八世紀後半にドイツで、十九世紀に入るとアメリカ、イギリス、フランスで広く製造されるようになった。日本に現存する最古のピアノは江戸時代後期にオランダ人医師シーボルトによって一八二三年(文政六)に持ち込まれたロンドンのロルフ社製のものとされる。日本では、まずオルガンの製造から始まり、一八八七年(明治二十)には西川虎吉が初の国産ピアノを製造。ついで、山葉寅楠《やまはとらくす》が日本楽器製造株式会社(現ヤマハ)を立ち上げ、アメリカの製造技術を導入したピアノを製造している。ただ、戦前期においてピアノは国産、海外産を問わず非常に高価であり、ごく一部の富裕層のみがピアノに触れることができる程度であった。戦後、ピアノの製造技術は飛躍的に発達し、ある程度の大量生産が可能になると、高価ではあるが、一般の家庭でも手の届く範囲の価格になり、子女の稽古事や学校教育の場などで幅広くピアノに触れ合うことが可能になった。一方で、ピアノの本格的な演奏人口は決して多くなく、また大きさや高価さなども相まって廃棄しにくい品物であり、子女成人後に死蔵されてしまうケースも多くなった。

参考文献　中谷孝男『ピアノの技術と歴史』(一九九五、音楽之友社)、前間孝則・岩野裕一『日本のピアノ一〇〇年―ピアノづくりに賭けた人々―』(二〇〇一、草思社)　(花岡敬太郎)

ひいき　贔屓　後援者のこと。個人または団体で後援を行う。俳優の名前を染めぬいた幟、花、劇場内の幕などを贈り、あるいは後援会を組織して俳優を激励する。歌舞伎の世界では連中と称する観劇団体がある。江戸では四代目中村歌右衛門のイ菱連、四代目坂東彦三郎の勝見連、見た芝居を合評する六二連などが有名。上方では歌舞伎全体を盛り上げるための贔屓連中が中心で、大坂には大手・笹瀬・花王《さくら》・藤石、京都には大笹・笹木・みなとなどがあった。一年の初めの興行である顔見世《かおみせ》に贔屓連中が行う手打《てうち》という特殊儀礼は、祝って手を打つというもので、本来、感謝と感動の表現であるとともに、神々の来臨と帰還を喚起する意味も持つ。芝居の世界では消滅したが、いつしか祇園町の芸妓に伝えられ、おめでたい席で披露される手打は、一つの名物として現存している。　(田口　章子)

ピー＝ティー＝エー　PTA　Parent-Teacher Association の略称。各学校単位に組織された教職員と保護者による組織で、学校単位ではあるが社会教育関係団体の一つである。その根拠法は社会教育法である。PTAの第一義的役割は、児童・生徒の健全な成長と発達を目的とした教師と保護者の密接な連携にある。戦前の日本には、保護者会・学校支援会などが存在したが、その目的は保護者たちを学校に協力させることにあった。戦後の教育改革の中で、第一次アメリカ教育使節団が来日しPTAの重要性を指摘したが、容易には理解されなかった。PTAの本旨は、児童・生徒の保護者と教員が学び交流しあうことで児童・生徒の成長を保証することにある。同時に、PTAの設計・運営を通じて民主主義を保護者・教員が実現するという側面もある。現在のPTAは活動へ参加する親が固定し、役員の成り手がいないなど深刻な問題を持っているところが多いが、再度その性格と使命を確認して発展させる必要がある。

参考文献　「先輩から後輩へ　日米のPTA活動の歴史的変遷―教育民主化の流れの中で―PTA研究家・安部欣一氏に聞く―」(『社会教育』六八ノ二、二〇一三)　(荒井　明夫)

ビール　ビール　麦芽とホップを原料とした醸造酒のこと。日本でビールが飲まれ始めたのは、幕末からである。当時はおもにイギリスから輸入されていたが、一八七〇年代にアメリカ人が東京や横浜などで醸造所を開設し、少量ながらもビールを製造・販売した。八五年(明治十八)

ごろになると輸入のドイツビールが人気を博したため、その後横浜のジャパン＝ブルワリー＝カンパニー(キリン)や東京の日本麦酒醸造会社(エビス)、大阪麦酒株式会社(アサヒ)、札幌麦酒株式会社(サッポロ)などがドイツから設備や技術を導入し、国産ビールを製造・販売し始めた。また、それまでは西洋料理屋以外であまり飲めなかったのが、一九〇〇年代に入るとビヤホールが、さらに一〇年代以降にはカフェーが都会に出現し、一杯売りのビールを広めていった。それでもビールは高価だったので、家庭ではあまり飲まれなかった。ビールが晩酌用として地方の各家庭に普及したのは、高度経済成長期以降のことである。

参考文献　麒麟麦酒株式会社社史編纂委員会編『ビールと日本人—明治・大正・昭和ビール普及史—』(一九八四、三省堂)

(青木　隆浩)

ひうちいし　火打石　衝撃による発火方法(ヒウチ)に用いる鉱石。カドイシ・カド・ヒウチカドなどと呼ぶ地域もある。火打石と火打金を打ち合わせて火花を生じさせ、それを朽木や柔らかい木の消し炭を粉末にした火口《ほくち》に移して火をとった。火打石には水晶や瑪瑙《めのう》、石英などそれぞれの地方によってさまざまな硬い鉱物が使われていた。摩擦での発火方法であるヒキリに比べ比較的新しい発火方法と思われ、またヒキリに対して簡便な発火具であり、石は国内各地で得られるため、明治時代にマッチが普及するまで日本全国で広く用いられてきた。火打石は重さで値が決められ、火打金とセットで販売されていた。

→発火法《はっかほう》

火打金三種と火打石

参考文献　宮本馨太郎『灯火—その種類と変遷—』(一九九四、朝文社)

(高塚　明恵)

ひえ　稗　イネ科の一年生作物で、常畑のほか水田・焼畑で栽培された。晩夏から初秋にかけて稲状の花をつけ、秋季に実が熟す。『日本書紀』の死体化成神話では保食神《うけもちのかみ》の屍体から生じた稗が五穀の一つに挙げられているが、『万葉集』では水田の雑草として稗が抜き取られるなど、下等な穀物として扱われ五穀に含まれないことが多い。その一方で、稗は七種粥の材料の一つに数えられ、八四〇年(承和七)の太政官符では飢饉対策として黍・麦・大小豆などとともに稗の播殖が命じられている(『類聚三代格』)。稗は栽培期間が比較的短いうえ、低温・湿地などでも生育し、冷害・旱魃に強く、長期保存もできるので、救荒作物としても重要であった。『農業全書』には、最も下等な穀物ではあるが飢饉を救う作物として記されている。味は劣るが栄養価は高く、稗飯のほか稗粥・稗餅や団子などとして食され、味噌・醬油・酒の原料としても使われたが、現在では主に飼料として栽培される。

参考文献　草川俊『雑穀博物誌』(一九八四、日本経済評論社)、増田昭子『粟と稗の食文化』(一九九〇、三弥井書店)

(伊佐治康成)

ひがえりこうらく　日帰り行楽　日常生活圏における、宿泊を伴わない移動型レジャー活動。行楽が庶民のレジャー活動として定着したのは江戸時代であり、都市近郊に風光、季節の花、寺社などを呼び物とする名所が成立した。さらに名所図会と呼ばれる絵入りの案内書が刊行され、近郊における行楽の大衆的な普及を推し進めた。大正期から昭和初期にかけ、私鉄の沿線開発の一環として遊園地が出現することで、都市近郊の行楽地は近代的様相を帯び、都市住民のレジャーとしてより一層発展した。大衆観光の成立には可処分所得と余暇時間の増加が不可欠である。しかしこの両者の増加は均一ではない。多くの場合、経済成長の初期段階では可処分所得の増加が余暇時間の増加を相対的に上回り、より長い時間を必要とする観光に対し日常生活圏で参加可能な日帰り行楽が観光に先立って普及する。しかし実際の着地におけるレジャー行動として見た場合、日帰り行楽と観光との間に決定的な差は存在しない。都市近郊における巨大な集客圏をもったテーマパークの出現、都市観光の増加に伴って、レジャー主体の観光と日帰り行楽との境界はあいまいになりつつある。

→レジャー

(稲垣　勉)

ひがきかいせん　菱垣廻船　江戸時代に大坂の物資を江戸に輸送した廻船。運賃積の廻船で、菱垣廻船問屋が運行した。名の由来は、菱垣廻船問屋所属の象徴として舷側に装着した菱形の垣立から来ている。一六一九年(元和五)に大坂より江戸に上方で生産された日常生活物資を回送したのがはじまりで、一六二七年(寛永四)には大坂菱垣廻船問屋が成立、一六九四年(元禄七)には江戸十組問屋が結成され、廻船はその共同所有となった。使用された船は弁才船で当初は二百五十石積み程度であったが次

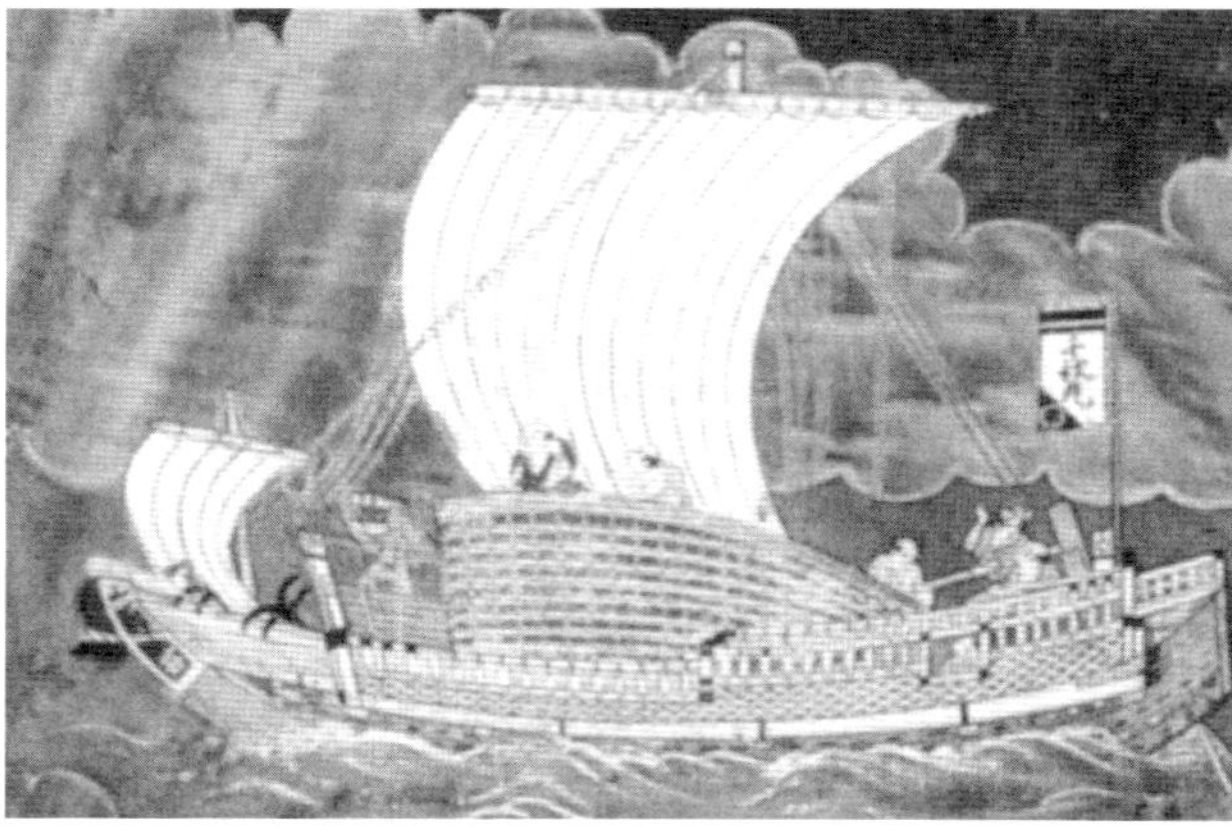

菱垣廻船

第に大型化し千石積みの規模が普通となった。一七三〇年(享保十五)に、十組問屋から酒問屋が脱退し樽廻船を独自に運行した。樽廻船は酒樽以外にも本来菱垣廻船に積み込む荷物を引き受けるようになり、菱垣廻船の経営に打撃を与えるようになった。一七七〇年(明和七)には菱垣廻船、樽廻船が取り扱う品物の協定が成立するが、その後も樽廻船への積荷流出は止まらず、次第に菱垣廻船は衰退していった。 ↓樽廻船《たるかいせん》

参考文献 柚木学『近世海運史の研究』(『叢書・歴史学研究』、一九七九、法政大学出版局)、石井謙治『和船』I(『ものと人間の文化史』、一九九五、法政大学出版局)

(昆 政明)

ひかくぎょう 皮革業 動物の皮を剝いで利用するにあたり、原皮のもつ腐敗変質化・硬化・収縮変形化に対処するために行う生業のこと。具体的には、原皮処理(腐敗防止の裏剝ぎ、乾皮・塩乾皮)、鞣《なめ》しのための前処理(毛抜き・生皮作り)、鞣しという過程と流通を含む。皮革に関わる産業としてみると、原皮処理から鞣しまでをかわた(穢多)身分が担い、その後の加工・製品化・販売は雪駄・太鼓など主にかわた身分によるものがある一方、一般には「平人」の職人・商人が担うという分業がなされ、全体として広義の皮革業の領域を形成していた。近世において、かわた身分の人々は草場・職場・旦那場などと呼ばれる斃牛馬取得の権域を所有し、これが狭義の皮革業の基礎を形成していた。戦国時代から近世前期には皮革に対する軍事需要が中心であったが、近世中後期に雪駄その他の民間需要が高まり原皮の商品価値が高まると、広域的な流通ネットワークが形成され、その中心であった大坂渡辺村(大阪市)には十九世紀初めに西日本各地から年間十万枚もの原皮が廻着するほどであった。

参考文献 大阪人権博物館編『皮―今を生きる技―』(一九九九)、出口公長『皮革あ・ら・か・る・と』(一九九九、解放出版社)、のびしょうじ『皮革の歴史と民俗』(二〇〇九、解放出版社)

(西木 浩一)

ひがさ 日傘 日差しを遮るための傘。婦人用の日傘は、明治十年代からフランス製のレース付きが主流であったが、一八九二年(明治二十五)にはそれに代わって丸形柄長で木目琥珀織に緞子《どんす》を用いて張った日傘が流行した。国産製の生産量は岐阜県が一番で、売先地は奥羽および北越地方、北海道が多かった。明治四十年代には関西で絹張りの蛇の目日傘が流行し、紙張りは減少する。一九一四年(大正三)の流行は、薄色の茶や茶鼠、柄は縞や格子、模様はレースの透かし絵、骨は金銀製や白塗り、握柄は真っ直ぐなものであった。二一年にはアルミニウム製の傘骨を使用した軽くて短い日傘が作られた。傘張りは羽二重地に黒のレースが多かったが、盛夏には白のレースが主流となった。昭和初期には傘骨の本数が増え、浅目で丸味を帯びた形が登場した。また傘の表面に花などを描いた絵日傘は、骨や握柄を竹製とした日本調であり、明治二十年代から昭和十年代まで海外で人気を得た。

蝙蝠傘(『東京風俗志』(1901年)より)

参考文献 『読売新聞』(一八九二年五月十八日付朝刊、一八九三年四月十六日付朝刊、一九一四年四月十八日付朝刊)、『朝日新聞』(一九二一年二月二十三日付朝刊、一九三五年四月九日付朝刊)

(刑部 芳則)

ひがし 干菓子 現在では水分一〇%以下の菓子をいう。落雁《らくがん》が代表的なものであるが、おこし、煎餅など種類は多く飴も干菓子に含まれた。江戸時代、干菓子は重さで表されることが多い。落雁は穀物の粉に砂糖を混ぜ、型に入れて打ち出したもので、禁裏御用菓子屋虎屋の一六三五年(寛永十二)の販売記録に「らくかん」がみえる。落雁の木型はデザインが多様化し、徐々に精緻で豪華なものが作られるようになった。 ↓煎餅《せんべい》

参考文献 中村孝也『和菓子の系譜(復刻版)』(一九九〇、国書刊行会)、『虎屋の五世紀―伝統と革新の経営―』史料編(二〇〇三)

(青木 直己)

ひかん 被官 もともと、官庁や准官庁的側面を有する権門の直接的な管轄下に入り、支配を受けた人々を指す。舎人《とねり》・公人《くにん》・神人《じにん》・寄人《よりうど》・供御人《くごにん》・御家人など、自己の帰属する本所《ほんじょ》(官庁・権門)ごとに呼称(身分)が異なった。被官は、番を結んで本所に奉仕する代わりに、短冊・札を与えられて身分を保証され、諸国往反などの特権や給田などの経済的給付を受けた。しかし、被官の従属度はさほど高くなく、複数の本所に兼ね属することが一般的だった。平安後期以降、官職の家業化の進行に伴って被官の家人《けにん》化が進み、広く主従関係の従者を表す用語として使われるようになった。室町時代になると、主として武士の従者の意味となり、江戸時代には、土着・帰農した武士の家臣を指す被官百姓の意味で使われるようになった。被官百姓は、名子《なご》とほぼ同質の存在と見られ、主家の土地を請作するほか、主家への役負担を勤め、その経営・維持に関わった。 ↓門屋《かどや》 ↓家人《けにん》 ↓百姓《ひやくしょう》

参考文献 高橋昌明「中世の身分制」(歴史学研究会・日本史研究会編『講座日本歴史』三所収、一九八四、東京大学出版会)、吉田ゆり子「兵農分離と身分」(歴史学研究会・日本史研究会編『日本史講座』五所収、二〇〇四、東京大学出版会)

(田中 大喜)

ひがん　彼岸　春分と秋分をはさんだ、その前後の三日間、計七日間のこと。その初日を入《い》り、最終日を明《あ》けといい、春分・秋分の当日を中日《ちゅうにち》という。「入りボタモチに明け団子」などというが、初日にボタモチを、最終日に団子を作って供えるという意味である。中日の春分日・秋分日は、それぞれ三月二十一日ごろ・九月二十四日ごろにあたり、国民の休日の春分の日・秋分の日となっている。戦前はこれらを春季皇霊祭・秋季皇霊祭と称したが、皇室行事から来ている。春秋の彼岸には先祖供養をするのが一般的で、家々では仏壇に供物をささげたり、墓参りをしたりすることになっている。寺院では彼岸会《ひがんえ》の法会が行われ、檀信徒の先祖供養がなされる。彼岸という言葉も仏教から来たもので、煩悩多き現世としてのこちら側の世界すなわち此岸《しがん》に対し、あちら側にある理想の涅槃の世界すなわち彼岸が位置づけられていることによる。彼岸は、阿弥陀如来の住む極楽浄土にもたとえられている。　→法事《ほうじ》

参考文献　松田邦夫『暦のわかる本』(一九八七、海南書房)　(長沢　利明)

ひきあげしゃ　引き揚げ者　主としてアジア・太平洋戦争の戦禍を海外で受け、戦後、引き揚げてきた者をいう。軍人・軍属を含めた総称として使われることもあるが、軍隊の引き揚げを表す言葉として「復員」が使用されること、他の辞典に「復員引揚げ問題」として独立した項目があることから、大まかに一般住民の引き揚げを指す言葉として使用される。満洲や朝鮮半島から引き揚げる際の婦女子への性暴力、子どもの置き去りなどがよく知られているが、サハリンの少数民族の引き揚げ、故郷への帰還が叶わなかった朝鮮人なども引き揚げ者の悲劇として語ることができる。無国籍者として扱われた少数民族や朝鮮人、地縁・血縁関係の乏しい引き揚げ者は地域社会に容易に受け入れられず、白眼視され苦しむことも多く、引き揚げ者やそれが叶わなかった者にとっての戦後は「生き難い」「忘れられない記憶」に苛まれる日々であった。故に引き揚げ者の問題は今なお、日本の社会や政治に大きな影を落としている。　→復員《ふくいん》

参考文献　加藤聖文「引揚者をめぐる境界―忘却された「大日本帝国」―」(安田常雄編『社会の境界を生きる人びと―戦後日本の縁―』所収、二〇一三、岩波書店)　(大城　清彦)

ひきつけ　引付け　脳炎や髄膜炎などの中枢神経系以外の疾患で、感染による発熱に伴って生じる発作性の全身痙攣。古代より小児に多い病として知られており、近世以前の医書や子育ての書には急驚風・慢驚風・客忤・中客・小児癇病、近代以降の医書では小児急癇・熱性痙攣などと記されている。治療には江戸川柳にも詠まれている奇応丸のほか、救命丸(宇津救命丸が著名)が用いられている。疳の強い神経質な子を抱える親にとっての常備薬、救急薬であった。

参考文献　立川昭二『近世病草紙―江戸時代の病気と医療―』(『平凡社選書』、一九七九、平凡社)、富士川游『東洋医学・医学分科史』(富士川英郎編『富士川游著作集』一、一九八〇、思文閣出版)、鈴木昶『日本の伝承薬―江戸売薬から家庭薬まで―』(二〇〇五、薬事日報社)、深瀬泰旦『小児科学の史的変遷』(二〇一〇、思文閣出版)　(新村　拓)

ひきでもの　引出物　饗宴の際に、施主から来客あてに送る品物をいう。そもそもの語源は、馬を庭先に引き出し、客に贈ったことによるものといわれる。披露宴の祝い事の引出物としては、鰹節、鯛の塩焼き、きんとんなどの折り詰めやするめを配ることが多かった。慶事の菓子は松竹梅、仏事では蓮の花を象った煉り菓子やまんじゅうが贈られた。一九九〇年代前半からは、カタログギフトの利用も見られるようになった。　(柳　正博)

ひきふだ　引札　江戸から大正時代にかけて、商品の宣伝や開店の披露などの宣伝を目的として諸方に配るために作られた広告の札・ちらし。鮮やかな絵とともに、広告文、商品名、商店名や会社名などが記載された。新規開店や年末年始のあいさつ代わりに配られた内容のものを特に絵ビラといい、暦なども記載された。恵比寿・大黒や鶴亀など縁起物が主に描かれたが、当時の服装・髪型などの風俗を窺うことができる子女の画や、時局に応じて描かれた軍旗や軍人などの画は、世相を知るうえでの貴重な資料である。

引札　明治40年の絵びら（津村順天堂，略暦入り）

参考文献　増田太次郎『引札　絵びら　錦絵広告―江戸から明治・大正へ―』(一九七七、誠文堂新光社)、同『引札絵ビラ風俗史』(『青蛙選書』、一九八一、青蛙房)　(加藤　光男)

ひきもの　挽物　轆轤《ろくろ》を回転させ、鉋をあてて木材を加工し、製作した木製品のこと。または木材を刳りぬいて製作した木製品全般を指す場合もある。椀類、皿類、木鉢、盆類、茶筒、猪口、茶托、徳利の袴など、主に生活

用具として用いられる木製の丸形の器物が多い。漆を塗ったものもあるが、木目をいかしたものもある。挽物は木地師と呼ばれる職人が専門的に作るもので、轆轤を扱うことから轆轤師とも呼ばれた。↓木地屋《きじや》

参考文献 橋本鉄男『ろくろ』(『ものと人間の文化史』、一九七九、法政大学出版局) (柏井 容子)

ひきや　曳家　移築の方法の一種。建造物を解体せず、全体を持ち上げて、別の場所に移動させること。一般的には、大きく三つの工程がある。建物を地面から離し、ジャッキアップして持ち上げる工程、移動のためのルートを確保し、枕木を組んで台を作り、レールを設置し、ローラーに乗せる工程、ジャッキやウィンチを使用して移動し、設置場所に建物を下ろし、固定する工程である。室町時代には曳家の例が確認できるが、その起源は明らかではない。江戸時代には重量物を運ぶ算段師《さんだんし》が存在し、明治時代にかけて、算段師から曳家職人へ転じた集団がいた。曳家は戦後復興期に最盛期を迎え、道路拡幅や区画整理などに伴って、鉄筋コンクリート造のビルを移動した事例もある。また敷地改変に伴う移動(日本工業倶楽部会館・奈良駅庁舎など)や、解体を伴わない基礎の修理(旧首相官邸・弘前城天守など)など、歴史的建造物の保存においても有効な手法である。

参考文献 曳家研究会『曳家・家起こしの技術』(二〇一三、建築技術) (海野 聡)

ひきゃく　飛脚　前近代において主に通信に従事する職業、およびその従事者のこと。律令制化では飛駅使がおり、鎌倉時代には早馬があった。江戸幕府は公用文書を御状箱で宿継するために継飛脚の制度を導入し、各宿の問屋に継飛脚給米を支給した。継飛脚は宿問屋が用意する人足が二人一組になり、昼夜兼行で走った。諸大名も江戸藩邸と国元や大坂の蔵屋敷を結ぶために継飛脚にならって飛脚制度をつくったが、やがて多くの藩では宿場の本陣や旅籠屋、あるいは町飛脚にその業務を委託するようになった。御三家の尾張藩や紀伊藩は、約七里ごとに飛脚小屋を設けて七里飛脚をおいた。町人が営業する飛脚も各地にあったが、江戸の定飛脚、京都の順番飛脚、大坂の三度飛脚が特に有名で、これらを総称して町飛脚と呼んだ。街道筋の各地には町飛脚の人足が詰め、町飛脚が休息する飛脚宿があった。在方宛ての手紙は各地の飛脚宿に配られ、村の定使が飛脚宿まで取りに行った。

参考文献 青江秀編『大日本交通史(原名駅逓志稿)』(一九二八、朝陽会) (渡辺 和敏)

飛脚(「冨士百撰　暁ノ不二」より)

びく　魚籠　採捕した魚介類や海草類などを収納するための容器。魚籃とも表記する。釣漁など小規模漁法で使用されることが多く、口がすぼまる形態のものが多い。材料に地域性があり、竹などの樹皮や蔓などで作られる。近世後期の『嬉遊笑覧』に、関西ではメカゴと呼んだとあるなど、地域によって呼称にも違いがみられる。 (東 幸代)

ひげ　髭　人、特に男性の口周りや頬にはえる毛。口ひげは髭、顎ひげは鬚、頬ひげは髯と書く。しばしば男らしさを表すものとして意識的にたくわえられ、威厳や剛毅を示す。歴史的、および文化的条件によって、髭のもつ意味は異なる。日本においては仏教伝来以前まで髭を剃る習慣はなく、僧侶の髭剃りの習慣は民衆にも大きく影響を与えた。平安時代になると、貴族の間では短くきちんと整えた髭が好まれた。鎌倉時代になると、武士たちが髭をたくわえるようになった。徳川幕府の天下泰平の世の中になると、武士の威厳を示すような格好は好まれなくなり、髭を生やすこともなくなったため、神官や易者といった特殊な職業の者のみ髭を生やした。明治時代になり、文明開化に伴ってヨーロッパ風の髭が流行した。たとえば明治三十年代にはカイゼルひげ(八の字型のひげの先をピンとあげた形)が流行した。その後、コールマンひげやちょび髭なども流行した。昭和に入っても官吏や軍人、警官、文化人などの間では髭をたくわえる姿がみられたが、一般には少なくなった。現在は髭を剃る人が多数で、不衛生と捉えられる場合もある。演劇や絵画においては髭が特定の職業や立場を表すものとして使われる。たとえば、白い髭は長寿や神に近い存在であることを表し、そのため能の翁面には白い髭が生えている。

↓カミソリ

参考文献 坂口茂樹『日本の理髪風俗』(『風俗文化史選書』六、一九七二、雄山閣出版)、宮田登『原初的思考―白のフォークロア―』(一九七四、大和書房) (松岡 薫)

ひけし　火消　江戸時代の都市に設けられた各種の消防組織。また消防に従事した人足。江戸を例にとると、大名役として担われる方角火消・所々火消、幕臣による定火消が主として江戸城防備の観点から消火にあたり、都市居住者の地縁的な役として、町人の町火消、大名の近所火消、旗本の防組合などが組織されていた。身分制に規定され分節的な消防組織となっていた。当時の消防活動は家屋の破壊による延焼防止が中心となったため、火消人足の主力は次第に普請・土木関係の技術者集団によって担われるようになった。江戸の町火消はもちろん、定火消や大名火消の末端で消火に従事する常設的な部分も町方の鳶集団に代行され、定火消の場合は臥煙、大名火消では抱鳶といわれた。とりわけ町火消人足頭取の者らは卓越した消防技術と死をも恐れぬ勇気で活躍する一方、男伊達と称して華美や豪奢を競い、激しい鳶同士の

喧嘩を仲裁・統制するかたわら、町方にも何かと強請するなど、民衆世界の権威として独特の鳶の文化を体現する存在であった。　↓火事《かじ》　↓鳶《とび》の者《もの》

参考文献　池上彰彦「江戸火消制度の成立と展開」(西山松之助編『江戸町人の研究』五所収、一九七八、吉川弘文館)、吉田伸之『近世都市社会の身分構造』(一九九八、東京大学出版会)、岩淵令治「江戸の消防体制と火事場見廻り」(『近世社会史論叢』所収、二〇一三、東京大学大学院人文社会系研究科・文学部日本史学研究室)

(西木　浩一)

ひけしつぼ　火消し壺　炭などの消火に用いる壺。鋳物などの金属製、または素焼きの容器で、多くは蓋付きである。竈や囲炉裏などで火を焚いた後、完全に消火する際には火消し壺を使った。燃え残った炭や熾《おき》を十能などを使って壺の中へ移して蓋をする。密閉して酸素の供給を断つことで安全に消火できる。消し炭は火をつけやすいので火消し壺で保管し、また火を起こすときに再利用された。ただし蓋のない場合は、水を入れた火消し壺の中に炭や熾を入れて消すこともある。

(大里　正樹)

火消し壺

ひこうき　飛行機　固定主翼をもって空中を飛行する機械を指すが、一般にはそれに推進装置を付加したもの。十九世紀の無動力グライダーの飛行、一九〇三年のライト兄弟によるプロペラ飛行の成功などで、飛行船など他の飛行方法を超越した。現代の飛行機は用途上で軍用機と非軍用機(民間機)に、後者は公共交通機関として客貨を輸送する輸送機とそれ以外(スポーツ機、測量機など)に分けられるが、以下民間機の客貨輸送を中心とする。日本の定期航空輸送は、一九二二年(大正十一)に始まり、第二次世界大戦後の航空活動禁止を経て、一九五一年(昭和二十六)に日本航空株式会社が国内運航を、国際運航もほぼ同時期から海外航空会社の乗り入れで始まった。しかし、当初は東京―大阪間で鉄道普通旅客運賃の六・三倍(五六年)を要するほど高額で、国際線はもちろん国内線でさえ、一般市民には高嶺の花であった。その後高度経済成長期の所得増加に、渡航や外貨持ち出しの制限解除も加わって海外渡航が増加して航空機の大型化を促した。特に七〇年に大量航空旅客輸送時代の象徴として就航したボーイング七四七型機(通称ジャンボ機)を、他国ではもっぱら国際線に運航したが、日本では国内線にも使用した。日本国有鉄道の相つぐ運賃値上げやストライキの頻発で七〇年代中期には一〇〇〇キロを越える区間では新幹線さえ圧倒して国内輸送でも航空輸送が主導権を獲得した。また、貨物輸送でも航空輸送は比重を高め、超高速での遠隔地間輸送を可能とし、特に生鮮食料品や花卉などの消費の均一化にも寄与した。しかし、九〇年代以後の日本経済低迷で燃費に劣る大型機材による大量輸送の見直しが進み、中型機材による頻発運航へ移行した。また、八〇年代ごろから地方空港の整備で、小型機材によるきめ細かな地方航空路線も増加した。さらに二〇一〇年代には運航経費を大幅に削減したＬＣＣの増加で、既存航空会社も低価格路線への対応を余儀なくされている。

参考文献　木村秀政・増井健一編『日本の航空輸送』(一九七九、東洋経済新報社)、航空政策研究会編『現代の航空輸送』(一九九五、勁草書房)、鈴木真二『飛行機物語―航空技術の歴史―』(『ちくま学芸文庫』、二〇一三、筑摩書房)

(三木　理史)

ひこくみん　非国民　反国家的思想の保持、もしくは同類型の行動をとったとみなされた人々を非難もしくは排除、弾圧する際に使用される言葉。その特質として、第一にこの言葉は一般の人々を対象とし、個人の日常生活の些細な発声や動作レベルまで浸潤して適用され、第二にその監視体制は警察などの公権力のみならず、近隣の住民、知人同士の自発的相互監督形態をとったことにある。この言葉自体は、一八九七年(明治三十)発表の広津柳浪の短編小説が「非国民」と銘打たれたように明治期までその語源をたどることができる。しかし、人々の生活で頻繁に使用され、監視と排除が常態化するのは日中戦争以降である。日中戦争激化後、政府により開始された国民精神総動員運動は「ぜいたくは敵だ」という標語を掲げ、国防婦人会などの主導のもとパーマネントの廃止などが主張された。標語から導きだされた対象の「規範」に反する者は非国民と非難されるようになる。アジア・太平洋戦争期に至るとその身体的拘束性は極限に達し、国民学校の級長による各級友家庭の翼賛選挙参加調査など、子供と子供の間においても相互監視体制が形成されることとなる。戦後、同語は以前のような直接的弾圧性を消失し、その使用頻度も激減したものの、現在でもインターネット空間などで個人への誹謗中傷用語として使用されている。

参考文献　村田正夫「非国民という言葉」(『思想の科学(第五次)』一二六、一九七二)、広津柳浪「非国民」(『(定本)広津柳浪作品集』上所収、一九八二、冬夏書房)

(雨宮　史樹)

ひさぎめ　販女　店舗を構えないで行商して歩く女性。物売女ともいう。『和名抄』には「販婦、比佐岐女、裨販也」とある。『今昔物語集』三一ノ三一には、「シヤ顔ハ猿ノ様ニテ心ハ販婦ニテ」と逞しい女性として描かれていた。中世には薪や炭を頭にのせて京の町を売り歩く大原《おはら》

女《め》がみられ、夫の労働による薪や炭を販売した。漁村では父や夫が海で得た魚介類を娘や妻が販売して歩くようになった。 ↓大原女《おはらめ》 （服藤 早苗）

ひさご　瓢簞　ウリ科植物のヒョウタンから作る容器。中身を腐らせて除去した後、水筒や柄杓、酒器、薬味や火薬入れなどに加工された。表面に柿渋や漆などを塗布して防水加工をした瓢簞は、軽くて丈夫な水筒として重宝された日用品であった。「瓢簞から駒」の諺のように、中から福がもたらされる連想から、山形県米沢市の相良《さがら》人形には古くから瓢簞を抱く童子人形がある。また、麻疹除けや厄除けのお守りや奉納物として使われ、現在でも各所の寺社で瓢簞型の授与品や観光土産物が見られる。 （加藤 幸治）

ひさべつぶらく　被差別部落　おもに近世における穢多を中心とする賤民身分に起因して差別を受けている人々が居住する地域をさし、未解放部落とも称する。ただし近代以後の政策による移転や流入などによって、必ずしも近世の賤民居住地域と一致するわけでない。行政用語では同和地区。一八七一年（明治四）に明治政府が発布したいわゆる解放令後も、人々はそれ以前の「旧習」に則り差別・排除を行おうとする。八〇年代になると部落の経済的窮乏が進行し、コレラの流行なども相まって、被差別部落に対して不潔・病気・異種という徴表が付与されていく。さらに明治民法制定に伴う「家」意識の浸透は、被差別部落の人々をみずからの「血筋」や「家」から排除する方向に作用した。日露戦後に全国的に展開された部落改善政策は、被差別部落を個人の恣意では変わりえない人種を異にした存在であるとする認識を民衆レベルに浸透させ、内務省や府県当局が使用した「特殊（種）部落」という呼称が定着する。一九一八年（大正七）の米騒動と二二年の全国水平社結成は社会に部落問題の重要性を再認識させ、水平社による差別問題の告発を受けて二五年中央融和事業協会が設立されて本格的な政策が展開される。またデモクラシーの潮流のなかで普遍的平等思想が社会的に認知されたことも大きな意味をもった。しかしそれは部落差別解消には直結せず、一九三〇年代以後戦時体制が進行するなかで、差別を内包したまま、部落問題は「国民一体」というたてまえのなかに解消されていった。戦後は、基本的人権の尊重を謳った日本国憲法のもとで部落解放運動が再開され、一九六五年（昭和四十）の同和対策審議会答申は、部落問題を「国の責務」として認めた。それを受けて同和対策事業が実施され、部落内外の住環境や経済面の格差は以前に比べてかなり縮小したが、二〇〇二年（平成十四）三月の特別措置法廃止後も結婚差別をはじめとして差別は執拗に存在している。 ↓同和教育《どうわきょういく》 ↓部落解放運動《ぶらくかいほううんどう》

参考文献　黒川みどり『近代部落史―明治から現代まで―』（『平凡社新書』、二〇一一、平凡社）、寺木伸明・黒川みどり『入門被差別部落の歴史』（二〇一六、解放出版社） （黒川みどり）

ひしゃく　柄杓　水などの液体を汲むために用いる柄付きの容器。ヒノキ・スギなどを使った曲物のほか、竹・金属・プラスチック製のものが存在する。十一世紀中ごろ成立の『更級日記』には、瓢簞製の柄杓が登場する。飲み水を汲むための柄杓以外にも、茶の湯や茶粥に用いる竹柄杓、農業で用いる肥柄杓、船の中の水を汲み出すためのアカトリなど、さまざまな種類・用途がある。信仰面では、赤子が滞ることなく生まれるようにと底の抜けた柄杓を奉納する例、水死体に遭遇したとき底の抜けた柄杓を投げ与える例などがある。

参考文献　岩井宏實『曲物』（『ものと人間の文化史』、一九九四、法政大学出版局） （加藤幸治・今井雅之）

ひしょ　避暑　暑さ、湿度を避けて、一時的に居住地を快適な場所に移すこと。古代地中海世界では富裕階層が高地に別荘を設け、一時的に居住して暑さを避けたことが知られている。この生活習慣は世界的な広がりを持ち、北京に対する熱河（河北省）のように、明代にまでさかのぼる避暑地も存在する。避暑という生活スタイルを積極的に取り入れたのは、植民地期のイギリスとオランダである。沿岸植民都市の暑さと湿度、それに伴う不快や疾病などを避けて、標高が高く快適な山地にヒルステーション Hill Station と呼ばれる高原都市を建設し、社交やスポーツをはじめとする避暑生活が成立した。ヒルステーションは避暑を通じて西欧人植民者のアイデンティティ維持に寄与し、植民地経営にとって必須の存在となり、シムラのようにインドの夏の首都となった例も見られる。日本における避暑は、この影響を受けて明治期に宣教師による夏のライフスタイルとして始まった。当初は旅館への宿泊、間借りなどから出発し、別荘や教会、ホテル、スポーツ施設が作られる。夏季に冷涼な気候を求めて一時的に居を移す生活様式は富裕階層に拡大し、軽井沢などの避暑地が形成されていった。観光は発展するにつれて周遊型から滞在型に移行するといわれている。しかし避暑地の多くは逆に多くの観光客、日帰り行楽客を集める観光地としての性格が強まり、俗化や避暑住民と観光客との軋轢が問題になる例も見られる。 ↓レジャー （稲垣 勉）

ひじり　聖　日本において六十六ヵ国の諸国を廻国した宗教的職能者をいう。その語源は仏教伝来以前の民間信仰の司祭者とされている。聖は本来「日知り」を意味し、太陽の司祭者・呪術者を指したとされる。仏教伝来後は「聖」の字があてられ、一般には学徳の高い僧を聖と呼ぶようになった。ただし、実態としての聖は時代により状況により人により多様である。平安時代末ごろより寺院や教団の正規僧であることをあえて否定して深山などに一人籠り修行に明け暮れるタイプと、その後次第に里に降りて町中などに居を構えたり、市中を徘徊する生活者としての聖が存在した。聖の宗教的な評価も二つの方向性が認められている。一つは高い徳と学識で多くの学僧

や信者を育てて後世に名を残す者もあれば、これとは逆に教団からは逸脱して、市中において芸能的な所作を演じて、人々と接するタイプのものも多数現れた。その結果として特に後者の聖は市中の人々の生活と密着したセミプロ的な聖が徘徊し、社寺参詣の手助けをしたり、町の宗教・芸能・文化などに参画する民間信仰の指導的立場になり、人々の語りの中に生きる聖も数多く散見している。

参考文献　西海賢二『近世の遊行聖と木食観正』(二〇〇七、吉川弘文館)　（西海　賢二）

ビスケット　ビスケット　十六世紀中期以降にポルトガル・スペインから伝わった南蛮菓子の一種。ポルトガル語の Biscoito (Biscouto) の名で日本に伝わった。二度焼きしたパンを意味するラテン語の Biscotum Panem に語源がある。保存性に優れ航海などに重宝された。日本における製法は『南蛮料理書』に「びすこうと」として、「あまさけにて麦のこごね、つくりふくらかして、やき、ひきわり、こまかにして、かわらかし申也」とある。ここでは砂糖は用いられず、非常に堅いものであった。『通航一覧』によれば、一六二一年(元和七)に長崎からルソンへ「ひすからと壺」を二万六千六百斤輸出している。『長崎夜話草』(一七二〇年(享保五))には長崎土産として「ビスカウト」の名がみえるが、その後は作られなくなった。しかし、幕末になると、保存性や携行性が着目され兵食として試作されている。明治以降、牛乳や砂糖の入ったものが作られ代表的な洋菓子の一つとなった。

参考文献　虎屋文庫編『(日本ポルトガル友好四五〇周年記念)「南蛮菓子」展』(『虎屋文庫資料展』、一九九三)、青木直己『図説和菓子の今昔』(二〇〇〇、淡交社)、鈴木晋一・松本仲子編訳『近世菓子製法書集成』二(『東洋文庫』、二〇〇三、平凡社)、赤井達郎『菓子の文化誌』(二〇〇五、河原書店)　（青木　直己）

ひだな　火棚　囲炉裏上部の梁から水平に吊るした棚。大きさは炉と同じか、それと前後する寸法をもち、格子状のものが多い。地域によりヒダナ、ヒアマ、ヒブタなどと呼ぶ。食物、衣類、履物、薪をのせたり、かごに入れて吊るしたりすることで、乾燥、燻《いぶ》しを行う。また、炉から火の粉が舞い上るのを防ぐ役割をしている。囲炉裏とともに、火棚も減少している。　（中島　咲紀）

火　　棚

ひだりがわこうつう　左側交通　明治期の車両通行増加による交通事故防止への歩行者対策。近世に原則車両通行が禁止された日本では、明治以後に人と車両との接触事故があとをたたず、警視庁は一九〇〇年(明治三十三)に道路取締規則を制定したが、依然交通事故死傷者は減少しなかった。その趣旨を徹底して〇一年に告諭第三号で歩行者の左側通行を規定し、通行量の多い通りに掲示し、軍隊、諸官庁、学校、工場や消防組、人力車夫などへも通告した。その方針は、同年に大阪府、〇五年に神奈川県、一〇年に富山県、一二年に青森県へと全国的に普及し、この方針は一九二〇年(大正九)制定の道路取締令にも継承された。これがアメリカ合衆国の交通制度をモデルにしたとされる一九四七年(昭和二十二)の道路交通取締法の制定時に現行の歩行者右側通行へと変更され、それはさらに三五年制定の現行道路交通法にも継承されることになった。沖縄県では七八年七月三十日に歩行者右側通行が実施され、混乱を呼んだ。→道路交通法《どうろこうつうほう》

参考文献　田中好『道路行政』(『鉄道交通全書』XV、一九五六、春秋社)、道路交通問題研究会編『道路交通政策史概観』論述編(二〇〇二)　（三木　理史）

ひだりまえ　左前　和服の右衽《おくみ》を左衽の上に重ねて着ることをいう。特に死者の装束を左前に着させることをいう。このため左前は不吉なこととされ、日常生活でこの着方をすることは避けられている。転じて物事が順調に進まない状態を指したり、不運を称したりする言葉として使われる。普段の生活では、左衽を右衽の上に重ねて着るため、左前は通常の着方とは逆になる。このように、普段の生活とは逆の作法をすることで、葬儀による死の穢れを遠ざけようとするためだといわれることが多い。現代の生活では洋服が広く流通し、女性の洋服は左前が基本となった。しかし、死者の着物を連想させる和服のように、洋服の仕立てが日常生活のなかで忌避されることは少ない。→着物《きもの》

参考文献　土井卓治・佐藤米司編『葬法』(『葬送墓制研究集成』一、一九七九、名著出版)　（岡田　真帆）

ひつ　櫃　蓋のある箱型の収納具。食物のほか、衣類、文書、経巻、調度品などのさまざまな生活品を収納した。古代からみられるが、中世になって盛んに使用されるようになり、運搬具としても用いられた。運搬の際は、紐をかけて蓋の上で結び、棒を通して前後二人で担いだ。素木《しらき》や漆塗りがあり、なかには蒔絵《まきえ》や螺鈿《らでん》を施した豪華なものがある。四本や六本の脚付きのものは唐櫃《からびつ》といい、中国大陸から伝来したとされる。それに対して、脚のないものは和櫃《わびつ》と呼んでいる。大小さまざまなものがある。大型のものは長櫃《ながびつ》と呼ぶ。これは長唐櫃の略称で、近世になると長持に変わった。長持は武士の間から一般庶民

に広まり、明治・大正時代までは嫁入道具として盛んに使われた。近世になって戸棚や箪笥が登場するまでは、櫃のような箱型の収納具が物入れの中心であった。↓米櫃《こめびつ》 ↓長櫃《ながびつ》 ↓長持《ながもち》

参考文献 小泉和子『家具』(『日本史小百科』、一九九五、東京堂出版)、同『室内と家具の歴史』(一九九五、中央公論社)

(藤原　洋)

(左より) 木製飯櫃，竹製飯櫃，ふご (藁製の保温用具)

ヒッピー　ヒッピー　一九六〇年代後半、ベトナム戦争に反対し愛と平和を唱えた米国の対抗文化運動、ヒッピー＝ムーヴメントの影響を受け、新宿風月堂近辺に集まった若者たちがヒッピーと呼ばれた。長髪、バンダナ、Tシャツ、サンダルというアンチフォーマルのファッションやドラッグ(マリファナ)への傾倒といった印象から、同時期に新宿に集まったフーテン族と同一視され、奇異な風俗現象として報じられた。六七年(昭和四十二)、山田塊也らが、東京都国分寺、長野県富士見高原、鹿児島県諏訪之瀬島に最初の共同体(雷赤鴉族など三「部族」)を創設し、ミニコミ『部族』を発行した。その後、鹿児島県徳之島、屋久島に移住したヒッピー共同体は、奄美石油備蓄基地反対運動への徳之島無我利道場の参加(七六年)に示されるように、環境保護、反戦平和、企業秩序と効率主義の拒否という明確な反体制思想に立っていた。ヒンズー教、仏教思想、ガーンディの非暴力思想などを融合させた対抗文化思想を展開した代表的存在に山尾三省(一九三八―二〇〇一)がいる。

参考文献 山尾三省『聖老人―百姓・詩人・信仰者として―』(一九八八、新泉社)、山田塊也『アイ・アム・ヒッピー―日本のヒッピー・ムーヴメント'60―'90―』(一九九〇、第三書館)

(中西新太郎)

ヒデばち

ヒデ　ヒデ　松の根や幹の脂分が多くよく燃える部分を乾燥させ、細かく割ったもの。これを、石や鉄でできた灯火具の上で燃やし灯火とした。農村では明治の末ごろまで夜なべ仕事に使われていたところもあった。灯りを絶やさないようにするためにはヒデをつぎつぎと差し替える必要があり、これはしばしば子どもの役目で、夜なべ仕事の間ヒデを補充し続けることは、つらい仕事であったという。ヒデを燃料とした屋内用の灯火具として、ヒデばちや松あかし、松灯蓋《まつとうがい》がある。ヒデばちは、主に安山岩を削ってくぼみをつけた物で、台の中央部分に段をつけて、ヒデがよく燃えるように工夫されている。松あかし、松灯蓋は鉄製で囲炉裏などにつきたてて使う物などがあり、古くなった鍋や、鎌、鍬などを二次利用したものもある。

参考文献 宮本馨太郎『灯火―その種類と変遷―』(一九九四、朝文社)

(髙塚　明恵)

ビデオ　ビデオ　テレビ番組など放送の記録と再生ができるビデオテープレコーダー、これに接続できるビデオカメラ、記録用のビデオテープを包含したメディア環境の総称。一九五〇年代に業務用のビデオテープレコーダーがテレビ局などで活用されるようになり、六〇年代には家庭用の機器も売り出される。同時期にポータブルのビデオカメラも登場する。しかしまだこれらは高価なもので、ビデオの普及は、七六年(昭和五十一)のビクターによるVHS規格のカセットの発売に負うところが大きい。これを機に、低価格化と一般家庭への普及が促進。家庭で録画した番組や、私的に撮影した映像を娯楽として楽しむ文化が形成される。さらに八〇年代にはレンタル＝ビデオ＝ショップが登場し、映画を家庭で視聴することも一般化する。現在では、こうした状況を基盤に、九〇年代以降のデジタル＝ビデオの技術的台頭、携帯電話に付属する動画撮影機能の発展、動画共有サイト、ソーシャルネットワークの登場などによって、新たなメディア環境を形成しつつある。他方、六〇年代後半から七〇年代にかけては、ビデオのメディア環境を活用した、急進的な芸術表現としてビデオ＝アートが登場、マス＝メディアに対する抵抗文化(カウンター＝カルチャー)と

して、閉回路テレビの機能を活かした表現や、私的な映像をテープで流通させるコミュニケーションがあった。

参考文献　イヴォンヌ＝シュピールマン『ヴィデオ―再帰的メディアの美学―』(海老根剛監訳、柳橋大輔・遠藤浩介訳、二〇二一、三元社)　(松井　茂)

VHS ビデオレコーダー（1976年）

ひでり・かんばつ　ひでり・干ばつ　日が照り続けて長い間雨が降らず、水不足が深刻になるような状態をいう。日照りは旱とも書き、旱魃も同じ意味である。土壌の乾燥から田畑の作枯れを引き起こし凶作の原因となった。近世前期には、一六二六年(寛永三)や一六六八年(寛文八)などのように「諸国大旱」となり西日本を中心に疲弊し飢饉年になることもあった。十七世紀の大規模な新田開発に伴って農業用水や溜池など灌漑施設が整備された。降雨量が少なく、大河川から用水を引きがたいところでは平野部に溜池がたくさん作られた。特に讃岐平野の溜池が有名で、香川県の満濃池はその最大のものである。広島県や兵庫県も溜池の多い地帯である。ただし近代に入ると河川からの用水が主流になり、溜池は減っていく。このように近世には用水確保が進んでいくので、日照り・旱魃は冷害や風水害ほどの大災害にはならなくなっていくが、それでも梅雨期などに日照りが続くと、水の確保をめぐる農村社会の動揺は大きいものがあった。その際に、全国的に活発に行われたのが水神や山岳信仰をベースにした雨乞い儀礼である。村民による共同祈願だけではなく藩をあげて祈禱することもあった。日照りと反対に雨続きの場合には日和乞いということになる。旱害になりやすい地域では、関連の村々で用水組合を作り、時間と区域を定めて順番に取水する番水と呼ぶ取り極めなどがなされていた。しかし水不足が深刻化すると、上流の村と下流の村との間などで水争いが起こり、実力行使や訴願に及ぶ水論がときおり発生した。「ひでりにケカチなし」という俚諺が仙台藩の匡子『浜荻』や能田多代子『青森県五戸方言集』にみられるのは、冷害を受けやすい地方では旱天のほうが作柄がよく飢饉にならないと受けとめられたからである。しかし、東北地方でも田植え期(近世では新暦六月にあたる)に雨が降らないと用水不足に困り、田植えが後れて七月にずれ込むこともあった。乾燥が続くと山火事などにも注意が必要であった。↓雨乞《あまご》い　↓灌漑《かんがい》・用水《ようすい》　↓溜池《ためいけ》

参考文献　喜多村俊夫『日本灌漑水利慣行の史的研究』総論編(一九七一、岩波書店)、四国新聞社編集局『讃岐のため池』(一九七五、美巧社)、西村真琴・吉川一郎編『日本凶荒史考』(一九八三、有明書房)　(菊池　勇夫)

ひとえ　単　裏地のない一重の衣服。単衣とも書く。下着や夏服として着用された。古くは肌着であったが、平安時代ごろに小袖が肌着になると、男女の装束の一下具として着用された。男性の束帯《そくたい》では内衣の衵《あこめ》の下に衵と同形の単を着、衣冠《いかん》では通常の衣冠に単を加えたものを単衣冠と称し、狩衣《かりぎぬ》や水干《すいかん》でも単を着用した。女性の唐《から》衣裳《ぎぬも》(十二単)や小袿《こうちぎ》では重ね袿《うちぎ》の下に単をつけた。これら女性の装束では、上衣の表着《うわぎ》や重ね袿の袖口・裾を汚さないために、洗濯しやすい単を上衣よりも大きく仕立てて袖口・裾が上衣よりも外に出るようにしており、上衣と単との色の配合も工夫された。単の布地は絹で、綾織《あやおり》の場合は文様に菱文《ひしもん》が多い。また、一重の意味の単は夏の衣服として用いられた。『建武年中行事』によれば、朝廷で四月一日に行なった衣更《ころもがえ》の行事では、天皇の引直衣《ひきのうし》の御《お》衣《ぞ》を生絹《すずし》(生糸で織った絹)の綾の単に替え、女房たちの袷《あわせ》(裏地のある服)の重ね袿を単に替えている。↓小袖《こそで》

参考文献　鈴木敬三『有識故実図典―服装と故実―』(一九九五、吉川弘文館)、増田美子編『日本衣服史』(二〇一〇、吉川弘文館)　(菅原　正子)

白綾の単

ひとがた　人形　人の形を模して土、木、竹、紙などで作った形代である。「人形」は普通「にんぎょう」と読むが、その始源、作製目的を重視して「ひとがた」と読む。『肥前国風土記』佐嘉郡条に荒ぶる神に交通妨害をされた人々が土で「人形・馬形」を作り、神を祭ったところ神は鎮まったとある。この馬形は絵馬に継承されるが、人形は、神霊の依代にする、または厄や穢れを負わせて川

人形（平城宮跡出土）

に流す、呪詛の対象物とするなど多様の展開をとった。

↓絵馬《えま》　↓人形《にんぎょう》　（関　和彦）

ひとみごくう　人身御供　御供は神への御供え物であり、人身御供とは人そのものを供えるという意味で、生き贄に相当する。その事例は古く八岐大蛇神話の娘、『日本書紀』にみえる茨田堤《まんだのつつみ》（大阪府）造成時の人柱、江戸初期の松江の大橋に伝えられる足軽源助など枚挙にいとまがない。特に竜蛇伝承、そして堤防・橋の造成、河川に人身御供にかかわる伝承が多いのは農業、交通などに苦しんできた人びとの水神への畏怖の心が働いているのであろう。　（関　和彦）

ひとりぐらし　一人暮らし　家族のいないただ一人の生活。国の統計では、世帯人員が一人の単独世帯として把握されている。単独世帯の全一般世帯における割合は一九六〇年（昭和三十五）までは六％にも満たなかったが、その後は一貫して増加し続け、現在は三〇％を超えている。一人暮らしの形態は、進学や就職のため家を離れた若年未婚者や配偶者と死別した高齢者のほかに、中年期の未婚者、親と同居していた未婚者が親との死別後に単独世帯となる例、単身赴任者などライフステージによりさまざまである。近年の未婚・晩婚化、高齢化を背景に、男性は二十歳代、女性は八十歳代に一人暮らしが多く、六十五歳以上男性の十人に一人、女性の五人に一人が一人暮らしである（二〇一〇年（平成二十二）国勢調査）。ワンルームマンションやコンビニエンスストアの普及により一人暮らしの利便性が増す一方で、地域コミュニティが崩壊する中での高齢者の孤独死など、一人暮らしの抱える問題も顕在化している。

参考文献　山内昌和「単独世帯の動向と今後の見通し」（『家計経済研究』九四、二〇一二）、三輪哲「晩婚化・非婚化のなかの単身者」（同）　（表　真美）

ひとりもの　独り者　結婚していない人、独身者。近世以降、国民の大半が結婚し、親子を中心とする世帯を形成するのが常態であったが、近年はこの「皆婚社会」が崩れつつある。年齢別未婚率は一九七〇年代後半からいずれの年代でも急上昇し、二〇〇五年（平成十七）には男子三十歳代前半で五割、女子二十歳代後半も六割、その後は横ばい状態である。独身者が増えた七〇年代後半には、自由で経済的、時間的にも余裕のあることを羨む「独身貴族」という言葉が生まれた。人口減社会において未婚化は深刻な問題である。親元から自立せず、親に「寄生」する未婚者である「パラサイト＝シングル」や、独身者を呼ぶ「おひとりさま」が話題になるなど、独り者は社会の関心事となってきた。近年では結婚を望むにもかかわらず実現できない者も多く、自治体をはじめとするさまざまな団体が男女の出会いの場を提供するなど、未婚者が結婚するための活動である「婚活」をサポートしている。

参考文献　山田昌弘『パラサイト・シングルの時代』（『ちくま新書』、一九九九、筑摩書房）、上野千鶴子『おひとりさまの老後』（二〇〇七、法研）、山田昌弘・白河桃子『「婚活」時代』（『ディスカヴァー携書』、二〇〇八、ディスカヴァー・トゥエンティワン）　（表　真美）

ひなにんぎょう　雛人形　三月三日の桃の節句（上巳《じょうし》の節句）の雛祭に飾られる人形。平安時代より「上巳の祓《はらえ》」として、紙などで作った人形《ひとがた》に身の穢れを移して水に流し、厄払いとする行事があり、また公家の子女のあいだで「ひいなあそび」という人形遊びが行われていたことから、これらがいつしか融合して雛祭となったと考えられているが、現在見られるような雛祭の形式ができあがったのは江戸時代のことである。最初のころ、飾られる人形は紙で作られた立ち姿の紙雛（立雛《たちびな》）であったが、やがて現在のような座り姿の内裏雛が作られるようになり、時代が下るにつれて、幕府がたびたび禁令を出して取り締まるほど華美なものになっていった。最初期の寛永雛は、男雛は髪も植わっておらず冠が頭と一体になっており、女雛も小袖姿の質素な造りであったが、江戸時代中期の享保雛になると衣装も豪華に、サイズも大きくなっていった。京都の人形師菱屋次郎左衛門《ひしやじろうざえもん》が創始した次郎左衛門雛は、丸顔に引目鉤鼻《ひきめかぎばな》の顔立ちで、十八世紀後半には江戸でも享保雛に代わって流行したが、やがて明和のころ江戸で生み出された写実的な顔立ちの古今雛《こきんびな》に取って代わられた。現在の雛人形は、この古今雛の系統を受け継いだものである。また、とりわけ江戸では人形を飾る雛段の数を多くすることが流行し、当初は二、三段だったのが、五段、七段と増えていった。現在のような雛段の飾り方は、関東大震災ののちに、百貨店で雛人形がセット販売されるようになってからのものである。なお、江戸時代は左を尊しとする考え方から男雛を左（向かって右）に飾ることが多かったが、昭和天皇の大典の折に皇后が天皇の向かって右側に座ったことから、それ以来男雛を向かって左側に飾るようになり、現在に至っている。

雛人形　立雛

参考文献　山田徳兵衛『新編日本人形史』（一九六一、角川書店）、斎藤良輔『ひな人形』（一九七五、法政大学出版局）、『日本の御人形』（『さがの人形の家―財団法人イケマン人形文化保存財団博物館さがの人形の家紀要―』六、二〇〇〇）　（香川　雅信）

ひにん　避妊　「性と生殖の分離」した人間社会で、望まない妊娠を避ける行為。コンドームなど避妊具の装着やオギノ式の受胎調節は二十世紀前期から、ホルモンを統制する経口避妊薬は一九八〇年代から普及した。五〇—六〇年代に政府主導で受胎調節が進められたとき、短期間で出生力が低下した事実は、今なお人口調節に苦労するインドや中国と比較して興味深い。その背景の一つは大正期以来の新中間層の生活文化の影響力であろう。二二年(大正十一)、女性運動家加藤シヅエらはサンガー夫人(Margaret Higgins Sanger)を招聘して産児制限運動に取り組み、政治家山本宣治もこれに協力している。学歴社会の形成により子どもに対する強い教育責任意識が新中間層にあったことが、短期間での成果向上につながったとも見られる。また、もとより、日本は近世社会ですでに出生コントロールに成功した体験を持つ。近世後半の農村は、間引きや堕胎、晩婚、出稼ぎ奉公だけでは説明しきれない低出生力であった。背景には、家族農耕の労働力(人員)管理への意志、禁欲を説く近世養生論、人々が経験的に排卵周期に注目していたことなどが考えられる。ただ、近世の避妊文化は家族農耕のため、一九二〇年代の避妊は子どもの教育のためとすると、妊娠する女性自身の健康と幸福追求への意志の形成はどう位置づいていたのかが問われよう。→妊娠《にんしん》

参考文献　友部謙一「近世日本農村における自然出生力推計の試み」(『人口学研究』一四、一九九一)、新村拓『出産と生殖観の歴史』(一九九六、法政大学出版局)、太田素子「近世前期東北農民の性愛と家族関係—「求子」と避妊の社会史—」(『比較家族史研究』一一、一九九七)
(太田　素子)

ひのえうま　丙午　十干の丙《ひのえ》と十二支の午《うま》とが結合した年で、六十年に一度ある。この年に生まれた女性は気性が激しく、結婚後は夫を不幸にするといわれたため、出産を控えるものとされた。一九六六年(昭和四十一)は丙午の年であったが、この年の全国の出生数は前年に比べて二五%の減、翌年のそれは四二%の増を記録し、根強くこの言い伝えが信じられていたことを示している。もともとは中国の俗信で、丙午の年には火災や凶事が多いとされていた。

参考文献　中村祐三「丙午の真実」(暦の会編『暦の百科事典』所収、一九八六、新人物往来社)
(長沢　利明)

ひのき　檜　ヒノキ科ヒノキ属の日本固有の常緑針葉樹。幹は通直で樹高は五〇メートル、直径一・五メートル、樹齢八百年に達する。福島・新潟県以南屋久島までの温帯・暖帯の山地中腹以上に自生する。材は白色、黄白色、薄紅色で芳香を放つ。材質は緻密で固く耐久性があり色に品格があるため、高級材として寺社・城閣・邸宅など大建築の柱、床などに使われてきた。しかし肌触りは冷たい。また、仏像の素材としても使用された。樹皮は檜皮《ひわだ》といい、高級建築の屋根を葺くために用いる。生きている立木の樹皮を原皮師《もとかわし》という職人が薄皮のみ残して剝ぐ。古代には都のあった奈良盆地周辺が生産地であったが、遷都や寺社建築の増加に伴い畿内全域から伊賀・近江、中国・四国へ、さらに中世には九州や飛驒・美濃・信濃に拡大した。近世には全国的な城下町や大きな城閣・寺社建築が起こり、大量の檜材が全国から供給された。なかでも信州木曽、飛驒、紀伊、土佐のものが良質とされた。木曽や土佐では近世中期から資源保護のために択伐による天然更新が進められ、大和国吉野、紀伊国尾鷲、武蔵国青梅・西川では同時期に育成林業が成立し、檜は尾根筋に植林されていった。近代にも檜は高級材として扱われてきたが、現代では伐出過程の機械化で深山まで伐採の手が入り、一九六一年(昭和三十六)に始まる国有林の木材増産計画下で大量に伐採され、天然檜はほとんど伐り尽くされた。近・現代の檜林育成技術は人工造林が一般化した。→檜皮葺《ひわだぶき》

参考文献　帝室林野局編『ひのき分布考』(一九三七)、佐藤敬二著・全国林業改良普及協会編『日本のヒノキ』上・下(一九七一・七三)
(加藤　衛拡)

ひのし　火熨斗　片手鍋に似た、柄の付いた底の滑らかな皿状の金属容器に熱した炭を入れ、その熱と重みで布の皺を伸ばす道具。古墳時代後期以降、朝鮮半島から伝えられたとみられ、古代武蔵国新羅郡にあたる埼玉県和光市花の木遺跡の例(平安時代)をはじめ、全国各地の渡来人の居住地とみられる古代遺跡からの出土が多い。在来の麻の衣服には不要だが、朝鮮半島の民族衣装(絹織物)を着用することのあった渡来人には火熨斗が必要であったと思われる。その後、近世・近代を通じて一般家庭に広く普及したが、昭和三十年代以降、電気アイロンの普及に伴って姿を消した。

火熨斗

参考文献　埼玉県埋蔵文化財調査事業団『花ノ木・向原・柿ノ木坂・水久保・丸山台—東北縦貫自動車道(東京外環自動車道)関係埋蔵文化財発掘調査報告—』(『埼玉県埋蔵文化財調査事業団報告書』一三四、一九九四)
(宮瀧　交二)

ひのまる　日の丸　白地の布の中央に朱色の丸を施した旗。日章旗。その歴史は、近世以前までさかのぼることができるが、一般の人々がこの旗を認識するようになったのは近代以降であった。一八五四年(安政元)、薩摩藩主島津斉彬は日本船船印として日の丸を用いることを幕府に公認させた。一八七〇年(明治三)には太政官布告第五七号で日本の商船は日章旗を掲げることが決定し、同年陸海軍(海軍はのちに軍艦旗を使用)でも使用されるようになる。しかし、人々の日常生活の中で認知されるようになるのは、七二年の祝祭日における日の丸掲揚の通達が嚆矢となった。ただ、小川為治『開化問答』の批判に顕著なように、多くの人々にとってそれは、上からの慣習化という域を出るものではなかった。それでも、明治天皇の東北巡幸や、大日本帝国憲法発布、日清・日露戦争を経る中で日の丸は天皇への忠誠をも包含した権力の正当性を担保する表象となる。日中戦争とその後のアジア・太平洋戦争期における「日の丸弁当」の登場など、日の丸は敗戦に至るまで人々の営為に浸透していく。敗戦直後、日の丸はGHQによって掲揚が一時的に禁止され、人々も戦争の思い出と重ね合わせ敬遠することもあった。しかし、一九五〇年(昭和二十五)には文部省により日の丸掲揚が各学校に通達される。また、六四年の東京オリンピックのエンブレムに象徴的なように、日の丸はスポーツイベントを通して再度顕在化が進むこととなる。一九九九年(平成十一)には、「国旗及び国歌に関する法律」が公布・施行され、そこでは日の丸は国旗とされた。法制化過程で政府は日の丸を強制することはないと説明していたが、同法施行後、教育現場などにおける同旗の掲揚要求が問題となっている。

参考文献　歴史教育者協議会編『(新版)日の丸・君が代・紀元節・教育勅語』(一九八一、地歴社)、田中伸尚『日の丸・君が代の戦後史』(『岩波新書』、二〇〇〇、岩波書店)

(雨宮　史樹)

ひのみやぐら　火の見櫓　火災の早期発見、発生した火災の方角・距離などを迅速に確認して通知するために設置された櫓。喚鐘(半鐘)や板木、太鼓などが付設されていた。江戸では明暦の大火の翌年、一六五八年(万治元)に新設された幕府直属の消防組織である定火消の火消屋敷にはじめて置かれ、その後町方が管理する火の見櫓が設置されていき、一七二三年(享保八)、設置と管理、警報発令に関する統一的な規定が整備された。櫓を補うものとして自身番屋の屋根上に敷設した枠火の見や階子《はしご》火の見などがあった。

↓火事《かじ》

火の見櫓（1960年代，東京都世田谷区）

参考文献　近世史料研究会編『江戸町触集成』一一二二(一九九四-二〇〇二)

(西木　浩一)

ひばし　火箸　炭火や薪を挟み、火をついだり調整したりするための道具。金属製の箸で、長さは食事用の普通の箸より長く、二五～四〇センチ程度。二本の箸を金輪などでつないだものが多い。火箸や灰ならしは囲炉裏や火鉢には欠くことのできない道具であり、使わないときも片隅の灰に立てるなど付属品として置かれた。現在では火鉢などと同様に日常生活で見る機会は少なくなったが、茶道では今も炭道具の一つとして広く使われている。また、兵庫県で作られてきた明珍火箸(兵庫県指定伝統工芸品)は音色がよいことから火箸風鈴に作られるなど、現在では工芸品としての一面もある。

参考文献　柳田国男「火の昔」(『柳田国男全集』二三所収、一九九〇、筑摩書房)

(大里　正樹)

ひばち　火鉢　屋内の床上で使われる可搬の火どころ。中に灰を入れて燃料を燃す。火舎《かじゃ》・火桶・火櫃《ひびつ》・手焙《てあぶ》りなど、同様の機能を持つ容器の総称でもある。暖房を主たる機能とするが、副次的に小型の三脚(五徳)を入れて湯沸しや簡単な食物の加熱にも使われる。燃料は主に炭を使う。古く正倉院に大理石製の白石《はくせき》火舎、金銅・白銅火舎と呼ばれるものがあるが、一般に普及するのは住居形態が竪穴式から平地式に変わる平安時代後期以後であり、同時期に出現した囲炉裏とともに、住宅における中世的風景を構成する。遺跡出土遺物から見れば、鎌倉時代は土器質か瓦質がほとんどで、浅い八葉の花弁形(輪花)のものが多い。鎌倉末期から中世後期にかけては深めの瓦質のものが主体をなす。工人としては奈良興福寺の大乗院門跡に所属する西京火鉢造座が盛んで、各地の中世遺跡出土の土製火鉢にはその技術系譜が色濃く認められる。彼らの風炉《ふろ》火鉢はのち京都永楽家の土風炉《どぶろ》に継承された。『信貴山縁起』など中世の絵巻には、脚を付けたり、土器製や曲物製のひと回り大きな火櫃と呼ばれる容器の中に収めたりしているのが見えるが、これは床の焼け焦

火鉢（1930年ごろ）

げを防ぐために、できるだけ直接の接触を少なくする工夫であろう。近世以後の火鉢は陶製と木製が主流となる。前者は円筒形を基本とし、後者は指物や刳物《くりもの》を主体とした。指物には箱火鉢・御殿火鉢・格子形火鉢などがあり、刳物の素材には桐や欅が使われた。木製の場合、内側に銅など金属の落しをつけて耐火性を与えた。落しは、容器の内面に直接貼り付けたものと、釣り下げるようにして容器との間に隙間を作って二重構造にしたものとがある。木製火鉢の一種の長火鉢は下部に抽斗《ひきだし》をつけ、灰入れの一方に銅壺を備えたもので、これで湯を沸かしたり燗をしたりでき、さらには簡単な調理台ともなった。金属製は銅鋳物や真鍮製が多く、装飾的な脚をもち、しばしば下に木製の台を備えている。現代では、ガスを熱源とする火鉢も加わった。

参考文献 今尾文昭「花かたにやくなら火鉢・考」(森浩一編『考古学と生活文化』所収、一九九二、同志社大学考古学シリーズ刊行会)

(馬淵 和雄)

ひふきだけ 火吹き竹 火を熾《おこ》すために風を送り込む道具。竹筒の節を抜いて錐で穴を空けただけの単純な構造であるが、民俗学者柳田国男(一八七五—一九六二)は火吹き竹について、機知に富んだ発明であり、錐という庶民が所有することは稀な道具で製作される商品であったと述べている。マッチの普及以前、火種を絶やさないよう、毎朝のように埋め火を火吹き竹で吹いて、火を熾すのは女性の務めとされた。また関東地方では、大風除けの呪いとして古稀や米寿の祝いで参会者に火吹き竹を配る風習もあった。

(加藤 幸治)

ひぶせ 火伏せ 火の災厄を防除すること。屋内で火を使う場所には荒神やオカマサマを祀る。また、火伏せに御利益がある神社にお参りする。参拝先は、秋葉神社や愛宕神社、古峯神社、三峯神社などで、それぞれの神社に信仰圏がある。一般的には講が組織され、代参が御札を受けて講員に配る。受けた御札は各家の神棚に納めて祀る。わら葺きやかや葺きの屋根の家では、ぐし(棟)の両端に「水」や「龍」の字を入れて火難に遭わないようにする。特異なものとして、福島県の中通りや南会津では、建前の日にヒブセとかオカマサマと称す男女の模造品を製作し、棟木に付ける。上座には男、下座に女を向き合わせてつるす。

参考文献 福島県立博物館編『豊かなる世界へ—豊穣と想像力の博物誌—』(企画展図録、二〇〇〇)

(柳 正博)

火伏せの御札（戸隠神社）

ビフテキ ビフテキ 厚めにスライスした牛肉を焼いた英国料理のビーフ＝ステーキのこと。仏語の bifteck が訛ったものともいわれる。英国料理を紹介した一八七二年(明治五)の『西洋料理指南』には「焼牛」としてビーフステーキの調理法が紹介されており、文明開化期から西洋料理店で供されていた。庶民にも普及した牛鍋に対し、ナイフとフォークが必要なビフテキは高級感のある西洋料理の代表であった。

参考文献 高村光太郎「ビフテキの皿」(『道程』所収、一九九五、抒情詩社)、岡田哲『明治洋食事始め—とんかつの誕生—』(『講談社学術文庫』、二〇一三、講談社)

(大岡 聡)

ひまち 日待 特定の日に同信者が参籠すること。なかでも庚申・甲子などのお籠り行事は、中世からの伝統行事であった。そのほかにも正・五・九月の一日・八日・十八日・二十八日などは神祭りする日で、日待であった。民俗行事として日待に特徴的なのは、基本的に夜を徹して眠らず籠り明かすことにあり、かつ日の出を拝し、祈願すること。そのことが日待に伴って多くの禁忌が付加される理由にもなっている。日待の根元は原始信仰としての太陽崇拝にあったことは明らかであるが、それを実証する事例はことのほか少ない。日待の本義はあくまで厳重な精進潔斎に基づくお籠りに集約されているようである。日待行事とセットのように核にされる禁忌にはお籠り行事の厳しさがよく反映されており、たとえば日待に出席する者は、参加する前に必ず風呂に入らねばならない。そのほか庚申講のいわゆる庚申の夜籠りによくいわれる、この夜男女のまぐわいを忌むべきであるといったこと、全国各地で確認されるのは、この日は仕事を休むこと、精進料理などを食べることがある。→庚申講《こうしんこう》

参考文献 櫻井德太郎『講集団成立過程の研究』(一九六二、吉川弘文館)

(西海 賢二)

ひも 紐 ものを結ぶために繊維や皮革を細長く加工したもののうち、糸より太く綱より細いもの。木綿や麻などの植物繊維、動物の皮革、草木類の皮や蔓など、さまざまな素材が用いられる。衣服や履き物、被り物、武具など身に着けるものを結んだり、箱や包みが開かないように結んだり、天幕などを強い力で固定するために結んだり、紐は生活の至るところで使われている。紐は、撚り紐、組み紐、織り紐に大別される。撚り紐は二本の素材を撚り合せて作るのに対し、組み紐は三本以上の糸束を交互に組み、竹篦《たけべら》などで固く締めて作る。茶道具の箱

を結ぶ真田紐に代表される織り紐は、縦横の糸の組織で製作されるため伸縮性はない。工芸品としての組み紐や織り紐は、現在でも帯締めや羽織紐などに広く用いられているが、茶道具の袋物の紐や道具類の飾りにも用いられている。組み紐の産地としては、伝統的工芸品に指定されている京組紐(京都)、伊賀組紐(三重県)のほか東京、大津などが知られている。 (加藤　幸治)

ひもの　干物　⇩乾物《かんぶつ》

ひゃくしょう　百姓　前近代東アジア漢字文化圏の王朝国家で使われた「国家の民」、すなわち公民・良民の総称。『論語』や『礼記』などの「百姓」は、庶民一般を指した。古代の日本では「ひゃくせい」とも呼び、「源平藤橘」のような有姓者の総称であったり、「君」の下の「官(臣)民」を指したりした。奴婢、蝦夷は除外された。

　律令制国家は班田収授制を施行し、男子を中心に戸籍を作った。重い収奪で逃亡・浮浪する者が増えたが、富豪になる者も現れた。富豪百姓は、自家の周囲や内部に平百姓から下人に至る、多様な弱小農民を直属させたり従属させたりした。そして請作の規模に応じて年貢を納め、名主にも任じられた。百姓身分の者は、郷村の中で多くはなかったが、領主と年貢を争って居住地を変えることも認められる存在であった。百姓は、従属的な住民もふくめ、農業生産の技術や収穫物の流通方法の向上などを背景に、領主との闘争を重ねて手元に富を確保することに努めた。古代・中世を通じて、没落者・離村者は絶えなかったが、郷村とその住民の立場、諸産業の中での農業生産の優位性は高まった。立身を望んで領主軍団の専従的武士になろうとする者もいたが、兵農末分離の村落武士として小領主・地侍の立場で地域での勢力維持に努める者が多くいた。

　百姓は、公家に仕えた歴史を持つ武士の下位と目されたが、戦国大名が、支配圏を広げて惣村と呼ばれるようになった兵農末分離の領内を掌握しようとするにつれ、法制的な地位は安定性を増し、小百姓層も経営の自立力を高めた。豊臣政権の「太閤検地」は、実際の農業経営者を、兵農分離制・石高制の原則で編成することを目ざした。戦国末・近世初頭の大名は、商人を城下に集住させて必需物資を補給させ、町人身分として百姓から切り離した。豊臣政権の検地は、近世の幕府や諸藩の惣検地にも政策基調として活かされ、百姓の高請(名請)地は、以後の所持権限の根拠となり、次第に子孫に受け継ぐ「百姓株」の家産意識を育て、また質地を請け戻そうとする運動に正当性を与えた。百姓の大小の抵抗は、領主に失政が一揆をまねくかもしれないという懸念を持たせ、恣意的な支配を掣肘した。

　乱世から近世の治世に移ると、大名は将軍から天下の百姓を預かって安んずることを統治の正統性とするようになった。領主の支配は百姓を束縛するものであったが、仁政イデオロギーによる保護策は、百姓を公法的な存在として安定させる方向に働いた。こうして十七世紀後半までの領主の施策、農民の抵抗と経営努力を通じて、「小農」と呼ばれる百姓が中核になる近世農村が広範に成立した。実際には、大百姓・中百姓・小百姓と呼ばれる家格や経営規模の違いがあり、村内には種々の講的集団があったが、惣百姓寄合が運営を牽引した。村内には名子、被官などの従属身分の者もおり、百姓への身上り願望を持ち続けた。近世農村は、不審者を排除しながら村ぐるみの持続に努めたが、没落者や離村者を生み、一方では金融を契機に耕地を集積する地主や豪農に上昇する者を生み出した。生活も変化し、商業的農業や農閑期の加工労働、小商売、出稼ぎなどの諸稼ぎの比重が増えた。耕地の家産視が強まりながら、質地小作の形で耕地を手放す小農が増えた。そうした脆弱さを克服するためにも、土地や家格の争いで村方騒動を多発させながらも、領主に対しては惣百姓としてまとまり、貢民・養命の役目を負う御百姓を勤めているという御百姓意識を強調して、無事と安民を保証する領主の仁政責務をせまった。違法を咎められる百姓一揆に際してもこの公論的な論理によって正当性を主張し、農家経営保全のための御救い策を求めた。

　近世の百姓は、検地による「小農自立」の当初から農耕に諸稼ぎを加えて成りたつ零細な家族小経営だったが、これを維持するための領主と百姓の相互の利害対立を重ねることで、儒教的民本主義の仁政イデオロギーに立つ日本的な「百姓成立」という観念が、政治的な建て前として社会に染み渡り、治者・被治者の両方を規制する政治文化となった。この儒教的な無事、安民、平均などの要素からなる民本主義の政治思想は、古代以来、東アジアの大陸諸王朝から受け入れられてきたが、日本の在来の神祇信仰や仏教諸派と習合し、かつ現実社会の矛盾に対処しながら個性的な「儒教核」の政治文化を形成した。百姓の処遇は、この政治文化の中心に位置づけられた。近世では、漁村・山村、宿駅の住民なども身分は百姓とされたが、幕法・藩法では農業民とほとんど同じ意味に使われた。百姓身分は一八七一年(明治四)の戸籍法で「平民」とされて解消されたが、勤勉の労働文化は家族農業の生活意識に生き続け、通称は今も使われる。 ↓入百姓《いりびゃくしょう》 ↓被官《ひかん》 ↓長百姓《おさびゃくしょう》 ↓抱百姓《かかえびゃくしょう》 ↓下人《げにん》 ↓地主《じぬし》・小作《こさく》 ↓百姓株《ひゃくしょうかぶ》 ↓平民《へいみん》 ↓村《むら》 ↓村方騒動《むらかたそうどう》

参考文献　深谷克己『百姓成立』(『塙選書』、一九九三、塙書房)、白川部達夫『近世の百姓世界』(『歴史文化ライブラリー』、一九九九、吉川弘文館)、渡辺尚志『百姓たちの江戸時代』(『ちくまプリマー新書』、二〇〇九、筑摩書房)
(深谷　克己)

ひゃくしょういっき　百姓一揆　百姓を中心とした被支配民衆が、領主・百姓間の矛盾や社会不安などを要因として、徒党集団を形成して起こす非合法運動。領主などに訴願を受け入れさせるために、集団の力を背景として訴える強訴や、他領などへ逃散する形態をとる。一八七

八年(明治十)までに全国で約四千件ほど発生した。初期は一村あるいは数村規模であったが、藩政が確立した十七世紀末には全藩規模で城下へ押しかける全藩一揆が成立した。これに対し幕府は、一七四一年(寛保元)に徒党・強訴・逃散の頭取死罪などの量刑を規定し、その後も天明年間(一七八一―八九)までの間に禁令を頻発した。十九世紀に入ると、商品経済の展開や農民層分解の影響をうけて、打ちこわしの比重が高まり、領域を越えて展開する広域闘争も増えた。天明・天保の飢饉時や、幕末の慶応から明治初年に一揆はピークを形成する。また、維新後は、維新政府の新政策に反対する一揆が発生した。↓打毀《うちこわ》し

参考文献 保坂智『百姓一揆とその作法』(『歴史文化ライブラリー』、二〇〇二、吉川弘文館)、同『百姓一揆と義民の研究』(二〇〇六、吉川弘文館) (保坂 智)

ひゃくしょうかぶ 百姓株 江戸時代、村の正規の構成員で土地を所持する本百姓が村において持つ山野や用水などの利用権、あるいは村政に参画できる権利などの諸権利、またそれらに伴うさまざまな義務の総体を示す語。近世初頭の検地を契機として成立した村では、地理的あるいは生産的・社会的諸条件によって家数が固定化されていく傾向にある。そうすると、分家などによる家数の増加は制限され、村において一軒前の家として存在すること自体が一つの権利として認識されるようになる。ここに村株としての百姓株が形成される契機が生まれる。百姓株は売買の対象ともなり、そこには所持する土地や生活道具などの家産はもとより、借金などの負債や先祖の祭祀権なども含まれた。近世中期以降、本百姓が土地を失うことによって水呑百姓となり百姓株が空き株(潰れ株)となる事例が増えると、村はその再興に苦慮するなど、百姓株の維持は村にとって大きな問題となった。↓一《いっ》軒前《けんまえ》 ↓百姓《ひゃくしょう》 (桜井 昭男)

ひゃくしょうだい 百姓代 江戸時代中・後期の村役人の一つ。村民を代表して、名主(庄屋)・組頭(年寄・長百姓など)による村政を監査した。大石久敬が著した地方書『地方凡例録』七上には、「百姓代と云は、名主・組頭の外其村にて大高持の百姓壱人を極置き、尤も村により弐人三人あるもあり、是は名主・組頭へ百姓よりの目附なり、村入用其外諸割賦物等の節は立合、大高を持たる百姓承知の上は小高の者申分なき為なり」と記されている。百姓代は、おおむね十八世紀初めころから各地で見られるが、当初は、村内の有力者が就任する例が多く、名主・組頭経験者が百姓代を勤める例も多く見られた。江戸時代後期になると、同書に「高の多少にも強て拘わらず、(中略)惣百姓より頼ミて百姓代に致す」とあるような、総百姓の代表としての百姓代が一般化する。なお、百姓代を置かない藩も多いが、幕府領にはほぼ置かれているので、百姓代の設置は幕府の政策と関係があると考えられる。

参考文献 酒井右二「「惣百姓代」から「百姓代」へ」(滝沢武雄編『(論集)中近世の史料と方法』所収、一九九一、東京堂出版)、山崎圭『近世幕領地域社会の研究』(『歴史科学叢書』、二〇〇五、校倉書房) (山崎 圭)

ひゃくにちぜき 百日咳 百日咳菌による急性気道感染症。かぜ症状の時期を経て激しい咳の連続発作期に移行する。予防として乳児期に三種混合ワクチンを接種するが、一九七五年(昭和五十)にその集団接種が中断したこと、免疫の減衰した成人が増えたことにより現在、患者が増加している。古代より咳病《しはぶきやみ》・咳逆病・小児咳病の流行として記載される疫病の中に百日咳が含まれていたと思われる。近世の医書には百日に及ぶ小児咳嗽についての記述がみられる。鶏の絵を逆さにして洗い場に貼る、しゃもじに氏名・生年月日を記して戸口に掲げるといった百日咳予防の民俗がある。

参考文献 服部敏良『平安時代医学の研究』(一九五五、桑名文星堂)、富士川游『日本医学史(決定版)』(一九七四、形成社)、根岸謙之助『医の民俗』(『日本の民俗学シリーズ』七、一九六八、雄山閣出版) (新村 拓)

ひゃっかじてん 百科事典 人類が獲得した知識・情報を項目として解説を加え、特定の配列方法(五十音順など)に基づいて編纂した著作物。古くはローマの大プリニウスが紀元七九年に完成させた『博物誌』が著名。十八世紀フランスの『百科全書』は近代的百科事典の基とされ、わが国でも古代の『和名類聚抄《わみょうるいじゅしょう》』や近代の『古事類苑《こじるいえん》』などさまざまな類書が編纂された。百科事典の目的は膨大な情報に対して筋道をつけ、専門家によって扱われている情報を、誰にでもわかりやすく手に入りやすくすることにある。しかし、新たな情報がつぎつぎに創出される現代社会において、印刷による「紙」の百科」での対応には限界があり、インターネット上で展開される「ネット」の百科」のウィキペディアの利用が広まっている。ただし、これの利用に際しては、執筆者が不明であるため内容の再検討が前提で、「コピペ」の弊害や引用方法の注意点などを含め、学校教育の場での十分な指導が必要である。

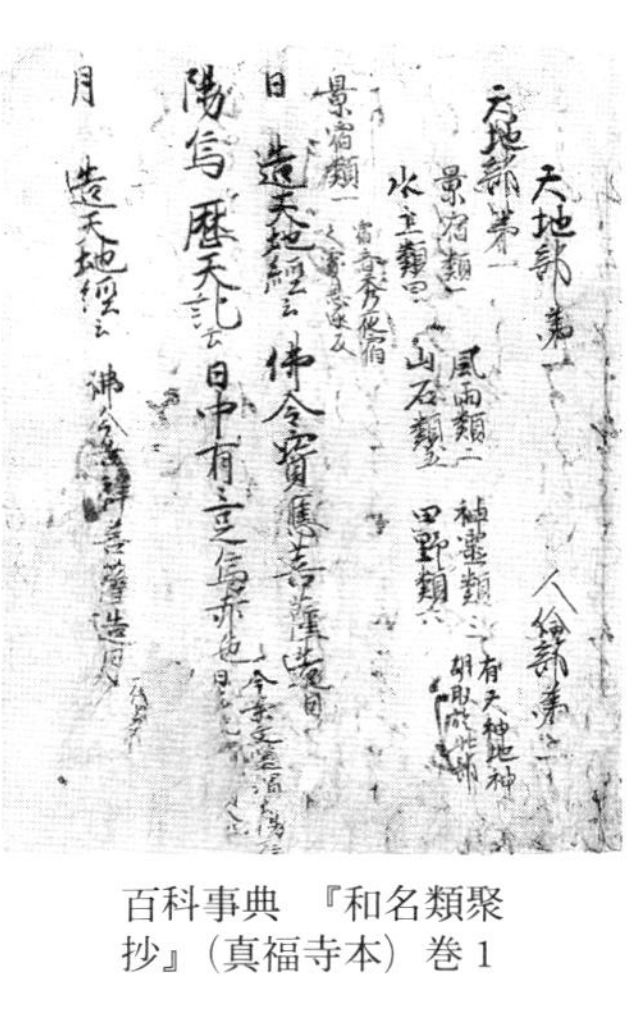

百科事典 『和名類聚抄』(真福寺本) 巻1

参考文献 大隅和雄・勝村哲也・樺山紘一・佐藤次高「百科事典」(『世界大百科事典』二四所収、一九六八、平凡社)、関口秀紀「最後の「紙」の百科『世界大百科事典』」(『人文会ニュース』一〇八、二〇一〇) (小島 晃)

ひゃっかてん 百貨店 フランスのボン=マルシェ(一八

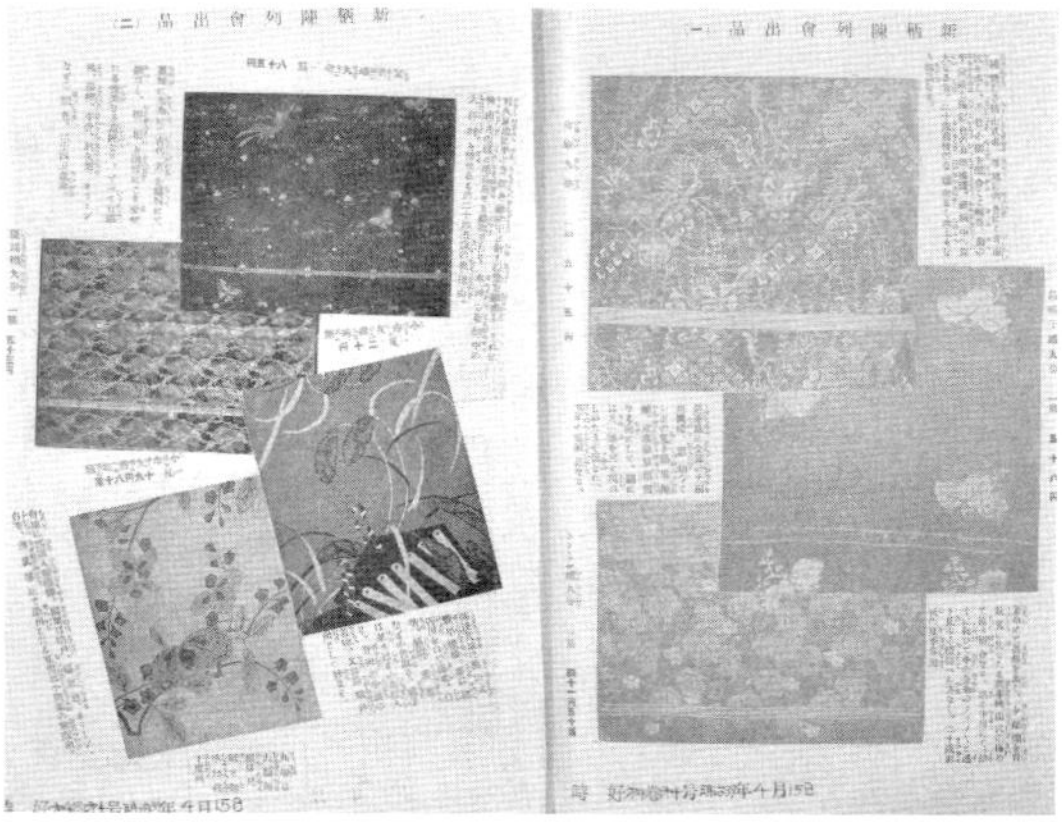

百貨店PR誌での商品案内（三越呉服店発行『時好』より，1906年）

五二年開店）を嚆矢として、十九世紀後半に欧米各国で百貨店が出現したが、日本では一九〇四年（明治三十七）に三越呉服店が、呉服専門店を脱して服飾に関するあらゆる商品（「百貨」）を扱う大規模商店になることを新聞紙上で発表し（「デパートメントストア宣言」）、百貨店営業を開始した。これに続き、松坂屋、松屋、高島屋、十合《そごう》、大丸などの大手呉服店が相ついで百貨店化していった。都心の一等地で洋風店舗の壮麗さを誇り、高級感を演出しつつ、それまでの座売り式から陳列販売方式へと改め、広告宣伝に力を入れ、流行（モード）を発信して、顧客を都市中流階層に広げていった。また経営の近代化や、学卒者・女性店員の採用にも、逸早く取り組んだ。なお博覧会や音楽会などの文化的催事や、食堂、屋上庭園などの付帯的設備に力を入れるなど、家族連れが一日楽しめるような空間づくりは、日本独特である。百貨店の出現は、小売業の革新だけでなく、人びとの消費意識に大きな変化をもたらしていった。二〇年代後半になると百貨店は、土足入場制を取り入れ、店舗をさらに巨大化していき、顧客層の大衆化を進めた。顧客にはサラリーマンや労働者の姿も見え始めた。なおこのころ阪神急行電鉄や東京横浜電鉄などの電鉄会社が百貨店経営に参画して、ターミナルデパートという業態も出現した。また大手百貨店による通信販売や出張販売、地方都市への出店に加え、地方都市の呉服店の百貨店化も進んでいった。百貨店の大衆化と全国化は、戦後の高度経済成長期に一段と進み、百貨店は小売業の頂点に君臨して、大衆に消費社会の夢を提供し続けたが、価格破壊を進める総合スーパーマーケットや、専門ブランドショップが集積するファッションビルの台頭、郊外の巨大ショッピングモールやアウトレットモール、ネット通販の出現など、小売業界をめぐる目まぐるしい変化の中で、百貨店は小売業のトップの座を追われ、守勢に立たされている。

参考文献　初田亨『百貨店の誕生』（『三省堂選書』、一九九三、三省堂）、山本武利・西沢保編『百貨店の文化史―日本の消費革命―』（一九九九、世界思想社）　（大岡　聡）

ひやといろうどう　日雇い労働　雇用主が特定しておらず日々変動する労働をいう。長期雇用・正規雇用とは異なって文書による雇用契約が結ばれないことが一般的であり、絶えず失業の恐れのある不安定な雇用である。「日雇」の持つ蔑称的ニュアンスを避けて自由労働者と呼称される場合もあった。零細農家が所得補充のために従事する農村での日雇い労働と、専業的な都市日雇い労働とを含み、明治以前から形をかえて存在していた。日雇失業保険、日雇健康保険の加入者数でみると高度成長期以降、日雇い労働者数は急速に減少しているが、一九九〇年代以降にはそれまでの土木建築業中心の日雇い労働から、派遣会社に登録して日々異なる就労先を指示される日雇い派遣が増加している。　→派遣労働《はけんろうどう》

参考文献　大阪市社会部調査課編『日雇労働者問題』（一九二四）、東京大学社会科学研究所編『失業対策事業就労者の職業歴・生活歴調査』（『東京大学社会科学研究所調査報告』一六、一九八二）、労働政策研究・研修機構『派遣労働者の働き方とキャリアの実態―派遣労働者・派遣先・派遣元調査からの多面的分析―』（二〇一三）　（加瀬　和俊）

びよう　美容　化粧などの方法によって容姿を美しくすること。明治末期には皮膚を清潔にし、顔面の掃除を行う美顔術が流行した。美容である美顔術の濫觴は、一九〇五年（明治三十八）に横浜の理髪師芝山兼太郎がアメリカ人キャンブルーから習得し、それを居留地の外国人相手に行なったものといわれる。芝山は東京湯島の大日本美髪会で美顔術の講習を実施し、そこに参加した遠藤波津子が翌〇五年に京橋に理容館を開業した。同店では一回の施術時間が約四十分、料金五十銭であった。また高等美容院の荘司七之助の妻直子も、同年にキャンブルーから美顔術を習得し、弟子を養成している。〇七年にアメリカで衛生美顔術を学んで帰国した西村竜之助は、日本橋葭町に日勝亭を開業し、多くの弟子育成に努めた。衛生美顔術は、しみ、そばかす、しわをなくす効果があるという。また〇八年二月に東京美容院の北原十三男は「欧米最新美容法」という広告を出している。この時期に個人的な化粧ではなく、専門家に行なってもらう美容が登場したのがわかる。一九一五年（大正四）、マリールイズが日比谷で開業した巴里院では、アイロンでウエーブさせる洋髪を実施した。またアメリカから帰国した山野千枝子は、マルセルウエーブの宣伝を行なった。女性で断髪など髪を短くする者が出てくると、美容院の需要は高まった。一九二八年（昭和三）には東京だけでも美容院は三百から四百存在した。このころになると美容院は、華族や政府高官の婦女子に限らず、多くの女学生が利用し、ときには男性客もいた。美顔術、結髪、爪磨きの各値段は五十銭から一円、結婚式の支度は五十円が相場であった。二八年に三越美容部の小口みち子は、「美容術は学ぶに三年、短期ではだめ」と語っているが、太平洋戦

争後に美容師は国家資格となり、資格を取得するための美容専門学校が設立された。　↓化粧《けしょう》

参考文献　『東京朝日新聞』(一九〇六年八月二十八日付朝刊、十二月二十二日付朝刊、一九〇八年二月十六日付朝刊)、『読売新聞』(一九〇七年十一月十三日付朝刊、一九一二年五月三日付朝刊、一九二八年八月二十日付夕刊)、遠藤波津子『遠藤波津子の世界―婚礼衣裳―』(一九六五、婦人画報社)、山吉美奈子『日本近代美容の母マリールイズ―私の描いた肖像画―』(二〇一二、女性モード社)　(刑部　芳則)

びょういん　病院　患者を収容して、医者が診察・治療などを行う施設。医療法では、そのうち病床を二十以上有する施設についていう。和書に「病院」の語がみられるのは、森嶋中良編輯『紅毛雑話』(一七八七年(天明七))が嚆矢とされる。そこでは、オランダの病院に相当する日本の施設として、施薬院や悲田院、小石川養生所などがあげられている。八世紀以降に設けられた施薬院や悲田院は、仏教思想にもとづいて貧者や病者を救うことを第一義としていた。一七二二年(享保七)に設けられた小石川養生所は、幕末にかけて救済や医療行為に加えて、医学知識や医療技術を伝える場としての役割も担った。一方、本格的な西洋式の病院としては、一八六一年(文久元)、長崎に養生所が設けられている。これは、オランダ人の医者ポンペの提言をいれた幕府が、西洋医学の実地教育に主眼をおいて設立したもので、この動きに各藩が同調し、また戊辰戦争時に外科治療の必要性が高まったことから、幕末維新期に西洋式の病院が各地に設立された。各藩の病院は、廃藩置県後、多くは県立、一部は医学校の附属病院となり、医学教育もひき続き担っていく。また、各地で医学教育をうけた医者のなかから、東京で蘭疇《らんちゅう》医院《いいん》を設けた松本良順や、順天堂医院を設けた佐藤尚中など、私立病院を開業する者があらわれる。当初、医学教育機能をあわせもつ公立が充実していた近代の病院は、一八八七年(明治二十)、財政再建のために政府が打ちだした、地方税の公立医学校経費への支出禁止などの施策によって、私立中心へと移行していく。アジア・太平洋戦争期には、戦時統制の一環として病院の接収などが構想されたが、実現しないまま敗戦に至った。戦後は、GHQの指令により陸海軍の管轄下にあった病院などが厚生省に移管され、百五十ちかい国立病院が誕生する。長寿命・高齢化が進むなか、保険診療報酬制度のもとで、病院はその数や規模を拡大してきた。

参考文献　菅谷章『日本の病院―その歩みと問題点―』(『中公新書』、一九八一、中央公論社)、酒井シヅ『日本の医療史』(一九八二、東京書籍)、安藤優一郎『江戸の養生所』(『PHP新書』、二〇〇五、PHP研究所)、福永肇『日本病院史』(二〇一四、PILAR PRESS)　(石居　人也)

びょういんし　病院死　病院で亡くなること。一九五一年(昭和二十六)には八割以上の人が自宅で亡くなり、病院死は一割にも満たなかった。しかし在宅死は一貫して減少、病院死は増加して七七年に逆転、病院数の増加、老人医療費無料化などを背景に、その後もその傾向が続き、現在は八割が病院で亡くなっている。一方、人工呼吸器や人工栄養など、病院での延命治療による終末期ケアが疑問視され、七〇年代半ばからは死に臨む人の人間性を重視する「死の尊厳」について語られるようになる。八一年には日本初のホスピス(治療の困難な患者をケアするための施設)が開設された。近年は、生前に自身の遺影を用意したり、死を迎えるにあたっての希望を家族などに確実に伝えるためのエンディングノートが話題になるなど、終末期のあり方を自身で選択しようとする風潮がみられる。高齢社会の成熟により多死社会を迎え、死亡者数、特に後期高齢者の死亡が急増する見込みであり、終末期ケアのあり方が問われている。　↓ホスピス

参考文献　新村拓『在宅死の時代―近代日本のターミナルケア―』(二〇〇一、法政大学出版局)、大出春江編『看取りの文化とケアの社会学』(二〇一三、梓出版社)　(表　真美)

びょういんせん　病院船　⇩従軍看護婦《じゅうぐんかんごふ》

びょうき　病気　本人が心身の異変を知覚している状態を指す病い illness と、知覚の有無にかかわらず医師の診断にもとづいて名付けられた病名を指す疾患・疾病 disease の総体を病気 sickness ということがある。たとえば、腹痛の主訴を医師が十二指腸潰瘍と診断したとき、病いは疾患に変わり、病人は患者として社会的に認知されることになる。認知されることによってその者に期待されていた社会的な役割は一時的に免除される。その意味では病気とは社会的に制度化された役割遂行能力の低下した状態、あるいは役割遂行から逸脱した状態ともいえる。一八七四年(明治七)公布の医制では近代科学の方法論にもとづく診断と治療を行う医師に、患者の隔離や病人の役割免除、生死の確認と報告の義務といった国家の統治機能を補完する役割を担わせる方針が打ち出され、七六年には西洋医学にもとづく医師の養成と医療技術の平準化をはかるための措置である医術開業試験の導入がはかられている。暫定的に認められていた漢方医も八二年には新規開業が打切られ、一九〇六年医師法が公布されている。かつて杉田玄白は病名なんて「患者の意を安んじて落着」させるだけのものであり、漢方医のように病因の条理を明らかにさせないままに病名だけを増やしたところで無益なことであると批判していたが(『形影夜話』)、漢方では病気を固定的実体的に捉えず、体内を流れる気血の異常、時間とともに変化する徴候を症候群として把握するものである。それに対して西洋医学のほうは解剖知識を駆使して器質的な病変、実体として特定できる局所的な病因の追求に努めており、十九世紀以降の急速な診断・検査技術の進歩によって病名数は飛躍的に伸びている。今日では出産や学習障害のように、かつては医療の対象ではなかった

ものが医療の対象となる状況が進んでおり、社会の医療化に伴う病気の増加は著しい。

参考文献　タルコット＝パーソンズ『社会構造とパーソナリティ』(武田良三監訳、一九七三、新泉社)、波平恵美子『病気と治療の文化人類学』(一九八四、海鳴社)、エリオット＝フリードソン『医療と専門家支配』(進藤雄三・宝月誠訳、一九九二、恒星社厚生閣)、新村拓『医療化社会の文化誌—生き切ること・死に切ること—』(一九九八、法政大学出版局)　(新村　拓)

ひょうじゅんご　標準語　公的な場面の話しことばで使われることばを指す。近代化に伴い公的に制定されたものが典型である。書きことばおよび都市の知識層のことばが基準になることが多く、日本では京都のことばが標準語の位置にあった。明治以降、東京山の手中流家庭のことばが規範になった。『日本言語地図』に現れた標準語形の地理的分布パターンを統計的に分析した結果によると、東京でも六〇％強、辺境の県では数％、日本全体としては三〇％台の使用率だった。その半数近くは室町時代以前に文献に初出があって、かつて京都から西日本中心に広がった言い方である(例「ツララ」)。柳田国男の「方言周圏論」で主張されたように、過去には京都の威光prestigeが大きかったとみなされる。近代以降東京から広がった言い方は関東地方周辺にしか勢力を広げていなかった(例「トーモロコシ」)。ただし二十世紀末期の中学生のデータでは標準語形使用率が全国で九〇％以上に達し、標準語の普及が最終段階に近づいたと解釈される。

↓方言《ほうげん》

参考文献　真田信治『標準語の成立事情—日本人の共通ことばはいかにして生まれたか—』(『PHP文庫』、二〇〇一、PHP研究所)　(井上　史雄)

びょうぶ　屏風　風除け・間仕切り・儀式・装飾などのために立て置かれた折りたたみ式の調度。長方形の木枠に布や紙を貼ったものを一扇《せん》と数え、たとえば六扇をつないだものが二つで一組ならば六曲一双といい、向かって右の屏風を右隻、左を左隻と呼ぶ。屏風は少なくとも奈良時代には日本にあり、正倉院には「鳥毛立女屏風《とりげりつじょのびょうぶ》」などの屏風が伝えられている。当初は一扇ごとに独立した図で、縁の金具に紐を通して各扇をつないだ。平安時代の寝殿造では、日常用では唐風の画よりも大和絵が多く使われた。中世に紙の蝶番《ちょうつがい》で接扇する形に変わり、六扇で一画面を描くことが可能になると、大画面にふさわしい構図の山水画や水墨画が発達した。室町時代に屋内が各部屋に分割された書院造が普及すると、間仕切りよりも装飾品としての役割が増大し、中世末から近世初期には俯瞰的構図の「洛中洛外図屏風」「南蛮屏風」「合戦図屏風」などが多く作られ、富や権力の象徴として活用された。

仕切りとして使われる屏風(『当麻曼荼羅縁起絵』より)

参考文献　小泉和子『家具と室内意匠の文化史』(一九七六、法政大学出版局)、同『家具』(『日本史小百科』一七、一九八〇、近藤出版社)、武田恒夫「屏風絵における一双方式の成立」(第一出版センター編『屏風絵の成立と展開』所収、一九八一、講談社)　(菅原　正子)

ひょうりゅう　漂流　航行能力を失った船とともに海上を漂うこと。和船の特徴として大きな一枚帆、水密甲板の欠如、可動式の大きな舵が挙げられる。和船は好天時の沿岸航行を前提に建造されており、荒天時には脆弱で遭難の危険をはらんでいた。難船時には舵の破損が多く発生し、帆柱を切り倒すことも行われた。これにより航行能力が失われ漂流の原因となった。江戸時代中期以降それまでの沿岸航行から沖乗りを行うようになって遭難と漂流が増加した。漂流の事例は太平洋側に多く見られ、北西の季節風が吹く冬期間に多く発生している。漂流からの生還者による記録は、異国との文化接触という観点から重要である。特に江戸時代後期から幕末まで多くの漂流記が残されている(『北槎聞略《ほくさぶんりゃく》』『環海異聞』)。外国に漂着したり外国船に救助された乗組員は、一定の手順を踏んで日本に送還され、漂流の事情や救助後の状況を細かく報告させられ、幕府の監視下に置かれた。その際の知識が外国の事情を知る貴重な資料となった。

参考文献　池田皓編『漂流』(『日本庶民生活史料集成』五、一九六八、三一書房)、石井謙治『江戸海運と弁才船』(『海の歴史選書』二、一九八八、日本海事協会)　(昆　政明)

ビラ　ビラ　⇩広告《こうこく》

ひらいり　平入　大棟と平行をなす平側に入口を設ける建物の形式。妻入の対義語として用いられる。現存最古の民家である箱木家住宅(神戸市)をはじめ、多くの民家は平入を基本とする。十二世紀後半の『年中行事絵巻』にも、切妻造、平入形式の家屋が描かれている。入口は、土間と床上部の境の土間側に開かれる場合が多い。農家では縁側を設け、そこからの出入りするものや、式台を設けることで、日常と非日常の出入りを分けるものもあ

る。　↓妻入《つまいり》

参考文献　野口徹『中世京都の町屋』(一九六八、東京大学出版会)、大場修『近世近代町家建築史論』(二〇〇四、中央公論美術出版)　(鈴木　智大)

ひりょう　肥料　肥料取締法では、「植物の栄養に供すること又は植物の栽培に資するため土じように化学的変化をもたらすことを目的として土地にほどこされる物及び植物の栄養に供することを目的として植物にほどこされる物」と定義される。窒素、リン、カリウムを肥料三要素といい、こうした成分を主に含み、植物の栽培などに用いられるものが肥料であると考えられる。日本では、時代・地域において多種多様なものが肥料として用いられてきた。農家自身で作る肥料を自給肥料というが、中世においては厩肥や刈敷・草木灰(肥灰)などが利用された。近世になると、商業的農業の発展に伴い、購入して使用する肥料が普及していった。これを金肥(購入肥料・販売肥料)といい、菜種粕・綿実粕などの油粕や干鰯・鰊粕といった魚肥などが用いられた。これらのほかに、人糞尿(下肥)も自給分だけでなく、売買や農作物などとの交換を通じて流通した。近代に入ると、購入肥料はさらに多様化した。鰊粕や鰯粕などの魚肥が利用され続ける一方、明治中期には化学肥料である過リン酸石灰の生産を東京人造肥料会社が開始し、普及した。明治後期になると、大豆油の搾り粕である大豆粕が満洲(現在の中国東北部)から大量に輸入され、ヨーロッパなどからは化学肥料の硫酸アンモニア(硫安)も輸入されるようになった。一九二〇―三〇年代には、硫安の国産化も進み、化成肥料の生産も本格化した。戦後は高度化成肥料や尿素などの成分の濃い化学肥料の使用がより一般化した。近年では、無機質肥料である化学肥料の使用を控えようという意識が農家・消費者の間で高まり、有機質肥料への回帰の動きもみられている。　↓刈敷《かりしき》　↓厩肥《きゅうひ》　↓金肥《きんぴ》　↓肥灰《こえばい》　↓下肥《しもごえ》　↓堆肥《たいひ》　↓鰊粕《にしんかす》

参考文献　黒川計『日本における明治以降の土壌肥料考』上・中・下・補稿(一九七五―八三、全国農業協同組合連合会)、坂口誠「明治後期～第一次世界大戦期における川越地方の肥料市場―伊藤長三郎家を中心に―」(『社会経済史学』六六ノ三、二〇〇〇)　(坂口　誠)

ひるね　昼寝　日中に一時的休憩を目的として睡眠をとること。午睡。日の出から日没までを就業時間として認識していた農村では、夏季の労働時間が長く、睡眠不足や夏ばてによる体力消耗を防ぐために仮眠を必要とした。昼寝が行われる季節はおおむね田植えから盆のころまでとされる。近畿地方では、八朔(旧暦八月一日)を「日の辻(正午)の取上げ」と呼び、この日を境に夏の午睡が終わり、夜業が開始される。　(戸邉　優美)

ひろう　披露　結婚・落成・開店などを祝い、広くそれをおおやけにすること、またそのための儀式や祝宴。一般的には、結婚式に伴う集団的な祝宴のことをいい、今日の結婚披露宴がそれにあたる。現代では結婚式は自宅ではなく、ホテルや結婚式場で行われるのが普通であるが、別室での三三九度の盃の儀式などを済ませた後、広いホールに場所を移して盛大な宴会が行われる。新郎新婦の双方の両親・親族・媒酌人・招待客らが一堂に会して、披露宴がなされる。かつての披露宴は新郎側の自宅に、主として双方の身内親族のみを招いて行われるのが一般的であった。結婚披露の祝宴は古い時代から行われており、平安時代の貴族階級では妻問婚《つまどいこん》が行われていたので、結婚三日目に新婦家で祝宴が持たれ、これを露《ところ》顕《あらわし》と称した。近世の武士階級における饗饌《きょうせん》の儀、一般庶民の御披露目《おひろめ》の宴もまた、今日の結婚披露宴にあたるものである。

参考文献　菊地ひと美『お江戸の結婚』(二〇一一、三省堂)　(長沢　利明)

ひろば　広場　人が集まることを目的として設置され、情報・モノなどの交換が行われる空間。普通、野外のものをいうが、同様の機能をもつ施設や組織、メディアを比喩的に広場と呼ぶこともある。広場は共同体の成員によって主に利用されるもの、主として都市において不特定多数の人が集まるもの、権力や行政によって設定されたものなどに分類できる。第一類型の広場の代表である近畿地方村落の広場は、人家が密集して建つ集落の中心付近にあることが多く、村仕事の集合場所や作業場所として利用される。その周囲に集会所や共同出荷場、掲示板、共同井戸などが設けられることも多く、村落の社会的機能の一端を担っている。広場が神社祭祀において神輿が渡御する御旅所として利用されることも多い。歴史的には中世後期の集村化のなかで生まれ現在に引き継がれたものと考えられる。これに対して第二類型の不特定多数の人が集う広場の例として、近世都市における寺社境内、橋詰などをあげることができる。西洋の都市に比較して日本の都市の広場は明確な形態をもたず、祭礼など特定の時間に広場としての性格が強く示される性格がある。そのようなハレの時間に市が立つことも多い。この類型の広場は、その内部や周辺に常設的な店舗が建つことによって次第に盛り場化し近代へと引き継がれるが、盛り場もやはり明確な形態をもたない。第三類型の広場は権力を表示し、命令などの情報を伝達する機能をもつ。近世の城や役所の前に設けられた広場や高札場などがあげられるが、近代以降もその性格は東京の皇居前広場などの形で継続される。わが国の明治以後の都市計画において、広場は法的に明確に位置づけられることはなく、ヨーロッパにみられる都市の象徴として機能する広場が建設されることは少なかった。現在各地にみられる駅前広場なども交通施設としての性格が強い。

参考文献　市川秀之『広場と村落空間の民俗学』(二〇〇一、岩田書院)、吉田伸之・長島弘明・伊藤毅編『江戸の広場』(二〇〇五、東京大学出版会)　(市川　秀之)

ひろま　広間　⇩居間《いま》

ひわだぶき　檜皮葺　檜の樹皮を剝いで重ねて葺いた屋根。「ひはだぶき」ともいう。樹皮を剝いだ葺き材には檜皮のほか、杉・松・樺・桜などがある。尻を竹釘で止める。棟は棟瓦、熨斗瓦《のしがわら》、鬼板を使って収めることが多い。檜皮の耐用年数は三十〜六十年と耐久性に優れ、かつ葺き上がりは優美な曲線を作り出すことから、最高級の植物性屋根葺材として、神社(宇治上神社本殿など)・宮殿(京都御所紫宸殿など)・邸宅(金刀比羅宮表書院など)に多く用いられる。檜皮の採集は水分の少ない八月の盆こ

檜皮葺　京都御所紫宸殿

ろから四月下旬にかけて行われる。古代には官から独立した技術者である様工《ようこう》が採集や葺き作業を請負うこともあった。↓檜《ひのき》　（海野　聡）

びん　瓶　液体や粉末の固体などを入れるための容器。ガラス製、陶器、金属製などがある。明治以降、これまで使用された樽や、陶製の甕に代わり、輸送用の容器として普及した。瓶は、その口縁部に密閉のための蓋を備えているものが多く、紙蓋やコルク栓、ゴム栓、金属製の王冠などがある。規格品では、酒や醬油などを入れた一升瓶や、ビール瓶、牛乳瓶などがある。当初は吹きガラスが用いられたが、大きさが一定でないことから工業用に改良が加えられた。これらは、かつて瓶が大量生産をされずに貴重だったころ、回収されて繰り返し再利用された。このほか瓶は家庭においても容器として使用された。現在も酒類や調味料などの長期保存をするものは、瓶に入れることが多く、すぐに飲むための販売用飲料水は、プラスチック製のペットボトルや紙パックなどの簡易な容器が主流となっている。

参考文献　岩井宏實『民具の博物誌』(一九九〇、河出書房新社)、日本食品保蔵科学会編『食品保蔵・流通技術ハンドブック』(二〇〇六、建帛社)　（岡田　真帆）

びんぼうがみ　貧乏神　人に取り憑いて、その家を貧乏にする神。福の神と対。柿色の裝いで破れ団扇を手にした老人の姿とされることが多い。貧乏の擬人化はすでに十三世紀の説話集にみられるが(『発心集』『沙石集』)、「貧法神」の名称は『大乗院寺社雑事記』文明十五年(一四八三)条に「福天」と対で現われるのが古い。東京の太田神社には貧乏神が祀られており、これは『耳嚢《みみぶくろ》』(十九世紀初頭成立)によると天明年間(一七八一―八九)に始まったことらしい。

参考文献　小松和彦『福の神と貧乏神』(『ちくまプリマーブックス』、一九九八、筑摩書房)　（廣田　龍平）

びんぼうものがたり　貧乏物語　経済学者河上肇が一九一六年(大正五)九月十一日から十二月二十六日にわたって『大阪朝日新聞』に連載した内容に附録を増補し、翌一七年に上梓した評論。第一次世界大戦後の表面化した貧困問題を取り上げて論説し、生活に必要な最低限度の費用を基準とする「貧乏線」を設定して貧困の有無を決定する序章をおき、イギリスのほかドイツ、フランス、アメリカなど主に欧米諸国の貧富の格差を統計的に分析している。さらにイギリスでの社会政策の一つである給食制度を概観し、統計資料を駆使して貧困の発生原因を資本主義的生産関係に基づく社会構造に求め、奢侈や贅沢を抑制して「人心の改造」を図ること、すなわち生産者の責任と同時に、富者たる消費者の責任を明確にすることが社会問題たる貧困問題を解決に導く根本策であると説く。また石川啄木の「はたらけど／はたらけど／猶わが生活《くらし》／楽にならざり／ぢつと手を見る」の一首を引用し、労働実態についても言及している。『岩波文庫』(一九四七年(昭和二十二))として刊行されたほか、内田義彦編『河上肇集』(『近代日本思想大系』一八、七七年、筑摩書房)にも収載されている。　（吉村　智博）

ふ

ふ　麩　小麦を製粉する際に出る表皮(麩《ふすま》)がもとの意味である。これに水を加えてこね、水中でもみ、粘りのあるグルテン(小麦たんぱく質)をとったものも麩と呼んだが、江戸時代には、小麦粉からもとるようになる。グルテンに小麦粉またはもち米の粉を加えて成形し、茹でるか蒸したものを生麩、焼いたものを焼麩という。各種の形があり、精進料理に重用された。特に焼麩は保存食として、近代以降は日常食としても使われた。

参考文献　人見必大『本朝食鑑』(島田勇雄訳注、『東洋文庫』、一九七六、平凡社)、江原絢子「『麩口伝書』解題」(佐藤常雄・徳永光俊・江藤彰彦編『日本農書全集』農産加工三所収、一九九八、農山漁村文化協会)　(江原　絢子)

ファクシミリ　ファクシミリ　文書や画像などの情報を、通信(電話)回線により遠隔地に双方向で伝送するための機器。送信側は情報を読み取り電気信号に変換し、受信側はそのデータを紙媒体に出力して送信側の情報を復元する。戦前から開発が進められ、日本電気は一九二八年(昭和三)にNE式写真電送装置を完成した。戦後には受像側の記録方式がより簡易な方式が開発され、五五年以降、国鉄の運転指令通信や電電公社の電報集配信業務での利用が開始された。さらにその後金融機関の為替業務や地方自治体の公文書などの伝送に利用分野が広がった。七一年の公衆電気通信法改正は電話回線でのファクシミリ利用を可能にするものであり、規格の標準化と相まってビジネスユース拡大の契機となった。そして九〇年代には電話機との複合機として個人向け製品も普及し始めた。九二年(平成四)から普及率の調査品目に加わり、当初は五・五%にすぎなかったが、九〇年代後半から急速に上昇し、二〇〇〇年代末に六〇%弱で飽和状態となった。

参考文献　『日本電気株式会社百年史』(二〇〇一)　(西野　肇)

ファストフード　ファストフード　二十世紀中ごろ、アメリカ資本のフードチェーンが作り出した「安価な、手軽に食べられる、高カロリー食品・食事」(江原絢子他『日本食物史』)。日本のファストフードは一九七〇年(昭和四十五)、大阪万博に実験店を出したケンタッキーフライドチキンが嚆矢とされる。同年、ウインビー(ハンバーガー)が、七一年には日本マクドナルド一号店、ミスタードーナツが、オープンした。その背景には六九年の第二次資本自由化の指定業種に飲食業が含まれていたことがある。手軽さ、安さ、かっこよさで若者の支持を得、購買層や店舗数が広がるにつれて、外食のファッション化・レジャー化は一層進行した。しかし、ファストフードの定番メニュー「ハンバーガー、フライドポテト、フライドチキン」などは高エネルギーであり、肥満や生活習慣病を引き起こしやすい。「ファストフードは死に至らしめるのが早い(fast)食べ物」との批判が起こり、ローマへのマクドナルド進出をきっかけに、八九年スローフード協会が発足している。↓外食産業《がいしょくさんぎょう》　↓ハンバーガー

ファストフード　マクドナルド１号店開店

参考文献　茂木信太郎『キーワードで読み解く現代の食』(一九九八、農林統計協会)、佐藤昴『いつからファーストフードを食べてきたか』(二〇〇三、日経ＢＰ社)、江原絢子・石川尚子・東四柳祥子『日本食物史』(二〇〇九、吉川弘文館)　(石川　尚子)

ファッション　ファッション　英語で、広く「流行」を表す。日本では一八八六年(明治十九)『東京日日新聞』に「フハッション(流行)」と表された。特に服装、服飾の流行、流行の服装、服飾を指すことが多く、これは海外でも同様である。たとえば、民族衣装を民族ファッションとは表現しない。単に服装や服飾をいう場合もある。それを着ている人の集団によって、ＯＬファッションなどのように使用することも少なくない。ファッショナブルという形容詞も普及している。ファッションが大衆化する以前は、流行は上流階級の間だけのものだった。その後、上流階級の間で生まれた流行が経済力を持った市民に広がり、さらに一般の人々に拡大するようになった。現在ファッション業界では、街行く人々の服装(ストリートファッション)を調査して、次の流行を予測することもある。今や、古着も制服も着物もファッションたりうる。また高級既製服(プレタポルテ)を中心としたファッションは、パリ、ミラノ、ロンドン、ニューヨークなどで年に二回、春夏物と秋冬物について定期的に開かれるファッションショー(「コレクション」という)によって広められる。高級婦人仕立服(オートクチュール)はパリのみで

発表される。ファッションショーには、デパートの催事から学校や企業・団体が行うイベント、東京ガールズコレクション(二〇〇五年(平成十七)―)のような興業までさまざまある。ビジネスや興業のためのショーは、専門の演出家、ヘアメイクアーティスト、スタイリストによって作られ、それぞれの目的に合ったファッションモデルが選ばれる。プロのモデルにも、ショーを得意とする者、写真撮影に好まれる者、両者に人気の者がいる。一九八〇年代後半には、世界的にスーパーモデルブームが起こり、日本女性にも美容法など影響を与えた。二十世紀末には、ファッション雑誌の読者モデルが身近なファッションリーダーとして支持を集めた。その後は、世代ごとに、雑誌の顔となってその世代の流行を左右する等身大のモデルが存在している。 ↓アイビー ↓VAN《ヴァン》 ↓服飾《ふくしょく》 ↓ブランド文化《ぶんか》

参考文献 横田尚美『二〇世紀からのファッション史―リバイバルとリスタイル―』(二〇一三、原書房)

(横田 尚美)

ファッションざっし　ファッション雑誌　流行の服飾や化粧などを伝える雑誌。『女性』(一九二二年(大正十一)―二八年(昭和三))と『婦人グラフ』(二四―二八年)は仏誌を模倣。『装苑』(三六年―)と『ドレスメーキング』(四九―九三年(平成五))は洋裁学校発行誌として家庭洋裁を主導した。『男子専科』(五〇―九三年)、『メンズクラブ』(六三年―)は初の男性誌である。『アンアン』(七〇年―)には型紙がなく、同誌が生んだスタイリストによって、コーディネート(着こなし)が紹介された。『ノンノ』(七一年―)はより一般向けであったが、二誌の読者はまとめてアンノン族と呼ばれた。一九八〇年代には、『JJ』(七五年―)は保守的なお洒落の見本になった。一九八〇年代には、デザイナーズブランドを『アンアン』や『流行通信』(六六―二〇〇七年)、『ハイファッション』(一九六〇―二〇一〇年)が盛立てた。業界が若年層に目を向けると、『オリーブ』(一九八二―二〇〇〇年)、さらに子供向けの『ニコラ』(一九九七年―)が創刊する。二十世紀末には、身近なストリートスナップが人気となった。海外の『ヴォーグ』や『エル』などは日本版を発行し、日本の各誌はアジアに展開した。 ↓アンノン族《ぞく》

参考文献 『文化女子大学図書館所蔵服飾関連雑誌解題・目録(開館五五周年記念)』(二〇〇五、文化女子大学図書館)

(横田 尚美)

ファッション雑誌 『an•an』第1号

ファミコン　ファミコン　ファミリーコンピュータ family computer の略称。主にテレビゲームに使用する家庭用ゲーム機を指す。一九八三年(昭和五十八)に株式会社任天堂から発売された。他のゲーム機を凌駕する高機能性が、瞬時に子どもから大人までの評価を集め、「スーパーマリオブラザーズ」(八五年発売)などの人気ソフトが相ついで発売されたことも相まって、日本国内はもとより、世界中に普及した。子どもたちのゲームに対する過度の熱中が、健康や学業の面で問題視され、社会問題にもなった。

参考文献 小山友介『日本デジタルゲーム産業史―ファミコン以前からスマホゲームまで―』(二〇一六、人文書院)

(宮瀧 交二)

ファミコン (1983年発売)

ファンシーグッズ　ファンシーグッズ　女性の化粧用具やアクセサリーなどの小物、文具といった身辺雑貨品。fancy goods。その多くには「かわいい」という付加価値が加えられている。すでに大正期には、画家竹久夢二が東京日本橋に港屋絵草紙店を開き、自身の絵を入れた身辺雑貨品や文具などを販売して人気を集めた。戦後の高度経済成長期には、『なかよし』(講談社)、『りぼん』(集英社)といった少女マンガ雑誌が相ついで発行され、人気マンガのキャラクターがデザインされた文具などが附録に付いて発行部数を伸ばした。今日、日本のファンシーグッズは海外でも人気を呼んでおり、中でも、株式会社サンリオが一九七四年(昭和四十九)から発売を開始したハローキティ」関係の商品は、世界中で歓迎され、多くのファンが存在している。

参考文献 中村圭子編『日本の「かわいい」図鑑―ファンシーグッズの一〇〇年―』(『らんぷの本』、二〇一三、河出書房新社)

(宮瀧 交二)

ふうし　諷刺　同時代の社会や政治権力、または特定の集団や個人に対して、正面切った主張としてではなく、揶揄したり嘲弄するような冷評をもって批判し告発すること。〔前近代〕中世では、建武政権への批判を、「京童の口遊《くちずさみ》」の一端として記した「二条河原落書」のように、

人目にたつ場所に匿名で掲げる落書や落首で示されることが多い。政変や戦乱、災害、飢饉などが起こると、直ちに人の口にのぼり社会不安がひろがる。口から耳へと伝えられるうちに、そこに人々の抱く恐れや怒りや願望がまざりあって、権力や権威への反発や批判となって膨れあがる。それを、口ずさみやすいリズムにまとめ、そこに滑稽味を加えて文字に表して公開したのである。身分的に下位の者が、権威ある上位者に対抗する手段として、近世になると、明確に社会や政治を批判する意図をもった書物が出版され、パロディとしての狂歌がもてはやされた。　→落書《らくしょ》　（酒井　紀美）

〔近現代〕近代に入り諷刺の舞台は格段に広がった。特に諷刺漫画が圧倒的に多い。一八六二年(文久二)に英人チャールズ＝ワーグマンが諷刺漫画雑誌『ジャパン＝パンチ』を創刊し、一八七七年(明治十)に野村文夫が『団団《まるまる》珍聞《ちんぶん》』を創刊して当初は本多錦吉郎が、その後に明治の代表的な漫画家小林清親が痛烈な藩閥政府批判・自由民権運動支持の諷刺漫画を精力的に描いた。仏人画家ジョルジュ＝ビゴーが諷刺漫画『トバエ』を八七年に創刊し、一九〇五年に北沢楽天主筆の第一次『東京パック』が創刊されると諷刺漫画で一世を風靡し、一九二八年(昭和三)から戦時下にかけての第四次で下田憲一郎はプロレタリア美術運動を支援して須山計一・柳瀬正夢らの諷刺画を掲載し発売禁止や起訴を受けた。この間、一九一二年(大正元)に岡本一平が『東京朝日新聞』に入り諷刺漫画で大活躍し、昭和前期の戦時下では言論統制のもとで敵国諷刺が台頭した。硬派の諷刺漫画家の活躍の場は新聞で、戦後は近藤日出造らが喝采を浴びた。明治初年の戯作文学では開化の世相を辛辣・滑稽に諷刺した仮名垣魯文『(万国航海)西洋道中膝栗毛』が代表的で、新聞界では『朝野新聞』の成島柳北の諷刺の効いた痛烈な藩閥政治批判が注目される。明治の文学界では内田魯庵・北村透谷・夏目漱石らが英国の文学者ジョナサン＝スウィフトの諷刺論に言及している。諷刺川柳は究極の少文字数で現在も新聞雑誌に満載されている。諷刺は表現の自由が保障され多元的価値観を許容する社会でのみ広く成り立ち得る。近代の全体像を網羅した「近代日本の総合的諷刺研究」は未だにない。

参考文献　井上ひさし「風刺と笑いによって」(『(岩波講座)文学』一二所収、一九七六、岩波書店)、重富昭夫『ワーグマンと横浜—風刺漫画のルーツ、英人ジャーナリスト—』(一九八五、暁印書館)、湯本豪一『風刺漫画で日本近代史がわかる本』(二〇一一、草思社)、読売新聞世論調査部編『USO放送—世相を斬る三行の風刺—』(二〇一四、中央公論新社)　（佐藤　能丸）

ふうすい　風水　建物などの建設を行う際、その場所の地勢環境を総合的に検討して吉凶を判断し、よりよい諸条件を求めるための伝統的な基礎理論のこと。風水の概念を定義づけることは非常にむずかしいが、牧尾良海によればこれを「人が都城や寺院・居宅・墳墓などを構築するに当って、予定地点の環境を形成している大地自然の形勢や方位、流泉の有無及びその態様、地表下の精気(竜脈)の優劣吉凶、全局面における陰陽調和の程度等を観察判断し、能うかぎりの各種の好条件を具えた勝境を求める理論と方法をふくむ思想の一体系」としている。風水の習俗は東アジアから東南アジアにかけて広く見られるが、特に盛んであったのは中国と朝鮮で、日本もその影響下にあった。平城京・平安京そして近世江戸の町並は、風水の一種である四神思想にもとづいて建設されたといわれている。それは生者の住む環境世界に関する風水であって陽宅風水といい、死者の住む世界すなわち墓地の立地に関するそれは陰宅風水と呼ばれた。沖縄の墓所や家屋敷の立地などを見てみると、背後が高くて前方が低いという土地条件をよく満たしており、もっとも優れた風水環境にあるといわれている。

参考文献　牧尾良海「風水思想と仏教」(『仏教文化論集』二、一九七七)、渡辺欣雄・三浦国雄編『風水論集』(『環中国海の民俗と文化』四、一九九四、凱風社)　（長沢　利明）

ふうぞくがほう　風俗画報　明治中期から大正初期までの月刊画報雑誌。創刊号は一八八九年(明治二十二)二月十日発行、終刊号は一九一六年(大正五)三月五日発行の第四七八号(号外を含めて四百七十九冊)、他の増刊号三十九冊を合わせて実数全五百十八冊。発行所は吾妻健三郎経営の東陽堂で、編集責任者は渡部又太郎(号乙羽、のちの大橋乙羽)、一八九四年から山下重民。創刊号の「稟告」に発行趣旨を「風俗画報ハ専ラ絵画ヲ応用シテ台閣江湖都鄙村落(中略)衣服器財ノ現象冠婚葬祭ノ様式神社ノ祭典仏寺ノ行法古来風俗ノ今ニ存スルモノ(中略)殿堂屋宇建築ノ規模舟車橋梁製作ノ模型有名男女ノ肖像歌舞音楽ノ姿態(中略)凡人事百般(中略)風俗ヲ網羅集載シ以テ後世ニ伝ヘ歴史工芸其他諸科ノ考証及研究ノ用ニ供セントス」と記し、この編集方針を堅持した。内容は論説・人事門・服飾門・食飲門・土木門・器財門・動植門・叢談・漫録・詞林。画家は尾形月耕・山本松谷(一人で千二百七十枚余を描く)ら二十七年間で五十人を越える。その絵画印刷は他の新聞・雑誌の及ばぬ技術力で、石版画による速報性は木版や銅版を陵駕した。発行部数は、創刊年の八九年一年間で三万八千三百四十九部、九〇年一年間で五万六千五百部、九四年一年間で十三万五千部であった。増刊号などで斬新な特集を組み、「日清戦争図会」

『風俗画報』第1号

などの大戦争、夥しい「新撰東京名所図会」などの各地名所、「大洪水地震被害録」などの大災害、「大婚二十五年祝典記事」「御大葬」などの慶弔、「足尾銅山図会」「郵船図会」などの産業図会、「東京勧業博覧会図会」などの博覧会等々は諸研究書や図録類に転載頻度の多い貴重な史料群である。また、地方在住者からの投書や随所にみられる全国各地の慣習・風俗などの記事は民俗学黎明期における貴重な史料である。『風俗画報』の最盛期は石版画中心の明治三十年代であった。だが、明治末期には写真版が増加し、一九一六年に終刊した。複製版『風俗画報』(一九七三年(昭和四十八)―七六年、明治文献)、復刻版『風俗画報』(七三―七九年、国書刊行会)と『風俗画報』CD-ROM版(二〇〇二年(平成十四)、ゆまに書房)がある。

参考文献　語る人山本松谷、聞く人木村荘八・安藤鶴夫・槌田満文「(座談会)明治の週刊誌「風俗画報」をめぐつて」(『美術手帖』一一三、一九五六)、宮尾しげを編『風俗画報索引(改訂版)』(一九五九、青蛙房)、書誌研究懇話会編・槌田満文解説『『風俗画報』目次総覧』(一九六〇、龍溪書舎)、山下重一他座談会「画報雑誌のパイオニア―風俗画報をめぐって―」上・下(『日本古書通信』七四二・七四三、一九九二)、山本駿次朗『報道画家山本松谷の生涯』(一九九一、青蛙房)　(佐藤　能丸)

ふうぞくさんぎょう　風俗産業　生活(衣・食・住・遊)に関わる営業の産業。しかし、戦後は一九八〇年(昭和五十五)前後から「フーゾク産業」として「商品化された性」(金銭を媒介とした性)の性風俗産業が独自に展開している。戦後の風俗取締りは、四八年七月十日公布風俗営業取締法(風営法、同年九月一日施行)に一元化された。この後順次改正されて対象が追加され、待合・料理店・カフェー・キャバレー・ダンスホール・玉突場・麻雀屋・ナイトクラブ・特定の喫茶店(照度規制)・バー・パチンコ屋・低照度飲食店・区画席飲食店・深夜飲食店・個室付浴場業(トルコ風呂、のちのソープランド)・ストリップ劇場・ヌードスタジオ・モーテルなどとされた。だが、多様化と拡大化のため、同法は抜本的に改正されて、八四年八月十四日公布「風俗営業等の規制及び業務の適正化等に関する法律」(新風営法、八五年二月十三日施行)が制定され、「風俗営業」と「風俗関連営業」(性風俗関連特殊営業)とに区別され、以後、ノーパン喫茶・のぞき部屋・個室マッサージ・レンタルルーム等々新手の営業が続出している。近年のインターネット・携帯電話・スマートフォン・DVDなどの高度情報化社会の到来の中で、「性欲」の処理だけではない性風俗産業が家庭にまで拡散化している。　→歓楽街《かんらくがい》

参考文献　佐藤文哉編『風俗営業・売春防止』(『刑事裁判実務大系』三、一九九四、青林書店)、永井良和『風俗営業取締り』(『講談社選書メチエ』、二〇〇二、講談社)、『男性の性意識に関する実証的研究―セクシュアリティの歴史的表象と性風俗産業のフィールドワーク―』(二〇〇五、福島県男女共生センター)　(佐藤　能丸)

ふうぞくとうせい　風俗統制　風俗は、衣食住、生活習慣、行事、流行など、一般に広い意味で用いられている言葉であり、これらの行為の禁止ないし制限を意味する。そのような風俗に関する規制は、中央や為政者によって古代以来さまざまな意図から行われてきた。近代になると、風俗統制にはこれまでとは異なる意図が含まれるようになる。日本の文明度を国外に示す必要性、すなわち、西洋諸国と結んだ不平等条約などの撤廃を目的とする文明開化がそれである。近代初期の風俗統制令である違式《いしき》詿違条例《かいいじょうれい》は、一八七二年(明治五)の東京府下違式詿違条例公布を先駆に、順次地方で施行された。「野蛮」と目された風俗・習慣に加え、交通・衛生・経済活動(近世以来の五人組法規などをも包摂する)ほか生活に関わるさまざまな行為が禁止された。注目されるのは、違式詿違条例の施行上、全国一斉の風俗規制が困難であること、そのため三府五港(東京・大阪・京都と開港場である函館・新潟・横浜・神戸・長崎を意味する)での優先的施行が明記されている点である。「一県内と雖も各地の人情に異同があり、「一概に之を施行し自然人民の苦情怨嗟を醸す」ことを避ける目的で、規制内容を各地の風情に従い、取捨選択する旨が記された。これらから、当時において国内の文化的状況が斉一ではないこと、さらに旧来の文化の転換が、「甚だ至難」であると中央に認識されていたことが理解される。一方で外国人が多数出入りする三府五港では、国内の文明度が判断されるため、特に明治維新以来外国人に批判されてきた行為(混浴・入墨・往来での裸体や立小便など)が禁止されている。八〇年の刑法(旧刑法)布告に従い、違式詿違条例は旧刑法第四編「違警罪」に順次置き換えられた。これは公序良俗・風紀壊乱の取締りに加え、違警罪即決例(八五年)などとともに治安法制として利用されたが、第二次世界大戦後廃止となり、軽犯罪法(一九四八年(昭和二十三))へと転換した。また現在用いられる「風俗」の意味では、旧刑法第二編「公益ニ関スル重罪軽罪」第六章「風俗を害する罪」で「公然猥褻」「賭博」興業などが規制されており、これが現行の風営法(風俗営業等の規制及び業務の適正化等に関する法律)の起源の一つとなっている。

参考文献　神谷力「地方違式詿違条例の施行と運用」(『明治法制史・政治史の諸問題―手塚豊教授退職記念論文集―』所収、一九七七、慶応通信)、『風俗　性』(小木新造・熊倉功夫・上野千鶴子校注、『日本近代思想大系』二三、一九九〇、岩波書店)、百瀬響『文明開化　失われた風俗』(『歴史文化ライブラリー』、二〇〇八、吉川弘文館)　(百瀬　響)

ブーツ　ブーツ　履き口が踝《くるぶし》より高い位置にある靴をいい、もとは軍隊や乗馬用であったが、十九世紀後半、ゴム入り布・ハト目・ボタンなどの留め具によりフィット性を増し、女性も用いる服飾品となった。日本では、ゴ

ム長靴と区別して、革や合成皮革、織物などを用いたものをさし、防寒を兼ねて冬期に用いることが多い。踝丈のショートブーツ、脹脛《ふくらはぎ》中位丈のハーフブーツ、膝丈のロングブーツが基本で、さまざまなデザインと名称がある。　（市田　京子）

ふうふ　夫婦　基本的には婚姻によって結ばれた男女を指し、家族の基本的な単位とされる。日本では、明治以降は法律婚主義をとるため、原則的には婚姻届を役所に提出した後に男女が正式な夫婦とみなされるが、内縁関係にある男女も実質的には夫婦であると理解されることが多い。日本には親子関係をもっとも重視する家族と、夫婦関係をもっとも重視する家族の二種の形態が存在するといわれており、前者を「親子中心型家族」、後者を「夫婦中心型家族」と呼ぶこともある。親子中心型家族は、日本の家制度に基づいた家族で、二世代の夫婦が同居して一つの世帯を構成する形をとるところに特色がある。家族構成員の中で、特に父と長男との繋がりをもっとも重視する家族で、一般に直系家族と呼ばれる家族形態を指す。一方夫婦中心型家族は、親子の関係よりも夫婦関係が重視される家族形態で、伝統的な民俗社会においては、長男の結婚を契機として、親夫婦が別棟へ隠居し、二世代の夫婦が同居しない慣行、すなわち隠居慣行を伴うケースが多い。しかし一方で、子どもたちの内で誰も家にとどまらないような、いわば「家」の継承に対する意識がきわめて希薄な家族も存在する。それは昭和以後、特に戦後になって普及した現代的な都市型の家族であり、一般に核家族と呼ばれる家族である。そこでは一組の夫婦と未婚の子とで家族を構成し、子の成長と巣立ちによって再び夫婦のみの家族となり、この家族は一代限りで消滅するものとされる。さらに伝統的な民俗社会においても、特に奄美地方において、子がだれも家を継承せずに、一代限りで消滅するような形態の家族が見られるともいわれている。しかしいずれにしても、このような家族においては「家意識」がきわめて希薄であり、かつその存続を希求する志向が積極的に見出せないという点において、ほかの家族とは質的に一線を画しているといえよう。

参考文献　大間知篤三『婚姻の民俗学』（『民俗民芸双書』一八、一九六七、岩崎美術社）　（八木　透）

ふうふべっせい　夫婦別姓　日本では、民法第七五〇条に「夫婦は婚姻の際に定めるところに従い、夫又は妻の氏を称する」とあり、婚姻届を提出する時に夫の姓を名乗るか妻の姓を名乗るかを選択することはできるが、夫婦が異なる姓を名乗ることはできない。姓の選択の余地はあるが、実際には妻の姓を選択する夫婦はごく稀であり、大半は夫の姓を名乗っている。一九九六年（平成八）には夫婦別姓を盛り込んだ民法改正法案が法務大臣に答申されたが、国会議員の反対があって未だに改正には至っていない。反対論者たちの見解は、夫婦と子どもが同姓であることによって一体感を保てるとする内容が多くを占めている。しかし日本で夫婦同姓が法律として定められたのは一八九八年（明治三十一）の明治民法施行からであり、それ以前は、妻は基本的には生家の姓を称するものとされていた。また世界中で夫婦同姓を法的に定めているのは日本だけであることもあまり知られてはいない。

参考文献　八木透・政岡伸洋編『こんなに面白い民俗学』（『図解雑学―絵と文章でわかりやすい―』、二〇〇四、ナツメ社）　（八木　透）

ふうりん　風鈴　釣鐘状のガラスや陶器、鋳物などに舌《ぜつ》を提げた鈴で、風で揺れるように舌に短冊などをつけて用いる。寺院建築の屋根の隅に吊りさげ、音で邪気を払う風鐸が元になっているとされる。庶民にとっては家の軒に吊って夏の涼を愉しむものとなり、江戸時代の風鈴売りは、夏の到来を告げる風物詩として親しまれた。有名なガラスの江戸風鈴に加え、高岡銅器や南部鉄器の金属製の風鈴、珍しいものとしては、舌に紀州備長炭や明珍火箸を使った風鈴もある。　（加藤　幸治）

フォークソング　フォークソング　字義をそのまま和訳すれば民謡となり、特定の地域に土着する歌謡全般を指すといえるが、一九五〇年代ごろのアメリカでそういった土着性・民俗性を廃し、現代風にアレンジした歌が一般的なフォークソングの原点といえる。日本では、六〇年代半ば、ビートルズやベンチャーズ、ローリングストーンズといったエレキギターブームを背景にしたグループサウンズ（GS）がフォークソングの最初だろう。加山雄三や荒木一郎、マイク真木、森山良子、ビリーバンバン、ブルーコメッツなどが代表的な歌い手で学生を中心に幅広く人気を獲得した。六〇年代後半になると、ベトナム反戦の気運高まるアメリカでボブ＝ディランが支持を得だしたことを背景に、岡林信康や高田渡、加藤和彦率いるフォーククルセイダーズらがアコースティックギターを片手に台頭、アングラ＝ブームを形成する。彼らは、自分たちを取り囲む社会と自分たちの生活や心情のギャップを恐れずに歌にのせ発信してきた。七〇年代、フォークソングは井上陽水、吉田拓郎、荒井由実（のちに松任谷と改名、愛称ユーミン）といった多様な才能が入り乱れるようになるが、一方でそれまでのような明確なポリシーも喪失してしまう。音楽のジャンルとしての統一性を欠き、ロックなど他ジャンルの音楽との境界線も曖昧になった陽水や拓郎、ユーミンらの音楽はニューミュージックと呼ばれるようになる。ただし、同時期には中島みゆきや泉谷しげる、忌野清志郎、さだまさしといった面々も登場しており、都市と地方の格差や大人と若者の社会に対する眼差しの違いと真摯に向き合おうとした彼らの楽曲は根強い支持を得た。高度成長期を経て、バブル期に差し掛かるころになると、サザンオールスターズ（桑田佳祐）やチューリップ（財津和夫）、アルフィー、山下達郎らがフォークソングの意匠を引き継ぎつつ、新

たなニューミュージックの中心として台頭する。彼らの楽曲は、旋律や伴奏の面でフォークソングの系譜を引き継ぎつつも、アングラ＝ブームの時代の楽曲のような体制への攻撃性はほとんど見受けられず、井上陽水や吉田拓郎以来の個人の心情と人間関係の描写に重点を置いた楽曲が中心になっていく。桑田佳祐らの台頭の前後から、ニューミュージックやフォークソングという表現はあまり用いられなくなり、**J-POP**(ジェイポップ)という表現が用いられるようになる。何を以て、フォークからニューミュージック、ニューミュージックから**J-POP**に変わったかを説明するのはきわめて困難だが、**J-POP**にはない、社会と人々の心情とをダイレクトに結び付けていく説得力や熱意こそが、フォークソングをフォークソングたらしめているかもしれない。

参考文献　なぎら健壱『日本フォーク私的大全』(『ちくま文庫』、一九九九、筑摩書房)、富澤一誠『あの素晴らしい曲をもう一度―フォークからJポップまで―』(『新潮新書』、二〇一〇、新潮社)　(花岡敬太郎)

フォークダンス　フォークダンス　広義にいえば、地域に住む人々の習俗や信仰に由来する踊り全般を指し、日本の「阿波踊り」などの民踊も含まれる。ただし、一般的にフォークダンスといった場合は外国の踊りに限定される。二十世紀初頭のアメリカで、フォークダンスにレクリエーション運動の一環として整備され、終戦後の日本においてもレクリエーション運動としてのフォークダンスがアメリカによって瞬く間に広められていった。体育的レクリエーションとして評価され、運動会などの学校教育や社会教育の場などに広く導入されていく。「マイム＝マイム」や「オクラホマミキサ」「ジェンガ」などが有名であろう。一九六〇年代になると、フォークダンスに圧され影を潜めていた日本民謡も教育の場などで再び注目されるようになり、九〇年代以降、学園ドラマで取り上げられた北海道のソーラン節や、高知県のよさこい祭りとソーラン節を融合させたYOSAKOIソーラン祭りが誕生するなど、日本民謡もフォークダンスに並ぶレクリエーションとして発達していく。二〇〇〇年代以降、フォークダンスや民謡に限らず、さまざまなジャンルのダンスがレクリエーションの場の可能性としてアニメやゲーム、テレビドラマなどで取り上げられ、レクリエーションとしてのフォークダンス(民衆の踊り)は戦後の人々の歩みの多様化にあわせて、さまざまな側面をみせるようになっている。

参考文献　藤本祐次郎『日本民踊とフォークダンス』(一九九八、世界書院)　(花岡敬太郎)

ふきん　ふきん　水気や汚れをぬぐうために使う布。仏教用語の鉢巾《はいきん》(「ふいきん」とも)が由来とされる。綿や麻の素材が長く使われ、台ふきんなどには古布が再利用されることもあった。高度経済成長期、ふきんは一尺五寸ほどのさらし木綿のまま使われていたが、雑誌メディアが衛生と使い勝手の問題を指摘し、綿とレーヨンの混紡素材で一回り大きいふきんが提案された。これ以降、化学繊維素材やさまざまな大きさのバリエーション豊かなふきんが販売されるようになった。

参考文献　小泉和子『台所道具いまむかし』(一九九四、平凡社)　(戸邉　優美)

ふくいん　復員　軍隊を平時の体制に戻し、兵員の召集を解除すること、または兵士が帰郷すること。復員の対義語に動員があり、軍隊を戦時体制に移行し、資源や設備、人員を国家や軍隊に集中、組織することとある。近代戦は総力戦であるためにアジア・太平洋戦争では国家総動員法に基づき物資や人材が国家に管理、徴用された。学生や一般市民の軍需工場などへの動員はその代表的事例である。兵士の復員には、息子の帰りを待つ母の姿を歌った「岸壁の母」や、捕虜としてソ連へ連行され帰国も叶わず、極寒の地で多くの者が命を落としたシベリア抑留などが知られているが、動員された学生や勤労者が復員するとの表現はない。これは、それらが敗戦後の混乱の中で行われたためか、「復員」と呼べるほど組織化されていなかったことの証左であろう。実際、国内の部隊では残された食糧などを「横領」し、それを手土産に帰還する兵士も少なくなかった。これらのことからも国内における軍民動員の実態、敗戦の混乱をみることができる。→引《ひ》き揚《あ》げ者《しゃ》　(大城　清彦)

南洋から復員した旧日本軍将兵

ふくし　福祉　第二次世界大戦後に広く用いられるようになった、英語のWelfareに対応する幸福や豊かさを意味する言葉であるが、意味内容は文脈によって異なる。日本国憲法の「公共の福祉」、教育基本法の「人類の福祉」のような用例は、幸福を抽象的に言い表したものであるが、通例は人々の幸福や豊かさを実現するための制度や事業との関連で用いられる。その代表が「社会福祉」であり、その根拠法である生活保護法、児童福祉法、母子及び父子並びに寡婦福祉法(制定時は母子福祉法)、身体障害者福祉法、知的障害者福祉法(制定時は精神薄弱者福祉法)、老人福祉法を、「福祉六法」と呼んでいる。また社会福祉を含む社会保障制度の充実を掲げた第二次世界大戦後の国家は「福祉国家」と呼ばれたが、それは社会主義への対抗イデオロギーでもあった。日本では自由民主党が福祉国家の建設を標榜し、特に田中角栄内閣は一九七三年(昭和四十八)を「福祉元年」と位置づけ、年金給付水準の引き上げや老人医療費の無料化に踏み切った。

しかし同年のオイルショックを機に高度経済成長が終焉し、やがて社会保障費支出の抑制を主眼とする「日本型福祉社会論」が台頭することとなった。戦後の日本では、社会保障制度が整備される一方、大企業を中心に福利厚生(従業員に対して支給される非金銭報酬)による「企業福祉」も発達をみた。しかし中小企業が大企業並みの企業福祉を行うことは困難であり、この面での企業間格差が広がった。こうした状況を踏まえ、七〇年代以降、厚生年金休暇センターなどの厚生年金福祉施設、年金福祉事業団によるグリーンピア(大規模年金保養基地)、雇用保険の雇用福祉事業によるスポーツ施設や勤労者いこいの村などが相ついで建設された。これらの勤労者向け「福祉施設」は、二十一世紀初頭の特殊法人改革によりその多くが閉鎖・民間移管され、企業福祉も日本型経営が揺らぐ中で縮小が続いている。

参考文献　百瀬孝『「社会福祉」の成立―解釈の変遷と定着過程―』(『Minerva社会福祉叢書』、二〇〇二、ミネルヴァ書房)
(高岡　裕之)

ふくしゃき　複写機　文書や図像などを、各種の紙を主とする媒体に複写(コピー)する機器。かつてはその主要メーカーの名そのままに、ゼロックスとも呼ばれた。複写機以前には印刷機や謄写版、カメラやカーボン紙など、さらにはジアゾ式(青焼)複写機が存在したが、いずれも簡便さに大きな難点を含んでいた。一九六二年(昭和三十七)に設立された富士ゼロックス社はPPC(Plain Paper Copier、普通紙複写機)の国内生産・販売を開始し、続いてリコーも異なる方式(EF式)の複写機を開発して対抗した。七〇年代には、基本特許の消滅によってリコーも含む多数のメーカーがPPC市場に参入し、競争が激化する中で生産は拡大していった。当初はオフィスでの使用が主であったが、店舗や図書館などでのコピーサービスにより、消費者もその利便性を認識していった。八〇年代を経て九〇年代以降は個人向け製品の開発が進み、パソコンの普及とともにファクシミリ機能、スキャン機能、プリンター機能も搭載した複合機へと発展していった。

参考文献　上村雅洋「複写機」(石川健次郎編『ランドマーク商品の研究―商品史からのメッセージ―』三所収、二〇〇八、同文舘出版)、『富士ゼロックス五〇年のあゆみ―一九六二―二〇一一―』(二〇一三)
(西野　肇)

ふくしょく　服飾　衣服・装身具など身につけるものの総称。〔古代・中世〕古代・中世の服飾は、五・六世紀には大陸の北方民族の影響を受け、七・八世紀には隋・唐の影響を強く受けたが、九世紀以降に日本的な貴族の服飾文化が形成され、さらに十二世紀以降には元来は武家・庶民の衣服であった服飾が次第に主流化していった。

『魏志』倭人伝によれば三世紀中ごろの日本では、男性は横幅の布をまとって縫い目はなく、女性は布に穴をあけて頭を通した貫頭衣であったという。五・六世紀の古墳時代の服飾は、埴輪や出土品によれば大陸の北方騎馬民族の衣褌《きぬはかま》・衣裳《きぬも》形式で、男性は筒袖《つつそで》の上衣とズボン形式の褌《はかま》を着け、女性は同様の上衣とスカート形式の裳《も》を着けた。出土品に首・腕・耳などを飾る装身具が多いのもこの時代の特徴である。七世紀の飛鳥時代には衣褌・衣裳形式が発展して、男性は上衣と褌の間にスカート状の褶《ひらみ》を着け、女性は上衣と裳の間に褶を着けた。天武天皇は六八〇年代に髪型と服飾の唐風化を推進し、八世紀には養老律令衣服令《いふくりょう》で朝廷の礼服《らいふく》・朝服《ちょうふく》などの制度が規定された。礼服は、男性は冠をかぶって大袖の上衣に褶と袴をはき、女性は頭を結って金銀玉の飾りを付けた宝《ほう》髻《けい》にし、大袖の上衣にロングスカートの裙《くん》と褶をはいた。日常の出仕服である朝服は、男性は黒の頭巾《ときん》をかぶって盤領《あげくび》(首に添った形の襟)の長衣の袍《ほう》を着て袴をはき、女性は上衣に裙をはいた姿であった。これらの服は官位により服の色が定まっていた。

平安時代に遣唐使が廃止されて日本的な文化が開花すると、服飾も日本の気候と住居に適した形に変わっていった。礼服は天皇の即位式に限られるようになり、男性の朝服は束帯《そくたい》が第一の公服とされた。文官の束帯は冠・袍と表袴《うえのはかま》・大口袴《おおくちばかま》などを着け、内衣の下襲《したがさね》の裾を長く引いているのが特徴である。衣冠《いかん》は、下襲がなくて表袴の代わりに足首を括った指貫《さしぬき》をはいたもので、宿直《とのい》の時に着る装束であったが、次第に束帯に次ぐ公服になった。貴族の私服であった直衣《のうし》は、烏帽子《えぼし》をかぶり色・材質の自由な袍(雑袍《ざつぽう》)を着て指貫をはいた姿で、天皇の勅許を得た貴族は宮中で着用できた。これらの公服は、萎装束《なえしょうぞく》から平安後期に糊を付けて固く張った強《こわ》装束になり、着付けの専門(衣紋道《えもんどう》)の人々が着せるようになった。このほか、下級貴族などが狩猟や蹴鞠などの時に着用した狩《かり》衣《ぎぬ》は、動きやすいように大袖が後身頃《みごろ》のみに縫い付けられた闕腋衣《けってきい》で、はじめは布(麻のこと)製で布衣《ほい》と呼ばれた。貴族女性の正装は唐衣裳《からぎぬも》(十二単《ひとえ》)で、一番上に奈良時代の背子《からぎぬ》から変じた唐衣と後のみになった裳を着け、その下に表着《うわぎ》・重ね袿《うちぎ》・単と袴を着けた。表着・袿は袷《あわせ》(裏地がある服)で、重ね袿は平安後期には五枚(五衣《いつつぎぬ》)が普通になった。貴族女性は日常では唐衣と裳を省略した袿姿であった。これらの貴族の服は袖口の大きい大袖であり、強装束が出現した平安後期には防寒のために袖口の小さい小袖を一番下に着るようになった。大袖の袷の服は袖口・襟・裾で裏地が少し表に出るように仕立てられており、表地・裏地と重ねて着る服の色を工夫して考案された重ね色目は、移り変わる四季の植物・自然の美しさを感じさせるみやびな配色である。寒暖の差が激しい日本では、季節の変わり目に衣更《ころもがえ》を行なった。朝廷では四月一日と十月一日に装束の衣更を行い、四月一日には天皇の直衣の御衣《おんぞ》を袷から生絹《すずし》(生糸で織った絹)の単に、女房たちの袿を袷から単に替えた。

庶民の服飾に関する史料は少ないが、貴族が主に絹織物の装束を着用したのに対し、庶民の衣服は麻製であっ

た。平安末期の庶民は、男性は狩衣の上衣を袴の中に入れてさらに動きやすくした水干《すいかん》を多く着ており、働いている女性は小袖や袖のない手なしの上に腰布を巻いたりしていた。武士は直垂《ひたたれ》や水干を着用し、中世に武家政権の幕府が強力化していくと、武家では狩衣が儀礼服化して水干・直垂もそれに次ぐ服装となり、室町時代には烏帽子に直垂の姿が武家の正装となった。直垂は麻製の袷で、上衣は垂領《たりくび》の襟に大袖の闕腋衣(袖は前・後の身頃に縫い付ける)であり、袴は上衣と共裂《ともぎれ》である。直垂からは、家紋を染めぬいた大紋《だいもん》や、単の素襖《すおう》が生じ、戦国時代の武士に着用された。また肩衣袴《かたぎぬばかま》は袖のない上衣に小袖を下に着て袴をはいた姿で、戦国時代以降次第に武士の礼装となり、江戸時代には武家の公服として裃《かみしも》と呼ばれた。鎌倉時代の武家の女性は、上流武家では小袖の上に重ね袿をはおり、下級武家では小袖に裳袴《もばかま》を着けたり上に小袖をはおったりしていたが、室町時代には小袖の上に小袖形式の打掛《うちかけ》をはおる打掛姿が武家女性の正装になった。中世の女性は、外出する時には頭から小袖などの衣被《きぬかずき》をかぶって外出した。中世に小袖は表着化していったが、小袖は江戸前期ごろまでは身頃の幅が広くゆったりしており、立膝《たてひざ》や胡坐《あぐら》で座っても前がはだけることがなく、男女の座り方が正座になるのは江戸時代であった。↓袷《あわせ》 ↓烏帽子《えぼし》 ↓帷子《かたびら》 ↓狩衣《かりぎぬ》 ↓貫頭衣《かんとうい》 ↓冠《かんむり》 ↓小《こ》袖《そで》 ↓衣更《ころもがえ》 ↓指貫《さしぬき》 ↓装身具《そうしんぐ》 ↓直衣《のうし》 ↓単《ひとえ》

参考文献 日野西資孝編『服飾』(『日本の美術』二六、一九六八、至文堂)、谷田閲次・小池三枝『日本服飾史』(一九八九、光生館)、鈴木敬三『有識故実図典―服装と故実―』(一九九五、吉川弘文館)、近藤好和『装束の日本史―平安貴族は何を着ていたのか―』(『平凡社新書』、二〇〇七、平凡社)、増田美子編『日本衣服史』(二〇一〇、吉川弘文館)

(菅原　正子)

〔近世〕江戸時代の男性の礼服は、朝廷の公家が用いている衣冠束帯を最上とし、京都御所の参内や幕府が勅使を迎える際に将軍や諸侯が着用した。将軍や諸侯の儀礼の場では、侍従従四位以上が着る直垂、五位の諸侯および旗本が着る大紋、無位で将軍に謁見を許されたお目見え以上が着る素襖《すおう》と、身分に応じて使い分けられた。直垂と大紋には風折烏帽子《かざおりえぼし》、素襖には侍烏帽子を用いた。それらに次ぐ武家の礼装が裃で、肩衣《かたぎぬ》に長袴の長裃と、肩衣に切袴の半裃とがあった。裃のなかに着る小袖は、長裃の場合は熨斗目《のしめ》、半裃の場合は式日に熨斗目、平常は無地紋付を用いた。男性の略服は羽織袴と着流しが広く着用された。江戸時代の初期には羽織袴の色や文様はさまざまであったが、享保年間(一七一六―三六)には黒の定紋(背・両胸・両後袖の五所紋)を正式、無地、小紋、縞の順に略式とし、武家の仕事着に限らず、武家や町人の準礼装として用いられるようになった。男性の喪服は、白小袖に浅黄や白の袴をつけた。延宝年間(一六七三―八一)に書かれた『色道大鏡』によれば小袖の無地は黒を最上とし、茶、煤竹《すすたけ》、鳶色、鼠などが好まれ、縞は八丈縞、飛驒縞、上田縞、郡内縞、奥縞(唐桟《とうざん》)などが、遊里に通う男性の粋な姿であった。また『当世風俗通』によれば、遊里の通人が小袖のなかに着る襦袢は緋縮緬や桃色縮緬で黒天鵞絨《ビロード》の半襟をつけるなど、女性的な装いが好まれた。

幕末には幕府によって戎服《じゅうふく》という軍服が用いられ、和洋折衷的な服装が登場する。農民は労働着として立付袴をはいていたが、動作性に富んでいたため、一八四一年(天保十二)の洋式調練では用いられた。一八六一年(文久元)に幕府は筒袖羽織陣羽織股引を採用し、翌六二年には長裃、袴が廃止され、平服として羽織小袴、襠高袴《まちだかばかま》を着用した。一八六六年(慶応二)十一月にはそぎ袖羽織細袴を戎服と位置づけるなど、軍事調練に用いる軍服は洋装化に近づいていった。

女性の衣服は、礼服から略服まで主に小袖が用いられた。織豊期には縫箔《ぬいはく》や辻が花染などの染色技法により多彩な文様が創出された。寛文年間(一六六一―七三)には鹿子絞りや摺箔《すりはく》などによる地なしと呼ばれる小袖が流行した。また小袖全面に文様のある地なしは、貨幣経済の発展に伴い武家女性から町人女性へと担い手が移っていった。延宝―天和年間(一六七三―八四)には、町人女性の衣服はそれまでよりも華美になり、幕府は衣服に金紗、刺繡、惣鹿子などを禁止する法令を出したが、十分な抑止効果は得られなかった。貞享から元禄年間(一六八四―一七〇四)には刺繡や鹿子絞りによる華麗な元禄小袖が登場した。その一方で天和以降には、宮崎友禅の友禅染による絵画的な文様や、墨や顔料および染料で直接文様を描く描絵小袖が注目された。正徳―元文年間(一七一一―四一)には、尾形光琳の影響を受けた光琳模様が流行した。享保ごろには文様が小柄となり、裾部分にだけ文様を描く裾模様が好まれた。大名女性の婚礼衣装は、宝永年間(一七〇四―一一)や享保年間の諸記録から白綾御小袖や白綸子下着などが用いられていたことがわかる。喪服については、一般会葬者の女性は白無垢小袖を着用し、頭に白布や白被衣をかぶった。↓裃《かみしも》 ↓羽織《はおり》 ↓袴《はかま》

参考文献 増田美子編『日本衣服史』(二〇一〇、吉川弘文館)

〔近代〕一八六七年(慶応三)十二月に明治新政府が発足してからも、江戸時代からの礼服や平常服は継続された。洋服は軍服か海外渡航の際に限られ、国内の洋服店は居留地で外国人を対象にしていた。政府官員たちが洋服を着る契機となるのが、一八七一年(明治四)八月に出された服制変革内勅であった。身分を規定していた従来の装束を排除し、服飾の四民平等を企図する服制改革は、政治上で身分意識の弊害を実感していた大久保利通など藩士出身者が推進した。十一月に文官の洋式大礼服が制定されるなど、公式の場で洋服が認められるようになった。これにより七二年五月に天皇が御正服を着用し、十一月に文官の洋式大礼服が制定される

奨励の諭告が出され、平民の結髪や惣髪をなくす政策が展開された。七六年三月の帯刀禁止令により士族の帯刀も禁止され、士農工商の服飾は次第に見られなくなっていく。八三年十一月から鹿鳴館で夜会が開催されると、そこに参加する皇族・華族・勅任官の婦人のなかで洋式礼服を着用する者もいたが、高額な調製費や着心地の悪さなどから普及には至らなかった。だが当時の洋装化について、条約改正交渉を有利に展開するための皮相な文化であったと位置づけるのは妥当ではない。なぜなら八四年十月に有爵者大礼服、宮内省侍従職・式部職大礼服を制定し、八五年二月には政府官員の洋服着用が義務づけられ、羽織袴の出勤は病気の際に限られているからである。さらに翌八六年十二月の文官大礼服の改正は、太政官制から内閣制度への移行を受けたものであり、こうした国家の服制を広義な意味で考えると、立憲制の法典整備の一環であったと位置づけられる。「欧化政策」による服飾は、十余年にわたる洋装化の発展成果であったと評価すべきであり、鹿鳴館の夜会が下火になったからといって失敗と位置づけたり、その結果の反動として「国粋主義」による和装の服飾が勃興すると説明したりするなどという服飾史における概説は成り立たない。

そもそも鹿鳴館の夜会に参加する人たちの服飾と、それとは無縁な非参加者の庶民の服飾は分けて考える必要がある。当時の庶民の服飾は男女を問わず依然として和服が中心であり欧化政策や国粋主義に左右されるものではなかった。九四—九五年の日清戦争後には、紡績工場が新設され毛織物産業が発展するが、既製服は軍服や制服に限られ、高価な注文服である背広などの普及には限界があった。一九〇四—〇五年の日露戦争後には、銀行員や会社員などの間で洋服着用者が増加し、官公庁の官員や旧制中学校など各学校の洋式制服も数多く登場した。一方和服では、光琳紋様や元禄模様など華麗な刺繡で縫われた華美な構図が好まれた。このころには三越呉服店が百貨店に変化し、地方への販売も行われるようになっていく。それに続いて百貨店になった白木屋や高島屋なども流行色や独自の図案を作成し、販路拡大と顧客獲得競争が行われた。白紺地の浴衣や縞柄の着物は流行に左右されなかったが、市松模様や色の濃淡や明暗などには波があった。大正時代の半ばからは洋式制服を採用する高等女学校が現れ、洋服や洋式制服を着る職業婦人が登場した。一九二六年(大正十五)の銀座では女性の洋服着用率は一%であったが、男性は六七%が洋服を着用しており、男性のよそゆきとして洋服が定着してきたことが理解できる。昭和初期には帽子に洋服姿の男性や女性は、モダンボーイやモダンガールと呼ばれたが、モダンガールには和服姿もおり単に洋服姿だけを指すのではない。パーマネントのような洋髪や、化粧法の有無を含んでいた。男性のポマードやチックなどの整髪料も、この時期に発達している。昭和モダニズムと呼ばれる服飾は、服飾史研究でよく求められる二三年九月の関東大震災を契機として勃興したものではなく、それ以前からの服飾発展形成の蓄積によって生まれたものと判断すべきである。だが、その後も女性のよそゆきには、絹や縮緬などの和服が用いられていた事実も見逃してはならない。

そのような装いは、一九三七年(昭和十二)七月に勃発した日中戦争が長期化すると、次第に着用がむずかしくなっていく。四〇年七月の七・七禁令では贅沢禁止を企図し、「袖は短く切りましょう」「パーマネントはやめましょう」などが国策のスローガンとなった。国民精神総動員運動を展開する政府によって、四〇年十一月に国民服が公布され、四二年二月に婦人標準服が発表されるが、衣料切符制度による需要と供給が上手くいかず、その普及には至らなかった。だが学生服や工場作業着などは、それらと類似した国防色と呼ばれるもので、戦前のような流行色などの服装は見られなくなった。

終戦後には、進駐軍とともに洋装ブームが到来し、婦人のワンピースなどが流行した。昭和二十年代後半から繊維産業は、従来の綿や絹製品からナイロンやポリエステルなどの合成繊維を多用するようになる。それにより農作業用のもんぺは作業着に変わり、スポーツウェアーや下着類も洋式化した。また注文服に限られていた背広の既製服の規格も広がり、働く女性がツーピースの背広を着るようになった。昭和三十年代から男性の髪型も多様化し、紳士の象徴であった中折帽は姿を消した。高等学校でも学帽を廃止し長髪の自由化を求める運動が起こる。高度経済成長のなかで大学生までの若者は、トレーナーにジーンズなどを好み、部屋着とよそゆきの差異がないようなラフな服装が主流となる。その一方では海外の高級ブランドが日本にも入り、晴れ着や訪問着として残った高級呉服とともに、よそゆきとして用いられている。

↓軍服《ぐんぷく》　↓制服《せいふく》　↓ファッション　↓服制《ふくせい》　↓洋《よう》服《ふく》　↓礼服《れいふく》　↓口絵〈近現代の服飾〉

参考文献　刑部芳則『洋服・散髪・脱刀—服制の明治維新—』(『講談社選書メチエ』、二〇一〇、講談社)、同「日本近代服飾史の課題と展望」(『風俗史学』四四、二〇一二)、同『明治国家の服制と華族』(二〇一二、吉川弘文館)、同「近代日本の大礼服研究」(『中央史学』三九、二〇一六)、同『帝国日本の大礼服』(二〇一六、法政大学出版局)

(刑部　芳則)

ふくしょく　副食　⇩主食《しゅしょく》・副食《ふくしょく》

ふくせい　服制　公務上の地位・役職を明確にするための服飾の制度。〔前近代〕推古朝の六〇三年(推古天皇十一)の冠位十二階の制では当色の絁《あしぎぬ》で縫うこととし、服色も冠色に随わせた。大化改新の六四七年(大化三)の七色十三階冠位制以降、冠位や服色の改定を数度行なった。七〇一年(大宝元)制定の大宝令の服制は衣服令に規定があり、王臣の服制は礼服・朝服・制服に大きく分けられる。令に規定された服制は平安時代になると、建物の和様化(高床・板敷)に伴い朝服も和様化して束帯と呼ばれ

る正装に変わった。その後は、中世以降江戸時代末(幕末)に至るまで公家の服制は基本的には平安時代と同様であった。武家は、狩衣《かりぎぬ》や水干を正式の場で着け、平常は直垂《ひたたれ》を着た。その後、戦国時代に流行した肩衣袴《かたぎぬばかま》姿が安土桃山時代には武家の平常服となった。また、支配者も民衆も被り物を被っていた。官人は参内や儀礼の際には冠を被り、日常には烏帽子を被った。烏帽子を被る習慣は一般社会にも広まり、被らずに露頂を見せることは民衆においても恥とされた。『源氏物語絵巻』柏木では柏木が枕をたてにしてそれに顔をあてて横になっており、烏帽子を被ったまま臥している。 ↓禁色《きんじき》 ↓服飾《ふくしょく》

参考文献 宮本常一『絵巻物に見る日本庶民生活誌』(『中公新書』、一九八一、中央公論社)、黛弘道『律令国家成立史の研究』(『日本史学研究叢書』、一九八二、吉川弘文館)、武田佐知子『古代国家の形成と衣服制—袴と貫頭衣—』(『戊午叢書』、一九八四、吉川弘文館)、増田美子『日本服飾史』(二〇一三、東京堂出版) (亀谷 弘明)

〔近現代〕服の構図、地質、色、紋様などを定めた制度。服制には服につける階級章および徽章の構図や色の規定も含まれる。この服制にもとづいて作られた服を制服という。近代の服制は、儀礼の際に着用する大礼服や正装と、通常勤務および通学に際して着用する服とに分けられる。明治時代には洋装が取り入れられたため、洋式の服制が数多く創出された。太政官布告および達をはじめ、各省令および達、法律や勅令によって公布された服制は、政府刊行物である『官報』や『法令全書』に掲載された。服制によっては、新聞や雑誌の紙面で紹介されるものもあった。一方で省内の内規にとどまる服制や、半官半民の機構による服制は公表されない。私立の学校や、民間の会社でも職業によって服制は定められているが、詳しい内容は内部関係者にとどまることが多い。服制は洋式に限らず、皇室の祭祀儀礼や神社神官の祭服などには和装が残されている。 ↓制服《せいふく》 ↓礼服《れいふく》

参考文献 刑部芳則『洋服・散髪・脱刀—服制の明治維新—』(『講談社選書メチエ』、二〇一〇、講談社)、同『明治国家の服制と華族』(二〇一二、吉川弘文館) (刑部 芳則)

ふくそう 服装 ⇩ファッション

ふくそうひん 副葬品 死者とともに墓に埋葬された器物の総称。死者の人体に装着する場合と、埋葬施設内において棺の内外に置く場合とがある。日本列島では土葬が流行した古代と近世の墓に多い。死者の身体に装身具を着けて埋葬する風習は縄文時代に始まる。弥生時代になると北部九州で棺内に青銅製の鏡と武器が置かれるようになり、古墳時代には大量の副葬品が墓である古墳に納められた。古墳時代の前期では棺内に鏡や鉄製武器、棺外にも大量の鏡や腕輪形石製品が配置され、中期には死者とは別に副葬品を埋納する施設を設け、武器・武具や農工具といった大量の鉄製品が副葬された。後期に横穴式石室が普及すると、供物を入れる容器である須恵器も石室内副葬品として加わる。しかし七世紀に入り、前方後円墳が消滅すると、鏡と大刀のほかは急激に減少した。平安時代以降全国に火葬墓が普及すると、副葬品はほとんど姿を消す。それが復活するのは、近世に入り再び土葬が普及してからであり、大名墓では武器・武具類、文房具、化粧道具などが、また庶民の墓でも六道銭、喫煙具、玩具などが副葬された。

参考文献 河上邦彦「総論—副葬品概論—」(石野博信他編『副葬品』所収、一九九一、雄山閣) (塚田 良道)

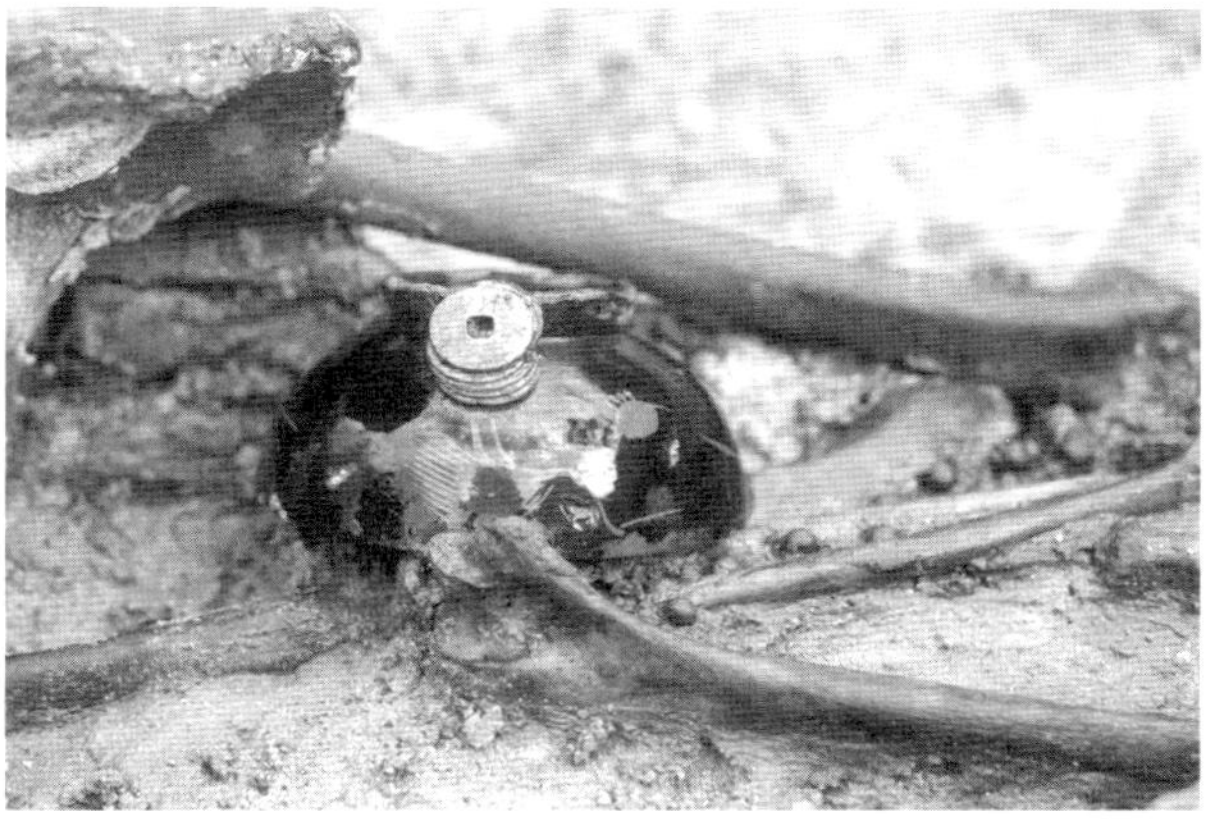

副葬品の六道銭（大坂城跡墓112）

ふくびき 福引 くじを引かせ、その内容に従った景品をだすこと。正月に二人で餅を引っ張り合い、取れた量の多少でその年の吉凶を占うものであったが、次第に宗教的な意味合いが薄まり、くじによって景品を取り合う娯楽としての意味合いが強くなった。明治期以降は、商店の売り出しのイベントとして行われるようになり、昭和を通じて商店街主催によるイベントの中心的地位を占めた。 (塚原 伸治)

ふくめん 覆面 顔面を布などで覆うこと。顔を隠し人目を避ける、防寒などのために用いられる。中世社会においては、僧兵が自分の素性を知られないよう袈裟で頭と顔を包み、また当時不治の病として穢れた存在とされた癩者も白い覆面を被っていた。近世において、百姓一揆に参加する者は異形な帽子を被り目だけを出すなど非人や乞食の姿に身をやつしたことが知られ、可視的な身分標識である髪型を一時的に覆うことで、意識として百姓身分を解放させたと考えられている。 ↓変装《へんそう》

参考文献 勝俣鎮夫『一揆』(『岩波新書』、一九八二、岩波書店)、黒田日出男「史料としての絵巻物と中世身分制」(『境界の中世象徴の中世』所収、一九八六、東京大学出版会) (窪田 涼子)

ふじ 藤 マメ科の植物で、白や淡い紫の花を咲かす。つるは頑丈で、杉や檜の幼樹にからみつくので、見つけ

次第切断した。その丈夫さを利用していすや籠を作ったり、筏をつなぐ素材にも用いたりした。また、園芸植物として藤棚や盆栽に仕立てられ、開花時期には、東京都江東区の亀戸天神社をはじめ名所を訪れる人でにぎわう。藤の花は和歌や俳句の題材となり、絵画や工芸品にも描かれるが、ほかにも天ぷらや花茶として食用にされる面もある。

参考文献　今井徹郎『花木歳時記』(一九六八、文化服装学院出版局)　(柳　正博)

ふしかてい　父子家庭　⇩母子家庭《ぼしかてい》

ふじこう　富士講　富士山(三七七六メートル)への登拝を目的とした信仰集団。富士山は原始信仰の段階から信仰の対象とされ、室町時代には登山によって祈願する登拝も行われ、長谷川角行《はせがわかくぎょう》により講も組織されたと伝える。江戸時代になると、特に十八世紀中葉ころに御師《おし》らの活動などで富士登拝が一般化し、江戸の村上光清派と一七三三年(享保十八)に富士山の七合目五勺で入定した食行身禄《じきぎょうみろく》派に分かれて布教が行われたが、次第に後者が優勢となった。身禄派は、飢饉などの社会的不安が続くなかで現世利益を説き、救世や平等的な考えを主張、尊王思想とも結びついて講を拡大した。このため幕府は富士登山の禁令をいくたびも出して統制。明治以降、この思想は実行教・扶桑教などの教派神道として新興宗教に継承された。現在でも信仰登山としての富士講の人々や一般俗人による年間数十万人の登拝者がある。　↓登山《とざん》

富士講中登山江戸出立高輪八ッ山辺之図(『(江戸府内) 絵本風俗往来』)

参考文献　西海賢二『富士・大山信仰』(『山岳信仰と地域社会』下、二〇〇八、岩田書院)　(西海　賢二)

ふじんかい　婦人会　女性の修養、社会改良などを目的に結成された団体。日本における近代系統官製婦人団体は、日露戦争前の愛国婦人会にさかのぼる(一九〇一年(明治三十四)発足、略称「愛婦」)。愛婦は、奥村五百子が公爵近衛篤麿や軍界の大物を強力な後ろ楯に創立。近代日本の海外膨張・侵略路線に沿って活動、内務省の指導統制を受けた。第一次世界大戦後、市民的女性運動が勃興すると、軍事援護を謳う愛婦は精彩を欠き、社会救済事業に乗り出す。一九三一年(昭和六)、柳条湖事件が引き起こされると、愛婦は息を吹き返し、本来の婦人報国運動を呼号。官製婦人団体の二番手は文部省が支援して三〇年に設立され、三一年三月、皇后良子《ながこ》(香淳皇后)の誕生日(地久節)を期して、各地の地域婦人会、母の会、主婦会などを傘下に収め、大日本連合婦人会(略称「連婦」)の発会式を挙行、のち総裁に皇后の妹三条西信子が就任。連婦は、皇后を日本の母のシンボルとし、主婦・母の再教育を通し、家父長制の維持立て直しを図った。当時、有閑階級から左翼運動に走る子女の「思想善導」も担った。官製婦人団体の三番手は、三二年、軍部の勢力と組織網を存分に活用して組織化された大日本国防婦人会(略称「国婦」)で、家庭国防思想の普及、軍事援護を課題とし、急速に会勢を拡大させた。三七年盧溝橋事件の勃発で、総動員運動が叫ばれると、三婦人団体は、連婦の姉妹組織大日本連合女子青年団とともに女性総動員の受皿になる。四一年対英米蘭戦争が始まると、先の三団体の一元化が謳われ、四二年大日本婦人会(略称「日婦」)が発足、総裁に明治天皇の皇女である東久邇聰子、理事長に内務官僚(男性)が就任。日婦の役割は「必勝生活を戦う軍隊」と位置づけられ、(一)貯蓄奨励、(二)軍事援護、(三)戦時生活確立(消費節約など)、(四)勤労報国動員、(五)健民運動(将来、戦士となり得る健康な皇国臣民の育成、結婚奨励・出産増加)、(六)教育面において文部省に全面協力し、家庭教育指導講習会や母親学級開催に力を注いだ。日婦は、トップにお飾りの女性をすえ、実質的トップと実務は、官僚出身の男性が揃い、あくまで国策遂行の下支えとしての役割を課せられた。四五年三月、国民義勇隊が閣議決定され、日婦は解散。敗戦後、地域婦人会は残され全国地域婦人団体連絡協議会(地婦連)へと発展、またのち戦没者遺族、いわゆる「戦争未亡人」などの女性を組織、全国未亡人団体協議会へと発展させる。いずれも山高しげりが音頭を取った。　↓戦争未亡人《せんそうみぼうじん》　↓大日本《だいにほん》国防婦人会《こくぼうふじんかい》

参考文献　鈴木裕子編・解説『戦争―官製婦人団体による運動と戦争体制への動員―』(『日本女性運動資料集成』一〇、一九九五、不二出版)　(鈴木　裕子)

ふすま　襖　日本の建具の一種。木の骨組みに両面から紙で下張りをし、布や紙を上張りしたもので、主に引き戸の形式で内部空間の間仕切りとして用いる。今日の障子を指す明障子を含めた衝立障子・板障子などの「障子」のうちの一つで、本来は襖障子あるいは唐紙障子と呼んだ。四周に軟錦《ぜいきん》という幅の広い縁を張った姿が寝具の衾《ふすま》に似ているところから、ふすま障子と呼んだとされる。こうした引違い建具は機能ごとに空間を分ける寝殿造の住宅で登場したと考えられ、その後の書院造へ引き継がれた。現存する最古の襖は、鎌倉時代後期建立の金剛峯寺不動堂(和歌山県伊都郡高野町)の内外陣境に立てられたもので、襖紙は張り替えられているが当時の骨組みが残る。縦横の骨を交互に編むように組んでおり、槍鉋で仕上げたものである。鎌倉時代の絵巻『春日権現験記絵』や『法然上人絵伝』には、官人の邸宅では大和絵、女性や僧侶の家では唐紙、日常的な部分では無地の襖が描かれており、内部空間の性格を表す装置として襖を用いていたと考えられる。その後、近世初めから始まった検地

により、畳をはじめとする建築用材の規格化が進んだことで襖の大量生産も可能になり、広く普及することとなった。現代ではビニールなどの新しい材料の上張りも用いられている。 ↓唐紙《からかみ》 ↓障子《しょうじ》

参考文献 高橋康夫『建具のはなし』(『物語ものの建築史』、一九八五、鹿島出版会)、武者小路穣『襖』(『ものと人間の文化史』、二〇〇二、法政大学出版局) (櫃本 聡子)

ふせたつじ 布施辰治 一八八〇―一九五三 明治から昭和期にかけての弁護士、社会運動家。一八八〇年(明治十三)年十一月十三日、宮城県牡鹿郡蛇田村(石巻市)に生まれる。明治法律学校(明治大学)を卒業後、判事検事登用試験に合格し司法官試補として宇都宮地方裁判所に赴任する。普通選挙運動を担いつつ自由法曹団員をつとめ、社会主義運動に深くかかわり東京で借家人同盟を組織する。日本労働組合総連合会の会長にも就く。この間、朝鮮における独立運動や農民運動、共産主義者にかかわる事件の弁護のため、朝鮮半島へ幾度も渡航している。三・一五事件(一九二八年(昭和三))の被告九十八人の弁護を行なったことで東京控訴院の懲戒裁判所に起訴され弁護士除名判決が下される(三二年)。さらに、新聞紙法違反容疑などによって追起訴され有罪判決(禁錮刑)を受け多摩刑務所に下獄した。三三年に恩赦により弁護資格が復活すると、翌年には治安維持法違反容疑で起訴されるものの、保釈後は入会権裁判の弁護を手がけるなど活躍した。敗戦直後には『憲法改正私案』を起草し、国民主権、国籍法照準、議会制民主主義を盛り込んだ。また、国内外の社会運動家の弁護を精力的に行い、五三年九月二十八日に永眠した。満七十二歳。著作は『布施辰治著作集』全十六巻・別巻(二〇〇七年(平成十九)―〇八年、ゆまに書房)として刊行されている。

参考文献 布施柑治『ある弁護士の生涯―布施辰治―』(『岩波新書』、一九六三、岩波書店) (吉村 智博)

ぶた 豚 偶蹄目イノシシ科の野猪を馴化した家畜で、主に食用とされる。日本における豚の起源については不明な点が多いが、弥生時代に飼われていたとの説がある。古代日本では猪養《ゐかひ》(猪甘など)と称して豚もしくは野猪が飼われていたが、その後肉食禁止の影響により廃れた。ただし豚の飼養がまったく途絶えたわけではなく、江戸時代には一部で飼われていた。『本朝食鑑』によれば、豚は塵芥の処理や猟犬の餌用として所々で飼われていたといい、『和漢三才図会』には、豚は長崎と江戸に多くみられるがわが国では肉食を好まないので近年これを飼う者は稀である、と記されている。このうち長崎の豚は主に外国人の食用として飼われたものである。橘南谿《たちばななんけい》の『西遊記』には、広島城下で黒豚が多く飼われているが他国では珍しいものである、とある。また江戸の大名屋敷の跡地から食用にされたと思われる豚の骨が出土する例もある。このように江戸時代には一部の武家・町人や外国人の間で豚肉食がみられたが、それが一般化することはなかった。したがって日本本土で豚飼養と豚肉食が普及したのは、明治時代以降に食肉生産が産業化されてからのことである。特に西日本には以前から牛産地が多く存在したことから、のちに西日本の牛肉食・東日本の豚肉食という地域的な消費傾向が形成された。一方、日本本土と歴史背景が異なる琉球列島では、近代以前から在来の黒豚の飼養が盛んに行われた。特に近世琉球国の時代に王府が養豚を奨励したことにより、沖縄では特徴的な豚肉食の文化が形成された。明治時代中ごろに沖縄を訪れた笹森儀助は、『南島探験』に「豚肉一種ヲ以テ、幾十種ノ珍膳ヲ供スルニ足ルト云フ(中略)豚肉料理ノ精密ナル、肉食ヲ主トスル西洋人モ恐ラクハ一歩ヲ譲ラン」と書いて驚嘆しており、現在もこのような豚肉食に関する豊富な知識や技術が民俗として伝承されている。 ↓猪《いのしし》 ↓沖縄料理《おきなわりょうり》

豚形土製品（弥生時代，福岡県元岡・桑原遺跡群出土）

参考文献 加茂儀一『日本畜産史』食肉・乳酪篇(一九七六、法政大学出版局)、萩原左人「肉食の民俗誌」(古家信平・小熊誠・萩原左人『南島の暮らし』所収、二〇〇九、吉川弘文館) (萩原 左人)

ぶたい 舞台 演劇、舞踊、音楽など芸能を観客の前で演じる一定の空間、場所。はじめ海、山、広場など神の出現する場所に設けられ、建造物の神社に変わっていった。神社建築と密接にかかわっていたのは、芸能が信仰儀礼と深くかかわりながら誕生したため。現代の日本の演劇舞台に直接連続する建築舞台は中世末の能舞台に始まる。中国の影響はあったが、大地、女性、太陽を主要信仰対象とし、神は臨時に訪れると信じた日本人の独自性がある。

参考文献 諏訪春雄『日中比較芸能史』(一九九四、吉川弘文館) (田口 章子)

ふだしょ 札所 巡礼者がお札を納める寺院・霊場のことであるが、狭義には巡礼の対象となる寺院をさす。観

音信仰や弘法大師信仰などにより編まれた観音霊場(西国・坂東・秩父など)や四国遍路八十八ヵ所などが代表的なものである。札所の名称は、神仏と結縁し、現世利益を求めるため、巡礼者が参拝したあかしとして、所願、国郡(住所)、姓名、年月日などを記した木製または金属製の巡礼札を参拝した寺院の堂宇に釘で打ちつけたことに由来する。　↓巡礼《じゅんれい》　↓遍路《へんろ》

参考文献　真野俊和編『(講座)日本の巡礼』一—三(一九九六、雄山閣出版)　(加藤　光男)

ぶたにく　豚肉　⇩豚《ぶた》

ふだんぎ　普段着　日常生活で着る服。晴れ着、労働着、外出着、訪問着とは異なり、よそゆきではない服装である。そのため普段着には、疲労度が少なく、気楽に着られる素材や仕立が求められる。晴れ着、外出着、訪問着が上質な素材を使い色彩も豊かなのに対し、普段着は安価な素材で地味なものが多かった。明治時代から昭和戦前期まで、都市部の中産階級の家庭では、もともと晴れ着、外出着、訪問着として着ていたものが、汚れたり色落ちしたりすると、それを普段着として再利用した。農村では労働着が普段着であり、年末に新調した着物を一年間使用し、晴れ着を持たない家が少なからず存在した。着物に襷と前掛けをし、野良仕事のときには手甲に脚絆を着けた。太平洋戦争後に綿製品や合成繊維が大量生産されるようになると、普段着と外出着の差異は近接する。ポロシャツ、ジャージー、トレーナーが普及し、さらにジーンズにワイシャツなどが若者から支持を得る。一方で和服は晴れ着や訪問着に限られ、普段着として用いられていた安価なものが姿を消した。　(刑部　芳則)

ふちょう　符丁　近世の商家が顧客との駆引のためのメモとして商品の付け札に、金額の代わりにカナや漢字、あるいは記号を用いて値段を記すことがあった。また商家は年に一度、もしくは二度決算を行うが、帳簿を記載する際に決算の数値を他者に判読できないように、符丁を用いることがあった。この符丁は家ごとに異なり、三井の場合は一二三四五六七八九十百に、イ、セ、マ、ツ、サ、カ、エ、チ、ウ、シ、舟をあてて用いた。　(賀川　隆行)

ぶっきれい　服忌令　近親者が死去した際、喪に服すべき期間などを定めた規定の総称。「ぶっきりょう」ともいう。服は喪服の着用、忌は死の穢《けがれ》を忌むこと(自宅謹慎・神社への参詣禁止など)を指す。中世において朝廷や神社が作った独自の服忌令を踏まえ、江戸幕府は一六八四年(貞享元)、服忌令を公布した。同令は父母以下、近親者の死を親疎の度合いにより分け、服忌の期間を定めるとともに、死穢《しえ》・産穢《さんえ》などの触穢《しょくえ》に関して規定している。これは従来の煩雑な服忌・穢の規定を統一化するために制定されたもので、家族・親族の範囲を確定する社会的意味を持った。武士には服忌令の遵守が求められたが、民衆はこれにとらわれず、地域ごとに多様な服忌慣行を維持していた。また朝廷・神社独自の服忌令も併存していた。一八七四年(明治七)、明治政府も幕府の服忌令を継承したが、その機能は失われ、現在では忌引きの規定や年賀状の欠礼慣行などが残っているにすぎない。　↓穢《けが》れ　↓喪《も》

参考文献　大藤修『近世農民と家・村・国家—生活史・社会史の視座から—』(一九九六、吉川弘文館)、林由紀子『近世服忌令の研究—幕藩制国家の喪と穢—』(一九九八、清文堂出版)、孝本貢・八木透編『家族と死者祭祀(新装版)』(『シリーズ比較家族』、二〇〇六、早稲田大学出版部)　(中川　学)

ぶっしとうせいれい　物資統制令　国家総動員法に基づいて制定された戦時物資統制の勅令。一九四一年(昭和十六)十二月十六日公布・施行(勅令第一一三〇号)。同年四月一日公布・施行の生活必需物資統制令を対英米開戦直後に発展させたものであり、国家総動員法第八条の規定に基づき「国民経済の運行又は国民生活の安定を確保する為統制を必要とする物資」を統制した。これは配給切符制を根拠づけるものであり、配給物資の統制に関する諸規則はこれらの勅令に基づき制定された。四〇年に配給制になっていた砂糖やマッチに加え、医薬品・米・小麦粉・酒・木炭・食用油・卵・魚介・菓子などが四一年中に配給制に移行し、物資統制令施行直後の四二年初頭には衣料切符制や塩・味噌・醬油の配給制が始まり、その後配給の対象は青果や石鹼・たばこなどあらゆる生活必需品に及んだ。戦後、国家総動員法の廃止に伴い四六年十月に同令は失効したが、物資が極度に不足するなかで配給制度自体はしばらくの間存続した。　↓配給《はいきゅう》

参考文献　商工経営研究会編『(問答式)生活必需物資統制令の解説』(一九四二、大同書院)、斎藤美奈子『戦下のレシピ—太平洋戦争下の食を知る—』(『岩波アクティブ新書』、二〇〇二、岩波書店)　(大堀　宙)

ぶつだん　仏壇　現在では主として民家で仏像(本尊)や位牌を安置する厨子を仏壇というが、本来は寺堂で本尊を安置する方形の壇(須弥壇《しゅみだん》)を仏壇といった。後世の仏壇はこの須弥壇と本尊の荘厳を縮小した形になっている。仏具の配置は宗派により異なるが、本尊の下の前卓《まえじょく》に香炉・花瓶《けびょう》・燭台を置く。浄土真宗では室町時代の蓮如が名号の掛軸を門徒に与えたことから大きな仏壇が普及し

仏　壇

たが、真宗は門徒は往生するという教義から位牌のような霊の依代は持たず、礼拝供養は阿弥陀如来に対してのみ行う。近世に寺檀関係が庶民にまで広まると真宗以外の宗派では禅宗起源の位牌が普及し、これを安置するためにも仏壇が必要とされた。位牌は本尊より低い位置の両脇に置かれるが、今日では仏壇は本尊礼拝より死者礼拝の場とみなされていることが多い。近世の武士は儒教的に位牌のみを安置する位牌棚を造ることもあった。
（勝田　至）

ぶつま　仏間　仏壇を設置する部屋。中世武士や近世前期の上層農民は別棟の持仏堂を持ったが、寺請制度に伴い一般民衆の家でも位牌を安置し、僧に供養してもらう必要から仏壇が普及した。伝統的な民家では表に近い出《で》居《い》・座敷などと呼ばれる一室に仏壇を設置し、客間を兼ねることが多いが、大きな家では独立した仏間を設けた。近世文芸で家屋内の仏壇や仏間を持仏・持仏堂と呼んだ例が多いのは別棟の持仏堂が起源であることを示す。一方、位牌を持たない浄土真宗では阿弥陀如来への信仰が強調され、越前のように玄関正面奥の仏間に大きな仏壇を設置した真宗道場のような雰囲気の民家が分布する地域もある。なお中世の武士は持仏堂で切腹することが多かったが、近世の武家屋敷の仏間も切腹の場とされたため、畳や天井の竿を仏壇と直交させる、逆柱《さかばしら》にするなど通常の部屋と異なる造りにすることがあった。
参考文献　竹田聴洲「持仏堂の発展と収縮」（同編『先祖供養』所収、一九七九、名著出版）
（勝田　至）

ぶつめつ　仏滅　暦注でいうところの六曜の一つで、もっとも縁起の悪い日。仏でさえも滅ぶような最悪の日という意であるが、仏教とは何の関係もなく、釈尊の命日とされることがあるのは誤りである。もともとは物滅《ものめつ》と書き、空亡・虚亡をすべてがむなしと意訳したものであったが、転じて仏滅となった。この日は万事に大凶であるとされ、結婚式・開店などの祝事を行うものではないとされるが、葬儀などは差し支えないともいわれている。
参考文献　松田邦夫『暦のわかる本』（一九八七、海南書房）
（長沢　利明）

ふで　筆　文字や絵を書くための道具。墨や絵具をつけて使用する。一般的に毛筆と呼ぶ。材料は馬・羊・鼬《いたち》などの獣毛で、目的とする毛筆の仕上がりに合わせて材料を選別する。獣毛の長さを揃えてから各種類を混ぜ合わせ（練り混ぜ）て整えた穂首《ほくび》を、竹・木・プラスチックなどで作った軸（筆管《ひっかん》）に取り付けると毛筆となる。筆は中国や朝鮮半島から日本に伝わり、五世紀ごろには使用されていた。日本最古の筆は正倉院宝物殿にある「天平筆」で、筆の根元に紙を巻いて作る巻筆《まきふで》（雀頭筆《じゃくとうふで》）である。紙を巻かない水筆は、江戸時代中期の書家細井広沢（一六五八―一七三五）が製作し、広めたとされる。日本の筆の産地は広島が有名だが（熊野筆）、奈良県（奈良筆）、愛知県（豊橋筆）、東京都（江戸筆）、宮城県（仙台筆）などがある。これらの筆のほとんどが、江戸時代に発祥し、農閑期の農家の内職や下級武士の内職として発展していったものである。

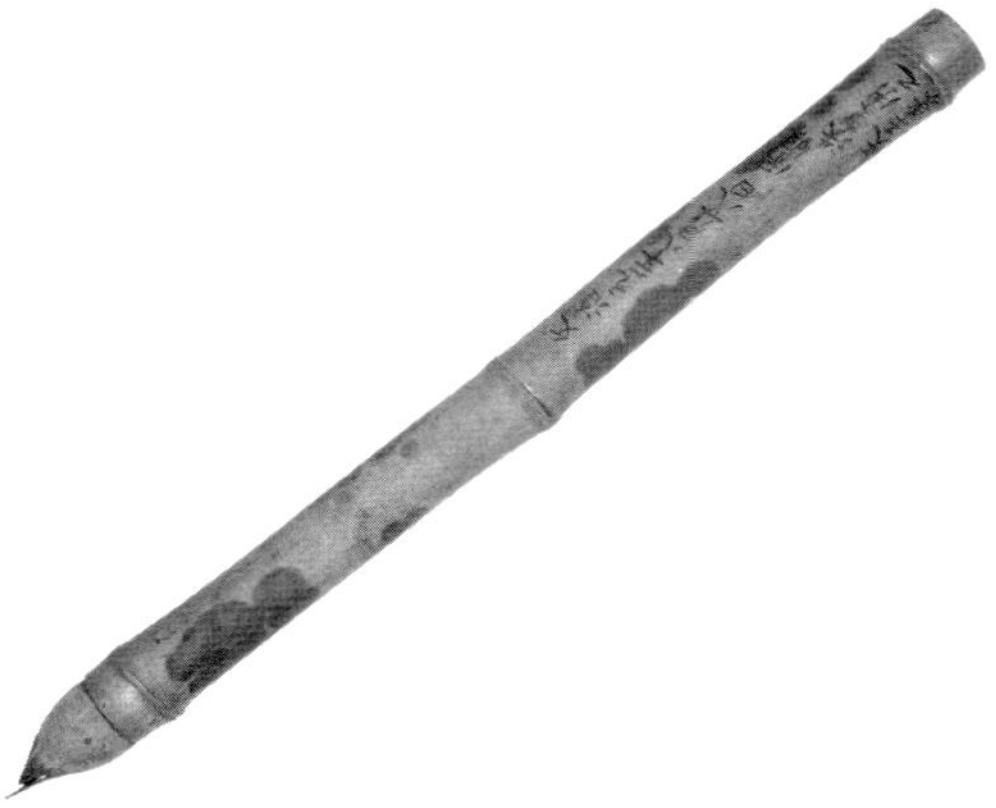

筆（正倉院宝物，1185年東大寺大仏開眼供養で使用）

参考文献　田淵実夫『筆』（『ものと人間の文化史』、一九七六、法政大学出版局）、榊莫山『文房四宝筆の話』（『角川選書』、一九八六、角川書店）、柏井容子「「仙台筆らしさ」とは何か」（『民具マンスリー』四三ノ八、二〇一〇）
（柏井　容子）

ふどうさんや　不動産屋　土地・建物などの不動産の売買ないし賃貸借の取引を仲介する流通業者のこと。そもそも不動産は、売買や賃貸借などの流通を通じて所有者や利用者が変わり、その価値を永続的なものとする特徴をもつ。不動産流通の活性化は高い経済的効果をもたらすため、不動産屋が果たす社会的役割は大きい。日本では、かつては不動産屋の大半を中小事業者が占めていたが、高度経済成長期の終わりごろから大手業者が参入するようになり、競争が活発になっている。　↓土地神話《とちしんわ》
参考文献　橘川武郎・粕谷誠編『日本不動産業史―産業形成からポストバブル期まで―』（二〇〇七、名古屋大学出版会）
（橘川　武郎）

ふどき　風土記　古代の地誌。古代律令国家の完成期の七一三年（和銅六）、元明天皇により国々の地名・産物・土地状況・伝承をまとめた風土記の編纂が命じられた。「風土」とは天皇の力が及んだ地域のことである。当時、六十余国が風土記編纂を行なったが、今日、ほぼ残っているのが『出雲国風土記』であり、ほかに常陸・播磨・豊後・肥前国の風土記が脱落・省略本として伝えられている。他の国の風土記は散逸したが、他書に引用される形で四十余りの逸文が見出せる。古代の地方の実情を語る貴重な史料である。
参考文献　『風土記』（秋本吉郎校注、『日本古典文学大系』二、一九五八、岩波書店）
（関　和彦）

ふともの　太物　綿織物や麻織物を意味する。絹織物を呉服というのに対し、その繊維に比べて太いことから太物と呼ばれた。江戸時代には呉服店と太物店とで扱う衣

類に差異があった。江戸では大伝馬一丁目、尾張町二丁目、南伝馬町一丁目、同二丁目、糀町六丁目などに太物屋が集中しており、それらはのちに大伝馬町木綿店と呼ばれた。また一七三六年(元文元)にいとう呉服店が呉服小間物問屋から呉服太物小売業に転じたように、呉服と太物を両方扱う店も登場した。

参考文献　藤田理兵衛『江戸鹿子(復刻版)』(『古板地誌叢書』八、一九七〇、すみや書房)、『松坂屋百年史』(二〇一〇)

(刑部　芳則)

ふとん　**蒲団**　寝具の一種で、布団とも書く。主に、床面に敷く敷蒲団と仰臥時にかぶる掛蒲団を指す。今日では木綿わたを詰め物にした蒲団が一般的だが、近代に入り木綿わたが流通するまでは、藁のほかスゲ、カヤ、アシ、ガマなどが使われ、蒲団の字も材料に由来しているとされる。蒲団は嫁入道具の一つに加えられることも多く、綿の打ち直しなど蒲団の管理は、主婦の仕事とされた。

参考文献　小川光暘『寝所と寝具の歴史』(『風俗文化史選書』七、一九七三、雄山閣出版)

(戸邉　優美)

ふなだんす　**船箪笥**　江戸時代の廻船で使用された箪笥。懸硯《かけすずり》(掛硯)・帳箱・半櫃《はんがい》などがあり、豪華な金具が施されているのが特徴である。懸硯は小型の箪笥で、船頭が使用し金子や航海手形などの貴重品を保管した。外側は欅の一枚板を使用した頑丈な作りで、内部は桐を使った精巧な作りで防水に優れていた。難船時には船頭がこれを背負って船を離れるといわれている。帳箱は横長のもので知工《ちく》が使用し、半櫃は船頭の着物入れであった。

船箪笥

参考文献　小泉和子『箪笥』(『ものと人間の文化史』、一九八二、法政大学出版局)

(昆　政明)

ふなやど　**船宿**　江戸時代から明治時代にあった廻船の乗組員のための宿。廻船の乗員の上陸や陸上での宿泊は本来規制されていたが、荷役作業や天候を理由として上陸と宿を求めたことから船宿として成立した。のちには廻船の運行に必要な物資の手配や、廻船と問屋の間に入り荷物の世話をするほか、船員補充の斡旋や訴訟の際の代理人となった。また廻船の入出港時の附船(引船)の手配も行なった。問屋に比べ規模は小さかったが業務内容で競合する部分も多く問屋との係争もあった。同じような業態に水主の宿である小宿、附船を運用する附船宿があり船宿が兼業する場合も多かった。これとは別に江戸や大坂などでは屋形船や猪牙《ちょき》船など遊興のための船や旅客輸送の交通船が多く用いられており、船と船頭を常備し客を扱う船宿があり、客の休憩や宿泊が可能な船宿もあった。現代では釣り船や食事付きの遊覧を行う屋形船などを運行する業態を船宿という場合が多い。

参考文献　金指正三『日本海事慣習史』(一九六七、吉川弘文館)、小村弌『近世日本海海運と港町の研究』(一九九二、国書刊行会)

(昆　政明)

ふね　**船**　水上に浮かべ、人や物を乗せて、航行するもの。〔古代・中世〕構造・大きさ・用途などにより分類され、時代による変遷がある。用途としては、人や荷物の輸送用、外洋渡海用の船、漁船、渡船などがある、また、海と川では喫水の浅深が異なり、川船は喫水の浅い平駄《ひらた》舟・高瀬舟が古代以来使用されていた。縄文時代には一本の丸太をくり抜いた刳船《くりぶね》が使われていた。すでに弥生後期には底部の刳船に側板をつけた準構造船が存在し、古代・中世にもこの構造が基本的に踏襲された。船材は主に楠が使用されたので、楠が自生している太平洋沿岸の土佐や熊野などが主要な造船地であった。古代では官物輸送の船が中心であり、西国では国附属の津から瀬戸内海を通り、三国川・木津川を含む淀川水系をさかのぼって奈良や京に運ばれた。そのため、淀川水系では川船が発達し、淀・鳥羽・木津などの港が繁栄した。北陸諸国からは日本海を通って、敦賀や小浜の港に船が着き、木津・海津・塩津など琵琶湖北岸の港まで陸送され、そ

船形埴輪（古墳時代）

こから大津や坂本などに船で運ばれた。平安後期に荘園が成立すると、年貢輸送の船が中心となったが、輸送ルートは古代と大筋は同じであった。鎌倉後期に代銭納が一般的になると、商品輸送が主となり、数百石を搭載できる大型船が出現した。大型船としては遣唐使や日元・日明貿易に使用する外洋航海用の船も造られた。中世後期には複数の幅が広い板材を釘や鎹《かすがい》で前後に継いで船底を構成し、側面に棚板を上下に継いでいく構造船が造られるようになった。このころには船材として杉板が主に使用され、杉が多い土佐・日向・熊野などが主たる造船地であった。こうした変化には㈠大鋸引《おがびき》による製材技術の発展、㈡搭載量の増加に対応するための船の大型化、㈢楠などの材木資源の枯渇などが考えられている。戦国時代には大型の軍船も造られ、戦国末期には多数の櫓を備えて高速化を実現し、大砲を搭載し、天守のような建造物を備えた大型の安宅《あたけ》船が造られた。また、織豊期には東南アジアへ航行するために中国のジャンク船の構造を採り入れた大型の商船が造られ、近世には朱印船と呼ばれた。この種の船は底部に竜骨を持ち、複数の大型の帆を有していた。帆は古代・中世では竹などで編んだ苫《とま》帆《ほ》や筵帆の一枚帆(補助の帆が付く場合あり)が原則で、一本の帆柱に付けて航行したが、戦国時代には木綿製の帆が普及し、七端帆のように接ぎ合わせた木綿布の端数で帆の大きさを表現した。帆による航行は風によって左右され、港での風待ち(日和見《ひよりみ》)が多く、運航は不安定だったので、風がない時や雨の日は櫓で漕いだ。また、古代・中世には航海技術が未熟なため、海難事故が多く、難破舟や積荷を沿岸の領主・寺社や住民が取得する寄船《よりぶね》慣行が存在した。海難事故の責任や対応などを定めた廻船式目が室町後期に定められたのも海難事故の多さを物語る。さらには海賊の襲撃も多く、海賊に警固料を納めて、上乗《うわのり》をしてもらい安全を確保していた。　↓風待《かぜま》ち
↓川船《かわぶね》

参考文献　石井謙治『日本の船』(『創元選書』、一九五七、東京創元社)、渋沢敬三・神奈川大学日本常民文化研究所編『(新版)絵巻物による日本常民生活絵引』一―五(一九八四、平凡社)、石井謙治『和船』II(『ものと人間の文化史』、一九九五、法政大学出版局)

(盛本　昌広)

安宅船（「肥前名護屋城図屏風」より）

〔近世〕近世は大坂と江戸を中心に物資の海上輸送が飛躍的に拡大した時代であった。東回り航路と西回り航路の整備はそれに対応したものであり、それに就航する廻船も大きな発達を遂げた。構造的には刳船《くりぶね》の構造を残した準構造船から、大板を接《は》ぎ合わせた構造船に移行し、航走方法も艪櫂《ろかい》を使った漕走から帆走専用へ変化した。軍船は一六三五年(寛永十二)の大船建造禁止令により大型の安宅《あたけ》船が姿を消し関船が軍船の主力となった。しかし幕府の政策により技術的発達は停滞し、主に御座船として参勤交代に使用された。朱印船には中国船のジャンクと一部洋式の帆装が用いられていたが鎖国政策によって洋航船は不要となり、技術が継承されることはなかった。日本海では大型の廻船として北国船や羽賀瀬《はがせ》船があった。これらは船底の両脇を面木《おもき》と呼ばれる刳り材で構成し、間に補助材として丁《ちょう》を挟み込むことによって幅広船底部を構成し船体の大型化を可能とした。瀬戸内海や太平洋では伊勢船と二形《ふたなり》船が代表的なもので、敷《しき》と呼ばれる船底材に棚板を接合した構造船であった。弁才船は伊勢船、二形船より小型であるが、帆装に改良を加えるとともに大型化し、瀬戸内海から日本各地に進出して十八世紀中期以降は大型廻船のほとんどが弁才船となった。大坂から江戸に物資を輸送した菱垣廻船、樽廻船や大坂と蝦夷地を結んだ北前船も弁才船が使用された。弁才船が重用された理由は優れた経済性にあった。弁才船に当初は艪が装着されていたが、帆装の改良と帆や重量物の上げ下ろしに轆轤を使用することによって帆走専用船となり乗組員も減少した。千石積みでは北国船や羽賀瀬船二十四人に対し弁才船は十五人程度であった。一方小型廻船や川船、漁船などにも棚板構造が普及していったが、使用目的や自然条件などにより多種多様な船型があった。丸木船や準構造船も平行して使用され、一部は現在まで残存している。　↓北前船《きたまえぶね》　↓肥船《こえぶね》　↓樽廻船《たるかいせん》　↓渡船場《とせんば》
↓菱垣廻船《ひがきかいせん》

参考文献　石井謙治『図説和船史話』(『図説日本海事史話叢書』一、一九八三、至誠堂)、同『和船』I(『ものと人間の文化史』、一九九五、法政大学出版局)、安達裕之『日本の船』和船編(一九九八、船の科学館)

〔近現代〕江戸時代の廻船の主力であった弁才船は明治時代にさらに大型化した。帆装も大きな一枚帆に洋式帆装のジブ、スパンカーの追加装備が一般化し、帆装そのものを完全に洋式帆装とした「あいのこ船(合の子船)」も出現した。政府は洋式帆船の普及を目指し一八八八年

横須賀造船所（『ザ＝ファー＝イースト』より）

（明治二十一）以降五百石以上の和船建造を禁止した。しかし和船構造は建造費用が低廉で船体強度も洋式船と比べて格段に劣るわけではなく経済的であったため、外観を洋式船とし内部が和船構造の船が引き続いて建造され、第一次大戦後に機帆船が普及するまで内航海運の主力となった。造船の近代化は洋式軍艦の建造から始まった。幕末には大船建造禁止令を廃止、諸藩にも洋式軍艦の建造を認め、幕府も横須賀製鉄所、長崎製鉄所を開設した。これらは明治政府に引き継がれ横須賀製鉄所はのち横須賀海軍工廠となり、国営の軍艦建造所となった。一方長崎製鉄所は三菱会社に払い下げられ三菱長崎造船所となった。日本が西欧の造船技術を導入した時代は鉄船から鉄鋼船へと移行する時代で、日本で鉄鋼船が建造されたのは九〇年であった。造船技術は急速に発達を遂げ、動力もレシプロ機関からタービン機関、ディーゼル機関へと変化した。海軍力の整備は緊急の課題とされ当初主力艦は海外へ発注した。日清・日露戦争の主力艦は外国で建造されたが、一九一三年（大正二）イギリスに発注した巡洋戦艦金剛を最後に軍艦は国産化された。また、漁船の改良を目的に一八九三年水産調査所を組織し、全国の漁船を調査して漁船改良の要点を示した。国内の機械産業の発達とともに内燃機関が供給されるようになり、和船を改造してこれを搭載した。昭和初期には洋式構造の動力漁船が普及し始めたが、和船構造の動力漁船も近年まで使用された。大型漁船は主に焼き玉エンジンを搭載し、小型漁船は電気着火エンジンを搭載した。内航海運では昭和初期には和船はほとんど姿を消すが、漁船や川船などでは近年まで伝統的造船技術によって建造された木造船が使用されていた。

参考文献　造船協会編『日本近世造船史』（一九一一、弘道館）、船の科学館編『幕末・明治の洋式船―近代造船の夜明け―』（一九六〇）、山田廸生『日本の船』汽船編（一九九七、船の科学館）

（昆　政明）

ふよう　扶養　個人の生存や日常的な生活が安定的に維持されるように、一定範囲の社会集団内で、成員の一方が他方に、その基盤を供与することをいう。供与の主体と客体の関係に着目した場合、私的扶養（親子、夫妻など、親族間で行われる扶養）と社会的扶養ないし公的扶養（村・町など地域社会や、幕府・藩など支配機構が関わる扶養）とに分けられる。それぞれの分担関係は時代と社会の中で異なるが、江戸時代にあっては、家族による扶養を基本として、これを親族が支え、さらに地域社会が補うというシステムが主軸をなした。一方、扶養の中身に着目すると、経済的扶養（衣食住を中心とする生活基盤の供与）・身体的扶養（家事・育児・看護・介護などの身辺的な世話の供与）・精神的扶養（子どもや高齢者に対して心理的な不安を除去する働きかけの供与）とに分けられる。江戸時代の家においては、経済的扶養だけでなく、身体的扶養、精神的扶養の責務も当主の男性が担うものとされた。身体的扶養が女性の役割として固定化されていくのは明治期以降の特徴といえる。　↓介護《かいご》

参考文献　大竹秀男「江戸時代の老人観と老後問題」（利谷信義・大藤修・清水浩昭編『老いの比較家族史』所収、一九九〇、三省堂）、柳谷慶子『近世の女性相続と介護』（二〇〇七、吉川弘文館）

（柳谷　慶子）

ぶよう　舞踊　音楽に合わせて身体を動かすことでなされる芸能表現。坪内逍遙（一八五九―一九三五）が一九〇四年（明治三十七）の『新楽劇論』で用いて以来、使用されるようになった用語である。英語の dance の訳語としては「舞踏」の語が明治初期から用いられていたが、逍遙の「舞踊」は、西洋由来のダンスと日本の伝統的な舞・踊り・振りを包括し、一方で総合芸術としての演劇に対して、身体動作を核にした芸術表現を区別する意図で提起された概念と考えられる。それ以前の日本では、舞と踊りは明確に区別されており、柳田国男（一八七五―一九六二）は『日本の祭』（一九四二年（昭和十七））において「踊は行動であり、舞は行動を副産物とした歌又は「かたりごと」である」と論じ、折口信夫（一八八七―一九五三）は『古代研究』二、国文学篇（一九二九年）において「をどりは飛び上る動作で、まひは旋回運動である」と論じた。特に折口の「舞＝旋回運動／踊り＝跳躍運動」という区別は、のちに舞と踊りの相違を述べる定説となった。舞はマハル（回る）に通じ、一定の範囲で回転・回歩するもので、踊りはリズム楽器の響きに合わせて躍動するものというのは、民俗芸能の多様な舞や踊りの実例に照らしても了解できる。

これに対し山路興造（芸能史研究家、一九三九―）は、

踊りはみずから奏でる音楽に合わせて躍動するもので、舞は他者に囃され動かされるものという独自の説を提唱した。これは柳田が踊りの本質を行動であるといい、また折口が舞を無意識の行動が繰り返されることで芸能化したものと論じたことを受けて展開した考え方である。意識的に様式化された舞と比較して、踊りはより自発的で無意識的である。ゆえに踊りは誰もが参加できる集団的なものとなり、舞は囃子方も含めて訓練された個人もしくは特定少数者のものとなる。また踊りが演じる場の制約を持たないのに対し、舞は区画された舞台を必要とする。結果として、舞は専門の演者を雇うことができ、舞台を用意することができた貴族や社寺の庇護を受け、賞翫される芸能としての性格を早く獲得したのに対し、踊りは民衆のなかにあって、芸能に分化されない状態を続けたと論じられている。

歴史的に見ると、古代日本において舞はすでに芸能として確立しており、国栖舞《くずまい》・久米舞・隼人舞・筑紫舞などが、神仏や天皇をはじめとする支配者層への忠誠を誓う舞として奉献された。中世には巫女(神子)・白拍子・曲《くせ》舞など舞を携えた者が民間にも進出したが、その大半は漂泊の職能民であり、強い聖性を帯びた特殊な存在だった。舞の系統は中世・近世を通してこれら職能民や社寺に定着した宗教者によって掌握され、民衆が関わる場合も、祈禱や奉納を目的として専門的な演者に依頼する形態が明治時代まで続いたと見られる。民間の舞の代表例である神楽も、幕末から明治初期に在地の氏子らに伝えられるまでは、神職やそれに準ずる専門の演者が演じた。

一方、踊りが芸能として現れてくるのは平安時代中期で、田楽躍りや念仏踊りが代表例である。田楽躍りは専業の田楽法師によって散楽系の雑芸とともに演じられる整然とした踊りで、やがて猿楽を取り入れて能楽の舞の素地ともなるが、その田楽躍りを模倣した風流《ふりゅう》田楽が貴賤を問わず流行し、一〇九六年(永長元)の大田楽を頂点に、民衆を踊りの熱狂に巻き込んだ。念仏踊りは、鎌倉時代中期の一遍(一二三九―八九)らが民衆に広めた踊り念仏をルーツとする。当初は念仏とともに法悦を得るための手段であったが、歌い踊ることによる踊躍歓喜が目的化するに至って念仏踊りとなった。中世に入ると、祇園御霊会に代表される都市祭礼の中で、趣向を凝らした山や鉾とそれを動かす囃子が一体化した風流拍子物が生まれた。室町後期には、これが祭礼行列から独立し、小歌を連ねた組歌形式の歌に合わせて踊る風流踊りの様式が確立した。風流踊りはやがて各地の郷村に広まり、村落社会の需要に合わせて雨乞いの太鼓踊りや先祖供養の盆踊り、季節ごとの祭礼を彩る小歌踊りなど、多様な形態に展開した。

近世初頭に京都に現れた出雲の阿国は、小歌踊りの一種と考えられる「ややこ踊り」を独創的に演じ、異装・異風を意味する「かぶき踊り」として大評判を得た。かぶき踊りは、踊りと呼ばれながらも阿国のような専門の演者が舞台上で演じ、専門の囃子方を従えていた。また道化方である猿若との絡みなど、ある程度の劇的構成を持っていたとも考えられる。これが若衆かぶき、野郎歌舞伎と展開する過程で、歌舞劇として大成された能狂言の各種の舞を取り込んでいった。そこに生まれたのが人のしぐさや動作を様式化して踊りで表現する所作事である。現在の私たちが日本の舞踊として思い浮かべるのは、歌舞伎舞踊の所作事や、それにルーツをもつ多くの流派の日本舞踊である。上方には、能の静かな舞の要素の色濃い上方舞・京舞があるが、これも大半の流派が上方歌舞伎の所作事を取り入れており、いずれも舞と踊りの系譜を融合したものである。これら日本の舞踊は、現在も高度に洗練された舞台芸術として鑑賞されるとともに、礼儀作法や美しい立ち居振る舞いを身につけるのに役立つと考えられ、庶民の習い事として広い裾野を獲得している。　↓歌舞伎《かぶき》　↓組踊《くみおどり》　↓能《のう》　↓盆踊《ぼんおど》り

[参考文献]　郡司正勝『おどりの美学』(一九五九、演劇出版社)、折口信夫「舞ひと踊りと」(『折口信夫全集』二一所収、一九九六、中央公論社)、三隅治雄『踊りの宇宙―日本の民族芸能―』(『歴史文化ライブラリー』、二〇〇二、吉川弘文館)、山路興造『近世芸能の胎動』(二〇一〇、八木書店)

（俵木　悟）

ふようかぞく　扶養家族　所得税法上、扶養控除の対象となる家族。ただし健康保険の扶養家族は会社の扶養手当の対象や税法上の扶養家族とは基準が異なり、やや厳密な規定がある。すなわち、被保険者の収入によって生活している家族は、基本的には被扶養者として健康保険の給付を受けることができる。ただし家族なら誰でも被扶養者として認定されるというものではなく、年収の上限や後期高齢者に該当しないなど、一定の条件を満たすことが必要である。さらに被扶養者は、被保険者と同居でなくてもよい者と、同居であることが必要とされる者がある。配偶者、子、孫、弟妹、父母は同居でなくても被扶養者として認められるが、それ以外の三親等内の親族、たとえば義父母や兄姉、連れ子や内縁の配偶者の父母などは、被保険者と同居であることが被扶養者として認められる条件とされている。

（八木　透）

プライバシー　プライバシー　私生活を脅かされない自由ないしその権利。この観念は、私生活をも暴くようなイエロー＝ジャーナリズムが生じた十九世紀末のアメリカで発展してきた。日本でのプライバシーの権利は、日本国憲法第一三条の幸福追求権に関わっている。プライバシーが焦点となったのは、一九六〇年(昭和三十五)に三島由紀夫が発表した『宴のあと』(新潮社)である。小説のモデルとされた元外務大臣の有田八郎がプライバシーの侵害であると訴訟を起こした。また八一年の『FOCUS』(新潮社)の創刊を皮切りに写真週刊誌の隆盛がプライバシーの侵害で問題となり、八六年にはタレントのビート

たけしが『FRIDAY』(講談社)の編集部に襲撃をかける事件も生じた。表現の自由をめぐり人権と知る権利の兼ね合いが重要となり、特に公人や、公益性が絡む場合にはプライバシーの制約も考慮される。情報化社会が進展するにつれ、自己情報をコントロールする権利という考え方も深まり、近年、インターネット上の忘れられる権利にもプライバシーの観点で関心が集まっている。

参考文献　堀部政男『プライバシーと高度情報化社会』(『岩波新書』、一九八八、岩波書店)、同編『情報公開・プライバシーの比較法』(一九九六、日本評論社)

(根津　朝彦)

ぶらくかいほううんどう　部落解放運動　部落差別を撤廃し、基本的人権の回復をはかるための運動。一八七一年(明治四)に発布された解放令は近世における賤民身分の制度的廃止を謳ったものであり、その後はそれをよりどころに、平等の権利の実体化を求める運動が展開されていった。被差別部落の人々は日常遭遇する差別に対する糾弾を行う一方、生活習慣・風俗などを改めることで同じ「国民」と見なされることをめざし、九〇年前後には部落上層部を中心に規約などを制定して部落改善運動が起こされる。一九一〇年代になると、日露戦争後から開始された部落改善政策が内包する部落責任論を克服し、社会の責任を問う運動が全国横断的に生起する。その発端の一つが一九一二年(大正元)奈良県の被差別部落有識者によって結成された大和同志会であり、それは被差別部落の経済的自立を希求し、その障害となるような社会の差別的認識や制度を打破することをめざす目的合理主義的運動であった。片や一四年に結成された帝国公道会は、同じく「同化」をめざしつつも、部落問題の解決は帝国の一体化を実現するための手段にすぎず、やがて被差別部落への影響力を喪失していく。一八年の米騒動と、第一次世界大戦後の「人類平等」の思潮の興隆は、運動を新たな段階に前進させ、部落民としての「誇り」をバネにみずからの力で解放を勝ち取るべく、二二年全国水平社結成へと突き進んでいく。その後水平社の運動は、ともに無産階級であることを強調して労農運動との一体化をはかり平等社会の実現をめざす方向と、あくまで部落民意識を保持し独自の運動を展開すべきであるとする考え方の対立が生じるが、戦時下には、天皇制のもとでの「国民一体」をめざすものへと収斂し、戦争協力に駆りたてられていく。戦後は一九四六年(昭和二十一)二月に部落解放全国委員会が結成され、敗戦と占領によってもたらされた民主主義に部落問題解決への期待を託していく。五〇年以後は、部落解放国策要求を掲げて行政闘争に主力を置き、五五年に部落解放同盟と改称して大衆運動路線を打ち出した。そうした運動の高揚は、六五年の同和対策審議会答申とそれを受けての同和対策事業特別措置法制定へと至らしめた。その結果被差別部落の住環境改善や経済的平等が促進されたが、それらに伴う問題も生じ、すでに六〇年には自由民主党系の全日本同和会が結成され、七六年には全国部落解放運動連合会が結成されて運動は分裂した。二〇〇二年(平成十四)の特措法廃止後、さらに運動は新たな段階を模索しつつある。

↓同和教育《どうわきょういく》　↓被差別部落《ひさべつぶらく》

参考文献　藤野豊『水平運動の社会思想史的研究』(一九八九、雄山閣)、部落解放研究所編『部落解放史―熱と光を―』中・下(一九八九、解放出版社)、部落問題研究所編『部落の歴史と解放運動(増補版)』近代篇・現代篇(一九九七)、黒川みどり『異化と同化の間―被差別部落認識の軌跡―』(『シリーズ日本近代からの問い』一、一九九九、青木書店)

(黒川みどり)

ブラジャー　ブラジャー　女性の胸を覆う下着。仏語ブラシエール brassiere が英語になった。西欧女性がコルセットをしていた二十世紀初めまでは、コルセットが胸も整えていたのでブラジャーは不要だった。しかし第一次世界大戦が女性服を現代化させコルセットが使用されなくなると、胸を覆う下着が必要となる。単純な筒状の服に合わせて、胸を目立たせないようにした。着用が簡単になったドレスとともに、日本に伝えられたブラジャーは、そのため「乳押さえ」「乳バンド」と訳され、着物の下にも勧められた。一九三〇年代には女性らしい服装が流行し、胸山のあるタイプが登場。第二次世界大戦後の一九四九年(昭和二十四)に、塚本幸一はブラパットと出会い、ワコールの礎を築く。布やワイヤーなどの新素材が開発され、つぎつぎと新機能を謳うブラジャーが登場。胸を大きく見せる、胸の谷間を作るなどがテーマだが、スポーツタイプや服との一体型など、楽な着け心地のブラジャーの人気も高まる。乳がん患者用といった社会的ニーズから生まれた商品もある。

参考文献　横田尚美「一九二〇年代の日本女性の洋装下着」(『ドレスタディ』三三、一九九八)、『ワコール五〇年史―もの　からだ文化―』(一九九九)

(横田　尚美)

プラスチックせいひん　プラスチック製品　プラスチックを成形した製品。自由に加工・変形できる高分子物質(ポリマー)のことをプラスチックという。プラスチックは「塑性の」plastic という言葉に由来する。合成樹脂ともいう。日本では、熱可塑性樹脂と熱硬化性樹脂だけをプラスチックと呼び、合成繊維・合成ゴム・塗料などを含めていない。天然の可塑物質には漆や天然ゴムがあるが、最初の人工のプラスチックは、アメリカのジョン＝ハイヤットがニトロセルロースと樟脳から作ったセルロイド(一八七〇年特許取得)である。しかしセルロイドは天然素材を利用しているため、まったくの人工という訳ではない。完全に人工的な最初のプラスチックは、一九〇七年にアメリカのレオ＝ヘンドリック＝ベークランドが工業化に成功したベークライト(フェノール樹脂)である。戦前・戦時までは、日本で使われたプラスチックのほとんどはセルロイドとベークライトであった。セルロイドは、「青い目の人形」(野口雨情作詞)やキューピーと

いった人形と結びつけて現在も記憶されている。本格的なプラスチックの生産・消費は戦後に始まる。四大汎用プラスチックのうち、日本で戦後最初に生産が始まったのは石炭を原料とするポリ塩化ビニル(PVC)であった。五八年(昭和三十三)に日本において石油化学工業がスタートし、高度成長期にはバケツ・食品保存容器・風呂桶・文具など生活用品がつぎつぎにプラスチック製品に置き換わっていった。特に食品の包装、ペットボトルの普及は生活を一変させた。スーパーの発展は、食品トレイ・包装フィルム・レジ袋なしにはあり得なかったともいえる。包装・容器などはプラスチック国内消費の四五%を占める(二〇〇九年(平成二十一))。生産の増加に伴い、廃棄量も急増し、プラスチック廃棄物の処理が大きな問題となった。一九九五年に容器包装リサイクル法が制定された結果、ペットボトルのリサイクル率は二〇一四年現在八二・六%に達した。プラスチック生産量は一九九七年に一五二〇万トンに達した後、停滞している。↓セルロイド

参考文献 遠藤徹『プラスチックの文化史―可塑性物質の神話学―』(二〇〇〇、水声社)、松藤敏彦編『プラスチック・リサイクル入門―システム・技術・評価―』(二〇〇九、技報堂出版)、桑嶋幹・木原伸浩・工藤保広『よくわかる最新プラスチックの仕組みとはたらき 身近なモノを通じて学ぶ 技術進歩を追う―(第二版)』(『How-nual図解入門』、二〇一二、秀和システム)
(浅井 良夫)

ブランドぶんか ブランド文化 ブランドは、英語で銘柄、商標、印のこと。その意味では、ブランドは何か特定の銘柄や商標だけを指すのではない。ブランドイメージが人々にどのような印象を与えるかが企業価値を左右し、ブランド文化を生む。日本では、人々が経済力を持ち始めた一九七〇年代半ばに高級ブランドが意識され、モノグラム(組合せ文字)柄のバッグが注目されて以来、長くブランドといえば高級ブランドがイメージされ、憧れの的となった。好況に沸いた八〇年代には、高級ブランド、デザイナーズブランド、キャラクターズブランドと、ブランドがブームとなり、階級のない日本社会における社会規範の代用としての「ブランド信仰」と捉えられた。「無印良品」という商標も話題となった。その後、高級ブランドは大衆化して希少価値が薄れる。バブル崩壊とともにデザイナーズブランドブームは去り、代わってナイキやアディダスなどのスポーツブランドが、黒人文化人気と結びついて、特に若者に影響を与えた。ライセンス商品によって、スポーツブランドのマークが生活に浸透する。日本ではあまり話題にならなかったが九〇年代後半に、欧米ではこうした身近なブランド企業の中に、生産者を搾取している企業が少なくないことが告発され、ブランドに負のイメージが生まれた。日本は高級ブランド企業の一大市場であり続け、彼らは日本法人を設立し大都会の一等地に旗艦店を構えた。ファスト(生産に時間をかけず、価格が安い)ファッションブランドは、ユニクロなどの国内企業以外にも、海外の企業が二〇〇〇年代後半に日本につぎつぎ出店し、高級でなくとも名の知れた商標はブランドと認識されていく。日本中の大規模小売店に高級ブランド品の並行輸入品やアウトレット商品が並び、質屋やリサイクル店で中古品が売買され続けているのは、高級ブランド品を持ちたい人々がいまだ多く存在することを示す。その一方で、地産地消が注目され、服飾を含めた地元ブランドに関心を示す人々も増えた。↓商標《しょうひょう》 ↓ファッション

参考文献 ナオミ＝クライン『ブランドなんかいらない―搾取で巨大化する大企業の非情―』(松島聖子訳、二〇〇一、はまの出版)、横田尚美「流行と盛り場―モード発信装置としての都市―」(新谷尚紀・岩本通弥編『都市の光と闇』所収、二〇〇六、吉川弘文館)、横田尚美『二〇世紀からのファッション史―リバイバルとリスタイル―』(二〇一三、原書房)
(横田 尚美)

フランネル フランネル 毛織物の種類。平織または綾織で両面に軽く起毛してある薄地の毛織物。明治以降に国内で普及したフランネルは、シャツ、襦袢といった肌着をはじめ、着物の単《ひとえ》などに用いられた。綿フランネルは、外国からの輸入品が多かったが、明治初年に「紀州産紋羽」の変製品として紀州ネルが創始されると、紀州に限らず国内生産が行われた。
(刑部 芳則)

ブリ ブリ スズキ目アジ科に属する大型の回遊魚である。語源は脂が多い魚であることに由来し(あぶらの訛り)、漢字「鰤」には師走に美味しくなる魚の意味といった諸説を持つ。古くから食用として重要で、近世以降に富山湾の藁台網(定置網の原型)などで大量漁獲されるようになった。戦後も定置網や延縄などで漁獲され、需要の増大に伴い、ブリ類養殖が香川県引田で始まり西日本各地へ拡がった。現在の養殖ブリは筏の係留技術向上や餌のペレット化、漁場環境の改善で、食品としての安全性が向上し美味になっている。富山県の氷見ぶり、石川県の能登ぶりが代表産地で、養殖ブリのブランドに大分県のかぼすブリや愛媛県のみかんブリがある。脂がのった寒鰤は濃厚な旨味を持ち、冬の味覚になっている。出世魚の代表格で縁起の良い歳取り魚として、関西では塩鰤が正月の祝物に、富山県では寒鰤が歳暮に贈られる。おせち料理のほか、福岡県で雑煮、石川県で藁巻き鰤に用いられ、頭や尾は年神や恵比寿の供物になった。

参考文献 松本市立博物館編『鰤のきた道―越中・飛騨・信州へと続く街道―』(二〇〇九)
(若林 良和)

フリーター フリーター 一九八七年(昭和六十二)、『フロム・エー』誌(リクルート)が、会社に縛られない自由な働き方を推奨する意図で流布させた造語。大卒者の就職難が叫ばれた九〇年代後半の就職氷河期以降は、正規職に就けない若者に対する蔑視の語感を持つようになった。官庁統計上でのフリーター定義は、十五歳―三十四歳の年齢層で、アルバイト、パート雇用者に限定、女性

は未婚者のみなど、不安定雇用下にある若年層全体よりも狭い。フリーター数が九七年(平成九)に百五十万人を突破(『労働白書』)し、増加した背景には、非正規雇用の増大を図る企業方針と労働力政策とがあった。ネットカフェ難民や派遣切りのトピックが報じられた二〇〇〇年代には、フリーターは、格差社会のもとで将来の展望が持てない働き方に陥る若者の代名詞となる。さらに、英国で仕事に就けず、教育も職業訓練も受けていない若者を指すニートNEETという用語が移入され、就業意欲を持たない怠惰な若者の意味で用いられたが、その実像は失業、半失業の若年層だった。

参考文献 本田由紀『若者と仕事―「学校経由の就職」を超えて―』(二〇〇五、東京大学出版会)、部落解放・人権研究所編『排除される若者たち―フリーターと不平等の再生産―』(二〇〇五、解放出版社)、松宮健一『フリーター漂流―日本の若者の五人にひとりがフリーターだと言われている―』(二〇〇六、旬報社)　(中西新太郎)

ふりうり　振売り　「振り」とは商品とともに移動することで、中世・近世に店舗を構えず、商品を担って売り歩いた商人、もしくはその商売方法のこと。特に商品を提げた天秤棒を肩に担ぎ、持ち歩いて売る者を棒手振りという。連雀《れんじゃく》と呼ばれる木製の枠形の背負道具に商品をくくりつけて背負い、販売して歩いた者を連雀商人という。また移動せず特定の場所の路上で商品を並べて販売するのを立売《たちうり》といった。中世では扱い品目は塩・魚・絹綿・檜物・土器など各種あり、多くは近郊農民が都市に持ち込んで販売したが、座売・店売《たなうり》と重複したため座商人・店売商人との間に争論が発生し、禁止されることもあった。近世になると扱い品目はさらに多様化していくが、日用必需品が多くを占めている。十七世紀前期に江戸町奉行が営業鑑札である振売り札を下付して札銭を納入させ、統制と保護を加えた。彼らは問屋・仲買商人から商品を仕入れ、活動範囲は都市内に限定されるようになっていく。↓呼売《よびう》り

参考文献 豊田武『中世の商人と交通』(『豊田武著作集』三、一九八三、吉川弘文館)　(加藤　貴)

ふりそで　振袖　女性用着物の丈の長い袖。振袖の名称は江戸時代から一般化し、十八歳で元服を迎えると脇明を縫って留袖へと変更した。文化年間(一八〇四―一八)に帯幅が広くなると、留袖では袖付止りが帯につかえるため、十八歳以上の女性も振りのある袖を用いた。そののち、上記のような機能性による違いであった名称ではなく、袖丈の長いものを振袖、短いものを留袖と呼ぶようになる。江戸時代初期の袖丈は一尺五寸であったが、一六六三年(寛文三)の反物令改正により二尺、元禄年間(一六八八―一七〇四)には二尺五寸、宝暦年間(一七五一―六四)には三尺へと長くなっている。その後は二尺四寸から五寸が一般的となる。袖型には、長刀袖、鶯袖、そぎ袖などがあり、七五三や結婚式など冠婚葬祭に用いられた。色振袖は未婚女性の晴れ着として用いられるため、古式の残る結婚式では色直しで黒留袖を着る場合がある。

振袖　青紫縮緬地草花模様

参考文献 生川春明『近世女風俗考』(『日本随筆大成』一ノ三所収、一九七五、吉川弘文館)　(刑部　芳則)

ふるい　篩　穀物の精選、製粉・製茶などの工程で細かい物と粗い物とを選り分ける道具。曲物の枠に網を張ったものが一般的で、網目には粗いものでは竹や植物の蔓が、細かいものでは絹や馬の毛などが使われた。また箱篩、万石とおしなどの据置式傾斜篩、回転式の六角篩や行灯篩などもあった。現代では各種産業分野においてふるい機(スクリーン)が欠かすことのできない道具となっている。

篩

参考文献 三輪茂雄『篩』(『ものと人間の文化史』、一九七八、法政大学出版局)　(小林　裕美)

ふるぎ　古着　着て古くなった衣服。江戸時代から江戸富沢町(東京都中央区)および柳原土手(千代田区)に古着屋が多く集まっていた。その他の古着屋町には村松町(中央区)、日蔭町(港区)、浅草東中町(台東区)、西中町(同)があった。東京府が、一八八一年(明治十四)六月十七日に岩本町(千代田区)古着市場、七月五日に久松町(中央区)および神田久衛門町(千代田区)に古着市場の開設を許可すると、富沢町と柳原町の古着屋は岩本町に移転した。古着屋は、洋服店で注文できない者が安価に入手できるところであり、百貨店が既製服を販売するまで、庶民に洋服を供給する役割を果たした。明治初期には外国軍隊の払い下げの軍服が店頭に並び、それよりも安価な

「神田岩本町古着市場之図」（『新撰東京名所図会』第23編（1900年）より）

毛布は人気商品であった。当時衣服の主流であった和服の古着の品揃えも充実していた。九六年の東京の古着屋は千九百三十軒、洋服屋八十九軒、舶来織物店百四十六軒と、圧倒的に古着屋の多いことがわかる。和洋服をはじめ、各種礼服まで揃うため、即位式や国葬など大規模な儀礼の前になると古着店は繁忙期を迎えた。

参考文献　『東京市史稿（復刻版）』市街篇六五（一九七三）、今和次郎編『（新版）大東京案内（復刻版）』（一九六六、批評社）、刑部芳則『帝国日本の大礼服―国家権威の表象―』（二〇一六、法政大学出版局）　（刑部　芳則）

ふるほんや　古本屋　現在、古本屋は古物商の一形態であり古書を専門に扱う書店として認知されている。古本の売買が盛んになるのは江戸時代に入ってからである。古本

「芝日蔭町　明治三十二年の実況」（『新撰東京名所図会』第32編（1901年）より）

古着屋町の様子

しかし当時は古本のみを売買する書店はなかった。江戸時代の本屋は、出版した本を卸売販売するほか、他店の出版物も含め新刊書の小売をする一方、古本の売買まで行なっていた。当時、書物は保存して伝えるものという認識があり、江戸時代にその役割を担ったのが本屋の古本部門であった。新刊書だけでは店に多くの客を呼べないこともあり、絶版により入手できなくなった古書や、公式な販売ルートに乗らない私家版、手書きの写本まで幅広く取り揃え、古本営業部門を充実させていた。江戸時代の本屋は本屋仲間を結成していたが、その役割の一つに古書市場の運営があった。そこでは、本のほかに版木も売買されていた。明治中期に和本を中心とする古本屋と洋本を扱う古本屋とに分かれ、のち古書専門店が生まれた。

参考文献　長友千代治『江戸時代の図書流通』（『佛教大学鷹陵文化叢書』七、二〇〇二、思文閣出版）、橋口侯之介「江戸の古本屋」一（『日本古書通信』七二ノ一二、二〇〇七）　（加藤　光男）

ブルマー　ブルマー　女子生徒の運動用パンツ。ブルマーの着用については、明治二十年代以降の女子服装改良論のなかから生まれた。一九〇三年（明治三十六）にアメリカで女子体操を学んだ井口あくりが、女子生徒の運動着として取り入れることを提唱した。当時のブルマーは、セーラー服の上衣と組み合わせて着ることを想定していた。だが、大正時代にチューニック体操を導入した二階堂トクヨの運動着にも見られるように、ジャンパースカートを着るものの、必ずしもブルマーは用いていない。それが大正末期から昭和初期にかけて洋式の女子学生服が普及すると、それとは異なる運動着の上衣に対応した下衣としてブルマーが着用されるようになる。昭和二十年代まではゆとりのある「ちょうちんブルマ」が多かったが、品質改良によって肌に密着した「ぴったりブルマ」へと変わっていった。昭和三十年代には綿製からナイロン製へと移行し、洗濯しても色落ちする心配がなくなった。だが、昭和から平成へと時代が変わるころから、ブルマーは「ブルセラ」と呼ばれる男性の性的対象となり、また着用する女子生徒たちからも忌避され、近年では短パンなどへと代わっている。

ブルマー

参考文献 高橋一郎他『ブルマーの社会史―女子体育へのまなざし―』（『青弓社ライブラリー』、二〇〇五、青弓社）　　（刑部　芳則）

ふるまい　振舞い　「立ち居振る舞い」の言葉が示すように、体のこなしや態度、動作をいう場合と、飲食などのもてなしをいう場合がある。後者では、特にあらたまった饗応や酒宴をさすが、なかでも、婚礼での振舞いは顕著である。岩手県紫波郡で婚儀の酒宴のみをフルマイというとの報告に、柳田国男は、これが恐らく古い用い方ですべての饗応をいうのは拡大であって、この語のもとの意味は作法または儀式であったと述べている。飲食物を介して主客が交流する共同飲食の場は、相互の連帯感をつくる契機であり、新たな成員として承認される大切な場であった。村入りの際にも共同飲食の機会を設け、移住者が酒などを振る舞うのはふつうにみられた。また、厄年や年祝いに、親戚や知人を招いて酒食の振舞いをする土地も少なくない。この場合の振舞いについて、民俗学者の井之口章次は、災厄を多くの人に分散し分担してもらおうとの趣旨から共同飲食の形式をとったのだと解釈している。

参考文献 柳田国男「常民婚姻史料」（『(定本)柳田国男集』一五所収、一九六八、筑摩書房）、井之口章次『日本の俗信』（一九七五、弘文堂）　　（常光　徹）

ぶれいこう　無礼講　身分や礼儀をとりはらって行う宴。伝統的な宴会は、席次や作法を重んじる儀式的な宴と、歌舞を伴う寛いだ雰囲気の酒宴との二重構造となっており、後者のなかで無礼講は許容された。承久本『北野天神縁起絵巻』八には、大勢の人物があぐらをかき両肌脱ぎになるなど思い思いの姿勢で飲食しながら歓談し、ある者は鼓やすり鉦を手に歌うなど無礼講の雰囲気が描かれている。また『太平記』一には、後醍醐天皇が無礼講と称する豪華で無秩序な宴会を開く間に討幕計画を企てたことが語られている。

参考文献 熊倉功夫『文化としてのマナー』（『日本の五〇年日本の二〇〇年』、一九九九、岩波書店）　　（窪田　涼子）

プレハブじゅうたく　プレハブ住宅　⇩工業化住宅《こうぎょうかじゅうたく》

ふろ　風呂　入浴施設の総称。日本人は、風呂好きといわれるが、そうなるための生態的、思想的な条件がそなわっていた。日本はアジアモンスーン気候で、夏は湿潤で蒸し暑いため、風呂に入って汗を流した。冬は大陸からの寒気で寒く、風呂で温まった。また、風呂に必要な水が豊富で、森林が多いので燃料にも恵まれていた。日本は火山国で、高温の温泉地も多かった。『魏志』倭人伝には、倭人は死のケガレを清めるために沐浴したとある。日本に伝わった仏教にも、仏像を洗い清める浴仏や僧侶が法要の前に洗浴する作法、施浴による布教や供養の功徳が説かれている。さらに大陸から多様な風呂装置が伝わり、水浴（沐浴）・温浴・湯浴・蒸気浴・熱気浴などの多様な風呂文化が発達した。風呂には、集団浴と個人浴の施設があった。集団浴には、岩窟を利用した熱気浴の石風呂や、東大寺をはじめ畿内の大寺院に残る蒸気浴や湯浴の温室や浴堂があった。寺院での温室や浴堂は、施浴のときは一般人にも開放された。これらが、のちには湯銭をとる銭湯へと発展したと思われる。銭湯は利用客が多くなるにつれて蒸気浴から半湯半蒸気、さらには湯浴へと施設も大規模になっていった。風呂はコミュニケーションをはかるための場でもあり、銭湯での語らいは老人の楽しみであった。高度経済成長期には温泉への団体旅行などが社員や地域民の親睦のために利用された。個人浴には、結桶の底に鋳物の釜を敷いた五右衛門風呂や、桶の横から燃焼施設を差し込んだ臍風呂（据風呂）があった。五右衛門風呂は浴槽全体が鋳物の燃焼効率のよい長州風呂にかわり、大正時代から全国的に普及した。臍風呂と同じ移動式の個人浴槽には、浴槽を板で二つに分けて、一方に燃焼施設を入れて温める鉄砲風呂、燃焼施設を外付けした子持風呂もあった。はじめ個人浴槽は民家のニワ（土間）にあり、浴室がなかったので冬は寒かった。入浴したあと湯船の上から藁や竹でつくった蓋をして熱気を逃がさないようにした籠風呂もあった。↓温泉《おんせん》　↓共同風呂《きょうどうぶろ》　↓銭湯《せんとう》　↓湯治《とうじ》　↓浴室《よくしつ》　　（印南　敏秀）

長州風呂（明治時代末期）

昭和30年代の団地の風呂（模型）

ふろうしゃ　浮浪者　かつては乞丐《かったい》や無宿者（いずれも職業的・一時的事由によってさらに細分化）に対する蔑視・賤視を含意して用いられた語。一定の住宅を拠点とする

定住生活を基準とした思考から、その対極に位置する存在の意味で用いられていた。一九二〇年代以降、小屋がけして路上生活を営んだり、物乞いを主として糊口を凌ぐ人々を社会調査や行政施策においてこのように呼称し、社会(世間)でも非定住・非定職の代名詞として定着していった。この用語が特に頻出するのは、アジア太平洋戦争の敗戦直後であり、戦争末期の都市型大空襲によって保護者を喪失した児童や復員してきた元兵士など主要駅構内に滞留する人々に対して蔑視と憐憫、さらに行政的には更生の観点(施設への収容)から使われた。その大半は困窮生活者対象の緊急生活援護施策などによって生活再建を果たし自立していくが、現在でもホームレスなどに対する蔑称として用いられることがある。　↓ホームレス　↓無宿《むしゅく》

参考文献　社会福祉調査研究会編『浮浪者・不良住宅地区』(『戦前日本社会事業調査資料集成』四、一九九五、勁草書房)　(吉村　智博)

ふろしき　風呂敷　主にものを包み運搬するために用いる正方形の布帛。風呂で足元に敷く布、あるいは衣類を包む布から転じたとされる。方形の布でものを包む習慣は奈良時代にはすでに行われていたが、風呂敷の語は戦国時代から用いられるようになったと思われる。大きさは金封包みに適した中幅(四五センチ)から、寝具など大型のものを包む七幅(一三八センチ)まで九つの類型に分かれる。携帯が可能であり、鞄や袋物に収まらない変形物や大物を運搬できる。

参考文献　竹村昭彦『風呂敷—Japanese wrapping cloths—』(一九九四、日貿出版社)　(戸邉　優美)

プロパンガス　プロパンガス　プロパンを主成分とする液化石油ガス(LPG)のこと。プロパンは石油精製工程で生じる副産物で、これを加圧・液化したものが各家庭や集合住宅に備え付けのボンベから供給される。アメリカでは一九二四年から使用されていたが、日本での家庭への供給は五二年(昭和二十七)から。最初期の主な小売業者は酸素商であったが、その後薪炭商などからの新規参入が急増し、六三年の業者数は四万七千に上った。現在約二万二千社。プロパンガスは都市ガスが供給されない地域を中心として普及し、石油コンロや薪炭からの転換が進んだ。六一年には需要家数で都市ガスを上回る。プロパンガスは、湯沸かし器などガスを用いる台所器具を、都市ガス供給範囲を超えて都市周縁部や農村にも普及させ、さらにはこれら地域での団地建設や住宅近代化の前提となるなど、日常生活の全国均一化を加速させる大きな要因となった。　↓コンロ

参考文献　鈴木淳『新技術の社会誌』(『日本の近代』一五、一九九九、中央公論新社)　(小堀　聡)

プロレタリアぶんがく　プロレタリア文学　ブルジョア(資本家階級)に対抗して、プロレタリアート(労働者階級、無産者階級)の思想や生活の表現を目指した文学を指す。ロシア革命の影響を受けて生まれ、大正時代末期から昭和時代初期にかけて大きな社会運動となった。葉山嘉樹《はやまよしき》の『海に生くる人々』(一九二六年(大正十五))、徳永直《とくながすなお》の『太陽のない街』(一九二九年(昭和四))、小林多喜二《こばやしたきじ》の『蟹工船』(二九年)が代表作で、労働者たちの置かれた過酷な現実を表現した。だが、共産党の革命運動の一翼を担ったことから、満洲事変以後の弾圧の強化によって急速に衰えた。共産主義の思想を守った小林は拷問によって虐殺され、多くの作家が思想を放棄する「転向」を余儀なくされた。そうした状況の中で、中野重治の「村の家」(三五年)をはじめとする転向文学の傑作が書かれた。

参考文献　『日本プロレタリア文学集』一—四〇・別巻(一九八四—八八、新日本出版社)　(石井　正己)

ブロンディ　ブロンディ　⇩アメリカニゼーション

ぶんかじゅうたく　文化住宅　住宅形式の一つであるが、大正後期から昭和初期と戦後において異なる種類を指す。大正後期から昭和初期では、住宅改良運動を背景に西欧の生活様式を取り入れた住宅に対する呼称であったが、その後和風住宅の脇に洋風応接間を設けた住宅が中流階層を中心に広がり、それを文化住宅と呼ぶようになる。当時の住宅改良運動と人々の西欧文化へのあこがれが具体的な形となり、新しさの代名詞として「文化」という言葉がつけられた。一方、戦後では、関西において建てられた木造共同住宅の一種を示す。各戸に直接外部と繋がる玄関戸口、便所、炊事場を備えており、多くは二階建てである。それまでの長屋や木賃アパートと違った、新しい共同住宅形式を示す言葉として「文化」という言葉がここでも使われている。多くの設備が共用であったそれまでの木賃アパートと比べ、独立性の高い住宅を提供し、一九六〇年代以降、都市部において広く受け入れられた。類似した言葉で「文化アパート」があるが、これは関西地方において木賃アパートのことを示す。

参考文献　西山卯三『日本のすまい』一・二(一九七五・七六、勁草書房)　(前川　歩)

ぶんけ　分家　家制度において、一族、一門などの親族組織から分離独立した場合、あるいは生家を相続・継承する権利を持たない次三男が新たに世帯を持って分離独立した場合、もとの家を本家・宗家と称するのに対して、分家と呼ぶ。分家からさらに分家を分割した場合を孫分家ともいい、本家を同じくする分家同士を相分家と呼ぶ場合もある。また、商家などで、使用人が暖簾分けした場合や、家元制度において本家から分離独立してその業を新たに起こした場合など、契約的な関係で結ばれたものも分家とされた。　↓本家《ほんけ》

参考文献　柳田国男『族制語彙』(一九四三、日本法理研究会)、及川宏『同族組織と村落生活』(一九六七、未来社)、竹内利美『家族慣行と家制度』(『社会学叢書』、一九六九、恒星社厚生閣)、橋本義彦『平安貴族社会の研究』(一九七六、吉川弘文館)、平山敏治郎『日本中世家族の研究』(『叢書・歴史学研究』、一九八〇、法政大学出版局)、大島真理

夫『近世農民支配と家族・共同体(増補版)』(一九九三、御茶の水書房)、大藤修『近世農民と家・村・国家―生活史・社会史の視座から―』(一九九六、吉川弘文館)、有賀喜左衛門『同族と村落(第二版)』(『有賀喜左衛門著作集』一〇、二〇〇一、未来社)　　(馬場　弘臣)

ぶんこぼん　文庫本　一般的にA6判をサイズとする安価な小型本。古典や、一定の評価ないし売上げのあった本をさらに販売普及させるために文庫本化することが多い。文庫本として著名なのは、一八六七年に創刊したドイツのレクラム文庫である。日本では、一九〇三年(明治三十六)の冨山房の袖珍《しゅうちん》名著文庫を端緒とし、一一年には立川文庫が発刊されて、文庫本の普及が見られた。その後も、有朋堂文庫、新潮文庫、アカギ叢書の刊行が続いたが、日本に古典や過去の名著を文庫本として紹介する役割を果たしたのは、二七年(昭和二)創刊の岩波文庫である。岩波文庫は先のレクラム文庫の存在に影響を受けている。戦後は四九年に角川文庫、七一年に講談社文庫が刊行され、以降も中公文庫や文春文庫が発刊された。さまざまな出版社による文庫本の登場によって、岩波文庫に代表される古典の文庫化という性格は薄れ、現在の文庫本は多ジャンルに及んでいる。

参考文献　『岩波文庫の八〇年』(『岩波文庫』、二〇〇七)、『岩波文庫解説総目録―一九二七～二〇〇六―』(二〇〇七)　　(根津　朝彦)

ふんしょく　粉食　穀物などを粉にして食べること。またはその食品。粒のまま煮たり蒸したりして食べる粒食に対する語。米・麦類・ソバ・大豆などの穀類、トチの実などの堅果類、葛・蕨《わらび》などの根が利用された。麦類の生産地である西アジアやヨーロッパではパンやパスタなどに加工されて粉食が普及したが、古代以来、米の粒食が食生活の中心と考えられてきた日本ではあまり確認できない。確認できる早い例は索餅《さくべい》で、『正倉院文書』や『延喜式』に記載されているから奈良時代から食されていたことは間違いない。古訓によれば「牟義縄《むぎなわ》」とあるから、現在の干しウドンのようなものであったと考えられる。ウドンは南北朝時代の『庭訓往来』にみられ、これ以後奈良地方や東国の寺院社会で普及したことが『大乗院寺社雑事記』などから知られる。ソバも奈良時代以来栽培が奨励されているから、粉食された可能性はあるが、初期は他の雑穀と混ぜて食べたり、そばがきやそば餅などにして食したりしたと考えられている。ちなみにそば切り(現在のソバの原型)の初見は十七世紀の初頭で、『毛吹草』(一六四五年(正保二)版)には武蔵・信濃両国の名物として蕎切があげられている。　↓饂飩《うどん》　↓索餅《さくべい》　↓素《そう》麺《めん》　↓蕎麦《そば》　↓パン　↓麦《むぎ》

参考文献　石毛直道『麺の文化史』(『講談社学術文庫』、二〇〇六、講談社)、木村茂光編『粉食文化論の可能性』(『「もの」から見る日本史』、二〇〇六、青木書店)　　(木村　茂光)

ぶんつう　文通　仕事や業務の要件ではない、離れた場所の友人や仲間との手紙でのやり取り。相手(ペン＝フレンド)と意見交換して理解し合い、親睦を深めることが文通の意義である。日本で文通が盛んになったのは一九四〇年代後半から六〇年代といわれる。終戦後の社会的不安や混乱が落ち着き、青少年たちの知識欲も高まり、文通で内外の人と交流する目的の組織が多数設立された。教育現場では、社会科や英語の勉強に役立つと高い評価を受けた。六〇年代前半ごろの文通量は、一年間に四十万通はあったとされる。五七年、第十四回万国郵便連合大会議で国際文通週間(万国郵便連合が発足した十月九日を含む一週間)が定められた。世界の人々が郵便を利用して、生活や文化の知識を交換し、教養を高めて世界平和に貢献することが、その趣旨である。日本は五八年(昭和三十三)から毎年、国際郵便料金に相当する額面の国際文通週間の切手を発行している。　↓手紙《てがみ》

参考文献　『切手』(一九五八年十月五日号、全日本郵趣連盟)、郵政省監修『日本の郵便―明治・大正・昭和―(六版)』(一九八三、日本郵便友の会協会)　　(田辺　龍太)

ぶんとうがた　分棟型　主として茅葺の民家(農家)の主屋外観において、二つ以上の屋根が軒先を接して並んだり、あるいは間隔を置いて建ちながら、それらが全体として主屋を形成するものをいう。民家を外観で分類する際の用語の一つで、直線状の屋根をもつ直家《すごや》、突出部をもつ角家《つのや》などの分類の一種である。別棟造《べっとうづくり》、二棟造《ふたむねづくり》、竈《かま》屋建《やだて》(釜屋建《かまやだて》)などと称することもある。土間に竈を置いて火を使う竈屋(釜屋)と、床上の居室部分とを別棟にしたもので、通常、竈屋は居室の下手側に建つ。竈屋(釜屋)に対する居室部分を、主屋(母屋)と称することもある。

分棟型の住宅（旧太田家住宅，旧所在茨城県笠間市）

二棟が相互に接して屋根が谷となる部分に樋を設け、内部は一体として使うもの、二棟をやや離して建て、その間に緩い勾配の別屋根を建てるもの、二棟を完全に隔てて建てるものがある。沖縄から九州中南部、本州東海地方、愛知県東部から静岡県西部、千葉県から茨城県、栃木県の一部にみられ、発掘調査成果からは、中世には群馬県や神奈川県にもあったことがわかる。愛知県東部から静岡県西部にみられる形態は、二棟の屋根頂部の棟が直交してT字形となり、この形が撞木《しゅもく》に似ることから、撞木造とも呼ばれる。ひとくくりに分棟型といっても、その形態や構造、使用法は多様であり、その源流や発展の経過は複雑である。

参考文献 太田博太郎他編『民家』(『日本建築史基礎資料集成』二一、一九七六、中央公論美術出版)、清水擴『民家と町並―関東・中部―』(『日本の美術』二八七、一九九〇、至文堂)、澤村仁『民家と町並―九州・沖縄―』(『同』二九〇、一九九〇、至文堂)、宮沢智士『日本列島民家入門―民家の見方・楽しみ方―』(『INAX ALBUM』、一九九三、INAX)

(箱崎 和久)

ふんどし 褌 男性の下着。男性の褌は下帯とも称され、地方によっては女性の腰巻を指す場合もある。六尺褌・越中褌・畚《もっこ》褌の三種類があり、洋服の導入が遅かった農村では昭和戦前期でも用いられた。一九一四年(大正三)刊行の『大正の内務班長』に「袴下を汚穢せざるため褌を用ゆべし、褌は猿股等の贅沢なるものを避くべし、晒木綿製の蕃褌を用ゆるを可とす」とあり、陸海軍では必需品であった。海軍は水中でも目立つように通称「赤フン」と呼ばれる赤い褌が主流となった。太平洋戦争後に繊維衣料会社がブリーフやトランクスなどを発売すると、褌の需要は減少した。

参考文献 小林編輯部編『大正の内務班長』(一九一四、川流堂)

(刑部 芳則)

ぶんらく 文楽 日本の伝統芸能。人形浄瑠璃ともいう。植村文楽軒の文楽座という操り人形浄瑠璃の劇場の名前が、人形浄瑠璃を指す代名詞となった。同義的に使われるようになったのは一八七二年(明治五)以降のこと。江戸時代に誕生し、歌舞伎とともに庶民の二大娯楽として栄えた。文楽とは太夫が三味線と人形の力を借りて神様にかわって世の中の秩序や道理を語って聞かせるという語り物の芸能である。『菅原伝授手習鑑』(一七四六年(延享三))、『義経千本桜』(四七年)、『仮名手本忠臣蔵』(四八年(寛延元))など、今日三大名作として頻繁に上演されるこれらの演目は文楽の黄金期に誕生した作品である。展開する物語には日本人の伝統的価値観―個人主義とは対極の、他人への思いやりの「情」と「恥」を重視した人間関係が描き出されている。日本人に忘れられている大切なものを教えてくれる古典芸能としてその存在意義は大きい。 ↓義太夫《ぎだゆう》 ↓人形《にんぎょう》

参考文献 田口章子『歌舞伎と人形浄瑠璃』(『歴史文化ライブラリー』、二〇〇四、吉川弘文館)、同『歌舞伎から江戸を読み直す―恥と情―』(『同』、二〇一一、吉川弘文館)

(田口 章子)

へ

へい 塀 ⇩垣《かき》

べいこくつうちょう 米穀通帳 戦中・戦後に米穀配給を受ける際に用いられた通帳。身分証明書としての効力も有した。一九四一年(昭和十六)に六大都市圏の各世帯へ交付されたのを皮切りに、翌年から食糧管理法に基づき全国で使用された。配給米購入時には世帯あたりの割当量が記載されたこの通帳を提示して記帳を受ける必要があり、職場や食堂で米飯外食する際は外食券の交付を受ける必要があった。配給米は七分搗米で、のちに玄米になったため、一升瓶に米を入れて棒で搗き精米する生活の工夫も生みだされた。米の基準配給量は一日一人あたり二合三勺(約三三〇グラム)で、年齢・性別・職種に応じて量が決められていたが、戦局の悪化に伴って減配や欠配が恒常化し、米ではなく芋や豆も配給されるようになった。戦後、ほかの配給が廃止された後も米穀配給制は継続されたが、米の自由販売・購入が広まった七〇年代以降は食糧管理法の規定は空文化し、通帳はもっぱら身分証としてのみ用いられた。その後、八一年の食糧管理法改正を受け、翌八二年に米穀通帳は正式に廃止された。 ↓外食券《がいしょくけん》 ↓食糧管理制度《しょくりょうかんりせいど》 ↓配給《はいきゅう》

参考文献 『(特集)戦争中の暮しの記録』(『暮しの手帖』九六、一九六八)、斎藤美奈子『戦下のレシピ―太平洋戦争下の食を知る―』(二〇〇二、岩波書店)、北村恒信『戦時用語の基礎知識―戦前・戦中ものしり大百科―』(二〇〇二、光人社)

(大堀 宙)

へいぼん　平凡　一九四五年(昭和二十)十月に凡人社を創業した岩堀喜之助が同年十一月(四五年十二月号)に創刊した月刊の娯楽雑誌。戦争中、岩堀は勤め先の大政翼賛会宣伝部で知り合った清水達夫を誘い、清水が『平凡』の初代編集長を担う。雑誌名は平凡社の下中弥三郎から譲り受けた。当初は文芸雑誌の色が強かったが、四八年からは歌と映画の娯楽雑誌に転じ、美空ひばりなどを誌面に登場させ、五二年には百万部を突破する。五四年には平凡出版(八三年よりマガジンハウス)と改称した。五二年に集英社から刊行された『明星』とともに、芸能や大衆娯楽の情報を提供する「見る雑誌」として人気を博す。五〇年代は『平凡』の最盛期であり、五九年には『週刊平凡』も創刊する。六〇年代から七〇年代にかけて『平凡』はアイドル雑誌に変容するが、八七年十二月号で廃刊する。

参考文献　『読者とともに二〇年―平凡出版株式会社小史―』(一九六五)、阪本博志『『平凡』の時代―一九五〇年代の大衆娯楽雑誌と若者たち―』(二〇〇八、昭和堂)

(根津　朝彦)

へいぼんパンチ　平凡パンチ　平凡出版が刊行した若者を主対象とした男性週刊誌。一九六四年(昭和三十九)四月に創刊(六四年五月十一日号)した。セックス、車、ファッションのテーマが誌面の中心を占め、創刊号から七一年までの『平凡パンチ』の表紙を担当したのは大橋歩である。初代編集長は清水達夫が務めた。『平凡パンチ』は、都市に住む若い男性に歓迎され、消費・情報化を牽引する雑誌メディアとしての地位を確立する。若い男性が都会の流行を享受する欲望を叶えた雑誌といえ、硬派な時事週刊誌の『朝日ジャーナル』とともによく読まれた。『平凡パンチ』は、平凡出版が七〇年に刊行する『anan』の先鞭をつけたともいえる。同種の雑誌との競合や、マガジンハウス(平凡出版から八三年に改称)が創刊した後続の雑誌群の登場から、『平凡パンチ』は役割を終え、八八年十一月十日号で休刊する。

参考文献　赤木洋一『平凡パンチ一九六四』(『平凡社新書』、二〇〇四、平凡社)、塩澤幸登『平凡パンチの時代―一九六四年～一九八八年希望と苦闘と挫折の物語―』(二〇〇九、河出書房新社)

(根津　朝彦)

へいみん　平民　官位・爵位のない普通の人民、庶民。華族・士族と区別される族籍の呼称としての平民は、一八六九年(明治二)に設定され、江戸時代の農・工・商がこれにあたる。政府は平民にも名字の使用を認め、また、異なる身分間の結婚や、職業・居所の自由化をはかった。七五年には平民もすべて名字をつけるように命じた。一九一四年(大正三)の戸籍法改正で身分登記制が廃止され、族称は公的には消滅したが、身分意識としては残存した。他方、平民という語は、一八八〇年代後半以降、華・士族以外の新たに台頭する層をさす概念としてしばしば用いられるようになった。徳富蘇峰は「武備社会」に依拠する士族・貴族に代わって、「自活自立の人民」が新しい「生産社会」の担い手となる平民主義を提唱。また、幸徳秋水・堺利彦らは日露戦争の開戦に反対して平民社を結成し、『平民新聞』を創刊したが、その際の平民は無産階級にあたる。　↓百姓《ひゃくしょう》

参考文献　芳賀登『民衆概念の歴史的変遷』(一九八四、雄山閣出版)

(大日方純夫)

ベーゴマ　ベーゴマ　⇩独楽《こま》

へきち　僻地　都市から離れて人口が少なく生活条件が不便な地域の一般的呼称であり、法律・行政用語としては、僻地教育、僻地教育振興法などと用いられ、過疎とほぼ同様の意味で使用されている。地方への道路・交通網の発展は地方・都市間の交流をスムーズに進めることを期待させたが、現実には都市への人口の流出をもたらし、地方の過疎化を進め、僻地での一人当り行政コストの高騰や生活難をもたらしている傾向が強い。　↓過疎《かそ》化《か》　↓過疎《かそ》・過密《かみつ》

参考文献　自治省大臣官房過疎対策管理室編『過疎白書　過疎対策の現況』(一九七一)、榎本守恵『近代僻地教育の研究』(一九八〇、同成社)

(加瀬　和俊)

ベストセラー　ベストセラー　一定の期間内によく売れたもの、主に書籍を指すことが多い。しかし明確な基準は存在しない。川井良介は、単に売れただけでなく、話題性もベストセラーの要件としている。日本の明治初期の書籍では福沢諭吉『西洋事情』『学問のすゝめ』や中村正直『西国立志編』が著名である。ベストセラーという語句は、十九世紀末から二十世紀初頭のアメリカの文芸誌『ブックマン』で掲げ始めたリストを起源とする。日本でベストセラーの言葉自体が紹介されたのは一九一四年(大正三)の『学鐙』であり、第二次世界大戦後にその語彙は人口に膾炙するようになった。光文社の神吉晴夫《かんきはるお》が五四年(昭和二十九)に創刊したカッパ＝ブックスはベストセラーのシリーズとして名高いものである。その後は、テレビと連動した出版物が大量販売に強い影響を及ぼしている。四六年から二〇一〇年(平成二十二)にかけて日本でベストセラーを出した出版社の上位は、講談社、光文社、新潮社の順であるが、三社とも占有率は一〇％を超えてはいない。

参考文献　瀬沼茂樹『本の百年史―ベスト・セラーの今昔―』(一九六五、出版ニュース社)、塩澤実信編『(定本)ベストセラー昭和史』(二〇〇二、展望社)、川井良介「ベストセラーリストの分析(予備的研究)」(『出版研究』四三、二〇一三)

(根津　朝彦)

へそくり　へそくり　家族個人による家計外の私的な貯蓄または家族に知られないように行われる貯蓄。語源については、内職の綜麻《へそ》を繰って貯めた金の意とも、銭を腹に巻きつけておいたところからともいう。かつては、家長が家計を管理するなかで、妻が夫に知られずに工面する金銭を指すことが多かったが、主婦が家計を管理する傾向にある現在は、夫が個人的に蓄えるへそくりも増

えている。へそくりという形態は一家族一家計を前提としたものであるため、家計の個人別化の流れで家族のメンバーが会計を個別化し、互いに干渉しないという例が増加するなかで、へそくりという考え方自体が成立しないという事態も生じている。

参考文献 中込睦子「家族と私財―私財の諸形態―」(『比較家族史研究』六、一九九二)　(塚原　伸治)

へそのお　臍の緒　胎内で母親と胎児とをつなぐ器官。人々は臍の緒に胞衣《えな》と同じような畏怖を抱いた。桐の箱にしまい(産毛とともにしまう場合も多い)、一生大切に持参して死ぬと棺に入れてもらう習俗は東北地方と福井・岐阜・愛知県、四国各県で二十世紀前半まで残っていた。また、奈良・岡山県では母親が死亡した時にその棺に収めるという。臍の緒には病気を治す力がある、行方不明になっても戻ってくるなどの俗信もある。また近代の産婆は、臍の緒の切断跡の消毒に力を入れ、伝統的な産婆の不衛生を批判した。今日では消毒以上に乾燥が重視されている。

参考文献 母子愛育会編『日本産育習俗資料集成』(一九七五、第一法規出版)　(太田　素子)

べっか　別火　祭事を行う者が穢れを忌んで、日常使う火ではなく、新たに鑽《き》り出した火を調理や暖房に用い、心身の清浄を保つことをいう。また喪に服している者や産婦が、自分の穢れを他者に移さないように別火を行う場合もある。たとえば東大寺二月堂の修二会《しゅにえ》(お水取り)に際しては二月二十日から末日までが別火の期間とされており、三月一日からの本行に参加する練行衆は別火坊という場所に泊まり込み、別火を行い精進潔斎の生活を送る。

参考文献 郷田洋文「いろりと火」(『日本民俗学大系』六所収、一九五八、平凡社)、奈良国立博物館編『お水取り(改訂版)』(特別陳列図録、二〇〇九)、印南敏秀「竈の神と合火と別火」(朝倉敏夫編『火と食』所収、二〇一二、ドメス出版)　(大明　敦)

べっきょ　別居　家族が別々に暮らすこと。仲違した夫婦が別居生活をすることを指す場合もあるが、基本的には日本の家族慣行を指す用語として理解すべきである。日本には親子であっても夫婦単位に別棟に別居生活をする家族が存在する。伊豆諸島、志摩半島、瀬戸内海沿岸地域など、主として西南日本の諸地域では伝統的に親夫婦と子ども夫婦が別居する慣習が見られる。これを隠居慣行と呼ぶ。たとえば伊豆八丈島では、かつては長男の結婚が決まると両親は隠居屋の準備を始め、やがて嫁の引き移りとともに母屋を長男夫婦に譲って自分たちは同じ屋敷地内の隠居屋へ移る。その後は病気にでもならない限り普段から食事も別々に取ることが当たり前となる。しかし親夫婦と息子夫婦の仲が悪いわけではなく、島の若者たちはとても親孝行である。このような隠居慣行の一つの目的は、同じ家屋内で複数の婚入女性が共同生活をする状況を回避することだったと考えられる。

参考文献 八木透『婚姻と家族の民俗的構造』(『日本歴史民俗叢書』、二〇〇一、吉川弘文館)　(八木　透)

べっそう　別荘　避暑、避寒、レクリエーション活動などを目的として、景勝地、温泉地などに設けられる別宅。良好な気候条件を利用した別宅の歴史は古いが、日本における別荘は宣教師の避暑から始まり軽井沢(長野県)、野尻湖(同)などで発展を見た。また大磯(神奈川県)のように特権階級の別宅が集中した地域も見られる。高度成長期になると私鉄などの不動産資本が積極的に別荘地を開発し、上層中産階級にも別荘生活が浸透した。バブル期になると別荘所有の目的が、余暇的利用に加えて投資に移行し、別荘ブームが到来した。現在では利用権のみを販売するタイムシェアや、高齢化社会を背景に温泉付きリゾートマンションなども増加して、形態、所有関係、利用目的などの多様化が著しい。　(稲垣　勉)

ペット　ペット　飼育・愛玩する動物。岩手県宮古市の近内中村遺跡など縄文時代の遺跡で人間と犬との合葬が確認されており、猟犬として使役するだけでなく、情を感じる存在として犬を捉えていたと考えられる。古くから人は、運搬や農耕などで働く牛馬や絹をとる蚕など、動物のもっている習性を活かし、人に馴らすことで動物を利用してきた。中には鷹狩の鷹のように、飼育や訓練に多くの人手を要し、権力者の権威を示す役割をもってきたものもある。また動物の動きや見た目などを見て楽しむ鑑賞用として、奈良時代にはすでに一部の上流階級の間で鶴などが飼われていた。江戸時代には、猿まわしや外国産の珍鳥獣などの見せ物興行や金魚などの品種改良が流行し、娯楽として動物の鑑賞や飼育を楽しむ感覚が広く浸透していたといえる。一九七〇年代からは、ペット霊園の増加に見られるように、一方的に人が使役や愛玩する対象としてではなく、動物を家族の一員や生涯の伴侶として捉えるコンパニオン＝アニマルという呼称が提唱されている。家族の多様化のなかで、精神面でも人の生活を支えてくれる存在としてペットの概念は拡大している。↓飼育《しいく》

参考文献 国立歴史民俗博物館編『動物とのつきあい―食用から愛玩まで―』(一九九六)、武田道生「現代日本におけるペットの家族化―ペットからコンパニオン・アニマルへ―」(『歴博』八九、一九九八)　(田村　真実)

ベッドタウン　ベッドタウン　⇩団地《だんち》

べに　紅　⇩口紅《くちべに》

ペニシリン　ペニシリン　一九二八年イギリスのフレミング **A. Fleming** によって発見されたのち、多くの研究者によって分離精製され工業製品化された感染症の特効薬。その後の抗生物質開発の道を開く。日本でも戦時中に碧素の名で開発。戦後、アメリカより生産技術を導入し、猛威を振るった感染症の制圧に大きく貢献する。一方、ペニシリン＝ショックといわれる強いアレルギー反応を引き起こして死亡者を出し社会問題にもなった。

参考文献 『日本の新薬史』(一九七〇、薬業時報社)、川喜田愛郎『近代医学の史的基盤』下(一九七七、岩波書店)、グウィン＝マクファーレン『奇跡の薬―ペニシリンとフレミング神話―』(北村二朗訳、『二〇世紀メモリアル』、一九九〇、平凡社)、川上武編『戦後日本病人史』(二〇〇三、農山漁村文化協会)
(新村　拓)

へび　蛇　ヘビ亜目の爬虫類。蛇は四肢がなく、体をくねらせて動いたり、とぐろを巻いたりする容姿がグロテスクで異様と感じられる向きがある。また、毒性を有する蛇もいて、畏怖された。古くから信仰の対象となり、奈良県桜井市の大神《おおみわ》神社に祀られる大物主大神は蛇神という伝承があると『日本書紀』に記される。水神として湖沼のほとりに祀られる弁財天は白い蛇であるとの伝承もあり、蛇祭や辻切りの祭は、藁蛇を作って村境や鳥居に付けて災厄の侵入を防ぐものである。

参考文献 世田谷区立郷土資料館『ジャの道は蛇―藁蛇の祭と信仰―』(特別展図録、一九九五)
(柳　正博)

ベビーブーム　ベビーブーム　⇩団塊世代《だんかいせだい》

べへいれんうんどう　ベ平連運動　一九六五年(昭和四十)四月二十四日に発足し、七四年一月まで活動したヴェトナム戦争反対の市民運動の略称。正式名は「ベトナムに平和を！市民連合」(代表は小田実《おだまこと》)。これまで政党や労働組合に系列化され、指導されてきた運動を、市民個人の自発性に基礎をおいて組み替えることによって市民運動という政治スタイルを作り、その活動と組織形態はそれ以後の市民運動や住民運動などに大きな影響を与えた。具体的には徹夜ティーチインや『ニューヨーク＝タイムズ』への反戦広告、反戦米脱走兵援助、『週刊アンポ』創刊、新宿駅構内でのフォークゲリラ、山口県岩国の反戦喫茶ほびっとなどユニークな活動を展開した。最盛期には「外国人ベ平連」なども含み、全国で約四百のベ平連が活動していたといわれる(吉川勇一)。それは直接民主主義に根をおく参加民主主義の試みであるとともに、戦争の被害者であることによって他国の加害者になっていることの痛覚がこの運動を根もとで支えていたことが重要だ。

東京都大泉市民によるベ平連運動

参考文献 「ベトナムに平和を！」市民連合編『資料・「ベ平連」運動』上・中・下(一九七四、河出書房新社)、吉川勇一『市民運動の宿題―ベトナム反戦から未来へ―』(一九九一、思想の科学社)、小田実『「ベ平連」・回顧録でない回顧』(一九九五、第三書館)
(安田　常雄)

ペン　ペン　インクを用いた筆記具。狭義には、片手で持てる大きさの棒の先端を尖らせ、そこに溝を施すなどしてインクや墨を溜めて紙などに文字を書く筆記具を指し、いわゆる匙ペンや万年筆がこれに該当する。一方、広義には、ボールペンやフェルトペンといったインクを用いる筆記具全般を指し、種類は豊富である。その起源は古代アッシリア帝国にまでさかのぼり、古代・中世世界では、樹皮や草茎の汁をインクとして、葦の先を尖らせたものや鵞鳥の羽根を利用した羽根ペンが広く用いられた。その後、十八―九世紀の西欧において金属製のペンが開発され、明治時代初期には日本にも将来されている。特に万年筆は、明治時代中期以降、輸入品と後発の国産品が市民生活に急速に普及し、入学祝品の代表格として広く親しまれたが、高度経済成長期以降のボールペンなどの安価なペンの普及とともに利用者が激減し、現在では、わずかに高級品が蒐集家など一部の人々に愛好されるにとどまっている。また、ペン先の図柄は文房具の象徴、ひいては剣(武力の象徴)の対極にある学問の象徴としても認識されており、思想家福沢諭吉が一八五八年(安政五)に創設した蘭学塾の流れを汲む慶應義塾の、二本のペンを組み合わせた校章は広く知られている。

参考文献 田中経人『文具の歴史』(一九七二、リヒト産業)
(宮瀧　交二)

べんじょ　便所　排泄をするために設えられた建物または室内の設備。「べんしょ」とも。中国では古代から「厠(圊)」の字を使い、箇牘《かんとく》(中国の木簡の一般的な呼称)では「便」所(処)は、適当な場所を表現する字。『万葉集』一六ノ三八二八に「香、塔、厠、屎、鮒、奴を詠む歌」と題する歌が載録されており、古く「厠」の字が現在の「便所」の漢字に該当していたことがわかる。『令集解《りょうのしゅうげ》』囚獄司条に載録された囚獄司例では、神亀元年(七二四)六月四日太政官判を典拠に囚人に東西の「厠」などの掃除を命じている。また『今昔物語集』七ノ二一にも「厠

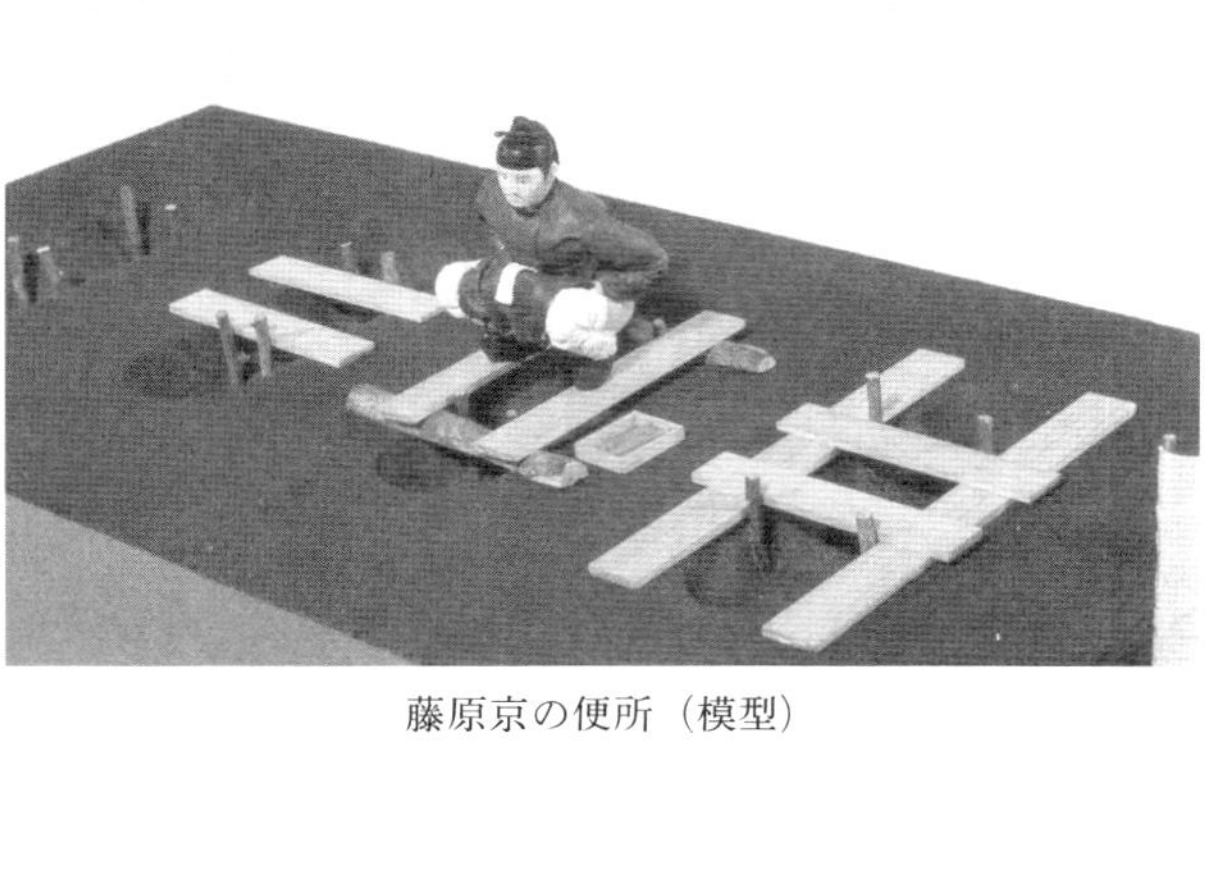
藤原京の便所（模型）

鬼を救へる話」がある。十一世紀初頭の平安貴族藤原実資の日記『小右記』長和四年(一〇一五)閏六月十九日条に時の最高権力者藤原道長が「厠より還らるるの路に倒らる」と書いており、古代の日本では、便所のことを表すのに一般的に「厠」の漢字を当てていたと思われる。『餓鬼草紙』の「伺便餓鬼《しべんがき》」の図像は、平安京で庶民が自由気ままに屋外の道路などで排泄していた姿を彷彿とさせ、研究書などにも必ず引用される。しかし、『餓鬼草紙』は仏教経典の『正法念処経《しょうぼうねんしょきょう》』の三十六種餓鬼のうちの何種類かを描いたものである。そのあまりに強烈なイメージが、平安京がまるで糞尿まみれの都市であるかのように牽強付会する結果を招いているのではないだろうか。個別の法令上の清掃規定や禁止法令を広く一般化して描く手法には躊躇を覚える。

中世では絵巻物や洛中洛外図に描かれた便所が注目されてきた。しかし、一九九〇年代以降の考古学上の成果の一つに、便所遺構の発見がある。藤原京(奈良県橿原市)で便所遺構が判明して以降、各地で便所が確認されるようになる。福岡市中央区の旧平和台球場跡地から発見された鴻臚館《こうろかん》遺跡からは男女別の便所遺構が発見されている。中世期の遺跡では一乗谷遺跡(福井市)から多くの便所遺構が発見され、戦国武将の館跡からも発見されている。考古学上の成果から、東京の地下に眠る江戸時代の町屋の様子や長屋の背後に設けられた共同便所の構造までわかるようになってきた。JR東日本による汐留駅の再開発事業は、旧新橋停車場(東京都港区)の遺跡の発掘に繋がり、駅舎内の便所遺構から明治期以降の乗客が誤って落とした生活用品が出土している。

戦国時代の宣教師ルイス＝フロイスは、日本とヨーロッパの生活習慣上の違いを六百箇条以上あげるなかで、「われわれは糞尿を取り去る人に金を支払う。日本ではそれを買い、米と金を支払う。」(『ヨーロッパ文化と日本文化』一一ノ二二)と指摘し、戦国時代にすでに糞尿が金肥の一つとして売買されていたことがわかる。このような糞尿のリサイクルは江戸時代には都市と近郊農家との間で一般的に行われていた。住宅の奥まった場所に設えられた便所は後架と呼ばれ、定期的に契約している汲み取り人が汲み取っていた。曲亭馬琴は日記のなかで天保二年(一八三一)七月と十一月に茄子と干大根を「下掃除人」から受け取ったと書き、幾ばくかの「支度代」を払っている。一家の糞尿がリサイクルされた証としてよく引き合いに出される。真山青果が馬琴の日記をもとに滝沢家の収入を考察しているが、「掃除金」など雑収入は「格別の額とも思はれない」として、収入の大部分は馬琴の著作によるものであったと指摘している。永井義男は、江戸の糞尿リサイクルはすばらしいものだが、「先駆的な環境意識を持っていたわけでもないし、自然と調和して生きていこう」という意識があったわけでもなく、「あくまで商売になるから糞尿を利用した」と指摘している。明治以降も汲み取り式便所が一般的であったが、伝染病の流行などを契機に改良便所の普及が奨励され、次第に糞尿の肥料としての価値も喪失していった。その結果、糞尿は廃棄すべきやっかい者扱いされるようになり、一九六〇年代までは各自治体による海洋投棄がなされていく。その後、下水道の普及と処理場の設置によって、糞尿は水洗便所の水とともに流され一顧だにされない時代を迎えている。

江戸の吉原など遊廓の二階に設けられた男性用小便器は、次第に武家屋敷や庶民の住宅にも取り入れられるようになる。江戸初期になかった武家屋敷の小便所が普及していく現象を、大岡敏昭が綿密に考察している。明治期以降新しく作られる近代的な住宅にも便所は小便所と大便所の併設が一般的になる。しかし、居住空間を少しでも広く取りたい傾向の強い現在は、一般住宅内には小便所はほとんど設えられることはない。水洗式の西洋便座が一つ設置されるのが一般的になっている。明治期以降に盛んに作られるようになる公共トイレ(公衆便所)に男性用小便器が残るだけになりつつある。

汲み取り式便所は、地下に便槽が設けられている。小さな子どもにとっては、足を踏み外せば命の危険も想定される。便所に「便所神」が祀られるのは単に不浄を祓うためだけではない切実な願いが込められている。妊婦と便所掃除に関する俚諺はこれと関係する。逆に子どもにとって便所は「危険」で「怖い」場所でもあった。長く学校に口承で伝えられた「学校の怪談」のなかでも代表的なテーマは「トイレの花子さん」であった。↓公《こう》衆便所《しゅうべんじょ》 ↓屎尿《しにょう》 ↓水洗《すいせん》トイレ

参考文献　真山青果『真山青果全集』一七(一九七五、講談社)、楠本正康『こやしと便所の生活史—自然とのかかわりで生きてきた日本民族—』(一九六一、ドメス出版)、古泉弘『江戸を掘る—近世都市考古学への招待—』(一九八三、柏書房)、小松茂美編『餓鬼草紙・地獄草紙・病草紙・九相詩絵巻』(『日本の絵巻』七、一九八七、中央公論社)、東京都教育文化財団東京都埋蔵文化財センター編『汐留遺跡—旧汐留貨物駅跡地内の調査—』I(『東京都埋蔵文化財センター調査報告』三七、一九九七)、西山良平「平安京のイエと排泄・トイレ」(『都市平安京』所収、二〇〇四、京都大学学術出版会)、安田政彦『平安京のニオイ』(『歴史文化ライブラリー』、二〇〇七、吉川弘文館)、津山正幹『民家と日本人—家の神・風呂・便所・カマドの文化—』(『考古民俗叢書』、二〇〇八、慶友社)、常光徹『学校の怪談—口承文芸の展開と諸相—(新装版)』(二〇一三、ミネルヴァ書房)、大岡敏昭『武士の絵日記—幕末の暮らしと住まいの風景—』(『角川ソフィア文庫』、二〇一四、KADOKAWA)、高橋昌明「よごれの中の京都」(『洛中洛外—京は「花の都」か—』所収、二〇一五、文理閣)、永井義男『江戸の糞尿学』(二〇一六、作品社)

(水本浩典)

へんそう　変装　容姿を変えること。また、その姿。衣服、髪形、化粧などを変え、かつ帽子、鬘、眼鏡、付け

髭、マスク(覆面・仮面)などの小道具を用いて、本来の自分ではない姿になること。武士が町人の姿をするなど身分を隠す目的、犯罪を行なったり逃亡したりする際の手段、あるいは、探偵の尾行・調査活動、犯罪の秘密捜査、軍隊の諜報・工作活動などでも用いられる。また、プロレスリングの覆面レスラーも変装の一種である。変装という語は、漢文に古い用例はなく、鹿島桜巷『変装の怪人』(一九〇五年(明治三十八))など、明治時代後期以降、小説、特に探偵小説の中で多く用いられるようになる。最も知られるところでは、江戸川乱歩の「怪人二十面相」シリーズ(三六年(昭和十一)初出)に登場する「二十面相」は、その名の通り変装の達人であり、「二十面相」を追う探偵の明智小五郎や少年探偵団のメンバーもしばしば変装する。なお、容姿を変える目的が演劇の場合は扮装、娯楽の場合は仮装、性別を越える場合は異性装(女装・男装)となる。　↓異性装《いせいそう》　↓仮装《かそう》　↓覆面《ふくめん》

参考文献　石井達朗『異装のセクシュアリティ(新版)』(二〇〇三、新宿書房)　(三橋　順子)

べんとう　弁当　野外で食事をとるために携行する食物。農山漁村の労働の最中にとる食事は、麦や雑穀を混ぜた米飯に味噌や漬物、梅干しなどを添えたものが一般的であった。特に大人数を動員する田植え作業や祭の場合、重箱に握り飯と煮しめなどのおかずを入れて弁当とした。山村では、山林労働の際に曲物に飯を詰めて携行した。蓋に味噌と水と焼石を入れて味噌汁を作ったという例もある。都市では、江戸時代に芝居見物や物見遊山のための豪華な弁当が発達した。近代においては、冠婚葬祭や会合の際の仕出し弁当が普及し、鉄道の旅の流行とともに駅弁も登場した。現代の弁当は、コンビニやスーパーマーケットなどで気軽に購入できるようになり、一大産業となっている。また、季節感や郷土色も商品の要素として重要となっている。ところで、一つの器に多種の食物を詰める弁当は外国人にとって興味深いものであり、欧米でもワンプレートで提供するBentoが日本食ブームとともに流行しつつある。　↓駅弁《えきべん》　(加藤　幸治)

べんとうばこ　弁当箱　弁当の容器。握り飯用の柳行李や竹製の弁当行李、円形や楕円形の曲物などが用いられた。曲物の弁当箱には、ワッパ、メッパ、メンツウなどの呼称があり、多様な大きさがあり、蓋にも身にも飯を入れた。明治後期には輸入製品であったアルミニウム製の弁当箱が国内でも生産されるようになり、昭和初期にはアルマイトの弁当箱が工場労働者や学生に広く普及した。弁当箱という名称もこうした商品の普及とともに一般化したといわれる。　↓破籠《わりご》　(加藤　幸治)

ペン＝フレンド　ペン＝フレンド　⇩文通《ぶんつう》

へんろ　遍路　四国(阿波・土佐・伊予・讃岐)に設定された弘法大師ゆかりとする八十八ヵ所の札所寺院を巡拝する者。もしくは行為をいう。広義の巡礼とみる見解もある。四国遍路、辺土《ヘド》(または「ヘンド」)ともいう。四国遍路の歴史については『今昔物語』などの文献から、古代の修行僧の存在によって始まるとされ、讃岐国に生まれた若き日の空海もその一人であったといわれている。空海の入定後、修行僧らが大師の足跡を辿って遍歴の旅をかさね、これが四国遍路の原型であるともいわれている。その後戦国時代にはすでに遍路の風習が地域的にも階層的にも広範に及んでいたことが高知県下の懸仏などによって確認される。その後、四国遍路が普遍化するのは十七世紀の末ごろからで、このころから多くの遍路案内記が作成されるとともに、道標や茶堂と呼ばれる施設が整備された。納経帳・納札・菅笠・杖・錫杖などを携え、着物は白装束に身をかためた多くの遍路が一二〇〇キロ余りの行程を約六十日ほどかけて巡拝するのが春の訪れを告げる風物詩でもあった。　↓札所《ふだしょ》

参考文献　星野英紀・浅川泰宏『四国遍路―さまざまな祈りの世界―』(『歴史文化ライブラリー』、二〇一一、吉川弘文館)　(西海　賢二)

ほ

ほいくしょ　保育所　保護者の委託を受けて子どもを保育する施設。十九世紀後半以降、都市と農村はそれぞれの保育需要をもっていた。明治期の託児施設(託児所・保育所)は、公立小学校および私塾に付置された簡易幼稚園や子守り学校、キリスト教関係団体が都市スラム街に設置した貧民幼稚園(二葉幼稚園、愛染橋幼稚園・保育所ほか)、村落の指導者が自宅や共有施設を開放して始めた農繁期託児所、女工確保のために開設された工場付設託児所、日露戦争後に婦人組織が開設した戦時託児所、そして米騒動(一九一九年(大正八))以降大都市で生まれた公立託児所(保育所)など、いくつかのルーツをもっている。一九一三年には全国で二十五ヵ所、米騒動以降急増し二五年には全国で二百九十三ヵ所、二万人余の幼児を保育するようになった。農繁期託児所は季節的な施設で別統計だが、一九三〇年(昭和五)ごろから普及し始め、四〇年に二万四千ヵ所弱、四四年に五万ヵ所を数えて、戦後改革で地方自治体が保育所設置を進める土壌をつくった。明治期の教育者は、幼稚園の開祖とされるドイツの教育学者F・フレーベル Fröbel の思想に忠実に市民幼稚園と民衆幼稚園を連携して発展させようとした。維新後はじめて保育事業を提案した教育家近藤真琴(一八七三年(明治六)ウィーン万国博覧会に参加)は「童子園」とともに「育幼院」に言及し、「もやいうばのしくみ」、つまり共同保育として紹介した。文部省が進めようとした簡易幼稚園も保育事業に発展する契機を具えていた。しかし社会

事業としての保育は一九〇八年平田東助内相の「細民ならしむ法」に起源をもつ感化事業・救済事業の中で発展し、戦後改革時に幼稚園と保育所の二元的な制度が確立した。一九七〇年代の市民運動は保育所増設を進め、九〇年代以降に女性の社会参加が普遍的になって、保育所と幼稚園は改めてその関係が問われている。↓幼稚《ようち》園《えん》

参考文献 上笙一郎・山崎朋子『日本の幼稚園』(『ちくま学芸文庫』、一九九四、筑摩書房)、宍戸健夫『保育の森—子育ての歴史を訪ねて—』(一九九四、あゆみ出版)、日本保育学会『日本幼児保育史(復刻版)』(二〇一〇、日本図書センター)

(太田 素子)

ほうい 方位 東西南北の方向に十二支・八卦《はっけ》などを配して示したもので、占いの判断の材料とした。十二支では、北を子として時計回りに、丑・寅・卯(東)・辰・巳・午(南)・未・申・酉(西)・戌・亥を配す。易学の八卦では、坎《かん》(北)・艮《ごん》(東北)・震《しん》(東)・巽《そん》(南東)・離《り》(南)・坤《こん》(西南)・兌《だ》(西)・乾《けん》(北西)である。中国の五行の思想では、万物を木・火・土・金・水の五行に分類して性格づけた。たとえば、火は光り輝く明らかな性質を持ち、南の方位が火となり、土は中央に位置して木・火・金・水や四季をつかさどるとされた。方位の占いでは、歳徳神《としとくじん》・太歳神《だいさいじん》・大将軍《だいしょうぐん》・太陰神《だいおんじん》・歳刑神《さいぎょうしん》・歳破神《さいはしん》・歳殺神《さいせつしん》・黄《おう》幡神《ばんしん》・豹尾神《ひょうびしん》や金神《こんじん》などの神がその時に居る方位によって諸事の吉凶を占う。歳徳神がその年に居る方位は万事が吉とされる。大将軍や金神が居る方位は凶とされ、平安時代の貴族は外出する時にこれらの方角に直接行くことを避けて方違《かたたが》えを行なった。↓恵方《えほう》 ↓方違《かたたがえ》 ↓鬼《き》門《もん》

参考文献 『陰陽道の本—日本の闇を貫く秘儀・占術の系譜—』(『Books Esoterica』六、一九九三、学習研究社)

(菅原 正子)

ほうか 放火 (一)犯罪としての放火と、(二)犯罪者に対する検断行為として犯罪者の家財を焼く放火、大きく分けて二種類ある(ここでは合戦時の放火は措く)。(一)犯罪としての放火は、古代以来重罪と認識された行為で、鎌倉幕府法では強盗・窃盗と並ぶ重罪として猶予せず断罪することと定められている。また『日葡辞書』には殺人・盗みとともに家焼《ややき》が「大犯《たいぼん》」の一つとしてみえている。一方、(二)の検断行為としての放火については、犯罪によって生じた穢を除去することが目的であったとする見解もあり、単なる処罰・処分にとどまらず、中世人の穢観念の影響も大きく受けた行為であった。

参考文献 勝俣鎮夫「家を焼く」(網野善彦他『中世の罪と罰』所収、一九八三、東京大学出版会)

(川端 泰幸)

ぼうかんぐ 防寒具 冬季に寒さを防ぐために着る衣類。明治時代から毛織物の外套は洋服の上に着けた。二重回しやマントは和洋服に用いたが、太平洋戦争後には減少した。また手袋やマフラーは、男女を問わず大人から子供まで幅広く使われた。一九〇四年(明治三十七)—〇五年の日露戦後には厳寒地に駐屯する陸海軍人用として、兎や羊などを裏毛に使用した防寒用の外套、帽子、手袋が支給された。部屋着には丹前やちゃんちゃんこなどを用いたが、太平洋戦争後にはジャンパーが多くなる。↓コート ↓丹前《たんぜん》 ↓ちゃんちゃんこ ↓手袋《てぶくろ》 ↓マフラー ↓綿入《わたいれ》

参考文献 『海軍衣糧給与法規沿革』(一九三四、海軍省軍需局)

(刑部 芳則)

ほうき 箒 ごみやほこりなどを掃く道具。かつて民家は床張り・土間・外庭に分けられ、それぞれにキビガラやシュロなどの座敷箒、藁やホウキグサなどの土間箒、ソダや竹などの庭箒が使われた。箒はものを掃き出し、ものを掃き入れて落ち着かせることから、儀礼的にも同様の効果があると信じられた。たとえば箒を立てて長居の客を帰らせようとしたり、産婦の腹を箒でなでて赤子の魂をとどめたりした。近年は西洋式フローリングの普及に伴い、箒に代わってモップなども使用されるようになった。↓掃除《そうじ》

参考文献 大島建彦・御巫理花編『掃除の民俗』(『三弥井民俗選書』、一九八四、三弥井書店)

(岡田 真帆)

ほうげん 方言 ある地域で使われることばで、標準語でないもの。方言が人々の言語生活の中で占める位置の史的変遷については、付表のようにまとめられる。江戸時代前半までは、都のことばが美しいものとされたが、民衆は方言だけを使う生活だった。江戸時代後半になると、江戸のことばの地位が上昇した。明治以降は方言に対する見方として撲滅・中立・娯楽の三類型が交代した。学校教育の普及により、民衆も方言以外に教科書に使われるような標準語に接した。地方によっては「方言撲滅」

方言の社会的類型

	類型	時代名	時代	方言への価値評価	使用能力
前史1	方言蔑視	京ことばの時代	江戸前期	独立	方言優位
前史2	東西対立	江戸語の時代	江戸後期	独立	方言優位
第1類型	方言撲滅	標準語の時代	明治～戦前	マイナス	方言優位
第2類型	方言記述	共通語の時代	戦後	中立	両立
第3類型	方言娯楽	東京語の時代	戦後～平成	プラス	共通語優位

の動きがあり、東北地方や九州沖縄などでは方言札を下げさせるなどの手段を使った。しかし標準語の理解能力があっても使用能力は不十分だった。一九二五年(大正十四)開始のラジオ放送の影響は大きくなかった。戦後、共通語という用語が用いられ、方言との使い分けが奨励された。一九五三年(昭和二十八)開始のテレビ放送は、影響が大きく、幼児期にバイリンガル(バイダイアレクタル)になる例もあった。七〇年代の高度経済成長以降、共通語が普及し、方言を使わない傾向が出た。現在の若い人は方言語彙を残さない。しかし文法、発音アクセントではまだ地域性が見られる。一方で若者の間に新方言が普及しつつある。さらに方言の使用者が減ったために希少価値が高まり、方言を娯楽として楽しむ動きが見られる。またドラマなどで方言リアリズムによって各地の方言が使われ、その影響で御当地方言の復権の動きも見られる。
↓国語《こくご》　↓標準語《ひょうじゅんご》

参考文献　井上史雄『変わる方言　動く標準語』(『ちくま新書』、二〇〇七、筑摩書房)、木部暢子他編『方言学入門』(二〇一三、三省堂)　(井上　史雄)

ほうこうにん　奉公人　本来は国家・朝廷に奉仕する者、鎌倉時代以降は主従関係にある武家の家臣・従者を意味した。戦国時代には主に若党(歩行《かち》)・足軽・中間《ちゅうげん》など武家奉公人を指したが、近世に入り年季奉公人化政策によって武家のみならず商家・農家など雇用労働者一般の呼称となる。中世の奉公人は主君からの御恩(本領安堵、所領・知行給与)に対して、忠勤奉公(軍役奉仕)を求められた。近世の年季奉公人契約では、主人からの給金・扶持・仕着せなどの給付に対して、基本的に住み込みで主家の家業に労務(労働力)を提供した。年切奉公・出替わり奉公ともいい、農家ではもっぱら下人・下女、商家では番頭・丁稚《でっち》・手代・女中などと呼ばれた。年季奉公人契約では請状《うけじょう》を作成し、人主《ひとぬし》(家長)・請人《うけにん》(保証人)が奉公人の身元を保証し、労務・給金・仕着せ・休日・奉公年季など労使間で確認された契約内容を書き込んだ。こうした手続きを人請《ひとうけ》といい、十年季以上の契約を禁止するなど、江戸幕府は法律で義務づけ、譜代下人の売買や質物《しちもつ》奉公など人身売買に頼らない雇用労働の一般化・浸透をはかっていく。また幕府は、主人や主人の家族に対する叛逆を重く罰したり、主人(武家)に奉公人の手討ち(私刑)を認めるなど、法律によって片務的な滅私奉公を容認した。職人の徒弟奉公や女子の躾《しつけ》奉公では、労働の提供の側面より奉公人の技術や行儀作法の習得に力点が置かれ、また商家や職人の場合は年季明け後に一年ほど御礼奉公をするのが一般的であった。三月五日を年季奉公人の出替わり日と設定したのは、百姓・町人の二、三男や女子など余剰労働力の効率的な配置転換と、不穏分子ともなる浪人を増やさない対策でもあった。しかし、日雇い奉公・養い子奉公や遊女奉公も含め、さまざまな分野に年季奉公人契約が浸透してくると、十七世紀末には正規の武士・百姓・町人身分には属さず、一年季奉公をくり返し生活する奉公人、およびその家族たちが都市住民として一定の階層を形成してくることになる。　↓一季奉公《いっきほうこう》人《にん》　↓請人《うけにん》　↓お礼奉公《れいぼうこう》　↓口入れ《くちいれ》　↓下男《げなん》・下女《げじょ》　↓下人《げにん》　↓作男《さくおとこ》・作女《さくおんな》　↓仕着せ《しきせ》　↓女中奉公《じょちゅうぼうこう》　↓丁稚《でっち》　↓徒弟制度《とていせいど》　↓番頭《ばんとう》

参考文献　牧英正『雇用の歴史』(『弘文堂法学選書』二、一九七七、弘文堂)、西坂靖『三井越後屋奉公人の研究』(二〇〇六、東京大学出版会)、下重清『〈身売り〉の日本史—人身売買から年季奉公へ—』(『歴史文化ライブラリー』、二〇一三、吉川弘文館)　(下重　清)

ほうこくうんどう　報国運動　⇩産業報国運動《さんぎょうほうこくうんどう》

ほうじ　法事　故人の冥福を祈って営まれる追悼儀礼、そして死後供養のための法要のこと。僧侶や親族などを招いて行われる。葬儀の直後から始まる初七日《しょなのか》・二七日《ふたなのか》・三七日《みなのか》・四七日《よなのか》・五七日《ごなのか》・六七日《むなのか》などの、七日ごとの供養儀礼は内々で済ませることが多いが、その最後の四十《しじゅう》九日《くにち》の法事は一区切りの忌明けなので、人呼びがなされる。その後は、死後一年目にあたる一回忌(一周忌)、以降は数えで三年目の三回忌、五年目の五回忌、七年目の七回忌、十三年目の十三回忌などが行われ、寺院に親族らが集まって法要がなされたり、墓前での供養や清めの宴が持たれたりする。これらを年忌という。もちろん、その間にも年々の盂蘭盆や春秋の彼岸の場において、遺族家で故人の供養のための集まりが持たれるもので、特に死後最初の彼岸や盆は初彼岸・初盆(新盆)と称して、盛大な供養行事がなされる。家によっては十回忌・二十回忌・三十回忌を行うこともあるが、その最終回は三十三回忌(三十三周忌)であって、弔《とむら》い上《あ》げといい、もうこれ以降は法事を営まなくてもよいとされる。こうした頻繁に行われる念入りな供養儀礼を通じて、死者の成仏がようやく達成されるとされてきたわけであった。　↓盂《う》蘭盆《らぼん》　↓供養《くよう》　↓彼岸《ひがん》

参考文献　岩下宣子監修『冠婚葬祭マナーの便利帖—作法が身につくしきたりがわかる—』(二〇〇八、高橋書店)　(長沢　利明)

ぼうし　帽子　頭に被る装身具。日本で洋式の帽子を被る慣習が生まれるのは、一八七一年(明治四)八月に政府が散髪を許可したことによる。この散髪許可を受けた府県では、散髪奨励を促す諭告および諭達を出し、その文章のなかで外出時に頭部を保護する目的で帽子を被ることを奨励した。室内で帽子を被ることは避けられた。七二年十一月制定の文官大礼服に代表される各種大礼服に用いる正帽は、白毛や黒毛のついた舟形帽であった。旭日章を前章とする陸軍の正帽は、帽子の周囲に階級に応じた金線を附し、前立の飾毛をつけた。海軍正装用の正帽は舟形帽だが、頭部に飾毛はつけなかった。これらは国家の祝祭日の際に文武高官が着用する礼服に用いる帽子であった。これに対して略礼服の燕尾服には黒地でクラウンの高いシルクハット、通常服のフロックコートに

中折帽子

は黒地で丸みを帯びた山高帽が用いられた。明治初年から陸海軍の軍人をはじめ、警察官、鉄道員、郵便配達夫といった制服が定められている職業に就く者は、指定の制帽を被った。また明治十年代に大学や高等学校、二十年代に中学校の学生帽が登場するが、その特徴は校章を前章とし、帽子の周囲に白線を一条または二条つけるものであった。同二十年代から和服で働く商人から鳥打帽が好まれ、背広姿の銀行員や会社員の間では中折帽が主流となる。柔らかい毛織物で作られた中折帽は、単色の帽子の周囲に黒や赤の帯が巻かれたもので、ソフト帽とも呼ばれた。夏には麦藁帽子、カンカン帽子、パナマ帽という、通気性の良い帽子が登場した。大正時代に撮影された政治運動や労働争議の集合写真からは、帽子の着用率の高さがうかがえる。太平洋戦争後も帽子を被る慣習は消えなかった。昭和三十年代初頭に作家石原慎太郎の「慎太郎カット」が若い世代から支持されると、個性的な髪型を隠す帽子は好まれなくなる。だが、スポーツ選手や芸能人の影響により、野球帽やファッションとしての帽子は現在でも残っている。 ↓鳥打帽《とりうちぼう》 ↓麦藁帽子《むぎわらぼうし》

参考文献 『東京の帽子百二十年史―明治・大正・昭和―』(二〇〇五、東京帽子協会)、刑部芳則『洋服・散髪・脱刀―服制の明治維新―』(『講談社選書メチエ』、二〇一〇、講談社) (刑部 芳則)

ぼうせき 紡績 各種の繊維から糸を紡ぐこと。綿花、羊毛、麻などの繊維を加工して糸にするが、代表的なのは綿糸紡績である。江戸時代までの綿糸は手紡ぎで生産され、一般には製織と結合して農村家内工業として営まれた。幕末開港後、イギリスから良質で安価な綿糸布が輸入されるようになると、手紡ぎが衰退し、輸入機械による工場生産が開始された。工場生産の本格化に伴い、国内綿の使用は急減し、原料綿を輸入して製造した綿糸を輸出するようになり、多くの男女工が紡績工場で働いた。紡績加工した糸を紡績糸というが、狭義には、紡績機械によって製した片撚りの綿糸を指す。紡績糸で織った織物を紡績織といい、経糸に綿糸、緯糸に紡績紬糸を用いた絹綿交織物、または木綿のみで織った紬を紡績紬と呼ぶ。また、養蚕・製糸で生じた屑物を原料とし、これを精練して真綿とし、紡績工程を経てつくった糸を紡績絹糸といい、絹紡糸ともいう。 ↓糸《いと》

参考文献 高村直助『日本紡績業史序説』上・下(一九七一、塙書房)、永原慶二・山口啓二編『紡織』(『(講座)日本技術の社会史』三、一九八三、日本評論社)、中岡哲郎『日本近代技術の形成―「伝統」と「近代」のダイナミクス―』(『朝日選書』、二〇〇六、朝日新聞社) (榎 一江)

ほうそう 包装 物を包むこと、また物を包むもの。古くから行われていたのは、布や紙で覆う方法、ササ・ホオ・フキ・カシワなどの植物の葉や皮で食物を巻く方法などである。そのほかに、竹や木の筒を利用し酒や水を入れる、稲藁を束ね両端を縛って藁苞《わらづと》を作り、その中間部に物を入れるなど、身近にあるものを用いて容器を作り包んでいた。また、日常的な包装の仕方だけではなく、儀礼や行事の際の神々への供え物や人々への贈り物のためにも、特別な包み方があった。現代社会における包装は、もともとの目的である内容物の保護や保存、運搬に利するといった機能以外の目的を持つようになり、包んでいるものの魅力を適切に伝え、消費者の購買意欲を促進させるための機能が加味されるようになっている。現代において、物は、プラスチック、セロファン、ポリエステル、ビニルなど、新しく発明されたさまざまな素材によって包装され、商品として流通しているのである。 ↓包《つつ》み

参考文献 額田巌『包み』(『ものと人間の文化史』、一九七七、法政大学出版局) (後藤 知美)

ほうそう 疱瘡 天然痘の古名ないし俗称。天然痘ウィルスへの感染によってひきおこされる急性伝染病。また、高熱とともに生じた発疹が膿疱を経てしばしば瘢痕(あばた)化するため、その瘢痕などをさす場合もある。この場合、いも・いもがさなどとも称される。日本における最古の直接的な記録は、『続日本紀』天平七年(七三五)条で、古くはケガレ・瘴気・胎毒などが病因とされた。多くの人が罹病し、一度罹病すると再発することがなかったため、近世後期に種痘が普及するまでは、人生の通過儀礼のようにも理解された。また、罹病者には瘢痕が残ることから、「疱瘡は見目定め」といった考え方が生じたりもしている。それゆえ、軽快や平癒の祈願が盛んになった。その代表的な対象である疱瘡神は、疱瘡が厄神である疱瘡神によってひきおこされるとの理解に立つ。また、赤色がもつ呪力が疱瘡を追い払うとの考えも根強く、罹病者の周辺には赤色のものがあふれた。こうしたフォークロアは、種痘の普及以降も人びとの心をとらえ、併存した。 ↓種痘《しゅとう》 ↓天然痘《てんねんとう》

参考文献 富士川游著・松田道雄解説『日本疾病史』(『東洋文庫』、一九六九、平凡社)、H・O・ローテルムンド『疱瘡神―江戸時代の病いをめぐる民間信仰の研究

ー』（一九九五、岩波書店）、深瀬泰旦『天然痘根絶史―近代医学勃興期の人びと―』（二〇〇二、思文閣出版）

（石居　人也）

ぼうそうぞく　暴走族　街頭での暴走行為を繰り広げる少年少女集団を指す言葉。一九七四年（昭和四十九）警察庁文書で採用。トッコウ服など特異なスタイルが注目を集め、暴走事件が社会問題化した。地域ごとの小集団からなる族は加入儀礼と規律を持ち、二十歳前後で「卒業」する。少女のみの族（女連）もあった。ただし、族組織への加入率は警察庁により把握された暴走人員数の半数前後とされる。八〇年代まで四万人弱の人員数を保ってきたが（警察庁調べ）、二〇〇〇年代末には一万人を割り込み、ヤンキー文化として懐古的に言及されるようになった。

参考文献　佐藤郁哉『暴走族のエスノグラフィー―モードの叛乱と文化の呪縛―』（一九八四、新曜社）、打越正行「植民地沖縄におけるネオリベラリズムと反抗―ヤンキー・サブカルチャーズ研究序説―」（『部落解放研究』一五、二〇〇九）

（中西新太郎）

ほうちょう　包丁　調理具の一種で、食材を刻むための金属製の刃物。庖丁とも書く。もとは調理をする人の意味で用いられ、また、客人や貴人の前で魚や鳥をさばく儀礼的な意味を持った調理も意味したが、やがて儀礼的な調理の際に用いられる刃物を指すようになり、近世期には現在のように食物調理に使う刃物一般を示す呼称になった。奈良時代の文書には鉄製の刃物（刀子）を「厨に充てる」（「経所見物注文案」天平宝字四年（七六〇）条）とあり、これを調理に用いていた。刀子は、平安時代には調理具としての用法が確立され、用途によって使い分けられていたことが『延喜式』内膳司に記されている。中世後期には魚や鳥を調理する刃物として「包丁」という呼称が使われるようになる。刃と包丁の機能分化は鋼鉄の精製や鍛冶技術の発達に伴い、中世から近世にかけて

庖丁師（『七十一番職人歌合』より）

起こった。料理が飛躍的に発展した江戸時代になると、料理専用の各種包丁が普及した。これらを和包丁というが、明治以降は欧米から伝えられた洋包丁も並行して用いられるようになった。→板場《いたば》　→板前《いたまえ》

参考文献　三浦純夫「まな板と包丁―切り刻む調理具の歴史―」（日本民具学会編『食生活と民具』所収、一九九三、雄山閣出版）

（後藤　知美）

ほうとくうんどう　報徳運動　二宮尊徳（一七八七―一八五六）の思想の実践を目指し結成された報徳社を中心に幕末から昭和期にかけて広がった農村振興運動。一八四三年（天保十四）小田原宿報徳社の結成が第一号。その後東海地方、なかでも静岡県遠州地域を中心に各地へ広がった。明治初期には全国で約千の報徳社が結成され、一九二四年（大正十三）には全国の報徳社が静岡県掛川の大日本報徳社（前身は遠江国報徳社、一一年（明治四十四）社名を大日本報徳社に改名）のもとに統合された。報徳思想の根幹は分度（自己の分限を守り余剰を残すこと）と推譲（余剰を将来にまた他人に役立てること）であり、道徳と経済を調和させた農村振興を目指した。明治後期には庵原郡杉山村（静岡市）、伊豆の稲取村（賀茂郡東伊豆町）などが包摂模範村に指定され、地方改良運動の中に報徳運動が包摂されていった。特に静岡県では現在も各地の地域づくりの実践に報徳運動の影響力を見ることができる。

参考文献　静岡新聞社編『草の根の思想―報徳からのメッセージ―』（一九九六）、見城悌治『近代報徳思想と日本社会』（二〇〇九、ぺりかん社）、早田旅人『近代西相模の報徳運動―報徳運動の源流と特質―』（『小田原ライブラリー』一二、二〇一三、夢工房）

（岩崎　正弥）

ぼうねんかい　忘年会　年末に行われる宴会。企業や団体などの職場、地域や身内親族ごとに、一年間の労をねぎらう慰労会として催され、その季節になると居酒屋や盛り場が混雑して繁昌する。本来は、当年の苦労を忘れるためになされたもので、ために年忘れとも呼ばれた。この年忘れという言葉は、古く『看聞日記』応永二十九年（一四二二）十二月十四日条に「年忘」として出てくる。『御湯殿上日記』慶長八年（一六〇三）条にも、「御としわすれ」とある。一八九七年（明治三十）の『風俗画報』には、「知友を招き、以て宴席を張る。此を称してトシワスレといふ」とあるが、夏目漱石の『吾輩は猫である』を見ると「向島の知人の家で忘年会兼合奏会がありまして」と記されており、明治時代の末ごろから忘年会という言い方が定着したものらしい。憂きことを水に流して旧年を送り、来たるべき新たな年に希望を託すという切り替えの精神は、きわめて日本人的な情緒感覚であったといえよう。

参考文献　山下重民「としわすれの説」（『風俗画報』一五四、一八九七）

（長沢　利明）

ほうめんいいん　方面委員　⇩民生委員《みんせいいいん》

ほうもん　訪問　一方が他方のもとに直接出向く、交際の一方法。かつては主に親族や近隣の家の間で行われ、訪問者は家の代表であった。訪問には日常的なものと儀礼的なものがあり、定められた機会に適切な作法で実施

される後者は特に重要であった。正月や盆などの年中行事や、婚礼や葬儀などの冠婚葬祭に際しての訪問が代表的なもので、それぞれの機会に相応しいとされる定型的な服装や挨拶、贈答を伴っていた。贈り物としては衣類や金銭なども用いられたが、餅や赤飯など食品が用いられることが多く、時に家紋を入れた漆塗りの専用容器が用いられた。訪問を受ける側にもこれに相応しい作法があり、贈り物に対しては返礼することが習慣となっていた。近代以降、生活合理化や郵便・電話・メールなどの発達により訪問の機会は減少したが、あえて直接訪問することが特別な意味を持つようにもなった。現在の訪問は家と家の関係を超え、多様な社会的関係に基づき行われるようになっている。

参考文献 桜井徳太郎『結衆の原点―共同体の崩壊と再生―』(一九八五、弘文堂)、伊藤幹治『贈答の日本文化』(『筑摩選書』、二〇一一、筑摩書房) (内田 幸彦)

ほうもんはんばい 訪問販売 売り手が買い手の家庭などを戸別訪問し、商品を販売すること。日本では伝統的に行商や御用聞きの形で行われていた販売方法で、二十世紀初頭に正札販売・陳列方式が普及する以前においては、一般的なものであった。買い手の購買意欲を売り手が強く刺激することで行われることが多いという事情から、訪問販売が消費者トラブルの要因になることも多く、「訪問販売等に関する法律」が一九七六年(昭和五十一)に制定されることとなった。一方の訪問販売業者も、八〇年に日本訪問販売協会を設立することで自主規制や啓蒙活動などを通して訪問販売のイメージ向上を目指している。→御用聞《ごようき》き

参考文献 斎藤雅弘・池本誠司・石戸谷豊『特定商取引法ハンドブック(第五版)』(二〇一四、日本評論社) (塚原 伸治)

ほうろく 焙烙 主に豆・胡麻・塩などを炒るために使用された調理具の一種。戦国時代に登場し、農村部では

焙 烙

近代まで使用された。フライパンのような円形で浅い形をしているが、柄はない。材質は土師質や瓦質の素焼きの焼物である。関西と関東ではその形態が異なる。関西では底が丸いものが主流である。関東では内面に耳が数ヵ所付く平底のものと、耳がない丸底のものがある。内面に付く耳は内耳土器(土鍋)の系譜にあり、囲炉裏に吊して使用するためのものである。耳のない焙烙は焜炉《こんろ》類などの火処で使用された。

参考文献 両角まり「内耳鍋から焙烙へ―近世江戸在地系焙烙の成立―」(『考古学研究』四二ノ四、一九九六) (水口由紀子)

ほおずき 酸漿 ナス科の植物で赤い実がなり、観賞用に植えられる。その実を子供らが口に含み、音を鳴らして遊ぶことがあった。盆棚などにもその赤い実がよく飾られる。東京都台東区の浅草寺では、七月十日に行われる四万六千日《しまんろくせんにち》の法会の時に、境内にホオズキ市が立つ。現在では赤い実のなる丹波《たんば》ホオズキがもっぱら売られているが、かつては青い実の千成《せんなり》ホオズキが主流で、観賞用ではなく薬用であった。

ほおずき市（東京都台東区浅草寺）

参考文献 長沢利明『江戸東京歳時記』(『歴史文化ライブラリー』、二〇〇一、吉川弘文館) (長沢 利明)

ボーナス ボーナス 定例給与(月給や日給)のほかに定期的または臨時に支給される給与の一種。ラテン語のBonusを語源としており、賞与ともいう。日本では江戸時代から商人・職人に対して盆暮れにお仕着せと呼ばれる臨時現物支給の慣行が存在したが、近代における最初の事例は三菱において一八七六年(明治九)に支給された臨時報奨金である。その後戦前日本企業の決算期が六月、十二月であったこともあり、年二回の支給が社会的に定着していった。その性格を巡っては(一)慣習的賞与説、(二)功績報奨説、(三)賃金後払説、(四)収益分配説などといくつかの議論が対立している。主に経営側からは、経営者の恩恵であるとする慣習的賞与説と、労働者の業績貢献に対する報奨であるという功績報奨説が根強く、一方で労

働者側からは、景気や物価リスクに対応するため低位に抑えられている基本給の補塡的性格を持つとする賃金後払説や企業収益の従業員への分配であるという収益分配説が根強く主張されている。

参考文献 中村孝士『ボーナス経済学』（『日経新書』、一九六六、日本経済新聞社）（永江 雅和）

ホームドラマ ホームドラマ 家庭内の出来事をテーマに作られたテレビドラマや映画を総称する和製英語。「家庭劇」と呼ばずに、わざわざ英語的に表現することからもわかるように、戦後日本社会の民主化過程の中で、戦前の家父長制的な家族制度を批判し、対等で民主的な夫婦関係を中心に据えたアメリカ的家族を理想とする社会意識を背景に生み出されたジャンル。家庭内に葛藤や問題が生じるが、話し合いや機知によって秩序が回復される過程が描かれる。「パパは何でも知っている」（一九五八年（昭和三十三））などのアメリカのテレビ映画の影響下に、「七人の孫」（六四年）、「肝っ玉かあさん」（六八年）、「ありがとう」（七〇年）といったテレビ史を代表するヒット作が六〇年代に生み出された。しかし七〇年代半ば以降は、家族よりも個人を主役にする消費社会が展開されたことを背景に、ホームドラマの虚構を暴く「となりの芝生」（七六年）、「岸辺のアルバム」（七七年）が辛口ホームドラマとして評判となって、ジャンルとして隆盛することはなくなった。→アメリカニゼーション

参考文献 坂本佳鶴恵『〈家族〉イメージの誕生―日本映画にみる〈ホームドラマ〉の形成―』（一九九七、新曜社）、落合恵美子「テレビドラマの家族史」（『近代家族の曲がり角』所収、二〇〇〇、角川書店）（長谷 正人）

ホームレス ホームレス 狭義には路上・野宿生活者、広義には社会的に居場所を喪失した人々のこと。歴史的にはルンペン・浮浪者などと呼称されてきた。高度経済成長期に日雇い労働者として土木・建設・港湾などの工事現場で労働していた人々の多くが高齢や病気・けがを理由に収入が得られなくなり、簡易宿（ドヤ）でも寝起きできず、さらにセイフティ＝ネットからもこぼれ落ちてしまって路上・河川敷・公園などで野宿生活を強いられている。近年ではサラリーマンが失業の末にさまざまな人間関係を放棄して野宿生活に陥る場合も増えている。二〇〇〇年（平成十二）以降、東京、大阪を中心にホームレスが急増したことをうけて、厚生労働省や市民団体などがそれぞれ実態調査を行い、ホームレス自立支援法が〇二年に成立し、自治体での取り組みが具体化された。近年では社会的包摂の観点から、居宅喪失直前の若年層や一度は居宅生活になったものの再びホームレスとなる危険性のある人々への包括的支援や施策も重要視されている。→浮浪者《ふろうしゃ》

参考文献 『特集ホームレス』（『現代思想』三四ノ九、二〇〇六）、ありむら潜『最下流ホームレス村から日本を見れば』（『居住福祉ブックレット』、二〇〇七、東信堂）（吉村 智博）

ボールペン ボールペン 運筆に応じてペン先の小鋼球を回転させ、粘度の高いインクを滲出させて文字を記すペン。ball-point pen。十九世紀後半にアメリカで発明されたが、日本に普及させたのは敗戦後の進駐軍であったといわれている。一九四八年（昭和二十三）一月に、神奈川県鎌倉市のスワン万年筆株式会社が製作して名古屋市の丸栄百貨店から販売を開始したのが嚆矢であった。現在でも市民生活には不可欠な筆記具として普及しており、二〇一〇年（平成二十二）の国内生産量（十三億六千六百万本）は、一九七〇年の約四倍に達している。これに加えて、中国などからの安価な輸入品も増加しており、今日ボールペンはペンの代名詞にもなっている。

参考文献 田中経人『文具の歴史』（一九七二、リヒト産業）、総務省統計局『（第六十四回）日本統計年鑑』（二〇一四）（宮瀧 交二）

ほくえつせっぷ 北越雪譜 越後塩沢（新潟県南魚沼市）の縮仲買商人鈴木牧之の著。初篇上中下巻三冊、二編四巻四冊の計七冊からなる。江戸後期の越後の風俗・暮らし・方言・産業から奇譚まで、さまざまな雪国の生活ぶりが豊富な挿絵を交えて記されている地誌である。出版までには、滝沢馬琴などと紆余曲折した交流を繰り返し、約四十年の歳月を費やした。山東京伝の弟京山の協力によって一八三七年（天保八）に江戸で出版されると、当時のベストセラーとなった。宮栄二・井上慶隆・高橋実編『校註北越雪譜』（一九七〇年（昭和四十五）、野島出版）が刊行されている。

参考文献 高橋実『北越雪譜の思想』（一九八一、越書房）、池享・原直史編『越後平野・佐渡と北国浜街道』（『街道の日本史』二四、二〇〇五、吉川弘文館）（長谷川 伸）

ぼくせん 卜占 亀甲や獣骨を灼いて現れた裂目で吉凶を判断すること。律令制下では職員令神祇官条には卜部《うらべ》二十人が規定されており亀卜《きぼく》を行なっていたと考えられる。同条集解古記の引く官員令別記や『延喜式』臨時祭によれば伊豆・壱岐・対馬の三国から卜部が出されていた。これまでに日本列島から出土した卜甲はすべてウミガメの甲羅で、中国の殷墟出土の卜甲が淡水産の亀であるのと異なる。出土遺跡は対馬と壱岐のほか、神奈川県三浦半島・千葉県という南関東の海浜部に集中し、木簡などの文献史料にみえる卜部の分布と大きくは矛盾しない。弥生時代以来広い地域で卜骨による祭祀が行われていたが、六世紀代に入ると東国に卜甲が出現する。その背景にアワビ・カツオ漁を行なった海民の活動やヤマト政権の東国進出が想定される。ただ、単純に卜骨から卜甲へと祭具が変遷するという説明では不十分であり、出土遺跡では卜骨と卜甲が伴出したり、中心に牛骨を祀った土坑から卜甲が出土したりしている。ところが九世紀代には地方では卜甲がほとんど出土しなくなり、亀卜が宮中・天皇祭祀に独占された可能性もある。

参考文献 森公章「卜部寸考―長屋王家木簡の中の一

点から―」(『日本歴史』五三九、一九九三)、東アジア怪異学会編『亀卜―歴史の地層に秘められたうらないの技をほりおこす―』(二〇〇六、臨川書店)、笹生衛『日本古代の祭祀考古学』(二〇一三、吉川弘文館)　　(亀谷　弘明)

ぼくちく　牧畜　家畜を飼育し、繁殖させること。日本では牛馬の牧畜が古代以来行われてきた。律令には厩牧令があり、各地にある牧の管理法が定められた。『延喜式』左右馬寮によれば、各地に御牧(勅使牧)・諸国牧・近都《きんと》牧が設定され、朝廷に牛馬が貢納されたが、多くは馬牧で、一部には牛馬牧や牛牧が存在し、特に九州では牛牧が多かった。平安中期以降には院や摂関家などが各地の牧を所有するようになったが、その多くは次第に牧としての機能を失い、一般的な荘園となった。このころから牧は信濃・奥羽・九州など特定地域に集中するようになり、鎌倉幕府は東国の牧を直接管理下に置いて良馬を確保した。また、東国や九州などの武士も牧を所有していた。牧は阿蘇や那須などの火山の裾野、肥前国松浦郡や隠岐などの島にも多かった。鎌倉時代以降には馬牧は奥羽に特化するようになり、室町・戦国時代には伊達氏など奥羽の大名が将軍に多数の馬を献上している。近世にも奥羽には牧が多く、南部・弘前・相馬藩などは牧を経営し、収入源とした。ほかに水戸藩・薩摩藩などでも馬牧を経営した。江戸幕府は下総の小金牧・佐倉牧、安房の峰岡牧を設置し、良馬を確保した。一方、古代以来、百姓による小規模な牧も存在し、農耕や運送に使う牛馬を飼育・育成していた。明治以降にはサラブレッド種の馬やホルスタイン種の牛など外国産の牛馬が導入され、北海道に多数の牧場が開発された。平安時代には乳牛院が設けられ、牛乳や醍醐・蘇と呼ばれるチーズ類似のものが朝廷に貢納されたが、以後は中絶し、近世中期に牛乳が生産され、幕末の開港とともに牛乳や乳製品の生産が本格化した。　↓牛《うし》　↓馬《うま》　↓家畜《かちく》

参考文献　西岡虎之助『荘園史の研究』上(一九五三、岩波書店)、戸田芳実『初期中世社会史の研究』(一九九一、東京大学出版会)　　(盛本　昌広)

ぼけふうじ　ぼけ封じ　老人性の認知症を防止するために祈願を行うこと。高齢化社会を迎えて、認知症による介護負担はますます大きな問題となりつつあるが、次世代に極力迷惑を掛けずに人生を締めくくることのできるようにとの思いが、このような祈願習俗を生み出すに至った。栃木県芳賀郡芳賀町の観音寺などは、そうした祈願で有名な寺で、老年になっても元気に生きられるようにと祈る老齢の参拝者が多く訪れる。同寺を含む関東地方の寺々は一九八九年(平成元)、ぼけ封じ関東三十三番観音霊場を開設し、観音寺はその第二十七番霊場となっている。京都市の千本釈迦堂(大報恩寺)に祀られた、ぼけ封じ観音もこの種の祈願で有名で、ぼけ封じ近畿十楽観音霊場の第二番霊場に数えられている。四国ぼけ封じ観音霊場というものもあり、こうした現代的な民間信仰が盛況化しつつあって、巡拝・巡礼型祈願の形を取りながら、ますます盛んなものとなってきている。

参考文献　『芳賀町史』通史編民俗(二〇〇三)　　(長沢　利明)

ほけんじょ　保健所　公衆衛生の普及を目的とする行政機関であり、主に都道府県が設置する。日本において独自に発達した制度といわれる。一九三七年(昭和十二)保健所法によって制度化された。当時国民的疾病といわれた結核や、母子対策が主な業務であった。保健所長の指揮により住民指導には保健婦があたった。戦後はGHQ(連合国軍最高司令官総司令部)の強力な指導により、四七年保健所法が改正され、巨大な権限を有した保健所体制が生まれた。従来の保健婦に加え、新たに獣医師、薬剤師などの技術者が置かれた。公衆浴場、飲食店、理髪店、旅館、映画館・演劇・音楽・スポーツなどの興行場の監視と指導、ネズミの駆除や、犬猫の殺処分など多岐にわたる住民生活に身近な業務が加えられた。七〇年代には保健所に代わり、市町村保健センターの設置が進められる。こうした行政改革の流れを受け、保健所法が大改正された一九九七年(平成九)地域保健法の全面実施に伴い、業務の大半が市町村へと移された。現在保健所は、主に結核やエイズ、難病などの専門的業務を行なっている。

参考文献　厚生省健康政策局計画課監修『保健所五十年史』(一九八八、日本公衆衛生協会)、杉山章子『占領期の医療改革』(『勁草・医療・福祉シリーズ』、一九九五、勁草書房)　　(木村　哲也)

ほけんふ　保健婦　公衆衛生看護の専門職である。日本の近代化、産業革命の進行により生じた衛生問題や貧困問題に対応するため自生的に生まれた。戦争遂行の目的により、国民の体位向上と人口問題の指導のため、一九四一年(昭和十六)保健婦規則が公布され、身分統一がはかられた。四八年の保健婦助産婦看護婦法によって国家資格となった。一九九三年(平成五)の法改正で男性保健士が誕生し、二〇〇二年からは男女を問わず保健師と名称が統一された。戦前から終戦直後においては、死因の一位であり国民病ともいわれた結核対策、そして人口政策を支える母子衛生の指導が主な業務であった。戦後になると、時代に応じて地域住民の健康課題をくみ取り、消化器系の伝染病、ハンセン病、受胎調節、寄生虫、精神衛生、生活習慣病、老人保健など、諸問題の解決をはかってきた。現在も、O-157やエイズなどの新たな感染症や難病、ひきこもり児童への対応や禁煙指導など、時代に即した業務を担っている。　↓衛生《えいせい》

参考文献　大国美智子『保健婦の歴史』(一九七三、医学書院)、厚生省健康政策局計画課監修『ふみしめて五〇年―保健婦活動の歴史―』(一九九三、日本公衆衛生協会)、木村哲也『駐在保健婦の時代―一九四二―一九九七―』(二〇一二、医学書院)　　(木村　哲也)

ほこうしゃてんごく　歩行者天国　日曜・祭日などの一定の時間帯、特定の地域から自動車を締め出し歩行者に

東京銀座の初の歩行者天国（1970年）

開放する試み。「ホコテン」とも。一九七〇年にニューヨークの五番街で実験的に行われたものが有名だが、日本の歩行者天国は前年の六九年（昭和四十四）に北海道旭川市での実験的実施が最初とされる。東京では七〇年から銀座・新宿・浅草・池袋で実施された。急速なモータリゼーションの到来に伴う事故や公害への解決策の一つとしての面が大きいが、一方で、本来自動車が行き交う大通りに大勢の歩行者が溢れることから、地元繁華街などでは商店街の活性化などの商業的集客力も強く期待されていた。公害対策と商業的欲求の交錯点として期待された歩行者天国は、七〇年代後半ごろから、そこを行き交う若者たちの活動と表現の空間として新たな機能を有することになる。竹の子族と呼ばれる若者たちは、多くは地方から東京に乗り込んできた部外者で、原宿の歩行者天国を拠点に奇抜な衣装を着込み、ディスコミュージックを背景にグループごとに踊り競った。アンノン族などに代表されるように、七〇年代以降、若者の視線は都市から地方に向けられることが多くなる傾向にあった中、歩行者天国とそこに集う若者たちの存在は、都心に新しい若者文化の発信拠点が誕生しつつあることを予感させ、学生運動の残り火も歩行者天国で命脈を保とうとした。しかし、若者たちのパフォーマンスなどは、歩行者天国の主催者である商店街や行政の立場からすると、客足を遠のける迷惑行為と認識され排除・取締の対象とされるようにもなった。行政の道路状況や公害対策、事業者の商業的欲求、若者の存在証明たるパフォーマンスと多様な主体が生み出す都市性が現出した空間である歩行者天国は、バブル崩壊や九〇年代以降のグローバリゼーションに伴う都市機能の変化をうけて衰退の一途をたどり、都市行政や地域の商業的欲求から切り捨てられるようになっていった。

参考文献　馬渕公介『「族」たちの戦後史』（『都市のジャーナリズム』、一九八九、三省堂）、大山昌彦「歩行者天国のゆくえ―グローバリゼーション下における都市再開発にともなう社交空間の変容―」（遠藤薫編『グローバリゼーションと都市変容』所収、二〇一一、世界思想社）

（花岡敬太郎）

道明寺干飯（『日本山海名物図会』より）

ほしいい　糒　米を蒸して乾燥させたもので、湯水に浸して食べる。乾飯・干飯とも書く。携帯に便利なので、兵粮や旅行中の食料として用いた。律令の軍防令には兵士一人が糒六斗用意するように規定されている。また、蝦夷征討に際して周辺国に備蓄させた。このように兵粮として用いられることが多かったため、中世には陣中見舞の贈答品ともなった。災害時に贈られることもあり、非常食ともなった。戦国時代には夏の昼食や客人に出す食事ともなり、冷たい水に浸して食した。これは昼食が本来持っていた軽食的・菓子的な要素から来たものと思われる。近世初期の俳諧書『毛吹草』には仙台の名産品として糒、河内道明寺（大阪府藤井寺市）の名産品として引《ひき》飯《めし》とある。引飯は糯米のくずを粥にしたもので、近世には糒の代名詞となった。

参考文献　直木孝次郎『奈良時代史の諸問題』（一九六八、塙書房）

（盛本　昌広）

ぼしかてい　母子家庭　母と未成年の子で構成されている家庭。近年では、父と未成年の子で構成される父子家庭を含めて、ひとり親家庭、単親家庭と呼ばれることが多い。母子家庭となる原因は死別、離別、非婚が考えられる。明治・大正期は私生子が多く、内縁の子、恋愛中にできた子、妾関係の子も含めて、多い時には十人に一人が私生子だった。農村部では性の関係はおおらかで、私生子がうまれても気にしない人も多かったという。養子に出される私生子もいたが、非婚による母子家庭も少なくなかった。世界恐慌後の社会不安の中、一九三二年（昭和七）施行の救護法により母子寮による母子家庭支援が位置づけられた。戦後は戦争により発生した多くの死別母子家庭が社会問題となり、四六年制定の生活保護法の対象となった。六四年に母子福祉法、八一年には二十歳未満の子のいる母子家庭だけでなく、かつて母子家庭の母であった寡婦も法の対象に含める母子及び寡婦福祉法が制定される。その後、死別による母子家庭は次第に減少し、母子家庭の多くが離婚などの生別によるものとなる。二〇〇二年（平成十四）には、父子家庭も対象に位置付け、離婚などによる生活の激変を一定期間で緩和し、母子（父子）の自立を促進するという観点から、母子家庭等自立支援大綱に基づく母子及び寡婦福祉法などの改正

が行われた。一九九〇年代以降の離婚件数の増加は「離婚は人生をやり直す再出発点であり、夫婦関係がうまくいかなければ子どものためにも離婚した方がよい」という前向きな離婚観への変化が要因の一つであり、今日では全離婚件数の約六割が未成年子のいる夫婦の離婚、ひとり親になった理由の八割以上が離婚となっている。しかし、母子世帯の平均世帯年収は一般世帯平均を大きく下回っており、母子家庭の貧困が日本社会における生活水準の格差問題に大きな影を落としているのが現状である。 ↓離婚《りこん》

参考文献 湯澤直美「貧困の世代的再生産と子育て―ある母・子のライフヒストリーからの考察―」(『家族社会学研究』二一ノ一、二〇〇九)、神原文子『子づれシングル―ひとり親家族の自立と社会的支援―』(二〇一〇、明石書店)、湯沢雍彦「私生子たちの苦しみ」(『大正期の家族問題―自由と抑圧に生きた人びと―』所収、二〇一〇、ミネルヴァ書房)　　(表　真美)

ぼしてちょう　母子手帳　母子の健康の記録と管理を目的とした一〇〇頁ほどの冊子。戦時期の一九四二年(昭和十七)の妊産婦手帳がもとになっている。流産・死産・早産を防止するほか、分娩時の母体死亡を軽減することが主な目的とされた。隣組・町内会・部落会長を経て市町村から発行された。ナチスドイツの制度が参考にされたといわれる。戦後は児童福祉法に基づき、四八年に母子手帳となり、都道府県によって発行され、従来の妊産婦だけでなく対象が小児まで拡大された。六五年に母子保健法により、母子健康手帳と改名され、市町村によって発行されるようになり、現在に至っている。内容は、妊娠や出産の経過から、小学校入学前までの健康状態、発育、発達、予防接種や歯科検診の記録といった全国的に共通している部分と、妊娠・出産・育児のアドバイスなど、市区町村の任意で書かれる部分とがある。子どもの成長記録としての意味あいも強い。

参考文献 森田せつ子「母子健康手帳―今昔―」(『健康文化』二六、二〇〇〇)、荻野美穂『「家族計画」への道―近代日本の生殖をめぐる政治―』(二〇〇八、岩波書店)　　(木村　哲也)

ホスピス　ホスピス　死を間近にした人の多様な苦痛を和らげ、本人や家族が望む生き方を可能にするために必要なケアを提供する施設、あるいはプログラム。「旅人、客」を意味するラテン語 hospes に由来。前近代のホスピスは、四世紀ごろから中世まで、キリスト教精神による巡礼の世話に始まり、旅人や病人を癒す場であった。近代ホスピスは死にゆく人々のケアを目的に一八七九年ダブリンに誕生、英国で発展し欧米に広がった。ホスピスが培った全人的ケアの態度と技術(アート)はホスピスケアとして、家庭や医療福祉施設全般で適用され得る。日本では一九七〇年代に私立病院がホスピスを開設した。九〇年(平成二)には世界保健機関(WHO)が『がんの痛みからの解放とパリアティブ・ケア』を刊行した。「パリアティブ＝ケア」に対して日本では「緩和ケア」という訳語を用い、同年、終末期がん患者を主対象に緩和ケア病棟を医療保険制度に組み入れた。緩和ケアは特にがん医療領域で、ホスピスケアの理念を基に診断期から提供すべきケアとされている。 ↓病院死《びょういんし》

参考文献 世界保健機関編『がんの痛みからの解放とパリアティブ・ケア―がん患者の生命へのよき支援のために―』(武田文和訳、一九九三、金原出版)、岡村昭彦『(定本)ホスピスへの遠い道―現代ホスピスのバックグラウンドを知るために―』(一九九九、春秋社)　　(河　正子)

ぼせいほごろんそう　母性保護論争　近代日本女性解放史上に残る論争。主な論者に与謝野晶子(一八七八―一九四二)、平塚らいてう(一八八六―一九七一)、山川菊栄(一八九〇―一九八〇)、山田わか(一八七九―一九五七)がいる。論争は、母性と労働の矛盾、母と子の社会・国家的保障などをめぐり、一九一八年(大正七)―一九年にかけて総合雑誌『太陽』や新興の『婦人公論』を舞台に交された。平塚は、北欧のエレン＝ケイの母性論に傾倒し、母性は生命の源泉であり、国家社会が保障して然るべきと主張、これに対し与謝野は、女性は経済的独立を果たしたのち結婚、妊娠、育児するのが妥当とし、母性偏重に反対。山川は両者の言い分を欧米の社会科学・社会主義知見を交えつつ分析、与謝野の論はブルジョア有閑階級の女性には有効としつつも、労働階級の女性・社会的弱者(高齢者など)の視点などがなく、「ブルジョアジー」の立場に終始、また平塚の論は、資本主義的搾取の推進母体である国家の好意に俟っているとして、双方ともに批判。母性と労働の両立や権利を獲得するのは働く女性たち自身の団結と連帯の必要性を示唆した。戦時下において母性論は「国家的母性」論に転化。

参考文献 香内信子編集・解説『資料母性保護論争』(『論争シリーズ』一、一九八四、ドメス出版)、今井小の実『社会福祉思想としての母性保護論争―「差異」をめぐる運動史―』(二〇〇五、ドメス出版)　　(鈴木　裕子)

ほぞんしょく　保存食　保存食には、一時に大量の収穫をした時と、寒さ、積雪、災害時に備える食料保管の二種類がある。大量の収穫物の保存には乾燥、冷凍、漬物(塩漬け、味噌漬け、醬油漬け、酒漬け、酢漬け、砂糖漬け、麴漬け)、燻製、炒り物(炒り豆、焼米)、冷凍と乾燥

保存食　凍み餅

による脱水(凍《し》み大根、凍み餅、凍み豆腐)などがある。対象とする食物は穀物と餅、野菜、豆類、魚、貝類、海藻等々の食物全般にわたる。寒さや積雪による保存食が不可欠な地域は北海道、東北、日本海地方である。毎年十一月から四月まで積雪があり、平均三㍍を超える福島県只見町では秋の収穫期に翌春までの食料保存をする。生の大根やニンジン、ゴボウ、イモ類は土中に埋めるか、雪中に囲い、必要に応じて取り出して使う。これをニュウという。野菜の青物は塩漬けや乾燥に、川魚は乾燥して燻製に、山菜は乾燥と塩漬けに、キノコ類は乾燥と塩漬けにし、餅類も凍み餅、水餅などにする。一番多いのは塩漬け、味噌漬けである。↓燻製《くんせい》 ↓食料《しょくりょう》保存《ほぞん》 ↓漬《つ》け物《もの》

(増田　昭子)

ぼたもち　牡丹餅　もち米とうるち米を混ぜて炊いて、すり鉢などで軽く搗いたものをまるめ、小豆餡、黄粉、胡麻などをつける食品。彼岸の行事食でもある。一説に秋は萩の花の見立てで「お萩」、春は牡丹の見立てで「牡丹餅」と呼ぶというが、『本朝食鑑』(一六九七年(元禄十))には「母多餅一名萩の花」とあり同じもの。宮中の女房詞で牡丹餅を萩の花という。彼岸に限らず一年中食べられ、江戸などでは商う店も多く、中でも麴町三丁目のおてつ牡丹餅が名高かった。

参考文献　中村孝也『和菓子の系譜(復刻版)』(一九九〇、国書刊行会)、青木直己『図説和菓子の今昔』(二〇〇〇、淡交社)

(青木　直己)

ぽっくりしんこう　ぽっくり信仰　健康で長生きし、万一病気になったとしても長患いせず、しもの世話にもならず、安らかに往生をとげたい、という心境に基づく信仰。六十五歳以上の人口が総人口に占める割合は、今日では四人に一人といわれているが、一九七〇年(昭和四十五)には七%を超えて高齢化社会に入った。さらに、七二年に有吉佐和子が小説『恍惚《こうこつ》の人』を世に問い、その中でぽっくり信仰に触れたところにわかに注目され、一種の社会現象として爆発的に流行し、今日でも盛んに信仰されている。信仰対象は、地蔵や観音、阿弥陀のほか、烏瑟沙摩《うすさま》明王《みょうおう》、那須与一公墳墓など多岐にわたる。みずからの老いを見越して、レジャーを兼ねてあらかじめ参詣に赴く人もいれば、切実な問題を抱えて藁をもつかむ思いで出向く人もいる。対する宗教施設も、観光客を目当てにしつつ、他方では悩める人々と真剣に向き合おうとしており、多様な実態が垣間見られる。↓長寿《ちょうじゅ》

参考文献　松崎憲三『ポックリ信仰―長寿と安楽往生祈願―』(『慶友選書』、二〇〇七、慶友社)

(松崎　憲三)

ほったてばしらたてもの　掘立柱建物　地面に穴を掘って柱を直接立てる建物をいう。柱が自立するため建設が比較的容易という利点がある一方、柱が腐朽しやすく耐久年数が短いという欠点がある。奈良時代の平城宮においては、天皇の住まいである内裏も掘立柱建物であった。中世の絵巻物にも掘立柱とみられる住宅の描写が多数ある。時代が降るとともに礎石建物へと転換するが、その時代には地域差や社会階層差がある。地域差をみると、京都では十四世紀ごろには転換するが、関東や東北では十九世紀前期ごろの掘立柱民家の発掘例がある。現存する文化財建造物で、すべての柱を掘立柱で建てる民家はないが、日本民家集落博物館に移築された旧山田家住宅(十八世紀後半、旧所在地は現在の長野県栄村)は、二本の柱を掘立柱とする。岩手県では、後世の礎石建ち民家と同様の間取りをもつ掘立柱民家が発掘されており、掘立柱から礎石建ちへの転換の要因とともに、民家の間取りの変遷を考える上でも重要な事例である。↓礎石建《そせきたて》物《もの》

参考文献　渋江芳浩「近世農家のイメージ」(『貝塚』四〇、一九八七)、羽柴直人「岩手県平泉町における近世掘立柱民家について」(『岩手県文化振興事業団埋蔵文化財センター紀要』一七、一九九七)、浅川滋男・箱崎和久編『埋もれた中近世の住まい―奈良国立文化財研究所シンポジウム報告―』(二〇〇一、同成社)

(箱崎　和久)

ぼてふり　棒手振　⇩振売《ふりう》り

ホテル　ホテル　洋式の設備を備えた、不特定多数の利用を前提とする宿泊施設。宿泊業の営業許可の基盤となる旅館業法によれば、ホテル営業とは洋式の構造および設備を主とする施設を設け、宿泊料を受けて、人を宿泊させる営業と規定されている。旅館業法には名称の規定がなく、観光地、温泉地でホテルと称して営業している宿泊施設の大半は、法的には旅館である。日本における近代的なホテルの発祥は、諸説はあるものの一八六〇年(万延元)横浜居留地における横浜ホテルだといわれている。その後、東京築地に最初の本格的ホテル、築地ホテル館が一八六八年(明治元)に開業し、近代化の象徴として定着していった。しかし戦後に至るまで、ホテルは外国人と特権階級のものであり、中産階級にとっても縁遠い存在であり続けた。ホテルが日本人の生活に根付くのは、一九六四年(昭和三十九)の東京オリンピックに際して国策的にホテルが建設され、オリンピック後の需要急減に直面したホテルが国内市場への販売促進を行なったことに始まる。ホテルは結婚式、宴集会など「晴れの場」として急速に一般化した。また宿泊機能に特化した簡素で安価なビジネスホテルの増加とともに、ホテルは日常生活に定着していった。大型の高級ホテルの収益は、多くこうした宴集会に依存している。しかし最近では婚礼のホテル離れに見られるように、ホテルの高イメージに翳りが見られ、ホテルの社会的位置づけも変化しつつある。

(稲垣　勉)

ほにゅうびん　哺乳瓶　乳児に人工乳を与える道具。栄養代謝の研究が進んでいない大正期までは、母乳が与えられない場合、乳母をつけたり、もらい乳をしていた。消化不良を起こすリスクがあったが、練乳や牛乳も用いられた。兵庫県小野市立好古館所蔵の昭和初期に使われていた哺乳瓶には、月齢ごとの授乳量の目盛りがつけら

昭和初期の哺乳瓶

れている。

参考文献 浦崎貞子「母乳育児の社会福祉学的考察」（『新潟青陵大学紀要』三、二〇〇三）　（表　真美）

ほまち　帆待ち　余得の意味である。「墾田」を指す考えもあるが、海運史の上からは正式の雇用契約に付加された給与のことである。帆待ちの起こりは、廻船に内々に積み込んだ個人の荷物を風待ち（帆待ち）のための入港時に販売し利益を上げる慣行が古くから存在し、のちに権利として認めるようになったものと考えられている。特に北前船では積荷の一定割合を積み込む権利を船頭に与え、のちにはこれがほかの乗組員にも認められたものとされる。

参考文献 金指正三『日本海事慣習史』（一九六七、吉川弘文館）　（昆　政明）

ほようじょ　保養所　観光地や温泉地などに、企業や健康保険組合などの組織が社員や組合員のために建設し運営する宿泊施設であり、構成員とその家族の福利厚生を主目的としている。研修など組織の業務に用いられることもある。福利厚生に加え資産保有の機能もあり、高度成長期からバブル期にかけて多く建設され、観光における宿泊施設の一翼を担った。基本的に利用者は、企業や組合の構成員あるいはその家族に限定され、一般施設に比べて安価な利用料金から、フリンジベネフィットの一種と考えてよい。バブル経済の崩壊とともに新たな建設はほとんど見られなくなり、現有施設の多くも効果に見合わない維持費用を理由として転売されるケースが続出した。保養所転売の背景としては、日本企業が成果主義に移行する過程で、成果に関係しない一律のフリンジベネフィットに対する批判的な意識があったことも指摘することができよう。転売された施設の多くは妥当な価格帯の営業施設として転用され、宿泊施設供給の中で一定の役割を果たした。　（稲垣　勉）

ボランティアかつどう　ボランティア活動　個人の自由な意志にもとづいて、社会の問題解決や、危機的状況への対処を行う人々の活動。ボランティアの語は、すでに一九三〇年代にはみられたが、本格的には六〇—七〇年代以降、政府の積極的なボランティア政策の開始に伴って普及していった。また同時期には当事者が単なる一方向的な「奉仕」をするだけではなく、「自己実現」「自己成長」などの自己効用につながるという理解が定着していった。このような背景のもと、一九九五年（平成七）の阪神淡路大震災を大きなきっかけとして、ボランティア活動は九〇年代に隆盛を迎える。ところが九八年に特定非営利活動促進法（NPO法）が制定されると、それまで「ボランティア（活動）」として語られていたものが、NPO（活動）の語のもとに行われるようになっていった。現在でも「ボランティア」の語が消滅したわけではないが、NPOだけではなく、CSR、社会的企業、プロボノ、BOPなどの用語がつぎつぎと流通するようになり、「ボランティア（活動）」は市民社会におけるさまざまな活動のカテゴリーのうちの一つとなっている。→社会福《しゃかいふく》祉協議会《しきょうぎかい》

参考文献 仁平典宏『「ボランティア」の誕生と終焉—〈贈与のパラドックス〉の知識社会学—』（二〇一一、名古屋大学出版会）　（塚原　伸治）

ぼん　盆　器物や小物類を載せたり持ち運んだりする平底の浅い容器。外縁に低い立ち上がり（縁）をめぐらしたものをいい、素材や平面形状は問われない。ものを載せて運ぶという実用性のほか、各種の置物の器台として装飾性を高めたりする機能も併せ持つ。多様な用途からみて早くから存在していたことが想像されるが、今いうところの盆に相当するものの名称としては古来「盤」が使われてきた。しかし、奈良時代の『正倉院文書』に盤として「木佐良」「木盤」「陶佐良」などの記載があり、また平安時代中期（十世紀前半）に成立した辞典『和名類聚抄』瓦器類では盤を「さら」と訓じていることから、おおむね浅い皿状であればこの字があてられ、食器の皿と未分化であったと想像される。一方で正倉院南倉にある二彩大平鉢《おおひらばち》や、脚付の花形容器も盤と称されており、形態は必ずしも一様ではない。鎌倉時代後期、奈良東大寺食堂《じきどう》の「永仁六年」（一二九八）銘食器盆に「衆盤」とあり、奈良法華寺の「至徳元年」（一三八四）銘の供物盆に「盤」とあることから、現代の盆と同様のものが、少なくとも南北朝時代までは「盤」と称されていたことがわかる。「盆」の文字の初見は奈良西大寺に伝わる「享徳四年」（一四五五）銘天目盆で、室町時代中期前後に盤に代わって盆が一般的になったとみられる。これは花をかたどったいわゆる輪花形の盤に高い脚台をつけた、一般的には高盤と称されるものであるが、天目台や茶碗を載せるというその機能から盆の呼称があてられたとすれば、盆とは浅皿状の器形に限らず広義の「受け台」の意を込めた多様な形状を含んでいるのであろう。古くは漆器製が多かったが、木製・金属製・陶器のほか竹製もあり、現在では合成樹脂製も多い。現代の盆には、用途によって、給仕盆・菓子盆・茶盆・たばこ盆・証書盆・名刺受け盆などがある。形・大きさともに多様で、彫刻・象嵌・蒔絵などで加飾したものもある。漆器製は会津・輪島・山中・高松など主要な産地のどこででも作られている。　（馬淵　和雄）

ぼんおどり　盆踊り　盆中になされる集団的な踊りのこと。広場などに四角四面の櫓を組んで、紅白の幕で覆い、

盆踊り（東京都中央区佃島）

提灯をたくさん飾って婦人会の人々が輪になって踊る、というのが今日の一般的な盆踊りの形であるが、かなり画一化されたものとなっている。しかし、各地にはそうではない古風な盆踊りもたくさん残っており、その本来の意味や目的をそこからうかがい知ることもできる。たとえば秋田県雄勝郡羽後町の「西馬音内《にしもない》の盆踊り」は、頭巾や菅笠で顔を隠した踊り手たちが列をなして踊り歩き、不気味で異様な印象を受けるが、亡者霊の群舞を模したものといわれている。踊り手が顔を隠して踊る盆踊りの例は、ほかにも各地に見られる。東京都中央区の「佃島の盆踊り」も、水死者の亡霊を送るための舞と伝えられ、かつては江戸市中の巷にまで出向いて踊りがなされた。沖縄のエイサーなども、家々をめぐり歩きながら踊られたものであった。精霊を供養しつつ、ともに踊りながら冥界へと送り出していく儀式が、本来の盆踊りであったことが、そこに推察される。 ↓無縁仏《むえんぼとけ》

参考文献 牧田茂『神と祭りと日本人』(『講談社現代新書』、一九七二、講談社)

(長沢 利明)

ほんがん　本貫 本籍、本籍地のこと。「ほんかん」とも。律令国家は個別人身支配をめざし戸籍・計帳を作成して公民を掌握しようとした。ただ、最初の戸籍である庚午年籍(六七〇年(天智天皇九))の作成目的の一つに浮浪人の捕捉があり、その後、八世紀初頭の和銅・養老期に課役忌避の浮浪が社会問題となった。養老戸令戸逃走条によれば、逃走者を出した戸は三年、直接の戸口は六年の探索が義務づけられており、その後、計帳、戸籍から除くという規定である。また、同絶貫条によれば、除籍された本貫を持たないもの(絶貫)は、現住地の戸籍に編入するが、希望するものは本貫に送還するとある。七一五年(霊亀元)には逗留三ヵ月以上の浮浪人の国郡姓名を録する浮浪人帳方式が採られ、以後、従来の籍帳編付方式に戻ることもあったが七八五年(延暦四)以降は浮浪人帳方式が継続された。さらに七九〇年以降は、「土人浪人を論ぜず」というように公民と浪人を同等に扱うようになる。なお、京畿内の人が畿外に流出した場合、七一五年には当処編付とすることを認めたが、七二六年(神亀三)と七三三年(天平五)の計帳には十八年間や二十五年間といった逃亡記載があり、戸令の六年除籍の規定が実際には適用されていないことがわかる。

参考文献 原島礼二「京畿計帳の逃注記について」(『日本古代社会の基礎構造』所収、一九六八、未来社)、大町健「律令国家の浮浪・逃亡政策の特質」(原始古代社会研究会編『原始古代社会研究』四所収、一九七八、校倉書房)

(亀谷 弘明)

ほんけ　本家 家制度において、おおもととなる家筋のこと。あるいは何らかの形で分家を持っている家を分家からみて本家という。中世までの家は、一門、一族などと呼ばれる血筋を基本とした擬血縁的親族組織をいうが、近世ではそれらが分解して、当主とその配偶者を中心とする直系の血族による擬血縁的な世帯集団をさすようになる。分割相続が一般的な社会では、中心となる土地(領地)や家屋とそれに付随する諸権利などを継承したものが本家とされたが、長子単独相続が一般的になると、財産分与の有無にかかわらず、独立した世帯を持って分離独立した次男や三男、隠居などに対して本家と称した。近世社会においては、武家の家が分離独立することが少なくなってくるので、村落共同体や町共同体での関係が主になる。ただし、本家・分家の関係も血縁的に分離独立する場合と、暖簾分けなど、契約的に結ばれた関係の場合があった。また、分家からさらに分家を出せば、先の分家は本家とも呼ばれ、おおもとの本家は総本家とも称した。さらに近世における家元制度の形成に伴って、その流派のおおもととなった家も本家とされた。 ↓分《ぶん》家《け》

参考文献 柳田国男『族制語彙』(一九四三、日本法理研究会)、及川宏『同族組織と村落生活』(一九六七、未来社)、竹内利美『家族慣行と家制度』(『社会学叢書』、一九六九、恒星社厚生閣)、橋本義彦『平安貴族社会の研究』(一九七六、吉川弘文館)、平山敏治郎『日本中世家族の研究』(『叢書・歴史学研究』、一九八〇、法政大学出版局)、大島真理夫『近世農民支配と家族・共同体(増補版)』(一九九三、御茶の水書房)、大藤修『近世農民と家・村・国家―生活史・社会史の視座から―』(一九九六、吉川弘文館)、有賀喜左衛門『同族と村落(第二版)』(『有賀喜左衛門著作集』一〇、二〇〇一、未来社)

(馬場 弘臣)

ぼんさい　盆栽 松などの樹木を自然の情景を凝縮したイメージで鑑賞する現代の盆栽の概念は、近代になって確立した。近世ではこの前身として鉢植えを盆栽と呼び、一八一八年(文政元)『草木育種《そうもくそだてぐさ》』には、松の古木の姿をあらわす針金掛けの技法が紹介され、植物を人の手で作る技術が本格化した。明治以降は、鉢植え栽培の植木屋が専門の盆栽園へと移行して盛況を極め、戦後はBONSAIがそのまま英語になるほど外国人愛好家が増加した。

参考文献 平野恵「江戸の鉢植と盆栽／近代の盆栽文化」(さいたま市大宮盆栽美術館編『美術コレクション名品選』所収、二〇一〇)

(平野 恵)

ほんじん　本陣 街道の宿駅に設置された大名宿。大名だけではなく、将軍の名代、勅使、公家、門跡、高僧などの貴人が宿泊、休憩した旅館。本陣の起源は室町時代、一三六三年(貞治二)足利義詮上洛の折の宿舎であったという説が一般的だが慶長、元和説もある。本陣は、貴賓

者、要人の宿泊施設であることでは、その果たす役割、機能はきわめて重要であり、その規模も広大で、家屋の構造も門構え、玄関、上段の間や、書院造りなど幕府権力の支配体制下における象徴ともいうべき施設を有していた。たとえば、東海道に位置する小田原宿の本陣清水金左衛門家。建坪は約二百四十二坪、門を構え、玄関附。広大な敷地。運営は幕府からの若干の助成金と宿住民の「公役」負担によった。参勤交代時には二千人以上の宿泊になるので、本陣だけでは賄えず、脇本陣、大旅籠、宿役人宅などに分散、宿泊の機能を果たした。江戸中期から後期に至り、幕府・藩財政の逼迫に伴い時代の趨勢とともに本陣も衰退し、一八七〇年(明治三)、宿駅制度廃止により本陣も廃止された。

参考文献 大島延次郎『本陣の研究』(一九五五、吉川弘文館)、丸山雍成『日本近世交通史の研究』(一九八九、吉川弘文館)、宇佐美ミサ子『宿場の日本史―街道に生きる―』(『歴史文化ライブラリー』、二〇〇五、吉川弘文館)

(宇佐美ミサ子)

ほんぜん 本膳 武家の式正の饗膳に出される最初の膳。膳の名称から本膳料理と呼称した。本膳の語は室町時代ごろには「本膳。追膳。三膳。大汁。小汁。冷汁。」(『尺素往来』)などがみられ始める。本膳料理の流れは、饗宴のはじめに式三献の酒の献酬があり、引き続き饗膳として七五三・五五三・五三三の膳が出される。本膳料理の最高位は本膳に菜七つ、二の膳に菜五つ、三の膳に菜三つを組み付ける七五三膳をいう。江戸時代には初期の有職故実を重んじ、食事の実態を伴わない外観重視の式正の本膳料理は衰微し、一般には七五三などの膳部を食事の体裁を整え簡略化したものが本膳料理として盛行する。以降、これが日本料理の代表的な料理様式となる。献立は汁と菜の数により一汁三菜から三汁十一菜までがある。本膳料理の汁と菜の数は献立の格式を示すものであり、これにより可視的に主従の関係、家臣団の上下などを示した。下って、庶民間の冠婚葬祭などの儀礼でも身分、格式を格付けるものとして近代まで機能した。

参考文献 熊倉功夫『京料理千二百年 和の味の追求』(『NHK人間講座テキスト』、二〇〇四、日本放送出版協会)

(秋山 照子)

ほんたく 本宅 別宅に対する家主の本拠となる邸宅をいうが、日本史の研究用語としては、中世在地領主の所領形成の基礎となった屋敷およびその付属地をいう。在地領主は所領の開発にあたり、国衙に申請して適地の荒野を占定すると、自己の屋敷を中心に一族郎等および私財を投じて招き寄せた百姓・浪人の居住地を設定し、開発を進めたとされる。こうして形成された所領は、公法上の名義が何であれ、領主の「家」の付属地であり、本宅敷地に相当する直属地と観念され、本宅あるいは本領と呼ばれた。こうした領主の「家」に包摂されると認識された強固な支配構造を持つ所領を、分権的・多元的構造を有する中世社会の中核に位置づけ、その支配を「イエ支配」と概念化する研究もある。この研究では、所領内部に居住する百姓もイエ支配の圏内にあると理解するが、百姓をイエ支配の圏外に位置づけ、その自立性を高く評価する説も提起されている。 →イエ

参考文献 戸田芳実『日本領主制成立史の研究』(一九六七、岩波書店)、大山喬平『日本中世農村史の研究』(一九七八、岩波書店)、石井進『中世武士団』(『講談社学術文庫』、二〇一一、講談社)

(田中 大喜)

ぼんだな 盆棚 盂蘭盆のとき死者の霊を招き、供物を供える棚。精霊棚《しょうりょうだな》ともいう。屋内に棚または台を作って四方に柱または青竹を立て、茣蓙《ござ》を敷いて位牌を置き、その前にナスとキュウリの牛と馬、食物、花などを供えるところが多いが、棚を作らず仏壇に供物を供える地域もある。新盆の霊に対しては縁側などに別に棚を設けて念入りに祀り、設置期間も長くするとか、無縁仏(餓鬼仏《がきぼとけ》)に対しても軒下など屋外に小さな棚を設置して食物を供える地域が多い。本仏の棚を屋外に設けた地域もあることから、盆棚は屋外から屋内に移動したとする説もある。歴史的には平安時代の貴族は盆供を寺に送っていたが、中世後期には自宅で霊に供物を供えた。中院通秀《なかのいんみちひで》は一四八五年(文明十七)七月十四日にはまず外に水を供え、次に内に供えており(『十輪院内府記』)、当時から内と外の両方に供える場所があった。十五日には先祖や親類の霊に二十九もの膳を供えたが、これは屋内と思われる。瓜やナスの供物を蓮の葉に載せて供えることも室町時代の日記に頻出する。

参考文献 伊藤唯真「盆棚と無縁棚」(『仏教民俗の研究』所収、一九九五、法蔵館)

(勝田 至)

ポンプ ポンプ 圧力によって液体を送る装置のこと。井戸水を汲み上げるだけでなく、農業の灌漑や消火活動など、幅広い用途に使用される。円筒のなかに取り付けた、上下二ヵ所のピストンの連動によって水を汲み上げ、ピストンに取り付けた取手を押して動かす、手押しポンプがある。木製と鋳物製があり、桶を使って井戸水を汲んでいた撥釣瓶《はねつるべ》や車井戸に代わって普及した。また江戸時代には、消火用に竜吐水《りゅうどすい》と呼ばれる、手押しポンプが使用された。 →井戸《いど》

参考文献 須藤功編『すまう』(『写真で見る日本生活図引』四、一九八八、弘文堂)

(岡田 真帆)

ぼんぼり 雪洞 燭台や手燭《てしょく》に紙または布などで張った火袋《ひぶくろ》を取り付けたもの。燭台・手燭は蠟燭を用いる灯火具だが、裸火のままでは風で焰が揺れたり、吹き消されたり、周囲に燃え移って失火する危険があり、これを防ぐために考案された。「ぼんぼり」は「ほんのり」の転訛といわれ、灯火が火袋を通してほのかに透ける柔らかい光の様子を表すとされる。火袋には口の開いた六角筒のもの、円筒形、棗形、蜜柑形のものがある。江戸時代末には和紙や布にかわって、ガラスの火袋が用いられることもあった。

雪　洞

参考文献　山崎ます美『灯火・民俗見聞（山崎ます美遺稿集）』（二〇〇六、ほおずき書籍）　（髙塚　明恵）

ほんむねづくり　本棟造　長野県の中南部に見られる切妻造板葺屋根をもつ妻入大型民家の形式。ホンミネ、ハフヤなどと呼称される。居室部は表側から、整った座敷、広大な囲炉裏のある広間、寝間などの諸室が並び、厩を持つ土間を含む全体の平面形はほぼ正方形となる。大鹿村に所在した松下家の普請帳から見て十七世紀末には成立していた。十七世紀中ごろの曽根原家住宅（重文、長野県安曇野市）は平入ながら間取りが共通しており、本棟造の成立過程を示す。本来は本陣や庄屋などの役屋の形式であったため、居住・生産空間に加えて接客空間が広くとられ、大型で妻入になったと考えられる。一般に普及する段階でも多くの部屋が養蚕などの生業に用いられたため大型であり続ける。十八世紀以降は棟飾り（スズメオドリなどと呼ばれる）などの装飾や、養蚕や居室の空間拡大のための中二階を実現する登り梁などの構造が発達する。堀内家住宅（重文、同県塩尻市）はその完成形の一つである。養蚕民家としては明治以降に全国的に広がる平入総二階建ての形式が本棟造分布域にも普及する。

本棟造（堀内家住宅，長野県塩尻市）

参考文献　奈良文化財研究所編『平出―伝統的建造物群保存対策調査報告―』（二〇一四、塩尻市教育委員会）　（黒坂　貴裕）

ほんやく　翻訳　ある言語で表現された言葉・文章を他の言語の表現に換えること。自然言語からコンピュータ言語など人工言語への転換をさすこともあるが、通常は自然言語間の転換を意味する。翻訳の必要性が生じるのは、外国との文化接触の局面においてであり、古代以来、中国がその中心で、文法構造の異なる中国語の漢文に訓点をほどこして日本語として読む方法がとられた。十八世紀前半には中国語訳の西洋文献が輸入され、後半にはオランダ語からの翻訳も出版されるようになった。こうした文化経験を前提として、明治維新後、西洋語文献からの翻訳が本格化し、膨大かつ広汎な領域の文献が翻訳を通じて摂取され、それを通じて日本社会の近代化がはかられた。翻訳にあたっては、蘭学者の訳語や中国語訳からの借用、古典中国語からの語彙の転用などがなされ、多くの新造語も生まれた。また、翻訳によって外国の概念や思想が日本的な変容をこうむることもあった。

参考文献　加藤周一「明治初期の翻訳」（加藤周一・丸山真男校注『翻訳の思想』所収、一九九一、岩波書店）、丸山真男・加藤周一『翻訳と日本の近代』（『岩波新書』、一九九八、岩波書店）　（大日方純夫）

ぼんやすみ　盆休み　盆中やその前後における休暇のこと。特に、月遅れ（月送り）盆にかかわる夏の休暇のことを指すことが多い。盆は本来、七月十三―十五日の三日間の行事で、仕事などは休むものであった。それが明治時代の改暦によって新暦七月の行事となり、今までの季節感覚とのずれが生じるようになったため、地方や農村部では後ろへ一ヵ月ずらせて、新暦八月十三―十五日に盆を行うようになった。それが月遅れ盆で、旧暦盆ではない。その結果、八月中旬に都会から郷里へと墓参のために帰省する人々が増え、今でもその時期が近づくと新幹線などが満席となり、高速道路は渋滞して、盆が済めば今度はUターンラッシュが起きるようになった。企業なども八月十五日を休業とするのが常識となり、それほど地方では月遅れ盆が定着している。帰省客らは帰省に合わせて、その前後にまとめて休暇を取るようにもなり、子供の夏休みとも重なって、重要な家族レジャーのための期間ともなっていった。今日いうところの盆休みには、そのような意味合いも含まれている。　→帰省《きせい》　→レジャー

参考文献　松田邦夫『暦のわかる本』（一九八七、海南書房）　（長沢　利明）

ま

マーガリン　マーガリン　仏語 margarine。動植物性の食用油脂に水、乳化剤などを加え、バター状に練り合わせた加工油脂で、一八六九年フランスでバターの代用品として考案された。日本では一九〇〇年(明治三十三)ごろ輸入され、〇八年横浜の貿易商山口八十八商店の岡部清吉が帝国社で人造バターとして製造を始めた。戦後学校給食などによるパンの原料として需要が伸びる。五二年(昭和二十七)日本人造バター工業会が日本マーガリン工業会と改称。このころより技術改良が進み、七〇年前後ソフト型が主流となる。　↓バター

参考文献　『日本マーガリン工業史』(一九七六、全日本マーガリン協会)、『同』二(一九九七、日本マーガリン工業会)
(橋爪　伸子)

マージャン　麻雀　立体形の牌を組み合わせて勝負を争う室内遊戯。日本では百三十六枚を使用することが多い。麻雀は十九世紀後半ごろ、中国浙江省寧波で現在の形となったとされる。日本に伝わったのは、二十世紀初頭である。日本で改良されたルール(リーチ、裏ドラなど)により、爆発的ブームとなり、ピークの一九八〇年(昭和五十五)ごろには三万五千軒以上の麻雀荘が営業していた。全自動マシンが登場したのもこのころだが、以後減少傾向をたどる。昨今は老年化の反面、ネット上で賭けない競技人口としての若者が増加しつつある。

参考文献　江橋崇監修『麻雀博物館大図録』(一九九九、竹書房)
(谷岡　一郎)

マイカーでの行楽（1960年代，東京都世田谷区二子玉川園）

マイカー　マイカー　個人が所有し、主に私用に使う自動車。昭和二十年代まで個人の私有には高価であった自動車は、一九五五年(昭和三十)に通商産業省が自動車産業の育成を掲げて「国民車構想」を発表し、まずは中古車の更新・活用と小型軽四輪車の新車購入を皮切りに、私有車が増加した。一九五七—五九年にはトヨタのコロナや日産のブルーバードなどが相ついで発売され、従来の軽四輪車の価格帯で普通四輪車の購入が可能になった。また、自動車免許の取得者も急増し、東京都内で九人に一人(一九五九年)で「自転車並み」と表現された。一方で道路交通法施行で路上駐車の規制が進み、大都市では駐車場の整備も進んだ。一九七〇年ごろに輸送人員で自動車は鉄道を追い抜いたが、その一方で深刻な交通麻痺が定時運行を阻害し、排気ガスによる大気汚染も進み、大都市圏では自動車利用の抑制が進んだ。逆に農村部では公共交通機関の衰退で自動車利用が不可欠となり、一家に一台から、一人に一台の所有まで普及が進んだ。
↓自動車《じどうしゃ》　↓モータリゼーション

参考文献　高田公理『自動車と人間の百年史』(一九六七、新潮社)、中岡哲郎『自動車が走った—技術と日本人—』(『朝日選書』、一九九九、朝日新聞社)
(三木　理史)

まいご　迷子　保護者とはぐれた子ども。迷子を保護者のもとへ戻そうという公的な対策は、享保年間(一七一六—三六)に始まった。幕府官撰の法令集『御触書集成』は主に老中から出す「惣触」を収集しており、一七二五年(享保十)の御触書に「迷子」の取り扱いが定められた。また一七八二年(天明八)には、「迷子しるべ石」建石の町触が出されている(法制史学会編『徳川禁令考』前集三〇五四・後集七九)。東京都台東区の浅草寺本堂脇には一八六〇年(万延元)に建立された「迷子しるべ石」が再建されている。この石は、左側には迷子を探している保護者からの貼り紙、右側には迷子を預かっている側からの貼り紙が貼られていたようで、迷子の探索に寄与することを期待して建立されたものである。

参考文献　太田素子編『近世日本マビキ慣行史料集成』(一九九七、刀水書房)
(太田　素子)

マイホームしゅぎ　マイホーム主義　一九六〇年代の流行語で、家族を基盤とする私生活における幸福を優先す

る態度を指す。高度成長期に、「夫は仕事、妻は家事・育児」という性分業と情緒的な絆によって結ばれる家族関係が支配的となり、公団住宅、「三種の神器」（白黒テレビ、電気洗濯機、電気冷蔵庫）や「3C」（カラーテレビ、自動車、クーラー）などの耐久消費財、レジャーなどによって豊かさを享受するライフスタイルが広く普及したことが背景にある。こうした家族のあり方は、権威主義的で、「滅私奉公的」な国家主義と結びついた戦前の家族主義とは異質であった。他方でマイホーム主義は、マイホームの形成・維持のため、夫が「モーレツ社員」となり妻が内助の功を発揮することを促し、人々の企業への統合を深める意味も持った。マイホーム主義をめぐる同時代の議論では、個人の幸福を優先する態度の広がりを肯定する立場と、政治からの逃避を生む私生活への埋没を批判する立場が見られた。

参考文献　山手茂「マイホーム主義の形成と展開」（青山道夫他編『家族観の系譜・総索引』所収、一九七四、弘文堂）

（水溜真由美）

まえかけ　**前掛け**　着物の前面の汚れを防ぐため、腰下に掛け後部の紐を結んで固定した布。商人は縞着物の角帯から前掛けを着け、農村でも野良仕事の際に用いた。前掛けは一巾・一巾半・二巾・三巾・四巾と種類は多く、それぞれ呼び方にも差異がある。素材は、紺木綿、縞、絣が多いが、裕福な商家や名主の娘が使用した前掛けには高価な縮緬製も見られる。昭和初年の農村の女性たちは、元旦に新しい着物を仕立てると、その一着で一冬を過ごしたため、着物が汚れないよう前掛けをした。昭和初年に埼玉県蓮田市の小学校の女子児童は、平均四枚から五枚の前掛けを所持しており、着物に代わるおしゃれであった。また同校児童の間では、前掛けの模様を手で隠し、隠れた部分の色をあてる遊びが流行ったという。明治以降、商人の前掛けには、紺木綿に店の屋号を白で染め抜いたものが登場する。昭和三十年代から台所で割烹着やエプロンが主流となり、農村でも和服から洋服へと変わるにつれ、前掛け姿は減少した。

参考文献　『東京朝日新聞』（一九八七年一月十四日付夕刊）

（刑部　芳則）

まぐち　**間口**　江戸時代の町で表通りに面した長さのこと。江戸時代の町は計画的に町割が行われていたので、町屋敷は奥行きが一定であるのが普通である。町屋敷の原則的な土地利用は、主屋を街道に接道させて間口いっぱいに建てる。そのため、領主からの役や町入用を負担する単位として間口が用いられた。大店などは、大きな間口で軒を構えるのが普通であり、吉原町の遊郭でも間口が店の格を表す指標として用いられた。　↓町屋《まちや》　↓町割《まちわり》

参考文献　伊藤毅「町屋敷」（高橋康夫・吉田伸之編『日本都市史入門』Ⅰ所収、一九八九、東京大学出版会）、曽根ひろみ「明治四年「新吉原町規定申合」成立の意義―遊女屋の仲間的結集―」（『歴史学研究』九一六、二〇一四）

（福澤　徹三）

まくら　**枕**　一日の約三分の一に及ぶ睡眠時間にあって頭、もしくは首を支える寝具。「まくら」に関しては灯台下暗し状況でその生活史は不明なところが多い。「まくら」の語源については諸説あるが「ま・くら」の「くら」は座・倉・鞍に通じて「高い」意、「ま」は「間」といわれているが、「真」の可能性もある。枕について『万葉集』には素材を示す「木枕」「薦枕」「菅枕」「草枕」「黄楊枕」などがみえる。著名な貧窮問答歌に「父母は枕の方に妻子は足の方に」ともみえる。古墳時代の古墳の被葬者には埴製・石製・琥珀製など多様な材質の枕が用いられている。植物製の枕は残りにくい可能性もある。死者に供える寝具は枕だけであり、枕は特別で魂が宿るという考えがあったのではなかろうか。夢見・夢占いなどはその魂がもたらすのであろう。平安・鎌倉時代も基本的に木枕・薦枕などが継続使用されていくが、絵巻物、『伴大納言絵詞』『一遍上人絵伝』『春日権現験記』などの画像からは髪型文化変容による枕の形の変化が読み取れる。紙・布らしきもので包んだ、また黒塗りの比較的高さがある箱状の枕が使われ始めている。近世の髪型の髷《まげ》、そして布団の変化により枕は高くなり、頭をのせるより首をのせる形へと変化していった。枕は北枕・枕飯・夢枕など生死にかかわるものであり、「枕を踏んだり蹴ったりする」ことは忌み行為であった。

（関　和彦）

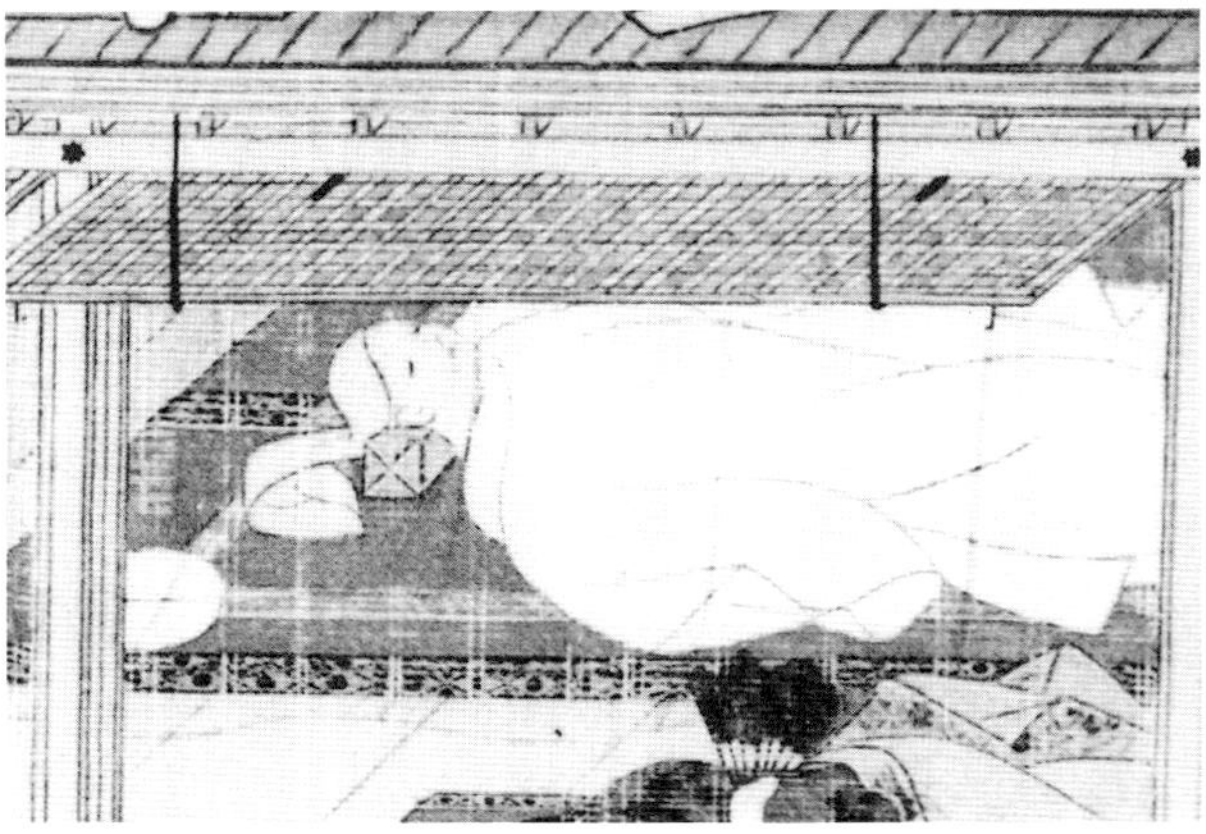

括り枕（『春日権現験記』より）

まくらえ　**枕絵**　⇩春画《しゅんが》

マグロ　**マグロ**　サバ科マグロ属に属するものの総称で、クロマグロ、キハダ、ビンナガ、メバチ、コシナガが日本近海に分布する。クロマグロは全長三メートル、重量三〇〇キロを超し、寿命は十年を超える。マグロ類のなかで最も低水温に適応し群れで外洋を泳ぎ、日本近海で南北の季節回遊をしながら育った若魚は太平洋を横断、北米大陸西岸に達し、日本近海まで戻り南北回遊を繰り返す。縄

文弥生時代の三陸海岸など各地の貝塚で骨や釣針が出土し、『古事記』、『万葉集』（山部赤人「藤井の浦に鮪釣ると海女は船さわぎ塩焼くと人ぞさはなる」）にシビとして登場する。肥前五島列島では十四世紀の『青方文書』に「しびあみ」が確認され、近世期には五島各地にイルカやシイラの網とともに鮪網が存在した。十八世紀には大敷網が開発され大量漁獲が可能となり、肥料生産が行われた。江戸では「づけ鮪」として十八世紀後半ごろから食用で出回り、昭和初期まではトロよりも赤身の方が上等品とされた。一八九七年（明治三十）に遠洋漁業奨励法が公布され、遠洋漁業の代表的対象魚となったマグロの漁船（延縄《はえなわ》、曳縄旋網《まきあみ》など）は昭和初期には赤道付近まで進出し、戦後は大西洋、地中海に及んだ。漁港は焼津、気仙沼、串木野のほか、大消費地東京に近い神奈川県三崎がマグロ市場の中心となった。　（橋村　修）

まげもの　**曲物**　木製容器。片木板《へぎいた》と呼ばれる薄く削った檜や杉などの板を、円形や楕円形、あるいは方形に曲げて器壁とし、底に別の板を装着して容器としたもの。綰物《わげもの》・檜物《ひもの》・曲げわっぱ・めんぱともいう。刳物《くりもの》などと異なり素材の木の太さ・長さに規定されないので、木製容器の中で最も種類に富み、桶《おけ》・麻笥・三方《さんぼう》・櫃《ひつ》・火櫃《ひびつ》・盆・蒸籠《せいろ》、ときには井戸枠など、日常用具、神饌具を問わず、生活のあらゆる局面で用いられた。日本列島では早く縄文時代晩期に樹皮製の原初的なものがあるが（青森県八戸市是川中居遺跡）、現代につながる技法が確認されるのは弥生時代である。中国では戦国時代中期の楚国の漆器に類似の技法があり（巻木胎《けんぽくたい》）、これが弥生時代に日本へ伝わったものとみられる。奈良時代に生産が拡大して以後広く普及し、室町時代前期に結桶《ゆいおけ》が登場したのちも長く木製容器の主流をなした。曲物を作る職人を曲物師、曲げ職人を曲師という。片木板には主に檜を用い、両端の合わさった部分を薄い紐状の樺《かば》皮や桜皮（主に山桜）で綴じる。均等に曲げるため、片木板内側に縦または斜めの浅い刻みを入れることが多い。底板の装着方法には、器本体をより径の大きい板に載せて樺皮で留める樺皮結合と、底板を本体の内側に嵌めこみ外側から木釘で留める釘結合とがある。器体外面の上下に、しばしば細めの板を箍《たが》状に巻きつけて強化する。第二次大戦後は合成樹脂などの容器に押され、わずかに雑器と茶道具の一部（水指・盆）に生産が限られていたが、近年再び弁当箱などに需要が増え始めた。　↓破籠《わりご》

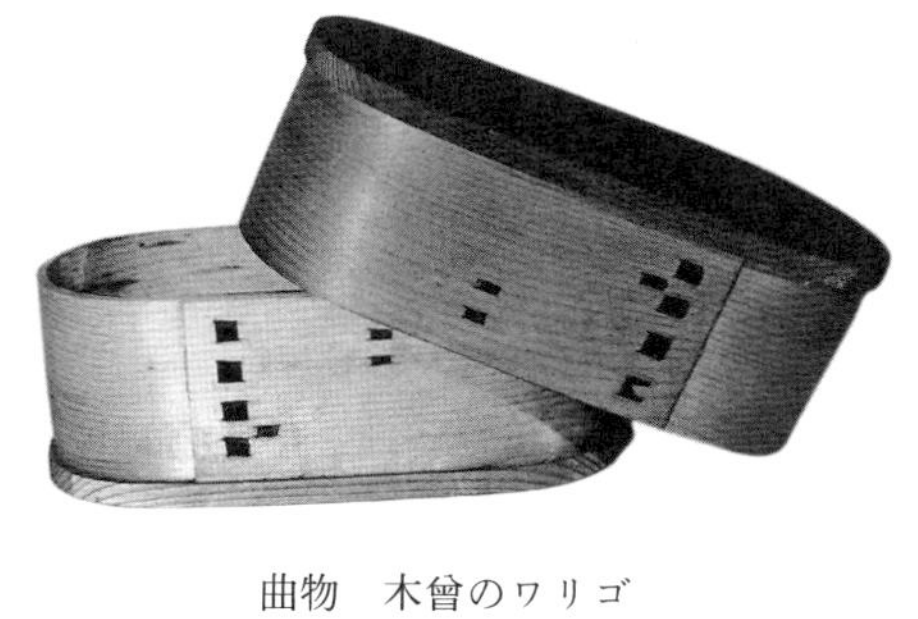

曲物　木曾のワリゴ

参考文献　岩井宏實『曲物』（『ものと人間の文化史』、一九九四、法政大学出版局）　（馬淵　和雄）

まご　**馬子**　馬の背に荷物を積んで運ぶ人のこと。馬方・馬追いなどともいう。中世になると専門の馬子が出現し、馬借ともいった。近世になると街道筋で公用荷物の輸送を行うほか、商人荷物を輸送したり、旅行者を馬の背に載せたりして駄賃稼ぎを行なった。人力で荷物を運ぶ人足とともに雲助と蔑まされることもあったが、中には教養のある馬子もいて、芭蕉の『奥の細道』の旅では馬子が芭蕉に句の短冊を要望したという。脇道でも、信州中馬や中附駑者のような馬稼ぎ業者がいた。　↓馬《うま》　↓博《ばく》労《ろう》　↓馬借《ばしゃく》　（渡辺　和敏）

馬方（『人倫訓蒙図彙』より）

まじない　**呪い**　神仏や精霊など超自然的なものの霊力によって願い事を成就させようとする呪術の一種。日常的には民間に伝承されてきた呪法を用いて個人で行うことが多いが、神職・僧侶など宗教者の力を借りて行う場合もある。呪いの内容や形態は多彩であり、祈願内容に応じて決まった行為・動作や唱え言葉（呪文《じゅもん》）を伴う。内容的には、病気平癒や魔除けなどのように人や社会のためになるもの（白呪術）と、丑の刻参りのように人を呪《のろ》ったり社会に不幸を及ぼすもの（黒呪術）に大別される。また土着性の強いものと、流行による流動性の強いものとを区別する考え方もある。小正月の成木責めや節分の豆撒き、夏越の茅の輪くぐりなどの年中行事、雨乞いや虫送りなどの共同祈願、絵馬を奉納しての願掛け、葬式の清め塩、幼児が怪我をした際に使う「チチンプイプイ」の呪文、賓頭盧《びんずる》尊者像を撫でて病気平癒を祈願するものなど、現代の日常生活の中にも呪いの例は多い。　↓雨《あま》乞《ご》い　↓絵馬《えま》　↓魔除《まよ》け　↓虫送《むしおく》り

参考文献 奥野義雄『まじない習俗の文化史』(一九九七、岩田書院)、神崎宣武『ちちんぷいぷい―「まじない」の民俗―』(一九九九、小学館)、川崎市市民ミュージアム編『呪いと占い』(企画展解説図録、二〇〇一) (大明 敦)

ます 枡 古代から現代に至るまで食糧を計量するために用いられた容器。大きさは、雑令度十分条には大升(三升分の量、今の約四合三勺)がみえるが、古くから二升枡・三升枡などさまざまなものがあった。字は主に「升」「斗」が用いられ、素材は銅製もあるが木製が多い。古代より、米・麦・大豆・小豆などの穀類や、酒・醬・末醬・塩・酢、蔬菜・海藻・果実などの多くの食糧が斛斗升合の単位で計上されていることからも、食糧給与に必須の道具であったといえる。『正倉院文書』雑物用帳の備雑工食器幷盛所雑用料(一五ノ三二五)などでは、厨房用具・食膳用具である麻笥《おけ》・杓・箕・瓫《ぼん》・堝・坏・垸などと併記され、古くから調理の際に利用されていたことがわかり、升は人々の食生活と密接に関わって社会に浸透していったと考えられる。地域社会の史料では、古代の仏教説話集である『日本霊異記』下二六に、讃岐国美貴郡(香川県木田郡三木町)大領の妻である田中《たなかの》真《ま》人広虫《ひとひろむし》女《め》が酒稲の出挙の際に大小の升を使い分けて私腹を肥やした悪業により、冥界の閻羅王の審判において罪が裁かれていたとの記述がある。地域社会では人々の生産サイクルと関わる出挙や租税の収取に用いられていることから、人々にとっては日常生活に身近な厨房用具・計量用具であるとともに支配者層からの収取の象徴的な道具でもあったと考えられる。 ↓京枡《きょうます》

参考文献 関根真隆『奈良朝食生活の研究』(『日本史学研究叢書』、一九六九、吉川弘文館)、『律令(新装版)』(井上光貞他校注、『日本思想大系』、一九九四、岩波書店) (藤本 誠)

枡（右から）一合枡，五合枡，一升枡

マタギ マタギ 東北地方および新潟・長野県で活動する狩猟従事者の呼称。加えて彼らの狩猟活動自体も指す。マタギたちは山間部に居住し、春から秋にかけては農業や林業などに従事するが、冬期は山へ長期間入り狩猟活動を行う。彼らは伝統的な猟法の重視、山言葉の使用、「山立根本之巻」という巻物の所持という点で、他の狩猟者と区別される。山言葉とは狩猟中にのみ使用される言語で、巻物にはマタギの出自譚が記されている。マタギが集住する地区として、青森県の西目屋、秋田県の阿仁などが知られている。彼らは状況にあわせ複数人で狩りを行い、カモシカやクマなどを捕った。また山の尾根を伝って広範囲に移動しながら狩りを行うことを旅マタギといい、途中で宿泊する民家をマタギ宿といった。マタギの名が文献に登場するのは近世後期以降であり、菅江真澄が旅の途中で記している。近年は職業形態の変化などにより、マタギを生業とする者は減りつつある。 ↓狩猟《しゅりょう》

参考文献 千葉徳爾『狩猟伝承研究』(一九六九、風間書房)、田口洋美『マタギ―森と狩人の記録―』(一九九四、慶友社) (中野 洋平)

まちかいしょ 町会所 会所とは人の集まる場所、建物や部屋の意であり、それが町にあった際に町会所という。町会所の起源は、中世の町に自治的に発生したものであるが、江戸時代に入ると武士からの行政を請け負う機関的役割を果たす意味合いが増えた。町会所は、町役人の詰める事務所として、触の伝達や宗門帳の管理など行政一般を行う場所となった。また、書役など雇用された町役人もいた。港町や宿場町にも会所が存在した。もっとも研究の進んでいる江戸町会所の場合は、一七九一年(寛政三)に寛政改革の一環として囲籾や貸付、窮民救済を目的に設置された。上層町人による運営を勘定奉行・町奉行配下の武士が常時監督指導していた。長岡藩領の新潟町(新潟市)では、一七五七年(宝暦七)に町会所に勤務する面々の不行跡が町奉行所によって戒められてもいる。

参考文献 『新潟町会所文書』一(一九七七、新潟市郷土資料館)、高橋康夫・吉田伸之編『日本都市史入門』II(一九九〇、東京大学出版会)、吉田伸之『近世巨大都市の社会構造』(一九九一、東京大学出版会) (福澤 徹三)

まちかた 町方 近世城下町における町人地のこと。兵農分離により武家と商工業者は、城下町に集住させられ、身分別に居住区を分け、城を中心に武家地、町人地(商工

業者の居住区）、寺社地などが配置された。町方の町割では、両側町を原則とし、商人頭・職人頭に一町単位で拝領地を与え、彼らは付随する商人・職人に屋敷割して居住させ、領主御用を役として負担させたため、多くの同業者町が成立したが、都市経済の発展とともに同業者町は解体していき、役負担は製品納入や技術労働提供から代金納へと変わっていった。労働力を提供する人足役を負担する町も多くあった。多くは地子が免除され、屋敷地の売買も認められた。町方は領主への軍事物資の提供や日常生活物資の供給を行い、領域経済を掌握するために設定された。町方の行政組織は、町奉行のもとに、町方全体を統括する総町支配役（町年寄・惣年寄・検断頭など）、町を支配する町支配役（名主・町年寄など）、地縁的共同体である町《ちょう》で形成された。　↓町《ちょう》　↓町役人《まちやくにん》

参考文献　豊田武『日本の封建都市』（『岩波全書』、一九五二、岩波書店）、中部よし子『城下町』（一九七八、柳原書店）、松本四郎『城下町』（『日本歴史叢書（新装版）』、二〇一三、吉川弘文館）

（加藤　貴）

まちこまき　**真知子巻き**　⇩マフラー

まちや　**町屋**　民家の一類型で、建築の正面が道に接し、道に沿って建物が並ぶことを特徴とする。町屋は古代末から中世初頭にかけて形成されていき、近世に至って均質な町屋が並ぶ整然とした「町並み」がつくられた。一筆の町屋敷は通常、表間口が狭く、奥行が長い形状をしている。通りに面する部分を表と呼び、商人の店舗や職人の作業場などとして使われた。裏は通りに直面しない居住空間で、ここを借りた者は屋敷外で商売や仕事に従事するか、あるいは内職を営んだ。町屋敷の価値は、これの売買価格である沽券金高によって示された。間口一間当たりの沽券金高は、小間高と呼ばれて地価表示の指標とされ、他方で間口の長さに対して諸種の税金がかけられた。江戸では、大店や豪農などによる町屋敷の集積が次第に進んだ。町屋敷経営によって地代・店賃の利益を得るためであったが、商売において担保として町屋敷が必要であったことにもよる。こうした町屋敷が通りを挟み十から三十ほど向かい合うことで、地縁的な共同体である町《ちょう》を構成した。　↓裏店《うらだな》　↓町《ちょう》　↓町衆《ちょうしゅう》　↓都市《とし》　↓長屋《ながや》　↓間口《まぐち》　↓町割《まちわり》

参考文献　吉田伸之『二一世紀の「江戸」』（『日本史リブレット』、二〇〇四、山川出版社）、伊藤毅『町屋と町並み』（『同』、二〇〇七、山川出版社）

（松本剣志郎）

まちやくにん　**町役人**　町年寄《まちどしより》や町名主など、町方において支配の一端を担った町人身分の者を指す。町奉行や与力・同心の下で命令を受けると同時に、一般の町人らからの願や届を受けあるいは取り次ぎ、そのことにより町人らのなかで主導的・代表的立場にあった。江戸では町年寄を頂点に、年番名主（十八世紀初頭より）、町名主、各町の月行事《がちぎょうじ》などまでが町役人と見なされる。町年寄は奈良屋・樽屋・喜多村の三家が世襲で勤め、触の伝達や人別改、商人・職人の統制などを行なった。町名主にはその町の成立順に草創名主、古町名主、平名主があって、それぞれ格式を異にした。町数の増加に伴い、名主番組および年番名主が設定され、あるいは複数の町の名主を兼務する名主も多くなった。寛政期には名主を監督する肝煎名主が名主の掛役として設置され、天保期には諸種の掛名主が設けられていった。名主役は専業であったから、役料を支配町々から徴集した。京都や大坂では、各町に一人の町年寄《ちょうどしより》がおかれ、大坂では惣年寄がその上にあった。　↓町方《まちかた》

京の町屋（室町時代）復元模型

参考文献　吉原健一郎『江戸の町役人』（『江戸選書』四、一九八〇、吉川弘文館）、加藤貴「寛政改革と江戸名主」（『国立歴史民俗博物館研究報告』一四、一九八七）

（松本剣志郎）

まちわり　**町割**　城下町の町地に道を通し、町を割り付けること。武家地や寺社地を含んで全体的な都市計画をいう場合や、町割の結果としてできあがった都市の形態をそのように呼ぶこともある。宿場町や寺内町などの町並も町割と呼ばれる。個々の敷地の設定については屋敷割とも呼ばれた。江戸の場合、最初に設定された町割は、京間で六十間四方の正方形街区を基準とし、街区中央に二十間四方の会所地と呼ばれる空き地を設置したうえで、街路沿いに奥行二十間の町屋敷を配置するものであった。街路に面した両側の町屋敷で一つの町が形成された。十七世紀後半には、街道沿いにも町地が進出し、町地の線的な拡大がみられると同時に、旧来の町地の会所地に新道が通されて、空き地の町屋敷地化も進行した。江戸では町年寄に次ぐ地位に地割役があり、地面の区画調査や屋敷の受渡などを担当した。江戸が郊外へと拡大していくなかで、新たな町割は普請奉行や道奉行、屋敷改などが管掌し、ある程度の計画的な町割が実施されていった。　↓町《ちょう》　↓間口《まぐち》　↓町屋《まちや》

参考文献　玉井哲雄『江戸―失われた都市空間を読む

—』（『イメージ・リーディング叢書』、一九八六、平凡社）（松本剣志郎）

まつ　松　マツ科マツ属の常緑樹の総称。日本には五葉と二葉とが分布するが、二葉のアカマツとクロマツとが最も広く分布している。里山のアカマツ林と海岸線のクロマツ林である。北九州・瀬戸内・近畿地方では古代からの農耕の定着と製塩業・製瓦業・窯業の興隆によって大量の落葉や薪が消費されたため、山地の多くには二次林としての松山が拡大した。関東平野の洪積台地上には畑作地帯が広がり、耕土の薄い東部では防風林・薪炭林として表層に根を張るアカマツが植林されていった。幕府や諸藩は海岸の砂防・防風林として砂地でも育つクロマツを植林し、砂浜の海岸線には松原が形成された。江戸時代街道沿いに植えられたのも松であった。松からは鍛冶・製鉄用の炭が焼かれ、大径材からは良質の土木・建築用材が産出された。諸都市の燃料材としても用いられ、舟運によって松薪が都市に集荷された。戦後松材、落葉の利用が減少すると松林は開発の対象となった。落葉、落枝を採取しなくなったことで林地が富栄養化して広葉樹林に変化しつつあり、松食い虫の被害もあって現在その面積を大幅に縮小している。　↓門松《かどまつ》　↓松根油《しょうこんゆ》

参考文献　高嶋雄三郎『松』（『ものと人間の文化史』、一九五五、法政大学出版局）、安田喜憲『環境考古学事始—日本列島二万年の自然環境史—』（『ＭＣ新書』、二〇〇七、洋泉社）（加藤　衛拡）

まつだみちお　松田道雄　一九〇八—九八　小児科医、評論家。一九〇八年（明治四十一）十月二十六日、茨城県結城郡山川村水海道（結城市）に生まれる。一九三二年（昭和七）京都帝国大学医学部を卒業後、大学小児科医局に残り、乳児死亡の大きな原因となっていた結核の研究に取り組む。三七年に京都市内の健康相談所への転出以降、総力戦体制の衛生行政に実践的に関わり、四〇年に出版した一般向けの啓蒙書『結核』でその名が広く知られる。戦後は京都市内で小児科医院を開業。高度成長期の初期に、町医者の臨床経験から母子密着の育児問題にいち早く気づき、子どもの成長発達を豊かに保障する観点から保育所における集団保育に着目。関西保育問題研究会に会長として参加し、六〇年代の保育運動を牽引。厚生省の提唱する「三歳児神話」に対して批判的論陣を張った。六七年に開業医を引退。同年『育児の百科』を刊行。家庭で子育てをする母親を念頭に、子どもの立場に身を置いて育児をとらえ返し、創意工夫しながら子育てをする意義を説き、育児不安に陥りがちな多くの母親たちを励ました。一九九八年（平成十）六月一日死去。満八十九歳。著作はほかに、『私の読んだ本』（『岩波新書』、一九七一年）、『わが生活わが思想』（岩波書店、八八年）などがある。（和田　悠）

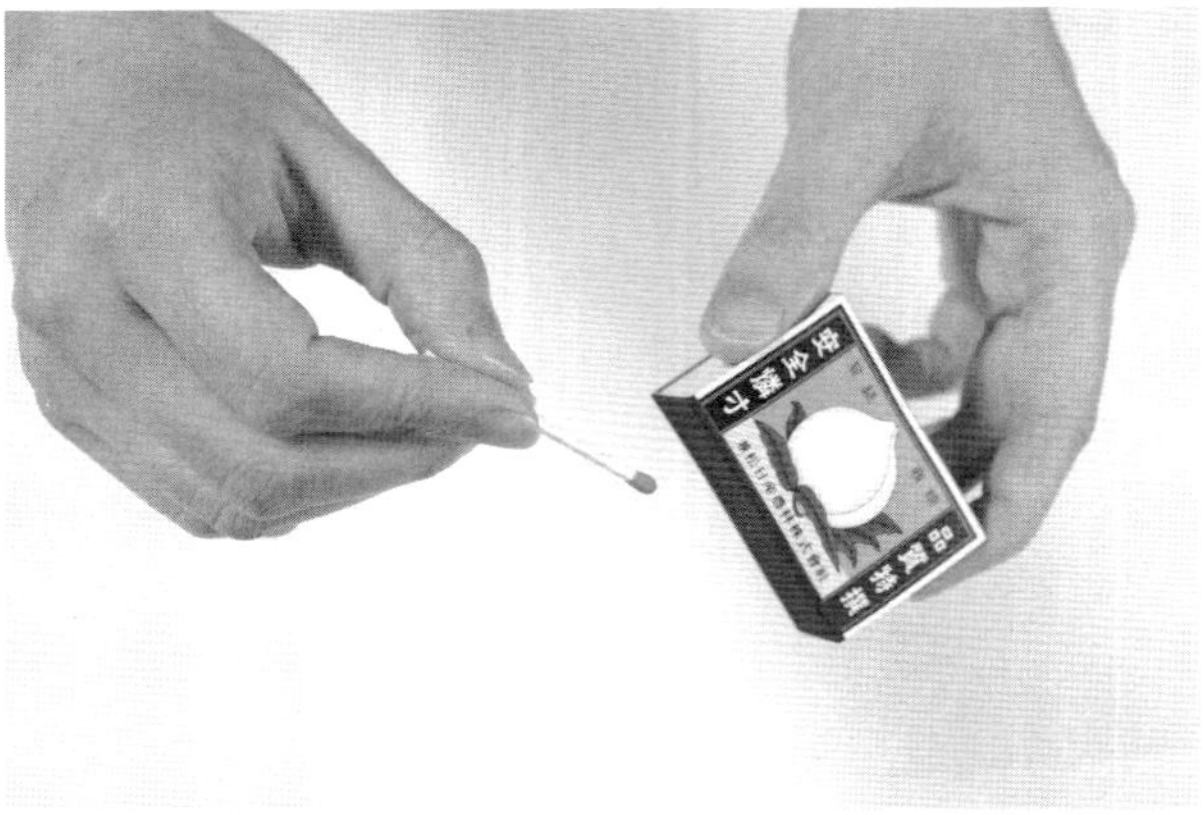

マッチ

マッチ　マッチ　火薬を用い、摩擦によって火をつける道具。江戸時代には火をつけるために火打石と火打金を用い、火花を蒲の穂などの火口《ほくち》に点火して付木《つけぎ》に移すという煩瑣な作業が必要であったが、一八二七年に英国のジョン＝ウォーカーが発明し、普及が進んだマッチは、容易に火を得ることができる画期的な道具であった。日本では、一八七六年（明治九）にフランスでマッチ製法を学んだ清水誠が東京の本所（墨田区）で設立した新燧社《しんすいしゃ》によって本格的な国産品の製造が開始された後、阪神地方を中心に全国でマッチの製造が活発に行われるようになり、各家庭に急速に普及した。この後、マッチは明治日本の主要輸出品目の一つとなるが、その製造は貧困層の安価な労働力によって支えられており、特にマッチの紙箱作りは貧困家庭の主要な内職の一つであったことが、横山源之助の『日本之下層社会』（一八九九年、教文館）に記されている。また、マッチのラベルには、多種多彩なものが存在したため、明治末期ごろから大流行し、戦前まで多くのマッチラベル収集家が現れた。　↓発火法《はっかほう》

参考文献　横山源之助『日本の下層社会（改版）』（『岩波文庫』、一九八五、岩波書店）（西村　健）

まつもとじいちろう　松本治一郎　一八八七—一九六六　戦前戦後の部落解放運動家。一八八七年（明治二十）六月十八日、福岡県那珂郡金平《かねひら》村（福岡市東区）に生まれる。差別に遭い中学の転校を重ねた末中退。中国に渡るが一九一〇年強制送還となり、土木建築業松本組を担う傍ら、二一年（大正十）筑前叫革団を組織して旧黒田藩主三百年祭募財拒否運動を展開。二三年全九州水平社を結成して執行委員長に就任し、徳川一門に対する辞職勧告を提案。軍隊内差別に対する抗議運動を指導して、二六年福岡連隊爆破陰謀事件に連座。二五年以後全国水平社中央委員会議長（のち中央委員長）として運動の拡大と分裂した組織の統一に努め、三〇年代には反ファシズム闘争を展開。三六年（昭和十一）より三回衆議院議員に当選。戦後は部落解放全国委員会（のち部落解放同盟）を結成して委員長

となり、参議院議員として四八年の国会開会式における天皇拝謁拒否の「カニの横ばい事件」を起こしたことでも知られる。戦前翼賛議員であったことによる公職追放と、この事件後のレッド＝パージの二度の追放を受ける。一九六六年十一月二十二日没。満七十九歳。

参考文献　松本治一郎『部落解放への三十年』(一九四八、近代思想社)、部落解放同盟中央本部編『松本治一郎伝』(一九六七、解放出版社)、高山文彦『水平記―松本治一郎と部落解放運動の一〇〇年―』(二〇〇五、新潮社)

(黒川みどり)

まど　窓　採光や換気のために設けた開口部のこと。通常は壁面に設けられるが、屋根や天井に設けた天窓、壁上部の天井付近に設けられた高窓、建物の外壁から突き出て設けられた出窓などがある。建具は、古くは法隆寺回廊などにみられる、竪格子を等間隔に並べた連子《れんじ》窓であった。『年中行事絵巻』に描かれる庶民の住宅では、窓枠に竪格子を打ち付けたものや、はね上げ式の蔀戸《しとみど》を用いている。近代の町家では、長さの異なる格子を組み合

連子窓（法隆寺西院廻廊）

花頭窓（円覚寺舎利殿）

わせたり、細い角材を使用したりするなど、意匠的に優れた窓も現れる。また、寺院建築や書院造の建築では、上部框《かまち》に曲線の意匠をもつ花頭《かとう》窓や、円窓などが用いられた。現代の建築では、アルミやステンレス製のサッシを用いたガラス戸が主流となっている。

参考文献　伝統のディテール研究会『(改訂)伝統のディテール―日本建築の詳細と技術の変遷―』(一九七四、彰国社)、小泉和子・玉井哲雄・黒田日出男編『絵巻物の建築を読む』(一九九六、東京大学出版会)

(大林　潤)

まどり　間取り　建物内に複数の部屋あるいは空間がある場合に、これら全体の配置を総称して間取りという。間取りは、部屋や空間の利用方法と関連し、建物の特徴を示す重要な要素である。近世民家の場合、呼称は地域によって多様だが、大きく、土間、居間、寝室、客間、生業などの性格や機能によって隔てられている。農家では三間《みまど》取りあるいは広間型と呼ばれる形式が時代的に古く、また全国的によくみられる間取りである。ここからさらに広間を正面側と背面側に分割した形式を四《よ》間取りといい、このうち部屋境(間仕切り)の平面が十文字をなす場合は、特に整形四間取りもしくは田の字型という。また、十文字にならないものを食違型という。町家では、

2DKの団地の間取り例

隣家との間に空地がないため、内部に背後まで通り抜けられる細長い土間を設けて、その片側に部屋を配置する場合が多い。通常、この細長い土間を通り土間と称し、正面側の部屋はミセと呼んで商談の場として用いる。農家も町家も、主として近世中後期以降、規模が大きくなり、間取りは複雑化する。これらの伝統的な間取りの特徴は、接客の空間を重視しており、また寝室を除けば各室が引戸で仕切られるなど比較的開放的な点である。こういった特徴は、現代の伝統的な和風住宅に息づいている場合も少なくない。近代になると、洋風住宅の導入、ガラスやレンガ、コンクリートといった建築材料の西洋からの移入、電気、水道、ガスなどの生活インフラの発達などによって、住宅の間取りは大きく変化していった。家族の生活を重視し、各室の独立性を確保するようになり、明治末年ごろから中廊下式と呼ばれる間取りが用いられるようになる。太平洋戦争後、集合住宅を中心に、居間(リビング、L)、食事室(ダイニング、D)、台所(キッチン、K)に加え、その他の居室の数からなる間取りをとるようになり、2DKや3LDKなどと表現するよう

になった。 ↓LDK《エルディーケー》 ↓田《た》の字型民家《じがたみんか》 ↓中廊下型住《なかろうかがたじゅう》宅《たく》

参考文献 太田博太郎他編『民家』（『日本建築史基礎資料集成』二一、一九七六、中央公論美術出版）、太田博太郎『日本住宅史の研究』（『日本建築史論集』二、一九六四、岩波書店）、宮沢智士『日本列島民家入門―民家の見方・楽しみ方―』（『INAX ALBUM』、一九九三、INAX）、青木義脩・毛利和夫『民家と町並み』（『文化財探訪クラブ』五、二〇〇一、山川出版社）、江面嗣人『近代の住宅建築』（『日本の美術』四四九、二〇〇三、至文堂）、小沢朝江・水沼淑子『日本住居史』（二〇〇六、吉川弘文館）

（箱崎 和久）

まないた 俎板 調理用具の一種で、食物を包丁で調理するために使用する厚い板もしくは台。俎・真菜板とも書く。古くは四本脚付きの台で、調理する食材によって使い分けられていた。近代に入り、立ち姿勢で台所作業が行われ始めると脚が低くなり、現在使用されているような脚がないまないたが登場した。しかし、こうしたまないたが一般に普及するのは、台所の改良が進んだ一九五〇年代半ばから七〇年代前半にかけての高度経済成長期であった。

参考文献 三浦純夫「まな板と包丁―切り刻む調理具の歴史―」（日本民具学会編『食生活と民具』所収、一九九三、雄山閣出版）、石村眞一『まな板』（『ものと人間の文化史』、二〇〇六、法政大学出版局）

（後藤 知美）

まなざし まなざし 目の表情や視線。「目は口ほどにものをいい」といわれるように、まなざしはさまざまな意味を帯びている。場合によっては、言葉では表現できない思いや感情を伝える手段でもある。社会生活のなかで、なにをどのように見るかは、成長過程のなかで自然に身に着けていく文化だといってよい。文化人類学者の野村雅一が指摘するように、視覚のはたらきは対象をとらえるだけではなく、まなざしとして社会化されなければならない。日本人は相手と目を合わすことを避け、視線をずらす傾向がつよいという。初対面の人との出会いは緊張を伴うが、柳田国男はにらめっこの起こりを、はにかむ（わにる）しぐさから説き起こした。はじめて逢った人と目を合わすのは勇気のいることで、気の弱い方が伏し目になって見られる人になってしまう。この緊張を意志の力でほぐす練習が目勝で、これがにらめっこのはじまりだと説いている。にらめっこは古く目比べと称し、『平家物語』のなかに、平清盛が夢の中で幾千万ものしゃれこうべと目比べし、睨み合ったすえに退散させた話がでている。今日のにらめっこ遊びは「ダルマさん、ダルマさん、にらめっこしましょ、笑うと負けよ、アップップ」というかけ声のあと睨みあう。はにかみの反対が、人を見すえる表情である。文学者の多田道太郎は、見すえるのは支配者に特有の表情だったといい、庶民は、伏し目がち、あるいは目をそらす対面形式だったと述べる。多田は、柳田の『明治大正史世相篇』にみえる「最近に上山草人が久しぶりに日本へ戻った時、何だか東京人の眼が大へんに怖くなって居ると謂った」という一文を引いて、眼のこわさは「はにかみ」の発展形態で、怯えに打ち勝つための緊張した表情であろうと指摘している。相手の目を直視するとか睨むといったまなざしは、いわゆる「眼をつける」とか「眼をとばす」という敵対的な視線でもある。このしぐさは、指さし行為にも似て、他者を対象化する鋭い指向性を含意していて、両者のあいだに緊張感を生みだす原因となることが少なくない。

参考文献 野村雅一『しぐさの世界―身体表現の民族学―』（『NHKブックス』、一九八三、日本放送出版協会）、柳田国男『明治大正史―世相篇―（新装版）』（『講談社学術文庫』、一九九三、講談社）、多田道太郎『しぐさの日本文化』（『多田道太郎著作集』三、一九九四、筑摩書房）

（常光 徹）

まびき 間引き ⇩堕胎《だたい》

マフラー マフラー 防寒用の襟巻。昭和初期には男性用の人絹製マフラーが登場したが、保温効果が低いためウール製が支持されている。一九三六年（昭和十一）十月には婦人服に「マンニッシュ＝スタイル」が取り入れられ、女性でもマフラーを用いるようになる。一本五円から一円五十銭まであり、フランネル地でタータン風の直線模様、チェック風の格子模様が主流であった。終戦後に洋裁ブームが起こると、毛糸の手編みのマフラーが自家製で作られるようになる。雪国ではストールを頭からかぶり、その片方の端を首に巻いていた。これは五三年にNHKラジオドラマ「君の名は」が映画化されると、主人公の氏家真知子がしていたことから、「真知子巻き」と呼ばれて大流行となった。翌五四年の銀座四丁目から七丁目までの約二〇〇〇メートルを歩くと、二十名の真知子に会ったという。

参考文献 『東京朝日新聞』（一九三六年十月二日付夕刊）、『読売新聞』（一九五四年一月二十日付朝刊、同年二月九日付夕刊）

（刑部 芳則）

まほうびん 魔法瓶 保温性の湯差しのことで、保温瓶とも。水筒やポットなどの形状で、主に温かい茶やスープなどを保存するために用いる。一八八〇年代のドイツで原理が発明され、イギリスのジェームズ＝デュワーによって製造されたのがはじめとされる。日本に持ち込まれたのは一九一一年（明治四十四）ころとされるが、当初はデュワー瓶と呼ばれていた。国産の魔法瓶がいつ、だれによって製造されたかは諸説あり特定がむずかしいが、八木亭二郎が一二年には製造していたというから、日本に魔法瓶が持ち込まれてすぐに国内でも製造が始まっていたと考えることができる。ただ、製造当初は構造の複雑さや原価の高額さから、一般に普及というところまではいかず、この時期から戦後しばらくの間は、魔法瓶は国内の普及以上に、輸出品としての海外からの評価のほうが高かったといえる。日本国内での需要が高まったの

は、高度成長期以降であり、高度成長期に形成された大衆消費社会の中で、魔法瓶は日用の生活必需品として一般化していく。魔法瓶の製造に不可欠なガラス製品の生産量が全国一位だった影響からか、タイガー魔法瓶や象印マホービンといった魔法瓶メーカーの大半が大阪に本社を置いており、魔法瓶製造は大阪の地場産業の一つといえる。

参考文献 『日本の魔法瓶(全国魔法瓶工業組合創立三十周年記念誌)』(一九八三、全国魔法瓶工業組合)、タイガー魔法瓶株式会社編『タイガー魔法瓶七〇年のあゆみ―一九二三―一九九三―』(一九九三)　(花岡敬太郎)

ままごと　ままごと　主に食事のまねごとをする児童遊戯。「おままごと」ともいう。近代以降の良妻賢母教育の中で、女児の間に流行した。「まま」が食物、「こと」がハレの日の行事を意味しているように、本来は食事のまねごとであったが、児童遊戯の中では食事(草花や泥で作った御馳走など)に限らず、食物の調理や子育て、訪問と饗応といった母親(主婦)の日常生活全般がまねされた。参加者が、母親はもとより父親や子どもの役を手分けして演じることが一般的であったが、参加者が少ない場合には、人形や猫が赤ちゃんや子どもの役を務めることもあった。高度経済成長期以降の市民生活の多様化や、女性の社会進出の進展に伴い、今日、旧来のままごとは衰退しつつある。

参考文献 遠藤ケイ『こども遊び大全―懐かしの昭和児童遊戯集―』(一九九一、新宿書房)　(宮瀧交二)

まめ　豆　食用に供されるマメ科植物の総称。その数は世界で一万八千種にも及ぶが、食用とされるのは七十～八十種程度である。福井県三方上中郡若狭町鳥浜貝塚からリョクトウの種子が出土したが、同定に問題があって縄文時代のリョクトウ栽培の有無は確定できない。奈良時代以降には大豆・小豆・大角豆《ささげ》が広く栽培されて、平安中期の百科事典である『和名類聚抄』には烏豆《くろまめ》・大角豆・小豆・野豆《のらまめ》・藊豆《あぢまめ》など八種類の豆が収載されている。こうした豆類の中でも特に重要なのは、五穀の一つにも挙げられる大豆・小豆である。大豆は味噌・醤油といった調味料の原料ともなって和食文化の形成に大きな役割を果たし、小豆は赤褐色の品種が多く作られて赤飯・小豆飯といった儀礼食として食されるほか、餡に加工されて和菓子に不可欠の材料となった。その後、江戸初期に中国からインゲンマメ(隠元豆)・ラッカセイ(落花生)が伝えられ、ラッカセイは明治時代以降に普及していった。

→小豆《あずき》　→大豆《だいず》

参考文献 草川俊『雑穀博物誌』(一九八四、日本経済評論社)、前田和美『マメと人間―その一万年の歴史―』(『作物・食物文化選書』九、一九八七、古今書院)　(伊佐治康成)

まよけ　魔除け　外部からやってくる魔物や邪気を防ぎ、退散させるために用いられる道具や儀礼的行為のこと。厄除けなどとも。個人や共同体に好ましくない影響を与えるものに何らかの実体があると考え、そうした魔物や邪気が苦手とするものや呪物を利用して遠ざけようとする行為は古くから行われていた。たとえば『土佐日記』承平五年(九三五)正月条には、元日に家の門の注連縄《しめなわ》に魚の頭とヒイラギを飾る風習が述べられている(この風習は、近世からは節分にも行われるようになった)。魚の強烈な臭いとヒイラギのトゲが魔物を避けるとされていた。年中行事としてはコト八日(二月と十二月の八日)に目籠を長い竿の先に掲げるのも魔除けの一種で、近世から大正期まで、東日本で盛んに行われていた。常時行われるものとしては、村境に注連縄を張ったり大きな草鞋を吊り下げたりする道切りが典型例である。また、身に付けるお守りやお札も魔除けの役割を果たすとされる。→お札《ふだ》　→お守《まも》り　→厄除《やくよ》け

参考文献 大島建彦編『コト八日―二月八日と十二月八日―』(『双書フォークロアの視点』八、一九八九、岩崎美術社)　(廣田龍平)

マヨネーズ　マヨネーズ　mayonnaise。卵・植物油・酢・塩などをかきまぜて作る黄白色のソース。語源はスペインメノルカ島のマオン、マヨルカ島など地名に由来する諸説が知られる。もとはフランスの冷製料理のソースで、明治以降西洋料理として伝わった。一九〇三年(明治三十六)『報知新聞』に連載された村井弦斎の料理小説『食道楽』秋の巻に、マイナイス(またはマイナイ)ソースとして、作り方や、野菜や魚介、肉をあえてサラダやサンドイッチにする食べ方が記されている。作り方は卵黄、からし、塩・胡椒を混ぜあわせてサラダ油を少しづつ加え、最後に酢を混ぜる、料理によってかたさを加減するとある。日本での製造販売は一九二五年(大正十四)、食品工業株式会社(現キューピー)の中島董一郎が始めた。容器は当初瓶詰であったが、五八年(昭和三十三)ポリエチレン製容器入が発売され、以後これが主流となる。また、このころから次第に普及し、さまざまな料理にも使われるようになる。九〇年代にはカロリーを抑えた商品が発売される。

参考文献 森銑三『明治東京逸聞史』二(『東洋文庫』、一九六九、平凡社)、小林幸芳『マヨネーズ・ドレッシング入門』(『食品知識ミニブックスシリーズ』、二〇〇五、日本食糧新聞社)　(橋爪伸子)

まるおかひでこ　丸岡秀子　一九〇三―九〇　本名、石井ひで。丸岡重堯(一八九七―一九二九)、丸岡死去後に石井東一と結婚。一九〇三年(明治三十六)五月五日、長野県南佐久郡臼田町(佐久市)の造り酒屋に生まれる。長野高等女学校、奈良女子高等師範学校を卒業、教師として勤めたのちに産業組合中央会調査部に勤務。全国の農村をまわって農村女性の実態を調査した。家族女性の厳しい労働を見たことが秀子の原点となっている。代表作である『日本農村婦人問題』主婦・母性篇(一九三七年(昭和十二)初版、四八年に第二版、八〇年に第三版を刊

行）は、農村女性のすがたを「生活部面」に即して、㈠農業労働者、㈡都市における「勤労婦人」の給源、㈢「主婦並に母性的側面」のそれぞれから「農村婦人」をとらえようとした。農村女性の生活問題を論じたものとしては古典的な位置を占める。戦後も農村女性の地位向上をめざして活動を続け、「母と女性教師の会」を結成、母親運動に参加するなど女性たちの話し合いの場づくりに貢献した。一九九〇年（平成二）五月二十五日没。満八十七歳。

参考文献 丸岡秀子『ある戦後精神』（一九六九、一ツ橋書房）、同『声は無けれど』（『岩波現代文庫』、二〇〇一、岩波書店）（大串 潤児）

まるがり 丸刈 髪を剃りあげた男性の髪型。丸刈は、陸軍の兵士の髪型として用いられ、軍事調練の授業から中学校でも採用された。一八八三年（明治十六）に刈込機械（バリカン）が持ち込まれ、これが明治二十年代から普及すると、手軽で簡単に髪を剃れるようになった。一九四一年（昭和十六）に太平洋戦争が勃発すると、陸軍軍人や学生だけでなく官僚の間にも丸刈が普及した。終戦後の昭和三十年代に高等学校の生徒の間から長髪を求める声が高まった。それが四十年代に許可されると、次第に不人気な丸刈は学生帽とともに減少した。

参考文献 坂口茂樹『日本の理髪風俗』（『風俗文化史選書』、一九七二、雄山閣出版）（刑部 芳則）

まるまげ 丸髷 近世中期から既婚者に多く見られた日本髪。元禄期に流行したときの形は、髻《もとどり》を前に出し、あまり毛をぐるぐると巻いたものであり、後年の丸髷とは違っていた。寛政期以降の形は勝山を模倣し、丸髷の中央の輪を大きく膨らませるようになる。弘化期以前には髻を縮緬などで結ぶのが流行したが、天保改革後は結ぶ色が紫か白が多くなり、新婦は緋縮緬を用いた。正式には白丈長で結び、斑のない鼈甲の櫛笄《こうがい》を用い、簪《かんざし》を差すことはない。幕末から明治にかけて丸髷は、平たく地味な形となった。

参考文献 大原梨恵子『黒髪の文化史』（一九八八、築地書館）（刑部 芳則）

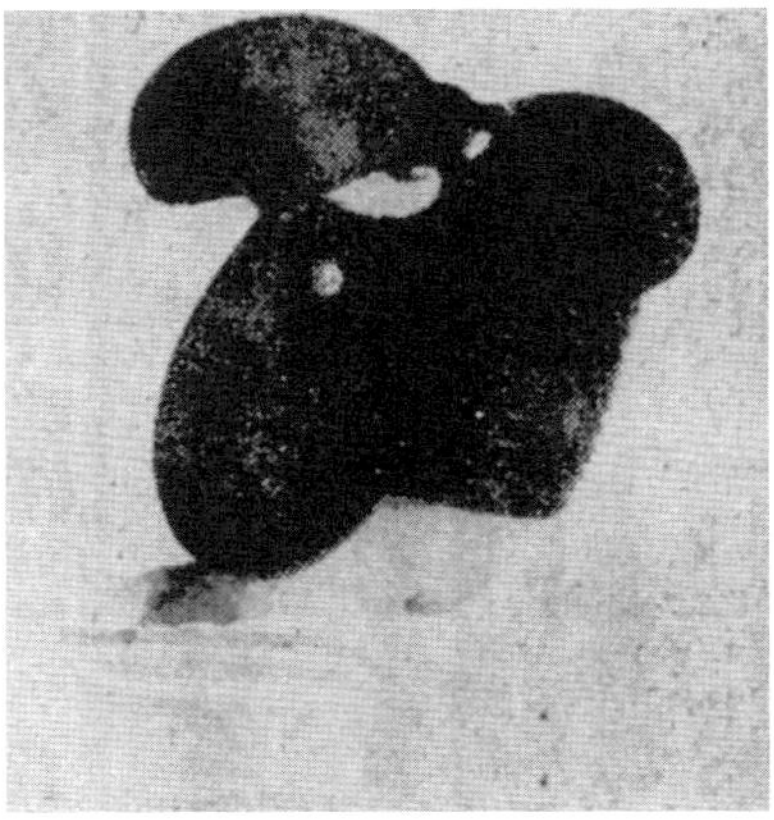

丸髷（『読売新聞』1930年2月17日付より）

まるまるちんぶん 団団珍聞 明治時代の諷刺雑誌。創刊号は一八七七年（明治十）三月二十四日、東京神田雉子町（千代田区神田司町）三一番地の団団社発行。野村文夫主宰。内容は茶説・酒蛙説（社説）、珍報・珍説（雑報）、和英対訳、雑録、和漢（狂詩・狂歌・都都逸・狂句）、出放題、内外奇談、課題・寄書（投稿）などの各欄で、狂画狂文珍詩を満載した諷刺滑稽洒落を売り物とした。当初は西南戦争を題材に、ついで藩閥政府を辛辣に批判して自由民権運動支持の論調をもち、さらに初期議会から日清・日露戦争と日本の産業革命途上の様子を題材にした誌面を展開した。当初は西洋画の本多錦吉郎（翠山）・戯作者の梅亭金鵞・狂詩と狂歌の真木痴嚢・軟派系の鶯亭金升・洋学理化学の渡辺喜望らが、ついで小林清親が加わり辛辣な諷刺漫画を精力的に描いたためメディア界に諷刺漫画パワーを見せつけた。内田魯庵は「其小話其狂歌其狂詩其川柳惣て朽腐にして天明思想を脱せずと雖ども独り其キャリケーチュア（ぽんち画）に到つては我が文芸社会に一段の進化を与へしもの」（「現代文学」（『国民之友』所収、九二年一月））と述べ、野崎左文も「諷刺的の狂文や狂詩、狂歌、俳句、川柳、都都逸等を満載した滑稽雑誌」（『私の見た明治文壇』、一九二七年（昭和二）、春陽堂）と回想している。一八九五年の第一〇〇〇号から表紙絵が変わり、九七年四月十七日発行の第一一〇七号から政府系の政治家大岡育造社長の珍聞館発行となり、次第に内容が低俗化して、一九〇七年七月二十七日（第一六五四号）に終刊となった。複製版『団団珍聞』（八一―八五年、本邦書籍、山口順子「解説」）がある。

『団団珍聞』第１号

参考文献 福島成行「本多錦吉郎」（『明治文化』五ノ一二、一九二九）、鈴木行三「戯作者梅亭金鵞」（『伝記』三ノ四、一九三六）、岡崎壮太郎「狂詩家真木痴嚢」（『同』三ノ一二、一九三六）（佐藤 能丸）

まわた 真綿 蚕の繭を裂き広げて平面状にして利用した繊維製品。中世後期、朝鮮・中国から木綿が移入され普及する以前に、木綿・木棉と表記された「わた」はこの真綿のことである。『万葉集』（八世紀後半）に「筑紫の綿」とみえ（三ノ三三六）、『続日本紀』霊亀元年（七一五）五月条に帰国する新羅の使者に「大宰府に勅して綿」五千四百五十斤を賜ったとみえるのが早い例である。このように古代においては筑紫をはじめ九州地方の特産であったようだが、十一世紀前半の『新猿楽記』諸国土産に「越前綿」がみえるなど、その作成は拡散していった。防寒用の綿入りの衣類として利用されることが多く、正倉院に残されている上袴は真綿入りである。近世になると、冬には小袖に薄く真綿を入れ、夏には綿を抜いて袷《あわせ》とし

て利用する方法も現れた。近代には丹前・綿入れ長着、布団などに利用された。しかし、弾力が少なくかつ高価であったため、一九三五年(昭和十)ころから合繊綿に取って代わられた。↓木綿《もめん》

参考文献 永原慶二『苧麻・絹・木綿の社会史』(二〇〇四、吉川弘文館) (木村 茂光)

マンガ マンガ そもそもは対象を誇張して描いた絵、遊び心や諷刺性を持つ絵を漫画と呼んでいたが、現在ではコマで構成されたストーリー性を有するものが主で、必ずしも諷刺やユーモアを必要とせず、マンガという表記が広がっている。漫画の歴史は古く、法隆寺金堂天井裏の落書きや『鳥獣人物戯画巻』などがその事例として挙げられている。江戸時代になると木版印刷が普及し、漫画もその恩恵に浴して版本や錦絵に描かれて大きな広がりをもつこととなる。こうしたなかで手長足長が特徴の鳥羽絵の流行などの状況がみられ、幕府や為政者を諷刺した作品も散見できる。一八六二年(文久二)、イギリス人のワーグマンが横浜居留地において『ジャパン＝パンチ』を創刊して西洋風の漫画が話題を呼び、その影響をうけて日本の新聞にも漫画が掲載され出し、パンチから派生したポンチが漫画を意味する言葉として使われるなどしている。七七年(明治十)に創刊された『団団珍聞《まるまるちんぶん》』によって時局諷刺漫画が盛んとなり、明治後期には北沢楽天の『東京パック』が人気を博して類似の雑誌がつぎつぎと発刊され出した。大正時代になると新聞社に所属して活動する漫画家が活躍し、漫画と文章でストーリーを展開する漫画漫文というスタイルが漫画界を席巻した。一九一五年(大正四)には漫画家という職業を世間にアピールするために東京漫画会が結成されている。三二年(昭和七)、横山隆一や近藤日出造らによって新漫画派集団がつくられ、主にナンセンス漫画を描いて新風を吹き込んでいった。子ども漫画も田河水泡や島田啓三らが大日本雄弁会講談社、謝花凡太郎《しゃかぼんたろう》や大城のぼるらが中村書店からヒット作をだして盛んとなっていった。戦時体制下では漫画も国策に沿った作品が求められて自由に描くことができなかったが、終戦直後から漫画は再び活性化し、赤本漫画から手塚治虫、貸本漫画から白土三平らを輩出、現在の隆盛への基が築かれていった。↓劇画《げきが》 ↓サザエさん ↓手塚治虫《てづかおさむ》 ↓のらくろ

参考文献 清水勲『漫画の歴史』(『岩波新書』、一九九一、岩波書店)、川崎市市民ミュージアム編『日本の漫画三〇〇年展解説図録』(一九九六) (湯本 豪一)

マンガざっし マンガ雑誌 一八六二年(文久二)にワーグマンによって創刊された『ジャパン＝パンチ』がその嚆矢で、明治時代には『団団珍聞《まるまるちんぶん》』や『東京パック』が人気を博し、フランス人ビゴーも『トバエ』を刊行している。大正時代には東京漫画会のメンバーを中心とした『トバエ』、日本漫画家連盟の機関誌『ユーモア』などが出された。一九二九年(昭和四)に創刊された『マンガマン』は新漫画派集団結成のきっかけをつくった。四〇年、新体制運動のなかで漫画団体の統合により新日本漫画家協会が設立され、機関誌『漫画』が創刊されて国策漫画を掲載していった。第二次世界大戦直後から数年間、つぎつぎと漫画雑誌が創刊されて活況を呈した。五九年、『少年マガジン』と『少年サンデー』が週刊少年漫画誌として刊行されたことで読者の支持を得て漫画ブームを牽引し、多くの名作を生み出した。以後、青年漫画雑誌や少女漫画雑誌などが創刊されブームを支えている。

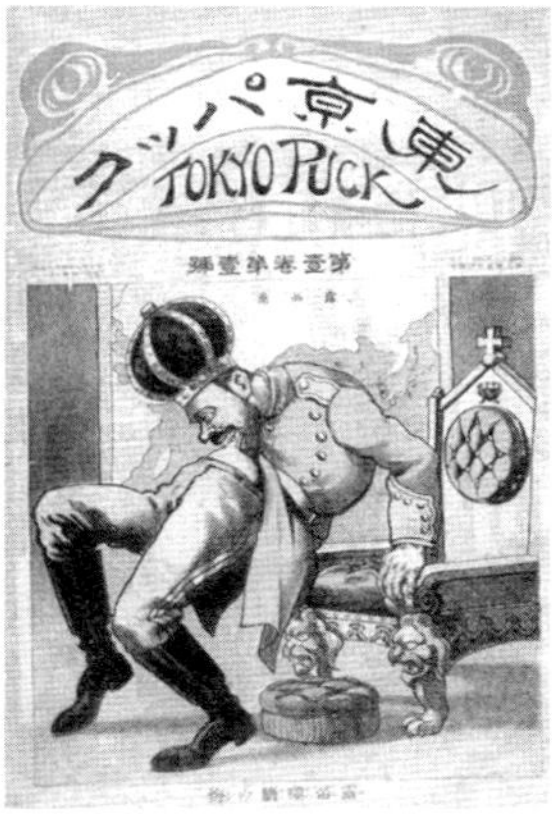

マンガ雑誌 『東京パック』第1巻第1号

参考文献 清水勲『図説漫画の歴史』(『ふくろうの本』、一九九九、河出書房新社) (湯本 豪一)

まんざい 漫才 対話のなかで滑稽なやりとりを行い、笑いを提供する口頭芸。一般的な構成人数は二人であるが、それ以上の人数で構成されることもある。太夫・才蔵によって演じられる祝福芸としての万歳を源流にもつ。「万歳」から「万才」さらに「漫才」へと表記が変わっていった。明治期に玉子屋円辰《たまごやえんたつ》らが江州音頭の合間に行なった万歳が、次第に独立して、本格的に興行の対象となり、その後の展開に大きな影響を与えた。軽口、俄《にわか》などさまざまな隣接芸を取り込みながら、安価な笑いを提供する寄席芸として浸透していく。一九三〇年代に入って、横山エンタツ・花菱アチャコが登場し、音曲・踊りを伴わない、しゃべくりのみのスタイルを確立させた。そのころから、「漫才」という表記が用いられていく。秋田実は、アチャコとの出会いをきっかけに、数多くの漫才台本をてがけて、現代につながる漫才の原型をつくった。そのような潮流のなかで、生活者としての演者どうしが提供する他愛ない笑いが、漫才の重要な要素として定着していった。戦後、漫才は、寄席・劇場のみならずラジオ、テレビといったメディアでも人気の芸となっていく。一九八二年(昭和五十七)の漫才ブーム以降には、若者文化としての側面が強調されていくことになる。「THE MANZAI」「M1グランプリ」といったテレビ番組のタイトルは、時代に呼応する新鮮さを取り入れた演出が漫才において果敢に試みられてきたことを、象徴的に表している。

参考文献 鶴見俊輔『太夫才蔵伝―漫才をつらぬくもの―』(一九七九、平凡社)、小島貞二編『萬歳・万才・漫才』(『大衆芸能資料集成』七、一九八〇、三一書房)、富岡多恵子『漫才作者秋田実』(一九八六、筑摩書房) (真鍋 昌賢)

まんじゅう 饅頭 菓子の一種。多くは小麦粉や米粉、

砂糖などを材料に、底を円形や楕円形としてドーム状に形作り、小豆の餡を入れる。伝来に二説あり、人口に多く膾炙されているのは一三四九年(貞和五、正平四)に竜山徳見が元からの帰朝に際して伴った中国人林浄因がもたらした塩瀬饅頭である。もう一つは一二四一年(仁治二)、京都東福寺の開山円爾弁円が中国から酒皮饅頭を伝えたという伝承である。円爾と同時代の道元の『正法眼蔵《しょうぼうげんぞう》』には、饅頭の食べ方が記されており、鎌倉時代にはすでに伝来していた。饅頭は点心として伝わり、箸を添え、汁と一緒に食べていた。このころの饅頭に餡が入っていたかは定かではないが、当初は中国の饅頭同様に餡は入っていなかったと思われる。室町時代の『七十一番職人歌合』には、法体の饅頭売りが砂糖饅頭と菜饅頭を売る姿が描かれている。貴重な砂糖を使った饅頭には砂糖の文字を冠し、菜饅頭とは野菜を餡にしたものである。のち、甘い小豆餡が一般的になり、酒皮饅頭のほか山芋を使った薯蕷《じょうよ》饅頭など製法や種類も増え、江戸浅草の米饅頭や大坂の虎屋饅頭など各地で名物饅頭が売られた。

参考文献　中村孝也『和菓子の系譜(復刻版)』(一九九〇、国書刊行会)、青木直己『図説和菓子の今昔』(二〇〇〇、淡交社)

(青木　直己)

マンション　マンション　共同住宅の一形式。中高層の鉄筋コンクリート造のものが多く、各住戸が主として分譲方式で供給される。マンションとは西欧では大邸宅を意味する言葉である。日本において最初に登場したのは一九五〇年代後半で、都心における高級共同住宅として建設された。住宅不足が解消された六〇年代後半以降には、戸建住宅と同等以上の居住性と職住近接を満足させる住宅として、中流階層の人々の間で需要が高まった。公営での団地開発とは異なり、周辺施設を伴わない民間による開発がほとんどであり、マンション建設に伴って急激に増えた人口に対して学校や病院が不足するなどの問題が生じた。八〇年代にはワンルームマンションが広まり、学生や単身者の都市住居の一形式となるが、住居の閉鎖化が進むこととなり、隣の住民の顔も知らないといった状況を生むこととなった。二〇〇〇年(平成十二)以降は都心での再開発と連動し、超高層マンションの建設が進むが、災害時の対応、既存市街地に対するビル風や日照妨害などさまざまな問題をはらんでいる。↓アパート　↓高層《こうそう》マンション

参考文献　高層住宅史研究会編『マンション六〇年史―同潤会アパートから超高層へ―』(一九八九、住宅新報社)

(前川　歩)

まんねんひつ　万年筆　⇩ペン

み

み　箕　穀物の選別や運搬に使う農具。穀物の脱穀調整の工程で、中に入れてあおることによってモミやゴミを選り分ける。また運搬や袋詰めなどにも用いられた。伝統的な箕の形態を全国的にみると、割竹のヒゴを網代に編んだものと、竹を緯《よこ》ヒゴとしてフジやサクラの皮などをゴザ目編みに編みこんだものにほぼ二分されるが、竹を使わずに経緯《たてよこ》ともにイタヤカエデやヤナギのヒゴを用いたもの、また大きくはいだ木の皮や板で作るものなどもあった。形はUの字に似たちり取り型が多いが、奄美・沖縄諸島では円形であった。近年はプラスチック製のものが一般的になっており、主な用途も風選から、運搬や

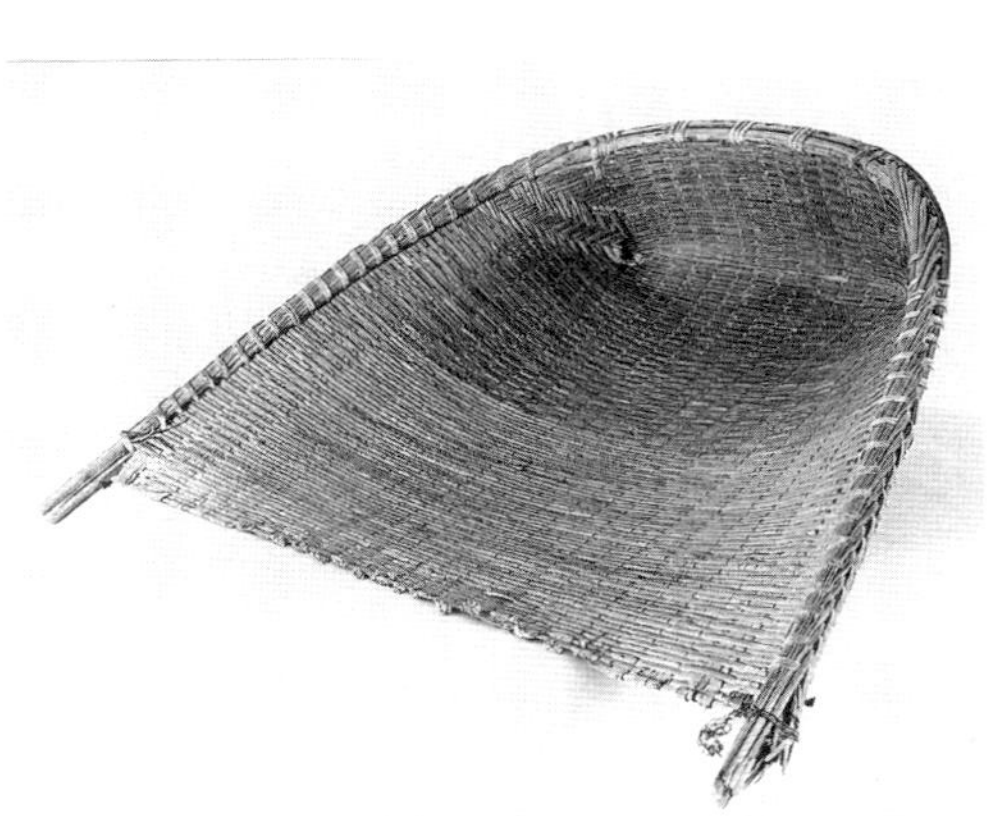

箕

ちり取りなどに変わっている。

参考文献 工藤員功『暮しの中の竹とわら』(『日本人の生活と文化』六、一九八二、ぎょうせい)、森本仙介「西日本における竹箕の製作技術と分析視点―「竹箕」と「藤箕」をめぐって―」(『民具研究』一三九、二〇〇九)
（小林　裕美）

みあい 見合い　結婚しようとする男女が、仲人や親族の仲介で面会すること。江戸時代ごろまでは、自由な男女交際があまり認められておらず、結婚の前段階として、見合いが行われた。仲人の話をもとに、双方の家の相談がまとまると、仲人が若い衆を連れて娘の家へ行き、顔合わせをした。明治以降は写真を交換し、互いの容貌を認識したうえで、会見するケースも生まれた。かつては見合いに至るには、双方の話がまとまっていることが前提だった。実際に見合いが行われた後は、意思表示が必要だった。男性側が承知すれば、娘が出した茶を飲んだり、菓子を持ち帰ったりした。自分の扇子を置いてくるのも同様の回答を意味した。逆に、断る場合は、娘が出したものには手をつけず、扇子も置かないようにした。こうしたしきたりは、今は聞かれなくなり、見合いの場所も高級ホテルや料亭などからファミリーレストランや喫茶店へと幅広くなった。紹介は、世話好きな人から専門の業者に至るまで多岐に及ぶ。 ↓結婚相談所《けっこんそうだんしょ》 ↓仲人《なこうど》

参考文献 江馬務『結婚の歴史』(『文化風俗選書』、一九七一、雄山閣出版)、柳田国男・大間知篤三『婚姻習俗語彙』(一九七五、国書刊行会)
（柳　正博）

ミカン ミカン　ミカン科の果樹、およびその果実。日本を代表するミカンは温州《うんしゅう》ミカンである。一九三六年(昭和十一)に鹿児島県長島で推定樹齢三百年の接ぎ木の古木が発見され、江戸初期には長島で栽培されていたと考えられる。江戸時代は紀州の有田ミカンが主流であったが、明治時代になると温州ミカンのおいしさと種なしが好まれ、生産が増大した。第二次大戦以降、一九七二年(昭和四十七)まで生産量が増えたが、その後は供給過剰により消費量が減少した。

参考文献 江原絢子・石川尚子・東四柳祥子『日本食物史』(二〇〇九、吉川弘文館)、長谷川美典「ミカン」(農山漁村文化協会編『地域食材大百科』三所収、二〇一〇)
（冨岡　典子）

ミシン ミシン　織物・紙・皮などを縫い合わせる機械。英語の sewing machine の転訛。手回し式、足踏み式、電動式などがある。日本には江戸時代末期にアメリカからはじめてもたらされた。明治期には高価な外国製品が主流で、和服が一般的だったことから、一部の上流家庭が所有するものだった。大正期になると、職業婦人の増加や、関東大震災で和服の非活動性が認識されたこともあり、都市部では洋装化が進んだ。洋裁を職業とする人も増え、ミシンは嫁入り道具の一つともなった。アジア・太平洋戦争後は、戦災復興やアメリカ文化の流入などを背景として、和服よりも活動的な洋服の需要が急速に高まった。さらに衣料品不足により、各家庭で洋服を作る必要が生じ、また女性の内職として洋裁の需要が高まり、戦後ミシンは生活必需品として全国的に普及した。昭和五十年代以降は量販店で既製品を購入する人が多くなり、現在では必需品ではなくなっている。 ↓洋裁《ようさい》

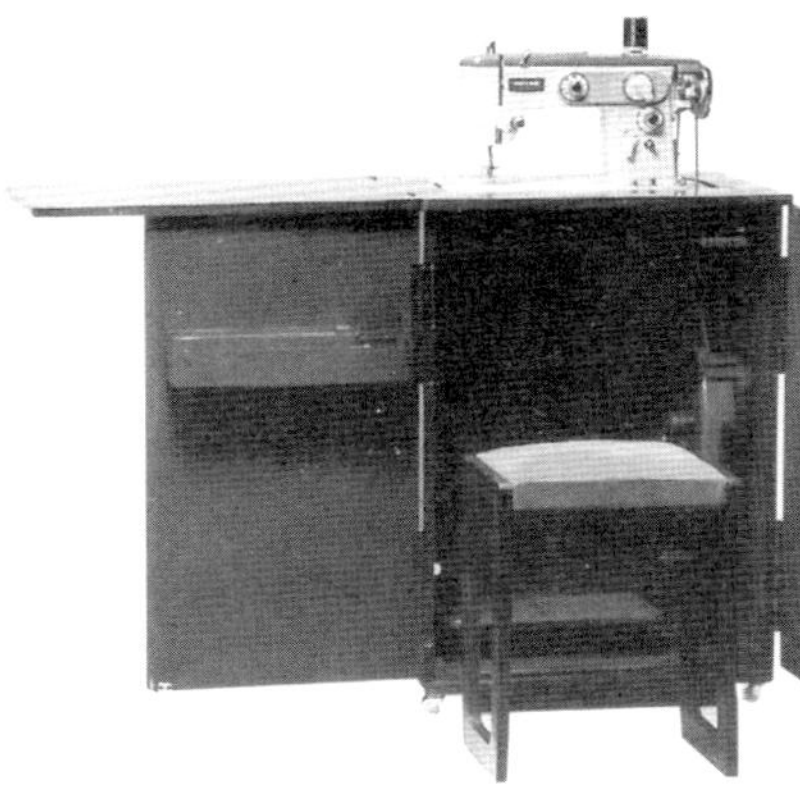

足踏み式ミシン

参考文献 小泉和子『昭和のくらし博物館』(『らんぷの本』、二〇〇〇、河出書房新社)
（田村　真実）

みずうり 水売り　水を販売すること、またその販売人。低地に都市が発達した大阪や東京では井戸水の水質が悪く、上水を利用できない地域では飲料水を購入することが行われていた。飲料水の行商人は水屋と呼ばれることもあった。東京の場合、本所・深川など神田・玉川両上水を利用できず、かつ良質の井戸水の得られない地域においては一九〇〇年(明治三十三)ごろまで飲料水は水売りが頼みであった。上水の余水などを水船と呼ばれる船に積んで販売地近くまで運び、そこから桶に入れて天秤棒の前後に下げて行商した。大阪でも状況は同様であった。また、西南諸島など真水が貴重であった離島でも船で運んだ水を売る水売りがいた。一方、江戸時代、夏季に冷水に砂糖などを入れた嗜好品の飲料を販売した行商も水売りと呼ばれた。『守貞謾稿』に登場する江戸の冷水売りは、冷水に白糖と寒晒粉の団子を加えて売っていた。京坂では団子を入れず、行商ではなく辻商いであった。

参考文献 東京都公文書館編『東京の水売り』(『都史紀要』三一、一九六五)、喜田川守貞『近世風俗志　守貞謾稿』一(宇佐美英機校訂、『岩波文庫』、一九九六、岩波書店)
（内田　幸彦）

みずおや 水親　⇩井親《いおや》

みずこくよう 水子供養　死産児や堕胎した胎児を供養すること。水子という言葉が、おもに流産や堕胎した胎児を意味するようになったのは比較的新しい。古代では「みどりご」や「うぶこ」と同じように、生まれて間もない子という意味でこの言葉が使われており(「其の家に一人の水子有て」(『今昔物語集』二六八)、乳児の生命が不安定な状態にあるという観念と結びついていた。水子の祟りの観念と堕胎の罪障感は生類をめぐる政治の中で殺生の罪の規範化とともに強化された。近世後期に浄土宗と

協力して嬰児殺しの防止に努めた老中松平定信は、両国回向院《えこういん》(東京都墨田区)に水子供養塔を建立している。

参考文献　ウィリアム・R・ラフルーア『水子―〈中絶〉をめぐる日本文化の底流―』(森下直貴他訳、二〇〇六、青木書店)

（太田　素子）

みずや　水屋　(一)家の内外に造られた水を流して使う設備。水神が祀られることもある。地域によってミイジャ(新潟)・ミゾヤ(秋田)・ミザア(山形)などと称するほか、ダイドコロ・ナガシバ・ハシリモトなどとも称する。福島県南会津郡只見町ではミンジャといい、昭和三十年代初めまで谷川から生活用水を引き込み、屋内の水槽(ミズブネ)に流して使った。ミズブネには川魚が入ることもあった。大雨の時は水が濁るので、降る前に水桶に清水を汲み置きした。井戸が別にある家では井戸水を飲食用に、ミンジャの水を洗濯・風呂用に使うなどの使い分けもあったという。↓洗《あら》い場《ば》

参考文献　川島宙次『滅びゆく民家―間取り・構造・内部―』(一九七三、主婦と生活社)

(二)洪水の頻発する低地における避難用の建屋。木曽川・長良川・揖斐川に挟まれた岐阜県の輪中地帯のものが代表的である。比較的裕福な家などでは個人の屋敷地内に土盛りや石積みをして高くした一角を設け、その上に土蔵などの建屋を建てた。通常は蔵として、洪水時には水が引くまでの間、避難生活を送る場所として利用する。

↓洪水《こうずい》　↓水塚《みづか》

参考文献　岐阜県教育委員会編『岐阜県輪中地区民俗資料報告書』一―三(一九六八―七〇)

(三)神社仏閣の前にある口すすぎや手洗い場の置かれた建屋。石造の手水鉢などに流水を溜め、柄杓などが備え付けられている。手水舎《てみずや》、水盤舎《すいばんしゃ》とも称する。

参考文献　渋沢敬三・神奈川大学日本常民文化研究所編『(新版)絵巻物による日本常民生活絵引』三(一九八四、平凡社)

（大里　正樹）

みせ　店　⇩たな

みせもの　見世物　芸や奇物を見せる興業。室町時代には見世物の名前はなく、江戸時代になって天然奇物類の観覧場が設置され、その内容は『守貞謾稿』後集二に「木偶あるひは紙細工・糸細工・硝子細工・竹細工等の類、その他時々珍とする物等を銭を募りて見せるなり、また足芸・力持ち・軽業・こま廻し等、種々際限無きなり」とある。明治になると、同様のものに舶来の内容が加わる。パノラマや西洋眼鏡、西洋手品、エレキテル、蓄音機といった類である。江戸や大坂市中だけでなく、全国の地方都市、神社の境内などで行われた。人口の多い都市では、人が集まると盛り場ができ、興行場が設置され見世物が行われる。江戸の両国、大坂の千日前が代表的である。また、寺院による出開帳が行われる場所でも、見世物は不可欠であった。香具師《やし》は江戸時代、各地を歩いて香具を商ったが、その中に縁日商人や見世物関係者が含まれている。明治時代、香具師による見世物は、珍

見世物　曲独楽

物・沈み物・鳴り物の三種類に分けられていた。↓サーカス

参考文献　宮本又次「明治時代大阪の寄席と見世物」(『大阪の研究』五所収、一九七〇、清文堂出版)

（福澤　徹三）

みそ　味噌　大豆を主原料に、米または大麦、大豆の麴と塩を混ぜて発酵させた調味料。中国の醤《ひしお》と豉《くき》が起源とされ、六六六年(天智天皇五)に高句麗から伝わったとされる。『正倉院文書』には、末醤あるいは末蘇と記されており、『倭名類聚抄』(九三七年(承平七))には、調味料として「未醤」の記述がある。固体状で今の味噌とは異なるが、塩、醤に次ぐ塩味料として用いられ、平城京や平安京の市で売られていた。鎌倉初期には中国から禅宗とともに精進料理が伝わり寺院を中心に発達した。精進料理は優れた大豆加工品を生みだし、たんぱく源として、また調味料としての味噌の役割を広げ、寺院では自給自足された。平安時代に出現したすり鉢も、寺院を中心に盛んに使われ、練り味噌などを用いた料理がすり鉢とともに庶民生活に浸透していった。このころより大豆生産が高まり、農家も自家用味噌を作るようになった。一方中国の径山寺《きんざんじ》味噌の製法が伝えられ、惣菜としてなめ味噌が醸造されるようになった。室町時代には、味噌をすって汁でのばし野菜や魚などをいれた味噌汁が一般に普及した。手軽でさまざまな栄養素を一椀に盛り込んだ味噌汁は、ご飯によく合い、醬油が大衆化するまで調味料の主流であり、当時の人々の健康を支える重要な食物となった。明治中期ごろからは味噌の家内工業的生産も行われるようになった。味噌は長い間大量生産が行われず各家庭で独自に作られてきたので、種類も多種多様である。米、麦、豆など麴の種類で大別すると地域性が明確で、甘口の米味噌は、独特の甘味や風味が田楽や鯛などの味噌漬けに利用され京料理を発達させた。気候温暖な九州では、大豆が虫害に弱いため麦味噌が主体となった。

潰した蒸し大豆の味噌玉を発酵熟成させた豆味噌は、赤だしのような独特の中京料理を生み、東北・北陸の米作地帯では辛口の米味噌が、厳しい労働に必要とされた。最近は、味噌を乾燥させ粉末にした乾燥味噌や、だしいり味噌などもある。

参考文献 『週刊朝日百科 世界の食べもの』一〇七(一九六二、朝日新聞社)、石川寛子編『食生活と文化』(一九六九、弘学出版)、芳賀登・石川寛子監修『全集日本の食文化』五(一九六八、雄山閣出版)

(河野 一世)

みそらひばり 美空ひばり 一九三七―八九 敗戦直後に登場し、昭和末期まで活躍した女性歌手。一九三七年(昭和十二)五月二十九日に生まれる。出身地横浜で魚屋を営む父が趣味で始めた素人楽団で歌い始め、笠置シズ子のブギを得意とする大人顔負けの豆歌手として注目される。四九年に映画「のど自慢狂時代」の端役で映画デビューし、直後、「河童ブギウギ」でレコードデビューする。その後、「悲しき口笛」「東京キッド」などが大流行し、一躍大スターとなる。単なるレコード歌手というより、各社の映画に主役として出演する映画スターでもあった。彼女のキャリア初期におけるレパートリーの驚くべき幅広さは、全盛を極める映画各社の色合いの違いを反映しているとも考えられる。六五年には、竹中労が『美空ひばり』を刊行し、反体制的知識人が草の根の民衆文化として流行歌を論じる、という傾向の嚆矢となる。同じころから、彼女自身も、伝統的・日本的なイメージを強調した活動に転じ、「演歌の女王」とも呼ばれるようになる。八九年(平成元)六月二十四日に五十二歳の若さで死去。 →演歌《えんか》

参考文献 竹中労『美空ひばり—民衆の心をうたって二十年—』(『フロンティア・ブックス』、一九六五、弘文堂)、輪島裕介『創られた「日本の心」神話—「演歌」をめぐる戦後大衆音楽史—』(『光文社新書』、二〇一〇、光文社)

(輪島 裕介)

みづか 水塚 洪水対策のため避難用に高く土盛りして造られた倉などの建造物もしくはその盛土自体をいう。これは主に関東の利根川流域での呼称であり、同様のものを木曽三川流域では水屋、淀川流域では段倉《だんくら》といった。特に建造物がある場合は普段も倉庫として用いられたが、特に避難時の食料・生活用品などの保存庫として重要な意味をもった。二階建てで、一階が倉庫、二階が住居スペースとなっていることが多かった。 →水屋《みずや》

参考文献 『大利根町史』民俗編(一九九九)、伊藤安男『洪水と人間—その相剋の歴史—』(二〇一〇、古今書院)

(大塚 英二)

みつまた 三椏 ジンチョウゲ科の落葉低木で和紙の主要な原料の一つ。高さ二メートルほどに生育し、枝が三又状に分岐するのが特徴。中国から日本に伝わったとされる。高温多湿の気候に適し、西日本の各地で栽培されてきた。伊豆の『三須家文書』によると、一五九八年(慶長三)に徳川家康による三椏の伐採権独占の許可に関する文書が出されており、このことから近世初期から三椏は和紙の原料として用いられたと考えられる。江戸時代には駿河(静岡県)・甲斐(山梨県)で主に用いられたが、明治期に大蔵省印刷局紙幣寮が三椏を紙幣の原料として使用し、以後各地に栽培が広まった。和紙の製造には靭皮繊維《じんぴせんい》を用いる。三椏の繊維は短く繊細で、光沢のある点が特徴である。繊維間は密で、紙質は楮紙に比べ脆いものの、薄く平滑で光沢のあるものとなる。現在、日本銀行券用紙に用いられるほか、書道用紙や美術工芸紙、箔合紙などさまざまな紙に利用されている。 →楮《こうぞ》

参考文献 『手漉和紙大鑑』(一九七三―七四、毎日新聞社)

(藤本 敦美)

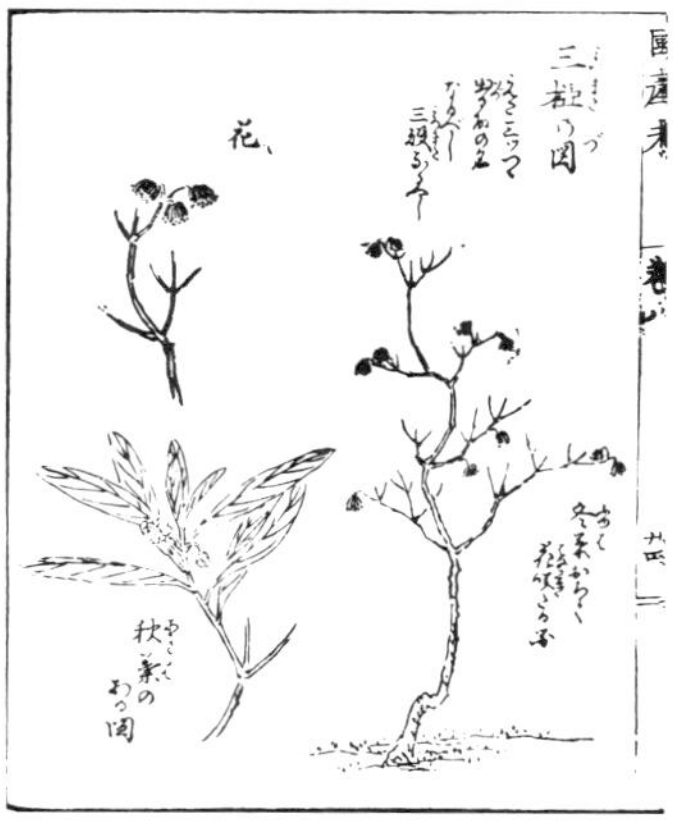

三椏の図(『広益国産考』より)

みなまたびょう 水俣病 一九五六年(昭和三十一)五月に熊本県水俣市の漁村一帯に多発した中枢神経疾患。症状は感覚障害、視野狭窄、運動失調、言語障害などである。五九年七月熊本大学研究班は有機水銀説を公表、十一月には厚生省食品衛生調査会も有機水銀説の答申を出そうとするが、閣議によって時期尚早として棚上げとされた。この時点で水俣病の原因はチッソ水俣工場のアセトアルデヒド工場廃水に含まれたメチル水銀が魚介類に蓄積されて、それを摂食することによって発病したこと

水俣病 怨の旗が掲げられた熊本地裁正門

がほぼ明らかになっていた。しかし原因が判明した時点でも、チッソと行政は何らの対策もとらず、汚染は不知火海一帯に広がり、鹿児島・熊本両県で約二十万人が被害をうけた。また六二年にはメチル水銀は胎盤を通過して胎児にも中毒を起こすことが世界でもはじめて明らかになり、胎児性水俣病と呼ばれることになった。熊本では「水俣病は終わった」といわれていた六五年、新潟県阿賀野川流域で第二水俣病が発生。原因は昭和電工鹿瀬工場から出たチッソと同じ工程の廃液であった。水俣の被害者らはチッソを相手どって損害賠償請求訴訟を提訴し、七三年三月には全面勝訴した(第一次訴訟)。この時点での認定患者は二千九百七十五人といわれているが、きちんとした調査はその後も行われず、被害者全体の数はわかっていない。七三年一月に始まった第二次訴訟以後は原告が水俣病かどうかの病像論が認定の争点となり、特に環境庁によるいわゆる「七七年基準」は感覚障害と他の症状との「組み合わせ」で認定する基準を提示し、その結果棄却者の数が急増することになった。また九五年(平成七)のいわゆる「政治決着」では未認定患者に一時金二百六十万円を支給して幕引きを図ろうとし、二〇〇九年以後は水俣病被害者救済法による「第二の政治決着」を推し進めてきた。こうしたなかで一三年四月の最高裁判決は、経験則に照らして総合的に検討した結果、手足の感覚障害だけでも水俣病と認め、これで行政の誤りが司法で確定されたことになった。環境省は「七七年基準は見直さず」との姿勢を崩していないが、政府は被害地域の全体調査を行い、どのように認定するかの根本的な再検討を迫られたことになる。

参考文献 原田正純『水俣病』(『岩波新書』、一九七二、岩波書店)、同『水俣が映す世界』(一九八九、日本評論社)、宮澤信雄『水俣病事件四十年』(一九九七、葦書房)

(安田 常雄)

ミニコミ ミニコミ 限られた範囲の読者を対象とする小規模なメディア。ミニ＝コミュニケーションを略した和製英語。一九六〇年(昭和三十五)の七社共同宣言に象徴される大新聞への不信などを背景に、安保闘争以後にその語彙が定着したとされる。マス＝メディアの成立とともに、それに包摂されないコミュニケーション媒体としてミニコミは独自性をもつ。日本でも正木ひろし、桐生悠々、むのたけじの個人誌・紙など、その潮流はさまざまに見出される。特に戦後は思想の科学研究会の関係者がミニコミの思想と実践に注目する水脈を形成した。

参考文献 丸山尚『ミニコミ戦後史―ジャーナリズムの原点をもとめて―』(一九八五、三一書房)、田村紀雄『日本のリトルマガジン―小雑誌の戦後思想史―』(一九九二、出版ニュース社)、道場親信・丸山尚「(証言と資料)日本ミニコミセンターから住民図書館まで―丸山尚氏に聞くミニコミ・ジャーナリズムの同時代史一九六一～二〇〇一―」(『和光大学現代人間学部紀要』六、二〇一三)

(根津 朝彦)

みの 蓑 陽光を遮り、雨具として利用された服物。稲藁・スゲ製が一般的だが、ビロウの葉やシナ・フジ・シュロの皮なども用いる。蓑は、古代以来、旅装であるとともに、祭事の来訪神や鬼の装束と認識され、中世には無縁の場で活動する聖なる者・非人・乞食《こつじき》が日常的に着用した。絵巻や昔話に登場する「隠れ蓑」には、蓑をこの世の者ではないことを示す変身・隠身の呪具とみる認識が反映されている。近世には、蓑は百姓一揆の装束とされた。その背景について、百姓が非人・乞食の衣装である蓑をまとうことで解放を主張したとする説と、近世百姓の代表的な野良着である蓑を着ることで百姓身分の保証を幕藩領主に求めたとする説があり、見解が分かれている。

参考文献 勝俣鎮夫『一揆』(『岩波新書』、一九八二、岩波書店)、黒田日出男「「隠れ蓑」・「隠れ笠」―絵画史料の読解から―」(東京歴史科学研究会編『歴史を学ぶ人々のために』三所収、一九八六、三省堂)、網野善彦『異形の王権』(『平凡社ライブラリー』、一九九三、平凡社)、保坂智『百姓一揆と義民の研究』(二〇〇六、吉川弘文館)

(田中 禎昭)

蓑 秋田県大館市比内町扇田のワラケラ

みのうえそうだん 身の上相談 新聞雑誌などのマスコミに一身上の悩みを投稿して有識者の回答をもとめるコミュニケーションの一類型。一九一四年(大正三)五月『読売新聞』が身上相談欄を付設したのがよく知られているが、すでにその原型は一八八六年(明治十九)『女学雑誌』三五に創設された「いへのとも」に見られ、日刊新聞では一九〇六年『都新聞』がはじめて相談欄を開設した。『読売新聞』での新設以後、読者から歓迎され、『主婦之友』『婦人倶楽部』などの婦人雑誌にも受け継がれるなど、昭和初期の生活不安を背景に、三三年(昭和八)ころに大流行した。既婚女性の悩みは夫の放蕩、嫁姑問題、未婚女性では恋愛、貞操に関する相談が多く、その時代の女性の「不幸」の凝集点となっている。戦後では五〇年代から高度成長期がもう一つの流行期で、そこには社会構造の激変のなかでの価値の多様化に関わる相克も映し出されている。もちろん沈黙を強いられていた女性が声をあげたことの意義は大きい。同時に「愛情」以外の問題についての身の上相談は少なく、男の身の上相談という領域はまだ未開拓であるという問題も残っているといわれている。

参考文献 思想の科学研究会編『身上相談』(『河出新

書』、一九六六、河出書房)、読売新聞社婦人部編『女・きのうからあすへ—人生相談六〇年—』(『三省堂新書』、一九七四、三省堂)、見田宗介「現代における不幸の諸類型」(『現代化日本の精神構造』所収、二〇一二、岩波書店)

(安田 常雄)

みまい 見舞 訪問、贈答行為の一つ。暑中見舞・寒中見舞など、季節ごとの定期的な手紙のやり取りと化している例もあるが、基本的には見舞とは定まった折の贈答ではなく、不定期の、あるいは突発的な出来事に対して行われる訪問や贈答のことである。祝い事と不幸な事、いずれに対しても見舞は行われる。地域にもよるが、かつては忌中見舞・出産時の産見舞・住居新築時の普請見舞・旅行時の留守見舞・火事見舞・水害時の水見舞など多様な習俗があった。たとえば茨城県行方《なめがた》市周辺では、病床を見舞えぬうちに亡くなった人に対して、その死の直後(葬式より前)に生者に対するのと同様に赤い熨斗袋で「病気見舞」を近隣の家々が一斉に持って行くという慣習がある。また新潟県佐渡では定期的に嫁や婿の実家から婚家へ持参する贈り物を時期に応じて盆見舞・夏見舞・草取見舞・洗濯見舞などと称したという。現在も災害の際の見舞金などは公的な制度としても実施されているし、病気見舞・通夜見舞などは広く行われている。
↓贈与《ぞうよ》

参考文献 下本英津子「「お見舞い」と葬送儀礼—岐阜県七宗町神淵・愛知県北設楽郡東栄町における調査を中心に—」(『メタプティヒアカ(名古屋大学大学院文学研究科教育研究推進室年報)』五、二〇一一)

(大里 正樹)

みみかき 耳かき 外耳にたまった耳垢をかき出すこと、またはその際に用いる道具。医療行為である。耳垢は耳の保護の役割をもち、かき出さなくても自然に落下するため、医学的には耳かきの必要性は少ないが、副交感神経を刺激し快感を得ることができる。道具では、近代期以前にはかんざしが用いられたが、今日では先端を曲げた竹に羽毛製の梵天をつけた道具や綿棒を主に用いる。また、近世期には耳垢取という商売が成立しており、今日でも理髪店などでのサービスや、耳かきをしながら女性店員との交流を楽しむ専門店がみられる。

参考文献 林丈二『ガラクタ道楽』(『Shotor library』、一九九四、小学館)

(花木 宏直)

みみかざり 耳飾 耳たぶにつける装飾。日本列島では縄文時代早期に、石製で円形の一部に切れ目の入った玦《けつ》状耳飾が現われる。中期には滑車形で土製の耳飾を耳たぶに穴をあけてはめ込むようになり、直径一〇センチの大型品も作られた。弥生時代には衰退するが、古墳時代後期になると朝鮮半島の装身具の影響を受けた金製、金銅製の垂飾付耳飾《すいしょくつきみみかざり》や耳環が流行する。しかし七世紀以後ほとんど姿を消し、それが再び現れるのは明治維新後の洋装の普及によってである。

金製垂飾付耳飾(古墳時代、福井県天神山七号墳出土)

参考文献 榛東村耳飾り館編『耳飾り—その形と文化—』(一九九二)

(塚田 良道)

みやざ 宮座 頭役祭祀を中核とする村落内身分の者たちの集団のこと。村落内身分とは、村落集団によりおのおの独自に認定・保証され、一義的にはその村落内で通用し村落財政により支えられた身分体系である。郷之老者(郷の老人)中心の古代村落祭祀(養老令儀制令春時祭田条)に頭役制が導入され、十一世紀中ごろに宮座は成立した。当初は古老・住人身分による臈次成功《ろうじじょうごう》制の惣荘・惣郷宮座で、免田収入ならびに頭人の年中行事負担と古老に昇格する通過儀礼で醸出《きょしゅつ》された直物《なおしもの》で運営されたと考えられる。その後、畿内近国では中世後期に乙名《おとな》・村人《むらうど》身分の個別村落の宮座、中近世移行期に年寄衆・座衆の宮座に展開した。畿内近国の外側(名主座《みょうしゅざ》リング)では、十四世紀初頭に村落内身分である名主頭役身分の者たちによる惣荘・惣郷単位の名主座が成立した。名主座は、頭役負担と名主らの応分負担で運営された。これら中世の宮座は、近世、家格制宮座や村組頭役宮座に変質した。近現代の宮座は、祭祀組織に特化していった。↓座入《ざい》り ↓惣村《そうそん》 ↓寄合《よりあい》

参考文献 薗部寿樹『日本中世村落内身分の研究』(『歴史科学叢書』、二〇〇二、校倉書房)、同『日本の村と宮座—歴史的変遷と地域性—』(『高志書院選書』、二〇一〇、高志書院)、同『中世村落と名主座の研究—村落内身分の地域分布—』(二〇一一、高志書院)

(薗部 寿樹)

みやまいり 宮参り 子どもが神社に参詣する機会は年中行事や七五三など数多くあるが、特に出生後一ヵ月前後に、赤子がはじめて産土《うぶすな》神社に参詣する生育儀礼を、宮参りという。初外出、初社参とも記され、日取りについては生後「三七日」(二十一日目)から三十三日まで、また男女日を違える地方などさまざまである。民俗学はこの習俗を、子どもの共同体への仲間入りが神によって承認される意味を持つと指摘する。近世中後期の『依田家文書』(甲斐国山梨郡下井尻村(山梨県山梨市))では、安産を祝い産屋を引き払う「産屋明祝儀」の日に宮参りが行われ、夕刻から盛大な饗宴が開かれている。貴族や武家以外で宮参りの記録が残るのは近世中後期以降が多く、赤飯を惣村に配った。依田家の場合、幕末にはむしろ名付けの七夜がお披露目の機会に選ばれ、共同体への披露より早期に近しい親族に披露することが重視されている。時代が下ると簡素化され、その背景はさまざまあるだろうが、出産に医師が立ち会い危険への恐れが薄らいだことも重要な要因であろう。

参考文献　大藤ゆき『児やらい―産育の民俗―』(『民俗民芸双書』二六、一九六八、岩崎美術社)、太田素子『子宝と子返し―近世農村の家族生活と子育て―』(二〇〇七、藤原書店)　（太田　素子）

みやもとつねいち　宮本常一　一九〇七―八一　民俗学者。一九〇七年(明治四十)八月一日、山口県周防大島長崎(大島郡東和町、のち周防大島町)で出生。一九二九年(昭和四)大阪天王寺師範学校卒業後、小・中学校教育に従事、生徒とともに生活誌『とろし』を編む。三四年から柳田国男に師事して民俗学を学び、翌年、渋沢敬三に師事。三九年研究員としてアチック＝ミューゼアムに入所、渋沢敬三が日本一の食客と称すように渋沢家に居候し、渋沢の意を体して、戦中・戦後を通し、その足跡を日本地図に落としたら真っ赤になるというほど全国の農山漁村を精力的に歩いた。戦後、四九年日本常民文化研究所に復帰、六五年武蔵野美術大学教授に就任、翌年日本観光文化研究所所長、全国離島振興協議会顧問となる。宮本は、自身で「あるく・みる・きく」して経験し、また調査して得た民俗的知見を、村の新生面を切り開こうとする有志に具体的に提供するなど、師と仰ぐ柳田国男・渋沢敬三が説く経世済民の思想を文字通り実践した民俗学者であった。民話、民俗学、民具学、生活学などの学界活動では、文書だけでなく写真・図像・民具・景観資料の導入を勧めるとともに、生活の向上に結びつかない学問は意味がないと社会性・実践性を力説した。宮本の故郷では明治から大正、昭和の前半のころまで、世間を広く見聞し経験豊かな者を世間師と呼んでいたというが、宮本はまさに営農指導などができた最後の世間師といえ、離島振興会の事務局長として離島振興に尽力し、実際に佐渡の小木、志摩の海の博物館をはじめ各地の民俗資料館の設立・運営に携わった。晩年は、郷里に帰り郷土学を講じ、七六年久賀歴史民俗資料館を設立、国指定重要有形民俗文化財「久賀の諸職用具」を中心に民俗資料館の地域におけるあり方を示すとともに、海から見た日本文化の形成を論じた。八一年一月三十日死去。満七十三歳。死後、八六年東和町名誉町民(第一号)の称号を贈られた。宮本の生涯にわたる足跡は、著作集五十巻余にまとめられ、十万枚に上る写真資料として残された。　↓民話《みんわ》

参考文献　佐野眞一『旅する巨人―宮本常一と渋沢敬三―』(一九九六、文藝春秋)、『宮本常一―同時代の証言―(宮本常一追悼文集)』正・続(二〇〇四、マツノ書店)　（佐野　賢治）

みょうが　みょうが　⇩香辛野菜《こうしんやさい》

みょうじ　苗字　世代を超えての永続を重視する日本の家に固有の名前のこと。中世には名字と記した。古代の貴族は、氏《うじ》と呼ばれる集団を組織しており、おのおのの氏には、源・平・藤原・橘のような氏名《うじな》(のちには姓《せい》と呼ばれる名前)が存在したが、苗字は氏の名である姓とは異なって、中世に一般化した家の名前であり、武士によって用いられ始めた。それは、特定の地に代々住み続けたり、特定の官職を世襲したりすることによって成立した名前であるが、個人名の上に地名や職名を付して、同名の別人と区別することは、いつの時代でも行われており、それだけでは苗字の成立とはいえない。苗字の本質は、家産や家業などを先祖代々継承する、永続性を持った家の家名という点にこそあり、このような家が成立してはじめて、単なる地名や官職名が苗字化したとみなせる。一般に、武士の場合、平安時代後半にはすでに苗字が用いられたと考えられているが、鎌倉幕府の執権北条氏が、北条という名を代々継承した事実が確認できないことからも明らかなように、これは苗字ではなく、単なる地名の付記であった可能性が高い。武士の苗字の成立期は、長男による単独相続が広まることによって、家産が成立した南北朝内乱期(十四世紀)のことだと思われる。一方、民衆もまた家名としての苗字を用いた。民衆のレベルで苗字使用の風習が広まるのは戦国時代(十六世紀)である。江戸時代の民衆は苗字・帯刀禁止だったといわれているが、実際には武士の面前や武士に提出する書類において、苗字の使用が禁じられただけであって、村内での私的な苗字使用を、武士も半ば黙認していた。したがって、明治維新のおりの苗字必称令(一八七五年(明治八))によって、江戸時代に苗字を持てなかった民衆が、慌てて苗字を作ったという逸話は、一部の下層民のケースを除くと誤りであり、多くの場合はそれまで私的に用いていた苗字を届け出て、堂々と公称するようになったに過ぎなかった。　↓イエ　↓氏《うじ》　↓家名《かめい》

参考文献　豊田武『苗字の歴史』(『中公新書』、一九七一、中央公論社)、坂田聡『苗字と名前の歴史』(『歴史文化ライブラリー』、二〇〇六、吉川弘文館)、大藤修『日本人の姓・苗字・名前―人名に刻まれた歴史―』(『同』、二〇一二、吉川弘文館)　（坂田　聡）

みりん　みりん　米および米麹に焼酎またはアルコールを原料として六十日間ほどかけて糖化し熟成させたもので、酒税法上は酒類に含まれる。この本みりんに対して、現在、アルコール分をほとんど含まないみりん風調味料が広く販売され、調理効果や風味は異なるが、本みりん同様に使われる。本みりんは、中国より渡来し、『本朝食鑑』(一六九五年(元禄八))、『和漢三才図会』(一七一二年(正徳二))に製法が記されていることから、戦国から江戸時代にかけてその甘味が好まれ愛飲されたと思われる。和食が完成した江戸時代には、調味料として使われ始めたことが、『守貞謾稿』(一八三七年(天保八)―六七年(慶応三))の鰻のたれやそばつゆでの使用例や、『料理通』(一八二二年(文政五)―三五年)などでの使用例から読みとれる。広く利用されだしたのは明治以降であり、現在は、日本料理に欠かせない調味料として広く普及する。上品な甘味、照り、消臭効果などがあり、魚、肉、野菜の煮つけや照り焼き、麵つゆなどに利用される。

参考文献　『週刊朝日百科世界の食べもの』一〇七(一九八三、朝日新聞社)、八百屋善四郎『料理通』(『日本料理秘伝集成』六所収、一九八五、同朋舎出版)、科学技術教育協会出版部編『本みりんの科学』(『生活の科学シリーズ』二〇、一九八六)　(河野　一世)

ミルクホール　ミルクホール　牛乳を中心に、コーヒーや紅茶などを飲ませ、パンや菓子、洋食の一品料理などの軽食もあわせて供する店。東京で最初のミルクホールは一九〇一年(明治三十四)に開業したが、その名称はビアホールのホールから来ているという。牛乳販売店の副業の場合もあれば、ミルクホール営業の合間に副業として牛乳配達をする場合もあった。当時東京では神田区(千代田区)や本郷区(文京区)、牛込区(新宿区)などに立地する学生や官吏、会社員を相手とする商売で、下町にはまったくなかったという。店頭には「新聞雑誌縦覧」「官報あります」と書いた紙を貼りだし、それらを店内で無料で読ませたので、四銭の牛乳をすすりながらパンを齧って、新聞雑誌を黙読する客で店内は静かであったという。比較的小資本で簡単に開業できるとして、上京者や女性の自活のための本に紹介されている商売であった。関東大震災以降はミルクホールは、喫茶店の増加に押されていった。

参考文献　相馬良編『田舎人の見たる東京の商業』(一九〇七、中村屋)、永沢信之助編『東京の裏面』(一九〇九、金港堂書籍)、初田亨『モダン都市の空間博物学　東京』(一九九五、彰国社)、斎藤光「ジャンル「カフェー」の成立と普及」二(『京都精華大学紀要』四〇、二〇一二)　(大岡　聡)

みんか　民家　一般には伝統的な技法や様式で建てられた庶民の住宅の総称。支配階級の住宅としての寝殿造や書院造などの対義語であり、しばしば同様の形式で建てられたある階層以下の武士の住宅も含む。生業や伝統行事、地域性を多く反映しており、立地や形態あるいは用法や生業の違いなどから、農家、町家、漁家などに大別される。明治・大正時代以降も、経済的な発展・蓄積を背景に、伝統的な技法・様式を用いた良質な民家が建てられた。「民家」の語は文献史料では『吾妻鏡』文治二年(一一八六)条が初見であるが、広く使われるようになったのは、柳宗悦らの民芸運動以降である。民家の建築類型は、環境的要因を背景として地域色が濃くあらわれるため、他の建築類型に比べて多様で、屋根葺材、屋根形式、入口の方向、外壁の構造などの各要素を組み合わせて捉えられる。屋根の組み合わせによると、単一の屋根をもつ直家《すごや》、主体となる屋根から別の屋根が突き出た角《つの》家《や》、二棟以上の屋根の軒先を接して並べたり、間隔を置いて建てたりする分棟型《ぶんとうがた》に分けられる。また屋根形式によるものに、切妻造板葺妻入の大型建物である長野県の本棟造、切妻造草葺妻入の大型建物である岐阜県・富山県の合掌造、大棟を反らせた島根県出雲地方の反り棟造などがある。民家の形態は時代によって変化をしたが、江戸時代以降の養蚕の急速な発展に伴う変化がもたらした影響は大きく、草葺屋根の一部を切り上げる群馬県の赤城型・榛名型、山梨県の櫓造、屋根の一部を切り落とす東日本のかぶと造などが生まれた。いずれも、作業空間の確保、採光、通風に配慮したものである。↓合掌《がっしょう》造《づくり》　↓角家《つのや》　↓農家《のうか》　↓分棟型《ぶんとうがた》　↓本棟造《ほんむねづくり》　↓町屋《まちや》

参考文献　今和次郎『日本の民家―田園生活者の住家―』(一九二二、鈴木書店)、伊藤鄭爾『中世住居史―封建住居の成立―』(『東大学術叢書』、一九五八、東京大学出版会)、太田博太郎他編『民家』(『日本建築史基礎資料集成』二一、一九七六、中央公論美術出版)　(鈴木　智大)

みんかんがく　民間学　在野・民間の学問。「民間学」の淵源は歴史家松島栄一が「日本における歴史学の発達」(『日本歴史講座』一、一九五二年(昭和二十七)、河出書房)で「民間歴史学」「民間史家」を呼称し、歴史家家永三郎も『現代史学批判』(五三年、和光社)で「民間史学」を呼称して、これを文明史学・アカデミズム史学・マルクス主義史学などと並ぶ一つの学風と位置づけた。こうした名称を継承して、領域を思想史や多くの学問分野に拡充した「民間学」を首唱したのが歴史家鹿野政直『近代日本の民間学』(八三年、岩波新書)である。鹿野は「民間学」を「有形無形に、それ(アカデミズム)への異議申し立て」と「アカデミーのそとに一定の体系性をうち立てつつ結実した学問をさす概念」と定義づけ、柳田国男ら七人を論じて、彼らに共通する学風としての「民間学」を検討した。このように、「民間学」は明治中期以来主流であった官学アカデミズムの歴史学の発想・方法・思考に対して、これを批判し、これに対抗する在野(民間)の学問の流れと捉えられた。これは学問の意味を問い直した「学生反乱」への応答でもあった。近代史研究を研究会として「民間学」の立場から開拓したものに一九二四年(大正十三)創立の吉野作造会長の明治文化研究会が特筆されるが、二九年刊行の東京帝国大学文学部内の史学会編『明治維新史』(冨山房)はアカデミズムの主流の歴史学者が明治維新の研究ながらも本格的に日本近代史を共同研究した最初の書であり、その執筆陣の中では明治文化研究会の同人三人が異彩を放っており、アカデミズムが「民間学」の有力な一角を早くも昭和初年に取り入れざるを得なくなったことを示している。その後、「民間学」は、安田常雄「『民間学』の意味するもの―鹿野政直『近代日本の民間学』を読んで―」(『暮らしの社会思想―その光と影―』、八七年四月、勁草書房)が、鹿野の「近代日本」の民間学の定義を問い直し、「戦後」の民間学へ架橋して、記録・運動・論理の三つの共通の土台に立つ視点から「戦後の民間学」の在り方を示すなど、「民間学」の可能性へさまざまな提言をしている。一九九七年(平成九)には鹿野政直・鶴見俊輔・中山茂編『民間学事典』人物編・事項編(三省堂)が刊行され、従来の学問史では顧みられなかった人物や事項など、「民間学」の可能性を拓く項目が満載されている。

参考文献　鶴見良行『バナナと日本人―フィリピン農園と食卓のあいだ―』(『岩波新書』、一九八二、岩波書店)、『民間学』(『思想の科学(第七次)』九六、一九八七)、鶴見良行『ナマコの眼』(『ちくま学芸文庫』、一九九三、筑摩書房)　(佐藤　能丸)

みんかんやく　民間薬　経験知として病気の治療に用いられた薬。素材の多くは植物であるが、しばしば動物性のものも使用される。西洋医学に照らして、一定の有効性を認められるものもあるが、まったく効果がないか、あるいは逆効果をもたらすものもある。ドクダミ、アロエ、陳皮(ミカンの皮)、マムシなどは、現在でも利用されている。　↓熊《くま》の胆《い》　↓ヨモギ

参考文献　清水藤太郎『日本薬学史』(一九四九、南山堂)　(塚原　伸治)

みんかんりょうほう　民間療法　病気やけがに際して、伝統的・慣習的な方法で治療を施すこと。近代的な医学に照らしてほとんど効果がないとみられるようなものから、現在でも一定の効果を認められている生薬などの民間薬、たとえば切り傷やしもやけにアロエを用いたり、風邪に陳皮(ミカンの皮)を服用したりする事例まで幅広い。かつて伝承知のレベルでは医療と宗教の違いは明瞭ではなく、現在の「科学的」知識からみれば呪術にあたるようなものも一連のものとして理解されていた。現在では、一部の民間薬(ドクダミ、陳皮、アロエなど)を用いたものなど以外は、世間でも「民間療法」というよりは呪術的なもの、宗教的なものとして分別してみなされるようになっている。

参考文献　長岡博男「民間医療」(大間知篤三他編『生活と民俗』II所収、一九六五、平凡社)　(塚原　伸治)

みんぐがく　民具学　民具を研究する学問。「民具」という言葉を生み出した渋沢敬三は、一九二五年(大正十四)、動植物の標本や化石、郷土玩具などを収集・展示・研究する組織としてアチック＝ミューゼアム(屋根裏部屋の博物館の意)を発足させた。一九三五年(昭和十)、渋沢をはじめ宮本馨太郎・高橋文太郎・小川徹・磯貝勇らによって足半草履《あしなかぞうり》の共同研究が始められた。これは、一つの具体的なモノをあらゆる角度から考察し、民具そのものの変遷と生活のかかわりを明らかにするものであった。民具学は日本独自の学問として成立・発展し、民俗学・文化人類学・歴史学・考古学などと密接に関連する学際的な学問である。現在、民具資料は有形文化財の一つとして各自治体博物館や資料館などで収集対象となっている。民具とは、人々の日常生活に欠くことのできない道具で、動力機械によらず、直接人間の手、あるいは道具を用いて作られたものであり、機械による量産品などは除外されてきた。しかし、時代の移り変わりとともに生活環境は変化し、その生活の中で要求される道具も刻一刻と変化していくものである。何をもって「民具」とするのか、「民具」の語の定義は、時代によって、あるいは研究の進展によって変化を余儀なくされるかもしれないが、人々が生活の必要に迫られて製作・使用してきたモノは生活の推移の理解に欠くことのできない資料であり、その調査・研究はこれからも続けられていかなくてはならない。

↓アチック＝ミューゼアム

参考文献　宮本馨太郎『民具入門』(『考古民俗叢書』、一九六九、慶友社)、宮本常一『民具学の提唱』(『民族文化双書』、一九七九、未来社)　(髙塚　明恵)

みんげい　民芸　民芸という語は、民衆的工芸の略語として、柳宗悦《やなぎむねよし》、浜田庄司、河井寛次郎によって、一九二五年(大正十四)につくられた。この語は、当時見向きもされなかった一般民衆の普段使いの工芸品をさし、柳らはそれらの雑器とか下手物《げてもの》と呼ばれていたものに、自由さ、親しさ、健やかさの美を発見し、特にその美質を顕賞するためにこの語を選んだ。柳らは、一般の人びとが用いた、無名の地方の職人たちが共同で数をつくり、限られた技術《テクノロジー》しかない環境で、営々と伝統に従ってみずからの個性や新奇さをてらうことのない、決して良質とはいえない地方的な材料を工夫して用いる(それゆえに技術は発達した)風土性の強い安価な工芸に価値を見出した。そして、それこそが、高価な王侯貴族などの権力を誇示するための工芸品や、個人芸術家の独創による一点ものの作品よりも、はるかに美しく尊いと主張した。柳は昔の貧しく無学だった工人たちがこれほどまでにすばらしく美しい工芸の品々をつくりえたのは、工人たち自身の力量といった彼らの自力ではなく、その伝統や分業体制、地方的な限られた素材、そして彼らの信仰や生活によっておのずから生まれたと考えざるをえないことに思い至る。柳は、この機序が日本の仏教における浄土宗、浄土真宗、時宗といった他力の教え、禅宗のように人は自力によって悟りに至りつくのではなく、弥陀にすべてをまかせて成仏するのだという思想とまったく同じ型になっていることに気付く。この発見を核として、柳は最晩年に至るまで、その民芸の思想を美しい民芸(美)と宗教的救済(信)とを統一的に論じる美信一如の仏教美学に体系化すべく、思索と著述に専念する。戦後民芸運動が隆盛して多くの人びとに支持されるようになると、民芸という語は、柳らが行なったような美の発見の輝きを失い、田舎風の土産品といった意味になり、柳は逆に民芸にとらわれることなく自由にものを見ることを主張しなくてはならなくなった。

参考文献　柳宗悦『民芸四十年』(『岩波文庫』、一九八四、岩波書店)、柳宗悦著・水尾比呂志編『新編美の法門』(『同』、一九九五、岩波書店)、松井健『柳宗悦と民芸の現在』(『歴史文化ライブラリー』、二〇〇五、吉川弘文館)　(松井　健)

みんげいひん　民芸品　地方的伝統のもとで数多くつくられた民衆的な工芸品のことをさす。その美しいことを発見した柳宗悦《やなぎむねよし》らによって蒐集され、日本民芸館に収蔵展示されているものが、そのもっとも代表的な品物であ

る。ただ、これらの柳宗悦や浜田庄司、芹沢銈介らの蒐集品を中核とする美しい民芸品のほかに、今日多くの民芸品と呼ばれているものがあるが、それらのほとんどは柳らの目を基準とすると、まったく醜い似而非民芸でしかない。柳らは美しい古民芸品を選び蒐め、それらを職人や工人たちが見て学ぶことによって、美しい今日的現代的な工芸品、新民芸をつくることを目指した。しかし、古い民芸の美しいものをただまねるだけでなく、よく学んでみずからの制作に活かすことはむずかしく、浜田や芹沢、船木道忠《ふなきみちただ》・研兒《けんじ》、武内晴二郎、鈴木繁男ら民芸作家といわれる人びと以外に成功例は多くはない。ほかに、海外の民芸品という意味で、諸国民芸という語も用いられるが、今日でも東アジア、インド、欧米のごく一部の産品を限定的にさすのに用いられる。

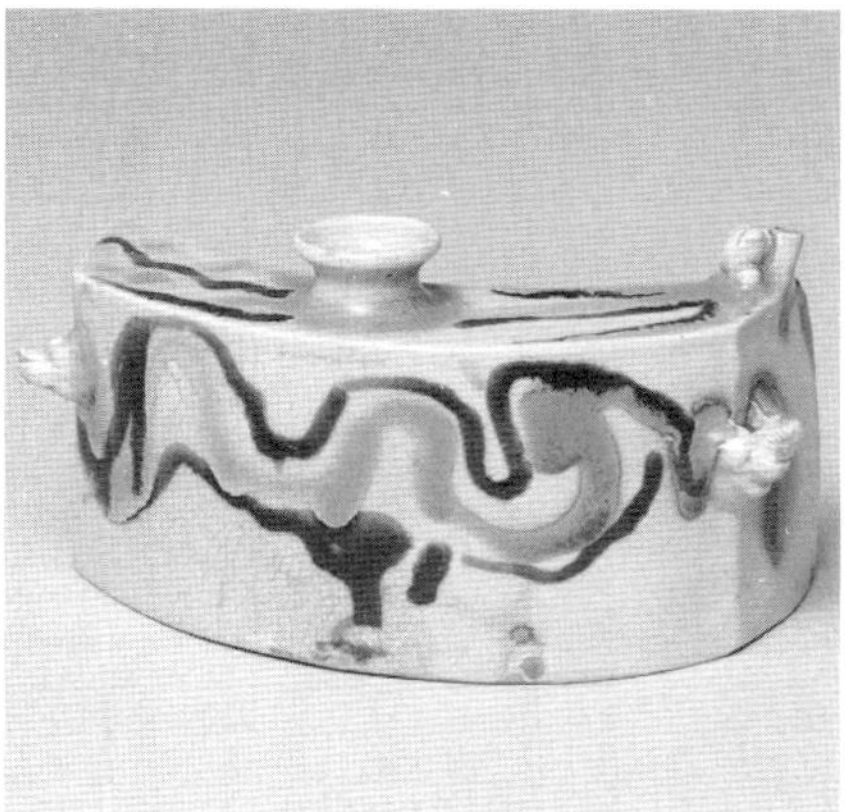

白掛緑黒流抱瓶（沖縄，19世紀）

切伏衣装（アイヌ民族，19世紀）

民　芸　品

参考文献　柳宗悦『蒐集物語』(『中公文庫』、一九八九、中央公論社)、柳宗悦著・日本民芸館監修『柳宗悦コレクション二　もの』(『ちくま学芸文庫』、二〇一一、筑摩書房)

（松井　健）

みんしゅう　民衆　国家や集団権力の権益の恩恵を身近に受ける立場でなく、法制に従った日常を営んでいるが、生活利害を動機に種々の形で抵抗力を発揮し運動主体にもなる非特権的な社会階層の総称。「官」の身分や富裕・家格により下位の権力・実力を持つ中間的な社会階層の「特権」は、権益との距離、抵抗運動への向き合い方などによって違いが生まれるため、この階層は状況によって権力の側である場合、民衆の側である場合に分かれる。

民衆という言葉は、語源としては東アジアの古典にあり、中国春秋・戦国時代の歴史書『国語』や墨家の書『墨子』、法家の書『商子』などで天下の民、多くの人民の意味で用いられた。しかし、この語は日本に広まった形跡はなく、明治時代以前では、人民、国民、万民、民百姓、土民、四民、士民、平民、衆民、庶民、衆庶、庶人、百姓、士農工商、素人、凡人、凡下、凡夫などが、その時期の政治状況や社会関係に応じて用いられた。民衆という言葉が使われなくても、類似の表現が多いから、特別の意味は認められない。これらはおおむね善人、善男善女を指すが、反社会的とされる人間の総称である悪党、悪人、遊民などもふくんでいる。これらの語群の中で、核になるのは「民」である。民は東アジアでは、「国家の民」のことであり、国家権力と向き合う存在である。民は早い時代の中国古典に現れる。『論語』では「衆」も用いられる。仏教では「衆」の語を重視し、衆生、大衆などを用いる。

明治時代になると、民衆という表現が使われるが、用法に特別の意図は読みとれない。自由民権論者の植木枝盛は、「衆民」も「民衆」も使っている。足尾鉱毒批判活動で知られる田中正造は「人民」を用いている。民衆が政治的意思を背景に持つ用語になるのは、一九一〇年代以降の大正デモクラシーの時代である。民本主義を唱えた吉野作造は、一四年(大正三)に発表した「民衆的示威運動を論ず」という論考で、民衆という存在の積極的な意義を論じた。「平民」にも貴族との区別を表す語感があるが、民衆のほうが政治論議だけでなく、文学、哲学など広い分野で用いられるようになった。民と衆の一文字だけの前後関係がなぜ民本主義のような、民意を重視する立場に伴って浮上し、広がるようになったかという理由としては、「衆民」という公用語に対峙性を持たせたということが考えられる。一八八一年(明治十四)の褒章制度では、褒賞されるのは「衆民の模範」である者とされた。このような語感の言葉を避けて、民本主義者の吉野は前後を逆転させた民衆という表現によって、民意重視の立場を印象づけようとしたと考えられる。ただそうした姿勢で民衆という用語を使ったとしても、世間から違和感を持たれるような異質なものではなく、東アジアの古い時代に淵源があり、生活的にも違和感の小さい言葉であった。「民本」も、「民は国の本」という東アジアの政治文化を最もよく表現している文言である。この時代から半世紀を経て、第二次大戦後の一九六〇年代以降、近代日本の「民衆思想」を研究する歴史学が、独自な自律性を持つ非特権多数者を表す語として、民衆を多用するようになった。この意味で、淵源は古く、使用された経歴もあるが、民衆という言葉が学問用語としても生活用語としても全国的に定着したのは、六〇年代以降のことといえる。

しかし、非特権的な多数者について、戦後社会では民衆だけが用いられてきたのではない。古代以来の種々の呼称は消えることなく場面相応に使われている。その中で人民という言葉は、七〇年(昭和四十五)を過ぎるころまでは、民衆よりも国家に対してより尖鋭さのある革新主体を表す用語として、進歩的な立場からは多用されてきた。この立場から見ると、民衆は、人民よりもより穏健な市民生活者というイメージが強かったが、八〇年代以降は国家に非和解的に対抗する人民という考え方は次第に弱まり、民衆という言葉のほうが一般化し、人民闘争は民衆運動といいかえられるようになった。ただし、この場合も人民という言葉が忘れられたのではない。テレビ・新聞や、公的な場面で頻繁に使われる呼称は、民衆よりも「国民」である。しかし国民という言葉は、国家の民という認識を前提にしているので、より自律的な非特権的な社会成員という観点で語る場面では、民衆が用いられる。現在では、種々の用語は生きてはいるが、国民と民衆の二つが最も頻繁に使われる言葉になったといえる。

参考文献 芳賀登『民衆史の創造』(『NHKブックス』、一九七四、日本放送出版協会)、鹿野政直「大正デモクラシーの思想と文化」(『(岩波講座)日本歴史』一八所収、一九七五、岩波書店)、青木美智男「「民衆」概念の歴史的変遷について」(『日本福祉大学社会科学研究所報』九、一九八七)

(深谷 克己)

みんしゅく 民宿 農・漁家などが自宅を開放して副業として営む宿泊施設。旅館業法上は簡易宿所営業に含まれることが多いが、民宿としての公的統計は存在しない。民宿の歴史は古く、白馬(長野県)、富浦(千葉県)などでは大正期までさかのぼることができる。しかし民宿が宿泊施設の一つとして観光事業に位置づけられたのは一九六〇年代の大衆観光の勃興期である。観光客の急増に伴う宿泊需要拡大に、旅館や公的宿泊施設の建設が間に合わず、宿泊客を収容する季節的な受け皿として重要な存在となった。民宿は家族経営を基本としており、素朴なサービスが「心のこもった家族的サービス」「ふるさとの雰囲気」などとして商品に転化し、広い支持を集めた。その後、所得の上昇に伴って民宿の市場は急速に縮小した。現在では民宿の一部は通年営業の専業化で生き残っており、農業観光など新しい観光形態と結合した事例も見られる。またエアー＝ビーアンド＝ビー Airbnb などソーシャルネットワークを利用した自宅の短期賃貸システムの普及は新しい民宿の展開と位置づけることもできよう。

(稲垣 勉)

みんせいいいん 民生委員 一九四六年(昭和二十一)九月の生活保護法の公布に伴って、方面委員令(勅令)に代わって公布された民生委員令(四八年七月民生委員法)に基づいて設置された補助機関。同時に児童福祉法(四七年十二月)による児童委員も兼務するようになる。大阪府を先駆として京都、兵庫、東京など大都市圏で創設された方面委員は、アジア太平洋戦争期に軍事援護、徴用援護などの業務をこなす一方、従来の生活困窮者に対して救護法、母子保護法、医療保護法、戦時災害保護法などに基づいて活動を行なっていた。敗戦直後の生活困窮者の激増を把握した厚生省などは福祉行政が急務であることを認識し、緊急性のある対策を実行する必要に迫られたため方面委員制度を民生委員制度に再構築した。しかし、その性格は官僚的・国家的性格を色濃く残していたため占領軍などからの批判により、保護行政は自治体が担うことになり、さらに、社会福祉事業法に基づく社会福祉事務所の設置によって、補助機関から協力機関へと質的に変化した。 →社会事業《しゃかいじぎょう》

参考文献 岩田正美『戦後社会福祉の展開と大都市最底辺』(『Minerva 社会福祉叢書』、一九九五、ミネルヴァ書房)

(吉村 智博)

みんぞくがく 民俗学 口頭での伝承や日常生活文化のありように注目する学問。英雄・豪傑・才子・佳人たちの事績顕彰の物語とは異なる歴史を目指す、研究方法における革新の試みであった。第一の革新は、文字記録以外への資料の拡大である。考古学が「歴史以前」を対象とするのに対して、民俗学は「歴史以外」を探究していると柳田国男が論じた特質である。声としてのことばに担われた口承(言語芸術・生活解説)、民具や住居や墓などのモノ文化(有形の実践(生活行為)、祭事や生業の習俗現象・生活外形)は、文字が記録して伝えているより広い範囲の生活意識・心意現象の歴史的変化を探究する素材となりうる。行われている当時は当然の常識とみなされて記されなかった生活知識の領域は広く、たとえば食事の回数や排便の処理法などの生活行為にも、記されることがなかった大きな変化がある。この論点は第二の革新、すなわち無告の衆庶、百姓《ひゃくせい》・諸職・商人《あきうど》といった生活者たちの文化の発掘ともつながっている。そうした生活者たちが「常民」である。碑文や古文書などの記録は時代を越えて残るが、文字使用それ自体が支配者の文化でもあって、権力者や貴族や聖職者たちが関心をもった領域しか記されない傾向がある。人びとは記されない常識のなかを生き、意識されにくい慣習や習俗のなかで生活している。民俗学が基層文化の研究とならざるをえないのは、それゆえである。第三の革新は、方法としての比較の意識的な導入である。事実の分布を地図化して空間的にとらえる「周圏論」の技法や、一つの事実だけで断定しない「重出立証」の姿勢なども、比較の実践ととらえるべきであろう。こうした比較の意識的な実践は、歴史が現代生活の横断面に相異なる文化として現れているという、歴史を重なりあう地層のようにとらえ、そのさまざまな層が露頭していると見る見方ともつながっている。ときに民俗学の見方として紹介されることがある、都市のような中心地では消え去った古い文化が島や山奥の僻地にはそのまま残存しているという命題は、こうした方

法としての比較の矮小化したドグマである。→柳田国男《やなぎたくにお》

参考文献　福田アジオ『日本の民俗学―「野」の学問の二〇〇年―』(二〇〇九、吉川弘文館)、佐藤健二『柳田国男の歴史社会学―続・読書空間の近代―』(二〇一五、せりか書房)　（佐藤　健二）

みんよう　民謡　民間で歌われる歌。明治時代中期にドイツ語の Volkslied の訳として用いられて以降、定着していったとされる概念で、俚謡、俗謡とも称された。本格的な民謡集が作られていくのは、江戸時代後期以降のことで、代表的なものとしては『山家鳥虫歌』(一七七二年(明和九)刊)がある。北は陸奥から南は大隅まで全国に及ぶ歌(主に七七七五型)が収められている。民謡は「民」や「地域」の特徴を表した歌として、近代において知識人により自覚的に見つめなおされていったという側面をもつ。明治期に入ってからの民謡集としては、『日本民謡全集』などが挙げられる。土地の歌を集めようとする機運は文部省にも及び、一九一四年(大正三)には、『俚謡集』、翌年には『俚謡集拾遺』が刊行された。大正末期から昭和初期にかけて、歌の採集は、郷土研究の方法として関心を集め、その成果が各種民謡集としてまとめられたり、郡町村誌のなかに掲載されたりしていく。その際の指標となったのは柳田国男の民謡観であったといえるだろう。柳田は、民謡をどこまでさかのぼっても作者のわからない歌として位置づけていた。一方で、一九二〇年代には、北原白秋、野口雨情、中山晋平らによる新民謡の創作が盛んに行われた。大衆文化のレベルでは、民謡は、ラジオ・レコードを通して流通したり、一方では流行歌や浪花節などのなかにとりこまれていったりもした。戦後には、保存会がつくられていくなかで、郷土の歴史を体現する歌として、あるいは観光などの資源として、より一層活用されていくことになる。民謡は、盆踊りなどの行事、労働、酒宴、といった歌われる場と密接な関係をもっている。時代において、また社会において、さらには個人において、歌詞とリズムはたえず流動的に変容する可能性を有している。韻律にのせた言葉が生活の喜怒哀楽をいかにして表現してきたのか、また共感を生み、流通してきたのかを知るための手立てとして、歌は貴重な資料だといえるだろう。

参考文献　町田嘉章・浅野建二編『日本民謡集』(一九六〇、岩波書店)　（真鍋　昌賢）

みんりょくかんよううんどう　民力涵養運動　第一次世界大戦後における社会秩序の動揺に対処するために官僚主導によって推進された国民教化運動。特に米騒動前後に全国各地で社会矛盾の発露として労働争議や小作争議が頻発し階級対立が激化する一方、生産物の値上がりによる一部農村での贅沢や奢侈の風潮が広がりつつあり、全般的な食糧問題の改善や地方行財政の強化などが焦眉の急となっていた。こうした情勢に対して、初の本格的政党内閣として誕生した政友会の原敬内閣は、地方行財政の改革とともに国民教化政策によって民衆運動を抑制しつつ、生活改善を企図する。そして勤倹貯蓄、敬神崇祖、階級強調政策にその方途を見出し、それらを機軸として国家秩序の安定をめざし、一九一九年(大正八)に内務大臣床次竹二郎《とこなみたけじろう》による各府県知事宛の訓令を行なった。訓令では(一)国家観念の養成、(二)自治観念の陶冶、(三)日新の修養、(四)相互の諧和、(五)勤倹の作興を基本理念とする五大要綱が明示され、各府県ではこれに基づいて計画大綱を作成し、知事、学校長、神職、住職などが中心となり具体策の立案を行なった。市町村機関、学校、在郷軍人会、婦人会、青年会、戸主会、農会、産業組合、漁業会など地域社会の末端に位置するあらゆる組織を行政系列に組み込み、周到な計画のもとに施策が実行されていった。五大要綱では、それぞれ(一)修身の教授、勅語や詔勅の解説、神社への礼拝、(二)自治功労者の表彰、農作物の共同販売、部落有林野の統一、(三)講習会の開催、理化学実験の推進、冠婚葬祭の簡素化、(四)社会事業の促進、隣保扶助精神の普及、産業組合の設置、(五)貯蓄の奨励、学用品の節約、衣食住の改善などが計画・実行され、その成果が各府県ごとにまとめ上げられ報告された。国民生活の細部にわたって国体精華の発揚、公共心の涵養、世界情勢への順応、共済の実績、生産資金の増殖を思想善導・教化錬成していこうとする体系的な計画に基づく運動として展開された。

参考文献　山本悠三「民力涵養運動と社会局」(『東北福祉大学紀要』一五、一九九〇)　（吉村　智博）

みんわ　民話　(一)早い用例は佐々木喜善の『江刺郡昔話』(一九二二年(大正十一))にみられる。「昔話」「口碑」「民話」に分類し、実際に起こった世間話を民話と呼んだ。その後、関敬吾が故郷の昔話を集めて、『島原半島民話集』(一九三五年(昭和十))を発刊する。この場合は翻訳語の「民間説話」の略称として民話を使った。しかし、柳田国男は民俗学の用語として「昔話」を採用し、民話を排除した。「民間説話」を使う場合にも「所謂《いわゆる》民間説話」と呼んで、一定の留保を付けている。しかし、木下順二は、柳田が監修した鈴木棠三《すずきとうぞう》の『佐渡島昔話集』(四二年)を読んで戯曲「夕鶴」を書き、一連の作品を「民話劇」と呼んだ。その際には民話を「民衆の話」の意味に解釈し、戦後に民主主義が普及する中で現代的な意義を説いた。この動向はさらに民話運動として展開し、雑誌『民話』(五八―六〇年)が刊行される。その連載から、宮本常一の『忘れられた日本人』(六〇年、原題は「年よりたち」)が生まれる。こうした民話の台頭に柳田は晩年まで嫌悪感を示したが、時代はすでに変わりつつあった。木下らの運動に共感を示したのは、松谷みよ子であった。日本民話の会が発足すると、雑誌『民話の手帖』を使って「現代の民話」を収集した。やがて『現代民話考』(八五―九六年(平成八))がまとまり、「学校」「銃後」「ラジオ・テレビ局の笑いと怪談」など新しい枠組みが提示された。

そうした動きに促され、民俗学でも「昔話」「伝説」「世間話」の総称として民話という言葉を使うようになる。一方、民話運動には児童文学作家が積極的に関わり、民俗学の成果をもとに再話して絵本を書くようになる。その結果、教育や観光にも民話という言葉が定着していった。→宮本常一《みやもとつねいち》

参考文献 吉沢和夫『民話の再発見』(『国民文庫現代の教養』、一九七四、大月書店)、松谷みよ子『民話の世界』(『講談社現代新書』、一九六八、講談社)、石井正己『遠野の民話と語り部』(二〇〇二、三弥井書店) (石井 正己)

(二)民話の会(一九五二年(昭和二十七)発足)の編集で刊行された機関誌。木下順二の『夕鶴』などの出版で関係の深かった未来社から五八年十月に創刊され、六〇年九月の終刊まで全二十四号が刊行された。創刊号には「新しい日本文化のために」という創刊の辞が掲げられた。六〇年に宮本常一『忘れられた日本人』(未来社)にまとめられる原稿の多くは、「年よりたち」という隔月の連載で『民話』に掲載されたものである。編集委員は、木下、宮本、吉沢和夫、西郷竹彦、竹内実、益田勝実が務めた。未来社の財政上の問題でわずか二年間の刊行にとどまったとはいえ、編集者の松本昌次の尽力もあり、埴谷雄高と丸山真男の対談、藤田省三、日高六郎、野間宏、谷川雁、森崎和江、吉本隆明など多彩な寄稿者が名を連ねることになったが、同時に最終号の二四号で西谷能雄が「総合雑誌の小型版」を懸念したような課題を含んでいた。最終号には全二十四号の総目次も載っている。

参考文献 『ある軌跡—未来社一五年の記録—』(一九六七)、松本昌次『わたしの戦後出版史』(上野明雄・鷲尾賢也聞き手、二〇〇八、トランスビュー) (根津 朝彦)

むいそん 無医村 医療機関が存在しない自治体、あるいは存在していても地形・交通上の障害により、医療を享受できない住民が存在する自治体。一九二〇年代後半以降、内務省衛生局などにおいて農村部における病気・体質不良の多さ、乳幼児死亡率の高さの原因として、常駐する医師の不在が挙げられ、問題視されるようになった。政策としては三〇年代の昭和恐慌期には農村経済対策の一環として、四〇年代の総力戦期には国民体力の強化策として対策が取り組まれた。戦後は過疎問題・限界集落問題との関わりで取り上げられることが多い。現在では自治体で区分するのではなく、半径四キロ以内に五十人以上が居住するにもかかわらず容易に医療機関を利用することのできない地区を無医地区と呼び、二〇〇九年(平成二十一)現在、北海道、山間部、島嶼部を中心に七百五地区の存在が報告されている。

参考文献 藤野豊「「無医村」問題の登場—ファシズム期富山の社会史(四)—」(『富山国際大学人文社会学部紀要』二、二〇〇二) (永江 雅和)

むえんぼとけ 無縁仏 誰にも祀られることのない無祀の霊魂。餓鬼仏《がきぼとけ》・外精霊《ほかしょうりょう》などとも呼ばれる。幼死者霊あるいは未婚で子供を残さずに死んだ者の霊とされることもあるが、その家の墓に眠るとはいうものの、死後に自分を祀ってくれるべき子孫を持たないという意味で、やはり無縁仏に準ずる存在であった。各地の盆行事を見ると、その家の正式な先祖霊とは別に、無縁仏を祀る例がよくあり、関東地方では盆棚の下に隠すようにして、無縁霊への供物を行なっている。中国地方では庭先などに無縁仏のための供物棚を設け、これを餓鬼棚と呼んでいる。寺院で行われる施餓鬼法会《せがきほうえ》も本来、無縁仏に盆中の施しを与えるための儀式であった。無縁仏の跋扈《ばっこ》のさまを表したとされる盆踊りも各地に見られ、有名な秋田県雄勝郡羽後町西馬音内《にしもない》のそれなどは、黒い覆面で顔を隠した踊り手たちが群舞を行う。盆行事とはそのように、先祖霊と無縁霊との二重祭祀の側面を持つ行事なのであって、両者をともに手厚く祀らねばならなかった。→施餓鬼《せがき》 →盆踊り《ぼんおどり》

盆棚下の無縁仏（埼玉県戸田市）

参考文献 柳田国男『歳時習俗語彙』(一九七五、国書刊行会)、長沢利明「盂蘭盆と施餓鬼会」(『西郊民俗』一八四、二〇〇三) (長沢 利明)

むぎ 麦 イネ科の一年生・越年生作物で、大麦・小麦・燕麦《えんばく》・ライ麦などがある。米と並ぶ主要穀物で、大麦・小麦は五穀の一つに数えられ醤油・味噌の原料ともなったが、燕麦・ライ麦は明治以降に伝えられ、飼料・緑肥用としてわずかに栽培されたにすぎない。中世以降、二毛作の普及によって麦の収穫量も増加していった。平安中期の『和名類聚抄』によれば、大麦は「布止牟岐《フトムギ》」または「加知加太《カチカタ》」と呼ばれるのに対して、小麦は「古牟岐《コムギ》」または「末牟岐《マムギ》」と呼ばれ、末牟岐を真麦と理解して麦といえば小麦を指すとの意見がある。大麦は主に麦

飯・粥といった粒食として食されたのに対し、小麦は粉食として小麦粉を餅・饅頭・菓子類・麺類・パンなどさまざまな食品に加工して食された。典型的な小麦の粉食食品として、古代から中世にかけて作られた手延素麺の祖型ともいわれる索餅《さくべい》、中世後期以降広く食されるようになった素麺がある。また室町初期の『庭訓往来《ていきんおうらい》』には素麺と並んで饂飩《うどん》(饂飩)・碁子麺《きしめん》(碁石状に切った麺)・水団《すいとん》などの名がみえており、さまざまな粉食食品がこのころには作られていた。中でも小麦粉に塩を入れて打つうどんは、禅宗寺院における饗応に端を発して次第に普及していったもので、江戸時代にはうどん屋(蕎麦屋)や行商が登場するなど食べ物商売の対象となり、切り麦(冷麦)とともに関西を中心に庶民の間にも広まった。麺食の普及は、今日の名古屋のきしめんや甲州のほうとう(餺飩)に代表される郷土色豊かな麺を生みだし、さらには現代のラーメンや即席麺へもつながっていく。近代以降に普及した粉食食品としてはパンがある。ポルトガル語に由来するパンは中世末期から近世初頭にかけて宣教師がもたらし、明治時代になって日本人の考案したあんパンやジャム・クリームを詰めた菓子パンが人々の人気を呼び、戦後には学校給食にも取り入れられ、食生活の洋風化もあって国民生活の中に普及していった。→大《おお》麦《むぎ》 →パン →粉食《ふんしょく》

参考文献 岡田哲『コムギ粉の食文化史』(一九九三、朝倉書店)、石毛直道『麺の文化史』(『講談社学術文庫』、二〇〇六、講談社)

(伊佐治康成)

むぎめし 麦飯 大麦を入れた飯。大麦一〇〇%の飯をバクメシ、オバクといい、大根、イモ、小豆などの野菜を入れた。炊飯に四、五時間かかる。米や粟、稗などと混炊した麦飯もある。大麦は粒が固いため、他の穀物との混炊に工夫をした。米と混炊するには大麦を先に沸騰させ、粘り気のある水分を捨て(湯取り法)、米といっしょに炊く。大麦を石臼で挽いて二つ割れ、三つ割れにしたものが挽割り麦で、米や粟、稗とともに炊飯できる。

麦飯　オバクの炊飯

関東地方では大麦を栽培する農家で挽割り麦の麦飯を食べるようになったのは大正時代で、昭和時代に押し麦が出現した。大麦に水分を含ませ、水車で押し潰したもので、現在のビタバレーにあたる。押し麦は米や粟、稗とも混炊が可能で、麦飯といえば押し麦と米になった。近代においては麦飯を食べないのは一部の東北の米作の大農家と都市生活者であった。後者も大半の庶民は麦飯を日常的に食べていたが、時代によって挽割り麦、押し麦と変化していった。また、麦と米などの割合は地域と時代によって大きく異なった。東京近郊の大農家の麦飯は大麦八割で米が二割の比率であったが、そのうち半々になり、さらに大麦二割、米八割に逆転した。昭和三十年代に麦飯は終わり、米一〇〇%の米の飯になった。大麦を作る畑が、東京近郊の住宅地に変貌したためで、農家の食生活は大きく変わっていった。麦飯は、米の飯が引き起こす「江戸わずらい」と称した脚気を防ぐことは近世から知られていた。現代では腸内細菌を活性化させ、長寿の食事として注目され、大麦栽培も各地で復活している。→大麦《おおむぎ》

(増田　昭子)

むぎわらぼうし 麦藁帽子 麦藁を漂白し編んだもので作った夏の帽子。麦稈真田が材料となることから、真田帽子とも呼ばれる。麦藁帽子に関する記述として早いものは一八七八年(明治十一)六月の『東洋新報』であり、武州大森村(東京都大田区)の島田十郎兵衛が麦藁帽子を生産し、外国に輸出しているという記事が掲載されている。通気性の良い麦藁帽子は、夏用の帽子として広く用いられ、海軍では八三年に二等兵曹以下の夏正服として制定されている。また八六年制定の帝国大学の夏用学生帽をはじめ、制帽ではないものの高等女学校の学生にも被る者が少なくなかった。帽子の帯は黒、赤、紫など、各個人の好みや、時期の流行によって違いが見られる。九九年から一九〇〇年にはブラジル帽、〇二年ごろには台湾パナマ帽が一時的に流行した。輸入に依拠していたパナマ帽は、〇四年から原料をイタリアおよびオーストラリアから輸入し、横浜で製造を開始したため、大幅に

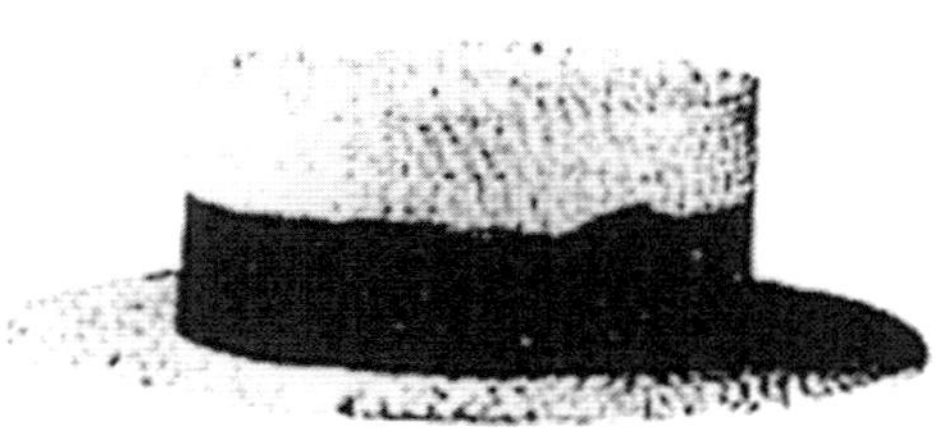
一文字麦藁帽子

価格が下落した。またパナマの中折帽のほかには、カンカン帽などが流行した。

参考文献　石井研堂『明治事物起原』(明治文化研究会編『明治文化全集』別巻、一九六九、日本評論社)、『東京の帽子百二十年史―明治・大正・昭和―』(二〇〇五、東京帽子協会)

(刑部　芳則)

むこようし　婿養子　娘に入り婿として夫を迎えること、またその婿をさすことば。家を継承するために行われる。現代では娘夫婦と生活を共同する場合でも、戸籍を別にするので養子縁組は普通行わない。家制度下、長男子相続が規範化する中でも、婿養子は重要な役割を果たすことがあった。有力な武家や豪農豪商の家では、娘に有能な婿を迎え分家させて、一族の紐帯により家業家職をもり立てることがしばしば行われた。また、庶民にも姉家督という相続慣行があった。男女にかかわらず初生子に相続させるため、女子の場合には婿をとって家督を継がせたもので、近世から明治中期にかけて、東北地方に多くの事例が報告されている。近世後期に子どもの数が極端に減少していた東北地方で、姉家督や末子相続は家の継承から便宜的に採られた可能性もあるが、家父長制的な男尊意識の浸透の弱さや、「前封建的性格」をこの慣行に見いだす説もある。→縁組《えんぐみ》

参考文献　柳谷慶子『近世の女性相続と介護』(二〇〇七、吉川弘文館)

(太田　素子)

むさんかいきゅう　無産階級　プロレタリア(プロレタリアート)の訳語として第一次世界大戦後に急激に普及した大正時代特有の用語。それ以前は賃労働者あるいは貧困者などの表現が一般的であるが、「階級」と接合しない「無産」という用語自体は、福沢諭吉『文明論之概略』(一八七五年(明治八))や町村制(八八年)にかかわる公文書の類でも使用されている。一九二〇年代の社会運動の隆盛とともに「無産階級」という用語として広く用いられるようになり、生産手段をもたず労働力を売る代償をもって生計を立てる無財産の人々といった意味合いが定着していった。一方、プロレタリア(原語はラテン語)という用語には元来、社会の最下層に位置づけられる「賤民」という意味が与えられていたが、身分制社会における「平民」という意味にも通じるかたちで変化し、日本では明治社会主義者らによってその用法が継承されることになり、近代資本主義者における労働者階級を指し示すようになった。

参考文献　林宥一『「無産階級」の時代―近代日本の社会運動―』(『シリーズ日本近代からの問い』四、二〇〇〇、青木書店)

(吉村　智博)

むしおくり　虫送り　主に稲につく害虫の駆除を目的として、村単位で行われた共同祈願の一つ。村の重要な農耕儀礼・年中行事ともなった。虫追いや虫祭りという呼称もある。地域差を伴うが、夏場の日没後に村人が行列をなし、藁で作った人形・虫・蛇などを持ち、松明を灯し、簱《はた》や毛槍・吹き流しを掲げ、鉦《かね》・太鼓・笛・ほら貝で囃し立てながら畦や作場道を練り歩き、村の外へ送り出すのが一般的な所作であった。近世以前の百姓は、病虫害の発生を神仏の怒りや怨霊の祟りと考えており、藁製の形代に怨霊を封じ込めて、村境で焼き捨てたり、川や海に流したりした。西日本には、斎藤別当実盛の怨霊が害虫に化して作物を襲うという伝承があり、虫や藁人形をサネモリと呼んでいる。その年に収穫された麦の藁で人形を作る例が多く、麦の収穫儀礼の一環としても捉えられる。大蔵永常によれば、松明の火に虫を集めて焼き殺し、鳴り物の音で鳥獣や虫を避けるという、実質的な防除効果もあった。

参考文献　大蔵永常『除蝗録』全(山田龍雄他編『日本農書全集』一五所収、一九七七、農山漁村文化協会)

(平野　哲也)

むしがし　蒸菓子　饅頭、蒸羊羹、かるかん、外郎《ういろう》などの蒸して作る菓子を指す。蒸し物ともいう。饅頭などのように皮で餡を包み蒸す物、混ぜ合わせた生地を型に入れて蒸す物などがある。鎌倉時代の『正法眼蔵《しょうぼうげんぞう》』、室町時代の『七十一番職人歌合』には、饅頭を蒸す記述があり、古くから行われた調理法であったことがわかる。→饅《まん》頭《じゅう》

参考文献　中村孝也『和菓子の系譜(復刻版)』(一九九〇、国書刊行会)

(青木　直己)

むしば　虫歯　口腔内の細菌によって歯垢が酸性化し、歯の硬組織(エナメル質ほか)を融解(脱灰)させた状態であり、う蝕と糖質の摂取との間には深い関係がある。古代の医書『医心方』には虫が歯を食して歯根の孔にいるので薬を付けよとある。「歯取」が「虫のくひたる歯」を抜く話が『沙石集』や古代中世の古記録にみられ、近世にも「朽歯」に糸を引っ掛けるか鉗子・釘抜きで引き抜いている図が口中医の引札・浮世絵にみられる。歯痛を止める民間薬や呪法も多く伝えられている。明治初期、長谷川保兵衛、高山紀斎、小幡英之助らによって西洋の歯科技術が定着をみるようになる。

参考文献　本間邦則『歯学史概説』(一九七一、医歯薬出版)、新村拓『日本古代医療官人制の研究―典薬寮の構造―』(『叢書・歴史学研究』、一九八三、法政大学出版局)、杉本茂春『歯と顔の文化人類学』(一九八五、編集工房ノア)、根岸謙之助『医の民俗』(『日本の民俗学シリーズ』七、一九六八、雄山閣出版)

(新村　拓)

むしふうじ　虫封じ　疳の虫が起きないようにまじなうこと。幼児がひきつけや疳を起こす現象を「虫が起きる」といって、育てる立場からはきわめて厄介だった。現代医学の発達以前は、神仏に頼ることが多く、東京都新宿区の穴八幡宮は、江戸庶民の間で虫封じのお参りに訪れる人でにぎわったという。今も生後一年以内のお参りに来る人が多い。茨城県下妻市の大宝八幡宮では、手のひらに新たにすった墨で「疳の虫」と書いてから呪文を唱えてもらい、護符を受ける。受けた護符は子どもの寝室

の天井に貼る。同じ市内の宗任《むねとう》神社では、旧暦七月一日に茅の輪をくぐり拝殿で呪文を唱えてもらう。下妻市周辺では、アカガエルの付け焼きがよく効くといわれる。また、孫太郎虫と呼ぶ昆虫を乾燥させ、煎じて飲ませると効果があるといわれた。第二次世界大戦前までは孫太郎虫売りの行商が町中を売り歩いた。 ↓疳《かん》の虫《むし》

参考文献 『(特集)子どもの成長祈願』(『茨城の民俗』二三、一九八四)、豊島区郷土資料館編『女性の祈り―婚姻・出産・育児の信仰と習俗―』(特別展図録、一九九三)

(柳 正博)

むしもの 蒸し物 食材を蒸気で加熱する料理。蒸す加熱法は焼くに次ぎ古くから行われており、『和名類聚抄』一六、菜羹に「蒸、無之毛乃《むしもの》」とある。江戸時代の料理書には「玉子豆腐」「蕪蒸」「粟蒸」「茶碗蒸」「蒸貝」「風呂吹き」などが書かれている。水蒸気での加熱の利点は食材の形を崩さないことである。ただし、蒸している途中での調味ができない欠点がある。餅を作る際に吸水させた糯米を蒸すのは、うるち米に比べて吸水量が少なく加水量の調節がむずかしいためである。菓子にも羊羹や饅頭のように蒸籠で蒸すものが発達した。冷めたご飯や料理を温めるのに蒸す操作は日常生活の中で利用されてきた。現在は電子レンジの普及で蒸し器は特別な器具になりつつあるようである。電子レンジは食材の水分と電子の作用で加熱する道具で、蒸す機能を持った調理器具である。最近は蒸気を三〇〇度まであげる仕組みで加熱する調理器具がある。 ↓蒸籠《せいろ》

参考文献 冷月庵谷水『歌仙の組糸』(吉川誠次編『日本料理秘伝集成』七所収、一九八五、同朋舎出版)

(大久保洋子)

むしゃえ 武者絵 源頼光、源頼朝、楠木正成、織田信長、豊臣秀吉などの実在した武将や伝説上の豪傑、その合戦の場面を描いた絵画。限定的に江戸時代から明治時代に描かれた錦絵の様式をさすこともある。江戸時代には、政道批判、人心を惑わす妄言、好色なものを題材とした出版は禁止され、徳川家や天正年間(一五七三―九二)以降の大名家に関する出来事は描けなかった。このため幕末には、過去の人物や事件に仮託して世相や事件を報じる武者絵が作られている。

参考文献 菅原真弓「武者絵の研究―「歴史画」としての視点による一考察―」(『哲学会誌』二三、一九九九)、佐々木守俊・滝沢恭司編『浮世絵大武者絵展―武者絵二百年の歴史をたどる 本邦初・勇壮無比―』(町田市立国際版画美術館展示図録、二〇〇三)、稲垣進一・悳俊彦『国芳の武者絵』(二〇一三、東京書籍)

(加藤 光男)

むしゅく 無宿 江戸時代、人別帳から外された人物をいう。この時代に町村に居住する町人や百姓は、宗門人別帳に記載されたが、経済的事情や犯罪を起こすなどの事情で逃亡した人物がいると、家族や親類たちは後難がかかるのを懼れて宗門人別帳から名前を削除することを願い出るのが一般的であった。当該人物は無宿になる訳である。無宿といえば犯罪者のイメージがあるが、本来は犯罪の有無とは関係がない。 ↓居候《いそうろう》 ↓人足寄場《にんそくよせば》 ↓浮浪者《ふろうしゃ》

参考文献 吉岡孝「近世後期関東における長脇差禁令と文政改革―改革組合村は治安警察機構に非ず―」(『史潮』四三、一九九八)

(吉岡 孝)

むしろ 莚 稲藁を織って作る敷物。藁莚。庭に敷いて稲籾、麦、豆などの収穫物をひろげ、天日乾燥を行なった。脱穀や選別、俵詰めなどの際にも敷物とした。また梱包材としても使用され、二つ折りにして袋状に縫い合わせると叺《かます》になった。農家が農閑期に自家の稲藁を使って莚織り機や莚機《むしろばた》と呼ばれる道具を用いて作ったもので、自家用のものだけでなく副業に商品として生産し、出荷するところもあった。明治末ころから足踏み式、昭和になると動力をつかった製莚機が普及し、旧式の莚織り機は姿を消していった。

莚の上に座って作業をする職人(喜多院本「職人尽絵屏風」より)

参考文献 今石みぎわ「莚と莚織りの技術―山口県下松市西谷を中心に―」(『無形文化遺産研究報告』六、二〇一二)

(小林 裕美)

むしろど 筵戸 ⇩戸《と》

むじん 無尽 ⇩頼母子《たのもし》

むすび 結び 紐状のものを巻き込み、絡み合わせ、繋ぐこと。すでに縄文時代には、植物繊維から作った紐を結んだ原体《げんたい》で土器の表面を装飾・加工することが一般的になっていた。このほか、建築・運搬・農耕・漁撈などの作業に用いる結び、藁算などの計算・記憶に用いる結び、水引などの儀礼・信仰に用いる結びがある。結びの目的に応じた分類としては、紐の一端に結び目をつくる「結節」、紐の両端を結び合わせる「結合」、杭に括り付けたり物を吊したりする「結着」、紐の中ほどで長さを縮め引き締め直す「結縮」、物のまわりに巻き付けて束ねる

「結束」、結び目を装飾として用いる「紋様」がある。また結び目を四方へ広げることで網となる。結びの種類はさまざまであるが、一般的にはこま結びや蝶結びが多く用いられる。職業と密接に結びついた結びもあり、はた結び・かこ結びは農・林・漁業で、もやい結び・てぐす結びは漁業で、よりこみ結び・すごき結びは農・林業で、それぞれ状況に応じて用いられる。着物の帯やネクタイなど、特定の物に対してのみ用いられる結びもある。
（加藤幸治・今井雅之）

参考文献 額田巌『結び』（『ものと人間の文化史』、一九七二、法政大学出版局）

むなぎ　棟木　建物の屋根を構成する小屋組のうち、頂部で垂木を受ける長手方向の横材のこと。棟桁ともいう。小屋組を桁行方向に繋ぐ役割をもつ。和小屋では棟束に支持され、叉首《さす》組では叉首の頂部で支持される。建物の基本構造の最上部にあり、棟木が上がる際に、それまでの工事の無事を祝い、建物の完成を祈願して、上棟式（棟上げ、建前などともいう）が行われる。建築の由緒や年月日、施主、施工主などを記した棟札を打ち付けることもある。→上棟式《じょうとうしき》
（大林　潤）

むなふだ　棟札　建物の新築や修理において行われる棟上に際して、その年紀・建造者・出資者・造立趣旨などを銘記し後世に伝えるため、棟柱の上に掲げた札。主に木札である場合が多い。現存する最古のものは、平泉中尊寺にある一一二二年（保安三）の伝経蔵造立のもので、当初は記録を主としていたが、やがて鎌倉時代以降、供養の願文が加わり、さらに室町時代になると梵字や偈頌《げじゅ》や「合」「卍」「封」などの記号を記したものが多くなる傾向がある。多くは火災などによる損壊を避けることを神仏に祈願するものとされている。棟札のかたちは、上端が平らな平頭形と山形になった尖頭形に分けられるが、これは平安末から鎌倉時代にはともに出現していた。このほか少数だが、寺院の窓の形のような火頭形、丸まった丸頭形や擬宝珠になぞらえたような擬宝珠形がある。棟札には、その建物の建築に関与した造立者や実際の職人の組織、または協力した人物などが記載され、特にその地域の領主や政所といった政治勢力、あるいは地域の村落や町場などの社会集団の具体的な姿を窺うことのできる好史料である。

参考文献 横浜市歴史博物館編『中世の棟札―神と仏と人々の信仰―』（企画展図録、二〇〇三）、水藤真『棟札の研究』（二〇〇五、思文閣出版）
（湯浅　治久）

むなもん　棟門　基本的には、二本の親柱のみで切妻造の屋根を支える構造の門をいう。「むなかど」とも読む。ただし、歴史的には、「むねかど」（『とはずがたり』四、『日葡辞書』）あるいは「むねもん」（『増鏡』春の別、『運歩《うんぽ》色葉集《いろはしゅう》』）と呼ぶのが一般的であったらしい。中世の絵巻物にしばしば描かれており、住宅の門としては四脚門に次いで格の高い門の形式であったらしい。二本の柱のみで上部構造を支持しなければならないため、地面に柱を直接立てる掘立柱の形式が都合がよい。建物の建て方が掘立柱から礎石建ちに変化してくる中世後期から近世前期にかけて、礎石建ちでは構造的に不安定になる欠点を、控柱《ひかえばしら》を立てて梁の端部を支持するなどして補うことがあり、外観上は四脚門や薬医門に似た形式をとることもある。現存最古の棟門は、京都市の東福寺六波羅門（鎌倉時代初期）だが、これは室町時代に控柱を補って四脚門の形式とした例である。このように、掘立柱から礎石建ちへと建物の建て方が転換する傾向のなかで、棟門の構造的弱点を補った変化形として薬医門が考案されたと考えると、薬医門の出現と普及が時代的にも合理的に説明できる。→薬医門《やくいもん》

棟門　東福寺六波羅門

参考文献 岡田英男編『門』（『日本の美術』二一二、一九八四、至文堂）
（箱崎　和久）

むら　村　〔原始・古代〕「村」は「村落」、「村落」は「村落共同体」の省略形であり、一般に社会科学の範疇では、原始共同体が解体して奴隷制社会（古代社会）が形成される時期に、それまでの血縁的結合による氏族共同体に代わって登場した構成員が地縁的に結合した共同体を指した。したがって今日の日本史研究では、奴隷制社会（古代社会）の形成は、古墳時代以降とされているため、原始共同体の段階である縄文時代や弥生時代の集落に対して「村落共同体」すなわち「村」という概念を適用することは適切ではなく、現在では、縄文時代や弥生時代の集落に対しては「村」に代わって「ムラ」という表記が用いられている。従来の古代村落研究は、現存する文献史料や絵図の検討を中心に、歴史地理学などの諸成果を援用して進められてきたが、高度経済成長期以降の開発の増加に伴って古墳・奈良・平安時代の集落遺跡の発掘調査成果が蓄積されたため、現在ではこうした考古学的成果が主体となって研究が進められている。その結果、景観的に把握される集落が複数集合して村落を形成していたことが、文献史料にもみられる村落の仏堂（村堂）などの検討から解明されつつある。

参考文献　石母田正『日本の古代国家』(『日本歴史叢書』、一九七一、岩波書店)、宮瀧交二「村落と民衆」(上原真人他編『列島の古代史―ひと・もの・こと―』三所収、二〇〇五、岩波書店)
(宮瀧　交二)

〔中世〕 村は、しばしば小農の家が相互に取り結ぶ生産と生活の共同体と、それが総有する耕地・山野を包含する領土・領域の複合体として理解されている。これは近世ないし明治前期までの村をもとに抽出されたモデルであるが、中世はその原型が形成された時代であった。中世では国―郡―郷―村という序列が地域社会の骨格をなしていた。中世の村は「村」「郷」「庄」などさまざまな地域呼称をもち、中世初期の「郷」や「村」と近世の村を系譜的に繋げられることも多い。父系直系で代々相伝される永続的な社会組織としての家が、百姓層においても確立するのは中世後期のことで、戦国時代ごろには畿内近国の百姓上層で固有の家名(苗字)を家長が代々継承し、家が財産の所有主体となって家産が成立し、家長が財産権を掌握するようになる。また、鎌倉から南北朝時代には集落の集村化と農業の集約化も進展し、百姓と耕地・山野との結びつきが深まって、室町時代ころには村は集落・耕地・山野を一体的に包含する領域を持つようになった。中世の村は、しばしば在地の侍身分である殿原衆(地侍)を構成員としてもち、また外部勢力に対峙する自主的な武力を備えていた。畿内などでは、すでに室町時代に自立的性格を持った村が、社会体制上の基礎単位として認知されるようになり、領主が荘園制的な支配方式に替えて、村を通じた支配を採用し、年貢の村請も行われる場合があった。

参考文献　田村憲美『日本中世村落形成史の研究』(『歴史科学叢書』、一九九四、校倉書房)、坂田聡・榎原雅治・稲葉継陽『村の戦争と平和』(網野善彦・石井進編『日本の中世』一二、二〇〇二、中央公論新社)
(田村　憲美)

〔近世〕 十五世紀ごろから、集村化の傾向が進行し、地縁的共同結合が次第に強化されていった。太閤検地にはじまる近世初期検地では、こうした動きを捉えて集落を単位に村切りを行い、村の範囲や土地を所持し年貢負担を請け負う名請人を確定し、これをもとに村を単位に年貢を徴収する村請制を定めた。また兵農分離体制がとられ、武士は村から引き離され、城下に集住することが一般的となり、村に住むものは基本的に百姓として把握された。村は、その構成員である百姓の生活共同体であるとともに、支配の単位であり、両者のせめぎ合う場所でもあった。したがって村は、在地の共同結合の進展状況、検地の施行事情、相給知行など領主の配置、農山漁村など生業の種類、耕地や用水・入会など生産環境により、さまざまな様相を示した。村は、自立した農山漁業経営を営む本百姓の共同結合を中心に、名主・組頭・百姓代などの村役人を代表として運営されたが、一方で土地を所持しない水呑百姓や商人・職人、宗教者(僧侶・神官など)・被差別民など、その再生産に必要な多様な人びとを周辺に抱え込んでいた。農業に必要な用水や採草地(入会地)の確保と管理などは、村が主体となって近隣の村々と連携・対立しながら行われた。漁村の漁場や山村の焼き畑の管理も同様で、村の共同体的所持のなかで、住人の個別の経営・生活が営まれる構造となっていた。近世の村は訴訟もその名前で行なったので、村は構成員の単なる集合ではなく、法的人格があると理解されている。村の内部では、五人組や隣家組織、また同族団や若者組などの年齢階梯的な結合、任意加入の講組などさまざまな性格の多様な結合があった。しかし境界領域をもち、強い法的人格を帯びた村の存在は、出入り自由で解放された社会結合を特徴とする明清時代の中国の村落、両班の氏族結合を中心とした朝鮮王朝時代の村落などと比べて、東アジアのなかでは特に共同結合の強さがきわだっていた。明治維新後、地租改正で村請制が廃止され、近世の村は解体していったが、その共同結合は高度成長期前後まで、根強く残った。またここで生まれた生活意識や習慣は現在にも日本人の集団性などとして引き継がれることになった。

→漁村《ぎょそん》　→山村《さんそん》　→百姓《ひゃくしょう》　→村請制《むらうけせい》　→村役人《むらやくにん》

参考文献　中田薫「徳川時代に於ける村の人格」(『法制史論集』二所収、一九三八、岩波書店)、古島敏雄『日本農業史』(『岩波全書』、一九五六、岩波書店)、木村礎『近世の村』(『教育社歴史新書』、一九八〇、教育社)、福田アジオ『日本村落の民俗的構造』(『日本民俗学研究叢書』、一九八二、弘文堂)、白川部達夫「村と百姓身分」(白川部達夫・山本英二編『村の身分と由緒』所収、二〇一〇、吉川弘文館)、同「近世の村と百姓の土地所持」(同)、渡辺尚志「近世の村」(大津透他編『(岩波講座)日本歴史』一一所収、二〇一四、岩波書店)、水本邦彦『村―百姓たちの近世―』(『岩波新書』、二〇一五、岩波書店)
(白川部達夫)

〔近現代〕 明治維新後、江戸時代の藩制村の近代行政村への切換えをめぐって混乱した。一八七二年(明治五)の大区小区制による旧村廃止、旧村役人の全廃と戸長・副戸長の配置から、七八年の郡区町村編制法による旧村復活へと変化した。しかし江戸時代の旧村では近代の行政事務に対応できず、連合戸長役場の設置から、旧村合併による八九年の町村制施行により近代行政村が成立する。これにより七万町村あった旧町村は一万五千に減少する。旧町村は区または制度外の大字として存続し部落と呼ばれた。地租改正により入会地は官民有区分で一部政府に没収され、民有は個人所有を基本とした。実際には連記共有として旧村に残り財産共有組織として「むら」は継続した。こうして町村制以後も藩制村以来の村寄合などの部落自治は村規約・区条例として残され、「むら」は行政、自治、生活の三局面での農民の共同体として生き続けたが、次第にその生産的機能を失っていき、行政下請けと生活相扶の機能に縮小していった。明治末期、政府

は地方改良運動により新町村制への農民の統合を図るため、部落共有林野整理と部落神社合併を強行したが「むら」の激しい抵抗に会った。戦時下には部落が行政の末端組織として部落常会—隣保班(隣組)が設置され総力戦に協力させられた。 ↓大区小区制《だいくしょうくせい》 ↓町村制《ちょうそんせい》

[参考文献] 中村吉治『日本の村落共同体』(『新民俗文化叢書』四、一九七七、ジャパン・パブリッシャーズ)、竹内利美『村落社会と協同慣行』(『竹内利美著作集』一、一九九〇、名著出版)、山中永之佑『日本近代地方自治制と国家』(一九九九、弘文堂) (森 武麿)

むらいり **村入り** 他村からの来住者や分家として新たに一家を構えた者が、村落の正式な成員として承認されるための儀礼や手続きのことを指す。新たに分家した者の村入りは、本家を保証人として寄合に酒などを持っていき、挨拶を行う程度で認められる例がほとんどである。他所から移住した者は、村の有力者や役職者を仲介人として村入りを行う。特定の家々が力を持つ村や同族が村落内の関係を規定しているような村では、保証人となった家を親方として親方子方関係を結ぶ例や頼みの本家として本分家関係を構築するような例もみられる。家々の関係が比較的平等な村では、村の役職者や村に住む縁者を仲介人として村入りを行なった。村入りの際には共有財産の権利を得るために一定の金額の支払いが必要な例や、村入り後、数年の間は共有財産の権利や氏神の祭祀権がないなど一部の権利が得られない状態で村人としての義務を果たした後に権利が認められる例などがみられる。村によっては、既存の家々の権利や秩序を維持するため分家制限などによって戸数制限を行なっているため、村入りが非常にむずかしい村も存在する。 ↓他所者《よそもの》

[参考文献] 鳥越皓之『家と村の社会学(増補版)』(『Sekaishiso seminar』、一九九三、世界思想社)、安井眞奈美「変貌する村落社会—能登地方における「ツラ」概念の近代—」(『民族学研究』五九ノ一、一九九四) (大野 啓)

むらうけせい **村請制** 年貢を村で請け負う制度。中世後期には、荘園年貢は地頭請や守護請のほかに、畿内で荘園内部の村の住人が連帯して請け負う地下請《じげうけ》が始まった。これを前提に、近世になると検地と村切により、その範囲を村として村請制が体制的にとられるようになった。また石高制に基づいて米納年貢制が並行して行われた。村請制のもとでは、年貢は割付状で村に対して賦課され、村は名主・組頭を中心にこれを徴収して納入し、年貢未進が出た場合、親類・縁者、五人組、名主など村役人が立て替えて納めるなどした。立て替え分は百姓間の貸借として処理されることが一般的で、富裕な地主や村役人は小百姓の維持のために、適切な融通を行うことが期待された。村請制度は、地租改正にあたって廃止され、地租は金納となり、各農民が個別に負担するようになった。このため小農民には直接、租税負担の重圧がかかるようになり、松方デフレの不況期には、租税未納の農民は土地・家財の差し押さえ・競売にあい没落し、地主が成長した。

[参考文献] 勝俣鎮夫「戦国時代の村落」(『戦国時代論』所収、一九九六、岩波書店)、深谷克己「幕藩制における村請制の特質と農民闘争」(『百姓一揆の歴史的構造』所収、一九七九、校倉書房)、水本邦彦「初期「村方騒動」と近世村落」(『近世の村社会と国家』所収、一九八七、東京大学出版会) (白川部達夫)

むらえず **村絵図** 江戸時代、村の景観を描いた絵画的要素が強い地図の一種。江戸時代は地域編成の単位として国郡村制をとっており、この村を単位とした絵図を村絵図という。これに対して、江戸や大坂などの城下町や宿場町、湊町などを描いた町絵図があり、また、一国を単位とした国絵図、郡を単位とした郡絵図、村々の連合体である組合村を描いた組合村絵図、河川の流域を描いた絵図、災害のようすを描いた絵図等々広域を描いた絵図があった。いずれの場合も正確な縮尺ではないことが多く、必ずしも上が北という訳ではないが、東西南北の方角は記入されている場合が多い。村絵図作成のきっかけは、領主の交代、巡見使や役人の派遣・視察、国絵図の作成、土地の見分、検見、村境や入会などの訴訟、土木工事など多様であり、全体を描いたものと部分を描いたものがある。作成の目的によって描き方もさまざまであったが、だいたい六百分の一程度の縮尺が多いといわれている。

[参考文献] 木村東一郎『近世村絵図研究』(一九六二、小宮山書店)、同『江戸時代の地図に関する研究』(『日本史研究叢書』、一九六七、隣人社)、杉本史子他編『絵図学入門』(二〇一一、東京大学出版会) (馬場 弘臣)

むらおきて・むらぎめ **村掟・村極** 中世、特に鎌倉時代以降、村落の自治が発展するなかで村人たちの手によって定められたルール。畿内近国を中心に見られる。置《おき》文《ぶみ》や置書《おきがき》、掟《おきて》などさまざまに表現されるが、いずれも村落(荘園)内における罰則規定や、年中行事、宮座の規律など、村落内秩序の安定・維持を目的として定められたものである。近江国奥島荘《おくしまのしょう》(滋賀県近江八幡市)では十三世紀半ばに「悪口《あっこう》」の罪に対し、荘内追放という厳しい罰則を規定している。南北朝時代以後は、惣村の形成・発展に伴い、自検断《じけんだん》(自律的警察権の行使)や、地下請《じげうけ》(年貢請負)、惣有地の蓄積などが進むと、村落運営の主体者であるオトナ(乙名・老などと書く)を中心に、村落構成員の総意をまとめる会議(衆儀《しゅうぎ》)をもって犯罪への対応、宮座運営のルール、祭礼その他の費用負担、徳政への対応などさまざまなことが規定されるようになる。こうした在地のルールは近世に入っても再生産されており、村の「公」性の高さを示している。 ↓村法《そんぽう》

[参考文献] 笠松宏至・佐藤進一・百瀬今朝雄校注『中世政治社会思想』下(『日本思想大系(新装版)』、一九九四、岩波書店)、田中克行『中世の惣村と文書』(一九九八、山川出版社) (川端 泰幸)

むらおくり　村送り　江戸時代、一般に村人を村の外へ送り出す行為を指す。最も多い事例は婚姻や養子縁組、他村への奉公に伴う人の移動で、宗門人別帳の記載の加除が必要なため「送り一札之事」「落着一札之事」と題する文書が関係町村の間で取り交わされた。これとは別に、村内で発病または死亡した村人以外の人間を村境まで連れ出す行為を村送りと称することがあった。　→送手形《おくりてがた》

（白井　哲哉）

むらかた　村方　⇩地方《じかた》

むらかたさんやく　村方三役　⇩村役人《むらやくにん》

むらかたそうどう　村方騒動　近世の村をめぐる騒動、出入。村騒動、村方出入などということもある。主として、名主・村役人の村運営の独占やこれに伴う年貢・夫役、村入用、領主からの下げ米金などの割合疑惑・不正が原因となって発生した。近世前期には、庄屋と惣村の年寄との対立や土豪百姓と役屋百姓の対立が軸になった。その後、小百姓の台頭が進むとこれを中心とした惣百姓が名主の不正を追及するものに変化し、初期からの名主の交代などが実現し、百姓仲間の名主といわれるようになった村も見られた。それに伴い名主選出も有力百姓の年番制、入れ札制などが行われるようになった。近世中期には、村方騒動では本家・分家の同族団ごとに結束して対立することが多かったが、近世後期になると同族団結合は弛緩して、地主・小作など階層的な結合が強くなる傾向があった。指導者も公事《くじ》好みの者とか小賢しき者などといわれたものが中心になることが多かった。村方騒動は、村請制のもとで特質づけられた近世の農民闘争であるが、近代になっても日本の政治経験として継承された。　→百姓《ひゃくしょう》

参考文献　大石久敬『地方凡例録』上（大石信敬補訂・大石慎三郎校訂、『日本史料選書』一、一九六九、近藤出版社）、白川部達夫「幕末維新期の村方騒動と主導層―小賢しき者について―」（地方史研究協議会編『茨城県の思想・文化の歴史的基盤』所収、一九七八、雄山閣出版）、深谷克己「幕藩制における村請制の特質と農民闘争」（『百姓一揆の歴史的構造』所収、一九七九、校倉書房）、水本邦彦「初期「村方騒動」と近世村落」（『近世の村社会と国家』所収、一九八七、東京大学出版会）

（白川部達夫）

むらかぶ　村株　⇩百姓株《ひゃくしょうかぶ》

むらぎり　村切　検地などにあたって村の範囲を確定すること。太閤検地は、荘・郷のなかで成長していた村を対象として検地を実施した上で、村に年貢請負の責任をもたせた。この範囲を確定する作業が村切と称され、検地の実施に伴って行われた。一五九四年（文禄三）の検地掟に村ごとに榜示を打って境目を定めるようにと指示が出ている。しかし近世初期の検地による村境の確定は曖昧な部分も多く残されていた。このため十七世紀末まで村落間争論が続き、その裁定を経ながら境界が定着する村も少なくなかった。村切の結果、近世の村は百姓と土地が一体のものとして捉えられ、同時代の東アジアに見られない地縁的共同体としての性格を強く帯びることになった。村切については、検地と並行して、出入作整理が行われたことを強調する見解と、境界画定に限られるとする説がある。

参考文献　遠藤進之助『近世農村社会史論』（一九五六、吉川弘文館）、有光友学「近世畿内村落の成立をめぐって」（『人文論集』二〇、一九六九）、水本邦彦「村社会と幕藩体制」（『近世の村社会と国家』所収、一九八七、東京大学出版会）、伊藤陽啓「「村切」再考察のこころみ」（『信濃』五五ノ三、二〇〇三）

（白川部達夫）

むらぐみ　村組　民俗学において提起されたムラの内部組織に関する概念。竹内利美は村の内部を分画した地域単位の組織を村組と規定し、家並の原則を有し法的要請に基づく近隣組と区別した。福田アジオは村組をムラの内部を地域区分する組織、近隣組をムラの中で地域的に集まっていない家々を一定戸数ずつにまとめる組織と定義した。いずれも近隣組の具体的イメージは近世の五人組やその系譜を引く近代の伍組で、現代の葬式組もこの中に含めることができる。福田による村組の具体的イメージは村内を区分する小集落、街村などで見られる「上」「中」「下」の区別、「枝郷」と呼ばれる山村の小集落で、特に山村では「組」を名乗る例になる。村落史研究では小集落に注目した村落構造分析に取り組む例が多いが、民俗学におけるムラ―村組の関係と近世行政村―小集落の関係は必ずしも同一でない点に留意する必要がある。

参考文献　福田アジオ『日本村落の民俗的構造』（『日本民俗学研究叢書』、一九八二、弘文堂）、白井哲哉「小名に関する一考察」（『明治大学刑事博物館年報』二〇、一九八九）

（白井　哲哉）

むらざかい　村境　村の境界、境。村の言葉としての使用は、古代以来行われてきた。したがって何らかの村の境界に対する認識はあったと考えられる。民俗学的な見地からは、人々の住居を中心とした集落がムラで、その周縁の農地を含む広がりをノラ、さらにその外側にある荒野、林野、山地をハラ・ヤマととらえていたといわれる。ムラ境では、悪霊がムラに立ち入らないように、集落の入り口に注連縄《しめなわ》などが張られ、境界を区切った。また虫追いの行事ではムラ境までいって、虫を追い出すことが行われた。一方、歴史的には、榜示杭を打ち荘園の範囲を確定することも行われており、これはノラ・ハラレベルでの境界であった。近世になると、村切りが行われ、村というレベルで範囲を確定することが進んだ。一五九四年（文禄三）の太閤検地では、村境の確定に榜示を打つことを命じている。その後、十七世紀末までにかけて村境の確定が進み、日本の村落は境界を持つ地縁的共同体として確立した。　→境界《きょうかい》

参考文献　福田アジオ『日本村落の民俗的構造』（一九八二、弘文堂）

（白川部達夫）

むらはちぶ　村八分　村が共同体の秩序を乱す存在と判断した者に対して、その家族も含めて付き合いを制限、もしくは絶交すること。村法違反の制裁として村八分が科されることも称す。村ハジキ、村ハズシ、村ハブキともある。田植えや収穫、水利などの作業の際に共同作業が不可欠である農村において、村八分となることは生活に大きな支障が生じるうえ、日常的な挨拶・会話なども無視されるため、精神的にも耐えがたい苦痛を伴う。制限・絶交の例外として葬式と火事があるという説もあるが、制限はさまざまで万事に関わらないこともある。村八分の開始は村から本人に通知する場合もあれば、告知することなく開始することもある。解除は仲裁人を立てて謝罪をする場合が多い。謝罪の際には酒振舞いを伴うこともある。村八分は中世以降から近世を経てさらに近代にも存在したが、明治時代には違法行為と見なされた。しかし昭和になっても村八分が残っていた地域もある。

参考文献　竹内利美「村の制裁」(『社会経済史学』八ノ六・七、一九三八)、岩崎二郎「村八分について」(『刑法雑誌』六ノ二、一九五六)、守随一「村ハチブ」(柳田国男編『山村生活の研究』所収、一九七五、国書刊行会)

(神崎　直美)

むらやくにん　村役人　江戸時代、村落行政を司った百姓の総称。代表的なものに名主(庄屋)、組頭(年寄、長百姓)、百姓代があり、あわせて村方三役ともいう。兵農分離を基本にした江戸時代では、領主は筆算能力を持つ在地の上・中層民のなかから村役人を選び、村支配の実務にあたらせる必要があった。名主や組頭には村入用《むらにゅうよう》から役給が支給され、年貢・諸役の一部を免除されたり、住居や衣類に特例が認められることもあった。名主や組頭になる者は多くは同族団の中心的存在であり、経済的には地主・高利貸・商工業者などの顔をあわせ持つ富裕民であった。村役人層は一般に高い文化水準や生活様式を保持し、和歌・俳諧・儒学・国学などの村内外の学問・文芸サークルに属して、知の側面からも村民をリードした。身分的には士と農の中間的性格を持ち、なかには、子弟を代官手代につかせたり、のちに農政に精通した地《ち》方巧者《かたこうしゃ》として士身分に取りたてられたりする者もいた。

↓長百姓《おさびゃくしょう》　↓組頭《くみがしら》　↓名主《なぬし》・庄屋《しょうや》　↓百姓代《ひゃくしょうだい》

参考文献　児玉幸多『近世農民生活史(新稿版)』(一九七七、吉川弘文館)、朝尾直弘「十八世紀の社会変動と身分的中間層」(辻達也編『近代への胎動』所収、一九九三、中央公論社)、横田冬彦『天下泰平』(『日本の歴史』一六、二〇〇二、講談社)

(志村　洋)

むろ　室　住居の奥に設けられる塗り込めの部屋、あるいは住居外または土間などに設けられる貯蔵施設などを指す。前者の場合、多くは寝間として用いられ、大室《おおむろ》・新室《にいむろ》などとも呼ぶ。後者の場合は、地面を掘った貯蔵穴あるいは塗り込めの小室であり、氷室《ひむろ》もその一種である。氷室の記述は、『日本書紀』仁徳天皇六十二年条にすでにみられる。地域により他の施設を指す場合もあるが、その多くは塗り込め、あるいは穴状という構造的な共通性をもつ。

(鈴木　智大)

め

めあかし　目明し　江戸時代に犯罪の探索にあたった下級の警吏。十七世紀の江戸には「ちょっほり五兵衛」という目明しがいた。五兵衛は「ばか長五郎」を斬り殺し入牢させられたが、やがて親分格の「なんひん四郎右衛門」に預けられ殺人犯を召し捕える(『御仕置裁許帳』)。このように目明しになるきっかけは、みずからが逮捕された時が多い。目明しはアウト＝ロー集団の一部が奉行所なり役人なりに掌握され、警察的取り締まりを行なったと考えていいであろう。そのため素行に問題があり、一七一二年(正徳二)には評定所に対し、目明し廃止が伝えられている。しかしその後も岡っ引などと名前を変えながら存続した。もちろん江戸以外にも目明しは存在した。陸奥国守山藩には一七三八年(元文三)から七〇年(明和七)まで三十二年間も目明しを勤めた金十郎という人物がいた。彼はやくざと二足のわらじを履き、アウト＝ローのネットワークを巧みに活用して、博奕や芝居興行の取り締まり、欠落《かけおち》人や夜盗の追跡、一揆の情報収集などさまざまな活動を行なっている。金十郎自身は祭礼の時などに違法である博奕や芝居の興行にも携わっていた。なお守山藩の目明しは十手ではなく、帯刀を許された。

参考文献　阿部善雄『目明し金十郎の生涯―江戸時代庶民生活の実像―』(『中公新書』、一九八一、中央公論社)、塚田孝『身分制社会と市民社会―近世日本の社会と法―』(『ポテンティア叢書』二〇、一九九二、柏書房)

(吉岡　孝)

めいじじぶつきげん　明治事物起原　明治期に開始された諸々の事物の起原を網羅した事典。著者は石井研堂で、主に新聞・雑誌の記事を丹念に博捜して著したものである。一九〇八年(明治四十一)に初版(橋南堂)、二六年(大正十五)に増訂二版(春陽堂)、四四年(昭和十九)に増補改訂三版(春陽堂)を刊行し、三版は初版の三倍の本文一五三八頁の大冊となった。二十一部に構成され、内容は赤帽・油絵・アイスクリーム・育児園・インフルエンザ・演説・海外旅行免状・看護婦・学士・学会・活動写真・珈琲・義足・牛乳・水道・銀行・クラブ・軍歌・公園・香水・ゴム・写真術・実印・指紋・巡査・小学唱歌・書生・除幕式・壮士・代言人・蓄音機・提灯行列・著作権・銅像・博物館・ホテル・陪審・版権・万歳・麦酒・西洋料理・万年筆・ミシン・名刺・明治事物番付・野球・養育院・幼稚園・留学生・洋服・予約出版等々実に多彩で、比類のない総合的な明治社会史であり、明治の生活文化史である。第三版『明治文化全集』別巻に収録されている。↓石井研堂《いしいけんどう》

参考文献　石井研堂『明治事物起原』(明治文化研究会編『明治文化全集』別巻、一九六六、日本評論社)

(佐藤　能丸)

めいじたいしょうしせそうへん　明治大正史世相篇　朝日新聞社が企画した「明治大正史」という六冊シリーズのうちの一巻で、柳田国男が第四巻の「世相篇」として一九三一年(昭和六)に刊行した。歴史記述の方法、写真ページの使い方など、シリーズのなかでもじつは異色の一冊である。柳田の書き下ろしとされるが、上野図書館での新聞記事の収集や下書き原稿の作成などで、中道等《なかみちひとし》・桜田勝徳・橋浦泰雄らの関与があった。方法的にも斬新な社会史の実験であり、第一に「現代生活の横断面」すなわち目の前の現象の比較から歴史が書けるとの理念を掲げ、第二に「目で見、耳で聴き、口で味ひ、鼻で嗅ぐやうな的確なる事実」(内容見本)をもとに生活者の感覚的な確証に踏み入り、第三に「固有名詞」を可能な限り使わないという意識的な文体の戦略を採った。索引の設定も自覚的で、これらはすべて政治史・事件史としての「在来の伝記式歴史」や「英雄の心事を説いた書」への批判であり、その方法意識は同時期に書かれた「聟入考」の副題「史学対民俗学の一課題」を思い起こさせる。↓柳田国男《やなぎたくにお》

参考文献　佐藤健二『歴史社会学の作法—戦後社会科学批判—』(『現代社会学選書』、二〇〇一、岩波書店)

(佐藤　健二)

めいじぶんかけんきゅうかい　明治文化研究会　明治文化に関する史料を蒐集、研究し、それを全集として編纂刊行した団体。一九二四年(大正十三)十一月に吉野作造を会長として、八人の同人(石井研堂・宮武外骨・尾佐竹《おさたけ》猛《たけき》・石川巌・井上和雄・小野秀雄・藤井甚太郎)で結成され、直後に最年少の木村毅・柳田泉が加わった。会は、明治のあらゆる分野にわたる大小の刊行書や世上に現れない写本や刊行当時全く顧みられなかった零細の小冊子にも目を向けて実に小まめに「国民史の資料」を博捜し続けた。その結果、それらを『明治文化全集』(初版全二十四巻、二七年(昭和二)—三〇年、日本評論社、第二版全十六巻、五五—五九年、日本評論新社、第三版全三十二巻、六七—七四年、日本評論社)に収めて刊行した。特に風俗・文明開化・婦人問題・明治事物起原などの生活文化に直接関連する巻がある。吉野の没後、尾佐竹、木村が会長となって例会を重ね、八種類の機関誌で研究論考を発表し、広く学界や明治物の作家などに長く寄与している。七九年の木村の死去に伴い活動は休止している。

参考文献　田熊渭津子編「(特集)明治文化研究会事歴」(『国文学』四〇、一九六六)

(佐藤　能丸)

めいしょきゅうせき　名所旧跡　すぐれた風景・風物や史跡などがある場所を意味する名所と、歴史的な出来事が起こった場所や建造物を意味する旧跡を組み合わせた四字熟語。名所は旧跡を含む概念であり、一体の概念として行楽や観光の目的地となり得る風景、風光、史跡などを表している。名所旧跡は歌枕として、和歌の題材に好んで取り上げられた。しかし歌枕としての名所旧跡は多くの場合、イメージや語りに依存する想像上の時空であり、具体的な行楽あるいは観光の目的地として捉えられていたわけではない。日本三景はこうした名所旧跡の典型である。江戸時代になると、名所旧跡を訪ねる行動が、庶民の娯楽として定着し始め、都市近郊に風光、史跡、寺社を主体とする名所が成立する。それを経巡る行楽が物見遊山というレジャー形態として成立し、この名所を対象にした行楽は日本における観光の起源の一つとみなされている。現在でも単なる風景や遺跡、史跡への興味だけではなく、それに付随するイメージ、語り、物語などを含めて消費するヘリテージ志向は、日本における観光行動の特徴の一つと考えられている。これは歌枕から続く伝統的な名所旧跡の解釈の様式が、現代観光という場で再生産されたものとみなすことができよう。↓行楽《こうらく》　↓物見遊山《ものみゆさん》

(稲垣　勉)

めいしん　迷信　俗信のなかで、社会的に害を及ぼすと考えられる知識や行為をいう。丙午や狐憑きのような暦日や方角に関する吉凶、憑き物などをさしていうことが多い。一九六六年(昭和四十一、丙午)は、前年に比べて出生数が大きく減少した。俗信は予兆・卜占・禁忌・呪術を中心とした心意現象に関わる諸事象だが、ただ、俗信と迷信の区別はあいまいである。なにが迷信であり、なにがそうでないかの判断は、時代や社会環境、人々の立場などによって相違するため明確に規定するのはむつかしい。

参考文献　井之口章次『日本の俗信』(一九七五、弘文堂)

(常光　徹)

メーデー　メーデー　労働者の国際的祝日。八時間労働制を要求したアメリカのゼネストを起源とする。第二イ

ンターナショナルは毎年五月一日を国際闘争日とし、一八九〇年に第一回国際メーデーを開催した。日本では一九二〇年(大正九)、東京上野公園で催された信友会主催の「労働祭」が第一回メーデーとされる。以後、満洲事変後に台頭した日本主義労働組合による愛国労働祭の実施、一九三六年(昭和十一)の二・二六事件を契機に開催が禁止されると、四六年の第十七回メーデーまで挙行は見送られた。五一年、平和条約締結に対する反対運動の盛り上がりを警戒した政府が、皇居前広場でのメーデー開催を禁止すると、翌年、皇居前広場でデモ隊と警察隊が衝突し、多数の負傷者を出す(メーデー事件)。高度経済成長期には日本労働組合総評議会、全日本労働総同盟による統一メーデーが行われたが、八九年(平成元)、日本労働組合連合会結成をめぐって分裂、現在に至る。

第1回メーデー　上野公園に集まった参加者

↓食糧《しょくりょう》メーデー

参考文献　法政大学大原社会問題研究所編『(メーデー五〇回記念)写真でみるメーデーの歴史』(一九七九、労働旬報社)、同編『(新版)社会・労働運動大年表』(一九九五、労働旬報社)、アンドルー＝ゴードン『日本労使関係史―一八五三―二〇一〇―』(二村一夫訳、二〇一二、岩波書店)　(松本　和樹)

メートルほう　メートル法　距離を計測する度量衡の一つ。一メートルは子午線の北極点から赤道までの距離の一〇の マイナス七乗に等しい。一七九五年にパリ科学学士院により公布され、十九世紀以降世界的に普及した。日本では、前近代には距離の度量衡として尺貫法が利用されており、曲尺やくじら尺によって計測された。尺度の統一は享保年間(一七一六―三六年)に一度行われたのみであり、寸法に地域差や職業による差がみられた。一八七五年(明治八)、明治政府は度量衡取締条例を通達し、尺貫法の統一が行われた。この時、一メートルは三尺三寸と定められており、尺貫法を用いながらすでにメートル法が意識されていた。一九〇〇年代には、内務省の気象観測や、陸軍省の陸地測量にメートル法が採用された。一九二一年(大正十)に改正度量衡法が公布され、以後は公務や商工業において日常的なメートル法の利用が実行され、今日に至っている。ただし、今日でも家屋や土地の取引、日本酒の醸造や販売といった伝統産業などにおいては、尺貫法が慣習的に利用されている。↓度量衡《どりょうこう》

参考文献　小泉袈裟勝『度量衡の歴史』(一九七七、原書房)　(花木　宏直)

めかけ　妾　男性が、正妻のほかに性的関係を結び養っている女性のこと。召人、側室、権妻《ごんさい》など、時代や階層によってさまざまな呼称がある。正妻に比してその待遇は劣り、江戸時代には正妻とは厳格に区別され、武家では奉公人として日陰者の扱いを受けることが通例であったが、子を産むことで待遇が変わることもあった。庶民層でも、妾奉公の形で年季奉公証文を作成し、金銭的条件を定め下女の名目で置くことが多かった。明治維新後は、新律綱領において妾が二親等とされ、戸籍法にもその規定力が及んだ。のちに一夫一婦原則に反するものとして刑法・民法から削除されたが、妾を容認する風潮は広く残った。

参考文献　早川紀代『近代天皇制と国民国家―両性関係を軸として―』(二〇〇五、青木書店)　(横山百合子)

めがね　眼鏡　視力を補正するために用いる、眼の前に装着する薄いガラス製のレンズ。人間は、四十歳代ごろより老眼となるため、古代より世界各地で眼鏡の利用がみられた。日本へは、中世の海外貿易に伴い眼鏡が伝来したとされ、前近代には細かい手仕事や書き仕事をする職人を中心に利用が普及した。近代以降は、読書や教育の普及により近眼の患者が増加したことで、近眼用のレンズが開発された。また、眼鏡は装飾品としても利用され、近代にはサングラスに類似した青眼鏡や縁の大きなトンボ眼鏡が流行し、今日では伊達眼鏡やサングラス、カラフルな縁をもつ眼鏡が定着している。一九六〇年代以降、視力の矯正には眼鏡だけでなく、直接眼球に装着するコンタクトレンズが登場した。一方で、九〇年代以降、眼鏡を大量販売する専門チェーン店の増加や眼鏡価格の低下により、装飾品としての眼鏡の利用が活発化し、コンタクトレンズについても眼球の色彩を変えるカラーコンタクトレンズや瞳を大きくみせる装飾用のコンタクトレンズが開発されている。

参考文献　白山晰也『眼鏡の社会史』(一九九〇、ダイヤモンド社)　(花木　宏直)

めぐすり　目薬　目に滴下する薬。『江戸鹿の子』『続江戸砂子』に記載された目薬「益田五霊香」、京都の河内屋(井上家)が十八世紀初めに売り出した「御めあらひ薬」などが古い。洗眼薬ではなく目に薬液を滴下する点眼形式の目薬としては幕末、ヘボンより処方を伝授された岸

田吟香が楽善堂より発売した「精錡水」が著名。新聞に広告を出し、上海にも販路を拡張。明治中期には田口参天堂(参天製薬)の「大学目薬」が、同末期には信天堂山田安民薬房(ロート製薬)の「ロート目薬」が発売されている。

参考文献 日本学士院日本科学史刊行会編『明治前日本薬物学史』一(一九五七、日本学術振興会)、宗田一『日本の名薬―売薬の文化誌―』(一九八一、八坂書房)、鈴木昶『江戸の妙薬』(一九九一、岩崎美術社)、杉浦正『岸田吟香―資料から見たその一生―』(『汲古選書』、一九九六、汲古書院)

(新村 拓)

めし　飯　食事、また主食の総称である。「おい、飯だ」といえば食事の催促で、「おい、飯を食いに行こう」といえば食事の誘いである。現代では子どもも含めた男の使う言葉であるが、本来は食事、主食を意味する正式な言葉である。同じ意味をもつ言葉に「飯《いい》」「マンマ」がある。前者は古代にも使われ、文語的な表現で、後者は主に子どもや女たちが使う。現代では「御飯」と丁寧語をつけた言葉がもっとも多く使われており、それが定着して男性女性などの性別、高齢者や子どもなどの年齢にかかわりなく、使われている。「飯《いい》」「飯《い》」は古くは干し飯、飯鮨などともいう。沖縄県竹富町黒島ではサツマイモをウンといい、その握りをウンヌイ(イモの飯)、宮古島ではンヌイという。黒島でソテツの澱粉の飯をシテッツノユ(ソテツの飯)といい、「飯《いい》」は生きている言葉である。現代では「飯」は米の飯だが、米が一粒も入らない麦飯も粟飯も稗飯も三穀飯も飯で、メノコメシ(昆布の飯)のように穀物でなくとも主食は飯である。　→一汁三菜《いちじゅうさんさい》　→主食《しゅしょく》・副食《ふくしょく》

(増田 昭子)

飯　沖縄県竹富町黒島のウンヌイ

めしもりおんな　飯盛女　街道筋の旅籠屋で給仕や厨房の下働き、雑用をする女性。宿場女・宿場女郎・食売女などとも呼ばれている。本来、「宿場で働く下女」「飯を盛る女」「食を売る女」のこと。もとは今日の旅館やホテルの接客業、仲居のことであるが、『民間省要』に、道中の宿で旅人をとどめて給仕する女のいるところは繁盛するが、いないところは衰えるとあり、これによれば、食膳の給仕、雑用は表向きで、実態は「性」の買売を遊客の求めに応じ提供していた。農村の貧困の女性が飯盛女として売られ、宿場は「性労働」の市場となったわけである。飯盛女がいるということで旅籠屋は繁盛し、彼女たちの揚代の一部が宿財政の一端を担っていた。飯盛女の存在は、近世社会の典型的な女性差別を表しており、それを巧みに利用した宿駅制を維持する幕府権力の政策でもあったのである。

参考文献 田中丘隅『民間省要』(村上直校訂、一九九六、有隣堂)、宇佐美ミサ子『宿場と飯盛女』(『同成社江戸時代史叢書』六、二〇〇〇、同成社)、同『宿場の日本史―街道に生きる―』(『歴史文化ライブラリー』、二〇〇五、吉川弘文館)

(宇佐美ミサ子)

メディアさんぎょう　メディア産業　新聞・出版・写真・映画・レコードなどの大量複製技術を利用した大衆文化、ラジオやテレビなど電波送信技術を利用した大衆的放送文化、インターネット・パーソナル＝コンピュータ・携帯電話などの通信技術を利用したコミュニケーションの文化など、人間の生活環境は近代的な技術革新を通して、人間の身体で直接に把握できる範囲を越えた、間接的な記号と情報で構成されるものへと劇的に変化してきた。そのようなメディア技術を媒介として人間の生活を覆う文化を、産業として捉えた概念がメディア産業である。メディア産業は、人びとに共有されるべき公共的な情報や人類の優れた芸術文化活動を、すべて資本主義的な利益獲得競争に巻き込んで歪曲してしまうことが繰り返し批判されてきた。一九八〇年代以降に発達したパーソナル＝コンピュータの文化は、そうした商業主義的文化をパーソナルな感覚によって変革しようとする対抗文化の意味を担っていたが、現在では商業主義のなかに巻き込まれ、メディア産業による生活文化の支配は止まることがない。　→情報化社会《じょうほうかしゃかい》

参考文献 ポール＝ドゥ＝ゲイ・スチュワート＝ホール他『実践カルチュラル・スタディーズ―ソニー・ウォークマンの戦略―』(暮沢剛巳訳、二〇〇〇、大修館書店)

(長谷 正人)

メリヤス　メリヤス　綿糸または毛糸を機械で編んだ伸縮性のある編み物。柔らかく肌触りのよいメリヤス地は、ズボン下やシャツなどの肌着類に多く用いられた。手編みのメリヤスシャツやズボン下は、東京では一八七〇年(明治三)ごろから着用する者が現れたが、文明開化の遅れた農村地にそれが登場するのは七八年ごろからであった。八九年五月に日本メリヤス製造会社が設立されると、夏用の薄地メリヤスなど新種の商品が開発された。九二年五月には東京メリヤス会社が薄手半袖のシャツおよびズボン下を販売し、日本橋区横山町(東京都中央区)で田村喜三郎が経営する田村商店が衛生メリヤスを発売している。九四年七月に日清戦争が起こると、九月に日本メリヤス製造会社は陸軍恤兵部へ納入する厚裏毛のチョッ

キ下胴服六千五百枚を生産した。寒冷地でメリヤス地は防寒着としての役割を果たした。戦後に同会社は、絹糸製メリヤスの海外販路を拡大する。大正期には品質が向上し、一九一四年(大正三)十月に日本橋区本石町の大津屋洋品店が開発したラクダ毛メリヤスは、輸入品に劣らない品質との評価を得ている。日本毛織株式会社は、二〇年からメリヤスを製造し、昭和初期にはシャツ・ズボン下・靴下・海水着など、多彩な毛メリヤスを発売した。メリヤスは太平洋戦争後から高度経済成長の間に普及していった。戦後に「郡是メリヤス」を主力商品とした郡是は、一九五〇年(昭和二十五)ごろに起毛機による冬物の裏毛メリヤスが人気商品となり、五六年に春物五十三種、夏物四十九種、秋冬物五十七種であったのが、六六年には春物二百七十一種、夏物二百三十二種、秋冬物二百六十三種へと拡大している。昭和五十年代にメリヤスはパジャマにも用いられるようになった。

参考文献 『グンゼ一〇〇年史』(一九九八)
(刑部 芳則)

メロドラマ メロドラマ 元来は十八世紀後半の西欧で発達した、音楽の伴奏(メロディー)によって感情的な効果が強調された、娯楽的な演劇(ドラマ)を意味した。日本では、親子や男女の愛憎劇を煽情的なスタイルで表現した大衆向け映画、ラジオ、テレビのドラマを指す。ラジオドラマ「君の名は」(一九五二年(昭和二十七))が有名。低俗的なジャンルとして侮蔑されてきたが、近年は映画研究などで再評価されている。

参考文献 ピーター＝ブルックス『メロドラマ的想像力』(四方田犬彦・木村慧子訳、二〇〇二、産業図書)、河野真理江「文芸メロドラマの映画史的位置—「よろめき」の系譜、商品化、批評的受容—」(『立教映像身体学研究』一、二〇一三)
(長谷 正人)

めんこ 面子 狭義には、力士、野球選手、時代劇俳優、マンガの主人公などを印刷した紙製の玩具。またはこれを用いた児童遊戯を指す。その起源には諸説あるが、平安時代、十世紀前半に編まれた百科辞書『和名類聚抄』には、路上に銭を撒き散らして行う「意銭《ぜにうち》」という遊戯が記載されており、博打性の高い貴族層の遊戯であったとみられている。近世には、都市部において同様の遊戯が「穴一」と呼ばれて盛行しており、子どもたちは、大人の銭の代わりに細螺《きさご》の殻を用いて遊んでいたことが十九世紀後半に成立した喜田川守貞の随筆『守貞謾稿』に記されている。また、全国各地の近世遺跡からは、粘土でお多福や般若など、さまざまな面の意匠などを型抜きして焼成した「泥面子」が出土しており、これらもまた同様の遊戯に用いられた玩具と推定されている。こうした遊戯を承けて、明治期には鉛製の面子が作られ、さらに昭和期に入り、紙製の面子が登場・普及した。戦後、面子は駄菓子屋やおもちゃ屋で販売され、面子遊びは男子を中心に子どもたちの間に爆発的に流行した。さまざまな遊び方が考案されたが、一般に、互いの面子を打ち合って、相手の面子を裏返したり、一定の範囲から打ち出したりした際にはそれを自分のものとして獲得してよいことになっていた。子どもたちは、面子に蠟や油を塗って重くしたりして強化することもあった。高度経済成長期を境に、他のボードゲームやファミコンの普及が進み、その後の少子化なども相まって、次第に面子遊びは衰退した。

参考文献 加藤理『〈めんこ〉の文化史』(『日本児童文化史叢書』、一九九六、久山社)
(宮瀧 交二)

野球選手が描かれためんこ

も

も　喪　近親者の死に際して日常の生活を慎むこと。死者が出た際に血縁者などに一定の禁忌が及ぶことは通文化的に見られる。古くから日本では、喪屋といい埋葬前に遺体を安置して仮設の小屋に近親者が籠ることも行われた。制度的には、古代の律令の喪葬令服紀条によって、故人との系譜関係による服喪の期間が定められている。さらに官人は假《け》寧令《にょうりょう》により、喪假といい近親者の死によって一定の間仕事を休むこととなっていた。古代より死穢の意識はあったが、服假の規定は、むしろ古代中国の儒教的な礼制を基礎とした律令の導入によるものであった。しかし、貴族を中心に次第に死穢の意識が強くなり、哀悼の意による假ではなく、穢れによる忌の観念から、中世以降、さまざまな服忌令《ぶっきれい》となっていく。近世になり、幕府は従来の服忌令を改め、幕藩体制に適合した服忌の制を整え、武家や庶民を規制した。さらに近代になり、一八七四年(明治七)太政官布告一〇八号で、服忌は公家式の京家の制を廃止し、幕府の武家の制を定めるとした。しかしこの喪の制度は、死穢観ではなく祖先祭祀を国民道徳とする追慕の情を強調したものとなっていく。現在、服忌令はないが、神社祭祀や正月の年賀欠礼などに一部見ることができる。→服忌令《ぶっきれい》

[参考文献]　孝本貢・八木透編『家族と死者祭祀(新装版)』(『シリーズ比較家族』一ノ九、二〇〇六、早稲田大学出版部)
(山田　慎也)

もうふ　毛布　寝具などに使う地の厚い毛織物。明治十年代には地方から上京した者や、古着の洋服も入手できない貧民の間で用いられた。茶色や鼠の毛布も登場したが、赤が多かったため赤毛布(赤ゲット)と呼ばれた。毛布を二つに折った間に紐を通し、それを肩に掛けてコートの代わりにしたのである。一八八八年(明治二十一)には日本毛布製造株式会社が設立され、本格的な毛布の国産化が実現した。九四年七月に日清戦争が勃発すると、現地の将兵には防寒具として毛布が送られている。陸軍輜重兵《しちょうへい》第一大隊輜重廠は「購買広告」で鼠色毛布九百六十四枚の納入希望業者を求めた。日本赤十字社では、日清戦争の負傷兵用の表裏ともに白天竺木綿で、そのなかに二重の毛布および打藁と、厚紙一枚を入れた防寒具を作製している。洋服の古着が普及するにつれ、毛布は本来の膝かけや防寒蒲団としての役割を果たすようになる。

[参考文献]　『東京朝日新聞』(一八九四年十月二十日付朝刊、一八九五年八月十日付朝刊)、山本笑月『明治世相百話』(『中公文庫』、一九八三、中央公論社)
(刑部　芳則)

もうもく　盲目　目が見えない状態のこと。事故や疾病などによって視力を失った者を盲人、盲などと呼んだ。歴史的に彼ら独自の職業や組織が発達している。たとえば琵琶法師や瞽女《ごぜ》などは芸能に関連した盲人の職業である。組織としては、室町時代から江戸時代にかけて公儀公認のもと全国の盲人を組織した当道座や、比叡山正覚院を本所とし中国西部や九州地方で活動した盲僧たちが挙げられよう。男性盲人である座頭・盲僧は、琵琶や胡弓の演奏といった芸能、あん摩や鍼灸といった医療行為、地神経読みや竈払いなどの宗教行為に従事した。また彼らの中からは塙保己一などの学者も輩出された。女性盲人は瞽女をはじめ口寄せ巫女を職とすることもあった。ただし盲人がどのような組織に属し、どのような職に就くかは時代と地域により異なる。たとえば盲目の女性がイタコなど口寄せ巫女となるのは東北地方のみで、北陸関東以南の地域における口寄せ巫女の多くは晴眼者であった。→座頭《ざとう》

盲目　琵琶法師(『七十一番職人歌合』より)

[参考文献]　加藤康昭『日本盲人社会史研究』(一九七四、未来社)
(中野　洋平)

もうろうがっこう　盲聾学校　視覚障がいがある児童・生徒の教育を受ける権利を保障するために設置されている学校を盲学校といい、聴覚障がいがある児童・生徒の権利を保障するために設置されている学校を聾学校という。近代以前においては視覚・聴覚障がいをもつ子どもに対しては教育は不可能とされてきたが、近代の人権思想の流れの中で障がい児に対する教育も捉えられるようになった。わが国では一八七八年(明治十一)に京都盲唖院、八〇年に楽善会訓盲院(東京)が開設されたことを嚆矢とする。両校とも慈善金による経営であったため公立に移管した。ほかの府県でも設置計画や実際の設置が進められるが、児童数も少なく私立での経営は常に不安定であった。一九二三年(大正十二)、全国の道府県に設置を義務付ける盲学校及聾啞学校令が公布された。戦後、日本国憲法の基本的人権と教育を受ける権利の保障により、障がい児の教育を受ける権利保障が進み、視覚障がい児や聴覚障がい児に学校教育を保障する義務制が整備

されることになった。 ↓障《しょう》がい者《しゃ》

参考文献　岡典子・佐々木順二・中村満紀男「大正一二年盲学校及聾唖学校令の教育の質の改善に対する効果―公布前・後の実態比較に関する研究構想―」(『障害科学研究』三七、二〇〇三)　(荒井　明夫)

モータリゼーション　モータリゼーション　自動車、特にマイカー利用を中心とした社会システムの総称。日本の自動車保有台数は一九二一年(大正十)に一・二万台に過ぎなかったが、六一年(昭和三十六)に二四・九万台、七五年に四五六・八万台と急増し、それに伴ってガソリンスタンドのサービスステーション化、ドライブインやロードサイドショップの増加・充実などの変化が進行した。その一方で自動車の個人所有の増加は道路混雑を助長し、また人口の都市流出、さらには近年の少子高齢化によって農村部を中心に公共交通機関の衰退をもたらした。農村部を含む郊外ではロードサイドに大型ショッピングモールが存在する一方、従来型の近隣商店が軒並み減少し、運転免許をもたない高齢者を中心にフードデザート問題が発生している。また、地方都市での駅前に展開してきた中心商店街の「シャッター通り」化もマイカー利用前提の社会システムの結果である。 ↓自動車《じどうしゃ》 ↓マイカー

参考文献　堀田典裕『自動車と建築―モータリゼーション時代の環境デザイン―』(『河出ブックス』、二〇一一、河出書房新社)　(三木　理史)

モガ・モボ　モガ・モボ　モダンガール・モダンボーイの略。最先端の洋装姿で都会的な文化や娯楽を享受する若い男女の呼称。一九二三年(大正十二)一月十九日の『読売新聞』で新聞記者の北沢秀一(長梧)がはじめてモダンガールの語を用い、批評家・小説家の新居格《にいいたる》がこの語を流行させた。モダンガールは対になるモダンボーイとともに関東大震災後に現れた「モダン都市東京」の象徴的存在となり、合わせてモガ・モボと呼ばれた。ハイヒールやパラソル、山高帽やステッキで装って銀座を闊歩し、カフェーやダンスホールに出入りする彼らは、世間からは軽薄な存在として冷ややかな目でも見られたが、当時から新しい若者文化の明るさを肯定する声もあった。職業に就いたモダンガールも多く、しばしば急増する「職業婦人」と同一視された。また、その短髪姿から「毛断嬢」と揶揄的に表記されることもあった。二七年(昭和二)には米国映画 The Runaway が「モダンガールと山男」の邦題で公開された。

モガ・モボ（1927年）

参考文献　斎藤美奈子『モダンガール論』(『文春文庫』、二〇〇三、文藝春秋)、森まゆみ『断髪のモダンガール―四二人の大正快女伝―』(『文春文庫』、二〇一〇、文藝春秋)、生田誠『モダンガール大図鑑―大正・昭和のおしゃれ女子―』(『らんぷの本』、二〇一二、河出書房新社)　(田中　祐介)

もぐさ　艾　夏場に採集して乾燥させたヨモギ(キク科)の葉を搗き、篩にかけて集めた葉裏の白毛部のことで灸治に用いる。江戸市中にはもぐさ売りの行商姿がみられ、いくつもの艾問屋があった(『江戸買物独案内』)。団十郎人形を店頭に飾った三升屋の団十郎艾は著名。中山道柏原宿(滋賀県米原)には伊吹山産の艾を扱う店が軒を連ね、なかでも亀屋は大店として知られていた。泣きわめく子に「さしも草(指焼草・指艾)」をする姿を詠んだ江戸川柳もあり、灸治は手軽な医療および養生の手段であった。 ↓灸《きゅう》

参考文献　長浜善夫『針灸の医学』(『創元医学新書』、一九五六、創元社)、三浦三郎『江戸時代・川柳にみる　くすりの民俗学』(一九八〇、健友館)、鈴木昶『江戸の妙薬』(一九九一、岩崎美術社)、宗田一『渡来薬の文化誌―オランダ船が運んだ洋薬―』(一九九三、八坂書房)　(新村　拓)

もくちんアパート　木賃アパート　民間の地主などが建築・経営している木造の賃貸集合住宅。一九五〇―六〇年代の高度経済成長期に東京、大阪などの大都市圏への人口流入が激しさを増し、住宅不足の解消などを目的に、数多く建築された。居住形態は一般的に一間ないし二間のものが多く、台所や便所は共同で通路は中廊下式となっている。家賃は安価であり、かつては低所得者層や単身者、あるいは学生などに需要が高く入居者も多数いた。しかし、経営者の利益率が少ないことから建築後に改修・改装などを行うケースは希である。生活様式の変化や高機能な居住空間へのニーズが高まるに伴って、木賃アパートの占有率は大都圏内で徐々に低下しているが、耐震性・耐火性の不備がある場合も多く、一九九七年(平成九)の密集市街地整備法では市街地の防災向上といった観点から耐火構造化の措置対象となった。 ↓アパート

参考文献　日本住宅会議編『格差社会の居住貧困―住宅白書二〇〇九―二〇一〇―』(二〇〇九、ドメス出版)　(吉村　智博)

モスリン　モスリン　細い糸で作った薄地の柔らかい毛織物で、メリンスとも呼ばれる。モスリンの先駆は、幕末に外国商館で売られていた輸入毛織物の呉呂服綸《ごろふくりん》である。無地の緋や紫が多かったが、柄物も輸入されるようになった。華美な色彩が好まれ、婦人の帯地や子供の晴れ着などに用いられた。外国製織物のモスリンは、唐縮緬・縮緬呉呂とも呼ばれ、縮緬に似た手触り感が好まれ、明治十―二十年代にもっとも流行した。一八七六年(明治九)、京都の木村藤吉が白地のモスリンに縮緬の友禅法を

応用して加工することに成功し、さらに大阪の岡島千代造が緋色、田中巳之助が黒色の染色に成功している。手工業による友禅法は加工数量に限度があり、加工賃も高く製作に日数を要した。モスリン友禅の大量生産が可能になるのは、一九〇七年に機械捺染に成功してからである。原毛を買い入れ、紡績工程から仕上げ工程に至るまで全工程を一企業内で行う会社モスリンと、毛糸を買い入れ、これを紡績工程に入れる小企業的な手織モスリンとが存在した。日露戦争が勃発した〇四年を境に、モスリンの生産量は右肩上がりに増え、輸入量は減少していった。モスリンの長所は、友禅模様などを染色加工することができ、手染めの着物に比べて安価に入手できる点である。明治末期には店頭に奇麗な柄のモスリン生地が吊られていた。一方短所は、害虫に弱いところにある。日本毛織、大阪モス、東洋モス、栗原紡織、東京モス、上毛モスは、国内のモスリン生産を支えた。大正時代には供給量が需要量を上回り、第一次世界大戦後の国内不況により京友禅のモスリンの売上げは激減した。さらに関東大震災以後は人絹、スフ、富士絹などの新製品にとって代わられ、モスリンの生産量は減少していった。太平洋戦争後には、モスリンの需要は激減し、影を潜めた。

参考文献　大阪朝日新聞社経済部編『商売うらおもて』(一九三五、日本評論社)、中田利保編『毛糸・モスリン・羅紗と毛織株』(一九三五、奥西安蔵商店)、『日本毛織百年史』(一九七七)

(刑部　芳則)

モチ　モチ　⇩ウルチ・モチ

もち　餅　穀物を加熱して搗き崩して粘りを出した食品、と定義できれば簡単であるが、東京の多摩地方ではダンゴモチという言葉があるのでややこしい。ダンゴも餅も紙一重の差しかないのである。杵搗き餅、半殺しの餅、粉餅、搔き餅、芋餅に分類した。前四つの餅は穀物を材料とし、加工工程による分類で、芋餅だけが材料が芋である。現代では餅といえば杵搗き餅のことで、米や粟など穀物を蒸して臼と杵で搗いて粘り気をだし、丸い形や四角の形に整えた食品のことである。粟が入っていれば粟餅、稗、黍、モロコシ、トチの実、ヨモギが入ればそれぞれ稗餅、黍餅、モロコシ餅、トチ餅、草餅と呼ぶ。ボタモチは「半殺し」といって粒の形状がわかる餅のことでオハギともいう。山仕事をする人たちが祝の時に搗くバンダイ餅も半殺しの餅で、木の切り株の上で鉈を杵にして搗く。長野県のゴヘイ餅も同様である。粉をこねて作った餅の総称が粉餅。粉餅の筆頭は焼餅で、現在の長野県ではオヤキといい、小麦粉をねって野菜や小豆などの餡を入れた無醱酵のまんじゅうをいう。山梨県ではチャンコといい、明治・大正時代には稗や蕎麦、トウモロコシの粉が食材であった。沖縄県では餅は粉餅しか作らず、ムーチといい、月桃や芭蕉の葉で包んで蒸した。シンコ餅はシンコ(粳《うるち》の米粉)をこねて作った餅。神に生で供えるシトギ(シトギ餅、シロモチ、オノレなど)も粳米を石臼で挽いてこねて丸めたものである。ふだんの日にはシイナ(未熟米)も粉餅にして食べた。米とはいえシイナや精米作業で砕け米など多く出るので、自家消費する団子やシンコ餅にして間食やちょっとしたご馳走として食べた。粉にして食べざるを得なかったのである。搔き餅は粉に湯を注ぎ、搔いた食品で、有名なものにソバガキがある。芋餅は沖縄県で作っていた食品で、生のサツマイモを摺りおろし、形を整えて月桃の葉で包み、蒸かした食品である。餅は、ネバネバ嗜好の日本人にとって最大のご馳走で、奥会津では小正月に杵搗き餅とそば切りを作るので「餅蕎麦のご馳走」といった。一年のうちご馳走を二つも作る日はこの日だけである。群馬県では食べ物にも「格がある」といい、食品の中で最大の格のあるのが餅だという。元旦の雑煮に食品最大の格をもつ餅を入れて食べる。稲作文化の象徴であった。一方、餅を入れずサトイモの雑煮を食べる習俗をイモ正月といい、畑作文化の象徴であった。　↓雑煮《ぞうに》

餅　イモモチ(上)とウンヌイ(下)

(増田　昭子)

もちいえ　持ち家　個人が所有する住宅。十九世紀までは都市生活者の住居は借家や間借りが当然であり、住宅の所有が望ましいとする持ち家意識は強くなかった。一九二二年(大正十一)の東京府調査によれば、工場労働者の持ち家率は三・七%、会社員では一四%に過ぎなかった。しかし都市で家族を形成した新中間層の間に、文化生活や家庭の団欒を追求し、「中流らしさ」を顕示するためにも、郊外に持ち家を取得することが理想とされるようになった。さらに高度経済成長期以降、住宅政策における持ち家主義と、低廉で良質な賃貸住宅の不足を背景として、持ち家志向は大衆的に広がった。青年期を借家で過ごし、中年期に持ち家をもつことが政策的に誘導されたのである。その結果、持ち家率は地価の高い三大都市圏でも五七%(二〇〇八年(平成二十))となった。近年五十歳代以下の持ち家率が低下しており、地価高騰だけでなく、単身世帯の増加や家族像の流動化・多様化、所得格差の拡大とともに、持ち家取得の状況や持ち家意識も変

化してきているのである。

参考文献 東京府社会課編『東京市及近接町村中等階級住宅調査』(一九二三)、碓田智子・住田昌二「戦前における日本人の住宅像に関する研究―雑誌・文献記事にみる住宅像の分析―」(『日本建築学会近畿支部研究報告集』計画系三一、一九九二)、祐成保志『〈住宅〉の歴史社会学―日常生活をめぐる啓蒙・動員・産業化―』(二〇〇八、新曜社)

(大岡　聡)

ものいみ　物忌　九世紀半ば以降に行われた「物忌」と書いた物忌札を用いた謹慎行為。『延喜式』以前には、斎・斎戒なども記され、神を祀る場合に斎戒したり、斎戒に奉仕する巫を意味した。しかし、平安時代中期以降はこれと異なり、災厄を予兆すると考えられた怪異や悪夢に際し、災厄を防ぐために陰陽師によって占申された期間に謹慎する行為を指す。物忌札には、門や庭中などの境界に立てる物忌簡のほか、御簾など屋内の境界に付すもの、冠や袖など身体に付すものの三種類がある。物忌は、推断内容によって病事物忌・口舌物忌・火事物忌・失物物忌と称され、これらが二つ以上ないし三つ以上重なったものを二合物忌・三合物忌と呼んだ。怪異の起きた場の性格によって、国家や天皇に関わる怪異である大怪占と、諸氏や諸官人、諸家に関わる怪異である小怪占に分けられる。物忌期を定める怪異占は、安倍・賀茂両氏の陰陽道の独占によって整えられた。　↓忌《い》み　↓穢《けが》れ

参考文献 三和礼子「物忌考」(『宗教研究』一四九、一九五六)、小坂真二「物忌と陰陽道の六壬式占」(古代学協会編『後期摂関時代史の研究』所収、一九九〇、吉川弘文館)

(小山　貴子)

ものがたり　物語　奈良時代に現れた言葉で、とりとめのない話を意味し、『日本書紀』に初出例が見つかる。平安時代に『竹取物語』『伊勢物語』をはじめ、『源氏物語』が生まれ、物語文学の作品名となる。やがて『今昔物語集』が現れ、説話文学の作品名にも使われるようになる。しかし、書名としては江戸時代に上田秋成『雨月物語』などがあるものの、明治時代以降も柳田国男『遠野物語』(一九一〇年(明治四十三))や谷崎潤一郎『盲目物語』(一九三一年(昭和六))など、日本の伝統を意識した作品に限られる。戦後は小説の名称を離れ、「東京物語」(五三年)や「男女七人夏物語」(八六年)など映画やテレビに使われ、ビール会社の「サッポロ冬物語」や旅行会社の「JTB旅物語」など、各種の商品名にも用いられた。物語は日常語としては使われないが、郷愁や怪奇を喚起する言葉として力を持っている。

参考文献 藤井貞和『物語文学成立史―フルコト・カタリ・モノガタリ―』(一九八七、東京大学出版会)

(石井　正己)

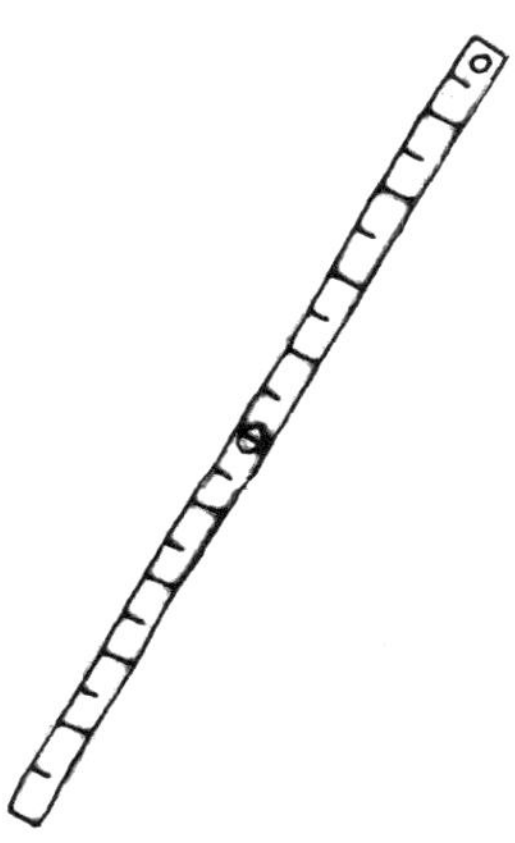

物差(『和漢三才図会』より)

ものさし　物差　生活全般に関連するさまざまなものの長さをはかる道具。近世の文献(『和漢三才図会』)に、「ものさし」として「竹尺(たかはかり)」の項目があり、「曲尺」は鉄製で「木匠営造」用、「裁衣」用は竹製か「鯨鰭(クシラヒレ)」製、との説明が記されている。建築の場合、曲尺とともに、棟梁の曲尺によって一尺単位の目盛を記した「間竿(ケンサホ)」「尺杖」の「一間杖」と「二間杖」を用いる。基準単位である一尺の長さは、東アジアに共通した変遷があり、日本の縄文時代が約一七センチ、弥生時代が約二三センチ、古代以降が約三〇センチと推定されている。　↓曲尺《かねじゃく》　↓鯨尺《くじらじゃく》　↓度量衡《どりょうこう》

参考文献 小泉袈裟勝『ものさし』(『ものと人間の文化史』、一九七七、法政大学出版局)、岩田重雄「文明の源流としての計量の起源」(『計量史研究』三一ノ一、二〇〇九)

(渡邊　晶)

ものみゆさん　物見遊山　見物や遊びに行くことが字義であるが、江戸時代以降に行われた庶民の旅のことをいう。江戸時代中後期になると社会経済的進歩により、庶民でも、伊勢参りや西国巡礼、善光寺参詣、秩父巡礼など数ヵ月から数日の規模で旅を行う生活上のゆとりが出てきた。また、交通網や宿の整備といった社会的背景も重要である。信仰を目的もしくは建前としているが、見物や遊び、人生の通過儀礼的側面が強くなってくる。村で旅行資金を積み立て、交替もしくは代表者が伊勢に参り札を講仲間に配る伊勢講や、名所図会のようなガイドブック、道中日記を記し、村の仲間や自身・子息への手引きにするなど、旅にまつわる文化的事象も多く見られる。　↓行楽《こうらく》　↓旅《たび》　↓名所旧跡《めいしょきゅうせき》

参考文献 新城常三『庶民と旅の歴史』(『NHKブックス』、一九七一、日本放送出版協会)、作道洋太郎「江戸時代の旅と「物見遊山」の風潮」(『松山大学論集』六ノ四、一九六四)

(福澤　徹三)

モノモライ　モノモライ　睫毛や瞼にある脂・汗の分泌腺がおもに黄色ブドウ球菌の感染によって化膿腫脹し、充血・かゆみ・痛みなどを発症する麦粒腫、瞼の中にできた球状の硬結によって炎症を起こす霰粒腫のこと。流行目といわれる流行性角結膜炎や咽頭結膜熱(プール熱)などと違い、人に病いをうつすことはない。来日した近世の外国人医師たちの報告には、悪い環境と習慣のせいで眼を病む日本人が多いとある。中世以降、ものもらいをはじめとして多彩な眼病と眼科医が知られており、治療によいとされる呪法や民間薬も多く伝えられている。

参考文献 立川昭二『近世病草紙―江戸時代の病気と医療―』(『平凡社選書』、一九七九、平凡社)、根岸謙之助

『医の民俗』(『日本の民俗学シリーズ』七、一九六八、雄山閣出版) (新村 拓)

もふく 喪服 葬儀に際して着用する礼服。一八七八年(明治十一)五月の大久保利通の葬儀では、大礼服や陸海軍の正装の左腕に黒布をつけ、帽子に黒布を巻くなどの会葬者心得が出された。これにもとづき八三年七月の岩倉具視の国葬以降、黒の喪章や黒および鼠色の手袋は喪服に際して用いられるようになる。政府官員の喪服は大礼服や陸海軍の正装でなければ、それに代わる燕尾服やフロックコートの着用が義務づけられた。九七年一月の英照皇太后の国葬では、民間の喪服として紋付羽織袴、女性は白襟紋付が認められた。一九一二年七月の明治天皇崩御後には、胸に黒リボンをつけさせる高等女学校が現れた。それらの喪服は昭和戦前期まで主流であったが、戦後になると男性は黒ダブルの略礼服、黒シングルの背広、女性は黒のツーピースおよび背広が多くなる。現在でも和服の女性は黒帯、洋服の男性は黒のネクタイを着けるが、喪章は少なくなっている。

参考文献 刑部芳則『洋服・散髪・脱刀―服制の明治維新―』(『講談社選書メチエ』、二〇一〇、講談社)、同『帝国日本の大礼服―国家権威の表象―』(二〇一六、法政大学出版局) (刑部 芳則)

もみがら 籾殻 籾米の表皮の部分。稲の刈り入れが終わると脱穀が行われ、籾と藁に分けた。籾はさらに石臼や唐臼で籾殻を取り除き、玄米が出されるが、このときの殻はさまざまに利用された。鶏卵をパックに入れて販売する前は、籾殻を緩衝材に用いたし、枕の中身に籾殻を入れた時代もある。ほかに保温材や肥料、あるいは燃料としても重宝された。 (柳 正博)

もみじがり 紅葉狩 紅葉を鑑賞するために山野を訪れるレジャー活動。紅葉を愛でる風習は古く『源氏物語』などにも例をみることができる。庶民のレジャーとして定着したのは江戸中期以降といわれ、江戸、京都などの近郊に紅葉の名所が成立した。明治になっても、鉄道など交通機関の発達に支えられ、行動圏が拡大しながら秋の行楽として紅葉狩は代表的な存在であり続けた。現在では紅葉狩という言葉こそ残っているものの、紅葉は秋の行楽、観光のアトラクションの一つにすぎず、行動を喚起する力は失われている。 (稲垣 勉)

もめん 木綿 綿の実の繊維で紡いだ糸、およびその糸で編んだ織物のこと。日本で植物性の木綿が普及するのは十五世紀後半のことで、それ以前の史料にみえる「木綿」は繭から採った真綿を指すので、この両者は厳密に区別されなければならない。植物性の木綿種が輸入された初見は七九九年(延暦十八)で、紀伊・淡路・大宰府管内に植えさせたが失敗した。その後、南北朝時代の『庭訓往来』や『満済准后《まんさいじゅごう》日記』の十五世紀初めの記事にみえるが、本格的に確認できるのは十五世紀中ごろからで、中国や朝鮮から木綿が輸入されたことを示す史料が増大する。西国の大名らは朝鮮王朝からの回賜品としてたびたび綿布を求めている。『朝鮮王朝実録』の一四九〇年の記事には、対馬の宗氏が「絹布・麻布らは日本にもあるが、木綿はないのでぜひいただきたい」と申し出たことが記されている。一方、日本産の木綿は一四七九年(文明十一)の筑前国粥田荘(福岡県宮若市)の史料で確認でき、十六世紀後半には東北地方を除いた各地で栽培されるようになり、十七世紀には畿内・東海・瀬戸内沿岸・北九州を中心に、商品作物として普及した。日本における木綿の初期の用途は軍事用品で、兵衣・馬衣《うまぎぬ》・陣幕・幟《のぼり》・帆布などに利用された。なかでも鉄砲の火縄の原材料として活用されたことは注目される。木綿が、麻や苧麻に代わって衣服に用いられるようになった時期の確定はむずかしいが、一六二八年(寛永五)の江戸幕府法令には、庶民の着物として「布・木綿」を用いよ(『徳川禁令考』)、とあるから、十七世紀の木綿栽培の拡大に伴って、この時期を境に広く普及したと思われる。近世後期にはマニュファクチャー生産も行われ、尾西・伊勢・結城などの縞木綿、三河・知多・真岡《もおか》の白木綿などが生まれた。しかし、幕末の開港に伴い安い英国産の綿糸・綿布が流入し、明治前期には原綿を安価なインド・中国に求めるようになったため、国内の綿作は急速に規模を縮小し、消滅した。 →真綿《まわた》

参考文献 小野晃嗣『日本産業発達史の研究』(『叢書・歴史学研究』、一九六二、法政大学出版局)、永原慶二『苧麻・絹・木綿の社会史』(二〇〇四、吉川弘文館) (木村 茂光)

もも 桃 果実の一種で、バラ科の樹木。中国では古来、桃は大変めでたい果実・樹木とされ、陶淵明の『桃花源記』にもとづく桃源郷の伝説、『三国志』における「桃園の誓い」、西王母の桃園などの故事の中に登場する。日本でも伊弉諾尊《いざなぎのみこと》が黄泉国《よみのくに》から脱出する際、桃の実を投げて鬼どもを退けた話が『古事記』神代に出ており、桃は邪を祓う霊果と考えられていた。桃の枝で杖を作り、村境に立てて諸病の侵入を防ぐ神事なども見られる。

参考文献 奥村彪生『日本の食べもの―薬効と料理をさぐる―』(一九六二、人文書院) (長沢 利明)

ももひき 股引 下半身に着用する衣類の一種。ズボンに似た形状をしていて、脚部は筒上に縫い合わせてあり、前方と後方に分かれた上部の布で腰部を包み込むように履き、紐をウエストに回して留める。仕立ては袷《あわせ》と単衣《ひとえ》のほかに前部だけに裏をつけたものもあった。関西では、絹、木綿製ともに丈の長いものをパッチ、短いものをモモヒキと呼んだ。丈の短いものは旅行や作業時に用いた。関東では絹製のものをパッチ、木綿製をモモヒキと呼んだ。また、パッチは一般に少しゆとりを持たせてつくり、モモヒキは筒状の部分が細く作られた。特に川並と呼ばれた股引は、足を入れる部分は細く足にぴったりあっているほど粋であるとされたが、細くなれば当然着脱が困難になるため、踵に竹の皮や紙を当てて滑りを良くしたという。白木綿で仕立て、夏季の下着とした丈の長さが

太ももぐらいの半股引というものもあり、現在でも法被などとあわせて祭衣装に使われている。

参考文献　宮本馨太郎『かぶりもの・きもの・はきもの(新装版)』(『民俗民芸双書』、一九九五、岩崎美術社)

(髙塚　明恵)

ももわれ　桃割　若い女性の日本髪の髪型。割れた桃のような髪を頭部に二つ作るため桃割という。江戸時代から十代の若い女性が結った。明治三十年代に庇髪が流行すると、一時的に桃割は下火になるが、同四十年代には十四歳から十五歳の女性の間で再び流行している。華族の令嬢をはじめ、女学校卒業後に桃割を結う者も少なくなかった。明治末から大正初期の桃割は、頭部の輪が大きいところに特徴がある。また大正期には稚児輪と桃割を折衷した稚児桃割や、髷を大きくして丸味を帯びたものなど、新しい形が考案された。昭和初期になると日本髪を結う人の数は少なくなるが、正月には桃割を結う若い女性の姿が見られた。これは昭和二十年代後半にも継続しているが、このころから着脱可能なかつらで間に合わせる者も登場した。

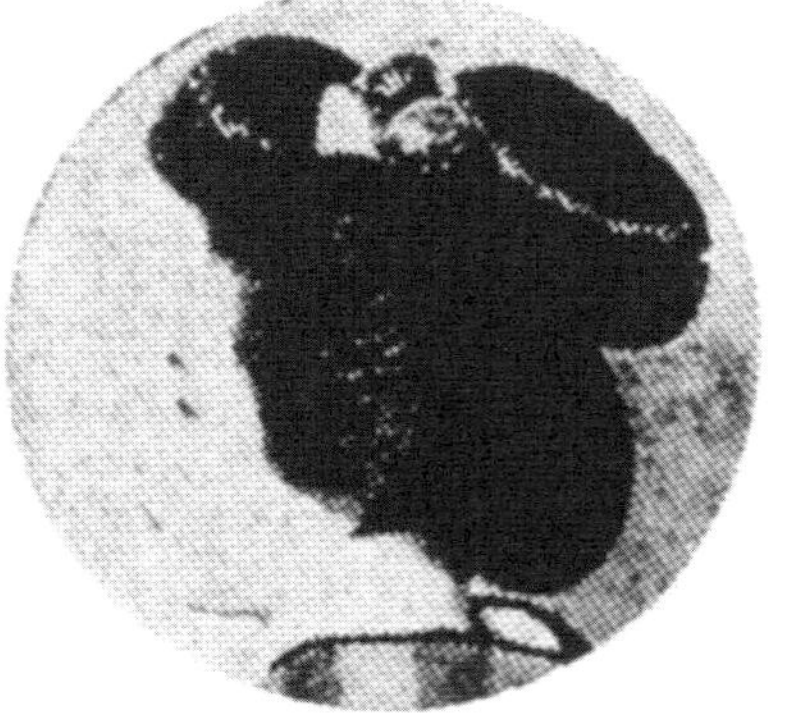
桃割（『読売新聞』1930年２月17日付より）

参考文献　『読売新聞』(一九一五年十二月二十八日付朝刊、一九五三年十二月二十七日付朝刊)

(刑部　芳則)

モヤイ　モヤイ　⇩ゆい

もらいこ　貰い子　一般には他人の子どもを貰うこと、またその貰われた子をさす。近世には公的な文書に「貰い子」ということばが登場する場合がある。たとえば会津藩正史『家政実紀』明暦二年(一六五六)閏四月五日条、男女貰子之定には、男子六歳、女子七歳以下でないと貰い子として認めない、実父が返還を願ったときには十一歳までは養育費を返還して引き取ることができる、養子と貰い子は別ものであるなどと規定している。家督相続できる養子と養育の代償に終身下人奉公する貰い子とは別ととれるような内容である。また播州揖東郡日飼村(兵庫県たつの市)の宗門人別改帳(一八二六年(文政九)－四〇年(天保十))には「是ハ去御改後渡舟召連申候」「貰被申候」と付記されるなどして突然記載された子どもが十人以上居り、飢饉年やその翌年に子どもが貰われ、中にはのちに家を相続した子どももいたことがわかる。貰い子についての実証的な研究はまだ部分的だが、中世的な労働力としての人身売買から、寛容な救済活動の性格を含む事例まで変容が予測されている。　↓親子《おやこ》　↓養《よう》子《し》

参考文献　太田素子『子宝と子返し―近世農村の家族生活と子育て―』(二〇〇七、藤原書店)

(太田　素子)

モラトリアムにんげん　モラトリアム人間　一人前の人間として社会に出て活動できる年齢的・肉体的・性的レベルに達しながらも、労働・納税・扶養といった「社会」への帰属を猶予された人々のこと。経済用語で決済や支払いの猶予を指すmoratoriumを、心理学者E・H・エリクソンが若者の行動様式を示す概念として再導入した。一九七〇年代以降の若者の高学歴化により社会進出年齢が上昇するのに対し、いつまでたっても社会に対して当事者性を持たず、柔軟な感性を持ちつつも無党派・脱管理社会・若者文化志向の万年青年的心性で暫定的な社会との関わりしか持てない者たちを小此木啓吾《おこのぎけいご》が「モラトリアム人間」と称したところから、広く一般に影響のある用語となったといえる。このモラトリアム人間的な社会との関わり方は、八〇年代以降、精神的成長を拒むピーターパン症候群や、社会全体との関わりあいそのものを回避しようとするひきこもり、九〇年代なかば以降になると、学業や職業訓練といった、従来ではモラトリアムの範疇にあった社会との関わりあい方すら回避、または適応できない傾向にあるニートなど、時代を経るにしたがって、若者の非当事者的で暫定的な社会との関わりあい方も多様な側面をみせるようになっている。

参考文献　小此木啓吾『モラトリアム人間の時代』(『中公叢書』、一九七八、中央公論社)

(花岡敬太郎)

もりさだまんこう　守貞謾稿　近世の風俗書。前集三十巻三十冊、後集五巻三冊からなる稿本であるが、前集巻二と巻一七は現存しない。主に江戸時代の三都を中心にして生業・服飾・染織・髪型・芸能など広範な風俗に関する情報が図版を用いながら綴られており、時代考証の種本としても用いられている。著者の喜田川守貞は一八一〇年(文化七)に大坂で生まれた。本姓は石原であり、一八四〇年(天保十一)九月に江戸へ移り薬種・絵具染草問屋北川家の養子となった。名は庄兵衛、号は舎山月光庵と称した。本書は三七年に起筆され、書き蓄えられた記事は一八五三年(嘉永六)にいったん編集され、最終的には一八六七年(慶応三)五月に擱筆された。書名題は、一九〇八年(明治四十一)にはじめて活字化された時に『類聚近世風俗志　完　原名守貞漫稿』とされたこともあっ

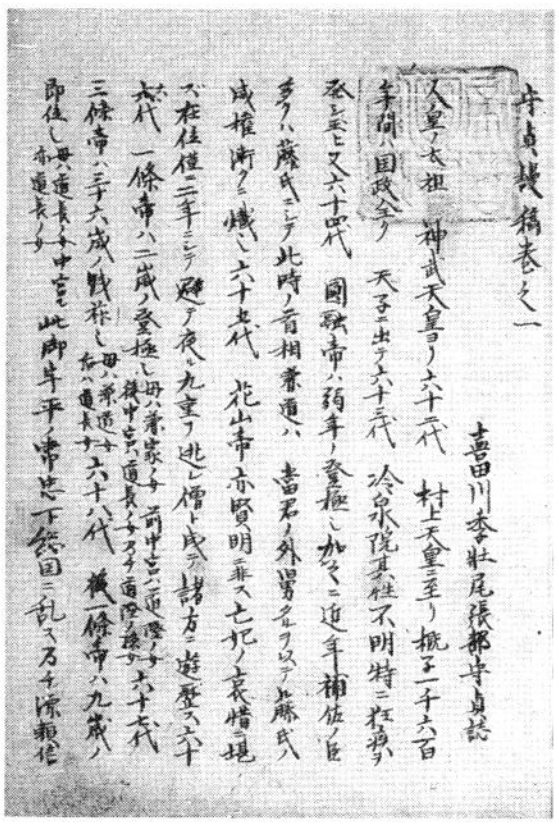
『守貞謾稿』巻１

て、長い間「守貞漫稿」「近世風俗志」などと表記されてきた。しかし、自筆稿本では『守貞謾稿』であり、当初は『古今風見草』と考えていたことも稿本の紙背記事から判明する。刊本として、朝倉治彦編『(合本自筆影印)守貞漫稿』(一九八八年(昭和六十三)、東京堂出版)、宇佐美英機校訂『近世風俗志　守貞謾稿』一—五(『岩波文庫』、一九九六年(平成八)—二〇〇二年、岩波書店)、高橋雅夫編『守貞謾稿図版集成』(二〇〇二年、雄山閣)がある。

(宇佐美英機)

モロコシ　モロコシ　アフリカ原産のイネ科植物で乾燥地に強い。日本では雑穀の一つとして栽培された。品種も二種類ある。本土では餅や団子の粉食で食べたが、沖縄では粒のまま飯に炊いて主食の一部にしていた。雑穀のなかで一番風味のある味をもつ。東北、関西、四国ではタカキビ、東北と関東ではモロコシ、沖縄本島でトーノチン、石垣島でフームン、竹富島でフィン、黒島でゥブン、波照間島でヤタップーといい、異称が多いのが特徴である。

モロコシ（穂曲がり）

(増田　昭子)

もん　門　敷地あるいは集落などを囲い、人や車などの通行、あるいは物資の搬入などのために設けた出入口をもつ施設を一般に門という。この出入口のみを門と呼ぶ場合もあるが、一般的には、出入口をもつ建物全体を門と認識する。門はしばしばその内部の空間を使用する主人の社会的地位や格を示す装置としての役割を帯びていた。造られた目的や用途・性格、造られた施設内の場所や位置、門自体の平面や構造など、その視点によって多数の種類と呼称がある。たとえば、民家の正面に開く門は、表門などと呼称されるが、門の形式としては、長屋門であったり薬医門であったりする。また、門には両開きの扉のような開閉施設が付属するのが通例だが、冠木《かぶき》門や木戸門と呼ばれる形式や性格の門には、しばしば開閉施設がなく、内外を隔てる結界としての性格を帯びたものもあった。また格式の高い門の場合、中央の大きな出入口は通常閉め切るか、開いていても通行せず、日常的には大きな出入口の脇に設けられた小さな片開きの脇門(脇戸)を利用した。現存する古代・中世の門は、いずれも寺社に所属するもので、公家や武家、あるいは一般民衆の門については、発掘調査で検出される遺構や、絵巻物の描写などから具体的な平面や形態を知ることができる。

参考文献　岡田英男編『門』(『日本の美術』二一二、一九八四、至文堂)、佐藤理『門のはなし』(『物語ものの建築史』、一九九五、鹿島出版会)

(箱崎　和久)

もんしょう　紋章　家・地域・国・団体などがそれを表し示すしるしとして定めた文様。西洋の紋章を意味する場合は日本の家紋に近い意味で用いられるが、日本の場合の紋章は表現された図柄の方に意味の重点が置かれる。日本の家紋の発生は平安末期から鎌倉時代のころで、公家の場合は牛車や衣服の文様、武家の場合は旗・幕に付けた文様を起源とするものが多い。沼田頼輔はその文様が家紋に選定された理由として、形状の優美さ、名字にちなむ、縁起がよい、家の事績や発祥地にちなむ、尚武、信仰の六種類を挙げている。また、紋章の図柄については、その構成物質により、天文・地文、植物、動物、器財、営造物、文様、文字、図符の八部門に分類している。それによれば、天文は日・月・星、地文は雲・霞・雪・山・水・波・露で、雲・霞・雪・水・露はほかの文様と合成されて用いられる。植物は菊・桐・葵・藤・竜胆《りんどう》・梅・牡丹・桔梗・橘・沢瀉《おもだか》・桜・松・竹・杉・梶・銀杏などの九十三種で最も多い。動物は鳩・鷹などの鳥類、馬・鹿などの哺乳類、蝶などの昆虫、器財は神仏具・武具・馬具・家具・服飾具・工具・楽器などの生活用品も

（器財）三手杵
（動物）違鷹羽
（植物）五七桐
（天文）九曜
（図符）九字
（文字）丸に十字
（文様）四割菱
（営造物）鳥居

紋　章

含めたもの、営造物は社寺・家屋・土工などの移動使用できないもの、文様は、実在の物象に基づいたものと、線で描かれた幾何学的なものがあり、文字には一字を用いたものが多く、図符は源氏香・太極などの図式や陰陽道の九字などである。家の紋章は子孫が分家した場合に本家と区別する必要が生じ、円(丸や輪と呼ぶ)や角《かく》を外側に加えたり、描き方や形を改造したり、あるいは組み合わせによる合成や、分割、省略などをした。天皇・将軍や権門勢家は功績のあった人物にしばしば紋章を下賜した。天皇から菊花紋・桐紋を賜ったとされる豊臣秀吉は、家臣たちに羽柴の姓と桐紋を与えた。また一方、江戸中期には将軍徳川家の葵紋が他家の使用禁止とされ、明治初期には皇室の菊花紋が皇族以外の使用禁止となった。↓家紋《かもん》

参考文献 沼田頼輔『日本紋章学』(一九六八、人物往来社)、大枝史郎『家紋の文化史―図像化された日本文化の粋―』(一九九九、講談社) (菅原 正子)

もんぜんちょう 門前町 寺社の境内門前に形成された町。門前町という表現はおもに近世以降の呼称であり、中世には門前と呼ばれることが多かった。当初は寺僧や社人の日常生活を支える商工業者、寺社に仕える職掌人が居住し、市なども開かれた。また、寺社境内と同様に外部権力の介入を拒否する特権をもち、そこに住む人びとは保護を受ける一方で寺社に地子銭などを納めることが義務であった。中世後期から近世にかけ、寺社参詣が一般民衆にも広がると、参詣者を相手にした宿・店などが立ち並ぶ門前町が形成されるようになった。

参考文献 平沼淑郎『近世寺院門前町の研究』(一九五七、早稲田大学出版部)、伊藤正敏『日本の中世寺院―忘れられた自由都市―』(『歴史文化ライブラリー』、二〇〇〇、吉川弘文館) (川端 泰幸)

もんつき 紋付 裃《かみしも》・小袖・羽織などの定まった位置に家紋を付けた衣服。室町時代の武家の大紋が上衣の五ヵ所と袴の四ヵ所に家紋を染めぬいた衣服で、肩衣袴《かたぎぬばかま》の肩衣にも家紋を付けるようになった。江戸時代には、肩衣袴から発展した武家の裃が家紋を上衣の背の中央、左右の胸に付け、袴の腰板と内衣の小袖にも付けた。庶民も裃・小袖・羽織に家紋を付けて礼装とし、現代でも紋付は礼服である。五紋《いつつもん》が正式で、三紋《みつもん》・一紋《ひとつもん》は略式である。↓家紋《かもん》

参考文献 丸山伸彦『武家の服飾』(『日本の美術』三四〇、一九九四、至文堂)、長崎巌『町人の服飾』(『同』三四一、一九九四、至文堂) (菅原 正子)

もんぺ もんぺ 婦人の農作業着として用いられた下衣、戦時中の婦人下衣。農村では男女を問わず用いられ、地方によって雪袴、裁着《たっつけ》袴などさまざまな名称で呼ばれた。宮本勢助は、正式なときに穿く襠《まち》袴に対し、もんぺを山袴と称している。素材は紺木綿と縞が主流であったが、絹やサージでも作られた。一九四一年(昭和十六)から全国の高等女学校ではセーラー服にもんぺ姿、ヘチマ襟の標準服にもんぺ姿に変わった。また四二年二月に婦人標準服が制定されると、もんぺは標準服の下衣となった。動作性に富むもんぺは、戦時中に女性の工場作業服および労働服の制服として活用された。終戦後には絣が多くなるが、昭和四十年代には合成繊維による農作業着の開発が進み、もんぺ姿は少なくなっていった。

参考文献 宮本勢助『山袴の話』(一九三七、大日本連合青年団)、小泉和子編『洋裁の時代―日本人の衣服革命―』(『百の知恵双書』、二〇〇四、農山漁村文化協会) (刑部 芳則)

や

やいと やいと ⇩灸《きゅう》

やがく 夜学 主に経済的理由により昼間は労働に従事する学生のため夜間に行われる教育とその教育機関の総称をいう。江戸時代中期以降、丁稚奉公人のため寺子屋に夜学が設けられたり、懐徳堂などの私塾で夜間の講義・公開講座が行われたりした。夜学が制度化されたのは近代学校制度導入以降であるが、「夜学」は昼間の学校に行けない人が通った学校の呼称として使用し続けられた。↓苦学生《くがくせい》 ↓定時制《ていじせい》

参考文献 上田利男『夜学―こころ揺さぶる「学び」の系譜―(増補版)』(一九九八、人間の科学新社) (荒井 明夫)

やかた 館 古代の国司館に始まり、中世武士居館につながる、地域支配の拠点となった居住施設。「たち」とも読む。中世武士居館の出現はおおむね十二世紀中葉に早い段階の事例が認められ、建物の梁方向ないし桁方向の軸線をほぼ揃えた複数の掘立柱建物で構成される。主屋建物は、今のところ二～三間×五～七間程度の身舎《もや》に四面廂ないし縁を持つ総柱建物であることが多い。また、これに二×二～三間程度の側柱建物が数棟伴い、一群を形成する。しかし、現在のところ一時期の建物群を明確に捉えられた確実な事例はない。管見の事例に御所之内遺跡(静岡県伊豆の国市)、落川遺跡・南広間地遺跡(以上東京都日野市)、宮久保遺跡(神奈川県綾瀬市)などがある。このほかに河越館(埼玉県川越市)・西龍ヶ谷遺跡(埼玉県

鎌倉時代の武士の館（『一遍上人絵伝』より）

深谷市)など当該期の遺跡の発見例は数的には増えているが、建物群を捉えきれていないのが現状である。また、これら中世前期の遺跡では堀・土塁により周囲を明確に囲繞する形の遮断施設を伴っておらず、塀・柵・生垣などの区画施設が認められる程度で、総じて開放的である印象を受ける。このうち御所之内遺跡は、北条氏の屋敷および氏寺(願成就院)を中心とする遺跡と考えられているが、『吾妻鏡』治承四年(一一八〇)四月二十七日条に「北条の館」と出ており、十二―十三世紀における在地土豪の「館」の実相を知ることができよう。従来、中世前期の武士居館は堀・土塁を伴う方形館であり、堀の水を農業用水として農民支配を行なったと理解されていたが(堀の内体制論)、方形館自体が中世後期の所産であり、中世前期の館の実態は異なっていた。これに対して近年注目されてきているのは、武士居館と道との関係である。たとえば、御所之内遺跡も伊豆半島を貫く下田街道に接しており、例外ではない。これは中世全体に見られる傾向であり、物流と中世武士との関係を軸に今後深めていかなければならない課題である。

参考文献　五味文彦「館の社会史」(『神奈川地域史研究』一一、一九九三)、橋口定志「東国の武士居館」(藤木久志監修・埼玉県立歴史資料館編『戦国の城』所収、二〇〇五、高志書院)、池谷初恵『鎌倉幕府草創の地―伊豆韮山の中世遺跡群―』(『シリーズ「遺跡を学ぶ」』、二〇一〇、新泉社)、齋藤慎一『中世東国の道と城館』(二〇一〇、東京大学出版会)

(橋口　定志)

やかん　薬缶　土瓶・鉄瓶と同様に注ぎ口と鉉を持った湯沸かし具。銅・真鍮・アルマイト製。もとは、主に漢方を中心とする医薬用に、薬草などを煎じたり煮出したりするために使われた。薬草に別の薬鍋が使われ始めた江戸時代には、薬缶が湯茶を早く沸かすための道具に用いられるようになった。『日葡辞書』(一六〇三年(慶長八―〇四年))には「Yaquan　もとは、薬を煮る大きな釜。しかしながら、今は、湯を沸かす釜としてとおっている」という記述がある。薬缶細工では山城が名高かったが、京都・大坂・江戸でも盛んに製造されたため、江戸後期には広く各地で使用されるようになった。土地によってチャビン、トウビン、テドリなどさまざまな呼称があったが、江戸では形状にかかわらず全てヤクハンと呼んだ。一九〇〇年代にアルミ製品が国産化され、一九三一年(昭和六)にアルマイト加工が開発されると、アルミ製の薬缶が活躍するようになった。

参考文献　宮本馨太郎『めし・みそ・はし・わん』(『民俗民芸双書』七六、一九七三、岩崎美術社)

(後藤　知美)

薬　缶

やきいも　焼き芋　釜に石を並べて熱し、その上で焼いたサツマイモのこと。独特の釜で吊るして焼く場合もある。都市のオヤツになった。記録の最初は京都近辺の焼き芋屋で享保年間(一七一六―三六)にみえるという。江戸の焼き芋屋の看板に「九里四里うまい(栗よりうまい)十三里」もあった。近代の東京の神田など下町に焼き芋屋が多くあり、サツマイモの産地である多摩地方から大量に売りに行き、焼き芋屋から出る灰を買い、農家の肥料にした。生産地と消費地の商品の循環があった。焼き芋屋は祭や縁日の屋台の一つであった。

(増田　昭子)

やきごめ　焼米　籾のついたままの米を焼き、臼などで搗いて殻を取り除いたもので、そのまま食べるか、湯をかけて食した。『山科家礼記』には、「新米一斗納、やき米出之」(延徳元年(一四八九)八月七日条)とあり、新米の納入に際して焼米が振る舞われていたようである。また同記録には、「林ゑもんかき(花器)一器、やき米一袋くれ候也」(文明九年(一四七七)七月二十五日条)とあることから、保存食として贈答に用いられたことがうかがえる。一方農村では、稲作神事の一つで、苗代に種籾を蒔く日に行われた水口祭の際に、種籾の残りで焼米を作り、新酒とともに供物として水口に供えていた。

参考文献　柳田国男「田の神の祭り方」(『(定本)柳田国男集』一三所収、一九六三、筑摩書房)、太郎良裕子・森山泉「鹿児島県始良郡における焼米の伝承と衰退」(『ノートルダム清心女子大学紀要』文化学編二一ノ一、一九九七)、

太郎良裕子・定森由紀子「炒り米と焼米—概念の検討—」(『同』文化学編二二ノ一、一九九八)　(長谷川裕子)

やきそば　焼きそば　蒸した中華麺を、肉や野菜と炒め合わせ、ソースで調味した料理。大正期の中国料理書『手軽に出来る珍味支那料理法』(一九二六年(大正十五))では、「炒麺《チャーメン》」の翻訳として、「やきそば」という言葉が紹介され、油で揚げた中華麺の焼麺《やきそば》に、肉や野菜のあんかけをかけて仕上げる料理となっている。また昭和初期には、ソースを使った浅草焼きそばというメニューもあったとされる。現在では、全国各地にさまざまな種類のご当地グルメ焼きそばがある。

[参考文献]　小林定美『手軽に出来る珍味支那料理法』(一九二六、弘成社)、小菅桂子『にっぽん洋食物語大全』(『講談社＋α文庫』、一九九四、講談社)　(東四柳祥子)

やきとり　焼き鳥　一口大に切った鶏肉を串に刺し、炭火などで直火焼きにした日本料理。せせり、はつ、むね肉、ささみ、もも、きも、軟骨、かわ、つくね、手羽、ぼんじり、すなずりなどの種類がある。明治期ごろから屋台で始まったとされるが、当時はネコやイヌ、ウマ、さらにはそれらの腸を用いることも多かった。明治後期のエッセイ『立志之東京』(一九〇九年(明治四十二))にみえる「タレこそは焼鳥屋の命」というこだわりは、今も昔もかわらない。

[参考文献]　渡辺光風『立志之東京』(一九〇九、博報社)　(東四柳祥子)

やきにく　焼き肉　焼き肉には、下味をつけない肉を焼き、たれをつけて食べる日本のスタイルと、たれに漬け込んだ肉を直火で焼く韓国のスタイルがある。一九六〇年代、流行したホルモン焼きがきっかけとなり、精肉も含めた第一次焼き肉ブームが起こる。また一九八八年(昭和六十三)に開催されたソウルオリンピックは、第二次焼き肉ブームを引き起こすとともに、焼き肉のみならず、韓国の家庭料理を定着させる素地を築くこととなった。

[参考文献]　佐々木道雄『焼肉の誕生』(『生活文化史選書』、二〇一一、雄山閣)　(東四柳祥子)

やきもの　焼き物　食材を火にかざして加熱する料理。古くはあぶる(炙る)から炙物《あぶりもの》と称し、焼物とも読ませていた(『下学集』)。直接火にあてて加熱する焼き方と、網や鍋などを使用して焼く間接焼きに大別される。直接法には食材をそのまま焼くものとして殼焼き(貝類などを殼つきのまま焼く)と、調味をして焼くものとして塩焼き・照焼き・付け焼き・田楽などがある。間接焼きには石焼、杉板焼、網焼き、フライパン焼き、葉・和紙やアルミ箔などで包んで焼く包み焼、囲炉裏の灰にうずめて焼くうずみ焼き、オーブンが普及するとオーブン焼きと多様である。杉板焼(杉焼)は杉の香りを魚の切り身に移す焼き方で江戸時代の料理書『鯛百珍料理秘密箱』下などにある。『西鶴織留』には大量の魚の焼き物づくりに蒸した魚にこてで焼き目を付ける話が出ている。現在はグリル仕様の上火《うわび》加熱で煙が出ない焼き方もできる。焼き加減がむずかしいのでお任せで焼くことができる機器類も出回っている。

[参考文献]　浅野高造『素人庖丁』初編(福田浩・島崎とみ子編『日本料理秘伝集成』一五所収、一九八五、同朋舎出版)、井原西鶴『西鶴織留』(『日本古典文学大系(新装版)』四八所収、一九九一、岩波書店)　(大久保洋子)

やきゅう　野球　九人を一チームとする二チームが、交互に九回の攻防を行い得点を競う競技。ベースボール base-ball ともいう。ベースボールの前身ともいうべきさまざまな球技がアメリカには存在していたため、その起源には諸説あるが、一八四五年九月に、ニューヨークのニッカーボッカー＝ベースボール＝クラブがゲームのルールを明文化したのが、近代ベースボールのはじまりとされている。日本では、一八七二年(明治五)に、アメリカ人教師ホーレス＝ウィルソン H. Wilson が第一大学区第一番中学(のちの開成学校、現東京大学)に競技を伝え、これが日本野球の嚆矢とされている。当初、ベースボールは「底球」(直訳)や、「打球鬼ごっこ」(意訳)などと呼ばれていたが、「野球」と翻訳したのは、第一高等中学校(現東京大学)ＯＢの中馬庚《ちゅうまんかなえ》であり、俳人正岡子規とする俗説は誤りである。一九〇三年十月の慶應義塾大学対第一高等学校(現東京大学)戦を契機に、まずは大学野球が盛んになり、大正から昭和期にかけて国民は東京六大学野球に熱狂した。また、一九一五年(大正四)に大阪豊中球場で始まった全国中等学校優勝野球大会は全国高等学校野球選手権大会、すなわち高校野球として発展し、今日に至っている。一方で、一九三一年(昭和六)と三四年の二回、読売新聞社はアメリカ大リーグ major league 選抜チームを日本に招待し、対戦相手として三四年十二月には大日本東京野球倶楽部が結成された。同倶楽部は翌三五年二月に渡米し、この時、東京ジャイアンツ(巨人軍)と命名されている。その後、翌三六年二月までに巨人軍のほかに大阪タイガースなどの六チームが結成され、同年七月、七チームにより日本職業野球連盟結成記念東京大会が開催され、プロ野球が誕生した。プロ野球は、高度経済成長期にテレビ中継の普及と軌を一にして国民的スポーツに発展し、読売巨人軍の長嶋茂雄選手や王貞治選手は、国民的ヒーローとなった。現在では日本人選手がアメリカ大リーグを舞台に数多く活躍するようになり、その試合は衛生中継放送で広く親しまれている。

[参考文献]　内田隆三『ベースボールの夢—アメリカ人は何をはじめたのか—』(『岩波新書』、二〇〇七、岩波書店)　(宮瀧交二)

やくいもん　薬医門　親柱《おやばしら》の背後に控柱《ひかえばしら》を立て、屋根頂部の棟が、親柱と控柱の間に位置する形態の門をいう。柱間は一間、すなわち親柱二本と控柱二本からなる規模のものが多いが、柱間が二間(親柱・控柱とも各三本)や三間(同各四本)の薬医門もある。屋根は切妻造とするのが通例である。一四〇〇年(応永七)前後に作られた『庭

薬医門　天恩寺山門

訓往来』に薬医門の語がみえ、現存最古の薬医門は愛知県岡崎市の天恩寺山門(室町時代末期)である。近世には武家屋敷や城郭、寺社などで多用されるようになり、近代になると和風住宅の格式の高い門としても使われるようになった。　↓棟門《むなもん》

参考文献　岡田英男編『門』(『日本の美術』二一二、一九八四、至文堂)　(箱崎　和久)

ヤクザ　ヤクザ　博徒や暴力団のこと。テキヤをさすこともある。彼らへの卑しみの意味を込めて使うことが多い。花札賭博でいうブタ札(点数にならないカス札)の数字、八・九・三から、この言葉が発生したという説がある。当否はいずれにせよ、ろくでなし・役にたたない者というニュアンスで使われた言葉である。江戸時代後期から、村・宿場町・港町などに博徒集団が発生し、明治時代以降は、土建・港湾・炭鉱の労働者を束ねる組織が幅を利かせ、政治などにも関与を強めた。　↓侠客《きょうかく》

参考文献　猪野健治『やくざと日本人』(『ちくま文庫』、一九九九、筑摩書房)　(高尾　善希)

やくどし　厄年　人生の途上で不吉なことが起こるとされる年齢のこと。一般的には男性で二十五歳と四十二歳、女性で十九歳と三十三歳とされる。四十二歳は「死に」、三十三歳は「散々」に通じる。その歳を本厄《ほんやく》・大厄《たいやく》、前年を前厄《まえやく》、次年を後厄《あとやく》ともいい、寺社での厄除け・厄祓いを受けるべきものとされる。『源氏物語』若菜下には、光源氏が妻の紫の上に厄祓いの祈禱を受けるよう助言する場面があり、平安時代の貴族社会ではすでに、そうしたことが普通になされていた。

参考文献　佐々木勝「厄年と年祝い」(『老少伝承』所収、一九八三、国学院大学)　(長沢　利明)

やくよけ　厄除け　一般的には厄年やその前後の年(前厄・後厄)に受ける厄払いのための祈禱のことを指す。特に男性の四十二歳、女性の三十三歳は大厄とされ、古代より行われている。これは災厄を寄せ付けないという考え方に基づいており、札やある道具や衣服を身につけることで厄を寄せ付けないという思想によるものである。しかしながら日常生活で厄が積み重なるという考え方から、正月や節分それ以外にも行われる。この場合はすでに体内に入ってしまった厄を追い払うものであるとみなして厄祓いとして区別することもある。また災厄を神仏が身代わりとなって引き受けてくるという考え方もある。　↓魔除《まよ》け　(原　淳一郎)

やごう　屋号　家の通称。家名《いえな》、屋敷名《やしきな》ともいう。家を中心に社会生活が営まれるようになると、区別のために家の呼名は必須となる。屋号を記した最も古い書物とされる室町前期の公家中原康富の日記『康富記』には、「亀屋」「菊屋」「鯛屋」などの吉祥名を付けた屋号が載っている。同姓の多い近世の村では、屋敷名で呼ばれ、その慣習が現在に至っている地域もある。商業の発達した近世都市の商家も、通称の屋号をもっていた。「伊勢屋」「近江屋」などは出身地の名乗りであり、「大丸屋」「丁子屋」は家印から、「米屋」「炭屋」は職種から採られている。明治以降は、庵・館・軒・堂などを付けた屋号も法人名として使われるようになった。また歌舞伎役者の家では、芸名のほかに屋号をもち、家芸を伝授する象徴となった。「成田屋」「高麗屋」などである。　↓家印《いえじるし》

参考文献　西山松之助『江戸歌舞伎研究』(『西山松之助著作集』七、一九八七、吉川弘文館)、岡野信子『屋号語彙の総合的研究』(二〇〇三、武蔵野書院)　(末永　國紀)

やさい　野菜　食用とする草本性植物の総称。日本で栽培され、市場に出荷されている野菜の種類は現在約百三十種類ほどであるが、新しい野菜の種類の導入や山菜などの栽培化により、この数は今後も増える傾向にある。これら野菜の多くは外国から伝来し、導入したものである。近現代の動向をみると、明治時代には野菜の外来種が盛んに輸入され、各地で試作された。なかでもタマネギは、一八七一年(明治四)に北海道で栽培が始まり、洋風料理への利用から短期間で広く普及した。また、白菜、キャベツ、トマト、カリフラワー、パセリ、レタスなどは明治以降、栽培法の指導により、生産が急激に増加した野菜である。白菜は、それまで利用されていたツケナ類よりも品質がよく、キャベツは西洋料理の付け合せやロールキャベツに、トマトはトマトケチャップ・トマトピュレーなどに利用され、レタスはサラダに欠かせないものになった。第二次大戦直後の食糧不足時代はさつまいも、かぼちゃ、さといもなど主食の補完的役割をする野菜の生産が多かった。一九五六年(昭和三十一)、経済企画庁が「もはや戦後ではない」と発表し、昭和四十年代の国民所得倍増期になると家庭での食生活も大きく変化し、パン食や乳製品などの利用は、大根、白菜、さといもなど従来の基幹野菜の生産量を大幅に減少させ、かわってレタス、アスパラガス、ブロッコリーなどが増大した。野菜も露地栽培からハウス栽培により、季節感がなくなり、規格化が進んだ。五九年には白菜とキャベツをかけ合せた「ハクラン」が育成され、七〇年にはサラ

ダ菜の水耕で周年栽培に成功した。一九九五年(平成七)には有機野菜を使用する外食店が増え、田舎暮らし志向などにより家庭菜園がブームになる。現代において、野菜全体の消費量は減少しているが、健康志向から野菜の機能性食品としての価値も見直され、風土に根ざした地産地消の伝統野菜が復活して安全で高品質のものが求められている。　↓蔬菜《そさい》

参考文献　農林水産省農林水産技術会議事務局編『昭和農業技術発達史』五(一九九七、農林水産技術情報協会)、日本家政学会編『日本人の生活―五〇年の軌跡と二一世紀への展望―』(一九九八、建帛社)　(冨岡　典子)

やしき　屋敷　ある敷地内で家屋を建てるべき地所を指す場合と、家屋が建っている地所を含めた一区切りの敷地全体を指す場合がある。近世村落において一村単位で実施された検地では、田畑など耕地の等級と分けて、「屋敷」ないしは「屋敷地」という地目を表す文言が検地帳に記されており、これは家屋を建てる地所を指した。『地方凡例録《じかたはんれいろく》』の記述では、屋敷の石盛《こくもり》は上畑並にすることが一般的とされているものの、村によってはばらつきがあるため、その際は「古検」の石盛に従い、ただし、新たに検地が行われる場合は「上畑並」とすることが記されている。基本的に農作物の収穫が期待されない屋敷に対しても石盛が付されることは、この時代の石高制固有のルールといえる。一方、当時の武家屋敷、あるいは現在も用いる大邸宅や豪邸を表す「オヤシキ」といった用例は、後者に通ずるものといえる。なお、屋敷と同じ語義でより古いものとして家《や》(屋)地《ち》(あるいは「やぢ」)がある。　↓屋敷林《やしきりん》

参考文献　大石久敬著・大石慎三郎校訂『地方凡例録』(一九九五、東京堂出版)、草野和夫『近世民家の成立過程―遺構と史料による実証―』(一九九五、中央公論美術出版)　(秋山　伸一)

やしきがみ　屋敷神　宅地内の一隅やそれに接する小区画、あるいはやや離れた持地の耕地や山林に祀られる神仏をいう。屋敷神はすべての家にあるものではなく、祀っていない場合も多い。その場合、本家や近隣の屋敷神祭祀に参加する場合もみられる。屋敷神を祀った祠内には幣束・木札・鏡・自然石などが納められ、神体として信仰対象となっている。祭神としては、稲荷・八幡・熊野・神明・秋葉などが勧請されるが、それらの中でも稲荷を屋敷神としているところは非常に多い。

参考文献　直江広治『屋敷神の研究―日本信仰伝承論―』(一九六六、吉川弘文館)、『三芳町史』民俗編(一九九二)　(秋山　伸一)

やしきりん　屋敷林　居宅の周囲を中心に防風・防火を目的として植栽された林のこと。屋敷森ともいう。埼玉県入間東部地域では、ケヤキとカシが植えられている場合が多い。ケヤキは夏には繁った枝葉が敷地内に日陰をつくり、冬は落葉して木漏れ日が射しこむ。落ち葉は燃料や肥料になり、枯れ枝は焚き付けに利用された。一方のカシは生木の状態では燃えにくい特性を持ち、また冬でも常緑の葉を繁らせるので防風効果が高い。

参考文献　直江広治『屋敷神の研究―日本信仰伝承論―』(一九六六、吉川弘文館)、『三芳町史』民俗編(一九九二)　(秋山　伸一)

やしないおや　養い親　子をもらって養う親。鹿児島県内には、生まれた子どもの身体が虚弱なときに、丈夫な老人にヤシネオヤを頼み、ヤシネゴ(養い子)にしてもらう習わしが見られた。その多くは親子の縁が一生続くものとみられ、出水《いずみ》郡ではヤシネオヤの葬儀に、子や甥と同様に籾一俵の香典を持参した。現在の肝属《きもつき》郡錦江町では、虚弱体質や生後幼少のうちに亡くなることが多かった家の子は、子どもがよく育つ家にヤシネオヤを頼んで、そこで育ててもらうような形にした。特に塩売りの人に頼むとよいといわれた。行商人は特別な霊的能力があると考えられていたらしい。九州では塩売りをシオトトといって、子どもをじょうぶに育てるために養い親に頼む習わしがある。ヤシネオヤとヤシネゴは、それまで何の関係がなくても、正月や盆に実の親と同じように訪ねたり、贈答を行なったりした。

参考文献　柳田国男「親方子方」(『(定本)柳田国男集』一五所収、一九六九、筑摩書房)、村田熙『鹿児島』(『日本の民俗』四六、一九七五、第一法規)　(柳　正博)

やすくにじんじゃ　靖国神社　軍人戦没者の霊を合祀し、戦前には軍が所管した神社。一八六九年(明治二)東京九段坂上(千代田区)に戊辰戦争の官軍戦死者慰霊のために建てられた東京招魂社に始まり、七九年に靖国神社と改称された。社格は、別格官幣社とされたが、陸・海軍省が所管し、宮司には主に退役陸軍大将があたり、運営費は陸軍省予算から支出、警備には憲兵があたった。同社の事実上の地方分社として招魂社(一九三九年(昭和十四)以降は護国神社)があった(戦後は別の宗教法人)。靖国神社は、安政の大獄以来の国事殉難者と以後の軍人・軍属戦死者・戦病死者を「護国の英霊」として合祀し、祭神(合祀された戦没者)は、アジア太平洋戦争敗戦まで、のべ二百四十六万六千余柱にのぼる。アジア太平洋戦争敗戦まで、例大祭は春秋二季、別に新祭神(戦没者)の合祀祭として臨時大祭が行われた。例大祭には勅使が派遣され、臨時大祭には天皇が親拝した。同社に「英霊」として祭られることは、天皇と国家への忠誠の模範であり、最高の栄誉とされた。　↓慰霊《いれい》

参考文献　村上重良『慰霊と招魂―靖国の思想―』(『岩波新書』、一九七四、岩波書店)、靖国神社編『靖国神社百年史』一―四(一九八三―八七)、大江志乃夫『靖国神社』(『岩波新書』、一九八四、岩波書店)　(山田　朗)

やすみび　休み日　⇩遊び《あそび》日

やたい　屋台　屋根のついた可動式の店舗のこと。あるいは祭礼において引きまわされる山車、山、鉾、歌舞伎の引き舞台などの総称。そもそもは後者の意味をもつものだったが、十八世紀以降露店商や行商などが台車をつ

飲食店の屋台（福岡市博多区中洲）

けた移動式の飲食店を持つようになり、屋台という語がこれらの可動式店舗を示す語としても使われるようになった。近世から寿司・蕎麦・天ぷらなどの店が見られたが、ピークは第二次世界大戦後のヤミ市であった。その後急激に屋台は減少し、現在では、多くの都市において正月の寺社や祭礼などで出店するもの以外を目にすることはめったにない。その背景には、食品衛生、消防、道路交通などに関する各種法規による規制強化や、東京オリンピックを契機とした排除があった。福岡市では行政による指導・監督のもとで屋台の出店が認められており、夜店が集中する地区として観光資源ともなっている。

参考文献　橋本健二・初田香成編『盛り場はヤミ市から生まれた』(二〇一三、青弓社)　（塚原　伸治）

やちん　家賃　賃借された建物または建物の一部の借賃。日本では、地代と上家代の合計を家賃とみなす。都市化の進展に伴う下層住民の増加は住宅難をもたらすが、一九二一年(大正十)年制定の借家法では家賃問題に触れなかった。一九三九年(昭和十四)の地代家賃統制令施行と四一年の借家法改正で家賃統制と家主解約申入権の制限が貫徹され、一九九一年(平成三)の借地借家法制定まで借家人保護政策が採用された。

参考文献　鈴木禄弥『借地・借家法の研究』一(『民法論文集』二、一九八四、創文社)、小野浩『住空間の経済史―戦前期東京の都市形成と借家・借間市場―』(二〇一四、日本経済評論社)　（鷲崎俊太郎）

やっかい　厄介　⇩居候《いそうろう》

やどひき　宿引　街道筋の宿屋で客を引きとめること。客引、留女などともいう。十返舎一九『東海道中膝栗毛』に「此川をこへゆけば、小田原のやど引、はやくも道に待ちうけて」と旅人の手を引っ張り「私方へお泊りを」と記され、歌川広重の描いた御油宿の絵図には、旅籠屋の留女が強引に客を中に引き入れる様子が描かれている。江戸中期以降、庶民の旅が増えていくと、旅籠屋間で旅客の争奪が激しく客引きによる宿泊強要の行為が発生した。

宿引（歌川広重筆『東海道五十三次』御油）

参考文献　田中丘隅『民間省要』(村上直校訂、一九九六、有隣堂)、宇佐美ミサ子『宿場の日本史―街道に生きる―』(『歴史文化ライブラリー』、二〇〇五、吉川弘文館)　（宇佐美ミサ子）

やどや　宿屋　宿泊所のこと。今日の旅館、ホテルの意。江戸時代、広義には宿泊機関である本陣、脇本陣、旅籠屋の総称。ただし、一般的には、庶民が宿泊、休憩する旅籠屋を宿屋というのが通例。宿屋の起源は、古く平安時代にまでさかのぼる。十一世紀に編まれた『今昔物語集』二六ノ一九には「然る程に夜になりぬれば旅籠開て物など食ひて寄り臥したるに」とあり、料理し、旅行者にもてなし、逗留させるというシステムが宿屋の機能、役割であった。宿屋は、渡世稼業として条件さえ整えば容易に開業できたが、経営はそれほど、簡単なものではなかった。宿泊を専業とする者、農業を兼ねている者とあり、春夏には往来も多く宿泊客もあり、繁盛するが、秋冬の寒い季節になると宿泊客も少なくなり、衰退していく。交通量の増減が宿屋の存続を左右した。庶民の中には、食料を持参し、自炊する木賃宿も多かった。宿屋は宿泊客にとっては、身分差を越えた唯一の社交場であり、体制や権力に対するうっぷんを晴らす自由な場でもあったことを見逃してはならない。　↓旅籠《はたご》　↓本陣《ほんじん》

参考文献　宇佐美ミサ子『宿場の日本史―街道に生きる―』(『歴史文化ライブラリー』、二〇〇五、吉川弘文館)　（宇佐美ミサ子）

やなぎ　柳　ヤナギ科の落葉樹。中国から伝来した植物で、湿地を好むために池や川のほとりに植えられているほかに、市街地の並木としても人々から親しまれている。

『万葉集』によれば、平城京の街路樹にも用いられていた。水辺周辺の植栽は、青々とした葉の色と、風になびくさまは風情があるが、柔らかなイメージに反して強靭さを備えていて、水害よけにも一役かっている。逆に、楚々とした雰囲気は怪談話につきものとなっている。「楊」とも書くが、「柳」と書く場合はシダレヤナギを表し、爪楊枝の材料に用いられている。

参考文献　今井徹郎『花木歳時記』(一九六八、文化服装学院出版局)、『京滋植物風土記』(一九七四、京都新聞社)

（柳　正博）

やなぎたくにお　柳田国男　一八七五―一九六二　日本における郷土研究・民俗学の創始者。一八七五年(明治八)七月三十一日、兵庫県辻川(神崎郡福崎町)の松岡家に生まれ、十三歳の時に茨城県の布川(北相馬郡利根町)に移る。東京帝国大学法科大学政治科を卒業して柳田家に養子に入り、農商務省農務局、内閣法制局、記録課、貴族院などに参事官・書記官・書記官長として勤務し、一九一九年(大正八)官界を去る。後半生は民間の学者として研究を続け、運動としての民俗学を指導した。その郷土研究は、文字に残された資料にのみ頼る歴史研究への批判(『郷土誌論』『青年と学問』『民間伝承論』『郷土生活の研究法』『国史と民俗学』)と、フィールドワークとしての「旅」(『海南小記』『雪国の春』)とを結びつけた新しい学問であった。村だけでなく家も制度として論じ(『先祖の話』『婚姻の話』)、声の文化の多様な形態や言語芸術の収集と分析(『桃太郎の誕生』『口承文芸史考』)から、生活のなかで身体化されていることばの力について根本から考え(『方言覚書』『国語の将来』)、生活技術の文化史を開拓し(『木綿以前の事』『火の昔』『村と学童』)、風景や環境もまた歴史的・社会的に構築された文化であること(『孤猿随筆』『豆の葉と太陽』)を明らかにした。『最新産業組合通解』の産業組合論や『遠野物語』の伝承研究から、『海上の道』の日本人移住史までの幅広い著作は、新しい『柳田国男全集』(筑摩書房、一九九七年(平成九)―刊行中)に網羅されている。一九六二年(昭和三十七)八月八日死去。満八十七歳。↓民俗学《みんぞくがく》　↓明治大正史世相篇《めいじたいしょうしせそうへん》

参考文献　佐藤健二『読書空間の近代―方法としての柳田国男―』(一九八七、弘文堂)、同『柳田国男の歴史社会学―続・読書空間の近代―』(二〇一五、せりか書房)

（佐藤　健二）

やね　屋根　建物の上方に位置し、外部に面して空間を覆うもの。雨・雪・直射日光などから内部空間を守る機能を有している。屋根葺仕上面を示す場合もあり、屋根下地や小屋組全体を含む場合もある。基本的な屋根形式には片流れ造《かたながれづくり》、切妻造《きりづまづくり》・寄棟造《よせむねづくり》・入母屋造《いりもやづくり》・宝形造《ほうぎょうづくり》(方形造)があり、これらを複合した屋根や屋根面を水平とした陸屋根《ろくやね》などがある。片流れ造は、一方にのみ傾斜している屋根で、切妻造は二方に傾斜し、本を伏せた山形の形状の屋根。寄棟造は四方向に傾斜する屋根を持つ形式で、平側の台形と妻側の三角形の屋根面により構成される。四注《しちゅう》ともいう。入母屋造は、切妻造の母屋の四方に庇をつけたもので、屋根の上方を切妻造とし、下方を寄棟造としたもの。宝形造は寄棟造の四面の屋根がすべて三角形になる形式で、平面が六角形や八角形となる場合もある。屋根の頂部の水平部分を大棟、これを構成する材を棟木という。また屋根の曲面により、凹曲線のものを照《て》りといい、反対に凸曲線のものを起《むく》りという。屋根の葺材には瓦(本瓦・桟瓦)・板(柿《こけら》・木賊《とくさ》・枌)・草(茅・藁)・石・スレート・金属などがある。瓦葺は主に寺院建築に用いられ、正倉院文書には「生瓦作工」、「瓦焼工」「瓦葺工」などの記述があり、奈良時代から瓦の製作・焼成・施工の分業が行われていた。寺院に対し、宮殿や邸宅は、伝統的な檜皮葺が主であり、やはり材料の採取と葺工の分業が確認できる。なお庶民の住居は近世初頭まで、草葺や板葺が多かった。近代以降、陸屋根が増加し、ビルを中心に屋上が設けられるようになった。近年は、屋上の緑化や太陽光パネル設置など、屋根の新たな活用がみ

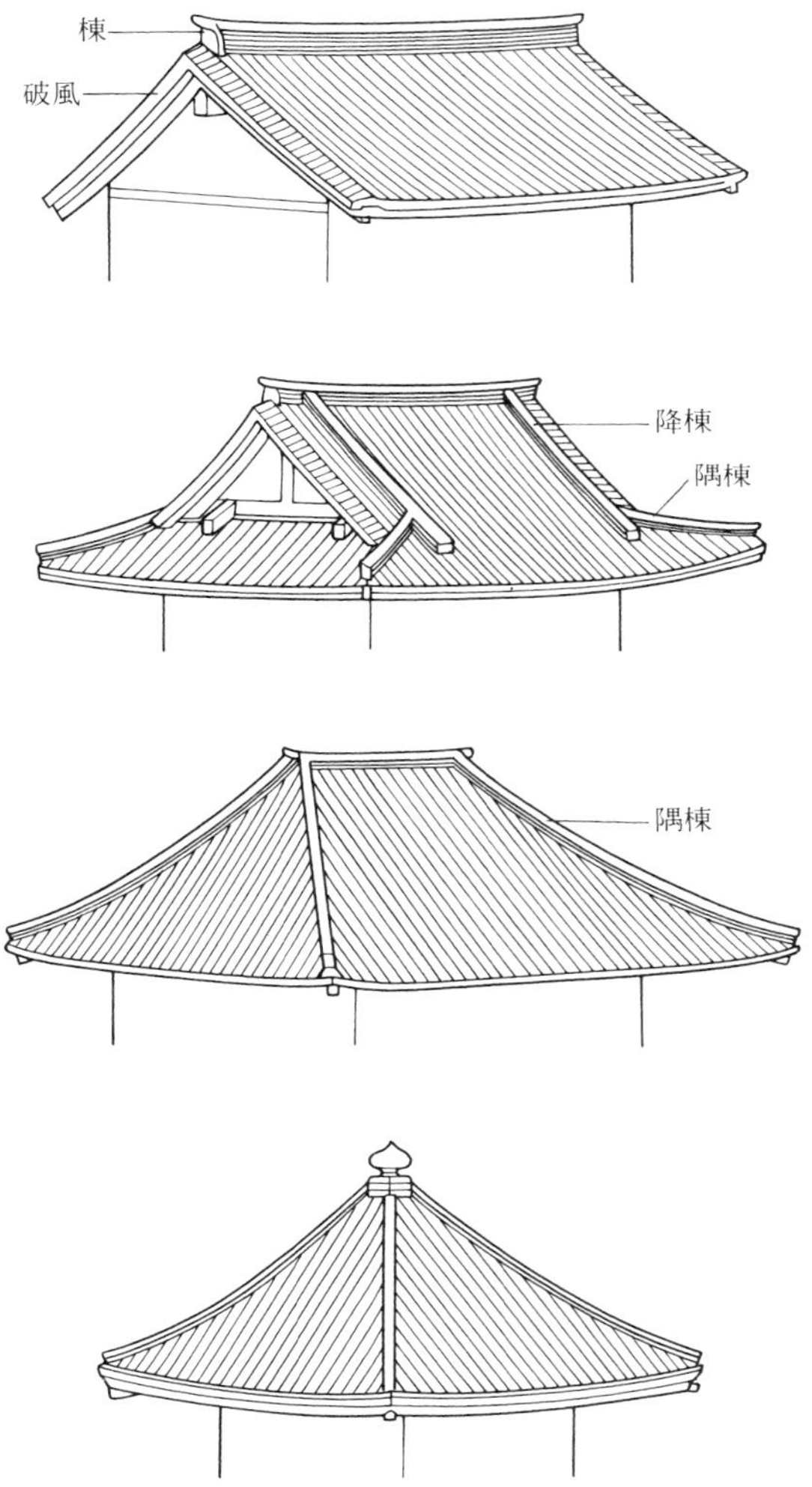

屋根の種類　(上から) 切妻造，入母屋造，寄棟造，宝形造

られる。建物の上方に位置する屋根の建設は、基本構造の建設工程の終盤であるため、竣工後の建物の無事を祈って、上棟式《じょうとうしき》が行われる。 ↓石置屋根《いしおきやね》 ↓板葺《いたぶき》 ↓茅葺《かやぶき》 ↓瓦葺《かわらぶき》 ↓草葺《くさぶき》 ↓柿葺《こけらぶき》 ↓檜皮葺《ひわだぶき》

参考文献 平井聖『屋根の歴史』(一九七三、東洋経済新報社)

(海野 聡)

やぶいり **藪入り** 商家の奉公人が正月と盆の、年に二度実家に戻り、両親に会ったり、墓参りをしたりすることをいう。また農村部で、他家に嫁いだ嫁が里帰りすることを指すこともある。年に二度の藪入りとは別に、京都や伊勢、近江に本家のある江戸の問屋では、本家の周辺から奉公人を採用しているが、四十歳ころに退職するまでに、初登、弐度登、三度登という三度実家に帰る制度がある。往復の路用と小遣い、それに祝儀や土産物を受け取って、実家に戻ることができた。

(賀川 隆行)

やぼ **野暮** 当代の世間の人情一般に通じないこと。洗練された心情がなく、垢ぬけせず田舎くさく泥くさい。古風すぎ、当世風の感覚に欠けること。さらに、気がきかぬ、融通がきかない、鈍くて悟り難いこと、あるいはその人。洗練されたスマートさのある粋《いき》や通《つう》とは反対の語である。下町の人や風俗が派手で粋なのに対し山ノ手は野暮くさい、野暮ったいなどといった。粋・通が十八世紀以後、江戸において磨かれた美的通念であるのと同様、反対語の野暮も江戸ッ子が江戸文化を誇るときの表現として生まれ使われた。「手前らがよふなやぼと化物は箱根の関所で通さぬはづだがさ」(一七九八年(寛政十)『傾城買二筋道』)は、「野暮と化物は箱根から先」という諺(野暮な人間は江戸にはいない)として残っている。同様に野暮げる・野暮助・野暮一など、いずれも粋または通の反対の非難語として使われている。 ↓粋《いき》 ↓江戸《えど》っ子《こ》 ↓通《つう》

参考文献 西山松之助『江戸ッ子』(『歴史文化セレクション』、二〇〇六、吉川弘文館)

(北原 進)

やまい **病い** 本人が心身の異変を知覚している状態 illness をいい、知覚の有無にかかわらず医師の診断にもとづいて名付けられた病名を指す疾患・疾病 disease とは区別される。病いについての観念や治療法は、それを共有している社会が持っている人間観や社会観を基底として形成されている。それゆえ文化を凝縮表現した伝統的な治療体系を無視して一方的に西洋医学を押し付けても、住民による受診拒否や衛生行政への非協力といった行動を招くだけに終わることが多い。伝統的な行動規範に対する侵害、文化の否定と受け取られるためである。これは開発途上国における医療援助の問題だけではない。現代日本においてもがん・難病・慢性疾患など近代医学が有効な指針を示せない場面では、伝統医療・民間薬・治病宗教・占い・呪術に大きな期待をかけ、それらを取り入れた多様な癒しの行動がみられる。その一つ一つの行動の背後にはそれぞれに対応した独特の病因が想定されており、病人が数ある癒しの中からどれを選ぶかは、その者が育った環境や文化的背景が決定要因となっている。癒しとの共存を図りながら、病人の行動を理解することが求められる。かつて病いは神罰・仏罰と捉えられ、病いを悪の象徴、病人を自業自得として差別する言動がみられたが、これら病いについての心性はエィズ騒動にみる現代人の中にも生き続けている。病因を呪い・祟り・狐憑き・悪霊の侵入などとする考えは、一八八〇年代の細菌学の勃興とその後に続く抗生剤・抗菌薬の開発を受けて次第に隅に追いやられ、癒しと結びついた各種の民俗行事も大正期には衰退に向かっている。だが、人はひとたび危機的な状況に陥ると、近代医学の合理性を超越した行動に出ることもあり、また貧困が医療類似行為に走らせることもある(厚生省「国民健康調査」)。なお、肩こり・腰痛・鼻づまりなどの自覚症状を持つ者の割合(有訴者率)は、性・年齢・地域による違いがみられる(厚生労働省「国民生活基礎調査」)。

参考文献 波平恵美子編『病むことの文化―医療人類学のフロンティア―』(一九九〇、海鳴社)、進藤雄三『医療の社会学』(『Sekaishiso seminar』、一九九〇、世界思想社)、根岸謙之助『医療民俗学論』(一九九一、雄山閣出版)、黒田浩一郎編『現代医療の社会学―日本の現状と課題―』(『Sekaishiso seminar』、一九九五、世界思想社)、新村拓『医療化社会の文化誌―生き切ること・死に切ること―』(一九九八、法政大学出版局)

(新村 拓)

やまし **山師** 鉱山業者。近世初期では間歩《まぶ》の採鉱経営にあたり、鉱石を選鉱・製錬する業者である買石《かいし》に販売した。近世後期では鉱業の衰退、小規模化によって鉱山の請山が多くなり、一鉱山を請け負い経営することも多くなった。山師のうち、その鉱山を発見、開発した者を山先と称し特権が付与された。間歩の枝坑道である鋪《しき》の採掘場を請け負って採鉱する業者を金名子《かなこ》(金子)と称したが、近世後期には金名子は金銀山においては選鉱・製錬もみずから行い、生産した金銀を鉱山に納入販売した。

参考文献 小葉田淳『日本鉱山史の研究』正・続(一九六八・八六、岩波書店)、荻慎一郎『近世鉱山社会史の研究』(一九九六、思文閣出版)

(荻 慎一郎)

やましごと **山仕事** 山で樹木を育て、伐り出し、また薪炭を生産・採取する行為を指す。広義には肥料用の採草や柴刈り、落ち葉掃き、屋根葺き用の萱刈りも含む。木地師や漆掻き、狩猟を指す場合もある。近代以降における建築材の育成では、植林しやすくするため林地を清掃する地拵え、植え付け、苗木を草木から守る下刈り、立木の込み過ぎを防ぐ除伐、同様の目的だが販売を前提とする間伐、柱や梁にした際節《ふし》が抜けないようにするための枝打ちなどがある。伐採では、伐倒した後、樹皮を屋根材とするため皮剝ぎし、搬出を容易にするために乾燥させた。搬出には雪国では橇《そり》、太平洋側では近代から戦後にかけて修《しゅ》羅《ら》・木馬《きんま》・架線などの装置が広く利用された。加工では

大鋸《おが》による木挽き、斧《よき》で角材にする削りなどがあったが、製材所の発達とともに消滅した。一九六〇年代には刈払機、チェーンソー、集材機などの林業機械が普及した。↓入会《いりあい》 ↓木遣《きや》り ↓木挽《こびき》 ↓山村《さんそん》 ↓炭《すみ》 ↓林業《りんぎょう》

参考文献 赤羽武編『林業・林産』(『明治農書全集』一三、一九八四、農山漁村文化協会)、大舘勝治『民俗からの発想―雑木林のあるくらし・地域と子どもたちの原風景―』(二〇〇〇、幹書房)、加藤衛拡『近世山村史の研究―江戸地廻り山村の成立と展開―』(二〇〇七、吉川弘文館)、さいたま民俗文化研究所編『名栗の民俗』下(二〇〇八、飯能市教育委員会)

(加藤 衛拡)

やまとむね 大和棟 奈良盆地から大阪府平野部および京都府南部に分布する民家形式の一つ。基本的には切妻造茅葺、平入の民家で、両妻を屋根と同等の高さの瓦葺土塀とするため「たかへづくり(高塀造り)」と称される。大和棟の呼称は近代以後に学術用語として普及したもの。十八世紀初頭までに建設された藤田家住宅(重文、奈良県平群町)は、竈のある炊事場を棟の低い瓦葺屋根(落ち棟)として、高塀で火処と茅屋根(居室部)を画すことから見て出火防止を目的としたと考えることもできる。そのため宇陀地方の山中などでは座敷側の妻を入母屋造茅葺にするものもある。一方で、藤田家住宅と同時期の村井家住宅(重文、同県葛城市)のように建築年代が古い大和棟民家で炊事場を含んで高塀造りにしていることは、類焼防止を念頭に置いていたことも覗える。町家の袖壁(ウダツ)と類似することからも、集落の稠密化に伴う火災対策として発生したと見られる。

参考文献 杉本尚次『日本民家探訪―民俗・地理学的考察―』(一九七四、創元社)

(黒坂 貴裕)

大和棟(奈良県天理市)

やまなみのかい 山脈の会 ⇩サークル運動《うんどう》

やまのて 山の手 市街地のうち高台にある住宅地を指し、江戸あるいは東京においては武蔵野台地東縁以西をいい、現在の文京区・新宿区付近など近世において武家地であった地域を総称する言葉。対義語に下町がある。近世後期、変化朝顔や鶯など趣味の集まりにおいて、出品者の名を伏せ、小石川や駿河台といった居住地のみを記す場合があり、これは高価で売買される集まりに参加するのを隠した武士であることが多い。明治時代以降は、武家地がそのまま住宅地となり、官僚や富裕な商人が住んだため、商業地である下町より、広い屋敷が多かった。明治時代の女流文学者樋口一葉は、新居を選ぶにあたり、駒込・巣鴨・小石川(現豊島区・文京区)の山の手に住むことを願い、その理由として庭の存在を挙げている。一九〇一年(明治三十四)にそれまであった品川線と工事中の田端―池袋間を合わせて改称した山手線は、武蔵野台地上の山の手を通ることから名付けられた。↓下町《したまち》

参考文献 鈴木淳・樋口智子編『樋口一葉日記』上・下・別冊(二〇〇二、岩波書店)、杉﨑行恭『山手線ウグイス色の電車今昔五〇年―大都会を走る通勤電車と駅のあゆみ―』(『キャンブックス』、二〇一三、JTBパブリッシング)

(平野 恵)

やまばかま 山袴 礼装用の座敷袴に対し、山袴は農山村などで普段着・労働着として着用された袴を指す。古くは皮や麻製、近年は紺無地や縞、かすりなどの木綿製が多く、その形式から、(一)二布・前布独存型(宮崎タチアゲ、岩手カタグシ)、(二)四布・前後布併存型(タチツケ、モンペ、カルサン、秋田子供フンゴミ)、(三)六布・前後布十奥布型(新潟コバカマ・愛知花祭四ツ舞袴)に分類される。このうち、カルサンは安土桃山時代に流行し、ポルトガル語のカルソー(ズボン)に似ていたことから名づけられた山袴である。またモンペは、アジア・太平洋戦争中、女性の防空着として広く普及したことで知られている。山袴の特徴は、室町時代以後に成立する腰板を持たず、奈良時代の褌(正倉院所蔵)の襠《まち》と同じ方形の角襠を有し、また表袴の裾継や野袴の芝引の原初形態とみられるイシズキと呼ぶ裾口の縁取りを持つなど、日本の袴の原初形態をよく伝えている。後腰をずらせてはく着用法も『粉河寺縁起』などの中世絵巻に描かれているもので、山袴は日本の袴の起源を解明する重要な服飾資料といえよう。↓もんぺ

参考文献 宮本勢助『山袴の話』(一九三七、大日本連合青年団)、宮本馨太郎『かぶりもの・きもの・はきもの』(『民俗民芸双書』二四、一九六八、岩崎美術社)

(田中 禎昭)

やまびこがっこう 山びこ学校 山形県南村山郡山元村(上山市)の中学校教師無着成恭《むちゃくせいきょう》(一九二七―)が中学生たちの学級文集(『きかんしゃ』など)に掲載された生活記録をまとめ、一九五一年(昭和二十六)、青銅社より刊行した実践記録(現在は岩波文庫に収められている)。無着は、戦前からの生活綴方の方法にも学びながら、ほんものの社会科教育をめざしていた。生活記録と地域調査の方法により、子ども(生徒)たちは自分のことばで生活現実を表現した。教育界のみならず社会的にも大きな反響を呼び、五二年には八木保太郎プロダクション・日本教職員

組合製作、今井正監督によって映画化もされている。→生活記録運動《せいかつきろくうんどう》

参考文献　佐野眞一『遠い「山びこ」—無着成恭と教え子たちの四十年—』(『書下しノンフィクション人間発掘』、一九九二、文藝春秋)、無着成恭『山びこ学校』(国分一太郎・鶴見和子解説、『岩波文庫』、一九九五、岩波書店)

(大串　潤児)

やまぶし　**山伏**　山岳修行によって験力を得た宗教者。十世紀末から確認でき、当初は特定の身分や宗教者の呼称ではなく、山中に起伏し修行する行為を指したため山臥とも書いた。十一世紀成立『新猿楽記』では、験者が「山臥修行者」と称され、また同時期に錫杖《しゃくじょう》・法螺《ほら》・斧など山伏行為の法具が整い始め、行為の主体を指す呼称となる。十五世紀には修験者とも呼ばれた。山伏は各地の山岳寺院を拠点に衆中などの集団を形成して活動したため、情報ルートとして権力者にも重視された。また、山岳修行の宗教的指導者として熊野参詣などの先達を務め、十五世紀にはそれが先達職として利権化、熊野三山検校である聖護院門跡の補任対象となった。近世には、聖護院や醍醐寺三宝院を棟梁とする本山派・当山派や、羽黒や彦山などに収斂し、呪術行為や参詣先達など民衆生活の中で活動し、郷土芸能に大きな影響を与えた。神仏分離政策により一八七二年(明治五)の太政官布告で山伏は神官とされ、従来の修験道は廃止された。→霞《かすみ》

参考文献　和歌森太郎『修験道史研究』(一九四三、河出書房)、長谷川賢二「修験道史のみかた・考え方—研究の成果と課題を中心に—」(『歴史科学』一二三、一九九一)、徳永誓子「修験道史研究の視角」(『新しい歴史学のために』二五二、二〇〇三)、小山貴子「中世における修験道の展開」(上杉和彦編『経世の信仰・呪術』所収、二〇一二、竹林舎)

(小山　貴子)

山伏(『人倫訓蒙図彙』より)

ヤミいち　**ヤミ市**　アジア太平洋戦争敗戦後、東京・大阪など都市において、食糧品や生活日用品などの物品を統制外で売った店舗群。闇市とも書く。マーケットなどと称された。戦時中の物資統制、配給制や切符制は、戦争が終わっても続いていた。むしろ、食糧などの不足は増大し、統制機構の乱れもあって、多くの民衆は飢えや物資不足の生活をおくっていた。その時に、農家からの直接仕入れ、軍の隠退蔵物資などの横流し、占領軍物資の非公然の入手などさまざまな手段によって集められた品物を売るヤミ市が、各地のターミナル駅周辺などにできていった。店舗のない青空市場から始まり、露店、ベニヤ張りのマーケットへと発展・拡大していった。多くのところでは、テキ屋ややくざなどが仕切る例もあり、また、やや後には、警察が同業組合を通じて統制する場合もあった。暴力事件や風紀の悪さなどのことがあったが、統制品の量の少なさや配給での遅配や欠配の続出などもあり、食糧や必要物資を求めて、多くの人が高値であっても、ヤミ市を利用した。また、失業者などがヤミ市で商売を始めることもあった。戦後の生活再興はヤミ市から始まるとさえいわれる場合もある。経済復興による物資不足の解消や駅前の土地区画整理の進展に伴う立ち退きなどによって、次第にヤミ市はなくなっていったが、一九六〇年代前半まで残っていた例もあった。東京上野のアメヤ横丁(アメ横)などのようにヤミ市に起源をもって現在も続いている商店街・飲食店街もある。

参考文献　松平誠『ヤミ市—東京池袋—』(『生活学選書』、一九八五、ドメス出版)、橋本健二・初田香成編『盛り場はヤミ市から生まれた』(二〇一三、青弓社)

(青木　哲夫)

新宿駅前のヤミ市(1945年9月)

やもめ　**寡**　配偶者を失った人のこと。しかし、日本では女性の平均寿命のほうが高く、また婚姻相手の男性が年長のことが多いため、死別による寡は女性(寡婦)に多くなる傾向にある。すでに『日本書紀』に「寡《やもめ》」「鰥《やもお》」という言葉がみえるが、古代には広く独身・一人暮らしの男女のことを指した。鎌倉時代に入ると、夫亡き後の家財を管理する女性として後家が現れるようになるが、中世後期以降は管理権が次第に弱くなっていく。さらに江戸時代中期以降は「貞婦二夫にまみえず」とされ、寡婦

の社会的自由は卑下された。しかし現実には、死別を除くと多くの女性が数年以内に再婚していたようである。近代に入り、一八八七年(明治二十)前後からは、敬称として未亡人が使われるようになった。折しも戦争によって夫を失った女性が多く生まれ、戦死軍人の夫への忠節を守る意味合いが強まったため、アジア・太平洋戦争の終わりまで、未亡人の再婚に否定的な風潮が存在していた。現代では、大家族制度の衰退により、寡婦の経済的な問題が指摘されることが多い。↓後家《ごけ》　↓戦争未亡《せんそうみぼう》人《じん》

参考文献　川口恵美子『戦争未亡人—被害と加害のはざまで—』(二〇〇三、ドメス出版)、青木デボラ『日本の寡婦・やもめ・後家・未亡人—ジェンダーの文化人類学—』(二〇〇九、明石書店)、黒須里美編『歴史人口学からみた結婚・離婚・再婚』(二〇一二、麗澤大学出版会)

(後藤　知美)

やもり　家守　町屋敷の土地や家屋の管理を担った差配人。大家あるいは家主ともいう。専業の者と兼業の者とがあった。江戸の中心部では大店や豪農などの町屋敷集積によって、次第に居付地主が減少し、不在地主が増加していった。近世後期の江戸には約二万人の家守がおり、地主に代わってその地面を管理運営し、地借・店借より地代・店賃を集めて地主に納めた。土地を預り差配する者を別に地守としておくこともあった。町内において家守たちは五人組に編成され、そのなかから月行事《がちぎょうじ》を選んで一つの町を運営した。自身番所に詰めるのも家守の役割で、家持町人の減少により実質的な町の運営は家守たちに移っていった(「家守の町中」)。家守の収入には、地主からの給料のほか、地借・店借からは、移住の際に樽代(金二朱から十両ほど)が、五節句には節句銭(数十文から金一分ほど)が支払われた。町屋敷から排出される下肥も家守の得分で、近郊農村への売却益を得た。こうした家守の地位は株化され、二十両から高いものでは二百両となることもあった。およそ百両の家主株で年に給料二十両、余得十両、糞代十両が得られたという。↓地借《じがり》・店借《たながり》

参考文献　岩淵令治「近世中・後期江戸の「家守の町中」の実像」(五味文彦・吉田伸之編『都市と商人・芸能民—中世から近世へ—』所収、一九九三、山川出版社)、喜田川守貞『近世風俗史　守貞謾稿』一(宇佐美英機校訂、『岩波文庫』、一九九六、岩波書店)、『古事類苑(神宮司庁蔵版)』政治部三(一九七七、吉川弘文館)

(松本剣志郎)

ゆ

ゆい　ゆい　百姓の家同士が相互かつ対等に労働力を交換しあう労働慣行。結う(結合)が語源である。手間の交換・貸借の意で、テガエ・テガワリ・テマグリなどと呼ぶ地域もある。共同で物事を行い、共同で使用するモヤイに通じている。この慣行は古代から存在する。近世の農業は、単婚小家族による家族労作経営が主流になったが、一軒の家だけでは手間が足りず、多くの人手が必要な仕事・作業があった。それを解決する手段がゆいであり、血縁関係や地縁関係に基づいて、ゆい仲間が構成された。水田稲作では、田植えや稲刈りなど短期間に多くの労働力を要する作業にゆいが力を発揮し、共同労働によって農繁期を乗り切った。ゆいは、家普請や屋根葺きなど、暮らしの諸場面でも広くみられた。一度手間を借りたら別の機会に同じ手間で返す、労働力の等量交換が原則であり、本来的には賃銀の授受は発生しない。ただし、不足が生じた時は、食事や贈り物などで埋め合わせることがあった。

参考文献　竹内利美『村落社会と協同慣行』(『竹内利美著作集』一、一九九〇、名著出版)

(平野　哲也)

ゆいしょがき　由緒書　由緒を記した文書のこと。由緒とは、近世においてイエや村などが、将軍や天皇といった特定の政治権力などとの関係を起点として自身を正当化するときの由来・事由のことである。もっぱら由緒が語られるようになるのは近世に入ってからのことで、十七世紀後半の寛文・延宝期(一六六一—八一)と十九世紀

前半の文化・文政期(一八〇四—三〇)にピークがある。寛文・延宝期はイエ意識の確立と関係し、文化・文政期には由緒の大衆化・一般化が背景に考えられる。多くは諸役免許や苗字帯刀などの特権を獲得するために主張される。由緒書のような文書形式が普及するのは、十八世紀初頭の元禄・享保期(一六八八—一七三六)のことで、それ以前には訴状や口上書の一節に由緒を確認できる。武士の場合は、身分証明の書類として先祖書・親類書・由緒書を三点セットにして作成することが多い。現代では、結婚や結納に際して、家族構成を記した文書を由緒書と称する地域がある。

参考文献 山本英二「日本中近世史における由緒論の総括と展望」(歴史学研究会編『由緒の比較史』所収、二〇一〇、青木書店)　(山本　英二)

ゆうえんち　遊園地　盛り場付近や郊外に立地する屋外型総合娯楽施設。明治前期、庭園の草花や眺望を楽しんだり、飲食したりする遊覧の場を「遊園(地)」と呼ぶようになった。明治後期以降、回転木馬やウォーターシュートといった遊戯機械だけでなく、演芸場、映画館、動物園、ダンスホール、運動施設など、遊園地はつぎつぎと都市の新しい娯楽装置を取り込んでいった。なかには園内の料理屋に芸妓を置くようなものもあったが、警視庁の遊園地取締規則(一九二六年(大正十五))が制定されたころから「健全化」が図られ、三〇年代に郊外電車の沿線につぎつぎと開業した遊園地は、子ども連れでも安心して遊べる施設となった。戦後はスリルとスピードを売りにした遊戯機械を揃えた後楽園ゆうえんち(五五年(昭和三十)開業)のような都心型遊園地、広大な敷地に遊戯施設だけでなく、スケート場などスポーツ施設を設けた富士急ハイランド(六一年開業)に代表される大型総合レジャーランド、東京ディズニーランド(八三年開業)に代表されるテーマパークなど多様化しながら、遊園地は都市の大衆娯楽装置として確固たる地位を保っている。

参考文献 安野彰・篠野志郎「明治・大正・昭和初期における東京近郊の遊園地の実態—都市娯楽施設の史的研究—」(『日本建築学会計画系論文集』五一八、一九九九)、橋爪紳也『日本の遊園地』(『講談社現代新書』、二〇〇三、講談社)　(大岡　聡)

ゆうかく　遊廓　江戸時代、三都などの城下町に設置された公認の性売買施設。十六世紀末、統一政権が成立し、兵農分離の原則のもとに武士の集住する城下町建設に伴って、京都柳の馬場に遊女屋が集住する上・中・下三町が傾城町として公認された(一六四一年(寛永十八)に移転し島原遊廓と呼ばれる)。また、大坂では、寛永年間ごろに新町遊廓が、江戸では一六一七年(元和三)に吉原遊廓設置が認められた。遊廓はいくつかの町の集まりとして形成され、それらの町は幕末に至るまで同職集住に基づく共同性を失わなかった。これらの町は、城下町における性売買を遊廓に限定して管理統制する義務を負う一方、市中の隠し売女を摘発して一定期間遊廓で使役するなどの特権が認められた。江戸や島原では、周囲を塀と堀で囲み、客の出入りや遊女の脱出を取り締まり、遊女を厳しく囲い込んで売春を行わせたが、一方で遊廓は浮世絵や戯作の題材となることが多く、近世の文芸、絵画、歌舞音曲、芸能などに大きな影響を与えた。→悪所《あくしょ》　→遊女《ゆうじょ》

参考文献 吉田伸之「遊廓社会」(塚田孝編『都市の周縁に生きる』所収、二〇〇六、吉川弘文館)、横山百合子「幕末維新期の社会と性売買の変容」(明治維新史学会編『明治維新と女性』所収、二〇一五、有志舎)　(横山百合子)

明治初年の島原遊廓

ゆうぎ　遊戯　あそび。日本では七世紀には囲碁・双六《すごろく》・博打が盛んであったことが『隋書』倭国伝からわかる。『万葉集』には双六やサイコロを詠んだ和歌があり、正倉院には双六盤・サイコロ、碁盤・碁石・合子《ごうす》(碁石を入れる容器)、投壺《とうこ》・矢などが伝来している。平安時代には中国から将棋が伝わった。囲碁・双六・将棋は日本で広く長く愛好された遊びである。平安末期の『鳥獣戯画』には当時の庶民の遊びとして、射的・相撲・囲碁・双六・将棋・耳引《みみひき》・首引《くびひき》・目比《めくらべ》(にらめっこ)・腰引・闘鶏・闘犬・競馬・蹴鞠・流鏑馬《やぶさめ》・毬打《ぎっちょう》・印地打《いんじうち》(石投げ)などが描かれている。室町時代には、正月の遊びの羽子板や、浄土双六という紙に描かれた絵双六が現れた。戦国末期にポルトガルから伝わったカルタは、江戸時代に天正カルタやウンスンカルタが作り出された。江戸時代に貝合《かいあわせ》の貝に和歌を上下に分けて書き、貝が紙に変わって歌カルタとなり、カルタの百人一首が生まれた。→遊《あそ》び　→綾取《あやと》り　→囲碁《いご》　→石蹴《いしけ》り　→お手玉《てだま》　→鬼《おに》ごっこ　→折紙《おりがみ》　→かるた　→独楽《こま》　→将棋《しょうぎ》　→相撲《すもう》　→博打《ばくち》　→羽子板《はごいた》　→ままごと

参考文献 関忠夫編『遊戯具』(『日本の美術』三二一、一九六六、至文堂)、酒井欣『日本遊戯史(復刻版)』(一九七七、拓石堂出版)、増川宏一『日本遊戯史—古代から現代までの遊

びと社会—』(二〇一二、平凡社)

(菅原　正子)

ゆうじょ　遊女　芸能と売色を行う女性。〔古代・中世〕八世紀の遊行女婦《うかれめ》は貴族層の宴で詠い接待する女性で売春は行わなかった。九世紀末から十世紀にかけて芸能と売色を兼業する女性が登場する。淀川や琵琶湖・瀬戸内海などの水辺を拠点とする芸能者は遊女、東海道などの陸の宿駅は傀儡《くぐつ》と呼称した。後白河法皇は芸能を王権の権威に利用したこともあり、十二世紀から十三世紀初頭ごろまでは、貴族や武士出身の遊女も存在し、芸能が主であった。院や公卿層のツマとなり子どもは父の家業継承も可能であり、けっして卑賤視されていなかった。十三世紀後期ごろから次第に売色が主となり、傀儡も遊女と同質化し傾城《けいせい》と呼ばれるようになり、都市や交通の要衝に遊女・傾城が宿屋を経営していた。十五世紀以降になると傾城屋は男性が経営するようになったが、遊女猿楽や歌舞伎などの芸能の面でも活躍していた。

参考文献　服藤早苗『古代・中世の芸能と買売春—遊行女婦から傾城へ—』(二〇一二、明石書店)

(服藤　早苗)

〔近世〕遊女の語は、近世の売春女性一般を指す語として用いられることが多いが、法制上近世の娼婦は、公認遊廓の遊女、売春を黙認された宿場や湊町の飯盛女・洗濯女、夜鷹・船饅頭などと呼ばれる非合法の私娼に区別されていた。幕府法では、遊女は公認遊廓の娼婦に限られ、一六一七年(元和三)の吉原遊廓公許以降、公認遊廓以外で売春する女性を遊女と区別して売女と呼び、これを厳禁した。その後、一七一八年(享保三)、宿場助成を名目として、江戸十里四方の宿の旅籠屋《はたご》一軒につき二名の飯盛女を抱え置くことが許可され、宿場や湊町などで遊女以外の売春が認められることとなったが、飯盛女は木綿の衣服に限るなど、遊女とは異なる規制が設けられた。近世後期になると、宿場も遊廓と変わらない遊所となり、実態上は、遊女と売女の区別は失われていった。→飯《めし》盛女《もりおんな》　→遊廓《ゆうかく》

参考文献　塚田孝「吉原—遊女をめぐる人びと—」(『身分制社会と市民社会—近世日本の社会と法—』所収、一九九二、柏書房)、曽根ひろみ『娼婦と近世社会』(二〇〇三、吉川弘文館)

(横山百合子)

今世江戸吉原遊女之図
(『守貞謾稿』より)

ゆうすずみ　夕涼み　夏の夕刻に、風通しの良い縁側や屋外の緑陰で涼をとること。洋の東西や時代を問わず行われていたとみられる日常生活の一齣である。日本では、近世絵画からその具体相がうかがわれ、江戸時代前期の延宝年間(一六七三—八一)の制作とされる画家久隅守景(生没年未詳)の代表作である国宝「夕顔棚納涼図屏風」(二曲一隻、紙本淡彩)では、満月の夕、粗末な茅葺き家屋の軒先に設えられた夕顔の棚の下で、農民の家族が揃って涼をとる幸せな様子が情感溢れる筆致で描かれている。また、幕末期の絵師歌川国貞(一七八六—一八六四)は「夕涼み沢辺の蛍」「吾妻橋夕涼景」など、当該期の夕涼みを題材にした浮世絵版画を複数遺しており、江戸の人々にとって夕涼みは、単なる納涼にとどまらず、蛍狩りや舟遊びといった夏季の娯楽として楽しまれていたことをうかがうことができる。近代以降では、住宅の庭先での行水や植木の水遣り、路地での縁台将棋や花火といった夕涼みの光景がみられたが、現在では集合住宅の増加や各世帯の生活時間帯の多様化などにより、こうした光景も姿を消しつつある。→川開《かわびら》き　→納涼《のうりょう》

参考文献　小林忠「二人の風俗画家—久隅守景と英一蝶—」(『文学』四〇ノ六、一九七二)

(宮瀧　交二)

夕涼み　「夕涼み沢辺の蛍」

ユースホステル　ユースホステル　青少年の健全な旅行のために安価な宿泊施設の提供を目的としてドイツで始まった運動とその施設を指す。国際的な運動であり、日本でも支部である日本ユースホステル協会が運営、認証する施設をユースホステルと呼ぶ。基本的に会員制で、当初は教育的な配慮がなされ、ミーティングと称する夕食後の集会など独特な性格を持っていた。一九六〇年代から若年層の旅行ブームの中で、安価な宿泊施設として、旅行の普及に大きな役割を果たした。しかし宿泊施設の多様化、若年層の意識変化などを受けて会員数も激減し、現在では宿泊施設としての存在感はほとんど失われている。

(稲垣　勉)

ゆうせいほごほう　優生保護法　不妊手術、中絶について規定した法律。中絶は現在に至るまで刑法の堕胎罪により禁止されているが、一九四一年(昭和十六)に「悪質ナル遺伝性疾患ノ素質ヲ有スル者ノ増加」の防止を目的として国民優生法(断種法)が施行され、優生学および人口政策の観点からの不妊手術(優生手術)や人工妊娠中絶が認められた。一方で産児制限を目的とする避妊施術や中絶は厳しい処罰の対象とされ、実態としては優生断種法としてよりも中絶禁止法としての側面が強かった。戦後には人口抑制策を目的としてこれが継承され、四八年

に優生保護法が制定された。翌年には経済的理由による中絶が認められ、五二年には事前審査を廃し、本人および配偶者の意思と指定医の判断により中絶を行うことができるようになった。九六年(平成八)に障害者差別として問題視されてきた優生学に関する条項(胎児条項)を廃止し、母体保護法となった。 ↓中絶《ちゅうぜつ》

参考文献 藤野豊『日本ファシズムと優生思想』(一九九六、かもがわ出版)、米本昌平他『優生学と人間社会—生命科学の世紀はどこへ向かうのか—』(『講談社現代新書』、二〇〇〇、講談社)、齋藤有紀子編『母体保護法とわたしたち—中絶・多胎減数・不妊手術をめぐる制度と社会—』(二〇〇三、明石書店)

(大西 公恵)

ゆうびん 郵便 書状や葉書などの郵便物の送達を、なるべく安い料金で公平に請け負い、公共の福祉を増進する目的で運営される通信制度。江戸時代、手紙を運ぶ飛脚の料金は高額で、庶民が気軽に利用できなかった。一八七〇年(明治三)、明治政府の役人であった前島密《まえじまひそか》は、

郵便局(1960年代，東京都世田谷区)

明治初年の郵便配達夫(「開化幼早学問」より)

安価で利用できる欧米のような郵便制度を立案。七一年、国家の事業として近代的な郵便制度が始まった。書状集箱(郵便ポスト)が設置され、書状に貼って郵便料金の支払いを示す切手も発行された。郵便の「郵」は宿場、「便」が手紙を示す。飛脚と区別するために、前島が「郵便」という言葉を探して名付けたという(造語ではない)。一般に馴染みが薄い言葉であったが、郵便という名前は人々に知れ渡り、親しまれた。また、七三年から登場した郵便葉書も、多くの人に郵便を印象付けた。郵便事業が確立したのは明治時代中期である。社会経済の発達とともに郵便利用が拡大し、九二年には小包郵便が創設される。また、一九〇〇年の郵便法の施行で私製葉書が認可された。大正から昭和時代初期は発展期である。一九一四年(大正三)に十八億通であった郵便物は、二九年(昭和四)には五十一億通に達した。一般家庭に電話が普及していない時代、郵便が最も身近な通信手段であったことを窺わせる。戦後の高度成長期(六〇年代)、郵便物は年間約九十三億通に上り、迅速な送達が求められた。そこで業務の機械化を進め、六六年に定形、定形外による区分(現行制度と同じ)が始まり、六八年には郵便番号制を導入している。二十一世紀に入り、二〇一二年(平成二十四)は約二百二十三億通であった。年間約二百六十億通あった郵便物は年々減少し、二〇一二年(平成二十四)は約二百二十三億通であった。携帯電話やインターネットの普及が、その一因であろう。なお、〇七年に郵便は国家の事業から民営化された。 ↓手紙《てがみ》 ↓葉書《はがき》

参考文献 郵政省編『郵政百年史』(一九七一、逓信協会)、山口修『郵政のあゆみ一一一年』(一九八三、ぎょうせい)、藪内吉彦『日本郵便発達史』(二〇〇〇、明石書店)

(田辺 龍太)

ゆうびんぶんか 郵便文化 郵便にまつわる事物を介した、人々の生活の向上やコミュニケーションの発展につながる文化活動。人と人との心を結ぶ手紙のやり取りである文通、世界情勢や伝統文化の情報が得られる切手収集のほかに、郵便サービスや郵便局が地域住民と連携したコミュニティ活動も、生活の楽しみを広げる郵便文化の一端である。文通では、国内に限らず海外の人とも交流して、お互いの生活文化を知ることができる。郵便が世界各国・地域で機能しており、国際間の郵便の受け渡しのルールも、万国郵便連合(一八七四年創立)によって確立されているからである。十九世紀後半、郵便は今日のインターネットにも匹敵する、ハイテク情報伝達手段であった。郵便料金の支払いを示す紙片の切手は郵便物に貼られ、国内外の相手の手もとに郵便物と一緒に運ばれた。多くの人が、この切手を目にしたはずであり、その図柄は自国を宣伝するアイコンのような役割も果した、と考えられる。博物学者の南方熊楠(一八六七—一九四一)は、若いころのアメリカ滞在中に世界の切手を収集し、行ったことのない国についても切手から情報を得て、異国の文化に触れていた。まさに郵便や切手は、世界を結ぶものといえる。一九五〇年代半ばから六〇年代の日本は切手ブームで、切手を買うために郵便局に並ぶ人々の長蛇の列は、当時の社会現象であった。しかし、このブームは文化的ではなく投機目的の様相が強かった。近年は、切手のデザインに興味を持ち、外国切手にも関心が高い女性が増えている。お気に入りの切手を部屋に飾ったり、手紙に使ったり、生活の中で楽しむスタイルである。郵便文化において郵便局の存在も忘れてはならない。貯金や保険のこと、為替や小包(現ゆうパック)による金品の仕送りなどについて、明治時代から人々の相談に親身に対応してきた。生活に便利さを提供し、娯楽的な行事にも係わるなど、郵便文化の振興に務めている。

参考文献 山口修『国民生活と郵便局』(一九六四、逓信事業教育振興会)、小林正義『みんなの郵便文化史—近代日本を育てた情報伝達システム—』(二〇〇二、にじゅうに)、NHK「美の壺」制作班編『切手』(二〇〇九、NHK出版)

(田辺 龍太)

ゆか　床　一般には、板などを張って内部空間の下面を水平方向に仕切る部位を指す。ただし中世以前はこれを板敷と呼び、床は寝台など一段高くなった場所を指す語として用いていた。先史時代から竪穴住居のように土間床を基本とするものと、高床住居のように板敷とした建物の二つの系統が認められる。前者の系統では、土間床に稲わらやむしろなどを敷きこむ土座住まいの形式が近代に至るまで存在した。板敷の床には、土間床に直接板を敷く置床、根太《ねだ》を置いて板を載せる転ばし根太床、大引きで根太を受けるものなどがあり、時代が下るほど後者へと漸移的に変化する。古代には敷物として置畳を用いるようになり、室町時代以降部屋全体に敷きつめるものが出てくる。現存する建物のうち、建立年代が明らかなのは慈照寺東求堂(京都市、一四八六年(文明十八))である。民家において畳を敷きつめるようになるのは、元禄年間(一六八八—一七〇四)ごろと考えられている。

参考文献　太田博太郎「土間と板敷」(『日本住宅史の研究』所収、一九八四、岩波書店)　(鈴木　智大)

ゆかた　浴衣　夏季に着る着物。明治四十年代には白物七分、浅黄物三分という割合で流行し、花模様が多かった。真岡物をはじめ、紅梅、塩瀬、斜子《ななこ》、壁縮、八千代染などがあり、白絣では大和絣、紺絣では久留米絣が人気であった。また藍や藍鼠地に白く模様を出した物が登場し、朝顔や蝶の模様を描いた鹿の子と絞りが流行した。明治末から大正初期に浴衣は内着から外着へと用途が変化し、三越の光琳模様、白木屋の藤原式など華麗な構図が増えていった。一九一二年(明治四十五)の夏は縮が振るわず、絞りが下火と流行によって差異が見られるが、真岡木綿の浴衣の人気は変わっていない。大正時代からは木綿を凌駕する勢いでメリヤスの浴衣が流行している。昭和初期には白地や紺地の江戸趣味が好まれる一方で、人絹製でモダンなローズやグリーンといった配色が新柄として登場した。太平洋戦争後も浴衣は人気で、一九五五年(昭和三十)初頭には年間一千万反が生産された。当時は「大島ガスリ調」が流行したが、その後は華麗な意匠の浴衣が主流となっている。→帷子《かたびら》

参考文献　『東京朝日新聞』(一九〇七年五月三十一日付朝刊、一九一二年六月十八日付朝刊、一九一六年五月三十一日付朝刊、一九二七年五月八日付朝刊、一九五七年二月六日付朝刊)　(刑部　芳則)

ゆき　雪　大気中の水蒸気が昇華、結晶して降下するもの。日本、特に日本海側の地域は世界有数の多雪地帯であり、雪にまつわる習俗は多い。服装・履物に関しては、雪袴や雪沓、アットゥシや刺し子の野良着、輪かんじきや踏俵などが特徴であり、住居に関しては中門《ちゅうもん》造り、雪囲い、ガンギ、屋敷防雪林、融雪池や流雪溝などが特徴である。そのほか、山腹に消え残った雪の形を人や動物の姿に見立てて農作業の目安とする雪形、共同作業で雪を踏み固めて冬季の道路を確保する雪踏み、冬の間だけ雪の少ない場所に移り住む冬季移住、雪で通学困難になる児童のために開かれる冬季分校なども雪国独特の習俗である。雪が生活経済に与える影響は著しい。雪崩や雪圧による家屋の倒壊、雪掻きや雪踏みといった重労働、交通機関の途絶、裏作・越冬蔬菜栽培の困難とそれに伴うビタミンの欠乏などが問題となる反面、豊富な雪解け水は灌漑用水や水力発電に恩恵をもたらし、またスキー産業は地域を観光地化し、冬季の雇用を生み出してきた。→スキー

参考文献　八戸工業大学建築工学科積雪地・住居研究会編『雪国のくらしと住まい—積雪地における生活的・空間的対応とその変容に関する実証的研究　青森県黒石市を中心にして—』(一九六八)　(加藤幸治・今井雅之)

ゆきがこい　雪囲い　積雪や落雪、暴風雪から家屋や庭木を守るための囲い。冬囲い、雪垣とも称する。山間部の積雪地域では、積雪や落雪の重みと湿気により壁や出入口が損壊するのを防ぐため、家の周りに支柱をたてて横木を渡し、茅《かや》・藁などを並べ結わえたり、積雪に応じてオトシ板を嵌め込んで囲いとした。窓や出入口には藁筵《むしろ》や茅の簾《すだれ》を下げて雪の吹き込みを防いだ。風の強い海岸部や平野部の地域では、風の吹いてくる方向に対して支柱を立てかけて横木を渡し、藁筵や茅の簾を張りつけたり、縦長の板をたてかけ結わえたりして暴風雪を防いだ。雪囲いによって生まれる無雪の空間は、越冬野菜や生活用具置き場として、また積雪期の作業場として利用された。雪囲いとは異なるが、積雪期に空間を確保するための工夫として、家屋や塀から一間ほどの庇を常設して積雪期の通路とするガンギやコミセがあり、また暴風雪から家や道路などを守るための工夫として、常設の防護柵や防雪林などがある。

家と庭木の雪囲い(新潟県柏崎市)

参考文献　八戸工業大学建築工学科積雪地・住居研究会編『雪国のくらしと住まい—積雪地における生活的・空間的対応とその変容に関する実証的研究　青森県黒石市を中心にして—』(一九六八)　(加藤幸治・今井雅之)

ゆきぐつ　雪沓　積雪期に履く藁製の履物。ワラグツとも。東北・北陸地方を中心に、中国・四国・九州各地にも分布し、古くは日本全土で使用されたと考えられる。形状から、草鞋《わらじ》状の台部に被甲部を掛けただけの㈠爪掛草鞋型のほか、被甲部を作りつけた㈡爪掛付藁沓型、㈢藁短沓型、㈣藁長沓型に分類され、地方により、㈡はジンベー・クツゴメ、㈢はアクトシベ・オソッペ、㈣はタラシベ・ズダシベなどの名称で呼ばれた。史料上にみえる雪沓の初期の事例は、鳥羽上皇が「藁深沓」を履いて雪見したとする『飾抄』(平安時代末期)の記述で、藁長沓型の雪沓が都の支配階層において使用されていた事実が確認できる。↓藁沓《わらぐつ》

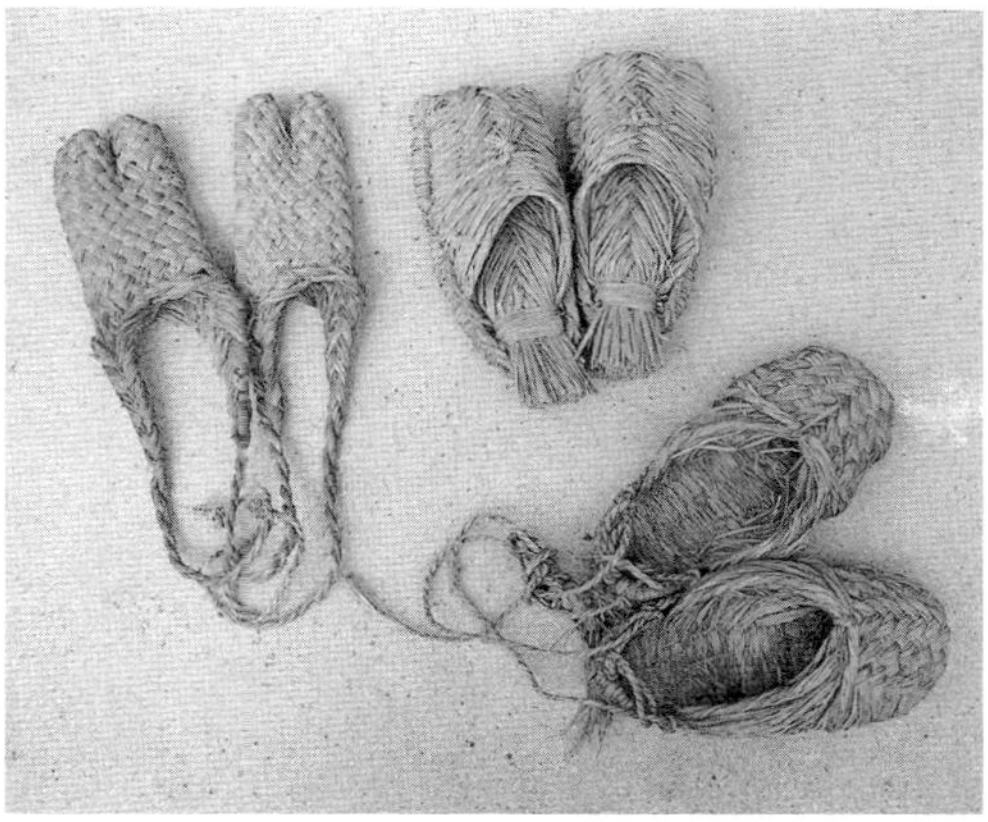

山形県庄内地方の雪沓

参考文献　宮本馨太郎『かぶりもの・きもの・はきもの』(『民俗民芸双書』二四、一九六八、岩崎美術社)、潮田鉄雄『はきもの』(『ものと人間の文化史』、一九七三、法政大学出版局)、秋田裕毅『下駄―神のはきもの―』(『ものと人間の文化史』、二〇〇二、法政大学出版局)　(田中　禎昭)

ゆきそり　雪橇　氷雪上で人や物を運搬するための橇。人力のものと畜力のものに大別される。人力の雪橇は江戸時代にはすでに存在しており、日常的に物資・堆肥の運搬などに用いられた。雪中を往復する際、方向転換をする手間を省くため、前後同型をしているものも多い。畜力、特に馬を用いる馬橇は明治時代初期、北海道の開墾作業のため、ロシア型のものがその製作技術とともに導入され、交通や運搬に広く用いられた。のちに本州の雪国にも多く普及した。

参考文献　関秀志「外来民具の導入とその改良・普及について―ロシア型橇を中心に―」(永井秀夫編『近代日本と北海道―「開拓」をめぐる虚像と実像―』所収、一九九八、河出書房新社)　(加藤幸治・今井雅之)

ゆきだおれ　行倒れ　旅行者が旅の途中で罹病したり、それによって死亡すること、またその人。行旅難渋者への対応は、各地域でそれぞれ行われていたが、江戸幕府は、一六八八年(元禄元)に宿場に対し、旅人の病人には十分に治療を施すこと、死亡したならば代官や領主役人が死骸を改めた上で埋葬することとした。一七三三年(享保十八)には、病人・倒死者の在所への連絡に二日以上掛かるならば知らせる必要はないと一六八九年に触れたが、病人は遠国であっても知らせること、倒死者は在所が判明したならば知らせ、不明ならば立札を建て三日間晒置き土葬にすること、などと触れた。一七三五年には、在所への連絡費用は、病人または在所で負担する場合は別として、今後は宿割にするようにとし、倒死者については「旅中死亡した場合にはその所にて葬るように」との書付を持っていれば、従来通り在所に知らせるには及ばないとした。さらに一七六七年(明和四)には、在所に帰ることを望む病人は駕籠で継ぎ送りし、途中で死亡したならばその所に仮埋にし、在所に掛け合って処置することなどを触れ、費用は宿割・村割とするようにとした。この明和令で、従来宿場のみであった対象が村々にも広げられ、行旅難渋者救済システムが完成したとされる。なお、一八九九年(明治三十二)に行旅病人及行旅死亡人取扱法が制定され、現行法として機能している。

参考文献　児玉幸多編『幕府法令』(『近世交通史料集』八・九、一九七八・七九、吉川弘文館)、柴田純「行旅難渋者救済システムについて―法的整備を中心にして―」(『史窓』五八、二〇〇一)、同「近世のパスポート体制―紀州藩田辺領を中心に―」(『同』六一、二〇〇四)　(佐藤　孝之)

ゆきひら　行平　鍋の一種。本来は陶製の蓋付き深鍋で、把手と大きな注ぎ口があるものを指す。雪平とも書く。火の当たる底部を除いて施釉されている。粥などに用いられる。江戸時代後期に大田南畝が著した『一話一言』によると、一人用の平鍋として天明年間(一七八一―八九)末から都市部の庶民を中心に普及した。『松屋筆記』(一九〇八年(明治四十一)刊)は、もとは塩を焼く道具だったとする。その名称は在原行平が須磨で海女に塩を焼かせた故事にちなむというが、「湯気平鍋」や「持って行く平鍋」由来など諸説ある。十九世紀前半には深鍋型になり、天保年間(一八三〇―四四)には真鍮製のものも作られた。近代も、高度経済成長期に至るまで家庭や病院などで使われた。現在では、アルミ製で凹凸の打ち出し模様があり、把手のついた直径一五～三〇㌢ほどの鍋のことも雪平と呼ぶ。アルミ製片手鍋の一種が一九七〇年代後半から徐々に雪平として浸透していったものらしい。八〇年代以降は、一般的に雪平といえばアルミ製の鍋を指すようになった。↓小鍋《こなべ》

参考文献　山口昌伴・GK研究所『図説台所道具の歴史―主役の道具たち―』(一九七八、柴田書店)　(後藤　知美)

ゆたんぽ　湯たんぽ　湯を入れる金属製ないしは陶製の容器。近年はプラスチック製のものもある。湯湯婆とも書く。楕円型やかまぼこ型のものなどがあり、中の湯が冷めにくいように口は小さく、栓がついている。冬の夜に布団などに入れて手足を温める。湯を入れた時は熱いので布などで包んで温度を調節する。直接火気を使用し

湯たんぽ（1930年頃）

ていないのと、水の比熱によりゆっくりと冷めていくために、睡眠時の採暖に適している。柳田国男は「方言と昔」で、ユタンポの名称はたたいた時の音に由来すると述べた。

参考文献　柳田国男「方言と昔」（『柳田国男全集』二二所収、一九九〇、筑摩書房）　（大里　正樹）

ゆづけ　湯漬　飯に湯をかけて食べること。『今昔物語集』に「冬は湯漬、夏は水漬で食事を召し上がるのがよい」と記されるほか、『北山抄』には新任の大臣が行う饗宴で「時節寒暖にしたがって湯漬・水飯《すいはん》等を準備する」とある。室町時代にはかなり流行したようで、江戸時代後期の『貞丈雑記』には酒に酔った足利義政が飯に湯をかけて食したことから湯漬が広まったという話が載せられている。江戸後期以降になると、茶漬にとって代わられた。↓茶漬《ちゃづけ》

参考文献　渡辺実『日本食生活史』（一九六四、吉川弘文館）、篠田統『米の文化史』（一九七〇、社会思想社）　（伊佐治康成）

ゆば　湯葉　豆乳を加熱し、表面にできる薄い膜をすくいあげて作る大豆加工品。乾燥する前を生ゆば、乾燥させたものを干しゆばという。平ゆば、巻きゆばなど形状や乾燥の具合でさまざまな種類がある。生ゆばは、トロリとした食感と、大豆の甘みと香りが好まれ、干しゆばは、水戻しが簡単で、淡白な味わいのためさまざまな料理法に利用されている。良質のたんぱく質と脂質を含む栄養価が高く、消化のよい保存食である。豆腐の副産物として早くから食されていたと考えられ、鎌倉時代には禅寺で精進料理の材料として重宝された。江戸時代には、料理書の献立にゆばが多く用いられ、一般の食材としても親しまれている様子がうかがわれる。名前の由来は、色や表面のシワが老婆の顔にたとえられ姥《うば》がユバに変化したという説と、中国の呼び名豆腐皮《トウフーピー》から豆腐上物《とうふうわもの》と称し、略して上《うは》がウバと濁り、ユバと訛ったという説がある。主な産地である京都では湯葉、日光では湯波と表記される。

参考文献　岡本奨・渡辺研『湯葉―蛋白質皮膜食品の化学―』（一九七六、東京農工大学食品化学研究室同窓会）　（中澤　弥子）

ゆびきり　指切り　約束事をするときに、鉤型に曲げた互いの小指（稀に人差し指）をひっかけて唱えごとをする儀礼的行為。現在では「指切り拳万、嘘ついたら針千本飲ます」と唱える。近世は主に遊女や子供の間で行われていた。子供がこの仕草をしていた記録は『天水秘伝』（一六四四年（正保元））にさかのぼる。ただし、「指切り」という呼称自体は、遊女が愛の誓いを立てる時に実際に指を切断した行為からの転用とされる。『新撰狂歌集』（一六三三年（寛永十））がすでにこの行為に触れており、それ以降も近世で指切りといえばまずは切断のことだった。しかし一六七〇年代には、関西の遊廓で、誓言を唱えながら指切りの仕草をする行為もなされていた。誓言と仕草の組み合わせはこの時期の関西で子供にも広まったようである。ただ、子供は愛の誓いではなく主に仲直りの約束をする時に指切りをしていた。方言では指切り以外の呼称も多く知られていたが、戦後はほぼ指切りに吸収された。

参考文献　鯨井千佐登『境界紀行―近世日本の生活文化と権力―』（二〇〇〇、辺境社）　（廣田　龍平）

ゆびわ　指輪　指に嵌める装身具。日本で指輪を用いるようになる契機は幕末から明治にかけてだが、一八七三年（明治六）三月の『新聞雑誌』には「金銀の指輪を掛る者多し」とある。八七年までには金銀メッキに家の家紋などを彫刻したものや、にせ宝石入の指輪が流行した。一方で金の高彫に宝石入り、プラチナの金象眼などは高級品として珍重された。銀やダイヤモンドの指輪は婚約および結婚指輪としての意味を持ち、早い例としては九九年の久邇宮邦彦王の婚儀で指輪が用意されたのが確認できる。またアメシスト、エメラルド、ルビー、サファイアなどの色鮮やかな原石を使った指輪は、誕生石として特別な意味を持つ。

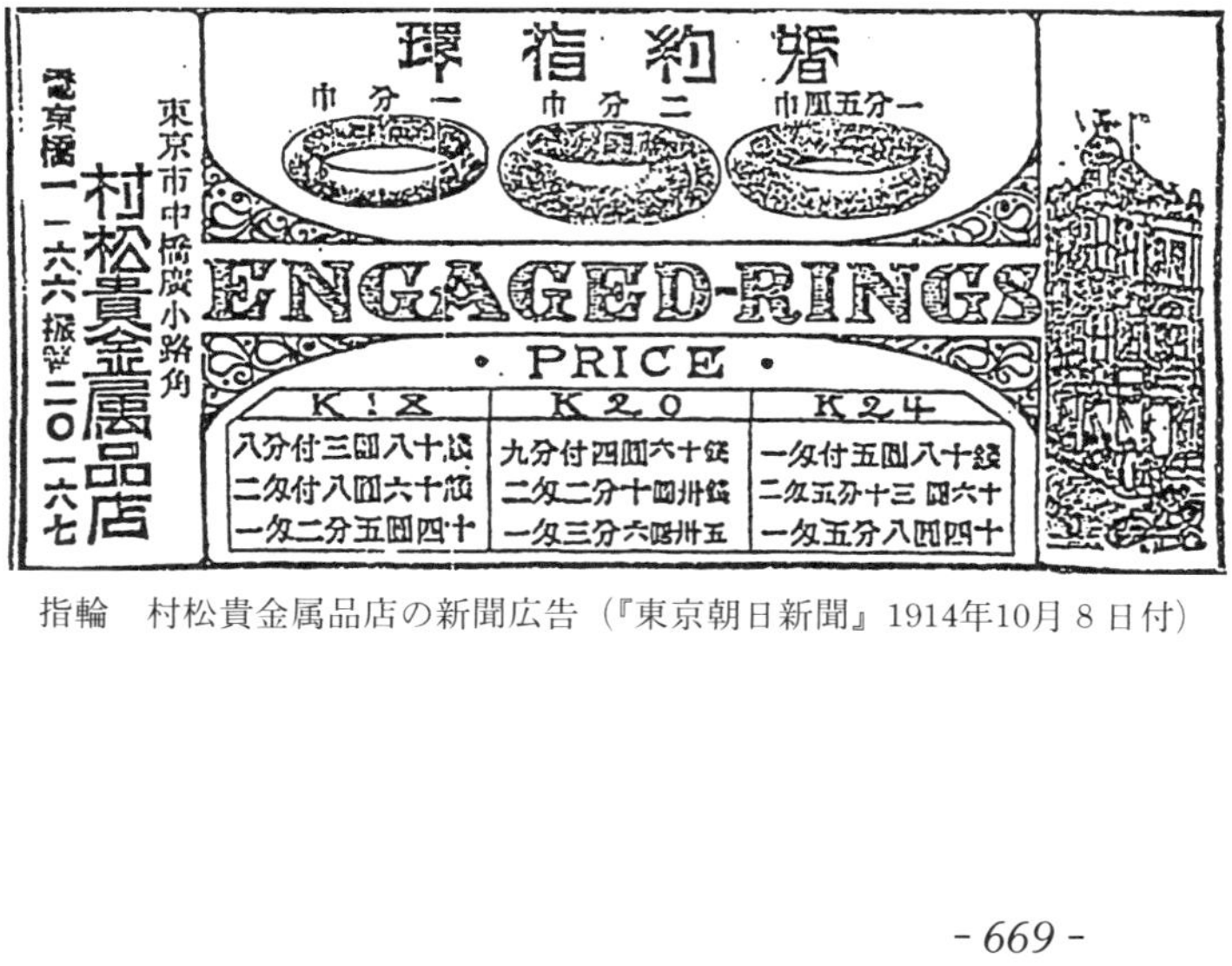

指輪　村松貴金属品店の新聞広告（『東京朝日新聞』1914年10月８日付）

参考文献　『読売新聞』（一八九九年十一月三日付朝刊）、石井研堂『明治事物起原』（明治文化研究会編『明治文化全集』別巻、一九六八、日本評論社）
（刑部　芳則）

ゆや　**湯屋**　⇨銭湯《せんとう》

ゆりかご　**揺り籠**　赤子を入れて揺り動かして寝かせる籠のこと。保育具の一種。欧州では木や竹、藤などの植物のほか、布地など多様な材質がある。日本ではイジコ、ツグラ、クルミなどと呼ばれて、藁や竹などで編んで作られた。広島・島根・鳥取を西限として、北陸一帯に分布し、一九五〇年代ごろまで使用された。梁からイジコを吊るしたり、子が泣くと揺り動かしたりした。農村部の母親は、イジコを使って乳児を自宅であやし、その間に農作業へ出かけた。そのため、乳児が成長して自力ではいだすようになると、イジコから出られないように肩から紐で縛ることもあった。子どもが誕生して三日目、七日目にお祝いをしてからイジコを使い始める地域もある。近年は乳幼児用のベッドとして揺り籠を使用することが多い。

イジコ（石川県鳳至郡）

参考文献　大藤ゆき『児やらい』（『民俗民芸双書』二六、一九六八、岩崎美術社）、柳田国男「つぐら児の心―一隅の生活―」（『（定本）柳田国男集』三一所収、一九七〇、筑摩書房）
（岡田　真帆）

よ

ようかい　**妖怪**　一般には、不可解な出来事や不思議な現象を引き起こす超自然的な存在をいう。広く知られる鬼や天狗の語は、古代の『日本書紀』などに登場し、長い歴史の中で、その意味や姿形を変化させながら今日も伝承されている。しかし、妖怪という言葉はさらに広い意味を含んでおり、民俗学者の小松和彦は、三つの意味領域に分けて理解することを提案している。一つは、出来事もしくは現象としての妖怪であり、次に、超自然的存在としての妖怪、さらに、造形化、視覚化された妖怪である。怪異現象を共通体験として語り伝えていく過程で、現象に即した名づけが行われ、それが存在としての妖怪に変化していったケースが考えられる。また、絵巻に描かれるなどの図像化、造形化は、妖怪のイメージの固定化やキャラクター化をもたらした。江戸時代には化物という言い方がふつうだった。妖怪という言葉が広く知られるようになった背景には、仏教哲学者で近代合理主義の立場から妖怪（広く迷信の類いを含む）の解明を目指した井上円了の活動があったといわれる。民俗学の立場から妖怪研究の道を切り拓いたのは柳田国男である。

お歯黒をする妖怪（『百鬼夜行絵巻』より）

参考文献　柳田国男『妖怪談義』（『講談社学術文庫』、一九七七、講談社）、小松和彦『妖怪文化入門』（『角川ソフィア文庫』、二〇一二、角川学芸出版）
（常光　徹）

ようかん　**羊羹**　和菓子の一種。鎌倉時代以降、中国から点心《てんじん》として禅僧などによって将来された。中国では羊の肉の羹《あつもの》（汁物）として紀元前より食べられていたが、日本では禅宗寺院を中心に植物性の原材料を使った精進物として食べられていた。『食物服用之巻』（一五〇四年（永正元））によれば、膳に箸を添え、「やうかん」「きざみもの」「むめ」「木のミ」を盛っており、料理として食べられていた。また羊羹に汁をかけるという作法書もある。遅くとも戦国時代には甘い菓子として食べられ、『言継卿《ときつぐきょう》記《き》』（十六世紀）には羊餅、『日葡辞書』（一六〇三年（慶長八））には羊羹・砂糖羊羹の記述があり、粗糖や砂糖を使った甘い菓子として作られ、形状は板菓子と記されている。この当時の羊羹は現在の蒸羊羹のようなものであったと思われる。江戸時代には多種多様な羊羹が作られ、四角い棒状（棹菓子）や饅頭のように個別（数菓子）に作られていた。現在一般的な寒天を使った煉羊羹を生み出したの

は、寛政ごろの江戸本町の紅粉や志津磨あるいは日本橋の喜太郎とされるが、近年の研究によれば明和年間(一七六四―七二)ころまでさかのぼれそうである。

参考文献 中村孝也『和菓子の系譜(復刻版)』(一九九〇、国書刊行会)、青木直己『図説和菓子の今昔』(二〇〇〇、淡交社)

(青木 直己)

ようかん **洋館** 日本において西洋の技術や意匠を採り入れて建てられた建物のこと。住宅を指すことが多い。西洋館ともいう。構造は木造や煉瓦造とし、下見板張りペンキ塗りの外壁、ベランダ、縦長の窓などが代表的な特徴である。幕末には長崎、横浜、神戸などの居留地において外国人の住宅として、また明治時代になると、政府高官の官舎や、皇族、政治家、新興実業家の邸宅として洋館が建てられた。洋館の基本的な平面構成は、階段が接したホールを中心に、一階に応接室・食堂・書斎・客室、二階に各寝室を配置するというものである。日本人にとって洋館の建設は西洋式の新しい生活様式の導入を意味したが、特に重視されたのは接客の場としての役割であった。一八八七年(明治二十)ごろからは、接客機能を担う洋館に、日常生活の場である伝統的な和風の住宅が接続する和洋館並列型住宅が建てられるようになった。大正期から昭和初期にかけて、和風住宅の正面脇に内外観ともに洋風とする応接間が付属する住宅が多く建てられるようになる。明治末期以降、外壁のハーフティンバーやスタッコ仕上げ、屋根のスペイン瓦葺といった外観上の特徴が加わる。目的に応じて和と洋を使い分け、並列させる形式が、中流層の住宅として定着していく。

参考文献 江面嗣人『近代の住宅建築』(『日本の美術』四四九、二〇〇三、至文堂)

(松下 迪生)

↓応接間《おうせつま》

洋館 岩崎家住宅（1896年頃，東京都台東区）

ようごがっこう **養護学校** 一九四七年(昭和二十二)に公布された学校教育法により規定された知的障がい者、肢体不自由者、病弱者のための学校。同法により盲学校・聾学校・養護学校という三種の学校が、特殊教育(障がい児に対する教育)を行う学校として法制化された。七九年に義務化され、これによって、重度・重複障がい者も養護学校へ就学可能となったが、地域の普通学校からの障がい児排除もみられ、分離教育であるという批判もある。二〇〇七年(平成十九)四月以降、障がい者(児)などに教育を行う学校種のすべてを特別支援学校に統一した。

↓障《しょう》がい者《しゃ》

参考文献 藤井聡尚『特別支援教育とこれからの養護学校』(二〇〇四、ミネルヴァ書房)

(荒井 明夫)

ようさい **洋裁** 洋服を仕立てる裁縫。洋裁の古い記述としては、文禄年間(一五九二―九六)に長崎の裁縫師が九州の諸大名の洋服を仕立てているものがある。洋裁が本格的に普及するのは幕末維新期であり、洋裁に使用するミシンは遣米使節の通詞中浜万次郎が一八六〇年(万延元)に持ち帰ったのが最初といわれる。明治初期の紳士服の仕立て職人は、欧州で修業するか、お雇い外国人に習うかであった。そうした職人の店で働く弟子が新規洋服店を開業するというかたちで、職人技としての洋裁は広がっていった。一九〇六年(明治三十九)にシンガーミシン裁縫女学院、一九年(大正八)には婦人子供服裁縫教授所、二六年にドレスメーカー女学院など、明治末から大正期には各種洋裁学校が設立された。また大正末期には婦人雑誌の洋裁実習やラジオ放送の洋裁講座も始まり、それらをとおして洋裁の技術は家庭に取り入れられたが、多くは婦人服や子供服の下請けや部分縫製を担う内職であった。太平洋戦争後に洋裁ブームとなり、洋裁学校が増加した。洋裁は戦災未亡人などの重要な職種となった。昭和三十年代に安価な既製服が手軽に入手できるように

高等女学校の洋裁授業

なると、家庭内での洋裁は減少していった。 ↓ミシン

参考文献 小泉和子編『洋裁の時代—日本人の衣服革命—』(『百の知恵双書』、二〇〇四、農山漁村文化協会)、岩本真一『ミシンと衣服の経済史—地球規模経済と家内生産—』(二〇一四、思文閣出版)

(刑部 芳則)

ようさん 養蚕 蚕を飼い、繭を生産する一連の作業。餌となる桑の栽培を含み、さまざまな飼育方法がある。まず、卵から孵化したばかりの毛蚕《けご》を掃き集め、新しい蚕座《さんざ》に移す作業を掃立てという。蚕は、桑を食べて発育する期間(齢)と、食べずに脱皮の準備をする期間(眠)とを交互に繰り返し、成熟する。蚕の体が透明になると、糸を吐いて自身の周りに繭を作るため、簇《まぶし》に入れてやる(上簇)。蛹は羽化して成虫のガとなって繭から出てくるが、繭に穴をあける前に殺し(殺蛹)、繭を乾燥させて貯蔵する(乾繭)。製糸業は、この繭を湯で煮溶かし(煮繭)、糸口を探し(索緒)、数本の糸を合わせ(抄緒)、撚りをかけながら枠に巻き取っていく(繰糸)作業である。アメリカへの生糸輸出が本格化するなか、養蚕は農家に貴重な現金収入をもたらしたが、生糸需要の減退により、製糸業とともに衰退した。 ↓生糸《きいと》 ↓絹《きぬ》 ↓蚕種《さんしゅ》

養蚕　稚蚕の世話

参考文献 荒木幹雄『日本蚕糸業発達とその基盤—養蚕農家経営—』(一九九六、ミネルヴァ書房)、井川克彦『近代日本製糸業と繭生産』(『愛媛大学経済学会叢書』、一九九八、東京経済情報出版)

(榎 一江)

ようし 養子 遺伝的な親子関係ではなく、縁組によって親子関係を結ぶこと、またそうして家族に迎え入れた子ども。古代社会でも大宝律令に養子の規定があり、貴族が優秀な子どもを養子に迎え蔭位《おんい》制度によって一族の繁栄に役立てようとしたことはあった。しかし、養子制度が社会的な重要性を増したのは家父長的な家制度のもとであった。家は家名、家産、家職を長男子に継承し、社会の基礎単位となり構成員の生活保障の拠り所となるから、嗣子不在の家では養子縁組による嗣子確保が不可欠だった。武士では家督と所領の一体化が進み始めた鎌倉時代以降、庶民でも中世後期に夫方居住の一夫一婦制・安定的な夫婦家族が成立し、小農経営の自立に伴い近世初頭から家の継承が重要になった。養子には実弟を養子とする、また養父の実子を養子とする順養子、娘に婿を迎える婿養子、大名家などの急な危篤に際して迎えられる末期《まつご》養子などがある。家制度の解体に伴い、戦後は契約型の養子縁組に転換した。普通養子は戸籍上実親との関係が残りながら、養親の嫡出子としての身分を得る。再婚における連れ子の縁組や孤児の縁組など、子どもの成長権を尊重する観点から、六歳未満の子どもについて実親との関係を絶つ特別養子制度(一九八八年(昭和六十三)実施)がある。 ↓縁組《えんぐみ》 ↓親子《おやこ》 ↓婿養子《むこようし》 ↓貰《もら》い子《こ》

参考文献 大竹秀男・長谷川善計・竹田旦編『擬制された親子—養子—』(『シリーズ家族史』二、一九八八、三省堂)、落合恵美子・小島宏・八木透編『歴史人口学と比較家族史』(『シリーズ比較家族』第三期五、二〇〇九、早稲田大学出版部)

(太田 素子)

ようじ 楊枝 主として歯牙を掃除するために用いられる道具。楊枝は早くインドで用いられ中国にわたり、仏教僧徒の間で用いられ七病を除去する仏家七物の一つに数えられた。楊柳を材料としていたことから楊枝と呼ばれるようになった。日本へは仏教の伝来とともに伝えられた。詳細・形態は不明であるが、平安時代には上流貴族や僧侶の間で、一尺二寸(約三六㌢)から三寸(約九㌢)の楊枝が使用されていたと一四四五年(文安二)—四六年の『壒嚢鈔《あいのうしょう》』に記載されている。一般に使用されるようになった江戸時代には、現在の爪《つま》楊枝と似る細くて小さい小楊枝、先端をたたき砕いて房のようにした房楊枝、先を平らに削った平楊枝、松や杉の割木を削った殺《そぎ》楊枝などの各種の楊枝が、江戸・京都の専門店で売られていた。用途も歯牙の掃除だけでなく、菓子に添える取り箸に使われたり、鉄漿《かね》に使用されたりとさまざまであった。

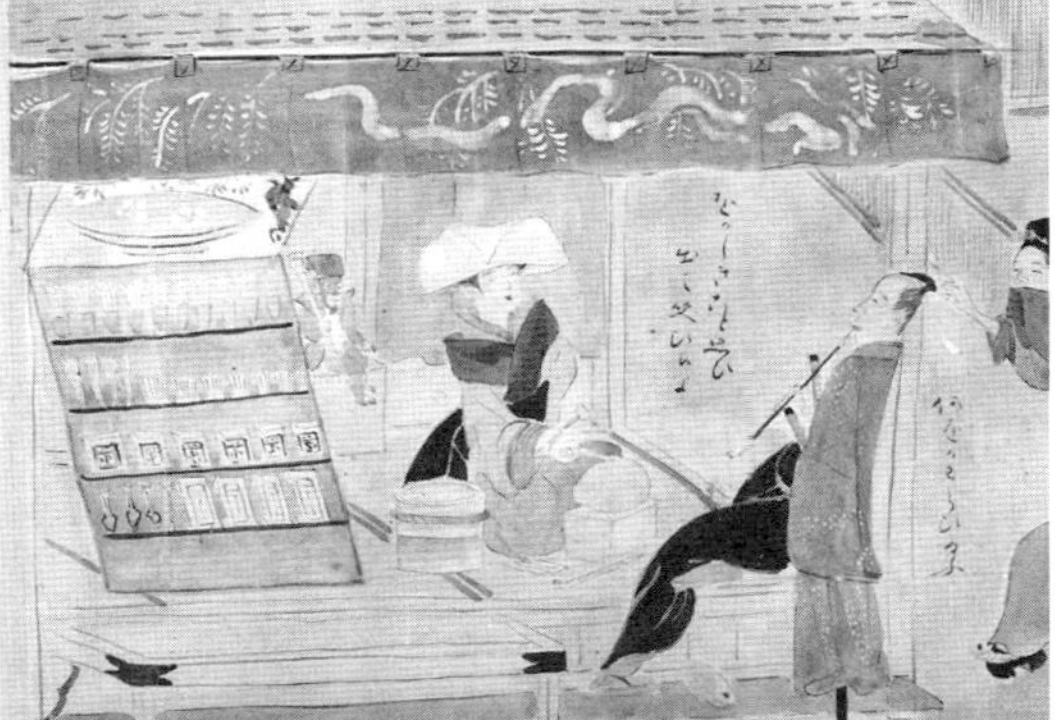

楊枝屋（『近世職人尽絵詞』より）

この時代の楊枝は四寸から六寸程度の長さのもので柳・白楊・クロモジ・桃などが用いられた。

参考文献 宮本馨太郎『めし・みそ・はし・わん』(『民俗民芸双書』七六、一九七三、岩崎美術社)、小泉和子『道具が語る生活史』(『朝日選書』、一九八九、朝日新聞社)

(後藤 知美)

ようじょう 養生 健康を維持しその増進に努めること。転じて疾病を治癒すること、そのために保養することを指すようにもなった。養生についての言説は古くから存在するが、泰平の世が長く続き生活水準が上がった十八世紀には、安寧な生活と長寿の実現を説く養生論が登場し、ひろく受容された。この代表は一七一三年(正徳三)に貝原益軒が成稿した『養生訓』であり、百種類以上もの養生書がこれに続いて刊行された。みずからの身体に対する管理と配慮を促す養生の思想はこの時期、商家や農家の家訓にも登場する。これらの養生論では、養生の仕方次第で寿命の長短が左右されることを説き、飲食、住居、養育と介護、医師の選択、治療法、心の持ちようなど、多岐にわたって具体的な知識を授けるものとなった。さらに、過剰な感情を引き起こさず、心の健康を保つために欲心を捨て、足るを知ることを教える質素・倹約の行為が説かれ、「忠孝」を遂行する道徳的行為と結び付けられていく。近代に入ると、養生論に新たに公衆衛生の概念が導入され、富国強兵と結びついた健康増進の方法へと変わっていった。 →衛生《えいせい》

参考文献 塚本明「倹約と養生」(横山俊夫編『貝原益軒—天地和楽の文明学—』所収、一九九五、平凡社)、新村拓『健康の社会史—養生、衛生から健康増進へ—』(二〇〇六、法政大学出版局)、片渕美穂子「一六世紀後半から一七世紀前半における養生の文脈」(『和歌山大学教育学部紀要 人文科学』五八、二〇〇八)

(柳谷 慶子)

ようじょうくん 養生訓 江戸時代の代表的な養生法指導書。儒者の貝原益軒(一六三〇—一七一四)が八十四歳となる一七一三年(正徳三)に成稿。総論(上下)・飲食(上下)・五官・病を慎しむ・薬を用いる・養老の全八巻からなる。健康で長命を保つための具体的な方法を、精神と身体の両面から説き明かすが、長生きしてこそ人として の楽しみを味わうことができるという考えが根本にある。第八巻の「養老」では、長寿を全うするために老人自身がもつべき心構えとともに、介護する者が知っておくべき心得に言及する。子として親を養う責任の自覚を促し、介護の方法を学ぶ必要を説くのは、「父母の残せる身」を養うことが、「天地父母につかへ奉る孝の本」であるとする、道徳的実践を求めたからである。心身一体の人間形成論を説く本書の要諦は、後発の養生書に大きな影響を与え、江戸時代随一のロングセラーとなった。

参考文献 貝原益軒『養生訓・和俗童子訓』(石川謙校訂、『岩波文庫』、一九六一、岩波書店)、塚本明「倹約と養生」(横山俊夫編『貝原益軒—天地和楽の文明学—』所収、一九九五、平凡社)、新村拓『健康の社会史—養生、衛生から健康増進へ—』(二〇〇六、法政大学出版局)

(柳谷 慶子)

ようしょく 洋食 近代以降のことばで、欧米の料理、あるいは欧米からもたらされた料理をさし、西洋料理と同義に使われる。また、それを日本人に合うようアレンジした西洋料理の特徴を持つ洋風料理をさすことばとしても使われる。『武江年表』慶応二年(一八六六)条に、「西洋料理と号する貨食舗《りょうりや》」がところどころにできて、「西洋の風を模擬せるものあり」と、西洋料理、西洋風のことばが使われ、明治時代にも「西洋料理」は引き続き使われるが、洋食も使われる。西洋料理書『洋食料理法独案内』(一八八六年(明治十九))、『洋食のおけいこ』(一九〇三年)などや『和洋家庭料理法』(〇四年)のように、日本料理と対応する形で示されることもある。いずれも西洋料理を意味しているが、家庭向けにアレンジされているものもある。一方、西洋料理店は、明治時代以降、都市部を中心につぎつぎと開店した。ホテルの誕生とともにフランス料理を中心とした西洋料理店では本格的な西洋料理が供され、帝国ホテルなどでは、上流階層の食事の場となった。明治時代後期の『月刊食道楽』では、ビフテキやシチゥの美味い「洋食屋」を紹介しているが、コース料理を出す西洋料理店とは異なる大衆的な料理屋である。関東大震災後の洋食屋は、さらに大衆化し、東京浅草の店では、カツ丼やカツライスが十~十五銭であり出前もしていた。そのため、その後も洋食という言葉は、カレー、とんかつ、カツ丼など大衆的な洋風料理のイメージが強くなった。北海道では開拓使に洋食が奨励されたこともあり、一九三〇年(昭和五)前後には、札幌においても洋食店が普及し、コロッケ、ライスカレー、ハヤシライスなどをつくる家庭もあった。名古屋などでも洋食屋で、カレーライスやハヤシライス、コロッケが食べられた。このように「洋食」は、ご飯に合うようにアレンジされた洋風料理としての意味合いが強くなっていったといえよう。

参考文献 斎藤鹿山編「食道楽」二(『食道楽』四所収、一九〇四)、台東区立下町風俗資料館編『古老がつづる下谷・浅草の明治・大正・昭和』五(一九九〇)、前坊洋『明治西洋料理起源』(二〇〇〇、岩波書店)、江原絢子・東四柳祥子『近代料理書の世界』(二〇〇八、ドメス出版)

(江原 絢子)

ようしょく 養殖 魚介・海藻などの種苗を人工的に育てて商品化すること。日本における養殖業の展開は、近世以降、広島湾での牡蠣養殖・江戸湾での海苔養殖が有名である。ただし、養殖が水産資源繁殖の手段の一つとして注目されるのは、明治期以降のことである。一八八三年(明治十六)、日本で開催された第一回水産博覧会の出品物の審査報告書には、国内外における不漁状況の指摘とともに、米国の人工養殖技術の開発が紹介されてい

る。そして、水産資源繁殖の解決方法として、漁業に関する法の整備による生産保護とともに、人工繁殖があげられている。以降、明治期の日本漁政は、水産資源保護のための「繁殖」を目指し、展開していった。このように、養殖業や技術は、単に国内の水産業事情をうけたものではなく、世界的な水産資源政策への注目に影響されて発展したものであることがわかる。

参考文献 高橋美貴『近世・近代の水産資源と生業―保全と繁殖の時代―』(二〇一三、吉川弘文館)

(鎌谷かおる)

ようすい 用水 ⇩灌漑《かんがい》・用水《ようすい》

ようすいそうろん 用水相論 用水を個別経営同士もしくは村落間、用水組合間で争い論じ合うこと。「争論」ともいうが、論(申し分)を互いに出し合うという意味では「相論」がふさわしく、古くからの用法である。旱魃が起こると、水路からの引水量、その順番などをめぐって水争いが頻発した。同一領内の相論では、水奉行や勘定奉行などが裁定を下して収まったが、支配違いの村々間では容易に収まることがなかった。一般に地域の有力者を扱い人(調停者)として頼み、地域内での内済(示談)で決着することを基本としたが、切実な問題ゆえ領主側が介入することが多く(村々も領主の力を期待した)、しばしば大きな相論となり、幕府評定所まで持ち込まれることがあった。そうなると、費用は嵩み、村財政を圧迫することになった。なお、相論を通じて地域・村落間格差を背景とした地域秩序も明確になってくるとされる。→灌漑《かんがい》・用水《ようすい》 →水利権《すいりけん》

参考文献 大塚英二『日本近世地域研究序説』(二〇〇八、清文堂出版)

(大塚 英二)

ようちえん 幼稚園 満三歳から小学校就学までの幼児に対し適切な環境を整え心身の発達を助長する教育施設。ドイツの幼児教育者フリードリヒ＝フレーベル(一七八二―一八五二)が一八四〇年に設立した幼児のための学校が最初である。日本では、幼稚園は文部科学省の所管で、運営主体は私立の場合学校法人および歴史的経緯による個人立となり、特別支援学校には幼稚園の課程に相当する幼稚部がある。厚生労働省所管の児童福祉施設である保育所とは異なる。近年では、保育所と統合した形をもつ認定こども園(小学校就学前の子どもに対する保育および教育ならびに保護者に対する子育て支援の総合的な提供を行い、都道府県知事が条例に基づき認定する施設)が登場し普及している。→保育所《ほいくしょ》

参考文献 文部科学省『指導計画の作成と保育の展開(平成二五年七月改訂)』(『幼稚園教育指導資料』、二〇一三、フレーベル館)

(荒井 明夫)

ようはつ 洋髪 西洋風の髪型。明治時代までは束髪や庇髪《ひさし》と称される日本髪の形を変形した結髪であったが、大正時代には断髪と呼ばれる洋髪が登場する。大正初年にアイロンが輸入され、一九二〇年(大正九)には耳かくし、二一年にはウェーブをつける髪型が生まれる。断髪には、ポップ型、シングル型、ハーフポップ型などの種類があったが、そうした髪型をした女性はモダンガールと呼ばれた。一九四〇年(昭和十五)に「パーマネントをやめましょう」という運動が起こり、戦時中には黒髪を短く切った断髪が主流となった。太平洋戦争の終戦後にはパーマネントが復活し、五〇年には機械を用いず、第一液と第二液によって常温でかけるコールドパーマが流行した。また五二年にはポニーテールが流行し、五五年前後には女優オードリィ＝ヘップバーンが映画「ローマの休日」で短髪にしていたことから、映画のヒットとともにヘップバーンスタイルというボーイッシュな髪型が流行するなど、洋髪の種類は多様化した。→束髪《そくはつ》 →断髪《だんぱつ》 →パーマ

参考文献 青木英夫『洋髪の歴史』(『風俗文化史選書』、一九七一、雄山閣出版)

(刑部 芳則)

ようふうけんちく 洋風建築 ⇩洋館《ようかん》

ようふく 洋服 日本の着物に対して、西洋から取り入れた服装の総称。洋服の素材である羅紗などの毛織物は安土桃山時代に日本にもたらされたが、本格的な洋服を着るようになるのは幕末に西洋式の軍服を用いてからである。一八七〇年(明治三)十二月に陸海軍の制服、七二年十一月に大礼服制が制定され、以後各種制服に洋服が取り入れられた。八六年五月には政府官員の通常勤務における洋服着用が義務づけられると、官員の間でフロックコートが定着する。フロックコートは、背広とコートが合わさった形をしており、前面裾丈が長く、後面は燕尾となっている。女性の洋服は海外渡航に際して着たが、国内では外国人が参加する公式儀礼の場に出る女子華族や政府高官婦人に限られた。その形状は、バッスル＝スタイルという腰をコルセットで締めるものであった。衛生上の問題に加え、高価な調製費から、ほとんど普及しなかった。明治二十年代後半からは婦人服の衣服改良運動が起こり、和服の不便性と、洋服の衛生上の問題とが課題となった。日露戦争後には東京や大阪を中心に洋服店の数が増加し、銀行や民間商社でも洋服を着る社員が現れる。このころからフロックコートよりも簡略な背広が流行してくる。昭和初期にフロックコートは影を潜め、代わって略礼服にはモーニングが登場し、官民を問わず通勤時の洋服は背広姿が一般的となる。考現学者の今和次郎が、一九二五年(大正十四)に銀座の街頭で洋服着用比率を調査したところ、男性は六七%、女性は一%であった。この前後には高等女学校の制服にセーラー服が採用され、衣服改良運動の成果が現れたものの、戦前期の女性は和服が主流であったことがわかる。太平洋戦争後には洋裁学校が増設され、家庭でも和裁から洋裁へと転換していった。紳士服も注文に応じて仕立てる洋服店から、安価な既製品を扱う洋服店が登場するようになる。

参考文献 今和次郎『考現学』(『今和次郎集』一、一九七一、ドメス出版)、刑部芳則「鹿鳴館時代の女子華族と洋装

化」(『風俗史学』三七、二〇〇七)、同『洋服・散髪・脱刀―服制の明治維新―』(『講談社選書メチエ』、二〇一〇、講談社)

(刑部　芳則)

ようろうふち　養老扶持　江戸時代、幕府・諸藩が高齢者を対象に支給した扶持。老養扶持、老衰扶持とも呼ばれた。会津藩が一六六三年(寛文三)、九十歳以上の領民に身分を問わず生涯一人扶持(一日玄米五合)の支給を開始したのが早い例として知られる。金沢藩・小田原藩などがこれに続き、十八世紀半ば以降、ひろく諸藩で施策化されていった。江戸府中では十八世紀末から、独り身で八十八歳以上の者や、七十歳代でも子や孫の孝行が賞揚される者に対して、一日米五合が給付された。さらに幕府は一八六二年(文久二)の改革政治のなかで、八十歳以上を対象に一律に鳥目三貫文ずつの支給を定めている。

参考文献　柳谷慶子『江戸時代の老いと看取り』(『日本史リブレット』、二〇一一、山川出版社)

(柳谷　慶子)

よか　余暇　⇩レジャー

よぎょう　余業　農民が農耕以外に行う稼ぎ仕事。農間《のうま》稼《かせ》ぎともいう。農業の優位性が確立した近世では、農業が本業であり、その他の稼ぎは余業となった。実際には、中下層の農民は、農耕と諸稼ぎの収入を組み合わせて経営を維持した。農閑期になると男は炭焼き、木挽き、手間取りなど、女は織物など多様な仕事に従事して自給分以外を売り、年貢の補いにもした。農耕には収穫後の乾燥や加工の作業が伴い、稼ぎ仕事と入り組んでいた。その結果、社会全体に商業的農業が広まることになった。幕府や諸藩は特産物育成による藩収増大を目ざしたので、農民の原料作物栽培やその加工は規制しなかった。しかし売買は専売政策で統制し、村内での酒食の小商いや村を離れる奉公稼ぎは禁じた。幕府は、寛政・天保の改革で、たびたび余業禁令を発した。

参考文献　深谷克己・川鍋定男『江戸時代の諸稼ぎ―地域経済と農家経営―』(『人間選書』、一九八八、農山漁村文化協会)

(深谷　克己)

よくさんうんどう　翼賛運動　一九四〇年(昭和十五)、近衛文麿の新党運動をきっかけに、国内体制を改革するために行われたさまざまな「新体制運動」、また大政翼賛会に関係する国民運動の総称。こうした諸潮流が四〇年に合流して十月には大政翼賛会が成立する。当初想定された「一国一党」の政治組織とはならなかったが、あらゆる国民運動を組織することに成功した。四二年、大日本産業報国会・農業報国連盟・商業報国会・大日本青少年団・大日本婦人会・日本海運報国団の六団体を翼賛会のもとに統合、町内会・部落会に翼賛会世話役、隣組に世話人をおいて翼賛運動を徹底させた。世話役と世話人は町内会・部落会長、隣組長と一致させ、翼賛会は地域の末端組織をその支配下においた。また、形骸化・官僚化しつつあった翼賛運動の実践組織として大日本翼賛壮年団が結成され(四二年)、最も活潑な翼賛運動団体となった。戦力増強のための諸活動にとどまらず地域によっては、既存の政治家や地主層などの「旧体制」に激しい攻撃を加える運動も存在した。

参考文献　『翼賛国民運動史』(一九五四)、赤木須留喜『近衛新体制と大政翼賛会』(一九八四、岩波書店)

(大串　潤児)

よくしつ　浴室　入浴のための専用の部屋または建物。湯殿《ゆどの》、風呂場。浴槽を備える湯浴のための湯殿は、平安京の大内裏に存在していた。現存する浴室としては、東大寺大湯屋(一四〇八年(応永十五)、奈良市)、東福寺浴室(一四五九年(長禄三)、京都市)が古い遺構である。また、『一遍上人絵伝』(一二九九年(正安元)作)や『慕帰絵《ぼきえ》詞《ことば》』(一三五一年(正平六)作)など中世の絵画に浴室が描かれている。以上の遺構や絵画史料では、浴室はいずれも釜で発生させた蒸気を浴びる蒸風呂の形式で、この入浴形式は湯を多く必要としないため、もっとも一般的であった。一方で、江戸時代には、加熱装置が付属する底の深い木製の桶に水を張る据風呂《すえふろ》が、旅籠《はたご》宿を中心に普及していた。また、武家屋敷や上層の民家では、桶に張った湯を浴びる、かかり湯式の湯殿を設ける場合があった。近代住宅における浴室は、かかり湯式の湯殿に、据風呂が固定化したものといえる。大正時代以降、給水・給湯設備の進歩とともに、浴槽と洗い場を備える浴室が住宅において定着していく。↓風呂《ふろ》

参考文献　大場修『風呂のはなし』(『物語ものの建築史』、一九八六、鹿島出版会)

(松下　迪生)

東大寺大湯屋内部

よこざ　横座　民家における囲炉裏の座の名称で、家長が座る場所のことを指す。上座とも称する。座敷を背にして、囲炉裏を挟んで土間や厩が見渡せる位置にある。近世には、ここに家長か旦那寺の僧侶以外の者が座ることは厳格に戒められており、「横座に座るは猫・馬鹿・坊主」という言い方もなされた。横座を明け渡すことは戸主権を息子に譲り隠居することを意味したのである。囲炉裏の座には家族内の秩序が明確に表れる。横座から見て左手は嬶座《かかざ》と称され、一家の主婦が座る場所である。

火の管理や煮炊き、食糧分配を支配する場所として象徴的な意味をもった。横座から見て右手は客座と称され、客人が座るための場所であるが、日常的には隠居した家長の父、跡取り息子、婿などが座った。横座から見て正面は木尻や下座と称され、嫁や使用人が座る場所とされた。家屋の近代化に伴って、囲炉裏は火鉢や炬燵《こたつ》、キッチンテーブルなどに取って代わったが、座の配置は囲炉裏のそれをほぼ踏襲していることが多い。↓囲炉裏《いろり》

参考文献 岩井宏實『民具の歳時記(増補版)』(二〇〇〇、河出書房新社)　（加藤幸治・今井雅之）

よこやまげんのすけ　横山源之助　一八七一―一九一五　明治時代の社会問題研究家。筆名は、天涯茫々生。一八七一年(明治四)二月二十一日、越中(富山藩)の魚津町(富山県魚津市)に生まれる。実父母は不詳で、左官職人横山伝兵衛・すい夫妻のもとで育つ。成長するにしたがって自己の出生にかかわる複雑な事情に気づき、小学校卒業後は醬油製造業の徒弟となって修業する。のち中学校に一年だけ通い、十五歳の時に東京に出奔し、東京法学院(中央大学)に学ぶ。卒業後には弁護士を志すが司法試験に失敗し放浪生活を送るなか、二葉亭四迷、幸田露伴、内田魯庵、川上眉山ら文学者と知己を得る。特に四迷からは社会批評や社会問題、労働問題への教示を受けた。また、松原岩五郎からは貧民のルポルタージュの方法などを学んだ。新聞連載などで活躍し始めた折、労働運動が盛んとなり、それまでの調査をもとに『日本之下層社会』を上梓(一八九九年)、翌年には農商務省の工場調査に嘱託として起用され『職工事情』をまとめ上げる中心的な存在となる。その後、労働運動に傾倒するとともに殖民問題にも関心をもち、旺盛に健筆をふるうが、一九一五年(大正四)六月三日に東京小石川で他界した。四十五歳。著作は『横山源之助全集』全九巻・別巻二冊(二〇〇〇年(平成十二)―〇七年、法政大学出版局)として刊行されている。↓日本之下層社会《にほんのかそうしゃかい》

参考文献 立花雄一『評伝・横山源之助―底辺・文学・労働運動』(一九七九、創樹社)　（吉村　智博）

よせ　寄席　大衆芸能を上演する場所。寄場・席ともいう。江戸時代前期より、咄や講釈は寺社境内や盛り場の仮設小屋で行われていたが、次第にこれらが常設化した。一方、烏亭焉馬《うていえんば》らによる咄の会の隆盛を受けて、町場にも寄席が出現した。江戸の場合、天保末年には町方二百十一ヵ所、寺社地二十二ヵ所、新吉原六ヵ所、計二百三十九ヵ所に及び、畳数・立地場所などにより上席・悪席の階層性があった。天保改革により、寄席は二十四ヵ所に制限され、演目も神道講釈・心学・軍書講釈・昔咄に限定されたが、徐々に緩和された。上演される芸は、落語を中心に、軍書講釈・浄瑠璃・手妻・八人芸・影絵・百眼・ちょんがれ節などで、これらを寄席芸という。寄席に歌舞伎役者や浄瑠璃太夫が出演することもあった。上演時間には昼席と夜席があり、入場料は十六～五十六文程度と比較的安価であった。寄席の経営者を席亭といい、鳶の頭が経営する場合が多かった。

寄席（渡辺崋山『一掃百態図』より）

参考文献 吉田伸之『身分的周縁と社会＝文化構造』(二〇〇三、部落問題研究所)、神田由築『江戸の浄瑠璃文化』(『日本史リブレット』、二〇〇九、山川出版社)　（塩川　隆文）

よせむね　寄せ棟　⇩屋根《やね》

よそもの　他所者　ある社会や集団の構成員以外の人。地域社会においては旅の宗教者や芸人、職人、商人などの一時的な来訪者を警戒しつつも、福をもたらす神聖な存在として、あるいは情報や物をもたらす運搬者として歓待した。つまり、他所者は固定的な社会や集団に変化をもたらす存在として受け入れられたのである。一方で、他所者が地域社会に住み着いたり集団の構成員となるには、村入りや加入の儀礼を行うことや、寄親《よりおや》や草鞋親《わらじおや》といった保証人をたてることが求められるなど、何らかの手続きが必要とされる場合もあった。さらに、地域社会や集団への加入が認められたのちも、祭や寄合への参加、共有財産の利用などに制限が加えられることもある。こうした制限は一定期間が経過することによって解除されることもあるが、家格として固定化される地域もある。ただし、過疎化や高齢化が進行した現在、他所からの移住者を積極的に迎え入れて地域社会の維持を図ろうとする取り組みも行われている。↓村入《むらい》り

参考文献 鶴見和子『漂泊と定住と―柳田国男の社会変動論―』(一九七七、筑摩書房)、網野善彦『(増補)無縁・公界・楽―日本中世の自由と平和―』(『平凡社ライブラリー』、一九九六、平凡社)　（松田　睦彦）

よそゆき　よそゆき　外出するときに着る服装であり、外出着と訪問着のことをいう。男性のよそゆき着物は、結城紬か御召縮緬、黒縮緬の五つ紋付羽織などが用いられた。柄として縞物は好まれたが、正式な礼服や訪問着としては認められなかった。明治時代にフロックコートやモーニングコートは通勤着として用いられたが、大正期から昭和初期にかけては礼服として着用された。その一方で背広に中折帽が紳士服としてのよそゆきとなった。女性のよそゆき着物では、鼠微塵《ねずみみじん》の糸織の一つ小袖、黄八丈の一つ小袖が多く見られた。絹や縮緬などの高級品が用いられたが、明治から大正期の高等女学校ではそれ

らの着用を禁止するところが多かった。もっとも、豪華なよそゆき着物は都市部では見られたものの、農村では普段着しか持っていない家がほとんどである。明治十年代後半から皇族や政府高官夫人の間でローブデコルテやローブモンタントなどのドレスを着る者もいたが、一般女性のよそゆきにはならなかった。昭和初期にようやく銀座界隈でワンピースやツーピースの洋装婦人の姿が見られるようになるが、よそゆきの主役は依然として呉服物の和服であった。太平洋戦争後に洋装が主流になると、女性の着物は礼服や訪問着など高級品に限られた。

（刑部　芳則）

よっかいちぜんそく　四日市ぜんそく　三重県四日市市で大気汚染により起きた公害病。四日市では一九五五年（昭和三十）の石油コンビナート建設計画の閣議決定を契機に、昭和四日市石油、三菱化成、三菱油化、石原産業などがフル稼働を開始した。それに伴い六〇年ころから磯津地区などの住民の間に、ぜんそくのような発作をもつ呼吸器疾患が多発していた。それは五九年以前には見られなかったものであり、世間ではこれを四日市ぜんそくと呼称した。亜硫酸ガスが酸化してできる硫酸ミストを吸うと気管支炎になり、肺まで及ぶと肺炎や肺気腫になる。患者は急増し、自殺者も相ついだ。学校では北風が吹くと窓を閉め、体育の授業中には講堂や体育館に逃げた。登下校では黄色いマスクを着用、住民の移転計画も策定された。六三年には黒川調査団の勧告が出るが、根本的な改善は行われなかった。こうした中で六七年九月磯津地区の患者九人が地域関連の六社に対し、慰謝料と損害賠償請求訴訟を提起した。七二年結審、結果は原告の全面勝訴となった。それはコンビナートを相手取ったはじめての裁判であり、大規模な複合的大気汚染で多数企業の連帯責任を認めた画期的な判決となった。この判決は公害防止、公害健康被害補償法、環境アセスメント、亜硫酸ガス環境基準の強化などに大きな影響を与えた。

参考文献　「四日市公害訴訟判決文（昭和四七年七月二四日・津地裁四日市支部判決）」（『法律時報』四四ノ一一、一九七二）、澤井余志郎『ガリ切りの記―生活記録運動と四日市公害―』（二〇一三、影書房）

（安田　常雄）

四日市公害裁判原告の市内デモ（『公害トマレ』16号（1972年7月）より）

よなおし　世直し　民俗的観念から始まって、近世後期には民衆運動のなかで社会の革新を求めて唱えられるようになり、現在に至っている。農耕の一巡りが世で、これが改まり世が変わるのを世直りと称した。世直しでは、世の中が悪くなると、地震・洪水など大災害によりこれが徹底的に破壊され、その上に豊かな新世界が出現させられると信じられた。古くは弥勒救済の信仰とも結びついていた。文献上の初見は一六六二年（寛文二）の京都大地震の際に、人々が「世直し、世直し」と唱えた記事がある。打ちこわし騒動では一八三六年（天保七）甲州郡内騒動、三河加茂一揆などから世直しを唱えることが始まり、幕末維新期に及んだ。世直し大明神が結集の核となり、打ちこわしにより私欲の富の蓄積が否定され、世直しの祭などと称された祝祭的空間が出現させられた。その要求は、米穀の適正販売、施米金、質物取り戻し、土地取り戻しなど生活の立て直し要求から年貢半減、村役人・割元廃止など政治要求も行われた。また近世後期の創唱宗教なども世直し願望を色濃くもっていた。

参考文献　宮田登「農村の復興運動と民衆宗教の展開」（『（岩波講座）日本歴史』一三、一九七七、岩波書店）、白川部達夫「世直しの社会意識」（岩田浩太郎編『社会意識と世界像』所収、一九九九、青木書店）

（白川部達夫）

よなき　夜泣き　乳幼児が夜中に泣くこと。夜中に目を覚まして激しく泣かれるのは、親にとって悩みの種である。夜泣き松と呼ばれる松は長野・静岡・岐阜・石川・京都・三重・鳥取・岡山・大分などの府県にあり、子どもの夜泣き対策に功を奏すという。松の小枝をもらって明かりを灯し、子どもに見せると泣き止むとか、小枝を家の窓にさす、子どもににぎらせる、松の葉を寝床の下に敷く、小枝を枕元に置くなど、伝承は多岐に及ぶ。しかし、松がなぜ夜泣きを止めることができるのかという点については、はっきりしない。また、にわとりの絵を描き、逆さにして神に供えると夜泣きが止まるという伝承もある。にわとりは夜鳴かないので、それにあやかって夜泣きさせぬように願うという。こうした伝承は埼玉県の秩父地域や茨城県下妻市周辺で伝えられる。夜泣きを封じてくれる稲荷もあり、同県小美玉市の吉蔵稲荷は、二月初午の縁日に夜泣きに悩む母親が赤飯を供えて参拝すると夜泣きが治まるという。↓疳《かん》の虫《むし》

参考文献　柳田国男「夜啼石の話」（『（定本）柳田国男集』五所収、一九六六、筑摩書房）、埼玉県立歴史資料館編『秩父の通過儀礼―写真と文字で綴る―』（『民俗資料調査報告書』一、一九八三）、石川県立歴史博物館編『祈り・忌み・

祝い—加賀・能登の人生儀礼—』(特別展図録、一九九三)　　(柳　正博)

よなべ　**夜なべ**　夕食後など夜間に作業すること。夜業、夕なべとも呼ばれる。彼岸や収穫を契機として、秋から春にかけて行う地域が多い。近畿地方では、八朔(旧暦八月一日)を「日の辻(正午)の取上げ」と呼び、この日を境に夏の午睡が終わり、夜なべ仕事が開始された。奉公人にとっては苦労が始まる日であるため、鬼節句と呼んだり、この日に食べる饅頭やぼた餅を、泣饅頭や苦餅といったりした。夜なべは家ごとに行うほか、未婚の男性や女性がそれぞれ集まり、共同で行う場合もあった。縄ない、莚編み、草履作りなど藁仕事のほか、女性は苧《お》績《う》みや糸繰り、粉挽きなどを行い、地域によってはその作業量が一人前として認められる基準にもなっていた。このように夜の屋内で共働する夜なべの風景は、宿の禁止、出稼ぎの増加、作業自体の不要化によって失われていった。

参考文献　瀬川清子「よなべ」(柳田国男編『山村生活の研究』所収、一九七五、国書刊行会)　　(戸邉　優美)

ヨバイ　**ヨバイ**　古くはヨバフ(呼ばふ)、すなわち男性が意中の女性に求婚することを意味したとする説もある。かつての村内婚から村外婚としての嫁入婚が一般化してゆく過程において、ヨバイは「夜這い」の意に解せられるようになり、あたかもいかがわしい行為であるかに理解されるようになっていった。若者仲間が村内の恋愛と結婚を差配していたころは、ヨバイもまた彼らによって一定の秩序が保たれていたが、若者たちの権限が縮小してゆくにつれて、ヨバイは公的な求婚の手段とはみなされなくなり、いわば不道徳で、不埒な行為であると認識されるようになっていった。その背景には家父長制の浸透による儒教的な倫理観や貞操観と、婚姻は親の意向によって決定されるべきものであるとする結婚観が強く影響したと思われる。しかし近年までヨバイが公的な恋愛の手段として社会的に認められていたという例は日本の広い地域で聞かれる。

参考文献　瀬川清子『若者と娘をめぐる民俗』(一九七二、未来社)、天野武『結婚の民俗』(『民俗学特講・演習資料集』一、一九九四、岩田書院)　　(八木　透)

よびうり　**呼売り**　商品の名前やその特徴などを大きな声で口に出すことによって客の注意を惹き、またその購買意欲を高めて行う商い、またはその販売人。行商人の中でも不特定多数に向けて商品を売り歩く振り売りで行われる。近世以来、都市ではさまざまな呼売りが町中を歩いていた。近世後期の『守貞謾稿』や一八九九年(明治三十二)の『東京風俗志』には納豆売り、あさり・蛤売り、煮豆売り、金魚売りなど、数多くの呼売りが登場する。いずれも独特の調子の売り声を発しながら歩いた。たとえば、『守貞謾稿』に登場する江戸の蚊帳売りは美声の者が雇われ、数日間の練習の後に「萌木のかやあ」と声を長く伸ばして行商した。現在、呼売りを行う業種は減少したものの、「竿やー竿竹ー」の竿竹屋、「石焼き芋ー焼き芋ー」の焼き芋屋など、かつてのリヤカーに代わって低速走行の自動車とスピーカーを利用した呼売りは健在である。　→振《ふり》売《う》り

参考文献　北見俊夫『市と行商の民俗』(『民俗民芸双書』五六、一九七〇、岩崎美術社)、喜田川守貞『近世風俗志守貞謾稿』一(宇佐美英機校訂、『岩波文庫』、一九九六、岩波書店)　　(内田　幸彦)

よびこう　**予備校**　入学試験や資格・免許取得試験の準備教育を行う学校。大学の入学準備に対応する受験のための予備校(進学予備校)と、各種資格・免許を取得するための予備校(公務員試験予備校や司法試験予備校など)とに大別できる。通常の学校が学校教育法第一条規定であるのに対し、予備校は校種としては専修学校・各種学校・株式会社設立に区分できる。進学予備校の場合には、浪人中の受験生を対象としたコースや高等学校在籍中の生徒を対象としたコースがある。予備校の歴史は古く、一八七八年(明治十一)創立の共立学校(現開成中学・高等学校)はその嚆矢である。八六年の帝国大学成立に伴い、同大学が国家エリート養成の独占的教育機関として発展するにつれ、中等・高等教育への進学希望者が激増し、受験準備機関としての性格を鮮明にしていった。戦後、高等教育への門戸が広がるにつれ予備校の存在意義はますます拡大し、各主要都市を中心に普及していく。今日、少子化の中でビデオや衛星通信を用いたサービス向上競争が激化している。　→受験《じゅけん》　→浪人生《ろうにんせい》

参考文献　天野郁夫『(増補)試験の社会史—近代日本の試験・教育・社会—』(『平凡社ライブラリー』、二〇〇七、平凡社)　　(荒井　明夫)

よまわり　**夜回り**　防火防犯のために夜間、所定の地域を見回ること。夜警、夜番。江戸の町では、幕府により町人らの夜回りが早くから督励されており、特に冬期は頻繁に回らせた。一七九七年(寛政九)十二月には、夜回りの方法について、一時(一辰刻)ごとの周回は鉄棒を引き、半時回りは割竹、小半時回りは棒を引いて回るよう指示されている。そのほか将軍御成や幕府の特別な行事(冠婚葬祭や公家などの逗留時)、火事や盗賊の頻発したときなどに特別な夜回りが要請された。落語の「二番煎じ」は、冬期の夜回りを忌避して酒盛りする家主たちと、これを見つけた役人とのやりとりを咄にしたものである。戦時中の灯火管制下では、灯りが漏れていないか消防団などが夜回りした。現代では、町内会や子ども会が、冬期や歳末に「火の用心」と声をあげながら、拍子木を鳴らして歩くスタイルが定着している。そのほか若者のたまり場を教師らが巡回することや、NPOがホームレスらの健康状態などを尋ねて回ることも夜回りと呼ばれている。

参考文献　近世史料研究会編『江戸町触集成』一〇(一九九八、塙書房)　　(松本剣志郎)

よみせ　夜見世　露店の営業形態の一種で、縁日・開帳・祭礼など、往来の繁華な場所において夜間に営業する店のこと。夜店ともいう。照明器具の変化とともに発達した(照明器具は行灯→カンテラ→ランプ→アセチレン灯→電気と変遷した)。喜田川守貞『守貞謾稿』六では、江戸時代後期、三都(京都・大坂・江戸)において流行した夜見世として、温飩《うどん》屋・蕎麦屋・善哉売・汁粉売・上燗ォデン・茶飯売が挙げられている。『撰要永久録』公用留四〇(東京都公文書館所蔵)嘉永元年(一八四八)八月二十日における市中取締掛の触では、夜見世の火の元の不取締りや風俗紊乱が問題となり、規制の対象となっている。夜見世を出してよい時間の限界として「「夜四ッ時」より追々片付け、「九ッ時迄」に全て引払う」という取り決めがなされている。

夜見世の屋台（『守貞謾稿』より）

参考文献　三瓶恵史『夢と郷愁を売る夜店―商法の不思議とテキ屋の世界―』(一九八四、現代史出版会)

(高尾　善希)

よめ　嫁　息子と結婚してその家の一員となった女性を指す。家父長的な家が形成される以前の古代社会では婚姻も流動的であり、夫婦別居のもとでのツマ問い婚や新居での夫婦同居などが一般的で、嫁が夫の両親とともに生活することはなかった。十世紀末の成立と推定される『枕草子』に、ありがたき(珍しい)ものとして「舅にほめらるる聟、又、姑に思はるるよめの君」という記述があるが、この場合も、嫁が姑とともに生活しているわけではない。十一世紀以降、官職や土地・財産などを父系によって代々世襲相続していく家が成立してくると、夫の家に入る嫁入り婚が広まり、嫁は夫方で生活するようになった。この変化については、結婚の形が婿取り婚から嫁入り婚に変化したと見る説と、嫁入りは武士層から始まり普及したもので、公家社会の婿取り婚とは系譜が異なる結婚形態であるとする説がある。しかし、公家・武家のどちらの場合も、嫁入り後の女性は「藤原氏女」「源氏女」など実家の氏の名を保っており、実家の氏の成員としての地位は失われなかった。公家・武士ともに家を代表するのは男性家長であったが、家の運営にあたっては嫁として家にはいった家妻の果たす役割が大きかった。また、中世後期の公家の場合、夫婦と親は同じ家のなかで独立して居住しており、姑と嫁が一つの居住空間にあって対立を深めるといった事態はみられない。近世以降、百姓層においても小規模な直系家族が広範に成立し、嫁となった女性は、階層を問わず、夫の両親や家族と同居しともに生活するようになった。百姓の家の場合、嫁となった女性は、家の継承者を生む出産や育児だけでなく、農業労働力としても重視され、家事を含めて重い負担を負った。また、姑が家長の母として一定の力を持ち、姑と嫁の対立が生じることもあった。さらに、三従の教えなど儒教的教学の影響もあって、家内での嫁の立場は一般的には、弱いものとなった。近代以降、都市中間層の間では、嫁としての妻に良妻賢母の役割を求める動きも生まれたが、人口の多数を占める農家の嫁の場合、近世以来の家事や出産に加え、近代化のなかで多角化する農業労働の負担が増すことが多く、農家の嫁の待遇や権利、健康などは農村での深刻な問題となった。

参考文献　丸岡秀子『日本農村婦人問題―主婦・母性篇―(第三版)』(一九八〇、ドメス出版)、関口裕子他『家族と結婚の歴史』(一九八八、森話社)、後藤みち子『戦国を生きた公家の妻たち』(『歴史文化ライブラリー』、二〇〇九、吉川弘文館)

(横山百合子)

よめいり　嫁入り　女性が結婚して夫の家に入り、その一員として夫方に居住すること。夫の家からみて嫁取りということもある。古代社会では、妻問い婚や妻方居住婚が一般的であり、嫁入りによる結婚はみられなかった。家父長的な家の成立に伴い、嫁入り婚が広がったが、嫁入りが一般化する時期については、中世前期からとする説と中世後期とする説があり定説をみない。中世においては、嫁入り後、夫の母である姑から婚家における主婦の座を譲り受け、嫁ぎ先の家内で安定した地位を築く例も多かった。また、嫁入り後も実家との強い結びつきを持ち続けるのが通例であった。近世以降、百姓の家が広範に成立し家意識が強まり、百姓の間でも嫁入り婚が見られるようになり、婿入りと嫁入りが併存する時期を経て、十八世紀後半には嫁入り婚が一般化した。近代の民法では、家が社会編成における基軸的存在とされ、妻の法的無能力を定めた法体系とも相まって嫁は弱い立場に置かれ、姑と嫁の対立が生じることも少なくなかった。

→妻問《つまど》い

参考文献　女性史総合研究会編『日本女性史』三(一九八二、東京大学出版会)

(横山百合子)

よめいりどうぐ　嫁入り道具　嫁入りに際して、女性が婚家に持参する道具類。時代や階層によって異なるが、江戸時代の大名間の婚姻に用いられる道具類は、簞笥・鏡台・火鉢・屏風などの家具、盆・見台・硯箱・重箱・香盆・乗り物などの諸道具、寝具などが多くを占めた。雛人形などの玩具類などを持参する事例も少なくない。また、嫁入り道具は、嫁ぐ女性の身分や権威を示すものである。「初音の調度」(徳川美術館所蔵、国宝)と呼ばれ

昭和期の嫁入り道具の例（『現代の結婚百科事典』（1952年，『婦人倶楽部』33巻９号付録）より）

る三代将軍徳川家光の娘千代姫の嫁入り道具や、五代将軍綱吉の娘鶴姫の嫁入りに際して作成された調度品などの場合、入輿の日取りが決まる前から諸大名に命じて製作させ、大名の献上品として豪華な品が整えられた。一方、庶民層での嫁入り道具は地域によって大きく異なり、現代に至っている。たとえば、愛知県では、数台の車に、布団、衣類、家具、電化製品など大量の嫁入り道具を積んで婚家に入り、婚家で近隣の人びとにそれらを披露するといった習慣が近年までみられた。

参考文献　斎藤慎一「徳川将軍家の女乗物」（江戸東京博物館編『珠玉の輿—江戸と乗物—』所収、特別展図録、二〇〇八）、小泉和子編『昭和の結婚』（『らんぷの本』、二〇一四、河出書房新社）　（横山百合子）

ヨモギ　ヨモギ　キク科の多年草で、自生している。モチグサ（餅草）ともいう。特有の香りをもつので、本土では春の若葉をお浸し、汁物、てんぷらにして食べる。若葉を餅に搗き込んだり、大福に入れたりして春の香りとして楽しむ。沖縄ではフーチバといい、一年中採草できる。魚やヤギ肉などの汁物や煮物、沖縄そばに入れ、臭みを除く。雑炊（ジューシー）にも入れて野菜の一つとして使う。栄養成分は多様で、抗発がん作用や免疫賦活作用をもつβカロチン、ビタミンA、ビタミンB_1、ビタミンB_2、造血作用を促すクロロフィルを多く含んでいる。ビタミンKを含む葉は、もんで止血薬にする。灸に使うモグサは葉を乾燥させ、裏の綿毛を採取したものである。
↓艾《もぐさ》　（増田　昭子）

よりあい　寄合　物事を話し合うために会合すること。中世後期の村では、宮座行事に随伴して寄合があった。一四四八年（文安五）の『近江国今堀郷衆議定書』（『今堀日吉神社文書』）に「寄合ふれ二度に出でざる人は、五十文の咎《とが》たるべきものなり」とあり、村人の寄合出席を義務づけている。寄合は、のちの民俗慣行からみて全員一致を原則としたと思われる。しかし、同じく今堀郷、一五五六年（弘治二）の定書に「新座の者、惣並みの異見禁制のこと」とあり、新参者の意見に制限を加えている。また「諸事申し合わせ候儀、多分に付くべきこと」（一五九〇年（天正十八）「今堀惣分置文」）というように多数決も用いられた。このような寄合は近世村落にも引き継がれた。中世都市でも寄合は重視されていた。八七年、「京十四町組汁定書」（『京都上京文書』）でも、「御寄合において、その御町の内にて、しかるべき御仁躰《にんてい》御出《いだ》したるべきこと」というように、寄合出席を義務づけていた。↓惣《そう》村《そん》　↓宮座《みやざ》

参考文献　秋山国三・仲村研『京都「町」の研究』（『叢書・歴史学研究』、一九七五、法政大学出版局）、三浦圭一『中世民衆生活史の研究』（『思文閣史学叢書』、一九八一、思文閣出版）、平山和彦『伝承と慣習の論理』（『日本歴史民俗叢書』、一九九二、吉川弘文館）　（薗部　寿樹）

よりおや・よりこ　寄親・寄子　主従関係や保護関係を擬制的な親子関係と捉え、保護者を寄親、被保護者を寄子と称した中世社会の人的関係。特に戦国時代には、在地に拠点をもつ侍・土豪層を戦国大名の家中および軍事体制に編成するための方策として、各地の戦国大名に採用された。寄親と寄子の関係は、直接的な主従関係ではなく、寄子はあくまでも戦国大名の被官として寄親の軍事指揮下に置かれ、大名の軍事行動に参加することを主要な役割としていた。一方で、寄親・寄子関係は平時においても機能しており、『今川仮名目録』や『甲州法度之次第』『六角氏式目』などの分国法にみえるように、特に大名への訴訟では寄親が寄子の訴えを取り次ぐように定められていた。そのため、戦時・平時における両者の関係から、寄親は奏者・指南・指南親、寄子は与力・寄騎・同心などとも呼ばれていた。なお寄子は、軍役を勤める代わりに、給分として一般的には所持地の年貢などの免除が認められていたが、なかには大名や寄親から扶持が与えられた者もいた。

参考文献　下村效「『今川仮名目録』よりみた寄親寄子制」（有光友学編『今川氏の研究』所収、一九六四、吉川弘文館）、同『日本中世の法と経済』（一九九八、続群書類従完成会）、池上裕子『戦国時代社会構造の研究』（『歴史科学叢書』、一九九九、校倉書房）　（長谷川裕子）

よろずや　万屋　特定の品目分野に特化せず、種々雑多な商品を幅広く取り揃えて販売する商店。専門店の逆の販売形態を取る商店で、今日のコンビニエンス＝ストアに近い。何でも取り扱うので何でも屋と呼ばれることもあり、何屋と書いて「なんでもや」と読んだ。小売店でなく卸売店であっても、あらゆる商品を手広く扱う問屋を、同様に万問屋《よろずどいや》と呼び、大坂堺や周防下関（赤間関）などの港町にはそのような卸問屋がたくさんあり、江戸日本橋の万町《よろずちょう》（東京都中央区日本橋一丁目付近）も、万問屋街であった。万屋はたいてい小さな町場や農村地帯の中心地などに立地し、ほかに店があまりないので、何でも取り扱って住民の購買需要を満たしてきた。荒物・雑貨を中心に、食器・文具・衣類・身回品から食料品・駄菓

子に至るまで何でも売りつつ地域の消費生活を支え、大切な役割を果たしてきた。沖縄地方ではこれを俗にマチヤ(町屋)と呼んだが、マチヤとはもともと商店という意味で、米屋のことをクミマチヤ(米町屋)と呼ぶ例などからそれがわかる。しかし、たいていの場合、マチヤは農村集落内にある半農半商の小さな店舗で、本土でいう万屋にあたるものであった。

参考文献 岡本信也「佐久島の店屋」(森浩一他『海と山の生活技術誌』所収、一九九五、小学館)

(長沢　利明)

ら

ラーメン　ラーメン　小麦粉にかん水を配合し加水・混練・圧延した麺生地を、そば程度の太さに切出した中華そば麺線、または当該麺線を茹で、丼内で調理スープと合わせ、メンマなど簡素な具材を添付した中華風麺料理。ラーメンの語源説には、柳麺《ラオミン》、拉麺《ラーミエン》、老麺《ラオミエン》、撈麺《ロウミン》など種々散見されるが、中国麺料理がおのおの個別に伝来し日本化したものであるので、必ずしも単一の語源に帰することはできない。たとえば、明治初期、横浜の中国人居留地(南京町)での庶民麺料理は生地を包丁で切る切麺《チエンメン》製法による柳麺であった。豚骨ベースの塩味スープ、広東語発音で「ラオミン」。一八九九年(明治三十二)内地雑居令後、中国人料理人は日本各地に拡散し、日本人間に柳麺も認知され「ラーメン」と転訛した。もっとも日本人側の通称は世相を反映して、シナうどん→南京そば→シナそば→中華そば、と変遷し、スープも日本人嗜好の醤油仕立てとなった。真崎照郷《まさきてるさと》の製麺機械、大竹栄助《おおたけえいすけ》の凹凸麺線切刃の各発明および九五年以降の製麺機全国普及により素材麺供給力が向上、日清戦争後の都市人口急増により都市部の外食として消費が急増し食習慣に定着。機械製麺は切麺製法の発展形で、麺は必然的に切麺となる。他方で、一九二二年(大正十一)札幌の竹屋食堂では中国人王文彩《おうぶんさい》による拉麺製法(麺生地を手で引き延ばして麺線とする製法)の麺を料理に供したが、翌年には多数の注文に応えるため、横浜で購入の手動製麺機を導入し素材麺を切麺に切替えた。その折、当初の拉麺製法由来「ラーミェン」呼称は継承され「ラーメン」と転訛。一九四五年(昭和二十)終戦後、各地にラーメン屋台が出現し、味噌(札幌)・豚骨(博多)・魚介類(鹿児島)などのスープが工夫され、今日の日本ラーメンの原型が創作された。八〇年代以降、ご当地ラーメン(喜多方、尾道、和歌山など)の全国的ブームが生じ、関東では麺・スープ分離のつけ麺も登場して、多彩で日本独特の麺料理を形成するに至った。　→即席《そくせき》ラーメン

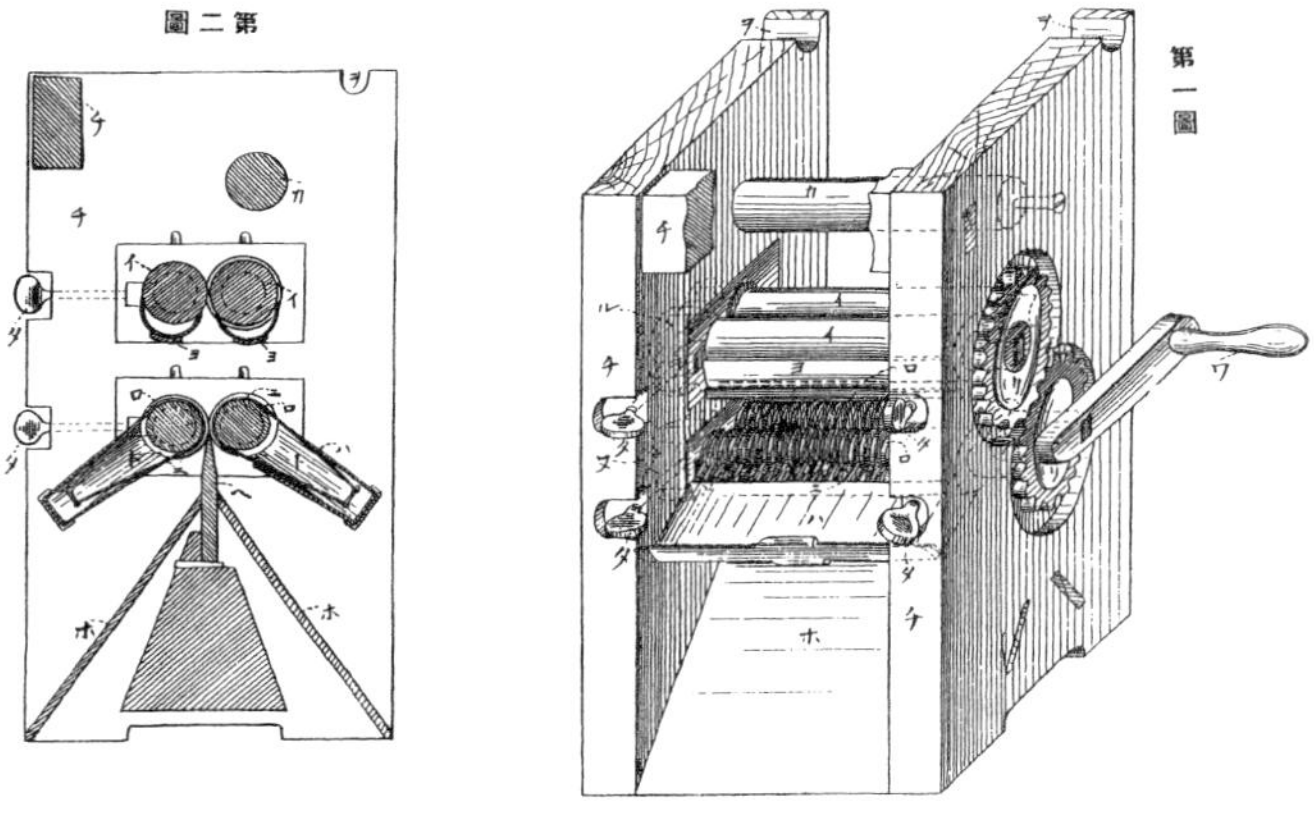

ラーメン　明治後期の手動製麺機

参考文献 小菅桂子『にっぽんラーメン物語』(『講談社+α文庫』、一九九八、講談社)、岡田哲『ラーメンの誕生』(『ちくま新書』、二〇〇二、筑摩書房)、村田英明「即席麺の歴史と現状」(木村茂光編『粉食文化論の可能性』所収、二〇〇六、青木書店)

(村田　英明)

ライター　ライター　主に喫煙用のたばこに火を着ける

もぐさ点火式発火具（大野弁吉考案）

ための用具で、十七世紀末以降ヨーロッパで発達した。日本では、燧道具や火縄、たばこ盆の火入れの炭火を用いたが、十九世紀前半には、加賀のからくり師大野弁吉が、根付ほどの小型で携帯用の「もぐさ点火式発火具」を考案している。明治以降はマッチが主流となるが、大正時代以降は国産製造技術も発達し、ライターは洒落た喫煙具として定着した。一九七〇年代以降は、ディスポーザブル(使い捨て)型が普及し、現在では全体の九割以上を占めている。 ↓たばこ ↓発火法《はっかほう》

参考文献 『喫煙具業界史』(一九六八、日本喫煙具協会)、たばこと塩の博物館編『ことばにみる江戸のたばこ』(『TASC双書』五、二〇〇八、山愛書院) (平田 昌之)

ライフサイクル ライフサイクル 誕生、成長、そして老い衰え死に至るまでの個人の人生の各段階の推移を総体的にいう言葉。歴史的にみると、人の一生のイメージは、日本では中世に成立したとみられる観心十界曼荼羅の「虹のかけ橋」や十九世紀から普及した西欧の「人生の階段図」などに、誕生から成人へと向かい、やがて老いて死に至る姿が、春から秋へという四季のめぐりと重ねあわせながらゆるやかに橋をわたり階段を昇り降りる姿として半円を描くように表現されてきた。人生は、加齢とともにその年齢に伴う役割や出来事があり、それは歴史的事件によっても規定される。ライフサイクルの研究において、たとえば発達心理学者のE・H・エリクソンは乳児期、幼児期初期、遊戯期、学童期、青年期、前成人期、成人期、老年期の八段階説などの発達段階を設定して、個人の加齢に伴う生活の変化の追跡を行なった(エリクソンは晩年、八十歳、九十歳以降の老年期を第九段階としている)。個人の人生には、結婚、出産・子供の成長と自立・離家、退職、配偶者や親の死亡などが起こり、それへの対応がなされる。そこには生物学的な加齢に伴う変化だけでなく、教育や経済に関する社会的影響も大きいが、これまでのライフサイクルの研究ではそのような社会的影響を考慮せず(無視してともいわれるが)、個人や家族の内側の変化が追究されていった点に問題があったとされている。なお、現在、ライフサイクルは、マーケティングの分野において商品の導入期(開発期)、成長期(競争期)、成熟期(後半が飽和期)、衰退期の四段階に分けて、商品を人間の一生に重ねてみるプロダクト＝ライフサイクルという呼び方がなされたり、IT業界においてもシステムのライフサイクルというように用いられている。製品にしてもシステムにしても、まったく新しい製品が作られるというより、先行製品や蓄積されたデータを移行・継承しながら、更新してゆくという意味でサイクルという語がそのニュアンスをよくとらえているといえる。

参考文献 森岡清美編『現代家族のライフサイクル』(一九七七、培風館)、萩原龍夫『巫女と仏教史―熊野比丘尼の使命と展開―』(『明治大学人文科学研究所叢書』、一九八三、吉川弘文館)、井上俊他編『ライフコースの社会学』(『岩波講座)現代社会学』九、一九九六、岩波書店)、E・H・エリクソン、J・M・エリクソン『ライフサイクル、その完結(増補版)』(村瀬孝雄・近藤邦夫訳、二〇〇一、みすず書房) (関沢まゆみ)

ライフスタイル ライフスタイル 個人によって選択され実践されている生活のあり方をいう言葉。生活様式ともいう。性別、職業、ライフステージ、家庭・職場・地域の環境等々のほか、価値観も含めて多様に形成される。しかし、衣食住の選択の結果をさすだけでなく、個人の価値観やそれにもとづく生き方のことでもある。社会や時代が異なれば生活様式も異なり、たとえば高度経済成長期のころは、所得の上昇を背景に家電製品の購入を目的とするような共通性があったとされるが、一九七〇年代になって、消費者としての意識、行動だけでなく、主体性をもってみずからの生活システムを設計する生活者としての意識が強まったとされ、さらにその後、個々人のライフスタイルは多様化してきている。マーケティングを目的とするライフスタイルの調査では、消費者のもっているライフスタイルが消費行動を制約し、所得が高くなればそれ相応の生活パターンが示されるのが特徴だという。ライフスタイルにおいては、仕事と私生活をバランスよく両立させるライフワークバランスをとることが重要であるが、現在の人びとの仕事・余暇に対する意識調査では、「仕事より余暇の中に生きがいを求める」という余暇重視派と、「余暇も時には楽しむが仕事の方に力を入れる」「仕事に生きがいを求めて全力を傾ける」という仕事重視派とがほぼ半々で拮抗している。

参考文献 村田昭治・井関利明・川勝久編『ライフスタイル全書―理論・技法・応用―』(一九七九、ダイヤモンド社)、日本総合研究所『新しいライフスタイルの創出と地域再生に関する調査研究書』(二〇〇七) (関沢まゆみ)

ライフヒストリー　ライフヒストリー　個人に焦点を合わせた語りを資料として、人生を時系列的に編成したもの。生活史、個人史ともいう。幼年期、教育期、就職・結婚、中年期や老年期などが基準となって記録がなされる。その際、インタビューによる口述のほかに、日記や自伝、手紙などの個人的記録も併せて用いられる。社会学、文化人類学、民俗学、歴史学などの分野における研究方法の一つである。個人の経験をもとにした語りを資料とする調査は、オーラルヒストリーなども同じである。ライフヒストリー研究の先行事例をみると、文化人類学ではその調査対象が部族社会のような民族集団や村落社会のような地域集団で、インフォマント（話者）の口述がその集団を代表するものとして記述されてきたことへの批判から、個人に焦点をあて、個人の生涯を通してその人を取り巻く社会を見るという方法として注目され、成果をあげてきた。一方、歴史学においては、口述資料の評価はその客観性という点で、もとはネガティブなものとされ、その資料情報は補足的に用いられるにすぎなかった。しかしその後、一九八〇年代以降、歴史学における民衆史や社会史の盛行のなかで、従来の国家や制度などいわば上からの歴史に対して一般の人びとの「下からの歴史」をいかにとらえるかという問題意識が共有されるようになっていき、文字資料以外の資料の活用によって生活史研究が行われていった。そのなかで近現代史の再考を求めてバイオグラフィカルな研究につながる「自分史」という用語も作られた。社会学においては、ライフヒストリー法が質的調査法として位置づけられ、特に生活構造変動分析に適しているとされる。また、多様なマイノリティ＝グループの声をすくい上げられる点にもこれの有効性が認められている。

参考文献　中野卓『口述の生活史―或る女の愛と呪いの日本近代―』（『叢書ライフ・ヒストリー』、一九七七、御茶の水書房）、色川大吉『ある昭和史―自分史の試み―』（『中公文庫』、一九七六、中央公論社）、L・L・ラングネス、G・フランク『ライフヒストリー研究入門―伝記への人類学的アプローチ―』（米山俊直・小林多寿子訳、一九九三、ミネルヴァ書房）、中野卓・桜井厚編『ライフヒストリーの社会学』（一九九五、弘文堂）、谷富夫『ライフヒストリーを学ぶ人のために』（一九九六、世界思想社）、有末賢『生活史宣言―ライフヒストリーの社会学―』（二〇一三、慶應義塾大学出版会）

（関沢まゆみ）

らくいちらくざ　楽市楽座　戦国大名による商業政策の一つ。中世、市場での販売権や取り扱う品物については専売権が存在した。特にある特定の品物を独占的に取り扱う者の集団が座である。楽市楽座とは基本的には市場や、座的な特権を否定し、商工業への参入が誰でも自由にできるようにすることを意味する。楽市あるいは楽座という言葉が登場するのは戦国時代以降のことで、戦国大名が出した制札《せいさつ》などにみられる。特に織田信長が美濃国加納《かのう》市場（岐阜市）、近江国安土城下などへ出した楽市楽座令は有名であり、織田政権をはじめとする戦国大名による画期的な商工業振興策であるとする見方がなされてきた。ただし、近年はそのような見方から離れて、従来あった自由な市場を追認したものであるとする見方なども出されている。いずれにしても、楽市楽座という言葉がなぜ戦国時代になって史料の上に登場するのかということの意味が問われなければならない。　→市《いち》　→座《ざ》

参考文献　小島道裕「岐阜円徳寺所蔵の楽市令制札について」（『国立歴史民俗博物館研究報告』三五、一九九一）、仁木宏「美濃加納楽市令の再検討」（『日本史研究』五五七、二〇〇九）、長澤伸樹「楽市楽座令研究の軌跡と課題」（『都市文化研究』一六、二〇一四）

（川端　泰幸）

らくがき　落書　何らかの意思に基づき、文字や絵を用い、不特定多数の人々に主張する表現行為。現代では、門・壁などにいたずら書きをすることに限定されるが、前近代では、時の政治・社会や為政者などの人物を批判・諷刺・嘲弄する目的で、匿名の文書を衆目に触れやすい場所に掲示または路上などに落としたことから落書と呼ばれる。落書は、江戸時代、印刷して配布することが禁じられていた。このため落書は、貸本屋などの手により写本がつくられ、ひそかに広められていった。さらに、江戸時代後期になると、摺物（検閲を受けずに出版した非合法出版物）として、幕府政治や政権担当者を、ペリー来航以降は世相を諷刺した落書が出版されるようになる。落書のなかには和歌の形式により作られたものもあり、落首と呼ばれる。このほか江戸時代には、犯罪者特定のために落書起請のながれを引く入札《いれふだ》が年貢米の盗人を特定する際などに行われている。

参考文献　『江戸時代落書類聚』上・中・下（矢島隆教・鈴木棠三・岡田哲校訂、一九八四-八五、東京堂出版）、加藤光男「近世村落における盗人検断と入札」（『房総の郷土史』一七、一九八九）、吉原健一郎『落書というメディア―江戸民衆の怒りとユーモア―』（『江戸東京ライブラリー』、一九九九、教育出版）

（加藤　光男）

らくしょ　落書　広く人々に何かを訴えるため、わざわざ人目につく場所に掲げた文。書き手が誰なのかわからない匿名の投書で、「天狗の落し文」とも呼ばれた。「此比都ニハヤル物」で始まる「二条河原落書」は、後醍醐天皇の建武政権を痛烈に風刺し批判したものとして有名だが、対立する勢力が相手を非難したものや、個人の悪行、放火、盗み、殺害などの罪状を名指しで告発した落書も立てられた。室町時代の東寺内には、高僧の不行跡を告発する稚拙な仮名書きの落書が張り出され、その究明がなされた。また、悪党を特定するため広範囲の地域の住人を対象に、「落書起請文」を書かせて、情報収集を行なった事例もある。これは無名入文ともいわれ、起請の詞によって証言の真実性を確保するねらいがあった。戦国時代も末になると、今日の落書《らくがき》の類が、参詣者や旅人によって堂内の柱や壁や天井にまで書かれ、それが今

にまで伝えられている。これも、本来は参詣のあかしとして、自身の名前や出身地などを書いた参籠札のようなものから始まったと思われる。↓諷刺《ふうし》

参考文献　酒井紀美『中世のうわさ―情報伝達のしくみ―』(一九九七、吉川弘文館)、藤木久志『中世民衆の世界―村の生活と掟―』(『岩波新書』、二〇一〇、岩波書店)

(酒井　紀美)

ラジオ　ラジオ　電波送信による音声放送ならびにその受信機。中波(AM)放送、短波放送、超短波(FM)放送などに区別される。一九二〇年、アメリカのピッツバーグに開局したKDKA局の放送が正式には初のラジオ放送とされている。その後、各国でラジオ放送が始まり、二二年にはイギリス放送会社(BBCの前身)も開局する。日本では二五年(大正十四)三月に社団法人東京放送局が仮放送し、七月に本放送を行なった。同年十一月には『読売新聞』でラジオ欄(よみうりラヂオ版)が創設された。

ラジオ放送を聞いて議論し合う「ラジオの集い」(1954年，愛知県安城市)

翌二六年には、東京放送局、大阪放送局、名古屋放送局の三局が統合され、社団法人日本放送協会となる。ラジオは「満洲事変」から日中戦争を経て急速に普及し、戦争の大衆動員に深く関与していく。日本のラジオ史において、四五年(昭和二十)八月十五日の天皇による「玉音放送」は敗戦を認識する国民的なラジオ体験の一つである。同年十一月のラジオの放送座談会「天皇制について」は、放送後に数多くの非難が寄せられるとはいえ、日本で天皇制廃止の主張がはじめて放送されたものであった。この占領期のラジオ政策を推し進めたのはGHQのCIE(民間情報教育局)である。同時代において人々に親しまれたのは四五年九月に始まった「街頭にて」というラジオ番組であり、翌四六年五月には「街頭録音」と改名され、リアルタイムの人々の肉声を伝え、大勢の聴取者の関心を集めた。五〇年には民間放送の設立が許可され、五一年に名古屋の中部日本放送と大阪の新日本放送(現在の毎日放送)が誕生する。これは民間放送と日本放送協会の併存体制のスタートを意味し、テレビ時代の基盤をも準備していく。五二年にはラジオドラマ「君の名は」がヒットした。五〇年代はラジオの黄金時代といえるが、ラジオの繁栄も長くは続かなかった。六〇年前後には広告費、営業収入、聴取者でもテレビの後塵を拝するようになる。その後も、ラジオは若者を中心とした深夜放送、「ながら族」の聴取などで一定の存在感をもち、また同時に災害における重要な役割は保ち続けるも、マス=メディアの座としては衰退する。↓テープレコーダー　↓トランジスタ=ラジオ　↓ニュース

参考文献　日本放送協会編『放送五十年史』(一九七七)、竹山昭子『ラジオの時代―ラジオは茶の間の主役だった―』(二〇〇二、世界思想社)、貴志俊彦・川島真・孫安石編『戦争・ラジオ・記憶』(二〇〇六、勉誠出版)

(根津　朝彦)

ラジオたいそう　ラジオ体操　ラジオによる伴奏と号令にあわせて行う体操。日本では天皇即位の御大礼の記念事業として一九二八年(昭和三)十一月一日から日本放送協会でラジオ体操の放送が始まる。二五年(大正十四)にラジオ放送が始まったことがその前提にある。体操自体はスウェーデン体操などの影響を受けている。二九年二月十一日にはラジオ体操は全国放送となり、三一年に結成されたラジオ体操の会によって一層の普及が見られる。戦時下においては朝鮮や台湾の植民地などラジオ体操の実施範囲も拡張していく。敗戦後、GHQによって一時中止させられるが、五一年には復活する。戦争中の国民動員に利用されたラジオ体操であったが、逆にその浸透ゆえに、戦後も人々に健康増進の面で親しまれている。九九年(平成十一)には「みんなの体操」も創設された。

参考文献　黒田勇『ラジオ体操の誕生』(『青弓社ライブラリー』、一九九九、青弓社)、竹山昭子『ラジオの時代―

戦時期のラジオ体操（1940年）

ラジオは茶の間の主役だった―』(二〇〇二、世界思想社)、髙橋秀実『素晴らしきラジオ体操』(『草思社文庫』、二〇一三、草思社)

(根津 朝彦)

らしゃ　羅紗　厚地の毛織物。羅紗は、一五五五年(弘治元)にポルトガルの貿易船が来航した際にもたらされた。当時は、大名の陣羽織、槍印、火事装束、合羽などに用いられた。代表的なものには、織田信長の緋羅紗で作ったかぶとの前立、豊臣秀吉の猩々《しょうじょう》緋《ひ》の陣羽織が挙げられる。日本で羅紗の需要が増すのは、明治政府が大礼服、陸海軍の軍服、警察官の制服など、各種洋式の服制を制定してからである。一八七〇年(明治三)十一月制定の海軍服制では正服および略服の素材として「紺羅紗」と記されている。殖産興業を企図する内務省は、七五年に下総に羊毛場を開設したが、日本の風土は緬羊飼育に適さず、羅紗の原料は輸入に頼った。七九年九月には千住製絨所が操業を開始し、軍服や警察官の制服類に使用する羅紗を供給できるようになる。明治二十年代には民間でも羅紗の織物工場が出現する。一九三七年(昭和十二)七月に勃発した日中戦争が長期化すると、純毛の羅紗は軍服に優先され、民間では絹や木綿の混毛羅紗が多くなった。太平洋戦争後にはウールに圧倒され、羅紗は見られなくなる。　↓毛《け》織物《おりもの》

参考文献　『百年史・東洋坊』上(一九八六)、『日本毛織百年史』(一九九七)

(刑部 芳則)

ラッシュアワー　ラッシュアワー　通勤・通学者などの数が多く、道路や交通機関が混雑する朝夕の時間帯。通勤ラッシュなどともいわれる。関東大震災(一九二三年(大正十二)九月)後の東京駅で日常化してくる。今和次郎編『(新版)大東京案内』(中央公論社、一九二九年(昭和四))によれば、朝のラッシュアワーは午前六時から九時半、夕のそれは三時から七時半であった。また、一九二九年五月二十二日の東京鉄道局による交通調査では、朝のラッシュ時における東京駅の降車人員は三万四千百六十人であった。一日の降車人員は七万三千九百六十八人であったので、一日の降車人員の四六・二%が朝のラッシュアワーに集中している。ラッシュアワーは戦後の高度成長期に最高潮に達し、最混雑率は三〇〇%を超えた。鉄道側の施設の改善が進み、六五年以降は一貫して混雑率が緩和する傾向にある。しかし、現在においても混雑率が二〇〇%を超えている場合もあり、改善の余地は残されている。

ラッシュアワー　新宿駅のホーム（1962年）

参考文献　原田勝正『駅の社会史―日本の近代化と公共空間―』(『中公新書』、一九八七、中央公論社)

(老川 慶喜)

ランプ　ランプ　主として石油を燃料とした灯火具。日本では幕末期に輸入され、当初は舶来の高級品として在留外国人や富裕層のみが使用していた。しかし、江戸時代の主な屋内用灯火具である行灯や蠟燭に比べ、はるかに照度が高かったことに加え、種油よりも石油の方が安価であったという利点もあり、明治初期から安価な国産品の製造が開始されると急速に普及し、一八九七年(明治三十)ごろには全国の家庭で用いられるようになった。民俗学者の宮本馨太郎(一九一一―七九)は、ランプの普及について「ランプこそ開国明治の喜びと、文明開化の光りを、全国の隅々まで、地方の農家漁村の家々まで伝えたものであったのである。」と述べており、それまで暗い照明の中で生活を営んできた庶民の住環境を一変させる灯火具であったことを指摘している。明治期に大きく普及したランプも、火災の危険性が大きく、石油の臭気が強いという弱点があり、大正期以降、電灯の普及とともに家庭用灯火具としては徐々に用いられなくなるが、現在でもアウトドア用の灯火具として各種製品が製造されている。

下向き一灯ランプ

参考文献　宮本馨太郎『灯火―その種類と変遷―』(一九九四、朝文社)

(西村 健)

らんま　欄間　戸口や壁の上方に、採光や通風のために設けた開口部。古いものは平安時代後期の建物に縦横格子もしくは菱格子がみられる。これらは鎌倉時代には仏堂の内外陣境の欄間に好んで用いられた。桃山時代、江戸時代初期になると社殿や城郭の建築彫刻が著しく発達し、欄間にも豪華絢爛な彫刻が施され、欄間は開口だけでなく装飾の目的をもつようになった。一方で方丈や書院などでは、細い縦格子を密に立てた筬《おさ》欄間を盛んに用いており、繊細な筬欄間は住宅建築の欄間の最上級とされた。このほか、両端に立てた竹の節の間に襷を入れた

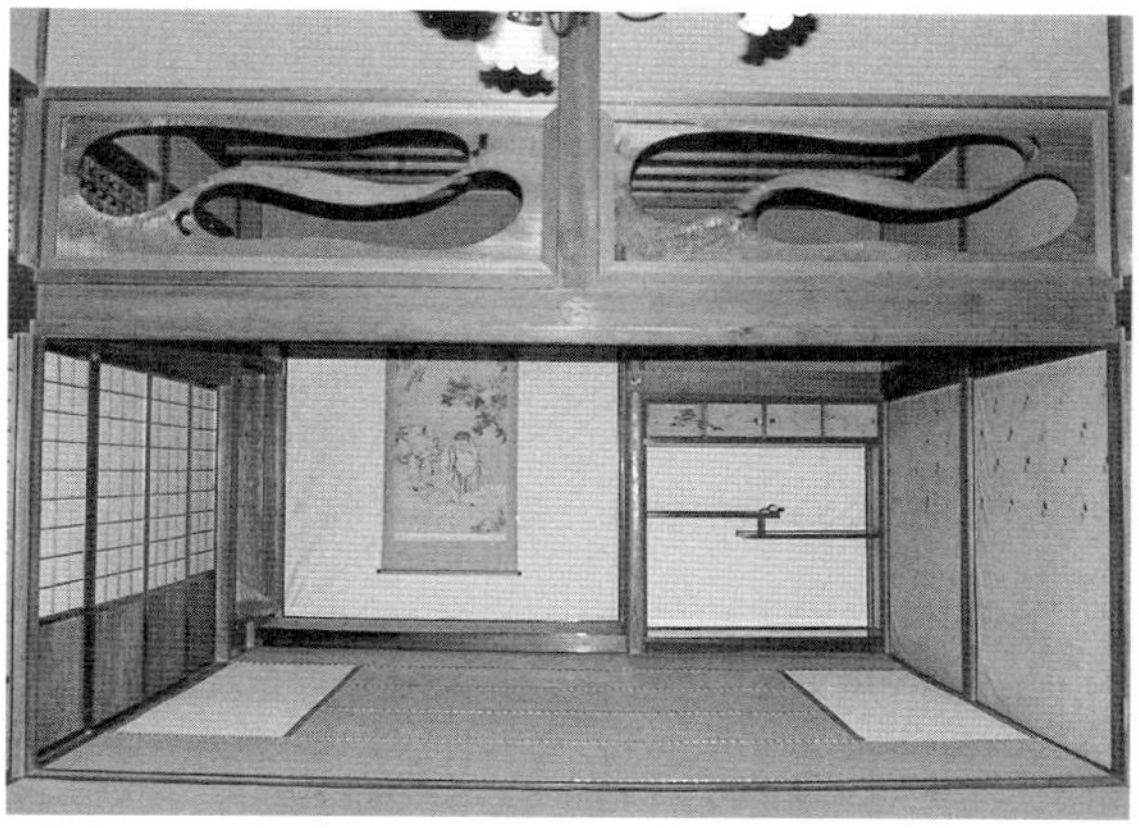
民家の欄間（笹川家住宅，新潟市）

筬欄間（妙法院大書院）

竹の節欄間や薄板に透彫を施した欄間など、欄間の意匠は多岐に渡る。近代には和風の住宅建築できわめて技巧的な欄間彫刻も発達した。また、欄間の組子や薄板透彫の意匠の雛形本が刊行されており、欄間は住宅の室内意匠として重要な要素であったことが窺える。

参考文献　近藤豊『古建築の細部意匠』(一九七二、大河出版)

(櫃本　聡子)

り

りこん　離婚　夫婦が生存中に婚姻関係を解消すること。江戸時代の一般庶民の離婚率は高かった。入籍という概念もなく、子供ができて婚家の人間になるまでは別れるのも自由であった。正式な離縁では夫の離縁状が必要となったが、協議に基づいて発行されることが多く、女性の再婚も比較的容易であった。一八九八年(明治三十一)、家制度に基づき、妻の財産権を認めない明治民法が施行されると離婚は忌避すべきものとなり、人口千人あたりの年間離婚件数は、一八八三年の三・三八から一九三五年(昭和十)には〇・七〇と大幅に減少した。再婚もむずかしくなったため、女性の上昇婚志向が高まった反面、結婚生活には堪えることが求められた。太平洋戦争後は、サラリーマン家庭内での男女別役割分担が浸透したことともあって離婚率は低位で推移したが、家制度の解体や女子の社会進出によって離婚に対する忌避意識は薄らぎ、二〇〇二年(平成十四)の人口千人あたり年間離婚件数は二・三〇と戦後最高になった。　↓駆込寺《かけこみでら》　↓結婚《けっこん》　↓再婚《さいこん》　↓母子家庭《ぼしかてい》

参考文献　高木侃『三くだり半—江戸の離婚と女性たち—』(『平凡社選書』、一九八七、平凡社)、八木透・山崎祐子・服部誠『男と女の民俗誌』(『日本の民俗』七、二〇〇八、吉川弘文館)

(服部　誠)

リストラ　リストラ　英語リストラクチャリングの略。企業が事業を見直し、既存事業の再編、新たな事業分野へ進出することを指すが、日常用語では、人員整理(人減

らし）の意味で用いられる。一九七三年（昭和四十八）のオイルショック後に見られた「減量経営」の際の人員削減がリストラのはじまりといえるが、この時にはまだリストラという言葉はなかった。リストラクチャリングという用語は、八〇年代半ばにアメリカから輸入された。バブル崩壊後、企業業績回復のための人件費削減、円高による生産拠点の海外への移転などの要因で、主として中高年の労働者を対象に進んだ人員整理をリストラというようになった。人員整理の際には、解雇という手段は一般的には用いられず、希望退職の募集や退職の勧告、子会社への転籍の形をとることが多い。従業員は、解雇という不名誉な烙印を避けるために退職勧告を受け入れる場合が多い。リストラという言葉が頻繁に登場するようになったことは、高度成長期の終身雇用制が崩壊しつつあることとの反映でもある。

参考文献 櫻井稔『雇用リストラ―新たなルールづくりのために―』（『中公新書』、二〇〇一、中央公論新社）、熊沢誠『リストラとワークシェアリング』（『岩波新書』、二〇〇三、岩波書店）　　（浅井　良夫）

リゾート　リゾート　保養地、行楽地のこと。日本では、明治中期、軽井沢などにおける欧米人による避暑地の開発に始まった。一九八七年（昭和六十二）の総合保養地域整備法（通称リゾート法）は、スポーツ、レクリエーション施設や宿泊施設などの総合的な整備を行うことができる相当規模の地域を対象に、ゆとりのある国民生活を実現し、地域振興を図ることを目的とした。全国四十二ヵ所の基本構想が作成されたが、バブル経済の崩壊により開発意欲が減退し、滞在型余暇活動の需要も拡大せず、事業の見直しが行われた。

参考文献 佐藤誠『リゾート列島』（『岩波新書』、一九九〇、岩波書店）　　（関戸　明子）

リノベーション　リノベーション　修理、修復、改善、再生を意味する名詞。Renovation。建築分野では、持続可能な建築行為の一つとして、建物全体を包括的に改修し、その機能・性能を向上させることで、新たな付加価値をもたせることを意味する。耐震性・耐火性・耐久性の向上、社会の情勢や需要に対応させるための建築機能の向上、エネルギー効率の向上などを目的とする。一般には、既存の内装を取り払い、現在の暮らしや使用法に合わせて間取りや設備、内装などをつくり替えることを指す。有形文化財として登録された建造物の場合は、外観や雑作の一部にその建物の建築当初の姿やイメージを残しつつ、所有者や管理者の利便性、安全性、快適性に配慮して改修が行われる場合が多い。一方、時間を経た汚れや古びた内装を新築の状態に近づける改修行為、また部分的な修理は「リフォーム Reform」を使用することが多い。リノベーションのような付加価値をもたせることとは異なり、悪くなったり古くなった部分を改善することを目的とする。また、文化財指定を受けた建造物においては、消耗・破損部分を回復し、建築当初の状態に戻すような修理は「リペア Repair」を使用することが多い。

参考文献 樫野紀元他『住宅建築のリノベーション』（一九六八、鹿島出版会）　　（中島　咲紀）

リハビリ　リハビリ　理学療法を意味するリハビリテーション rehabilitation の略。病気やけがなどによる身体障害者の基本的動作能力の回復を図るために行う身体的・心理的訓練、職業指導など。戦前までは、小児麻痺による肢体不自由児童や、傷痍軍人に対象は限られていた。戦後は米国からの技術が導入され、対象は障害者一般に拡大された。高齢者に対しては、一九六〇年代に入り脳卒中患者に対して実施され、全国に広がり、六五年（昭和四十）の理学療法士及び作業療法士法によって本格的な対策がなされるようになった。二〇〇〇年（平成十二）からは介護保険制度が施行され、これまで高齢者に提供されてきたリハビリテーションやその関連サービスのほとんどは、そのままの形で介護保険に継承されている。これまでの予算に基づいた措置から社会保険への転換により高齢者に提供されるサービスの量は飛躍的に拡大し、高齢者に対するリハビリテーションはより身近なものとなったといえる。→高齢者《こうれいしゃ》　→障《しょう》がい者《しゃ》

参考文献 村上貴美子『占領期の福祉政策』（一九八七、勁草書房）、安藤徳彦『リハビリテーション序説』（二〇〇九、医学書院）　　（木村　哲也）

リビング　リビング　⇨居間《いま》

リヤカー　リヤカー　荷車の一種。大正前期、海外から輸入されたサイドカーに影響を受け、大八車を改良し日本で開発された。形態は、鉄パイプ製の本体の前部に梶棒があり、荷台の側面や底には板が敷き詰められ、ゴム製タイヤを二輪装着している。人力で牽引するものや自

リヤカー　道路の舗装工事（1960年代）

転車の後部に連結して牽引するものに加え、自転車の横に側車のようにつけるものもみられる。木製の車輪を装着し荷台に側面がない大八車に比べ、リヤカーは荷崩れが少なく、近距離の貨物輸送の手段として重宝された。また、リヤカーは荷台に調理器具を装着し、ラーメンや石焼き芋などの調理品を販売する屋台としても活用された。一九六〇—七〇年代の高度経済成長期以降、オート三輪や四輪の軽トラックの普及とともに、リヤカーの利用は減少した。現在では、農家と畑地の往来や廃品回収業をはじめ、近距離のごく小規模な荷物の運送などにリヤカーが活用されている。　→大八車《だいはちぐるま》

参考文献　遠藤元男『路と車』(『日本人の生活文化史』五、一九八〇、毎日新聞社)　(花木　宏直)

りゅうがく　留学　世界的に高度な学術研究や、母国に導入されていない学問を修学するため、一時的に海外へ移住して修学すること。〔古代・中世〕遣隋使・遣唐使の一員としては、政治外交上の使命を帯びた大使以下の使者をはじめ、船の動力・整備・警護にあたる乗組員、法律・文化・学問などを吸収しさらに書籍などの文物を将来する者や最新の仏教・思想を摂取する僧などがいる。『延喜式』大蔵省蕃使条(天平宝字末年のもの)に規定される遣唐使の構成員や、八三八年(承和五)渡航の遣唐使一行の例から留学関連の人々を見ると、留学生・留学僧(学問僧)や短期留学者である請益生《しょうやくしょう》・還学僧などがあり、仏教を学ぶ僧、玉生・鍛生・鋳生・細工生などの技術研修者や暦道・天文道・紀伝道を学ぶ人々が存在した。たとえば、隋代に留学して隋から唐への交替(六一八年)を目の当たりにして六二三年(推古天皇三十一)に帰国した留学僧恵斎・恵光、留学生恵日・福因らは、留学中の者は皆すでに学業を修得したので帰国させるべきこと(のちに活躍する南淵請安《みなぶちのしょうあん》・高向玄理《たかむこのげんり》・僧旻《みん》らがつぎつぎと帰国)、唐は法律や儀礼が整備された素晴らしい国だから使節派遣を継続すべきことを朝廷に進言している(『日本書紀』推古三十一年七月条)。これ以降、留学者たちは、日本の律令国家の整備や仏教の発展などに寄与していく。また、阿倍仲麻呂(六九八—七七〇)のように帰国できず唐朝の役人を歴任する留学生もいた。なお、二〇〇四年(平成十六)に中国陝西省西安市で出土した墓誌の存在が公表された「井真成」のように、日中の現存する史料にその名をとどめない数多くの留学生も存在する。承和の遣唐使派遣以降の僧たちの往来は、中国沿岸で活動する海商の船を利用したが、その目的は留学から聖地巡礼へと変化していた。その背景には、十世紀以降の日本における浄土思想の広がりがあり、渡航僧は、いずれも帰国を前提とした求法の旅ではなく中国に骨を埋める覚悟で行動している。また、渡航に際して金銭的な支援などを行なった貴族たちは、かつての留学僧に期待したような帰国後の活躍ではなく、渡航僧に結縁して彼らの代わりに聖地に巡礼することを求めていた。

参考文献　専修大学・西北大学共同プロジェクト編『遣唐使の見た中国と日本—新発見「井真成墓誌」から何がわかるか—』(『朝日選書』、二〇〇五、朝日新聞社)、佐藤長門「円仁と遣唐使・留学生」(鈴木靖民編『円仁とその時代』所収、二〇〇九、高志書院)、榎本渉『僧侶と海商たちの東シナ海』(『講談社選書メチエ』、二〇一〇、講談社)、上川通夫「入唐求法僧と入宋巡礼僧」(荒野泰典・石井正敏・村井章介編『通交・通商圏の拡大』所収、二〇一〇、吉川弘文館)、榎本渉『南宋・元代日中渡航僧伝記集成　附江戸時代における僧伝集積過程の研究』(二〇一三、勉誠出版)　(皆川　雅樹)

〔近現代〕日本では、明治前期より欧米への女子留学生や、文部省による留学生の派遣がみられた。また、明治中期以降、中国大陸や朝鮮半島、台湾をはじめ、東アジア各地から日本への留学生も多くみられた。近代に引き続き、第二次世界大戦以降も日本からヨーロッパやアメリカへの留学がみられた。一九七〇年代以降、日本の学術研究の水準が高度化するとともに、日本からヨーロッパやアメリカへの留学者数は減少傾向がみられるようになった。一方、八〇年代より、中国や韓国をはじめアジアや南アメリカなどから日本への留学者が増加している。これらの地域からの留学生は、日本で修学した経験を母国に持ち帰り、帰国後は研究者や官僚、経営者となって地域振興に活躍している。ただし、卒業後に必ずしも帰国するのではなく日本に残りたいなど、留学後の居住地選択や職業選択に悩む留学生が多い。また、留学生の中には、学問の修学ではなく、賃金水準の高い日本での雇用機会の獲得と母国への送金を目的として、留学ビザを移住の手段とするため留学し、大学在学中より仕事を優先して授業に出席しなくなる者もみられる。留学の方法には、母国での学業の成績に応じて、国費留学生や国以外の奨学金による留学生、私費留学生といったさまざまな形態がみられる。私費留学生の場合、主に自費で日本の大都市に移住し、アルバイトをしながら日本語学校に通学して、日本語の検定試験と個別の大学受験を経て大学生となる。一方、八〇年代後半以降、日本からヨーロッパやアメリカへ、学問の修学ではなく外国語の習得を目的とした短期間の留学である、語学留学が増加している。語学留学は、多くは留学業者が斡旋を行なっており、語学留学を専門に扱う旅行雑誌も刊行されている。語学留学は、従来の学術研究や学問の修学を目的としたものとは異なり、観光やホームステイを楽しむことを目的とする側面が強い。

参考文献　小島大輔「観光と留学の街へ—日本人語学留学の成立基盤—」(『地理』五四ノ一一、二〇〇九)、坪谷美欧子『「永続的ソジョナー」中国人のアイデンティティ—中国からの日本留学にみる国際移民システム—』(二〇〇八、有信堂高文社)　(花木　宏直)

りゅうげんひご　流言蜚語　広義においては「うわさ」とほぼ同義であるが、「うわさ」のうち特に「社会的逆機

能」すなわち、社会にとって好ましくない結果を生むものについて、特に「流言(蜚語)」とすることが多い。関東大震災時の「朝鮮人来襲」説の流布や、一九七三年(昭和四十八)オイルショックの際に発生したトイレットペーパーの買いだめ騒動など、流言蜚語がもとになって社会にとって好ましくない結果がもたらされる事件はこれまでもたびたび発生してきた。流言蜚語は、かつては口伝えで流通するのが普通であったが、むしろ近年では口伝えのみで広まる流言蜚語はほとんどなく、電話やEメール、インターネットなどを介していることが多い。たとえば、近年では、二〇一一年(平成二十三)の東日本大震災・福島第一原発事故をめぐって、ソーシャル＝ネットワーキング＝サーヴィス(SNS)を通じて流言蜚語が拡散した。

参考文献 佐藤健二『流言蜚語―うわさ話を読みとく作法―』(一九九五、有信堂高文社)、松田美佐『うわさとは何か―ネットで変容する「最も古いメディア」―』(『中公新書』、二〇一四、中央公論新社) (塚原 伸治)

りゅうこうか 流行歌 「はやりうた」はもちろんいつの時代にも存在するが、この漢字三文字の音読み語は、昭和初年に「レコード会社製の大衆歌謡」を指す分類上の名称として定着した。一九二七年(昭和二)に、コロムビア、ビクター、ポリドールという外資系の大手レコード会社が日本市場に参入し、それまでのように「既に知られた演目を録音する」のではなく、「レコード向けの楽曲を制作し、流行させる」という制作方法を導入した。外資系はじめてのヒット曲が二八年の「アラビアの唄」と「青空」であり、これは発明されたばかりのマイクロホンの技術的利点を活かした、フル＝バンド伴奏を用いたポピュラー＝ソング(日本ではジャズ＝ソングと呼ばれた)だった。この二曲は外国曲に堀内敬三による日本語訳詞をつけたものだったが、続けて、その形式を用いた「君恋し」「東京行進曲」といった国産楽曲が流行する。「君恋し」の作曲者佐々紅華、歌手二村定一はいずれも大正期の浅草オペラ出身であり、「東京行進曲」は、一九一四年(大正三)の新劇の劇中歌「カチューシャの唄」や関東大震災後流行した「船頭小唄」で知られた中山晋平の作曲、フランス帰りの詩人・大学教授の西条八十《さいじょうやそ》の作詞で、東京音楽学校出身のソプラノ歌手佐藤千夜子が歌った。これらの人々の経歴からも、流行歌が昭和初年の舶来趣味的な都市モダン文化として始まったことがうかがえる。外資系レコード会社は、歌手のみならず、作詞・作曲家から演奏者、小売店に至るまで自社と専属契約を結ぶ強力な専属制度を導入したが、その中から、レコード会社専属作曲家として古賀政男や服部良一が登場する。淡谷のり子が歌った服部良一作曲の「別れのブルース」に始まる一連の和製ブルースは、戦後にはムード歌謡・演歌に引き継がれていく曲調だが、当時は大陸の租界で人気を博し、それが逆輸入されて広まる、という日本国内にはとどまらない広がりを持った文化だった。戦後に至っても、初期の美空ひばりのレパートリーに顕著なように、きわめて雑多な要素を取り入れた折衷的な文化といえる。「流行歌」という呼称は、レコード会社製の国産楽曲レコードの盤面に分類名として記されていたが、六十年代後半にレコード会社の専属制度が解体し、業界の再編が起こってからはあまり用いられなくなる。 →歌謡曲《かようきょく》

参考文献 輪島裕介『創られた「日本の心」神話―「演歌」をめぐる戦後大衆音楽史―』(『光文社新書』、二〇一〇、光文社) (輪島 裕介)

りゅうつうかくめい 流通革命 一九六二年(昭和三十七)に出版された林周二の『流通革命』(中公新書)によって普及した言葉。技術革新による大量生産と大衆社会の出現による大量消費に対応するためには、需要と供給を結ぶ太いパイプが必要であり、従来の問屋・小売業では対応できないという林の主張は、「問屋不要論」としてマスコミに大きく取り上げられた。折から家庭電気製品や化粧品を生産する企業は流通チャンネル作り(花王や松下に典型的に見られたメーカーによる流通系列化)を進めつつあり、小売業ではセルフ＝サービス方式のスーパー＝マーケットが創生期を迎えていた。五七年にドラッグ＝ストアとして大阪に開店した中内功のダイエーは大規模な総合スーパーに成長して、流通革命の旗手として注目された。七二年にダイエーが小売業首位の座を老舗デパート三越から奪ったことは大きな事件であった。ただし、七〇年代末までは小規模小売店の数も増加傾向を示しており、問屋も衰退したわけではなかった。また、物流システムの変革に輸送面で貢献したのがトラック輸送であった。高速道路などの道路網の整備に伴い、六〇年代後半には、ドア＝ツー＝ドアに対応できるトラック輸送が鉄道貨物輸送を上回るに至った。その後八〇年代以降、第二次流通革命ないし流通の情報産業化と呼ばれる新たな変化が起きた。バーコードでスキャンして得られた情報を仕入れや生産に即座に反映させるPOSシステムの導入は、第二次流通革命を代表する情報技術である。八〇年代初めにPOSシステムを積極的に導入したのがセブン＝イレブンであったが、ちょうどこの時期はコンビニの成長期・スーパーの後退期にあたる。スーパーの業績は八〇年代以降悪化し、二〇〇〇年代前半にはマイカル、ダイエー、西友が経営破綻に至る。ユニクロに代表される商品調達のグローバル化、楽天に代表されるインターネット販売の急激な普及も情報技術の発展の産物である。

参考文献 日経流通新聞編『流通現代史―日本型経済風土と企業家精神―』(一九九三、日本経済新聞社)、石井寛治編『近代日本流通史』(二〇〇五、東京堂出版) (浅井 良夫)

りょうがえしょう 両替商 江戸時代には、金、銀、銭の三貨があったが、それの交換を業務とする者をいい、交換の手数料を切賃という。金は東日本で、銀は西日本で主に流通し、匁は小規模貨幣として全国で用いられて

両替屋（『人倫訓蒙図彙』より）

いたために、その交換が必要となった。両替商はその交換にとどまらず、町人、大名への貸付業務や手形取扱も行なった。大坂では天王寺屋五兵衛が一六二八年(寛永五)に両替屋を開業したといわれている。大坂には本両替、南両替、三郷銭屋仲間があった。それを統括するために一六七〇年(寛文十)に十人両替が創設された。大坂の両替商には大名の蔵元や掛屋を勤めるものが多く、大名貸に携わった。そのほかに帳合米の取引に関係する遣来《やりくり》両替がいる。大坂、京都では為替を専門的に扱う両替商に為替本両替がいる。江戸の本両替は一六五七年(明暦三)以前に成立し、四十人前後であったが、次第に人数は減少していき、文化期以降は五、六人になった。

(賀川　隆行)

りょうさいけんぼ　良妻賢母　家庭にあって、外で働く夫にとっての良き妻になり、子どもの教育に力量を発揮する賢い母となることが、女性の理想の生き方だとする理念を示す言葉。狭義には、戦前日本において女子教育の目標とされた女性像を指す。明治維新直後の学制発布では、女性も男性と同じく教育を受けるべき国民として位置づけられたが、男女別学の原則を定めた教育令(一八七九年(明治十二)以降徐々に男女別のカリキュラムや学校制度が整えられ、男性が「立身出世」を鼓舞されたのに対して、女性は「良妻賢母」となることが求められた。女子教育における良妻賢母理念は、男尊女卑・家父長制的な儒教道徳および天皇制イデオロギーを、近代的な性別役割規範の中に組み込みながら構築されたものである。良妻賢母主義の女子教育が展開された主たる舞台は、女子向け中等普通教育機関である高等女学校であったが、そこで唱導された良妻賢母像は、婦人雑誌などのマスメディアによるアレンジを経ながら、人々の日常生活に浸透していった。

参考文献　小山静子『良妻賢母という規範』(一九九一、勁草書房)

(木村　涼子)

りょうりや　料理屋　客の注文に応じて料理を出す営業形態で、料理茶屋とも呼んだ。江戸の料理屋の最初は、浅草寺門前に一六五七年(明暦三)の大火後にできた、雑炊を出す奈良茶飯屋といわれる。浅草新鳥越の八百善は、はじめ茶漬けなどの仕出し料理店であったが、当時の著名文人に執筆を依頼して『料理通』を出版し、高級料理屋として名を馳せた。近世後期には多くの料理屋が、王子、池之端、柳橋など寺院門前や繁華街に軒を並べ、八百善はじめ有名料理屋の名を並べた相撲見立番付が印刷され、また浮世絵師によって描かれ、名所として認識されていった。料理屋の座敷は、書画会や句会、歌会など文化活動の会場として提供され、会の予告ビラである引札によると、河内屋半二郎や万八楼など柳橋の料理屋がよく利用された。明治時代でも引き続き料理屋の座敷は書画会などに用いられ、明治中期以降は盆栽や山野草の品評会などの会場としてもよく用いられた。

参考文献　原田信男『江戸の料理史—料理本と料理文化—』(『中公新書』、一九八六、中央公論社)、文京ふるさと歴史館編『博物館で見るぶんきょう食の文化展』(特別展図録、二〇〇八、文京区)、石神井公園ふるさと文化館編『江戸の食文化』(特別展図録、二〇一四)

(平野　恵)

りょかん　旅館　和式の設備を備えた、不特定多数の利用を前提とする宿泊施設。宿泊業の営業許可の基盤となる旅館業法によれば、旅館営業とは和式の構造および設備を主とする施設を設け、宿泊料を受けて、人を宿泊させる営業と規定されている。通念上の旅館は畳敷きの客室、仲居によるサービス、大風呂などによって特徴付けられる施設であり、篤いホスピタリティ、伝統的な雰囲気などの価値と結びついている。しかし実際には大型化、ビル化、洋風化した施設も多く、旅館営業として登録されている施設の過半は生業的でこれらのイメージとの間には大きなギャップが存在する。旅館は実体概念ではなく、一部の例を拡大解釈した価値概念、イメージとして理解することができよう。旅館は江戸時代に成立した旅籠や本陣が直接発展したと考えられがちだが、現在に続く旅館の基本性格が形成されたのは大正期であり、「創造された伝統」の性格を持っている。温泉旅館に代表される観光地の旅館、駅前旅館のような商用を対象とした旅館は、一九六〇年代まで宿泊の大きな部分を占めていたが、生活の洋風化などの影響で次第に退潮し、軒数も減少している。ホテルに比べ経営規模は全般に小さく、バブル期に過大投資した大型旅館を中心に脆弱な財務体質から経営破綻する例も見られ、疲弊する観光地、温泉地という社会問題が生じている。

(稲垣　勉)

りょこう　旅行　ほかの土地に出かけること。旅と旅行の違いとして、旅は苦行を伴うが、旅行はそれそのものが目的となり、移動するときの苦労や危険が取り除かれて成立するといわれる。明治時代になると、鉄道と汽船のネットワークが次第に形成され、定期的かつ大量の旅行者の移動が可能となった。旅行者が増えるに従い、週末や季節にあわせて臨時の回遊列車が運転された。一九二四年(大正十三)には鉄道省に事務局を置く日本旅行協会が設立され、旅行趣味の育成を図った。昭和初期には旅行熱が高まったが、戦時体制のもと次第に遊覧旅行が抑制されていった。戦後は交通機関の復旧に伴い旅行者が増加し、高度経済成長期には旅行需要が急速に伸長して団体旅行が盛んに行われた。一九七〇年(昭和四十五)に開催された日本万国博覧会には、百八十三日の会期中

にのべ六千四百二十二万人の入場者を数えた。これは国民の十人に六人が万博を見学したことになる。その終了直後からは国鉄によるキャンペーン「ディスカバー＝ジャパン」が開始された。マイカーの普及により奪われた旅行者を取り戻すため、新しい旅行需要を生みだすことを目的とし、そのなかで発売されたミニ周遊券が人気となった。七三年には旅行雑誌『るるぶ』が創刊、七八年からは「いい日旅立ち」キャンペーンへと継承され、『an・an』『non-no』といったファッション雑誌をもった若い女性の旅行者(アンノン族)を増やしていった。旅行の人気は高く、余暇活動の中では、国内観光旅行が二〇一一年(平成二十三)から三年連続で参加人口の首位となっている。海外旅行者も急速に増加し、一九七一年の九十六万人から二〇一二年には千八百四十九万人に達したが、翌年から減少に転じ、一四年には千六百九十万人となった。それに対する訪日外国人旅行者は、一三年にはじめて一千万人を超え、一四年には千三百四十一万人と大きく増加している。→家族旅行《かぞくりょこう》 →観光《かんこう》 →社員旅行《しゃいんりょこう》 →修学旅行《しゅうがくりょこう》 →新婚旅行《しんこんりょこう》 →旅《たび》 →団体旅行《だんたいりょこう》 →ディスカバー＝ジャパン

参考文献 『日本交通公社七十年史』(一九六二)、白幡洋三郎『旅行ノススメ―昭和が生んだ庶民の「新文化」―』(『中公新書』、一九九六、中央公論社)、日本生産性本部編『マイ・レジャー時代の余暇満足度』(『レジャー白書』、二〇一四) (関戸 明子)

りょこうあんない　旅行案内　旅行に関する情報を載せた案内書。旅行の案内には、目的地に関するさまざまな情報(地域概況、名所・旧跡、名産品、宿泊施設など)と旅行の方法(交通手段、料金、旅程、旅行中の諸注意など)が一般的に求められる。当初は、先人の残した紀行文などを参照するにとどまっていたが、江戸時代には出版の大衆化に伴い、道中記など多くの刊行物が出された。『都名所図会』(一七八〇年(安永九))をはじめとする名所

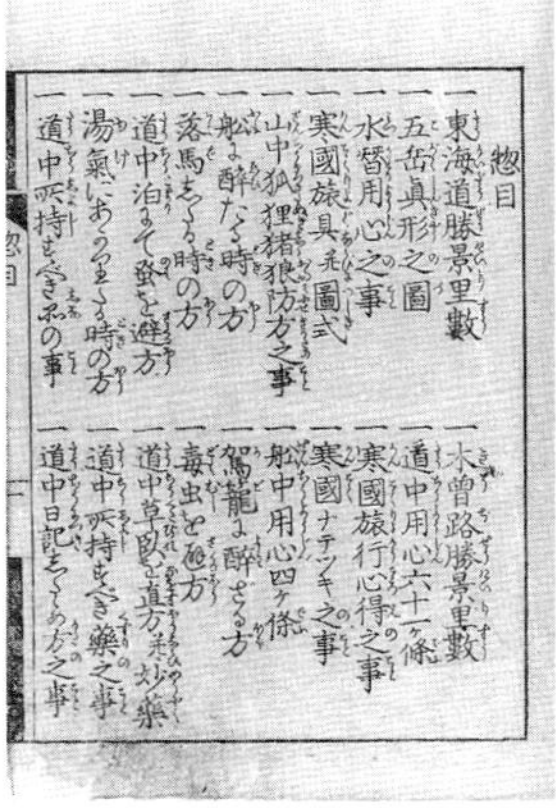
旅行案内 『旅行用心集』(1810年)

案内書、『東海道中膝栗毛』(一八〇二年(享和二)―二二年(文政五))などの滑稽本、旅の心得や諸街道の宿場などの情報を記した『旅行用心集』(一八一〇年(文化七))の刊行もみた。明治時代になると、鉄道・汽船の発着時刻や料金を記載する時刻表が旅行案内の中に組み込まれるようになった。戦前の案内書の中で、詳細綿密で最高の出来映えを示すといわれる『日本案内記』(全八巻、一九二九年(昭和四)―三六年)は鉄道省によって編纂されている。今日まで、さまざまな旅行案内書が出版されているが、最新かつ定番の旅行情報が求められるかぎり、その需要は続くだろう。→時刻表《じこくひょう》

参考文献 中川浩一『旅の文化誌―ガイドブックと時刻表と旅行者たち―』(『伝統と現代社の旅シリーズ』三、一九七九、伝統と現代社)、神崎宣武『江戸の旅文化』(『岩波新書』、二〇〇四、岩波書店) (関戸 明子)

りょこうぎょう　旅行業　旅行者と観光業者の間に立って、旅行の案内を行い、手続きの代行、運送や宿泊サービスなどを提供する事業のこと。旅行代理店とも呼ばれる。寺社参詣の世話をした御師は、旅行業の先駆といえる。近代的な旅行業のはじまりとして、外国人賓客の接遇のため、一八九三年(明治二十六)に喜賓会が設立されたことがあげられる。一九一二年には鉄道院が中心となり、ジャパン＝ツーリスト＝ビューローが発足した。これも当初の対象は外国人旅行者であったが、のちに日本人旅行者も扱うようになり、一九三四年(昭和九)には日本旅行協会を合併して事業を拡大した。第二次大戦後には日本交通公社に引き継がれた。旅行業等を営む者については登録制度が実施されており、旅行業務に関する取引の公正の維持、旅行の安全の確保および旅行者の利便の増進を図ることを目的として、旅行業法(五二年)が制定されている。旅行業者は審査を受けて、観光庁または都道府県に登録せねばならない。

参考文献 『日本交通公社七十年史』(一九六二) (関戸 明子)

りんぎょう　林業　森林から樹木を伐採・搬出して市場に運送する産業。森林資源を管理し、不足すれば造林する行為も含む。日本では古代・中世から建築材・燃料を主に樹木に頼っていたため、古代・中世都市、寺社の建築の拡大とともに針葉樹を中心に材木生産が拡大した。近世に入ると近世都市の建設に伴い大量の材木が良質の天然林地帯から伐採・搬出された。これらの地帯の多くは領主が良質の森林を直接管理し、有力廻船問屋と一体になって江戸・大坂・京の大市場に材木を送り出した。森林資源が枯渇すると計画的な資源管理が実施された。一方大市場の近郊には百姓が伐採・搬出を担う林業地帯が登場し、近世中期以降積極的な杉・檜造林を実施した。薪炭も舟運・海運によって市場に輸送された。近代に入り二十世紀初頭の資本主義の確立によって、その基本資材、基本燃料として林産物の急速な増産が求められた。鉄道の敷設、陸路の新設は材木の陸送を進め、発電所の成立によって製材所が普及し、規格の整った丸太や構造材、板材が大量に生産されるようになった。近代都市の拡大に伴い薪炭需要も急増し山村が活況を呈した。現代、特に高度経済成長期には急速な木材需要の増大によって拡大造林が進んだが、燃料革命や建築資材の鉄・コンクリート化、木材輸入の自由化によって薪炭生産、つづいて材木生産も急速に衰退した。→山村《さんそん》 →山仕事《やましごと》

参考文献 林業発達史調査会編『日本林業発達史―明

治以降の展開過程―』上(一九六〇、林野庁)、『日本林業発達史―農業恐慌・戦時統制期の過程―』(一九八三、大日本山林会)、赤羽武編『林業・林産』(『明治農書全集』一三、一九六四、農山漁村文化協会)、加藤衛拡「総合改題近世の林業と山林書の成立」(佐藤常雄他編『日本農書全集』五六所収、一九九五、農山漁村文化協会)、岸本定吉『炭』(一九九八、創森社)
(加藤　衛拡)

りんご　林檎　バラ科の果樹、およびその果実。「林檎」とは江戸時代までの和りんごを指す。西洋りんごの導入は、一八五七年(安政四)にアメリカからりんごの苗木が贈られたのが最初で、その後は一八六八年(明治元)にドイツ人が北海道で本格的に栽培を開始した。当初は紅玉と国光の二大品種であったが、戦後、「りんごの唄」が流行するころは生産が増大し、一九五八年(昭和三十三)に新品種ふじが創られると栽培品種の六割を占めた。近年はつがる、王林、スターキングなど多種ある。

参考文献　農林水産省農林水産技術会議事務局編『昭和農業技術発達史』五(一九九七、農林水産技術情報協会)、江原絢子・石川尚子・東四柳祥子『日本食物史』(二〇〇九、吉川弘文館)、田中敬一「リンゴ」(農山漁村文化協会編『地域食材大百科』三所収、二〇一〇)
(冨岡　典子)

る

ルンペン　ルンペン　⇩ホームレス

れ

れいえん　霊園　共同墓地のことであり、特に公園様式を伴ったものをいうことが多い。欧米では十九世紀になると公園の造園様式を採り入れた庭園墓地が盛んに作られるようになった。日本では東京市が一九二三年(大正十二)初の公園墓地として多磨墓地を開設した。これは日本初の都市計画事業であり、その中心となったのはのちに東京市公園課長となった井下清である。多磨墓地は、墓の区画を整然とするだけでなく、道路や植栽などにも大きな面積をとり、ヨーロッパの公園墓地に倣って国家的功労者を埋葬する名誉墓域も設置した。一九三四年(昭和九)、国葬となった東郷平八郎が埋葬され、多磨墓地は有名になったが、その後山本五十六、古賀峯一の墓が建立されるにとどまった。一方、三五年、東京市は千葉県東葛飾郡八柱村(松戸市)にも公園墓地を設置し、これを八柱霊園と称した。これが霊園と称された初の公園墓地であり、東京市は他の墓地も霊園と改称するようになり、それ以降全国に公園墓地が設置され、霊園という呼称も普及していった。　↓墓《はか》

参考文献　森謙二『墓と葬送の社会史』(『講談社現代新書』、一九九三、講談社)、槇村久子『お墓と家族』(一九九六、朱鷺書房)
(山田　慎也)

れいぎさほう　礼儀作法　人間関係や行事を円滑に運営するための規範や行動様式。時代や地域、社会集団、行事の別に複数の礼儀作法が混在する場合がほとんどである。習俗としての礼儀作法と、式法としての礼儀作法と

を区別して捉えたほうがよい。前者は風俗習慣のなかで培われてきたもので、先例を踏襲することに重きが置かれ変化に乏しい。冠婚葬祭や祭祀、日常生活における礼儀作法はこちらが多いだろう。村落社会では若者組などの年齢集団に属して社会生活を送ることによって、人付き合いや村落での仕事、立ちふるまいを学習していくように、習俗的な礼儀作法は社会集団と不可分である。後者はいわゆる礼法で、一定の思考に基づいて人為的に体系化されたものであり、式法を遵守することに重きが置かれ、合理的解釈が伴えば式法の変更は可能である。儒教思想に基づき周代から漢代にかけて儒学者がまとめた『礼記』はこの先駆けであろう。わが国においては、平安時代中期以降に宮中儀礼を体系的にまとめた『貞観儀式』『新儀式』が成立し、宮中の年中行事や作法、装束などの故実を記した源高明撰『西宮記』、一条帝以降の儀式を記した藤原公任撰の『北山抄』、大江匡房の『江家次第』などが著されている。このような公家故実の体系化に基づいて、鎌倉時代以降では武家の礼儀規範が成立していった。室町時代には平時の儀礼や諸行事の規範に兵法などが融合された小笠原流や伊勢流といった礼法が成立している。江戸時代に入ると、『初学文章幷万躾方』『諸礼当用集』など武家を対象とした礼法書の刊行に加え、『諸礼しつけがた』『童学躾法』など庶民向けの礼法書も多く記された。また『女訓書』『女房衆躾方』など、女性を対象とした礼法が普及したのもこの時代の特徴である。近代以降においては西欧化による生活変化に伴う新たな礼法の開発や、一九四一年(昭和十六)に文部省が発行した『礼法要項』にみられるように、国家による国民規範の提示がみられる。

参考文献 坂本貞『日本礼法史話』(一九四四、日本電報通信出版部)、小泉吉永『近世礼法書集成』別冊(二〇〇八、クレス出版)

(中野 洋平)

れいきゅうしゃ 霊柩車 遺体を搬送する車。業として行う場合には貨物自動車運送事業法の適用を受ける。一般に霊柩車というと自宅や葬儀式場から火葬場に向かう車をいうことが多いが、病院などから自宅に搬送する車なども含まれる。特別の装飾を施した宮型霊柩車や洋型霊柩車のほか、マイクロバスの後部に棺が入るバス型、病院などの搬送で使用するバン型などもある。大正期に名古屋や大阪で輸入の霊柩車が使用されたのがはじまりである。宮型霊柩車は日本で開発され、そのデザイン的な原型は棺車と考えられている。大正期に葬列の廃止によって霊柩車が浸透するが、それ以前にも霊柩馬車などが使用された。宮型霊柩車はその特有の形から死をイメージし、親指を隠すなどの俗信も広がった。さらに近年になると、火葬場の新規設置に際し近隣住民との関係から、宮型霊柩車の乗り入れを禁止している所も増加しており、次第に宮型霊柩車が減少し、それにかわって洋型霊柩車が広まっている。

参考文献 井上章一『霊柩車の誕生』(一九八四、朝日新聞社)

(山田 慎也)

れいさいきぎょう 零細企業 中小企業のなかでも、従業員九人以下の規模の小さい企業のこと。零細企業の数(農林漁業を除く民営事業所数)は、一九五四年(昭和二十九)には三百万であったが、六九年には四百万、七八年には五百万に達した。零細企業は戦後一貫して、全企業数の八五~九〇%を占めてきた。業種別では、卸売業・小売業・飲食店が、八〇年代半ばまで、ほぼ五割を占め続けてきた。なお、従業員三人以下の事業所の場合には、家族労働に依存する割合が高い。製造業では、機械加工、板金、塗装、メッキ、組み立て、製品仕上げなどの工程を、地域のなかで個々の零細企業が受け持つネットワークがあり、それが日本の高度成長期の国際競争力を支えたとして、近年、高く評価されるようになった。こうした零細企業が密集して存在することを産業集積と呼び、東京都大田区、大阪府東大阪地区などに典型的に見られる。しかし、零細企業数は八〇年代後半の五百五十万をピークに減少に転じ、二〇〇六年(平成十八)には約四百六十万と、一九七〇年代前半の水準にまで下がった。その原因は、製造業においては円高や東アジアの産業発展による産業空洞化(工場などの海外移転)の影響で、廃業する零細製造業が増加していることにある。また、商業の場合は、中小商業を保護するために七三年に制定された大規模小売店舗法(大店法)が廃止され、二〇〇〇年から大規模小売店舗立地法(大店立地法)が施行されたことを契機に、郊外型の大規模ショッピングセンターが続々と出現したことの影響が大きい。これにより伝統的な商店街の小売店は苦境に立たされ、廃業するものが相つぎ、各地に「シャッター通り」が出現することになった。町工場や小売店では後継者難も深刻であり、零細企業の先行きはけっして明るくない。

参考文献 水津雄三『日本の小零細企業―日本の小零細経営の研究―』(『阪南大学叢書』、一九九五、森山書店)、植田浩史『現代日本の中小企業』(『シリーズ現代経済の課題』、二〇〇四、岩波書店)

(浅井 良夫)

れいぞうこ 冷蔵庫 主に食品の冷却、およびそれによる保存・貯蔵を目的とした、箱型の製品。氷冷蔵庫、電気冷蔵庫、ガス冷蔵庫などがあるが、ここでは電気冷蔵庫について述べる。一九二〇年代に冷蔵庫の輸入が始まる中、二〇年代末から三〇年代初頭にかけて、国内大手電機メーカーが相ついで冷蔵庫を開発し発売を開始した。

電気冷蔵庫(東芝製, 1958年発売)

だがそれらは非常に高価であり、戦前期における普及はきわめて限定的であった。日中戦争最中の四〇年(昭和十五)には奢侈品として生産が禁止されている。戦後、冷蔵庫生産再開の契機となったのは占領軍による家電製品需要であり、アメリカ側からの技術指導は日本メーカーの技術蓄積に大きく貢献したが、製品仕様の差異や内容積の過大さなどの点で、その後の製品とは異質のものであった。占領軍需要が消滅した後の五二年、日立製作所は一般家庭向けに小型低価格製品ＥＡ-33を開発・発売した。他社も相ついで同種製品を発売し、本格的普及の端緒となった。五〇年代末から六〇年代前半に冷蔵庫生産は大きく拡大し、「三種の神器」の一角を占めることとなった。主力製品は冷蔵室のみの一ドア、内容積一〇〇リットル前後であったが、これは当時の消費者は冷蔵庫に対して食品の保存・貯蔵よりも、主に夏場の飲料・果物などの冷却自体を求めていたため大型の製品を要しなかったこと、および大型製品には高い税率が適用される、物品税が影響していたことによる。普及率は六五年に五〇%を越え、七〇年代半ばにはほぼ飽和状態となるが、その間およびそれ以降も製品は、冷凍食品の普及とともに冷凍室を備えた二ドア化、および野菜室などの目的別多ドア化、内容積の大型化が進んだ。それにより、生鮮食品のまとめ買いとその保存・貯蔵という利用法が広がっていった。また、二十四時間断続運転する冷蔵庫は消費電力量が大きいため、省エネ技術も格段に進歩し、さらに八〇年代以降、オゾン層保護のため冷媒のフロン使用が制限され、二〇〇〇年代にはノンフロン冷蔵庫が開発された。

参考文献 村瀬敬子『冷たいおいしさの誕生—日本冷蔵庫一〇〇年—』(二〇〇五、論創社)、大西正幸『生活家電入門—発展の歴史としくみ—』(二〇一〇、技報堂出版)

(西野　肇)

れいとうしょくひん　冷凍食品　日本冷凍食品協会によると、前処理を施し、品温がマイナス一八度以下になるよう急速冷凍し、そのまま消費者に販売されることを目的として包装されたもの。わが国では一九二〇年(大正九)に冷凍食品工場が建設され、東京の魚河岸で冷凍魚が発売されたのが最初とされる。一九四五年(昭和二十)までの冷凍食品は、冷凍魚、冷凍果実、冷凍野菜などの素材食品が中心であったが、六〇年に家庭用の冷凍食品が生産されるようになった。解凍しただけで、また簡単に調理するだけで食べられるまで加工されたものは調理冷凍食品といい、しゅうまい、ハンバーグ、コロッケなどの惣菜類から、冷凍飯、冷凍麵、ゼリー、ケーキ類にまで及び、現在では三千種以上が流通している。高度成長期以降の冷凍冷蔵庫や電子レンジの普及、就業主婦の増加などの社会変動に伴い冷凍食品は簡便に利用できる食品として欠かせなくなった。　↓インスタント食品《しょくひん》　↓食《しょく》料《りょう》保《ほ》存《ぞん》

参考文献 三輪勝利監修『水産加工品総覧』(一九八三、光琳)、江原絢子・東四柳祥子編『日本の食文化史年表』(二〇一一、吉川弘文館)

(今田　節子)

れいふく　礼服　冠婚葬祭といった人生の通過儀礼や、それ以外の儀礼に出る際に着用する特別な服。一八七二年(明治五)十一月に文官大礼服・非役有位大礼服・小礼服(燕尾服)が制定されると、近世以来の礼服である衣冠・狩衣・直垂・裃などは廃止となった。大礼脹と小礼服の着用日が定められ、大礼服は新年朝拝・紀元節・天長節のような国家の祝祭日、小礼服は天機伺などで参内する場合に着用した。大礼服制は、皇族大礼服、有爵者大礼服、宮内高等官大礼服と増設された。八四年には舎人・仕人・馭者など宮内省職員の礼服が設けられている。陸海軍人の礼服は正装および礼装と称した。台湾総督府や朝鮮総督府の文官礼服は、制服の通常肩章を正肩章に替えれば礼服となった。一九〇八年二月には陸軍の正装に類似していた警察官の礼服も、制服の肩章を替えるかたちに改正された。女子の礼服は袿袴に加え、一八八六年には洋式の大礼服・中礼服・小礼服が取り入れられた。民間の礼服は、男性は紋付羽織袴、女性は白襟紋付が主流であった。大礼服・小礼服・正装は、一九三八年(昭和十三)七月に日中戦争の長期化に伴い停止された。太平洋戦争の終戦後の民主化政策では各種大礼服制および正装が廃止され、宮中参内の礼服としては燕尾服とモーニングに加え、紋付羽織袴が認められた。　↓晴着《はれぎ》　↓服制《ふくせい》

参考文献 刑部芳則『洋服・散髪・脱刀—服制の明治維新—』(『講談社選書メチエ』、二〇一〇、講談社)、同『明治国家の服制と華族』(二〇一二、吉川弘文館)、同『帝国日本の大礼服—国家権威の表象—』(二〇一六、法政大学出版局)

(刑部　芳則)

レクリエーション　レクリエーション　仕事や勉学などによる疲労を回復すること、そのために行う休養や娯楽のこと。レクリエーションの普及を図る日本レクリエーション協会は一九四八年(昭和二十三)に設立された。その前身は、三八年設立の日本厚生協会であり、戦時下における厚生運動は、労働力の再生産や生産性の向上をもっぱらの目的とした。戦後になると、職場でのレクリエーションは人間関係の円滑化や若年労働者の定着を図る手段となり、企業がスポーツや文化教養活動などを提供した。七〇年代には、所得の向上や娯楽の多様化によって、レクリエーションは日常化し、個人的・主体的に行われるようになった。七三年からは運輸省により観光レクリエーション地区の整備が進められ、家族旅行村や青少年旅行村が建設されるなど、国や地方公共団体による施設づくりが推進された。子どもから高齢者までライフステージに応じたレクリエーションを行うことが、生活を豊かにすると期待されている。

参考文献 石川弘義編『余暇の戦後史』(『東書選書』、一九七九、東京書籍)

(関戸　明子)

レコード　レコード　蓄音機やレコードプレーヤーによ

SPレコード

る再生のためのアナログ音声記録媒体。音波を回転するレコード上の溝の変化に変換することで音声を記録し、逆に再生には音溝を針でトレースして拾った振動を増幅する。一八七七年にエジソンが発明した当初は円筒型であったが、のちに円盤型レコードが開発され、金属製原盤を硬質ゴム(のちにシュラックやプラスチック)の円盤にプレスして、大量に複製できるようになった。こうして本来一回的・即興的であった音楽演奏が、レコードに定着することで、場所や時間の制約を超え、繰り返し再生可能となり、しかも大量の人びとに伝達可能になった。一九〇九年(明治四十二)にレコードの国産化がなると、桃中軒雲右衛門の浪曲や松井須磨子の「カチューシャの唄」が大ヒットし、蓄音機の普及とともにレコード音楽は日常化し、大衆化していく。同時に音楽の商業化・産業化が進行するとともに、歌謡曲やポピュラー音楽など新しいジャンルの発展もみられた。当初一分間に七十八回転のSPレコードは、四〇年代後半に同三十三回転のLPレコードとなり、五〇年代末には音声がステレオ方式となる。八〇年代以降デジタル記録のコンパクト＝ディスク(CD)に取って代わられるが、マニアの間ではいまだにアナログレコードの人気も高い。↓蓄音機《ちくおんき》

参考文献 倉田喜弘『日本レコード文化史』(一九七九、東京書籍)

(大岡　聡)

レコードプレーヤー付きのステレオセット(昭和30年代後半)

レジャー レジャー 睡眠や食事、労働などの拘束された時間から解放されて行う活動、余暇のこと。休息や気晴らし、自己啓発などのために、スポーツ、趣味、娯楽、行楽といった活動を行うことが求められた背景には、工業化社会の進展があった。労働時間が管理されストレスにさらされるようになると、労働者の健康を維持し生産性を向上させるため、余暇が注目された。一九六一年(昭和三十六)には「レジャー」が流行語となり、遊園地、レジャーランド、ゴルフ場、ボウリング場などが各地で建設された。正月のスキー、ゴールデンウィークの行楽、夏のキャンプ・海水浴といったレジャーも六〇年代に人気となった。七三年のオイルショックを契機に省エネ・節約ムードが高まった時期には、「安い・近い・短い」レジャー活動が好まれた。八三年に開園した東京ディズニーランドは、テーマパークのブームを呼び起こし、多くのリピーターを獲得し、人気のあるレジャーとして定着した。↓海水浴《かいすいよく》 ↓観光《かんこう》 ↓ゴールデン＝ウィーク ↓潮干狩《しおひがり》 ↓スキー ↓日帰《ひがえ》り行楽《こうらく》 ↓避暑《ひしょ》 ↓盆休《ぼんやす》み ↓紅葉狩《もみじがり》 ↓遊園地《ゆうえんち》

参考文献 石川弘義編『余暇の戦後史』(『東書選書』、一九七九、東京書籍)、神田孝治編『レジャーの空間—諸相とアプローチ—』(二〇〇九、ナカニシヤ出版)

(関戸　明子)

レトルトしょくひん レトルト食品 日本農林規格(JAS)ではレトルトパウチ食品という。「レトルト」とは蒸留器・加圧加熱殺菌釜、「パウチ」とは水・空気・光を遮断する複合フィルムでできた容器のこと。この加工技術は一九五〇年代、軍用食・宇宙食としてアメリカで開発されたが、家庭用として商品化したのは日本の企業であった。一九六八年(昭和四十三)大塚食品工業から「ボンカレー」「ボンシチュー」が発売され、「一流レストランの味を家庭に届ける」とのキャッチフレーズで急速に売り上げを伸ばしていった。プロの味を味わえること、常温で長期間保存できること、熱湯で温めるだけの簡便さが消費者のニーズに合い、米飯、惣菜、複合調味料、ソース類と種類も格段に増えた。また、子ども・高齢者向け、非常時・医療介護・外食産業用と需要も広がっている。ある「お惣菜レトルト詰め合わせ」には「手間もいらず、でも味は本格派。忙しい時にも大助かりです」とあり、一人暮らしの人などに重宝がられている。↓インスタント食品《しょくひん》 ↓食料保存《しょくりょうほぞん》

参考文献 清水潮・横山理雄『レトルト食品の基礎と

応用』(一九九五、幸書房)、横山理雄・矢野俊博監修『(改訂版)レトルト食品入門』(『食品知識ミニブックスシリーズ』、二〇一〇、日本食糧新聞社)　(石川　尚子)

れんあい　恋愛　特定の相手に愛情を感じて恋い慕うこと。近代以後に発生した概念とされるが、こうした心情および状態は近代特有のものではない。古代以来、和歌や歌垣などにより男女間の好意や思慕の情が交換され、町人や遊郭の女性、女房文化における「男の恋」、同性間の思慕の情は「色」や「恋」、「情」といった言葉で表現されていた。「恋愛」という用語は、仏学塾の『仏和辞林』一八八七年(明治二十)版において amour の訳語としてはじめて示され、最初の用例は思想家中村正直訳『西国立志編』(七一年)にみられる。その後、詩人北村透谷が「厭世詩家と女性」(『女学雑誌』三〇三・三〇五、九二年)において「恋愛は人世の秘鑰《ひやく》なり」と述べ、「己れ」を写し出す明鏡」として、恋愛に人生の秘密を解く鍵としての位置づけを与えた。さらに「恋愛至上主義」を唱えた英文学者厨川白村《くりやがわはくそん》『近代の恋愛観』(一九二二年(大正十一))や、女子教育者巌本善治が編集にあたった『女学雑誌』などが広く読まれ、女性解放運動家平塚らいてう、歌人与謝野晶子ら『青鞜《せいとう》』派の女性によって自由恋愛が実践され、大正期には都市を中心に近代的な恋愛観が広まっていった。近世の「色事」が性的関係を求めたのに対して、近代的な「恋愛至上主義」は、性欲と恋愛とを肉体と精神、外面と内面として切り離し、恋愛を人間的・人格的なものとしてすべての価値を律する至上の原理に据え、性欲の上位に位置づけた。一方で、物理学者・歌人石原純《いしはらあつし》は『恋愛価値論』(二五年)で霊的要素である恋愛と、肉的要素である性欲との統合を主張し、これ以後、「霊肉一致」の考え方が広く共有されるようになっていった。また、女性史研究家高群逸枝《たかむれいつえ》は近代的恋愛を讃美して、これを「ヒューマニティの恋愛、人格恋愛」と位置づけた。未婚の男女間の恋愛を前提とする近代的恋愛は、恋愛結婚とともに価値づけられて、既婚男女の恋愛は社会的な弾劾の対象となった。

参考文献　井上輝子『女性学とその周辺』(一九八〇、勁草書房)、佐伯順子『「色」と「愛」の比較文化史』(『岩波人文書セレクション』、二〇一〇、岩波書店)、小谷野敦『日本恋愛思想史―記紀万葉から現代まで―』(『中公新書』、二〇一二、中央公論新社)　(大西　公恵)

れんあいけっこん　恋愛結婚　恋愛にもとづく結婚。ロマンティック＝ラブ。大正期に英文学者厨川白村《くりやがわはくそん》が『近代の恋愛観』において恋愛結婚を理想的な結婚とする恋愛至上主義を主張し、歌人与謝野晶子や女性解放運動家平塚らいてうがみずから恋愛結婚を行い、恋愛主体としての新しい女性像を提示した。当人の意志による結婚は、近世の若者組などの風習や馴合《なれあい》結婚においても見られるが、家や共同体秩序の維持のために、結婚は親の承認のもとで行われることが前提であった。これに対して、個人の自由を尊重する近代以降の恋愛結婚はそれまでの家族秩序や階級秩序と対立するものであったが、『女学雑誌』編集者であった女子教育者巌本善治が成員の情緒的関係に重きを置く「ホーム」という新しい家庭のあり方を提示し、ロマン主義的な恋愛を「家庭」観念と結びつけることで世俗化した。高度経済成長期以降、恋愛結婚が見合い結婚を上回り、実態として定着した。　↓自由《じゆう》結婚《にっこん》

参考文献　井上輝子『女性学とその周辺』(一九八〇、勁草書房)、加藤秀一『〈恋愛結婚〉は何をもたらしたか―性道徳と優生思想の百年間―』(『ちくま新書』、二〇〇四、筑摩書房)　(大西　公恵)

れんが　煉瓦　粘土を主原料とし砂や石灰を混ぜ直方体に成形し、乾燥、焼成した製品。建築材料、竈、道路などに使用される。古代においては磚《せん》と呼ばれ、建物の基壇や壁体などに用いられたが、やがて使われなくなった。幕末、反射炉建設のために作られた耐火煉瓦を皮切りに、明治から大正期まで煉瓦造の建築が多く建設された。しかし地震に弱く、一九二三年(大正十二)の関東大震災以後、建築用材としての使用は激減した。煉瓦積みにはイギリス積み、フランス積みなどのバリエーションがあり、東京駅に代表されるように意匠的に優れた建築も数多く残る。

参考文献　INAXギャラリー企画委員会『れんがと建築―積み重ねた美の表情―』(『INAX BOOKLET』七ノ四、一九八八、INAX)　(大林　潤)

レンコン　レンコン　スイレン科の多年生植物で、ハスの地下茎をいう。白色で、多くの穴があいていて、沼沢地や専用の蓮田で栽培される。千葉県の検見川の弥生遺跡から種子が発掘されている。江戸初期には葉も根も食用にされたという。皮をむいて、そのままだと黒く変色するため、水や酢水に浸けてアクを取ってから煮物、炒め物、酢の物、てんぷらなどに調理された。輪切りにすると穴から先が見えて「先を見通す」ので、縁起が良い食べ物として正月の節料理に用いられた。食べる旬は十月から三月までで、作付面積、生産量ともに茨城県、徳島県が高い。市販品のなかには中国産のレンコンも多い。　(増田　昭子)

れんじゃくしょうにん　連雀商人　肩に綱(縄)をかけて商品(荷物)を背負って各地を遍歴する行商人。綱(縄)のことを連雀(連尺・連索)と呼び、それで荷なうので連雀商人と呼ぶ。商品は背負梯子《せおいばしご》などにそのまま積む場合と箱・櫃などの容器に入れる場合があり、後者の場合は千《せん》駄櫃《だびつ》とも呼び、戦国時代成立と推定されている『田植草紙』には京から宝を持ち込む憧れの商人と歌われている。商品を仕入れて近隣や遠隔地を回って商品を売りさばくが、特に市が立てられた時に各地から集まる。連雀商人には根拠地があり、頭に率いられていた。戦国大名は特定の頭に無役の特権を与え、統制下に置いて、物資の調達を図った。その頭には他の頭に率いられた連雀商人集

連雀商人（『石山寺縁起』より）

団を統括させ、一国単位で連雀商人を統制した。今川氏は連雀商人が他国へ皮を売ることを禁止しているが、これも頭を通して統制を行い、他国への流出を防止したのだろう。また、戦国大名は彼らを城下町に招致して集住させた。集住地は連雀町と呼ばれ、江戸・川越・岩付(岩槻)など東海・関東の城下町にその名が残っている(東京では町名は消失)。西国にも行商人はいたが連雀とは呼ばれず、東西では行商人の存在形態や戦国大名との関係が異なっていたと考えられる。東国には「秤の本地」などと呼ばれる連雀商人の由緒書が残され、商人の由来や市立の方法などが記されている。

参考文献　国立歴史民俗博物館編『中世商人の世界―市をめぐる伝説と実像―』(『歴博フォーラム』、一九九八)
(盛本　昌広)

れんぞくテレビしょうせつ　連続テレビ小説　一九六一年(昭和三十六)にテレビで放送開始されたNHKの連続ドラマ。小説のドラマ化からスタートし、六作目「おはなはん」(六六年)から、女性の一生を描くスタイルが定着した。一年間一作品であったが、七五年から東京と大阪で半期ずつ制作分担となる。「ご当地」ブームも呼び起こし、埼玉県を舞台とした「つばさ」(二〇〇九年(平成二十一))で、四十七都道府県が網羅された。テレビドラマ史上最高視聴率(六二・九%)を記録した「おしん」(一九八三年)では、たくましく人生を切り開く女性像が支持された。九〇年代のヒロインは新たな職域(弁護士、酒造り、大工など)に進出する女性が中心になる。二〇〇〇年代以降は、血縁によらない多様な家族像が提示され、個性豊かに成長するヒロインが描かれるようになる。男性を主人公にした作品も五作(「ロマンス」「心はいつもラムネ色」「いちばん太鼓」「凛凛と」「走らんか！」)ある。　↓おしん

(平井　和子)

レンタルしょうひん　レンタル商品　主に個人を対象にした短期間の物品賃貸借のこと。レンタルビデオやレンタカー、貸衣装や貸本などもこの範疇に入る。企業を対象にした機械や設備の貸借はリースと呼び、一般にはレンタルとは区別されることが多い。また、アパートなどの居住スペースの賃貸契約についてもレンタルと呼ぶことはまずない。図書館などの金銭を伴わない物品の貸出業についても本来はレンタルと厳密に区別されるべきものである。日本におけるレンタル産業は、江戸時代の貸本業にまでさかのぼれるが、企業化しビジネス形態として確立したのは戦後である。一九五〇年代以降、テレビや洗濯機、ピアノなど高価な家具・家電用品のレンタルが流行し、六〇年代に入るとレンタカーが急成長し自動車社会の足場を支えた。また、ダスキンが家庭用掃除器具のレンタルを開始したのも六四年(昭和三十九)のことである。七〇年代以降、レンタル商品の対象は多岐にわたるようになり、七〇年代後半、レコードのレンタルが始まり、レコードとビデオカセットの貸借が八〇年代以降のレンタル産業の中心となった。八五年には、レンタルビデオ店の総売上が全国の映画館の総売上を上回り、映画産業の斜陽にさらなる拍車をかけたことを象徴づけた。レンタルビデオ最大手の一つであるTSUTAYAが大阪府枚方に最初の店舗蔦屋書店を出したのも八三年のことである。以後、メディア媒体の変遷に伴い、九〇年代にはレコードでなくCDに、二〇〇〇年代に入るころにはビデオカセットはDVDにそれぞれレンタルの中心を移していく。ただし、レンタルCDについては、二〇〇〇年代以降、インターネットによる音楽配信サービスの発展に伴い、若干の位相の変化を見せているように見受けられる。純粋な営利業として物品販売同様の利益の追求が求められるレンタル業と、図書館などの書籍貸出業務は厳密に区別されるべきであると述べたが、二〇一三年(平成二十五)に、TSUTAYAを経営するカルチュア＝コンビニエンス＝クラブが佐賀県高雄市図書館の運営に参入し話題を呼んだ。多くの人が満遍なく借りるわけではないが、研究上あるいは学術・教育上重要な意味を持つ書籍を管理保存するために、膨大な学術的蓄積の上に成り立つはずの図書館業務に、営利企業が「売れる」感覚で業務を展開した結果、歴史上の重要資料の廃棄と展示スペースの解体、書架整理の混乱、資料や書籍の杜撰《ずさん》な管理などがつぎつぎと露呈した。企業として営利を優先せざるをえないレンタル業と、あくまで営利とは一線を画すべき学術施設である図書館業務の本質的な位相の違いが実態として浮き彫りにされたといえるだろう。

参考文献　生活経済研究所編『(おもしろ雑学事典)レンタルの法則』(一九九六、中央経済社)
(花岡敬太郎)

れんたん　練炭　木炭などの粉を糊などで練り固めて作る炭団《たどん》のことを指し、近代以降は石炭などを粉末状にした炭素質を粘結剤と混ぜて加熱し成形した固形燃料も指す。石炭製の練炭には工業用と家庭用とがある。家庭用には明治末期に開発された豆炭や穴あき練炭があり、ほぼ無煙のため日常生活で炊事などの熱源としても幅広く利用された。木炭で作られる炭団はこたつや炊事、煙草の火入れに埋めて使用されるなど用途が幅広かった。

参考文献 樋口清之『日本木炭史—木炭経済史の研究—』(一九六〇、全国燃料会館)、岸本定吉『炭』(一九七六、丸ノ内出版)、日本鉱業史料集刊行委員会『煉炭製造調査書・抄訳煉炭製造法』(『日本鉱業史料集』九ノ明治篇下、一九八七、白亜書房)

(君塚 仁彦)

レントゲン レントゲン 英のクルックス Crookes が開発した放電管を用いて、一八九五年独のレントゲン Röntgen がエックス線を発見。それに注目した工業界が数ヵ月後にエックス線撮影装置を発売。国産第一号は一九〇九年(明治四十二)島津製作所が千葉県国府台衛戍病院に納入している。壮丁の体位低下、結核の予防のため一九四〇年(昭和十五)国民体力法が制定されて成年男子のレントゲン検査が徹底され、学校身体検査および工場鉱山労務者に対する集団検診でも実施された。結核予防法にもとづくエックス線撮影は被曝線量の観点から七五年ごろより大幅に減少している。

参考文献 川上武『現代日本医療史—開業医制の変遷—』(一九六五、勁草書房)、厚生省医務局編『医制百年史』(一九七六、ぎょうせい)、立川昭二『明治医事往来』(一九八六、新潮社)、W・R・ニツスキィ『X線の発見者 レントゲンの生涯』(山崎岐男訳、一九八九、考古堂書店)

(新村 拓)

ろ

ろ 炉 ⇩囲炉裏《いろり》

ろう 廊 ⇩渡殿《わたどの》

ろうか 廊下 建物と建物をつなぐ通路の機能を持つ細長い建物、または部屋と部屋をつなぐ建物内の通路空間。前者の場合、特に渡廊もしくは単に廊ともいう。寝殿造においては、寝殿や対屋《たいのや》など、建物同士は渡廊により連結された。また、通用門から寝殿に至るまでの中門廊も、通路の機能をもつ建物であった。中世に入ると、寝殿造が武士の住居として浸透し、その規模が縮小化していく中で、中門廊は次第に形骸化し、単に中門としてその名残をとどめる。中門からは、直交して通路の用をなす広縁が伸び、客間や次の間はそれに沿うように並ぶ。近世の書院造では、数多くの建物が渡廊によってつながれ、並列もしくは雁行する室の外周が板敷もしくは畳敷の通路となる。また、両側が部屋で挟まれた建物内部の廊下が、この時期に発達する。中下級の武家住宅でも、室の外部に面した縁が通路の機能を担い、客間である座敷と湯殿・便所をつなぐ役割を果たした。下級武士の住宅の流れを汲む近代以降の中流階層の住宅にも、この平面形式は受け継がれる。しかし、家族・使用人・客の動線交差が次第に問題視され、その解決を図る中で、明治末期ごろには中廊下型住宅の成立をみる。 →中廊下型住宅《なかろうかがたじゅうたく》 →渡殿《わたどの》

参考文献 川本重雄『寝殿造の空間と儀式』(二〇〇五、中央公論美術出版)、藤田盟児「主殿の成立過程とその意義」(鈴木博之他編『中世的空間と儀礼』所収、二〇〇六、東京大学出版会)、青木正夫・岡俊江・鈴木義弘『中廊下の住宅—明治大正昭和の暮らしを間取りに読む—』(『住まい学大系』、二〇〇九、住まいの図書館出版局)

(松下 迪生)

ろうきょく 浪曲 近現代における代表的な語り物。浪花節。物語をフシ(歌う部分)とタンカ(語る部分)を組み合わせて語っていくのが、基本的な口演方法である。演者はテーブル掛けをかけた演台を前におき、立って口演する。三味線の伴奏を伴うが、これまで曲師は衝立の陰に隠れて演奏することが多かった。江戸時代のちょんがれ・ちょぼくれなどを主な源流としながら、江戸末期から明治初期において、さまざまな芸能との交渉過程のなかで形成されてきた。明治期後半以降、全国的に浪花節という名称が用いられた。日露戦争ごろから頭角を現してきた桃中軒《とうちゅうけん》雲右衛門《くもえもん》、二代目吉田奈良丸らの活躍によって浪花節はそれまでにない流行を迎える。舞台のセッティングは、明治末期以降、雲右衛門の舞台演出の影響のもとに定着していった。そのころからの浪花節は浪花節席・劇場などの直接的な口演空間のみならず、レコードによってもひろがっていく。昭和期にはいり、業界が掲げる正式なジャンル名称は浪曲となるが、浪花節という呼び方も、昭和期を通じて呼称として並存していく。ラジオ、映画をも通じて浪曲はひろく受け入れられ、広沢虎造、寿々木米若《すずきよねわか》、玉川勝太郎などが人気を博した。

参考文献 正岡容『日本浪曲史』(一九六八、南北社)、唯二郎『実録浪曲史』(一九九九、東峰書房)

(真鍋 昌賢)

ろうじんかい 老人会 高齢者の相互親睦と福祉増進を目的に、自主的に結成、運営する組織。戦後においては老人クラブとして全国に組織化され、行政の中にも位置付けられている。平安初期の公卿、南淵年名《みなぶちのとしな》(八〇七—七七)は、八七七年(元慶元)三月十八日に小野山荘(現在の比叡山延暦寺赤山禅院)において、年歯《ねんし》(年齢)の高さを尚《たっと》

ぶ会である尚歯会《しょうしえ》を催した。この日、当時一流の文人・政客が招かれ、池のほとりで詩歌管弦の宴が行われたという。これがわが国における尚歯会のはじめとされる。一方、宗教的・経済的な共同団体組織である講《こう》もまた老人会の源流といえる。講ははじめ寺院内で経典を「講ずる」集まりであったが、平安時代には貴族たちの信仰的な会合も講と呼ばれるようになり、鎌倉時代以降は地域に各種の講が組織された。婆講など年齢集団ごとに分かれる講も作られ、近世には村落内の講が娯楽機関としても重要な意味をもつようになる。高齢女性が集まり、大数珠を手繰りながら念仏を唱える念仏講は、現在でも多くの地域に年中行事として残されている。一八九三年(明治二十六)に組織された博多高砂会(連)は、近代以降の最も古い老人会の一つであり、現在も福岡市で毎年開催される伝統的な祭に参加するなどの活動を続けている。一九三五年(昭和十)に櫛田神社に奉納された「博多高砂会　長寿番付奉納額」(福岡市博物館所蔵)には、男性八十八歳、女性九十五歳を筆頭に二千六百四十名の名が刻まれ、四十歳以上が「年寄り」、六十歳以上が「長寿」とされている。八十年を経て寿命が伸長し、高齢者の概念が大きく変化したことが窺われる。

参考文献　竹村俊則『昭和京都名所図会』三、(一九八二、駸々堂出版)、福田アジオ「村落の構成」(同・宮田登編『日本民俗学概論』所収、一九八三、吉川弘文館)、松村利規「所蔵品紹介四五―博多高砂会長寿番付奉納額―」(『福岡市博物館だより』四八、二〇〇三)、熊谷智義「高齢者による環境活動の展開と課題―岩手県内老人クラブ活動の事例分析から―」(『岩手大学大学院人文社会科学研究科研究紀要』一七、二〇〇八)

(表　真美)

ろうじんクラブ　**老人クラブ**　戦後、高齢者の相互親睦と福祉増進を目的に結成された組織。一九五一年(昭和二十六)に制定された社会福祉事業法に基づき、福祉サービスや市民活動の支援を行う全国社会福祉協議会が設置された。家制度が廃止され、老親扶養や敬老の意識が薄れる中、全国各地の社会福祉協議会において老人クラブ作りが進められた。六二年の全国老人クラブ連合会の設立、六三年制定の老人福祉法に基づく国の助成開始を経て、老人クラブは全国に拡大した。その後の急速な高齢化を背景に、九四年(平成六)策定の新ゴールドプランでは、老人クラブが高齢者の社会参加・生きがい対策の推進組織として位置づけられた。全国老人クラブ連合会には、現在六十余りの都道府県・政令指定都市の連合会が加盟しており、加盟連合会に加入している各クラブでは、保健活動、レクリエーション、地域に根差したボランティア・世代間交流・伝承活動などが行われている。

参考文献　熊谷智義「高齢者による環境活動の展開と課題―岩手県内老人クラブ活動の事例分析から―」(『岩手大学大学院人文社会科学研究科研究紀要』一七、二〇〇八)

(表　真美)

ろうじんホーム　**老人ホーム**　高齢者が入所して生活する施設。もとは養老院と呼ばれた。一八九五年(明治二十八)に東京市芝区(東京都港区)に設立された聖ヒルダ養老院が記録に残る日本初の養老院である。その後全国各地に篤志家や、宗教家による養老院が設立されている。一九二九年(昭和四)には救護法が制定されて入所者が増加した。旧民法下では老親扶養は子どもの義務であり、三、四世代同居が一般的であったが、養老院には家族扶養から排除されて生活に困窮した高齢者が入所した。そのほかに認知症の患者も入所していたことが記録に残されている。戦後は社会福祉や老人福祉に関する法整備が進み、現在は、特別養護老人ホーム、高齢者介護保険施設、軽費老人ホーム、有料老人ホームなどさまざまな種類の施設がある。しかし要介護・要支援高齢者は急増して五百万人を超え(二〇一〇年(平成二十二)介護保険事業状況報告)、施設定員が不足して居宅介護が大きな割合を占めているのが現状であり、家族介護者の負担減が課題となっている。→介護《かいご》

参考文献　橋本正明「安心の生活を求めて―老人ホーム、福祉施設の場から―」(伊東光晴他編『老いを生きる場』所収、一九八七、岩波書店)、河畠修・厚美薫・島村節子『(増補)高齢者生活年表―一九二五～二〇〇〇―』(二〇〇一、日本エディタースクール出版部)、井村圭壮『日本の養老院史―「救護法」期の個別施設史を基盤に―』(二〇〇五、学文社)

(表　真美)

ろうじんもんだい　**老人問題**　老人に関する問題。人間は誰しも加齢に伴って身体機能、体力が衰え、高齢になると、個人差や程度の差はあるものの、経済的、生活的自立が困難になり、何らかの支援が必要になる。貧困の中での老親扶養は容易ではなく、老人問題はいつの時代にも存在した問題であろう。前近代から存在する姥捨山にみられる棄老伝説もそのような状況を背景としている。一八九〇年(明治二十三)に教育勅語が発布されて以降は、忠孝を旨とする修身科による儒教的道徳教育が徹底され、親孝行、敬老の意識が国民に浸透した。旧民法下では老親扶養は子どもの義務であり、多くの高齢者は子どもの家族と暮らした。社会主義思想家堺利彦(一八七〇―一九三三)は一九〇三年に『家庭雑誌』一ノ二に寄せた記事「老人問題」の中で、「とかく親の権力が強すぎて困ることがはなはだ多い」と述べている。家制度のもとでは、親が権力をふるい過ぎることが老人問題となることもあった。戦後、生活環境や栄養状態の改善、医療技術の進歩により死亡率が減少し、平均寿命が急速に上昇した。また、少子化の進行により六十五歳以上の人口比は拡大し続け、二〇一四年(平成二十六)現在二五%を超えている。六十五歳以上の高齢者のいる世帯は全世帯の四割を超えているが、子どもとの同居は減少し、単独世帯、夫婦世帯の高齢者のみの世帯が半数を上回っている。老人問題には、㈠暮らしを支える経済問題、㈡医療サービス、認知症、介護、終末期ケアなどの健康問題、㈢事

故や詐欺、虐待被害者の問題、㈣自殺や孤立死の問題、また、㈤バリアフリーの住まいや、公共施設にアクセス困難な居住環境の問題、㈥就業や社会参加の問題など多種多様な問題が含まれている。五十年後にはさらに平均寿命が伸長、生産年齢人口が縮小して高齢化が進み、現役世代一・三人で一人の高齢者を支える社会が到来するとされている。戦後間もなくの高出生率の時代に生まれた、いわゆる「団塊世代」が退職期を迎えつつある今日、老人問題は新たな局面を迎えている。　↓姨捨山《うばすてやま》　↓介護《かいご》

参考文献　袖井孝子『家族・第三の転換期』(『家族・三人著作集』一、一九九五、亜紀書房)、内閣府『平成二六年度版高齢社会白書』(二〇一四)　(表　真美)

ろうそく　蠟燭　蠟、松脂《まつやに》、獣脂などの燃料を棒状にして固めたものに芯を作り、そこに火をつけて照明とするもの。多くは中心に芯を作り、そこに火を灯した。日本で用いられた最初の蠟燭は中国から仏教の伝来とともに輸入された、蜜蠟燭であったといわれる。やがて、漆や櫨《はぜ》の実からとった蠟に油を混ぜて練ったものを、灯心に何度も塗り重ねて作った木蠟燭、和蠟燭と呼ばれるものが誕生した。また、松の多い地域では、松脂を火で温めてこねて長い棒状にし、これを笹の葉に包んで数ヵ所結んだ松脂蠟燭が作られた。松脂蠟燭には一般には芯を入れずに用いた。火をつけると松脂がぼたぼたと垂れることから馬鹿蠟燭、ヨジロウなどとも呼ばれた。燃料を小さく固めた持ち運びにも便利な和蠟燭は、十五世紀以降、各地で原料が栽培されるようになると庶民の間にも広く使われるようになったが、短くなった蠟燭の芯穴に新しい蠟燭の先端を差し込み最後まで使いきったり、燭台に流れた蠟を集めて再利用したりするなど、貴重な蠟燭を無駄なく使おうとする工夫が生活の中で行われていた。　↓燭台《しょくだい》

参考文献　山崎ます美『灯火・民俗見聞(山崎ます美遺稿集)』(二〇〇六、ほおずき書籍)　(髙塚　明恵)

ろうどうくみあい　労働組合　労働者が労働条件の維持改善・社会的地位の向上を目的に結成する団体。日本では、アメリカで労働組合の知識を得た高野房太郎や片山潜らにより一八九七年(明治三十)に結成された労働組合期成会によりその結成が呼びかけられ、その影響を受けて、熟練労働者を中心とする職種別組合である鉄工組合や活版工組合、日本鉄道矯正会などが結成されたが、短期間で衰退・消滅した。労働組合が本格的に発展したのは第一次世界大戦後で、鈴木文治により一九一二年(大正元)に修養団体として組織された友愛会が一九年に大日本労働総同盟友愛会に改組されて労働組合となり、以後、多くの労働組合が組織されるようになり、二〇年代初頭にかけて大企業で激しい労働争議が展開された。しかし、数度にわたる労働組合法制定の試みが挫折したため、戦前期には労働組合は法的に承認されず、労使間の懇談組織である工場委員会を組織するなどの大企業の労務管理策にも圧迫されて、大企業に組織を築くことがむずかしく、その組織率は最高であった三一年(昭和六)でも七・九%にとどまった。第二次世界大戦期には、労働組合は解散し、労使一体理念に基づく労働者統制組織である産業報国会に統合された。労働組合の爆発的な発展が見られたのは第二次世界大戦の敗戦直後であった。日本の民主化を求めるGHQの意向を受けて、四五年十二月に早くも労働組合法が制定されて労働組合が法的に承認され、労働組合の組織化が急速に進み、四九年には組織率がピークとなる五五・八%に達した。戦後の労働組合の特徴は、事業所や企業ごとに従業員を組織した企業別組合であること、工員と職員が同じ労働組合に加入していること、大企業を主要な組織基盤としていることにあると考えられている。高度経済成長終了後に大企業の人員削減やサービス経済化の影響を受けて、組合員数、組織率とも減少し、推定組織率は二〇〇三年(平成十五)に二割を切るに至った。　↓産業報国運動《さんぎょうほうこくうんどう》　↓労働争議《ろうどうそうぎ》

参考文献　兵藤釗『労働の戦後史』上・下(一九九七、東京大学出版会)　(市原　博)

ろうどうさいがい　労働災害　労働者が就業するにあたり建設物・設備・原材料・ガス・蒸気・粉塵などにより、また、作業行動その他業務に起因して負傷し、疾病にかかり、または死亡すること。労災。労災は古くから存在したが、江戸時代以来の鉱山の坑内で坑夫たちが粉塵を吸い込んで罹患した塵肺とその一種である珪肺《けいはい》は「よろけ」と呼ばれて恐れられた。明治期以降の工業化の中で労災は増加し、特に、繊維産業に従事した若い女工たちの間で広まった結核が大きな社会問題となった。一九四七年(昭和二十二)に労働災害に対する使用者の保障を社会保険の形で行う労働者災害補償保険法(労災保険法)が制定され、四八年から労災統計の整備が進められた。当初は通勤途上の災害は労災保険の対象外だったが、七三年に通勤災害として独自の基準により適用されるようになった。戦後の労災による死亡者数のピークは六一年で、以後、長期的には減少傾向にある。　↓過労死《かろうし》

参考文献　中央労働災害防止協会編『安全衛生運動史—労働保護から快適職場への七〇年—』(一九八四)　(市原　博)

ろうどうさんぽう　労働三法　日本国憲法が保障する基本的人権の一部を構成する労働基本権を具体化する法律である労働基準法、労働組合法、労働関係調整法の三つの労働法を指す。労働基準法(一九四七年(昭和二十二)四月七日公布、同年十一月一日全面施行)は、労働条件全般について使用者が守るべき最低基準を罰則を伴う形で規定した労働者保護法である。労働組合法(四五年十二月二十二日公布、四六年三月一日施行、四九年六月十日改正法施行)は、労働者の団結権・団体交渉権・争議権を保障して労働組合を法的に承認した法律で、使用者の不当労働行為の禁止、労働組合の正当な行為に対する刑事法上、民事法上の免責も規定している。労働関係調整法(四六年九月二十七日公布、同年十月十三日施行)は、労働争議の

予防を政府の責任と定め、その予防、平和的解決を目的に、労働委員会による争議の斡旋・調停・仲裁の手続きを定めている。　↓工場法《こうじょうほう》

参考文献　遠藤公嗣『日本占領と労資関係政策の成立』(一九八九、東京大学出版会)　　(市原　博)

ろうどうしょうふじんしょうねんきょく　労働省婦人少年局　一九四七年(昭和二十二)の労働省発足に伴い、女性および年少労働者の労働条件向上と保護を目的として設置された部局。アメリカの労働省婦人局をモデルとし、初代局長には山川菊栄が日本初の女性局長として就任した。四八年には全国都道府県に出先機関として婦人少年局職員室を設置、山川の尽力により室長には全員女性が着任した(五二年に婦人少年室に改組)。四九年には女性参政権行使を記念する四月十日からの一週間を婦人週間と定め、以後は毎年この週間に全国各地で啓発的な行事が開催された(九八年(平成十)以降は女性週間)。八二年に局内に設置された男女平等法法制化準備室は、男女雇用機会均等法(八五年制定)が生まれる母体となる。女性労働者の増大と年少労働者の減少により八四年に局名を婦人局と改称。九七年には女性局となり、二〇〇一年の中央省庁再編に伴って厚生省児童家庭局と統合し、今日の厚生労働省雇用均等・児童家庭局に至る。　↓男女共同参画《だんじょきょうどうさんかく》

参考文献　豊田真穂「女性労働行政の原点―アメリカ占領下日本における労働省婦人少年局の設立―」(『アメリカ研究』三八、二〇〇四)、望月雅和「戦後日本における働く女性と子育てをめぐる一考察―労働省婦人少年局の展開を契機として―」(『日本経営倫理学会誌』一八、二〇一一)、赤松良子『忘れられぬ人々―赤松良子自叙伝―』(二〇一四、ドメス出版)　　(田中　祐介)

ろうどうそうぎ　労働争議　労働条件などをめぐって労働者側と使用者側との間で生じる紛争。普通は集団的労使関係に関わる紛争を指す。ストライキ(罷業)がもっとも一般的な形態だが、サボタージュ(怠業)、暴動、生産管理などの形態をとることもある。労働争議は明治初年から起こっていたが、工業化の進展に伴う労働者の増加とともに増加し、日清戦争後には労働組合の組織化を背景に、一八九八年(明治三十一)の日本鉄道機関方の待遇改善・解雇反対ストライキなど、社会的注目を集める争議が発生した。日露戦争後にも多くの争議が起ったが、一九〇七年の足尾・別子鉱山、幌内炭鉱での暴動のように、労働組合の組織的裏付けを持たない労働者たちの暴力的行動を伴う争議が起こったところに特徴があった。労働組合の組織化が進み、組織的なストライキが増加したのは第一次世界大戦末期から二〇年代初頭にかけてで、特に二一年(大正十)に発生した三菱神戸・川崎造船所の争議は戦前期最大の争議となった。その後、労働組合は大企業から排除される傾向が生じたが、共同印刷・日本楽器争議(二六年)、野田醬油(キッコーマン)争議(二七年(昭和二)―二八年)などの激しい争議が起こり、昭和恐慌期には、労働条件の切り下げや解雇に反対する争議が増加した。戦時体制に移行する中で争議が減少し、三七年に全日本労働総同盟が罷業絶滅宣言を出すに至ったが、争議がなくなることはなかった。終戦後、民主化政策のもとで争議権が法的に認められ、労働組合の組織化とともに争議件数が激増し、読売争議(四五年)、東芝争議(四五―四六年)などで労働者が自主的に生産を管理する生産管理戦術が採用された。しかし、占領政策の転換に伴い、四八年に公務員の争議権が剝奪され、その後、使用者側の経営権強化を主要な争点とする多くの大争議が発生し、労働組合が敗北した。五五年に開始された春闘はストライキで戦われることが多かったが、高度成長が終焉した七〇年代後半以降その件数が減少した。　↓近江絹糸争議《おうみけんしそうぎ》　↓春闘《しゅんとう》　↓ストライキ　↓労働組合《ろうどうくみあい》

参考文献　西成田豊『近代日本労資関係史の研究』(一九八八、東京大学出版会)　　(市原　博)

ろうにん　浪人　ほんらいの所属場所から離れた者。古代の律令制下では、戸籍に登録された本貫地《ほんがんち》を離れた者を意味し、土人《どにん》と対比して使われた。浪人が正丁《せいてい》(成人男性)などの場合は、人頭税としての調庸の負担から逃れることになったが、律令国家は国ごとに浮浪人帳に登録し、浮浪先で調庸を徴収しようとした。平安時代中期になると、荘田などの開発のために比国(となりの国)・他国から招き寄せられる人民(百姓)が浪人と呼ばれた。そのため浪人とは、人頭税としての雑役《ぞうやく》(国役)を免除された存在となった。院政時代に、荘園の荘民や公領の公民(百姓)を含めて、改めて中世の百姓身分が確定されると、荘田や公田において不作損亡跡や百姓逃死亡跡、さらに新たな開発地が生じると、周辺の百姓が浪人として招き居《す》えられた。しかし、雑役(国役)の免除者としての浪人の語の意味は失われ、所属場所から離れた者一般を意味することとなった。また、武家社会では、主家を去り、封禄《ほうろく》を失った武士を意味し、江戸時代には、主人を持っていない、あるいは仕官していない武士を牢人と呼んだ。　↓居候《いそうろう》

参考文献　鈴木哲雄『中世日本の開発と百姓』(二〇〇一、岩田書院)、木村茂光『日本中世百姓成立史論』(二〇一四、吉川弘文館)　　(鈴木　哲雄)

ろうにんせい　浪人生　希望する大学・高等学校などの上級学校の入学試験に失敗し、翌年の受験に備えている状態にある人をいう。広義には、大学卒業後に職を探し続ける就職浪人や中学卒業後の高等学校入学を目指した中学浪人なども含まれるが、圧倒的に多いのは大学受験に失敗した浪人である。歴史的には、初等義務教育制度により、就学率がほぼ一〇〇%に到達する一九〇〇年代以降、中等教育機関の拡充・整備が緊急課題となるが「より水準の高い学校」を志向する学校間格差問題と相まって大量の浪人が発生する。たとえば〇五年(明治三十八)には高等学校入学者の四三%が浪人であったという事実

もある(天野郁夫『教育と選抜』、八二年(昭和五十七))。大学浪人の場合に予備校で学ぶ例が多いが、予備校に在籍せずに自宅で一人で学ぶ例もある。社会的には教育病理現象として浪人の発生を見ることもできるが、浪人生の側からみると「学び」の主体的な意味を問い直す機会でもある。浪人を経験しその後に社会的に成功した人の伝記などでは浪人生であった期間をその意味で肯定的に捉えている例もみられる。 ↓受験《じゅけん》 ↓予備校《よびこう》

参考文献 竹内洋『立志・苦学・出世—受験生の社会史—』(『講談社現代新書』、一九九一、講談社)

(荒井 明夫)

ろうろうかいご 老老介護 ⇩介護《かいご》

ローマじ ローマ字 アルファベット二十六字。古代ローマで完成した表記。中世後期、宣教師のキリスト教布教に伴いもたらされた。明治以降、ローマ字の国字化を推進するローマ字運動に伴い、ヘボン式表記のほか、田《た》中舘愛橘《なかだてあいきつ》により日本式ローマ字表記が考案された。現在では発音重視のヘボン式と、一九三七年(昭和十二)内閣訓令第三号に基づく規則性重視の訓令式が使用される。最近では若者言葉の中に、ローマ字を使用した略語が目立つようになり、使用の場が拡大している。

参考文献 田丸卓郎『ローマ字国字論(第三版)』(一九三〇、岩波書店)、ヨ下部文夫「日本のローマ字」(『岩波講座日本語』八所収、一九七七、岩波書店)、国語研究会監修『(第六次改訂)現行の国語表記の基準』(二〇〇一、ぎょうせい)

(長崎 靖子)

ローン ローン ⇩月賦《げっぷ》

ろくぶ 六部 日本六十六ヵ国を廻国して各国々の著名な寺社に『法華経』一部を奉納することを目的とした宗教的職能者。六十六部とも称す。詳しくは日本廻国大乗妙典六十六部経聖。六十六部がいつから成立したかは諸説があってその根拠となる史料は確認されていない。諸説のうちでも大方の遡源は十三世紀初頭とするのが有力視されている。『東大寺文書』のうち一二三一年(寛喜三)の史料「六十六部如法経内一部請取案文」がその初出だとされている。室町時代になると、『太平記』のうちに時の執権北条時政が、東国での活躍を象徴するように、箱根法師なる六十六部の生まれ変わりだとする記載が確認される。また、近世の文献には源頼朝の前世が六十六部であるという縁起が十七世紀の中葉以降に東国を中心に流布したことが散見している。六十六部をめぐっては多くの奉納大乗妙典六十六部供養塔が十八世紀の初頭から造立され始め、十九世紀の文化・文政期には最高潮に達しており、六十六部廻国聖が十八世紀の中葉から全国各地を廻国しており、在地の民間信仰などにも関与していたことが解明されつつある。

参考文献 真野俊和『日本遊行宗教論』(『日本歴史民俗叢書』、一九九一、吉川弘文館)

(西海 賢二)

ろくよう 六曜 日の吉凶を占う説。中国の六壬時課《りくじんじか》という時刻占いを起源とし、鎌倉時代後期に日本へ伝来した。当初は小六壬とも称し、大安《たいあん》・留連《りゅうれん》・速喜《そくき》・赤口《しゃっく》・小吉《しょうきつ》・空亡《くうぼう》とした。中世には、留連・赤口・空亡が凶日とされ、室町幕府では赤口を物忌日としている。一八四五年(弘化二)の『大雑書』では、先勝・友引・先負・仏滅・大安・赤口となり、現在の名称にほぼ統一された。六曜は官暦には記載されておらず、江戸時代末期に庶民の間で流行した。一八七三年(明治六)、暦注が廃止されると、民間で暦注を記載した「おばけ暦」が発行され、六曜もこれに掲載されたことによって、三隣亡・九星などとともに現在最も普及する選日法となった。 ↓大安《たいあん》 ↓友引《ともびき》 ↓仏滅《ぶつめつ》

参考文献 岡田芳朗『陰暦と日本人—歴史がはぐくんだ生活の知恵—』(『実日新書』、一九七六、実業之日本社)

(小山 貴子)

ろくろ 轆轤 広義には回転運動を利用した装置を指す。製陶、木工、金工、重量物移動などに用いられる。その動力としては手、足、電気、水力などを利用する。回転軸の設置方向によって、縦軸轆轤と横軸轆轤の二種類がある。縦軸轆轤は主に製陶用である。横軸轆轤は主に木工、金工用である。重量物や井戸の桶を引き上げる滑車も横軸轆轤の仲間に入る。このほかに傘の軸を上下して傘を開閉する部品も轆轤と呼ばれる。木椀は横軸轆轤を使って木地を削り、椀の形に仕上げている。 ↓木地屋《きじや》

参考文献 橋本鉄男『ろくろ』(『ものと人間の文化史』、一九七九、法政大学出版局)

(水口由紀子)

ろじ 路地 路次、露地、露路とも表記され、屋根のない土地から転じて、家の間の狭い道をいうことが多い。また、特に茶室に付属する庭を露地と呼ぶ。江戸時代中期、隠居した大和郡山藩主柳沢信鴻《やなぎさわのぶとき》は、他の大名が近くにいる際は、手前の路地に入りたびたびやり過ごしていた(『宴遊日記』)。江戸の町においては、水はけが悪いため雨が降ると道はぬかるんで通行に苦労した。一八一六年(文化十三)、浅草寺ではこれを回避するため参道に敷石が奉納され(『浅草寺日記』)、これは現在でも継承されている。一八三四年(天保五)には、町々の路地入口は木戸によって締め切られ、不審者が入らぬよう取り締まるべき旨の町触れが出されている。近代になると東京下町では、武家地の跡へ移住してきた人々が、路地空間にある井戸などを中心にコミュニティを形成した。しかし、関東大震災後の区画整理は、防火対策のため狭い道を広げ、幅の広い碁盤の目の道路を形成したので、随所にあった路地は激減した。

参考文献 柳沢信鴻『宴遊日記』(芸能史研究会編『日本庶民文化史料集成』一三所収、一九七七、三一書房)、『浅草寺日記』一三(一九九〇、金竜山浅草寺)、台東区教育委員会『「小僧」のいた頃—関東大震災後の区画整理と下町生活誌—』(一九九四)

(平野 恵)

ろてんしょう 露天商 縁日・開帳・祭礼などの祝祭空間や、その他、ひとの往来の多い空き地や路傍などに出

店する、簡易店舗の総称。露店商とも書く。床見世(解体移動できる仮設小屋)・屋台・天道ぼし(路上に筵を敷いて商品を並べて売る)がある。テキヤ・香具師《やし》などと呼ばれる特別な集団に属していることもあり、それ以外の商人も参加している。火災や地震から復興する場合には、はじめに食物関係の露天商が賑わいをみせる。戦後においても、苦しい生活を凌ぐために、公に売買が認められない物品を取引する闇市が各所で発生し、一時的に露天商の数が増加した。一九四六年(昭和二十一)ごろ、東京において露店営業する者は、少なくとも三万五千五百名にも及んだ。四九年、東京の露天商はＧＨＱから撤去を命じられる。ＪＲ上野駅前に存在した西郷会館は、上野広小路に集まっていた露天商が収容された商業施設であった。

参考文献 厚香苗『テキヤはどこからやってくるのか?―露店商いの近現代を辿る―』(『光文社新書』、二〇一四、光文社)

(高尾 善希)

わ

ワープロ ワープロ ワードプロセッサの略。計算機を用いて文書を作成・編集するシステムのことであり、パソコン上の文書作成ソフトウェアも含まれるが、一般的にはワープロ専用機を指すことが多い。日本語ワープロは一九七八年(昭和五十三)にはじめて製品化されたが、当初は非常に高価で一般に普及しなかった。しかし、八二年に富士通が百万円を切るワープロを発売、ついで東芝がさらに低価格の機種を発売することで大衆化が進んだ。その後パソコン用ワープロソフトの普及により、専用機の利用は減り、現在は一部のユーザが利用するのみとなっている。

(小野 貴士)

ワープロ（1999年製）とフロッピーディスク

ワイシャツ ワイシャツ 背広の下に着る、前あきで襟のついたシャツ。一八七〇年(明治三)から日本橋本町で加納屋の長谷川左衛門がワイシャツを発売しており、『東京開化繁昌誌』によれば七〇年ごろの東京では着物の下にワイシャツを着るのが流行したという。七三年には野村辰二郎が東京芝にワイシャツの製造所を設け、多くの技術者を養成した。ワイシャツ製造業の先駆者としては、上田民吉、佐々木金太郎、植村久五郎などがいる。また七六年に横浜で大和屋を開業した石川清右衛門は、輸入品のワイシャツを分解し、日本人の体型に合ったワイシャツの作製および研究を行なった。八二年には普通胸当のほかに、ヒダ胸だけのワイシャツが流行するようになる。東京市内にもワイシャツ取扱い業者が増えた。生地は、主に木綿かメリヤスだが、昭和になると毛糸製品も用いられ、色物や縞物などのデザインも豊富になった。昭和三十年代には合成繊維のポリエステルと、綿混紡のシャツが登場した。

参考文献 『蝶矢シャツ八十八年史』(一九七四)、高見沢茂『東京開化繁昌誌』(『改正区分町鑒・改正区分鑑・東京区分町鑑・改正東京町鑑・東京開化繁昌誌(復刻版)』所収、一九九二、龍渓書舎)

(刑部 芳則)

ワイドショー ワイドショー 「ワイド」(広範)な話題を提供するテレビ「ショー」を意味する和製英語で、平日の朝や昼に帯番組として放送されるテレビ番組の一ジャンル。テレビ局のスタジオからの生放送を中心に、取材ＶＴＲや中継放送を交え、司会者を中心にレポーターやコメンテーターが座談形式でさまざまなニュースや情報を解説し、伝達する。アメリカの朝の情報・ニュース番組「トゥデイ」をモデルに一九六四年(昭和三十九)に作られた「木島則夫モーニングショー」がその最初とされ、そこで木島が感情を露わにして報道したことが視聴者に新鮮な感覚を与えて評判となり、その後各局に同種の番組が広がった。一九七〇年代には、ＥＮＧ技術の導入に

よって生中継が容易になり、芸能界のゴシップや三面記事的な事件をレポーターがマイクを持って突撃取材する形式が広く普及した。公的な客観性を目指すニュース番組に対して、夕刊紙や女性週刊誌のように、私生活の皮膚感覚で政治・経済・事件などを扱うワイドショーは、日本のテレビ文化を特徴づける重要なジャンルだといえるだろう。 ↓ニュース

[参考文献] 石田佐恵子「家庭空間とワイドショー的世界―ワイドショー・ジャンルの成立と拡散―」(吉見俊哉・土屋礼子編『大衆文化とメディア』所収、二〇一〇、ミネルヴァ書房)
(長谷 正人)

ワイドショー 「木島則夫モーニングショー」

ワイン ワイン wine。ブドウ果汁を単発酵させてつくる醸造酒。日本では十五世紀、中国から僧侶により本草書などとともにもたらされ、一四五四年(享徳三)の辞書『撮壌集』の「葡萄酒」が初見とされるが、それはワインではなく果実酒の類とされる。一五四三年(天文十二)以来のヨーロッパとの交流でワインが伝来し、関係者や蘭学者がその実態を認識する。たとえば蘭学者大槻玄沢は一七九九年(寛政十一)の『蘭説弁惑』で、オランダの酒「うゑいん」はブドウを醸したものと記している。しかし文献で確認できる当時の葡萄酒は、焼酎や砂糖を加える果実酒で、薬酒の一種と認識されていた。明治になると殖産興業政策下、ヨーロッパの技術によるワイン醸造が推進され、近世以来のブドウ産地甲州勝沼では、一八七四年(明治七)白、赤ワインが生産される。しかし本格的な普及は、食生活の洋風化に伴い一九七〇年以降で、それまでは蜂印香竄《こうざん》葡萄酒、赤玉ポートワインなど甘い果実酒が主流であった。

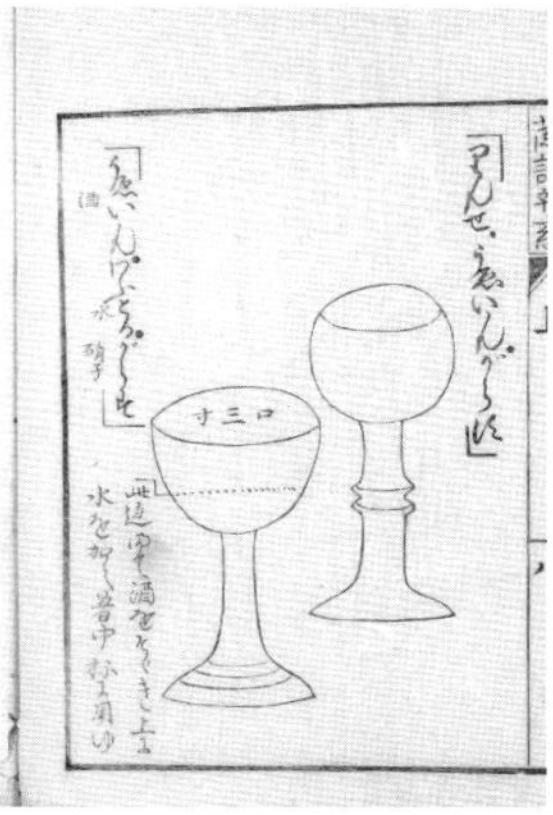
「うゑいんがらす」
(『蘭説弁惑』上より)

[参考文献] 原田信男「江戸のブドウとブドウ酒」(『酒史研究』二四、二〇〇八)
(橋爪 伸子)

わかしゅぐみ 若衆組 ⇩若者組《わかものぐみ》

ワカメ ワカメ 褐藻綱コンブ目チガイソ科の海藻。学名は Undaria pinnatifida。日本海側では北海道以南、太平洋岸では北海道南西部から九州にかけての海岸、朝鮮半島南部の両岸の低潮線付近から下に生育し、長さは二メートルにも達する。縄文遺跡(青森県つがる市亀ヶ丘遺跡)からは、ワカメを含む海藻の植物遺存体が確認され、食文化が存在したとされる。ワカメは「海藻」(平城宮木簡)、「和可米」「稚海藻」(『万葉集』)、「和布」(『色葉字類抄』)とも書く。『延喜式』には「若海藻」としても出てくるが、大膳下の水産神饌品目中、ほかの海草を圧倒して首位の座を占める。主に酢の物、汁物の具として食用とされた。江戸時代には沿岸農村の農民に肥料用のワカメ採取が許されていたが、中期(特に享保期)以降になると浦方の漁業者との間で漁場争論に展開する事例も肥後天草郡をはじめ各地でみられた。ワカメ関連の民俗行事としては大晦日の夜の関門海峡をはさんで行われる和布《め》刈《かり》神事が有名で、国分直一は刈り取るワカメの森を祖霊の森とし、この神事を祖霊迎えだとした。

[参考文献] 国分直一『東シナ海の道―倭と倭種の世界―』(一九八〇、法政大学出版局)、橋村修『漁場利用の社会史―近世西南九州における水産資源の補採とテリトリー―』(二〇〇九、人文書院)
(橋村 修)

わかものぐみ 若者組 おおよそ十五歳から四十二歳の大厄までの間の男性で組織される年齢集団である。女性には娘仲間があった。村人足の都合で五十歳を超える例もあるが、おおよそ結婚や二十五歳の厄年を脱退の目安とした。近世の惣百姓体制の村が形成されると、軒別に参加する惣若者組織としての若者組が成立する。若者組は村組ごとに結成され、藩政村単位に組織された。若者組の頭は、村役人と同等の実力をもち、先輩後輩秩序によって統制されていた。夜遊びや祭礼・盆踊りなどを通じて婚姻の媒体にもなった。最古の若者組掟は一六〇八年(慶長十三)のものであるが、十七世紀のものは少なく、十八世紀後半から十九世紀に制定された掟がほとんどである。公法の遵守規定が先頭に書かれた掟は、村役人や僧侶など村の指導者が、若者組の活動を規制する目的で与えたものがほとんどで、その背景には、臨時休日やかくれ芝居によって、村の支配秩序を揺るがす若者組の活動を規制しようとする意図があった。 ↓一人前《いちにんまえ》 ↓青《せい》年団《ねんだん》

[参考文献] 大日本聯合青年団編『若者制度の研究―若者条目を通じて見たる若者制度―』(一九三六、日本青年館)、多仁照廣『若者仲間の歴史』(一九八四、日本青年館)、氏家

幹人『江戸の少年』(『平凡社ライブラリー』、一九八四、平凡社)、岩田重則『ムラの若者・くにの若者―民俗と国民統合―』(『ニュー・フォークロア双書』、一九九六、未来社)、多仁照廣『青年の世紀』(『同成社近現代史叢書』五、二〇〇三、同成社)、中野泰『近代日本の青年宿―年齢と競争原理の民俗―』(『日本歴史民俗叢書』、二〇〇五、吉川弘文館)

(多仁　照廣)

わかものぶんか　若者文化　youth culture の訳で、思春期以降の青少年層に特有の文化と文化行動を指し、実質上サブカルチャーと同一視される。青年層に独特の文化、意識は戦前(モガ・モボ、不良)戦後(アプレゲール、太陽族)をつうじて注目されたが、若者が親しむ文化全般が自律性を帯びた世界として扱われるようになったのは、『平凡パンチ』が創刊(一九六四年(昭和三十九))された高度成長期半ばあたりからである。若者を対象とした商業文化(消費文化)の伸長を背景に、ファッション、ロックやJポップと総称される音楽シーン、マンガ、アニメ、ゲームからテレビ番組まで、八〇年代以降には、若者の生活全体をカバーする文化が浸透した。大人文化を凌駕する若者文化の発達(肥大化)は、文化消費が自前の文化発信に転換する回路(同人誌、ボーカロイドなど)を出現させるとともに、九〇年代をつうじて若者文化の細分化を進行させた。若者文化に浸る若者の同質的な像は虚構であり、若者文化を統一的、自律的な像として描くことは困難となっている。　→渋谷《しぶや》　→新宿《しんじゆく》　→原宿《はらじゆく》

参考文献　難波功士『族の系譜学―ユース・カルチャーズの戦後史―』(二〇〇七、青弓社)、中西新太郎『「問題」としての青少年―現代日本の「文化―社会」構造―』(二〇一三、大月書店)

(中西新太郎)

わさい　和裁　和服を仕立てる裁縫。江戸時代の和裁は、平均十一―十二歳の女子が始め、十七―十八歳になると仕立屋や塾に通って習った。一八七二年(明治五)、尋常小学校に手芸科が置かれ、七九年の教育令で裁縫科が設

高等女学校の和裁授業

けられると、女子の初等・中等教育において和裁は重視された。八三年の東京女子師範学校附属高等女学校の学科課程には、一年「小裁衣服・中裁衣服」、二年「中裁衣服・本裁衣服」、三年「本裁衣服・帯羽織類」、四年「本裁衣服・羽織袴・筒袖類・袴足袋・袋物類」、五年「服沙繍箔・押絵等・編物・剪綵等」とあり、学年に応じて和裁全般の基本的な技術が習得できるようになっている。大正から昭和戦前期の各種婦人雑誌では、着物や浴衣など各種和服の仕立て方が紹介された。それは各家庭の婦人が和裁の技術を持ち、また和服とともに和裁の需要が多かったことを示している。太平洋戦争後に和服に代わって洋服の需要が高まると、和裁も下火となる。

参考文献　『東京女子師範学校附属高等女学校規則』(一八八三)

(刑部　芳則)

わさび　わさび　⇩香辛野菜《こうしんやさい》

わじゅう　輪中　低湿な沖積地にみられる、耕地や集落を堤防で輪状に囲い込んだ水防形態。近代以降における連続堤による治水工法の普及や河川改修の進展以前には、日本各地の洪水多発地帯にみられた。輪状の堤防を指す呼称は、荒川や小貝川流域における囲堤、淀川流域における囲繩手・カイフチなど場所ごとに多様であり、「輪中」の用語は木曽三川(木曽川・長良川・揖斐川)流域以外では慣用されていない。また、木曽三川流域における輪中は、堤防およびこれによって囲繞された区域を指すばかりでなく、堤内に形成された水防を紐帯とする地域社会を意味するものでもある。輪中地域では、主に地主の屋敷内に土盛して建築された水屋や、小作農が共同で利用した助命壇といった避難施設、排水不良の沼田の一部を掘り上げて水田面を高めた堀上田(堀田)、掘り取った跡(堀潰れ)を田舟で行き来する耕作形態など、特徴的な景観や農業形態がみられた。　→堤《つつみ》・川除《かわよけ》

参考文献　伊藤安男・青木伸好『輪中』(『日本の歴史地理』一〇、一九七九、学生社)、『大垣市史』輪中編(二〇〇八)

(田中　達也)

わしょく　和食　近代以降に誕生した洋食に対することばで、日本において伝統的な食材で日本の風土に合うよう独自につくられ定着した料理をさすが、定義は必ずしも明確であるとはいえない。日本料理、日本食なども同義語とされるが、日本料理は、専門的、非日常的な料理をさす傾向がみられ、日本食は、和食以外の食も含めて日本人の食生活に定着している食をさすことばととることもできる。古代から日本人が食べてきた食はすべて和食ともいえるが、現在にまで伝承されてきた和食は、時代により変化を遂げている。にぎりずしやかばやきは、江戸後期からのものであり、肉じゃがの原型は大正期といったように絶えず変化しているために明確に定義され難いともいえる。和食へのイメージを尋ねたアンケートでもいろいろな見方がある。多いものでは、日本の文化、

ヘルシー、あっさり、刺身、焼き魚、煮物、みそ汁、ご飯、懐石、だしなどがある。二〇一三年(平成二十五)十二月、ユネスコ無形文化遺産の代表的一覧への記載が決定した「和食」は、「和食　日本人の伝統的な食文化―正月を例として―」としており、食事という空間の中で「自然の尊重」という精神を体現した「社会的慣習」、すなわち和食文化をさしており、料理そのものではない。しかし、この登録をきっかけに、和食の定義について議論し明らかにすることが求められている。絶えず変化している和食を簡単に定義づけすることはむずかしいが、その特徴をあげることはできる。まず多様で新鮮な食材と素材の味わいを尊重している。また、調味は素材を活かす程度に行われることが多く、だし汁のうま味に加えて発酵調味料を使い、油脂が少なくバランスをとりやすい「飯・汁・菜・香の物」の組み合わせが食事の基本形となっている。さらに、食器の選択、盛りつけなどに自然の移ろいを感じさせ、正月などの行事食を通して、自然に感謝し家族や地域とのつながりを深める役割を果たしてきたことなどがあげられる。　↓一汁三菜《いちじゅうさんさい》　↓食文《しょくぶん》化《か》

参考文献　江原絢子・東四柳祥子編『日本の食文化史年表』(二〇一一、吉川弘文館)、熊倉功夫監修、江原絢子編『和食と食育―和食のこころを受け継ぎそして次世代へ―』(二〇一四、アイ・ケイコーポレーション)、的場輝佳編『特集　和食のクライテリア(枠組み)』(『Vesta』九四、二〇一四)　(江原　絢子)

わた　棉　⇩木綿《もめん》

わたいれ　綿入　裏地を付け、表地との間にわたを挟んで仕立てた、防寒用の衣服。主に綿入半纏を指し、袖のないちゃんちゃんこ、長着の綿入である丹前・褞袍《どてら》、寝具として使われる搔巻《かいまき》など、形状によって名称がある。わたとは、木綿や真綿(絹)に限らず繊維のかたまりを指し、木綿が流通する以前の庶民の間では苧屑《おくず》(麻)などが使われていた。ワタの生育に不向きな東北地方では、木綿が安く入手できるようになる明治時代中期まで、麻布で仕立てた半纏を着用していたが、綿入が一般的になってからは、木綿布を用いて袷《あわせ》に仕立て、中に真綿を入れた。化学繊維の開発が進み、日本でもポリエステルの生産が一九五八年(昭和三十三)より開始されると、綿入の詰め物には合成繊維も使われるようになった。洋装が一般化した現在では、中にわたを入れたキルティングジャケットなどの外套もあるが、気楽な羽織物として綿入半纏も着られている。　↓丹前《たんぜん》　↓ちゃんちゃんこ　↓半《はん》纏《てん》

参考文献　武部善人『綿と木綿の歴史(新装版)』(一九九七、御茶の水書房)　(戸邉　優美)

わたし　渡し　河川・湖沼・海などの水上を越える行為、またはその地点をいう。船行が一般的であるが、浅瀬であれば歩行・蓮台・馬など、河川上流の渓谷では籠など状況に応じた方法がとられた。船渡し・渡船に関わる制度としては、古代では津《つ》済《わたり》の制、中世では守護・地頭による私的な津料・河手などがある。近世に入ると、江戸幕府の五街道渡船場は道中奉行が管轄した。江戸幕府は、一六一六年(元和二)利根川・江戸川流域に十六ヵ所の定船場を指定し、関所的機能を付加した。さらに幕府は、特定の河川に架橋を認めず、徒歩・渡船の制度を維持した。橋と渡し船の中間的なものに、船を並べてつないで板を渡して歩行する船橋がある。江戸周辺では、将軍の通行のため日光社参時に利根川に、小金原鹿狩りの際には江戸川に船橋が架けられた。常設の船橋も多く、利根川では一九七九年(昭和五十四)まで常総船橋が存在した。明治期以降は、河川整備や技術の進捗によって架橋が可能になり、舟運から鉄道・自動車へと輸送手段が移行すると、渡しの機能は急速に低下した。現在、利根川では小堀の渡し(茨城県取手市)、群馬・埼玉県境の赤岩の渡し、島村の渡しを残すのみとなった。　↓渡《と》船場《せんば》

参考文献　『金町松戸関所―将軍御成と船橋―』(二〇〇三、葛飾区郷土と天文の博物館)　(橋本　直子)

わたどの　渡殿　平安貴族の住宅である寝殿造のなかで、正殿の寝殿とその東・西にある対屋《たいのや》とを結ぶ廊下のこと。対屋から中門や釣殿《つりどの》に通じる廊下は廊《ろう》といい、渡殿と区別していたと考えられている。渡殿には、両側に壁のある壁《かべ》渡殿、壁がなくて見透かせる透《すき》渡殿、反《そり》った形の反渡殿などがある。壁渡殿では、片側を小部屋に区切って女房の局《つぼね》などを設けることが多かった。　↓廊下《ろうか》

透渡殿(『年中行事絵巻』より)

参考文献　倉田実「平安貴族の邸宅」(山中裕・鈴木一雄編『平安時代の信仰と生活』所収、一九九四、至文堂)、同編『王朝文学と建築・庭園』(『平安文学と隣接諸学』一、二〇〇七、竹林舎)　(菅原　正子)

わたぼうし　綿帽子　真綿を平らに伸ばして作った被物。室町時代から大正時代まで用いられたが、その最盛期は

十七世紀中期以降から十九世紀前半である。寒い季節に婦人が被った綿帽子は、促綿《うなぎ》・船綿・古今綿・丸綿に分けられる。促綿は、寛永年間（一六二四―四四）から老年に多く用いられた。細長く舟のような形をした船綿は延宝期に流行したが、一七一〇年（宝永七）ごろにはすたれた。古今綿は十七世紀後半の婦人姿として多く見られる。丸綿は大正時代に角隠しが普及するまで婚礼用として用いられた。最初は白であったが、のちに鬱金《うこん》・浅葱・紅・

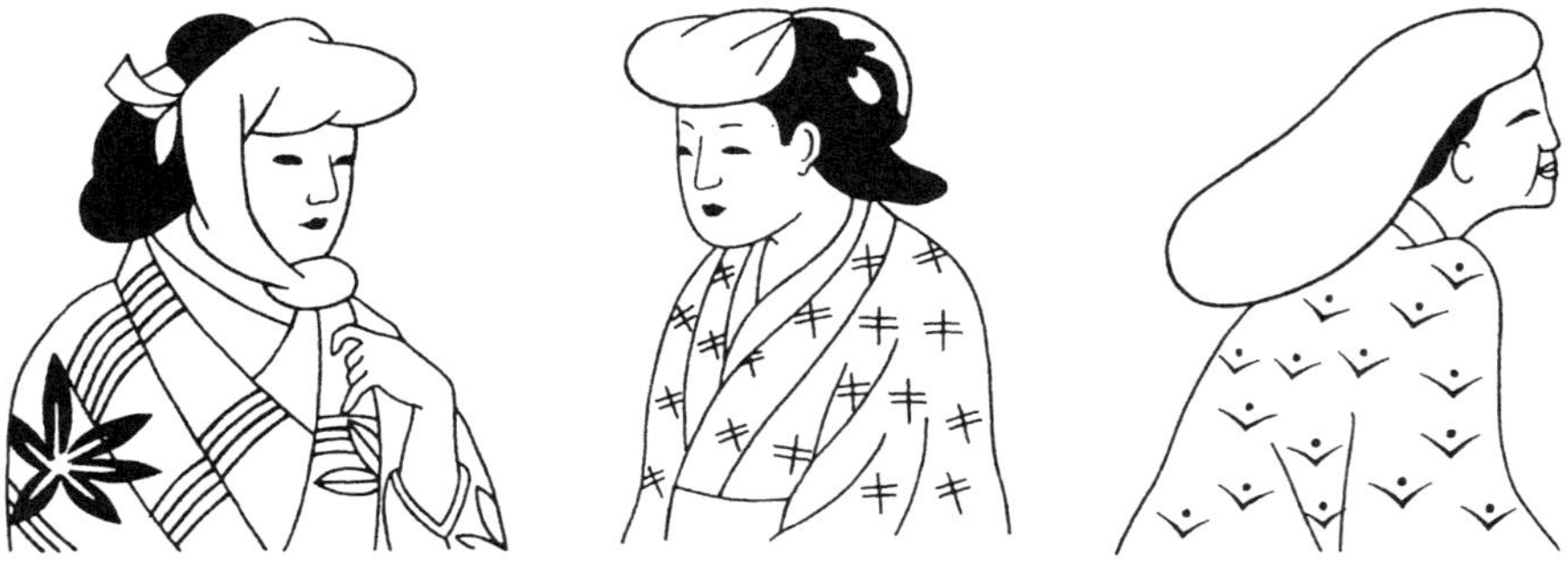

綿帽子　（左から）古今綿，うなぎ綿，丸綿

紫などの染綿が使われた。綿帽子の種類には、丸輪揚帽子、練帽子、大坂帽子、大坂後家帽子、おそめ帽子、袖綿などがあった。

参考文献　生川春明『近世女風俗考』（『日本随筆大成』一ノ三所収、一九七五、吉川弘文館）　（刑部　芳則）

わたりしょくにん　渡り職人　将来、自立した親方職人となるための技術の修得を目的として、各地の親方のもとで修業する職人を呼ぶ場合もあるが、職人に対する需要の高まりを背景に、経営主体としての親方の新規参入を抑制すべく、同業者集団としての仲間組織による規制が強化されるなかで、親方職人としての自立を目指さず、一生各地の親方のもとに仕事を求めて渡り歩く職人が存在した。後者のような渡り職人を瓦屋職人の世界では友達と呼び、一ヵ所に長くて二、三ヵ月、通常は十日ほどとどまり、仕事をして賃金を受け取るほか、細工場に隣接する施設での居住が許された。仕事を求める渡り職人は、まず細工場の入り口で特有の所作を交えながら、自分の出身地や子弟関係などを紹介した口上を述べる仁義を切り、次に親方との面談をした後、早々に細工場での作業に加わった。親方はその場で職人の技術を査定し、腕の良い職人にはとどまって仕事を行うことを許可した。このような渡り職人が二回目に訪れた場合は、簡単な挨拶だけで働くことが許された。渡り職人の存在は、経営者としての親方からすれば繁忙期に一時的に必要な労働力の供給源ともなっていた。　↓西行《さいぎょう》

参考文献　岩本由輝『きき書き六万石の職人衆―相馬の社会史―』（『刀水歴史全書』、一九八〇、刀水書房）　（篠宮　雄二）

わふく　和服　日本の着物の総称。明治以降に洋服が普及していくにつれ、それ以前から国内で用いてきた着物を「日本服」と呼ぶようになった。昭和初期には日本服ではなく、和服と呼ぶのが一般化する。基本的には男女を問わず着流しに帯の着物を指すが、一八七二年（明治五）十一月・七三年二月に祭服として定められた衣冠、狩衣、直垂、浄衣などの旧公家装束、歌舞伎や能で用いる華美な衣装なども含まれる。遊女や芸妓が着る色彩豊かな着物は特徴的であるが、庶民でも晴れ着には縮緬など高級品を着た。日露戦争後には元禄調の光琳紋様など派手で色彩豊かな着物が流行した。同時期に三越、高島屋、白木屋などの百貨店が登場すると、女性の着物は安価なものだけではなく、流行の色や紋様を取り入れた高価な訪問着が販売されるようになる。昭和戦前期まで庶民の礼服は、男性は紋付羽織袴、女性は白襟紋付が主流であった。また多くの者が普段着はもとより、勤務服にも着流しを用いていた。一九一八年（大正七）十月出版の『東京府北豊嶋郡誌』によれば、上練馬村（東京都練馬区）では「洋服着用者は教師と警官のみ」、下練馬村（同）では「平時は綿服を用ふ、洋服着用者十五人許」という。農村では綿の和服がほとんどであり、晴れ着や礼服を持たない者が少なくなかった。太平洋戦争前には和服の普及率が高かったが、戦後に安価な洋服が入手できるようになると、和服着用者の数は激減した。和服を着る機会は、七五三、成人式、大学の卒業式、結婚式などの人生儀礼や、特別な場合に限られる。普段着としての和服は姿を消していき、高価な礼服や訪問着としての性質が強くなる。その一方、神社の祭祀奉仕者、寺院の僧侶、歌舞伎や能の演者、雅楽の奏者、蹴鞠や流鏑馬といった行事、相撲の関取、小笠原礼法や茶道および生花などの諸作法などには、和服が残った。それらは近代化（西洋化）により、日本独自の生活慣習が失われていくなかで「伝統」という認識が持たれるようになる。明治以降に「創られた伝統」と、和服は結びついている。　↓着物《きもの》

参考文献　『練馬区史』（一九五七）、刑部芳則『明治国家の服制と華族』（二〇一二、吉川弘文館）　（刑部　芳則）

わら　藁　稲の茎を乾燥させたもの。乾燥させると固く、湿らせて叩けばしなやかになる藁は、撚《よ》る、綯《な》う、編む、

束ねる、組む、織るなど、さまざまな加工によって道具に生まれ変わる。労働の際には、笠、蓑、背当て、手甲、藁手袋、脛巾《はばき》、草鞋、藁草履、藁靴など、頭頂から爪先まで藁製品に身を包んだ。家屋においても、屋根材、莫《ご》蓙《ざ》、敷き莚、畳の床、円座、藁布団が使用され、土壁や土間の三和土《たたき》にも刻んだ藁《スサ》を混ぜた。生業においては、叺《かます》や俵、藁縄、養蚕の蔟《まぶし》、牛沓、畚《ふご》、漁網、菰《こも》などの材料となった。儀礼面でも、正月の注連縄《しめなわ》、盆の藁馬や藁人形、村境の藁人形などの素材となった。また藁は、飼料として牛に給餌されるとともに、厩肥や堆肥の素材となって土に還された。藁を燃やした藁灰も、鍛冶のなし材、陶器の釉薬の素材などさまざまなモノづくりに欠かせないもので、藁灰を水に浸して上澄みをとった灰汁は染色に用いた。（加藤　幸治）

わらい　**笑い**　おかしさや喜びなどによって表情や声で表される感情表現の一つと定義されるが、生活史の面からみるとそれ以外にも二つの意味がある。一つは「他人に笑われないように」とか「笑いものにする」などの言い方にみられるような軽蔑の意味。俄《にわか》狂言や漫才、落語など笑わせることを目的とした芸や民間説話の笑話も、人の失敗や愚かさを笑いにするということで、この系列に繋がるものといえる。もう一つは「めでたさを呼ぶ笑い」という日本人の信仰とかかわるもの。漫才の原型は万歳という家々に繁栄を招く門付け芸であった。こうした信仰が祭となったものが和歌山県日高郡日高川町丹生神社(笑い祭)や名古屋市熱田神宮(酔笑人《えようど》神事)など各地でみられる。一方、日常生活においての笑うという行為は、時と場所、性別や年齢によって、望ましいしぐさとみられるばあいとそうではないばあいがある。「大声で笑うことははしたない」という教えはすでに江戸時代に存在していた。

参考文献　柳田国男「笑の本願」(『柳田国男全集』九所収、一九九〇、筑摩書房)、鳥越皓之『柳田民俗学のフィロソフィー』(二〇〇二、東京大学出版会)　（鳥越　皓之）

わらぐつ　**藁沓**　稲藁製の履物。民俗学ではおもに降雪地方で用いられる台部に足甲を覆う部分を装着した被甲履物を指し、草鞋《わらじ》型の台部に被甲部をつけた㈠爪掛草鞋類、㈡スリッパ型の藁沓類、㈢㈡に踵当てをつけた浅沓《あさぐつ》類、㈣膝まで筒型に編んだ深沓類に分類される。しかし十世紀の『和名抄』では、被甲履物だけでなく鼻緒履物もすべてワラグツと称しており、平安から鎌倉時代に鼻緒履物がワラウヅ・ワランヅ、ゾウリと呼ばれるようになって以後、被甲履物のワラグツとの呼び分けが生じたと考えられる。平安後期には鳥羽上皇が雪見に「藁深沓」を着用したという深沓系雪沓としての使用例がみえる(『飾抄』)。ワラグツの起源は、中国から伝来し律令制成立期に衛士の履物として使用された「草鞋」(養老令)に由来するとみる説がある。一方で、考古遺物からワラグツが七世紀以前にも存在した可能性が指摘されており、その成立過程の解明は今後の課題である。　↓雪沓《ゆきぐつ》

参考文献　宮本馨太郎『かぶりもの・きもの・はきもの』(『民俗民芸双書』二四、一九六八、岩崎美術社)、潮田鉄雄『はきもの』(『ものと人間の文化史』、一九七三、法政大学出版局)、秋田裕毅『下駄—神のはきもの—』(『ものと人間の文化史』、二〇〇二、法政大学出版局)　（田中　禎昭）

わらじ　**草鞋**　鼻緒履物の一種。一般的に台部と踵当てのカエシ、着装用の紐と乳《ち》の四部で構成される藁製履物を指すが、素材・構造は時代・地域により多様である。素材は稲藁が通例だが、麻、藤蔓、葡萄《ぶどう》や布切れなどを用いた例もある。構造は草履の後尾に輪をつけた「ごんず」、前部に鼻緒、後部にカエシと乳を持つ草履草鞋、乳を欠く無乳草鞋、乳・紐・カエシが揃う有乳草鞋、牛馬に装着する馬草鞋の五種に分類される。その起源は日本在来の履物ではなく、中国・朝鮮から導入され律令に衛士の履物として規定された「草鞋」に由来するとみる説がある。また『和名抄』に乳(耳)をもつ「屩《わらくつ》」がみえ、十世紀には草履草鞋類か有乳草鞋類の存在が確かめられる。当初ワラクツと呼ばれ、やがてワラウヅ(『栄華物語』)、ワランヅ(『平家物語』)、ワランジ・ワラジ(『下学集』)と転訛し、室町時代以後ワラジの呼称が普及、旅や労働用の庶民の履物として定着した。村境や仁王門に大草鞋をかけ旅の安全を祈る習俗が各地に残されている。

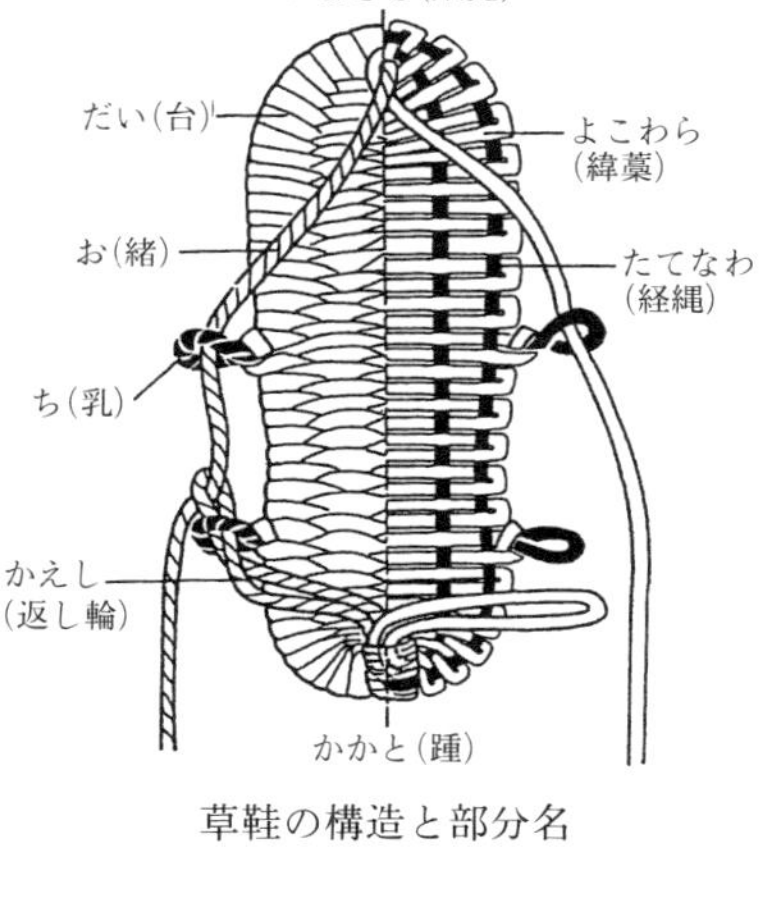

草鞋の構造と部分名

参考文献　宮本馨太郎『かぶりもの・きもの・はきもの』(『民俗民芸双書』二四、一九六八、岩崎美術社)、潮田鉄雄『はきもの』(『ものと人間の文化史』、一九七三、法政大学出版局)、秋田裕毅『下駄—神のはきもの—』(『ものと人間の文化史』、二〇〇二、法政大学出版局)　（田中　禎昭）

わりご　**破籠**　檜の片木《へぎ》板で作る白木の折箱で、複数の仕切りのある被せ蓋付きの使い捨て弁当箱。破子とも書く。屋外での饗宴や労働時の弁当箱として用いられ、ワリゴの名称で弁当そのものを指す地方もある。山村で多く用いられた、檜板を曲げて桜皮で留める曲物は、これが発展したものと位置づけられる。現代では、紙や発泡スチロールを素材とした寿司などの使い捨て折箱や、飯とおかずを仕分けて入れるプラスチック製の弁当箱に、

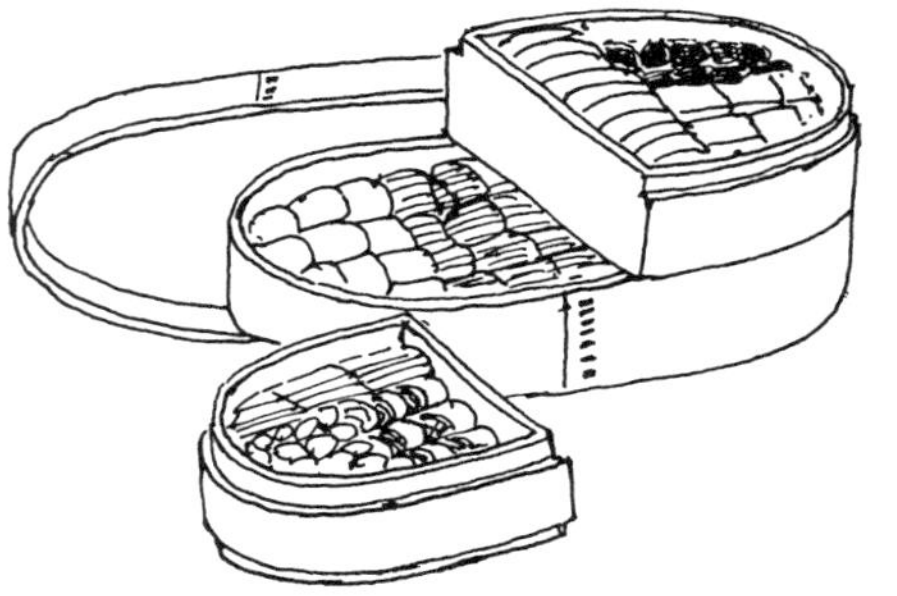

破　籠

破籠の名残を見ることができる。　→弁当箱《べんとうばこ》　→曲物《まげもの》
（加藤　幸治）

わりち　割地　村の土地を持ち分の比率で配分し、一定期間ごとに配分しなおす土地制度。平《なら》し、均《なら》しといわれることもある。一人前などと持ち分が決まっていて、村の耕地面積、家数によりこれにあたる土地が割地の時に配分される。持ち分の売買が認められていることが多く、持ち分を失って二分一前とか五分一前などとなるものもいた。生産力や年貢の高低を考えて、公平になるように組み合わせが作られ、鬮《くじ》引きなどで持ち主が決められた。生産条件・年貢を一定にする平等性と持ち分に大小が出る階層性が組み合わされていた。割地の背景は、水害の多い土地などで、被害の偏る危険を避けることが考えられるが、一方で、西国を中心に藩全体で実施された地域もあり、自然条件だけでは説明できない。村が主導する割地は自然条件によることが多く、この場合、全村のほか、川沿いの一部だけを割地することが広く見られた。また藩の主導による場合は、金沢藩・高知藩・宇和島藩・松山藩・今治藩などが代表的なものとして知られている。明治政府は地租改正で、土地の私的所有を認めたので、割地は廃止となっていった。

参考文献　青野春水『日本近世割地制史の研究』（一九八二、雄山閣出版）
（白川部達夫）

わりばし　割箸　縦に裂け目がつけられ、使用時に二本に割って使用する箸。材料には竹や杉などが用いられ、飲食店で多く使用される。起源には諸説あるが、江戸中期から、江戸の鰻屋で竹の割箸が登場し、人気を得たことから京都、大坂の鰻屋でも用いられるようになったのがはじまりといわれる。杉の割箸も江戸時代から存在したが、本格的に普及したのは一八七七年（明治十）に奈良県吉野郡下市町の寺子屋教師島本忠雄が樽丸産業（酒樽の製作）の余材を使って丁六型（中溝や面取の加工がないもの）と小判型（面取がなされ、頭部の切り口が小判の形に見えるもの）の割箸を考案したことがきっかけとされている。　→箸《はし》

参考文献　本田総一郎『箸の本』（一九七八、柴田書店）
（西村　健）

わるくち　悪口　人を悪くいい、攻撃すること。あるいはその言葉。喧嘩の際に言い合う喧嘩言葉も含まれる。悪口は発話した人自身の持つ、他者や社会に対する認識や評価、それらとの付き合い方を暗に示している。また子供は喧嘩のなかで悪口を言い合うことを通じて、他者とのコミュニケーションの方法を学ぶ。また悪態祭、悪口祭、悪たれ祭などと呼ばれる、祭の場を使って日頃の悪口を言い合う悪口祭が日本各地で行われている。たとえば、茨城県笠間市の岩間悪態祭（旧暦十一月十四日）では、十三名の天狗が登場し、この天狗と参拝者との間で縁起物の供物の争奪が行われる。この際、参拝者は天狗に向かって悪口を発し、対する天狗は供物を奪おうとする参拝者を青竹で叩いてこれを防ぐ。祭における悪口は日頃の不満や鬱憤を発散するだけでなく、福運を得ようとする人々の祈願の意味が込められている。　→悪口《あっこう》

参考文献　宇田哲雄「喧嘩言葉・悪口について―ムラ人の地域社会認識―」（『日本民俗学』一九六、一九九三）、山本幸司『〈悪口〉という文化』（二〇〇六、平凡社）
（松岡　薫）

わん　椀　穀物や汁物などを個別に取り分けるための食器。木製のものに木偏の「椀」をあて、陶製・土製のものには石偏の「碗」を、金属製のものには金偏の「鋺」をあてる（ここでは「椀」と「碗」を場合に応じて使う）。一般に「椀皿」というように、食卓では多く皿と併用されて一人分の膳を構成するが、皿が主に副食物を盛る器であるのに対し、椀は深いためもっぱら主食や汁物に使われる。また皿は卓（膳）に置かれたまま使われるが、椀は器を手に持って口元まで運ぶという日本独特の作法を前提としているため、手に収まりやすい半球形に成形されている。現代では飯用には陶磁器、汁用には漆器というふうに、内容物によって椀の素材が区別される。椀と皿は長く未分化であったが、平安時代末期から鎌倉時代初期、中国福建省で生産された青磁の碗と皿（同安窯系青磁）が相当量輸入され、これが土器皿（かわらけ）や漆器など日本国内の食器に大小の規格化と椀・皿の分離をもたらす契機となった。漆器は鎌倉時代前期に柿渋を下地に使う廉価な技法を得て、大量生産が可能になる。鎌倉時代中期になると、中国から竜泉窯（浙江省）の青磁碗と福建省産の白磁皿が対《つい》となって大量に輸入され、漆器とともに都市民の間で日常的に使われるようになる。一方でかわらけの碗皿は、一回限りの使い捨て食器として宴席で大量消費された。現代の椀に多い直径一二㌢前後、高さ七㌢前後の規格も鎌倉時代に萌芽がある。鎌倉時代中期以降急速に広まった喫茶の風では陶器碗が用いられたため、中国からの陶製茶碗の輸入を促進することになったが、南北朝以後は瀬戸など国産茶碗が主流となった。茶碗はその後茶の湯とともに独特の進化を遂げ、各地の窯でさまざまな釉薬技法と器形が生み出された。幕末以後、紅茶やスープなど西洋の飲食物が入ってくると、そ

れまで日本にはなかった把手付きの碗が有田(佐賀県)などで生産されるようになった。→茶碗《ちゃわん》

参考文献　吉岡康暢他『(共同研究)中世食文化の基礎的研究』(『国立歴史民俗博物館研究報告』七一、一九九七)

(馬渕　和雄)

ワンピース　ワンピース　女性の労働着、作業着。日本では大正時代の後期から登場する。一九二三年(大正十二)の関東大震災後には、大阪を中心として「アッパッパ」と称するワンピースが流行した。また昭和初年には女教員やタイピストと職業婦人の幅は広がり、ワンピースは仕事着として用いられた。だが、昭和戦前期にはモダンガールと呼ばれる女性に限られ、全国的にワンピースが普及することはなかった。太平洋戦争後、洋装ブームにより、和服の生地をワンピースに変換する者もいた。婦人服は和服から洋服へと転換していくが、高度経済成長期にはファッション性を重視するワンピースが急速に普及した。→簡単服《かんたんふく》

参考文献　中山千代『日本婦人洋装史』(一九八七、吉川弘文館)

(刑部　芳則)